广西左江花山考古（2013~2016）上

广西文物保护与考古研究所 编著

文物出版社

图书在版编目（CIP）数据

广西左江花山考古. 2013~2016 / 广西文物保护与考古研究所编著. -- 北京 : 文物出版社, 2021.7
ISBN 978-7-5010-6619-3

Ⅰ. ①广… Ⅱ. ①广… Ⅲ. ①文化遗址—考古发掘—发掘报告—广西—2013-2016 Ⅳ. ①K878.05

中国版本图书馆CIP数据核字（2021）第058065号

审图号：桂S（2021）14-2号

广西左江花山考古（2013~2016）

编　　著：广西文物保护与考古研究所

封面设计：李　红
责任编辑：崔叶舟　杨新改
责任印制：苏　林

出版发行：文物出版社
社　　址：北京市东城区东直门内北小街2号楼
邮　　编：100007
网　　址：http: //www.wenwu.com
经　　销：新华书店
印　　刷：天津图文方嘉印刷有限公司
开　　本：889mm × 1194mm　1/16
印　　张：70
版　　次：2021年7月第1版
印　　次：2021年7月第1次印刷
书　　号：ISBN 978-7-5010-6619-3
定　　价：1200.00元（全三册）

An Archaeological Report of Huashan in Zuojiang River Basin, Guangxi (2013–2016)

(I)

Compiled by

Guangxi Institute of Cultural Relics Protection and Archaeology

Cultural Relics Press

序

蒋廷瑜

广西文物保护与考古研究所杨清平研究馆员负责编著的大型考古专题报告《广西左江花山考古（2013~2016）》即将付梓，嘱我作序。杨清平毕业于北京大学考古文博学院考古学专业，在广西田野考古第一线摸爬滚打了二十余年，主持过多项重要文化遗址的考古发掘，主持和参加了多项国家、自治区和市厅级研究课题，发表过一批较高水平的研究论文，展示了很强的业务能力。他刻苦务实，经验成熟。我作为他的北大校友、同在广西考古战线一起奋斗过的一名老兵，看到他精心撰写的这本厚重的考古专题报告，由衷高兴，欣然接受他的请求，说说自己读后的感受。

左江是西江上源的一条重要支流，人类活动历史悠久，文化底蕴深厚。左江流域的考古工作开始比较早，在20世纪中叶就已零星发现石器时代遗址。尔后考古工作者进行了几次文物调查，又发现了一些文化遗址、古代墓葬和其他文物分布点以及零星出土（出水）的文物，年代涵盖了旧石器时代到明清的各个时期。为配合文博干部培训和基本建设任务，发掘过几处遗址，取得了一定的成果。左江岩画的调查和研究举世瞩目。但是，总体来看，左江流域发现的古文化遗址数量不多，发掘点少，已发掘遗址的资料大部分也没有进行整理，与深厚的文化底蕴极不相称。同邻近地区相比，左江流域的考古工作仍然比较落后，属于广西考古的“边缘地区”。因此，有人认为崇左地区没有什么古代文化遗存。

进入21世纪，随着左江花山岩画文化景观申报世界文化遗产工作的开展，左江流域考古工作的短板日益突出。为了助力申遗，广西文物保护与考古研究所联合相关考古单位于2010~2016年期间开展了多次左江流域的考古调查试掘工作。仅在2013~2016年期间，调查组就复核或新发现了30多处古文化遗址，在调查分析的基础上选择了龙州宝剑山A洞遗址、庭城遗址、无名山遗址、沉香角遗址、根村遗址、坡叫环遗址等进行了试掘，获得了一大批珍贵资料。这些考古发现对于我们进一步研究左江流域古代遗址的分布状况、文化内涵、文化发展序列等具有重要价值，为申遗文本的编制提供了可靠而宝贵的依据，为推进左江岩画申遗做出了贡献。

杨清平作为课题负责人，组织并全程参与了这些考古调查和试掘。在繁重的田野工作之余，能这么快整理出包括诸多遗址材料在内的发掘报告，实在很不容易。左江流域位于中越边境地区，处在中国与东盟合作的重要区域。在这里开展考古研究，关系到国家文化安全和推动中国与东盟文化交流的重大问题。从这个角度看，2013~2016 年的左江流域考古工作以及《广西左江花山考古（2013~2016）》的编著与出版，具有重要的现实意义。

《广西左江花山考古（2013~2016）》一书是关于龙州宝剑山 A 洞遗址、无名山遗址、根村遗址、大湾遗址、坡叫环遗址、庭城遗址等的整理报告，分三册，约 70 万字，线图 630 多幅，彩版 140 面。除了前言外，报告正文分为七章，包括：左江流域的地理环境、历史沿革、发现和研究史；2013~2016 年左江流域考古发掘各遗址综述；左江流域新石器时代贝丘遗址动植物遗存研究；左江流域新石器时代石器工艺技术；左江流域早期考古学文化的类型与特征；左江流域早期考古学文化与周边考古学文化的关系；结语。全书涵盖了新石器时代到汉代各个阶段的材料，内容十分丰富。作为左江流域考古的第一部大型研究报告，在广西考古史上具有开创性的意义。我觉得，本报告在研究的方法、内容、广度和深度等方面，有以下突出优点。

其一，对左江流域史前石器进行了详细描述和深入分析。在广西史前考古中，石器数量多，具有十分重要的地位。但在以往新石器遗址的考古报告中，对石器的描述往往比较简单，尤其缺乏对打制石器特点的详细描述。广西左江流域大部分遗址以石器为主，少见或不见陶器。因此，石器是研究其遗址文化面貌最重要的依据。该报告采用旧石器考古研究中对石器的分析方法，从原料、加工技术、加工步骤、石器特征、尺寸等各个方面对打制石器进行了全面统计和详细描述。在磨制石器分类研究中，使用了石器工作链的分析方法，把石制品分为原料、加工工具、毛坯、半成品、成品、断块等。这样的分析方法，可以有效地揭示古人制作石器的连锁行为。这对于以石器为主要遗物的左江流域史前考古来说，其重要意义不言而喻。此外，报告还以专章研究了整个左江流域的石器工艺技术，对每一类石器的加工技术进行细致分析，实属难能可贵。

其二，对资料进行了较为全面而详细的介绍。由于受篇幅限制或出于其他方面的考虑，以往很多考古报告是在年代分期、遗迹和器物分类的基础上选择一部分典型器物进行介绍，大量器物没有文字描述，线图更无从谈起。这种做法主观性较强，不利于后人的进一步研究。本书按照遗址层位尽可能介绍每一层的遗迹和器物，再进行分期和遗址文化的内涵研究。通过这样的介绍，后续研究者可以依据完整的原始材料来判断作者的分析是否准确，甚至可以推翻原有的结论。这种把资料近乎完全介绍的做法，不仅方便了后续研究者，也显示了作者对其研究结论准确性的信心和广阔的胸怀。同时，本书统一器物的分类标准，避免了各个遗址单独分类造成的混乱，使后续研究者进行对比研究时一目了然。

其三，提出了“宝剑山文化”的概念。广西的史前考古，文化序列还没有完全建立起来，谱系还不很清晰，目前仅提出了“顶蛳山文化”“革新桥文化”和“晓锦文化”三个概念。本报告把以宝剑山 A 洞遗址一期为代表的一类遗存命名为“宝剑山文化”，具有创新性。该文化主要分布在左江上游，典型的有无名山一期、宝剑山 A 洞遗址一期、大湾遗址、根村遗址及舍巴遗址一、二期等，总结出宝剑山文化具有以下特点：遗址堆积基本一致，为大量的水陆生螺壳堆积；遗物以砾石石器为主，存在一定的蚌器，陶器极少或者不见；出土的石器类型基本相同，打制石器占大多数，有刮削器和砍砸器等，加工简单粗糙，加工方法多为锤击法；磨制石器比重小，大部分仅磨刃部，磨制不精，均是利用扁平砾石对多个侧边先进行加工再进行磨制；均有一定数量的蚌器存在，但蚌器数量不等，类型也不完全一致，基本都见双肩蚌铲和穿孔蚌器，锯齿刃蚌器独具特色；墓葬均为屈肢葬；经济生活方式以采集渔猎为主；年代上也基本相同，距今约7000~4000年。在同时期的遗址中，左江下游、邕江流域的顶蛳山文化出土大量陶器，“宝剑山文化”则没有，反映了两者在生活方式和习俗上的不同。因此，“宝剑山文化”这一概念的提出，为广西史前考古文化序列时空框架填补了区域空白。

其四，将左江流域作为一个整体进行综合研究。本报告在2013~2016年考古资料的基础上，将左江流域以往发掘的其他考古材料一并梳理，从石器技术、文化类型、动植物与气候环境、与周边环境的关系等方面展开综合研究，堪称目前为止关于左江流域考古内容最全面、研究最深入的一部著作。

这本报告值得称赞的地方还有很多，这里就不一一列举了，读者可以自己慢慢体会。当然，作为大型考古报告也还有一些可以改进的空间，比如：对左江流域考古学文化与周边考古学文化的对比研究还可以更加深入；考虑到材料相对缺乏的因素，对左江流域史前文化类型的分类可以再粗略一些；可能由于篇幅或者经费的原因，也有一些遗址的器物没有全部介绍。

读完这本考古研究报告，我甚感欣慰。希望杨清平以此为新的起点，不忘初心，继续前行，收获更大的成绩。

是为序。

2019年12月5日于南宁

前　言

左江位于广西壮族自治区的西南部，是珠江水系郁江的支流，全长337千米，流域面积3.2万平方千米，其中在中国境内为2.1万平方千米，占广西国土总面积的8.8%。地理坐标为北纬21°35′~23°22′、东经106°33′~108°07′。在行政区划上，左江流域大体为崇左市管辖区域的范围，包括崇左市的江州区、宁明县、龙州县、凭祥市、大新县、扶绥县、天等县等五县一区一市，北面为右江流域的百色市辖地，东面与邕江流域的南宁市辖地相接，南面与防城港市辖地相连，西南面与越南社会主义共和国毗邻，陆地边境线长533千米，占广西陆地边境线总长度的52%。

左江流域地形地貌多样，气候宜人，动植物资源丰富。优越的自然环境为人类活动提供了良好的条件。考古资料显示，左江流域不仅发现有距今数万年以前的旧石器时代文化遗址，而且还发现有一大批新石器时代文化遗址以及先秦汉代遗址。这些发现，为我们了解左江流域古代的历史及社会文化面貌提供了翔实的实物资料。

左江流域的考古工作起步较早，20世纪50年代一些新石器时代遗址就被零星发现。而后考古工作者陆陆续续对该流域进行了几次文物调查，发现了部分遗址。同时，为配合文博干部培训和基本建设任务，进行了几个遗址的发掘，也取得了一定的成果。但总体来看，左江流域的考古工作仍然处在广西其他地区的后面，处于比较落后的局面。近年来，随着左江花山岩画文化景观申报世界文化遗产工作的开展，左江流域考古工作的短板日益突出，岩画研究中的许多问题需要考古工作者的参与。例如，考古遗址是否可以与岩画之间建立起某种联系，如何通过考古发现来进一步判断岩画的年代与分期，我们是否可以通过分析考古资料进一步了解岩画产生的历史背景，甚至是否可以通过考古发现寻找到岩画的主人，等等。为了尽可能解决上述一系列的问题，在广西壮族自治区文化厅和文物局的统一部署下，广西文物保护与考古研究所联合相关考古单位开展了左江流域考古调查试掘的课题研究，取得了丰硕成果。左江流域考古调查试掘研究课题组在2010年考古调查的基础上于2013~2016年对左江流域又进行了细致的考古调查，复核和新发现了30多个遗址，并在调查分析的基础上选择了龙州宝剑山A洞遗址、庭城遗址、无名山遗址、沉香角遗址、根村遗址、坡叫环遗址等进行了试掘，获得了一大批珍贵的文化遗物。这些考古发现对于我们进一步研究左江流域古代遗址的分布状况、文化内涵、文化发展序列等具有重要价值，同时为申遗文本的编制提供了宝贵的资料，有力地推进了申遗工作的开展。

由于时间紧，日常工作任务重，这些资料只是以工作报告的形式提交给上级部门，没有进行系统的考古报告整理，其中一些认识还不十分清晰。为了尽快将这批资料呈现给广大群众和研究工作者，广西文物保护与考古研究所于2016年开始组织人员对其进行科学系统的整理研究。我们期望通过整理和研究可以更清晰地认识左江地区古代文化遗址的分布状况、各遗址的文化内涵、古代文化发展序列等方面的问题，同时进一步为左江花山岩画的深入研究和保护提供考古学支持。

由于左江流域考古空白多，已经发掘的其他遗址资料也大部分没有发表，因此本书对左江流域考古学文化的研究当是初步的。本书最大的目的还是力求把所获得的资料完整地呈现给大家，供广大学者研究之用，同时也让广大群众认识到左江流域具有悠久的历史和灿烂的文化。相信随着更多资料的发表和更多田野考古工作的开展，左江流域的考古研究一定能够进一步深入，同时不断取得的考古成果也一定能够进一步推动左江花山岩画的保护和研究。

目　录

插图目录

彩版目录

第一章 绪 论

第一节 左江流域的地理环境

左江位于广西壮族自治区的西南部，系西江水系上游支流。其上游为平而河，发源于越南谅山北岭，流经我国的龙州、江州、扶绥、邕宁4个区县，于邕宁区宋村与右江汇合后流入邕江，主要支流有水口河、明江、黑水河等。在广西境内全长337千米，流域面积3.2万平方千米，其中在中国境内为2.1万平方千米，占广西国土总面积的8.8%。在行政区划上，左江流域大体为崇左市管辖区域的范围，包括崇左市的一市一区五县，即凭祥市、江州区、宁明县、龙州县、大新县、扶绥县、天等县。左江流域地处亚热带，气候温和，雨量充沛，动植物资源丰富，地貌复杂多样，具有良好的地理环境（图一）。

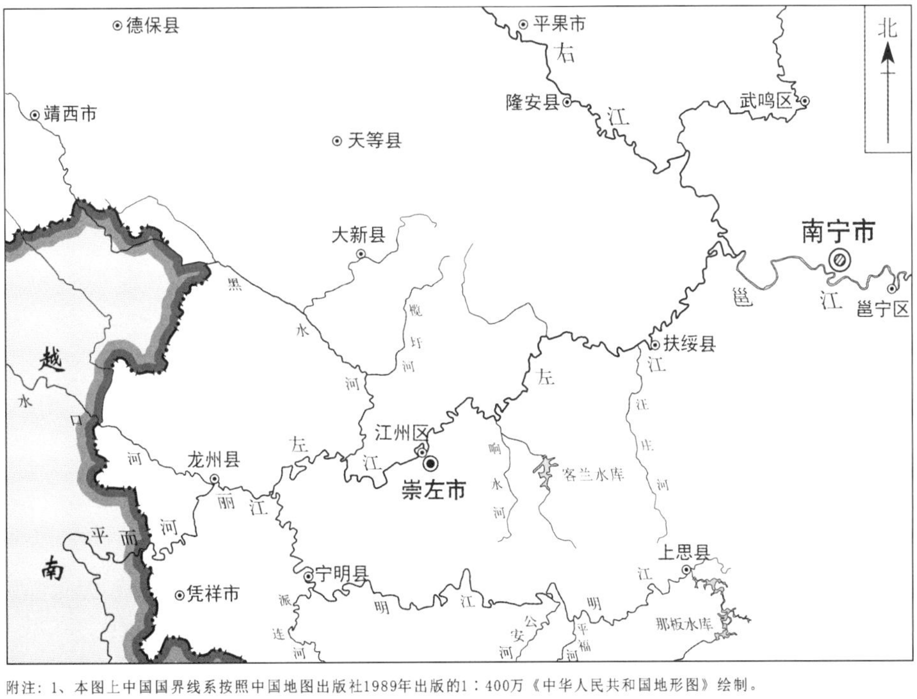

附注：1、本图上中国国界线系按照中国地图出版社1989年出版的1：400万《中华人民共和国地形图》绘制。
2、图上境界不作划界依据。

图一 左江流域地理位置示意图

一 地形地貌

左江流域为较典型的喀斯特岩溶地貌，多以泥盆纪、二叠纪和三叠纪为地质基层，以石灰岩占优势，页岩、砂岩次之。流域内山岳环绕，土岭石山交错，丘陵起伏，山多地少，地貌复杂多样。西部为大青山山脉，南部为公母山山脉和十万大山余脉。地势大致呈西北及西南略高，向东倾斜，中部被左江及支流切割，形成丘陵、平原。境内最高峰为南部宁明县与防城港市接壤的十万大山余脉浦龙山（海拔 1358m），其次是爱店附近中越边境的公母山（海拔 1357.6m）。宁明县有 8 座山峰海拔千米以上。千米以上的其他山峰有：北部大新县与天等县交界的泗城岭（海拔 1073.7m），东北部江州区与隆安县交界的西大明山（1071.2m），南部龙州县的大青山（1045m）等。

根据地质工作者的研究，左江干流周边主要分布有四类地貌形态类型：构造—剥蚀地貌类型的红层丘陵盆地地貌、构造—溶蚀类型的峰丛洼地地貌、溶蚀—堆积类型的峰林谷地地貌和剥蚀—溶蚀类型的残峰坡地地貌。

构造—剥蚀地貌类型的红层丘陵盆地分布于宁明县城一带，以南友高速公路一线作为与峰丛洼地地貌的分界，主要以第三系泥岩、砂岩组成；地形特征为山顶浑圆、坡平缓的丘陵，地面高差一般在 50~100m。

构造—溶蚀类型的峰丛洼地地貌分布区域为从左江上游宁明县的宁明花山大桥、木洲冷泉山庄一带开始至崇左市以西的潭板、驮浪村一带结束，组成的地层岩性主要为上石炭统至下二叠统茅口阶厚—中厚层灰岩、白云岩；地貌形态以基座相连的簇拥山峰为主，峰顶海拔 400~600m，相对高程约 300m。小而深的洼地星罗棋布，洼地直径一般为 50~100m，洼地底部常见有溶斗、消水洞、溢洪洞，形态多样，直径 0.5~5m 不等，消水能力较强，但溢洪洞也能成涝。沿断裂级地下水径流带也见有几千米长的谷地及峻峭如削的断层崖。由于新构造运动影响，上述洼地谷地明显呈层状分布，该类地貌一般为地下水补给区和径流区。

溶蚀—堆积类型的峰林谷地地貌分布区域为从左江两岸的驮柏至扶绥县城一带。地层岩性主要为泥盆系上统、石炭系和二叠系下统的灰岩、白云岩。该区域内谷地平坦开阔，长 10~20 千米，宽 5~10 千米。谷底堆积有厚 10~20m 的红色粉质黏土，沿江分布有河流阶地。山峰林立，海拔 200~300m，相对高差 100~150m。这里岩溶发育，常见有溶斗、消水洞和溢洪洞，一般直径 10m 左右，最大 50~60m，深 5~10m，个别达 20m。岩溶地面塌陷也很发育，直径一般 10~15m，深 1~5m。这些岩溶个体形态为大气降雨补给地下水的主要通道。

剥蚀—溶蚀类型的残峰坡地地貌分布区域为从左江两岸的潭板、驮浪村至驮柏一带。组成地层岩性为下石炭统岩关阶、上二叠统合山组、长兴组、下三叠统马脚岭组、北泗组燧石或夹硅质条带灰岩、薄层灰岩、泥灰岩、灰岩与碎屑岩互层。地貌形态为残山坡地。由于非岩溶夹层易风化剥蚀，风化物广泛覆盖于地表，形成起伏和缓倒置的坡状地形，其上点缀着形态奇异的残山或孤峰。一般说来，该区岩溶不甚发育，但在地下水活动强烈的排泄区，常见有塌陷、溶斗、落水洞。

个别地段塌陷、溶斗分布密度达每平方千米50~60个[1]。

二 地质构造

左江流域在地质构造上位于南岭构造带西段南缘和新华夏系第二沉降带南端。共分布有四个构造体系，即东西向构造、北东向构造、北西向构造和弧形构造。东西向构造主要位于宁明县、海渊镇到上思县一带，由崇左复式向斜、宁明—上思构造盆地和近东西向压扭性断裂构成。左江的上游部分丽江在宁明县城以东的走向主要受该构造体系的影响。弧形构造分布于龙州县和凭祥市境内，外层弧顶突入宁明县驮龙以北一带。由南东突出的弧形褶皱和六条主干断裂（压扭性断层）及配套的张扭性断裂组成。从宁明县城以北的花山大桥开始至上金一带，左江走向主要受本构造体系的影响。北东向构造主要分布于左江下游从上金至扶绥县，叠加在东西向构造之上。主要构造形迹有北东向褶皱，北北东向、北东向压性或压扭性断裂及与其配套的张扭断裂。左江在该地段受其影响，走向以北东向、北东东向为主。北西向构造主要分布于左江以北地区，距离左江较远。由北西向压扭性断裂及其配套的张扭性断裂组成[2]。

据研究，在左江两岸有一至三级阶地分布。阶地地层岩性有沉积岩、火山岩、第四系等。沉积岩类有泥盆系上、中、下统，石炭系上、下统，二叠系上、下统，三叠系中、下统，侏罗系上、中、下统，白垩系下统，第三系等。其中泥盆系上、中统，石炭系、二叠系下统及三叠系北泗组、马脚岭组的岩性主要为灰岩、白云岩。其他地层岩性均为泥岩、砂岩等碎屑岩类。火山岩主要分布于崇左市区西南一带的左江北岸或南岸。为早三叠世酸性火山岩。第四系可划分为全新统（Q_h）和更新统（Q_p）。全新统由左江一级阶地组成。其岩性主要为浅灰色、灰黄色粉土、粉砂及棕黄色粉质黏土，局部分布有卵石层，卵石层厚度一般在1m左右。总厚度一般为10~20m，最厚的有28m。更新统由左江二级、三级阶地组成，主要岩性上部为灰黄色、棕黄色黏土、粉质黏土，下部为卵石层，是典型的二元结构[3]。

三 气候

左江流域属亚热带湿润季风区，一月平均气温13.8℃，七月平均气温28.1℃，年平均气温20.8℃~22.4℃；无霜期为330天以上，江州区更高达364天；降雨量为1088~1799mm，降雨量最多的地方是大新县下雷镇。春旱灾害较为频繁，八九月份受热带风暴影响易发水灾。日照充足，年平均日照总时数1786小时，十分有利于亚热带作物的生长。

[1] 覃新丹等：《左江流域历史环境研究》，《左江花山岩画研究报告集》下册，广西科学技术出版社，2015年。
[2] 覃新丹等：《左江流域历史环境研究》，《左江花山岩画研究报告集》下册，广西科学技术出版社，2015年。
[3] 覃新丹等：《左江流域历史环境研究》，《左江花山岩画研究报告集》下册，广西科学技术出版社，2015年。

四　水系

左江流域水系发达，河流众多，流域集水面积在200平方千米以上的河流有左江、明江、黑水河、驮卢河、派连河、客兰河、汪庄河、下雷河、明仕河、双侠河等31条，集雨面积超过50平方千米的河流有66条，最大河流左江流经龙州县、宁明县、崇左市区、扶绥县。流域内年平均水资源总量103.5亿立方米。左江上游与下游之间的流域落差大，是我国水能资源丰富的地区之一，有较大水力发电潜力。据统计，水力资源蕴藏量超过60万千瓦，可开发量超过30万千瓦，全流域有大、中、小型水库200多座。水库水质符合饮用水标准。

五　土壤

左江流域土壤类型多样，按照第二次土壤普查的分类标准，左江流域土壤主要有水稻土、砖红壤、赤红壤、红壤、黄壤、黄棕壤、紫色土、石灰土、红黏土、粗骨土、砂姜黑土、山地草甸土、潮土、滨海盐土、新积土、硅质白粉土和火山灰土等类型。地带性土壤以赤红壤为主，海拔较高的山地有山地黄壤、酸性紫色土分布，易发生水土流失。

六　矿产

左江流域地处桂西矿产资源富集区南段，矿产资源较为丰富，已发现有煤、锰、铁、钨、铋、铜、铅、锌、金、银、锑、汞、铝、镍、钴、锗、镓、镉、稀土、铀、磷、重晶石、水晶、黄铁矿、独居石、石灰石、膨润土、高岭土、白云岩、砂岩、页岩、黏土、硅石、花岗岩、大理石、方解石等35个矿种，已经查明资源储量的矿产地有60多处，优势较为明显。具备规模化开采条件的矿种包括锰、膨润土、铁、煤、石灰石等多个矿种。锰矿主要集中在大新县，储量居全国首位，占全国1/4强，宁明县膨润土储量世界罕见。

七　植被

左江流域地处南亚热带，优越的自然生态环境条件使其拥有丰富的生物资源，森林覆盖率达50%以上。初步统计，野生植物种类占全国1/4，达200多科1000多属近3000种。其中国家一级保护植物有望天树、叉叶苏铁、石山苏铁等10多种；国家二级保护植物有枧木、海南风吹楠、任豆等30多种。广西重点保护植物有凹脉金花茶、剑叶石斛、海伦兜兰、观光木等150多种。古树名木主要有枧木、榕树、人面果、苦丁茶、盆架子、扁桃、樟树、龙眼、见血封喉、木棉、金丝李、乌榄、马尾松、枫香、侧柏等。

为进一步保护左江流域动植物资源，国家成立了弄岗国家级自然保护区和白头叶猴国家级自然保护区。弄岗国家级自然保护区的植被类型为热带季节性雨林。从1935~2010年，已有50队约120人次在该保护区进行过植物标本的采集，获得了约6850号标本。根据对这些标本的研究，最新的资料表明，该保护区内共有野生维管植物1752种，隶属于184科810属。其中蕨类植物29科51属150种；裸子植物4科5属10种；被子植物151科754属1592种。另外有栽培植物或逸生植物81种，隶属于42科73种。从科的组成上分析，占优势的是豆科（99种）、大戟科（90种）、茜草科（70种）、禾本科（54种）和菊科（51种）。从珍稀濒危性分析，该保护区共有珍稀濒危植物33种，属于国家一级保护的野生植物有3种（龙脑香科的望天树、苏铁科的叉叶苏铁和石山苏铁）；国家二级保护植物16种，广西重点保护植物73种。白头叶猴国家级自然保护区的植被类型与弄岗保护区类似。研究资料表明，该保护区共分布野生维管植物848种（含种下等级），隶属于144科503属。其中，蕨类植物20科34属66种，裸子植物2科2属3种，被子植物122科467属779种。从科的组成上分析，占优势的为大戟科（56种）、豆科（54种）、桑科（39种）、菊科（34种）和茜草科（28种）[1]。

除了野生植物外，左江流域还种有大量经济作物，主要有甘蔗、水稻、玉米、木薯、剑麻、油料、豆类、茶叶、八角、茴油、桂皮、松脂、荔枝、龙眼、香蕉、菠萝、柑橙、指天椒、桑蚕、苦丁茶等。大新县是全国六大龙眼生产基地县之一和“苦丁茶之乡”，天等县是全国指天椒生产基地。

八 动物

左江流域分布有大量野生动物，包括国家重点保护的世界珍稀野生动物白头叶猴、黑叶猴、云豹、梅花鹿、穿山甲、冠斑犀鸟等。其中国家一级保护动物有白头叶猴、黑叶猴等10多种；国家二级保护动物有猕猴、穿山甲等90多种；广西重点保护动物有红耳鹎、花姬蛙等100多种。

根据广西自然博物馆实地调查结果和文献资料信息，左江流域的龙州县分布有陆生脊椎动物550种，占广西陆生脊椎动物总数（1144种）的48.1%。其中两栖动物34种、爬行动物74种、鸟类346种、兽类96种。在这些物种组中，3种为龙州县新纪录，1种为广西新纪录，3种为未纪录物种。另外，属于国家Ⅰ级保护动物的有12种（爬行动物3种，鸟类1种，兽类8种），国家Ⅱ级保护动物有66种（两栖动物1种，爬行动物5种，鸟类48种，兽类12种）。宁明县分布有陆生脊椎动物582种，其中两栖动物27种，分隶2目6科18属；爬行动物83种，分隶2目16科54属；鸟类377种，隶属于20目63科203属；兽类95种，分隶9目26科65属。其中，6种为宁明县新纪录，1种为中国新纪录。另外，在这些物种组中，属于国家Ⅰ级保护动物的有12种（爬行动物3种，鸟类2种，兽类7种），国家Ⅱ级保护动物有78种（两栖动物1种，爬行动物4种，鸟类61种，兽类12种）。根据2005年《广西崇左白头叶猴自然保护区综合科学考察报告》显示崇左白头叶猴自然保护区已知共有脊椎动物381种，分别隶属于5纲34目97科，其中鱼纲7目20科113种，两栖纲1目5科13种，爬行纲3目10科26种，鸟纲15目39科171种，

[1] 覃新丹等：《左江流域历史环境研究》，《左江花山岩画研究报告集》下册，广西科学技术出版社，2015年。

哺乳纲8目23科58种[1]。

除了陆生脊椎动物外，左江及其支流河段还存在国家和自治区重点保护的水生动物多种，例如鼋、赤魟、佛耳丽蚌、红边龟、山瑞、瘤丽蚌等。据不完全统计，左江沿岸渔民所捕捞到的鱼类计有草鱼、青鱼、鲢鱼、鳙鱼、鲮鱼、鲤鱼、刺鲃、倒刺鲃、桂华鲮、鲂鱼、鳊鱼、南方白甲鱼、鲇鱼、盔鲇、斑鳠、大刺鳅、乌原鲤、赤眼鳟、鳜鱼、叶结鱼、鳡鱼、鲳鱼、大眼红鲌、条鱼、黄尾密鲴、瓣结鱼、卷口鱼、唇鱼等。

第二节　左江流域的历史沿革

左江流域位于广西的西南部，行政区划包括一市一区五县，即凭祥市、江州区、宁明县、龙州县、大新县、扶绥县、天等县，属广西壮族自治区崇左市辖地，其南面与防城港市辖地交界，西南面与越南相接，西临靖西县、德保县，北接平果县、隆安县，东北与南宁市西乡塘区毗邻。

历年考古发现可知，在几十万年以前的旧石器时代，左江流域已有人类居住生活，其后的历史不断地延续和发展着。在崇左市区发现有几十万年前的旧石器时代早期遗址。在崇左市江州区木榄山岩洞里，发现有距今11万年的古人类化石[2]。在江州区濑湍乡绿轻山矮洞，发现了旧石器时代晚期遗址[3]。到了距今10000~4000年的新石器时代，原始人类活动的足迹已遍及左江流域，留下了丰富的文化遗迹，各类新石器时代遗址遍布该流域各地。

先秦时期，左江流域为百越族群骆越人居住之地。因其地僻处岭南西部，中原人较少涉足，故称之为“徼外”之地。秦始皇三十三年（前214年），秦王朝派兵统一岭南地区，设立了南海、桂林和象郡三郡。左江流域大部分属象郡地，小部分属桂林郡地。汉代人所著的《茂陵书》云：“象郡治临尘，去长安万七千五百里。”[4]而据《大清一统志》载，临尘为今广西崇左市，故古今中外的一些学者多将广西崇左视为秦代象郡的治所。但据考证，象郡的治所在汉代日南郡（今越南）的郡治西卷[5]。

秦朝末年，爆发了声势浩大的陈胜吴广农民起义，秦朝政权分崩离析，各地豪强纷纷拥兵相攻，中原陷入战乱。此时，原秦朝派驻南海郡龙川县（今广东省龙川县）县令赵佗代理南海郡尉后，趁中原战乱之机，派兵攻占桂林、象郡，割据岭南，建立了南越国，自称为“南越武王”[6]，

[1] 覃新丹等：《左江流域历史环境研究》，《左江花山岩画研究报告集》下册，广西科学技术出版社，2015年。

[2] 金昌柱、潘文石、张颖奇等：《广西崇左江州木榄山智人洞古人类遗址及其地质时代》，《科学通报》2009年第54卷第19期。

[3] 贾兰坡、邱中郎：《广西洞穴中打击石器的时代》，《古脊椎动物与古人类》1960年第2卷第1期。

[4]《汉书·高帝纪》。

[5]《史记·南越列传》。

[6]《汉书·西南夷两粤朝鲜传》。

左江流域一带为南越国属地。

西汉初期，汉高祖刘邦初定天下，百废待兴，为发展社会经济，采取羁縻政策，仍封赵佗为南越王。元鼎六年（前111年），汉武帝派兵一举平定了“南越国”，将秦始皇在岭南设立的三郡地分置九郡，即南海、苍梧、郁林、合浦、珠崖、儋耳、交趾、九真、日南九郡，统辖于交趾刺史部。左江流域属郁林郡地，其中今大新、江州及扶绥南部为临尘县地；龙州、宁明和凭祥属雍鸡县地[1]。

东汉时改交趾刺史部为交州，所辖同西汉时期。左江流域仍属郁林郡，但省雍鸡县，其地归入临尘县。

三国时期，广西大部分地区属孙吴国。孙吴分交州立广州，以南海、苍梧、郁林三郡属之，左江流域仍属郁林郡地，属县不详。

两晋至南朝时期，广西建置颇为纷乱，左江流域所属郡县不甚明确。有的学者认为，两晋及宋、齐，左江流域属广州晋兴郡晋城县地，至梁、陈时改属南定州[2]。

隋朝时，中国复归统一，仍行州、郡、县三级区域制。今广西地区设立始安、苍梧、永平、郁林等四郡，统辖于扬州。改晋兴郡为宣化县，为郁林郡属县，其地包括左江流域的部分地方。左江流域的另一部分地方因“车通不道”，经济发展缓慢，中原王朝“乃无恒法定令”[3]，被称为“夷僚”之地。

唐高祖武德四年（621年），李靖在桂州（今桂林市）招抚岭南各地民族大首领，岭南归于统一。贞观元年（627年），分全国为十道，今广西、广东属岭南道，下设岭南（或广州）、桂管、容管、邕管、安南五府经略使。后因地域宽广，唐懿宗咸通三年（862年），又分岭南道为岭南东道和岭南西道，广西属岭南西道，下设桂、容、邕三管经略使。因左江流域是少数民族聚居地，唐王朝在这里设立了思同、思诚、西原、太平、万承、左州、万形、思明、思陵、石西、龙州等羁縻州，由邕管和安南两经略使管辖。唐朝中期，政治黑暗，吏治腐败，岭南地方官吏巧立名目，豪取强夺，左江流域各族人民不堪其苦，反抗斗争风起云涌：“岭南奏黄洞蛮（左江一带）寇邕州，破左江镇。”“丙寅，邕州奏黄洞蛮破钦州千金镇（今钦州西南境），刺史杨屿奔石南寨”。[4]

907年，朱全忠灭唐，中国进入五代十国分治时期，全国再次出现分裂局面。左江流域地区在“五代初属楚”，“周广顺元年（951年）属南汉”[5]，分设了思陵、石西、思明、龙州、左州、思同、万承和思诚等羁縻州，由建武节度使掌管。

911年，宋太祖赵匡胤统一中国后，设广南路，管辖岭南各州郡。太宗至道三年（997年），

[1]《汉书·西南夷两粤朝鲜传》。

[2]黄体荣：《广西历史地理·三国·晋及南朝》，广西民族出版社，1985年。

[3]顾祖禹：《读史方舆纪要·太平府》：“太平府，……晋宋以来为夷僚所据。”

[4]《资治通鉴·唐纪五十九》。

[5]《嘉庆重修一统志·广西统部》。

又将广南路分为广南东路和广南西路。左江流域属广南西路邕州都督府的左江道管辖，计有忠州、冻州、江州、万丞州、思陵州、左州、思诚州、石西州、思浪州、思同州、安平州、覆利州、龙州、茗盈州和全茗州等羁縻州；有罗阳、永康、陀陵等羁縻县；有凭祥、龙英、安峒、结安等羁縻峒；还有属太平寨的太平羁縻州和邕州横山寨的向武、下雷等羁縻州[1]。

左江流域在宋朝统治的三百年时间里，发生了两次重大的政治、军事历史事件。

一是宋太宗端拱至宋仁宗嘉祐（988~1063年）期间，交趾（今越南）王朝乘宋朝廷北御契丹南下，无暇南顾，边防空虚之机，对与之毗邻的左江流域不断进行蚕食和骚扰，当地各族人民深受其害。

二是外受交趾欺凌，内受宋王朝排斥，民族矛盾和阶级矛盾极其尖锐的情况下，邕管西原州民族首领依智高举行了反交趾入侵和反宋王朝残酷压迫剥削的农民起义。宋王朝派遣大将狄青率兵镇压依智高农民起义后，对左江流域采取了一系列措施，以图加强统治。如在左江流域设经略使，驻重兵，置土司（官）等。这虽然加重了左江流域各族人民的负担，另一方面却也促进了左江壮族地区的经济发展。而且由于从中原调来的多是汉族士兵，加快了左江流域一带各族人民的融合，使汉族的先进文化在这一地区得到进一步传播。

元朝时，在全国推行省、路（府）、州、县之建置，广西先属湖广行中书省，今左江流域属思明路、太平路、田州路军民总管府、镇安路管辖。元顺帝至正二十三年（1363年），“置广西等处行中书省”[2]，左江流域分属太平、思明、田州、镇安四路和龙州万户府辖地。其中属太平路的有思诚、左州、养利、思同、太平、安平、万承、茗盈、全茗、龙英、佶伦、结安、镇远、都结等羁縻州和崇善、永康、陀陵、罗阳四县；属思明路的有忠州、上石西、思明、思陵、江州、下石西等羁縻州和凭祥峒；属田州路的有向武和都康羁縻州；属镇安府的有上映羁縻州和下雷峒；属龙州万户府的有上、下冻州和龙州等羁縻州。

元朝统治者在全国广征赋税，左江流域也不能幸免。“云南、湖广之边，唐所旧羁縻之州……今皆赋税之，比于内地”[3]。元朝中叶，交趾（今越南地方政权）又乘虚而入，不断对广西南部边境地区烧杀掳掠，“交趾世子亲领兵焚养利州（今大新县）官舍民居，杀掠二千余人”[4]。故元王朝“发湖湘富民万家，屯田广西，以图交趾”，“招募南丹、庆远、融州等处溪峒的撞、瑶民丁，约五千户前往屯垦”，在左江流域一带“列营堡以守之，坡水垦田，筑八堨以节储泄”[5]。

明朝，大改元代建制，“尽革行中书省，置十三布政使司，分领天下府州县及羁縻诸司”[6]。

[1] 谢启昆：《广西通志·太平府·南宁府·镇安府》《二十五史·宋史·地理志》。
[2]《嘉庆重修一统志·广西统部》。
[3]《元史·地理志一》。
[4]《元史·安南传》。
[5]《元史·乌古孙泽传》。
[6]《明史·地理一》。

左江流域为南宁府、思恩军民府、太平府和镇安府的辖地。属南宁府的有新宁州、忠州和下雷羁縻州；属思恩军民府的有上映州；属太平府的有左州、养利、永康、上石西、太平、思城、安平、万承、全茗、镇远、茗盈、龙英、结安、结伦、上下冻、思明等羁縻州，还有崇善、陀陵、罗阳等县；属镇安府的有向武、都康、龙州、思陵和凭祥等羁縻州[1]。

明王朝在左、右江少数民族聚居地区，承唐宋元诸朝的羁縻政策，把土司（官）制度发展得更为完善。据统计，明代左、右江地区的土司（官）衙门有49处之多。要土司"额以赋役，听我驱调"[2]，并设"流官佐之"。另外对一些有条件直接派官统治的州县，则试行"改土归流"[3]。

清朝，广西为全国十八省之一，称"广西省"[4]。左江流域分属南宁、太平、镇安等府管辖。其中属南宁府的有新宁州、土忠州；属太平府的有左州、永康州、宁明州、太平土州、安平土州、万承土州、茗盈土州、全茗土州、龙英土州、结伦土州、结安土州、思陵土州、都结土州、土江州、上思州、下石西州、上冻土州、下冻土州、明江厅、凭祥厅、罗白土县、罗阳土县、上龙土司；属镇安府的有向武土州、都康土州、上映土州、下雷土州[5]。

第三节　左江流域考古工作回顾

左江流域的考古调查工作始于20世纪50年代，当时的遗址多为零星发现。从60年代起，广西文物部门开始在全区范围内开展文物普查，其中于1963~1966年完成了南宁地区的文物普查，发现了江西岸遗址、敢造遗址、那淋屯遗址、同正遗址等多处文化遗址和地点。20世纪70年代至2010年期间，考古工作者在左江流域进行了多次的考古调查，发现了一批古遗址、古墓葬，包括江州何村遗址、江边遗址、冲塘遗址、古坡汉墓群，龙州企鸟洞遗址、更洒岩遗址、八角岩遗址，宁明珠山洞遗址，扶绥吞云岭遗址、韦关遗址、狮子山洞穴遗址、下屯遗址，大新歌寿岩遗址、逐龙洞遗址、交岭战国墓等；另外还发现了一些零星的遗物散布地点[6]。

2010年，为完成第三次全国文物大普查工作，在广西壮族自治区文物局的统一组织下，广西文物保护与考古研究所联合南宁、崇左等县市文物部门，对龙州、宁明、江州、扶绥等县区的整个左江流域进行了考古调查，调查重点是左江两岸各类古文化遗址，调查发现了庭城遗址、宝剑山A洞遗址等10多个遗址，并对原有的遗址进行了复核。这些遗址的发现对全面了解左江流域古代文化发展状况，尤其是岩画周边古代文化的分布情况具有重要意义，为梳理岩画发展的历史

[1]《明史·地理六》、《广西通志》卷三至卷五《南宁府部、太平府部、镇安府部》。
[2]《明史·列传·土司》。
[3]《明史·列传·广西土司》。
[4]《嘉庆重修清一统志·广西统部》。
[5]《清史稿·地理二十》。
[6]广西壮族自治区文化厅、广西壮族自治区文物局：《左江右江流域考古》，广西科学技术出版社，2015年。

脉络提供了真实宝贵的资料[1]。

左江流域的考古发掘工作始于20世纪60年代，初期工作主要在扶绥县展开，工作对象集中为贝丘遗址、大石铲遗址；到了21世纪发掘范围才扩展到龙州、江州、宁明等其他县、区，作为工作对象的遗址类型也扩大到岩洞葬、土坑墓等[2]。

20世纪60年代，广西文物工作者对扶绥江西岸遗址、龙州企鸟洞遗址进行了小规模的试掘。70~80年代，广西文物工作队还发掘了扶绥敢造贝丘遗址、同正遗址、那淋屯遗址等。进入21世纪以来，在左江流域进行科学考古发掘的遗址逐步增加，但大部分是围绕基本建设或其他原因而进行的抢救性发掘，发掘的遗址主要有江州何村遗址、江边遗址、冲塘遗址、古坡汉墓等。何村遗址发现了大量的新石器时代墓葬，葬式多样，葬俗奇特，为研究史前葬俗提供了丰富的材料。遗址遗物除了带有贝丘遗址的典型特点外，还出现了大量的研磨器和精美的蚌铲。江边遗址葬式较统一，文化面貌较单一。冲塘遗址发现了玻璃陨石器，陪葬的淡水和海洋贝类装饰品为广西新石器时代考古中的首次发现，意义重大。以更洒岩岩洞葬为代表的岩洞葬清理，也为左江流域新石器时代晚期和先秦时期文化面貌研究提供了宝贵的实物资料。2010年，文物工作者还主动对舍巴遗址进行了试掘，发现了三个时期的遗存，出土了大量的文化遗物和动植物遗存。以上遗址的发掘，获得了一大批很有地方特色的文化遗物，丰富了当地的考古学文化类型，有力地促进了左江流域考古学文化序列、文化内涵、考古学文化与族属等众多学术问题的研究[3]。

左江新石器时代至汉代的考古调查还有一个重要内容，就是对左江岩画进行实地科学考察，20世纪主要有1956、1962、1985年三次大规模的考察。21世纪初，为花山岩画文化景观申报世界文化遗产，广西文化厅又组织专家对其进行了多次考察[4]。

通过这些调查、发掘和研究工作，人们对左江流域的文化类型、文化面貌、文化序列等有了初步的了解，为后来的工作奠定了较好的基础。但总体而言，左江流域发现的遗址较少，发掘的遗址也不多，古代考古学文化面貌尚不清晰，因此，工作仍然存在很多空白，需要今后持续不断的努力。

第四节　左江花山考古（2013~2016）及资料整理工作过程

由于考古资料相对缺乏，一直以来人们对左江花山岩画的研究在深度和广度上都受到一定的限制。随着左江花山岩画文化景观申报世界文化遗产工作被提上议事日程，在左江流域开展大规模考古工作变得刻不容缓。

为此，2013年，广西壮族自治区文化厅特别设立了左江流域考古调查与试掘专项课题，并委

[1] 广西壮族自治区文化厅、广西壮族自治区文物局：《左江右江流域考古》，广西科学技术出版社，2015年。
[2] 广西壮族自治区文化厅、广西壮族自治区文物局：《左江右江流域考古》，广西科学技术出版社，2015年。
[3] 广西壮族自治区文化厅、广西壮族自治区文物局：《左江右江流域考古》，广西科学技术出版社，2015年。
[4] 广西壮族自治区文化厅、广西壮族自治区文物局：《左江右江流域考古》，广西科学技术出版社，2015年。

托广西文物保护与考古研究所承担该项课题，旨在系统梳理左江流域古代文化的分布范围、文化内涵、发展序列等问题，并通过考古材料与岩画的关联性研究，进一步厘清岩画产生的历史背景、岩画的年代、岩画的族属等问题，弥补左江花山岩画周边考古学文化研究的不足，增强左江花山岩画价值信息来源真实度和可信度，为申遗提供科学翔实的基础性资料。在广西壮族自治区文化厅、文物局的统一部署下，广西文物保护与考古研究所联合中国社会科学院考古研究所、南宁市博物馆、崇左市壮族博物馆、百色市文物管理所、广西师范大学历史文化与旅游学院及崇左各县区文物部门的20位专家学者，组成左江流域考古调查与试掘课题组，于2013年8月至2016年1月间在龙州、宁明、江州、扶绥等地开展了长期广泛深入的考古调查和发掘工作（2010年考古工作者曾对左江流域组织过一次短期考古调查），并取得了一系列重要成果。

2013~2016年的野外考古工作分两部分进行，一是考古调查，二是考古试掘。

考古调查工作主要在前期进行。尤其是2013年8~12月，课题组集中主要精力，投入大量的人力，对已有遗址进一步核实，并发现了8处重要的新遗址。2014年和2015年每年都组织进行1至2个月的调查，其中2014年发现了3个新遗址，2015年发现了4个新遗址，另外还发现了一些石器散布点。

三年来，课题组对整个左江两岸5千米范围内的区域进行了细致的考古调查，重点复查了沿江岩壁画点80多处，调查周边洞穴、谷地、台地以及河流交汇处阶地共400多处。调查结果表明，所有遗址中贝丘遗址占多数。这些遗址的发现对全面了解左江流域古代文化发展状况，尤其是岩画周边古代文化的分布情况具有重要价值，为厘清岩画发展的历史脉络提供了真实宝贵的资料。至此，左江流域发现的遗址达30多处（见后文图二）。

在广泛开展调查的同时，试掘工作也在有计划性、有针对性地推进。由于这次考古的首要目的是助力左江花山岩画文化景观申报世界文化遗产，因此考古试掘的地点是在充分调查的基础上，综合考虑以下因素后选定的：第一，需要考虑遗址保存的状况，希望通过对一些保存状况较完好的遗址进行试掘，以获取更多有价值的考古信息；第二，要考虑遗址与岩画的距离，希望通过试掘一些与岩画较近的遗址，以便建立起岩画与考古遗址的联系；第三，要考虑遗址与岩画共时性问题，对与岩画同时期的遗址尽量进行试掘；第四，希望从宏观的角度，了解岩画产生的历史背景，所以选取各个不同时期的遗址进行试掘。

试掘工作最早从龙州县沉香角岩厦遗址开始。由于沉香角岩厦遗址正好位于岩画下方，而且调查时在地表采集到了赭红色的矿物质，考古队员们推测这种矿物质可能与岩画原料有关。试掘工作从2013年8月下旬开始，9月初结束，历时10多天。经过试掘，考古队确认该遗址原生堆积已被破坏，而且遗物也比较少。

在结束沉香角岩厦遗址的试掘后，队员们转往附近的龙州宝剑山A洞洞穴遗址进行发掘。宝剑山A洞洞穴遗址离岩画很近，只有10多米。洞口离江面约10m，临江岩壁几乎是垂直的，洞穴内堆积没有受到村民生产生活的太大影响，保存较好。试掘工作从9月初开始，于10月上旬结束，持续了一个多月（彩版一）。该遗址堆积很厚，下部为贝丘遗址地层，上部叠压着岩洞葬地层，出土的遗物也很丰富，很多类型的遗物都是广西考古的首次发现。广西壮族自治区文物局领导和有关专家亲临现场视察后，认为该遗址十分重要，决定不再扩大发掘面积，试掘的探方不回填，保留探方剖面以便日后专家现场参观考察。时任广西壮族自治区人民政府副主席李康和时任国家文物局局长励小捷等领导也对此次发掘的价值给予了充分的肯定，各级媒体对该遗址发掘也给予了很强的关注（彩版二至四）。

随后，队员们又决定选取龙州无名山遗址进行试掘。无名山遗址是在试掘宝剑山A洞遗址期间发现的，位于无名山岩画附近，离村庄比较远，保存较好。试掘工作从2013年10月下旬开始，11月上旬结束，历时20多天。发现了两个时期的地层堆积，上部为汉代地层，下部为新石器时代地层，出土的遗物也比较多。汉代地层的发现意义重大，是左江花山岩画附近第一次正式发掘确定的汉代地层，虽然出土的汉代遗物不多，但证实了岩画附近汉代有人类活动，为寻找岩画的主人迈开了第一步。

在无名山遗址试掘过程中，课题组就开始积极与当地政府和村民筹划发掘左江流域唯一汉代城址——庭城遗址的相关事宜。由于部分村民不支持对该遗址进行发掘，前期工作推进缓慢。经过各级政府和相关人员的共同努力，终于在12月初开始试掘，试掘持续了一个多月，于2014年1月结束。虽然此次试掘的面积较小，但发现了灰坑、柱洞等遗迹，出土了大量的瓦件和少量其他遗物，初步弄清楚了遗址的性质和年代等问题。2014年12月~2015年1月，课题组对庭城遗址进行了第二次试掘（彩版五、六），这次试掘面积较大，发现的遗迹很多，包括柱洞、灰坑等。本次发掘确认该遗址包含了唐代、汉代及新石器时代三个时期的遗存，以汉代遗存为主。不少汉代的柱洞直径很大且很深，显示出当时的建筑规模宏大。第二次试掘，进一步明确了城址的年代和性质等问题。但由于发掘面积仍然有限，对城内建筑布局、结构、功能等问题了解得还不是很清楚。

2015年1月~2月，对新发现的根村新石器时代贝丘遗址进行了试掘，试掘了两条探沟。该遗址也保存较好，最厚的堆积近3m，出土的石器及水陆生动植物遗骸很多，还发现有墓葬。

2015年11月，对大湾新石器时代贝丘遗址进行了试掘，布探方两个，发现了墓葬和灰坑等遗迹现象，出土了大量的石器和动物遗骸等。

2015年12月~2016年1月，对左江支流平而河下游发现的坡叫环新石器时代贝丘遗址进行了试掘。该遗址堆积很厚，地层堆积分层达16层，各层之间分层明显。发现了小型石器加工场、墓葬、灰坑等遗迹现象，出土了大量的石器、蚌器、水陆生动植物遗骸等，整个文化面貌与附近其他遗址存在一定的差别。

对上述遗址的测年、孢粉分析、水陆生动物遗骸鉴定等工作早在2015年之前就已着手进行，但正式的考古资料整理工作则是从2016年2月才全面启动。整理的对象包括无名山遗址、宝剑山A洞遗址、根村遗址、沉香角遗址、大湾遗址、庭城遗址、坡叫环遗址等试掘获得的资料以及沿江调查获取的资料。整理基础性工作不仅包括对不同遗址的标本进行清洗、编号、测量、分类、统计、制表、修复、描述、绘图、描图等，也包括对遗迹现象的统计、分析、描图等。在完成这些基础工作后，再对上述遗址的文化面貌、文化特征、年代等进行分析，最后进行报告编写。由于队员们需要同时兼顾所在单位的大量日常工作，资料的整理只能断断续续进行。但课题组排除种种困难，终于在2017年12月完成了全部的基础资料整理工作，2018年8月完成报告的初稿。

本报告只对考古发掘的材料进行介绍（考古调查的材料以后再以简报的形式介绍）。报告的重点主要包括五个方面的内容：一是上述发掘遗址（沉香角遗址除外，因该遗址没有原生地层，以后将另行介绍）基本材料的介绍，包括地理位置、地层堆积、遗迹、遗物、文化内涵、年代判断等内容；二是整个左江流域新石器时代至汉代考古学文化的特征分析，包括文化内涵、分期等；三是左江流域古代文化与周边文化的关系研究，主要对左江流域、邕江流域、右江流域、红水河流域和东南亚等地的古代文化进行初步的比较研究。四是对左江流域史前石器制作技术进行研究。五是对左江流域贝丘遗址动植物遗存的研究。由于本书主要内容是2013~2016年期间为围绕左江花山岩画文化景观申报世界文化遗产进行的考古工作所得的资料，因此我们将书名定为《广西左江花山考古（2013~2016）》。

第五节　遗物描述的原则和分类

本报告中，对遗物描述所遵循的原则为先总后分，按照类、型的分类次序，先后依次进行介绍，并根据实际情况，尽可能多地选取具有代表性的标本进行描述，以便为读者进行较为详细的介绍。由于是对各个遗址进行统一分类，所以有必要在这里对有关器物的定义和分类标准统一做出说明。报告在设计有关器物的定义和分类标准时参考了《百色革新桥》[1]一书的相关定义和标准，并根据左江流域的具体情况，对部分器物的定义和分类标准进行了新的界定。

一　相关石制品的定义

在本报告中，对石制品进行的分类，与传统的分类方法基本相同，但是对于某些类型的界定，则不一定完全相同，为了方便读者深入了解相关情况，特意说明如下。

1. 石制品的界定

关于石制品的定义，学界一般认为有狭义和广义之分，狭义的石制品专指具有人工痕迹的石质遗物；而广义的石制品，除了具有人工痕迹的石质遗物外，还包括没有人工痕迹但明显是经过人类行为作用的遗物，如制作石器的原料等。本报告采用广义石制品的概念。

[1] 广西文物考古研究所：《百色革新桥》，文物出版社，2012年。

2. 石锤的界定

本报告中，按使用痕迹将石锤分为锤击、砸击和兼用三大类型，其中锤击石锤是指使用直接锤击法加工石器的石锤，本身具有片疤，片疤较小且外周缘钝厚，片疤面与器身的夹角很大；砸击石锤是指使用部位留有粗深坑疤的石锤，坑疤通常呈黄豆或米粒状；兼用石锤是指某些石制品除了自己的主要功能外有时候也作为石锤使用。

3. 石片石锤的界定

石片石锤，是一类特殊的砸击石锤。与其他石锤多利用砾石或石核作为素材不同，此类石锤的素材均为石片。使用部位为石片的周边，位置并不固定，石片的远近端和左右两侧均发现有使用的例子，一般以远端和左右两侧的使用较多，近端的使用较少。使用痕迹体现为粗深的坑疤，坑疤通常呈细芝麻点状；由于是利用石片边缘作为使用载体，所以使用疤痕均呈条状，疤痕的两侧往往分布有较多细小的崩疤；原来石片锋利的边缘，在作为石片石锤使用之后，均变得圆钝。

4. 间打器的界定

间打器是一种间接打击石锤，用于石器的精细加工。

5. 砺石的界定

砺石，是指在制作磨制石器的过程中，用于磨砺石器毛坯以使石器表面变得光滑美观的工具或器物。砺石的器身，多呈一面或两面扁平的形状，绝大多数都有不同程度的残缺，残缺部位的特征通常是断裂面。

6. 磨石的界定

磨石，是一类特殊的砺石，以砾石为原料，体型不大，器身圆厚，其角端或侧边有光滑磨面。与磨面相对应的一边没有平整的面，不能够像砺石那样固定于地面使用，而是用手拿着去磨砺器物，属于“主动砺石”。

7. 窄槽砺石的界定

窄槽砺石，也是一类特殊的砺石，是一种专门用来磨制凹刃工具的砺石，以砂岩或泥岩质的砾石或岩块为原料，体型大小不一，器身扁薄，分布有数量不等的长条形的磨痕。窄槽砺石器身形状不一，使用痕迹为磨痕，磨痕窄长，两侧深凹，中间弧凸。被磨制的工具形状多为管状，质地可能主要为骨器或竹器。

8. 磨制石器毛坯、半成品和成品的界定

毛坯，是指磨制石器制作过程中只经过打制阶段的初级产品，未经过磨制；半成品是指打制好的毛坯经过了磨制，但刃部尚未完全磨好的产品；成品则是指刃部完全磨制好的产品。

从器身的形状和加工的程度来看，斧锛类毛坯、半成品（含残件）已能够分清刃部和端部，但由于石斧、石锛毛坯和半成品在最后磨制的过程中存在着不确定性，即刃面尚未完全形成，也就使我们无法判断器物最终是斧还是锛。因此本报告将石斧、石锛成品（含残件）单列，而将毛坯、半成品（含残件）统一归类到斧锛类来加以描述。

9. 石凿的界定

在制作工艺方面，石凿的制作与石斧、石锛并无明显差别，只是在形体方面，石斧、石锛器身相对显得要宽大、扁薄一些，而石凿器身则相对显得要窄小、钝厚一些。

10. 残件的界定

残件指在制作和使用工具的过程中，因断裂等原因，不能进一步加工或使用的器身残留部分，包括整体、中段、刃部、把端等。

由于左江流域新石器时代遗址磨制石器成品加工的最大特点是：只磨制刃部，因此，对于把端和中段残件，无论是成品、半成品，或者是毛坯本身，除了部分本身有磨痕的可以归入半成品外，其余的部分已经无法区分清楚。所以本报告中，将磨制石器斧锛类成品、半成品和毛坯三个类型的把端和中段残件，除了有磨制痕迹的之外，统一归类到毛坯残件来加以描述。

11. 研磨器的界定

本报告中，对于研磨器的定义和分类，完全采用的是《百色革新桥》中关于研磨器的标准，分为成品、半成品和毛坯三个类型加以描述。

12. 断块的界定

断块指在石器的制作过程中，因为原料本身具有节理面或结构面，或者是承受不了巨大的打击力度，而断裂、破碎所形成的块状或片块状的废品，长度多在5cm以上。一般而言，断块可以分为两大类：一是加工石器的过程中，由石器本身剥离的“边角料”；二是加工工具（包括石锤、石砧、砺石等）在使用过程中因受力过大破碎而形成的废品。

二 相关石制品的分类

本报告中，石制品的分类原则为先总后分，按照类、型的分类次序，先后依次进行介绍，部分石制品可以分出亚型，则先分亚型，再分次亚型。所有遗址的石制品均按以下标准进行统一分类。

（一）加工工具的分类

本报告中，加工工具包括石锤、石砧和砺石三大类。

1. 石锤（间打器）

石锤（间打器）的分类，先是按照使用痕迹的不同情况，将之分为锤击（A型）、砸击（B型）和兼用（C型）三个大型；其次按照使用部位的不同，分出单面（a型）、双面（b型）、多面（c型）三亚型；再按照器身形状的不同，分为三角柱状（Ⅰ型）、方柱状（Ⅱ型）、扁柱状（Ⅲ型）、圆柱状（Ⅳ型）、椭圆柱状（Ⅴ型）、扁长状（Ⅵ型）、扁圆状（Ⅶ型）、椭圆扁状（Ⅷ型）和不规则形状（Ⅸ型）九个次亚型。

2. 石片石锤

均属于砸击类型，按照使用部位的不同，先分出单边（A型）、双边（B型）、多边（C型）

三个大型；再按照器身形状的不同，分为三角形（a 型）、四边形（b 型）、梯形（c 型）、圆形（d 型）、半圆形（e 型）、椭圆形（f 型）、扇贝形（g 型）、长条形（h 型）和不规则形（i 型）九个亚型。

3. 石砧

石砧的分类，先是按照使用部位不同的情况，将之分为单面（A 型）、双面（B 型）、多面（C 型）和兼用（D 型）四个大型；其次按照使用痕迹的不同，分出坑疤型（a 型）、窝痕型（b 型）、组合型（c 型）三个亚型；再按照器身形状的不同，分为三角形（Ⅰ型）、四边形（Ⅱ型）、梯形（Ⅲ型）、圆形（Ⅳ型）、半圆形（Ⅴ型）、椭圆形（Ⅵ型）、长条形（Ⅶ型）和不规则形（Ⅷ型）八个次亚型。

4. 砺石（窄槽砺石、磨石）

砺石（窄槽砺石、磨石）的分类，先是按不同的使用痕迹，将之分为单面（A 型）、双面（B 型）、多面（C 型）和兼用（D 型）四个大型；其次按照使用痕迹的不同，分出平面型（a 型）、弧面型（b 型）、组合型（c 型）三个亚型；再按照器身形状的不同，分为三角形（Ⅰ型）、四边形（Ⅱ型）、梯形（Ⅲ型）、圆形（Ⅳ型）、半圆形（Ⅴ型）、椭圆形（Ⅵ型）、长条形（Ⅶ型）和不规则形（Ⅷ型）八个次亚型。

（二）打制石制品的分类

本报告中，打制石制品包括石核、石片、砍砸器、刮削器和尖状器五大类。

1. 石核

石核的分类，先是按使用部位的不同，将之分为单面（A 型）、双面（B 型）、多面（C 型）和兼用（D 型）四个大型；再按照器身形状的不同，分为三角形（a 型）、四边形（b 型）、梯形（c 型）、圆形（d 型）、半圆形（e 型）、椭圆形（f 型）、长条形（g 型）、圆柱状（h 型）和不规则形（i 型）九个亚型。

2. 石片

石片的分类，先是按打制方法的不同，将之分为锤击（A 型）、砸击（B 型）、碰砧（C 型）和摔击（D 型）四个大型；其次按照器身打击台面和背面片疤的不同情况，分为以下五个亚型。

a 型：台面和背面完全保留自然砾面；

b 型：台面保留自然砾面，背面保留部分自然砾面；

c 型：台面保留自然砾面，背面不保留自然砾面；

d 型：台面不保留自然砾面（片疤台面），背面完全保留自然砾面；

e 型：台面不保留自然砾面（片疤台面），背面保留部分自然砾面；

f 型：台面不保留自然砾面（片疤台面），背面不保留自然砾面。

在分出亚型的基础上，再按照器身形状的不同，分为三角形（Ⅰ型）、四边形（Ⅱ型）、梯形（Ⅲ型）、圆形（Ⅳ型）、半圆形（Ⅴ型）、椭圆形（Ⅵ型）、扇贝形（Ⅶ型）、长条形（Ⅷ型）、心形（Ⅸ型）、梭形（Ⅹ型）和不规则形（Ⅺ型）十一个次亚型。

3. 砍砸器

砍砸器的分类，先按照器身刃口数量的不同，分为单边（A型）、双边（B型）、多边（C型）、盘状（D型）四大型。单边（A型）按照刃缘特征的不同，分出直刃（a型）、弧刃（b型）、凹刃（c型）三个亚型；双边（B型）按照刃缘特征的不同，分出双直刃（a型）、双弧刃（b型）、双凹刃（c型）、组合型刃（d型）四个亚型；多边（C型）按照刃缘特征的不同，分出三直刃（a型）、三弧刃（b型）、三凹刃（c型）、组合型刃（d型）四个亚型；盘状（D型）按照刃缘特征的不同，分出四直刃（a型）、四弧刃（b型）、四凹刃（c型）、组合型刃（d型）四个亚型；在分出亚型的基础上，再按照器身形状的不同，分为三角形（Ⅰ型）、四边形（Ⅱ型）、梯形（Ⅲ型）、圆形（Ⅳ型）、半圆形（Ⅴ型）、椭圆形（Ⅵ型）、长条形（Ⅶ型）和不规则形（Ⅷ型）八个次亚型。

4. 刮削器

刮削器的分类，与砍砸器的分类基本上相同，也是先按照器身刃口数量的不同，分为单边（A型）、双边（B型）、多边（C型）、盘状（D型）四个大型。单边（A型）按照刃缘特征的不同，分出直刃（a型）、弧刃（b型）、凹刃（c型）三个亚型；双边（B型）按照刃缘特征的不同，分出双直刃（a型）、双弧刃（b型）、双凹刃（c型）、组合型刃（d型）四个亚型；多边（C型）按照刃缘特征的不同，分出三直刃（a型）、三弧刃（b型）、三凹刃（c型）、组合型刃（d型）四个亚型；盘状（D型）按照刃缘特征的不同，分出四直刃（a型）、四弧刃（b型）、四凹刃（c型）和组合型刃（d型）四个亚型；在分出亚型的基础上，再按照器身形状的不同，分为三角形（Ⅰ型）、四边形（Ⅱ型）、梯形（Ⅲ型）、圆形（Ⅳ型）、半圆形（Ⅴ型）、椭圆形（Ⅵ型）、长条形（Ⅶ型）和不规则形（Ⅷ型）八个次亚型。

5. 尖状器

尖状器的分类，先是根据刃尖数量的不同，分为单尖（A型）、双尖（B型）两个大型。单尖（A型）根据尖部的形态特征，分为锐尖（a型）、钝尖（b型）和舌尖（c型）三个亚型；双尖（B型）根据尖部的形态特征，分为双锐尖（a型）、双钝尖（b型）、双舌尖（c型）和组合型尖（d型）四个亚型；之后再按照器身形状的不同，分为三角形（Ⅰ型）、四边形（Ⅱ型）、梯形（Ⅲ型）、圆形（Ⅳ型）、半圆形（Ⅴ型）、椭圆形（Ⅵ型）、长条形（Ⅶ型）和不规则形（Ⅷ型）八个次亚型。

（三）磨制石制品的分类

本报告中，磨制石制品包括石斧（含成品、残件）、石锛（含成品、残件）、斧锛类半成品（含完整件、残件）、斧锛类毛坯（含完整件、残件）、石凿（含成品、半成品、毛坯、残件）、研磨器（含成品、半成品、毛坯、残件）、石拍（含成品、残件）七大类。

1. 石斧

石斧的分类，先是根据器身保存完残情况的不同，分为完整件和残件两大类。完整件根据刃缘情况的不同，可以分为直刃（A型）、弧刃（B型）、凹刃（C型）三大型；再按照器身形状的不同，分为三角形（a型）、四边形（b型）、梯形（c型）、圆形（d型）、半圆形（e型）、椭圆形（f型）、长条形（g型）、凸字形（双肩，h型）和不规则形（i型）九个亚型。残件根据可辨部位的不同情况，分为局部残（A型）、半残（B型）两大型；再按照器身形状的不同，分为三角形（a型）、四边形（b型）、梯形（c型）、圆形（d型）、半圆形（e型）、椭圆形（f型）、长条形（g型）和不规则形（h型）八个亚型。至于把端和中段部位，因没有办法区分是成品还是半成品或者毛坯的把端和中段，因此采取以下标准：把端和中段本身有磨痕的，归入半成品残件；把端和中段本身没有磨痕的，归入毛坯残件。

2. 石锛

石锛的分类，先是根据器身保存完残情况的不同，分为完整件和残件两大类。完整件根据刃口数量的不同，可分为单刃（A型）和双刃（B型）两大型；单刃（A型）根据刃缘特征的不同，可以分为直刃（a型）、弧刃（b型）、凹刃（c型）三个亚型；双刃（B型）按照刃缘特征的不同，分出双直刃（a型）、双弧刃（b型）、双凹刃（c型）、组合形刃（d型）四个亚型；再按照器身形状的不同，分为三角形（Ⅰ型）、四边形（Ⅱ型）、梯形（Ⅲ型）、圆形（Ⅳ型）、半圆形（Ⅴ型）、椭圆形（Ⅵ型）、长条形（Ⅶ型）、凸字形（双肩，Ⅷ型）和不规则形（Ⅸ型）九个次亚型。残件根据可辨部位的不同情况，分为局部残（A型）、半残（B型）两大型；再按照器身形状的不同，分为三角形（a型）、四边形（b型）、梯形（c型）、圆形（d型）、半圆形（e型）、椭圆形（f型）、长条形（g型）和不规则形（h型）八个亚型。至于把端和中段部位，本身有磨痕的，归入半成品；没有磨痕的，归入毛坯残件。

3. 石凿

石凿的分类，先是根据器身制作程度的不同，分为成品、半成品、毛坯和残件四类。成品、半成品和毛坯可以根据刃口成型与否的不同情况，可以细分为刃口已成型（A型）、刃口未成型（B型）两型。刃口已成型的（A型），再根据刃口形状的不同情况，可以细分为直刃（a型）、弧刃（b型）和凹刃（c型）三个亚型；最后再按照器身形状的不同，分为三角形（Ⅰ型）、四边形（Ⅱ型）、梯形（Ⅲ型）、圆形（Ⅳ型）、半圆形（Ⅴ型）、椭圆形（Ⅵ型）、长条形（Ⅶ型）和不规则形（Ⅷ型）八个次亚型。刃口未成型的（B型），按照器身形状的不同，分为三角形（a型）、四边形（b型）、梯形（c型）、圆形（d型）、半圆形（e型）、椭圆形（f型）、长条形（g型）和不规则形（h型）八个亚型。残件根据可辨部位的不同情况，分为局部残（A型）、半残（B型）两大型，再按照器身形状的不同，分为三角形（a型）、四边形（b型）、梯形（c型）、圆形（d型）、半圆形（e型）、椭圆形（f型）、长条形（g型）和不规则形（h型）八个亚型。对于把端和中段部位，因没有办法区分是成品还是半成品或者毛坯的把端和中段，因此采取以下标准：把端本身有磨痕的，归入半成品残件；把端本身没有磨痕的，归入毛坯残件。

4. 斧锛类半成品

斧锛类半成品的分类，先是根据器身保存完残情况的不同，分为完整件和残件两类。完整件根据刃口成型与否的不同情况，可以分为刃口已成型（A 型）、刃口未成型（B 型）两大型。刃口已成型的（A 型），根据刃口形状的不同情况，可以细分为直刃（a 型）、弧刃（b 型）和凹刃（c 型）三个亚型；再按照器身形状的不同，分为三角形（Ⅰ型）、四边形（Ⅱ型）、梯形（Ⅲ型）、圆形（Ⅳ型）、半圆形（Ⅴ型）、椭圆形（Ⅵ型）、长条形（Ⅶ型）和不规则形（Ⅷ型）八个次亚型。刃口未成型的（B 型），按照器身形状的不同，分为三角形（a 型）、四边形（b 型）、梯形（c 型）、圆形（d 型）、半圆形（e 型）、椭圆形（f 型）、长条形（g 型）和不规则形（h 型）八个亚型。残件根据可辨部位的不同情况，分为局部残（A 型）、刃端残（B 型）、两端残（C 型）、把端残（D 型）四大型。再按照器身形状的不同，分为三角形（a 型）、四边形（b 型）、梯形（c 型）、圆形（d 型）、半圆形（e 型）、椭圆形（f 型）、长条形（g 型）和不规则形（h 型）八个亚型。

5. 斧锛类毛坯

斧锛类毛坯的分类，先是根据器身保存完残情况的不同，分为完整件和残件两类。完整件根据刃口成型与否的不同情况，可以分为刃口已成型（A 型）、刃口未成型（B 型）两大型。刃口已成型的（A 型），根据刃口形状的不同情况，可以细分为直刃（a 型）、弧刃（b 型）和凹刃（c 型）三个亚型；最后再按照器身形状的不同，分为三角形（Ⅰ型）、四边形（Ⅱ型）、梯形（Ⅲ型）、圆形（Ⅳ型）、半圆形（Ⅴ型）、椭圆形（Ⅵ型）、长条形（Ⅶ型）和不规则形（Ⅷ型）八个次亚型。刃口未成型的（B 型），按照器身形状的不同，分为三角形（a 型）、四边形（b 型）、梯形（c 型）、圆形（d 型）、半圆形（e 型）、椭圆形（f 型）、长条形（g 型）和不规则形（h 型）八个亚型。残件根据可辨部位的不同情况，分为局部残（A 型）、刃端残（B 型）、两端残（C 型）、把端残（D 型）四大型。再按照器身形状的不同，分为三角形（a 型）、四边形（b 型）、梯形（c 型）、圆形（d 型）、半圆形（e 型）、椭圆形（f 型）、长条形（g 型）和不规则形（h 型）八个亚型。

6. 研磨器

研磨器的分类，先是根据器身制作程度的不同，分为成品、半成品、毛坯和残件四类。成品、半成品和毛坯按加工工艺的不同，分为加工端部（A 型）、加工侧边（B 型）和混合加工（C 型）三大型。加工端部型（A 型）按加工部位的不同，可细分为加工一端（a 型）和加工两端（b 型）两个亚型；加工侧边型（B 型）按加工部位的不同，可细分为加工一侧（a 型）和加工两侧（b 型）两个亚型；混合加工（C 型）按加工部位的不同，可细分为加工一端一侧（a 型）、加工一端两侧（b 型）、加工两端一侧（c 型）和加工两端两侧（d 型）四个亚型。再按照器身形状的不同，分为三角柱状（Ⅰ型）、方柱状（Ⅱ型）、扁柱状（Ⅲ型）、圆柱状（Ⅳ型）、椭圆柱状（Ⅴ型）和扁长形（Ⅵ型）六个次亚型。残件根据可辨部位的不同情况，分为局部残（A 型）、半残（B 型）

两大型。把端和中段因没有明显的可辨认依据，暂不列入。

三 骨蚌器的分类

（一）蚌器分类

1. 锯齿刃蚌器

根据有无穿孔，可分为A、B两型。A型为不穿孔锯齿刃蚌器，又可分为Aa、Ab亚型。其中Aa型为利用整面蚌壳制作而成，Ab型为截取部分蚌壳制作而成。B型为穿孔锯齿刃蚌器。

2. 双肩蚌铲

根据肩部形态，可分为A、B、C三型。A型为双平肩，B型为双斜肩，C型为双溜肩。

3. 蚌刀

按照形状分为A、B、C三型。A型为近三角形，B型为近月牙形，C型近梯形。

4. 蚌勺

分为完整件和残件两大类。完整件先按照刃缘形态的不同，分为弧刃（A型）、平直刃（B型）、斜直刃（C型）、凹刃（D型）四大型，然后再依据柄的顶部特征分为柄尖顶（a型）、柄平顶（b型）、柄弧顶（c型）三个亚型；再次，在各亚型基础上按照器物平面形状的不同，分为三角形（Ⅰ型）、四边形（Ⅱ型）、梯形（Ⅲ型）、椭圆形（Ⅳ型）、长条形（Ⅴ型）、不规则形（Ⅵ型）六个次亚型。残件按照残缺部位的不同分为柄端残缺（A型）、刃端残缺（B型）及柄端、刃端皆残断（C型）三大型。柄端残缺（A型）再按照刃缘形态不同分为弧刃（a型）、平直刃（b型）、斜直刃（c型）、凹刃（d型）四个亚型，然后再按照平面形状不同，分为三角形（Ⅰ型）、四边形（Ⅱ型）、梯形（Ⅲ型）、椭圆形（Ⅳ型）、长条形（Ⅴ型）、不规则形（Ⅵ型）六个次亚型；刃端残缺（B型）再按照柄部特征不同分为柄尖顶（a型）、柄平顶（b型）、柄弧顶（c型）三个亚型，然后再按照平面形状不同，分为三角形（Ⅰ型）、四边形（Ⅱ型）、梯形（Ⅲ型）、椭圆形（Ⅳ型）、长条形（Ⅴ型）、不规则形（Ⅵ型）六个次亚型；C型按照平面形状不同，分为三角形（Ca型）、四边形（Cb型）、梯形（Cc型）、椭圆形（Cd型）、长条形（Ce型）、不规则形（Cf型）六个亚型。

5. 穿孔蚌器

这里仅指蚌壳身上有穿孔但器身周边无进一步加工者。由于发现数量少，没有做进一步的分类。

（二）骨器分类

1. 骨锥

根据器身形态不同，分为圆条形（A型）、扁圆形（B型）、梭形（C型）和柳叶形（D型）

四型。

2. 骨铲

由于只发现 1 件，没有分类。

四　陶瓷器的分类

由于出土陶瓷器的遗址较少，即使有陶瓷器出土者，不同遗址间陶瓷器类型差别也较大，因此其型式划分不做统一规定。

五　器物编号

每一件器物单独编号，每个标本编号由发掘年份 + 遗址编号 + 地层（或遗迹）编号 + 比号 + 标本顺序号几部分组成。如标本号 2013GLBA ②：12，“2013”为发掘年份，“GLBA”为探方号，分别为广西、龙州、宝剑山、A 洞遗址的第一个汉语拼音大写字母，“②”为地层号，“12”为该标本在第②层中的顺序号；又如标本号 2015GLP ②：25，“2015”为发掘年份，“GLP”为遗址编号，分别是广西、龙州、坡叫环遗址的第一个汉语拼音大写字母，“②”为地层号，“25”为该标本在第②层中的顺序号；再如，如标本 2013GLTH1：2，“2013”为发掘年份，“GLT”为遗址编号，分别是广西、龙州、庭城遗址的第一个汉语拼音大写字母，“H1”为一号灰坑编号，“2”为该标本在第一号灰坑的顺序号。

第二章　左江花山考古发掘（2013~2016）遗址综述

本章主要对2013~2016年发掘的宝剑山A洞遗址、无名山遗址、大湾遗址、根村遗址、坡叫环遗址和庭城遗址共六个遗址的材料分别进行详细叙述，内容主要包括遗址的地理位置、自然环境、工作过程、地层堆积、遗迹、文化遗物、自然遗物、年代判断、遗址分期、文化内涵和主要特征等。这几个遗址均位于龙州县境内（图二）。

宝剑山A洞遗址、无名山遗址、大湾遗址、根村遗址和坡叫环遗址的主体年代都属于新石器时代，堆积类型也比较相近，因此在分别介绍这些遗址时，对遗迹和遗物的介绍尽量采取统一的格式。先对所有的遗迹进行介绍，然后对遗物进行介绍。为了尽可能地对出土的遗物做比较全面客观而又不至于过分烦琐的介绍，我们根据地层堆积和遗物特征等方面的不同将遗址划分为多个文化层，每个文化层的遗物分别介绍。每个文化层尽量选取多一点的标本进行介绍，遇到部分遗址某些文化层的同类型器物实在太多时，则只选取部分典型器物进行介绍。庭城遗址属于历史时期的遗址，我们则先对其进行分期，然后再对不同时代的遗迹和遗物分别加以介绍。

第一节　宝剑山A洞遗址

一　地理位置、地形地貌及布方情况

宝剑山A洞遗址位于广西壮族自治区龙州县上金乡两岸村小岸屯左江右岸、宝剑山岩画南面约5m的崖壁下岩洞内，北距宝剑山B洞遗址约80m。以遗址正前方10m江面船上为测点，地理坐标为北纬22°21′26.1″、东经107°01′57.1″，海拔115m。遗址所处的宝剑山为南北向的峰丛，东面临江，隔江为左江江岸一级台地。遗址东北隔江距小岸屯2千米，北距荷村1.7千米，距离上游沉香角岩画点2.3千米，下游1.2千米处是水岩山岩画点（图三；彩版七；彩版八，1）。

洞口距2013年洪汛期最高水位约10m，东南朝向。洞内面积约120m^2，分为外洞和内洞，外洞宽敞，内洞狭长。

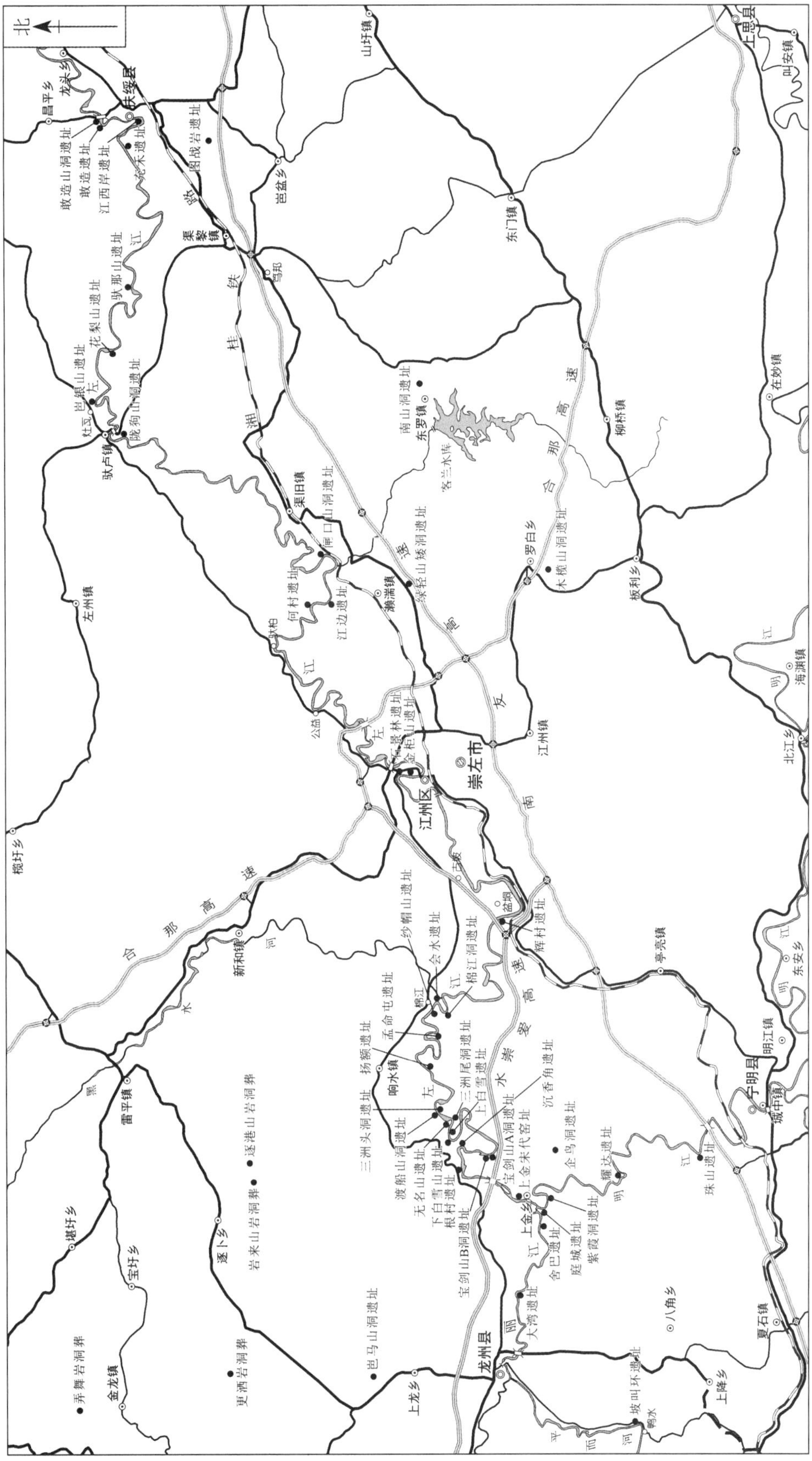

图二　左江流域主要古代遗址分布示意图

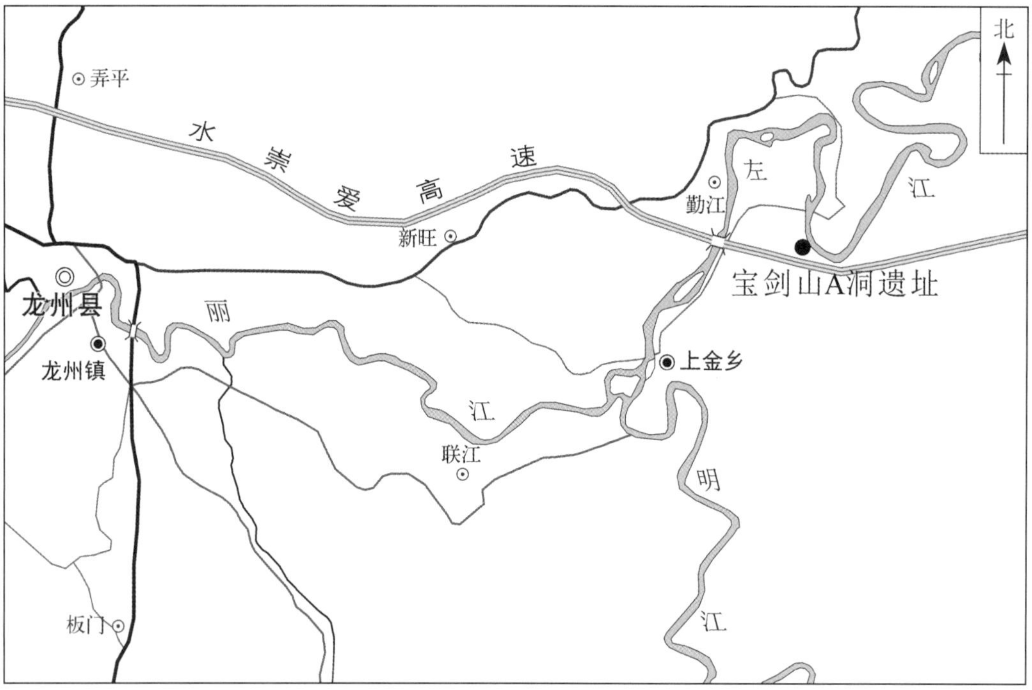

图三 宝剑山 A 洞遗址地理位置示意图

2013 年 9~10 月，课题组对该遗址进行试掘。在洞内中心位置布正南北向 5m × 5m 和 2m × 2m 的探方各 1 个，实际发掘面积 $20m^2$（图四）。

二 地层堆积

遗址文化层堆积丰富，保存现状较好。试掘区域地势由西向东倾斜，根据土质、土色及包含物不同，地层自上而下共分九层。以 T1 西壁为例说明（图五；彩版八，2）。

第①层：表土层。土色呈灰黑色，土质疏松，无文化遗物。整个地层厚 2~10cm。探方东南角由于村民乱掘，缺失。

第②层：淤沙层。土色呈灰黄色，土质疏松，发现淤泥堆积和人类食用后遗留的螺蚌壳。包含物有人骨、陶片、石制品、蚌器等。陶器以夹砂陶居多，纹饰以绳纹为主，见少量刻划的“S”形纹和曲折纹。出土的陶罐（残）、动物骨骼、人骨、蚌器和石制品等主要分布在探方北部。此外，由于文化层被水冲刷严重，人骨和动物骨骼凌乱地散落在探方的各个角落。整个地层厚 12~26cm。探方东南角由于村民乱掘，缺失。

第③层：淤沙层。土色呈灰黄色，土质较疏松，含沙量大。包含物有夹砂陶片、人骨、螺蚌壳和水陆动物遗骸等。西北角局部发现少量红烧土块。整个地层厚 4~24cm。探方东南角由于村民乱掘，缺失。

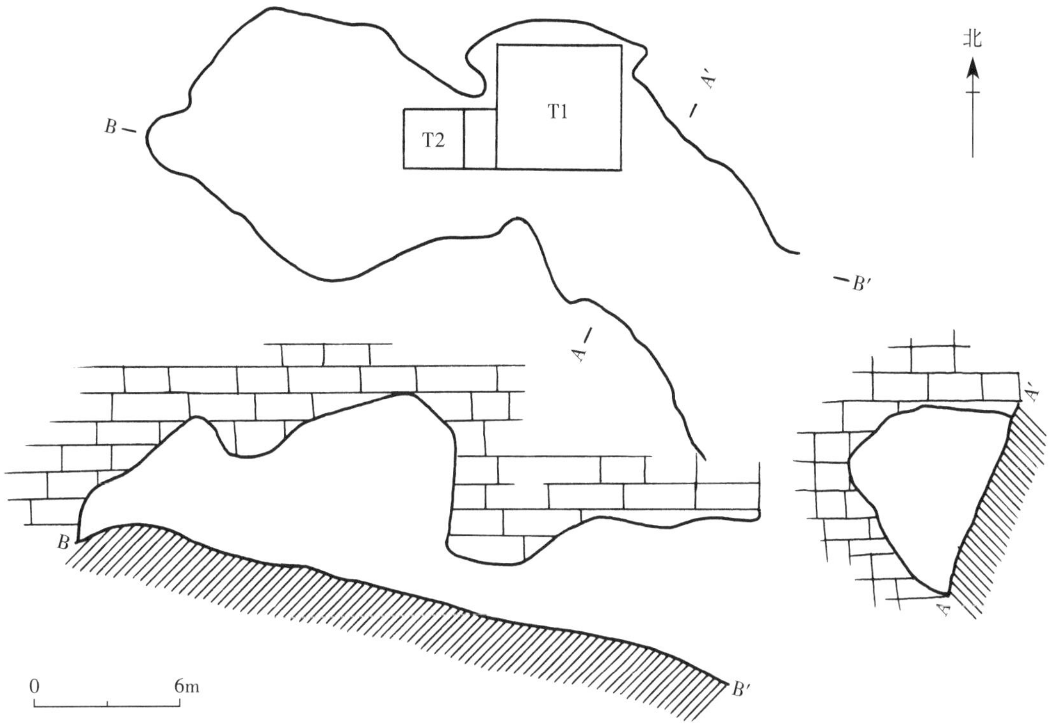

图四　宝剑山 A 洞遗址探方分布示意图

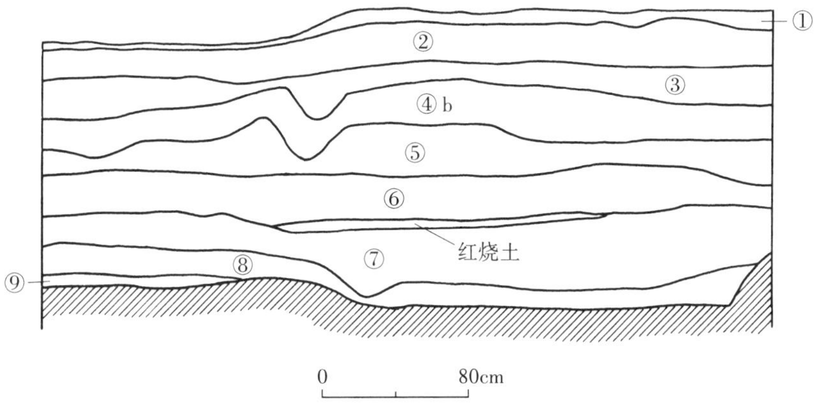

图五　宝剑山 A 洞遗址 T1 西壁剖面图

第④层：共分为④ a 层和④ b 层。

④ a 层仅分布在探方的东北角，是一块钙化板。分布面积很小，约 0.4m^2。整个地层厚 0~4cm。

④ b 层是螺壳层。土色较杂，灰黄色和灰黑色土混杂，以灰黑色为主。土质疏松。包含物主要有蚌器、石制品、动物骨骼、人骨和大量螺蚌壳等。整个地层厚 10~30cm。探方东南角由于村民乱掘，缺失。

第⑤层：淤沙层。土色呈黄褐色，夹杂少量红色土，土质较致密。包含物较少，仅发现少量螺蚌壳和石制品。红色土主要分布在探方西部和南部，夹杂少量螺壳。探方中部出现胶结土，夹杂少量螺壳。整个地层厚 8~30cm。

第⑥层：螺壳层。土色呈灰黑色，土质疏松。包含物有少量石制品、动物骨骼、陶片、蚌器及大量螺蚌壳等。整个地层厚 10~45cm。

第⑦层：亚黏土层。土色呈红褐色，土质较致密。包含物主要有少量螺蚌壳、石制品、蚌器、动物骨骼和红烧土等。在第⑦层面上发现厚 5~7cm 的红烧土。整个地层厚 15~36cm。

第⑧层：亚黏土层。土色呈灰褐色，土质较致密。包含物主要有少量螺蚌壳和石制品。整个地层厚 0~20cm。

第⑨层：亚黏土层。土色呈灰褐色，土质较致密。包含物主要有少量螺蚌壳和石制品。整个地层由西北往东南倾斜，厚 0~15cm。

第⑨层下为原生层。

三　遗迹

遗迹种类和数量均不多，只有墓葬和红烧土堆积两种类型。

（一）墓葬

在第②层、第③层中包含很多凌乱的人骨，应该是岩洞葬。由于后期破坏，无法了解单独个体的埋葬方式，只能分辨出个体的多少，在此仅做人骨鉴定的描述。在 T1 第⑤层以下螺壳堆积层内共发现 3 具人类遗骸，均不见墓圹，编号分别为 M1、M2 和 M3。

岩洞葬　第②层为灰色淤沙土，十分疏松，应为洪水冲击而形成。该地层中凌乱分布着较多人骨和陶器，参考以前其他地区考古发掘的情况，我们判断此处应为一处岩洞葬，因受到自然和人为的干扰，原来的尸体和器物遭到了较大的破坏，摆放的位置均发生了很大变化，现场很难判断每一根骸骨属于哪一个个体。后经室内整理，初步判断上下颌骨所示最小个体数为 9 例，髋骨所示最小个体数为 5 例，肱骨所示最小个体数为 3 例，跟骨所示最小个体数为 5 例。因此，目前可确认的第②层中人骨最小个体数为 9 例（图六；彩版九，1）。

（1）1 号个体（2013GLBAT1 ② -1），男性，45 岁。骨骼较为破碎，仅保留少量头骨残片。下颌骨中，下颌体较为完整，左侧下颌支缺失，右侧下颌双侧第三臼齿均已萌出，但右侧第三臼齿有阻生现象，横出位。牙齿磨耗度，右侧 M_1 为 5 级，左侧 M_3 为 4 级，其他牙齿磨耗较重，无拔牙。肢骨较为破碎，仅保留部分肢骨残段，保存了右侧髋骨残片，可见耳状关节面和坐骨大切迹上半部分，可判断为男性特征。耳状关节面表面为光滑的平面，无细纹，局部有细小筛孔，属于中年个体。从股骨残段来看，该个体股骨非常发育。

（2）2 号个体（2013GLBAT1 ② -2），女性，成年。骨骼保存较为残破，仅保留少量头骨残片，

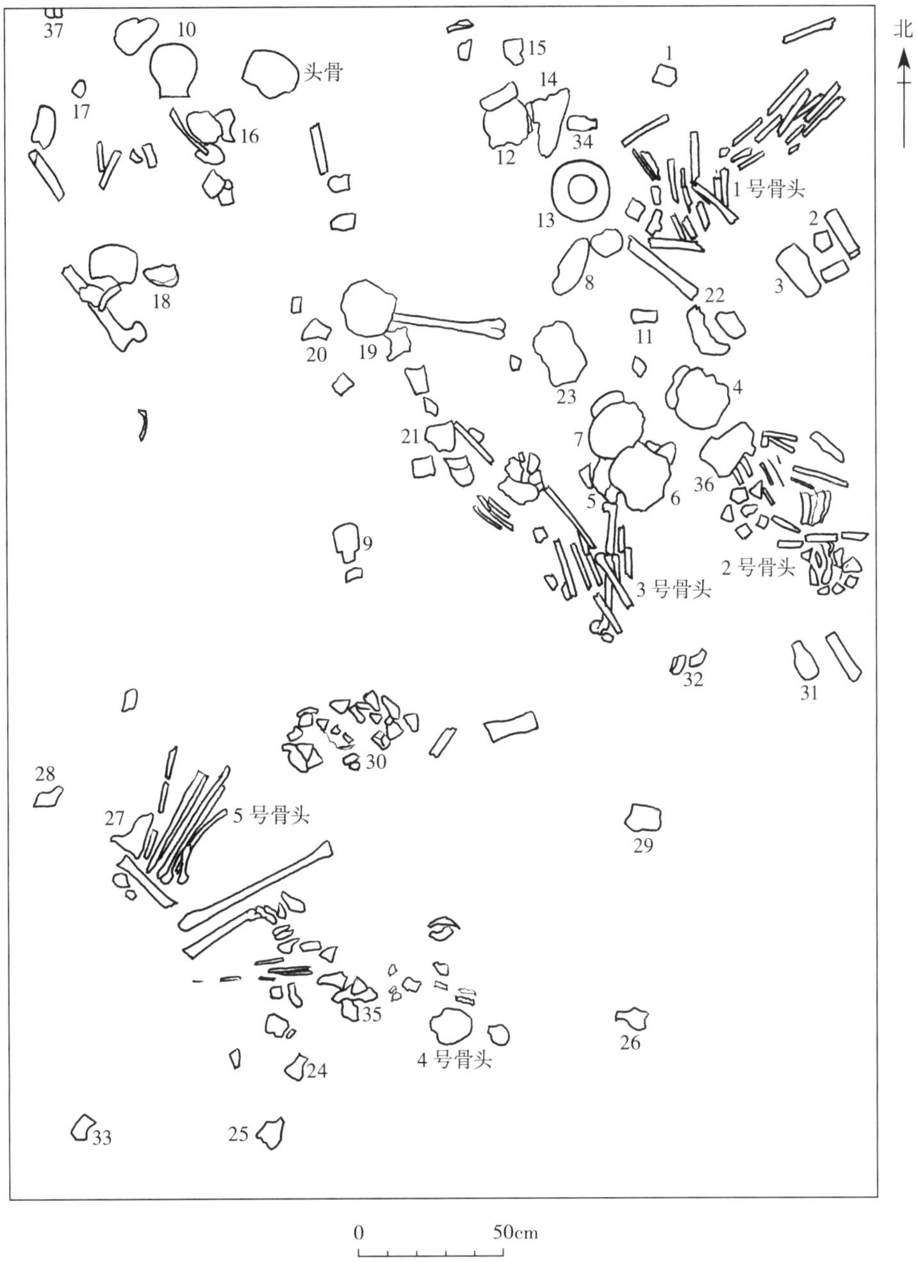

图六　宝剑山 A 洞遗址第②层面遗物平面分布图

1、2、14~17、19~23、27~30、32、34~36. 陶片　3、9、18、25、26、31. 蚌铲　4~7、10、12、37. 陶罐　8. 蚌刀　11、24. 石锛　13. 陶碗　33. 双肩蚌器（未编号者为人骨）

保存有右侧股骨中段，右侧颞骨乳突发育中等。枢椎尺寸较小，骨骼整体发育细弱。

（3）3 号个体（2013GLBAT1 ② –3），女性，成年。头骨保留有部分残片，左侧乳突发育中等，头骨骨壁较厚，下颌仅保留下颌体部，双侧下颌支缺失，无牙齿保留，双侧下颌 M_3 萌出，无横出位现象。肢骨较为破碎，保留有较完整的右侧尺骨，唯有远端残破。存有少量指骨。右侧股骨保留相对完整，但股骨头、颈和远端缺失。保存有右侧髌骨、右侧腓骨远端，以及右侧的跟骨和距骨。

（4）4号个体（2013GLBAT1②–4），女性，成年。骨骼残破，仅保留左下颌体。

（5）5号个体（2013GLBAT1②–5），女性（？），30~35岁。骨骼残破，仅可辨识残破的上下颌，保留了下颌体联合部及颏孔部，保留了右下M_1，磨耗度4级，保留了右上颌，牙齿有右上M^1、M^2和M^3齿根。M^1磨耗度4级，M^2磨耗度3级。

（6）6号个体（2013GLBAT1②–6），性别未知，成年。仅可辨识残破的左下颌，M_3萌出，但无牙齿保留。

（7）7号个体（2013GLBAT1②–7），男性，30岁左右。仅可辨识右下颌，保留右下P_1、M_1、M_2，M_3萌出但未保留。右下M_1磨耗度3级，M_2磨耗度3级。

（8）8号个体（2013GLBAT1②–8），性别未知，30岁左右。仅可辨识右上颌后牙齿槽部，右上M^1、M^2保留，M^3萌出但未保留。右上M^1磨耗度3级，右上M^2磨耗度3级。

（9）9号个体（2013GLBAT1②–9），男性，大于40岁。可辨识的骨骼为残破的下颌，下颌体保留，下颌支缺失，双侧中央门齿、侧门齿以及双侧第二臼齿齿槽闭合性吸收，下颌前部呈方形，左下M_1牙齿磨耗度4级强。

（10）10号个体（2013GLBAT1②–10），性别未知，成年。可辨识的骨骼为残破的下颌，右侧下颌体保留，下颌支冠突部保留，仅保留右下颌犬齿，右下M_2齿槽闭合，右下M_3萌出。

（11）11号个体（2013GLBAT1②–11），男性，35~40岁。可辨识的骨骼为残破的下颌，保留了左侧臼齿部下颌体，保留了大量M_1、M_2，M_3萌出。M_1磨耗度4级，M_2磨耗度4级。

（12）12号个体（2013GLBAT1②–12），性别未知，30~35岁。可辨识的骨骼为残破的下颌，保留了右下颌M_1、M_2。右下M_1磨耗度4级，右下M_2磨耗度3级。

（13）13号个体（2013GLBAT1②–13），女性，成年。头骨残破，仅见下颌体残片，前部尖形。保存了左侧股骨近侧端，股骨头颈较小。保留部分胸椎，椎体较小，上下缘平滑。其他肢骨均为残片。

（14）14号个体（2013GLBAT1②–14），男性，35岁左右。可辨识的骨骼为右侧下颌，冠突和髁突缺失，M_3萌出。右下M_2磨耗度4级。该下颌厚重粗大，下颌支较宽厚。

（15）15~19号个体（2013GLBAT1②–15、16、17、18、19），在北隔梁区域还出土了零散的人类骨骼遗骸，其中可辨识的尺骨代表4个个体，跟骨代表5个个体，下颌骨代表2个个体。但因个体杂乱，尚需进一步仔细辨识。5个个体均成年，但年龄未知，性别尚不清楚。其他骨骼所代表的个体尚不能互相匹配。

（16）20号个体（2013GLBAT1③–1），性别未知，8岁。仅存少量破碎骨骼。保留有顶骨、额骨残片，仅存右下颌残段，下颌支缺失。保留有乳右下M_2、恒右C和恒右M_1，恒右P_1尚未萌出。

（17）21号个体（2013GLBAT1③–2），女性，成年。保存有左侧股骨和一块胸椎体，还保存有右侧肱骨远端、右侧胫骨远端和残破的右侧距骨。

（18）22号个体（2013GLBAT1②–22），性别不明，12~15岁。保留有右上颌齿槽部，保

留有右上 M^1，磨耗度 1 级，有卡氏尖的存在。无腭圆枕，其他牙齿齿槽完好。保存有残破的右下颌，未见牙齿保存，仅保留右半部下颌体。另发现左侧未成年人股骨，保留了骨干上部和近侧端，可见清晰的骨骺，不见股骨头和大小转子。

M1　人骨位于 T1 东南角，位于第⑤层下，没有找到墓边。M1 人骨整体方向为北偏东 15°。人骨已残缺不全，上下肢骨大多断裂；左手被肢解，与弯曲的右臂置于右胸前；右手掌心压在左手掌上；右手肱骨放置身体右侧；残断的下肢体压放在腹部左侧。人骨周围土色为黄褐色和灰黑色土混杂，土质较致密，主要包含物为大量螺壳。人骨背部及周围均发现大量螺壳。从摆放位置看，M1 属于仰身屈肢葬。

人骨鉴定结果表明，骨骼保存状况较差。头骨较为破碎，保存有额骨、枕骨、顶骨残片。保存有残破的左右侧颞骨和蝶骨残部。下颌骨较为残破，仅保留下颌体和右侧下颌髁突部，牙齿磨耗较重，按吴汝康等专家的标准，左右侧下颌 M_1、M_2 牙齿磨耗度均达到 4 级强，左右侧下颌 M_3 磨耗度 4 级。其左侧下颌犬齿生前脱落，齿槽已吸收性闭合；右侧相应位置因残破而无法判断。左右侧下颌 P_1、P_2 保存。保留有右上颌 M^2，其磨耗度为 4 级强。该牙齿颊侧齿近中和远中部各有一个横向磨损的凹面，似为剔牙所致，其中远中部磨损的凹面较宽深。肢骨非常破碎，可辨识的有肱骨、桡骨骨干残段，左侧尺骨上端，左侧肱骨骨干，股骨残段。保留右侧肩峰。无足部骨骼保存，存有指骨残部。女性，40 岁以上（图七；彩版九，2）。

M2　人骨位于 T1 东南部，位于第⑤层下，不见墓圹。人骨整体方向为正南北。已残缺不全，上下肢骨大多断裂。面部朝右侧，身体向右侧弯曲；左肱骨放置于左胸部；下肢骨向右侧弯曲。人骨周边土色呈灰黄色，主要包含物为大量螺壳。人骨背部及周围均发现大量螺壳。从摆放位置看，M2 属于侧身屈肢葬。

人骨鉴定结果表明，骨骼保存状况较差。保留有额骨残片，右侧顶骨大部分保存，左侧顶骨仅保留顶孔部，保存颞骨残部，枕骨仅见枕平面部分，保存了部分肢骨，保存右侧肱骨近侧端，保存左侧尺骨近侧端，保存了双侧股骨的骨干部分，存有部分掌骨和指骨，未见足部骨骼，保存

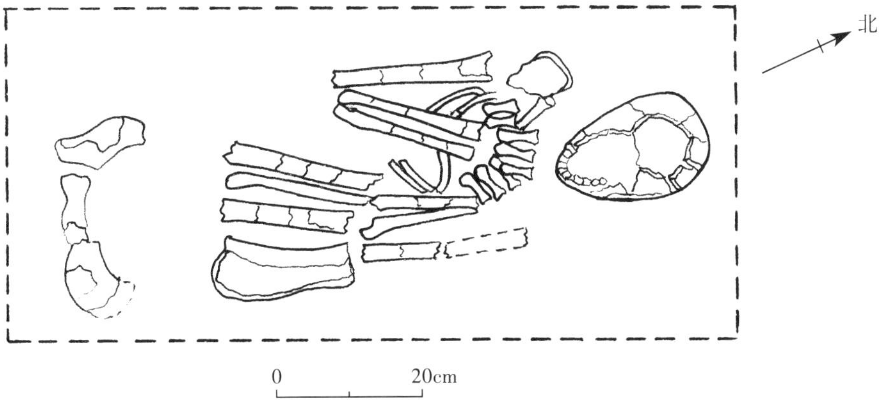

图七　宝剑山 A 洞遗址 M1 平面图

右侧锁骨，保存寰椎的部分。性别不明，8岁左右（图八；彩版九，3）。

M3　人骨位于T1第⑦层下，大部分人骨位于探方北壁内。因遗址保护的需要，位于探方北壁内的人骨未清理。已露出部分人骨大致呈西北—东南走向。腓骨、胫骨和趾骨等外露，保存基本完整。骨头缝隙的土色呈灰黑色，外围土色呈黄褐色。从北壁上露出的头骨痕迹来看，M3有可能属于肢解葬。性别不明，成年（图九）。

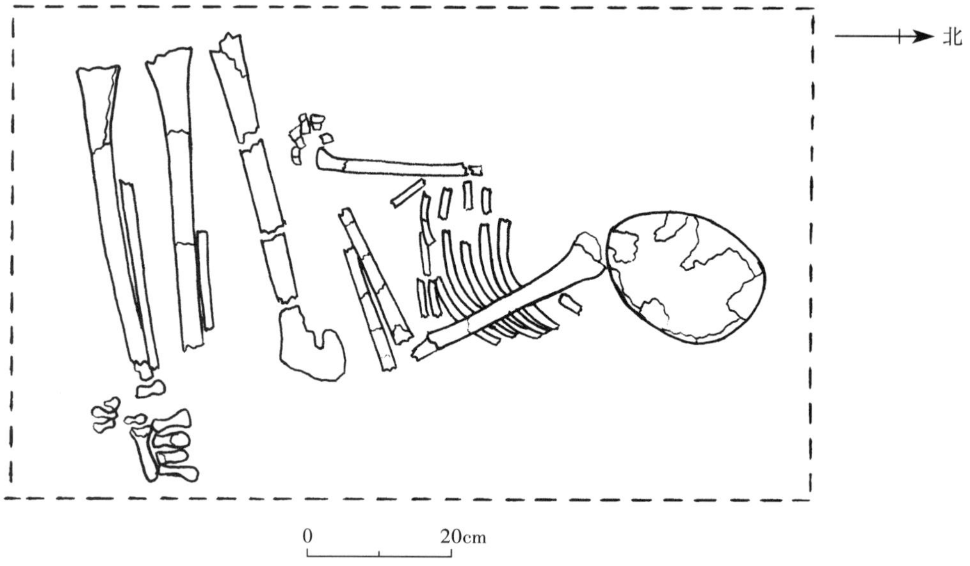

图八　宝剑山A洞遗址M2平面图

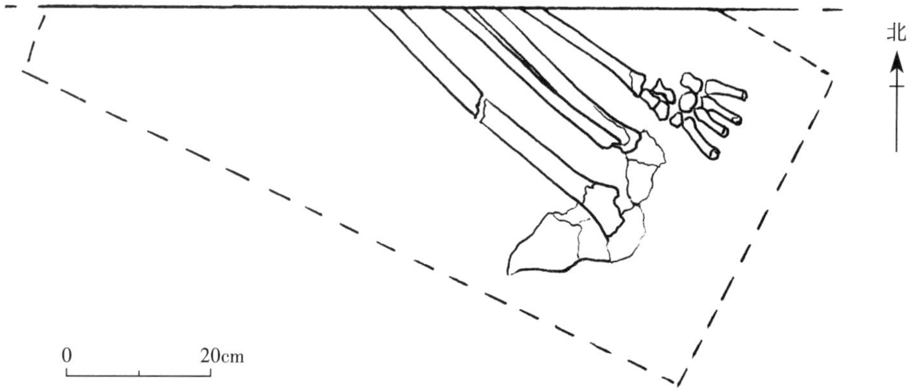

图九　宝剑山A洞遗址M3平面图

（二）红烧土遗迹

共发现两处。分别编号红烧土1和红烧土2。

红烧土1　位于第⑦层面上。分布的长度和宽度均约60cm，厚5~8cm。土色呈暗红色，土质结构致密。平面形状不规则，有一半红烧土伸入探方西南壁内。包含物主要有少量螺蛳壳（图

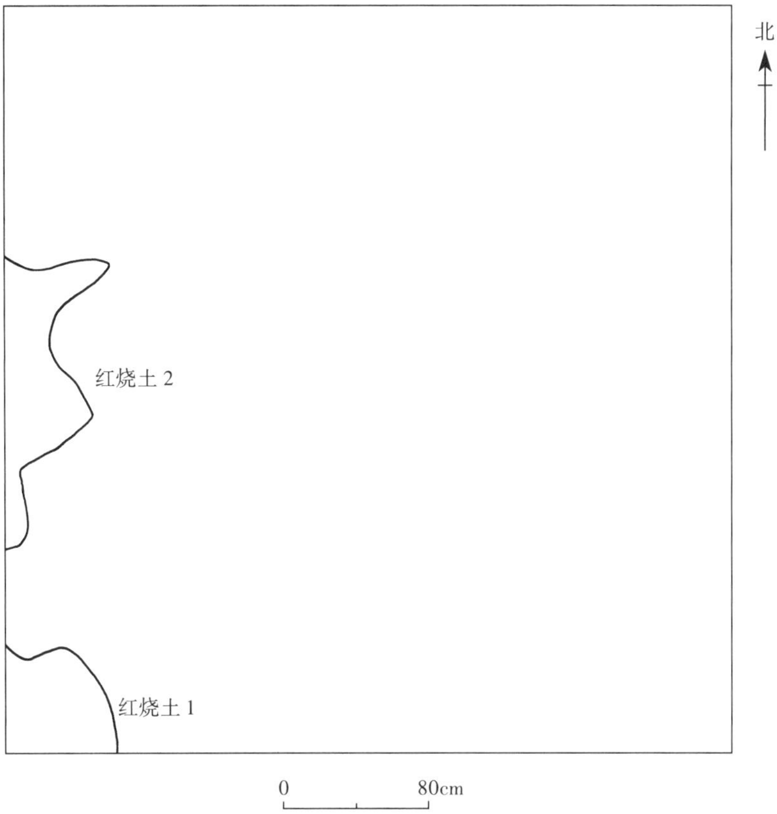

图一〇　宝剑山 A 洞遗址红烧土 1 和红烧土 2 平面分布图

一〇）。

红烧土 2　位于第⑦层面上。分布的长度约 156cm，宽度 8~60cm，厚 5~10cm。土色呈暗红色，土质结构致密。平面形状不规则，有一半红烧土伸入探方西壁内。包含物主要有少量螺蚌壳及一些火烧骨（图一〇）。

四　文化遗物

宝剑山 A 洞遗址出土遗物包括石制品、陶器、蚌器和骨器四大类。我们根据遗址的地层堆积关系、器物种类和器物特征的变化，将遗址分为四个大的文化层，从上到下依次为第一至第四文化层。第一文化层包括第①层，第二文化层包括第②层和第③层，第三文化层包括第④~⑥层，第四文化层包括第⑦~⑨层。各文化层遗物分别加以介绍。鉴于该遗址地表采集的标本多为附近村民近年来在遗址内挖掘所得，以及遗址本身的重要性，我们将地表采集的标本放在第一文化层一并介绍。

（一）第一文化层文化遗物

32 件。包括石制品、陶器和蚌器三大类。

1. 石制品

19 件。包括加工工具、打制石制品和磨制石制品三大类。其中加工工具 3 件，占该文化层出土石制品总数的 15.79%；打制石制品 9 件，占该文化层出土石制品总数的 47.37%；磨制石制品 7 件，占该文化层出土石制品总数的 36.84%。

（1）加工工具

3 件。其中石砧 2 件，占该文化层出土加工工具总数的 66.67%；磨石 1 件，占该文化层出土加工工具总数的 33.33%。

石砧　2 件。原料均为砾石。岩性均为粗砂岩。形状分别为三角形和梯形。分别属于 A 型和 D 型。

A 型　1 件。属于 Ab 亚型中的 AbⅢ次亚型。

标本 2013GLBA 采：20，原料为暗褐色粗砂岩砾石。器身较厚，形状近梯形。一面稍平，另一面略内凹。一端较宽，为断裂面，另一端略窄。使用痕迹集中于稍平面。稍平面中央偏较宽端处有两个近椭圆形的窝状疤痕，其中近中央处的疤痕略深，另一个较浅；该面近略窄端与较短侧交汇处也有一个近椭圆形的窝状疤痕，疤痕较浅。器身其余部位保留自然砾面。长 11.1cm，宽 11.0cm，厚 4.1cm，重 957g（图一一，2；彩版一〇，1）。

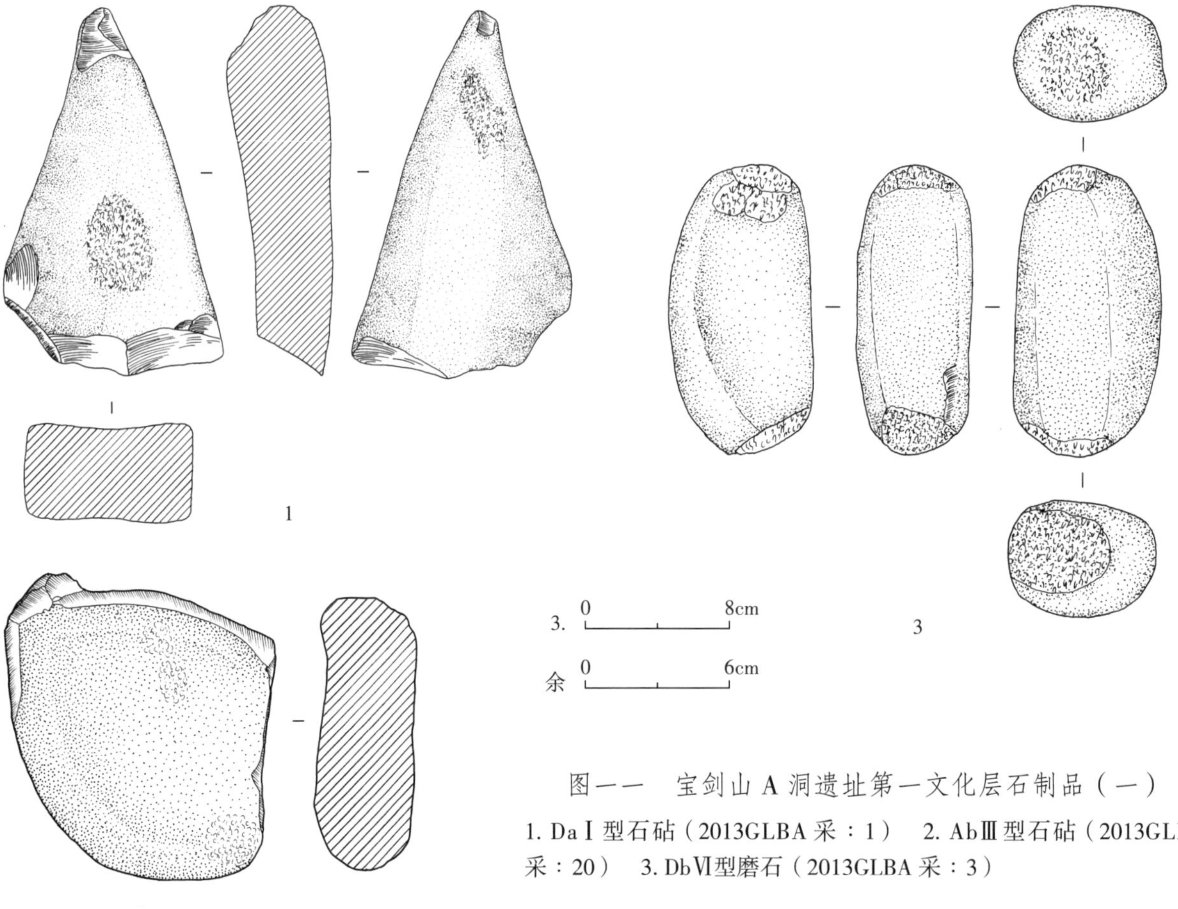

图一一　宝剑山 A 洞遗址第一文化层石制品（一）

1. DaⅠ型石砧（2013GLBA 采：1）　2. AbⅢ型石砧（2013GLBA 采：20）　3. DbⅥ型磨石（2013GLBA 采：3）

D 型　1 件。属于 Da 亚型中的 Da Ⅰ次亚型。

标本 2013GLBA 采：1，原料为暗褐色粗砂岩砾石。器身较厚，形状近三角形。一面略内凹，另一面凸起。一端较宽，另一端较窄。使用痕迹集中于两面。内凹面中央分布有一处范围较大的细麻点状疤痕面，疤痕较浅。凸起面中央分布有一处窄弧形的光滑磨面，应是作为砺石使用留下的痕迹。较窄端附近分布有一处近带状的米粒状坑疤。较窄端和较宽端均有几个较小而浅平的片疤，片疤打击方向不一，这些片疤均应是修整器身所留下的痕迹。器身其余部位保留自然砾面。长 14.8cm，宽 9.3cm，厚 4.2cm，重 640g（图一一，1；彩版一〇，2）。

磨石　1 件。属于 D 型中的 Db Ⅵ次亚型。

标本 2013GLBA 采：3，原料为灰褐色辉绿岩砾石。器身较厚，形状近椭圆形。一面较平，另一面凸起。一端略宽，另一端稍窄。使用痕迹集中于两端、两面和一侧。凸起面约三分之二为一处略弧凸的磨面，磨面近长方形，表面光滑细腻，或许表明持续使用时间较长。与之相邻的短侧边也分布有一处略弧凸的磨面，磨面近长方形，表面不够光滑细腻，磨面中仍可见较多的自然砾面，或许表明持续使用时间不长。这两处磨面均应是作为磨石使用留下的痕迹。两端端面各分布有一处米粒状的疤痕；其中稍窄端的疤痕近椭圆形，略宽端的疤痕近梯形。这两处疤痕均应是作为砸击石锤使用留下的痕迹。较平面近稍窄端处分布有一处近椭圆形的细麻点状的疤痕，应是作为石砧使用留下的痕迹。器身其余部位保留自然砾面。长 15.2cm，宽 7.7cm，厚 6.2cm，重 1273g（图一一，3；彩版一〇，3）。

（2）打制石制品

9 件。包括石核、石片和砍砸器三类。其中石核 3 件，占该文化层出土打制石制品总数的 33.33%；石片 2 件，占该文化层出土打制石制品总数的 22.23%；砍砸器 4 件，占该文化层出土打制石制品总数的 44.44%。

石核　3 件。原料均为砾石。岩性均为辉绿岩。打片方法只有锤击法一种，且均为自然台面。台面类型有单台面和双台面两种，其中单台面 1 件，占该文化层出土石核总数的 33.33%；双台面 2 件，占该文化层出土石核总数的 66.67%。器身形状有四边形和梯形两种，其中四边形 1 件，占该文化层出土石核总数的 33.33%；梯形 2 件，占该文化层出土石核总数的 66.67%。器身长度最大值 13.3cm，最小值 8.7cm；宽度最大值 10.2cm，最小值 7.7cm；厚度最大值 5.0cm，最小值 3.1cm；重量最大值 761g，最小值 489g。分别属于 A 型和 B 型。

A 型　1 件。属于 Ab 亚型。

标本 2013GLBA 采：2，原料为灰褐色辉绿岩砾石。器身形状近四边形。一面稍平，另一面微凸。两端略宽。以稍平面为台面，沿一端和一侧多次单面剥片；片疤多较小而深凹，打击方向由稍平面向微凸面打击，部分片疤尾部折断形成陡坎。加工边缘钝厚，不成刃。器身其余部位完全保留自然砾面。长 8.7cm，宽 9.5cm，厚 3.1cm，重 489g（图一二，1；彩版一〇，4）。

B 型　2 件。属于 Bc 亚型。

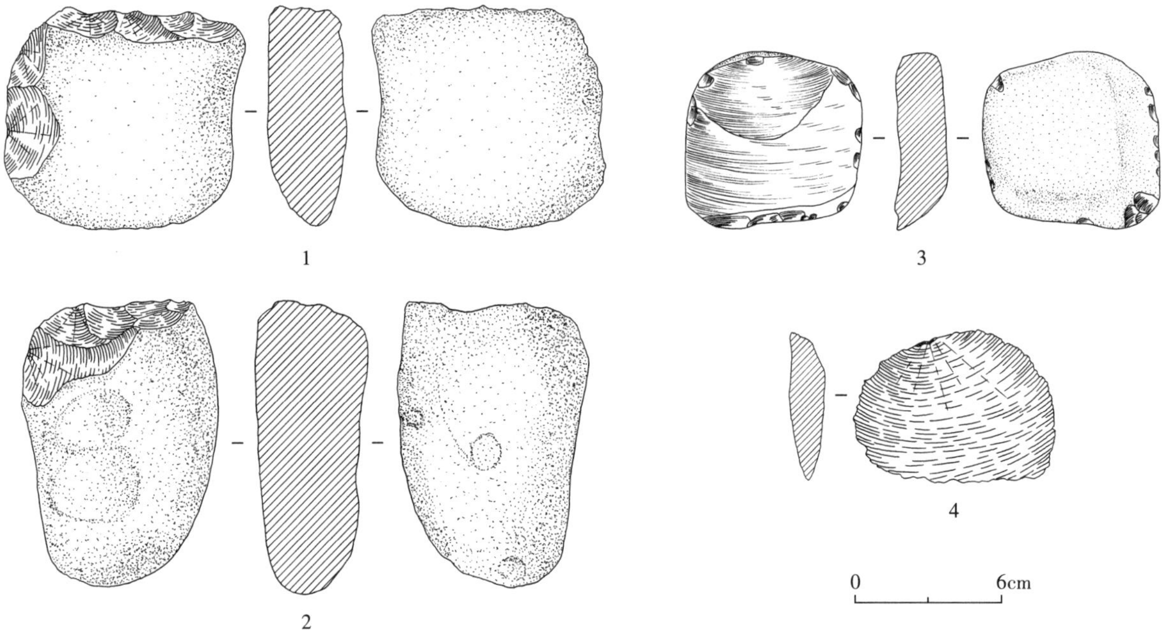

图一二　宝剑山 A 洞遗址第一文化层石制品（二）

1. Ab 型石核（2013GLBA 采：2）　2. Bc 型石核（2013GLBA 采：13）　3. AaⅡ型石片（2013GLBA 采：10）　4. AaⅦ型石片（2013GLBAT2①：1）

标本 2013GLBA 采：13，原料为灰褐色辉绿岩砾石。器身较厚，形状近梯形。一面较平，另一面内凹。一侧稍直，另一侧弧凸。一端较宽，另一端稍窄。先以稍直一侧为台面单面剥片，片疤打击方向由稍直侧向弧凸侧打击；片疤多较大而浅平。再以较平面为台面，沿较宽端多次单面剥片；片疤多较大而浅平，部分片疤尾部折断形成陡坎；片疤打击方向由较平面向内凹面打击。加工边缘钝厚，不成刃。器身其余部位完全保留自然砾面。长 11.2cm，宽 7.7cm，厚 4.5cm，重 616g（图一二，2；彩版一〇，5）。

石片　2 件。均为锤击石片。岩性只有辉绿岩一种。打击台面全部为自然台面。半锥体微显和不显者各 1 件，各占该文化层出土石片总数的 50%。石片宽大于长的 1 件。背面完全保留自然砾面。石片边缘锋利。有使用痕迹的 1 件。器身形状有四边形和扇贝形两种，每种形状各 1 件，各占该文化层出土石片总数的 50%。分别属于 A 型中的 AaⅡ次亚型和 AaⅦ次亚型。

AaⅡ型　1 件。

标本 2013GLBA 采：10，原料为灰褐色辉绿岩砾石。器身形状近四边形。打击台面为自然台面。打击点宽大，半锥体微显，放射线不清楚，同心波纹较明显。器身左右两侧和远端边缘锋利。背面完全保留自然砾面。左右两侧和远端边缘均可见较多的向两侧崩裂的细小崩疤，这些崩疤应为使用痕迹。长 7.0cm，宽 6.7cm，厚 2.0cm，重 145g（图一二，3）。

AaⅦ型　1 件。

标本 2013GLBAT2①：1，原料为灰褐色辉绿岩砾石。器身形状近扇贝形。打击台面为自然台面。

打击点宽大，半锥体不显，放射线清楚，同心波纹较明显。器身左右两侧和远端边缘锋利。背面完全保留自然砾面。长 6.7cm，宽 7.8cm，厚 0.9cm，重 72g（图一二，4；彩版一〇，6）。

砍砸器　4 件。原料分砾石和石核两种。其中砾石 3 件，占该文化层砍砸器总数的 75%；石核 1 件，占该文化层砍砸器总数的 25%。岩性仅见辉绿岩一种。加工方法仅见锤击法一种，均为单面加工。加工时，一般是由较平面向凸起面进行打击。加工较为简单，加工面多由一层或两层片疤组成。片疤多较小，多为宽大于长。把端多不加修整，保留自然砾面。大部分标本的刃缘见不同程度的修整，且多不见使用痕迹。器身形状有四边形、半圆形和梯形三种。其中四边形和半圆形各 1 件，各占该文化层砍砸器总数的 25%；梯形 2 件，占该文化层砍砸器总数的 50%。器身长度最大值 15.0cm，最小值 11.5cm；宽度最大值 8.4cm，最小值 6.2cm；厚度最大值 5.8cm，最小值 2.8cm；重量最大值 675g，最小值 274g。分别属于 A 型和 B 型。

A 型　2 件。分别属于 Aa 亚型中的 AaⅡ次亚型和 AaⅤ次亚型。

AaⅡ型　1 件。

标本 2013GLBA 采：12，原料为灰褐色辉绿岩砾石。器身较厚，形状近四边形。一面较平，另一面凸起。一端较宽厚，另一端稍窄薄。加工方法为锤击法。沿砾石一侧边缘多次单面剥片，加工出一道直刃。刃缘整齐锋利，未见使用痕迹。片疤多较小而浅平，打击方向由较平面向凸起面打击，部分片疤尾部折断形成陡坎。一侧近中部有一个较大而浅平的片疤，打击方向由一侧向另一侧打击。宽厚端也有几个较大而深凹的片疤，片疤打击方向由宽厚端向窄薄端打击。这些片疤均应是修整把端和器身留下的痕迹。器身其余部位保留自然砾面。长 13.4cm，宽 6.6cm，厚 5.8cm，重 675g（图一三，1；彩版一一，1）。

AaⅤ型　1 件。

标本 2013GLBA 采：11，原料为暗红褐色辉绿岩砾石。器身稍薄，形状近半圆形。一面较平，另一面微凸。加工方法为锤击法。沿砾石长侧边缘多次单面剥片，加工出一道直刃。刃缘整齐锋利，未见使用痕迹。片疤多较小而浅平，打击方向由较平面向微凸面打击，部分片疤尾部折断形成陡坎。器身其余部位保留自然砾面。长 11.5cm，宽 8.4cm，厚 2.8cm，重 423g（图一三，2；彩版一一，2）。

B 型　2 件。属于 Ba 亚型中的 BaⅢ次亚型。

BaⅢ型　2 件。

标本 2013GLBA 采：5，原料为灰褐色辉绿岩砾石。器身稍薄，形状近梯形。一面较平，另一面微凸。加工方法为锤击法。沿砾石两侧边缘多次单面剥片，各加工出一道直刃。刃缘整齐锋利，未见使用痕迹。片疤多较小而浅平，打击方向由微凸面向较平面打击，部分片疤尾部折断形成陡坎。器身其余部位保留自然砾面。长 11.5cm，宽 6.2cm，厚 2.8cm，重 274g（图一三，3）。

标本 2013GLBA 采：14，原料为灰褐色辉绿岩石核。器身较厚，形状近梯形。腹面不甚平整。背面完全保留自然砾面。一端呈弧凸状，另一端斜直。一侧较长，平直且较厚；另一侧稍短，微弧而较薄。加工方法为锤击法。沿稍短侧边缘多次单面剥片，加工出一道直刃；沿斜直端略经单

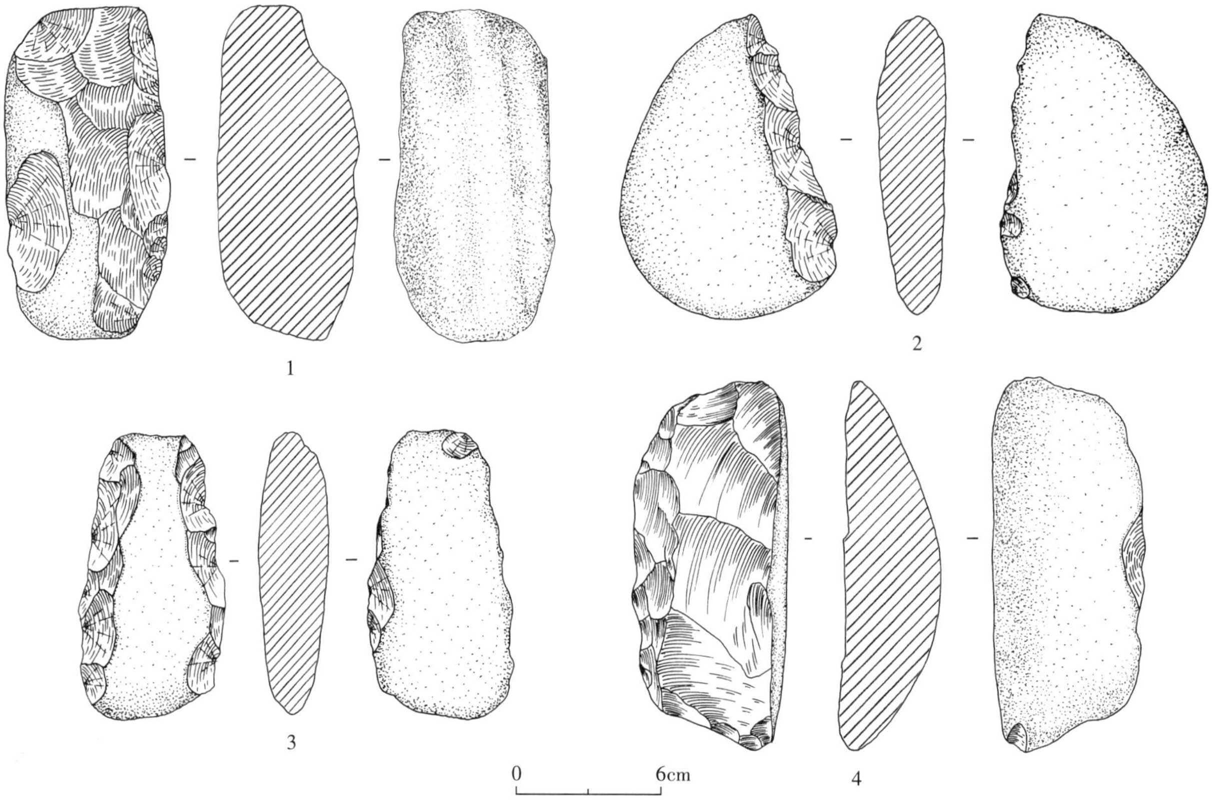

图一三 宝剑山 A 洞遗址第一文化层石制品（三）

1. AaⅡ型砍砸器（2013GLBA 采：12） 2. AaⅤ型砍砸器（2013GLBA 采：11） 3、4. BaⅢ型砍砸器（2013GLBA 采：5、2013GLBA 采：14）

面剥片，也加工出一道直刃。两刃缘均整齐锋利，未见使用痕迹。弧凸端也略加单面剥片，但边缘钝厚，未成刃，应为修整器身留下的痕迹。较长侧破裂面边缘也经过多次单面剥片，应为修整把手所遗留痕迹。片疤多较大而浅平，打击方向由背面向腹面打击，部分片疤尾部折断形成陡坎。器身其余部位未见人工痕迹。长 15.0cm，宽 6.4cm，厚 4.0cm，重 490g（图一三，4；彩版一一，3）。

（3）磨制石制品

7 件。包括斧锛类半成品和斧锛类毛坯两大类型。其中斧锛类半成品 3 件，占该文化层出土磨制石制品总数的 42.85%；斧锛类毛坯 4 件，占该文化层出土磨制石制品总数的 57.15%。

斧锛类半成品 3 件。均为完整件。原料仅见砾石一种。岩性有辉绿岩和玄武岩两种。其中玄武岩 2 件，占该文化层出土斧锛类半成品总数的 66.67%；辉绿岩 1 件，占该文化层出土斧锛类半成品总数的 33.33%。磨制部位只见局部磨制一种，且多为磨制刃部，其他部位较少。器身形状有四边形和椭圆形两种。其中四边形 1 件，占该文化层出土斧锛类半成品总数的 33.33%；椭圆形 2 件，占该文化层出土斧锛类半成品总数的 66.67%。器身长度最大值 12.8cm，最小值 9.2cm；宽度最大值 7.7cm，最小值 5.3cm；厚度最大值 3.2cm，最小值 1.5cm；重量最大值 486g，最小值

150g。分别属于 A 型和 B 型。

A 型 1 件。属于 Aa 亚型中的 AaⅡ次亚型。

标本 2013GLBA 采：6，原料为灰褐色玄武岩砾石。器身稍厚，形状近四边形。一端略窄，另一端稍宽。器身两侧下半部经过多次单面剥片，保留着较密集的打击疤痕。片疤多较小而浅平，部分片疤尾部折断形成陡坎。一侧略经磨制，另一侧未经磨制。略窄端经过多次单面剥片，打制出一道平直锋利的刃缘；刃缘两面均略经磨制，刃面均向另一面倾斜；其中一面有少许光滑刃面，另一面前缘仍较多保留片疤面。两道刃面交汇处两角已磨制出部分整齐锋利的刃口。刃口尚未最后磨制完成，中部仍保留原打制出的直刃。器身其余部位保留自然砾面。长 9.2cm，宽 6.2cm，厚 2.0cm，重 162g（图一四，2；彩版一一，4）。

B 型 2 件。均属于 Bf 亚型。

标本 2013GLBA 采：19，原料为灰褐色辉绿岩砾石。器身宽大且厚重，形状近椭圆形。一端较宽，另一端略窄。加工方法为锤击法。器身一侧下半部经过多次单面剥片，另一侧下半部经过多次双面剥片；两侧均保留着较密集的打击疤痕。片疤多较小而浅平，部分片疤尾部折断形成陡

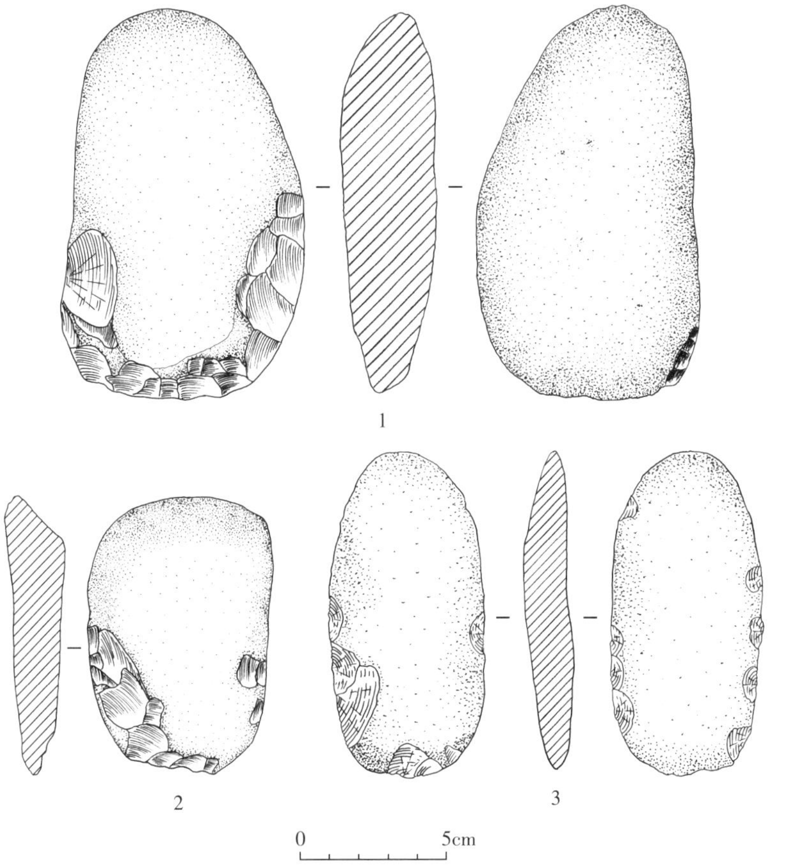

图一四 宝剑山 A 洞遗址第一文化层石制品（四）

1、3. Bf 型斧锛类半成品（2013GLBA 采：19、2013GLBA 采：17） 2. AaⅡ型斧锛类半成品（2013GLBA 采：6）

坎，未经磨制。较宽端边缘经过多次单面剥片，打制出一道整齐锋利的弧凸状刃缘；一面未经磨制；另一面略经磨制，有少许光滑刃面，刃面向另一面倾斜，但前缘仍保留片疤面。两面交汇处保留原打制出的弧凸状刃缘，刃口尚未开始磨制。器身其余部位保留自然砾面。长12.8cm，宽7.7cm，厚3.2cm，重486g（图一四，1；彩版一一，5）。

标本2013GLBA采：17，原料为灰褐色玄武岩砾石。器身形状近椭圆形。一端稍宽，另一端略窄。器身两侧下半部经过多次双面剥片；保留着较密集的打击疤痕。片疤多较小而浅平，未经磨制。稍宽端经过多次单面剥片，打制出一道整齐锋利的弧凸状刃缘；一面未经磨制；另一面略经磨制，有少许光滑刃面，刃面向另一面倾斜，但前缘仍保留片疤面。两面交汇处保留原打制出的弧凸状刃缘，刃口尚未开始磨制。器身其余部位保留自然砾面。长10.5cm，宽5.3cm，厚1.5cm，重150g（图一四，3）。

斧锛类毛坯　4件。均为完整件。原料仅见砾石一种。岩性有辉绿岩和玄武岩两种。其中玄武岩3件，占该文化层出土斧锛类毛坯总数的75%；辉绿岩1件，占该文化层出土斧锛类毛坯总数的25%。加工方法均为锤击法，有单面加工，也有双面加工。加工部位多在器身的端部和两侧，绝大部分标本或多或少保留有自然砾面。器身形状有四边形和椭圆形两种。其中四边形1件，占该文化层出土斧锛类毛坯总数的25%；椭圆形3件，占该文化层出土斧锛类毛坯总数的75%。器身长度最大值10.9cm，最小值8.4cm；宽度最大值5.5cm，最小值4.1cm；厚度最大值1.3cm，最小值0.8cm；重量最大值100g，最小值64g。均为A型，分别属于Ab亚型中的AbⅡ次亚型和AbⅥ次亚型。

AbⅡ型　1件。

标本2013GLBA采：48，原料为灰褐色玄武岩砾石。器身扁薄，形状近四边形。一面较平，另一面略凸起。一端稍宽，另一端略窄。加工方法为锤击法，加工集中于一侧和两端部位。沿砾石一侧多次双面剥片，沿另一侧下半部和两端边缘多次单面剥片；在稍宽端边缘加工出一道弧刃。刃缘整齐锋利但未经磨制。片疤多较小而浅平，打击方向由较平面向凸起面打击。器身其余部位保留自然砾面。长8.9cm，宽5.5cm，厚1.2cm，重100g（图一五，1；彩版一一，6）。

AbⅥ型　3件。

标本2013GLBA采：4，原料为灰褐色玄武岩砾石。器身形状近椭圆形。一端稍宽，另一端略窄。器身一侧经过多次双面剥片；其中一面保留着较密集的打击疤痕，另一面保留少数几个片疤。两面片疤多较小而浅平，部分片疤尾部折断形成陡坎，未经磨制。另一侧未经打制，也未经磨制。稍宽端经过多次单面剥片，加工出一道弧凸刃；刃缘整齐锋利，未经磨制。器身其余部位保留自然砾面。长9.2cm，宽4.1cm，厚0.8cm，重81g（图一五，2）。

标本2013GLBA采：9，原料为灰褐色辉绿岩砾石。器身扁薄，形状近椭圆形。一端略窄，另一端稍宽。加工方法为锤击法。器身一侧和稍宽端经过多次双面剥片，另一侧和略窄端经过多次单面剥片，均保留着较密集的打击疤痕。片疤多较小而浅平，部分片疤尾部折断形成陡坎，未

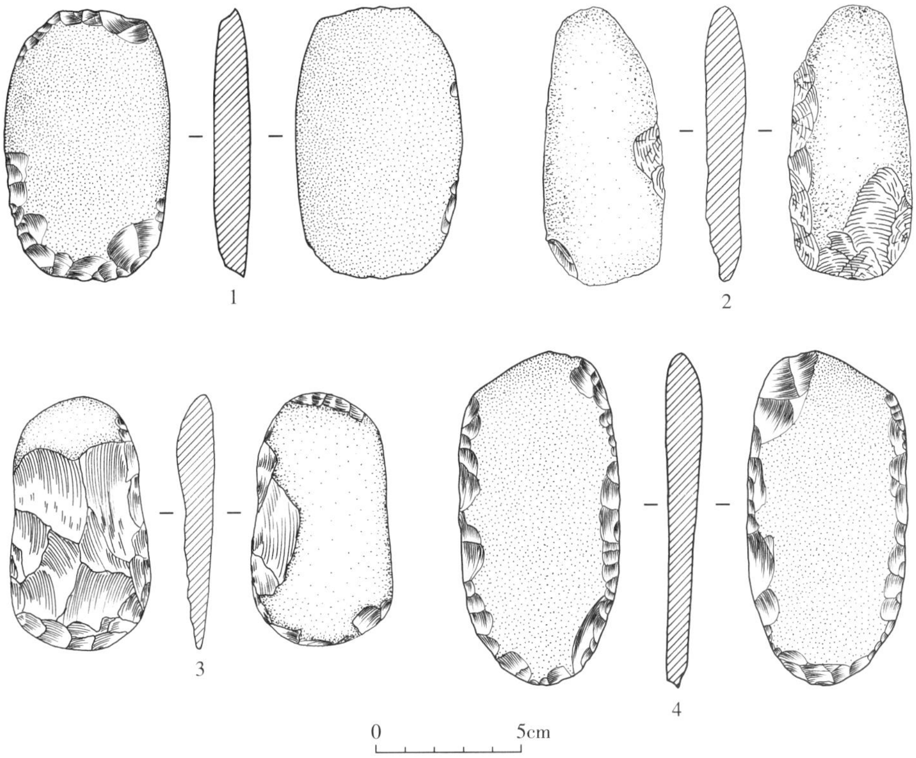

图一五　宝剑山 A 洞遗址第一文化层石制品（五）

1. AbⅡ型斧锛类毛坯（2013GLBA 采：48）　2~4. AbⅥ型斧锛类毛坯（2013GLBA 采：4、2013GLBA 采：9、2013GLBA 采：21）

经磨制；其中一面的剥片大多达到甚至超过器身中轴线，致使该面除把端部分保留自然砾面外，其余部分都是片疤面。稍宽端边缘加工出一道弧凸刃。刃缘整齐锋利，未经磨制。器身其余部位保留自然砾面。长 8.4cm，宽 4.8cm，厚 1.3cm，重 64g（图一五，3；彩版一二，1）。

标本 2013GLBA 采：21，原料为灰褐色玄武岩砾石。器身扁薄，形状近椭圆形。一端稍宽，另一端略窄。加工方法为锤击法。加工集中于两侧和略窄端部位。沿砾石两侧和略窄端边缘多次双面剥片；两侧均保留密集的打击疤痕。片疤多较小而浅平，部分片疤尾部折断形成陡坎，未经磨制。略窄端加工出一道弧凸刃，刃缘整齐锋利但未磨制。器身其余部位保留自然砾面。长 10.9cm，宽 5.5cm，厚 1.3cm，重 100g（图一五，4）。

2. 陶器

2 件。均为陶釜。

陶釜　2 件。根据口沿不同，可分为 A 型和 B 型。

A 型　1 件。敞口。

标本 2013GLBA 采：24，残，可复原。为夹细砂陶，羼有螺蚌壳颗粒，颗粒较细。陶色较为斑驳，红褐色、黑色混杂。火候较低，陶质较疏松。敞口，平唇，高直领，斜弧肩，圆腹，圜底。领素面，肩至底部饰中绳纹。口径 12.2cm，腹径 17.5cm，高 15.5cm（图一六，1；图一七；彩版一二，2）。

B 型　1 件。敛口。

标本 2013GLBA 采：25，为夹细砂陶，羼有螺蚌壳颗粒，颗粒较细。陶色较为斑驳，红褐色、黑色混杂。火候较低，陶质较疏松。敛口，圆唇，斜弧肩，鼓腹，圜底。唇以下至底部饰粗绳纹。口径 9.0cm，腹径 14.7cm，高 12.4cm（图一六，2；图一八；彩版一二，3）。

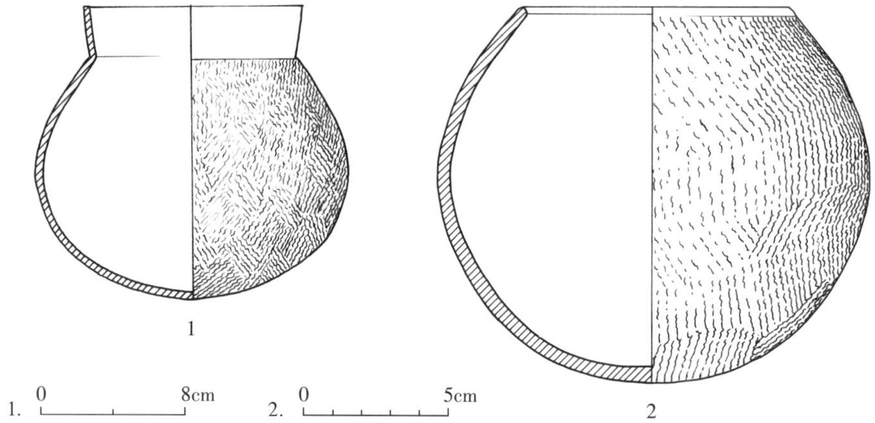

图一六　宝剑山 A 洞遗址第一文化层陶器

1. A 型陶釜（2013GLBA 采：24）　2. B 型陶釜（2013GLBA 采：25）

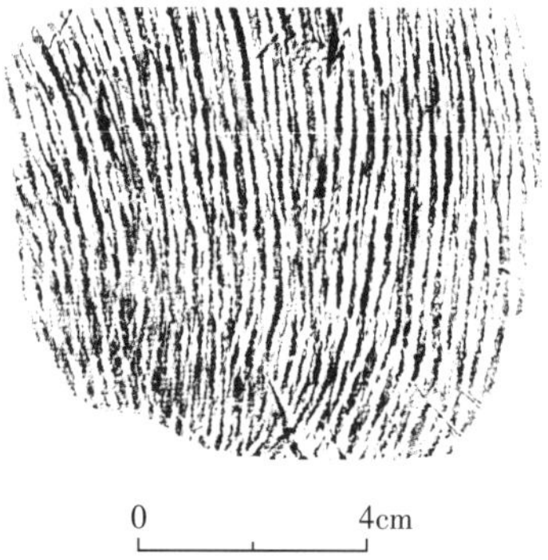

图一七　宝剑山 A 洞遗址第一文化层陶器中绳纹拓片（2013GLBA 采：24）

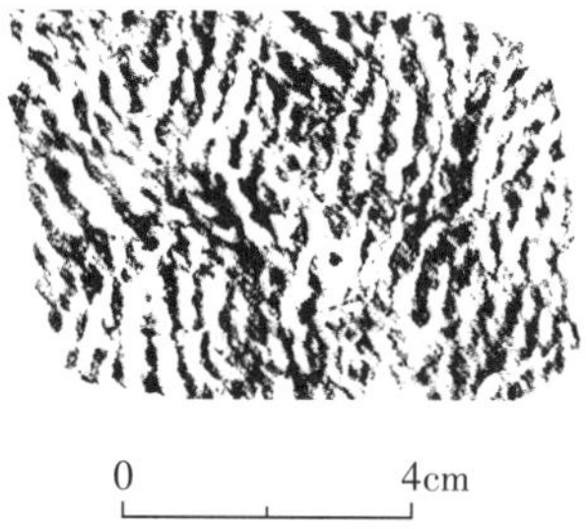

图一八　宝剑山 A 洞遗址第一文化层陶器粗绳纹拓片（2013GLBA 采：25）

3. 蚌器

11 件。包括锯齿刃蚌器和双肩蚌铲。其中锯齿刃蚌器 8 件，占该文化层出土蚌器总数的 72.73%；双肩蚌铲 3 件，占该文化层出土蚌器总数的 27.27%。

锯齿刃蚌器　8 件。分别属于 A 型和 B 型。

A 型　7 件。均属于 Aa 亚型。

标本 2013GLBA 采：13，原料为一面完整的厚蚌壳。蚌壳薄缘中部被打出一排锯齿状疤痕，形成锯齿刃口；疤痕规则，分布比较均匀。在头端也有两个类似疤痕。均由蚌壳里侧向外侧单向打制。尾端薄缘有局部破损。长 13.6cm，最宽 8.8cm，最厚 3.3cm（图一九，1）。

标本 2013GLBA 采：12，原料为一面完整的厚蚌壳。蚌壳薄缘被打出一排锯齿状疤痕，形成锯齿刃口；疤痕不甚规则，分布比较均匀。在头端也有两个类似疤痕。均由蚌壳里侧向外侧单面打制。外侧有局部风化现象。长 11.2cm，最宽 8.1cm，最厚 2.2cm（图一九，2）。

标本 2013GLBA 采：8，原料为一面完整的厚蚌壳。蚌壳薄缘被打出一排锯齿状疤痕，形成锯齿刃口；疤痕规则而清晰，分布比较均匀。在头端也有两个类似疤痕。均由蚌壳里侧向外侧单面打制。长 11.2cm，最宽 7.2cm，最厚 1.5cm（图一九，3）。

标本 2013GLBA 采：28，原料为一面完整的厚蚌壳。蚌壳薄缘被打出一排锯齿状疤痕，形成

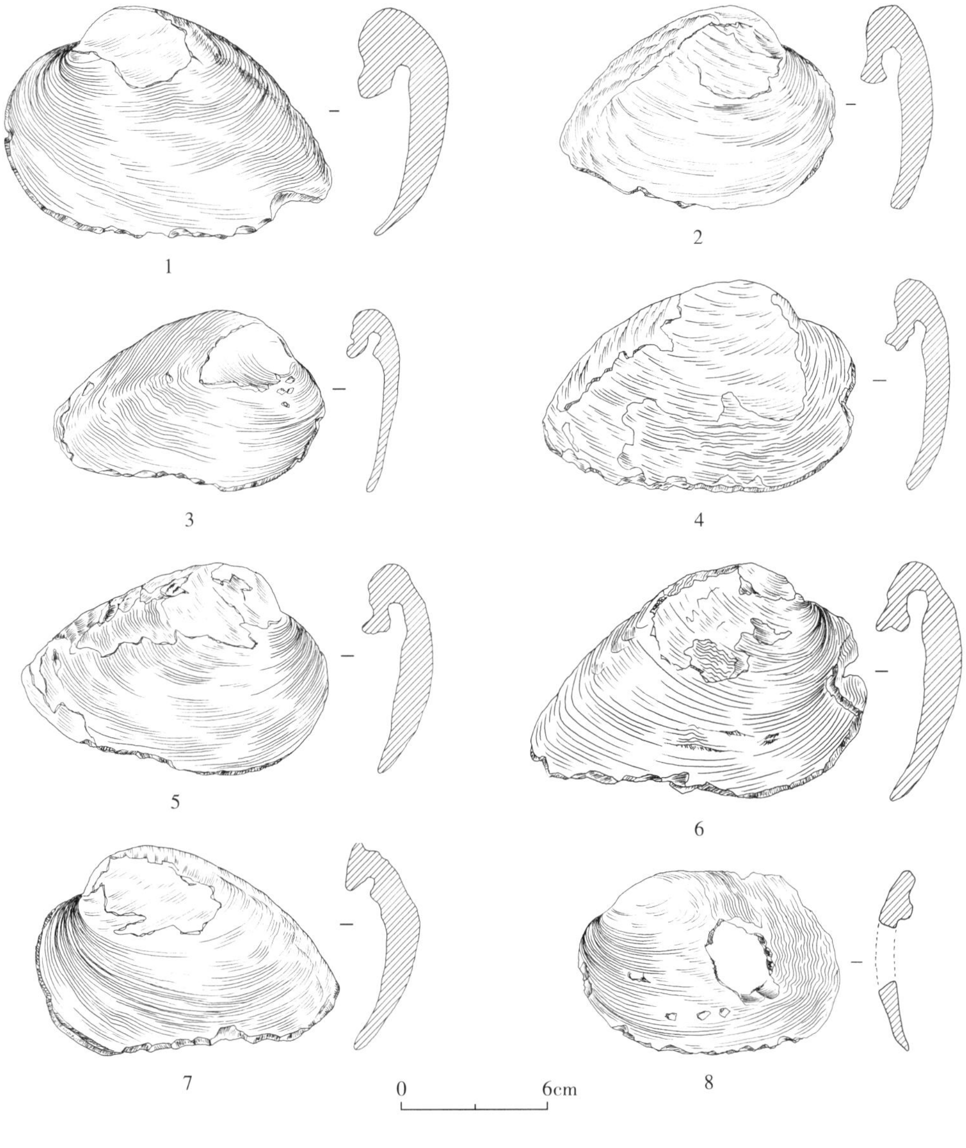

图一九　宝剑山 A 洞遗址第一文化层蚌器（一）

1~7. Aa 型锯齿刃蚌器（2013GLBA 采：13、2013GLBA 采：12、2013GLBA 采：8、2013GLBA 采：28、2013GLBA 采：7、2013GLBA 采：5、2013GLBA 采：2）　8. B 型穿孔蚌器（2013GLBA 采：6）

锯齿刃口；疤痕清晰，分布比较均匀。均由蚌壳里侧向外侧单面打制。头端有一破损的缺口。长13.2cm，最宽8.5cm，最厚1.8cm（图一九，4；彩版一二，4）。

标本2013GLBA采：7，原料为一面完整的厚蚌壳。蚌壳薄缘靠尾端的半截被打出一排锯齿状疤痕，形成锯齿刃口；疤痕清晰，分布比较均匀。均由蚌壳里侧向外侧单面打制。长12.4cm，最宽8.3cm，最厚2.0cm（图一九，5；彩版一二，5）。

标本2013GLBA采：5，原料为一面完整的厚蚌壳。蚌壳薄缘被打出一排锯齿状疤痕，形成锯齿刃口；疤痕清晰，分布比较均匀。靠尾端半截的疤痕很深。均由蚌壳里侧向外侧单面打制。头端有一破损的缺口。长14.2cm，最宽9.3cm，最厚2.3cm（图一九，6）。

标本2013GLBA采：2，原料为一面完整的厚蚌壳。蚌壳薄缘被打出一排锯齿状疤痕，形成锯齿刃口；疤痕清晰，有的疤痕很深，分布比较均匀。均由蚌壳里侧向外侧单面打制。头端有一破损的缺口。长12.4cm，最宽8.6cm，最厚2.0cm（图一九，7）。

B型　1件。穿孔。

标本2013GLBA采：6，原料为一面很大的完整厚蚌壳。蚌壳薄缘被打出一排密密麻麻的锯齿状疤痕，形成锯齿刃口；疤痕清晰，分布比较均匀。器身中部有一个近似椭圆形的大孔。刃口和大孔均由蚌壳里侧向外侧单面打制。器身局部有破损。长10.9cm，最宽7.2cm，最厚1.2cm（图一九，8；彩版一二，6）。

双肩蚌铲　3件。均为A型。

标本2013GLBA采：1，选择较厚的蚌壳去掉头部后进行加工。双平宽肩，肩部基本对称。柄较长，柄顶端为弧形。肩以下弧形内收，刃部缺失。柄部一侧可见打制的疤痕。残长13.5cm，宽8.8cm，厚1.3cm（图二〇，1；彩版一三，1）。

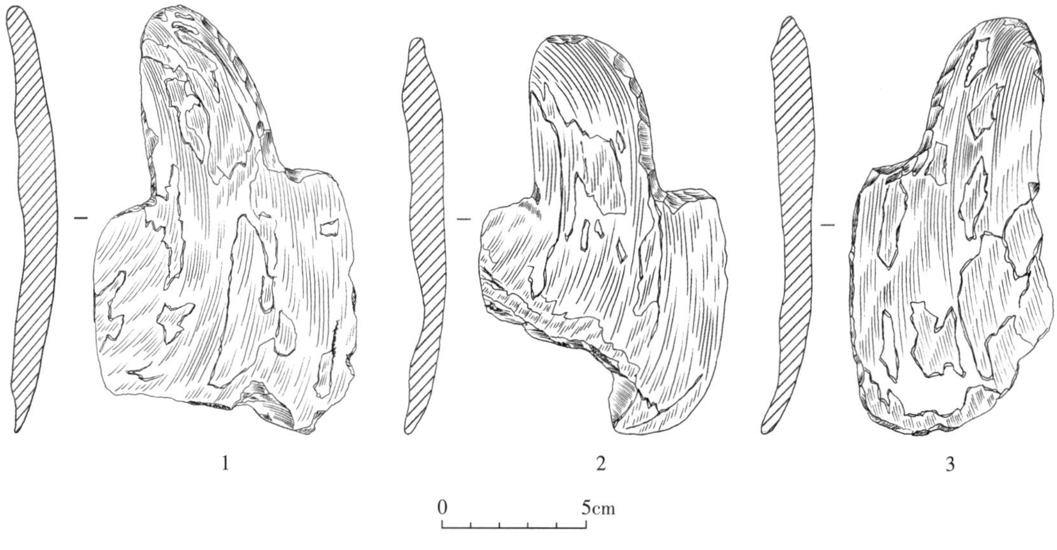

图二〇　宝剑山A洞遗址第一文化层蚌器（二）

1~3. A型双肩蚌铲（2013GLBA采：1、2013GLBA采：10、2013GLBA采：9）

标本 2013GLBA 采：10，选择较厚的蚌壳去掉头部后进行加工。双平宽肩，肩部基本对称。柄较长，柄顶端为弧形。肩以下弧形内收形成弧刃，刃口有部分缺失。柄部一侧可见打制疤痕。残长 12.8cm，宽 8.2cm，厚 1.4cm（图二〇，2；彩版一三，2）。

标本 2013GLBA 采：9，选择较厚的蚌壳去掉头部后进行加工。一肩平，另外一肩缺失，从残留的形状判断，器身原应为基本对称的双平宽肩。柄较长，柄顶端为弧形。肩以下弧形内收成弧刃，刃部可见不少缺口，应为修整器身时留下的疤痕。柄部两侧也可见打制疤痕。长 13.2cm，宽 7.0cm，厚 1.4cm（图二〇，3）。

（二）第二文化层文化遗物

1179 件（片）。包括石制品、陶器、蚌器和骨器四大类。

1. 石制品

4 件。均属于磨制石制品，包括石斧、石锛和石凿三大类型。其中石斧 2 件，占该文化层出土磨制石制品总数的 50%；石锛和石凿各 1 件，各占该文化层出土磨制石制品总数的 25%。

石斧 2 件。均为砾石石器。岩性均为硅质岩。均为双肩石器的完整件。通体磨制，双肩对称。刃部锋利，但不见使用痕迹。形状均为凸字形。属于 B 型中的 Bh 亚型。

标本 2013GLBAT1 ②：17，原料为灰褐色硅质岩。通体磨制。器身形状近凸字形。直柄弧顶，柄部较长，顶端一侧有部分打击疤痕。双肩微斜对称，器身肩部向下外展至刃端。刃部两面均经过精心磨制，有较大范围相互倾斜的光滑刃面。刃面交汇处磨制出一道整齐锋利的弧凸状刃缘。未见使用痕迹。器身两面仍可见部分打击疤痕。长 6.7cm，宽 5.0cm，厚 1.8cm，重 88g（图二一，1；彩版一三，3）。

标本 2013GLBAT1 ②：20，原料为灰褐色硅质岩。通体磨制。器身形状近凸字形。直柄方顶，顶部平直。双肩略平对称。器身两侧平直。刃部两面均经过精心磨制，有较大范围相互倾斜的光滑刃面。刃面交汇处磨制出一道整齐锋利的斜弧刃。未见使用痕迹。器身两侧、肩部、柄部仍可见少量打击疤痕。长 9.2cm，宽 5.2cm，厚 1.2cm，重 118g（图二一，2；彩版一三，4）。

石锛 1 件。属于 A 型中的 AaⅢ次亚型。

标本 2013GLBAT1 ②：11，原料为灰褐色辉绿岩砾石。通体磨制。器身形状近梯形。柄部顶端微弧。器身一侧平直，另一侧外展，均经过磨制。刃部两面均经过较多磨制，有较大面积的光滑刃面；其中一刃面明显向另一刃面倾斜，另一刃面较平。刃面交汇处磨制出一道整齐锋利的斜直刃。刃缘一侧有少量细小崩疤，这些崩疤应为使用痕迹。器身两侧和柄部仍保留有较多的打击疤痕。长 7.2cm，宽 4.1cm，厚 1.2cm，重 62g（图二一，3；彩版一三，5）。

石凿 1 件。属于 A 型中的 AaⅢ次亚型。

标本 2013GLBAT1 ②：3，原料为灰褐色硅质岩。通体磨制。器身略窄，形状近梯形。柄部顶端平直，两侧略外展。器身正面中央为一道平直狭长且凸起的光滑磨面，两侧各为一处倾斜的

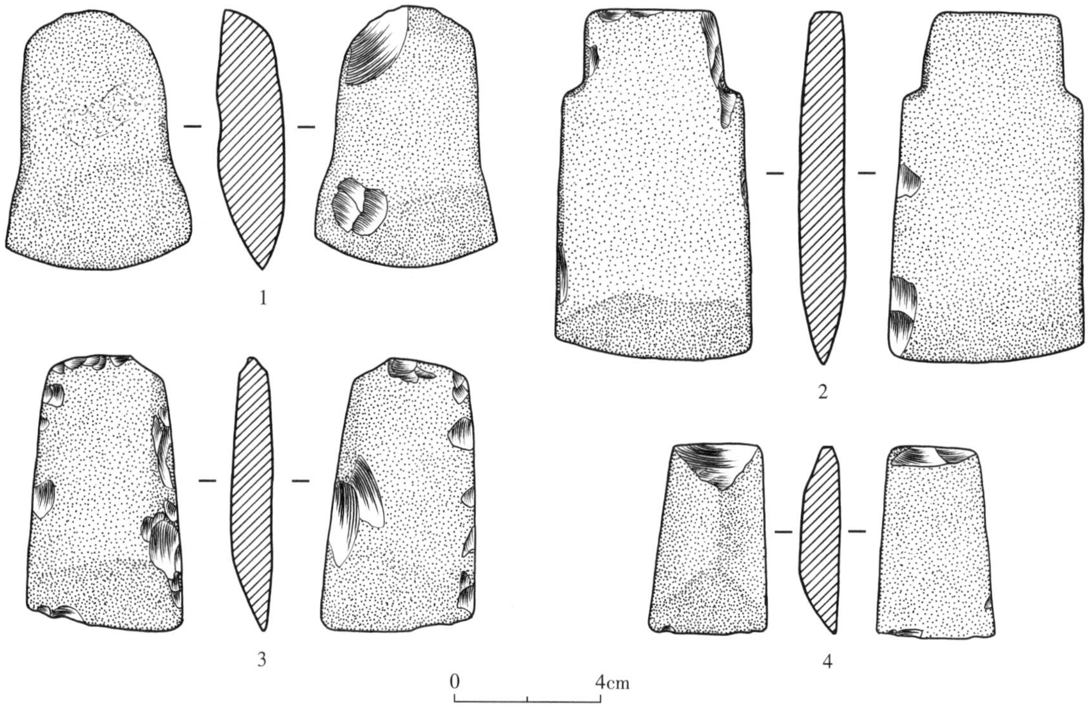

图二一　宝剑山 A 洞遗址第二文化层石制品

1、2. Bh 型石斧（2013GLBAT1②：17、2013GLBAT1②：20）　3. AaⅢ型石锛（2013GLBAT1②：11）　4. AaⅢ型石凿（2013GLBAT1②：3）

光滑磨面，分别与中央的狭长磨面相连接。背面是平直的光滑磨面。刃部两面均经过精心磨制，一面为近三角形的光滑刃面，向另一面倾斜；另一面则较平。两刃面交汇处磨制出一道锋利的平直刃口。刃缘两侧可见部分细碎的崩疤，这些崩疤应为使用痕迹。把端仍可见较多的打击疤痕。长 4.9cm，宽 3.0cm，厚 1.0cm，重 28g（图二一，4；彩版一三，6）。

2. 陶器

宝剑山 A 洞遗址第二文化层共出土陶片 1160 片。均为夹细砂陶，大部分羼螺蚌壳颗粒。火候较低，陶质疏松，大部分有烟熏痕迹。陶色较为斑驳，有红褐色、黑色、中间灰黑两面红褐色和中间灰黑两面黄褐色等四种。其中红褐陶 370 片，占该文化层出土陶片总数的 31.90%；中间灰黑两面红褐陶 310 片，占该文化层出土陶片总数的 26.72%；中间灰黑两面黄褐陶 168 片，占该文化层出土陶片总数的 14.48%；黑陶 312 片，占该文化层出土陶片总数的 26.90%。

纹饰有粗绳纹、中绳纹、细绳纹、粗绳纹＋细绳纹、“S”纹、“S”纹＋细绳纹、“S”纹＋曲折纹＋中绳纹、曲折纹＋细绳纹和刻划纹＋细绳纹九种。其中粗绳纹陶片 320 片，占该文化层出土陶片总数的 27.58%；中绳纹陶片 496 片，占该文化层出土陶片总数的 42.76%；细绳纹陶片 228 片，占该文化层出土陶片总数的 19.65%；粗绳纹＋细绳纹陶片 1 片，占该文化层出土陶片总数的 0.09%；“S”纹陶片 9 片，占该文化层出土陶片总数的 0.78%；“S”纹＋细绳纹陶片 7 片，占该文化层出土陶片总数的 0.60%；“S”纹＋曲折纹＋中绳纹兼饰陶片 6 片，占该文化层出土陶片总数的 0.52%；曲折纹＋细绳纹陶片 1 片，占该文化层出土陶片总数的 0.09%；刻划纹＋细绳纹陶片 1 片，占该文化层出土陶片总数的 0.09%；素面陶片 91 片，占该文化层出土陶片总数的 7.84%。粗绳纹陶片以红褐陶为主；中绳纹陶片以黑陶为主；细绳纹陶片以内灰黑外红褐陶为主；粗绳纹＋细绳纹陶片均为红褐陶；“S”纹、“S”纹＋细绳纹、“S”纹＋曲折纹＋中绳纹陶片均为内灰黑外红褐陶；曲折纹＋细绳纹、刻划纹＋细绳纹陶片均为内灰黑外黄褐陶；素面陶片以内灰黑外红褐陶为主。绳纹的装饰风格一般分为竖向和斜向两种，腹部的装饰一般较为规整，而底部的装饰则较为错乱。施纹方式多为竖向或斜向滚压而成（图二二至图三三）。完整陶器较少，大部分残损，可复原的器类主要有釜、罐、钵、杯和碗等。

釜　7 件。依据器物总体形态不同，可分为 A、B、C 三型。

A 型　4 件。敞口，束颈，圆腹。可分为 Aa 亚型和 Ab 亚型。

Aa 型　2 件。无耳。

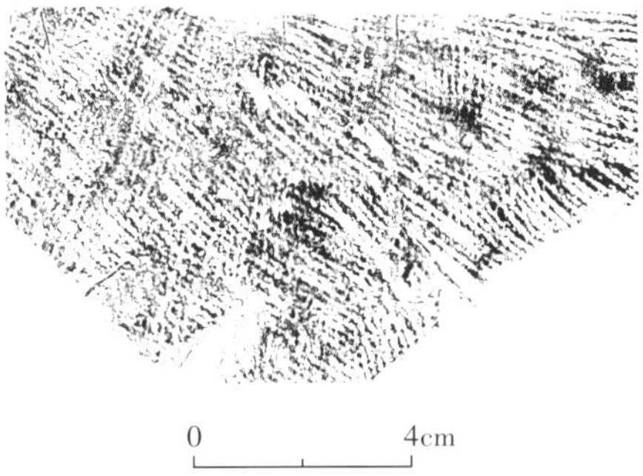

图二二　宝剑山 A 洞遗址第二文化层陶器细绳纹拓片（2013GLBAT1 ②：2）

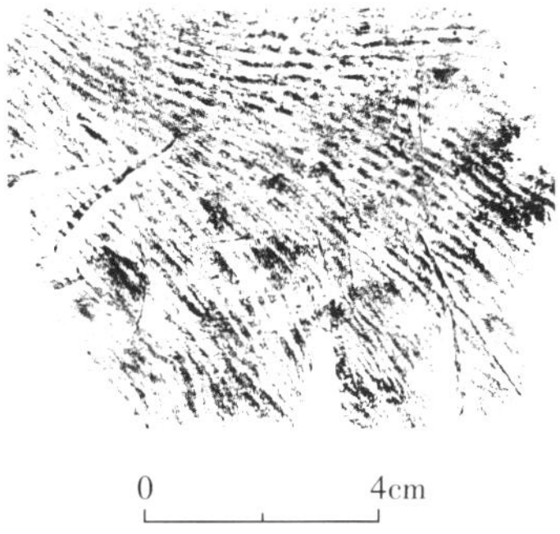

图二三　宝剑山 A 洞遗址第二文化层陶器细绳纹拓片（2013GLBAT1 ②：40）

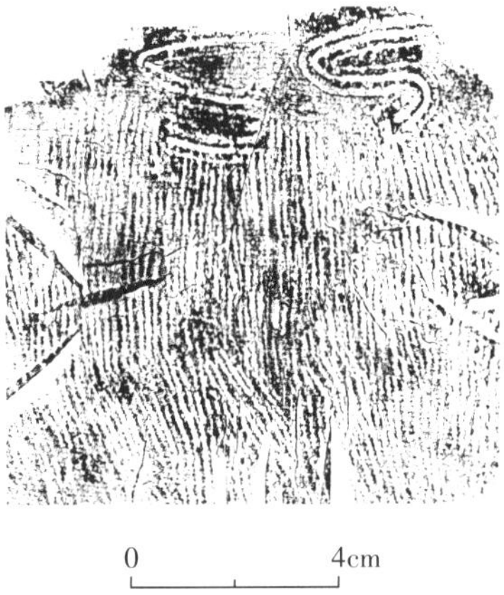

图二四　宝剑山 A 洞遗址第二文化层陶器“S”纹＋细绳纹拓片（2013GLBAT1 ②：5）

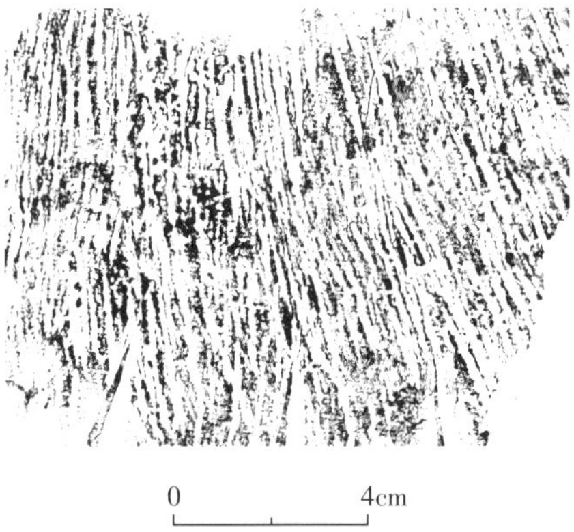

图二五　宝剑山 A 洞遗址第二文化层陶器中绳纹拓片（2013GLBAT1 ②：10）

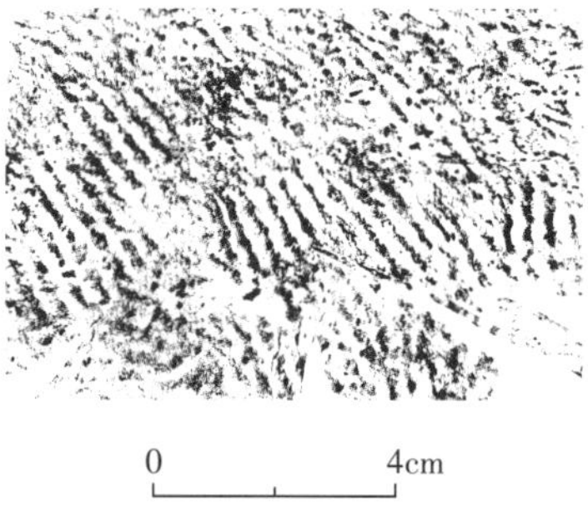

图二六　宝剑山A洞遗址第二文化层陶器粗绳纹拓片（2013GLBAT1②：23）

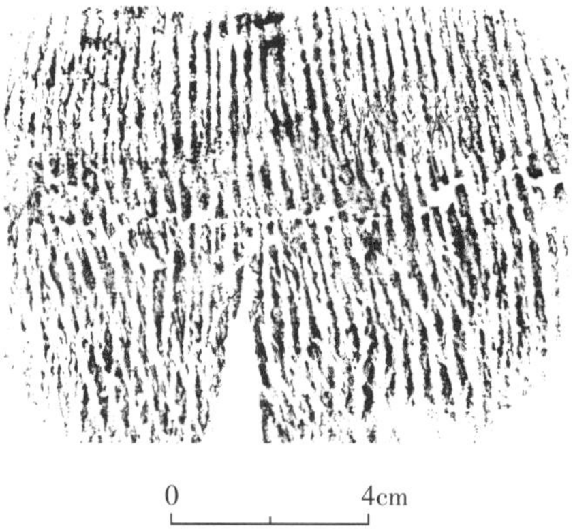

图二七　宝剑山A洞遗址第二文化层陶器粗绳纹拓片（2013GLBAT1②：30）

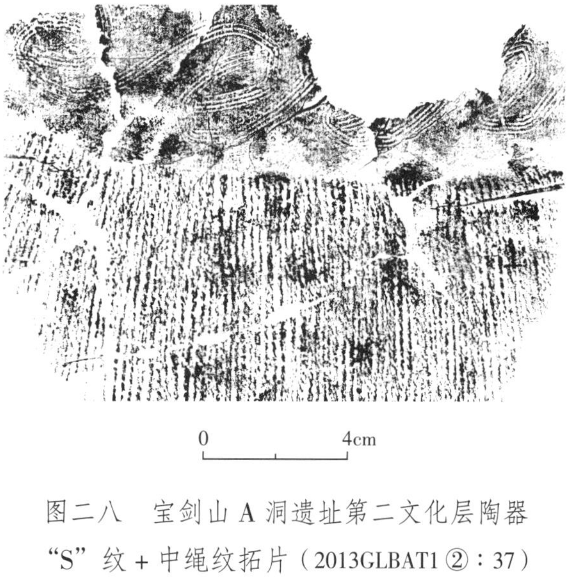

图二八　宝剑山A洞遗址第二文化层陶器“S”纹+中绳纹拓片（2013GLBAT1②：37）

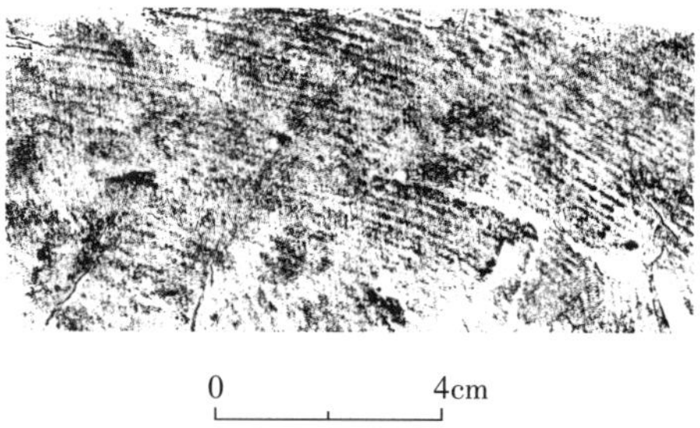

图二九　宝剑山A洞遗址第二文化层陶器细绳纹拓片（2013GLBAT1②：32）

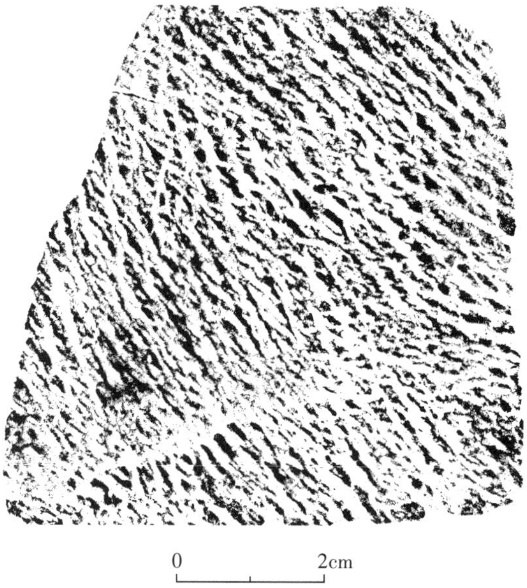

图三〇　宝剑山A洞遗址第二文化层陶器中绳纹拓片（2013GLBAT1③：10）

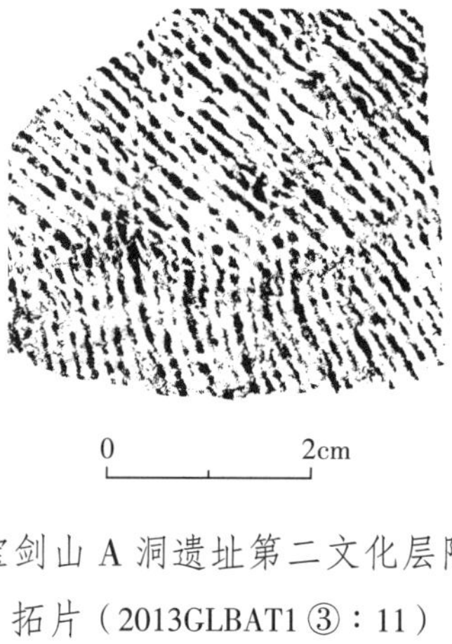

图三一　宝剑山A洞遗址第二文化层陶器细绳纹拓片（2013GLBAT1③：11）

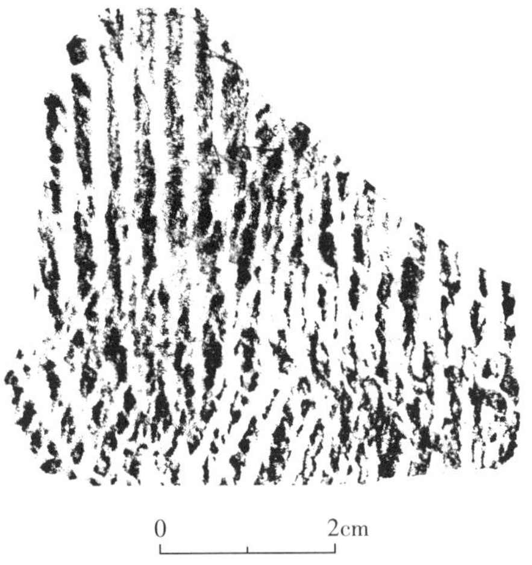

图三二　宝剑山 A 洞遗址第二文化层陶器粗绳纹拓片（2013GLBAT1 ③：15）

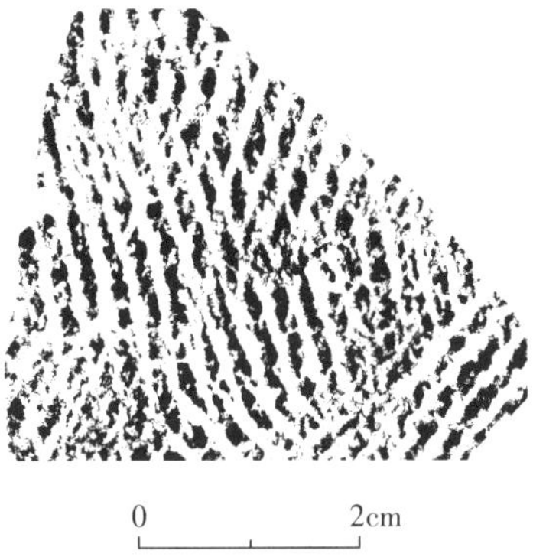

图三三　宝剑山 A 洞遗址第二文化层陶器中绳纹拓片（2013GLBAT1 ③：16）

标本 2013GLBAT1 ②：2，残，可复原。为夹细砂陶，羼有螺蚌壳颗粒，颗粒较粗。陶色为中间灰黑两面红褐色。火候较低，陶质较疏松。敞口，高领外斜直，斜弧肩，领与肩相连处内侧转折较为明显，圆腹，圜底。腹部和底部表面饰细绳纹。腹底可见烟熏痕迹。口径 15.0cm，腹径 17.0cm，高 16.0cm，胎厚 0.4~1.0cm（图三四，1）。

标本 2013GLBAT1 ②：7，残，可复原。为夹细砂陶。陶色为中间灰黑两面红褐色。火候较底，陶质较疏松。敞口，高领，领微弧，领与肩相连处内侧转折明显，圜底。领以下至底部饰细绳纹。腹底可见烟熏痕迹。口径 10.2cm，腹径 14.7cm，高 14.4cm，胎厚 0.4~0.7cm（图三四，2；彩版一四，1）。

Ab 型　2 件。带耳。

标本 2013GLBAT1 ②：5，残，可大致复原。为夹细砂陶，所羼螺蚌壳颗粒较细。陶色为中间灰黑两面红褐色。火候较低，陶质疏松。敞口，圆鼓腹，圜底，圈足已缺失。肩部对称粘置两方形穿孔耳，其中一耳已缺失。肩部饰刻划三线“S”纹，腹部饰细绳纹。口径 11.4cm，腹径 14.4cm，残高 12.0cm，胎厚 0.4~0.7cm（图三四，3；彩版一四，2）。

标本 2013GLBAT1 ②：4，残，可复原。为夹细砂陶，羼有螺蚌壳颗粒，颗粒较粗。陶色为中间灰黑两面红褐色。火候较低，陶质较疏松。敞口，圆唇，沿微外翻，高领，领部略弧微束，圆腹，圜底。肩部对称粘置两方形耳，其中一耳已缺失。肩部及以下部位饰细绳纹。口径 7.5cm，腹径 11.0cm，高 11.0cm，胎厚 0.35~0.7cm（图三四，4；彩版一四，3）。

B 型　2 件。敞口，束颈，斜肩，腹部下垂。

标本 2013GLBAT1 ②：12，残，可大致复原。为夹细砂陶，羼有螺蚌壳颗粒，颗粒较粗。陶色为中间灰黑两面红褐色。火候较低，陶质疏松。敞口，方唇，沿微外翻，高斜直领，束颈，斜肩，斜鼓腹，腹部下垂，圜底。底部外侧有粘贴圈足的痕迹，表明圈足与器身先分制，再粘接，但圈

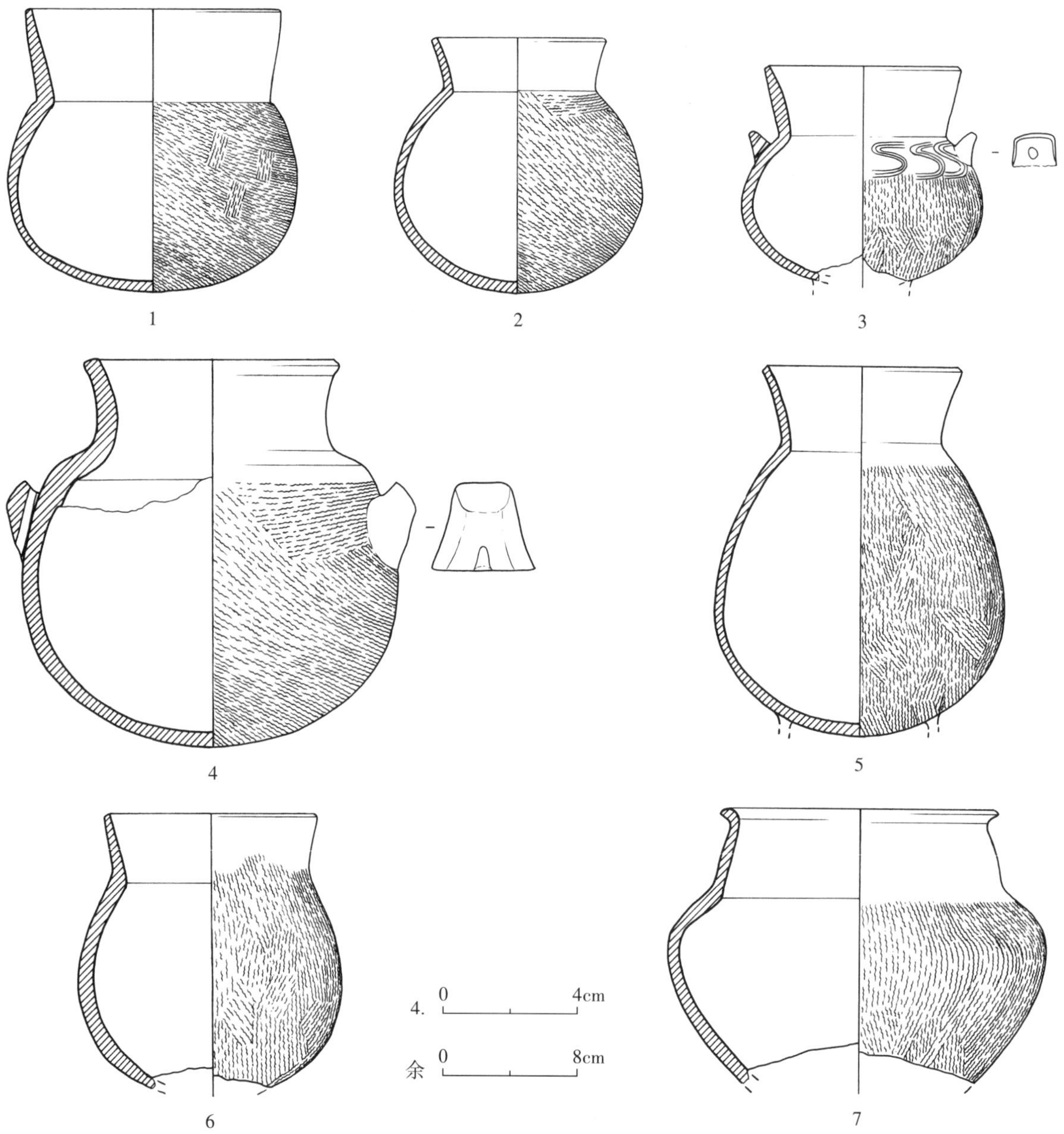

图三四　宝剑山 A 洞遗址第二文化层陶器（一）

1、2. Aa 型釜（2013GLBAT1 ②：2、2013GLBAT1 ②：7）　3、4. Ab 型釜（2013GLBAT1 ②：5、2013GLBAT1 ②：4）
5、6. B 型釜（2013GLBAT1 ②：12、2013GLBAT1 ②：10）　7. C 型釜（2013GLBAT1 ②：30）

足已缺失。肩部及其以下部位饰细绳纹。口径 11.6cm，腹径 17.0cm，残高 21.1cm，胎厚 0.5~0.8cm（图三四，5；彩版一四，4）。

标本 2013GLBAT1 ②：10，残，可大致复原。为夹细砂陶，所羼螺蚌壳颗粒较粗。陶色为红褐色。火候较低，陶质疏松。敞口，平唇，束颈，斜肩，斜鼓腹，腹部下垂，底部残，估计为圜底。领素面，肩腹部饰中绳纹。腹部可见烟熏痕迹。口径 12.6cm，腹径 15.6cm，残高 15.6cm，胎厚 0.5~1.1cm

（图三四，6）。

C型　1件。敞口，广肩，弧腹。

标本2013GLBAT1②：30，残，可大致复原。为夹细砂陶，羼有螺蚌壳颗粒，颗粒较粗。陶色为黑色。火候较低，陶质疏松。敞口，方唇，口沿外翻，高领内斜，广肩，斜弧腹，底部残缺，估计为圜底。肩部及以下饰粗绳纹。器身下部可见烟熏痕迹。口径16.2cm，肩径22.0cm，残高15.2cm，胎厚0.5~0.8cm（图三四，7）。

钵　11件。根据口沿形态的不同，可分为A、B、C三型。

A型　8件。近直口。

标本2013GLBAT1②：33，为夹细砂陶，羼有螺蚌壳颗粒，颗粒较粗。陶色为中间灰黑两面红褐色。火候较低，陶质疏松。近直口，圆唇，弧腹，平底。器表通体饰粗绳纹。口径15.5cm，高5.9cm，胎厚0.3~0.6cm（图三五，1）。

标本2013GLBAT1②：56，残，可基本复原。为夹细砂陶，所羼螺蚌壳颗粒较粗。陶色为红褐色。火候较低，陶质疏松。近直口，圆唇，弧腹，平底。圈足与器身先分制，再粘接，但圈足已脱落缺失。表面饰中绳纹，口沿下饰中绳纹后被抹平。口径14.8cm，残高6.0cm，胎厚0.3~0.45cm（图三五，2；

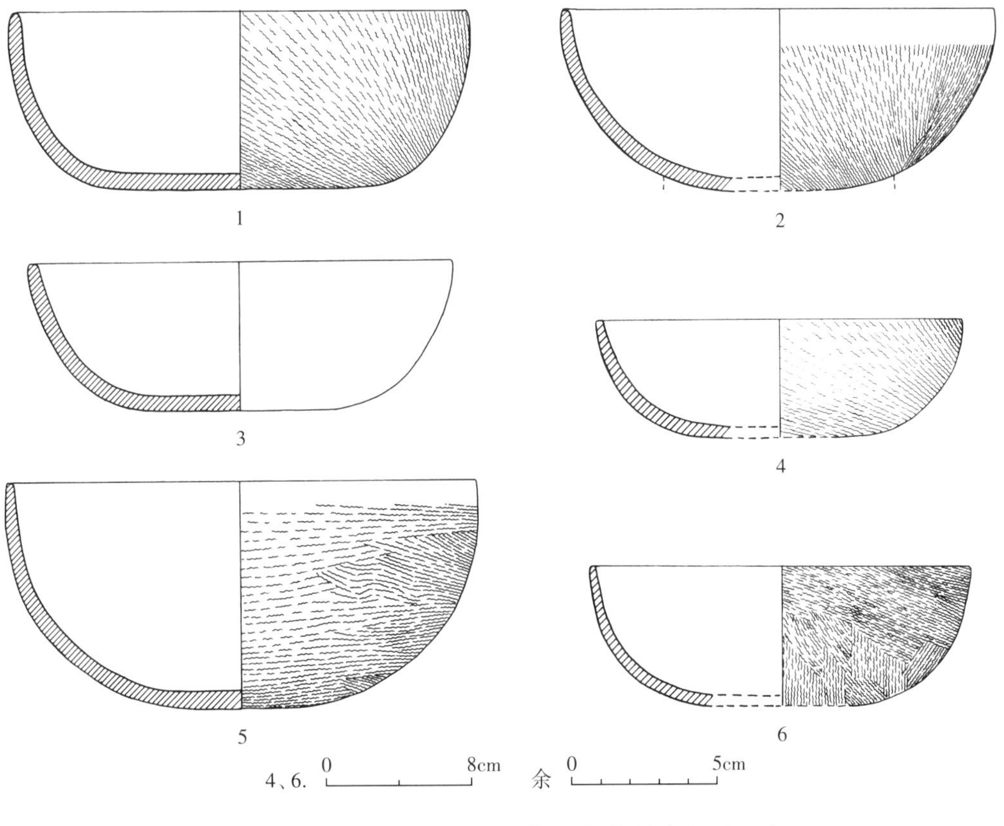

图三五　宝剑山A洞遗址第二文化层陶器（二）

1~6. A型钵（2013GLBAT1②：33、2013GLBAT1②：56、2013GLBAT1②：25、2013GLBAT1②：21、2013GLBAT1②：55、2013GLBAT1②：32）

彩版一五，1）。

标本 2013GLBAT1 ②：25，残，可复原。为夹细砂陶，羼有螺蚌壳颗粒，颗粒粗细适中。陶色为中间灰黑两面红褐色。火候较低，陶质疏松。近直口，近方平唇，弧腹，底近平。素面。口沿有部分缺损。口径 14.4cm，高 4.9cm，胎厚 0.4~0.5cm（图三五，3；彩版一五，2）。

标本 2013GLBAT1 ②：21，残，可复原。为夹细砂陶，羼有螺蚌壳颗粒，颗粒粗细适中。陶色为红褐色。火候较低，陶质疏松。近直口，方平唇，弧腹，平底。器表通体饰粗绳纹。口径 20.2cm，高 6.2cm，胎厚 0.4~0.6cm（图三五，4；彩版一五，3）。

标本 2013GLBAT1 ②：55，残，可复原。陶质为夹细砂陶，所羼螺蚌壳颗粒较粗。陶色为中间灰黑两面红褐色。火候较低，陶质疏松。近直口，方平唇，弧腹，近平底。表面饰粗绳纹，近口沿处原有的一周粗绳纹被抹平。口径 16.0cm，高 7.5cm，胎厚 0.3~0.6cm（图三五，5）。

标本 2013GLBAT1 ②：32，残，可基本复原。陶质为夹细砂陶，所羼螺蚌壳颗粒粗细适中。陶色为中间灰黑两面红褐色。火候较低，陶质疏松。近直口，圆唇，弧腹，底残。表面饰细绳纹。口径 21.2cm，高 7.4cm，胎厚 0.4~0.6cm（图三五，6；彩版一五，4）。

标本 2013GLBAT1 ②：69，陶质为夹细砂陶，所羼螺蚌壳颗粒较细。陶色为红褐色。火候较低，陶质较疏松。近直口，方平唇，腹部微弧，底残。表面饰细绳纹，口沿下原饰有的细绳纹被抹平一部分。口径 18.5cm，残高 6.8cm，胎厚 0.4~0.6cm（图三六，1）。

标本 2013GLBAT1 ②：23，稍残，可复原。陶质为夹细砂陶，羼有螺蚌壳颗粒，颗粒粗细适中。陶色为中间灰黑两面红褐色。火候较低，陶质疏松。近直口，平唇，深弧腹，圜底。器表通体饰粗绳纹，有烟熏痕迹。口沿有一缺口。口径 10.2cm，高 7.2cm，胎厚 0.5~0.6cm（图三六，2；彩版一五，5）。

B 型　2 件。敞口。

标本 2013GLBAT1 ②：36，残，可基本复原。陶质为夹细砂陶，所羼螺蚌壳颗粒较细。陶色为中间灰黑两面黄褐色。火候较低，陶质疏松。敞口，尖唇，近深斜直腹。器底及圈足缺失，推测为圜底。表面饰细绳纹。口径 13.3cm，残高 7.1cm，胎厚 0.2~0.35cm（图三六，3）。

标本 2013GLBAT1 ②：76，残，可基本复原。陶质为夹细砂陶，所羼螺蚌壳颗粒较细。陶色为中间灰黑两面黄褐色。火候较低，陶质疏松。敞口，圆唇，深弧腹。器底及圈足缺失，推测为圜底。表面饰细绳纹。口径 11.8cm，残高 6.7cm，胎厚 0.3~0.4cm（图三六，4）。

C 型　1 件。敛口，沿上带耳。

标本 2013GLBAT1 ②：46，陶质为夹细砂陶，所羼螺蚌壳颗粒较细。陶色为黑色。火候较低，陶质疏松。敛口，圆唇，深弧腹。口沿上有一只舌形耳，耳外撇。耳饰粗绳纹，腹部饰细绳纹。口径 15.6cm，残高 11.3cm，胎厚 0.5~0.8cm（图三六，5）。

碗　1 件。

标本 2013GLBAT1 ②：13，残，可基本复原。陶质为夹细砂陶，所羼螺蚌壳颗粒较粗。陶色

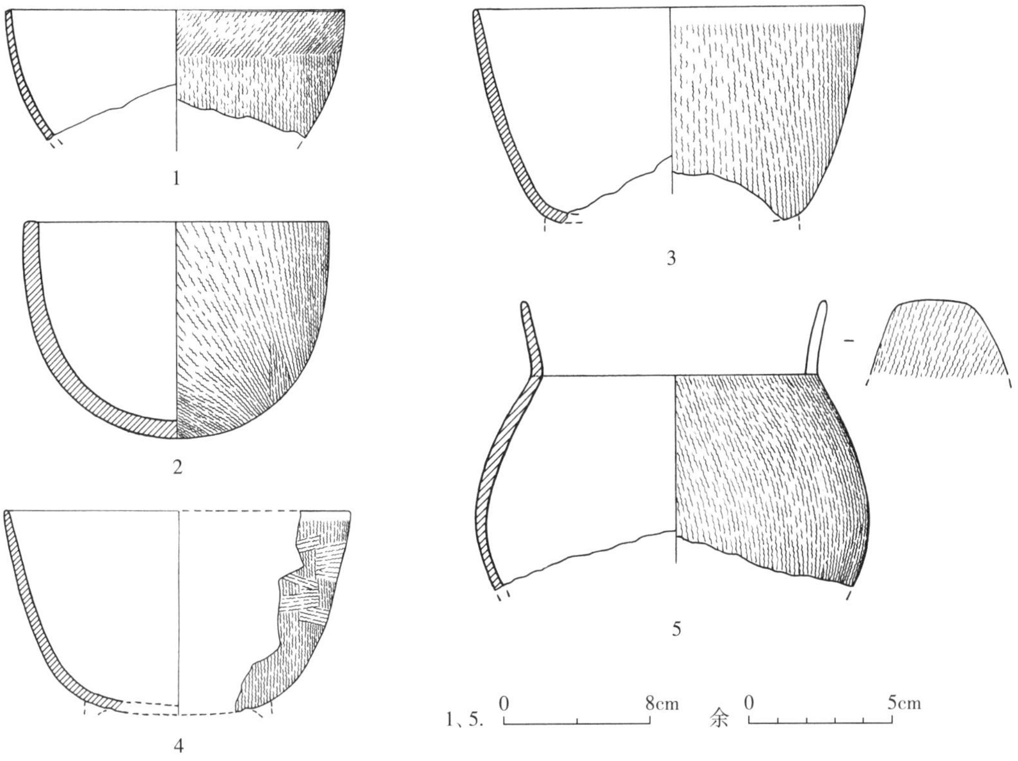

图三六 宝剑山 A 洞遗址第二文化层陶器（三）

1、2. A 型钵（2013GLBAT1 ②：69、2013GLBAT1 ②：23） 3、4. B 型钵（2013GLBAT1 ②：36、2013GLBAT1 ②：76） 5. C 型钵（2013GLBAT1 ②：46）

为红褐色。火候较低，陶质疏松。敛口，近圆唇，弧腹，近平底。圈足与器身先分制，然后再粘接，但圈足部分残缺。器身表面饰中绳纹，圈足见双线刻划曲折纹。口径 10.3cm，残高 5.1cm，胎厚 0.2~0.4cm（图三七，1；彩版一五，6）。

杯 1 件。

标本 2013GLBAT1 ②：6，残，可复原。陶质为夹细砂陶，所羼螺蚌壳颗粒较细。陶色为中间灰黑两面红褐色。火候较低，陶质疏松。敞口，圆唇，斜弧腹，近平底。器表通体饰细绳纹，有烟熏痕迹。口径 8.0cm，高 3.6cm，胎厚 0.2~0.4cm（图三七，2）。

陶杯口沿残片 1 件。

标本 2013GLBAT1 ②：77，陶质为夹细砂陶，所羼螺蚌壳颗粒较细。陶色为中间灰黑两面黄褐色。火候较低，陶质疏松。直口，尖唇，底部缺失。表面饰细绳纹，靠近口沿处在细绳纹上刻划有双线折线纹，另外还刻划有双线倒“S”纹。残高 3.3cm，胎厚 0.1~0.2cm（图三七，3）。

釜罐类肩腹部残件 2 件。

标本 2013GLBAT1 ②：37，陶质为夹细砂陶，所羼螺蚌壳颗粒较粗。陶胎中间为灰黑色，两面为红褐色。火候较低，陶质疏松。口部残缺，折肩，微弧腹。肩上部饰横向“S”纹，外腹部

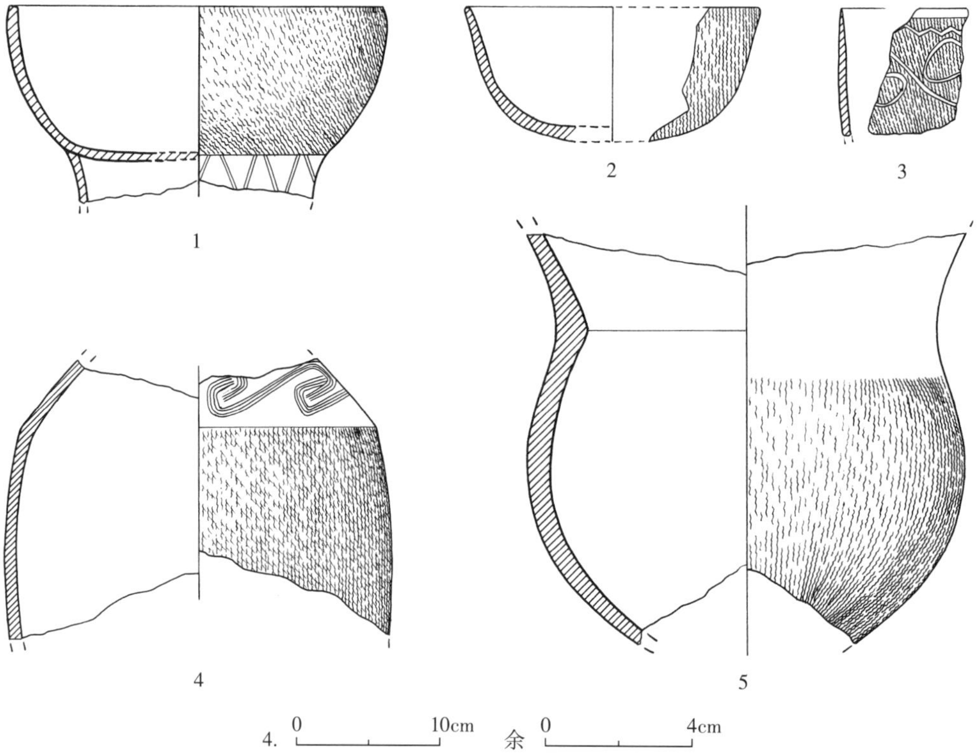

图三七　宝剑山 A 洞遗址第二文化层陶器（四）

1. 碗（2013GLBAT1 ②：13）　2. 杯（2013GLBAT1 ②：6）　3. 陶杯口沿残片（2013GLBAT1 ②：77）
4、5. 釜罐类肩腹部残件（2013GLBAT1 ②：37、2013GLBAT1 ②：57）

饰中绳纹且有烟熏痕迹。残高 18.6cm，肩径 24.0cm，胎厚 0.6~1.0cm（图三七，4）。

标本 2013GLBAT1 ②：57，陶质为夹细砂陶，所羼螺蚌壳颗粒较粗。红褐色陶胎。火候较低，陶质疏松。唇部残缺，敞口，高领，斜溜肩，弧腹，底残缺。腹部外饰中绳纹。下腹部有烟熏痕迹。残高 10.9cm，腹径 11.8cm，胎厚 0.5~0.8cm（图三七，5）。

釜罐类口沿残件　18 件。

标本 2013GLBAT1 ②：43，陶质为夹细砂陶，所羼螺蚌壳颗粒粗细适中。陶色为中间灰黑两面黄褐色。火候较低，陶质疏松。敞口，平唇，近直领。素面。口径 17.6cm，残高 4.8cm，胎厚 0.4~0.5cm（图三八，1）。

标本 2013GLBAT1 ②：49，陶质为夹细砂陶，所羼螺蚌壳颗粒粗细适中。陶色为黑色。火候较低，陶质疏松。敞口，平唇，直领外斜，圆斜肩，领与肩相连处内侧转折较明显。领素面，肩部先饰横向细绳纹，细绳纹之下饰纵向和斜向细绳纹。器表有烟熏痕迹。口径 11.6cm，残高 6.6cm，胎厚 0.3~0.7cm（图三八，2）。

标本 2013GLBAT1 ②：70，陶质为夹细砂陶，所羼螺蚌壳颗粒粗细适中。陶色为中间灰黑两面黄褐色。火候较低，陶质疏松。平唇，直领，素面。残高 6.2cm，胎厚 0.3~0.5cm（图三八，3）。

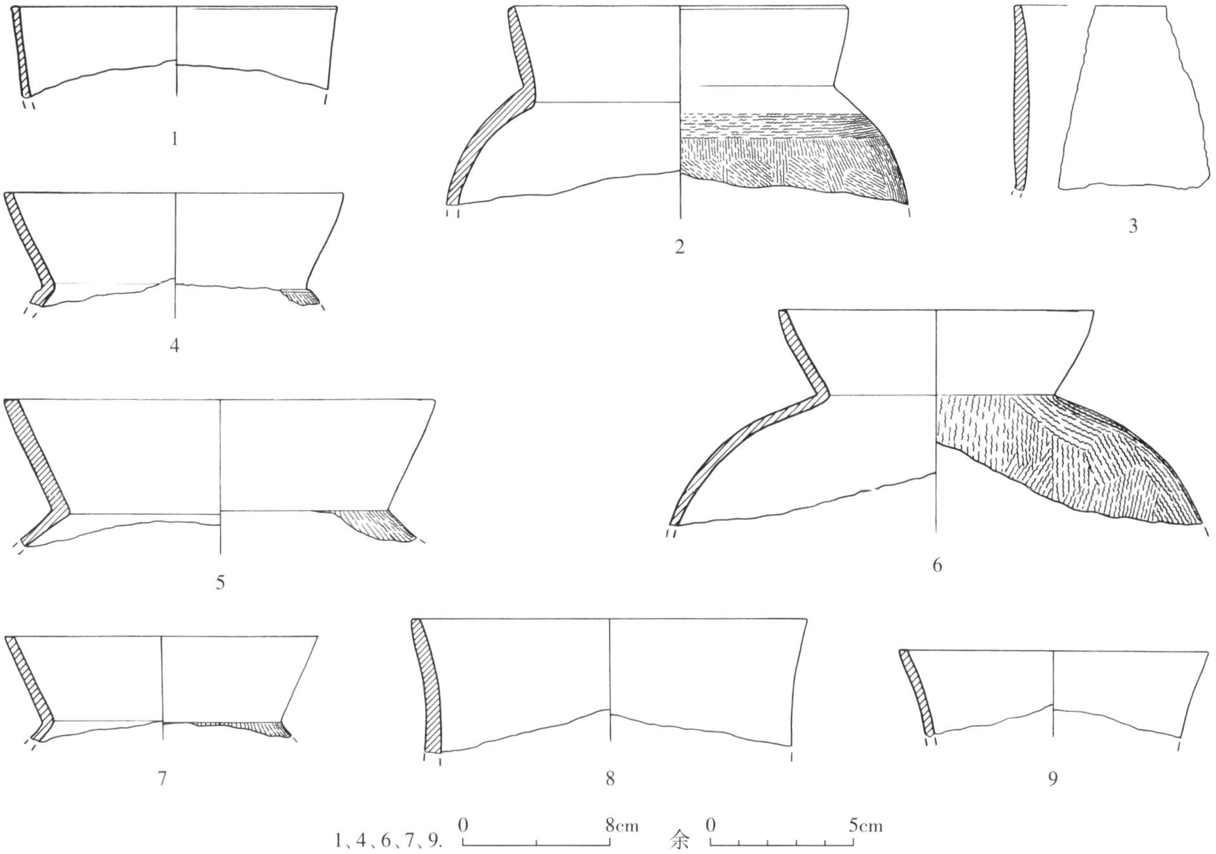

图三八　宝剑山 A 洞遗址第二文化层陶器（五）

1~9. 釜罐类口沿残件（2013GLBAT1 ②：43、2013GLBAT1 ②：49、2013GLBAT1 ②：70、2013GLBAT1 ②：34、2013GLBAT1 ②：39、2013GLBAT1 ②：41、2013GLBAT1 ②：40、2013GLBAT1 ②：38、2013GLBAT1 ②：44）

标本 2013GLBAT1 ②：34，陶质为夹细砂陶，所羼螺蚌壳颗粒粗细适中。陶色为红褐色。火候较低，陶质疏松。敞口，平唇，领部斜直。领素面，肩部饰细绳纹。口径 18.4cm，残高 5.8cm，胎厚 0.6~0.8cm（图三八，4）。

标本 2013GLBAT1 ②：39，陶质为夹细砂陶，所羼螺蚌壳颗粒粗细适中。陶色为红褐色。火候较低，陶质疏松。敞口，平唇，领斜直，领与肩相接处内侧转折呈近直角，斜弧肩。领素面，肩饰粗绳纹。口径 14.6cm，残高 4.7cm，胎厚 0.3~0.5cm（图三八，5）。

标本 2013GLBAT1 ②：40，陶质为夹细砂陶，所羼螺蚌壳颗粒粗细适中。陶色为红褐色。火候较低，陶质疏松。敞口，平唇，领斜直，肩颈处转折明显，束颈。领素面，肩饰中绳纹。口径 17.0cm，残高 5.3cm，胎厚 0.4~0.5cm（图三八，7）。

标本 2013GLBAT1 ②：41，陶质为夹细砂陶，所羼螺蚌壳颗粒粗细适中。陶色为红褐色。火候较低，陶质疏松。敞口，平唇，领微斜直，束颈，领与肩相接处内侧转折明显，圆肩。领素面，肩饰粗绳纹。口径 17.2cm，残高 11.5cm，胎厚 0.5~0.7cm（图三八，6）。

标本 2013GLBAT1 ②：38，陶质为夹细砂陶，所羼螺蚌壳颗粒粗细适中。陶色为红褐色。火候较低，陶质较疏松。敞口，近圆唇，领微弧。素面。口径 13.4cm，残高 4.4cm，胎厚 0.4~0.5cm（图三八，8）。

标本 2013GLBAT1 ②：44，陶质为夹细砂陶，所羼螺蚌壳颗粒粗细适中。陶色为红褐色。火候较低，陶质疏松。敞口，平唇，领斜直。素面。口径 17.0cm，残高 4.6cm，胎厚 0.5cm（图三八，9）。

标本 2013GLBAT1 ②：45，陶质为夹细砂陶，所羼螺蚌壳颗粒粗细适中。陶色为红褐色。火候较低，陶质疏松。敞口，平唇，斜直领。素面。口径 17.4cm，残高 6.5cm，胎厚 0.7~0.8cm（图三九，1）。

标本 2013GLBAT1 ②：50，陶质为夹细砂陶，所羼螺蚌壳颗粒粗细适中。陶色为中间灰黑两面红褐色。火候较低，陶质疏松。侈口，尖唇，斜弧肩。领素面，肩饰刻划三线倒“S”纹，倒“S”纹以下饰细绳纹。口径 15.4cm，残高 8.8cm，胎厚 0.5~1.0cm（图三九，2）。

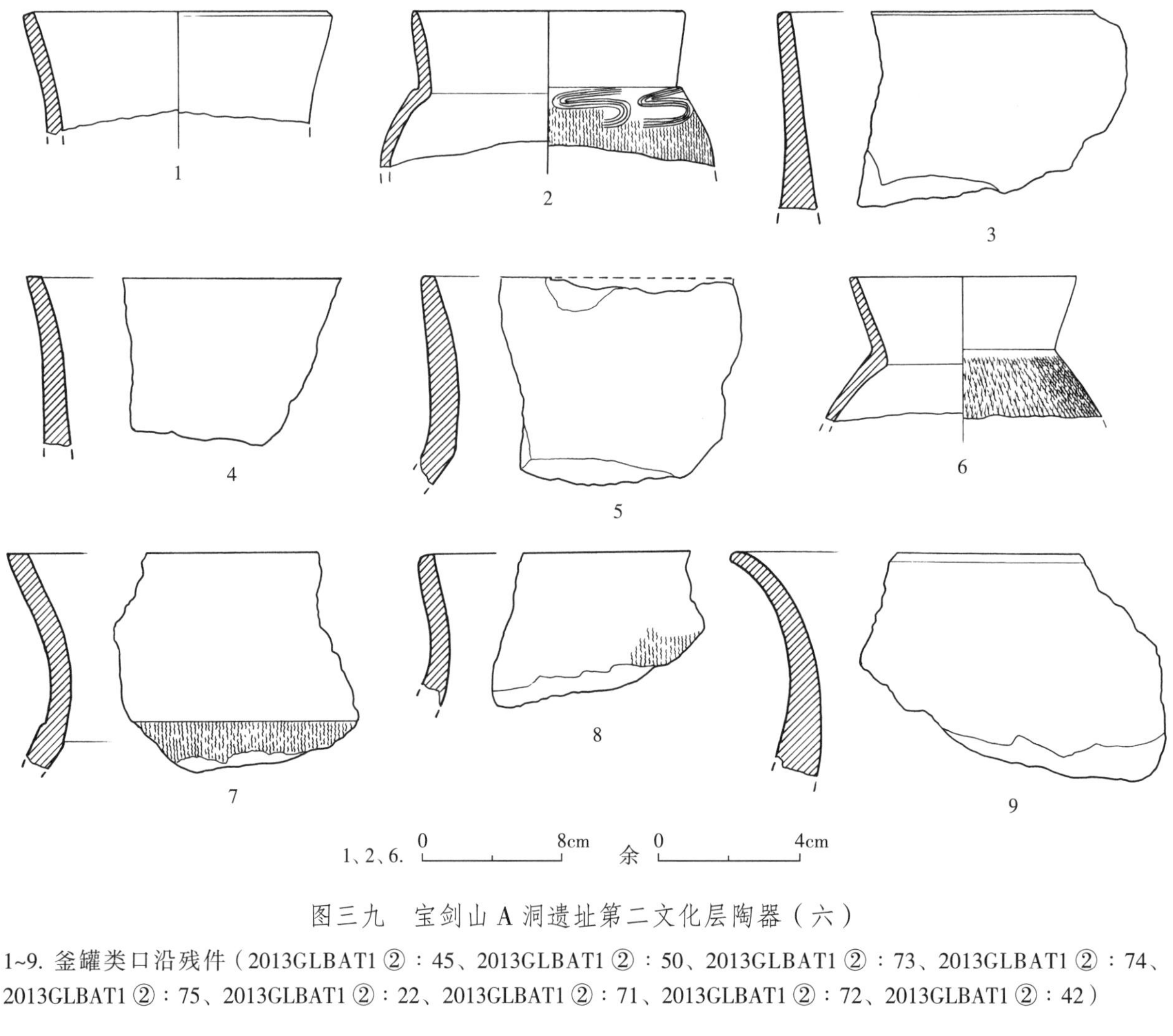

图三九　宝剑山 A 洞遗址第二文化层陶器（六）

1~9. 釜罐类口沿残件（2013GLBAT1 ②：45、2013GLBAT1 ②：50、2013GLBAT1 ②：73、2013GLBAT1 ②：74、2013GLBAT1 ②：75、2013GLBAT1 ②：22、2013GLBAT1 ②：71、2013GLBAT1 ②：72、2013GLBAT1 ②：42）

标本 2013GLBAT1 ②：73，陶质为夹细砂陶，所羼螺蚌壳颗粒粗细适中。陶色为中间灰黑两面红褐色。火候较低，陶质疏松。敞口，圆唇，近直领。素面。残高 5.4cm，胎厚 0.4~1.0cm（图三九，3）。

标本 2013GLBAT1 ②：74，陶质为夹细砂陶，所羼螺蚌壳颗粒粗细适中。陶色为中间灰黑两面红褐色。火候较低，陶质疏松。敞口，平唇，领微斜。素面。残高 4.6cm，胎厚 0.4~0.7cm（图三九，4）。

标本 2013GLBAT1 ②：75，陶质为夹细砂陶，所羼螺蚌壳颗粒粗细适中。陶色为中间灰黑两面红褐色。火候较低，陶质疏松。敞口，平唇，领微弧。素面。残高 5.7cm，胎厚 0.4~0.8cm（图三九，5）。

标本 2013GLBAT1 ②：22，陶质为夹细砂陶，所羼螺蚌壳颗粒较粗。陶色为中间灰黑两面红褐色。火候较低，陶质疏松。敞口，平唇，斜直领，斜弧肩。领素面，肩部饰细绳纹。口径 12.6cm，残高 7.8cm，胎厚 0.5~1.0cm（图三九，6）。

标本 2013GLBAT1 ②：71，陶质为夹细砂陶，所羼螺蚌壳颗粒较粗。陶色为中间灰黑两面红褐色。火候较低，陶质疏松。敞口，平唇，弧领。领素面，肩部饰细绳纹。残高 6.0cm，胎厚 0.6~0.9cm（图三九，7）。

标本 2013GLBAT1 ②：72，陶质为夹细砂陶，所羼螺蚌壳颗粒较粗。陶色为中间灰黑两面红褐色。火候较低，陶质疏松。敞口，圆唇，弧领。领饰有少量纵向细绳纹。残高 4.2cm，胎厚 0.5~0.6cm（图三九，8）。

标本 2013GLBAT1 ②：42，陶质为夹细砂陶，所羼螺蚌壳颗粒较粗。陶色为黑色。火候较低，陶质疏松。敞口，圆唇，沿外翻，弧领。领部素面。残高 6.2cm，胎厚 0.3~1.2cm（图三九，9）。

圈足器底部残件　10 件。

标本 2013GLBAT1 ②：58，陶质为夹细砂陶，所羼螺蚌壳颗粒粗细适中。陶色为红褐色。火候较低，陶质较疏松。圈足近直稍向外展。上与器底相连，靠近器底处对称穿有两个圆形镂空。圈足素面，器身下腹部饰细绳纹。残高 4.1cm，足径 7.2cm，圈足高 2.0cm，胎厚 0.4~0.6cm（图四〇，1）。

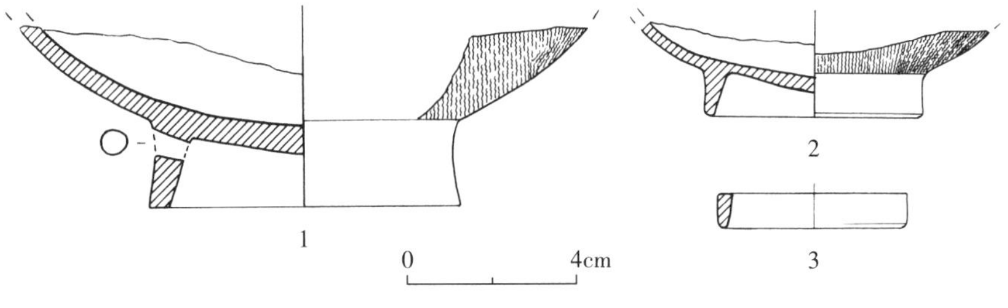

图四〇　宝剑山 A 洞遗址第二文化层陶器（七）

1~3. 圈足器底部残件（2013GLBAT1 ②：58、2013GLBAT1 ②：59、2013GLBAT1 ②：67）

标本 2013GLBAT1 ②：59，陶质为夹细砂陶，所羼螺蚌壳颗粒较细。陶色为中间灰黑两面红褐色。火候较低，陶质疏松。圈足直，上与器底相接。圈足与器底先分制，再粘接。圈足素面，器底及下腹部饰细绳纹。残高 2.0cm，足径 5.2cm，圈足高 1.0cm，胎厚 0.2~0.3cm（图四〇，2）。

标本 2013GLBAT1 ②：67，仅剩圈足。陶质为夹细砂陶，所羼螺蚌壳颗粒较细。陶色为中间灰黑两面红褐色。火候较低，陶质疏松。圈足直，素面。圈足与器身先分制，再粘接，圈足现已脱落。足径 4.5cm，圈足高 0.8cm，胎厚 0.2~0.3cm（图四〇，3）。

标本 2013GLBAT1 ②：65，仅剩圈足。陶质为夹细砂陶，所羼螺蚌壳颗粒粗细适中。陶色为红褐色。火候较低，陶质较疏松。圈足呈喇叭形，素面。圈足与器身先分制，再粘接，圈足现已脱落。足径 8.4cm，圈足高 3.5cm，胎厚 0.4~0.8cm（图四一，1）。

标本 2013GLBAT1 ②：68，为圈足残片。陶质为夹细砂陶，所羼螺蚌壳颗粒粗细适中。陶色为红褐色。火候较低，陶质较疏松。圈足呈喇叭形，素面。圈足与器身先分制，再粘接，圈足现已脱落。圈足高 3.9cm，胎厚 0.4~1.1cm（图四一，2）。

标本 2013GLBAT1 ②：61，仅剩圈足。陶质为夹细砂陶，所羼螺蚌壳颗粒较细。陶色为红褐色。火候较低，陶质较疏松。圈足外撇，素面。圈足与器身先分制，再粘接，圈足现已脱落。足径 9.0cm，圈足高 2.5cm，胎厚 0.35~1.3cm（图四一，3）。

标本 2013GLBAT1 ②：62，陶质为夹细砂陶，所羼螺蚌壳颗粒较细。陶色为灰黑色。火候较低，陶质疏松。圈足外撇，呈喇叭状，上与器底相接，圈足与器底先分制，再粘接。圈足素面，器身下腹部饰细绳纹。残高 1.4cm，足径 4.8cm，圈足高 0.75cm，胎厚 0.3~0.5cm（图四一，4）。

标本 2013GLBAT1 ②：63，陶质为夹细砂陶，所羼螺蚌壳颗粒较细。陶色为灰黑色。火候较

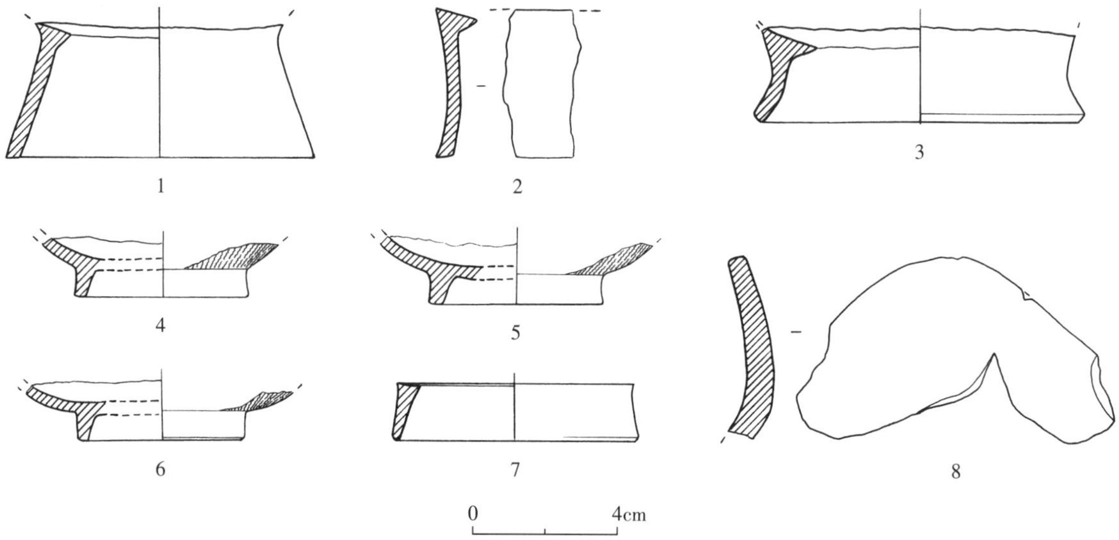

图四一　宝剑山 A 洞遗址第二文化层陶器（八）

1~7. 圈足器底部残件（2013GLBAT1 ②：65、2013GLBAT1 ②：68、2013GLBAT1 ②：61、2013GLBAT1 ②：62、2013GLBAT1 ②：63、2013GLBAT1 ②：64、2013GLBAT1 ②：66） 8. 陶器耳（2013GLBAT1 ②：47）

低，陶质疏松。圈足外撇，呈喇叭状，上与器底相接，圈足与器底先分制，再粘接。圈足素面，器身下腹部饰细绳纹。足径 4.8cm，残高 1.6cm，胎厚 0.3~0.7cm（图四一，5）。

标本 2013GLBAT1 ②：64，陶质为夹细砂陶，所羼螺蚌壳颗粒较细。陶色为灰黑。火候较低，陶质疏松。圈足外撇，呈喇叭状，上与器底相接，圈足与器底先分制，再粘接。圈足素面，器身下腹部饰细绳纹。残高 1.3cm，足径 4.6cm，圈足高 0.8cm，胎厚 0.25~0.5cm（图四一，6）。

标本 2013GLBAT1 ②：66，仅剩圈足。陶质为夹细砂陶，所羼螺蚌壳颗粒较细。陶色为中间灰黑两面黄褐色。火候较低，陶质疏松。圈足外撇，呈喇叭状，素面。圈足与器底先分制，再粘接，圈足现已脱落。足径 6.8cm，圈足高 1.5cm，胎厚 0.2~0.6cm（图四一，7）。

陶器耳　1 件。残。

标本 2013GLBAT1 ②：47，陶质为夹细砂陶，所羼螺蚌壳颗粒较粗。陶色为中间灰黑两面红褐色。火候较低，陶质疏松。器耳近舌状，外撇，素面。有烟熏痕迹。残长 4.9cm，胎厚 0.5~0.8cm（图四一，8）。

3. 蚌器

14 件。类型包括锯齿刃蚌器、束颈蚌铲、双肩蚌铲和鱼头形蚌器。其中锯齿刃蚌器 3 件，占该文化层出土蚌器总数的 21.43%；束颈蚌铲和双肩蚌铲各 5 件，各占该文化层出土蚌器总数的 35.71%；鱼头形蚌器 1 件，占该文化层出土蚌器总数的 7.14%。

锯齿刃蚌器　3 件。均属于 A 型中的 Aa 亚型。

标本 2013GLBAT1 ②：31，原料为一面完整的厚蚌壳。蚌壳薄缘被打出一排锯齿状疤痕，形成锯齿刃口；疤痕清晰，分布比较均匀。均为从蚌壳里侧向蚌壳外侧进行单面打制。薄缘靠近尾端处有一破损的缺口。长 12.7cm，最宽 8.6cm，最厚 2.1cm（图四二，1）。

标本 2013GLBAT1 ③：6，原料为一面完整的厚蚌壳。蚌壳薄缘被打出一排锯齿状疤痕，形

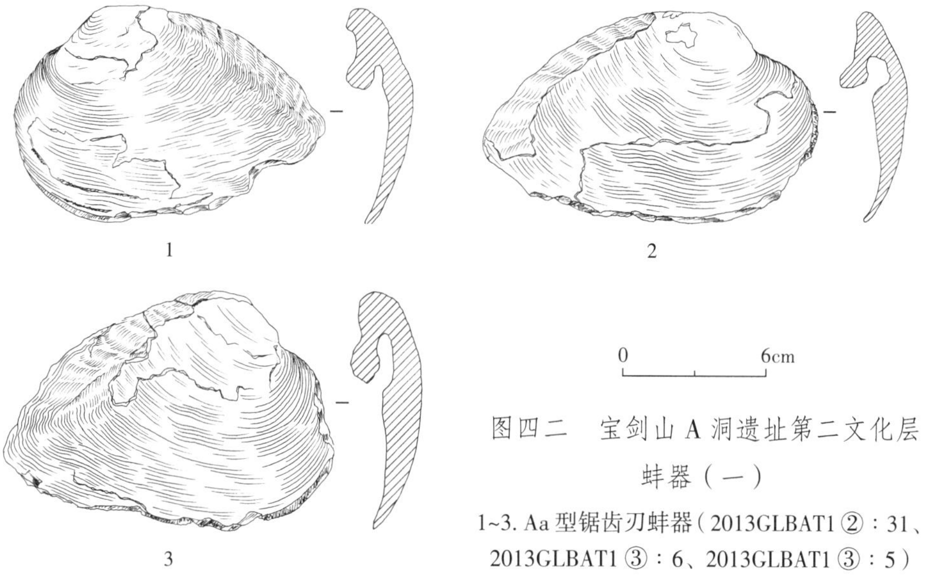

图四二　宝剑山 A 洞遗址第二文化层蚌器（一）

1~3. Aa 型锯齿刃蚌器（2013GLBAT1 ②：31、2013GLBAT1 ③：6、2013GLBAT1 ③：5）

成锯齿刃口；疤痕清晰，分布比较均匀。均为从蚌壳里侧向蚌壳外侧进行单面打制。长 13.8cm，最宽 8.4cm，最厚 1.7cm（图四二，2）。

标本 2013GLBAT1 ③：5，原料为一面完整的厚蚌壳。蚌壳薄缘被打出一排锯齿状疤痕，形成锯齿刃口；疤痕较深，清晰，分布比较均匀。均为从蚌壳里侧向蚌壳外侧进行单面打制。长 13.5cm，最宽 9.4cm，最厚 2.0cm（图四二，3）。

束颈蚌铲　5 件。利用较小的蚌壳加工而成，形状多呈楔形，在颈部打出一至两个缺口，形成束颈。

标本 2013GLBAT1 ②：28，器形很小，器身很薄，大致呈楔形。利用蚌壳头端制作而成。器身顶端还保留有部分蚌壳本身的头部。柄部近圆形，顶端圆润；颈部两侧各打出一个缺口形成束颈；凹刃。器身经过磨制。长 6.8cm，宽 5.0cm，最厚 0.6cm（图四三，1）。

标本 2013GLBAT1 ②：26，器形较小，器身较薄，大致呈楔形。利用蚌壳较厚部分制作而成。柄部近三角形，颈部一侧打出一个缺口，另一侧打出两个缺口形成束颈，斜直刃。器身经过磨制。长 8.0cm，宽 7.1cm，最厚 0.5cm（图四三，2；彩版一六，1）。

标本 2013GLBAT1 ②：24，器形小，器身薄，大致呈楔形。利用蚌壳头端制作而成，器身顶端还部分保留了蚌壳本身的头部。柄部近三角形，颈部两侧各打出一个缺口形成束颈，凹刃。器

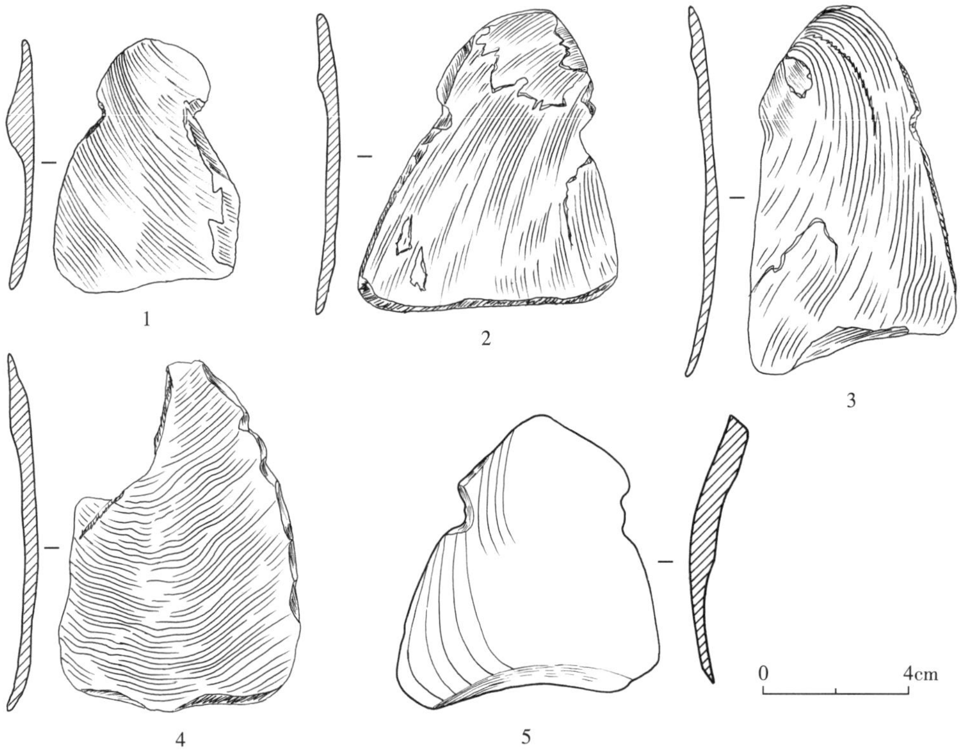

图四三　宝剑山 A 洞遗址第二文化层蚌器（二）

1~5. 束颈蚌铲（2013GLBAT1 ②：28、2013GLBAT1 ②：26、2013GLBAT1 ②：24、2013GLBAT1 ②：18、2013GLBAT1 ③：3）

身经过磨制。长 9.1cm，宽 5.7cm，最厚 0.5cm（图四三，3；彩版一六，2）。

标本 2013GLBAT1 ②：18，器形小，器身很薄，大致呈楔形。利用蚌壳较厚部分制作而成。柄部缺失，颈部一侧打制出两个缺口，另外一侧残缺。器身两侧由肩部向下外展至刃部，弧刃。从器身的形态判断，另一侧原来应该也有两个缺口，共同形成束颈。器身经过磨制。残长 9.1cm，宽 6.6cm，最厚 0.6cm（图四三，4）。

标本 2013GLBAT1 ③：3，原料为较大较厚的蚌壳。先修整蚌壳头端，后在两侧各打出两处凹缺，其中一侧凹缺较为均匀对称，另一侧凹缺不规整，整体略似斜肩。器身两侧由肩部向下外展至刃部，刃部为一道整齐锋利的凹刃。器身偶见打击疤痕，棱角已磨圆；器身四周边缘均已打磨光滑。长 7.8cm，宽 7.1cm，最厚 0.8cm（图四三，5；彩版一六，3）。

双肩蚌铲　5 件。分别属于 B 型和 C 型。

B 型　2 件。

标本 2013GLBAT1 ②：9，选择较厚的蚌壳去掉部分头部后进行加工。双斜窄肩，肩部基本对称。柄较长，柄顶端平直，柄部一侧还可见蚌壳头部原来的突出部分。肩以下呈弧形内收形成弧凹刃。整个器物磨制精细。长 11.7cm，宽 9.2cm，最厚 1.0cm（图四四，1；彩版一六，4）。

标本 2013GLBAT1 ②：14，选择较厚的蚌壳去掉部分头部后进行加工。双斜窄肩，肩部不对称。

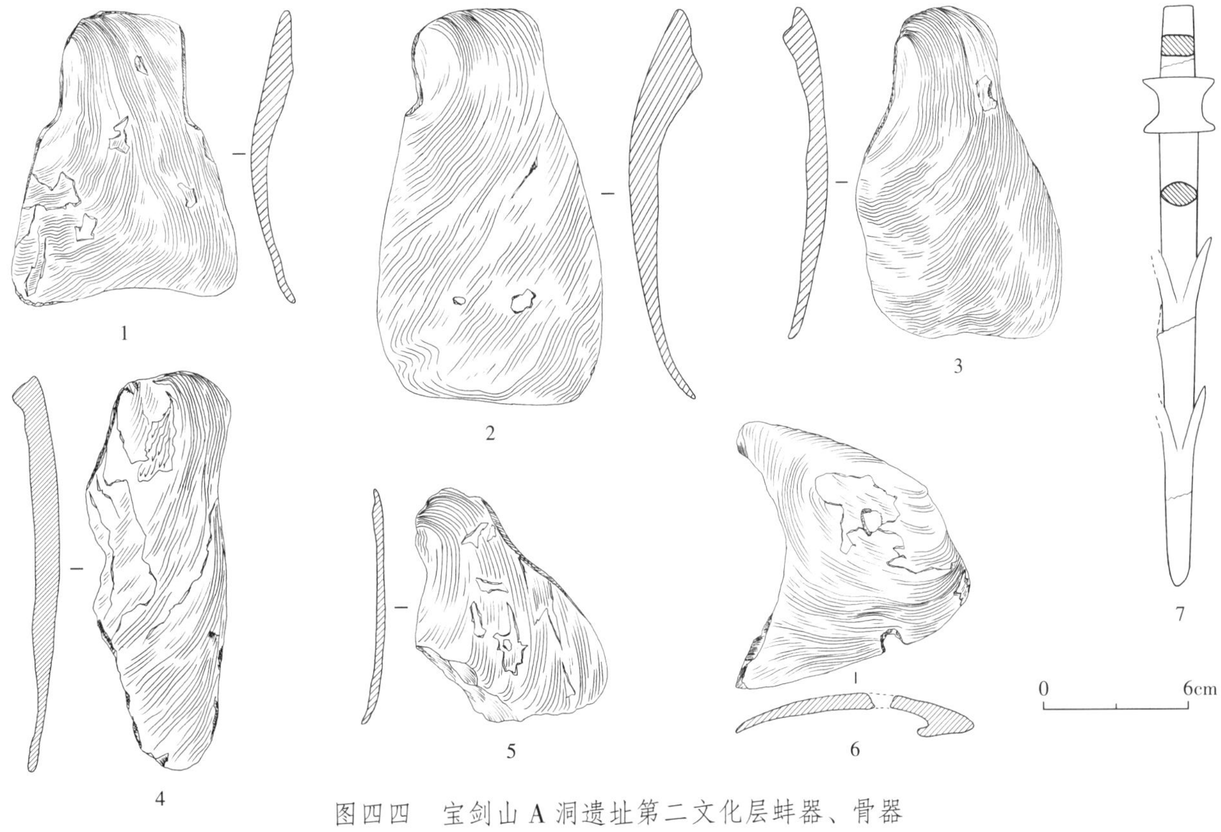

图四四　宝剑山 A 洞遗址第二文化层蚌器、骨器

1、2. B 型双肩蚌铲（2013GLBAT1 ②：9、2013GLBAT1 ②：14）　3~5. C 型双肩蚌铲（2013GLBAT1 ②：15、2013GLBAT1 ②：8、2013GLBAT1 ②：16）　6. 鱼头形蚌器（2013GLBAT1 ②：1）　7. 骨质剑形器（2013GLBAT1 ②：27）

柄较短，柄顶端平直，柄部一侧还可见蚌壳头部原来的突出部分。肩以下呈弧形内收形成弧凹刃。整个器物磨制精细。长 15.6cm，宽 9.1cm，最厚 2.3cm（图四四，2）。

C 型　3 件。

标本 2013GLBAT1②：15，选择较厚的蚌壳去掉部分头部后进行加工。双溜肩，肩部基本对称。柄较短，柄顶端弧形，柄部一侧还可见蚌壳头部原来的突出部分。肩以下呈弧形内收成弧凹刃。整个器物磨制精细。长 13.0cm，宽 8.0cm，最厚 1.4cm（图四四，3；彩版一六，5）。

标本 2013GLBAT1②：16，器身薄，选择较薄的蚌壳去掉部分头部后进行加工。双溜肩，肩部不对称。柄较短，柄顶端弧形，柄部一侧还可见蚌壳头部原来的突出部分。肩以下呈弧形内收成斜直刃。器身刃端一侧及刃口局部有残缺。整个器物磨制精细。长 10.1cm，宽 6.5cm，最厚 0.5cm（图四四，5）。

标本 2013GLBAT1②：8，器身较长，选择较薄的蚌壳去掉部分头部后进行加工。双溜肩，肩部基本对称。柄较长，柄顶端弧形，柄部一侧还可见蚌壳头部原来的突出部分。肩以下呈弧形内收成刃，器身一侧肩部以下及刃口局部有残缺。从残存刃部判断，原应为弧凸刃。整个器物磨制精细。长 15.7cm，残宽 5.4cm，最厚 1.3cm（图四四，4）。

鱼头形蚌器　1 件。

标本 2013GLBAT1②：1，形状似鱼头。系利用蚌壳厚端制作而成。在中间靠上位置穿一小圆形孔，形似鱼眼，在右侧下方打出一个方形小缺口，形似鱼嘴。整个器身鱼头朝右下。刃部呈弧凹状，有使用痕迹。整个器物磨制精细。长 10.7cm，宽 10.2cm，最厚 1.2cm（图四四，6；彩版一六，6）。

4. 骨器

骨质剑形器　1 件。

标本 2013GLBAT1②：27，用一截动物肢骨的半边制作而成。长方柄，亚腰形格，剑身狭长，中部有两对倒刺。长 23.0cm，宽 3.0cm，厚 1.0cm（图四四，7；彩版一七，1）。

（三）第三文化层文化遗物

70 件（片）。包括石制品、陶器和蚌器三大类。

1. 石制品

37 件。包括打制石制品和磨制石制品两大类型，未发现加工工具。其中打制石制品 19 件，占该文化层出土石制品总数的 51.35%；磨制石制品 18 件，占该文化层出土石制品总数的 48.65%。

（1）打制石制品

19 件。包括石核、石片、砍砸器和刮削器四大类。其中石核和刮削器各 1 件，各占该文化层出土打制石制品总数的 5.26%；石片 15 件，占该文化层出土打制石制品总数的 78.95%；砍砸器 2

件，占该文化层出土打制石制品总数的 10.53%。

石核　1 件。属于 A 型中的 Ae 亚型。

标本 2013GLBAT1 ④ b：29，原料为黄白色石英砾石。器身形状近半圆形。一面较平，另一面凸起。打片方法为锤击法。打击台面为自然台面。以凸起面为台面，沿一端多次单面剥片。片疤多较大而深凹。器身其余部位保留自然砾面，或表明石核的利用率不高。长 5.2cm，宽 5.2cm，厚 3.2cm，重 110g（图四五，1；彩版一七，2）。

石片　15 件。岩性有辉绿岩和石英两种。其中辉绿岩 12 件，占该文化层出土石片总数的 80%；石英 3 件，占该文化层出土石片总数的 20%。打片均为硬锤打击。打片方法仅见直接锤击法。打击台面几乎全是自然台面，人工台面极少。有 2 件为线状台面，占该文化层出土石片总数的 13.33%。打击点大多数比较清楚，但有打击疤痕的不多。半锥体不明显的 10 件，占该文化层出土石片总数的 66.67%；半锥体微显的 2 件，占该文化层出土石片总数的 13.33%；半锥体凸出的 3 件，占该文化层出土石片总数的 20.00%。除线状台面石片外，其他标本的石片角大多在 90° 以上，以 110° 左右的居多。宽大于长的石片 12 件，占该文化层出土石片总数的 80%。多数石片的背面或多或少保留有自然砾面。背面有片疤者，其剥片方向多与石片本身同向同源。大多数石片具有锋利的边缘，但未发现有使用痕迹者。所有石片均具有锋利的棱角，没有明显的冲磨痕迹。

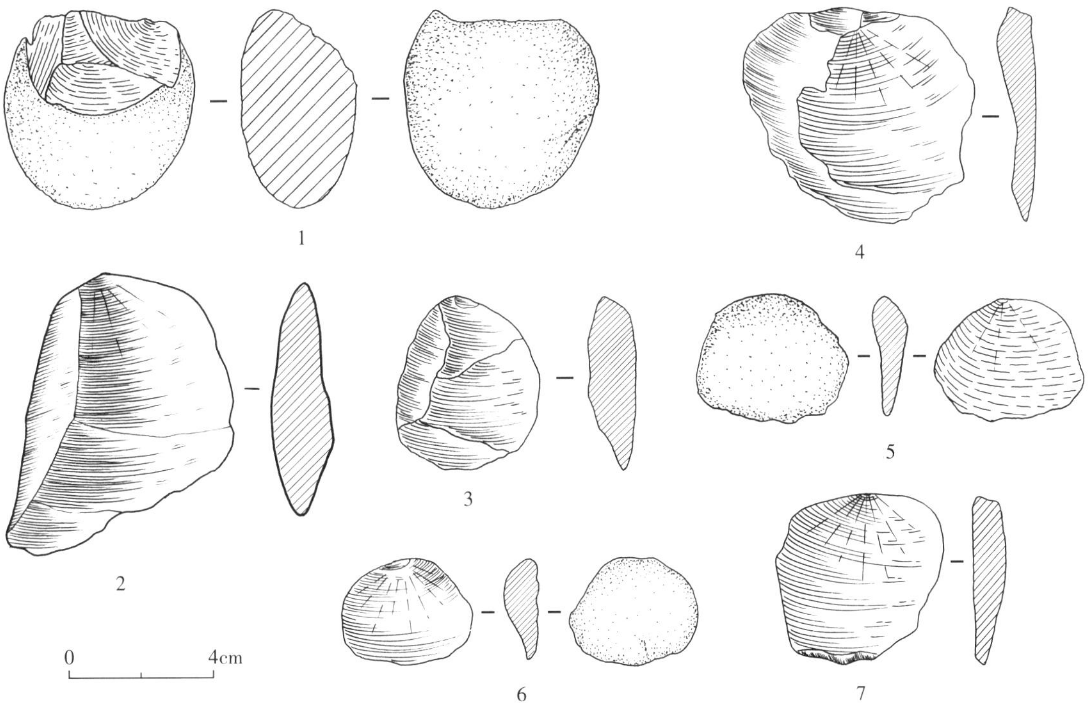

图四五　宝剑山 A 洞遗址第三文化层石制品（一）

1. Ae 型石核（2013GLBAT1 ④ b：29）　2. AaⅢ 型石片（2013GLBAT1 ④ b：22）　3、4. AaⅥ 型石片（2013GLBAT1 ④ b：30、2013GLBAT1 ④ b：27）　5~7. AaⅦ 型石片（2013GLBAT1 ④ b：6、2013GLBAT2 ④ b：10、2013GLBAT1 ④ b：23）

形状有三角形、四边形、梯形、椭圆形、扇贝形、梭形和不规则形七种。其中三角形3件，占该文化层出土石片总数的20.00%；四边形、椭圆形和不规则形各2件，各占该文化层出土石片总数的13.33%；梯形和梭形各1件，各占该文化层出土石片总数的6.67%；扇贝形4件，占该文化层出土石片总数的26.66%。器身长度最大值6.0cm，最小值2.7cm；宽度最大值7.4cm，最小值2.7cm；厚度最大值1.6cm，最小值0.8cm；重量最大值204g，最小值10g。分别属于A型中的Aa、Ab、Ac、Ae亚型。

Aa型　7件。分别属于AaⅢ、AaⅥ、AaⅦ、AaⅩ次亚型。

AaⅢ型　1件。

标本2013GLBAT1④b：22，原料为灰褐色辉绿岩砾石。器身形状近梯形。打击台面为自然台面（线状台面）。打击点宽大，半锥体不显，放射线微显，同心波纹较明显。器身左侧折断了一大块，边缘钝厚。右侧和远端边缘锋利。背面完全保留自然砾面。长6.0cm，宽5.7cm，厚1.6cm，重73g（图四五，2；彩版一七，3）。

AaⅥ型　2件。

标本2013GLBAT1④b：30，原料为黄白色石英砾石。器身形状近椭圆形。打击台面为自然台面。打击点宽大，半锥体不显，放射线和同心波纹均不明显。器身左侧折断了一大块，边缘钝厚。右侧和远端边缘锋利。背面完全保留自然砾面。长4.6cm，宽3.8cm，厚1.3cm，重26g（图四五，3；彩版一七，4）。

标本2013GLBAT1④b：27，原料为灰褐色辉绿岩砾石。器身形状近椭圆形。打击台面为自然台面。打击点宽大，半锥体微显，放射线清楚，同心波纹微显。器身左右两侧和远端边缘锋利。背面完全保留自然砾面。长5.4cm，宽6.3cm，厚0.8cm，重31g（图四五，4；彩版一七，5）。

AaⅦ型　3件。

标本2013GLBAT1④b：6，原料为灰褐色辉绿岩砾石。器身形状近扇贝形。打击台面为自然台面。打击点宽大，半锥体不显，放射线清楚，同心波纹微显。器身左右两侧和远端边缘锋利。背面完全保留自然砾面。长3.2cm，宽4.2cm，厚1.0cm，重13g（图四五，5）。

标本2013GLBAT2④b：10，原料为暗红白色石英砾石。器身形状近扇贝形。打击台面为自然台面。打击点宽大，半锥体凸出，放射线清楚，同心波纹微显。器身左右两侧和远端边缘锋利。背面完全保留自然砾面。长2.7cm，宽3.5cm，厚0.9cm，重10g（图四五，6）。

标本2013GLBAT1④b：23，原料为灰褐色辉绿岩砾石。器身形状近扇贝形。打击台面为自然台面。打击点窄小，半锥体不显，放射线清楚，同心波纹微显。器身左右两侧边缘锋利。远端折断了一小块，边缘钝厚。背面完全保留自然砾面。长4.2cm，宽4.4cm，厚1.0cm，重22g（图四五，7；彩版一七，6）。

AaⅩ型　1件。

标本2013GLBAT2④b：9，原料为灰褐色辉绿岩砾石。器身形状近梭形。打击台面为自然台面（线状台面）。打击点宽大，半锥体不显，放射线清楚，同心波纹较明显。器身左右两侧和远端的左右两侧边缘锋利。远端中部边缘钝厚。背面完全保留自然砾面。长 3.2cm，宽 7.4cm，厚 0.9cm，重 25g（图四六，1）。

Ab 型　5 件。分别属于 AbⅠ、AbⅡ、AbⅦ、AbⅪ次亚型。

AbⅠ型　2 件。

标本 2013GLBAT1 ④ b：19，原料为灰褐色辉绿岩砾石。器身形状近三角形。打击台面为自然台面。打击点宽大，半锥体凸出，放射线不清楚，同心波纹微显。器身左侧和远端边缘锋利。右侧折断一大截，边缘稍钝厚。背面上半部有一个较小而浅平的片疤，片疤打击方向与石片的打击方向相同。左侧和下半部为层叠的片疤面，片疤打击方向与石片的打击方向垂直。器身其余部分保留自然砾面。长 4.1cm，宽 6.3cm，厚 1.4cm，重 31g（图四六，2；彩版一八，1）。

标本 2013GLBAT1 ④ b：20，原料为灰褐色辉绿岩砾石。器身形状近三角形。打击台面为自然台面。打击点宽大，半锥体不显，放射线清楚，同心波纹微显。器身左侧、右侧下半部和远端边缘锋利。右侧上半部保留自然砾面，边缘钝厚。背面右侧上半部有一个较大而浅平的片疤，片疤打击方向与石片的打击方向相同；背面其余部分保留自然砾面。长 3.7cm，宽 7.2cm，厚 1.2cm，重 31g（图四六，3；彩版一八，2）。

AbⅡ型　1 件。

标本 2013GLBAT1 ④ b：31，原料为黄白色石英砾石。器身形状近四边形。打击台面为自然

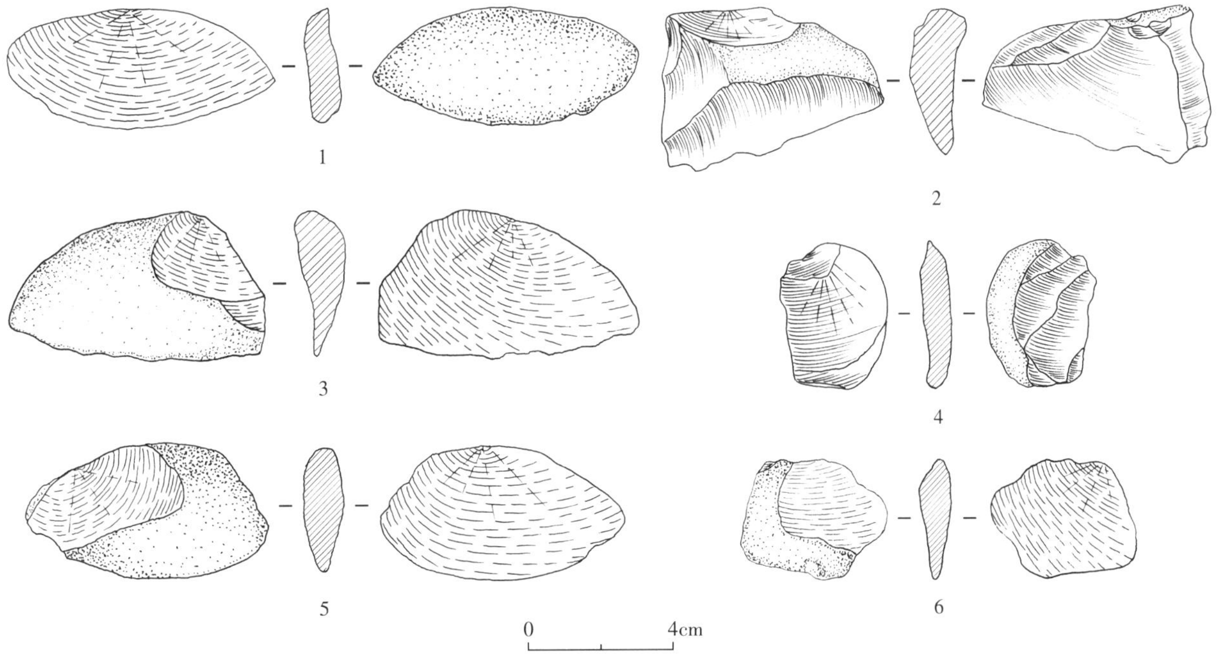

图四六　宝剑山 A 洞遗址第三文化层石制品（二）

1. AaⅩ型石片（2013GLBAT2 ④ b：9）　2、3. AbⅠ型石片（2013GLBAT1 ④ b：19、2013GLBAT1 ④ b：20）　4. AbⅡ型石片（2013GLBAT1 ④ b：31）　5. AbⅦ型石片（2013GLBAT1 ④ b：16）　6. AbⅪ型石片（2013GLBAT1 ④ b：26）

台面。打击点宽大，半锥体不显，放射线清楚，同心波纹微显。器身左侧边缘锋利。右侧保留自然砾面，边缘钝厚。远端折断了一小块，边缘钝厚。背面右侧有一个较大而浅平的片疤，片疤打击方向与石片的打击方向相同；背面其余部分保留自然砾面。长 3.7cm，宽 2.7cm，厚 0.8cm，重 11g（图四六，4；彩版一八，3）。

AbⅦ型　1 件。

标本 2013GLBAT1④b：16，原料为灰褐色辉绿岩砾石。器身形状近扇贝形。打击台面为自然台面。打击点宽大，半锥体不显，放射线清楚，同心波纹明显。器身左侧和远端边缘锋利。右侧保留自然砾面，边缘钝厚。背面左侧上半部有一个较大而浅平的片疤，片疤打击方向与石片的打击方向相同；背面其余部分保留自然砾面。长 3.5cm，宽 6.7cm，厚 1.0cm，重 28g（图四六，5；彩版一八，4）。

AbⅪ型　1 件。

标本 2013GLBAT1④b：26，原料为灰褐色辉绿岩砾石。器身形状不规则。打击台面为自然台面。打击点窄小，半锥体凸出，放射线清楚，同心波纹微显。器身左侧上半部折断，边缘钝厚，下半部边缘锋利。右侧上半部保留自然砾面，边缘钝厚，下半部边缘锋利。远端折断，边缘钝厚。背面右侧为浅平的片疤面，片疤打击方向不清；背面其余部分保留自然砾面。长 3.5cm，宽 4.2cm，厚 1.0cm，重 11g（图四六，6；彩版一八，5）。

Ac 型　2 件。分别属于 AcⅠ次亚型和 AcⅪ次亚型。

AcⅠ型　1 件。

标本 2013GLBAT1⑥：15，原料为灰褐色辉绿岩砾石。器身形状近三角形。打击台面为自然台面。打击点宽大，半锥体微显，放射线不清楚，同心波纹微显。器身左侧保留自然砾面，边缘钝厚。右侧折断了两小块，边缘钝厚。远端边缘锋利。背面为层叠的片疤面，片疤打击方向从石片的右侧向左侧打击。长 3.3cm，宽 4.9cm，厚 1.4cm，重 21g（图四七，1）。

AcⅪ型　1 件。

标本 2013GLBAT1⑤：4，原料为灰褐色辉绿岩砾石。器身形状不规则。打击台面为自然台面。打击点窄小，半锥体不显，放射线清楚，同心波纹微显。器身左侧保留自然砾面，边缘钝厚。右侧上半部和远端边缘锋利，两者交汇处折断了一小截。背面全为层叠的片疤面，片疤打击方向与石片的打击方向相同。长 3.8cm，宽 5.5cm，厚 1.2cm，重 20g（图四七，2；彩版一八，6）。

Ae 型　1 件。属于 AeⅡ次亚型。

标本 2013GLBAT1④b：24，原料为灰褐色辉绿岩砾石。器身形状近四边形。打击台面为人工台面（素台面）。打击点宽大，半锥体不显，放射线不显，同心波纹微显。器身左右两侧和远端边缘锋利。背面左侧为一个较大而浅平的片疤，片疤打击方向与石片的打击方向相同；背面其余部分保留自然砾面。长 4.4cm，宽 5.3cm，厚 1.0cm，重 19g（图四七，3；彩版一九，1）。

砍砸器　2 件。原料只有砾石一种。岩性只见辉绿岩一种。加工方法仅见锤击法一种，为单

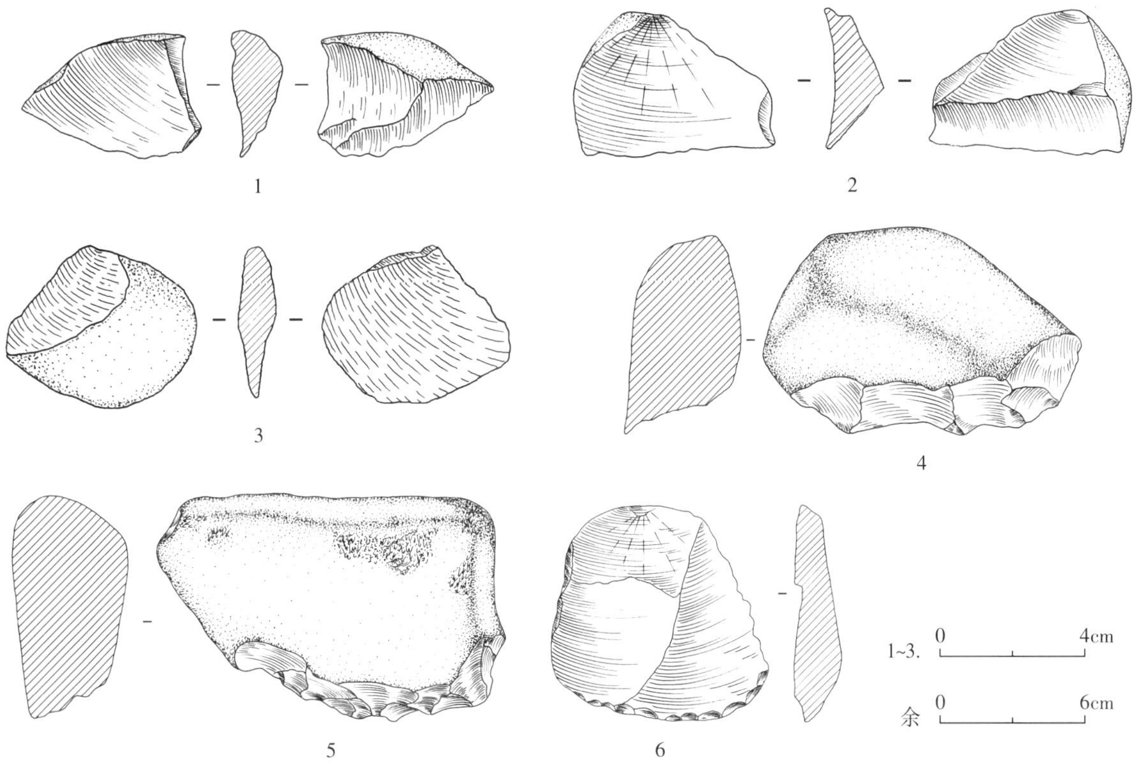

图四七　宝剑山 A 洞遗址第三文化层石制品（三）

1. AcⅠ型石片（2013GLBAT1⑥：15）　2. AcⅪ型石片（2013GLBAT1⑤：4）　3. AeⅡ型石片（2013GLBAT1④b：24）　4. AaⅢ型砍砸器（2013GLBAT1⑥：5）　5. AbⅢ型砍砸器（2013GLBAT2⑥：1）　6. AbⅢ型刮削器（2013GLBAT1⑥：8）

面加工。加工时，由较平面向凸起面进行打击。加工较为简单，加工面由一层或两层片疤组成。片疤多较小，多为宽大于长。把端不加修理，保留原有的自然砾面。器身形状均为梯形。均为 A 型，分别属于 Aa 亚型和 Ab 亚型。

Aa 型　1 件。属于 AaⅢ次亚型。

标本 2013GLBAT1⑥：5，原料为灰褐色辉绿岩砾石。器身形状近梯形。一面较平，另一面凸起。一端较宽，另一端较窄。一侧较长，另一侧较短。加工方法为锤击法。沿砾石较长侧边缘多次单面剥片，加工出一道直刃。刃缘不甚整齐但锋利，未见使用痕迹。较窄端略经修整，截掉一小截。片疤多较大而浅平，打击方向由较平面向凸起面打击，部分片疤尾部折断形成陡坎。器身其余部位保留自然砾面。长 13.0cm，宽 8.1cm，厚 3.5cm，重 653g（图四七，4；彩版一九，2）。

Ab 型　1 件。属于 AbⅢ次亚型。

标本 2013GLBAT2⑥：1，原料为灰褐色辉绿岩砾石。器身形状近梯形。一面较平，另一面凸起。一端较宽，另一端较窄。一侧较直，另一侧呈弧凸状。加工方法为锤击法。沿砾石弧凸侧边缘多次单面剥片，加工出一道弧刃。刃缘整齐锋利，未见使用痕迹。较宽端与弧凸侧交汇处经过修整，加工出一个钝尖。片疤多较小而浅平，打击方向由较平面向凸起面打击，部分片疤尾部折断形成陡坎。凸起面与较直侧交汇处中央至近较宽端分布有一处不规则形状的麻点砸击疤痕，应是作为石砧使用留下的痕迹。较窄端端面为层叠的片疤面，片疤打击方向由凸起面向较平面打击；片疤棱角已磨圆。器身其余部位保留自然砾面。长 14.7cm，宽 8.9cm，厚 4.7cm，重 762g（图四七，5；彩版一九，3）。

刮削器　1 件。属于 A 型中的 AbⅢ次亚型。

标本 2013GLBAT1 ⑥：8，原料为灰褐色辉绿岩石片。器身形状近梯形。腹面不甚平整，背面完全保留自然砾面。加工方法为锤击法。加工简单，沿石片远端边缘略加单面剥片，片疤多较细小而浅平。远端边缘加工出一道弧刃。刃缘整齐锋利，未见使用痕迹。长 8.9cm，宽 8.4cm，厚 2.0cm，重 154g（图四七，6；彩版一九，4）。

（2）磨制石制品

18 件。包括石斧、石凿、斧锛类半成品、斧锛类毛坯和研磨器五类。其中石斧 2 件，占该文化层出土磨制石制品总数的 11.11%；石凿 1 件，占该文化层出土磨制石制品总数的 5.56%；斧锛类毛坯 7 件，占该文化层出土磨制石制品总数的 38.89%；斧锛类半成品 3 件，占该文化层出土磨制石制品总数的 16.67%；研磨器 5 件，占该文化层出土磨制石制品总数的 27.78%。

石斧　2 件。均为残件。原料均为砾石。岩性有辉绿岩和硅质岩两种，每种岩性各 1 件。磨制部位仅有局部磨制一种，且为磨制刃部，刃部未见使用痕迹。器身形状有梯形和不规则形两种，每种形状各 1 件。分别属于 A 型和 B 型。

A 型　1 件。属于 Ac 亚型。

标本 2013GLBAT2 ⑤：1，原料为浅灰色硅质岩。器身形状近梯形。两端略宽。器身通体都经过剥片，裂面光滑细腻。两侧边缘经多次双面剥片，保留密集的打击疤痕；片疤多较小而浅平，部分片疤尾部折断形成陡坎。一侧缘略经磨制，另一侧未经磨制。刃端一面有部分向另一面倾斜的光滑磨面，一角仍保留少许整齐锋利的刃口；另一面左侧有小面积向另一面倾斜的光滑磨面，右侧沿节理面破裂一大块，破裂处形成很深的陡坎。器身两面的凸起部位有少许的光滑磨痕。残长 7.0cm，宽 3.7cm，厚 1.4cm，重 44g（图四八，1）。

B 型　1 件。属于 Bh 亚型。

标本 2013GLBAT1 ⑥：9，原料为灰褐色辉绿岩砾石。器身形状不规则。两端略宽。器身上部缺失，仅存刃端。器身上端为不规整的断裂面。一侧经过多次双面剥片，保留着较多的打击疤痕，片疤多较小而浅平，部分片疤尾部折断形成陡坎，未经磨制；另一侧未经加工。刃部两面均经精心磨制，形成了两道相互倾斜的光滑刃面。两刃面交汇处磨制出一道整齐锋利的弧刃。未见使用痕迹。器身其余部位保留自然砾面。长 4.9cm，宽 4.6cm，厚 1.1cm，重 45g（图四八，2）。

石凿　1 件。为毛坯。属于 A 型中的 AbⅦ次亚型。

标本 2013GLBAT1 ⑥：3，原料为灰褐色硅质岩砾石。器身较窄厚，形状近长条形。一面较平，另一面凸出。一端稍宽，另一端略窄。器身两侧下半部经过多次双面剥片，保留着较密集的打击

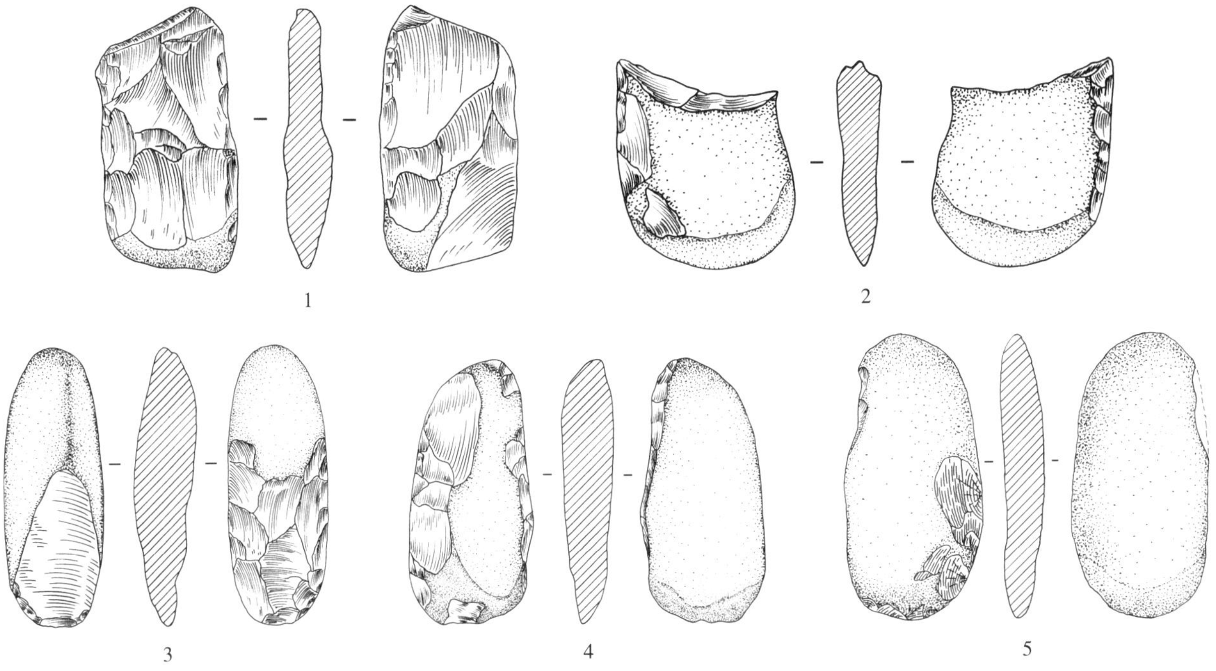

图四八　宝剑山 A 洞遗址第三文化层石制品（四）

1. Ac 型石斧残件（2013GLBAT2⑤：1）　2. Bh 型石斧残件（2013GLBAT1⑥：9）　3. AbⅦ型石凿毛坯（2013GLBAT1⑥：3）　4、5. Bf 型斧锛类半成品（2013GLBAT1⑥：1、2013GLBAT1④b：4）

疤痕；片疤多较小而浅平，部分片疤尾部折断形成陡坎，部分片疤剥片达到甚至超过器身中轴线，使较平面下半部几乎全为层叠的片疤面，仅中央保留有零星自然砾面。稍宽端边缘经过多次双面剥片，加工出一道凸弧刃，刃缘整齐锋利；该端片疤多较小而浅平，部分片疤尾部折断形成陡坎；其中凸面有一个较大而浅平的片疤，剥片长度超过器身一半以上。器身其余部位保留自然砾面。通体未经磨制。长 11.0cm，宽 4.0cm，厚 2.4cm，重 131g（图四八，3；彩版一九，5）。

斧锛类半成品　3 件。包括完整件和残件两类。其中完整件 2 件，占该文化层出土斧锛类半成品总数的 66.67%；残件 1 件，占该文化层出土斧锛类半成品总数的 33.33%。原料仅见砾石一种。岩性均为辉绿岩。磨制方法仅见局部磨制一种，且多为磨制刃部。器身形状有四边形和椭圆形两种，其中四边形 1 件，占该文化层出土斧锛类半成品总数的 33.33%；椭圆形 2 件，占该文化层出土斧锛类半成品总数的 66.67%。器身长度最大值 12.3cm，最小值 7.0cm；宽度最大值 5.8cm，最小值 5.0cm；厚度最大值 2.4cm，最小值 1.8cm；重量最大值 158g，最小值 126g。

第一类　完整件。2 件。均属于 B 型中的 Bf 亚型。

标本 2013GLBAT1⑥：1，原料为灰褐色辉绿岩砾石。器身稍厚，形状近椭圆形。一端稍宽，另一端略窄。器身一侧为沿节理面破裂的平整的破裂面。两侧均经过多次单面剥片，保留着较密集的打击疤痕；其中一侧的片疤多较大而浅平，部分片疤剥片达到甚至超过器身中轴线；破裂侧的片疤多较小而浅平，部分片疤尾部折断形成陡坎。两侧缘均略经磨制。稍宽端边缘经过多次单面剥片，打制出一道整齐锋利的弧凸状刃缘。一面经过较多磨制，有较大范围光滑刃面，并向另一刃面倾斜，但前缘中部仍保留片疤面；另一刃面略窄。两刃面交汇处两侧已磨制出部分整齐锋利的刃口。刃口尚未最后磨制完成，中部仍保留有一些打击疤痕。器身其余部位保留自然砾面。长 10.5cm，宽 5.0cm，厚 2.1cm，重 158g（图四八，4；彩版二〇，1）。

标本 2013GLBAT1④b：4，原料为灰褐色辉绿岩砾石。器身形状近椭圆形。一端略窄，另一端稍宽。器身一侧下半部边缘经过较多单面剥片，保留着较多打击疤痕；片疤多较小而浅平，部分片疤尾部折断形成陡坎，未经磨制。另一侧上半部略经单面剥片。稍宽端边缘经过多次单面剥片，打制出一道整齐锋利的弧凸状刃缘；该端一面经较多磨制，已有小面积光滑刃面，并向另一刃面倾斜；另一刃面略经磨制，刃面略窄平。两刃面交汇处一侧经较多磨制，刃口已磨出，但尚未最后磨制完成；另一侧仍保留原有的打击疤痕。器身其余部位保留自然砾面。长 12.3cm，宽 5.8cm，厚 1.8cm，重 158g（图四八，5）。

第二类　残件。1 件。属于 D 型中的 Db 亚型。

标本 2013GLBAT1⑥：10，仅残留下半部。原料为灰褐色辉绿岩砾石。器身稍厚，形状近四边形。一端略窄；另一端稍宽，为较规整的断裂面。两侧经多次单面剥片，片疤多较小而浅平，部分片疤尾部折断形成陡坎，略经磨制。刃部一面经较多磨制，形成一面稍宽的向另一面倾斜的光滑刃面，但前缘仍保留较多打击疤痕；另一刃面窄小，较平整，保留有部分打击疤痕。两刃面交汇处仍保留原打制出的一道弧刃。刃口尚未开始磨制。器身其余部位保留自然砾面。残长 7.0cm，宽 5.6cm，厚 2.4cm，重 126g（图四九，1）。

斧锛类毛坯　7 件。包括完整件和残件两类。其中完整件 6 件，占该文化层出土斧锛类毛坯总数的 85.71%；残件 1 件，占该文化层出土斧锛类毛坯总数的 14.29%。原料仅见砾石一种。岩性有辉绿岩和硅质岩两种。其中辉绿岩 6 件，占该文化层出土斧锛类毛坯总数的 85.71%；硅质岩 1 件，占该文化层出土斧锛类毛坯总数的 14.29%。加工方法为锤击法。单面加工较多。加工部位多在器身的端部和两侧。绝大部分标本都或多或少保留有自然砾面，通体加工的基本不见。器身形状有三角形、四边形、椭圆形三种。其中三角形 1 件，占该文化层出土斧锛类毛坯总数的 14.29%；四边形 2 件，占该文化层出土斧锛类毛坯总数的 28.57%；椭圆形 4 件，占该文化层出土斧锛类毛坯总数的 57.14%。器身长度最大值 10.4cm，最小值 4.8cm；宽度最大值 5.0cm，最小值 4.4cm；厚度最大值 1.6cm，最小值 0.7cm；重量最大值 108g，最小值 33g。

第一类　完整件。6 件。均为 A 型。分别属于 Ab 亚型中的 AbⅠ、AbⅡ、AbⅥ次亚型。

AbⅠ型　1 件。

标本 2013GLBAT2④b：3，原料为灰褐色辉绿岩砾石。器身扁薄，形状近三角形。一端较窄，另一端较宽。加工方法为锤击法。沿砾石一侧和另一侧下半部及较宽端边缘多次双面剥片，片疤多较小而浅平，部分片疤尾部折断形成陡坎。稍宽端边缘加工出一道弧凸状刃。刃缘整齐锋利，

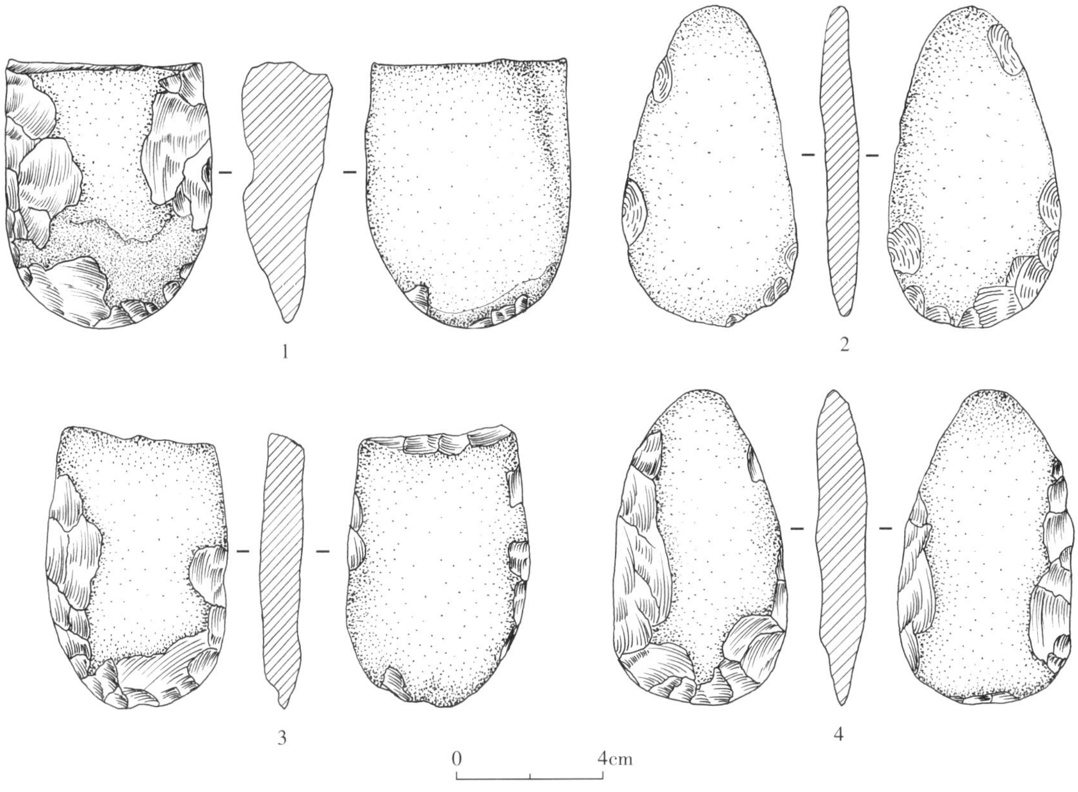

图四九 宝剑山A洞遗址第三文化层石制品（五）

1. Db型斧锛类半成品残件（2013GLBAT1⑥：10） 2. AbⅠ型斧锛类毛坯（2013GLBAT2④b：3）
3. AbⅡ型斧锛类毛坯（2013GLBAT1⑥：7） 4. AbⅥ型斧锛类毛坯（2013GLBAT1⑥：6）

未经磨制。器身其余部位保留自然砾面。长8.5cm，宽4.7cm，厚0.9cm，重59g（图四九，2；彩版二〇，2）。

AbⅡ型 1件。

标本2013GLBAT1⑥：7，原料为灰褐色辉绿岩砾石。器身稍扁薄，形状近四边形。一端略窄，另一端稍宽。加工方法为锤击法。先将器身略窄端边缘垂直截断一小截，截面不甚平整；再沿器身两侧边缘多次双面剥片；最后沿稍宽端边缘多次单面剥片，加工出一道弧刃。刃缘整齐但不锋利，未经磨制。打击片疤多较小而浅平，部分片疤尾部折断形成陡坎。器身其余部位保留自然砾面。长7.3cm，宽5.0cm，厚1.1cm，重78g（图四九，3）。

AbⅥ型 4件。

标本2013GLBAT1⑥：6，原料为灰褐色辉绿岩砾石。器身稍扁薄，形状近椭圆形。一端较宽，另一端较窄。加工方法为锤击法。先沿器身两侧边缘多次双面剥片；再沿较宽端边缘多次双面剥片，加工出一道弧凸状刃。刃缘整齐锋利，未经磨制。片疤多较小而浅平，部分片疤尾部折断形成陡坎。器身其余部位保留自然砾面。长8.4cm，宽4.7cm，厚1.3cm，重88g（图四九，4；彩版二〇，3）。

标本2013GLBAT1⑥：2，原料为灰褐色辉绿岩砾石。器身稍扁薄，形状近椭圆形。一端略窄，另一端稍宽。加工方法为锤击法。先在器身略窄端边缘多次双面剥片；再沿一侧边缘多次单面剥片；沿另一侧边缘多次双面剥片；最后沿稍宽端边缘多次单面剥片，加工出一道弧刃。刃缘整齐但不锋利，未经磨制。打击片疤多较小而浅平，部分片疤尾部折断形成陡坎。器身其余部位保留自然砾面。长 9.2cm，宽 4.8cm，厚 1.4cm，重 95g（图五〇，1）。

标本 2013GLBAT1⑥：4，原料为灰褐色硅质岩砾石。器身稍扁薄，形状近椭圆形。一端略窄，另一端稍宽。一侧稍薄，另一侧略厚。加工方法为锤击法。先在器身稍薄侧中部边缘多次双面剥片；再沿略厚侧下半部边缘多次单面剥片；最后沿稍宽端边缘多次双面剥片，加工出一道弧刃。刃缘整齐但不锋利，未经磨制。片疤多较小而浅平，部分片疤尾部折断形成陡坎。器身其余部位保留自然砾面。长 10.2cm，宽 4.7cm，厚 1.6cm，重 108g（图五〇，2）。

标本 2013GLBAT2④b：2，原料为灰褐色辉绿岩砾石。器身扁薄，形状近椭圆形。一端略窄，另一端稍宽。加工方法为锤击法。沿器身两侧下半部和稍宽端边缘多次单面剥片，片疤多较小而浅平，部分片疤尾部折断形成陡坎。稍宽端边缘加工出一道整齐锋利的弧状刃缘，未经磨制。器身其余部位保留自然砾面。长 10.4cm，宽 4.4cm，厚 0.7cm，重 69g（图五〇，3）。

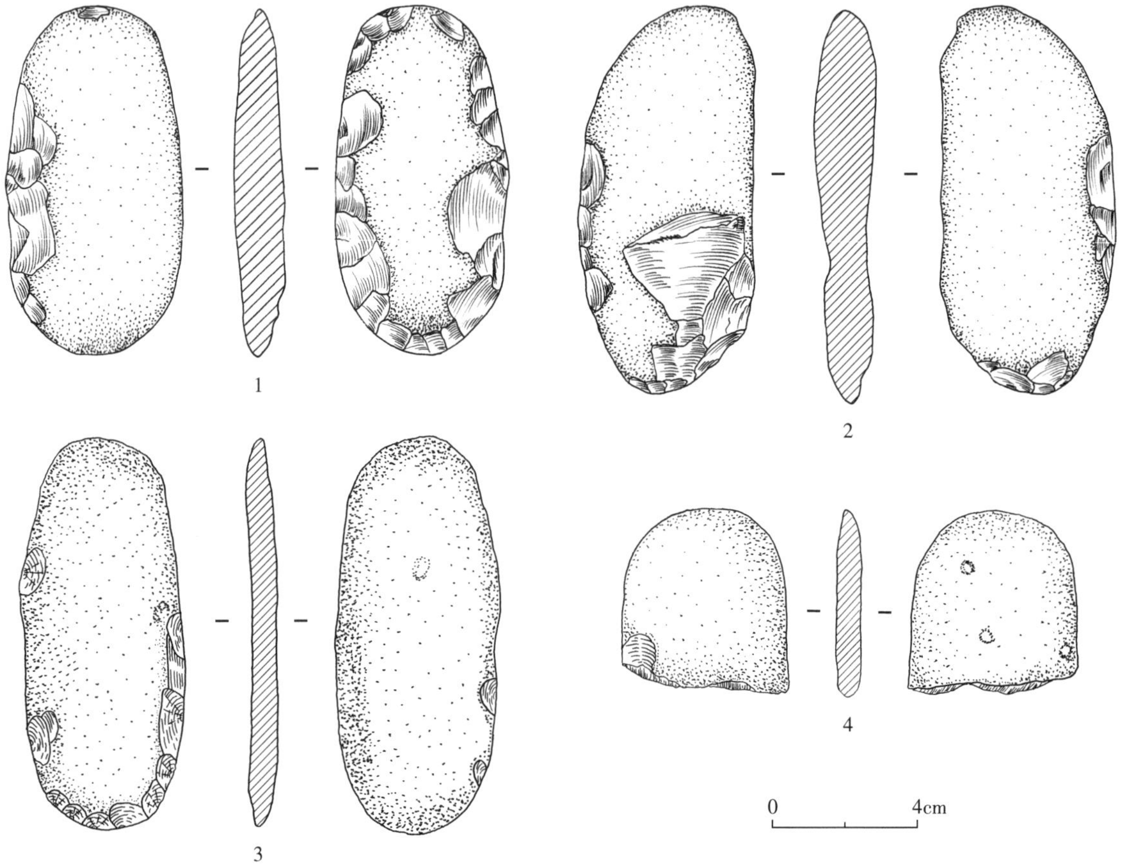

图五〇 宝剑山 A 洞遗址第三文化层石制品（六）

1~3. AbⅥ型斧锛类毛坯（2013GLBAT1⑥：2、2013GLBAT1⑥：4、2013GLBAT2④b：2） 4. Bb 型斧锛类毛坯残件（2013GLBAT2④b：7）

第二类　残件。1 件。属于 B 型中的 Bb 亚型。

标本 2013GLBAT2 ④ b：7，原料为灰褐色辉绿岩砾石。器身扁薄，形状近四边形，仅残存上半部。一端略窄；另一端稍宽，为较规整的断裂面。一侧靠近断裂面端经过单面剥片，片疤多较小而浅平，未经磨制。器身其余部位保留自然砾面。残长 4.8cm，宽 4.6cm，厚 0.7cm，重 33g（图五〇，4）。

研磨器　5 件。均属于毛坯类。原料仅见砾石一种。岩性仅见辉绿岩一种。加工简单，或是利用长短合适的砾石，直接以较平一端端面为研磨面，对研磨面略加修整，并对器身两侧进行剥片修整后成型；或是利用较长的砾石截取一段，部分直接利用截断面为研磨面，部分对研磨面略微修整。器身形状有三角柱状、方柱状、扁柱状三种。其中三角柱状 1 件，占该文化层出土研磨器总数的 20%；扁柱状和方柱状各 2 件，各占该文化层出土研磨器总数的 40%。器身长度最大值 11.0cm，最小值 8.3cm；宽度最大值 7.9cm，最小值 5.2cm；厚度最大值 5.2cm，最小值 3.2cm；重量最大值 576g，最小值 175g。分别属于 A 型和 B 型。

A 型　4 件。分别属于 Aa 亚型和 Ab 亚型。

Aa 型　2 件。分别属于 AaⅠ次亚型和 AaⅢ次亚型。

AaⅠ型　1 件。

标本 2013GLBAT1 ⑥：21，原料为灰褐色辉绿岩砾石。器身近三角柱状。一面较平，另一面凸起。一端略宽，另一端稍窄。加工集中于略宽端。以较平面为台面，从中部将砾石截断并选取一段作为器身，将断裂面作为研磨面。研磨面近三角形，较平整，打击点清楚，未经磨制。研磨面一侧有一个以器身一侧为台面单面打击的、较小而浅平的片疤，应为修整研磨面留下的痕迹。器身其余部位保留自然砾面。长 9.4cm，宽 5.7cm，厚 4.2cm，重 316g（图五一，1；彩版二〇，4）。

AaⅢ型　1 件。

标本 2013GLBAT1 ⑥：20，原料为灰褐色辉绿岩砾石。器身稍宽扁，近扁柱状。一面较平，另一面凹凸不平。一端较宽，另一端较窄。加工集中于略宽端。以不平面为台面，从中部将砾石截断并选取一段作为器身，将断裂面作为研磨面。研磨面近四边形，凹凸不平，打击点清楚，未经磨制。器身其余部位保留自然砾面。长 10.4cm，宽 7.5cm，厚 3.2cm，重 360g（图五一，2）。

Ab 型　2 件。分别属于 AbⅡ次亚型和 AbⅢ次亚型。

AbⅡ型　1 件。

标本 2013GLBAT1 ⑥：19，原料为灰褐色辉绿岩砾石。器身较宽大，较厚，近方柱状。一面较平，另一面凸起。一端较宽，另一端稍窄。加工集中于两端。先以较平面为台面，从中部将砾石截断并选取一段作为器身，将断裂面作为研磨面。研磨面近梯形，较平整，打击点清楚，未经磨制。稍窄端一侧有一个以较平面为台面单面打击的、较大而浅平的片疤，应为修整把手留下的痕迹。器身其余部位保留自然砾面。长 9.2cm，宽 7.9cm，厚 4.5cm，重 576g（图五一，3；彩版二〇，5）。

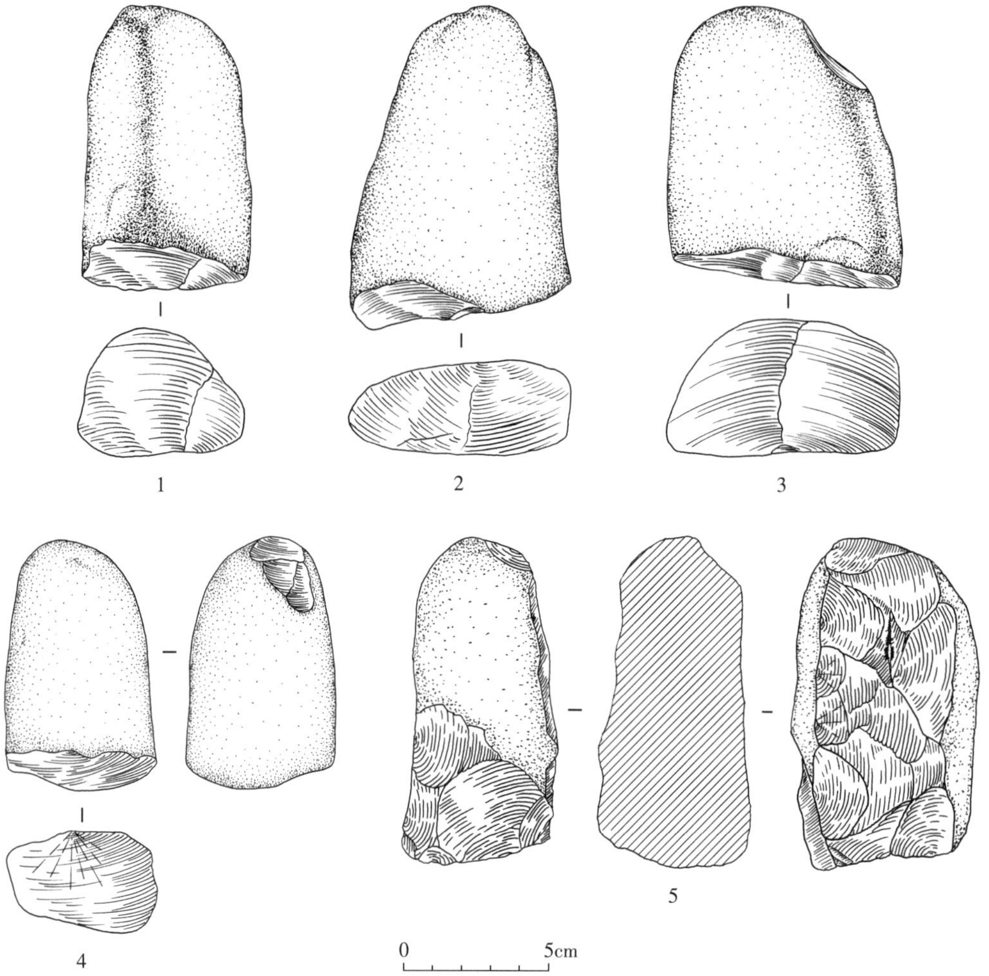

图五一　宝剑山 A 洞遗址第三文化层石制品（七）

1. AaⅠ型研磨器毛坯（2013GLBAT1⑥：21）　2. AaⅢ型研磨器毛坯（2013GLBAT1⑥：20）　3. AbⅡ型研磨器毛坯（2013GLBAT1⑥：19）　4. AbⅢ型研磨器毛坯（2013GLBAT1⑥：23）　5. BbⅡ型研磨器毛坯（2013GLBAT1④b：14）

AbⅢ型　1件。

标本 2013GLBAT1⑥：23，原料为灰褐色辉绿岩砾石。器身稍宽扁，近扁柱状。一面凹凸不平，另一面凸起。一端稍宽，另一端略窄。加工集中于两端。以不平面为台面，从中部将砾石截断并选取一段作为器身，将断裂面作为研磨面。研磨面近四边形，凹凸不平，打击点清楚，未经磨制。稍窄端一侧有几个以端面为台面单面打击的、较大而浅平的片疤，应为修整把手留下的痕迹。器身其余部位保留自然砾面。长 8.3cm，宽 5.2cm，厚 3.3cm，重 175g（图五一，4）。

B型　1件。属于 Bb 亚型中的 BbⅡ次亚型。

标本 2013GLBAT1④b：14，原料为灰褐色辉绿岩砾石。器身近方柱状。一面较平，另一面凸起。一端稍宽，端面较平；另一端略窄。一侧面较平，另一侧面凸起。加工多集中于一侧和稍宽端。直接将稍宽端端面作为研磨面。同时以稍宽端端面稍凸一侧作为台面，向较平一侧多次单面剥片，片疤多较小而浅平，未经磨制，应是修整研磨面留下的痕迹。以较平面为台面，在近中央处剥出一个较小而深凹的片疤。以较平一侧作为台面，向凸起面多次单面剥片；片疤层层叠叠，多较小而浅平，部分片疤尾部折断形成陡坎或阶梯状，未经磨制。上述两处剥片均应为修整器身留下的痕迹。把端部位也以较平一侧作为台面，向凸起面剥出一个较小而浅平的片疤，该片疤应为修整把端留下的痕迹。器身其余部位保留自然砾面。长 11.0cm，宽 6.2cm，厚 5.2cm，重 562g（图五一，5；彩版二〇，6）。

2. 蚌器

23 件。包括锯齿刃蚌器、双肩蚌铲和无肩蚌铲三类。其中锯齿刃蚌器和双肩蚌铲各 11 件，各占该文化层出土蚌器总数的 47.83 %；无肩蚌铲 1 件，占该文化层出土蚌器总数的 4.35%。

锯齿刃蚌器　11 件。分别属于 A 型和 B 型。

A 型　9 件。不穿孔。均利用较厚的蚌壳在薄缘或头端打出锯齿状刃口。分别属于 Aa 亚型和 Ab 亚型。

Aa 型　7 件。

标本 2013GLBAT2 ④：6，原料为一面完整的厚蚌壳。蚌壳薄缘被打出一排锯齿状疤痕，形成锯齿刃口；疤痕规则，分布比较均匀，均为从蚌壳里侧向外侧单面打制。其他部位未经加工。长 12.4cm，最宽 8.0cm，最厚 1.9cm（图五二，1）。

标本 2013GLBAT1 ④ b：35，原料为一面完整的厚蚌壳。蚌壳薄缘可见少量锯齿状疤痕，形成锯齿刃口。初步判断原来整个薄缘都应该打出锯齿，由于风化等原因，很多锯齿已看不见。薄缘近尾端有一个残损的缺口。均为从蚌壳里侧向外侧单面打制。其他部位未经加工。长 15.7cm，最宽 9.3cm，最厚 2.0cm（图五二，3）。

标本 2013GLBAT1 ④ b：34，原料为一面完整的厚蚌壳。蚌壳薄缘被打出一排锯齿状疤痕，形成锯齿刃口；疤痕清晰，分布比较均匀。均为从蚌壳里侧向外侧单面打制。其他部位未经加工。长 16.5cm，最宽 10.3cm，最厚 2.2cm（图五二，5）。

标本 2013GLBAT1 ④ b：15，原料为一面完整的厚蚌壳。蚌壳薄缘被打出一排锯齿状疤痕，形成锯齿刃口；疤痕清晰，分布比较均匀。均为从蚌壳里侧向外侧单面打制。其他部位未经加工。尾端有一残损的缺口。长 13.5cm，最宽 9.6cm，最厚 2.7cm（图五二，2）。

标本 2013GLBAT1 ④ b：8，原料为一面完整的厚蚌壳。蚌壳薄缘被打出一排锯齿状疤痕，形成锯齿刃口；疤痕清晰，分布比较均匀。均为从蚌壳里侧向外侧单面打制。其他部位未经加工。长 13.3cm，最宽 8.6cm，最厚 1.6cm（图五二，4；彩版二一，1）。

标本 2013GLBAT1 ④ b：33，原料为一面完整的厚蚌壳。蚌壳从头端沿薄缘至近尾端被打出一排锯齿状疤痕，形成锯齿刃口；疤痕清晰，分布较均匀。均为从蚌壳里侧向外侧单面打制。其他部位未经加工。长 13.4cm，最宽 8.7cm，最厚 2.2cm（图五二，6）。

标本 2013GLBAT1 ④ b：47，原料为较大较厚的蚌壳。在蚌壳较薄一侧中部加工出锯齿状刃

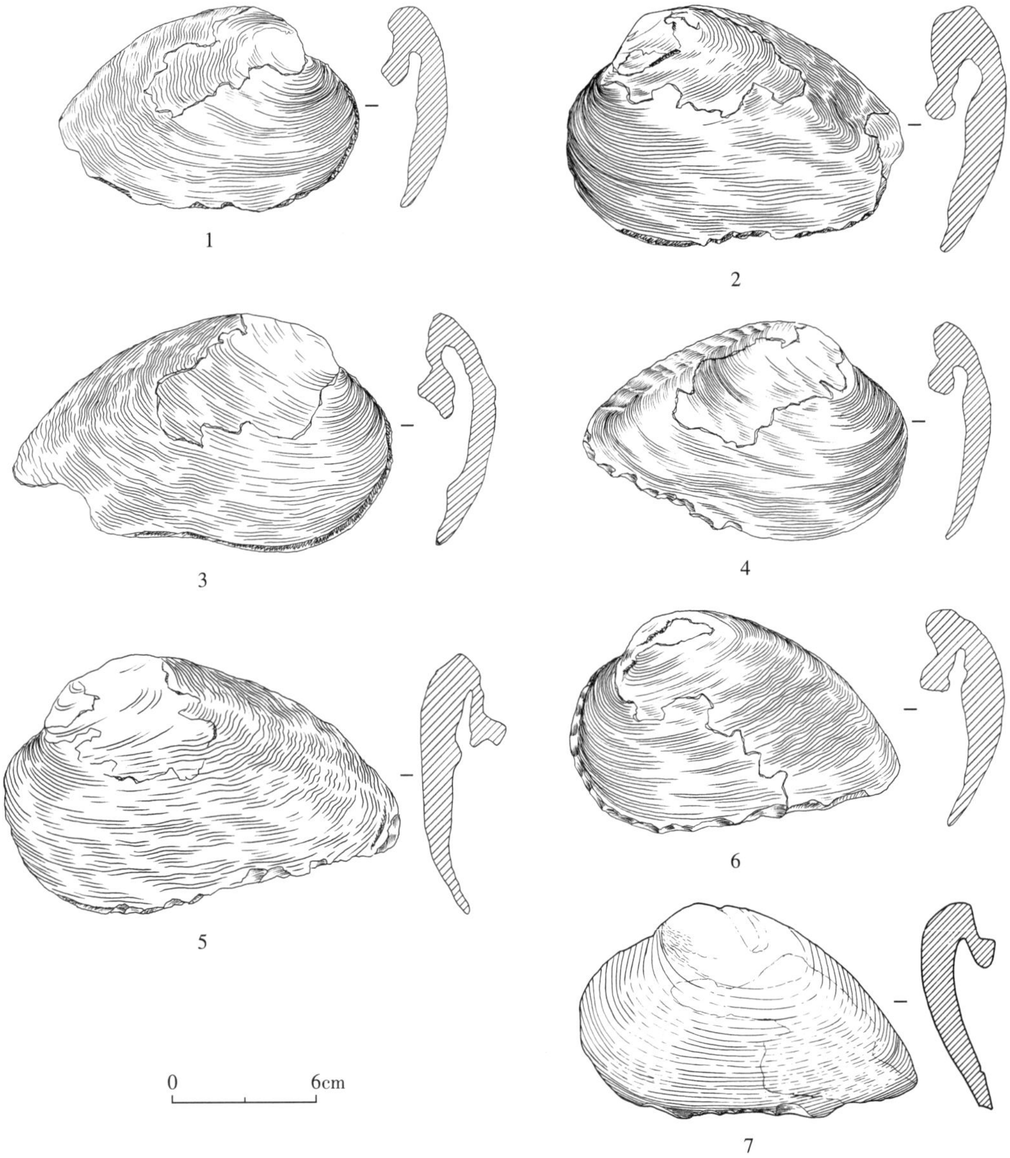

图五二　宝剑山 A 洞遗址第三文化层蚌器（一）

1~7. Aa 型锯齿刃蚌器（2013GLBAT2 ④：6、2013GLBAT1 ④ b ：15、2013GLBAT1 ④ b ：35、2013GLBAT1 ④ b ：8、2013GLBAT1 ④ b ：34、2013GLBAT1 ④ b ：33、2013GLBAT1 ④ b ：47）

口，均为从蚌壳里侧向外侧单面打制。锯齿明显但不甚规整，保存也不甚完整。其他部位未经加工。长 14.0cm，宽 8.4cm，最厚 2.8cm（图五二，7）。

Ab 型　2 件。

标本 2013GLBAT1 ④ b：17，形状近三角形。选取较大较厚的蚌壳作为原料，把头部和两侧厚边截取掉，再在薄缘打出一排锯齿状疤痕，形成锯齿刃口；锯齿细密，疤痕清晰，分布比较均匀。均为从蚌壳里侧向外侧单面打制。长 16.9cm，最宽 8.5cm，最厚 1.3cm（图五三，1；彩版二一，2）。

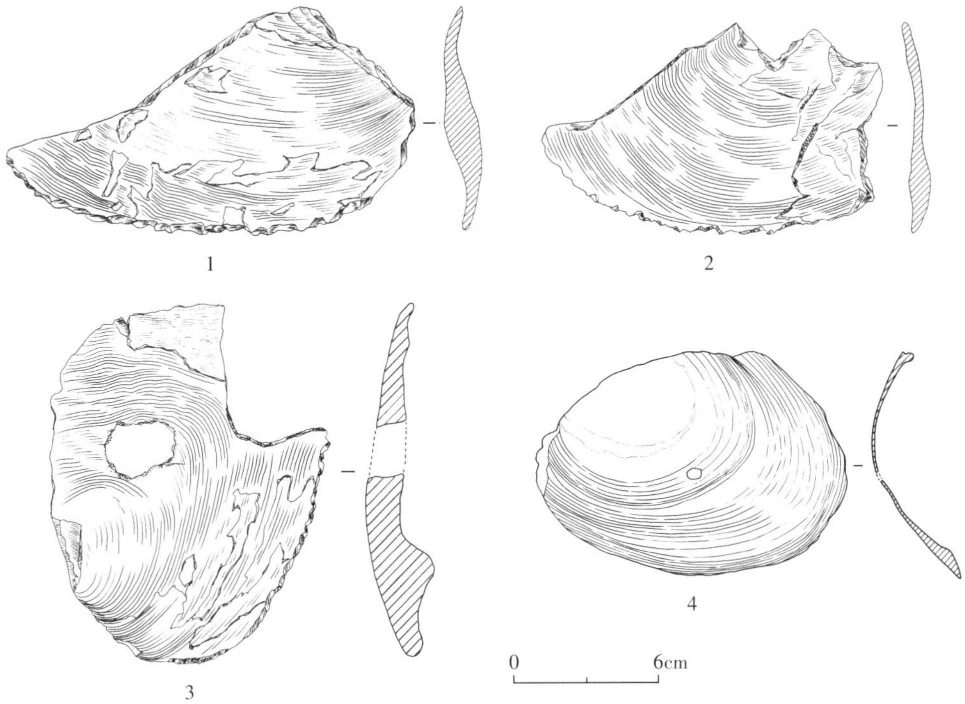

图五三　宝剑山 A 洞遗址第三文化层蚌器（二）

1、2. Ab 型锯齿刃蚌器（2013GLBAT1 ④ b：17、2013GLBAT1 ④ b：12）　3、4. B 型锯齿刃蚌器（2013GLBAT1 ⑤：5、2013GLBAT1 ④ b：7）

标本 2013GLBAT1 ④ b：12，形状近三角形。选取较大较厚的蚌壳作为原料，把头部和两侧厚边截取掉，再在薄缘打出一排锯齿状疤痕，形成锯齿刃口；锯齿细密，疤痕清晰，分布比较均匀。均为从蚌壳里侧向外侧单面打制。长 14.7cm，最宽 8.2cm，最厚 0.9cm（图五三，2）。

B 型　2 件。

标本 2013GLBAT1 ⑤：5，原料为一面大而完整的蚌壳。蚌壳薄缘被打出一排密密麻麻的锯齿状疤痕，形成锯齿刃口；疤痕清晰，分布比较均匀。均为从蚌壳里侧向外侧单面打制。器身中部有一个大的近椭圆形孔。其他部位未经加工。器身尾部有一大的残损缺口，其余部位也有轻微破损。长 14.3cm，最宽 11.6cm，最厚 2.5cm（图五三，3；彩版二一，3）。

标本 2013GLBAT1 ④ b：7，原料为一般的蚌壳，蚌体较大较薄。在蚌壳中央打制出一个近圆形的小穿孔，孔径约为 0.7cm。孔缘经过修整，棱角已磨圆。蚌壳右侧加工出几个锯齿状刃口，锯齿明显、规整，保存比较完整。其他部位未经加工。长 12.7cm，宽 8.8cm，最厚 0.6cm（图五三，4）。

双肩蚌铲　11 件。分别属于 A 型和 B 型。

A 型　3 件。

标本 2013GLBAT1 ④ b：2，选择较厚的蚌壳去掉部分头部后进行加工。双平肩，左侧肩略窄，右侧肩稍宽；柄较长，柄顶端呈弧形，柄部侧面可见加工留下的打制疤痕。肩以下弧形内收形成弧刃。器身一侧下部与刃部有一残损的缺口。长 11.7cm，宽 8.5cm，最厚 0.7cm（图五四，1）。

标本 2013GLBAT1 ⑥：11，选择较厚的蚌壳去掉部分头部后进行加工。双平肩，肩部基本对称；柄较长，柄顶端呈弧形，柄部侧面及肩部可见加工留下的打制疤痕。肩以下弧形内收形成弧刃。肩以下一侧有一大的残损缺口。长 15.8cm，宽 8.4cm，最厚 1.4cm（图五四，2；彩版二一，4）。

标本 2013GLBAT1 ④ b：18，原料为较大较厚的蚌壳。双平肩，肩部较宽，两肩基本对称；直柄弧顶，柄较长；柄部、肩部及铲身仍可见较多打击疤痕，但疤痕多经修整，棱角已磨圆。器身由肩部向下斜收至刃端形成一尖刃。长 16.9cm，宽 9.1cm，最厚 0.9cm（图五四，3；彩版二一，5）。

B 型　8 件。

标本 2013GLBAT1 ④ b：3，原料为较大较厚的蚌壳。直柄弧顶，柄部较长；双肩，微斜，两肩对称；器身一侧由肩部向下微收，另一侧由肩部向腹部斜收至近刃端又外展。刃部略平直，中间略内凹。柄部、肩部及铲身仍可见较多打击疤痕，部分经修整，棱角已磨圆；部分仍保留锋利的棱角。长 14.5cm，宽 7.6cm，最厚 1.5cm（图五五，1；彩版二二，1）。

标本 2013GLBAT1 ④ b：11，选择较厚的蚌壳去掉头部后进行加工。双斜肩，肩部较窄；柄较长，柄顶端弧形，柄部侧面可见加工留下的打制疤痕。器身一侧肩以下及刃部大部分残缺。残长 13.5cm，宽 7.6cm，最厚 1.3cm（图五五，2）。

标本 2013GLBAT2 ④：5，选择较厚的蚌壳去掉头部后进行加工。双斜肩，肩部较窄，基本对称；柄较长，柄顶端弧形，柄部侧面可见加工留下的打制疤痕。肩以下呈弧形内收形成弧刃，刃部一侧有残损。长 13.0cm，宽 7.8cm，最厚 1.0cm（图五五，3）。

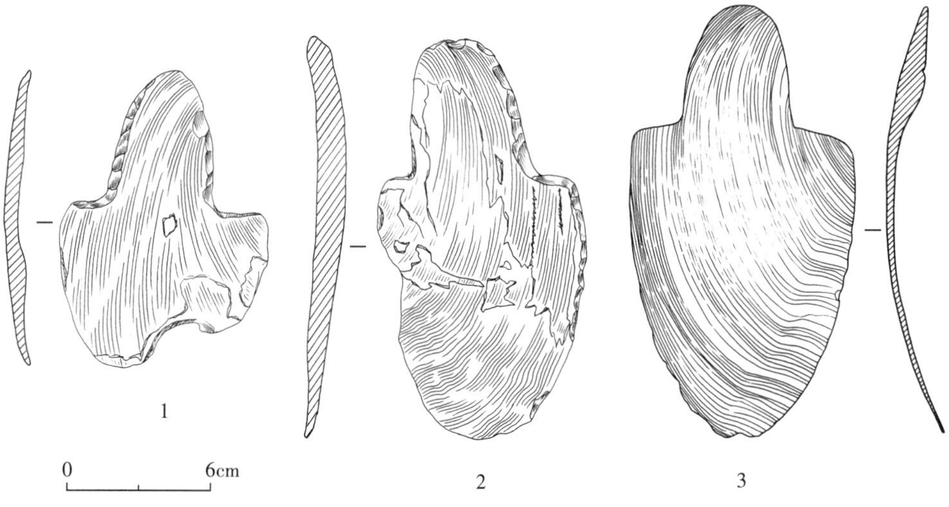

图五四　宝剑山 A 洞遗址第三文化层蚌器（三）

1~3. A 型双肩蚌铲（2013GLBAT1 ④ b：2、2013GLBAT1 ⑥：11、2013GLBAT1 ④ b：18）

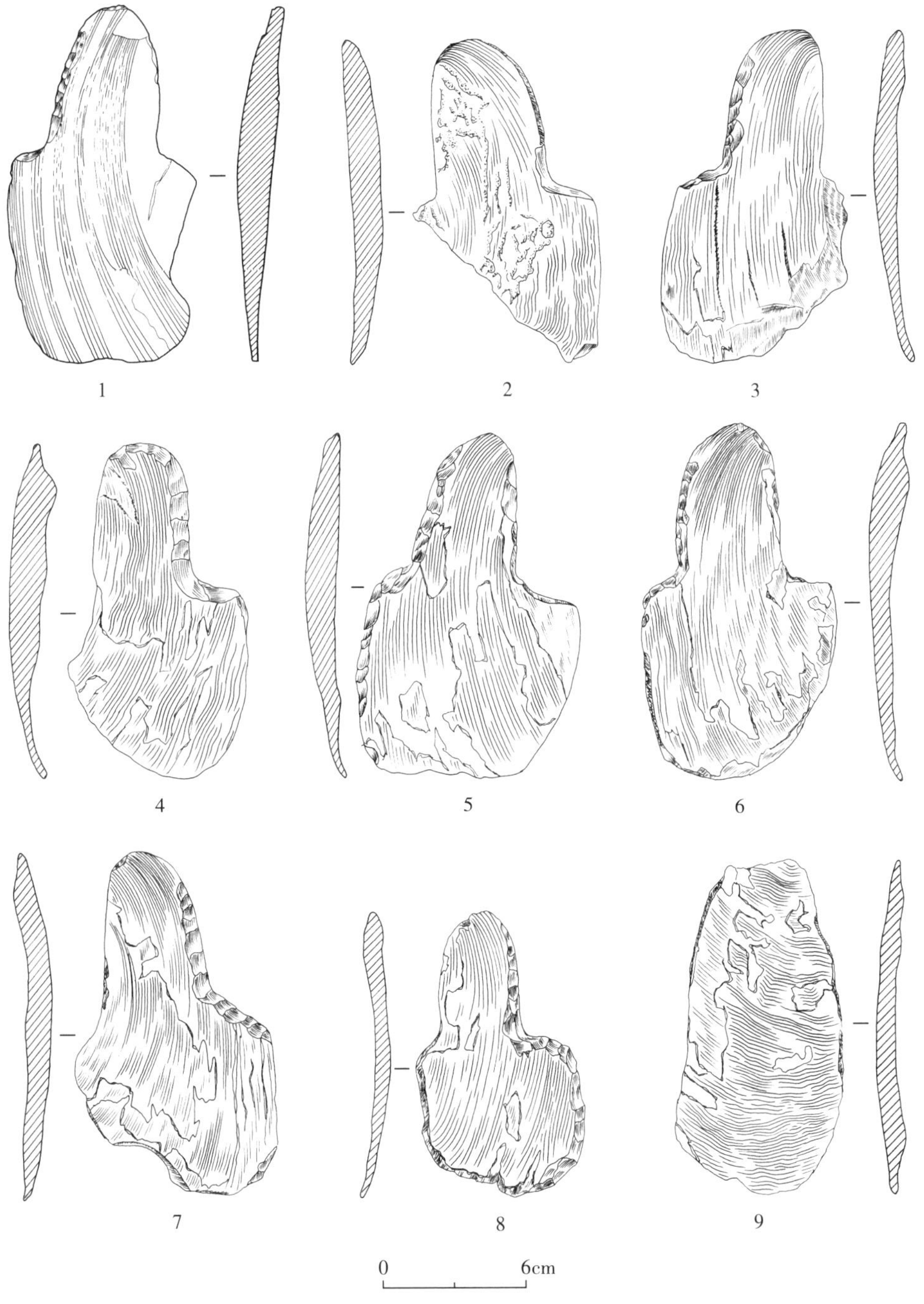

图五五　宝剑山 A 洞遗址第三文化层蚌器（四）

1~8. B 型双肩蚌铲（2013GLBAT1 ④ b：3、2013GLBAT1 ④ b：11、2013GLBAT2 ④：5、2013GLBAT1 ④ b：13、2013GLBAT1 ④ b：9、2013GLBAT1 ④ b：5、2013GLBAT1 ④ b：1、2013GLBAT1 ⑤：1）　9. 无肩蚌铲（2013GLBAT2 ④：1）

标本 2013GLBAT1 ④ b：13，选择较厚的蚌壳去掉头部后进行加工。双斜肩，肩部较窄，一肩已残缺，但从整体形态推断，器身本应为双肩；柄较长，柄顶端弧形，柄部侧面可见加工留下的打制疤痕。肩以下呈弧形内收形成弧刃。长 13.5cm，宽 7.3cm，最厚 1.5cm（图五五，4）。

标本 2013GLBAT1 ④ b：9，选择较厚的蚌壳去掉头部后进行加工。双斜肩，肩部较窄，不对称；柄较长，柄顶端弧尖形，柄部侧面可见加工留下的打制疤痕。肩以下呈弧形内收形成弧刃。刃部有使用痕迹，并因使用导致残损缺失。长 14.0cm，宽 8.8cm，最厚 1.3cm（图五五，5；彩版二二，2）。

标本 2013GLBAT1 ④ b：5，选择较厚的蚌壳去掉头部后进行加工。双斜肩，肩部较窄，不对称；柄较长，柄顶端弧形，柄部侧面可见加工留下的打制疤痕。肩以下呈弧形内收形成弧刃。长 14.4cm，宽 8.1cm，最厚 1.5cm（图五五，6）。

标本 2013GLBAT1 ④ b：1，选择较厚的蚌壳去掉头部后进行加工。双斜肩，肩部较窄，不对称；柄较长，柄顶端弧形，柄部侧面和肩部可见加工留下的打制疤痕。肩以下呈弧形内收形成弧刃。一侧和刃部有残损的缺口。长 14.0cm，宽 8.3cm，最厚 1.2cm（图五五，7）。

标本 2013GLBAT1 ⑤：1，选择较厚的蚌壳去掉部分头部后进行加工。双斜肩，肩部较窄，不对称；柄较长，柄顶端弧形，柄部侧面和肩部可见加工留下的打制疤痕。肩以下呈弧形内收形成弧刃。刃部可见使用时留下的疤痕。长 11.2cm，宽 6.6cm，最厚 0.9cm（图五五，8）。

无肩蚌铲 1 件。

标本 2013GLBAT2 ④：1，器身较薄，形状大致呈梯形。利用较大的蚌壳，去掉头部和厚边部分再进行加工。顶端微残，一侧略直，一侧弧凸；刃部弧凸。长 13.5cm，宽 6.8cm，最厚 0.9cm（图五五，9）。

（四）第四文化层文化遗物

11 件。包括石制品和蚌器两类。

1. 石制品

10 件。包括加工工具、打制石制品和磨制石制品三大类。其中加工工具 1 件，占该文化层出土石制品总数的 10%；打制石制品 6 件，占该文化层出土石制品总数的 60%；磨制石制品 3 件，占该文化层出土石制品总数的 30%。

（1）加工工具

1 件。为石砧。

石砧 1 件。属于 A 型中的 AaⅢ次亚型。

标本 2013GLBAT1 ⑧：7，原料为灰褐色辉绿岩砾石。器身较厚，形状近梯形。一面微凸，另一面凸起。一端稍宽，另一端略窄。使用痕迹集中于一面和两端。凸起面中央有一形状不规则的坑疤面，应是作为石砧使用时留下的痕迹。稍宽端一侧有两个黄豆状的坑疤，应是作为石锤使用时留下的痕迹。略窄端有一个稍大而浅平的片疤，其打击方向由凸起面向微凸面打击，或许是修整器身留下的痕迹。器身其余部位保留自然砾面。长 15.3cm，宽 9.5cm，厚 6.4cm，重 1346g（图五六，1；彩版二二，3）。

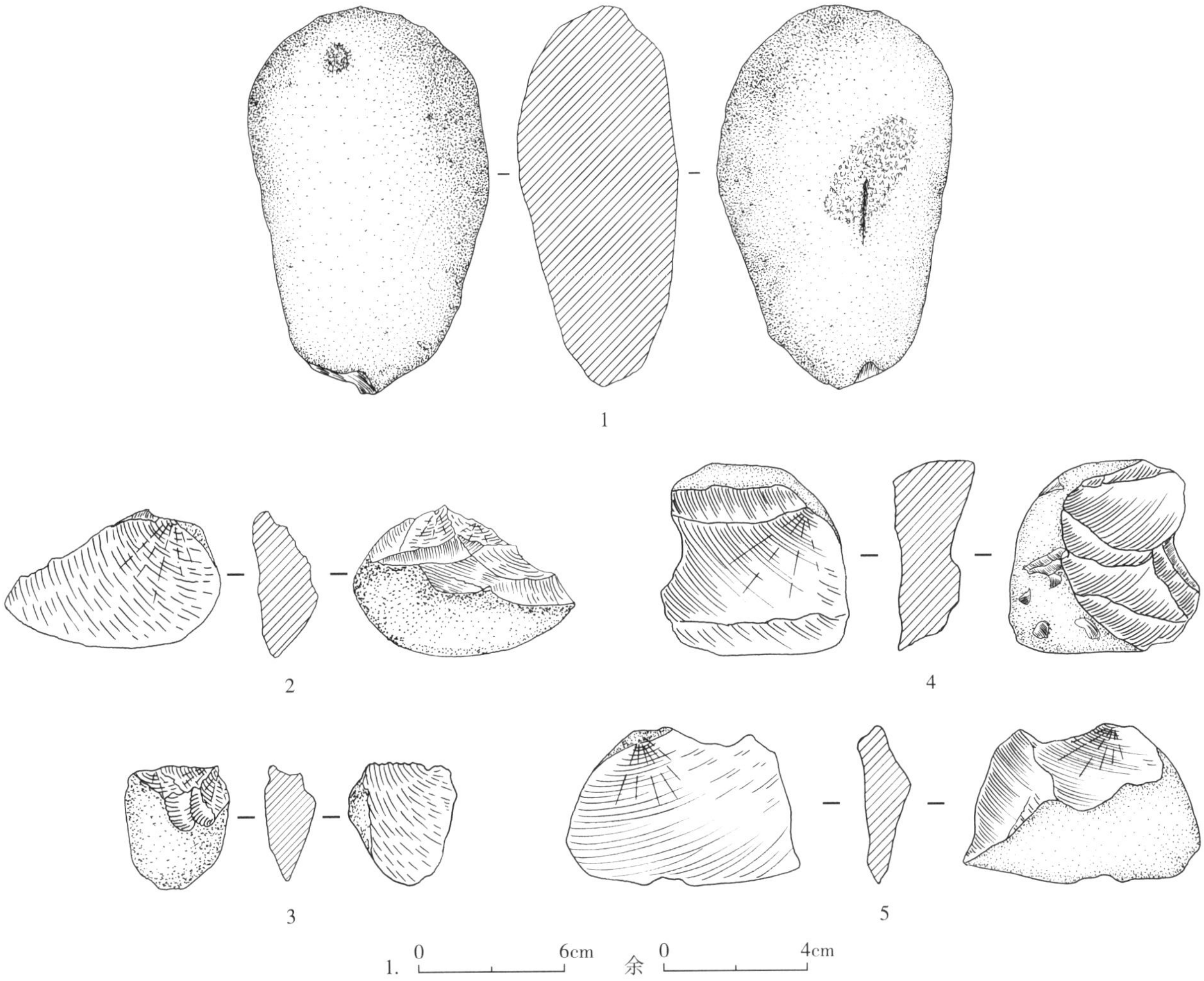

图五六 宝剑山 A 洞遗址第四文化层石制品

1. AaⅢ型石砧（2013GLBAT1⑧：7） 2、3. AbⅠ型石片（2013GLBAT1⑧：3、2013GLBAT1⑧：6） 4. AbⅡ型石片（2013GLBAT1⑨：1） 5. AbⅢ型石片（2013GLBAT1⑨：2）

（2）打制石制品

6 件。包括石片和砍砸器两大类。其中石片 5 件，占该文化层出土打制石制品总数的 83.33%；砍砸器 1 件，占该文化层出土打制石制品总数的 16.67%。

石片 5 件。岩性有辉绿岩和硅质岩两种。打片为硬锤打击，剥片方法为直接锤击法。打击台面全部是自然台面。打击点较清楚，但无打击疤痕。半锥体凸出的有 3 件，占该文化层出土石片总数的 60%；半锥体不显和微显的各有 1 件，各占该文化层出土石片总数的 20%。石片角均在 90° 以上。宽大于长者 4 件，占该文化层出土石片总数的 80%。多数石片的背面或多或少保留有自然砾面，背面片疤的剥片方向与石片同向同源。边缘和棱角锋利，未发现使用痕迹，也无明显的冲磨痕迹。形状有三角形、四边形和梯形三种。其中三角形和梯形各 2 件，各占该文化层出土石片总数的 40%；四边形 1 件，占该文化层出土石片总数的 20%。器身长度最大值 5.2cm，最小值 3.2cm；宽度最大值 6.3cm，最小值 3.0cm；厚度最大值 2.3cm，最小值 1.1cm；重量最大值 59g，最小值 13g。分别属于 A 型中的 Ab 亚型和 Ae 亚型。

Ab 型　4 件。分别属于 AbⅠ、AbⅡ、AbⅢ次亚型。

AbⅠ型　2 件。

标本 2013GLBAT1⑧：3，原料为灰褐色辉绿岩砾石。器身形状近三角形。打击台面为自然台面。打击点宽大，半锥体凸出，放射线清楚，同心波纹较明显。器身左侧和远端边缘锋利。右侧保留自然砾面，边缘钝厚。背面上半部为层叠的片疤面。片疤多较小而深凹，打击方向与石片打击方向相同，部分片疤尾部折断形成陡坎或阶梯状。其余部分保留自然砾面。长 3.5cm，宽 6.0cm，厚 1.7cm，重 34g（图五六，2）。

标本 2013GLBAT1⑧：6，原料为灰褐色辉绿岩砾石。器身形状近三角形。打击台面为自然台面。打击点宽大，半锥体凸出，放射线不清楚，同心波纹较明显。器身右侧和远端边缘锋利，左侧保留自然砾面，边缘钝厚。背面左侧上半部为层叠的片疤面。片疤多较小而深凹，打击方向与石片打击方向相同，部分片疤尾部折断形成陡坎或阶梯状。其余部分保留自然砾面。长 3.2cm，宽 3.0cm，厚 1.4cm，重 13g（图五六，3）。

AbⅡ型　1 件。

标本 2013GLBAT1⑨：1，原料为黄褐色硅质岩砾石。器身形状近四边形。打击台面为自然台面。打击点宽大，半锥体不显，放射线清楚，同心波纹较明显。器身右侧和远端边缘锋利；左侧保留自然砾面，边缘钝厚。背面右侧为层叠的片疤面。片疤多较大而深凹，打击方向与石片打击方向相同。其余部分保留自然砾面。长 5.2cm，宽 5.2cm，厚 2.3cm，重 59g（图五六，4；彩版二二，4）。

AbⅢ型　1 件。

标本 2013GLBAT1⑨：2，原料为灰褐色辉绿岩砾石。器身形状近梯形。打击台面为自然台面。打击点宽大，半锥体微显，放射线清楚，同心波纹较明显。器身左侧上半部保留自然砾面，边缘钝厚。左侧上半部、右侧和远端边缘锋利。背面上半部为层叠的片疤面。片疤多较大而深凹，打击方向与石片打击方向相同，部分片疤尾部折断形成陡坎。其余部分保留自然砾面。长 4.5cm，宽 6.3cm，厚 1.2cm，重 38g（图五六，5；彩版二二，5、6）。

Ae 型　1 件。属于 AeⅢ次亚型。

标本 2013GLBAT1⑦：6，原料为灰褐色辉绿岩砾石。器身形状近梯形。打击台面为人工台面（素台面）。打击点宽大，半锥体凸出，放射线清楚，同心波纹较明显。器身左右两侧和远端边缘锋利。背面上半部为较大而深凹的片疤面，片疤打击方向与石片的打击方向相同。其余部分保留自然砾面。长 4.5cm，宽 5.5cm，厚 1.1cm，重 34g（图五七，1；彩版二三，1）。

砍砸器　1 件。属于 A 型中的 AaⅠ次亚型。

标本 2013GLBAT1⑧：2，原料为灰褐色辉绿岩砾石。器身较宽大，较厚，形状近三角形。

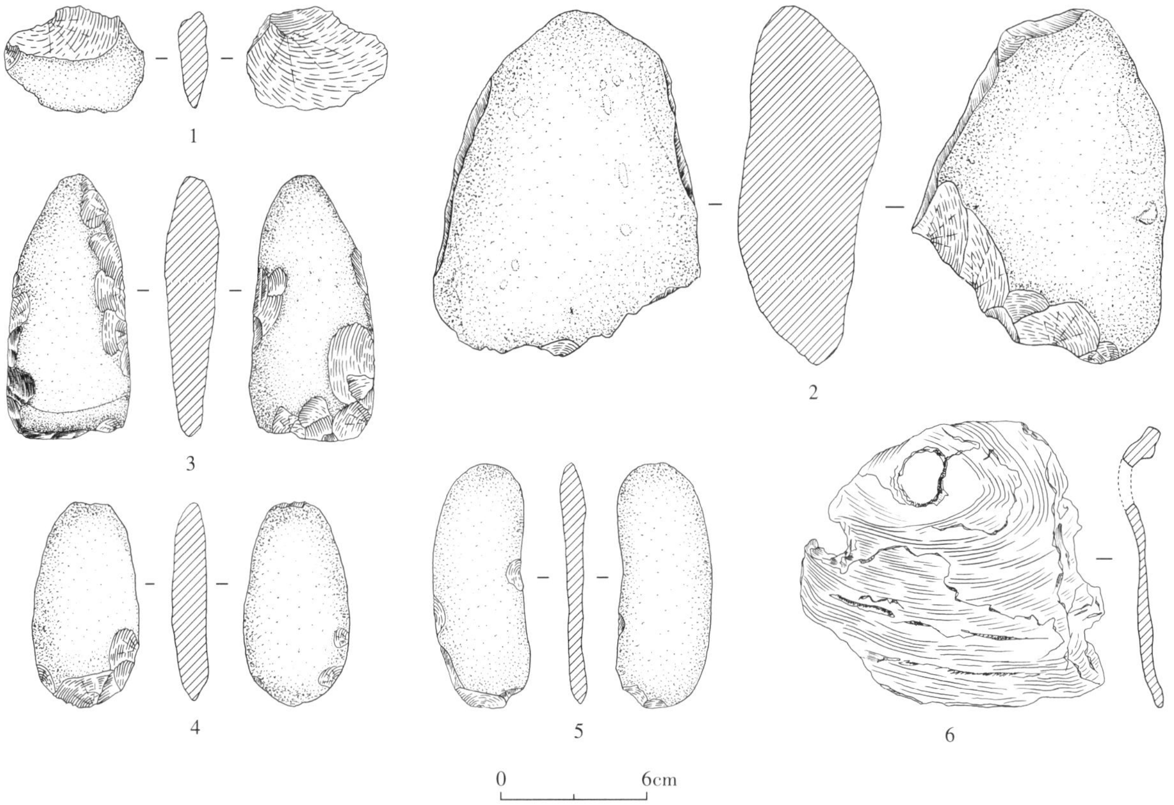

图五七　宝剑山 A 洞遗址第四文化层石制品、蚌器

1. AeⅢ 型石片（2013GLBAT1 ⑦：6）　2. AaⅠ 型砍砸器（2013GLBAT1 ⑧：2）　3. AcⅠ 型石斧锛类半成品（2013GLBAT1 ⑦：4）　4. AbⅥ型石斧锛类毛坯（2013GLBAT1 ⑦：5）　5. AbⅦ型石斧锛类毛坯（2013GLBAT1 ⑦：1）　6. 鱼头形蚌器（2013GLBAT1 ⑦：3）

一面较平，另一面凸起。一端较宽，另一端较窄。加工方法为锤击法。沿砾石较宽端边缘多次单面剥片，加工出一道直刃。刃缘锋利但不甚整齐，未见使用痕迹。较宽端打击片疤多较小而浅平，片疤打击方向由凸起面向较平面打击；较窄端一侧略经剥片，片疤稍大而浅平，其打击方向不明，应是修整把端留下的痕迹。长 13.5cm，宽 10.7cm，厚 5.4cm，重 1029g（图五七，2；彩版二三，2）。

（3）磨制石制品

3 件。包括斧锛类半成品和斧锛类毛坯两大类型。斧锛类半成品 1 件，占该文化层出土磨制石制品总数的 33.33%；其中斧锛类毛坯 2 件，占该文化层出土磨制石制品总数的 66.67%。

斧锛类半成品　1 件。属于 A 型中的 AcⅠ次亚型。

标本 2013GLBAT1 ⑦：4，原料为灰褐色辉绿岩砾石。器身稍厚，形状近三角形。一端稍宽，另一端略窄。器身两侧和稍宽端边缘经过多次双面剥片，保留着较密集的打击疤痕，片疤多较小且浅平，部分片疤尾部折断形成陡坎。两侧缘下半部略经磨制，有少许光滑磨痕。稍宽端边缘打制出一道整齐锋利的略凹状刃缘；该端一面未经磨制；另一面经过较多磨制，有较大范围的光滑刃面，且刃面向相对面倾斜，两侧仍保留少量片疤面。两面交汇处保留原打制出的刃缘。刃口尚未开始磨制。器身其余部位保留自然砾面。长 10.5cm，宽 5.0cm，厚 2.1cm，重 161g（图五七，3；彩版二三，3）。

斧锛类毛坯 2 件。均为完整件。原料只有砾石一种。岩性只有玄武岩一种。加工方法为锤击法。多为单面加工，偶有双面加工。加工部位多在器身的端部和两侧，或多或少保留有自然砾面，通体加工的未见。器物之间的大小差别不大。器身形状有椭圆形和长条形两种，每种形状各 1 件。均为 A 型，分别属于 Ab 亚型中的 AbⅥ次亚型和 AbⅦ次亚型。

AbⅥ型 1 件。

标本 2013GLBAT1 ⑦：5，原料为灰褐色玄武岩砾石。器身形状近椭圆形。一端稍宽，另一端略窄。加工方法为锤击法。沿器身一侧下半部和稍宽端边缘多次单面剥片，另一侧下半部则为双面剥片；片疤多较小而浅平。稍宽端边缘加工出一道弧刃。刃缘整齐但稍钝厚，未经磨制。器身其余部位保留自然砾面。长 8.0cm，宽 4.3cm，厚 1.5cm，重 80g（图五七，4；彩版二三，4）。

AbⅦ型 1 件。

标本 2013GLBAT1 ⑦：1，原料为灰褐色玄武岩砾石。器身扁薄，形状近长条形。一端稍宽，另一端略窄。加工方法为锤击法。沿器身一侧下半部和稍宽端边缘多次单面剥片；另一侧只在中部剥了一个片疤，片疤多较小而浅平。稍宽端边缘加工出一道整齐锋利的弧刃。刃部未经磨制。器身其余部位保留自然砾面。长 9.6cm，宽 3.6cm，厚 1.0cm，重 44g（图五七，5）。

2. 蚌器

鱼头形蚌器 1 件。

标本 2013GLBAT1 ⑦：3，形状似鱼头。利用蚌壳厚端制作而成。在器身中间偏上位置穿一圆形孔，形状似鱼眼；在左侧前方打出一个向上的近方形缺口，形状似鱼嘴。鱼眼和鱼嘴部位均只打制未磨制，制作不甚精良。整个器身鱼头朝左上。刃部凹形，有残缺。残长 12.4cm，宽 11.1cm，最厚 0.9cm（图五七，6；彩版二三，5）。

五 自然遗物

遗址出土了大量的水生、陆生动物遗骸。课题组从每层选取等量的土样送中山大学进行软体动物种属鉴定和统计，另将获取的其他所有动物骨骼标本送中国科学院进行种属鉴定和分析。结果显示遗址中包括大量的软体动物和其他动物遗骸。

送中山大学鉴定的软体动物遗骸包括大量的腹足类动物遗骸及少量瓣鳃类动物遗骸。腹足类动物有那坡短沟蜷（*Semisulcospira napoensis*）、那坡短沟蜷旋脊变种（*Semisulcospira aubryana*, var. *spiralis*）、双线环棱螺（*Bellamya dispiralis*）、桂林环棱螺（*Bellamya kweilinensis*）、田螺型环棱螺（*Bellamya viviparoides*）、中国圆田螺（*Cipangopaludina chinensis*）、条华蜗牛（*Cathaica fasciola*）等，其中以短沟蜷属（*Semisulcospira*）的那坡短沟蜷（*Semisulcospira napoensis*）、那

坡短沟蜷旋脊变种（*Semisulcospira aubryana*, var. *spiralis*）及环棱螺属（*Bellamya*）的双线环棱螺（*Bellamya dispiralis*）为主。瓣鳃类动物有圆顶珠蚌（*Unio douglasiae*）、多疣丽蚌（*Lamprotula (Scriptolamprotula) polysticta*）、古丽蚌（*Lamprotula (Parunio) antiqua*）、假丽蚌（*Lamprotula (Parunio) spuria*）、背瘤丽蚌（*Lamprotula leai*）、大丽蚌（*Lamprotula (Guneolamprotula) licenti*）等，其中以丽蚌属（*Lamprotula*）的假丽蚌（*Lamprotula (Parunio) spuria*）、背瘤丽蚌（*Lamprotula leai*）、多疣丽蚌（*Lamprotula (Scriptolamprotula) polysticta*）为主。还有部分样品由于破损极为严重，无法鉴定出来。

送中国科学院进行鉴定的其他动物骨骼标本总数为1295件。标本分类统计，包括鱼类277件，龟鳖类547件，鳄类15件，蛇类12件，鸟类2件，哺乳类可鉴定骨骼26件，哺乳类碎骨416件。其中，标本数最多的是龟鳖类，其次是哺乳类，再次是鱼类，其余类群较少。除鱼类外最小个体数共计29个，动物组合中以哺乳类和龟鳖类的个体数占优，其余类群也占一定比例。哺乳类中鹿类数量较多，未见斑羚和犀牛。具体动物种类包括鱼类、龟鳖类、涉禽类及鳄、缅甸蟒、眼镜蛇、黑眉锦蛇、雁形目、竹鼠、短尾猴、长颌带狸、大灵猫、野猪、小麂、大角麂、梅花鹿、水鹿等。

六　分期、文化特征及文化归属

根据地层堆积、器物组合及出土器物特征等方面的不同，可将宝剑山A洞遗址分为两期。

第一期文化遗存堆积单位包括地层第④~⑨层，以及M1、M2、M3、红烧土1、红烧土2等遗迹。该期以灰色或黄色地层堆积为主，含数量不等的螺壳。墓葬葬式主要为屈肢葬，有用火遗迹。器物包括石制品和蚌器。石制品原料均为砾石，岩性包括辉绿岩、硅质岩和石英等，辉绿岩占大多数。器类包括打制石制品、磨制石制品和加工工具。打制石制品和磨制石制品比例相当。打制石制品包括石核、石片、砍砸器和刮削器四大类型，石片占大多数。石片打片均为硬锤打击，打片方法仅见直接锤击法一种，打击台面几乎全部是自然台面，鲜见人工台面，有小部分为线状台面，打击点大多数比较清楚，多数石片的背面保留有自然砾面且具有锋利的边缘。加工工具为少量石砧。磨制石制品包括石斧、石凿、斧锛类半成品、斧锛类毛坯和研磨器等类型，其中以斧锛类毛坯数量最多。斧锛类器物加工方法均为锤击法，多利用较为扁平的砾石单面加工，也有双面加工者，加工部位多在器身的端部和两侧，很多是周身加工，通常在这些部位边缘多次剥片，保留较密集的打击疤痕，片疤多较小且浅平，绝大部分或多或少保留有自然砾面。斧锛类成品也多为磨制刃部，不见通体磨光者。这种先对斧锛类器物原料四周进行打制或琢制再进行下一步加工的方法独具地方特色。研磨器均为毛坯，形状多样，以扁柱状和方柱状为最多；加工简单，或是利用长短合适的砾石，直接将较平端端面略加修整为研磨面，并对器身两侧进行剥片修整后成型；或是利用较长的砾石截取一段，部分直接利用截断面为研磨面，部分对研磨面略微修整。蚌器数量较多，类型包括双肩蚌铲、鱼头形穿孔蚌器、锯齿刃蚌器和蚌刀等。双肩蚌铲不仅数量多，而且形制丰富，制作精美，多为直柄、溜肩、弧腰缓收成刃。锯齿刃蚌器均以蚌壳口沿薄边为刃，并在薄边上打出细密的锯齿来增加锋利程度。

根据器物组合及特征，可将该期分为早晚两段。

早段：包括第⑦~⑨层，该段地层堆积以黄色黏土为主，含少量螺壳，未见遗迹现象。出土器物较少，器类也不丰富，只有石制品和蚌器两种，无陶器和骨器，每类器物数量也不多。石制品包括加工工具、打制石制品和磨制石制品等，其中打制石制品占绝大多数，原料均为砾石，岩性有辉绿岩和玄武岩。打制石制品多为石片和砍砸器，磨制石制品极少，只见斧锛类毛坯和斧锛类半成品，不见成品。蚌器仅见穿孔蚌器一种，且数量少。

晚段：包括第④~⑥层。该段地层以螺壳堆积为主，墓葬葬式主要为屈肢葬，发现有用火遗迹。出土器物较多，包括石制品和蚌器。石制品原料均为砾石，岩性包括辉绿岩、硅质岩和石英等，其中辉绿岩居多。器类包括打制石制品和磨制石制品等。与早段相比，打制石制品类别增加，包括石核、石片、砍砸器和刮削器四大类型，其中以石片居多。磨制石制品数量较多，比例上升，约占一半；类型包括石斧、石凿、斧锛类半成品、斧锛类毛坯和研磨器等，新出现的研磨器有三角柱状、方柱状和扁柱状等多种形状，其中以扁柱状和方柱状居多；加工简单，或是利用长短合适的砾石，直接将较平端端面略加修整为研磨面，并对器身两侧进行剥片修整后成型；或是利用较长的砾石截取一段，部分直接利用截断面为研磨面，部分对研磨面略微修整。蚌器数量大幅增加。

第一期文化具有很强的地域特征。石片、刮削器、砍砸器、斧锛类器、双肩蚌铲、穿孔鱼头形蚌器和锯齿刃蚌器为其基本组合。打制石制品均为锤击法，其中石片占绝大多数；磨制石制品以斧锛类器物为主，均为利用扁平的砾石先在侧边、端部、刃部等部位进行加工，再进行磨制，半成品和毛坯占大多数，磨制者也不精美。以扁柱状和方柱状为主的各类研磨器毛坯也很有特点。蚌器数量多，双肩蚌器制作精美，锯齿刃蚌器为广西考古新发现的器物。该期文化与周边遗址相比，存在一定联系，比如，穿孔鱼头形蚌器与南宁邕宁顶蛳山遗址出土的同类器物基本相同，显示该期文化或受到顶蛳山文化的一定影响；方柱形研磨器与崇左冲塘遗址出土的研磨器类似，说明两者之间存在一定的联系。但整体来看，该期文化与周边遗址的区别还是相当明显，应该属于一个新的文化类型。

第二期文化遗存堆积单位包括地层第②~③层。该期为灰色堆积，含沙量大，含有大量人类骨骼。出土器物包括陶片、石制品、蚌器和骨器等类别，以陶片为主。石制品均属于磨制石制品，包括石斧、石锛和石凿等类型。其中双肩石斧通体精磨，制作精美，不见使用痕迹。所有石器器身两侧、肩部、柄部仍或多或少可见打击疤痕。陶片数量多，器类有釜、罐、碗、杯和钵等，主要以夹砂釜类和夹砂罐类为主，大部分为圜底器，少量平底器和圈足器。有的陶器带耳。陶片均为夹细砂陶，大部分羼螺蚌壳颗粒。火候较低，陶质疏松，大部分底部、腹部有烟熏痕迹，少量陶器表面施薄陶衣。陶色较为斑驳，有红褐色、黑色、中间灰黑两面红褐色和中间灰黑两面黄褐色等。陶器器表纹饰有粗绳纹、中绳纹、细绳纹、粗绳纹＋细绳纹、“S”纹、“S”纹＋细绳纹、“S”纹＋曲折纹＋中绳纹、曲折纹＋细绳纹和刻划纹＋细绳纹等，以细绳纹为主，曲折纹和“S”

形纹较少；装饰方式一般为通体饰绳纹不及颈，也有部分陶器颈部施纹后被抹平并磨光；绳纹的装饰风格一般分为竖向和斜向两种，腹部的装饰一般较为规整，而底部的装饰则较为错乱，施纹方式多为竖向或斜向滚压而成；"S"形纹多用于肩部，曲折纹多用于肩部和圈足等；部分圈足有镂空现象。个别陶器内壁有疑似残留物的痕迹。蚌器主要有鱼头形蚌器、双肩蚌铲、束颈蚌铲和锯齿刃蚌器等。鱼头形蚌器利用蚌壳的自然形状，打磨成鱼的形状，与第一期文化的鱼头形蚌器相比更加精美，修边更细腻，形象也更加生动。双肩蚌铲的形制较前期更加规整、紧凑，种类更丰富，刃部有凹刃、斜刃等。锯齿形蚌器的形制与前期无明显差别，加工部位也均是在蚌壳口沿薄边。束颈蚌铲大致呈楔形，在颈部两侧打出一个或者两个对称的缺口，形成束颈。骨器仅发现1件，为复式倒钩骨质剑形器，器形规整，造型精美，工艺细致；以动物肢骨磨制而成，短柄、束腰方格，长方形剑身，剑身侧伸两组倒钩。此类骨器在广西先秦考古中为首次发现。

第二期文化遗存中包含大量的人类遗骸。遗骸均为残损的碎骨，腐朽严重，凌乱分布于地层中，不见完整或相对完整的骨架，现场分不清具体的个体。器物也零散分布于各处。鉴于地层中包含大量淤沙，可推断这里原为一处岩洞葬，原有大量尸首陆续埋葬，后因洪水的冲刷侵蚀，人骨和随葬器物被冲乱。从出土的器物考察，该期岩洞葬与龙州和武鸣等地早期岩洞葬关系密切，属于广西先秦岩洞葬桂南类型。

七 年代判断

宝剑山A洞遗址第一期早段堆积以黄色黏土为主，螺壳含量变少。出土的打制石制品只见石片和砍砸器。磨制石制品极少，只有斧锛类毛坯和斧锛类半成品，不见成品。蚌器仅见穿孔蚌器一种，且数量少。与第一期晚段相比文化面貌要原始一些。黄土夹杂少量螺壳的洞穴堆积在武鸣和桂林等地早期新石器时代或晚期旧石器时代都有发现，有人认为这些遗址属于中石器时代。宝剑山A洞遗址第一期早段黄色黏土加螺壳的堆积且无磨制石器成品的情况，显示其年代会比较早。但与武鸣和桂林等地遗址相比，这里发现了磨制的斧锛类毛坯和半成品，螺壳的堆积也没有那么紧密，另外还发现了穿孔的蚌器，说明其年代要晚于武鸣等地早期新石器时代或晚期旧石器时代的洞穴遗址。其出土的穿孔蚌器为鱼头形蚌器，制作不是很精良，鱼眼和鱼嘴部位只打制未磨制，形态上与邕江流域贝丘遗址出土的同类器物有相似之处，其年代应该与邕江流域新石器时代中期遗址的年代相近。北京大学加速器质谱实验室、第四纪年代测定实验室对出土于第⑦层的一个动物骨骼标本进行加速器质谱（AMS）^{14}C测年，显示其年代为距今7555±30年（半衰期5568年），树轮校正年代为6465BC~6385BC。综合判断，第一期早段年代为距今约7000~6000年。

第一期晚段以螺壳堆积为主。出土器物较多，包括石制品和蚌器。磨制石制品数量较多，占所有石制品一半以上，包括石斧、石凿、斧锛类半成品、斧锛类毛坯和研磨器等类型，磨制的技术和水平均已较高。蚌器数量和种类较多。整个文化面貌与顶蛳山文化有很多相似的地方，但其出土的双肩蚌器更为精美。出土的研磨器与江州区的冲塘遗址同类器物相似，两者的年代应该相差不远。很多同类器物在第二期也有发现，显示第一期和第二期在时代上应该基本衔接。北京大学加速器质谱实验室、第四纪年代测定实验室对出土于第④b层的一个炭化物进行加速器质谱（AMS）^{14}C测年，显示其年代为距今5540±30（半衰期5568年），树轮校正年代4450BC~4340BC。综合判断，第一期晚段年代为距今约6000~4000年。

第二期属于岩洞葬，年代判断比较复杂。由于岩洞内尸体不是一次性埋葬，而应是在相当长的一段时间内陆续放入，因此，除非对每一具骸骨均进行测年，否则无法得知其确切年代。且骸骨因后期洪水或其他因素的破坏，堆积凌乱，无法对所有零星的骸骨逐一进行个体匹配。因此，以人骨作为样本进行测年在取样时就会存在一定问题，即使取到了合适的人骨标本，大多也因不能满足实验要求而无法进行测年。基于上述理由，对宝剑山A洞二期岩洞葬的年代认识只能依据遗物特征和测年数据进行大致判断。

宝剑山A洞遗址二期出土的陶器主要为敞口或直口、高领的釜罐类器物，多为圜底器，也有圈足器和平底器；多饰绳纹，少量刻划纹。石制品均为磨制石器，制作精细，有双肩石斧和近梯形石锛。夹砂绳纹陶器和有肩石器在广西南部和西南部地区的新石器时代晚期遗址中较为常见。陶高领罐（釜）等器形、细绳纹上加多线刻划纹的装饰手法以及圜底器和圈足器流行等多项特征，与新石器时代晚期的顶蛳山遗址第四期[1]、平南石脚山[2]和那坡县感驮岩遗址[3]较为相似，这些说明宝剑山A洞遗址二期年代有可能早到新石器时代末期。与广西武鸣、大新和龙州等地以前发现的先秦岩洞葬相比，也有很多相似之处。例如，宝剑山A洞遗址二期发现的陶器以夹砂的细绳纹陶为主，带双舌形耳钵与武鸣弄山出土的同类器物器形一样；敞口、高领、鼓腹的釜罐类器物与更洒、岜旺和弄山出土的同类器物类似；陶器器形、质地到纹饰等整体面貌与武鸣岜旺、弄山岩洞葬的陶器接近。这些说明其与武鸣岜旺和弄山岩洞葬年代相差不会太远。那坡县感驮岩遗址一期和武鸣弄山岩洞葬中存在大量三足器，到了感驮岩遗址二期基本不见三足器，宝剑山A洞遗址二期既不见三足器，也不见感驮岩遗址第二期所出的石凹刃凿和陶簋等同类器物，说明其年代要稍微晚于武鸣岜旺和弄山岩洞葬及感驮岩一期，早于感驮岩二期。从武鸣发现的岩洞葬来看，有肩石器只见于新石器时代晚期的岜旺和弄山，敢猪和岜马山等商周时期的岩洞葬中已不见有肩石器；长条形、梯形的石斧和石锛则只见于岜马山等商周时期的岩洞葬而不见于新石器时代晚期的岜旺和弄山。比对宝剑山A洞二期岩洞葬，有肩石器和梯形石锛共存，表明其年代应稍晚于岜旺和弄山，可能早于敢猪和岜马山，属于新石器时代末期到早商时期。与广西战国时期的岩洞葬相比，器物类别、形态、纹饰均相差较远，也不见战国常见的青铜器。因此，从总体来看，宝剑山A洞二期岩洞葬主体年代与岜旺、弄山和更洒岩洞葬接近。但该论断仅为初步判断，无法排除

[1] 中国社会科学院考古研究所广西工作队、广西壮族自治区文物工作队、南宁市博物馆：《广西邕宁县顶蛳山遗址的发掘》，《考古》1998年第11期；李珍：《邕宁顶蛳山贝丘遗址》，《中国文化遗产》2008年第4期。

[2] 广西壮族自治区文物工作队、平南县博物馆：《广西平南县石脚山遗址发掘简报》，《考古》2003年第1期。

[3] 广西壮族自治区文物工作队、那坡县博物馆：《广西那坡县感驮岩遗址发掘简报》，《考古》2003年第10期。

少数骸骨更早或更晚下葬的可能，骨质剑形器的发现就说明有这种可能性。该器以动物肢骨磨制而成，短柄、束腰方格，长方形剑身，剑身侧伸两组倒钩。广西以前没有发现骨剑，所发现的青铜剑年代最早不会早于西周，目前已知较确切的时间应该在春秋时期。宝剑山A洞遗址二期出土的骨剑既古朴又比较精致，形态上介于原始与成熟之间，其年代有可能晚于商代，甚至可能晚到东周。

北京大学加速器质谱实验室、第四纪年代测定实验室对宝剑山A洞遗址第二期的部分人骨进行加速器质谱（AMS）^{14}C测年，但因样品无法满足实验要求而没有获得数据。我们还另外选取了三个人骨样本送到桂林的国土资源部岩溶地质资源环境监督检测中心进行常规测年，获得的数据分别为距今4310±70年（半衰期5730年）、距今2170±70年（半衰期5730年）、距今1290±120年（半衰期5730年）。第三个数据显然太晚，基本可以排除。从总体文化面貌观察，第一个数据应该比较接近大部分人骨的实际年代，第二个数据可能只反映个别墓葬的年代，大部分墓葬不会这么晚。

依据器物特征和总体文化面貌，参考测年数据，我们认为宝剑山A洞遗址二期主体年代属于新石器时代末期到商代，绝对年代为距今4000年左右，少数墓葬的年代有可能晚到东周。

第二节　无名山遗址

一　地理位置、地形地貌及布方情况

无名山遗址位于广西壮族自治区崇左市龙州县上金乡卷逢村白雪屯对岸的无名山岩厦下面，面积约600m^2。遗址地势由南向北倾斜，属于左江左岸一级台地，所处的山峰大致为东西走向，崖壁面向左江，距离地面约20~30m处伸出一较为平整、宽约5m的天然石檐，可挡雨水。遗址现距江面高度约10m；西距上游的下白雪岩画点约500m；东距下游的无名山岩画点约200m，距白雪旅游码头约900m；南距隔江的白雪屯约950m；北距沥青村道约350m。周边遍布灌木杂草，地表有村民放牧的痕迹，但未遭大规模破坏，堆积保存较好（图五八；彩版二四）。

2013年10~11月，课题组对该遗址进行试掘，于遗址中部布5m×5m探方一个，编号2013GLWT1，实际发掘面积为16m^2，正南北方向（图五九；彩版二五，1）。此次试掘取得了重要成果，获得了一大批重要文化遗物和水陆生动物遗骸。

二　地层堆积

试掘区域地势由西向东倾斜。根据土质、土色及包含物不同，地层自上而下分为四层。以T1北壁为例说明（图六〇）。

第①层：灰褐色土，土质疏松，厚5~10cm。包含物有少量瓷片、陶片、石刮削器、石砍砸器、

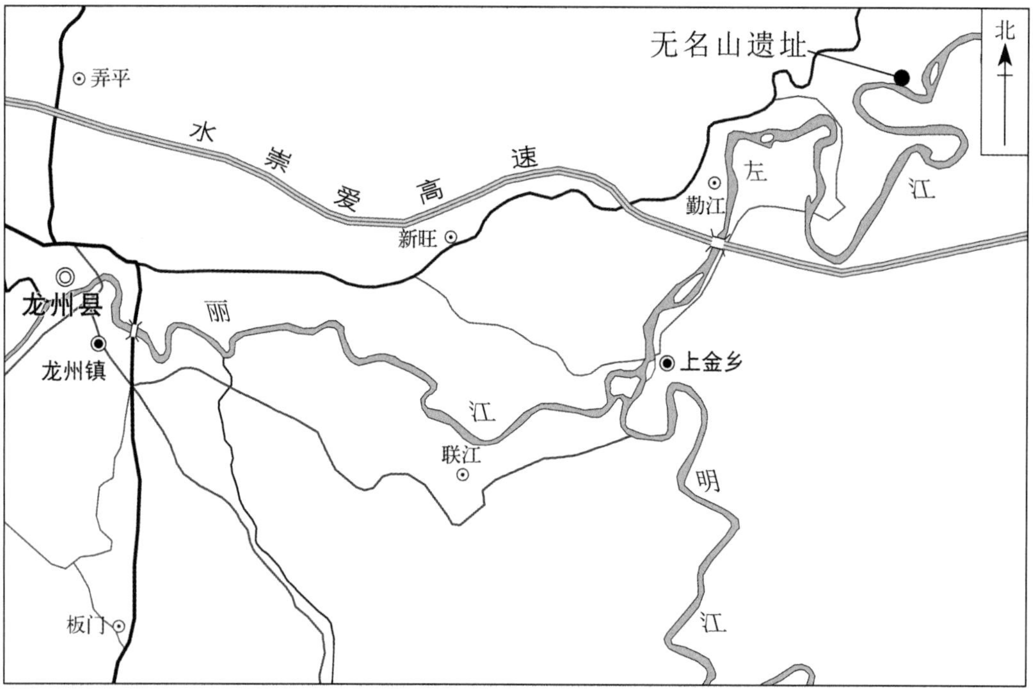

图五八　无名山遗址地理位置示意图

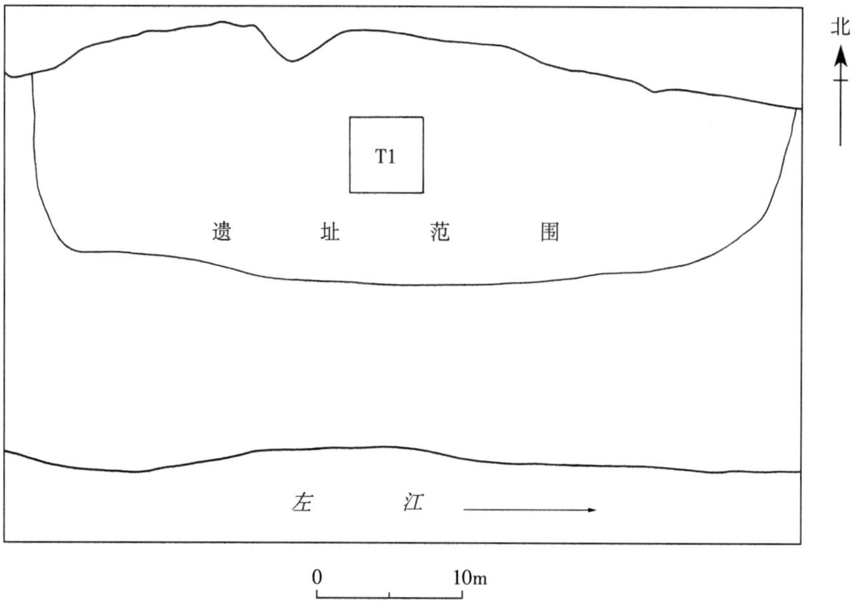

图五九　无名山遗址探方位置图

石锛、石片、动物骨骼及大量螺壳等。

第②层：灰褐色土，土质疏松，厚15~30cm。包含物有少量螺蚌壳、石核、石斧、石砍砸器、陶片、骨针、穿孔蚌器、铁锸及动物骨骼等。

第③层：灰黄色土，土质疏松，厚8~20cm。包含物有少量陶片、动物骨骼及螺蚌壳等。

第④层：灰褐色土，土质疏松，夹杂着大量螺蚌壳、少量木炭及红烧土，厚105~145cm，地层由南往北倾斜。包含物有螺蚌壳、石制品、蚌器、陶片、木炭、红烧土及动物骨骼等。

④层以下为生土。

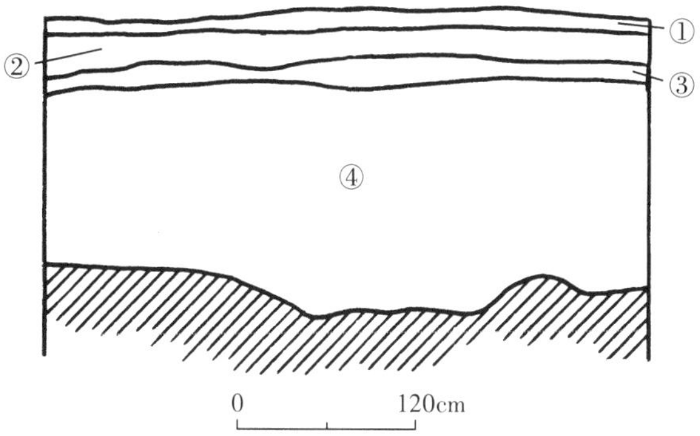

图六〇　无名山遗址T1北壁剖面图

三　文化遗物

无名山遗址保存完好，有明确的地层关系，出土了大量文化遗物，包括石制品、蚌器、铁器、骨器和陶片等。根据遗址的地层堆积关系、器物种类和器物特征的变化，遗址可分为四个大的文化层，从上到下依次是第一至第四文化层。第①层为第一文化层，第②层为第二文化层，第③层为第三文化层，第④层为第四文化层。各文化层遗物分别加以介绍。

（一）第一文化层文化遗物

16件（片）。包括石制品、陶器和铁器三大类。

1. 石制品

6件。包括打制石制品和磨制石制品两类。每类型各3件，各占该文化层出土石制品总数的50%。

（1）打制石制品

3件。包括石核、石片和砍砸器三种。每种类型各1件，各占该文化层出土打制石制品总数的33.33%。

石核　1件。属于B型中的Be亚型。

标本2013GLWT1①：6，原料为黄白色石英砾石。器身形状近半圆形。以一面和一端端面为台面单面剥片，片疤多较大且浅平。长5.6cm，宽3.5cm，厚2.2cm，重53g（图六一，1）。

石片　1件。属于A型中的AbⅡ次亚型。

标本2013GLWT1①：3，原料为灰褐色辉绿岩砾石。器身形状近四边形。自然台面，打击点宽大，半锥体不显，放射线清楚，同心波纹均不明显。器身左侧和远端边缘锋利；右侧边缘钝厚，局部保留自然砾面。背面近端至中段有一些片疤面，片疤打击方向与石片本身的打击方向相同。

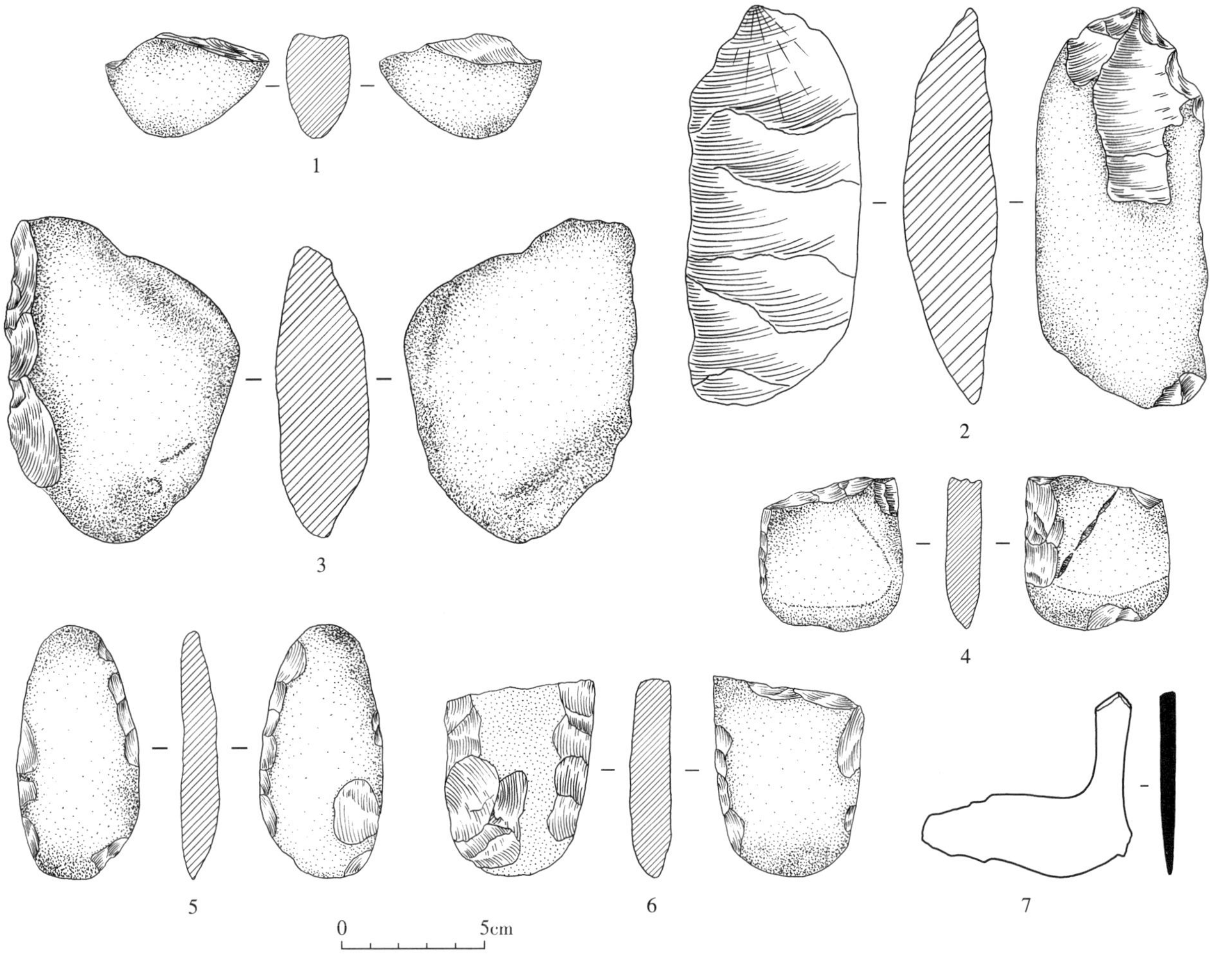

图六一 无名山遗址第一文化层石制品、铁器

1. Be型石核（2013GLWT1①：6） 2. AbⅡ型石片（2013GLWT1①：3） 3. AaⅠ型砍砸器（2013GLWT1①：7） 4. Bb型石斧残件（2013GLWT1①：5） 5. AbⅦ型石锛（2013GLWT1①：4） 6. Bb型石斧锛类毛坯残件（2013GLWT1①：1） 7. 铁锸（2013GLWT1①：20）

器身其余部位均为自然砾面。长13.2cm，宽5.8cm，厚3.1cm，重262g（图六一，2；彩版二五，2）。

砍砸器 1件。属于A型中的AaⅠ次亚型。

标本2013GLWT1①：7，原料为灰褐色辉绿岩砾石。器身形状近三角形。一面较平，另一面凸起。一侧较长，另一侧略短。加工方法为锤击法。沿砾石较长一侧边缘多次单面剥片，加工出一道直刃。刃缘整齐锋利，未见使用痕迹。片疤多较小且浅平，打击方向由较平面向凸起面打击。器身其余部位保留自然砾面。长11.0cm，宽8.0cm，厚3.1cm，重305g（图六一，3；彩版二五，3）。

（2）磨制石制品

3件。包括石斧、石锛和斧锛类毛坯三类。每类各1件，各占该文化层出土磨制石制品总数的33.33%。

石斧　1件。为残件。属于B型中的Bb亚型。

标本2013GLWT1①：5，原料为灰褐色辉绿岩砾石。器身形状近四边形。两端略宽，其中一端为略整齐的断裂面。器身一侧经多次双面剥片，打击疤痕较密集，未经磨制。另一侧略经单面剥片。刃部两面均经较多磨制，有较大范围的光滑刃面，两刃面相互倾斜。刃面交汇处磨制出一道整齐锋利的弧凸状刃缘，中央仍留有一打击疤痕。器身其余部位保留自然砾面。残长4.9cm，宽4.9cm，厚1.1cm，重44g（图六一，4）。

石锛　1件。为完整件。属于A型中的AbⅦ次亚型。

标本2013GLWT1①：4，原料为灰褐色辉绿岩砾石。器身较扁薄，形状近长条形。一端稍宽，另一端略窄。器身一侧和另一侧下半部经多次双面剥片，打击疤痕较密集，未经磨制。略窄端未经加工。稍宽端两面均经较多磨制，有小面积光滑刃面，其中一刃面较宽，明显向另一面倾斜；另一刃面略窄平。两刃面交汇处磨制出一道整齐锋利的弧凸状刃。刃口一侧仍可见少量打击疤痕。器身其余部位保留自然砾面。长8.4cm，宽4.2cm，厚1.3cm，重57g（图六一，5；彩版二六，1）。

斧锛类毛坯　1件。为残件。属于B型中的Bb亚型。

标本2013GLWT1①：1，原料为灰褐色辉绿岩砾石。器身形状近四边形。加工方法为锤击法，加工集中于两侧。沿两侧边缘多次双面剥片，保留密集的打击疤痕，未经磨制；其中一面的片疤超过器身中轴线。一端未经修整，保留自然砾面；另一端为稍整齐的断裂面。器身其余部位保留自然砾面。残长6.2cm，宽5.2cm，厚1.4cm，重82g（图六一，6）。

2. 陶器

9片。均为较碎的陶片，无法辨别具体器形。均为夹砂陶，大部分羼有螺蚌壳颗粒。大部分火候较低，陶质疏松；少部分火候较高，陶质坚硬。陶色有红、中间灰黑两面红、中间灰黑两面灰黄、灰和黑色五种，多数较为斑驳。其中红陶、中间灰黑两面红陶和灰陶各1片，各占该文化层出土陶片总数的11.11%；中间灰黑两面灰黄4片，占该文化层出土陶片总数的44.45%；黑陶2片，占该文化层出土陶片总数的22.22%。素面陶片3片，占该文化层出土陶片总数的33.33%；有纹饰者6片，均为绳纹装饰，其中饰粗绳纹、中绳纹、细绳纹陶片各2片，各占该文化层出土陶片总数的22.22%（图六二至图六五）。粗绳纹和中绳纹陶片以中间灰黑两面灰黄陶为主；细绳纹陶片和素面陶片均以黑陶为主。

3. 铁器

1件。为铁锸。

2013GLWT1①：20，残。从残存部分观察，原来的形状应该为“U”形。方銎，弧刃。长6.1cm，残宽7.1cm（图六一，7）。

（二）第二文化层文化遗物

57件（片）。包括石制品、陶器、铁器、骨器和蚌器五大类。

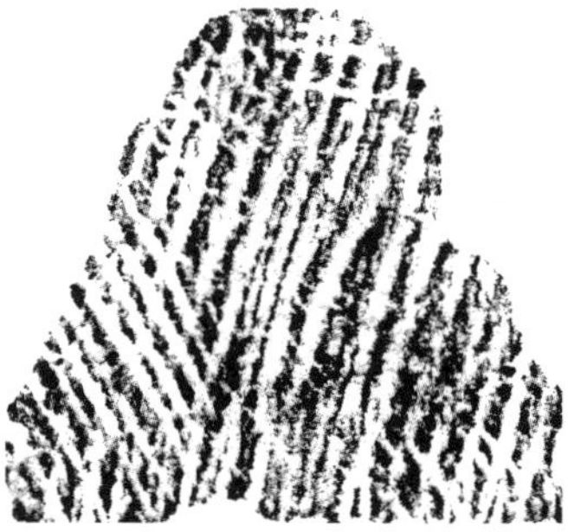

图六二　无名山遗址第一文化层陶器中绳纹拓片
（2013GLWT1 ①：10）

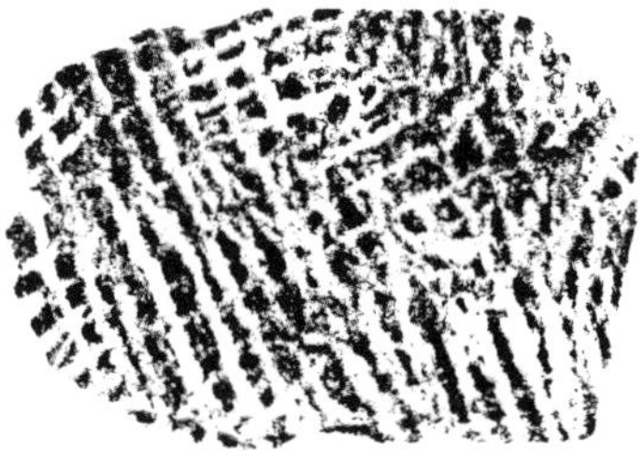

图六三　无名山遗址第一文化层陶器中绳纹拓片
（2013GLWT1 ①：12）

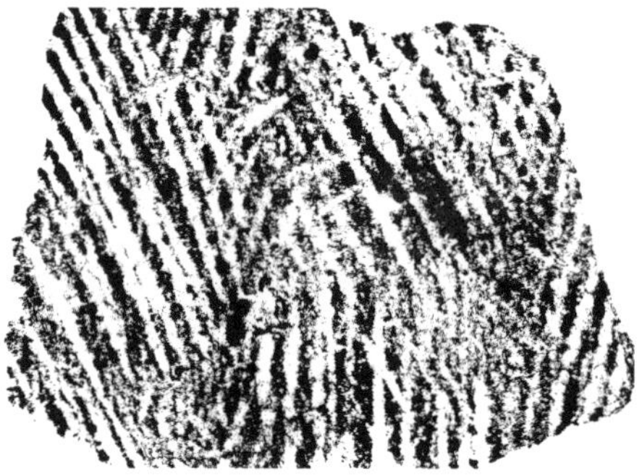

图六四　无名山遗址第一文化层陶器粗绳纹拓片
（2013GLWT1 ①：14）

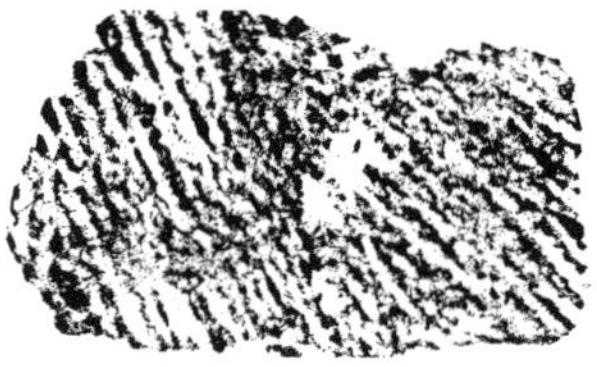

图六五　无名山遗址第一文化层陶器细绳纹拓片
（2013GLWT1 ①：13）

1. 石制品

8 件。包括加工工具、打制石制品和磨制石制品三大类。其中加工工具 2 件，占该文化层出土石制品总数的 25.00%；打制石制品 5 件，占该文化层出土石制品总数的 62.50%；磨制石制品 1 件，占该文化层出土石制品总数的 12.50%。岩性有玄武岩、辉绿岩、砂岩和石英四种。其中玄武岩 4 件，占该文化层出土石制品总数的 50.00%；石英 2 件，占该文化层出土石制品总数的 25.00%；辉绿岩和砂岩各 1 件，各占该文化层出土石制品总数的 12.50%。

（1）加工工具

2 件。均为砸击石锤。

石锤　2 件。岩性有玄武岩和砂岩两种，每种各 1 件。使用部位均为一端，使用疤痕不深，或许表明石锤的利用率不高。器身形状有方柱状和圆柱状两种，每种形状各 1 件。分别属于 B 型中的 BaⅡ次亚型和 BaⅣ次亚型。

BaⅡ型　1 件。

标本 2013GLWT1 ②：15，原料为灰褐色玄武岩砾石。器身形状近方柱状。一端稍宽薄，另一端略窄厚。使用痕迹集中于窄厚端端面，该端面有一近椭圆形的细麻点状疤痕，疤痕一侧有一个近圆形的崩疤，应是作为砸击石锤使用留下的痕迹。器身其余部位保留自然砾面。长 10.2cm，宽 5.3cm，厚 3.2cm，重 296g（图六六，1）。

BaⅣ型　1 件。

标本 2013GLWT1 ②：14，原料为黄褐色粗砂岩砾石。器身形状近圆柱状。一端稍宽薄，另一端略窄厚。使用痕迹集中于窄厚端端面，该端面有一近椭圆形的细麻点状疤痕，应是作为砸击石锤使用留下的痕迹。器身其余部位保留自然砾面。长 14.7cm，宽 6.3cm，厚 4.5cm，重 545g（图六六，2；彩版二六，2）。

（2）打制石制品

5 件。包括石核和石片两种。其中石核 3 件，占该文化层出土打制石制品总数的 60%；石片 2 件，占该文化层出土打制石制品总数的 40%。

石核　3 件。岩性有玄武岩和石英两种。其中玄武岩 2 件，占该文化层出土石核总数的 66.67%；石英 1 件，占该文化层出土石核总数的 33.33%。均为多台面石核。表面均较多地保留了自然砾面，表明石核的利用率不高。部分石核还兼作石锤使用。器身形状有圆形、半圆形和不规则形三种。每种形状各 1 件，各占该文化层出土石核总数的 33.33%。器身长度最大值 9.6cm，

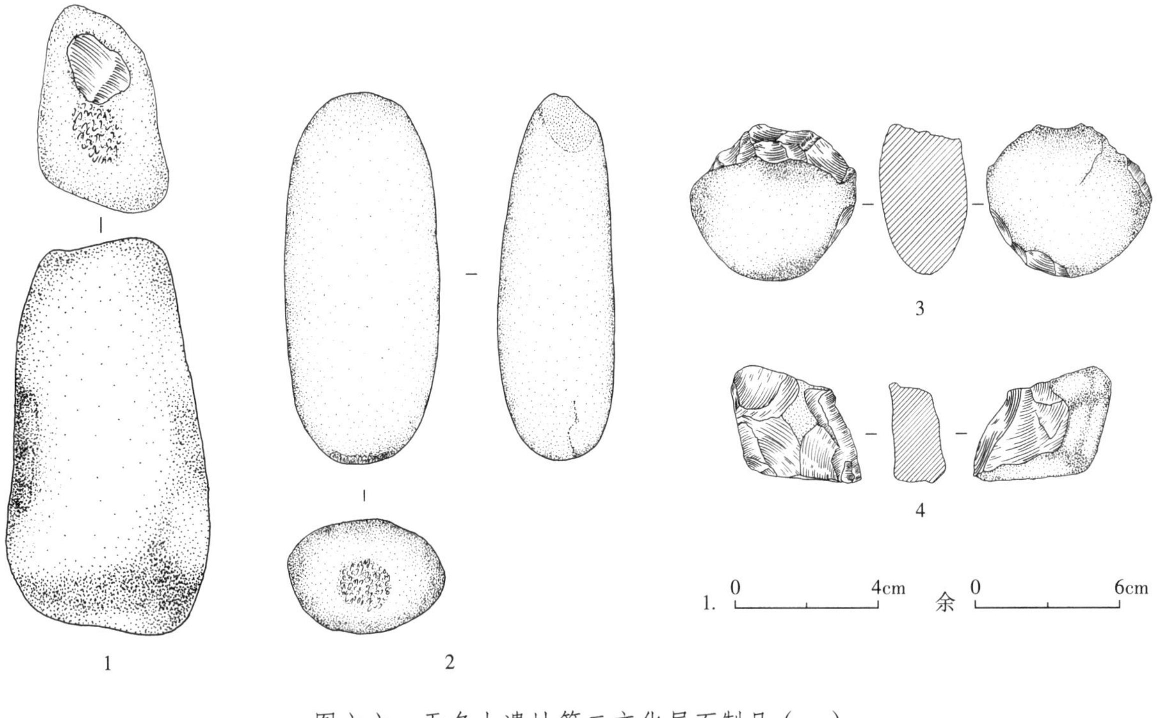

图六六　无名山遗址第二文化层石制品（一）

1. BaⅡ型石锤（2013GLWT1②：15）　2. BaⅣ型石锤（2013GLWT1②：14）　3. Cd 型石核（2013GLWT1②：10）　4. Ci 型石核（2013GLWT1②：20）

最小值 4.8cm；宽度最大值 7.9cm，最小值 4.2cm；厚度最大值 3.8cm，最小值 2.2cm；重量最大值 434g，最小值 65g。分别属于 C 型和 D 型。

C 型　2 件。分别属于 Cd 亚型和 Ci 亚型。

Cd 型　1 件。

标本 2013GLWT1②：10，原料为黄白色石英砾石。器身形状圆形。一端稍宽厚，另一端略窄薄。先以一面为台面，沿宽厚端多次单面剥片，再以窄薄端的两面为台面，各剥出一个片疤，片疤多较大且浅平，剥片面边缘钝厚。器身其余部分保留自然砾面。长 6.8cm，宽 6.1cm，厚 3.5cm，重 193g（图六六，3；彩版二六，3）。

Ci 型　1 件。

标本 2013GLWT1②：20，原料为灰褐色玄武岩砾石。器身形状不规则。以一侧和相邻两端端面为台面单面剥片，片疤多较大且浅平，剥片面边缘钝厚。器身其余部分保留自然砾面。长 4.8cm，宽 4.2cm，厚 2.2cm，重 65g（图六六，4；彩版二六，4）。

D 型　1 件。属于 De 亚型。

标本 2013GLWT1②：1，原料为灰褐色玄武岩砾石。器身形状近半圆形。一面较平，另一面凹凸不平。一侧较直，另一侧凸起。一端稍宽薄，另一端略窄厚。器身四周分布有较多片疤，片疤多较大且浅平，部分片疤尾部折断形成陡坎。两端两侧均作为打击台面，打击点均较为宽大。窄厚端和凸起侧边缘还有明显的麻点状疤痕，应是作为砸击石锤使用留下的痕迹。长 9.6cm，宽 7.9cm，厚 3.8cm，重 434g（图六七，1；彩版二六，5）。

石片　2 件。岩性有辉绿岩和石英两种，每种岩性各 1 件。均为锤击石片。器身形状有梯形和扇贝形两种，每种形状各 1 件。分别属于 A 型中的 AaⅢ次亚型和 AaⅦ次亚型。

AaⅢ型　1 件。

标本 2013GLWT1②：13，原料为黄白色石英砾石。器身形状近梯形。自然台面。打击点宽大，半锥体不显，放射线和同心波纹均不明显。器身左右侧及远端边缘锋利。远端中央形成了一个钝尖。近端右侧折断了一小块，边缘钝厚。背面完全保留自然砾面。长 4.6cm，宽 5.4cm，厚 1.5cm，重 36g（图六七，2）。

AaⅦ型　1 件。

标本 2013GLWT1②：12，原料为灰褐色辉绿岩砾石。器身形状近扇贝形。自然台面，打击点宽大，半锥体微显，放射线不明显，同心波纹较明显。器身左侧及远端边缘锋利。右侧边缘折断了一小块，边缘钝厚。背面完全保留自然砾面。长 4.8cm，宽 9.0cm，厚 0.9cm，重 35g（图六七，3；彩版二六，6）。

（3）磨制石制品

1 件。为石斧完整件。

石斧　1 件。属于 B 型中的 Bc 亚型。

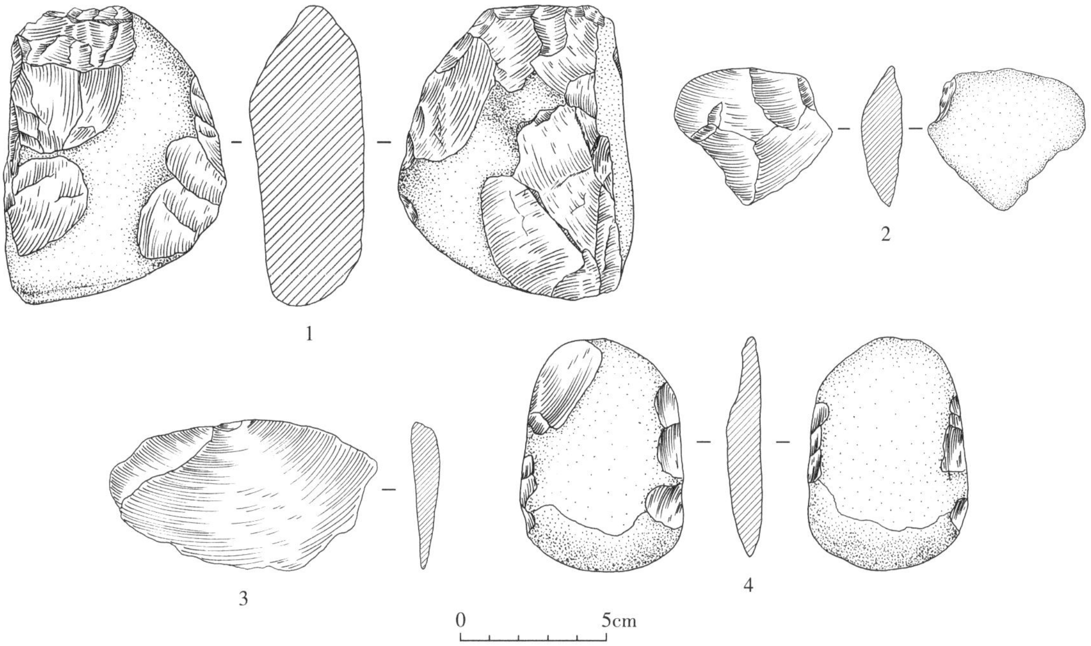

图六七　无名山遗址第二文化层石制品（二）

1. De 型石核（2013GLWT1 ②：1）　2. AaⅢ型石片（2013GLWT1 ②：13）　3. AaⅦ型石片（2013GLWT1 ②：12）　4. Bc 型石斧（2013GLWT1 ②：6）

标本 2013GLWT1 ②：6，原料为黄褐色玄武岩砾石。器身较扁薄，形状近梯形。一端稍宽，另一端略窄。略窄端稍经单面剥片，一侧有一个较大的片疤，尾部折断形成陡坎。两侧经多次双面剥片，把端和两侧经打制，把端两侧保留较密集的打击疤痕，未经磨制。稍宽端两面均经精心磨制，形成两道较宽的相互倾斜的光滑刃面。两刃面交汇处磨制出一道整齐锋利的弧凸状刃。未见使用痕迹。器身其余部位保留自然砾面。长 7.6cm，宽 5.5cm，厚 1.2cm，重 83g（图六七，4；彩版二七，1）。

2. 陶器

46 片。大部分为碎陶片，未见完整陶器。均为夹砂陶，大部分羼有螺蚌壳颗粒。大部分火候较低，陶质疏松，少部分火候较高，陶质坚硬。陶色有红、中间灰黑两面红、灰和黑四种。其中红陶 6 片，占该文化层出土陶片总数的 13.04%；中间灰黑两面红陶 15 片，占该文化层出土陶片总数的 32.61%；灰陶 13 片，占该文化层出土陶片总数的 28.26%；黑陶 12 片，占该文化层出土陶片总数的 26.09%。素面陶片 31 片，占该文化层出土陶片总数的 67.39%；有纹饰者以绳纹装饰为主，绳纹分为粗绳纹、中绳纹和细绳纹。其中粗绳纹陶片 2 片，占该文化层出土陶片总数的 4.35%；中绳纹陶片 8 片，占该文化层出土陶片总数的 17.39%；细绳纹陶片 5 片，占该文化层出土陶片总数的 10.87%。粗绳纹陶片陶色为黑陶和中间灰黑两面红，中绳纹陶片以灰、黑、中间灰黑两面红为主，细绳纹陶片以灰陶为主，素面陶以中间灰黑两面红为主（图六八至图七一）。

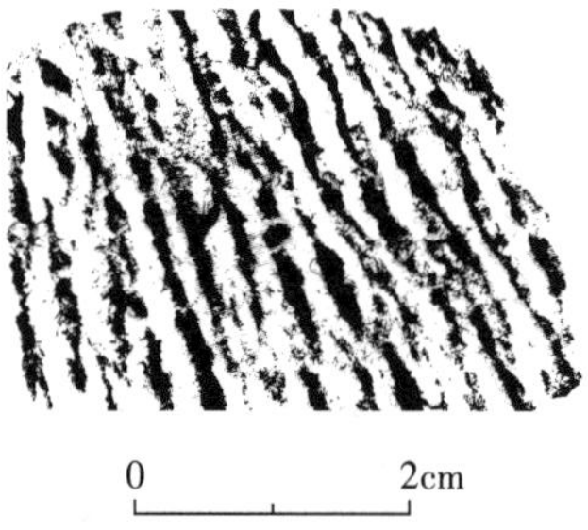

图六八　无名山遗址第二文化层陶器中绳纹拓片（2013GLWT1②：21）

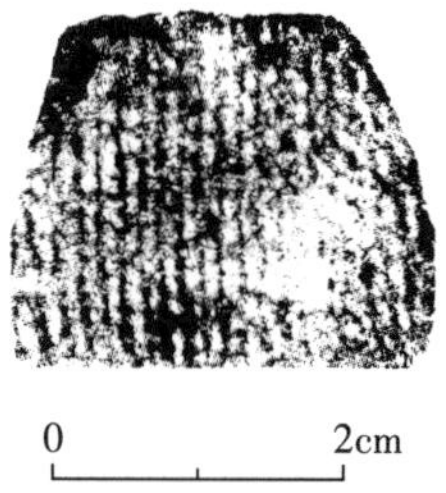

图六九　无名山遗址第二文化层陶器细绳纹拓片（2013GLWT1②：22）

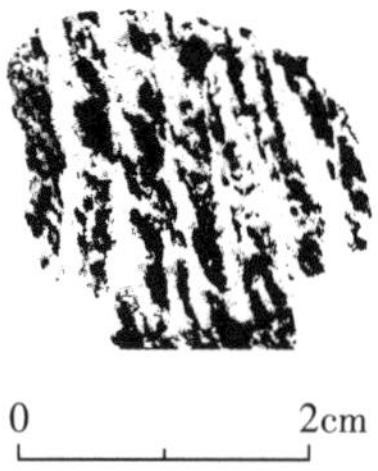

图七〇　无名山遗址第二文化层陶器粗绳纹拓片（2013GLWT1②：23）

图七一　无名山遗址第二文化层陶器粗绳纹拓片（2013GLWT1②：26）

釜罐类口沿残片　1件。

标本2013GLWT1②：2，残。陶质为夹细砂陶，羼有螺蚌壳颗粒，颗粒大小一般。陶色为红色。火候较高，陶质坚硬。敞口，圆唇，高领斜直，束颈，折肩。素面。残高6.6cm，胎厚0.5~1.8cm（图七二，1）。

3. 铁器

1件。为铁锸。

标本2013GLWT1②：4，残。从残存部分判断，器物原来的形状应为“U”形。方銎，弧刃。长5.5cm，残宽3.0cm（图七二，2；彩版二七，2）。

4. 骨器

1件。为骨针。

标本2013GLWT1②：7，原料为一截细小的动物肢骨。加工简单。于器身较细一端稍加磨制，加工出一个尖锐的锋尖；顶端平直；器身绝大部分保留原有骨面；器身横截面呈椭圆形。长5.0cm，宽0.7cm，厚0.5cm（图七二，3）。

5. 蚌器

1件。为穿孔蚌器。

标本2013GLWT1②：8，原料为一般的蚌壳，大小适中。在蚌壳中部打制出一个近圆形的穿

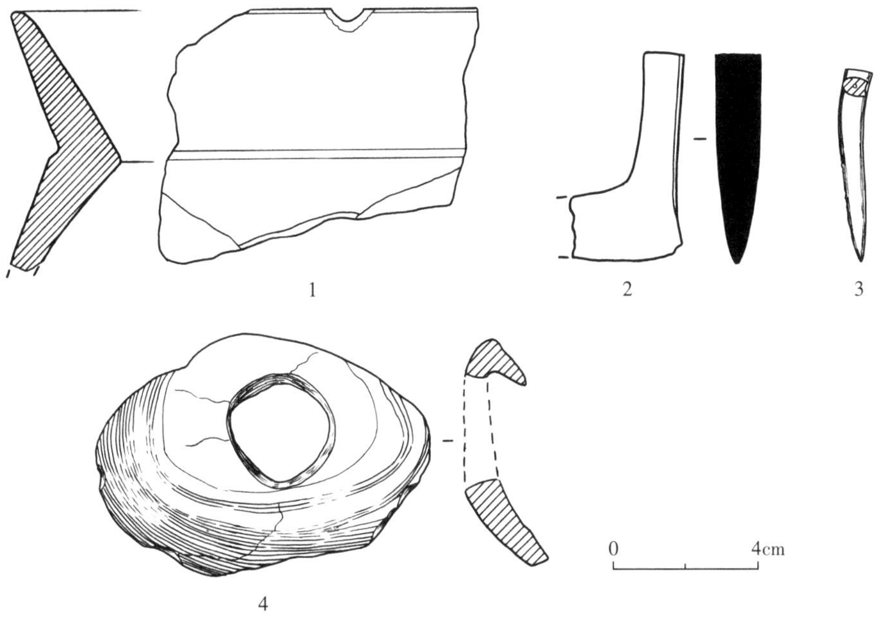

图七二　无名山遗址第二文化层蚌器、骨器、陶器、铁器

1. 陶釜罐类口沿残片（2013GLWT1②：2）　2. 铁锸（2013GLWT1②：4）　3. 骨针（2013GLWT1②：7）　4. 穿孔蚌器（2013GLWT1②：8）

孔；孔缘经过修整，棱角已磨圆。远端边缘多有折断。长9.2cm，宽6.4cm，厚1.0cm（图七二，4；彩版二七，3）。

（三）第三文化层文化遗物

只有陶器一种。共67件（片）。

未见完整陶器，器形可辨者有陶碗和陶釜（罐）等。均为夹砂陶，大部分羼有螺蚌壳颗粒。大部分火候较低，陶质疏松；少部分火候较高，陶质坚硬。陶色有红、中间灰黑两面红、灰和黑四种，较为斑驳。其中红陶23片，占该文化层出土陶片总数的34.33%；中间灰黑两面红陶17片，占该文化层出土陶片总数的25.37%；灰陶4片，占该文化层出土陶片总数的5.97%；黑陶23片，占该文化层出土陶片总数的34.33%。以素面为主，有纹饰者均饰绳纹，绳纹分为粗绳纹、中绳纹和细绳纹。其中粗绳纹陶片2片，占该文化层出土陶片总数的2.98%；中绳纹陶片10片，占该文化层出土陶片总数的14.93%；细绳纹陶片26片，占该文化层出土陶片总数的38.81%。素面陶片29片，占该文化层出土陶片总数的43.28%。粗绳纹陶片为灰、黑陶片；中绳纹陶片和素面陶片均以黑陶为主；细绳纹陶片中以红陶为主（图七三至图七六）。

陶碗　1件。

标本2013GLWT1③：1，残，可复原。陶质为夹中砂陶。陶色为中间灰黑两面红褐色，较为斑驳。火候较低，陶质疏松。大敞口，方唇微外斜。斜弧腹，腹中部有一道折棱。圜底，圈足，足斜直外撇。

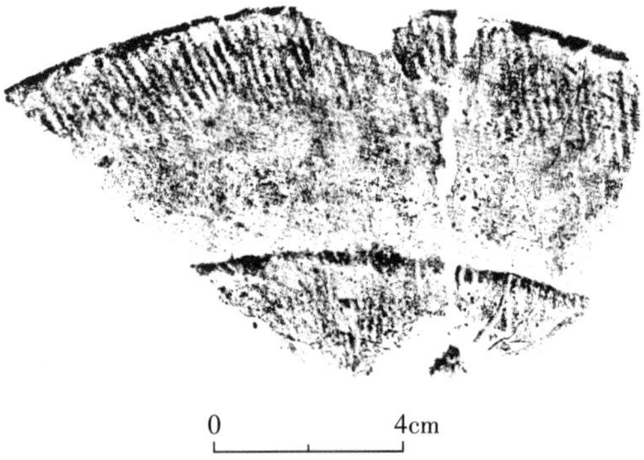

图七三　无名山遗址第三文化层陶器细绳纹拓片（2013GLWT1③：1）

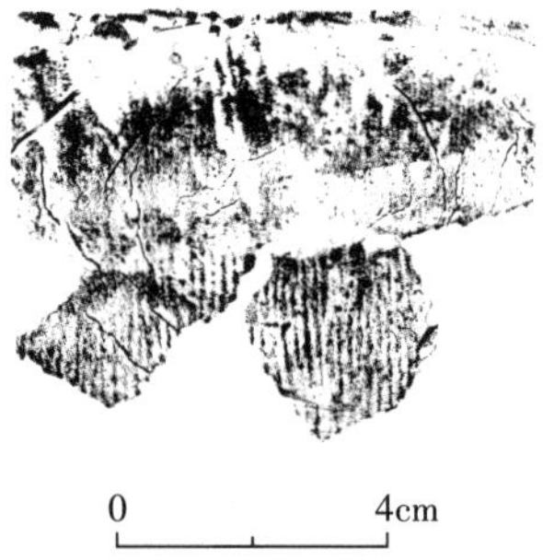

图七四　无名山遗址第三文化层陶器细绳纹和中绳纹拓片（2013GLWT1③：4）

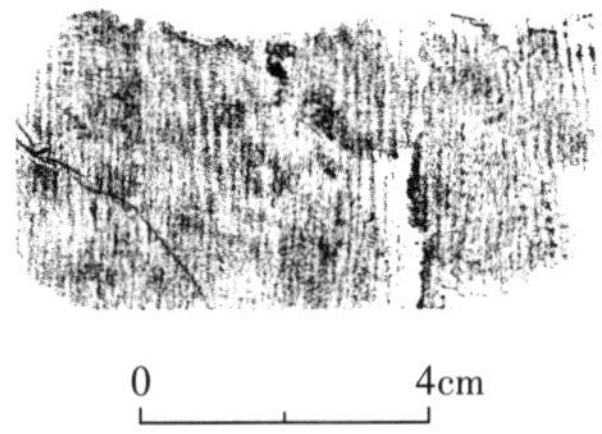

图七五　无名山遗址第三文化层陶器细绳纹拓片（2013GLWT1③：16）

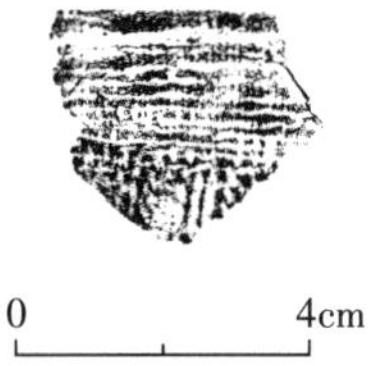

图七六　无名山遗址第三文化层陶器细绳纹拓片（2013GLWT1③：36）

圈足与器身先分制，再粘合。表面饰有细绳纹，纹饰较为模糊。口径 19.0cm，通高 10.1cm，足径 11.6cm，足高 2.8cm，胎厚 0.6~1.2cm（图七七，1）。

釜罐类口沿残片　5 件。根据唇部的不同情况，分为 A 型和 B 型。

A 型　4 件。方唇。

标本 2013GLWT1③：4，残。陶质为夹细砂陶，羼有螺蚌壳颗粒，颗粒大小一般。陶色主要为红色，较为斑驳。火候较低，陶质疏松。敞口，方唇外斜，高领，领微弧，领与肩转折不明显。领部饰少量杂乱的中绳纹，肩部饰细绳纹。口径 15.2cm，残高 5.8cm，胎厚 0.5~0.6cm（图七七，2）。

标本 2013GLWT1③：26，陶质为夹细砂陶，羼有螺蚌壳颗粒，颗粒较细。陶色为中间灰黑两面红褐色，较为斑驳。火候较低，陶质疏松。敞口微侈，方平唇。素面。因过于细碎，难辨具体器形。残高 2.4cm，胎厚 0.4cm（图七七，3）。

标本 2013GLWT1③：29，陶质为夹细砂陶，羼有螺蚌壳颗粒，颗粒较细。陶色为中间灰黑两面红褐色，较为斑驳。火候较低，陶质疏松。敞口微侈，近方唇外斜。口沿下部及肩部饰细绳纹。因过于细碎，难辨具体器形。残高 4.1cm，胎厚 0.4~0.6cm（图七七，4）。

标本 2013GLWT1③：36，陶质为夹细砂陶，羼有螺蚌壳颗粒，颗粒大小一般。陶色为中间灰黑两面红褐色，较为斑驳。火候较低，陶质疏松。敞口，近方唇外斜。口沿下部及肩部饰细绳纹。

因过于细碎，难辨具体器形。残高 3.0cm，胎厚 0.3~0.8cm（图七八，1）。

B 型　1 件。尖圆唇。

标本 2013GLWT1 ③：34，残。陶质为夹中砂陶，羼有螺蚌壳颗粒，颗粒大小一般。陶色为中间灰黑两面黄褐色，较为斑驳。火候较低，陶质疏松。敞口，尖圆唇，高领，领微弧。领部大部分无纹饰，仅靠肩处饰有中绳纹。残高 3.7cm，胎厚 0.3~1.0cm（图七八，2）。

陶釜肩腹部残件　1 件。

标本 2013GLWT1 ③：16，器底和口部残缺，初步判断为陶釜肩腹部残件。陶质为夹细砂陶，羼有螺蚌壳颗粒，颗粒较细。陶色为中间灰黑两面红褐色，较为斑驳。火候较低，陶质疏松。圆肩，

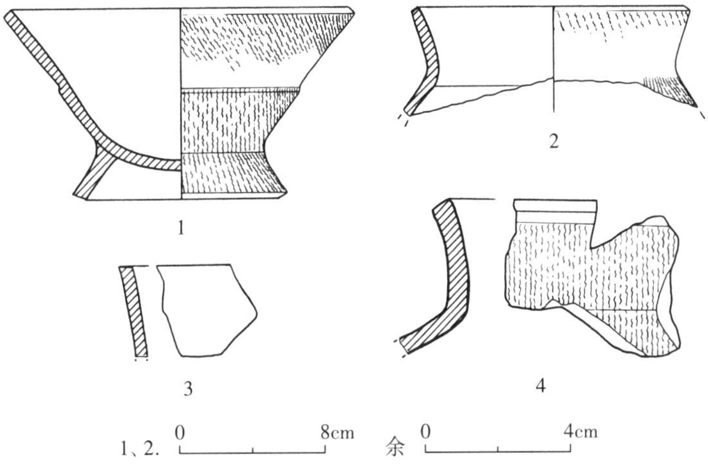

图七七　无名山遗址第三文化层陶器（一）

1. 碗（2013GLWT1 ③：1）　2~4. A 型釜罐类口沿残片（2013GLWT1 ③：4、2013GLWT1 ③：26、2013GLWT1 ③：29）

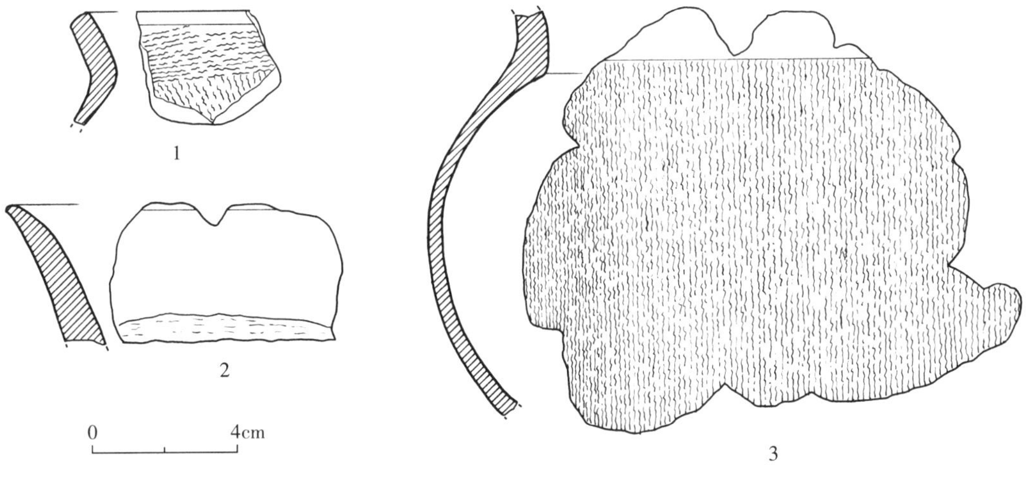

图七八　无名山遗址第三文化层陶器（二）

1. A 型釜罐类口沿残片（2013GLWT1 ③：36）　2. B 型釜罐类口沿残片（2013GLWT1 ③：34）
3. 陶釜肩腹部残件（2013GLWT1 ③：16）

鼓腹。表面饰细绳纹。残高 11.3cm，胎厚 0.4~1.0cm（图七八，3）。

（四）第四文化层文化遗物

247 件。包括石制品、陶器、蚌器和骨器四大类。

1. 石制品

161 件（片）。包括加工工具、打制石制品和磨制石制品三大类。其中加工工具 4 件，占该文化层出土石制品总数的 2.49%；打制石制品 91 件，占该文化层出土石制品总数的 56.52%；磨制石制品 66 件，占该文化层出土石制品总数的 40.99%。

（1）加工工具

4 件。包括石锤、石砧和砺石三种类型。其中石锤 2 件，占该文化层出土加工工具总数的 50%；石砧和砺石各 1 件，各占该文化层出土加工工具总数的 25%。岩性有辉绿岩和砂岩两种。其中辉绿岩 3 件，占该文化层出土加工工具总数的 75%；砂岩 1 件，占该文化层出土加工工具总数的 25%。

石锤 2 件。原料只有砾石一种。岩性均为辉绿岩。器表颜色灰褐色。均未经加工即直接使用。使用痕迹主要有片状崩疤和点状坑疤。疤痕分布不均，有的密集成片，有的则是零星分布；多分布于器身端部或侧缘，少数是通身散布。器身形状有方柱状和椭圆柱状两种，每种形状各 1 件。分别属于 A 型和 B 型。

A 型 1 件。属于 Aa 亚型中的 AaⅡ次亚型。

标本 2013GLWT1 ④：390，原料为灰褐色辉绿岩砾石。器身形状近方柱状。一面较平，另一面凸起。一侧稍长，另一侧略短。使用集中于稍长侧；该侧分布有层层叠叠的崩疤，打击方向由凸起面向较平面打击。崩疤多较小且深凹，部分片疤尾部折断形成陡坎。片疤面很陡，与器身之间形成很大的夹角，有的接近 90°。片疤面与打击台面交汇形成的边缘钝厚，不能形成工作刃。器身其余部位保留自然砾面。长 12.1cm，宽 6.8cm，厚 5.0cm，重 696g（图七九，1）。

B 型 1 件。属于 Bb 亚型中的 BbⅤ次亚型。

标本 2013GLWT1 ④：347，原料为灰褐色辉绿岩砾石。器身较小，形状近椭圆柱状。一面较平，另一面凸起。一侧稍宽厚，另一侧略窄薄。使用集中于凸起面近中央部位和宽厚侧近宽厚端。凸起面近中部有一近椭圆形的细麻点状疤痕，疤痕较浅。宽厚侧近宽厚端有一近三角形的细麻点状疤痕，疤痕略深。这两处疤痕均应是作为砸击石锤使用留下的痕迹。器身其余部位保留自然砾面。长 8.2cm，宽 5.3cm，厚 4.2cm，重 270g（图七九，2；彩版二七，4）。

石砧 1 件。属于 A 型中的 AaⅧ次亚型。

标本 2013GLWT1 ④：40，原料为灰褐色辉绿岩砾石。器身残缺，形状不规则。一面较平，较多保留了自然砾面。另一面凹凸不平，为破裂面。一侧稍宽厚，另一侧略窄薄。使用集中于较平面近宽厚端处，该处分布有一范围较大的片状崩疤面，疤痕较深，应是作为石砧使用留下的痕迹。

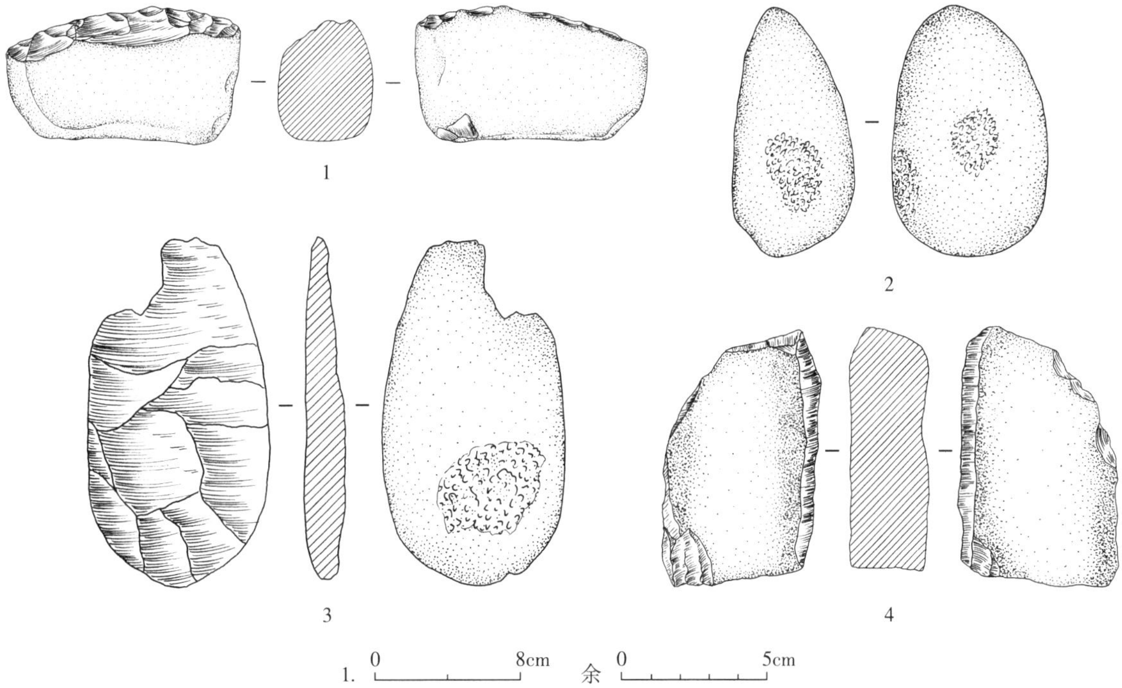

图七九　无名山遗址第四文化层石制品（一）

1. AaⅡ型石锤（2013GLWT1④：390）　2. BbⅤ型石锤（2013GLWT1④：347）　3. AaⅧ型石砧（2013GLWT1④：40）
4. BbⅢ型砺石（2013GLWT1④：503）

从破裂面推断，该器物应为一较大石砧的残件。残长11.6cm，宽6.2cm，残厚1.4cm，重110g（图七九，3）。

砺石　1件。属于B型中的BbⅢ次亚型。

标本2013GLWT1④：503，原料为灰色细砂岩岩块。器身残损，器身形状近梯形。两面均凹凸不平。两端和两侧均为破裂面。两面各有一处弧凹状磨痕，其中一面磨痕较深，另一面磨痕略浅；两处磨痕均不完整，均不同程度地被周围的断裂面所打破，据此推断该器物应为一较大砺石的残件。残长8.5cm，残宽5.4cm，厚2.7cm，重159g（图七九，4）。

（2）打制石制品

91件。包括石核、石片、砍砸器、刮削器、尖状器五大类型。其中石核16件，占该文化层出土打制石制品总数的17.58%；石片41件，占该文化层出土打制石制品总数的45.05%；砍砸器18件，占该文化层出土打制石制品总数的19.78%；刮削器11件，占该文化层出土打制石制品总数的12.09%；尖状器5件，占该文化层出土打制石制品总数的5.50%。

石核　16件。岩性有辉绿岩、石英和玄武岩三种。其中辉绿岩9件，占该文化层出土石核总数的56.25%；石英6件，占该文化层出土石核总数的37.50%；玄武岩1件，占该文化层出土石核总数的6.25%。台面可分为单台面、双台面和多台面三种类型。其中单台面7件，占该文化层出土石核总数的43.75%；双台面6件，占该文化层出土石核总数的37.50%；多台面3件，占该文化层出土石核总数的 18.75%。打片方法只有锤击法一种。台面类型可分自然台面和人工台面。其中自然台面 14 件，占该文化层出土石核总数的 87.50%；人工台面 2 件，占该文化层出土石核总数的 12.50%。形状有三角形、四边形、梯形、半圆形、椭圆形和不规则形六种。其中三角形 4 件，占该文化层出土石核总数的 25.00%；四边形和半圆形各 1 件，各占该文化层出土石核总数的 6.25%；梯形 2 件，占该文化层出土石核总数的 12.50%；椭圆形 3 件，占该文化层出土石核总数的 18.75%；不规则形 5 件，占该文化层出土石核总数的 31.25%。发现有兼作石锤使用的 2 件，占该文化层出土石核总数的 12.50%。器身长度最大值 12.1cm，最小值 4.5cm；宽度最大值 8.5cm，最小值 3.6cm；厚度最大值 5.0cm，最小值 2.1cm；重量最大值 592g，最小值 45g。分别属于 A、B、C、D 四型。

A 型　6 件。分别属于 Aa、Af、Ai 亚型。

Aa 型　2 件。

标本 2013GLWT1 ④：133，原料为灰褐色辉绿岩砾石。器身形状近三角形。一面较平，另一面略内凹。剥片方法为锤击法，以较平面为台面，沿砾石较短一侧边缘多次单面剥片；剥片方向由较平面向内凹面打击；片疤多较大且浅平。剥片边缘钝厚。器身其余部位保留自然砾面。长 11.1cm，宽 8.5cm，厚 5.0cm，重 592g（图八〇，1）。

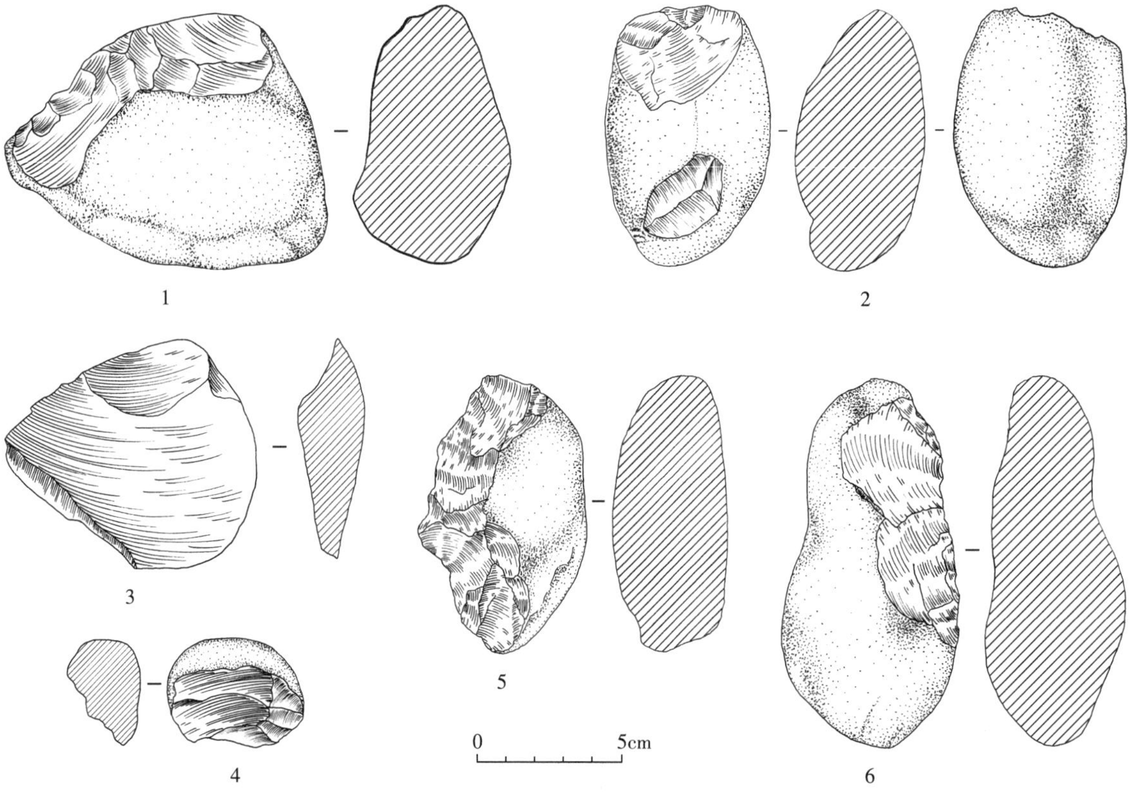

图八〇　无名山遗址第四文化层石制品（二）

1、3. Aa 型石核（2013GLWT1 ④：133、2013GLWT1 ④：209）　2、4. Af 型石核（2013GLWT1 ④：327、2013GLWT1 ④：334）　5、6. Ai 型石核（2013GLWT1 ④：47、2013GLWT1 ④：59）

标本 2013GLWT1 ④：209，原料为灰褐色辉绿岩石片。器身形状近三角形。剥片方法为锤击法。以石片背面为台面，在左侧近端处剥片；剥片方向由石片背面向腹面打击；片疤较大且浅平。器身其余部位未见人工痕迹。长 8.5cm，宽 7.8cm，厚 2.3cm，重 152g（图八〇，3；彩版二七，5）。

Af 型　2 件。

标本 2013GLWT1 ④：327，原料为黄白色石英砾石。器身形状近椭圆形。一面较平，另一面凸起。一端稍宽厚，另一端略窄薄。剥片方法为锤击法。以较平面为台面，沿宽厚端多次单面剥片；片疤多较大且浅平。凸起面近窄薄端有一沿节理面脱落的崩疤。器身其余部位保留自然砾面。长 8.4cm，宽 5.5cm，厚 4.3cm，重 267g（图八〇，2）。

标本 2013GLWT1 ④：334，原料为黄白色石英砾石。器身形状近椭圆形。两面均凸起。一侧略直，另一侧呈弧凸状。剥片方法为锤击法。以一面为台面，沿略直侧多次单面剥片；片疤多较大且浅平，部分片疤尾部折断形成陡坎。器身其余部位保留自然砾面。长 4.7cm，宽 3.6cm，厚 2.5cm，重 51g（图八〇，4）。

Ai 型　2 件。

标本 2013GLWT1 ④：47，原料为灰褐色辉绿岩砾石。器身形状不规则。一面较平，另一面略内凹。两侧均呈弧凸状，一侧稍长，另一侧略短。剥片方法为锤击法。以较平面为台面，沿砾石稍长一侧边缘多次单面剥片；剥片方向由较平面向内凹面打击；片疤多较小且浅平，部分片疤尾部折断形成陡坎。器身其余部位保留自然砾面。长 9.2cm，宽 5.9cm，厚 3.9cm，重 211g（图八〇，5）。

标本 2013GLWT1 ④：59，原料为灰褐色玄武岩砾石。器身形状不规则。一面稍平，另一面凸起。一侧凹凸不平，另一侧略直。剥片方法为锤击法。以凹凸面为台面，沿略直一侧边缘多次单面剥片；剥片方向由稍平面向凸起面打击；片疤多较大且深凹，部分片疤尾部折断形成陡坎。剥片面边缘钝厚。器身其余部位保留自然砾面。长 12.1cm，宽 6.0cm，厚 4.6cm，重 376g（图八〇，6；彩版二七，6）。

B 型　5 件。分别属于 Ba、Bc、Be、Bf 亚型。

Ba 型　1 件。

标本 2013GLWT1 ④：119，原料为黄白色石英砾石。器身形状近三角形。一面较平，另一面凸起。沿两端边缘多次单面剥片。其中一端片疤较大且浅平，部分片疤尾部折断形成陡坎；打击方向由较平面向凸起面打击。另一端片疤多较小且浅平，打击方向由凸起面向较平面打击。器身其余部位保留自然砾面。长 9.0cm，宽 7.0cm，厚 4.0cm，重 288g（图八一，1；彩版二八，1）。

Bc 型　2 件。

标本 2013GLWT1 ④：7，原料为黄白色石英砾石。器身形状近梯形。一面较平，另一面凸起。以一侧和一端为台面多次单面剥片，片疤多较大且浅平。剥片边缘钝厚，不成刃。器身其余部位

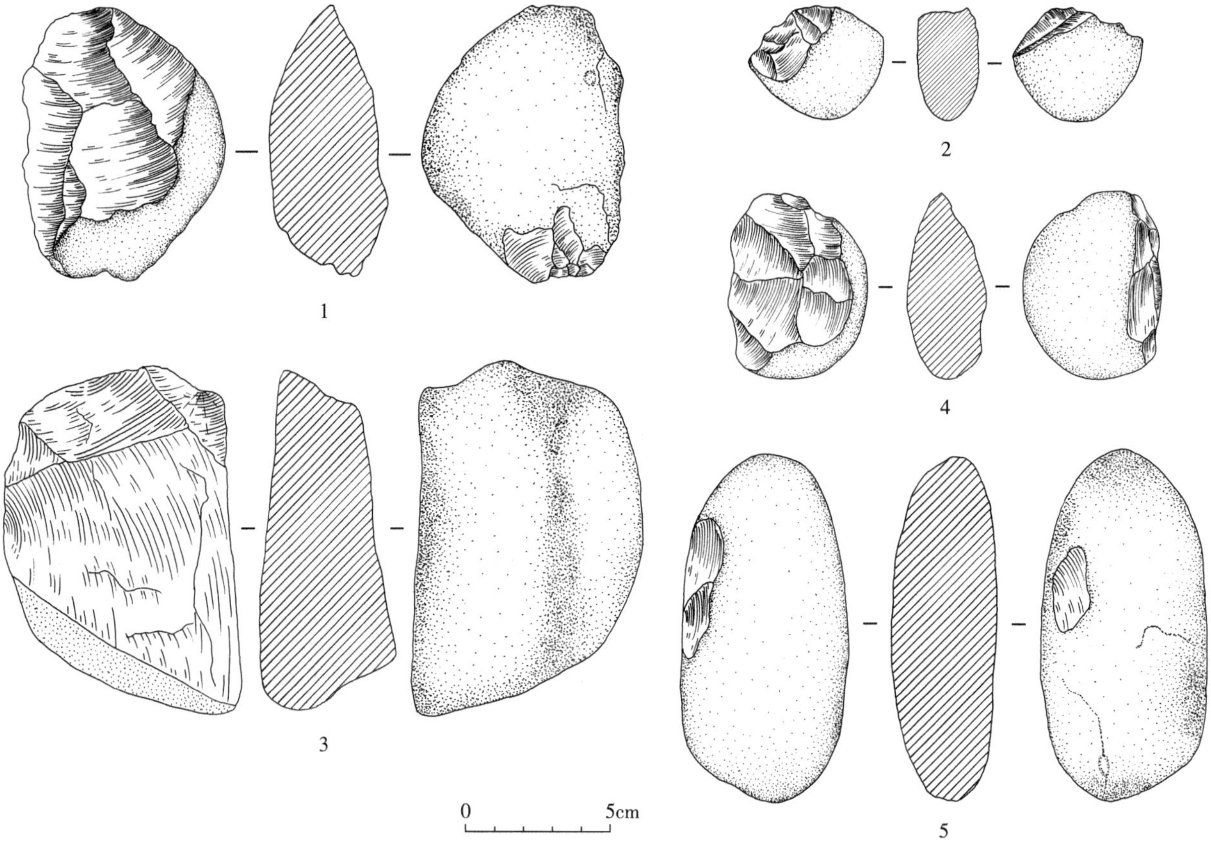

图八一　无名山遗址第四文化层石制品（三）

1. Ba 型石核（2013GLWT1 ④：119）　2、3. Bc 型石核（2013GLWT1 ④：7、2013GLWT1 ④：271）　4. Be 型石核（2013GLWT1 ④：326）　5. Bf 型石核（2013GLWT1 ④：343）

保留自然砾面。长 4.5cm，宽 3.7cm，厚 2.1cm，重 45g（图八一，2）。

标本 2013GLWT1 ④：271，原料为灰褐色辉绿岩砾石。器身形状近梯形。一面较平，另一面略内凹。以一端和一侧为台面多次单面剥片，片疤多较大且浅平。器身其余部位保留自然砾面。长 11.4cm，宽 7.7cm，厚 4.7cm，重 589g（图八一，3）。

Be 型　1 件。

标本 2013GLWT1 ④：326，原料为黄白色石英砾石。器身形状近半圆形。一面较平，另一面凸起。以一端和一侧为台面多次单面剥片，片疤较大且浅平。器身其余部位保留自然砾面。长 6.1cm，宽 4.7cm，厚 2.6cm，重 99g（图八一，4）。

Bf 型　1 件。

标本 2013GLWT1 ④：343，原料为黄白色石英砾石。器身形状近椭圆形。一面较平，另一面凸起。以两面为台面在两侧各剥出一个片，片疤较大且浅平。器身其余部位保留自然砾面。长 11.4cm，宽 5.7cm，厚 3.6cm，重 348g（图八一，5）。

C 型　3 件。均属于 Ci 亚型。

标本 2013GLWT1 ④：257，原料为灰褐色辉绿岩砾石。器身形状不规则。一面较平，另一面凸起。分别以较平面、凸起面、一端和已剥出的片疤面为台面多次单面剥片，片疤多较大且浅平。器身其余部位保留自然砾面。长 8.5cm，宽 5.9cm，厚 5.0cm，重 306g（图八二，1）。

标本 2013GLWT1 ④：104，原料为灰褐色辉绿岩砾石。器身形状不规则。一面略内凹，另一面凸起。以凸起面、略凹面、一端为台面多次单面剥片，片疤多较大且浅平。器身其余部位保留自然砾面。长 12.1cm，宽 6.7cm，厚 5.0cm，重 375g（图八二，2）。

标本 2013GLWT1 ④：256，原料为灰褐色辉绿岩砾石。器身形状不规则。一面较平，另一面凸起。以凸起面和两端为台面多次单面剥片，片疤多较大且浅平。器身其余部位保留自然砾面。长 9.3cm，宽 6.4cm，厚 5.0cm，重 317g（图八二，3；彩版二八，2）。

D 型　2 件。分别属于 Da 亚型和 Db 亚型。

Da 型　1 件。

标本 2013GLWT1 ④：276，原料为灰褐色辉绿岩石片。器身形状近三角形。以石片背面为台面，沿石片远端多次单面剥片，片疤多较大且深凹。剥片边缘锋利，或可作为砍砸器使用。背面近端附近与一侧的交汇处，有一近圆形的细麻点状疤痕，疤痕较深，应是作为砸击石锤使用留下的痕迹。器身其余部位保留自然砾面。长 9.7cm，宽 7.6cm，厚 4.4cm，重 450g（图八二，4；彩版二八，3）。

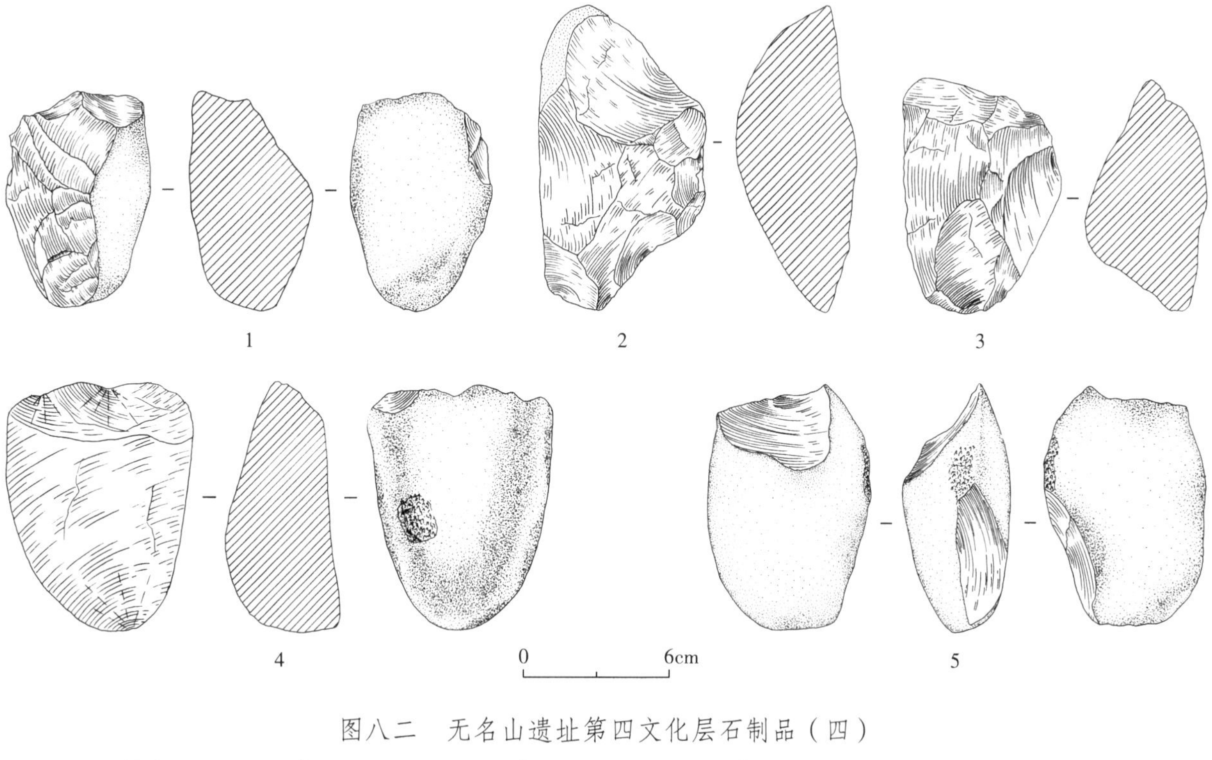

图八二　无名山遗址第四文化层石制品（四）

1~3. Ci 型石核（2013GLWT1 ④：257、2013GLWT1 ④：104、2013GLWT1 ④：256）　4. Da 型石核（2013GLWT1 ④：276）　5. Db 型石核（2013GLWT1 ④：39）

Db 型 1 件。

标本 2013GLWT1 ④：39，原料为灰褐色辉绿岩砾石。器身形状近四边形。一面较平，另一面凸起。以较平面和一侧为台面多次单面剥片，片疤多较大且浅平。在一侧中部有一近椭圆形的细麻点状疤痕，疤痕略深。在近一端的较平面与一侧的交汇处，也有一近椭圆形的细麻点状疤痕，疤痕较浅。两处疤痕均应是作为砸击石锤使用留下的痕迹。器身其余部位保留自然砾面。长 9.7cm，宽 6.7cm，厚 4.5cm，重 348g（图八二，5）。

石片 41 件。岩性有辉绿岩、砂岩、玄武岩和石英四种。其中辉绿岩 33 件，占该文化层出土石片总数的 80.49%；石英 4 件，占该文化层出土石片总数的 9.76%；砂岩 3 件，占该文化层出土石片总数的 7.31%；玄武岩 1 件，占该文化层出土石片总数的 2.44%。打击台面几乎全为自然台面，人工台面只有 1 件，有 5 件为线状台面。打击点大多数比较清楚，但有打击疤痕的不多。半锥体不明显的 21 件，占该文化层出土石片总数的 51.21%；半锥体微显的 18 件，占该文化层出土石片总数的 43.91%；半锥体凸出的 2 件，占该文化层出土石片总数的 4.88%。除线状台面石片外，其他标本的石片角大多在 90° 以上，以 110° 左右的居多。宽大于长的石片 28 件，占该文化层出土石片总数的 68.29%。打片均为硬锤打击。打片方法有直接锤击法和碰砧法。其中锤击法 39 件，占该文化层出土石片总数的 95.12%；碰砧法 2 件，占该文化层出土石片总数的 4.88%。多数石片的背面或多或少保留有自然砾面，即使背面全是片疤者，在石片的台面或侧缘也多保留有自然砾面，片疤剥片方向与石片同向同源。大多数石片具有锋利的边缘，但有使用痕迹的仅见 1 件。所有石片均有锋利的棱角，没有明显的冲磨痕迹。形状有三角形、四边形、梯形、半圆形、椭圆形、长条形、扇贝形和不规则形八种。其中三角形、四边形和梯形各 6 件，各占该文化层出土石片总数的 14.63%；半圆形 2 件，占该文化层出土石片总数的 4.88%；长条形和椭圆形各 1 件，各占该文化层出土石片总数的 2.44%；扇贝形 9 件，占该文化层出土石片总数的 21.95%；不规则形 10 件，占该文化层出土石片总数的 24.39%。器身长度最大值 11.7cm，最小值 2.5cm；宽度最大值 9.0cm，最小值 3.1cm；厚度最大值 2.7cm，最小值 0.5cm；重量最大值 203g，最小值 9g。分别属于 A 型和 C 型。

A 型 39 件。分别属于 Aa、Ab、Ac、Ad 亚型。

Aa 型 13 件。分别属于 AaⅠ、AaⅡ、AaⅢ、AaⅤ、AaⅥ、AaⅦ、AaⅪ次亚型。

AaⅠ型 2 件。

标本 2013GLWT1 ④：181，原料为灰褐色辉绿岩砾石。器身形状近三角形。自然台面。打击点宽大，半锥体不显，放射线和同心波纹均不明显。器身左右两侧和远端边缘锋利。背面完全保留自然砾面。长 2.5cm，宽 4.8cm，厚 1.0cm，重 12g（图八三，1）。

标本 2013GLWT1 ④：233，原料为灰褐色辉绿岩砾石。器身形状近三角形。自然台面。打击点宽大，半锥体不显，放射线和同心波纹均不明显。器身左侧和远端左半部分边缘锋利，远端右半部分边缘折断，为破裂面。右侧边缘钝厚，局部保留有自然砾面。背面完全保留自然砾面。长

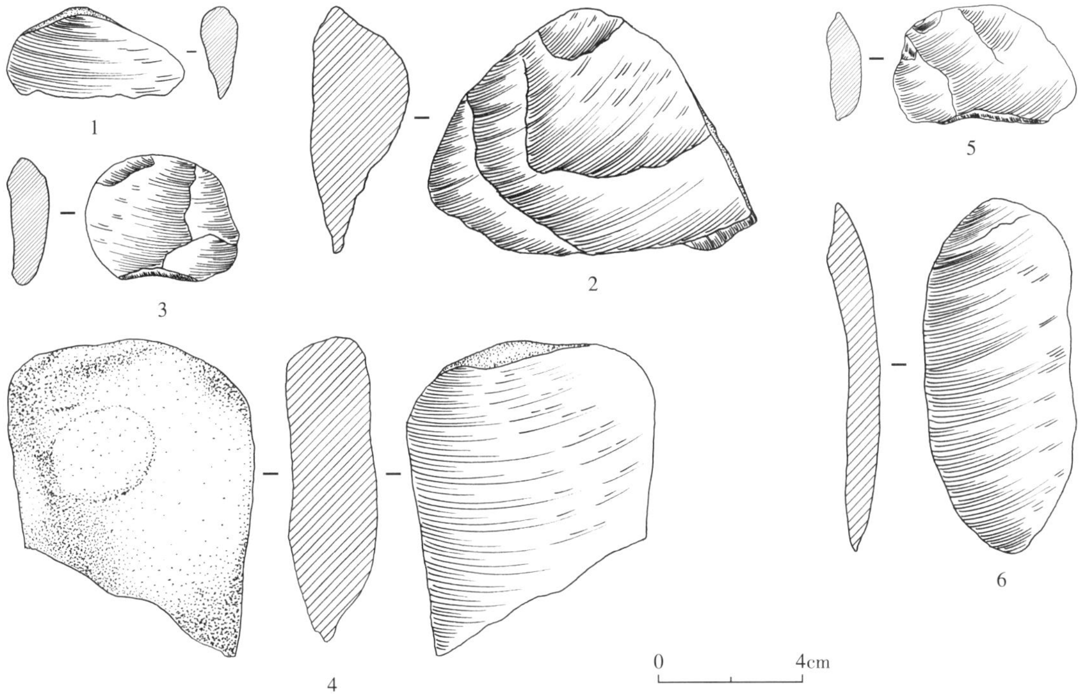

图八三　无名山遗址第四文化层石制品（五）

1、2. AaⅠ型石片（2013GLWT1④：181、2013GLWT1④：233）　3. AaⅡ型石片（2013GLWT1④：162）　4. AaⅢ型石片（2013GLWT1④：253）　5. AaⅤ型石片（2013GLWT1④：337）　6. AaⅥ型石片（2013GLWT1④：194）

6.6cm，宽9.0cm，厚2.6cm，重148g（图八三，2；彩版二八，4）。

AaⅡ型　1件。

标本2013GLWT1④：162，原料为黄白色石英砾石。器身形状近四边形。自然台面。打击点宽大，半锥体不显，放射线和同心波纹均不明显。器身左右两侧边缘锋利。远端边缘折断，为破裂面。背面完全保留自然砾面。长3.2cm，宽4.1cm，厚1.1cm，重22g（图八三，3）。

AaⅢ型　1件。

标本2013GLWT1④：253，原料为灰褐色辉绿岩砾石。器身形状近梯形。自然台面。打击点宽大，半锥体微凸，放射线和同心波纹均不明显。器身左侧边缘锋利。远端边缘折断，为破裂面。右侧边缘钝厚，局部保留有自然砾面。背面完全保留自然砾面。长8.2cm，宽6.7cm，厚2.4cm，重183g（图八三，4）。

AaⅤ型　1件。

标本2013GLWT1④：337，原料为黄白色石英砾石。器身形状近半圆形。自然台面。打击点宽大，半锥体不显，放射线和同心波纹均不明显。器身左右两侧边缘锋利。远端边缘折断，为破裂面。背面完全保留自然砾面。长5.0cm，宽3.4cm，厚0.8cm，重18g（图八三，5）。

AaⅥ型　1件。

标本2013GLWT1④：194，原料为灰褐色粗砂岩砾石。器身形状近椭圆形。线状台面。打击点宽大，半锥体不显，放射线和同心波纹均不明显。器身左右两侧和远端边缘锋利。背面完全保留自然砾面。长 9.6cm，宽 4.0cm，厚 1.1cm，重 44g（图八三，6）。

AaⅦ型　6 件。

标本 2013GLWT1 ④：10，原料为灰褐色辉绿岩砾石。器身形状近扇贝形。线状台面。打击点宽大，半锥体不显，放射线清楚，同心波纹不明显。器身右侧和远端边缘锋利。左侧边缘钝厚，局部保留有自然砾面。背面完全保留自然砾面。远端边缘可见较多细小的崩疤，应为使用痕迹。长 11.7cm，宽 7.3cm，厚 2.2cm，重 203g（图八四，1）。

标本 2013GLWT1 ④：125，原料为灰褐色辉绿岩砾石。器身形状近扇贝形。自然台面。打击点宽大，半锥体不显，放射线和同心波纹均不明显。器身左侧和远端边缘锋利。右侧边缘折断，为破裂面。背面完全保留自然砾面。长 3.7cm，宽 5.9cm，厚 0.9cm，重 18g（图八四，2）。

标本 2013GLWT1 ④：198，原料为灰褐色细砂岩砾石。器身形状近扇贝形。线状台面。打击点宽大，半锥体不显，放射线和同心波纹均微显。器身左右两侧和远端边缘锋利。远端边缘两侧可见细碎的崩疤，这些崩疤应为使用痕迹。背面完全保留自然砾面。长 6.5cm，宽 6.4cm，厚 1.1cm，重 59g（图八四，3；彩版二八，5）。

AaⅪ型　1 件。

标本 2013GLWT1 ④：197，原料为灰褐色辉绿岩砾石。器身形状不规则。自然台面。打击点宽大，半锥体不显，放射线清楚，同心波纹微显。器身左侧上半部分边缘锋利，下半部分折断。右侧和远端边缘折断，为破裂面。背面完全保留自然砾面。长 7.8cm，宽 5.2cm，厚 1.3cm，重 72g（图八四，4）。

Ab 型　17 件。分别属于 AbⅠ、AbⅡ、AbⅢ、AbⅤ、AbⅦ、AbⅪ次亚型。

AbⅠ型　3 件。

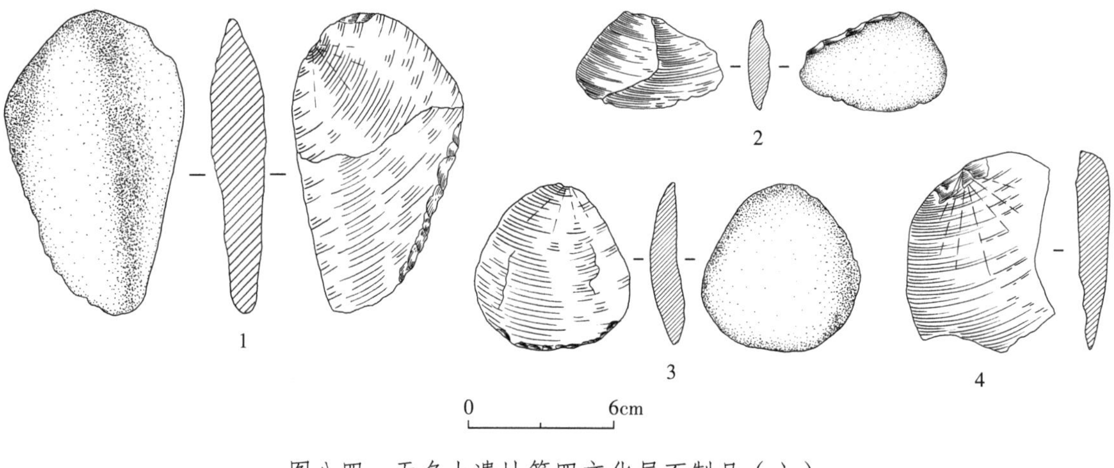

图八四　无名山遗址第四文化层石制品（六）

1~3. AaⅦ型石片（2013GLWT1 ④:10、2013GLWT1 ④:125、2013GLWT1 ④:198）　4. AaⅪ型石片（2013GLWT1 ④:197）

标本 2013GLWT1 ④：174，原料为灰褐色辉绿岩砾石。器身形状近三角形。自然台面。打击点窄小，半锥体微显，放射线和同心波纹均不明显。器身左右两侧和远端边缘锋利。背面中上部为片疤面，片疤打击方向与石片本身的打击方向相同；背面其余部分保留自然砾面。长 4.1cm，宽 3.1cm，厚 1.0cm，重 11g（图八五，1）。

标本 2013GLWT1 ④：340，原料为黄白色石英砾石。器身形状近三角形。线状台面。打击点窄小，半锥体不显，放射线和同心波纹均不明显。器身右侧和远端边缘锋利。左侧边缘折断，为破裂面。背面下半部为片疤面，片疤打击方向与石片本身的打击方向相反；左侧上半部分保留自然砾面。长 3.4cm，宽 3.7cm，厚 1.1cm，重 14g（图八五，2）。

标本 2013GLWT1 ④：154，原料为灰褐色辉绿岩砾石。器身形状近三角形。自然台面。打击点窄小，半锥体微显，放射线和同心波纹均微显。器身左右两侧和远端边缘锋利。背面上半部为片疤面，片疤打击方向与石片本身的打击方向相同；下半部分保留自然砾面。长 3.0cm，宽 5.0cm，厚 0.8cm，重 10g（图八五，3）。

AbⅡ型　4 件。

标本 2013GLWT1 ④：60，原料为灰褐色辉绿岩砾石。器身形状近四边形。自然台面。打击点窄小，半锥体微显，放射线和同心波纹均微显。器身右侧和远端边缘锋利。左侧边缘钝厚，为片疤面。背面右侧为片疤面，片疤打击方向与石片本身的打击方向相同；背面其余部分保留自然砾面。长 6.3cm，宽 4.8cm，厚 1.6cm，重 54g（图八五，4；彩版二八，6）。

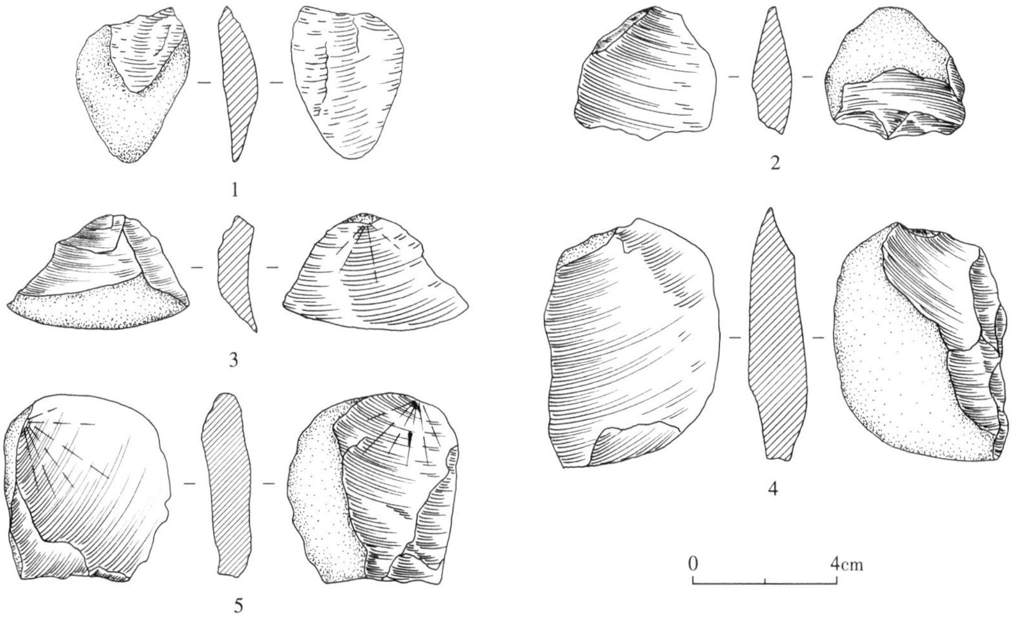

图八五　无名山遗址第四文化层石制品（七）

1~3. AbⅠ型石片（2013GLWT1 ④：174、2013GLWT1 ④：340、2013GLWT1 ④：154）　4、5. AbⅡ型石片（2013GLWT1 ④：60、2013GLWT1 ④：27）

标本2013GLWT1④：27，原料为灰褐色辉绿岩砾石。器身形状近四边形。自然台面。打击点宽大，半锥体不显，放射线清楚，同心波纹微显。器身左侧边缘折断，为破裂面。右侧边缘钝厚，为片疤面。远端边缘锋利。背面窄部和右侧为片疤面，片疤打击方向与石片本身的打击方向相同；背面左侧保留少量自然砾面。长5.3cm，宽4.6cm，厚1.3cm，重45g（图八五，5）。

AbⅢ型　3件。

标本2013GLWT1④：252，原料为灰褐色辉绿岩砾石。器身形状近梯形。自然台面。打击点宽大，半锥体不显，放射线不清楚，同心波纹微显。器身左侧边缘锋利。右侧和远端边缘折断，为破裂面。背面右侧有少量片疤面，片疤打击方向与石片本身的打击方向相垂直；背面其余部分保留自然砾面。长6.7cm，宽4.8cm，厚2.7cm，重106g（图八六，1）。

标本2013GLWT1④：43，原料为灰褐色辉绿岩砾石。器身形状近梯形。自然台面。打击点宽大，半锥体微凸，放射线和同心波纹均不明显。器身右侧和远端边缘锋利。左侧边缘钝厚，保留自然砾面。背面左侧为片疤面，片疤打击方向与石片本身的打击方向垂直；背面中央及右侧保留自然砾面。长7.2cm，宽7.3cm，厚2.4cm，重125g（图八六，2；彩版二九，1）。

标本2013GLWT1④：159，原料为灰褐色辉绿岩砾石。器身形状近梯形。自然台面。打击点窄小，半锥体微显，放射线和同心波纹均不明显。器身右侧和远端边缘锋利，左侧边缘折断，为破裂面。背面上半部为片疤面，片疤打击方向与石片本身的打击方向相同；背面下半部保留少量

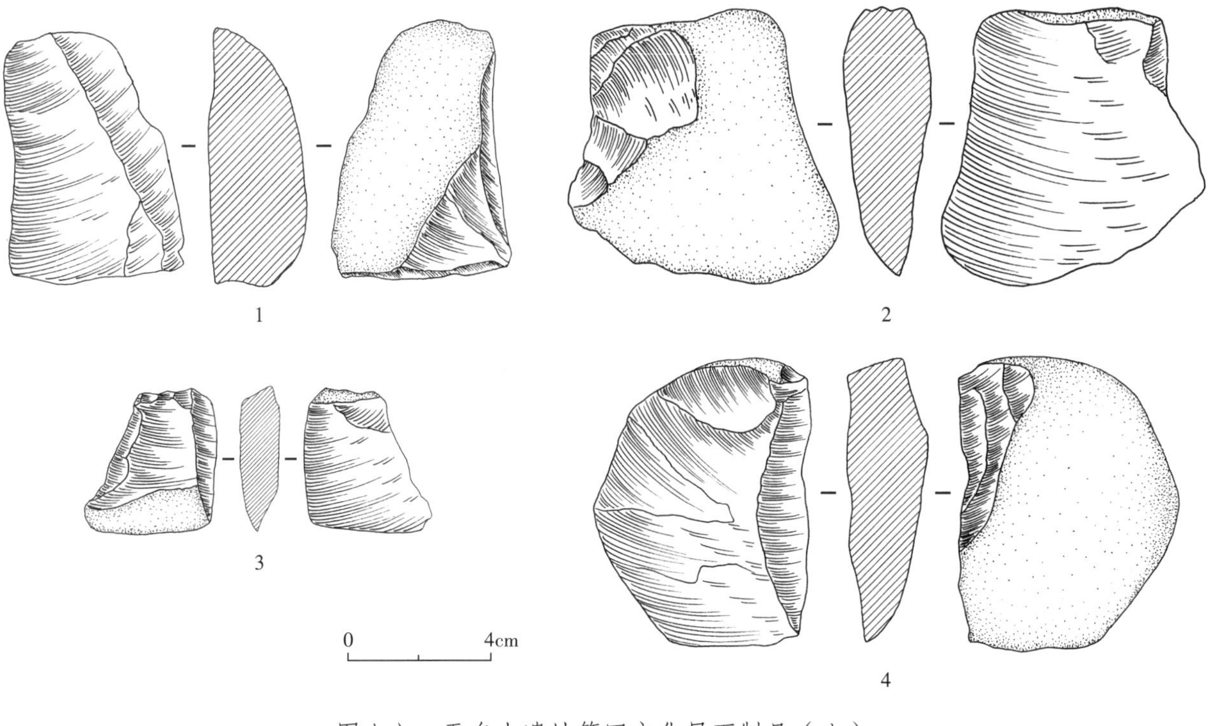

图八六　无名山遗址第四文化层石制品（八）

1~3. AbⅢ型石片（2013GLWT1④：252、2013GLWT1④：43、2013GLWT1④：159）　4. AbⅤ型石片（2013GLWT1④：228）

自然砾面。长 4.1cm，宽 3.1cm，厚 1.1cm，重 15g（图八六，3）。

AbⅤ型　1 件。

标本 2013GLWT1 ④：228，原料为灰褐色辉绿岩砾石。器身形状半圆形。自然台面。打击点窄小，半锥体微显，放射线和同心波纹均不明显。器身右侧和远端边缘锋利。左侧边缘钝厚，保留自然砾面。背面左侧近端为片疤面，片疤打击方向与石片本身的打击方向相同；背面其余部分保留自然砾面。长 7.6cm，宽 5.9cm，厚 2.1cm，重 124g（图八六，4）。

AbⅦ型　2 件。

标本 2013GLWT1 ④：150，原料为灰褐色辉绿岩砾石。器身形状近扇贝形。自然台面。打击点宽大，半锥体不显，放射线清楚，同心波纹微显。器身左右两侧和远端边缘锋利。背面上半部有少量片疤面，片疤打击方向与石片本身的打击方向相同；背面下半部分保留自然砾面。长 5.5cm，宽 6.3cm，厚 1.4cm，重 46g（图八七，1）。

标本 2013GLWT1 ④：184，原料为灰褐色辉绿岩砾石。器身形状近扇贝形。自然台面。打击点宽大，半锥体微显，放射线和同心波纹均不明显。器身左右两侧和远端边缘锋利。背面上半部为片疤面，片疤打击方向与石片本身的打击方向相同；背面下半部分保留自然砾面。长 4.1cm，宽 6.9cm，厚 1.4cm，重 40g（图八七，2）。

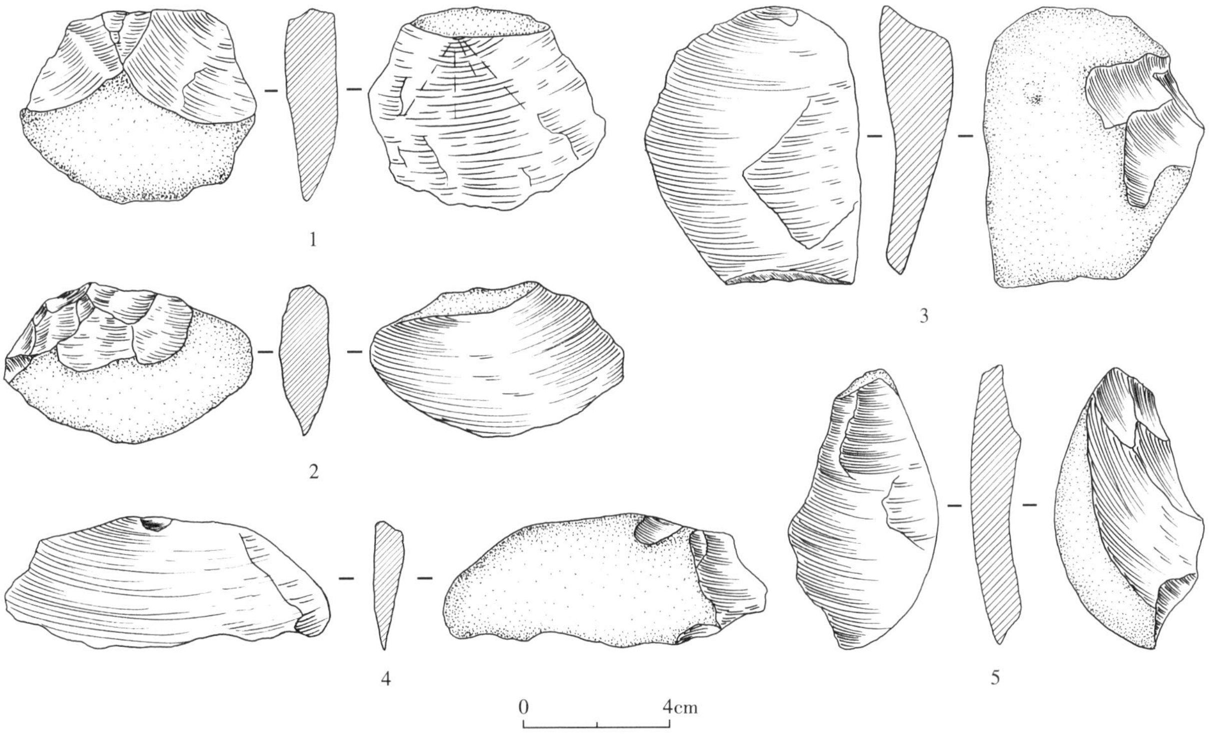

图八七　无名山遗址第四文化层石制品（九）

1、2. AbⅦ型石片（2013GLWT1 ④：150、2013GLWT1 ④：184）　3~5. AbⅪ型石片（2013GLWT1 ④：212、2013GLWT1 ④：156、2013GLWT1 ④：13）

AbⅪ型　4 件。

标本 2013GLWT1 ④：212，原料为灰褐色辉绿岩砾石。器身形状不规则。自然台面。打击点宽大，半锥体不显，放射线和同心波纹均微显。器身左右两侧边缘锋利。远端边缘折断，为破裂面。背面右侧近端有少量片疤面，片疤打击方向与石片本身的打击方向相垂直；背面其余部分保留自然砾面。长 7.2cm，宽 5.9cm，厚 2.0cm，重 92g（图八七，3）。

标本 2013GLWT1 ④：156，原料为灰褐色粗砂岩砾石。器身形状不规则。自然台面。打击点宽大，半锥体不显，放射线和同心波纹均不明显。器身左右两侧和远端边缘锋利。背面右侧有一些片疤面，片疤打击方向与石片本身的打击方向相同；背面其余部分保留自然砾面。长 3.5cm，宽 8.8cm，厚 0.7cm，重 26g（图八七，4）。

标本 2013GLWT1 ④：13，原料为灰褐色玄武岩砾石。器身形状不规则。自然台面。打击点窄小，半锥体微显，放射线和同心波纹均不明显。器身左右两侧和远端边缘锋利。背面右侧为片疤面，片疤打击方向与石片本身的打击方向垂直；背面左侧保留自然砾面。长 7.5cm，宽 4.1cm，厚 1.3cm，重 37g（图八七，5）。

Ac 型　8 件。分别属于 AcⅡ、AcⅢ、AcⅪ次亚型。

AcⅡ型　1 件。

标本 2013GLWT1 ④：14，原料为灰褐色辉绿岩砾石。器身形状近四边形。自然台面。打击点窄小，半锥体微显，放射线和同心波纹均较明显。器身右侧和远端边缘锋利。左侧边缘钝厚，保留自然砾面。背面全为片疤面，片疤打击方向与石片本身的打击方向相同。长 6.3cm，宽 4.2cm，厚 1.5cm，重 60g（图八八，1）。

AcⅢ型　2 件。

标本 2013GLWT1 ④：151，原料为灰褐色辉绿岩砾石。器身形状近梯形。自然台面。打击点窄小，半锥体微显，放射线和同心波纹均不明显。器身右侧和远端边缘锋利。左侧边缘折断，为破裂面。背面全为层叠的片疤面，片疤打击方向与石片本身的打击方向相同。长 4.8cm，宽 6.9cm，厚 1.0cm，重 38g（图八八，2）。

标本 2013GLWT1 ④：188，原料为灰褐色辉绿岩砾石。器身形状近梯形。自然台面。打击点窄小，半锥体微显，放射线清楚，同心波纹微显。器身左右两侧和远端边缘全部折断，为破裂面。背面全为片疤面，片疤打击方向与石片本身的打击方向相同。长 2.6cm，宽 4.7cm，厚 1.0cm，重 15g（图八八，3）。

AcⅪ型　5 件。

标本 2013GLWT1 ④：172，原料为灰褐色辉绿岩砾石。器身形状不规则。自然台面。打击点宽大，半锥体不显，放射线清楚，同心波纹微显。器身左右两侧边缘锋利。左侧边缘保留自然砾面。远端边缘略有折断，稍钝厚。背面全为片疤面，片疤打击方向与石片本身的打击方向相同。长 5.6cm，宽 4.6cm，厚 1.4cm，重 48g（图八八，4）。

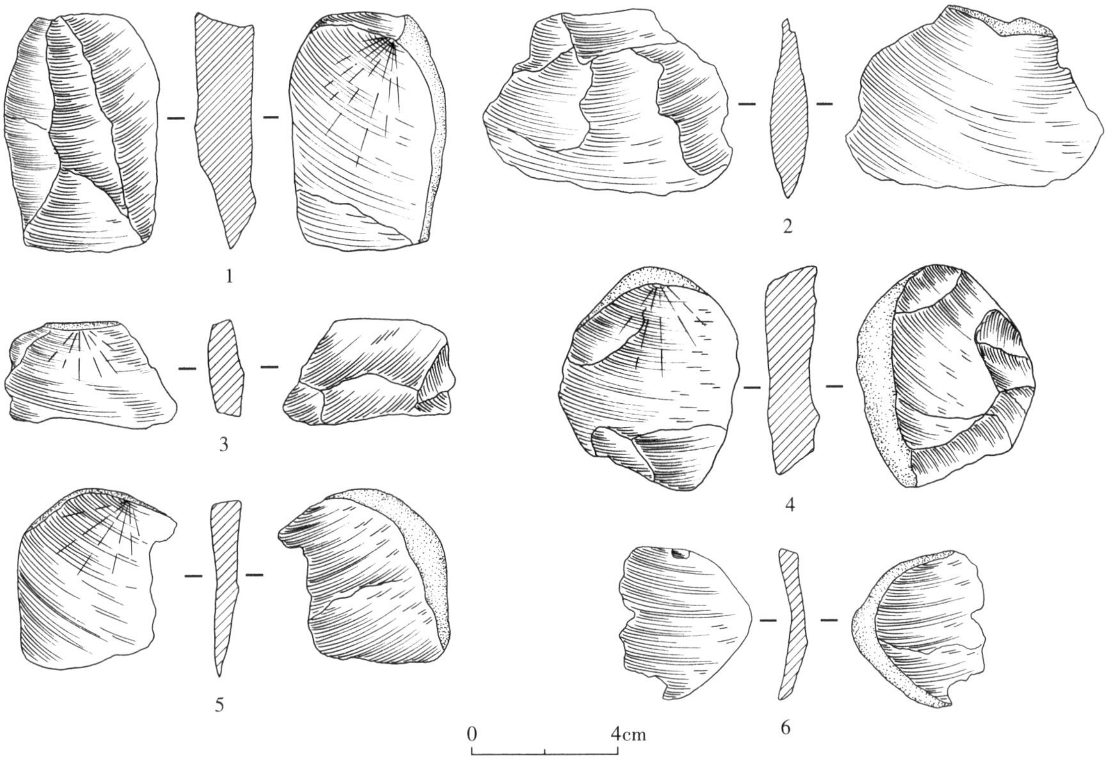

图八八　无名山遗址第四文化层石制品（十）

1. AcⅡ型石片（2013GLWT1④：14）　2、3. AcⅢ型石片（2013GLWT1④：151、2013GLWT1④：188）
4~6. AcⅪ型石片（2013GLWT1④：172、2013GLWT1④：155、2013GLWT1④：205）

标本2013GLWT1④：155，原料为灰褐色辉绿岩砾石。器身形状不规则。自然台面。打击点窄小，半锥体不显，放射线清楚，同心波纹微显。器身左侧和远端边缘锋利。右侧边缘钝厚，局部保留自然砾面。背面全为片疤面，片疤打击方向与石片本身的打击方向相同。长4.7cm，宽4.3cm，厚0.7cm，重19g（图八八，5）。

标本2013GLWT1④：205，原料为灰褐色辉绿岩砾石。器身形状不规则。自然台面。打击点窄小，半锥体不显，放射线不清楚，同心波纹微显。器身左侧和远端边缘锋利。右侧边缘钝厚，保留自然砾面。背面全为片疤面，片疤打击方向与石片本身的打击方向相同。长4.0cm，宽3.2cm，厚0.5cm，重9g（图八八，6）。

Ad型　1件。属于AdⅧ次亚型。

标本2013GLWT1④：215，原料为灰褐色辉绿岩砾石。器身形状近长条形。片疤台面。打击点宽大，半锥体不显，放射线和同心波纹均微显。器身左右两侧和远端边缘锋利。背面完全保留自然砾面。长10.6cm，宽5.2cm，厚2.0cm，重122g（图八九，1；彩版二九，2）。

C型　2件。分别属于Ca亚型和Cb亚型。

Ca型　1件。属于CaⅠ次亚型。

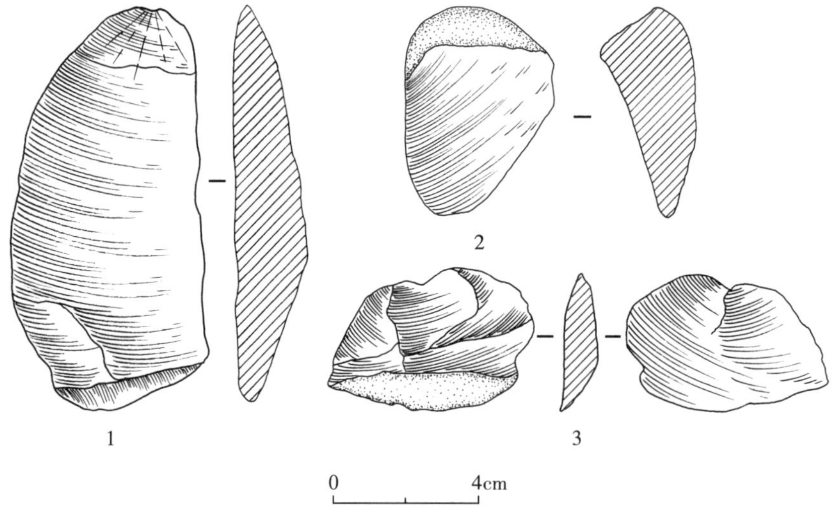

图八九　无名山遗址第四文化层石制品（十一）

1. AdⅧ型石片（2013GLWT1④：215）　2. CaⅠ型石片（2013GLWT1④：254）　3. CbⅦ型石片（2013GLWT1④：158）

标本 2013GLWT1④：254，原料为灰褐色辉绿岩砾石。器身形状近三角形。自然台面。打击点宽大，半锥体微显，放射线和同心波纹均不明显。器身右侧和远端边缘锋利。左侧边缘钝厚，局部保留自然砾面。背面完全保留自然砾面。长 5.7cm，宽 4.4cm，厚 2.1cm，重 54g（图八九，2；彩版二九，3）。

Cb 型　1 件。属于 CbⅦ次亚型。

标本 2013GLWT1④：158，原料为灰褐色辉绿岩砾石。器身形状近扇贝形。自然台面。双锥体，打击点宽大，半锥体微显，放射线不清楚，同心波纹微显。器身左右两侧和远端边缘锋利。背面上半部分为片疤面，片疤打击方向与石片本身的打击方向相同；背面下半部分保留自然砾面。长 3.3cm，宽 5.7cm，厚 0.9cm，重 18g（图八九，3）。

砍砸器　18 件。原料有砾石、石核和石片三种。其中砾石 15 件，占该文化层出土砍砸器总数的 83.33%；石核 1 件，占该文化层出土砍砸器总数的 5.56%；石片 2 件，占该文化层出土砍砸器总数的 11.11%。岩性有辉绿岩和玄武岩两种。其中辉绿岩 16 件，占该文化层出土砍砸器总数的 88.89%；玄武岩 2 件，占该文化层出土砍砸器总数的 11.11%。加工方法仅见锤击法一种，单面加工，背面为砾石面。加工时大多是由较平一面向凸起一面进行打击。加工较为简单，加工面多由一层或两层片疤组成，片疤多较小且多长大于宽。把端不加修理，保留自然砾面。大部分标本的刃缘有不同程度的修整，但未见使用痕迹。器身形状有三角形、四边形、梯形、椭圆形、半圆形和不规则形六种。其中三角形 3 件，占该文化层出土砍砸器总数的 16.67%；四边形、梯形和半圆形各 1 件，各占该文化层出土砍砸器总数的 5.56%；椭圆形和不规则形各 6 件，各占该文化层出土砍砸器总数的 33.33%。器身长度最大值 13.1cm，最小值 10.0cm；宽度最大值 8.4cm，最小值4.5cm；厚度最大值6.5cm，最小值1.8cm；重量最大值554g，最小值237g。分别属于A、B、D型。

A型　14件。分别属于Aa、Ab、Ac亚型。

Aa型　6件。分别属于AaⅠ、AaⅥ、AaⅧ次亚型。

AaⅠ型　1件。

标本2013GLWT1④：137，原料为灰褐色玄武岩砾石。器身形状近三角形。一面稍平，另一面略凸起。一侧较长，另一侧稍短。加工方法为锤击法。沿砾石较长一侧边缘多次单面剥片，加工出一道直刃。刃缘经多次精心修整，整齐锋利，未见使用痕迹。片疤多较小且浅平，打击方向由凸起面向较平面打击，部分片疤尾部折断形成陡坎。器身其余部位保留自然砾面。长11.4cm，宽6.7cm，厚3.5cm，重367g（图九〇，1）。

AaⅥ型　3件。

标本2013GLWT1④：34，原料为灰褐色辉绿岩砾石。器身形状近椭圆形。一面略内凹，另一面凸起。一侧较长，另一侧稍短。加工方法为锤击法。沿砾石较长一侧边缘多次单面剥片，加工出一道直刃。刃缘整齐锋利，未见使用痕迹。片疤多较小且浅平，打击方向由凸起面向内凹面打击，部分片疤尾部折断形成陡坎。器身其余部位保留自然砾面。长12.5cm，宽6.1cm，厚3.0cm，

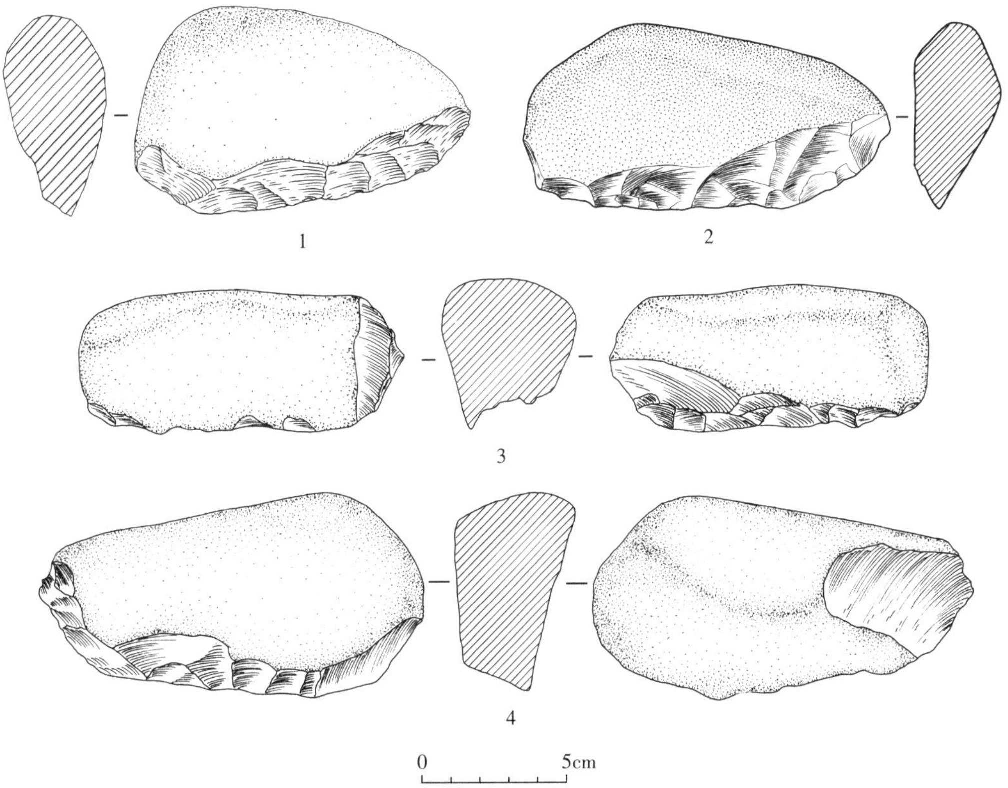

图九〇　无名山遗址第四文化层石制品（十二）

1. AaⅠ型砍砸器（2013GLWT1④：137）　2、3. AaⅥ型砍砸器（2013GLWT1④：34、2013GLWT1④：83）
4. AaⅧ型砍砸器（2013GLWT1④：69）

重 450g（图九○，2）。

标本 2013GLWT1④：83，原料为灰褐色辉绿岩砾石。器身形状近椭圆形。器身较厚，一面较平，另一面凸起。一侧较长，另一侧稍短。加工方法为锤击法。沿砾石略短一侧边缘多次单面剥片，加工出一道直刃；刃部较陡，刃缘整齐锋利，但未见使用痕迹。片疤多较小且浅平，打击方向由较平面向凸起面打击，部分片疤尾部折断形成陡坎。器身一端垂直截断了一小块，应是修整器身留下的痕迹。器身其余部位保留自然砾面。长 11.1cm，宽 4.5cm，厚 4.6cm，重 387g（图九○，3）。

AaⅧ型　2 件。

标本 2013GLWT1④：69，原料为灰褐色辉绿岩砾石。器身较厚，器身形状不规则。一面较平，另一面凸起。一侧较长，另一侧稍短。加工方法为锤击法。沿砾石较长一侧边缘多次单面剥片，加工出一道直刃。刃部较陡，刃缘整齐锋利，但未见使用痕迹。器身较窄一端经多次双面剥片，加工出一个钝尖，未见使用痕迹。片疤多较小且浅平，少量片疤较大且深凹，打击方向多由较平面向凸起面打击，少量片疤则相反，部分片疤尾部折断形成陡坎。器身其余部位保留自然砾面。长 13.1cm，宽 6.7cm，厚 4.0cm，重 473g（图九○，4；彩版二九，4）。

Ab 型　7 件。分别属于 AbⅠ、AbⅢ、AbⅥ、AbⅧ次亚型。

AbⅠ型　1 件。

标本 2013GLWT1④：56，原料为灰褐色辉绿岩砾石。器身形状近三角形。一面较平，另一面凸起。一侧较长，另一侧稍短。加工方法为锤击法。沿砾石较长一侧边缘多次单面剥片，加工出一道弧刃。刃缘整齐锋利，但未见使用痕迹。片疤多较小且浅平，打击方向由较平面向凸起面打击。一端经较多修整，加工出一个舌尖。器身其余部位保留自然砾面。长 11.7cm，宽 6.3cm，厚 6.0cm，重 397g（图九一，1；彩版二九，5）。

AbⅢ型　1 件。

标本 2013GLWT1④：37，原料为灰褐色玄武岩砾石。器身形状近椭圆形。一面内凹，另一面凸起。一侧较长，另一侧稍短。加工方法为锤击法。沿砾石较长一侧边缘多次单面剥片，加工出一道弧刃。刃缘整齐锋利，未见使用痕迹。片疤多较小且浅平，打击方向由内凹面向凸起面打击，部分片疤尾部折断形成陡坎。器身其余部位保留自然砾面。长 11.1cm，宽 5.7cm，厚 4.7cm，重 347g（图九一，2）。

AbⅥ型　2 件。

标本 2013GLWT1④：61，原料为灰褐色辉绿岩砾石。器身较扁薄，形状近椭圆形。一端较宽，另一端较窄。两面均较平。加工方法为锤击法。沿砾石较窄端边缘多次单面剥片，加工出一道弧刃。刃缘整齐锋利，未见使用痕迹。打击片疤多较小且浅平。器身其余部位保留自然砾面。长 12.4cm，宽 8.0cm，厚 2.3cm，重 317g（图九一，3）。

标本 2013GLWT1④：46，原料为灰褐色辉绿岩砾石。器身形状近椭圆形。一面较平，另一

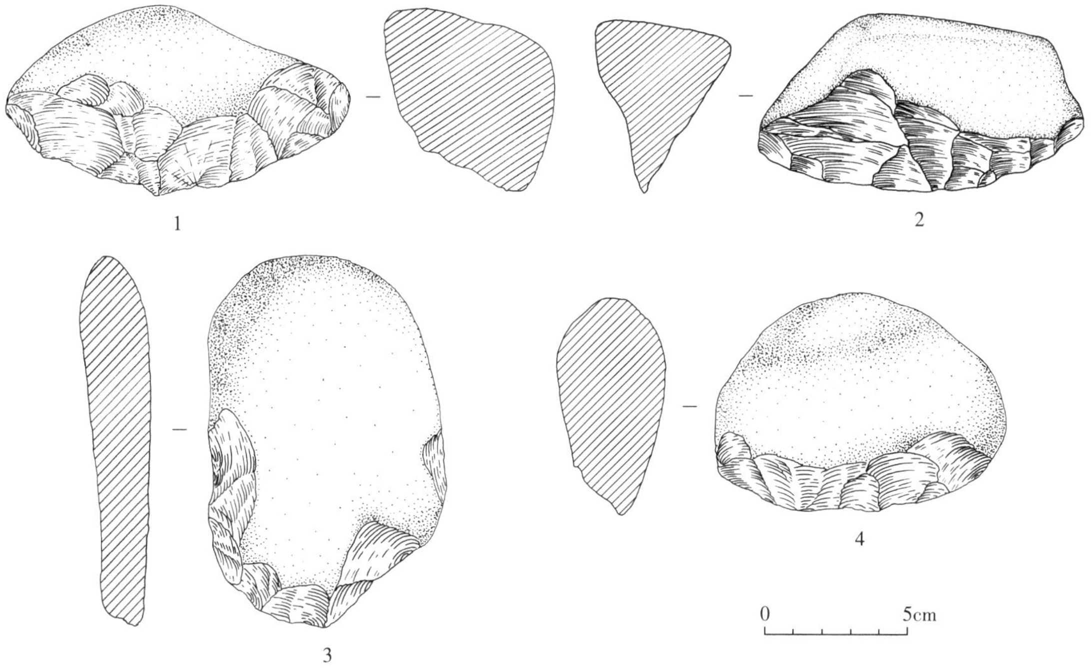

图九一　无名山遗址第四文化层石制品（十三）

1. AbⅠ型砍砸器（2013GLWT1④：56）　2. AbⅢ型砍砸器（2013GLWT1④：37）　3、4. AbⅥ型砍砸器（2013GLWT1④：61、2013GLWT1④：46）

面凸起。一侧较长，另一侧稍短。加工方法为锤击法。沿砾石较长一侧边缘多次单面剥片，加工出一道弧刃。刃缘整齐锋利，未见使用痕迹。片疤多较小且浅平，打击方向由较平面向凸起面打击。器身其余部位保留自然砾面。长10.1cm，宽7.3cm，厚3.6cm，重358g（图九一，4）。

AbⅧ型　3件。

标本2013GLWT1④：29，原料为灰褐色辉绿岩砾石。器身形状不规则。一面较平，另一面凸起。一侧较长，另一侧稍短。一端较宽，另一端较窄。加工方法为锤击法。沿较长侧边缘多次单面剥片，加工出一道弧刃。刃缘整齐锋利，但未见使用痕迹。片疤多较小且浅平，打击方向由较平面向凸起面打击。较窄端经较多修整，加工出一个钝尖。器身其余部位保留自然砾面。长10.1cm，宽5.5cm，厚4.1cm，重237g（图九二，1）。

标本2013GLWT1④：74，原料为灰褐色辉绿岩砾石。器身形状不规则。一面较平，另一面凸起。一侧较长，另一侧稍短。一端较宽，另一端较窄。加工方法为锤击法。沿较短侧边缘多次单面剥片，加工出一道弧刃。刃缘整齐锋利，未见使用痕迹。较窄一端经较多修整，加工出一个舌尖，未见使用痕迹。片疤多较小且浅平，打击方向由凸起面向较平面打击，部分片疤尾部折断形成陡坎。较长一侧中央至一端分别截断一小块，应为修整把手留下的痕迹。器身其余部位保留自然砾面。长12.1cm，宽6.3cm，厚2.4cm，重278g（图九二，3）。

标本2013GLWT1④：95，原料为灰褐色辉绿岩石核。器身形状不规则。一面全是破裂面，

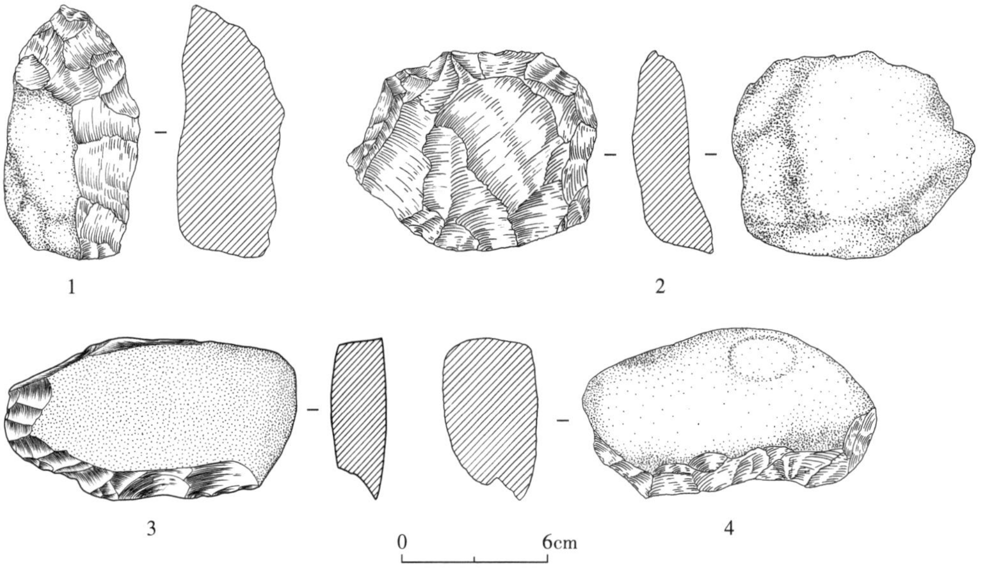

图九二　无名山遗址第四文化层石制品（十四）

1~3. AbⅧ型砍砸器（2013GLWT1④：29、2013GLWT1④：95、2013GLWT1④：74）　4. AcⅧ型砍砸器（2013GLWT1④：58）

另一面完全保留自然砾面。一侧较长，另一侧稍短。加工方法为锤击法。沿石核较短侧边缘多次单面剥片，加工出一道弧刃。刃缘整齐锋利，未见使用痕迹。打击片疤多较小且浅平，打击方向由砾面向破裂面打击。器身一端截断一小块，应为修整器身留下的痕迹。器身其余部位保留自然砾面。长10.0cm，宽8.0cm，厚2.4cm，重305g（图九二，2）。

Ac型　1件。属于AcⅧ次亚型。

标本2013GLWT1④：58，原料为灰褐色辉绿岩砾石。器身形状不规则。一面较平，另一面凸起。一侧较短略直，另一侧较长且呈弧凸状。加工方法为锤击法。沿略直侧边缘多次单面剥片，加工出一道凹刃。刃缘整齐锋利，但未见使用痕迹。片疤多较小且浅平，打击方向由较平面向凸起面打击，部分片疤尾部折断形成陡坎。器身一端截断一小块，应为修整器身留下的痕迹。器身其余部位保留自然砾面。长12.1cm，宽6.3cm，厚3.8cm，重384g（图九二，4；彩版二九，6）。

B型　3件。分别属于Bb亚型和Bd亚型。

Bb型　2件。分别属于BbⅠ次亚型和BbⅥ次亚型。

BbⅠ型　1件。

标本2013GLWT1④：48，原料为灰褐色辉绿岩砾石。器身形状近三角形。两面均凸起。一端较宽，另一端略窄。加工方法为锤击法。沿砾石两侧多次单面剥片，各加工出一道弧刃。一侧刃缘整齐，另一侧则不甚规整；两刃缘均锋利，未见使用痕迹。两侧剥片多达到甚至超过器身中轴线，致使加工面无自然砾面保留。器身略窄端经较多修整，加工出一个舌尖。打击片疤多较小且浅平，部分片疤尾部折断形成陡坎。器身一面近中部有一较大而深凹的崩疤，应是作为石砧使用留下的痕迹。器身其余部位保留自然砾面。长 10.2cm，宽 6.0cm，厚 3.3cm，重 275g（图九三，1；彩版三〇，2）。

BbⅥ型　1 件。

标本 2013GLWT1④：85，原料为灰褐色辉绿岩石片。器身形状近椭圆形。远端折断。腹部全为破裂面，较平整；背面右侧有一较大的片疤残痕。加工方法为锤击法。沿两侧多次单面剥片，在两侧边缘各加工出一道弧刃。两刃缘锋利但不甚规整，未见使用痕迹。片疤多较小且浅平，打击方向由背面向腹面打击，部分片疤尾部折断形成陡坎。器身其余部位保留自然砾面。长 10.1cm，宽 7.9cm，厚 2.5cm，重 255g（图九三，3）。

Bd 型　1 件。属于 BdⅤ次亚型。

标本 2013GLWT1④：50，原料为灰褐色辉绿岩砾石。器身形状近半圆形，一侧较长，另一侧略短。一端较宽，另一端略窄。两面均较平。加工方法为锤击法。沿砾石较长侧和较宽端多次单面剥片，分别加工出一道陡直刃和一道弧刃。两刃刃缘均整齐锋利，未见使用痕迹。片疤多较小且浅平。侧刃与略窄端交汇处有一个较小而浅平的片疤，应为修整器身留下的痕迹。器身其余部位保留自然砾面。长 11.8cm，宽 7.7cm，厚 2.7cm，重 368g（图九三，2；彩版三〇，1）。

D 型　1 件。属于 Dd 亚型中的 DdⅡ次亚型。

标本 2013GLWT1④：22，原料为灰褐色辉绿岩石片。器身形状近四边形。腹面全是破裂面，较平。加工方法为锤击法。沿左侧和远端多次单面剥片，沿右侧和近端多次双面剥片，在两侧边缘各加工出一道直刃，在近端边缘加工出一道直刃，在远端边缘则加工出一道弧刃。四刃刃缘均

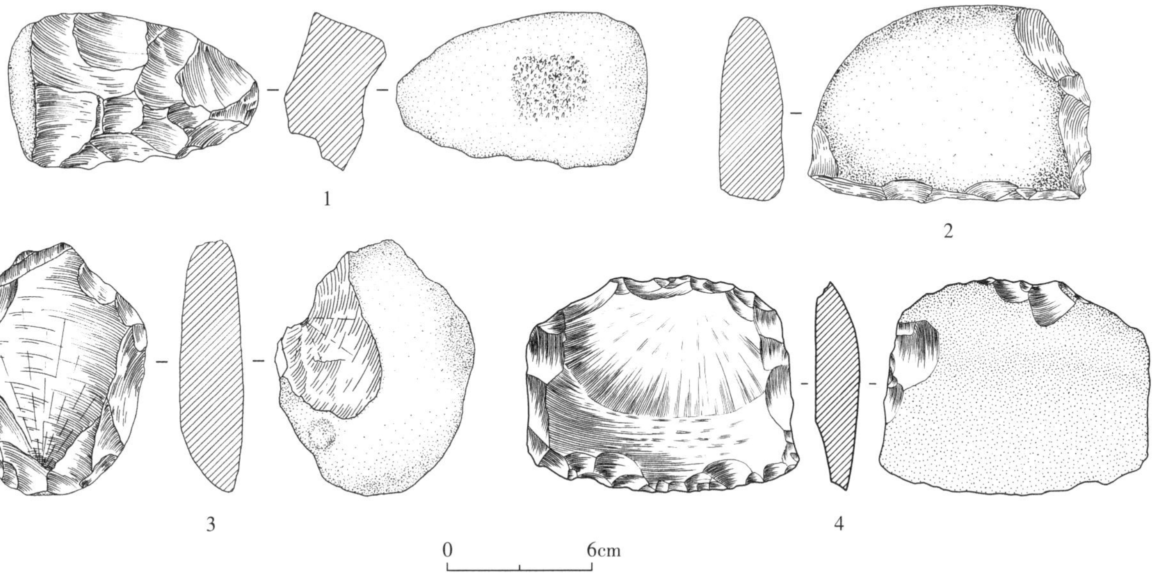

图九三　无名山遗址第四文化层石制品（十五）

1. BbⅠ型砍砸器（2013GLWT1④：48）　2. BdⅤ型砍砸器（2013GLWT1④：50）　3. BbⅥ型砍砸器（2013GLWT1④：85）
4. DdⅡ型砍砸器（2013GLWT1④：22）

整齐锋利，两端刃更经多次精心修整，但未见使用痕迹。片疤多较小且浅平，打击方向由背面向腹面打击。远端刃与长侧刃交汇处形成了一个钝尖。器身背面保留自然砾面。长 11.0cm，宽 8.4cm，厚 1.8cm，重 253g（图九三，4）。

刮削器 11 件。原料全为砾石。岩性仅见有辉绿岩一种。加工方法仅见锤击法一种。单面加工，背面通常为自然砾面。加工时通常由较平面向凸起面进行打击。加工部位集中于器身一端、一侧、两侧或三边，其中以在一端或一侧加工居多。加工较为简单，多数标本的加工仅限于边缘部分，只有少数加工至器身中部。片疤多较小且浅平，多为长大于宽。加工面多由一层或两层片疤组成。把端多不加修理，保留自然砾面。大部分标本的刃缘有不同程度的修整，但多不见使用痕迹。器身形状有三角形、四边形、半圆形、梯形和不规则形五种。其中三角形 3 件，占该文化层出土刮削器总数的 27.27%；四边形 4 件，占该文化层出土刮削器总数的 36.36%；半圆形和梯形各 1 件，占该文化层出土刮削器总数的 9.09%；不规则形 2 件，占该文化层出土刮削器总数的 18.18%。器身长度最大值 9.6cm，最小值 5.5cm；宽度最大值 6.8cm，最小值 3.6cm；厚度最大值 5.2cm，最小值 1.8cm；重量最大值 406g，最小值 64g。分别属于 A 型和 B 型。

A 型 10 件。分别属于 Aa、Ab、Ac 亚型。

Aa 型 7 件。分别属于 AaⅠ、AaⅡ、AaⅤ次亚型。

AaⅠ型 2 件。

标本 2013GLWT1④：31，原料为灰褐色辉绿岩砾石。器身形状近三角形。一面稍平，另一面略凸起。一侧较长，另一侧稍短。加工方法为锤击法。沿砾石较长侧边缘多次单面剥片，加工出一道直刃。刃部较陡，刃缘整齐锋利，未见使用痕迹。片疤多较小且浅平，打击方向由稍平面向凸起面打击。器身其余部位保留自然砾面。长 8.2cm，宽 6.0cm，厚 2.5cm，重 196g（图九四，1）。

标本 2013GLWT1④：38，原料为灰褐色辉绿岩砾石。器身稍扁薄，形状近三角形。一面较平，另一面凸起。一侧较长，另一侧稍短。加工方法为锤击法。沿砾石较长侧边缘多次单面剥片，加工出一道直刃。刃部较陡，刃缘整齐锋利，未见使用痕迹。片疤多较小且浅平，打击方向由较平面向凸起面打击。器身一端截断一大块，应为修整器身留下的痕迹。把手中部有一个较小且浅平的片疤，打击方向由一侧向另一侧打击，应为修整把手留下的痕迹。器身其余部位保留自然砾面。长 8.2cm，宽 6.8cm，厚 2.7cm，重 236g（图九四，2）。

AaⅡ型 4 件。

标本 2013GLWT1④：53，原料为灰褐色辉绿岩砾石。器身形状近四边形。一面较平，另一面凸起。加工方法为锤击法。沿砾石一侧边缘多次单面剥片，加工出一道直刃。刃缘整齐锋利，未见使用痕迹。片疤多较小且浅平，打击方向由较平面向凸起面打击，部分片疤尾部折断形成陡坎。器身一端截断一小块，应为修整器身留下的痕迹。器身其余部位保留自然砾面。长 9.0cm，宽 6.1cm，厚 3.9cm，重 365g（图九四，3；彩版三〇，3）。

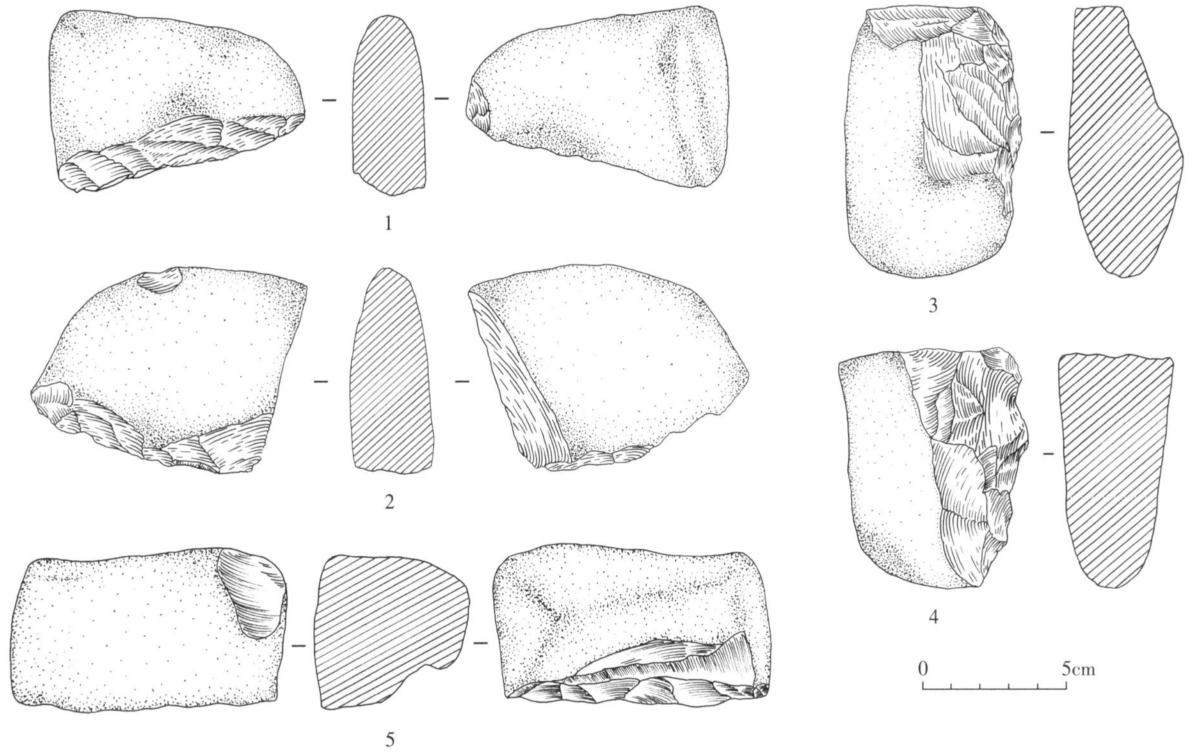

图九四　无名山遗址第四文化层石制品（十六）

1、2. AaⅠ型刮削器（2013GLWT1④：31、2013GLWT1④：38）　3~5. AaⅡ型刮削器（2013GLWT1④：53、2013GLWT1④：134、2013GLWT1④：55）

标本 2013GLWT1④：134，原料为灰褐色辉绿岩砾石。器身形状近四边形。一面较平，另一面凸起。一侧较长，另一侧稍短。加工方法为锤击法。沿砾石较长侧边缘多次单面剥片，加工出一道直刃。刃缘整齐锋利，未见使用痕迹。片疤多较小且浅平，打击方向由较平面向凸起面打击，部分片疤尾部折断形成陡坎。器身一端垂直截断一大块，应为修整器身留下的痕迹。器身其余部位保留自然砾面。长 7.8cm，宽 6.2cm，厚 3.9cm，重 287g（图九四，4）。

标本 2013GLWT1④：55，原料为灰褐色辉绿岩砾石。器身较厚，形状近四边形。一面较平，另一面凸起。一侧较长，另一侧稍短。加工方法为锤击法。沿砾石较长侧边缘多次单面剥片，加工出一道直刃。刃部较陡，刃缘整齐锋利并经多次精心修整，未见使用痕迹。片疤多较小且浅平，打击方向由较平面向凸起面打击。较平面一端与一侧交汇处有一较小而浅平的片疤，应为修整把手留下的痕迹，打击方向由一侧向另一侧打击。器身其余部位保留自然砾面。长 9.3cm，宽 5.3cm，厚 5.2cm，重 406g（图九四，5）。

AaⅤ型　1件。

标本 2013GLWT1④：135，原料为灰褐色辉绿岩砾石。器身形状近半圆形。一面较平，另一面凸起。一侧较长，另一侧稍短。加工方法为锤击法。沿砾石稍短侧边缘多次单面剥片，加工出一道直刃。刃部较陡，刃缘整齐锋利，未见使用痕迹。片疤多较小且浅平，打击方向由较平面向凸起面打击。器身一端垂直截断一大块，应为修整器身留下的痕迹。把手一端有一个较小而浅平的片疤，应为修整把手留下的痕迹，打击方向由一侧向另一侧打击。器身其余部位保留自然砾面。长 8.0cm，宽 6.8cm，厚 3.2cm，重 270g（图九五，1）。

Ab 型　2 件。分别属于 AbⅠ次亚型和 AbⅧ次亚型。

AbⅠ型　1 件。

标本 2013GLWT1④：23，原料为灰褐色辉绿岩砾石。器身形状近三角形。一端较宽，另一端较窄。两面均较平。加工方法为锤击法。沿砾石较宽端边缘多次单面剥片，加工出一道弧刃。刃缘整齐锋利，未见使用痕迹。片疤多较小且浅平。器身一侧分两段各自垂直截断一大块，应为修整器身留下的痕迹，打击方向与弧刃的打击方向相反。器身其余部位保留自然砾面。长 8.2cm，宽 6.3cm，厚 1.8cm，重 141g（图九五，2）。

AbⅧ型　1 件。

标本 2013GLWT1④：33，原料为灰褐色辉绿岩砾石。器身形状不规则。一面稍平，另一面凸起。一侧较长，另一侧略短。一端较宽，另一端较窄。加工方法为锤击法。沿砾石较长侧边缘多次单面剥片，加工出一道弧刃。刃缘整齐锋利，经多次精心修整，但未见使用痕迹。片疤多较小且浅平，打击方向由稍平面向凸起面打击，部分片疤尾部折断形成陡坎。较窄一端略作修整，加工出一个钝尖。器身其余部位保留自然砾面。长 8.7cm，宽 5.7cm，厚 4.0cm，重 250g（图九五，3；彩版

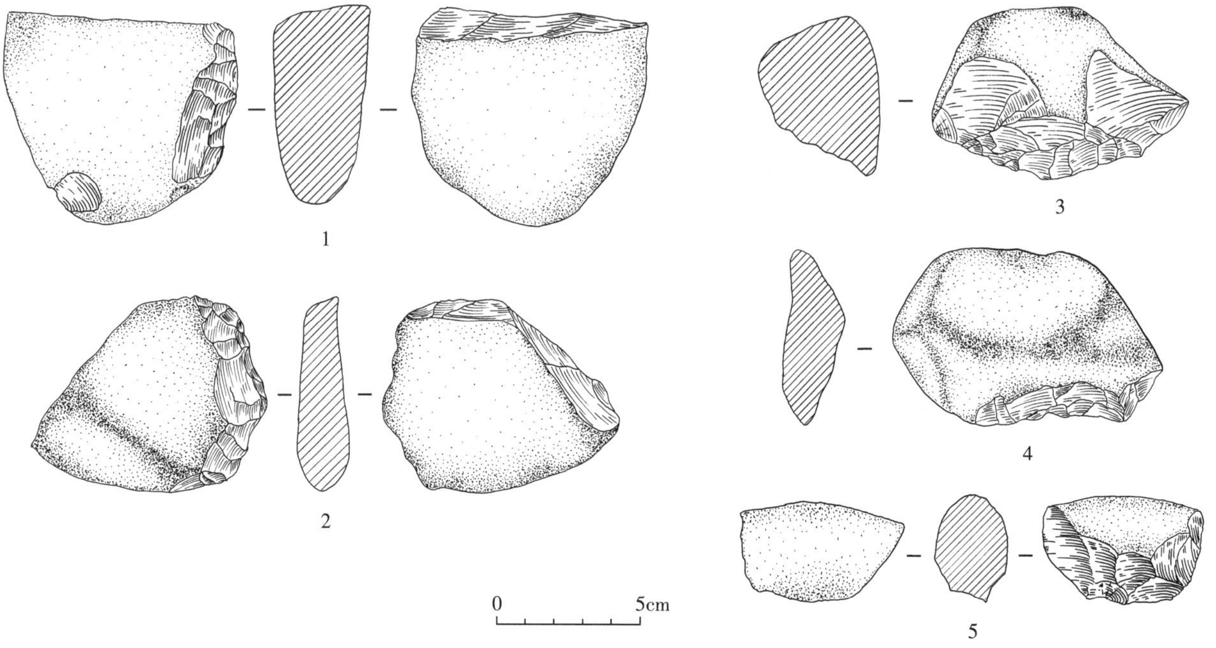

图九五　无名山遗址第四文化层石制品（十七）

1. AaⅤ型刮削器（2013GLWT1④：135）　2. AbⅠ型刮削器（2013GLWT1④：23）　3. AbⅧ型刮削器（2013GLWT1④：33）　4. AcⅧ型刮削器（2013GLWT1④：44）　5. BaⅢ型刮削器（2013GLWT1④：234）

三〇，4）。

Ac 型　1 件。属于 AcⅧ次亚型。

标本 2013GLWT1 ④：44，原料为灰褐色辉绿岩砾石。器身形状不规则。一面较平，另一面凹凸不平。一侧较长，另一侧略短。一端较宽，另一端较窄。加工方法为锤击法。沿砾石较长一侧边缘多次单面剥片，加工出一道凹刃。刃缘整齐锋利，未见使用痕迹。片疤多较小且浅平，打击方向由较平面向不平面打击，部分片疤尾部折断形成陡坎。较窄一端截断一小块，应为修整器身留下的痕迹。器身其余部位保留自然砾面。长 9.4cm，宽 5.6cm，厚 1.9cm，重 153g（图九五，4）。

B 型　1 件。属于 Ba 亚型中的 BaⅢ次亚型。

标本 2013GLWT1 ④：234，原料为灰褐色辉绿岩砾石。器身形状近梯形。一面较平，另一面凸起。一端稍宽，另一端略窄。加工方法为锤击法。沿砾石较短侧和略窄端边缘多次单面剥片，分别加工出一道直刃；两刃缘均整齐锋利，未见使用痕迹。片疤多较小且浅平，打击方向由凸起面向较平面打击，部分片疤尾部折断形成陡坎。稍宽端垂直截断一小块，应为修整器身留下的痕迹。器身其余部位保留自然砾面。长 5.5cm，宽 3.6cm，厚 2.5cm，重 64g（图九五，5；彩版三〇，5）。

尖状器　5 件。原料只见砾石一种，岩性仅辉绿岩一种。加工方法仅见锤击法一种，单面加工，背面通常为砾石面。加工部位位于器身一端、两端、两侧部位，其中以一端或一侧加工居多。加工较为简单，多数标本的加工仅限于边缘部分，只有少数加工至器身中部。片疤多较小且浅平，多为长大于宽。把端多不加修理，保留自然砾面。大部分标本的侧边都有不同程度的修整，但多数不成刃，且不见使用痕迹。形状有三角形和不规则形两种。其中三角形 4 件，占该文化层出土尖状器总数的 80%；不规则形 1 件，占该文化层出土尖状器总数的 20%。器身长度最大值 15.7cm，最小值 9.5cm；宽度最大值 9.5cm，最小值 5.6cm；厚度最大值 7.0cm，最小值 3.8cm；重量最大值 1040g，最小值 353g。分别属于 A 型和 B 型。

A 型　3 件。分别属于 Ab 亚型和 Ac 亚型。

Ab 型　2 件。属于 AbⅠ次亚型。

标本 2013GLWT1 ④：45，原料为灰褐色辉绿岩砾石。器身形状近三角形。一面较平，另一面凸起。一端较宽，另一端较窄。加工方法为锤击法。从砾石较宽端沿一侧向较窄端多次单面剥片，另一侧则垂直截掉一大块。两加工面在远端交汇加工出一个钝尖，未见使用痕迹。片疤多较小且浅平，部分片疤尾部折断形成陡坎。接近把端处有一较大片疤。背面右侧有一早期的片疤残痕，棱角已磨圆。器身其余部位保留自然砾面。长 15.7cm，宽 9.5cm，厚 7.0cm，重 1040g（图九六，1）。

标本 2013GLWT1 ④：64，原料为红褐色辉绿岩砾石。器身形状近三角形。一面较平，另一面凸起。一端较宽，另一端较窄。加工方法为锤击法。沿砾石较窄端边缘多次单面剥片，在较窄

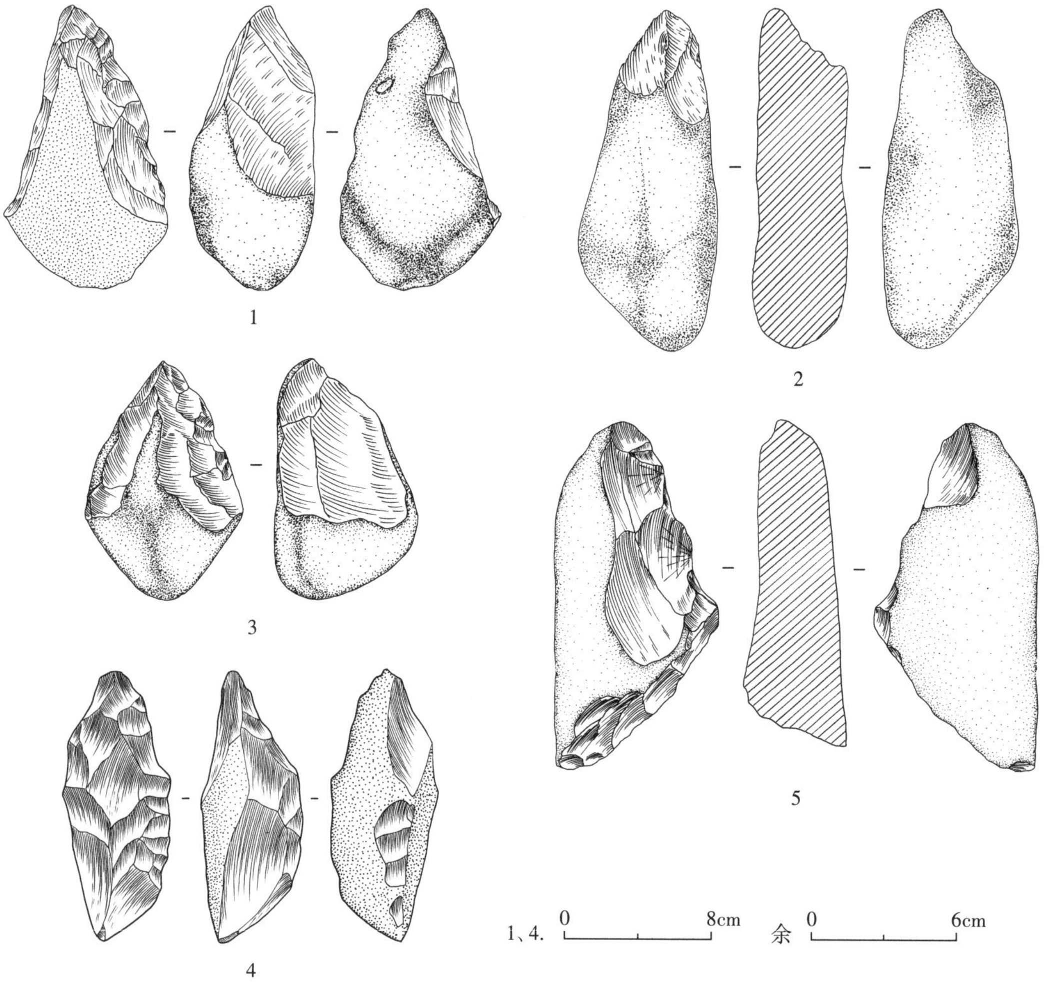

图九六　无名山遗址第四文化层石制品（十八）

1、2. Ab Ⅰ型尖状器（2013GLWT1 ④：45、2013GLWT1 ④：64）　3. Ac Ⅰ型尖状器（2013GLWT1 ④：139）
4. BbⅧ型尖状器（2013GLWT1 ④：132）　5. Bc Ⅰ型尖状器（2013GLWT1 ④：106）

端中央加工出一个钝尖，未见使用痕迹。片疤多较大且浅平。器身其余部位保留自然砾面。长13.5cm，宽 5.6cm，厚 3.8cm，重 396g（图九六，2；彩版三〇，6）。

Ac 型　1 件。属于 Ac Ⅰ次亚型。

标本 2013GLWT1 ④：139，原料为灰褐色辉绿岩砾石。器身形状近三角形。一面较平，另一面凸起。一端稍宽，另一端略窄。加工方法为锤击法。从砾石较宽端沿一侧向较窄端多次单面剥片；另一侧加工出一个面积较大的破裂面，破裂面一侧略经修整；在较窄端加工出一个舌尖，尖部略经修整，未见使用痕迹。两加工面在砾石远端中部偏左相交处形成一条锋利的凸棱。片疤多较小且浅平，部分片疤尾部折断形成陡坎。器身其余部位保留自然砾面。长 9.5cm，宽 6.0cm，厚 5.9cm，重 353g（图九六，3）。

B 型　2 件。分别属于 Bb 亚型和 Bc 亚型。

Bb 型　1 件。属于 BbⅧ次亚型。

标本 2013GLWT1 ④：132，原料为灰褐色辉绿岩砾石。器身形状不规则。一面较平，另一面凸起。一端稍宽，另一端略窄。加工方法为锤击法。从砾石中部沿两侧向两端多次单面剥片，在两端各加工出一个钝尖；两尖部均略经修整，未见使用痕迹。两侧的加工边缘较钝厚，不成刃。略窄端另一侧加工出一个较大的片疤面，片疤面的一侧略经修整；两加工面在略窄端中部偏左处相交形成一条明显的凸棱。稍宽端另一侧也加工出一个较大的片疤面；两加工面在稍宽端中部偏右处相交也形成一条明显的凸棱。片疤多较小且浅平，接近稍宽端处有一个片疤较大，部分片疤尾部折断形成陡坎。背面与一侧相交处有几个片疤，应为修整把手留下的痕迹。器身其余部位保留自然砾面。长 15.4cm，宽 6.4cm，厚 5.7cm，重 487g（图九六，4；彩版三一，1）。

Bc 型　1 件。属于 BcⅠ次亚型。

标本 2013GLWT1 ④：106，原料为灰褐色辉绿岩砾石。器身形状近三角形。一面较平，另一面凸起。一端稍宽，另一端略窄。加工方法为锤击法。从砾石中部沿一侧向两端多次单面剥片，在两端各加工出一个舌尖，两尖部均略经修整，未见使用痕迹。加工侧的边缘较钝厚，不成刃。片疤多较小且浅平，部分片疤尾部折断形成陡坎。器身其余部位保留自然砾面。长 14.0cm，宽 6.6cm，厚 4.2cm，重 395g（图九六，5）。

（3）磨制石制品

66 件。包括石斧、石锛、斧锛类半成品、斧锛类毛坯、研磨器毛坯和石拍（？）六大类型。其中斧锛类毛坯 21 件，占该文化层出土磨制石制品总数的 31.82%；斧锛类半成品 14 件，占该文化层出土磨制石制品总数的 21.21%；研磨器毛坯 12 件，占该文化层出土磨制石制品总数的 18.18%；石斧 12 件，占该文化层出土磨制石制品总数的 18.18%；石锛 6 件，占该文化层出土磨制石制品总数的 9.09 %；石拍 1 件，占该文化层出土磨制石制品总数的 1.52%。

石斧　12 件。包括完整件和残件两大类。其中完整件 9 件，占该文化层出土石斧总数的 75%；残件 3 件，占该文化层出土石斧总数的 25%。岩性有辉绿岩和硅质灰岩两种。其中辉绿岩 11 件，占该文化层出土石斧总数的 91.67%；硅质灰岩 1 件，占该文化层出土石斧总数的 8.33%。磨制部位只见局部磨制一种，且均为磨制刃部。器身形状有三角形、四边形、椭圆形和不规则形四种。其中三角形和椭圆形各 2 件，各占该文化层出土石斧总数的 22.22%；四边形 6 件，占该文化层出土石斧总数的 50%；梯形和不规则形各 1 件，各占该文化层出土石斧总数的 8.33%。器身长度最大值 9.9cm，最小值 3.0cm；宽度最大值 6.4cm，最小值 2.9cm；厚度最大值 1.9cm，最小值 0.8cm；重量最大值 128g，最小值 24g。

第一类　完整件。9 件。分别属于 A 型和 B 型。

A 型　1 件。属于 Ab 亚型。

标本 2013GLWT1 ④：26，原料为灰褐色硅质灰岩。器身较扁薄，形状近四边形。两端同宽。器身一侧经较多单面剥片，打击疤痕较密集，未经磨制。另一侧未经打制，也未磨制。刃部两面均经较多磨制，形成两道相互倾斜的光滑刃面。两刃面交汇处磨制出一道平直锋利的刃缘。刃缘两侧仍可见少量打击疤痕。未见使用痕迹。器身其余部位未见人工痕迹。长 6.6cm，宽 6.0cm，厚 1.4cm，重 90g（图九七，1）。

B 型　8 件。分别属于 Ba、Bb、Bc、Bf 亚型。

Ba 型　2 件。

标本 2013GLWT1④：117，原料为灰褐色辉绿岩砾石。器身较扁薄，形状近三角形。一端稍宽，另一端较窄。器身两侧和较窄端未经加工，均保留自然砾面。稍宽端一面经精心磨制，有较大面积的光滑刃面；另一面略经磨制，有少许光滑刃面。两刃面相互倾斜，交汇处磨制出一道整齐锋利的弧凸状刃缘。刃缘中部仍保留少许打击疤痕。未见使用痕迹。长 8.0cm，宽 3.5cm，厚 1.1cm，重 36g（图九七，2；彩版三一，3）。

标本 2013GLWT1④：28，原料为灰褐色辉绿岩砾石。器身较扁薄，形状近三角形。一端稍宽，另一端较窄。器身一侧和较窄端未经加工，均保留自然砾面。另一侧上半部未经加工，保留自然砾面；下半部经较多打制，保留较密集的打击疤痕，未经磨制。稍宽端一面经较多磨制，有较大面积的光滑刃面；另一面略经磨制，有部分光滑刃面；两侧部位仍保留少许打击疤痕。两道刃面相互倾斜，交汇处磨制出一道整齐锋利的弧凸状刃缘。未见使用痕迹。长 6.5cm，宽 2.9cm，厚 0.8cm，重 24g（图九七，3；彩版三一，2）。

Bb 型　3 件。

标本 2013GLWT1④：54，原料为灰褐色辉绿岩砾石。器身较扁薄，形状近四边形。一端稍

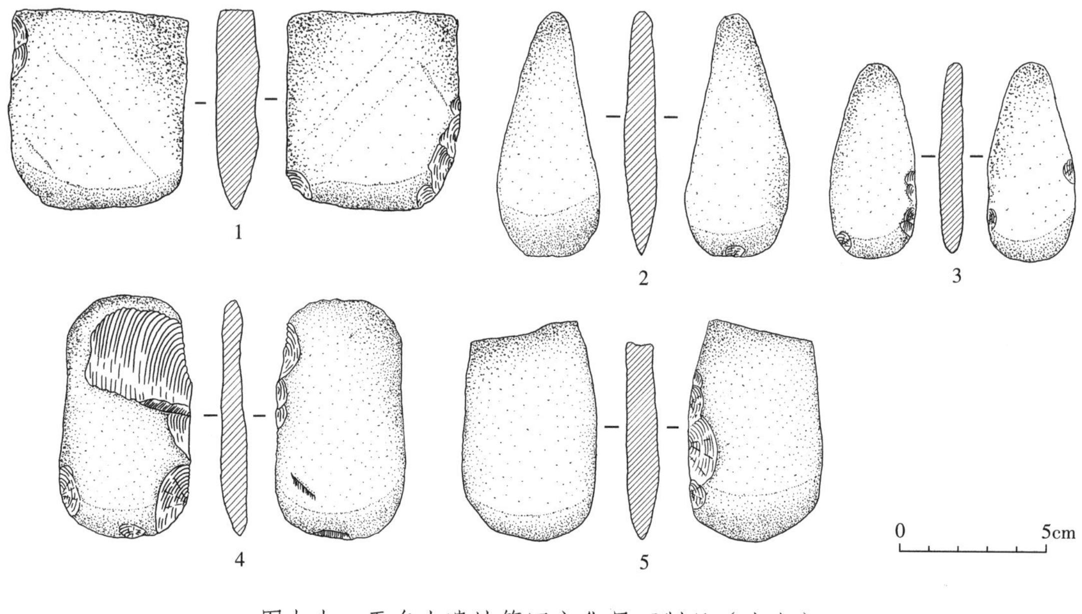

图九七　无名山遗址第四文化层石制品（十九）

1. Ab 型石斧（2013GLWT1④：26）　2、3. Ba 型石斧（2013GLWT1④：117、2013GLWT1④：28）
4、5. Bb 型石斧（2013GLWT1④：54、2013GLWT1④：90）

宽，另一端略窄。器身一侧经较多单面剥片，打击疤痕较密集，上半部片疤较大，未经磨制。另一侧仅近稍宽端略经单面剥片，有少量打击疤痕，未经磨制。稍宽端两面均经精心磨制，形成两道相互倾斜的光滑刃面。两刃面交汇处磨制出一道整齐锋利的弧凸状刃缘。刃口中部仍可见少量打击疤痕，未见使用痕迹。器身其余部位保留自然砾面。长 8.0cm，宽 4.5cm，厚 0.9cm，重 49g（图九七，4；彩版三一，4）。

标本 2013GLWT1④：90，原料为灰褐色辉绿岩砾石。器身较扁薄，形状近四边形。一端稍宽，另一端略窄。器身一侧下半部经较多单面剥片，保留较密集的打击疤痕，少量片疤较大，未经磨制。另一侧仅近稍宽端略经打制，有少量打击疤痕，未经磨制。稍宽端一面经精心磨制，有较大面积的光滑刃面；另一面略经磨制，有少许光滑刃面。两刃面相互倾斜，交汇处磨制出一道整齐锋利的弧凸状刃缘。未见使用痕迹。器身其余部位保留自然砾面。长 7.2cm，宽 4.6cm，厚 1.1cm，重 62g（图九七，5）。

Bc 型 1 件。

标本 2013GLWT1④：78，原料为灰褐色辉绿岩砾石。器身较扁薄，形状近梯形。一端稍宽；另一端略窄，为稍整齐的断裂面。器身两侧均经双面剥片，打击疤痕较密集；其中一侧的片疤较大，未经磨制。稍宽端两面均经精心磨制，形成两道宽窄不一、相互倾斜的光滑刃面。两刃面交汇处磨制出一道整齐锋利的弧凸状刃缘。未见使用痕迹。器身其余部位保留自然砾面。长 6.9cm，宽 6.4cm，厚 1.7cm，重 118g（图九八，1）。

Bf 型 2 件。

标本 2013GLWT1④：81，原料为灰褐色辉绿岩砾石。器身形状近椭圆形。一端稍宽，另一端略窄。器身两侧经过打制，其中一侧为单面剥片，打击疤痕较大且密集，剥片到达器身中轴线；另一侧为双面剥片，片疤较少且稀疏。两侧均未经磨制。稍宽端两面均经精心磨制，形成两道相互倾斜的光滑刃面，但其中一面中部仍可见少许打击疤痕。两刃面交汇处磨制出一道整齐锋利的弧凸状刃缘。未见使用痕迹。器身其余部位保留自然砾面。长 9.9cm，宽 4.8cm，厚 1.9cm，重 128g（图九八，2；彩版三一，5）。

标本 2013GLWT1④：112，原料为灰褐色辉绿岩砾石。器身近椭圆形。一端稍宽，另一端略窄。器身两侧下半部经双面剥片，均较多保留了打击疤痕，未经磨制。稍宽端一面经较多磨制，有部分光滑刃面；另一面略经磨制，有少许光滑刃面。两刃面相互倾斜，交汇处磨制出一道整齐锋利的斜弧状刃缘。未见使用痕迹。器身其余部位保留自然砾面。长 8.5cm，宽 4.7cm，厚 1.2cm，重 75g（图九八，3；彩版三一，6）。

第二类 残件。3 件。均为 B 型，分别属于 Bb 亚型和 Bh 亚型。

Bb 型 2 件。

标本 2013GLWT1④：76，原料为灰褐色辉绿岩砾石。器身形状近四边形。两端略宽。器身上端为稍整齐的断裂面。两侧均经打制，一侧为双面剥片，另一侧为单面剥片。两侧均保留有打

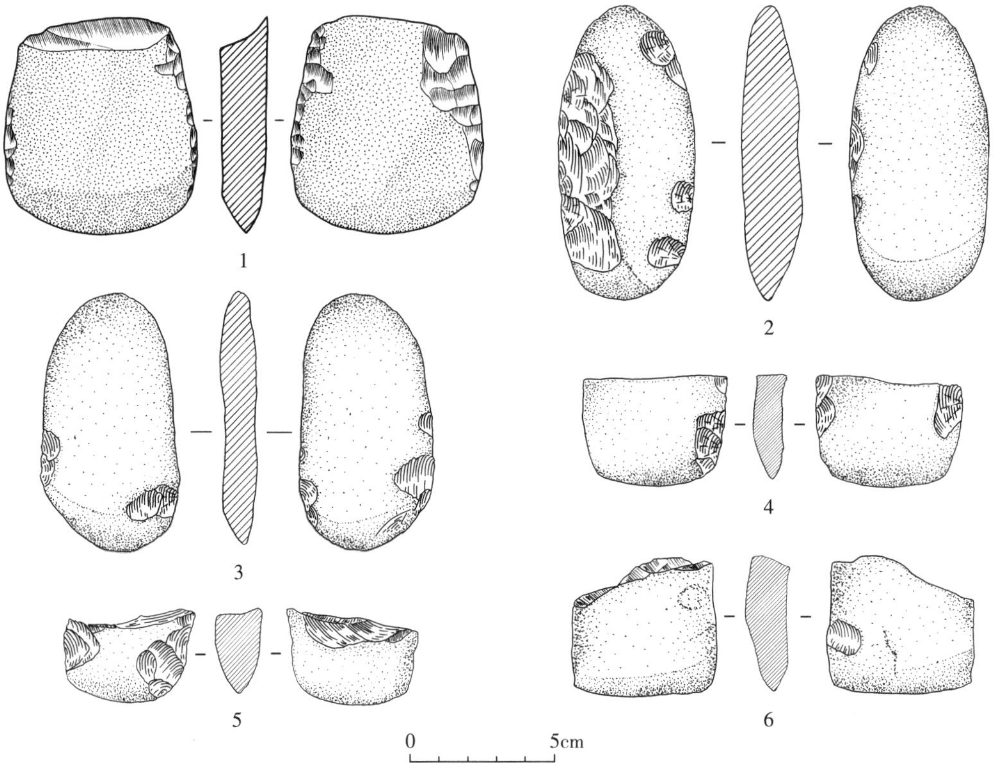

图九八 无名山遗址第四文化层石制品（二十）

1. Bc 型石斧（2013GLWT1④：78） 2、3. Bf 型石斧（2013GLWT1④：81、2013GLWT1④：112） 4、5. Bb 型石斧残件（2013GLWT1④：76、2013GLWT1④：68） 6. Bh 型石斧残件（2013GLWT1④：121）

击疤痕，边缘略经磨制。刃部两面均经精心磨制，形成两道宽窄不一、相互倾斜的光滑刃面；其中一侧边缘仍保留有较大的片疤。两刃面交汇处磨制出一道整齐锋利的微弧状刃缘。未见使用痕迹。器身其余部位保留自然砾面。残长 3.6cm，宽 4.9cm，厚 1.0cm，重 34g（图九八，4）。

标本 2013GLWT1④：68，原料为灰褐色辉绿岩砾石。器身形状近四边形。刃端略窄；另一端较宽，为不规则断裂面。两侧均经单面打制，保留较密集的打击疤痕，未经磨制。刃部两面均经精心磨制，形成两道宽窄不一、相互倾斜的光滑刃面；较宽刃面两侧边缘仍保留有较大的片疤。两刃面交汇处磨制出一道整齐锋利的微弧状刃缘。未见使用痕迹。器身其余部位保留自然砾面。残长 3.0cm，宽 4.6cm，厚 1.6cm，重 26g（图九八，5）。

Bh 型 1 件。

标本 2013GLWT1④：121，原料为灰褐色辉绿岩砾石。器身形状不规则。两端略宽，上端为不规则的断裂面。一侧下半部经单面打制，保留部分打击疤痕，未经磨制；另一侧未经加工。刃部两面均经精心磨制，形成两道相互倾斜的光滑刃面。两刃面交汇处磨制出一道平直锋利的刃缘。未见使用痕迹。器身其余部位保留自然砾面。残长 4.5cm，宽 4.8cm，厚 1.4cm，重 52g（图九八，6）。

石锛　6件。包括完整件和残件两大类。其中完整件和残件各3件，各占该文化层出土石锛总数的50%。原料均为砾石。岩性有辉绿岩、玄武岩和细砂岩三种。其中辉绿岩4件，占该文化层出土石锛总数的66.66%；玄武岩和细砂岩各1件，各占该文化层出土石锛总数的16.67%。磨制部位只见局部磨制一种，且均为磨制刃部。刃部均未见使用痕迹。器身形状有三角形、四边形、梯形、椭圆形和不规则形五种。其中三角形、四边形、椭圆形、不规则形各1件，各占该文化层出土石锛总数的16.67%；梯形2件，占该文化层出土石锛总数的33.33%。器身长度最大值9.1cm，最小值3.7cm；宽度最大值6.3cm，最小值3.8cm；厚度最大值2.1cm，最小值0.8cm；重量最大值140g，最小值20g。

第一类　完整件。3件。均为A型，分别属于Aa亚型和Ab亚型。

Aa型　2件。属于AaⅢ次亚型。

标本2013GLWT1④：116，原料为灰褐色辉绿岩砾石。器身稍扁薄，形状近梯形。一端略窄，另一端稍宽。加工仅限于略窄端。略窄端两面略经磨制，形成两道窄小的光滑刃面。其中一刃面明显向另一刃面倾斜，上方有较多的打击疤痕；另一刃面较平。两道刃面交汇处磨制出一道平直锋利的刃缘。未见使用痕迹。器身其余部位均未经加工，均保留自然砾面。长8.9cm，宽5.3cm，厚2.0cm，重140g（图九九，1；彩版三二，1）。

标本2013GLWT1④：113，原料为灰褐色辉绿岩砾石。器身稍扁薄，形状近梯形。刃端稍宽，把手端略窄。器身两侧均经打制，保留较密集的打击疤痕，未经磨制，其中一侧靠近把端片疤较大。刃部两面经较多磨制，形成两道宽窄不一、相互倾斜的光滑刃面。两刃面交汇处磨制出一道平直整齐锋利的斜刃。未见使用痕迹。器身其余部位保留自然砾面。长8.1cm，宽4.9cm，厚1.3cm，重86g（图九九，2；彩版三二，2）。

Ab型　1件。属于AbⅥ次亚型。

标本2013GLWT1④：93，原料为灰褐色玄武岩砾石。器身近椭圆形。一侧较扁薄，另一侧较厚。一端稍宽，另一端略窄。两侧经多次双面剥片，较薄侧打击疤痕较密集，较厚侧打击疤痕较为稀疏。两侧均未经磨制。稍宽端两面经精心磨制，形成两道宽大的光滑刃面。其中一刃面较宽，明显向另一面倾斜；另一刃面较窄平。两刃面交汇处磨制出一道整齐锋利的弧凸状刃缘。未见使用痕迹。器身其余部位保留自然砾面。长9.1cm，宽4.3cm，厚2.1cm，重112g（图九九，3；彩版三二，3）。

第二类　残件。3件。分别属于B型中的Ba、Bb、Bh亚型。

Ba型　1件。

标本2013GLWT1④：115，原料为灰褐色辉绿岩砾石。器身形状近三角形。刃端略窄；另一端稍宽，为断裂面。两侧均经较多打制，打击疤痕较密集，未经磨制，其中一侧断裂端处的疤痕较大。稍窄端一面稍经磨制，有较大面积的光滑刃面，刃面明显向另一面倾斜，其边缘仍保留有较多的打击疤痕；另一面略经磨制，有一道窄小的光滑刃面。两刃面交汇处磨制出一道整齐锋利的斜弧

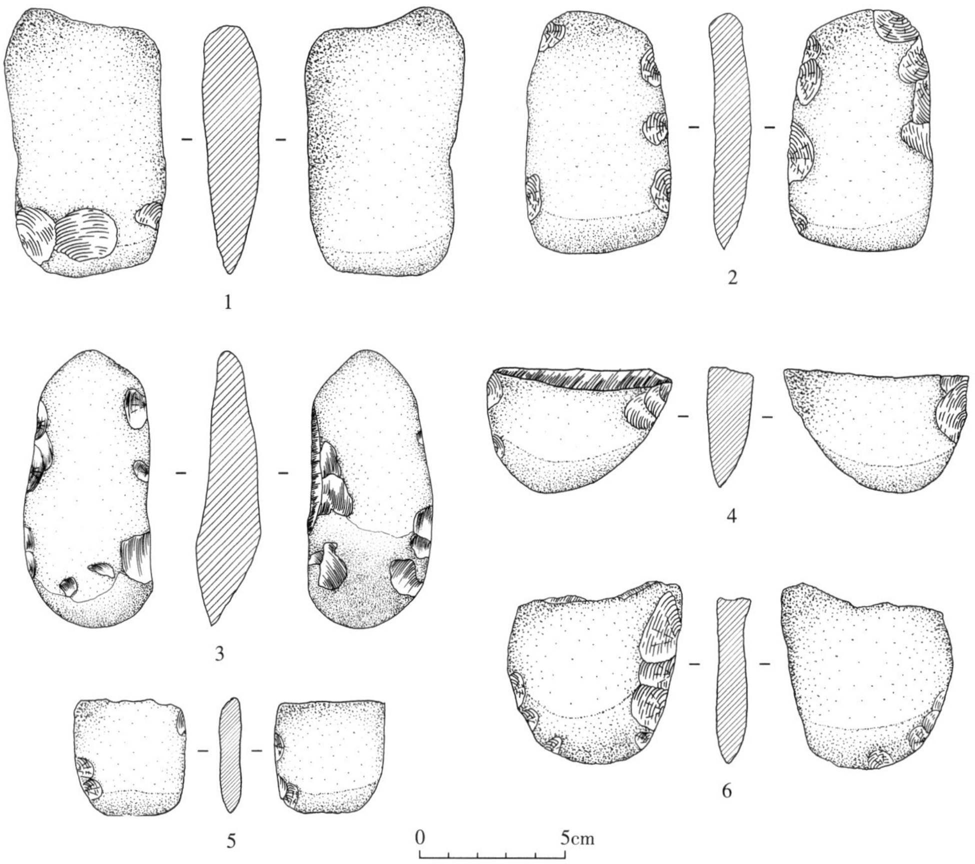

图九九　无名山遗址第四文化层石制品（二十一）

1、2. AaⅢ型石锛（2013GLWT1④：116、2013GLWT1④：113）　3. AbⅥ型石锛（2013GLWT1④：93）　4. Ba 型石锛残件（2013GLWT1④：115）　5. Bb 型石锛残件（2013GLWT1④：80）　6. Bh 型石锛残件（2013GLWT1④：110）

刃。未见使用痕迹。器身其余部位保留自然砾面。残长 4.0cm，宽 6.3cm，厚 1.6cm，重 50g（图九九，4）。

Bb 型　1 件。

标本 2013GLWT1④：80，原料为灰褐色细砂岩砾石。器身较扁薄，形状近四边形。刃端略窄；另一端稍宽，为断裂面。器身一侧经较多双面打制，打击疤痕较密集，未经磨制；另一侧只在近刃端保留少量疤痕。略窄端一面稍经磨制，有较大面积的光滑刃面，刃面明显向另一面倾斜，其边缘仍保留有较多的打击疤痕；另一面略经磨制，有小面积的光滑刃面。两刃面交汇处磨制出一道平直锋利的刃缘。未见使用痕迹。器身其余部位保留自然砾面。残长 3.7cm，宽 3.8cm，厚 0.8cm，重 20g（图九九，5）。

Bh 型　1 件。

标本 2013GLWT1④：110，原料为灰褐色辉绿岩砾石。器身较扁薄，形状不规则。刃端略窄；另一端稍宽，为断裂面。器身两侧均经较多打制，打击疤痕均较密集，未经磨制。其中一侧为单面剥片，疤痕较大；另一侧为双面剥片，片痕较小。略宽端一面稍经磨制，有较大面积的光滑刃面，刃面明显向另一面倾斜，两侧边缘仍保留有较多的打击疤痕；另一面略经磨制，有小面积的光滑刃面。两道刃面交汇处磨制出一道整齐锋利的弧凸状刃缘。未见使用痕迹。器身其余部位保留自然砾面。残长 5.6cm，宽 5.6cm，厚 1.0cm，重 57g（图九九，6）。

斧锛类半成品　14 件。包括完整件和残件两大类。其中完整件 10 件，占该文化层出土斧锛类半成品总数的 71.43%；残件 4 件，占该文化层出土斧锛类半成品总数的 28.57%。原料有砾石和石片两种。其中砾石 13 件，占该文化层出土斧锛类半成品总数的 92.86%；石片 1 件，占该文化层出土斧锛类半成品总数的 7.14%。岩性有辉绿岩和玄武岩两种。其中辉绿岩 12 件，占该文化层出土斧锛类半成品总数的 85.71%；玄武岩 2 件，占该文化层出土斧锛类半成品总数的 14.29%。磨制部位仅见局部磨制一种，且均为磨制刃部。器身形状有三角形、四边形、梯形、椭圆形和不规则形五种。其中三角形 3 件，占该文化层出土斧锛类半成品总数的 21.43%；椭圆形 4 件，占该文化层出土斧锛类半成品总数的 28.57%；四边形和梯形各 3 件，各占该文化层出土斧锛类半成品总数的 21.43%；不规则形 1 件，占该文化层出土斧锛类半成品总数的 7.14%。器身长度最大值 10.1cm，最小值 4.1cm；宽度最大值 5.6cm，最小值 3.6cm；厚度最大值 2.0cm，最小值 0.9cm；重量最大值 160g，最小值 36g。

第一类　完整件。10 件。分别属于 A 型和 B 型。

A 型　1 件。属于 Aa 亚型中的 AaⅥ次亚型。

标本 2013GLWT1④：79，原料为灰褐色玄武岩砾石。器身形状近椭圆形。一端稍宽，另一端略窄。其中一侧在近稍宽端处略经单面剥片，有少量打击疤痕。稍宽端一面的一侧经较多磨制，有部分光滑刃面；另一侧经多次双面剥片，形成一个略大的凹缺，仍保留较多打击疤痕。稍宽端另一面经打制并略经磨制，有部分光滑刃面，但仍保留打击疤痕。刃口一侧已经磨出，但尚未能全部磨制完成。器身其余部位保留自然砾面。长 9.4cm，宽 5.0cm，厚 1.2cm，重 83g（图一〇〇，1；彩版三二，4）。

B 型　9 件。分别属于 Ba、Bb、Bc、Bf 亚型。

Ba 型　2 件。

标本 2013GLWT1④：120，原料为灰褐色辉绿岩砾石。器身较扁薄，形状近三角形。一端较宽，另一端较窄。器身较窄端有一个较小而深凹的片疤，打击方向由较窄端向较宽端打击。较宽端边缘经多次单面剥片，打制出一道整齐锋利的微弧状刃缘。该端一面略经磨制，两侧有少许光滑刃面，但打击疤痕仍基本保留，另一面未经加工。刃口尚未开始磨制。两侧只在近较宽端略经打制，有少许打击疤痕。器身其余部位保留自然砾面。长 8.9cm，宽 4.8cm，厚 1.3cm，重 81g（图一〇〇，2；彩版三二，5）。

标本 2013GLWT1④：88，原料为灰褐色辉绿岩砾石。器身较扁薄，形状近三角形。一端较宽，另一端较窄。较宽端边缘经多次单面剥片，打制出一道整齐锋利的弧凸状刃缘；一面略经磨制，

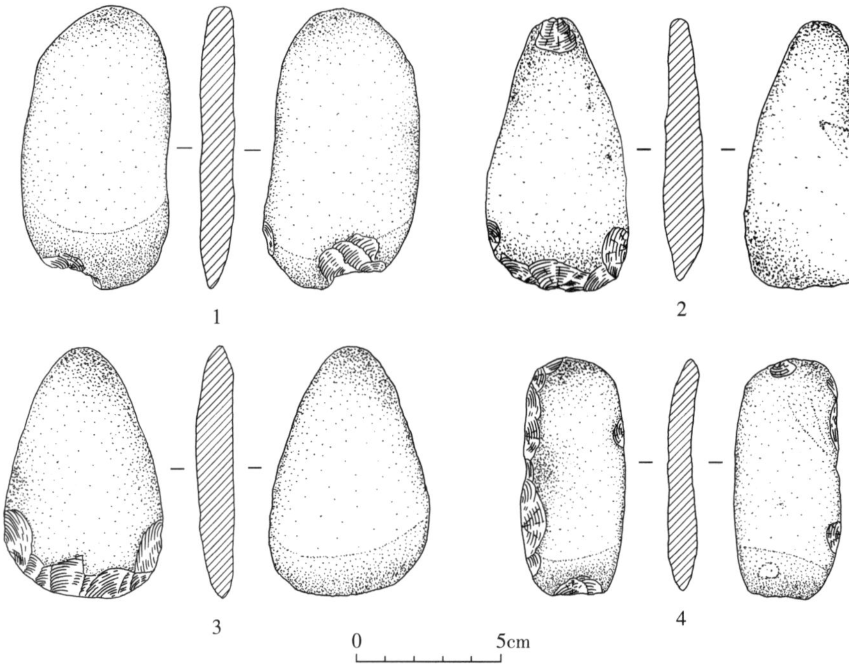

图一〇〇　无名山遗址第四文化层石制品（二十二）

1. AaⅥ型斧锛类半成品（2013GLWT1④：79）　2、3. Ba型斧锛类半成品（2013GLWT1④：120、2013GLWT1④：88）　4. Bb型斧锛类半成品（2013GLWT1④：114）

有小面积的光滑刃面，但打击疤痕仍基本保留，另一面未经加工。刃口尚未开始磨制。两侧只在近刃端处略经打制，保留少许打击疤痕。器身其余部位保留自然砾面。长8.3cm，宽5.5cm，厚1.3cm，重88g（图一〇〇，3）。

Bb型　1件。

标本2013GLWT1④：114，原料为灰褐色辉绿岩砾石。器身较扁薄，形状近四边形。两端略宽。器身一侧经多次双面剥片，打击疤痕较密集，未经磨制。一端边缘经多次单面剥片，打制出一道锋利的平直刃缘。一面略经磨制，两侧有部分光滑刃面，但中部仍保留较多打击疤痕；另一面略经磨制，有小面积的光滑刃面。刃口尚未开始磨制。器身一端和一侧的上半部有几个小而浅平的片疤，但未经磨制。器身其余部位保留自然砾面。长8.0cm，宽3.6cm，厚1.0cm，重46g（图一〇〇，4；彩版三二，6）。

Bc型　3件。

标本2013GLWT1④：99，原料为灰褐色辉绿岩砾石。器身形状近梯形。一端略窄，另一端稍宽，为较整齐的断裂面。加工方法为锤击法。稍宽端经多次双面剥片，打击疤痕较密集，其中一面的片疤较大，未经磨制。一侧经多次双面剥片，并经较多磨制，边缘大部分已磨制光滑，但仍可见少量打击疤痕；另一侧只在近略窄端略经打制，保留少量打击疤痕。略窄端经多次单面剥片，打制出一道弧凸状刃缘。刃缘整齐锋利但未磨制，未见使用痕迹。刃口尚未开始磨制。器身其余部位保留自然砾面。长 8.9cm，宽 5.6cm，厚 1.7cm，重 144g（图一〇一，1）。

标本 2013GLWT1④：52，原料为灰褐色辉绿岩砾石。器身形状近梯形。一端稍宽，另一端略窄。稍宽端边缘经多次单面剥片，打制出一道整齐锋利的弧凸状刃缘。较宽端一面略经磨制，有少许光滑刃面，但打击疤痕仍基本保留；另一面略经磨制，有部分光滑刃面。刃口一侧已磨出，但尚未磨制完成。器身两侧只在近稍宽端略经打制，保留少量打击疤痕。器身其余部位保留自然砾面。长 9.2cm，宽 5.2cm，厚 1.7cm，重 120g（图一〇一，2；彩版三三，1）。

标本 2013GLWT1④：89，原料为灰褐色辉绿岩砾石。器身略厚，形状近梯形。一端较宽，另一端较窄。器身较窄端略经单面剥片但未经磨制，有几个小而浅平的片疤。两侧经多次双面剥片，疤痕较密集，未经磨制，其中一侧的片疤较大且深凹。较宽端边缘经多次双面剥片，打制出一道整齐锋利的弧凸状刃缘。较宽端一面略经磨制，该面一侧和中央有少许光滑刃面，但打击疤痕仍

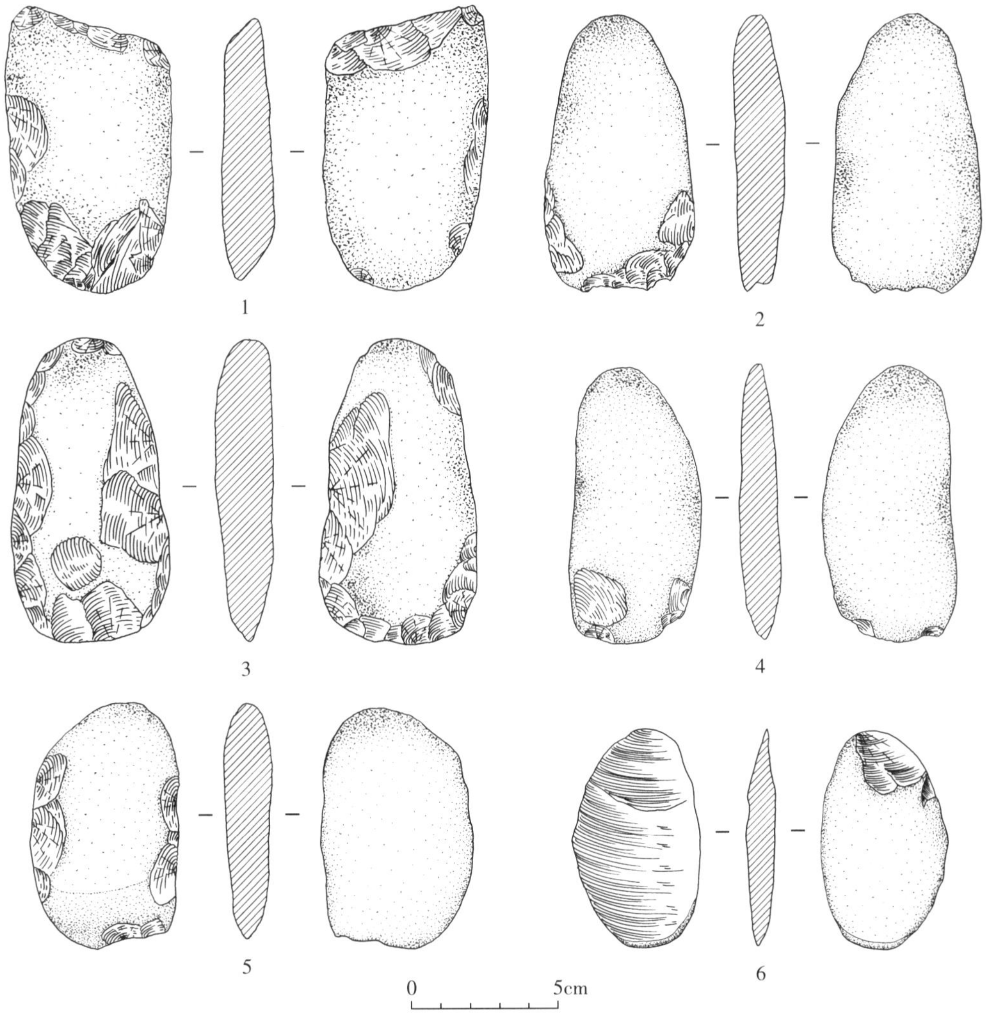

图一〇一　无名山遗址第四文化层石制品（二十三）

1~3. Bc 型斧锛类半成品（2013GLWT1④：99、2013GLWT1④：52、2013GLWT1④：89）
4~6. Bf 型斧锛类半成品（2013GLWT1④：118、2013GLWT1④：19、2013GLWT1④：191）

基本保留；另一面未经磨制，打击疤痕完全保留。刃口尚未开始磨制。器身其余部位保留自然砾面。长 10.1cm，宽 5.4cm，厚 2.0cm，重 134g（图一〇一，3）。

Bf 型　3 件。

标本 2013GLWT1 ④：118，原料为灰褐色辉绿岩砾石。器身形状近椭圆形。一端稍宽，另一端略窄。稍宽端边缘略经双面剥片，两面均略经磨制，有少许光滑刃面，但大部分仍保留打击疤痕。刃口尚未磨出。器身两侧只在近稍宽端略经单面剥片，保留少量打击疤痕。器身其余部位保留自然砾面。长 9.1cm，宽 4.3cm，厚 1.4cm，重 160g（图一〇一，4；彩版三三，2）。

标本 2013GLWT1 ④：19，原料为灰褐色玄武岩砾石。器身形状近椭圆形。一端稍宽，另一端略窄。两侧经多次单面剥片，保留有较密集的打击片疤，未经磨制；其中一侧的片疤略大。稍宽端一面的一侧经较多磨制，有较大面积的光滑刃面；该面中央至一侧经多次单面剥片，仍保留打击疤痕。另一面未经磨制。刃口尚未开始磨制。器身其余部位保留自然砾面。长 7.9cm，宽 5.1cm，厚 1.6cm，重 108g（图一〇一，5）。

标本 2013GLWT1 ④：191，原料为灰褐色辉绿岩石片。器身形状近椭圆形。腹面为较平整的破裂面；背面有一个较大而浅平的片疤残痕，片疤棱角已磨圆。左侧边缘折断了一小块。加工集中于石片远端边缘。未经打制就直接利用石片远端锋利的边缘略经磨制，刃部两面都有少许光滑刃面，但刃口并未最终形成。器身其余部位未见人工痕迹。长 7.2cm，宽 4.4cm，厚 0.9cm，重 36g（图一〇一，6）。

第二类　残件。4 件。分别属于 B 型和 D 型。

B 型　1 件。属于 Ba 亚型。

标本 2013GLWT1 ④：147，原料为灰褐色辉绿岩砾石。器身形状近三角形。一端较窄；另一端较宽，为稍整齐的断裂面。一侧经多次双面剥片，侧缘略经磨制，有小面积的光滑磨面，但仍保留较密集的打击疤痕；另一侧下半部略经单面剥片并略经磨制，侧缘上有少量光滑磨面，但仍可见少量打击疤痕。两侧片疤均较大且浅平。器身其余部位保留自然砾面。残长 6.1cm，宽 5.0cm，厚 1.6cm，重 72g（图一〇二，1）。

D 型　3 件。分别属于 Db 亚型和 Dh 亚型。

Db 型　2 件。

标本 2013GLWT1 ④：24，原料为灰褐色辉绿岩砾石。器身形状近四边形。一端略窄；一端稍宽，为稍整齐的断裂面。两侧均经多次双面剥片，打击疤痕较密集，未经磨制。略窄端一面经多次单面剥片，打制出一道整齐锋利的平直刃缘，之后两面略经磨制，形成部分光滑刃面，但打击疤痕基本保留。刃口尚未开始磨制。一面接断裂端的中间部位，有一较大的圆窝状砸击坑疤残痕。器身其余部位保留自然砾面。残长 4.1cm，宽 5.5cm，厚 1.8cm，重 60g（图一〇二，2）。

标本 2013GLWT1 ④：87，原料为灰褐色辉绿岩砾石。器身形状近四边形。一端略窄；另一端稍宽，为较整齐的断裂面。一侧经多次双面剥片，另一侧经多次单面剥片，均保留较密集的打

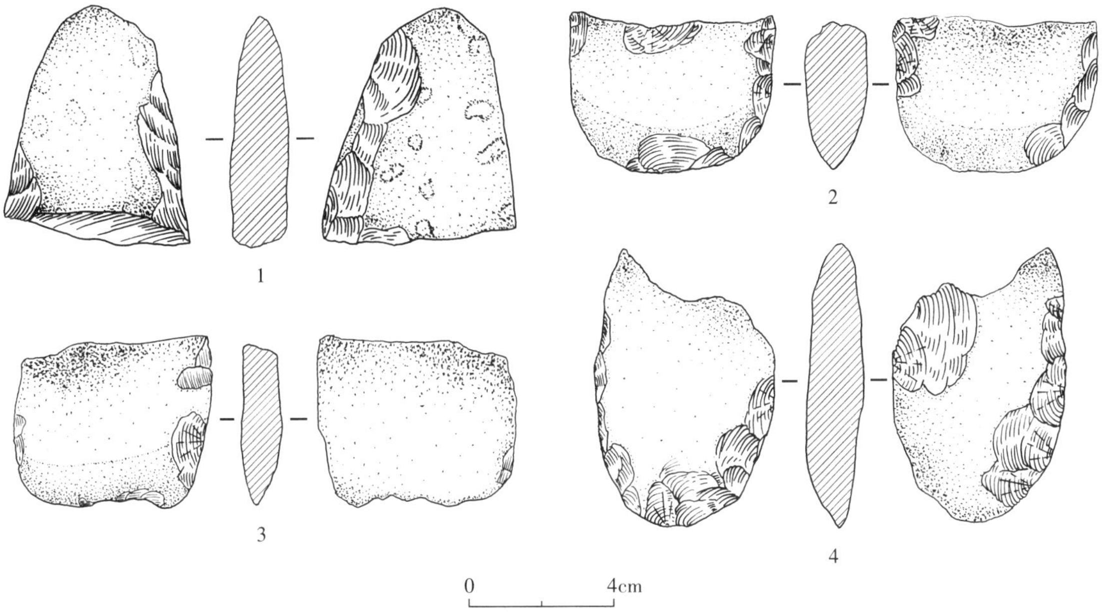

图一〇二　无名山遗址第四文化层石制品（二十四）

1. Ba 型斧锛类半成品残件（2013GLWT1 ④：147）　2、3. Db 型斧锛类半成品残件（2013GLWT1 ④：24、2013GLWT1 ④：87）　4. Dh 型斧锛类半成品残件（2013GLWT1 ④：126）

击疤痕，未经磨制。略窄端边缘经多次单面剥片，形成一个小凹缺；该端两面均略经磨制，形成少许光滑刃面，但端口的打击疤痕仍基本保留。刃口尚未开始磨制。器身其余部位保留自然砾面。残长 4.3cm，宽 5.4cm，厚 1.1cm，重 44g（图一〇二，3）。

Dh 型　1 件。

标本 2013GLWT1 ④：126，原料为灰褐色辉绿岩砾石。器身形状不规则。一端略窄；另一端稍宽，为不规整的断裂面。两侧均经多次双面剥片，保留较密集的打击疤痕，未经磨制。略窄端边缘经多次单面剥片，打制出一道整齐锋利的弧凸状刃缘。略宽端一面略经磨制，形成少许光滑磨面，但打击疤痕基本保留；另一面未经磨制。刃口尚未开始磨制。器身其余部位保留自然砾面。残长 7.5cm，宽 4.8cm，厚 1.5cm，重 69g（图一〇二，4）。

斧锛类毛坯　21 件。包括完整件和残件两大类。其中完整件 15 件，占该文化层出土斧锛类毛坯总数的 71.43%；残件 6 件，占该文化层出土斧锛类毛坯总数的 28.57%。原料均为砾石。岩性有辉绿岩、玄武岩和细砂岩三种。其中辉绿岩 15 件，占该文化层出土斧锛类毛坯总数的 71.42%；玄武岩、细砂岩各 3 件，各占该文化层出土斧锛类毛坯总数的 14.29%。加工方法为锤击法，多为单面加工。加工部位多在器身的端部和两侧。绝大部分标本或多或少保留有自然砾面，只有极少数为通体加工。器身形状有三角形、梯形、椭圆形和长条形四种。其中三角形 3 件，占该文化层出土斧锛类毛坯总数的 14.29%；梯形 9 件，占该文化层出土斧锛类毛坯总数的 42.86%；椭圆形 4 件，占该文化层出土斧锛类毛坯总数的 19.05%；长条形 5 件，占该文化层出土斧锛类毛坯总数的23.81%。器身长度最大值13.7cm，最小值4.3cm；宽度最大值6.5cm，最小值3.6cm；厚度最大值4.1cm，最小值0.6cm；重量最大值412g，最小值22g。

第一类　完整件。15件。分别属于A型和B型。

A型　12件。分别属于Aa亚型和Ab亚型。

Aa型　2件。分别属于AaⅢ次亚型和AaⅥ次亚型。

AaⅢ型　1件。

标本2013GLWT1④：102，原料为灰褐色辉绿岩砾石。器身形状近梯形。一端较窄厚，另一端较宽薄。加工方法为锤击法。加工集中于宽薄端。沿该端边缘多次双面剥片，加工出一道直刃。刃缘不甚整齐也不甚锋利，未经磨制。器身其余部位保留自然砾面。长11.0cm，宽5.2cm，厚2.3cm，重233g（图一〇三，1；彩版三三，3）。

AaⅥ型　1件。

标本2013GLWT1④：73，原料为灰褐色辉绿岩砾石。器身形状近椭圆形。一端略宽，另一端稍窄。加工方法为锤击法。两侧均经多次双面剥片，打击疤痕较密集，未经磨制。略宽端边缘经多次双面剥片，加工出一道直刃。刃缘整齐锋利但未磨制，也未见使用痕迹。片疤多较小且浅平。器身其余部位保留自然砾面。长11.1cm，宽6.1cm，厚1.8cm，重188g（图一〇三，2）。

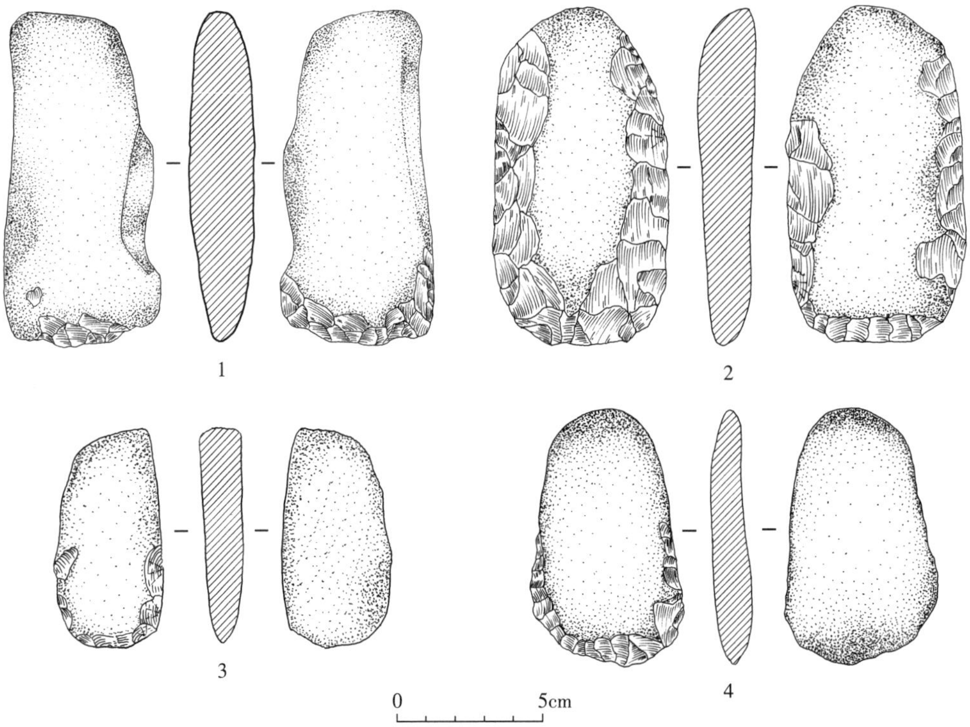

图一〇三　无名山遗址第四文化层石制品（二十五）

1. AaⅢ型斧锛类毛坯（2013GLWT1④：102）　2. AaⅥ型斧锛类毛坯（2013GLWT1④：73）
3、4. AbⅢ型斧锛类毛坯（2013GLWT1④：63、2013GLWT1④：109）

Ab 型　10 件。分别属于 AbⅢ、AbⅥ、AbⅦ次亚型。

AbⅢ型　3 件。

标本 2013GLWT1④：63，原料为灰褐色细砂岩砾石。器身形状近梯形。一端稍厚，另一端较薄。加工方法为锤击法。加工集中于两侧下半部及较薄端部位。沿这几个部位边缘多次单面剥片，在较薄端边缘加工出一道弧凸刃。刃缘整齐锋利但未磨制。器身其余部位保留自然砾面。长 7.2cm，宽 3.8cm，厚 1.5cm，重 64g（图一〇三，3）。

标本 2013GLWT1④：109，原料为灰褐色辉绿岩砾石。器身形状近梯形。一端稍窄，另一端略宽。加工方法为锤击法。加工集中于略宽端及两侧下半部部位。沿这几个部位边缘多次单面剥片，在略宽端边缘加工出一道弧凸状刃。刃缘整齐锋利但未磨制。器身其余部位保留自然砾面。长 8.4cm，宽 5.2cm，厚 1.2cm，重 75g（图一〇三，4；彩版三三，4）。

AbⅥ型　2 件。

标本 2013GLWT1④：77，原料为深灰色玄武岩砾石。器身形状近椭圆形。一端较宽薄，另一端略窄厚。通体打制，器身遍布打击疤痕，完全没有保留自然砾面。加工方法为锤击法。两侧和两端均经多次双面剥片，片疤多较大且浅平，部分片疤尾部折断形成陡坎，有的片疤多达到甚至超过器身中轴线。两加工面在器物中部相交形成一道较明显的凸棱。宽薄端经多次双面剥片；其中一面片疤多较大且浅平，片疤面明显向另一面倾斜；另一面片疤多较小且深凹，部分片疤尾部折断形成陡坎，片疤面略向另一面倾斜。两加工面交汇处打制出一道整齐锋利的弧凸状刃缘。未经磨制。长 13.1cm，宽 5.7cm，厚 2.9cm，重 286g（图一〇四，1）。

标本 2013GLWT1④：84，原料为灰褐色辉绿岩砾石。器身较扁薄，器身形状近椭圆形。一端稍宽，另一端略窄。加工方法为锤击法。沿砾石两侧边缘和稍宽端多次双面剥片，两侧打击疤痕均较密集，未经磨制。器身一面加工略少。稍宽端边缘加工出一道弧凸状刃。刃缘整齐锋利但未磨制。器身其余部位保留自然砾面。长 8.5cm，宽 4.3cm，厚 0.8cm，重 62g（图一〇四，2；彩版三三，5）。

AbⅦ型　5 件。

标本 2013GLWT1④：75，原料为灰褐色细砂岩砾石。器身扁薄，形状近长条形。一端较窄，另一端较宽。加工方法为锤击法。加工集中于较宽端及附近两侧部位。沿这几个部位边缘多次双面剥片，在较宽端边缘加工出一道弧刃。刃缘整齐锋利但未磨制。片疤多较小且浅平，部分片疤尾部折断形成陡坎。器身其余部位保留自然砾面。长 10.1cm，宽 4.1cm，厚 1.5cm，重 25g（图一〇四，3；彩版三四，1）。

标本 2013GLWT1④：4，原料为灰褐色辉绿岩砾石。器身形状近长条形。一端较窄，另一端较宽。加工方法为锤击法。加工集中于较宽端和一侧下半部。沿这几个部位边缘多次单面剥片，在较宽端边缘加工出一道弧凸状刃。刃缘整齐锋利但未磨制。片疤多较小且浅平，部分片疤尾部折断形成陡坎。器身其余部位保留自然砾面。长 12.6cm，宽 4.6cm，厚 2.4cm，重 205g

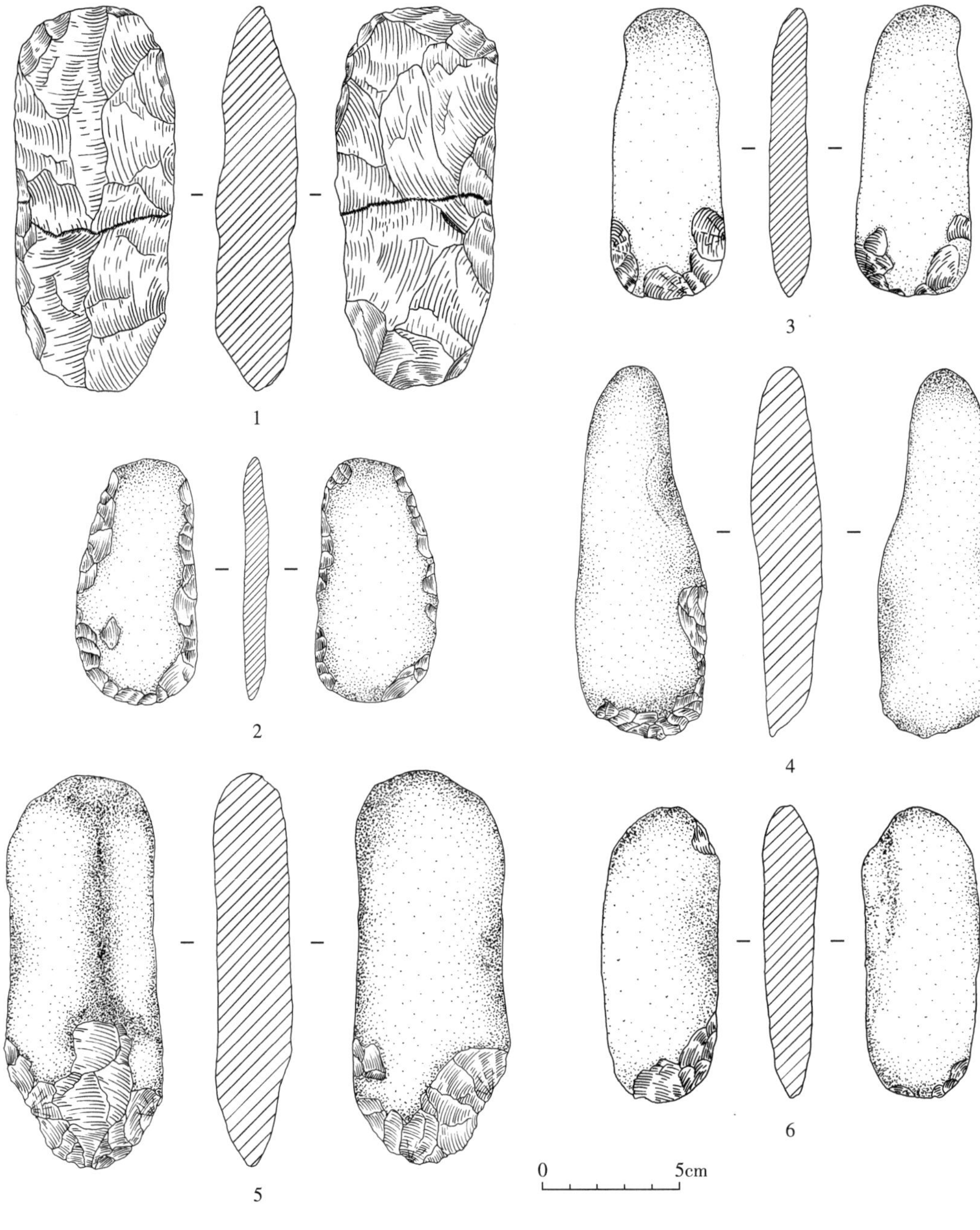

图一〇四　无名山遗址第四文化层石制品（二十六）

1、2. AbⅥ型斧锛类毛坯（2013GLWT1④：77、2013GLWT1④：84）　3~6. AbⅦ型斧锛类毛坯（2013GLWT1④：75、2013GLWT1④：4、2013GLWT1④：62、2013GLWT1④：111）

（图一〇四，4）。

标本2013GLWT1④：62，原料为灰褐色辉绿岩砾石。器身形状近长条形。一端较宽厚，另一端较窄薄。加工方法为锤击法。加工集中于窄薄端和附近两侧部位。沿这几个部位边缘多次双面剥片，在窄薄端边缘加工出一道弧凸状刃。刃缘整齐锋利但未磨制。片疤多较小且浅平。器身其余部位保留自然砾面。长 13.7cm，宽 5.7cm，厚 2.7cm，重 296g（图一〇四，5）。

标本 2013GLWT1 ④：111，原料为灰褐色辉绿岩砾石。器身形状近长条形。一端较窄厚，另一端较宽薄。加工方法为锤击法。加工多集中于窄薄端和附近一侧部位。砾石窄厚端一侧略经单面剥片，宽薄端和附近一侧边缘经多次双面剥片。在宽薄端边缘加工出一道弧凸状刃。刃缘整齐锋利但未磨制。片疤多较小且浅平。器身其余部位保留自然砾面。长 10.1cm，宽 4.2cm，厚 2.0cm，重 116g（图一〇四，6）。

B 型　3 件。分别属于 Bc 亚型和 Bf 亚型。

Bc 型　2 件。

标本 2013GLWT1 ④：100，原料为灰褐色辉绿岩砾石。器身形状近梯形。一端略宽，另一端稍窄。加工方法为锤击法。稍窄端经多次单面剥片，保留有较密集的打击疤痕，未经磨制。两侧下半部经多次单面剥片，片疤多较大且浅平，部分片疤达到甚至超过器身中轴线。两侧上半部则经多次双面剥片，片疤多较小且浅平。略宽端也经多次双面剥片，但边缘截断一小截，断面较陡，不甚整齐。刃口未能打制成型。器身其余部位保留自然砾面。长 11.2cm，宽 5.9cm，厚 2.0cm，重 188g（图一〇五，1；彩版三四，2）。

Bf 型　1 件。

标本 2013GLWT1 ④：94，原料为灰褐色辉绿岩砾石。器身较扁薄，形状近椭圆形。一端略窄，

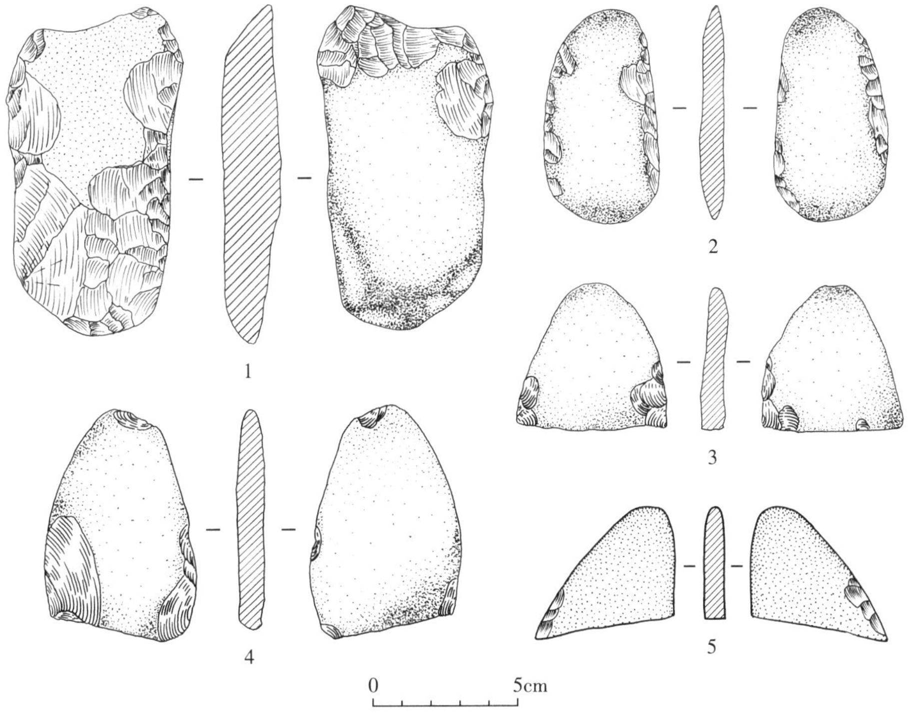

图一〇五　无名山遗址第四文化层石制品（二十七）

1. Bc 型斧锛类毛坯（2013GLWT1 ④：100）　2. Bf 型斧锛类毛坯（2013GLWT1 ④：94）　3~5. Ba 型斧锛类毛坯残件（2013GLWT1 ④：143、2013GLWT1 ④：141、2013GLWT1 ④：142）

另一端稍宽。加工方法为锤击法，沿砾石两侧边缘多次双面剥片，打击疤痕较密集，未经磨制。稍宽端未经加工，保留砾石的弧形边缘，刃部尚未开始加工。器身其余部位保留自然砾面。长7.0cm，宽3.9cm，厚0.8cm，重35g（图一〇五，2；彩版三四，3）。

第二类　残件。6件。分别属于B型中的Ba亚型和Bc亚型。

Ba型　3件。

标本2013GLWT1④：143，原料为灰褐色辉绿岩砾石。器身较扁薄，形状近三角形。一端较窄；另一端较宽，为整齐的断裂面。加工集中于两侧下半部，一侧下半部经多次双面剥片，疤痕均较密集；另一侧下半部略经单面剥片，片疤零星。两侧均未经磨制。器身其余部位保留自然砾面。残长4.8cm，宽5.1cm，厚0.8cm，重32g（图一〇五，3）。

标本2013GLWT1④：141，原料为灰褐色辉绿岩砾石。器身较扁薄，形状近三角形。一端较窄；另一端较宽，为稍整齐的断裂面。较窄端略经双面剥片，有少量打击疤痕和零星片疤。两侧下半部均经多次双面剥片，保留较多的打击疤痕。片疤多较小且浅平，但一侧的片疤较大且深凹。通体均未经磨制。器身其余部位保留自然砾面。残长7.2cm，宽5.1cm，厚0.9cm，重68g（图一〇五，4）。

标本2013GLWT1④：142，原料为灰褐色辉绿岩砾石。器身较扁薄，形状近三角形。一端较窄；另一端较宽，为整齐的断裂面。加工集中于一侧下半部，该部位经较多双面剥片，保留较密集的打击疤痕。片疤多较小且浅平，未经磨制。器身其余部位保留自然砾面。残长6.1cm，宽3.6cm，厚0.7cm，重22g（图一〇五，5）。

Bc型　3件。

标本2013GLWT1④：144，原料为灰褐色辉绿岩砾石。器身较扁薄，形状近梯形。一端较窄；另一端较宽，为较整齐的断裂面。加工集中于一侧，该部位经多次单面剥片，保留较密集的打击疤痕。片疤多较小且浅平，未经磨制。器身其余部位保留自然砾面。残长5.4cm，宽5.0cm，厚1.0cm，重56g（图一〇六，1）。

标本2013GLWT1④：148，原料为灰褐色辉绿岩砾石。器身较扁薄，形状近梯形。一端较窄；另一端稍宽，为断裂面。两侧均经较多打制，打击疤痕均较密集。片疤多较大且浅平，部分片疤尾部折断形成陡坎。较窄端略经打制，片疤零星。通体均未经磨制。器身其余部位保留自然砾面。残长4.3cm，宽4.0cm，厚1.0cm，重29g（图一〇六，2）。

标本2013GLWT1④：146，原料为灰褐色玄武岩砾石。器身形状近梯形。一端稍窄；另一端略宽，为不甚整齐的断裂面。加工集中于一侧下半部，该部位略经双面剥片，保留少量打击疤痕，未经磨制。器身其余部位保留自然砾面。长6.2cm，宽4.5cm，厚1.4cm，重71g（图一〇六，3）。

研磨器毛坯　12件。原料均为砾石。岩性仅见辉绿岩一种。加工简单，有的直接以砾石一端为研磨面，只在侧部略微修整；有的利用较长的砾石截取一段，部分直接利用截断面为研磨面，部分对研磨面略微修整。器身形状有三角柱状、方柱状、扁柱状和圆柱状四种类型。其中三角柱

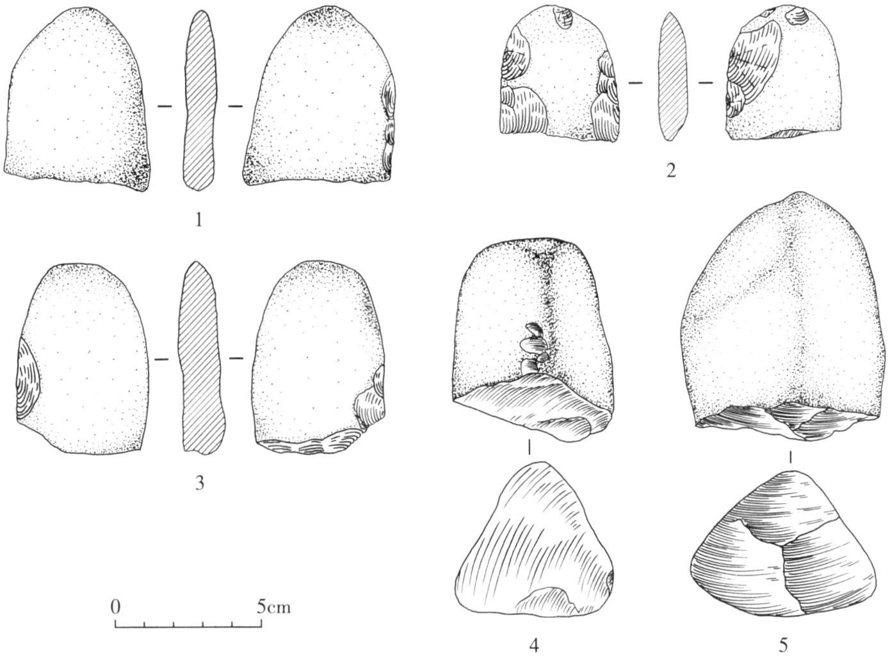

图一〇六　无名山遗址第四文化层石制品（二十八）

1~3. Bc 型斧锛类毛坯残件（2013GLWT1 ④：144、2013GLWT1 ④：148、2013GLWT1 ④：146）
4、5. Aa Ⅰ型研磨器毛坯（2013GLWT1 ④：313、2013GLWT1 ④：309）

状 2 件，占该文化层出土研磨器毛坯总数的 16.67%；方柱状 6 件，占该文化层出土研磨器毛坯总数的 50.00%；扁柱状 3 件，占该文化层出土研磨器毛坯总数的 25.00%；圆柱状 1 件，占该文化层出土研磨器毛坯总数的 8.33%。器身长度最大值 17.6cm，最小值 5.1cm；宽度最大值 7.8cm，最小值 4.3cm；厚度最大值 6.6cm，最小值 2.7cm；重量最大值 1067g，最小值 147g。分别属于 A、B、C 型。

A 型　8 件。分别属于 Aa 亚型和 Ab 亚型。

Aa 型　6 件。分别属于 Aa Ⅰ、Aa Ⅱ、Aa Ⅲ次亚型。

Aa Ⅰ型　2 件。

标本 2013GLWT1 ④：313，原料为灰褐色辉绿岩砾石。器身形状近三角柱状。一端稍宽，另一端略窄。加工集中于稍宽端。以一侧为台面，将砾石近乎垂直截成两截，取其中一段作器身，将断裂面作为研磨面。研磨面近三角形，不甚平整，打击点和放射线均不甚清楚。器身其余部位保留自然砾面。长 6.7cm，宽 5.6cm，厚 5.1cm，重 215g（图一〇六，4）。

标本 2013GLWT1 ④：309，原料为灰褐色辉绿岩砾石。器身形状近三角柱状。一端稍宽，另一端略窄。加工集中于稍宽端。以一侧为台面，将砾石一分为二，取其中一段作为器身，将断裂面作为研磨面。研磨面近三角形，不甚平整，打击点和放射线均不甚清楚。器身其余部位保留自然砾面。长 8.2cm，宽 7.0cm，厚 4.7cm，重 409g（图一〇六，5）。

AaⅡ型 3件。

标本2013GLWT1④：291，原料为灰褐色辉绿岩砾石。器身形状近方柱状。一端稍宽，另一端略窄。加工集中于稍宽端。以一侧为台面，将砾石垂直截成两段，取其中一段作为器身，将断裂面作为研磨面。研磨面近四边形，较平整，打击点和放射线均不甚清楚。器身其余部位保留自然砾面。长5.1cm，宽4.3cm，厚3.6cm，重147g（图一〇七，1；彩版三四，4）。

标本2013GLWT1④：315，原料为灰褐色辉绿岩砾石。器身形状近方柱状。一端稍宽，另一端略窄。加工集中于稍宽端。以一侧为台面，将砾石垂直截成两段，取其中一段作为器身，将断裂面作为研磨面。研磨面近四边形，较平整，打击点和放射线均不甚清楚。研磨面一侧和一端有少量小而浅平的片疤，应为修整研磨面所遗留痕迹，打击方向由研磨面向把手端打击。器身其余部位保留自然砾面。长10.8cm，宽6.8cm，厚4.7cm，重616g（图一〇七，2）。

标本2013GLWT1④：275，原料为灰褐色辉绿岩砾石。器身形状近方柱状。一面较平，另一面内凹。一端较宽，另一端略窄。加工集中于较宽端。以较平面为台面，将砾石垂直截成两段，取其中一段作为器身，将断裂面作为研磨面。研磨面近四边形，凹凸不平，打击点和放射线都很清楚。研磨面一端有少量小而浅平的片疤，应为修整研磨面所遗留痕迹，打击方向由研磨面向把手端打击。器身其余部位保留自然砾面。长12.8cm，宽7.4cm，厚4.8cm，重696g（图一〇七，3）。

AaⅢ型 1件。

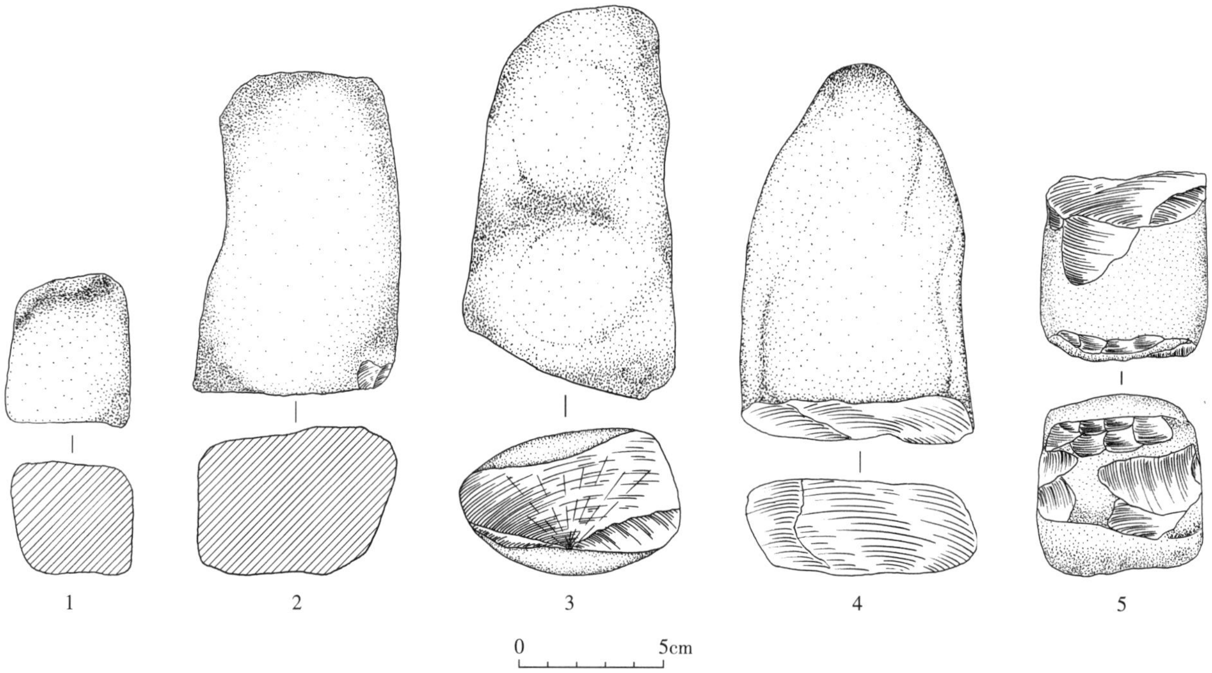

图一〇七 无名山遗址第四文化层石制品（二十九）

1~3. AaⅡ型研磨器毛坯（2013GLWT1④：291、2013GLWT1④：315、2013GLWT1④：275） 4. AaⅢ型研磨器毛坯（2013GLWT1④：314） 5. AbⅡ型研磨器毛坯（2013GLWT1④：312）

标本 2013GLWT1 ④：314，原料为灰褐色辉绿岩砾石。器身形状近扁柱状。两面均较平。一端较宽，另一端较窄。加工集中于较宽端。以一面为台面，将砾石垂直截成两段，取其中一段作为器身，将断裂面作为研磨面。研磨面近四边形，凹凸不平，打击点和放射线均不甚清楚。器身其余部位保留自然砾面。长 12.6cm，宽 7.8cm，厚 3.1cm，重 509g（图一〇七，4）。

Ab 型　2 件。分别属于 AbⅡ次亚型和 AbⅢ次亚型。

AbⅡ型　1 件。

标本 2013GLWT1 ④：312，原料为灰褐色辉绿岩砾石。器身形状近方柱状。一端稍宽，另一端略窄。加工集中于两端。先以一面为台面，将砾石一分为二，取其中一段作为器身，将断裂端作为把手端。断裂面近四边形，不甚平整，打击点和放射线均不甚清楚。其一侧和一端有少量小而浅平的片疤，片疤被断裂面所破坏，应为修整把手时留下的痕迹。以略窄端端面作为研磨面。该端面稍平，遍布密密麻麻的片疤面。这些片疤多较小且浅平，打击方向既有由一侧向另一侧打击的，也有由一面向另一面打击的，还有由略窄端向稍宽端打击的，应为修整研磨面所遗留痕迹。器身其余部位保留自然砾面。长 6.3cm，宽 5.7cm，厚 5.7cm，重 340g（图一〇七，5）。

AbⅢ型　1 件。

标本 2013GLWT1 ④：294，原料为灰褐色辉绿岩砾石。器身形状近扁柱状。两面均较平。一端稍宽，另一端略窄。加工集中于两端。以一面为台面，将砾石垂直截成两段，取其中一段作为器身，将断裂面作为研磨面。研磨面近椭圆形，凹凸不平，打击点和放射线均不甚清楚。略窄端经多次单面剥片，片疤多较小且浅平，应为修整把手所遗留痕迹。器身其余部位保留自然砾面。长 9.4cm，宽 5.1cm，厚 2.7cm，重 188g（图一〇八，1）。

B 型　3 件。分别属于 Ba 亚型中的 BaⅡ次亚型和 BaⅣ次亚型。

BaⅡ型　2 件。

标本 2013GLWT1 ④：127，原料为灰褐色辉绿岩砾石。器身形状近方柱状。一面较平，另一面凸起。加工集中于一侧，以凸起面为台面，沿一侧中部向略窄端多次单面剥片，该侧片疤多较大且浅平，应为修整器身所遗留的痕迹。另一侧近稍宽端有一较狭长的片疤，棱角已磨圆。从加工方向看，应是以略窄端端面作为研磨面。其余部位保留自然砾面。长 12.7cm，宽 6.4cm，厚 6.2cm，重 769g（图一〇八，2；彩版三四，5）。

标本 2013GLWT1 ④：320，原料为灰褐色辉绿岩砾石。器身形状近方柱状。一端略窄，另一端稍宽。略窄端端面及一侧中部至略窄端处，均为旧的片疤面，棱角已磨圆。加工集中于旧有片疤面相对的一侧。先以略窄端端面为台面，在一侧剥出一个较大而浅平的狭长片疤；再以一面为台面，在狭长片疤上剥出一个较小而浅平的片疤。这些片疤应是修整研磨面和器身时留下的痕迹。其余部位保留自然砾面。长 17.6cm，宽 7.2cm，厚 6.6cm，重 1067g（图一〇八，3）。

BaⅣ型　1 件。

标本 2013GLWT1 ④：273，原料为灰褐色辉绿岩砾石。器身形状近圆柱状。一端稍宽，另一

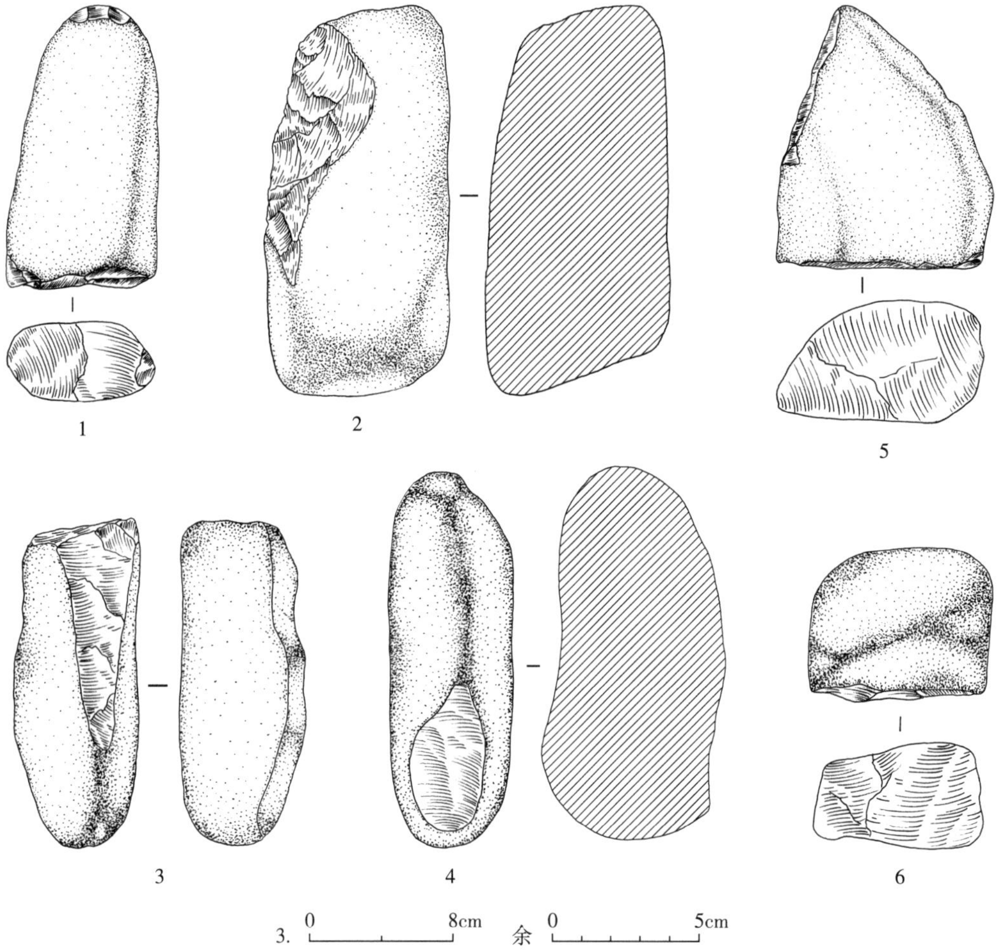

图一〇八　无名山遗址第四文化层石制品（三十）

1. AbⅢ型研磨器毛坯（2013GLWT1④：294）　2、3. BaⅡ型研磨器毛坯（2013GLWT1④：127、2013GLWT1④：320）　4. BaⅣ型研磨器毛坯（2013GLWT1④：273）　5. CaⅢ型研磨器毛坯（2013GLWT1④：319）　6. 石拍（?）残件（2013GLWT1④：316）

端略窄。加工集中于稍宽端一侧。以稍宽端为台面，在端面一侧剥出一个较大而浅平的片疤，该片疤应为修整磨面端所遗留痕迹。器身其余部位保留自然砾面。长12.4cm，宽5.6cm，厚4.3cm，重492g（图一〇八，4）。

C型　1件。属于Ca亚型中的CaⅢ次亚型。

标本2013GLWT1④：319，原料为灰褐色辉绿岩砾石。器身形状近扁柱状。一面较平，另一面凸起。一端较宽，另一端较窄。先以较宽端一侧为台面，将砾石垂直截成两段，取其中一段作为器身，将断裂面作为研磨面。研磨面近四边形，较为平整，打击点和放射线均不甚清楚。再以较平面为台面，沿一侧中部向较窄端多次单面剥片。片疤多较小且浅平，应为修整把手所遗留痕迹，打击方向由较平面向凸起面打击。器身其余部位保留自然砾面。长8.7cm，宽7.4cm，厚4.0cm，重411g（图一〇八，5）。

石拍（？）　1件。为残件。

标本2013GLWT1④：316，原料为灰褐色玄武岩砾石。器身形状近四边形。下端面为一较规整的断裂面。加工主要集中于一面，其下半部为一弧状沟槽。另一面右下侧有一残缺坑疤。柄端与左右两侧保留自然砾面。从右江流域发现的石拍特征来看，该器物有可能为石拍的柄部。残长5.0cm，宽6.2cm，厚3.5cm，重230g（图一〇八，6）。

2. 陶器

3片。均为碎陶片，无法辨别器形。均为夹砂陶，羼有螺蚌壳颗粒，火候较低。陶色有红、中间灰黑两面红和黑三种，每色各1片。素面陶、中绳纹陶和细绳纹陶各1片。素面陶为黑色，中绳纹陶为中间灰黑两面红，细绳纹陶为红色。

3. 蚌器

82件。类型包括锯齿刃蚌器、双肩蚌铲、有肩蚌器半成品、穿孔蚌器、蚌刀和无名蚌器等。

锯齿刃蚌器　10件。均属于A型中的Aa亚型。

标本2013GLWT1④：9，选择较大较厚的蚌壳，在较薄一侧打出锯齿状刃口，加工方向由腹面向背面打击，锯齿明显且规整；其他部位未经加工。保存比较完整。长13.1cm，宽8.6cm，厚1.6cm（图一〇九，1）。

标本2013GLWT1④：16，选择较厚的蚌壳，在较薄一侧打出锯齿状刃口，锯齿明显且规整；其他部位不加工。保存比较完整。长14.0cm，宽9.4cm，厚3.4cm（图一〇九，2；彩版三五，1）。

标本2013GLWT1④：355，选择较厚的蚌壳，在较薄一侧打出锯齿状刃口，其他部位不加工。背侧残缺。长15.2cm，宽9.8cm，厚2.6cm（图一〇九，3）。

标本2013GLWT1④：35，选择较厚的蚌壳，在较薄一侧打出锯齿状刃口，锯齿明显且规整；其他部位不加工。保存完整。长11.7cm，宽8.4cm，厚2.9cm（图一〇九，4）。

标本2013GLWT1④：384，选择较厚的蚌壳，在较薄一侧打出锯齿状刃口，其他部位不加工。尾端稍微破损。长14.5cm，宽8.9cm，厚3.5cm（图一〇九，5；彩版三五，2）。

标本2013GLWT1④：383，选择较厚的蚌壳，在较薄一侧打出锯齿状刃口，锯齿明显且规整；其他部位不加工。保存较完整。长12.0cm，宽8.4cm，厚3.1cm（图一一〇，1；彩版三五，3）。

标本2013GLWT1④：397，选择较厚的蚌壳，在较薄一侧打出锯齿状刃口，锯齿明显且规整；其他部位不加工。尾端稍微破损。长11.6cm，宽8.0cm，厚3.1cm（图一一〇，2）。

标本2013GLWT1④：18，选择较厚的蚌壳，在较薄一侧打出锯齿状刃口，锯齿明显且规整；其他部位不加工。尾端稍微破损。长11.9cm，宽7.7cm，厚2.7cm（图一一〇，3；彩版三五，4）。

标本2013GLWT1④：25，选择较厚的蚌壳，在较薄一侧打出锯齿状刃口，锯齿明显且规整；其他部位不加工。保存较完整，长12.9cm，宽8.4cm，厚2.8cm（图一一〇，4）。

标本2013GLWT1④：382，选择较厚的蚌壳，在较薄一侧打出锯齿状刃口，锯齿明显且规整；其他部位不加工。保存较完整。长13.6cm，宽8.9cm，厚2.6cm（图一一〇，5）。

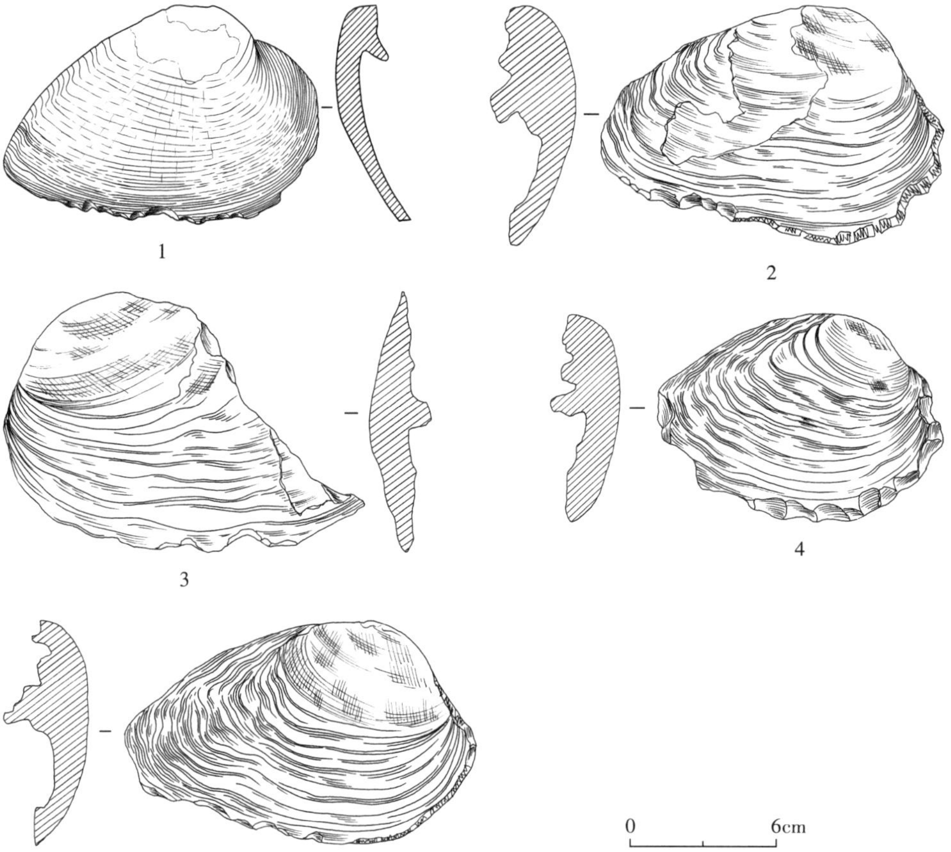

图一〇九　无名山遗址第四文化层蚌器（一）

1~5. Aa 型锯齿刃蚌器（2013GLWT1④：9、2013GLWT1④：16、2013GLWT1④：355、2013GLWT1④：35、2013GLWT1④：384）

双肩蚌铲　8 件。分别属于 A、B、C 型。

A 型　3 件。

标本 2013GLWT1④：1，直柄弧顶，柄部较长。双平肩，肩部较宽，两肩基本对称。一侧略直，另一侧内收到刃端。柄部、一侧及刃部有破损。柄部、肩部可见打制痕迹。长 16.3cm，宽 8.6cm，厚 1.9cm（图一一一，1）。

标本 2013GLWT1④：17，直柄，柄部较短，顶部略有残损。双肩近平，肩部较宽，两肩不对称。柄部、肩部可见加工痕迹。一侧大部分残缺，另一侧弧状内收至刃端。刃部破损。从剩余刃部形态判断，原应为弧凸状刃。长 11.4cm，宽 8.5cm，厚 1.3cm（图一一一，2）。

标本 2013GLWT1④：8，直柄弧顶，柄部较长。双肩近平，肩部较宽，两肩大致对称。肩以下内收成平刃。柄部、肩部可见加工痕迹。长 11.1cm，宽 8.2cm，厚 1.2cm（图一一一，3）。

B 型　3 件。

标本 2013GLWT1④：51，直柄弧顶，柄部较长。双斜肩，两肩不对称。柄部、肩部可见加工痕

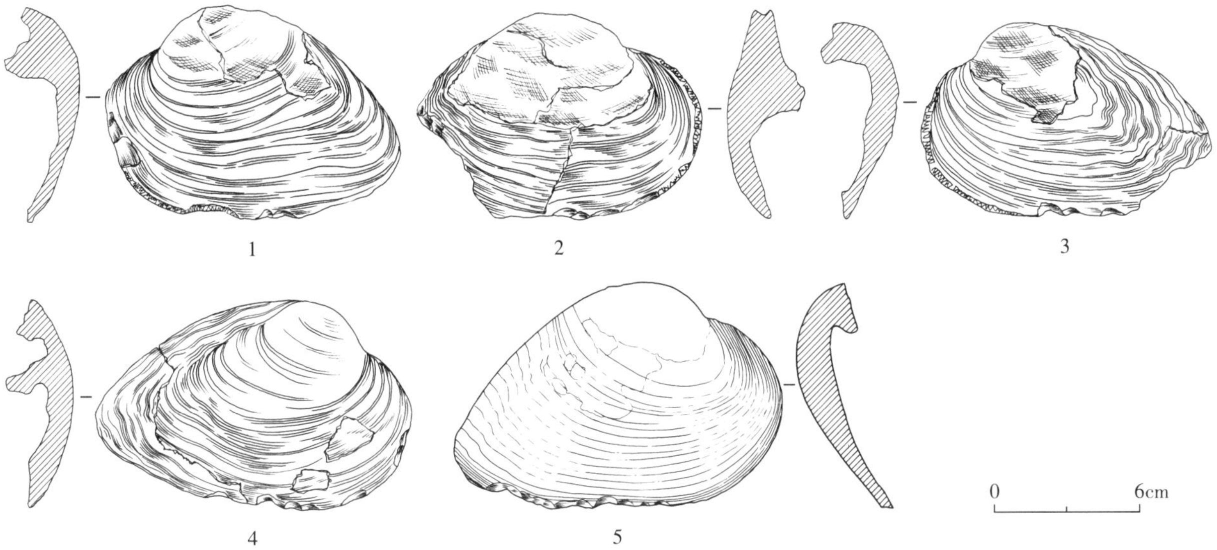

图一一〇　无名山遗址第四文化层蚌器（二）

1~5. Aa 型锯齿刃蚌器（2013GLWT1 ④：383、2013GLWT1 ④：397、2013GLWT1 ④：18、2013GLWT1 ④：25、2013GLWT1 ④：382）

迹。一侧及刃部残损，另一侧肩部以下外展至刃端。残长 11.0cm，宽 7.1cm，厚 1.6cm（图一一一，4）。

标本 2013GLWT1 ④：67，直柄弧顶，柄部较长。双斜肩，两肩不对称。柄部、肩部可见加工痕迹。一侧及刃部残损，另一侧肩部以下外展至刃端。残长 12.3cm，宽 8.8cm，厚 1.2cm（图一一一，5）。

标本 2013GLWT1 ④：70，直柄弧顶，柄部较长。双斜肩，两肩不对称。柄部、肩部可见加工痕迹。一侧及刃部残损，另一侧略直。残长 12.9cm，宽 7.4cm，厚 1.1cm（图一一一，6）。

C 型　2 件。

标本 2013GLWT1 ④：49，直柄弧顶，柄部较短。溜肩，双肩不对称。弧刃，柄部、肩部可见加工痕迹。一侧稍残损，另一侧略直。残长 12.1cm，宽 7.1cm，厚 0.9cm（图一一二，1）。

标本 2013GLWT1 ④：41，直柄弧顶，柄部较长。溜肩，双肩不对称。柄部、肩部可见加工痕迹。刃部及一侧稍残损，另一侧肩部以下内收至刃端。残长 13.9cm，宽 8.5cm，厚 1.3cm（图一一二，2）。

有肩蚌器半成品　3 件。均在蚌壳头端一侧打出不成型的肩部，其他部位没有加工痕迹，判断应为有肩蚌器的半成品。

标本 2013GLWT1 ④：358，一侧残损严重。残长 14.8cm，宽 8.1cm，厚 1.8cm（图一一二，3）。

标本 2013GLWT1 ④：362，尾端及一侧稍破损。长 14.0cm，宽 9.3cm，厚 2.4cm（图一一二，4）。

标本 2013GLWT1 ④：360，蚌壳一侧破损。残长 13.6cm，宽 8.5cm，厚 2.2cm（图一一

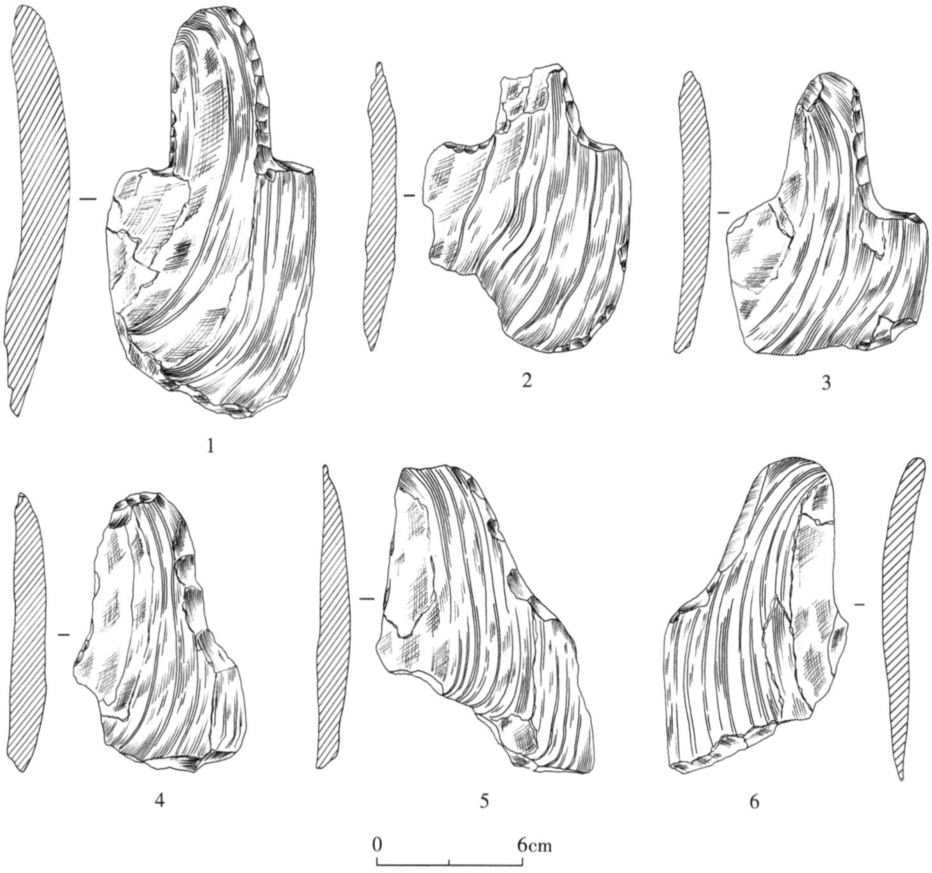

图一一一 无名山遗址第四文化层蚌器（三）

1~3. A 型双肩蚌铲（2013GLWT1 ④：1、2013GLWT1 ④：17、2013GLWT1 ④：8）
4~6. B 型双肩蚌铲（2013GLWT1 ④：51、2013GLWT1 ④：67、2013GLWT1 ④：70）

二，5）。

穿孔蚌器 5 件。均在蚌壳中间穿一孔。其中 4 件较完整，1 件残缺一半。

标本 2013GLWT1 ④：82，原料为一般的蚌壳，大小适中。在蚌壳中部偏右处打制出一个近椭圆形的穿孔，穿孔较狭长，孔缘未经修整，保留锋利的棱角。上部近头端有一个形状不规则的小孔，应为打制穿孔时蚌壳层剥落所致。长 10.3cm，宽 7.4cm，厚 1.1cm（图一一三，1；彩版三五，5）。

标本 2013GLWT1 ④：108，体形较小。在蚌壳近中部打制出一个近圆形的穿孔，孔缘未经修整，保留着锋利的棱角。保存基本完整。长 7.2cm，宽 5.4cm，厚 2.2cm（图一一三，3）。

标本 2013GLWT1 ④：352，在蚌壳中部打制出一个近圆形的穿孔，孔缘经过修整，棱角已磨圆。保存基本完整。长 13.0cm，宽 7.5cm，厚 2.2cm（图一一三，2）。

标本 2013GLWT1 ④：371，在蚌壳中部打制出一个近圆形的穿孔，因蚌器厚侧缺失，只剩半孔，两端略残损。残长 16.0cm，宽 9.2cm，厚 1.5cm（图一一三，4）。

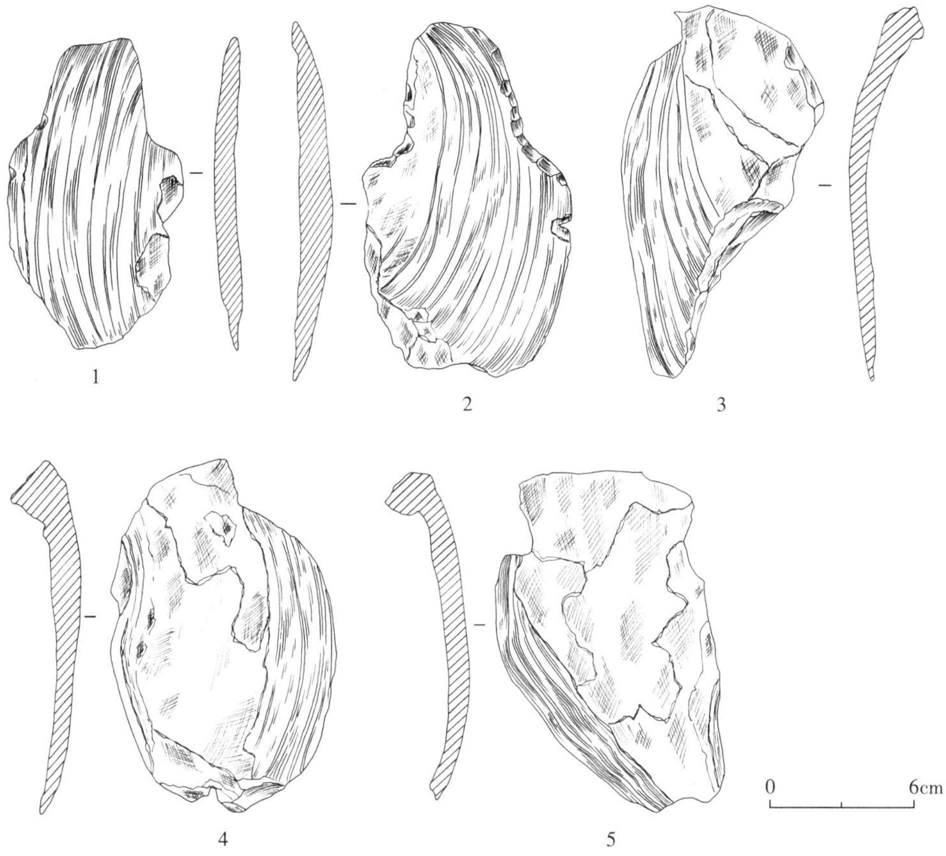

图一一二　无名山遗址第四文化层蚌器（四）

1、2. C型双肩蚌铲（2013GLWT1④：49、2013GLWT1④：41）　3~5. 有肩蚌器半成品（2013GLWT1④：358、2013GLWT1④：362、2013GLWT1④：360）

蚌刀　19件。大多选取较大的蚌壳作为原料，将蚌壳较厚一侧和头端去掉，用剩余较薄的部分加工成蚌刀。分别属于A、B、C型。

A型　10件。先将蚌壳厚侧去掉，剩余部分截成三角状，再进行加工，保留蚌壳的自然薄缘。均存在不同程度的破损。

标本2013GLWT1④：5，原料为较大的蚌壳。先将蚌壳较厚一侧和头端去掉，保留蚌壳的自然薄缘，然后把剩余部分截成三角状，再对自然薄缘进行加工形成蚌刀。刃部可见加工痕迹。较厚侧的截断面规整。长15.0cm，宽8.2cm，厚1.1cm（图一一四，1；彩版三五，6）。

标本2013GLWT1④：364，原料为较大的蚌壳。先将蚌壳较厚一侧去掉，保留蚌壳的头端和自然薄缘，然后把剩余部分截成三角状，再对自然薄缘进行加工形成蚌刀。刃部可见加工痕迹。较厚侧的截断面凹凸不平。长13.5cm，宽8.7cm，厚2.0cm（图一一四，2）。

标本2013GLWT1④：375，原料为较大的蚌壳。先将蚌壳较厚一侧和头端去掉，保留蚌壳的自然薄缘，然后把剩余部分截成三角状，再对自然薄缘进行加工形成蚌刀。刃部可见加工痕迹。

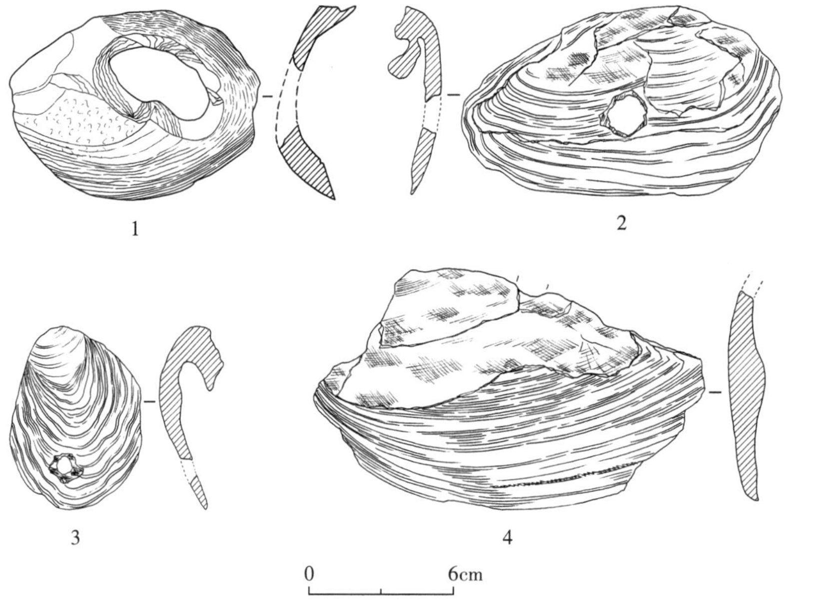

图一一三　无名山遗址第四文化层蚌器（五）

1~4. 穿孔蚌器（2013GLWT1 ④：82、2013GLWT1 ④：352、2013GLWT1 ④：108、2013GLWT1 ④：371）

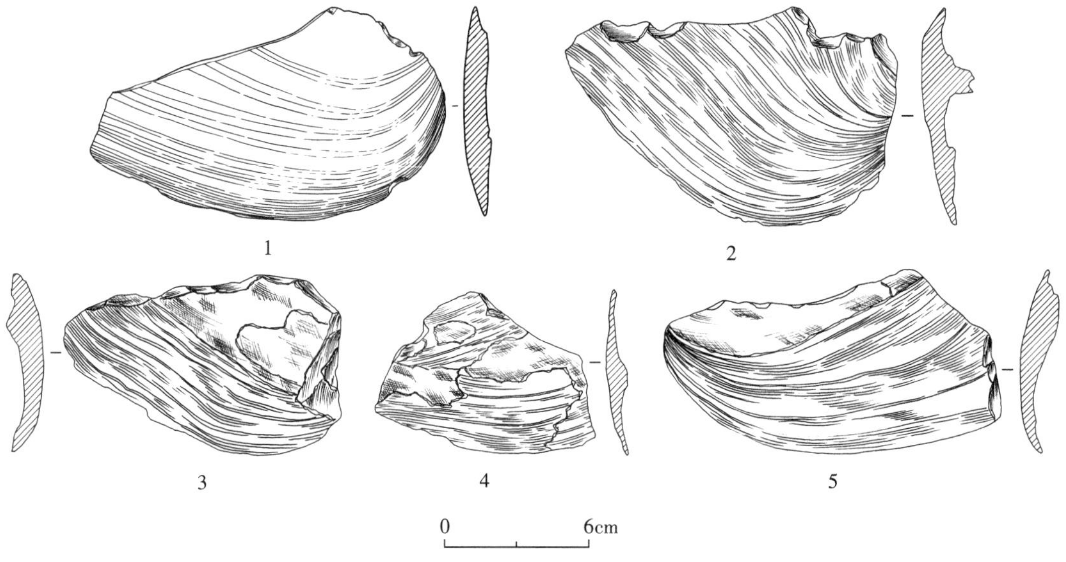

图一一四　无名山遗址第四文化层蚌器（六）

1~5. A 型蚌刀（2013GLWT1 ④：5、2013GLWT1 ④：364、2013GLWT1 ④：375、2013GLWT1 ④：450、2013GLWT1 ④：365）

较厚侧的截断面较规整，可见加工痕迹。长 11.5cm，宽 7.1cm，厚 1.4cm（图一一四，3）。

标本 2013GLWT1 ④：450，原料为较大的蚌壳。先将蚌壳较厚一侧和头端去掉，保留蚌壳的自然薄缘，然后把剩余部分截成近三角状，再对自然薄缘进行加工形成蚌刀。刃部可见加工痕迹。两端及刃部都有破损。尾端可见残剩的半个穿孔。较厚侧的截断面整齐。长 9.2cm，宽 6.3cm，厚

0.8cm（图一一四，4）。

标本 2013GLWT1 ④：365，原料为较大的蚌壳。先将蚌壳较厚一侧和头端去掉，保留蚌壳的自然薄缘，然后把剩余部分截成近三角状，再对自然薄缘进行加工形成蚌刀。刃部可见加工痕迹。较厚侧的截断面整齐，可见加工痕迹。长 13.5cm，宽 7.0cm，厚 1.3cm（图一一四，5）。

标本 2013GLWT1 ④：367，原料为较大的蚌壳。先将蚌壳较厚一侧和头端去掉，保留蚌壳的自然薄缘，然后把剩余部分截成三角状，再对自然薄缘进行加工形成蚌刀。刃部可见加工痕迹。长 16.9cm，宽 6.9cm，厚 1.1cm（图一一五，1）。

标本 2013GLWT1 ④：376，原料为较大的蚌壳。先将蚌壳较厚一侧和头端去掉，保留蚌壳的自然薄缘，然后把剩余部分截成三角状，再对自然薄缘进行加工形成蚌刀。刃部可见加工痕迹。较厚侧的截断面整齐。长 15.8cm，宽 8.0cm，厚 1.5cm（图一一五，2）。

标本 2013GLWT1 ④：374，原料为较大的蚌壳。先将蚌壳较厚一侧和头端去掉，保留蚌壳的自然薄缘，然后把剩余部分截成三角状，再对自然薄缘进行加工形成蚌刀。刃部可见加工痕迹。较厚侧的截断面整齐。手握部分稍微破损。长 13.8cm，宽 8.1cm，厚 1.1cm（图一一五，3）。

标本 2013GLWT1 ④：103，原料为较大的蚌壳。先将蚌壳较厚一侧和头端去掉，保留蚌壳的自然薄缘，然后把剩余部分截成三角状，再对自然薄缘进行加工形成蚌刀。刃部可见加工痕迹。较厚侧的截断面整齐。手握部分稍微破损。长 14.6cm，宽 8.4cm，厚 1.3cm（图一一五，4）。

标本 2013GLWT1 ④：105，原料为较大的蚌壳。先将蚌壳较厚一侧和头端去掉，保留蚌壳的自然薄缘，然后把剩余部分截成三角状，再对自然薄缘进行加工形成蚌刀。刃部可见加工痕迹。

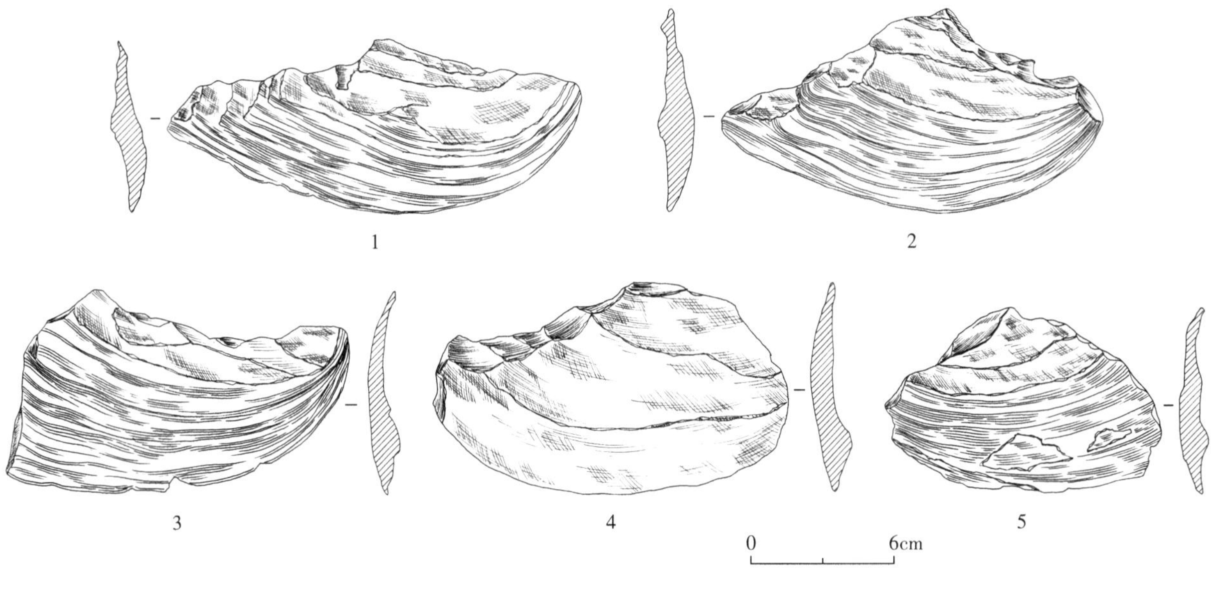

图一一五　无名山遗址第四文化层蚌器（七）

1~5. A 型蚌刀（2013GLWT1 ④：367、2013GLWT1 ④：376、2013GLWT1 ④：374、2013GLWT1 ④：103、2013GLWT1 ④：105）

较厚侧的截断面整齐。长 11.5cm，宽 7.3cm，厚 1.2cm（图一一五，5）。

B 型　8 件。将蚌壳头端和较厚侧去掉，只剩下较薄的一侧，然后对其进行加工，均保留蚌壳的自然薄缘。整个形状呈月牙状。均存在不同程度破损。

标本 2013GLWT1④：372，原料为较大的蚌壳。先将蚌壳较厚一侧和头端去掉，保留蚌壳的自然薄缘，然后把剩余部分截成月牙状，再对自然薄缘进行加工形成蚌刀。刃部破损严重。较厚侧的截断面凹凸不平。长 15.5cm，宽 6.1cm，厚 1.4cm（图一一六，1）。

标本 2013GLWT1④：377，原料为较大的蚌壳。先将蚌壳较厚一侧和头端去掉，保留蚌壳的自然薄缘，然后把剩余部分截成月牙状，再对自然薄缘进行加工形成蚌刀。刃部破损严重。较厚侧的截断面整齐。长 18.3cm，宽 5.8cm，厚 1.5cm（图一一六，2）。

标本 2013GLWT1④：369，原料为较大的蚌壳。先将蚌壳较厚一侧和头端去掉，保留蚌壳的自然薄缘，然后把剩余部分截成月牙状，再对自然薄缘进行加工形成蚌刀。刃部破损严重。较厚侧的截断面整齐。长 13.3cm，宽 5.4cm，厚 1.1cm（图一一六，3）。

标本 2013GLWT1④：379，原料为较大的蚌壳。先将蚌壳较厚一侧和头端去掉，保留蚌壳的自然薄缘，然后把剩余部分截成月牙状，再对自然薄缘进行加工形成蚌刀。刃部破损严重。较厚侧的截断面整齐。长 11.5cm，宽 4.6cm，厚 1.2cm（图一一六，4）。

标本 2013GLWT1④：378，原料为较大的蚌壳。先将蚌壳较厚一侧和头端去掉，保留蚌壳的自然薄缘，然后把剩余部分截成月牙状，再对自然薄缘进行加工形成蚌刀。刃部加工痕迹明显。较厚侧的截断面整齐。长 10.6cm，宽 4.0cm，厚 1.1cm（图一一六，5）。

标本 2013GLWT1④：368，原料为较大的蚌壳。先将蚌壳较厚一侧和头端去掉，保留蚌壳的自然薄缘，然后把剩余部分截成月牙状，再对自然薄缘进行加工形成蚌刀。刃部可见加工痕迹。

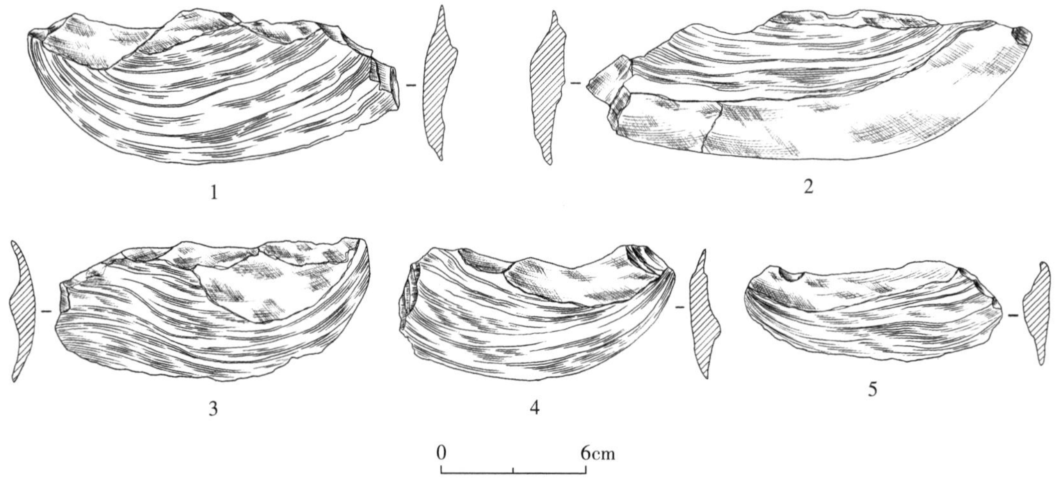

图一一六　无名山遗址第四文化层蚌器（八）

1~5. B 型蚌刀（2013GLWT1④：372、2013GLWT1④：377、2013GLWT1④：369、2013GLWT1④：379、2013GLWT1④：378）

长 15.9cm，宽 6.2cm，厚 1.0cm（图一一七，1）。

标本 2013GLWT1④：366，原料为较大的蚌壳。先将蚌壳较厚一侧和头端去掉，保留蚌壳的自然薄缘，然后把剩余部分截成月牙状，再对自然薄缘进行加工形成蚌刀。刃部可见加工痕迹。较厚侧的截断面呈弧凹状。长 15.0cm，宽 8.2cm，厚 1.0cm（图一一七，2）。

标本 2013GLWT1④：370，原料为较大的蚌壳。先将蚌壳较厚一侧和头端去掉，保留蚌壳的自然薄缘，然后把剩余部分截成月牙状，再对自然薄缘进行加工形成蚌刀。刃部破损严重。较厚侧的截断面整齐。长 17.1cm，宽 6.9cm，厚 1.3cm（图一一七，3）。

C 型　1 件。

标本 2013GLWT1④：373，平面形状近梯形。原料为较大的蚌壳。先将蚌壳头端、尾端及较厚一侧去掉，对剩余部分进行加工，保留较薄侧的自然薄缘。长 13.3cm，宽 8.2cm，厚 1.3cm（图一一七，4）。

无名蚌器　数量较多，共 37 件。均是选择体形较小、较厚重的蚌壳，将其尾端去掉加工而成。仅在尾端有修理的痕迹，其他部分不加工。该类蚌器选材一致，形态和加工方法相同，但用途不明。为方便描述，暂时命名为无名蚌器。

标本 2013GLWT1④：421，长 9.3cm，宽 7.6cm，厚 3.2cm（图一一八，1）。

标本 2013GLWT1④：406，长 9.5cm，宽 7.0cm，厚 3.2cm（图一一八，2）。

标本 2013GLWT1④：396，残长 9.9cm，宽 8.2cm，厚 2.4cm（图一一八，3）。

标本 2013GLWT1④：388，长 8.6cm，宽 6.9cm，厚 3.0cm（图一一八，4）。

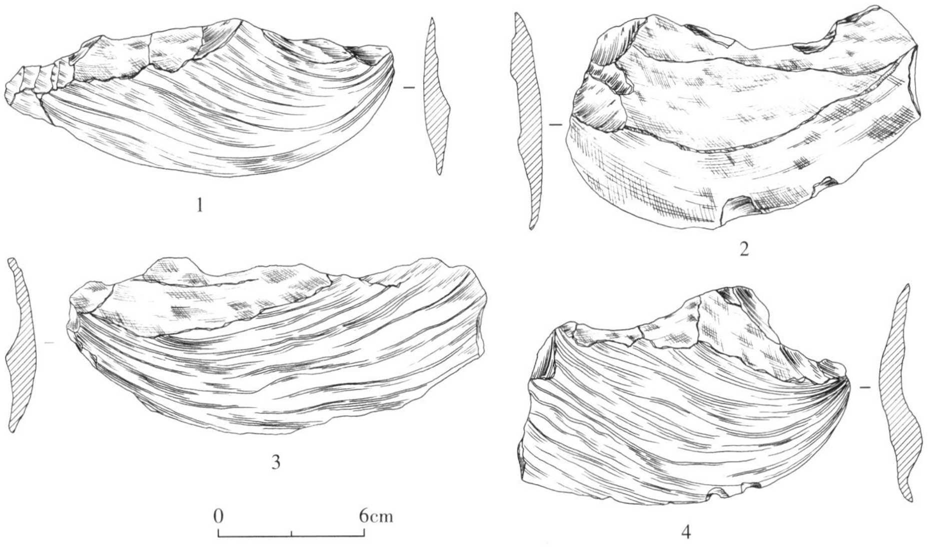

图一一七　无名山遗址第四文化层蚌器（九）

1~3. B 型蚌刀（2013GLWT1④：368、2013GLWT1④：366、2013GLWT1④：370）　4. C 型蚌刀（2013GLWT1④：373）

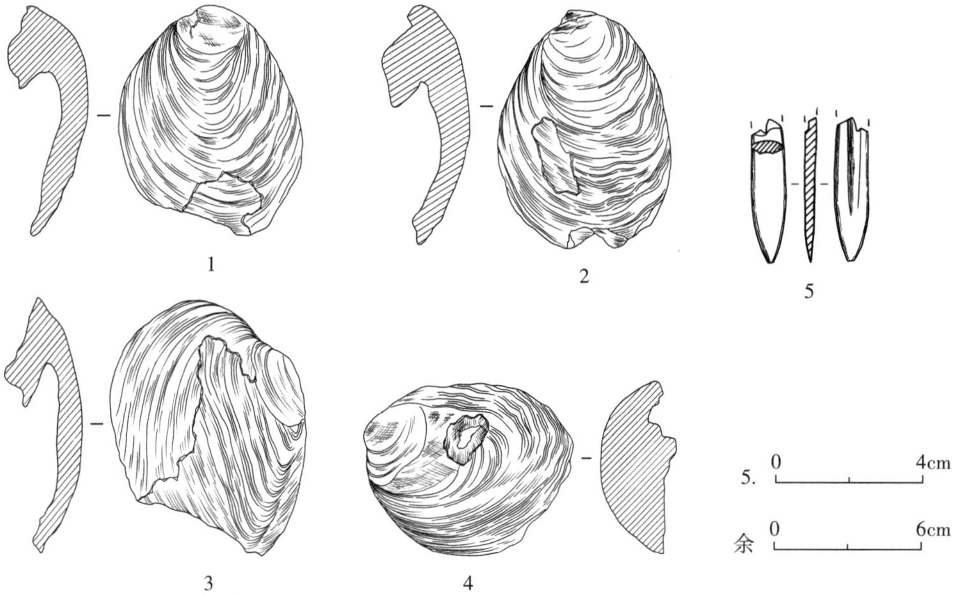

图一一八　无名山遗址第四文化层骨器、蚌器

1~4. 无名蚌器（2013GLWT1 ④：421、2013GLWT1 ④：406、2013GLWT1 ④：396、2013GLWT1 ④：388）
5. D 型骨锥（2013GLWT1 ④：123）

4. 骨器

1 件。为骨锥。属于 D 型。

标本 2013GLWT1 ④：123，原料为一截扁平的动物肢骨。器身扁平，形状呈柳叶形。在一端由两侧向中央加以磨制，并在中央加工出一个尖锋。另一端已残断。磨制较精细。残长 3.7cm，宽 0.9cm，厚 0.3cm（图一一八，5）。

四　自然遗物

无名山遗址第④层出土了大量的水生、陆生动物遗骸。课题组将获取的所有脊椎动物遗骸标本送中国科学院进行种属鉴定，并选取一定量土样送中山大学进行软体动物种属鉴定和统计。结果显示遗址中包含大量的软体动物和脊椎动物遗骸。

无名山遗址软体动物遗骸包括大量的腹足类动物遗骸及少量瓣鳃类遗骸。经鉴定，腹足类动物有那坡短沟蜷（*Semisulcospira napoensis*）、那坡短沟蜷旋脊变种（*Semisulcospira aubryana*, var. *spiralis*）、双线环棱螺（*Bellamya dispiralis*）、李氏华蜗牛（*Cathaica licenti*）等，其中以短沟蜷属（*Semisulcospira*）的那坡短沟蜷（*Semisulcospira napoensis*）、那坡短沟蜷旋脊变种（*Semisulcospira aubryana*, var. *spiralis*）及环棱螺属（*Bellamya*）的双线环棱螺（*Bellamya dispiralis*）为主。瓣鳃类动物有圆顶珠蚌（*Unio douglasiae*）、背瘤丽蚌（*Lamprotula leai*）、大丽蚌（*Lamprotula (Guneolamprotula) licenti*）等，数量较少。还有部分样品由于破损极为严重，无法鉴定出来。

无名山遗址共发现脊椎动物骨骼标本1626件，包括鱼类284件，龟鳖类443件，蛇类7件，哺乳类可鉴定标本104件，哺乳类碎骨788件。哺乳类标本数所占比例过半，龟鳖类、鱼类次之。经鉴定除鱼类外，最小个体数共计42个，动物组合中以哺乳类为主，龟鳖类次之，缺少鳄类和鸟类。哺乳动物中包括了较多的灵长类、食肉类和啮齿类，鹿类比例相对较低，未见犀牛。脊椎动物具体种类包括鱼、龟鳖类、竹鼠、帚尾豪猪、缅甸蟒、短尾猴、长臂猿、豺、水獭、豹、长颌带狸、果子狸、野猪、小麂、大角麂、梅花鹿和水鹿等，另外还有部分无法鉴定出种属的动物。

五　分期与文化特征

根据地层堆积、器物组合及出土器物特征等方面的不同，可将无名山遗址分为两期。

第一期文化遗存堆积单位包括地层第④层。该期以灰色或黄色地层堆积为主，含数量不等的螺壳。出土器物包括石制品、蚌器、骨器和陶片。其中石制品数量最多，蚌器也占有相当数量。石制品的原料绝大部分为砾石，石片仅占极少数。岩性包括辉绿岩、玄武岩、细砂岩和石英等，辉绿岩占大多数。器类包括打制石制品、磨制石制品和加工工具。打制石制品和磨制石制品比例基本相当，但打制石制品数量稍多。打制石制品包括石核、石片、砍砸器、刮削器和尖状器五大类型，其中石片占大多数。石片打片均为硬锤打击，打片方法有直接锤击法和碰砧法，直接锤击法占绝大多数。石片打击台面几乎全部是自然台面，人工台面极少见，有小部分为线状台面，打击点大多数比较清楚，多数石片的背面保留有自然砾面且具有锋利的边缘。砍砸器、刮削器和尖状器均为锤击法单面加工，加工简单，加工面多由一层或两层片疤组成；片疤多较小，多为宽大于长。把端不加修理，保留自然砾面；刃部以侧刃为多，端刃几乎不见。加工工具为少量石锤、石砧和砺石。石锤既有砸击石锤也有锤击石锤，以砸击石锤为主。磨制石制品类型包括石斧、石锛、斧锛类半成品、斧锛类毛坯和研磨器等，其中以斧锛类毛坯数量最多。斧锛类器物加工方法为锤击法，多利用较扁平的砾石单面加工，少数为双面加工；加工多在器身的端部和两侧边缘多次剥片，有的是周身剥片；打击疤痕较密集，片疤多较小且浅平，绝大部分或多或少保留有自然砾面；成品也多只是磨制刃部，不见通体磨光者；这种先对斧锛类器物原料四周进行打制再进行下一步加工的方法很有地方特色。研磨器均为毛坯，形状多样，以扁柱状和方柱状居多；加工简单，或利用长短合适的砾石，直接以较平端端面为研磨面略加修整，并对器身两侧进行剥片后成型；或从较长砾石上截取一段，部分直接利用截断面作为研磨面，部分对研磨面略微修整。蚌器数量较多，类型包括双肩蚌铲、有肩蚌器半成品、锯齿刃蚌器、穿孔蚌器、蚌刀和无名蚌器等。双肩蚌铲不仅数量多，而且形制丰富，制作精美，外形特征多为直柄、溜肩、弧腰缓收成刃。锯齿刃蚌器则以蚌壳口沿薄边为刃，并在薄边上打出细密的锯齿来增加锋利程度。无名蚌器是一种新发现的器类，均选择体形较小、较厚重的蚌壳，将其尾端去掉后略加修整而成，其他部分不加工；该类蚌器选材一致，形态和加工方法相同，但用途不明。骨器数量极少，仅见骨锥一种，以柳叶形的扁平肢骨，在一端磨出尖锋，磨制较精细。陶片数量极少，无完整器，均为残碎的夹砂陶片，火候较低。无法辨别器形。纹饰主要为绳纹。

第一期文化具有很强的地域特征。基本组合为石片、砍砸器、刮削器、斧锛类器、研磨器、双肩蚌铲、锯齿刃蚌器、蚌刀以及少量的陶片。打制石制品都用锤击法，其中石片占大多数，砍砸器和刮削器刃部以侧刃为多，鲜见端刃。磨制石制品以斧锛类器物为主，均为利用扁平的砾石先在侧边、端部和刃部等部位进行加工，再进行磨制；半成品和毛坯占大多数，成品也不精美。以扁柱状和方柱状为主的各类研磨器毛坯也很有特点。陶片很少。蚌器数量多，类型丰富。与周边遗址相比有共同之处，例如锯齿刃蚌器与宝剑山A洞遗址一期文化出土的锯齿刃蚌器形态相同；双肩蚌器制作精美，形态与宝剑山A洞遗址一期和根村遗址出土的双肩蚌铲类似；方柱形研磨器与崇左冲塘遗址出土的研磨器类似。说明这几个遗址之间存在一定的联系。

第二期文化遗存堆积单位包括地层第②~③层。该期为灰色堆积，含沙量大。出土器物包括陶片、石制品、骨器和铁器等类别，以陶片为主。石制品的原料均为砾石，岩性包括辉绿岩、玄武岩、细砂岩和石英等，辉绿岩占大多数。器类包括打制石制品、磨制石制品和加工工具，以打制石制品数量为主。打制石制品包括石核和石片等两大类型，石核占大多数。石片打片均为硬锤打击，打片方法仅见直接锤击法，打击台面全部是自然台面，未见人工台面，打击点比较清楚，石片的背面均保留有自然砾面且具有锋利的边缘。加工工具为少量石锤，均为砸击石锤。磨制石制品类型只有石斧，其加工方法为锤击法，利用扁平的砾石单面加工，加工时在器身两侧和端部边缘多次剥片，打击疤痕较密集，片疤多较小而浅平，器身大部分保留自然砾面。磨制部位仅在刃部，其余部位未经磨制。陶片数量也不多，从口沿判断器类有釜、罐和碗等，主要以夹砂釜罐类为主，大部分为圜底器，少量圈足器。大多数为夹细砂陶、夹螺蚌壳粉陶，泥质陶极少见。陶色不均匀，火候较高的部分为黑色，少量火候较低部分呈红褐色。素面陶占半数以上，纹饰主要为粗绳纹、中绳纹、细绳纹，以细绳纹为主。骨器仅发现1件骨针，以细长的动物肢骨磨制前端成锐尖，顶端平直；器身保留原骨面，横截面呈椭圆形。铁器仅发现1件铁锸残件，从残存部分推测，原来形状应该为“U”形，方銎，弧刃。

六　年代判断

无名山遗址第一期文化遗存以灰色或黄色地层堆积为主，含数量不等的螺壳。出土器物包括石制品、蚌器、骨器和陶片。打制石制品和磨制石制品比例相当，磨制石制品以斧锛类器物为主。蚌器数量多，双肩蚌器制作精美。综合器物组合、器物形态特征和加工方法等方面情况来看，该期的文化面貌与宝剑山A洞遗址第一期晚段文化面貌相似，出土的锯齿刃蚌器形态与宝剑山A洞遗址一期文化出土的锯齿刃蚌器相同，双肩蚌铲形态也与宝剑山A洞遗址一期及根村遗址出土的双肩蚌铲类似，方柱形研磨器与崇左冲塘遗址出土的研磨器类似，因此推断其年代应该与冲塘、宝剑山A洞遗址第一期文化晚段接近。北京大学加速器质谱实验室、第四纪年代测定实验室对该期的部分样本进行加速器质谱（AMS）^{14}C年代测试，但大部分样本皆因无法满足实验要求而无法获得数据，仅其中一个木炭样本和一个螺壳样本获得了有效数据。木炭样本的年代为距今4475±25年（半衰期5568年），树轮校正后年代为3338BC（56.8%）3208BC，螺壳样本的年代为距今9120±40年（半衰期5568年）。螺壳样本的数据显然偏老太多而不可信。综合判断，无名山遗址一期的年代距今5000年左右，为新石器时代晚期。

无名山遗址二期堆积很薄，包含物较杂。出土器物包括陶片、石制品、骨器、铁器等类别。铁器中的铁锸从残存部分判断原来形状应该为"U"形，方銎，弧刃，与汉代广西其他地方所见铁锸类似。北京大学加速器质谱实验室、第四纪年代测定实验室对所选取该期的部分样本进行加速器质谱（AMS）^{14}C年代测试，获得了其中2个样品的年代，其中取自T1③层的动物骨骼样品年代数据为距今4550±35年（半衰期5568年），树轮校正后数据为3242BC（57.9%）3102BC；取自T1③层的木炭样品年代数据为距今2715±25年（半衰期5568年），树轮校正后数据为909BC（95.4%）812BC。两个数据相差很大，这应该与该期地层后期受到洪水冲刷及人为扰动较大有关，采集的样品也许不能够准确代表实际年代。从所发现的具有汉代特征的铁锸推断，该期最晚年代应在汉代，地层中包含新石器时代及先秦时期的一些遗物。

第三节　根村遗址

一　地理位置、地形地貌及布方情况

根村遗址位于广西壮族自治区崇左市龙州县上金乡进明村根村屯上游约1200m左江与勤江溪交汇处的左江左岸台地上。台地西面及中部地势稍高，并向东面、北面和南面倾斜。遗址中部有一条东西向石砌七孔水渠。东面和北面为甘蔗地，南面距左江江面高度约10m，西面距勤江溪水面高度约8m。遗址东西长约80m，南北宽约30m，分布面积约2400m^2。遗址现为村民耕作的甘蔗地，地表散布着大量的螺壳、蚌壳。现场采集到石锛、石斧、砍砸器及动物骨骼等遗物（图一一九；彩版三六，1）。

为进一步了解该遗址的文化内涵，课题组于2015年1~2月对该遗址进行了试掘，布1m×5m探沟2条，发掘面积10m^2（图一二〇），获得了较为丰富的文化遗物。

二　地层堆积

按照土质、土色与包含物的不同，遗址堆积从上到下可分为七层。以TG1西壁为例说明（图一二一；彩版三六，2）。

第①层：为耕土层，土色呈黑色，土质疏松，含沙量大，夹杂着大量植物根系，含大量螺蚌壳及少量人类、动物碎骨。厚0~10cm。

第②层：土色呈黑褐色，土质疏松，含沙，夹杂着大量的螺蚌壳及动物碎骨。有零星的炭粒

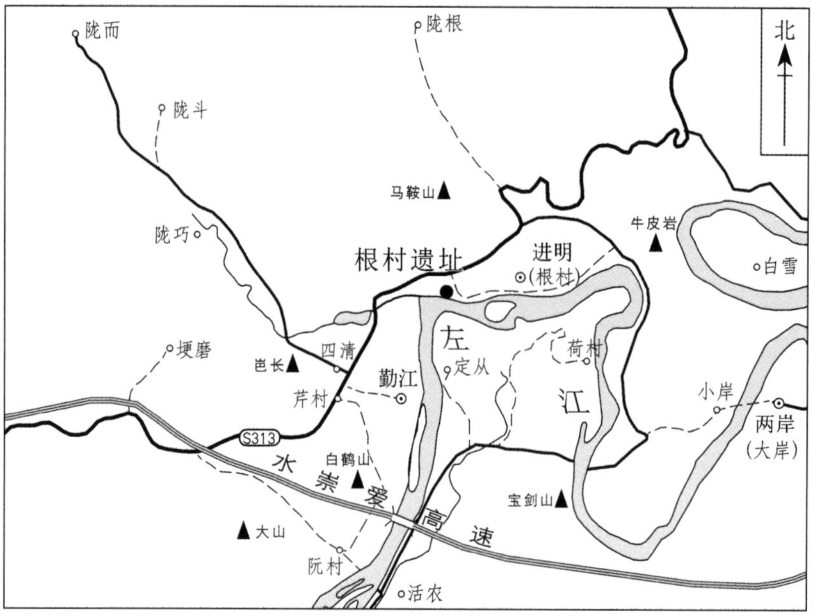

图一一九　根村遗址地理位置示意图

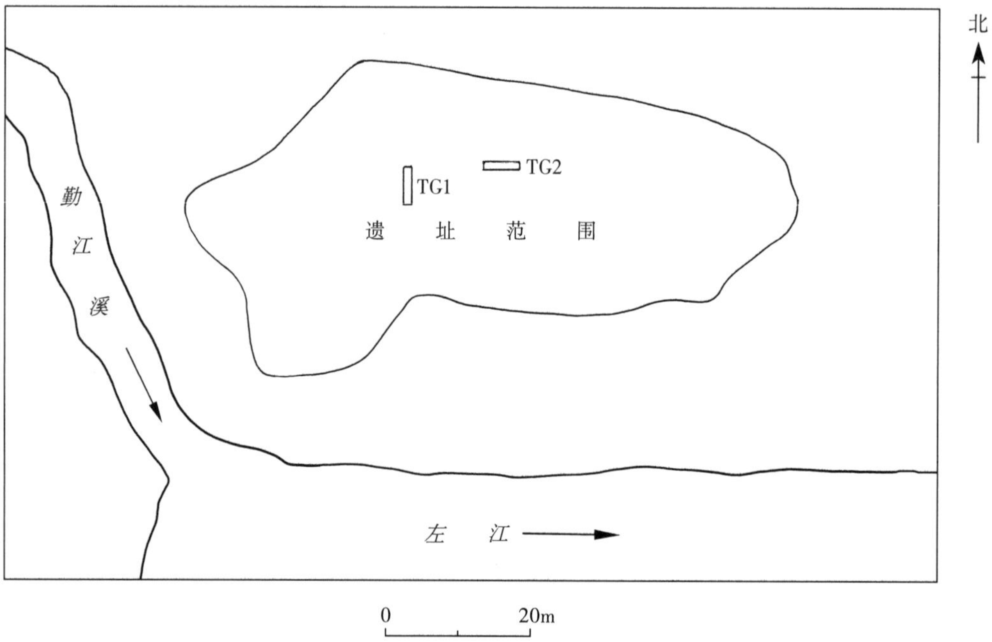

图一二〇　根村遗址探沟位置图

及红烧土粒出现。地层呈北高南低走向。厚10~25cm。

第③层：土色呈灰黄色，土质疏松，含沙量大，夹杂大量的螺蚌壳，动物骨骼零散分布其中，可见红烧土块、灰白色胶结土块及零散的炭粒。出土打制石制品和磨制石制品多件。厚15~30cm。

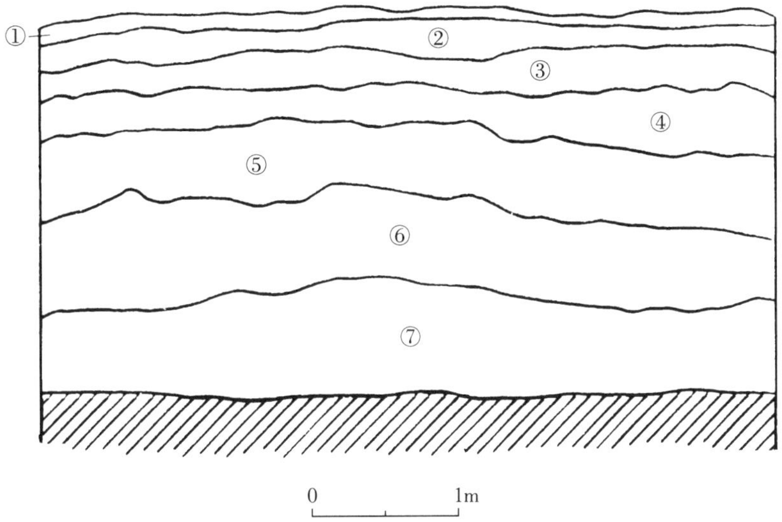

图一二一　根村遗址 TG1 西壁剖面图

第④层：土色呈灰黄色，土质疏松，螺蚌壳堆积密度较第③层低，偶有零碎的动物骨骼出现。出土较多打制石制品和磨制石制品。厚 18~50cm。

第⑤层：土色呈灰黄色，土质疏松，但夹有较多灰白和黄色土块，含较多的螺蚌壳。含沙量大，可见零星炭粒和动物碎骨。厚 40~55cm。

第⑥层：土色呈黄色，土质疏松，夹有灰色土，螺壳堆积较⑤层少，可见零星炭粒和兽骨。厚 40~75cm。

第⑦层：土色呈灰黄色，含黄土和较硬的红色土块，土质疏松，有少量的螺蚌壳，出土较多打制石制品。厚 50~80cm。

第⑦层下即为生土。

三　遗迹

共发现墓葬 4 座，分别编号为 M1、M2、M3 和 M4。不见墓圹，均为屈肢葬，人骨保存状况不甚完好。

M1　位于 TG1 中部偏北，露于第⑤层面，不见墓圹。M1 人骨头部在西北，面部朝西南，整副人骨大致呈西北—东南摆放，方向为北偏西 55°。人骨保存较完整，除顶骨破裂外，额骨、上下颌骨和牙齿保存较好。身体向右侧弯曲，左肱骨斜置于胸骨上；左尺骨与桡骨在身体右侧自然弯曲向上，与身体大致平行并压住右肱骨；掌骨与指骨抵近下颌骨；左股骨、胫骨与髋骨相连，向身体右侧弯曲，并压住右股骨与胫骨；右跖骨与趾骨残缺不全。人骨间隙及周围土色为灰黄色，土质较疏松，包含物有大量螺壳。从摆放位置看，M1 属于侧身屈肢葬。经鉴定为男性，约 30~35 岁（图一二二；彩版三七，1）。

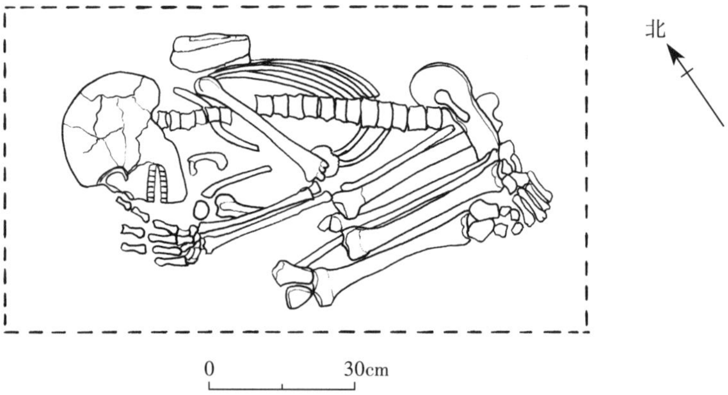

图一二二　根村遗址M1平面图

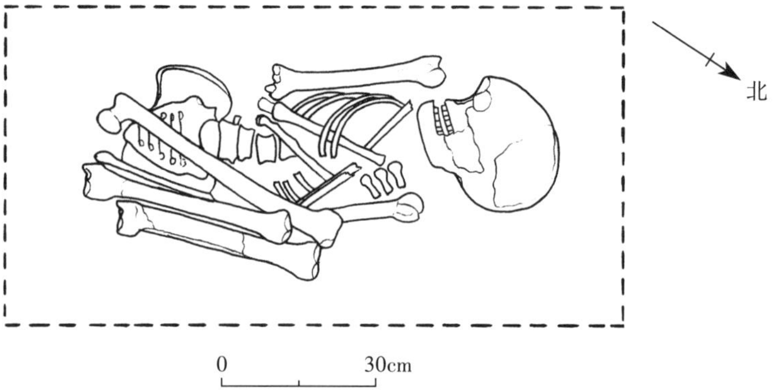

图一二三　根村遗址M2平面图

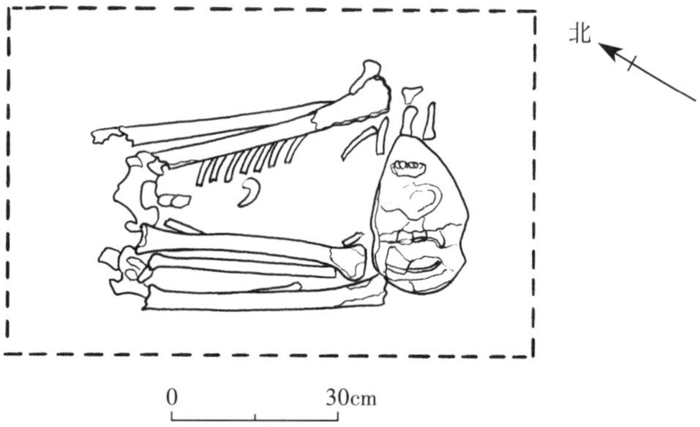

图一二四　根村遗址M3平面图

M2　位于TG1中部偏东部，露于第⑥层面，不见墓圹。M2人骨头部朝西北，整副人骨大致呈西北—东南方向摆放，方向为北偏西33°。人骨残缺不完整，部分顶骨、枕骨破损，额骨、上下颌骨和牙齿保存较好。上身平躺，面部朝向西南；左右肱骨平放于身体两侧；左右尺骨与桡骨弯曲交叉放置于胸骨上；右尺骨与桡骨在左尺骨与桡骨之上；右股骨与胫骨向身体左侧弯曲，并压住左股骨与胫骨；跖骨与趾骨残缺不全。人骨间隙及周围土色为灰色和灰黄色，土质较疏松，包含物有大量螺壳。从摆放位置看，M2属于仰身屈肢葬。经鉴定为女性，35岁左右（图一二三；彩版三七，2）。

M3　位于TG1中部，露于第⑦层面。不见墓圹。M3人骨头部朝西南，整副人骨大致呈东南—西北方向摆放，方向为南偏东55°。人骨残缺不完整，部分额骨、顶骨及枕骨破损，下颌骨及牙齿保存较好，可见右锁骨，肋骨暴露不明显，尾骨较完整，髋骨残缺。上身平躺，面部朝向东北；股骨及胫骨向上弯曲置于身体两侧，与身体大致平行并压住肱骨、尺骨和桡骨，骨架后方有一石片和一圆形砾石。人骨间隙及周围夹杂灰黄色、黄色土及红烧土块及灰白胶结土块，土质结构较硬，包含少量螺壳。从摆放位置看，M3属于仰身屈肢葬。经鉴定为女性，35~40岁（图一二四）。

M4　位于TG2中部，露于第⑤层面。不见墓圹。M4人骨头部朝西，整副人骨大致呈西—东

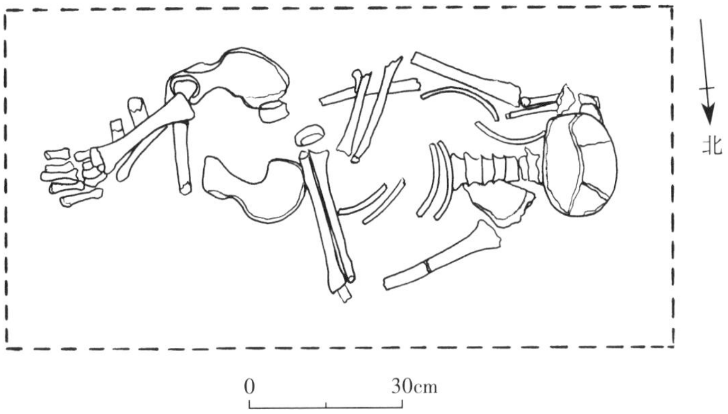

图一二五　根村遗址 M4 平面图

方向摆放，方向为西偏北 10°。骨骸保存相对完整，但骨质较差；胸骨、肋骨和椎骨凌乱，额骨和顶骨破裂，下颌骨牙齿在发掘时被破坏。身体平躺，面部朝南；肱骨摆放在身体两侧；尺骨和桡骨摆放在胸腹部；髋骨保存较好，并连着股骨；股骨、胫骨与腓骨自然弯曲呈三角形竖着摆放；左胫骨与腓骨靠着右胫骨与腓骨；左胫骨、腓骨和髌骨保存较好，并连着趾骨；右髌骨断裂。人骨间隙及周围土色呈灰黄色，土质疏松，包含大量螺蚌壳。从摆放位置看，M4 属于仰身屈肢葬。经鉴定为男性，约 25~30 岁（图一二五）。

四　文化遗物

根村遗址出土文化遗物丰富，有石制品、蚌器和骨器等，以石制品居多。我们根据地层堆积、器物特征和器物组合等方面的情况，将根村遗址划分为五个文化层，即第一至第五文化层。其中，第一文化层包括 TG1 ①和 TG2 ①层；第二文化层包括 TG1 ②、TG1 ③和 TG2 ②层；第三文化层包括 TG1 ④、TG1 ⑤和 TG2 ③层；第四文化层包括 TG1 ⑥和 TG2 ④层；第五文化层包括 TG1 ⑦和 TG2 ⑤层。各文化层标本逐层分别介绍。

（一）第一文化层文化遗物

5 件。均为石制品，均为磨制，包括石斧、石凿、斧锛类半成品和研磨器四个种类。其中石斧 2 件，占该文化层出土磨制石制品总数的 40%；石凿、斧锛类半成品和研磨器各 1 件，各占该文化层出土磨制石制品总数的 20%。

石斧　2 件。均为完整件。原料均为砾石。岩性分别为玄武岩和辉绿岩。形状有三角形和椭圆形两种，每种形状各 1 件。分别属于 A 型和 B 型。

A 型　1 件。属于 Aa 亚型。

标本 2015GLGTG2 ①：3，原料为灰褐色玄武岩砾石。器身形状近三角形。一端较宽，另一端较窄。加工主要集中于较宽端及附近一侧部位。较宽端边缘经过多次单面剥片，附近一侧边缘则经过多次双面剥片；片疤多较小且浅平。较宽端两面均经过精心磨制，形成两道相互倾斜的光滑刃面；其中一道刃面的一侧仍可见少量打击疤痕。两刃面交汇处磨制出一道平直锋利的刃口，未见使用痕迹。器身其余部位保留自然砾面。长 8.8cm，宽 5.0cm，厚 1.2cm，重 85g（图一二六，1；彩版三八，1）。

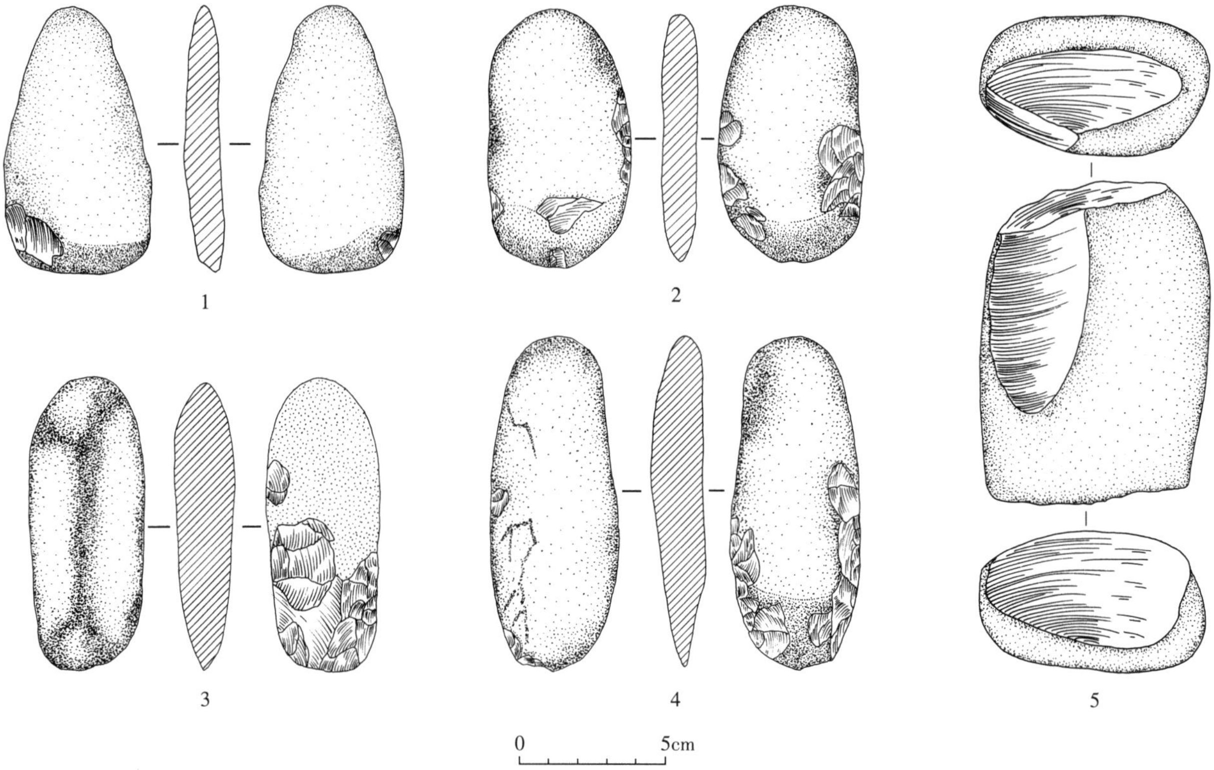

图一二六　根村遗址第一文化层石制品

1. Aa型石斧（2015GLGTG2①：3）　2. Bf型石斧（2015GLGTG1①：2）　3. AaⅦ型石凿毛坯（2015GLGTG2①：2）　4. AbⅦ型斧锛类半成品（2015GLGTG1①：1）　5. CcⅢ型研磨器毛坯（2015GLGTG2①：1）

B型　1件。属于Bf亚型。

标本2015GLGTG1①：2，原料为灰褐色辉绿岩砾石。器身形状近椭圆形。两端略等宽。器身一侧和另一侧下半部经过多次双面剥片，保留着较密集的打击疤痕；片疤多较小且浅平，部分片疤尾部折断形成陡坎。器身一侧边缘略经磨制，另一侧未经磨制。刃端两面均经过精心磨制，形成两道宽大的相互倾斜的光滑刃面，其中一道刃面的一侧仍可见少量打击疤痕。两刃面交汇处磨制出一道整齐锋利的弧凸状刃缘。刃缘中间部位见有少量疤痕，应为使用痕迹。器身其余部位保留自然砾面。长8.5cm，宽4.8cm，厚1.2cm，重96g（图一二六，2；彩版三八，2）。

石凿　1件。为毛坯。属于A型中的AaⅦ次亚型。

标本2015GLGTG2①：2，原料为红褐色细砂岩砾石。器身稍厚，形状近长条形。一端略窄，另一端稍宽。加工方法为锤击法。加工主要集中于稍宽端及两侧下半部。沿这几个部位边缘多次单面剥片；片疤多数较大且浅平；剥片多达到甚至超过器身中轴线，器身下半段加工面几乎没有保留自然砾面。稍宽端边缘加工出一道直刃，刃缘整齐钝厚未磨制。器身其余部位保留自然砾面。长9.7cm，宽3.9cm，厚2.0cm，重112g（图一二六，3）。

斧锛类半成品　1件。为完整件。属于A型中的AbⅦ次亚型。

标本 2015GLGTG1 ①：1，原料为灰褐色辉绿岩砾石。器身形状近长条形。一端略宽，另一端稍窄。器身一侧经过多次双面剥片；其中一面片疤较多，另一面疤痕很少。另一侧则经过多次单面剥片。两侧均保留有较密集的打击疤痕，片疤多较小且浅平。略宽端边缘经过多次单面剥片，打制出一道整齐锋利的弧凸状刃缘；一面经过较多磨制，已磨出部分向另一面倾斜的光滑刃面，但刃面两侧仍可见部分打击疤痕；另一面未经磨制。刃口尚未完全磨制完成。器身其余部位保留自然砾面。长 11.0cm，宽 4.4cm，厚 1.7cm，重 138g（图一二六，4；彩版三八，3）。

研磨器 1 件。为毛坯。属于 C 型中的 CcⅢ次亚型。

标本 2015GLGTG2 ①：1，原料为灰褐色辉绿岩砾石。器身形状近扁柱状。一端稍宽，另一端略窄。加工集中于两端和一侧。先以一面为台面，将砾石截成两截，取其中一截作为器身，将断裂面作为研磨面。研磨面近三角形，较平整，打击点和放射线都较清楚，未经磨制。再以略窄端为台面，在一侧剥出一个较大的片疤。然后以一面为台面，将略窄端打掉一小截形成断裂面，该断裂面近椭圆形，不甚平整，打击点和放射线都不清楚；该断裂面破坏了侧面片疤的打击点，应为修整把手留下的痕迹。器身其余部位保留自然砾面。长 10.8cm，宽 7.6cm，厚 4.7cm，重 544g（图一二六，5；彩版三八，4）。

（二）第二文化层文化遗物

81 件。包括石制品和蚌器两类。

1. 石制品

80 件。包括加工工具、打制石制品和磨制石制品三大类。其中加工工具 4 件，占该文化层出土石制品总数的 5%；打制石制品 24 件，占该文化层出土石制品总数的 30%；磨制石制品 52 件，占该文化层出土石制品总数的 65%。

（1）加工工具

4 件。均为石锤。原料均为砾石。岩性均为辉绿岩。器身形状有三角柱状和扁柱状两种。其中三角柱状 3 件，占该文化层出土石锤总数的 75%；扁柱状 1 件，占该文化层出土石锤总数的 25%。器身长度最大值 17.0cm，最小值 12.1cm；宽度最大值 9.6cm，最小值 8.5cm；厚度最大值 7.3cm，最小值 6.4cm；重量最大值 1427g，最小值 870g。分别属于 B 型中的 BaⅠ次亚型和 BaⅢ次亚型。

BaⅠ型 3 件。

标本 2015GLGTG1 ②：10，原料为灰褐色辉绿岩砾石。器身形状近三角柱状。使用痕迹集中于长侧边边缘，该侧一端至中间有一呈条状分布的细麻点状疤痕。疤痕中部痕迹较深，一侧可见较多细小的崩疤。器身其余部位保留自然砾面。长 14cm，宽 8.7cm，厚 6.3cm，重 1060g（图一二七，1）。

标本 2015GLGTG1 ③：1，原料为灰褐色辉绿岩砾石。器身形状近三角柱状。使用痕迹集中于长侧边边缘，该侧中间有一细麻点状疤痕。疤痕中部内凹，表明使用较多。器身其余部位保留自然砾面。长 12.1cm，宽 9.4cm，厚 7.1cm，重 870g（图一二七，4）。

标本 2015GLGTG1 ②：11，原料为灰褐色辉绿岩砾石。器身形状近三角柱状。使用痕迹集中于长侧边边缘，该侧有一呈条状分布的细麻点状疤痕。疤痕表面略光滑，或稍经磨制；疤痕一侧可见较多细小的崩疤。器身其余部位保留自然砾面。长 17.0cm，宽 9.6cm，厚 7.3cm，重 1427g（图一二七，2）。

BaⅢ型　1 件。

标本 2015GLGTG1 ③：13，原料为灰褐色辉绿岩砾石。器身形状近扁柱状。使用痕迹集中于长侧边边缘，该侧一端至中间有一呈条状分布的细麻点状疤痕。疤痕中部痕迹较深，表明使用较多。器身其余部位保留自然砾面。长 16.1cm，宽 8.5cm，厚 6.4cm，重 1158g（图一二七，3；彩版三八，5）。

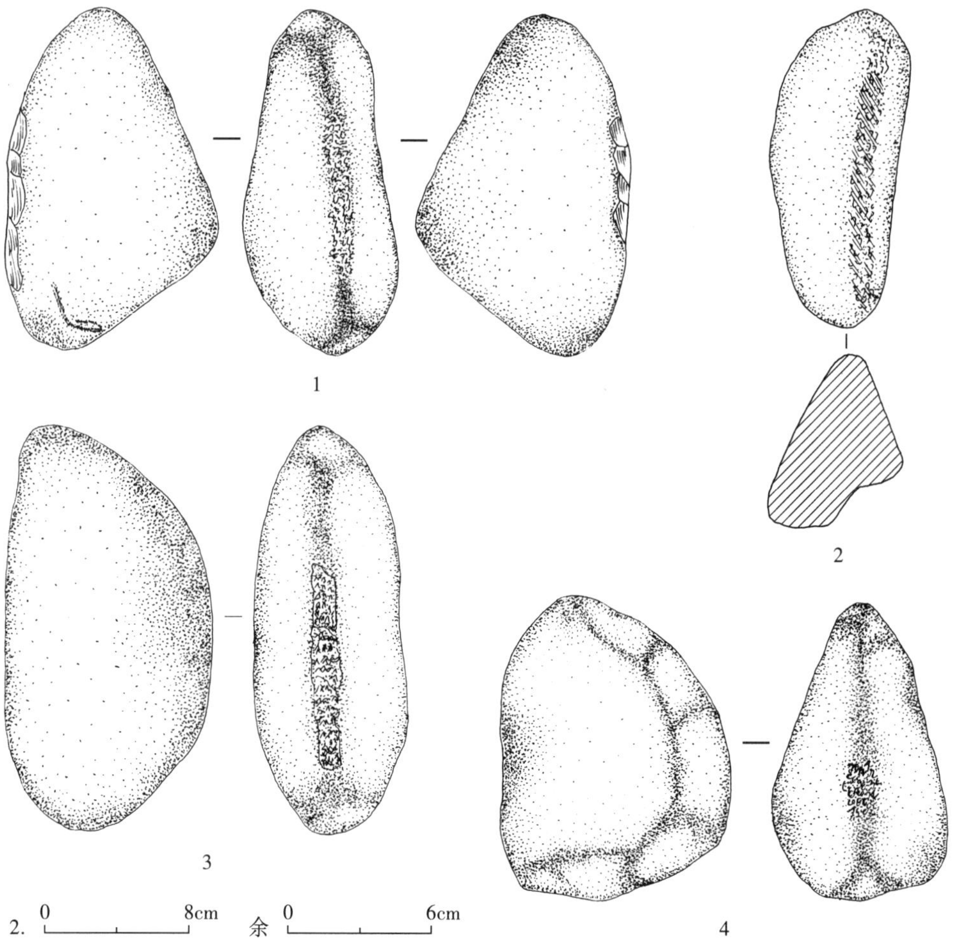

图一二七　根村遗址第二文化层石制品（一）

1、2、4. BaⅠ型石锤（2015GLGTG1 ②：10、2015GLGTG1 ②：11、2015GLGTG1 ③：1）
3. BaⅢ型石锤（2015GLGTG1 ③：13）

（2）打制石制品

24件。包括石核、石片、砍砸器和刮削器四大类型。其中石核1件，占该文化层出土打制石制品总数的4.17%；石片14件，占该文化层出土打制石制品总数的58.33%；砍砸器3件，占该文化层出土打制石制品总数的12.50%；刮削器6件，占该文化层出土打制石制品总数的25.00%。

石核　1件。属于A型中的Ad亚型。

标本2015GLGTG1③：22，原料为黄白色石英砾石。器身形状近圆形。一面较平，另一面凸起。以较平面为台面，沿一端多次单面剥片，片疤多较小且浅平。器身其余部位保留自然砾面。长5.8cm，宽5.8cm，厚3.1cm，重154g（图一二八，1）。

石片　14件。岩性有辉绿岩和石英两种。其中辉绿岩13件，占该文化层出土石片总数的92.86%；石英1件，占该文化层出土石片总数的7.14%。打击台面中，自然台面12件，占该文化层出土石片总数的85.71%；人工台面2件，占该文化层出土石片总数的14.29%。有线状台面2件。打击点大多数比较清楚，但有打击疤痕的不多。半锥体不明显的11件，占该文化层出土石片总数的71.43%；半锥体微显的2件，占该文化层出土石片总数的21.43%；半锥体凸出的1件，占该文化层出土石片总数的7.14%。除线状台面石片外，其他标本的石片角大多在90°以上，以110°左右的居多。宽大于长者6件，占该文化层出土石片总数的42.86%；长大于宽者7件，占该文化层出土石片总数的50.00%；长宽相等者1件，占该文化层出土石片总数的7.14%。多数石片的背面或多或少保留有自然砾面，即使背面全是片疤的，在石片的台面或侧缘也多保留有自然砾面。背面有片疤者，片疤剥片方向与石片同向同源。大多数石片具有锋利的边缘，但未发现有使用痕迹者。所有石片均具有锋利的棱角，无明显的冲磨痕迹。打片均为硬锤打击。打片方法仅见直接锤击法一种。形状有三角形、四边形、梯形、圆形、椭圆形、扇贝形、心形和不规则形八种。

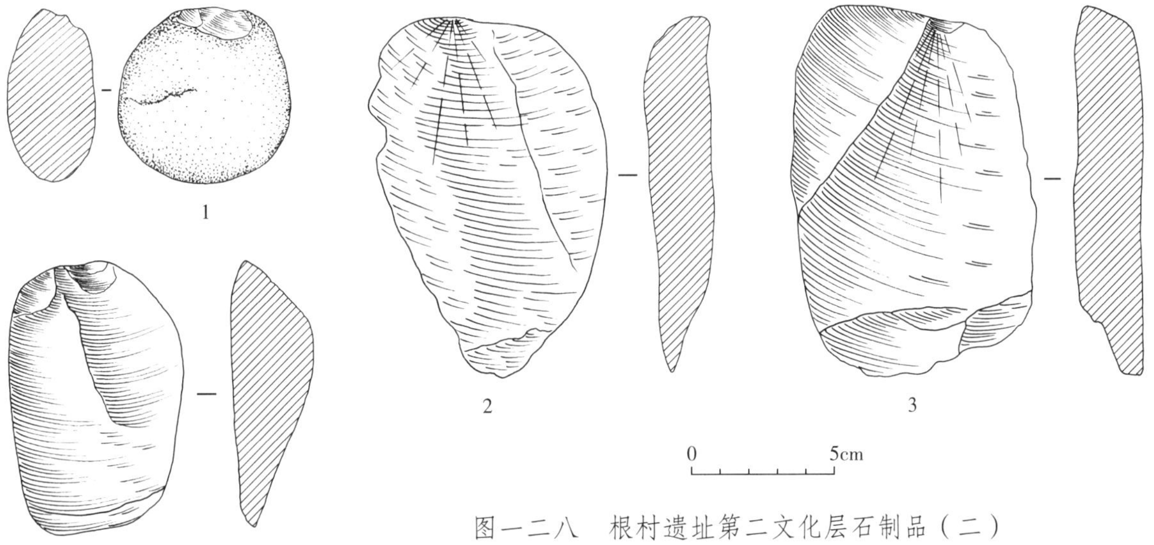

图一二八　根村遗址第二文化层石制品（二）

1. Ad型石核（2015GLGTG1③：22）　2. AaⅠ型石片（2015GLGTG2②：36）
3、4. AaⅡ型石片（2015GLGTG2②：38、2015GLGTG2②：42）

其中四边形、梯形和圆形各2件，各占该文化层出土石片总数的14.29%；三角形和扇贝形各3件，各占该文化层出土石片总数的21.43%；心形和不规则形各1件，各占该文化层出土石片总数的7.14%。器身长度最大值12.2cm，最小值4.4cm；宽度最大值13.3cm，最小值2.4cm；厚度最大值2.8cm，最小值0.5cm；重量最大值398g，最小值9g。均为A型，分别属于Aa、Ab、Ac、Ae亚型。

Aa型　9件。分别属于AaⅠ、AaⅡ、AaⅢ、AaⅣ、AaⅦ次亚型。

AaⅠ型　2件。

标本2015GLGTG2②：36，原料为灰褐色辉绿岩砾石。器身形状近三角形。打击台面为自然台面。打击点宽大，半锥体微显，放射线和同心波纹较明显。器身远端和左侧边缘锋利。右侧保留自然砾面，边缘钝厚。背面完全保留自然砾面。长11.7cm，宽7.8cm，厚2.2cm，重234g（图一二八，2）。

标本2015GLGTG2②：40，原料为灰褐色辉绿岩砾石。器身形状近三角形。打击台面为自然台面。打击点宽大，半锥体不显，放射线和同心波纹较明显。器身远端和左右两侧边缘锋利。背面完全保留自然砾面。长6.7cm，宽9.4cm，厚2.5cm，重153g（图一二九，3）。

AaⅡ型　2件。

标本2015GLGTG2②：38，原料为灰褐色辉绿岩砾石。器身宽大，形状近四边形。打击台面为自然台面。打击点宽大，半锥体不显，放射线清楚，同心波纹微显。器身远端和左右侧边缘锋

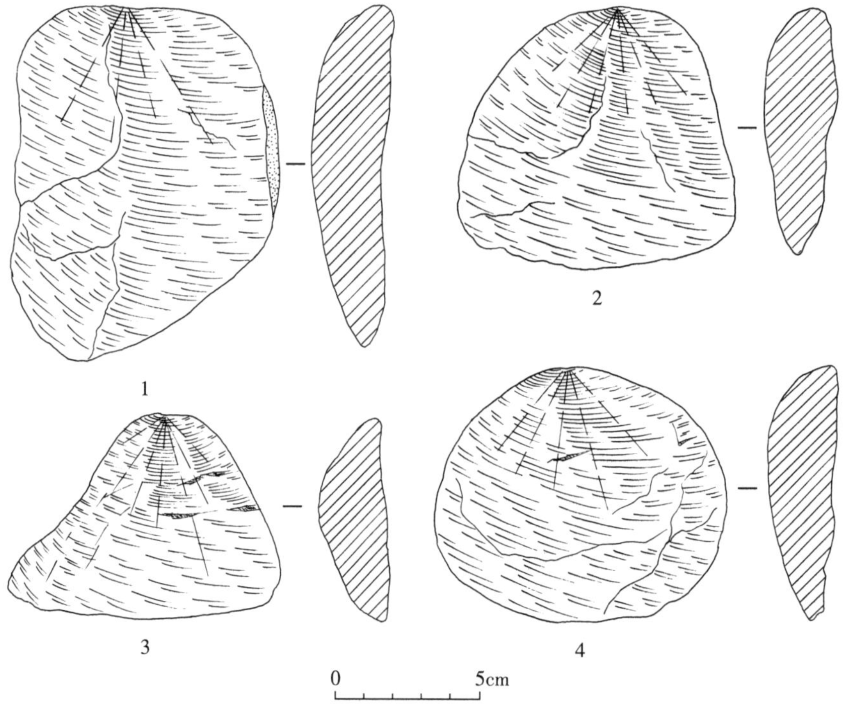

图一二九　根村遗址第二文化层石制品（三）

1、2. AaⅢ型石片（2015GLGTG2②：35、2015GLGTG2②：8）　3. AaⅠ型石片（2015GLGTG2②：40）　4. AaⅣ型石片（2015GLGTG1②：1）

利，但远端中央折断一小块。背面完全保留自然砾面。长 12.2cm，宽 8.2cm，厚 2.3cm，重 315g（图一二八，3）。

标本 2015GLGTG2②：42，原料为灰褐色辉绿岩砾石。器身形状近四边形。打击台面为自然台面。打击点宽大，半锥体不显，放射线和同心波纹均不明显。器身远端和右侧边缘锋利。左侧保留自然砾面，边缘钝厚。背面完全保留自然砾面。长 8.9cm，宽 5.8cm，厚 2.8cm，重 169g（图一二八，4）。

AaⅢ型　2 件。

标本 2015GLGTG2②：35，原料为灰褐色辉绿岩砾石。器身形状近梯形。打击台面为自然台面。打击点宽大，半锥体不显，放射线和同心波纹较明显。器身左侧和远端右侧边缘锋利。远端左侧边缘折断，略显钝厚。右侧保留自然砾面，边缘钝厚。背面完全保留自然砾面。长 11.8cm，宽 9.0cm，厚 2.8cm，重 398g（图一二九，1；彩版三九，1）。

标本 2015GLGTG2②：8，原料为灰褐色辉绿岩砾石。器身形状近梯形。打击台面为自然台面。打击点宽大，半锥体凸出，放射线和同心波纹较明显。器身远端和左右两侧边缘锋利。背面完全保留自然砾面。长 8.6cm，宽 9.4cm，厚 2.5cm，重 204g（图一二九，2）。

AaⅣ型　1 件。

标本 2015GLGTG1②：1，原料为灰褐色辉绿岩砾石。器身形状近圆形。打击台面为自然台面。打击点宽大，半锥体不显，放射线和同心波纹均明显。器身远端和左右两侧边缘锋利。背面完全保留自然砾面。长 8.4cm，宽 9.8cm，厚 2.3cm，重 242g（图一二九，4）。

AaⅦ型　2 件。

标本 2015GLGTG2②：34，原料为灰褐色辉绿岩砾石。器身形状近扇贝形。打击台面为自然台面。打击点宽大，半锥体不显，放射线和同心波纹均不明显。器身远端和左侧边缘锋利。右侧保留自然砾面，边缘钝厚。背面完全保留自然砾面。长 4.4cm，宽 10.2cm，厚 2.3cm，重 105g（图一三〇，1）。

标本 2015GLGTG2②：37，原料为灰褐色辉绿岩砾石。器身形状近扇贝形。打击台面为自然台面。打击点宽大，半锥体不显，放射线和同心波纹较明显。器身左侧保留自然砾面，边缘钝厚。右侧和远端左侧边缘锋利。远端右下侧折断一小块，边缘钝厚。背面完全保留自然砾面。长 9.0cm，宽 13.3cm，厚 2.5cm，重 340g（图一三〇，5）。

Ab 型　2 件。分别属于 AbⅣ、AbⅦ次亚型。

AbⅣ型　1 件。

标本 2015GLGTG2②：2，原料为灰褐色辉绿岩砾石。器身形状近圆形。打击台面为自然台面（线状台面）。打击点宽大，半锥体不显，放射线较明显，同心波纹清楚。器身远端和左右两侧边缘锋利。背面近端处有少量打击疤痕；疤痕打击方向与石片本身的打击方向相同。器身其余部分保留自然砾面。长 11.2cm，宽 11.2cm，厚 1.7cm，重 258g（图一三〇，4；彩版三九，2）。

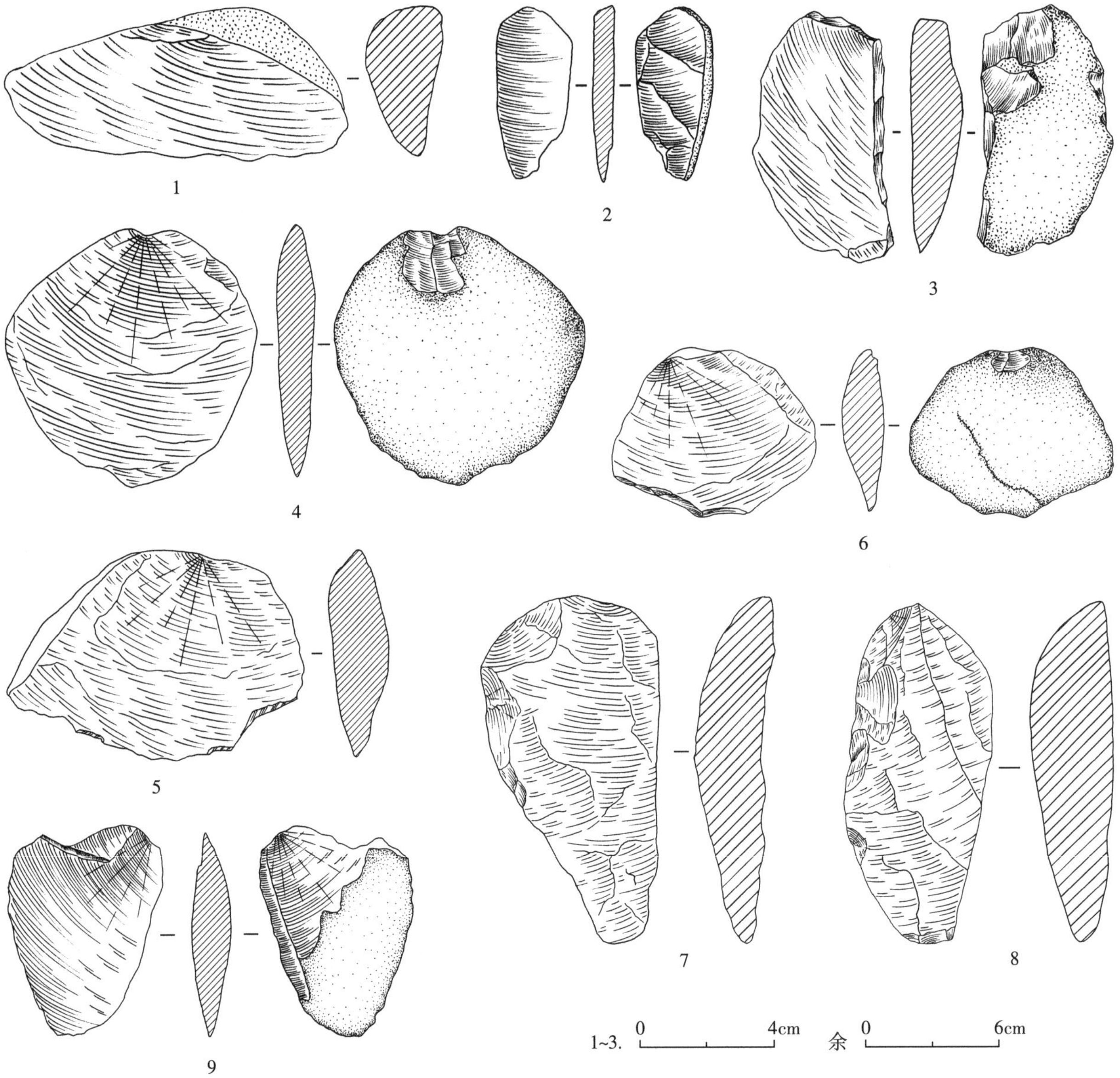

图一三〇　根村遗址第二文化层石制品（四）

1、5. AaⅦ型石片（2015GLGTG2②：34、2015GLGTG2②：37）　2. AcⅠ型石片（2015GLGTG2②：43）　3. AeⅪ型石片（2015GLGTG1②：15）　4. AbⅣ型石片（2015GLGTG2②：2）　6. AbⅦ型石片（2015GLGTG1③：20）　7. AbⅠ型砍砸器（2015GLGTG2②：28）　8. AbⅦ型砍砸器（2015GLGTG1③：4）　9. AeⅨ型石片（2015GLGTG2②：39）

AbⅦ型　1件。

标本2015GLGTG1③：20，原料为灰褐色辉绿岩砾石。器身形状近扇贝形。打击台面为自然台面。打击点宽大，半锥体微显，放射线清楚，同心波纹微显。器身左右两侧和远端右侧边缘锋利。远端左侧边缘折断，边缘钝厚。背面近端有几个小而深凹的片疤，片疤打击方向与石片本身的打击方向相同；背面其余部分保留自然砾面。长7.3cm，宽9.0cm，厚1.9cm，重139g（图一三〇，6）。

Ac型　1件。属于AcⅠ次亚型。

标本 2015GLGTG2 ②：43，原料为白色石英砾石。器身形状近三角形。打击台面为自然台面。打击点宽大，半锥体不显，放射线和同心波纹均不明显。器身远端和右侧边缘锋利。左侧保留自然砾面，边缘钝厚。背面全是层叠的片疤面，片疤打击方向与石片本身的打击方向相同；背面其余部分保留自然砾面。长 4.9cm，宽 2.4cm，厚 0.5cm，重 9g（图一三〇，2）。

Ae 型　2 件。分别属于 AeⅨ次亚型和 AeⅪ次亚型。

AeⅨ型　1 件。

标本 2015GLGTG2 ②：39，原料为灰褐色辉绿岩砾石。器身形状近心形。打击台面为人工台面（线状台面）。打击点宽大，半锥体不显，放射线清楚，同心波纹微显。器身右侧和远端边缘锋利。左侧折断一小块，边缘钝厚。背面近端有一些打击疤痕，疤痕打击方向与石片本身的打击方向相同。器身其余部分保留自然砾面。长 9.3cm，宽 6.7cm，厚 1.8cm，重 105g（图一三〇，9；彩版三九，3）。

AeⅪ型　1 件。

标本 2015GLGTG1 ②：15，原料为灰褐色辉绿岩砾石。器身形状不规则。打击台面为人工台面。打击点宽大，半锥体不显，放射线和同心波纹均不明显。器身远端和左侧边缘钝厚不锋利。右侧折断，为破裂面，边缘钝厚。背面近端附近有几个大而深凹的片疤，片疤打击方向与石片本身的打击方向相同。器身其余部分保留自然砾面。长 7.3cm，宽 3.8cm，厚 1.5cm，重 66g（图一三〇，3）。

砍砸器　3 件。原料有石核和石片两种。其中石片 2 件，占该文化层出土砍砸器总数的 66.67%；石核 1 件，占该文化层出土砍砸器总数的 33.33%。岩性仅见辉绿岩一种。加工方法仅见锤击法一种，单面加工。加工时一般是由较平一面向凸起一面进行打击；以石片为原料者，多由背面向腹面进行打击。加工较为简单，加工面多由一层或两层片疤组成。片疤多较小，多宽大于长。把端不加修理，保留自然砾面。刃缘有不同程度的修整，但未见使用痕迹。器身形状有三角形、长条形和不规则形三种，每种形状各 1 件。器身长度最大值 17.8cm，最小值 14.7cm；宽度最大值 10.3cm，最小值 6.3cm；厚度最大值 5.3cm，最小值 3.0cm；重量最大值 981g，最小值 348g。均为 A 型，分别属于 Ab 亚型中的 AbⅠ、AbⅦ、AbⅧ次亚型。

AbⅠ型　1 件。

标本 2015GLGTG2 ②：28，原料为灰褐色辉绿岩石片。器身形状近三角形。腹面略平，远端折断一小截，边缘钝厚。背面完全保留自然砾面。加工方法为锤击法。沿石片左侧边缘多次单面剥片，加工出一道弧刃。刃缘整齐锋利，未见使用痕迹。片疤多较小且浅平，打击方向由背面向腹面打击。长 15.0cm，宽 8.1cm，厚 3.0cm，重 348g（图一三〇，7；彩版三九，4）。

AbⅦ型　1 件。

标本 2015GLGTG1 ③：4，原料为灰褐色辉绿岩石片。器身形状近长条形。右侧上半部为一个大而深凹的片疤，下半部保留自然砾面。腹面较平；背面近端处有一个小而深凹的片疤，片疤打击方向与石片本身的打击方向相同，其余部分保留自然砾面。加工方法为锤击法。沿石片左侧边缘多次单面剥片，加工出一道弧刃。刃缘整齐锋利，未见使用痕迹。片疤多较小且浅平，打击方向由背面向腹面打击。远端和近端均经修整，各加工出一个舌尖和一个钝尖。长 14.7cm，宽 6.3cm，厚 3.6cm，重 382g（图一三〇，8）。

AbⅧ型　1 件。

标本 2015GLGTG2②：11，原料为灰褐色辉绿岩石核。器身形状不规则。一面较平，另一面凹凸不平，一侧为破裂面。加工方法为锤击法。沿石核破裂面边缘多次单面剥片，加工出一道弧刃。刃缘整齐锋利，未见使用痕迹。片疤多较小且浅平，打击方向由较平面向破裂面打击。长 17.8cm，宽 10.3cm，厚 5.3cm，重 981g（图一三一，1）。

刮削器　6 件。原料有石片和断块两种。其中石片和断块各 3 件。岩性有辉绿岩和石英两种。其中辉绿岩 5 件，占该文化层出土刮削器总数的 83.33%；石英 1 件，占该文化层出土刮削器总数的 16.67%。加工方法仅见锤击法一种。单面加工，背面通常为砾石面。加工通常是由背面向腹面

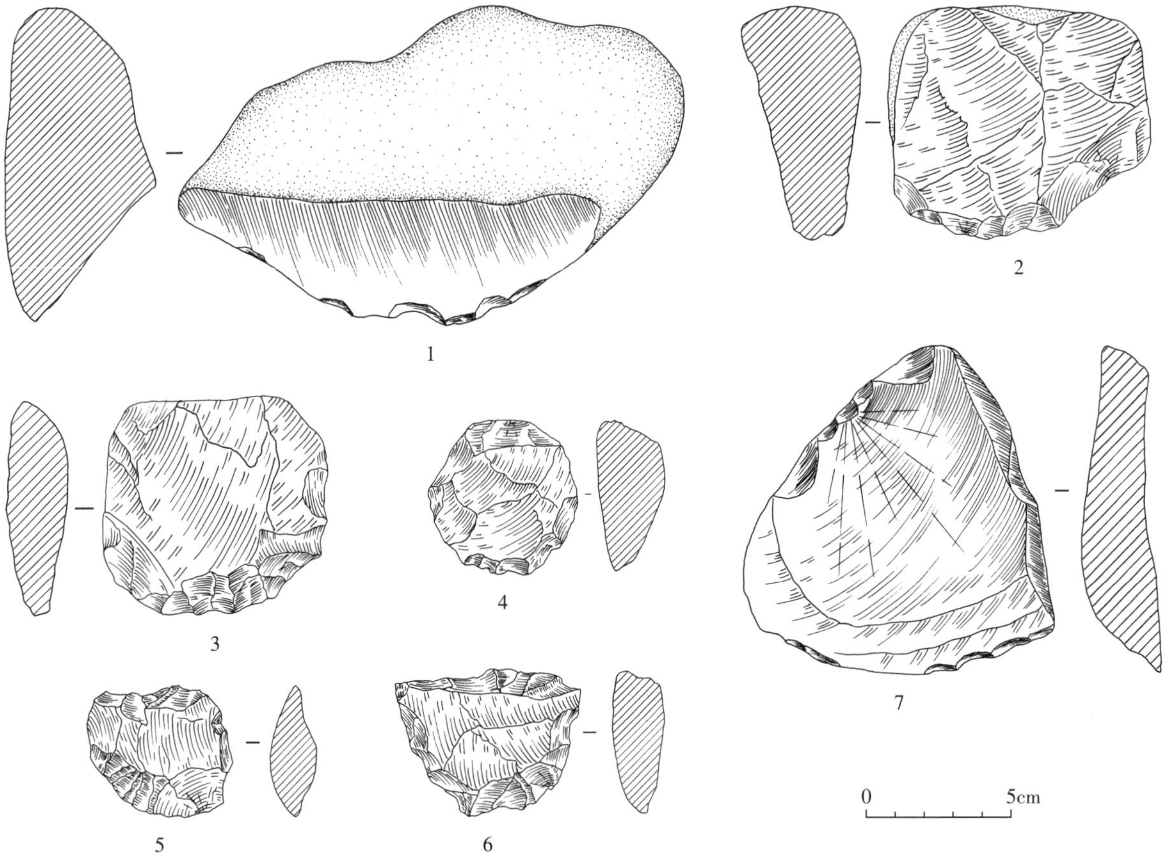

图一三一　根村遗址第二文化层石制品（五）

1. AbⅧ型砍砸器（2015GLGTG2②：11）　2、3. AbⅡ型刮削器（2015GLGTG2②：45、2015GLGTG1②：9）　4. AbⅣ型刮削器（2015GLGTG1③：26）　5. AbⅧ型刮削器（2015GLGTG2②：44）　6. CdⅧ型刮削器（2015GLGTG2②：27）　7. BdⅠ型刮削器（2015GLGTG2②：7）

进行打击。加工部位分别位于器身一端、一侧、两侧或多边，其中以在一端或一侧加工居多。加工较为简单，多数仅加工边缘部分，只有少数加工至器身中部。以断块为原料者，加工面多由一层或两层片疤组成；而以石片为原料者，往往只有一层片疤，有的甚至不经过剥片，只略经修整就加工出刃口。片疤多较小且深凹，多为长大于宽。把端多不加修理，保留自然砾面。大部分标本的刃缘有不同程度的修整，多不见使用痕迹。器身形状有三角形、四边形、圆形和不规则形四种。其中三角形和圆形各 1 件，各占该文化层出土刮削器总数的 16.67%；四边形和不规则形各 2 件，各占该文化层出土刮削器总数的 33.33%。器身长度最大值 9.9cm，最小值 4.8cm；宽度最大值 9.9cm，最小值 4.3cm；厚度最大值 3.6cm，最小值 1.5cm；重量最大值 377g，最小值 38g。分别属于 A、B、C 型。

A 型　4 件。分别属于 Ab 亚型中的 AbⅡ、AbⅣ、AbⅧ次亚型。

AbⅡ型　2 件。

标本 2015GLGTG1 ②：9，原料为灰褐色辉绿岩石片。器身形状近四边形。腹面较平整，背面完全保留自然砾面。加工方法为锤击法。沿石片左侧下半部及远端边缘多次单面剥片，加工出一道弧刃。刃缘整齐锋利，未见使用痕迹。片疤多较小且浅平，打击方向由背面向腹面打击。长 7.6cm，宽 7.0cm，厚 2.0cm，重 163g（图一三一，3）。

标本 2015GLGTG2 ②：45，原料为灰褐色辉绿岩断块。器身形状近四边形。一面较平，保留自然砾面；另一面凹凸不平，为破裂面。加工方法为锤击法。沿石核一侧边缘多次单面剥片，加工出一道弧刃。刃缘整齐锋利，未见使用痕迹。片疤多较小且浅平，打击方向由较平面向破裂面打击。长 8.7cm，宽 7.6cm，厚 3.6cm，重 377g（图一三一，2）。

AbⅣ型　1 件。

标本 2015GLGTG1 ③：26，原料为灰褐色辉绿岩断块。器身形状近圆形。一面为略平整的破裂面；另一面凸起，完全保留自然砾面。一端较宽薄；另一端为较平整的断裂面，较钝厚。加工方法为锤击法。沿断块两侧下半部及宽薄端边缘多次单面剥片，加工出一道弧刃。刃缘整齐锋利，未见使用痕迹。长 5.1cm，宽 5.1cm，厚 2.2cm，重 67g（图一三一，4）。

AbⅧ型　1 件。

标本 2015GLGTG2 ②：44，原料为浅黄白色石英石片。器身形状不规则。腹面较平整，背面完全保留自然砾面。加工方法为锤击法。沿石片右侧边缘多次单面剥片，加工出一道弧刃。刃缘整齐锋利，未见使用痕迹。石片左侧也经过单面剥片，但未成刃，或系修整器身所遗留痕迹。片疤多较小且浅平，打击方向由背面向腹面打击。器身其余部位未见人工痕迹。长 4.8cm，宽 4.3cm，厚 1.5cm，重 38g（图一三一，5；彩版三九，5）。

B 型　1 件。属于 Bd 亚型中的 BdⅠ次亚型。

标本 2015GLGTG2 ②：7，原料为灰褐色辉绿岩石片。器身形状近三角形。腹面较平整，背面完全保留自然砾面。加工方法为锤击法。沿石片近端和远端边缘多次单面剥片，在近端边缘加工出一道直刃，在远端边缘加工出一道弧刃。刃缘均整齐锋利，未见使用痕迹。片疤多较小且浅平，打击方向由背面向腹面打击。长9.9cm，宽9.9cm，厚2.4cm，重311g（图一三一，7；彩版三九，6）。

C型　1件。属于Cd亚型中的CdⅧ次亚型。

标本2015GLGTG2②：27，原料为灰褐色辉绿岩断块。器身形状不规则。一面为略平整的破裂面；另一面凸起，完全保留自然砾面。一端较窄薄；另一端为较平整的断裂面，较钝厚。加工方法为锤击法。沿断块两侧及窄薄端边缘多次单面剥片，各加工出一道凹刃、直刃和弧刃。刃缘整齐锋利，未见使用痕迹。长6.4cm，宽4.6cm，厚1.7cm，重63g（图一三一，6；彩版四〇，1）。

（3）磨制石制品

52件。包括石斧、石锛、石凿、斧锛类半成品、斧锛类毛坯和研磨器六大类型。其中石斧和石锛各4件，各占该文化层出土磨制石制品总数的7.69%；石凿3件，占该文化层出土磨制石制品总数的5.77%；斧锛类半成品11件，占该文化层出土磨制石制品总数的21.15%；斧锛类毛坯17件，占该文化层出土磨制石制品总数的32.70%；研磨器13件，占该文化层出土磨制石制品总数的25.00%。

石斧　4件。均为完整件。原料有砾石和石片两种。其中砾石3件，占该文化层出土石斧总数的75%；石片1件，占该文化层出土石斧总数的25%。岩性有辉绿岩和玄武岩两种，其中辉绿岩1件，占该文化层出土石斧总数的25%；玄武岩3件，占该文化层出土石斧总数的75%。加工方法为锤击法，多为单面加工。加工部位多在器身的端部和两侧。绝大部分标本或多或少保留有自然砾面。磨制部位有通体磨制和局部磨制两种。其中局部磨制的3件，占该文化层出土石斧总数的75%；通体磨制的1件，占该文化层出土石斧总数的25%。通体磨制者，器身仍保留较多制坯时留下的疤痕，刃部磨制得比普通标本精致。刃部均未见使用痕迹。器身形状有四边形、梯形和椭圆形三种。其中四边形和椭圆形各1件，各占该文化层出土石斧总数的25%；梯形2件，占该文化层出土石斧总数的50%。器身长度最大值10.0cm，最小值7.0cm；宽度最大值4.8cm，最小值4.0cm；厚度最大值1.8cm，最小值1.1cm；重量最大值155g，最小值50g。分别属于A型和B型。

A型　1件。属于Ac亚型。

标本2015GLGTG1③：3，原料为灰褐色辉绿岩砾石。器身稍扁薄，形状近梯形。一端较宽，另一端略窄。器身两侧经多次双面剥片并略经磨制，边缘可见少量光滑磨痕，但仍保留有较密集的打击疤痕；片疤多较小且浅平。较宽端两面均经过精心磨制，形成两道相互倾斜的光滑刃面；一刃面较宽，另一刃面略窄。两刃面交汇处磨制出一道平直锋利的刃口。未见使用痕迹。器身其余部位保留自然砾面。长7.0cm，宽4.0cm，厚1.1cm，重50g（图一三二，1；彩版四〇，2）。

B型　3件。分别属于Bb、Bc、Bf亚型。

Bb型　1件。

标本2015GLGTG2②：12，原料为灰褐色玄武岩砾石。器身稍厚，形状近四边形。两端略等

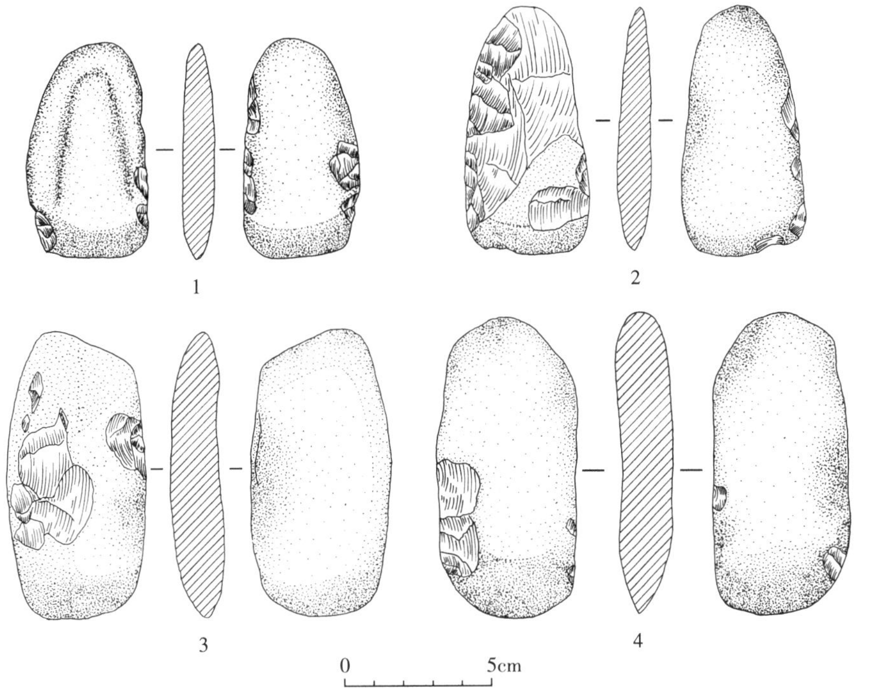

图一三二　根村遗址第二文化层石制品（六）

1. Ac 型石斧（2015GLGTG1③：3）　2. Bc 型石斧（2015GLGTG2②：15）　3. Bb 型石斧（2015GLGTG2②：12）　4. Bf 型石斧（2015GLGTG1③：12）

宽。通体磨制。器身两侧经过多次单面剥片并经过较多磨制，但仍保留着较密集的打击疤痕；片疤多较小且浅平，部分片疤剥片达到甚至超过中轴线。器身一面略经磨制，有部分光滑磨面，但仍保留较大面积的自然砾面；另一面经过较多磨制，有较大面积的光滑磨面，但低凹处保留着较多的打击疤痕。刃端两面均经过精心磨制，形成两道相互倾斜的光滑刃面。两刃面略等宽，交汇处磨制出一道整齐锋利的弧状刃口。未见使用痕迹。长 9.4cm，宽 4.6cm，厚 1.6cm，重 117g（图一三二，3；彩版四〇，3）。

Bc 型　1 件。

标本 2015GLGTG2②：15，原料为灰褐色玄武岩石片。器身稍扁薄，形状近梯形。石片左侧较宽，右侧略窄。左侧和远端左半部经过较多单面剥片，远端则经过多次双面剥片；均保留着较密集的打击疤痕；片疤多较小且浅平，未经磨制。石片左侧两面均经过精心磨制，形成两道相互倾斜的光滑刃面。两刃面略等宽，交汇处磨制出一道整齐锋利的弧状刃口。刃口一侧尚有少量打击疤痕，未见使用痕迹。长 8.2cm，宽 4.2cm，厚 1.2cm，重 54g（图一三二，2）。

Bf 型　1 件。

标本 2015GLGTG1③：12，原料为灰褐色玄武岩砾石。器身稍厚，形状近椭圆形。一端较宽，另一端略窄。器身两侧下半部经过多次双面剥片；其中一侧剥片较多，疤痕密集；另一侧片疤零星。片疤多较小且浅平，未经磨制。较宽端两面均经过精心磨制，形成两道相互倾斜的光滑刃面。两刃面略等宽，交汇处磨制出一道整齐锋利的弧凸状刃口。未见使用痕迹。器身其余部位保留自然砾面。长 10.0cm，宽 4.8cm，厚 1.8cm，重 155g（图一三二，4）。

石锛 4 件。均为完整件。岩性有辉绿岩、玄武岩和硅质岩三种。其中辉绿岩 2 件，占该文化层出土石锛总数的 50%；玄武岩和硅质岩各 1 件，各占该文化层出土石锛总数的 25%。加工方法为锤击法，多为单面加工。加工部位多在器身的端部和两侧。绝大部分标本或多或少保留有自然砾面。磨制部位只见局部磨制一种，且均为磨制刃部。器身形状有四边形和椭圆形两种，每种形状各 2 件。器身长度最大值 10.0cm，最小值 7.2cm；宽度最大值 6.2cm，最小值 3.9cm；厚度最大值 1.8cm，最小值 1.1cm；重量最大值 175g，最小值 50g。均为 A 型，分别属于 Aa 亚型和 Ab 亚型。

Aa 型 1 件。属于 AaⅡ次亚型。

标本 2015GLGTG2 ②：14，原料为灰褐色硅质岩砾石。器身稍厚，形状近四边形。一端较宽，另一端略窄。器身通体打制，保留着较密集的打击疤痕。片疤多较小且浅平，部分片疤尾部折断形成陡坎，部分片疤达到甚至超过器身中轴线，器身几乎没有自然砾面保留。略窄端两面均经过精心磨制，形成两道光滑刃面。其中一刃面较宽，磨面向另一面倾斜；另一刃面略窄，磨面稍平。两刃面交汇处磨制出一道斜直锋利的刃口。未见使用痕迹。长 9.3cm，宽 4.5cm，厚 1.6cm，重 115g（图一三三，1；彩版四〇，4）。

Ab 型 3 件。分别属于 AbⅡ次亚型和 AbⅥ次亚型。

AbⅡ型 1 件。

标本 2015GLGTG2 ②：20，原料为灰褐色辉绿岩砾石。器身稍扁薄，形状近四边形。一端较宽，另一端略窄。器身两侧经多次双面剥片，保留着较密集的打击疤痕，其中一侧略经磨制。片疤多较小且浅平，部分片疤尾部折断形成陡坎。较宽端两面均经过精心磨制，形成两道光滑刃面。其中一刃面较宽，向另一面倾斜；另一刃面略窄，磨面较平。两刃面交汇处磨制出一道整齐锋利的弧凸状刃。刃两侧和中央仍可见少量打击疤痕。未见使用痕迹。器身其余部位保留自然砾面。长 10.0cm，宽 6.2cm，厚 1.8cm，重 175g（图一三三，2；彩版四〇，5）。

AbⅥ型 2 件。

标本 2015GLGTG1 ③：7，原料为灰褐色辉绿岩砾石。器身较扁薄，形状近椭圆形。一端较宽，另一端略窄。器身两侧经过多次单面剥片，保留着较密集的打击疤痕。片疤多较小且浅平，未经磨制。较宽端两面均经过较多磨制，形成两道光滑刃面。其中一刃面较宽，向另一面倾斜；另一刃面略窄，磨面相对较平。两刃面交汇处磨制出一道整齐锋利的弧凸状刃。未见使用痕迹。器身其余部位保留自然砾面。长 7.9cm，宽 3.9cm，厚 1.1cm，重 50g（图一三三，3）。

标本 2015GLGTG1 ②：8，原料为灰褐色玄武岩砾石。器身稍厚，形状近椭圆形。一端较宽，另一端略窄。器身通体打制，保留着较密集的打击疤痕。片疤多较小且浅平，部分片疤尾部折断

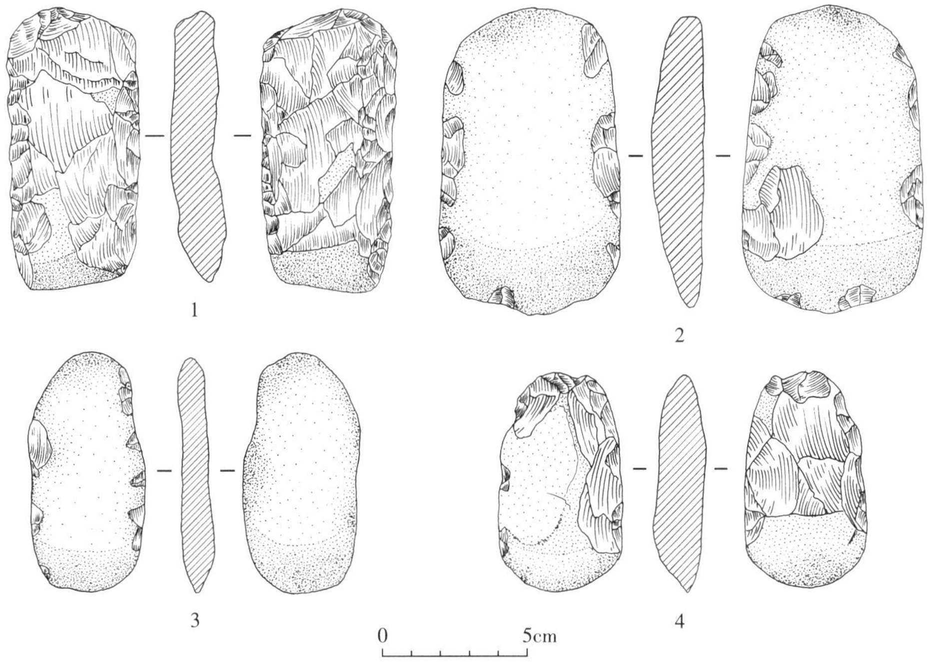

图一三三　根村遗址第二文化层石制品（七）

1. AaⅡ型石锛（2015GLGTG2②：14）　2. AbⅡ型石锛（2015GLGTG2②：20）　3、4. AbⅥ型石锛（2015GLGTG1③：7、2015GLGTG1②：8）

形成陡坎，有的片疤达到甚至超过器身中轴线，使该面几乎没保留有自然砾面。较宽端两面均经过精心磨制，形成两道光滑刃面。其中一刃面较宽，向另一面倾斜；另一刃面略窄平。两刃面交汇处磨制出一道整齐锋利的弧凸状刃。未见使用痕迹。长 7.2cm，宽 4.2cm，厚 1.7cm，重 62g（图一三三，4）。

石凿　3 件。包括半成品和毛坯两大类。其中半成品 1 件，占该文化层出土石凿总数的 33.33%；毛坯 2 件，占该文化层出土石凿总数的 66.67%。岩性有辉绿岩和玄武岩两种。其中辉绿岩 2 件，占该文化层出土石凿总数的 66.67%；玄武岩 1 件，占该文化层出土石凿总数的 33.33%。器身形状有三角形和长条形两种。其中三角形 1 件，占该文化层出土石凿总数的 33.33%；长条形 2 件，占该文化层出土石凿总数的 66.67%。器身长度最大值 13.2cm，最小值 12.1cm；宽度最大值 4.7cm，最小值 4.5cm；厚度最大值 2.5cm，最小值 2.3cm；重量最大值 203g，最小值 192g。

第一类　半成品。1 件。属于 A 型中的 AaⅦ次亚型。

标本 2015GLGTG1③：15，原料为灰褐色玄武岩砾石。器身稍厚，形状近长条形。一端稍宽，另一端略窄。器身两侧下半部经过多次打制；其中一侧保留少量麻点状的打击疤痕，未能成功开片；另一侧则保留少量较小且浅平的片疤，未经磨制。较宽端经过多次双面剥片，打制出一道平直但不锋利的直刃；其中一面剥片较多，一侧有一个较大的沿节理面破裂的疤痕，另一侧则略经磨制，有小面积的光滑磨面；另一面则只有少数几个较小且浅平的片疤。刃口尚未开始磨制。器身其余部位保留自然砾面。长 13.2cm，宽 4.7cm，厚 2.4cm，重 195g（图一三四，1；彩版四〇，6）。

第二类　毛坯。2 件。均为 A 型，分别属于 Ab 亚型中的 AbⅠ次亚型和 AbⅦ次亚型。

AbⅠ型　1 件。

标本 2015GLGTG2②：4，原料为灰褐色辉绿岩砾石。器身较窄厚，形状近三角形。一端较宽，另一端略窄。加工方法为锤击法。沿砾石一侧和较宽端边缘多次单面剥片，另一侧则多次双面剥片。较宽端及两侧均保留有密集的打击疤痕。片疤多较小且浅平，部分片疤尾部折断形成陡坎，有的片疤剥片达到甚至超过器身中轴线，致使一面下半部全部为片疤面，仅中央部位和上半部保留少量自然砾面，未经磨制。较宽端边缘加工出一道弧凸状刃。刃缘整齐锋利，未经磨制。器身其余部位保留自然砾面。长 12.7cm，宽 4.5cm，厚 2.5cm，重 192g（图一三四，2；彩版四一，1）。

AbⅦ型　1 件。

标本 2015GLGTG2②：25，原料为灰褐色辉绿岩砾石。器身窄而厚，形状近长条形。一端略窄，另一端稍宽。加工方法为锤击法。先沿砾石两侧边缘多次单面剥片。两侧均保留较密集的打

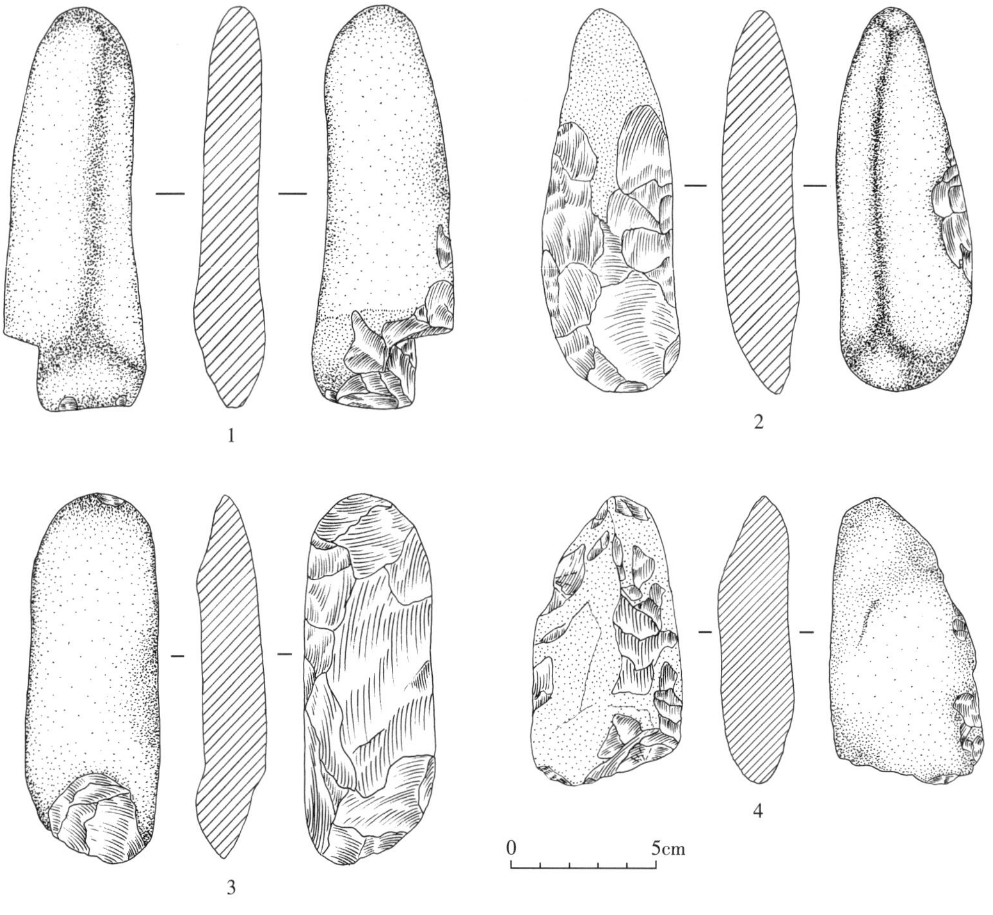

图一三四　根村遗址第二文化层石制品（八）

1. AaⅦ型石凿半成品（2015GLGTG1③：15）　2. AbⅠ型石凿毛坯（2015GLGTG2②：4）　3. AbⅦ型石凿毛坯（2015GLGTG2②：25）　4. AaⅠ型斧锛类半成品（2015GLGTG2②：23）

击疤痕，片疤多较小且浅平，部分片疤尾部折断形成陡坎；有的片疤剥片达到甚至超过器身中轴线，致使一面全部是片疤面，未经磨制。再沿两端多次双面剥片。其中稍宽端剥片较少，略窄端剥片较多。一面片疤多较小且浅平，另一面则有一较大的沿节理面破裂的疤痕。略窄端边缘加工出一道整齐锋利的斜弧刃。刃缘未经磨制。器身其余部位保留自然砾面。长 12.1cm，宽 4.6cm，厚 2.3cm，重 203g（图一三四，3）。

斧锛类半成品　11 件。包括完整件和残件两大类。其中完整件 10 件，占该文化层出土斧锛类半成品总数的 90.90%；残件 1 件，占该文化层出土斧锛类半成品总数的 9.10%。原料仅见砾石一种。岩性有辉绿岩和玄武岩两种。其中辉绿岩 8 件，占该文化层出土斧锛类半成品总数的 72.73%；玄武岩 3 件，占该文化层出土斧锛类半成品总数的 27.27%。加工方法为锤击法，多为单面加工。加工部位多在器身的端部和两侧。绝大部分标本或多或少保留有自然砾面。只见局部磨制一种，且多只磨制刃部。器身形状有三角形、四边形、半圆形、椭圆形和长条形五种。其中三角形、四边形和椭圆形各 3 件，各占该文化层出土斧锛类半成品总数的 27.27%；半圆形和长条形各 1 件，各占该文化层出土斧锛类半成品总数的 9.10%。器身长度最大值 11.5cm，最小值 5.4cm；宽度最大值 5.5cm，最小值 3.5cm；厚度最大值 2.7cm，最小值 0.6cm；重量最大值 210g，最小值 40g。

第一类　完整件。10 件。均为 A 型，分别属于 Aa 亚型和 Ab 亚型。

Aa 型　7 件。分别属于 AaⅠ、AaⅡ、AaⅥ次亚型。

AaⅠ型　2 件。

标本 2015GLGTG2②：23，原料为灰褐色辉绿岩砾石。器身稍厚，形状近三角形。一端较宽，另一端略窄。器身略窄端和两侧经过多次单面剥片；片疤多较小且深凹，部分片疤尾部折断形成陡坎，有的片疤剥片达到器身中轴线。两侧均略经磨制，侧缘有光滑磨面，但仍保留着少量打击疤痕。较宽端经过多次单面剥片，打制出一道整齐但不锋利的斜直刃缘。两面均经较多磨制，已有一些光滑刃面。其中一刃面较宽，向另一面倾斜；另一刃面略窄平。两刃面交汇处保留原来打制出的斜直刃。刃口尚未开始磨制。器身其余部位保留自然砾面。长 9.1cm，宽 5.1cm，厚 2.3cm，重 163g（图一三四，4）。

标本 2015GLGTG1③：5，原料为灰褐色玄武岩砾石。器身稍厚，形状近三角形。一端较宽，另一端较窄。器身较窄端单面剥出几个较大而深凹的片疤。一侧经过多次双面剥片，另一侧经过多次单面剥片；片疤多较小且浅平；部分片疤尾部折断形成陡坎，有的片疤剥片达到甚至超过器身中轴线。较宽端边缘经过多次单面剥片，打制出一道整齐锋利的斜直刃缘。刃缘上保留密集的打击疤痕，刃口尚未开始磨制。器身一面大片疤与原砾石面形成的凸棱处，以及一侧近较宽端大片疤与后加工面形成的凸棱处均略经磨制，有小面积的光滑磨面。其余部位保留自然砾面。长 8.9cm，宽 4.6cm，厚 2.7cm，重 136g（图一三五，1）。

AaⅡ型　3 件。

标本 2015GLGTG1②：5，原料为暗红褐色玄武岩砾石。器身形状近四边形。一端稍宽，另一端略窄。器身一侧近略窄端和稍宽端处单面各剥出几个较小而浅平的片疤，未经磨制。稍宽端边缘经多次双面剥片，打制出一道锋利的平直刃缘。稍宽端一面略经磨制，有一些光滑刃面，向另一面倾斜；另一面保留着较多的打击疤痕，片疤多较小且浅平，部分片疤尾部折断形成陡坎，未经磨制。两加工面交汇处保留原打制出的斜直刃缘。刃口尚未最后磨制完成。器身其余部位保留自然砾面。长 9.2cm，宽 4.3cm，厚 1.7cm，重 109g（图一三五，2）。

标本 2015GLGTG1③：8，原料为灰褐色辉绿岩砾石。器身稍扁薄，形状近四边形。一端稍宽，另一端略窄。器身一侧下半部边缘经过多次双面剥片并略经磨制，但仍保留着少量打击疤痕，片疤多较小且浅平。稍宽端边缘经过多次单面剥片，打制出一道锋利的斜直刃缘。稍宽端两面经较

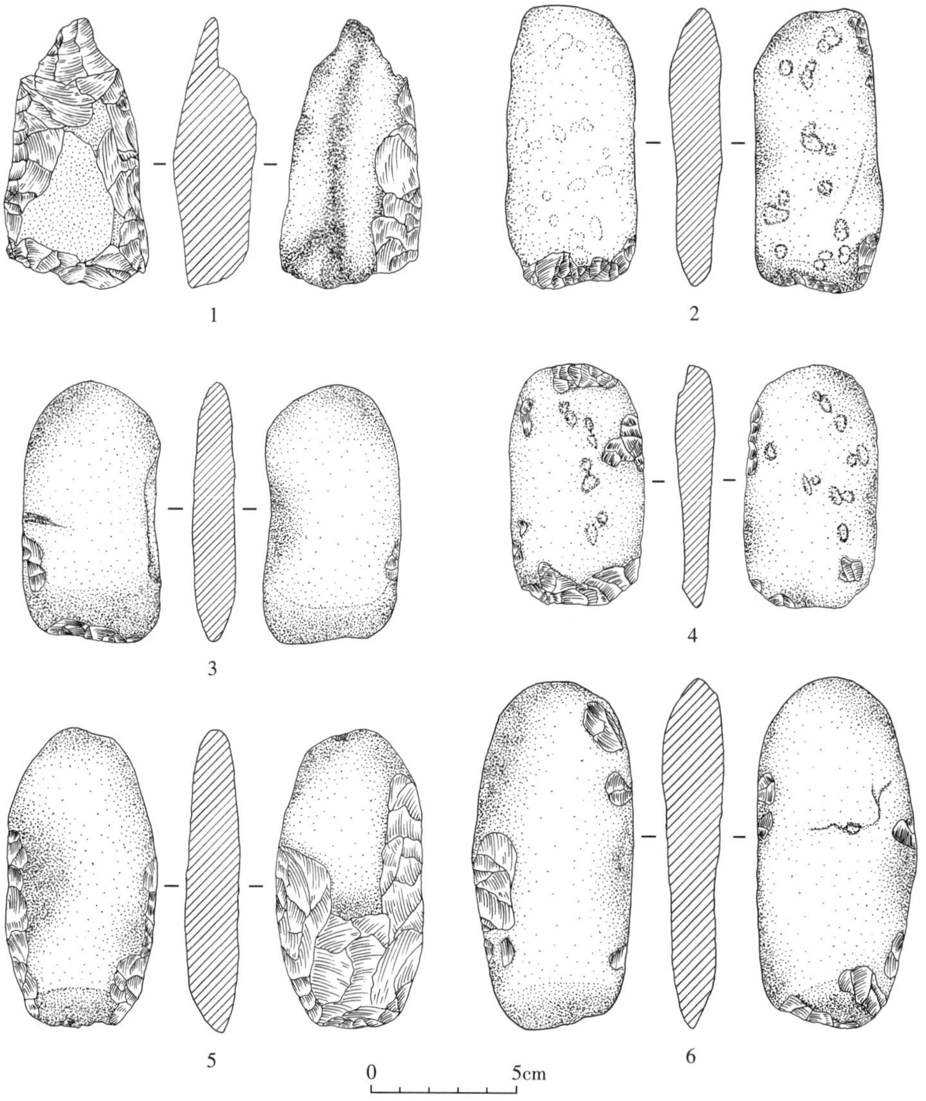

图一三五　根村遗址第二文化层石制品（九）

1. AaⅠ型斧锛类半成品（2015GLGTG1③：5）　2~4. AaⅡ型斧锛类半成品（2015GLGTG1②：5、2015GLGTG1③：8、2015GLGTG2②：6）　5、6. AaⅥ型斧锛类半成品（2015GLGTG1③：2、2015GLGTG2②：5）

多磨制，已有小面积的光滑刃面。两刃面均向另一面倾斜。两刃面交汇处保留原打制出的斜直刃。刃缘一角刃口已磨出但尚未磨毕，其余部分仍保留有打击疤痕。器身其余部位保留自然砾面。长8.6cm，宽4.6cm，厚1.4cm，重105g（图一三五，3）。

标本2015GLGTG2②：6，原料为灰褐色玄武岩砾石。器身稍扁薄，形状近四边形。一端稍宽，另一端略窄。器身略窄端和一侧下半部经过多次单面剥片，另一侧上半部经过多次双面剥片。片疤多较小且浅平，未经磨制。稍宽端边缘经过多次双面剥片，打制出一道平直但稍钝厚的刃缘。稍宽端两面略经磨制，已有部分光滑刃面。其中一刃面较宽，向另一面倾斜；另一刃面略窄平。两刃面交汇处保留原打制出的平直刃缘。刃缘上仍保留原有的打击疤痕，刃口尚未最后磨制完成。器身其余部位保留自然砾面。长7.9cm，宽4.6cm，厚1.3cm，重70g（图一三五，4；彩版四一，2）。

AaⅥ型　2件。

标本2015GLGTG1③：2，原料为灰褐色辉绿岩砾石。器身形状近椭圆形。一端稍宽，另一端略窄。器身稍宽端和两侧边缘经过多次双面剥片，保留着较密集的打击疤痕。片疤多较小且浅平，未经磨制。稍宽端边缘打制出一道平直锋利的刃缘；一面已打制出向另一面倾斜的刃面，未经磨制；另一面较平，略经磨制，有部分光滑刃面。两刃面交汇处保留原打制出的平直刃缘。刃缘上仍保留有原来的打击疤痕，刃口尚未最后磨制完成。器身其余部位保留自然砾面。长9.9cm，宽5.0cm，厚1.8cm，重150g（图一三五，5）。

标本2015GLGTG2②：5，原料为灰褐色辉绿岩砾石。器身稍厚，形状近椭圆形。一端稍宽，另一端略窄。器身一侧和另一侧下半部边缘经过多次双面剥片并略经磨制。侧缘有光滑磨面，但仍保留着一些打击疤痕。片疤多较小且浅平。稍宽端边缘经过多次单面剥片，打制出一道锋利的斜直刃缘。稍宽端两面经较多磨制，已有较多光滑刃面。两刃面均向另一面倾斜，其中一面刃面较宽，另一面刃面略窄。刃面两侧仍可见部分打击疤痕。两刃面交汇处保留原打制出的斜直刃。刃缘上仍较多保留了打击疤痕，刃口尚未最后磨制完成。器身其余部位保留自然砾面。长11.5cm，宽5.4cm，厚2.0cm，重210g（图一三五，6）。

Ab型　3件。分别属于AbⅠ、AbⅥ、AbⅦ次亚型。

AbⅠ型　1件。

标本2015GLGTG2②：1，原料为灰褐色辉绿岩砾石。器身稍厚，形状近三角形。一端较宽，另一端略窄。器身两侧下半部经多次单面剥片并略经磨制，侧缘有部分光滑磨面，但仍保留着部分打击疤痕；片疤多较小且浅平。较宽端边缘经多次单面剥片，打制出一道不甚整齐锋利的弧凸状刃缘；两面略经磨制，已有部分光滑刃面。其中一刃面较宽，向另一面倾斜；另一刃面略窄平。两刃面交汇处保留原来打制出的弧刃。刃缘上仍保留原有的打击疤痕，刃口尚未最后磨制完成。器身其余部位保留自然砾面。长10.1cm，宽4.9cm，厚2.1cm，重156g（图一三六，1；彩版四一，3）。

AbⅥ型　1件。

标本 2015GLGTG2 ②：19，原料为灰褐色辉绿岩砾石。器身稍扁薄，形状近椭圆形。一端稍宽，另一端略窄。稍宽端经过多次单面剥片，两侧经过多次双面剥片，均保留着较多打击疤痕。片疤多较小且浅平，未经磨制。略窄端边缘经过多次双面剥片，打制出一道整齐锋利的弧凸状刃缘；略宽端两面经较多磨制，已有一些光滑刃面。其中一刃面较宽，向另一面倾斜；另一刃面略窄平，打击疤痕较多。两刃面交汇处保留原打制出的弧刃。一侧刃口已磨出但尚未磨毕，另一侧仍保留有部分打击疤痕。器身其余部位保留自然砾面。长 8.8cm，宽 4.7cm，厚 1.5cm，重 98g（图一三六，2）。

AbⅦ型　1 件。

标本 2015GLGTG1 ②：13，原料为灰褐色辉绿岩砾石。器身稍扁薄，形状近长条形。一端稍宽，另一端略窄。器身两侧下半部经过多次单面剥片，保留着一些打击疤痕。片疤多较小且浅平，未经磨制。稍宽端边缘经过多次双面剥片，打制出一道整齐锋利的弧凸状刃缘。稍宽端两面经较多磨制，已有较多光滑刃面。两刃面均向另一面倾斜，交汇处保留原打制出的弧凸刃。刃缘一角刃口已磨出但尚未磨毕，仍较多保留着打击疤痕。器身其余部位保留自然砾面。长 8.8cm，宽 3.5cm，厚 1.3cm，重 70g（图一三六，3）。

第二类　残件。1 件。属于 B 型中的 Be 亚型。

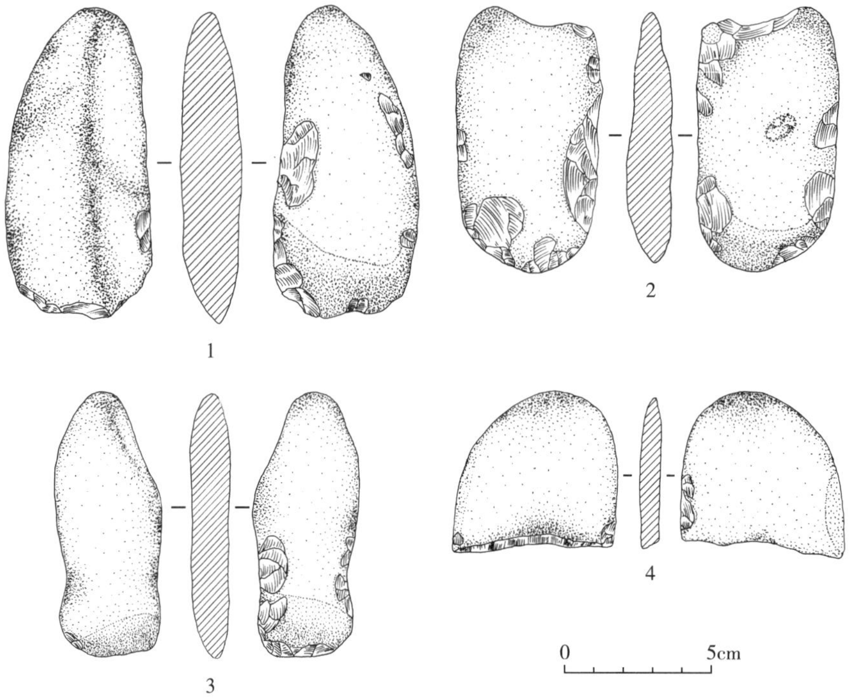

图一三六　根村遗址第二文化层石制品（十）

1. AbⅠ型斧锛类半成品（2015GLGTG2 ②：1）　2. AbⅥ型斧锛类半成品（2015GLGTG2 ②：19）
3. AbⅦ型斧锛类半成品（2015GLGTG1 ②：13）　4. Be 型斧锛类半成品残件（2015GLGTG1 ②：14）

标本 2015GLGTG1②：14，原料为灰褐色辉绿岩砾石。器身扁薄，形状近半圆形。一端较窄；另一端较宽，为稍整齐的断裂面。两侧下半部经过多次双面剥片并略经磨制，有少量光滑磨面，但仍保留少量打击疤痕。打击片疤均较小且浅平。器身其余部位保留自然砾面。残长 5.4cm，宽 5.5cm，厚 0.6cm，重 40g（图一三六，4）。

斧锛类毛坯　17 件。包括完整件和残件两个类型。其中完整件 14 件，占该文化层出土斧锛类毛坯总数的 82.35%；残件 3 件，占该文化层出土斧锛类毛坯总数的 17.65%。原料有砾石、岩块和石片三种。其中砾石 15 件，占该文化层出土斧锛类毛坯总数的 88.24%；岩块和石片各 1 件，各占该文化层出土斧锛类毛坯总数的 5.88%。岩性有辉绿岩、玄武岩和页岩三种。其中辉绿岩 13 件，占该文化层出土斧锛类毛坯总数的 76.47%；玄武岩 3 件，占该文化层出土斧锛类毛坯总数的 17.65%；页岩 1 件，占该文化层出土斧锛类毛坯总数的 5.88%。加工方法为锤击法，多为单面加工。加工部位多在器身的端部和两侧。绝大部分标本或多或少保留有自然砾面，只有极少数为通体加工。器身形状有三角形、四边形、梯形和椭圆形四种。其中三角形、椭圆形和四边形各 5 件，各占该文化层出土斧锛类毛坯总数的 29.41%；梯形 2 件，占该文化层出土斧锛类毛坯总数的 11.77%。器身长度最大值 11.9cm，最小值 4.4cm；宽度最大值 7.5cm，最小值 3.8cm；厚度最大值 2.2cm，最小值 1.1cm；重量最大值 220g，最小值 40g。

第一类　完整件。14 件。分别属于 A 型和 B 型。

A 型　13 件。分别属于 Aa 亚型和 Ab 亚型。

Aa 型　5 件。分别属于 AaⅠ、AaⅡ、AaⅢ、AaⅥ次亚型。

AaⅠ型　1 件。

标本 2015GLGTG1③：18，原料为暗红褐色辉绿岩砾石。器身稍扁薄，形状近三角形。一端较宽，另一端较窄。加工方法为锤击法。沿砾石一侧下半部和较宽端边缘多次单面剥片，较宽端边缘加工出一道近直刃。刃缘整齐锋利，未经磨制。较宽端及一侧下半部均打击疤痕密集。片疤多较小且浅平，未经磨制。器身其余部位保留自然砾面。长 9.0cm，宽 4.3cm，厚 1.8cm，重 77g（图一三七，1）。

AaⅡ型　1 件。

标本 2015GLGTG2②：13，原料为灰褐色辉绿岩砾石。器身稍扁薄，形状近四边形。两端宽度相当。加工方法为锤击法。沿砾石一端边缘多次双面剥片，加工出一道直刃。刃缘整齐锋利，未经磨制。加工端打击疤痕密集，片疤多较小且浅平。器身其余部位保留自然砾面。长 7.6cm，宽 3.9cm，厚 1.1cm，重 66g（图一三七，2；彩版四一，4）。

AaⅢ型　2 件。

标本 2015GLGTG1③：16，原料为灰褐色辉绿岩砾石。器身扁薄，形状近梯形。一端较宽，另一端略窄。加工方法为锤击法。先后沿略窄端和较宽端边缘多次双面剥片，在较宽端边缘加工出一道近直刃。刃缘整齐但不锋利，未经磨制。两端均保留有较密集的打击疤痕，片疤多较小且

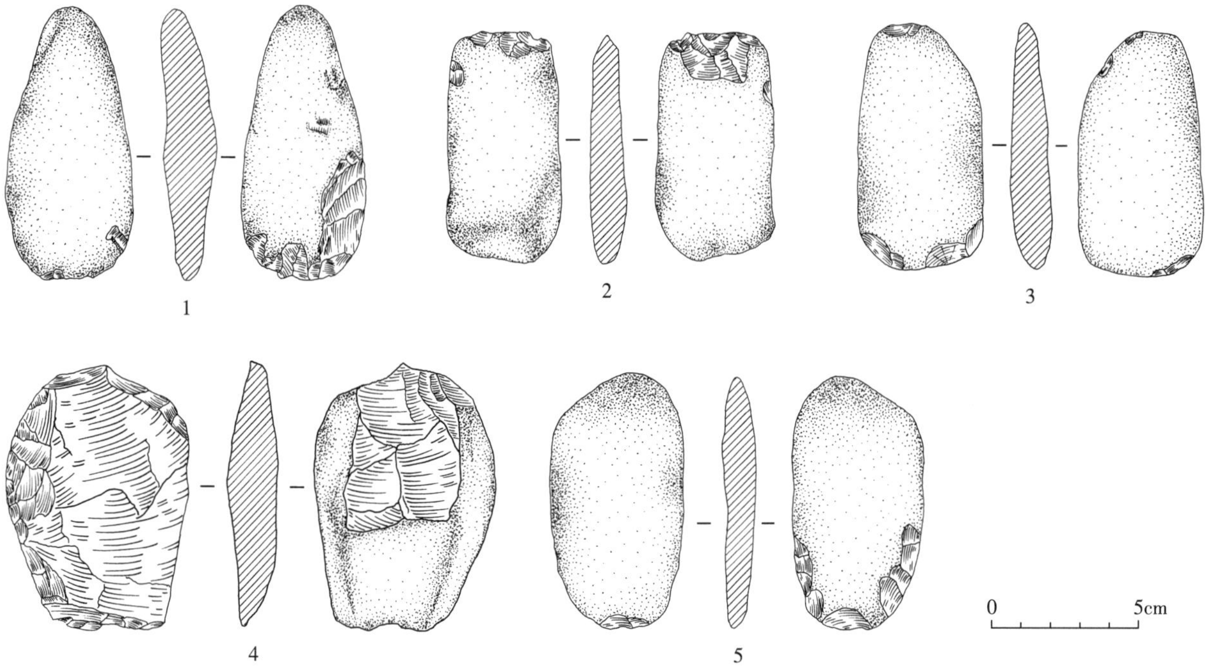

图一三七　根村遗址第二文化层石制品（十一）

1. AaⅠ型斧锛类毛坯（2015GLGTG1③：18）　2. AaⅡ型斧锛类毛坯（2015GLGTG2②：13）　3、4. AaⅢ型斧锛类毛坯（2015GLGTG1③：16、2015GLGTG1②：16）　5. AaⅥ型斧锛类毛坯（2015GLGTG1②：12）

浅平。器身其余部位保留自然砾面。长8.1cm，宽4.2cm，厚1.2cm，重57g（图一三七，3）。

标本2015GLGTG1②：16，原料为灰褐色辉绿岩石片。器身稍扁薄，形状近梯形。腹面平整；背面上半部有几个较大而浅平的片疤，片疤打击方向与石片的打击方向相同。加工方法为锤击法。沿石片两端和左侧边缘多次单面剥片。两端和左侧边缘均保留有较密集的打击疤痕。片疤多较小且浅平，部分片疤尾部折断形成陡坎，未经磨制。在远端边缘加工出一道直刃。刃缘整齐锋利，未经磨制。器身其余部位未见人工痕迹。长8.6cm，宽6.2cm，厚1.8cm，重133g（图一三七，4）。

AaⅥ型　1件。

标本2015GLGTG1②：12，原料为灰褐色辉绿岩砾石。器身扁薄，形状近椭圆形。一端稍宽，另一端略窄。加工方法为锤击法。沿砾石两侧下半部边缘多次单面剥片，沿略窄端边缘多次双面剥片，在略窄端边缘加工出一道直刃。刃缘整齐锋利，未经磨制。两侧下半部和略窄端均保留有较密集的打击疤痕，片疤多较小且浅平。器身其余部位保留自然砾面。长8.2cm，宽4.5cm，厚1.2cm，重62g（图一三七，5）。

Ab型　8件。分别属于AbⅠ、AbⅡ、AbⅥ次亚型。

AbⅠ型　3件。

标本2015GLGTG1②：4，原料为灰褐色辉绿岩砾石。器身稍扁薄，形状近三角形。一端较宽，另一端较窄。加工方法为锤击法。沿砾石一侧下半部边缘多次单面剥片，另一侧下半部多次双面剥片。两侧下半部均保留有较密集的打击疤痕。片疤多较小且浅平，未经磨制。较宽端边缘经过多次单面剥片，加工出一道弧刃。刃缘整齐锋利，未经磨制。器身其余部位保留自然砾面。长 8.5cm，宽 4.9cm，厚 1.4cm，重 86g（图一三八，1）。

标本 2015GLGTG1③：9，原料为灰褐色辉绿岩砾石。器身扁薄，形状近三角形。一端较宽，另一端较窄。加工方法为锤击法。沿一侧下半部边缘多次双面剥片，片疤多较小且浅平，未经磨制。较宽端边缘也经过多次双面剥片，加工出一道弧刃。刃缘整齐锋利，未经磨制。器身其余部位保留自然砾面。长 9.3cm，宽 4.6cm，厚 1.1cm，重 68g（图一三八，2）。

标本 2015GLGTG2②：17，原料为灰褐色玄武岩砾石。器身扁薄，形状近三角形。一端稍宽，另一端略窄。加工方法为锤击法。沿一侧下半部和稍宽端边缘多次单面剥片，稍宽端及一侧下半部均保留有较密集的打击疤痕。片疤多较小且浅平，未经磨制。稍宽端边缘加工出一道弧刃。刃缘整齐锋利，未经磨制。器身其余部位保留自然砾面。长 10.1cm，宽 4.4cm，厚 1.1cm，重 76g（图一三八，3；彩版四一，5）。

AbⅡ型　2 件。

标本 2015GLGTG1②：2，原料为灰褐色玄武岩砾石。器身稍扁薄，形状近四边形。一端稍宽，另一端略窄。加工方法为锤击法。沿稍窄端边缘多次单面剥片，加工出一道弧刃。刃缘整齐锋利，未经磨制。稍宽端保留有较密集的打击疤痕，片疤多较小且浅平。器身其余部位保留自然砾面。

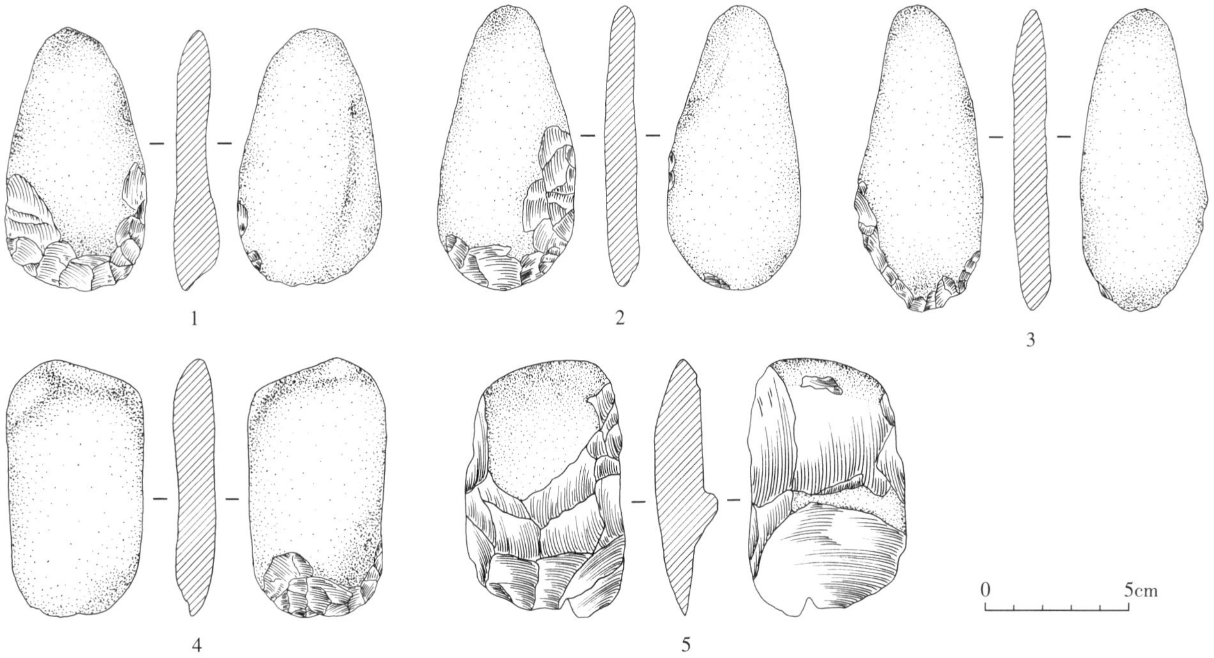

图一三八　根村遗址第二文化层石制品（十二）

1~3. AbⅠ型斧锛类毛坯（2015GLGTG1②：4、2015GLGTG1③：9、2015GLGTG2②：17）　4、5. AbⅡ型斧锛类毛坯（2015GLGTG1②：2、2015GLGTG2②：18）

长 8.5cm，宽 4.7cm，厚 1.4cm，重 94g（图一三八，4）。

标本 2015GLGTG2②：18，原料为灰褐色页岩岩块。器身稍扁薄，形状近四边形。一端稍宽，另一端略窄。加工方法为锤击法。沿一端边缘多次单面剥片，沿两侧边缘多次双面剥片。在略宽端边缘加工出一道弧刃。刃缘整齐锋利，未经磨制。岩块四周都保留有较密集的打击疤痕。片疤多较小且浅平，部分片疤尾部折断形成陡坎，有的片疤剥片达到甚至超过器身中轴线，致使器身一面和另一面上半部全是片疤面。长 8.5cm，宽 5.4cm，厚 2.1cm，重 94g（图一三八，5）。

AbⅥ型　3 件。

标本 2015GLGTG1③：11，原料为灰褐色辉绿岩砾石。器身稍宽厚，形状近椭圆形。一端较宽，另一端较窄。加工方法为锤击法。先在较窄端单面剥出一个较小而深凹的片疤，再沿一侧边缘多次双面剥片和沿较宽端边缘多次单面剥片；较宽端及一侧均保留有较密集的打击疤痕；片疤多较小且浅平，部分片疤尾部折断形成陡坎，未经磨制。较宽端边缘加工出一道整齐锋利的弧凸状刃，未经磨制。器身其余部位保留自然砾面。长 11.9cm，宽 5.9cm，厚 1.6cm，重 193g（图一三九，1）。

标本 2015GLGTG1③：14，原料为灰褐色辉绿岩砾石。器身稍厚，形状近椭圆形。一端略宽，另一端稍窄。加工方法为锤击法。先在稍窄端略经单面剥片，再沿两侧下半部和略宽端边缘多次单面剥片。两侧下半部和略宽端均保留有较密集的打击疤痕。片疤多较小且浅平，未经磨制。略宽端边缘加工出一道弧凸状刃。刃缘整齐锋利，未经磨制。器身其余部位保留自然砾面。长 10.1cm，宽 5.0cm，厚 1.9cm，重 151g（图一三九，2）。

标本 2015GLGTG2②：3，原料为灰褐色辉绿岩砾石。器身稍扁薄，形状近椭圆形。一端较宽，另一端略窄。加工方法为锤击法。先在略窄端略经双面剥片，再沿一侧和较宽端边缘多次双面剥片，沿另一侧下半部多次单面剥片。两侧和较宽端均保留有较密集的打击疤痕。片疤多较小且浅平，部分片疤尾部折断形成陡坎，未经磨制。较宽端加工出一道弧凸状刃。刃缘整齐锋利，未经磨制。器身其余部位保留自然砾面。长 9.8cm，宽 5.9cm，厚 1.2cm，重 109g（图一三九，3）。

B 型　1 件。属于 Bf 亚型。

标本 2015GLGTG1③：17，原料为灰褐色辉绿岩砾石。器身扁薄，形状近椭圆形。一端较宽，另一端略窄。加工方法为锤击法。沿一侧下半部边缘多次双面剥片。片疤多较小且浅平，未经磨制。较宽端边缘略经双面剥片，钝厚边缘未成刃，未经磨制。器身其余部位保留自然砾面。长 7.8cm，宽 6.1cm，厚 1.4cm，重 96g（图一三九，4；彩版四一，6）。

第二类　残件。3 件。均属于 B 型，分别属于 Ba 亚型和 Bb 亚型。

Ba 型　1 件。

标本 2015GLGTG1③：19，原料为灰褐色辉绿岩砾石。器身较扁薄，形状近三角形。一端较窄；另一端较宽，为较规整的断裂面。加工集中于一面右下部。该部位经过多次单面剥片，保留较密集的打击疤痕，未经磨制。片疤多较大且浅平，剥片多达到甚至超过中轴线。器身其余部位

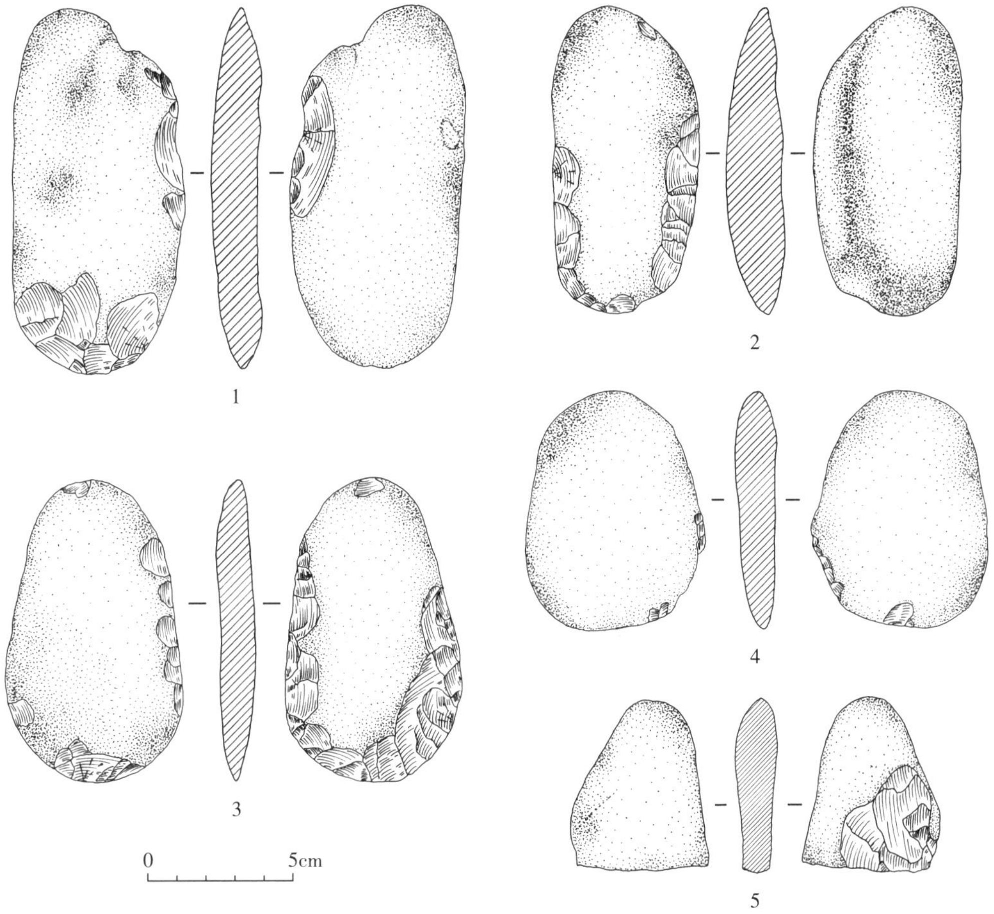

图一三九 根村遗址第二文化层石制品（十三）

1~3. AbⅥ型斧锛类毛坯（2015GLGTG1③：11、2015GLGTG1③：14、2015GLGTG2②：3）
4. Bf型斧锛类毛坯（2015GLGTG1③：17） 5. Ba型斧锛类毛坯残件（2015GLGTG1③：19）

保留自然砾面。残长5.7cm，宽4.4cm，厚1.4cm，重57g（图一三九，5）。

Bb型 2件。

标本2015GLGTG2②：24，原料为灰褐色玄武岩砾石。器身稍厚，形状近四边形。一端较窄；另一端较宽，为较规整的断裂面。加工集中于一侧下半部。该部位经过多次双面剥片，边缘既保留有一些麻点状的打击疤痕，又有一些较小而浅平的片疤，未经磨制。器身其余部位保留自然砾面。残长4.4cm，宽3.8cm，厚1.4cm，重40g（图一四○，1）。

标本2015GLGTG2②：26，原料为灰褐色辉绿岩砾石。器身稍厚，较宽大，形状近四边形。一端较窄；另一端略宽，为较规整的断裂面。加工多集中于两侧。两侧均经过多次双面剥片，边缘既保留有一些麻点状的打击疤痕，又有较多的片疤。大部分片疤较小且浅平，少数片疤较大且深凹，剥片达到甚至超过中轴线，未经磨制。器身其余部位保留自然砾面。残长8.0cm，宽7.5cm，厚2.2cm，重220g（图一四○，2）。

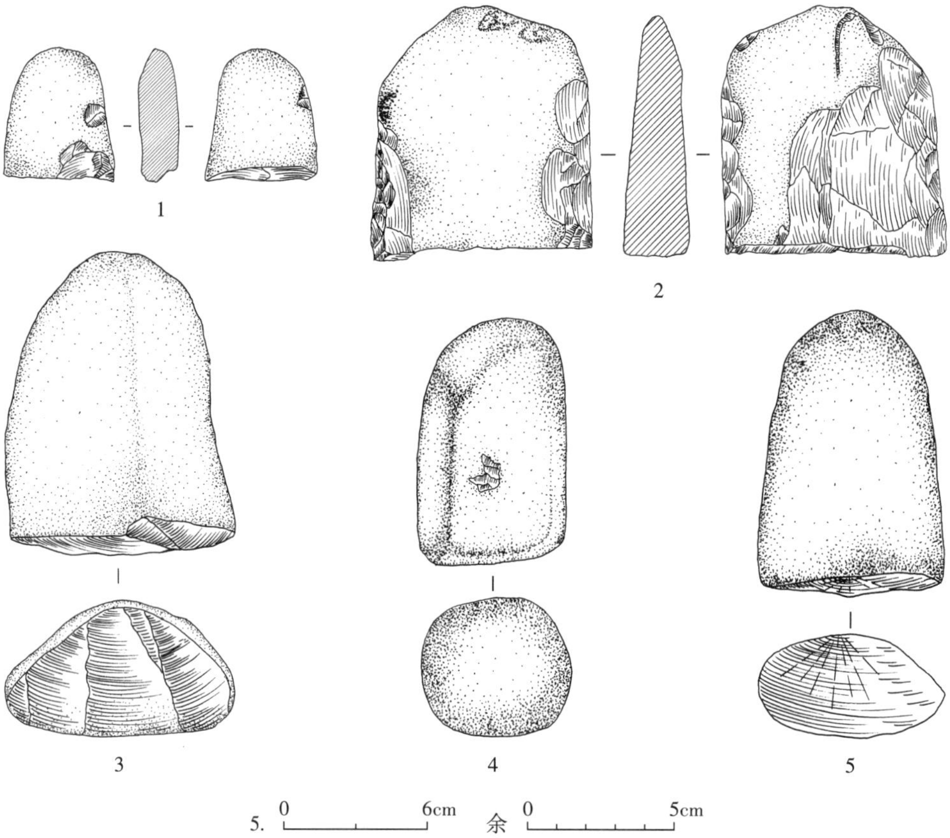

图一四〇　根村遗址第二文化层石制品（十四）

1、2. Bb 型斧锛类毛坯残件（2015GLGTG2②：24、2015GLGTG2②：26）　3. AaⅠ型研磨器半成品（2015GLGTG2②：9）
4. AaⅡ型研磨器（2015GLGTG1③：10）　5. AaⅢ型研磨器半成品（2015GLGTG1②：7）

研磨器　13 件。包括成品、半成品和毛坯三大类。其中成品 1 件，占该文化层出土研磨器总数的 7.69%；半成品 2 件，占该文化层出土研磨器总数的 15.38%；毛坯 10 件，占该文化层出土研磨器总数的 76.93%。原料均为砾石。岩性只见辉绿岩一种。器身形状有三角柱状、方柱状和扁柱状三种。其中三角柱状 4 件，占该文化层出土研磨器总数的 30.77%；方柱状 7 件，占该文化层出土研磨器总数的 53.85%；扁柱状 2 件，占该文化层出土研磨器总数的 15.38%。器身长度最大值 16.8cm，最小值 7.5cm；宽度最大值 9.2cm，最小值 4.7cm；厚度最大值 6.0cm，最小值 2.9cm；重量最大值 1071g，最小值 193g。

第一类　成品。1 件。属于 A 型中的 AaⅡ次亚型。

标本 2015GLGTG1③：10，原料为灰褐色辉绿岩砾石。器身形状近方柱状。一端较宽，另一端较窄。将较长的砾石从中部截断并选取一截作为器身，将断裂面作为研磨面磨制而成。研磨面近圆形，较平整，磨面光滑，四周圆钝。器身其余部位保留自然砾面。长 8.1cm，宽 5.0cm，厚 4.6cm，重 340g（图一四〇，4；彩版四二，1）。

第二类　半成品。2件。均为A型，分别属于Aa亚型中的AaⅠ次亚型和AaⅢ次亚型。

AaⅠ型　1件。

标本2015GLGTG2②：9，原料为灰褐色辉绿岩砾石。器身短而厚，形状近三角柱状。一面较平，另一面凸起。一端较宽，另一端较窄。加工集中于稍宽端。以凸起面为台面，将砾石从中部截断并选取一截作为器身，将断裂面作为研磨面。研磨面近三角形，不甚平整，打击点和放射线均不明显。研磨面一侧有一个较小而浅平的片疤，打击方向由磨面端向把手端打击，应为修整磨面端留下的痕迹。磨面端一侧略经磨制，磨面凸起处有少许光滑磨面，凹处仍保留打击疤痕。器身其余部位保留自然砾面。长10.2cm，宽7.7cm，厚4.5cm，重538g（图一四〇，3）。

AaⅢ型　1件。

标本2015GLGTG1②：7，原料为灰褐色辉绿岩砾石。器身较长，较厚，形状近扁柱状。一面较平，另一面凸起。一端较宽，另一端较窄。加工集中于较宽端。以凸起面为台面，将砾石从中部截断并选取一截作为器身，将断裂面作为研磨面。研磨面近椭圆形，不甚平整，打击点清楚，放射线不明显。磨面端两侧略经磨制，磨面凸起处有一些光滑磨面，其余凹处仍保留打击疤痕。器身其余部位保留自然砾面。长12.0cm，宽8.0cm，厚4.8cm，重667g（图一四〇，5；彩版四二，2）。

第三类　毛坯。10件。分别属于A型和C型。

A型　9件。分别属于Aa亚型中的AaⅠ、AaⅡ、AaⅢ次亚型。

AaⅠ型　3件。

标本2015GLGTG1②：3，原料为灰褐色辉绿岩砾石。器身较长，较厚重，形状近三角柱状。一面较平，另一面凸起。一端较宽，另一端较窄。加工集中于较宽端。以较平面为台面，将砾石从中部截断并选取一截作为器身，将断裂面作为研磨面。研磨面近三角形，不甚平整，打击点较清楚，放射线不明显，未经磨制。器身其余部位保留自然砾面。长16.8cm，宽9.2m，厚6.0cm，重1071g（图一四一，1）。

标本2015GLGTG2②：21，原料为灰褐色辉绿岩砾石。器身较长，稍扁，形状近三角柱状。一面较平，另一面凸起。一端较宽，另一端略窄。加工集中于较宽端。以凸起面一侧为台面，将砾石从中部截断并选取一截作为器身，将断裂面作为研磨面。研磨面近三角形，不甚平整，打击点较清楚，放射线不明显，未经磨制。磨面端一侧有一个较大而深凹的片疤，尾部折断形成陡坎，该片疤应为修整磨面留下的痕迹；片疤打击方向由较平面向凸起面打击。器身其余部位保留自然砾面。长13.2cm，宽8.0cm，厚4.2cm，重575g（图一四一，2；彩版四二，3）。

标本2015GLGTG2②：51，原料为灰褐色辉绿岩砾石。器身较短，稍扁，形状近三角柱状。一面较平，另一面凸起。一端较宽，另一端较窄。加工集中于稍宽端。以凸起面一侧为台面，将砾石从中部截断并选取一截作为器身，将断裂面作为研磨面。研磨面近三角形，不甚平整，打击点和放射线均较清楚，未经磨制。器身其余部位保留自然砾面。长10.2cm，宽7.7cm，厚2.9cm，

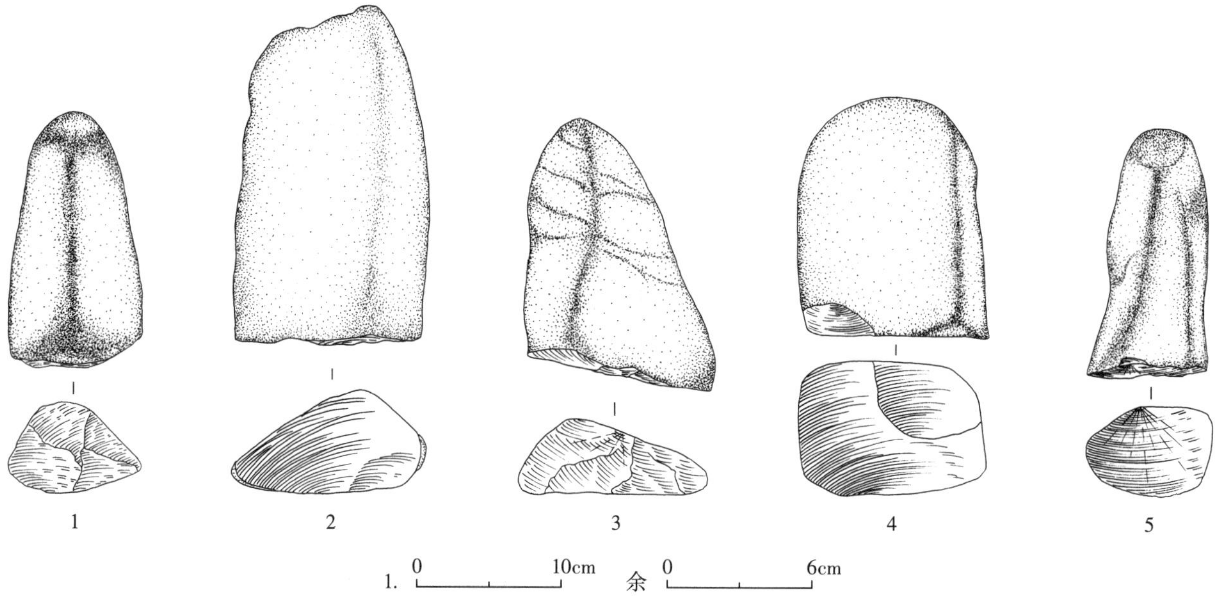

图一四一　根村遗址第二文化层石制品（十五）

1~3. AaⅠ型研磨器毛坯（2015GLGTG1②：3、2015GLGTG2②：21、2015GLGTG2②：51）　4、5. AaⅡ型研磨器毛坯（2015GLGTG1③：6、2015GLGTG2②：16）

重288g（图一四一，3）。

AaⅡ型　5件。

标本2015GLGTG1③：6，原料为灰褐色辉绿岩砾石。器身形状近方柱状。两面均较平。一端稍宽，另一端略窄。加工集中于稍宽端。以一面为台面，将砾石从中部截断并选取一截作为器身，将断裂面作为研磨面。研磨面近梯形，不甚平整，打击点清楚，放射线不明显，未经磨制。器身其余部位保留自然砾面。长9.5cm，宽7.5cm，厚5.3cm，重661g（图一四一，4）。

标本2015GLGTG2②：16，原料为灰褐色辉绿岩砾石。器身形状近方柱状。两面均较平。一端稍宽，另一端略窄。加工集中于稍宽端。以一面为台面，将砾石从中部截断并选取一截作为器身，将断裂面作为研磨面。研磨面近梯形，较平整，打击点和放射线都很清楚，未经磨制。一面的打击点上有一个小崩疤，该崩疤应为截取器身时受力崩裂留下的痕迹。器身其余部位保留自然砾面。长9.7cm，宽4.7cm，厚3.6cm，重288g（图一四一，5；彩版四二，4）。

标本2015GLGTG2②：48，原料为灰褐色辉绿岩砾石。器身形状近方柱状。一面较平，另一面凸起。一端较宽，另一端较窄。加工集中于较宽端。以一侧为台面，将砾石从中部截断并选取一截作为器身，将断裂面作为研磨面。研磨面近梯形，不甚平整，打击点清楚，放射线不明显，未经磨制。器身其余部位保留自然砾面。长11.1cm，宽6.1cm，厚4.9cm，重496g（图一四二，1）。

标本2015GLGTG2②：49，原料为灰褐色辉绿岩砾石。器身形状近方柱状。两面均凹凸不平。一端稍宽，另一端略窄。加工集中于稍宽端。以一面为台面，将砾石从中部截断并选取一截作为器身，将断裂面作为研磨面。研磨面近梯形，较平整，打击点和放射线均不甚清楚，未经磨制。器身其余部位保留自然砾面。长 9.2cm，宽 5.6cm，厚 4.5cm，重 461g（图一四二，2）。

AaⅢ型　1 件。

标本 2015GLGTG1③：25，原料为黄褐色辉绿岩砾石。器身形状近扁柱状。两面均凸起。一端较宽，另一端稍窄。加工集中于较宽端。以一面为台面，将砾石从中部截断并选取一截作为器身，将断裂面作为研磨面。研磨面近椭圆形，较平整，打击点和放射线均不甚清楚，未经磨制。器身其余部位保留自然砾面。长 8.4cm，宽 5.6cm，厚 3.3cm，重 193g（图一四二，3）。

C 型　1 件。属于 Ca 亚型中的 CaⅡ次亚型。

标本 2015GLGTG2②：47，原料为灰褐色辉绿岩砾石。器身形状近方柱状。一面较平，另一面凸起。一端较宽，另一端稍窄。加工集中于较宽端和一侧。先以较平面一侧为台面，将砾石从

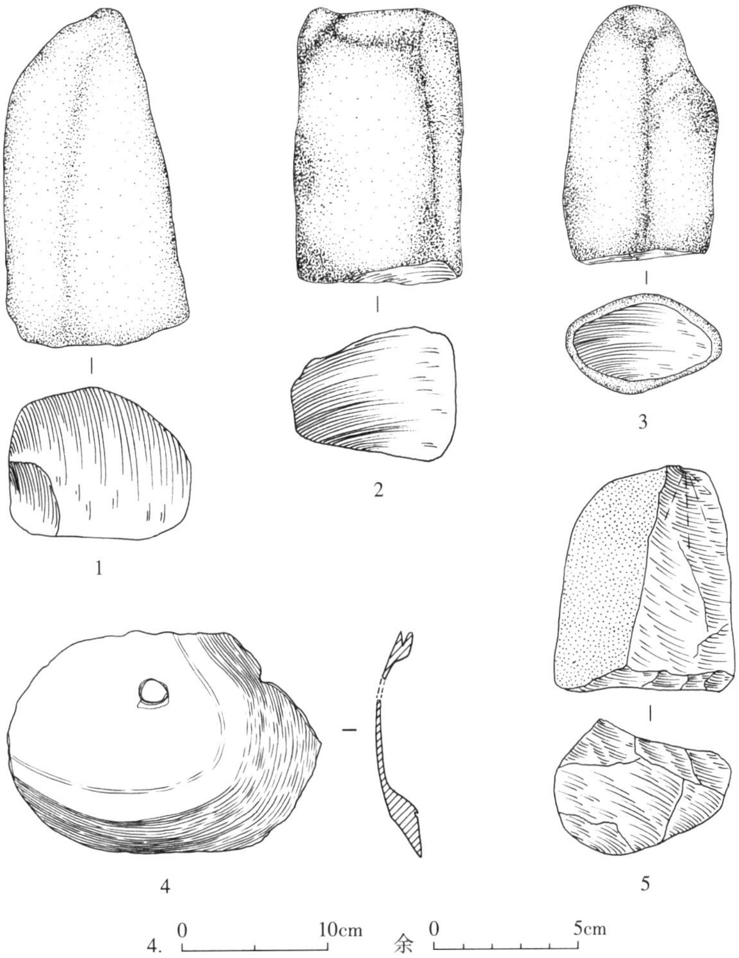

图一四二　根村遗址第二文化层石制品、蚌器

1、2. AaⅡ型研磨器毛坯（2015GLGTG2②：48、2015GLGTG2②：49）　3. AaⅢ型研磨器毛坯（2015GLGTG1③：25）　4. 穿孔蚌器（2015GLGTG2②：31）　5. CaⅡ型研磨器毛坯（2015GLGTG2②：47）

中部截断并选取一截作为器身，将断裂面作为研磨面。研磨面近椭圆形，凹凸不平，打击点清楚，放射线不明显，未经磨制。再以稍窄端为台面，剥出一个较大而浅平的片疤；该片疤尾部打破研磨面，应为修整器身留下的痕迹。器身其余部位保留自然砾面。长7.5cm，宽6.3cm，厚4.5cm，重725g（图一四二，5；彩版四二，5）。

2. 蚌器

1件。为穿孔蚌器。

标本2015GLGTG2②：31，原料为形体大而完整的蚌壳。加工简单，在蚌壳中上部打制出一个近椭圆形的孔，孔缘未经过磨制。器身其余部位未发现加工痕迹。长21.5cm，宽14.5cm，厚1.8cm（图一四二，4）。

（三）第三文化层文化遗物

均为石制品。

89件。包括加工工具、打制石制品和磨制石制品三大类。其中加工工具5件，占该文化层出土石制品总数的5.62%；打制石制品27件，占该文化层出土石制品总数的30.34%；磨制石制品57件，占该文化层出土石制品总数的64.04%。

1. 加工工具

5件。包括石锤和石砧两大类。其中石锤4件，占该文化层出土加工工具总数的80%；石砧1件，占该文化层出土加工工具总数的20%。

石锤 4件。原料均为砾石。岩性均为辉绿岩。形状有三角柱状、方柱状、扁柱状和椭圆柱状四种，每种形状各1件，各占该文化层出土石锤总数的25%。器身长度最大值15.7cm，最小值10.2cm；宽度最大值9.3cm，最小值6.0cm；厚度最大值6.8cm，最小值4.0cm；重量最大值1116g，最小值315g。均为B型，分别属于Ba亚型和Bc亚型。

Ba型 2件。分别属于BaⅡ次亚型和BaⅢ次亚型。

BaⅡ型 1件。

标本2015GLGTG1⑤：15，原料为灰褐色辉绿岩砾石。器身较厚重，形状近方柱状。一端较宽，另一端较窄。使用痕迹集中于长侧边。该侧边中央至较宽端的边缘有一呈条带状的米粒状疤痕，疤痕较浅。器身其余部位保留自然砾面。长11.2cm，宽6.0cm，厚6.8cm，重639g（图一四三，1；彩版四二，6）。

BaⅢ型 1件。

标本2015GLGTG1④：21，原料为灰褐色辉绿岩砾石。器身厚重，形状近扁柱状。一端较宽，另一端较窄。使用痕迹集中于长侧边边缘。该侧边覆盖有一条带状的细麻点状疤痕。疤痕近较窄端处较深凹，中部两侧可见较多细小的崩疤。器身其余部位保留自然砾面。长15.7cm，宽9.3cm，厚5.0cm，重1116g（图一四三，2）。

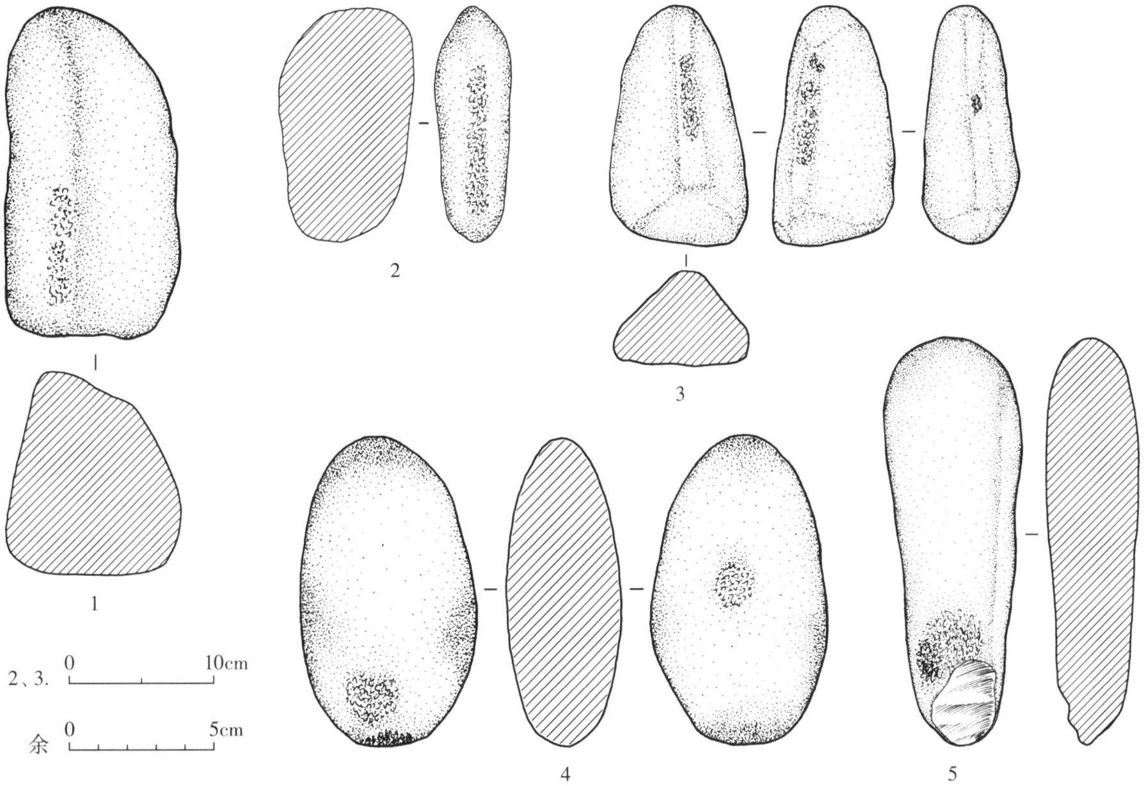

图一四三　根村遗址第三文化层石制品（一）

1. BaⅡ型石锤（2015GLGTG1⑤：15）　2. BaⅢ型石锤（2015GLGTG1④：21）　3. BcⅠ型石锤（2015GLGTG1⑤：18）
4. BcⅤ型石锤（2015GLGTG2③：29）　5. AaⅦ型石砧（2015GLGTG2③：3）

Bc型　2件。分别属于BcⅠ次亚型和BcⅤ次亚型。

BcⅠ型　1件。

标本2015GLGTG1⑤：18，原料为灰褐色辉绿岩砾石。器身厚重，形状近三角柱状。一面较平，另一面凸起。一端较宽，另一端较窄。使用痕迹集中于较平面相邻的两侧边。长侧边中央至较窄端边缘有一呈条带状的米粒状疤痕，中部痕迹较明显。短侧边中央至较宽端边缘有一处呈条带状的细麻点状疤痕，中部痕迹较明显；疤痕一侧可见较多细小的崩疤。短侧边与较宽端交汇的角端有一处近椭圆形的点状疤痕。器身其余部位保留自然砾面。长15.7cm，宽9.1cm，厚6.0cm，重1030g（图一四三，3；彩版四三，1）。

BcⅤ型　1件。

标本2015GLGTG2③：29，原料为灰褐色辉绿岩砾石。形状近椭圆柱状。一面较平，另一面凸起。一端稍宽，另一端略窄。使用痕迹集中于两面和一端。较平面中央有一圆窝状的坑疤。凸起面近稍宽端处和稍宽端面各有一椭圆形的坑疤。器身其余部位保留自然砾面。长10.2cm，宽6.1cm，厚4.0cm，重315g（图一四三，4）。

石砧 1件。属于A型中的AaⅦ次亚型。

标本2015GLGTG2③：3，原料为灰褐色细砂岩砾石。形状近长条形。一面较平，另一面凹凸不平。一端稍宽，另一端略窄。使用痕迹集中于凹凸面靠近略窄端，该处有一近椭圆形的坑疤面；坑疤旁有少量黄豆状或米粒状的砸击疤痕。略窄端单面剥出一个较大且浅平的片疤，用途不明。器身其余部位保留自然砾面。长13.6cm，宽4.8cm，厚3.2cm，重285g（图一四三，5；彩版四三，2）。

2. 打制石制品

27件。包括石核、石片、砍砸器和刮削器四大类型。其中石核和砍砸器各5件，各占该文化层出土打制石制品总数的18.52%；石片15件，占该文化层出土打制石制品总数的55.56%；刮削器2件，占该文化层出土打制石制品总数的7.40%。

石核 5件。岩性有辉绿岩、细砂岩和石英三种。其中辉绿岩和细砂岩各2件，各占该文化层出土石核总数的40%；石英1件，占该文化层出土石核总数的20%。台面类型有单台面、双台面和多台面三种。部分石核还兼作石砧使用。所有石核的表面均保留有较多的自然砾面，表明利用率不高。形状有梯形、椭圆形和不规则形三种。其中梯形和椭圆形各1件，各占该文化层出土石核总数的20%；不规则形3件，占该文化层出土石核总数的60%。器身长度最大值16.4cm，最小值7.6cm；宽度最大值12.7cm，最小值5.4cm；厚度最大值6.7cm，最小值3.5cm；重量最大值1019g，最小值201g。分别属于A、B、C、D型。

A型 2件。分别属于Ac亚型和Ai亚型。

Ac型 1件。

标本2015GLGTG1④：27，原料为暗红褐色细砂岩断块。器身形状近梯形。一面较平，为沿节理面破裂的破裂面；另一面凸起，完全保留自然砾面。两端都是稍整齐的截断面。以一侧为台面，沿一侧边缘多次单面剥片，片疤多较大且深凹。器身其余部位未见人工痕迹。长7.6cm，宽5.4cm，厚3.5cm，重201g（图一四四，4）。

Ai型 1件。

标本2015GLGTG1⑤：28，原料为灰褐色细砂岩断块。器身形状不规则。一面较平，另一面凸起。以一端为台面，剥出一个大而深凹的片疤，片疤尾部折断形成陡坎。器身其余部位未见人工痕迹。长14.3cm，宽8.4cm，厚4.5cm，重453g（图一四四，1；彩版四三，3）。

B型 1件。属于Bi亚型。

标本2015GLGTG2③：30，原料为灰褐色辉绿岩砾石。器身形状不规则。以一端和一侧为台面，各剥出一个较大而深凹的片疤，片疤尾部均达到甚至超过器身中轴线。器身其余部位完全保留自然砾面。长11.8cm，宽6.4cm，厚6.7cm，重548g（图一四四，2；彩版四三，4）。

C型 1件。属于Ci亚型。

标本2015GLGTG2③：40，原料为黄白色石英砾石。器身形状不规则。打击台面多样，既有

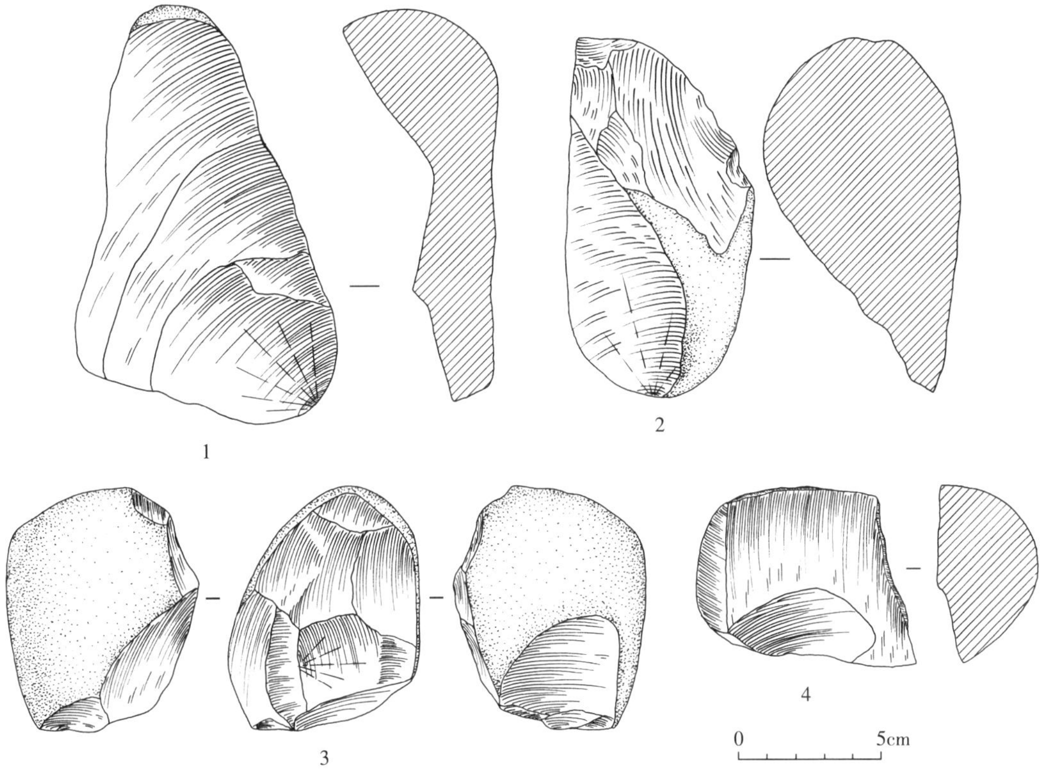

图一四四　根村遗址第三文化层石制品（二）

1. Ai 型石核（2015GLGTG1 ⑤：28）　2. Bi 型石核（2015GLGTG2 ③：30）　3. Ci 型石核（2015GLGTG2 ③：40）　4. Ac 型石核（2015GLGTG1 ④：27）

以一端和一侧为台面的，也有以一面为台面的，还有以几个片疤面的交汇点为台面的；既有自然台面，也有人工台面。人工台面为素台面。单面剥片，片疤多较小且浅平，部分片疤尾部折断形成陡坎。器身约一半面积保留自然砾面。长 8.1cm，宽 6.3cm，厚 6.4cm，重 432g（图一四四，3；彩版四三，5）。

D 型　1 件。属于 Df 亚型。

标本 2015GLGTG1 ⑤：35，原料为灰褐色辉绿岩砾石。器身形状近椭圆形。一面较平，绝大部分保留自然砾面。一端稍宽厚，绝大部分保留自然砾面；另一端略窄薄。以窄薄端为台面，剥出一个大而深凹的片疤，片疤贯通器身，体积约占器身的二分之一。较平面一侧近宽厚端，以及宽厚端一侧近较平面圆形坑疤处均有一稍大而近圆形的坑疤；这两个坑疤应是之前作为石砧使用留下的痕迹。器身其余部位未见人工痕迹。长 16.4cm，宽 12.7cm，厚 5.6cm，重 1019g（图一四五，1；彩版四三，6）。

石片　15 件。岩性有辉绿岩和细砂岩两种。其中辉绿岩 14 件，占该文化层出土石片总数的 93.33%；细砂岩 1 件，占该文化层出土石片总数的 6.67%。打击台面几乎全部是自然台面，人工台面只有 1 件，且为素台面。打击点大多数比较清楚，但有打击疤痕的不多。半锥体不明显的 12

件，占该文化层出土石片总数的80%；半锥体微显的3件，占该文化层出土石片总数的20%。除线状台面石片外，其他标本的石片角大多在90°以上，以110°左右的居多。宽大于长的石片3件，占该文化层出土石片总数的20%；长大于宽的石片12件，占该文化层出土石片总数的80%。多数石片的背面或多或少保留有自然砾面，背面片疤的剥片方向与石片同向同源。大多数石片具有锋利的边缘，但未发现使用痕迹。所有石片都具有锋利的棱角，没有明显的冲磨痕迹。打片均为硬锤打击。形状有三角形、四边形、梯形、圆形、半圆形、椭圆形和不规则形七种。其中三角形和梯形各4件，各占该文化层出土石片总数的26.67%；四边形和不规则形各2件，各占该文化层出土石片总数的13.33%；圆形、半圆形和椭圆形各1件，各占该文化层出土石片总数的6.67%。器身长度最大值14.2cm，最小值5.9cm；宽度最大值9.5cm，最小值3.2cm；厚度最大值3.2cm，最小值1.0cm；重量最大值355g，最小值36g。均为A型，分别属于Aa亚型和Ab亚型。

Aa型　12件。分别属于AaⅠ、AaⅡ、AaⅢ、AaⅣ、AaⅤ、AaⅥ、AaⅪ次亚型。

AaⅠ型　3件。

标本2015GLGTG1⑤：30，原料为灰褐色辉绿岩砾石。器身形状近三角形。打击台面为自然台面。打击点宽大，半锥体不显，放射线清楚，同心波纹微显。器身尾部近远端处沿节理面脱落，形成很深的陡坎。远端和右侧边缘锋利。左侧边缘钝厚，保留自然砾面。背面完全保留自然砾面。长8.0cm，宽7.6cm，厚2.1cm，重139g（图一四五，2）。

标本2015GLGTG2③：35，原料为灰褐色辉绿岩砾石。器身扁薄，形状近三角形。打击台面为自然台面。打击点宽大，半锥体微显，放射线清楚，同心波纹微显。器身左右侧和远端左侧边缘锋利。远端右侧折断了一小块，边缘略显钝厚。背面完全保留自然砾面。长5.9cm，宽8.3cm，厚1.0cm，重43g（图一四五，3）。

标本2015GLGTG2③：36，原料为灰褐色辉绿岩砾石。器身形状近三角形。打击台面为自然台面。打击点宽大，半锥体不显，放射线清楚，同心波纹不明显。器身尾部近远端处沿节理面脱落，形成很深的陡坎。器身右侧、远端和左侧下半部边缘锋利。左侧上半部折断了一小块，边缘钝厚。远端呈舌尖状。背面完全保留自然砾面。长10.2cm，宽7.4cm，厚2.4cm，重203g（图一四五，4）。

AaⅡ型　2件。

标本2015GLGTG2③：27，原料为灰褐色辉绿岩砾石。器身形状近四边形。打击台面为自然台面。打击点宽大，半锥体不显，放射线和同心波纹均不明显。器身尾部近远端处沿节理面脱落，形成很深的陡坎。器身左侧边缘锋利；右侧边缘钝厚，保留自然砾面。远端折断了一小块，边缘钝厚。背面完全保留自然砾面。长10.3cm，宽4.7cm，厚1.9cm，重123g（图一四六，1）。

标本2015GLGTG1④：25，原料为灰褐色辉绿岩砾石。器身形状近四边形。打击台面为自然台面。打击点宽大，半锥体微显，放射线清楚，同心波纹不明显。器身尾部沿节理面脱落，形成较整齐的斜面。左右侧和远端边缘锋利。背面完全保留自然砾面。长6.2cm，宽4.8cm，厚1.8cm，重62g（图一四六，4）。

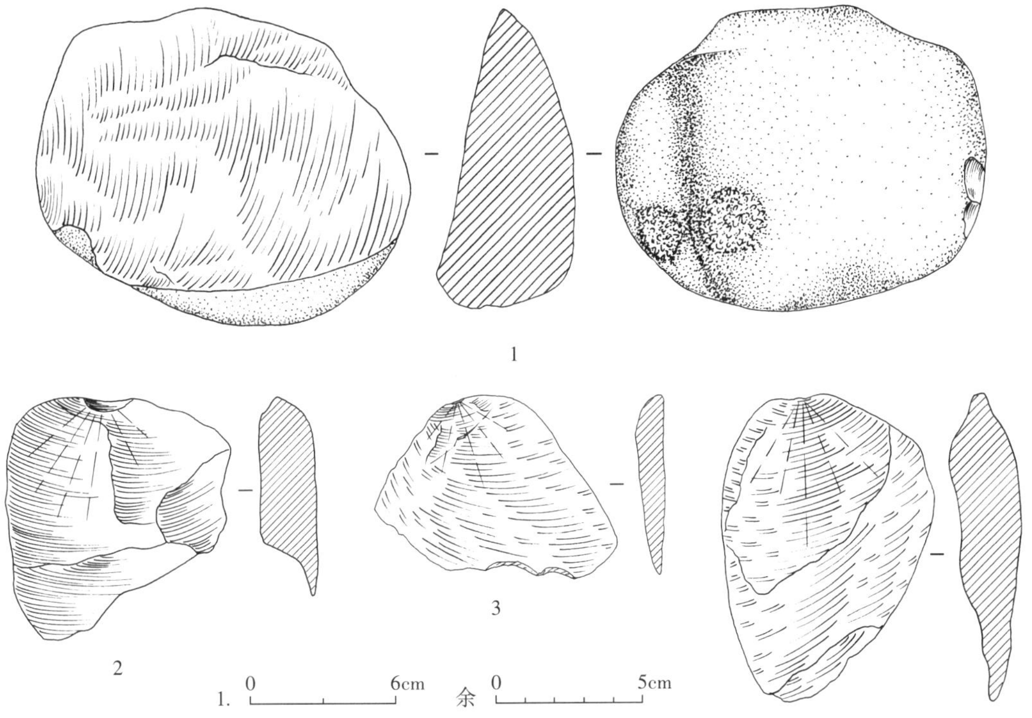

图一四五　根村遗址第三文化层石制品（三）

1. Df 型石核（2015GLGTG1 ⑤：35）　2~4. Aa Ⅰ型石片（2015GLGTG1 ⑤：30、2015GLGTG2 ③：35、2015GLGTG2 ③：36）

AaⅢ型　3 件。

标本 2015GLGTG2 ③：31，原料为灰褐色辉绿岩砾石。器身形状近梯形。打击台面为自然台面。打击点宽大，半锥体微显，放射线清楚，同心波纹微显。器身尾部近远端处沿节理面脱落，形成很深的陡坎。器身左侧和远端边缘锋利。右侧边缘钝厚，保留自然砾面。背面完全保留自然砾面。长 9.2cm，宽 9.5cm，厚 2.5cm，重 252g（图一四六，2；彩版四四，1）。

标本 2015GLGTG1 ⑤：29，原料为灰褐色辉绿岩砾石。器身形状近梯形。打击台面为自然台面。打击点宽大，半锥体不显，放射线和同心波纹均不明显。器身左右侧和远端边缘锋利。背面完全保留自然砾面。长 10.9cm，宽 8.0cm，厚 2.1cm，重 214g（图一四六，3）。

AaⅣ型　1 件。

标本 2015GLGTG2 ③：34，原料为灰褐色辉绿岩砾石。器身形状近圆形。打击台面为自然台面（线状台面）。打击点宽大，半锥体不显，放射线清楚，同心波纹不明显。器身左侧和右侧上半部边缘锋利；右侧下半部和远端折断一小块，边缘略显钝厚。背面完全保留自然砾面。长 8.0cm，宽 9.0cm，厚 1.4cm，重 114g（图一四六，5；彩版四四，2）。

AaⅤ型　1 件。

标本 2015GLGTG1 ④：19，原料为灰褐色辉绿岩砾石。器身形状近半圆形。打击台面为自然

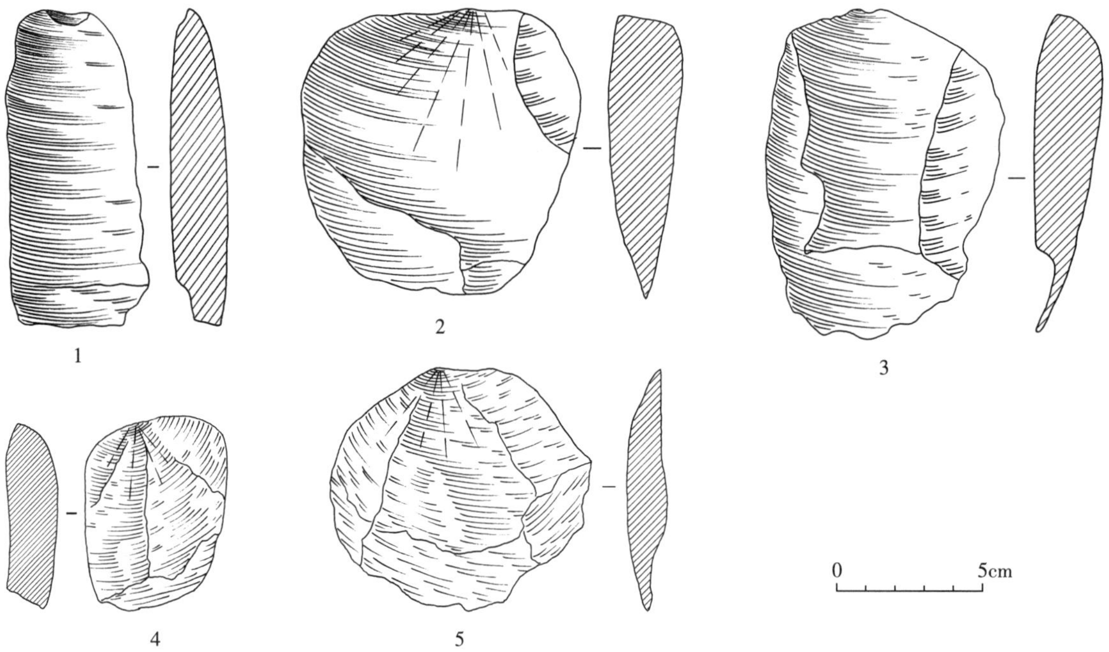

图一四六　根村遗址第三文化层石制品（四）

1、4. AaⅡ型石片（2015GLGTG2③：27、2015GLGTG1④：25）　2、3. AaⅢ型石片（2015GLGTG2③：31、2015GLGTG1⑤：29）　5. AaⅣ型石片（2015GLGTG2③：34）

台面。打击点宽大，半锥体不显，放射线清楚，同心波纹不明显。器身右侧和远端边缘钝厚，保留自然砾面。左侧折断一大块，边缘钝厚。背面完全保留自然砾面。长10.1cm，宽7.2cm，厚3.2cm，重276g（图一四七，1）。

AaⅥ型　1件。

标本2015GLGTG2③：37，原料为暗红褐色细砂岩砾石。器身形状近椭圆形。打击台面为自然台面（线状台面）。打击点宽大，半锥体不显，放射线和同心波纹均不明显。器身左右侧和远端边缘锋利。背面完全保留自然砾面。长7.5cm，宽3.2cm，厚1.5cm，重36g（图一四七，2）。

AaⅪ型　1件。

标本2015GLGTG1⑤：27，原料为灰褐色辉绿岩砾石。器身形状不规则。打击台面为自然台面。打击点宽大，半锥体不显，放射线和同心波纹均不明显。器身右侧边缘锋利。左侧上半部折断一大块。左侧下半部和远端边缘钝厚，保留自然砾面。背面完全保留自然砾面。长9.0cm，宽5.2cm，厚1.4cm，重96g（图一四七，3）。

Ab型　3件。分别属于AbⅠ、AbⅢ和AbⅪ次亚型。

AbⅠ型　1件。

标本2015GLGTG2③：32，原料为灰褐色辉绿岩砾石。器身形状近三角形。打击台面为自然台面（线状台面）。打击点宽大，半锥体不显，放射线和同心波纹均不明显。器身左右侧和远端

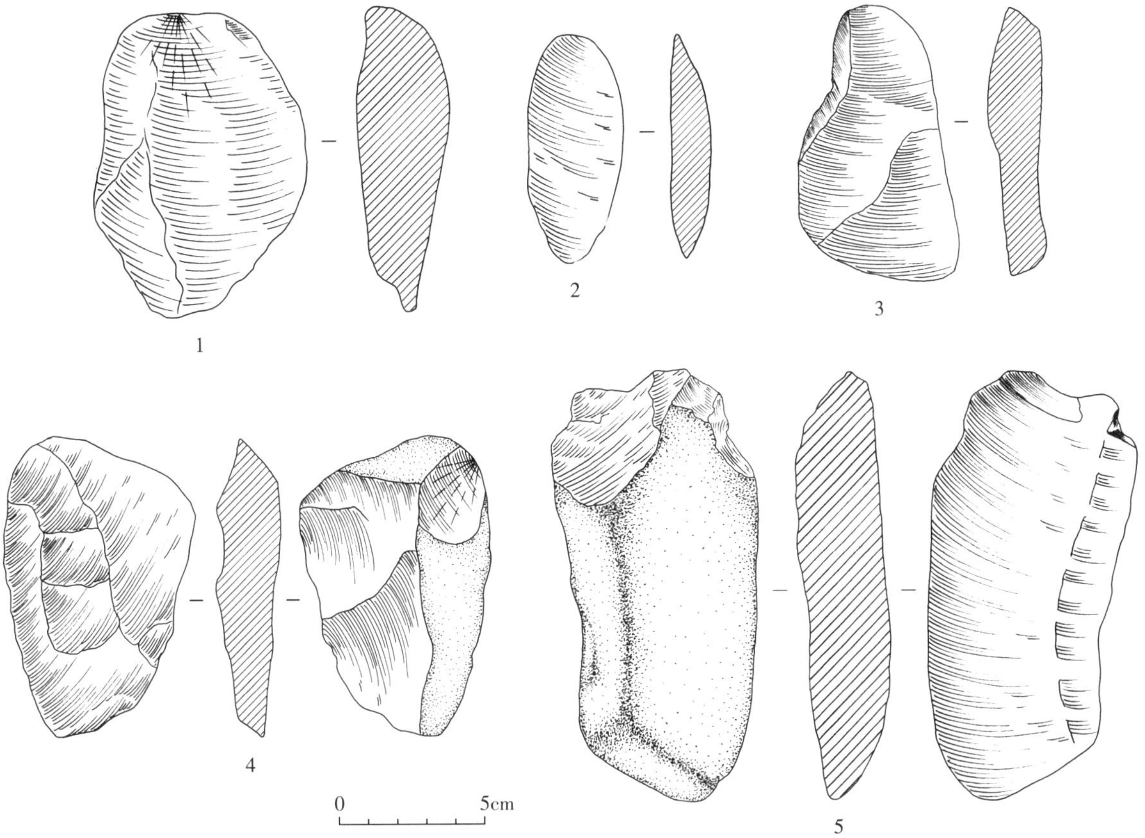

图一四七　根村遗址第三文化层石制品（五）

1. AaⅤ型石片（2015GLGTG1④：19）　2. AaⅥ型石片（2015GLGTG2③：37）　3. AaⅪ型石片（2015GLGTG1⑤：27）
4. AbⅠ型石片（2015GLGTG2③：32）　5. AbⅢ型石片（2015GLGTG2③：33）

边缘锋利。背面左半部和右侧上半部为片疤面。右侧上半部片疤的打击方向与石片的打击方向相同。左半部片疤打击方向则与石片的打击方向垂直。右侧下半部保留自然砾面。长9.9cm，宽6.3cm，厚2.1cm，重129g（图一四七，4；彩版四四，3）。

AbⅢ型　1件。

标本2015GLGTG2③：33，原料为灰褐色辉绿岩砾石。器身形状近梯形。打击台面为人工台面。打击点宽大，半锥体不显，放射线和同心波纹均不明显。器身左右侧边缘锋利。远端边缘钝厚，保留自然砾面。背面上半部为片疤面，片疤的打击方向与石片的打击方向相同。背面下半部保留自然砾面。长14.2cm，宽6.7cm，厚2.9cm，重355g（图一四七，5）。

AbⅪ型　1件。

标本2015GLGTG1⑤：31，原料为灰褐色辉绿岩砾石。器身形状不规则。打击台面为自然台面。打击点宽大，半锥体不显，放射线清楚，同心波纹不明显。器身左右侧和远端边缘锋利。背面左半部和右侧下半部为片疤面，其中左半部片疤的打击方向与石片的打击方向相同，右侧下半部片疤打击方向则与石片的打击方向相垂直。背面右侧上半部和中部保留自然砾面。长9.2cm，宽 6.8cm，厚 1.9cm，重 108g（图一四八，1）。

砍砸器　5 件。原料有石片和岩块两种。其中石片 4 件，占该文化层出土砍砸器总数的 80%；岩块 1 件，占该文化层出土砍砸器总数的 20%。岩性有辉绿岩和硅质灰岩两种。其中辉绿岩 4 件，占该文化层出土砍砸器总数的 80%；硅质灰岩 1 件，占该文化层出土砍砸器总数的 20%。加工方法仅见锤击法一种，均为单面加工。加工时，一般是由自然砾面向破裂面进行打击。以石片为原料者，通常由背面向腹面打击。加工较为简单，加工面多由一层或两层片疤组成。片疤多较小，多为长大于宽。把端不加修理，保留原有的自然砾面。大部分标本的刃缘有不同程度的修整，未见使用痕迹。器身形状有三角形、梯形和不规则形三种。其中三角形和梯形各 2 件，各占该文化层出土砍砸器总数的 40%；不规则形 1 件，占该文化层出土砍砸器总数的 20%。器身长度最大值 15.0cm，最小值 11.0cm；宽度最大值 11.7cm，最小值 6.3cm；厚度最大值 3.9cm，最小值 3.0cm；重量最大值 614g，最小值 197g。分别属于 A 型和 B 型。

A 型　4 件。分别属于 Aa 亚型和 Ab 亚型。

Aa 型　2 件。均属于 Aa Ⅰ 次亚型。

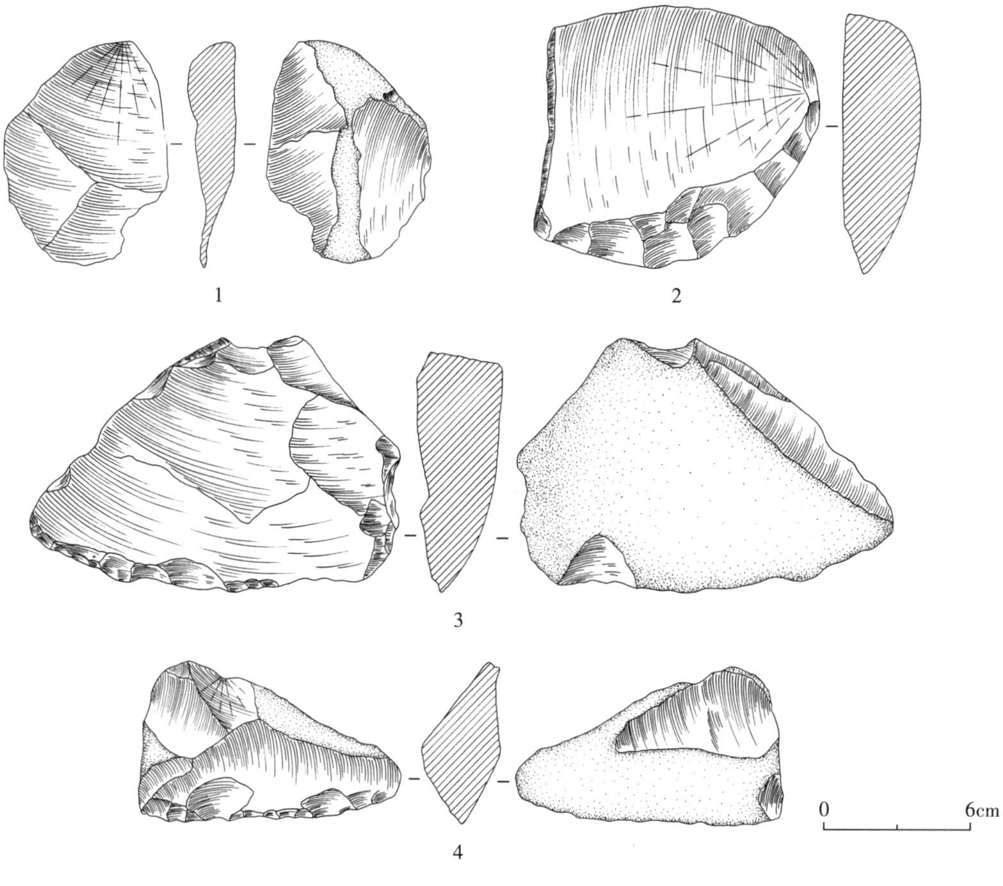

图一四八　根村遗址第三文化层石制品（六）

1. AbⅪ型石片（2015GLGTG1⑤：31）　2. AbⅢ型砍砸器（2015GLGTG1④：46）　3、4. AaⅠ型砍砸器（2015GLGTG1⑤：26、2015GLGTG1⑤：10）

标本2015GLGTG1⑤：26，原料为浅灰色硅质灰岩岩块。器身形状近三角形。一面微凸，保留自然岩块面；另一面凹凸不平，为破裂面。加工方法为锤击法。沿岩块较直侧边缘多次双面剥片，加工出一道直刃。刃缘整齐锋利未见使用痕迹。打击片疤多较小且浅平。其中一侧片疤的打击方向由自然岩块面向破裂面打击；另一侧片疤的打击方向则相反。把端和短侧边也略经剥片，这些片疤应为修整把端和器身留下的痕迹。长15.0cm，宽11.0cm，厚3.4cm，重614g（图一四八，3）。

标本2015GLGTG1⑤：10，原料为灰褐色辉绿岩石片。器身形状近三角形。腹面较平整。腹面右侧近端有一较大而深凹的旧片疤，打击方向与石片的打击方向垂直；近端右半部为一沿节理面破裂的疤痕，打破了上述片疤。背面左上侧为一个较大而浅平的片疤；片疤打击方向与石片的打击方向相同，其余部分保留自然砾面。加工方法为锤击法。加工简单，沿左侧边缘多次单面剥片，加工出一道直刃。刃缘整齐锋利，近锯齿状，未见使用痕迹。远端经过精细修整，加工出一个舌尖。片疤多较小且浅平，打击方向由背面向腹面打击。长11.0cm，宽6.3cm，厚3.2cm，重197g（图一四八，4；彩版四四，4）。

Ab型 2件。属于AbⅢ次亚型。

标本2015GLGTG1④：46，原料为灰褐色辉绿岩石片。器身形状近梯形。腹面较平整，背面完全保留自然砾面。远端折断一大截，为破裂面。加工方法为锤击法。加工简单，沿右侧边缘多次单面剥片，加工出一道弧刃。刃缘整齐锋利，未见使用痕迹。片疤多较小且浅平，打击方向由背面向腹面打击。长11.0cm，宽10.3cm，厚3.1cm，重548g（图一四八，2）。

标本2015GLGTG1④：20，原料为灰褐色辉绿岩石片。器身较厚，形状近梯形。腹面较平整；背面近端处为片疤面，片疤打击方向与石片的打击方向相同，其余部分保留自然砾面。加工方法为锤击法。加工简单，沿左侧中部至远端边缘多次单面剥片，加工出一道弧刃。刃缘整齐锋利，未见使用痕迹。片疤多较小且浅平，打击方向由背面向腹面打击。长14.0cm，宽11.7cm，厚3.0cm，重426g（图一四九，1；彩版四四，5）。

B型 1件。属于Ba亚型中的BaⅧ次亚型。

标本2015GLGTG2③：8，原料为灰褐色辉绿岩石片。器身较厚。形状不规则。腹面较平整；背面右下侧为片疤面，片疤打击方向与石片的打击方向相反，其余部分保留自然砾面。加工方法为锤击法。加工简单，沿左侧和远端左半部边缘多次单面剥片，各加工出一道直刃。刃缘整齐锋利，未见使用痕迹。片疤多较小且浅平，打击方向由背面向腹面打击。长12.5cm，宽6.6cm，厚3.9cm，重606g（图一四九，2；彩版四四，6）。

刮削器 2件。原料均为石片。岩性均为辉绿岩。加工方法仅见锤击法一种，单面加工，背面为砾石面。加工时由背面向腹面进行打击。加工部位通常位于器身一侧。加工较为简单，仅限于边缘部分，加工面只有一层片疤，片疤多较小且浅平。把端不加修理，保留自然砾面。刃缘有不同程度修整，但未见使用痕迹。形状有三角形和四边形两种，每种形状各1件，各占该文化层出土刮削器总数的50%。均属于A型，分别属于Aa亚型和Ab亚型。

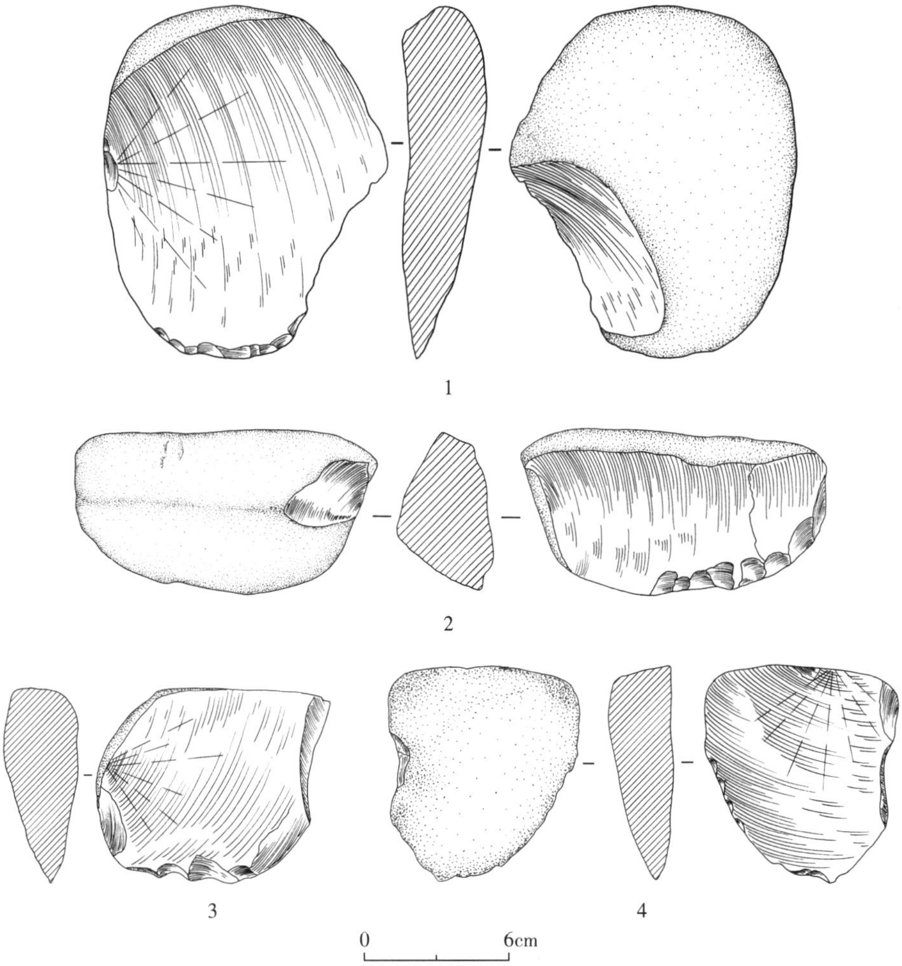

图一四九　根村遗址第三文化层石制品（七）

1. AbⅢ型砍砸器（2015GLGTG1④：20）　2. BaⅧ型砍砸器（2015GLGTG2③：8）
3. AaⅡ型刮削器（2015GLGTG1④：12）　4. AbⅠ型刮削器（2015GLGTG2③：16）

Aa型　1件。属于AaⅡ次亚型。

标本2015GLGTG1④：12，原料为灰褐色辉绿岩石片。器身形状近四边形。腹面较平整，背面完全保留自然砾面。远端折断一小块，边缘钝厚。加工方法为锤击法。加工简单，沿石片左侧边缘多次双面剥片，加工出一道直刃。刃缘整齐锋利，近锯齿状，未见使用痕迹。片疤多较小且浅平。长9.6cm，宽7.7cm，厚3.0cm，重274g（图一四九，3；彩版四五，1）。

Ab型　1件。属于AbⅠ次亚型。

标本2015GLGTG2③：16，原料为灰褐色辉绿岩石片。器身形状近三角形。腹面较平整，背面完全保留自然砾面。右侧上半部折断一大截，为破裂面。加工方法为锤击法。加工简单，沿左侧边缘多次单面剥片，加工出一道弧刃。刃缘整齐锋利，未见使用痕迹。片疤多细小且浅平，打击方向由背面向腹面打击。长8.5cm，宽7.9cm，厚2.6cm，重209g（图一四九，4；彩版四五，2）。

3. 磨制石制品

57件。包括石斧、石锛、石凿、斧锛类半成品、斧锛类毛坯和研磨器六大类型。其中石斧9件，占该文化层出土磨制石制品总数的15.79%；石锛15件，占该文化层出土磨制石制品总数的26.32%；石凿2件，占该文化层出土磨制石制品总数的3.50%；斧锛类半成品5件，占该文化层出土磨制石制品总数的8.77%；斧锛类毛坯和研磨器各13件，各占该文化层出土磨制石制品总数的22.81%。

石斧 9件。包括完整件和残件两大类。其中完整件7件，占该文化层出土石斧总数的77.78%；残件2件，占该文化层出土石斧总数的22.22%。原料均为砾石。岩性有辉绿岩和玄武岩两种。其中辉绿岩8件，占该文化层出土石斧总数的88.89%；玄武岩1件，占该文化层出土石斧总数的11.11%。加工部位通常位于两端和两侧。磨制部位只见局部磨制一种，且均为磨制刃部。刃部均未见使用痕迹。器身形状有三角形、四边形、椭圆形和长条形四种。其中三角形2件，占该文化层出土石斧总数的22.22%；四边形和长条形各1件，各占该文化层出土石斧总数的11.11%；椭圆形5件，占该文化层出土石斧总数的55.56%。器身长度最大值9.5cm，最小值4.7cm；宽度最大值5.7cm，最小值3.2cm；厚度最大值2.0cm，最小值0.6cm；重量最大值156g，最小值25g。

第一类 完整件。7件。分别属于A型和B型。

A型 2件。分别属于Af亚型和Ag亚型。

Af型 1件。

标本2015GLGTG1④：2，原料为灰褐色辉绿岩砾石。器身扁薄，形状近椭圆形。一端较宽，另一端略窄。略窄端经过多次单面剥片，两侧则经过多次双面剥片。片疤多较小且浅平，部分片疤尾部折断形成陡坎。略窄端和两侧边缘均略经磨制，有少许光滑磨面，但仍可见较密集的打击疤痕。较宽端两面均经过精心磨制，形成两道相互倾斜的光滑刃面。一刃面较宽，另一刃面略窄。两刃面交汇处磨制出一道锋利的平直刃口。未见使用痕迹。器身其余部位保留自然砾面。长7.8cm，宽4.6cm，厚0.9cm，重59g（图一五〇，1；彩版四五，3）。

Ag型 1件。

标本2015GLGTG1④：6，原料为灰褐色辉绿岩砾石。器身扁薄，形状近长条形。一端稍宽，另一端略窄。略窄端和两侧中部略经单面剥片，保留着部分打击疤痕，片疤多较小且浅平。稍宽端两面经过精心磨制，已有较大面积的光滑刃面。两刃面均向另一面倾斜，交汇处磨制出一道锋利的平直刃口。未见使用痕迹。器身其余部位保留自然砾面。长7.5cm，宽3.2cm，厚0.8cm，重46g（图一五〇，2）。

B型 5件。分别属于Ba亚型和Bf亚型。

Ba型 2件。

标本2015GLGTG1⑤：2，原料为灰褐色辉绿岩砾石。器身形状近三角形。一端稍宽，另一

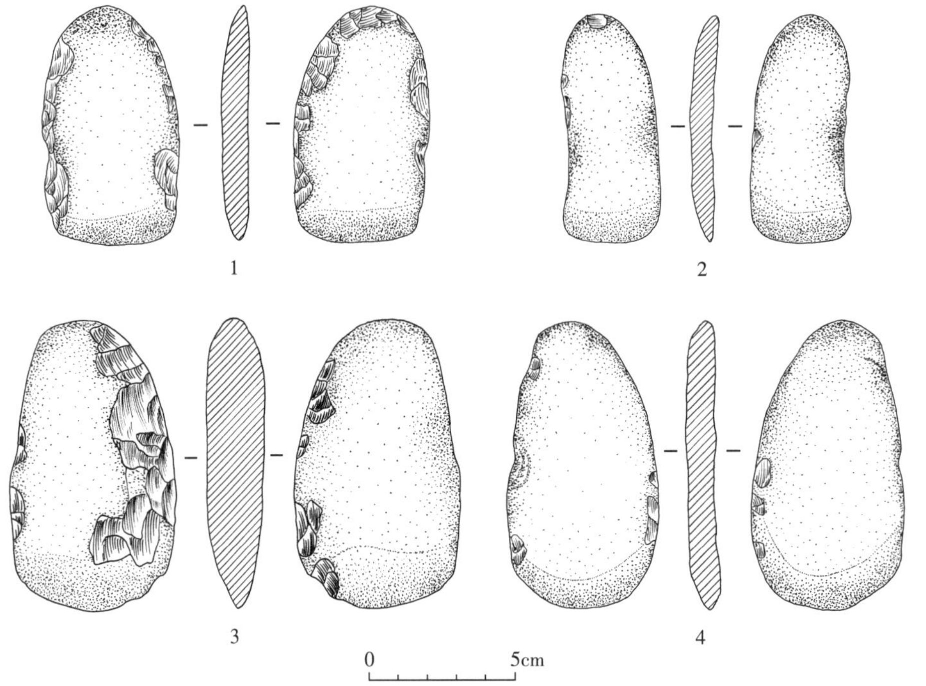

图一五〇　根村遗址第三文化层石制品（八）

1. Af 型石斧（2015GLGTG1④：2）　2. Ag 型石斧（2015GLGTG1④：6）　3、4. Ba 型石斧（2015GLGTG1⑤：2、2015GLGTG2③：12）

端略窄。一侧略经单面剥片，有部分打击疤痕。另一侧经多次双面剥片，其中一面疤痕较密集，另一面疤痕较少。片疤多较小且浅平，未经磨制。稍宽端两面经过精心磨制，已有较大面积的光滑刃面。两刃面均向另一面倾斜，交汇处磨制出一道整齐锋利的弧凸状刃口。刃缘一侧仍可见少许打击疤痕，未见使用痕迹。器身其余部位保留自然砾面。长 9.5cm，宽 5.7cm，厚 2.0cm，重 78g（图一五〇，3；彩版四五，4）。

标本 2015GLGTG2③：12，原料为灰褐色辉绿岩砾石。器身扁薄，形状近三角形。一端较宽，另一端较窄。一侧略经单面剥片，另一侧下半部经多次双面剥片。片疤多较小且浅平，部分片疤尾部折断形成陡坎。较宽端两面经过精心磨制，已有较大面积的光滑刃面。两刃面均向另一面倾斜，交汇处磨制出一道整齐锋利的弧凸状刃口。未见使用痕迹。器身其余部位保留自然砾面。长 9.4cm，宽 5.2cm，厚 1.0cm，重 35g（图一五〇，4）。

Bf 型　3 件。

标本 2015GLGTG1④：5，原料为灰褐色辉绿岩砾石。器身扁薄，形状近椭圆形。一端较宽，另一端略窄。器身较宽端边缘经过多次单面剥片，且两面均经过精心磨制，形成两道相互倾斜的光滑刃面。一刃面较宽，另一刃面略窄。两刃面交汇处磨制出一道整齐锋利的弧凸状刃口。刃口两侧仍可见少量打击疤痕，未见使用痕迹。器身其余部位保留自然砾面。长 7.0cm，宽 4.2cm，厚

0.8cm，重 47g（图一五一，1；彩版四五，5）。

标本 2015GLGTG1④：3，原料为灰褐色辉绿岩砾石。器身扁薄，形状近椭圆形。一端稍宽，另一端略窄。器身一侧下半部经多次单面剥片并略经磨制，但仍保留着少量打击疤痕。片疤多较小且浅平。稍宽端两面经精心磨制，已有较大面积的光滑刃面。两刃面均向另一面倾斜，交汇处磨制出一道整齐锋利的弧凸状刃口。刃缘一侧仍可见少许打击疤痕，未见使用痕迹。器身其余部位保留自然砾面。长 8.1cm，宽 3.8cm，厚 0.9cm，重 94g（图一五一，2）。

标本 2015GLGTG2③：15，原料为灰褐色玄武岩砾石。器身形状近椭圆形。一端稍宽，另一端略窄。一侧经过多次双面剥片，另一侧下半部经过多次单面剥片。片疤多较小且浅平，部分片疤尾部折断形成陡坎。稍宽端两面经过精心磨制，已有较大面积的光滑刃面。两刃面均向另一面倾斜，交汇处磨制出一道整齐锋利的弧刃。刃缘一侧仍可见少量打击疤痕，未见使用痕迹。器身其余部位保留自然砾面。长 8.7cm，宽 4.4cm，厚 1.7cm，重 156g（图一五一，3）。

第二类　残件。2 件。分别属于 A 型和 B 型。

A 型　1 件。属于 Af 亚型。

标本 2015GLGTG1⑤：19，原料为灰褐色辉绿岩砾石。器身扁薄，形状近椭圆形。一端稍宽，另一端略窄。略窄端和一侧中部略经单面剥片，另一侧中部略经双面剥片；均保留有打击疤痕，未经磨制。稍宽端两面经过精心磨制，已有较大面积的光滑刃面。两刃面均向另一面倾斜，交汇处磨制出一道整齐锋利的弧凸状刃口。刃缘一侧仍保留锋利的刃口。刃缘另一侧已折断缺失，为不整齐的断裂面，应为使用所致断裂。器身其余部位保留自然砾面。残长 7.1cm，宽 3.5cm，厚 0.6cm，重 25g（图一五一，4）。

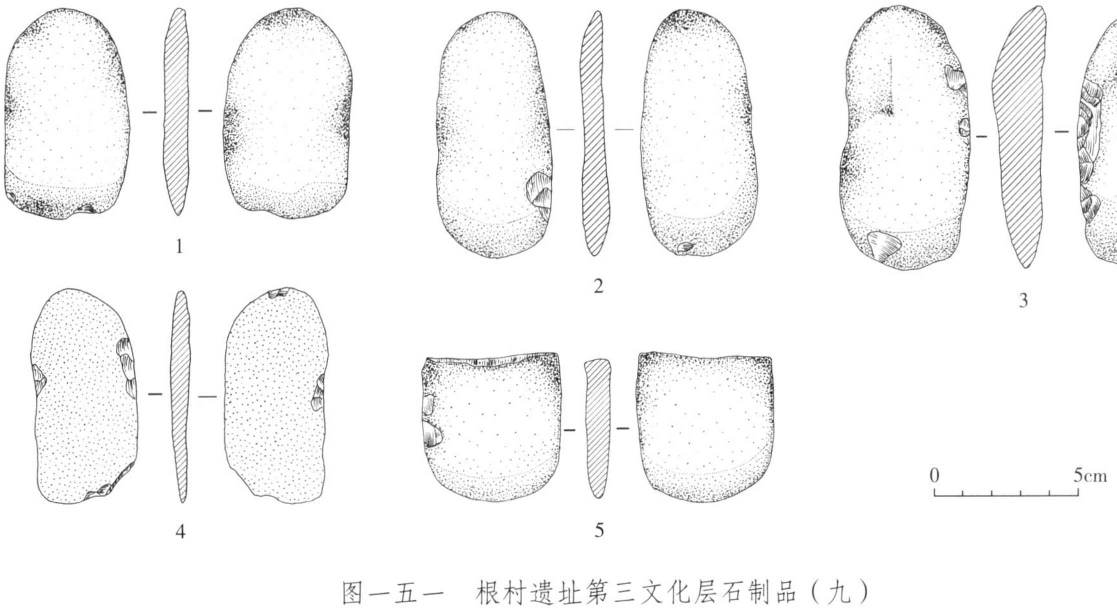

图一五一　根村遗址第三文化层石制品（九）

1~3. Bf 型石斧（2015GLGTG1④：5、2015GLGTG1④：3、2015GLGTG2③：15）　4. Af 型石斧残件（2015GLGTG1⑤：19）　5. Bb 型石斧残件（2015GLGTG2③：28）

B 型　1 件。属于 Bb 亚型。

标本 2015GLGTG2③：28，原料为灰褐色辉绿岩砾石。器身形状近四边形。两端略等宽。一侧经过多次单面剥片，保留着较多的打击疤痕；片疤多较小且浅平；另一侧未经加工。一端为较规整的断裂面。另一端两面均经精心磨制，有较大面积的光滑刃面。两刃面均向另一面倾斜，交汇处磨制出一道整齐锋利的弧凸状刃口。未见使用痕迹。器身其余部位保留自然砾面。残长 4.7cm，宽 4.6cm，厚 0.8cm，重 37g（图一五一，5）。

石锛　15 件。包括完整件和残件两大类。其中完整件 13 件，占该文化层出土石锛总数的 86.67%；残件 2 件，占该文化层出土石锛总数的 13.33%。原料只见砾石一种。岩性仅见辉绿岩一种。加工部位一般位于两端和两侧。磨制部位只见局部磨制一种，且均为磨制刃部。器身形状有三角形、四边形、梯形、长条形和椭圆形五种。其中三角形、梯形和长条形各 2 件，各占该文化层出土石锛总数的 13.33%；四边形 6 件，占该文化层出土石锛总数的 40%；椭圆形 3 件，占该文化层出土石锛总数的 20.01%。器身长度最大值 11.3cm，最小值 6.3cm；宽度最大值 5.6cm，最小值 3.5cm；厚度最大值 2.3cm，最小值 1.0cm；重量最大值 185g，最小值 44g。

第一类　完整件。13 件。分别属于 A 型和 B 型。

A 型　12 件。分别属于 Aa 亚型和 Ab 亚型。

Aa 型　4 件。分别属于 AaⅡ次亚型和 AaⅢ次亚型。

AaⅡ型　2 件。

标本 2015GLGTG1④：23，原料为灰褐色辉绿岩砾石。器身稍厚，形状近四边形。两端略等宽。器身两侧经过多次双面剥片，一侧缘略经磨制，有少许光滑磨痕。两侧均保留着较密集的打击疤痕，片疤多较小且浅平，部分片疤尾部折断形成陡坎。一端两面均经精心磨制，形成两道光滑刃面。其中一刃面较宽，向另一面倾斜；另一刃面略窄平。两刃面交汇处磨制出一道锋利的平直刃口。未见使用痕迹。器身其余部位保留自然砾面。长 8.2cm，宽 4.4cm，厚 1.6cm，重 95g（图一五二，1；彩版四五，6）。

标本 2015GLGTG2③：20，原料为灰褐色辉绿岩砾石。器身扁薄，形状近四边形。一端稍宽，另一端略窄。器身略窄端中部略经单面剥片，有少量打击疤痕；一侧经过多次单面剥片，保留着较密集的打击疤痕，片疤多较小且浅平。稍宽端两面均经过精心磨制，形成两道光滑刃面。其中一刃面稍宽，向另一面倾斜；另一刃面略窄平。两刃面交汇处磨制出一道锋利的平直刃口。刃缘两侧仍可见少许打击疤痕，未见使用痕迹。器身其余部位保留自然砾面。长 7.4cm，宽 4.5cm，厚 1.0cm，重 63g（图一五二，2）。

AaⅢ型　2 件。

标本 2015GLGTG2③：11，原料为灰褐色辉绿岩砾石。器身稍扁薄，形状近梯形。一端稍宽，另一端略窄。器身两侧中部经过多次单面剥片，保留着较密集的打击疤痕。两侧的片疤多较小且浅平，部分片疤尾部折断形成陡坎，未经磨制。较宽端两面均经过精心磨制，形成两道光滑刃面。

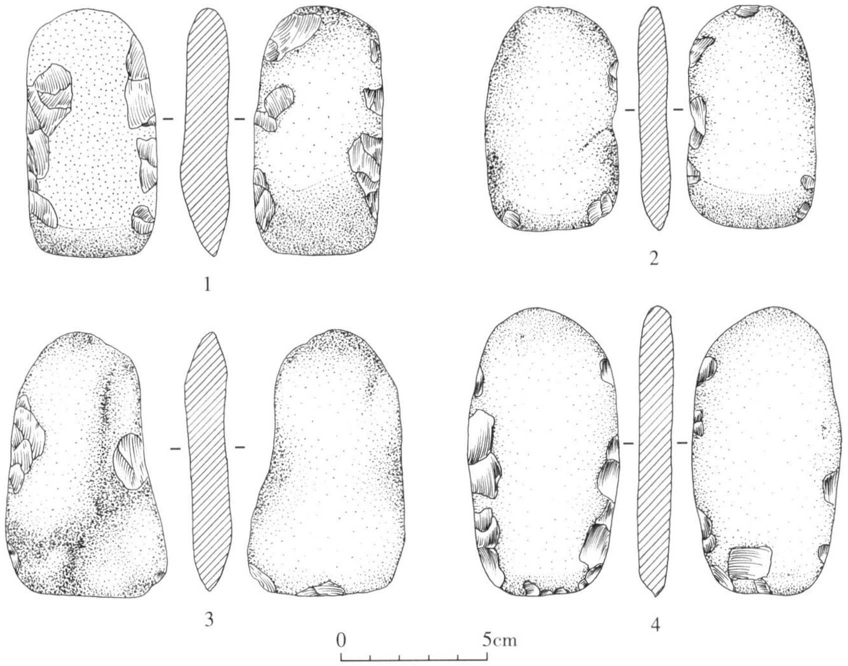

图一五二　根村遗址第三文化层石制品（十）

1、2. AaⅡ型石锛（2015GLGTG1④：23、2015GLGTG2③：20）　3、4. AaⅢ型石锛（2015GLGTG2③：11、2015GLGTG2③：14）

其中一刃面较宽，向另一面倾斜；另一刃面略窄平。两刃面交汇处磨制出一道整齐锋利的斜直刃缘。刃缘中央仍见有少许打击疤痕，未见使用痕迹。器身其余部位保留自然砾面。长8.7cm，宽5.3cm，厚1.4cm，重97g（图一五二，3）。

标本2015GLGTG2③：14，原料为灰褐色辉绿岩砾石。器身扁薄，形状近梯形。一端略窄，另一端稍宽。器身一侧和另一侧下半部经过多次双面剥片；其中一面保留着较密集的打击疤痕；另一面打击疤痕较稀疏。片疤多较小且浅平，部分片疤尾部折断形成陡坎。略窄端两面均经过精心磨制，形成两道光滑刃面。其中一刃面较宽，向另一面倾斜；另一刃面略窄平。两刃面交汇处磨制出一道锋利的平直刃口。未见使用痕迹。器身其余部位保留自然砾面。长9.6cm，宽5.2cm，厚1.1cm，重88g（图一五二，4）。

Ab型　8件。分别属于AbⅠ、AbⅡ、AbⅥ、AbⅦ次亚型。

AbⅠ型　2件。

标本2015GLGTG2③：25，原料为灰褐色辉绿岩砾石。器身扁薄，形状近三角形。一端较宽，另一端较窄。器身一侧下半部经过多次单面剥片，打击疤痕较稀疏；另一侧只在较宽端附近略经单面剥片。片疤多较小且浅平，未经磨制。较宽端经过精心磨制，形成两道光滑刃面。其中一刃面较宽，向另一面倾斜；另一刃面略窄平。两刃面交汇处磨制出一道整齐锋利的弧凸状刃口。未见使用痕迹。器身其余部位保留自然砾面。长9.6cm，宽5.6cm，厚1.0cm，重71g（图一五三，1）。

标本2015GLGTG1⑤：6，原料为灰褐色辉绿岩砾石。器身稍厚，形状近三角形。一端较宽，另一端较窄。器身较窄端剥出一个较大而浅平的片疤，该片疤占据了整个器身的上半部，其打击方向由把端向刃端打击。两侧经过多次双面剥片，保留着较密集的打击疤痕。两侧片疤多较大且浅平，有的片疤尾部达到甚至超过器身中轴线，致使器身两面上半部几乎全是片疤；所有片疤未经磨制，但棱角已磨圆。较宽端两面均经过精心磨制，形成两道光滑刃面。其中一刃面较宽，磨面向另一面倾斜；另一刃面略窄，磨面较平。两刃面交汇处磨制出一道整齐锋利的弧凸状刃口。未见使用痕迹。器身其余部位保留自然砾面。长9.0cm，宽3.9cm，厚1.7cm，重73g（图一五三，2）。

AbⅡ型　1件。

标本2015GLGTG2③：9，原料为灰褐色辉绿岩砾石。器身稍扁薄，形状近四边形。一端稍宽，另一端略窄。器身两侧经过多次双面剥片。一侧缘略经磨制，有少许光滑磨面。两侧均保留着较密集的打击疤痕；两侧片疤多较小且浅平，部分片疤尾部折断形成陡坎。稍宽端两面均经过精心磨制，形成两道光滑刃面。其中一刃面较宽，向另一面倾斜；另一刃面略窄平。两刃面交汇处磨制出一道整齐锋利的微弧凸刃口。未见使用痕迹。器身其余部位保留自然砾面。长7.0cm，宽4.2cm，厚1.2cm，重60g（图一五三，3）。

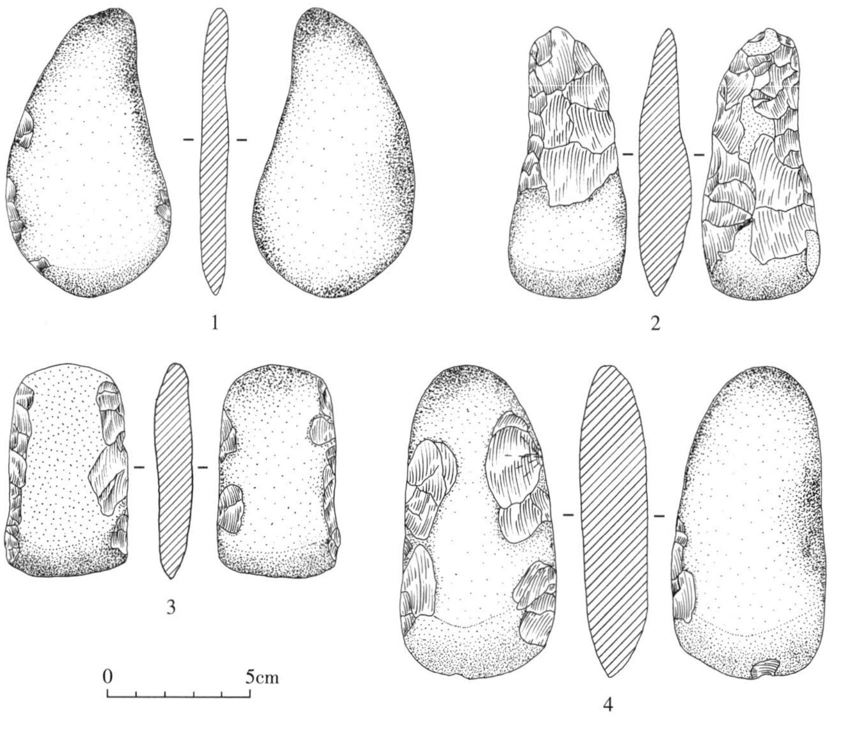

图一五三　根村遗址第三文化层石制品（十一）

1、2. AbⅠ型石锛（2015GLGTG2③：25、2015GLGTG1⑤：6）　3. AbⅡ型石锛（2015GLGTG2③：9）　4. AbⅥ型石锛（2015GLGTG1⑤：5）

AbⅥ型　3件。

标本2015GLGTG1⑤：5，原料为灰褐色辉绿岩砾石。器身较厚，形状近椭圆形。一端较宽，另一端较窄。器身一侧经过多次双面剥片；另一侧经过多次单面剥片。两侧均保留着较密集的打击疤痕。两侧片疤多较小且浅平，未经磨制。较宽端两面均经过精心磨制，形成两道光滑刃面。其中一刃面较宽，向另一面倾斜；另一刃面略窄平。两刃面交汇处磨制出一道整齐锋利的弧凸状刃口。刃口近中央处仍见有少许打击疤痕，未见使用痕迹。器身其余部位保留自然砾面。长10.2cm，宽5.2cm，厚2.3cm，重185g（图一五三，4；彩版四六，1）。

标本2015GLGTG1⑤：12，原料为灰褐色辉绿岩砾石。器身较厚，形状近椭圆形。一端略窄，另一端稍宽。器身两侧下半部经过多次双面剥片，其中一面保留着较密集的打击疤痕，另一面片疤较为稀疏。两侧片疤多较小且浅平，未经磨制。略宽端两面均经过精心磨制，形成两道光滑刃面。其中一刃面较宽，向另一面倾斜；另一刃面略窄平。两刃面交汇处磨制出一道整齐锋利的弧凸状刃口。刃口一侧有少许打击疤痕，未见使用痕迹。器身其余部位保留自然砾面。长11.3cm，宽5.2cm，厚1.8cm，重182g（图一五四，1；彩版四六，2）。

标本2015GLGTG1⑤：3，原料为灰褐色辉绿岩砾石。器身稍扁薄，形状近椭圆形。一端稍宽，另一端略窄。器身一侧经过多次双面剥片，保留着较密集的打击疤痕；另一侧中部略经单面剥片，

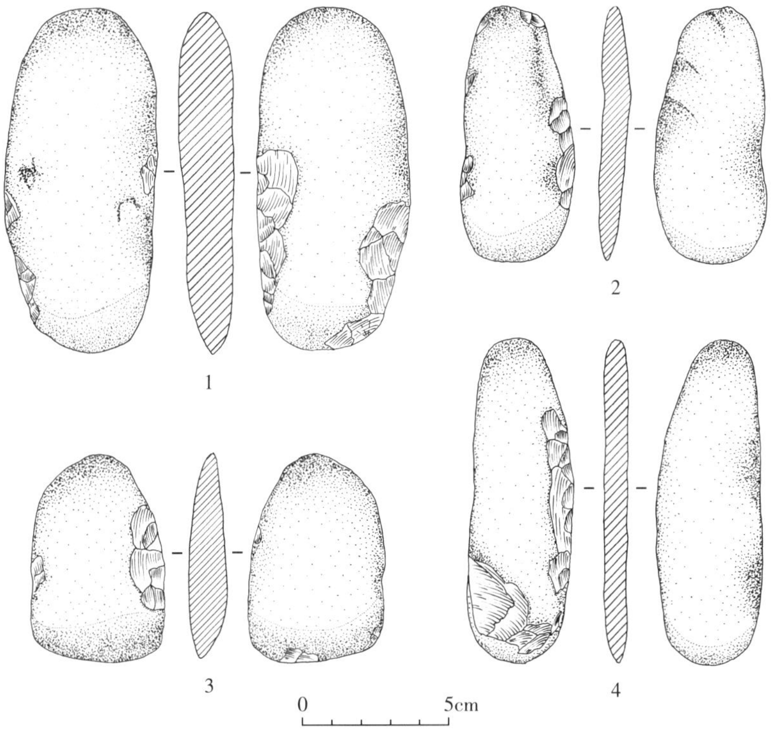

图一五四　根村遗址第三文化层石制品（十二）

1、3. AbⅥ型石锛（2015GLGTG1⑤：12、2015GLGTG1⑤：3）　2、4. AbⅦ型石锛（2015GLGTG2③：21、2015GLGTG2③：23）

打击疤痕较稀疏。两侧片疤多较小且浅平，未经磨制。稍宽端两面均经过精心磨制，形成两道光滑刃面。其中一刃面较宽，向另一面倾斜；另一刃面略窄平。两刃面交汇处磨制出一道整齐锋利的弧凸状刃口。刃缘一侧仍见有少许打击疤痕，未见使用痕迹。器身其余部位保留自然砾面。长6.9cm，宽4.5cm，厚1.2cm，重59g（图一五四，3）。

AbⅦ型　2件。

标本2015GLGTG2③：21，原料为灰褐色辉绿岩砾石。器身扁薄，形状近长条形。一端稍宽，另一端略窄。器身略窄端中部单面剥出一个较小而浅平的片疤。一侧和另一侧中部经过多次单面剥片，保留着较密集的打击疤痕。两侧片疤多较小且浅平，未经磨制。稍宽端两面均经过精心磨制，形成两道光滑刃面。其中一刃面较宽，向另一面倾斜；另一刃面略窄平。两刃面交汇处磨制出一道整齐锋利的弧凸状刃口。未见使用痕迹。器身其余部位保留自然砾面。长8.4cm，宽3.8cm，厚1.0cm，重44g（图一五四，2）。

标本2015GLGTG2③：23，原料为灰褐色辉绿岩砾石。器身扁薄，形状近长条形。一端稍宽，另一端略窄。器身一侧和另一侧下半部经过多次单面剥片，保留着较密集的打击疤痕。两侧片疤多较小且浅平，未经磨制。稍宽端两面均经过精心磨制，形成两道光滑刃面。其中一刃面较宽，向另一面倾斜；另一刃面略窄平，磨面中仍可见少量打击疤痕。两刃面交汇处磨制出一道整齐锋利的弧凸状刃口。未见使用痕迹。器身其余部位保留自然砾面。长10.8cm，宽3.5cm，厚1.0cm，重52g（图一五四，4）。

B型　1件。属于Bb亚型中的BbⅡ次亚型。

标本2015GLGTG1④：4，原料为灰褐色辉绿岩砾石。器身稍扁薄，形状近四边形。一端稍宽，另一端略窄。器身两侧均经过多次双面剥片，一面打击疤痕较密集，另一面片疤稀疏；一侧疤痕稍多，另一侧片疤零星。片疤多较小且浅平，部分片疤尾部折断形成陡坎，未经磨制。两端经过多次单面剥片。略窄端一面经较多磨制，已有较大面积的光滑磨面，向另一面倾斜；另一面略经磨制，只有较小面积的光滑磨面。两刃面交汇处磨制出一道整齐锋利的弧凸状刃缘。一侧刃口已磨出，但大部分仍可见打击疤痕。稍宽端两面均经过较多磨制，形成两道光滑刃面；其中一刃面较宽，向另一面倾斜；另一刃面略平。两刃面的一侧仍有少量打击疤痕，交汇处磨制出一道整齐锋利的弧凸状刃口。未见使用痕迹。器身其余部位保留自然砾面。长8.4cm，宽4.5cm，厚1.4cm，重90g（图一五五，1；彩版四六，3）。

第二类　残件。2件。分别属于A型和B型。

A型　1件。属于Ab亚型。

标本2015GLGTG1④：15，原料为灰褐色辉绿岩砾石。器身形状近四边形。一端稍宽，另一端略窄。器身两侧上半部经多次双面剥片。一侧侧缘及两面略经磨制；另一侧上半部侧缘略经磨制，但仍保留着较密集的打击疤痕。片疤多较小且浅平，部分片疤尾部折断形成陡坎，有的片疤剥片达到甚至超过器身中轴线。稍宽端两面均经过较多磨制，形成两道光滑刃面。其中一刃面较

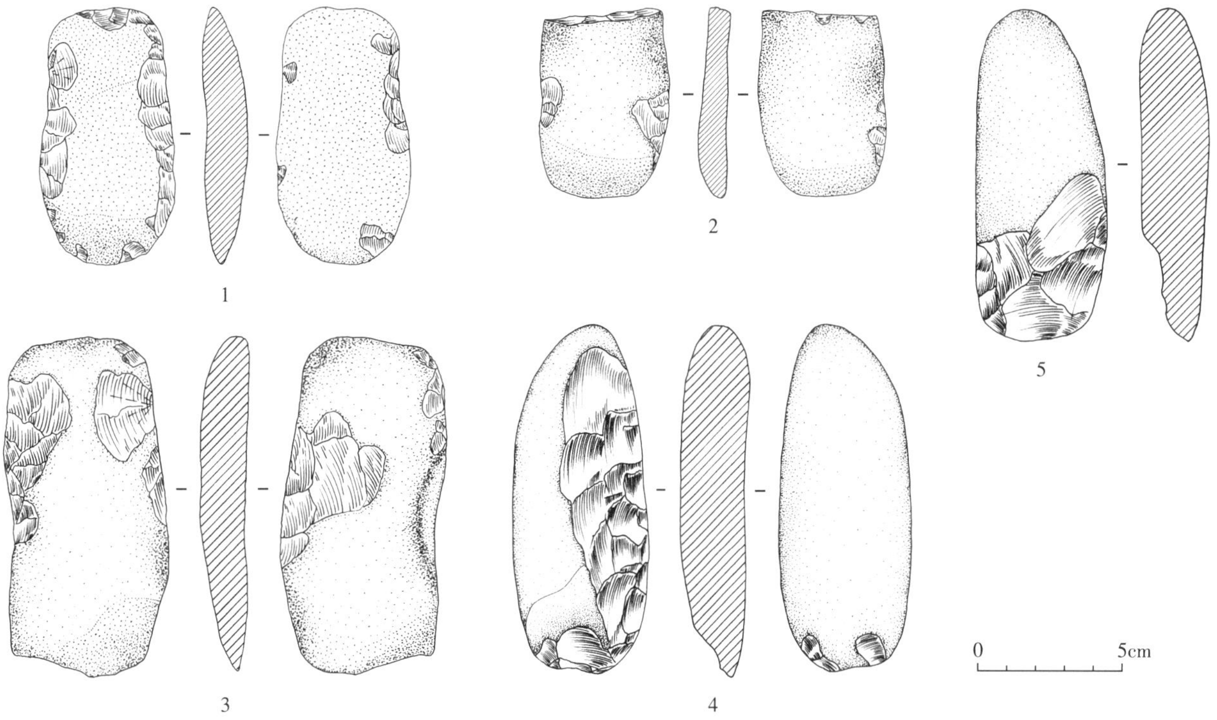

图一五五　根村遗址第三文化层石制品（十三）

1. BbⅡ型石锛（2015GLGTG1④：4）　2. Bb型石锛残件（2015GLGTG1⑤：4）　3. Ab型石锛残件（2015GLGTG1④：15）
4. AcⅥ型石凿半成品（2015GLGTG2③：22）　5. AbⅥ型石凿毛坯（2015GLGTG1④：14）

宽，向另一面倾斜；另一刃面略窄较平。两刃面交汇处磨制出一道弧凸状刃。一侧刃缘仍保留锋利刃口，另一侧折断缺失，边缘为断裂面，应为使用所致断裂。器身其余部位保留自然砾面。残长 11.2cm，宽 5.3cm，厚 1.5cm，重 172g（图一五五，3）。

B 型　1 件。属于 Bb 亚型。

标本 2015GLGTG1⑤：4，原料为灰褐色辉绿岩砾石。器身形状近四边形。一端略窄；另一端稍宽，为较规整的断裂面。一侧近略窄端处略经单面剥片，另一侧近略窄端处略经双面剥片；片疤较小且浅平，未经磨制。略窄端两面均经过精心磨制，一面形成一道略窄且倾斜的光滑刃面。另一面磨面较平整。两刃面交汇处磨制出一道整齐锋利的平直刃口。未见使用痕迹。器身其余部位保留自然砾面。残长 6.3cm，宽 4.4cm，厚 1.0cm，重 44g（图一五五，2）。

石凿　2件。包括半成品和毛坯两大类，每类各1件。原料只见砾石一种。岩性只有辉绿岩一种。器身形状仅椭圆形一种。

第一类　半成品。1 件。属于 A 型中的 AcⅥ次亚型。

标本 2015GLGTG2③：22，原料为灰褐色辉绿岩砾石。器身较窄厚，形状近椭圆形。一端稍宽，另一端略窄。器身一侧经过多次单面剥片，保留着较密集的打击疤痕。该侧片疤多较小且浅平，部分片疤尾部折断形成陡坎，有的片疤剥片达到甚至超过器身中轴线，致使该面有一半左右均为片疤面。稍宽端边缘经过多次双面剥片，打制出一道整齐锋利的弧凹状刃缘。两面均经过较多磨制，形成两道光滑刃面。其中一刃面较宽，向另一面倾斜，但前半部仍保留片疤痕迹；另一刃面略窄，微凸，两侧仍保留片疤痕迹。两刃面交汇处保留了原打制出的凹刃，刃口尚未磨制完成。器身其余部位保留自然砾面。长 11.5cm，宽 4.6cm，厚 2.2cm，重 202g（图一五五，4；彩版四六，4）。

第二类　毛坯。1 件。属于 A 型中的 AbⅥ次亚型。

标本 2015GLGTG1④：14，原料为灰褐色辉绿岩砾石。器身较窄厚，形状近椭圆形。一端稍宽，另一端略窄。器身两侧下半部和稍宽端边缘经过多次单面剥片，保留着较密集的打击疤痕。片疤多较大且浅平，未经磨制，部分片疤剥片达到甚至超过器身中轴线，致使该面下半部全是片疤面。稍宽端边缘加工出一道弧凸状刃。刃缘整齐锋利，未经磨制。器身其余部位保留自然砾面。长 10.9cm，宽 4.5cm，厚 2.3cm，重 186g（图一五五，5）。

斧锛类半成品　5 件。包括完整件和残件两类。其中完整件 3 件，占该文化层出土斧锛类半成品总数的 60%；残件 2 件，占该文化层出土斧锛类半成品总数的 40%。原料有砾石和石片两种。其中砾石 4 件，占该文化层出土斧锛类半成品总数的 80%；石片 1 件，占该文化层出土斧锛类半成品总数的 20%。岩性有辉绿岩和玄武岩两种。其中辉绿岩 3 件，占该文化层出土斧锛类半成品总数的 60%；玄武岩 2 件，占该文化层出土斧锛类半成品总数的 40%。加工方法为锤击法，多为单面加工。加工部位多在器身端部和两侧，绝大部分标本或多或少保留有自然砾面。磨制部位只见局部磨制一种，且多为磨制刃部。器身形状有四边形、梯形、椭圆形和长条形四种。其中四边形、梯形和椭圆形各 1 件，各占该文化层出土斧锛类半成品总数的 20%；长条形 2 件，占该文化层出土斧锛类半成品总数的 40%。器身长度最大值 17.1cm，最小值 5.6cm；宽度最大值 6.1cm，最小值 3.9cm；厚度最大值 2.7cm，最小值 0.8cm；重量最大值 322g，最小值 42g。

第一类　完整件。3 件。均属于 A 型，分别属于 Ab 亚型中的 AbⅥ次亚型和 AbⅦ次亚型。

AbⅥ型　1 件。

标本 2015GLGTG1④：24，原料为灰褐色玄武岩砾石。器身较扁薄，形状近椭圆形。一端稍宽，另一端略窄。器身稍宽端边缘略经单面剥片，打制出一道整齐锋利的刃缘。一面经过较多磨制，有较大面积的光滑磨面，磨面向另一面倾斜，但中部仍保留较小面积的片疤痕迹；另一面未经磨制。刃面与另一面交汇处保留了原打制出的弧凸状刃缘，刃口尚未最后磨制完成。器身其余部位保留自然砾面。长 7.8cm，宽 3.9cm，厚 0.8cm，重 42g（图一五六，3）。

AbⅦ型　2 件。

标本 2015GLGTG2③：10，原料为灰褐色辉绿岩砾石。器身较长，形状近长条形。一端稍宽，另一端略窄。器身略窄端经过多次单面剥片，两侧则经过多次双面剥片，均保留着较密集的打击疤痕。其中一面上半部片疤多较大且浅平，下半部片疤多较小且浅平；部分片疤尾部折断形成陡坎；上半部有的片疤剥片达到甚至超过器身中轴线，致使该面上半部全为片疤面。另一面一侧和另一侧上半部片疤多较小且浅平。另一侧下半部片疤多较大且深凹；部分片疤尾部折断形成陡坎，

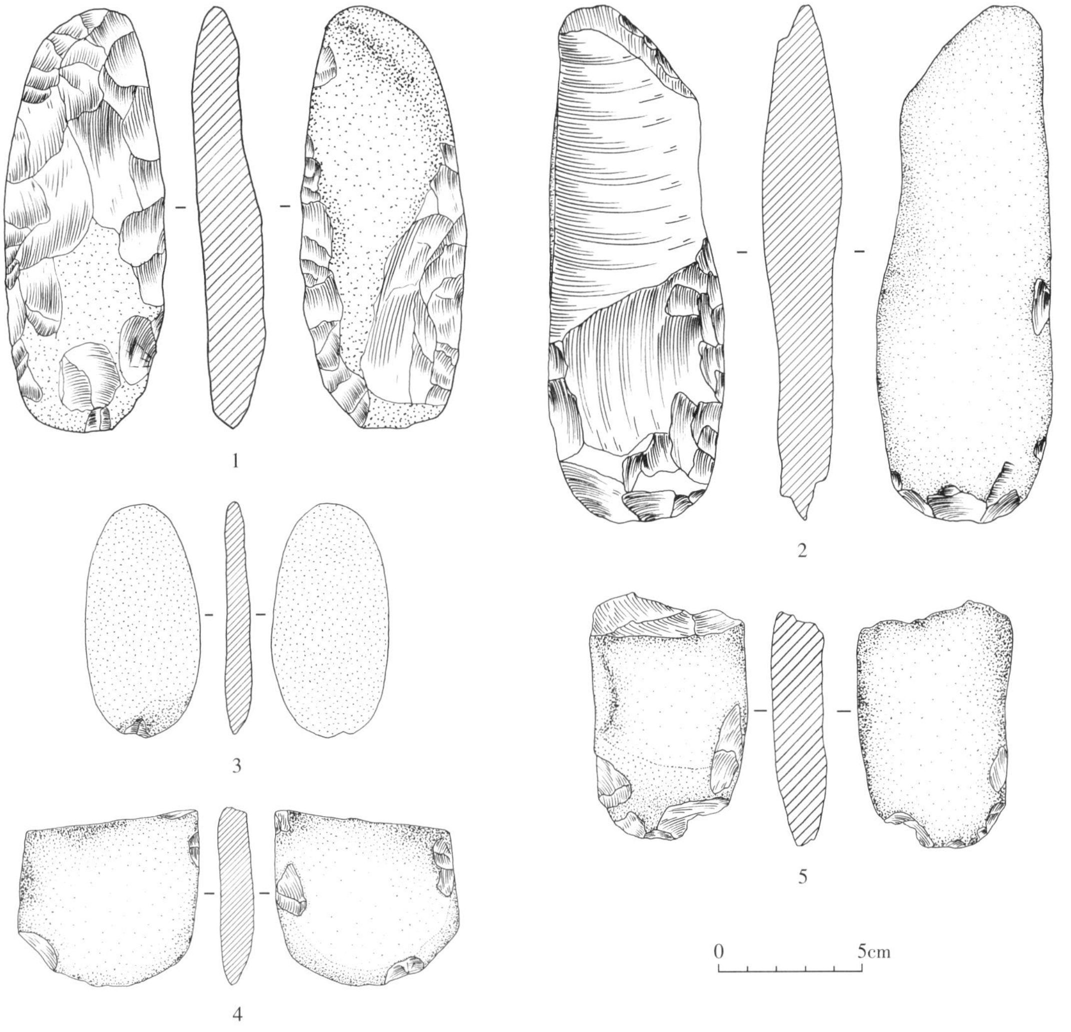

图一五六　根村遗址第三文化层石制品（十四）

1、2. AbⅦ型斧锛类半成品（2015GLGTG2③：10、2015GLGTG1④：10）　3. AbⅥ型斧锛类半成品（2015GLGTG1④：24）
4. Db 型斧锛类半成品残件（2015GLGTG2③：5）　5. Dc 型斧锛类半成品残件（2015GLGTG1⑤：20）

有的片疤剥片达到甚至超过器身中轴线。稍宽端略经单面剥片，打制出一道整齐锋利的弧凸状刃缘。一面经过较多磨制，有较宽的光滑刃面，刃面向另一面倾斜，中部仍保留少量片疤痕迹；另一面刃面略窄，微凸。两刃面交汇处保留原打制出的弧凸状刃缘，刃缘一侧仍可见部分打击疤痕，刃口尚未最后磨制完成。器身其余部位保留自然砾面。长 14.0cm，宽 5.5cm，厚 2.1cm，重 100g（图一五六，1；彩版四六，5）。

标本 2015GLGTG1④：10，原料为灰褐色辉绿岩石片。器身较长，形状近长条形。腹面较平整，近端沿节理面折断形成陡坎。背面大部分保留自然砾面。加工方法为锤击法。下半部一侧边缘经过多次单面剥片，另一侧边缘则经过多次双面剥片。两侧缘片疤多较小且浅平，部分片疤尾部折断形成陡坎，未经磨制。远端边缘经多次双面剥片，加工出一道弧凸状刃。刃缘整齐锋利，未经磨制。近端一面凸起处经较多磨制，有一些光滑磨面。长 17.1cm，宽 6.1cm，厚 2.7cm，重 322g（图一五六，2）。

第二类　残件。2 件。均为 D 型，分别属于 Db 亚型和 Dc 亚型。

Db 型　1 件。

标本 2015GLGTG2 ③：5，原料为灰褐色辉绿岩砾石。器身扁薄，形状近四边形。一端略窄，另一端稍宽，为较规整的断裂面。两侧略经打制，片疤较小且浅平，未经磨制。略窄端两面经较多磨制，一面形成一道稍窄且倾斜的光滑刃面；另一面磨面略窄小，较平整。两刃面交汇处磨制出一道弧凸状刃。一侧刃口已磨出；另一侧仍保留部分片疤面，尚未最后磨制完成。器身其余部位保留自然砾面。残长 5.6cm，宽 6.1cm，厚 1.1cm，重 66g（图一五六，4）。

Dc 型　1 件。

标本 2015GLGTG1 ⑤：20，原料为灰褐色辉绿岩砾石。器身形状近梯形。一端略窄；另一端稍宽，为不甚规整的断裂面。两侧近略窄端略经单面剥片；片疤较小且浅平，未经磨制。略窄端边缘经过多次双面剥片，打制出一道不甚整齐锋利的弧凸状刃缘，一侧略有缺失。两面经较多磨制；一面形成一道较宽的光滑刃面；另一面磨面略窄小，较平整。两刃面交汇处保留原打制出的弧凸状刃缘。刃口尚未开始磨制。器身其余部位保留自然砾面。残长 8.2cm，宽 5.2cm，厚 1.8cm，重 128g（图一五六，5）。

斧锛类毛坯　13 件。包括完整件和残件两类。其中完整件 11 件，占该文化层出土斧锛类毛坯总数的 84.62%；残件 2 件，占该文化层出土斧锛类毛坯总数的 15.38%。制作原料仅见砾石一种。岩性有辉绿岩、玄武岩和中砂岩三种。其中辉绿岩 10 件，占该文化层出土斧锛类毛坯总数的 76.92%；玄武岩 2 件，占该文化层出土斧锛类毛坯总数的 15.38%；中砂岩 1 件，占该文化层出土斧锛类毛坯总数的 7.70%。加工方法为锤击法，多为单面加工。加工部位多在器身端部和两侧，绝大部分标本或多或少保留有自然砾面，未见通体加工者。器身形状有三角形、椭圆形和不规则形三种。其中三角形和不规则形各 1 件，各占该文化层出土斧锛类毛坯总数的 7.69%；椭圆形 11 件，占该文化层出土斧锛类毛坯总数的 84.62%。器身长度最大值 21.2cm，最小值 5.0cm；宽度最大值 8.6cm，最小值 3.8cm；厚度最大值 5.0cm，最小值 0.7cm；重量最大值 757g，最小值 37g。

第一类　完整件。11 件。均属于 A 型，分别属于 Aa 亚型和 Ab 亚型。

Aa 型　4 件。均属于 AaⅥ次亚型。

标本 2015GLGTG1 ④：1，原料为灰褐色辉绿岩砾石。器身扁薄，形状近椭圆形。一端略窄，另一端稍宽。一面较平，另一面凸起。加工方法为锤击法。沿器身稍宽端边缘多次单面剥片，加工出一道斜直刃。刃缘整齐锋利，未经磨制。片疤多较小且浅平，打击方向由较平面向凸起面打击。器身其余部位保留自然砾面。长 7.5cm，宽 3.9cm，厚 1.3cm，重 56g（图一五七，1）。

标本 2015GLGTG2 ③：13，原料为灰褐色辉绿岩砾石。器身稍扁薄，形状近椭圆形。一端稍宽，另一端略窄。一面较平，另一面微凸。加工方法为锤击法。先后沿器身两侧下半部边缘多次单面

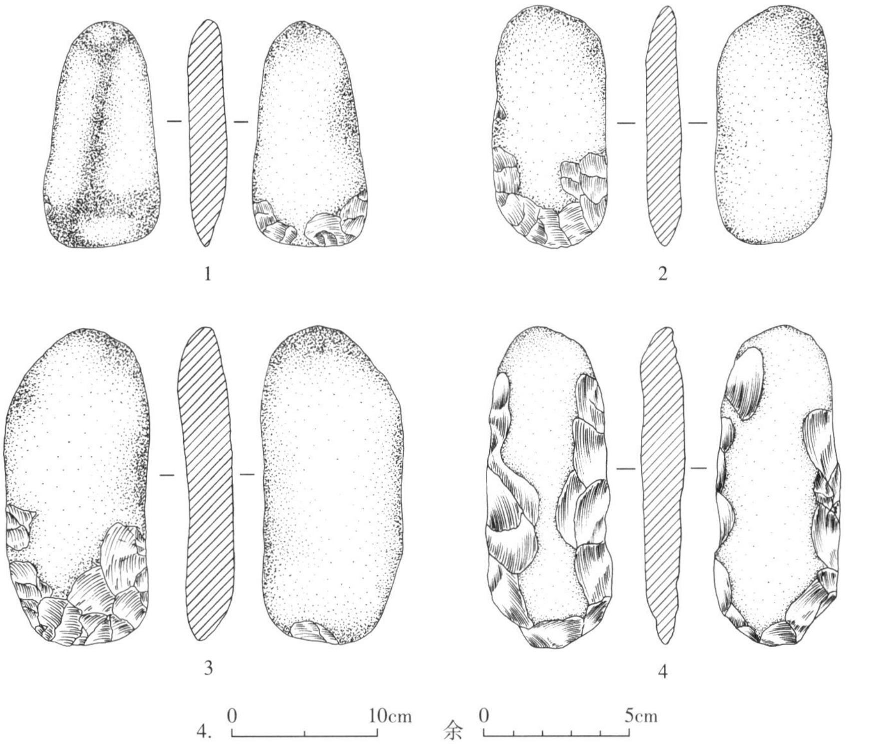

图一五七　根村遗址第三文化层石制品（十五）

1、3. AaⅥ型斧锛类毛坯（2015GLGTG1④：1、2015GLGTG2③：13）　2、4. AbⅥ型斧锛类毛坯（2015GLGTG1④：9、2015GLGTG1④：18）

剥片，沿稍宽端边缘多次双面剥片。在稍宽端边缘加工出一道平直刃缘。刃缘整齐锋利，未经磨制。片疤多较小且浅平，打击方向由微凸面向较平面打击，部分片疤尾部折断形成陡坎。器身其余部位保留自然砾面。长10.4cm，宽4.8cm，厚1.6cm，重139g（图一五七，3；彩版四六，6）。

Ab型　7件。均属于AbⅥ次亚型。

标本2015GLGTG1④：9，原料为灰褐色辉绿岩砾石。器身稍扁薄，形状近椭圆形。一端稍宽，另一端略窄。加工方法为锤击法。沿砾石两侧下半部和稍宽端边缘多次单面剥片，在稍宽端边缘加工出一道弧凸状刃。刃缘整齐锋利，未经磨制。片疤多较小且浅平，部分片疤尾部折断形成陡坎。器身其余部位保留自然砾面。长7.8cm，宽3.8cm，厚1.2cm，重66g（图一五七，2；彩版四七，1）。

标本2015GLGTG1④：18，原料为灰褐色辉绿岩砾石。器身宽大且长，形状近椭圆形。一端稍宽，另一端略窄。加工方法为锤击法。沿砾石两侧和稍宽端边缘多次双面剥片，在稍宽端边缘加工出一道不甚整齐也不甚锋利的弧凸状刃，未经磨制。片疤多较大且浅平，部分片疤尾部折断形成陡坎；其中一面下半部的片疤，剥片多达到器身中轴线附近。器身其余部位保留自然砾面。长21.2cm，宽8.6cm，厚3.0cm，重752g（图一五七，4；彩版四七，2）。

标本2015GLGTG2③：2，原料为灰褐色辉绿岩砾石。器身厚重，形状近椭圆形。一端稍宽，另一端略窄。加工方法为锤击法。沿器身略窄端边缘多次双面剥片，加工出一道斜弧刃。刃缘整齐锋利，未经磨制。片疤多较大且浅平。稍宽端一侧有一近椭圆状的细麻点状疤痕，应是之前作为砸击石锤使用留下的痕迹。器身其余部位保留自然砾面。长 16.7cm，宽 7.8cm，厚 5.0cm，重 757g（图一五八，1）。

标本 2015GLGTG1④：7，原料为灰褐色辉绿岩砾石。器身稍扁薄，形状近椭圆形。一端略窄，另一端稍宽。加工方法为锤击法。沿器身一侧上半部边缘多次双面剥片，下半部则略经单面剥片。略窄端边缘经过多次双面剥片，加工出一道弧凸状刃。刃缘整齐锋利，未经磨制。片疤多较小且浅平，部分片疤尾部折断形成陡坎。器身其余部位保留自然砾面。长 10.5cm，宽 4.6cm，厚 1.5cm，重 117g（图一五八，2）。

标本 2015GLGTG1④：16，原料为灰褐色中砂岩砾石。器身扁薄，形状近椭圆形。一端略窄，另一端稍宽。加工方法为锤击法。加工集中于两端。沿略窄端边缘多次双面剥片，稍宽端边缘多次单面剥片，两端各加工出一道弧刃。刃缘整齐锋利，未经磨制。片疤多较小且浅平。器身其余部位保留自然砾面。长 7.4cm，宽 3.8cm，厚 0.7cm，重 37g（图一五八，3）。

标本 2015GLGTG1⑤：16，原料为灰褐色玄武岩砾石。器身扁薄，形状近椭圆形。一端较宽，

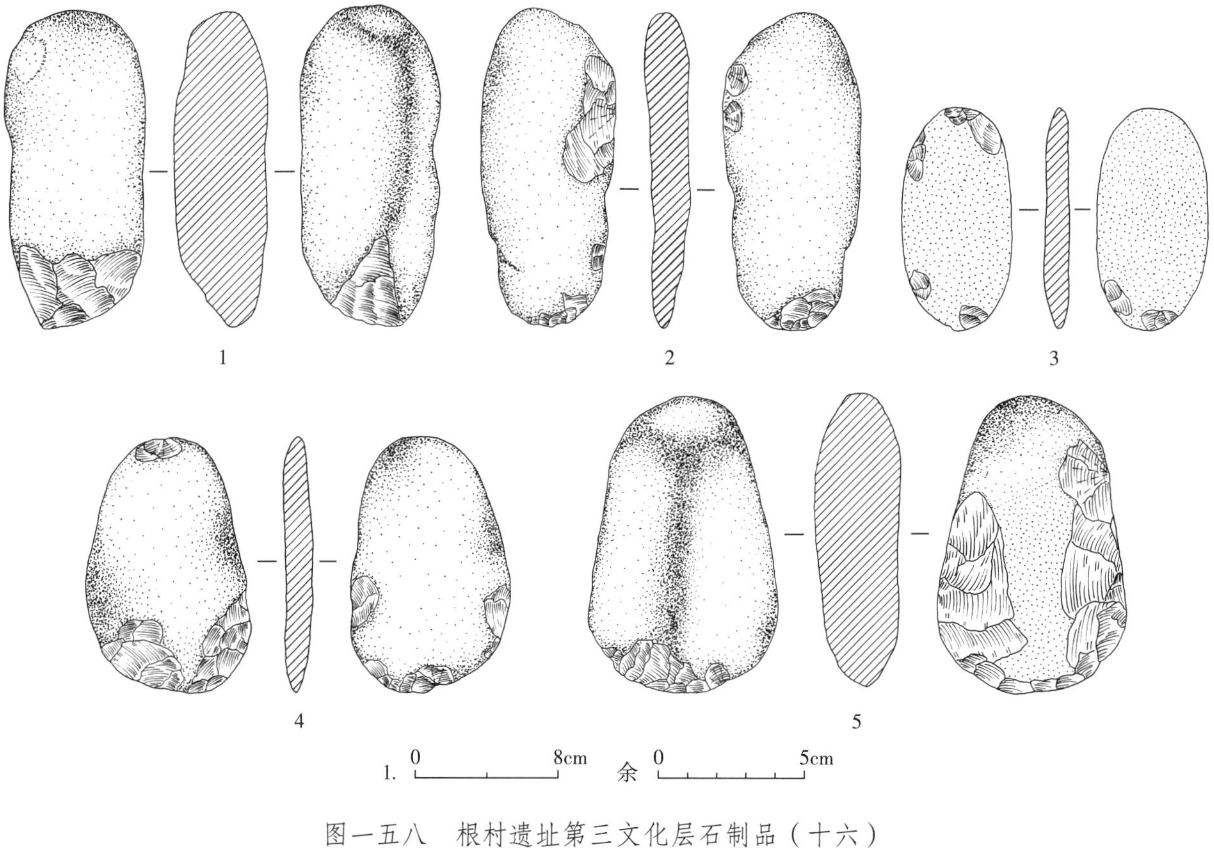

图一五八 根村遗址第三文化层石制品（十六）

1~5. AbⅥ型斧锛类毛坯（2015GLGTG2③：2、2015GLGTG1④：7、2015GLGTG1④：16、2015GLGTG1⑤：16、2015GLGTG2③：4）

另一端略窄。加工方法为锤击法。先在器身略窄端中部略经单面剥片，片疤较小且深凹；再在两侧下半部各剥出一个较小而深凹的片疤；最后沿较宽端边缘多次双面剥片，加工出一道弧刃。刃缘整齐锋利，未经磨制。片疤多较小且浅平。器身其余部位保留自然砾面。长 8.5cm，宽 5.6cm，厚 0.9cm，重 75g（图一五八，4）。

标本 2015GLGTG2 ③：4，原料为灰褐色辉绿岩砾石。器身较厚，形状近椭圆形。一端较宽，另一端略窄。加工方法为锤击法。沿器身一侧和另一侧下半部边缘多次单面剥片；再沿稍宽端边缘多次双面剥片，加工出一道弧刃。刃缘整齐但较钝厚，未经磨制。片疤多较大且浅平，部分片疤尾部折断形成陡坎。器身其余部位保留自然砾面。长 9.8cm，宽 6.4cm，厚 2.9cm，重 253g（图一五八，5）。

第二类　残件。2 件。分别属于 A 型和 D 型。

A 型　1 件。属于 Ah 亚型。

标本 2015GLGTG2 ③：24，原料为暗红褐色辉绿岩砾石。器身稍扁薄，形状不规则。一端稍宽，另一端较窄。加工方法为锤击法。器身一侧上半部折断一大块，应为打制不慎所致破裂。下半部边缘多次双面剥片，片疤多较小且浅平，未经磨制。器身其余部位保留自然砾面。残长 9.5cm，宽 4.9cm，厚 1.0cm，重 66g（图一五九，1）。

D 型　1 件。属于 Da 亚型。

标本 2015GLGTG1 ⑤：21，原料为灰褐色辉绿岩砾石。器身扁薄，形状近三角形。一端略窄；另一端稍宽，为不甚规整的断裂面。两侧经多次双面剥片，一面片疤较小且浅平，另一面片疤较

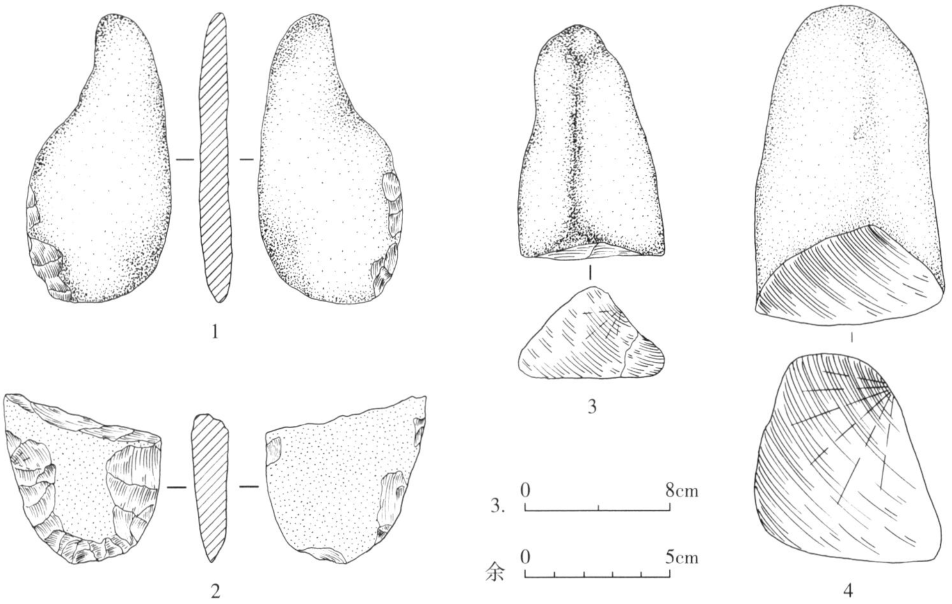

图一五九　根村遗址第三文化层石制品（十七）

1. Ah 型斧锛类毛坯残件（2015GLGTG2 ③：24）　2. Da 型斧锛类毛坯残件（2015GLGTG1 ⑤：21）
3、4. Aa Ⅰ型研磨器毛坯（2015GLGTG1 ④：22、2015GLGTG1 ⑤：9）

大且深凹。略窄端边缘经多次单面剥片，打制出一道弧凸状刃。刃缘整齐锋利。通体未经磨制。器身其余部位保留自然砾面。残长 5.0cm，宽 5.5cm，厚 1.2cm，重 47g（图一五九，2）。

研磨器 13 件。均为毛坯。制作原料仅见砾石一种。岩性仅见辉绿岩一种。加工简单，利用较长的砾石截取一段作为器身，部分直接利用截断面为研磨面，部分对研磨面略微修整。器身形状有三角柱状、方柱状、扁柱状和椭圆柱状四种。其中三角柱状 3 件，占该文化层出土研磨器总数的 23.08%；方柱状、扁柱状各 5 件，各占该文化层出土研磨器总数的 38.46%。器身长度最大值 12.9cm，最小值 7.0cm；宽度最大值 8.1cm，最小值 5.0cm；厚度最大值 6.4cm，最小值 2.8cm；重量最大值 664g，最小值 229g。均为 A 型，分别属于 Aa 亚型中的 AaⅠ、AaⅡ、AaⅢ次亚型。

AaⅠ型 3 件。

标本 2015GLGTG1④：22，原料为灰褐色辉绿岩砾石。器身较长较厚，形状近三角柱状。一面较平，另一面凸起。一端较宽，另一端较窄。加工集中于较宽端。以凸起面一侧为台面，将砾石从中部截断并选取一段作为器身，将断裂面作为研磨面。研磨面近三角形，较平整，打击点清楚，放射线不明显，未经磨制。器身其余部位保留自然砾面。长 12.5cm，宽 7.9cm，厚 5.0cm，重 539g（图一五九，3）。

标本 2015GLGTG1⑤：9，原料为灰褐色辉绿岩砾石。器身较短，较厚，形状近三角柱状。一面较平，另一面凸起。一端稍宽，另一端略窄。加工集中于稍宽端。以较平面为台面，将砾石从中部截断并选取一段作为器身，将断裂面作为研磨面。研磨面近梯形，不甚平整，打击点和放射线都较清楚，未经磨制。器身其余部位保留自然砾面。长 10.5cm，宽 6.7cm，厚 6.4cm，重 610g（图一五九，4）。

AaⅡ型 5 件。

标本 2015GLGTG1④：17，原料为灰褐色辉绿岩砾石。器身较长，稍厚，形状近方柱状。两面均较平。一端稍宽，另一端略窄。加工集中于稍宽端。以一面为台面，将砾石从中部截断并选取一段作为器身，将断裂面作为研磨面。研磨面近梯形，较平整，打击点和放射线均不甚清楚，未经磨制。器身其余部位保留自然砾面。长 10.5cm，宽 5.3cm，厚 3.6cm，重 442g（图一六〇，1；彩版四七，3）。

标本 2015GLGTG1④：28，原料为灰褐色辉绿岩砾石。器身较长，稍厚，形状近方柱状。一面较平，另一面微凸。一端稍宽，另一端略窄。加工集中于两端。先以微凸面为台面，将砾石从中部截断并选取一段作为器身，将断裂面作为研磨面。研磨面近四边形，较平整，打击点清楚，放射线不甚明显，未经磨制。略窄端一侧有几个较小而浅平的片疤，应为修整把端留下的痕迹。器身其余部位保留自然砾面。长 11.1cm，宽 5.2cm，厚 4.3cm，重 401g（图一六〇，2）。

AaⅢ型 5 件。

标本 2015GLGTG1④：13，原料为灰褐色辉绿岩砾石。器身较长，稍厚，形状近扁柱状。一面微凸，另一面凹凸不平。一端较宽，另一端略窄。加工集中于较宽端。以微凸面为台面，将砾

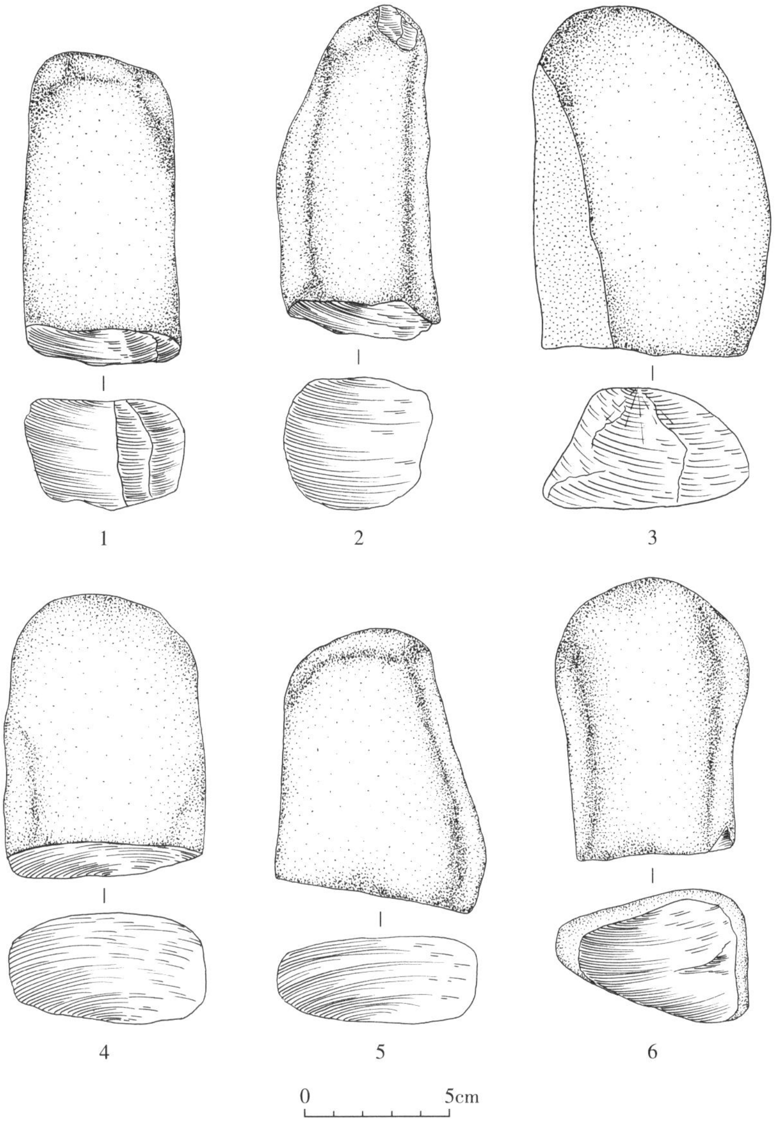

图一六〇　根村遗址第三文化层石制品（十八）

1、2. AaⅡ型研磨器毛坯（2015GLGTG1④：17、2015GLGTG1④：28）　3~6. AaⅢ型研磨器毛坯（2015GLGTG1④：13、2015GLGTG1④：29、2015GLGTG1④：31、2015GLGTG1⑤：33）

石从中部截断并选取一段作为器身，将断裂面作为研磨面。研磨面近梯形，较平整，打击点和放射线都较清楚，未经磨制。器身其余部位保留自然砾面。长11.3cm，宽8.1cm，厚4.0cm，重649g（图一六〇，3）。

标本2015GLGTG1④：29，原料为灰褐色辉绿岩砾石。器身稍薄，形状近扁柱状。一面较平，另一面微凸。一端稍宽，另一端略窄。加工集中于稍宽端。以较平面为台面，将砾石从中部截断并选取一段作为器身，将断裂面作为研磨面。研磨面近梯形，较平整，打击点和放射线均不甚清楚，未经磨制。器身其余部位保留自然砾面。长9.3cm，宽6.7cm，厚3.7cm，重357g（图一六〇，4；

彩版四七，4）。

标本 2015GLGTG1 ④：31，原料为灰褐色辉绿岩砾石。器身稍薄，形状近扁柱状。两面均较平。一端较宽，另一端略窄。加工集中于较宽端。以一面为台面，将砾石从中部截断并选取一段作为器身，将断裂面作为研磨面。研磨面近梯形，较平整，打击点和放射线均不甚清楚，未经磨制。器身其余部位保留自然砾面。长 8.8cm，宽 7.2cm，厚 2.8cm，重 334g（图一六〇，5）。

标本 2015GLGTG1 ⑤：33，原料为灰褐色辉绿岩砾石。器身稍薄，形状近扁柱状。一面较平，另一面凹凸不平。一端较宽，另一端略窄。加工集中于略窄端。以较平面为台面，将砾石从中部截断并选取一段作为器身，将断裂面作为研磨面。研磨面近三角形，凹凸不平，尾部折断形成陡坎；打击点和放射线均不甚清楚，未经磨制。器身其余部位保留自然砾面。长 9.1cm，宽 6.7cm，厚 4.4cm，重 328g（图一六〇，6）。

（四）第四文化层文化遗物

均为石制品。74 件。包括加工工具、打制石制品和磨制石制品三大类。其中加工工具 6 件，占该文化层出土石制品总数的 8.11%；打制石制品 28 件，占该文化层出土石制品总数的 37.84%；磨制石制品 40 件，占该文化层出土石制品总数的 54.05%。

1. 加工工具

6 件。包括石锤和石砧两大类。其中石锤 5 件，占该文化层出土加工工具总数的 83.33%；石砧 1 件，占该文化层出土加工工具总数的 16.67%。

石锤　5 件。原料均为砾石。岩性有辉绿岩、硅质岩和细砂岩三种。其中辉绿岩 3 件，占该文化层出土石锤总数的 60%；硅质岩和细砂岩各 1 件，各占该文化层出土石锤总数的 20%。形状有方柱状、扁柱状和椭圆柱状三种。其中方柱状和椭圆柱状各 1 件，各占该文化层出土石锤总数的 20%；扁柱状 3 件，占该文化层出土石锤总数的 60%。器身长度最大值 15.7cm，最小值 9.9cm；宽度最大值 11.7cm，最小值 6.0cm；厚度最大值 7.5cm，最小值 2.8cm；重量最大值 1419g，最小值 226g。分别属于 B 型中的 Ba、Bb、Bc 亚型。

Ba 型　2 件。均属于 BaⅢ次亚型。

标本 2015GLGTG2 ④：68，原料为黄褐色硅质岩砾石。器身稍薄，形状近扁柱状。一面较平，另一面凸起。一端较宽，另一端较窄。使用痕迹集中于较长侧。长侧边中部至较宽端的边缘有一呈条状分布的麻点状砸击疤痕，中部痕迹较明显，疤痕两侧可见较多较小的崩疤，部分崩疤尾部折断形成陡坎。器身其余部位保留自然砾面。长 9.9cm，宽 6.2cm，厚 2.8cm，重 226g（图一六一，1）。

标本 2015GLGTG2 ④：2，原料为灰褐色辉绿岩砾石。器身稍厚重，形状近扁柱状。一面凹凸不平，另一面凸起。一端较宽，另一端略窄。使用痕迹集中于短侧边，该边中部至近端处为一呈条带状的麻点状砸击疤痕。器身其余部位保留自然砾面。长 15.7cm，宽 11.7cm，厚 6.5cm，重

1419g（图一六一，2；彩版四七，5）。

Bb型　2件。分别属于BbⅢ次亚型和BbⅤ次亚型。

BbⅢ型　1件。

标本2015GLGTG2④：6，原料为灰褐色辉绿岩砾石。器身稍厚重，形状近扁柱状。一面较平，另一面凸起。一端稍宽，另一端略窄。使用痕迹集中于两侧边。两侧边均有呈条带状分布的麻点状砸击疤痕；短侧边疤痕接稍宽端棱角处有一较小而深凹的崩疤，崩疤尾部折断形成陡坎。器身其余部位保留自然砾面。长13.5cm，宽6.7cm，厚7.5cm，重782g（图一六一，3；彩版四七，6）。

BbⅤ型　1件。

标本2015GLGTG2④：69，原料为灰褐色细砂岩砾石。器身稍扁，形状近椭圆柱状。一面较平，另一面凸起。一端稍宽扁，另一端略窄厚。使用痕迹集中于两面。较平面中轴线上连续分布有五个圆窝状砸击疤痕，部分疤痕相互叠压，两端的两个疤痕最深、最明显。较平面一侧中部还有三个连续分布的椭圆形砸击疤痕，另一侧近宽扁端也有一椭圆形砸击疤痕。凸起面中部至近窄厚端有一呈条带状的麻点状疤痕。凸起面一侧近宽扁端有一椭圆形的砸击疤痕，疤痕一侧局部分散有

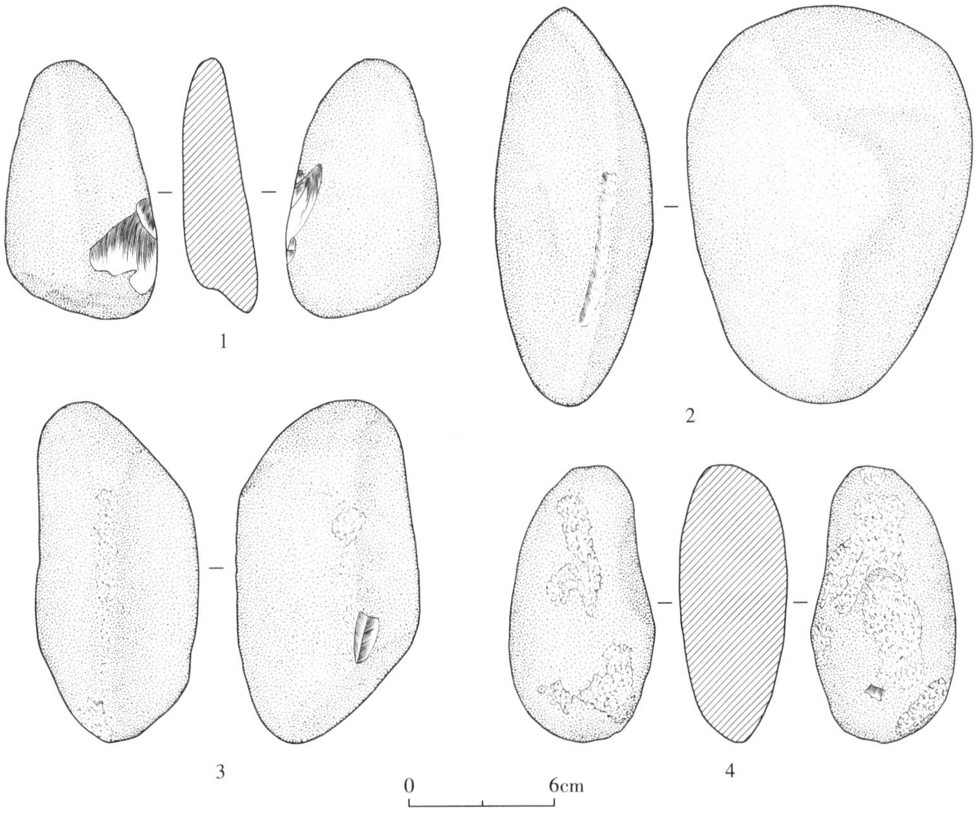

图一六一　根村遗址第四文化层石制品（一）

1、2. BaⅢ型石锤（2015GLGTG2④：68、2015GLGTG2④：2）　3. BbⅢ型石锤（2015GLGTG2④：6）
4. BbⅤ型石锤（2015GLGTG2④：69）

米粒状的砸击疤痕。窄厚端端面有一花生状砸击坑疤。器身其余部位保留自然砾面。长 11.0cm，宽 6.0cm，厚 4.4cm，重 372g（图一六一，4）。

Bc 型　1 件。属于 BcⅡ次亚型。

标本 2015GLGTG1⑥：1，原料为灰褐色辉绿岩砾石。器身厚重，形状近方柱状。一面微凸，另一面凸起。一端较宽，另一端略窄。使用痕迹集中于两侧和两面。长侧边和短侧边中部至略窄端边缘均有呈条带状分布的麻点状砸击疤痕，长侧边疤痕中部痕迹较明显。微凸面近略窄端处和凸起面近略窄端处均有麻点状的砸击疤痕，前者近四边形，后者近梯形。器身其余部位保留自然砾面。长 15.2cm，宽 8.6cm，厚 5.5cm，重 942g（图一六二，1）。

石砧　1 件。属于 B 型中的 BaⅦ次亚型。

标本 2015GLGTG2④：70，原料为灰褐色细砂岩砾石。形状近长条形。两面均凸起。一端稍宽，另一端略窄。使用痕迹集中于两面。其中一面中部至稍宽端有一形状不规则的坑疤面，另一面近略窄端也有一略小的坑疤面。器身其余部位保留自然砾面。长 13.1cm，宽 3.4cm，厚 3.1cm，重 208g（图一六二，2；彩版四八，1）。

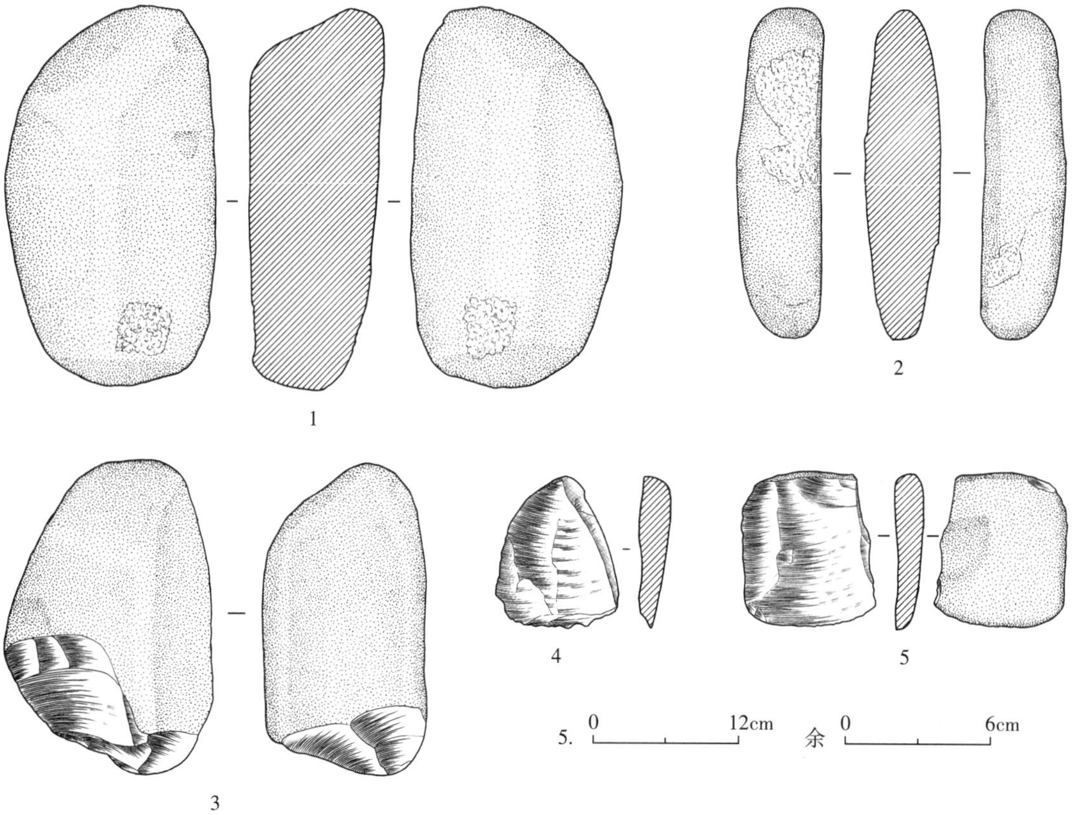

图一六二　根村遗址第四文化层石制品（二）

1. BcⅡ型石锤（2015GLGTG1⑥：1）　2. BaⅦ型石砧（2015GLGTG2④：70）　3. Ci 型石核（2015GLGTG2④：3）
4. AaⅠ型石片（2015GLGTG1⑥：35）　5. AaⅡ型石片（2015GLGTG2④：24）

2. 打制石制品

28 件。包括石核、石片、砍砸器、刮削器和尖状器五大类型。其中石核和尖状器各 1 件，各占该文化层出土打制石制品总数的 3.57%；石片 20 件，占该文化层出土打制石制品总数的 71.43%；砍砸器 4 件，占该文化层出土打制石制品总数的 14.29%；刮削器 2 件，占该文化层出土打制石制品总数的 7.14%。

石核　1 件。属于 Ci 亚型。

标本 2015GLGTG2 ④：3，原料为灰褐色辉绿岩砾石。器身形状不规则。加工集中于一端，打击台面多样，既有以一端、一侧、一面为台面的，也有以几个片疤面交汇点为台面的；既有自然台面，也有人工台面。人工台面为素台面。单面剥片，片疤多较小且浅平，部分片疤尾部折断形成陡坎。器身大部分保留自然砾面，表明石核的利用率不高。长 12.5cm，宽 8.6cm，厚 6.7cm，重 905g（图一六二，3；彩版四八，2）。

石片　20 件。岩性仅见辉绿岩一种。打击台面几乎全部是自然台面。人工台面仅 2 件，占该文化层出土石片总数的 10%。打击点大多数比较清楚，但有打击疤痕的不多。半锥体不明显的 18 件，占该文化层出土石片总数的 90%；半锥体凸出的 2 件，占该文化层出土石片总数的 10%。除线状台面石片外，其他标本的石片角大多在 90° 以上，以 110° 左右的居多。宽大于长者 3 件，占该文化层出土石片总数的 15%。多数石片的背面或多或少保留有自然砾面，即使极少数全是片疤的，在台面或侧缘也仍见有自然砾面。背面片疤的剥片方向与石片同向同源。大多数石片具有锋利的边缘，未发现使用痕迹。所有石片都具有锋利的棱角，无明显冲磨痕迹。打片均为硬锤打击。器身形状有三角形、四边形、梯形、半圆形、椭圆形、扇贝形、长条形和不规则形八种。其中三角形、半圆形和长条形各 1 件，各占该文化层出土石片总数的 5%；四边形、梯形和椭圆形各 4 件，各占该文化层出土石片总数的 20%；扇贝形 2 件，占该文化层出土石片总数的 10%；不规则形 3 件，占该文化层出土石片总数的 15%。器身长度最大值 18.0cm，最小值 6.0cm；宽度最大值 11.6cm，最小值 3.6cm；厚度最大值 3.9cm，最小值 1.1cm；重量最大值 986g，最小值 28g。均为 A 型，分别属于 Aa、Ab、Ac、Ae 亚型。

Aa 型　15 件。分别属于 AaⅠ、AaⅡ、AaⅢ、AaⅤ、AaⅥ、AaⅦ、AaⅧ、AaⅪ次亚型。

AaⅠ型　1 件。

标本 2015GLGTG1 ⑥：35，原料为灰褐色辉绿岩砾石。器身窄小，形状近三角形。打击台面为自然台面。打击点宽大，半锥体不显，放射线和同心波纹均不明显。器身左侧和远端边缘锋利。右侧折断了一大块，边缘钝厚。背面完全保留自然砾面。长 6.0cm，宽 5.0cm，厚 1.3cm，重 52g（图一六二，4）。

AaⅡ型　3 件。

标本 2015GLGTG2 ④：24，原料为灰褐色辉绿岩砾石。器身宽大，形状近四边形。打击台面为自然台面。打击点宽大，半锥体不显，放射线和同心波纹均不明显。器身左侧边缘锋利。器身右侧上半部折断了一大块，边缘钝厚，下半部边缘锋利。远端保留自然砾面，边缘钝厚。背面完全保留自然砾面。长 12.6cm，宽 10.8cm，厚 2.4cm，重 440g（图一六二，5；彩版四八，3）。

标本 2015GLGTG2④：31，原料为灰褐色辉绿岩砾石。器身形状近四边形。打击台面为自然台面。打击点宽大，半锥体不显，放射线和同心波纹均不明显。器身左侧折断一大块，边缘钝厚。器身右侧和远端边缘锋利。背面完全保留自然砾面。长 8.5cm，宽 5.4cm，厚 1.8cm，重 102g（图一六三，1）。

标本 2015GLGTG2④：33，原料为灰褐色辉绿岩砾石。器身形状近四边形。打击台面为自然台面。打击点宽大，半锥体凸出，有一个较小而深凹的锥疤，放射线清楚，同心波纹不明显。器身左侧保留自然砾面，边缘钝厚。右侧和远端右侧边缘锋利。远端左侧折断了一小块，边缘钝厚。背面完全保留自然砾面。长 9.8cm，宽 6.1cm，厚 2.5cm，重 204g（图一六三，2；彩版四八，4）。

AaⅢ型　1 件。

标本 2015GLGTG1⑥：11，原料为灰褐色辉绿岩砾石。器身扁薄，形状近梯形。打击台面为自然台面。打击点宽大，半锥体不显，放射线和同心波纹均不明显。器身左右两侧和远端边缘锋利。背面完全保留自然砾面。长 9.0cm，宽 10.5cm，厚 2.4cm，重 216g（图一六三，3）。

AaⅤ型　1 件。

标本 2015GLGTG1⑥：33，原料为灰褐色辉绿岩砾石。器身形状近半圆形。打击台面为自然

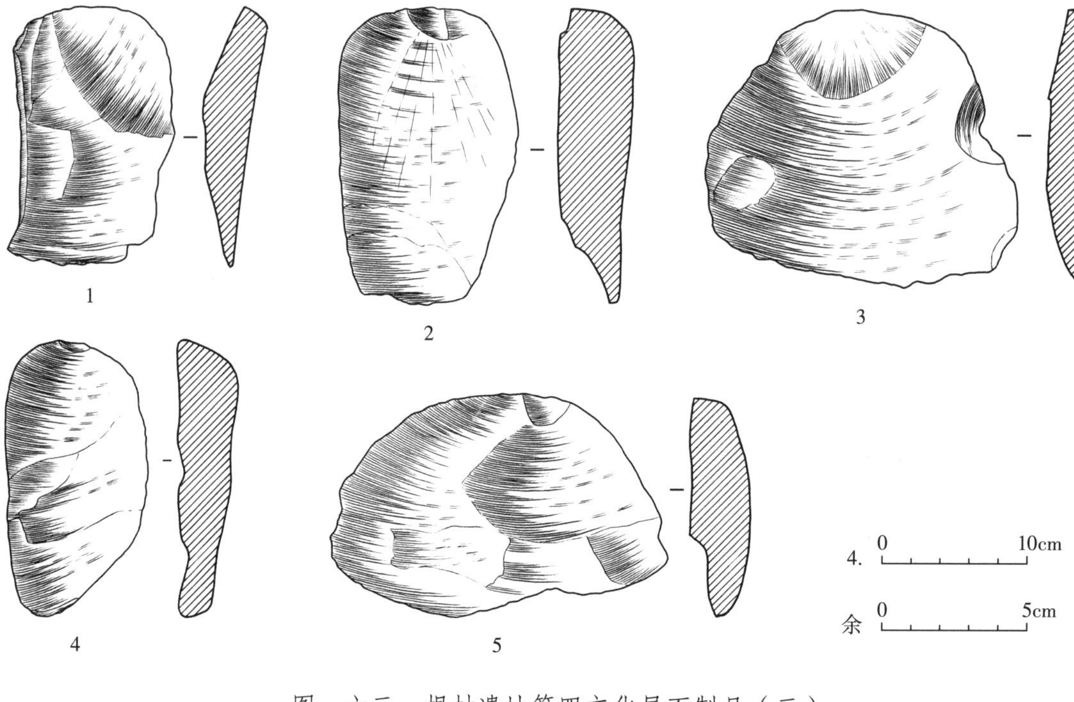

图一六三　根村遗址第四文化层石制品（三）

1、2. AaⅡ型石片（2015GLGTG2④：31、2015GLGTG2④：33）　3. AaⅢ型石片（2015GLGTG1⑥：11）　4. AaⅥ型石片（2015GLGTG2④：22）　5. AaⅤ型石片（2015GLGTG1⑥：33）

台面。打击点宽大，半锥体不显，放射线和同心波纹均不明显。器身左右两侧和远端边缘锋利。背面完全保留自然砾面。长 7.2cm，宽 11.6cm，厚 2.0cm，重 199g（图一六三，5）。

AaⅥ型　4 件。

标本 2015GLGTG2④：22，原料为灰褐色辉绿岩砾石。器身厚重，形状近椭圆形。打击台面为自然台面。打击点宽大，半锥体不显，放射线不清楚，同心波纹微显。器身左右两侧和远端边缘钝厚，保留自然砾面。背面完全保留自然砾面。长 18.0cm，宽 9.6cm，厚 3.9cm，重 986g（图一六三，4）。

标本 2015GLGTG2④：29，原料为灰褐色辉绿岩砾石。器身形状近椭圆形。打击台面为自然台面。打击点宽大，半锥体不显，放射线和同心波纹均不明显。器身左侧边缘锋利。器身右侧和远端边缘钝厚，保留自然砾面。背面完全保留自然砾面。长 9.8cm，宽 6.2cm，厚 1.9cm，重 195g（图一六四，1）。

标本 2015GLGTG2④：25，原料为灰褐色辉绿岩砾石。器身形状近椭圆形。打击台面为自然台面。打击点宽大，半锥体不显，放射线和同心波纹均不明显。器身左侧上半部、右侧和远端边缘锋利。器身左侧下半部折断一小块，边缘钝厚。背面完全保留自然砾面。长 9.0cm，宽 7.1cm，厚 3.1cm，重 215g（图一六四，2）。

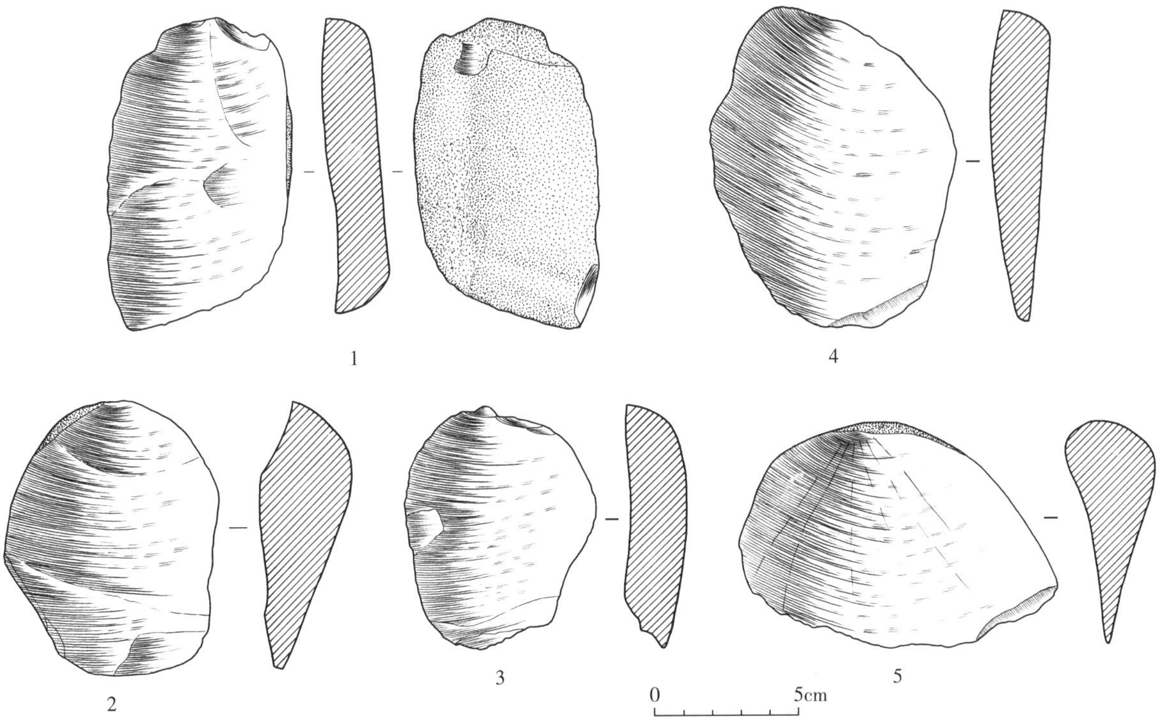

图一六四　根村遗址第四文化层石制品（四）

1~3. AaⅥ型石片（2015GLGTG2④：29、2015GLGTG2④：25、2015GLGTG2④：35）　4、5. AaⅦ型石片（2015GLGTG2④：23、2015GLGTG2④：28）

标本 2015GLGTG2 ④：35，原料为灰褐色辉绿岩砾石。器身形状近椭圆形。打击台面为自然台面。打击点宽大，半锥体不显，放射线和同心波纹均不明显。器身左右两侧边缘锋利。远端折断一小块，边缘钝厚。背面完全保留自然砾面。长 8.0cm，宽 6.5cm，厚 1.9cm，重 113g（图一六四，3）。

AaⅦ型 2 件。

标本 2015GLGTG2 ④：23，原料为灰褐色辉绿岩砾石。器身形状近扇贝形。打击台面为自然台面。打击点宽大，半锥体不显，放射线和同心波纹均不明显。器身左侧边缘锋利。器身右侧边缘钝厚，保留自然砾面。远端边缘略有折断，略显钝厚。背面完全保留自然砾面。长 10.3cm，宽 8.4cm，厚 2.0cm，重 197g（图一六四，4）。

标本 2015GLGTG2 ④：28，原料为灰褐色辉绿岩砾石。器身形状近扇贝形。打击台面为自然台面。打击点宽大，半锥体不显，放射线清楚，同心波纹微显。器身左侧和远端左侧边缘锋利。器身右侧边缘钝厚，保留自然砾面。远端右侧边缘略有折断，略显钝厚。背面完全保留自然砾面。长 7.5cm，宽 10.5cm，厚 3.1cm，重 223g（图一六四，5）。

AaⅧ型 1 件。

标本 2015GLGTG1 ⑥：18，原料为灰褐色辉绿岩砾石。器身形状近长条形。打击台面为自然台面。打击点宽大，半锥体不显，放射线不清楚，同心波纹微显。器身左右两侧边缘锋利。远端折断一小块，边缘钝厚。背面完全保留自然砾面。长 11.1cm，宽 4.9cm，厚 2.1cm，重 113g（图一六五，1）。

AaⅪ型 2 件。

标本 2015GLGTG1 ⑥：2，原料为灰褐色辉绿岩砾石。器身形状不规则。打击台面为自然台面。打击点宽大，半锥体不显，放射线和同心波纹均不明显。器身左侧下半部和右侧上半部边缘锋利。器身左侧上半部、右侧下半部和远端折断一小块，边缘钝厚。背面完全保留自然砾面。长 10.2cm，宽 8.0cm，厚 1.7cm，重 145g（图一六五，2）。

标本 2015GLGTG1 ⑥：34，原料为灰褐色辉绿岩砾石。器身扁薄，形状不规则。打击台面为自然台面，打击点宽大，半锥体不显，放射线不清楚，同心波纹微显。器身左右两侧边缘锋利。远端折断一小块，边缘钝厚。背面完全保留自然砾面。长 7.9cm，宽 7.0cm，厚 1.5cm，重 77g（图一六五，3）。

Ab 型 2 件。分别属于 AbⅡ次亚型和 AbⅢ次亚型。

AbⅡ型 1 件。

标本 2015GLGTG2 ④：32，原料为灰褐色辉绿岩砾石。器身形状近四边形。打击台面为自然台面。打击点宽大，半锥体凸出，有一个较小而深凹的锥疤，放射线不清楚，同心波纹微显。器身左侧边缘锋利。器身右侧边缘钝厚，保留自然砾面。远端折断一小块，边缘钝厚。背面近端处有一打击疤痕，片疤打击方向与石片的打击方向相同。器身其余部分保留自然砾面。长 9.2cm，

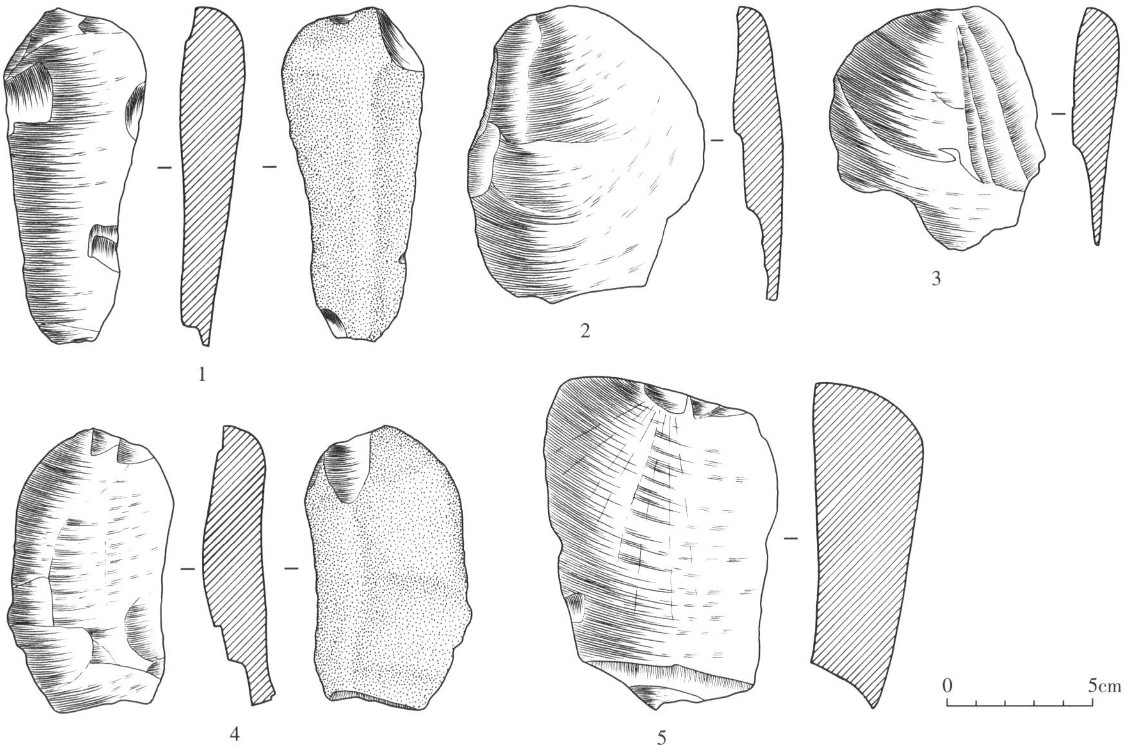

图一六五　根村遗址第四文化层石制品（五）

1. AaⅧ型石片（2015GLGTG1⑥：18）　2、3. AaⅪ型石片（2015GLGTG1⑥：2、2015GLGTG1⑥：34）　4. AbⅡ型石片（2015GLGTG2④：32）　5. AbⅢ型石片（2015GLGTG1⑥：41）

宽5.3cm，厚2.0cm，重129g（图一六五，4；彩版四八，5）。

AbⅢ型　1件。

标本2015GLGTG1⑥：41，原料为灰褐色辉绿岩砾石。器身较厚，形状近梯形。打击台面为自然台面。打击点宽大，半锥体不显，放射线清楚，同心波纹微显。器身左右两侧边缘锋利。远端折断一大块，边缘钝厚。背面近端两侧各有一较小的打击疤痕，片疤打击方向与石片的打击方向相同。器身其余部分保留自然砾面。长10.7cm，宽7.9cm，厚3.7cm，重350g（图一六五，5）。

Ac型　1件。属于AcⅢ次亚型。

标本2015GLGTG2④：34，原料为灰褐色辉绿岩砾石。器身形状近梯形。打击台面为自然台面。打击点宽大，半锥体不显，放射线和同心波纹均不明显。器身左侧折断一大块，边缘钝厚。器身右侧边缘钝厚，保留自然砾面。远端边缘平直锋利。背面为一个较大而浅平的打击片疤，片疤打击方向与石片的打击方向相同。长9.4cm，宽4.8cm，厚2.6cm，重158g（图一六六，1；彩版四八，6）。

Ae型　2件。分别属于AeⅢ次亚型和AeⅪ次亚型。

AeⅢ型　1件。

标本 2015GLGTG2 ④：36，原料为灰褐色辉绿岩砾石。器身形状近梯形。打击台面为人工台面（片疤台面）。打击点宽大，半锥体不显，放射线和同心波纹均不明显。器身左右两侧边缘锋利。远端边缘钝厚，保留自然砾面。背面近端处有一较大而深凹的打击片疤，片疤打击方向与石片的打击方向相同。器身其余部分保留自然砾面。长 8.3cm，宽 5.4cm，厚 2.4cm，重 114g（图一六六，2；彩版四九，1）。

AeⅪ型　1 件。

标本 2015GLGTG2 ④：37，原料为灰褐色辉绿岩砾石。器身略扁薄而窄小，形状不规则。打击台面为人工台面（片疤台面）。打击点宽大，半锥体不显，放射线清楚，同心波纹微显。器身左侧折断一小块，边缘钝厚。器身右侧和远端边缘锋利。背面右侧有一个较大而浅平的打击片疤，片疤打击方向与石片的打击方向相同。器身其余部分保留自然砾面。长 6.5cm，宽 3.6cm，厚 1.1cm，

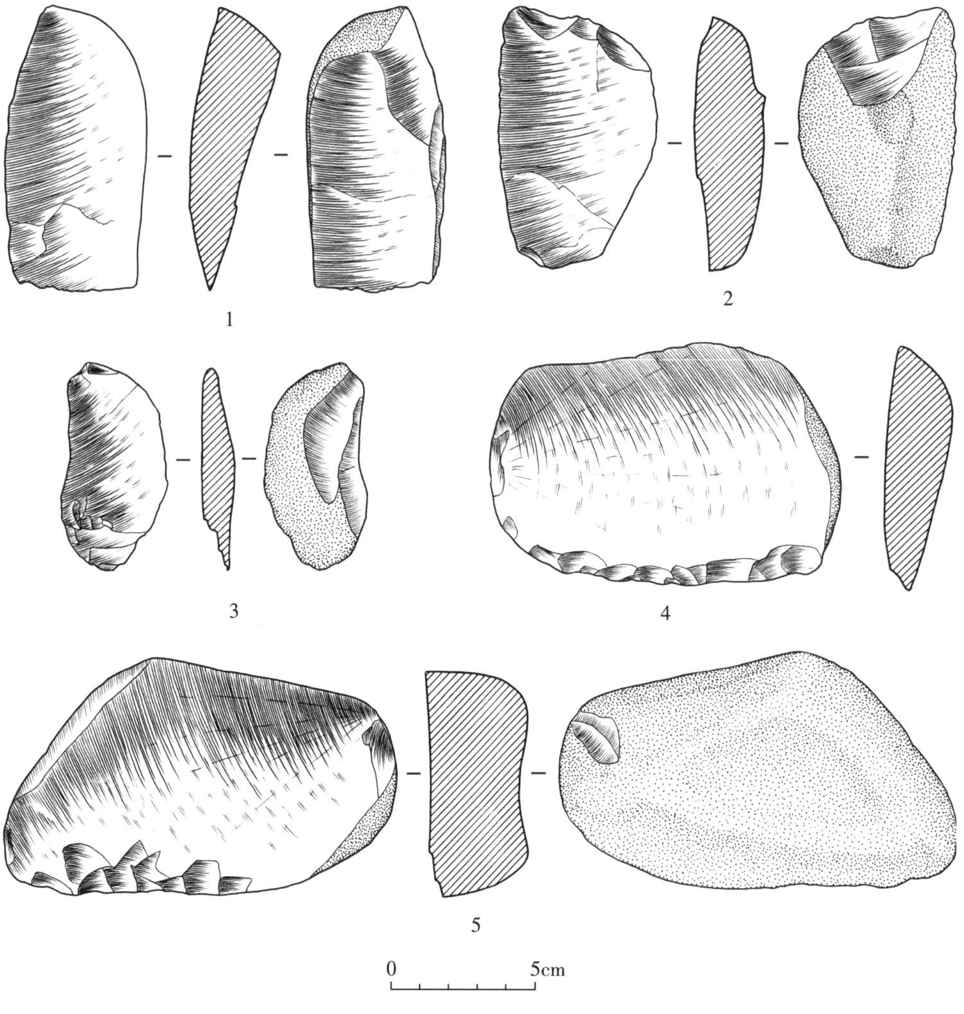

图一六六　根村遗址第四文化层石制品（六）

1. AcⅢ型石片（2015GLGTG2 ④：34）　2. AeⅢ型石片（2015GLGTG2 ④：36）　3. AeⅪ型石片（2015GLGTG2 ④：37）　4、5. AaⅡ型砍砸器（2015GLGTG2 ④：26、2015GLGTG1 ⑥：22）

重 28g（图一六六，3）。

砍砸器 4件。原料有岩块和石片两种。其中岩块1件，占该文化层出土砍砸器总数的25%；石片3件，占该文化层出土砍砸器总数的75%。岩性有辉绿岩和硅质灰岩两种。其中辉绿岩3件，占该文化层出土砍砸器总数的75%；硅质灰岩1件，占该文化层出土砍砸器总数的25%。加工方法仅见锤击法一种，均为单面加工。一般是由自然砾面向破裂面打击，以石片为原料者则通常由背面向腹面打击。加工较为简单，加工面多由一层或两层片疤组成。片疤多较小，均为长大于宽。把端不加修理，保留自然砾面。大部分标本的刃缘有不同程度的修整，未见使用痕迹。器身形状有四边形和梯形两种。其中四边形3件，占该文化层出土砍砸器总数的75%；梯形1件，占该文化层出土砍砸器总数的25%。器身长度最大值16.6cm，最小值12.0cm；宽度最大值8.4cm，最小值6.3cm；厚度最大值3.4cm，最小值1.8cm；重量最大值608g，最小值194g。分别属于A型和B型。

A型 3件。分别属于Aa亚型和Ab亚型。

Aa型 2件。属于AaⅡ次亚型。

标本2015GLGTG2④：26，原料为灰褐色辉绿岩石片。器身稍薄，形状近四边形。腹面较平，背面完全保留自然砾面。加工方法为锤击法。加工集中于左侧和远端。沿石片左侧至远端多次单面剥片，加工出一道锋利整齐的平直刃。未见使用痕迹。片疤多较小且浅平，打击方向由背面向腹面打击。长12.0cm，宽8.0cm，厚2.2cm，重332g（图一六六，4）。

标本2015GLGTG1⑥：22，原料为灰褐色辉绿岩石片。器身较厚，形状近四边形。腹面较平，左侧下半部折断一小块，为破裂面。背面近端右侧有一较小而深凹的近三角形片疤，其余部分保留自然砾面。加工方法为锤击法。加工集中于右侧和远端。沿右侧下半部至远端多次单面剥片，加工出一道锋利整齐的平直刃。未见使用痕迹。远端略经剥片，修理出一个舌尖。片疤多较小且浅平，部分片疤尾部折断形成陡坎。片疤打击方向由背面向腹面打击。长13.3cm，宽7.7cm，厚3.4cm，重608g（图一六六，5；彩版四九，2）。

Ab型 1件。属于AbⅡ次亚型。

标本2015GLGTG1⑥：39，原料为灰白色硅质灰岩岩块。器身扁薄，形状近四边形。一面较平，另一面微凸。一侧弧凸；另一侧略直，为断裂面。两端均为断裂面。加工方法为锤击法。加工集中于弧凸侧。沿弧凸侧多次双面剥片，加工出一道整齐的弧刃，刃缘略钝。片疤多较小且浅平，部分片疤尾部折断形成陡坎。片疤打击方向由微凸面向较平面打击。长12.2cm，宽6.3cm，厚1.8cm，重194g（图一六七，1；彩版四九，3）。

B型 1件。属于Bd亚型中的BdⅢ次亚型。

标本2015GLGTG2④：30，原料为灰褐色辉绿岩石片。器身稍厚，较长，形状近梯形。腹面较平；背面近端右侧有一较大而浅平的片疤，其余部分保留自然砾面。加工方法为锤击法。加工集中于石片两侧。沿两侧多次单面剥片，在左侧加工出一道整齐的凹刃，右侧加工出一道整齐的

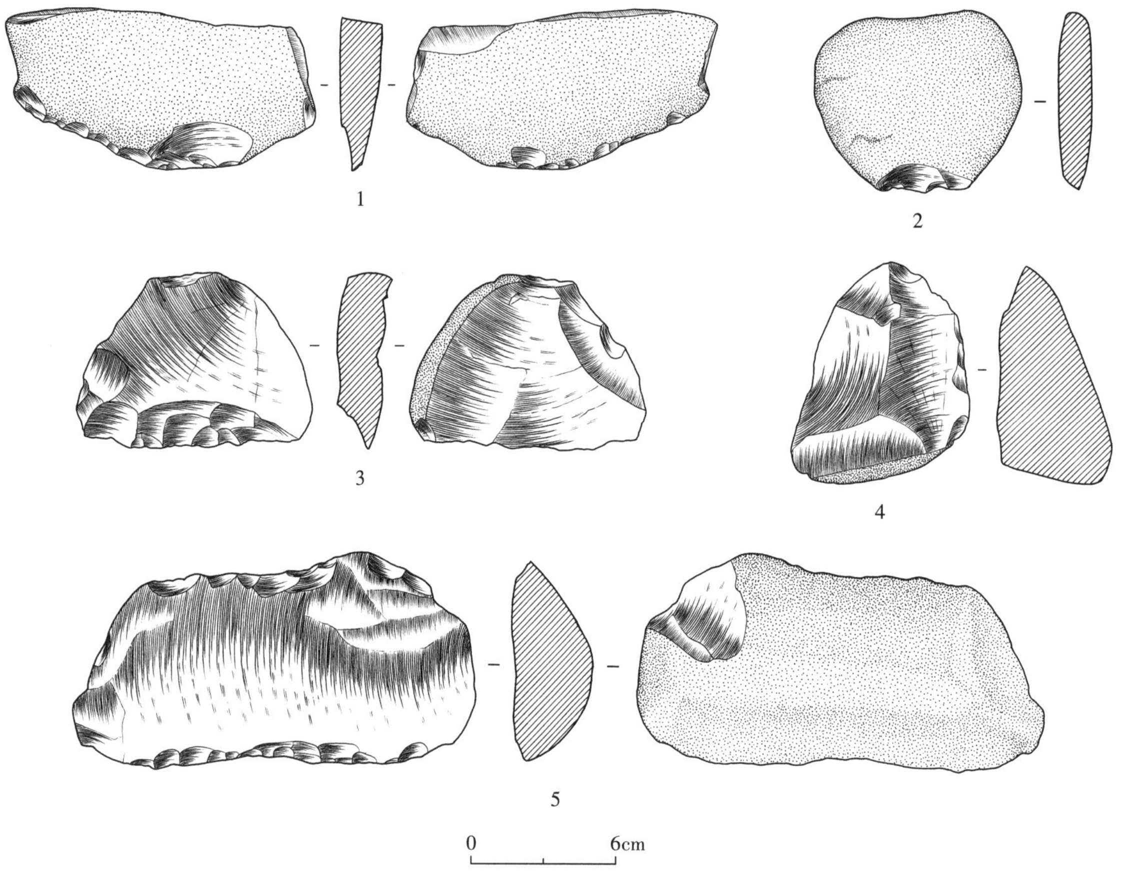

图一六七　根村遗址第四文化层石制品（七）

1. AbⅡ型砍砸器（2015GLGTG1⑥：39）　2. AaⅥ型刮削器（2015GLGTG2④：61）　3. AaⅠ型刮削器（2015GLGTG1⑥：21）　4. AcⅠ型尖状器（2015GLGTG2④：67）　5. BdⅢ型砍砸器（2015GLGTG2④：30）

直刃。两刃缘锋利，未见使用痕迹。片疤多较小且浅平，部分片疤尾部折断形成陡坎。片疤打击方向由背面向腹面打击。长 16.6cm，宽 8.4cm，厚 3.2cm，重 520g（图一六七，5；彩版四九，4）。

刮削器　2 件。原料有砾石和石片两种，每种各 1 件。岩性只有辉绿岩一种。加工方法仅见锤击法一种，单面加工。加工时由背面向腹面进行打击，加工部位位于器身一端。加工较为简单，加工仅限于边缘部分。片疤多较小且浅平。把端不加修理，保留自然砾面。刃缘有不同程度的修整，未见使用痕迹。形状有三角形和椭圆形两种，每种形状各 1 件。均为 A 型，分别属于 Aa 亚型中的 AaⅠ次亚型和 AaⅥ次亚型。

AaⅠ型　1 件。

标本 2015GLGTG1⑥：21，原料为灰褐色辉绿岩石片。器身较厚，形状近三角形。腹面较平，背面全是层叠的片疤面。石片左侧折断一小块，为断裂面；右侧保留自然砾面。加工方法为锤击法。加工集中于石片远端。沿远端多次单面剥片，加工出一条直刃。刃缘平直锋利，未见使用痕迹。片疤多较小且浅平，打击方向由背面向腹面打击。长 9.7cm，宽 7.0cm，厚 2.1cm，重 168g（图一六七，3；彩版四九，5）。

AaⅥ型　1件。

标本2015GLGTG2④：61，原料为灰褐色辉绿岩砾石。器身扁薄，形状近椭圆形。一面较平，另一面微凸。一侧较短，另一侧较长。加工方法为锤击法。加工集中于砾石较短侧。沿较短侧多次单面剥片，加工出一道直刃。刃缘平直锋利，未见使用痕迹。片疤多较小且浅平，打击方向由微凸面向较平面打击。器身其余部分保留自然砾面。长8.5cm，宽7.0cm，厚1.4cm，重146g（图一六七，2）。

尖状器　1件。属于A型中的AcⅠ次亚型。

标本2015GLGTG2④：67，原料为灰褐色辉绿岩石片。器身较厚，形状近三角形。腹面较平，背面完全保留自然砾面。加工方法为锤击法。沿石片左侧和远端右侧向该两侧交汇处多次单面剥片，加工出一个舌尖。尖部略经修整，未见使用痕迹。片疤多较小且浅平。长9.1cm，宽6.5cm，厚4.7cm，重279g（图一六七，4）。

3. 磨制石制品

40件。包括石锛、石凿、斧锛类半成品、斧锛类毛坯和研磨器五大类型。其中石锛和研磨器各5件，各占该文化层出土磨制石制品总数的12.50%；石凿2件，占该文化层出土磨制石制品总数的5.00%；斧锛类半成品9件，占该文化层出土磨制石制品总数的22.50%；斧锛类毛坯19件，占该文化层出土磨制石制品总数的47.50%。

石锛　5件。包括完整件和残件两大类型。其中完整件4件，占该文化层出土石锛总数的80%；残件1件，占该文化层出土石锛总数的20%。原料只见砾石一种。岩性有辉绿岩和玄武岩两种。其中辉绿岩2件，占该文化层出土石锛总数的40%；玄武岩3件，占该文化层出土石锛总数的60%。加工多集中于器身两端和两侧。磨制部位只见局部磨制一种，且均为磨制刃部。器身形状有三角形、四边形、梯形和长条形四种。其中三角形、四边形和长条形各1件，各占该文化层出土石锛总数的20%；梯形2件，占该文化层出土石锛总数的40%。器身长度最大值10.2cm，最小值4.9cm；宽度最大值4.9cm，最小值3.9cm；厚度最大值1.6cm，最小值1.0cm；重量最大值85g，最小值35g。

第一类　完整件。4件。分别属于A型和B型。

A型　3件。分别属于Aa亚型和Ab亚型。

Aa型　2件。分别属于AaⅠ次亚型和AaⅡ次亚型。

AaⅠ型　1件。

标本2015GLGTG1⑥：6，原料为灰褐色辉绿岩砾石。器身扁薄，形状近三角形。一端较宽，另一端较窄。器身两侧下半部近刃端处经过多次单面剥片，保留着部分打击疤痕；片疤多较小且浅平，未经磨制。较宽端两面均经过精心磨制，形成两道光滑刃面。其中一刃面较宽，向另一面倾斜；另一刃面略窄较平。两刃面交汇处磨制出一道整齐锋利的平直刃口。刃缘未见使用痕迹。

器身其余部位保留自然砾面。长 10.2cm，宽 4.9cm，厚 1.6cm，重 85g（图一六八，1）。

AaⅡ型　1 件。

标本 2015GLGTG2④：44，原料为灰褐色辉绿岩砾石。器身扁薄，形状近四边形。一端稍宽，另一端略窄。器身略窄端略经单面剥片。两侧未经剥片也未经磨制。稍宽端两面均经过精心磨制，形成两道光滑刃面。其中一刃面稍宽，向另一面倾斜；另一刃面略窄平。两刃面交汇处磨制出一道整齐锋利的斜直刃口。刃缘可见许多细小崩疤，这些崩疤应为使用痕迹。器身其余部位保留自然砾面。长 8.0cm，宽 4.4cm，厚 1.1cm，重 61g（图一六八，3；彩版四九，6）。

Ab 型　1 件。属于 AbⅦ次亚型。

标本 2015GLGTG1⑥：10，原料为深灰色玄武岩砾石。器身略扁薄，形状近长条形。一端略窄，另一端稍宽。器身稍宽端一侧剥出一个较小且浅平的片疤。两侧未经剥片也未经磨制。略窄端两面均经过精心磨制，形成两道光滑刃面。其中一道刃面较宽，向另一面倾斜；另一道刃面较窄平。两刃面交汇处磨制出一道整齐锋利的弧状刃口。刃缘一侧仍留有一个细小的片疤，未见使用痕迹。器身其余部位保留自然砾面。长 10.1cm，宽 3.9cm，厚 1.6cm，重 88g（图一六八，2）。

B 型　1 件。属于 Bb 亚型中的 BbⅢ次亚型。

标本 2015GLGTG2④：16，原料为深灰色玄武岩砾石。器身稍扁薄，形状近梯形。一端略宽，另一端稍窄。两侧均经多次单面剥片，片疤较小且浅平。一侧上半部略经磨制，有少量光滑磨面，

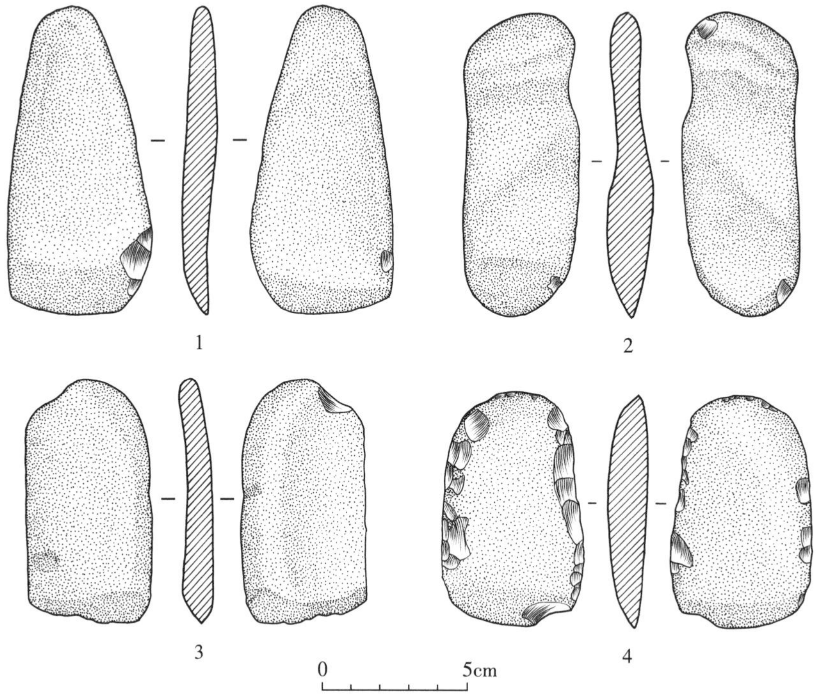

图一六八　根村遗址第四文化层石制品（八）

1. AaⅠ型石锛（2015GLGTG1⑥：6）　2. AbⅦ型石锛（2015GLGTG1⑥：10）　3. AaⅡ型石锛（2015GLGTG2④：44）　4. BbⅢ型石锛（2015GLGTG2④：16）

另一侧未经磨制。稍窄端两面均经较多磨制；其中一面已有较大范围向另一面倾斜的光滑刃面，但刃面两侧仍可见少量打击疤痕；另一面磨面较平。两刃面交汇处已大致磨制出一道整齐锋利的弧凸状刃口，但一侧仍留有一个稍大而浅平的片疤。刃缘未见使用痕迹。略宽端两面均经较多磨制，一面形成较大且倾斜的光滑刃面，另一面磨面较平。器身其余部位保留自然砾面。长 7.7cm，宽 4.8cm，厚 1.3cm，重 78g（图一六八，4；彩版五〇，1）。

第二类 残件。1 件。属于 B 型中的 Bc 亚型。

标本 2015GLGTG2④：42，原料为灰褐色玄武岩砾石。器身扁薄，形状近梯形。一端略窄；另一端稍宽，为较规整的断裂面。两侧近窄端处略经单面剥片；片疤较小且浅平，未经磨制。略窄端两面均经过精心磨制，一面形成较大且倾斜的光滑刃面，另一面狭窄且平整。两刃面交汇处磨制出一道整齐锋利的斜直刃口。刃缘未见使用痕迹。器身其余部位保留自然砾面。残长 4.9cm，宽 4.5cm，厚 1.0cm，重 35g（图一六九，1）。

石凿 2 件。均为毛坯。原料均为砾石。岩性有辉绿岩和玄武岩两种，每种岩性各 1 件。器身形状均为长条形。均为 A 型，分别属于 Aa 亚型和 Ab 亚型。

Aa 型 1 件。属于 AaⅦ次亚型。

标本 2015GLGTG2④：46，原料为暗红褐色辉绿岩砾石。器身较窄厚，形状近长条形。一端略窄，另一端稍宽。一面凹凸不平，另一面微凸。加工方法为锤击法。沿器身略窄端边缘多次单面剥片，加工出一道直刃。刃缘整齐锋利，未经磨制。片疤多较小且浅平，打击方向由微凸面向不平面打击。器身其余部位保留自然砾面。长 10.2cm，宽 3.8cm，厚 2.0cm，重 129g（图一六九，2；彩版五〇，2）。

Ab 型 1 件。属于 AbⅦ次亚型。

标本 2015GLGTG1⑥：13，原料为灰褐色玄武岩砾石。器身较窄厚，形状近长条形。一端稍宽，另一端略窄。一面凹凸不平，另一面微凸。加工方法为锤击法。沿器身两侧和稍宽端边缘多次单面剥片，在稍宽端边缘加工出一道弧刃。刃缘整齐但不锋利，未经磨制。打击方向由微凸面向凹凸面打击。片疤多较小且浅平，部分片疤尾部折断形成陡坎或阶梯状，未经磨制。器身其余部位保留自然砾面。长 11.8cm，宽 4.4cm，厚 2.2cm，重 145g（图一六九，3；彩版五〇，3）。

斧锛类半成品 9 件。包括完整件和残件两个类型。其中完整件 8 件，占该文化层出土斧锛类半成品总数的 88.89%；残件 1 件，占该文化层出土斧锛类半成品总数的 11.11%。原料仅见砾石一种。岩性有辉绿岩和玄武岩两种。其中辉绿岩 7 件，占该文化层出土斧锛类半成品总数的 77.78%；玄武岩 2 件，占该文化层出土斧锛类半成品总数的 22.22%。加工部位多在器身的两端或两侧。磨制部位只见局部磨制一种，且多为磨制刃部。器身形状有四边形、梯形和椭圆形三种。其中四边形 2 件，占该文化层出土斧锛类半成品总数的 22.23%；梯形 3 件，占该文化层出土斧锛类半成品总数的 33.33%；椭圆形 4 件，占该文化层出土斧锛类半成品总数的 44.44%。器身长度最大值 12.9cm，最小值 5.8cm；宽度最大值 6.3cm，最小值 3.9cm；厚度最大值 2.4cm，最小值

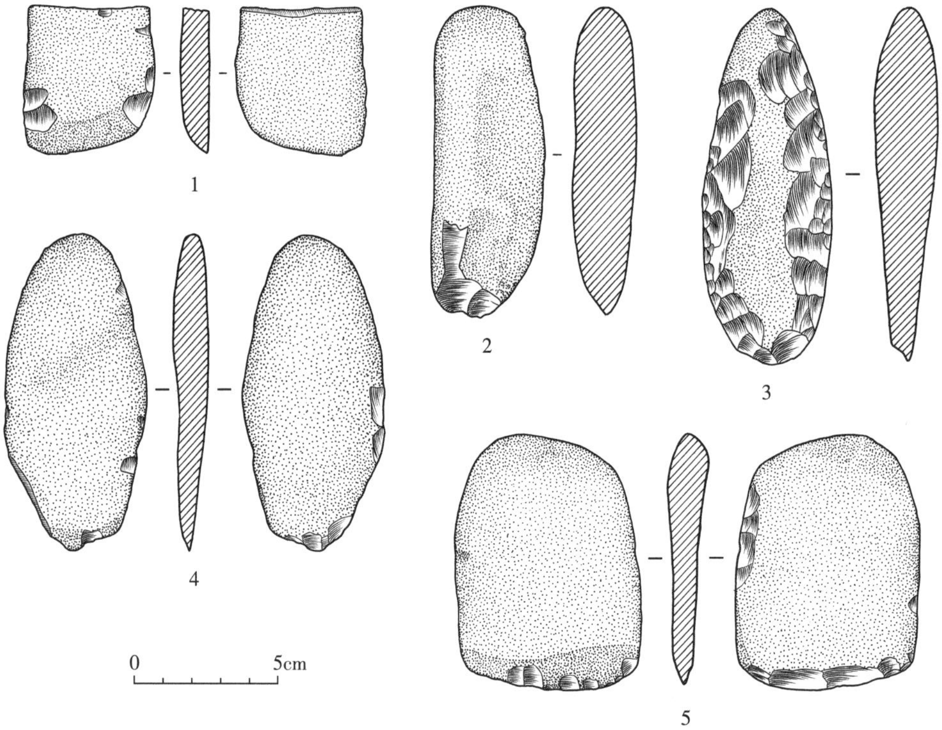

图一六九　根村遗址第四文化层石制品（九）

1. Bc 型石锛残件（2015GLGTG2 ④：42）　2. AaⅦ型石凿毛坯（2015GLGTG2 ④：46）　3. AbⅦ型石凿毛坯（2015GLGTG1 ⑥：13）　4. AaⅥ型斧锛类半成品（2015GLGTG2 ④：40）　5. AaⅡ型斧锛类半成品（2015GLGTG2 ④：14）

1.0cm；重量最大值 302g，最小值 34g。

第一类　完整件。8 件。均为 A 型，分别属于 Aa 亚型和 Ab 亚型。

Aa 型　2 件。分别属于 AaⅡ次亚型和 AaⅥ次亚型。

AaⅡ型　1 件。

标本 2015GLGTG2 ④：14，原料为灰褐色玄武岩砾石。器身宽大扁薄，形状近四边形。一端略宽，另一端稍窄。一侧上半部经多次单面剥片，片疤较小且浅平，未经磨制。另一侧未经打制，下半部略经磨制。略宽端边缘经过多次双面剥片，打制出一道整齐锋利的近斜直刃缘。略宽端一面经较多磨制，形成较大且倾斜的光滑刃面，但刃面前缘仍可见较多打击痕迹；另一面未经磨制，保留原有的打击疤痕。刃口尚未开始磨制。器身其余部位保留自然砾面。长 8.2cm，宽 6.3cm，厚 1.2cm，重 105g（图一六九，5；彩版五〇，4）。

AaⅥ型　1 件。

标本 2015GLGTG2 ④：40，原料为灰褐色辉绿岩砾石。器身扁薄，形状近椭圆形。一端略宽，另一端稍窄。两侧下半部经多次单面剥片并相向截掉一小块，片疤较小且浅平。一侧未经磨制，另一侧下半部侧缘略经磨制。略宽端边缘经过多次双面剥片，打制出一道整齐锋利的斜直刃缘。

略宽端一面略经磨制，已有一些光滑刃面；另一面未经磨制。两刃面交汇处保留原打制出的斜直刃缘。刃口尚未开始磨制。器身其余部位保留自然砾面。长 10.5cm，宽 4.9cm，厚 1.2cm，重 88g（图一六九，4）。

Ab 型　6 件。分别属于 AbⅢ次亚型和 AbⅥ次亚型。

AbⅢ型　3 件。

标本 2015GLGTG1 ⑥：42，原料为灰褐色辉绿岩砾石。器身形状近梯形。一端较宽，另一端较窄。两侧均经多次单面剥片，保留较密集的打击疤痕，片疤较小且浅平。一侧缘略经磨制，另一侧未经磨制。较宽端边缘经过多次单面剥片，打制出一道整齐锋利的弧凸状刃缘。较宽端一面经较多磨制，形成较大且倾斜的光滑刃面；另一面略经磨制，只有少量光滑刃面。两刃面交汇处一侧已磨制出整齐锋利的刃口，而另一侧则保留原打制的疤痕，刃口尚未最后磨制完成。器身其余部位保留自然砾面。长 9.2cm，宽 5.0cm，厚 2.0cm，重 137g（图一七〇，1；彩版五〇，5）。

标本 2015GLGTG1 ⑥：7，原料为灰褐色玄武岩砾石。器身扁薄，形状近梯形。一端较宽，另一端较窄。两侧边缘均经多次双面剥片，保留较密集的打击疤痕；其中一面疤痕较多，为主要加工面，另一面疤痕较少；片疤较小且浅平。两侧缘均略经磨制。较宽端经过多次单面剥片，打

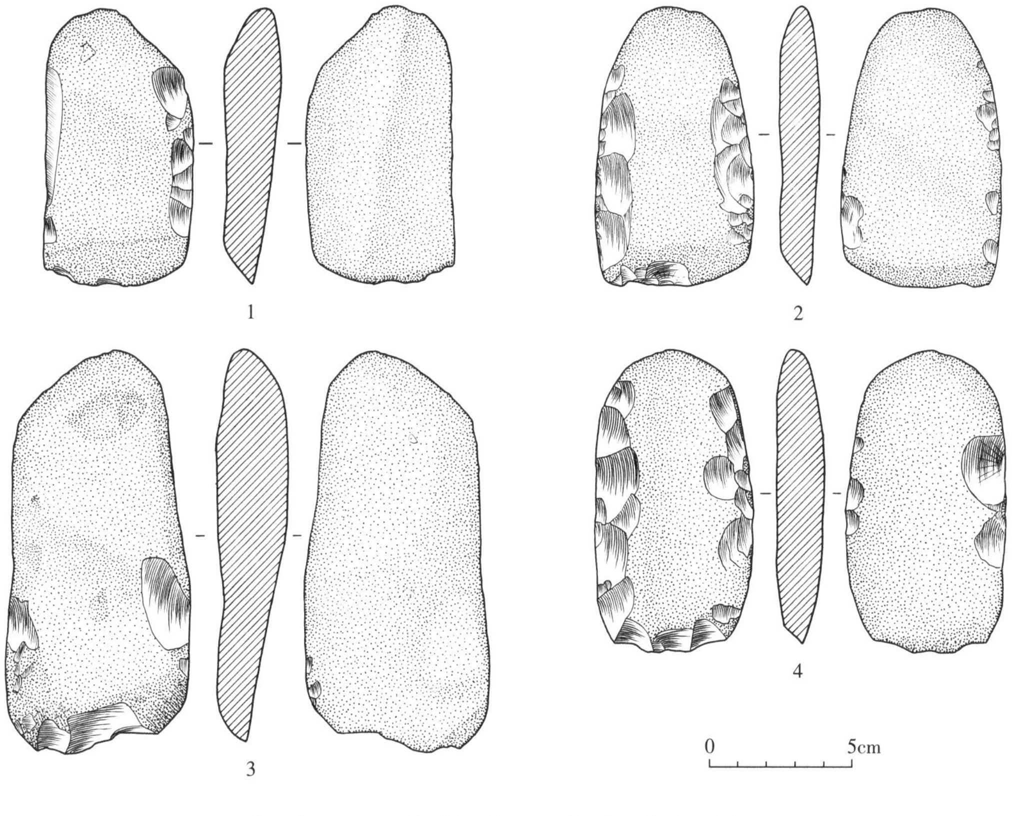

图一七〇　根村遗址第四文化层石制品（十）

1~3. AbⅢ型斧锛类半成品（2015GLGTG1 ⑥：42、2015GLGTG1 ⑥：7、2015GLGTG2 ④：4）
4. AbⅥ型斧锛类半成品（2015GLGTG1 ⑥：8）

制出一道弧凸状的刃缘。较宽端一面经较多磨制，形成较大且倾斜的光滑刃面；另一面略经磨制，有少许较平的光滑刃面。两刃面交汇处一侧已磨制出整齐锋利的刃口，但刃口尚未最后磨制完成，另一侧则保留原打制的疤痕。器身其余部位保留自然砾面。长 9.2cm，宽 5.5cm，厚 1.4cm，重 118g（图一七〇，2）。

标本 2015GLGTG2④：4，原料为灰褐色辉绿岩砾石。器身较大且稍厚，形状近梯形。一端稍宽，另一端略窄。两侧下半部边缘均经多次单面剥片；疤痕较稀疏，片疤较小且浅平。一侧缘下半部略经磨制，另一侧未经磨制。稍宽端边缘经过多次单面剥片，打制出一道不整齐但锋利的斜弧状刃缘。稍宽端一面经较多磨制，形成较大且倾斜的光滑刃面，但刃面中部仍保留打击疤痕；另一面两侧略经磨制，有少许较平的光滑刃面。两刃面交汇处两角侧已磨制出少许整齐锋利的刃口，但刃口尚未最后磨制完成，刃口中部仍是打制出的斜弧状刃缘。器身其余部位保留自然砾面。长 12.9cm，宽 6.2cm，厚 2.4cm，重 302g（图一七〇，3）。

AbⅥ型　3 件。

标本 2015GLGTG1⑥：8，原料为灰褐色辉绿岩砾石。器身略扁薄，形状近椭圆形。一端稍宽，另一端略窄。砾石两侧经过多次双面剥片，均保留较密集的打击疤痕；片疤多较小且浅平，部分片疤尾部折断形成陡坎；其中一面疤痕较多，为主要加工面；另一面只有少量片疤，两侧缘均略经磨制。稍宽端边缘经多次单面剥片，打制出一道微弧凸状刃缘，锋利但不甚整齐。稍宽端两面均略经磨制，有少许光滑刃面；其中一刃面略向另一刃面倾斜，前缘仍保留打击疤痕；另一面磨面较平。两刃面交汇处保留较长的微弧刃缘。刃口只磨出一小角，尚未磨毕。器身其余部位保留自然砾面。长 10.0cm，宽 5.5cm，厚 1.6cm，重 139g（图一七〇，4）。

标本 2015GLGTG1⑥：3，原料为灰褐色辉绿岩砾石。器身形状近椭圆形。一端略宽，另一端稍窄。一侧中部和另一侧下半部均经多次单面剥片，保留较密集的打击疤痕。两侧片疤较小且浅平，未经磨制。略宽端边缘经过多次双面剥片，打制出一道整齐锋利的弧凸状刃缘。稍宽端一面经较多磨制，形成较大且倾斜的光滑刃面，刃面内仍可见少量打击疤痕；另一面略经磨制，打击疤痕仍较密集，只有一角为光滑刃面。两刃面交汇处仍保留原打制出的弧凸状刃缘，刃口尚未开始磨制。器身其余部位保留自然砾面。长 9.0cm，宽 5.2cm，厚 1.7cm，重 133g（图一七一，1）。

标本 2015GLGTG1⑥：4，原料为灰褐色辉绿岩砾石。器身稍扁薄，形状近椭圆形。一端略宽，另一端较窄。一侧边缘经过多次双面剥片；另一侧下半部边缘经过多次单面剥片。两侧片疤较小且浅平，部分片疤尾部折断形成陡坎。一侧未经磨制，另一侧下半部侧缘略经磨制。略宽端边缘经过多次单面剥片，加工出一道整齐锋利的弧凸状刃缘。较宽端一面经较多磨制，形成较大且倾斜的光滑刃面，刃面前缘仍保留打击疤痕；另一面未经磨制。两面交汇处保留原打制出的弧凸状刃缘，刃口尚未开始磨制。器身其余部位保留自然砾面。长 8.6cm，宽 5.3cm，厚 1.5cm，重 94g（图一七一，3）。

第二类　残件。1 件。属于 D 型中的 Db 亚型。

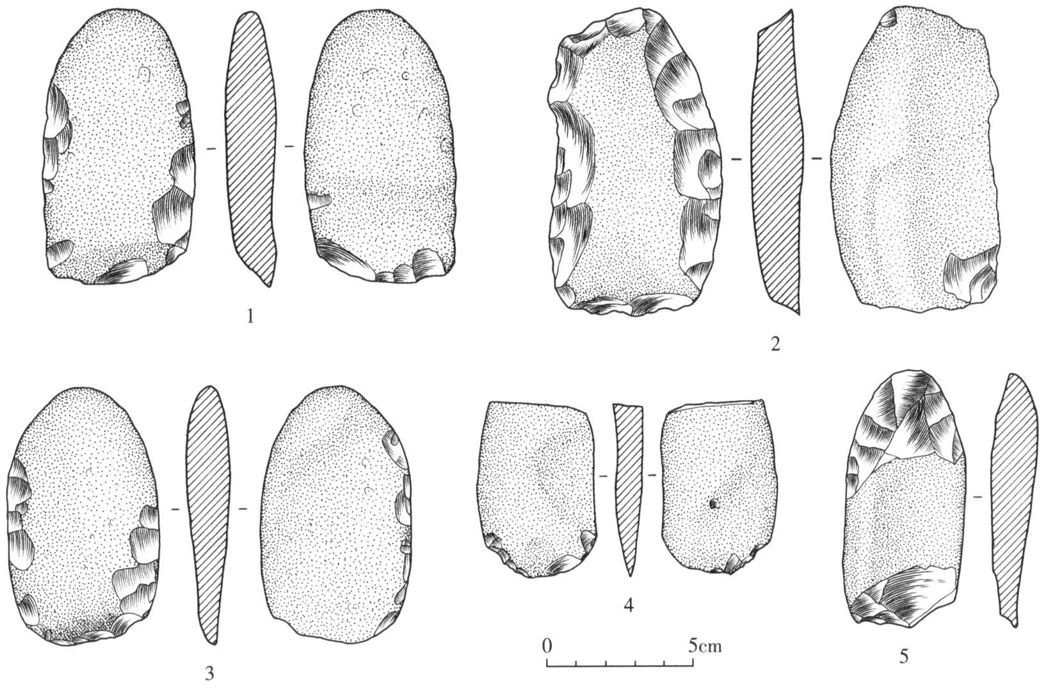

图一七一　根村遗址第四文化层石制品（十一）

1、3. AbⅥ型斧锛类半成品（2015GLGTG1⑥：3、2015GLGTG1⑥：4）　2. AaⅡ型斧锛类毛坯（2015GLGTG2④：9）
4. Db 型斧锛类半成品残件（2015GLGTG1⑥：19）　5. AaⅥ型斧锛类毛坯（2015GLGTG2④：43）

标本 2015GLGTG1⑥：19，原料为灰褐色辉绿岩砾石。器身扁薄，形状近四边形。一端略窄；另一端稍宽，为较规整的断裂面。两侧未经打制也未经磨制。略窄端边缘经过多次双面剥片，加工出一道整齐锋利的弧凸状刃缘。略宽端一面略经磨制，有少许光滑刃面，另一面未经磨制。两面交汇处保留原打制出的弧凸状刃缘，刃口尚未开始磨制。器身其余部位保留自然砾面。残长 5.8cm，宽 3.9cm，厚 1.0cm，重 34g（图一七一，4）。

斧锛类毛坯　19 件。包括完整件和残件两个类型。其中完整件 14 件，占该文化层出土斧锛类毛坯总数的 73.68%；残件 5 件，占该文化层出土斧锛类毛坯总数的 26.32%。原料有砾石和石片两种。其中砾石 16 件，占该文化层出土斧锛类毛坯总数的 84.21%；石片 3 件，占该文化层出土斧锛类毛坯总数的 15.79%。岩性有辉绿岩和玄武岩两种。其中辉绿岩 16 件，占该文化层出土斧锛类毛坯总数的 84.21%；玄武岩 3 件，占该文化层出土斧锛类毛坯总数的 15.79%。其加工方法为锤击法，多为单面加工。加工部位多在器身端部和两侧。绝大部分标本或多或少保留有自然砾面，只有极少数为通体加工。器身形状有三角形、四边形、梯形、半圆形、椭圆形和不规则形六种。其中三角形 4 件，占该文化层出土斧锛类毛坯总数的 21.05%；四边形和梯形各 2 件，各占该文化层出土斧锛类毛坯总数的 10.53%；椭圆形 9 件，占该文化层出土斧锛类毛坯总数的 47.37%；半圆形和不规则形各 1 件，各占该文化层出土斧锛类毛坯总数的 5.26%。器身长度最大值 10.8cm，最小值 3.2cm；宽度最大值 6.3cm，最小值 3.1cm；厚度最大值 2.9cm，最小值 0.7cm；重量最大值 281g，最小值 20g。

第一类　完整件。14 件。分别属于 A 型和 B 型。

A 型　13 件。分别属于 Aa、Ab、Ac 亚型。

Aa 型　2 件。分别属于 AaⅡ次亚型和 AaⅥ次亚型。

AaⅡ型　1 件。

标本 2015GLGTG2④：9，原料为灰褐色辉绿岩砾石。器身稍厚，形状近四边形。一端稍宽，另一端略窄。一面较平，另一面微凸。一侧弧凸，另一侧略直。加工方法为锤击法。沿器身两侧和两端边缘多次单面剥片，弧凸侧加工较精细，略直侧加工略粗疏。打击方向由较平面向微凸面打击。片疤多较小且浅平，部分片疤尾部折断形成陡坎。两端边缘各加工出一道整齐锋利的平直和斜直刃缘。两刃均未经磨制。器身其余部位保留自然砾面。长 10.2cm，宽 5.7cm，厚 1.8cm，重 176g（图一七一，2；彩版五〇，6）。

AaⅥ型　1 件。

标本 2015GLGTG2④：43，原料为灰褐色辉绿岩砾石。器身形状近椭圆形。一端稍宽，另一端略窄。一面凹凸不平，另一面微凸。加工方法为锤击法。沿器身两侧下半部和两端边缘多次单面剥片；打击方向由微凸面向凹凸面打击；片疤多较小且浅平，部分片疤尾部折断形成陡坎。略宽端边缘加工出一道整齐锋利的平直刃缘，刃缘一侧略有折损。稍窄端边缘则加工出一道整齐锋利的弧状刃缘。两刃均未经磨制。器身其余部位保留自然砾面。长 8.5cm，宽 4.1cm，厚 1.5cm，重 74g（图一七一，5）。

Ab 型　10 件。分别属于 AbⅢ次亚型和 AbⅥ次亚型。

AbⅢ型　2 件。

标本 2015GLGTG2④：39，原料为灰褐色辉绿岩石片。器身稍长稍厚，形状近梯形。腹面较平整，背面完全保留自然砾面。左侧上半部折断了一大块，边缘钝厚。加工方法为锤击法。沿石片两侧和远端边缘多次单面剥片，打击方向由背面向腹面打击。片疤多较小且浅平，部分片疤尾部折断形成陡坎，未经磨制。远端加工出一道弧凸状刃。刃缘整齐锋利，未经磨制。器身其余部位保留自然砾面。长 10.8cm，宽 5.2cm，厚 2.6cm，重 186g（图一七二，1；彩版五一，1）。

标本 2015GLGTG2④：65，原料为灰褐色辉绿岩石片。器身稍长稍厚，形状近梯形。腹面较平整。背面上半部有几个较大而浅平的片疤，打击方向与石片的打击方向相同，其余部分保留自然砾面。尾部靠近远端处沿节理面脱落，形成较深的陡坎。远端折断一小块，边缘钝厚。加工方法为锤击法。沿石片两侧边缘多次单面剥片，打击方向由背面向腹面打击。片疤多较小且浅平，部分片疤尾部折断形成陡坎，未经磨制。近端未经加工，以原打出的弧形边缘为刃，刃缘整齐锋利，未经磨制。器身其余部位保留自然砾面。长 10.2cm，宽 5.6cm，厚 2.7cm，重 177g（图一七二，2）。

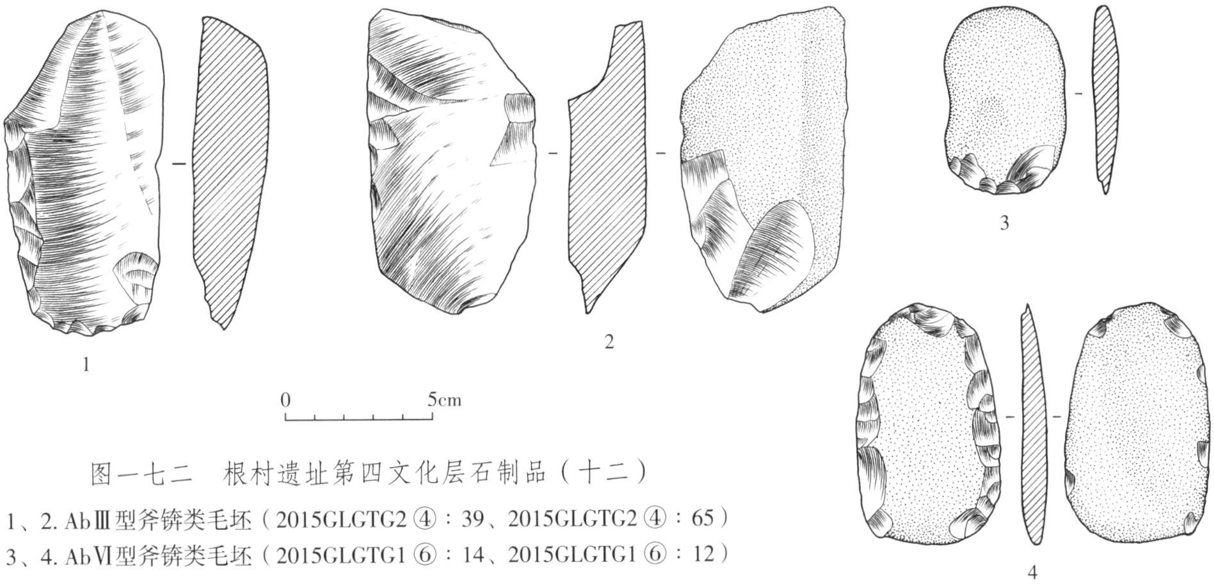

图一七二　根村遗址第四文化层石制品（十二）
1、2. AbⅢ型斧锛类毛坯（2015GLGTG2 ④：39、2015GLGTG2 ④：65）
3、4. AbⅥ型斧锛类毛坯（2015GLGTG1 ⑥：14、2015GLGTG1 ⑥：12）

AbⅥ型　8 件。

标本 2015GLGTG1 ⑥：14，原料为灰褐色辉绿岩砾石。器身较小，稍扁薄，形状近椭圆形。一面较平，另一面微凸。两端略等宽。加工方法为锤击法。沿器身一端边缘多次单面剥片，加工出一道整齐但不甚锋利的弧凸状刃缘。刃缘未经磨制。片疤多较小且浅平，打击方向由微凸面向较平面打击。器身其余部位保留自然砾面。长 6.2cm，宽 4.2cm，厚 0.9cm，重 39g（图一七二，3）。

标本 2015GLGTG1 ⑥：12，原料为灰褐色辉绿岩砾石。器身扁薄，形状近椭圆形。一面较平，另一面微凸。一端略窄，另一端稍宽。加工方法为锤击法。沿器身一侧边缘多次单面剥片，另一侧和略窄端则经过多次双面剥片。较平面为主要加工面，打击疤痕较密集。微凸面片疤零星。打制片疤多较小且浅平。略窄端边缘加工出一道整齐但不锋利的弧凸状刃缘。刃缘未经磨制。器身其余部位保留自然砾面。长 8.0cm，宽 5.0cm，厚 0.9cm，重 65g（图一七二，4）。

标本 2015GLGTG1 ⑥：16，原料为灰褐色玄武岩砾石。器身较小，稍扁薄，形状近椭圆形。一端稍宽，另一端略窄。两面均较平。加工方法为锤击法。沿器身稍宽端边缘多次单面剥片，加工出一道整齐锋利的弧凸状刃缘。刃缘未经磨制。片疤多较小且浅平，部分片疤尾部折断形成陡坎。器身其余部位保留自然砾面。长 8.0cm，宽 4.1cm，厚 1.0cm，重 60g（图一七三，1）。

标本 2015GLGTG1 ⑥：20，原料为暗红褐色辉绿岩砾石。器身较小，稍扁薄，形状近椭圆形。一端稍宽，另一端略窄。加工方法为锤击法。沿器身稍宽端边缘多次双面剥片，加工出一道整齐但不锋利的弧凸状刃缘。刃缘未经磨制。片疤多较小且浅平。器身其余部位保留自然砾面。长 6.5cm，宽 3.1cm，厚 1.0cm，重 31g（图一七三，2）。

标本 2015GLGTG2 ④：10，原料为灰褐色玄武岩砾石。器身略宽大，稍扁薄，形状近椭圆形。一面较平，另一面微凸。一端较宽，另一端较窄。一侧弧凸，另一侧平直。加工方法为锤击法。

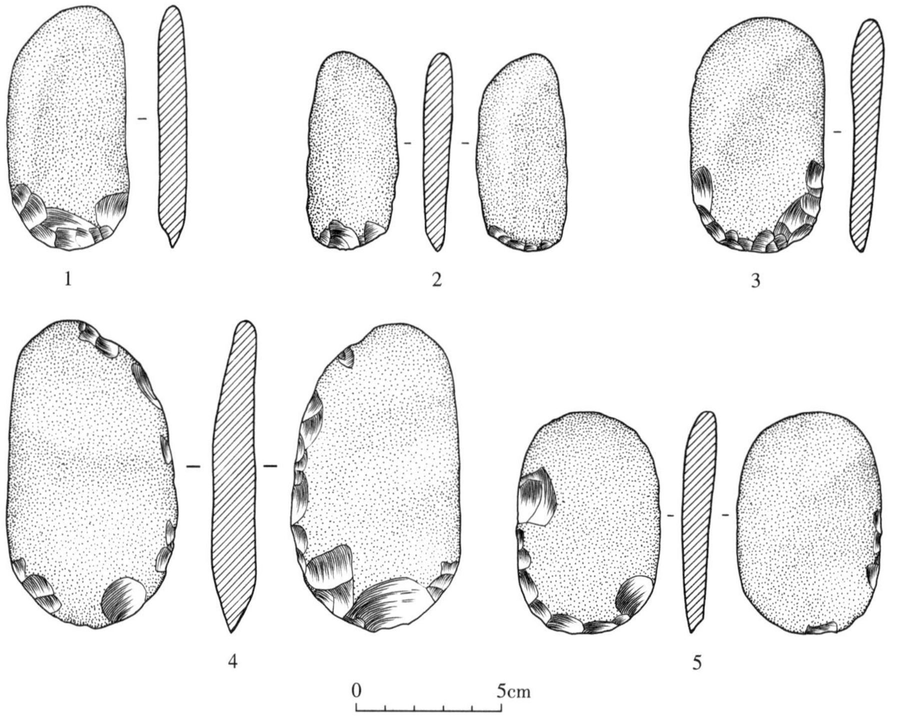

图一七三　根村遗址第四文化层石制品（十三）

1~5. AbⅥ型斧锛类毛坯（2015GLGTG1⑥：16、2015GLGTG1⑥：20、2015GLGTG2④：15、2015GLGTG2④：10、2015GLGTG2④：18）

器身有新旧两层打击疤痕，旧疤痕分布于弧凸侧和较宽端，片疤棱角已磨圆。在旧有疤痕基础上多次双面剥片，形成新的疤痕。片疤多较小且浅平。一面疤痕密集，另一面较稀疏。较宽端边缘基本保留着旧有的整齐但不锋利的弧凸状刃缘。刃缘未经磨制。器身其余部位保留自然砾面。从使用痕迹看，该器物属于旧器再加工。长 10.2cm，宽 5.9cm，厚 1.6cm，重 149g（图一七三，4）。

标本 2015GLGTG2④：15，原料为灰褐色辉绿岩砾石。器身扁薄，形状近椭圆形。两端略等宽。两面均较平。加工方法为锤击法。沿器身两侧下半部和一端边缘多次单面剥片，片疤多较小且浅平。一端边缘加工出一道整齐但不锋利的弧凸状刃缘。刃缘未经磨制。器身其余部位保留自然砾面。长 7.9cm，宽 4.5cm，厚 1.0cm，重 60g（图一七三，3）。

标本 2015GLGTG2④：18，原料为灰褐色辉绿岩砾石。器身扁薄，形状近椭圆形。两端略等宽。两面均较平。加工方法为锤击法。沿器身一侧和一端边缘多次双面剥片，片疤多较小且浅平。在一端边缘加工出一道整齐但不锋利的弧凸状刃缘。刃缘未经磨制。器身其余部位保留自然砾面。长 7.3cm，宽 4.9cm，厚 1.1cm，重 60g（图一七三，5）。

标本 2015GLGTG2④：17，原料为灰褐色辉绿岩砾石。器身稍扁薄，形状近椭圆形。两端略等宽。两面均较平。加工方法为锤击法。沿器身两侧边缘多次双面剥片，一端边缘多次单面剥片。其中一面疤痕密集，为主加工面；另一面片疤零星。片疤多较小且浅平。一端边缘加工出一道整齐锋利的弧凸状刃缘。刃缘未经磨制。器身其余部位保留自然砾面。长 7.4cm，宽 4.8cm，厚 1.1cm，重 63g（图一七四，1）。

Ac 型　1 件。属于 AcⅡ次亚型。

标本 2015GLGTG2④：64，原料为灰褐色辉绿岩石片。器身稍短稍厚，形状近四边形。石片腹面较平整，尾部折断，边缘钝厚；背面完全保留自然砾面。加工方法为锤击法。沿石片近端和两侧边缘多次单面剥片；片疤打击方向由背面向腹面打击。片疤多较小且浅平，部分片疤尾部折断形成陡坎，未经磨制。近端边缘加工出一道凹刃。刃缘整齐锋利，未经磨制。器身其余部位保留自然砾面。长 8.8cm，宽 6.3cm，厚 2.9cm，重 197g（图一七四，2；彩版五一，2）。

B 型　1 件。属于 Ba 亚型。

标本 2015GLGTG2④：50，原料为灰褐色辉绿岩砾石。器身稍厚，形状近三角形。一端较宽，另一端较窄。加工方法为锤击法。在砾石一侧下半部近刃端处单面剥出一个较小而浅平的片疤。另一侧未经打制也未经磨制。较宽端边缘经多次单面剥片，保留有较密集的打击疤痕；片疤多较小且浅平，部分片疤尾部折断形成陡坎。加工面较陡，边缘不甚整齐，中部内凹。刃口尚未成型，未经磨制。器身其余部位保留自然砾面。长 9.9cm，宽 5.8cm，厚 2.8cm，重 281g（图一七四，3）。

第二类　残件。5 件。分别属于 B 型和 D 型。

B 型　3 件。均属于 Ba 亚型。

标本 2015GLGTG1⑥：38，原料为灰褐色辉绿岩砾石。器身稍厚，形状近三角形。一端略窄；

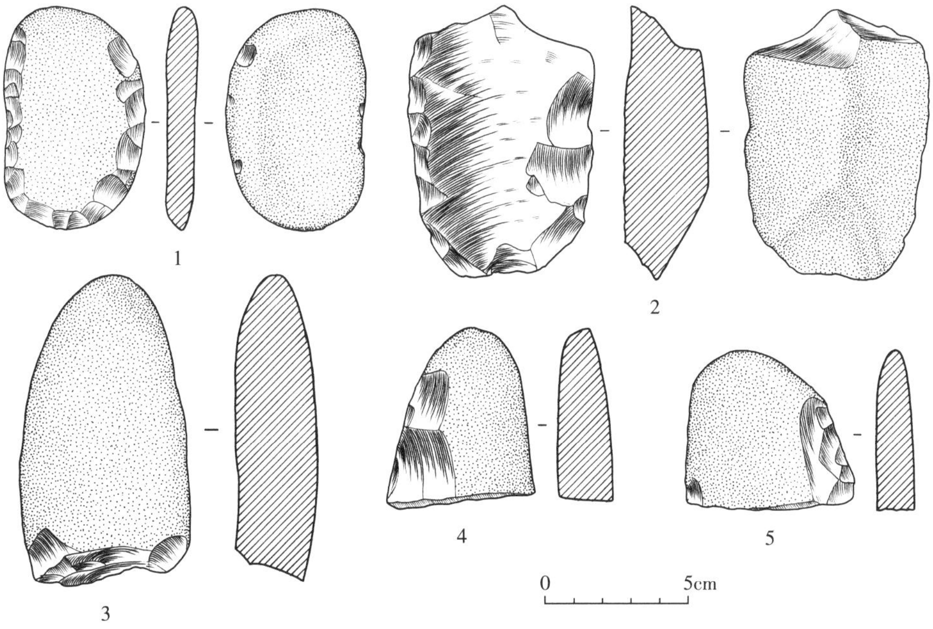

图一七四　根村遗址第四文化层石制品（十四）

1. AbⅥ型斧锛类毛坯（2015GLGTG2④：17）　2. AcⅡ型斧锛类毛坯（2015GLGTG2④：64）　3. Ba 型斧锛类毛坯（2015GLGTG2④：50）　4、5. Ba 型斧锛类毛坯残件（2015GLGTG1⑥：38、2015GLGTG2④：38）

另一端稍宽，为规整的断裂面。一侧经多次单面剥片，片疤多较小且浅平，部分片疤尾部折断形成陡坎。未经磨制。器身其余部位保留自然砾面。残长 5.6cm，宽 5.0cm，厚 2.0cm，重 82g（图一七四，4）。

标本 2015GLGTG2④：38，原料为灰褐色辉绿岩砾石。器身稍厚，形状近三角形。一端略窄；另一端稍宽，为规整的断裂面。一侧经多次单面剥片；另一侧接稍宽端处也有一个不完整的片疤。片疤多较小且浅平，部分片疤尾部折断形成陡坎，未经磨制。器身其余部位保留自然砾面。残长 5.2cm，宽 5.7cm，厚 1.3cm，重 65g（图一七四，5）。

标本 2015GLGTG2④：59，原料为灰褐色辉绿岩砾石。器身稍厚，形状近三角形。一端略窄；另一端稍宽，为不规整的断裂面。一侧下半部略经单面剥片，片疤多较小且浅平，未经磨制。器身其余部位保留自然砾面。残长 6.2cm，宽 5.1cm，厚 1.2cm，重 58g（图一七五，1）。

D 型　2 件。分别属于 De 亚型和 Dh 亚型。

De 型　1 件。

标本 2015GLGTG2④：41，原料为灰褐色辉绿岩砾石。器身扁薄，形状近半圆形。一端略窄；另一端稍宽，为规整的断裂面。两侧经多次单面剥片，片疤较小且浅平。略窄端经多次双面剥片，打制出一道弧凸状刃。刃缘整齐但不甚锋利，未经磨制。器身其余部位保留自然砾面。残长 3.2cm，宽 5.6cm，厚 0.7cm，重 20g（图一七五，2）。

Dh 型　1 件。

标本 2015GLGTG2④：45，原料为灰褐色辉绿岩砾石。器身扁薄，形状不规则。一端略窄；

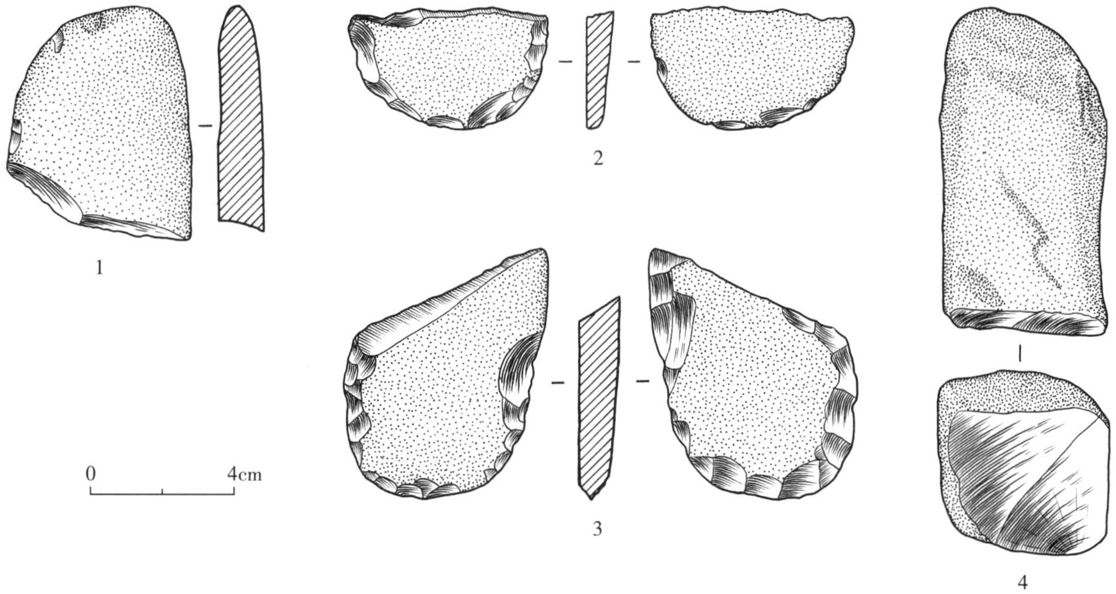

图一七五　根村遗址第四文化层石制品（十五）

1. Ba 型斧锛类毛坯残件（2015GLGTG2④：59）　2. De 型斧锛类毛坯残件（2015GLGTG2④：41）　3. Dh 型斧锛类毛坯残件（2015GLGTG2④：45）　4. AaⅡ型研磨器毛坯（2015GLGTG1⑥：40）

另一端稍宽，为不规整的断裂面。两侧和略窄端边缘均经多次双面剥片，片疤较小且浅平。略窄端边缘加工出一道弧凸状刃。刃缘整齐锋利，未经磨制。器身其余部位保留自然砾面。残长5.6cm，宽5.2cm，厚1.1cm，重52g（图一七五，3）。

研磨器　5件。均为毛坯。原料仅有砾石一种。岩性有辉绿岩和细砂岩两种。其中辉绿岩4件，占该文化层出土研磨器总数的80%；细砂岩1件，占该文化层出土研磨器总数的20%。加工简单，利用较长的砾石截取一段作为器身，部分直接利用截断面为研磨面，部分对研磨面略微修整。器身形状有方柱状、扁柱状、圆柱状、椭圆柱状四种。其中方柱状、圆柱状和椭圆柱状各1件，各占该文化层出土研磨器总数的20%；扁柱状2件，占该文化层出土研磨器总数的40%。器身长度最大值13.6cm，最小值8.5cm；宽度最大值7.8cm，最小值4.5cm；厚度最大值6.1cm，最小值4.3cm；重量最大值914g，最小值300g。均为A型，分别属于Aa亚型中的AaⅡ、AaⅢ、AaⅣ、AaⅤ次亚型。

AaⅡ型　1件。

标本2015GLGTG1⑥：40，原料为灰褐色辉绿岩砾石。器身稍短，形状近方柱状。两面均稍平。一端稍宽，另一端略窄。加工部位集中于稍宽端。以一面为台面，将砾石从中部截断并选取一段作为器身，将断裂面作为研磨面。研磨面近四边形，较平整，打击点和放射线都较清楚，未经磨制。器身其余部位保留自然砾面。长8.5cm，宽4.5cm，厚4.8cm，重300g（图一七五，4）。

AaⅢ型　2件。

标本2015GLGTG2④：47，原料为黄褐色细砂岩砾石。器身稍短稍扁，形状近扁柱状。一面较平，另一面微凸。一端较宽，另一端略窄。加工部位集中于较宽端。以微凹面为台面，将砾石从中部截断并选取一段作为器身，将断裂面作为研磨面。研磨面近四边形，不甚平整，打击点和放射线不清楚，未经磨制。器身其余部位保留自然砾面。长8.8cm，宽7.0cm，厚4.3cm，重353g（图一七六，1；彩版五一，3）。

标本2015GLGTG2④：51，原料为灰褐色辉绿岩砾石。器身稍短稍扁，形状近扁柱状。一面较平，为沿节理面裂开的破裂面。另一面凸起。一端稍宽，另一端略窄。加工部位集中于两端一面和一侧。以保留自然砾面的一侧为台面，将砾石从中部截断并选取一段作为器身，将断裂面作为研磨面。研磨面近梯形，较平整，打击点和放射线均不清楚，未经磨制。略窄端较平整的两侧各有一个较大而浅平的片疤。器身一侧几乎全是一个较大而浅平的片疤，片疤约一半被稍宽端的加工面破坏。这三个片疤应是之前作为石核使用时留下的痕迹。凸起面近自然砾面侧的中部至近稍宽端处分布有一近椭圆形的坑疤面，应是之前作为石砧使用时留下的痕迹。器身其余部位保留自然砾面。长9.3cm，宽6.0cm，厚4.5cm，重323g（图一七六，2）。

AaⅣ型　1件。

标本2015GLGTG2④：48，原料为灰褐色辉绿岩砾石。器身较长且稍厚，形状近圆柱状。一面较平，另一面凸起。一端较宽，另一端略窄。加工部位集中于略窄端。以凸起面为台面，将砾石从中部截断并选取一段作为器身，将断裂面作为研磨面。研磨面近椭圆形，较平整，打击点清楚，

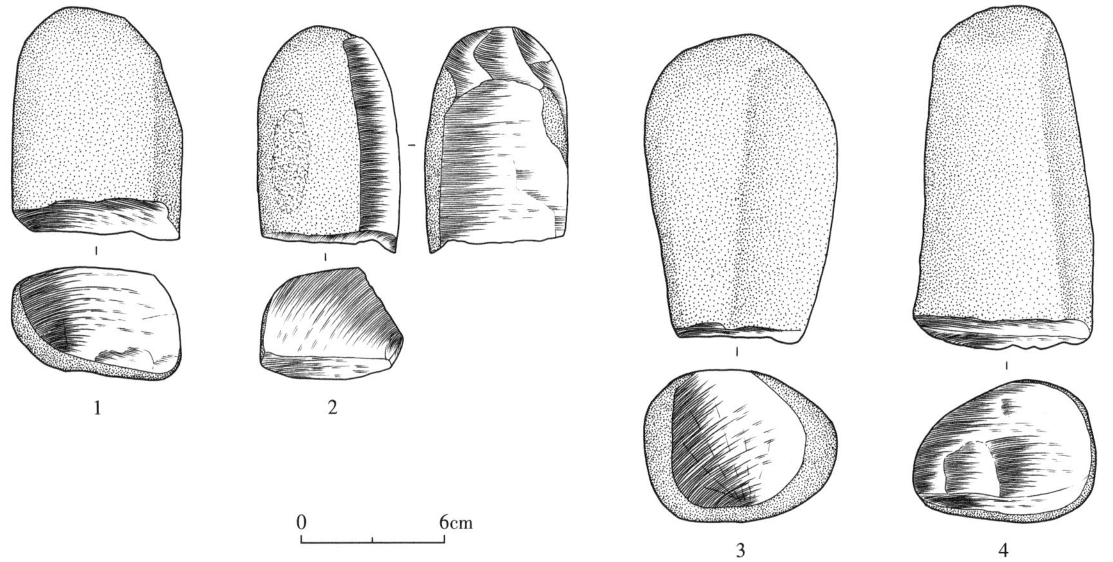

图一七六　根村遗址第四文化层石制品（十六）

1、2. AaⅢ型研磨器毛坯（2015GLGTG2④：47、2015GLGTG2④：51）　3. AaⅣ型研磨器毛坯（2015GLGTG2④：48）　4. AaⅤ型研磨器毛坯（2015GLGTG2④：49）

放射线明显，未经磨制。器身其余部位保留自然砾面。长12.0cm，宽7.8cm，厚6.1cm，重914g（图一七六，3；彩版五一，4）。

AaⅤ型　1件。

标本2015GLGTG2④：49，原料为灰褐色辉绿岩砾石。器身较长且稍厚，形状近椭圆柱状。一面较平，另一面凸起。一端较宽，另一端略窄。加工部位集中于较宽端。以凸起面为台面，将砾石从中部截断并选取一段作为器身，将断裂面作为研磨面。研磨面近椭圆形，不甚平整，打击点和放射线不甚明显，未经磨制。器身其余部位保留自然砾面。长13.6cm，宽7.3cm，厚5.7cm，重871g（图一七六，4）。

（五）第五文化层文化遗物

51件。包括石制品和蚌器两类。

1. 石制品

49件。包括加工工具、打制石制品和磨制石制品三大类。其中加工工具6件，占该文化层出土石制品总数的12.24%；打制石制品22件，占该文化层出土石制品总数的44.90%；磨制石制品21件，占该文化层出土石制品总数的42.86%。

（1）加工工具

6件。包括石锤、石砧和砺石三大类。其中石锤3件，占该文化层出土加工工具总数的50.00%；石砧1件，占该文化层出土加工工具总数的16.67%；砺石2件，占该文化层出土加工工具总数的 33.33%。

石锤　3 件。原料均为砾石。岩性有辉绿岩、石英和细砂岩三种，每种岩性各 1 件。器身长度最大值 14.3cm，最小值 9.1cm；宽度最大值 9.1cm，最小值 5.7cm；厚度最大值 4.9cm，最小值 3.6cm；重量最大值 874g，最小值 357g。均为 B 型，分别属于 Bb 亚型和 Bc 亚型。

Bb 型　2 件。属于 BbⅤ次亚型。

标本 2015GLGTG1 ⑦：6，原料为灰褐色辉绿岩砾石。器身宽大，形状近椭圆柱状。一面较平，另一面凸起。一端稍宽，另一端略窄。一侧较厚，另一侧较薄。使用痕迹集中于较薄侧边缘和凸起面。较薄侧两边各有一道呈长条分布的细麻点状疤痕，疤痕两侧可见较多向较平面崩裂的细小崩疤。凸起面近稍宽端处有两个相互叠压的椭圆形凹坑。器身其余部位保留自然砾面。长 14.3cm，宽 9.1cm，厚 4.9cm，重 874g（图一七七，1）。

标本 2015GLGTG1 ⑦：47，原料为黄白色石英岩砾石。器身形状近椭圆柱状。一面较平，另一面凸起。一端稍宽，另一端略窄。使用痕迹集中于两面。较平面有两处坑疤，其中一处坑疤位于中央，为近椭圆形的米粒状坑疤；另一处坑疤位于中部坑疤一侧近稍宽端处，近圆形。凸起面中部也有一处近椭圆形的细麻点状坑疤。器身其余部位保留自然砾面。长 9.1cm，宽 6.7cm，厚 4.5cm，重 378g（图一七七，2；彩版五一，5）。

Bc 型　1 件。属于 BcⅤ次亚型。

标本 2015GLGTG1 ⑦：48，原料为灰褐色细砂岩砾石。器身形状近椭圆柱状。两面均凸起。一端稍宽，另一端略窄。使用痕迹集中于两面、一侧和一端。两面的中部各有一近圆形的窝状凹坑，凹坑周边均局部分散有细麻点状疤痕。一侧中部和略窄端端面各有一细麻点状疤痕，前者呈

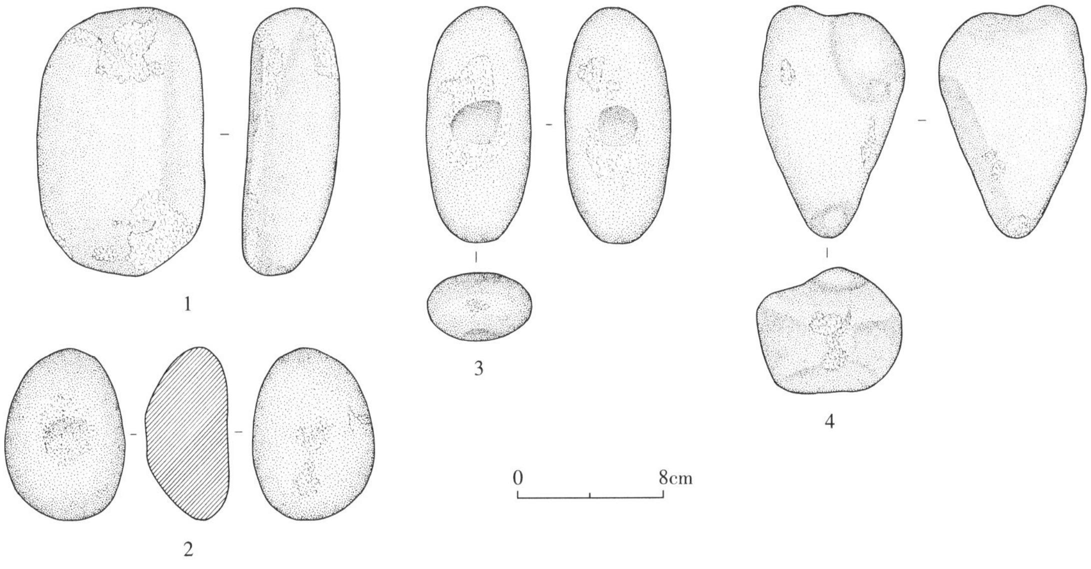

图一七七　根村遗址第五文化层石制品（一）

1、2. BbⅤ型石锤（2015GLGTG1 ⑦：6、2015GLGTG1 ⑦：47）　3. BcⅤ型石锤（2015GLGTG1 ⑦：48）
4. AaⅠ型石砧（2015GLGTG1 ⑦：15）

长条形分布，后者呈椭圆形分布。器身其余部位保留自然砾面。长 12.5cm，宽 5.7cm，厚 3.6cm，重 357g（图一七七，3；彩版五一，6）。

石砧　1 件。属于 A 型中的 AaⅠ次亚型。

标本 2015GLGTG1⑦：15，原料为灰褐色辉绿岩砾石。器身较厚，形状近三角形。一面较平，另一面凹凸不平。一端较宽，另一端较窄。使用痕迹集中于较平面较窄端，该端有一个近椭圆形的崩疤。器身其余部位保留自然砾面。长 11.8cm，宽 8.1cm，厚 6.1cm，重 795g（图一七七，4；彩版五二，1）。

砺石　2 件。原料有砾石和岩块两种，每种原料各 1 件。岩性只有细砂岩一种。原料未经过加工就直接使用。都有不同程度的残缺，残缺部位通常是断裂面。使用痕迹主要为磨痕。器身形状有三角形和梯形两种，每种形状各 1 件。分别属于 A 型和 B 型。

A 型　1 件。属于 Ab 亚型中的 AbⅢ次亚型。

标本 2015GLGTG1⑦：8，原料为暗红褐色细砂岩岩块。器身残损，形状近梯形。两面均凹凸不平，两端和两侧均为破裂面。使用痕迹集中于一面。该面整面均为光滑细腻的宽弧凹状磨痕。磨痕很深，表明利用率很高。同时磨面不完整，四周都被周围的断裂面不同程度地打破，由此推断该砺石应为另一较大砺石的残件。残长 13.0cm，宽 10.0cm，厚 6.1cm，重 726g（图一七八，1）。

B 型　1 件。属于 Bb 亚型中的 BbⅠ次亚型。

标本 2015GLGTG1⑦：18，原料为暗红褐色细砂岩砾石。器身残损，形状近三角形。两面均凹凸不平。较宽端和一侧为破裂面。使用痕迹集中于两面。两面各有一近三角形、光滑细腻的

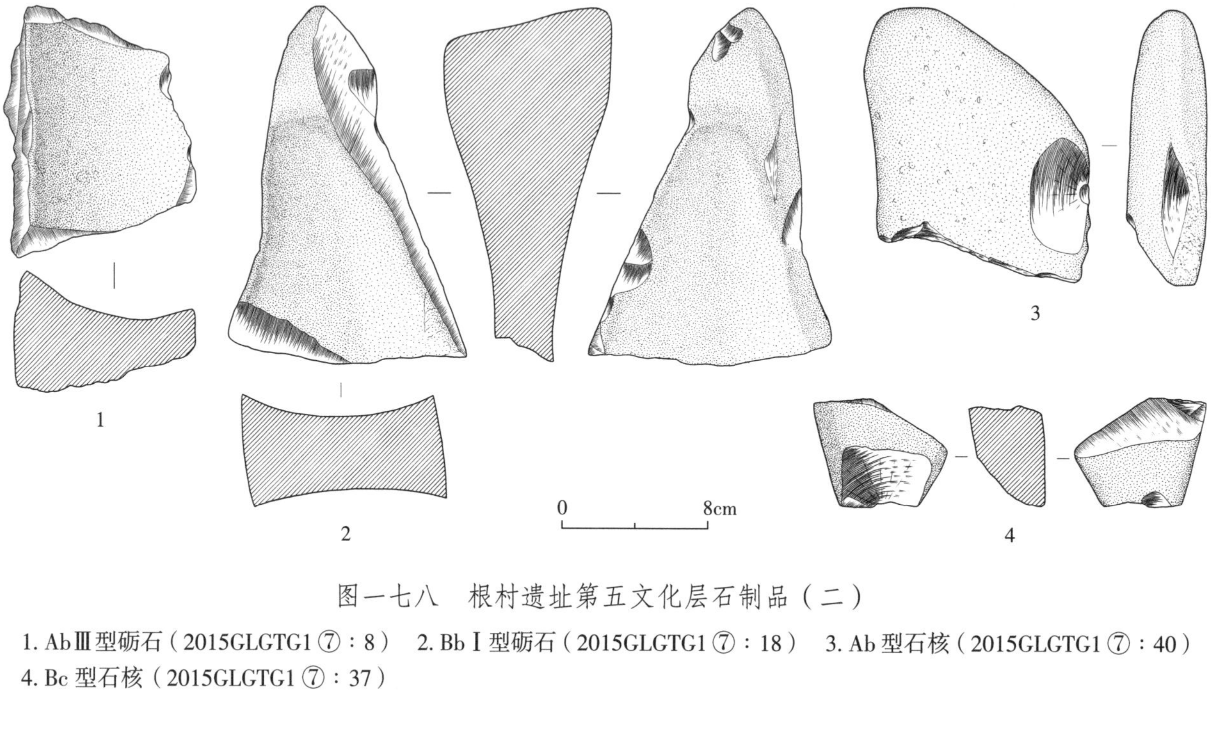

图一七八　根村遗址第五文化层石制品（二）

1. AbⅢ型砺石（2015GLGTG1⑦：8）　2. BbⅠ型砺石（2015GLGTG1⑦：18）　3. Ab 型石核（2015GLGTG1⑦：40）　4. Bc 型石核（2015GLGTG1⑦：37）

宽弧凹状磨痕。磨痕均很宽大，几乎覆盖整个面。磨痕很深，表明利用率很高。同时磨面不完整，一端被较宽端的断裂面所打破，由此推断该砺石应为另一较大砺石的残件。残长 19.8cm，宽 13.1cm，厚 9.1cm，重 1788g（图一七八，2）。

（2）打制石制品

22 件。包括石核、石片、砍砸器和刮削器四大类。其中石片 9 件，占该文化层出土打制石制品总数的 40.90%；石核和砍砸器各 5 件，各占该文化层出土打制石制品总数的 22.73%；刮削器 3 件，占该文化层出土打制石制品总数的 13.64%。

石核 5 件。岩性只见辉绿岩一种。所有石核的表面均较多保留着自然砾面，表明石核的利用率不高。器身形状有四边形、梯形、圆柱状和不规则形四种。其中四边形、圆柱状和不规则形各 1 件，各占该文化层出土石核总数的 20%；梯形 2 件，占该文化层出土石核总数的 40%。器身长度最大值 17.7cm，最小值 5.7cm；宽度最大值 12.7cm，最小值 6.7cm；厚度最大值 8.0cm，最小值 3.9cm；重量最大值 1217g，最小值 193g。分别属于 A、B、C 型。

A 型 1 件。属于 Ab 亚型。

标本 2015GLGTG1 ⑦：40，原料为灰褐色辉绿岩砾石。器身宽大且稍扁，形状近四边形。一面较平，另一面微凸。一端较宽，为断裂面；另一端较窄。以较短侧为台面，剥出一个大而浅平的片疤。片疤宽大于长。器身其余部位保留自然砾面。长 12.2cm，宽 11.4cm，厚 4.3cm，重 968g（图一七八，3；彩版五二，2）。

B 型 3 件。分别属于 Bc 亚型和 Bh 亚型。

Bc 型 2 件。

标本 2015GLGTG1 ⑦：37，原料为灰褐色辉绿岩断块。器身窄小且稍扁，形状近梯形。一面较平，另一面微凸。一端较宽，为片疤面；另一端稍窄。先以较平面为台面，在稍窄端剥出一个较大而浅平的片疤；片疤尾部折断形成陡坎。再以一侧为台面，在较宽端多次单面剥片；这些片疤多较小且浅平，部分片疤尾部折断形成陡坎。器身其余部位保留自然砾面。长 5.7cm，宽 6.7cm，厚 3.9cm，重 193g（图一七八，4）。

标本 2015GLGTG1 ⑦：38，原料为黄褐色辉绿岩砾石。器身宽大且较厚，形状近梯形。一面较平，另一面凸起。一端较宽，另一端稍窄。先后以一侧和一端为台面进行单面剥片，在稍窄端及其一侧各剥出一个较大而浅平的片疤，后一片疤打破前一片疤。器身其余部位保留自然砾面。长 13.4cm，宽 8.1cm，厚 8.0cm，重 1169g（图一七九，1；彩版五二，3）。

Bh 型 1 件。

标本 2015GLGTG2 ⑤：24，原料为黄褐色辉绿岩砾石。器身较厚，形状近圆柱状。一端略宽，另一端稍窄。先后以两端为台面，各剥出一个较大而浅平的片疤；其中一端的片疤尾部折断形成陡坎。器身其余部位保留自然砾面。长 15.7cm，宽 7.0cm，厚 6.4cm，重 976g（图一七九，2）。

C 型 1 件。属于 Ci 亚型。

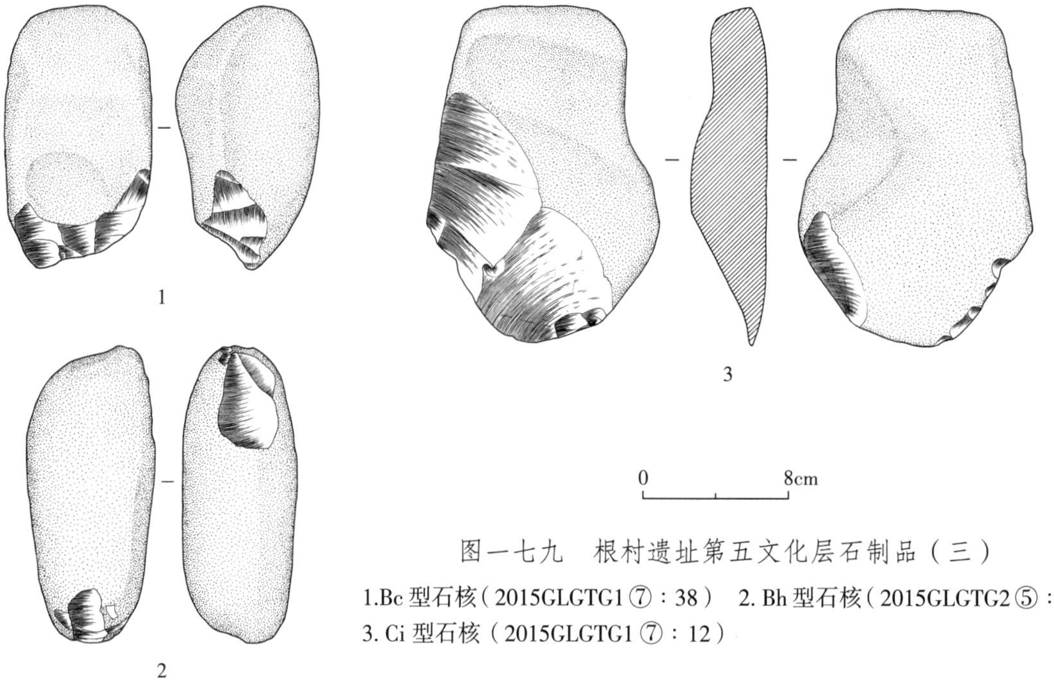

图一七九　根村遗址第五文化层石制品（三）

1.Bc 型石核（2015GLGTG1⑦：38）　2. Bh 型石核（2015GLGTG2⑤：24）　3. Ci 型石核（2015GLGTG1⑦：12）

标本 2015GLGTG1⑦：12，原料为灰褐色辉绿岩砾石。器身宽大且稍扁，形状不规则。一面较平，另一面凹凸不平。一端较宽，另一端稍窄。先以较宽端为台面，沿较宽端边缘多次单面剥片；这些片疤多较大且浅平。再以凹凸面和较平面为台面，在较宽端一侧和近较宽端一侧先后剥出一个较大而浅平的片疤。后一片疤打破前面所剥几个片疤。器身其余部位保留自然砾面。长 17.7cm，宽 12.7cm，厚 4.1cm，重 1217g（图一七九，3；彩版五二，4）。

石片　9 件。岩性仅有辉绿岩一种。打击台面全部是自然台面。打击点大多数比较清楚，但有打击疤痕的不多。半锥体不明显、微显和凸出的各 3 件，各占该文化层出土石片总数的 33.33%。除线状台面石片外，其他标本的石片角大多在 90° 以上，以 110° 左右的居多。宽大于长者 3 件，占该文化层出土石片总数的 33.33%。多数石片的背面或多或少保留有自然砾面。即使有少数背面全是片疤的，在石片的台面或侧缘也或多或少保留有自然砾面。背面有片疤者，其剥片方向与石片同向同源。大多数石片具有锋利的边缘，但未发现使用痕迹。所有石片都有锋利的棱角，没有明显的冲磨痕迹。打片均为硬锤打击。打片方法仅见直接锤击法一种。形状有三角形、四边形、半圆形、椭圆形和梭形五种。其中三角形 2 件，占该文化层出土石片总数的 22.22%；四边形、椭圆形和梭形各 1 件，各占该文化层出土石片总数的 11.11%；半圆形 4 件，占该文化层出土石片总数的 44.45%。器身长度最大值 17.3cm，最小值 6.2cm；宽度最大值 14.5cm，最小值 5.8cm；厚度最大值 4.0cm，最小值 1.1cm；重量最大值 954g，最小值 62g。均为 A 型，分别属于 Aa 亚型和 Ab 亚型。

Aa 型　5 件。分别属于 AaⅠ、AaⅡ、AaⅤ、AaⅥ、AaⅩ次亚型。

AaⅠ型　1 件。

标本 2015GLGTG2 ⑤：13，原料为灰褐色辉绿岩砾石。器身扁薄，形状近三角形。打击台面为自然台面。打击点宽大，半锥体不显，放射线清楚，同心波纹微显。器身左右两侧和远端边缘锋利，未见使用痕迹。远端呈近舌尖状。背面完全保留自然砾面。长 9.8cm，宽 7.4cm，厚 1.5cm，重 126g（图一八〇，1）。

AaⅡ型　1 件。

标本 2015GLGTG2 ⑤：10，原料为灰褐色辉绿岩砾石。器身扁薄，形状近四边形。打击台面为自然台面。打击点宽大，半锥体凸出，放射线不清楚，同心波纹微显。器身右侧和远端边缘锋利。右侧边缘可见较多向两侧崩裂的细碎片疤，应为使用痕迹。远端边缘未见使用痕迹。左侧边缘折断一大块，为破裂面，边缘钝厚。背面完全保留自然砾面。长 9.0cm，宽 6.8cm，厚 2.4cm，重 190g（图一八〇，2）。

AaⅤ型　1 件。

标本 2015GLGTG1 ⑦：26，原料为灰褐色辉绿岩砾石。器身稍薄，形状近半圆形。打击台面为自然台面。打击点宽大，半锥体不显，放射线不清楚，同心波纹不明显。器身左侧保留自然砾面，边缘钝厚。右侧上半部折断一小块，为破裂面，边缘钝厚；下半部边缘锋利。器身尾部近远端处沿节理面脱落，形成较深的陡坎。远端呈舌尖状，边缘锋利，未见使用痕迹。背面完全保留自然砾面。长 10.9cm，宽 8.0cm，厚 1.8cm，重 218g（图一八〇，3）。

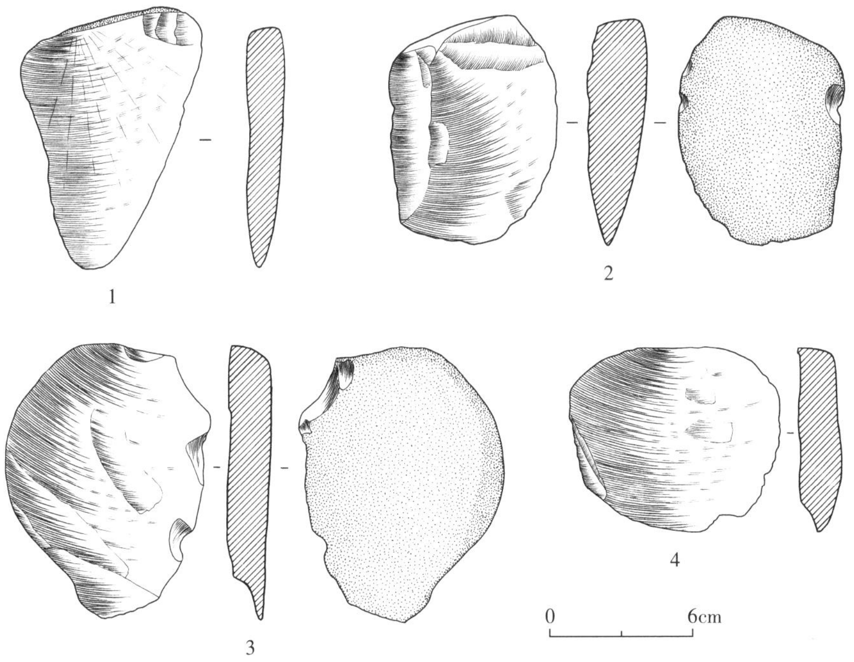

图一八〇　根村遗址第五文化层石制品（四）

1. AaⅠ型石片（2015GLGTG2 ⑤：13）　2. AaⅡ型石片（2015GLGTG2 ⑤：10）　3. AaⅤ型石片（2015GLGTG1 ⑦：26）　4. AaⅥ型石片（2015GLGTG1 ⑦：27）

AaⅥ型　1件。

标本2015GLGTG1⑦：27，原料为灰褐色辉绿岩砾石。器身稍薄，形状近椭圆形。打击台面为自然台面。打击点宽大，半锥体凸出，放射线不清楚，同心波纹不明显。器身左侧折断一小块，为破裂面，边缘钝厚。右侧和远端边缘锋利，未见使用痕迹。背面完全保留自然砾面。长7.3cm，宽8.8cm，厚1.7cm，重133g（图一八〇，4）。

AaⅩ型　1件。

标本2015GLGTG2⑤：12，原料为灰褐色辉绿岩砾石。器身扁薄，形状近梭形。打击台面为自然台面（线状台面）。打击点宽大，半锥体微显，放射线和同心波纹均不明显。器身左右两侧和远端边缘锋利，未见使用痕迹。远端呈舌尖状。背面完全保留自然砾面。长9.1cm，宽5.8cm，厚1.1cm，重62g（图一八一，1）。

Ab型　4件。分别属于AbⅠ次亚型和AbⅤ次亚型。

AbⅠ型　1件。

标本2015GLGTG2⑤：28，原料为灰褐色辉绿岩砾石。器身稍薄，形状近三角形。打击台面为自然台面。打击点宽大，半锥体不显，放射线和同心波纹均不明显；锥疤较大且浅平，尾部折断形成阶梯状。器身左侧和远端边缘左半部折断一大块，为破裂面，边缘钝厚。右侧保留自然砾面，边缘钝厚。远端右侧边缘锋利，未见使用痕迹。背面上半部局部保留自然砾面，其余部分均为层叠的片疤面。片疤的打击方向与石片本身的打击方向不一致，较为凌乱。长9.4cm，宽14.5cm，厚2.5cm，重372g（图一八一，2）。

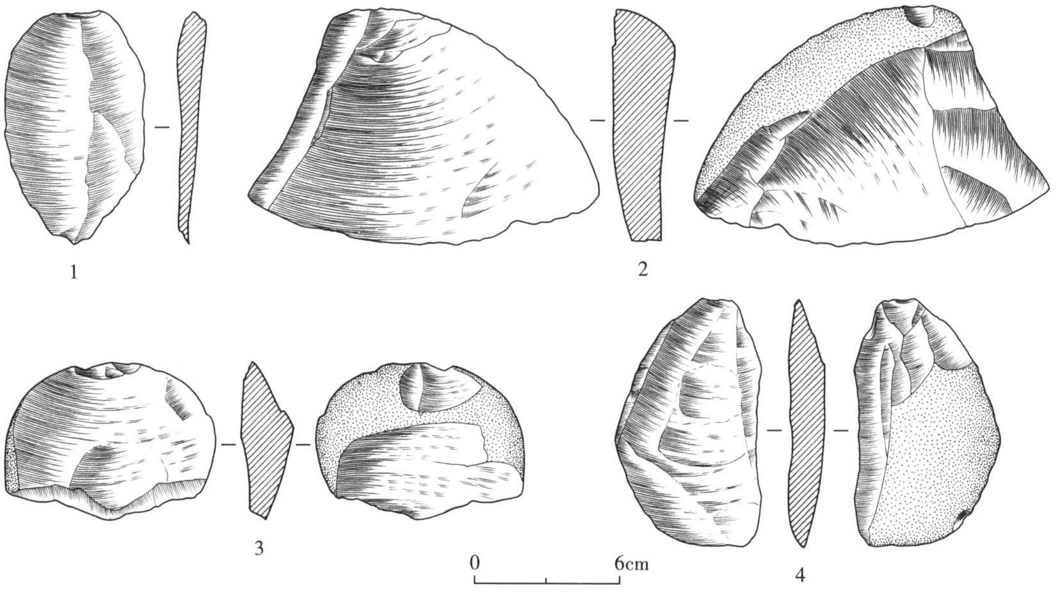

图一八一　根村遗址第五文化层石制品（五）

1. AaⅩ型石片（2015GLGTG2⑤：12）　2. AbⅠ型石片（2015GLGTG2⑤：28）　3、4. AbⅤ型石片（2015GLGTG1⑦：29、2015GLGTG1⑦：24）

AbⅤ型　3件。

标本2015GLGTG1⑦：29，原料为灰褐色辉绿岩砾石。器身稍薄，形状近半圆形。打击台面为自然台面。打击点宽大，半锥体微显，放射线和同心波纹均不明显。器身远端折断一大块，为破裂面，边缘钝厚。左右两侧保留自然砾面，边缘钝厚。背面近端有一个较小而浅平的崩疤，下半部为沿节理面破裂的崩疤面，其余部分保留自然砾面。长6.2cm，宽8.7cm，厚2.2cm，重164g（图一八一，3）。

标本2015GLGTG1⑦：24，原料为灰褐色辉绿岩砾石。器身稍薄，形状近半圆形。打击台面为自然台面（线状台面）。打击点宽大，半锥体微显，放射线和同心波纹均不明显。器身左侧上半部折断一小块，为破裂面，边缘钝厚；下半部边缘锋利。右侧和远端边缘锋利，未见使用痕迹。背面约二分之一为层叠的片疤面，片疤位于背面左侧和上半部，打击方向与石片本身的打击方向相同。背面其余部分保留自然砾面。长9.7cm，宽5.8cm，厚1.4cm，重109g（图一八一，4）。

标本2015GLGTG1⑦：39，原料为灰褐色辉绿岩砾石。器身宽大且较厚，形状近半圆形。打击台面为自然台面（线状台面）。打击点宽大，半锥体凸出，放射线和同心波纹均较明显。器身左侧边缘锋利，未见使用痕迹。右侧上半部和远端边缘钝厚，保留自然砾面。右侧下半部为一个较大而深凹的片疤；该片疤打击方向与石片本身的打击方向垂直；片疤尾部被石片本身所破坏，应是早先作为石核剥片时所遗留的痕迹。背面左侧下半部为一较大而深凹的片疤；该片疤棱角已磨圆，打击方向与石片右侧下半部的片疤打击方向相反，也应是早先作为石核剥片时所遗留的痕迹；该片疤右半部有一个较大而浅平的崩疤，应为剥片时受力崩落所致。背面其余部分保留自然砾面。从石片背面旧有片疤痕迹来看，该器物属于旧器再用。长17.3cm，宽10.3cm，厚4.0cm，重954g（图一八二，1）。

砍砸器　5件。原料有石片、砾石和石核三种。其中石片和砾石各2件，各占该文化层出土砍砸器总数的40%；石核1件，占该文化层出土砍砸器总数的20%。岩性只有辉绿岩一种。加工方法仅见锤击法一种，均为单面加工。加工时一般是由自然砾面向破裂面打击。以石片为原料者，通常由背面向腹面打击。加工较为简单，加工面多由一层或两层片疤组成。片疤多较小，多为宽大于长。把端不加修整，保留自然砾面。大部分标本的刃缘有不同程度的修整，但未见使用痕迹。器身形状有四边形、椭圆形和长条形三种。其中四边形3件，占该文化层出土砍砸器总数的60%；椭圆形和长条形各1件，各占该文化层出土砍砸器总数的20%。器身长度最大值16.8cm，最小值10.5cm；宽度最大值11.5cm，最小值6.4cm；厚度最大值7.0cm，最小值4.0cm；重量最大值1665g，最小值398g。分别属于A型和B型。

A型　3件。分别属于Aa亚型和Ab亚型。

Aa型　2件。分别属于AaⅡ次亚型和AaⅦ次亚型。

AaⅡ型　1件。

标本2015GLGTG1⑦：44，原料为黄褐色辉绿岩石核。器身形状近四边形。一面微凸，保留

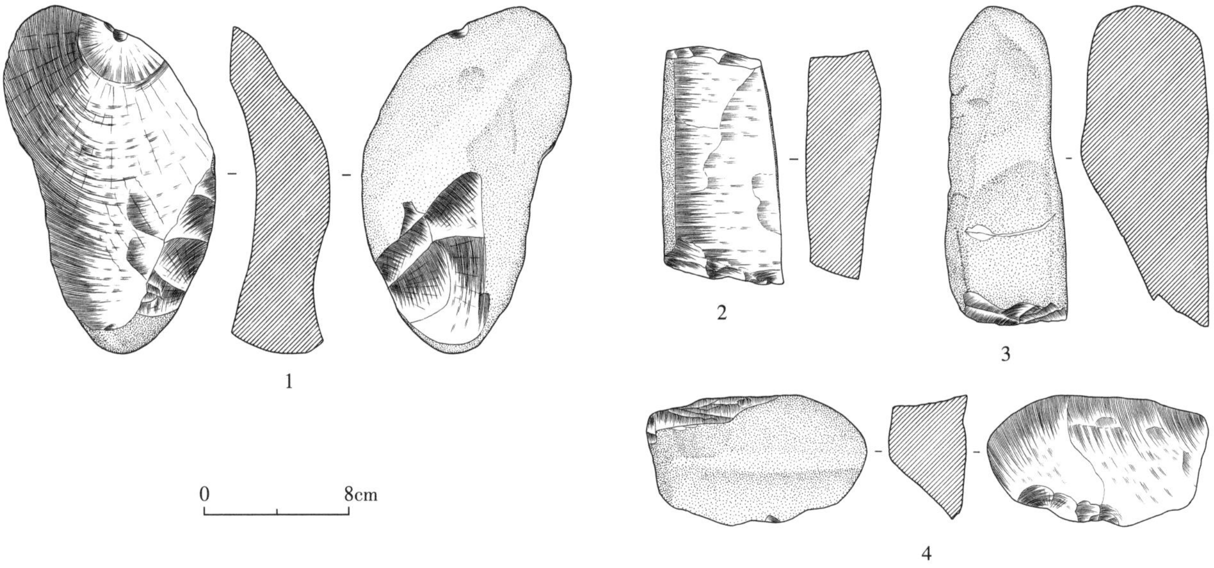

图一八二　根村遗址第五文化层石制品（六）

1. AbⅤ型石片（2015GLGTG1⑦：39）　2. AaⅡ型砍砸器（2015GLGTG1⑦：44）　3. AaⅦ型砍砸器（2015GLGTG1⑦：46）　4. AbⅥ型砍砸器（2015GLGTG1⑦：45）

自然砾面。另一面较平，为沿节理面破裂的破裂面。一端稍宽，另一端略窄。加工方法为锤击法。加工部位集中于石核两端。沿石核稍宽端边缘多次单面剥片，加工出一道斜直刃。刃部较陡，刃缘整齐锋利，未见使用痕迹。片疤多较小且浅平，部分片疤尾部折断形成陡坎，打击方向由微凸面向破裂面打击。略窄端垂直截断一节，应为修整把端留下的痕迹。器身其余部分未见人工痕迹。长12.2cm，宽6.4cm，厚4.0cm，重571g（图一八二，2；彩版五二，5）。

AaⅦ型　1件。

标本2015GLGTG1⑦：46，原料为灰褐色辉绿岩砾石。器身形状近长条形。一面较平，另一面凸起。一端稍宽薄，另一端略窄厚。加工方法为锤击法。加工部位集中于砾石宽薄端。沿该端边缘多次单面剥片，加工出一道直刃。刃缘整齐锋利，未见使用痕迹。片疤多较小且浅平，部分片疤尾部折断形成陡坎，打击方向由较平面向凸起面打击。器身其余部分保留自然砾面。长16.8cm，宽6.5cm，厚7.0cm，重978g（图一八二，3）。

Ab型　1件。属于AbⅥ次亚型。

标本2015GLGTG1⑦：45，原料为灰褐色辉绿岩石片。器身较厚，形状近椭圆形。腹面弧凸；背面约五分之一为片疤面，片疤位于右侧上半部，其余部分保留自然砾面。加工方法为锤击法。加工部位集中于石片右侧。沿该侧多次单面剥片，加工出一道弧刃。刃缘整齐锋利，未见使用痕迹。片疤多较小且浅平，打击方向由背面向腹面打击，部分片疤尾部折断形成陡坎。长12.0cm，宽6.7cm，厚4.2cm，重398g（图一八二，4；彩版五二，6）。

B型　2件。均属于Bd亚型中的BdⅡ次亚型。

标本 2015GLGTG1⑦：91，原料为灰褐色辉绿岩砾石。器身较宽，形状近四边形。一面较平，另一面凸起。一端较宽，另一端略窄。加工方法为锤击法。加工部位多集中于砾石两侧和略窄端。沿这两个部位边缘多次单面剥片，各加工出一道弧刃和凹刃。两刃缘均整齐锋利，未见使用痕迹。器身较短侧也经过较多单面剥片；片疤多较大且浅平，但边缘并未成刃，应为修整器身留下的痕迹。略窄端加工面与两侧加工面相交处各形成了一道明显的凸棱；这里的片疤多较小且浅平，打击方向由较平面向凸起面打击。较宽端两侧也经多次单面剥片；这些片疤多较小且浅平，打击方向由较宽端向略窄端打击，部分片疤尾部折断形成陡坎。较宽端与较短侧相交处还有一较小而浅平的片疤；该处片疤打击方向由较短侧向较长侧打击，也应为修整把端留下的痕迹。器身其余部分保留自然砾面。长 15.6cm，宽 11.5cm，厚 5.4cm，重 1665g（图一八三，1；彩版五二，7）。

标本 2015GLGTG1⑦：43，原料为灰褐色辉绿岩石片。器身较厚，形状近四边形。腹面弧凸，背面全部保留自然砾面。加工方法为锤击法。加工部位集中于石片近端和左侧。沿这两部位边缘多次单面剥片，各加工出一道直刃和一道弧刃。刃缘整齐锋利，未见使用痕迹。片疤多较小且浅平，打击方向由背面向腹面打击，部分片疤尾部折断形成陡坎。右侧垂直截断一大截，或系修整器身所致。长 10.5cm，宽 8.2cm，厚 4.0cm，重 486g（图一八三，2）。

刮削器　3 件。原料只见石片一种。岩性仅见辉绿岩一种。加工方法仅见锤击法一种，单面加工，背面为砾石面。加工时由背面向腹面进行打击。加工部位通常位于器身一端或一侧。加工较为简单，仅限于边缘部分，加工面只有一层片疤，片疤多较小且浅平。把端不加修理，保留自然砾面。刃缘有不同程度修整，但未见使用痕迹。器身形状有三角形、四边形和梯形三种，每种形状各 1 件，各占该文化层出土刮削器总数的 33.33%。器身长度最大值 9.0cm，最小值 7.4cm；宽度最大值 7.7cm，最小值 6.4cm；厚度最大值 3.3cm，最小值 1.9cm；重量最大值 301g，最小值 133g。分别属于 B 型和 C 型。

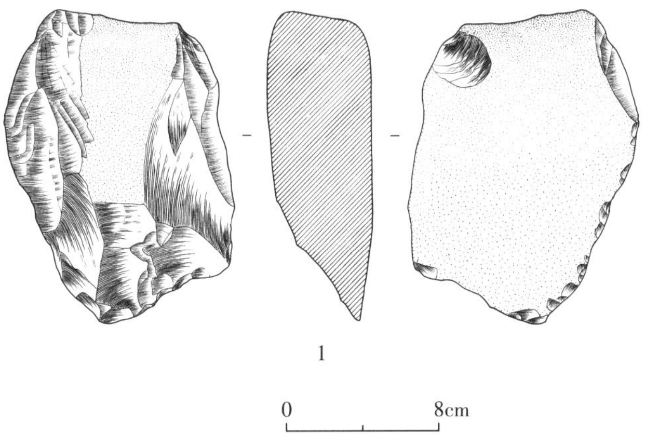

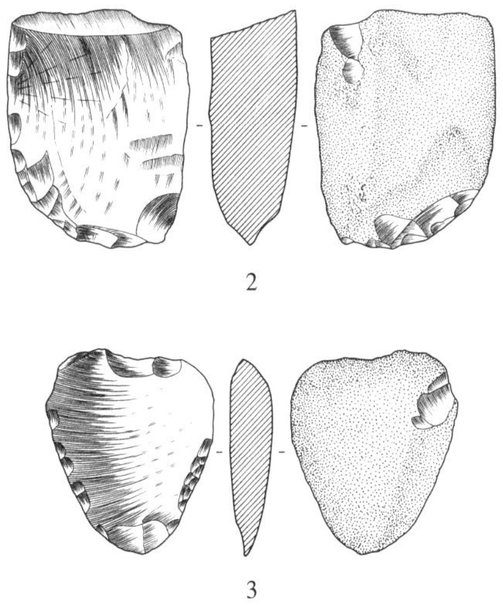

图一八三　根村遗址第五文化层石制品（七）

1、2. BdⅡ型砍砸器（2015GLGTG1⑦：91、2015GLGTG1⑦：43）
3. BaⅠ型刮削器（2015GLGTG2⑤：8）

B 型　2 件。分别属于 BaⅠ次亚型和 BaⅢ次亚型。

BaⅠ型　1 件。

标本 2015GLGTG2⑤：8，原料为灰褐色辉绿岩石片。器身稍薄，形状近三角形。腹面较平整，背面几乎完全保留自然砾面。加工方法为锤击法。加工部位集中于石片左右两侧。沿两侧多次单面剥片，各加工出一道直刃，刃缘平直锋利，未见使用痕迹。远端略加修整，加工出一个舌尖。片疤多较小且浅平，打击方向由背面向腹面打击。长 8.6cm，宽 7.7cm，厚 2.0cm，重 149g（图一八三，3）。

BaⅢ型　1 件。

标本 2015GLGTG1⑦：35，原料为灰褐色辉绿岩石片。器身稍厚，形状近梯形。腹面较平整；背面完全保留自然砾面。右侧垂直截断一大截，为平整的断裂面。加工方法为锤击法。加工部位集中于石片左侧和远端。沿这两部位边缘多次单面剥片，分别加工出一道直刃。两道刃缘均整齐锋利，未见使用痕迹。片疤多较小且浅平，打击方向均由背面向腹面打击，部分片疤尾部折断形成陡坎。长 7.4cm，宽 6.4cm，厚 1.9cm，重 133g（图一八四，1；彩版五二，8）。

C 型　1 件。属于 Cd 亚型中的 CdⅡ次亚型。

标本 2015GLGTG1⑦：41，原料为灰褐色辉绿岩石片。器身较厚，形状近四边形。腹面弧凸；背面右侧上半部有片疤面，其余部分保留自然砾面。加工方法为锤击法。加工部位集中于石片远近端和左侧。沿这几个部位边缘多次单面剥片，各加工出两道直刃和一道弧刃。三道刃缘均整齐锋利，未见使用痕迹。近端和左侧的打击片疤多较大且深凹，远端的片疤多较小且浅平，打击方向均由背面向腹面打击，部分片疤尾部折断形成陡坎。长 9.0cm，宽 7.5cm，厚 3.3cm，重 301g（图一八四，2；彩版五三，1）。

（3）磨制石制品

21 件。包括石锛、石凿、斧锛类半成品、斧锛类毛坯和研磨器五大类。其中石锛和石凿各 1 件，各占该文化层出土磨制石制品总数的 4.76%；斧锛类半成品 6 件，占该文化层出土磨制石制品总数的 28.57%；斧锛类毛坯 9 件，占该文化层出土磨制石制品总数的 42.87%；研磨器 4 件，占该文化层出土磨制石制品总数的 19.04%。

石锛　1 件。为完整件。属于 A 型中的 AaⅡ次亚型。

标本 2015GLGTG1⑦：10，原料为灰褐色辉绿岩砾石。器身稍厚，形状近四边形。一端稍宽，另一端略窄。器身略窄端未经打制也未经磨制。两侧则均经过多次双面剥片，其中一侧两面的打击疤痕均较密集；另一侧只有一面打击疤痕较密集，另一面疤痕零星。打击片疤多较小且深凹，部分片疤尾部折断形成陡坎。稍宽端两面均经精心磨制，其中一面形成较大且倾斜的光滑刃面；另一刃面略窄平。两刃面交汇处磨制出一道整齐锋利的斜直刃口。刃缘见有部分细小的崩疤，应为使用痕迹。器身其余部位保留自然砾面。长 10.7cm，宽 5.4cm，厚 1.8cm，重 166g（图一八四，3；彩版五三，2）。

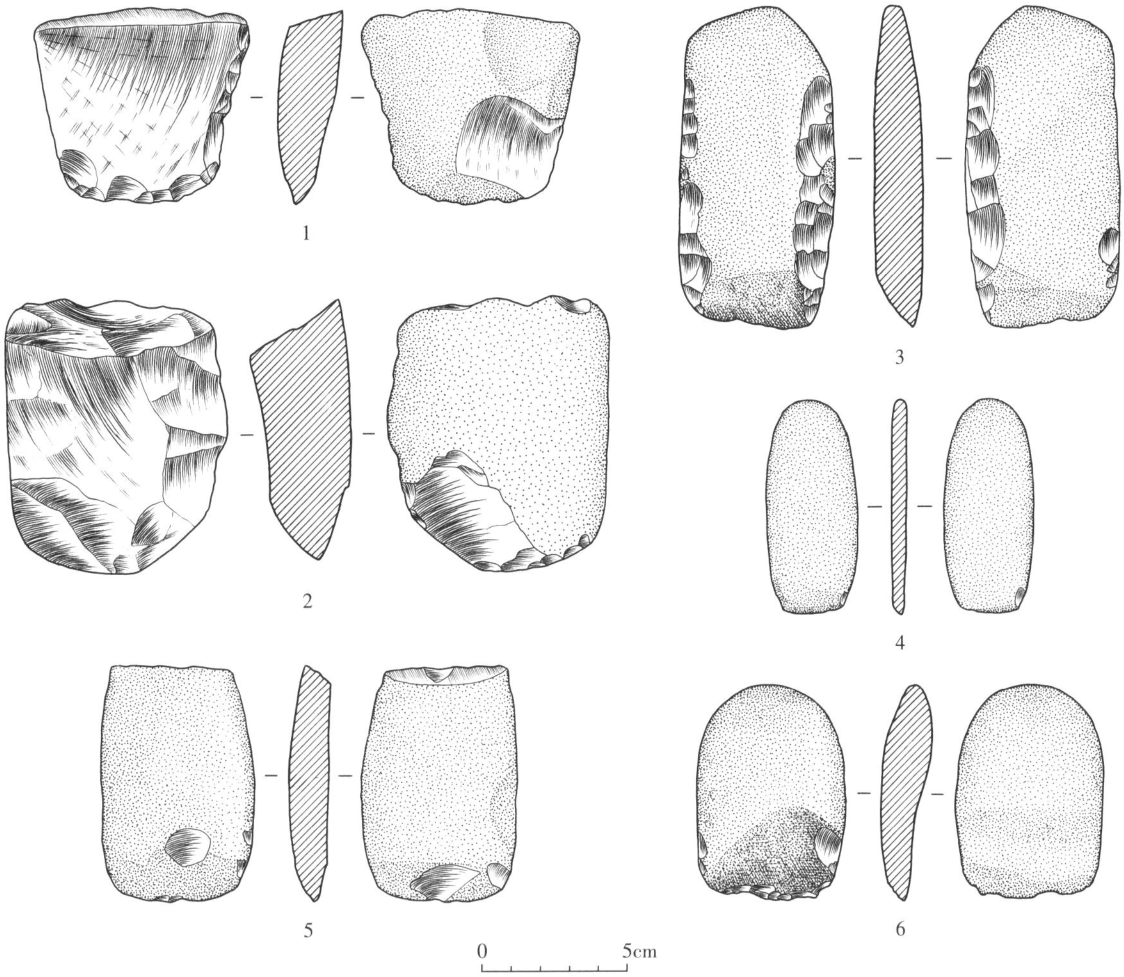

图一八四 根村遗址第五文化层石制品（八）

1. BaⅢ型刮削器（2015GLGTG1⑦：35） 2. CdⅡ型刮削器（2015GLGTG1⑦：41） 3. AaⅡ型石锛（2015GLGTG1⑦：10） 4. AaⅥ型石凿（2015GLGTG1⑦：2） 5. AaⅡ型斧锛类半成品（2015GLGTG1⑦：11） 6. AaⅥ型斧锛类半成品（2015GLGTG1⑦：1）

石凿 1件。为成品。属于A型中的AaⅥ次亚型。

标本2015GLGTG1⑦：2，原料为灰褐色辉绿岩砾石。器身窄小扁薄，形状近椭圆形。一端稍宽，另一端略窄。器身略窄端和两侧未经打制也未经磨制。稍宽端经多次单面剥片；其中一面经较多磨制，另一面略经磨制；两面各形成一道窄小的向另一面倾斜的光滑刃面。两刃面交汇处磨制出一道整齐锋利的平直刃口。未见使用痕迹。器身其余部位保留自然砾面。长7.1cm，宽3.1cm，厚0.6cm，重24g（图一八四，4）。

斧锛类半成品 6件。均为完整件。原料仅见砾石一种。岩性有辉绿岩和细砂岩两种。其中辉绿岩5件，占该文化层出土斧锛类半成品总数的83.33%；细砂岩1件，占该文化层出土斧锛类半成品总数的16.67%。磨制部位只见局部磨制一种，且多为磨制刃部。器身形状有三角形、四边形、椭圆形和长条形四种。其中三角形和椭圆形各 2 件，各占该文化层出土斧锛类半成品总数的 33.33%；四边形和长条形各 1 件，各占该文化层出土斧锛类半成品总数的 16.67%。器身长度最大值 13.1cm，最小值 7.0cm；宽度最大值 6.5cm，最小值 2.9cm；厚度最大值 3.1cm，最小值 0.9cm；重量最大值 268g，最小值 23g。均为 A 型，分别属于 Aa 亚型和 Ab 亚型。

Aa 型　3 件。分别属于 AaⅡ、AaⅥ、AaⅦ次亚型。

AaⅡ型　1 件。

标本 2015GLGTG1 ⑦：11，原料为灰褐色辉绿岩砾石。器身形状近四边形。两端宽度相当。器身两侧未经打制也未经磨制。一端经多次单面剥片，修整出平直整齐的端面。另一端一面经精心磨制，形成较大且倾斜的光滑刃面，但刃缘中上部仍可见少量打击疤痕；另一面刃面略窄平，中央有一较小而深凹的片疤。两刃面交汇处两侧大部分已磨制出整齐锋利的平直刃口。刃口尚未最后磨成，中部仍有少量打击疤痕。器身其余部位保留自然砾面。长 7.8cm，宽 5.2cm，厚 1.4cm，重 98g（图一八四，5）。

AaⅥ型　1 件。

标本 2015GLGTG1 ⑦：1，原料为灰褐色辉绿岩砾石。器身稍厚，形状近椭圆形。一端稍宽，另一端略窄。器身两侧下半部近刃端经过多次单面剥片，片疤多较小且浅平。稍宽端边缘经过多次单面剥片，加工出一道不甚整齐锋利的平直刃缘。稍宽端一面经过较多磨制，形成较大且倾斜的光滑刃面。刃面上仍有较多细条状磨痕；另一面刃面略窄平。两刃面交汇处已磨出一角整齐锋利的刃口。刃口尚未最终磨制完成，仍较多保留原打制出的平直刃缘。器身其余部位保留自然砾面。长 7.1cm，宽 5.1cm，厚 1.7cm，重 87g（图一八四，6；彩版五三，3）。

AaⅦ型　1 件。

标本 2015GLGTG1 ⑦：19，原料为灰褐色细砂岩砾石。器身窄小且稍薄，形状近长条形。一端稍宽，另一端略窄。器身表面风化严重，部分表皮已脱落。两侧下半部近稍宽端处略经单面剥片，未经磨制。稍宽端略经单面剥片，加工出一道整齐但不甚锋利的平直刃缘。稍宽端一面略经磨制，已有小面积向另一面倾斜的光滑磨面，另一面未经磨制。两面交汇处保留原打制出的弧凸状刃缘。刃口尚未开始磨制。器身其余部位未见人工痕迹。长 7.0cm，宽 2.9cm，厚 0.9cm，重 23g（图一八五，1）。

Ab 型　3 件。分别属于 AbⅠ次亚型和 AbⅥ次亚型。

AbⅠ型　2 件。

标本 2015GLGTG2 ⑤：2，原料为灰褐色辉绿岩砾石。器身形状近三角形。一端较宽，另一端略窄。器身一侧经过多次单面剥片；打击片疤多较小且浅平，未经磨制。器身另一侧未经打制也未经磨制。稍宽端略经单面剥片，加工出一道不甚整齐的弧凸状刃缘。稍宽端一面经过较多磨制，形成较大且倾斜的光滑刃面，但刃面中部和一侧仍可见打击疤痕；另一面略经磨制，刃面略平。两刃面交汇处一角已磨出一道整齐锋利的刃口。刃口尚未最终磨制完成，仍较多保留原打

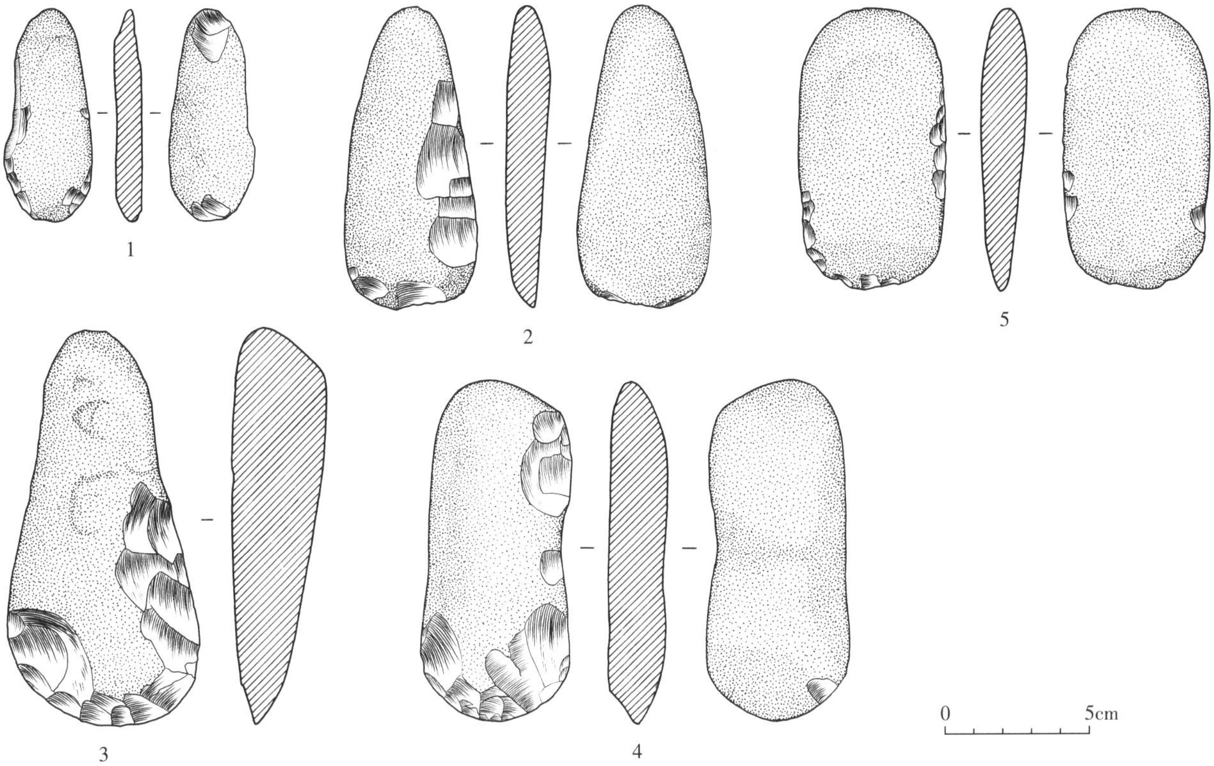

图一八五　根村遗址第五文化层石制品（九）

1. AaⅦ型斧锛类半成品（2015GLGTG1 ⑦：19）　2、3. AbⅠ型斧锛类半成品（2015GLGTG2 ⑤：2、2015GLGTG2 ⑤：1）　4. AbⅥ型斧锛类毛坯（2015GLGTG1 ⑦：4）　5. AbⅥ型斧锛类半成品（2015GLGTG2 ⑤：6）

制出的弧凸状刃缘。器身其余部位保留自然砾面。长 10.0cm，宽 4.5cm，厚 1.4cm，重 88g（图一八五，2）。

标本 2015GLGTG2 ⑤：1，原料为灰褐色辉绿岩砾石。器身宽大且较厚，形状近三角形。一端稍宽，另一端略窄。器身一侧下半部、另一侧近稍宽端处和稍宽端边缘均经多次单面剥片；打击片疤多较大且浅平，部分片疤尾部折断形成陡坎，未经磨制。稍宽端边缘加工出一道整齐锋利的弧凸状刃缘。稍宽端一刃面略经磨制，有小面积光滑磨面；另一刃面未经磨制。刃口尚未开始磨制。器身其余部位保留自然砾面。长 13.1cm，宽 6.5cm，厚 3.1cm，重 268g（图一八五，3）。

AbⅥ型　1 件。

标本 2015GLGTG2 ⑤：6，原料为灰褐色辉绿岩砾石。器身形状近椭圆形。两端略等宽。器身一侧和另一侧下半部经多次双面剥片；打击片疤多较小且浅平，未经磨制。一端边缘经多次单面剥片，打制出一道不甚整齐锋利的弧凸状刃缘。该端一面经过较多磨制，形成较大且倾斜的光滑刃面，但刃面前缘仍可见打击疤痕；另一面略经磨制，刃面略平。两刃面交汇处一角已磨出一道整齐锋利的刃口。刃口尚未最终磨制完成，仍较多保留原打制出的弧凸状刃缘。器身其余部位保留自然砾面。长 9.3cm，宽 5.1cm，厚 1.6cm，重 109g（图一八五，5；彩版五三，4）。

斧锛类毛坯 9件。包括完整件和残件两个类型。其中完整件6件，占该文化层出土斧锛类毛坯总数的66.67%；残件3件，占该文化层出土斧锛类毛坯总数的33.33%。原料有砾石和石片两种。其中砾石8件，占该文化层出土斧锛类毛坯总数的88.89%；石片1件，占该文化层出土斧锛类毛坯总数的11.11%。岩性有辉绿岩和细砂岩两种。其中辉绿岩8件，占该文化层出土斧锛类毛坯总数的88.89%；细砂岩1件，占该文化层出土斧锛类毛坯总数的11.11%。加工方法为锤击法，多为单面加工。加工部位多在器身的端部和两侧，绝大部分标本或多或少保留有自然砾面，只有极少数为通体加工者。器身形状有梯形、椭圆形、长条形和不规则形四种。其中梯形和不规则形各2件，各占该文化层出土斧锛类毛坯总数的22.22%；椭圆形5件，占该文化层出土斧锛类毛坯总数的55.55%。器身长度最大值12.1cm，最小值5.6cm；宽度最大值6.4cm，最小值4.2cm；厚度最大值2.2cm，最小值0.7cm；重量最大值324g，最小值53g。

第一类 完整件。6件。均为A型，分别属于Ab亚型中的AbⅥ次亚型和AbⅧ次亚型。

AbⅥ型 5件。

标本2015GLGTG1⑦：4，原料为灰褐色辉绿岩砾石。器身稍厚，形状近椭圆形。一端稍窄，另一端略宽。加工方法为锤击法。沿砾石一侧和另一侧下半部近稍宽端边缘多次单面剥片。稍宽端边缘则经多次单面剥片，加工出一道弧凸状刃。刃缘整齐但不锋利，未经磨制。片疤多较小且浅平，部分片疤尾部折断形成陡坎。器身其余部位保留自然砾面。长11.3cm，宽5.0cm，厚2.0cm，重195g（图一八五，4；彩版五三，5）。

标本2015GLGTG1⑦：9，原料为灰褐色辉绿岩砾石。器身扁薄，形状近椭圆形。一端较窄，另一端较宽。加工方法为锤击法。沿砾石一侧和另一侧下半部边缘多次单面剥片。稍宽端边缘则经多次双面剥片，加工出一道弧凸状刃。刃缘整齐但不锋利，未经磨制。片疤多较小且浅平，部分片疤尾部折断形成陡坎。器身其余部位保留自然砾面。长9.9cm，宽5.0cm，厚1.2cm，重86g（图一八六，1）。

标本2015GLGTG1⑦：20，原料为灰褐色细砂岩砾石。器身扁薄，形状近椭圆形。一端稍窄，另一端略宽。加工方法为锤击法。沿砾石一侧和另一侧下半部边缘多次双面剥片。略宽端边缘则经多次单面剥片，加工出一道弧凸状刃。刃缘整齐但不锋利，未经磨制。片疤多较小且浅平。器身其余部位保留自然砾面。长8.2cm，宽4.9cm，厚0.7cm，重53g（图一八六，2）。

标本2015GLGTG1⑦：16，原料为灰褐色辉绿岩砾石。器身较厚，形状近椭圆形。一端略窄，另一端较宽。加工方法为锤击法。沿砾石两侧边缘多次双面剥片。略窄端边缘则经多次单面剥片，加工出一道弧凸状刃。刃缘整齐锋利，未经磨制。片疤多较小且浅平，部分片疤尾部折断形成陡坎。器身其余部位保留自然砾面。长12.1cm，宽6.4cm，厚2.2cm，重324g（图一八六，4）。

标本2015GLGTG1⑦：3，原料为灰褐色辉绿岩砾石。器身稍扁薄，形状近椭圆形。一端略宽，另一端稍窄。加工方法为锤击法。沿砾石一侧多次双面剥片，另一侧和稍窄端边缘多次单面剥片，在稍窄端边缘加工出一道弧凸状刃。刃缘整齐但不锋利，未经磨制。一侧片疤多较小且浅

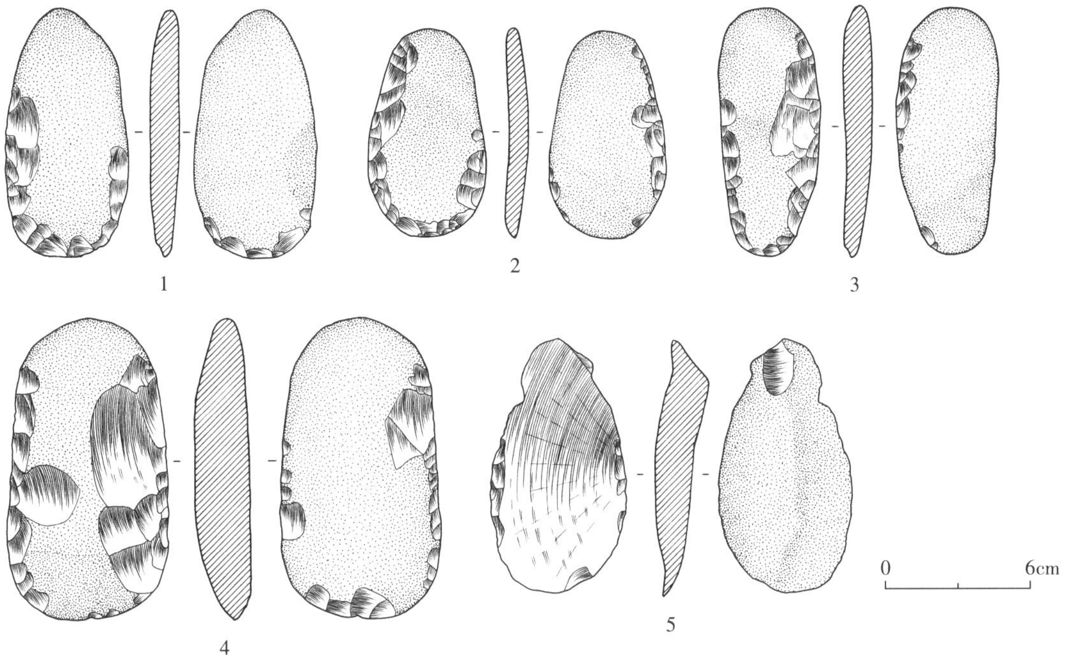

图一八六　根村遗址第五文化层石制品（十）

1~4. AbⅥ型斧锛类毛坯（2015GLGTG1⑦：9、2015GLGTG1⑦：20、2015GLGTG1⑦：3、2015GLGTG1⑦：16）　5. AbⅧ型斧锛类毛坯（2015GLGTG1⑦：25）

平，另一侧片疤多较大且浅平，部分片疤达到甚至超过器身中轴线。器身其余部位保留自然砾面。长 9.9cm，宽 4.2cm，厚 1.2cm，重 78g（图一八六，3）。

AbⅧ型　1 件。

标本 2015GLGTG1⑦：25，原料为灰褐色辉绿岩石片。器身稍薄，形状不规则。腹面较平整；背面近端有一个与石片同向同源的较小且浅平的片疤，其余部分保留自然砾面。加工方法为锤击法。沿石片近端和远端边缘多次单面剥片，片疤多较小且浅平。右侧则略经单面剥片，加工出一道弧凸状刃。刃缘整齐锋利，未经磨制。打击方向由背面向腹面打击。器身其余部位未见人工痕迹。长 10.0cm，宽 5.5cm，厚 1.6cm，重 90g（图一八六，5）。

第二类　残件。3 件。分别属于 B 型和 D 型。

B 型　1 件。属于 Bh 亚型。

标本 2015GLGTG1⑦：23，原料为灰褐色辉绿岩砾石。器身稍薄，形状不规则。一端略窄；另一端稍宽，为不规整的断裂面。一侧经多次单面剥片，另一侧则经过多次双面剥片。片疤多较小且浅平，部分片疤尾部折断形成陡坎。未经磨制。器身其余部位保留自然砾面。残长 7.2cm，宽 6.7cm，厚 1.0cm，重 96g（图一八七，1）。

D 型　2 件。均属于 Dc 亚型。

标本 2015GLGTG1⑦：22，原料为灰褐色辉绿岩砾石。器身稍厚，形状近梯形。一端略窄；

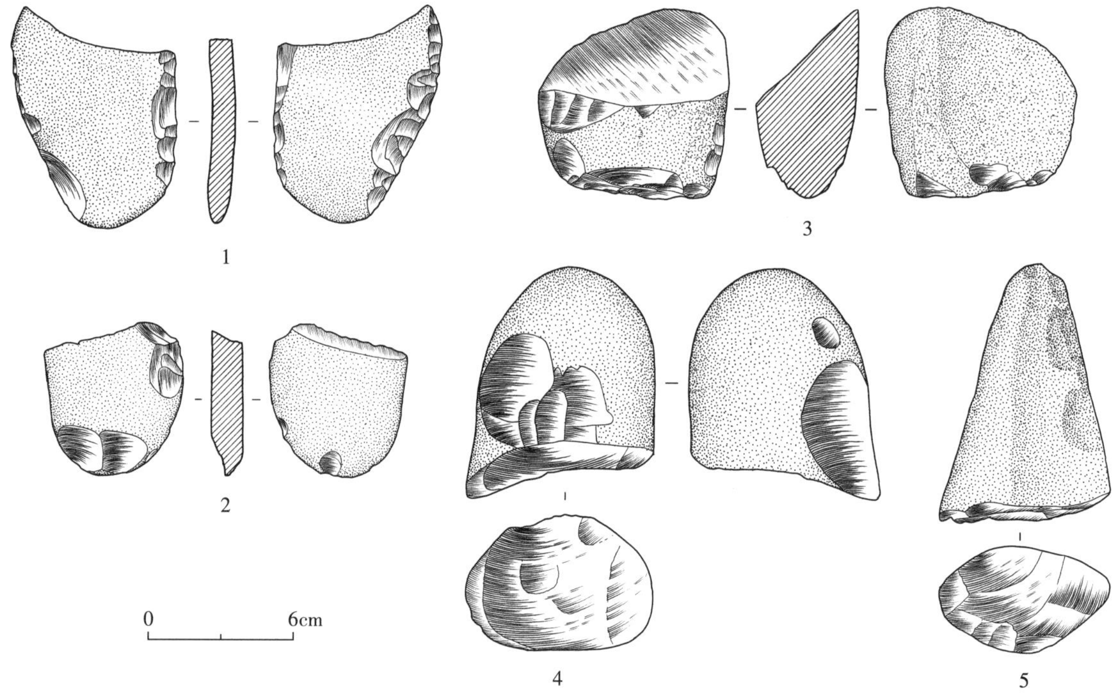

图一八七　根村遗址第五文化层石制品（十一）

1. Bh 型斧锛类毛坯残件（2015GLGTG1 ⑦：23）　2、3. Dc 型斧锛类毛坯残件（2015GLGTG1 ⑦：22、2015GLGTG1 ⑦：42）　4. AaⅤ型研磨器毛坯（2015GLGTG2 ⑤：18）　5. AaⅠ型研磨器毛坯（2015GLGTG1 ⑦：36）

另一端稍宽，为不规整的断裂面。一侧上半部经多次单面剥片。略窄端经过多次双面剥片，打制出一道弧凸状刃。刃缘整齐但不锋利，未经磨制。片疤较小且浅平。器身其余部位保留自然砾面。残长 5.6cm，宽 5.5cm，厚 1.3cm，重 76g（图一八七，2）。

标本 2015GLGTG1 ⑦：42，原料为灰褐色辉绿岩砾石。器身较厚，形状近梯形。一端略窄；另一端稍宽，为规整的沿节理面破裂的破裂面。一侧经多次单面剥片。略窄端经过多次双面剥片，打制出一道平直刃。刃缘整齐但不锋利。片疤较小且浅平，部分片疤尾部折断形成陡坎。通体未经磨制。器身其余部位保留自然砾面。残长 7.5cm，宽 7.8cm，厚 4.1cm，重 260g（图一八七，3）。

研磨器　4 件。均为毛坯。制作原料仅见有砾石一种。岩性仅有辉绿岩一种。加工简单，利用较长的砾石截取一段作为器身，部分直接利用截断面为研磨面，部分对研磨面略微修整。器身形状有三角柱状和椭圆柱状两种，每种形状各 2 件，各占该文化层出土研磨器总数的 50%。器身长度最大值 16.6cm，最小值 8.0cm；宽度最大值 10.1cm，最小值 6.8cm；厚度最大值 5.4cm，最小值 4.2cm；重量最大值 1054g，最小值 369g。均为 A 型，分别属于 Aa 亚型中的 AaⅠ次亚型和 AaⅤ次亚型。

AaⅠ型　2 件。

标本 2015GLGTG1 ⑦：36，原料为灰褐色辉绿岩砾石。器身较短，形状近三角柱状。一面凹凸不平，另一面凸起。一端较宽，另一端较窄。一侧较宽厚，另一侧较窄薄。加工部位集中于较宽端。以凸起面为台面，将砾石从中部截断并选取一段作为器身，将断裂面作为研磨面。研磨面近椭圆形，截面凹凸不平，打击点清楚，放射线不明显，未经磨制。短侧边中部至较宽端边缘有一呈条状分布的麻点状的砸击疤痕，应为之前作为侧边砸击石锤使用留下的痕迹。器身其余部位保留自然砾面。长 10.2cm，宽 6.8cm，厚 4.2cm，重 369g（图一八七，5；彩版五三，6）。

AaⅤ型　2 件。

标本 2015GLGTG2 ⑤：18，原料为灰褐色辉绿岩砾石。器身较短，稍厚，形状近椭圆柱状。一面较平，另一面凸起。一端较宽，另一端较窄。加工部位集中于较宽端。以凸起面为台面，将砾石从中部截断并选取一段作为器身，将断裂面作为研磨面。研磨面近椭圆形，不甚平整，打击点清楚，放射线不明显，未经磨制。研磨面一侧有一以研磨面为台面向较窄端剥落的片疤，片疤较小且浅平，应为修整研磨面留下的痕迹。凸起面一侧近较宽端有一近四边形的崩疤；凸起面与较宽端和较长侧相交处有一近椭圆形的崩疤；这两个崩疤各有一侧被研磨面一侧的小崩疤所破坏，应为之前作为石砧使用留下的痕迹。较平面与较宽端和较长侧相交处也有一个近椭圆形的崩疤，用途不明。器身其余部位保留自然砾面。长 8.0cm，宽 7.4cm，厚 5.4cm，重 469g（图一八七，4）。

2. 蚌器

2 件。包括单肩蚌铲和双肩蚌铲两种类型。

单肩蚌铲　1 件。

标本 2015GLGTG2 ⑤：50，残，平面略近三角形。原料为较大较厚的蚌壳，去掉头部、厚边及薄缘后进一步加工成型。器身已残，刃部已折断缺失，仅剩上半部。柄部稍长，顶端呈弧形，单溜肩。一侧边从柄部以下斜直，经过较多磨制，边缘较为圆滑，另一侧由肩部向下外展，两侧肩保留较多打制痕迹。刃部折断部位不甚规整，边缘钝厚。长 12.7cm，宽 7.0cm，厚 1.4cm（图一八八，1）。

双肩蚌铲　1 件。属于 C 型。

标本 2015GLGTG2 ⑤：7，平面形状不规则。原料为较大较厚的蚌壳，去掉头部、厚边及薄缘后进一步加工成型。柄部顶端略有残断，断面略微斜直。一侧仍保留较多打制疤痕。双溜肩，两肩略不对称。器身两侧由肩部至腹部呈弧收。刃部弧凸，双面磨制。长 10.0cm，宽 5.6cm，厚 1.4cm（图

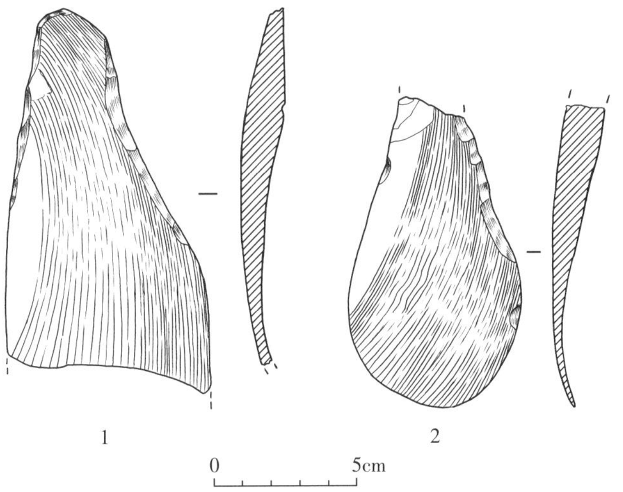

图一八八　根村遗址第五文化层蚌器

1. 单肩蚌铲（2015GLGTG2 ⑤：50）　2. C 型双肩蚌铲（2015GLGTG2 ⑤：7）

一八八，2）。

五 自然遗物

根村遗址出土了大量的水陆生动物遗骸，包括软体动物遗骸和脊椎动物遗骸。

软体动物没有进行实验室鉴定。现场初步观察发现软体动物遗骸包括大量的腹足类动物遗骸及少量瓣鳃类遗骸。腹足类动物有那坡短沟蜷（*Semisulcospira napoensis*）、那坡短沟蜷旋脊变种（*Semisulcospira aubryana*, var. *spiralis*）、双线环棱螺（*Bellamya dispiralis*）、中国圆田螺（*Cipangopaludina chinensis*）、条华蜗牛（*Cathaica fasciola*）等，其中以那坡短沟蜷（*Semisulcospira napoensis*）、那坡短沟蜷旋脊变种（*Semisulcospira aubryana*, var. *spiralis*）及双线环棱螺（*Bellamya dispiralis*）为主。瓣鳃类动物有圆顶珠蚌（*Unio douglasiae*）、多疣丽蚌（*Lamprotula (Scriptolamprotula) polysticta*）、古丽蚌（*Lamprotula (Parunio) antiqua*）、假丽蚌（*Lamprotula (Parunio) spuria*）、背瘤丽蚌（*Lamprotula leai*）、大丽蚌（*Lamprotula (Guneolamprotula) licenti*）等。还有部分样品由于破损极为严重，无法鉴定出来。

据统计，根村遗址共出土脊椎动物骨骼标本1135件，包括鱼类147件，龟鳖类162件，鸟类9件，哺乳类可鉴定标本95件，哺乳类碎骨722件。哺乳类标本占主体，鱼类和龟鳖类标本数量相当。经鉴定，除鱼类外最小个体数共计59个，动物组合中以哺乳类为主，龟鳖类次之，鸟类个体数也较多，未见鳄类和蛇类。哺乳类中以食肉类和小型鹿类最多，其次为大型鹿类和灵长类，未见啮齿类、斑羚、犀牛和亚洲象。具体动物种类包括短尾猴、鼬獾、猪獾、大灵猫、果子狸、椰子狸、野猪、小麂、大角麂、梅花鹿、水鹿以及一些无法确定具体名称的雁形目、雉科和涉禽类动物。

六 文化内涵与特征

根据地层堆积、器物组合及出土器物特征等方面的情况，我们认为根村遗址的文化遗存均属于同一期。

该遗址以灰色或黄色的地层堆积为主，含有数量不等的螺壳。流行屈肢葬。总体来看，该遗址出土器物数量较多，但器类不够丰富，只有石制品和蚌器两种，不见陶器和骨器。石制品占绝大多数，蚌器数量很少。石制品的原料绝大多数为砾石，少量为石片。岩性有辉绿岩、玄武岩、细砂岩、硅质岩和石英等，其中辉绿岩占绝大多数。器类包括加工工具、打制石制品和磨制石制品，以打制石制品和磨制石制品为主，磨制石制品数量远多于打制石制品。打制石制品包括石核、石片、砍砸器、刮削器和尖状器五大类型，其中石片占大多数。石片打片均为硬锤打击，打片方法仅见直接锤击法，打击台面几乎全部是自然台面，人工台面极少见，有小部分为线状台面。石片打击点大多数比较清楚，多数石片的背面保留有自然砾面且具有锋利的边缘。砍砸器、刮削器和尖状器均为锤击法单面加工，加工简单，加工面多由一层或两层片疤组成，片疤多较小，多为宽大于长。把端不加修理，保留原有的自然砾面，刃部以侧刃居多，鲜见端刃。加工工具为少量石锤、石砧和砺石等，以石锤为主，均属砸击石锤，以侧边石锤最具特色。侧边石锤主要使用部位为砾石面侧相交处形成的凸棱，主要用途为截断较长的砾石，与研磨器的制作具有紧密而直接的联系。磨制石制品制作方法多是利用扁平砾石先对周边进行打制再进行磨制，类型包括石斧、石锛、石凿、斧锛类半成品、斧锛类毛坯和研磨器等，其中以斧锛类毛坯数量最多。斧锛类器物的加工方法均为锤击法，多利用较为扁平的砾石单面加工，少见双面加工者。加工多在器身端部和两侧边缘多次剥片，打击疤痕较密集，片疤多较小且浅平，绝大部分都或多或少保留有自然砾面。成品大多只是磨制刃部，少数磨制两侧，偶见通体磨光者。研磨器多为毛坯，成品和半成品较少；形状多样，以扁柱状和方柱状为最多。研磨器加工简单，或利用长短合适的砾石，直接以较平一端端面略加修整为研磨面，并对两侧进行剥片修整后成型；或利用较长的砾石截取一段，部分直接利用截断面为研磨面，部分对研磨面略微修整。蚌器数量较少，类型包括双肩蚌铲、单肩蚌铲和穿孔蚌器，以单肩蚌铲最具特色。双肩蚌铲为直柄、斜肩、弧腰缓收成刃。单肩蚌铲经磨制，规整光滑。

经比对，根村遗址与周边众多遗址存在一定的联系。比如，侧边石锤与同属左江流域的龙州大湾遗址出土的侧边石锤相同；方柱形研磨器与同属左江流域的崇左冲塘台地遗址、龙州大湾遗址出土的研磨器类似；双肩蚌铲形态与同属左江流域的龙州宝剑山 A 洞遗址一期文化、龙州无名山遗址出土的双肩蚌铲类似；磨制石制品制作中利用砾石先对侧边、顶端进行打制再进行刃部磨制的传统，在无名山遗址、宝剑山 A 洞遗址中也普遍存在。说明几个遗址间存在一定的文化交流。整体文化面貌与宝剑山 A 洞一期、无名山遗址一期基本一致。

七　年代判断

根村遗址出土的器物中只有石制品和蚌器，没有发现陶器，给年代判断带来一定困难。但其堆积形态与无名山遗址和大湾遗址等相同，均含有大量螺壳；其出土器物中有诸多在形态和制作方法等方面与附近同类遗址相似。这些都可以说明该遗址年代不会与上述周边遗址相差太远。

但与上述周边遗址之间也存在一定的区别。比如，磨制石制品数量比例远大于打制石制品，且出现了通体磨制者；而上述其他遗址打制石制品和磨制石制品数量基本相当（宝剑山 A 洞一期早段磨制石制品数量甚至还低于打制石制品），加工基本上为刃部磨制。因此，根村遗址的年代有可能接近但稍晚于上述遗址的年代。无名山遗址年代距今 5000 年左右，宝剑山 A 洞遗址一期晚段年代距今约 6000~4000 年，冲塘台地遗址也是距今 5000 年左右，据此我们判断根村遗址距今约 5000~4000 年。

桂林国土资源部岩溶地质资源环境监督检测中心对本遗址的两个人骨标本进行了常规 ^{14}C 测年，其结果分别为 M3 人骨年代为距今 4190 ± 70 年（半衰期 5730 年），M4 人骨年代为距今 3150 ± 70 年（半衰期 5730 年）。这两具人骨属于同一个文化层的遗迹，年代应该不会相距那么远，这种数据偏差或许与常规测年方法有关。结合器物判断，我们认为第一个数据更符合实际情况。

第四节 大湾遗址

一 地理位置、地形地貌及布方情况

大湾遗址位于广西壮族自治区崇左市龙州县龙州镇岭南村大湾屯东北约1000m处的左江上游（丽江段）右岸台地上，地理坐标为北纬22°19′55.39″，东经106°54′23.76″。遗址西北方向与龙州南华纸业有限公司隔江而望。遗址东北两面紧邻丽江，江边地形较陡，坡度约为60°，距现江面高约15m。遗址南面为甘蔗地；西面为一南北向与江相连的冲沟，冲沟东西宽约3m，南北长约7m，深约2m。遗址地貌南高北低，坡度约为30°（图一八九）。

遗址南北长约50m，东西宽约13m，分布面积约400m^2。遗址地表分布着大量的螺蚌壳。

课题组于2015年11~12月对该遗址进行试掘，发掘区位于遗址中部区域，正南北布2个5m×5m探方，实际发掘面积共计32m^2（图一九〇；彩版五四，1）。试掘出土了较为丰富的文化遗物和自然遗物，进一步补充了左江流域新石器时代的考古材料。

二 地层堆积

遗址保存较好，堆积较厚，两个探方可统一地层，地层由上而下共分八层。以T1南壁为例说明（图一九一；彩版五四，2）。

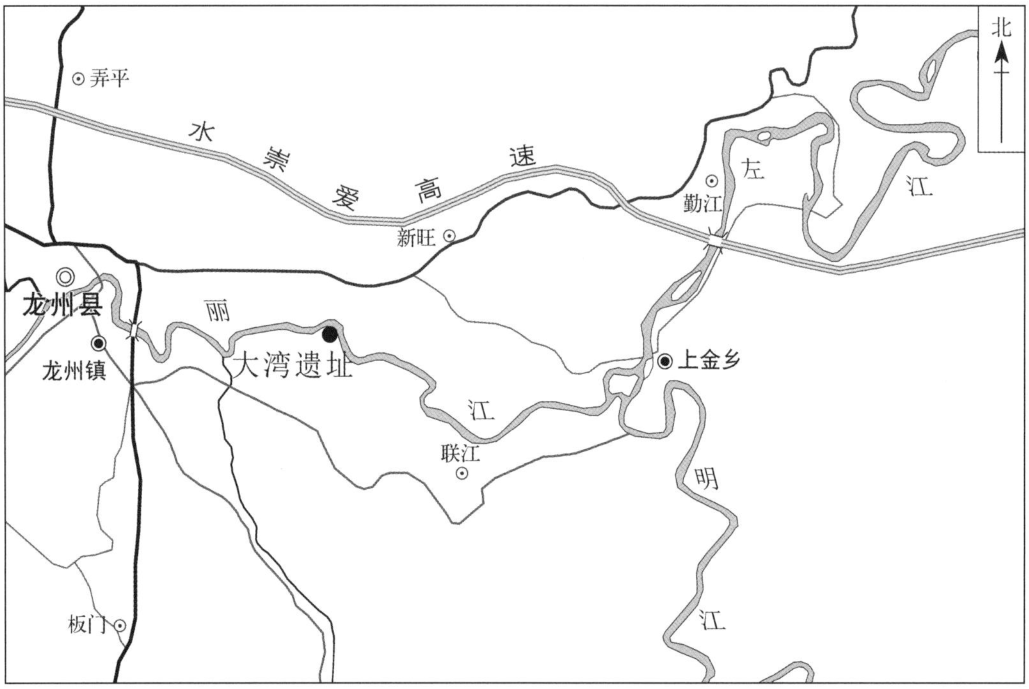

图一八九 大湾遗址地理位置示意图

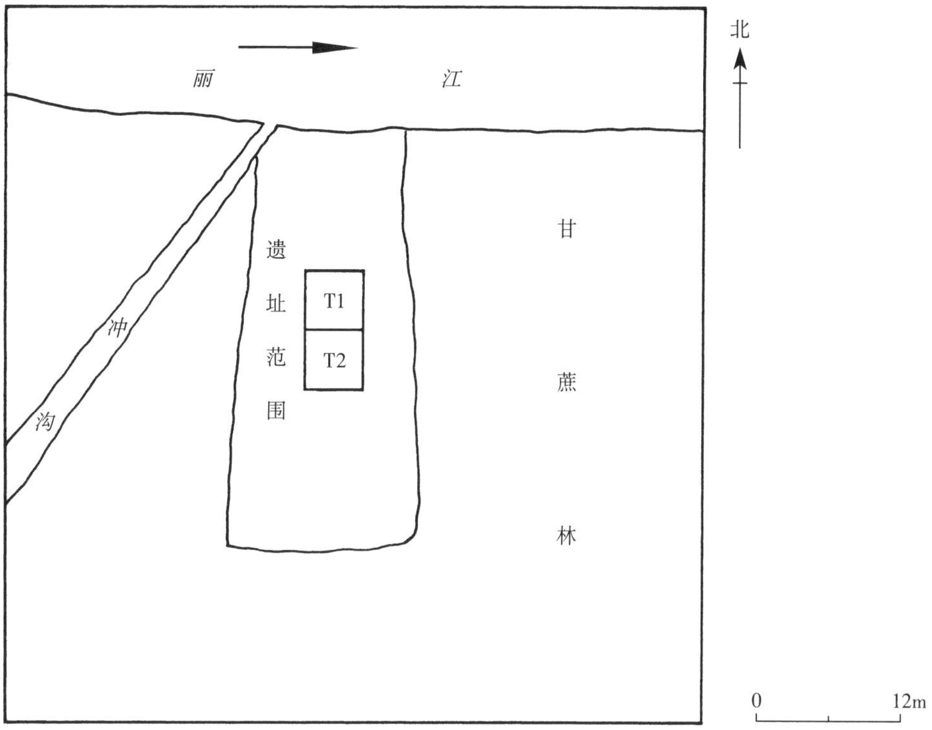

图一九〇 大湾遗址探方位置图

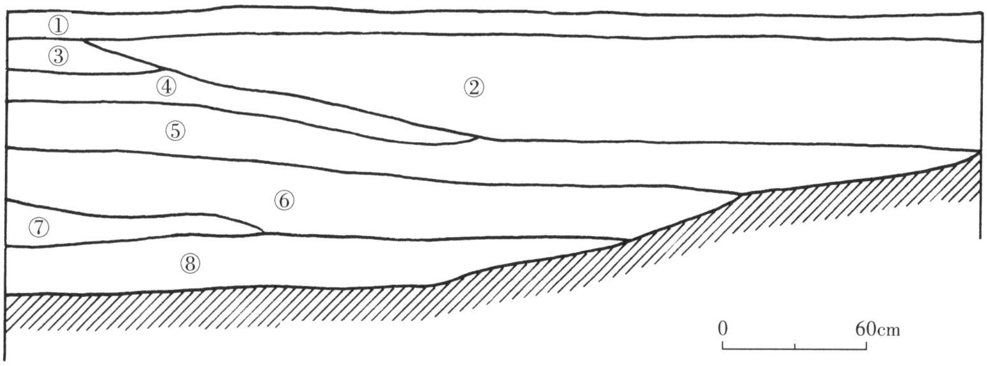

图一九一 大湾遗址 T1 南壁剖面图

第①层：灰褐色沙黏土层。土质纯净，较为疏松，螺壳分布较为密集。大致呈水平状堆积，遍布全方，厚 8~10cm。土层中介壳类体型偏小，包含大量石制品和动物骨骼。

第②层：灰黄色沙黏土层。土质较为疏松。螺壳分布极为密集。大致呈坡状堆积，厚 0~42cm。土层中所含螺蚌类与①层大体相同，开始出现少量大型蚌壳，动物骨骼数量增多。出土大量石制品。

第③层：褐色沙黏土层。土质较为纯净，疏松。含少量螺壳、红烧土颗粒和炭屑等。大致呈坡状堆积，主要分布于探方东部，厚 0~14cm。螺壳分布密度与第②层差别较大，大型蚌壳少见，中型偏多，开始出现尖长型蚌壳。出土大量石制品和动物骨骼。

第④层：红褐色沙黏土层。土质较杂，极为疏松。包含大量红烧土颗粒、少量炭屑和螺壳等。因探方西侧底部有一块大石头向东倾斜，地层随之呈坡状堆积，主要分布于探方东部，厚0~14cm。出土少量石制品和动物骨骼。

第⑤层：灰褐色沙黏土层。土质极为疏松。包含少量红烧土颗粒、炭屑和螺壳等。因探方西部底部大石向东倾斜，地层随之呈坡状堆积，主要分布于探方东部，厚0~20cm。出土少量石制品和动物骨骼。

第⑥层：灰白色胶结层。土质较杂，极为坚硬。包含大量螺壳和少量炭屑等。螺壳密度大，胶结严重，螺壳结块中夹杂炭屑。因探方西侧大石向东倾斜，地层随之呈坡状堆积，主要分布于探方东部，厚0~28cm。出土大量石制品和动物骨骼，动物骨骼较碎小，部分为烧骨。

第⑦层：灰黑色沙黏土层。土质较第⑥层纯净，较为疏松。包含少量螺壳、炭屑和烧土颗粒等。该层含沙量较大，偏湿。因探方西侧大石向东倾斜，地层随之呈坡状堆积，主要分布于探方东部，厚0~18cm。出土大量石制品和动物骨骼，动物骨骼较碎小，部分为烧骨。

第⑧层：黄色黏土层。土质较为纯净、致密。含沙量较少，与第⑦层区别明显。因探方西部大石向东倾斜，地层随之呈坡状堆积，主要分布于探方东部，厚0~22cm。出土极少量石制品和动物骨骼，动物骨骼较碎小。

⑧层下为生土。

三 遗迹

本次试掘面积不大，发现的遗迹数量不多，包括灰坑5个、红烧土堆积7处和墓葬1座。

（一）灰坑

5个。平面多呈圆形或椭圆状，多为弧壁圜底。编号H2~H6，编号H1被注销。

H2 位于T1西北角，开口于第①层下，打破第②层，口部距地表约15cm。部分叠压于T1西壁中，已暴露部分平面形状近半圆形。弧壁圜底，壁面较光滑。暴露部分直径约86cm，深约33cm。坑内填土为黄褐色沙黏土，土质纯净疏松，夹杂少量螺壳（图一九二、一九三）。

H3 位于T2东北部，开口于第①层下，打破第②层，口部距地表约16cm。平面形状近椭圆形，弧壁圜底，壁面较光滑。口径54~72cm，深12cm。坑内仅有一层堆积，填土为灰色沙土，土质纯净，较致密（图一九四、一九五）。

H4 位于T2西南角，开口于第③层下，打破第④和第⑤层。部分叠压在T2西壁中，暴露部分平面形状近半葫芦形。弧壁圜底，壁面弧缓光滑。坑口南北长100cm，东西宽50cm，深32~50cm。坑内仅有一层填土，为灰白色胶结物，土质较杂，极为坚硬，包含大量螺壳和少量炭屑、动物碎骨等（图一九六、一九七）。

H5 位于T1中部偏东，开口于第④层下，打破第⑤和第⑥层。坑口距地表深约41cm。平面

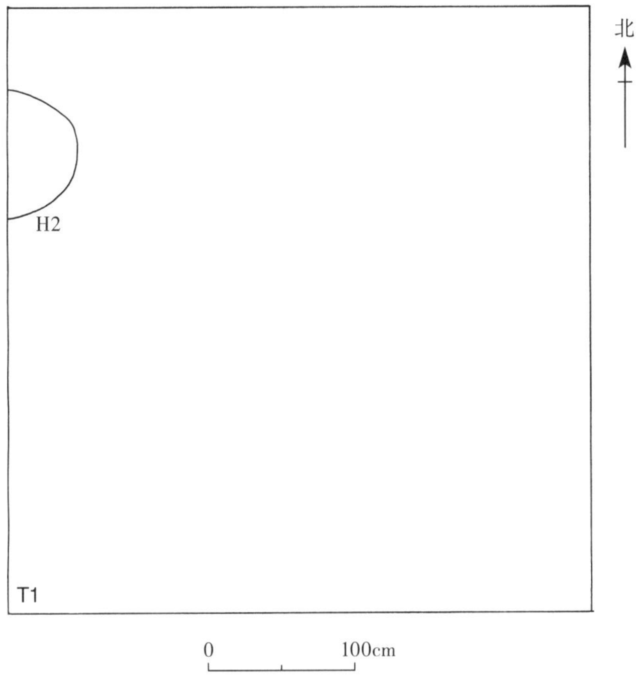

图一九二　大湾遗址H2平面分布图

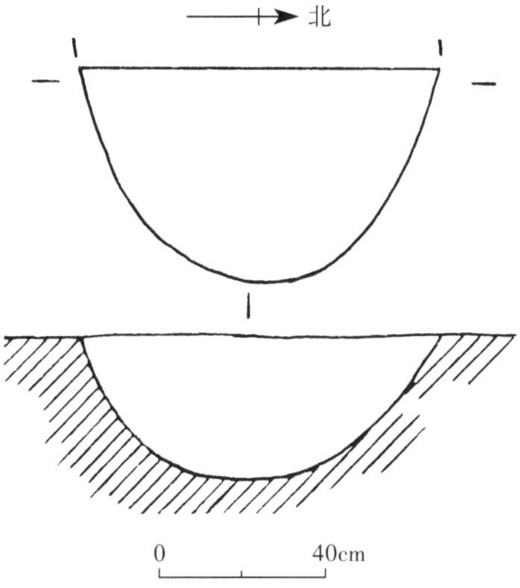

图一九三　大湾遗址H2平、剖面图

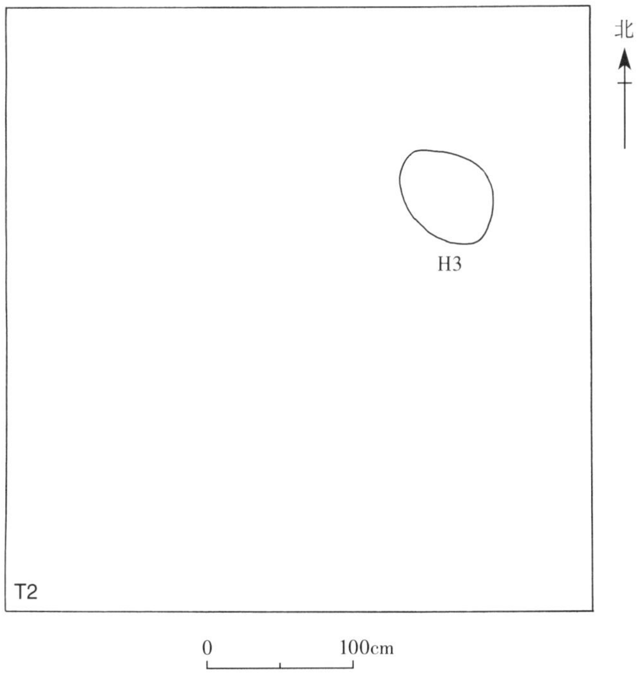

图一九四　大湾遗址H3平面分布图

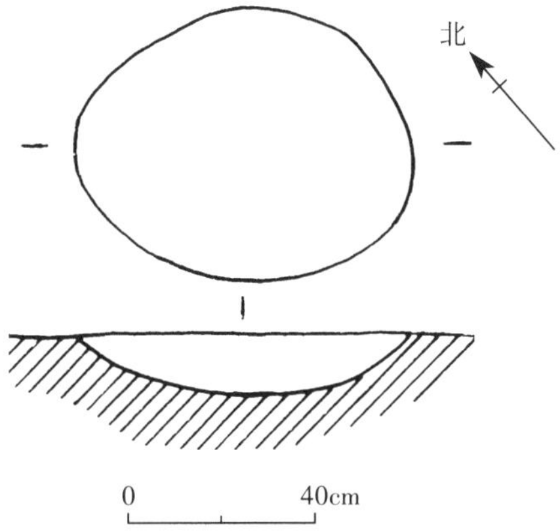

图一九五　大湾遗址H3平、剖面图

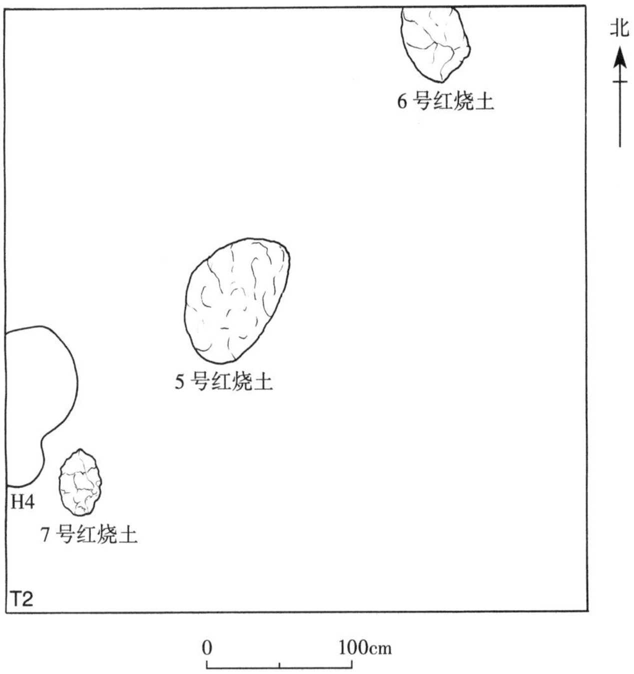

图一九六　大湾遗址H4及5~7号红烧土遗迹平面分布图

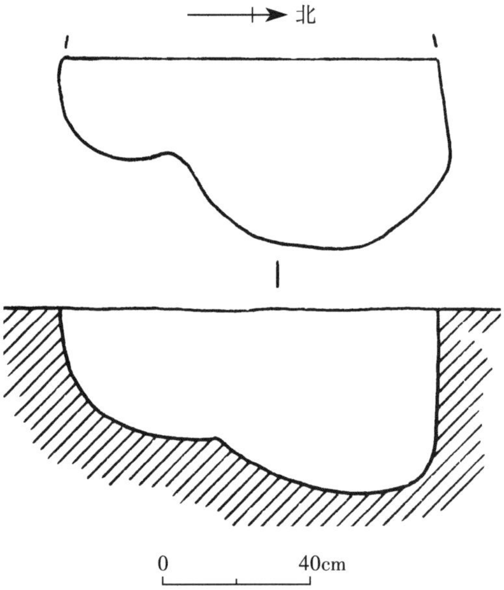

图一九七　大湾遗址H4平、剖面图

形状近椭圆形，近直壁，底不平，壁面较光滑。口径90~100cm，深50cm。坑内填土为灰褐色沙黏土，土质杂乱，夹杂少量烧土颗粒、炭屑、动物骨骼碎块、灰白色胶结硬块以及大量螺壳等（图一九八、一九九；彩版五五，1）。

H6　位于T2中部偏南，开口于第④层下，打破第⑤层。坑口距地表深59cm。平面形状近圆形，弧壁圜底，壁面弧缓光滑。口径50cm，深10cm。坑内填土为灰黑色沙黏土，土质杂乱，较疏松。无出土物（图二〇〇、二〇一）。

（二）红烧土堆积

共发现7处。在T1和T2内均有分布，范围不大，但堆积较厚，厚5~15cm。红烧土中往往夹杂少量炭屑，应为用火遗迹。

1号红烧土堆积　位于T1东北部，直接叠压于④层面上。烧土堆距地表深约39cm，平面形状大致呈刀形。南北走向，长121cm，宽60cm，堆积厚度2~6cm。红烧土集中成块，堆积范围较为规整，土质极为坚硬，包含零星炭屑等，应为用火形成的堆积（图二〇二）。

2号红烧土堆积　位于T1中部偏西，直接叠压于④层面上。烧土堆距地表深28cm。平面形状近圆角长方形。近东西向，长56cm，宽50cm，堆积厚度2~8cm。红烧土堆积集中，堆积范围较为规整，土质极为坚硬，包含零星炭屑等，应为用火形成的堆积（图二〇二）。

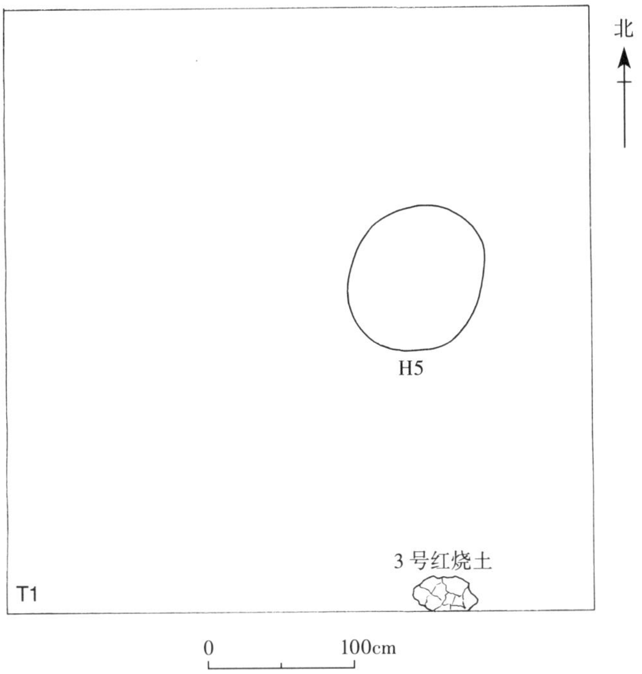

图一九八　大湾遗址H5及3号红烧土遗迹平面分布图

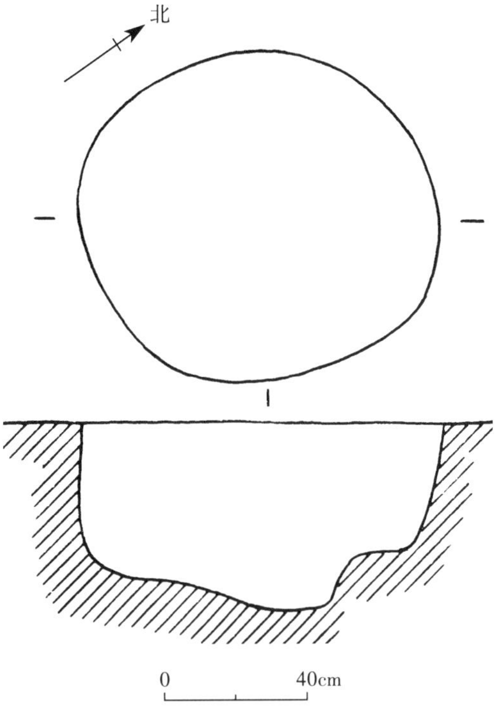

图一九九　大湾遗址H5平、剖面图

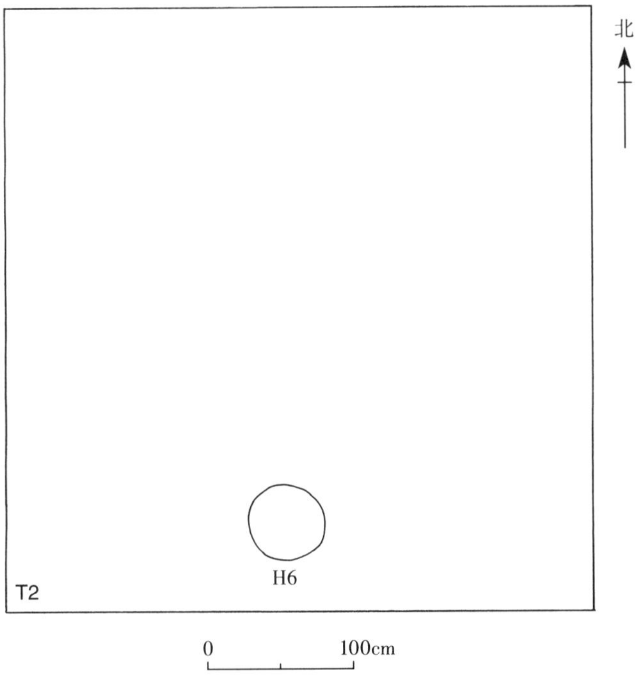

图二〇〇　大湾遗址H6平面分布图

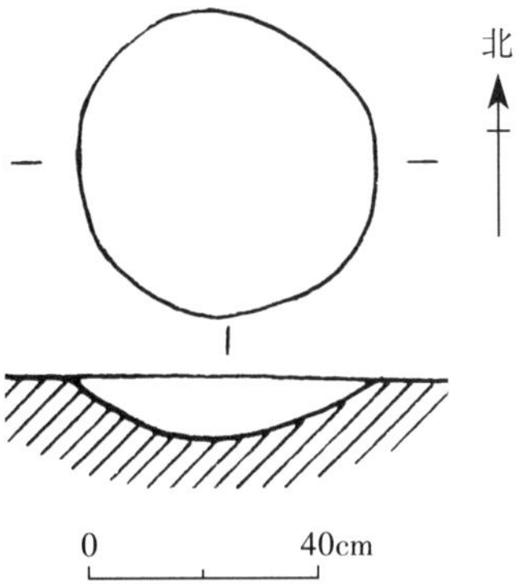

图二〇一　大湾遗址H6平、剖面图

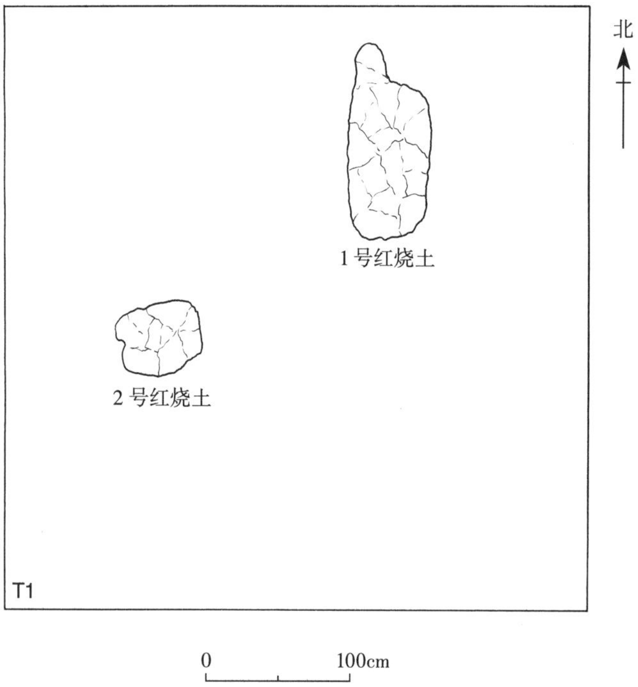

图二〇二　大湾遗址1号、2号红烧土遗迹平面分布图

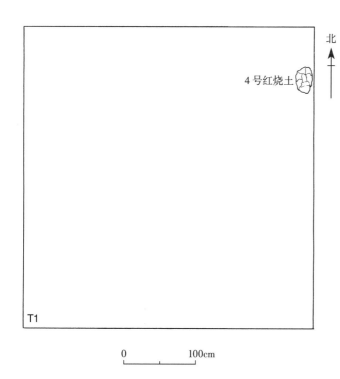

图二〇三　大湾遗址4号红烧土遗迹平面分布图

3号红烧土堆积　位于T1东南角，直接叠压于⑤层面上。平面形状近椭圆形。呈东西向，长径39cm，短径22cm，堆积厚度4~8cm。红烧土堆积集中，堆积范围较为规整，土质极为坚硬，包含零星炭屑等，应为用火形成的堆积（见图一九八；彩版五五，2）。

4号红烧土堆积　位于T1东北角，直接叠压于⑧层面上。平面形状近椭圆形。南北向，长径32cm，短径22cm，堆积厚度1~3cm。红烧土堆积集中，堆积范围较为规整，土质极为坚硬，包含零星炭屑等，应为用火形成的堆积（图二〇三）。

5号红烧土堆积　位于T2中部，露于③层下。平面形状近椭圆形。东北—西南走向，长径90cm，短径60cm，厚19cm。红烧土堆积集中，土质极为坚硬，包含零星炭屑等，应为用火形成的堆积（见图一九六）。

6号红烧土堆积　位于T2东北部，露于③层下，部分位于T2北隔梁内。平面形状近椭圆形。西北—东南走向，长径50cm，短径40cm，厚14cm。红烧土堆积集中，土质极为坚硬，包含零星炭屑等，应为用火遗迹（见图一九六）。

7号红烧土堆积　位于T2西南部，露于③层下。平面形状近椭圆形。南北走向，长径45cm，短径27cm，厚15cm。红烧土堆积集中，土质极为坚硬，包含零星炭屑等，应为用火遗迹（见图一九六）。

（三）墓葬

仅发现1座。编号为M1。

M1　位于T1第③层下，未见墓圹。侧身屈肢葬，身体侧向右边，上下肢弯曲。东西向，头位于西部，面部朝南，人骨方向为西偏北8°。人骨保存状况较差，骨骼较为破碎，表面较多胶结物。头部保存有残破的额骨、顶骨、枕骨、左侧颞骨和颞下颌关节部等。肢骨保存有左肱骨远端、左尺骨近端、股骨左骨干、部分尺桡骨骨干和双侧胫骨残段等，另见少量破碎的肋骨和肩胛骨。左肱骨和右肱骨置于身体右侧，尺骨和桡骨向上弯曲叠压在右肱骨上。股骨、胫骨、腓骨位于身体右侧且向上身弯曲。经鉴定为成年人，性别未知（图二〇四；彩版五五，3）。

四　文化遗物

此次发掘出土大量文化遗物，包括大量石制品和少量蚌器。我们根据地层堆积和遗物特征等方面的不同将遗址划分为四个文化层。其中第一文化层包括T1①、T1②、T2①和T2②层，第二文化层包括T1③、T1④、T1⑤、T2③、T2④和T2⑤层，第三文化层包括T1⑥、T1⑦、T2⑥a、T2⑥b、T2⑦a和T2⑦b层，第四文化层包括T1⑧和T2⑧层。每个文化层文化遗物分别介绍。

（一）第一文化层文化遗物

162件。包括石制品和蚌器两大类。其中石制品159件，占第一文化层出土器物总数的

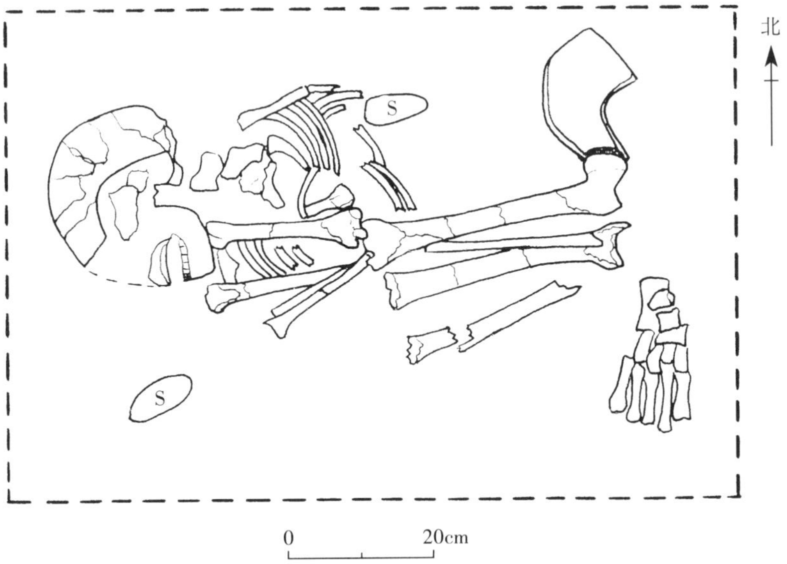

图二〇四　大湾遗址M1平面图

注：S为石头

98.15%；蚌器 3 件，占第一文化层出土器物总数的 1.85%。

1. 石制品

159 件。包括加工工具、打制石制品和磨制石制品三大类。其中加工工具 1 件，占该文化层出土石制品总数的 0.63%；打制石制品 69 件，占该文化层出土石制品总数的 43.40%；磨制石制品 89 件，占该文化层出土石制品总数的 55.97%。

（1）加工工具

1 件。为砸击石锤。属于 B 型中的 BaⅤ次亚型。

标本 2015GLDT1②：21，原料为浅黄褐色辉绿岩砾石。器身形状近椭圆柱状。一面较平，另一面微凸。使用痕迹集中于较平面。该面中部有一近椭圆的细点状疤痕，疤痕中部痕迹略深，四周棱角清晰。器身其余部位保留自然砾面。长 8.5cm，宽 6.0cm，厚 4.5cm，重 350g（图二〇五，1；彩版五六，1）。

（2）打制石制品

69 件。包括石核、石片、砍砸器和刮削器四大类型。其中石片 38 件，占该文化层出土打制石制品总数的 55.07%；砍砸器 17 件，占该文化层出土打制石制品总数的 24.65%；刮削器、石核各 7 件，各占该文化层出土打制石制品总数的 10.14%。

石核 7 件。岩性有石英和辉绿岩两种。其中石英 5 件，占该文化层出土石核总数的 71.43%；辉绿岩 2 件，占该文化层出土石核总数的 28.57%。打片方法只有锤击法一种。台面均为自然台面。器身形状有圆形、椭圆形和不规则形三种。其中圆形 1 件，占该文化层出土石核总数的 14.29%；椭圆形 4 件，占该文化层出土石核总数的 57.14%；不规则形 2 件，占该文化层出土石核总数的 28.57%。器身长度最大值 18.5cm，最小值 6.6cm；宽度最大值 13.0cm，最小值 5.1cm；厚度最大值 7.5cm，最小值 2.3cm；重量最大值 2187g，最小值 104g。分别属于 A 型和 B 型。

A 型 2 件。均为 Ai 亚型。

标本 2015GLDT1①：20，原料为浅黄白色石英砾石。器身形状不规则。两面均凸起。以一面为台面沿一侧多次单面剥片，片疤较大且深凹，部分片疤尾部折断形成陡坎。器身其余部位保留自然砾面。长 8.2cm，宽 7.7cm，厚 4.6cm，重 309g（图二〇五，2）。

标本 2015GLDT2①：18，原料为灰褐色辉绿岩砾石。器身大且厚重，形状不规则。一面较平，另一面凸起。以一端为台面单面剥片，剥出一个较大且深凹的片疤，片疤尾部折断形成陡坎。器身其余部位保留自然砾面。长 15.2cm，宽 6.8cm，厚 7.2cm，重 1044g（图二〇五，3；彩版五六，2）。

B 型 5 件。分别属于 Bd 亚型和 Bf 亚型。

Bd 型 1 件。

标本 2015GLDT1②：22，原料为浅黄白色石英砾石。器身形状近圆形。两面均凸起。以一端和一侧为台面单面剥片，各剥出一个较大且深凹的片疤。器身其余部位保留自然砾面。长 7.1cm，

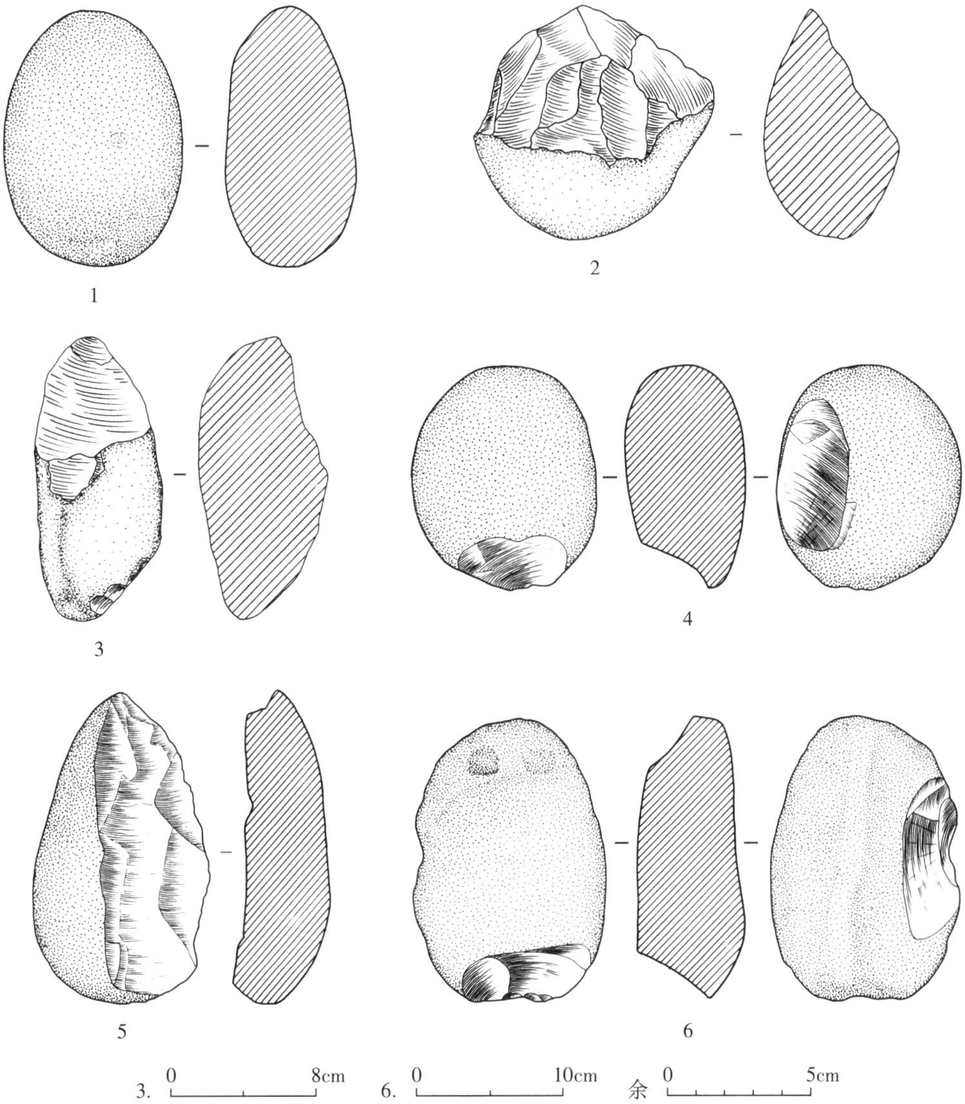

图二〇五　大湾遗址第一文化层石制品（一）

1. BaⅤ型石锤（2015GLDT1②：21）　2、3. Ai型石核（2015GLDT1①：20、2015GLDT2①：18）
4. Bd型石核（2015GLDT1②：22）　5、6. Bf型石核（2015GLDT1②：18、2015GLDT1②：47）

宽6.0cm，厚4.0cm，重220g（图二〇五，4）。

Bf型　4件。

标本2015GLDT1②：18，原料为浅红白色石英砾石。器身形状近椭圆形。两面均凸起。以一端和一侧为台面单面剥片，各剥出一个较大且深凹的片疤。器身其余部位保留自然砾面。长10.2cm，宽6.1cm，厚2.9cm，重218g（图二〇五，5；彩版五六，3）。

标本2015GLDT1②：47，原料为灰褐色辉绿岩砾石。器身宽大厚重，形状近椭圆形。一面较平，另一面凸起。以一端和一侧为台面单面剥片，各剥出一个较大且深凹的片疤，片疤尾部均折断形成陡坎。器身其余部位保留自然砾面。长18.5cm，宽13.0cm，厚7.5cm，重2187g（图二〇五，6）。

石片 38件。岩性有辉绿岩和细砂岩两种。其中辉绿岩37件，占该文化层出土石片总数的97.37%；细砂岩1件，占该文化层出土石片总数的2.63%。打击方法均为锤击法。打击台面大多是自然台面；人工台面只有5件，占该文化层出土石片总数的13.16%。线状台面11件，占该文化层出土石片总数的28.95%。打击点大多数比较清楚，但有打击疤痕的不多。半锥体不明显的34件，占该文化层出土石片总数的89.47%；半锥体微显的3件，占该文化层出土石片总数的7.89%；半锥体凸出的1件，占该文化层出土石片总数的2.64%。除线状台面石片外，其他标本的石片角大多在90°以上，以110°左右的居多。宽大于长的石片有17件，占该文化层出土石片总数的44.74%；长大于宽的石片有21件，占该文化层出土石片总数的55.26%。大多数石片的背面或多或少保留有自然砾面；少数背面经加工者，在台面或侧边仍保留有少量自然砾面。背面有片疤者，其剥片方向大多与石片同向同源，少数与石片垂直。大多数石片具有锋利的边缘，但未发现使用痕迹。所有石片都具有锋利的棱角，没有明显的冲磨痕迹。形状有三角形、四边形、梯形、半圆形、椭圆形、长条形、扇贝形、心形和不规则形九种。其中三角形和心形各4件，各占该文化层出土石片总数的10.53%；四边形和椭圆形各6件，各占该文化层出土石片总数的15.79%；梯形和不规则形各5件，各占该文化层出土石片总数的13.16%；半圆形和扇贝形各3件，各占该文化层出土石片总数的7.89%；长条形2件，占该文化层出土石片总数的5.26%。器身长度最大值18.8cm，最小值6.0cm；宽度最大值13.8cm，最小值4.3cm；厚度最大值4.0cm，最小值1.1cm；重量最大值674g，最小值73g。分别属于A型中的Aa、Ab、Ad、Ae亚型。

Aa型 24件。分别属于AaⅠ、AaⅡ、AaⅢ、AaⅤ、AaⅥ、AaⅦ、AaⅨ、AaⅪ次亚型。

AaⅠ型 3件。

标本2015GLDT1①：17，原料为灰褐色辉绿岩砾石。器身较薄，形状近三角形。打击台面为自然台面。打击点宽大，半锥体不显，放射线清楚，同心波纹不明显。器身左侧和远端边缘锋利，但未见使用痕迹。右侧保留自然砾面，边缘钝厚。背面完全保留自然砾面。长6.0cm，宽10.1cm，厚1.9cm，重133g（图二〇六，1；彩版五六，4）。

标本2015GLDT1②：39，原料为灰褐色辉绿岩砾石。器身形状近三角形。打击台面为自然台面。打击点宽大，半锥体不显，放射线和同心波纹均不明显。器身左侧上半部折断一小块，下半部保留自然砾面，边缘钝厚。右侧边缘锋利，未发现使用痕迹。两侧缘在远端交汇形成一个钝尖。背面完全保留自然砾面。长10.4cm，宽8.0cm，厚3.1cm，重259g（图二〇六，2）。

AaⅡ型 5件。

标本2015GLDT1①：9，原料为灰褐色辉绿岩砾石。器身较宽大且较薄，形状近四边形。打击台面为自然台面。打击点宽大，半锥体不显，放射线清楚，同心波纹不明显。器身左右两侧和远端边缘锋利，未见使用痕迹。背面完全保留自然砾面。长11.5cm，宽13.8cm，厚2.2cm，重395g（图二〇六，3；彩版五六，5）。

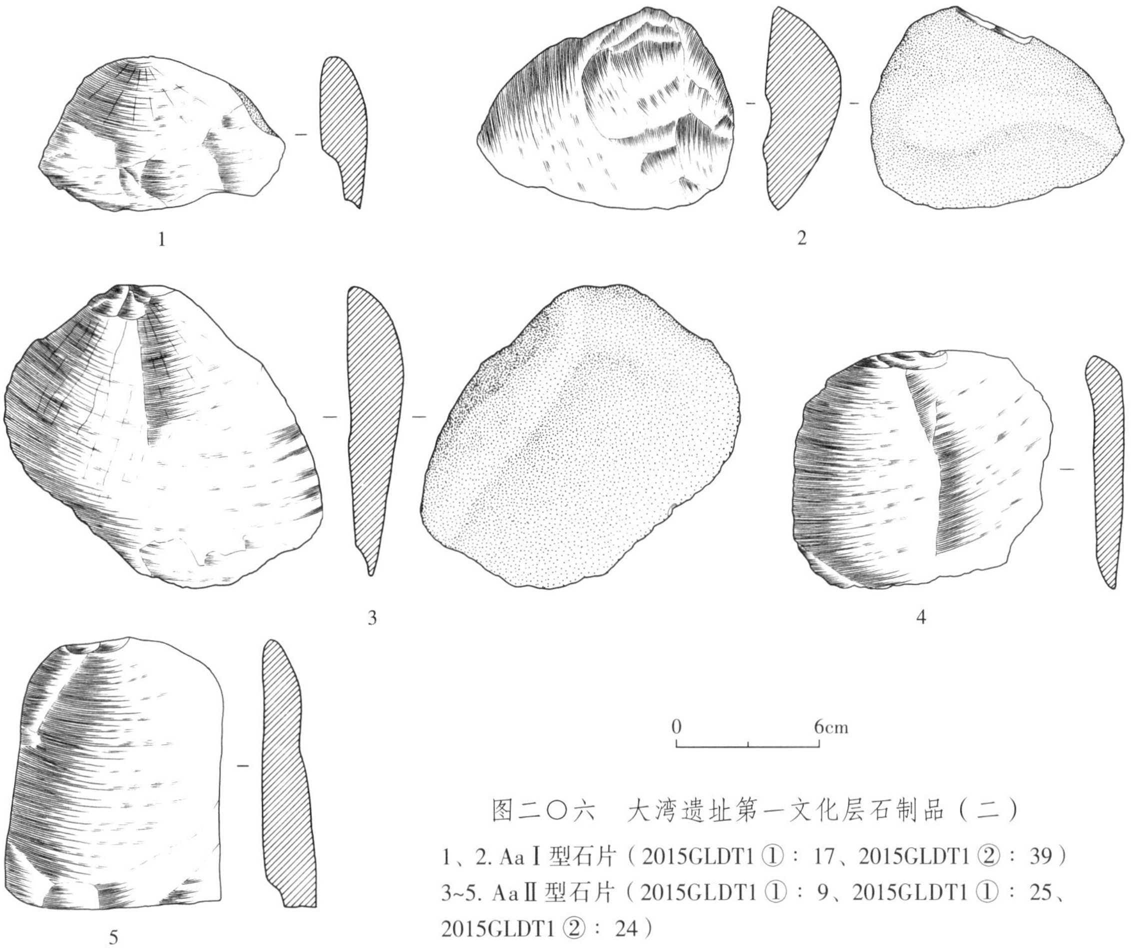

图二〇六　大湾遗址第一文化层石制品（二）

1、2. AaⅠ型石片（2015GLDT1①：17、2015GLDT1②：39）
3~5. AaⅡ型石片（2015GLDT1①：9、2015GLDT1①：25、2015GLDT1②：24）

标本2015GLDT1①：25，原料为灰褐色辉绿岩砾石。器身较宽大，较薄，形状近四边形。打击台面为自然台面（线状台面），打击点宽大，半锥体微显，放射线不清楚，同心波纹微显。器身左右两侧和远端边缘锋利，但未见使用痕迹。背面完全保留自然砾面。长9.1cm，宽10.5cm，厚1.5cm，重185g（图二〇六，4）。

标本2015GLDT1②：24，原料为灰褐色辉绿岩砾石。器身形状近四边形。打击台面为自然台面。打击点宽大，半锥体不显，放射线不清楚，同心波纹微显。器身左右两侧保留自然砾面，边缘钝厚。远端折断一大块，边缘钝厚。背面完全保留自然砾面。长10.9cm，宽8.7cm，厚2.1cm，重357g（图二〇六，5）。

标本2015GLDT2②：32，原料为灰褐色辉绿岩砾石。器身形状近四边形。打击台面为自然台面。打击点宽大，半锥体不显，放射线不清，同心波纹微显。器身左侧保留自然砾面，边缘钝厚。远端折断一小块，边缘钝厚。右侧边缘锋利，未发现使用痕迹。背面完全保留自然砾面。长10.5cm，宽9.7cm，厚2.1cm，重275g（图二〇七，1）。

标本2015GLDT2①：13，原料为暗红褐色辉绿岩砾石。器身较薄，形状近四边形。打击台面为自然台面（线状台面）。打击点宽大，半锥体不显，放射线不清楚，同心波纹微显。器身左右两侧边缘锋利，未见使用痕迹。远端折断一小块，断面整齐，边缘钝厚。背面完全保留自然砾面。长9.2cm，宽7.8cm，厚1.4cm，重152g（图二〇七，2）。

AaⅢ型 3件。

标本2015GLDT1①：10，原料为灰褐色辉绿岩砾石。器身稍薄，形状近梯形。打击台面为自然台面（线状台面）。打击点宽大，半锥体不显，放射线清楚，同心波纹不明显。器身左右两侧边缘锋利，未见使用痕迹。远端折断一块，断面略整齐，边缘钝厚。背面完全保留自然砾面。长8.5cm，宽7.1cm，厚1.7cm，重135g（图二〇七，3）。

标本2015GLDT2①：15，原料为灰褐色辉绿岩砾石。器身稍薄，形状近梯形。打击台面为自然台面。打击点宽大，半锥体不显，放射线清楚，同心波纹微显。器身左右两侧边缘锋利，未见使用痕迹。远端折断一块，断面整齐，边缘钝厚。背面完全保留自然砾面。长8.2cm，宽9.5cm，厚1.4cm，重163g（图二〇七，4）。

标本2015GLDT2①：22，原料为灰褐色辉绿岩砾石。器身稍薄，形状近梯形。打击台面为自然台面。打击点宽大，半锥体不显，放射线清楚，同心波纹微显。器身左右两侧边缘锋利，未见使用痕迹。远端形成一舌尖，边缘锋利，也未见使用痕迹。背面完全保留自然砾面。长8.9cm，宽7.0cm，厚1.7cm，重149g（图二〇七，5）。

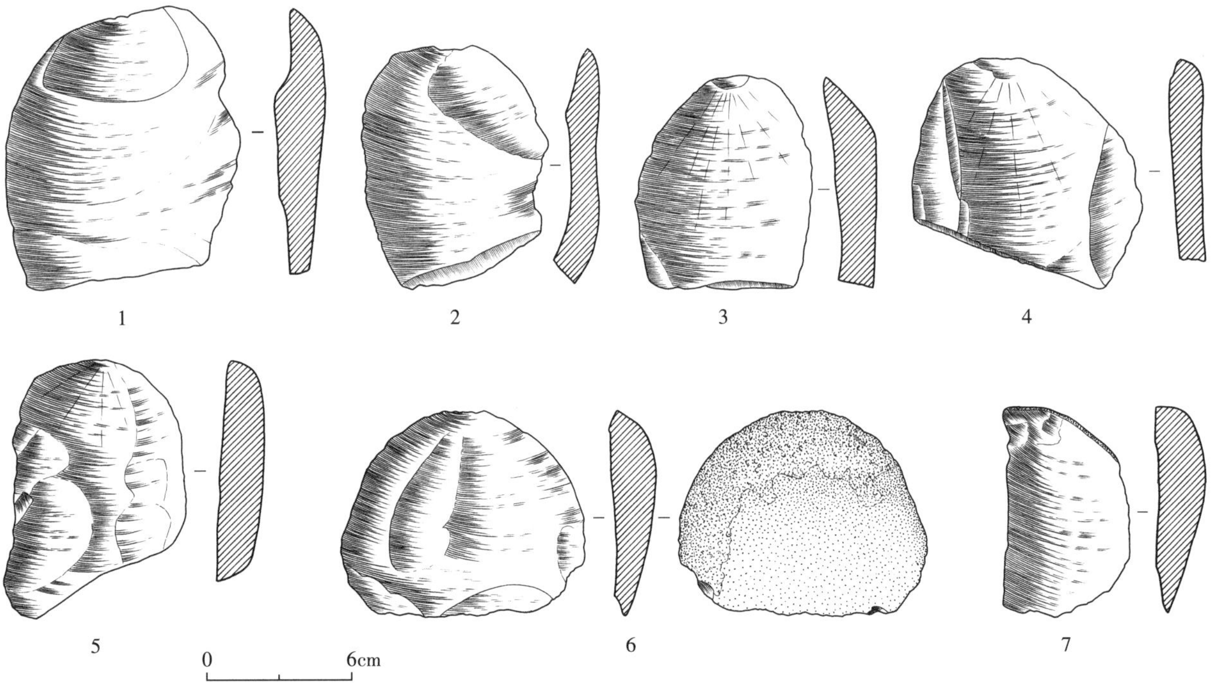

图二〇七 大湾遗址第一文化层石制品（三）

1、2. AaⅡ型石片（2015GLDT2②：32、2015GLDT2①：13） 3~5. AaⅢ型石片（2015GLDT1①：10、2015GLDT2①：15、2015GLDT2①：22） 6、7. AaⅤ型石片（2015GLDT2①：8、2015GLDT2①：10）

AaⅤ型　3件。

标本2015GLDT2①：8，原料为灰褐色细砂岩砾石。器身稍薄，形状近半圆形。打击台面为自然台面。打击点宽大，半锥体不显，放射线和同心波纹均不明显。器身左右两侧和远端边缘锋利，未见使用痕迹。背面完全保留自然砾面。长8.2cm，宽10.1cm，厚1.9cm，重188g（图二〇七，6）。

标本2015GLDT2①：10，原料为灰褐色辉绿岩砾石。器身稍薄小，形状近半圆形。打击台面为自然台面。打击点宽大，半锥体不显，放射线和同心波纹均不明显。器身左侧折断一大块，断面略整齐，边缘钝厚。右侧和远端边缘锋利，未见使用痕迹。背面完全保留自然砾面。长8.4cm，宽5.0cm，厚1.9cm，重105g（图二〇七，7）。

标本2015GLDT1②：46，原料为灰褐色辉绿岩砾石。器身较厚，形状近半圆形。打击台面为自然台面。打击点宽大，半锥体不显，放射线和同心波纹均不明显。器身左右两侧保留自然砾面，边缘钝厚。远端折断一大块，断面整齐，边缘钝厚。背面完全保留自然砾面。长6.2cm，宽9.5cm，厚2.8cm，重225g（图二〇八，1）。

AaⅥ型　4件。

标本2015GLDT2①：4，原料为灰褐色辉绿岩砾石。器身较厚，形状近椭圆形。打击台面为自然台面。打击点宽大，半锥体不显，放射线清楚，同心波纹微显。器身左右两侧保留自然砾面，

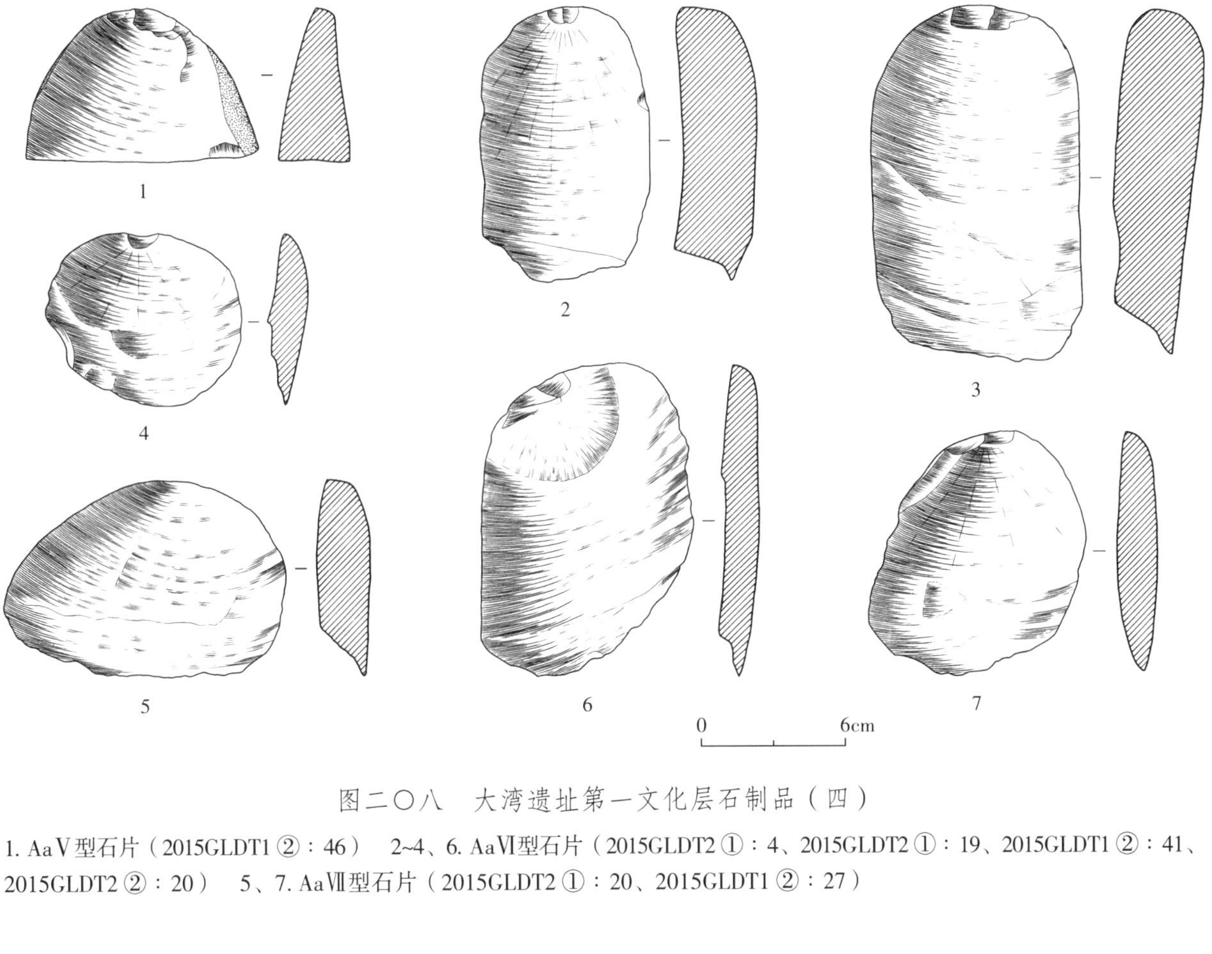

图二〇八　大湾遗址第一文化层石制品（四）

1. AaⅤ型石片（2015GLDT1②：46）　2~4、6. AaⅥ型石片（2015GLDT2①：4、2015GLDT2①：19、2015GLDT1②：41、2015GLDT2②：20）　5、7. AaⅦ型石片（2015GLDT2①：20、2015GLDT1②：27）

边缘钝厚。远端折断一大块，边缘钝厚。背面完全保留自然砾面。长 10.8cm，宽 7.0cm，厚 3.1cm，重 362g（图二〇八，2）。

标本 2015GLDT2①：19，原料为灰褐色辉绿岩砾石。器身宽大厚重，形状近椭圆形。打击台面为自然台面。打击点宽大，半锥体不显，放射线和同心波纹微显。器身左右两侧保留自然砾面，边缘钝厚。近远端处突然下折形成陡坎。远端边缘锋利，未见使用痕迹。背面完全保留自然砾面。长 14.0cm，宽 8.6cm，厚 3.4cm，重 672g（图二〇八，3）。

标本 2015GLDT1②：41，原料为灰褐色辉绿岩砾石。器身较薄，形状近椭圆形。打击台面为自然台面（线状台面）。打击点宽大，半锥体不显，放射线清楚，同心波纹微显。器身左右侧和远端边缘锋利，未发现使用痕迹。背面完全保留自然砾面。长 6.9cm，宽 8.0cm，厚 1.5cm，重 94g（图二〇八，4）。

标本 2015GLDT2②：20，原料为灰褐色辉绿岩砾石。器身较薄，形状近椭圆形。打击台面为自然台面（线状台面）。打击点宽大，半锥体不显，放射线和同心波纹均微显。器身左侧保留自然砾面，边缘钝厚。右侧和远端边缘锋利，未发现使用痕迹。背面完全保留自然砾面。长 12.4cm，宽 8.5cm，厚 1.5cm，重 226g（图二〇八，6）。

AaⅧ型　2 件。

标本 2015GLDT2①：20，原料为灰褐色辉绿岩砾石。器身稍薄，形状近扇贝形。打击台面为自然台面。打击点宽大，半锥体不显，放射线和同心波纹均微显。器身左侧和远端边缘锋利，未发现使用痕迹。右侧保留自然砾面，边缘钝厚。背面完全保留自然砾面。长 7.8cm，宽 11.5cm，厚 2.1cm，重 255g（图二〇八，5）。

标本 2015GLDT1②：27，原料为灰褐色辉绿岩砾石。器身较薄，形状近扇贝形。打击台面为自然台面（线状台面）。打击点宽大，半锥体不显，放射线清楚，同心波纹微显。器身左右侧和远端边缘锋利，未发现使用痕迹。背面完全保留自然砾面。长 9.0cm，宽 8.5cm，厚 1.6cm，重 150g（图二〇八，7）。

AaⅨ型　2 件。

标本 2015GLDT1①：12，原料为灰褐色辉绿岩砾石。器身扁薄，形状近心形。打击台面为自然台面（线状台面）。打击点宽大，半锥体不显，放射线和同心波纹均不明显。器身左右两侧边缘锋利，未发现使用痕迹。远端形成一宽舌尖，边缘锋利，也未见使用痕迹。背面完全保留自然砾面。长 8.5cm，宽 8.1cm，厚 1.5cm，重 133g（图二〇九，1）。

标本 2015GLDT1②：16，原料为灰褐色辉绿岩砾石。器身稍厚，形状近心形。打击台面为自然台面（线状台面）。打击点宽大，半锥体不显，放射线和同心波纹均不明显。器身左侧边缘锋利，未发现使用痕迹。右侧上半部保留自然砾面，边缘钝厚。下半部沿节理面断裂一大块，断面整齐，边缘钝厚。两侧缘在远端交汇形成一个钝尖。背面完全保留自然砾面。长 7.5cm，宽 9.0cm，厚 2.5cm，重 195g（图二〇九，2）。

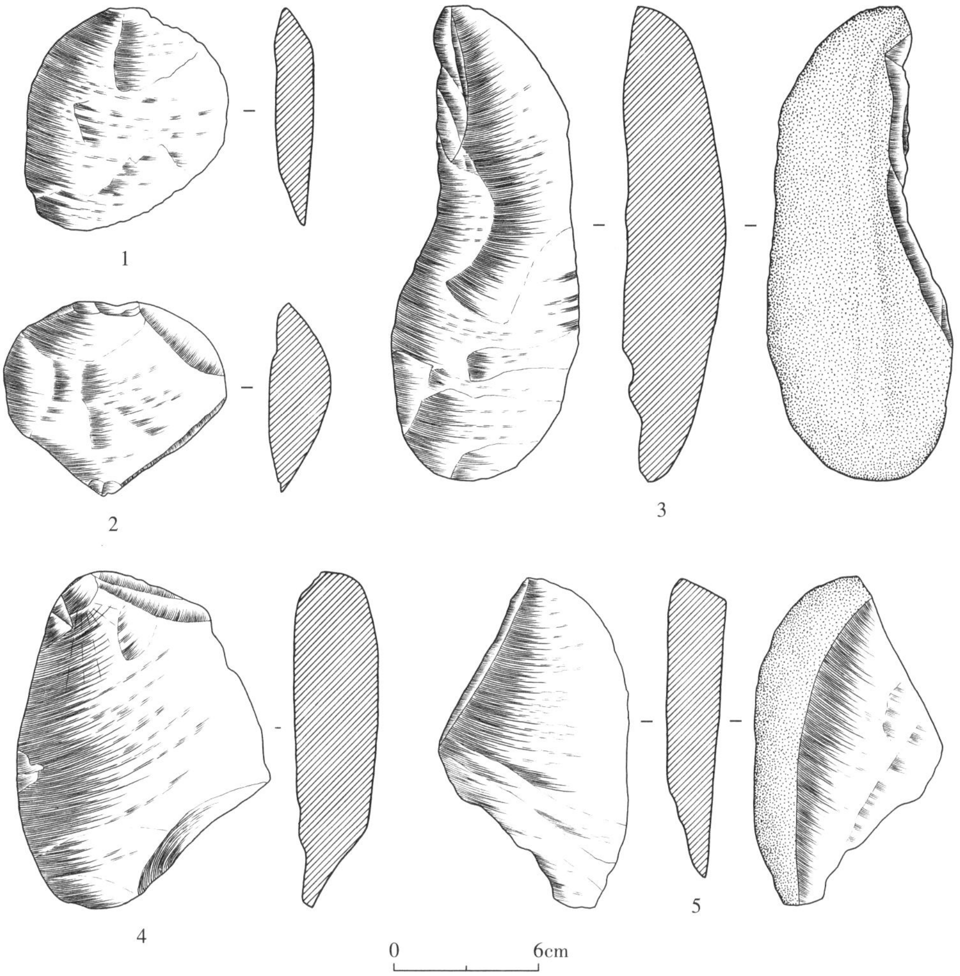

图二〇九　大湾遗址第一文化层石制品（五）

1、2. AaⅨ型石片（2015GLDT1①：12、2015GLDT1②：16）　3、4. AaⅪ型石片（2015GLDT1①：34、2015GLDT1②：38）　5. AbⅠ型石片（2015GLDT2②：6）

AaⅪ型　2件。

标本2015GLDT1①：34，原料为灰褐色辉绿岩砾石。器身较长，较厚，形状不规则。打击台面为自然台面。打击点宽大，半锥体不显，放射线和同心波纹均不明显。器身右侧和远端边缘锋利，未见使用痕迹。左侧上半部折断一大块，断面凹凸不平，边缘钝厚；下半部边缘锋利，也未见使用痕迹。背面完全保留自然砾面。长18.8cm，宽7.6cm，厚4.0cm，重674g（图二〇九，3）。

标本2015GLDT1②：38，原料为灰褐色辉绿岩砾石。器身较宽大，较厚，形状不规则。打击台面为自然台面。打击点宽大，半锥体不显，放射线和同心波纹不明显。器身左侧和右侧上半部保留自然砾面，边缘钝厚。右侧下半部和远端各折断一大块，断面不整齐，边缘钝厚。两断面在远端右侧交汇形成一个钝尖。背面完全保留自然砾面。长13.5cm，宽10.4cm，厚3.5cm，重593g（图二〇九，4；彩版五七，1）。

Ab 型　9 件。分别属于 AbⅠ、AbⅢ、AbⅥ、AbⅦ、AbⅨ、AbⅪ次亚型。

AbⅠ型　1 件。

标本 2015GLDT2②：6，原料为灰褐色辉绿岩砾石。器身较宽大，形状近三角形。打击台面为自然台面。打击点宽大，半锥体不显，放射线和同心波纹均不明显。器身左侧折断一大块，断面整齐，边缘钝厚。远端边缘锋利，未发现使用痕迹。右侧保留自然砾面，边缘钝厚。右侧缘和远端交汇形成一个舌尖。背面约三分之二为片疤面（分布在中部和右侧），片疤的打击方向与石片的打击方向相同；背面其余部分保留自然砾面。长 12.6cm，宽 7.8cm，厚 2.4cm，重 238g（图二〇九，5）。

AbⅢ型　1 件。

标本 2015GLDT1②：28，原料为灰褐色辉绿岩砾石。器身稍厚，形状近梯形。打击台面为自然台面。打击点宽大，半锥体不显，放射线和同心波纹均不明显。器身左侧为层叠的片疤面，边缘钝厚。右侧保留自然砾面，边缘钝厚。远端边缘锋利，未发现使用痕迹。背面约六分之一为片疤面（分布在右侧），片疤的打击方向与石片的打击方向相垂直；背面其余部分保留自然砾面。长 8.0cm，宽 6.7cm，厚 2.6cm，重 166g（图二一〇，1）。

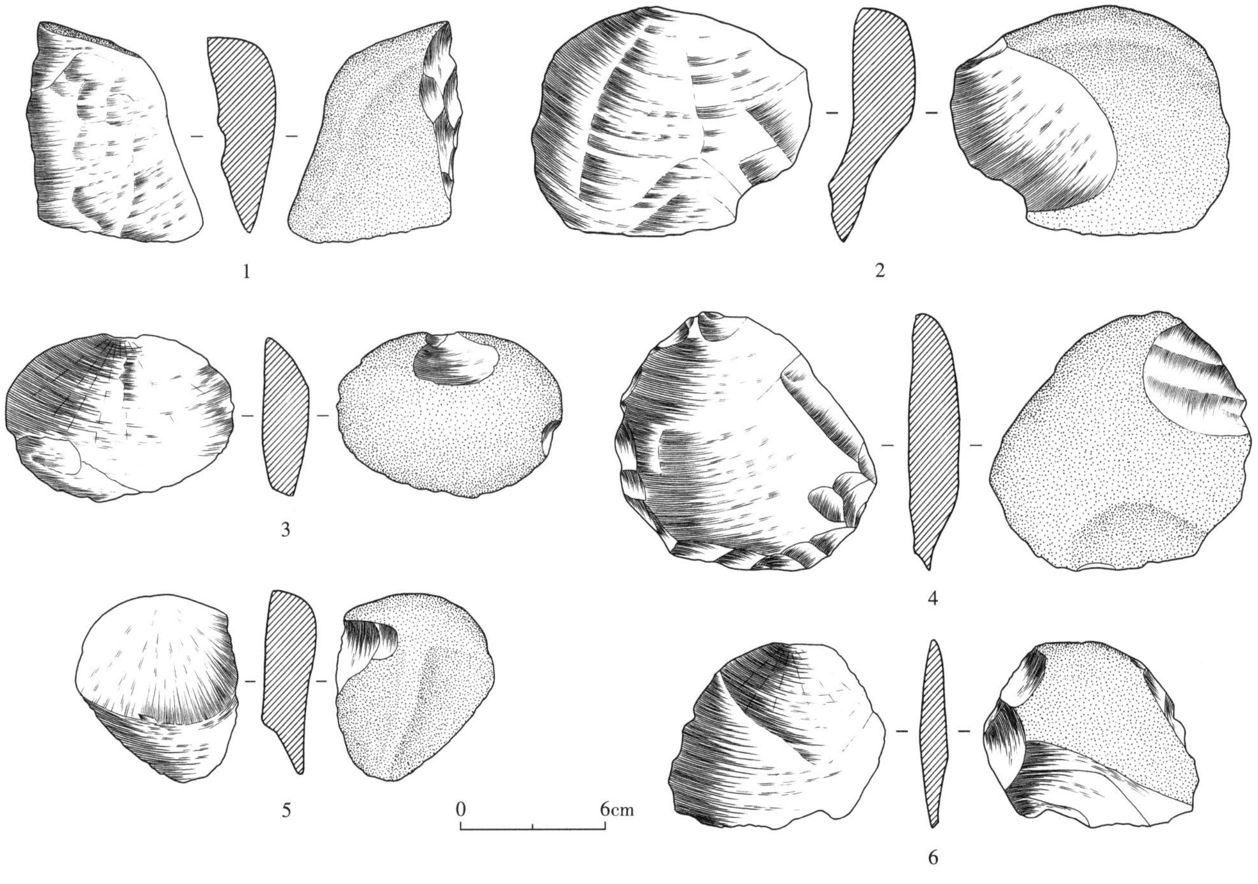

图二一〇　大湾遗址第一文化层石制品（六）

1. AbⅢ型石片（2015GLDT1②：28）　2、3. AbⅥ型石片（2015GLDT2②：7、2015GLDT1①：16）　4. AbⅦ型石片（2015GLDT2②：11）　5、6. AbⅨ型石片（2015GLDT1①：26、2015GLDT2②：9）

AbⅥ型　2件。

标本2015GLDT2②：7，原料为灰褐色辉绿岩砾石。器身形状近椭圆形。打击台面为自然台面。打击点宽大，半锥体不显，放射线和同心波纹均不明显。器身左右两侧和远端边缘锋利，未发现使用痕迹。背面约三分之一（分布在左侧）为片疤面，片疤的打击方向与石片的打击方向相同；背面其余部分保留自然砾面。长9.2cm，宽11.3cm，厚2.6cm，重288g（图二一〇，2；彩版五七，2）。

标本2015GLDT1①：16，原料为灰褐色辉绿岩砾石。器身形状近椭圆形。打击台面为自然台面。打击点宽大，半锥体不显，放射线清楚，同心波纹微显。器身左右两侧和远端边缘锋利，未发现使用痕迹。背面近端有一较小且浅平的片疤，片疤打击方向与石片的打击方向相同；右侧边缘中部也有一较小且浅平的片疤，片疤的打击方向与石片的打击方向垂直；背面其余部分保留自然砾面。长6.7cm，宽9.4cm，厚1.9cm，重150g（图二一〇，3）。

AbⅦ型　1件。

标本2015GLDT2②：11，原料为灰褐色辉绿岩砾石。器身稍宽稍薄，形状近扇贝形。打击台面为自然台面。打击点宽大，半锥体不显，放射线和同心波纹均不明显。器身左侧上半部、右侧和远端边缘锋利，未发现使用痕迹。左侧下半部折断一小块，边缘钝厚。背面约六分之一面积（分布在右侧上半部）为片疤面，片疤的打击方向与石片的打击方向相垂直；背面其余部位保留自然砾面。长10.2cm，宽10.5cm，厚2.1cm，重276g（图二一〇，4）。

AbⅨ型　2件。

标本2015GLDT1①：26，原料为灰褐色辉绿岩砾石。器身窄小，形状近心形。打击台面为自然台面。打击点宽大，半锥体不显，放射线和同心波纹明显。器身左右两侧边缘锋利，未发现使用痕迹。远端形成一舌尖，边缘锋利，也未见使用痕迹。背面约七分之一面积（分布在左侧上半部）为片疤面，片疤的打击方向与石片的打击方向垂直；背面其余部分保留自然砾面。长7.6cm，宽6.6cm，厚2.0cm，重110g（图二一〇，5）。

标本2015GLDT2②：9，原料为灰褐色辉绿岩砾石。器身扁薄，形状近心形。打击台面为自然台面（线状台面）。打击点宽大，半锥体不显，放射线清楚，同心波纹微显。器身左右两侧和远端边缘锋利，未发现使用痕迹。背面约三分之一面积（分布在左侧和远端边缘）为片疤面，片疤的打击方向与石片的打击方向垂直；背面其余部分保留自然砾面。长7.4cm，宽8.3cm，厚1.1cm，重73g（图二一〇，6）。

AbⅪ型　2件。

标本2015GLDT1①：24，原料为灰褐色辉绿岩砾石。器身扁薄，形状不规则。打击台面为自然台面。打击点宽大，半锥体微显，放射线和同心波纹均不明显。器身左侧、右侧下半部和远端边缘均折断一小块，边缘钝厚。右侧上半部边缘锋利，未见使用痕迹。背面约六分之一面积（分布在左侧下部）为片疤面，片疤的打击方向与石片的打击方向垂直；背面其余部分保留自然砾面。

长 8.6cm，宽 9.0cm，厚 1.4cm，重 108g（图二一一，1）。

标本 2015GLDT2 ①：16，原料为灰褐色辉绿岩砾石。器身扁薄，形状不规则。打击台面为自然台面（线状台面）。打击点宽大，半锥体不显，放射线清楚，同心波纹微显。器身左右两侧和远端边缘锋利，未发现使用痕迹。背面近端有一小且浅平的片疤，片疤的打击方向与石片的打击方向相同；背面其余部分保留自然砾面。长 8.5cm，宽 10.0cm，厚 1.9cm，重 160g（图二一一，2）。

Ad 型　2 件。分别属于 AdⅡ次亚型和 AdⅢ次亚型。

AdⅡ型　1 件。

标本 2015GLDT1 ②：37，原料为灰褐色辉绿岩砾石。器身形状近四边形。打击台面为人工台面（素台面）。打击点宽大，半锥体不显，放射线和同心波纹均不明显。器身左侧上半部保留自然砾面，边缘钝厚，下半部和远端边缘锋利，未发现使用痕迹。右侧折断一大块，边缘钝厚。

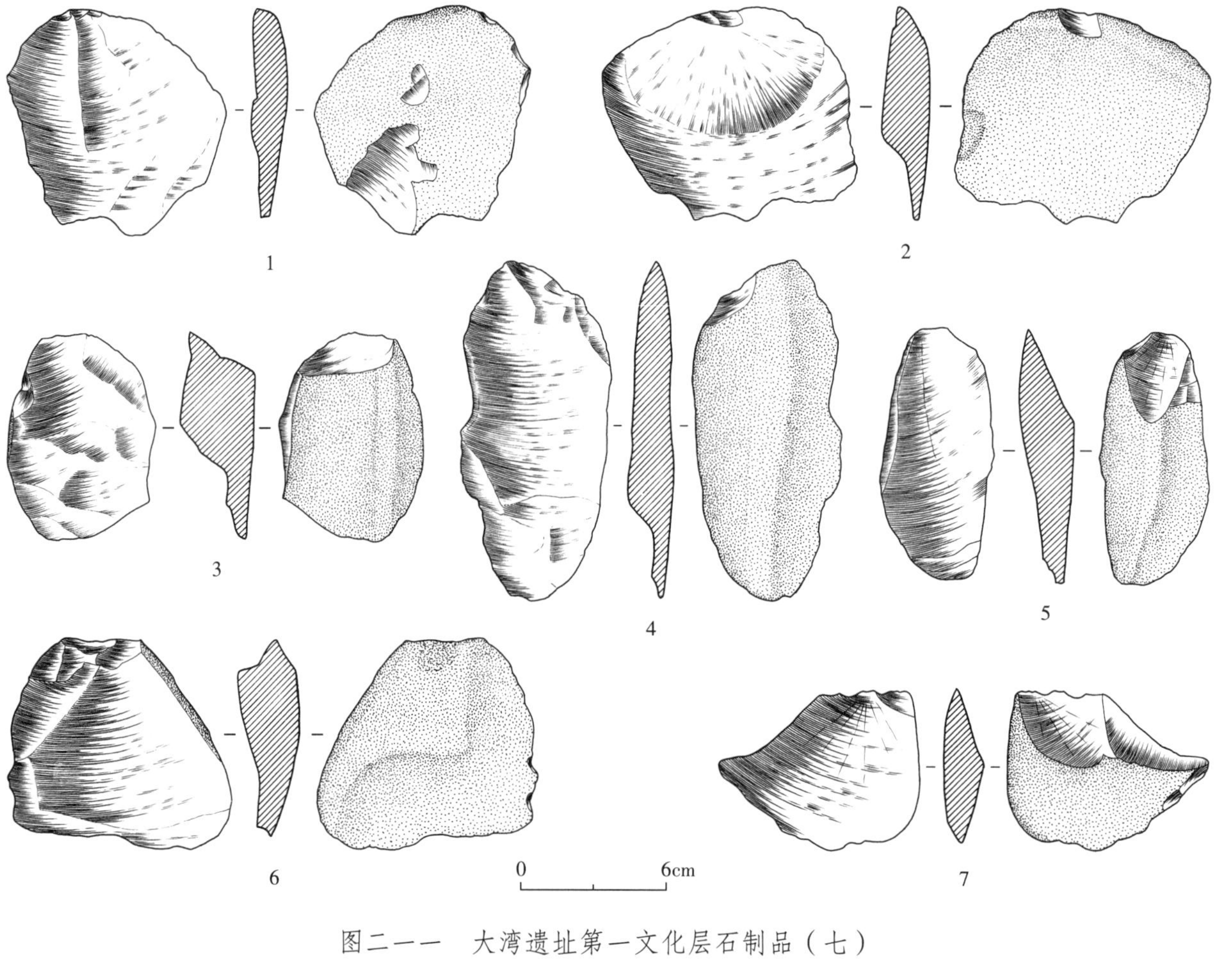

图二一一　大湾遗址第一文化层石制品（七）

1、2. AbⅪ型石片（2015GLDT1 ①：24、2015GLDT2 ①：16）　3. AdⅡ型石片（2015GLDT1 ②：37）　4、5. AeⅧ型石片（2015GLDT2 ②：24、2015GLDT1 ②：25）　6. AdⅢ型石片（2015GLDT1 ②：19）　7. AeⅪ型石片（2015GLDT2 ②：22）

背面完全保留自然砾面。长 8.2cm，宽 6.0cm，厚 3.0cm，重 158g（图二一一，3；彩版五七，3）。

AdⅢ型 1件。

标本 2015GLDT1②：19，原料为灰褐色辉绿岩砾石。器身形状近梯形。打击台面为人工台面（素台面）。打击点宽大，半锥体微显，放射线不清楚，同心波纹微显。器身左侧和远端边缘锋利，未发现使用痕迹。右侧保留自然砾面，边缘钝厚。背面完全保留自然砾面。长 8.3cm，宽 9.1cm，厚 2.5cm，重 194g（图二一一，6）。

Ae型 3件。分别属于 AeⅧ次亚型和 AeⅪ次亚型。

AeⅧ型 2件。

标本 2015GLDT2②：24，原料为灰褐色辉绿岩砾石。器身形状近长条形。打击台面为人工台面（素台面）。打击点宽大，半锥体不显，放射线不清楚，同心波纹微显。器身左侧上半部折断一小块，边缘钝厚；左侧下半部、右侧和远端边缘锋利，未发现使用痕迹。背面近端处有一小块片疤面，片疤的打击方向与石片的打击方向相同；背面其余部分保留自然砾面。长 13.4cm，宽 6.1cm，厚 1.9cm，重 159g（图二一一，4；彩版五七，4）。

标本 2015GLDT1②：25，原料为灰褐色辉绿岩砾石。器身形状近长条形。打击台面为人工台面（线状台面）。打击点宽大，半锥体凸出，放射线不清楚，同心波纹不明显。器身左侧上半部折断一小块，边缘钝厚，左侧下半部、右侧和远端边缘锋利，未发现使用痕迹。背面近端处有一小块片疤面，片疤的打击方向与石片的打击方向相同；背面其余部分保留自然砾面。长 10.1cm，宽 4.3cm，厚 2.2cm，重 97g（图二一一，5）。

AeⅪ型 1件。

标本 2015GLDT2②：22，原料为灰褐色辉绿岩砾石。器身窄小且扁薄，形状不规则。打击台面为人工台面。打击点宽大，半锥体不显，放射线和同心波纹均微显。器身左右两侧和远端边缘锋利，未发现使用痕迹。左侧缘和远端交汇形成一个锐尖。背面约三分之二面积（分布在上半部和右侧）为片疤面，片疤的打击方向与石片的打击方向相同；背面其余部分保留自然砾面。长 6.3cm，宽 8.3cm，厚 1.6cm，重 84g（图二一一，7）。

砍砸器 17件。原料仅有石片一种。岩性有辉绿岩和硅质岩两种。其中辉绿岩 16件，占该文化层出土砍砸器总数的 94.12%；硅质岩 1件，占该文化层出土砍砸器总数的 5.88%。加工方法仅见锤击法一种，多为单面加工，偶见双面加工。加工时通常由背面向腹面打击。加工较为简单，加工面多由一层或两层片疤组成。片疤多较小，宽大于长与长大于宽的数量大致相同。把端不加修理，保留原有自然砾面。大部分标本的刃缘有不同程度的修整，但鲜见使用痕迹。器身形状有三角形、四边形、梯形、半圆形、椭圆形、长条形和不规则形七种。其中三角形 4件，占该文化层出土砍砸器总数的 23.53%；四边形、梯形和半圆形各 2件，各占该文化层出土砍砸器总数的 11.76%；椭圆形 5件，占该文化层出土砍砸器总数的 29.42%；长条形和不规则形各 1件，各占该文化层出土砍砸器总数的 5.88%。器身长度最大值 15.0cm，最小值 10.3cm；宽度最大值 10.8cm，最小值 5.7cm；厚度最大值 4.2cm，最小值 2.2cm；重量最大值 561g，最小值 175g。分别属于 A、B、C、D 型。

A 型　4 件。分别属于 Aa、Ab、Ac 亚型。

Aa 型　1 件。属于 AaⅢ次亚型。

标本 2015GLDT1②：17，原料为灰褐色辉绿岩石片。器身形状近梯形。腹面凹凸不平，为不甚齐整的破裂面。背面微凸，保留自然砾面。加工方法为锤击法。沿石片远端边缘多次单面剥片，加工出一道直刃。刃缘整齐锋利，未见使用痕迹。片疤多较小且浅平，部分片疤尾部折断形成陡坎。片疤打击方向由背面向腹面打击。长 11.0cm，宽 7.7cm，厚 2.8cm，重 308g（图二一二，1；彩版五七，5）。

Ab 型　1 件。属于 AbⅦ型。

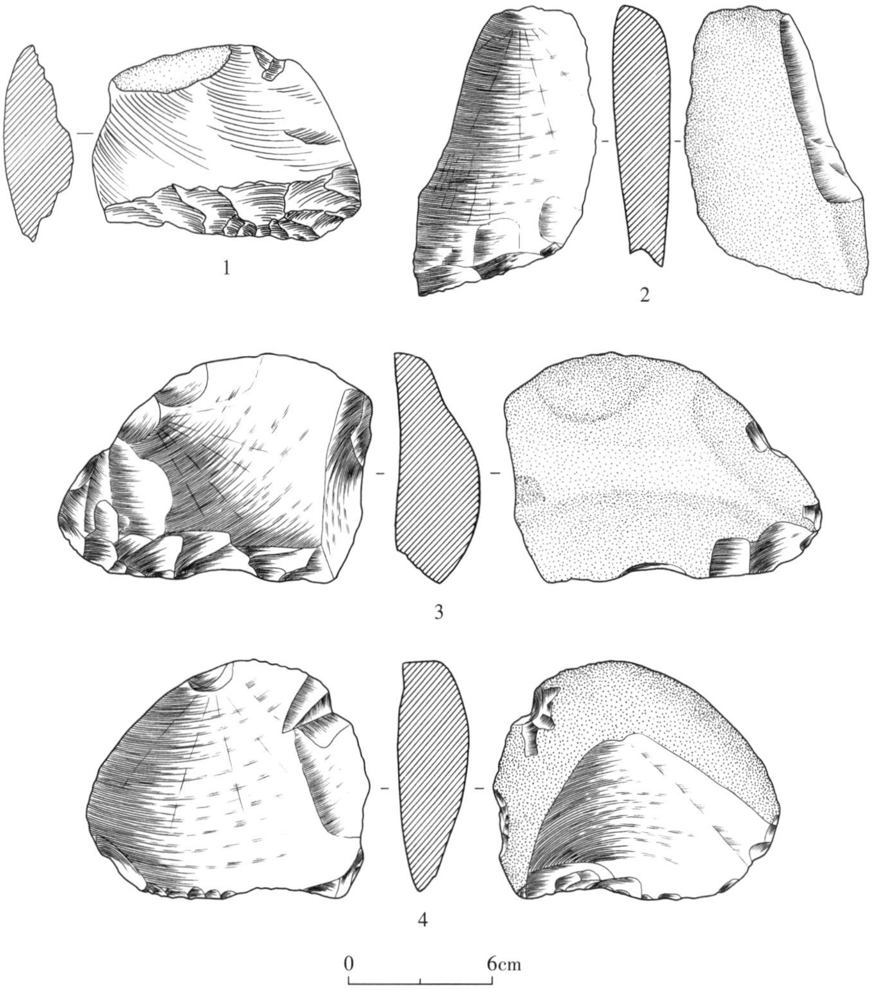

图二一二　大湾遗址第一文化层石制品（八）

1. AaⅢ型砍砸器（2015GLDT1②：17）　2. AbⅦ型砍砸器（2015GLDT2①：21）
3. AcⅠ型砍砸器（2015GLDT2①：6）　4. AcⅤ型砍砸器（2015GLDT1②：49）

标本 2015GLDT2 ①：21，原料为灰褐色辉绿岩石片。器身较长，形状近长条形。腹面较平，为整齐的破裂面。背面微凸，保留自然砾面。石片左侧垂直折断一大块，边缘钝厚。远端也折断一小块，边缘钝厚。加工方法为锤击法。沿石片远端边缘多次单面剥片，加工出一道弧刃。刃缘整齐锋利，未见使用痕迹。片疤多细小且浅平，打击方向由背面向腹面打击。长 10.3cm，宽 6.8cm，厚 2.3cm，重 249g（图二一二，2；彩版五七，6）。

Ac 型　2 件。分别属于 Ac Ⅰ次亚型和 Ac Ⅴ次亚型。

Ac Ⅰ型　1 件。

标本 2015GLDT2 ①：6，原料为灰褐色硅质岩石片。器身形状近三角形。腹面凹凸不平，为不甚齐整的破裂面。背面凸起，保留自然砾面。加工方法为锤击法。沿石片左侧和远端边缘多次双面剥片，在左侧边缘加工出一道凹刃。刃缘整齐但不甚锋利，未见使用痕迹。左侧与远端交汇处修出一个舌尖。石片远端垂直截断一大块，应为修整器身留下的痕迹。片疤多较小且浅平，打击方向由背面向腹面打击。长 12.6cm，宽 9.0cm，厚 3.4cm，重 521g（图二一二，3；彩版五八，1）。

Ac Ⅴ型　1 件。

标本 2015GLDT1 ②：49，原料为灰褐色辉绿岩石片。器身形状近半圆形。腹面较平，为整齐的破裂面。背面凸起，左右两侧和上半部大部分保留自然砾面，下半部为一个打击方向与石片的打击方向相反的、较大且浅平的片疤。加工方法为锤击法。从石片左侧与远端交汇处开始沿远端边缘多次双面剥片，在远端边缘加工出一道凹刃。刃缘整齐锋利，可见较多细碎的向两侧崩裂的崩疤，应为使用痕迹。片疤多较小且浅平，部分片疤尾部折断形成陡坎。片疤打击方向既有由背面向腹面打击的，也有由腹面向背面打击的。长 11.5cm，宽 9.3cm，厚 3.1cm，重 403g（图二一二，4）。

B 型　8 件。分别属于 Ba、Bb、Bc、Bd 亚型。

Ba 型　1 件。属于 Ba Ⅰ次亚型。

标本 2015GLDT1 ②：23，原料为灰褐色辉绿岩石片。器身形状近三角形。腹面较平，为整齐的破裂面，远端节理面破裂折掉一大块。背面也较平，保留自然砾面。加工方法为锤击法。沿石片左侧和远端边缘多次单面剥片，各加工出一道直刃。刃缘整齐锋利，未见使用痕迹。两加工面在石片远端和左侧相交形成一个钝尖。片疤多较小且浅平，打击方向由背面向腹面打击。长 11.7cm，宽 8.2cm，厚 3.0cm，重 290g（图二一三，1；彩版五八，2）。

Bb 型　1 件。属于 Bb Ⅵ次亚型。

标本 2015GLDT1 ②：26，原料为灰褐色辉绿岩石片。器身形状近椭圆形。腹面较平，为整齐的破裂面。背面凸起，保留自然砾面。加工方法为锤击法。沿石片左右两侧边缘多次单面剥片，各加工出一道弧刃。刃缘整齐锋利，未见使用痕迹。石片远端加工出一个舌尖。两加工面在石片远端中部相交处形成一道明显的凸棱。片疤多较大且浅平，部分片疤尾部折断形成陡坎。片疤打

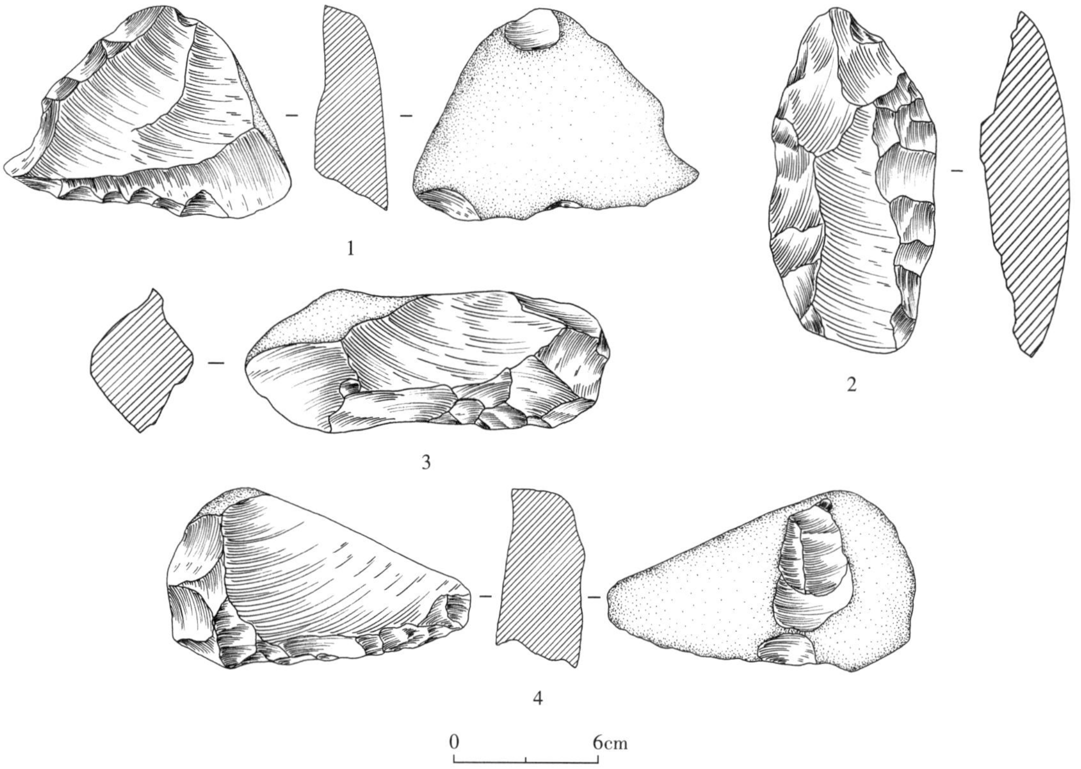

图二一三　大湾遗址第一文化层石制品（九）

1. BaⅠ型砍砸器（2015GLDT1②：23）　2. BbⅥ型砍砸器（2015GLDT1②：26）　3. BcⅧ型砍砸器（2015GLDT2②：14）　4. BdⅠ型砍砸器（2015GLDT1①：18）

击方向由背面向腹面打击。长13.7cm，宽6.7cm，厚3.5cm，重380g（图二一三，2；彩版五八，3）。

Bc型　1件。属于BcⅧ次亚型。

标本2015GLDT2②：14，原料为灰褐色辉绿岩石片。器身形状不规则。腹面较平，为整齐的破裂面。背面微凸，除近端处有几个打击方向与石片打击方向相同、较大且浅平的片疤外，其余部分均保留自然砾面。加工方法为锤击法。沿石片远端及右侧边缘多次单面剥片，各加工出一道凹刃。刃缘整齐锋利，未见使用痕迹。片疤多较大且深凹，部分片疤尾部折断形成陡坎。片疤打击方向由背面向腹面打击。长15.0cm，宽5.7cm，厚4.2cm，重423g（图二一三，3；彩版五八，4）。

Bd型　5件。分别属于BdⅠ、BdⅡ、BdⅤ、BdⅥ次亚型。

BdⅠ型　1件。

标本2015GLDT1①：18，原料为灰褐色辉绿岩石片。器身形状近三角形。腹面较平，为整齐的破裂面。背面凸起，除近端中部处有部分打击方向与石片的打击方向相同的、较大且深凹的片疤外，其余部分均保留自然砾面。加工方法为锤击法。沿石片左侧和远端边缘多次单面剥片，加工出一道弧刃和一道直刃。刃缘整齐锋利，未见使用痕迹。石片右侧与远端相交处加工出一个舌尖。片疤多较小且深凹，部分片疤尾部折断形成陡坎。片疤打击方向由背面向腹面打击。长12.6cm，宽7.3cm，厚3.6cm，重404g（图二一三，4）。

BdⅡ型　1件。

标本2015GLDT2②：10，原料为灰褐色辉绿岩石片。器身形状近四边形。腹面凹凸不平，为整齐的破裂面。背面略平，保留自然砾面。加工方法为锤击法。沿砾石片右侧和远端边缘多次单面剥片，加工出一道凹刃和一道直刃。刃缘整齐锋利，未见使用痕迹。石片左侧与远端相交处加工出一个宽舌尖。片疤多较小且深凹，部分片疤尾部折断形成陡坎。片疤打击方向由背面向腹面打击。长12.4cm，宽6.9cm，厚3.9cm，重470g（图二一四，1；彩版五八，5）。

BdⅤ型　1件。

标本2015GLDT2①：14，原料为灰褐色辉绿岩石片。器身形状近半圆形。腹面较平，为整齐的破裂面。背面微凸，保留自然砾面。石片左侧近乎垂直折断一半，边缘钝厚。加工方法为锤击法。沿石片右侧下半部和远端边缘多次单面剥片，加工出一道弧刃和一道直刃。刃缘不甚整齐

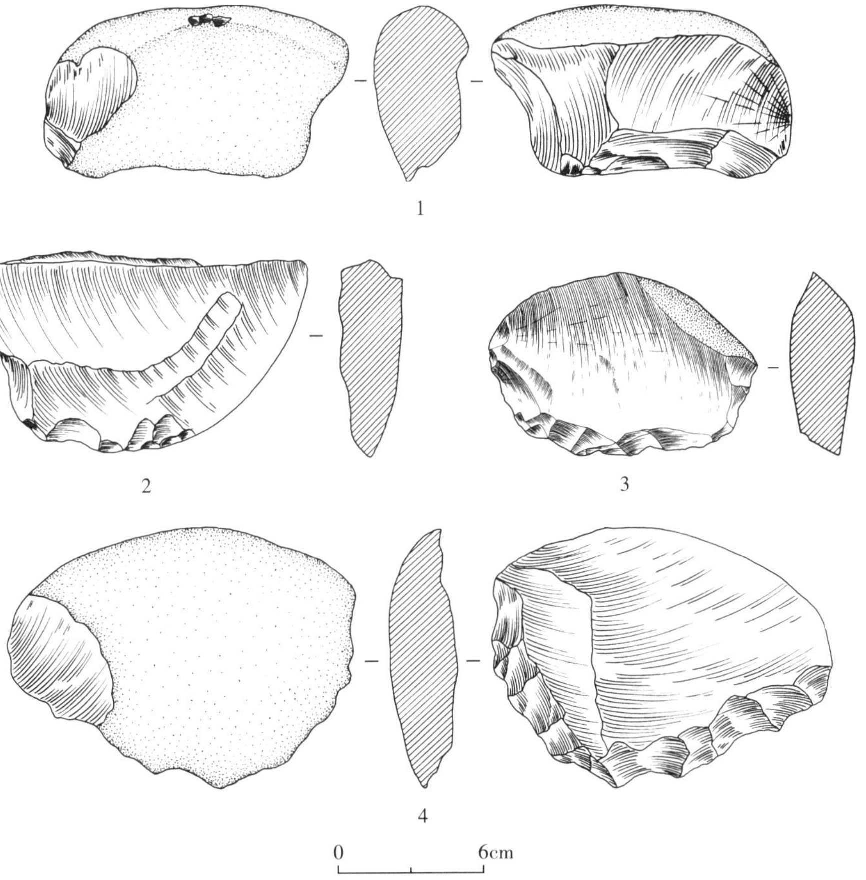

图二一四　大湾遗址第一文化层石制品（十）

1. BdⅡ型砍砸器（2015GLDT2②：10）　2. BdⅤ型砍砸器（2015GLDT2①：14）　3、4. BdⅥ型砍砸器（2015GLDT1①：47、2015GLDT1②：29）

但锋利，未见使用痕迹。片疤多较小且浅平，打击方向由背面向腹面打击。长13.2cm，宽7.8cm，厚2.6cm，重336g（图二一四，2）。

BdⅥ型　2件。

标本2015GLDT1②：29，原料为灰褐色辉绿岩大石片。器身形状近椭圆形。腹面较平，为整齐的破裂面。背面微凸，除左侧有一个打击方向与石片打击方向垂直、较大且浅平的片疤外，其余部分均保留自然砾面。加工方法为锤击法。沿石片左侧和远端边缘多次单面剥片，加工出一道弧刃和一道直刃。刃缘整齐锋利，未见使用痕迹。石片右侧与远端相交处加工出一个宽舌尖。片疤多较小且深凹，部分片疤尾部折断形成陡坎。片疤打击方向由背面向腹面打击。长14.1cm，宽10.3cm，厚2.8cm，重561g（图二一四，4）。

标本2015GLDT1①：47，原料为灰褐色辉绿岩石片。器身形状近椭圆形。腹面微凸，为略平整的破裂面。背面较平，完全保留自然砾面。加工方法为锤击法。加工简单，沿石片左侧和远端边缘多次单面剥片，加工出一道弧刃和一道直刃。刃缘整齐锋利，未见使用痕迹。片疤多较小且浅平，打击方向由背面向腹面打击。长11.1cm，宽7.3cm，厚2.6cm，重246g（图二一四，3）。

C型　4件。分别属于Ca亚型和Cd亚型。

Ca型　1件。属于CaⅥ次亚型。

标本2015GLDT2①：9，原料为灰褐色辉绿岩石片。器身较扁薄，形状近椭圆形。腹面微凸，为略平整的破裂面。背面较平，完全保留自然砾面。加工方法为锤击法。加工简单，沿石片右侧和远端边缘多次单面剥片，在右侧上下半部和远端各加工出一道直刃。刃缘整齐锋利，未见使用痕迹。右侧上下半部两道直刃在中部相交形成一个钝尖。片疤多较小且浅平，打击方向由背面向腹面打击。长11.2cm，宽6.0cm，厚2.2cm，重175g（图二一五，1；彩版五八，6）。

Cd型　3件。分别属于CdⅠ、CdⅢ、CdⅥ型次亚型。

CdⅠ型　1件。

标本2015GLDT1①：22，原料为灰褐色辉绿岩石片。器身稍厚，形状近三角形。腹面微凸，为略平整的破裂面。背面微凸，除近端有一个打击方向与石片打击方向相同、较大且浅平的片疤外，其余部分均保留自然砾面。加工方法为锤击法。加工简单，沿石片近端、左侧和远端边缘多次单面剥片，加工出两道直刃和一道弧刃。刃缘整齐锋利，未见使用痕迹。远端和右侧相交处修出一个舌尖。片疤多较小且浅平，部分片疤尾部折断形成陡坎或阶梯状。片疤打击方向由背面向腹面打击。长10.7cm，宽7.4cm，厚2.7cm，重258g（图二一五，2）。

CdⅢ型　1件。

标本2015GLDT2①：12，原料为灰褐色辉绿岩大石片。器身略扁薄，形状近梯形。腹面微凸，为整齐的破裂面。背面也微凸，除近端处有一打击方向与石片打击方向相同、较小且深凹的片疤外，其余部分均保留自然砾面。加工方法为锤击法。沿石片左右两侧和远端边缘多次单面剥片，加工出两道直刃和一道弧刃。刃缘整齐锋利，未见使用痕迹。片疤多较小且浅平，部分片疤尾部

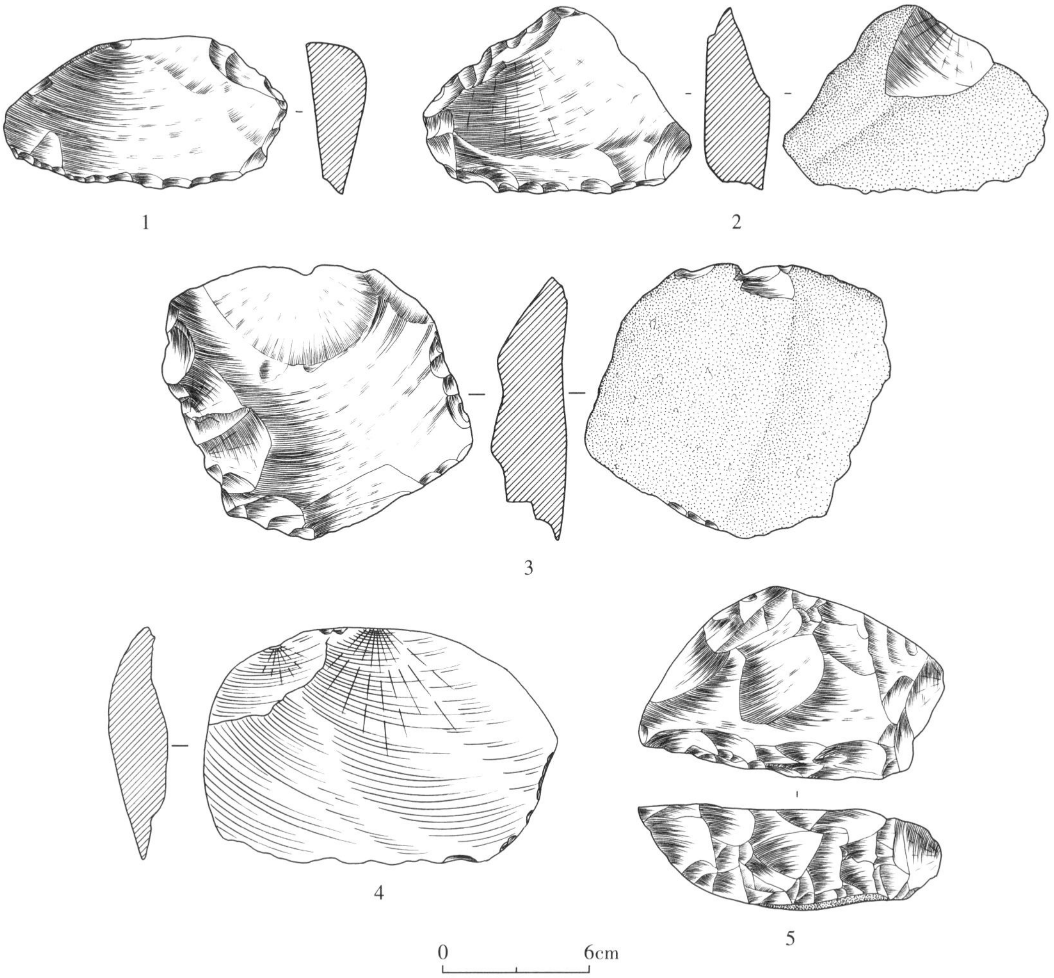

图二一五　大湾遗址第一文化层石制品（十一）

1. CaⅥ型砍砸器（2015GLDT2①：9）　2. CdⅠ型砍砸器（2015GLDT1①：22）　3. CdⅢ型砍砸器（2015GLDT2①：12）　4. CdⅥ型砍砸器（2015GLDT1②：1）　5. DdⅡ型砍砸器（2015GLDT1①：8）

折断形成陡坎。片疤打击方向由背面向腹面打击。长11.9cm，宽10.8cm，厚3.1cm，重440g（图二一五，3；彩版五九，1）。

CdⅥ型　1件。

标本2015GLDT1②：1，原料为灰褐色辉绿岩大石片。器身略扁薄，形状近椭圆形。腹面较平，为整齐的破裂面。背面微凸，保留自然砾面。加工方法为锤击法。沿石片远端、近端右侧和右侧边缘多次单面剥片，加工出两道直刃和一道弧刃。刃缘整齐锋利，未见使用痕迹。石片近端左侧略作修整。片疤多较小且浅平，打击方向由背面向腹面打击。长14.4cm，宽9.4cm，厚2.4cm，重427g（图二一五，4）。

D型　1件。属于DdⅡ次亚型。

标本2015GLDT1①：8，原料为灰褐色辉绿岩大石片。器身略厚，形状近四边形。腹面较平，为整齐的破裂面。背面凸起，保留自然砾面。加工方法为锤击法。沿石片四周边缘多次单面剥片，在两侧和两端加工出三道直刃和一道弧刃。刃缘整齐锋利，未见使用痕迹。在左侧与远端交汇处加工出一个钝尖。片疤多较小且浅平，部分片疤尾部折断形成陡坎或阶梯状。片疤打击方向由背面向腹面打击。长 12.8cm，宽 7.4cm，厚 4.1cm，重 502g（图二一五，5；彩版五九，2）。

刮削器 7 件。原料只有石片一种，岩性仅见辉绿岩一种。加工方法仅见锤击法，单面加工。背面为自然砾面，加工时由背面向腹面进行打击。加工部位通常位于器身一端或一侧。加工较为简单，在器身一端或一侧加工出刃口。加工面往往只有一层片疤，且仅限于边缘部分，有的甚至不经过剥片，只略经修整就加工出刃口。刃缘有不同程度的修整，部分有使用痕迹。加工片疤多较小且浅平，多为长大于宽。把端多不加修理，保留原有的自然砾面。器身形状有三角形、四边形、梯形和椭圆形四种。其中三角形、四边形和椭圆形各 1 件，各占该文化层出土刮削器总数的 14.29%；梯形 4 件，占该文化层出土刮削器总数的 57.13%。器身长度最大值 9.9cm，最小值 6.6cm；宽度最大值 8.6cm，最小值 5.4cm；厚度最大值 2.6cm，最小值 2.0cm；重量最大值 302g，最小值 157g。分别属于 A、B 型。

A 型 6 件。分别属于 Aa 亚型和 Ab 亚型。

Aa 型 2 件。分别属于 AaⅠ次亚型和 AaⅡ次亚型。

AaⅠ型 1 件。

标本 2015GLDT1②：13，原料为灰褐色辉绿岩石片。器身形状近三角形。腹面略凹，为略平整的破裂面。背面微凸，完全保留自然砾面。加工方法为锤击法。加工简单，在远端边缘多次单面剥片，加工出一道直刃。刃缘整齐锋利，未见使用痕迹。片疤多较小且浅平，打击方向由背面向腹面打击。石片左侧边缘两侧见有较多细小的崩疤，应为使用痕迹。长 9.9cm，宽 8.6cm，厚 2.6cm，重 211g（图二一六，1）。

AaⅡ型 1 件。

标本 2015GLDT2②：13，原料为灰褐色辉绿岩石片。器身形状近四边形。腹面较平，为整齐的破裂面。背面凹凸不平，保留自然砾面。加工方法为锤击法。沿石片远端边缘多次单面剥片，加工出一道直刃。刃缘较陡，整齐但不甚锋利，未见使用痕迹。石片右侧垂直截断一大块，应为修整器身留下的痕迹。片疤多较小且浅平，打击方向由背面向腹面打击。长 8.7cm，宽 8.0cm，厚 2.6cm，重 302g（图二一六，2；彩版五九，3）。

Ab 型 4 件。分别属于 AbⅢ次亚型和 AbⅥ次亚型。

AbⅢ型 3 件。

标本 2015GLDT1①：21，原料为灰褐色辉绿岩石片。器身较小，形状近梯形。腹面较平，为整齐的破裂面；右侧上半部折断一小块，边缘钝厚。背面凸起，保留自然砾面。加工方法为锤击法。加工简单，沿石片远端边缘多次单面剥片，加工出一道弧刃。刃缘整齐锋利，未见使用痕迹。片疤多细小且浅平，打击方向由背面向腹面打击。长 8.0cm，宽 7.7cm，厚 2.0cm，重 165g（图二一六，3）。

标本2015GLDT1①：19，原料为灰褐色辉绿岩石片。器身较小，形状近梯形。腹面较平，为整齐的破裂面。背面凸起，保留自然砾面。石片左侧垂直折断一大块，边缘钝厚。加工方法为锤击法。沿石片远端边缘多次单面剥片，加工出一道弧刃。刃缘整齐锋利，未见使用痕迹。片疤多较小且浅平，打击方向由背面向腹面打击。长6.6cm，宽6.5cm，厚2.2cm，重179g（图二一六，4；彩版五九，4）。

AbⅥ型　1件。

标本2015GLDT2①：17，原料为灰褐色辉绿岩石片。器身较小，形状近椭圆形。腹面凹凸不平，为不甚整齐的破裂面。背面凸起，保留自然砾面。加工方法为锤击法。沿石片远端边缘多次单面剥片，加工出一道弧刃。刃缘整齐锋利，未见使用痕迹。片疤多细小且浅平，打击方向由背面向腹面打击。长8.0cm，宽6.8cm，厚2.5cm，重157g（图二一六，5）。

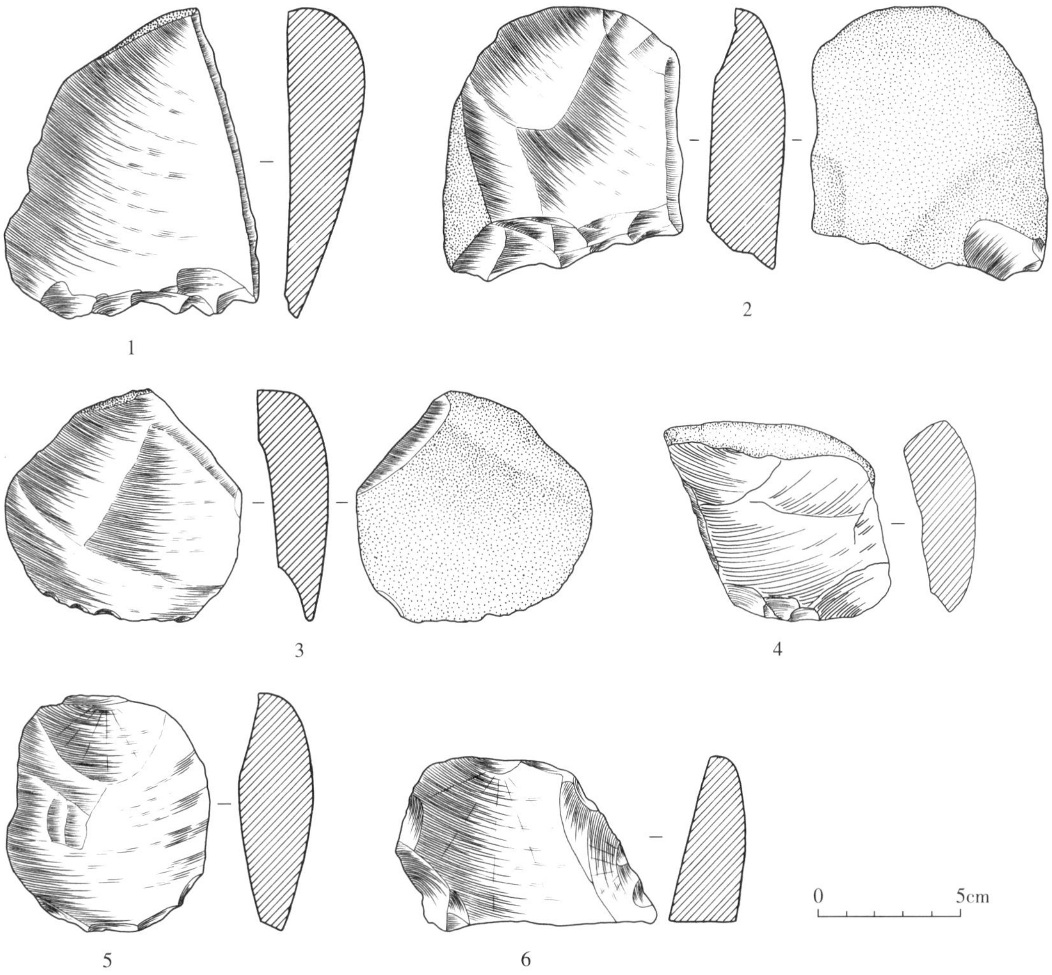

图二一六　大湾遗址第一文化层石制品（十二）

1. AaⅠ型刮削器（2015GLDT1②：13）　2. AaⅡ型刮削器（2015GLDT2②：13）　3、4. AbⅢ型刮削器（2015GLDT1①：21、2015GLDT1①：19）　5. AbⅥ型刮削器（2015GLDT2①：17）　6. BdⅢ型刮削器（2015GLDT1①：23）

B型　1件。属于Bd亚型中的BdⅢ次亚型。

标本2015GLDT1①：23，原料为灰褐色辉绿岩石片。器身形状近梯形。腹面微凸，为略平整的破裂面。背面较平，完全保留自然砾面。远端垂直折断一大块，边缘钝厚。加工方法为锤击法。加工简单，沿石片左右两侧边缘多次单面剥片，加工出一道弧刃和一道直刃。刃缘整齐锋利，未见使用痕迹。片疤多较小且浅平，打击方向由背面向腹面打击。长7.6cm，宽5.4cm，厚2.3cm，重159g（图二一六，6；彩版五九，5）。

（3）磨制石制品

89件。包括石斧、石锛、石凿、斧锛类半成品、斧锛类毛坯和研磨器六大类型。其中石斧14件，占该文化层出土磨制石制品总数的15.73%；石锛5件，占该文化层出土磨制石制品总数的5.62%；石凿3件，占该文化层出土磨制石制品总数的3.37%；斧锛类半成品16件，占该文化层出土磨制石制品总数的17.98%；斧锛类毛坯34件，占该文化层出土磨制石制品总数的38.20%；研磨器17件，占该文化层出土磨制石制品总数的19.10%。

石斧　14件。包括完整件和残件两大类型。其中完整件12件，占该文化层出土石斧总数的85.71%；残件2件，占该文化层出土石斧总数的14.29%。原料只有砾石一种。岩性只有辉绿岩一种。磨制部位仅见局部磨制一种，均为磨制刃部，均未见使用痕迹。器身形状有三角形、四边形、梯形、椭圆形和长条形五种。其中三角形、四边形和长条形各1件，各占该文化层出土石斧总数的7.14%；梯形5件，占该文化层出土石斧总数的35.71%；椭圆形6件，占该文化层出土石斧总数的42.86%。器身长度最大值12.9cm，最小值7.3cm；宽度最大值6.1cm，最小值3.9cm；厚度最大值3.0cm，最小值1.2cm；重量最大值228g，最小值51g。

第一类　完整件。12件。分别属于A型和B型。

A型　2件。分别属于Ab亚型和Ac亚型。

Ab型　1件。

标本2015GLDT2②：21，原料为灰褐色辉绿岩砾石。器身稍窄小，形状近四边形。一端稍窄，另一端略宽。器身稍窄端略经单面剥片，两侧均经过多次双面剥片；片疤多较小且深凹，部分片疤尾部折断形成陡坎，未经磨制。器身略宽端两面均经精心磨制，形成两道宽窄不一、相互倾斜的光滑刃面。两刃面交汇处磨制出一道整齐锋利的平直刃口。未见使用痕迹。器身其余部位保留自然砾面。长7.3cm，宽3.9cm，厚1.2cm，重51g（图二一七，2）。

Ac型　1件。

标本2015GLDT2①：35，原料为灰褐色辉绿岩砾石。器身稍短，形状近梯形。一端稍窄，另一端略宽。器身两侧下半部均经过多次单面剥片，片疤多较小且深凹，部分片疤尾部折断形成陡坎，未经磨制。略宽端两面均经精心磨制，形成两道宽窄不一、相互倾斜的光滑刃面。两刃面交汇处磨制出一道整齐锋利的平直刃口。未见使用痕迹。器身其余部位保留自然砾面。长7.7cm，宽4.7cm，厚1.9cm，重115g（图二一七，1；彩版五九，6）。

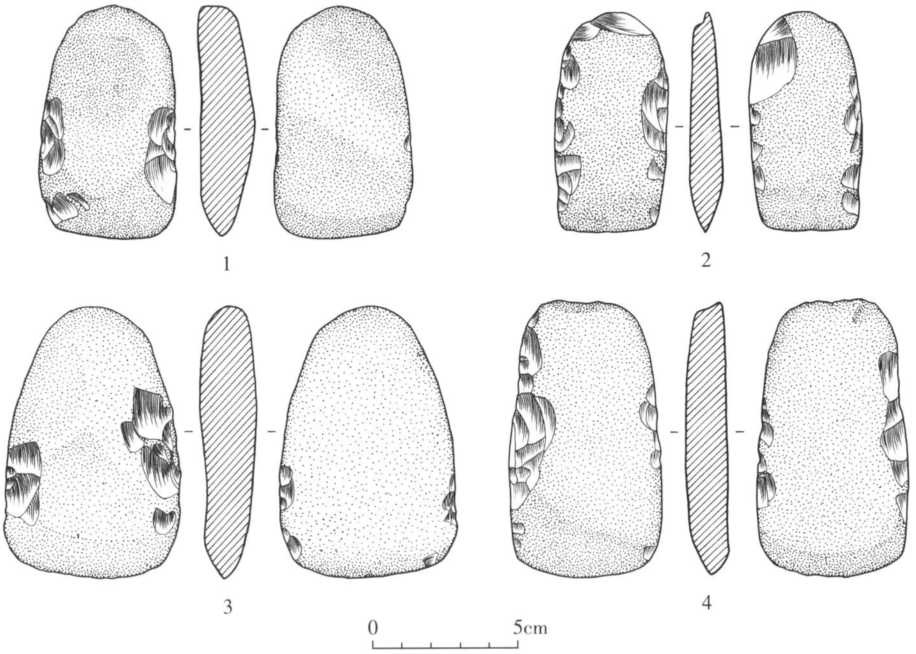

图二一七　大湾遗址第一文化层石制品（十三）

1. Ac 型石斧（2015GLDT2 ①：35）　2. Ab 型石斧（2015GLDT2 ②：21）　3. Ba 型石斧（2015GLDT1 ①：31）　4. Bc 型石斧（2015GLDT2 ①：43）

B 型　10 件。分别属于 Ba、Bc、Bf、Bg 亚型。

Ba 型　1 件。

标本 2015GLDT1 ①：31，原料为灰褐色辉绿岩砾石。器身较宽，形状近三角形。一端较宽，另一端较窄。器身两侧下半部均经过多次双面剥片；片疤多较小且深凹，部分片疤尾部折断形成陡坎，未经磨制。较宽端两面均经精心磨制，形成两道宽窄不一、相互倾斜的光滑刃面。两刃面交汇处磨制出一道整齐锋利的弧凸状刃口。未见使用痕迹。器身其余部位保留自然砾面。长 9.1cm，宽 6.0cm，厚 2.0cm，重 164g（图二一七，3；彩版六〇，1）。

Bc 型　3 件。

标本 2015GLDT2 ①：43，原料为暗红褐色辉绿岩砾石。器身形状近梯形。一端略宽，另一端稍窄。器身两侧均经过多次双面剥片，片疤多较小且深凹，部分片疤尾部折断形成陡坎，未经磨制。略宽端两面均经过精心磨制，形成两道宽窄不一、相互倾斜的光滑刃面。两刃面交汇处磨制出一道整齐锋利的弧凸状刃口。刃口两侧可见较多细碎的崩疤，应为使用痕迹。器身其余部位保留自然砾面。长 9.1cm，宽 5.2cm，厚 1.5cm，重 126g（图二一七，4）。

标本 2015GLDT1 ②：40，原料为灰褐色辉绿岩砾石。器身较扁薄，形状近梯形。一端较宽，另一端略窄。器身一侧经过多次双面剥片；片疤多较小且浅平，部分片疤尾部折断形成陡坎。另一侧则是单面剥片，中部片疤较大，几乎达到器身中轴线。两侧缘均略经磨制，有少许光滑磨面，但仍保留较密集的打击疤痕。较宽端两面均经精心磨制，形成两道宽窄不一、相互倾斜的光滑刃面。两刃面交汇处磨制出一道整齐锋利的弧凸状刃口。刃口中部可见较多细碎的崩疤，应为使用痕迹。器身其余部位保留自然砾面。长8.3cm，宽5.9cm，厚1.3cm，重108g（图二一八，1；彩版六〇，2）。

标本2015GLDT2②：4，原料为灰褐色辉绿岩砾石。器身较扁薄，形状近梯形。一端较宽，另一端略窄。器身一侧经过多次双面剥片；片疤多较小且浅平，部分片疤尾部折断形成陡坎，未经磨制。另一侧经过多次单面剥片，中部的片疤稍大且浅平，几乎达到器身中轴线；侧缘略经磨制，有少许光滑磨面，但仍保留较密集的打击疤痕。较宽端两面均经精心磨制，形成两道宽窄不一、相互倾斜的光滑刃面。两刃面交汇处磨制出一道弧凸状刃口。刃部边缘整齐锋利，未见使用痕迹。器身其余部位保留自然砾面。长7.9cm，宽4.4cm，厚1.4cm，重87g（图二一八，2）。

Bf型　5件。

标本2015GLDT2①：28，原料为灰褐色辉绿岩砾石。器身稍厚，形状近椭圆形。一端较宽，另一端稍窄；一侧平直，另一侧弧凸。器身平直侧和弧凸侧下半部经过多次双面剥片；片疤多较大且浅平，部分片疤尾部折断形成陡坎。平直侧上半部略经磨制，有少量光滑磨面；下半部和弧凸侧均未经磨制。较宽端两面均经精心磨制，形成两道相互倾斜的光滑刃面。刃面均较宽，磨面

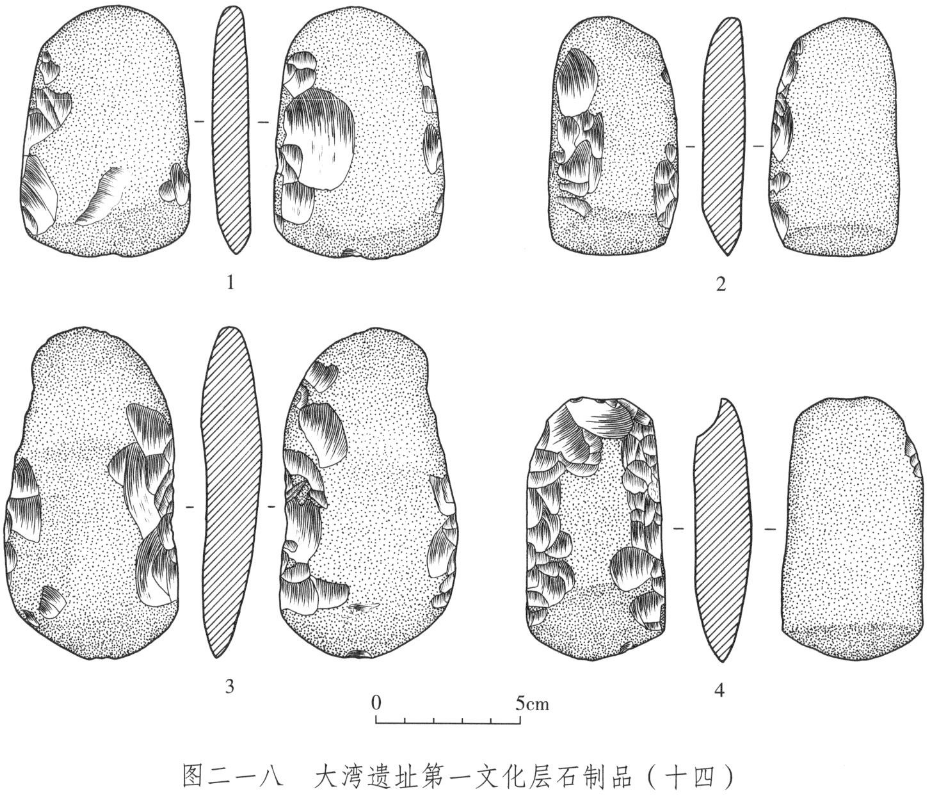

图二一八　大湾遗址第一文化层石制品（十四）

1、2. Bc型石斧（2015GLDT1②：40、2015GLDT2②：4）　3、4. Bf型石斧（2015GLDT2①：28、2015GLDT2②：3）

向器身中部延伸，两侧均可见少量打击疤痕。两道刃面交汇处磨制出一道整齐锋利的弧凸状刃口。刃口中部仍保留少许打击疤痕。未见使用痕迹。器身其余部位保留自然砾面。长 11.0cm，宽 6.0cm，厚 2.0cm，重 203g（图二一八，3）。

标本 2015GLDT2 ②：3，原料为灰褐色辉绿岩砾石。器身稍厚，形状近椭圆形。一端较宽，另一端略窄。器身略窄端和两侧均经过多次单面剥片；片疤多较小且深凹，部分片疤尾部折断形成陡坎，未经磨制。较宽端两面均经精心磨制，形成两道宽窄不一、相互倾斜的光滑刃面。两道刃面交汇处磨制出一道整齐锋利的弧凸状刃口。未见使用痕迹。器身其余部位保留自然砾面。长 8.8cm，宽 4.8cm，厚 1.9cm，重 122g（图二一八，4）。

标本 2015GLDT1 ①：33，原料为灰褐色辉绿岩砾石。器身形状近椭圆形。一端略宽，另一端稍窄。器身稍窄端和两侧均经过多次单面剥片；其中稍窄端和一侧片疤多较大且深凹，部分片疤尾部折断形成陡坎；另一侧片疤多较小且浅平。稍窄端和两侧均未经磨制。略宽端两面均经精心磨制，形成两道宽窄不一、相互倾斜的光滑刃面。两道刃面交汇处磨制出一道整齐锋利的弧状刃口。刃口中部可见较多细碎的崩疤，应为使用痕迹。器身其余部位保留自然砾面。长 9.8cm，宽 4.9cm，厚 1.8cm，重 116g（图二一九，1）。

标本 2015GLDT2 ①：34，原料为灰褐色辉绿岩砾石。器身稍厚，形状近椭圆形。一端略宽，另一端稍窄。器身稍窄端和一侧均经过多次单面剥片；片疤多较大且深凹，部分片疤剥片达到甚至超过器身中轴线，有的片疤尾部折断形成陡坎，未经磨制。另一侧则经过多次双面剥片；打击片疤多较小且深凹，部分片疤尾部折断形成陡坎；侧缘略经磨制，有少量光滑磨面。略宽端两面均经精心磨制，形成两道宽窄不一、相互倾斜的光滑刃面。较宽刃面中仍可见较多打击疤痕。两道刃面交汇处磨制出一道整齐锋利的弧凸状刃口。刃口中部残留少许打击疤痕，未见使用痕迹。器身其余部位保留自然砾面。长 9.7cm，宽 5.3cm，厚 2.1cm，重 157g（图二一九，2）。

标本 2015GLDT2 ①：38，原料为灰褐色辉绿岩砾石。器身稍薄，形状近椭圆形。一端略宽，另一端稍窄。器身稍窄端和两侧均经过多次单面剥片；片疤多较小且浅平，部分片疤尾部折断形成陡坎。两侧缘略经磨制，有少量光滑磨面。略宽端一面经过精心磨制，形成一道向另一面倾斜的光滑刃面。刃面较宽，一侧仍可见少量打击疤痕；另一面一侧磨制出较大面积的光滑磨面，另一侧则主要以边缘有少量打击疤痕的自然砾面为刃面。两道刃面交汇处磨制出一道整齐锋利的弧凸状刃口。未见使用痕迹。器身其余部位保留自然砾面。长 10.3cm，宽 4.8cm，厚 1.7cm，重 106g（图二一九，4）。

Bg 型　1 件。

标本 2015GLDT2 ①：24，原料为浅黄褐色辉绿岩砾石。器身稍厚，形状近长条形。一端较宽，另一端较窄。一侧上半部折断一大块。加工以一面为主，器身一侧下半部和另一侧边缘经过多次单面剥片；片疤多细小且浅平。器身两面较宽端均经精心磨制，各形成一道向另一面倾斜的光滑刃面。两刃面交汇处形成一道较锋利的刃缘。未见使用痕迹。器身其余部位保留自然砾面。

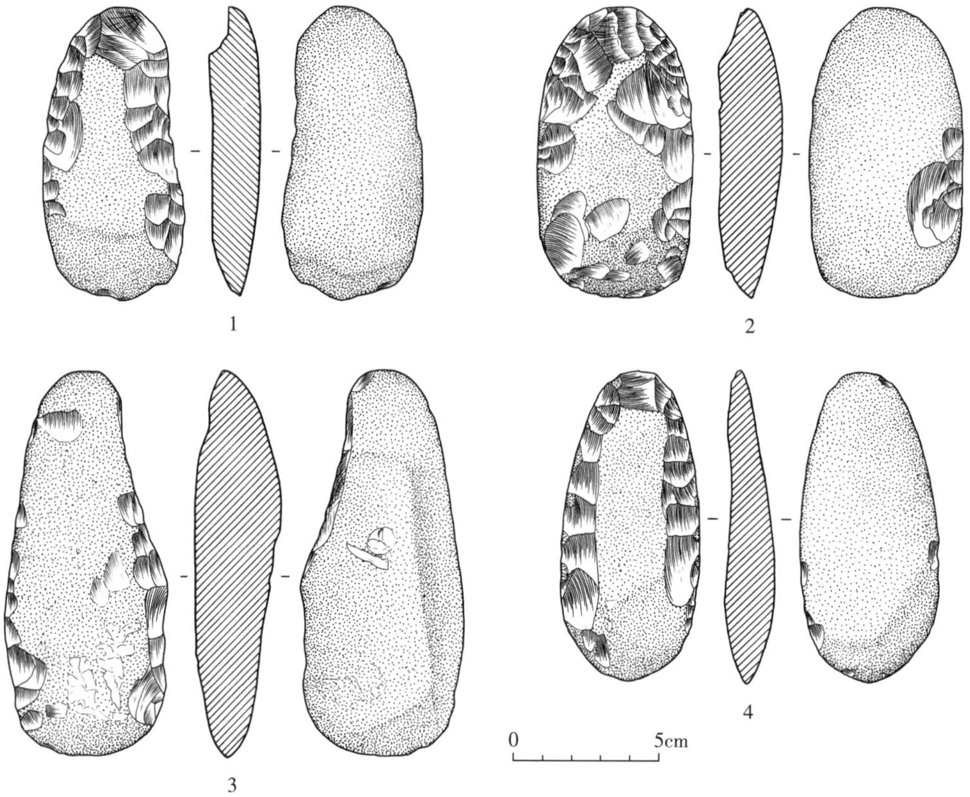

图二一九　大湾遗址第一文化层石制品（十五）

1、2、4. Bf型石斧（2015GLDT1①：33、2015GLDT2①：34、2015GLDT2①：38）　3. Bg型石斧（2015GLDT2①：24）

长12.9cm，宽5.4cm，厚3.0cm，重228g（图二一九，3）。

第二类　残件。2件。分别属于A型和B型。

A型　1件。属于Af亚型。

标本2015GLDT2①：29，原料为灰褐色辉绿岩砾石。器身稍厚，形状近椭圆形。一端稍宽，另一端略窄。器身两侧经过多次双面剥片；片疤多较小且浅平，部分片疤尾部折断形成陡坎。稍宽端两面均经精心磨制，形成两道相互倾斜的光滑刃面。两刃面交汇处磨制出一道整齐锋利的弧凸状刃缘。刃部一侧残缺近半，应为使用过程中折断所致。器身其余部位保留自然砾面。残长11.0cm，宽5.7cm，厚1.4cm，重143g（图二二〇，1）。

B型　1件。属于Bc亚型。

标本2015GLDT2①：42，原料为灰褐色辉绿岩砾石。器身稍宽厚，形状近梯形。一端略窄，另一端稍宽，为略规整的断裂面。一侧经多次双面剥片，另一侧下半部略经单面剥片；片疤多较小且浅平，部分片疤尾部折断形成陡坎，未经磨制。略窄端两面均经精心磨制，形成两道相互倾斜的光滑刃面。两刃面交汇处磨制出一道整齐锋利的弧凸状刃口。刃口一侧可见少量细碎的崩疤，应为使用痕迹。器身其余部位保留自然砾面。残长9.1cm，宽6.1cm，厚2.1cm，重191g（图

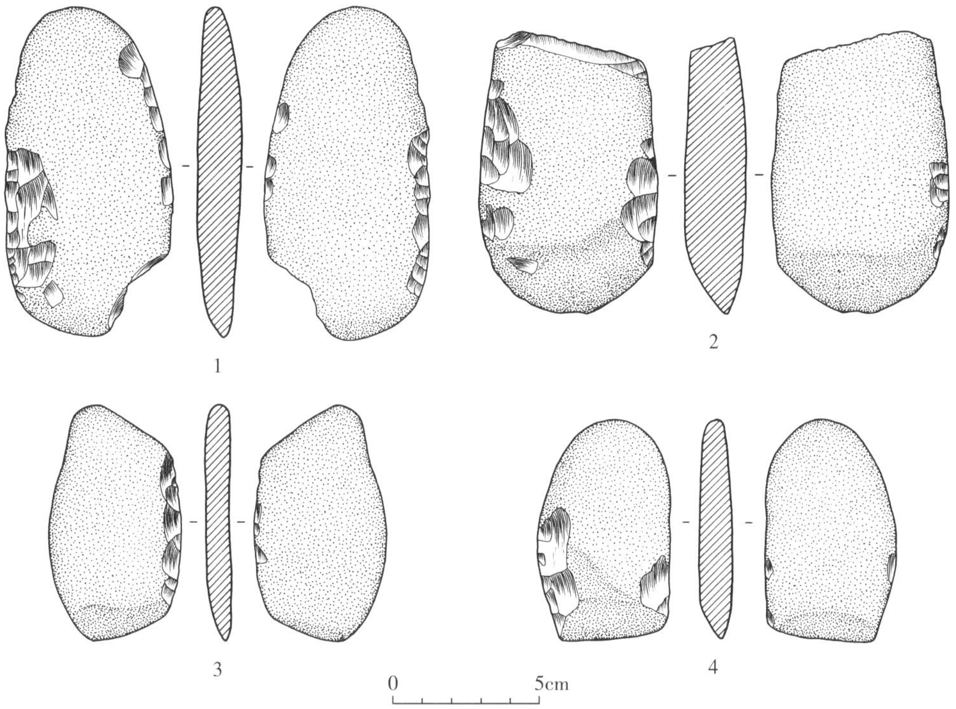

图二二〇　大湾遗址第一文化层石制品（十六）

1. Af 型石斧残件（2015GLDT2①：29）　2. Bc 型石斧残件（2015GLDT2①：42）　3、4. AaⅢ型石锛（2015GLDT1②：5、2015GLDT2②：1）

二二〇，2）。

石锛　5 件。均为完整件。原料均为砾石。岩性均为辉绿岩。磨制部位只有局部磨制一种，均为磨制刃部，且均未见使用痕迹。器身形状有梯形和椭圆形两种。其中梯形 3 件，占该文化层出土石锛总数的 60%；椭圆形 2 件，占该文化层出土石锛总数的 40%。器身长度最大值 9.0cm，最小值 7.2cm；宽度最大值 5.0cm，最小值 4.5cm；厚度最大值 1.7cm，最小值 0.9cm；重量最大值 131g，最小值 53g。分别属于 A 型中的 Aa 亚型和 Ab 亚型。

Aa 型　3 件。分别属于 AaⅢ次亚型和 AaⅥ次亚型。

AaⅢ型　2 件。

标本 2015GLDT1②：5，原料为灰褐色辉绿岩砾石。器身扁薄，形状近梯形。一端稍宽，另一端略窄。器身一侧经过多次双面剥片。该侧加工以一面为主，疤痕较密；另一面疤痕较少。片疤多较小且浅平，未经磨制。稍宽端两面均经精心磨制，形成两道光滑刃面。其中一刃面较宽，且向另一面倾斜；另一刃面略窄，较平。两刃面交汇处磨制出一道整齐锋利的斜直刃口。未见使用痕迹。器身其余部位保留自然砾面。长 7.9cm，宽 4.5cm，厚 0.9cm，重 53g（图二二〇，3；彩版六〇，3）。

标本 2015GLDT2②：1，原料为灰褐色辉绿岩砾石。器身略短，形状近梯形。一端稍宽，另一端略窄。器身两侧下半部经过多次双面剥片。两侧加工以一面为主，疤痕略多；另一面片疤零星。片疤多较小且浅平，未经磨制。稍宽端两面均经精心磨制，形成两道光滑刃面。其中一刃面较宽，且向另一面倾斜；另一刃面略窄，较平。两刃面交汇处磨制出一道整齐锋利的平直刃口。未见使用痕迹。器身其余部位保留自然砾面。长 7.3cm，宽 4.5cm，厚 1.3cm，重 72g（图二二〇，4）。

AaⅥ型　1 件。

标本 2015GLDT2②：2，原料为灰褐色辉绿岩砾石。器身稍扁薄，形状近椭圆形。一端较宽，另一端略窄。器身一侧和另一侧下半部经过多次双面剥片。两侧加工以一面为主，疤痕较密；另一面片疤零星。片疤多较小且浅平，部分片疤尾部折断形成陡坎。两侧缘均略经磨制。较宽端两面均经精心磨制，形成两道光滑刃面。其中一刃面较宽，且向另一面倾斜；另一刃面略窄，较平。两刃面交汇处磨制出一道整齐锋利的平直刃口。未见使用痕迹。器身其余部位保留自然砾面。长 8.9cm，宽 4.8cm，厚 1.4cm，重 91g（图二二一，1）。

Ab 型　2 件。分别属于 AbⅢ次亚型和 AbⅥ次亚型。

AbⅢ型　1 件。

标本 2015GLDT2②：26，原料为灰褐色辉绿岩砾石。器身较厚，形状近梯形。一端较宽，另一端略窄。器身略窄端和一侧下半部略经单面剥片；另一侧经过多次双面剥片。片疤多较小且浅平，部分片疤尾部折断形成陡坎，未经磨制。较宽端两面均经过精心磨制，形成两道光滑刃面。其中一刃面较宽，磨面向另一面倾斜；另一刃面略窄，较平。两刃面交汇处磨制出一道略微弧凸刃口。刃缘整齐锋利，未见使用痕迹。器身其余部位保留自然砾面。长 9.0cm，宽 5.0cm，厚 1.7cm，重 131g（图二二一，2）。

AbⅥ型　1 件。

标本 2015GLDT1②：31，原料为灰褐色辉绿岩砾石。器身较短，形状近椭圆形。一端较宽，

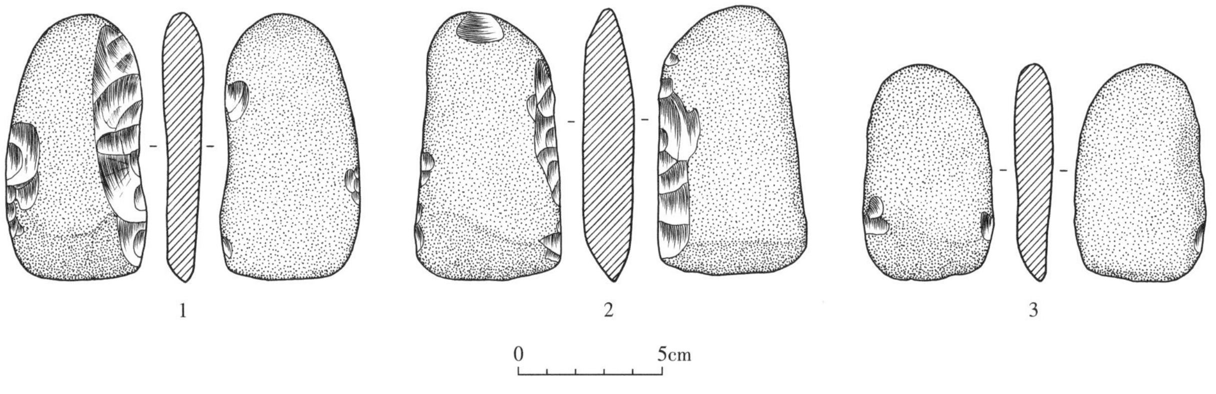

图二二一　大湾遗址第一文化层石制品（十七）

1. AaⅥ型石锛（2015GLDT2②：2）　2. AbⅢ型石锛（2015GLDT2②：26）　3. AbⅥ型石锛（2015GLDT1②：31）

另一端略窄。器身一侧下半部略经双面剥片；另一侧下半部略经单面剥片。打击片疤多较小且浅平，未经磨制。较宽端两面均经过精心磨制，形成两道光滑刃面。其中一刃面较宽，磨面向另一面倾斜；另一刃面略窄，较平。两刃面交汇处磨制出一道略微弧凸刃口。刃缘整齐锋利，未见使用痕迹。器身其余部位保留自然砾面。长 7.2cm，宽 4.5cm，厚 1.3cm，重 69g（图二二一，3；彩版六〇，4）。

石凿 3 件。包括半成品和毛坯两大类型。其中半成品 2 件，占该文化层出土石凿总数的 66.67%；毛坯 1 件，占该文化层出土石凿总数的 33.33%。原料均为砾石。岩性只见辉绿岩一种。形状有梯形、椭圆形和长条形三种，每种各 1 件，各占该文化层出土石凿总数的 33.33%。器身长度最大值 8.4cm，最小值 6.1cm；宽度最大值 4.1cm，最小值 2.4cm；厚度最大值 1.8cm，最小值 0.8cm；重量最大值 96g，最小值 20g。

第一类 半成品。2 件。分别属于 A 型中的 Aa 亚型和 Ab 亚型。

Aa 型 1 件。属于 AaⅢ次亚型。

标本 2015GLDT2 ①：37，原料为灰褐色辉绿岩砾石。器身窄长，形状近梯形。一端略宽，另一端稍窄。一面较平，另一面凹凸不平。加工主要集中于略宽端。先以锤击法沿稍宽端边缘多次单面剥片，加工出一道整齐但不甚锋利的平直刃缘；该端片疤较小且浅平。然后再对略宽端两面加以磨制。该端一面经过较多磨制，有较大面积的光滑刃面，但前缘仍保留打击疤痕，刃面向另一面倾斜；另一面略经磨制，有小面积光滑刃面，刃面较平。两刃面交汇处保留原打制出的平直刃缘。刃口尚未开始磨制。器身较平面近稍窄端有一个较大且深凹的椭圆形崩疤，应为之前作为石砧使用时所遗留痕迹。器身其余部位保留自然砾面。长 8.4cm，宽 4.1cm，厚 1.8cm，重 96g（图二二二，1；彩版六〇，5）。

Ab 型 1 件。属于 AbⅥ次亚型。

标本 2015GLDT1 ②：43，原料为灰褐色辉绿岩砾石。器身窄小，扁薄，形状近椭圆形。一端略窄，另一端稍宽。加工主要集中于稍宽端，先以锤击法沿该端边缘多次单面剥片，加工出一道整齐锋利的斜弧刃缘；该端片疤较小且浅平。然后再加以磨制。其中一面经精心磨制，形成一道向另一面倾斜的光滑刃面，刃面两侧仍可见部分打击疤痕；另一面未经磨制，刃口尚未形成。器身其余部位保留自然砾面。长 6.1cm，宽 2.7cm，厚 0.8cm，重 20g（图二二二，2；彩版六〇，6）。

第二类 毛坯。1 件。属于 A 型中的 AbⅦ次亚型。

标本 2015GLDT2 ②：28，原料为灰褐色辉绿岩砾石。器身窄小，形状近长条形。一端稍窄，另一端略宽。加工主要集中于略宽端。加工方法为锤击法。沿砾石略宽端边缘多次单面剥片，加工出一道弧凸状刃。刃缘整齐锋利，未磨制。片疤较小且浅平。器身其余部位保留自然砾面。长 7.2cm，宽 2.4cm，厚 1.0cm，重 24g（图二二二，3；彩版六一，1）。

斧锛类半成品 16 件。包括完整件和残件两大类。其中完整件 15 件，占该文化层出土斧锛类半成品总数的 93.75%；残件 1 件，占该文化层出土斧锛类半成品总数的 6.25%。原料仅见砾石

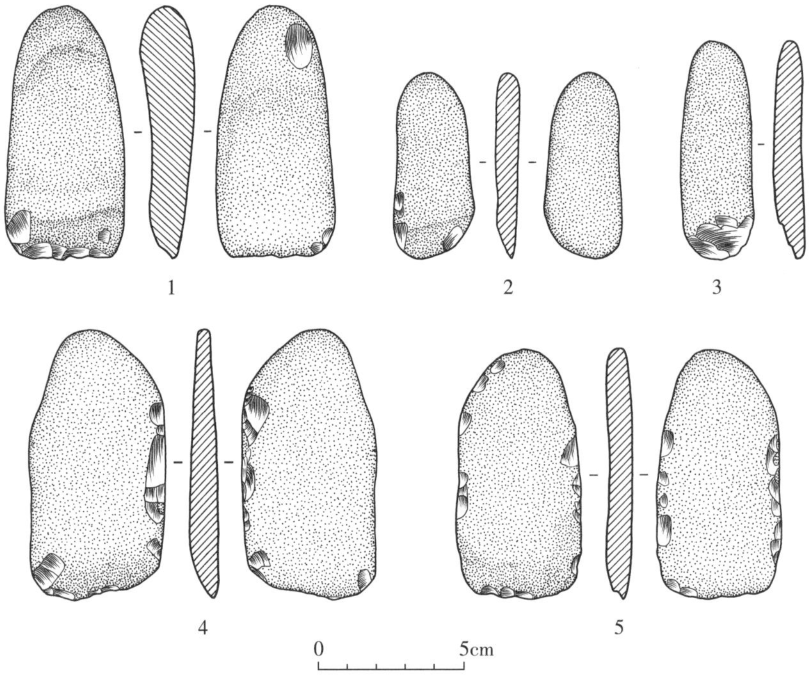

图二二二　大湾遗址第一文化层石制品（十八）

1. AaⅢ型石凿半成品（2015GLDT2①：37）　2. AbⅥ型石凿半成品（2015GLDT1②：43）　3. AbⅦ型石凿毛坯（2015GLDT2②：28）　4、5. AaⅢ型斧锛类半成品（2015GLDT1②：45、2015GLDT2②：25）

一种。岩性均为辉绿岩。磨制部位只见局部磨制一种，且均为磨制刃部。器身形状有三角形、四边形、梯形和椭圆形四种。其中三角形和四边形各2件，各占该文化层出土斧锛类半成品总数的12.50%；梯形5件，占该文化层出土斧锛类半成品总数的31.25%；椭圆形7件，占该文化层出土斧锛类半成品总数的43.75%。器身长度最大值12.1cm，最小值5.2cm；宽度最大值6.3cm，最小值4.2cm；厚度最大值2.2cm，最小值0.9cm；重量最大值206g，最小值56g。

第一类　完整件。15件。分别属于A型中的Aa亚型和Ab亚型。

Aa型　2件。均属于AaⅢ次亚型。

标本2015GLDT1②：45，原料为灰褐色辉绿岩砾石。器身扁薄，形状近梯形。一端稍宽，另一端略窄。器身一侧经过多次双面剥片，片疤多较小且浅平，侧缘略经磨制；另一侧未经加工。稍宽端先经多次单面剥片，先打制出一道锋利的斜直刃，再加以磨制。其中该端一面经较多磨制，有较大面积的光滑刃面，刃面向另一面倾斜，但其一侧仍保留少量片疤面；另一面略经磨制，有部分光滑刃面。两刃面交汇处中部和一侧仍保留有打击疤痕。刃口尚未磨制完成。器身其余部位保留自然砾面。长8.8cm，宽4.6cm，厚1.0cm，重69g（图二二二，4）。

标本2015GLDT2②：25，原料为灰褐色辉绿岩砾石。器身扁薄，形状近梯形。一端稍宽，另一端略窄。器身两侧和稍宽端均经过多次双面剥片；片疤多较小且浅平。侧缘未经磨制。稍宽端先打制出一道不甚整齐但锋利的平直刃缘，然后再加以磨制，其中一面经较多磨制，有较大面积的光滑刃面，磨面向另一面倾斜；另一面略经磨制，有小面积的光滑刃面。两刃面交汇处仍保留原有的平直刃缘。刃口尚未磨制完成。器身其余部位保留自然砾面。长 8.3cm，宽 4.4cm，厚 0.9cm，重 56g（图二二二，5；彩版六一，2）。

Ab 型　13 件。分别属于 AbⅠ、AbⅡ、AbⅢ、AbⅥ次亚型。

AbⅠ型　1 件。

标本 2015GLDT1 ①：43，原料为黄褐色辉绿岩砾石。器身稍厚，形状近三角形。一端较宽，另一端较窄。器身两侧下半部和稍宽端边缘均经过多次双面剥片；片疤多较小且深凹，部分片疤尾部折断形成陡坎。两侧缘均未经磨制。稍宽端边缘加工出一道整齐锋利的弧凸状刃缘。稍宽端一面经较多磨制，有较大面积的光滑刃面，且磨面较平；另一面则基本保留原有的打击疤痕，仅刃面凸起处略经磨制，有少许光滑磨面。两刃面交汇处保留原打制出的弧凸状刃缘。刃口尚未开始磨制。器身其余部位保留自然砾面。长 10.0m，宽 5.1cm，厚 2.0cm，重 159g（图二二三，1）。

AbⅡ型　2 件。

标本 2015GLDT1 ①：45，原料为灰褐色辉绿岩砾石。器身稍窄，形状近四边形。一端略宽，另一端稍窄。器身两侧近略宽端处和略宽端均经多次单面剥片；片疤多较小且浅平。稍宽端边缘打制出一道整齐但不甚锋利的弧凸状刃缘。稍宽端一面经较多磨制，有较大面积的光滑刃面，刃面向另一面倾斜，但前缘仍保留打制疤痕；另一面略经磨制。两刃面交汇处保留原打制出的弧凸状刃缘。刃口尚未开始磨制。器身其余部位保留自然砾面。长 10.0cm，宽 4.9cm，厚 1.4cm，重 133g（图二二三，2；彩版六一，3）。

标本 2015GLDT2 ①：31，原料为灰褐色辉绿岩砾石。器身宽大，形状近四边形。一端略宽，另一端稍窄。一面较平，另一面凸起。器身略宽端和一侧边缘均经过多次双面剥片，打击片疤多较小且浅平。稍窄端和另一侧边缘则略经单面剥片，片疤稍大且深凹，部分片疤尾部折断形成陡坎。两侧缘均未经磨制。稍宽端边缘打制出一道整齐锋利的弧凸状刃缘。稍宽端一面经较多磨制，有较大面积的光滑刃面，且刃面略向另一面倾斜；另一面略经磨制，刃面较少且较平，前缘保留较多打击疤痕。两刃面交汇处保留原打制出的弧凸状刃缘。刃口尚未开始磨制。较平面凸起处稍经磨制，有较多光滑磨面，但低凹处仍保留自然砾面。器身其余部位保留自然砾面。长 10.5cm，宽 6.3cm，厚 2.0cm，重 206g（图二二三，3）。

AbⅢ型　3 件。

标本 2015GLDT1 ①：38，原料为灰褐色辉绿岩砾石。器身稍扁薄，形状近梯形。一端略宽，另一端稍窄。器身一侧经过多次双面剥片，片疤多较小且浅平。另一侧经过多次单面剥片，片疤稍大且深凹，部分片疤尾部折断形成陡坎。两侧缘均未经磨制。略宽端边缘经多次单面剥片，打制出一道整齐锋利的弧凸状刃缘。稍宽端一面经较多磨制，有较大面积的光滑刃面，但局部仍保留打击疤痕，且刃面向另一面倾斜；另一面略经磨制。两刃面交汇处两侧刃口已磨出但未磨毕。刃缘中部仍保留较多打击疤痕。器身其余部位保留自然砾面。长 8.5cm，宽 5.6cm，厚 1.3cm，重

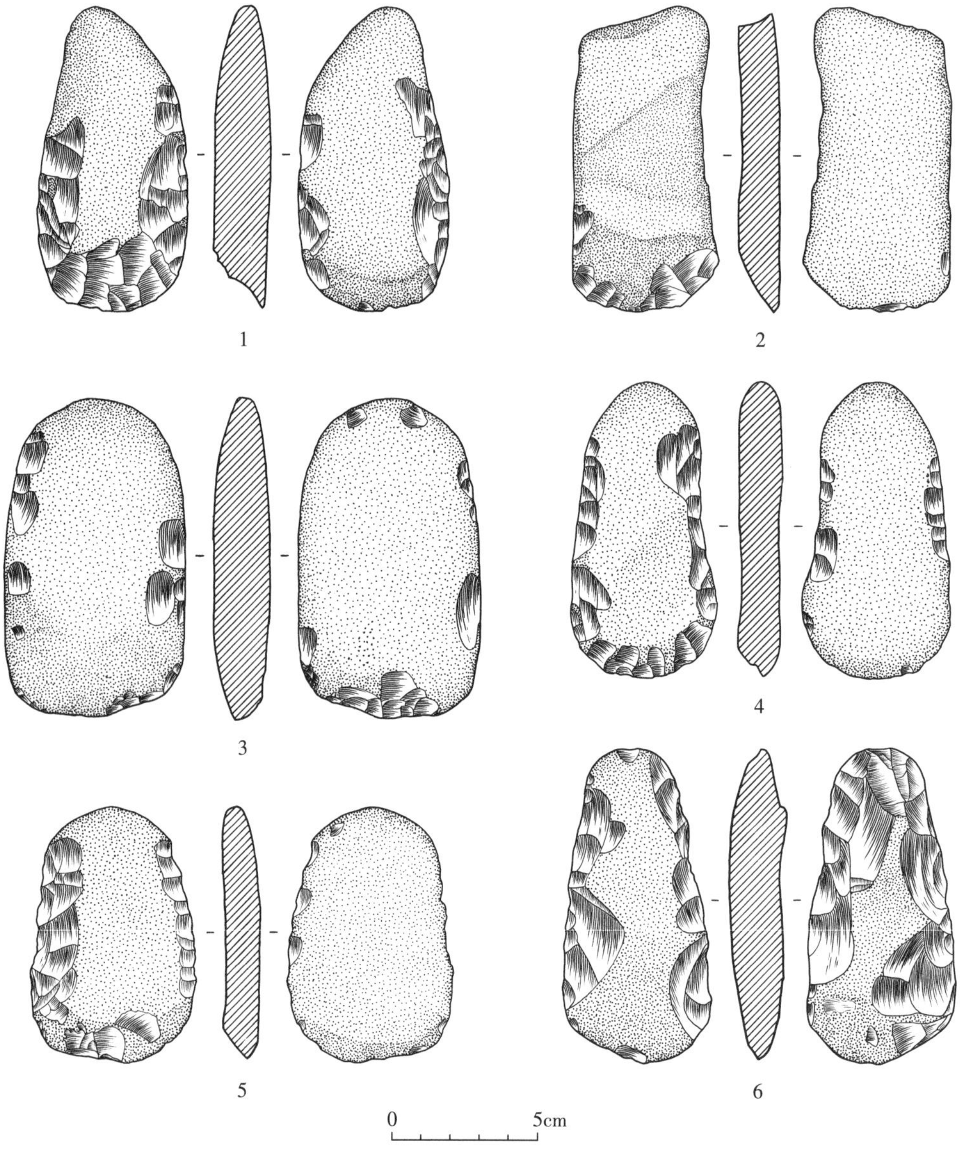

图二二三　大湾遗址第一文化层石制品（十九）

1. AbⅠ型斧锛类半成品（2015GLDT1①：43）　2、3. AbⅡ型斧锛类半成品（2015GLDT1①：45、2015GLDT2①：31）　4、6. AbⅥ型斧锛类半成品（2015GLDT1①：36、2015GLDT1②：34）　5. AbⅢ型斧锛类半成品（2015GLDT1①：38）

101g（图二二三，5）。

标本2015GLDT2①：26，原料为灰褐色辉绿岩砾石。器身稍厚，较长，形状近梯形。一端略宽，另一端稍窄。器身一侧和另一侧下半部均经过多次双面剥片；片疤多较大且深凹，部分片疤尾部折断形成陡坎。两侧缘均未经磨制。略宽端边缘经多次单面剥片，打制出一道整齐锋利的弧凸状刃缘。略宽端一面略经磨制，两侧有光滑刃面，但中部仍保留打击疤痕，磨面向另一面倾斜；另一面略经磨制，有小面积的光滑刃面。两刃面交汇处仍保留着原来打制出的弧凸状刃缘。刃口尚未开始磨制。器身其余部位保留自然砾面。长12.1cm，宽6.0cm，厚1.8cm，重201g（图二二四，1）。

标本2015GLDT2②：19，原料为灰褐色辉绿岩砾石。器身形状近梯形。一端较窄，另一端较宽，为较规整的断裂面。器身一侧边缘略经单面剥片。另一侧和较窄端边缘则经多次双面剥片，该侧边缘略经磨制，有少许光滑磨面。较窄端边缘加工出一道弧凸状刃。刃缘整齐锋利，未经磨制。片疤多较小且浅平，部分片疤尾部折断形成陡坎。器身其余部位保留自然砾面。长9.0cm，宽5.4cm，厚1.8cm，重136g（图二二四，2）。

AbⅥ型　7件。

标本2015GLDT1①：36，原料为灰褐色辉绿岩砾石。器身形状近椭圆形。一端略宽，另一端稍窄。器身两侧均经过多次双面剥片，片疤多较小且浅平。两侧加工以一面为主，片疤密集；另一面片疤零散。两侧缘均未经磨制。略宽端边缘经过多次单面剥片，打制出一道整齐锋利的弧凸状刃缘。略宽端一面略经磨制，凸起处有小面积光滑刃面，但绝大部分仍保留打击疤痕，磨面向另一面倾斜；另一面未经磨制。两面交汇处仍保留原打制出的弧凸状刃缘。刃口尚未开始磨制。器身其余部位保留自然砾面。长9.8cm，宽5.0cm，厚1.4cm，重125g（图二二三，4）。

标本2015GLDT1②：34，原料为灰褐色辉绿岩砾石。器身扁薄，形状近椭圆形。一端稍宽，另一端略窄。器身两端和两侧均经过多次双面剥片，片疤多较大且浅平，部分片疤尾部折断形成陡坎。略窄端和两侧均未经磨制。稍宽端边缘打制出一道整齐锋利的弧凸状刃缘。稍宽端两面均经较多磨制，有较大面积的光滑刃面；其中一刃面略窄，向另一面倾斜，另一刃面较宽且较平。两刃面交汇处仍保留原打制出的弧凸状刃缘。刃口尚未开始磨制。器身其余部位保留自然砾面。长10.3cm，宽5.1cm，厚1.8cm，重132g（图二二三，6）。

标本2015GLDT2②：18，原料为灰褐色辉绿岩砾石。器身扁薄，形状近椭圆形。两端略等宽。器身一端经过多次单面剥片，打制出一道整齐锋利的弧凸状刃缘。一端两面略经磨制，有小面积光滑刃面。其中一刃面较宽，向另一面倾斜，刃面中部仍保留有打击疤痕；另一面略窄，刃面较平。两刃面交汇处两侧刃口已磨出但未磨毕。刃缘中部仍保留较多打击疤痕。器身其余部位保留自然砾面。长9.3cm，宽4.2cm，厚1.5cm，重100g（图二二四，3）。

标本2015GLDT1①：40，原料为灰褐色辉绿岩砾石。器身稍厚，形状近椭圆形。一端略宽，另一端稍窄。器身稍窄端经过多次单面剥片。片疤多较大且浅平。两侧经过多次双面剥片，片疤多较小且深凹，部分片疤尾部折断形成陡坎。两侧缘和稍窄端均未经磨制。略宽端双面打制出一道整齐锋利的弧凸状刃缘。略宽端一面经较多磨制，有较大面积的光滑刃面，刃面向另一面倾斜；另一面略经磨制，刃面稍少，也向另一面倾斜。两刃面交汇处一侧刃口已磨出但未磨毕。刃缘中部仍保留较多打击疤痕。器身其余部位保留自然砾面。长9.8cm，宽5.5cm，厚2.2cm，重162g（图二二四，4）。

标本2015GLDT2①：32，原料为灰褐色辉绿岩砾石。器身稍厚，形状近椭圆形。一端略宽，另一端稍窄。器身两侧下半部经过多次单面剥片，片疤多较小且深凹，部分片疤尾部折断形成陡坎。

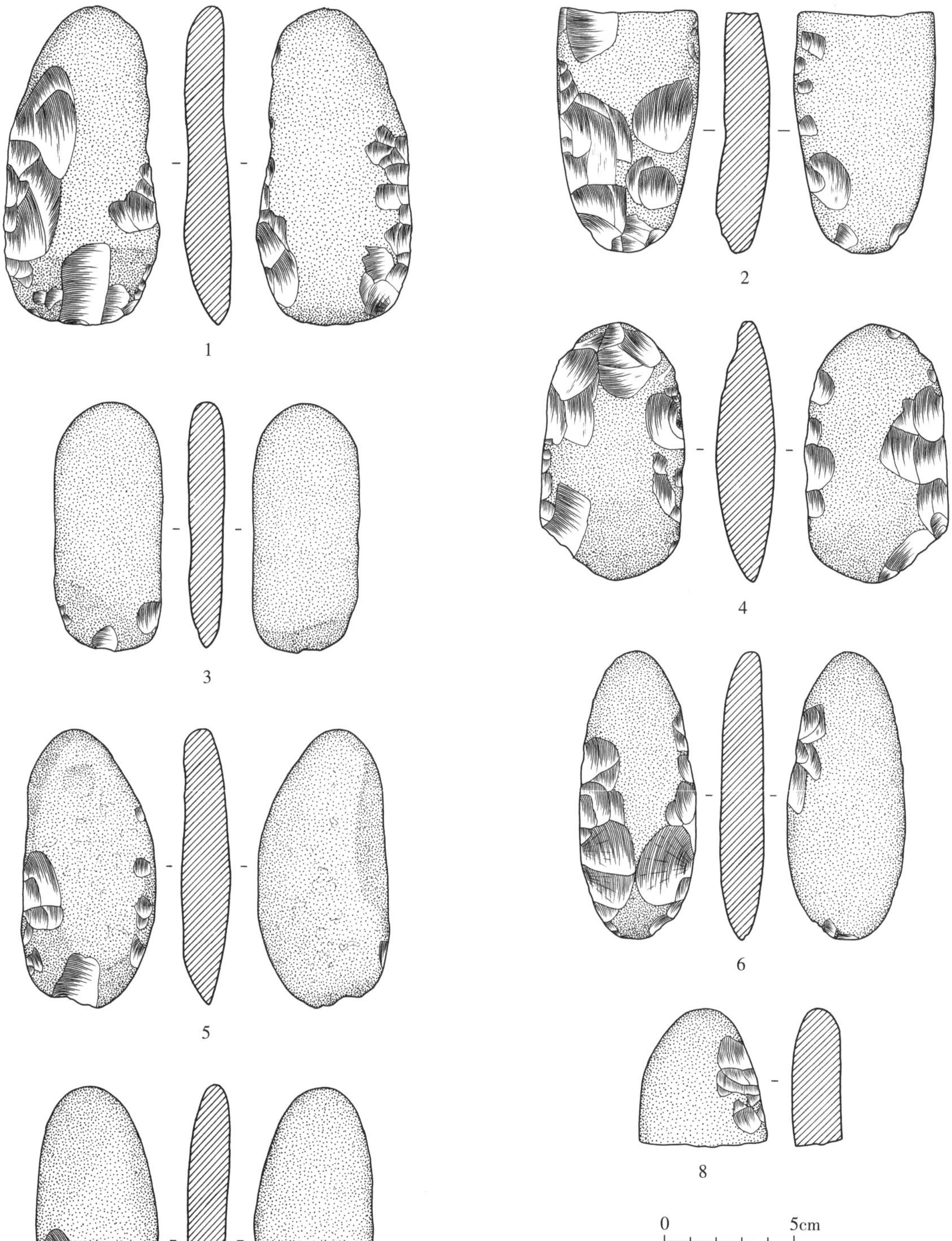

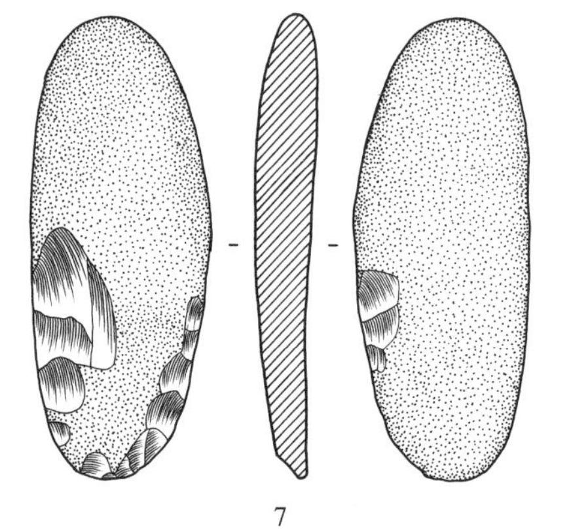

图二二四　大湾遗址第一文化层石制品（二十）

1、2. AbⅢ型斧锛类半成品（2015GLDT2①：26、2015GLDT2②：19）　3~7. AbⅥ型斧锛类半成品（2015GLDT2②：18、2015GLDT1①：40、2015GLDT2①：32、2015GLDT1①：32、2015GLDT1②：48）　8. Ba型斧锛类半成品残件（2015GLDT2①：25）

两侧缘均未经磨制。略宽端边缘单面打制出一道不甚整齐但锋利的弧凸状刃缘。略宽端两面均略经磨制，有一些光滑刃面；其中一刃面向另一面倾斜，中部仍保留较多打击疤痕；另一刃面稍平。两刃面交汇处两侧刃口已磨出但未磨毕，中部仍保留原来打制的弧凸状刃缘。器身其余部位保留自然砾面。长 10.4cm，宽 5.1cm，厚 1.9cm，重 154g（图二二四，5）。

标本 2015GLDT1 ①：32，原料为灰褐色辉绿岩砾石。器身稍厚，窄长，形状近椭圆形。一端略宽，另一端稍窄。器身一侧经过多次单面剥片。另一侧经过多次双面剥片。两侧上半部打击片疤多较小且深凹，下半部片疤多较大且浅平，部分片疤尾部折断形成陡坎，有的片疤达到甚至超过器身中轴线。两侧缘均未经磨制。略宽端边缘双面打制出一道整齐锋利的弧凸状刃缘。略宽端一面经较多磨制，有较大面积的光滑刃面，刃面向另一面倾斜，前缘仍保留打击疤痕；另一面略经磨制。两刃面交汇处仍保留着原来打制出的弧凸状刃缘。刃口尚未开始磨制。器身其余部位保留自然砾面。长 10.9cm，宽 4.5cm，厚 1.7cm，重 121g（图二二四，6）。

标本 2015GLDT1 ②：48，原料为灰褐色辉绿岩砾石。器身稍扁薄，较长，形状近椭圆形。一端略宽，另一端稍窄。器身一侧下半部经过多次单面剥片，另一侧下半部经过多次双面剥片。两侧片疤多较大且浅平。两侧缘均未经磨制。略宽端边缘单面打制出一道整齐锋利的弧凸状刃缘。略宽端一面一侧略经磨制，有部分光滑刃面，且刃面向另一面倾斜；另一面未经磨制。两面交汇处仍保留着原来打制出的弧凸状刃缘。刃口尚未开始磨制。器身其余部位保留自然砾面。长 11.8cm，宽 4.7cm，厚 1.6cm，重 132g（图二二四，7）。

第二类　残件。1 件。属于 B 型中的 Ba 亚型。

标本 2015GLDT2 ①：25，原料为灰褐色辉绿岩砾石。器身较短，稍厚，形状近三角形。一端略窄；另一端稍宽，为规整的断裂面。一侧边缘经过多次单面剥片，片疤多较小且浅平，部分片疤尾部折断形成陡坎。下半部片疤四周略经磨制，有小面积的光滑磨面。器身其余部位保留自然砾面。残长 5.2cm，宽 4.9cm，厚 1.8cm，重 79g（图二二四，8）。

斧锛类毛坯　34 件。包括完整件和残件两大类。其中完整件 28 件，占该文化层出土斧锛类毛坯总数的 82.35%；残件 6 件，占该文化层出土斧锛类毛坯总数的 17.65%。原料有砾石和石片两种。其中砾石 32 件，占该文化层出土斧锛类毛坯总数的 94.12%；石片 2 件，占该文化层出土斧锛类毛坯总数的 5.88%。岩性有辉绿岩和细砂岩两种，其中辉绿岩 33 件，占该文化层出土斧锛类毛坯总数的 97.06%；细砂岩 1 件，占该文化层出土斧锛类毛坯总数的 2.94%。加工方法均为锤击法，多为单面加工，双面加工极少见。加工部位多在器身的端部和两侧，绝大部分标本或多或少保留有自然砾面。器身形状有三角形、四边形、梯形、半圆形、椭圆形、长条形和不规则形七种。其中三角形、四边形、半圆形和不规则形各 1 件，各占该文化层出土斧锛类毛坯总数的 2.94%；梯形 5 件，占该文化层出土斧锛类毛坯总数的 14.71%；椭圆形 21 件，占该文化层出土斧锛类毛坯总数的 61.76%；长条形 4 件，占该文化层出土斧锛类毛坯总数的 11.76%。器身长度最大值 13.4cm，最小值 4.7cm；宽度最大值 7.6cm，最小值 3.1cm；厚度最大值 4.9cm，最小值 0.8cm；重量最大值573g，最小值25g。

第一类　完整件。28件。分别属于A型和B型。

A型　23件。分别属于Aa亚型和Ab亚型。

Aa型　1件。属于AaⅢ次亚型。

标本2015GLDT1①：46，原料为黄褐色辉绿岩砾石。器身扁平，形状近梯形。一端稍宽，另一端略窄。加工方法为锤击法。器身略窄端略经单面剥片，两侧及稍宽端经过多次双面剥片。片疤多较小且浅平，部分片疤尾部折断形成陡坎。略窄端及两侧缘均未经磨制。稍宽端边缘加工出一道锋利的近平直刃缘，未经磨制。器身其余部位保留自然砾面。长9.7cm，宽5.6cm，厚1.4cm，重122g（图二二五，1；彩版六一，4）。

Ab型　22件。分别属于AbⅥ次亚型和AbⅦ次亚型。

AbⅥ型　19件。

标本2015GLDT2①：33，原料为灰褐色辉绿岩砾石。器身稍窄长，形状近椭圆形。一端稍窄，另一端略宽。加工方法为锤击法。加工简单，先沿砾石一侧下半部边缘单面剥片，再沿稍窄端边缘多次单面剥片，加工出一道弧凸状刃。刃缘整齐但不锋利，未经磨制。片疤多较小且浅平。器

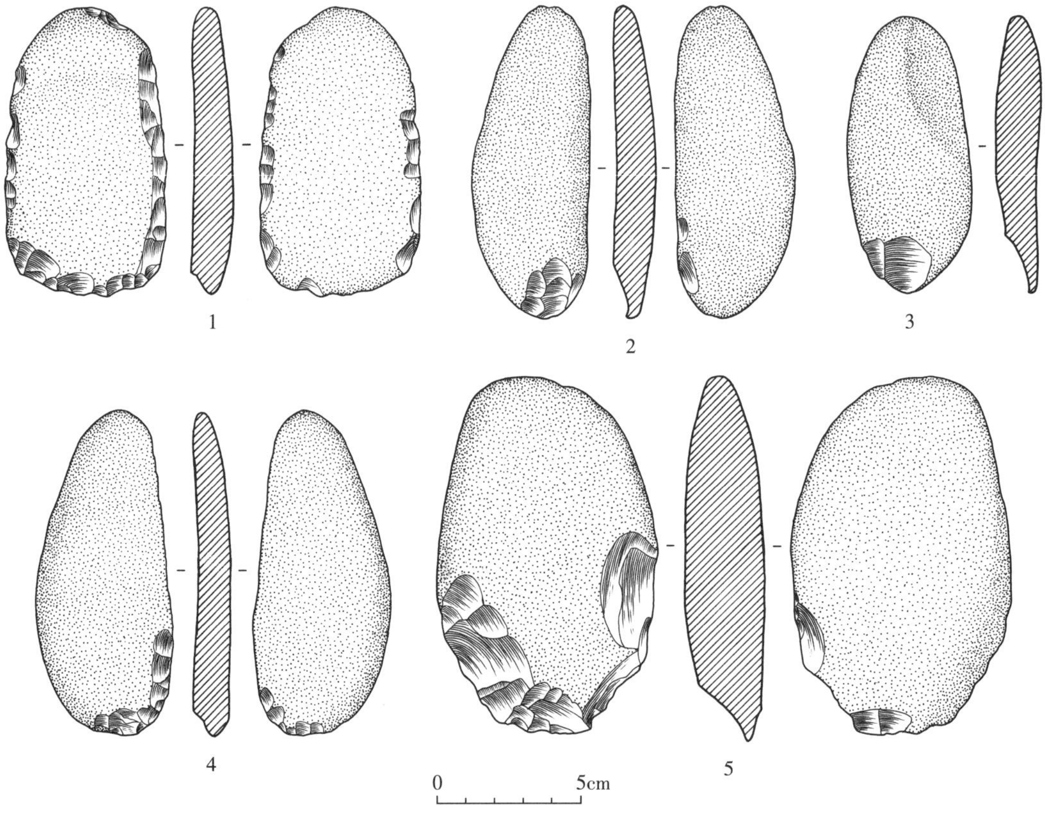

图二二五　大湾遗址第一文化层石制品（二十一）

1. AaⅢ型斧锛类毛坯（2015GLDT1①：46）　2~5. AbⅥ型斧锛类毛坯（2015GLDT2①：33、2015GLDT1①：35、2015GLDT2①：40、2015GLDT2①：27）

身其余部位保留自然砾面。长 10.4cm，宽 4.1cm，厚 1.4cm，重 95g（图二二五，2）。

标本 2015GLDT2①：40，原料为灰褐色辉绿岩砾石。器身稍窄长，形状近椭圆形。一端稍宽，另一端略窄。加工方法为锤击法。加工简单，先沿砾石一侧近稍宽端处边缘单面剥片，再沿稍宽端边缘多次双面剥片，加工出一道弧凸状刃。刃缘整齐但不锋利，未经磨制。片疤多较小且浅平。器身其余部位保留自然砾面。长 10.8cm，宽 4.7cm，厚 1.3cm，重 106g（图二二五，4）。

标本 2015GLDT1①：35，原料为灰褐色辉绿岩砾石。器身较窄小，稍短，形状近椭圆形。一端稍窄，另一端略宽。加工方法为锤击法。加工简单，沿稍窄端边缘多次单面剥片，加工出一道弧凸状刃。刃缘整齐但不甚锋利，未经磨制。片疤多较小且浅平。器身其余部位保留自然砾面。长 9.2cm，宽 4.2cm，厚 1.5cm，重 84g（图二二五，3；彩版六一，5）。

标本 2015GLDT2①：27，原料为灰褐色辉绿岩砾石。器身较宽大，较厚，形状近椭圆形。一端略宽，另一端稍窄。加工方法为锤击法。沿砾石一侧下半部和略宽端边缘多次双面剥片；其中加工以一面为主，片疤多较大且深凹，部分片疤尾部折断形成陡坎；另一面片疤多较小且浅平。另一侧下半部则多次单面剥片，片疤多较大且浅平。略宽端边缘加工出一道弧凸状刃。刃缘不甚整齐也不锋利，未经磨制。器身其余部位保留自然砾面。长 11.8cm，宽 7.6cm，厚 2.6cm，重 395g（图二二五，5）。

标本 2015GLDT2①：44，原料为灰褐色辉绿岩砾石。器身略短小，扁平，形状近椭圆形。两端略等宽。加工方法为锤击法。沿砾石一侧下半部和一端边缘多次双面剥片；其中加工以一面为主，该面片疤较密集；另一面只略微剥片，片疤多较小且深凹，部分片疤尾部折断形成陡坎。一端边缘加工出一道弧凸状刃。刃缘不甚整齐也不锋利，未经磨制。器身其余部位保留自然砾面。长 8.7cm，宽 5.7cm，厚 1.3cm，重 107g（图二二六，1）。

标本 2015GLDT1②：2，原料为灰褐色辉绿岩砾石。器身较宽大，形状近椭圆形。一端略宽，另一端稍窄。加工方法为锤击法。沿砾石两侧下半部边缘多次单面剥片，稍宽端边缘则多次双面剥片，加工出一道弧凸状刃。刃缘整齐锋利，未经磨制。片疤多较大且浅平，部分片疤尾部折断形成陡坎。器身其余部位保留自然砾面。长 9.7cm，宽 6.2cm，厚 1.6cm，重 154g（图二二六，4）。

标本 2015GLDT1②：3，原料为灰褐色辉绿岩砾石。器身短小扁薄，形状近椭圆形。两端略等宽。加工方法为锤击法。在砾石一端边缘多次双面剥片，加工出一道弧凸状刃。刃缘整齐锋利，未经磨制。片疤多较小且浅平。器身其余部位保留自然砾面。长 5.9cm，宽 3.1cm，厚 0.8cm，重 25g（图二二六，2）。

标本 2015GLDT2②：30，原料为灰褐色辉绿岩砾石。器身稍短小，形状近椭圆形。两端略等宽。加工方法为锤击法。砾石两端边缘多次单面剥片，两侧边缘多次双面剥片。在两端各加工出一道弧凸状刃。刃缘整齐锋利，未经磨制。片疤多较小且浅平，部分片疤尾部折断形成陡坎。器身其余部位保留自然砾面。长 7.4cm，宽 4.2cm，厚 1.1cm，重 52g（图二二六，3）。

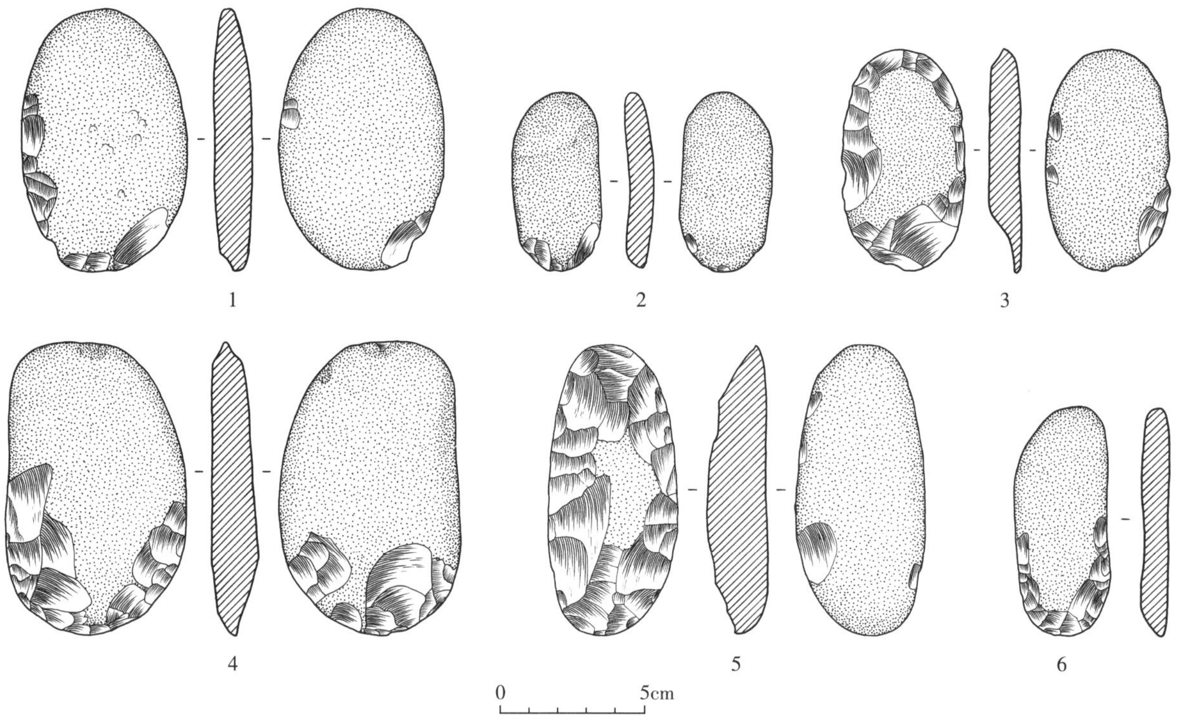

图二二六　大湾遗址第一文化层石制品（二十二）

1~6. AbⅥ型斧锛类毛坯（2015GLDT2①：44、2015GLDT1②：3、2015GLDT2②：30、2015GLDT1②：2、2015GLDT2①：45、2015GLDT1②：42）

标本2015GLDT2①：45，原料为灰褐色辉绿岩砾石。器身略窄长，形状近椭圆形。一端略宽，另一端稍窄。加工方法为锤击法。沿砾石两端边缘多次单面剥片。两侧边缘则经过多次双面剥片，其中加工以一面为主，该面打击疤痕密集，片疤多较大且浅平，部分片疤尾部折断形成陡坎，还有部分片疤达到甚至超过器身中轴线，致使该加工面大部分均为片疤面；另一面只有零星几个较小且浅平的片疤。两端边缘各加工出一道弧凸状刃。刃缘整齐锋利，未经磨制。器身其余部位保留自然砾面。长9.6cm，宽4.2cm，厚2.0cm，重115g（图二二六，5）。

标本2015GLDT1②：42，原料为灰褐色辉绿岩砾石。器身扁薄窄小，形状近椭圆形。一端略宽，另一端稍窄。加工方法为锤击法。砾石两侧下半部和略宽端边缘多次单面剥片。在略宽端边缘加工出一道弧凸状刃。刃缘整齐锋利，未经磨制。片疤多较小且浅平。器身其余部位保留自然砾面。长7.7cm，宽3.2cm，厚0.9cm，重40g（图二二六，6）。

AbⅦ型　3件。

标本2015GLDT1①：29，原料为灰褐色辉绿岩砾石。器身稍厚，稍长，形状近长条形。一端略窄，另一端稍宽。加工方法为锤击法。先在砾石稍宽端一侧剥出一个较大且深凹的片疤，再沿器身一侧边缘多次双面剥片；其中加工以一面为主，该面疤痕密集，片疤多较大且浅平；另一面疤痕稍零散，片疤多较小且浅平。器身另一侧未经加工。略窄端边缘经多次双面剥片，加工出一道弧凸状刃。刃缘整齐但不锋利，未经磨制。片疤多较小且浅平。器身其余部位保留自然砾面。长 12.8cm，宽 5.3cm，厚 2.0cm，重 202g（图二二七，1）。

标本 2015GLDT2②：29，原料为灰褐色辉绿岩砾石。器身扁薄，窄长，形状近长条形。一端略宽，另一端稍窄。加工方法为锤击法。砾石两侧下半部和略宽端边缘多次双面剥片，片疤多较小且浅平；其中加工以一面为主，该面疤痕密集；另一面片疤零星。在略宽端加工出一道弧凸状刃。刃缘整齐锋利，未经磨制。器身其余部位保留自然砾面。长 9.7cm，宽 3.7cm，厚 1.0cm，重 58g（图二二七，3）。

标本 2015GLDT2②：31，原料为灰褐色辉绿岩石片。器身扁薄，窄长，形状近长条形。一端稍窄，另一端略宽。石片右侧垂直折断近半，破裂面陡直。加工方法为锤击法。先对石片近端略作修整，再沿石片左侧边缘多次单面剥片，修整出一道微弧缘。弧缘上半部锋利，下半部钝厚，未经磨制。石片远端略作修整，并以远端原来的弧缘为刃，未经磨制。片疤多较小且浅平。器身其余部位未见人工痕迹。长 13.3cm，宽 5.1cm，厚 2.8cm，重 197g（图二二七，2）。

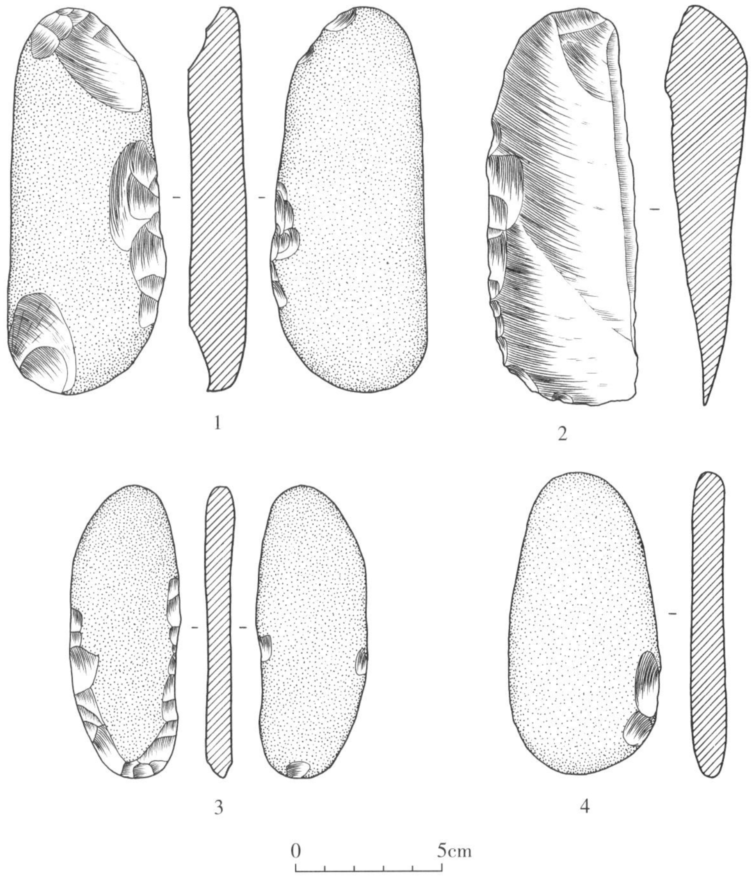

图二二七　大湾遗址第一文化层石制品（二十三）

1~3. AbⅦ型斧锛类毛坯（2015GLDT1①：29、2015GLDT2②：31、2015GLDT2②：29）　4. Bf 型斧锛类毛坯（2015GLDT1①：28）

B 型　5 件。分别属于 Bc、Bf、Bg、Bh 亚型。

Bc 型　1 件。

标本 2015GLDT1②：33，原料为灰褐色辉绿岩砾石。器身形状近梯形。一端略宽，另一端稍窄。加工方法为锤击法。砾石两侧下半部边缘多次双面剥片，其中加工以一面为主，该面疤痕密集；另一面片疤较少。片疤多较小且浅平，未经磨制。略宽端边缘近乎垂直截断，截面不甚整齐，不成刃。器身其余部位保留自然砾面。长 8.8cm，宽 5.1cm，厚 1.7cm，重 129g（图二二八，2）。

Bf 型　2 件。

标本 2015GLDT1①：28，原料为灰褐色细砂岩砾石。器身扁平，形状近椭圆形。一端稍宽，另一端略窄。加工方法为锤击法。加工简单，沿器身一侧近稍宽端单面剥片，片疤多较小且浅平。未经磨制。稍宽端未经加工，边缘钝厚，不成刃。器身其余部位保留自然砾面。长 10.1cm，宽 5.3cm，厚 1.3cm，重 106g（图二二七，4；彩版六一，6）。

标本 2015GLDT1②：44，原料为灰褐色辉绿岩砾石。器身扁薄，形状近椭圆形。一端稍窄，另一端略宽。加工方法为锤击法。在砾石略宽端一侧边缘略经单面剥片，边缘钝厚不成刃，未经磨制。片疤多较小且浅平，部分片疤尾部折断形成陡坎。器身其余部位保留自然砾面。长 8.8cm，

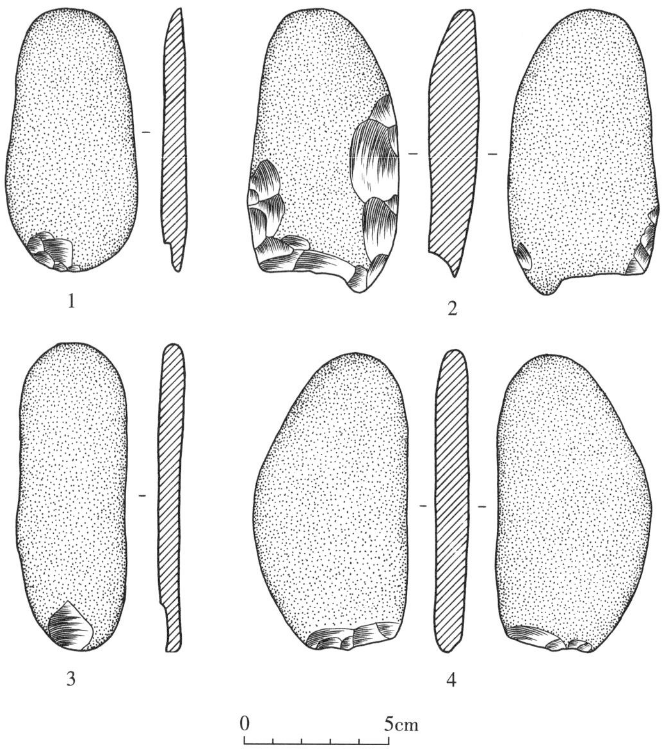

图二二八　大湾遗址第一文化层石制品（二十四）

1. Bf 型斧锛类毛坯（2015GLDT1②：44）　2. Bc 型斧锛类毛坯（2015GLDT1②：33）　3. Bg 型斧锛类毛坯（2015GLDT2②：23）　4. Bh 型斧锛类毛坯（2015GLDT1②：36）

宽 4.6cm，厚 1.0cm，重 56g（图二二八，1）。

Bg 型　1 件。

标本 2015GLDT2②：23，原料为灰褐色辉绿岩砾石。器身扁薄，形状近长条形。一端略宽，另一端稍窄。加工方法为锤击法。在砾石稍窄端边缘略经单面剥片，边缘钝厚不成刃，未经磨制。片疤多较小且浅平。器身其余部位保留自然砾面。长 10.3cm，宽 3.8cm，厚 0.9cm，重 55g（图二二八，3）。

Bh 型　1 件。

标本 2015GLDT1②：36，原料为灰褐色辉绿岩砾石。器身形状不规则。一端略宽，另一端稍窄。加工方法为锤击法。沿砾石略宽端多次双面剥片，打击面不甚整齐，近乎垂直，不成刃。片疤多较小且浅平，未经磨制。器身其余部位保留自然砾面。长 9.9cm，宽 5.3cm，厚 1.2cm，重 109g（图二二八，4）。

第二类　残件。6 件。分别属于 B 型和 D 型。

B 型　4 件。分别属于 Ba 亚型和 Bc 亚型。

Ba 型　1 件。

标本 2015GLDT1①：44，原料为灰褐色辉绿岩砾石。器身稍厚，形状近三角形。一端略窄；另一端稍宽，为不规整的断裂面。两侧近稍宽端处经过多次单面剥片，片疤多较小且浅平，未经磨制。器身其余部位保留自然砾面。残长 5.5cm，宽 4.8cm，厚 1.4cm，重 62g（图二二九，1）。

Bc 型　3 件。

标本 2015GLDT1①：41，原料为灰褐色辉绿岩石片。器身较长，稍厚，形状近梯形。一端略窄；另一端稍宽，为不规整的断裂面。石片近端略经单面剥片。两侧边缘则经过多次单面剥片，一侧片疤多较小且深凹，另一侧片疤多较大且浅平，部分片疤尾部折断形成陡坎。打击方向由背面向腹面打击。器身其余部位保留自然砾面。残长 8.3cm，宽 5.3cm，厚 2.2cm，重 142g（图二二九，3）。

标本 2015GLDT1①：30，原料为灰褐色辉绿岩砾石。器身较短，扁薄，形状近梯形。一端略窄；另一端稍宽，为规整的断裂面。一侧和另一侧下半部经过多次单面剥片，片疤多较小且浅平，部分片疤尾部折断形成陡坎，未经磨制。器身其余部位保留自然砾面。残长 4.7cm，宽 3.7cm，厚 1.1cm，重 32g（图二二九，2）。

标本 2015GLDT2①：41，原料为黄褐色辉绿岩砾石。器身扁薄，稍长，形状近梯形。一端略窄；另一端稍宽，为不规整的断裂面。略窄端略经双面剥片，一侧和另一侧下半部经过多次单面剥片。片疤多较小且浅平，未经磨制。器身其余部位保留自然砾面。残长 8.4cm，宽 4.8cm，厚 1.3cm，重 56g（图二二九，4）。

D 型　2 件。分别属于 Db 亚型和 De 亚型。

Db 型　1 件。

标本 2015GLDT2①：30，原料为灰褐色辉绿岩砾石。器身宽大，稍厚，形状近四边形。一端略窄；

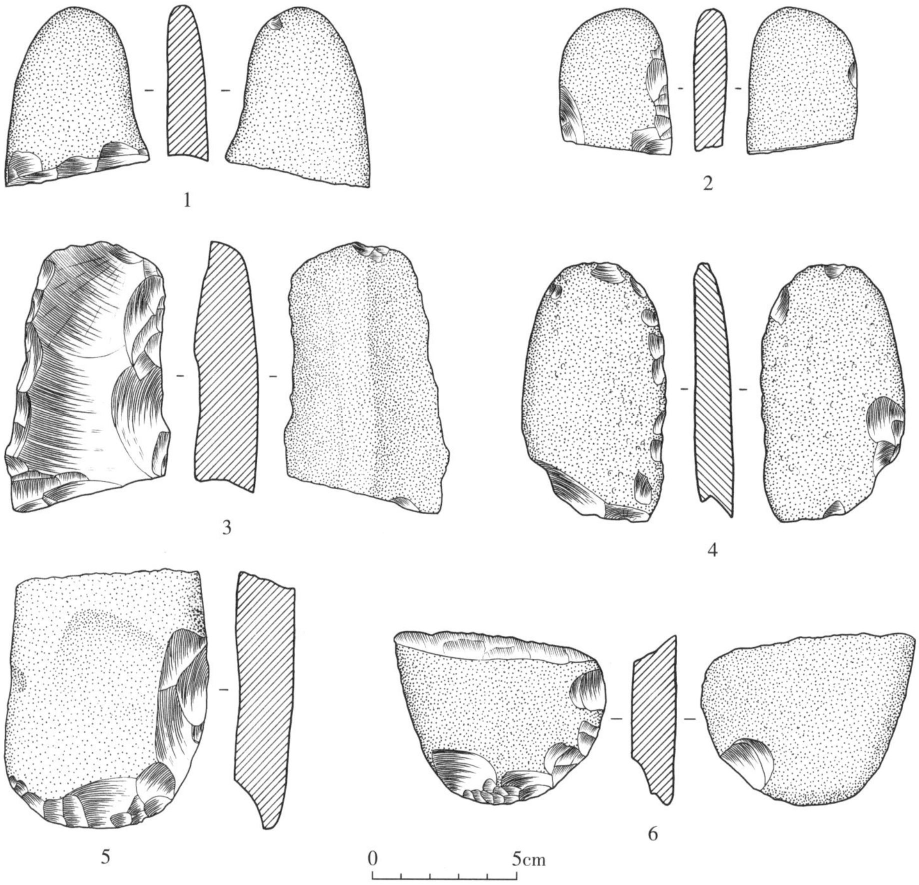

图二二九　大湾遗址第一文化层石制品（二十五）

1. Ba型斧锛类毛坯残件（2015GLDT1①：44） 2~4. Bc型斧锛类毛坯残件（2015GLDT1①：30、2015GLDT1①：41、2015GLDT2①：41） 5. Db型斧锛类毛坯残件（2015GLDT2①：30）
6. De型斧锛类毛坯残件（2015GLDT1①：42）

另一端稍宽，为规整的断裂面。一侧和略窄端边缘经多次单面剥片，片疤多较小且浅平，未经磨制；另一侧保留自然砾面，未经加工。略窄端边缘打制出一道整齐锋利的弧凸状刃缘，未经磨制。器身其余部位未见人工痕迹。残长8.5cm，宽6.8cm，厚2.1cm，重220g（图二二九，5）。

De型　1件。

标本2015GLDT1①：42，原料为灰褐色辉绿岩砾石。器身较短，稍厚，形状近半圆形。一端略窄；另一端稍宽，为不甚规整的断裂面。一侧略经单面剥片，略窄端经多次双面剥片。片疤多较小且浅平，部分片疤尾部折断形成陡坎，未经磨制。另一侧保留自然砾面，未经加工。略窄端边缘打制出一道整齐但不甚锋利的弧凸状刃，未经磨制。器身其余部位未见人工痕迹。残长5.7cm，宽6.8cm，厚1.5cm，重98g（图二二九，6）。

研磨器　17件。包括成品和毛坯两大类。其中成品1件，占该文化层出土研磨器总数的5.88%；毛坯16件，占该文化层出土研磨器总数的94.12%。原料只有砾石一种。岩性有辉绿岩和细砂岩两种。其中辉绿岩 16 件，占该文化层出土研磨器总数的 94.12%；细砂岩 1 件，占该文化层出土研磨器总数的 5.88%。加工简单，利用较长的砾石截取一段，部分直接利用截断面作为研磨面，部分则对截断面略微修整后再用作研磨面。器身形状有三角柱状、方柱状、扁柱状和椭圆柱状四种。其中三角柱状 8 件，占该文化层出土研磨器总数的 47.06%；方柱状 5 件，占该文化层出土研磨器总数的 29.41%；扁柱状 3 件，占该文化层出土研磨器总数的 17.65%；椭圆柱状 1 件，占该文化层出土研磨器总数的 5.88%。器身长度最大值 13.0cm，最小值 6.5cm；宽度最大值 7.8cm，最小值 3.2cm；厚度最大值 6.6cm，最小值 2.0cm；重量最大值 896g，最小值 77g。

第一类　成品。1 件。属于 C 型中的 CcⅡ次亚型。

标本 2015GLDT2 ①：7，原料为暗紫色细砂岩砾石。器身较宽大，形状近方柱状。一面较平，另一面微凸。一端较宽，另一端较窄。一侧较宽厚，另一侧略窄薄。加工集中于两端和一侧。先以较平面为台面，将砾石从近中部截断，选取其中一段作为器身。断裂面凹凸不平，最高处略经磨制，有少量光滑磨面，其余部位仍保留片疤面。较窄端为近椭圆形的研磨面，微凸，光滑齐整。宽厚侧磨制光滑，磨面微凸。器身其余部位保留自然砾面。长 11.5cm，宽 7.0cm，厚 5.3cm，重 729g（图二三〇，1；彩版六二，1）。

第二类　毛坯。16 件。原料均为砾石，岩性均为辉绿岩。分别属于 A 型和 C 型。

A 型　15 件。分别属于 Aa 亚型中的 AaⅠ、AaⅡ、AaⅢ、AaⅤ次亚型。

AaⅠ型　8 件。

标本 2015GLDT1 ①：7，原料为灰褐色辉绿岩砾石。器身稍厚，形状近三角柱状。一面较平，另一面凸起。一端较宽，另一端略窄。加工集中于砾石较宽端。以凸起面为台面，将砾石从近中部截断，选取其中一段作为器身，将断裂面作为研磨面。研磨面近梯形，不甚平整，打击点清楚，放射线不明显，未经磨制。一侧边缘有少量较小且浅平的片疤，这些片疤以研磨面作为打击台面，应为修整研磨面留下的痕迹。器身其余部位保留自然砾面。长 11.1cm，宽 6.8cm，厚 5.8cm，重 547g（图二三〇，2）。

标本 2015GLDT1 ②：30，原料为灰褐色辉绿岩砾石。器身较长，形状近三角柱状。一面凹凸不平，另一面凸起。一端较宽，另一端较窄。加工集中于较宽端。以凸起面为台面，将砾石从近中部截断，选取其中一段作为器身，将断裂面作为研磨面。研磨面近三角形，略平整，打击点清楚，放射线不明显，未经磨制。一侧中部有一较大且深凹的片疤，其打击方向由不平面向凸起面打击。器身其余部位保留自然砾面。长 13.0cm，宽 7.8cm，厚 4.0cm，重 494g（图二三〇，3）。

标本 2015GLDT1 ①：2，原料为灰褐色辉绿岩砾石。器身稍扁长，形状近三角柱状。一面较平，另一面凸起。一端稍宽，另一端略窄。加工集中于稍宽端。以较平面为台面，将砾石从近中部截断，选取其中一段作为器身，将断裂面作为研磨面。研磨面近三角形，凹凸不平。打击点清楚，放射线不明显，未经磨制。研磨面右侧一角有一较小且浅平的片疤，应为修整研磨面留下的痕迹，该片疤由较平面为台面向凸起面打击。器身其余部位保留自然砾面。长 10.4cm，宽 6.0cm，厚 4.5cm，

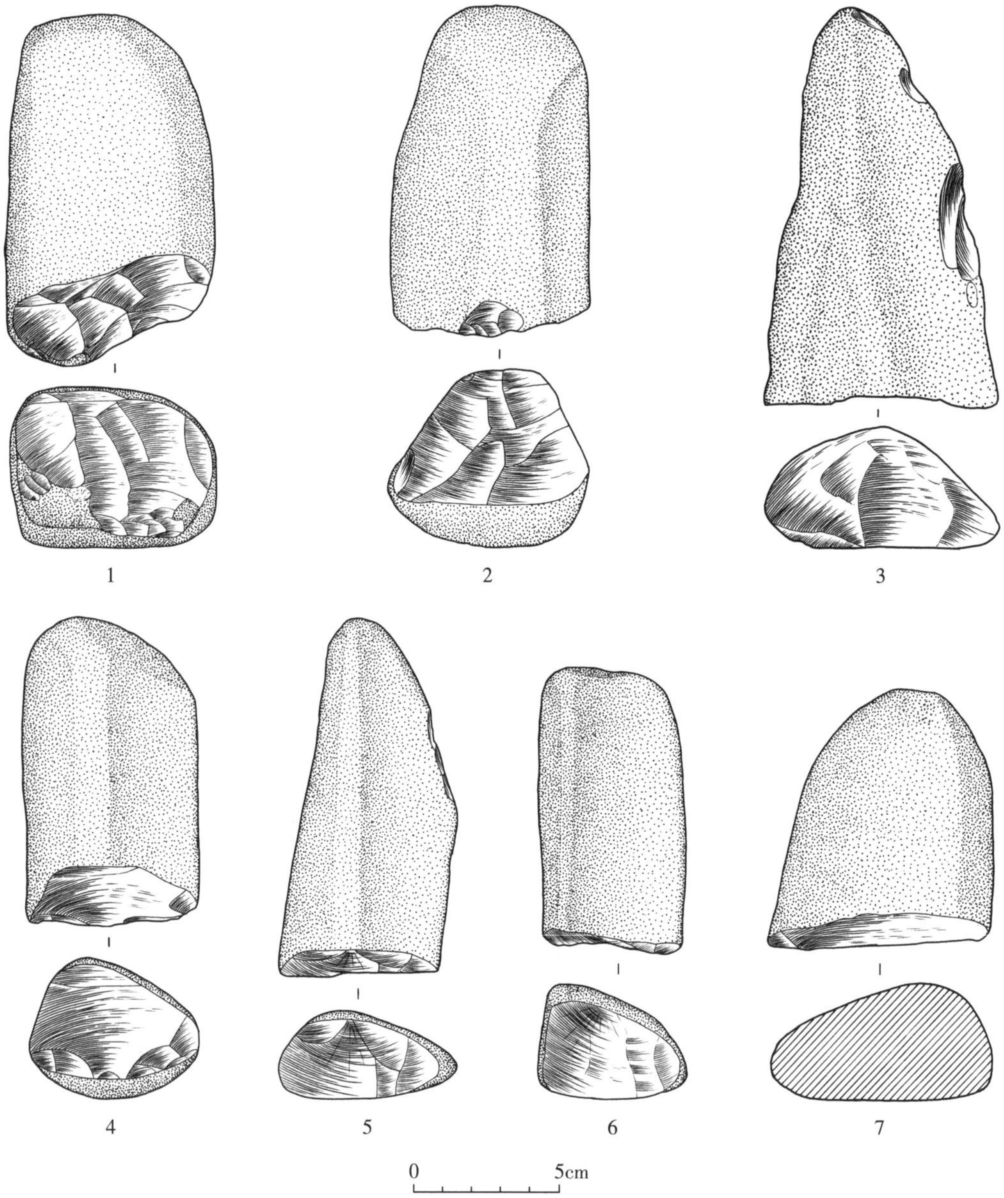

图二三〇　大湾遗址第一文化层石制品（二十六）

1. CcⅡ型研磨器（2015GLDT2①：7）　2~7. AaⅠ型研磨器毛坯（2015GLDT1①：7、2015GLDT1②：30、2015GLDT1①：2、2015GLDT2①：3、2015GLDT2①：5、2015GLDT1②：20）

重389g（图二三〇，4）。

标本2015GLDT2①：3，原料为灰褐色辉绿岩砾石。器身稍扁长，形状近三角柱状。一面较平，另一面凸起。一端较宽，另一端较窄。一侧较宽厚，另一侧略窄薄。加工集中于较宽端。以凸起面为台面，将砾石从近中部截断，选取其中一段作为器身，将断裂面作为研磨面。研磨面近三角形，较平整，打击点清楚，放射线明显，未经磨制。宽厚侧近较宽端边缘和窄薄侧中部偏较窄端各有一较小且浅平的疤痕，前一疤痕的棱角已磨圆。器身其余部位保留自然砾面。长11.9cm，宽5.6cm，厚 2.9cm，重 283g（图二三〇，5）。

标本 2015GLDT2 ①：5，原料为灰褐色辉绿岩砾石。器身较扁长，形状近三角柱状。一面较平，另一面凸起。一端稍宽，另一端略窄。加工集中于稍宽端。以凸起面为台面，将砾石从近中部截断，选取其中一段作为器身，将断裂面作为研磨面。研磨面近三角形，较平整，打击点清楚，放射线不明显，未经磨制。器身其余部位保留自然砾面。长 9.3cm，宽 5.1cm，厚 3.8cm，重 278g（图二三〇，6；彩版六二，2）。

标本 2015GLDT1 ②：20，原料为灰褐色辉绿岩砾石。器身较短，形状近三角柱状。一面较平，另一面凸起。一端较宽，另一端较窄。加工集中于较宽端。以凸起面为台面，将砾石从近中部截断，选取其中一段作为器身，将断裂面作为研磨面。研磨面近三角形，较平整，打击点清楚，放射线不明显，未经磨制。器身其余部位保留自然砾面。长 8.6cm，宽 7.5cm，厚 3.8cm，重 327g（图二三〇，7）。

AaⅡ型　3 件。

标本 2015GLDT2 ②：8，原料为灰褐色辉绿岩砾石。器身较扁长，形状近方柱状。一面较平，另一面凹凸不平。一端稍宽，另一端略窄。加工集中于略窄端。以较平面与一侧交汇处为台面，将砾石从近中部截断，选取其中一段作为器身，将断裂面作为研磨面。研磨面近四边形，不甚平整，打击点清楚，放射线不明显，未经磨制。器身其余部位保留自然砾面。长 12.4cm，宽 7.7cm，厚 5.0cm，重 616g（图二三一，1）。

标本 2015GLDT1 ①：3，原料为灰褐色辉绿岩砾石。器身稍窄小，形状近方柱状。一面较平，另一面微凸。一端稍宽，另一端略窄。加工集中于稍宽端。以微凸面为台面，将砾石从近中部截断，选取其中一段作为器身，将断裂面作为研磨面。研磨面近梯形，略平整，打击点清楚，放射线不明显，未经磨制。器身其余部位保留自然砾面。长 9.0cm，宽 4.7cm，厚 3.7cm，重 246g（图二三一，2）。

标本 2015GLDT2 ②：5，原料为灰褐色辉绿岩砾石。器身形状近方柱状。一面较平，另一面凹凸不平。一端较宽，另一端较窄。加工集中于较宽端。以较平面为台面，将砾石从近中部截断，选取其中一段作为器身，将断裂面作为研磨面。研磨面近四边形，略平整，打击点清楚，放射线不明显，未经磨制。器身其余部位保留自然砾面。长 10.2cm，宽 4.4cm，厚 2.8cm，重 206g（图二三一，3）。

AaⅢ型　3 件。

标本 2015GLDT2 ①：2，原料为灰褐色辉绿岩砾石。器身较短，形状近扁柱状。一面较平，另一面微凸。一端稍宽，另一端略窄，为不整齐的断裂面。加工集中于稍宽端。以较平面为台面，将砾石从近中部截断，选取其中一段作为器身，将断裂面作为研磨面。研磨面近四边形，略齐整，打击点清楚，放射线不明显，未经磨制。器身其余部位保留自然砾面。长 7.1cm，宽 5.2cm，厚 2.7cm，重 179g（图二三一，4）。

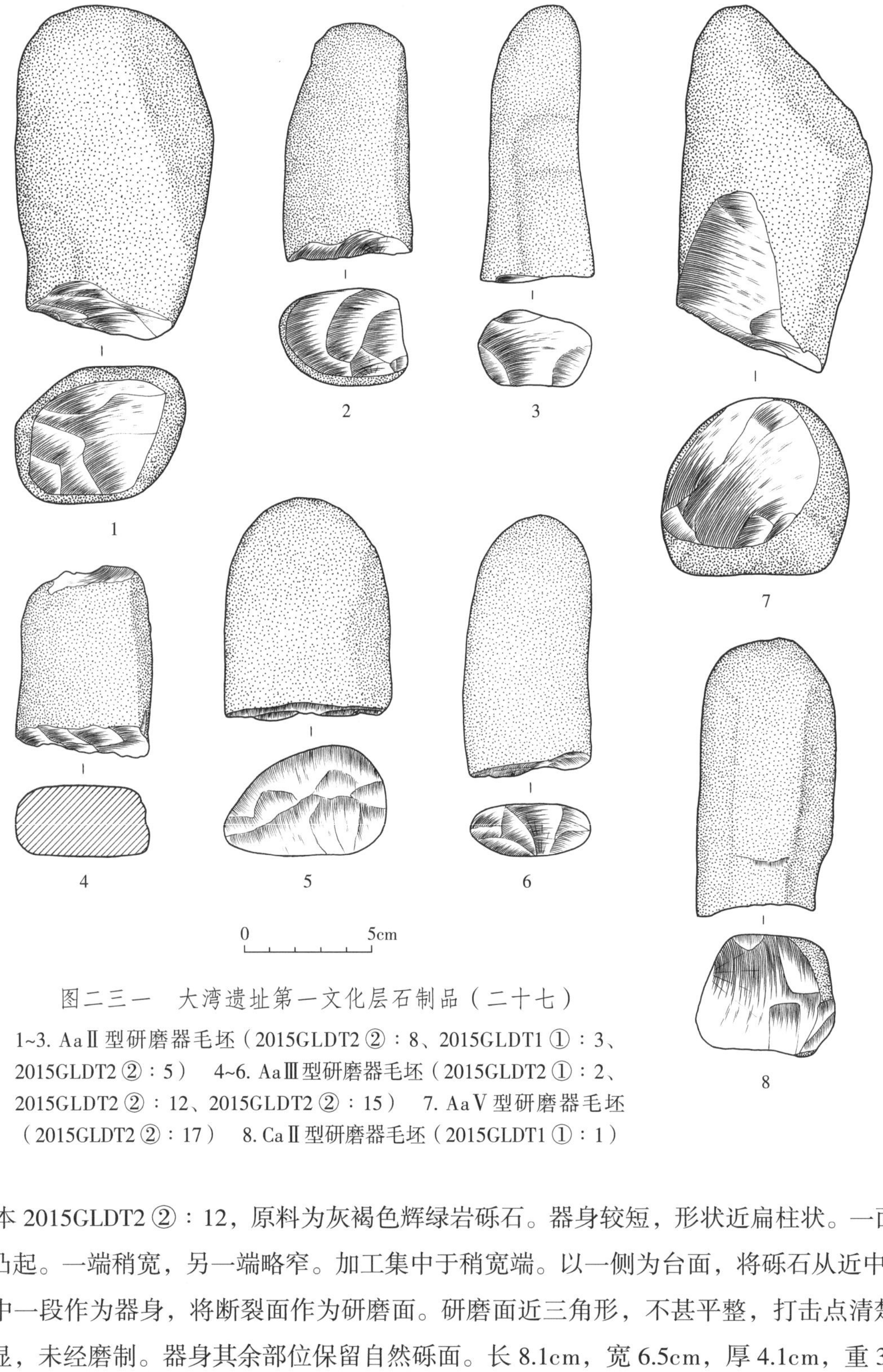

图二三一　大湾遗址第一文化层石制品（二十七）

1~3. AaⅡ型研磨器毛坯（2015GLDT2②：8、2015GLDT1①：3、2015GLDT2②：5）　4~6. AaⅢ型研磨器毛坯（2015GLDT2①：2、2015GLDT2②：12、2015GLDT2②：15）　7. AaⅤ型研磨器毛坯（2015GLDT2②：17）　8. CaⅡ型研磨器毛坯（2015GLDT1①：1）

标本 2015GLDT2②：12，原料为灰褐色辉绿岩砾石。器身较短，形状近扁柱状。一面较平，另一面凸起。一端稍宽，另一端略窄。加工集中于稍宽端。以一侧为台面，将砾石从近中部截断，选取其中一段作为器身，将断裂面作为研磨面。研磨面近三角形，不甚平整，打击点清楚，放射线不明显，未经磨制。器身其余部位保留自然砾面。长 8.1cm，宽 6.5cm，厚 4.1cm，重 341g（图二三一，5）。

标本 2015GLDT2②：15，原料为灰褐色辉绿岩砾石。器身较扁长，形状近扁柱状。一面凹凸不平，另一面较平。一端较宽，另一端较窄。加工集中于较宽端。以不平面为台面，将砾石从近中部截断，选取其中一段作为器身，将断裂面作为研磨面。研磨面近椭圆形，不甚平整，打击点清楚，放射线不明显，未经磨制。器身其余部位保留自然砾面。长 9.7cm，宽 4.9cm，厚 2.0cm，重 146g（图二三一，6）。

AaⅤ型　1 件。

标本 2015GLDT2②：17，原料为灰褐色辉绿岩砾石。器身较长，较厚，形状近椭圆柱状。一面较平，另一面凸起。一端较宽，另一端较窄。加工集中于较宽端。先以较宽端为台面，在凸起面剥出一个较大且深凹的片疤，再以较平面与一侧交汇处为台面，将砾石从近中部截断，选取其中一段作为器身，将断裂面作为研磨面。研磨面近半圆形，不甚平整，打破之前凸起面的片疤，打击点清楚，放射线较明显，未经磨制。器身其余部位保留自然砾面。长 12.6cm，宽 7.1cm，厚 6.6cm，重 896g（图二三一，7）。

C 型　1 件。属于 Ca 亚型中的 CaⅡ次亚型。

标本 2015GLDT1①：1，原料为灰褐色辉绿岩砾石。器身形状近方柱状。一面和一侧较平，另一面和另一侧微凸。一端稍宽，另一端略窄。加工集中于稍宽端。以较平侧为台面，将砾石从近中部截断，选取其中一段作为器身，将断裂面作为研磨面。研磨面近梯形，略平整，打击点清楚，放射线明显，未经磨制。微凸侧有一以研磨面为台面向微凸侧剥离较小且浅平的片疤，应为修整研磨面留下的痕迹。器身其余部位保留自然砾面。长 10.0cm，宽 5.4cm，厚 4.4cm，重 398g（图二三一，8；彩版六二，3）。

2. 蚌器

3 件。包括锯齿刃蚌器、无肩蚌铲和蚌勺各 1 件。

锯齿刃蚌器　1 件。属于 A 型中的 Ab 亚型。

标本 2015GLDH3：2，平面形状椭圆形。先选取较大且厚的蚌壳作为原料，然后把厚边下部及头部截取掉，留下腹部及薄缘，再在腹部的边缘打出一排锯齿状疤痕，形成锯齿刃口，疤痕清晰，分布较为均匀，一侧锯齿较大。均从蚌壳里侧向外侧进行打制，单面加工。长 13.8cm，宽 6.8cm，厚 1.9cm（图二三二，1）。

无肩蚌铲　1 件。

标本 2015GLDT1②：4，平面形状近三角形。利用较大的蚌壳为原料，截取掉头部、厚边及薄缘部分再进行加工。顶端呈弧形。两侧边对称，近弧凸，近刃端处呈弧收，一侧边仍可看到打制疤痕。弧刃。器形规整，制作较精细。长 21.8cm，宽 8.6cm，厚 1.5cm（图二三二，3）。

蚌勺　1 件。属于 A 型中的 AcⅣ次亚型。

标本 2015GLDT1②：8，平面近椭圆形。先将蚌壳头尾去掉，留下腹部及边缘较厚部分，然后再进行加工。以较宽薄端为刃，较窄厚端为柄。柄顶端呈弧形。两侧边钝厚，斜直，对称。一侧边靠近刃端处呈弧收，另一侧边靠近刃端处已缺损。弧刃，刃口一侧有崩缺口。通体经过磨制。长 12.7cm，宽 5.6cm，厚 1.4cm（图二三二，2）。

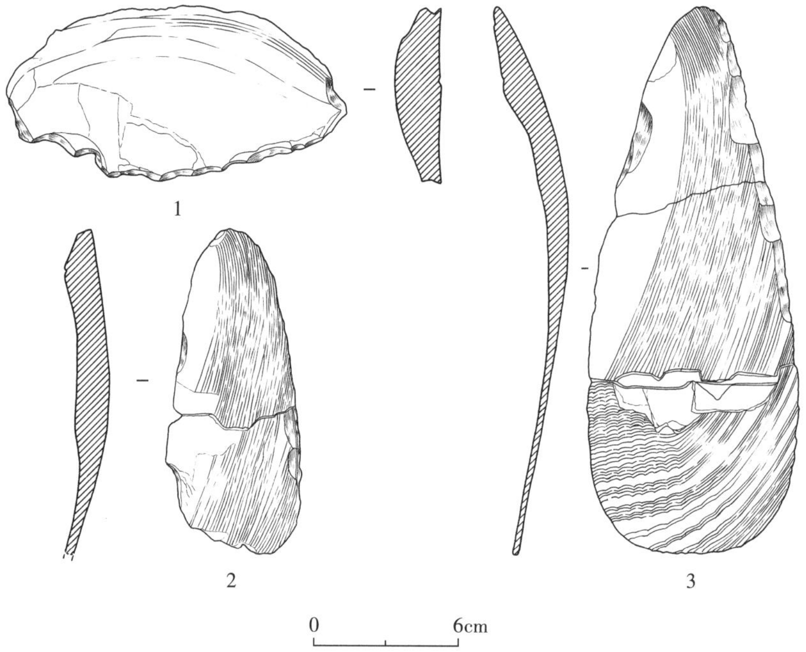

图二三二　大湾遗址第一文化层蚌器

1. Ab 型锯齿刃蚌器（2015GLDH3：2）　2. AcⅣ型蚌勺（2015GLDT1 ②：8）
3. 无肩蚌铲（2015GLDT1 ②：4）

（二）第二文化层文化遗物

均为石制品。

144 件。包括加工工具、打制石制品和磨制石制品三大类。其中加工工具 4 件，占该文化层出土石制品总数的 2.78%；打制石制品 64 件，占该文化层出土石制品总数的 44.44%；磨制石制品 76 件，占该文化层出土石制品总数的 52.78%。

1. 加工工具

4 件。岩性有辉绿岩、石英和细砂岩三种。其中辉绿岩 2 件，占该文化层出土加工工具总数的 50%；石英和细砂岩各 1 件，各占该文化层出土加工工具总数的 25%。器类有石锤和石砧两种，其中石锤 3 件，占该文化层出土加工工具总数的 75%；石砧 1 件，占该文化层出土加工工具总数的 25%。

石锤　3 件。原料只有砾石一种。岩性有辉绿岩和石英两种。其中辉绿岩 2 件，占该文化层出土石锤总数的 66.67%；石英 1 件，占该文化层出土石锤总数的 33.33%。器表颜色多见灰褐色或黄白色。作为石锤使用的砾石，均未经加工就直接使用。使用痕迹主要有点状坑疤和窝状疤痕，在器身上的分布情况不一，或密集成片，或零星散布。点状坑疤多见于器身端部或侧缘，少数标本是通身散布。窝状疤痕多见于器身两面中部，少数见于两面或两侧。器身形状有三角柱状、扁圆状和椭圆扁状三种，每种各 1 件。器身长度最大值 14.1cm，最小值 8.2cm；宽度最大值 7.4cm，最小值 6.8cm；厚度最大值 6.7cm，最小值 3.4cm；重量最大值 1163g，最小值 320g。分别属于 B 型和 C 型。

B 型　2 件。分别属于 Bb 亚型和 Bc 亚型。

Bb 型　1 件。属于 BbⅧ次亚型。

标本 2015GLDT2 ④：29，原料为灰褐色辉绿岩砾石。器身稍扁，形状近椭圆扁状。两面均微凸。使用集中于两面。其中一面中部有一近椭圆形的窝状疤痕，疤痕略深，四周局部分散有细麻点状疤痕。另一面中部也有一近圆形的窝状疤痕，疤痕略浅，四周零星散布有细麻点状疤痕。这些疤痕均应为使用痕迹。器身其余部位保留自然砾面。长 9.0cm，宽 7.3cm，厚 3.4cm，重 332g（图二三三，1）。

Bc 型　1 件。属于 BcⅦ次亚型。

标本 2015GLDT1 ⑤：8，原料为浅黄白色石英砾石。器身稍扁，形状近扁圆状。两面均微凸。使用集中于两面。其中一面中部凸起处的两侧各有一形状不规则和近椭圆形的细麻点状疤痕，疤痕略浅。另一面凸起处有一形状不规则的细麻点状疤痕，疤痕略深；该疤痕一侧有两处近椭圆形的细麻点状疤痕，疤痕略浅。器身一侧还有一处近条状的细麻点状疤痕，疤痕边缘有少量崩疤。

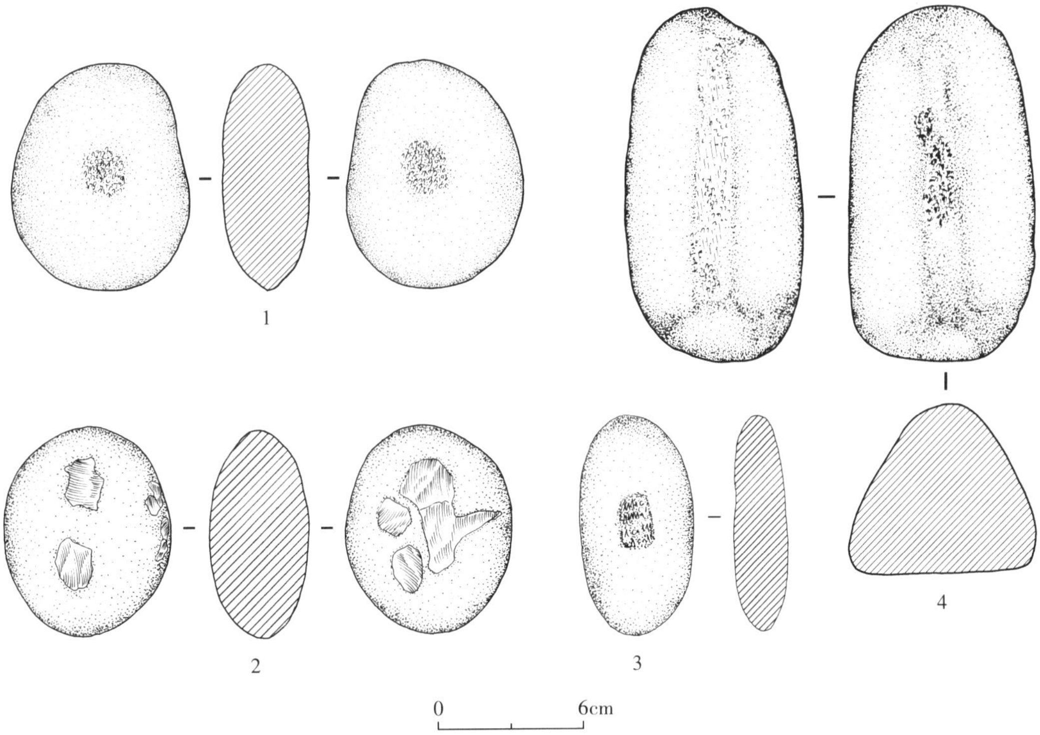

图二三三　大湾遗址第二文化层石制品（一）

1. BbⅧ型石锤（2015GLDT2 ④：29）　2. BcⅦ型石锤（2015GLDT1 ⑤：8）　3. AaⅥ型石砧（2015GLDT2 ⑤：22）　4. CbⅠ型石锤（2015GLDT2 ③：19）

这些疤痕均应为使用痕迹。器身其余部位保留自然砾面。长 8.2cm，宽 6.8cm，厚 4.1cm，重 320g（图二三三，2）。

C 型　1 件，属于 Cb 亚型中的 Cb Ⅰ次亚型。

标本 2015GLDT2③：19，原料为灰褐色辉绿岩砾石。器身厚重，形状近三角柱状。一面较平，另一面凸起。一侧稍宽厚，另一侧略窄薄。使用集中于宽厚侧中部和窄薄侧。宽厚侧中部有一近椭圆形的细麻点状疤痕，疤痕略浅，应是作为砸击石锤使用留下的痕迹。窄薄侧有一近条状的细麻点状疤痕，疤痕两侧可见部分细小的崩疤，表明曾作为砸击石锤使用；疤痕表面略光滑，应是之后作为磨石使用留下的痕迹。器身其余部位保留自然砾面。长 14.1cm，宽 7.4cm，厚 6.7cm，重 1163g（图二三三，4；彩版六二，4）。

石砧　1 件。属于 A 型中的 AaⅥ次亚型。

标本 2015GLDT2⑤：22，原料为灰褐色细砂岩砾石。器身稍薄，形状近椭圆形。一面较平，另一面微凸。使用集中于微凸面。微凸面中部有一近四边形的粗麻点状疤痕，应为使用痕迹。器身其余部位保留自然砾面。长 8.7cm，宽 4.7cm，厚 2.1cm，重 127g（图二三三，3）。

2. 打制石制品

64 件。包括石核、石片、砍砸器、刮削器和尖状器五大类型。其中石核 1 件，占该文化层出土打制石制品总数的 1.56%；石片 31 件，占该文化层出土打制石制品总数的 48.44%；砍砸器 17 件，占该文化层出土打制石制品总数的 26.56%；刮削器 11 件，占该文化层出土打制石制品总数的 17.19%；尖状器 4 件，占该文化层出土打制石制品总数的 6.25%。

石核　1 件。属于 Af 亚型。

标本 2015GLDT1⑤：18，原料为灰褐色辉绿岩砾石。器身宽大，形状近椭圆形。一面凸起，另一面凹凸不平。以凸起面为台面，在两端各单面剥出一个稍大且浅平的片疤，其中一个片疤的尾部折断形成陡坎。器身其余部位未见人工痕迹。长 18.0cm，宽 13.4cm，厚 5.0cm，重 1994g（图二三四，1）。

石片　31 件。岩性仅见辉绿岩一种。打击台面多为自然台面，部分为线状台面，少量为人工台面；打击点比较清楚，多数打击点宽大。半锥体不明显的 24 件，占该文化层出土石片总数的 77.42%；半锥体微显的 4 件，占该文化层出土石片总数的 12.90%；半锥体凸出的 3 件，占该文化层出土石片总数的 9.68%。石片角多在 90° 以上，以 110° 左右的居多。宽大于长的有 12 件，占该文化层出土石片总数的 38.71%；长大于宽者有 19 件，占该文化层出土石片总数的 61.29%。石片背面或多或少保留自然砾面；有片疤者，其剥片方向多与石片本身相同，少数垂直或相反。石片多具有锋利的棱角和边缘，未发现使用痕迹。形状有三角形、四边形、梯形、圆形、半圆形、椭圆形、长条形、扇贝形和不规则形九种。其中三角形和四边形各 4 件，各占该文化层出土石片总数的 12.90%；梯形 6 件，占该文化层出土石片总数的 19.35%；圆形、椭圆形和长条形各 2 件，各占该文化层出土石片总数的 6.45%；半圆形 1 件，占该文化层出土石片总数的 3.23%；

扇贝形和不规则形各 5 件，各占该文化层出土石片总数的 16.13%。器身长度最大值 19.3cm，最小值 2.8cm；宽度最大值 10.8cm，最小值 4.6cm；厚度最大值 4.3cm，最小值 0.6cm；重量最大值 797g，最小值 9g。均属于 A 型，分别属于 Aa、Ab、Ac、Ae 亚型。

Aa 型　17 件。分别属于 AaⅠ、AaⅡ、AaⅢ、AaⅣ、AaⅥ、AaⅦ、AaⅧ、AaⅪ次亚型。

AaⅠ型　2 件。

标本 2015GLDT2④：27，原料为灰褐色辉绿岩砾石。器身稍宽大，较薄，形状近三角形。打击台面为自然台面。打击点宽大，半锥体不显，放射线不清楚，同心波纹微显。器身左侧、右侧下半部和远端边缘锋利，未见使用痕迹。右侧上半部折断一小块，边缘钝厚。左右两侧在远端汇聚形成一个宽舌尖。背面完全保留自然砾面。长 12.0cm，宽 8.7cm，厚 1.9cm，重 227g（图二三四，2）。

标本 2015GLDT2④：7，原料为灰褐色辉绿岩砾石。器身稍大，较薄，形状近三角形。打击台面为自然台面。打击点宽大，半锥体凸出，放射线和同心波纹均不明显。器身左侧和右侧下半部边缘锋利，未见使用痕迹。右侧上半部保留自然砾面，边缘钝厚。远端折断一小块，边缘钝厚。背面完全保留自然砾面。长 10.0cm，宽 6.5cm，厚 2.0cm，重 148g（图二三四，3）。

AaⅡ型　2 件。

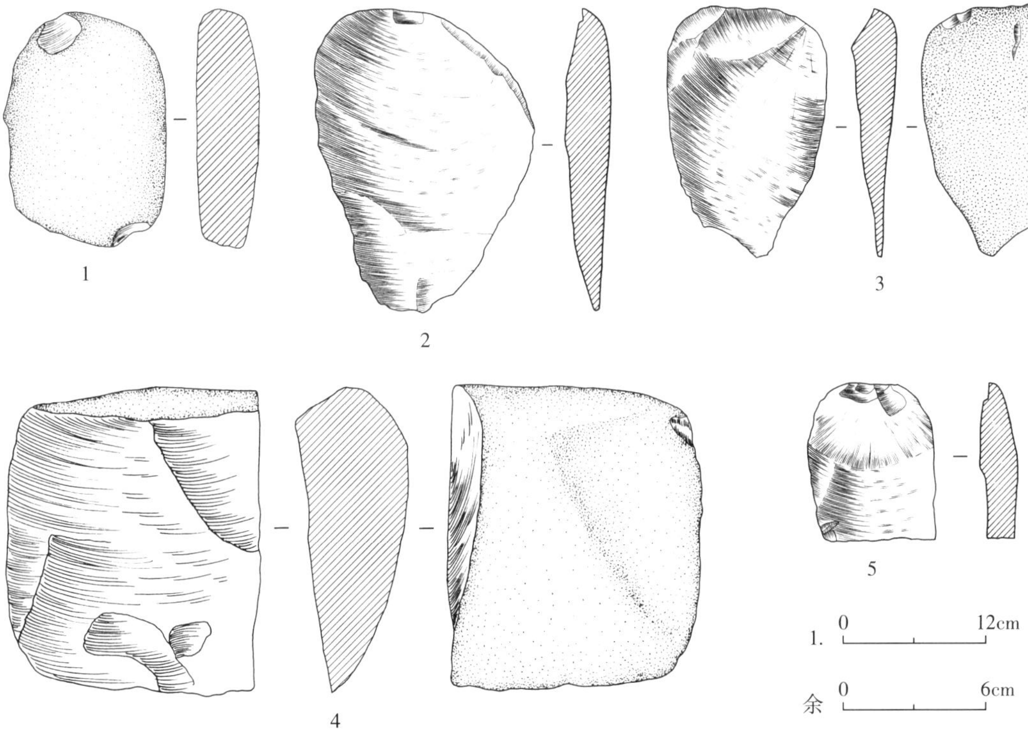

图二三四　大湾遗址第二文化层石制品（二）

1. Af 型石核（2015GLDT1⑤：18）　2、3. AaⅠ型石片（2015GLDT2④：27、2015GLDT2④：7）
4、5. AaⅡ型石片（2015GLDT2③：13、2015GLDT2⑤：12）

标本 2015GLDT2③：13，原料为灰褐色辉绿岩砾石。器身较宽大，较厚，形状近四边形。打击台面为自然台面。打击点宽大，半锥体不显，放射线不清楚，同心波纹不明显。器身左侧和远端边缘锋利，未见使用痕迹。右侧垂直折断一大块，边缘钝厚。背面完全保留自然砾面。长 12.3cm，宽 10.5cm，厚 4.3cm，重 797g（图二三四，4）。

标本 2015GLDT2⑤：12，原料为灰褐色辉绿岩砾石。器身较小，较薄，形状近四边形。打击台面为自然台面（线状台面）。打击点宽大，半锥体不显，放射线清楚，同心波纹微显。器身左右两侧边缘锋利，未见使用痕迹。远端垂直折断一大块，边缘钝厚。背面完全保留自然砾面。长 6.3cm，宽 5.4cm，厚 1.6cm，重 26g（图二三四，5；彩版六二，5）。

AaⅢ型　3 件。

标本 2015GLDT1④：19，原料为灰褐色辉绿岩砾石。器身稍薄，形状近梯形。打击台面为自然台面（线状台面）。打击点宽大，半锥体不显，放射线不清楚，同心波纹不明显。器身左右两侧和远端边缘锋利，未见使用痕迹。背面完全保留自然砾面。长 11.4cm，宽 7.3cm，厚 1.9cm，重 165g（图二三五，1）。

标本 2015GLDT1⑤：13，原料为灰褐色辉绿岩砾石。器身稍小，形状近梯形。打击台面为自然台面。打击点宽大，半锥体微显，放射线不清楚，同心波纹不明显。器身左侧靠近远端处沿节理面下折，形成陡坎。左侧近乎垂直折断一大块。右侧和远端边缘锋利，未见使用痕迹。背面

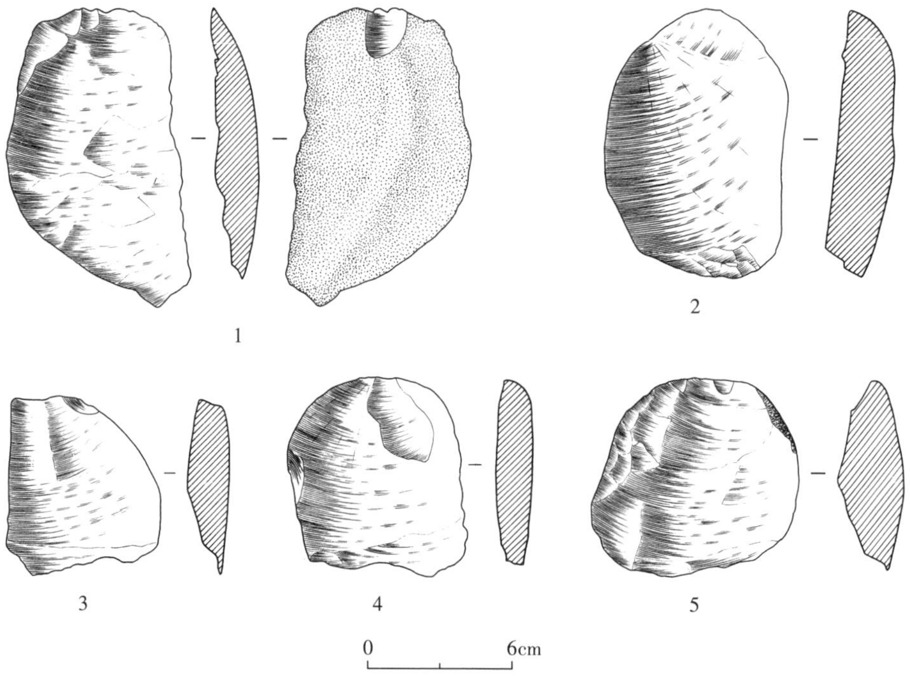

图二三五　大湾遗址第二文化层石制品（三）

1、3、4. AaⅢ型石片（2015GLDT1④：19、2015GLDT1⑤：13、2015GLDT2⑤：21）
2. AaⅥ型石片（2015GLDT2⑤：11）　5. AaⅣ型石片（2015GLDT2⑤：2）

完全保留自然砾面。长 7.0cm，宽 6.3cm，厚 1.8cm，重 92g（图二三五，3）。

标本 2015GLDT2⑤：21，原料为灰褐色辉绿岩砾石。器身较薄，形状近梯形。打击台面为自然台面。打击点宽大，半锥体不显，放射线与同心波纹不明显。器身左右两侧边缘锋利，未见使用痕迹。远端折断一小块，边缘钝厚。背面完全保留自然砾面。长 7.5cm，宽 7.0cm，厚 1.5cm，重 113g（图二三五，4；彩版六二，6）。

AaⅣ型　1 件。

标本 2015GLDT2⑤：2，原料为灰褐色辉绿岩砾石。器身较厚，形状近圆形。打击台面为自然台面。打击点宽大，半锥体不显，放射线不清楚，同心波纹微显。器身近端左侧有一大且旧的打击点，棱角已磨圆。器身左半侧为沿节理面破裂的不甚平整的破裂面。右侧和远端边缘锋利，未见使用痕迹。背面完全保留自然砾面。长 7.9cm，宽 8.3cm，厚 2.8cm，重 226g（图二三五，5）。

AaⅥ型　2 件。

标本 2015GLDT2⑤：11，原料为灰褐色辉绿岩砾石。器身稍厚，形状近椭圆形。打击台面为自然台面。打击点宽大，半锥体不显，放射线清楚，同心波纹不明显。器身左侧上半部保留自然砾面，边缘钝厚。左侧下半部和右侧边缘锋利，未见使用痕迹。远端折断一小块，边缘钝厚。背面完全保留自然砾面。长 10.7cm，宽 7.3cm，厚 2.5cm，重 272g（图二三五，2）。

标本 2015GLDT1③：27，原料为灰褐色辉绿岩砾石。器身扁薄，形状近椭圆形。打击台面为自然台面。打击点宽大，半锥体不显，放射线和同心波纹均不明显。左侧垂直折断一大块，边缘钝厚。器身右侧和远端边缘锋利，未见使用痕迹。背面完全保留自然砾面。长 8.7cm，宽 5.6cm，厚 0.8cm，重 53g（图二三六，1）。

AaⅦ型　3 件。

标本 2015GLDT1③：14，原料为灰褐色辉绿岩砾石。器身形状近扇贝形。打击台面为自然台面。打击点宽大，半锥体不显，放射线不清楚，同心波纹微显。器身左右两侧和远端边缘锋利，未见使用痕迹。背面完全保留自然砾面。长 7.4cm，宽 10.8cm，厚 1.7cm，重 169g（图二三六，2）。

标本 2015GLDT2④：34，原料为灰褐色辉绿岩砾石。器身较小，形状近扇贝形。打击台面为自然台面。打击点宽大，半锥体不显，放射线清楚，同心波纹不明显。器身左侧上半部保留自然砾面，边缘钝厚。左侧下半部边缘锋利，未见使用痕迹。右侧和远端均折断一大块，边缘钝厚。背面完全保留自然砾面。长 5.3cm，宽 7.6cm，厚 1.6cm，重 111g（图二三六，3）。

标本 2015GLDT2④：33，原料为灰褐色辉绿岩砾石。器身窄小，形状近扇贝形。打击台面为自然台面。打击点窄小，半锥体不显，放射线清楚，同心波纹不明显。器身两侧上半部均保留自然砾面，边缘钝厚。两侧下半部和远端边缘锋利，未见使用痕迹。背面完全保留自然砾面。长 4.0cm，宽 9.0cm，厚 1.7cm，重 65g（图二三六，4）。

AaⅧ型　2 件。

标本 2015GLDT2③：7，原料为灰褐色辉绿岩砾石。器身较长且厚，形状近长条形。打击台

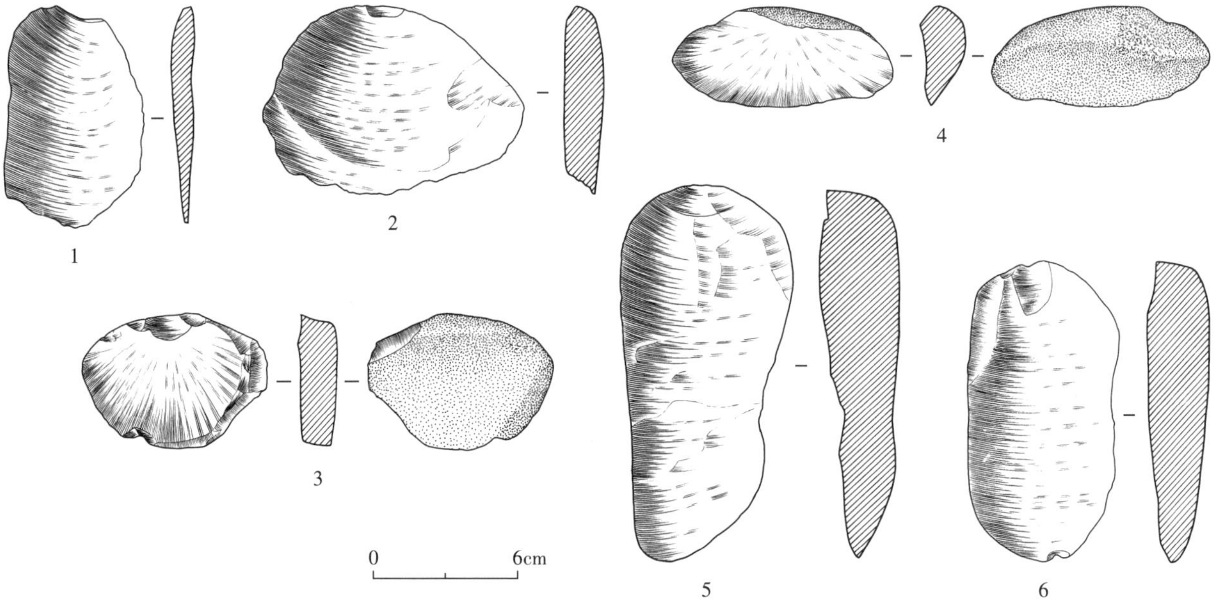

图二三六 大湾遗址第二文化层石制品（四）

1. AaⅥ型石片（2015GLDT1 ③：27） 2~4. AaⅦ型石片（2015GLDT1 ③：14、2015GLDT2 ④：34、2015GLDT2 ④：33）
5、6. AaⅧ型石片（2015GLDT2 ③：7、2015GLDT1 ⑤：15）

面为自然台面。打击点宽大，半锥体不显，放射线和同心波纹均不明显。器身左右两侧和远端边缘锋利，未见使用痕迹。远端左侧呈舌尖状。背面完全保留自然砾面。长 14.7cm，宽 7.1cm，厚 3.2cm，重 378g（图二三六，5）。

标本 2015GLDT1 ⑤：15，原料为灰褐色辉绿岩砾石。器身略长，稍厚，形状近长条形。打击台面为自然台面。打击点宽大，半锥体不显，放射线和同心波纹均不明显。器身左右两侧均保留自然砾面，边缘钝厚。远端边缘锋利，未见使用痕迹。背面完全保留自然砾面。长 11.9cm，宽 6.1cm，厚 2.6cm，重 260g（图二三六，6）。

AaⅪ型 2 件。

标本 2015GLDT1 ③：19，原料为灰褐色辉绿岩砾石。器身稍薄，形状不规则。打击台面为自然台面。打击点宽大，半锥体不显，放射线清楚，同心波纹不明显。器身靠近远端处沿节理面下折，形成很深的陡坎。左右两侧和远端边缘锋利，未见使用痕迹。背面完全保留自然砾面。长 7.1cm，宽 10.6cm，厚 2.0cm，重 150g（图二三七，1）。

标本 2015GLDT1 ③：20，原料为灰褐色辉绿岩砾石。器身宽大，较薄，形状不规则。打击台面为自然台面（线状台面）。打击点宽大，半锥体不显，放射线和同心波纹均不明显。器身左右两侧和远端边缘锋利，未见使用痕迹。背面完全保留自然砾面。长 19.3cm，宽 10.0cm，厚 1.6cm，重 393g（图二三七，3）。

Ab 型 5 件。分别属于 AbⅠ、AbⅡ、AbⅢ、AbⅤ、AbⅪ次亚型。

AbⅠ型　1件。

标本2015GLDT2④：31，原料为灰褐色辉绿岩砾石。器身稍小，略厚，形状近三角形。打击台面为自然台面。打击点宽大，半锥体不显，放射线清楚，同心波纹不明显。器身左侧和远端边缘锋利，未见使用痕迹。右侧保留自然砾面，边缘钝厚。背面靠近端处和左下角各有一较小且浅平的崩疤，片疤打击方向与石片的打击方向相垂直。背面其余部分保留自然砾面。长7.1cm，宽10.0cm，厚2.0cm，重146g（图二三七，2；彩版六三，1）。

AbⅡ型　1件。

标本2015GLDT2③：10，原料为灰褐色辉绿岩砾石。器身较小，稍薄，形状近四边形。打击台面为自然台面（线状台面）。打击点宽大，半锥体不显，放射线清楚，同心波纹不明显。器身左侧边缘锋利，未见使用痕迹。右侧折断一大块，边缘钝厚。左右两侧在远端中部交汇形成一个锐尖。背面靠近端处有一较小且浅平的片疤，其打击方向与石片的打击方向相同。背面其余部分保留自然砾面。长5.7cm，宽4.6cm，厚1.2cm，重47g（图二三七，4）。

AbⅢ型　1件。

标本2015GLDT1⑤：4，原料为灰褐色辉绿岩砾石。器身稍宽大，厚重，形状近梯形。打击

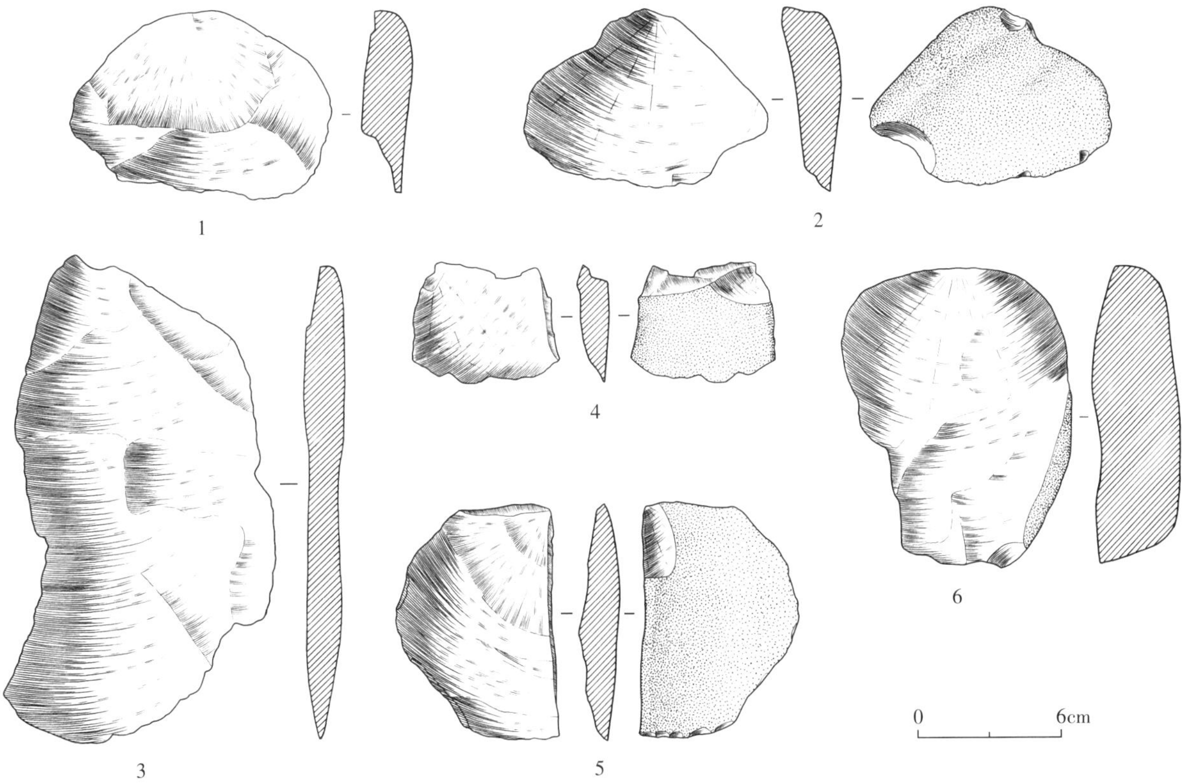

图二三七　大湾遗址第二文化层石制品（五）

1、3. AaⅪ型石片（2015GLDT1③：19、2015GLDT1③：20）　2. AbⅠ型石片（2015GLDT2④：31）　4. AbⅡ型石片（2015GLDT2③：10）　5. AbⅤ型石片（2015GLDT1③：24）　6. AbⅢ型石片（2015GLDT1⑤：4）

台面为自然台面。打击点宽大，半锥体凸出，放射线清楚，同心波纹不明显。器身左侧和远端边缘锋利，未见使用痕迹。右侧保留自然砾面，边缘钝厚。背面左侧中上部有多个较小且浅平的片疤，其打击方向与石片的打击方向相垂直。背面右下角也有一较小且浅平的片疤，打击方向几乎与石片的打击方向相反。背面其余部分保留自然砾面。长11.8cm，宽9.4cm，厚3.5cm，重485g（图二三七，6；彩版六三，2）。

AbⅤ型　1件。

标本2015GLDT1③：24，原料为灰褐色辉绿岩砾石。器身稍薄，形状近半圆形。打击台面为自然台面（线状台面）。打击点宽大，半锥体不显，放射线清楚，同心波纹微显。器身近端折断一小块。左侧上半部和远端边缘锋利，未见使用痕迹。左侧上半部折断一小块，边缘钝厚。右侧垂直折断一大块，边缘钝厚。背面靠近端处有一较小且浅平的片疤，其打击方向与石片的打击方向相同。背面其余部分保留自然砾面。长9.1cm，宽6.4cm，厚1.6cm，重112g（图二三七，5）。

AbⅪ型　1件。

标本2015GLDT2⑤：19，原料为灰褐色辉绿岩砾石。器身较短，稍厚，形状不规则。打击台面为自然台面。打击点宽大，半锥体不显，放射线和同心波纹均不明显。器身左侧保留自然砾面，边缘钝厚。右侧上半部边缘锋利，未见使用痕迹。左侧下半部和远端各折断一小块，边缘钝厚。背面左侧中部有一较小且浅平的片疤，其打击方向与石片的打击方向相垂直。背面其余部分保留自然砾面。长7.3cm，宽5.4cm，厚1.3cm，重70g（图二三八，1）。

Ac型　3件。分别属于AcⅢ次亚型和AcⅪ次亚型。

AcⅢ型　2件。

标本2015GLDT1⑤：17，原料为灰褐色辉绿岩砾石。器身较小，扁薄，形状近梯形。打击台面为自然台面。打击点宽大，半锥体微显，放射线和同心波纹均微显。器身左右两侧和远端边缘锋利，未见使用痕迹。背面完全是片疤面，片疤打击方向与石片的打击方向相同。器身其余部分保留自然砾面。长4.2cm，宽7.0cm，厚0.9cm，重26g（图二三八，2；彩版六三，3）。

标本2015GLDT2④：35，原料为灰褐色辉绿岩砾石。器身较小，扁薄，形状近梯形。打击台面为自然台面。打击点宽大，半锥体微显，放射线清楚，同心波纹不明显。器身左侧保留自然砾面，边缘钝厚；右侧和远端边缘锋利，未见使用痕迹。背面完全是片疤面，片疤打击方向与石片的打击方向相同。器身其余部分保留自然砾面。长2.8cm，宽4.8cm，厚0.7cm，重9g（图二三八，3）。

AcⅪ型　1件。

标本2015GLDT2⑤：18，原料为灰褐色辉绿岩砾石。器身较小且扁薄，形状不规则。打击台面为自然台面。打击点窄小，半锥体凸出，放射线清楚，同心波纹不明显。器身左右两侧和远端边缘锋利，未见使用痕迹。背面完全是层叠的片疤面，片疤打击方向既有与石片的打击方向相同的，也有与之相垂直的。器身其余部分保留自然砾面。长4.2cm，宽7.1cm，厚0.6cm，重23g（图

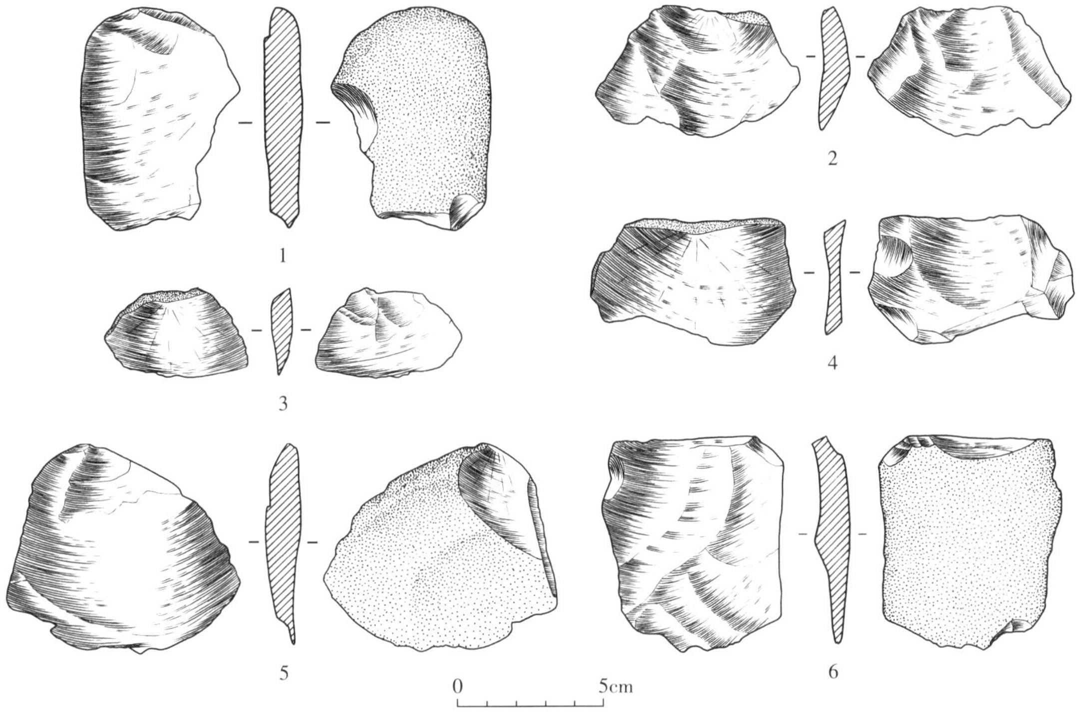

图二三八　大湾遗址第二文化层石制品（六）

1. AbⅪ型石片（2015GLDT2⑤：19）　2、3. AcⅢ型石片（2015GLDT1⑤：17、2015GLDT2④：35）　4. AcⅪ型石片（2015GLDT2⑤：18）　5. AeⅠ型石片（2015GLDT1③：23）　6. AeⅡ型石片（2015GLDT2④：32）

二三八，4）。

Ae型　6件。分别属于AeⅠ、AeⅡ、AeⅣ、AeⅦ、AeⅪ次亚型。

AeⅠ型　1件。

标本2015GLDT1③：23，原料为灰褐色辉绿岩砾石。器身较扁薄，形状近三角形。打击台面为人工台面（线状台面）。打击点宽大，半锥体不显，放射线和同心波纹均不明显。器身左侧折断一小块，边缘钝厚。右侧上半部保留自然砾面，边缘钝厚。右侧下半部和远端边缘锋利，未见使用痕迹。背面靠近端处有一较大且浅平的片疤，其打击方向与石片的打击方向相同。器身其余部分保留自然砾面。长6.8cm，宽7.9cm，厚1.2cm，重71g（图二三八，5；彩版六三，4）。

AeⅡ型　1件。

标本2015GLDT2④：32，原料为灰褐色辉绿岩砾石。器身较小，扁薄，形状近四边形。打击台面为人工台面（线状台面）。打击点宽大，半锥体不显，放射线和同心波纹均不明显。器身左侧上半部和右侧下半部各折断一小块，边缘钝厚。左侧下半部、右侧上半部和远端边缘锋利，未见使用痕迹。背面靠近端处有一较小且浅平的片疤，其打击方向与石片的打击方向相同。右侧上半部边缘也留有浅平的片疤，其打击方向与石片的打击方向相垂直。器身其余部分保留自然砾面。长7.1cm，宽6.3cm，厚1.2cm，重62g（图二三八，6；彩版六三，5）。

AeⅣ型　1件。

标本2015GLDT1⑤：14，原料为灰褐色辉绿岩砾石。器身较小，扁薄，形状近圆形。打击台面为人工台面（线状台面）。打击点宽大，半锥体不显，放射线和同心波纹均不明显。器身左右两侧和远端边缘锋利。左侧和远端未见使用痕迹。右侧边缘见有较多细小的崩疤，应为使用痕迹。背面靠近端处有一较大且浅平的片疤，其打击方向与石片的打击方向相同。器身其余部分保留自然砾面。长6.7cm，宽7.8cm，厚1.3cm，重76g（图二三九，1）。

AeⅦ型　2件。

标本2015GLDT2③：9，原料为灰褐色辉绿岩砾石。器身较小，扁薄，形状近扇贝形。打击台面为人工台面（线状台面）。打击点宽大，半锥体不显，放射线微显，同心波纹不明显。器身左右两侧和远端边缘锋利，未见使用痕迹。背面近端有一较大且浅平的片疤，其打击方向与石片的打击方向相同。器身其余部分保留自然砾面。长5.4cm，宽7.8cm，厚1.2cm，重55g（图二三九，2）。

标本2015GLDT2④：28，原料为灰褐色辉绿岩砾石。器身稍薄，形状近扇贝形。打击台面为人工台面（线状台面）。打击点宽大，半锥体微显，放射线和同心波纹均不明显。器身左侧、右侧下半部和远端边缘锋利，未见使用痕迹。右侧上半部折断一小块，边缘钝厚。背面靠近端处有几个较小且浅平的片疤，其打击方向与石片的打击方向相同。右侧下半部也有几个较小且浅平的片疤，其打击方向与石片的打击方向相垂直。器身其余部分保留自然砾面。长10.6cm，宽6.4cm，

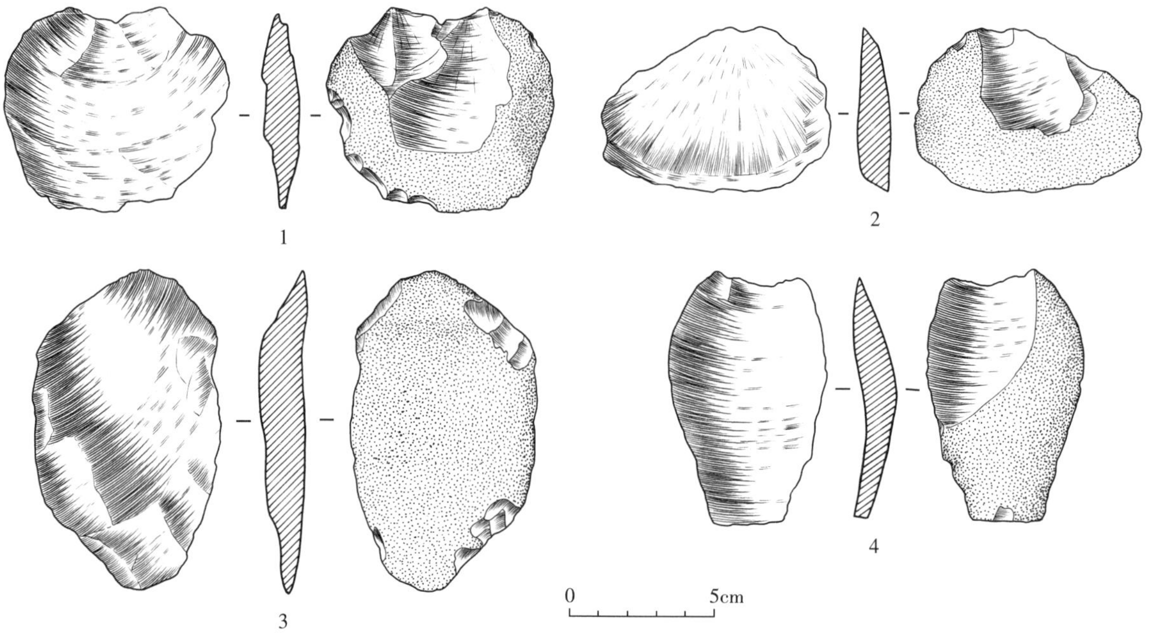

图二三九　大湾遗址第二文化层石制品（七）

1. AeⅣ型石片（2015GLDT1⑤：14）　2、3. AeⅦ型石片（2015GLDT2③：9、2015GLDT2④：28）　4. AeⅪ型石片（2015GLDT2④：12）

厚 1.5cm，重 112g（图二三九，3）。

AeⅪ型　1 件。

标本 2015GLDT2④：12，原料为灰褐色辉绿岩砾石。器身稍薄，形状不规则。打击台面为人工台面（线状台面）。打击点宽大，半锥体不显，放射线和同心波纹均不明显。器身左侧和右侧下半部边缘锋利，未见使用痕迹。右侧上半部折断一小块，边缘钝厚。远端也折断一小块，边缘钝厚。背面近端有一较大且深凹的片疤，其打击方向与石片的打击方向相同。器身其余部分保留自然砾面。长 8.2cm，宽 5.3cm，厚 1.2cm，重 66g（图二三九，4）。

砍砸器　17 件。原料有石片和石核两种。其中石片 16 件，占该文化层出土砍砸器总数的 94.12%；石核 1 件，占该文化层出土砍砸器总数的 5.88%。岩性仅见辉绿岩一种。加工方法均为锤击法，多为单面加工，偶有双面加工。加工时通常由背面向腹面打击，加工较为简单，加工面多由一层或两层片疤组成，片疤多较小且浅平。器身多长大于宽。背面多保留原有的自然砾面。大部分标本的刃缘有不同程度的修整，但鲜见使用痕迹。形状有三角形、四边形、梯形、圆形、椭圆形、长条形和不规则形七种。其中三角形 4 件，占该文化层出土砍砸器总数的 29.41%；圆形 1 件，占该文化层出土砍砸器总数的 5.88%；梯形和不规则形各 3 件，各占该文化层出土砍砸器总数的 17.65%；四边形、椭圆形和长条形各 2 件，各占该文化层出土砍砸器总数的 11.76%。器身长度最大值 17.0cm，最小值 9.2cm；宽度最大值 11.1cm，最小值 5.6cm；厚度最大值 4.3cm，最小值 1.7cm；重量最大值 830g，最小值 121g。分别属于 A、B 、C 型。

A 型　9 件。分别属于 Aa、Ab 亚型。

Aa 型　4 件。分别属于 AaⅠ、AaⅢ、AaⅦ次亚型。

AaⅠ型　2 件。

标本 2015GLDT2③：6，原料为灰褐色辉绿岩石片。器身宽大，形状近三角形。腹面较平，为整齐的破裂面。背面凹凸不平，为一个较大且深凹的片疤，片疤打击方向与石片打击方向相垂直，没有保留自然砾面。加工方法为锤击法。沿石片远端边缘多次双面交错剥片，加工出一道直刃。刃缘整齐锋利，未见使用痕迹。右侧与远端交汇处修出一个钝尖。片疤多较小且浅平，打击方向既有由背面向腹面打击，也有由腹面向背面反向打击。器身其余部分为自然砾面。长 15.9cm，宽 6.9cm，厚 3.7cm，重 439g（图二四〇，1；彩版六三，6）。

标本 2015GLDT1⑤：9，原料为灰褐色辉绿岩石片。器身稍厚，形状近三角形。腹面较平，为整齐的破裂面。背面微凸，近端附近有几个较小且浅平的片疤，其打击方向与石片打击方向相同，其余部分保留自然砾面。加工方法为锤击法。石片远端边缘多次单面剥片，加工出一道直刃。刃缘整齐锋利，未见使用痕迹。石片左侧略经加工，左侧与远端相交处加工出一个锐尖。近端左右两侧也略经加工，但边缘钝厚不成刃，应为修整把端留下的痕迹。片疤多较小且浅平，部分片疤尾部折断形成陡坎；片疤打击方向由背面向腹面打击。长 10.6cm，宽 9.2cm，厚 2.8cm，重 351g（图二四〇，2）。

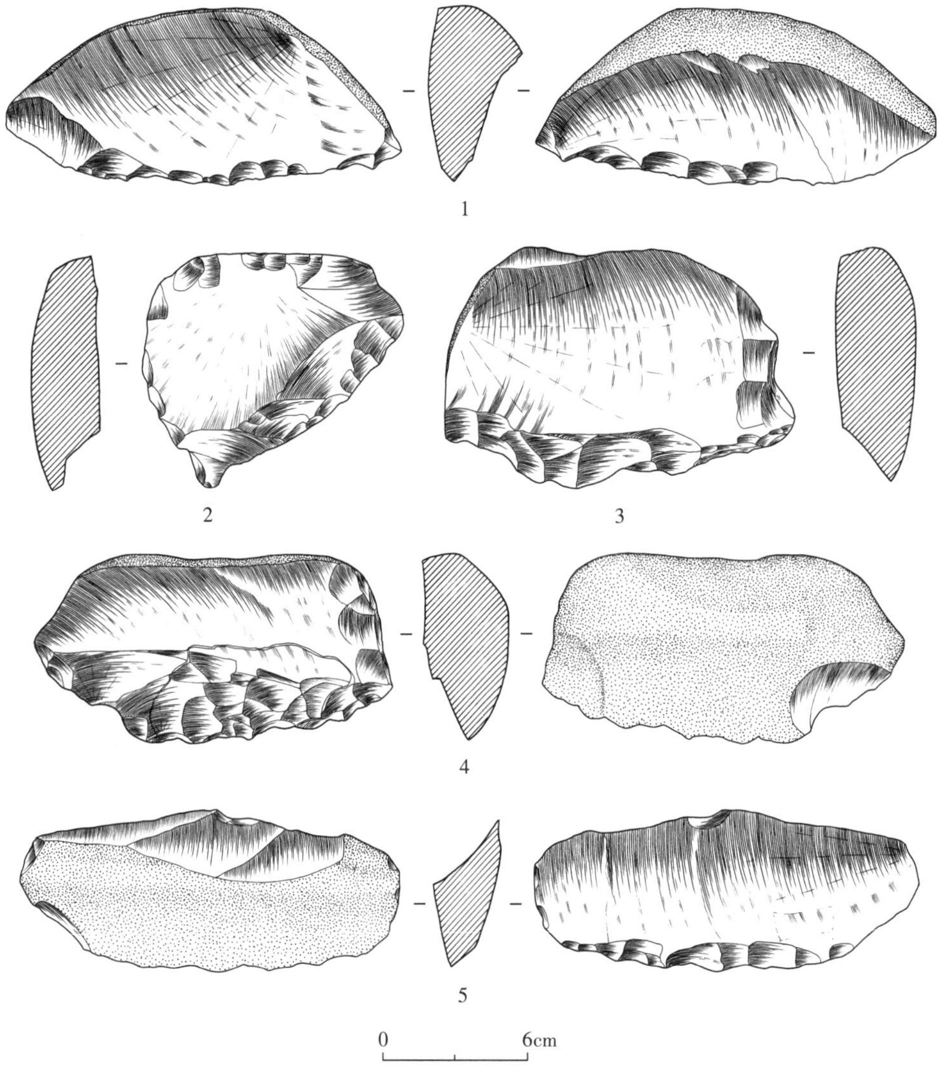

图二四〇　大湾遗址第二文化层石制品（八）

1、2. AaⅠ型砍砸器（2015GLDT2③：6、2015GLDT1⑤：9）　3. AbⅢ型砍砸器（2015GLDT1④：18）
4. AaⅢ型砍砸器（2015GLDT1④：16）　5. AaⅦ型砍砸器（2015GLDT2③：18）

AaⅢ型　1件。

标本2015GLDT1④：16，原料为灰褐色辉绿岩石片。器身较厚，形状近梯形。腹面较平，为较整齐的破裂面。背面凸起，左下角有一较大且深凹的片疤，片疤打击方向与石片打击方向相反；背面其余部分保留自然砾面。加工方法为锤击法。沿石片左侧边缘多次单面剥片，加工出一道直刃。刃缘整齐锋利，近锯齿状，未见使用痕迹。片疤多较小且浅平，部分片疤尾部折断形成陡坎。石片远端略加剥片，但边缘钝厚不成刃，应为修整器身留下的痕迹。片疤打击方向由背面向腹面打击。长14.3cm，宽7.5cm，厚3.5cm，重493g（图二四〇，4；彩版六四，1）。

AaⅦ型　1件。

标本 2015GLDT2 ③：18，原料为灰褐色辉绿岩石片。器身窄长，稍厚，形状近长条形。腹面凸起，为整齐的破裂面。背面较平，右侧为两个较大且深凹的片疤，片疤打击方向与石片打击方向相同，边缘钝厚不整齐；背面其余部分保留自然砾面。加工方法为锤击法。沿石片右侧边缘多次单面剥片加工出一道直刃。刃缘整齐锋利，未见使用痕迹。侧缘片疤多较小且浅平，打击方向由背面向腹面打击。远端略经双面剥片，打击方向由腹面向背面打击，应为修整把端留下的痕迹。长 15.7cm，宽 6.4cm，厚 2.4cm，重 280g（图二四〇，5）。

Ab 型　5 件。分别属于 AbⅢ、AbⅥ、AbⅧ次亚型。

AbⅢ型　2 件。

标本 2015GLDT1 ④：18，原料为灰褐色辉绿岩大石片。器身较厚，形状近梯形。腹面较平，为整齐的破裂面。背面微凸，完全保留自然砾面。加工方法为锤击法。沿石片远端边缘多次单面剥片，加工出一道弧刃。刃缘整齐锋利，未见使用痕迹。石片左侧经多次单面剥片，左侧与远端相交处修整出一个舌尖。片疤多较大且深凹，打击方向由背面向腹面打击，部分片疤尾部折断形成陡坎或阶梯状。长 14.2cm，宽 9.5cm，厚 3.3cm，重 620g（图二四〇，3；彩版六四，2）。

标本 2015GLDT1 ⑤：5，原料为灰褐色辉绿岩石核。器身较厚，形状近梯形。一面凹凸不平，为不整齐的破裂面。另一面微凸，完全保留自然砾面。加工方法为锤击法。在石核长侧边边缘略经单面剥片，利用该侧边的弧状边缘为刃。刃缘整齐锋利，未见使用痕迹。左下角和右下角略作修整，在右侧与近端相交处修整出一个宽舌尖。片疤多细小且浅平，打击方向由背面向腹面打击。长 13.3cm，宽 8.8cm，厚 4.3cm，重 620g（图二四一，1）。

AbⅥ型　2 件。

标本 2015GLDT2 ③：22，原料为灰褐色辉绿岩石片。器身形状近椭圆形。腹面凹凸不平，为不整齐的破裂面。背面凸起，完全保留自然砾面。加工方法为锤击法。沿石片右侧下半部至远端边缘多次单面剥片，加工出一道弧刃。刃缘整齐锋利，未见使用痕迹。片疤多较小且深凹，打击方向由背面向腹面打击，部分片疤尾部折断形成陡坎。长 11.9cm，宽 6.3cm，厚 3.1cm，重 285g（图二四一，3；彩版六四，3）。

标本 2015GLDT1 ③：13，原料为灰褐色辉绿岩石片。器身稍长，稍厚，形状近椭圆形。腹面较平，为整齐的破裂面。背面凸起，左侧上半部为层叠的、打击方向与石片打击方向相同的片疤面，其余部分保留自然砾面。加工方法为锤击法。沿石片右侧边缘多次单面剥片，加工出一道弧刃。刃缘整齐锋利，未见使用痕迹。片疤多较小且浅平，打击方向由背面向腹面打击。石片左侧与近端交汇处有一较小且浅平的片疤，应为修整把端留下的痕迹。长 10.9cm，宽 5.6cm，厚 2.8cm，重 199g（图二四一，4）。

AbⅧ型　1 件。

标本 2015GLDT1 ③：12，原料为灰褐色辉绿岩大石片。器身较厚重，形状不规则。腹面较平，为整齐的破裂面。背面凸起，完全保留自然砾面。加工方法为锤击法。沿石片右侧至远端边缘多

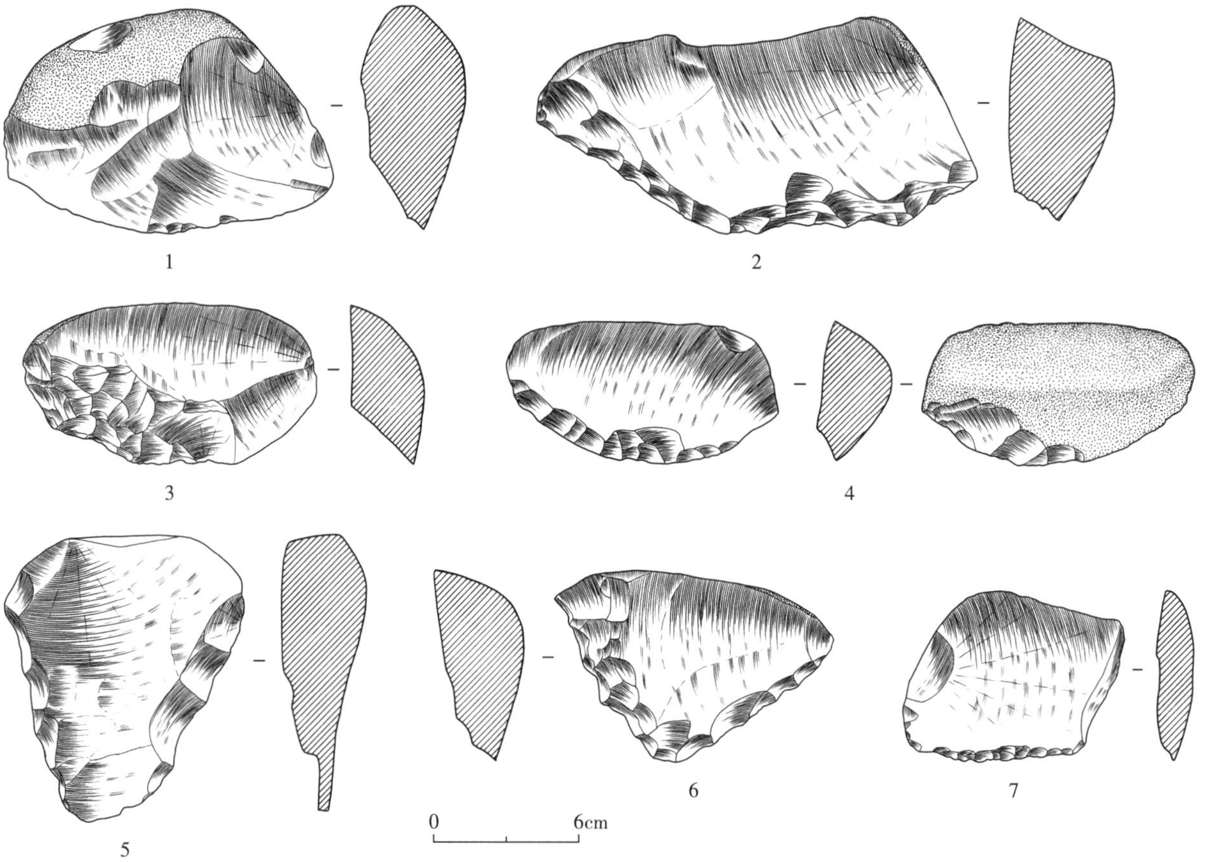

图二四一　大湾遗址第二文化层石制品（九）

1. AbⅢ型砍砸器（2015GLDT1⑤：5）　2. AbⅧ型砍砸器（2015GLDT1③：12）　3、4. AbⅥ型砍砸器（2015GLDT2③：22、2015GLDT1③：13）　5、6. BaⅠ型砍砸器（2015GLDT2③：15、2015GLDT1⑤：7）　7. BdⅡ型砍砸器（2015GLDT1④：17）

次单面剥片，加工出一道弧刃。刃缘整齐锋利，未见使用痕迹。远端略作修整，加工出一个舌尖。片疤多较小且深凹，打击方向由背面向腹面打击，部分片疤尾部折断形成陡坎。长17.0cm，宽8.0cm，厚4.3cm，重830g（图二四一，2）。

B型　4件。分别属于Ba亚型和Bd亚型。

Ba型　2件。均属于BaⅠ次亚型。

标本2015GLDT2③：15，原料为灰褐色辉绿岩石片。器身形状近三角形。腹面较平，为整齐的破裂面，远端折断一小块，边缘钝厚。背面凸起，保留自然砾面。加工方法为锤击法。沿石片左右两侧边缘多次单面剥片，各加工出一道直刃。刃缘整齐锋利，未见使用痕迹。片疤多较小且浅平，打击方向由背面向腹面打击。长11.4cm，宽9.8cm，厚3.5cm，重351g（图二四一，5；彩版六四，4）。

标本2015GLDT1⑤：7，原料为灰褐色辉绿岩石片。器身稍厚，形状近三角形。腹面微凸，为整齐的破裂面。背面凸起，完全保留自然砾面。加工方法为锤击法。沿石片右侧和远端边缘多次单面剥片，各加工出一道直刃。刃缘整齐锋利，未见使用痕迹。左侧与远端交汇处修出一个钝尖。片疤多较小且浅平，打击方向由背面向腹面打击，部分片疤尾部折断形成陡坎。长 10.6cm，宽 7.5cm，厚 3.2cm，重 310g（图二四一，6）。

Bd 型　2 件。均属于 BdⅡ次亚型。

标本 2015GLDT1 ④：17，原料为灰褐色辉绿岩石片。器身稍薄，形状近四边形。腹面较平，为略平整的破裂面；背面微凸，近端处有一较大且浅平的片疤，其余部分保留自然砾面。加工方法为锤击法。加工简单，沿石片右侧和远端边缘略加剥片，加工出一道弧刃和一道凹刃。刃缘整齐锋利。两刃缘均可见较多细碎的向两侧崩裂的崩疤，应为使用痕迹。石片左侧与远端交汇处修整出一个舌尖。片疤多较小且浅平；打击方向既有由背面向腹面打击的，也有由腹面向背面打击的。长 9.2cm，宽 6.7cm，厚 1.7cm，重 168g（图二四一，7；彩版六四，5）。

标本 2015GLDT1 ④：24，原料为灰褐色辉绿岩石片。器身形状近四边形。腹面稍内凹，为略整齐的破裂面。背面凸起，完全保留自然砾面。加工方法为锤击法。沿石片右侧和远端边缘多次单面剥片，加工出一道直刃和一道凹刃。刃缘整齐锋利，未见使用痕迹。打击片疤多较小且浅平，打击方向由背面向腹面打击。长 11.0cm，宽 6.4cm，厚 2.5cm，重 282g（图二四二，1）。

C 型　4 件。分别属于 Cd 亚型中的 CdⅣ、CdⅦ、CdⅧ次亚型。

CdⅣ型　1 件。

标本 2015GLDT2 ⑤：17，原料为灰褐色辉绿岩石片。器身较宽大，形状近圆形。腹面略内凹，为不甚整齐的破裂面。背面凸起，远端中部和右下角有几个较小且浅平的片疤，打击方向与石片打击方向相反，其余部分保留自然砾面。加工方法为锤击法。沿石片左右两侧和远端边缘多次单面剥片，加工出一道凹刃、一道直刃和一道弧刃。刃缘均整齐锋利，未见使用痕迹。打击片疤多较小且浅平，打击方向由背面向腹面打击，部分片疤尾部折断形成陡坎。长 12.6cm，宽 11.1cm，厚 3.3cm，重 532g（图二四二，2；彩版六四，6）。

CdⅦ型　1 件。

标本 2015GLDT1 ③：15，原料为灰褐色辉绿岩石片。器身形状近长条形。腹面不平，为不甚整齐的破裂面，左侧下半部折断一大块，边缘钝厚。背面凸起，完全保留自然砾面。加工方法为锤击法。沿石片近端右侧和远端边缘多次单面剥片，加工出一道直刃、一道凹刃和一道弧刃。刃缘均整齐锋利，未见使用痕迹。打击片疤多较小且浅平，打击方向由背面向腹面打击。长 16.5cm，宽 6.0cm，厚 2.8cm，重 338g（图二四二，3）。

CdⅧ型　2 件。

标本 2015GLDT1 ③：17，原料为灰褐色辉绿岩石片。器身较长，形状不规则。腹面稍不平，为不甚整齐的破裂面。背面较平，近端处有一较大且浅平的片疤，打击方向与石片打击方向相同，其余部分保留自然砾面。加工方法为锤击法。沿石片右侧至远端边缘多次单面剥片，加工出一道直刃、一道凹刃和一道弧刃。刃缘均整齐锋利，未见使用痕迹。片疤多较小且浅平，打击方向由

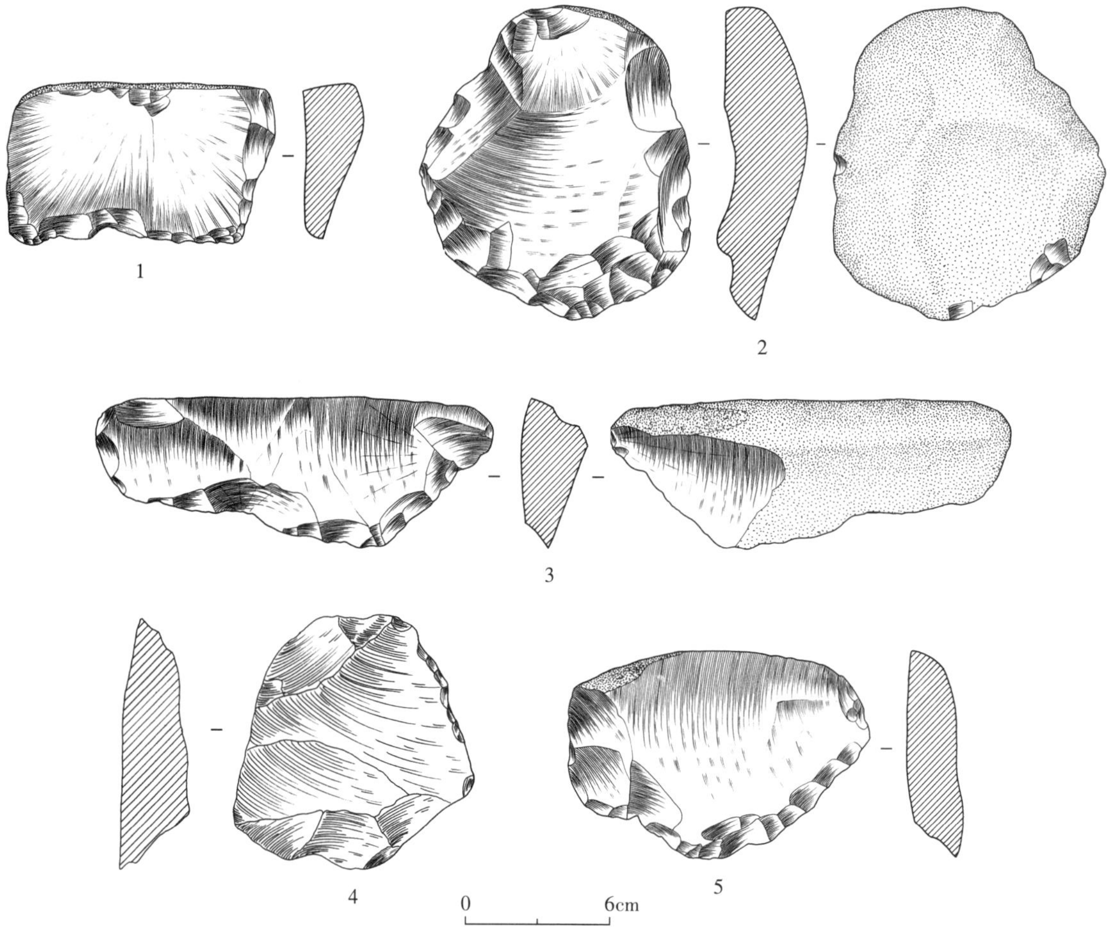

图二四二　大湾遗址第二文化层石制品（十）

1. BdⅡ型砍砸器（2015GLDT1④：24）　2. CdⅣ型砍砸器（2015GLDT2⑤：17）　3. CdⅦ型砍砸器（2015GLDT1③：15）　4、5. CdⅧ型砍砸器（2015GLDT1③：17、2015GLDT2④：30）

背面向腹面打击。左侧靠近端处有一较大且深凹的崩疤，可能是之前作为石砧使用时留下的痕迹。左下角有一个以左侧为台面、向右侧打击的较小且深凹的片疤，应为修整把手留下的痕迹。长10.0cm，宽9.7cm，厚2.9cm，重352g（图二四二，4）。

标本2015GLDT2④：30，原料为灰褐色辉绿岩石片。器身形状不规则。腹面较平，为整齐的破裂面。背面凹凸不平，完全保留自然砾面。加工方法为锤击法。沿石片远近端和右侧边缘多次单面剥片，分别加工出两道弧刃和一道直刃。刃缘均整齐锋利，未见使用痕迹。片疤多较小且浅平，打击方向由背面向腹面打击。长12.3cm，宽8.4cm，厚2.1cm，重283g（图二四二，5）。

刮削器　11件。其原料有石片和断块两种。其中石片10件，占该文化层出土刮削器总数的90.91%；断块1件，占该文化层出土刮削器总数的9.09%。岩性有辉绿岩一种。加工方法仅见锤击法，单面加工。背面为自然砾面，加工时由背面向腹面进行打击；加工较为简单，通常在器身一端或一侧加工出刃口。加工面往往只有一层片疤，且仅限于边缘部分。刃缘见有不同程度的修整，部分见有使用痕迹。加工片疤多较小且浅平。器身多为长大于宽。形状有三角形、梯形、半圆形和椭圆形四种。其中三角形3件，占该文化层出土刮削器总数的27.27%；梯形5件，占该文化层出土刮削器总数的45.45%；半圆形2件，占该文化层出土刮削器总数的18.18%；椭圆形1件，占该文化层出土刮削器总数的9.09%。器身长度最大值12.3cm，最小值7.7cm；宽度最大值8.6cm，最小值4.3cm；厚度最大值3.9cm，最小值0.9cm；重量最大值280g，最小值39g。分别属于A、B、C型。

A型　7件。分别属于Aa亚型和Ab亚型。

Aa型　4件。分别属于AaⅠ、AaⅢ、AaⅤ次亚型。

AaⅠ型　1件。

标本2015GLDT1③：22，原料为灰褐色辉绿岩石片。器身较扁薄，形状近三角形。腹面微凸，为较整齐的破裂面。背面凹凸不平，左侧上半部为一较大且深凹的片疤面。片疤约占背面面积的三分之一，其打击方向与石片的打击方向相同。背面其余部分保留自然砾面。器身左侧上半部折断一小块，边缘钝厚。右侧边缘锋利，未见使用痕迹。加工方法为锤击法。沿石片远端边缘多次单面剥片，加工出一道直刃。刃缘整齐锋利，未见使用痕迹。片疤多较小且浅平，打击方向由背面向腹面打击。长8.3cm，宽6.1cm，厚1.6cm，重78g（图二四三，1）。

AaⅢ型　2件。

标本2015GLDT2④：23，原料为灰褐色辉绿岩石片。器身稍薄，形状近梯形。腹面凹凸不平，为不甚整齐的破裂面。背面较平，完全保留自然砾面。石片中下部片疤下折形成陡坎。远端边缘

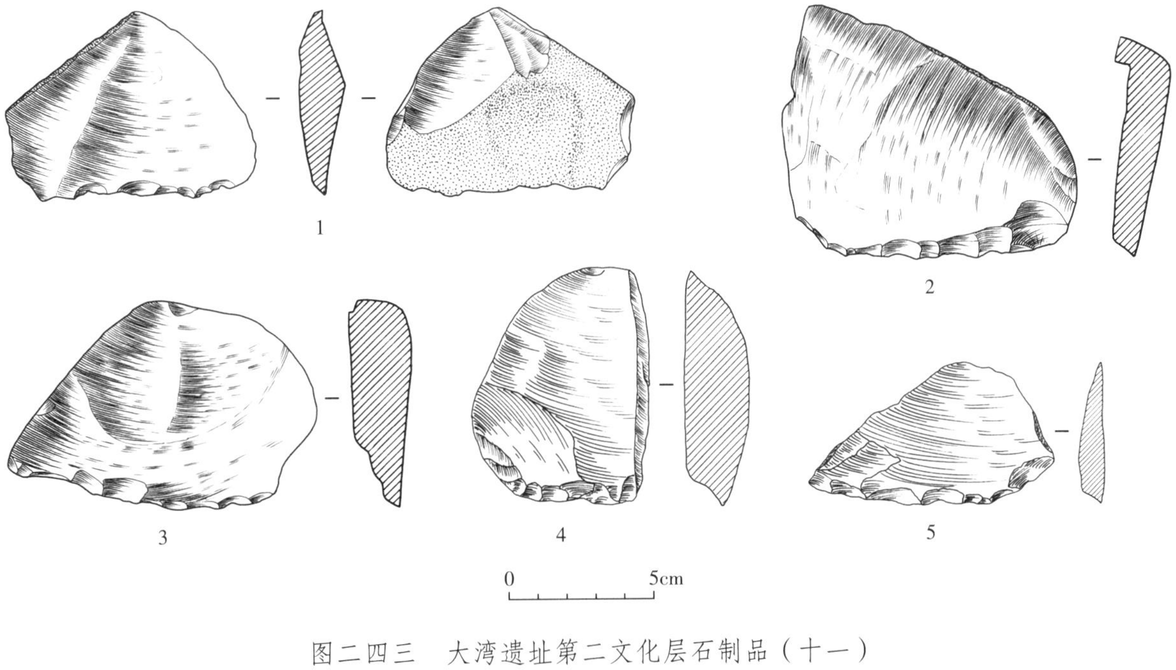

图二四三　大湾遗址第二文化层石制品（十一）

1. AaⅠ型刮削器（2015GLDT1③：22）　2、3. AaⅢ型刮削器（2015GLDT2④：23、2015GLDT2④：26）　4. AaⅤ型刮削器（2015GLDT2⑤：8）　5. AbⅠ型刮削器（2015GLDT1③：21）

折断一大块，边缘钝厚。加工方法为锤击法。沿石片右侧边缘多次单面剥片，加工出一道直刃。刃缘整齐锋利，未见使用痕迹。片疤多较小且浅平，打击方向由背面向腹面打击。长 9.9cm，宽 8.0cm，厚 1.4cm，重 208g（图二四三，2；彩版六五，1）。

标本 2015GLDT2④：26，原料为灰褐色辉绿岩石片。器身稍薄，形状近梯形。腹面稍凸起，为较整齐的破裂面。背面较平，完全保留自然砾面。石片中部偏下处片疤下折形成斜坡状。远端右侧下半部边缘折断一小块，边缘钝厚。加工方法为锤击法。沿石片远端边缘多次单面剥片，加工出一道直刃。刃缘整齐锋利，未见使用痕迹。片疤多较小且浅平，打击方向由背面向腹面打击。长 9.9cm，宽 6.9cm，厚 2.0cm，重 151g（图二四三，3）。

AaⅤ型　1 件。

标本 2015GLDT2⑤：8，原料为灰褐色辉绿岩石片。器身稍厚，形状近半圆形。腹面较平，为整齐的破裂面。背面凸起，完全保留自然砾面。石片右侧折断一大块，边缘钝厚。加工方法为锤击法。沿石片远端边缘多次单面剥片，加工出一道直刃。刃缘整齐锋利，未见使用痕迹。片疤多较小且浅平，打击方向由背面向腹面打击。石片左侧边缘锋利，可见较多细碎的向两侧崩裂的崩疤，这些崩疤应为使用痕迹。长 7.8cm，宽 6.0cm，厚 2.3cm，重 120g（图二四三，4）。

Ab 型　3 件。分别属于 AbⅠ、AbⅢ、AbⅥ次亚型。

AbⅠ型　1 件。

标本 2015GLDT1③：21，原料为灰褐色辉绿岩石片。器身窄小，较薄，形状近三角形。腹面稍平，为整齐的破裂面。背面略内凹，完全保留自然砾面。石片左右两侧均折断一小块，边缘钝厚。加工方法为锤击法。沿石片远端边缘多次单面剥片，加工出一道弧刃。刃缘整齐锋利，未见使用痕迹。片疤多较小且浅平，打击方向由背面向腹面打击。远端与左侧相交处形成一个锐尖。长 8.2cm，宽 4.6cm，厚 0.9cm，重 39g（图二四三，5；彩版六五，2）。

AbⅢ型　1 件。

标本 2015GLDT2③：14，原料为暗红褐色辉绿岩磨石残件。器身较厚，形状近梯形。一面较平，为沿节理面破裂的整齐破裂面。另一面凸起，完全保留自然砾面。一端稍窄厚，保留自然砾面，另一端略宽薄。加工方法为锤击法。沿宽薄端边缘多次单面剥片，加工出一道弧刃。刃缘整齐锋利，未见使用痕迹。片疤多较小且浅平，打击方向由自然砾面向破裂面打击。破裂面与窄厚端之间有一近椭圆形的光滑磨面，应为之前作为磨石使用留下的痕迹。长 7.7cm，宽 4.3cm，厚 3.9cm，重 177g（图二四四，1）。

AbⅥ型　1 件。

标本 2015GLDT2⑤：14，原料为灰褐色辉绿岩石片。器身较扁薄，形状近椭圆形。腹面较平，为整齐的破裂面。背面微凸，完全保留自然砾面。石片右侧上半部折断一小块，边缘钝厚。加工方法为锤击法。沿石片近端边缘多次单面剥片，加工出一道弧刃。刃缘整齐锋利，未见使用痕迹。片疤多较小且浅平，打击方向由背面向腹面打击。石片左侧边缘锋利，可见较多细碎的向两侧崩裂的崩疤，这些崩疤应为使用痕迹。长 8.8cm，宽 6.4cm，厚 1.0cm，重 88g（图二四四，2）。

B 型　3 件。分别属于 Bd 亚型中的 BdⅠ、BdⅢ、BdⅤ次亚型。

BdⅠ型　1 件。

标本 2015GLDT1④：20，原料为灰褐色辉绿岩石片。器身稍窄小，形状近三角形。腹面稍平，为略平整的破裂面。背面微凸，完全保留自然砾面。加工方法为锤击法。加工简单，沿石片左侧和远端边缘多次单面剥片，加工出一道弧刃和一道直刃。刃缘整齐锋利，未见使用痕迹。片疤多较小且浅平，打击方向由背面向腹面打击。长 8.0cm，宽 6.9cm，厚 1.6cm，重 115g（图二四四，3；彩版六五，3）。

BdⅢ型　1 件。

标本 2015GLDT1⑤：20，原料为灰褐色辉绿岩石片。器身稍薄，形状近梯形。腹面凹凸不平，为不平整的破裂面。背面微凸，完全保留自然砾面。远端垂直折断一大块，边缘钝厚。加工方法

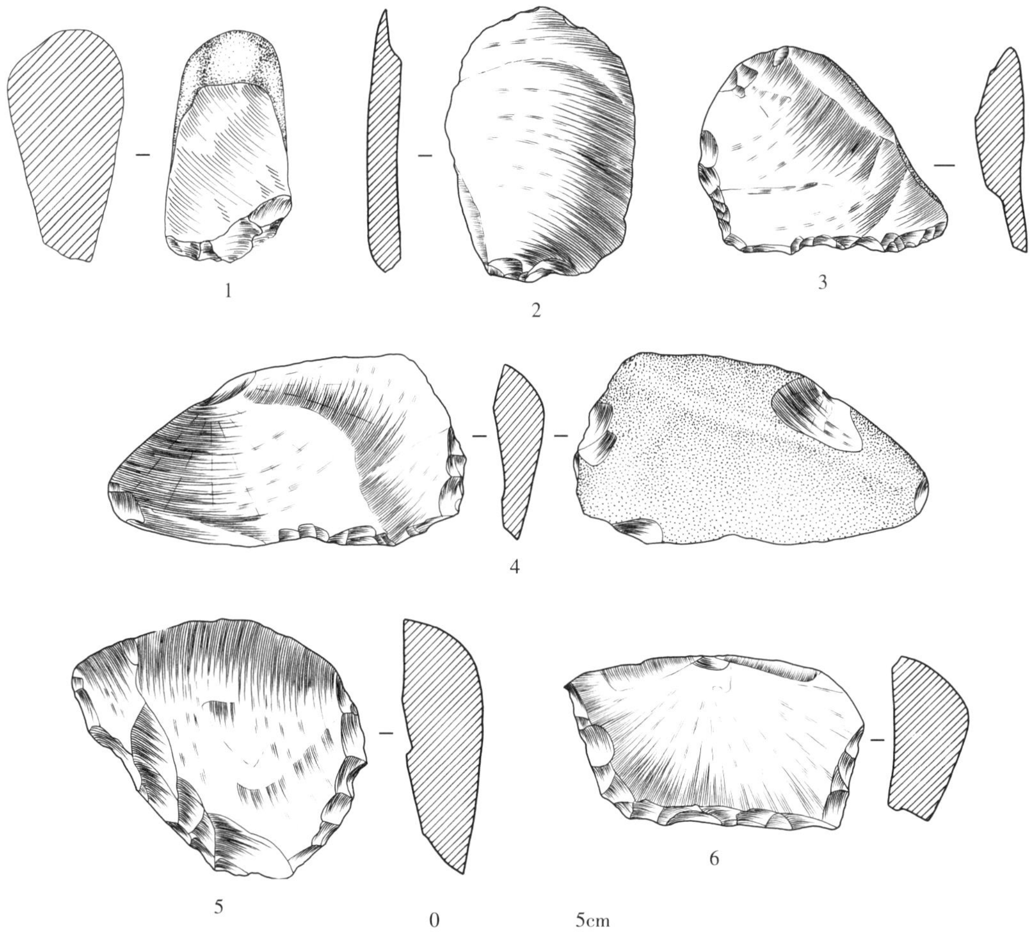

图二四四　大湾遗址第二文化层石制品（十二）

1. AbⅢ型刮削器（2015GLDT2③：14）　2. AbⅥ型刮削器（2015GLDT2⑤：14）　3. BdⅠ型刮削器（2015GLDT1④：20）
4. BdⅢ型刮削器（2015GLDT1⑤：20）　5. BdⅤ型刮削器（2015GLDT2⑤：20）　6. CaⅢ型刮削器（2015GLDT2③：8）

为锤击法。加工简单，沿石片远端和右侧边缘多次单面剥片，加工出一道弧刃和一道直刃。刃缘整齐锋利，未见使用痕迹。片疤多较小且浅平，打击方向由背面向腹面打击。长 12.3cm，宽 6.3cm，厚 1.7cm，重 164g（图二四四，4）。

BdⅤ型　1 件。

标本 2015GLDT2⑤：20，原料为灰褐色辉绿岩石片。器身形状近半圆形。腹面较平，为较平整的破裂面。背面微凸，完全保留自然砾面。加工方法为锤击法。加工简单，沿石片右侧和远端边缘多次单面剥片，各加工出一道弧刃和一道直刃。刃缘整齐锋利，未见使用痕迹。片疤多较小且浅平，打击方向由背面向腹面打击。长 9.9cm，宽 8.6cm，厚 2.7cm，重 280g（图二四四，5）。

C 型　1 件。属于 Ca 亚型中的 CaⅢ次亚型。

标本 2015GLDT2③：8，原料为灰褐色辉绿岩石片。器身稍厚，形状近梯形。腹面微凸，为较平整的破裂面。背面较平，完全保留自然砾面。加工方法为锤击法。加工简单，沿石片左右两侧和远端边缘多次单面剥片，各加工出一道直刃。刃缘整齐锋利，未见使用痕迹。石片近端略加剥片，应为修整把手时留下的痕迹。左侧与近端相交处修出一个钝尖。右侧与远端交汇处修出一个锐尖。片疤多较小且浅平，打击方向由背面向腹面打击。长 9.9cm，宽 5.6cm，厚 2.6cm，重 210g（图二四四，6；彩版六五，4）。

尖状器　4 件。原料有石片和断块两种。其中石片 3 件，占该文化层出土尖状器总数的 75%；断块 1 件，占该文化层出土尖状器总数的 25%。岩性仅见辉绿岩一种。加工方法仅见锤击法，单面加工，背面通常为砾石面。加工部位多见于器身一侧和一端。加工较为简单，仅限于加工边缘，片疤多较小且浅平。器身多为长大于宽。把端多不加修理，保留自然砾面。侧边有所修整但多不成刃。未见使用痕迹。形状有三角形和不规则形两种。其中三角形 3 件，占该文化层出土尖状器总数的 75%；不规则形 1 件，占该文化层出土尖状器总数的 25%。器身长度最大值 16.7cm，最小值 7.8cm；宽度最大值 9.0cm，最小值 6.0cm；厚度最大值 4.3cm，最小值 2.7cm；重量最大值 388g，最小值 196g。分别属于 A 型和 B 型。

A 型　2 件。分别属于 Ab 亚型和 Ac 亚型。

Ab 型　1 件。属于 AbⅠ次亚型。

标本 2015GLDT2⑤：15，原料为灰褐色辉绿岩石片。器身稍窄小，形状近三角形。腹面较平，左侧上半部有几个较大且深凹的片疤，近端一侧有几个较小且浅平的片疤，片疤的打击方向均与石片的打击方向相垂直。背面完全保留自然砾面。加工方法为锤击法。沿石片右侧边缘向远端多次单面剥片，加工出一条弧刃。刃缘整齐锋利，未见使用痕迹。在远端中部加工出一个钝尖，尖部较短，略经修整，未见使用痕迹。片疤多较小且浅平，打击方向由背面向腹面打击。长 9.6cm，宽 6.0cm，厚 3.4cm，重 196g（图二四五，1；彩版六五，5）。

Ac 型　1 件。属于 AcⅧ次亚型。

标本 2015GLDT1④：21，原料为灰褐色辉绿岩石片。器身较长，形状不规则。腹面较平，左侧上半部为一个打击方向与石片打击方向相同的较大且深凹的片疤。背面凸起，完全保留自然砾面。加工方法为锤击法。沿石片左侧下半部边缘向远端多次单面剥片，加工出一道弧刃。刃缘整齐锋利，未见使用痕迹。在远端中部加工出一个舌尖，尖部较长，略经修整，未见使用痕迹。片疤多较大且深凹。长 16.7cm，宽 6.0cm，厚 3.2cm，重 388g（图二四五，3；彩版六五，6）。

B 型　2 件。均属于 Bb 亚型中的 Bb Ⅰ 次亚型。

标本 2015GLDT2 ③：11，原料为灰褐色辉绿岩断块。器身稍窄小，形状近三角形。一面为稍平整的破裂面，右侧折断一大块。另一面凸起，左侧有一大块片疤面，其余部分保留自然砾面。加工方法为锤击法。沿断块底部边缘多次单面剥片，在底部边缘加工出一道直刃。刃缘平直锋利，未见使用痕迹。左侧与底边交汇处、右侧与底边交汇处各加工出一个钝尖，尖部较短，略经修整，未见使用痕迹。片疤多较小且浅平，打击方向由凸起面向较平面打击。长 7.8cm，宽 9.0cm，厚 2.7cm，重 210g（图二四五，2）。

标本 2015GLDT2 ③：12，原料为灰褐色辉绿岩石片。器身稍厚，形状近三角形。腹面为稍平整的破裂面，左侧折断一大块。背面凸起，上半部有一大块片疤面，其余部分保留自然砾面。加工方法为锤击法。沿石片远端边缘多次单面剥片，加工出一条直刃。刃缘平直锋利，未见使用

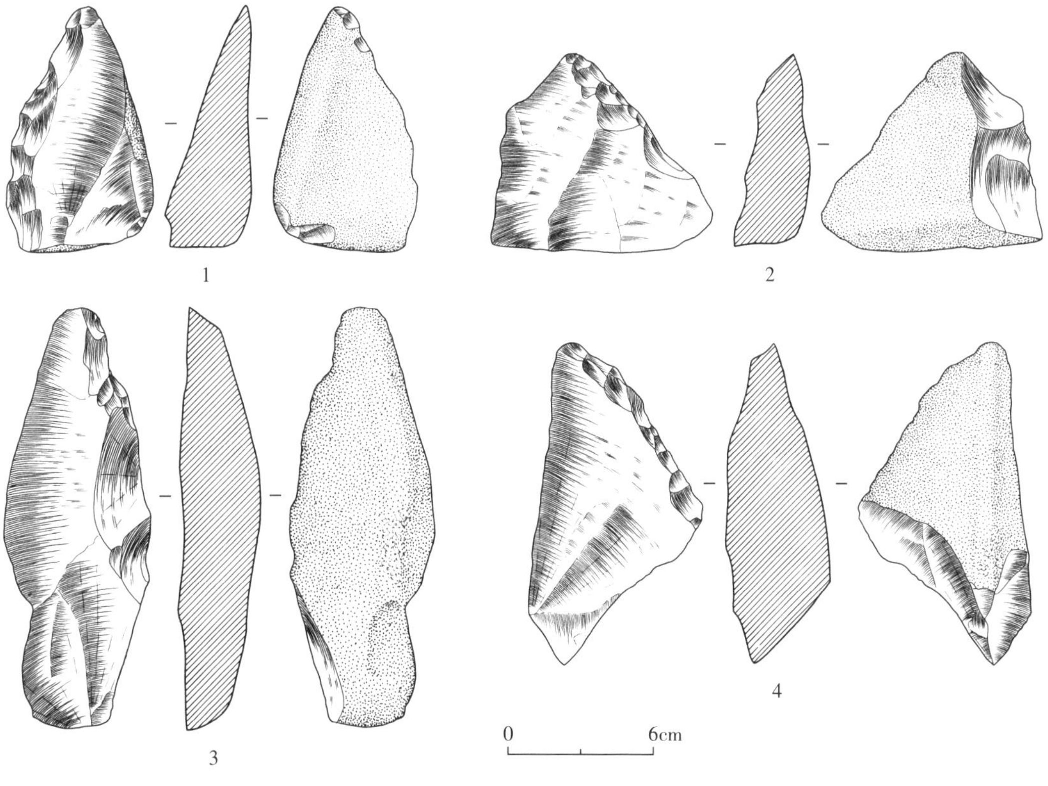

图二四五　大湾遗址第二文化层石制品（十三）

1. Ab Ⅰ 型尖状器（2015GLDT2 ⑤：15）　2、4. Bb Ⅰ 型尖状器（2015GLDT2 ③：11、2015GLDT2 ③：12）　3. AcⅧ型尖状器（2015GLDT1 ④：21）

痕迹。在左上角左侧与近端交汇处和右下角右侧与远端交汇处各加工出一个钝尖，尖部较短，略经修整，未见使用痕迹。片疤多较小且浅平，打击方向由背面向腹面打击。长 12.8cm，宽 6.7cm，厚 4.3cm，重 321g（图二四五，4；彩版六六，1）。

3. 磨制石制品

76 件。包括石斧、石锛、石凿、斧锛类半成品、斧锛类毛坯和研磨器六大类型。其中石斧、石锛、斧锛类半成品各 10 件，各占该文化层出土磨制石制品总数的 13.16%；石凿 8 件，占该文化层出土磨制石制品总数的 10.52%；斧锛类毛坯 29 件，占该文化层出土磨制石制品总数的 38.16%；研磨器 9 件，占该文化层出土磨制石制品总数的 11.84%。

石斧　10 件。包括完整件和残件两大类。其中完整件 7 件，占该文化层出土石斧总数的 70%；残件 3 件，占该文化层出土石斧总数的 30%。岩性有辉绿岩和细砂岩两种。其中辉绿岩 8 件，占该文化层出土石斧总数的 80%；细砂岩 2 件，占该文化层出土石斧总数的 20%。均为砾石石器，一般是利用砾石在侧缘和一端进行单面或双面剥片，然后再进行磨制。刃部通常磨制得较为精细，刃部多不见使用痕迹。有的也对侧缘进行磨制。器身形状有三角形、四边形、椭圆形、长条形和不规则形五种。其中三角形和椭圆形各 2 件，各占该文化层出土石斧总数的 20%；四边形 4 件，占该文化层出土石斧总数的 40%；长条形和不规则形各 1 件，各占该文化层出土石斧总数的 10%。器身长度最大值 10.8cm，最小值 5.7cm；宽度最大值 6.3cm，最小值 5.0cm；厚度最大值 1.9cm，最小值 1.3cm；重量最大值 217g，最小值 60g。

第一类　完整件。7 件。分别属于 A 型和 B 型。

A 型　2 件。分别属于 Aa 亚型和 Ab 亚型。

Aa 型　1 件。

标本 2015GLDT2⑤：1，原料为灰褐色辉绿岩砾石。器身形状近三角形。一端较宽，另一端较窄。一侧稍宽厚，另一侧略窄薄。器身宽厚侧下半部经过多次单面剥片，片疤多较大且浅平。窄薄侧略经双面剥片，片疤零星，多较小且浅平。两侧均未经磨制。较宽端两面均经过精心磨制，形成宽窄不一、相互倾斜的两道光滑刃面。两刃面交汇处磨制出一道整齐锋利的平直刃口。未见使用痕迹。器身其余部位保留自然砾面。长 9.2cm，宽 5.2cm，厚 1.5cm，重 103g（图二四六，1；彩版六六，2）。

Ab 型　1 件。

标本 2015GLDT2④：2，原料为灰褐色辉绿岩砾石。器身稍厚，形状近四边形。一端稍窄，另一端略宽。器身一侧经过多次双面剥片；其中加工以一面为主，该面疤痕密集，片疤多较大且浅平，部分片疤达到甚至超过器身中轴线，有的片疤尾部折断形成陡坎；另一面片疤零星，较小且浅平。器身另一侧下半部经过多次单面剥片，片疤多较小且浅平。两侧均未经磨制。略宽端两面均经过精心磨制，形成宽窄不一、相互倾斜的两道光滑刃面。两刃面交汇处磨制出一道整齐锋利的斜直刃口。未见使用痕迹。器身其余部位保留自然砾面。长 9.6cm，宽 5.3cm，厚 1.9cm，重

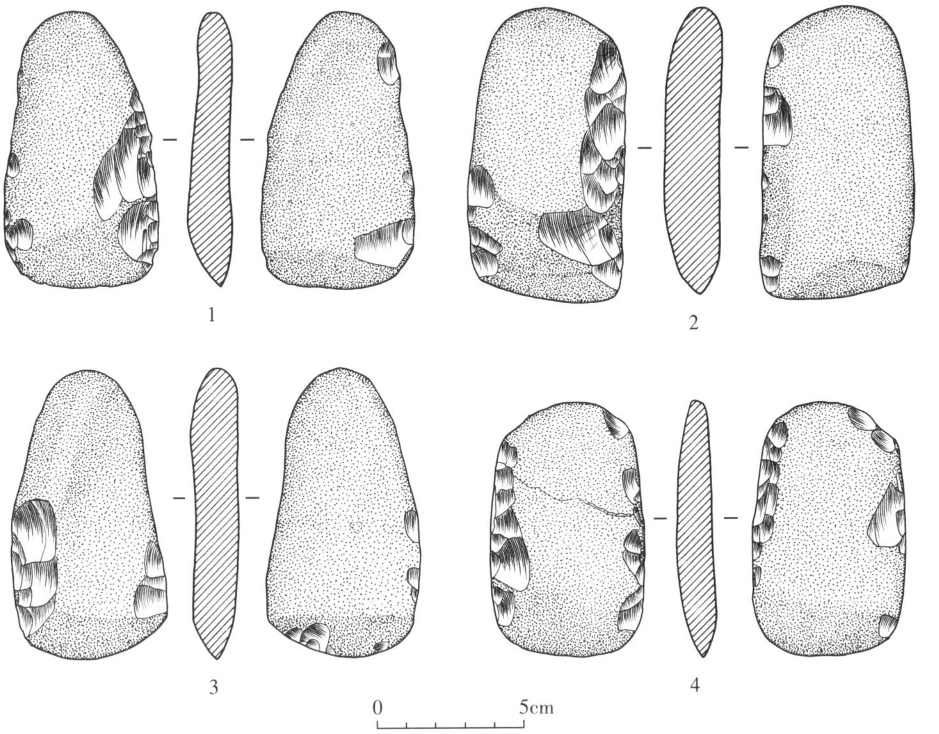

图二四六　大湾遗址第二文化层石制品（十四）

1. Aa 型石斧（2015GLDT2⑤：1）　2. Ab 型石斧（2015GLDT2④：2）　3. Ba 型石斧（2015GLDT2⑤：10）　4. Bb 型石斧（2015GLDT2④：4）

183g（图二四六，2；彩版六六，3）。

B 型　5 件。分别属于 Ba、Bb、Bf、Bg 亚型。

Ba 型　1 件。

标本 2015GLDT2⑤：10，原料为灰褐色辉绿岩砾石。器身形状近三角形。一端较宽，另一端较窄。一侧稍宽厚，另一侧略窄薄。器身宽厚侧下半部经过多次双面剥片；其中加工以一面为主，该面疤痕密集，片疤多较大且浅平，部分片疤尾部折断形成陡坎；另一面片疤零星，较小且浅平。器身窄薄侧下半部经过多次单面剥片，片疤多较小且浅平。两侧均未经磨制。较宽端两面均经过精心磨制，形成两道宽窄不一、相互倾斜的光滑刃面，略窄刃面上仍可见少量打击疤痕。两刃面交汇处磨制出一道整齐锋利的弧凸状刃口。未见使用痕迹。器身其余部位保留自然砾面。长 9.6cm，宽 5.2cm，厚 1.5cm，重 122g（图二四六，3；彩版六六，4）。

Bb 型　1 件。

标本 2015GLDT2④：4，原料为灰褐色辉绿岩砾石。器身形状近四边形。一端稍宽，另一端略窄。器身略窄端和两侧均经过多次双面剥片，片疤多较小且深凹，部分片疤尾部折断形成陡坎。两侧缘均略经磨制，有少许光滑磨面。稍宽端两面均经过精心磨制，形成两道宽窄不一、相互倾斜斜的光滑刃面。两刃面交汇处磨制出一道整齐锋利的弧凸状刃口。未见使用痕迹。器身其余部位保留自然砾面。长 8.4cm，宽 5.2cm，厚 1.3cm，重 100g（图二四六，4；彩版六六，5）。

Bf 型　2 件。

标本 2015GLDT1 ③：9，原料为灰褐色辉绿岩砾石。器身较宽厚，形状近椭圆形。一端稍宽，另一端略窄。器身两侧均经过多次双面剥片；其中加工以一面为主，该面疤痕较密集，另一面疤痕略稀疏。片疤多较小且浅平，部分片疤尾部折断形成陡坎。两侧缘均略经磨制，有小面积的光滑磨面。稍宽端两面均经过精心磨制，形成两道宽窄不一、相互倾斜的光滑刃面，较宽刃面上仍可见少量打击疤痕。两刃面交汇处磨制出一道整齐锋利的弧凸状刃口。刃缘两侧均可见较多细碎的向两侧崩裂的崩疤，这些崩疤应为使用痕迹。器身其余部位保留自然砾面。长 10.8cm，宽 6.0cm，厚 1.9cm，重 217g（图二四七，1）。

标本 2015GLDT1 ⑤：16，原料为灰褐色辉绿岩砾石。器身形状近椭圆形。一端稍宽，另一端略窄。器身一侧略经单面剥片，另一侧略经双面剥片。片疤多较小且浅平，未经磨制。稍宽端两面均经过精心磨制，形成两道宽窄不一、相互倾斜的光滑刃面。两刃面交汇处磨制出一道整齐锋利的弧凸状刃口。未见使用痕迹。器身其余部位保留自然砾面。长 8.7cm，宽 5.5cm，厚 1.7cm，重 118g（图二四七，3；彩版六六，6）。

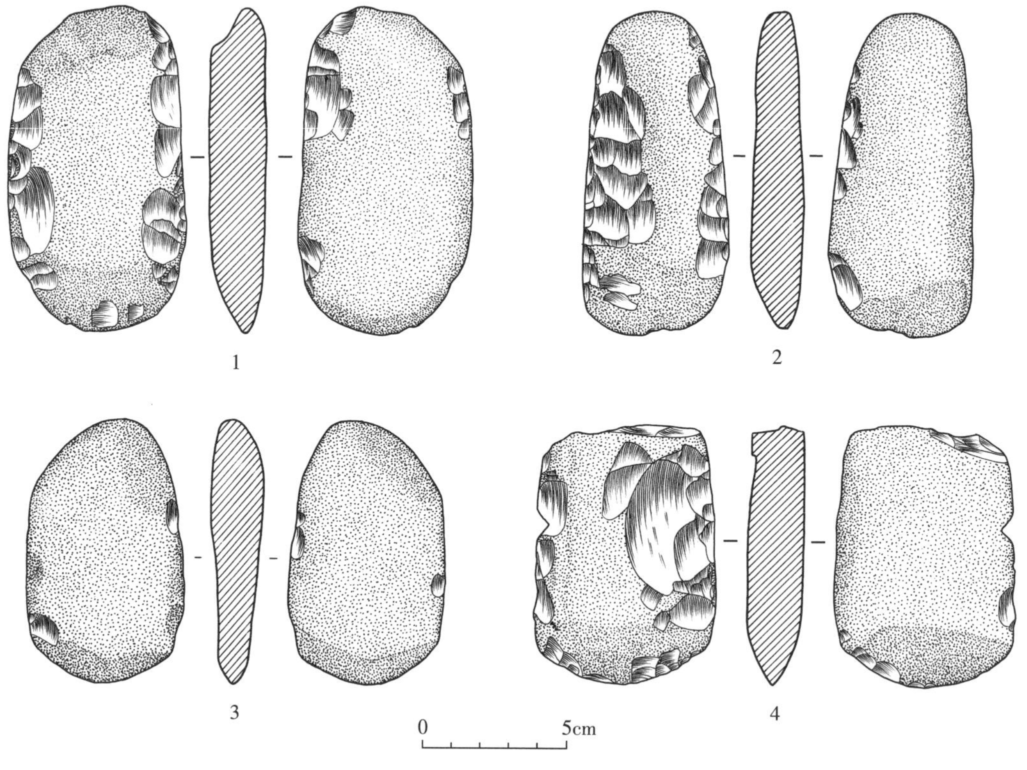

图二四七　大湾遗址第二文化层石制品（十五）

1、3. Bf 型石斧（2015GLDT1 ③：9、2015GLDT1 ⑤：16）　2. Bg 型石斧（2015GLDT1 ⑤：3）
4. Bb 型石斧残件（2015GLDT2 ⑤：4）

Bg 型　1 件。

标本 2015GLDT1 ⑤：3，原料为灰褐色辉绿岩砾石。器身窄长，形状近长条形。一端稍宽，另一端略窄。器身一侧经过多次双面剥片，加工以一面为主，疤痕分布密集，另一面片疤略少；片疤多较小且浅平，部分片疤尾部折断形成陡坎。另一侧经过多次单面剥片，打击片疤多较大且浅平。两侧缘均未经磨制。稍宽端两面均经过精心磨制，形成两道宽窄不一、相互倾斜的光滑刃面。两刃面交汇处磨制出一道整齐锋利的弧凸状刃口。刃口中部有一稍大的凹缺，应为使用所致缺失。器身其余部位保留自然砾面。长 10.5cm，宽 5.0cm，厚 1.8cm，重 142g（图二四七，2；彩版六七，1）。

第二类　残件。3 件。分别属于 B 型中的 Bb、Bh 亚型。

Bb 型　2 件。

标本 2015GLDT2 ⑤：4，原料为灰褐色辉绿岩砾石。器身较厚，形状近四边形。一面较平，另一面凸起。一端稍宽；另一端略窄，为不甚规整的断裂面。两侧均经多次单面剥片，一侧的片疤多较小且浅平，略经磨制，可见小面积的光滑磨面；另一侧的片疤多较大且浅平，部分片疤达到甚至超过器身中轴线，未经磨制。稍宽端两面均经过精心磨制，形成两道较宽、相互倾斜的光滑刃面。两刃面交汇处磨制出一道整齐的弧凸状刃口。刃口两侧均可见较多细碎的向两侧崩裂的崩疤，这些崩疤应为使用痕迹。器身其余部位未见人工痕迹。残长 8.5cm，宽 6.3cm，厚 1.9cm，重 178g（图二四七，4）。

标本 2015GLDT1 ④：7，原料为灰褐色细砂岩砾石。器身形状近四边形。一面凸起；另一面内凹，为不甚规整的破裂面。一端略窄；另一端稍宽，为规整的断裂面。两侧均经多次双面剥片，片疤较小且浅平，未经磨制。略窄端一面经过精心磨制，形成一道光滑刃面，该刃面向另一面倾斜，磨面上仍可见打击疤痕；另一面只在刃口附近保留少许光滑刃面，刃面也向另一面倾斜。两刃面交汇处磨制出一道整齐锋利的弧凸状刃口。刃口两侧均可见较多细碎的向两侧崩裂的崩疤，这些崩疤应为使用痕迹。凸起面刃部以上均略经磨制，有少许光滑磨面，其余部位未见人工痕迹。残长 5.7cm，宽 5.8cm，厚 1.3cm，重 60g（图二四八，1）。

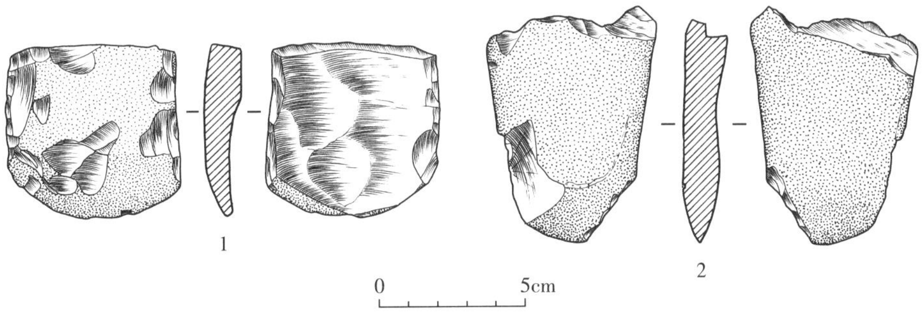

图二四八　大湾遗址第二文化层石制品（十六）

1. Bb 型石斧残件（2015GLDT1 ④：7）　2. Bh 型石斧残件（2015GLDT1 ④：6）

Bh 型　1 件。

标本 2015GLDT1④：6，原料为灰褐色细砂岩砾石。器身形状不规则。一面略平，另一面内凹。一端略窄；另一端稍宽，为不规整的断裂面。器身有多处裂纹。两侧均未经加工。略窄端两面经过精心磨制，形成两道相互倾斜的光滑刃面。两刃面交汇处磨制出一道整齐锋利的弧凸状刃口。刃口一侧缺失一小块，应为使用所致的崩裂痕迹。器身其余部位未见人工痕迹。残长 7.4cm，宽 5.6cm，厚 1.3cm，重 71g（图二四八，2）。

石锛　10 件。包括完整件和残件两大类。其中完整件 9 件，占该文化层出土石锛总数的 90%；残件 1 件，占该文化层出土石锛总数的 10%。岩性只有辉绿岩一种。均为砾石石器。利用自然砾石进行加工，通常是先对砾石侧缘和刃端进行打片，或对把端进行剥片，然后进行磨制。磨制部位主要在刃部，也有侧缘磨制。刃部磨制较为精细，大部分未见使用痕迹。但未见通体磨制者。器身形状有四边形、梯形和椭圆形三种。其中四边形 2 件，占该文化层出土石锛总数的 20%；梯形 5 件，占该文化层出土石锛总数的 50%；椭圆形 3 件，占该文化层出土石锛总数的 30%。器身长度最大值 10.6cm，最小值 4.8cm；宽度最大值 6.2cm，最小值 4.6cm；厚度最大值 1.8cm，最小值 1.1cm；重量最大值 149g，最小值 62g。

第一类　完整件。9 件。分别属于 A 型中的 Aa 亚型和 Ab 亚型。

Aa 型　3 件。属于 AaⅢ次亚型。

标本 2015GLDT2③：21，原料为灰褐色辉绿岩砾石。器身稍扁薄，形状近梯形。一端稍宽，另一端略窄。器身两侧均经过多次双面剥片，片疤多较小且浅平，未经磨制。稍宽端两面均经过精心磨制，形成两道光滑刃面。其中一刃面较宽，向另一面倾斜；另一刃面略窄平。两刃面交汇处磨制出一道整齐锋利的平直刃口。刃口两侧均可见较多向两侧崩裂的细碎崩疤，这些崩疤应为使用痕迹。器身其余部位保留自然砾面。长 9.5cm，宽 5.6cm，厚 1.5cm，重 120g（图二四九，1）。

标本 2015GLDT2④：3，原料为灰褐色辉绿岩砾石。器身稍窄长，形状近梯形。一端稍宽，另一端略窄。器身一侧和另一侧下半部均经过多次单面剥片，片疤多较小且浅平，未经磨制。稍宽端两面均经过精心磨制，形成两道光滑刃面。其中一刃面较宽，向另一面倾斜；另一刃面略窄平。两刃面交汇处磨制出一道整齐锋利的平直刃口。刃口两侧均可见较多向两侧崩裂的细碎崩疤，这些崩疤应为使用痕迹。刃部两面有大面积红色印痕，或为赤铁矿染色所致。器身其余部位保留自然砾面。长 9.3cm，宽 4.9cm，厚 1.8cm，重 126g（图二四九，2；彩版六七，2）。

标本 2015GLDT2④：10，原料为灰褐色辉绿岩砾石。器身稍扁薄，形状近梯形。一端稍宽，另一端略窄。器身两侧均经过多次双面剥片，片疤多较小且浅平，未经磨制。稍宽端两面均经过精心磨制，形成两道光滑刃面。其中一刃面稍宽，向另一面倾斜，中部有一较小且浅平的片疤；另一刃面略窄平，中部偏侧方也有一较小且浅平的片疤。两刃面交汇处磨制出一道整齐锋利的平直刃口。未见使用痕迹。器身其余部位保留自然砾面。长 8.3cm，宽 5.4cm，厚 1.2cm，重 91g（图二四九，3）。

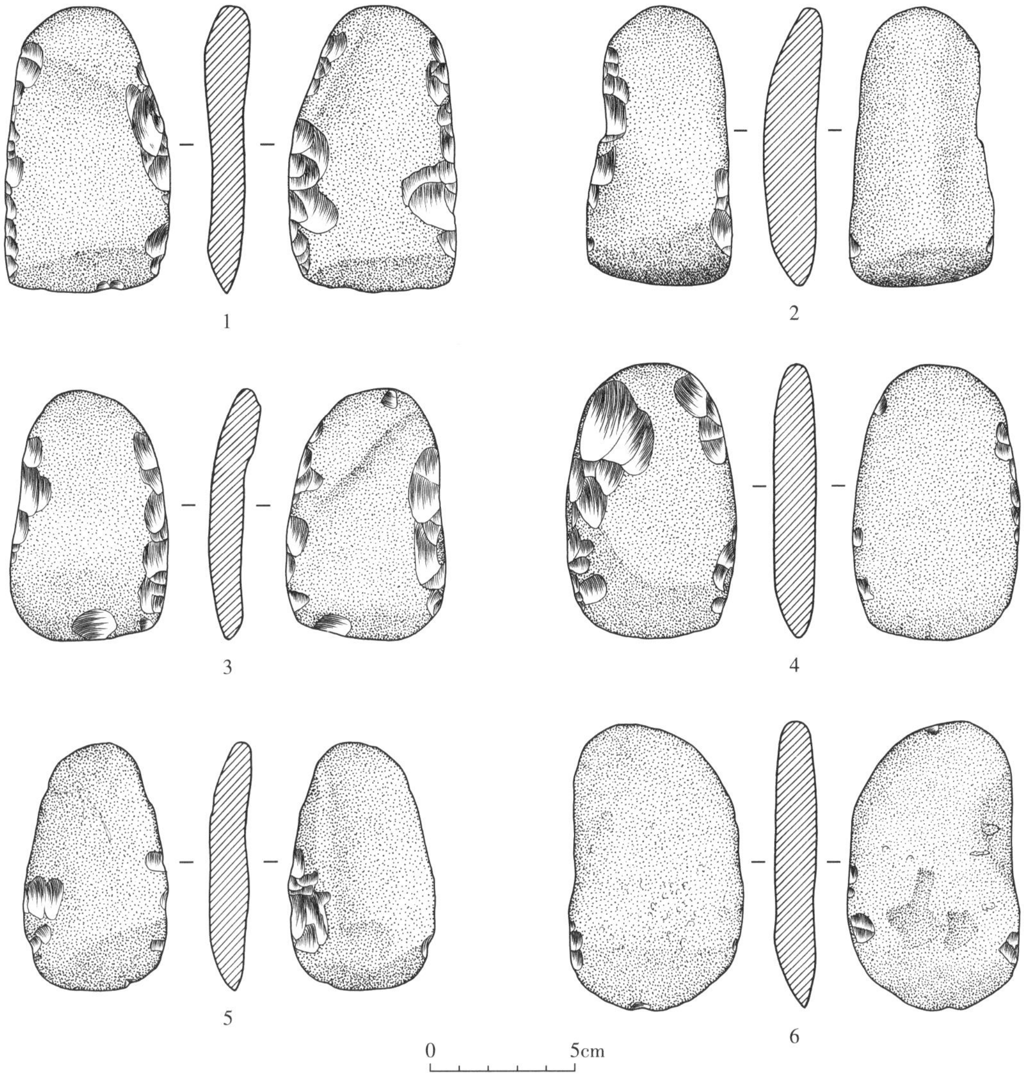

图二四九　大湾遗址第二文化层石制品（十七）

1~3. AaⅢ型石锛（2015GLDT2③：21、2015GLDT2④：3、2015GLDT2④：10）　4. AbⅡ型石锛（2015GLDT2③：2）　5、6. AbⅢ型石锛（2015GLDT2③：4、2015GLDT2④：19）

Ab型　6件。分别属于AbⅡ、AbⅢ、AbⅥ次亚型。

AbⅡ型　1件。

标本2015GLDT2③：2，原料为灰褐色辉绿岩砾石。器身形状近四边形。一端略宽，另一端稍窄。器身两侧均经过多次双面剥片；其中加工以一面为主，该面片疤量多且密集；一侧上半部片疤多较大且浅平，其余的片疤较小且浅平，部分片疤尾部折断形成陡坎；另一面片疤零星，且多细小、浅平。两侧缘均略经磨制，有小面积的光滑磨面。略宽端两面均经过精心磨制，形成两道光滑刃面。其中一刃面较宽，向另一面倾斜；另一刃面略窄平。两刃面交汇处磨制出一道整齐锋利的弧凸状刃口。未见使用痕迹。器身其余部位保留自然砾面。长9.1cm，宽5.8cm，厚1.4cm，重132g（图二四九，4）。

AbⅢ型　2件。

标本2015GLDT2③：4，原料为灰褐色辉绿岩砾石。器身形状近梯形。一端略宽，另一端稍窄。器身一侧下半部经过多次双面剥片；其中加工以一面为主，该面片疤量多且密集，多较大且深凹；另一面片疤零星，多细小且浅平。另一侧下半部略经单面剥片，片疤多较小且浅平。两侧缘均未经磨制。略宽端两面均经过精心磨制，形成两道光滑刃面。其中一刃面略窄，向另一面倾斜；另一刃面较宽较平。两刃面交汇处磨制出一道整齐锋利的弧凸状刃口。未见使用痕迹。器身其余部位保留自然砾面。长8.2cm，宽5.0cm，厚1.4cm，重87g（图二四九，5）。

标本2015GLDT2④：19，原料为灰褐色辉绿岩砾石。器身稍宽薄，形状近梯形。一端略宽，另一端稍窄。器身两侧下半部近刃端略经单面剥片，片疤多较小且浅平，其中一侧缘略经磨制，有少许光滑磨面；另一侧缘未经磨制。略宽端两面均经过精心磨制，形成两道光滑刃面。其中一刃面较宽，向另一侧倾斜；另一刃面略窄平。两刃面交汇处磨制出一道整齐锋利的弧凸状刃口。刃口两侧均可见较多向两侧崩裂的细碎崩疤，这些崩疤应为使用痕迹。器身其余部位保留自然砾面。长9.5cm，宽6.0cm，厚1.4cm，重131g（图二四九，6；彩版六七，3）。

AbⅥ型　3件。

标本2015GLDT2③：17，原料为灰褐色辉绿岩砾石。器身形状近椭圆形。一端略宽，另一端稍窄。器身稍宽端边缘经过多次单面剥片，片疤多较小且浅平。两侧经过多次双面剥片；加工以一面为主，该面片疤密集，多较大且深凹，部分片疤尾部折断形成陡坎；另一面片疤零星，多细小且浅平。两侧缘均未经磨制。略窄端两面均经过精心磨制，形成两道光滑刃面。其中一刃面较宽，向另一面倾斜，刃面中仍可见部分打击疤痕；另一刃面较窄平。两刃面交汇处磨制出一道整齐锋利的弧凸状刃口。未见使用痕迹。器身其余部位保留自然砾面。长9.0cm，宽4.7cm，厚1.5cm，重98g（图二五〇，1）。

标本2015GLDT1④：10，原料为灰褐色辉绿岩砾石。器身稍窄长，形状近椭圆形。一端略宽，另一端稍窄。器身稍窄端和一侧下半部经多次双面剥片。另一侧下半部经多次单面剥片。片疤多较大且浅平，部分片疤尾部折断形成陡坎。两侧缘均未经磨制。略宽端两面均经过较多磨制，形成两道光滑刃面。其中一刃面较宽较平，刃面中仍可见部分打击疤痕；另一刃面略窄，向另一面倾斜，一侧仍保留部分打击疤痕。两刃面交汇处磨制出一道整齐锋利的弧凸状刃口。未见使用痕迹。器身其余部位保留自然砾面。长9.0cm，宽4.6cm，厚1.6cm，重96g（图二五〇，3）。

标本2015GLDT2④：11，原料为灰褐色辉绿岩砾石。器身形状近椭圆形。一端稍窄，另一端略宽。器身两侧均经多次双面剥片；其中加工以一面为主，该面片疤密集，多较小且浅平；另一面片疤零星，多细小且浅平，部分片疤尾部折断形成陡坎，有的片疤达到甚至超过器身中轴线。两侧缘均未经磨制。稍窄端两面均经过精心磨制，形成两道光滑刃面。其中一刃面较宽，向另一面倾斜；另一刃面略窄平。两刃面交汇处磨制出一道整齐锋利的弧凸状刃口。未见使用痕迹。器

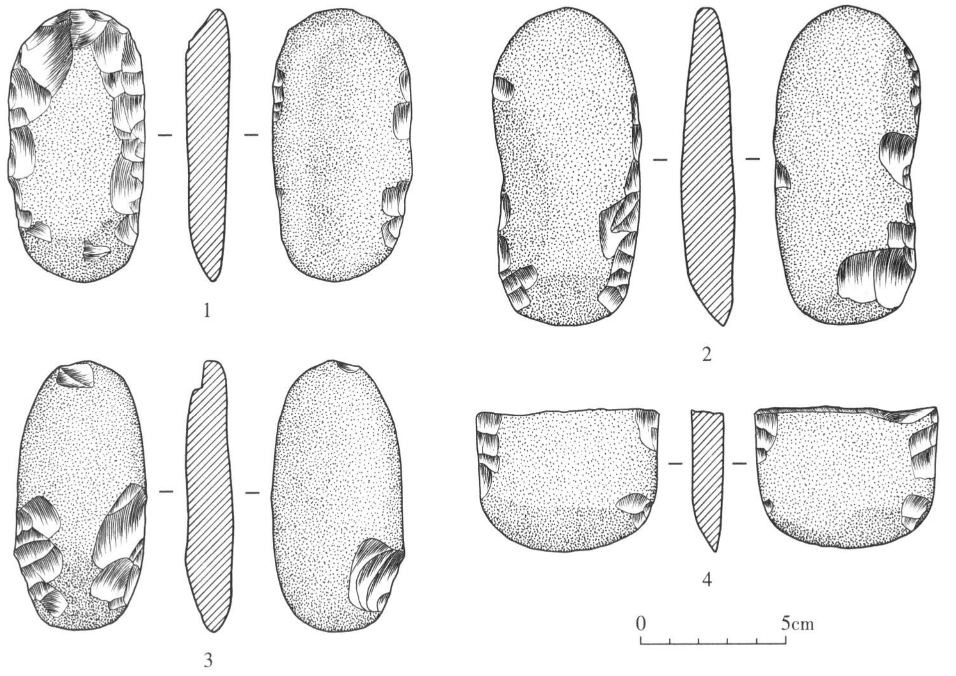

图二五〇　大湾遗址第二文化层石制品（十八）

1~3. AbⅥ型石锛（2015GLDT2③：17、2015GLDT2④：11、2015GLDT1④：10）　4. Bb型石锛残件（2015GLDT2⑤：25）

身其余部位保留自然砾面。长10.6cm，宽5.1cm，厚1.8cm，重149g（图二五〇，2）。

第二类　残件。1件。属于Bb亚型。

标本2015GLDT2⑤：25，原料为灰褐色辉绿岩砾石。器身稍扁薄，形状近四边形。一面较平，另一面微凸。一端略窄；另一端稍宽，为规整的断裂面。两侧均经多次双面剥片，片疤较小且浅平。侧缘未经磨制。略窄端两面均经精心磨制，形成两道光滑刃面。其中一刃面较宽，向另一面倾斜；另一刃面略窄平。两刃面交汇处磨制出一道整齐锋利的弧凸状刃口。刃口两侧均可见较多细碎的向两侧崩裂的崩疤，这些崩疤应为使用痕迹。两面刃部以上均略经磨制，有少许光滑磨面。器身其余部位未见人工痕迹。残长4.8cm，宽6.2cm，厚1.1cm，重62g（图二五〇，4）。

石凿　8件。有成品、半成品和毛坯三大类型。其中成品4件，占该文化层出土石凿总数的50.00%；半成品1件，占该文化层出土石凿总数的12.50%；毛坯3件，占该文化层出土石凿总数的37.50%。岩性有辉绿岩、硅质岩和细砂岩三种。其中辉绿岩6件，占该文化层出土石凿总数的75.00%；细砂岩、硅质岩各1件，各占该文化层出土石凿总数的12.50%。原料均为砾石。器身形状有三角形、梯形和长条形三种。其中三角形和梯形各1件，各占该文化层出土石凿总数的12.50%；长条形6件，占该文化层出土石凿总数的75.00%。器身长度最大值12.2cm，最小值7.5cm；宽度最大值4.3cm，最小值2.3cm；厚度最大值2.1cm，最小值0.6cm；重量最大值145g，最小值23g。

第一类　成品。4 件。分别属于 A 型中 AbⅠ、AbⅢ、AbⅦ次亚型。

AbⅠ型　1 件。

标本 2015GLDT1④：3，原料为灰褐色辉绿岩砾石。器身窄长，形状近三角形。一端稍宽，另一端较窄。器身一侧未经加工；另一侧只在稍宽端附近略经单面剥片，片疤较小且浅平，未经磨制。稍宽端两面均经精心磨制，形成两道光滑刃面。其中一刃面较宽，磨面向另一面倾斜；另一刃面略窄平。两刃面交汇处磨制出一道整齐锋利的弧凸状刃口。刃口中部有一较小的凹缺，应为使用所致。器身其余部位保留自然砾面。长 9.4cm，宽 4.3cm，厚 2.1cm，重 109g（图二五一，1）。

AbⅢ型　1 件。

标本 2015GLDT1④：12，原料为灰褐色辉绿岩砾石。器身窄长，稍厚，形状近梯形。一端稍宽，另一端略窄。器身一侧下半部经过多次单面剥片，片疤多较小且浅平，部分片疤尾部折断形成陡坎。另一侧只在两端附近稍加单面剥片，打击片疤较小且深凹。两侧缘均未经磨制。稍宽端两面均经精心磨制，形成两道光滑刃面。其中一刃面较宽，磨面向另一面倾斜；另一刃面略窄平。两刃面交汇处磨制出一道整齐锋利的斜弧状刃口。刃口两侧均可见较多细碎的向两侧崩裂的崩疤，这些崩疤应为使用痕迹。器身其余部位保留自然砾面。长 8.3cm，宽 4.0cm，厚 1.9cm，重 88g（图二五一，2）。

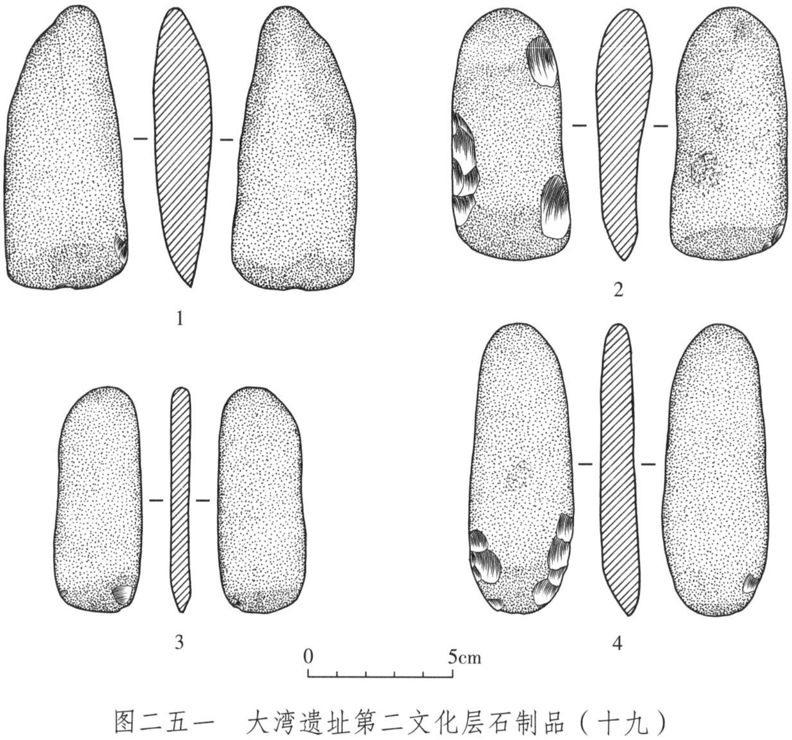

图二五一　大湾遗址第二文化层石制品（十九）

1. AbⅠ型石凿（2015GLDT1④：3）　2. AbⅢ型石凿（2015GLDT1④：12）

3、4. AbⅦ型石凿（2015GLDT1④：11、2015GLDT2⑤：23）

AbⅦ型　2件。

标本2015GLDT1④：11，原料为灰褐色辉绿岩砾石。器身窄长，扁薄，形状近长条形。一端稍宽，另一端略窄。器身两侧均未经加工。稍宽端两面均经精心磨制，形成两道相互倾斜的光滑刃面。其中一刃面较宽，一侧仍保留少量打击疤痕；另一刃面略窄。两刃面交汇处磨制出一道整齐锋利的弧凸状刃口。未见使用痕迹。器身其余部位保留自然砾面。长7.5cm，宽3.0cm，厚0.6cm，重23g（图二五一，3；彩版六七，4）。

标本2015GLDT2⑤：23，原料为灰褐色辉绿岩砾石。器身窄长，形状近长条形。一端稍宽，另一端较窄。器身两侧均在稍宽端附近略经单面剥片，片疤多较小且浅平，未经磨制。稍宽端两面均经过较多磨制，形成两道光滑刃面。其中一刃面较宽，磨面向另一面倾斜，两侧仍有少量打击疤痕保留；另一刃面较平。两刃面交汇处磨制出一道整齐锋利的弧凸状刃口。刃口两侧均可见较多细碎的向两侧崩裂的崩疤，这些崩疤应为使用痕迹。器身其余部位保留自然砾面。长9.6cm，宽3.6cm，厚1.3cm，重70g（图二五一，4）。

第二类　半成品。1件。属于A型中的AbⅦ次亚型。

标本2015GLDT2③：26，原料为灰褐色辉绿岩砾石。器身窄长，扁薄，形状近长条形。一端稍宽，另一端较窄。器身较窄端和两侧均未经加工。稍宽端略经双面剥片，打制出一道不甚整齐锋利的弧凸状刃缘。该端一面经过较多磨制，形成一道光滑刃面，刃面稍宽，向另一面倾斜，但一侧仍有打击疤痕；另一面略经磨制，刃面较窄较平，两侧均有少量打击疤痕。两刃面交汇处一侧刃口已磨出但未磨毕，另一侧仍保留打制疤痕。器身其余部位保留自然砾面。长11.0cm，宽3.3cm，厚1.1cm，重69g（图二五二，1；彩版六七，5）。

第三类　毛坯。3件。分别属于A型和B型。

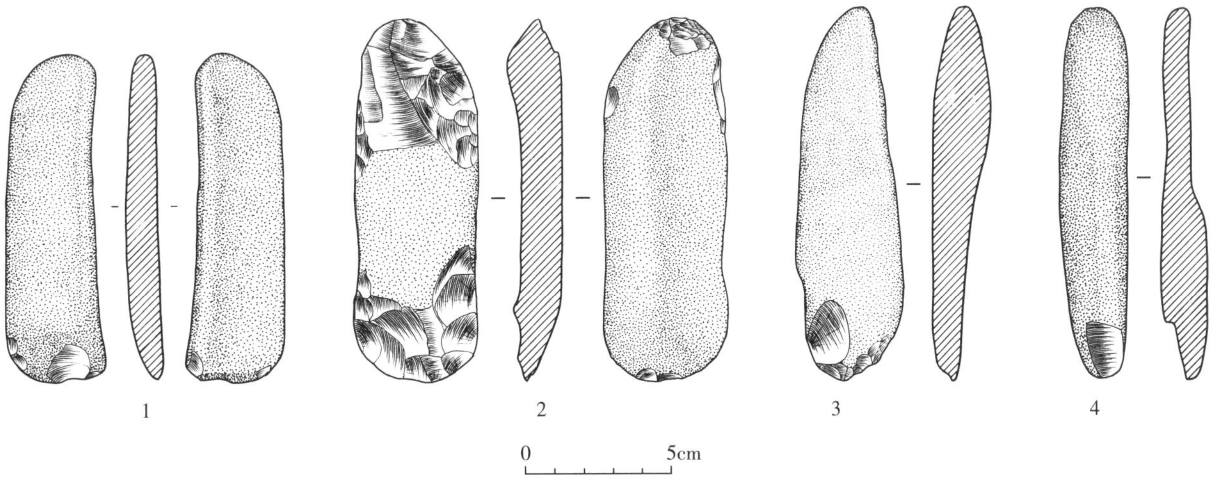

图二五二　大湾遗址第二文化层石制品（二十）

1. AbⅦ型石凿半成品（2015GLDT2③：26）　2、3. AbⅦ型石凿毛坯（2015GLDT2⑤：5、2015GLDT1⑤：2）　4. Bg型石凿毛坯（2015GLDT2④：16）

A 型　2 件。属于 Ab 亚型中的 AbⅦ次亚型。

AbⅦ型　2 件。

标本 2015GLDT2⑤：5，原料为灰黄色硅质岩砾石。器身窄长，稍厚，形状近长条形。一端稍宽，另一端略窄。一侧较厚，另一侧较薄。一面略平，另一面凸起。器身两端及附近两侧均经多次双面剥片；其中加工以略平面为主，剥片较多；凸起面片疤零星。片疤多较大且浅平，部分片疤达到甚至超过器身中轴线，致使略平面除中部保留自然砾面外，其余全是打击片疤。稍宽端边缘打制出一道整齐锋利的弧凸状刃缘。未经磨制。器身其余部位保留自然砾面。长 12.0cm，宽 4.2cm，厚 1.8cm，重 145g（图二五二，2）。

标本 2015GLDT1⑤：2，原料为灰褐色辉绿岩砾石。器身窄长，稍厚，形状近长条形。一端稍宽，另一端较窄。一侧稍厚，另一侧略薄。一面较平，另一面凸起。器身较窄端和两侧均未经加工。稍宽端经过多次单面剥片，打制出一道整齐锋利的斜弧刃。未经磨制。片疤多较小且浅平，打击方向由凸起面向较平面打击。器身其余部位保留自然砾面。长 12.0cm，宽 3.7cm，厚 2.0cm，重 110g（图二五二，3；彩版六七，6）。

B 型　1 件。属于 Bg 亚型。

标本 2015GLDT2④：16，原料为灰褐色细砂岩砾石。器身窄长，扁薄，形状近长条形。一端较窄，另一端稍宽。加工方法为锤击法。器身稍宽端和两侧均未经加工。较窄端单面剥出一个较小且深凹的片疤，未经磨制，边缘钝厚，刃口尚未形成。器身其余部位保留自然砾面。长 12.2cm，宽 2.3cm，厚 1.6cm，重 56g（图二五二，4；彩版六八，1）。

斧锛类半成品　10 件。均为完整件。原料仅有砾石一种。岩性有辉绿岩和硅质岩两种，其中辉绿岩 9 件，占该文化层出土斧锛类半成品总数的 90%；硅质岩 1 件，占该文化层出土斧锛类半成品总数的 10%。通常是利用较扁薄的砾石进行加工，对一端或两端进行剥片；多数在较宽端打制出一道锋利的刃；然后对刃面一面或两面进行简单磨制，但均部分保留原有的打击片疤，刃口尚未磨制完成。对一侧或两侧往往也进行多次剥片，有的还略经磨制，有少许磨痕。器身形状有四边形、梯形、椭圆形和不规则形四种。其中四边形和不规则形各 2 件，各占该文化层出土斧锛类半成品总数的 20%；梯形 5 件，占该文化层出土斧锛类半成品总数的 50%；椭圆形 1 件，占该文化层出土斧锛类半成品总数的 10%。器身长度最大值 14.0cm，最小值 8.9cm；宽度最大值 5.6cm，最小值 4.4cm；厚度最大值 2.8cm，最小值 0.8cm；重量最大值 273g，最小值 56g。分别属于 A 型中的 Aa 亚型和 Ab 亚型。

Aa 型　5 件。分别属于 AaⅡ次亚型和 AaⅢ次亚型。

AaⅡ型　1 件。

标本 2015GLDT2⑤：3，原料为灰褐色辉绿岩砾石。器身稍长，稍厚，形状近四边形。一端稍宽，另一端略窄。器身两端和两侧均经多次双面剥片；其中一面加工较多，片疤较大且浅平，剥片达到甚至超过器身中轴线，致使器身除下半部右侧保留自然砾面外，其余全是片疤面；另一面加工也较多，其一侧中部片疤较大且深凹，其余部位片疤多较小且浅平，部分片疤尾部折断形成陡坎或阶梯状。一侧边缘略经磨制，有少许光滑磨痕。另一侧和略窄端边缘则未经磨制。稍宽端边缘打制出一道锋利的平直刃缘。一刃面经较多磨制，有较大面积的光滑面，但一侧和前缘部分未经磨制，仍保留原有的打击疤痕，刃面向另一面倾斜；另一刃面略经磨制，有较小面积的光滑刃面，刃面较平。刃口尚未开始磨制。器身其余部位保留自然砾面。长 12.3cm，宽 5.6cm，厚 2.8cm，重 235g（图二五三，1；彩版六八，2）。

AaⅢ型　4 件。

标本 2015GLDT1 ③：3，原料为灰褐色辉绿岩砾石。器身稍厚，形状近梯形。一端稍宽，另一端略窄。一侧较厚，另一侧窄薄。器身略窄端未经加工。窄薄侧经多次双面剥片，片疤多较小

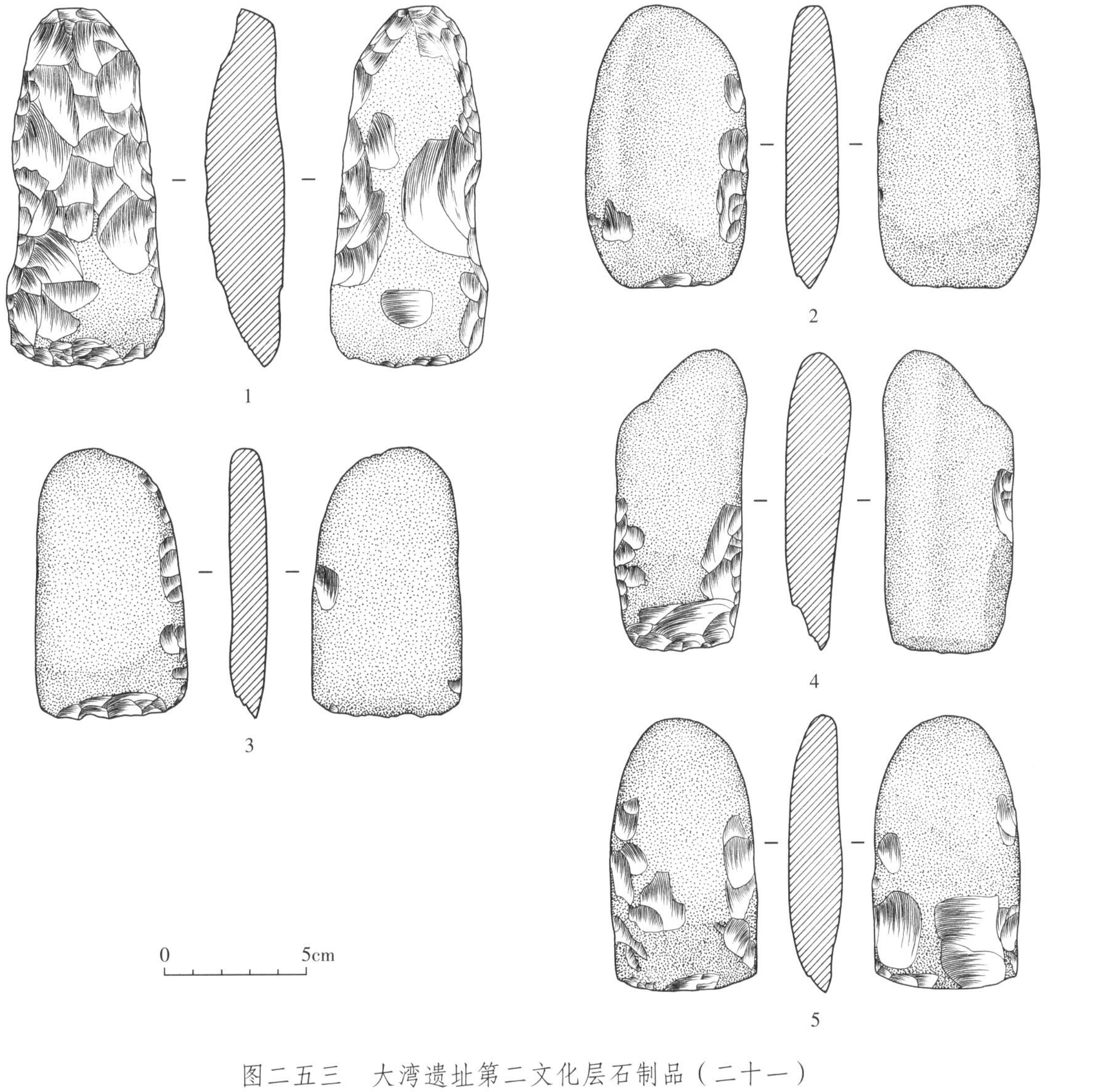

图二五三　大湾遗址第二文化层石制品（二十一）

1. AaⅡ型斧锛类半成品（2015GLDT2 ⑤：3）　2~5. AaⅢ型斧锛类半成品（2015GLDT1 ③：3、2015GLDT1 ③：11、2015GLDT1 ④：5、2015GLDT2 ④：14）

且浅平，边缘略经磨制，有少许光滑磨痕。较厚侧上半部边缘未见打击疤痕，下半部略经单面剥片，均未经磨制。稍宽端经过多次单面剥片，打制出一道锋利的平直刃缘。两刃面均经较多磨制，均有较大面积的相互倾斜的光滑刃面。刃缘两角刃口已磨出但尚未磨毕，中部部位未经磨制，仍保留原有的打击疤痕。器身其余部位保留自然砾面。长 9.6cm，宽 5.6cm，厚 1.8cm，重 176g（图二五三，2）。

标本 2015GLDT1③：11，原料为灰褐色辉绿岩砾石。器身稍扁薄，形状近梯形。一端稍宽，另一端略窄。一侧稍厚，另一侧窄薄。器身略窄端和较厚侧未经加工。窄薄侧经过多次双面剥片；其中加工以一面为主，该面疤痕较多；另一面只在中部剥出一个片疤。窄薄侧片疤多较小且浅平，边缘略经磨制，有少许光滑磨痕。稍宽端边缘经过多次单面剥片，打制出一道锋利的平直刃缘。两刃面都经较多磨制，有较大面积的光滑刃面，但一面前缘仍保留打击疤痕。刃缘两角刃口已磨出但尚未磨毕，中部部位未经磨制，仍保留原有的打击片疤。器身其余部位保留自然砾面。长 9.2cm，宽 5.4cm，厚 1.4cm，重 121g（图二五三，3）。

标本 2015GLDT1④：5，原料为灰褐色辉绿岩砾石。器身稍厚，形状近梯形。一端稍宽，另一端略窄。一侧较厚，另一侧稍薄。器身略窄端未经加工。稍薄侧经多次双面剥片；加工以一面为主，疤痕较多；另一面疤痕较少；片疤多较小且浅平，部分片疤尾部折断形成陡坎，未经磨制。较厚侧下半部和稍宽端均经多次单面剥片，在稍宽端边缘打制出一道锋利的平直刃缘。一刃面向另一面倾斜，该面经较多磨制，有小面积的光滑刃面，但前缘低凹处仍保留打击疤痕；另一刃面向另一面倾斜，略经磨制，有小面积的光滑刃面。两刃面交汇处仍保留原有的打击疤痕，刃口尚未开始磨制。器身其余部位保留自然砾面。长 10.2cm，宽 4.6cm，厚 2.3cm，重 161g（图二五三，4）。

标本 2015GLDT2④：14，原料为灰褐色辉绿岩砾石。器身稍厚，形状近梯形。一端稍宽，另一端略窄。器身略窄端未经加工。两侧均经过多次双面剥片；其中加工以一面为主，该面疤痕较多，另一面疤痕较少。片疤多较小且浅平，部分片疤尾部折断形成陡坎。两侧缘均略经磨制，有少许光滑磨痕。稍宽端边缘经过多次双面剥片，打制出一道锋利的平直刃缘。一刃面向另一面倾斜，经较多磨制；另一刃面也向另一面倾斜，略经磨制，低凹处仍保留打击疤痕。两面交汇处仍保留原有的打击疤痕。刃口尚未开始磨制。器身其余部位保留自然砾面。长 9.4cm，宽 5.2cm，厚 1.9cm，重 177g（图二五三，5）。

Ab 型　5 件。分别属于 AbⅡ、AbⅢ、AbⅥ、AbⅧ次亚型。

AbⅡ型　1 件。

标本 2015GLDT2④：5，原料为灰褐色辉绿岩砾石。器身稍厚，较长，形状近四边形。一端稍宽，另一端略窄。一面较平，另一面凸起。器身略窄端和两侧均经过多次双面剥片；加工以凸起面为主，上半部片疤多较大且深凹，剥片达到甚至超过器身中轴线，致使上半部除中间有少量自然砾面保留外，其余部分都是片疤面；下半部片疤多较小且浅平，部分片疤尾部折断形成陡坎。略窄端未经磨制。两侧缘均略经磨制，可见少量光滑磨痕。稍宽端经过多次单面剥片，打制出一道整齐锋利的弧凸状刃缘；凸起面下半部经过较多磨制，有较大面积的光滑刃面，但低凹处仍保留打击疤痕。刃面向另一面倾斜；另一面略经磨制，有较小面积的光滑刃面，刃面较平。两刃面交汇处刃缘一角刃口已磨出，但刃口尚未磨毕，大部分仍保留原有的打击疤痕。器身其余部位保留自然砾面。长 14.0cm，宽 5.2cm，厚 2.4cm，重 273g（图二五四，1）。

AbⅢ型　1件。

标本 2015GLDT1③：7，原料为灰褐色辉绿岩砾石。器身稍扁薄，形状近梯形。一端稍宽，另一端略窄。器身略窄端经过多次单面剥片，未经磨制。两侧均经过多次双面剥片，其中加工以一面为主，打击疤痕较密集；另一面疤痕略少。片疤多较小且浅平，部分片疤尾部折断形成陡坎，

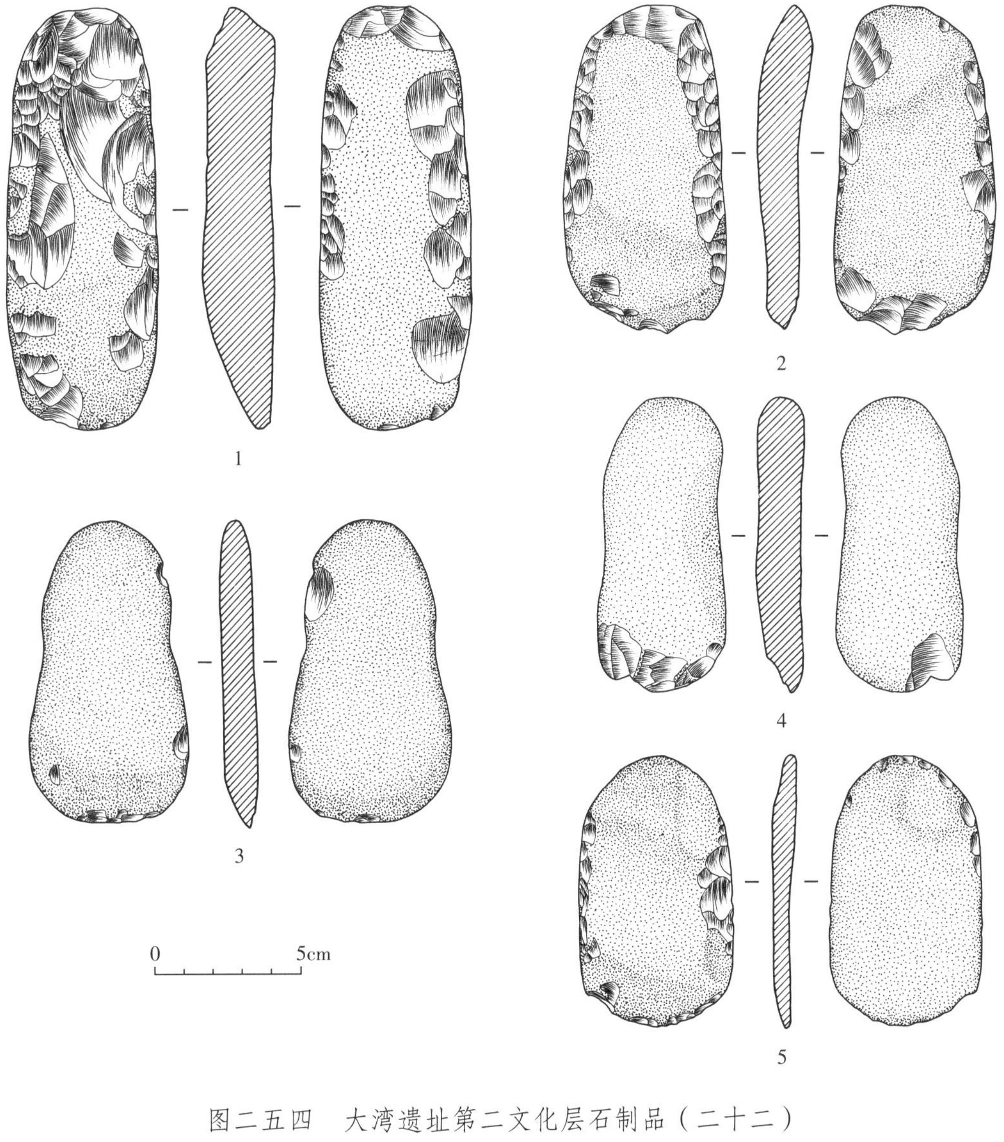

图二五四　大湾遗址第二文化层石制品（二十二）

1. AbⅡ型斧锛类半成品（2015GLDT2④：5）　2. AbⅢ型斧锛类半成品（2015GLDT1③：7）
3、4. AbⅧ型斧锛类半成品（2015GLDT2③：20、2015GLDT2⑤：6）　5. AbⅥ型斧锛类半成品（2015GLDT1④：8）

未经磨制。稍宽端经过多次双面剥片，打制出一道不甚整齐但锋利的弧凸状刃缘。一刃面向另一面倾斜，经较多磨制，有较大面积的光滑刃面，但低凹处仍保留打击疤痕；另一刃面略经磨制，有较小面积的光滑刃面，低凹处也仍保留打击疤痕。两刃面交汇处两角刃口已磨出但尚未磨毕，大部分仍保留原有的打击疤痕。器身其余部位保留自然砾面。长 10.7cm，宽 5.5cm，厚 1.6cm，重 139g（图二五四，2）。

AbⅥ型　1 件。

标本 2015GLDT1④：8，原料为灰褐色辉绿岩砾石。器身扁薄，形状近椭圆形。一端稍宽，另一端略窄。器身略窄端未经加工。器身一侧经过多次双面剥片；加工以一面为主，该面疤痕较密集；另一面疤痕较少。器身另一侧经过多次单面剥片，片疤多较小且浅平，部分片疤尾部折断形成陡坎。两侧缘均略经磨制，可见较小面积的光滑磨痕。稍宽端边缘经过多次单面剥片，打制出一道整齐锋利的弧凸状刃缘。一刃面向另一面倾斜，经过较多磨制，有较大面积的光滑刃面，但低凹处仍保留打击疤痕；另一刃面较平，略经磨制，有少许光滑刃面。两刃面交汇处刃缘保留原有的打击疤痕，刃口尚未开始磨制。器身其余部位保留自然砾面。长 8.9cm，宽 5.3cm，厚 0.8cm，重 56g（图二五四，5；彩版六八，3）。

AbⅧ型　2 件。

标本 2015GLDT2③：20，原料为灰褐色硅质岩砾石。器身扁薄，形状不规则。一端稍宽，另一端略窄。器身略窄端和一侧未经加工。另一侧上半部和下半部略经单面剥片，片疤多较小且浅平，部分片疤尾部折断形成陡坎，未经磨制。稍宽端边缘经过多次双面剥片，打制出一道整齐锋利的弧凸状刃缘。两刃面均向另一面倾斜，经较多磨制，有较大面积的光滑刃面，但其中一面前缘低凹处仍保留少量打击疤痕。两刃面交汇处两角刃口已磨出但尚未磨毕，其余部分仍保留原有的打击疤痕。器身其余部位保留自然砾面。长 9.9cm，宽 5.5cm，厚 1.5cm，重 96g（图二五四，3）。

标本 2015GLDT2⑤：6，原料为灰褐色辉绿岩砾石。器身稍厚，形状不规则。一端稍宽，另一端略窄。器身略窄端和两侧均未经加工。稍宽端边缘经过多次双面剥片，打制出一道不甚整齐但锋利的弧凸状刃缘；该端一面向另一面倾斜，略经磨制，有小面积的光滑刃面，但低凹处仍保留打击疤痕；另一面未经磨制；刃口尚未开始磨制。器身其余部位保留自然砾面。长 9.7cm，宽 4.4cm，厚 1.5cm，重 115g（图二五四，4）。

斧锛类毛坯　29 件。包括完整件和残件两个类型。其中完整件 27 件，占该文化层出土斧锛类毛坯总数的 93.10%；残件 2 件，占该文化层出土斧锛类毛坯总数的 6.90%。原料只有砾石一种。岩性有辉绿岩、硅质岩和细砂岩三种。其中辉绿岩 16 件，占该文化层出土斧锛类毛坯总数的 55.17%；硅质岩 11 件，占该文化层出土斧锛类毛坯总数的 37.93%；细砂岩 2 件，占该文化层出土斧锛类毛坯总数的 6.90%。加工方法为锤击法，多为单面加工，鲜见双面加工者；加工部位多在器身端部和两侧，绝大部分标本或多或少保留有自然砾面，未见通体加工者。器身形状有三角形、四边形、梯形、椭圆形和长条形五种。其中三角形 1 件，占该文化层出土斧锛类毛坯总数的

3.45%；四边形、梯形和长条形各2件，各占该文化层出土斧锛类毛坯总数的6.90%；椭圆形22件，占该文化层出土斧锛类毛坯总数的75.85%。器身长度最大值15.3cm，最小值4.1cm；宽度最大值6.4cm，最小值3.2cm；厚度最大值3.1cm，最小值0.8cm；重量最大值305g，最小值19g。

第一类 完整件。27件。分别属于A型和B型。

A型 21件。分别属于Ab型中的AbⅢ、AbⅥ、AbⅦ次亚型。

AbⅢ型 2件。

标本2015GLDT1④：9，原料为灰褐色细砂岩砾石。器身稍扁薄，形状近梯形。一端略窄；另一端稍宽，为整齐的垂直截断面。加工方法为锤击法。加工简单，先沿砾石一侧下半段边缘多次打击，但未能成功剥片；再沿略窄端边缘多次双面剥片，加工出一道整齐但不锋利的弧凸状刃缘。刃缘未经磨制。片疤多较小且浅平。器身其余部位保留自然砾面。长8.9cm，宽6.0cm，厚1.1cm，重115g（图二五五，1）。

标本2015GLDT2④：1，原料为灰褐色辉绿岩砾石。器身稍宽厚，形状近梯形。一端稍宽，另一端略窄。加工方法为锤击法。先沿砾石略窄端边缘多次单面剥片，在略窄端中部修出一个钝尖；再沿稍宽端和两侧边缘多次双面剥片。剥片以一面为主，该面片疤密集，多较大且深凹，部分片疤尾部折断形成陡坎，有的片疤尾部达到甚至超过器身中轴线，致使该面除中部保留少量自然砾面外，其余部分都是片疤面；另一面片疤略少，剥片限于边缘部位。稍宽端边缘修出一道不甚整齐也不甚锋利的弧凸状刃缘。刃缘未经磨制。器身其余部位保留自然砾面。长11.5cm，宽6.1cm，厚3.1cm，重261g（图二五五，2）。

AbⅥ型 17件。

标本2015GLDT1③：26，原料为灰褐色辉绿岩砾石。器身稍扁薄，形状近椭圆形。一端稍宽，另一端略窄。加工方法为锤击法。加工稍复杂，沿砾石四周剥片，片疤多较小且浅平，部分片疤尾部折断形成陡坎，未经磨制。其中两端为单面剥片，两侧为双面剥片。两侧剥片以一面为主，该面片疤密集，另一面片疤较少。稍宽端边缘加工出一道弧凸状刃缘。刃缘整齐锋利，未经磨制。器身其余部位保留自然砾面。长8.8cm，宽5.1cm，厚1.4cm，重101g（图二五五，3；彩版六八，4）。

标本2015GLDT1⑤：12，原料为灰褐色辉绿岩砾石。器身扁薄，形状近椭圆形。一端略窄，另一端稍宽。加工方法为锤击法。加工简单，沿砾石略窄端边缘多次双面剥片，加工出一道整齐锋利的弧凸状刃缘。刃缘未经磨制。片疤多较小且浅平。剥片以一面为主，该面片疤密集；另一面片疤较少。器身其余部位保留自然砾面。长9.3cm，宽4.6cm，厚1.2cm，重85g（图二五五，4）。

标本2015GLDT1③：30，原料为灰褐色辉绿岩砾石。器身短小，扁薄，形状近椭圆形。一端稍宽，另一端略窄。加工方法为锤击法。加工简单，先在砾石略窄端中部边缘单面剥出一个片疤，再在砾石一侧上半部剥出一个片疤，最后沿两侧下半部和稍宽端边缘多次单面剥片。在稍宽端边缘修出一道整齐锋利的弧凸状刃缘。刃缘未经磨制。片疤较小且浅平，部分片疤尾部折断形成陡坎。器身其余部位保留自然砾面。长7.4cm，宽3.7cm，厚1.0cm，重40g（图二五五，6）。

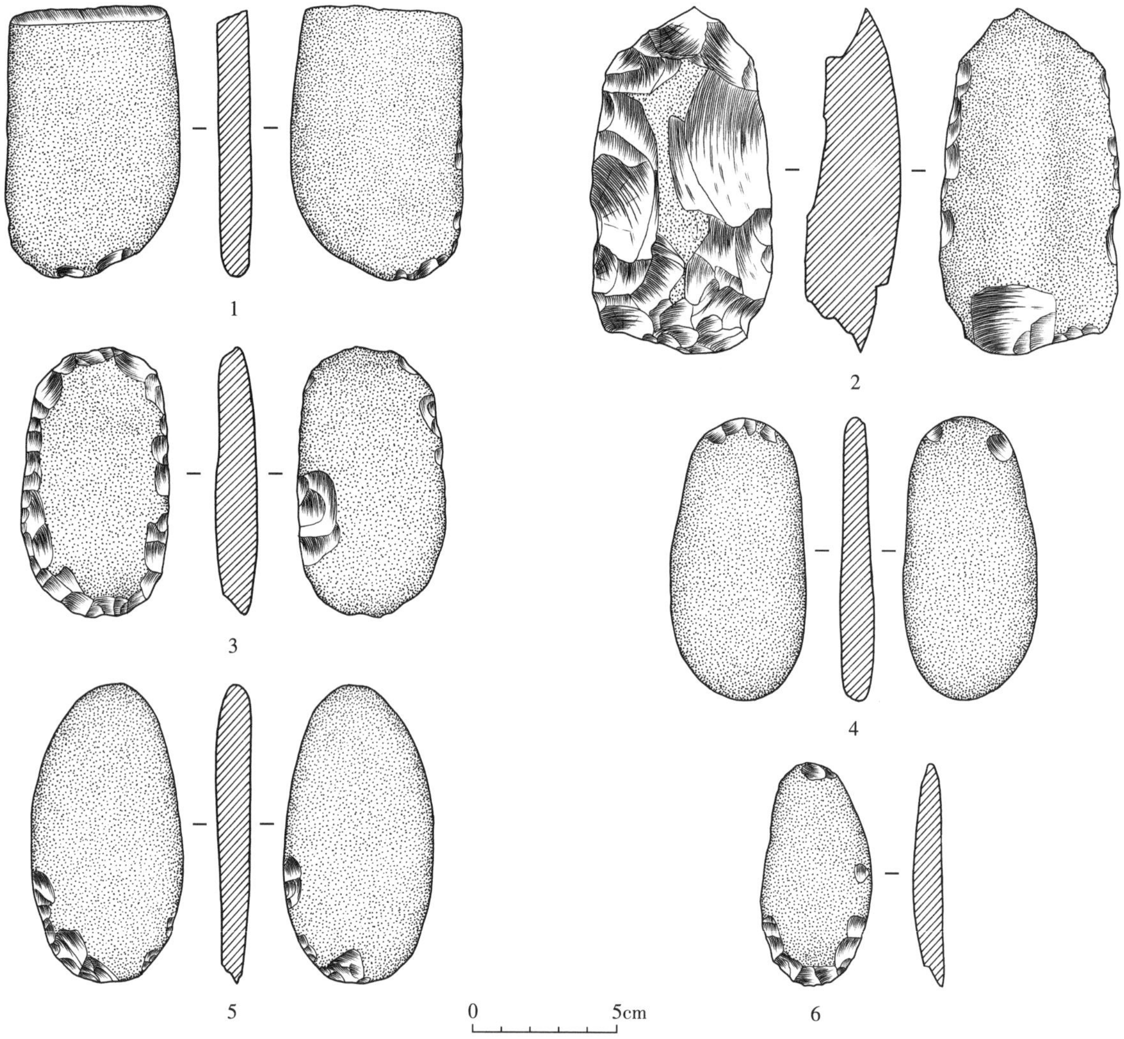

图二五五　大湾遗址第二文化层石制品（二十三）

1、2. AbⅢ型斧锛类毛坯（2015GLDT1④：9、2015GLDT2④：1）　3~6. AbⅥ型斧锛类毛坯（2015GLDT1③：26、2015GLDT1⑤：12、2015GLDT1④：1、2015GLDT1③：30）

标本2015GLDT1④：1，原料为灰褐色硅质岩砾石。器身扁薄，较长，形状近椭圆形。一端稍宽，另一端略窄。加工方法为锤击法。加工简单，先沿砾石一侧下半段边缘多次打击，但未能成功剥片，留下较多细麻点状的打击疤痕；再沿另一侧下半段和略窄端边缘多次双面剥片。略窄端边缘加工出一道整齐锋利的弧凸状刃缘。刃缘未经磨制。片疤多较小且浅平，部分片疤尾部折断形成陡坎。器身其余部位保留自然砾面。长9.9cm，宽5.2cm，厚1.2cm，重94g（图二五五，5）。

标本2015GLDT2④：8，原料为灰褐色硅质岩砾石。器身扁薄，稍长，形状近椭圆形。一端稍宽，另一端略窄。加工方法为锤击法。先沿砾石两侧边缘多次双面剥片；两侧剥片以一面为主，该面片疤密集；另一面片疤较少。再沿稍宽端边缘多次单面剥片，加工出一道整齐但不甚锋利的弧凸状刃缘。刃缘未经磨制。片疤多较小且浅平，部分片疤尾部折断形成陡坎。器身其余部位保留自然砾面。长 8.8cm，宽 4.7cm，厚 1.2cm，重 72g（图二五六，1）。

标本 2015GLDT2④：15，原料为灰褐色硅质岩砾石。器身稍厚，稍长，形状近椭圆形。一端稍宽，另一端略窄。加工方法为锤击法。先是沿砾石一侧和稍宽端边缘多次双面剥片，其中一面片疤密集，另一面片疤略少。再沿另一侧下半部边缘多次单面剥片。稍宽端边缘加工出一道整齐但不甚锋利的弧凸状刃缘。刃缘未经磨制。片疤多较小且浅平，部分片疤尾部折断形成陡坎。器身其余部位保留自然砾面。长 11.0cm，宽 5.7cm，厚 1.8cm，重 173g（图二五六，2）。

标本 2015GLDT2④：20，原料为灰褐色硅质岩砾石。器身短小，扁薄，形状近椭圆形。一端稍宽，另一端略窄。加工方法为锤击法。加工简单，沿砾石稍宽端边缘多次双面剥片，加工出一道整齐锋利的弧凸状刃缘。刃缘未经磨制。剥片以一面为主，该面片疤密集；另一面片疤较少，片疤多较小且浅平。器身其余部位保留自然砾面。长 6.1cm，宽 3.5cm，厚 0.9cm，重 29g（图二五六，3）。

标本 2015GLDT2⑤：7，原料为灰褐色辉绿岩砾石。器身稍厚，稍长，形状近椭圆形。一

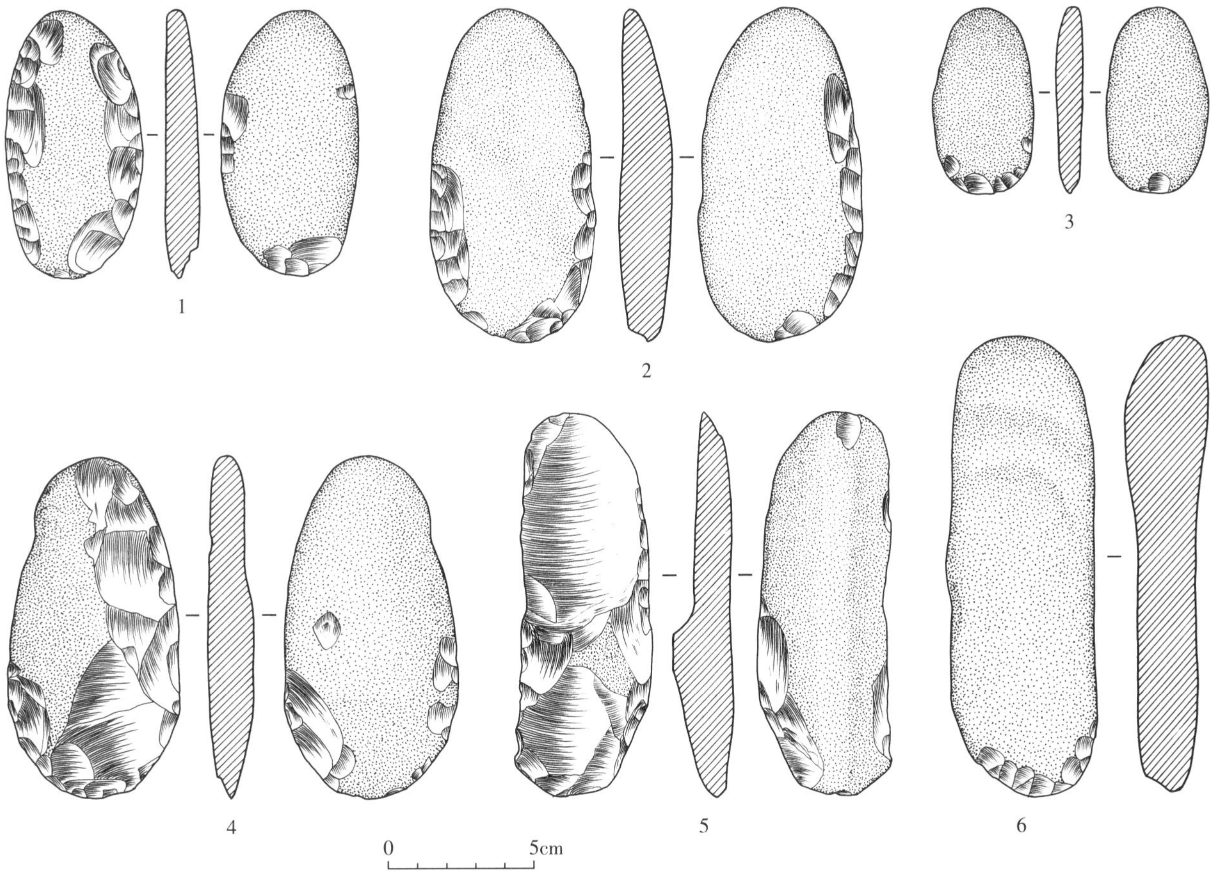

图二五六　大湾遗址第二文化层石制品（二十四）

1~4. AbⅥ型斧锛类毛坯（2015GLDT2④：8、2015GLDT2④：15、2015GLDT2④：20、2015GLDT2⑤：7）
5、6. AbⅦ型斧锛类毛坯（2015GLDT2③：25、2015GLDT2⑤：16）

端稍宽，另一端略窄。加工方法为锤击法。沿砾石两侧和稍宽端边缘多次双面剥片。加工以一面为主，该面一侧全部剥片，另一侧集中于下半部；片疤密集，多较大且浅平，部分片疤尾部折断形成陡坎，有的片疤达到甚至超过器身中轴线；另一面剥片限于下半部，片疤较少。稍宽端边缘加工出一道整齐锋利的弧凸状刃缘。刃缘未经磨制。器身其余部位保留自然砾面。长 11.3cm，宽 5.9cm，厚 1.6cm，重 127g（图二五六，4）。

AbⅦ型　2 件。

标本 2015GLDT2③：25，原料为灰褐色硅质岩砾石。器身窄长，形状近长条形。一端略窄，另一端稍宽。加工方法为锤击法。沿砾石两端和两侧边缘多次双面剥片；其中加工以一面为主，该面疤痕密集，另一面疤痕较少。两侧片疤多较小且浅平，部分片疤尾部折断形成陡坎。略窄端片疤大且深凹，片疤超过器身中轴线，尾部折断形成陡坎。略宽端片疤也较大且深凹，致使该面除了下半部一侧有少量自然砾面保留外，其余部分全是片疤面。略窄端边缘修出一道弧凸状刃。刃缘整齐但不锋利，未经磨制。器身其余部位保留自然砾面。长 12.7cm，宽 4.4cm，厚 2.1cm，重 129g（图二五六，5）。

标本 2015GLDT2⑤：16，原料为灰褐色辉绿岩砾石。器身窄长，稍厚，形状近长条形。一端略窄，另一端稍宽。加工方法为锤击法。加工简单，沿砾石略窄端边缘多次单面剥片，加工出一道整齐但不甚锋利的弧凸状刃缘。刃缘未经磨制。片疤多较小且浅平。器身其余部位保留自然砾面。长 15.3cm，宽 5.1cm，厚 2.9cm，重 305g（图二五六，6；彩版六八，5）。

B 型　6 件。分别属于 Ba、Bf 亚型。

Ba 型　1 件。

标本 2015GLDT2⑤：24，原料为灰褐色辉绿岩砾石。器身稍宽长，形状近三角形。一端较宽，另一端较窄。加工方法为锤击法。加工简单，先沿砾石一侧下半部边缘略作双面剥片，再沿较宽端中部边缘多次单面剥片，保留该端钝厚的弧状边缘。刃口尚未加工成型，未经磨制。片疤较小且浅平。器身其余部位保留自然砾面。长 10.2cm，宽 6.4cm，厚 1.8cm，重 152g（图二五七，1；彩版六八，6）。

Bf 型　5 件。

标本 2015GLDT1③：25，原料为灰褐色辉绿岩砾石。器身稍窄长，形状近椭圆形。一端稍宽，另一端略窄。加工方法为锤击法。加工简单，在砾石较宽端中部边缘剥出一个较小且深凹的片疤，保留该端钝厚的弧状边缘。刃口尚未加工成型，未经磨制。器身其余部位保留自然砾面。长 9.6cm，宽 4.2cm，厚 1.3cm，重 96g（图二五七，2）。

标本 2015GLDT2④：21，原料为灰褐色硅质岩砾石。器身短小，稍厚，形状近椭圆形。一端稍宽，另一端略窄。加工方法为锤击法。加工简单，在较宽端中部边缘双面各剥出一个较小且浅平的片疤，保留该端钝厚的弧状边缘。刃口尚未加工成型，未经磨制。器身其余部位保留自然砾面。长 6.6cm，宽 3.2cm，厚 1.2cm，重 40g（图二五七，3）。

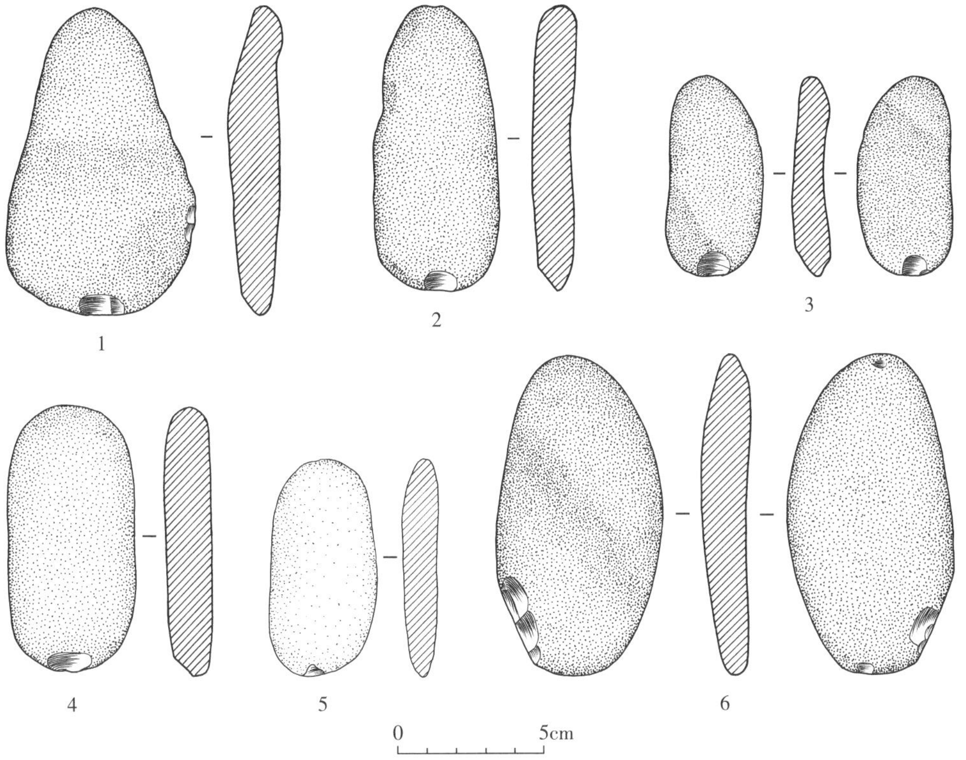

图二五七　大湾遗址第二文化层石制品（二十五）

1. Ba 型斧锛类毛坯（2015GLDT2⑤：24）　2~6. Bf 型斧锛类毛坯（2015GLDT1③：25、2015GLDT2④：21、2015GLDT2③：23、2015GLDT1③：5、2015GLDT2④：9）

标本 2015GLDT2③：23，原料为灰褐色辉绿岩砾石。器身稍窄长，形状近椭圆形。两端略等宽。加工方法为锤击法。加工简单，在砾石一端中部边缘剥出一个较小且浅平的片疤，保留该端钝厚的弧状边缘。刃口尚未加工成型，未经磨制。器身其余部位保留自然砾面。长 8.9cm，宽 4.2cm，厚 1.6cm，重 208g（图二五七，4）。

标本 2015GLDT1③：5，原料为灰褐色辉绿岩砾石。器身短小，稍厚，形状近椭圆形。一端稍宽，另一端略窄。加工方法为锤击法。加工简单，在砾石较宽端中部边缘剥出一个较小且浅平的片疤，保留该端钝厚的弧状边缘，刃口尚未加工成型，未经磨制。器身其余部位保留自然砾面。长 7.2cm，宽 3.6cm，厚 1.2cm，重 109g（图二五七，5）。

标本 2015GLDT2④：9，原料为灰褐色硅质岩砾石。器身扁薄，稍长，形状近椭圆形。一端稍宽，另一端略窄。加工方法为锤击法。加工简单，沿砾石一侧下半部近稍宽端边缘多次双面剥片，打击片疤多较小且浅平。稍宽端一侧剥出一个较小且浅平的片疤，保留该端钝厚的弧状边缘。刃口尚未成型。器身其余部位保留自然砾面。长 10.6cm，宽 5.7cm，厚 1.6cm，重 135g（图二五七，6；彩版六九，1）。

第二类　残件。2 件。分别属于 B 型和 D 型。

B 型　1 件。属于 Bb 亚型。

标本 2015GLDT2③：24，原料为灰褐色硅质岩砾石。器身稍窄长，形状近四边形。一端略窄；另一端稍宽，为不甚规整的断裂面。两侧边缘均经多次双面剥片，片疤多较小且浅平。其余部位未见人工痕迹。残长 7.5cm，宽 4.3cm，厚 1.7cm，重 92g（图二五八，1）。

D 型　1 件。属于 Db 亚型。

标本 2015GLDT2④：22，原料为灰褐色硅质岩砾石。器身扁薄，形状近四边形。两面均较平。一端略窄；另一端稍宽，为规整的断裂面。一侧略窄端附近边缘经多次单面剥片，另一侧未经加工。略窄端边缘经多次单面剥片，加工出一道整齐但不甚锋利的弧凸状刃缘。刃缘未经磨制。片疤较小且浅平。其余部位未见人工痕迹。残长 4.1cm，宽 3.6cm，厚 0.9cm，重 19g（图二五八，2）。

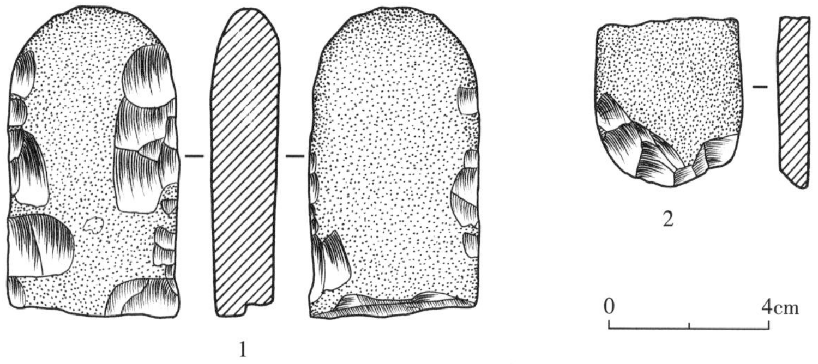

图二五八　大湾遗址第二文化层石制品（二十六）

1. Bb 型斧锛类毛坯残件（2015GLDT2③：24）　2. Db 型斧锛类毛坯残件（2015GLDT2④：22）

研磨器　9 件。包括成品和毛坯两大类。其中成品 1 件，占该文化层出土研磨器总数的 11.11%；毛坯 8 件，占该文化层出土研磨器总数的 88.89%。原料仅有砾石一种。岩性有辉绿岩和细砂岩两种。其中辉绿岩 7 件，占该文化层出土研磨器总数的 77.78%；细砂岩 2 件，占该文化层出土研磨器总数的 22.22%。加工简单，利用较长的砾石截取一段，部分直接利用截断面作为研磨面，部分则对截断面略微修整后再用作研磨面。器身形状有三角柱状、方柱状、扁柱状和圆柱状四种。其中三角柱状 1 件，占该文化层出土研磨器总数的 11.11%；方柱状和圆柱状各 2 件，各占该文化层出土研磨器总数的 22.22%；扁柱状 4 件，占该文化层出土研磨器总数的 44.44%。器身长度最大值为 13.6cm，最小值 6.0cm；宽度最大值为 6.6cm，最小值 3.5cm；厚度最大值 6.1cm，最小值 2.0cm；重量最大值 871g，最小值 135g。

第一类　成品。1 件。属于 A 型中的 AbⅣ次亚型。

AbⅣ型　1 件。

标本 2015GLDT1④：15，原料为灰褐色辉绿岩砾石。器身较粗，稍短，近圆柱状。一面稍平，另一面微凸。一端稍宽，另一端略窄。一侧较宽厚，另一侧略窄薄。加工集中于两端，将砾石从近中部截断，选取其中一段作为器身。断裂面凹凸不平，最高处略经磨制，有少量光滑磨面，其余部分仍保留片疤面。再将略窄端作为研磨面，未经加工直接使用。研磨面近圆形，微凸，光滑齐整。器身其余部位保留自然砾面。长 10.2cm，宽 6.3cm，厚 6.1cm，重 732g（图二五九，1；彩版六九，2）。

第二类　毛坯。8 件。分别属于 A 型中的 AaⅠ、AaⅡ、AaⅢ、AaⅣ次亚型。

AaⅠ型　1 件。

标本 2015GLDT1④：22，原料为灰褐色辉绿岩砾石。器身稍小，稍长，形状近三角柱状。一面较平，另一面凸起。一端较宽，另一端略窄。加工集中于砾石较宽端。以凸起面为台面，将砾石从近中部截断，选取其中一段作为器身，并将断裂面作为研磨面。研磨面近三角形，较平整，打击点清楚，放射线不明显，未经磨制。器身其余部位保留自然砾面。长 10.0cm，宽 4.7cm，厚 3.5cm，重 253g（图二五九，2）。

AaⅡ型　2 件。

标本 2015GLDT1③：16，原料为灰褐色辉绿岩砾石。器身稍短小，形状近方柱状。一面较平，另一面凸起。两端略等宽。一端是以较平面为台面打击的、较整齐的破裂面；一侧有一向凸起面破裂的、较大且浅平的片疤；这两处疤痕的棱角均已磨圆，表明此器物属于旧器再用。另一端有新的加工痕迹，以凸起面为台面，将砾石从近中部截断，选取其中一段作为器身，并将断裂面作为研磨面。研磨面近梯形，较平整，打击点清楚，放射线不明显，未经磨制。器身其余部位保留

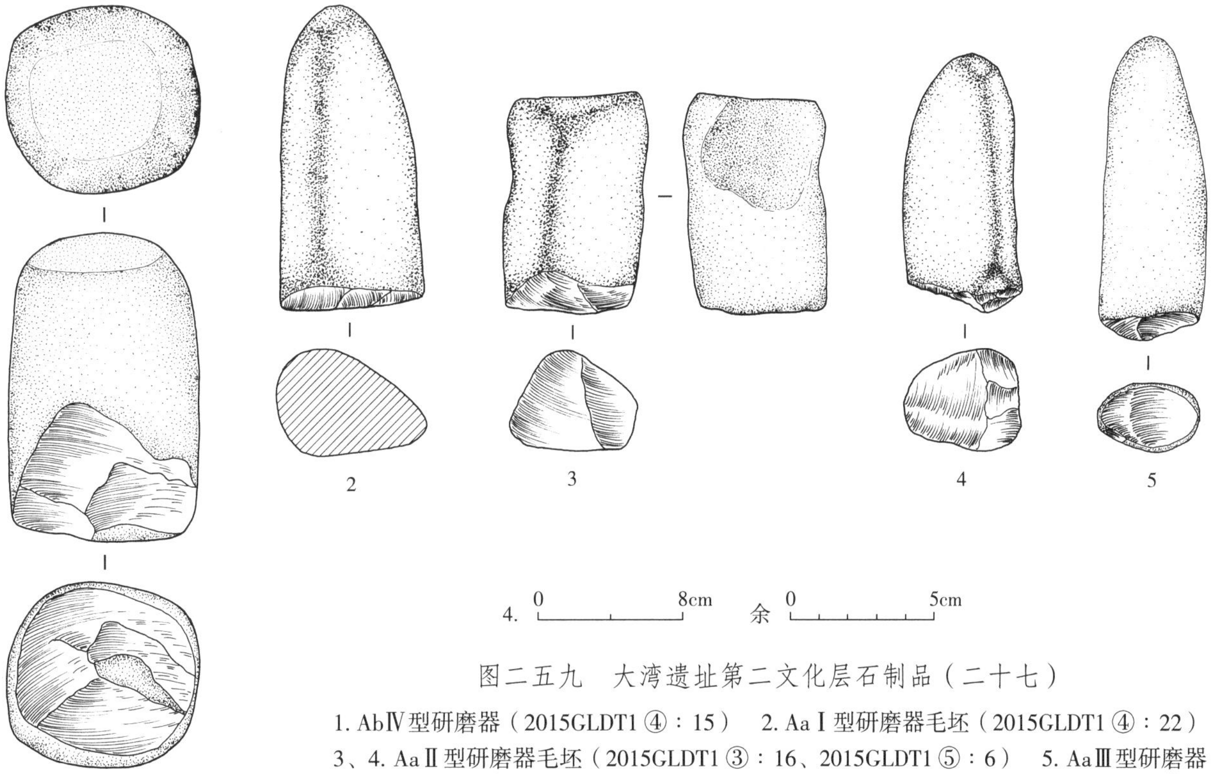

图二五九　大湾遗址第二文化层石制品（二十七）

1. AbⅣ型研磨器（2015GLDT1④：15）　2. AaⅠ型研磨器毛坯（2015GLDT1④：22）　3、4. AaⅡ型研磨器毛坯（2015GLDT1③：16、2015GLDT1⑤：6）　5. AaⅢ型研磨器毛坯（2015GLDT2③：27）

自然砾面。长 7.1cm，宽 4.5cm，厚 3.2cm，重 219g（图二五九，3）。

标本 2015GLDT1⑤：6，原料为灰褐色辉绿岩砾石。器身较粗，较长，形状近方柱状。一面较平，另一面凸起。一端较宽，另一端略窄。加工集中于砾石较宽端。以凸起面为台面，将砾石从近中部截断，选取其中一段作为器身，将断裂面作为研磨面。研磨面近梯形，凹凸不平，打击点清楚，放射线不明显，未经磨制。较平面与一侧相交处有一以较平面为台面的较小且浅平的片疤，应为修整研磨面留下的痕迹。器身其余部位保留自然砾面。长 13.6cm，宽 6.6cm，厚 5.5cm，重 871g（图二五九，4；彩版六九，3）。

AaⅢ型　4 件。

标本 2015GLDT2③：27，原料为灰褐色辉绿岩砾石。器身稍长，略扁，近扁柱状。一面微凸，另一面凸起。一端略宽，另一端稍窄。加工集中于略宽端。以凸起面为台面，将砾石从近中部截断，选取其中一段作为器身，并将断裂面作为研磨面。研磨面近椭圆形，凹凸不平，打击点清楚，放射线不明显，未经磨制。研磨面打击点左侧一角和远端中部各有一较小且浅平的片疤，应为修整研磨面留下的痕迹，均以研磨面为台面向另一端打击。器身其余部位保留自然砾面。长 10.0cm，宽 3.5cm，厚 2.3cm，重 144g（图二五九，5）。

标本 2015GLDT1④：14，原料为灰褐色辉绿岩砾石。器身稍长，略扁，近扁柱状。一面内凹，另一面凸起。一端较宽，另一端较窄。加工集中于较宽端。以内凹面与侧边交汇处为台面，将砾石从近中部截断，选取其中一段作为器身，将断裂面作为研磨面。研磨面近四边形，凹凸不平，打击点清楚，放射线不明显，未经磨制。研磨面右侧一角有一个较小且浅平的片疤，以内凹面与一侧交汇处向另一侧打击，应为修整研磨面留下的痕迹。器身其余部位保留自然砾面。长 11.9cm，宽 6.3cm，厚 3.0cm，重 419g（图二六〇，1）。

标本 2015GLDT1④：23，原料为灰褐色细砂岩砾石。器身稍长且略扁，近扁柱状。一面较平，另一面凸起。一端较宽，另一端较窄。加工集中于较宽端。以凸起面为台面，将砾石从近中部截断，选取其中一段作为器身，将断裂面作为研磨面。研磨面近椭圆形，凹凸不平，打击点清楚，放射线不明显，未经磨制。器身其余部位保留自然砾面。长 10.1cm，宽 4.0cm，厚 2.0cm，重 135g（图二六〇，2）。

标本 2015GLDT2④：25，原料为灰褐色细砂岩砾石。器身稍长，略扁，近扁柱状。一面微凸，另一面凹凸不平。一端稍宽，另一端略窄。加工集中于稍宽端。以凹凸面为台面，将砾石从近中部截断，选取其中一段作为器身，将断裂面作为研磨面。研磨面近椭圆形，凹凸不平，打击点清楚，放射线微显，未经磨制。器身其余部位保留自然砾面。长 9.5cm，宽 3.9cm，厚 2.1cm，重 145g（图二六〇，3）。

AaⅣ型　1 件。

标本 2015GLDT2⑤：13，原料为灰褐色辉绿岩砾石。器身较粗，较短，形状近圆柱状。一面稍平，另一面凸起。一端较宽，另一端略窄。加工集中于砾石较宽端。以凸起面为台面，将砾石从近中

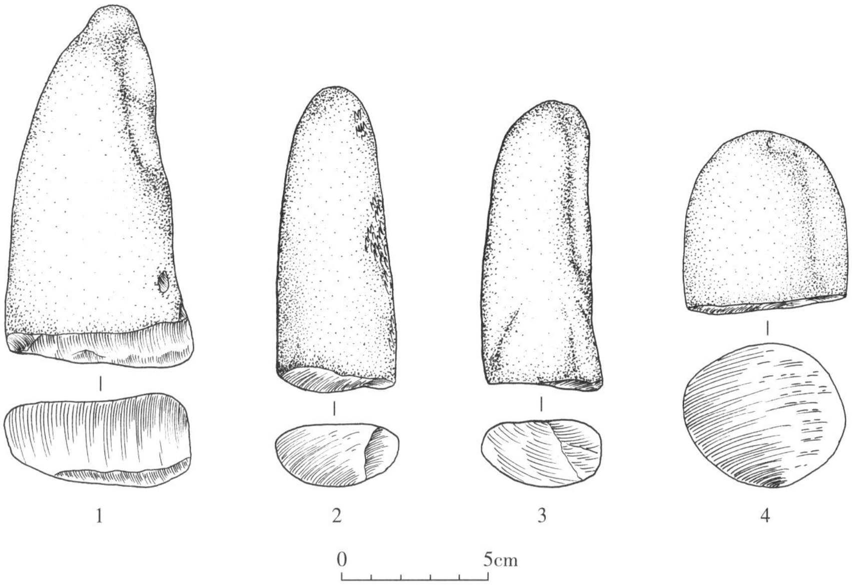

图二六〇　大湾遗址第二文化层石制品（二十八）

1~3. AaⅢ型研磨器毛坯（2015GLDT1④：14、2015GLDT1④：23、2015GLDT2④：25）
4. AaⅣ型研磨器毛坯（2015GLDT2⑤：13）

部截断，选取其中一段作为器身，将断裂面作为研磨面。研磨面近圆形，较平整，打击点清楚，放射线不明显，未经磨制。器身其余部位保留自然砾面。长6.0cm，宽5.6cm，厚4.8cm，重264g（图二六〇，4）。

（三）第三文化层文化遗物

均为石制品。

191件。包括加工工具、打制石制品和磨制石制品三大类。其中加工工具14件，占该文化层出土石制品总数的7.33%；打制石制品97件，占该文化层出土石制品总数的50.79%；磨制石制品80件，占该文化层出土石制品总数的41.88%。

1. 加工工具

14件。包括石锤、间打器、石砧和砺石四种类型。其中石锤9件，占该文化层出土加工工具总数的64.29%；间打器和石砧各1件，各占该文化层出土加工工具总数的7.14%；砺石3件，占该文化层出土加工工具总数的21.43%。

石锤　9件。原料只发现砾石一种。岩性有辉绿岩和细砂岩两种。其中辉绿岩8件，占该文化层出土石锤总数的88.89%；细砂岩1件，占该文化层出土石锤总数的11.11%。器表颜色多见灰褐色或黄褐色。作为石锤使用的砾石，均未经过加工就直接使用。使用痕迹主要有点状坑疤和窝状疤痕；在器身上分布不均，有的密集成片，有的零星分布；点状坑疤多见于器身端部或侧缘，少数标本是通身散布；窝状疤痕多见于器身两面中部。器身形状有三角柱状、扁柱状、扁圆状和椭圆柱状四种。其中三角柱状、椭圆柱状各3件，各占该文化层出土石锤总数的33.33%；扁柱状2件，占该文化层出土石锤总数的22.22%；扁圆状1件，占该文化层出土石锤总数的11.11%。器身长度最大值16.0cm，最小值8.8cm；宽度最大值8.6cm，最小值5.4cm；厚度最大值6.2cm，最小值2.9cm；重量最大值1206g，最小值274g。均属于B型，分别属于Ba、Bb、Bc亚型。

Ba型　3件。分别属于BaⅠ、BaⅢ、BaⅤ次亚型。

BaⅠ型　1件。

标本2015GLDT1⑦：19，原料为灰褐色辉绿岩砾石。器身形状近三角柱状。使用痕迹集中于长侧边缘，该侧边缘有一近条状的细麻点状疤痕，疤痕一侧可见一些稍大的崩疤。器身其余部位保留自然砾面。长14.0cm，宽6.7cm，厚5.3cm，重734g（图二六一，1）。

BaⅢ型　1件。

标本2015GLDT1⑦：35，原料为灰褐色辉绿岩砾石。器身形状近扁柱状。使用痕迹集中于长侧边缘，该侧边缘有一近条状的细麻点状疤痕，疤痕两侧可见一些稍大且浅平的崩疤。器身其余部位保留自然砾面。长16.0cm，宽8.6cm，厚5.7cm，重1206g（图二六一，2）。

BaⅤ型　1件。

标本2015GLDT1⑦：37，原料为灰褐色辉绿岩砾石。器身稍短，形状近椭圆柱状。使用痕

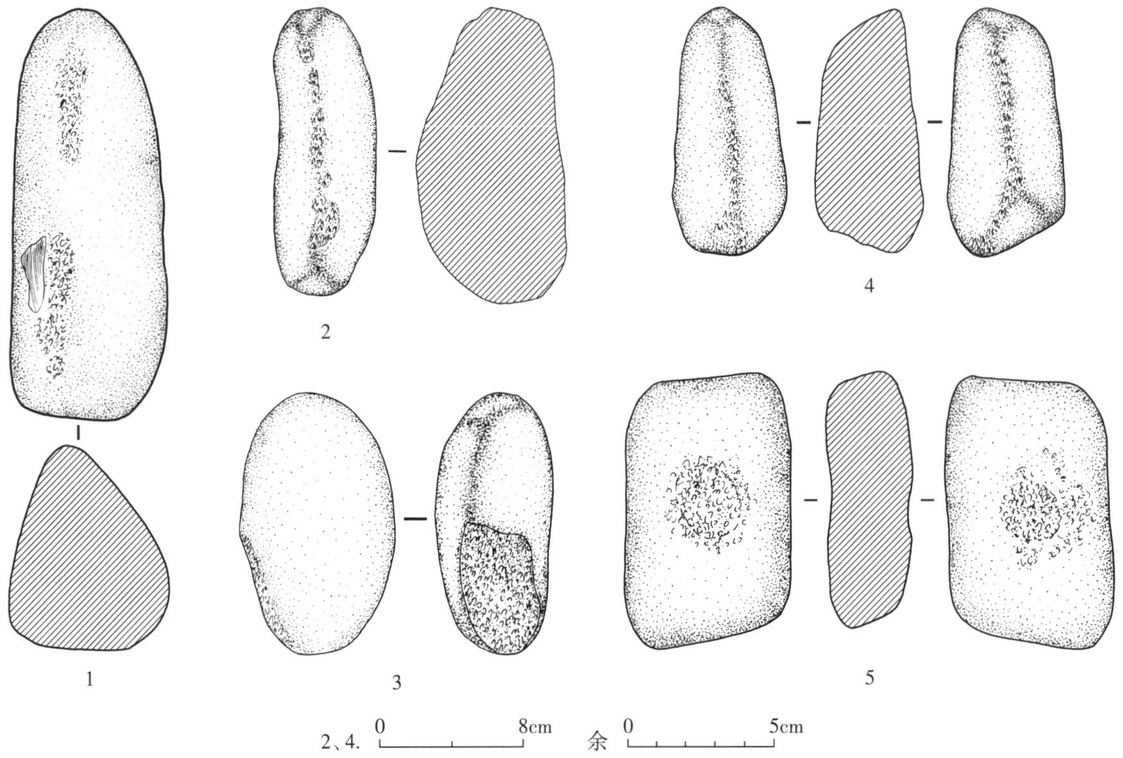

图二六一　大湾遗址第三文化层石制品（一）

1. BaⅠ型石锤（2015GLDT1⑦：19）　2. BaⅢ型石锤（2015GLDT1⑦：35）　3. BaⅤ型石锤（2015GLDT1⑦：37）
4. BbⅠ型石锤（2015GLDT1⑦：16）　5. BbⅢ型石锤（2015GLDT1⑦：18）

迹集中于一侧边缘，该侧中部至一端有一近四边形的细麻点状疤痕，疤痕一侧可见一个较大且浅平的崩疤。器身其余部位保留自然砾面。长 8.9cm，宽 5.4cm，厚 4.1cm，重 274g（图二六一，3）。

Bb 型　2 件。分别属于 BbⅠ次亚型和 BbⅢ次亚型。

BbⅠ型　1 件。

标本 2015GLDT1 ⑦：16，原料为灰褐色辉绿岩砾石。器身形状近三角柱状。使用痕迹集中于窄薄侧两边缘；其中一侧边缘中部有一近条状的细麻点状疤痕，断续分布，疤痕较浅，两侧略深；另一侧边缘也有一近条状的细麻点状疤痕，疤痕较密集，疤痕一侧可见较多细小的崩疤。器身其余部位保留自然砾面。长 13.7cm，宽 6.6cm，厚 6.2cm，重 684g（图二六一，4）。

BbⅢ型　1 件。

标本 2015GLDT1 ⑦：18，原料为灰褐色细砂岩砾石。器身稍扁，形状近扁柱状。两面均较平。使用痕迹集中于两面。其中一面中部有一近圆形的窝状疤痕，疤痕略深，四周散布有细麻点状疤痕；另一面中部也有类似疤痕，形状近椭圆形，疤痕略浅。这些疤痕均应为砸击使用痕迹。器身其余部位完全保留自然砾面。长 8.8cm，宽 5.7cm，厚 2.9cm，重 307g（图二六一，5；彩版六九，4）。

Bc 型　4 件。分别属于 BcⅠ、BcⅤ、BcⅦ次亚型。

BcⅠ型　1 件。

标本 2015GLDT1 ⑦：5，原料为灰褐色辉绿岩砾石。器身形状近三角柱状。两侧边略窄薄，一侧边稍宽厚。使用痕迹集中于三条侧边，疤痕均较密集；其中一窄薄侧疤痕多呈黄豆状或花生状，两侧均可见较多细小的崩疤；另一窄薄侧疤痕多呈绿豆状或黄豆状，一侧可见较多稍大且浅平的崩疤；宽厚侧疤痕多呈黄豆状或花生状，两侧均可见较多细小的崩疤。器身其余部位保留自然砾面。长 15.7cm，宽 6.5cm，厚 4.7cm，重 775g（图二六二，1）。

BcⅤ型　2 件。

标本 2015GLDT1 ⑦：6，原料为灰褐色辉绿岩砾石。器身形状近椭圆柱状。一面略平，另一面凸起。两端略等宽。使用痕迹集中于一端和两面。一端端面有一近椭圆形的细麻点状疤痕。略平面中部有两个相互叠压的圆窝状疤痕，疤痕稍浅，四周散布有米粒状砸疤；该面一侧有几个相互叠压的圆窝状疤痕，疤痕稍浅，四周也散布有米粒状砸疤；另一侧也有两个类似疤痕，疤痕稍浅。凸起面最高处连续分布有五个圆窝状疤痕，疤痕稍浅；疤痕一侧散布有米粒状砸疤；另一侧分布有部分形状不规则的米粒状或绿豆状砸疤。器身其余部位保留自然砾面。长 11.3cm，宽 5.9cm，厚 5.3cm，重 564g（图二六二，2；彩版六九，5）。

标本 2015GLDT2 ⑦ a：36，原料为灰褐色辉绿岩砾石。器身稍长，略窄厚，形状近椭圆柱状。一面较平，另一面凸起。两端略等宽。使用痕迹集中于较平面和两侧。在较平面和两侧可见呈椭圆形的粗麻点状疤痕、梯形的米粒状疤痕和零星绿豆状疤痕。这些疤痕均应为砸击使用痕迹。器身其余部位保留自然砾面。长 14.4cm，宽 5.4cm，厚 5.0cm，重 583g（图二六二，3）。

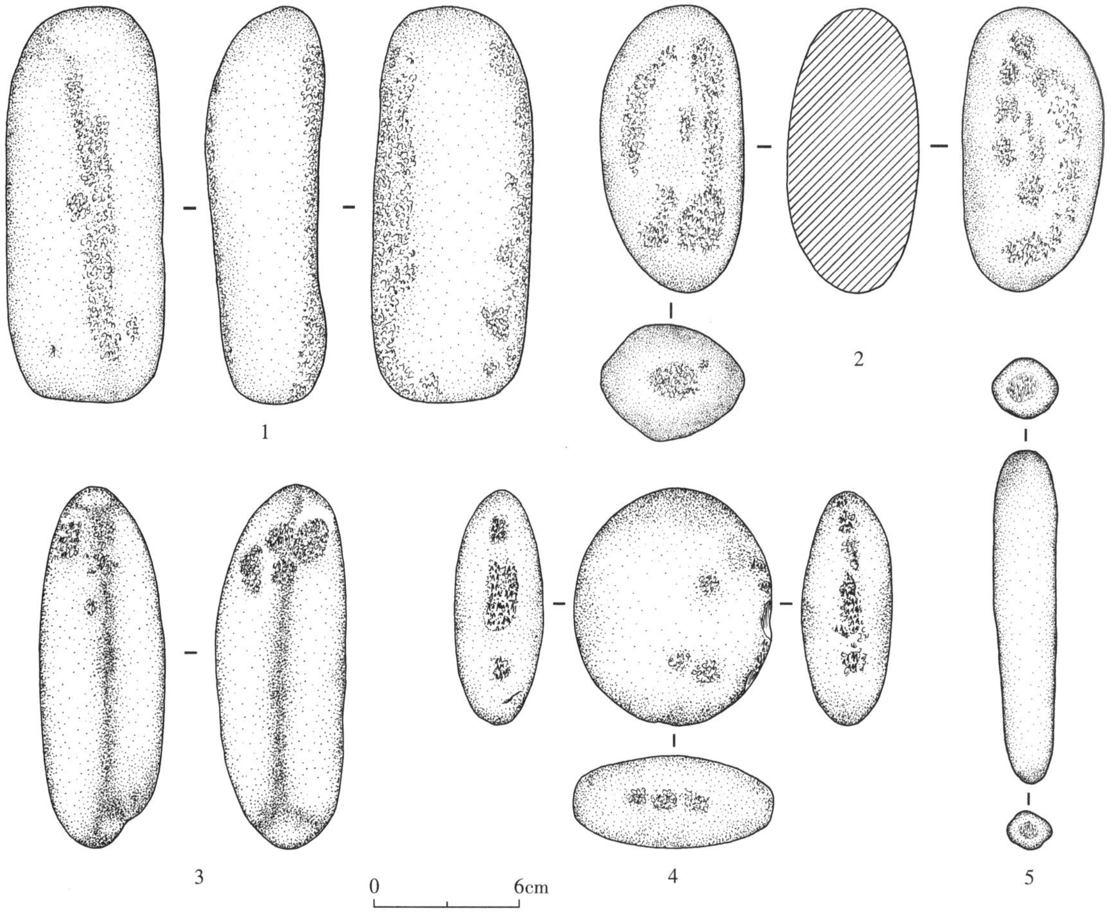

图二六二　大湾遗址第三文化层石制品（二）

1. BcⅠ型石锤（2015GLDT1 ⑦：5）　2、3. BcⅤ型石锤（2015GLDT1 ⑦：6、2015GLDT2 ⑦ a ：36）
4. BcⅦ型石锤（2015GLDT1 ⑦：38）　5. CcⅣ型间打器（2015GLDT1 ⑥：52）

BcⅦ型　1 件。

标本 2015GLDT1 ⑦：38，原料为浅黄褐色辉绿岩砾石。器身稍扁，形状近扁圆状。两面均微凸。使用集中于一面、一端和两侧。其中一面周边散布有多处略浅的细麻点状疤痕；一端有一略深的近椭圆形的细麻点状疤痕；两侧各有一近带状的细麻点状疤痕，一侧疤痕略浅，另一侧稍浅。这些疤痕均应为砸击使用痕迹。器身其余部位保留自然砾面。长 9.3cm，宽 8.1cm，厚 3.6cm，重 393g（图二六二，4）。

间打器　1 件。属于 C 型中的 CcⅣ次亚型。

标本 2015GLDT1 ⑥：52，原料为灰褐色辉绿岩砾石。器身窄长，形状近圆柱状。一面略平，另一面凸起。一端略宽，另一端稍窄。使用痕迹集中于两端和凸起面。略宽端端面有一近圆形的细麻点状疤痕，疤痕略显光滑，周围有一些向侧边崩裂的崩疤，应为与器物撞击所致。稍窄端也有一近圆形的绿豆状疤痕，应为与石锤撞击留下的痕迹。凸起面中部偏一侧断续分布有一些绿豆状疤痕，疤痕稍浅，应是兼作石砧使用留下的痕迹。器身其余部位保留自然砾面。长 13.2cm，宽 2.5cm，厚 2.4cm，重 119g（图二六二，5）。

石砧　1 件。属于 A 型中的 AaⅥ次亚型。

标本 2015GLDT1 ⑦：21，原料为灰褐色辉绿岩小砾石。器身短小且扁薄，形状近椭圆形。一面较平，另一面微凸。使用痕迹集中于微凸面。该面近端有一稍大且深凹的崩疤，应为使用痕迹。器身其余部位保留自然砾面。长 4.0cm，宽 2.7cm，厚 0.7cm，重 13g（图二六三，2）。

砺石　3 件。原料有砾石和岩块两种。其中岩块 2 件，占该文化层出土砺石总数的 66.67%；砾石 1 件，占该文化层出土砺石总数的 33.33%。岩性均为细砂岩。器身形状有梯形、三角形、不规则形三种，每种形状各 1 件，各占该文化层出土砺石总数的 33.33%。器身长度最大值 15.5cm，最小值 7.8cm；宽度最大值 11.1cm，最小值 7.0cm；厚度最大值 4.0cm，最小值 2.2cm；重量最大值 696g，最小值 139g。分别属于 A 型和 B 型。

A 型　1 件。属于 Ab 亚型中的 AbⅢ次亚型。

标本 2015GLDT1 ⑦：41，原料为红褐色细砂岩岩块。器身稍短厚，形状近梯形。一面略平，另一面内凹。使用痕迹集中于内凹面，该面几乎整面都是一近梯形的宽弧形光滑磨面，该磨面应为使用痕迹。器身其余部位均为规整程度不一的断裂面。长 7.8cm，宽 7.2cm，厚 2.4cm，重 209g（图二六三，3）。

B 型　2 件。分别属于 Bb 亚型中的 BbⅠ次亚型和 BbⅧ次亚型。

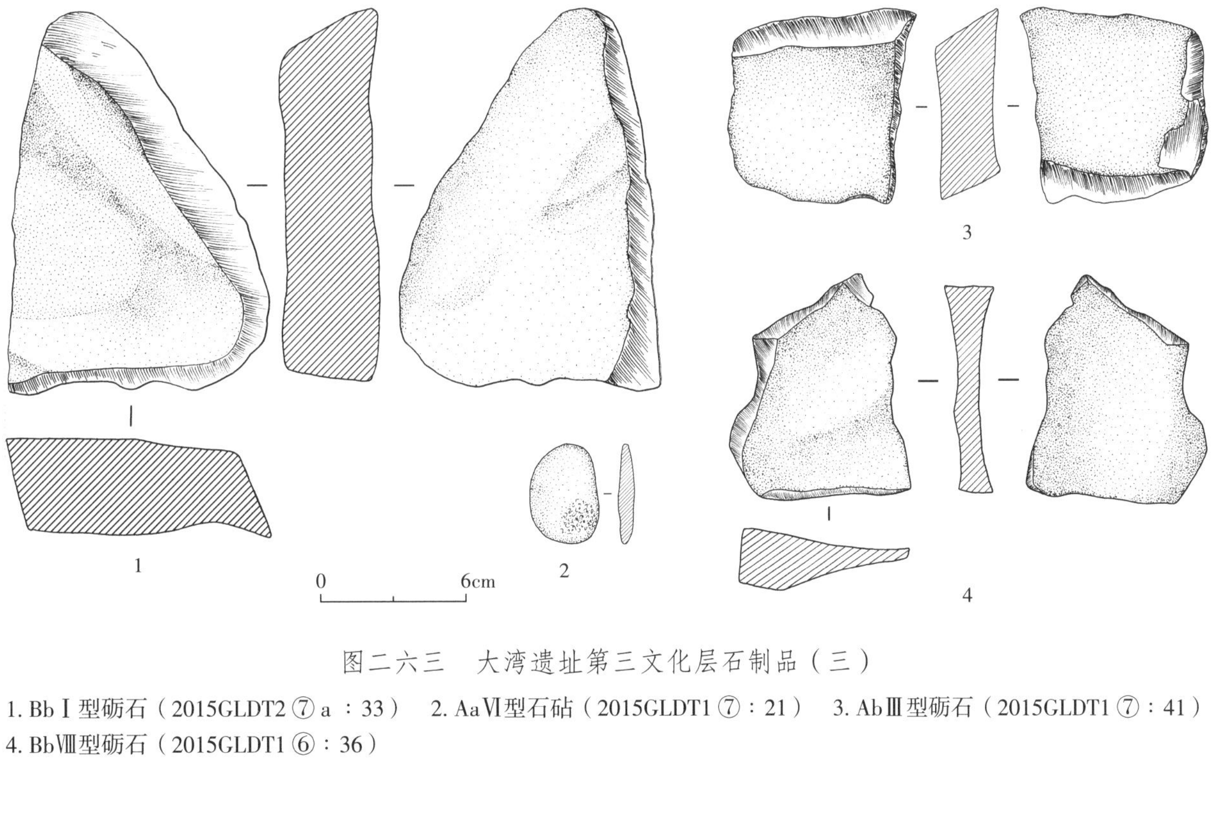

图二六三　大湾遗址第三文化层石制品（三）

1. BbⅠ型砺石（2015GLDT2 ⑦a ：33）　2. AaⅥ型石砧（2015GLDT1 ⑦：21）　3. AbⅢ型砺石（2015GLDT1 ⑦：41）　4. BbⅧ型砺石（2015GLDT1 ⑥：36）

BbⅠ型　1件。

标本2015GLDT2⑦a：33，原料为灰褐色细砂岩砾石。器身稍宽厚，形状近三角形。一面略内凹，另一面凹凸不平。使用痕迹集中于两面。内凹面几乎整面都是一近三角形的宽弧形光滑磨面。凹凸面约有一半为一宽弧形光滑磨面，其附近有部分断续的弧形光滑磨面。这些磨面均应为使用痕迹。器身其余部位均为规整程度不一的断裂面。长15.5cm，宽11.1cm，厚4.0cm，重696g（图二六三，1）。

BbⅧ型　1件。

标本2015GLDT1⑥：36，原料为红褐色粗砂岩岩块。器身稍短小，扁薄，形状不规则。两面均内凹。使用痕迹集中于两面。其中一面几乎整面都是一近半圆形的宽弧形光滑磨面，磨面较深，说明利用率高；另一面为两道面积相当的宽弧形光滑磨面。这些磨面均应为使用痕迹。器身其余部位均为不规整的断裂面。长8.7cm，宽7.0cm，厚2.2cm，重139g（图二六三，4）。

2. 打制石制品

97件。包括石核、石片、砍砸器、刮削器和尖状器五大类型。其中石片56件，占该文化层出土打制石制品总数的57.73%；刮削器16件，占该文化层出土打制石制品总数的16.50%；砍砸器17件，占该文化层出土打制石制品总数的17.53%；石核和尖状器各4件，各占该文化层出土打制石制品总数的4.12%。

石核　4件。岩性有辉绿岩和石英两种。每种岩性各2件。打片方法只有锤击法一种。打击台面既有自然台面，也有人工台面。器身形状有三角形和梯形两种。其中三角形1件，占该文化层出土石核总数的25%；梯形3件，占该文化层出土石核总数的75%。器身长度最大值15.6cm，最小值5.6cm；宽度最大值9.3cm，最小值3.5cm；厚度最大值5.4cm，最小值2.8cm；重量最大值688g，最小值79g。均属于C型，分别属于Ca亚型和Cc亚型。

Ca型　1件。

标本2015GLDT2⑦a：6，原料为灰褐色辉绿岩石片。器身较厚，形状近三角形。腹面内凹；背面凸起，几乎全是片疤面。先后以石片左右两侧为台面多次剥片；其中左侧为双面剥片，右侧为单面剥片。片疤多较小且浅平，部分片疤尾部折断形成陡坎。打击台面既有自然台面，也有人工台面，其中人工台面只见素台面。打击方向多样，既有由背面向腹面打击的，也有由腹面向背面打击的，还有由一侧向另一侧打击的。长15.6cm，宽9.3cm，厚5.4cm，重688g（图二六四，1；彩版六九，6）。

Cc型　3件。

标本2015GLDT1⑥：22，原料为黄白色石英砾石。器身短小，稍厚，形状近梯形。一面较平，另一面凸起。先以一端为台面多次单面剥片，片疤多稍大且浅平；打击方向由一端向另一端打击。再以凸起面、一侧及面侧相交处的凸棱为台面，沿另一端边缘多次单面剥片。片疤多较小且浅平。打击方向多样，既有由凸起面向较平面打击的，也有由一侧向另一侧打击的。器身其余部位未见

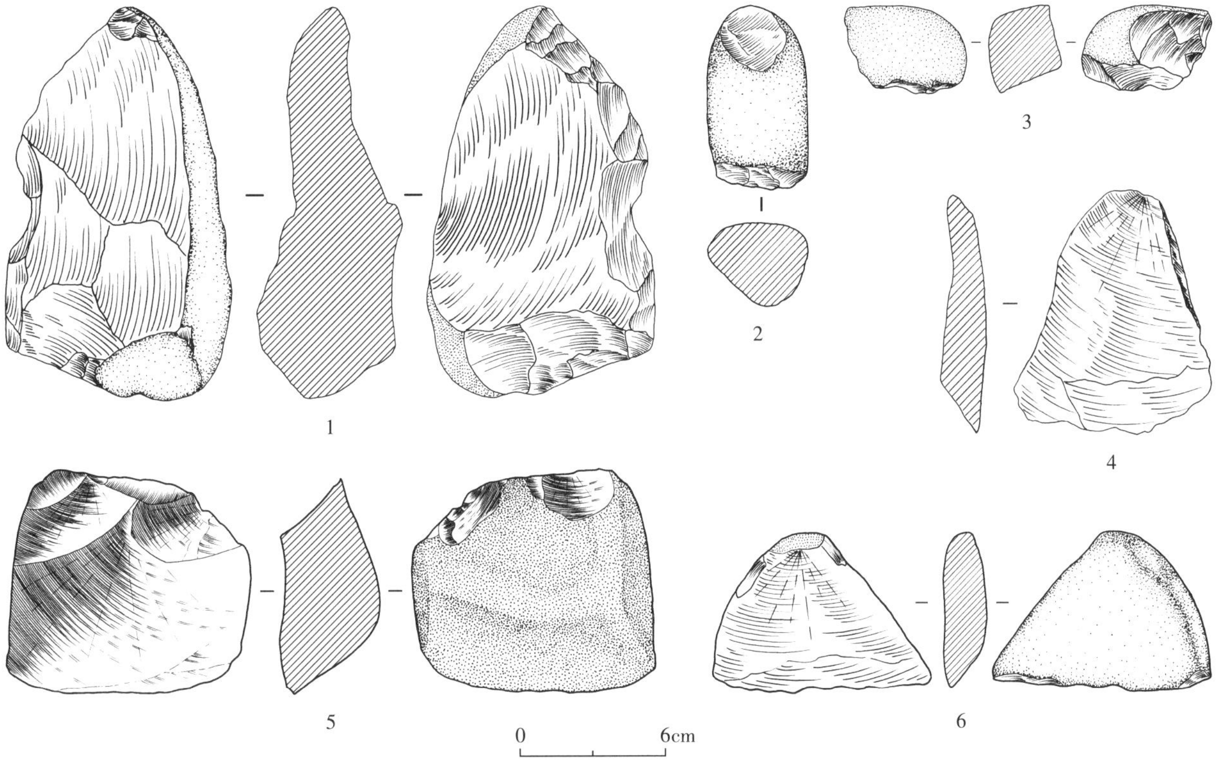

图二六四　大湾遗址第三文化层石制品（四）

1. Ca 型石核（2015GLDT2 ⑦ a：6）　2、3、5. Cc 型石核（2015GLDT1 ⑥：22、2015GLDT2 ⑦ b：27、2015GLDT1 ⑦：45）　4、6. Aa Ⅰ型石片（2015GLDT1 ⑥：20、2015GLDT1 ⑥：11）

人工痕迹。长 7.2cm，宽 4.2cm，厚 3.2cm，重 175g（图二六四，2）。

标本 2015GLDT1 ⑦：45，原料为灰褐色辉绿岩石片。器身较厚，形状近梯形。腹面略平，背面凸起。先以背面为台面，沿近端和右侧多次单面剥片；片疤较大且浅平，部分片疤尾部折断形成陡坎。再以剥出的片疤面为台面，向背面单面剥片；片疤较小且浅平，部分片疤尾部折断形成陡坎。器身其余部位未见人工痕迹。长 9.8cm，宽 8.8cm，厚 3.8cm，重 460g（图二六四，5；彩版七〇，1）。

标本 2015GLDT2 ⑦ b：27，原料为黄白色石英小砾石。器身短小，稍厚，形状近梯形。两面均凸起。先后以两端和一侧为台面多次单面剥片；片疤多较小且浅平，部分片疤尾部折断形成陡坎。器身其余部位未见人工痕迹。长 5.6cm，宽 3.5cm，厚 2.8cm，重 79g（图二六四，3）。

石片　56 件。岩性仅有辉绿岩一种。打击方法均为锤击法。打击台面有自然台面和人工台面。其中自然台面 52 件，占该文化层出土石片总数的 92.86%；人工台面 4 件（均为素台面），占该文化层出土石片总数的 7.14%。打击点比较清楚，有打击疤痕的不多。半锥体不明显的 54 件，占该文化层出土石片总数的 96.43%；半锥体微显的 2 件，占该文化层出土石片总数的 3.57%。石片角多在 90° 以上，以 110° 左右的居多。宽大于长的 29 件，占该文化层出土石片总数的 51.79%；

长大于宽的有27件，占该文化层出土石片总数的48.21%。石片背面或多或少保留有自然砾面。背面有片疤者，其剥片方向多与石片本身同向同源。石片都具有锋利的棱角和边缘，但未发现使用痕迹，也无明显的冲磨痕迹。器身形状有三角形、四边形、梯形、圆形、半圆形、椭圆形、扇贝形、长条形、心形和不规则形十种。其中三角形9件，占该文化层出土石片总数的16.07%；四边形6件，占该文化层出土石片总数的10.71%；梯形11件，占该文化层出土石片总数的19.64%；圆形和半圆形各2件，各占该文化层出土石片总数的3.57%；椭圆形和长条形各4件，各占该文化层出土石片总数的7.14%；扇贝形7件，占该文化层出土石片总数的12.50%；心形1件，占该文化层出土石片总数的1.80%；不规则形10件，占该文化层出土石片总数的17.86%。器身长度最大值16.0cm，最小值2.6cm；宽度最大值13.1cm，最小值3.3cm；厚度最大值5.0cm，最小值0.7cm；重量最大值767g，最小值15g。均为A型，分别属于Aa、Ab、Ac和Ae亚型。

Aa型　33件。分别属于AaⅠ、AaⅡ、AaⅢ、AaⅣ、AaⅥ、AaⅦ、AaⅧ、AaⅪ次亚型。

AaⅠ型　4件。

标本2015GLDT1⑥：11，原料为灰褐色辉绿岩砾石。器身稍小，稍厚，形状近三角形。打击台面为自然台面。打击点宽大，半锥体不显，放射线清楚，同心波纹微显。器身左右两侧保留自然砾面，边缘钝厚。远端边缘锋利，未见使用痕迹。右侧和远端交汇处边缘形成一个钝尖。背面完全保留自然砾面。长6.1cm，宽9.0cm，厚1.8cm，重128g（图二六四，6）。

标本2015GLDT1⑥：20，原料为灰褐色辉绿岩砾石。器身稍大，稍厚，形状近三角形。打击台面为自然台面。打击点宽大，半锥体不显，放射线清楚，同心波纹微显。器身两侧边缘钝厚，左侧保留自然砾面，右侧折断一大块。下半部近远端处器身突然下折，形成很深的陡坎。远端边缘锋利，未见使用痕迹。背面完全保留自然砾面。长9.7cm，宽8.0cm，厚1.8cm，重159g（图二六四，4）。

AaⅡ型　2件。

标本2015GLDT1⑥：14，原料为灰褐色辉绿岩砾石。器身稍长，稍厚，形状近四边形。打击台面为自然台面。打击点宽大，半锥体不显，放射线清楚，同心波纹微显。器身左侧折断一大块，边缘钝厚。右侧和远端边缘锋利，未见使用痕迹。背面完全保留自然砾面。长11.9cm，宽6.4cm，厚1.8cm，重186g（图二六五，1）。

标本2015GLDT1⑦：22，原料为灰褐色辉绿岩砾石。器身窄长，稍厚，形状近四边形。打击台面为自然台面。打击点宽大，半锥体不显，放射线清楚，同心波纹微显。器身左侧保留自然砾面，边缘钝厚。右侧和远端右侧边缘锋利，未见使用痕迹。远端左侧折断一小块，边缘钝厚。下半部近远端处器身突然下折，形成很深的陡坎。背面完全保留自然砾面。长5.4cm，宽7.2cm，厚1.4cm，重52g（图二六五，2）。

AaⅢ型　8件。

标本2015GLDT1⑥：5，原料为灰褐色辉绿岩砾石。器身稍宽大，稍厚，形状近梯形。打击

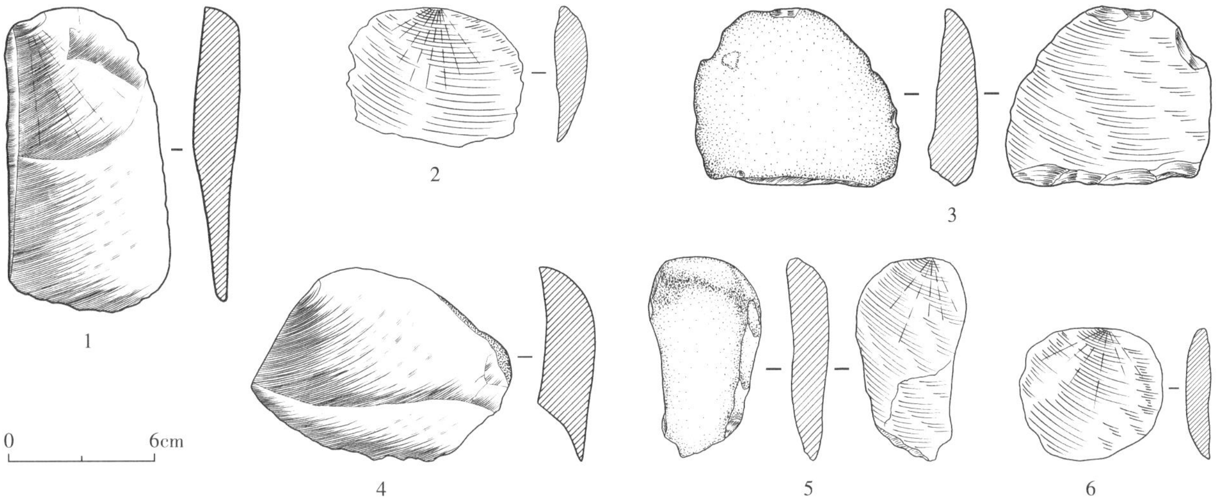

图二六五　大湾遗址第三文化层石制品（五）

1、2. AaⅡ型石片（2015GLDT1⑥：14、2015GLDT1⑦：22）　3~5. AaⅢ型石片（2015GLDT1⑥：5、2015GLDT1⑥：42、2015GLDT2⑥b：22）　6. AaⅣ型石片（2015GLDT1⑥：26）

台面为自然台面（线状台面）。打击点宽大，半锥体不显，放射线和同心波纹均不明显。器身左右两侧边缘锋利，未见使用痕迹。远端折断一大块，边缘钝厚。背面完全保留自然砾面。长7.0cm，宽8.0cm，厚2.0cm，重141g（图二六五，3）。

标本2015GLDT1⑥：42，原料为灰褐色辉绿岩砾石。器身稍宽大，稍厚，形状近梯形。打击台面为自然台面。打击点宽大，半锥体不显，放射线和同心波纹均不明显。器身左侧边缘锋利，未见使用痕迹。右侧保留自然砾面，边缘钝厚。远端处器身突然下折，形成很深的陡坎。背面完全保留自然砾面。长9.3cm，宽10.3cm，厚2.1cm，重198g（图二六五，4）。

标本2015GLDT2⑥b：22，原料为灰褐色辉绿岩砾石。器身略窄长，形状近梯形。打击台面为自然台面。打击点宽大，半锥体不显，放射线清楚，同心波纹微显。器身右侧保留自然砾面，边缘钝厚。左侧边缘折断一小块，边缘钝厚。远端形成一个钝尖。长8.0cm，宽4.5cm，厚1.5cm，重75g（图二六五，5）。

AaⅣ型　1件。

标本2015GLDT1⑥：26，原料为灰褐色辉绿岩砾石。器身较小，较扁薄，形状近圆形。打击台面为自然台面（线状台面）。打击点宽大，半锥体不显，放射线清楚，同心波纹微显。器身左右两侧和远端边缘锋利，未见使用痕迹。背面完全保留自然砾面。长5.2cm，宽5.8cm，厚1.0cm，重38g（图二六五，6）。

AaⅥ型　3件。

2015GLDT2⑦a：31，原料为灰褐色辉绿岩砾石。器身稍小，稍薄，形状近椭圆形。打击台面为自然台面（线状台面）。打击点宽大，半锥体不显，放射线和同心波纹不明显。器身左右两侧上半部和远端边缘锋利，未见使用痕迹。两侧下半部各折断一小块，边缘钝厚。下半部近远端处器身突然下折，形成斜坡状。背面完全保留自然砾面。长 5.6cm，宽 8.4cm，厚 1.6cm，重 98g（图二六六，1）。

标本 2015GLDT2 ⑦ b：17，原料为灰褐色辉绿岩砾石。器身较小，稍薄，形状近椭圆形。打击台面为自然台面。打击点宽大，半锥体不显，放射线清楚，同心波纹微显。器身左右两侧边缘钝厚，上半部保留自然砾面。远端左侧折断一小块，边缘钝厚；远端右侧边缘锋利，未见使用痕迹。背面完全保留自然砾面。长 4.8cm，宽 8.4cm，厚 1.0cm，重 54g（图二六六，2）。

AaⅦ型　5 件。

标本 2015GLDT1 ⑥：12，原料为灰褐色辉绿岩砾石。器身稍宽大，稍薄，形状近扇贝形。打击台面为自然台面。打击点宽大，半锥体不显，放射线不清楚，同心波纹微显。器身左右两侧上半部保留自然砾面，边缘钝厚。左侧下半部和远端边缘锋利，未见使用痕迹。右侧下半部折断一小块，边缘钝厚。背面完全保留自然砾面。长 6.5cm，宽 11.3cm，厚 1.6cm，重 141g（图二六六，3）。

标本 2015GLDT2 ⑥ b：13，原料为灰褐色辉绿岩砾石。器身稍小，稍薄，形状近扇贝形。打击台面为自然台面。打击点宽大，半锥体不显，放射线清楚，同心波纹微显。器身左侧和右侧上半部保留自然砾面，边缘钝厚。右侧下半部和远端边缘锋利，未见使用痕迹。背面完全保留自然砾面。长 6.5cm，宽 9.0cm，厚 1.5cm，重 97g（图二六六，4）。

标本 2015GLDT1 ⑦：29，原料为灰褐色辉绿岩砾石。器身较小，扁薄，形状近扇贝形。打

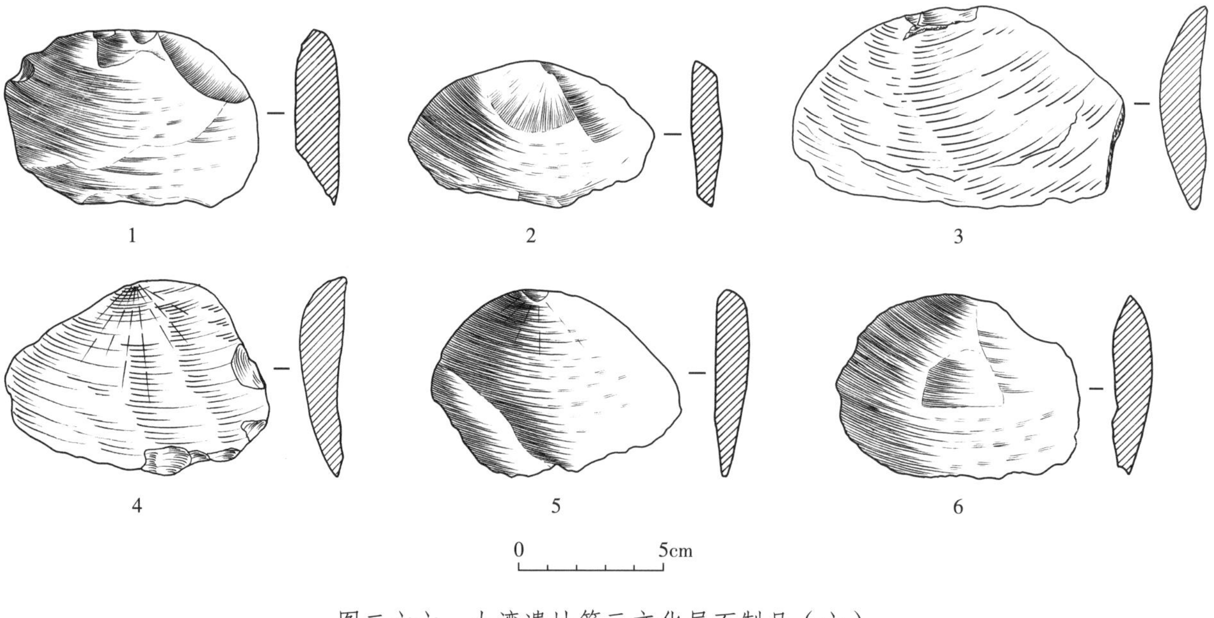

图二六六　大湾遗址第三文化层石制品（六）

1、2. AaⅥ型石片（2015GLDT2 ⑦ a：31、2015GLDT2 ⑦ b：17）　3~6. AaⅦ型石片（2015GLDT1 ⑥：12、2015GLDT2 ⑥ b：13、2015GLDT1 ⑦：29、2015GLDT1 ⑦：30）

击台面为自然台面。打击点宽大，半锥体不显，放射线清楚，同心波纹微显。器身左右两侧和远端边缘锋利，未见使用痕迹。背面完全保留自然砾面。长 6.2cm，宽 8.2cm，厚 1.1cm，重 65g（图二六六，5）。

标本 2015GLDT1 ⑦：30，原料为灰褐色辉绿岩砾石。器身较小，扁薄，形状近扇贝形。打击台面为自然台面。打击点宽大，半锥体不显，放射线不清楚，同心波纹微显。器身左右两侧和远端边缘锋利，未见使用痕迹。背面完全保留自然砾面。长 6.0cm，宽 8.2cm，厚 1.4cm，重 80g（图二六六，6）。

AaⅧ型　4 件。

标本 2015GLDT1 ⑦：33，原料为灰褐色辉绿岩砾石。器身稍窄小，稍薄，形状近长条形。打击台面为自然台面。打击点宽大，半锥体不显，放射线清楚，同心波纹微显。器身左右两侧边缘锋利，未见使用痕迹。远端折断一小块，边缘钝厚。背面完全保留自然砾面。长 9.4cm，宽 5.0cm，厚 2.2cm，重 132g（图二六七，1）。

标本 2015GLDT1 ⑥：4，原料为灰褐色辉绿岩砾石。器身稍窄小，较长，形状近长条形。打击台面为自然台面。打击点宽大，半锥体不显，放射线清楚，同心波纹微显。器身左右两侧边缘锋利，未见使用痕迹。远端折断一大块，边缘钝厚。背面完全保留自然砾面。长 4.7cm，宽 12.8cm，厚 1.8cm，重 138g（图二六七，2）。

标本 2015GLDT1 ⑥：53，原料为灰褐色辉绿岩砾石。器身较窄小，扁薄，形状近长条形。打击台面为自然台面。打击点宽大，半锥体不显，放射线不清楚，同心波纹微显。器身左右两侧和远端边缘锋利，未见使用痕迹。背面完全保留自然砾面。长 2.6cm，宽 7.5cm，厚 0.7cm，重 15g（图二六七，3）。

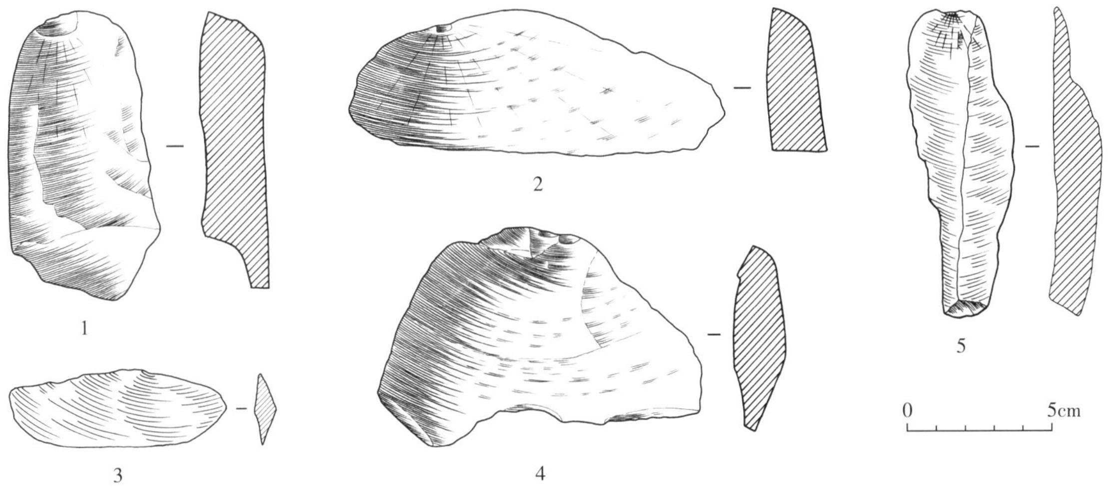

图二六七　大湾遗址第三文化层石制品（七）

1~3、5. AaⅧ型石片（2015GLDT1 ⑦：33、2015GLDT1 ⑥：4、2015GLDT1 ⑥：53、2015GLDT2 ⑦ b ：28）
4. AaⅪ型石片（2015GLDT2 ⑥ b ：25）

标本 2015GLDT2 ⑦ b：28，原料为灰褐色辉绿岩砾石。器身较窄小，稍长，形状近长条形。打击台面为自然台面（线状台面）。打击点宽大，半锥体不显，放射线清楚，同心波纹微显。器身左侧边缘锋利，未见使用痕迹。右侧和远端各折断一大块和一小块，边缘钝厚。背面完全保留自然砾面。长 10.2cm，宽 3.3cm，厚 1.7cm，重 54g（图二六七，5）。

AaⅪ型　6 件。

标本 2015GLDT2 ⑥ b：25，原料为灰褐色辉绿岩砾石。器身稍薄，形状不规则。打击台面为自然台面。打击点宽大，半锥体不显，放射线和同心波纹不明显。器身左右两侧和远端中部边缘锋利，未见使用痕迹。远端左右两侧各折断一小块，边缘钝厚。背面完全保留自然砾面。长 6.2cm，宽 11.0cm，厚 1.8cm，重 140g（图二六七，4；彩版七〇，2）。

标本 2015GLDT1 ⑦：14，原料为灰褐色辉绿岩砾石。器身稍长，稍厚，形状不规则。打击台面为自然台面。打击点宽大，半锥体不显，放射线清楚，同心波纹微显。器身左右两侧和远端边缘锋利，未见使用痕迹。背面完全保留自然砾面。长 12.1cm，宽 6.6cm，厚 2.0cm，重 191g（图二六八，1）。

标本 2015GLDT1 ⑦：50，原料为灰褐色辉绿岩砾石。器身稍窄长，形状不规则。打击台面为自然台面（线状台面）。打击点宽大，半锥体不显，放射线和同心波纹不明显。器身左侧上半

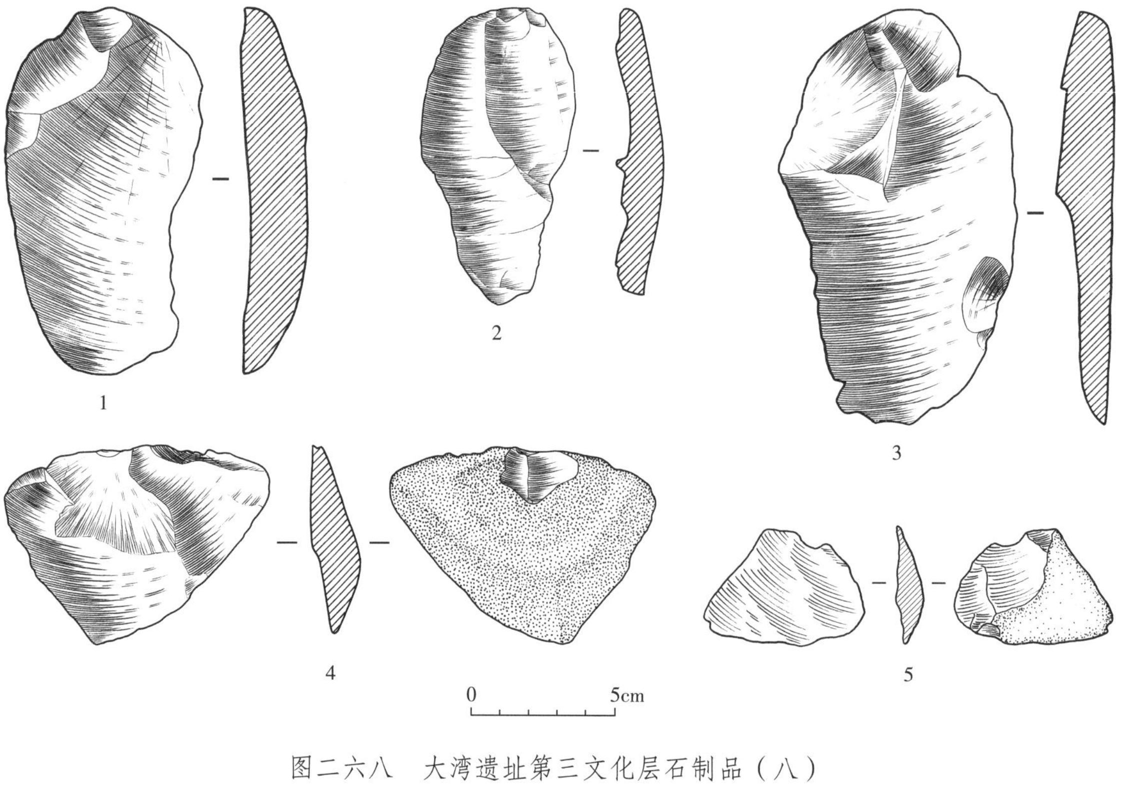

图二六八　大湾遗址第三文化层石制品（八）

1~3. AaⅪ型石片（2015GLDT1 ⑦：14、2015GLDT1 ⑦：50、2015GLDT2 ⑦ b ：7）　4、5. Ab Ⅰ型石片（2015GLDT2 ⑦ b ：20、2015GLDT1 ⑥：46）

部和右侧边缘锋利，未见使用痕迹。左侧下半部和远端各折断一小块，边缘钝厚。背面完全保留自然砾面。长 9.8cm，宽 5.4cm，厚 1.6cm，重 89g（图二六八，2；彩版七〇，3）。

标本 2015GLDT2 ⑦ b：7，原料为灰褐色辉绿岩砾石。器身稍长，稍厚，形状不规则。打击台面为自然台面。打击点宽大，半锥体不显，放射线和同心波纹不明显。器身左右两侧和远端边缘锋利，未见使用痕迹。背面完全保留自然砾面。长 13.7cm，宽 8.0cm，厚 1.9cm，重 215g（图二六八，3）。

Ab 型　16 件。分别属于 AbⅠ、AbⅡ、AbⅢ、AbⅣ、AbⅤ、AbⅥ、AbⅦ、AbⅪ次亚型。

AbⅠ型　3 件。

标本 2015GLDT1 ⑥：46，原料为灰褐色辉绿岩砾石。器身较小，较薄，形状近三角形。打击方法为锤击法。打击台面为自然台面（线状台面）。打击点宽大，半锥体不显，放射线不清楚，同心波纹微显。器身左右两侧和远端边缘锋利，未见使用痕迹。背面左半侧为层叠的片疤面，片疤打击方向与石片打击方向相同；右半侧保留自然砾面。长 3.8cm，宽 5.4cm，厚 0.9cm，重 19g（图二六八，5）。

标本 2015GLDT2 ⑦ b：20，原料为灰褐色辉绿岩砾石。器身稍薄，形状近三角形。打击方法为锤击法。打击台面为自然台面。打击点宽大，半锥体不显，放射线清楚，同心波纹微显。器身左侧上半部、右侧和远端边缘锋利，未见使用痕迹。左侧下半部折断一小块，边缘钝厚。背面约九分之一面积（位于上半部近端处附近）为一较大的片疤面，片疤打击方向与石片打击方向相同；背面其余部分保留自然砾面。长 6.5cm，宽 9.1cm，厚 1.5cm，重 88g（图二六八，4）。

AbⅡ型　4 件。

标本 2015GLDT1 ⑥：8，原料为灰褐色辉绿岩砾石。器身稍薄，形状近四边形。打击方法为锤击法。打击台面为自然台面（线状台面）。打击点宽大，半锥体不显，放射线清楚，同心波纹微显。器身左右两侧和远端边缘锋利，未见使用痕迹。背面左侧下半部为一较大的片疤面，片疤打击方向与石片打击方向相同；背面其余部分保留自然砾面。长 9.6cm，宽 6.3cm，厚 1.5cm，重 107g（图二六九，1）。

标本 2015GLDT1 ⑦：31，原料为灰褐色辉绿岩砾石。器身略薄，形状近四边形。打击方法为锤击法。打击台面为自然台面（线状台面）。打击点宽大，半锥体不显，放射线和同心波纹均不明显。器身左侧保留自然砾面，边缘钝厚。右侧和远端边缘锋利，未见使用痕迹。背面上半部靠近端处有一较小的片疤面，片疤打击方向与石片打击方向相同；背面其余部分保留自然砾面。长 8.3cm，宽 5.0cm，厚 1.8cm，重 88g（图二六九，2）。

标本 2015GLDT1 ⑦：40，原料为灰褐色辉绿岩砾石。器身略薄，形状近四边形。打击方法为锤击法。打击台面为自然台面。打击点宽大，半锥体不显，放射线清楚，同心波纹不明显。器身左侧和远端边缘锋利，未见使用痕迹。右侧折断一小块，边缘钝厚。背面上半部靠近端处有一处较小的片疤面，片疤打击方向与石片打击方向相同；两侧及远端均有大小不等的片疤分布，右

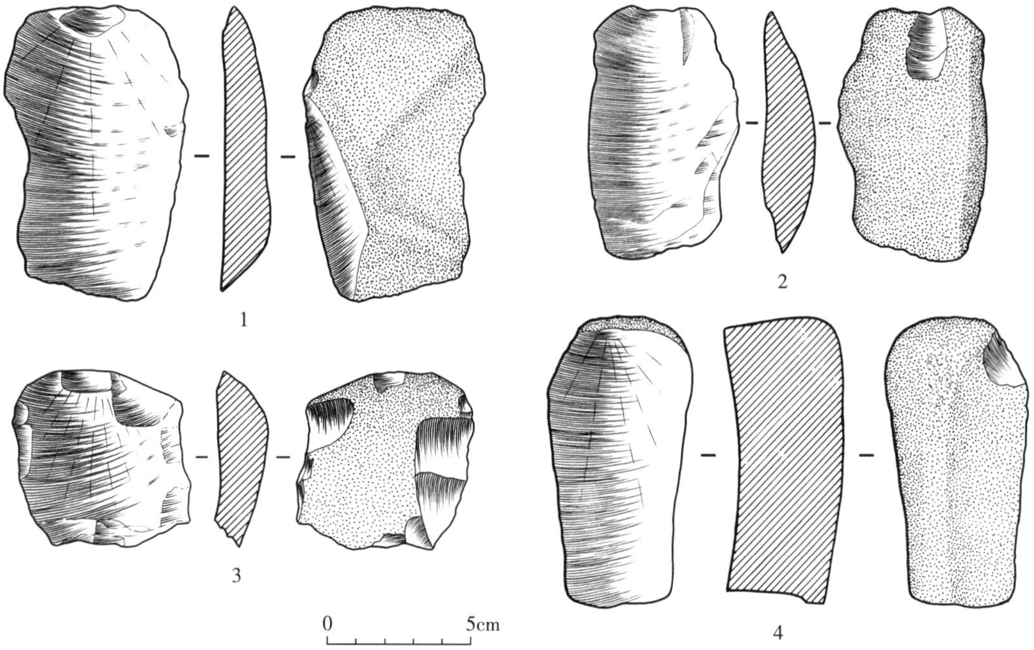

图二六九　大湾遗址第三文化层石制品（九）

1~4. AbⅡ型石片（2015GLDT1⑥：8、2015GLDT1⑦：31、2015GLDT1⑦：40、2015GLDT2⑦a：32）

侧片疤深凹；背面其余部分保留自然砾面。长5.7cm，宽5.9cm，厚1.7cm，重76g（图二六九，3；彩版七〇，4）。

标本2015GLDT2⑦a：32，原料为灰褐色辉绿岩砾石。器身较窄厚，形状近四边形。打击方法为锤击法。打击台面为自然台面。打击点宽大，半锥体不显，放射线清楚，同心波纹明显。器身左右两侧保留自然砾面，边缘钝厚。远端折断一大块，边缘钝厚。背面左上靠近端处有一较小的片疤面，片疤打击方向与石片打击方向垂直；背面其余部分保留自然砾面。长9.6cm，宽4.9cm，厚3.9cm，重233g（图二六九，4）。

AbⅢ型　1件。

标本2015GLDT1⑦：43，原料为灰褐色辉绿岩砾石。器身较宽大，较厚，形状近梯形。打击方法为锤击法。打击台面为自然台面。打击点宽大，半锥体不显，放射线清楚，同心波纹微显。器身左侧上半部折断一小块，边缘钝厚；下半部边缘和右侧上半部边缘锋利，均未见使用痕迹；下半部和远端各折断一小块，边缘钝厚。背面靠近端处有一较小且层叠的片疤面，片疤打击方向与石片打击方向相同；背面其余部分保留自然砾面。长12.2cm，宽11.9cm，厚5.0cm，重767g（图二七〇，1）。

AbⅣ型　1件。

标本2015GLDT1⑦：24，原料为灰褐色辉绿岩砾石。器身稍厚，形状近圆形。打击方法为锤击法。打击台面为自然台面。打击点宽大，半锥体不显，放射线清楚，同心波纹微显。器身左

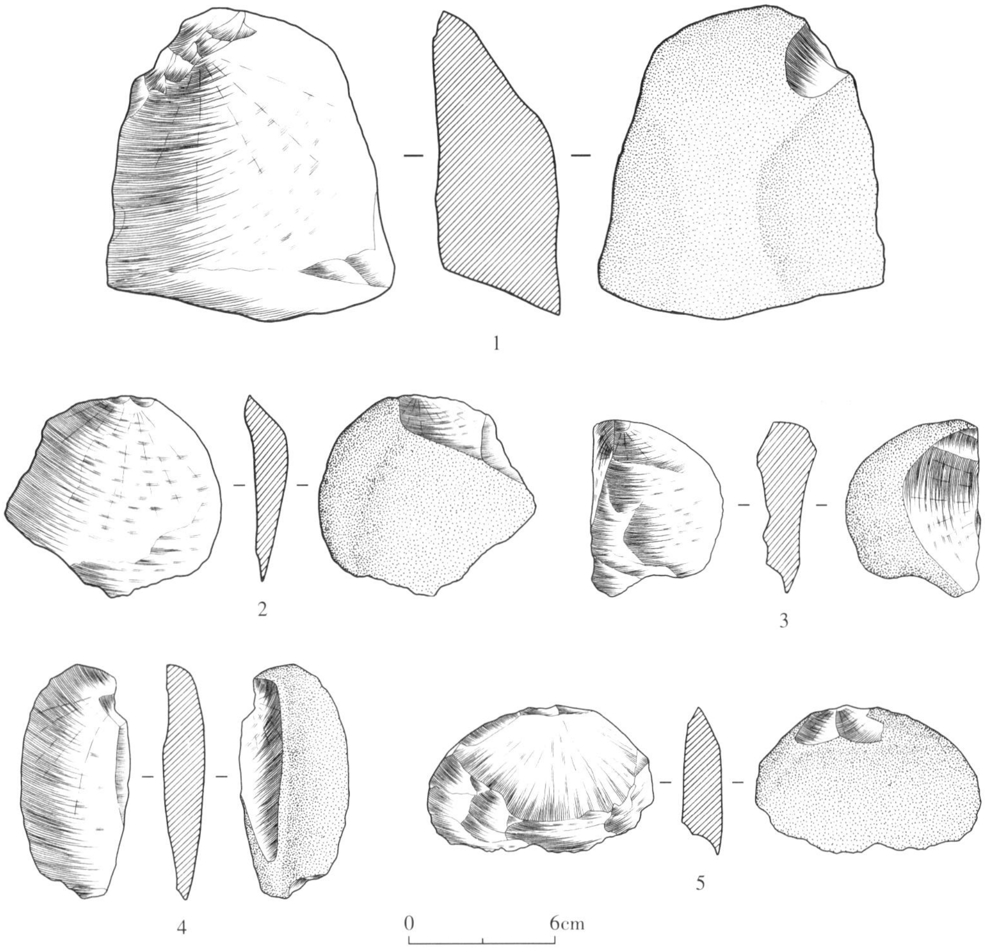

图二七〇　大湾遗址第三文化层石制品（十）

1. AbⅢ型石片（2015GLDT1⑦：43）　2. AbⅣ型石片（2015GLDT1⑦：24）　3. AbⅤ型石片（2015GLDT2⑦b：22）　4. AbⅥ型石片（2015GLDT2⑥b：27）　5. AbⅦ型石片（2015GLDT1⑥：38）

右两侧上半部各折断一小块，边缘钝厚；下半部边缘和远端边缘锋利，均未见使用痕迹。背面靠近端处有一较大的片疤面，片疤打击方向与石片打击方向相同；背面其余部分保留自然砾面。长7.9cm，宽8.8cm，厚1.4cm，重99g（图二七〇，2）。

AbⅤ型　1件。

标本2015GLDT2⑦b：22，原料为灰褐色辉绿岩砾石。器身略短，形状近半圆形。打击方法为锤击法。打击台面为自然台面。打击点宽大，半锥体不显，放射线和同心波纹均不明显。器身左侧上半部折断一小块，边缘钝厚。左侧下半部、右侧和远端边缘锋利，未见使用痕迹。背面右半侧为一较大的片疤面，片疤打击方向与石片打击方向相垂直；背面其余部分保留自然砾面。长7.1cm，宽5.4cm，厚2.5cm，重85g（图二七〇，3）。

AbⅥ型　1件。

标本 2015GLDT2 ⑥ b：27，原料为灰褐色辉绿岩砾石。器身略窄长，形状近椭圆形。打击方法为锤击法。打击台面为自然台面。打击点宽大，半锥体不显，放射线清楚，同心波纹微显。器身右侧上半部折断一小块，下半部保留自然砾面，边缘钝厚。左侧边缘锋利，未见使用痕迹。远端折断一小块，边缘钝厚。背面左侧有一较大的片疤面，片疤打击方向与石片打击方向相同；背面其余部分保留自然砾面。长 9.3cm，宽 4.4cm，厚 1.8cm，重 75g（图二七〇，4）。

AbⅦ型　1件。

标本 2015GLDT1 ⑥：38，原料为灰褐色辉绿岩砾石。器身稍厚，形状近扇贝形。打击方法为锤击法。打击台面为自然台面。打击点宽大，半锥体不显，放射线清楚，同心波纹不明显。器身左右两侧和远端边缘锋利，未见使用痕迹。背面靠近端处有一较小的片疤面，片疤打击方向与石片打击方向相同；背面其余部分保留自然砾面。长 5.8cm，宽 9.4cm，厚 1.6cm，重 125g（图二七〇，5）。

AbⅪ型　4件。

标本 2015GLDT1 ⑥：6，原料为灰褐色辉绿岩砾石。器身稍宽长，扁薄，形状不规则。打击方法为锤击法。打击台面为自然台面。打击点宽大，半锥体不显，放射线和同心波纹均微显。器身左右两侧和远端边缘锋利，未见使用痕迹。背面近端有一较大的片疤面，片疤打击方向与石片打击方向相同；远端也有一稍小的层叠片疤面，片疤打击方向与石片打击方向相反；背面其余部分保留自然砾面。长 7.8cm，宽 13.1cm，厚 1.5cm，重 182g（图二七一，1）。

标本 2015GLDT2 ⑥ b：12，原料为灰褐色辉绿岩砾石。器身宽长，厚重，形状不规则。打击方法为锤击法。打击台面为自然台面。打击点宽大，半锥体不显，放射线清楚，同心波纹不明显。器身左侧上半部、右侧和远端保留自然砾面，边缘钝厚。左侧下半部边缘锋利，未见使用痕迹。背面右侧下半部和靠近端处均有片疤面分布，右侧下半部片疤较大，打击方向与石片打击方向垂直；靠近端处片疤较小，打击方向与石片打击方向相同；背面其余部分保留自然砾面。长 15.7cm，宽 8.7cm，厚 3.0cm，重 583g（图二七一，2）。

标本 2015GLDT2 ⑦ b：21，原料为灰褐色辉绿岩砾石。器身稍窄厚，形状不规则。打击方法为锤击法。打击台面为自然台面。打击点宽大，半锥体不显，放射线清楚，同心波纹不明显。器身左侧上半部折断一小块，下半部折断一大块，边缘钝厚。右侧边缘锋利，未见使用痕迹。左右两侧在远端汇聚形成一个钝尖。背面左侧下半部有一较大的片疤面，片疤打击方向与石片打击方向垂直；背面其余部分保留自然砾面。长 10.0cm，宽 5.4cm，厚 1.7cm，重 87g（图二七一，3）。

Ac型　3件。分别属于AcⅠ、AcⅤ、AcⅨ次亚型。

AcⅠ型　1件。

2015GLDT1 ⑥：39，原料为灰褐色辉绿岩砾石。器身略薄，形状近三角形。打击方法为锤击法。打击台面为自然台面。打击点宽大，半锥体不显，放射线和同心波纹均不明显。器身左侧保

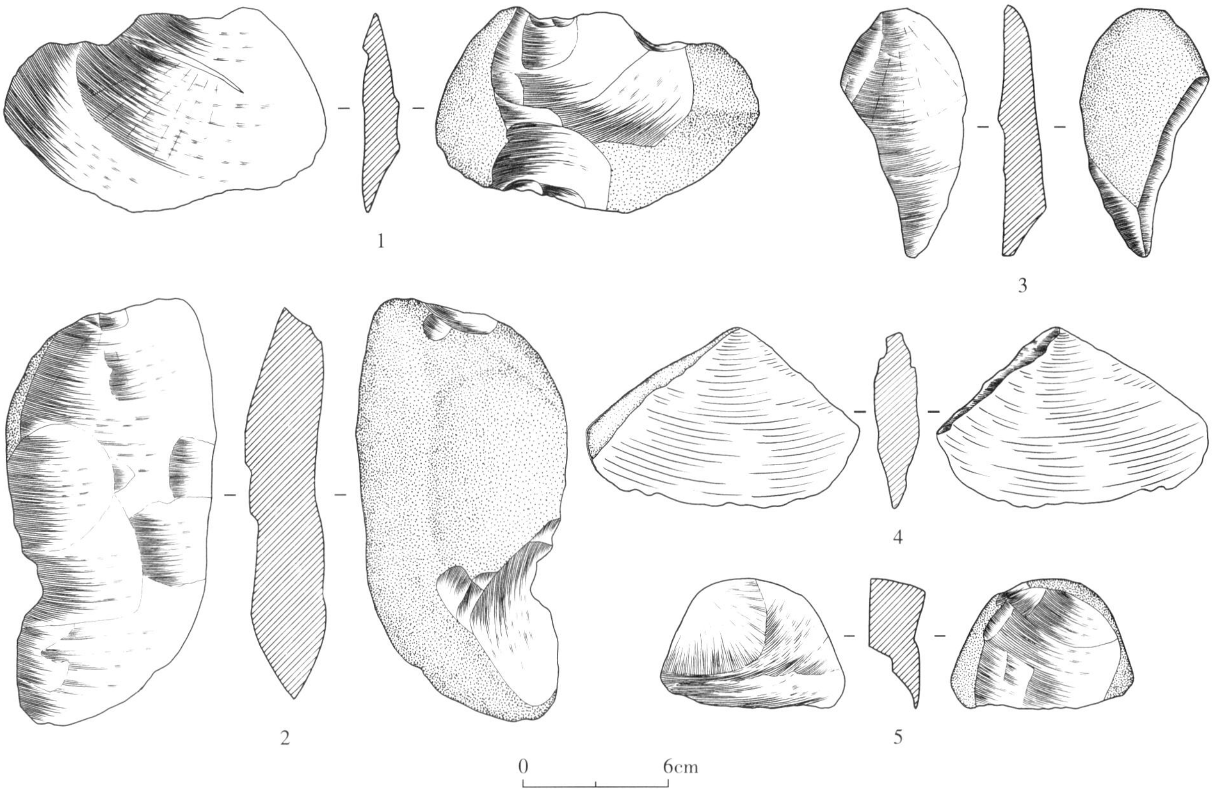

图二七一　大湾遗址第三文化层石制品（十一）

1~3. AbⅪ型石片（2015GLDT1⑥：6、2015GLDT2⑥b：12、2015GLDT2⑦b：21）　4. AcⅠ型石片（2015GLDT1⑥：39）　5. AcⅤ型石片（2015GLDT2⑥b：24）

留自然砾面，边缘钝厚。右侧和远端边缘锋利，未见使用痕迹。背面全是片疤面，其打击方向与石片打击方向相同。长7.1cm，宽11.2cm，厚1.7cm，重143g（图二七一，4）。

AcⅤ型　1件。

标本2015GLDT2⑥b：24，原料为灰褐色辉绿岩砾石。器身较短且稍厚，形状近半圆形。打击方法为锤击法。打击台面为自然台面。打击点宽大，半锥体不显，放射线清楚，同心波纹微显。器身左右两侧保留自然砾面，边缘钝厚。远端边缘锋利，未见使用痕迹。背面全是层叠的片疤面，其打击方向与石片打击方向相同。长5.0cm，宽7.6cm，厚2.3cm，重113g（图二七一，5；彩版七〇，5）。

AcⅨ型　1件。

标本2015GLDT2⑦b：9，原料为灰褐色辉绿岩砾石。器身较短且稍厚，形状近心形。打击方法为锤击法。打击台面为自然台面。打击点宽大，半锥体不显，放射线不清楚，同心波纹微显。器身远端折断一小块，边缘钝厚。左侧和近端右半段保留自然砾面，边缘钝厚。远端右半段边缘锋利，未见使用痕迹。右侧和远端在右下角汇聚形成一个钝尖。背面全是层叠的片疤面，其打击方向与石片打击方向相同。长7.6cm，宽7.7cm，厚1.8cm，重141g（图二七二，1）。

Ae 型　4 件。分别属于 AeⅠ、AeⅢ、AeⅦ次亚型。

AeⅠ型　1 件。

标本 2015GLDT1 ⑦：13，原料为灰褐色辉绿岩砾石。器身稍薄，形状近三角形。打击台面为人工台面（素台面）。打击点宽大，半锥体不显，放射线不清楚，同心波纹微显。器身左侧上半部折断一小块，边缘钝厚。左侧下半部、右侧和远端边缘锋利，未见使用痕迹。背面上半部有一较大的片疤面，片疤打击方向与石片打击方向相同；背面其余部分保留自然砾面。长 8.6cm，宽 5.8cm，厚 1.0cm，重 54g（图二七二，3）。

AeⅢ型　2 件。

标本 2015GLDT2 ⑥ b：9，原料为灰褐色辉绿岩砾石。器身稍厚，形状近梯形。打击方法为锤击法。打击台面为人工台面（素台面）。打击点宽大，半锥体不显，放射线和同心波纹均不明显。器身左右两侧和远端边缘锋利，未见使用痕迹。背面靠近端处有一层叠的片疤面，片疤打击方向与石片打击方向相同；背面其余部分保留自然砾面。长 10.4cm，宽 6.5cm，厚 1.9cm，重 150g（图二七二，2；彩版七〇，6）。

标本 2015GLDT2 ⑦ b：8，原料为灰褐色辉绿岩砾石。器身稍厚，形状近梯形。打击方法为

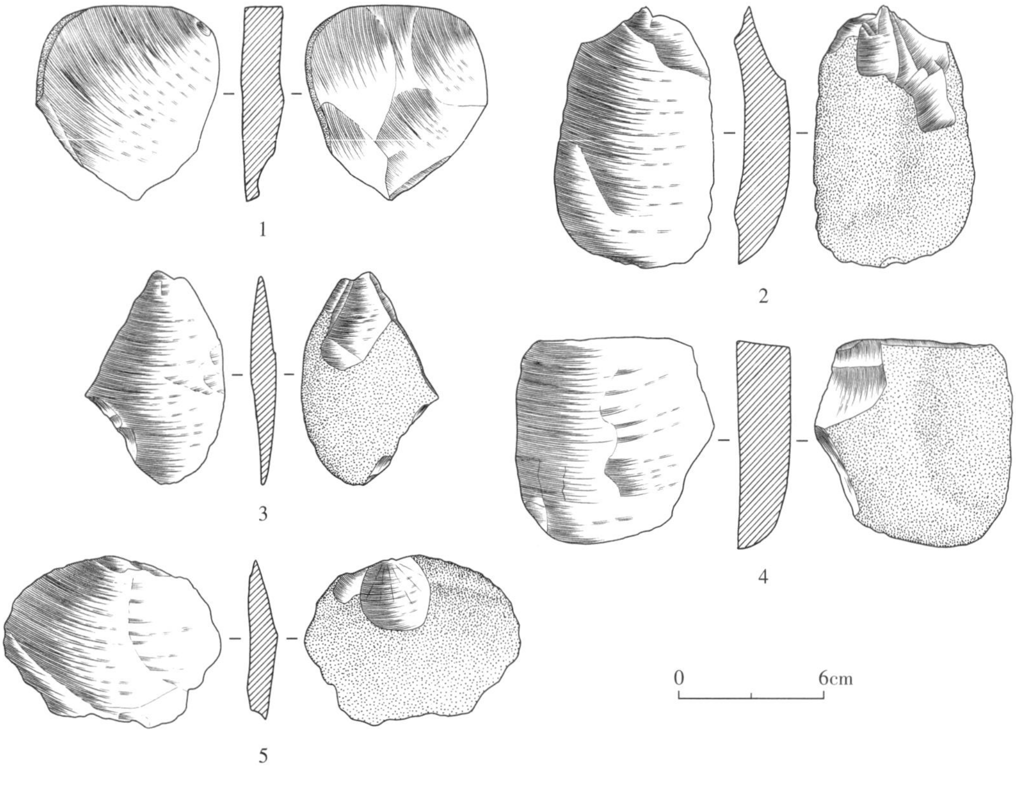

图二七二　大湾遗址第三文化层石制品（十二）

1. AcⅨ型石片（2015GLDT2 ⑦ b：9）　2、4. AeⅢ型石片（2015GLDT2 ⑥ b：9、2015GLDT2 ⑦ b：8）
3. AeⅠ型石片（2015GLDT1 ⑦：13）　5. AeⅦ型石片（2015GLDT2 ⑥ b：29）

锤击法。打击台面为人工台面（素台面）。打击点宽大，半锥体不显，放射线和同心波纹均不明显。器身左侧折断一大块，边缘钝厚。右侧上半部折断一小块，边缘钝厚。右侧下半部和远端边缘锋利，未见使用痕迹。背面靠近端处有一较大面积的层叠片疤面，片疤打击方向与石片打击方向垂直；背面其余部分保留自然砾面。长 8.2cm，宽 8.1cm，厚 2.2cm，重 197g（图二七二，4）。

AeⅦ型　1 件。

标本 2015GLDT2 ⑥ b：29，原料为灰褐色辉绿岩砾石。器身稍扁薄，形状近扇贝形。打击方法为锤击法。打击台面为人工台面（线状台面）。打击点宽大，半锥体不显，放射线不清楚，同心波纹微显。器身左右两侧和远端边缘锋利，未见使用痕迹。背面靠近端处有一较小的片疤面，其打击方向与石片打击方向相同；背面其余部分保留自然砾面。长 6.5cm，宽 9.0cm，厚 1.2cm，重 78g（图二七二，5）。

砍砸器　17 件。原料有石片、断块和砾石三种。其中石片 15 件，占该文化层出土砍砸器总数的 88.24%；断块和砾石各 1 件，各占该文化层出土砍砸器总数的 5.88%。岩性仅见有辉绿岩一种。加工方法均为锤击法，多为单面加工，偶有双面加工。加工时通常由背面向腹面打击。加工较为简单，加工面多由一层或两层片疤组成。片疤多较小，多为长大于宽。把端多不加修理，保留自然砾面。大部分标本的刃缘有不同程度的修整，鲜见使用痕迹。形状有三角形、梯形、椭圆形、长条形和不规则形五种。其中三角形 4 件，占该文化层出土砍砸器总数的 23.53%；梯形 6 件，占该文化层出土砍砸器总数的 35.29%；椭圆形和不规则形各 3 件，各占该文化层出土砍砸器总数的 17.65%；长条形 1 件，占该文化层出土砍砸器总数的 5.88%。器身长度最大值 17.0cm，最小值 10.3cm；宽度最大值 11.7cm，最小值 5.3cm；厚度最大值 6.5cm，最小值 1.8cm；重量最大值 1032g，最小值 136g。分别属于 A、B、C 型。

A 型　9 件。分别属于 Aa、Ab、Ac 亚型。

Aa 型　2 件。分别属于 AaⅢ次亚型和 AaⅥ次亚型。

AaⅢ型　1 件。

标本 2015GLDT1 ⑦：10，原料为灰褐色辉绿岩石片。器身稍厚，形状近梯形。腹面稍平，为较整齐的破裂面。背面凸起，完全保留自然砾面。左右两侧也保留自然砾面。远端右侧折断一大块，边缘钝厚。加工方法为锤击法。沿石片远端左侧边缘多次单面剥片，加工出一道直刃。刃缘整齐锋利，未见使用痕迹。片疤多较小且浅平，打击方向由背面向腹面打击。长 12.0cm，宽 8.7cm，厚 3.5cm，重 358g（图二七三，1；彩版七一，1）。

AaⅥ型　1 件。

标本 2015GLDT2 ⑦ a：34，原料为灰褐色辉绿岩大石片。器身宽大且稍厚，形状近椭圆形。腹面较平，为整齐的破裂面。背面凸起，完全保留自然砾面。左侧、右侧下半段和远端也保留自然砾面，边缘钝厚。加工方法为锤击法。沿石片右侧上半部边缘多次单面剥片，加工出一道直刃。刃缘整齐锋利，未见使用痕迹。片疤多较小且浅平，打击方向由背面向腹面打击。长 16.7cm，宽

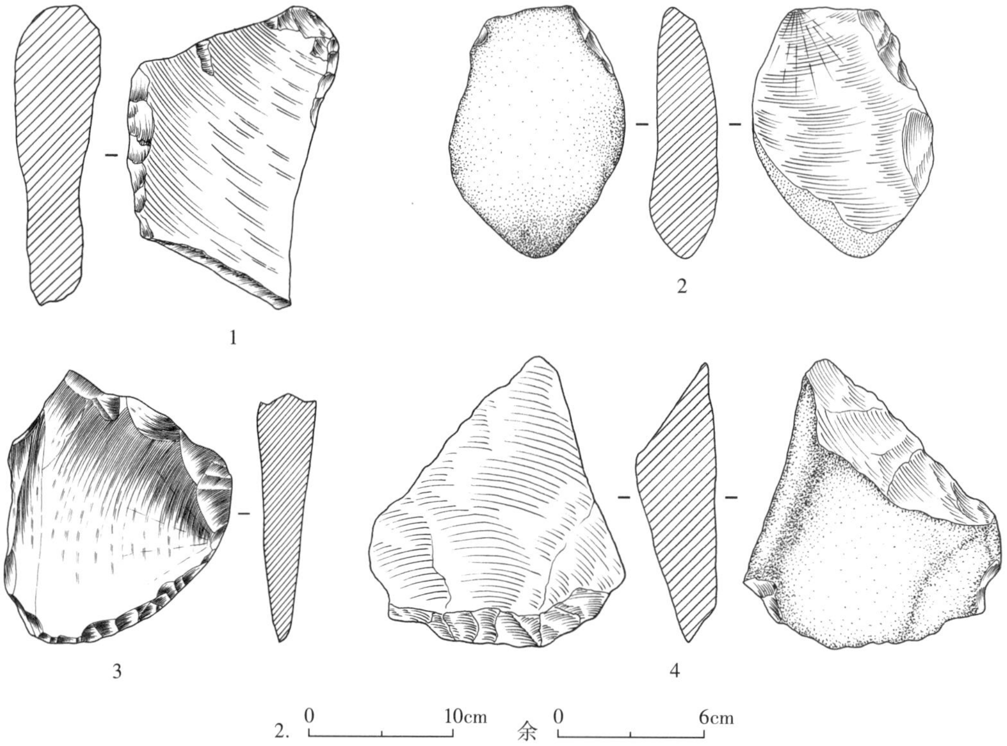

图二七三　大湾遗址第三文化层石制品（十三）

1. AaⅢ型砍砸器（2015GLDT1⑦：10）　2. AaⅥ型砍砸器（2015GLDT2⑦a：34）　3、4. AbⅠ型砍砸器（2015GLDT1⑥：25、2015GLDT2⑥b：17）

11.7cm，厚4.3cm，重968g（图二七三，2）。

Ab型　6件。分别属于AbⅠ次亚型和AbⅢ次亚型。

AbⅠ型　4件。

标本2015GLDT1⑥：25，原料为灰褐色辉绿岩石片。器身稍宽大且稍厚，形状近三角形。腹面较平，为较整齐的破裂面。背面微凸，完全保留自然砾面。左侧折断一大块，边缘钝厚。加工方法为锤击法。加工简单，沿石片右侧边缘多次单面剥片，加工出一道弧凸状刃。刃缘整齐锋利，未见使用痕迹。片疤多较小且浅平，打击方向由背面向腹面打击。长11.0cm，宽8.9cm，厚2.5cm，重286g（图二七三，3）。

标本2015GLDT2⑥b：17，原料为灰褐色辉绿岩石片。器身稍宽厚，形状近三角形。腹面较平，为较整齐的破裂面。背面凸起，完全保留自然砾面。右侧为旧的片疤面，片疤棱角已磨圆。左侧保留自然砾面，边缘钝厚。加工方法为锤击法。加工简单，沿石片近端边缘多次单面剥片，加工出一道弧凸状刃。刃缘整齐锋利，未见使用痕迹。片疤多较小且浅平，打击方向由背面向腹面打击。长11.3cm，宽10.6cm，厚3.3cm，重373g（图二七三，4）。

标本2015GLDT1⑦：15，原料为灰褐色辉绿岩砾石。器身宽大，较厚重，形状近三角形。

加工方法为锤击法。加工简单，沿砾石相邻两侧边缘多次单面剥片。在较长侧加工出一道弧凸状刃；刃缘整齐锋利，未见使用痕迹。较短侧边缘未成刃，应为修整器身留下的痕迹。两侧加工面相交处形成一个钝尖，尖部略经加工。打击片疤多较大且浅平，部分片疤达到甚至超过器身中轴线，使得加工面完全是片疤面；片疤打击方向由背面向腹面打击。长 14.6cm，宽 9.8cm，厚 6.5cm，重 899g（图二七四，1）。

标本 2015GLDT2 ⑦ b：24，原料为灰褐色辉绿岩石片。器身较宽大且较厚，形状近三角形。腹面微凸，为较整齐的破裂面。背面略内凹，完全保留自然砾面。右侧折断一大块，边缘钝厚。加工方法为锤击法。加工简单，沿石片远端中部边缘多次单面剥片，加工出一道弧刃。刃缘整齐锋利，未见使用痕迹。片疤多较小且浅平，打击方向由背面向腹面打击。长 12.7cm，宽 7.9cm，厚 3.4cm，重 304g（图二七四，2）。

AbⅢ型　2 件。

标本 2015GLDT1 ⑦：34，原料为灰褐色辉绿岩大石片。器身稍宽且厚重，形状近梯形。腹

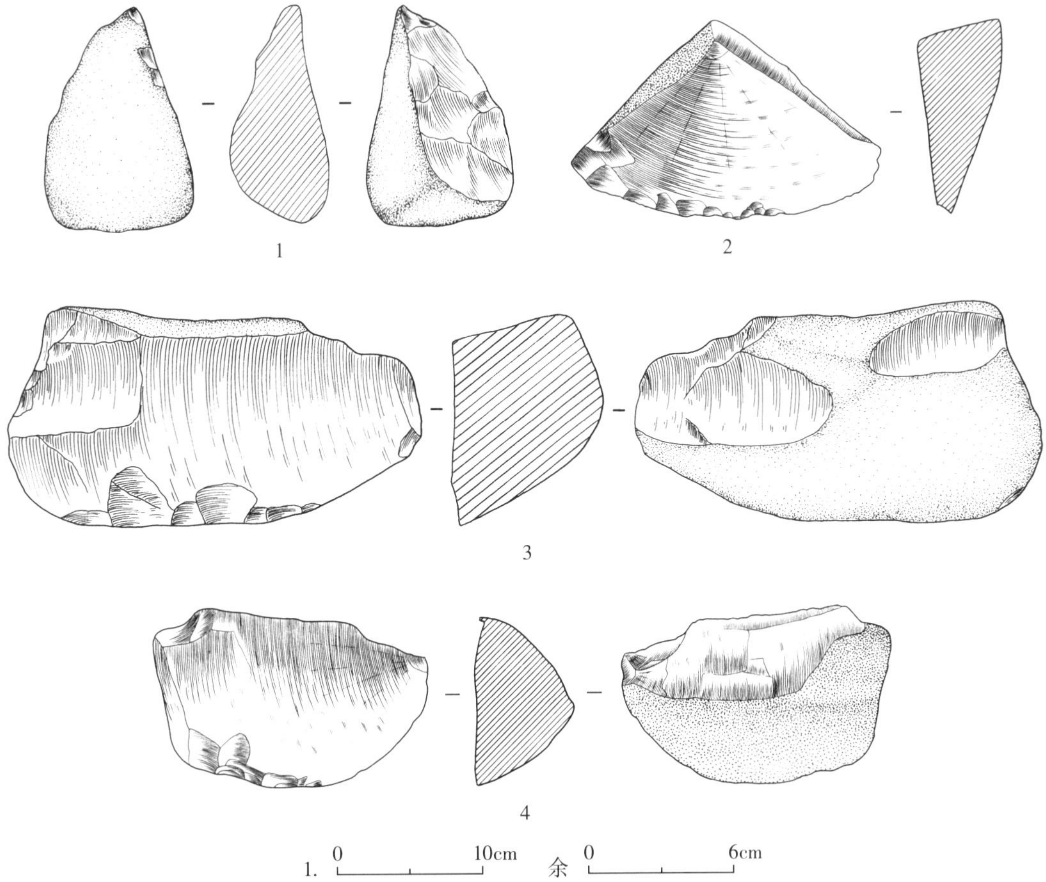

图二七四　大湾遗址第三文化层石制品（十四）

1、2. AbⅠ型砍砸器（2015GLDT1 ⑦：15、2015GLDT2 ⑦ b：24）　3、4. AbⅢ型砍砸器（2015GLDT1 ⑦：34、2015GLDT1 ⑦：47）

面较平，为较整齐的破裂面。背面凸起，大部分保留自然砾面。左侧下半部和右侧保留自然砾面，边缘钝厚。加工方法为锤击法。沿石片右侧和远端边缘多次单面剥片，在右侧加工出一道弧凸刃。刃缘整齐锋利，未见使用痕迹。近端和远端与右侧交汇处各加工出一个宽舌尖。右侧和远端的片疤多较小且浅平，打击方向由背面向腹面打击。近端由背面向腹面打击的片疤多较小且浅平，由腹面向背面打击的片疤多较大且深凹，部分片疤尾部折断形成陡坎。背面右侧下半部有一窄长而浅平的片疤，由远端向近端打击，应为修整把手留下的痕迹。长 17.0cm，宽 8.6cm，厚 6.0cm，重 1032g（图二七四，3；彩版七一，2）。

标本 2015GLDT1 ⑦：47，原料为灰褐色辉绿岩石片。器身稍厚重，形状近梯形。腹面稍平，为较整齐的破裂面。背面凸起，右半侧为层叠的片疤面，片疤面打击方向与石片打击方向相同。左侧和远端各折断一小块，边缘钝厚。加工方法为锤击法。沿石片右侧边缘多次单面剥片，加工出一道弧刃。刃缘整齐锋利，未见使用痕迹。片疤多较小且浅平，打击方向由背面向腹面打击，部分片疤尾部折断形成陡坎。长 11.1cm，宽 6.7cm，厚 4.0cm，重 332g（图二七四，4）。

Ac 型　1 件。属于 AcⅦ次亚型。

标本 2015GLDT1 ⑦：17，原料为灰褐色辉绿岩断块。器身稍窄稍厚，形状近长条形。两面均较平，其中一面为稍整齐的旧破裂面，另一面完全保留自然砾面。一端稍宽；另一端略窄，为不甚整齐的旧片疤面。加工方法为锤击法。沿断块两侧边缘多次单面剥片。在其中一侧加工出一道凹刃；刃缘整齐锋利，未见使用痕迹；另一侧未成刃，应为修整把手留下的痕迹。稍宽端边缘经多次双面剥片，加工出一个宽舌状尖。片疤多较大且浅平，打击方向由砾面向破裂面打击，部分片疤尾部折断形成陡坎。器身其余部位保留自然砾面。长 13.3cm，宽 5.3cm，厚 4.1cm，重 335g（图二七五，1；彩版七一，3）。

B 型　7 件。分别属于 Ba、Bb、Bc、Bd 亚型。

Ba 型　1 件。属于 BaⅢ次亚型。

标本 2015GLDT2 ⑥ b：21，原料为灰褐色辉绿岩石片。器身稍薄，形状近梯形。腹面为平整的破裂面。背面凸起，完全保留自然砾面。远端折断一大块，边缘钝厚。加工方法为锤击法。加工简单，沿石片左右两侧边缘多次单面剥片，各加工出一道直刃。刃缘整齐锋利，未见使用痕迹。片疤多细小且浅平，打击方向由背面向腹面打击。长 10.3cm，宽 6.5cm，厚 1.8cm，重 136g（图二七五，3）。

Bb 型　1 件。属于 BbⅥ次亚型。

标本 2015GLDT2 ⑥ b：28，原料为灰褐色辉绿岩石片。器身宽大，稍厚，形状近椭圆形。腹面为齐整的破裂面。背面凸起，近端有一较大面积的层叠的片疤面，片疤打击方向与石片打击方向相同，背面其余部分保留自然砾面。加工方法为锤击法。加工沿石片左右两侧边缘多次单面剥片，加工出两道弧凸刃。刃缘整齐锋利，未见使用痕迹。石片近端和远端均略作修整，应为修整把手留下的痕迹。片疤多较小且浅平，打击方向由背面向腹面打击。长 10.3cm，宽 8.4cm，厚 2.5cm，

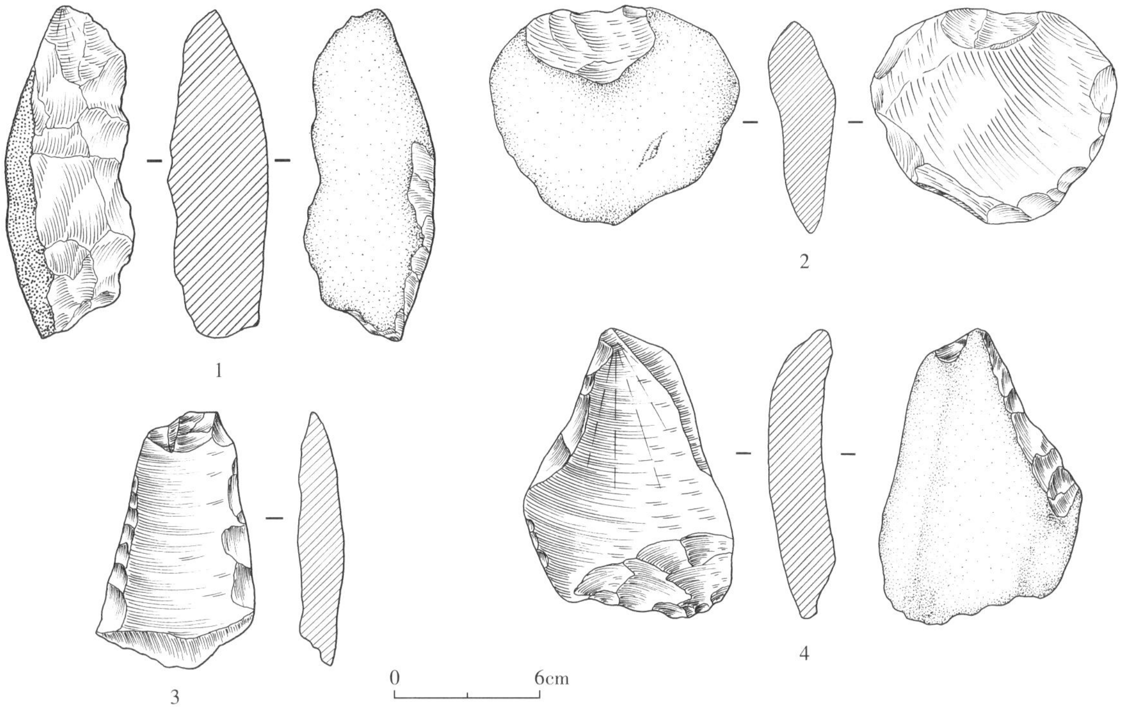

图二七五　大湾遗址第三文化层石制品（十五）

1. AcⅦ型砍砸器（2015GLDT1⑦：17）　2. BbⅥ型砍砸器（2015GLDT2⑥b：28）　3. BaⅢ型砍砸器（2015GLDT2⑥b：21）　4. BcⅧ型砍砸器（2015GLDT1⑦：46）

重252g（图二七五，2）。

Bc型　1件。属于BcⅧ次亚型。

标本2015GLDT1⑦：46，原料为灰褐色辉绿岩石片。器身宽大且略厚，形状不规则。腹面略内凹，为较整齐的破裂面，右侧上半部折断一小块，边缘钝厚。背面凸起，右侧边缘为一窄长而浅平、打击方向与石片打击方向相同的片疤，其余部分保留自然砾面。加工方法为锤击法。加工简单，沿石片左侧上半段和远端边缘多次单面剥片，各加工出一道凹刃。刃缘整齐锋利，未见使用痕迹。片疤多较小且浅平；左侧上半段片疤的打击方向由腹面向背面打击，远端片疤的打击方向由背面向腹面打击。长12.0cm，宽9.0cm，厚2.2cm，重291g（图二七五，4；彩版七一，4）。

Bd型　4件。分别属于BdⅢ、BdⅥ、BdⅧ次亚型。

BdⅢ型　2件。

标本2015GLDT1⑦：44，原料为灰褐色辉绿岩石片。器身较宽大且厚重，形状近梯形。腹面为平整的破裂面。背面凸起，近端有几个稍大且浅平、打击方向与石片打击方向相同的片疤，其余部分保留自然砾面。加工方法为锤击法。先沿石片左侧边缘多次单面剥片，加工出一道弧刃；刃缘整齐锋利，未见使用痕迹；打击片疤多较小且浅平，打击方向由背面向腹面打击。再在远端中部边缘由腹面向背面打出一个较小且浅平的片疤，加工出一道凹刃；刃缘整齐锋利，未见使用痕迹。最后沿石片右侧边缘多次单面剥片，边缘并未成刃，应为修整把手留下的痕迹。片疤多较小且浅平，打击方向由背面向腹面打击。长 13.7cm，宽 9.7cm，厚 3.6cm，重 654g（图二七六，1；彩版七一，5）。

标本 2015GLDT1 ⑦：11，原料为灰褐色辉绿岩石片。器身稍宽厚，形状近梯形。腹面较平，为平整的破裂面。背面凸起，完全保留自然砾面。加工方法为锤击法。先沿石片左侧边缘多次单面剥片，加工出一道直刃；再沿远端边缘多次单面剥片，加工出一道弧凸状刃。两道刃缘均整齐锋利，未见使用痕迹。两刃相交处加工出一个钝尖。片疤多较小且浅平，打击方向由背面向腹面打击，部分片疤尾部折断形成陡坎。长 10.7cm，宽 7.8cm，厚 3.5cm，重 455g（图二七六，2）。

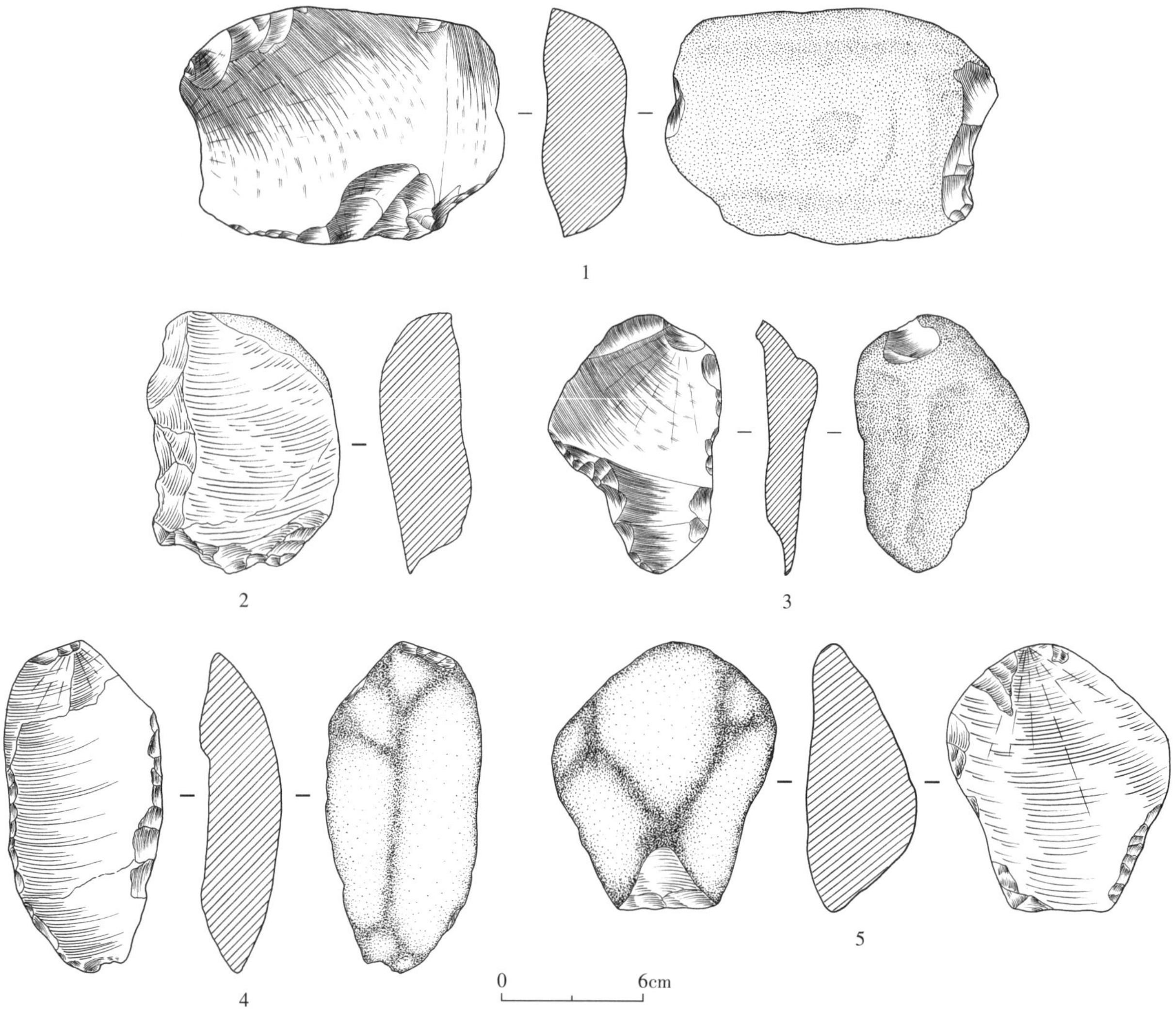

图二七六　大湾遗址第三文化层石制品（十六）

1、2. BdⅢ型砍砸器（2015GLDT1 ⑦：44、2015GLDT1 ⑦：11）　3. BdⅧ型砍砸器（2015GLDT1 ⑥：18）　4. BdⅥ型砍砸器（2015GLDT1 ⑦：12）　5. CdⅧ型砍砸器（2015GLDT1 ⑦：42）

BdⅥ型　1件。

标本2015GLDT1⑦：12，原料为灰褐色辉绿岩石片。器身稍窄长，稍厚，形状近椭圆形。腹面凹凸不平，为不甚平整的破裂面。背面凸起，完全保留自然砾面。加工方法为锤击法。沿石片左右两侧和远端边缘多次单面剥片，在两侧加工出一道弧刃和一道直刃；远端边缘加工出一个宽舌状尖。两道刃缘和舌状尖均整齐锋利，未见使用痕迹。片疤多较小且浅平，打击方向由背面向腹面打击。长13.6cm，宽6.5cm，厚3.0cm，重325g（图二七六，4）。

BdⅧ型　1件。

标本2015GLDT1⑥：18，原料为灰褐色辉绿岩石片。器身稍薄，形状不规则。腹面略内凹，为整齐的破裂面。背面凸起，完全保留自然砾面。加工方法为锤击法。加工沿石片左侧下半部和右侧边缘多次单面剥片，加工出一道凹刃和一道直刃。刃缘整齐锋利，未见使用痕迹。片疤多较小且浅平，打击方向由背面向腹面打击。长10.6cm，宽7.2cm，厚2.2cm，重158g（图二七六，3；彩版七一，6）。

C型　1件。属于Cd亚型中的CdⅧ次亚型。

标本2015GLDT1⑦：42，原料为灰褐色辉绿岩石片。器身稍短，稍厚重，形状不规则。腹面为较平整的破裂面。背面凸起，远端右侧边缘折断一大块，其余部分保留自然砾面。加工方法为锤击法。沿石片左侧、远端左侧和右侧下半部边缘多次单面剥片；左侧和远端左侧边缘各加工出一道弧刃，右侧下半部边缘加工出一道凹刃。三道刃缘均整齐锋利，未见使用痕迹。打击片疤多较小且浅平。左侧和右侧下半部片疤的打击方向由背面向腹面打击，远端左侧片疤的打击方向由腹面向背面打击。长10.8cm，宽9.2cm，厚4.6cm，重492g（图二七六，5；彩版七二，1）。

刮削器　16件。原料有石片和断块两种。其中石片15片，占该文化层出土刮削器总数的93.75%；断块1块，占该文化层出土刮削器总数的6.25%。岩性均为辉绿岩。加工方法均为锤击法。多为单面加工，背面为自然砾面。加工时由背面向腹面打击；加工部位通常位于器身一端或一侧。加工较为简单，在器身一端或一侧加工出刃口。加工面往往只有一层片疤，且仅限于边缘部分；刃缘有不同程度的修整，未见使用痕迹。加工片疤多较小且浅平，多为长大于宽。把端多不加修理。形状有三角形、四边形、梯形、圆形、半圆形、椭圆形和不规则形七种。其中三角形3件，占该文化层出土刮削器总数的18.75%；四边形、圆形、椭圆形和半圆形各1件，各占该文化层出土刮削器总数的6.25%；梯形4件，占该文化层出土刮削器总数的25.00%；不规则形5件，占该文化层出土刮削器总数的31.25%。器身长度最大值10.5cm，最小值7.5cm；宽度最大值10.5cm，最小值4.2cm；厚度最大值3.0cm，最小值1.3cm；重量最大值322g，最小值61g。分别属于A、B、C型。

A型　8件。分别属于Aa、Ab、Ac亚型。

Aa型　4件。分别属于AaⅠ、AaⅢ、AaⅧ次亚型。

AaⅠ型　1件。

标本 2015GLDT1 ⑥：13，原料为灰褐色辉绿岩石片。器身稍小稍薄，形状近三角形。腹面为凹凸不平的破裂面。背面稍平，完全保留自然砾面。石片左侧折断一大块，边缘钝厚。加工方法为锤击法。加工简单，沿石片远端边缘多次双面剥片，加工出一道直刃。刃缘整齐锋利，未见使用痕迹。片疤多细小且浅平，打击方向多由背面向腹面打击，少量由腹面向背面打击。右侧边缘锋利，两侧可见较多细小的向两侧崩裂的崩疤，这些片疤应为使用痕迹。长 9.4cm，宽 8.0cm，厚 1.3cm，重 102g（图二七七，1）。

AaⅢ型　2 件。

标本 2015GLDT1 ⑥：9，原料为灰褐色辉绿岩石片。器身稍扁薄，形状近梯形。腹面微凸，为较整齐的破裂面。背面微凸，右半侧为一处很大的片疤面，片疤面打击方向与石片打击方向垂直。左侧下半部折断一小块，边缘钝厚。加工方法为锤击法。沿石片右侧边缘多次单面剥片，加工出一道直刃。刃缘整齐锋利，未见使用痕迹。片疤多较小且浅平，打击方向由背面向腹面打击。长 9.2cm，宽 7.8cm，厚 1.5cm，重 116g（图二七七，2；彩版七二，2）。

标本 2015GLDT1 ⑥：27，原料为灰褐色辉绿岩石片。器身稍短，稍厚，形状近梯形。腹面

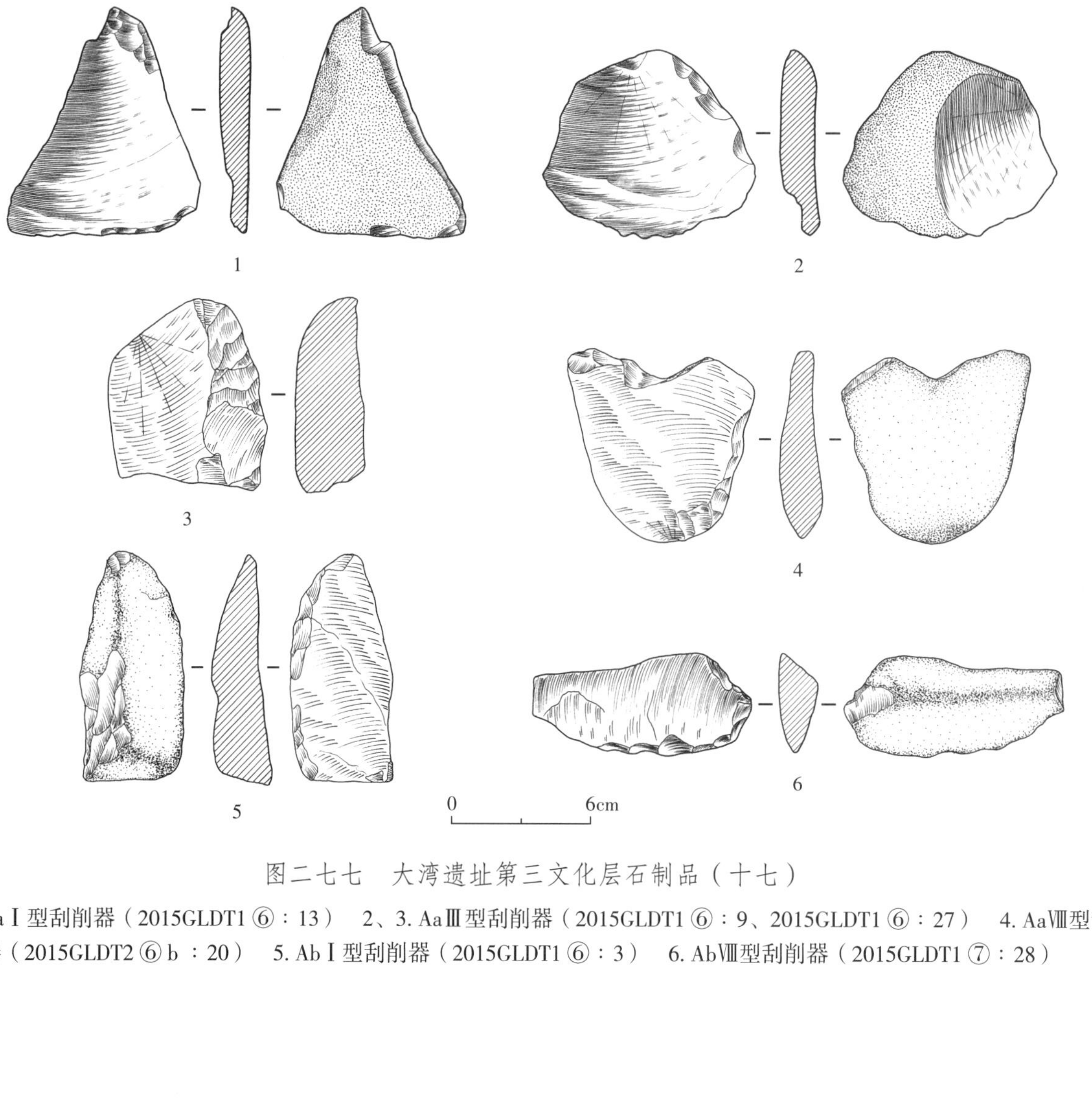

图二七七　大湾遗址第三文化层石制品（十七）

1. AaⅠ型刮削器（2015GLDT1 ⑥：13）　2、3. AaⅢ型刮削器（2015GLDT1 ⑥：9、2015GLDT1 ⑥：27）　4. AaⅧ型刮削器（2015GLDT2 ⑥ b ：20）　5. AbⅠ型刮削器（2015GLDT1 ⑥：3）　6. AbⅧ型刮削器（2015GLDT1 ⑦：28）

为整齐的破裂面。背面凸起，完全保留自然砾面。石片左右两侧上半部保留自然砾面。左侧下半部折断一大块，边缘钝厚。加工方法为锤击法。加工简单，沿石片右侧下半部边缘多次单面剥片，加工出一道直刃。刃缘整齐锋利，未见使用痕迹。左右两侧下半部在远端中部交汇，加工出一个钝尖。片疤多较小且浅平，打击方向由背面向腹面打击。长 7.7cm，宽 6.7cm，厚 3.0cm，重 211g（图二七七，3）。

AaⅧ型　1 件。

标本 2015GLDT2 ⑥ b：20，原料为灰褐色辉绿岩断块。器身稍薄，形状不规则。一面为凹凸不平的破裂面。另一面凸起，完全保留自然砾面。加工方法为锤击法。加工简单，沿断块较短侧边缘多次单面剥片，加工出一道直刃。刃缘整齐锋利，未见使用痕迹。器身较窄端和较长侧上半部略经单面剥片，应为修整把手留下的痕迹。片疤多较小且浅平，打击方向由凸起面向破裂面打击。长 7.5cm，宽 7.5cm，厚 1.8cm，重 136g（图二七七，4）。

Ab 型　2 件。分别属于 AbⅠ次亚型和 AbⅧ次亚型。

AbⅠ型　1 件。

标本 2015GLDT1 ⑥：3，原料为灰褐色辉绿岩石片。器身稍窄小，稍厚，形状近三角形。腹面为整齐的破裂面。背面凸起，完全保留自然砾面。石片左侧上半部为层叠的片疤面，其打击方向与石片打击方向相同；下半部保留自然砾面，边缘钝厚。加工方法为锤击法。沿石片右侧边缘多次单面剥片，加工出一道弧刃。刃缘整齐锋利，未见使用痕迹。片疤多较小且浅平，打击方向由背面向腹面打击。长 9.6cm，宽 4.5cm，厚 2.3cm，重 119g（图二七七，5；彩版七二，3）。

AbⅧ型　1 件。

标本 2015GLDT1 ⑦：28，原料为灰褐色辉绿岩小石片。器身窄长且稍薄，形状不规则。腹面凹凸不平，为略整齐的破裂面。背面凸起，近端有一稍大且浅平的片疤，其余部分保留自然砾面。远端折断一小块，边缘钝厚。加工方法为锤击法。加工简单，沿石片右侧边缘多次单面剥片，加工出一道弧刃。刃缘整齐锋利，未见使用痕迹。片疤多较小且浅平，打击方向由背面向腹面打击。长 9.4cm，宽 4.2cm，厚 1.6cm，重 61g（图二七七，6）。

Ac 型　2 件。分别属于 AcⅠ次亚型和 AcⅧ次亚型。

AcⅠ型　1 件。

标本 2015GLDT2 ⑦ b：19，原料为灰褐色辉绿岩石片。器身稍厚，形状近三角形。腹面为较平整的破裂面。背面微凸，完全保留自然砾面。石片左侧保留自然砾面，边缘钝厚。加工方法为锤击法。加工简单，沿石片远端边缘多次单面剥片，加工出一道凹刃。刃缘整齐锋利，未见使用痕迹。片疤多较小且浅平，打击方向由背面向腹面打击。右侧边缘锋利，两侧可见较多细小的向两侧崩裂的崩疤，这些崩疤应为使用痕迹。长 8.9cm，宽 7.5cm，厚 2.2cm，重 192g（图二七八，1；彩版七二，4）。

AcⅧ型　1 件。

标本 2015GLDT2 ⑥ b ：19，原料为灰褐色辉绿岩石片。器身稍厚，形状不规则。腹面为较平整的破裂面。背面微凸，完全保留自然砾面。石片右侧保留自然砾面，边缘钝厚。加工方法为锤击法。加工简单，沿石片远端边缘多次单面剥片，加工出一道凹刃。刃缘整齐锋利，未见使用痕迹。右侧与远端交汇处加工出一个钝尖。片疤多较大且浅平，打击方向由背面向腹面打击。近端附近略经单面剥片，应为修整把手留下的痕迹。长 8.4cm，宽 6.4cm，厚 2.0cm，重 146g（图二七八，2）。

B 型　5 件。分别属于 Ba、Bb、Bd 亚型。

Ba 型　1 件。属于 BaⅢ次亚型。

标本 2015GLDT2 ⑦ b ：15，原料为灰褐色辉绿岩石片。器身稍厚，形状近梯形。腹面为平整的破裂面。背面凸起，近端有几个较小且浅平的、打击方向与石片打击方向相同的片疤，其余部分保留自然砾面。加工方法为锤击法。加工简单，沿石片右侧和近端边缘多次单面剥片，各加工出一道直刃。刃缘整齐锋利，未见使用痕迹。片疤多细小且浅平。右侧的片疤打击方向由背面向腹面打击，近端的片疤打击方向由腹面向背面打击。长 8.5cm，宽 8.0cm，厚 2.1cm，重 183g（图二七八，3；彩版七二，5）。

Bb 型　2 件。分别属于 BbⅣ次亚型和 BbⅥ次亚型。

BbⅣ型　1 件。

标本 2015GLDT1 ⑦：36，原料为灰褐色辉绿岩石片。器身宽大且稍厚，形状近圆形。腹面为平整的破裂面。背面凸起，完全保留自然砾面。加工方法为锤击法。加工简单，沿石片右侧下

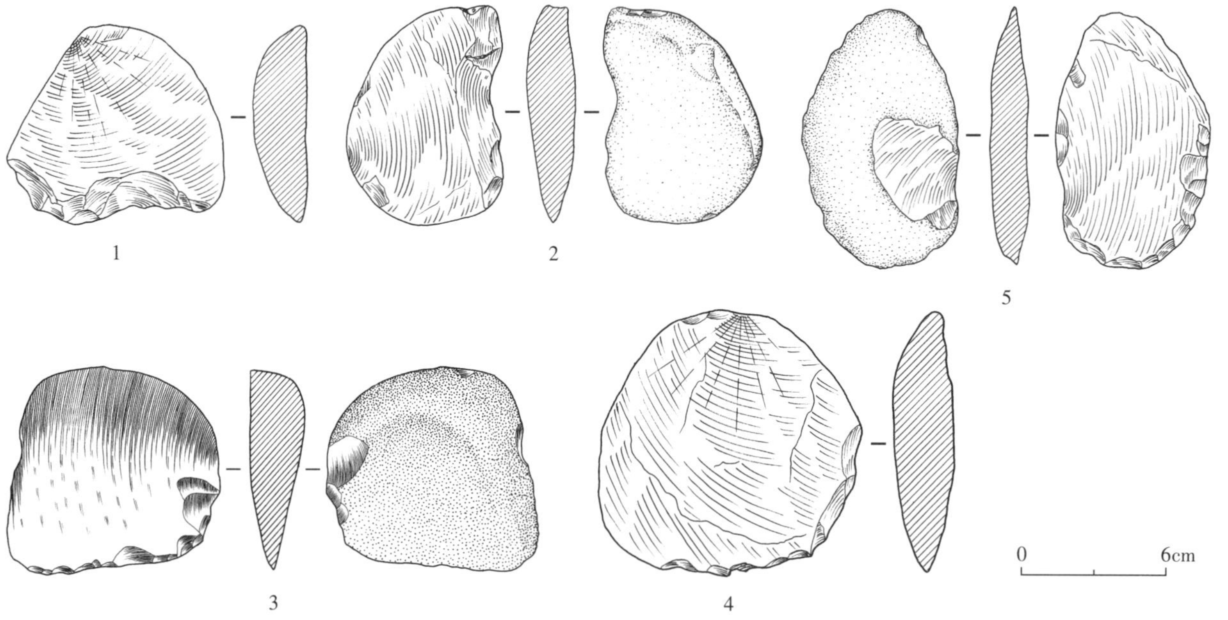

图二七八　大湾遗址第三文化层石制品（十八）

1. AcⅠ型刮削器（2015GLDT2 ⑦ b ：19）　2. AcⅧ型刮削器（2015GLDT2 ⑥ b ：19）　3. BaⅢ型刮削器（2015GLDT2 ⑦ b ：15）　4. BbⅣ型刮削器（2015GLDT1 ⑦：36）　5. BbⅥ型刮削器（2015GLDT2 ⑦ a ：3）

半段和远端边缘多次单面剥片，各加工出一道弧凸刃。刃缘整齐锋利，未见使用痕迹。片疤多较小且浅平，打击方向由背面向腹面打击。长 10.5cm，宽 10.5cm，厚 2.5cm，重 322g（图二七八，4；彩版七二，6）。

BbⅥ型　1 件。

标本 2015GLDT2 ⑦ a：3，原料为灰褐色辉绿岩石片。器身稍小，扁薄，形状近椭圆形。腹面为平整的破裂面。背面凸起，近端有一较大面积的层叠片疤面，其余部分保留自然砾面。加工方法为锤击法。加工简单，沿石片左侧和远端边缘多次单面剥片，各加工出一道弧凸刃。刃缘整齐锋利，未见使用痕迹。右侧下半段略经双面剥片，右侧与远端交汇处加工出一个宽舌尖。片疤多较小且浅平，打击方向由背面向腹面打击，部分片疤尾部折断形成陡坎。长 9.9cm，宽 6.3cm，厚 1.4cm，重 112g（图二七八，5）。

Bd 型　2 件。分别属于 BdⅡ次亚型和 BdⅧ次亚型。

BdⅡ型　1 件。

标本 2015GLDT2 ⑦ b：10，原料为灰褐色辉绿岩石片。器身稍短，稍厚，形状近四边形。腹面为整齐的破裂面，远端折断一大块，边缘钝厚。背面凸起，左右两侧各有一面积较大的层叠片疤面，片疤打击方向与石片打击方向垂直，其余部分保留自然砾面。加工方法为锤击法。加工简单，沿石片两端边缘多次单面剥片，加工出一道直刃和一道弧凸刃。刃缘整齐锋利，未见使用痕迹。片疤多较小且浅平，打击方向由背面向腹面打击，部分片疤尾部折断形成陡坎。长 8.9cm，宽 8.1cm，厚 2.7cm，重 268g（图二七九，1；彩版七三，1）。

BdⅧ型　1 件。

标本 2015GLDT1 ⑦：7，原料为灰褐色辉绿岩石片。器身窄长且扁薄，形状不规则。腹面略内凹，为整齐的破裂面；近端折断一大块，边缘钝厚。背面凸起，完全保留自然砾面。加工方法为锤击法。加工简单，沿石片左右两侧边缘多次单面剥片，加工出一道凹刃和一道弧凸刃。刃缘整齐锋利，未见使用痕迹。远端略经双面剥片，加工出一个舌尖。片疤多较小且浅平，打击方向由背面向腹面打击。长 9.4cm，宽 4.6cm，厚 1.6cm，重 94g（图二七九，2）。

C 型　3 件。分别属于 Cd 亚型中的 CdⅢ、CdⅤ、CdⅧ次亚型。

CdⅢ型　1 件。

标本 2015GLDT1 ⑦：9，原料为灰褐色辉绿岩石片。器身稍短，稍厚，形状近梯形。腹面为略整齐的破裂面，左侧下半段折断一小块，边缘钝厚。背面凸起，完全保留自然砾面。加工方法为锤击法。加工简单，沿石片近端、左侧和远端边缘多次单面剥片，分别加工出一道弧凸刃和两道直刃。刃缘整齐锋利，未见使用痕迹。左侧与远端交汇处加工出一个钝尖。片疤多较小且浅平，打击方向由背面向腹面打击，部分片疤尾部折断形成陡坎。长 8.7cm，宽 6.9cm，厚 2.2cm，重 160g（图二七九，3；彩版七三，2）。

CdⅤ型　1 件。

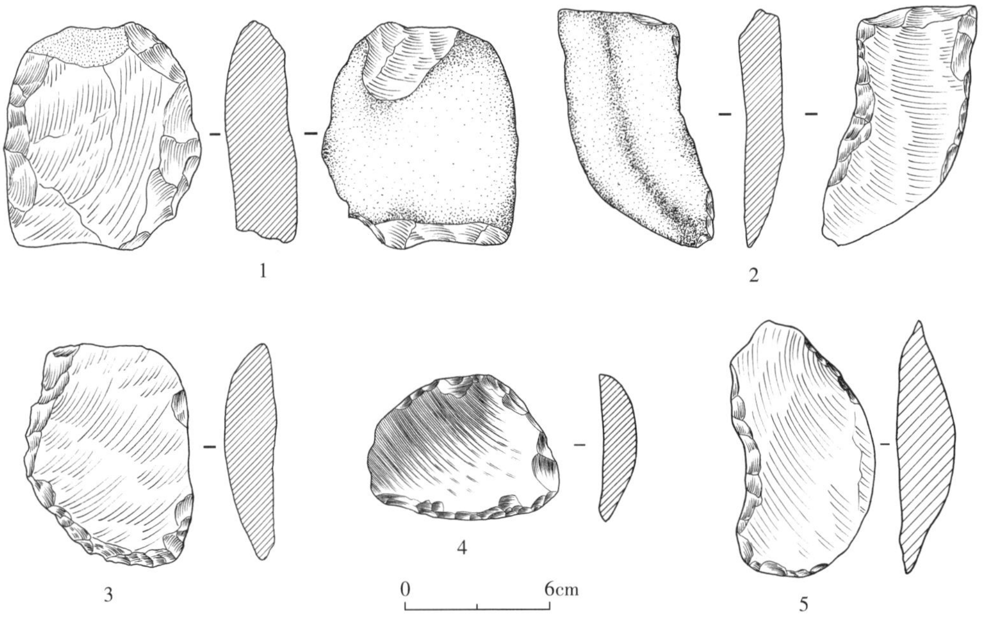

图二七九　大湾遗址第三文化层石制品（十九）

1. BdⅡ型刮削器（2015GLDT2⑦b：10）　2. BdⅧ型刮削器（2015GLDT1⑦：7）　3. CdⅢ型刮削器（2015GLDT1⑦：9）　4. CdⅤ型刮削器（2015GLDT1⑦：25）　5. CdⅧ型刮削器（2015GLDT1⑦：8）

标本2015GLDT1⑦：25，原料为灰褐色辉绿岩石片。器身较小且扁薄，形状近半圆形。腹面略内凹，为整齐的破裂面。背面凸起，完全保留自然砾面。加工方法为锤击法。加工简单，沿石片左右两侧和远端边缘多次单面剥片，分别加工出两道直刃和一道弧凸刃。刃缘整齐锋利，未见使用痕迹。片疤多较小且浅平，打击方向由背面向腹面打击。长7.9cm，宽5.7cm，厚1.3cm，重73g（图二七九，4）。

CdⅧ型　1件。

标本2015GLDT1⑦：8，原料为灰褐色辉绿岩石片。器身稍厚，形状不规则。腹面为较平整的破裂面。背面微凸，完全保留自然砾面。加工方法为锤击法。先沿石片近端边缘多次双面剥片，加工出一道直刃；再沿右侧和远端边缘多次单面剥片，各加工出一道弧凸刃和一道凹刃。三道刃缘均整齐锋利，未见使用痕迹。片疤多较小且浅平。近端剥片以由背面向腹面打击为主，由腹面向背面打击为辅；右侧和远端剥片由背面向腹面打击。长9.9cm，宽5.6cm，厚2.4cm，重150g（图二七九，5）。

尖状器　4件。原料有断块和石片两种。其中断块1件，占该文化层出土尖状器总数的25%；石片3件，占该文化层出土尖状器总数的75%。岩性只有辉绿岩一种。加工方法均为锤击法，单面加工，背面通常为砾石面。加工部位多见于器身一侧和一端。加工较为简单，仅限于边缘部分。片疤多较小且浅平，多为长大于宽。把端多不加修理，保留自然砾面。侧边有所修整但多不成刃。未见使用痕迹。器身形状有三角形和不规则形两种，每种形状各2件。器身长度最大值15.9cm，最小值 10.2cm；宽度最大值 9.0cm，最小值 6.8cm；厚度最大值 4.8cm，最小值 2.3cm；重量最大值 633g，最小值 154g。均属于 A 型中的 Ac 亚型，分别属于 AcⅠ次亚型和 AcⅧ次亚型。

AcⅠ型　2 件。

标本 2015GLDT1⑥：50，原料为灰褐色辉绿岩石片。器身较宽大，较薄，形状近三角形。腹面凸起，为稍整齐的破裂面。背面凹凸不平，约五分之三为层叠的片疤面，片疤面集中于中部和右侧，其余部分保留自然砾面。加工方法为锤击法。沿石片右侧和远端边缘向远端与右侧交汇处多次单面剥片，加工出一个舌尖。尖部经较多修整，未见使用痕迹。片疤多较小且浅平。右侧和远端片疤的打击方向由背面向腹面打击，尖部片疤的打击方向由腹面向背面打击。长 14.0cm，宽 9.0cm，厚 2.4cm，重 335g（图二八〇，1）。

AcⅧ型　2 件。

标本 2015GLDT2⑦b：12，原料为灰褐色辉绿岩断块。器身稍厚，形状不规则。一面凹凸不平，为不规则的破裂面。另一面凸起，完全保留自然砾面。一端较窄，另一端较宽。加工方法为锤击法。先沿一侧边缘向较窄端多次单面剥片，边缘钝厚不成刃。再以较窄端为台面向破裂面和一侧单面各剥出一个片疤；两个片疤均较大且深凹，尾部折断形成陡坎；打击方向由较窄端向较宽端打击。再沿较窄端略作双面修整，加工出一个舌尖。未见使用痕迹。较宽端也略作单面剥片，应为修整把手留下的痕迹。器身其余部位未见人工痕迹。长 11.0cm，宽 6.8cm，厚 3.7cm，重 154g（图二八〇，2）。

3. 磨制石制品

80 件。包括石斧、石锛、石凿、斧锛类半成品、斧锛类毛坯和研磨器六大类型。其中石斧 9 件，占该文化层出土磨制石制品总数的 11.25%；石锛 12 件，占该文化层出土磨制石制品总数的 15.00%；石凿 6 件，占该文化层出土磨制石制品总数的 7.50%；斧锛类半成品 13 件，占该文化层出土磨制石制品总数的 16.25%；斧锛类毛坯 32 件，占该文化层出土磨制石制品总数的 40.00%；

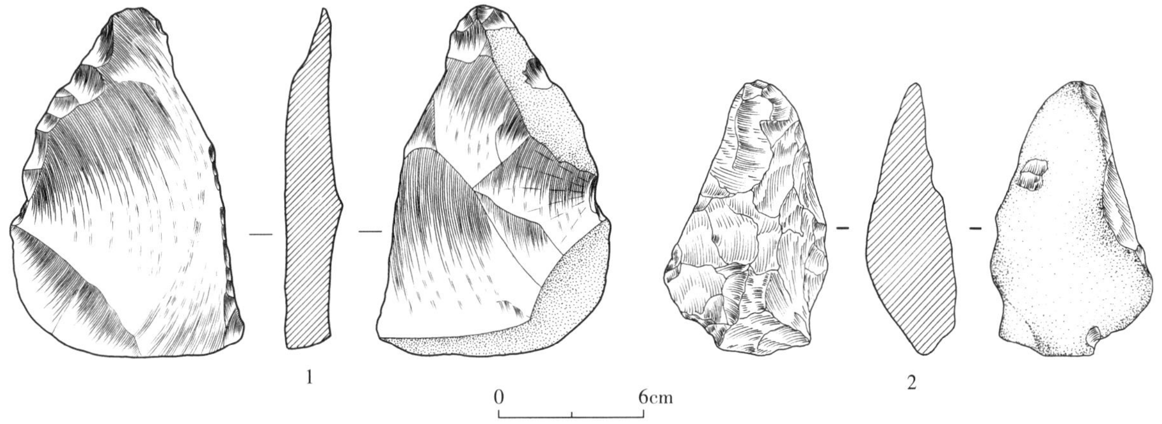

图二八〇　大湾遗址第三文化层石制品（二十）

1. AcⅠ型尖状器（2015GLDT1⑥：50）　2. AcⅧ型尖状器（2015GLDT2⑦b：12）

研磨器毛坯 8 件，占该文化层出土磨制石制品总数的 10.00%。

石斧　9 件。包括完整件和残件两大类型。其中完整件 8 件，占该文化层出土石斧总数的 88.89%；残件 1 件，占该文化层出土石斧总数的 11.11%。岩性均为辉绿岩。磨制部位仅见局部磨制一种，均为磨制刃部，刃缘仅见弧刃一种，刃部多见使用痕迹。器身形状有三角形、梯形、椭圆形、不规则形四种。其中三角形和不规则形各 1 件，各占该文化层出土石斧总数的 11.11%；梯形 5 件，占该文化层出土石斧总数的 55.56%；椭圆形 2 件，占该文化层出土石斧总数的 22.22%。器身长度最大值 15.1cm，最小值 5.4cm；宽度最大值 7.6cm，最小值 4.4cm；厚度最大值 3.2cm，最小值 0.9cm；重量最大值 565g，最小值 54g。

第一类　完整件。8 件。分别属于 B 型中的 Ba、Bc、Bf、Bi 亚型。

Ba 型　1 件。

标本 2015GLDT2 ⑦ a：25，原料为灰褐色辉绿岩砾石。器身扁薄，形状近三角形。一端较宽，另一端较窄。器身一侧下半部经过多次双面剥片；片疤多较小且浅平，未经磨制。较宽端两面均经精心磨制，形成两道宽窄不一、相互倾斜的光滑刃面。两刃面交汇处磨制出一道整齐锋利的弧凸状刃口。刃缘可见较多细小的崩疤，这些崩疤应为使用痕迹。器身其余部位保留自然砾面。长 8.2cm，宽 4.9cm，厚 0.9cm，重 54g（图二八一，1；彩版七三，3）。

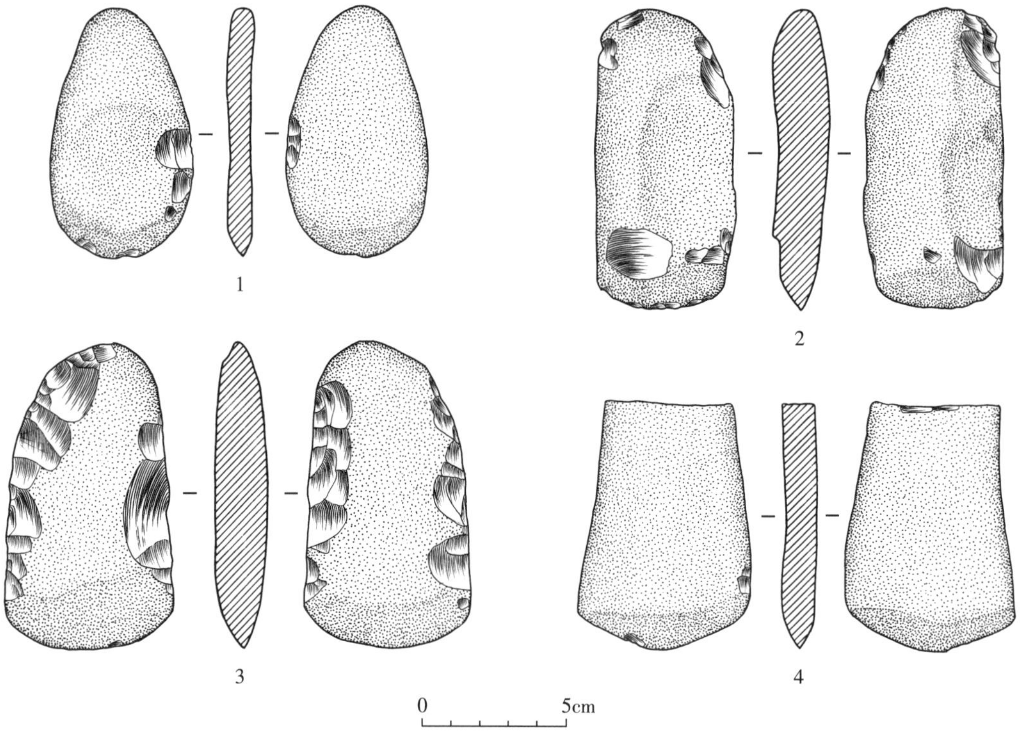

图二八一　大湾遗址第三文化层石制品（二十一）

1. Ba 型石斧（2015GLDT2 ⑦ a：25）　2~4. Bc 型石斧（2015GLDT2 ⑥ a：4、2015GLDT2 ⑦ a：5、2015GLDT2 ⑥ b：2）

Bc 型　4 件。

标本 2015GLDT2 ⑥ a：4，原料为灰褐色辉绿岩砾石。器身稍窄厚，形状近梯形。一端稍宽，另一端略窄。一侧稍宽厚，另一侧略窄薄。略窄端与宽厚侧交汇处有一些较小且深凹的旧片疤，片疤棱角已磨圆。先以宽厚侧的旧片疤为台面略作剥片，再在略窄端与窄薄侧的交汇处略经双面剥片，然后在宽厚侧下半部多次单面剥片。片疤多较小且浅平，部分片疤尾部折断形成陡坎，未经磨制。稍宽端两面均经精心磨制，形成两道宽窄不一、相互倾斜的光滑刃面；两刃面上部的低凹处均可见少量打击疤痕。两刃面交汇处磨制出一道整齐锋利的弧凸状刃口。刃缘可见较多细小的崩疤，这些崩疤应为使用痕迹。器身其余部位保留自然砾面。长 9.9cm，宽 4.8cm，厚 1.9cm，重 144g（图二八一，2）。

标本 2015GLDT2 ⑦ a：5，原料为灰褐色辉绿岩砾石。器身稍宽，形状近梯形。一端较宽，另一端较窄。器身较窄端一侧经过多次单面剥片；两侧均经过多次双面剥片，两面剥片较均衡，疤痕均较密集；片疤多较小且浅平，部分片疤尾部折断形成陡坎，未经磨制。较宽端两面均经过精心磨制，形成两道宽窄不一、相互倾斜的光滑刃面。两刃面交汇处磨制出一道整齐锋利的弧凸状刃口。刃缘可见较多细小的崩疤，这些崩疤应为使用痕迹。器身其余部位保留自然砾面。长 10.1cm，宽 5.8cm，厚 1.8cm，重 161g（图二八一，3；彩版七三，4）。

标本 2015GLDT2 ⑥ b：2，原料为灰褐色辉绿岩砾石。器身稍薄，形状近梯形。一端稍宽，另一端略窄，为较整齐的截断面。器身两侧均未经加工。稍宽端两面均经精心磨制，形成两道宽窄不一、相互倾斜的光滑刃面。两刃面交汇处磨制出一道整齐锋利的弧凸状刃口。刃缘可见部分细小的崩疤，这些崩疤应为使用痕迹。器身其余部位保留自然砾面。长 8.1cm，宽 5.8cm，厚 1.2cm，重 102g（图二八一，4）。

标本 2015GLDT2 ⑦ b：4，原料为灰褐色辉绿岩砾石。器身宽大且厚重，形状近梯形。一端稍宽，另一端较窄。一面稍内凹，另一面凸起。器身两侧均经过多次双面剥片；加工以内凹面为主，该面疤痕密集，另一面疤痕稍少；片疤多较小且浅平，部分片疤尾部折断形成陡坎或阶梯状。内凹面两侧的疤痕略经磨制，可见少许光滑磨痕；凸起面的疤痕未经磨制。稍宽端两面均经精心磨制，形成两道相互倾斜的光滑刃面。刃面上保留许多细小密集的斜线状磨痕。其中一刃面较宽，低凹处仍可见少量打击疤痕；另一刃面略窄，基本不见打击疤痕。两刃面交汇处磨制出一道整齐锋利的弧凸状刃口。刃缘可见较多细小的崩疤，这些崩疤应为使用痕迹。器身其余部位保留自然砾面。长 15.1cm，宽 7.6cm，厚 3.2cm，重 565g（图二八二，1）。

Bf 型　2 件。

标本 2015GLDT2 ⑦ a：12，原料为灰褐色辉绿岩砾石。器身略短小，扁薄，形状近椭圆形。一端较宽，另一端较窄。器身较窄端和两侧未经加工。较宽端两面均经精心磨制，形成两道宽窄不一、相互倾斜的光滑刃面；另一刃面略窄。两刃面交汇处磨制出一道整齐锋利的弧凸状刃口。刃缘两侧可见部分细小的崩疤，这些崩疤应为使用痕迹。器身其余部位保留自然砾面。长 7.9cm，

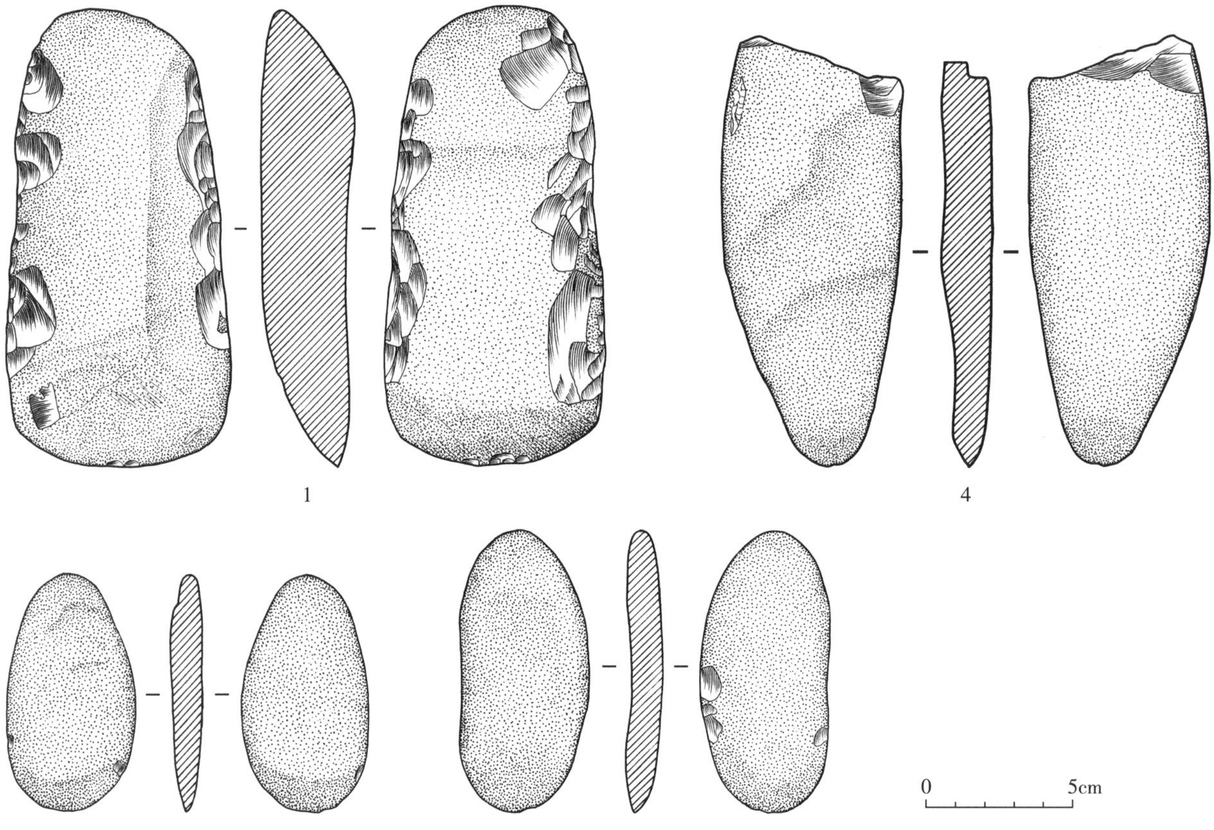

图二八二　大湾遗址第三文化层石制品（二十二）

1. Bc 型石斧（2015GLDT2 ⑦ b ：4）　2、3. Bf 型石斧（2015GLDT2 ⑦ a ：12、2015GLDT2 ⑦ a ：22）　4. Bi 型石斧（2015GLDT2 ⑥ b ：4）

宽 4.4cm，厚 1.1cm，重 56g（图二八二，2；彩版七三，5）。

标本 2015GLDT2 ⑦ a ：22，原料为灰褐色辉绿岩砾石。器身稍扁薄，形状近椭圆形。一端稍宽；另一端略窄，未经加工。两侧下半部略经单面剥片，打击片疤多较小且浅平，未经磨制。稍宽端两面均经精心磨制，形成两道宽窄不一、相互倾斜的光滑刃面。两刃面交汇处磨制出一道整齐锋利的弧凸状刃口。刃缘两侧可见部分细小的崩疤，这些崩疤应为使用痕迹。器身其余部位保留自然砾面。长 9.3cm，宽 4.4cm，厚 1.1cm，重 79g（图二八二，3）。

Bi 型　1 件。

标本 2015GLDT2 ⑥ b ：4，原料为灰褐色辉绿岩砾石。器身略宽长，形状不规则。一端较窄；另一端较宽，为不规整的断裂面。器身一侧上半部略经磨制，可见一些光滑磨痕；下半部和另一侧未经加工。较窄端两面均经精心磨制，形成两道宽窄不一、相互倾斜的光滑刃面。两刃面交汇处磨制出一道整齐锋利的弧凸状刃口。刃缘未见使用痕迹。器身其余部位保留自然砾面。长 13.3cm，宽 6.1cm，厚 1.8cm，重 198g（图二八二，4）。

第二类　残件。1 件。属于 B 型中的 Bc 亚型。

标本 2015GLDT1 ⑦：4，原料为灰褐色辉绿岩砾石。器身扁薄，形状近梯形。一端略窄；另一端稍宽，为不甚规整的断裂面。器身一侧上部经多次双面剥片，下部经多次单面剥片，片疤较小且浅平，未经磨制；另一侧未经加工。略窄端两面均经精心磨制，形成两道宽窄不一、相互倾斜的光滑刃面。两刃面交汇处磨制出一道整齐锋利的弧凸状刃口。刃口两侧可见少量细碎的崩疤，这些崩疤应为使用痕迹。其余部位未见人工痕迹。残长 5.4cm，宽 5.9cm，厚 1.2cm，重 62g（图二八三，1）。

石锛　12 件。均为完整件。岩性见有辉绿岩和硅质岩两种。其中辉绿岩 11 件，占该文化层出土石锛总数的 91.67%；硅质岩 1 件，占该文化层出土石锛总数的 8.33%。磨制部位只有局部磨制一种，均为磨制刃部，未见通体磨制者。器身形状有三角形、四边形、梯形、椭圆形和长条形五种。其中三角形、梯形和长条形各 3 件，各占该文化层出土石锛总数的 25.00%；椭圆形 2 件，占该文化层出土石锛总数的 16.67%；四边形 1 件，占该文化层出土石锛总数的 8.33%。器身长度最大值 11.0cm，最小值 5.9cm；宽度最大值 6.0cm，最小值 3.3cm；厚度最大值 2.1cm，最小值 0.8cm；重量最大值 222g，最小值 27g。分别属于 A 型和 B 型。

A 型　11 件。分别属于 Aa 亚型和 Ab 亚型。

Aa 型　2 件。分别属于 AaⅠ次亚型和 AaⅢ次亚型。

AaⅠ型　1 件。

标本 2015GLDT2 ⑥ b：6，原料为灰褐色辉绿岩砾石。器身形状近三角形。一端较宽，另一

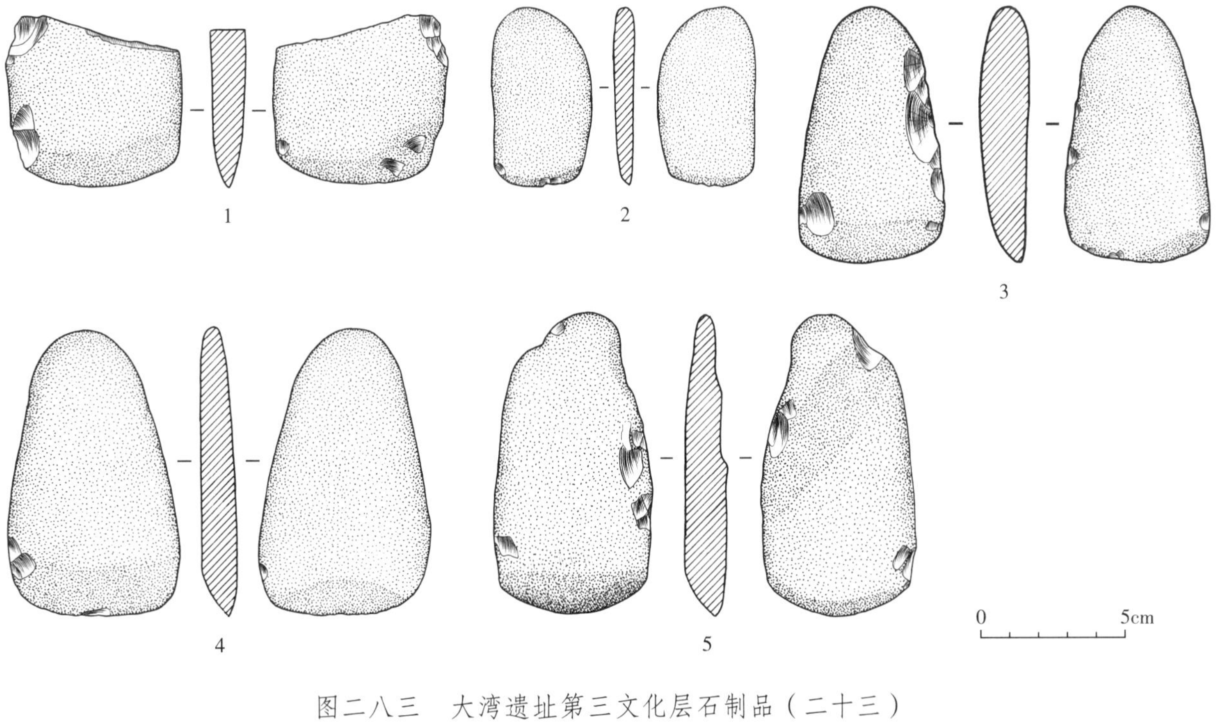

图二八三　大湾遗址第三文化层石制品（二十三）

1. Bc 型石斧残件（2015GLDT1 ⑦：4）　2. AaⅢ型石锛（2015GLDT2 ⑦ a：26）　3、5. AbⅠ型石锛（2015GLDT2 ⑦ b：1、2015GLDT2 ⑦ b：3）　4. AaⅠ型石锛（2015GLDT2 ⑥ b：6）

端较窄。器身较窄端和一侧未经加工。另一侧只在近较宽端略加双面剥片，片疤多较小且浅平，未经磨制。较宽端两面均经过精心磨制，形成两道光滑刃面。其中一刃面较宽，磨面向另一侧倾斜；另一刃面略窄，磨面较平。两刃面交汇处磨制出一道整齐锋利的平直刃口。刃缘两侧可见较多细碎的崩疤，这些崩疤应为使用痕迹。器身其余部位保留自然砾面。长 9.4cm，宽 5.9cm，厚 1.2cm，重 104g（图二八三，4）。

AaⅢ型　1 件。

标本 2015GLDT2⑦a：26，原料为灰褐色辉绿岩砾石。器身短小且扁薄，形状近梯形。一端稍宽，另一端略窄。器身略窄端和两侧均未经加工。稍宽端两面均经精心磨制，形成两道窄小的光滑刃面。其中一刃面稍宽，磨面向另一面倾斜；另一刃面略窄，磨面较平。两刃面交汇处磨制出一道整齐锋利的平直刃口。刃缘两侧可见较多细碎的崩疤，这些崩疤应为使用痕迹。器身其余部位保留自然砾面。长 5.9cm，宽 3.4cm，厚 0.8cm，重 27g（图二八三，2；彩版七三，6）。

Ab 型　9 件。分别属于 AbⅠ、AbⅡ、AbⅢ、AbⅥ、AbⅦ次亚型。

AbⅠ型　2 件。

标本 2015GLDT2⑦b：1，原料为灰褐色硅质岩砾石。器身稍厚，形状近三角形。一端较宽，另一端较窄。器身一侧经多次双面剥片；其中加工以一面为主，该面疤痕较密集，片疤多稍大且深凹；另一面疤痕较少，片疤多细小且浅平。另一侧未经加工。较宽端两面均经过精心磨制，形成两道光滑刃面。其中一刃面较宽，向另一侧倾斜，一侧上部低凹处仍可见打击疤痕；另一刃面略窄较平。两刃面交汇处磨制出一道整齐锋利的微弧状刃口。刃缘两侧可见较多细碎的崩疤，这些崩疤应为使用痕迹。器身其余部位保留自然砾面。长 8.4cm，宽 5.0cm，厚 1.6cm，重 103g（图二八三，3）。

标本 2015GLDT2⑦b：3，原料为灰褐色辉绿岩砾石。器身稍厚，形状近三角形。一端较宽，另一端较窄。器身一侧略经双面剥片，疤痕稀疏，片疤多较小且浅平；另一侧只单面剥出零星几个片疤。两侧缘均略经磨制，可见一些光滑磨痕。较宽端两面均经精心磨制，形成两道光滑刃面。其中一刃面较宽，向另一侧倾斜，可见密集细小的斜线状磨痕；另一刃面略窄平。两刃面交汇处磨制出一道整齐锋利的弧凸状刃口。未见使用痕迹。器身其余部位保留自然砾面。长 10.0cm，宽 5.3cm，厚 1.5cm，重 124g（图二八三，5）。

AbⅡ型　1 件。

标本 2015GLDT2⑦a：38，原料为灰褐色辉绿岩砾石。器身扁薄，形状近四边形。一端稍窄；另一端略宽，为一较整齐的截断面，经过多次单面剥片修整。一侧上部经过多次双面剥片，片疤多稍大且深凹；下半部和另一侧未经加工。稍宽端两面均经精心磨制，形成两道光滑刃面。其中一刃面较宽，向另一侧倾斜，一侧可见少量打击疤痕；另一刃面略窄平。两刃面交汇处磨制出一道整齐锋利的弧凸状刃口。未见使用痕迹。器身其余部位保留自然砾面。长 9.2cm，宽 5.3cm，厚 1.3cm，重 109g（图二八四，1）。

AbⅢ型　2件。

标本2015GLDT1⑥：2，原料为灰褐色辉绿岩砾石。器身略厚重，形状近梯形。一面较平，另一面凸起。一端较宽，另一端较窄。器身较窄端顶面经过琢打，有一近梯形略显光滑的琢打面。器身两侧均经多次双面剥片，加工以较平面为主，该面片疤密集；另一面疤痕零散。一侧片疤多较大且深凹，另一侧片疤多较小且浅平，部分片疤尾部折断形成陡坎。较平面一侧的疤痕经过稍多磨制，可见较多光滑磨痕；另一侧略经磨制，可见少量光滑磨痕。较宽端两面均经过精心磨制，形成两道光滑刃面。其中一刃面较宽，明显向另一面倾斜；另一刃面略窄平。两刃面交汇处磨制出一道整齐锋利的弧凸状刃口。刃缘两侧可见较多细碎的崩疤，这些崩疤应为使用痕迹。器身其余部位保留自然砾面。长11.0cm，宽5.6cm，厚2.1cm，重222g（图二八四，2；彩版七四，1）。

标本2015GLDT2⑦b：2，原料为灰褐色辉绿岩砾石。器身略宽，稍扁薄，形状近梯形。一面较平，另一面凸起。一端稍宽，另一端略窄。器身两侧均经多次双面剥片；加工以较平面为主，该面打击片疤密集；另一面疤痕零散。片疤多较小且浅平，部分片疤尾部折断形成陡坎。两侧疤痕均略经磨制，可见少量光滑磨痕。稍宽端两面均经过精心磨制，形成两道光滑刃面。其中一刃面较宽，明显向另一侧倾斜；另一刃面略窄平。两刃面交汇处磨制出一道整齐锋利的弧凸状刃口。刃缘两侧可见部分细小的崩疤，这些崩疤应为使用痕迹。器身其余部位保留自然砾面。长8.0cm，

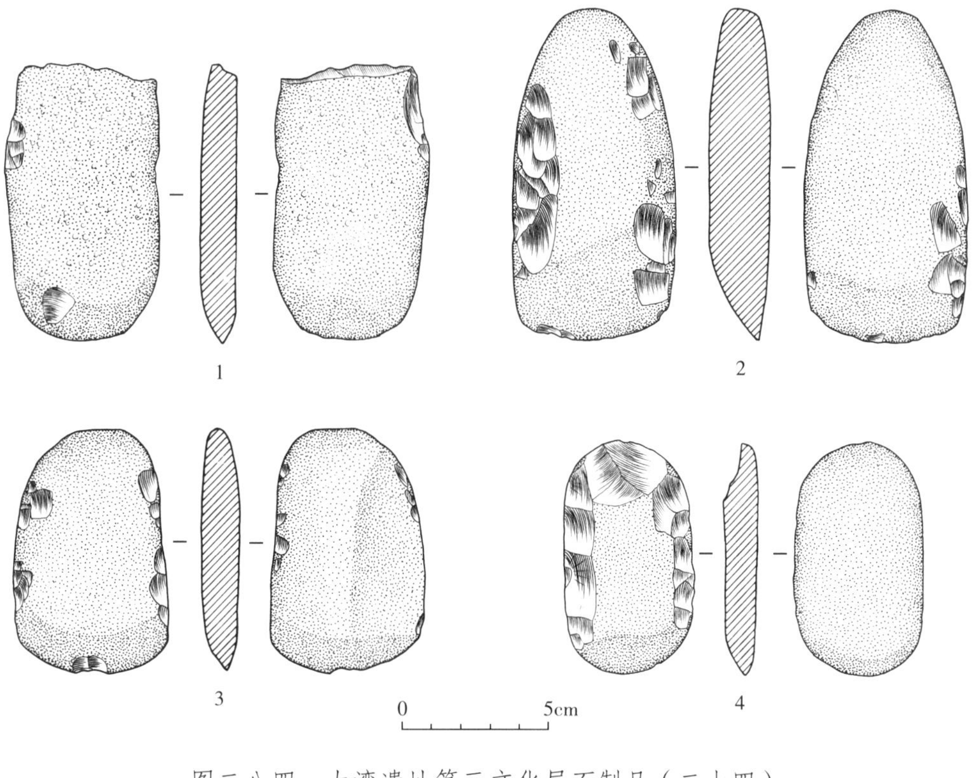

图二八四　大湾遗址第三文化层石制品（二十四）

1. AbⅡ型石锛（2015GLDT2⑦a：38）　2、3. AbⅢ型石锛（2015GLDT1⑥：2、2015GLDT2⑦b：2）
4. AbⅥ型石锛（2015GLDT2⑥b：15）

宽 5.3cm，厚 1.3cm，重 88g（图二八四，3）。

AbⅥ型　2 件。

标本 2015GLDT2 ⑥ b：15，原料为灰褐色辉绿岩砾石。器身稍短小，扁薄，形状近椭圆形。两端略等宽。器身一端和两侧均经过多次单面剥片，片疤多较小且深凹，未经磨制。另一端两面均经精心磨制，形成两道光滑刃面。其中一刃面较宽，明显向另一侧倾斜；另一刃面略窄较平。两刃面交汇处磨制出一道整齐锋利的弧凸状刃口。未见使用痕迹。器身其余部位保留自然砾面。长 7.8cm，宽 4.4cm，厚 1.2cm，重 64g（图二八四，4）。

标本 2015GLDT2 ⑦ a：4，原料为灰褐色辉绿岩砾石。器身略厚重，形状近椭圆形。一端稍宽，另一端略窄。器身两侧均经多次单面剥片；片疤多较小且浅平，部分片疤尾部折断形成陡坎，未经磨制。稍宽端两面均经精心磨制，形成两道光滑刃面。其中一刃面较宽，明显向另一侧倾斜，两侧仍可见少量打击疤痕；另一刃面略窄，较平。两刃面交汇处磨制出一道整齐锋利的弧凸状刃口。未见使用痕迹。器身其余部位保留自然砾面。长 10.2cm，宽 6.0cm，厚 2.0cm，重 174g（图二八五，1）。

AbⅦ型　2 件。

标本 2015GLDT1 ⑥：33，原料为灰褐色辉绿岩砾石。器身扁薄，稍长，形状近长条形。一端稍宽，

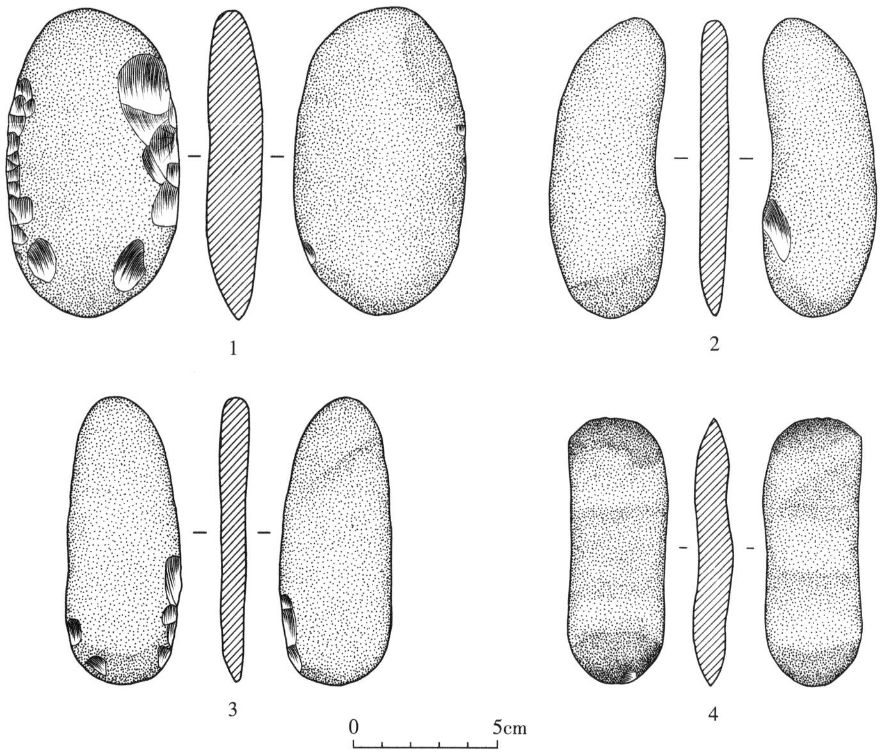

图二八五　大湾遗址第三文化层石制品（二十五）

1. AbⅥ型石锛（2015GLDT2 ⑦ a：4）　2、3. AbⅦ型石锛（2015GLDT1 ⑥：33、2015GLDT2 ⑦ a：18）　4. BbⅦ型石锛（2015GLDT2 ⑦ b：5）

另一端略窄。器身一侧下半部略经单面剥片，片疤多较小且浅平，未经磨制；另一侧未经加工。稍宽端两面均经精心磨制，形成两道光滑刃面。其中一刃面较宽，明显向另一侧倾斜；另一刃面略窄，较平。两刃面交汇处磨制出一道整齐锋利的弧凸状刃口。刃缘未见使用痕迹。器身其余部位保留自然砾面。长 9.8cm，宽 3.9cm，厚 1.0cm，重 56g（图二八五，2）。

标本 2015GLDT2 ⑦ a：18，原料为灰褐色辉绿岩砾石。器身略扁薄，形状近长条形。一端稍宽，另一端略窄。器身一侧下半部略经单面剥片，另一侧下半部略经双面剥片，片疤多较小且浅平，未经磨制。刃部两面均经精心磨制，形成两道光滑刃面。其中一刃面较宽，明显向另一侧倾斜，两侧仍可见少量打击疤痕；另一刃面略窄，较平。两刃面交汇处磨制出一道整齐锋利的弧凸状刃口。刃缘未见使用痕迹。器身其余部位保留自然砾面。长 9.5cm，宽 4.0cm，厚 1.1cm，重 61g（图二八五，3）。

B 型　1 件。属于 Bb 亚型中的 BbⅦ次亚型。

标本 2015GLDT2 ⑦ b：5，原料为灰褐色辉绿岩砾石。器身稍扁薄，形状近长条形。一面凸起，另一面稍内凹。两端略等宽。器身两侧未经加工。两端两面均经精心磨制，形成两道光滑刃面。两端刃面均以内凹面较宽，磨面明显向另一侧倾斜；凸起面的刃面略窄，磨面稍平。两端刃面均可见密集的斜线状磨痕。两端的刃面交汇处各磨制出一道整齐锋利的弧凸状刃口。刃缘两侧均可见部分细小的崩疤，这些崩疤应为使用痕迹。器身其余部位保留自然砾面。长 8.8cm，宽 3.3cm，厚 1.2cm，重 60g（图二八五，4；彩版七四，2）。

石凿　6 件。包括成品、半成品和毛坯三大类型。其中毛坯 4 件，占该文化层出土石凿总数的 66.67%；成品和半成品各 1 件，各占该文化层出土石凿总数的 16.67%。岩性有辉绿岩和细砂岩两种。其中辉绿岩 5 件，占该文化层出土石凿总数的 83.33%；细砂岩 1 件，占该文化层出土石凿总数的 16.67%。磨制部位仅见局部磨制一种，均为磨制刃部，未见通体磨制者。刃部多未见使用痕迹。器身形状有三角形、梯形和长条形三种。其中三角形 1 件，占该文化层出土石凿总数的 16.67%；梯形 2 件，占该文化层出土石凿总数的 33.33%；长条形为 3 件，占该文化层出土石凿总数的 50.00%。器身长度最大值 30.0cm，最小值 8.0cm；宽度最大值 5.6cm，最小值 3.0cm；厚度最大值 5.6cm，最小值 1.0cm；重量最大值 1313g，最小值 52g。分别属于 A 型和 B 型。

第一类　成品。1 件。属于 A 型中的 AbⅢ次亚型。

标本 2015GLDT2 ⑥ b：5，原料为灰褐色辉绿岩砾石。器身略短窄，形状近梯形。一面较平，另一面凸起。一侧略宽厚，另一侧较窄薄。一端稍宽；另一端略窄，为不规整的断裂面。器身窄薄侧下半部剥出一个较小且浅平的片疤，另一侧未经加工。稍宽端两面均经精心磨制，形成一宽一窄、相互倾斜的两道光滑刃面。其中较平面刃面较宽，仍可见较多打击疤痕；另一刃面略窄。两刃面交汇处磨制出一道整齐锋利的弧凸状刃口。刃缘中部可见少量细碎的崩疤，这些崩疤应为使用痕迹。器身其余部位保留自然砾面。长 8.0cm，宽 3.3cm，厚 1.4cm，重 61g（图二八六，1）。

第二类　半成品。1 件。属于 A 型中的 AcⅢ次亚型。

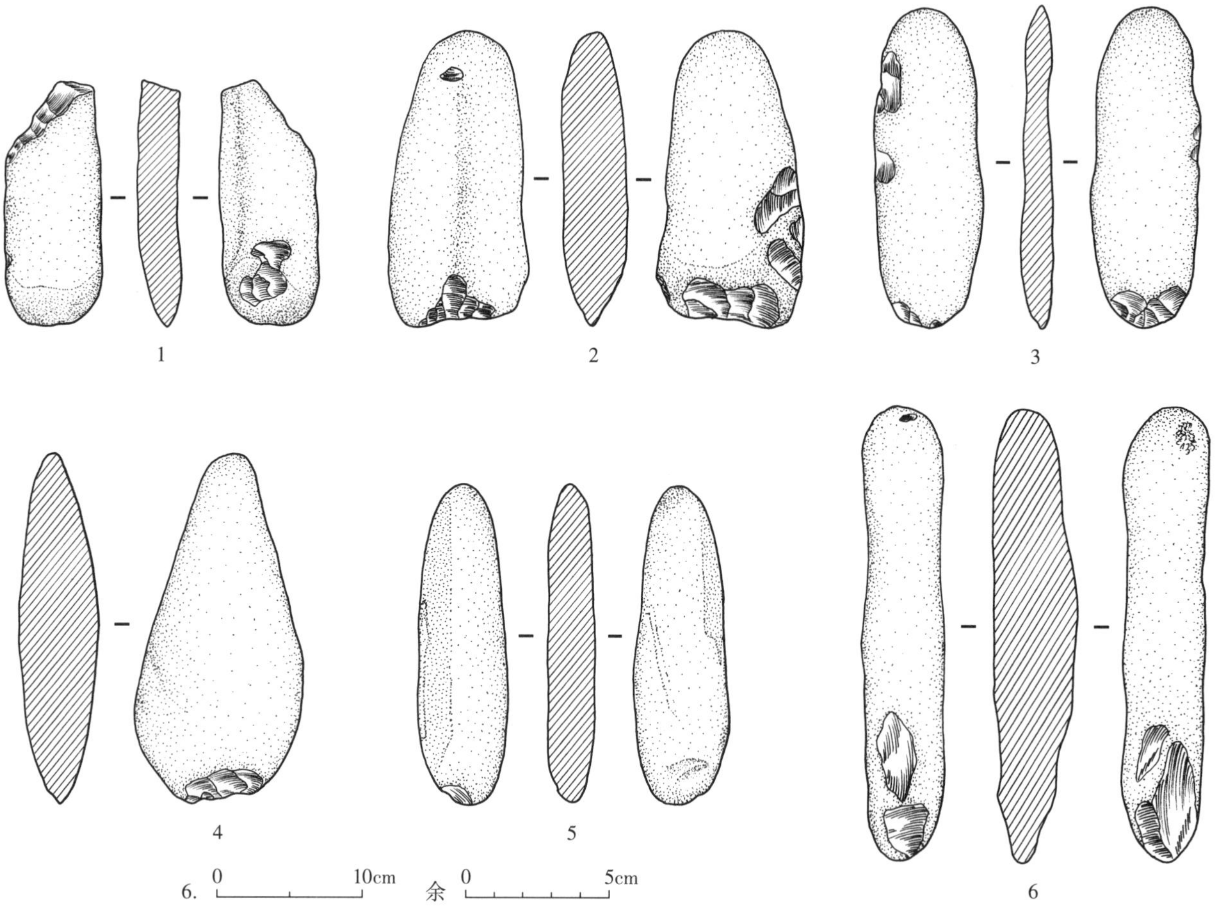

图二八六　大湾遗址第三文化层石制品（二十六）

1. AbⅢ型石凿（2015GLDT2⑥b：5）　2. AcⅢ型石凿半成品（2015GLDT1⑥：41）　3. AbⅦ型石凿毛坯（2015GLDT1⑥：30）　4. AcⅠ型石凿毛坯（2015GLDT2⑦a：21）　5、6. Bg型石凿毛坯（2015GLDT1⑥：24、2015GLDT2⑦a：2）

标本2015GLDT1⑥：41，原料为灰褐色辉绿岩砾石。器身稍厚，形状近梯形。一端稍宽，另一端略窄。器身一侧下半部经过多次单面剥片，片疤较小且浅平；另一侧未经加工。稍宽端经多次双面剥片，加工出一道整齐但不锋利的凹刃。一面向另一面倾斜，经较多磨制，有较多的光滑刃面，但前缘低凹处仍可见较多打击疤痕；另一面未经磨制。刃缘一角刃口已磨出但尚未磨毕，仍较多保留原有的打击疤痕。器身其余部位保留自然砾面。长9.7cm，宽4.8cm，厚2.2cm，重146g（图二八六，2）。

第三类　毛坯。4件。分别属于A型和B型。

A型　2件。分别属于Ab亚型和Ac亚型。

Ab型　1件。属于AbⅦ次亚型。

标本2015GLDT1⑥：30，原料为灰褐色辉绿岩砾石。器身较长，扁薄，形状近长条形。一端稍宽，另一端略窄。器身略窄端未经加工。一侧上半部和另一侧中部单面剥出几个较小且浅平的片疤，未经磨制。稍宽端边缘经多次双面剥片，打制出一道整齐但不锋利的弧凸状刃口，刃口未经磨制。器身其余部位保留自然砾面。长 10.3cm，宽 3.6cm，厚 1.0cm，重 52g（图二八六，3）。

Ac 型 1 件。属于 AcⅠ次亚型。

标本 2015GLDT2 ⑦ a：21，原料为灰褐色辉绿岩砾石。器身较长，较厚，形状近三角形。一端稍宽，另一端较窄。器身较窄端和两侧均未经加工。稍宽端经过多次单面剥片，打制出一道整齐锋利的弧凹状刃口，刃口未经磨制。器身其余部位保留自然砾面。长 11.3cm，宽 5.6cm，厚 2.1cm，重 226g（图二八六，4）。

B 型 2 件。均属于 Bg 亚型。

标本 2015GLDT1 ⑥：24，原料为灰褐色细砂岩砾石。器身窄长，稍厚，形状近长条形。一端稍宽，另一端略窄。加工方法为锤击法。器身略窄端和两侧均未加工。稍宽端一侧单面剥出一个较小且深凹的片疤，未经磨制。刃口尚未打制成型。器身其余部位保留自然砾面。长 10.6cm，宽 3.0cm，厚 1.6cm，重 80g（图二八六，5）。

标本 2015GLDT2 ⑦ a：2，原料为灰褐色辉绿岩砾石。器身长而厚重，形状近长条形。一面较平，另一面凸起。一侧较宽厚，另一侧略窄薄。一端略窄，另一端稍宽。加工方法为锤击法。器身略窄端以端面为台面，双面剥出几个较大且深凹的片疤，部分片疤尾部折断形成陡坎，未经磨制；打击方向由略窄端向稍宽端打击。刃口尚未打制成型。稍宽端端面有一形状不规则的细麻点状疤痕，应为此前略窄端剥片时与石砧碰撞受力留下的痕迹。较平面两端、凸起面两端和中部都分布有大小不一形状各异的疤痕；均应为之前作为石砧使用时留下的痕迹。窄薄侧两端各有一近条带状的细麻点状疤痕，应为之前在窄薄侧剥片未遂留下的痕迹。器身其余部位保留自然砾面。长 30.0cm，宽 5.4cm，厚 5.6cm，重 1313g（图二八六，6）。

斧锛类半成品 13 件。包括完整件和残件两个类型。其中完整件 11 件，占该文化层出土斧锛类半成品总数的 84.62%；残件 2 件，占该文化层出土斧锛类半成品总数的 15.38%。原料仅有砾石一种。岩性有辉绿岩和硅质岩两种。其中辉绿岩 11 件，占该文化层出土斧锛类半成品总数的 84.62%； 硅质岩 2 件，占该文化层出土斧锛类半成品总数的 15.38%。其磨制部位只见局部磨制一种，且多为磨制刃部。器身形状有三角形、四边形、梯形和椭圆形四种。其中三角形和四边形各 1 件，各占该文化层出土斧锛类半成品总数的 7.69%；梯形 7 件，占该文化层出土斧锛类半成品总数的 53.85%；椭圆形 4 件，占该文化层出土斧锛类半成品总数的 30.77%。器身长度最大值 11.5cm，最小值 7.6cm；宽度最大值 7.0cm，最小值 4.2cm；厚度最大值 2.2cm，最小值 1.0cm；重量最大值 209g，最小值 58g。

第一类 完整件。11 件。分别属于 A 型和 B 型。

A 型 10 件。分别属于 Aa 亚型和 Ab 亚型。

Aa 型 2 件。分别属于 AaⅢ次亚型和 AaⅥ次亚型。

AaⅢ型 1 件。

标本 2015GLDT2 ⑦ a：8，原料为灰褐色辉绿岩砾石。器身略短且稍厚，形状近梯形。一端稍宽，另一端略窄。器身略窄端未经加工。两侧经多次双面剥片；加工以一面为主，该面片疤密集；另一面疤痕零星。片疤多较小且浅平，部分片疤尾部折断形成陡坎，未经磨制。稍宽端边缘经过多次单面剥片，打制出一道不甚锋利的平直刃缘。两刃面均经较多磨制，可见密集的斜线状磨痕。其中一刃面较宽向另一面倾斜，但一侧低凹处仍保留打击疤痕；另一刃面略宽平。两道刃面交汇处保留原有的打击疤痕，刃口尚未开始磨制。器身其余部位保留自然砾面。长 8.7cm，宽 5.1cm，厚 2.0cm，重 111g（图二八七，1）。

AaⅥ型　1件。

标本 2015GLDT2 ⑦ a：16，原料为灰褐色辉绿岩砾石。器身稍短，扁薄，形状近椭圆形。一端稍宽，另一端略窄。器身两侧均经过多次双面剥片；加工以一面为主，该面疤痕密集；另一面疤痕零星；片疤多较小且浅平，部分片疤尾部折断形成陡坎，未经磨制。稍宽端边缘经过多次单面剥片，打制出一道锋利的平直刃缘。一面经较多磨制，有较大范围的光滑刃面，刃面较宽向另一面倾斜，刃面上保留有密集的斜线状磨痕，其前缘低凹处仍保留打击疤痕；另一面略经磨制，

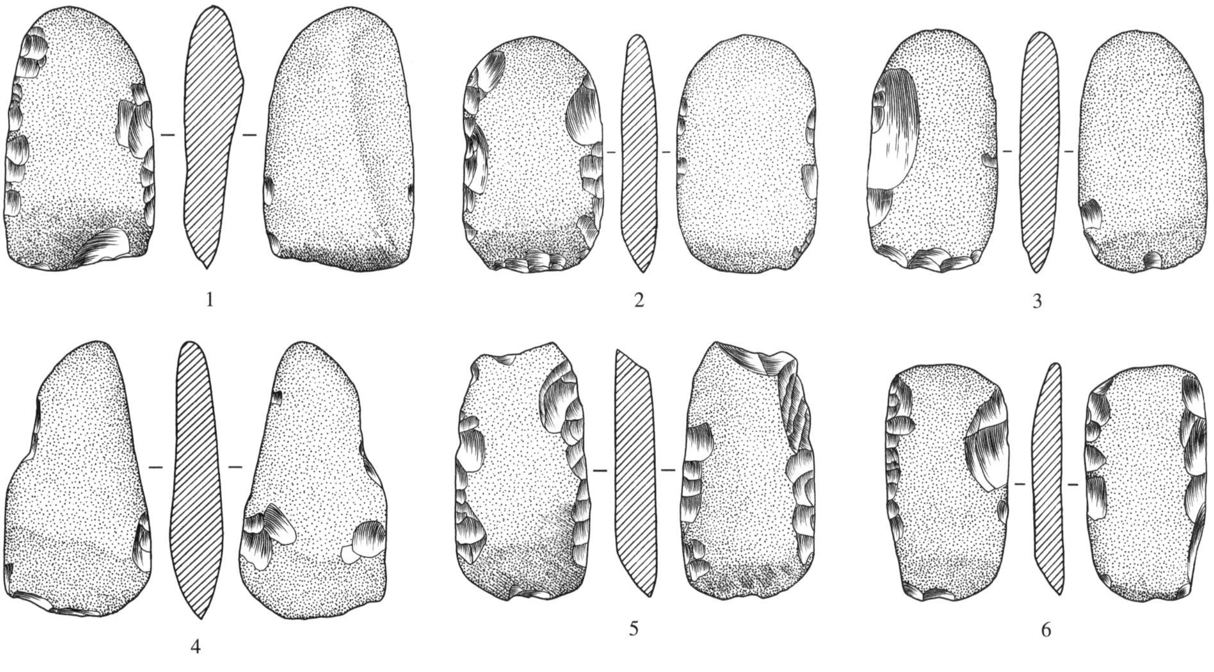

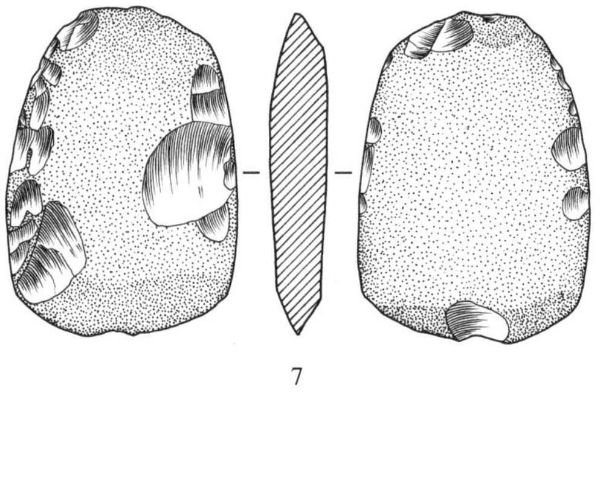

0　5cm

图二八七　大湾遗址第三文化层石制品（二十七）

1. AaⅢ型斧锛类半成品（2015GLDT2 ⑦ a：8）　2. AaⅥ型斧锛类半成品（2015GLDT2 ⑦ a：16）　3、6、7. AbⅢ型斧锛类半成品（2015GLDT1 ⑦：49、2015GLDT1 ⑥：34、2015GLDT2 ⑥ b：7）　4. AbⅠ型斧锛类半成品（2015GLDT2 ⑦ a：19）　5. AbⅡ型斧锛类半成品（2015GLDT2 ⑥ b：1）

有小面积的光滑刃面，磨面略平。刃缘一角刃口已磨出但尚未磨毕，中部部位仍保留原有的打击疤痕。器身其余部位保留自然砾面。长 7.8cm，宽 4.8cm，厚 1.2cm，重 80g（图二八七，2；彩版七四，3）。

Ab 型　8 件。分别属于 AbⅠ、AbⅡ、AbⅢ、AbⅥ次亚型。

AbⅠ型　1 件。

标本 2015GLDT2 ⑦ a：19，原料为灰褐色硅质岩砾石。器身稍厚，形状近三角形。一端较宽，另一端较窄。器身较窄端未经加工。两侧上半部零星分布有细麻点状的打击疤痕，但均未能成功开片；一侧下半部略经双面剥片，片疤多较小且浅平。两侧缘均未经磨制。较宽端边缘经多次单面剥片，打制出一道整齐锋利的弧凸状刃缘；两面均经精心磨制，有较大面积的光滑刃面。其中一刃面明显向另一面倾斜，另一刃面略平。两刃面交汇处保留原打制出的弧凸状刃缘。刃缘一角已磨出刃口，但中部和另一侧刃口未能最后磨制完成。器身其余部位保留自然砾面。长 9.1cm，宽 5.0cm，厚 1.8cm，重 100g（图二八七，4）。

AbⅡ型　1 件。

标本 2015GLDT2 ⑥ b：1，原料为灰褐色辉绿岩砾石。器身稍短且扁薄，形状近四边形。一端稍宽；另一端略窄，为不规整的断裂面。器身两侧均经过多次双面剥片；两面的疤痕均较密集，片疤多较小且浅平，部分片疤尾部折断形成陡坎，未经磨制。稍宽端两面均经精心磨制，有较大面积的光滑刃面。其中一刃面较宽，明显向另一面倾斜，保留有许多密集的斜线状磨痕；另一刃面略窄平。两刃面交汇处磨制出一道整齐锋利的弧凸状刃口。刃缘两侧刃口已磨出但尚未磨毕，中间部位仍保留原有的打击疤痕。器身其余部位保留自然砾面。长 8.5cm，宽 4.6cm，厚 1.4cm，重 86g（图二八七，5）。

AbⅢ型　3 件。

标本 2015GLDT1 ⑦：49，原料为灰褐色辉绿岩砾石。器身略短，稍厚，形状近梯形。一端稍宽，另一端略窄。器身略窄端未经加工。一侧经过多次双面剥片，另一侧中部略经单面剥片；其中一侧的打击片疤较大且浅平，另一侧多较小且浅平，未经磨制。稍宽端边缘经过多次双面剥片，打制出一道不甚整齐也不锋利的弧凸状刃缘。一面均经稍多磨制，有较大面积的光滑刃面，刃面稍平，中部低凹处仍保留少量打击疤痕；另一面未经磨制，保留原有的打击疤痕。刃口尚未开始磨制。器身其余部位保留自然砾面。长 8.0cm，宽 4.4cm，厚 1.3cm，重 78g（图二八七，3）。

标本 2015GLDT1 ⑥：34，原料为灰褐色辉绿岩砾石。器身稍短，扁薄，形状近梯形。一端略窄，另一端稍宽。器身两侧均经过多次双面剥片；一侧下半部垂直截断一小块；两侧片疤多较小且浅平，部分片疤尾部折断形成陡坎，未经磨制。略窄端边缘经过多次单面剥片，打制出一道整齐锋利的弧凸状刃缘。一面经较多磨制，有较大面积的光滑刃面，刃面明显向另一面倾斜，但前缘低凹处仍保留少量打击疤痕；另一面略经磨制，刃面略平。刃缘一角刃口已磨出但尚未磨毕，另一侧未经磨制，仍保留原有的打击片疤。器身其余部位保留自然砾面。长 7.6cm，宽 4.2cm，厚 1.0cm，重 58g（图二八七，6）。

标本 2015GLDT2⑥b：7，原料为灰褐色辉绿岩砾石。器身宽大，稍厚，形状近梯形。一端稍宽，另一端略窄。器身略窄端略经单面剥片。两侧均经过多次双面剥片；其中加工以一面为主，该面疤痕密集，片疤多较大且浅平，部分片疤尾部折断形成陡坎；另一面疤痕零星，打击片疤多较小且浅平。两侧缘均略经磨制，可见少量光滑磨痕，其中一侧磨制稍多。稍宽端略经单面剥片，打制出一道整齐锋利的弧凸状刃缘；两面均经精心磨制，有较大面积的光滑刃面。其中一刃面稍宽，明显向另一面倾斜，刃面中部仍保留少量打击疤痕；另一刃面略窄平。两刃面交汇处刃缘两侧刃口已磨出但尚未磨毕，中间部位仍保留原有的打击疤痕。器身其余部位保留自然砾面。长 8.9cm，宽 6.5cm，厚 1.6cm，重 149g（图二八七，7）。

AbⅥ型　3 件。

标本 2015GLDT2⑦a：1，原料为灰褐色辉绿岩砾石。器身略长，稍厚，形状近椭圆形。一端稍宽，另一端略窄。器身略窄端未经加工。该端一侧和另一侧下半部经过多次双面剥片；加工以一面为主，该面疤痕密集，片疤较大且浅平，部分片疤尾部折断形成陡坎；另一面疤痕零星，片疤多较小且浅平。两侧均未经磨制。稍宽端边缘经过多次双面剥片，打制出一道整齐锋利的弧凸状刃缘；一面略经磨制，有小面积的光滑刃面，刃面向另一面倾斜，中部低凹处仍保留打击疤痕；另一面未经磨制，仍保留原有的打击疤痕。刃口尚未开始磨制。器身其余部位保留自然砾面。长 11.5cm，宽 5.8cm，厚 2.2cm，重 209g（图二八八，1；彩版七四，4）。

标本 2015GLDT2⑦a：28，原料为灰褐色硅质岩砾石。器身稍厚，形状近椭圆形。一端略宽，另一端稍窄。器身较窄端和一侧未经加工。器身另一侧下半部略经双面剥片；一面打击片疤多较大且深凹，另一面打击片疤多较小且浅平。略宽端边缘经多次单面剥片，打制出一道整齐锋利的斜弧状刃缘；两面均略经磨制，有少许光滑磨痕。刃口尚未开始磨制。器身其余部位保留自然砾面。长 11.0cm，宽 4.5cm，厚 2.0cm，重 145g（图二八八，2）。

标本 2015GLDT2⑥b：8，原料为灰褐色辉绿岩砾石。器身窄长，稍薄，形状近椭圆形。一端略窄，另一端稍宽。器身稍宽端略经双面剥片，边缘钝厚；两侧未经加工。略窄端经过多次双面剥片，打制出一道整齐但不甚锋利的弧凸状刃缘；一面的一侧略经磨制，有小面积的光滑磨面，但低凹处仍保留打击疤痕；另一面未经磨制，仍保留原有的打击疤痕。刃口尚未开始磨制。器身其余部位保留自然砾面。长 9.9cm，宽 4.3cm，厚 1.3cm，重 82g（图二八八，3）。

B 型　1 件。属于 Bc 亚型。

标本 2015GLDT2⑦a：13，原料为灰褐色辉绿岩砾石。器身稍长，稍厚，形状近梯形。一端稍宽，另一端略窄。器身略窄端和一侧均未经加工；另一侧略经磨制，可见少量光滑磨痕。稍宽端边缘经过多次双面剥片，但边缘钝厚，未能形成刃口；片疤多较小且浅平，部分片疤尾部折断形成陡坎；两面均略经磨制，有小面积的光滑磨面，但前缘部位未经磨制，仍保留原来的打制疤痕。器身其余部位保留自然砾面。长 9.8cm，宽 5.0cm，厚 1.3cm，重 118g（图二八八，4；彩版七四，5）。

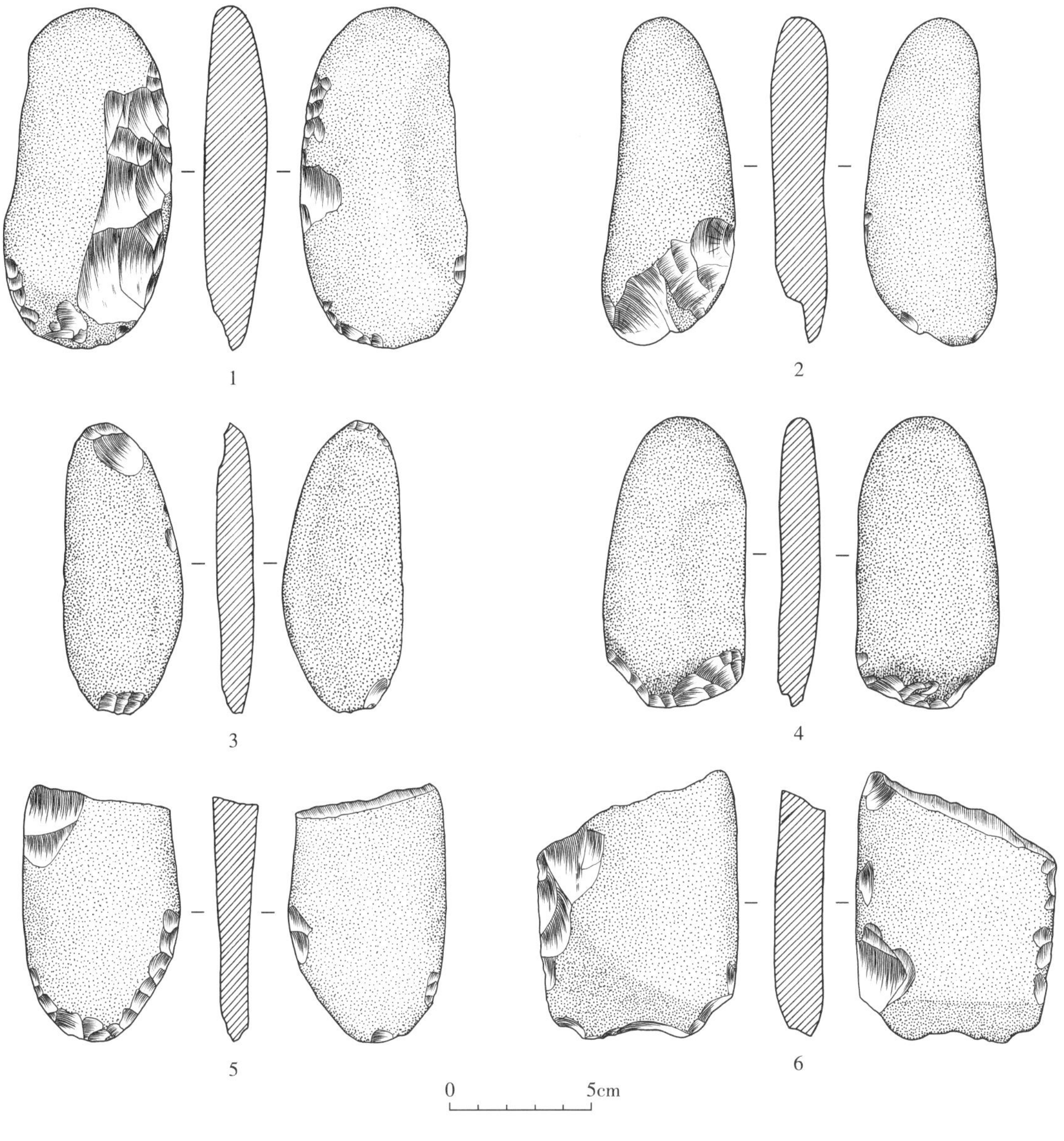

图二八八　大湾遗址第三文化层石制品（二十八）

1~3. AbⅥ型斧锛类半成品（2015GLDT2⑦a：1、2015GLDT2⑦a：28、2015GLDT2⑥b：8）　4. Bc 型斧锛类半成品（2015GLDT2⑦a：13）　5、6. Dc 型斧锛类半成品残件（2015GLDT2⑥b：14、2015GLDT2⑥b：26）

第二类　残件。2 件。均属于 D 型中的 Dc 亚型。

标本 2015GLDT2⑥b：14，原料为灰褐色辉绿岩砾石。器身稍宽大，稍薄，形状近梯形。一端略窄；另一端较宽，为较规整的断裂面。一侧上半部略经单面剥片，下半部略经双面剥片。另一侧上半部未经加工，下半部经多次双面剥片。片疤多较小且浅平，部分片疤尾部折断形成陡坎，未经磨制。略窄端边缘经多次双面剥片，打制出一道整齐但不锋利的弧凸状刃缘；一面略经磨制，有小面积的光滑刃面，另一面未经磨制。刃口尚未开始磨制。其余部位未见人工痕迹。残长 8.4cm，宽 5.5cm，厚 1.5cm，重 111g（图二八八，5）。

标本 2015GLDT2⑥b：26，原料为灰褐色辉绿岩砾石。器身宽大，稍厚，形状近梯形。一端略窄；另一端稍宽，为不甚规整的断裂面。一侧经多次双面剥片，另一侧经多次单面剥片；片疤较小且浅平，部分片疤尾部折断形成陡坎，未经磨制。略窄端边缘打制出一道整齐但不锋利的弧凹状刃缘；两面均经过较多磨制，有较大面积的光滑刃面。其中一面较宽，明显向另一面倾斜；另一面略窄且稍平。刃缘部位未经磨制，仍保留原来的打制疤痕。刃口尚未开始磨制。其余部位未见人工痕迹。残长 8.4cm，宽 7.0cm，厚 1.7cm，重 175g（图二八八，6）。

斧锛类毛坯　32 件。包括完整件和残件两大类。其中完整件 25 件，占该文化层出土斧锛类毛坯总数的 78.13%；残件 7 件，占该文化层出土斧锛类毛坯总数的 21.87%。原料只有砾石一种。岩性有辉绿岩和硅质岩两种。其中辉绿岩 31 件，占该文化层出土斧锛类毛坯总数的 96.87%；硅质岩 1 件，占该文化层出土斧锛类毛坯总数的 3.13%。加工方法均为锤击法，多为单面加工。加工部位多在器身端部和两侧，绝大部分标本都或多或少保留有自然砾面，未见通体加工者。器身形状有梯形、半圆形、椭圆形、长条形和不规则形五种。其中梯形 4 件，占该文化层出土斧锛类毛坯总数的 12.50%；半圆形和长条形各 1 件，各占该文化层出土斧锛类毛坯总数的 3.13%；椭圆形 24 件，占该文化层出土斧锛类毛坯总数的 75.00%；不规则形 2 件，占该文化层出土斧锛类毛坯总数的 6.25%。器身长度最大值 13.6cm，最小值 4.5cm；宽度最大值 7.7cm，最小值 3.7cm；厚度最大值 2.9cm，最小值 0.9cm；重量最大值 295g，最小值 35g。

第一类　完整件。25 件。分别属于 A 型和 B 型。

A 型　24 件。分别属于 Aa 亚型和 Ab 亚型。

Aa 型　4 件。均属于 AaⅥ次亚型。

标本 2015GLDT2⑦a：10，原料为灰褐色辉绿岩砾石。器身稍扁薄，形状近椭圆形。一端稍宽，另一端略窄。一侧稍薄，另一侧略厚。器身略厚侧有较多双面剥片的旧疤痕，疤痕棱角已磨圆。加工方法为锤击法。稍薄侧上半部有较多的细麻状打击疤痕，但均未能成功开片；下半部经过多次单面剥片。略厚侧上半部未见有新的加工痕迹，下半部也经过多次单面剥片。稍宽端边缘经多次单面剥片，打制出一道不甚锋利的平直刃缘，未经磨制。片疤多较小且浅平，部分片疤尾部折断形成陡坎。器身其余部位保留自然砾面。从器身保存的旧片疤判断，该器属于旧器再用。长 10.4cm，宽 5.4cm，厚 1.6cm，重 132g（图二八九，1；彩版七四，6）。

Ab 型　20 件。均属于 AbⅥ次亚型。

标本 2015GLDT1⑥：35，原料为灰褐色辉绿岩砾石。器身稍厚，形状近椭圆形。一端稍宽，另一端略窄。加工方法为锤击法。加工简单。两侧下半部略经双面剥片；加工以一面为主，该面疤痕稍密集；另一面只在近稍宽端有零星几个片疤。较宽端边缘经过多次单面剥片，打制出一道整齐锋利的弧凸状刃缘，未经磨制。片疤多较小且浅平。器身其余部位保留自然砾面。长 9.3cm，宽 4.5cm，厚 1.5cm，重 101g（图二八九，2）。

标本 2015GLDT2⑥a：1，原料为灰褐色辉绿岩砾石。器身稍厚，形状近椭圆形。一端稍宽，

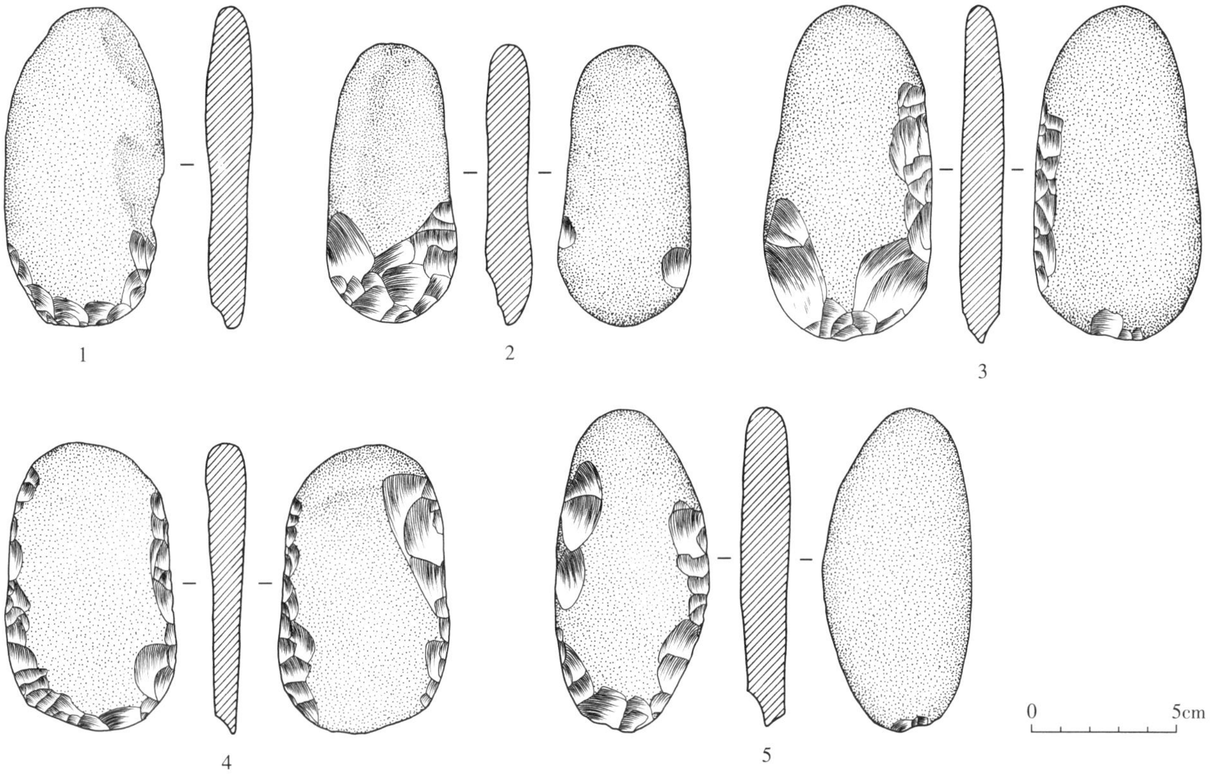

图二八九　大湾遗址第三文化层石制品（二十九）

1. AaⅥ型斧锛类毛坯（2015GLDT2⑦a：10）　2~5. AbⅥ型斧锛类毛坯（2015GLDT1⑥：35、2015GLDT2⑥a：1、2015GLDT2⑥b：11、2015GLDT1⑦：2）

另一端略窄。加工方法为锤击法。一侧下半部略经单面剥片。另一侧边缘经过多次双面剥片，两面的疤痕均较密集。较宽端边缘经过多次双面剥片，打制出一道整齐锋利的弧凸状刃缘，未经磨制。片疤多稍大且浅平，部分片疤尾部折断形成陡坎。器身其余部位保留自然砾面。长11.0cm，宽5.8cm，厚1.5cm，重153g（图二八九，3）。

标本2015GLDT2⑥b：11，原料为灰褐色辉绿岩砾石。器身稍扁薄，形状近椭圆形。一端稍宽扁，另一端略窄厚。加工方法为锤击法。两侧边缘经过多次双面剥片，两面的疤痕均较密集。宽扁端边缘经过多次单面剥片，打制出一道整齐锋利的弧凸状刃缘，未经磨制。片疤多较小且浅平，部分片疤尾部折断形成陡坎。器身其余部位保留自然砾面。长9.5cm，宽5.8cm，厚1.3cm，重107g（图二八九，4；彩版七五，1）。

标本2015GLDT1⑦：2，原料为灰褐色辉绿岩砾石。器身稍薄，形状近椭圆形。一端略窄，另一端稍宽。加工方法为锤击法。器身两侧边缘均经过多次单面剥片。略窄端经多次双面剥片，打制出一道整齐锋利的弧凸状刃缘。片疤多较小且浅平，未经磨制。器身其余部位保留自然砾面。长10.6cm，宽5.1cm，厚1.6cm，重146g（图二八九，5）。

标本2015GLDT1⑦：48，原料为灰褐色辉绿岩砾石。器身扁薄，形状近椭圆形。一端稍宽，另一端略窄。加工方法为锤击法。加工简单。两侧下半部和稍宽端边缘均经多次单面剥片，稍宽端边缘打制出一道整齐锋利的弧凸状刃缘。片疤多较小且浅平，部分尾部折断形成陡坎，未经磨制。器身其余部位保留自然砾面。长 9.1cm，宽 5.5cm，厚 1.1cm，重 95g（图二九〇，1）。

标本 2015GLDT2 ⑦ a：17，原料为灰褐色硅质岩砾石，器身短小且扁薄，形状近椭圆形。一端稍宽，另一端略窄。加工方法为锤击法。加工简单。稍宽端边缘经多次单面剥片，打制出一道整齐锋利的弧凸状刃缘，未经磨制。片疤多较小且浅平。器身其余部位保留自然砾面。长 7.2cm，宽 3.9cm，厚 0.9cm，重 35g（图二九〇，2）。

标本 2015GLDT2 ⑦ a：20，原料为灰褐色辉绿岩砾石。器身稍厚，形状近椭圆形。一端较宽，另一端较窄。加工方法为锤击法。加工简单。两侧下半部近较宽端处略经单面剥片。较宽端边缘经多次单面剥片，打制出一道整齐锋利的弧凸状刃缘。片疤稍大且浅平，未经磨制。器身其余部位保留自然砾面。长 9.1cm，宽 4.5cm，厚 1.4cm，重 94g（图二九〇，3）。

标本 2015GLDT2 ⑦ a：24，原料为灰褐色辉绿岩砾石。器身稍宽，稍薄，形状近椭圆形。一端略窄，另一端稍宽。加工方法为锤击法。加工简单。略窄端边缘经多次单面剥片，打制出一道整齐锋利的弧凸状刃缘。片疤稍大且浅平，部分尾部折断形成陡坎，未经磨制。器身其余部位保留自然砾面。长 10.1cm，宽 5.3cm，厚 1.3cm，重 110g（图二九〇，4）。

B 型　1 件。属于 Bh 亚型。

标本 2015GLDT1 ⑦：39，原料为灰褐色辉绿岩砾石。器身稍薄，形状不规则。一端稍宽，另一端略窄。加工方法为锤击法。加工简单。稍宽端近中间部位略经单面剥片，但边缘钝厚，未能形成刃口。打击片疤大多较小且浅平。器身其余部位保留自然砾面。长 9.4cm，宽 4.8cm，厚 1.0cm，重 76g（图二九〇，5；彩版七五，2）。

第二类　残件。7 件。分别属于 B 型和 D 型。

B 型　2 件。分别属于 Bc 亚型和 Bh 亚型。

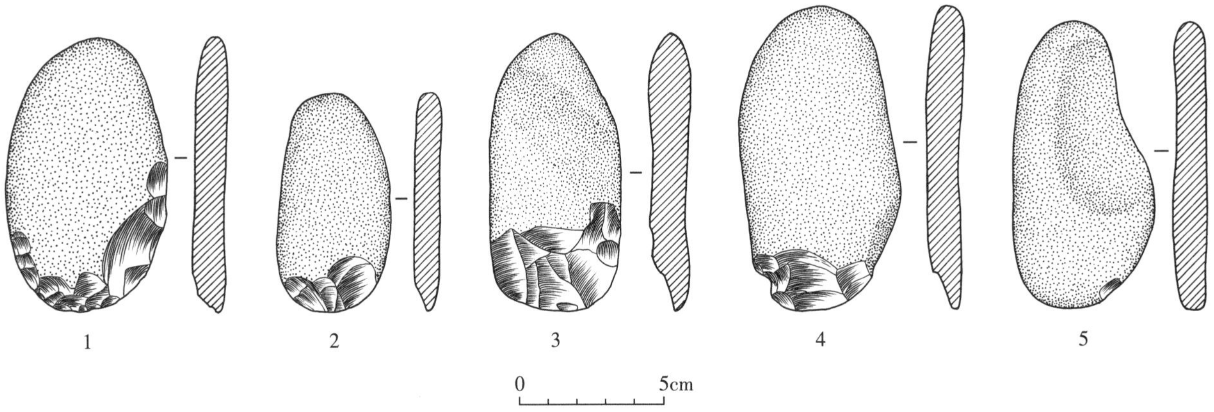

图二九〇　大湾遗址第三文化层石制品（三十）

1~4. AbⅥ型斧锛类毛坯（2015GLDT1 ⑦：48、2015GLDT2 ⑦ a ：17、2015GLDT2 ⑦ a ：20、2015GLDT2 ⑦ a ：24）
5. Bh 型斧锛类毛坯（2015GLDT1 ⑦：39）

Bc 型　1 件。

标本 2015GLDT1⑥：49，原料为灰褐色辉绿岩砾石。器身稍短，稍厚，形状近梯形。一端略窄；另一端稍宽，为较规整的断裂面。一侧上半部单面剥出一个较小且浅平的片疤，另一侧下半部经过多次单面剥片。片疤多稍大且浅平，未经磨制。器身其余部位保留自然砾面。残长 5.7cm，宽 6.0cm，厚 1.6cm，重 46g（图二九一，1）。

Bh 型　1 件。

标本 2015GLDT2⑥b：10，原料为灰褐色辉绿岩砾石。器身宽大，扁薄，形状不规则。一端略窄；另一端较宽，为较规整的断裂面。略窄端中部有部分细麻点状打击疤痕，但未能成功开片。两侧下半部均未经加工；上半部均经过多次双面剥片；片疤多较小且浅平，部分尾部折断形成陡坎，未经磨制。器身其余部位保留自然砾面。残长 7.2cm，宽 7.7cm，厚 1.3cm，重 127g（图二九一，2）。

D 型　5 件。分别属于 Dc、De、Dg 亚型。

Dc 型　3 件。

标本 2015GLDT1⑥：40，原料为灰褐色辉绿岩砾石。器身扁薄，稍长，形状近梯形。一端稍宽；另一端略窄，为较规整的断裂面。稍宽端略经双面剥片，片疤较小且浅平，未经磨制。器身其余部位保留自然砾面。残长 7.8cm，宽 4.5cm，厚 1.1cm，重 64g（图二九一，4）。

标本 2015GLDT1⑥：48，原料为灰褐色辉绿岩砾石。器身稍厚，形状近梯形。一端略窄；

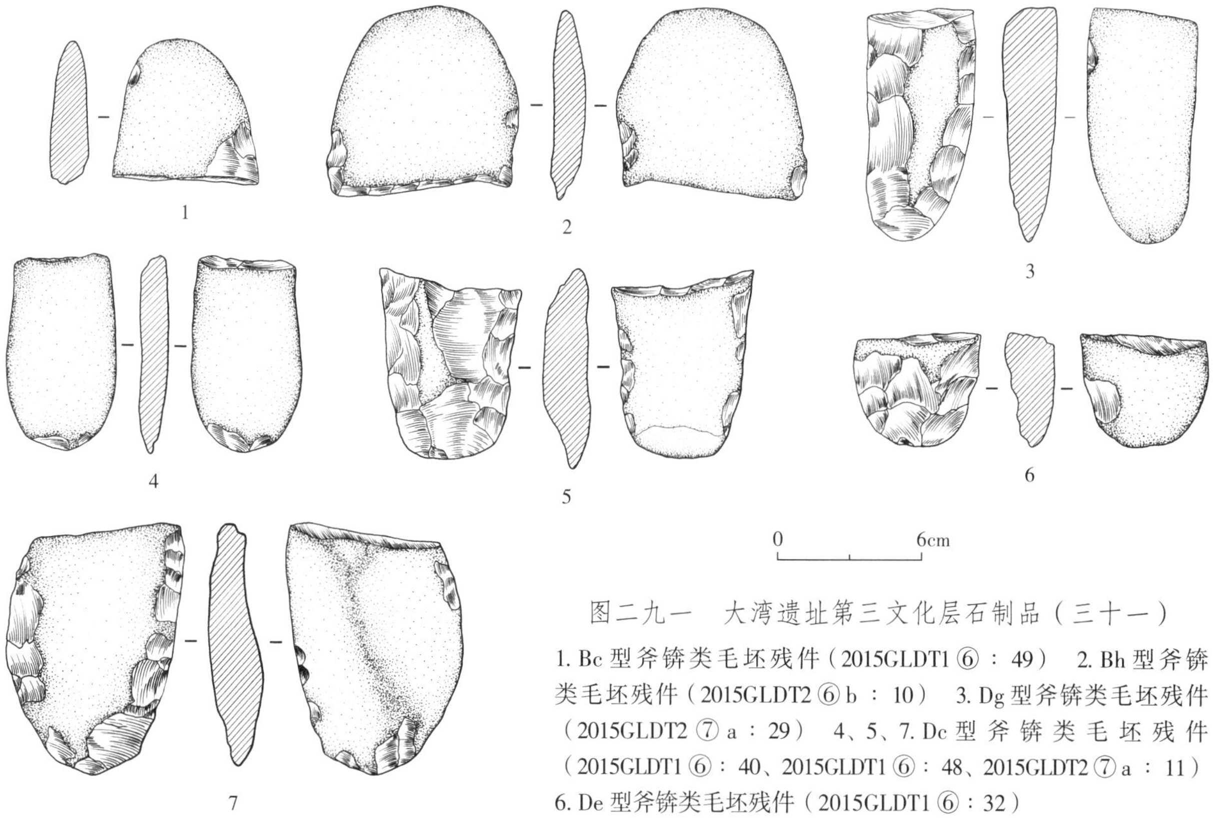

图二九一　大湾遗址第三文化层石制品（三十一）

1. Bc 型斧锛类毛坯残件（2015GLDT1⑥：49）　2. Bh 型斧锛类毛坯残件（2015GLDT2⑥b：10）　3. Dg 型斧锛类毛坯残件（2015GLDT2⑦a：29）　4、5、7. Dc 型斧锛类毛坯残件（2015GLDT1⑥：40、2015GLDT1⑥：48、2015GLDT2⑦a：11）　6. De 型斧锛类毛坯残件（2015GLDT1⑥：32）

另一端稍宽，为不甚规整的断裂面。略窄端经过多次单面剥片，片疤多较大且深凹。两侧经过多次双面剥片；加工以一面为主，该面一侧片疤多较小且浅平，另一侧片疤多达到甚至超过器身中轴线，致使整个加工面除了近中部有自然砾面保留外，其余部位全是片疤面；另一面片疤略少，多较小且浅平，部分尾部折断形成陡坎，未经磨制。器身其余部位保留自然砾面。残长 7.0cm，宽 5.8cm，厚 1.8cm，重 110g（图二九一，5）。

标本 2015GLDT2 ⑦ a：11，原料为灰褐色辉绿岩砾石。器身宽大，稍厚，形状近梯形。一端略窄；另一端稍宽，为较规整的断裂面。两侧经过多次双面剥片，其中一侧片疤密集，未经磨制。略窄端经过多次双面剥片，打制出一道整齐弧凸状刃口，未经磨制。器身其余部位未见人工痕迹。残长 9.5cm，宽 7.0cm，厚 2.1cm，重 198g（图二九一，7）。

De 型　1 件。

标本 2015GLDT1 ⑥：32，原料为灰褐色辉绿岩砾石。器身短小，稍厚，形状近半圆形。一端略窄；另一端稍宽，为较规整的断裂面。略窄端和一侧经多次单面剥片，另一侧经多次双面剥片。加工以一面剥片为主，该面片疤连续且密集；一侧片疤多稍大且深凹，部分片疤尾部折断形成陡坎；另一侧片疤多较小且浅平，未经磨制；部分片疤剥片达到甚至超过器身中轴线，致使主加工面除上部有少量自然砾面保留外，其余全是片疤面。另一面片疤稀疏。略窄端边缘打制出一道整齐但不甚锋利的弧凸状刃口，未经磨制。器身其余部位未见人工痕迹。残长 4.5cm，宽 5.1cm，厚 2.0cm，重 71g（图二九一，6）。

Dg 型　1 件。

标本 2015GLDT2 ⑦ a：29，原料为灰褐色辉绿岩砾石。器身窄长，稍厚，形状近长条形。一端略窄，另一端稍宽，为较规整的断裂面。略窄端和两侧均经过多次单面剥片；其中一侧片疤多较小且深凹，部分尾部折断形成陡坎。略窄端和另一侧打击片疤多较大且浅平，片疤多达到甚至超过器身中轴线，致使整个加工面除了近中部有自然砾面保留外，其余部位全是片疤面。通体未经磨制。器身其余部位保留自然砾面。残长 9.3cm，宽 4.5cm，厚 2.2cm，重 154g（图二九一，3）。

研磨器　8 件。包括毛坯和残件两大类。其中毛坯 7 件，占该文化层出土研磨器总数的 87.50%；残件 1 件，占该文化层出土研磨器总数的 12.50%。岩性有辉绿岩和细砂岩两种。其中辉绿岩 7 件，占该文化层出土研磨器总数的 87.50%；细砂岩 1 件，占该文化层出土研磨器总数的 12.50%。器身形状有三角柱状、圆柱状、椭圆柱状和扁柱状四种。其中三角柱状和椭圆柱状各 3 件，各占该文化层出土研磨器总数的 37.50%；圆柱状和扁柱状各 1 件，各占该文化层出土研磨器总数的 12.50%。器身长度最大值 13.4cm，最小值 5.8cm；宽度最大值 7.6cm，最小值 4.4cm；厚度最大值 5.3cm，最小值 2.3cm；重量最大值 546g，最小值 193g。

第一类　毛坯。7 件。原料仅见砾石一种。器形体积差别较大，加工简单，利用较长的砾石截取一段，部分直接利用截断面为研磨面，部分对研磨面略微修整。分别属于 A 型和 C 型。

A 型　5 件。分别属于 Aa 亚型中的 AaⅠ、AaⅢ、AaⅣ、AaⅤ次亚型。

AaⅠ型　2件。

标本2015GLDT1⑥：47，原料为灰褐色辉绿岩砾石。器身较宽大，近三角柱状。一面较平，另一面凸起。一端较宽，另一端略窄。一侧较宽厚，另一侧较窄薄。加工集中于较宽端。以凸起面为台面，将砾石从中部截断，选取其中一段作为器身，将断裂面作为研磨面。研磨面近三角形，较整齐，打击点和放射线均不清楚，未经磨制。研磨面右侧有一稍大且深凹的片疤，片疤尾部折断形成陡坎；打击方向由宽厚侧向窄薄侧打击。研磨面近端和左侧边缘可见部分细小且浅平的片疤；右侧和远端相交处边缘也有零星几个细小且浅平的片疤；打击方向均由较宽端向略窄端打击；这些片疤应为修整磨面端留下的痕迹。器身其余部位保留自然砾面。长10.3cm，宽7.6cm，厚4.8cm，重538g（图二九二，1；彩版七五，3）。

标本2015GLDT1⑦：26，原料为灰褐色辉绿岩砾石。器身近三角柱状。一面较平，另一面凸起。一端稍宽，另一端稍窄。加工集中于稍宽端。以凸起面为台面，将砾石从中部截断，选取其中一段作为器身，将断裂面作为研磨面。研磨面近梯形，较平整，打击点清楚，放射线不甚明显，未经磨制。器身其余部位保留自然砾面。长13.4cm，宽6.8cm，厚4.3cm，重546g（图二九二，2）。

AaⅢ型　1件。

标本2015GLDT1⑥：15，原料为灰褐色辉绿岩砾石。器身近扁柱状。两面均凸起。一端稍宽，另一端稍窄。加工集中于稍宽端。以一面为台面，将砾石从中部截断，选取其中一段作为器

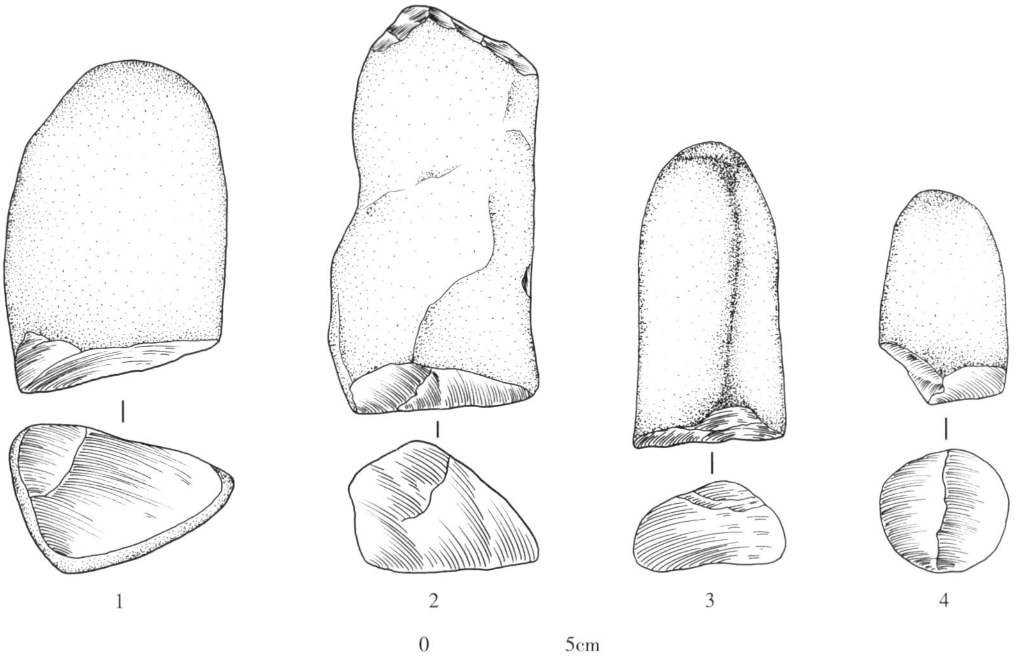

图二九二　大湾遗址第三文化层石制品（三十二）

1、2. AaⅠ型研磨器毛坯（2015GLDT1⑥：47、2015GLDT1⑦：26）　3. AaⅢ型研磨器毛坯（2015GLDT1⑥：15）　4. AaⅣ型研磨器毛坯（2015GLDT2⑦b：26）

身，将断裂面作为研磨面。研磨面近梯形，略平整，打击点和放射线均不清楚，未经磨制。台面近端附近有一稍大且深凹的片疤，片疤尾部折断形成较深的陡坎，打击方向与研磨面的打击方向相同，应为修整研磨面留下的痕迹。器身其余部位保留自然砾面。长 10.0cm，宽 5.1cm，厚 2.8cm，重 247g（图二九二，3）。

AaⅣ型　1 件。

标本 2015GLDT2 ⑦ b：26，原料为灰褐色辉绿岩砾石。器身稍短厚，形状近圆柱状。一面较平，另一面凸起。一端稍宽，另一端略窄。加工集中于稍宽端。以凸起面与一侧相交处为台面，将砾石从中部截断，选取其中一段作为器身，将断裂面作为研磨面。研磨面近圆形，不平整，尾部折断形成一个较大的斜面；打击点清楚，放射线不明显，未经磨制。器身其余部位保留自然砾面。长 7.0cm，宽 4.4cm，厚 4.0cm，重 193g（图二九二，4）。

AaⅤ型　1 件。

标本 2015GLDT1 ⑥：29，原料为灰褐色辉绿岩砾石。器身较短，较厚，近椭圆柱状。一面较平，另一面凸起。一端较宽，另一端略窄。一侧较宽厚，另一侧较窄薄。加工集中于较宽端。以较平面与宽厚侧相交处为台面，将砾石从中部截断，选取其中一段作为器身，将断裂面作为研磨面。研磨面近椭圆形，不甚平整，打击点清楚，放射线不明显，未经磨制。研磨面右侧有一稍大且浅平的片疤，打击方向由窄薄侧向宽厚侧打击；研磨面远近端边缘均可见部分细小且浅平的片疤，打击方向由较宽端向略窄端打击。这些片疤应为修整磨面端留下的痕迹。磨面端端面经过较多琢打，断裂面的疤痕棱角多已圆滑，右侧片疤的低凹处仍保留锋利棱角。较平面近中部处有一近圆形的、较小且浅平的崩疤。器身其余部位保留自然砾面。长 7.2cm，宽 6.7cm，厚 5.3cm，重 410g（图二九三，1）。

C 型　2 件。分别属于 Cb 亚型和 Cc 亚型。

Cb 型　1 件。属于 CbⅤ次亚型。

标本 2015GLDT2 ⑦ a：23，原料为灰褐色辉绿岩砾石。器身稍短，较厚，形状近椭圆柱状。一面较平，另一面凸起。一端较宽，另一端稍窄。加工集中于较宽端和两侧。先以两端为台面，各剥出一个很大且浅平的片疤；其中一侧的片疤尾部被研磨面所打破；这两个片疤应为修整器身留下的痕迹。再以凸起面与一侧相交处为台面，从中部将砾石截取一截，将断裂面作为研磨面。研磨面近梯形，略内凹，打击点清楚，放射线不明显，未经磨制。器身其余部位保留自然砾面。长 9.5cm，宽 5.6cm，厚 4.7cm，重 524g（图二九三，2；彩版七五，4）。

Cc 型　1 件。属于 CcⅤ次亚型。

标本 2015GLDT1 ⑥：45，原料为红褐色辉绿岩砾石。器身较短，较厚，形状近椭圆柱状。一面较平，另一面凸起。一端较宽，另一端较窄。加工集中于两端和一侧。先以较宽端为台面，在较平面剥出一个很大且浅平的片疤，其尾部被研磨面所打破。再以较窄端为台面，向一侧和凸起面剥出多个较小且浅平的片疤，部分尾部折断形成陡坎。这些片疤应为修整器身留下的痕迹。

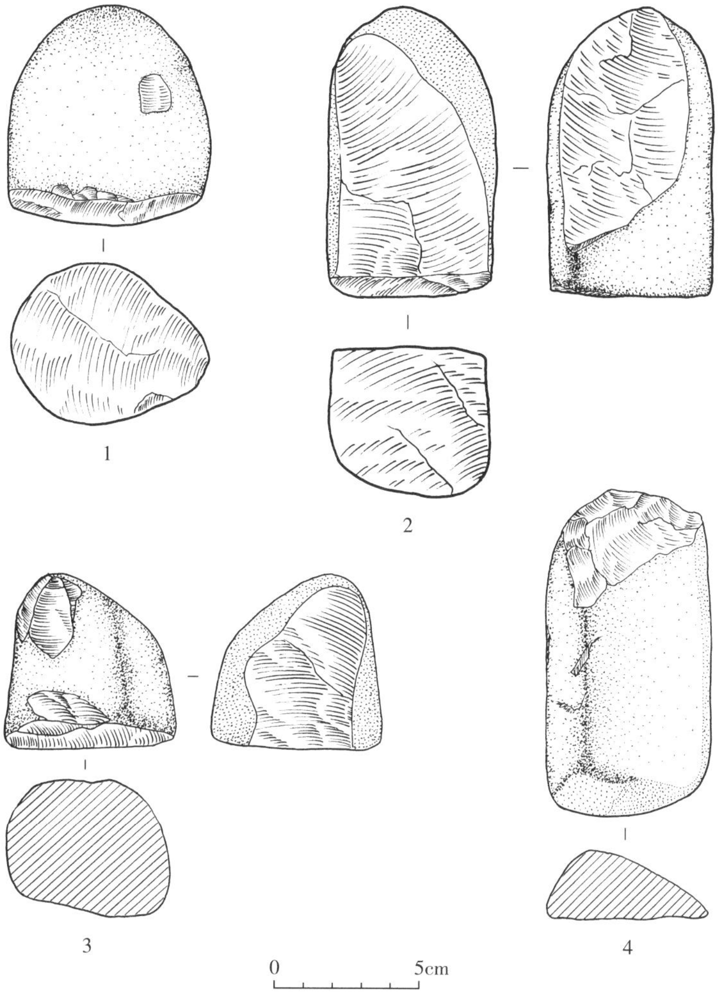

图二九三　大湾遗址第三文化层石制品（三十三）

1. AaⅤ型研磨器毛坯（2015GLDT1⑥：29）　2. CbⅤ型研磨器毛坯（2015GLDT2⑦a：23）　3. CcⅤ型研磨器毛坯（2015GLDT1⑥：45）　4. A型研磨器残件（2015GLDT2⑦b：18）

再以凸起面为台面，从中部将砾石截取一截，将断裂面作为研磨面。研磨面近梯形，较平整，打击点清楚，放射线不明显，未经磨制。器身其余部位保留自然砾面。长5.8cm，宽5.8cm，厚4.5cm，重209g（图二九三，3；彩版七五，5）。

第二类　残件。1件。属于A型。

标本2015GLDT2⑦b：18，原料为灰褐色细砂岩砾石。器身残破，形状近三角柱状。一端稍宽，另一端略窄。一面微凸，略窄端附近有几个片疤，其余部分保留自然砾面；另一面内凹，为不齐整的破裂面。以略长的砾石做原料，先在略窄端剥出几个较大且浅平的片疤，然后将另一端端面作为研磨面磨制光滑。器身缺失约三分之二；残留的研磨面近三角形，磨面平整，光滑，四周圆钝。器身其余部位保留自然砾面。残长10.8cm，宽5.7cm，厚2.3cm，重246g（图二九三，4）。

（四）第四文化层文化遗物

均为石制品。20 件。包括加工工具、打制石制品和磨制石制品三大类。其中加工工具 2 件，占该文化层出土石制品总数的 10%；打制石制品 4 件，占该文化层出土石制品总数的 20%；磨制石制品 14 件，占该文化层出土石制品总数的 70%。

1. 加工工具

2 件。其中石锤和石砧各 1 件。

石锤 1 件。属于 C 型中的 CbⅡ次亚型。

标本 2015GLDT1⑧：6，原料为灰褐色辉绿岩砾石。器身较长，形状呈方柱状。一端凹凸不平，略宽厚。另一端圆凸，稍窄薄。使用痕迹集中于宽厚端和一面中部。宽厚端凸起侧与一面交汇处有一形状不规则的粗麻点状疤痕，疤痕略深，应是作为砸击石锤使用留下的痕迹。一面中部有一近圆形的细麻点状疤痕，疤痕略浅，应是作为石砧使用留下的痕迹。器身其余部位保留自然砾面。长 16.3cm，宽 5.2cm，厚 4.8cm，重 732g（图二九四，1；彩版七五，6）。

石砧 1 件。属于 C 型中的 CaⅦ次亚型。

标本 2015GLDT1⑧：5，原料为灰褐色细砂岩砾石。器身略长，形状呈长条形。一面较平，另一面微凸。一端略宽厚，另一端稍窄薄。使用痕迹集中于两面和两侧。较平面上有几处形状不规则的细麻点状疤痕；其中位于近宽厚端的疤痕较密集，位于窄薄端的疤痕稍零散；窄薄端还另外分布有一处细麻点状疤痕。微凸面的近宽厚端和近窄薄端也各分布一处细麻点状疤痕，其中前一疤痕较浅，后一疤痕较深。一侧的近宽厚端和另一侧中部偏宽厚端也各有一细麻点状疤痕。以上疤痕均应为使用痕迹。器身其余部位保留自然砾面。长 14.7cm，宽 3.8cm，厚 3.3cm，重 288g（图二九四，2；彩版七六，1）。

2. 打制石制品

4 件。包括石片和砍砸器两大类型，每种类型各 2 件。

石片 2 件。岩性仅见辉绿岩一种。打击台面均为人工台面，且均为素台面。打击点比较清楚，但没有打击疤痕。半锥体均不明显。石片角均在 90° 以上。宽大于长和长大于宽的各有 1 件。背面或多或少都保留有自然砾面；背面有片疤者，其剥片方向多与石片本身同向同源。石片都具有锋利的棱角和边缘，未发现使用痕迹，也没有明显的冲磨痕迹。形状有梯形和不规则形两种，每种形状各 1 件。均属于 A 型，分别属于 Ae 亚型中的 AeⅢ次亚型和 AeⅪ次亚型。

AeⅢ型 1 件。

标本 2015GLDT1⑧：24，原料为灰褐色辉绿岩砾石。器身扁薄，形状近梯形。打击台面为人工台面（素台面），打击点宽大，半锥体不显，放射线和同心波纹不明显。器身左侧折断一小块，边缘钝厚。右侧上半部保留自然砾面，边缘钝厚；下半部边缘锋利，未发现使用痕迹。远端边缘锋利，也未发现使用痕迹。背面有两个较大且浅平的片疤；其一位于右侧上半部，打击方向与石

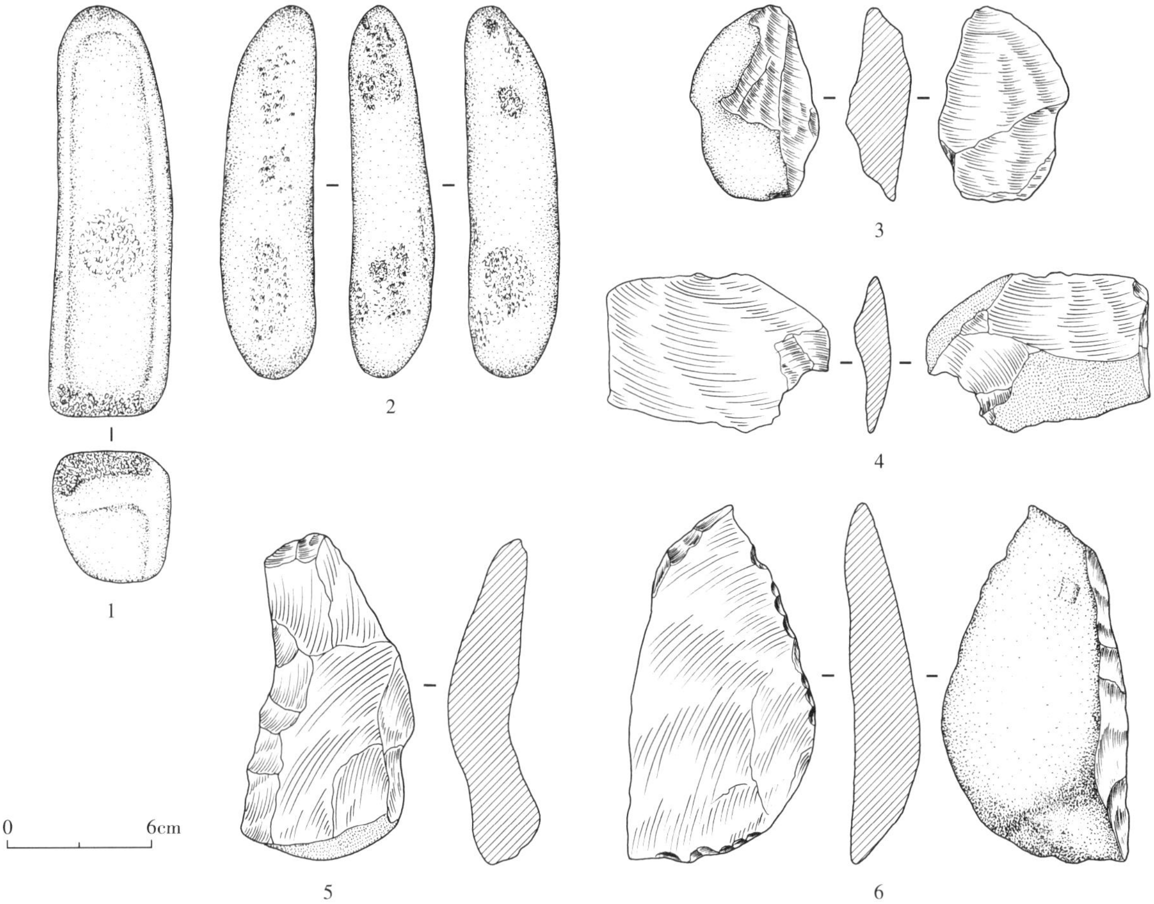

图二九四　大湾遗址第四文化层石制品（一）

1. CbⅡ型石锤（2015GLDT1⑧：6）　2. CaⅦ型石砧（2015GLDT1⑧：5）　3. AeⅪ型石片（2015GLDT1⑧：21）　4. AeⅢ型石片（2015GLDT1⑧：24）　5. AcⅧ型砍砸器（2015GLDT1⑧：22）　6. BdⅠ型砍砸器（2015GLDT2⑧：6）

片打击方向相同，其二位于左侧中部，打击方向与石片打击方向垂直。左侧上半部和整个下半部保留自然砾面。长 6.2cm，宽 9.1cm，厚 1.4cm，重 87g（图二九四，4；彩版七六，2）。

AeⅪ型　1件。

标本 2015GLDT1⑧：21，原料为灰褐色辉绿岩砾石。器身稍窄小，形状不规则。打击台面为人工台面（素台面），打击点宽大，半锥体不显，放射线和同心波纹不明显。器身左侧边缘锋利。右侧上半部保留自然砾面，边缘钝厚；下半部边缘锋利，未发现使用痕迹。远端边缘锋利，也未发现使用痕迹。器身下半部近中段沿节理面下折形成陡坎。背面右侧为较大且浅平的层叠片疤面，其打击方向与石片打击方向相同；左侧保留自然砾面。长 7.7cm，宽 5.0cm，厚 2.1cm，重 88g（图二九四，3）。

砍砸器　2件。原料均为石片。岩性均为辉绿岩。分别属于 A 型和 B 型。

A 型　1件。属于 A 型中的 AcⅧ次亚型。

标本 2015GLDT1 ⑧：22，原料为灰褐色辉绿岩石片。器身形状不规则。腹面凹凸不平，为破裂面。背面凸起，完全保留自然砾面。加工方法为锤击法。加工简单，沿石片远端边缘多次单面剥片，加工出一道凹刃。刃缘整齐锋利，未见使用痕迹。石片近端折断一小块，或系修整把手所致。片疤多较小且浅平，打击方向由背面向腹面打击。长 12.9cm，宽 6.2cm，厚 2.7cm，重 569g（图二九四，5；彩版七六，3）。

B 型　1 件。属于 B 型中的 Bd Ⅰ 次亚型。

标本 2015GLDT2 ⑧：6，原料为灰褐色辉绿岩石片，器身形状近三角形。腹面较平，为整齐的破裂面。背面凸起，完全保留自然砾面。石片远端折断一大块，为稍平整的破裂面。加工方法为锤击法。沿石片左右两侧和近端边缘多次单面剥片，加工出一道直刃和一道弧刃。刃缘整齐锋利，未见使用痕迹。片疤多较小且浅平，打击方向由背面向腹面打击。长 14.3cm，宽 7.5cm，厚 2.7cm，重 325g（图二九四，6；彩版七六，4）。

3. 磨制石制品

14 件。包括石斧、石凿、斧锛类半成品、斧锛类毛坯和研磨器五大类型。其中石斧 4 件，占该文化层出土磨制石制品总数的 28.57%；石凿和研磨器各 1 件，各占该文化层出土磨制石制品总数的 7.14%；斧锛类半成品 2 件，占该文化层出土磨制石制品总数的 14.29%；斧锛类毛坯 6 件，占该文化层出土磨制石制品总数的 42.86%。

石斧　4 件。均属于完整件。岩性仅见辉绿岩一种。磨制部位仅见局部磨制一种，且均为磨制刃部，刃缘仅见弧刃一种。刃部大多有使用痕迹。器身形状有梯形和椭圆形两种。其中梯形 1 件，占该文化层出土石斧总数的 25%；椭圆形 3 件，占该文化层出土石斧总数的 75%。器身长度最大值 13.2cm，最小值 9.0cm；宽度最大值 7.1cm，最小值 5.3cm；厚度最大值 3.3cm，最小值 1.4cm；重量最大值 349g，最小值 105g。分别属于 B 型中的 Bc 亚型和 Bf 亚型。

Bc 型　1 件。

标本 2015GLDT1 ⑧：3，原料为灰褐色辉绿岩砾石。器身稍厚，形状近梯形。一端较宽，另一端略窄。器身一侧经过多次双面剥片；加工以一面为主，该面片疤多较大且深凹，部分片疤尾部折断形成陡坎；另一面片疤零星。侧缘及片疤边缘略经磨制。较宽端两面均经过精心磨制，形成两道相互倾斜的光滑刃面。两刃面交汇处磨制出一道整齐锋利的弧凸状刃口。未见使用痕迹。其中一刃面与器身交汇处有一道疑似窄槽砺石的磨痕；该磨痕两侧下陷，中部凸起。器身其余部位保留自然砾面。长 10.2cm，宽 5.4cm，厚 1.8cm，重 143g（图二九五，1；彩版七六，5）。

Bf 型　3 件。

标本 2015GLDT1 ⑧：7，原料为灰褐色辉绿岩砾石。器身较宽大，较厚，形状近椭圆形。一端较宽，另一端略窄。器身一侧中部经过多次单面剥片，片疤多较大且深凹。侧缘及片疤边缘均略经磨制，有少许光滑磨面，但低凹处仍保留部分打击疤痕。另一侧未经加工。较宽端两面均经精心磨制，形成两道相互倾斜的光滑刃面。两刃面交汇处磨制出一道整齐锋利的弧凸状刃口。刃

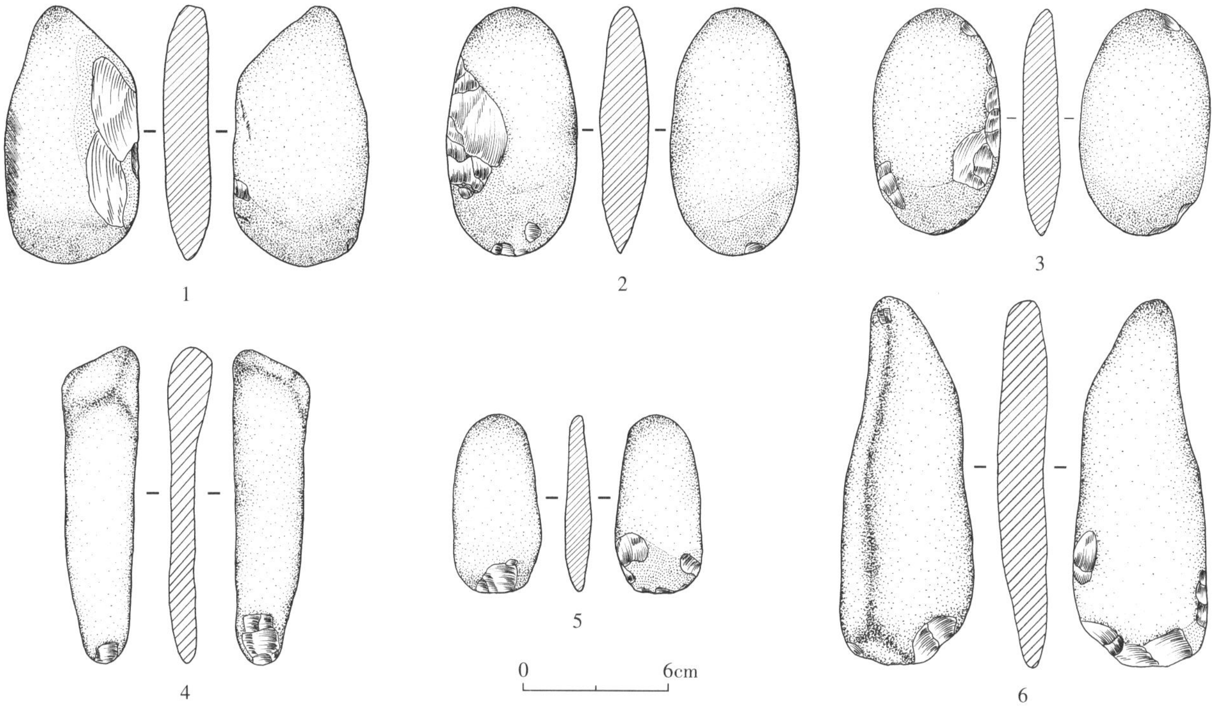

图二九五　大湾遗址第四文化层石制品（二）

1. Bc 型石斧（2015GLDT1⑧：3）　2、3. Bf 型石斧（2015GLDT1⑧：7、2015GLDT2⑧：1）　4. AbⅦ型石凿毛坯（2015GLDT1⑧：8）　5. AaⅥ型斧锛类半成品（2015GLDT2⑧：4）　6. AbⅦ型斧锛类半成品（2015GLDT1⑧：10）

口中部可见较多细碎的向两侧崩裂的崩疤，这些崩疤应为使用痕迹。器身其余部位保留自然砾面。长 9.8cm，宽 5.3cm，厚 2.0cm，重 147g（图二九五，2）。

标本 2015GLDT2⑧：1，原料为灰褐色辉绿岩砾石。器身形状近椭圆形。一端稍宽，另一端略窄。器身略窄端略经双面剥片；一侧经过多次单面剥片，另一侧下半部略经单面剥片；片疤多较小且浅平；两侧缘略经磨制。较宽端两面均经过精心磨制，形成一宽一窄、相互倾斜的两道光滑刃面。两刃面交汇处磨制出一道整齐锋利的弧凸状刃口。刃口中部可见较多细碎的向两侧崩裂的崩疤，这些崩疤应为使用痕迹。器身其余部位保留自然砾面。长 9.0cm，宽 5.3cm，厚 1.4cm，重 105g（图二九五，3；彩版七六，6）。

石凿　1 件。为毛坯。属于 A 型中 AbⅦ次亚型。

标本 2015GLDT1⑧：8，原料为灰褐色细砂岩砾石。器身窄小，形状近长条形。一端稍宽，另一端略窄。加工方法为锤击法。加工主要集中于略窄端。沿砾石略窄端边缘多次双面剥片，加工出一道弧凸刃。刃缘整齐但不锋利，也未磨制。片疤较小且浅平。器身其余部位保留自然砾面。长 12.5cm，宽 3.1cm，厚 1.7cm，重 74g（图二九五，4）。

斧锛类半成品　2 件。均为完整件。原料均为砾石，岩性仅见辉绿岩一种。磨制部位仅见局部磨制一种，且均为磨制刃部。器身形状有椭圆形和长条形两种，每种形状各 1 件。分别属于 A

型中的 Aa 亚型和 Ab 亚型。

Aa 型　1 件。属于 AaⅥ次亚型。

标本 2015GLDT2 ⑧：4，原料为灰褐色辉绿岩砾石。器身窄小，扁薄，形状近椭圆形。一端稍宽，另一端略窄。器身两侧稍宽端附近经过多次单面剥片。稍宽端边缘经过多次双面剥片，打制出一道锋利的平直刃缘。一面稍经磨制，已有较大面积的光滑刃面，刃面略向另一面倾斜，两侧及前缘仍保留少量打击疤痕；另一面略经磨制，两侧有较小面积的光滑磨面，中间部位仍保留片疤面。刃口尚未开始磨制。器身其余部位保留自然砾面。长 7.1cm，宽 3.6cm，厚 1.0cm，重 41g（图二九五，5；彩版七七，1）。

Ab 型　1 件。属于 AbⅦ次亚型。

标本 2015GLDT1 ⑧：10，原料为灰褐色辉绿岩砾石。器身较长，稍厚，形状近长条形。一端较宽，另一端较窄。一侧略宽厚，另一侧稍窄薄。器身窄薄侧靠近较宽端位置经过多次单面剥片，宽厚侧略经单面剥片；片疤多细小且浅平。较宽端边缘经过多次双面剥片，打制出一道不甚整齐但锋利的弧凸状刃缘。一面刃面明显向另一面倾斜，其一侧经较多磨制，已有较大面积的光滑刃面，但另一侧及前缘仍保留部分打击疤痕；另一面略经磨制，两侧有较小面积的光滑磨面。刃缘一角刃口已磨出，但其余部分尚未开始磨制。器身其余部位保留自然砾面。长 14.6cm，宽 5.5cm，厚 1.9cm，重 225g（图二九五，6；彩版七七，2）。

斧锛类毛坯　6 件。均为完整件。原料均为砾石。岩性均为辉绿岩。加工方法均为锤击法，单面加工。加工部位多在端部和两侧，器身大部分保留有自然砾面。器身形状有梯形、椭圆形和长条形三种。其中梯形和长条形各 1 件，各占该文化层出土斧锛类毛坯总数的 16.67%；椭圆形 4 件，占该文化层出土斧锛类毛坯总数的 66.66%。器身长度最大值 12.8cm，最小值 8.1cm；宽度最大值 6.3cm，最小值 4.1cm；厚度最大值 3.5cm，最小值 1.0cm；重量最大值 409g，最小值 62g。分别属于 A 型和 B 型。

A 型　4 件。分别属于 Ab 亚型中的 AbⅢ次亚型和 AbⅥ次亚型。

AbⅢ型　1 件。

标本 2015GLDT1 ⑧：12，原料为灰褐色辉绿岩砾石。器身较厚，略宽大，形状近梯形。一面较平，另一面凸起。一侧稍窄薄，另一侧略宽厚。一端略窄薄，另一端稍宽厚。加工方法为锤击法。一侧上半部略经单面剥片；另一侧下半部和窄薄端边缘多次单面剥片，在窄薄端边缘加工出一道斜弧刃。刃缘整齐锋利，未经磨制。片疤多较小且浅平。凸起面上有三处细麻点状疤痕，其中位于中部的疤痕较浅，形状不规则；位于近宽厚端处的疤痕略深，略近椭圆形；位于宽厚侧近宽厚端处的疤痕稍深，略近梯形。这三处疤痕，均应是作为砸击石锤使用时留下的痕迹。器身其余部位保留自然砾面。长 12.8cm，宽 6.3cm，厚 3.5cm，重 409g（图二九六，1；彩版七七，5）。

AbⅥ型　3 件。

标本 2015GLDT1 ⑧：1，原料为灰褐色辉绿岩砾石。器身形状近椭圆形。一端略宽薄，另一

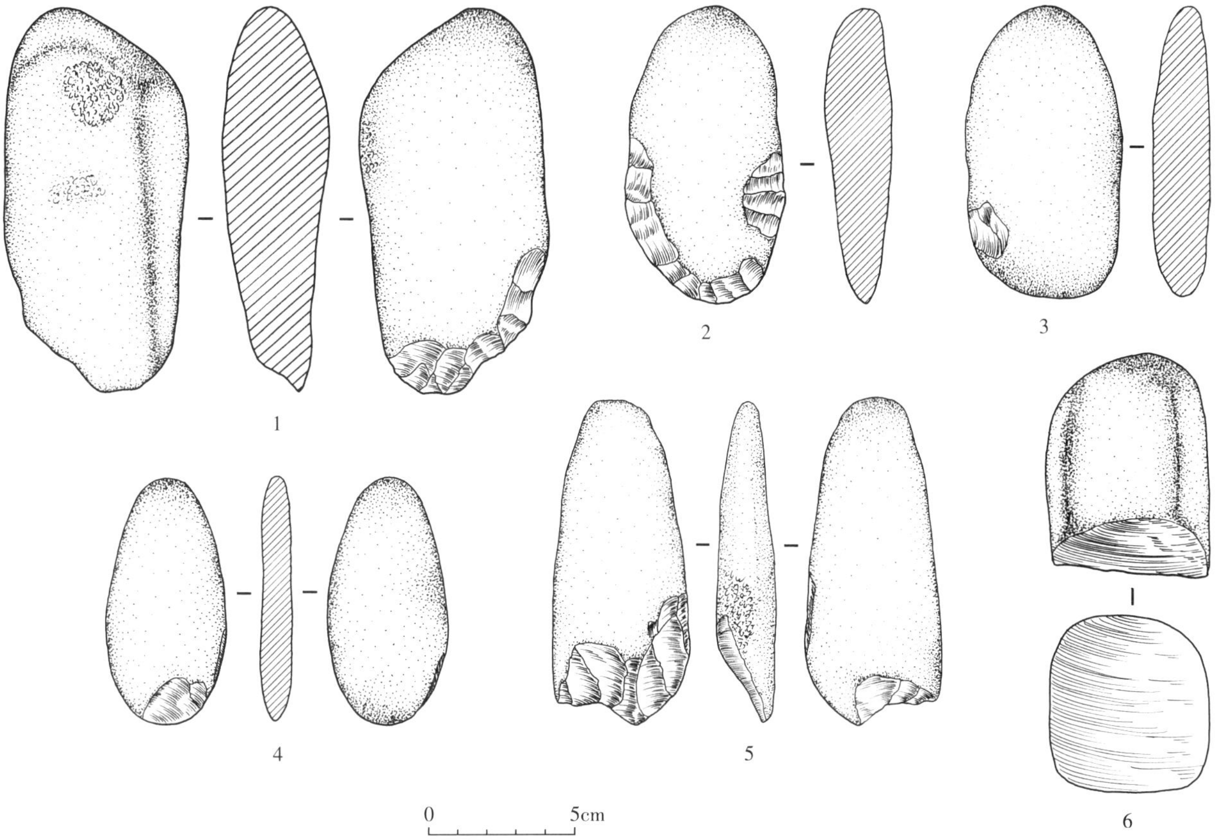

图二九六　大湾遗址第四文化层石制品（三）

1. AbⅢ型斧锛类毛坯（2015GLDT1⑧：12）　2、4. AbⅥ型斧锛类毛坯（2015GLDT1⑧：1、2015GLDT1⑧：23）　3. Bf型斧锛类毛坯（2015GLDT2⑧：2）　5. Bg型斧锛类毛坯（2015GLDT1⑧：9）　6. AaⅤ型研磨器毛坯（2015GLDT2⑧：3）

端稍窄厚。加工方法为锤击法。沿器身两侧下半部和宽薄端边缘多次单面剥片；在宽薄端边缘加工出一道弧凸状刃。刃缘整齐但不锋利，未经磨制。片疤多较小且浅平。器身其余部位保留自然砾面。长9.8cm，宽5.5cm，厚2.2cm，重167g（图二九六，2）。

标本2015GLDT1⑧：23，原料为灰褐色辉绿岩砾石。器身略窄小，扁薄，形状近椭圆形。一端略宽，另一端稍窄。加工方法为锤击法。沿砾石略宽端边缘多次单面剥片，加工出一道弧刃。刃缘整齐但不锋利，未经磨制。片疤多较小且浅平。器身其余部位保留自然砾面。长8.1cm，宽4.1cm，厚1.0cm，重62g（图二九六，4）。

B型　2件。分别属于Bf亚型和Bg亚型。

Bf型　1件。

标本2015GLDT2⑧：2，原料为灰褐色辉绿岩砾石。器身形状近椭圆形。一端和一侧略宽厚，另一端及另一侧稍窄薄。加工方法为锤击法。在砾石窄薄侧近宽厚端单面剥出一个较小且浅平的片疤。刃部尚未开始修整。器身其余部位保留自然砾面。长9.6cm，宽5.3cm，厚1.9cm，重157g（图二九六，3；彩版七七，3）。

Bg 型 1 件。

标本 2015GLDT1 ⑧：9，原料为灰褐色辉绿岩砾石。器身形状近长条形。一端略宽厚，另一端稍窄薄。一侧略宽厚，另一侧稍窄薄。加工方法为锤击法。在砾石宽厚端及附近一侧边缘多次单面剥片，片疤多较小且浅平；再反向打击，将端部近乎垂直截断，断面凹凸不平，刃部未能成型。加工侧的片疤旁有一近弹头形的细麻点状疤痕，破坏了邻近的片疤，应为琢打器身留下的痕迹。器身其余部位保留自然砾面。长 10.8cm，宽 4.7cm，厚 2.0cm，重 140g（图二九六，5）。

研磨器 1 件。为毛坯。属于 A 型中 AaⅤ次亚型。

标本 2015GLDT2 ⑧：3，原料为灰褐色辉绿岩砾石。器身稍厚，形状近椭圆柱状。一面较平，另一面凸起。一端较宽厚，另一端稍窄薄。加工集中于砾石较宽端。以凸起面为台面，将砾石从近中部截断，选取其中一段作为器身，将断裂面作为研磨面。研磨面近四边形，较平整。打击点清楚，放射线明显，未经磨制。长 7.3cm，宽 5.4cm，厚 5.8cm，重 423g（图二九六，6；彩版七七，4）。

五 自然遗物

大湾遗址出土了大量的动物遗骸。我们在每一地层中选取等量的土样送中山大学进行软体动物的种类鉴定和数量统计，并选取其他动物标本送中国科学院进行鉴定。

中山大学的鉴定结果显示，地层中含有大量的软体动物化石，包括大量的腹足类化石及少量双壳类（瓣鳃类）化石。腹足类主要有格氏短沟蜷（*Semisulcospira gredleri*）、斜粒粒蜷（*Tarebia granifera*）、多棱角螺（*Angulyagra polyzonata*）、双旋环棱螺（*Bellamya dispiralis*）、铜锈环棱螺（*Bellamya aeruginosa*）、方形环棱螺（*Bellamya quadrata*）、环棱螺（*Bellamya* sp.）和条华蜗牛（*Cathaica fasciola*）等，以格氏短沟蜷（*Semisulcospira gredleri*）、斜粒粒蜷（*Tarebia granifera*）、双旋环棱螺（*Bellamya dispiralis*）和条华蜗牛（*Cathaica fasciola*）为主。双壳类（瓣鳃类）动物主要有剑状矛蚌（*Lanceolaria gladiola*）、刻裂丽蚌（*Lamprotula scripta*）、背瘤丽蚌（*Lamprotula leai*）、佛耳丽蚌（*Lamprotula mansuyi*）、巴氏丽蚌（*Lamprotula bazini*）和圆顶珠蚌（*Unio douglasiae*）等，以刻裂丽蚌（*Lamprotula scripta*）、背瘤丽蚌（*Lamprotula leai*）和佛耳丽蚌（*Lamprotula mansuyi*）为主。还有部分双壳类样品由于破损极为严重，无法鉴定出来。

中国科学院鉴定结果显示，该遗址共出土脊椎动物骨骼标本 1780 件，包括鱼类 120 件，龟鳖类 423 件，蛇类 9 件，鸟类 1 件，哺乳类可鉴定标本 176 件，哺乳类碎骨 1051 件。其中，哺乳类数量占绝对优势，龟鳖类次之，鱼类数量较少。除鱼类外，最小个体数共计 91 个，其中哺乳类为优势类群，龟鳖类次之，蛇类、鸟类较少，未见鳄类。哺乳动物中鹿类最多，小型食肉类和啮齿类也占一定比例，未见斑羚和犀牛。具体动物种类包括缅甸蟒、雉科、巨松鼠、竹鼠、帚尾豪猪、短尾猴、小熊猫、鼬獾、猪獾、果子狸、椰子狸、食蟹獴、野猪、小麂、大角麂、梅花鹿和水鹿等，以及一些无法确定具体名称的猫亚科、鱼类和龟鳖类动物。

六　文化内涵

根据地层堆积、器物组合及出土器物等方面的特征判断，大湾遗址的文化遗存均属于同一时期。

该遗址以灰色或黄色地层堆积为主，含数量不等的螺壳。有屈肢葬和用火遗迹。出土器物只有石制品和蚌器，不见骨器和陶器。石制品的原料绝大多数为砾石，少量为石片，但砍砸器大多为石片。岩性有辉绿岩、细砂岩、硅质岩和石英等，辉绿岩占绝大多数。器类包括加工工具、打制石制品和磨制石制品三种，以打制石制品和磨制石制品为主，两者所占比例基本相当，磨制石制品数量稍多。打制石制品包括石核、石片、砍砸器、刮削器和尖状器五大类型，石片占大多数。石片打片均为硬锤打击，打片方法仅见直接锤击法，打击台面几乎全部是自然台面，人工台面极少见，有小部分为线状台面。打击点大多数比较清楚，多数石片的背面保留有自然砾面且具有锋利的边缘。砍砸器、刮削器和尖状器均为锤击法单面加工，加工简单，加工面多由一层或两层片疤组成。片疤多较小，多为宽大于长。把端不加修理，保留自然砾面。刃部以侧刃居多，鲜见端刃。加工工具为少量石锤、石砧和砺石等，以石锤为主，大多属砸击石锤，以侧边石锤最具特色。侧边石锤主要使用部位为砾石面侧相交处形成的凸棱，主要用途为截断较长的砾石，与研磨器的制作有紧密而直接的联系。属于间接打击石锤的间打器的发现，表明精细加工技术已经在大湾遗址得到应用。磨制石制品包括石斧、石锛、石凿、斧锛类半成品、斧锛类毛坯和研磨器等类型，其中以斧锛类毛坯数量最多。斧锛类器物的加工方法均为锤击法，多利用较为扁平的砾石单面加工而成，少见双面加工者。加工多在器身端部和两侧边缘多次剥片，打击疤痕较密集，片疤多较小且浅平，器身绝大部分都或多或少保留有自然砾面。成品多只是磨制刃部，少数磨制两侧，未见通体磨光者。成品中以新发现的双刃石锛最具特色。研磨器多为毛坯，成品和半成品较少；形状多样，以扁柱状和方柱状为最多；成品中，两端同时使用的研磨器是一个新的发现；加工简单，或是利用长短合适的砾石，直接以较平一端端面略加修整为研磨面，并对两侧进行剥片修整后成型，或是利用较长的砾石截取一段，部分直接利用截断面为研磨面，部分对研磨面略微修整；未见通体加工磨光者。

经比对，该期遗存与周边众多遗址存在一定的联系。比如，侧边石锤与同属左江流域的龙州根村遗址、龙州坡叫环遗址出土的侧边石锤相同；间打器与同属左江流域的龙州坡叫环遗址以及属于右江流域的革新桥遗址出土的间打器类似；方柱形研磨器与同属左江流域的崇左冲塘遗址、龙州根村遗址出土的研磨器类似；双端刃石锛与象州南沙湾遗址出土的同类器物相似；磨制石制品制作中利用扁平的砾石先在侧边、端部和刃部等部位进行加工，再进行磨制的做法，在无名山遗址、宝剑山A洞遗址中也普遍存在，只是占比低于后两者；锯齿刃蚌器和无肩蚌铲与宝剑山A洞遗址的出土相似。从总体文化面貌看，其与宝剑山A洞遗址、无名山遗址和根村遗址等关系密切，应该属于同一个文化类型。

七 年代判断

大湾遗址遗物主要为石制品和蚌器，没有发现陶器，因此对年代的判断存在较大困难。石制品中磨制石制品占比超过打制石制品，刃部磨制比较精细，有些斧锛类器物上端也有磨痕，出现了双端刃石器，估计其年代不会太早。其堆积形态以螺壳堆积为主，与无名山遗址一期和根村遗址类似。且如前所述，其出土物中有诸多器物在形态和制作方法等方面与周边同类遗址相同或类似。因此，该遗址与上述其他遗址的年代相差不会太远。宝剑山 A 洞遗址一期晚段年代距今约 6000~4000 年，冲塘遗址、根村遗址和无名山遗址年代均距今 5000 年左右，右江流域革新桥遗址最早年代距今 6000 年左右，象州南沙湾遗址距今 6500~5500 年。因此我们判断大湾遗址的年代距今约 6000~5000 年。

我们将选取的几个标本送至北京大学加速器质谱实验室和第四纪年代测定实验室进行加速器质谱（AMS）^{14}C 年代测试，大部分因为不能够满足实验要求而无法获取数据，仅有一个取自 T2 ⑦ b 层的炭屑样本获得了有效数据，为距今 8140 ± 35 年，树轮校正后数据为 9139BP（88.2%）9004BP。我们认为该数据不太符合该遗址的实际年代，与对左江流域史前文化遗存年代已有的认识存在很大差距。同时，该标本采自探方靠近最底层的位置，该层为黄色堆积，含螺壳较少，与上面的地层堆积差别较大，不排除有老炭的可能。因此拟不采用该数据作为判断该遗址年代的依据。

广西左江花山考古

（2013~2016）中

广西文物保护与考古研究所　编著

文物出版社

An Archaeological Report of Huashan in Zuojiang River Basin, Guangxi (2013–2016)

(II)

Compiled by

Guangxi Institute of Cultural Relics Protection and Archaeology

Cultural Relics Press

第五节　坡叫环遗址

一　地理位置、地形地貌及布方情况

坡叫环（壮语音译，汉语意为小缓坡）遗址位于广西壮族自治区崇左市龙州县上降乡里城村板色屯西北约500m处平而河右岸小缓坡的西面坡上，地理坐标为北纬22°15′12.59″、东经106°48′26.79″（图二九七）。

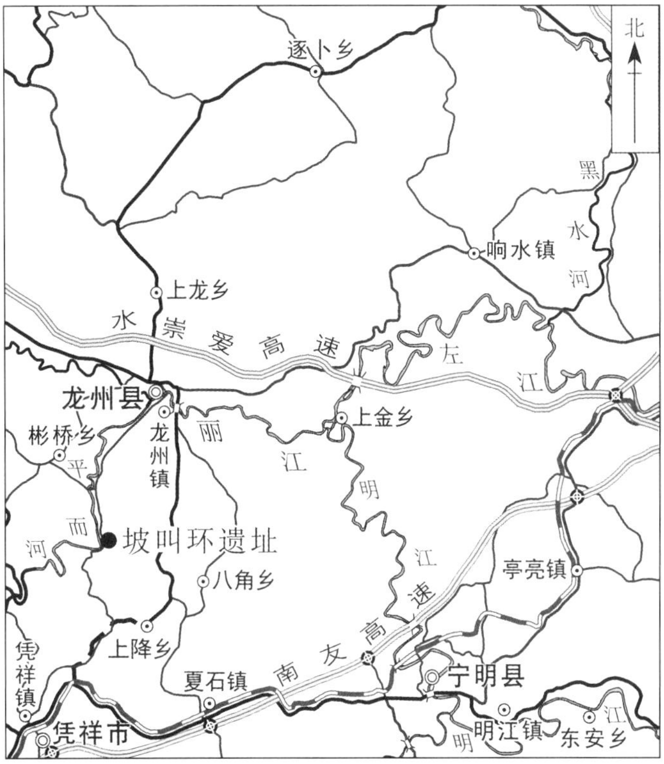

图二九七　坡叫环遗址地理位置示意图

遗址所在地为一处近南北狭长状的土坡，地势稍陡，坡度约为40°，属左江河一级支流——平而河右岸的第二级阶地，高出左江河面约20m。遗址集中分布在南北长约20m，东西宽约15m，面积约300m²的区域内。遗址东面为连绵的土坡丘陵，种植有桉树等经济林木；南面坡下约30m为东西向的乡村公路；西面坡脚下即为南北流向的平而河；北面为一小片种植九层皮树的开阔地。遗址地表植被比较茂密，多为杂树野草。地表密集堆积着大量的螺蚌壳。

2015年11月6日，课题组在崇左市龙州县上降乡里城村板色屯开展野外文物调查时发现该遗址。为了进一步了解该遗址的内涵，于2015年12月～2016年1月期间对遗址进行小规模试掘，发掘区位于遗址中部区域，正南北布2个5m×5m探方，实际发掘面积为32m²（图二九八；彩版七八，1）。通过发掘，获取了一大批文化遗物和自然遗物，包括石制品、蚌器、骨器及水陆生动植物遗骸等。

二　地层堆积

坡叫环遗址保存状况较好，堆积破坏较少，最厚堆积超过200cm。以T1北壁为例说明（图二九九；彩版七八，2）。

第①层：表土层。红褐色沙黏土。土质较疏松。含螺壳、炭屑、红烧土颗粒及大量植物根系。

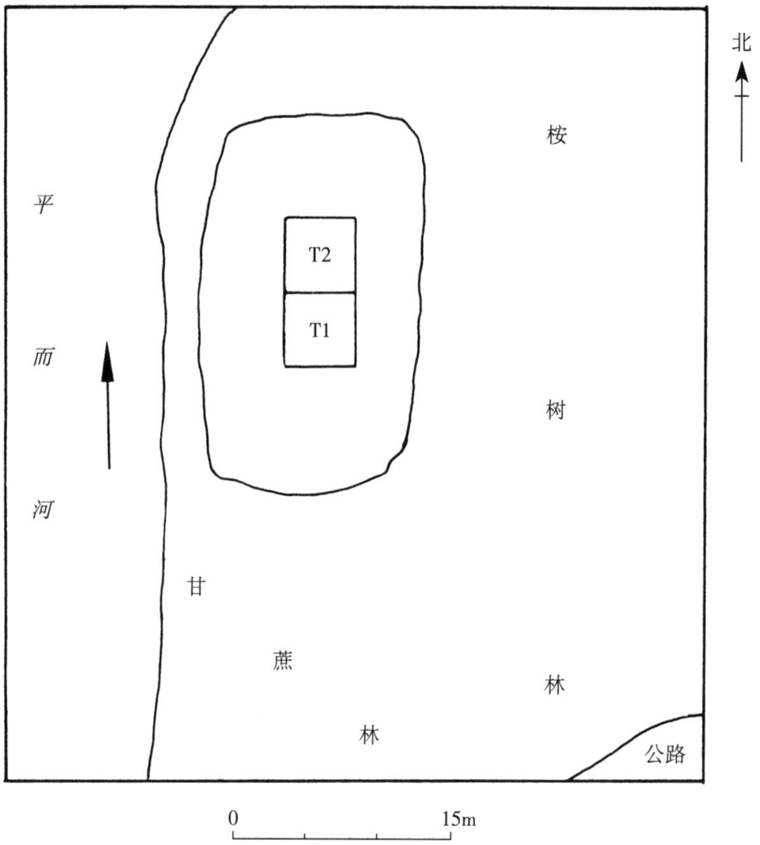

图二九八　坡叫环遗址2015年试掘探方位置图

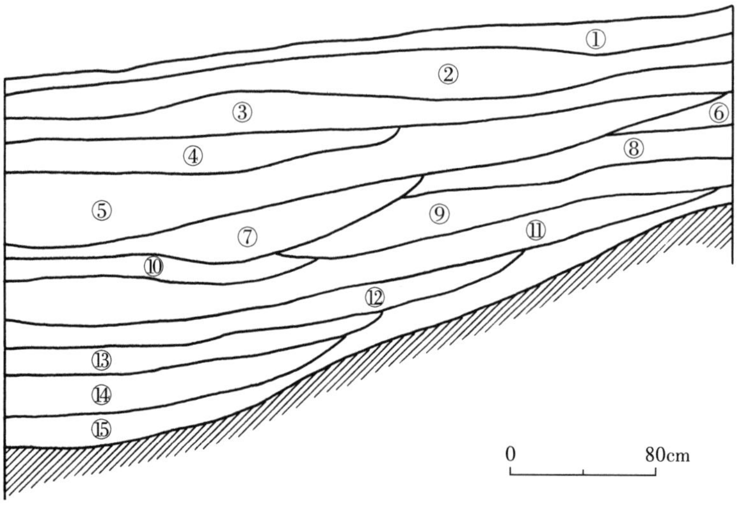

图二九九　坡叫环遗址T1北壁剖面图

大致呈水平状堆积，全方都有分布，厚4~18cm。出土物有石制品、动物骨骼和螺蚌壳等。

第②层：黑褐色沙黏土层。土质较疏松。地层呈水平状堆积，全方都有分布，厚12~28cm。螺壳分布密集，夹杂有少量植物根系、炭屑和红烧土颗粒。出土有石制品和动物骨骼等。

第③层：黄褐色沙黏土螺壳层。土质较疏松。大致呈水平状堆积，全方都有分布，厚10~26cm。夹杂有少量炭屑灰烬和红烧土颗粒。出土大量石制品、蚌器和动物骨骼等。该层面上有一个小型石器加工场遗迹。

第④层：黑褐色沙黏土螺壳层。土质较疏松。地层呈坡状堆积，主要分布于探方西北部，厚0~20cm。螺壳含量分布密集，夹杂有红烧土颗粒和炭屑等。出土物主要有大量石制品、动物骨骼和螺蚌壳等。

第⑤层：红褐色沙黏土螺壳层。含螺量极高，土质疏松。地层呈坡状堆积，仅分布于探方西北部，厚0~40cm。夹杂有少量炭屑和红烧土颗粒。出土大量石制品及少量蚌器、动物骨骼等。

第⑥层：褐色沙黏土螺壳层。土色较第⑤层偏褐，土质较为疏松。地层呈坡状堆积，主要分布于探方东南部，厚0~16cm。螺壳分布稀疏，夹杂有红烧土颗粒和炭屑。出土大量石制品、蚌器和动物骨骼等。

第⑦层：灰黑色沙黏土层。土质较纯净疏松，含沙量较大，较湿，土质土色与上层区别明显。地层呈坡状堆积，主要分布于探方西北部，厚0~24cm。螺壳含量少，夹杂有少量炭屑。出土少量石制品、骨器、蚌器和动物骨骼等。

第⑧层：红褐色黏土层。土色偏红，土质较疏松。地层呈坡状堆积，仅探方西北部缺失，厚0~16cm。含螺量与第⑥层相差不大，夹杂少量红烧土颗粒。出土少量石制品、蚌器和动物骨骼等。

第⑨层：红褐色沙黏土层。土色偏红，土质稍疏松。地层呈坡状堆积，仅探方西壁一侧缺失，厚0~24cm。螺壳分布稍密集，并夹杂少量烧土颗粒。出土有石制品、蚌器和动物骨骼等。

第⑩层：红褐色沙黏土层。土色偏红，土质较纯净，较为疏松。地层呈坡状堆积，仅分布于探方西北部，厚0~12cm。螺壳含量不多，包含大量红烧土颗粒。出土少量石制品、蚌器和动物骨骼等。

第⑪层：褐色沙黏土层。土质较疏松，湿度大。地层呈坡状堆积，探方东部一侧缺失，厚0~28cm。包含大量螺壳和少量红烧土颗粒、炭屑等。出土有石制品、蚌器和动物骨骼等。

第⑫层：红褐色沙黏土层。土色偏褐，土质较疏松，湿度大。地层呈坡状堆积，探方东壁一带缺失，厚0~14cm。包含螺壳量较第⑪层偏多，夹杂少量红烧土颗粒和炭屑。出土有石制品、蚌器和动物骨骼等。

第⑬层：灰黄色沙黏土层。土色不一，灰黑色与黄色混杂，土质疏松，湿度大。地层呈坡状堆积，探方东部一带缺失，厚0~14cm。包含少量螺壳、红烧土颗粒和炭屑等。出土有石制品、蚌器和动物骨骼等。

第⑭层：灰褐色沙黏土层。土色不一，灰黑色与红褐色混杂，土质疏松，湿度大。地层呈坡状堆积，探方东部一带缺失，厚 0~22cm。螺壳量较第⑬层多，夹杂少量烧土颗粒和炭屑等。出土有石制品、蚌器、动物骨骼和螺蚌壳等。

第⑮层：红褐色沙黏土层。土色偏红，土质疏松，湿度大。地层呈坡状堆积，全方分布，厚 6~20cm。包含大量螺壳和少量红烧土颗粒、炭屑等。出土有石制品、蚌器和动物骨骼等。

⑮层下为生土层。

三　遗迹

本次试掘面积不大，发现的遗迹数量较少，主要为灰坑和小型石器加工场，遗迹间未有打破现象。

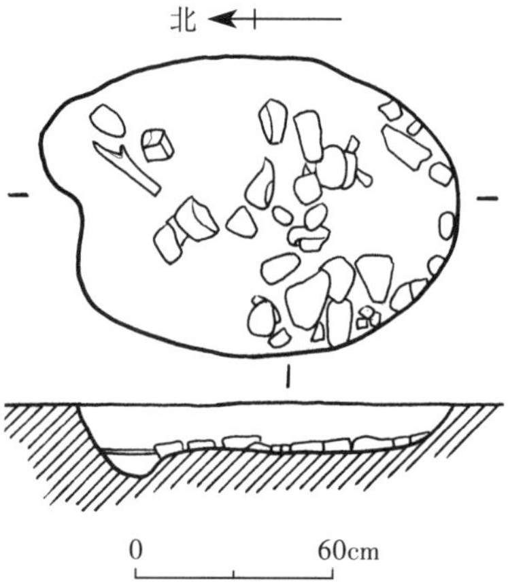

图三〇〇　坡叫环遗址H1平、剖面图

（一）灰坑

1 个。编号 H1。

H1　位于 T2 西北部，开口于第①层下，打破第②层。灰坑平面形状呈椭圆形，剖面形状呈弧形平底，壁面光滑，底面较为平缓。坑内仅有一层堆积，填土为黑色黏土，土质疏松，包含少量炭屑和红烧土颗粒，坑底有大量螺壳。长径 118cm，短径 90cm，距地表深 8cm，坑深 23cm。出土有石制品、骨器和动物骨骼等遗物（图三〇〇）。

（二）小型石器加工场

位于 T1 东南部，分布于第②层下、③层面上，距地表深 20cm。石制品分布范围约 3.4m × 1.4m。石制品分布密集，共计 45 件。以石片和断块为主，兼有部分石料、砍砸器、石砧、石锤等。以石砧为中心，紧邻其东密集分布有石锤、石核、砍砸器等，东南区域大量分布有石片、断块等，其他区域石制品分布稀疏，石砧与石片密集区之间甚至存在无石制品的空白区域。部分石制品直接叠压着一层厚 5cm 的灰烬堆积，灰烬中包含大量炭屑、烧螺和烧骨（图三〇一；彩版七八，3）。

四　文化遗物

坡叫环遗址出土的遗物很丰富。包括大量石制品、蚌器和少量骨器，以及大量水陆生动物遗骸等，不见陶器。根据地层堆积和遗物特征等方面的不同，将遗址划分为七个文化层。其中第一文化层包括 T1 ①、T2 ①层，第二文化层包括 T1 ②、T2 ②层、石器加工场、H1，第三文化层包括 T1 ③ ~ ⑥层、T2 ③ ~ ⑤层，第四文化层包括 T1 ⑦层，第五文化层包括 T1 ⑧ ~ ⑩层和 T2 ⑥ ~ ⑧层，第六文化层包括 T1 ⑪ ~ ⑬层和 T2 ⑨层，第七文化层包括 T1 ⑭、⑮层和 T2 ⑩层。

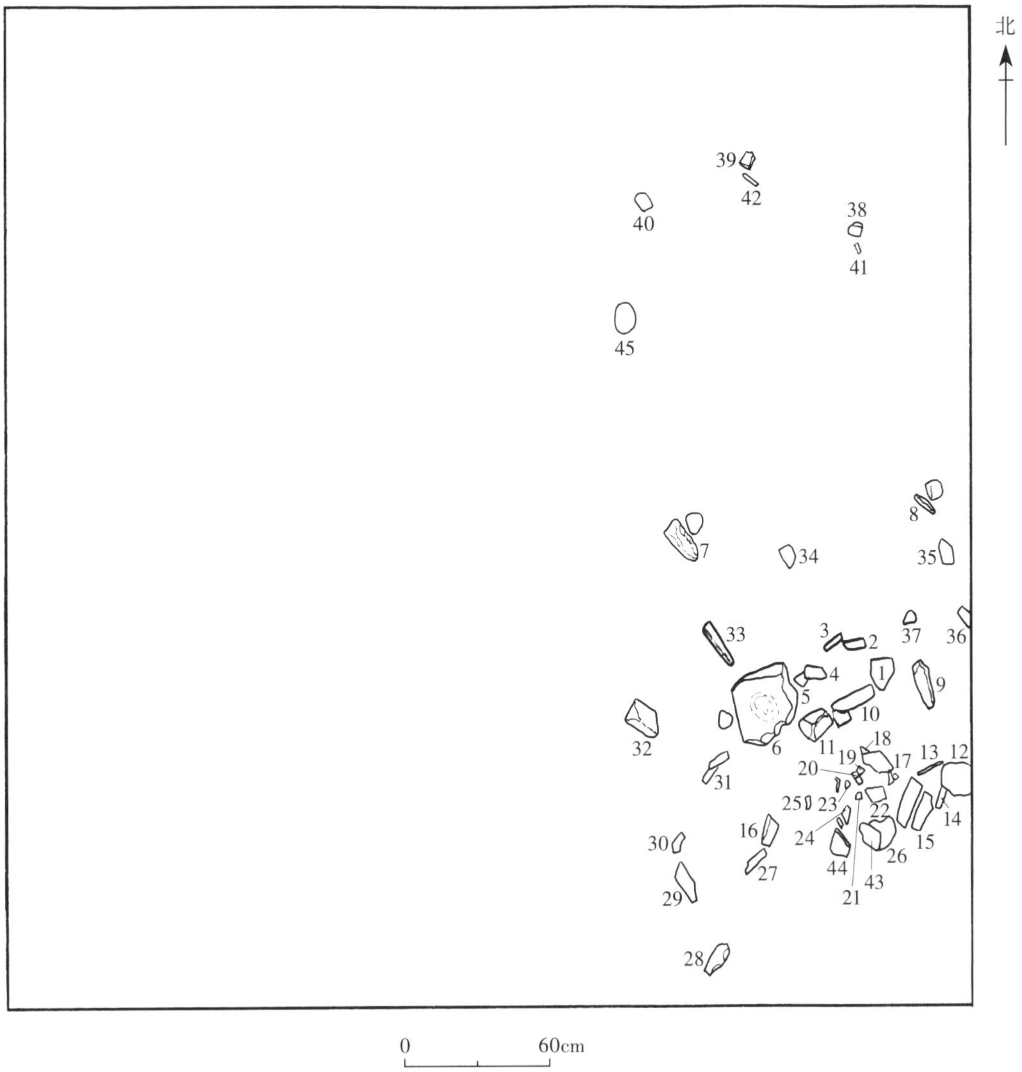

图三〇一　坡叫环遗址第②层下小型石器加工场

1、4、7、9、12、28. 石砍砸器　2、5、13、17~26、39、43. 石片　3、8、14~16、27、29、34、44. 断块
6. 石砧　10. 石锤　11. 石核　30、41、42. 动物骨头　31~33、35、36、38、40、45. 石料　37. 蚌壳

每个文化层遗物分别介绍。

（一）第一文化层文化遗物

59 件。均为石制品。包括加工工具、打制石制品和磨制石制品三大类。其中加工工具 5 件，占该文化层出土石制品总数的 8.48%；打制石制品 43 件，占该文化层出土石制品总数的 72.88%；磨制石制品 11 件，占该文化层出土石制品总数的 18.64%。

1. 加工工具

5 件。包括石片石锤、砺石和窄槽砺石三类。其中石片石锤和窄槽砺石各 2 件，各占该文化层出土加工工具总数的 40%；砺石 1 件，占该文化层出土加工工具总数的 20%。

石片石锤 2 件。岩性只有辉绿岩一种。分别属于 A 型中的 Aa 亚型和 Ab 亚型。

Aa 型 1 件。

标本 2015GLPT1 ①：20，原料为灰褐色辉绿岩石片。器身形状近三角形。腹面中部有一纵脊；纵脊左侧为节理面，右侧为平整的破裂面。远端折断，形成断裂面。砸击疤痕在右侧，为细麻点状疤痕，呈条状分布；疤痕两侧分布有细小的片疤；这些片疤应该是作为砸击石锤使用时留下的痕迹。长 9.5cm，宽 9.1cm，厚 3.0cm，重 306g（图三〇二，1）。

Ab 型 1 件。

标本 2015GLPT2 ①：15，原料为灰褐色辉绿岩石片。器身形状近四边形。腹面较平整，背面完全保留自然砾面。在远端边缘有呈条状的砸击疤痕；疤痕呈细麻点状，两侧分布有细小的片疤；这些片疤应该是作为砸击石锤使用时留下的痕迹。长 7.5cm，宽 9.2cm，厚 2.2cm，重 193g

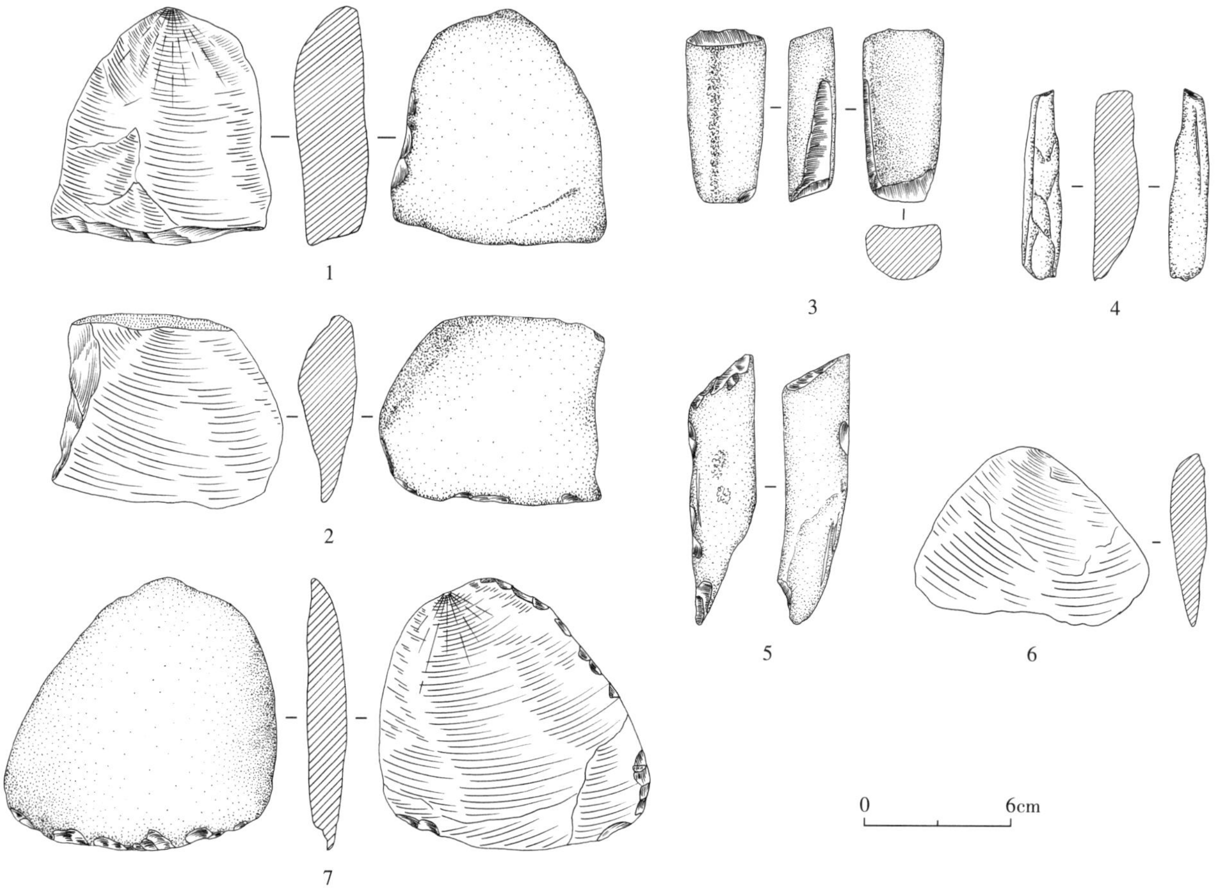

图三〇二 坡叫环遗址第一文化层石制品（一）

1. Aa 型石片石锤（2015GLPT1 ①：20） 2. Ab 型石片石锤（2015GLPT2 ①：15） 3. DbⅦ型砺石（2015GLPT1 ①：29） 4. AbⅦ型窄槽砺石（2015GLPT2 ①：29） 5. DbⅦ型窄槽砺石（2015GLPT1 ①：27） 6、7. AaⅠ型石片（2015GLPT1 ①：22、2015GLPT2 ①：4）

（图三〇二，2；彩版七九，1）。

砺石　1件。属于D型中的DbⅦ次亚型。

标本2015GLPT1①：29，原料为黄褐色细砂岩岩块。器身形状呈长条形。一端略窄，另一端略宽。两端均为断裂面。一面较为平整，另一面略凸。较平整一面大部分是光滑磨面；磨面呈弧形。略凸面有一呈带状的麻点状坑疤，该坑疤应该是兼作石砧使用时留下的痕迹。长6.9cm，宽3.1cm，厚1.9cm，重70g（图三〇二，3）。

窄槽砺石　2件。原料均为岩块。岩性只有泥岩一种。分别属于A型和D型。

A型　1件。属于Ab亚型中的AbⅦ次亚型。

标本2015GLPT2①：29，原料为深灰色泥岩岩块。器身形状呈长条形。一端略宽，另一端略窄且呈一锐尖。一侧较厚，另一侧较薄。一面较平整，另一面不平。在平整面与较厚侧相交汇处有一狭长的磨痕。磨痕两侧深凹，中部凸起，断面近弓形。长7.6cm，宽1.5cm，厚1.9cm，重29g（图三〇二，4；彩版七九，2）。

D型　1件。属于Db亚型中的DbⅦ次亚型。

标本2015GLPT1①：27，原料为深灰色泥岩岩块。器身形状呈长条形。一端较窄呈一锐尖，另一端略宽为一断裂面。一侧为断裂面，较粗糙，另一侧较为光滑。一面较宽，另一面较窄。在较宽面与较窄端交汇处和断裂侧的中部各有一狭长的磨痕。两处磨痕两侧均深凹，中部凸起，断面近弓形。在较宽面与光滑侧交汇处的中部有一大一小呈窝状的麻点状坑疤，这些坑疤应该是兼作石砧使用时留下的痕迹。长10.9cm，宽2.7cm，厚2.6cm，重86g（图三〇二，5；彩版七九，3）。

2. 打制石制品

43件。包括石片、砍砸器和刮削器三类。其中石片20件，占该文化层出土打制石制品总数的46.51%；砍砸器15件，占该文化层出土打制石制品总数的34.89%；刮削器8件，占该文化层出土打制石制品总数的18.60%。

石片　20件。岩性只有辉绿岩一种。打击台面全部为自然台面。半锥体微凸者2件，占该文化层出土石片总数的10%；半锥体不显者18件，占该文化层出土石片总数的90%。石片宽大于长者10件，占该文化层出土石片总数的50%。大多数石片背面或多或少保留有自然砾面。石片的边缘大多数锋利。有使用痕迹的4件，占该文化层出土石片总数的20%。打片方法有锤击法和碰砧法两种。其中锤击石片19件，占该文化层出土石片总数的95%；碰砧石片1件，占该文化层出土石片总数的5%。器身形状有三角形、四边形、梯形、圆形、半圆形、椭圆形和不规则形七种。其中三角形和梯形各2件，各占该文化层出土石片总数的10%；四边形、圆形和半圆形各1件，各占该文化层出土石片总数的5%；椭圆形7件，占该文化层出土石片总数的35%；不规则形6件，占该文化层出土石片总数的30%。器身长度最大值19.5cm，最小值5.6cm；宽度最大值17.0cm，最小值5.3cm；厚度最大值3.5cm，最小值0.9cm；重量最大值1480g，最小值51g。分别属于A型和C型。

A 型　19 件。分别属于 Aa、Ab、Ac 亚型。

Aa 型　10 件。分别属于 AaⅠ、AaⅡ、AaⅢ、AaⅣ、AaⅥ、AaⅪ次亚型。

AaⅠ型　2 件。

标本 2015GLPT1①：22，原料为灰褐色辉绿岩砾石。器身形状近三角形。打击台面为自然台面。打击点宽大，半锥体不显，放射线不清楚，同心波纹明显。左右两侧边缘及远端边缘锋利，未见使用痕迹。腹面中部近左侧下折形成一陡坎。背面完全保留自然砾面。长 7.0cm，宽 9.6cm，厚 1.5cm，重 92g（图三〇二，6）。

标本 2015GLPT2①：4，原料为灰褐色辉绿岩砾石。器身形状呈三角形。打击台面为自然台面。打击点宽大，半锥体不显，放射线清楚，同心波纹微显。左右两侧及远端边缘较为圆钝。右侧边缘上半部及远端有使用痕迹。背面完全保留自然砾面。长 11.3cm，宽 10.9cm，厚 1.6cm，重 272g（图三〇二，7）。

AaⅡ型　1 件。

标本 2015GLPT2①：3，原料为灰色辉绿岩砾石。器身形状近四边形。打击台面为自然台面。打击点宽大，半锥体不显，放射线、同心波纹微显。左侧边缘上半部和右侧边缘锋利，未见使用痕迹。左侧边缘下半部及远端边缘折断一小块，分别形成一断裂面。背面完全保留自然砾面。长 13.0cm，宽 9.5cm，厚 2.4cm，重 334g（图三〇三，1）。

AaⅢ型　1 件。

标本 2015GLPT1①：10，原料为灰色辉绿岩砾石。器身形状近梯形。打击台面为自然台面。打击点宽大，半锥体不显，放射线清楚，同心波纹明显。左侧边缘锋利，未见使用痕迹。右侧及远端折断一大块，分别形成一较平整的断裂面。背面完全保留自然砾面。长 12.7cm，宽 9.5cm，厚 3.2cm，重 373g（图三〇三，3；彩版七九，4）。

AaⅣ型　1 件。

标本 2015GLPT1①：7，原料为灰色辉绿岩砾石。器身形状近圆形。打击台面为自然台面。打击点宽大，半锥体不显，放射线清楚，同心波纹明显。左右两侧及远端边缘锋利，未见使用痕迹。远端右侧下折形成一陡坎。背面完全保留自然砾面。长 7.7cm，宽 9.3cm，厚 1.5cm，重 127g（图三〇三，2）。

AaⅥ型　4 件。

标本 2015GLPT1①：13，原料为灰色辉绿岩砾石。器身形状近椭圆形。打击台面为自然台面。打击点宽大，半锥体不显，放射线不清楚，同心波纹微显。左右两侧及远端边缘锋利，未见使用痕迹。背面完全保留自然砾面。长 7.0cm，宽 10.2cm，厚 1.0cm，重 64g（图三〇三，4）。

标本 2015GLPT2①：26，原料为灰褐色辉绿岩砾石。器身形状近椭圆形。打击台面为自然台面。打击点宽大，半锥体不显，放射线不清楚，同心波纹微显。左侧边缘较钝。右侧及远端边缘锋利，未见使用痕迹。背面完全保留自然砾面。长 7.8cm，宽 5.3cm，厚 1.2cm，重 68g（图三〇三，5）。

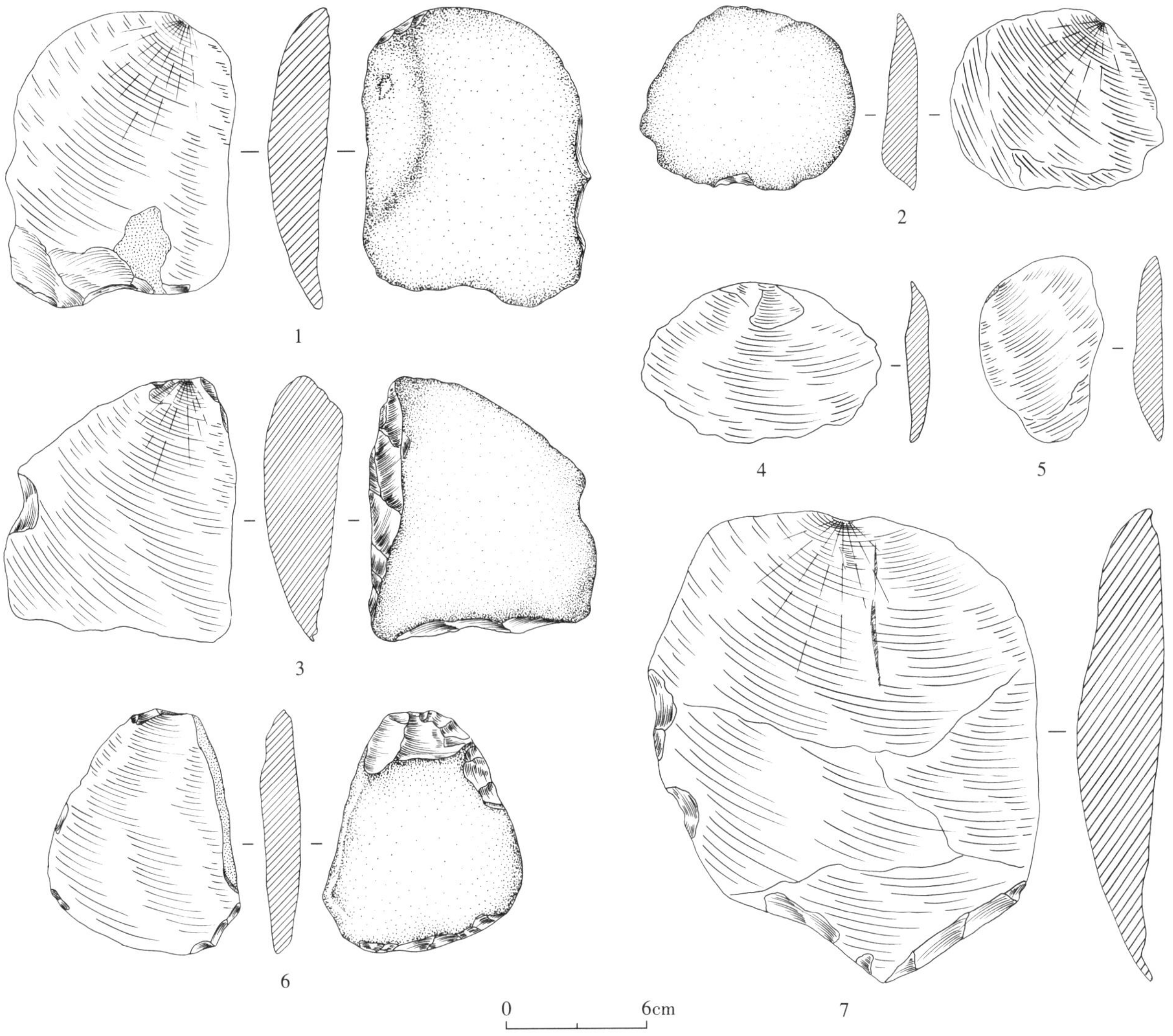

图三〇三　坡叫环遗址第一文化层石制品（二）

1. AaⅡ型石片（2015GLPT2①：3）　2. AaⅣ型石片（2015GLPT1①：7）　3. AaⅢ型石片（2015GLPT1①：10）　4、5. AaⅥ型石片（2015GLPT1①：13、2015GLPT2①：26）　6. AbⅢ型石片（2015GLPT2①：18）　7. AaⅪ型石片（2015GLPT1①：18）

AaⅪ型　1件。

标本2015GLPT1①：18，原料为灰色辉绿岩砾石。器身硕大，形状不规则。打击台面为自然台面。打击点宽大，半锥体不显，放射线清楚，同心波纹微显。左侧边缘上半部较钝，为自然砾面，下半部锋利。右侧边缘锋利，未见使用痕迹。远端右侧折断一块，为一整齐的断裂面。背面完全保留自然砾面。长19.5cm，宽16.6cm，厚3.5cm，重1480g（图三〇三，7）。

Ab型　8件。分别属于AbⅢ、AbⅤ、AbⅥ、AbⅪ次亚型。

AbⅢ型　1件。

标本2015GLPT2①：18，原料为灰色辉绿岩砾石。器身形状近梯形。打击台面为自然台面。

打击点宽大，半锥体不显，放射线不清楚，同心波纹微显。右侧边缘为自然砾面。左侧及远端边缘锋利，有细碎的片疤，为使用痕迹。背面近端有片疤面，片疤与石片同向；背面其余部分保留自然砾面。长 10.1cm，宽 8.0cm，厚 1.6cm，重 160g（图三〇三，6；彩版七九，5）。

AbⅤ型　1 件。

标本 2015GLPT2 ①：14，原料为灰色辉绿岩砾石。器身形状近半圆形。打击台面为自然台面。打击点宽大，半锥体不显，放射线清楚，同心波纹明显。左侧边缘下半部折断一大块，为折断面。右侧边缘锋利，远端呈一锐尖；未见使用痕迹。背面右侧有较大而深凹的片疤，片疤打击方向与石片本身的打击方向垂直；背面其余部分保留自然砾面。长 10.4cm，宽 7.2cm，厚 1.4cm，重 130g（图三〇四，1）。

AbⅥ型　2 件。

标本 2015GLPT1 ①：16，原料为灰色辉绿岩砾石。器身形状近椭圆形。打击台面为自然台面（线状台面）。打击点已崩落，半锥体不显，放射线不清楚，同心波纹明显。左侧边缘上半部锋利，下半部折断一块。右侧及远端边缘锋利，未见使用痕迹。背面有大面积片疤面，片疤打击方向与石片打击方向同向同源；背面其余部分保留自然砾面。长 6.8cm，宽 10.0cm，厚 1.2cm，重 85g（图

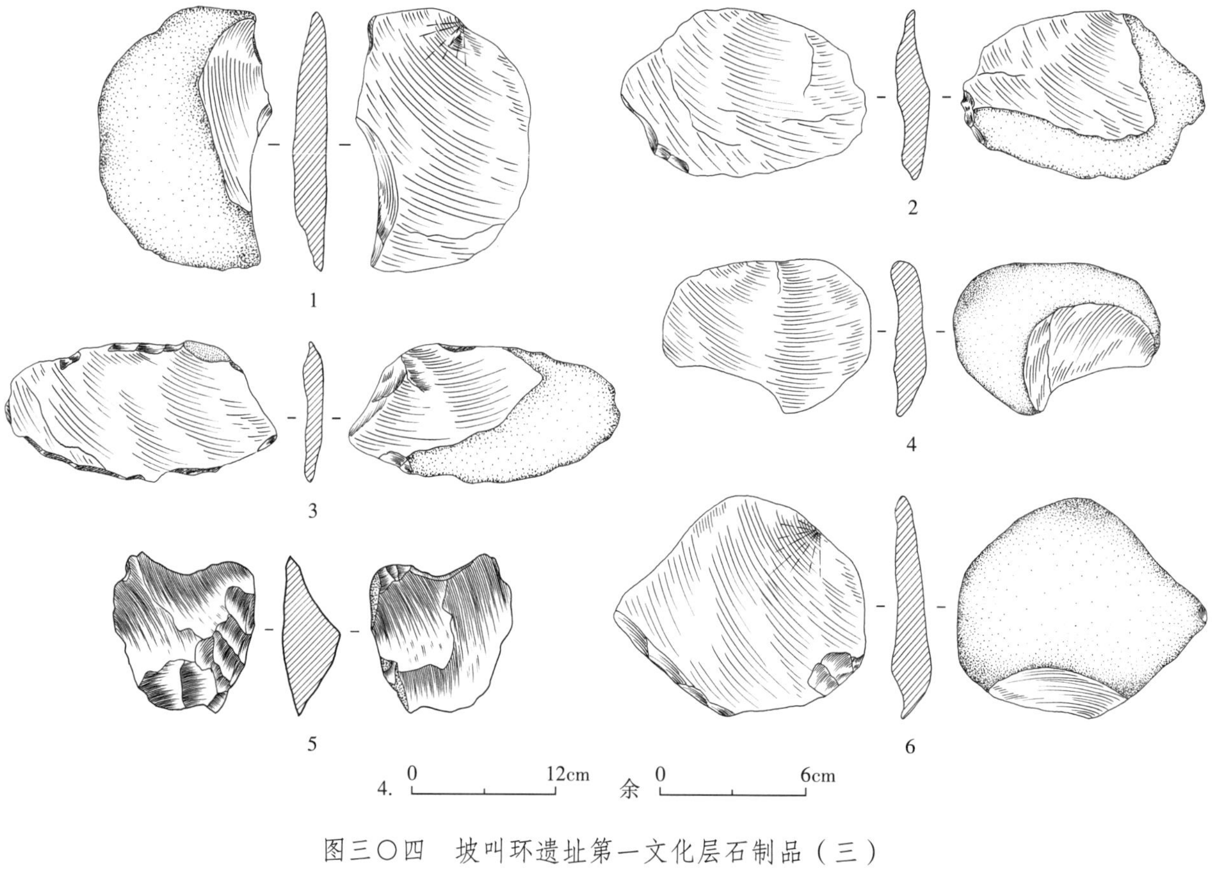

图三〇四　坡叫环遗址第一文化层石制品（三）

1. AbⅤ型石片（2015GLPT2 ①：14）　2、3. AbⅥ型石片（2015GLPT1 ①：16、2015GLPT1 ①：17）　4、6. AbⅪ型石片（2015GLPT2 ①：5、2015GLPT2 ①：12）　5. AcⅪ型石片（2015GLPT1 ①：32）

三〇四，2）。

标本 2015GLPT1 ①：17，原料为黄褐色辉绿岩砾石。器身形状近椭圆形。打击台面为自然台面。打击点宽大，半锥体微凸，放射线不清楚，同心波纹微显。右侧边缘折断一块。右侧和远端边缘较钝。未见使用痕迹。背面上半部有较大面积的片疤面，片疤打击方向与石片打击方向相同；背面其余部分保留自然砾面。长 5.6cm，宽 11.2cm，厚 0.9cm，重 62g（图三〇四，3）。

AbⅪ型　4 件。

标本 2015GLPT2 ①：5，原料为灰褐色辉绿岩砾石。器身形状不规则。打击台面为自然台面。打击点宽大，半锥体不显，放射线不清楚，同心波纹明显。左侧边缘较圆钝，为自然砾面；右侧及远端边缘锋利，未见使用痕迹。背面下半部为一块较大的片疤，片疤打击方向与石片本身打击方向垂直；背面其余部分保留自然砾面。长 12.4cm，宽 17.0cm，厚 2.7cm，重 526g（图三〇四，4）。

标本 2015GLPT2 ①：12，原料为灰褐色辉绿岩砾石。器身形状不规则。打击台面为自然台面。打击点宽大，半锥体不显，放射线清楚，同心波纹明显。左右两侧边缘较为圆钝。远端折断，形成一整齐的断裂面。左右两侧边缘有使用痕迹。背面左下侧为一个较大而深凹的片疤，片疤打击方向与石片本身打击方向垂直；背面其余部分保留自然砾面。长 8.5cm，宽 8.9cm，厚 1.7cm，重 203g（图三〇四，6）。

Ac 型　1 件。属于 AcⅪ次亚型。

标本 2015GLPT1 ①：32，原料为黄褐色辉绿岩砾石。器身形状不规则。打击台面为自然台面。打击点宽大，半锥体不显，放射线不清楚，同心波纹微显。左右两侧边缘及远端边缘较锋利，未见使用痕迹。背面全部为片疤面。长 6.0cm，宽 5.9cm，厚 2.4cm，重 70g（图三〇四，5；彩版七九，6）。

C 型　1 件。属于 Ca 亚型中的 CaⅥ次亚型。

标本 2015GLPT2 ①：21，原料为灰褐色辉绿岩砾石。器身形状近椭圆形。打击台面为自然台面。双锥体，打击点宽大，半锥体微凸显，放射线清楚，同心波纹明显。左侧边缘及远端边缘锋利，未见使用痕迹。右侧边缘部分折断，形成断裂面。背面完全保留自然砾面。长 7.0cm，宽 9.8cm，厚 1.3cm，重 96g（图三〇五，1；彩版八〇，1）。

砍砸器　15 件。原料有石片和石核两种。其中石片 14 件，占该文化层出土砍砸器总数的 93.33%；石核 1 件，占该文化层出土砍砸器总数的 6.67%。岩性仅见辉绿岩一种。加工方法仅见锤击法一种，以单面加工为主。打击方向由石片背面向腹面打击。加工较为简单，加工面多为一两层片疤。片疤大多数较小且浅平，多为宽大于长。部分器身有修整的现象。刃缘大部分整齐锋利；有使用痕迹的 1 件，占该文化层出土砍砸器总数的 6.67%。器身形状有三角形、四边形、梯形、半圆形、椭圆形和不规则形六种。其中三角形 5 件，占该文化层出土砍砸器总数的 33.33%；四边形 3 件，占该文化层出土砍砸器总数的 20.00%；梯形、半圆形和不规则形各 2 件，各占该文化层出土砍砸器总数的 13.33%；椭圆形 1 件，占该文化层出土砍砸器总数的 6.67%。器身长度最

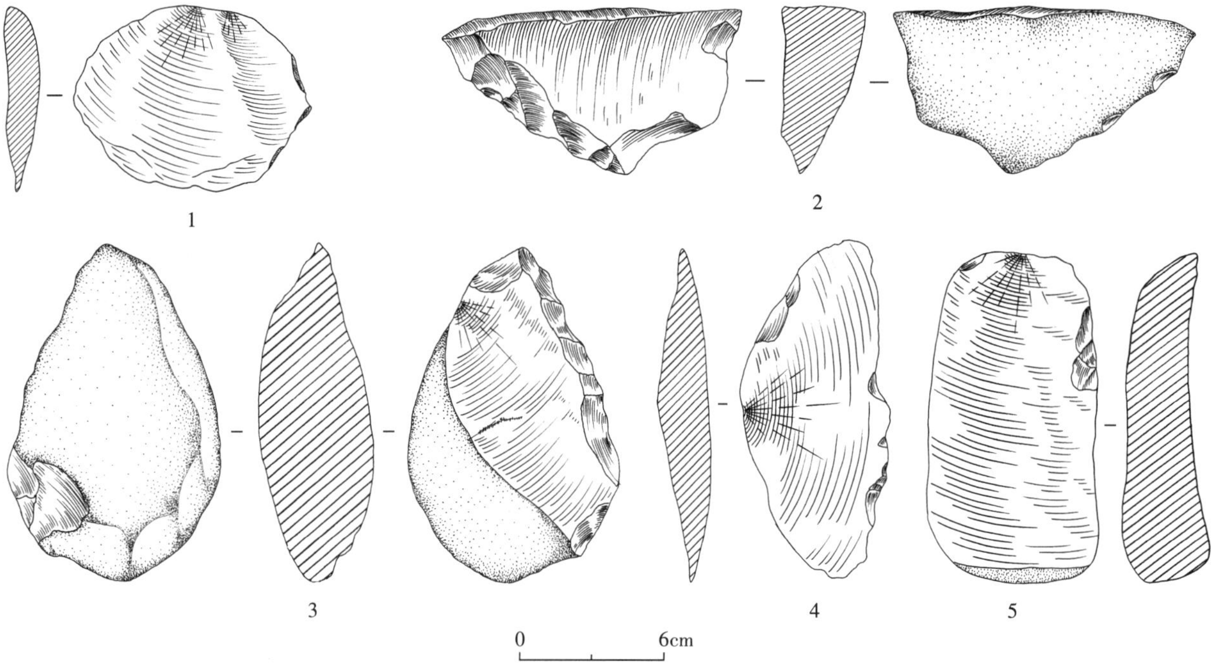

图三〇五　坡叫环遗址第一文化层石制品（四）

1. CaⅥ型石片（2015GLPT2①：21）　2~4. AaⅠ型砍砸器（2015GLPT1①：12、2015GLPT2①：2、2015GLPT1①：19）
5. AaⅡ型砍砸器（2015GLPT2①：8）

大值16.6cm，最小值10.1cm；宽度最大值9.8cm，最小值6.2cm；厚度最大值4.7cm，最小值1.9cm；重量最大值682g，最小值146g。分别属于A、B、C型。

A型　10件。分别属于Aa 、Ab、Ac亚型。

Aa型　6件。分别属于AaⅠ、AaⅡ、AaⅤ、AaⅧ次亚型。

AaⅠ型　3件。

标本2015GLPT2①：2，原料为灰色辉绿岩石片。器身形状近三角形。腹面较平，背面大部分保留自然砾面。左侧圆钝，为自然砾面。加工方法为锤击法。加工主要集中在右侧。沿石片右侧多次单面剥片，加工出一道直刃。刃缘整齐锋利，未见使用痕迹。远端略经双面剥片，应为修整器身留下的痕迹。近端与器身右侧相交处形成一个锐尖。片疤较小且浅平，部分片疤尾部折断形成陡坎。片疤打击方向多由石片背面向腹面打击，少量由腹面向背面打击。长13.6cm，宽8.8cm，厚4.7cm，重555g（图三〇五，3）。

标本2015GLPT1①：12，原料为灰褐色辉绿岩石片。器身形状近三角形。腹面较平整，背面完全保留自然砾面。加工方法为锤击法。加工主要集中于右侧下半部。沿右侧下半部多次单面剥片，加工出一道直刃。刃缘整齐锋利，未见使用痕迹。片疤较小且浅平，打击方向由石片背面向腹面打击。左侧为一整齐平整的破裂面。右侧上半部也有零星片疤，这些片疤应为修整器身留下的痕迹。长12.4cm，宽6.6cm，厚3.3cm，重251g（图三〇五，2；彩版八〇，2）。

标本 2015GLPT1 ①：19，原料为灰褐色辉绿岩石片。器身形状近三角形。腹面较平，背面完全保留自然砾面。加工方法为锤击法。加工主要集中在远端左侧。沿远端左侧边缘多次单面剥片，加工出一道直刃。刃缘整齐锋利，未见使用痕迹。剥片次数较少。片疤细小且浅平，打击方向由石片背面向腹面打击。长 13.4cm，宽 6.2cm，厚 1.9cm，重 146g（图三〇五，4）。

AaⅡ型　1 件。

标本 2015GLPT2 ①：8，原料为灰褐色辉绿岩石片。器身形状呈四边形。腹面平整。背面凸起，全部保留自然砾面。加工方法为锤击法。加工主要集中在石片右侧。沿石片右侧的上半部多次单面剥片，加工出一道直刃。刃缘整齐锋利，未见使用痕迹。片疤细小且浅平，打击方向由石片的背面向腹面打击。在石片右侧的中部有一呈带状的麻点状疤痕，这些疤痕应为兼作砸击石锤使用留下的痕迹。长 13.1cm，宽 7.1cm，厚 3.5cm，重 453g（图三〇五，5）。

AaⅤ型　1 件。

标本 2015GLPT2 ①：7，原料为灰褐色辉绿岩石片。器身形状近半圆形。腹面较平，背面大部分保留自然砾面。左侧上部折断一小块，形成一断裂面。左侧的下半部及右侧边缘锋利。加工方法为锤击法。加工主要集中在远端。沿远端边缘多次单面剥片，加工出一道直刃。刃缘整齐锋利，未见使用痕迹。片疤较小且浅平，打击方向由石片背面向腹面打击，部分片疤尾部折断形成陡坎。长 11.3cm，宽 9.3cm，厚 2.2cm，重 232g（图三〇六，1）。

AaⅧ型　1 件。

标本 2015GLPT2 ①：1，原料为灰色辉绿岩石片。器身形状不规则。腹面平整，背面完全保留自然砾面。加工方法为锤击法。加工主要集中在远端。先在远端一侧多次单面剥片，加工出一向背面倾斜的斜坡面；然后在斜坡面上多次单面剥片，加工出一道直刃。刃缘较整齐锋利，未见使用痕迹。近端略经单面剥片，应为修整把端留下的痕迹。片疤较小且浅平，打击方向由石片背面向腹面打击。长 16.6cm，宽 9.2cm，厚 3.4cm，重 682g（图三〇六，2）。

Ab 型　3 件。分别属于 AbⅠ、AbⅡ、AbⅧ次亚型。

AbⅠ型　1 件。

标本 2015GLPT1 ①：25，原料为灰色辉绿岩石片。器身形状近三角形。腹面凹凸不平，背面大部分保留自然砾面。加工方法为锤击法。加工主要集中在右侧。沿右侧边缘多次单面剥片，加工出一道弧刃。刃缘整齐锋利，未见使用痕迹。片疤较小且浅平，打击方向由石片背面向腹面打击，部分片疤尾部折断形成陡坎。左侧及远端也有零星片疤，片疤细小；打击方向由石片背面向腹面打击，应为修整器身留下的痕迹。长 13.6cm，宽 8.8cm，厚 3.3cm，重 412g（图三〇六，3）。

AbⅡ型　1 件。

标本 2015GLPT1 ①：2，原料为灰褐色辉绿岩石片。形状近四边形。腹面较平，背面完全保留自然砾面。右侧下半部折断一块，形成断裂面。加工方法为锤击法。加工主要集中在右侧上半部。沿右侧上半部多次单面剥片，加工出一道弧刃。刃缘较整齐锋利，未见使用痕迹。片疤较小且浅

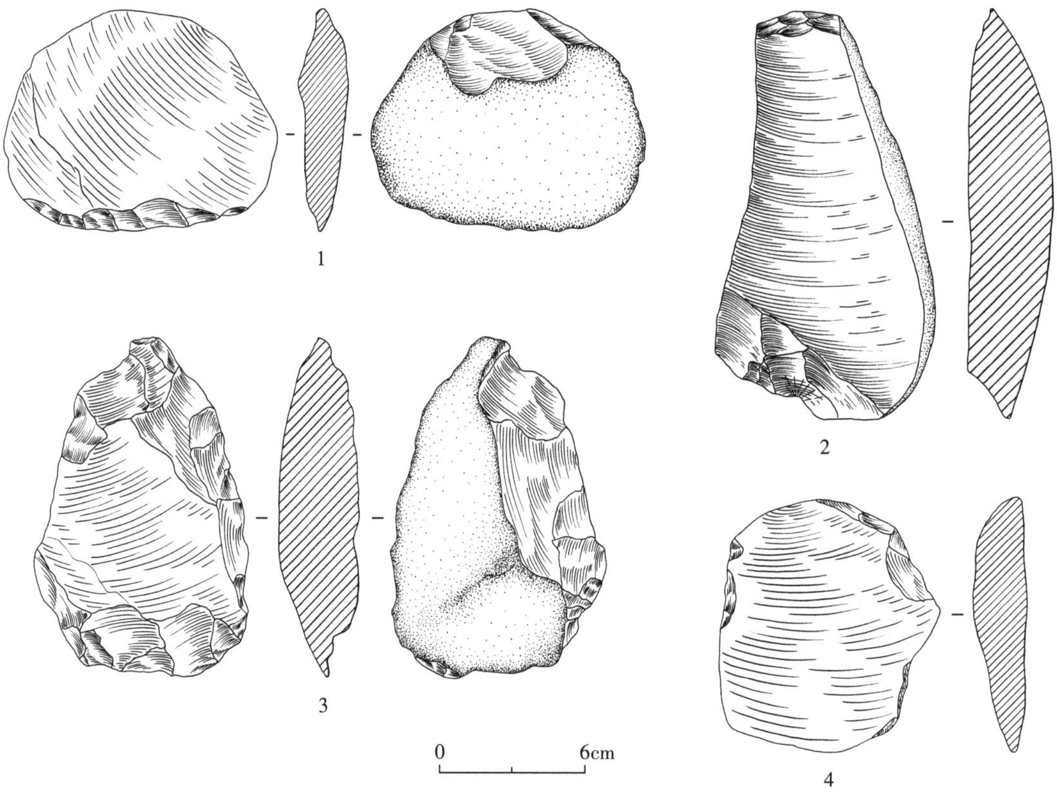

图三〇六　坡叫环遗址第一文化层石制品（五）

1. AaⅤ型砍砸器（2015GLPT2①：7）　2. AaⅧ型砍砸器（2015GLPT2①：1）　3. AbⅠ型砍砸器（2015GLPT1①：25）　4. AbⅡ型砍砸器（2015GLPT1①：2）

平，打击方向由石片背面向腹面打击。左侧及远端有使用痕迹。长 10.1cm，宽 9.1cm，厚 2.1cm，重 215g（图三〇六，4；彩版八〇，3）。

AbⅧ型　1件。

标本 2015GLPT1①：9，原料为灰色辉绿岩石片。器身形状不规则。腹面平整，背面完全保留自然砾面。远端近一舌尖。右侧圆钝，为自然砾面。加工方法为锤击法。加工主要集中在石片左侧。沿石片左侧多次单面剥片，加工出一道弧刃。刃缘整齐锋利，未见使用痕迹。片疤较小且浅平，打击方向由石片背面向腹面打击，部分片疤尾部折断形成陡坎。长 13.8cm，宽 7.2cm，厚 2.8cm，重 319g（图三〇七，1）。

Ac型　1件。属于AcⅢ次亚型。

标本 2015GLPT1①：8，原料为灰褐色辉绿岩石片。器身形状近梯形。腹面较为平整，背面完全保留自然砾面。加工方法为锤击法。加工主要集中在左右两侧。沿石片两侧边缘多次单面剥片，在左侧加工出一道凹刃，刃缘整齐，但较钝，有使用痕迹；右侧边缘钝厚不成刃，应为修理把手留下的痕迹。远端截断一块形成一破裂面，应该为修整器身留下的痕迹。长 10.4cm，宽 7.1cm，厚 3.1cm，重 326g（图三〇七，2；彩版八〇，4）。

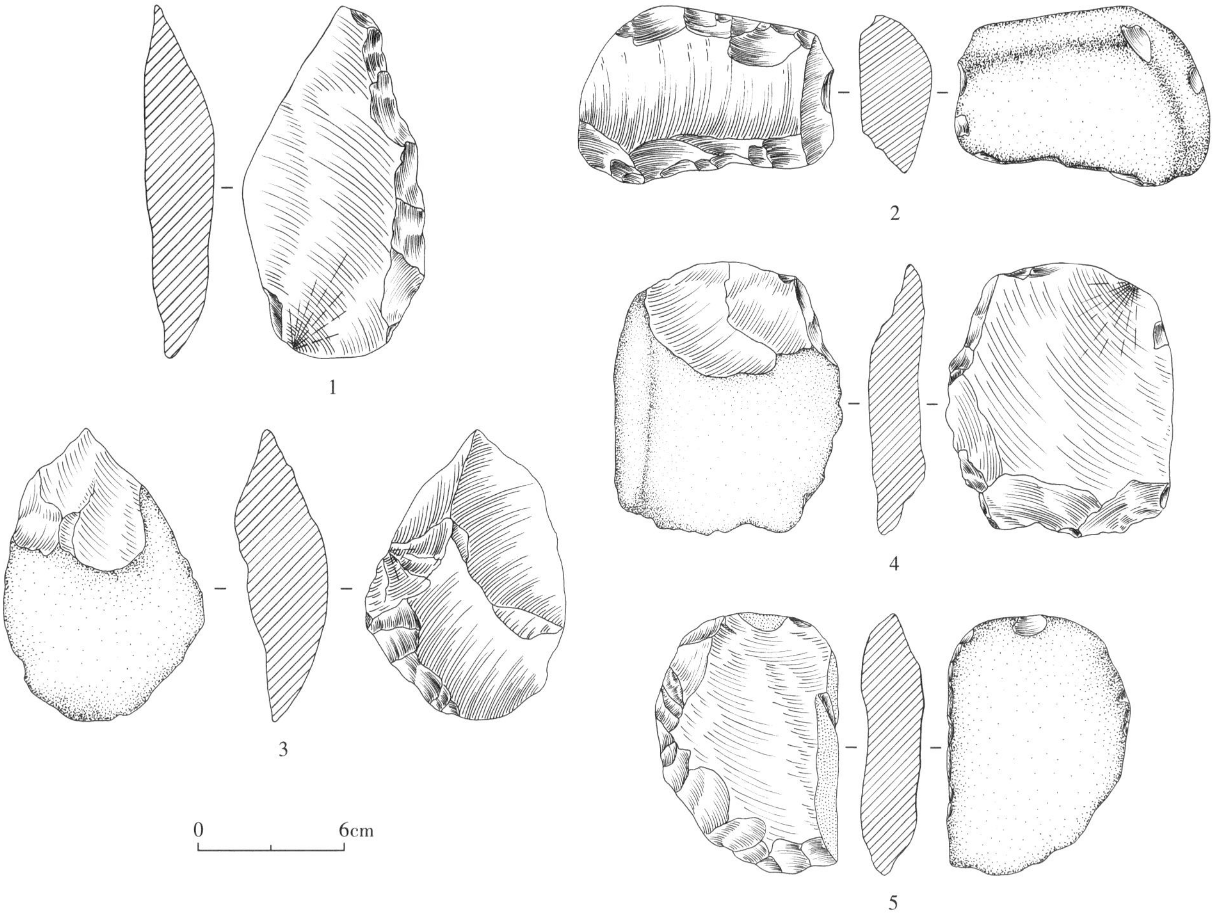

图三〇七　坡叫环遗址第一文化层石制品（六）

1. AbⅧ型砍砸器（2015GLPT1①：9）　2. AcⅢ型砍砸器（2015GLPT1①：8）　3. BaⅠ型砍砸器（2015GLPT1①：1）　4. BaⅡ型砍砸器（2015GLPT1①：3）　5. BbⅤ型砍砸器（2015GLPT2①：9）

B型　4件。分别属于Ba亚型和Bb亚型。

Ba型　2件。分别属于BaⅠ次亚型和BaⅡ次亚型。

BaⅠ型　1件。

标本2015GLPT1①：1，原料为灰褐色辉绿岩石核。器身形状近三角形。一面全为片疤面，较为凹凸不平。另一面大部分保留自然砾面，略凸。一端呈一锐尖。加工方法为锤击法。加工主要集中在一侧。沿一侧的上下两部分多次单面剥片，分别加工出一道直刃。刃缘整齐锋利，两刃均未见使用痕迹。片疤较小且浅平，打击方向均由略凸面向片疤面打击，部分片疤尾部折断形成陡坎。长11.6cm，宽8.2cm，厚3.5cm，重303g（图三〇七，3）。

BaⅡ型　1件。

标本2015GLPT1①：3，原料为黄褐色辉绿岩石片。器身形状近四边形。腹面平整，背面大部分保留自然砾面。左侧的中部折断一块，形成一断裂面，右侧为自然砾面。加工方法为锤击法。加工主要集中在左侧的下半部和远端。沿这两个部位多次单面剥片，分别加工出一道直刃。两刃缘整齐锋利，未见使用痕迹。片疤大多较小且浅平，打击方向由石片背面向腹面打击。长11.1cm，宽9.8cm，厚2.2cm，重318g（图三〇七，4；彩版八〇，5）。

Bb型　2件。分别属于BbⅤ次亚型和BbⅥ次亚型。

BbⅤ型　1件。

标本2015GLPT2①：9，原料为灰褐色辉绿岩石片。器身形状近半圆形。腹面微凸，背面完全保留自然砾面。左侧较薄；右侧较厚，为一节理面。加工方法为锤击法。加工主要集中在左侧及远端。沿左侧及远端边缘多次单面剥片，各加工出一道弧刃。刃缘整齐较为锋利，未见使用痕迹。片疤较小且浅平，打击方向由石片背面向腹面打击，部分片疤尾部折断形成陡坎。长10.3cm，宽7.5cm，厚2.6cm，重280g（图三〇七，5）。

BbⅥ型　1件。

标本2015GLPT1①：23，原料为灰褐色辉绿岩石片。器身形状呈椭圆形。腹面不平整，背面大部分保留自然砾面。左侧较薄，右侧较厚。加工方法为锤击法。加工主要集中在右侧及远端。沿这两个部位多次单面剥片，各加工出一道弧刃。刃缘整齐锋利，未见使用痕迹。片疤较小且浅平，打击方向由石片背面向腹面单向打击，部分片疤尾部折断形成陡坎。长11.8cm，宽7.5cm，厚2.0cm，重221g（图三〇八，1；彩版八〇，6）。

C型　1件。属于Ca亚型中的CaⅢ次亚型。

标本2015GLPT2①：10，原料为灰褐色辉绿岩石片。器身形状近梯形。腹面平整，背面局部保留自然砾面。左侧略薄，右侧略厚，下半部折断一小块，形成一断裂面。加工方法为锤击法。加工集中在左侧、右侧中上半部及远端。分别沿这三个部位边缘多次单面剥片；在左侧加工出一道凹刃，在右侧中上部、远端各加工出一道直刃。三刃缘均整齐锋利，未见使用痕迹。片疤较小且浅平，加工方向均由石片背面向腹面打击。长11.5cm，宽8.4cm，厚2.1cm，重194g（图三〇八，2；彩版八一，1）。

刮削器　8件。原料只有石片一种。岩性只有辉绿岩一种。加工方法仅见锤击法一种，以单面加工为主。多由石片背面向腹面打击，有少量双面打击。加工较为简单，加工面多为一两层片疤。片疤大多数较小且浅平，多为宽大于长。部分器身有修整的现象。刃缘大部分整齐锋利，有使用痕迹的4件，占该文化层出土刮削器总数的50%。形状有三角形、四边形、梯形、椭圆形和不规则形五种。其中三角形、梯形和椭圆形各1件，各占该文化层出土刮削器总数的12.50%；四边形2件，占该文化层出土刮削器总数的25.00%；不规则形3件，占该文化层出土刮削器总数的37.50%。器身长度最大值9.9cm，最小值6.1cm；宽度最大值9.4cm，最小值5.7cm；厚度最大值3.2cm，最小值1.3cm；重量最大值288g，最小值52g。分别属于A型和B型。

A型　5件。分别属于Aa亚型和Ab亚型。

Aa型　2件。均属于AaⅧ次亚型。

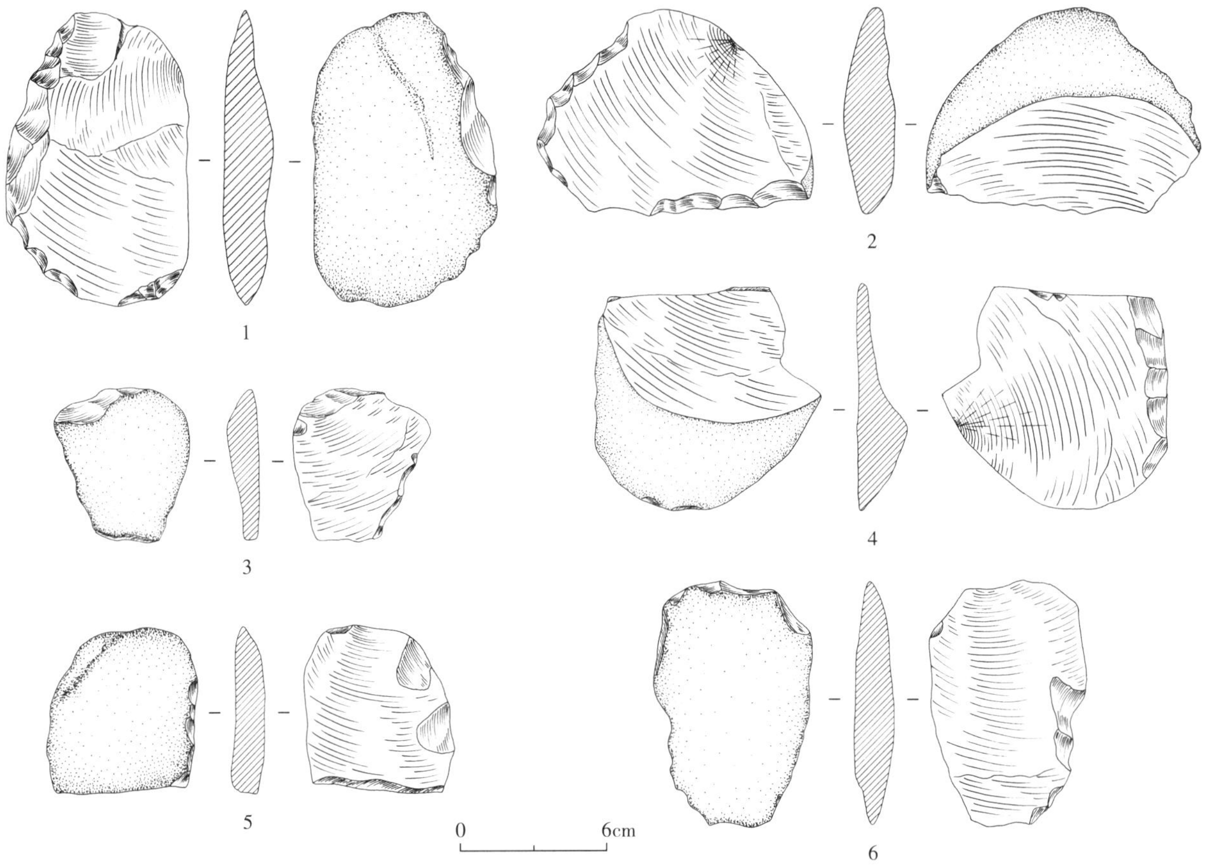

图三〇八　坡叫环遗址第一文化层石制品（七）

1. BbⅥ型砍砸器（2015GLPT1①：23）　2. CaⅢ型砍砸器（2015GLPT2①：10）　3、4. AaⅧ型刮削器（2015GLPT1①：28、2015GLPT2①：16）　5. AbⅡ型刮削器（2015GLPT1①：26）　6. AbⅥ型刮削器（2015GLPT1①：11）

标本2015GLPT1①：28，原料为黄褐色辉绿岩石片。器身形状不规则。腹面微凸，背面大部分保留自然砾面。远端左侧折断一块，形成一较整齐的断裂面。加工方法为锤击法。加工主要集中在远端右侧。沿远端右侧边缘多次单面剥片，加工出一道直刃。刃缘整齐锋利，未见使用痕迹。片疤细小且浅平，打击方向由石片背面向腹面打击。长6.1cm，宽5.7cm，厚1.3cm，重52g（图三〇八，3）。

标本2015GLPT2①：16，原料为灰褐色辉绿岩石片。器身形状不规则。腹面平整，背面局部保留自然砾面。右侧下半部折断一块，形成一断裂面。加工方法为锤击法。加工主要集中在远端。沿远端边缘多次单面剥片，加工出一道直刃。刃缘整齐锋利，未见使用痕迹。片疤较小且浅平，打击方向由石片背面向腹面单向打击。长9.5cm，宽9.4cm，厚2.0cm，重161g（图三〇八，4；彩版八一，2）。

Ab型　3件。分别属于AbⅡ次亚型和AbⅥ次亚型。

AbⅡ型　2件。

标本 2015GLPT1 ①：26，原料为黄褐色辉绿岩石片。器身形状近四边形。腹面较平，背面完全保留自然砾面。远端折断一块，形成一较为整齐的断裂面。加工方法为锤击法。加工主要集中在右侧。沿右侧多次单面剥片，加工出一道弧刃。刃缘整齐且较钝，有使用痕迹。片疤较小且浅平，打击方向由石片背面向腹面打击。左侧也有使用痕迹。长 6.6cm，宽 6.1cm，厚 1.3cm，重 80g（图三〇八，5）。

AbⅥ型　1 件。

标本 2015GLPT1 ①：11，原料为灰褐色辉绿岩石片。器身形状近椭圆形。腹面较平，背面大部分保留自然砾面。远端折断一小块。加工方法为锤击法。加工主要集中在右侧下半部。沿该部位边缘多次单面剥片，加工出一道弧刃。刃缘整齐锋利，未见使用痕迹。片疤较小且浅平，打击方向由石片背面向腹面单向打击。长 9.8cm，宽 6.6cm，厚 1.6cm，重 118g（图三〇八，6；彩版八一，3）。

B 型　3 件。分别属于 Ba 亚型和 Bd 亚型。

Ba 型　1 件。属于 BaⅧ次亚型。

标本 2015GLPT2 ①：17，原料为灰褐色辉绿岩石片。器身形状不规则。腹面较平，背面较多保留自然砾面。远端折断一块，形成一断裂面。加工方法为锤击法。加工主要集中在左侧下半部及右侧。分别沿左侧下半部及右侧多次单面剥片，分别加工出一道直刃。刃缘整齐锋利；左侧刃较短，未见使用痕迹；右侧刃较长，有使用痕迹。片疤细小且浅平；右侧片疤打击方向由石片背面向腹面打击，左侧片疤的打击方向由石片腹面向背面打击。长 9.9cm，宽 7.4cm，厚 1.4cm，重 126g（图三〇九，1；彩版八一，4）。

Bd 型　2 件。分别属于 BdⅠ次亚型和 BdⅢ次亚型。

BdⅠ型　1 件。

标本 2015GLPT2 ①：11，原料为灰褐色辉绿岩石片。器身形状近三角形。腹面不平，背面局部保留自然砾面。加工方法为锤击法。加工主要集中在两侧。沿左右侧边缘多次双面剥片，各加工出一道直刃和一道弧刃。刃缘较整齐锋利，有使用痕迹。片疤较小且浅平，打击方向由石片背面向腹面单向打击，部分片疤尾部折断形成陡坎。长 8.7cm，宽 8.9cm，厚 3.2cm，重 265g（图三〇九，2）。

BdⅢ型　1 件。

标本 2015GLPT2 ①：22，原料为灰褐色辉绿岩石片。器身形状近梯形。腹面凹凸不平，背面完全保留自然砾面。左侧较薄，右侧较厚。加工方法为锤击法。加工主要集中在左侧及远端。分别沿这两个部位边缘多次单面剥片，在左侧加工出一道弧刃，在远端加工出一道直刃。两刃缘均较整齐锋利；左侧刃未见使用痕迹，远端刃有使用痕迹。片疤细小且浅平，打击方向由石片背面向腹面单向打击。右侧截断一块，形成整齐的破裂面，应为修整器身留下的痕迹。长 7.6cm，宽 7.5cm，厚 1.8cm，重 136g（图三〇九，3；彩版八一，5）。

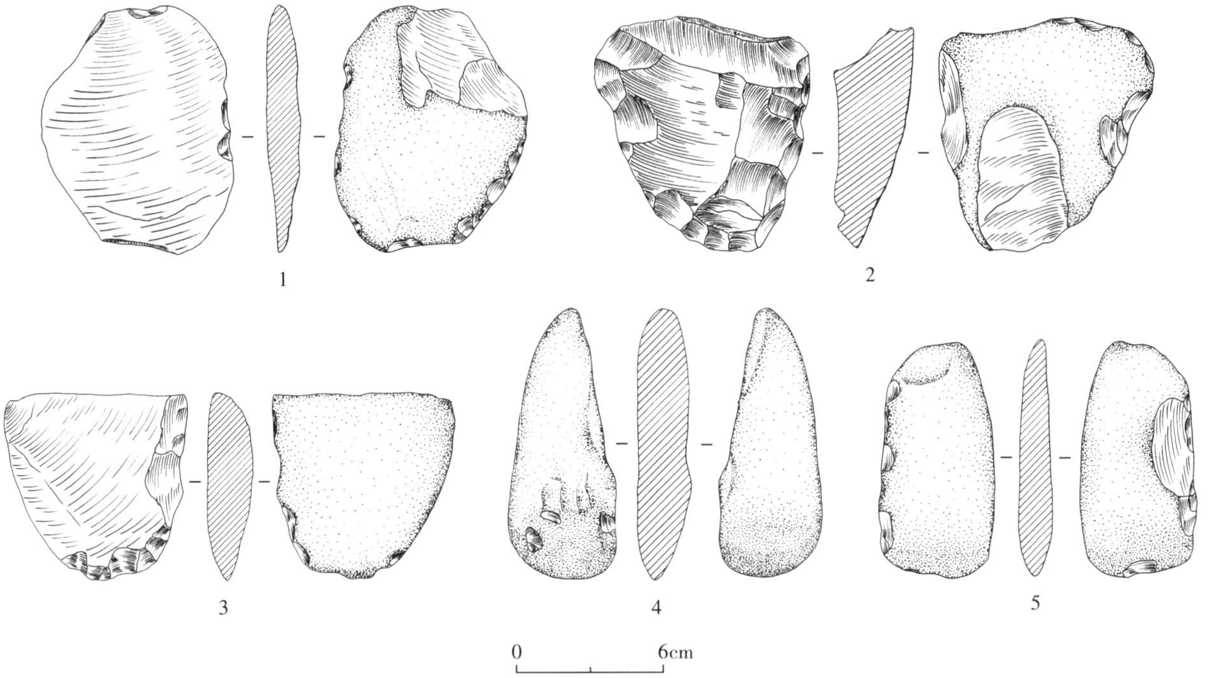

图三〇九　坡叫环遗址第一文化层石制品（八）

1. BaⅧ型刮削器（2015GLPT2①：17）　2. BdⅠ型刮削器（2015GLPT2①：11）　3. BdⅢ型刮削器（2015GLPT2①：22）　4. Ba型石斧（2015GLPT1①：15）　5. Bf型石斧（2015GLPT2①：23）

3. 磨制石制品

11件。包括石斧、石锛、斧锛类半成品和斧锛类毛坯四类。其中石斧和石锛各2件，各占该文化层出土磨制石制品总数的18.18%；斧锛类半成品1件，占该文化层出土磨制石制品总数的9.09%；斧锛类毛坯6件，占该文化层出土磨制石制品总数的54.55%。

石斧　2件。全部为完整件。原料均为砾石。岩性均为细砂岩。形状分别为三角形和椭圆形。分别属于B型中的Ba亚型和Bf亚型。

Ba型　1件。

标本2015GLPT1①：15，原料为灰褐色细砂岩砾石。器身形状近三角形。一端略窄，另一端略宽。略窄端和两侧均未经加工。略宽端两面均经精心磨制，形成两道宽窄不一、相互倾斜的光滑刃面。两刃面交汇处磨制出一道整齐锋利的弧凸状刃口。略宽刃面后沿有少量打击疤痕。刃缘中部有少量细小崩疤，这些崩疤应为使用留下的痕迹。器身其余部位保留自然砾面。长10.9cm，宽4.3cm，厚2.1cm，重136g（图三〇九，4）。

Bf型　1件。

标本2015GLPT2①：23，原料为灰褐色细砂岩砾石。器身较为扁薄，形状近椭圆形。一端略窄，另一端略宽。一侧稍厚，另一侧稍薄。在稍薄一侧多次双面剥片。其中一面片疤较多，较大且较深，部分尾部折断形成陡坎；另一面片疤较少，较小且浅平。未经磨制。略宽端两面均经较多磨制，形成两道相互倾斜的光滑刃面。两刃面交汇处磨制出一道弧凸状刃口。刃口两侧锋利，中部略有崩缺；缺口两面均有细小崩疤，应为使用痕迹。器身其余部位保留自然砾面。长 9.4cm，宽 4.7cm，厚 1.3cm，重 84g（图三〇九，5；彩版八一，6）。

石锛 2 件。均为完整件。原料均为砾石。岩性有辉绿岩和细砂岩两种。形状分别为三角形和长条形。均为 A 型，分别属于 Ab 亚型中的 AbⅠ次亚型和 AbⅦ次亚型。

AbⅠ型 1 件。

标本 2015GLPT2①：24，原料为黄褐色细砂岩砾石。器身形状近三角形。一端略窄，另一端略宽。一侧上半部略经双面剥片，未经磨制。略宽端的两面均经精心磨制，形成两道宽窄不一的光滑刃面。其中较宽刃面向另一刃面明显倾斜，其一侧尚保留原有的打击疤痕；较窄刃面向另一刃面略微倾斜。两刃面交汇处磨制出一道斜弧刃。刃缘一侧稍有缺失，应为使用所致。器身其余部位保留自然砾面。长 7.9cm，宽 4.2cm，厚 1.8cm，重 87g（图三一〇，1）。

AbⅦ型 1 件。

标本 2015GLPT1①：4，原料为灰色辉绿岩砾石。器身较厚重，形状呈长条形。一端略窄，另一端略宽。略窄端和两侧未经加工。在略宽端两面进行磨制，形成两道相互倾斜的刃面。其中一磨面较多且较宽，向另一刃面明显倾斜，中部和两侧尚保留原有的打击疤痕；另一刃面磨制较少，略微向另一刃面倾斜。两刃面相交汇形成一道弧凸状刃。刃缘两侧仍保留有锋利的刃口，中部有

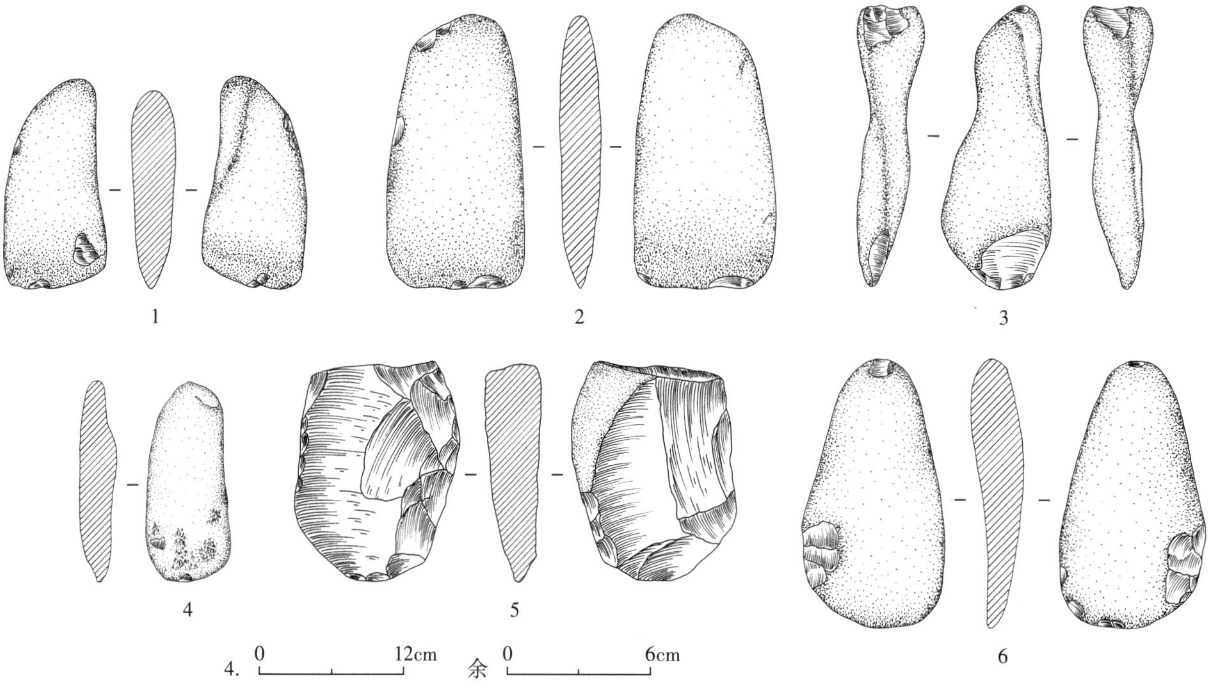

图三一〇 坡叫环遗址第一文化层石制品（九）

1. AbⅠ型石锛（2015GLPT2①：24） 2. AaⅢ型斧锛类半成品（2015GLPT1①：21） 3、5. AbⅧ型斧锛类毛坯（2015GLPT2①：25、2015GLPT1①：6） 4. AbⅦ型石锛（2015GLPT1①：4） 6. Ba型斧锛类毛坯（2015GLPT2①：13）

一崩缺口；缺口两面均有细小崩疤，应为使用所致。器身其余部位保留自然砾面。长 15.9cm，宽 6.9cm，厚 3.0cm，重 494g（图三一〇，4；彩版八二，1）。

斧锛类半成品　1 件。为完整件。属于 A 型中的 AaⅢ次亚型。

标本 2015GLPT1①：21，原料为黄褐色细砂岩砾石。器身较为扁薄，形状近梯形。一端略窄，另一端稍宽。一侧略厚，另一侧略薄。略窄端和略薄一侧略经单面剥片，片疤较小且浅平。略薄侧虽经较多磨制，但仍保留原有的打击疤痕。稍宽端边缘经多次双面剥片，打制出一道整齐锋利的平直刃缘。稍宽端两面经较多的磨制，形成两道宽窄不一的光滑刃面。两刃面交汇处保留原打制出的平直刃缘。刃缘一角刃口已磨出，但刃口尚未最后磨制完成。器身其余部位保留自然砾面。长 10.9cm，宽 5.7cm，厚 1.7cm，重 171g（图三一〇，2；彩版八二，2）。

斧锛类毛坯　6 件。包括完整件和残件两种。其中完整件 4 件，占该文化层出土斧锛类毛坯总数的 66.67%；残件 2 件，占该文化层出土斧锛类毛坯总数的 33.33%。原料有砾石和石片两种。其中砾石 4 件，占该文化层出土斧锛类毛坯总数的 66.67%；石片 2 件，占该文化层出土斧锛类毛坯总数的 33.33%。岩性有辉绿岩和细砂岩两种。其中辉绿岩 4 件，占该文化层出土斧锛类毛坯总数的 66.67%；细砂岩 2 件，占该文化层出土斧锛类毛坯总数的 33.33%。加工方法为锤击法，分单面加工和双面加工，以双面加工为主。加工部位多在器身的端部及两侧。绝大部分或多或少保留自然砾面，未发现通体加工者。器身形状有三角形、梯形、椭圆形和不规则形四种。其中三角形、椭圆形和梯形各 1 件，各占该文化层出土斧锛类毛坯总数的 16.67%；不规则形 3 件，占该文化层出土斧锛类毛坯总数的 50.00%。器身长度最大值 12.0cm，最小值 6.3cm；宽度最大值 7.6cm，最小值 4.5cm；厚度最大值 3.2cm，最小值 1.2cm；重量最大值 321g，最小值 65g。

第一类　完整件。A 型 2 件。均属于 Ab 亚型中的 AbⅧ次亚型。

标本 2015GLPT1①：6，原料为灰褐色辉绿岩石片。器身形状不规则。腹面较平，背面仅保留小部分砾面。两端略等宽。远端略厚，近端略薄。加工方法为锤击法。沿两侧及近端多次双面剥片。两侧均保留有较密集的打击疤痕；片疤大多小而浅平；部分片疤较大，几乎抵达器身中轴线；未经磨制。近端加工出一道弧凸状刃，刃缘较为圆钝，未经磨制。远端折断一块，为整齐的破裂面。长 8.7cm，宽 6.7cm，厚 2.4cm，重 168g（图三一〇，5；彩版八二，3）。

标本 2015GLPT2①：25，原料为黄褐色细砂岩砾石。器身较为扁薄，形状不规则。一端较窄，另一端较宽。加工方法为锤击法。较窄端略经双面剥片；两侧保留有打击痕迹，片疤较小且浅平；未经磨制。较宽端单面剥片，加工出一道弧刃。刃缘整齐，但较钝；片疤多小而浅平，部分片疤较大；未经磨制。器身其余部位保留自然砾面。长 11.2cm，宽 4.5cm，厚 2.8cm，重 121g（图三一〇，3）。

B 型　2 件。分别属于 Ba 亚型和 Bf 亚型。

Ba 型　1 件。

标本 2015GLPT2①：13，原料为灰色辉绿岩砾石。器身形状近三角形。一端较窄，另一端较宽。

一侧稍薄，另一侧稍厚。加工方法为锤击法。在略窄端双面剥片，剥片次数少。片疤细小且浅平，未经磨制。在稍厚侧靠近略宽端处进行多次双面剥片，打击疤痕密集，片疤较小且浅平；未经磨制。较宽端略经单面剥片，片疤细小且浅平；边缘钝厚，未经磨制。器身其余部位保留自然砾面。长 10.7cm，宽 5.9cm，厚 2.1cm，重 183g（图三一〇，6）。

Bf 型　1 件。

标本 2015GLPT1 ①：24，原料为黄褐色辉绿岩石片。器身形状近椭圆形。腹面较平，背面完全保留自然砾面。加工方法为锤击法。沿两侧多次单面剥片，两侧均保留有较多的打击疤痕；片疤大多较小且浅平，部分片疤尾部折断形成陡坎，片疤打击方向由石片背面向腹面打击；未经磨制。远端折断一块，形成断裂面；断面略经修整，边缘钝厚，不成刃。近端一侧折断两小块，形成两断裂面。长 12.0cm，宽 7.4cm，厚 2.4cm，重 321g（图三一一，1；彩版八二，4）。

第二类　残件。2 件。分别属于 C 型和 D 型。

C 型　1 件。属于 Cc 亚型。

标本 2015GLPT1 ①：31，原料为黄褐色细砂岩砾石。器身扁薄，形状近梯形。一端稍宽，另一端稍窄。一侧略厚，另一侧略薄。一面较平整，另一面微凸。加工方法为锤击法。沿略厚侧靠近稍宽端多次单面剥片，保留有较多打击疤痕；片疤较小且浅平，打击方向由微凸面向较平面打击；未经磨制。沿略薄侧靠近稍宽端多次双面剥片，保留有较多打击疤痕；略平面片疤较多，微凸面较少；片疤较小且浅平；未经磨制。两端均折断，形成平整的断裂面。较平面中部有两个呈圆形的窝状坑疤，这些坑疤应为兼作石砧留下的痕迹。器身其余部位保留自然砾面。残长 6.3cm，

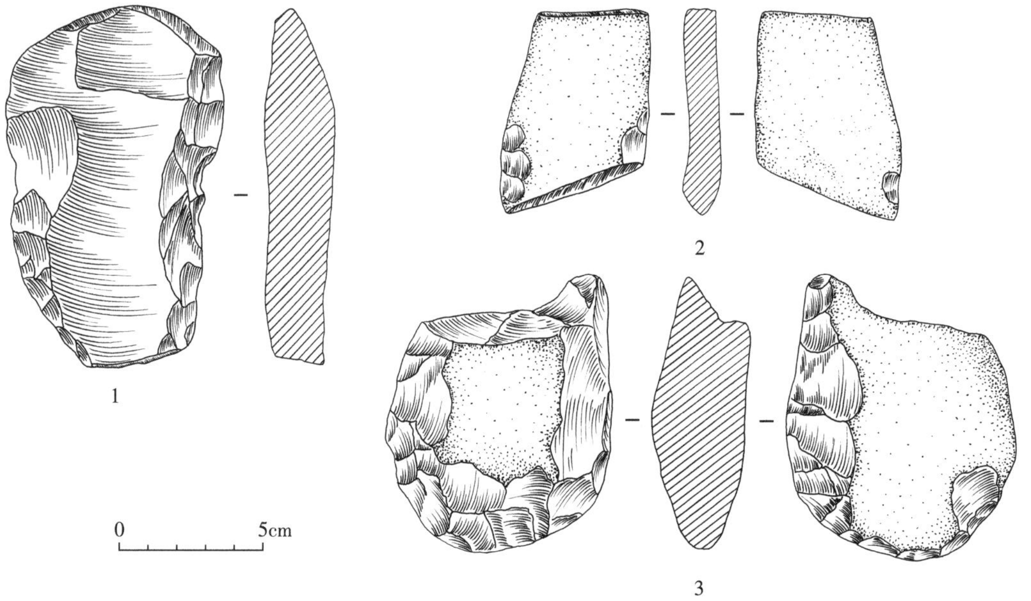

图三一一　坡叫环遗址第一文化层石制品（十）

1. Bf 型斧锛类毛坯（2015GLPT1 ①：24）　2. Cc 型斧锛类毛坯残件（2015GLPT1 ①：31）　3. Dh 型斧锛类毛坯残件（2015GLPT2 ①：19）

宽 4.9cm，厚 1.2cm，重 65g（图三一一，2）。

D 型 1 件。属于 Dh 亚型。

标本 2015GLPT2 ①：19，原料为灰褐色辉绿岩砾石。器身形状不规则。一端略窄，另一端稍宽。一侧略薄，另一侧略厚。一面较平，另一面微凸。加工方法为锤击法。略薄一侧经多次单面剥片，保留较多打击疤痕；片疤较小且浅平，部分尾部折断形成陡坎，打击方向由略平面向微凸面打击；未经磨制。略厚侧经多次双面剥片，保留较多的打击疤痕；片疤较小且浅平，部分尾部折断形成陡坎；未经磨制。稍宽端加工出一道弧凸刃，刃缘圆钝；采用双面剥片，片疤较小且浅平，部分尾部折断形成陡坎；未经磨制。略窄端折断，形成一断裂面。残长 8.1cm，宽 7.6cm，厚 3.2cm，重 267g（图三一一，3）。

（二）第二文化层文化遗物

231 件。包括石制品、蚌器和骨器三类。

1. 石制品

222 件。包括加工工具、打制石制品和磨制石制品三大类。其中加工工具 24 件，占该文化层出土石制品总数的 10.81%；打制石制品 161 件，占该文化层出土石制品总数的 72.52%；磨制石制品 37 件，占该文化层出土石制品总数的 16.67%。

（1）加工工具

24 件。包括石锤、石片石锤、间打器、石砧、砺石和窄槽砺石六大类。其中石锤 2 件，占该文化层出土加工工具总数的 8.33%；石片石锤 9 件，占该文化层出土加工工具总数的 37.50%；间打器 1 件，占该文化层出土加工工具总数的 4.17%；石砧和砺石各 3 件，各占该文化层出土加工工具总数的 12.50%；窄槽砺石 6 件，占该文化层出土加工工具总数的 25.00%。

石锤 2 件。原料均为砾石。岩性有细砂岩和玄武岩两种，每种各 1 件。器身形状分别为扁柱状和椭圆柱状。分别属于 B 型中的 Bb 亚型和 Bc 亚型。

Bb 型 1 件。属于 BbⅢ次亚型。

标本 2015GLPT1 ②：88，原料为红褐色玄武岩砾石。器身稍扁，形状近扁柱状。使用痕迹集中于砾石两侧。较长侧的两边各有一处近长条状的细麻点状疤痕；较短侧中部有一处近长条状的细麻点状疤痕，该侧近略厚端处也有一个较大而浅平的片疤。两侧的疤痕均应是作为砸击石锤使用留下的痕迹。长 12.0cm，宽 7.7cm，厚 5.8cm，重 800g（图三一二，1）。

Bc 型 1 件。属于 BcⅤ次亚型。

标本 2015GLPT2 ②：113，原料为灰褐色细砂岩砾石。器身稍窄长，形状近椭圆柱状。两面均微凸。一端较宽，另一端较窄。使用痕迹集中于两面和两侧。两面中央各有两个相互叠压的圆窝状疤痕，疤痕四周散布有少量细麻点状砸疤。其中一面一个疤痕较大较深，另一个疤痕较小较浅；另一面两个疤痕均较小较浅。两侧中央各分布有一处近椭圆状的细麻点状砸疤；一侧疤痕略

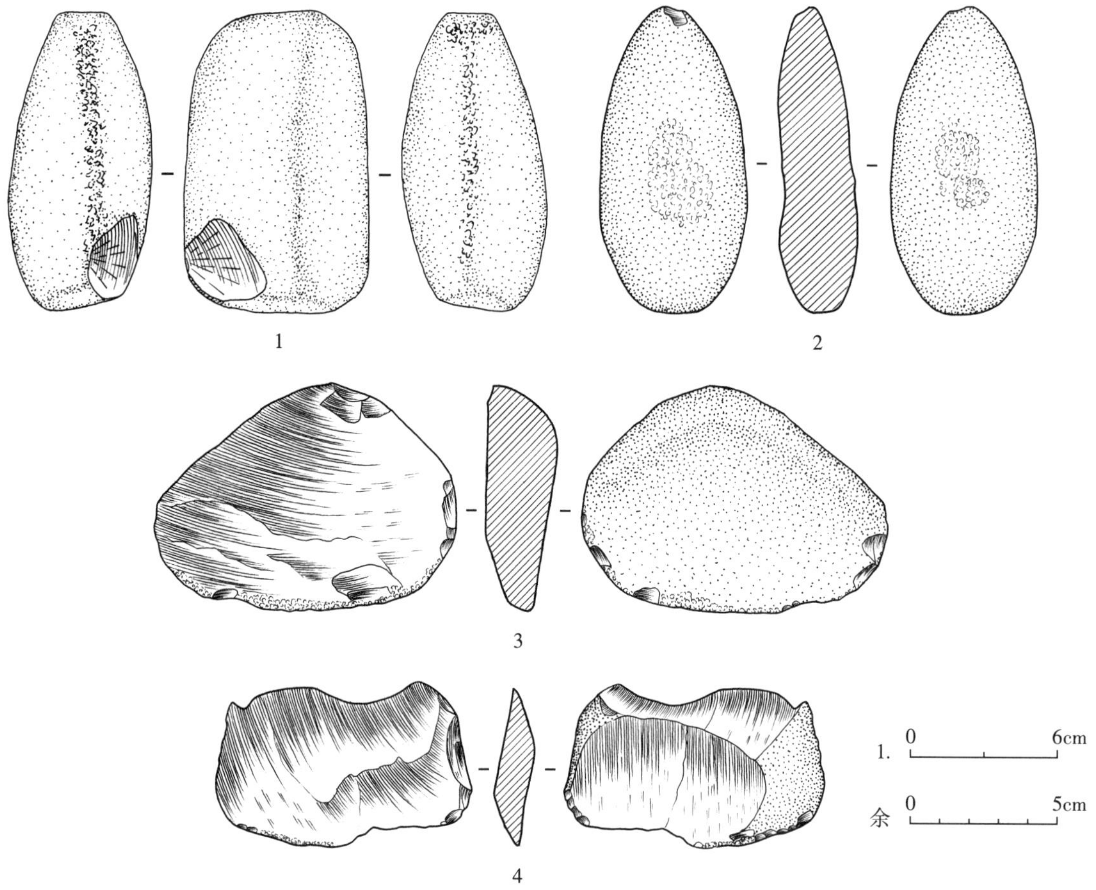

图三一二　坡叫环遗址第二文化层石制品（一）

1. BbⅢ型石锤（2015GLPT1②：88）　2. BcⅤ型石锤（2015GLPT2②：113）　3. Aa型石片石锤（2015GLPT2②：136）　4. Ab型石片石锤（2015GLPT1②：101）

深，另一侧疤痕稍浅。较窄端有一个较小而深凹的片疤，用途不明。器身其余部位保留自然砾面。长10.1cm，宽5.0cm，厚2.7cm，重180g（图三一二，2；彩版八二，5）。

石片石锤　9件。原料均为石片。岩性全为辉绿岩。器身形状有三角形、四边形、半圆形、椭圆形、不规则形和扁长形六种。其中三角形、椭圆形各2件，各占该文化层出土石片石锤总数的22.22%；四边形、半圆形各1件，各占该文化层出土石片石锤总数的11.11%；不规则形3件，占该文化层出土石片石锤总数的33.33%。器身长度最大值11.4cm，最小值7.6cm；宽度最大值9.2cm，最小值5.1cm；厚度最大值3.3cm，最小值1.1cm；重量最大值285g，最小值64g。分别属于A、B、C型。

A型　5件。分别属于Aa、Ab、Ae、Af、Ai亚型。

Aa型　1件。

标本2015GLPT2②：136，原料为灰褐色辉绿岩石片。器身稍厚，形状近三角形。使用痕迹集中于石片右侧下半部和远端边缘。右侧下半部和远端边缘有一处近长条状的细麻点状疤痕。疤痕两侧可见较多向两侧崩裂的细碎崩疤。崩疤边缘钝厚，应是作为砸击石锤使用留下的痕迹。长10.4cm，宽7.5cm，厚2.4cm，重212g（图三一二，3）。

Ab型　1件。

标本2015GLPT1②：101，原料为灰褐色辉绿岩石片。器身略扁薄，形状近四边形。使用痕迹集中于石片右侧下半部。右侧下半部有一处近长条状的细麻点状疤痕。疤痕两侧可见较多向两侧崩裂的细碎崩疤。崩疤边缘钝厚，应是作为砸击石锤使用留下的痕迹。长8.8cm，宽5.1cm，厚1.1cm，重64g（图三一二，4）。

Ae型　1件。

标本2015GLPT2②：110，原料为灰褐色辉绿岩石片。器身稍厚，形状近半圆形。左侧下半部至远端折断一大块，边缘钝厚。使用痕迹集中于石片右侧。该侧有一处近细长条状的细麻点状疤痕。疤痕两侧可见较多向两侧崩裂的细碎崩疤。崩疤边缘钝厚，应是作为砸击石锤使用留下的痕迹。左侧上半部单面由背面向腹面剥了一个较小而浅平的片疤；该片疤尾部折断形成陡坎，用途不明。长7.6cm，宽5.6cm，厚1.8cm，重74g（图三一三，1；彩版八二，6）。

Af型　1件。

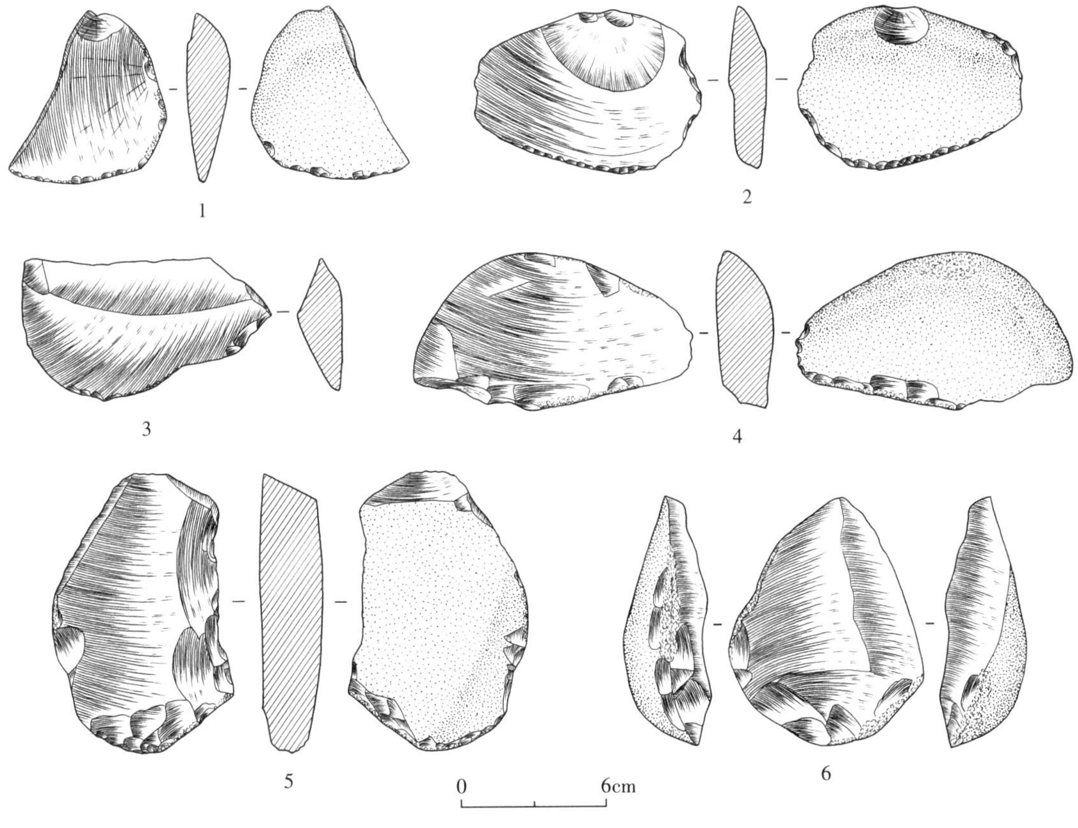

图三一三　坡叫环遗址第二文化层石制品（二）

1. Ae型石片石锤（2015GLPT2②：110）　2. Af型石片石锤（2015GLPT2②：46）　3. Ai型石片石锤（2015GLPT2②：133）　4. Bf型石片石锤（2015GLPT1②：74）　5. Bi型石片石锤（2015GLPT1②：25）　6. Ca型石片石锤（2015GLPT1②：39）

标本 2015GLPT2 ②：46，原料为灰褐色辉绿岩石片。器身扁薄，形状近椭圆形。使用痕迹集中于石片远端右侧。该侧有一处近长条状的细点状疤痕。疤痕两侧可见较多向两侧崩裂的细碎崩疤。崩疤边缘钝厚，应是作为砸击石锤使用留下的痕迹。石片左侧下半部和右侧经多次双面剥片，但均未成刃；片疤多细小且浅平，或为修整器身留下的痕迹。长 9.3cm，宽 6.4cm，厚 1.5cm，重 114g（图三一三，2）。

Ai 型　1 件。

标本 2015GLPT2 ②：133，原料为灰褐色辉绿岩石片。器身略长，形状不规则。使用痕迹集中于石片左侧中部。该部位有一处近细长条状的细麻点状疤痕。疤痕两侧可见较多向两侧崩裂的细碎崩疤，崩疤边缘钝厚，应是作为石锤使用留下的痕迹。长 10.2cm，宽 5.4cm，厚 1.8cm，重 78g（图三一三，3）。

B 型　2 件。属于 Bf 亚型和 Bi 亚型。

Bf 型　1 件。

标本 2015GLPT1 ②：74，原料为灰褐色辉绿岩石片。器身稍厚，形状近椭圆形。石片左侧、远端左侧和右侧与远端交汇处经多次单面剥片；左侧打制出一道整齐锋利的弧刃，未见使用痕迹；右侧与远端交汇处打制出一个舌尖。使用痕迹集中于石片右侧和远端右侧。两处各有一近长条状的细点状疤痕。疤痕两侧可见较多向两侧崩裂的细碎崩疤。这些崩疤边缘钝厚，应为使用痕迹。上述迹象表明，该器原先是刮削器，后来才当作砸击石锤使用。长 11.4cm，宽 9.2cm，厚 2.3cm，重 182g（图三一三，4；彩版八三，2）。

Bi 型　1 件。

标本 2015GLPT1 ②：25，原料为灰褐色辉绿岩石片。器身略厚，形状不规则。左侧上半部和近端各折断一大块，边缘钝厚。沿石片右侧多次单面剥片，打制出一道凹刃。刃缘整齐锋利，未见使用痕迹。使用痕迹集中于石片远端和左侧中部。远端和左侧中部边缘各有一近长条状和三角形的细麻点状疤痕。疤痕两侧可见较多向两侧崩裂的细碎崩疤。崩疤边缘钝厚，应为使用痕迹。上述迹象表明，该器兼有砸击石锤和刮削器两种用途。长 11.2cm，宽 6.8cm，厚 2.6cm，重 285g（图三一三，5）。

C 型　2 件。分别属于 Ca 亚型和 Ci 亚型。

Ca 型　1 件。

标本 2015GLPT1 ②：39，原料为灰褐色辉绿岩石片。器身较厚，形状近三角形。使用痕迹集中于石片左侧上半部和右侧。左侧上半部和右侧部边缘分别有一近长条状的细麻点状疤痕。疤痕两侧可见较多向两侧崩裂的细碎崩疤。这些崩疤边缘钝厚。右侧上半部与下半部的转折交接处有一近圆形的细麻点状疤痕，疤痕周围可见较多细碎崩疤。这几处疤痕应为使用痕迹。长 9.7cm，宽 8.0cm，厚 3.3cm，重 277g（图三一三，6；彩版八三，1）。

Ci 型　1 件。

标本 2015GLPT1 ②：32，原料为灰褐色辉绿岩石片。器身略短，形状不规则。左侧下半部折断一小块，边缘钝厚；右侧边缘锋利。使用痕迹集中于石片左侧上半部、远端和右侧。左侧上半部和远端边缘各有一处近细长条状的细麻点状疤痕。疤痕两侧可见较多向两侧崩裂的细碎崩疤。崩疤边缘钝厚。右侧边缘两侧也可见较多向两侧崩裂的细碎崩疤。这些崩疤应为使用痕迹。长 8.9cm，宽 6.8cm，厚 2.2cm，重 120g（图三一四，1；彩版八三，3）。

间打器　1 件。属于 C 型中的 CbⅥ次亚型。

标本 2015GLPT2 ②：146，原料为灰褐色细砂岩砾石。器身窄长，扁薄，形状近扁长状。一端略宽，另一端稍窄。使用集中于两端和两侧。略宽端有一处向一面破裂的砸击疤痕，该疤痕应为与石锤撞击所致。稍窄端则有一处向两面破裂的片疤面，该疤痕应为与要修整的器物撞击所致。两侧各有一处近弧凸状的光滑磨痕；这些磨痕均应是作为窄槽砺石使用留下的痕迹。器身其余部

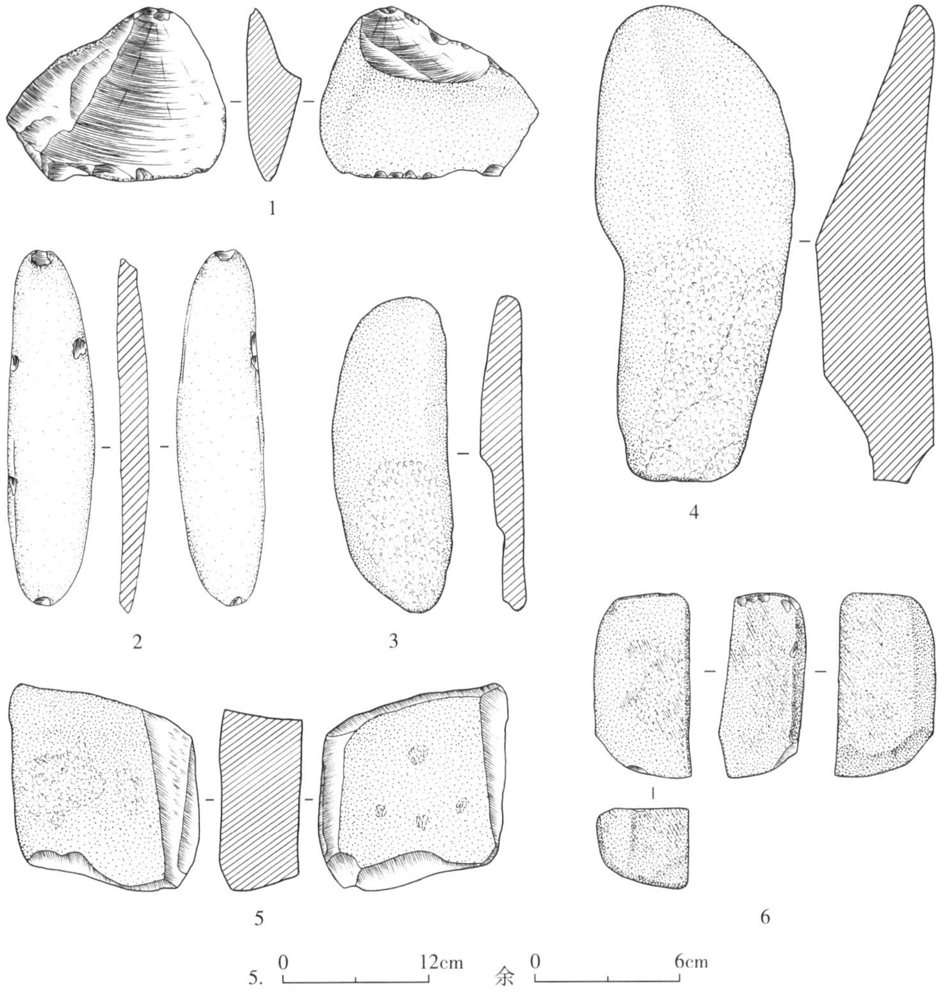

图三一四　坡叫环遗址第二文化层石制品（三）

1. Ci 型石片石锤（2015GLPT1 ②：32）　2. CbⅥ型间打器（2015GLPT2 ②：146）　3. AaⅦ型石砧（2015GLPT2 ②：121）　4. AaⅧ型石砧（2015GLPT2 ②：72）　5. BaⅢ型石砧（2015GLPT1 ②：60）　6. CaⅢ型砺石（2015GLPT2 ②：69）

位未见人工痕迹。长 14.0cm，宽 3.5cm，厚 1.3cm，重 86g（图三一四，2）。

石砧 3 件。原料有砾石和岩块两种。其中砾石 2 件，占该文化层出土石砧总数的 66.67%；岩块 1 件，占该文化层出土石砧总数的 33.33%。岩性有辉绿岩、细砂岩和粗砂岩三种，每种岩性各 1 件。器身形状分别为梯形、长条形和不规则形。器身长度最大值 18.9cm，最小值 12.5cm；宽度最大值 14.3cm，最小值 4.7cm；厚度最大值 6.7cm，最小值 1.7cm；重量最大值 2650g，最小值 150g。分别属于 A 型和 B 型。

A 型 2 件。分别属于 AaⅦ次亚型和 AaⅧ次亚型。

AaⅦ型 1 件。

标本 2015GLPT2②：121，原料为灰褐色辉绿岩砾石。器身窄小，扁薄，形状近长条形。一面较平，另一面微凸。一端较宽，另一端较窄。使用集中于微凸面。微凸面中央至较窄端处有一处近椭圆形的较大而深凹的崩疤，应为使用痕迹。一侧近较宽端处有一个较小而深凹的片疤。器身其余部位保留自然砾面。长 12.5cm，宽 4.7cm，厚 1.7cm，重 150g（图三一四，3）。

AaⅧ型 1 件。

标本 2015GLPT2②：72，原料为灰褐色细砂岩砾石。器身较厚重，形状不规则。一面较平，另一面凸起。一端较宽薄，另一端较窄厚。使用痕迹集中于凸起面。微凸面中央最高处至窄厚端处有一处形状不规则的米粒状砸疤，应为使用痕迹。一侧中央至窄厚端处经多次单面剥片；片疤既有较大而浅平的，也有较小且深凹的；片疤尾部折断形成陡坎。窄厚端两面还有几个以窄厚端端面为台面打击的较小而深凹的片疤。这些片疤应为修整器身留下的痕迹。器身其余部位保留自然砾面。长 18.9cm，宽 8.3cm，厚 4.5cm，重 840g（图三一四，4；彩版八三，4）。

B 型 1 件。属于 Ba 亚型中的 BaⅢ次亚型。

标本 2015GLPT1②：60，原料为灰褐色粗砂岩岩块。器身较厚重，形状近梯形。一面较平，另一面微凹。一端两侧均为不规整的破裂面；另一端稍平整，保留原来的岩块面。使用集中于两面。凸起面中央至平整端有一处略近四边形的麻点状砸疤，面积较大；一侧有一花生状砸疤；近破裂端处也有一处形状不规则的粗麻点状砸疤，面积较小。微凹面中央有一个花生状和三个黄豆状砸疤。这些砸疤应为使用痕迹。器身其余部位未见人工痕迹。长 15.0cm，宽 14.3cm，厚 6.7cm，重 2650g（图三一四，5）。

砺石 3 件。原料有岩块和砾石两种。其中砾石 2 件，占该文化层出土砺石总数的 66.67%；岩块 1 件，占该文化层出土砺石总数的 33.33%。岩性有粗砂岩和细砂岩两种。其中细砂岩 2 件，占该文化层出土砺石总数的 66.67%；粗砂岩 1 件，占该文化层出土砺石总数的 33.33%。形状有梯形和不规则形两种。其中梯形 2 件，占该文化层出土砺石总数的 66.67%；不规则形 1 件，占该文化层出土砺石总数的 33.33%。器身长度最大值 27.7cm，最小值 7.3cm；宽度最大值 25.7cm，最小值 4.0cm；厚度最大值 9.6cm，最小值 3.2cm；重量最大值 11605g，最小值 163g。分别属于 C 型和 D 型。

C 型　1 件。属于 Ca 亚型中的 CaⅢ次亚型。

标本 2015GLPT2 ②：69，原料为灰褐色细砂岩砾石。器身稍窄小，稍厚，形状近梯形。其一面、一侧和一端为破裂面，另一面、一侧和一端保留自然砾面。使用集中于破裂面。破裂的三个部位各有一处近梯形的平面形光滑磨面；其中一侧的磨痕稍浅，一面和一端的磨痕较明显。这些磨痕均为使用痕迹。器身其余部位未见人工痕迹。长 7.3cm，宽 4.0cm，厚 3.2cm，重 163g（图三一四，6）。

D 型　2 件。分别属于 Db 亚型中的 DbⅢ次亚型和 DbⅧ次亚型。

DbⅢ型　1 件。

标本 2015GLPT1 ②：1，原料为灰褐色细砂岩岩块。器身宽大，厚重，形状近梯形。一面内凹，另一面微凸。一端较宽，另一端略窄。使用集中于内凹面。该面为近梯形的弧凹状磨面，磨面光滑细腻，应为使用痕迹。磨面靠近较宽端边缘处有部分黄豆状和米粒状砸疤；砸疤分布稍密集，应是作为石砧使用留下的痕迹。长 23.4cm，宽 17.0cm，厚 8.8cm，重 4370g（图三一五，1）。

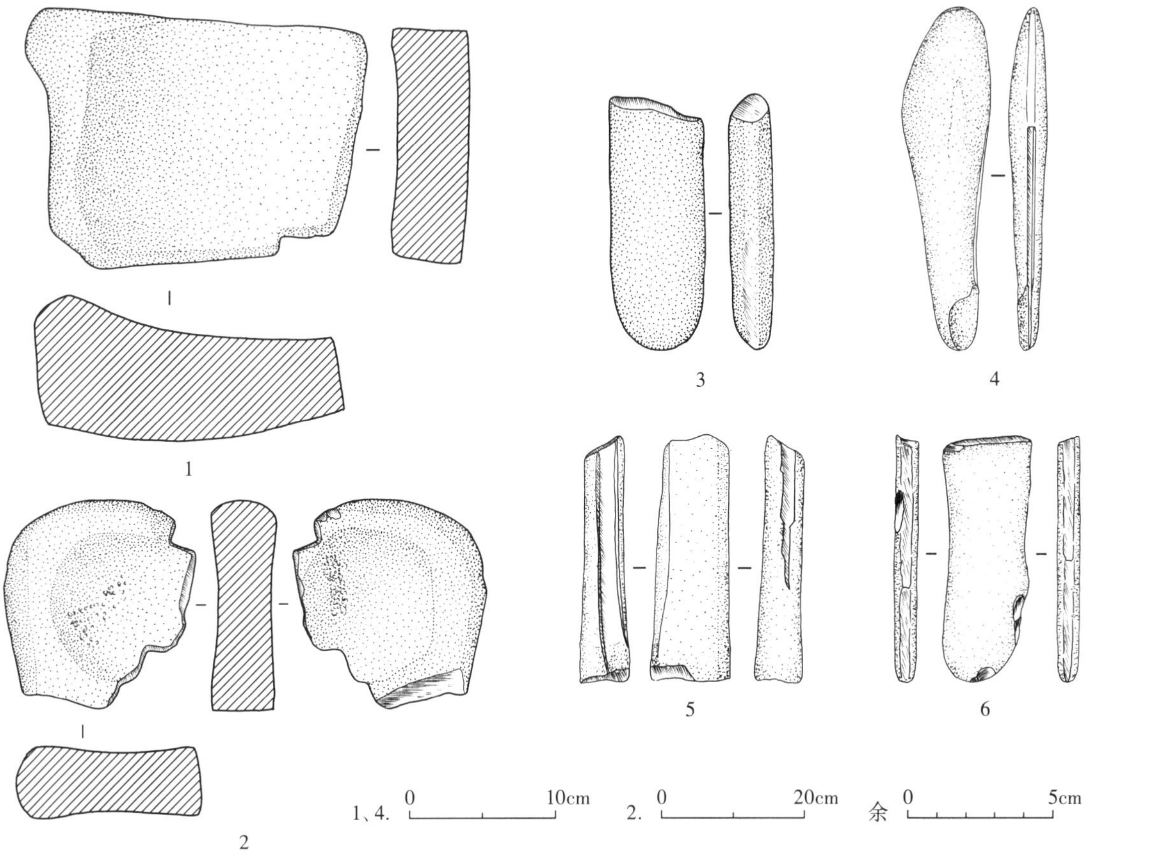

图三一五　坡叫环遗址第二文化层石制品（四）

1. DbⅢ型砺石（2015GLPT1 ②：1）　2. DbⅧ型砺石（2015GLPT1 ②：6）　3. AbⅢ型窄槽砺石（2015GLPT1 ②：53）　4. AbⅦ型窄槽砺石（2015GLPT2 ②：97）　5. BbⅡ型窄槽砺石（2015GLPT1 ②：49）　6. BbⅧ型窄槽砺石（2015GLPT1 ②：82）

DbⅧ型　1件。

标本2015GLPT1②：6，原料为暗红褐色粗砂岩砾石。器身宽大，厚重，形状不规则。两面均内凹。其一侧和一端为不规整的破裂面，另一侧和一端保留岩块面。使用集中于两面。一面大部为一处近圆形的弧凹状光滑磨面；磨面靠近破裂侧被一处形状不规则的米粒状砸疤所打破，砸疤分布较密集；破裂侧边缘分布有三个间距较远的圆窝状砸疤；岩块侧和岩块端交汇处边缘则连续分布有四个圆窝状砸疤。另一面的中部也有一处近圆形的弧凹状光滑磨面；磨面靠近破裂侧被部分黄豆状和米粒状的砸疤所打破，砸疤分布稍零散。两面的磨痕应是作为砺石使用留下的痕迹。两面的砸疤则应是作为石砧使用留下的痕迹。长27.7cm，宽25.7cm，厚9.6cm，重11605g（图三一五，2）。

窄槽砺石　6件。原料有砾石和岩块两种。其中砾石1件，占该文化层出土窄槽砺石总数的16.67%；岩块5件，占该文化层出土窄槽砺石总数的83.33%。岩性有细砂岩和泥质岩两种。其中细砂岩1件，占该文化层出土窄槽砺石总数的16.67%；泥质岩5件，占该文化层出土窄槽砺石总数的83.33%。器身形状有四边形、梯形、长条形和不规则形四种。其中四边形和梯形各1件，各占该文化层出土窄槽砺石总数的16.67%；长条形和不规则形各2件，各占该文化层出土窄槽砺石总数的33.33%。器身长度最大值22.7cm，最小值7.7cm；宽度最大值5.9cm，最小值2.7cm；厚度最大值2.6cm，最小值0.8cm；重量最大值314g，最小值31g。分别属于A、B、C型。

A型　2件。分别属于Ab亚型中的AbⅢ次亚型和AbⅦ次亚型。

AbⅢ型　1件。

标本2015GLPT1②：53，原料为灰褐色细砂岩砾石的一截。器身窄小，稍长，形状近梯形。一端稍宽，为不整齐的破裂面。另一端略窄，保留自然砾面。使用集中于一侧。一侧中部至略窄端有一处近弧凸状的光滑磨痕。磨痕形状窄长，中间弧凸，两侧稍浅，断面近弓形。器身其余部位保留自然砾面。长8.2cm，宽3.2cm，厚1.6cm，重64g（图三一五，3）。

AbⅦ型　1件。

标本2015GLPT2②：97，原料为灰褐色泥质岩岩块。器身窄长，稍厚，形状近长条形。使用集中于一侧。一侧中部有一处近弧凸状的光滑磨痕。磨痕形状窄长，中部弧凸，两侧略深，断面近弓形。器身其余部位未见人工痕迹。长22.7cm，宽5.9cm，厚2.6cm，重314g（图三一五，4）。

B型　3件。分别属于Bb亚型中的BbⅡ次亚型和BbⅧ次亚型。

BbⅡ型　1件。

标本2015GLPT1②：49，原料为灰褐色泥质岩岩块。器身窄小，稍长，形状近四边形。两端均为不整齐的破裂面，一端略宽，另一端稍窄。使用集中于两侧。两侧各有一处近弧凸状的光滑磨痕。磨痕形状窄长，中间弧凸，断面近弓形。其中一侧磨痕几乎占满该侧全部，两侧深凹；另一侧磨痕位于侧棱处，两侧稍浅，且中部有部分并未连接。器身其余部位未见人工痕迹。长8.1cm，宽2.7cm，厚1.6cm，重52g（图三一五，5）。

BbⅧ型　2件。

标本2015GLPT1②：82，原料为灰褐色泥质岩岩块。器身窄小，扁薄，形状不规则。一端略宽，为整齐的破裂面。另一端稍窄，保留岩块面。使用集中于两侧。两侧各有一处近弧凸状的光滑磨痕。磨痕形状窄长，中间弧凸，断面近弓形。稍窄端有一处砸击疤痕，疤痕两侧可见部分细小的崩疤。器身其余部位未见人工痕迹。长8.0cm，宽3.0cm，厚0.8cm，重31g（图三一五，6）。

标本2015GLPT2②：16，原料为灰褐色泥质岩岩块。器身稍短，稍厚，形状不规则。两端均为不整齐的破裂面。使用集中于两侧。两侧的侧棱各有一处近弧凸状的光滑磨痕。磨痕形状窄长，中间弧凸，断面近弓形。器身其余部位未见人工痕迹。长7.7cm，宽3.6cm，厚2.3cm，重80g（图三一六，1）。

C型　1件。属于Cb亚型中的CbⅦ次亚型。

标本2015GLPT2②：59，原料为灰褐色泥质岩岩块。器身较长，稍厚，形状近长条形。两端均为不整齐的破裂面。使用集中于器身的四条侧棱。四条侧棱各有一处近弧凸状的光滑磨痕。磨痕形状窄长，中间弧凸，断面近弓形。其中一条侧棱的磨痕较长，贯通整条侧棱，磨痕两侧深凹；另三条侧棱磨痕稍短，磨痕两侧较浅。其中一条侧棱上有几个单面剥落的较小而浅平的片疤，

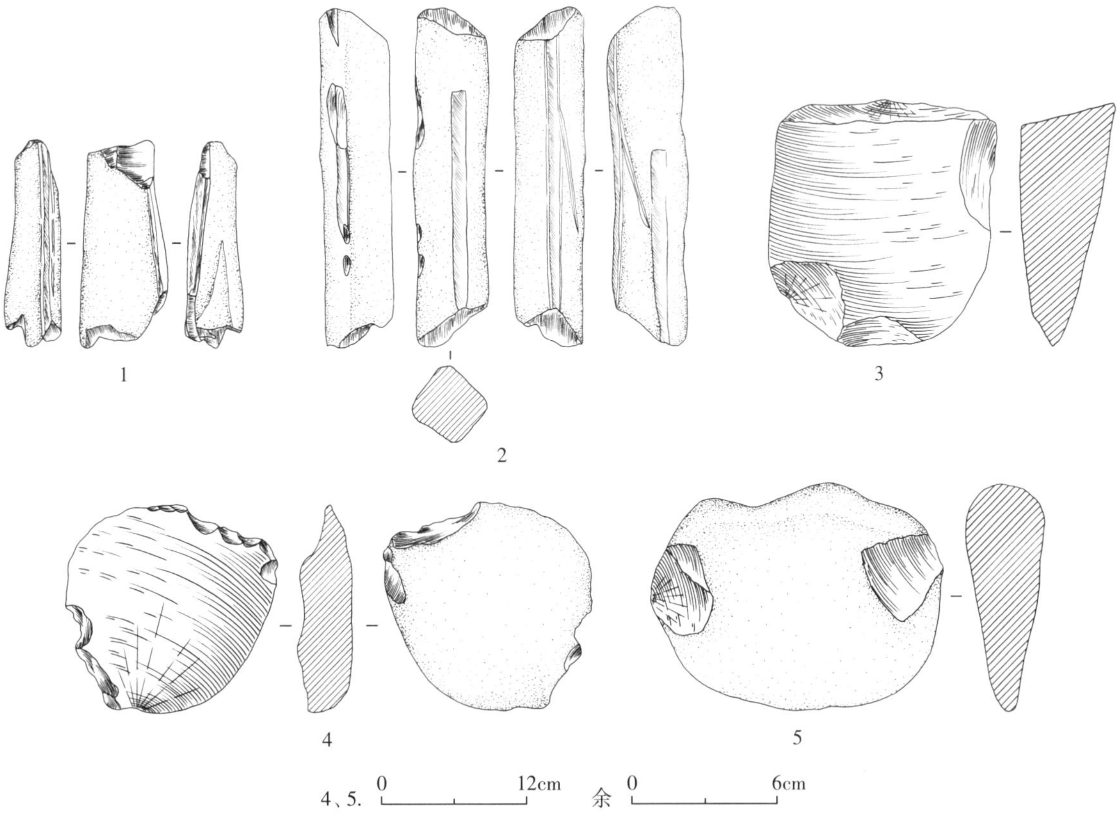

图三一六　坡叫环遗址第二文化层石制品（五）

1. BbⅧ型窄槽砺石（2015GLPT2②：16）　2. CbⅦ型窄槽砺石（2015GLPT2②：59）　3. Bb型石核（2015GLPT1②：64）　4. Bd型石核（2015GLPT1②：84）　5. Bf型石核（2015GLPT1②：57）

破坏了棱上的磨痕，用途不明。器身其余部位未见人工痕迹。长13.5cm，宽3.0cm，厚2.5cm，重155g（图三一六，2）。

（2）打制石制品

161件。这些石制品包括石核、石片、砍砸器、刮削器和尖状器五大类型。其中石核4件，占该文化层出土打制石制品总数的2.48%；石片65件，占该文化层出土打制石制品总数的40.37%；砍砸器68件，占该文化层出土打制石制品总数的42.24%；刮削器16件，占该文化层出土打制石制品总数的9.94%；尖状器8件，占该文化层出土打制石制品总数的4.97%。

石核 4件。原料有砾石和石片两种。其中砾石1件，占该文化层出土石核总数的25%；石片3件，占该文化层出土石核总数的75%。岩性只有辉绿岩一种。打片方法只有锤击法一种。均为自然台面。器身形状有四边形、梯形、圆形和椭圆形四种。每种形状各1件，各占该文化层出土石核总数的25%。器身长度最大值24.0cm，最小值9.7cm；宽度最大值17.6cm，最小值9.3cm；厚度最大值6.3cm，最小值3.3cm；重量最大值4060g，最小值580g。分别属于B型和C型。

B型 3件。分别属于Bb、Bd、Bf亚型。

Bb型 1件。

标本2015GLPT1②：64，原料为灰褐色辉绿岩石片。器身略宽大，稍重，形状近四边形。腹面较平，为整齐的破裂面。背面较平，完全保留自然砾面。分别以腹面和背面为台面，沿石片左右两侧和远端多次单面剥片；片疤多较大且浅平。长9.7cm，宽9.3cm，厚3.6cm，重580g（图三一六，3）。

Bd型 1件。

标本2015GLPT1②：84，原料为灰褐色辉绿岩大石片。器身宽大，厚重，形状近圆形。腹面凹凸不平，为不甚整齐的破裂面。背面较平，完全保留自然砾面。分别以腹面和背面为台面，沿石片右侧和远端多次双面剥片，片疤多较大且浅平。长17.3cm，宽16.6cm，厚4.3cm，重1470g（图三一六，4）。

Bf型 1件。

标本2015GLPT1②：57，原料为灰褐色辉绿岩大砾石。器身宽大，厚重，形状近椭圆形。一面较平，另一面凸起。一端较宽，另一端略窄。剥片方法为锤击法。分别以较宽端和略窄端为台面，在两端边缘单面剥片，在较平面各剥出一个较大而浅平和较大而深凹的片疤。较宽端还在凸起面剥落出一个较小而浅平的片疤，片疤尾部折断形成陡坎。器身其余部分保留自然砾面。长24.0cm，宽17.6cm，厚6.3cm，重4060g（图三一六，5）。

C型 1件。属于Cc亚型。

标本2015GLPT2②：120，原料为灰褐色辉绿岩石片。器身较厚，形状近梯形。腹面较平，为稍平整的破裂面。背面凸起，右侧约四分之一面积为片疤面，其余部分保留自然砾面。以两侧和远端为台面，多次单面剥片。片疤均较大，部分较浅平，部分较深凹，尾部折断形成陡坎。长

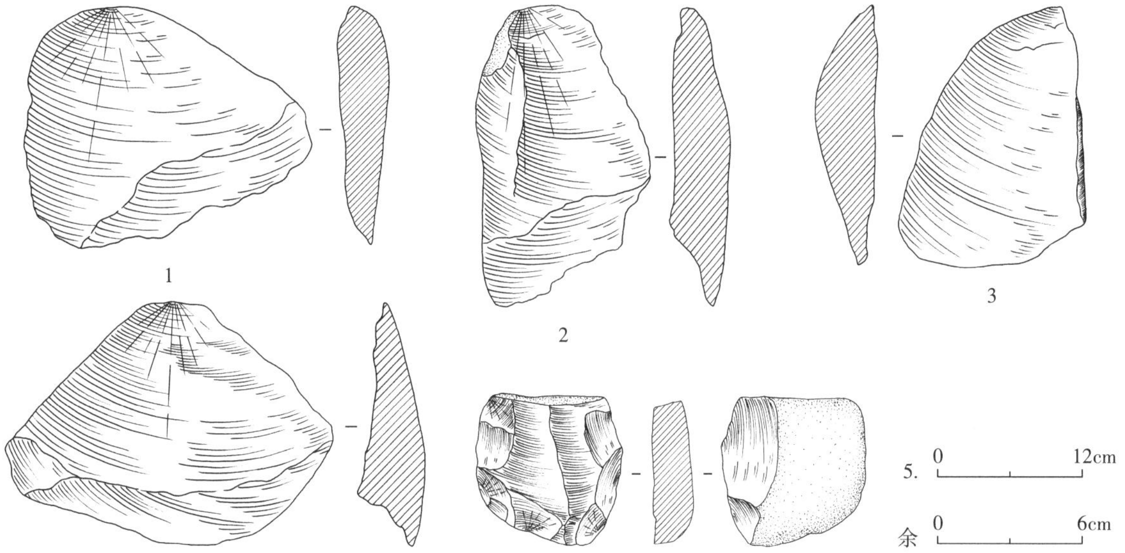

图三一七　坡叫环遗址第二文化层石制品（六）

1~4. Aa Ⅰ型石片（2015GLPT1②：20、2015GLPT1②：76、2015GLPT1②：69、2015GLPT2②：37）　5. Cc 型石核（2015GLPT2②：120）

11.9cm，宽 11.8cm，厚 3.3cm，重 722g（图三一七，5）。

石片　65 件。岩性仅见辉绿岩一种。打击台面大多是自然台面，人工台面只有 6 件，占该文化层出土石片总数的 9.23%。线状台面 4 件，占该文化层出土石片总数的 6.15%。打击点大多数比较清楚，但有打击疤痕的不多。半锥体不明显的 49 件，占该文化层出土石片总数的 75.38%；半锥体微显的 13 件，占该文化层出土石片总数的 20.00%；半锥体凸出的 3 件，占该文化层出土石片总数的 4.62%。除线状台面石片外，其他标本的石片角大多在 90° 以上，以 110° 左右的居多。宽大于长的石片有 25 件，占该文化层出土石片总数的 38.46%；长大于宽的石片有 40 件，占该文化层出土石片总数的 61.54%。大多数石片的背面或多或少都保留有自然砾面。少数背面不保留自然砾面者，在台面或侧边仍保留有少量自然砾面。背面有片疤者，其剥片方向大多与石片本身同向同源，少数剥片方向与石片本身垂直。大多数石片具有锋利的边缘，但均未发现使用痕迹。所有石片都具有锋利的棱角，没有明显的冲磨痕迹。器身形状有三角形、四边形、梯形、圆形、半圆形、椭圆形、扇贝形、长条形、心形和不规则形十种。其中三角形和不规则形各 10 件，各占该文化层出土石片总数的 15.38%；四边形和椭圆形各 8 件，各占该文化层出土石片总数的 12.70%；梯形和长条形各 7 件，各占该文化层出土石片总数的 10.77%；圆形 2 件，占该文化层出土石片总数的 3.08%；扇贝形和半圆形各 5 件，各占该文化层出土石片总数的 7.69%；心形 3 件，占该文化层出土石片总数的 4.62%。打击方法有锤击法和碰砧法两种。器身长度最大值 14.6cm，最小值 2.3cm；宽度最大值 13.8cm，最小值 3.3cm；厚度最大值 4.6cm，最小值 0.8cm；重量最大值 701g，最小值 4g。分别属于 A 型和 C 型。

A 型　63 件。分别属于 Aa、Ab、Ac、Ad、Ae 亚型。

Aa 型　31 件。分别属于 AaⅠ、AaⅡ、AaⅢ、AaⅣ、AaⅤ、AaⅥ、AaⅦ、AaⅧ、AaⅨ、AaⅪ次亚型。

AaⅠ型　5 件。

标本 2015GLPT1②：20，原料为灰褐色辉绿岩砾石。器身稍宽大，稍厚，形状近三角形。打击台面为自然台面。打击点宽大，半锥体不显，放射线清楚，同心波纹微显。器身左侧和远端边缘锋利，未见使用痕迹。右侧保留自然砾面，边缘钝厚。腹面靠近远端处破裂面突然下折形成很深的陡坎。背面完全保留自然砾面。长 9.6cm，宽 11.8cm，厚 2.1cm，重 254g（图三一七，1）。

标本 2015GLPT1②：76，原料为灰褐色辉绿岩砾石。器身稍厚，形状近三角形。打击台面为自然台面。打击点宽大，半锥体不显，放射线清楚，同心波纹微显。器身左侧保留自然砾面，边缘钝厚。右侧和远端左侧边缘锋利，未见使用痕迹。远端右侧折断一小块，边缘钝厚。腹面靠近远端处破裂面突然下折形成很深的陡坎。背面完全保留自然砾面。长 11.6cm，宽 6.9cm，厚 2.3cm，重 204g（图三一七，2）。

标本 2015GLPT2②：37，原料为灰褐色辉绿岩砾石。器身稍厚，形状近三角形。打击台面为自然台面。打击点宽大，半锥体不显，放射线清楚，同心波纹微显。器身左侧保留自然砾面，右侧折断一小块，两侧边缘均钝厚。远端边缘锋利，未见使用痕迹。腹面靠近远端处破裂面突然下折形成很深的陡坎。背面完全保留自然砾面。长 9.7cm，宽 13.5cm，厚 2.6cm，重 329g（图三一七，4；彩版八三，6）。

标本 2015GLPT1②：69，原料为灰褐色辉绿岩砾石。器身稍厚，形状近三角形。打击台面为自然台面。打击点宽大，半锥体不显，放射线不清楚，同心波纹稍明显。器身左侧边缘锋利，未发现使用痕迹。右侧折断一大块，边缘钝厚。远端边缘锋利，两侧可见较多细碎的崩疤，应为使用痕迹。腹面近中部处破裂面下折形成陡坎。背面完全保留自然砾面。长 10.0cm，宽 7.5cm，厚 2.5cm，重 210g（图三一七，3）。

标本 2015GLPT2②：114，原料为灰褐色辉绿岩砾石。器身稍厚，形状近三角形。打击台面为自然台面。打击点宽大，半锥体不显，放射线清楚，同心波纹均微显。器身左侧折断一大块，右侧保留自然砾面，两侧边缘均钝厚。远端边缘锋利，未见使用痕迹。腹面靠近远端处破裂面突然下折形成很深的陡坎。背面完全保留自然砾面。长 9.6cm，宽 7.5cm，厚 2.3cm，重 198g（图三一八，1）。

AaⅡ型　2 件。

标本 2015GLPT1②：68，原料为灰褐色辉绿岩砾石。器身较厚，形状近四边形。打击台面为自然台面。打击点宽大，半锥体凸出，放射线和同心波纹均微显。器身左侧折断一大块，边缘钝厚。右侧和远端边缘锋利。右侧边缘两侧可见较多细碎的崩疤，应为使用痕迹。远端边缘未见使用痕迹。腹面靠近远端处破裂面突然下折形成很深的陡坎。背面完全保留自然砾面。长 9.8cm，

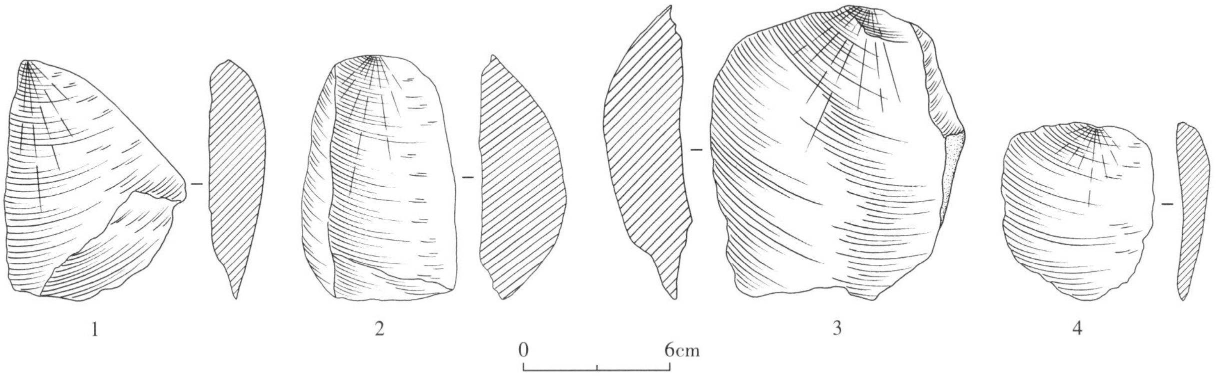

图三一八　坡叫环遗址第二文化层石制品（七）

1. AaⅠ型石片（2015GLPT2②：114）　2、3. AaⅡ型石片（2015GLPT1②：68、2015GLPT2②：134）　4. AaⅢ型石片（2015GLPT1②：40）

宽 6.4cm，厚 3.4cm，重 253g（图三一八，2）。

标本 2015GLPT2②：134，原料为灰褐色辉绿岩砾石。器身较宽大，较厚，形状近四边形。打击台面为自然台面。打击点宽大，半锥体不显，放射线清楚，同心波纹微显。器身左侧上半部保留自然砾面，边缘钝厚。下半部边缘锋利，未见使用痕迹。右侧上半部折断一小块，下半部保留自然砾面，边缘均钝厚。左右两侧在远端中央相交处形成一个钝角。背面完全保留自然砾面。长 12.4cm，宽 10.8cm，厚 3.1cm，重 340g（图三一八，3；彩版八三，5）。

AaⅢ型　3 件。

标本 2015GLPT1②：40，原料为灰褐色辉绿岩砾石。器身稍薄，形状近梯形。打击台面为自然台面。打击点宽大，半锥体微显，放射线清楚，同心波纹微显。器身左右两侧和远端边缘锋利，未见使用痕迹。左右两侧在远端中央相交处形成一个舌尖。背面完全保留自然砾面。长 7.1cm，宽 6.4cm，厚 1.3cm，重 53g（图三一八，4）。

标本 2015GLPT1②：80，原料为灰褐色辉绿岩砾石。器身稍薄，形状近梯形。打击台面为自然台面（线状台面）。打击点宽大，半锥体不显，放射线不清楚，同心波纹较明显。器身左侧折断一大块，断面整齐，边缘钝厚。右侧和远端边缘略锋利。右侧边缘两侧可见较多细碎的崩疤，这些崩疤应为使用痕迹。远端边缘未见使用痕迹。左右两侧在远端中央相交处形成一个钝尖。背面完全保留自然砾面。长 9.4cm，宽 5.5cm，厚 1.4cm，重 80g（图三一九，1）。

标本 2015GLPT2②：41，原料为灰褐色辉绿岩砾石。器身略小，稍薄，形状近梯形。打击台面为自然台面。打击点宽大，半锥体不显，放射线不清楚，同心波纹微显。器身近端、左侧上半部和右侧下半部各崩裂一小块，边缘钝厚。左侧下半部、右侧上半部和远端边缘锋利，未见使用痕迹。背面完全保留自然砾面。长 6.6cm，宽 8.8cm，厚 1.4cm，重 82g（图三一九，2）。

AaⅣ型　2 件。

标本 2015GLPT1②：71，原料为灰褐色辉绿岩砾石。器身宽大，稍薄，形状近圆形。打击

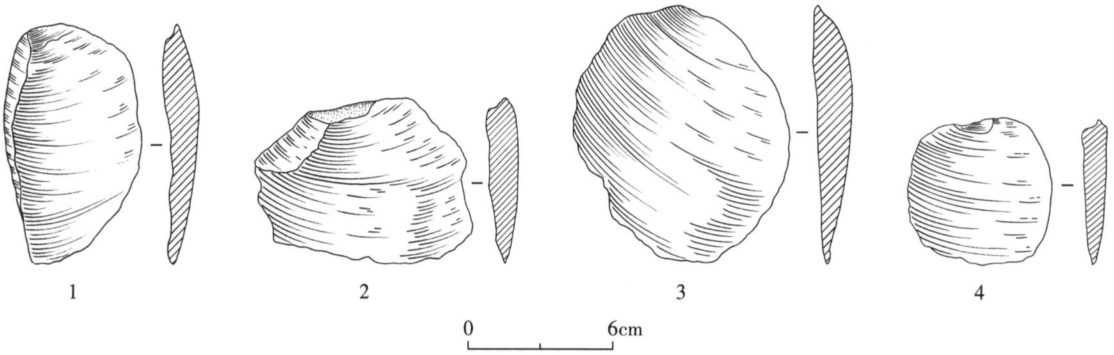

图三一九　坡叫环遗址第二文化层石制品（八）

1、2. AaⅢ型石片（2015GLPT1②：80、2015GLPT2②：41）　3、4. AaⅣ型石片（2015GLPT1②：71、2015GLPT1②：81）

台面为自然台面。打击点宽大，半锥体不显，放射线不清楚，同心波纹均微显。器身左右两侧和远端边缘锋利，未见使用痕迹。背面完全保留自然砾面。长 10.3cm，宽 8.6cm，厚 1.5cm，重 128g（图三一九，3）。

标本 2015GLPT1②：81，原料为灰褐色辉绿岩砾石。器身薄小，形状近圆形。打击台面为自然台面。打击点宽大，半锥体微显，放射线不清楚，同心波纹均微显。器身左右两侧和远端边缘锋利，未见使用痕迹。背面完全保留自然砾面。长 5.8cm，宽 5.9cm，厚 1.0cm，重 35g（图三一九，4）。

AaⅤ型　3 件。

标本 2015GLPT1②：95，原料为灰褐色辉绿岩砾石。器身稍薄，形状近半圆形。打击台面为自然台面。打击点宽大，半锥体不显，放射线和同心波纹均不明显。器身左右两侧边缘锋利，其中左侧边缘两侧可见较多细碎的崩疤，这些崩疤应为使用痕迹。右侧边缘未见使用痕迹。远端边缘折断一小块，边缘钝厚。腹面较平整，背面完全保留自然砾面。长 7.6cm，宽 10.8cm，厚 1.7cm，重 167g（图三二〇，1）。

标本 2015GLPT2②：25，原料为灰褐色辉绿岩砾石。器身略小，稍厚，形状近半圆形。打击台面为自然台面。打击点宽大，半锥体不显，放射线清楚，同心波纹微显。器身左侧上半部和右侧保留自然砾面，边缘钝厚。左侧下半部边缘锋利，未见使用痕迹。远端折断一大块，断面整齐，边缘钝厚。背面完全保留自然砾面。长 7.5cm，宽 5.1cm，厚 1.7cm，重 80g（图三二〇，2）。

标本 2015GLPT2②：112，原料为灰褐色辉绿岩砾石。器身稍宽厚，形状近半圆形。打击台面为自然台面。打击点宽大，半锥体不显，放射线清楚，同心波纹稍明显。器身左侧折断一大块，断面整齐，边缘钝厚。右侧边缘锋利，未见使用痕迹。远端折断一小块，边缘钝厚。腹面靠近中部处破裂面向下折断形成斜坡状。背面完全保留自然砾面。长 9.4cm，宽 7.8cm，厚 2.0cm，重 173g（图三二〇，3）。

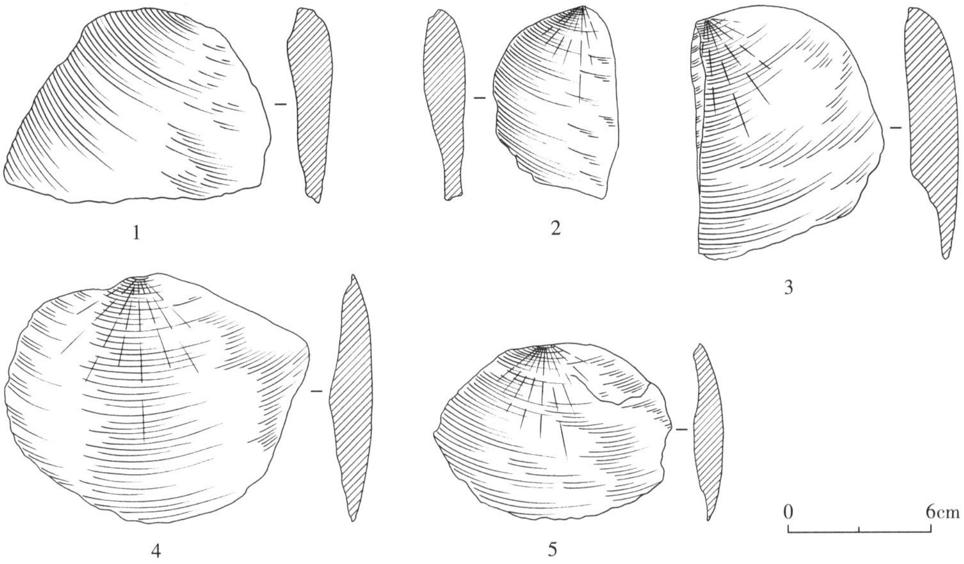

图三二〇　坡叫环遗址第二文化层石制品（九）

1~3. AaⅤ型石片（2015GLPT1②：95、2015GLPT2②：25、2015GLPT2②：112）
4、5. AaⅥ型石片（2015GLPT1②：61、2015GLPT1②：94）

AaⅥ型　5件。

标本2015GLPT1②：94，原料为灰褐色辉绿岩砾石。器身较薄，形状近椭圆形。打击台面为自然台面（线状台面）。打击点宽大，半锥体不显，放射线清楚，同心波纹微显。器身左右两侧和远端边缘锋利，未发现使用痕迹。背面完全保留自然砾面。长7.0cm，宽9.8cm，厚1.2cm，重82g（图三二〇，5）。

标本2015GLPT1②：61，原料为灰褐色辉绿岩砾石。器身宽大，稍薄，形状近椭圆形。打击台面为自然台面。打击点宽大，半锥体不显，放射线清楚，同心波纹微显。器身左侧、右侧下半部和远端边缘锋利，未发现使用痕迹。右侧上半部保留自然砾面，边缘钝厚。背面完全保留自然砾面。长9.8cm，宽12.5cm，厚1.7cm，重235g（图三二〇，4）。

标本2015GLPT2②：105，原料为灰褐色辉绿岩砾石。器身宽大，略薄，形状近椭圆形。打击台面为自然台面。打击点宽大，半锥体不显，放射线清楚，同心波纹微显。器身左右两侧和远端边缘锋利。左右两侧边缘可见较多细碎的崩疤，这些崩疤应为使用痕迹。远端未发现使用痕迹。背面完全保留自然砾面。长11.2cm，宽10.7cm，厚1.7cm，重284g（图三二一，1）。

标本2015GLPT2②：157，原料为灰褐色辉绿岩砾石。器身略窄，扁薄，形状近椭圆形。打击台面为自然台面。打击点宽大，半锥体不显，放射线不清楚，同心波纹微显。器身左侧和远端左侧各折断一小块，边缘钝厚。右侧和远端右侧边缘锋利，未见使用痕迹。背面完全保留自然砾面。长10.0cm，宽5.8cm，厚1.5cm，重97g（图三二一，2）。

标本2015GLPT1②：41，原料为灰褐色辉绿岩砾石。器身较小，较厚，形状近椭圆形。打

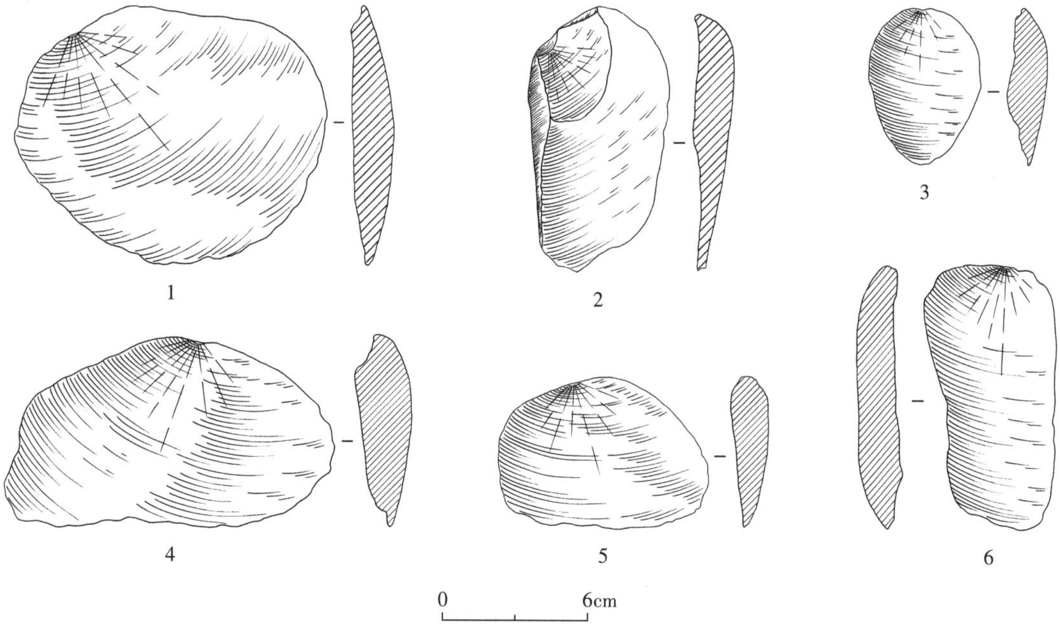

图三二一　坡叫环遗址第二文化层石制品（十）

1~3. AaⅥ型石片（2015GLPT2②：105、2015GLPT2②：157、2015GLPT1②：41）　4、5. AaⅦ型石片（2015GLPT2②：52、2015GLPT2②：108）　6. AaⅧ型石片（2015GLPT1②：97）

击台面为自然台面。打击点宽大，半锥体不显，放射线清楚，同心波纹微显。器身左右两侧和远端边缘锋利，未发现使用痕迹。远端形成一舌尖。背面完全保留自然砾面。长 6.2cm，宽 4.5cm，厚 1.6cm，重 48g（图三二一，3）。

AaⅦ型　2 件。

标本 2015GLPT2②：52，原料为灰褐色辉绿岩砾石。器身稍厚，形状近扇贝形。打击台面为自然台面。打击点宽大，半锥体不显，放射线清楚，同心波纹微显。器身左右两侧上半部保留自然砾面，边缘钝厚。两侧下半部和远端边缘锋利。两侧下半部未发现使用痕迹。远端中部边缘两侧可见部分细碎的崩疤，这些崩疤应为使用痕迹。背面完全保留自然砾面。长 7.5cm，宽 13.5cm，厚 2.4cm，重 299g（图三二一，4）。

标本 2015GLPT2②：108，原料为灰褐色辉绿岩砾石。器身稍薄小，形状近扇贝形。打击台面为自然台面。打击点宽大，半锥体不显，放射线清楚，同心波纹微显。器身左右两侧和远端边缘锋利。两侧未发现使用痕迹。远端边缘两侧可见部分细碎的崩疤，这些崩疤应为使用痕迹。背面完全保留自然砾面。长 6.2cm，宽 8.5cm，厚 1.5cm，重 84g（图三二一，5）。

AaⅧ型　4 件。

标本 2015GLPT1②：97，原料为灰褐色辉绿岩砾石。器身较窄厚，形状近长条形。打击台面为自然台面。打击点宽大，半锥体不显，放射线清楚，同心波纹微显。器身左右两侧和远端边缘锋利。两侧边缘可见部分细碎的崩疤，这些崩疤应为使用痕迹。远端边缘未发现使用痕迹。背面完全保留自然砾面。长 10.3cm，宽 5.4cm，厚 1.7cm，重 120g（图三二一，6）。

标本 2015GLPT2②：13，原料为灰褐色辉绿岩砾石。器身较窄厚，形状近长条形。打击台面为自然台面。打击点宽大，半锥体不显，放射线清楚，同心波纹微显。器身左侧边缘锋利，未发现使用痕迹。右侧折断一大块，断面整齐，边缘钝厚。远端边缘折断一小块，边缘钝厚。背面完全保留自然砾面。长 12.6cm，宽 4.9cm，厚 2.0cm，重 124g（图三二二，1）。

标本 2015GLPT2②：74，原料为灰褐色辉绿岩砾石。器身稍窄厚，形状近长条形。打击台面为自然台面。打击点宽大，半锥体不显，放射线清楚，同心波纹微显。器身左侧边缘锋利，两侧可见部分细碎的崩疤，这些崩疤应为使用痕迹。右侧折断一大块，断面整齐，边缘钝厚。远端边缘折断一小块，边缘钝厚。背面完全保留自然砾面。长 11.8cm，宽 4.5cm，厚 2.1cm，重 104g（图三二二，2）。

AaⅨ型　2 件。

标本 2015GLPT2②：31，原料为灰褐色辉绿岩砾石。器身宽大，较薄，形状近心形。打击台面为自然台面。打击点宽大，半锥体微显，放射线和同心波纹均微显。器身左右两侧边缘锋利。左侧边缘未发现使用痕迹。右侧边缘两侧可见部分细碎的崩疤，这些崩疤应为使用痕迹。远端折

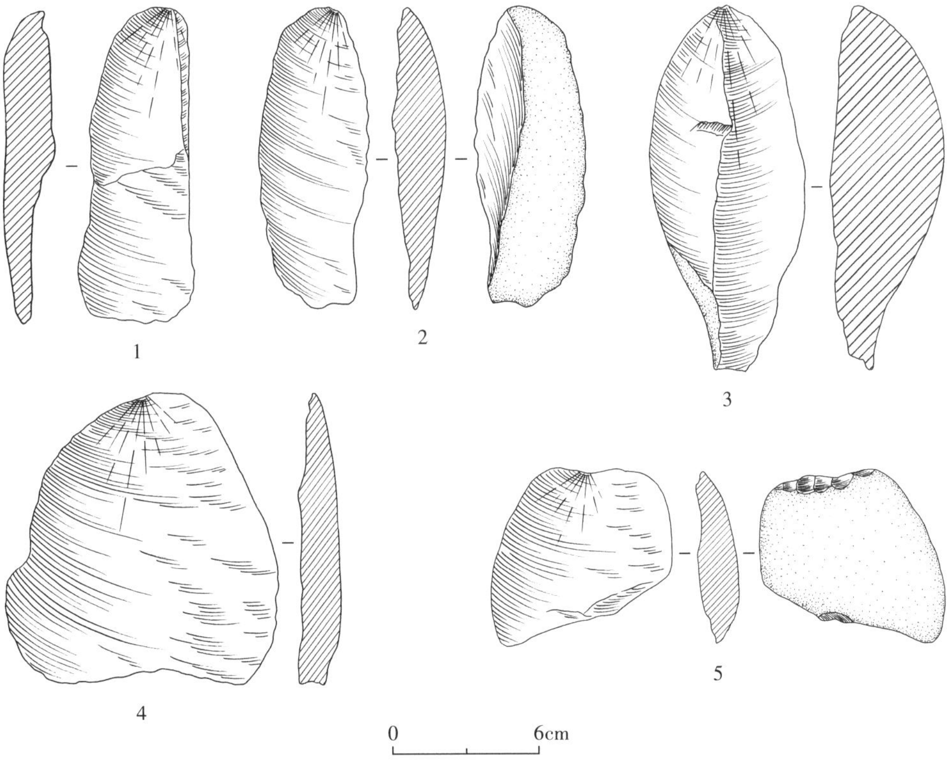

图三二二　坡叫环遗址第二文化层石制品（十一）

1、2. AaⅧ型石片（2015GLPT2②：13、2015GLPT2②：74）　3、5. AaⅪ型石片（2015GLPT1②：67、2015GLPT1②：38）　4. AaⅨ型石片（2015GLPT2②：31）

断一大块，断面整齐，边缘钝厚。背面完全保留自然砾面。长 11.5cm，宽 11.2cm，厚 1.6cm，重 274g（图三二二，4）。

AaⅪ型　3 件。

标本 2015GLPT1②：67，原料为灰褐色辉绿岩砾石。器身窄长，较厚，形状不规则。打击台面为自然台面。打击点窄小，半锥体不显，放射线清楚，同心波纹微显。器身左侧折断一大块，断面整齐，边缘钝厚。右侧边缘锋利，未见使用痕迹。远端折断一小块，断面不整齐，边缘钝厚。背面完全保留自然砾面。长 14.6cm，宽 6.5cm，厚 4.6cm，重 343g（图三二二，3）。

标本 2015GLPT1②：38，原料为灰褐色辉绿岩砾石。器身较小，较厚，形状不规则。打击台面为自然台面。打击点宽大，半锥体不显，放射线和同心波纹均微显。器身近端和左右两侧边缘锋利，边缘可见部分细小的崩疤，这些崩疤应为使用痕迹。远端折断一大块，断面凹凸不平，边缘钝厚。背面完全保留自然砾面。长 6.2cm，宽 7.5cm，厚 1.7cm，重 111g（图三二二，5）。

标本 2015GLPT1②：92，原料为灰褐色辉绿岩砾石。器身较宽厚，形状不规则。打击台面为自然台面。打击点宽大，半锥体不显，放射线清楚，同心波纹较明显。器身左侧上半部边缘锋利，未发现使用痕迹。左侧下半部折断一小块，断面不整齐，边缘钝厚。右侧边缘锋利，两侧可见部分细碎的崩疤，这些崩疤应为使用痕迹。远端折断一大块，边缘钝厚。背面完全保留自然砾面。长 7.8cm，宽 12.5cm，厚 2.0cm，重 245g（图三二三，1）。

Ab 型　18 件。分别属于 AbⅠ、AbⅡ、AbⅢ、AbⅤ、AbⅥ、AbⅦ、AbⅨ、AbⅪ次亚型。

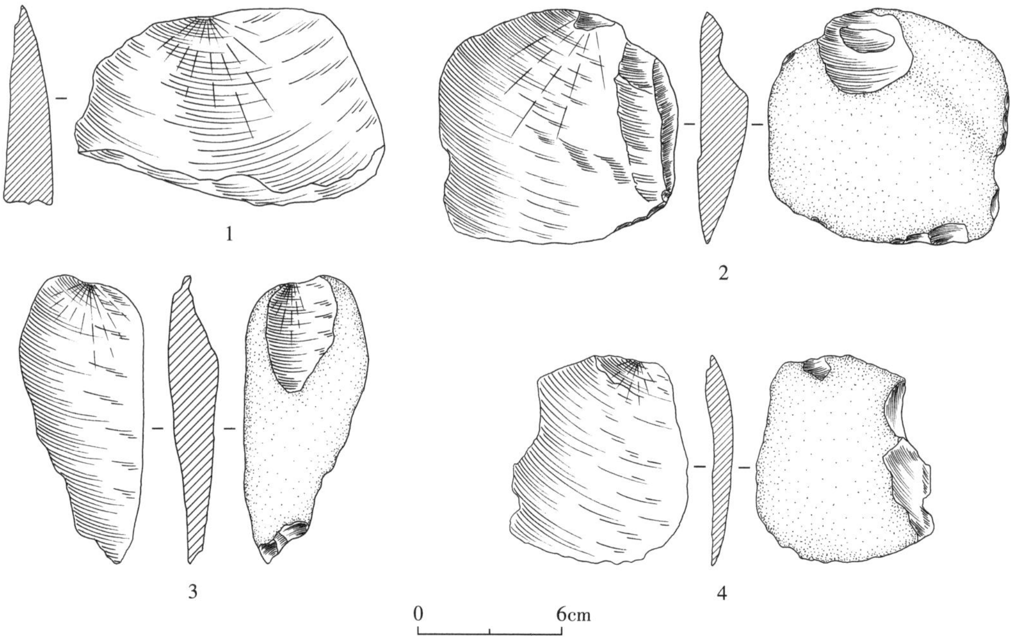

图三二三　坡叫环遗址第二文化层石制品（十二）

1. AaⅪ型石片（2015GLPT1②：92）　2、4. AbⅡ型石片（2015GLPT1②：27、2015GLPT2②：84）
3. AbⅠ型石片（2015GLPT1②：99）

AbⅠ型　1件。

标本2015GLPT1②：99，原料为灰褐色辉绿岩砾石。器身较窄长，形状近三角形。打击台面为自然台面。打击点宽大，半锥体微显，放射线清楚，同心波纹微显。器身左侧边缘锋利，两侧可见部分细碎的崩疤，这些崩疤应为使用痕迹。右侧保留自然砾面，边缘钝厚。远端折断一小块，断面不整齐，边缘钝厚。背面上半部有一处片疤面，片疤的打击方向与石片本身的打击方向相同。其余部分保留自然砾面。长11.0cm，宽5.1cm，厚2.0cm，重132g（图三二三，3）。

AbⅡ型　5件。

标本2015GLPT1②：27，原料为灰褐色辉绿岩砾石。器身宽大，稍厚，形状近四边形。打击台面为自然台面。打击点宽大，半锥体不显，放射线清楚，同心波纹微显。器身左右两侧和远端边缘锋利。左侧和远端边缘两侧可见部分细碎的崩疤，这些崩疤应为使用痕迹。右侧边缘未发现使用痕迹。背面靠近端处有一个较大而深凹的片疤，片疤打击方向与石片本身的打击方向相同。背面右下角有几个较小而浅平的片疤，片疤的打击方向与石片本身的打击方向相反。其余部分保留自然砾面。长9.6cm，宽9.8cm，厚1.9cm，重200g（图三二三，2；彩版八四，1）。

标本2015GLPT2②：84，原料为灰褐色辉绿岩砾石。器身扁薄，形状近四边形。打击台面为自然台面（线状台面）。打击点宽大，半锥体微显，放射线和同心波纹均微显。器身左右两侧边缘锋利，未发现使用痕迹。远端左侧折断一小块，断面整齐，边缘钝厚。远端右侧边缘锋利，未发现使用痕迹。背面靠近端有一个较小而浅平的片疤，片疤打击方向与石片本身的打击方向相同。背面右侧有一小块片疤面，片疤打击方向与石片本身的打击方向相垂直。其余部分保留自然砾面。长8.3cm，宽7.2cm，厚0.9cm，重60g（图三二三，4）。

标本2015GLPT2②：159，原料为灰褐色辉绿岩砾石。器身短窄，较厚，形状近四边形。打击台面为自然台面。打击点宽大，半锥体不显，放射线不清楚，同心波纹微显。器身左侧边缘保留自然砾面。右侧折断一大块，断面整齐。两侧边缘均钝厚。远端边缘锋利，未发现使用痕迹。背面左侧和中部有较大面积的层叠片疤面，片疤打击方向与石片本身的打击方向相同。其余部分保留自然砾面。长8.7cm，宽5.3cm，厚3.6cm，重209g（图三二四，2）。

标本2015GLPT1②：34，原料为灰褐色辉绿岩砾石。器身稍宽，稍薄，形状近四边形。打击台面为自然台面。打击点宽大，半锥体不显，放射线和同心波纹均微显。器身左侧上半部边缘钝厚。器身左侧下半部、右侧和远端边缘锋利，未见使用痕迹。左右两侧在远端中央汇聚形成一个舌尖。背面上半部为片疤面，片疤打击方向与石片的打击方向相同。其余部分保留自然砾面。长8.2cm，宽11.6cm，厚1.7cm，重149g（图三二四，7）。

AbⅢ型　2件。

标本2015GLPT2②：48，原料为灰褐色辉绿岩砾石。器身稍小，稍厚，形状近梯形。打击台面为自然台面。打击点宽大，半锥体不显，放射线不清楚，同心波纹稍明显。器身左侧折断一大块，断面整齐。右侧保留自然砾面。两侧边缘均钝厚。远端边缘锋利，右侧可见部分细碎的崩疤，

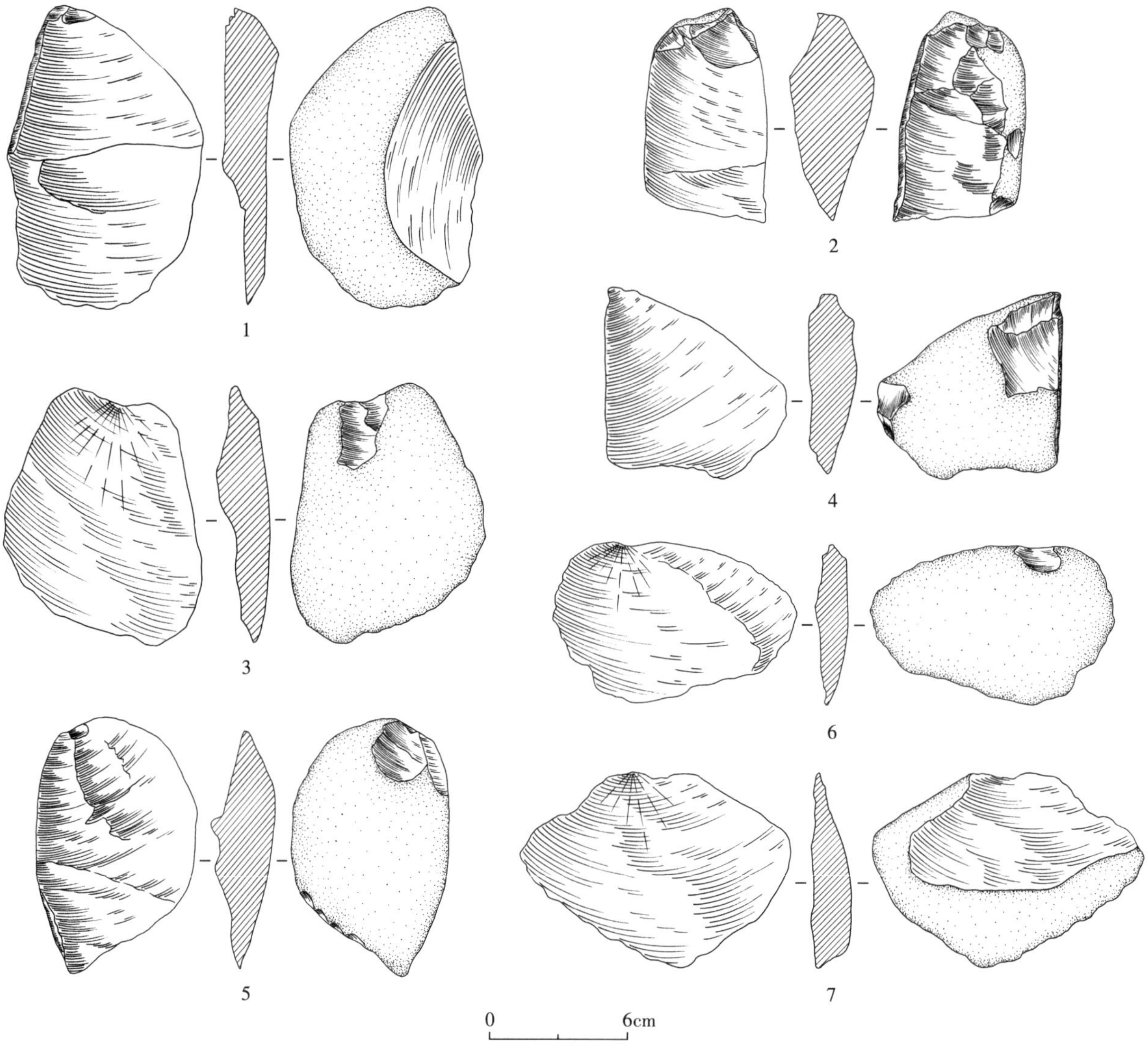

图三二四　坡叫环遗址第二文化层石制品（十三）

1、5. AbⅤ型石片（2015GLPT2②：138、2015GLPT2②：143）　2、7. AbⅡ型石片（2015GLPT2②：159、2015GLPT1②：34）　3、4. AbⅢ型石片（2015GLPT2②：55、2015GLPT2②：48）　6. AbⅥ型石片（2015GLPT2②：49）

这些崩疤应为使用痕迹。背面靠近端有一较大的层叠片疤面，片疤打击方向与石片本身的打击方向相同。背面左上角也有几个较小而浅平的片疤，片疤打击方向与石片本身的打击方向相垂直。其余部分保留自然砾面。长 9.3cm，宽 7.8cm，厚 2.0cm，重 135g（图三二四，4）。

标本 2015GLPT2②：55，原料为灰褐色辉绿岩砾石。器身宽大，较厚，形状近梯形。打击台面为自然台面。打击点宽大，半锥体不显，放射线清楚，同心波纹稍明显。器身左侧和远端边缘锋利，未发现使用痕迹。右侧保留自然砾面，边缘钝厚。背面近端处有一个稍大而深凹的片疤，片疤的打击方向与石片的打击方向相同。其余部分保留自然砾面。长 10.0cm，宽 8.4cm，厚 2.1cm，重 245g（图三二四，3；彩版八四，2）。

AbⅤ型 2件。

标本 2015GLPT2②：138，原料为灰褐色辉绿岩砾石。器身稍薄，形状近半圆形。打击台面为自然台面。打击点宽大，半锥体不显，放射线不清楚，同心波纹稍明显。器身左侧上半部折断一大块，边缘钝厚。右侧上半部保留自然砾面，边缘钝厚。左右两侧下半部和远端边缘锋利，未见使用痕迹。背面右侧有一较大的片疤面，片疤打击方向与石片本身的打击方向相垂直。其余部分保留自然砾面。长 12.4cm，宽 8.5cm，厚 2.3cm，重 232g（图三二四，1）。

标本 2015GLPT2②：143，原料为灰褐色辉绿岩砾石。器身稍薄，形状近半圆形。打击台面为自然台面。打击点宽大，半锥体不显，放射线不清楚，同心波纹微显。器身左侧下半部折断一小块，边缘钝厚。右侧和远端边缘锋利。右侧未见使用痕迹。远端边缘两侧可见部分细碎的崩疤，这些崩疤应为使用痕迹。左侧与远端相交处形成一个锐尖。背面靠近端有两个打击方向与石片的打击方向相同的片疤；其中一个稍大而浅平，另一个稍小而深凹。其余部分保留自然砾面。长 10.3cm，宽 6.9cm，厚 2.7cm，重 198g（图三二四，5）。

AbⅥ型 1件。

标本 2015GLPT2②：49，原料为灰褐色辉绿岩砾石。器身稍薄，形状近椭圆形。打击台面为自然台面。打击点宽大，半锥体微显，放射线清楚，同心波纹微显。器身左侧上半部、右侧和远端边缘锋利，未发现使用痕迹。左侧下半部折断一小块，断面整齐，边缘钝厚。背面近端有一个较小而浅平的片疤，片疤打击方向与石片的打击方向相同。其余部分保留自然砾面。长 6.7cm，宽 10.1cm，厚 1.4cm，重 96g（图三二四，6）。

AbⅦ型 1件。

标本 2015GLPT2②：149，原料为灰褐色辉绿岩砾石。器身稍薄，形状近扇贝形。打击台面为自然台面。打击点宽大，半锥体不显，放射线清楚，同心波纹微显。器身左侧上半部边缘钝厚，左侧下半部、右侧和远端边缘锋利。右侧未发现使用痕迹。左侧下半部和远端边缘两侧可见部分细碎的崩疤，这些崩疤应为使用痕迹。右侧和远端相交处折断一小块，断面稍整齐，边缘钝厚。背面近端有一个稍大而浅平的片疤，片疤打击方向与石片的打击方向相同。其余部分保留自然砾面。长 6.8cm，宽 10.0cm，厚 1.7cm，重 128g（图三二五，2）。

AbⅨ型 1件。

标本 2015GLPT2②：132，原料为灰褐色辉绿岩砾石。器身稍小，稍薄，形状近心形。打击台面为自然台面。打击点宽大，半锥体不显，放射线清楚，同心波纹微显。器身左右两侧和远端边缘锋利，未发现使用痕迹。远端呈一舌尖。背面近端有一个较小而浅平的片疤。其余部分保留自然砾面。长 7.7cm，宽 7.8cm，厚 1.6cm，重 114g（图三二五，1）。

AbⅪ型 5件。

标本 2015GLPT2②：21，原料为灰褐色辉绿岩砾石。器身宽大，较厚，形状不规则。打击

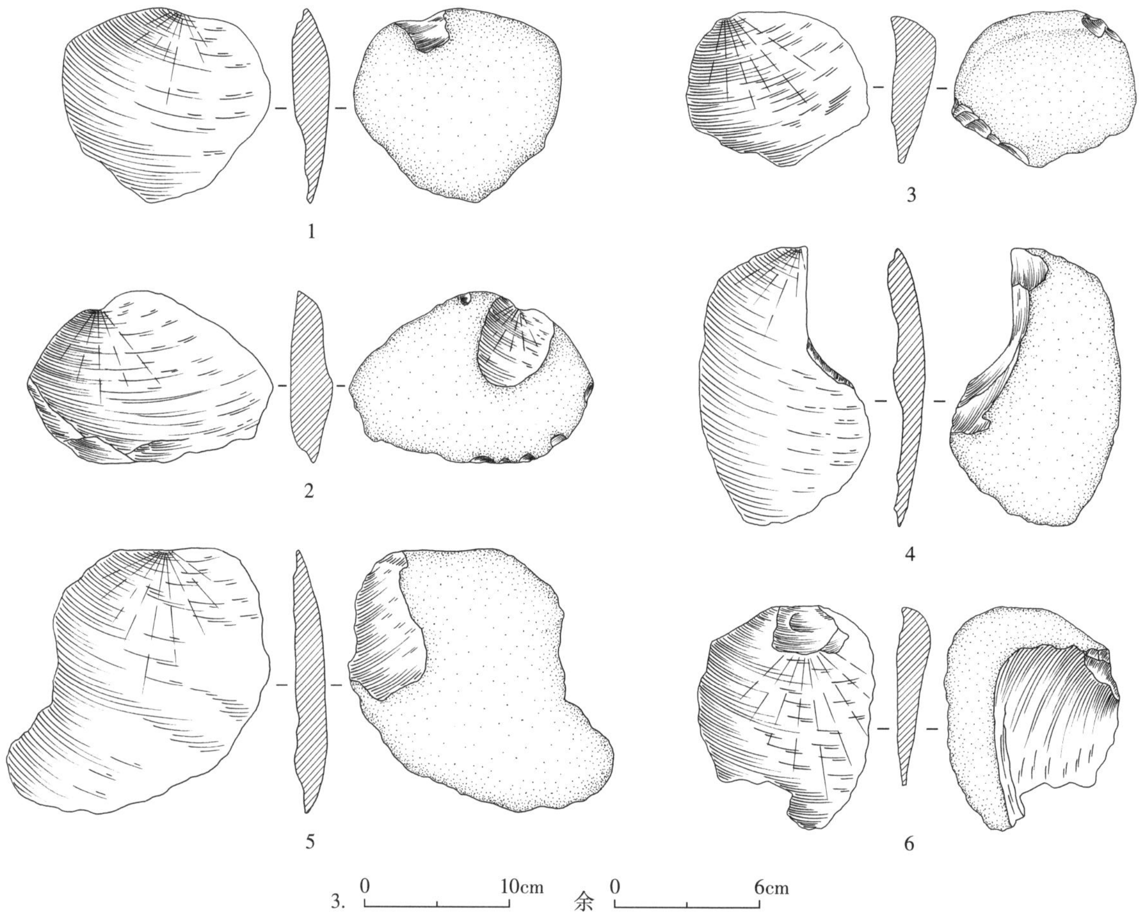

图三二五　坡叫环遗址第二文化层石制品（十四）

1. AbⅨ型石片（2015GLPT2②：132）　2. AbⅦ型石片（2015GLPT2②：149）　3~6. AbⅪ型石片（2015GLPT2②：21、2015GLPT1②：72、2015GLPT2②：111、2015GLPT2②：161）

台面为自然台面。打击点宽大，半锥体微显，放射线清楚，同心波纹明显。器身左侧和右侧下半部边缘锋利，未发现使用痕迹。右侧上半部边缘钝厚。远端左右两侧分别折断一小块和一大块，断面不整齐，边缘钝厚。背面近端有两个较小而浅平的片疤，片疤打击方向与石片本身的打击方向相同。其余部分保留自然砾面。长 9.5cm，宽 11.4cm，厚 2.6cm，重 352g（图三二五，3）。

标本 2015GLPT1②：72，原料为灰褐色辉绿岩砾石。器身扁薄，形状不规则。打击台面为自然台面（线状台面）。打击点宽大，半锥体不显，放射线和同心波纹均微显。器身左侧、右侧下半段和远端边缘锋利，未发现使用痕迹。右侧上半部折断一大块，断面不甚整齐，呈弧凹状，边缘钝厚。背面左侧边沿有一片疤面，片疤打击方向与石片本身的打击方向垂直。长 10.8cm，宽 6.6cm，厚 1.2cm，重 75g（图三二五，4）。

标本 2015GLPT2②：111，原料为灰褐色辉绿岩砾石。器身宽大，扁薄，形状不规则。打击台面为自然台面。打击点宽大，半锥体不显，放射线清楚，同心波纹微显。器身左右两侧和远端边缘锋利，未发现使用痕迹。左侧和远端交汇处形成一个舌尖。背面左侧上半部有一片疤面，片疤的打击方向与石片的打击方向相同。其余部分保留自然砾面。长 10.2cm，宽 9.1cm，厚 1.3cm，重 155g（图三二五，5）。

标本 2015GLPT2②：161，原料为灰褐色辉绿岩砾石。器身扁薄，形状不规则。打击台面为自然台面。打击点宽大，半锥体不显，放射线清楚，同心波纹微显。器身左右两侧和远端边缘锋利，未见使用痕迹。背面右侧有大面积片疤，片疤的打击方向与石片本身的打击方向相垂直。其余部分保留自然砾面。长 8.7cm，宽 6.9cm，厚 1.3cm，重 72g（图三二五，6）。

Ac 型　7 件。分别属于 AcⅠ、AcⅡ、AcⅥ、AcⅦ、AcⅪ次亚型。

AcⅠ型　2 件。

标本 2015GLPT2②：85，原料为灰褐色辉绿岩砾石。器身较小，形状近三角形。打击台面为自然台面。打击点宽大，半锥体不显，放射线清楚，同心波纹微显。器身左侧上半段保留自然砾面，边缘钝厚。左侧下半段和右侧各折断一小块和一大块，断面整齐，边缘钝厚。远端边缘锋利，未发现使用痕迹。背面全部为层叠的片疤面，片疤面的打击方向与石片的打击方向相同。长 4.7cm，宽 5.4cm，厚 0.8cm，重 22g（图三二六，1）。

标本 2015GLPT2②：115，原料为灰褐色辉绿岩砾石。器身极小，形状近三角形。打击台面为自然台面。打击点宽大，半锥体凸出，放射线和同心波纹均微显。器身左右两侧和远端边缘锋利，

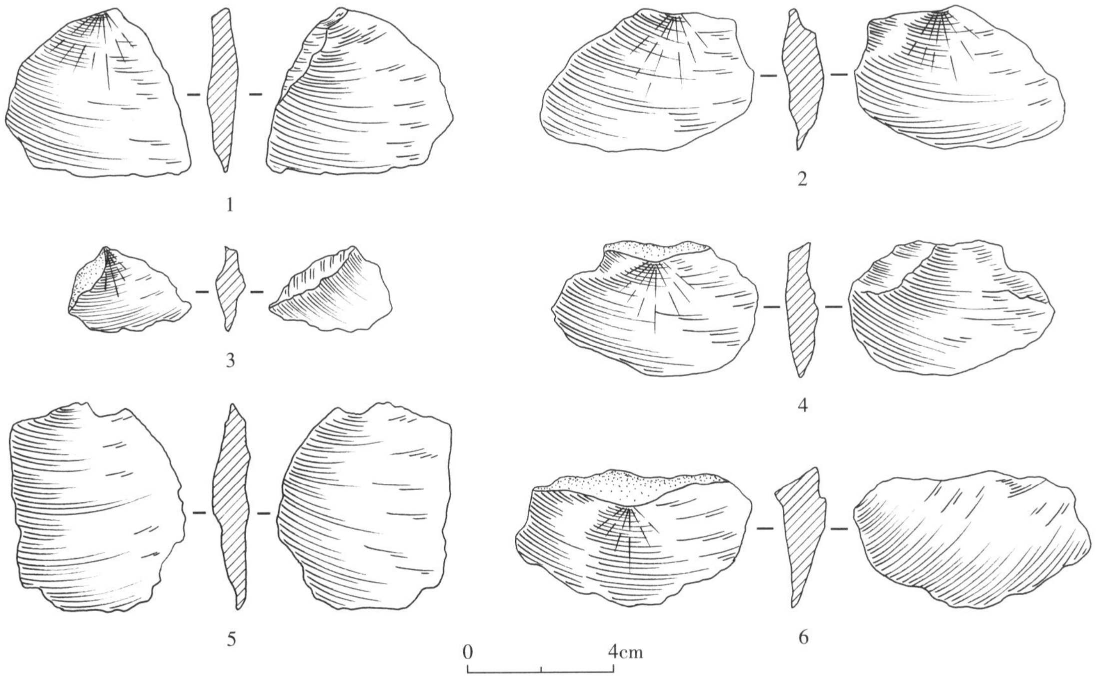

图三二六　坡叫环遗址第二文化层石制品（十五）

1、3. AcⅠ型石片（2015GLPT2②：85、2015GLPT2②：115）　2. AcⅥ型石片（2015GLPT1②：45）
4、6. AcⅦ型石片（2015GLPT1②：54、2015GLPT2②：43）　5. AcⅡ型石片（2015GLPT2②：117）

未发现使用痕迹。右侧和远端交汇处形成一个锐尖。背面为层叠的片疤面，片疤的打击方向与石片的打击方向相同。长 2.3cm，宽 3.3cm，厚 0.8cm，重 4g（图三二六，3）。

AcⅡ型　1件。

标本 2015GLPT2②：117，原料为灰褐色辉绿岩砾石。器身较小，形状近四边形。打击台面为自然台面。打击点宽大，半锥体不显，放射线不清楚，同心波纹微显。器身左右两侧边缘锋利，未发现使用痕迹。远端折断一小块，边缘钝厚。背面全部为层叠的片疤面，片疤的打击方向与石片的打击方向相同。长 5.5cm，宽 4.7cm，厚 0.9cm，重 23g（图三二六，5；彩版八四，3）。

AcⅥ型　1件。

标本 2015GLPT1②：45，原料为灰褐色辉绿岩砾石。器身较小，形状近椭圆形。打击台面为自然台面。打击点宽大，半锥体微显，放射线清楚，同心波纹微显。器身左侧和远端边缘锋利，未发现使用痕迹。右侧折断一小块，边缘钝厚。左侧与远端交汇处形成一个舌尖状。背面全部为层叠的片疤面，片疤打击方向与石片的打击方向相同。长 3.8cm，宽 5.7cm，厚 1.1cm，重 25g（图三二六，2）。

AcⅦ型　2件。

标本 2015GLPT1②：54，原料为灰褐色辉绿岩砾石。器身较小，形状近扇贝形。打击台面为自然台面。打击点宽大，半锥体微显，放射线和同心波纹均微显。器身左侧折断一小块，边缘钝厚。右侧和远端右侧边缘锋利，未发现使用痕迹。远端左侧折断一小块，边缘钝厚。背面全部为层叠的片疤面，片疤的打击方向与石片的打击方向相同。长 3.5cm，宽 5.7cm，厚 0.8cm，重 14g（图三二六，4）。

标本 2015GLPT2②：43，原料为灰褐色辉绿岩砾石。器身较小，形状近扇贝形。打击台面为自然台面。打击点宽大，半锥体微显，放射线和同心波纹均微显。器身左右两侧和远端边缘锋利，未发现使用痕迹。背面全部为层叠的片疤面，片疤面的打击方向与石片的打击方向垂直。长 3.5cm，宽 6.3cm，厚 1.4cm，重 26g（图三二六，6）。

AcⅪ型　1件。

标本 2015GLPT2②：45，原料为灰褐色辉绿岩砾石。器身较小，形状不规则。打击台面为自然台面。打击点宽大，半锥体微显，放射线不清楚，同心波纹不明显。器身左右两侧和远端边缘锋利，未发现使用痕迹。腹面靠近中部破裂面下折形成斜坡状。远端与右侧交汇处形成一个钝尖。背面为层叠的片疤面，片疤面的打击方向与石片的打击方向垂直。长 4.2cm，宽 4.0cm，厚 0.8cm，重 12g（图三二七，1）。

Ad型　1件。属于AdⅧ次亚型。

标本 2015GLPT1②：79，原料为灰褐色辉绿岩砾石。器身稍薄，形状近长条形。打击台面为人工台面（素台面）。打击点宽大，半锥体微显，放射线不清楚，同心波纹稍明显。器身左右两侧和远端边缘锋利。两侧中部边缘两侧可见部分细碎的崩疤，这些崩疤应为使用痕迹。远端边

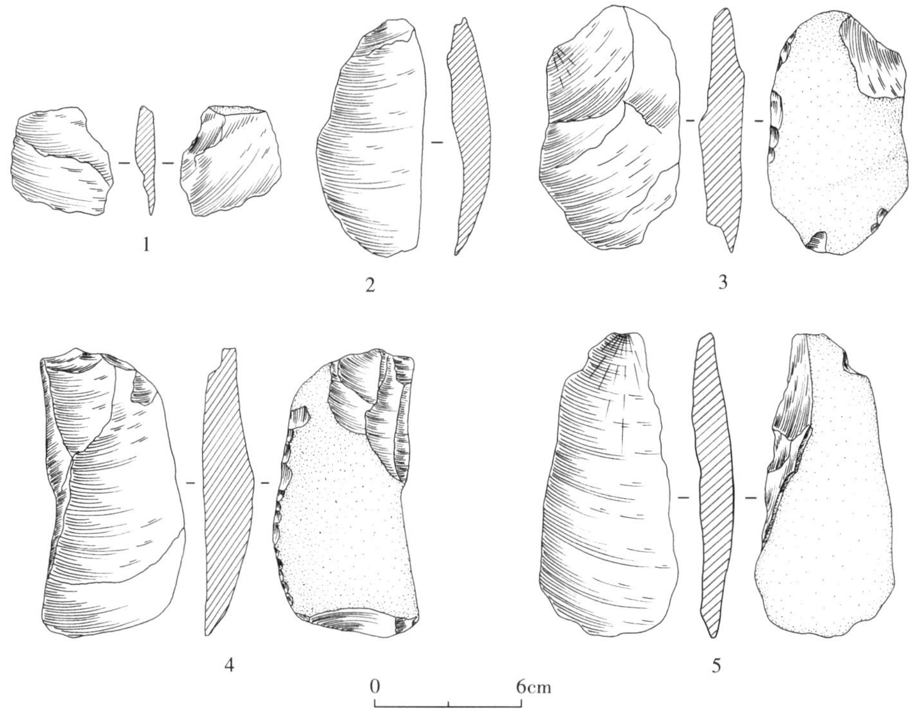

图三二七 坡叫环遗址第二文化层石制品（十六）

1. AcⅪ型石片（2015GLPT2②：45） 2. AdⅧ型石片（2015GLPT1②：79） 3. AeⅥ型石片（2015GLPT1②：44） 4. AeⅢ型石片（2015GLPT2②：58） 5. AeⅧ型石片（2015GLPT2②：19）

缘未发现使用痕迹。腹面靠近中部破裂面下折形成斜坡状后尾部向上翘起。背面完全保留自然砾面。长9.4cm，宽4.4cm，厚1.4cm，重56g（图三二七，2）。

Ae型 6件。分别属于AeⅢ、AeⅥ、AeⅧ、AeⅪ次亚型。

AeⅢ型 2件。

标本2015GLPT2②：58，原料为灰褐色辉绿岩砾石。器身稍厚，形状近梯形。打击台面为人工台面（素台面）。打击点宽大，半锥体不显，放射线和同心波纹均不明显。器身左侧折断一大块，断面不整齐，边缘钝厚。右侧和远端边缘锋利；可见较多细碎的崩疤，这些崩疤应为使用痕迹。背面右侧上半部有一层叠的片疤面，片疤的打击方向与石片的打击方向相同。其余部分保留自然砾面。长11.4cm，宽5.4cm，厚2.0cm，重150g（图三二七，4）。

AeⅥ型 1件。

标本2015GLPT1②：44，原料为灰褐色辉绿岩砾石。器身稍厚，形状近椭圆形。打击台面为人工台面（素台面）。打击点宽大，半锥体不显，放射线和同心波纹均不明显。器身左右两侧和远端边缘锋利；左侧下半段未发现使用痕迹；左侧上半段、右侧和远端边缘两侧可见较多细碎的崩疤，这些崩疤应为使用痕迹。腹面左侧上半段折断形成很深的陡坎。背面右侧上半部有一小块层叠的片疤面，片疤打击方向与石片的打击方向相垂直。其余部分保留自然砾面。长9.8cm，宽 5.8cm，厚 1.8cm，重 99g（图三二七，3；彩版八四，4）。

AeⅧ型　2 件。

标本 2015GLPT2 ②：19，原料为灰褐色辉绿岩砾石。器身稍扁薄，形状近长条形。打击台面为人工台面（素台面）。打击点宽大，半锥体不显，放射线清楚，同心波纹微显。器身左侧和远端边缘锋利。左侧边缘可见较多细碎的崩疤，这些崩疤应为使用痕迹。远端边缘未发现使用痕迹。右侧折断一大块，边缘钝厚。背面左侧上半部有一小块片疤面，片疤的打击方向与石片的打击方向相垂直。其余部分保留自然砾面。长 12.0cm，宽 5.7cm，厚 1.5cm，重 99g（图三二七，5）。

标本 2015GLPT2 ②：71，原料为灰褐色辉绿岩砾石。器身形状近长条形。打击台面为人工台面（线状台面）。打击点宽大，半锥体微显，放射线清楚，同心波纹微显。器身左右两侧和远端边缘锋利，未发现使用痕迹。背面上半部和下半部左侧均为较大而深凹的片疤面；片疤的打击方向与石片的打击方向相同；右侧片疤的尾部折断形成陡坎。其余部分保留自然砾面。长 13.0cm，宽 4.6cm，厚 1.7cm，重 93g（图三二八，1）。

AeⅪ型　1 件。

标本 2015GLPT2 ②：56，原料为灰褐色辉绿岩砾石。器身较宽厚，形状不规则。打击台面为人工台面（素台面）。打击点宽大，半锥体不显，放射线清楚，同心波纹微显。器身左侧和右侧下半部边缘钝厚。右侧上半部和远端边缘锋利，未发现使用痕迹。左右两侧在远端中央汇聚形

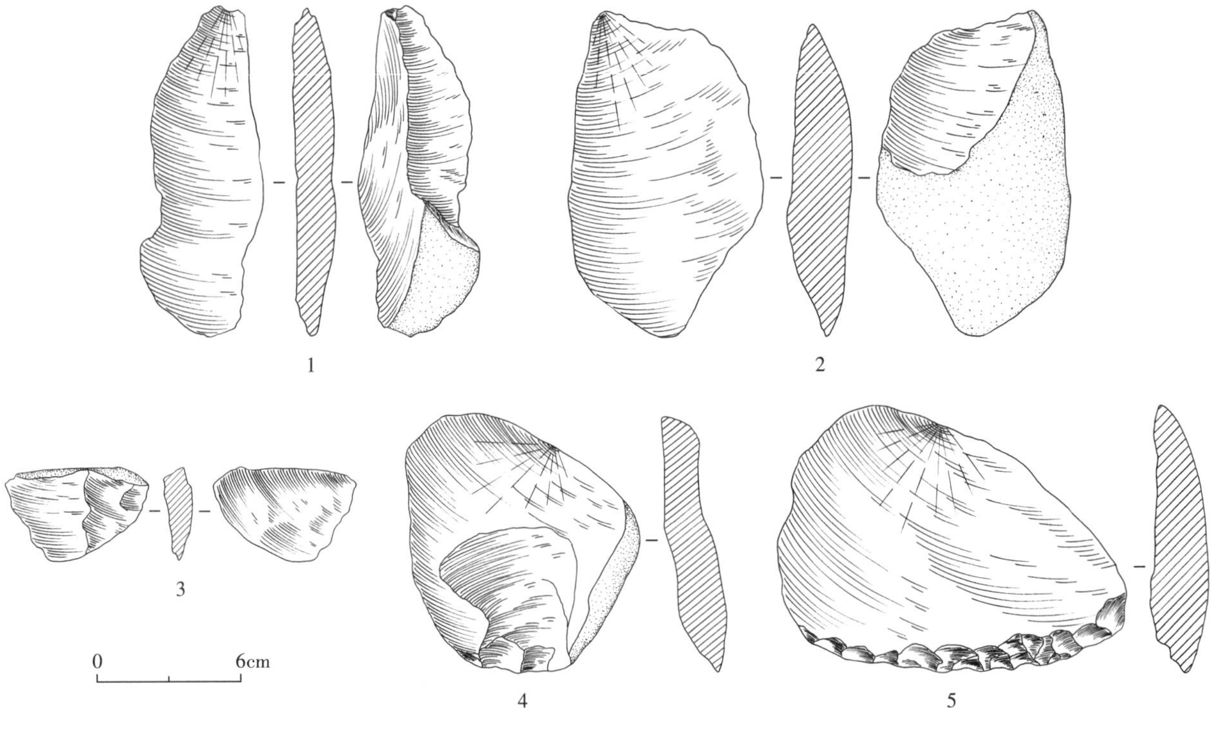

图三二八　坡叫环遗址第二文化层石制品（十七）

1. AeⅧ型石片（2015GLPT2 ②：71）　2. AeⅪ型石片（2015GLPT2 ②：56）　3. CcⅠ型石片（2015GLPT2 ②：116）
4、5. AaⅠ型砍砸器（2015GLPT1 ②：22、2015GLPT1 ②：91）

成一个舌尖。背面上半部有一较大范围的片疤面，片疤的打击方向与石片的打击方向相同。其余部分保留自然砾面。长 13.1cm，宽 8.0cm，厚 2.5cm，重 340g（图三二八，2）。

C 型　2 件。均属于 Cc 亚型中的 Cc Ⅰ次亚型。

标本 2015GLPT2 ②：116，原料为灰褐色辉绿岩砾石。器身较小，形状近三角形。打击台面为自然台面。双锥体，打击点宽大，半锥体凸出，放射线不清楚，同心波纹不明显。器身左右两侧和远端边缘锋利，未发现使用痕迹。左右两侧在远端中央汇聚形成一个舌尖。背面全部为层叠的片疤面，片疤的打击方向与石片的打击方向相垂直。长 3.7cm，宽 6.0cm，厚 1.1cm，重 23g（图三二八，3）。

砍砸器　68 件。原料有砾石和石片两种。其中石片 67 件，占该文化层出土砍砸器总数的 98.53%；砾石 1 件，占该文化层出土砍砸器总数的 1.47%。岩性仅见辉绿岩一种。加工方法仅见锤击法一种，多为单面加工，偶见双面加工者。加工时通常由背面向腹面打击。加工较为简单，加工面多由一层或两层片疤组成。片疤多较小，多为宽大于长。把端多不加修理。大部分标本的刃缘均有不同程度的修整，但具有使用痕迹的不多。形状有三角形、四边形、梯形、圆形、半圆形、椭圆形、长条形和不规则形八种。其中三角形 14 件，占该文化层出土砍砸器总数的 20.59%；四边形 6 件，占该文化层出土砍砸器总数的 8.82%；梯形和圆形各 7 件，各占该文化层出土砍砸器总数的 10.29%；半圆形 8 件，占该文化层出土砍砸器总数的 11.76%；椭圆形 14 件，占该文化层出土砍砸器总数的 20.59%；长条形 2 件，占该文化层出土砍砸器总数的 2.94%；不规则形 10 件，占该文化层出土砍砸器总数的 14.71%。器身长度最大值 22.6cm，最小值 10.1cm；宽度最大值 16.8cm，最小值 5.5cm；厚度最大值 6.8cm，最小值 1.6cm；重量最大值 4370g，最小值 138g。分别属于 A、B、C、D 型。

A 型　38 件。分别属于 Aa、Ab、Ac 亚型。

Aa 型　19 件。分别属于 AaⅠ、AaⅡ、AaⅢ、AaⅣ、AaⅤ、AaⅥ、AaⅦ、AaⅧ次亚型。

AaⅠ型　3 件。

标本 2015GLPT1 ②：22，原料为灰褐色辉绿岩石片。器身略厚，形状近三角形。腹面凹凸不平，为不甚整齐的破裂面。背面较平，完全保留自然砾面。石片右侧保留自然砾面，边缘钝厚。加工方法为锤击法。沿石片远端右侧边缘多次单面剥片，加工出一道直刃。刃缘整齐锋利，未见使用痕迹。片疤多较小且浅平，打击方向由背面向腹面打击。长 11.1cm，宽 10.3cm，厚 2.0cm，重 319g（图三二八，4）。

标本 2015GLPT1 ②：91，原料为灰褐色辉绿岩石片。器身稍薄，形状近三角形。腹面较平，为整齐的破裂面。背面微凸，完全保留自然砾面。加工方法为锤击法。沿石片远端边缘多次单面剥片，加工出一道直刃。刃缘整齐锋利，未见使用痕迹。石片左侧略经单面剥片，应为修整器身留下的痕迹。片疤多较小且浅平，打击方向由背面向腹面打击，部分片疤尾部折断形成陡坎。长 14.5cm，宽 14.0cm，厚 2.3cm，重 365g（图三二八，5）。

标本2015GLPT2②：126，原料为灰褐色辉绿岩石片。器身略厚，形状近三角形。腹面凹凸不平，为不甚整齐的破裂面。背面较平，完全保留自然砾面。石片左侧保留自然砾面，边缘钝厚。右侧折断一大块，边缘有部分旧的打击疤痕，棱角已磨圆。加工方法为锤击法。沿石片远端边缘多次单面剥片，加工出一道直刃。刃缘整齐锋利，未见使用痕迹。远端与左侧交汇处修理出一个舌尖。片疤多较小且浅平，打击方向由背面向腹面打击。长12.8cm，宽8.8cm，厚3.7cm，重431g（图三二九，1）。

AaⅡ型 1件。

标本2015GLPT1②：73，原料为灰褐色辉绿岩石片。器身稍薄，形状近四边形。腹面稍平，为整齐的破裂面。背面凸起，完全保留自然砾面。石片远端折断一大块，边缘钝厚。加工方法为锤击法。沿石片右侧边缘多次单面剥片，加工出一道直刃。刃缘整齐锋利，未见使用痕迹。左侧也有零星几个片疤，应为修整器身留下的痕迹。片疤多较小且浅平，打击方向由背面向腹面打击。长10.3cm，宽9.7cm，厚2.4cm，重354g（图三二九，2）。

AaⅢ型 4件。

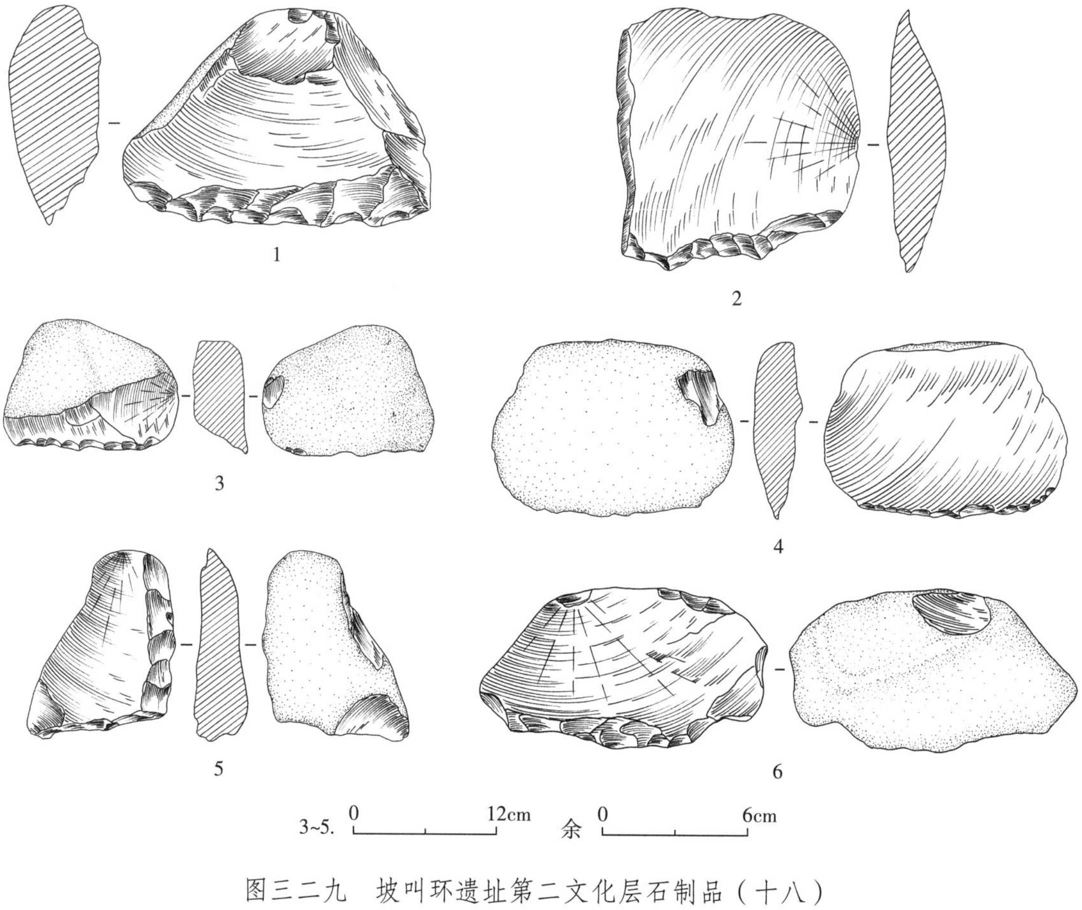

图三二九 坡叫环遗址第二文化层石制品（十八）

1. AaⅠ型砍砸器（2015GLPT2②：126） 2. AaⅡ型砍砸器（2015GLPT1②：73） 3~6. AaⅢ型砍砸器（2015GLPT1②：11、2015GLPT2②：98、2015GLPT2②：131、2015GLPT1②：98）

标本 2015GLPT1②：11，原料为灰褐色辉绿岩石片。器身较厚重，形状近梯形。腹面凹凸不平，为不甚整齐的破裂面。背面较平，近端处有一个打击方向与石片本身打击方向相同、较小而浅平的片疤，其余部分保留自然砾面。石片左侧与远端左侧保留自然砾面，边缘钝厚。加工方法为锤击法。沿右侧边缘多次双面剥片，加工出一道直刃。刃缘整齐锋利，未见使用痕迹。片疤多较小且浅平；打击方向以由背面向腹面打击为主，少数片疤由腹面向背面打击。长 14.2cm，宽 10.3cm，厚 4.2cm，重 809g（图三二九，3；彩版八四，5）。

标本 2015GLPT2②：98，原料为灰褐色辉绿岩大石片。器身宽大，稍薄，形状近梯形。腹面凹凸不平，为不甚整齐的破裂面。背面凸起，近端处有一个打击方向与石片本身打击方向相同的较大而浅平的片疤，其余部分保留自然砾面。石片右侧保留自然砾面，边缘钝厚。加工方法为锤击法。沿石片左侧边缘多次单面剥片，加工出一道直刃。刃缘整齐锋利，未见使用痕迹。片疤多较小且浅平，打击方向由背面向腹面打击。长 19.9cm，宽 14.0cm，厚 4.0cm，重 1174g（图三二九，4）。

标本 2015GLPT2②：131，原料为灰褐色辉绿岩石片。器身稍厚重，形状近梯形。腹面较平，为整齐的破裂面。背面凸起，右侧边缘和右下角分别有一个狭长而深凹和较大而深凹的片疤，其余部分保留自然砾面；两片疤的打击方向与石片本身打击方向相垂直。远端折断一大块，断面不整齐，边缘钝厚。加工方法为锤击法。沿石片右侧边缘多次单面剥片，加工出一道直刃。刃缘整齐锋利，未见使用痕迹。片疤多较小且浅平，打击方向由背面向腹面打击。长 16.4cm，宽 11.4cm，厚 4.5cm，重 828g（图三二九，5）。

标本 2015GLPT1②：98，原料为灰褐色辉绿岩石片。器身稍薄，形状近梯形。腹面较平，为整齐的破裂面。背面微凸，近端处有一个打击方向与石片本身打击方向相同、较小而浅平的片疤，其余部分保留自然砾面。加工方法为锤击法。沿石片远端边缘多次单面剥片，加工出一道直刃。刃缘整齐锋利，未见使用痕迹。近端右侧也略加剥片，应为修理器身留下的痕迹。片疤多较小且浅平，打击方向由背面向腹面打击。长 11.8cm，宽 6.5cm，厚 1.7cm，重 145g（图三二九，6；彩版八五，1）。

AaⅣ型　1 件。

标本 2015GLPT2②：32，原料为灰褐色辉绿岩大石片。器身宽大，稍厚，形状近圆形。腹面稍平，为略整齐的破裂面。背面凸起，完全保留自然砾面。石片右侧保留自然砾面，边缘钝厚。加工方法为锤击法。沿石片远端边缘多次单面剥片，加工出一道直刃。刃缘整齐锋利，未见使用痕迹。片疤多较小且浅平，打击方向由背面向腹面打击。长 16.0cm，宽 13.7cm，厚 3.4cm，重 1066g（图三三〇，1）。

AaⅤ型　5 件。

标本 2015GLPT1②：24，原料为灰褐色辉绿岩石片。器身稍扁薄，形状近半圆形。腹面稍平，为整齐的破裂面。背面凸起，完全保留自然砾面。加工方法为锤击法。沿石片远端边缘多次单面

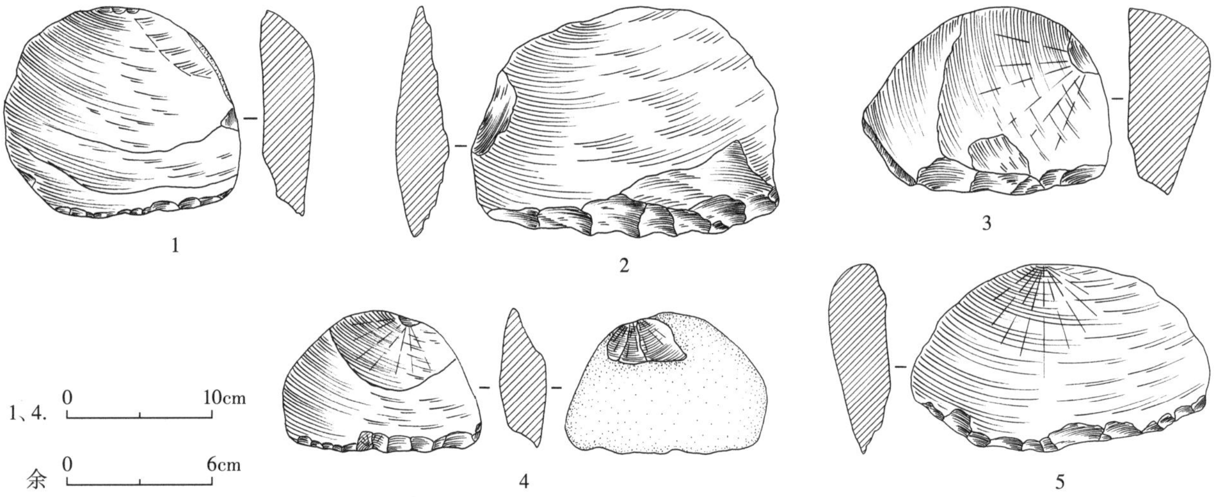

图三三〇　坡叫环遗址第二文化层石制品（十九）

1. AaⅣ型砍砸器（2015GLPT2②：32）　2~5. AaⅤ型砍砸器（2015GLPT1②：24、2015GLPT2②：109、2015GLPT2②：130、2015GLPT2②：151）

剥片，加工出一道直刃。刃缘整齐锋利，未见使用痕迹。远端和左侧相交处打制出一个钝尖。左侧略加单面剥片，应为修整器身留下的痕迹。片疤多较小且浅平，打击方向由背面向腹面打击。长12.5cm，宽9.2cm，厚2.3cm，重336g（图三三〇，2）。

标本2015GLPT2②：130，原料为灰褐色辉绿岩石片。器身稍厚，形状近半圆形。腹面微凸，为整齐的破裂面。背面凸起，近端处有几个打击方向与石片本身打击方向相同、较大而浅平的片疤，其余部分保留自然砾面。加工方法为锤击法。沿石片远端边缘多次单面剥片，加工出一道直刃。刃缘整齐锋利，未见使用痕迹。右侧和远端相交处打制出一个宽舌尖。片疤多较小且浅平，打击方向由背面向腹面打击。长13.5cm，宽9.3cm，厚3.2cm，重462g（图三三〇，4）。

标本2015GLPT2②：109，原料为灰褐色辉绿岩石片。器身较厚，形状近半圆形。腹面较平，为整齐的破裂面。背面凸起，完全保留自然砾面。远端折断一小块，断面整齐，边缘钝厚。加工方法为锤击法。沿石片右侧下半段边缘多次单面剥片，加工出一道直刃。刃缘整齐锋利，见有部分细小的崩疤，这些崩疤应为使用痕迹。片疤多较小且浅平，打击方向由背面向腹面打击，部分片疤尾部折断形成陡坎。长10.1cm，宽7.4cm，厚3.2cm，重287g（图三三〇，3）。

标本2015GLPT2②：151，原料为灰褐色辉绿岩石片。器身稍薄，形状近半圆形。腹面较平，为整齐的破裂面。背面凸起，完全保留自然砾面。加工方法为锤击法。沿石片远端边缘多次单面剥片，加工出一道直刃。刃缘整齐锋利，未见使用痕迹。片疤多较小且浅平，打击方向多由背面向腹面打击。长12.3cm，宽7.5cm，厚2.3cm，重246g（图三三〇，5）。

标本2015GLPT2②：95，原料为灰褐色辉绿岩大石片。器身较宽大，厚重，形状近半圆形。腹面微凸，为较整齐的破裂面。背面较平，完全保留自然砾面。石片右侧保留自然砾面，边缘钝厚。加工方法为锤击法。沿石片远端边缘多次单面剥片，加工出一道直刃。刃缘整齐锋利，未见使用痕迹。打击片疤多较小且浅平，打击方向由背面向腹面打击，部分片疤尾部折断形成陡坎。长 18.4cm，宽 10.8cm，厚 4.0cm，重 1072g（图三三一，1）。

AaⅥ型　2 件。

标本 2015GLPT2②：135，原料为灰褐色辉绿岩石片。器身稍薄，形状近椭圆形。腹面较平，为较整齐的破裂面。背面凹凸不平，近端处有一个打击方向与石片本身打击方向相同、较小而浅平的片疤，其余部分保留自然砾面。加工方法为锤击法。沿石片远端边缘多次单面剥片，加工出一道直刃。刃缘整齐锋利，未见使用痕迹。左右两侧有部分双面打击的片疤，应为修整器身留下的痕迹。片疤多较小且浅平，打击方向由背面向腹面打击，部分片疤尾部折断形成陡坎。长 12.3cm，宽 8.2cm，厚 1.7cm，重 260g（图三三一，2）。

标本 2015GLPT2②：140，原料为灰褐色辉绿岩石片。器身稍厚，形状近椭圆形。腹面稍平，为不甚整齐的破裂面。背面较平，右侧有一大块打击方向与石片本身打击方向相垂直的层叠片疤，其余部分保留自然砾面。远端保留自然砾面，边缘钝厚。加工方法为锤击法。沿石片右侧边缘多次单面剥片，加工出一道直刃，刃缘整齐锋利，未见使用痕迹。片疤多较小且浅平，打击方向由

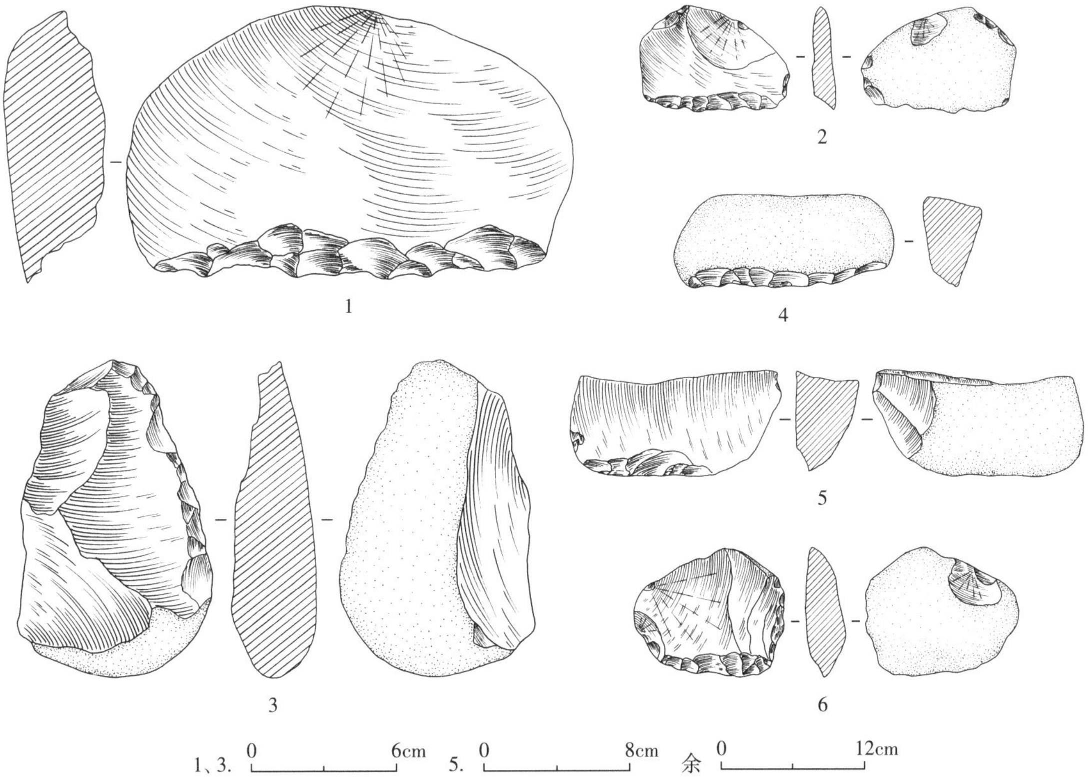

图三三一　坡叫环遗址第二文化层石制品（二十）

1. AaⅤ型砍砸器（2015GLPT2②：95）　2、3. AaⅥ型砍砸器（2015GLPT2②：135、2015GLPT2②：140）
4. AaⅦ型砍砸器（2015GLPT2②：96）　5、6. AaⅧ型砍砸器（2015GLPT1②：28、2015GLPT1②：58）

背面向腹面打击。左侧边缘也有部分双面打击的片疤，但未成刃，应为修整器身留下的痕迹。长12.6cm，宽8.0cm，厚3.6cm，重386g（图三三一，3）。

AaⅦ型　1件。

标本2015GLPT2②：96，原料为灰褐色辉绿岩砾石。器身稍厚，形状近长条形。一面较平，另一面凸起。加工方法为锤击法。沿砾石较长边边缘多次单面剥片，加工出一道直刃。刃缘整齐锋利，未见使用痕迹。片疤多较小且浅平，打击方向由较平面向凸起面打击。器身其余部分保留自然砾面。长18.1cm，宽7.2cm，厚4.8cm，重905g（图三三一，4）。

AaⅧ型　2件。

标本2015GLPT1②：28，原料为灰褐色辉绿岩石片。器身稍厚，形状不规则。腹面较平，为整齐的破裂面。背面凸起，近端处有一小块打击方向与石片本身打击方向相同的层叠片疤面，其余部分保留自然砾面。石片左侧折断一大块，断面略整齐。远端保留自然砾面，边缘钝厚。加工方法为锤击法。沿石片右侧边缘多次单面剥片，加工出一道直刃。刃缘整齐锋利，未见使用痕迹。片疤多较小且浅平，打击方向由背面向腹面打击，部分片疤尾部折断形成陡坎。长12.1cm，宽5.5cm，厚3.7cm，重341g（图三三一，5）。

标本2015GLPT1②：58，原料为灰褐色辉绿岩石片。器身稍厚，形状不规则。腹面凹凸不平，为不甚整齐的破裂面。背面凸起，近端处有一个打击方向与石片本身打击方向相同的较大而深凹的旧片疤，片疤棱角已磨圆；背面其余部分保留自然砾面。加工方法为锤击法。沿石片远端边缘多次单面剥片，加工出一道直刃。刃缘整齐锋利，未见使用痕迹。石片左右两侧也经多次单面剥片，但均不成刃，应为修整器身留下的痕迹。片疤多较小且浅平，打击方向由背面向腹面打击，部分片疤尾部折断形成陡坎。长12.6cm，宽10.1cm，厚3.2cm，重516g（图三三一，6）。

Ab型　16件。分别属于AbⅠ、AbⅣ、AbⅤ、AbⅥ、AbⅦ、AbⅧ次亚型。

AbⅠ型　5件。

标本2015GLPT2②：127，原料为灰褐色辉绿岩石片。器身较厚，形状近三角形。腹面稍平，为整齐的破裂面。背面凹凸不平，下半部为打击方向与石片本身打击方向相垂直的层叠片疤面，其余部分保留自然砾面。石片左侧上半部剥裂了一大块，下半部保留自然砾面，边缘钝厚。加工方法为锤击法。沿石片右侧边缘多次单面剥片，加工出一道弧刃。刃缘整齐锋利，未见使用痕迹。片疤多较小且浅平，打击方向由背面向腹面打击，部分片疤尾部折断形成陡坎。长15.1cm，宽9.3cm，厚4.3cm，重789g（图三三二，1）。

标本2015GLPT2②：53，原料为灰褐色辉绿岩石片。器身稍薄，形状近三角形。腹面较平，为整齐的破裂面。背面凹凸不平，约三分之一面积为片疤面，片疤位于右侧；其余部分保留自然砾面。石片左侧折断一大块，边缘钝厚。加工方法为锤击法。沿石片远端边缘多次双面剥片，加工出一道弧刃。刃缘整齐锋利，未见使用痕迹。石片右侧边缘有几个细小而浅平的片疤，应为修整器身留下的痕迹。片疤多较小且浅平，打击方向多由背面向腹面打击，部分片疤尾部折断形成

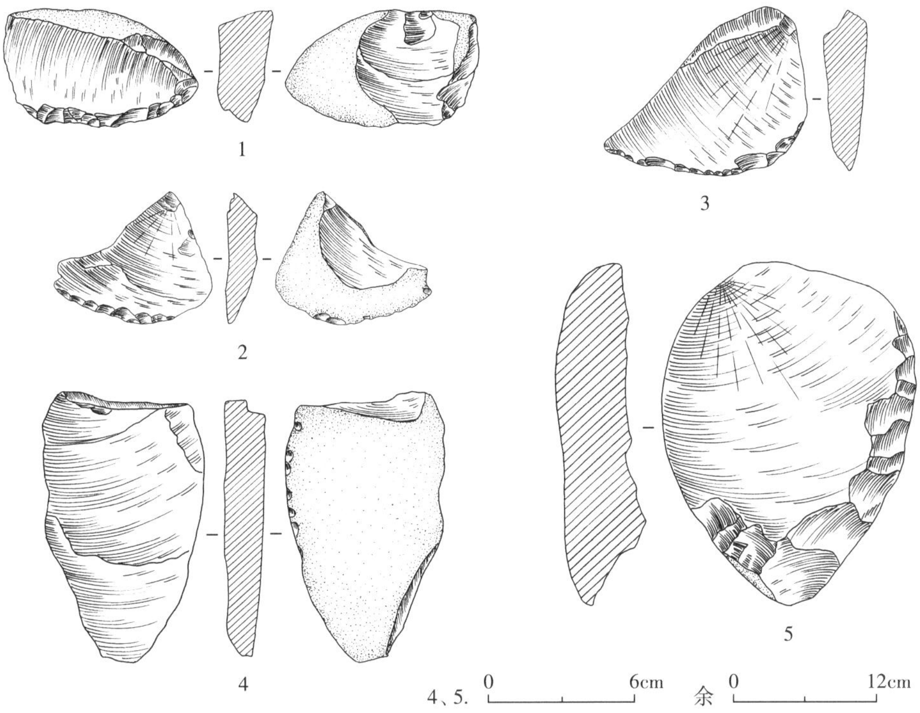

图三三二　坡叫环遗址第二文化层石制品（二十一）

1~5. AbⅠ型砍砸器（2015GLPT2②：127、2015GLPT2②：53、2015GLPT1②：19、2015GLPT1②：30、2015GLPT2②：158）

陡坎。长12.8cm，宽12.0cm，厚2.5cm，重277g（图三三二，2）。

标本2015GLPT1②：19，原料为灰褐色辉绿岩石片。器身稍厚重，形状近三角形。腹面较平，为整齐的破裂面。背面微凸，完全保留自然砾面。石片左侧上半部折断一大块，左侧下半部和右侧均保留自然砾面，边缘钝厚。加工方法为锤击法。沿石片远端边缘多次单面剥片，加工出一道弧刃。刃缘整齐锋利，未见使用痕迹。片疤多较小且浅平，打击方向由背面向腹面打击。长18.4cm，宽16.0cm，厚3.7cm，重853g（图三三二，3）。

标本2015GLPT2②：158，原料为灰褐色辉绿岩石片。器身略厚，形状近三角形。腹面凹凸不平，为不甚整齐的破裂面。背面凸起，完全保留自然砾面。石片左右两侧保留自然砾面，边缘钝厚。加工方法为锤击法。沿石片两侧下半部边缘多次单面剥片，在右侧下半部边缘加工出一道弧刃。刃缘整齐锋利，未见使用痕迹。两侧加工面在远端中央偏左处交汇，形成一个舌尖。片疤多较小且浅平，打击方向由背面向腹面打击。长13.5cm，宽10.4cm，厚3.4cm，重536g（图三三二，5）。

标本2015GLPT1②：30，原料为灰褐色辉绿岩石片。器身稍薄，形状近三角形。腹面稍平，为稍整齐的破裂面。背面微凸，完全保留自然砾面。左侧下半段和远端各折断一大块和一小块，断面整齐，边缘钝厚。加工方法为锤击法。沿石片右侧边缘多次单面剥片，加工出一道弧刃。刃缘整齐锋利，两侧见有部分细小的崩疤，这些崩疤应为使用痕迹。片疤多较小且浅平，打击方向由腹面向背面打击。长 10.4cm，宽 6.3cm，厚 1.6cm，重 138g（图三三二，4）。

AbⅣ型　2 件。

标本 2015GLPT1 ②：15，原料为灰褐色辉绿岩石片。器身稍薄，形状近圆形。腹面微凸，为整齐的破裂面。背面较平，完全保留自然砾面。加工方法为锤击法。加工简单，沿石片左侧下半部边缘多次单面剥片，加工出一道弧刃。刃缘整齐锋利，未见使用痕迹。片疤多较小且浅平，打击方向由背面向腹面打击。长 11.3cm，宽 10.8cm，厚 2.2cm，重 304g（图三三三，1）。

标本 2015GLPT1 ②：23，原料为灰褐色辉绿岩石片。器身扁薄，形状近圆形。腹面微凸，为稍整齐的破裂面。背面微凸，完全保留自然砾面。加工方法为锤击法。沿石片右侧边缘多次单面剥片，加工出一道弧刃。刃缘整齐锋利，见有少量细小的崩疤，这些崩疤应为使用痕迹。片疤多较小且浅平，打击方向由背面向腹面打击。石片远端边缘两侧也有少量细小的崩疤，也应为使用痕迹。长 10.8cm，宽 9.6cm，厚 1.6cm，重 177g（图三三三，3）。

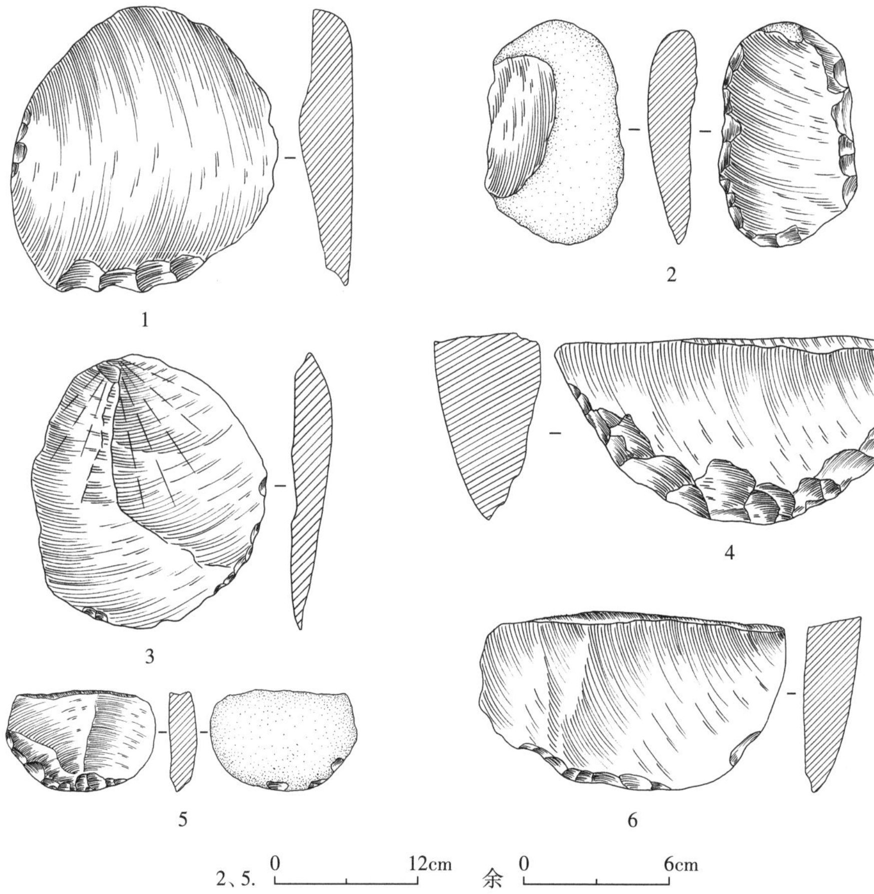

图三三三　坡叫环遗址第二文化层石制品（二十二）

1、3. AbⅣ型砍砸器（2015GLPT1 ②：15、2015GLPT1 ②：23）　2. AbⅥ型砍砸器（2015GLPT2 ②：61）
4~6. AbⅤ型砍砸器（2015GLPT2 ②：125、2015GLPT1 ②：59、2015GLPT2 ②：50）

AbⅤ型　3件。

标本2015GLPT2②：125，原料为灰褐色辉绿岩石片。器身较厚，形状近半圆形。腹面较平，为整齐的破裂面。背面微凸，完全保留自然砾面。石片左侧折断，边缘钝厚。加工方法为锤击法。加工简单，沿石片右侧边缘多次单面剥片，加工出一道弧刃。刃缘整齐锋利，未见使用痕迹。片疤多较小且浅平，打击方向由背面向腹面打击，部分片疤尾部折断形成陡坎。长14.5cm，宽7.3cm，厚4.2cm，重464g（图三三三，4）。

标本2015GLPT1②：59，原料为灰褐色辉绿岩石片。器身稍薄，形状近半圆形。腹面稍平，为整齐的破裂面。背面微凸，完全保留自然砾面。远端折断一大块，边缘钝厚。加工方法为锤击法。加工简单，沿石片近端至右侧上半部边缘多次双面剥片，加工出一道弧刃。刃缘整齐锋利，未见使用痕迹。片疤多较小且浅平，打击方向多由背面向腹面打击。长12.2cm，宽8.0cm，厚2.1cm，重287g（图三三三，5）。

标本2015GLPT2②：50，原料为灰褐色辉绿岩石片。器身较厚，形状近半圆形。腹面较平，为整齐的破裂面，下部靠远端处下折形成斜坡状。腹面左侧折断一大块，断面整齐，边缘钝厚。背面微凸，保留自然砾面。加工方法为锤击法。沿石片右侧边缘多次单面剥片，加工出一道弧刃。刃缘整齐锋利，未见使用痕迹。片疤多较小且浅平，打击方向由背面向腹面打击。长12.4cm，宽7.0cm，厚2.1cm，重246g（图三三三，6）。

AbⅥ型　2件。

标本2015GLPT2②：61，原料为灰褐色辉绿岩大石片。器身稍厚重，形状近椭圆形。腹面较平，为整齐的破裂面。背面凸起，左侧有一块片疤面，其余部分保留自然砾面。加工方法为锤击法。沿石片右侧边缘多次单面剥片，加工出一道弧刃。刃缘整齐锋利，未见使用痕迹。石片左侧和远端边缘经多次单面剥片，但不成刃，应为修整器身留下的痕迹。片疤多较小且浅平，打击方向由背面向腹面打击。长17.7cm，宽10.6cm，厚4.4cm，重1008g（图三三三，2；彩版八五，3）。

标本2015GLPT1②：86，原料为灰褐色辉绿岩石片。器身较厚，形状近椭圆形。腹面较平，为整齐的破裂面。背面凸起，完全保留自然砾面。加工方法为锤击法。加工简单，沿石片右侧边缘多次单面剥片，加工出一道弧刃。刃缘整齐锋利，未见使用痕迹。片疤多较小且浅平，打击方向由背面向腹面打击。长13.4cm，宽9.9cm，厚3.7cm，重574g（图三三四，1）。

AbⅦ型　1件。

标本2015GLPT1②：90，原料为灰褐色辉绿岩石片。器身较长，稍厚，形状近长条形。腹面凹凸不平，为较整齐的破裂面。背面较平，完全保留自然砾面。右侧保留自然砾面，边缘钝厚。加工方法为锤击法。加工简单，沿石片左侧边缘多次单面剥片，加工出一道弧刃。刃缘整齐锋利，未见使用痕迹。片疤多较小且浅平，打击方向由背面向腹面打击，部分片疤尾部折断形成陡坎。长20.8cm，宽7.3cm，厚3.2cm，重683g（图三三四，3）。

AbⅧ型　3件。

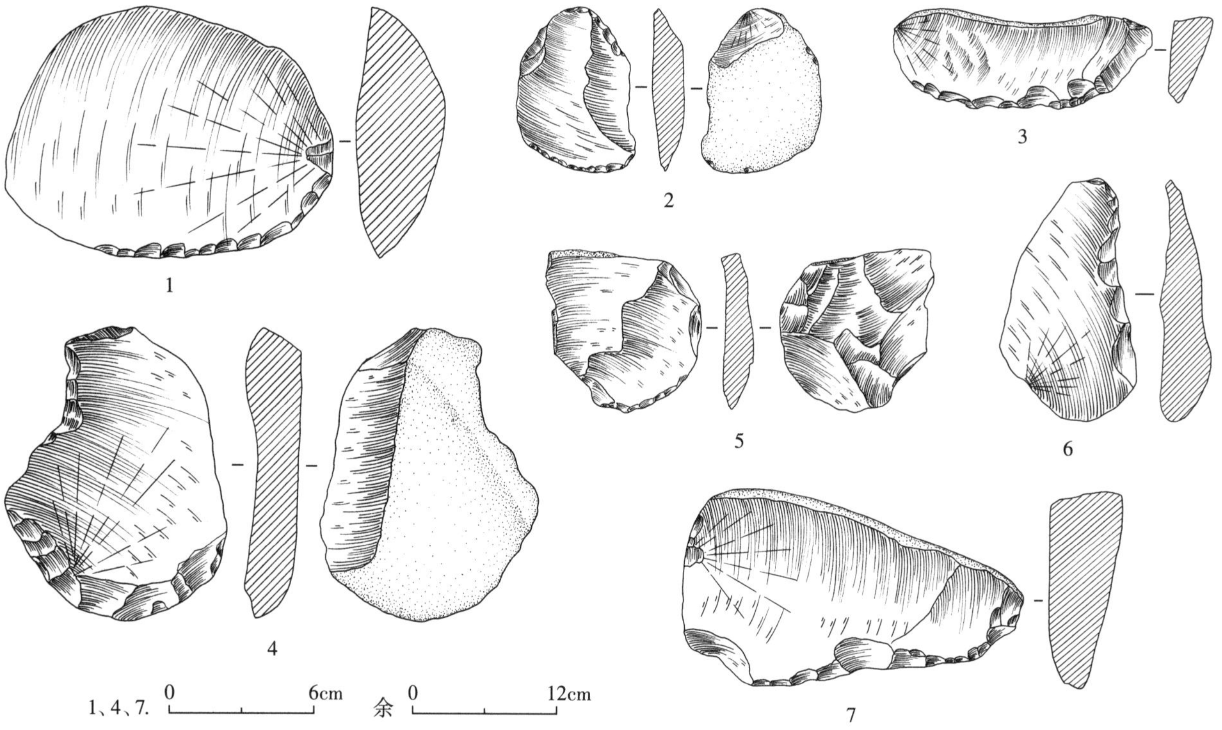

图三三四　坡叫环遗址第二文化层石制品（二十三）

1. AbⅥ型砍砸器（2015GLPT1②：86）　2、4、5. AbⅧ型砍砸器（2015GLPT2②：33、2015GLPT2②：15、2015GLPT2②：124）　3. AbⅦ型砍砸器（2015GLPT1②：90）　6、7. AcⅠ型砍砸器（2015GLPT1②：55、2015GLPT2②：7）

标本2015GLPT2②：33，原料为灰褐色辉绿岩石片。器身较薄，形状不规则。腹面凹凸不平，为不甚整齐的破裂面。背面凸起，近端有一个打击方向与石片本身打击方向相同的较大而浅平的片疤，其余部分保留自然砾面。加工方法为锤击法。加工简单，沿石片远端边缘多次单面剥片，加工出一道弧刃。刃缘整齐锋利，未见使用痕迹。石片左右两侧上半部也有零星几个片疤，这些片疤应为修整器身留下的痕迹。片疤多细小而浅平，打击方向由背面向腹面打击。长13.0cm，宽9.2cm，厚2.6cm，重362g（图三三四，2）。

标本2015GLPT2②：15，原料为灰褐色辉绿岩石片。器身稍薄，形状不规则。腹面微凹，为稍整齐的破裂面；背面凸起，右侧有一片疤面，其余部分保留自然砾面。远端折断一小块，边缘钝厚。加工方法为锤击法。加工简单，沿石片近端边缘多次单面剥片，加工出一道弧刃。刃缘整齐锋利，未见使用痕迹。右侧下半部略经单面剥片，应为修整器身所遗留痕迹。片疤多较小且浅平，打击方向由背面向腹面打击。长11.5cm，宽8.9cm，厚2.3cm，重237g（图三三四，4）。

标本2015GLPT2②：124，原料为灰褐色辉绿岩石片。器身稍薄，形状不规则。腹面微凹，为较整齐的破裂面。背面凹凸不平，全部是层叠的片疤面。石片近端折断一小块，远端保留自然砾面，两端边缘钝厚。加工方法为锤击法。加工简单，沿石片左侧边缘多次单面剥片，加工出一道弧刃。刃缘整齐锋利，未见使用痕迹。片疤多较小且浅平，打击方向由背面向腹面打击，部分片疤尾部折断形成陡坎。长 14.2cm，宽 12.0cm，厚 2.3cm，重 414g（图三三四，5）。

Ac 型　3 件。分别属于 AcⅠ次亚型和 AcⅥ次亚型。

AcⅠ型　2 件。

标本 2015GLPT1②：55，原料为灰褐色辉绿岩石片。器身较厚，形状近三角形。腹面微凸，为稍整齐的破裂面。背面凹凸不平，完全保留自然砾面。石片左右两侧保留自然砾面，边缘钝厚。加工方法为锤击法。沿石片远端边缘多次单面剥片，加工出一道凹刃。刃缘整齐锋利，未见使用痕迹。石片远端与右侧交汇处多次双面剥片，修整出一个舌尖。石片近端有修整器身留下的痕迹。片疤多较小且浅平，打击方向多由背面向腹面打击，部分片疤尾部折断形成陡坎。长 19.2cm，宽 11.0cm，厚 4.0cm，重 934g（图三三四，6）。

标本 2015GLPT2②：7，原料为灰褐色辉绿岩石片。器身略薄，形状近三角形。腹面和背面均较平，腹面为整齐的破裂面，背面完全保留自然砾面。石片右侧保留自然砾面，边缘钝厚。加工方法为锤击法。沿石片左侧边缘多次单面剥片，加工出一道凹刃。刃缘整齐锋利，两侧可见较多细碎的崩疤，这些崩疤应为使用痕迹。远端双面打击修理出一个舌尖。右侧中部有修整器身留下的痕迹。片疤多较小且浅平，打击方向多由背面向腹面打击。长 13.9cm，宽 7.7cm，厚 3.0cm，重 418g（图三三四，7；彩版八五，2）。

AcⅥ型　1 件。

标本 2015GLPT1②：62，原料为灰褐色辉绿岩石片。器身稍厚，形状近椭圆形。腹面较平，为整齐的破裂面。背面凸起，近端处有一个较小而浅平的片疤，其余部分保留自然砾面。石片左侧上半部保留自然砾面，边缘钝厚。加工方法为锤击法。沿石片右侧边缘多次单面剥片，加工出一道凹刃。刃缘整齐锋利，未见使用痕迹。片疤多较小且浅平，打击方向由背面向腹面打击，部分片疤尾部折断形成陡坎。石片远端的舌尖边缘可见较多细碎的崩疤，这些崩疤应为使用痕迹。长 15.5cm，宽 8.1cm，厚 4.0cm，重 493g（图三三五，1）。

B 型　18 件。分别属于 Ba、Bb、Bd 亚型。

Ba 型　2 件。分别属于 BaⅠ次亚型和 BaⅡ次亚型。

BaⅠ型　1 件。

标本 2015GLPT2②：129，原料为灰褐色辉绿岩石片。器身较宽大，较厚，形状近三角形。腹面较平，为整齐的破裂面。背面凸起，完全保留自然砾面。加工方法为锤击法。沿石片左右两侧边缘多次单面剥片，各加工出一道直刃。刃缘整齐锋利，未见使用痕迹。石片近端垂直截断一大块，应为修整器身留下的痕迹。远端加工出一个宽舌尖。片疤多较小且浅平，打击方向由背面向腹面打击，部分片疤尾部折断形成陡坎。长 15.3cm，宽 11.9cm，厚 4.2cm，重 775g（图三三五，2）。

BaⅡ型　1 件。

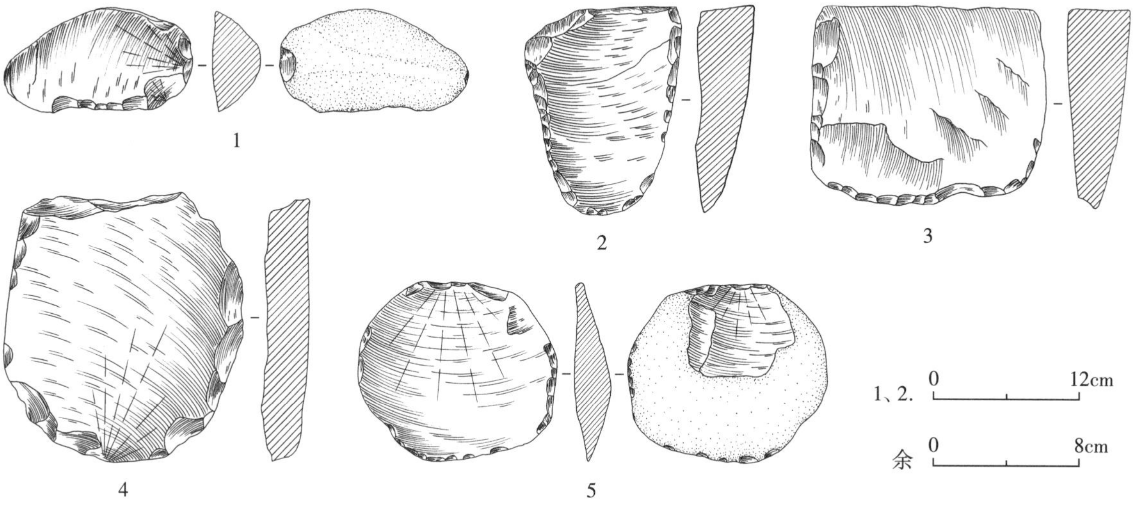

图三三五　坡叫环遗址第二文化层石制品（二十四）

1. AcⅥ型砍砸器（2015GLPT1②：62）　2. BaⅠ型砍砸器（2015GLPT2②：129）　3. BaⅡ型砍砸器（2015GLPT2②：30）　4、5. BbⅣ型砍砸器（2015GLPT1②：12、2015GLPT2②：144）

标本2015GLPT2②：30，原料为灰褐色辉绿岩石片。器身稍宽大，稍厚，形状近四边形。腹面较平，为整齐的破裂面。背面凸起，完全保留自然砾面。石片右侧垂直截断了一大块，断面平整，边缘钝厚。加工方法为锤击法。沿近端和左侧边缘多次单面剥片，各加工出一道直刃。刃缘整齐锋利，未见使用痕迹。打击片疤多较小且浅平，方向由背面向腹面打击，部分片疤尾部折断形成陡坎。石片远端未经加工，但边缘两侧可见许多细碎的向两侧崩裂的崩疤，这些崩疤应为使用痕迹。长12.6cm，宽10.4cm，厚3.3cm，重615g（图三三五，3；彩版八五，4）。

Bb型　2件。均属于BbⅣ次亚型。

标本2015GLPT1②：12，原料为红褐色辉绿岩石片。器身宽大，稍薄，形状近圆形。腹面较平，为整齐的破裂面。背面微凸，完全保留自然砾面。远端折断一大块，断面不甚整齐。加工方法为锤击法。沿石片近端至左右两侧边缘多次单面剥片，各加工出一道弧刃。刃缘整齐锋利，未见使用痕迹。片疤多较小且浅平，打击方向由背面向腹面打击。长14.7cm，宽12.8cm，厚2.4cm，重650g（图三三五，4）。

标本2015GLPT2②：144，原料为灰褐色辉绿岩石片。器身稍薄，形状近圆形。腹面较平，为整齐的破裂面。背面微凸，近端处有一较大范围的片疤面，其余部分保留自然砾面。加工方法为锤击法。沿两侧边缘多次单面剥片，各加工出一道弧刃。刃缘整齐锋利。左侧未见使用痕迹；右侧边缘两侧见有较多细小的崩疤，这些崩疤应为使用痕迹。远端未经加工，但边缘两侧见有较多细小的崩疤，这些崩疤也应为使用痕迹。片疤多较小且浅平，打击方向由背面向腹面打击。长10.8cm，宽9.3cm，厚2.0cm，重236g（图三三五，5）。

Bd型　14件。分别属于BdⅠ、BdⅡ、BdⅢ、BdⅥ、BdⅧ次亚型。

BdⅠ型　2件。

标本2015GLPT2②：99，原料为灰褐色辉绿岩大石片。器身宽大，厚重，形状近三角形。腹面较平，为整齐的破裂面。背面微凸，近端处有一个打击方向与石片本身打击方向相同的、较大而浅平的片疤，其余部分保留自然砾面。石片左侧保留自然砾面，边缘钝厚。加工方法为锤击法。沿石片右侧和远端多次单面剥片，在右侧上半部加工出一道凹刃，在远端加工出一道直刃；在远端和左侧交汇处加工出一个舌尖。刃缘均整齐锋利，未见使用痕迹。上半部片疤多较大且深凹，下半部片疤多较小且浅平，打击方向由背面向腹面打击。长22.0cm，宽14.7cm，厚4.4cm，重1780g（图三三六，1）。

标本2015GLPT2②：156，原料为灰褐色辉绿岩石片。器身较厚，形状近三角形。腹面较平，为整齐的破裂面。背面凸起，右侧有一较大范围的片疤面，其余部分保留自然砾面。石片右侧保留自然砾面，边缘钝厚。加工方法为锤击法。先沿石片左侧多次单面剥片，加工出一道直刃，再沿远端边缘多次单面剥片，加工出一道凹刃。两刃缘均整齐锋利，未见使用痕迹。片疤多较小且浅平，打击方向多由背面向腹面打击。长15.8cm，宽10.0cm，厚4.3cm，重634g（图三三六，3）。

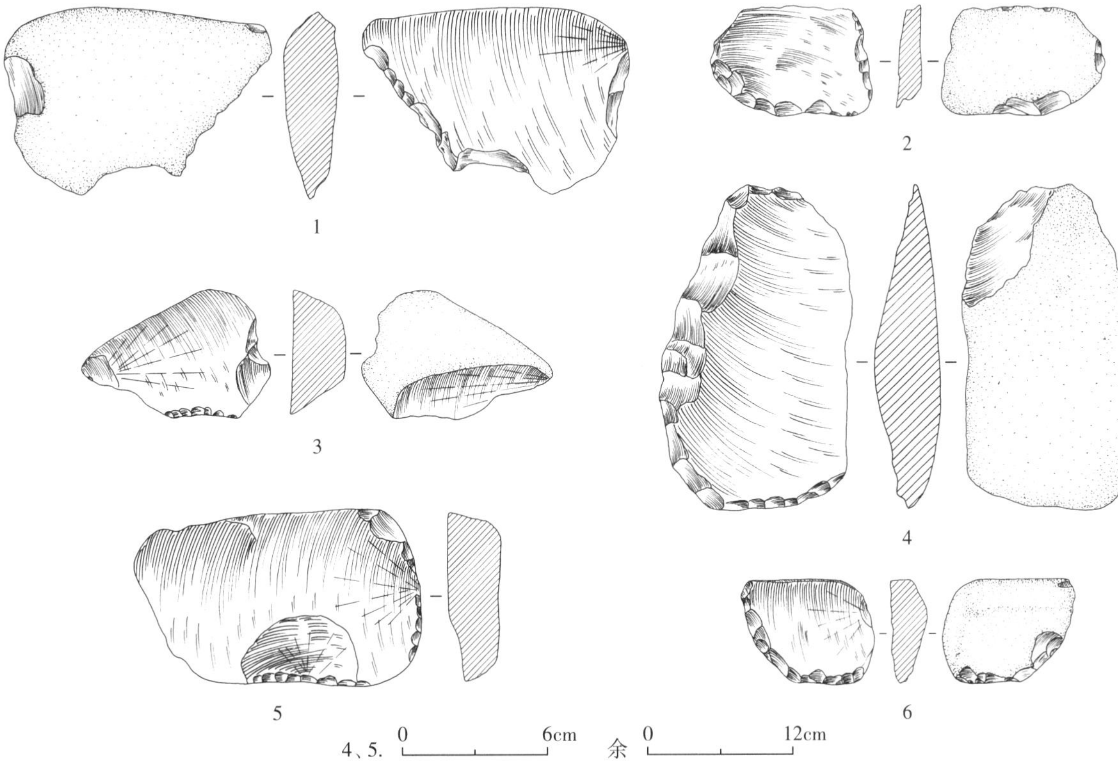

图三三六　坡叫环遗址第二文化层石制品（二十五）

1、3. BdⅠ型砍砸器（2015GLPT2②：99、2015GLPT2②：156）　2、4. BdⅡ型砍砸器（2015GLPT2②：90、2015GLPT2②：150）　5、6. BdⅢ型砍砸器（2015GLPT1②：35、2015GLPT2②：36）

BdⅡ型　2件。

标本2015GLPT2②：90，原料为灰褐色辉绿岩石片。器身稍薄，形状近四边形。腹面微凸，为整齐的破裂面。背面较平，完全保留自然砾面。加工方法为锤击法。沿石片近端和左侧边缘多次单面剥片，加工出一道弧刃和一道直刃。两刃缘整齐锋利，未见使用痕迹。石片右侧也经多次单面剥片，形成一个宽舌尖。片疤多较小且浅平，打击方向由背面向腹面打击，部分片疤尾部折断形成陡坎。长13.2cm，宽8.9cm，厚1.8cm，重355g（图三三六，2；彩版八五，5）。

标本2015GLPT2②：150，原料为灰褐色辉绿岩石片。器身稍薄，形状近四边形。腹面微凸，为不甚整齐的破裂面。背面凸起，近端处有一打击方向与石片本身打击方向相同的片疤，其余部分保留自然砾面。石片右侧下半部保留自然砾面，边缘钝厚。加工方法为锤击法。沿石片左侧和远端边缘多次单面剥片，加工出一道弧刃和一道直刃。刃缘整齐锋利，未见使用痕迹。片疤多较小且浅平，打击方向由背面向腹面打击，部分片疤尾部折断形成陡坎。长12.9cm，宽7.9cm，厚2.8cm，重343g（图三三六，4）。

BdⅢ型　3件。

标本2015GLPT1②：35，原料为灰褐色辉绿岩石片。器身稍薄，形状近梯形。腹面较平，为整齐的破裂面。背面凸起，完全保留自然砾面。加工方法为锤击法。沿石片近端和右侧边缘多次单面剥片，加工出一道弧刃和一道凹刃。刃缘整齐锋利，未见使用痕迹。石片左侧保留自然砾面，边缘钝厚；局部经多次单面剥片，不成刃。打击片疤多较小且浅平，打击方向由背面向腹面打击。长11.5cm，宽7.0cm，厚2.2cm，重261g（图三三六，5）。

标本2015GLPT2②：36，原料为灰褐色辉绿岩石片。器身稍薄，形状近梯形。腹面凹凸不平，为不甚整齐的破裂面。背面凸起，除左侧边缘有少量片疤外，其余部分保留自然砾面。石片左侧保留自然砾面，边缘钝厚。加工方法为锤击法。沿石片右侧和远端边缘多次双面剥片，加工出一道直刃和一道弧刃。刃缘整齐锋利，未见使用痕迹。片疤多较小且浅平；打击方向既有由背面向腹面打击的，也有由腹面向背面打击的。长10.4cm，宽8.4cm，厚3.0cm，重381g（图三三六，6）。

标本2015GLPT2②：26，原料为灰褐色辉绿岩石片。器身稍厚，形状近梯形。腹面微凸，为平整的破裂面。背面微凸，完全保留自然砾面。加工方法为锤击法。加工简单，沿石片左侧和远端边缘多次单面剥片，加工出一道弧刃和一道直刃。刃缘整齐锋利，未见使用痕迹。片疤多较小且浅平；打击方向由背面向腹面打击，部分片疤尾部折断形成陡坎。长11.1cm，宽8.5cm，厚1.9cm，重245g（图三三七，1）。

BdⅥ型　4件。

标本2015GLPT1②：85，原料为灰褐色辉绿岩石片。器身稍厚，形状近椭圆形。腹面较平，为整齐的破裂面。背面凸起，除右侧有一较大片疤面外，其余部分保留自然砾面。加工方法为锤击法，沿石片右侧和近端多次单面剥片，加工出一道弧刃和一道直刃。刃缘整齐锋利，未见使用

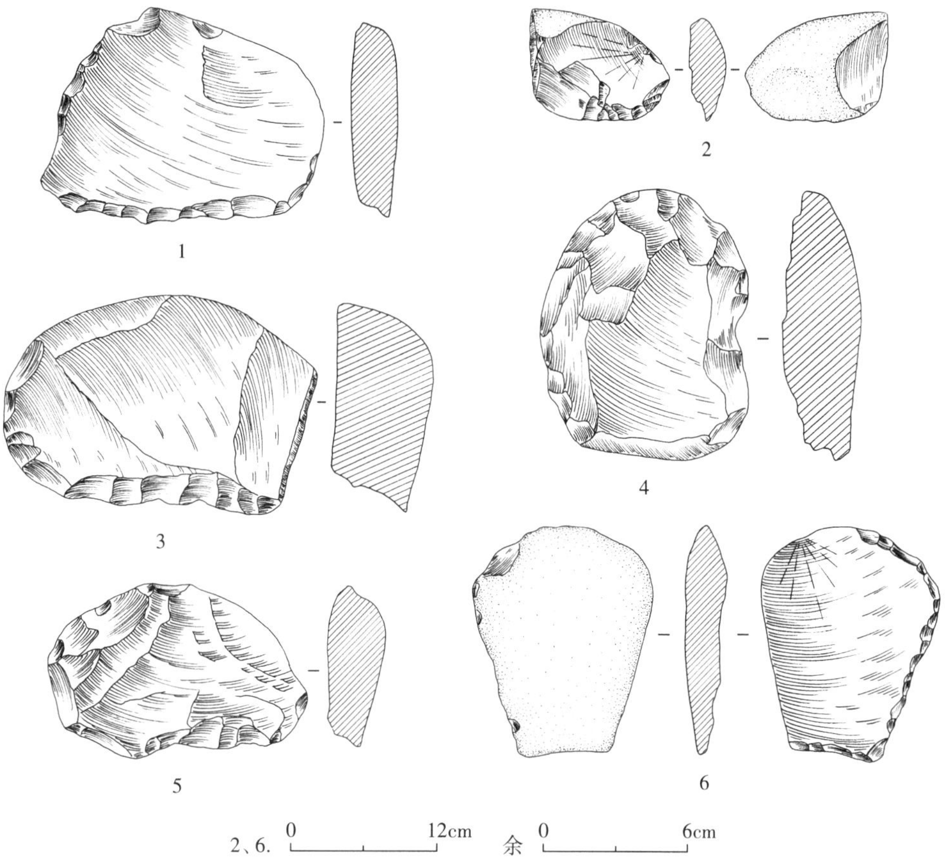

图三三七　坡叫环遗址第二文化层石制品（二十六）

1. BdⅢ型砍砸器（2015GLPT2②：26）　2~5. BdⅥ型砍砸器（2015GLPT1②：85、2015GLPT2②：73、2015GLPT2②：148、2015GLPT1②：66）　6. BdⅧ型砍砸器（2015GLPT2②：1）

痕迹。石片左侧下半部垂直截断一大块，边缘钝厚，应为修整器身留下的痕迹。片疤多较小且浅平，打击方向由背面向腹面打击，部分片疤尾部折断形成陡坎。长11.4cm，宽8.5cm，厚3.1cm，重431g（图三三七，2）。

标本2015GLPT2②：73，原料为灰褐色辉绿岩石片。器身稍厚重，形状近椭圆形。腹面稍平，为整齐的破裂面。背面凸起，完全保留自然砾面。右侧下半部保留自然砾面。远端尾部折断一大块。加工方法为锤击法。沿近端和左侧边缘多次单面剥片，加工出一道弧刃和一道直刃。刃缘整齐锋利，未见使用痕迹。片疤多较小且浅平，打击方向由背面向腹面打击。长12.6cm，宽8.3cm，厚3.9cm，重574g（图三三七，3）。

标本2015GLPT2②：148，原料为灰褐色辉绿岩石片。器身稍厚，形状近椭圆形。腹面凹凸不平，为不甚整齐的破裂面。背面凸起，完全保留自然砾面。石片远端尾部折断一大块，形成很深的陡坎。加工方法为锤击法，沿石片左右两侧边缘多次单面剥片，加工出一道弧刃和一道凹刃。刃缘整齐锋利。弧刃未见使用痕迹。凹刃和远端边缘两侧可见许多细小的、向两侧崩裂的崩疤，这些崩疤应为使用痕迹。片疤多较小且浅平，打击方向由背面向腹面打击。长 10.7cm，宽 8.6cm，厚 3.2cm，重 378g（图三三七，4）。

标本 2015GLPT1 ②：66，原料为灰褐色辉绿岩石片。器身稍厚，形状近椭圆形。腹面微凸，为略平整的破裂面。背面较平，完全保留自然砾面。左侧下半部和远端左侧各垂直折断一小块，边缘钝厚。加工方法为锤击法。加工简单，沿石片左侧上半部和远端右侧边缘多次单面剥片，加工出一道直刃和一道凹刃。刃缘整齐锋利，未见使用痕迹。片疤多较小且浅平，打击方向由背面向腹面打击，部分片疤尾部折断形成陡坎。长 10.4cm，宽 6.8cm，厚 2.3cm，重 214g（图三三七，5；彩版八六，1）。

BdⅧ型　3 件。

标本 2015GLPT2 ②：1，原料为灰褐色辉绿岩大石片。器身宽大，稍薄，形状不规则。腹面较平，为整齐的破裂面。背面微凸；近端左侧有一个打击方向与石片本身的打击方向相同的、较小而浅平的片疤，其余部分保留自然砾面。石片远端折断一大块，边缘钝厚。加工方法为锤击法。先沿石片近端右侧多次单面剥片，再沿右侧边缘多次双面剥片，加工出一道弧刃和一道直刃。刃缘整齐锋利，未见使用痕迹。片疤多较小且浅平；打击方向多由背面向腹面打击，仅右侧有几个零星片疤由腹面向背面打击。长 18.6cm，宽 14.6cm，厚 3.4cm，重 1142g（图三三七，6）。

标本 2015GLPT2 ②：106，原料为灰褐色辉绿岩石片。器身稍薄，形状不规则。腹面稍平，为整齐的破裂面。背面微凸，近端有一个打击方向与石片本身打击方向相同的较小而浅平的片疤，下半部大部分为片疤面，其余部分保留自然砾面。石片左侧上半部保留自然砾面，边缘钝厚。加工方法为锤击法。沿石片近端和右侧边缘多次单面剥片，加工出一道弧刃和一道直刃。刃缘整齐锋利，未见使用痕迹。石片远端与右侧交汇处加工出一个宽舌尖。片疤多较小且浅平，打击方向由背面向腹面打击。长 14.1cm，宽 11.2cm，厚 2.7cm，重 499g（图三三八，1）。

标本 2015GLPT2 ②：29，原料为灰褐色辉绿岩石片。器身稍厚，形状不规则。腹面较平，为平整的破裂面。背面微凸，完全保留自然砾面。左侧上半部和下半部各垂直折断一大块和一小块，边缘钝厚。加工方法为锤击法。加工简单，沿石片远端和右侧边缘多次单面和双面剥片，加工出一道直刃和一道弧刃。刃缘整齐锋利，未见使用痕迹。片疤多细小而浅平，部分片疤尾部折断形成陡坎。片疤打击方向多由背面向腹面打击，仅右侧有少量片疤由腹面向背面打击。长 10.3cm，宽 9.0cm，厚 1.9cm，重 219g（图三三八，2）。

C 型　7 件。分别属于 Cd 亚型中的 CdⅡ、CdⅣ、CdⅥ、CdⅧ次亚型。

CdⅡ型　2 件。

标本 2015GLPT2 ②：107，原料为灰褐色辉绿岩石片。器身稍薄，形状近四边形。腹面较平，为整齐的破裂面。背面凸起，近端处有一个打击方向与石片本身的打击方向相同的、较小而浅平的片疤，右侧上半部也有一个打击方向与石片本身的打击方向相同的、较大而浅平的、且棱角已磨圆的旧片疤，其余部分保留自然砾面。加工方法为锤击法。沿石片左侧和远端边缘多次双面剥

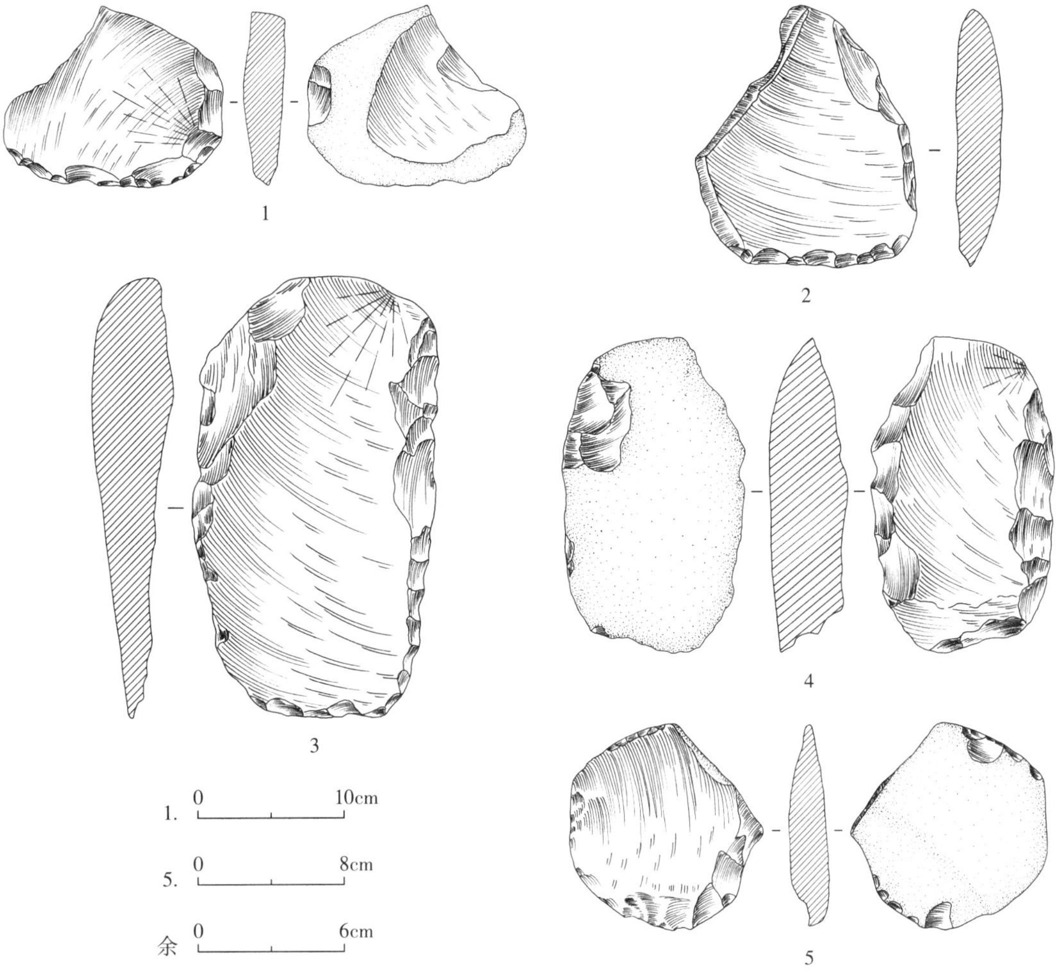

图三三八　坡叫环遗址第二文化层石制品（二十七）

1、2. BdⅧ型砍砸器（2015GLPT2②：106、2015GLPT2②：29）　3、4. CdⅡ型砍砸器（2015GLPT2②：107、2015GLPT2②：147）　5. CdⅣ型砍砸器（2015GLPT2②：28）

片，沿石片右侧边缘多次单面剥片，加工出一道弧刃和两道直刃。刃缘整齐锋利，未见使用痕迹。打击片疤多较小且浅平，两侧上半部片疤较大而深凹，部分片疤尾部折断形成陡坎。片疤打击方向多由背面向腹面打击。长 17.5cm，宽 9.9cm，厚 3.3cm，重 712g（图三三八，3）。

标本 2015GLPT2②：147，原料为灰褐色辉绿岩石片。器身稍厚，形状近四边形。腹面凹凸不平，为不甚整齐的破裂面。背面凸起，左侧上半部有一个打击方向与石片本身打击方向相垂直的、较大而深凹的片疤，其余部分保留自然砾面。加工方法为锤击法。沿石片左右两侧和远端边缘多次单面剥片，加工出一道弧刃、一道直刃和一道凹刃。刃缘均整齐锋利，未见使用痕迹。打击片疤多较小且浅平，远端片疤较大而深凹，部分片疤尾部折断形成陡坎。片疤打击方向由背面向腹面打击。长 12.6cm，宽 7.6cm，厚 3.3cm，重 342g（图三三八，4）。

CdⅣ型　2 件。

标本2015GLPT2②：28，原料为灰褐色辉绿岩石片。器身稍薄，形状近圆形。腹面较平，为整齐的破裂面。背面微凸，左右侧中部各有一个打击方向与石片本身打击方向相垂直的、较小而浅平的片疤，其余部分保留自然砾面。石片右侧下半段至远端右侧垂直折断一大块，边缘钝厚。加工方法为锤击法。沿石片左侧、远端左侧和右侧上半部边缘多次双面剥片，加工出两道弧刃和一道直刃。刃缘整齐锋利，左侧弧刃未见使用痕迹。另两处刃缘两侧见有较多细小的崩疤，这些崩疤应为使用痕迹。远端中央修出一个钝尖。片疤多较小且浅平，打击方向多由背面向腹面打击，部分片疤尾部折断形成陡坎。长11.4cm，宽11.2cm，厚2.2cm，重362g（图三三八，5；彩版八六，2）。

标本2015GLPT2②：62，原料为灰褐色辉绿岩大石片。器身宽大，厚重，形状近圆形。腹面微凹，为整齐的破裂面。背面较平，完全保留自然砾面。石片左侧保留自然砾面，边缘钝厚。加工方法为锤击法。沿石片近端、右侧和远端边缘多次单面剥片，加工出一道弧刃和两道直刃。刃缘整齐锋利，未见使用痕迹。石片近端与右侧相交处以及右侧与远端相交处各形成了一个钝尖。片疤多较小且浅平，打击方向由背面向腹面打击，部分片疤尾部折断形成陡坎。长14.2cm，宽13.0cm，厚3.5cm，重926g（图三三九，1）。

CdⅥ型　2件。

标本2015GLPT2②：70，原料为灰褐色辉绿岩石片。器身略厚重，形状近椭圆形。腹面微凸，为整齐的破裂面。背面较平，完全保留自然砾面。远端边缘钝厚。加工方法为锤击法。沿石片左侧、左侧与远端相交处、右侧与远端相交处边缘多次单面剥片，加工出一道直刃和两道弧刃。刃缘整齐锋利，未见使用痕迹。片疤多较小且浅平，打击方向由背面向腹面打击。长16.3cm，宽

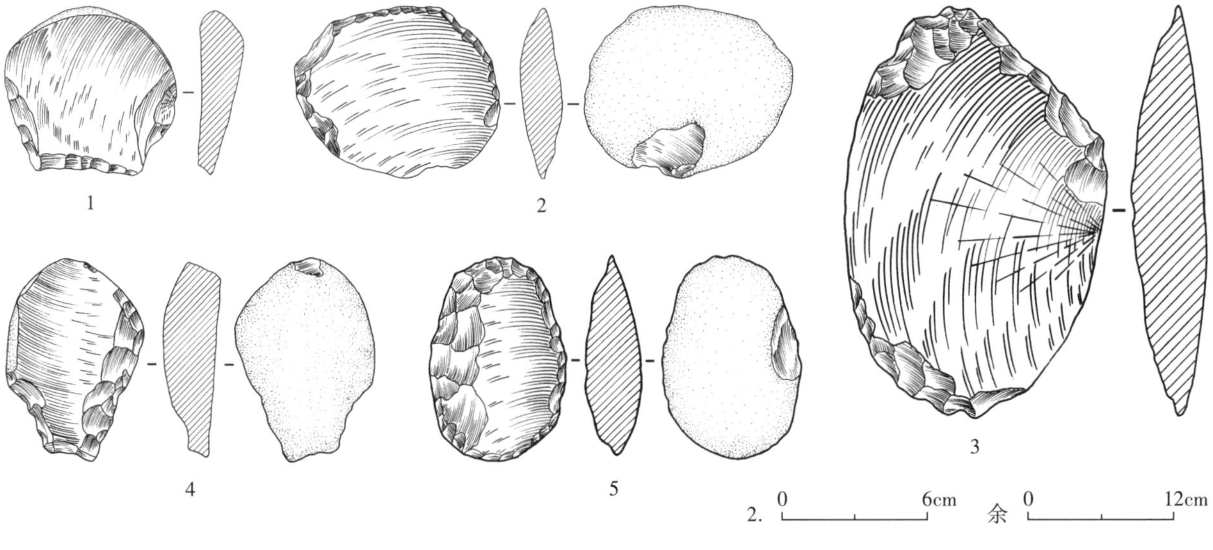

图三三九　坡叫环遗址第二文化层石制品（二十八）

1. CdⅣ型砍砸器（2015GLPT2②：62）　2、3. CdⅥ型砍砸器（2015GLPT2②：160、2015GLPT2②：70）
4. CdⅧ型砍砸器（2015GLPT1②：56）　5. DbⅥ型砍砸器（2015GLPT2②：153）

10.7cm，厚 3.0cm，重 631g（图三三九，3）。

标本 2015GLPT2②：160，原料为灰褐色辉绿岩大石片。器身厚重，形状近椭圆形。腹面微凸，为整齐的破裂面。背面较平，近端处有一个较大而深凹的片疤，其余部分保留自然砾面。加工方法为锤击法。沿石片左侧、右侧下半部和远端边缘多次单面剥片，加工出两道弧刃和一道直刃。刃缘整齐锋利，未见使用痕迹。片疤多较小且浅平，打击方向由背面向腹面打击，部分片疤尾部折断形成陡坎。长 16.8cm，宽 13.6cm，厚 3.4cm，重 1084g（图三三九，2）。

CdⅧ型　1 件。

标本 2015GLPT1②：56，原料为红褐色辉绿岩石片。器身厚重，形状不规则。腹面微凸，为整齐的破裂面。背面凸起，近端处有一个与石片本身同向同源的、较小而浅平的片疤，其余部分保留自然砾面。石片两侧上半部保留自然砾面，边缘钝厚。加工方法为锤击法。沿左侧下半部、远端和右侧下半部边缘多次单面剥片，加工出两道凹刃和一道直刃。刃缘整齐锋利，未见使用痕迹。片疤多较小且深凹，打击方向由背面向腹面打击，部分片疤尾部折断形成陡坎。长 16.0cm，宽 11.2cm，厚 4.5cm，重 885g（图三三九，4）。

D 型　5 件。分别属于 Db 亚型和 Dd 亚型。

Db 型　1 件。属于 DbⅥ次亚型。

标本 2015GLPT2②：153，原料为灰褐色辉绿岩石片。器身厚重，形状近椭圆形。腹面较平，为整齐的破裂面。背面凸起，左侧中部有一个打击方向与石片打击方向相垂直的、较大而深凹的片疤，其余部分保留自然砾面。加工方法为锤击法。沿石片四周边缘多次单面剥片，在两侧和两端各加工出一道弧刃。刃缘整齐锋利，未见使用痕迹。片疤多较小且浅平，打击方向由背面向腹面打击，部分片疤尾部折断形成陡坎或阶梯状。长 15.9cm，宽 11.2cm，厚 4.6cm，重 913g（图三三九，5）。

Dd 型　4 件。分别属于 DdⅠ、DdⅥ、DdⅧ次亚型。

DdⅠ型　1 件。

标本 2015GLPT2②：152，原料为灰褐色辉绿岩大石片。器身宽大，厚重，形状近三角形。腹面较平，为整齐的破裂面。背面凸起，完全保留自然砾面。加工方法为锤击法。沿石片四周边缘多次单面剥片，在近端和左侧各加工出一道直刃；在右侧加工出一道弧刃；在远端边缘则加工出一个宽舌尖。刃缘均整齐锋利，未见使用痕迹。片疤多较小且浅平，近端片疤较大而深凹；打击方向多由背面向腹面打击。长 20.6cm，宽 14.4cm，厚 4.4cm，重 1398g（图三四〇，1）。

DdⅥ型　2 件。

标本 2015GLPT2②：155，原料为灰褐色辉绿岩石片。器身略薄，形状近椭圆形。腹面较平，为整齐的破裂面。背面凸起，完全保留自然砾面。加工方法为锤击法。沿石片四周边缘多次单面剥片，在两侧和两端加工出三道直刃和一道弧刃。刃缘整齐锋利，未见使用痕迹。片疤多较小且浅平，打击方向由背面向腹面打击，部分片疤尾部折断形成陡坎。长 15.4cm，宽 9.8cm，厚 2.9cm，

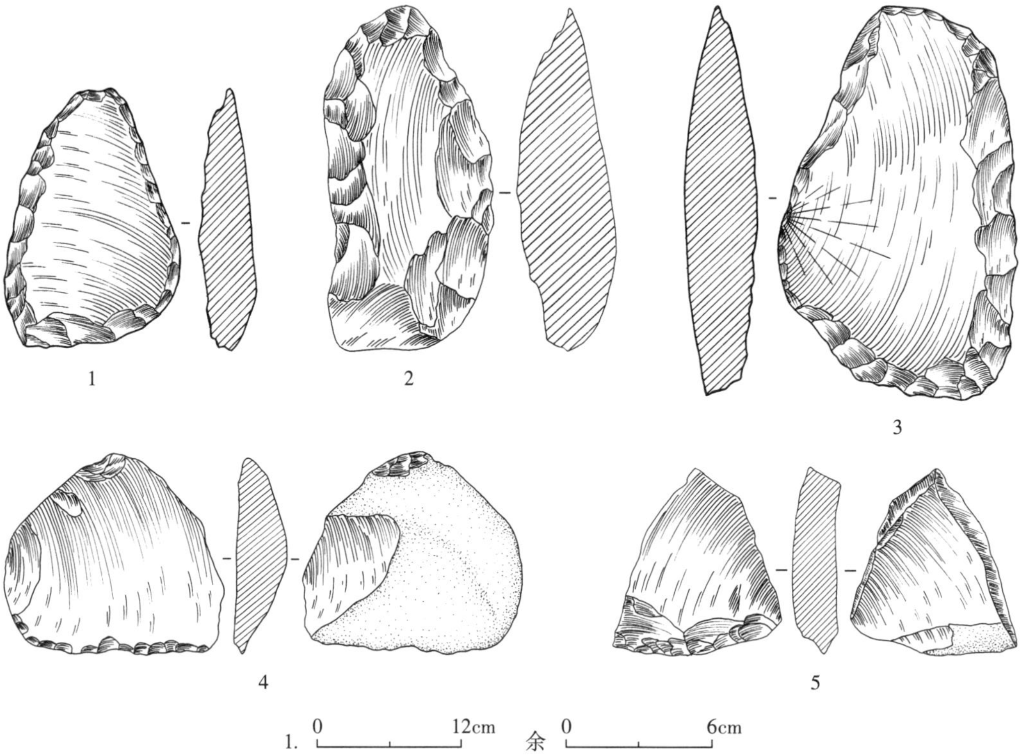

图三四〇　坡叫环遗址第二文化层石制品（二十九）

1. DdⅠ型砍砸器（2015GLPT2②：152）　2. DdⅧ型砍砸器（2015GLPT2②：141）　3. DdⅥ型砍砸器（2015GLPT2②：155）　4、5. AaⅠ型刮削器（2015GLPT1②：96、2015GLPT2②：66）

重510g（图三四〇，3）。

DdⅧ型　1件。

标本2015GLPT2②：141，原料为灰褐色辉绿岩石片。器身略厚，形状不规则。腹面较平，为整齐的破裂面。背面微凸，完全保留自然砾面。加工方法为锤击法。沿石片四周边缘多次单面剥片，在两侧和近端加工出一道弧刃、一道凹刃和一道直刃；在远端加工出一道舌状尖。刃缘均整齐锋利，未见使用痕迹。片疤多较小且浅平，但上半部片疤较大而深凹，尾部折断形成陡坎。片疤打击方向由背面向腹面打击。长13.6cm，宽6.9cm，厚3.9cm，重430g（图三四〇，2）。

刮削器　16件。原料只有石片一种。岩性仅见辉绿岩一种。加工方法仅见锤击法一种，多为单面加工，双面加工者少见。加工多由背面向腹面打击，加工部位通常位于器身一端或一侧。加工较为简单，在器身一端或一侧加工出刃口。加工面往往只有一层片疤，且多限于边缘部分，有的甚至不经剥片，只在边缘略经修整形成刃口。刃缘有不同程度的修整，部分见有使用痕迹。加工片疤多较小且浅平，多为宽大于长。把端多不加修理，保留原有的形态。器身形状有三角形、梯形、圆形、半圆形、椭圆形、不规则形六种。其中三角形6件，占该文化层出土刮削器总数的37.50%；梯形、圆形和椭圆形各1件，各占该文化层出土刮削器总数的6.25%；半圆形2件，占该文化层出土刮削器总数的12.50%；不规则形5件，占该文化层出土刮削器总数的31.25%。器身长度最大值9.9cm，最小值6.3cm；宽度最大值8.3cm，最小值4.0cm；厚度最大值2.8cm，最小值1.3cm；重量最大值236g，最小值47g。分别属于A、B、C型。

A型　10件。分别属于Aa亚型和Ab亚型。

Aa型　3件。均属于AaⅠ次亚型。

标本2015GLPT1②：96，原料为灰褐色辉绿岩石片。器身稍厚，形状近三角形。腹面较平，为整齐的破裂面。背面凸起，右下角有一小块打击方向与石片本身打击方向相垂直的片疤面，其余部分保留自然砾面。右侧保留自然砾面，边缘钝厚。加工方法为锤击法。沿左侧边缘多次单面剥片，加工出一道直刃。刃缘整齐锋利，未见使用痕迹。片疤多较小且浅平，打击方向由背面向腹面打击。石片远端右侧边缘有一处近长条状的细麻点状疤痕，疤痕两侧可见较多向两侧崩裂的细碎崩疤，这些崩疤应为作为砸击石锤使用留下的痕迹。长9.1cm，宽7.7cm，厚2.0cm，重158g（图三四〇，4）。

标本2015GLPT2②：66，原料为灰褐色辉绿岩石片。器身较小，稍厚，形状近三角形。腹面较平，为整齐的破裂面。背面较平，左下角一小块保留自然砾面，其余部分为打击方向与石片本身的打击方向相同的片疤面。左侧和远端各折断一小块和一大块，边缘钝厚。加工方法为锤击法。沿石片右侧边缘多次单面剥片，加工出一道直刃。刃缘整齐锋利，未见使用痕迹。片疤多较小且深凹，打击方向由背面向腹面打击，部分片疤尾部折断形成陡坎。长7.7cm，宽6.7cm，厚1.9cm，重112g（图三四〇，5；彩版八六，3）。

标本2015GLPT2②：139，原料为灰褐色辉绿岩石片。器身较小，稍薄，形状近三角形。腹面较平，为整齐的破裂面。背面近端处有一个打击方向与石片本身的打击方向相同的、较小而浅平的片疤，其余部分保留自然砾面。左侧折断一大块，边缘钝厚。加工方法为锤击法。沿石片远端边缘多次双面剥片，加工出一道直刃。刃缘整齐锋利，未见使用痕迹。片疤多较小且浅平，打击方向主要由背面向腹面打击。长8.6cm，宽6.6cm，厚1.7cm，重121g（图三四一，1）。

Ab型　7件。分别属于AbⅠ、AbⅣ、AbⅤ、AbⅥ、AbⅧ次亚型。

AbⅠ型　2件。

标本2015GLPT1②：70，原料为灰褐色辉绿岩石片。器身稍厚，形状近三角形。腹面微凸，为稍整齐的破裂面。背面凹凸不平，近端处有少量较小而深凹的片疤面，其余部分保留自然砾面。左侧折断一大块，断面整齐，边缘钝厚。加工方法为锤击法。沿石片远端边缘多次单面剥片，加工出一道弧刃。刃缘整齐锋利，未见使用痕迹。片疤多较小且浅平，打击方向由腹面向背面打击。长9.9cm，宽8.3cm，厚2.0cm，重147g（图三四一，2）。

标本2015GLPT2②：23，原料为灰褐色辉绿岩石片。器身稍厚，形状近三角形。腹面较平，为整齐的破裂面。背面凸起，上半部有一个打击方向与石片本身打击方向相同的、范围较大而浅平的片疤，其余部分保留自然砾面。右侧折断一大块，断面整齐。两侧边缘均钝厚。加工方法为

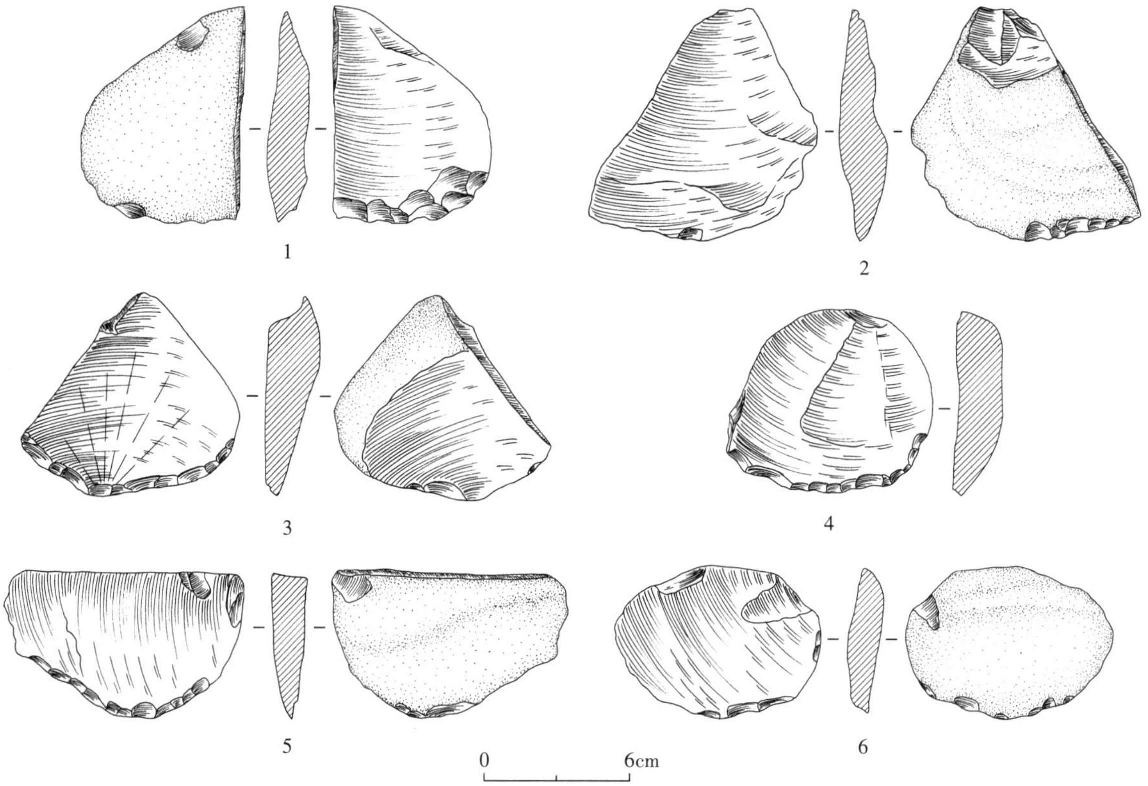

图三四一　坡叫环遗址第二文化层石制品（三十）

1. AaⅠ型刮削器（2015GLPT2②：139）　2、3. AbⅠ型刮削器（2015GLPT1②：70、2015GLPT2②：23）　4. AbⅣ型刮削器（2015GLPT2②：63）　5. AbⅤ型刮削器（2015GLPT2②：65）　6. AbⅥ型刮削器（2015GLPT2②：40）

锤击法。沿左侧上半部、近端和右侧上半部边缘多次双面剥片，加工出一道弧刃。刃缘整齐但不甚锋利，未见使用痕迹。打击片疤多较小且浅平，打击方向多由背面向腹面打击，少量由腹面向背面打击，部分片疤尾部折断形成陡坎。长 8.6cm，宽 7.8cm，厚 2.2cm，重 157g（图三四一，3）。

AbⅣ型　1 件。

标本 2015GLPT2②：63，原料为灰褐色辉绿岩石片。器身略厚，形状近圆形。腹面较平，为整齐的破裂面。背面凸起，完全保留自然砾面。加工方法为锤击法。沿石片远端边缘多次单面剥片，加工出一道弧刃。刃缘整齐锋利，未见使用痕迹。打击片疤多较小且浅平，打击方向由背面向腹面打击。长 8.2cm，宽 7.3cm，厚 2.0cm，重 145g（图三四一，4；彩版八六，4）。

AbⅤ型　2 件。

标本 2015GLPT2②：65，原料为灰褐色辉绿岩石片。器身稍厚，形状近半圆形。腹面较平，为整齐的破裂面。背面微凸，保留自然砾面。石片左侧垂直折断一大块，边缘钝厚。加工方法为锤击法。沿右侧边缘多次单面剥片，加工出一道弧刃。刃缘整齐锋利。刃缘两侧见有部分细小的崩疤，这些崩疤应为使用痕迹。片疤多较小且浅平，打击方向由背面向腹面打击。长 9.8cm，宽 5.2cm，厚 1.4cm，重 101g（图三四一，5）。

标本 2015GLPT2②：22，原料为灰褐色辉绿岩石片。器身稍扁薄，形状近半圆形。腹面较平，为整齐的破裂面。背面微凸，左侧上半部有一较大范围的层叠片疤面，其余部分保留自然砾面。加工方法为锤击法。沿石片左侧边缘多次单面剥片，加工出一道弧刃。刃缘整齐锋利，未见使用痕迹。片疤多较小且浅平，打击方向由背面向腹面打击。右侧边缘见有较多细小的崩疤，这些崩疤应为使用痕迹。长 9.8cm，宽 7.8cm，厚 1.7cm，重 176g（图三四二，2）。

AbⅥ型　1 件。

标本 2015GLPT2②：40，原料为灰褐色辉绿岩石片。器身扁薄，形状近椭圆形。腹面稍平，为略整齐的破裂面。背面微凸，完全保留自然砾面。加工方法为锤击法。沿石片右侧边缘多次单面剥片，加工出一道弧刃。刃缘整齐锋利，可见较多细小的向两侧崩裂的崩疤，这些崩疤应为使用痕迹。片疤多较小且浅平，打击方向由背面向腹面打击。左侧上半部和近端右侧边缘各有一处近细长条状的细麻点状疤痕；疤痕两侧可见较多细碎崩疤，这些崩疤应为作为砸击石锤使用留下的痕迹。长 8.4cm，宽 6.0cm，厚 1.3cm，重 66g（图三四一，6）。

AbⅧ型　1 件。

标本 2015GLPT1②：83，原料为灰褐色辉绿岩石片。器身略小，稍厚，形状不规则。腹面凸起，为不甚整齐的破裂面。背面稍平，左侧下半部有一较大范围的层叠片疤面，其余部分保留自然砾面。加工方法为锤击法。沿石片近端边缘多次单面剥片，加工出一道弧刃。刃缘整齐锋利，未见使用痕迹。片疤多较小且浅平，打击方向由背面向腹面打击。左侧边缘两侧见有较多细小的崩疤，这些崩疤应为使用痕迹。长 9.2cm，宽 6.2cm，厚 2.2cm，重 118g（图三四二，1）。

B 型　3 件。分别属于 Ba 亚型和 Bd 亚型。

Ba 型　1 件。属于 BaⅧ次亚型。

标本 2015GLPT2②：64，原料为灰褐色辉绿岩石片。器身稍厚，形状不规则。腹面较平，为整齐的破裂面。背面微凸，完全保留自然砾面。左侧为整齐的断裂面。加工方法为锤击法。沿近端和远端边缘多次单面剥片，各加工出一道直刃。刃缘整齐锋利；其中近端边缘两侧见有较多细小的崩疤，这些崩疤应为使用痕迹。远端边缘未见使用痕迹。片疤多较浅平，其中近端片疤多较小，远端片疤多较大；片疤打击方向由背面向腹面打击。长 8.8cm，宽 8.1cm，厚 2.8cm，重 236g（图三四二，3；彩版八六，5）。

Bd 型　2 件。分别属于 BdⅠ次亚型和 BdⅧ次亚型。

BdⅠ型　1 件。

标本 2015GLPT1②：43，原料为灰褐色辉绿岩石片。器身较小，稍厚，形状近三角形。腹面较平，为整齐的破裂面。背面凸起，下半部有一较大面积的片疤面，其余保留自然砾面。右侧折断一大块，为稍整齐的破裂面。加工方法为锤击法。沿左侧和远端边缘多次双面剥片，加工出一道凹刃和一道弧刃。刃缘均整齐锋利，未见使用痕迹。片疤多较小且浅平；打击方向多由背面向腹面打击，少数由腹面向背面打击。长 7.1cm，宽 6.5cm，厚 2.0cm，重 86g（图三四二，4；彩版八六，6）。

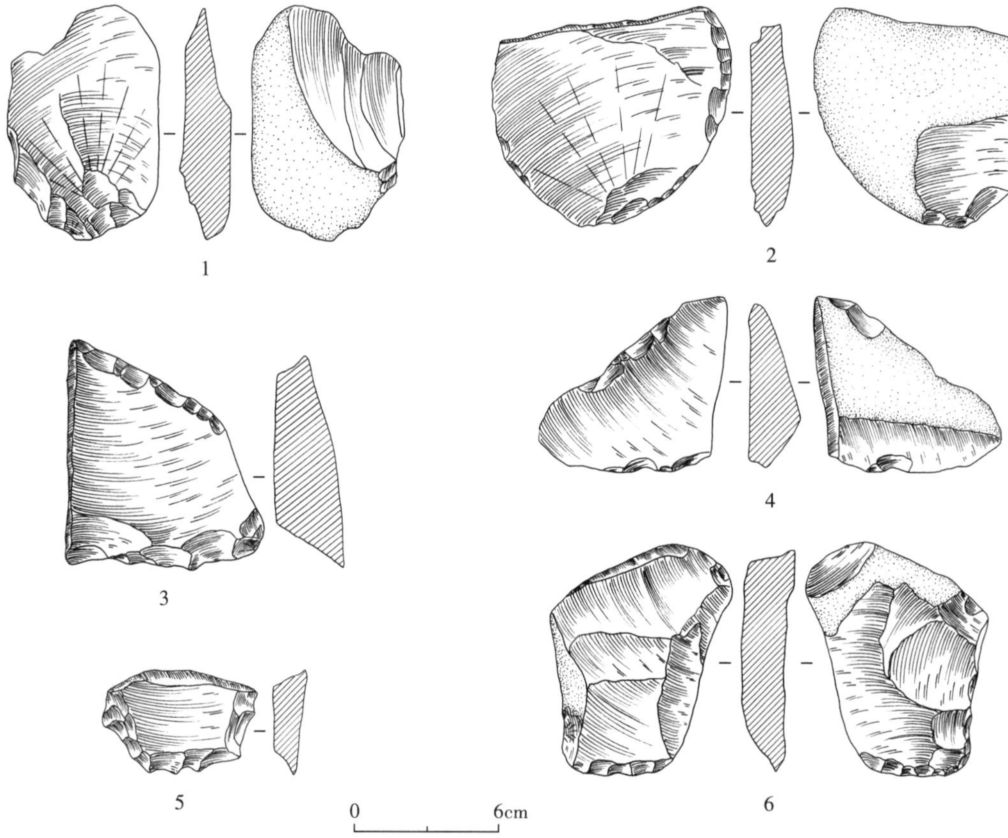

图三四二　坡叫环遗址第二文化层石制品（三十一）

1. AbⅧ型刮削器（2015GLPT1②：83）　2. AbⅤ型刮削器（2015GLPT2②：22）
3. BaⅧ型刮削器（2015GLPT2②：64）　4. BdⅠ型刮削器（2015GLPT1②：43）
5. CaⅢ型刮削器（2015GLPT2②：42）　6. BdⅧ型刮削器（2015GLPT1②：36）

BdⅧ型　1件。

标本2015GLPT1②：36，原料为灰褐色辉绿岩石片。器身稍厚，形状不规则。背面凸起，完全为片疤面。腹面微凹，仅一侧边缘保留自然砾面，其余为片疤面。右侧垂直折断一大块，边缘钝厚。加工方法为锤击法。远端和左侧边缘分别多次双面和单面剥片，加工出一道弧刃和一道直刃。刃缘整齐锋利，未见使用痕迹。片疤多较小且浅平，其中左侧片疤的打击方向由背面向腹面打击。近端和右侧下半部有多次双面剥片的痕迹，但均未成刃，应为修整器身留下的痕迹。长8.8cm，宽7.2cm，厚1.8cm，重180g（图三四二，6）。

C型　3件。分别属于Ca亚型和Cd亚型。

Ca型　1件。属于CaⅢ次亚型。

标本2015GLPT2②：42，原料为灰褐色辉绿岩片块。器身稍厚，形状近梯形。一面凸起，完全为片疤面。另一面较平，完全保留自然砾面。较长边垂直折断一大块，边缘钝厚。加工方法为锤击法。沿较短边和相邻两端边缘分别多次单面剥片，各加工出一道直刃。刃缘整齐锋利，未见使用痕迹。片疤多较小且浅平，打击方向由较平面向凸起面打击。长 6.3cm，宽 4.0cm，厚 1.8cm，重 47g（图三四二，5；彩版八七，1）。

Cd 型　2 件。均属于 CdⅧ次亚型。

标本 2015GLPT1 ②：33，原料为灰褐色辉绿岩石片。器身稍薄，形状不规则。腹面较平，为平整的破裂面。背面微凸，上半部有一大块层叠的片疤面，其余部分保留自然砾面。加工方法为锤击法。沿近端、左侧和远端边缘分别多次单面剥片，加工出一道直刃、一道凹刃和一道弧刃。刃缘整齐锋利，未见使用痕迹。片疤多较小且浅平，打击方向由背面向腹面打击，部分片疤尾部折断形成陡坎。长 8.7cm，宽 7.5cm，厚 1.4cm，重 131g（图三四三，1）。

标本 2015GLPT2 ②：11，原料为灰褐色辉绿岩石片。器身稍厚，形状不规则。腹面较平，为平整的破裂面。背面凸起，上半部有一较大面积的层叠片疤面，其余部分保留自然砾面。加工方法为锤击法。沿石片左侧下半部、右侧和远端边缘多次单面剥片，加工出两道直刃和一道弧刃。

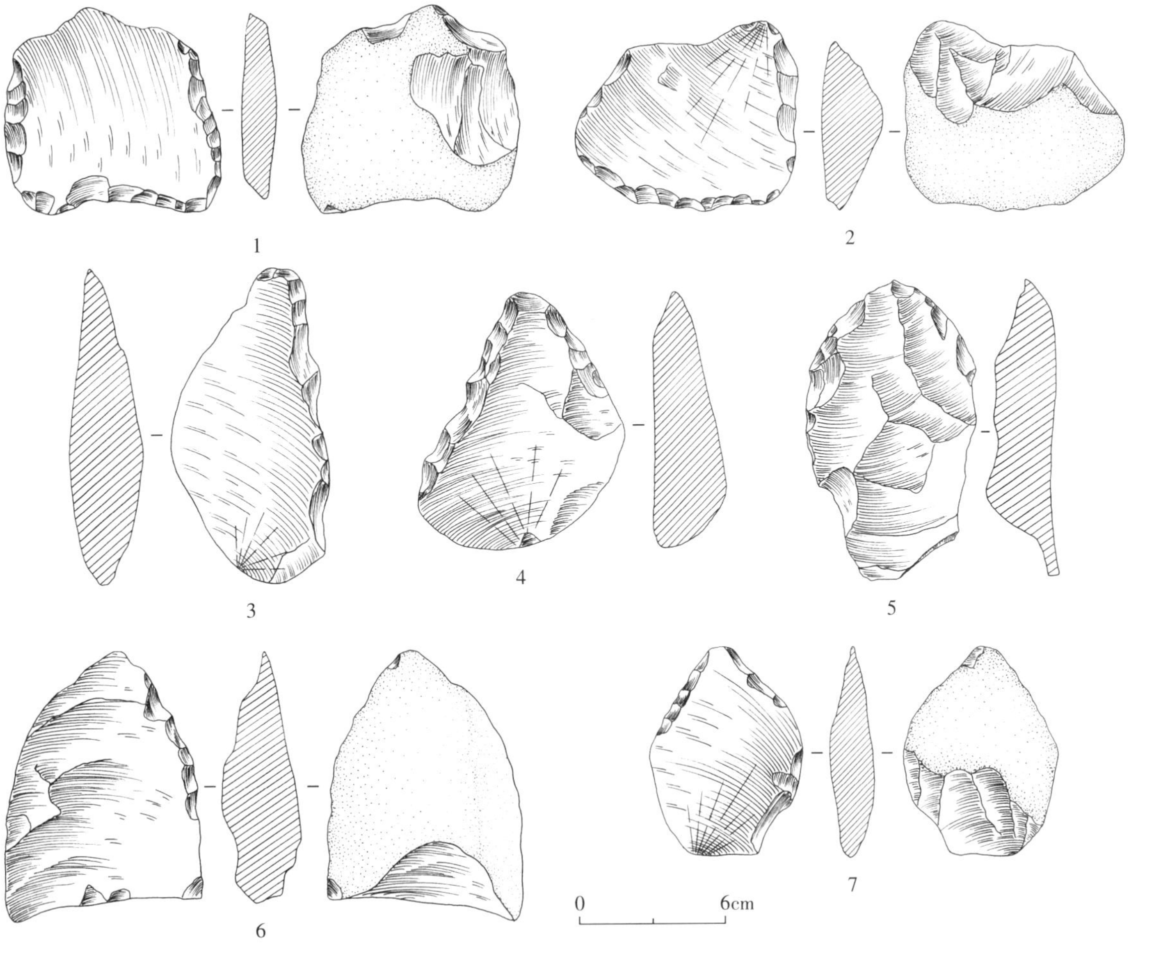

图三四三　坡叫环遗址第二文化层石制品（三十二）

1、2. CdⅧ型刮削器（2015GLPT1 ②：33、2015GLPT2 ②：11）　3、4. AbⅠ型尖状器（2015GLPT1 ②：29、2015GLPT1 ②：75）　5、7. AcⅧ型尖状器（2015GLPT2 ②：39、2015GLPT2 ②：12）　6. AcⅠ型尖状器（2015GLPT2 ②：38）

刃缘整齐锋利，未见使用痕迹。片疤多较小且浅平，打击方向由背面向腹面打击。长9.0cm，宽7.2cm，厚2.5cm，重180g（图三四三，2）。

尖状器 8件。原料只有石片一种。岩性仅见辉绿岩一种。加工方法仅见锤击法一种，单面加工。器物背面通常为自然砾面，加工时多由背面向腹面进行打击。加工部位通常位于器身一端或一侧。加工较为简单，加工面往往只有一层片疤，且仅限于边缘部分；加工片疤多较小且浅平，多为宽大于长。把端多不加修理，保留自然砾面。侧边有所修整但多不成刃，且多不见使用痕迹。器身形状有三角形和不规则形两种。其中三角形3件，占该文化层出土尖状器总数的37.5%；不规则形5件，占该文化层出土尖状器总数的62.5%。器身长度最大值19.1cm，最小值8.3cm；宽度最大值8.7cm，最小值5.6cm；厚度最大值4.2cm，最小值1.8cm；重量最大值533g，最小值98g。分别属于A型和B型。

A型 5件。分别属于Ab亚型和Ac亚型。

Ab型 2件。均属于AbⅠ次亚型。

AbⅠ型 2件。

标本2015GLPT1②：29，原料为灰褐色辉绿岩石片。器身稍宽厚，形状近三角形。腹面和背面均凸起。近端折断一大块，断面不甚整齐，边缘钝厚。背面近端有一个较大而浅平的片疤，其余部分保留自然砾面。加工方法为锤击法。沿左侧和右侧下半部边缘向远端多次单面剥片，在左侧加工出一条直刃。刃缘整齐锋利，未见使用痕迹。远端中央加工出一个钝尖，尖部较短，未经修整，也未见使用痕迹。片疤多较小且浅平，打击方向由背面向腹面打击。长12.5cm，宽6.5cm，厚3.1cm，重255g（图三四三，3；彩版八七，2）。

标本2015GLPT1②：75，原料为灰褐色辉绿岩石片。器身稍宽厚，形状近三角形。腹面凸起，背面完全保留自然砾面。左侧上半段和近端各折断一大块和一小块，断面不甚整齐，边缘钝厚。加工方法为锤击法。沿石片左侧下半部和右侧边缘向远端多次单面剥片，各加工出一条弧刃。刃缘均整齐锋利，未见使用痕迹。远端中央加工出一个钝尖，尖部较短，经精细修整，但未见使用痕迹。片疤多较小且浅平，打击方向由背面向腹面打击。长10.1cm，宽7.9cm，厚3.0cm，重259g（图三四三，4）。

Ac型 3件。分别属于AcⅠ次亚型和AcⅧ次亚型。

AcⅠ型 1件。

标本2015GLPT2②：38，原料为灰褐色辉绿岩石片。器身稍宽厚，形状近三角形。腹面和背面均凸起，背面绝大部分保留自然砾面。右侧上半段保留自然砾面，边缘钝厚。加工方法为锤击法。沿石片左侧边缘向远端多次单面剥片，但边缘钝厚不成刃。远端中央加工出一个舌尖，尖部较长，经精细修整，但未见使用痕迹。片疤多较小且浅平，打击方向由背面向腹面打击。背面中部靠左侧有一个近椭圆形的花生状崩疤；左侧边上半部与背面交汇处中央有两个近椭圆形的相互叠压的花生状崩疤；右侧中部近边缘处有一个近椭圆形的窝状崩疤。这几处崩疤应为之前作为石砧使用留下的痕迹。长 9.8cm，宽 8.0cm，厚 3.0cm，重 248g（图三四三，6）。

AcⅧ型　2 件。

标本 2015GLPT2②：39，原料为灰褐色辉绿岩石片。器身较厚，形状不规则。腹面较平，右侧上半段保留自然砾面，边缘钝厚。背面凸起，靠近端处有些许旧的打击疤痕，疤痕棱角已磨圆，其余部分保留自然砾面。加工方法为锤击法。沿石片左侧和近端边缘多次单面剥片，各加工出一条弧刃。刃缘均整齐锋利，未见使用痕迹。左侧与近端交汇处加工出一个舌尖，尖部较长，经精细修整，但未见使用痕迹。片疤多较小且浅平，打击方向由背面向腹面打击。长 11.8cm，宽 7.0cm，厚 2.7cm，重 207g（图三四三，5）。

标本 2015GLPT2②：12，原料为灰褐色辉绿岩石片。器身较小，较薄，形状不规则。腹面和背面均微凸。背面近端有一面积较大且打击方向与石片本身打击方向相同的层叠片疤面，其余部分保留自然砾面。加工方法为锤击法。沿左右两侧边缘向远端多次单面剥片，在远端中央加工出一个舌尖；尖部略长，经精细修整，但未见使用痕迹。片疤多较小且浅平，打击方向由背面向腹面打击。长 8.3cm，宽 6.4cm，厚 1.8cm，重 98g（图三四三，7）。

B 型　3 件。分别属于 Bb 亚型和 Bc 亚型。

Bb 型　2 件。均属于 BbⅧ次亚型。

标本 2015GLPT1②：13，原料为灰褐色辉绿岩石片。器身较长，较厚，形状不规则。腹面微凸，为整齐的破裂面。背面较平，右侧为打击方向与石片本身打击方向相垂直的片疤面，其余部分保留自然砾面。石片右侧较厚，为层叠的片疤面。加工方法为锤击法。先沿石片左侧上棱中部多次单面剥片，打击方向由腹面向背面打击；再沿左侧下棱上半段多次双面交错剥片和下半段多次单面剥片，打击方向由腹面向背面打击；最后沿右侧边缘向两端多次单面剥片，打击方向由背面向腹面打击。在两侧加工出一道弧刃和一道直刃；在两端各加工出一个钝尖，两尖部均较短，经修整。未见使用痕迹。片疤多较小且浅平，部分片疤尾部折断形成陡坎。长 17.4cm，宽 7.1cm，厚 4.0cm，重 485g（图三四四，1）。

标本 2015GLPT1②：26，原料为灰褐色辉绿岩石片。器身较长，较厚，形状不规则。腹面较平，为整齐的破裂面。背面凸起，完全保留自然砾面。石片右侧边缘钝厚，保留自然砾面。加工方法为锤击法。沿左侧下半部多次单面剥片，加工出一道直刃，打击方向由腹面向背面打击。在两端附近略经单面剥片，各加工出一个钝尖；两尖部均较短，经修整；未见使用痕迹。片疤多较小且浅平，部分片疤尾部折断形成陡坎。长 15.2cm，宽 5.6cm，厚 4.2cm，重 447g（图三四四，2；彩版八七，3）。

Bc 型　1 件。属于 BcⅧ次亚型。

标本 2015GLPT1②：21，原料为灰褐色辉绿岩石片。器身较长，稍厚，形状不规则。腹面较平，为整齐的破裂面。背面凸起，远端右半段有一面积较大、且打击方向与石片本身打击方向相垂直的片疤面，其余部分保留自然砾面。加工方法为锤击法。沿石片远端边缘多次单面剥片，边缘钝

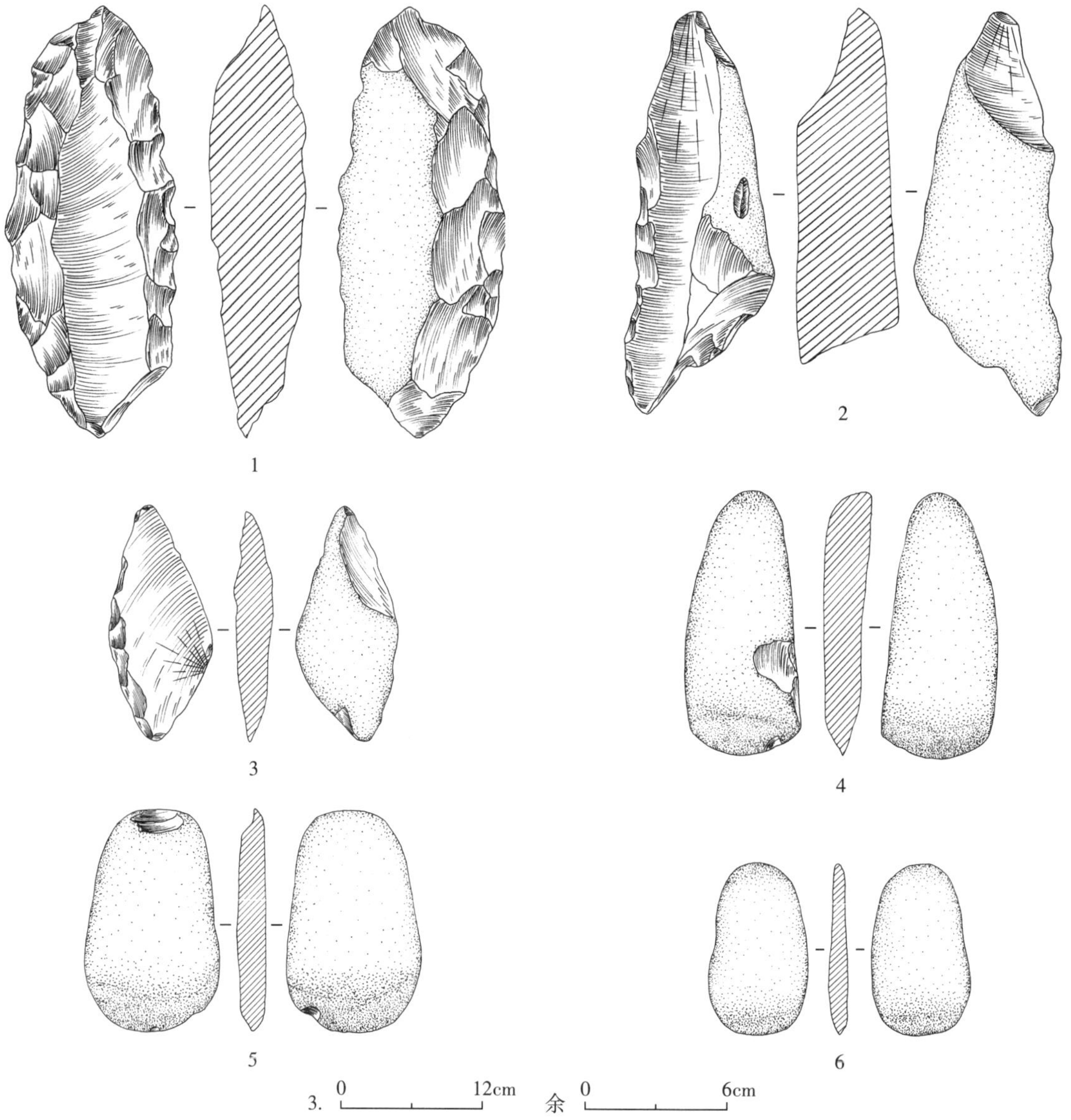

图三四四　坡叫环遗址第二文化层石制品（三十三）

1、2. BbⅧ型尖状器（2015GLPT1②：13、2015GLPT1②：26）　3. BcⅧ型尖状器（2015GLPT1②：21）
4. Ba型石斧（2015GLPT2②：92）　5. Bc型石斧（2015GLPT1②：8）　6. Bf型石斧（2015GLPT1②：16）

厚不成刃；在远端与左右两侧相交处各加工出一个舌尖，两尖部均较短，经修整；未见使用痕迹。打击片疤多较小且浅平，打击方向由背面向腹面打击。长19.1cm，宽8.7cm，厚3.2cm，重533g（图三四四，3）。

（3）磨制石制品

37件。包括石斧、石锛、石凿、斧锛类半成品、斧锛类毛坯和研磨器六大类型。其中斧锛类毛坯18件，占该文化层出土磨制石制品总数的48.65%；斧锛类半成品6件，占该文化层出土磨制石制品总数的16.22%；研磨器1件，占该文化层出土磨制石制品总数的2.70%；石斧和石锛各

5件，各占该文化层出土磨制石制品总数的13.51%；石凿2件，占该文化层出土磨制石制品总数的5.41%。

石斧 5件。均为完整件。原料只有砾石一种。岩性只有辉绿岩一种。磨制部位只见局部磨制一种。刃缘仅有弧刃一种，刃部均见有使用痕迹。器身形状有三角形、梯形和椭圆形三种。其中三角形1件，占该文化层出土石斧总数的20%；梯形和椭圆形各2件，各占该文化层出土石斧总数的40%。器身长度最大值10.8cm，最小值6.9cm；宽度最大值5.7cm，最小值4.1cm；厚度最大值2.1cm，最小值0.8cm；重量最大值146g，最小值36g。全部属于B型，分别属于Ba、Bc、Bf亚型。

Ba型 1件。

标本2015GLPT2②：92，原料为灰褐色辉绿岩砾石。器身较厚，形状近三角形。一端较宽，另一端较窄。器身一侧下半部略经单面剥片，打击片疤较小且浅平，未经磨制。较宽端两面均经精心磨制，形成两道宽窄不一、相互倾斜的光滑刃面。两刃面交汇处磨制出一道整齐锋利的弧凸状刃口。刃口一侧可见少量细碎的崩疤，这些崩疤应为使用痕迹。器身其余部位保留自然砾面。长10.8cm，宽4.7cm，厚1.7cm，重146g（图三四四，4；彩版八七，4）。

Bc型 2件。

标本2015GLPT1②：8，原料为灰褐色辉绿岩砾石。器身略扁薄，形状近梯形。一端略宽，另一端稍窄。器身稍窄端略经单面剥片，打击片疤较小且深凹，片疤尾部折断形成陡坎，未经磨制。稍宽端两面均经精心磨制，形成两道宽窄不一、相互倾斜的光滑刃面。两刃面交汇处磨制出一道整齐锋利的弧凸状刃口。刃口中部和一侧可见少量细小的崩疤，这些崩疤应为使用痕迹。器身其余部位保留自然砾面。长9.0cm，宽5.7cm，厚1.2cm，重111g（图三四四，5；彩版八七，5）。

标本2015GLPT2②：101，原料为灰褐色辉绿岩砾石。器身稍厚，形状近梯形。一端略宽，另一端稍窄。器身稍窄端两面各剥出一个较小的片疤，未经磨制。稍宽端两面均经精心磨制，形成两道宽窄不一、相互倾斜的光滑刃面。两刃面交汇处磨制出一道整齐锋利的微弧状刃口。刃口一侧可见少量细小的崩疤，这些崩疤应为使用痕迹。器身其余部位保留自然砾面。长9.9cm，宽4.9cm，厚2.1cm，重138g（图三四五，1）。

Bf型 2件。

标本2015GLPT1②：16，原料为灰褐色辉绿岩砾石。器身短小，扁薄，形状近椭圆形。一端稍宽，另一端略窄。器身略窄端和两侧均未经加工。稍宽端两面均经精心磨制，形成两道宽窄不一、相互倾斜的光滑刃面。两刃面交汇处磨制出一道整齐锋利的弧凸状刃口。刃口两侧可见少量细小的崩疤，这些崩疤应为使用痕迹。器身其余部位保留自然砾面。长6.9cm，宽4.1cm，厚0.8cm，重36g（图三四四，6）。

标本2015GLPT1②：105，原料为灰褐色辉绿岩砾石。器身稍厚，形状近椭圆形。一端略宽，另一端稍窄。器身稍窄端和一侧上半部均经多次单面剥片，打击片疤多较大且深凹，部分片疤尾

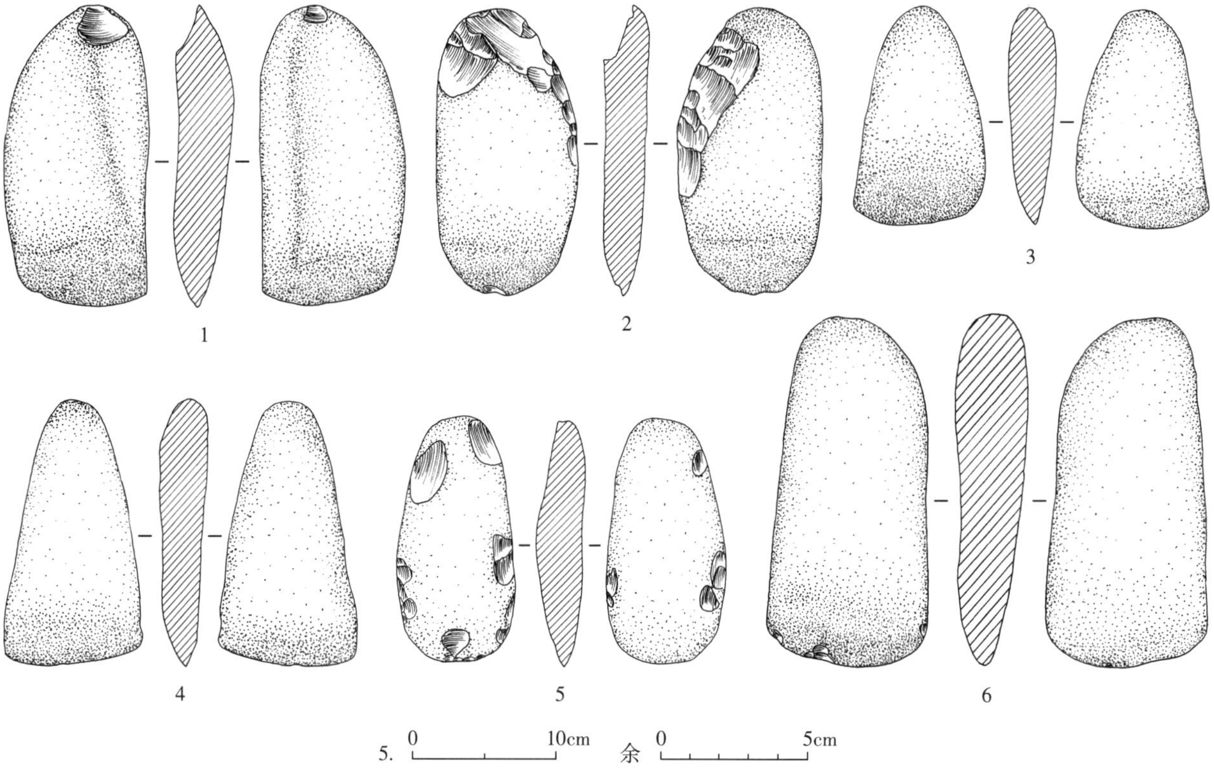

图三四五　坡叫环遗址第二文化层石制品（三十四）

1. Bc 型石斧（2015GLPT2 ②：101）　2. Bf 型石斧（2015GLPT1 ②：105）　3、4. AbⅠ型石锛（2015GLPT1 ②：5、2015GLPT1 ②：14）　5、6. AbⅢ型石锛（2015GLPT2 ②：154、2015GLPT2 ②：104）

部折断形成陡坎。器身另一侧上半部经多次双面剥片，打击片疤多较小且浅平。两侧均未经磨制。略宽端两面均经精心磨制，形成两道宽窄不一、相互倾斜的光滑刃面。两刃面交汇处磨制出一道整齐锋利的弧凸状刃口。刃口中部可见部分细碎的崩疤，这些崩疤应为使用痕迹。器身其余部位保留自然砾面。长 9.4cm，宽 4.8cm，厚 1.5cm，重 111g（图三四五，2）。

石锛　5 件。包括完整件和残件两种。其中完整件 4 件，占该文化层出土石锛总数的 80%；残件 1 件，占该文化层出土石锛总数的 20%。原料只有砾石一种。岩性均为辉绿岩。均为局部磨制。刃缘只有弧刃一种，刃部大部分可见使用痕迹。器身形状有三角形和梯形两种。其中三角形 2 件，占该文化层出土石锛总数的 40%；梯形 3 件，占该文化层出土石锛总数的 60%。器身长度最大值 16.1cm，最小值 6.1cm；宽度最大值 8.1cm，最小值 4.3cm；厚度最大值 3.2cm，最小值 1.6cm；重量最大值 609g，最小值 79g。

第一类　完整件。4 件。分别属于 A 型中的 AbⅠ次亚型和 AbⅢ次亚型。

AbⅠ型　2 件。

标本 2015GLPT1 ②：5，原料为灰褐色辉绿岩砾石。器身短小，稍厚，形状近三角形。一端较宽，另一端较窄。器身较窄端和两侧均未经加工。较宽端两面均经精心磨制，形成两道光滑刃面。

其中一刃面较宽，并明显向另一面倾斜；另一刃面略窄，磨面稍平。两刃面交汇处磨制出一道整齐锋利的微弧状刃口。刃口两侧可见较多向两侧崩裂的细碎崩疤，这些崩疤应为使用痕迹。器身其余部位保留自然砾面。长 7.1cm，宽 4.3cm，厚 1.6cm，重 79g（图三四五，3）。

标本 2015GLPT1 ②：14，原料为灰褐色辉绿岩砾石。器身稍厚，形状近三角形。一端较宽，另一端较窄。器身较窄端和两侧均未经加工。较宽端两面均经精心磨制，形成两道光滑刃面。其中一刃面较宽，并明显向另一面倾斜；另一刃面略窄，磨面稍平。两刃面交汇处磨制出一道整齐锋利的微弧状刃口。未见使用痕迹。器身其余部位保留自然砾面。长 8.7cm，宽 4.7cm，厚 1.7cm，重 87g（图三四五，4）。

AbⅢ型　2 件。

标本 2015GLPT2 ②：104，原料为灰褐色辉绿岩砾石。器身较厚，形状近梯形。一端较宽，另一端略窄。器身略窄端和两侧中部未经加工。两侧上、下半部侧缘保留较多细麻点状的打击疤痕，但未能成功开片，未经磨制。较宽端两面均经精心磨制，形成两道光滑刃面。其中一刃面较宽，磨面明显向另一面倾斜；另一刃面略窄，磨面较平。两刃面交汇处磨制出一道整齐锋利的弧凸状刃口。刃缘两侧可见较多细小的崩疤，这些崩疤应为使用痕迹。器身其余部位保留自然砾面。长 11.5cm，宽 5.5cm，厚 2.5cm，重 251g（图三四五，6；彩版八七，6）。

标本 2015GLPT2 ②：154，原料为灰褐色辉绿岩砾石。器身宽大，厚重，形状近梯形。一端略窄，另一端稍宽。略窄端和两侧中部未经加工。两侧上下半部略经双面剥片，打击片疤多较小且浅平，未经磨制。稍宽端双面经精心磨制，形成两道光滑刃面。其中一刃面较宽，明显向另一面倾斜，前缘中部有少量打击疤痕；另一刃面略窄，磨面稍平。两刃面交汇处磨制出一道整齐锋利的弧凸状刃口。刃缘两侧可见较多细碎的崩疤，这些崩疤应为使用痕迹。器身其余部位保留自然砾面。长 16.1cm，宽 8.1cm，厚 3.2cm，重 609g（图三四五，5）。

第二类　残件。1 件。属于 B 型中的 Bc 亚型。

标本 2015GLPT2 ②：2，原料为灰褐色辉绿岩砾石。器身稍宽厚，形状近梯形。两端略等宽，其中一端为不规整的断裂面。另一端两面均经精心磨制，形成两道光滑刃面。一刃面较宽，并明显向另一面倾斜；另一刃面略窄，磨面稍平。两刃面交汇处磨制出一道整齐锋利的平直刃。刃两侧可见较多细小的向两侧崩裂的崩疤，这些崩疤应为使用痕迹。器身一侧未经加工。另一侧上半部经单面剥片，打击片疤较小且浅平，未经磨制；下半部未经加工。器身其余部位保留自然砾面。残长 6.1cm，宽 5.2cm，厚 1.6cm，重 92g（图三四六，1）。

石凿　2 件。包括成品和残件两种，每种各 1 件。原料均为砾石。岩性仅见辉绿岩一种。形状分别为椭圆形和梯形。

第一类　成品。1 件。属于 A 型中的 AbⅥ次亚型。

标本 2015GLPT1 ②：51，原料为灰褐色辉绿岩砾石。器身短小，形状近椭圆形。一端略宽，另一端稍窄。器身稍窄端和两侧均未经加工。略宽端未经剥片，直接磨制出一道整齐锋利的斜弧刃。刃部两面均经精心磨制，形成两道相互倾斜的光滑刃面。刃缘两侧可见较多细小的崩疤，这些崩疤应为使用痕迹。器身较平面靠近稍窄端有一个较大而深凹的椭圆形崩疤，应是之前作为石砧使用留下的痕迹。器身其余部位保留自然砾面。长 6.6cm，宽 3.2cm，厚 1.6cm，重 48g（图三四六，2）。

第二类　残件。1 件。属于 B 型中的 Bc 亚型。

标本 2015GLPT2②：67，原料为灰褐色辉绿岩砾石。器身稍窄厚，形状近梯形。两端略等宽。器身一端为不规整的断裂面。另一端两面均经精心磨制，形成两道光滑刃面。一刃面较宽，并明显向另一面倾斜；另一刃面略窄，磨面稍平。两刃面交汇处磨制出一道整齐锋利的斜弧状刃。刃缘两侧可见较多向两侧崩裂的细小崩疤，这些崩疤应为使用痕迹。器身其余部位保留自然砾面。

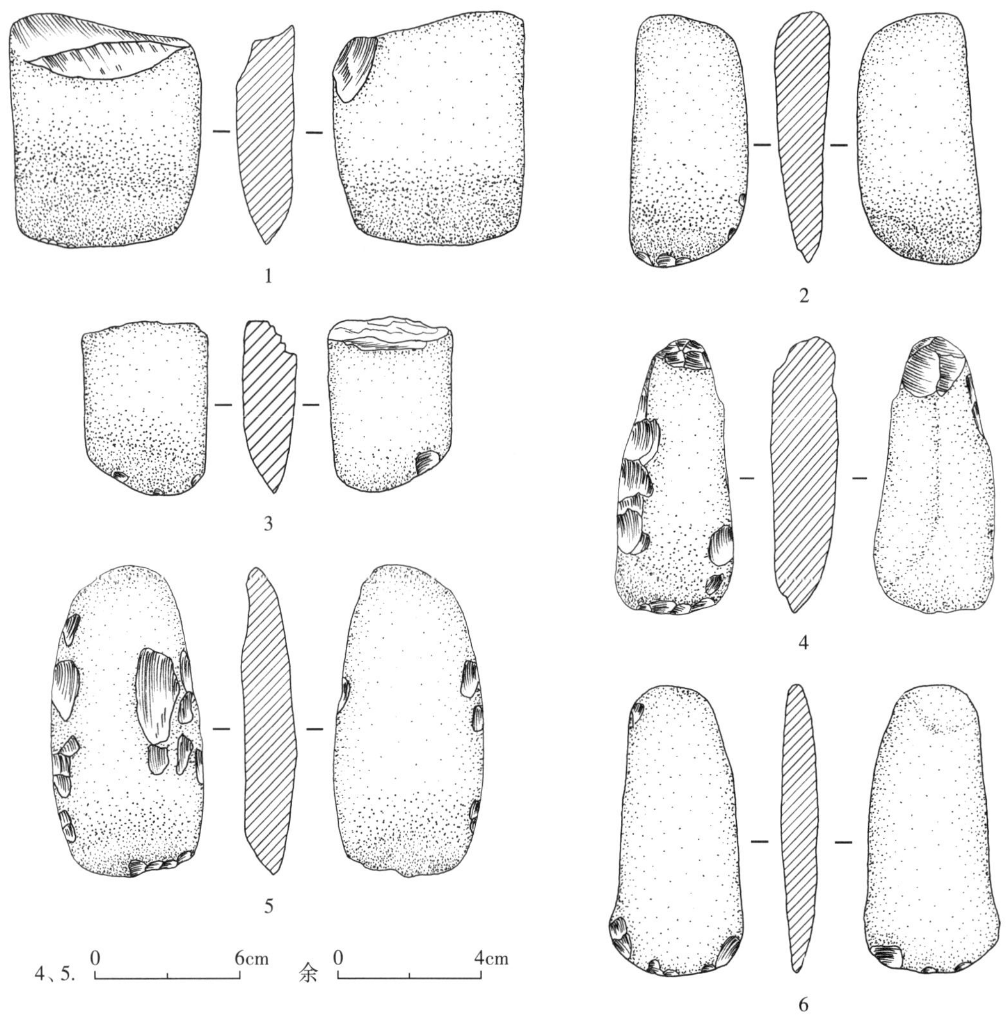

图三四六　坡叫环遗址第二文化层石制品（三十五）

1. Bc 型石锛残件（2015GLPT2②：2）　2. AbⅥ型石凿（2015GLPT1②：51）　3. Bc 型石凿残件（2015GLPT2②：67）　4. AaⅠ型斧锛类半成品（2015GLPT2②：14）　5. AaⅥ型斧锛类半成品（2015GLPT2②：94）　6. AbⅢ型斧锛类半成品（2015GLPT1②：17）

残长 4.5cm，宽 3.4cm，厚 1.4cm，重 34g（图三四六，3）。

斧锛类半成品　6 件。包括完整件和残件两种。其中完整件 5 件，占该文化层出土斧锛类半成品总数的 83.33%；残件 1 件，占该文化层出土斧锛类半成品总数的 16.67%。原料仅见砾石一种。岩性有辉绿岩和细砂岩两种。其中辉绿岩 5 件，占该文化层出土斧锛类半成品总数的 83.33%；细砂岩 1 件，占该文化层出土斧锛类半成品总数的 16.67%。磨制部位只见局部磨制一种，且多为磨制刃部，其他部位磨制极少见。器身形状有三角形、四边形、梯形、椭圆形和不规则形五种。其中三角形、四边形、梯形和不规则形各 1 件，各占该文化层出土斧锛类半成品总数的 16.67%；椭圆形 2 件，占该文化层出土斧锛类半成品总数的 33.32%。器身长度最大值 20.0cm，最小值 6.2cm；宽度最大值 7.4cm，最小值 3.7cm；厚度最大值 3.2cm，最小值 1.0cm；重量最大值 686g，最小值 37g。

第一类　完整件。5 件。分别属于 A 型中的 Aa 亚型和 Ab 亚型。

Aa 型　2 件。分别属于 AaⅠ次亚型和 AaⅥ次亚型。

AaⅠ型　1 件。

标本 2015GLPT2②：14，原料为灰褐色辉绿岩砾石。器身稍窄长，稍厚，形状近三角形。一端稍宽，另一端略窄。一面稍平，另一面凸起。器身一侧和另一侧下半部经多次单面剥片；片疤多较小且浅平，部分片疤尾部折断形成陡坎，未经磨制。器身略窄端经多次双面剥片。稍宽端经多次单面剥片，打制出一道锋利的平直刃缘。一刃面经较多磨制，向另一面倾斜；另一面略经磨制，磨面较平。两刃面交汇处两角刃口已磨出但尚未磨毕，中央仍保留较多打击疤痕。器身其余部位保留自然砾面。长 10.4cm，宽 4.5cm，厚 2.6cm，重 168g（图三四六，4）。

AaⅥ型　1 件。

标本 2015GLPT2②：94，原料为灰褐色辉绿岩砾石。器身稍宽大，扁薄，形状近椭圆形。一端稍宽，另一端略窄。一侧经多次双面剥片；片疤多较小且浅平，部分片疤尾部折断形成陡坎，侧缘略经磨制。另一侧中部经多次单面剥片；片疤较大而深凹，部分片疤尾部折断形成陡坎，侧缘未经磨制。器身略窄端未经加工。稍宽端经多次单面剥片，打制出一道整齐锋利的平直刃缘。一刃面经较多磨制，向另一面倾斜；另一刃面略经磨制，磨面较平。两刃面交汇处一侧刃口已磨出但尚未磨毕，另一侧仍保留较多打击疤痕。器身其余部位保留自然砾面。长 11.5cm，宽 5.7cm，厚 2.0cm，重 208g（图三四六，5；彩版八八，1）。

Ab 型　3 件。分别属于 AbⅢ、AbⅥ、AbⅧ次亚型。

AbⅢ型　1 件。

标本 2015GLPT1②：17，原料为灰褐色细砂岩砾石。器身较短，扁薄，形状近梯形。一端略宽，另一端稍窄。器身稍窄端一角略经单面剥片；片疤较小且浅平，未经磨制。略宽端经多次双面剥片，打制出一道整齐锋利的弧凸状刃缘。略宽端一面略经磨制，有小面积的光滑刃面，另一面未经磨制。两面交汇处保留原打制出的弧凸状刃缘。刃口尚未开始磨制。器身其余部位保留自然砾面。长 7.6cm，宽 3.7cm，厚 1.0cm，重 37g（图三四六，6；彩版八八，2）。

AbⅥ型　1 件。

标本 2015GLPT2 ②：47，原料为灰褐色辉绿岩砾石。器身稍厚，形状近椭圆形。一端略宽，另一端稍窄。器身一侧经多次双面剥片；打击片疤多较小且浅平，部分片疤尾部折断形成陡坎。另一侧中部经多次单面剥片，片疤较大而深凹，部分片疤尾部折断形成陡坎。两侧缘均未经磨制。器身稍窄端未经加工。略宽端经多次单面剥片，打制出一道整齐锋利的弧凸状刃缘。略宽端两面均经较多磨制，有较大面积的光滑刃面。其中一刃面向另一面倾斜，另一刃面稍平。两刃面交汇处仍保留原有的打击疤痕。刃口尚未开始磨制。器身其余部位保留自然砾面。长 8.7cm，宽 4.3cm，厚 2.0cm，重 114g（图三四七，1）。

AbⅧ型　1 件。

标本 2015GLPT1 ②：9，原料为灰褐色辉绿岩砾石。器身较长，宽大厚重，形状不规则。一端略宽，另一端稍窄。器身稍窄端和一侧上半部各剥出一个较小而深凹的片疤，未经磨制。一侧经多次双面剥片，片疤多较大且深凹。另一侧下半部经多次单面剥片，片疤多较大且浅平。两侧缘均未经磨制。略宽端经多次单面剥片，打制出一道整齐但不锋利的弧凸状刃缘。略宽端一面经较多磨制，有较大面积的光滑刃面，但刃面仍保留较多打击疤痕；另一面未经磨制。刃缘仍保留着原有的打击疤痕。刃口尚未开始磨制。器身其余部位保留自然砾面。长 20.0cm，宽 7.4cm，厚 3.2cm，重 686g（图三四七，2）。

第二类　残件。1 件。属于 Db 亚型。

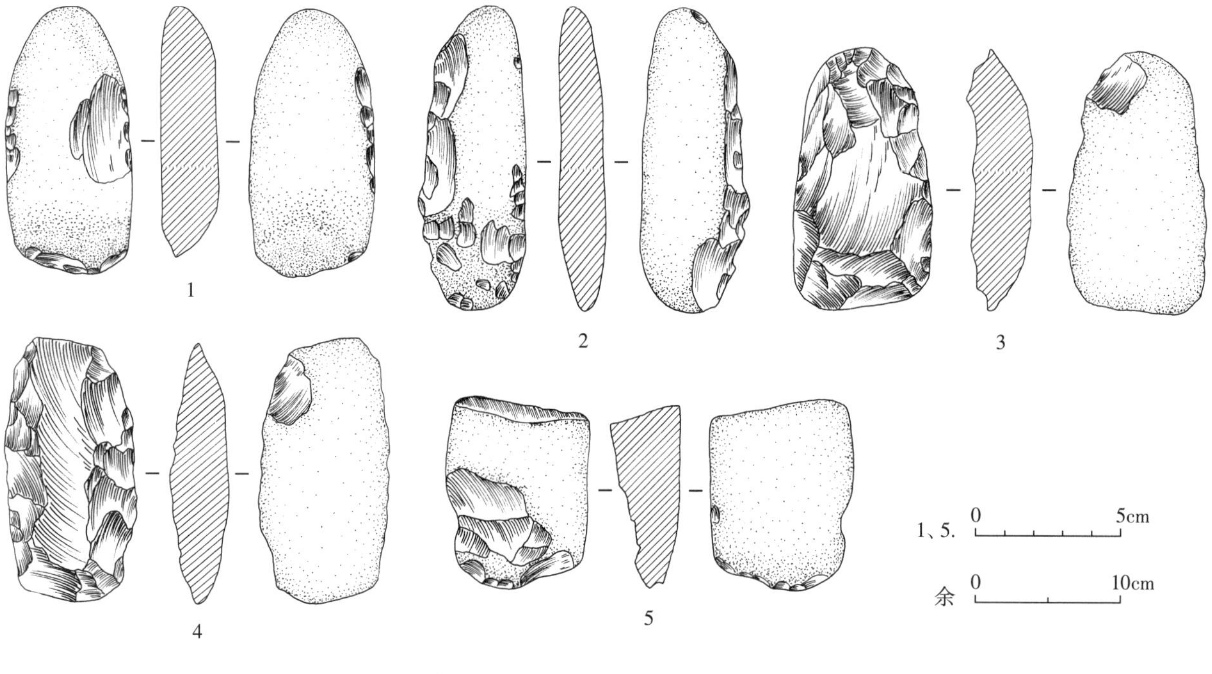

图三四七　坡叫环遗址第二文化层石制品（三十六）

1. AbⅥ型斧锛类半成品（2015GLPT2 ②：47）　2. AbⅧ型斧锛类半成品（2015GLPT1 ②：9）　3. AaⅢ型斧锛类毛坯（2015GLPT1 ②：7）　4. AaⅡ型斧锛类毛坯（2015GLPT1 ②：93）　5. Db 型斧锛类半成品残件（2015GLPT2 ②：6）

标本 2015GLPT2 ②：6，原料为灰褐色辉绿岩砾石。器身较短，稍厚，形状近四边形。一端略窄；另一端稍宽，为规整的断裂面。两侧边缘中部均略经单面剥片；其中一侧片疤多较大且深凹，另一侧片疤较小且浅平。略窄端经多次双面剥片，打制出一道不甚整齐也不锋利的弧凸状刃缘。略宽端一面稍经磨制，有少许光滑刃面，磨面向另一面倾斜；另一面经较多磨制，有较大面积的光滑面，磨面较平。两面交汇处仍保留着原有的打击疤痕。刃口尚未开始磨制。器身其余部位保留自然砾面。残长 6.2cm，宽 4.8cm，厚 2.4cm，重 85g（图三四七，5）。

斧锛类毛坯　18 件。包括完整件和残件两种。其中完整件 15 件，占该文化层出土斧锛类毛坯总数的 83.33%；残件 3 件，占该文化层出土斧锛类毛坯总数的 16.67%。原料有砾石和石片两种。其中石片 11 件，占该文化层出土斧锛类毛坯总数的 61.11%；砾石 7 件，占该文化层出土斧锛类毛坯总数的 38.89%。岩性有辉绿岩和玄武岩两种。其中辉绿岩 17 件，占该文化层出土斧锛类毛坯总数的 94.44%；玄武岩 1 件，占该文化层出土斧锛类毛坯总数的 5.56%。加工方法为锤击法，多为单面加工，双面加工者少见。加工部位多在器身的端部和两侧，绝大部分标本或多或少都保留有自然砾面，未发现通体加工者。器身形状有三角形、四边形、梯形、椭圆形、长条形和不规则形六种。其中三角形 1 件，占该文化层出土斧锛类毛坯总数的 5.56%；四边形和梯形各 2 件，各占该文化层出土斧锛类毛坯总数的 11.11%；椭圆形和长条形各 3 件，各占该文化层出土斧锛类毛坯总数的 16.67%；不规则形 7 件，占该文化层出土斧锛类毛坯总数的 38.89%。器身长度最大值 17.4cm，最小值 5.8cm；宽度最大值 9.6cm，最小值 3.4cm；厚度最大值 4.6cm，最小值 1.0cm；重量最大值 935g，最小值 55g。

第一类　完整件。15 件。分别属于 A 型和 B 型。

A 型　10 件。分别属于 Aa、Ab、Ac 亚型。

Aa 型　2 件。分别属于 AaⅡ次亚型和 AaⅢ次亚型。

AaⅡ型　1 件。

标本 2015GLPT1 ②：93，原料为灰褐色辉绿岩大石片。器身宽大，厚重，形状近四边形。远端稍宽，近端略窄。加工方法为锤击法。沿石片两侧和远端边缘多次单面剥片。在远端边缘加工出一道整齐锋利的平直刃缘，刃缘未经磨制。片疤多浅平，打击方向由背面向腹面打击，部分片疤尾部折断形成陡坎。背面近端有一个打击方向与石片打击方向相同的、较大而浅平的片疤，其余部位保留自然砾面。长 17.4cm，宽 8.8cm，厚 4.2cm，重 825g（图三四七，4）。

AaⅢ型　1 件。

标本 2015GLPT1 ②：7，原料为灰褐色辉绿岩大石片。器身宽大，厚重，形状近梯形。左侧稍宽，右侧略窄。加工方法为锤击法。沿石片两侧和两端边缘多次单面剥片。在石片左侧加工出一道直刃。刃缘整齐锋利，未经磨制。片疤多较浅平，打击方向由背面向腹面打击，部分片疤尾部折断形成陡坎。背面右下侧有一个打击方向与石片的打击方向相垂直的、较大而浅平的片疤，其余部位保留自然砾面。长 17.2cm，宽 9.6cm，厚 4.1cm，重 935g（图三四七，3）。

Ab 型　7 件。分别属于 AbⅥ、AbⅦ、AbⅧ次亚型。

AbⅥ型　2 件。

标本 2015GLPT2 ②：118，原料为灰褐色辉绿岩石片。器身稍厚，形状近椭圆形。右侧略宽，左侧稍窄。加工方法为锤击法。加工简单，沿石片两端多次双面剥片，沿右侧边缘多次单面剥片；远近端边缘钝厚，不成刃；右侧边缘加工出一道整齐锋利的弧凸状刃，未经磨制。片疤多细小而浅平，打击方向多由背面向腹面打击，少量由腹面向背面打击，部分片疤尾部折断形成陡坎。背面近端有一个打击方向与石片的打击方向相同的、较小而深凹的片疤，其余部位保留自然砾面。长 11.8cm，宽 6.9cm，厚 2.7cm，重 317g（图三四八，1）。

标本 2015GLPT2 ②：145，原料为灰褐色辉绿岩石片。器身稍宽，略扁薄，形状近椭圆形。右侧稍窄，左侧略宽。加工方法为锤击法。加工简单，沿石片两侧和两端边缘多次双面剥片。在石片左侧加工出一道弧凸状刃。刃缘整齐锋利，未经磨制。片疤多细小而浅平，打击方向多由腹面向背面打击，少量由背面向腹面打击，部分片疤尾部折断形成陡坎。器身其余部位未见人工痕迹。长 10.3cm，宽 6.7cm，厚 1.5cm，重 153g（图三四八，2）。

AbⅦ型　2 件。

标本 2015GLPT1 ②：89，原料为灰褐色辉绿岩石片。器身窄长，稍厚，形状近长条形。石片远端折断一小块，断面略平整，边缘钝厚。近端稍窄，远端略宽。加工方法为锤击法，沿石片近端、左侧下半部和右侧边缘多次单面剥片。近端边缘加工出一道整齐锋利的弧凸状刃，刃缘未

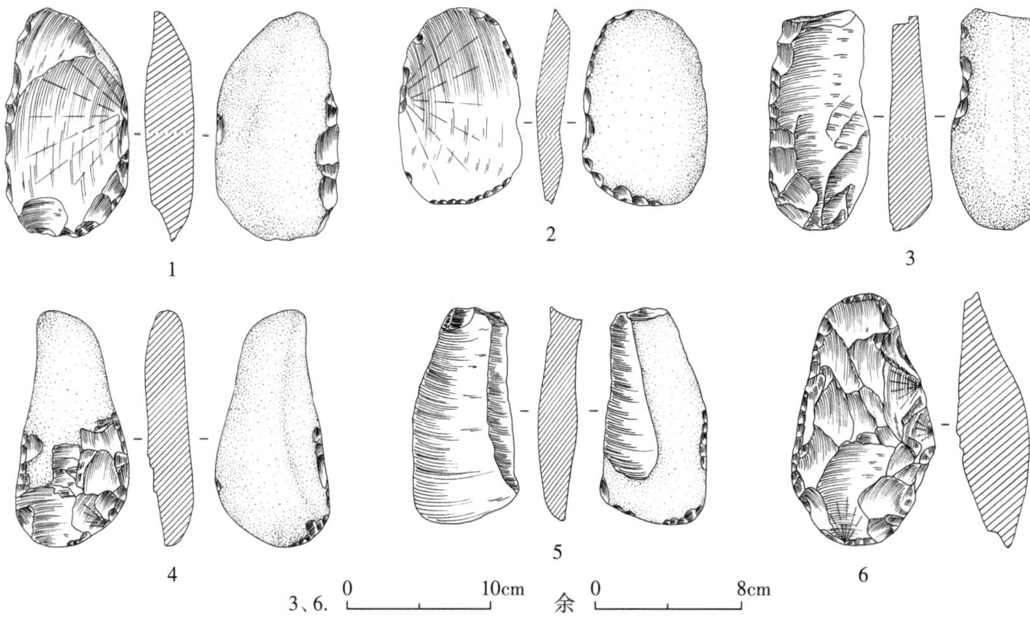

图三四八　坡叫环遗址第二文化层石制品（三十七）

1、2. AbⅥ型斧锛类毛坯（2015GLPT2 ②：118、2015GLPT2 ②：145）　3. AbⅦ型斧锛类毛坯（2015GLPT1 ②：89）　4~6. AbⅧ型斧锛类毛坯（2015GLPT1 ②：77、2015GLPT2 ②：122、2015GLPT2 ②：100）

经磨制。片疤多较小且浅平，部分片疤尾部折断形成陡坎。近端和右侧片疤的打击方向由背面向腹面打击，左侧下半部片疤则由腹面向背面打击。器身背面完全保留自然砾面。长13.4cm，宽6.4cm，厚2.9cm，重330g（图三四八，3）。

AbⅧ型　3件。

标本2015GLPT1②：77，原料为灰褐色辉绿岩砾石。器身稍宽，稍厚，形状不规则。一端较宽，另一端较窄。加工方法为锤击法。沿砾石一侧下半部和较宽端边缘多次单面剥片，另一侧下半部则经多次双面剥片。在较宽端边缘加工出一道斜弧刃。刃缘整齐锋利，未经磨制。片疤多较大且浅平，打击方向由背面向腹面打击，部分片疤尾部折断形成陡坎，有的片疤达到甚至超过器身中轴线，致使器身下半部加工面除少量自然砾面外，其余均为片疤面。器身其余部位保留自然砾面。长12.4cm，宽6.1cm，厚2.4cm，重255g（图三四八，4；彩版八八，3）。

标本2015GLPT2②：122，原料为灰褐色辉绿岩石片。器身稍扁薄，形状不规则。近端稍窄，远端略宽。石片近端折断一小块，断面不整齐，边缘钝厚。背面左侧有一大片片疤面，其余部分保留自然砾面。加工方法为锤击法。先后对石片两侧下半部和远端略作单面剥片，在远端边缘修整出一道弧凸状刃。刃缘整齐但不甚锋利，未经磨制。片疤多细小而浅平，打击方向多由腹面向背面打击。器身其余部位未见人工痕迹。长11.2cm，宽5.8cm，厚2.2cm，重184g（图三四八，5）。

标本2015GLPT2②：100，原料为灰褐色辉绿岩大石片。器身宽大，厚重，形状不规则。近端稍宽，远端略窄。加工方法为锤击法。沿石片两侧和两端边缘多次单面剥片，在近端边缘加工出一道整齐锋利的弧凸状刃缘。刃缘未经磨制。右侧和远近端的打击片疤多较小且浅平，左侧片疤多较大且深凹，打击方向由背面向腹面打击，部分片疤尾部折断形成陡坎或阶梯状。器身背面完全保留自然砾面。长15.5cm，宽9.0cm，厚4.6cm，重693g（图三四八，6）。

Ac型　1件。属于AcⅡ次亚型。

标本2015GLPT1②：87，原料为灰褐色辉绿岩石片。器身宽大，稍厚，形状近四边形。近端略窄，远端稍宽。加工方法为锤击法。沿石片两侧和两端边缘多次单面剥片，在远端边缘加工出一道整齐锋利的弧凹状刃缘。刃缘未经磨制。左侧的打击片疤多较小且浅平；右侧和两端片疤多较大且深凹，部分片疤尾部折断形成陡坎。片疤打击方向由背面向腹面打击。背面近端右侧和左侧下半部均有少量打击方向与石片打击方向相垂直的层叠片疤面，其余部位保留自然砾面。长13.3cm，宽8.1cm，厚3.3cm，重437g（图三四九，1；彩版八八，4）。

B型　5件。分别属于Bc、Bf、Bg、Bh亚型。

Bc型　1件。

标本2015GLPT2②：57，原料为灰褐色辉绿岩石片。器身较长，稍厚，形状近梯形。近端略窄；远端稍宽，尾部垂直折断一大块，边缘钝厚。加工方法为锤击法。加工简单，沿器身两侧多次单面剥片。两侧缘均钝厚。片疤多较小且浅平，未经磨制。略窄端未经加工，不成刃。长12.6cm，宽 6.8cm，厚 2.9cm，重 373g（图三四九，3）。

Bf 型　1 件。

标本 2015GLPT1 ②：100，原料为灰褐色辉绿岩砾石。器身稍厚，形状略近椭圆形。一端较宽，另一端较窄。一面略凹，另一面凸起。一侧平直，较厚。另一侧弧凸，稍薄。加工方法为锤击法。加工简单，在器身较窄端多次单面剥片，在两侧多次双面剥片。平直侧全部经剥片，片疤多较大且浅平，部分片疤尾部达到甚至超过器身中轴线。弧凸侧只在中部剥片，片疤多较小且浅平，部分片疤尾部折断形成陡坎。打击方向多由略凹面向凸起面打击。较宽端边缘钝厚，未经加工，不成刃。未经磨制。器身其余部位保留自然砾面。长 13.0cm，宽 6.6cm，厚 3.0cm，重 352g（图三四九，2；彩版八八，5）。

Bg 型　1 件。

标本 2015GLPT1 ②：50，原料为灰褐色辉绿岩砾石。器身窄长，扁薄，形状近长条形。一端略宽，另一端稍窄。加工方法为锤击法。加工简单，先在稍窄端剥出一个较小而浅平的片疤；再在略宽端一侧多次双面剥片，另一侧多次打击，但未能开片，不成刃。片疤多较小且浅平，未经磨制。器身其余部位保留自然砾面。长 8.7cm，宽 3.4cm，厚 1.0cm，重 55g（图三四九，4）。

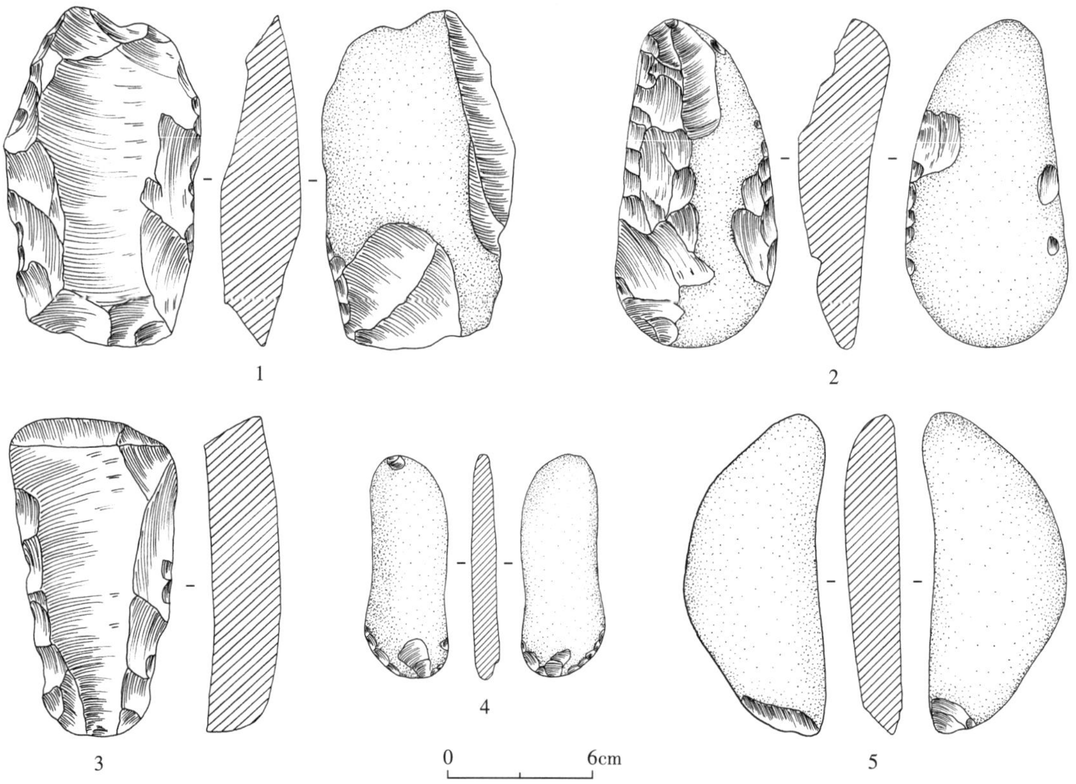

图三四九　坡叫环遗址第二文化层石制品（三十八）

1. AcⅡ型斧锛类毛坯（2015GLPT1 ②：87）　2. Bf 型斧锛类毛坯（2015GLPT1 ②：100）　3. Bc 型斧锛类毛坯（2015GLPT2 ②：57）　4. Bg 型斧锛类毛坯（2015GLPT1 ②：50）　5. Bh 型斧锛类毛坯（2015GLPT1 ②：42）

Bh 型　2 件。

标本 2015GLPT1 ②：42，原料为灰褐色辉绿岩砾石。器身稍厚，形状不规则。一端略宽，另一端稍窄。加工方法为锤击法。加工简单，在器身略宽端双面剥出几个较小而浅平的片疤，边缘稍厚，不成刃，未经磨制。器身其余部位保留自然砾面。长 12.7cm，宽 5.5cm，厚 2.2cm，重 244g（图三四九，5）。

标本 2015GLPT2 ②：142，原料为灰褐色玄武岩砾石。器身稍薄，形状不规则。一端稍宽，另一端略窄。加工方法为锤击法。加工简单，在器身稍宽端单面剥出一个稍大而深凹的片疤，未经磨制。稍宽端边缘稍厚，不成刃。器身其余部位保留自然砾面。长 11.3cm，宽 5.4cm，厚 2.0cm，重 185g（图三五〇，1）。

第二类　残件。3 件。属于 B 型中的 Ba 亚型和 Bh 亚型。

Ba 型　1 件。

标本 2015GLPT2 ②：44，原料为灰褐色辉绿岩砾石。器身较短，稍厚，形状近三角形。一端较窄，另一端稍宽，为较规整的断裂面。一面微凹，另一面微凸。加工方法为锤击法。在较窄端剥出一个较小而深凹的片疤。器身一侧略经双面剥片，有零星几个较小而深凹的片疤。另一侧下半部边缘经多次单面剥片，片疤多较大且浅平，部分片疤尾部折断形成陡坎。片疤打击方向多由微凸面向微凹面打击。器身其余部位未见人工痕迹。残长 6.3cm，宽 5.0cm，厚 1.5cm，重 76g（图三五〇，2）。

Bh 型　2 件。

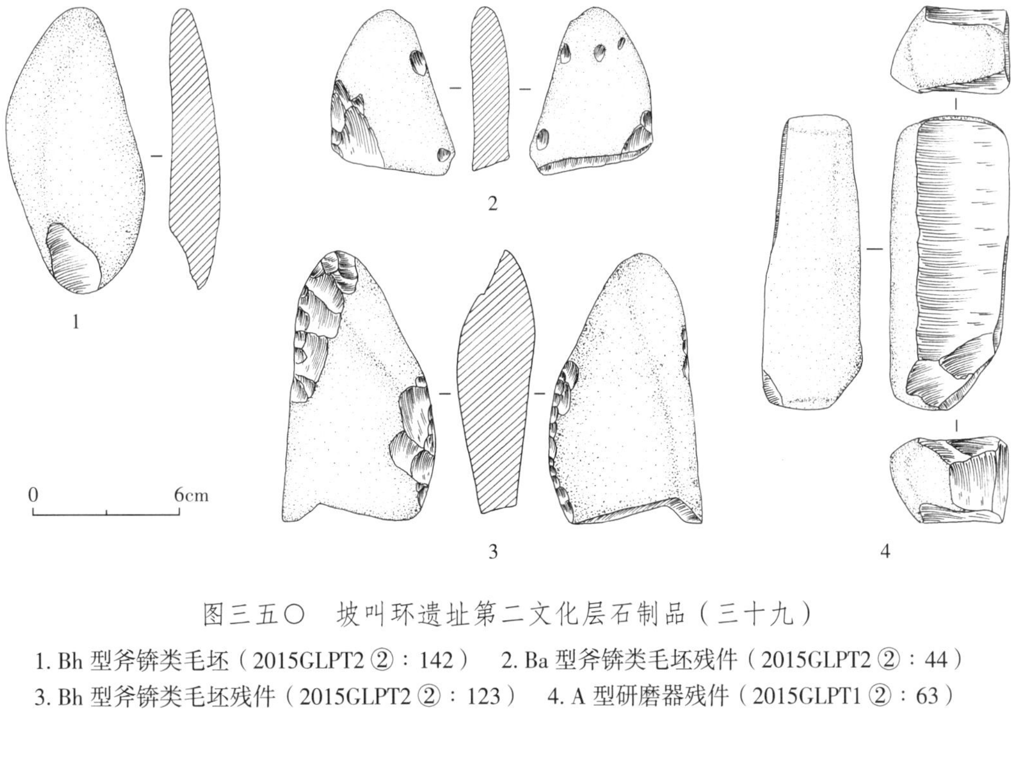

图三五〇　坡叫环遗址第二文化层石制品（三十九）

1. Bh 型斧锛类毛坯（2015GLPT2 ②：142）　2. Ba 型斧锛类毛坯残件（2015GLPT2 ②：44）
3. Bh 型斧锛类毛坯残件（2015GLPT2 ②：123）　4. A 型研磨器残件（2015GLPT1 ②：63）

标本 2015GLPT2 ②：123，原料为灰褐色辉绿岩砾石。器身稍厚，形状不规则。一端略窄，另一端较宽，为较规整的断裂面。一面较平，另一面凸起。一侧与较宽端断裂面相交处形成一个钝尖。略窄端经多次单面剥片。一侧上半部和另一侧下半部边缘经多次双面剥片。片疤多较小且浅平，部分片疤尾部折断形成陡坎，未经磨制。器身其余部位保留自然砾面。残长 10.3cm，宽 6.1cm，厚 3.0cm，重 253g（图三五〇，3）。

研磨器　1 件。为残件。属于 A 型。

标本 2015GLPT1 ②：63，原料为暗红褐色细砂岩砾石。器身较长，较厚，近长条形。一面和两侧均较平，另一面凸起。一端较宽薄，另一端较窄厚。较平面和一侧均为较平整的破裂面。加工集中于两端、凸起面和一侧。宽薄端有一处形状不规则的光滑磨面，磨面弧凸，其三侧均被两面和一侧的破裂面所破坏；靠近完整侧有一处近三角形的细麻点状砸疤，应是作为砸击石锤使用留下的痕迹。窄厚端也有一处近梭形的光滑磨面，磨面弧凸，其三侧同样被两面和一侧的破裂面所破坏。凸起面一侧有一平面型光滑磨面。另一侧全是平面型光滑磨面。凸起面中央和靠近窄厚端各有一处点状疤痕；这两处疤痕应是作为石砧使用留下的痕迹。长 11.6cm，残宽 4.6cm，残厚 3.9cm，重 371g（图三五〇，4；彩版八八，6）。

2. 蚌器

2 件。均为蚌勺完整件。均属于 A 型，属于 Ac 亚型中的 Ac Ⅰ 次亚型。

标本 2015GLPT2 ②：102，平面近三角形。将蚌壳的头部和尾部去掉，在腹部及边缘较厚部位进行加工。以较窄厚端为柄。柄顶端为弧形。两侧边钝厚，斜直，基本对称，靠近勺口弧收，一侧边靠近勺口处有一破损缺口。勺口宽薄。通体磨制，表面光滑。长 8.1cm，宽 4.2cm，厚 0.8cm（图三五一，1）。

标本 2015GLPT2 ②：103，平面近三角形。将蚌壳的头部和尾部去掉，在腹部及边缘较厚部位进行加工。以较窄厚端为柄。柄顶端为弧形。两侧边钝厚，斜直，基本对称，靠近勺口弧收。勺口宽薄。通体磨制，表面光滑，制作规整精美。长 12.6cm，宽 4.8cm，厚 1.5cm（图三五一，2）。

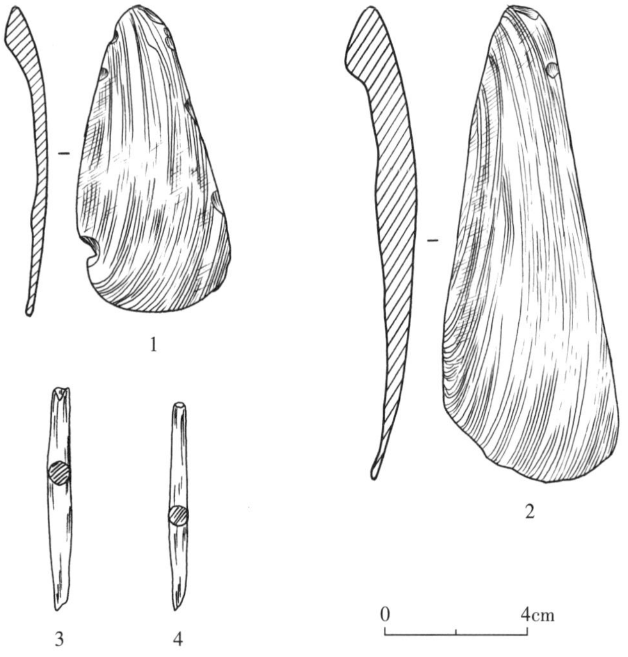

图三五一　坡叫环遗址第二文化层蚌器、骨器

1、2. AcⅠ型蚌勺（2015GLPT2 ②：102、2015GLPT2 ②：103）
3、4. A 型骨锥（2015GLPT1 ②：2、2015GLPT1 ②：3）

3. 骨器

7 件。均为骨锥。分别属于 A、B、C 型。

A 型　3 件。

标本 2015GLPT1 ②：2，原料为较小动物肢骨。形状近圆条形。一端磨出尖锋，尖锋已残断缺失，另一端略有折断。器身横截面近椭圆形。磨制较精。残长 6.0cm，横截面长、短径最大值分别约 0.65cm 和 0.6cm（图三五一，3）。

标本 2015GLPT1 ②：3，原料为较小动物肢骨。形状近圆条形。一端磨出尖锋，尖锋已残断缺失，另一端平直。器身横截面呈圆形。磨制较精。残长 5.5cm，最大横截面直径约 0.5cm（图三五一，4）。

标本 2015GLPT1 ②：4，原料为较小动物肢骨。形状近圆条形。一端磨出尖锋，尖锋已残断缺失，另一端略有折断。器身横截面近圆形。磨制较精。残长 4.7cm，最大横截面直径约 0.6cm（图三五二，1）。

B 型　2 件。

标本 2015GLPH1：34，原料为较小动物肢骨。器身略扁。一端磨出尖锋，尖锋锐利。另一端已残断。器身横截面近梯形。磨制较精。残长 7.2cm，宽约 0.9cm，厚 0.5cm（图三五二，2）。

标本 2015GLPH1：35，原料为较小动物肢骨。器身略扁。两端皆残断。器身横截面近梯形。磨制。残长约 5.3cm，宽约 0.8cm，厚约 0.5cm（图三五二，3）。

C 型　2 件。

标本 2015GLPH1：32，原料为较小动物肢骨。形状呈梭形。两端均磨出尖锋，一端锐利，另一端钝尖，锐利端已部分残损。器身横截面呈圆形。磨制较精。残长 7.6cm，横截面最大直径约 0.8cm（图三五二，4）。

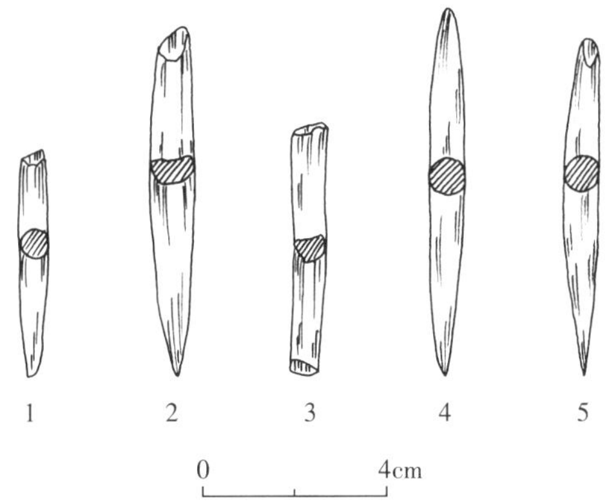

图三五二　坡叫环遗址第二文化层骨器

1. A 型骨锥（2015GLPT1 ②：4）　2、3. B 型骨锥（2015GLPH1：34、2015GLPH1：35）　4、5. C 型骨锥（2015GLPH1：32、2015GLPH1：33）

标本 2015GLPH1：33，原料为较小动物肢骨。形状呈梭形。两端均磨出尖锋，一端锐利，另一端钝尖，钝尖端已部分残损。器身横截面呈圆形。通体精磨。残长 7cm，横截面最大直径约 0.65cm（图三五二，5）。

（三）第三文化层文化遗物

636 件。包括石制品、蚌器和骨器三类。

1. 石制品

543 件。包括加工工具、打制石制品和磨制石制品三类。其中加工工具 43 件，占该文化层出土石制品总数的 7.92%；打制石制品 396 件，占该文化层出土石制品总数的 72.93%；磨制石制品 104 件，占该文化层出土石制品总数的 19.15%。

（1）加工工具

43 件。包括石锤、石片石锤、砺石、磨石和窄槽砺石五类。其中石锤 8 件，占该文化层出土加工工具总数的 18.60%；石片石锤 9 件，占该文化层出土加工工具总数的 20.93%；砺石 3 件，占该文化层出土加工工具总数的 6.98%；磨石 2 件，占该文化层出土加工工具总数的 4.65%；窄槽砺石 21 件，占该文化层出土加工工具总数的 48.84%。

石锤　8 件。原料均为砾石。岩性有细砂岩和辉绿岩两种。其中辉绿岩 2 件，占该文化层出土石锤总数的 25%；细砂岩 6 件，占该文化层出土石锤总数的 75%。器身形状有椭圆柱状、圆柱状和扁长状三种。其中椭圆柱状 5 件，占该文化层出土石锤总数的 62.5%；圆柱状 2 件，占该文化层出土石锤总数的 25.0%；扁长状 1 件，占该文化层出土石锤总数的 12.5%。器身长度最大值 17.8cm，最小值 7.6cm；宽度最大值 7.2cm，最小值 4.6cm；厚度最大值 5.8cm，最小值 1.8cm；重量最大值 958g，最小值 212g。均属于 B 型，分别属于 Ba 、Bb、Bc 亚型。

Ba 型　2 件。属于 BaⅤ次亚型。

标本 2015GLPT2 ③：11，原料为灰褐色辉绿岩砾石。器身形状呈椭圆柱状。一端稍窄，另一端稍宽。一侧稍厚，另一侧稍薄。使用痕迹主要集中在稍薄侧边，在该侧边中部至稍宽端有一处呈带状的绿豆状砸击疤痕，在疤痕的一侧靠近较宽端处还有一些细小崩疤。器身其余部位保留自然砾面。长 10.7cm，宽 6.1cm，厚 5.3cm，重 477g（图三五三，1；彩版八九，1）。

标本 2015GLPT2 ⑤：29，原料为灰褐色辉绿岩砾石。器身形状呈椭圆柱状。一端略窄，另一端稍宽。一面微平，另一面稍凸。使用痕迹主要集中在稍平面。在微平面靠近稍宽端处有一窝

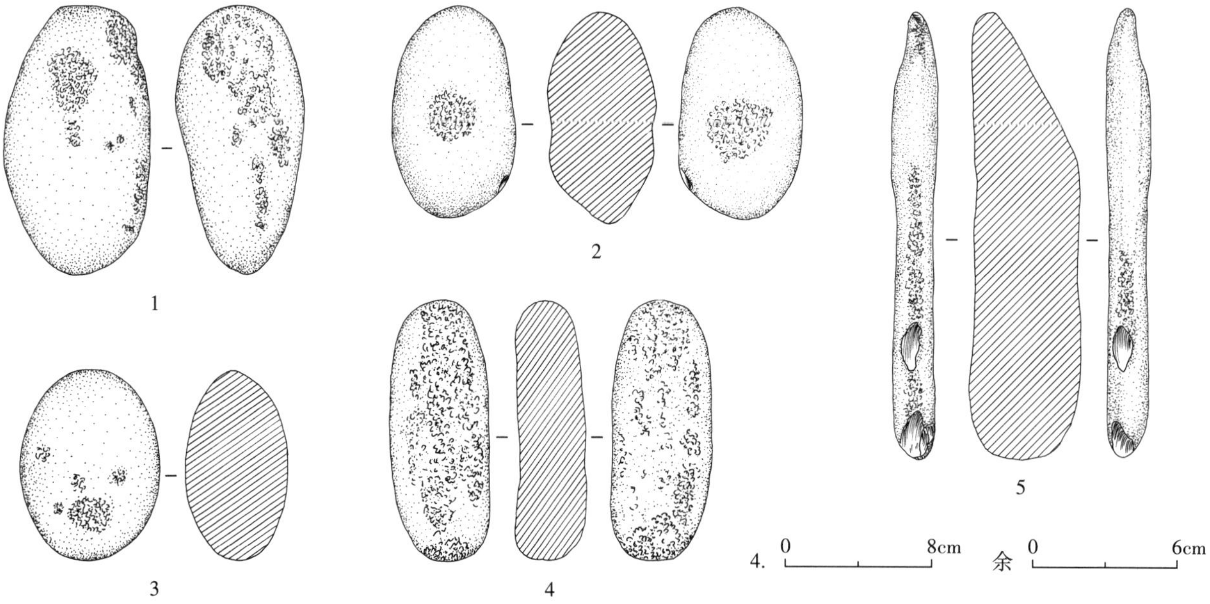

图三五三　坡叫环遗址第三文化层石制品（一）

1、3. BaⅤ型石锤（2015GLPT2 ③：11、2015GLPT2 ⑤：29）　2. BbⅤ型石锤（2015GLPT1 ④：54）　4. BcⅣ型石锤（2015GLPT1 ③：51）　5. BbⅥ型石锤（2015GLPT1 ④：75）

状坑疤，在略平面的中部也有一黄豆状的坑疤。器身其余部位保留自然砾面。长 7.6cm，宽 5.8cm，厚 4.3cm，重 289g（图三五三，3）。

Bb 型　2 件。分别属于 BbⅤ次亚型和 BbⅥ次亚型。

BbⅤ型　1 件。

标本 2015GLPT1 ④：54，原料为暗红色细砂岩砾石。器身形状呈椭圆柱状。一面稍平，另一面稍凸。使用痕迹主要集中在两面。两面中部各有一窝状坑疤，坑疤周边还有少量麻点状的疤痕。器身其余部位保留自然砾面。长 8.5cm，宽 5.2cm，厚 4.4cm，重 250g（图三五三，2；彩版八九，2）。

BbⅥ型　1 件。

标本 2015GLPT1 ④：75，原料为深灰色细砂岩砾石。器身形状呈扁长形。一端稍宽，另一端呈一锐尖。一侧稍长，另一侧稍短。使用痕迹主要集中在两侧。两侧均有呈带状的麻点状砸击疤痕，砸击疤痕的侧面还有较小的崩疤。在稍宽端的一侧有打制的疤痕。器身其余部位保留自然砾面。长 17.8cm，宽 4.6cm，厚 1.8cm，重 212g（图三五三，5）。

Bc 型　4 件。分别属于 BcⅣ次亚型和 BcⅤ次亚型。

BcⅣ型　2 件。

标本 2015GLPT1 ③：51，原料为灰色细砂岩砾石。器身形状呈圆柱状。器身布满黄豆状的砸击疤痕。疤痕侧边有较小的崩疤。长 14.7cm，宽 5.8cm，厚 4.2cm，重 648g（图三五三，4；彩版八九，3）。

标本 2015GLPT1 ③：59，原料为黄褐色细砂岩砾石。器身形状呈圆柱状。器身两面散布着细麻点状的砸击疤痕和较多的黄豆状砸击疤痕。疤痕侧边有较小的崩疤。长 12.4cm，宽 4.9cm，厚 4.2cm，重 361g（图三五四，1）。

BcⅤ型　2 件。

标本 2015GLPT1 ④：5，原料为暗红色细砂岩砾石。器身近椭圆柱状。一端稍宽，另一端略窄。两面的中部均有一纵向的凸脊，一侧略薄，另一侧略厚。其中一面纵脊的中部靠近稍窄端和略薄侧处各有一窝状坑疤；另一面纵脊中部的两侧各有一窝状坑疤。稍窄侧的中部散布麻点状砸击疤痕。器身其余部位保留自然砾面。长 15.5cm，宽 7.2cm，厚 5.8cm，重 958g（图三五四，3）。

标本 2015GLPT1 ⑤：23，原料为黄褐色细砂岩砾石。器身形状呈椭圆柱状。一端略窄，另一端稍宽。一面稍窄，另一面略宽。使用痕迹主要集中在两面及稍窄一端。在两面及稍窄端均散布有细麻点状砸击疤痕；稍窄面分布较大，多集中于中部；略宽面分布范围略小，多集中于一侧。器身其余部位保留自然砾面。长 13.5cm，宽 7.0cm，厚 5.4cm，重 813g（图三五四，2）。

石片石锤　9 件。原料为石片。岩性全为辉绿岩。器身形状有三角形、半圆形、椭圆形、长条形和不规则形五种。其中三角形、半圆形和长条形各 1 件，各占该文化层出土石片石锤总数的 11.11%；椭圆形 2 件，占该文化层出土石片石锤总数的 22.22%；不规则形 4 件，占该文化层出

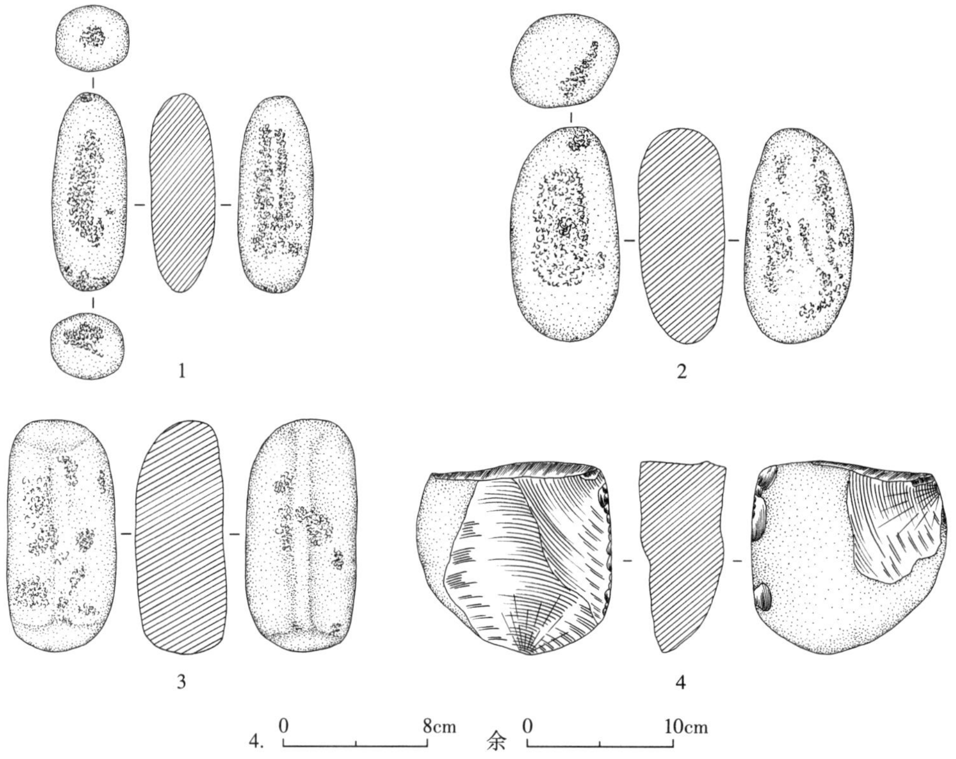

图三五四　坡叫环遗址第三文化层石制品（二）

1. BcⅣ型石锤（2015GLPT1③：59）　2、3. BcⅤ型石锤（2015GLPT1⑤：23、2015GLPT1④：5）
4. Ae型石片石锤（2015GLPT2⑤：21）

土石片石锤总数的44.44%。器身长度最大值14.8cm，最小值9.5cm；宽度最大值10.2cm，最小值4.3cm；厚度最大值4.7cm，最小值1.3cm；重量最大值651g，最小值94g。分别属于A型和B型。

A型　6件。分别属于Ae、Ah、Ai亚型。

Ae型　1件。

标本2015GLPT2⑤：21，原料为灰褐色辉绿岩石片。器身形状近半圆形。远端折断一块，形成平整的断裂面。右侧较厚，为自然砾面。使用痕迹集中于左侧。在石片左侧有呈条状分布的细麻点状砸击疤痕，原锋利的边缘经使用后变得较为圆钝。疤痕侧面还有细小的崩疤。长10.7cm，宽10.2cm，厚4.7cm，重651g（图三五四，4；彩版八九，4）。

Ah型　1件。

标本2015GLPT1④：56，原料为灰褐色辉绿岩石片。器身形状呈长条形。使用痕迹集中于右侧边。在右侧边中部有呈条状分布的细麻点状砸击疤痕，原来锋利的边缘经使用后变得较为圆钝。长14.8cm，宽4.3cm，厚2.2cm，重158g（图三五五，1）。

Ai型　4件。

标本2015GLPT1③：33，原料为灰褐色辉绿岩石片。器身形状不规则。远端折断一块，形

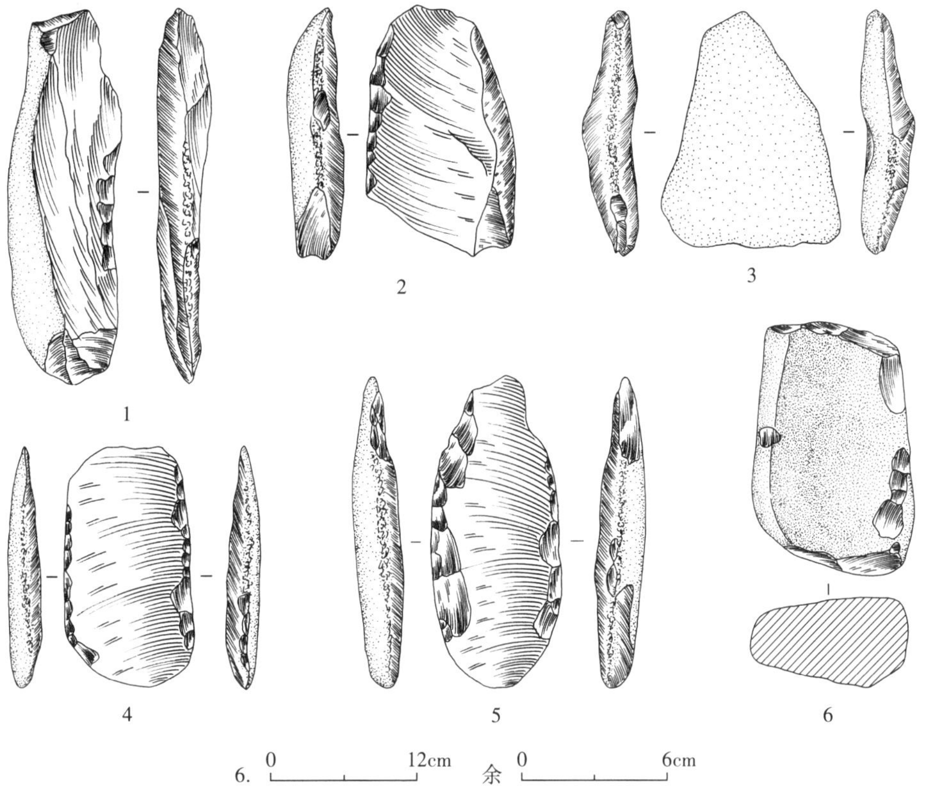

图三五五 坡叫环遗址第三文化层石制品（三）

1. Ah 型石片石锤（2015GLPT1④：56） 2. Ai 型石片石锤（2015GLPT1③：33） 3. Ba 型石片石锤（2015GLPT2④：17） 4、5. Bf 型石片石锤（2015GLPT2③：17、2015GLPT2③：94） 6. AbⅢ型砺石（2015GLPT1⑥：17）

成断裂面。使用痕迹集中于左侧。在左侧有呈条状分布的细麻点状砸击疤痕，原来锋利的边缘经使用后变得较为圆钝，疤痕侧面还有细小的崩疤。长 10.3cm，宽 6.2cm，厚 2.2cm，重 178g（图三五五，2）。

B 型 3 件。分别属于 Ba 亚型和 Bf 亚型。

Ba 型 1 件。

标本 2015GLPT2④：17，原料为灰褐色辉绿岩石片。器身形状近三角形。一侧近弧凸，另一侧近弧凹。使用痕迹集中于左右两侧边。在弧凸侧中部至近端处及弧凹侧均有呈条状分布的细麻点状砸击疤痕，原来锋利的边缘经使用后变得较为圆钝。弧凸侧的砸击疤痕两侧还有细小的崩疤。长 9.7cm，宽 7.4cm，厚 2.0cm，重 154g（图三五五，3；彩版八九，5）。

Bf 型 2 件。

标本 2015GLPT2③：17，原料为灰褐色辉绿岩石片。器身形状近椭圆形。一侧稍长，另一侧稍短。使用痕迹集中于左右两侧边。两侧边的中部均有呈条状分布的细小麻点状砸击疤痕，原来锋利的边缘经使用后变得较为圆钝。稍长侧边的疤痕侧面还有细小的崩疤。长 9.5cm，宽 5.3cm，厚 1.3cm，重 94g（图三五五，4）。

标本 2015GLPT2 ③：94，原料为灰褐色细砂岩石片。器身形状近椭圆形。左侧稍薄，右侧稍厚。使用痕迹集中于左右两侧边。两侧边的中部均有呈条状分布的细小麻点状砸击疤痕，原来锋利的边缘经使用后变得较为圆钝。疤痕侧面还有细小的崩疤。长 12.3cm，宽 5.4cm，厚 2.0cm，重 161g（图三五五，5）。

砺石　3 件。原料仅有岩块一种。岩性仅有细砂岩一种。有兼作石砧现象。器身形状有四边形、不规则形和梯形三种。其中四边形、不规则形和梯形各 1 件，各占该文化层出土砺石总数的 33.33%。器身长度最大值 21.0cm，最小值 19.6cm；宽度最大值 16.6cm，最小值 11.2cm；厚度最大值 9.4cm，最小值 6.0cm；重量最大值 4145g，最小值 2470g。分别属于 A 型和 D 型。

A 型　1 件。属于 Ab 亚型中的 AbⅢ次亚型。

标本 2015GLPT1 ⑥：17，原料为黄褐色细砂岩岩块。器身形状近梯形。一端略窄，另一端稍宽，均为断裂面。一面倾斜，另一面平整。使用痕迹集中在倾斜面。在倾斜面几乎整面是一近椭圆形的弧凹型光滑磨面。磨面两侧见有部分较小的崩疤。长 19.8cm，宽 13.3cm，厚 7.3cm，重 2735g（图三五五，6）。

D 型　2 件。分别属于 Da 亚型和 Db 亚型。

Da 型　1 件。属于 DaⅡ次亚型。

标本 2015GLPT2 ③：72，原料为黄褐色细砂岩岩块。器身形状近四边形。一端稍宽，另一端稍窄。一侧稍长，另一侧稍短。两面均平整；其中一面面积稍大，另一面面积稍小。使用痕迹

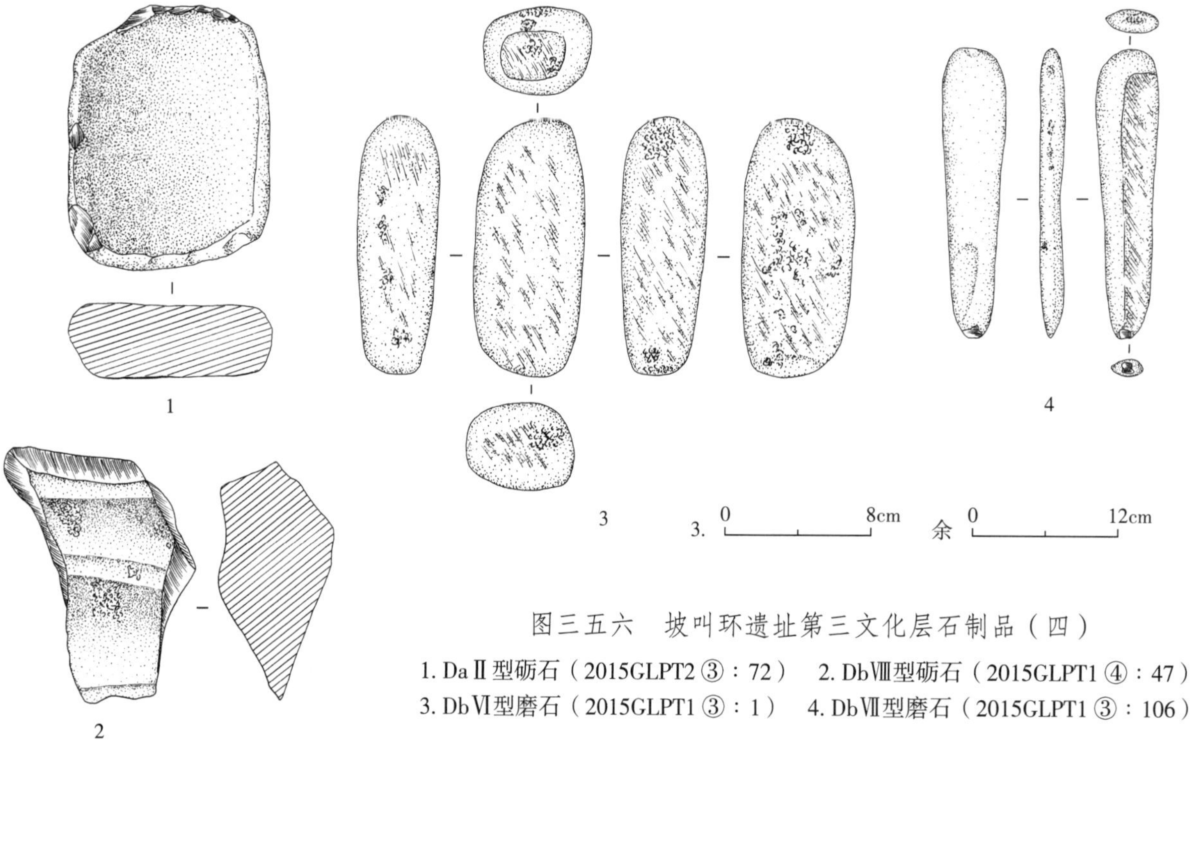

图三五六　坡叫环遗址第三文化层石制品（四）

1. DaⅡ型砺石（2015GLPT2 ③：72）　2. DbⅧ型砺石（2015GLPT1 ④：47）
3. DbⅥ型磨石（2015GLPT1 ③：1）　4. DbⅦ型磨石（2015GLPT1 ③：106）

集中在稍大面。该面为一近四边形的平面型磨面，在磨痕中部略靠近稍长侧有一处呈弧形的麻点状坑疤，这些坑疤应为兼作石砧使用时留下的痕迹。器身四周有修整的痕迹。长 21.0cm，宽 16.6cm，厚 6.0cm，重 4145g（图三五六，1）。

Db 型　1 件。属于 DbⅧ次亚型。

标本 2015GLPT1 ④：47，原料为褐色细砂岩岩块。器身形状不规则。一端较宽厚，另一端较窄薄。一侧呈弧凹，另一侧近弧凸。一面较平整，另一面向较窄薄端倾斜。使用痕迹主要集中在倾斜面。倾斜面中部略靠近宽厚端有一横向的凸脊，将倾斜面分为两个部分，每部分各有一呈弧形的磨面。两磨面上散布有米粒状坑疤，这些坑疤应为兼作石砧使用时留下的痕迹。长 19.6cm，宽 11.2cm，厚 9.4cm，重 2470g（图三五六，2）。

磨石　2 件。原料均为砾石。岩性均为细砂岩。形状分别为椭圆形和长条形。均为 D 型，分别属于 Db 亚型中的 DbⅥ次亚型和 DbⅦ次亚型。

DbⅥ型　1 件。

标本 2015GLPT1 ③：1，原料为深灰色细砂岩砾石。器身形状呈椭圆形。一端稍窄薄，另一端稍宽厚。一侧稍薄，另一侧稍厚。一面较平整，另一面略微弧凸。在两端及两侧均有近弧形的磨面；磨面光滑，上有密集的斜线磨痕。两端磨面局部可见绿豆状坑疤。较平整磨面中部及靠近稍薄侧、微凸面磨面上均散布有绿豆状坑疤。这些坑疤应为兼作砸击石锤使用时留下的痕迹。长 13.5cm，宽 6.0cm，厚 4.5cm，重 635g（图三五六，3）。

DbⅦ型　1 件。

标本 2015GLPT1 ③：106，原料为深灰色细砂岩砾石。器身形状呈长条形。一端稍窄，另一端稍宽。一面平整，另一面靠近稍宽端略微弧凸。一侧较直，另一侧微弧凹。在两面靠近稍宽端处各有一微弧形磨面，磨面光滑。在弧凸面靠近弧凹侧有一长条形的磨面，从稍宽端一直分布到稍窄端，磨面光滑。略宽端的端面有一些细麻点状的砸击疤痕，稍窄端的两侧也有较小的崩疤；这些疤痕应为兼作间打器使用时留下的痕迹。长 23.0cm，宽 5.2cm，厚 2.1cm，重 333g（图三五六，4）。

窄槽砺石　21 件。原料为岩块一种。岩性仅有泥岩一种。使用痕迹主要集中在器身的侧边。器身形状有三角形、梯形、长条形和不规则形四种。其中三角形和不规则形各 2 件，各占该文化层出土窄槽砺石总数的 9.52%；梯形 1 件，占该文化层出土窄槽砺石总数的 4.76%；长条形 16 件，占该文化层出土窄槽砺石总数的 76.19%。器身长度最大值 17.7cm，最小值 5.9cm；宽度最大值 4.1cm，最小值 1.8cm；厚度最大值 2.9cm，最小值 0.7cm；重量最大值 276g，最小值 18g。分别属于 A、B、C 型。

A 型　9 件。分别属于 Ab 亚型中的 AbⅠ、AbⅢ、AbⅦ次亚型。

AbⅠ型　1 件。

标本 2015GLPT1 ③：93，原料为深灰色泥岩岩块。器身形状近三角形。一端呈一钝尖，另

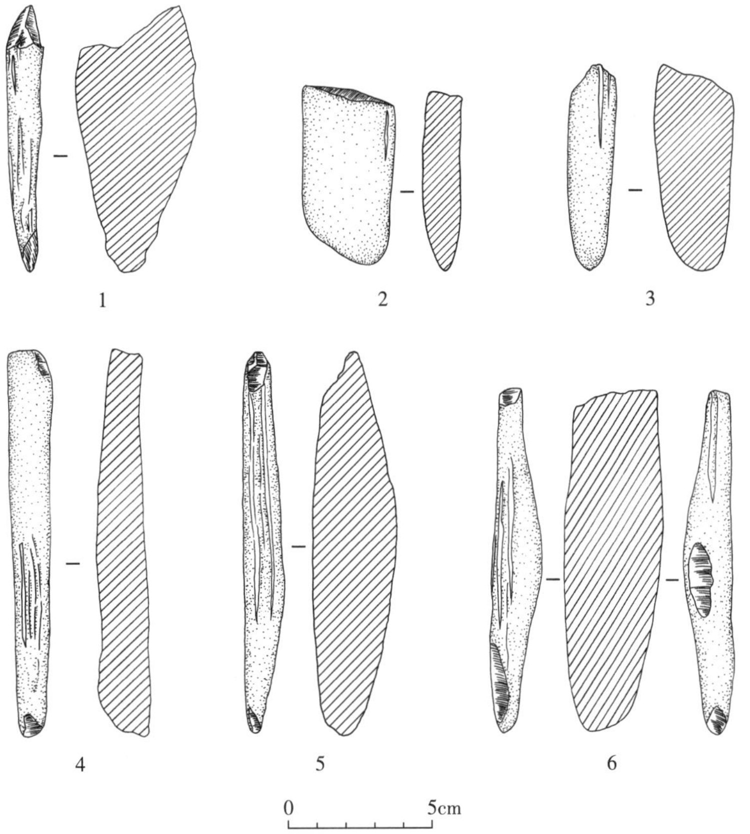

图三五七 坡叫环遗址第三文化层石制品（五）

1. AbⅠ型窄槽砺石（2015GLPT1③：93） 2. AbⅢ型窄槽砺石（2015GLPT2⑤：14） 3~5. AbⅦ型窄槽砺石（2015GLPT1⑥：31、2015GLPT1③：52、2015GLPT2⑤：65） 6. BbⅦ型窄槽砺石（2015GLPT1③：87）

一端稍宽。一侧稍直，另一侧近弧凸。在稍直侧有一磨痕；磨痕浅长，中部凸起，断面近弓形。长 8.9cm，宽 4.1cm，厚 1.3cm，重 49g（图三五七，1）。

AbⅢ型 1 件。

标本 2015GLPT2⑤：14，原料为深灰色泥岩岩块。器身形状近梯形。一端呈一钝尖，另一端较宽，已折断一大块，形成断裂面。一侧稍长，另一侧稍短。在稍长侧靠近稍宽端有一条较短的磨痕；磨痕中部凸起，断面近弓形，磨痕一端已残缺。长 5.9cm，宽 3.2cm，厚 1.2cm，重 37g（图三五七，2）。

AbⅦ型 7 件。

标本 2015GLPT1③：52，原料为深灰色泥岩岩块。器身形状近长条形。一端稍宽，另一端稍窄，两端均折断一块。一侧稍直，另一侧靠近稍宽端略微弧凹。在稍弧凹侧中部靠近稍宽端有一磨痕。磨痕浅长，中部凸起，断面近弓形。长 12.8cm，宽 1.8cm，厚 1.5cm，重 44g（图三五七，4）。

标本 2015GLPT2⑤：65，原料为深灰色泥岩岩块。器身形状近长条形。一端近一锐尖，两侧均有小破裂，另一端近一钝尖。一侧呈弧凸，另一侧稍直。在稍直侧有一磨痕。磨痕浅长，两侧略深，中部凸起，断面近弓形。长 12.7cm，宽 2.8cm，厚 1.4cm，重 65g（图三五七，5）。

标本 2015GLPT1⑥：31，原料为深灰色泥岩岩块。器身形状近长条形。一端稍窄，另一端稍宽，已折断一块。一侧稍弧凸，另一侧稍直。一面弧凸，另一面平整。在弧凸侧靠近稍宽端有一磨痕。磨痕浅长，中部凸起，断面近弓形。在磨痕靠近平整面的一侧另有一条呈直线的磨痕。长 6.8cm，宽 2.7cm，厚 1.6cm，重 43g（图三五七，3；彩版八九，6）。

B 型 7 件。分别属于 Bb 亚型中的 BbⅦ次亚型和 BbⅧ次亚型。

BbⅦ型 5 件。

标本 2015GLPT1③：87，原料为深灰色泥岩岩块。器身形状呈长条形。一端稍宽，已折断一大块，呈一断裂面。另一端稍窄，折断一小块。一侧稍直，另一侧近弧凸。在稍直侧以及弧凸侧各有一条磨痕。磨痕中部凸起，断面近弓形。稍直侧磨痕较长，弧凸侧磨痕稍短。长 11.4cm，宽 3.3cm，厚 1.7cm，重 85g（图三五七，6）。

标本 2015GLPT1③：91，原料为深灰色泥岩岩块。器身形状近长条形。一端稍宽，已折断一块，呈一断裂面；另一端稍窄。一侧稍直，另一侧中部略微弧凸。两侧各有一磨痕。磨痕两侧略深，中部凸起，断面近弓形。稍直侧磨痕略长，弧凸侧磨痕稍短。长 11.7cm，宽 3.2cm，厚 1.3cm，重 85g（图三五八，1）。

BbⅧ型　2 件。

标本 2015GLPT1⑤：66，原料为深灰色泥岩岩块。器身形状不规则。一端近一钝尖，另一端较宽，折断一大块，形成不规整的断裂面。一侧稍直，另一侧略为弧凸。在稍直侧靠近稍宽端有一磨痕。磨痕两侧略深，中部凸起，断面近弓形。在弧凸侧中部靠近尖端也有一弧形磨痕。长 11.0cm，宽 3.5cm，厚 2.1cm，重 107g（图三五八，4）。

标本 2015GLPT2③：111，原料为深灰色泥岩岩块。器身形状不规则。一端近一钝尖，另一

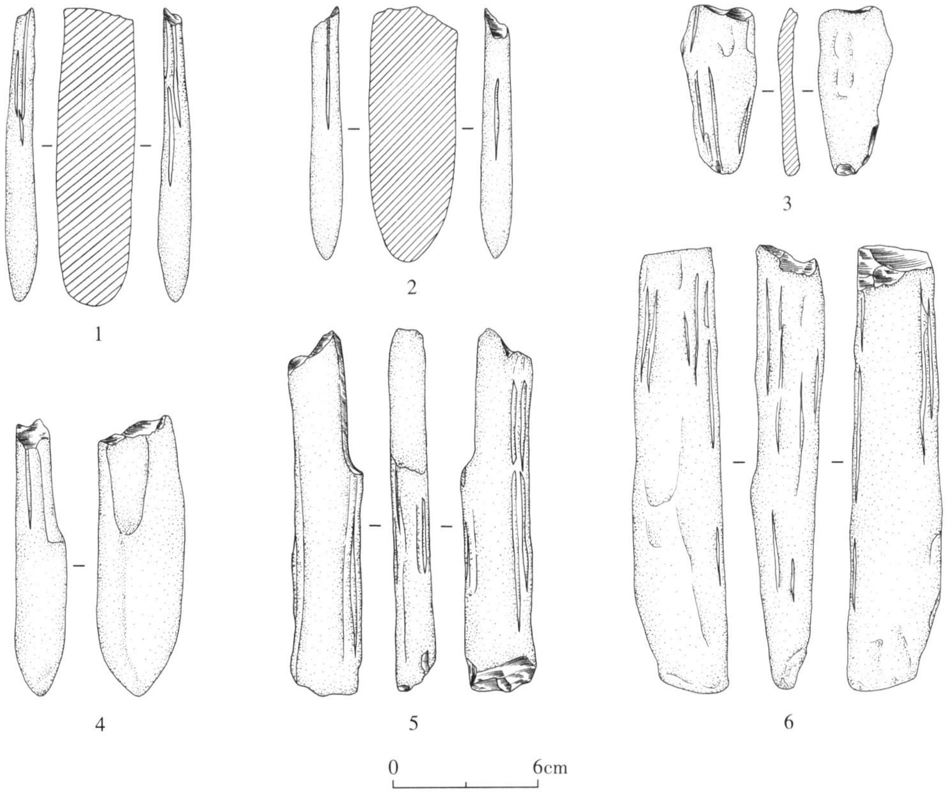

图三五八　坡叫环遗址第三文化层石制品（六）

1. BbⅦ型窄槽砺石（2015GLPT1③：91）　2、4. BbⅧ型窄槽砺石（2015GLPT2③：111、2015GLPT1⑤：66）　3. CbⅠ型窄槽砺石（2015GLPT1③：100）　5、6. CbⅦ型窄槽砺石（2015GLPT1③：118、2015GLPT2③：53）

端稍宽，已折断一大块，形成一断裂面。一侧略微弧凹，另一侧稍直。在弧凹侧中部以及稍直侧中部各有一磨痕，磨痕断面呈弓形。长 10.1cm，宽 3.5cm，厚 1.4cm，重 77g（图三五八，2）。

C 型　5 件。分别属于 Cb 亚型中的 Cb Ⅰ 次亚型和 CbⅦ次亚型。

Cb Ⅰ 型　1 件。

标本 2015GLPT1 ③：100，原料为黄褐色泥岩岩块。器身形状近三角形。两侧的上、下部和一面的一侧各有一条磨痕。磨痕两侧略深，中部凸起，断面近弓形。长 6.7cm，宽 3.1cm，厚 0.7cm，重 18g（图三五八，3；彩版九〇，1）。

CbⅦ型　4 件。

标本 2015GLPT1 ③：118，原料为深灰色泥岩岩块。器身形状近长条形。两端基本等宽，均为不规则的断裂面。在两面与侧面的交汇处均有磨痕。部分磨痕较为凌乱，有的还相互叠压。磨痕两侧略深，中部凸起，断面近弓形。长 14.4cm，宽 2.8cm，厚 1.6cm，重 113g（图三五八，5）。

标本 2015GLPT2 ③：53，原料为深灰色泥岩岩块。器身形状近长条形。一端稍宽；另一端略窄，为不规则的断裂面。在两面与侧面的交汇处均有磨痕。部分磨痕较为凌乱，有的还相互叠压。磨痕两侧略深，中部凸起，断面近弓形。长 17.7cm，宽 3.8cm，厚 2.8cm，重 276g（图三五八，6）。

（2）打制石制品

396 件。包括石核、石片、砍砸器、刮削器和尖状器五类。其中石核 10 件，占该文化层出土打制石制品总数的 2.53%；石片 157 件，占该文化层出土打制石制品总数的 39.65%；砍砸器 170 件，占该文化层出土打制石制品总数的 42.93%；刮削器 58 件，占该文化层出土打制石制品总数的 14.65%；尖状器 1 件，占该文化层出土打制石制品总数的 0.24%。

石核　10 件。原料仅有砾石一种。岩性有辉绿岩、细砂岩和石英三种。其中辉绿岩 5 件，占该文化层出土石核总数的 50%；细砂岩 3 件，占该文化层出土石核总数的 30%；石英 2 件，占该文化层出土石核总数的 20%。石核有自然台面的，也有自然台面与人工台面组合的。台面类型有单台面和多台面两种。其中单台面 3 件，占该文化层出土石核总数的 30%；多台面 7 件，占该文化层出土石核总数的 70%。多台面石核表面保留的自然砾面较少，石核的利用率较高。器身形状有圆形、椭圆形和不规则形三种。其中圆形 1 件，占该文化层出土石核总数的 10%；椭圆形 2 件，占该文化层出土石核总数的 20%；不规则形 7 件，占该文化层出土石核总数的 70%。器身长度最大值 19.6cm，最小值 5.4cm；宽度最大值 16.4cm，最小值 4.8cm；厚度最大值 11.4cm，最小值 1.5cm；重量最大值 4710g，最小值 97g。分别属于 A 型和 C 型。

A 型　3 件。分别属于 Ad 亚型和 Af 亚型。

Ad 型　1 件。

标本 2015GLPT2 ③：102，原料为灰色细砂岩砾石。器身形状近圆形。一面较平，另一面较不平整。打击台面为自然台面。以其中一端为台面，多次单面剥片。片疤稍大且浅平，长大于宽。器身其余部位保留自然砾面。长 8.0cm，宽 7.3cm，厚 1.5cm，重 151g（图三五九，1）。

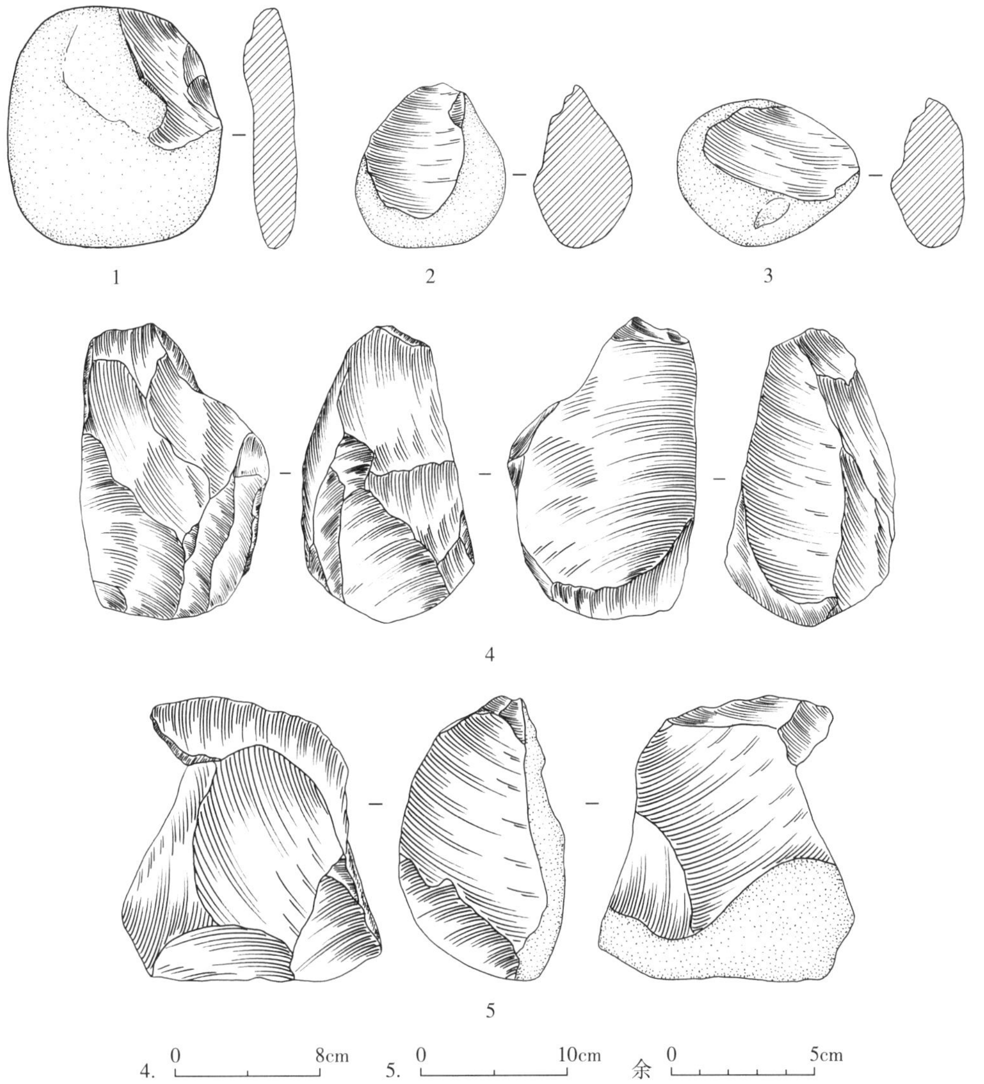

图三五九　坡叫环遗址第三文化层石制品（七）

1. Ad 型石核（2015GLPT2③：102）　2、3. Af 型石核（2015GLPT2⑤：63、2015GLPT2⑤：143）
4、5. Ci 型石核（2015GLPT1③：23、2015GLPT1⑥：56）

Af 型　2 件。

标本 2015GLPT2⑤：63，原料为黄白色石英砾石。器身形状近椭圆形。一端略窄，另一端略宽。打击台面为自然台面。以略窄一端为台面，剥下一块石片。片疤稍大，略深，长大于宽。器身其余部位保留自然砾面。长 5.4cm，宽 4.8cm，厚 3.4cm，重 108g（图三五九，2）。

标本 2015GLPT2⑤：143，原料为黄白色石英砾石。器身形状近椭圆形。一端略窄，另一端略宽。打击台面为自然台面。以其中一侧为台面，剥下一块石片。片疤稍大，略深，宽大于长。器身其余部位保留自然砾面。长 6.4cm，宽 4.8cm，厚 2.5cm，重 97g（图三五九，3）。

C 型　7 件。均属于 Ci 亚型。

标本 2015GLPT1③：23，原料为褐色细砂岩砾石。器身形状不规则。打击台面多样，既有以一端一侧为台面者，也有以一面为台面的，还有以片疤交汇点为台面的；既有人工台面，又有自然台面。片疤较大且平。器身均为片疤面，说明该石核利用率较高。长 15.7cm，宽 10.1cm，厚 8.97cm，重 1740g（图三五九，4）。

标本 2015GLPT1⑥：56，原料为灰褐色辉绿岩砾石。器身形状不规则。打击台面多样，既有一端一侧为台面的，也有以一面为台面的，还有以片疤交汇点为台面的；既有人工台面，又有自然台面。片疤较大且平。器身仅保留一小部分自然砾面，其余均为片疤，说明该石核利用率较高。长 18.5cm，宽 16.4cm，厚 11.4cm，重 4710g（图三五九，5）。

石片 157 件。岩性有辉绿岩和细砂岩两种。其中辉绿岩 154 件，占该文化层出土石片总数的 98.09%；细砂岩 3 件，占该文化层出土石片总数的 1.91%。打击台面有自然台面和人工台面两种，其中自然台面 149 件，占该文化层出土石片总数的 94.90%；人工台面 8 件，占该文化层出土石片总数的 5.10%。打击点清楚，半锥体凸出的有 7 件，占该文化层出土石片总数的 4.46%；半锥体微显的有 21 件，占该文化层出土石片总数的 13.38%；半锥体不显的有 129 件，占该文化层出土石片总数的 82.16%。石片宽大于长的有 74 件，占该文化层出土石片总数的 47.13%。大多数石片背面或多或少保留有自然砾面。石片的边缘大多数锋利，有使用痕迹的 13 件，占该文化层出土石片总数的 8.28%。打片方法有锤击法和碰砧法两种，其中使用锤击法的有 156 件，占该文化层出土石片总数的 99.36%；使用碰砧法的只有 1 件，占该文化层出土石片总数的 0.64%。器身形状有三角形、四边形、梯形、圆形、半圆形、椭圆形、扇贝形、长条形、心形和不规则形十种。其中三角形 12 件，占该文化层出土石片总数的 7.64%；四边形 6 件，占该文化层出土石片总数的 3.82%；梯形 15 件，占该文化层出土石片总数的 9.55%；圆形 2 件，占该文化层出土石片总数的 1.27%；半圆形和扇贝形各 8 件，各占该文化层出土石片总数的 5.10%；椭圆形 30 件，占该文化层出土石片总数的 19.11%；长条形 15 件，占该文化层出土石片总数的 9.55%；心形 4 件，占该文化层出土石片总数的 2.55%；不规则形 57 件，占该文化层出土石片总数的 36.31%。器身长度最大值 18.7cm，最小值 2.4cm；宽度最大值 16.5cm，最小值 3.1cm；厚度最大值 3.8cm，最小值 0.7cm；重量最大值 633g，最小值 5g。分别属于 A 型和 C 型。

A 型　156 件。分别属于 Aa、Ab、Ac、Ad、Ae、Af 亚型。

Aa 型　64 件。分别属于 AaⅠ、AaⅡ、AaⅢ、AaⅣ、AaⅤ、AaⅥ、AaⅦ、AaⅧ、AaⅨ、AaⅪ次亚型。

AaⅠ型　3 件。

标本 2015GLPT1⑤：68，原料为灰褐色辉绿岩砾石。器身形状近三角形。打击台面为自然台面。打击点宽大，半锥体不显，放射线不清楚，同心波纹明显。左侧及远端边缘锋利。右侧钝厚，折断一块，形成较平整的断裂面。未见使用痕迹。背面完全保留自然砾面。长 9.6cm，宽 8.1cm，厚 1.2cm，重 93g（图三六〇，1）。

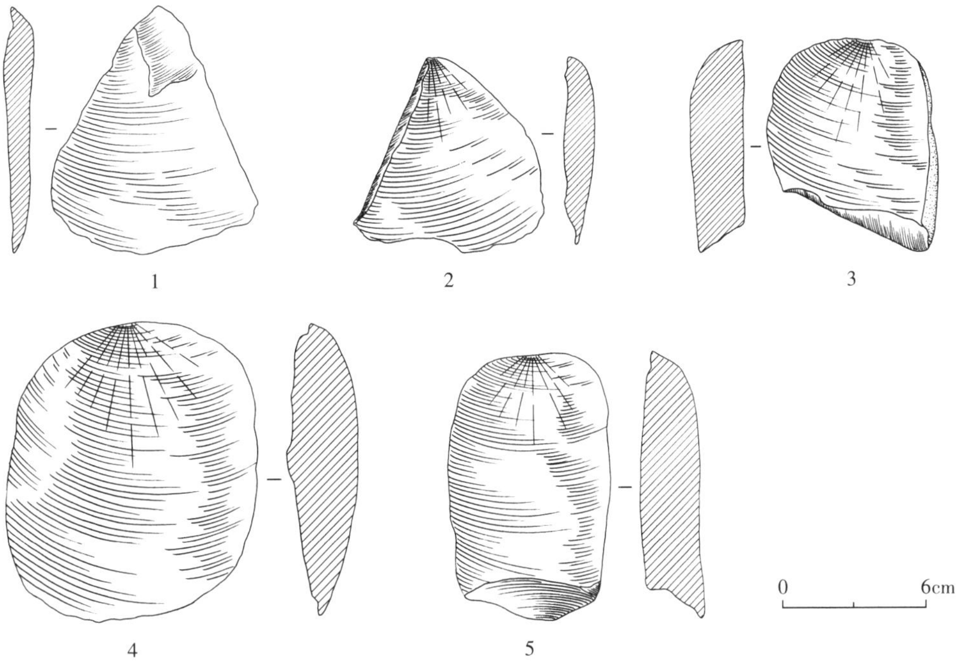

图三六〇　坡叫环遗址第三文化层石制品（八）

1、2. AaⅠ型石片（2015GLPT1⑤：68、2015GLPT2③：107）　3. AaⅢ型石片（2015GLPT1④：39）　4、5. AaⅡ型石片（2015GLPT2④：6、2015GLPT2⑤：139）

标本2015GLPT2③：107，原料为灰色辉绿岩砾石。器身形状近三角形。打击台面为自然台面。打击点宽大，半锥体不显，放射线清楚，同心波纹明显。右侧边缘锋利。左侧钝厚，折断一块，形成平整的断裂面。远端部分折断一小块，形成断裂面。未见使用痕迹。背面完全保留自然砾面。长8.0cm，宽7.8cm，厚1.2cm，重74g（图三六〇，2）。

AaⅡ型　4件。

标本2015GLPT2④：6，原料为灰色辉绿岩砾石。器身形状近四边形。打击台面为自然台面。打击点宽大，半锥体不显，放射线清楚，同心波纹微显，左右两侧及远端边缘锋利。未见使用痕迹。背面完全保留自然砾面。长11.6cm，宽9.7cm，厚2.9cm，重379g（图三六〇，4；彩版九〇，2）。

标本2015GLPT2⑤：139，原料为灰褐色辉绿岩砾石。器身形状近四边形。打击台面为自然台面。打击点宽大，半锥体不显，放射线不清楚，同心波纹明显。左右两侧边缘锋利。远端下折，形成很深的陡坎，边缘锋利。未见使用痕迹。背面完全保留自然砾面。长10.6cm，宽6.6cm，厚2.6cm，重238g（图三六〇，5）。

AaⅢ型　5件。

标本2015GLPT1④：39，原料为灰褐色辉绿岩砾石。器身形状近梯形。打击台面为自然台面。打击点宽大，半锥体不显，放射线清楚，同心波纹微显。左侧边缘锋利。右侧边缘钝厚，为自然砾面。

远端钝厚，折断一块，形成较平整的断裂面。未见使用痕迹。背面完全保留自然砾面。长 7.6cm，宽 6.8cm，厚 2.2cm，重 162g（图三六〇，3）。

标本 2015GLPT2⑤：13，原料为灰褐色辉绿岩砾石。器身形状近梯形。打击台面为自然台面。打击点宽大，半锥体微显，放射线清楚，同心波纹微显。左右两侧边缘锋利。远端钝厚，折断一块，形成整齐的断裂面。未见使用痕迹。背面完全保留自然砾面。长 5.8cm，宽 6.3cm，厚 1.3cm，重 61g（图三六一，1）。

标本 2015GLPT2④：10，原料为灰褐色辉绿岩砾石，器身较厚，形状近梯形。打击台面为自然台面。打击点宽大，半锥体不显，放射线清楚，同心波纹明显。左侧钝厚，为自然砾面。右侧及远端边缘较锋利，有使用痕迹。背面完全保留自然砾面。长 12.5cm，宽 12.2cm，厚 3.0cm，重 509g（图三六一，2；彩版九〇，3）。

AaⅣ型　1 件。

标本 2015GLPT1⑥：50，原料为灰色辉绿岩砾石。器身形状近圆形。打击台面为自然台面。打击点宽大，半锥体不显，放射线清楚，同心波纹微显。左右两侧及远端边缘锋利。未见使用痕迹。背面完全保留自然砾面。长 8.1cm，宽 7.7cm，厚 1.7cm，重 114g（图三六一，3）。

AaⅤ型　5 件。

标本 2015GLPT2③：22，原料为灰色辉绿岩砾石。器身形状近半圆形。打击台面为自然台面。打击点宽大，半锥体不显，放射线清楚，同心波纹微显。左右两侧及远端边缘锋利。未见使用痕迹。背面完全保留自然砾面。长 8.7cm，宽 10.3cm，厚 1.8cm，重 210g（图三六一，4）。

标本 2015GLPT2③：28，原料为灰褐色辉绿岩砾石。器身形状近半圆形。打击台面为自然台面。

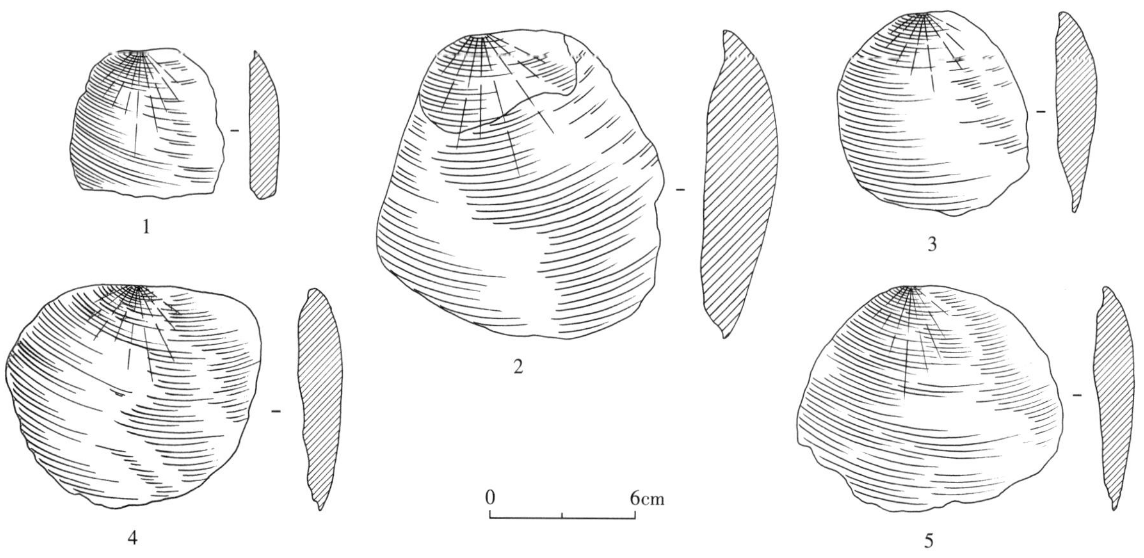

图三六一　坡叫环遗址第三文化层石制品（九）

1、2. AaⅢ型石片（2015GLPT2⑤：13、2015GLPT2④：10）　3. AaⅣ型石片（2015GLPT1⑥：50）　4、5. AaⅤ型石片（2015GLPT2③：22、2015GLPT2③：28）

打击点宽大，半锥体不显，放射线清楚，同心波纹微显。左右两侧和远端右侧边缘锋利。远端左侧折断一小块，形成断裂面。未见使用痕迹。背面完全保留自然砾面。长 8.9cm，宽 10.9cm，厚 1.8cm，重 165g（图三六一，5）。

AaⅥ型　15 件。

标本 2015GLPT1④：26，原料为灰褐色辉绿岩砾石。器身形状近椭圆形。打击台面为自然台面。打击点宽大，半锥体微显，放射线清楚，同心波纹清楚。左右两侧和远端左侧边缘锋利。远端右侧折断一小块，边缘钝厚。未见使用痕迹。背面完全保留自然砾面。长 7.8cm，宽 9.5cm，厚 1.6cm，重 110g（图三六二，1）。

标本 2015GLPT2③：93，原料为灰褐色辉绿岩砾石。器身形状呈椭圆形。打击台面为自然台面。打击点宽大，半锥体不显，放射线清楚，同心波纹明显。左右两侧及远端边缘较锋利，两侧边缘有使用痕迹。背面完全保留自然砾面。长 12.8cm，宽 7.5cm，厚 1.1cm，重 128g（图三六二，2）。

标本 2015GLPT1③：58，原料为灰褐色辉绿岩砾石。器身形状近椭圆形。打击台面为自然台面。打击点宽大，半锥体不显，放射线明显，同心波纹微显。左右两侧和远端边缘锋利，远端边缘有使用痕迹。背面完全保留自然砾面。长 6.4cm，宽 11.2cm，厚 1.5cm，重 125g（图三六二，3）。

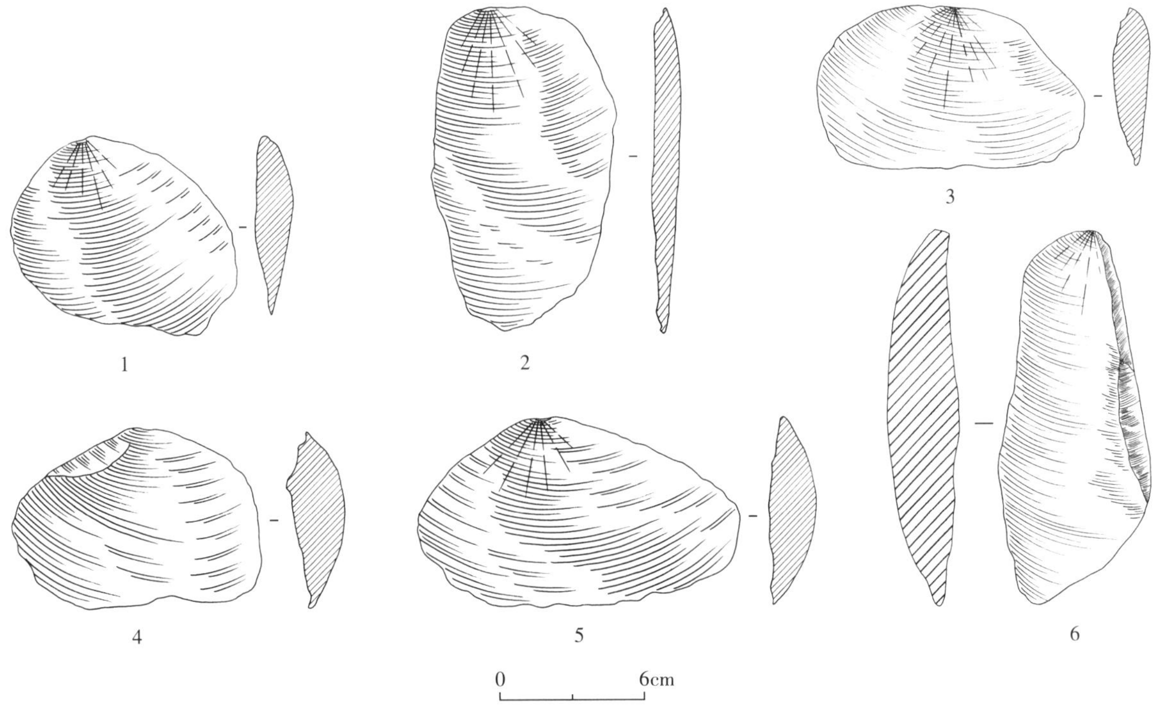

图三六二　坡叫环遗址第三文化层石制品（十）

1~3. AaⅥ型石片（2015GLPT1④：26、2015GLPT2③：93、2015GLPT1③：58）　4、5. AaⅦ型石片（2015GLPT1③：71、2015GLPT2H3：14）　6. AaⅧ型石片（2015GLPT1④：43）

AaⅦ型　4件。

标本2015GLPT1③：71，原料为灰褐色辉绿岩砾石。器身形状近扇贝形。打击台面为自然台面。打击点宽大，半锥体不显，放射线不清楚，同心波纹微显。左右两侧及远端边缘锋利。未见使用痕迹。背面完全保留自然砾面。长7.1cm，宽10.5cm，厚2.4cm，重189g（图三六二，4）。

标本2015GLPT2H3：14，原料为灰褐色辉绿岩砾石。器身形状近扇贝形。打击台面为自然台面。打击点宽大，半锥体不显，放射线清楚，同心波纹微显。左侧较钝厚，为自然砾面。右侧及远端边缘锋利。未见使用痕迹。背面完全保留自然砾面。长7.5cm，宽13.2cm，厚2.0cm，重221g（图三六二，5）。

AaⅧ型　6件。

标本2015GLPT1④：43，原料为灰褐色辉绿岩砾石。器身较厚，形状近长条形。打击台面为自然台面。打击点宽大，半锥体不显，放射线清楚，同心波纹明显。左侧及远端边缘锋利。右侧钝厚，折断一块，形成平整的断裂面。未见使用痕迹。背面完全保留自然砾面。长15.0cm，宽6.3cm，厚3.0cm，重276g（图三六二，6）。

标本2015GLPT2③：97，原料为灰褐色辉绿岩砾石。器身较厚，形状近长条形。打击台面为自然台面。打击点宽大，半锥体不显，放射线清楚，同心波纹明显。左侧钝厚，折断一块，形成平整的断裂面。右侧和远端边缘较锋利。未见使用痕迹。背面完全保留自然砾面。长12.4cm，

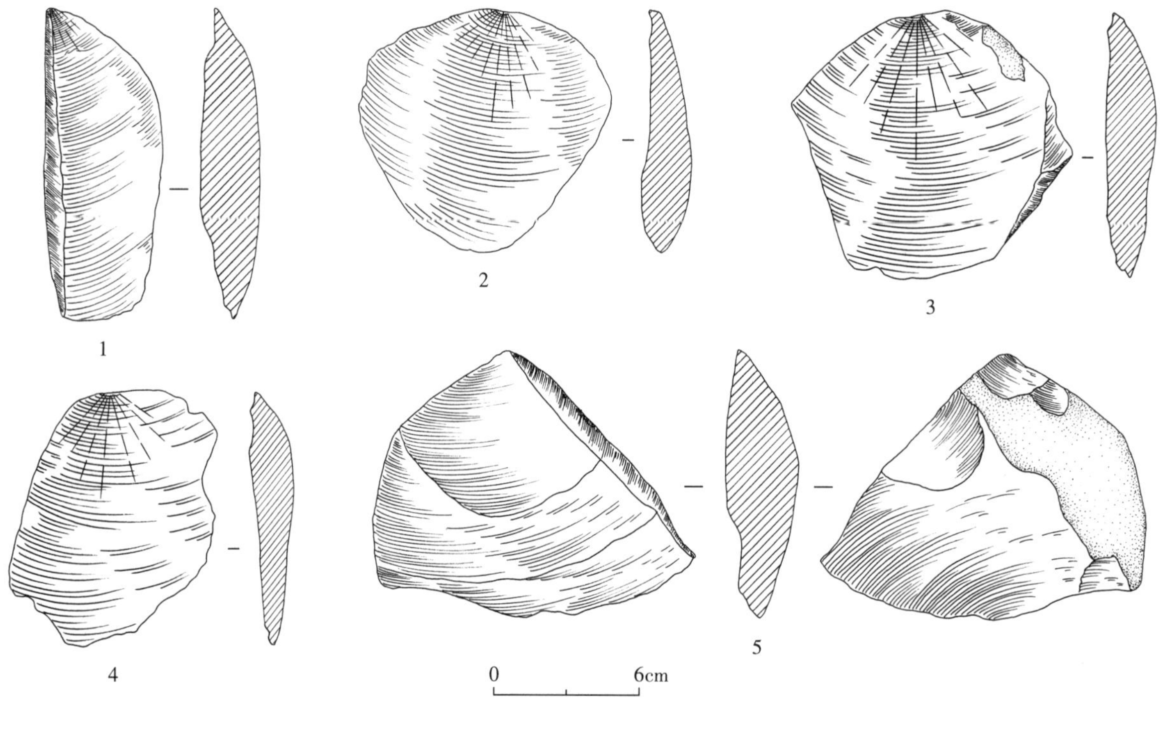

图三六三　坡叫环遗址第三文化层石制品（十一）

1. AaⅧ型石片（2015GLPT2③：97）　2. AaⅨ型石片（2015GLPT1⑤：46）　3、4. AaⅪ型石片（2015GLPT2③：78、2015GLPT2③：55）　5. AbⅠ型石片（2015GLPT1③：74）

宽 4.8cm，厚 2.4cm，重 147g（图三六三，1）。

AaⅨ型　4 件。

标本 2015GLPT1⑤：46，原料为灰褐色辉绿岩砾石。器身形状近心形。打击台面为自然台面。打击点宽大，半锥体微显，放射线清楚，同心波纹明显。左右两侧及远端边缘锋利。未见使用痕迹。背面完全保留自然砾面。长 9.7cm，宽 10.3cm，厚 2.0cm，重 218g（图三六三，2）。

AaⅪ型　17 件。

标本 2015GLPT2③：55，原料为灰褐色辉绿岩砾石。器身形状不规则。打击台面为自然台面。打击点宽大，半锥体不显，放射线清楚，同心波纹微显。左右两侧和远端右侧边缘锋利。远端左侧较钝，折断一小块。未见使用痕迹。背面完全保留自然砾面。长 10.0cm，宽 8.1cm，厚 1.7cm，重 154g（图三六三，4）。

标本 2015GLPT2③：78，原料为灰色辉绿岩砾石。器身形状不规则。打击台面为自然台面。打击点宽大，半锥体不显，放射线清楚，同心波纹微显。左右两侧上半部和远端左侧边缘锋利。左右两侧下半部钝厚，均折断一块，形成较平整的断裂面。远端右侧也折断一小块，形成平整的断裂面。未见使用痕迹。背面完全保留自然砾面。长 10.5cm，宽 10.8cm，厚 2cm，重 288g（图三六三，3；彩版九〇，4）。

Ab 型　61 件。分别属于 AbⅠ、AbⅢ、AbⅣ、AbⅤ、AbⅥ、AbⅦ、AbⅧ、AbⅪ型。

AbⅠ型　8 件。

标本 2015GLPT1③：74，原料为灰褐色辉绿岩砾石。器身较厚，形状近三角形。打击台面为自然台面。打击点宽大，半锥体不显，放射线不清楚，同心波纹微显。左侧和远端边缘锋利。右侧边缘钝厚，折断一块，形成平整的断裂面。右侧与远端交汇处形成一锐尖。未见使用痕迹。背面近端有一小块片疤，与石片同向同源；背面左侧和中部有大面积片疤面，打击方向与石片本身的打击方向相垂直；背面其余部分保留自然砾面。长 10.8cm，宽 13.3cm，厚 3.0cm，重 381g（图三六三，5）。

标本 2015GLPT2④：29，原料为灰褐色辉绿岩砾石。器身形状近三角形。打击台面为自然台面。打击点宽大，半锥体不显，放射线不清楚，同心波纹微显。左右两侧和远端边缘锋利。远端呈一钝尖。未见使用痕迹。背面近端有一稍大而浅平的片疤，片疤与石片同向同源；背面其余部分保留自然砾面。长 8.7cm，宽 8.1cm，厚 1.9cm，重 145g（图三六四，1）。

AbⅢ型　5 件。

标本 2015GLPT1⑤：48，原料为灰褐色辉绿岩砾石。器身形状近梯形。打击台面为自然台面。打击点宽大，半锥体不显，放射线不清楚，同心波纹微显。左右两侧和远端边缘锋利。远端钝厚，近一舌尖。未见使用痕迹。背面近端有少量较小而浅平的片疤，片疤与石片同向同源；背面其余部分保留自然砾面。长 9.0cm，宽 7.0cm，厚 1.7cm，重 112g（图三六四，2）。

标本 2015GLPT2③：84，原料为灰色辉绿岩砾石。器身形状近梯形。打击台面为自然台面。

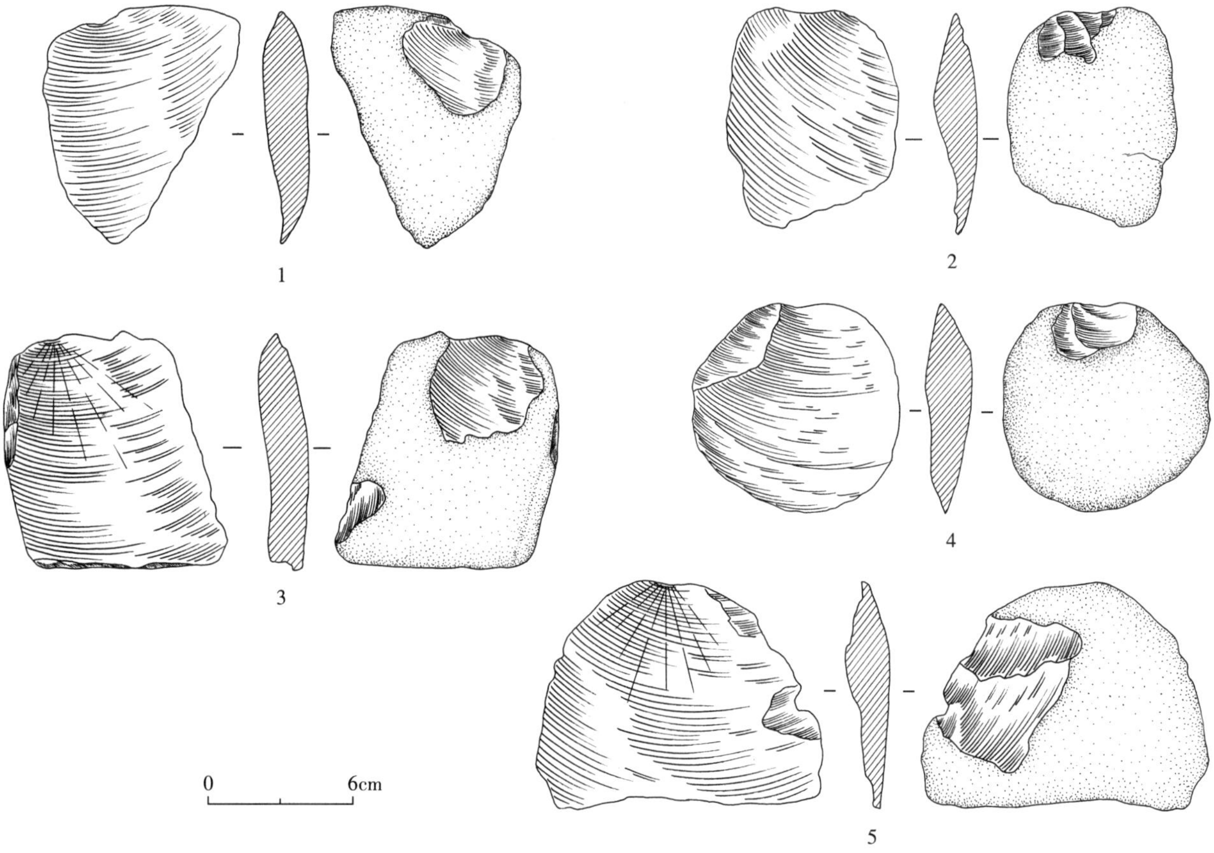

图三六四　坡叫环遗址第三文化层石制品（十二）

1. AbⅠ型石片（2015GLPT2④：29）　2、3. AbⅢ型石片（2015GLPT1⑤：48、2015GLPT2③：84）　4. AbⅣ型石片（2015GLPT2⑤：148）　5. AbⅤ型石片（2015GLPT2③：81）

打击点宽大，半锥体微显，放射线清楚，同心波纹微显。左侧较钝厚，上半部为断裂面，下半部为自然砾面；右侧边缘锋利。远端折断一块，形成平整的断裂面。未见使用痕迹。背面近端有一较大而浅平的片疤，片疤与石片同向同源；背面左下侧有少量较小而浅平的片疤，片疤打击方向与石片的打击方向相垂直；背面其余部分保留自然砾面。长10.0cm，宽8.1cm，厚1.7cm，重213g（图三六四，3）。

AbⅣ型　1件。

标本2015GLPT2⑤：148，原料为灰褐色辉绿岩砾石。器身形状近圆形。打击台面为自然台面。打击点宽大，半锥体不显，放射线不清楚，同心波纹明显。左上侧有一节理面。左右两侧及远端边缘较锋利，均有使用痕迹。背面近端有一较小而浅平的片疤，片疤与石片同向同源；背面其余部分保留自然砾面。长8.3cm，宽8.5cm，厚1.8cm，重136g（图三六四，4）。

AbⅤ型　2件。

标本2015GLPT2③：81，原料为灰色辉绿岩砾石。器身形状近半圆形。打击台面为自然台面。

打击点宽大，半锥体凸出，放射线清楚，同心波纹明显。左右两侧边缘锋利。远端折断一块，形成平整的断裂面。未见使用痕迹。背面左侧有一较大的片疤面，其打击方向与石片的打击方向相垂直；背面其余部分保留自然砾面。长 8.7cm，宽 11.8cm，厚 1.9cm，重 222g（图三六四，5；彩版九〇，5）。

标本 2015GLPT2⑤：26，原料为灰褐色辉绿岩砾石。器身形状近半圆形。打击台面为自然台面。打击点宽大，半锥体不显，放射线不清楚，同心波纹明显。左侧钝厚，折断一块，形成平整的断裂面。右侧及远端边缘锋利。未见使用痕迹。背面近端有一较小而浅平的片疤，片疤与石片同向同源；背面其余部分保留自然砾面。长 6.1cm，宽 5.8cm，厚 1.1cm，重 43g（图三六五，1）。

AbⅥ型　12 件。

标本 2015GLPT1⑥：54，原料为灰褐色辉绿岩砾石。器身形状近椭圆形。打击台面为自然台面。打击点宽大，半锥体不显，放射线不清楚，同心波纹微显，左右两侧及远端边缘锋利。未见使用痕迹。背面近端有一块大的片疤，片疤与石片同向同源；背面其余部分保留自然砾面。长 4.2cm，

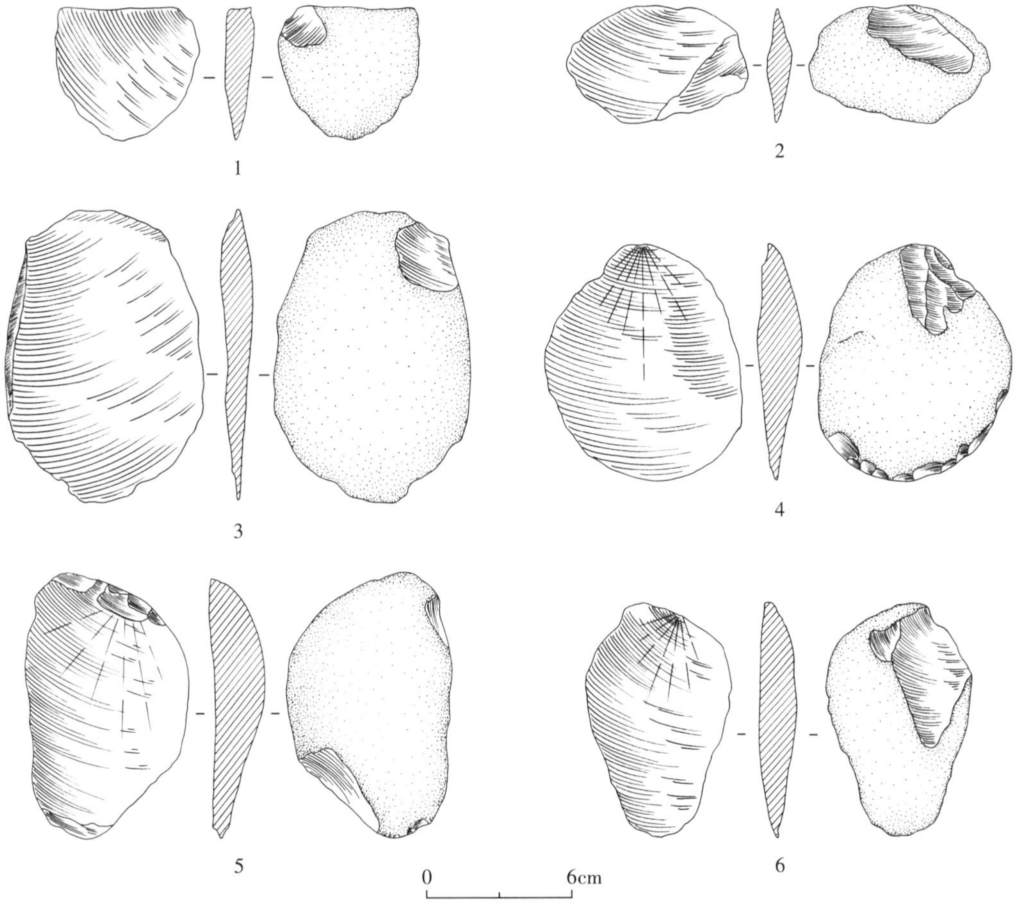

图三六五　坡叫环遗址第三文化层石制品（十三）

1. AbⅤ型石片（2015GLPT2⑤：26）　2~4. AbⅥ型石片（2015GLPT1⑥：54、2015GLPT1⑥：30、2015GLPT1③：46）　5、6. AbⅦ型石片（2015GLPT2③：56、2015GLPT2⑤：20）

宽 7.5cm，厚 1.1cm，重 39g（图三六五，2）。

标本 2015GLPT1⑥：30，原料为灰褐色辉绿岩砾石。器身形状近椭圆形。打击台面为自然台面。打击点宽大，半锥体不显，放射线不清楚，同心波纹明显。左侧中上部折断一块，形成平整的断裂面。左侧下部、右侧及远端边缘锋利。未见使用痕迹。背面近端有一较小而浅平的片疤，片疤与石片同向同源；背面其余部分保留自然砾面。长 11.5cm，宽 8.3cm，厚 1.3cm，重 145g（图三六五，3）。

标本 2015GLPT1③：46，原料为灰褐色辉绿岩砾石。器身形状近椭圆形。打击台面为自然台面。打击点宽大，半锥体不显，放射线明显，同心波纹明显。左右两侧及远端边缘较锋利，均有使用痕迹。背面近端为一稍大而浅平的片疤，片疤与石片同向同源；背面其余部分保留自然砾面。长 9.5cm，宽 8.1cm，厚 1.8cm，重 105g（图三六五，4）。

AbⅦ型　4 件。

标本 2015GLPT2③：56，原料为灰褐色辉绿岩砾石。器身形状近扇贝形。打击台面为自然台面。打击点宽大，半锥体不显，放射线清楚，同心波纹微显。左右两侧及远端边缘锋利。未见使用痕迹。背面大部分保留自然砾面。长 9.9cm，宽 6.8cm，厚 2.0cm，重 166g（图三六五，5）。

标本 2015GLPT2⑤：20，原料为灰褐色辉绿岩砾石。器身形状近扇贝形。打击台面为自然台面。打击点宽大，半锥体不显，放射线清楚，同心波纹微显。左右两侧及远端边缘锋利。未见使用痕迹。背面约三分之一面积为片疤面；片疤位于右侧，打击方向与石片打击方向相同；背面其余部分保留自然砾面。长 8.7cm，宽 6.1cm，厚 1.6cm，重 78g（图三六五，6）。

AbⅧ型　9 件。

标本 2015GLPT1⑥：40，原料为灰褐色辉绿岩砾石。器身较厚，形状近长条形。打击台面为自然台面。打击点宽大，半锥体不显，放射线清楚，同心波纹明显。左侧上部、右侧及远端边缘锋利。左侧中下半部钝厚，折断一块，形成平整的断裂面。未见使用痕迹。背面约三分之一面积为片疤面；片疤位于右侧，打击方向与石片同向同源；背面其余部分保留自然砾面。长 13.9cm，宽 6.4cm，厚 2.6cm，重 298g（图三六六，1；彩版九〇，6）。

AbⅪ型　20 件。

标本 2015GLPT1③：36，原料为灰褐色辉绿岩砾石。器身形状不规则。打击台面为自然台面。打击点宽大，半锥体不显，放射线不清楚，同心波纹微显。左右两侧及远端边缘锋利。未见使用痕迹。背面约四分之一面积为片疤面；片疤位于左侧，打击方向与石片打击方向相垂直；背面其余部分保留自然砾面。长 10.8cm，宽 9.2cm，厚 1.8cm，重 176g（图三六六，2）。

标本 2015GLPT1⑤：31，原料为灰褐色辉绿岩砾石。器身较厚，形状不规则。打击台面为自然台面。打击点宽大，半锥体不显，放射线清楚，同心波纹微显。左侧上半部钝厚，为节理面。右侧钝厚，为自然砾面。左侧下半部和远端边缘锋利。未见使用痕迹。背面右上部有一稍大而浅平的片疤，片疤打击方向与石片打击方向垂直；背面其余部分保留自然砾面。长 13.1cm，宽 7.9cm，

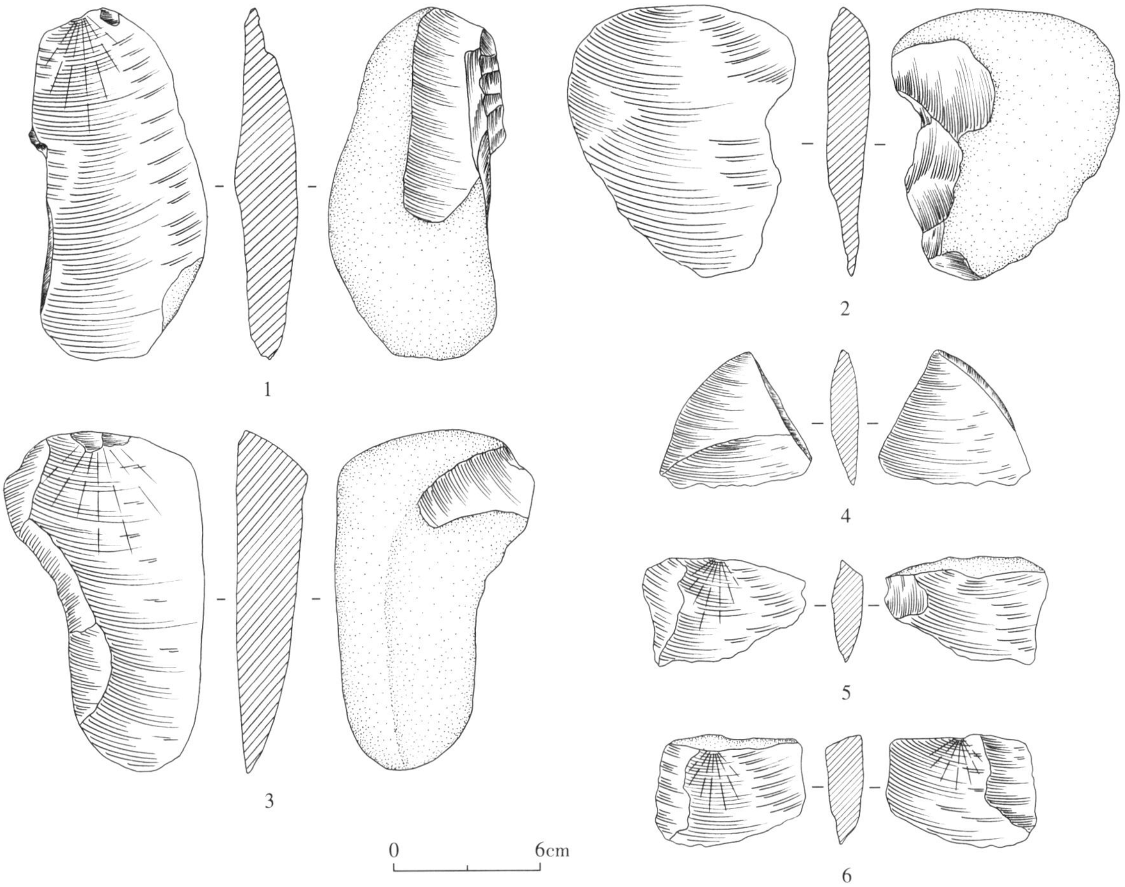

图三六六　坡叫环遗址第三文化层石制品（十四）

1. AbⅧ型石片（2015GLPT1⑥：40）　2、3. AbⅪ型石片（2015GLPT1③：36、2015GLPT1⑤：31）　4. AcⅠ型石片（2015GLPT1④：61）　5、6. AcⅢ型石片（2015GLPT2③：123、2015GLPT2⑤：80）

厚2.8cm，重377g（图三六六，3）。

Ac型　23件。分别属于AcⅠ、AcⅢ、AcⅥ、AcⅪ次亚型。

AcⅠ型　1件。

标本2015GLPT1④：61，原料为灰褐色辉绿岩砾石。器身较小，形状近三角形。打击台面为自然台面。打击点窄小，半锥体不显，放射线不清楚，同心波纹微显。左侧钝厚，为自然砾面。右侧钝厚，折断一块，形成平整的断裂面。远端边缘锋利。未见使用痕迹。背面全为片疤，不保留自然砾面；片疤打击方向与石片打击方向相同。长5.2cm，宽6.2cm，厚1.1cm，重33g（图三六六，4）。

AcⅢ型　3件。

标本2015GLPT2③：123，原料为黄褐色辉绿岩砾石。器身较小，形状近梯形。打击台面为自然台面。打击点窄小，半锥体凸出，放射线清楚，同心波纹微显。左右两侧及远端边缘锋利。未见使用痕迹。背面全为片疤；片疤打击方向既有与石片打击方向相同者，也有与之相垂直者。

长 4.0cm，宽 6.6cm，厚 1.3cm，重 36g（图三六六，5）。

标本 2015GLPT2⑤：80，原料为灰褐色辉绿岩砾石。器身较小，形状近梯形。打击台面为自然台面。打击点窄小，半锥体凸出，放射线清楚，同心波纹微显。左侧及远端边缘锋利。未见使用痕迹。右侧较钝，折断一块，为不平整的断裂面。背面全为片疤，不保留自然砾面，片疤打击方向与石片打击方向相同。长 4.5cm，宽 5.8cm，厚 1.6cm，重 42g（图三六六，6；彩版九一，1）。

AcⅥ型 2件。

标本 2015GLPT1⑤：52，原料为黄褐色辉绿岩砾石。器身较小，形状近椭圆形。打击台面为自然台面。打击点窄小，半锥体微显，放射线不清楚，同心波纹微显。左侧较钝，为自然砾面。右侧及远端边缘锋利。未见使用痕迹。背面全为片疤，不保留自然砾面；片疤打击方向既有与石片打击方向相同者，也有与之相垂直者，甚至与之相反者。长 4.3cm，宽 8.0cm，厚 2.1cm，重 75g（图三六七，1）。

AcⅪ型 17件。

标本 2015GLPT1④：55，原料为灰色辉绿岩砾石。器身较小，形状不规则。打击台面为自然台面。打击点窄小，半锥体凸出，放射线不清楚，同心波纹微显。左右两侧及远端边缘锋利。

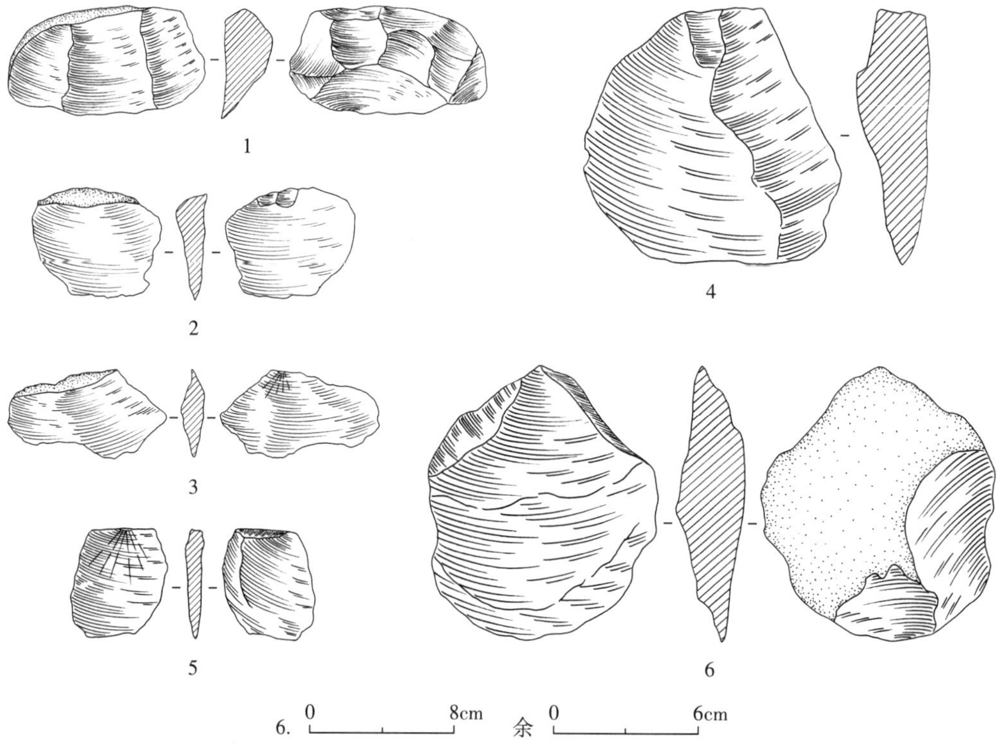

图三六七 坡叫环遗址第三文化层石制品（十五）

1. AcⅥ型石片（2015GLPT1⑤：52） 2、3. AcⅪ型石片（2015GLPT1④：55、2015GLPT2③：67） 4. AdⅤ型石片（2015GLPT1④：30） 5. AfⅡ型石片（2015GLPT1④：71） 6. AeⅪ型石片（2015GLPT2③：85）

未见使用痕迹。背面全为片疤，不保留自然砾面，片疤打击方向与石片打击方向相同。长 4.3cm，宽 5.4cm，厚 1.2cm，重 22g（图三六七，2）。

标本 2015GLPT2③：67，原料为灰褐色辉绿岩砾石。器身形状不规则。打击台面为自然台面。打击点窄小，半锥体微显，放射线和同心波纹微显。左右两侧及远端边缘锋利。未见使用痕迹。背面全为片疤，不保留自然砾面，片疤打击方向与石片打击方向相同。长 3.6cm，宽 6.3cm，厚 1.0cm，重 16g（图三六七，3）。

Ad 型　1 件。属于 AdⅤ次亚型。

标本 2015GLPT1④：30，原料为灰色辉绿岩砾石。器身形状近半圆形。打击台面为人工台面。打击点宽大，半锥体凸出，放射线不清楚，同心波纹微显。左侧中部较钝，折断一小块，形成断裂面，其余部分边缘较锋利。右侧及远端边缘较锋利。未见使用痕迹。背面完全保留自然砾面。长 10.2cm，宽 10.6cm，厚 3.0cm，重 285g（图三六七，4；彩版九一，2）。

Ae 型　1 件。属于 AeⅪ次亚型。

标本 2015GLPT2③：85，原料为灰褐色辉绿岩砾石。器身形状不规则。打击台面为人工台面。打击点宽大，半锥体不显，放射线清楚，同心波纹明显。右侧上部折断一块，形成断裂面。左侧、右侧下部及远端边缘锋利。未见使用痕迹。背面右侧有一较大的片疤面，片疤打击方向与石片打击方向相反；背面其余部分保留自然砾面。长 14.4cm，宽 12.7cm，厚 3.8cm，重 633g（图三六七，6；彩版九一，3）。

Af 型　6 件。分别属于 AfⅡ、AfⅢ、AfⅥ、AfⅪ次亚型。

AfⅡ型　2 件。

标本 2015GLPT1④：71，原料为灰褐色辉绿岩砾石。器身较小，形状近四边形。打击台面为人工台面。打击点窄小，半锥体不显，放射线清楚，同心波纹微显。左右两侧及远端边缘锋利。未见使用痕迹。背面全为片疤，不保留自然砾面，片疤打击方向与石片打击方向相同。长 4.4cm，宽 3.7cm，厚 0.7cm，重 15g（图三六七，5）。

标本 2015GLPT2③：64，原料为灰褐色辉绿岩砾石。器身较小，形状近四边形。打击台面为人工台面。打击点窄小，半锥体不显，放射线不清楚，同心波纹微显。左右两侧及远端边缘锋利。未见使用痕迹。背面全为片疤，不保留自然砾面，片疤打击方向既有与石片打击方向相同，也有与之相反者。长 5.1cm，宽 3.8cm，厚 1.2cm，重 17g（图三六八，1）。

AfⅢ型　1 件。

标本 2015GLPT2④：47，原料为灰褐色细砂岩砾石。器身较小，形状近梯形。打击台面为人工台面。打击点宽大，半锥体不显，放射线清楚，同心波纹微显。左侧钝厚，折断一块，为较平整的断裂面。右侧及远端边缘锋利。未见使用痕迹。背面全为片疤，不保留自然砾面，片疤打击方向与石片打击方向相同。长 4.5cm，宽 4.1cm，厚 1.2cm，重 24g（图三六八，2；彩版九一，4）。

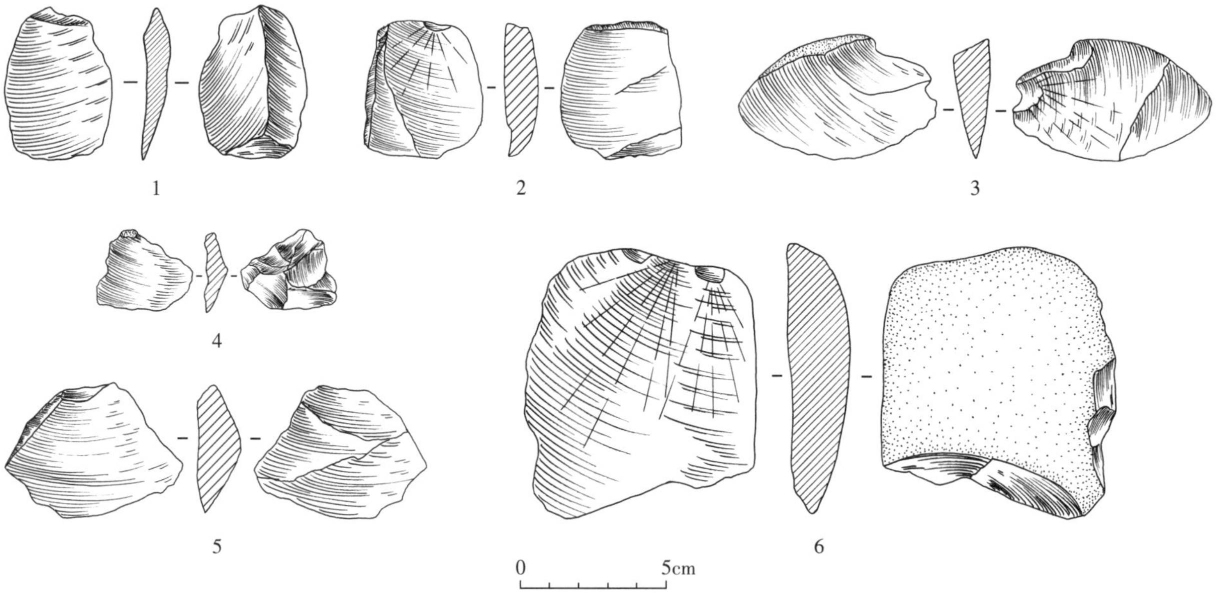

图三六八　坡叫环遗址第三文化层石制品（十六）

1. AfⅡ型石片（2015GLPT2③：64）　2. AfⅢ型石片（2015GLPT2④：47）　3. AfⅥ型石片（2015GLPT2⑤：94）　4、5. AfⅪ型石片（2015GLPT2③：69、2015GLPT2⑤：99）　6. CbⅢ型石片（2015GLPT2⑤：89）

AfⅥ型　1件。

标本2015GLPT2⑤：94，原料为灰褐色辉绿岩砾石。器身较小，形状近椭圆形。打击台面为人工台面。打击点窄小，半锥体不显，放射线清楚，同心波纹微显。右侧及远端边缘锋利。未见使用痕迹。背面全为片疤，不保留自然砾面，片疤打击方向与石片打击方向相同。长6.8cm，宽4.3cm，厚1.4cm，重28g（图三六八，3）。

AfⅪ型　2件。

标本2015GLPT2③：69，原料为灰褐色辉绿岩砾石。器身较小，形状不规则。打击台面为人工台面。打击点窄小，半锥体不显，放射线不清楚，同心波纹微显。左侧上半部折断一块，边缘钝厚；左侧下半部、右侧及远端边缘锋利。未见使用痕迹。背面全为片疤，不保留自然砾面，片疤打击方向既有与石片本身的打击方向相同者，也有与之相垂直者。长2.5cm，宽3.2cm，厚0.7cm，重6g（图三六八，4）。

标本2015GLPT2⑤：99，原料为灰褐色辉绿岩砾石。器身较小，形状不规则。打击台面为人工台面。打击点窄小，半锥体不显，放射线不清楚，同心波纹微显。左右两侧与远端边缘锋利。未见使用痕迹。背面全为片疤，不保留自然砾面，片疤打击方向与石片打击方向相同。长4.3cm，宽6.0cm，厚1.8cm，重35g（图三六八，5）。

C型　1件。属于Cb亚型中的CbⅢ次亚型。

标本2015GLPT2⑤：89，原料为灰褐色辉绿岩砾石。器身形状近梯形。打击台面为自然台面。双锥体，打击点宽大，半锥体不显，放射线清楚，同心波纹微显。左侧下半部及远端折断一块，形成断裂面，边缘钝厚。左侧上半部及右侧边缘较锋利。未见使用痕迹。背面右侧边缘有少量片疤，片疤打击方向与石片打击方向相垂直；背面其余部分保留自然砾面。长 9.1cm，宽 8.2cm，厚 2.3cm，重 208g（图三六八，6；彩版九一，5）。

砍砸器　170 件。原料有砾石和石片两种。其中石片 166 件，占该文化层出土砍砸器总数的 97.65%；砾石 4 件，占该文化层出土砍砸器总数的 2.35%。岩性只有辉绿岩一种。加工方法仅见锤击法一种，以单面加工为主，有少量双面打击。单面加工的打击方向由石片背面向腹面打击。加工较为简单，加工面多为一两层片疤。片疤大多数较小且浅平，多为宽大于长。部分器身有修整的痕迹。刃缘大部分整齐锋利，有使用痕迹者 15 件，占该文化层出土砍砸器总数的 8.88%。形状有三角形、四边形、长条形、梯形、圆形、半圆形、椭圆形和不规则形八种。其中三角形 19 件，占该文化层出土砍砸器总数的 11.18%；四边形 7 件，占该文化层出土砍砸器总数的 4.12%；长条形 14 件，占该文化层出土砍砸器总数的 8.24%；梯形 21 件，占该文化层出土砍砸器总数的 12.35%；圆形 1 件，占该文化层出土砍砸器总数的 0.58%；半圆形 12 件，占该文化层出土砍砸器总数的 7.06%；椭圆形 33 件，占该文化层出土砍砸器总数的 19.41%；不规则形 63 件，占该文化层出土砍砸器总数的 37.06%。器身长度最大值 24.7cm，最小值 10.0cm；宽度最大值 18.4cm，最小值 4.5cm；厚度最大值 7.4cm，最小值 1.1cm；重量最大值 2326g，最小值 59g。分别属于 A、B、C、D 型。

A 型　126 件。分别属于 Aa、Ab、Ac 亚型。

Aa 型　22 件。分别属于 AaⅠ、AaⅡ、AaⅢ、AaⅥ、AaⅦ、AaⅧ次亚型。

AaⅠ型　3 件。

标本 2015GLPT1⑤：28，原料为灰褐色辉绿岩石片。器身形状近三角形。左右两侧较钝厚，为自然砾面。背面完全保留自然砾面。加工方法为锤击法。加工主要集中在石片的远端。沿石片远端边缘多次单面剥片，加工出一道直刃。刃缘整齐较锋利，有使用痕迹。片疤较小且浅平，打击方向由石片背面向腹面打击。长 13.6cm，宽 7.6cm，厚 3.2cm，重 381g（图三六九，1；彩版九一，6）。

标本 2015GLPT1⑤：16，原料为灰褐色辉绿岩石片。器身形状近三角形。腹面较平，背面完全保留自然砾面。左右两侧钝厚，为自然砾面。加工方法为锤击法。加工主要集中在石片右侧下半部。沿右侧下半部边缘多次单面剥片，加工出一道直刃。刃缘整齐较锋利，有使用痕迹。远端略加修整，加工出一个舌尖。片疤较小且浅平，打击方向由石片背面向腹面打击。长 11.7cm，宽 6.6cm，厚 2.5cm，重 214g（图三六九，2）。

标本 2015GLPT2③：46，原料为灰褐色辉绿岩石片。器身近三角形。腹面平整，背面大部分保留自然砾面。加工方法为锤击法。加工主要集中在石片远端及远端与右侧交汇处。沿这两部位边缘多次单面剥片，加工出一道直刃。刃缘整齐锋利，有使用痕迹。片疤较小且浅平，打击方

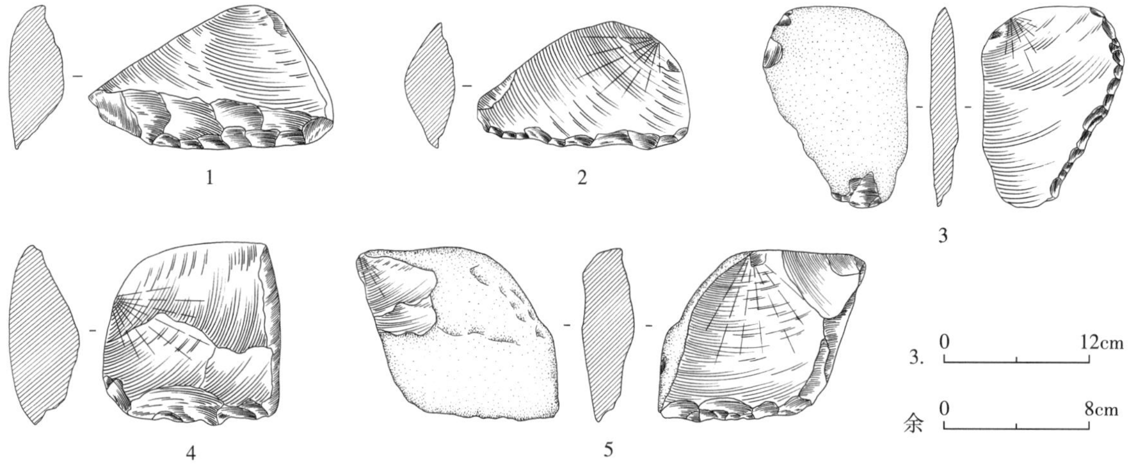

图三六九　坡叫环遗址第三文化层石制品（十七）

1~3. AaⅠ型砍砸器（2015GLPT1⑤：28、2015GLPT1⑤：16、2015GLPT2③：46）　4、5. AaⅡ型砍砸器（2015GLPT1③：39、2015GLPT1③：120）

向由石片背面向腹面打击。长 15.9cm，宽 10.9cm，厚 2.2cm，重 439g（图三六九，3）。

AaⅡ型　2 件。

标本 2015GLPT1③：39，原料为灰褐色辉绿岩石片。器身形状近四边形。腹面不平整，背面完全保留自然砾面。远端近一直角。加工方法为锤击法。加工主要集中在石片左侧下半部。沿石片左侧下半部边缘多次单面剥片，加工出一道直刃。刃缘整齐锋利，未见使用痕迹。片疤大多较小，少部分较大，打击方向由石片背面向腹面打击，部分片疤尾部折断形成陡坎。石片右侧下半部截断一块，形成平整的破裂面，应为修整器身留下的痕迹。长 9.8cm，宽 9.7cm，厚 3.9cm，重 446g（图三六九，4）。

标本 2015GLPT1③：120，原料为灰褐色辉绿岩石片。器身形状近四边形。腹面平整，左侧和近端钝厚，为自然砾面。背面大部分保留自然砾面。加工方法为锤击法。加工主要集中在石片远端。沿石片远端边缘多次单面剥片，加工出一道直刃。刃缘整齐锋利，未见使用痕迹。片疤较小且浅平，打击方向由石片背面向腹面打击。石片右侧下半部截断一块，形成平整的破裂面，应为修整器身留下的痕迹。长 13.7cm，宽 8.8cm，厚 2.7cm，重 384g（图三六九，5）。

AaⅢ型　4 件。

标本 2015GLPT1③：111，原料为灰褐色辉绿岩砾石。器身形状近梯形。一端较厚且宽，另一端较窄且薄。一侧较厚，另一侧较薄。一面稍平，另一面凸起。加工方法为锤击法。加工主要集中在较薄侧。先在较薄侧单面剥片，修理出一个斜面；再沿斜面边缘多次单面剥片，加工出一道直刃。刃缘整齐锋利，未见使用痕迹。较窄端略经单面剥片，加工出一个舌尖；片疤大多较小且浅平，打击方向由凸起面向稍平面打击。较厚侧凸起处剥出一个较大而深凹的片疤；片疤打击方向由稍平面向凸起面打击，应为修整把手留下的痕迹。器身其余部分保留自然砾面。长

13.9cm，宽 8.7cm，厚 4.8cm，重 662g（图三七〇，1）。

标本 2015GLPT2 ③：50，原料为灰褐色辉绿岩石片。器身形状近梯形。腹面平整；背面约三分之二面积为一较大而深凹的片疤，仅左侧和下半部保留有少量自然砾面。远端较窄，折断一小块。左侧较薄，右侧较厚。加工方法为锤击法。加工主要集中在石片左侧下半部。沿石片左侧下半部多次单面剥片，加工出一道直刃。刃缘整齐锋利，未见使用痕迹。片疤较小且浅平，打击方向由石片背面向腹面打击。近端有修整器身留下的痕迹。长 15.2cm，宽 9.2cm，厚 2.8cm，重 452g（图三七〇，2）。

AaⅥ型　2 件。

标本 2015GLPT2 ⑤：74，原料为灰褐色辉绿岩石片。器身形状近椭圆形。腹面较平整，背面完全保留自然砾面。远端稍微窄厚，近端稍宽薄。右侧较厚，左侧较薄。加工方法为锤击法。加工主要集中在左侧。沿石片左侧多次单面剥片，加工出一道直刃。刃缘整齐较锋利，有使用痕迹。片疤较小且浅平，打击方向由石片背面向腹面打击。右侧有修整器身留下的痕迹。长 12.9cm，宽 8.1cm，厚 3.9cm，重 505g（图三七〇，3）。

标本 2015GLPT1 ③：86，原料为灰褐色辉绿岩石片。器身形状近椭圆形。腹面平整，背面完全保留自然砾面。加工方法为锤击法。加工主要集中在石片远端。沿远端右侧边缘多次单面剥片，加工出一道直刃。刃缘整齐较锋利，有使用痕迹。片疤细小且浅平，打击方向由石片背面向腹面打击。长 10.2cm，宽 5.9cm，厚 1.3cm，重 89g（图三七〇，4）。

AaⅦ型　4 件。

标本 2015GLPT1 ⑤：59，原料为灰褐色辉绿岩石片，器身形状近长条形。腹面平整。背面

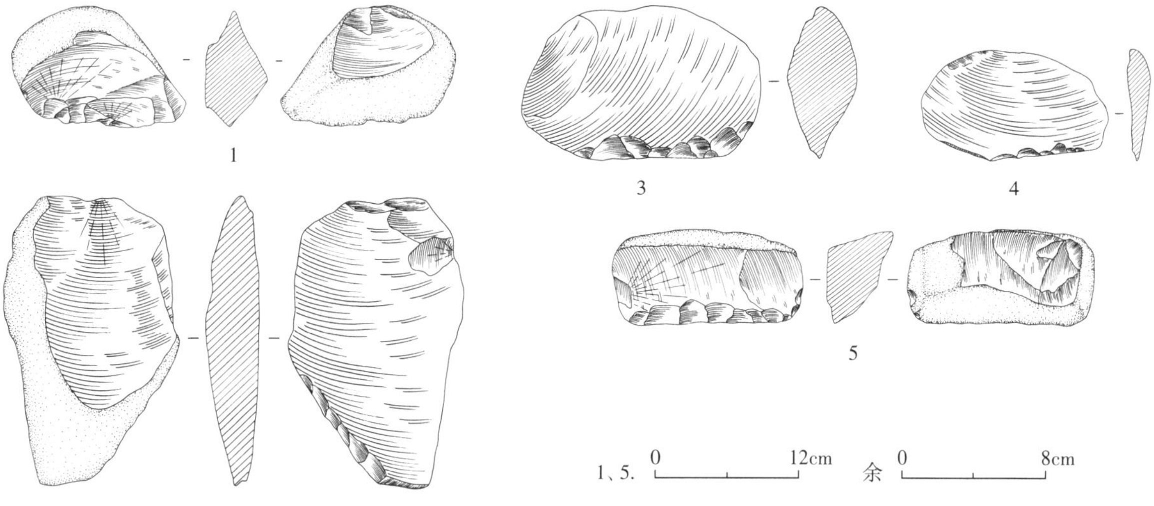

图三七〇　坡叫环遗址第三文化层石制品（十八）

1、2. AaⅢ型砍砸器（2015GLPT1 ③：111、2015GLPT2 ③：50）　3、4. AaⅥ型砍砸器（2015GLPT2 ⑤：74、2015GLPT1 ③：86）　5. AaⅦ型砍砸器（2015GLPT1 ⑤：59）

约二分之一的面积为片疤面，片疤位于右侧，打击方向与石片打击方向相反；背面其余部分保留自然砾面。加工方法为锤击法。加工主要集中在石片左侧。沿石片左侧边缘多次单面剥片，加工出一道直刃。刃缘整齐锋利，未见使用痕迹。片疤较小且浅平，打击方向由石片背面向腹面打击。远端有修整器身留下的痕迹。长 14.5cm，宽 7.0cm，厚 4.7cm，重 678g（图三七〇，5；彩版九二，1）。

标本 2015GLPT2 ③：31，原料为灰褐色辉绿岩石片，器身形状近长条形。腹面平整，背面完全保留自然砾面。左侧较薄；右侧较厚，为节理面。加工方法为锤击法。加工主要集中在石片左侧。沿左侧边缘多次单面剥片，加工出一道直刃。刃缘整齐锋利，有使用痕迹。片疤较小且浅平，打击方向由石片背面向腹面打击。远端折断一块，为不平整的断裂面，应为修整器身留下的痕迹。长 11.8cm，宽 5.3cm，厚 4.0cm，重 305g（图三七一，1）。

标本 2015GLPT1 ③：5，原料为灰褐色辉绿岩石片。器身形状近长条形。腹面较平整，背面完全保留自然砾面。远端稍窄，近端稍宽。右侧较薄；左侧较厚，为自然砾面。加工方法为锤击法。加工主要集中在右侧。沿右侧边缘多次单面剥片，加工出一道直刃。刃缘整齐锋利，未见使用痕迹。两端略作修整，近端加工出一个舌尖。片疤大多较小且浅平，部分片疤较深，打击方向由石片背面向腹面打击，尾部折断形成陡坎。长 17.8cm，宽 6.4cm，厚 4.5cm，重 649g（图三七一，3）。

AaⅧ型　7 件。

标本 2015GLPT1 ⑤：24，原料为灰褐色辉绿岩石片。器身形状不规则。腹面平整，背面完全保留自然砾面。加工方法为锤击法。加工主要集中在石片右侧。沿右侧边缘多次单面剥片，加工出一道直刃。刃缘整齐锋利，未见使用痕迹。片疤较小且浅平，打击方向由石片背面向腹面打击。长 16.7cm，宽 10.1cm，厚 3.7cm，重 720g（图三七一，2）。

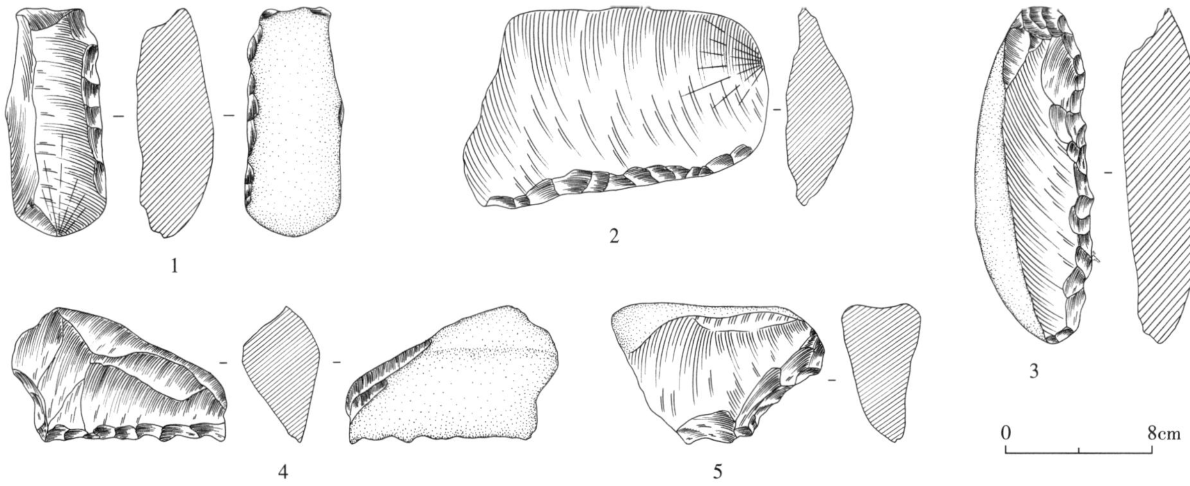

图三七一　坡叫环遗址第三文化层石制品（十九）

1、3. AaⅦ型砍砸器（2015GLPT2 ③：31、2015GLPT1 ③：5）　2、4. AaⅧ型砍砸器（2015GLPT1 ⑤：24、2015GLPT1 ⑥：27）　5. AbⅠ型砍砸器（2015GLPT1 ⑥：45）

标本 2015GLPT1 ⑥：27，原料为灰褐色辉绿岩石片。器身形状不规则。腹面不平整，背面大部分保留自然砾面。右侧较薄，左侧较厚。加工方法为锤击法。加工主要集中在右侧。沿右侧边缘多次单面剥片，加工出一道直刃。刃缘整齐锋利，未见使用痕迹。片疤大多较小且浅平，部分片疤较深，打击方向由石片背面向腹面打击，部分片疤尾部折断形成陡坎。较厚侧有修整器身留下的痕迹。长 12.4cm，宽 6.9cm，厚 4.2cm，重 315g（图三七一，4）。

Ab 型　98 件。分别属于 AbⅠ、AbⅡ、AbⅢ、AbⅤ、AbⅥ、AbⅦ、AbⅧ次亚型。

AbⅠ型　11 件。

标本 2015GLPT1 ⑥：45，原料为灰褐色辉绿岩石片。器身形状近三角形。腹面较平整，背面完全保留自然砾面。左侧较厚，为自然砾面。加工方法为锤击法。加工主要集中在石片右侧。沿右侧边缘多次单面剥片，加工出一道弧刃。刃缘不整齐，但锋利，未见使用痕迹。片疤大多较小且浅平，打击方向由石片背面向腹面打击。远端截断一块，为平整的破裂面，应为修整器身留下的痕迹。长 11.5cm，宽 7.0cm，厚 4.4cm，重 468g（图三七一，5）。

AbⅡ型　4 件。

标本 2015GLPT1 ④：3，原料为灰褐色辉绿岩石片。器身形状近四边形。腹面平整，背面完全保留自然砾面。左侧较厚，右侧较薄。加工方法为锤击法。加工主要集中在石片右侧。沿右侧边缘多次单面剥片，加工出一道弧刃。刃缘整齐锋利，未见使用痕迹。片疤较小且浅平，打击方向由石片背面向腹面打击，部分片疤尾部折断形成陡坎。左侧截断一块，为平整的破裂面，应为修整器身留下的痕迹。长 13.9cm，宽 8.7cm，厚 3.4cm，重 654g（图三七二，1；彩版九二，2）。

标本 2015GLPT2 ⑤：5，原料为灰褐色辉绿岩石片。器身形状近四边形。腹面较平整，背面约一半面积保留自然砾面。近端略宽，远端稍窄。左侧较厚，为自然砾面；右侧稍薄。加工方法为锤击法。加工主要集中在右侧。沿右侧边缘多次单面剥片，加工出一道弧刃。刃缘整齐锋利，未见使用痕迹。片疤大多较小且浅平，打击方向由石片背面向腹面打击。长 13.5cm，宽 8.8cm，厚 4.7cm，重 552g（图三七二，2）。

AbⅢ型　10 件。

标本 2015GLPT1 ③：64，原料为黄褐色辉绿岩石片。器身形状近梯形。腹面平整，背面大部分保留自然砾面。近端较宽厚，远端较窄薄。左侧较薄；右侧较厚，为自然砾面。加工方法为锤击法。加工主要集中在石片左侧。沿左侧边缘多次单面剥片，加工出一道弧刃。刃缘整齐锋利，未见使用痕迹。片疤大多较小且浅平，打击方向由石片背面向腹面打击。远端截断一块，为破裂面，应为修整器身留下的痕迹。长 11.2cm，宽 9.2cm，厚 4.2cm，重 597g（图三七二，3）。

标本 2015GLPT2 ③：10，原料为灰褐色辉绿岩石片。器身形状近梯形。腹面平整，背面完全保留自然砾面。近端较窄薄，远端较宽厚。左侧较薄；右侧较厚，为自然砾面。加工方法为锤击法。加工主要集中在左侧。沿左侧边缘多次单面剥片，加工出一道弧刃。刃缘整齐锋利，未见使用痕迹。近端略加修整。近端与左侧交汇处加工出一个舌尖。片疤大多较小且浅平，打击方向

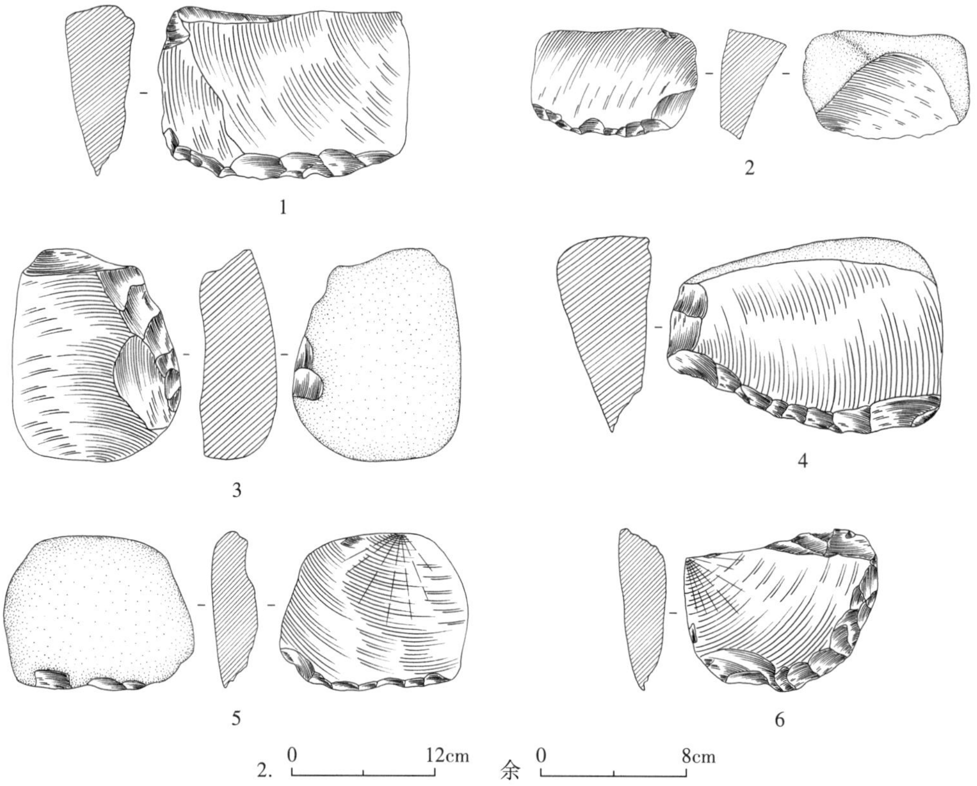

图三七二　坡叫环遗址第三文化层石制品（二十）

1、2. AbⅡ型砍砸器（2015GLPT1④：3、2015GLPT2⑤：5）　3~5. AbⅢ型砍砸器（2015GLPT1③：64、2015GLPT2③：10、2015GLPT2③：83）　6. AbⅤ型砍砸器（2015GLPT1③：63）

由石片背面向腹面打击。长15.2cm，宽10.7cm，厚5.1cm，重953g（图三七二，4）。

标本2015GLPT2③：83，原料为灰褐色辉绿岩石片。器身形状近梯形。腹面不平整，背面大部分保留自然砾面。左右两侧较钝厚，为自然砾面。加工方法为锤击法。加工主要集中在远端。沿远端边缘多次双面剥片，加工出一道弧刃。刃缘较整齐锋利，未见使用痕迹。片疤较小且浅平，打击方向多由背面向腹面打击。长10.1cm，宽8.0cm，厚2.4cm，重263g（图三七二，5）。

AbⅤ型　12件。

标本2015GLPT1③：63，原料为灰褐色辉绿岩石片。器身形状近半圆形。腹面平整，背面完全保留自然砾面。近端略宽，远端稍窄。左侧较薄，右侧较厚。加工方法为锤击法。加工主要集中在石片远端。沿远端边缘多次单面剥片，加工出一道弧刃。刃缘不整齐，稍钝，未见使用痕迹。片疤多较小且浅平，打击方向由石片背面向腹面打击，部分片疤尾部折断形成陡坎。石片右侧截断一块，为不甚平整的破裂面，应为修整器身留下的痕迹。长10.5cm，宽8.6cm，厚2.4cm，重309g（图三七二，6）。

标本2015GLPT1③：122，原料为灰褐色辉绿岩石片。器身形状近半圆形。腹面平整，背面完全保留自然砾面。加工方法为锤击法。加工主要集中在石片远端。沿远端边缘多次单面剥片，加工出一道弧刃。刃缘整齐锋利，未见使用痕迹。片疤较小且浅平，打击方向由石片背面向腹面打击。长 13.0cm，宽 10.5cm，厚 3.0cm，重 533g（图三七三，1；彩版九二，3）。

标本 2015GLPT2③：87，原料为灰褐色辉绿岩石片。器身形状近半圆形。腹面较平整，背面完全保留自然砾面。近端稍宽，远端略窄。右侧较钝厚，中部为节理面。加工方法为锤击法。加工主要集中在左侧及远端。沿左侧多次单面剥片，加工出一道弧刃。刃缘整齐锋利，有使用痕迹。片疤较小且浅平，打击方向由石片背面向腹面打击。远端垂直截断两小块，边缘钝厚，应为修整器身留下的痕迹。长 10.7cm，宽 7.4cm，厚 2.8cm，重 227g（图三七三，2）。

AbⅥ型　27 件。

标本 2015GLPT2③：88，原料为灰褐色辉绿岩石片。器身形状近椭圆形。腹面较平整，背面完全保留自然砾面。加工方法为锤击法。加工主要集中在石片远端。沿远端边缘多次单面剥片，加工出一道弧刃。刃缘整齐锋利，未见使用痕迹。片疤较小且浅平，打击方向由石片背面向腹面打击。长 14.5cm，宽 6.6cm，厚 2.4cm，重 290g（图三七三，3）。

标本 2015GLPT2③：33，原料为灰褐色辉绿岩石片。器身形状近椭圆形。腹面较平整，背面完全保留自然砾面。加工方法为锤击法。加工主要集中在石片远端。沿远端边缘多次单面剥片，加工出一道弧刃。刃缘整齐锋利，未见使用痕迹。片疤细小且浅平，打击方向由石片背面向腹面打击。长 10.5cm，宽 8.3cm，厚 2.1cm，重 189g（图三七三，4）。

AbⅦ型　9 件。

标本 2015GLPT1④：31，原料为灰褐色辉绿岩砾石。器身形状近长条形。一端稍宽，另一

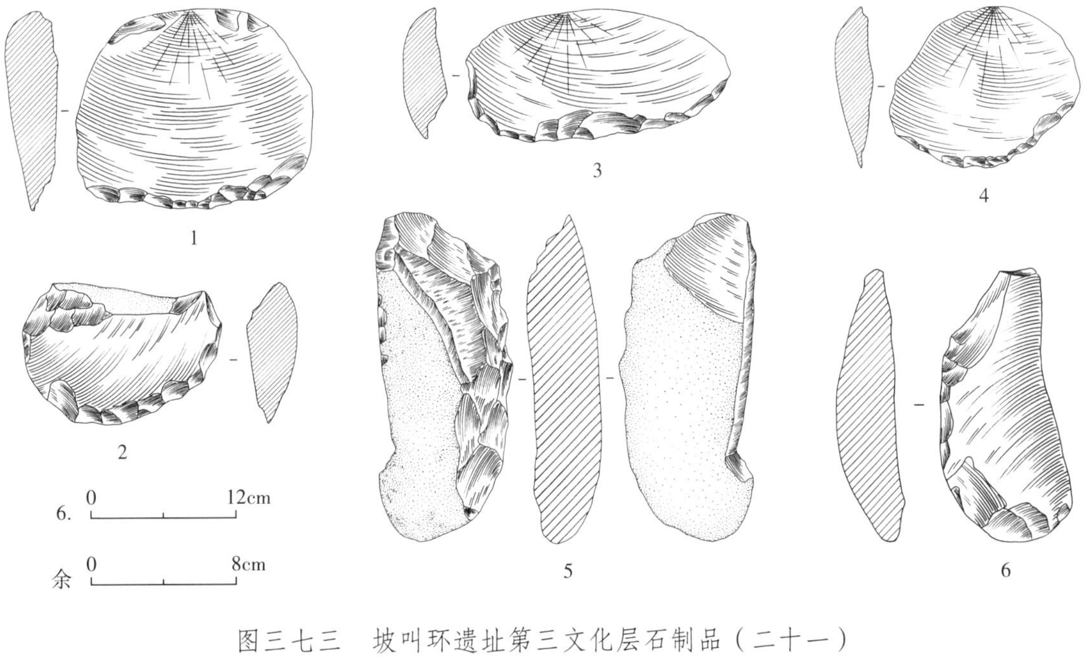

图三七三　坡叫环遗址第三文化层石制品（二十一）

1、2. AbⅤ型砍砸器（2015GLPT1③：122、2015GLPT2③：87）　3、4. AbⅥ型砍砸器（2015GLPT2③：88、2015GLPT2③：33）　5. AbⅦ型砍砸器（2015GLPT1④：31）　6. AbⅧ型砍砸器（2015GLPT1⑥：18）

端略窄。一侧略薄，另一侧稍厚。一面平整，另一面稍弧凸。加工方法为锤击法。加工主要集中在稍薄侧。沿稍薄侧边缘多次单面剥片，加工出一道弧刃。刃缘整齐锋利，未见使用痕迹。片疤多较小且浅平，层层叠叠，打击方向由稍弧凸面向平整面打击，部分片疤尾部折断形成陡坎。稍厚侧中部至稍窄端截断一块，形成平整的破裂面。稍窄端处向弧凸面剥下一块石片，片疤较大。这两处片疤均应为修整器身留下的痕迹。长 17.4cm，宽 7.2cm，厚 3.8cm，重 675g（图三七三，5）。

AbⅧ型　25 件。

标本 2015GLPT1 ⑥：18，原料为灰褐色辉绿岩石片。器身较大且厚重，形状不规则。腹面较平整；背面凸起，完全保留自然砾面。远端较窄，近端较宽。右侧略微弧凸，左侧略微弧凹。加工方法为锤击法。加工主要集中在右侧。沿右侧边缘多次单面剥片，加工出一道弧刃。刃缘较整齐锋利，未见使用痕迹。片疤大多较小且浅平，打击方向由石片背面向腹面打击，部分片疤尾部折断形成陡坎。近端略加修整。远端截断一块，形成平整的破裂面，应为修整器身留下的痕迹。长 21.6cm，宽 10.3cm，厚 5.0cm，重 1209g（图三七三，6）。

标本 2015GLPT1 ④：24，原料为灰褐色辉绿岩石片。器身形状不规则。腹面平整，背面大部分保留自然砾面。加工方法为锤击法。加工主要集中在石片右侧。沿右侧边缘多次双面剥片，加工出一道弧刃，刃缘整齐较锋利，未见使用痕迹。片疤细小且浅平，多由背面向腹面打击。远端截断一大块，为破裂面，应为修整器身留下的痕迹。长 12.8cm，宽 7.5cm，厚 2.5cm，重 274g（图三七四，1）。

Ac 型　6 件。分别属于 AcⅢ次亚型和 AcⅧ次亚型。

AcⅢ型　1 件。

标本 2015GLPT1 ⑤：60，原料为灰褐色辉绿岩石片。器身形状近梯形。腹面平整，背面完

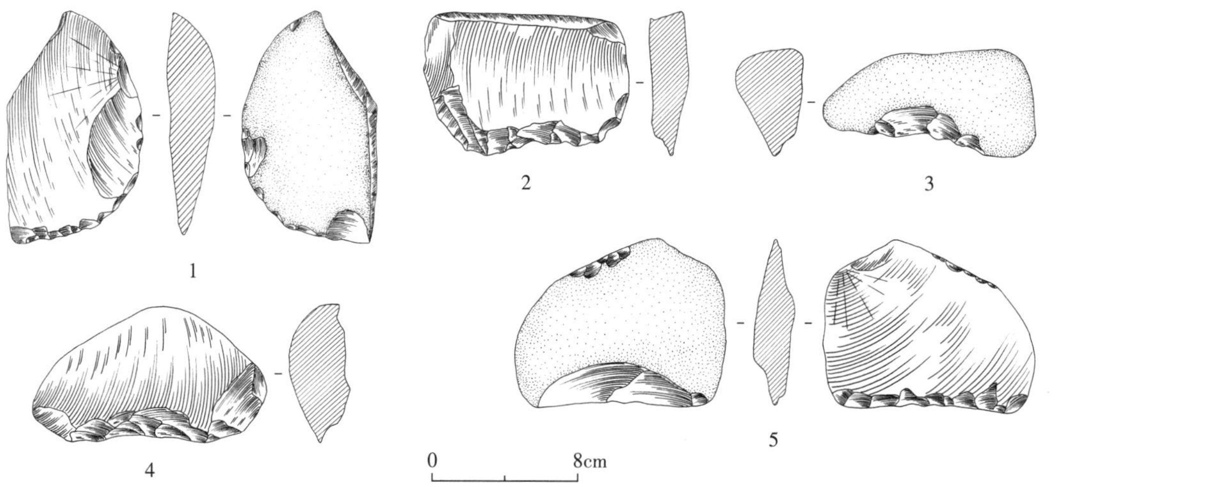

图三七四　坡叫环遗址第三文化层石制品（二十二）

1. AbⅧ型砍砸器（2015GLPT1 ④：24）　2. AcⅢ型砍砸器（2015GLPT1 ⑤：60）　3~5. AcⅧ型砍砸器（2015GLPT1 ④：41、2015GLPT1 ⑥：21、2015GLPT1 ④：48）

全保留自然砾面。近端略窄，远端稍宽。左侧较直，稍厚；右侧稍薄。加工方法为锤击法。加工主要集中在右侧。沿右侧边缘多次单面剥片，加工出一道凹刃。刃缘整齐锋利，未见使用痕迹。片疤较小且浅平，打击方向由石片背面向腹面打击，部分片疤尾部折断形成陡坎。左侧直接截断一大块，形成平整的破裂面，应为修整器身留下的痕迹。长 11.3cm，宽 7.6cm，厚 2.0cm，重 259g（图三七四，2；彩版九二，4）。

AcⅧ型　5 件。

标本 2015GLPT1④：41，原料为灰褐色辉绿岩砾石。器身形状不规则。一端近一舌尖，另一端较宽。一侧较薄，另一侧较厚。一面平整，另一面向较薄侧倾斜。加工方法为锤击法。加工主要集中在较薄侧。沿较薄侧中部边缘多次单面剥片，加工出一道凹刃。刃缘整齐锋利，未见使用痕迹。片疤较小且浅平，打击方向由平整面向倾斜面打击。长 11.7cm，宽 5.8cm，厚 4.1cm，重 310g（图三七四，3）。

标本 2015GLPT1⑥：21，原料为灰褐色辉绿岩石片。器身形状不规则。腹面较平整，背面完全保留自然砾面。近端略窄，远端稍宽。左侧略薄；右侧稍厚，呈弧凸状，保留自然砾面。加工方法为锤击法。加工主要集中在左侧。沿左侧边缘多次单面剥片，加工出一道凹刃。刃缘整齐，较锋利。片疤较小且浅平，打击方向由石片背面向腹面打击。长 12.8cm，宽 7.3cm，厚 3.4cm，重 401g（图三七四，4）。

标本 2015GLPT1④：48，原料为褐色辉绿岩石片。器身形状不规则。腹面微弧凸，背面大部分保留自然砾面。加工方法为锤击法。加工主要集中在远端。沿远端边缘多次单面剥片，加工出一道凹刃。刃缘整齐较锋利，未见使用痕迹。片疤细小且浅平，打击方向由石片背面向腹面打击，部分片疤尾部折断形成陡坎。石片右侧中部有呈条状分布的细麻点状砸击痕迹，边缘较钝，两侧有崩疤，这些砸痕和崩疤应为用作砸击石锤使用时留下的痕迹。长 11.2cm，宽 8.9cm，厚 2.0cm，重 252g（图三七四，5）。

B 型　35 件。分别属于 Ba、Bb、Bc、Bd 亚型。

Ba 型　6 件。分别属于 BaⅠ、BaⅢ、BaⅦ、BaⅧ次亚型。

BaⅠ型　1 件。

标本 2015GLPT2⑤：111，原料为灰褐色辉绿岩石片。器身形状近三角形。腹面较平整，背面大部分保留自然砾面。近端近一钝尖，远端较宽。左侧略薄，右侧稍厚。加工方法为锤击法。加工主要集中在左右两侧。分别沿左右两侧边缘多次单面剥片，分别加工出一道直刃。两刃缘整齐锋利，未见使用痕迹。片疤较小且浅平，打击方向由石片背面向腹面打击。远端有修整器身留下的痕迹，一侧已折断一块。长 12.3cm，宽 10.6cm，厚 3.2cm，重 335g（图三七五，1；彩版九二，5）。

BaⅢ型　1 件。

标本 2015GLPT1⑤：27，原料为灰褐色辉绿岩石片。器身形状近梯形。腹面较平整，背面

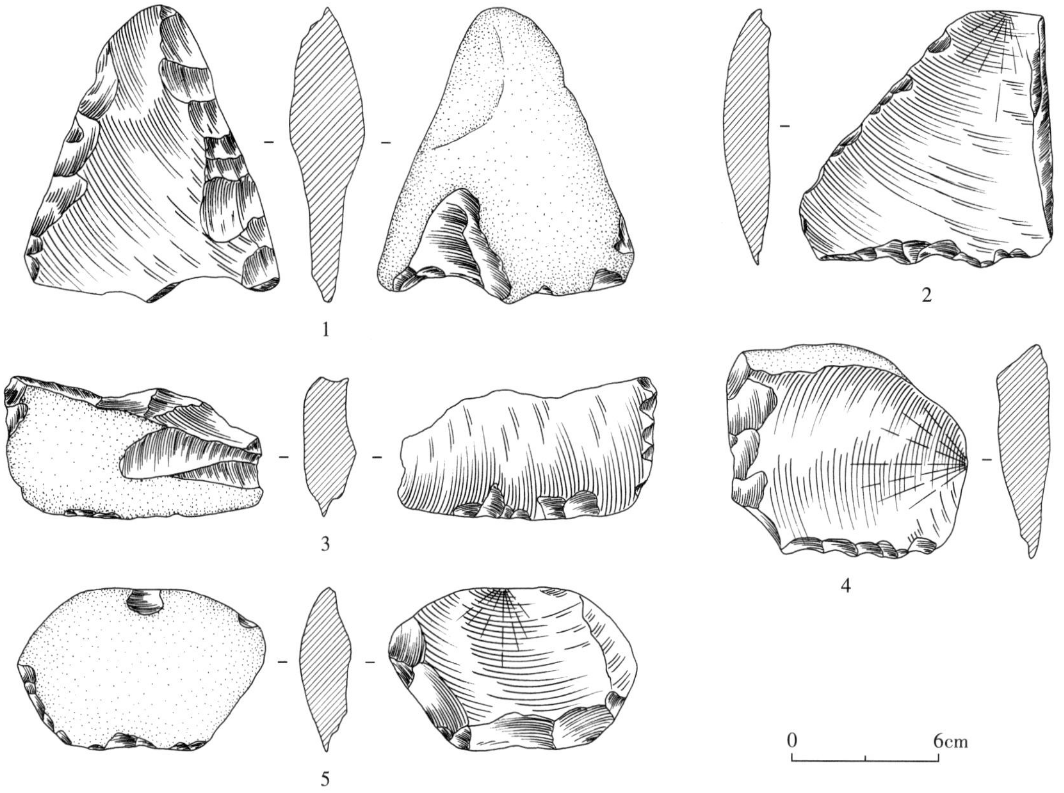

图三七五　坡叫环遗址第三文化层石制品（二十三）

1. BaⅠ型砍砸器（2015GLPT2⑤：111）　2. BaⅢ型砍砸器（2015GLPT1⑤：27）　3. BaⅦ型砍砸器（2015GLPT2⑤：2）　4、5. BaⅧ型砍砸器（2015GLPT1③：73、2015GLPT2⑤：88）

完全保留自然砾面。加工方法为锤击法。加工主要集中在石片左侧及远端。分别沿左侧及远端多次单面剥片，各加工出一道直刃。刃缘整齐锋利，均未见使用痕迹。左侧直刃片疤细小且浅平，剥片次数较少。远端直刃片疤较小且浅平。片疤打击方向均由石片背面向腹面打击。右侧直接截断一大块，形成较平整的破裂面，应为修整器身留下的痕迹。长10.4cm，宽10.2cm，厚1.9cm，重215g（图三七五，2）。

BaⅦ型　1件。

标本2015GLPT2⑤：2，原料为灰褐色辉绿岩石片。器身形状近长条形。腹面不甚平整，背面大部分保留自然砾面。近端略窄，远端稍宽。左侧较薄，右侧较厚。加工方法为锤击法。加工主要集中在左侧中部及远端。分别在这两部位边缘多次单面剥片，各加工出一道直刃。刃缘较整齐锋利，未见使用痕迹。片疤大多较小且浅平，打击方向由背面向腹面打击。右侧截断一大块，形成较平整的破裂面，应为修整器身留下的痕迹。长10.6cm，宽5.2cm，厚2.1cm，重126g（图三七五，3）。

BaⅧ型　3件。

标本 2015GLPT1③：73，原料为灰褐色辉绿岩石片。器身形状不规则。腹面平整，背面完全保留自然砾面。左侧钝厚，为自然砾面。加工方法为锤击法。加工主要集中在右侧及远端。分别沿右侧及远端边缘多次单面剥片，各加工出一道直刃。刃缘整齐锋利，其中远端的直刃有使用痕迹。片疤较小且浅平，打击方向由石片背面向腹面打击。长 9.5cm，宽 8.2cm，厚 2.2cm，重 256g（图三七五，4）。

标本 2015GLPT2⑤：88，原料为灰色辉绿岩石片。器身形状不规则。腹面微凹，背面近端有一个较小而浅平且与石片同向同源的片疤，其余部分保留自然砾面。加工方法为锤击法。加工主要集中在石片左侧中下部及远端。分别沿这两个部位边缘多次单面剥片，各加工出一道直刃。刃缘整齐较锋利，均有使用痕迹。片疤较小且浅平，打击方向由石片背面向腹面打击。石片右侧下半部也有使用痕迹。长 10.2cm，宽 6.5cm，厚 2.1cm，重 188g（图三七五，5）。

Bb 型　13 件。分别属于 BbⅠ、BbⅢ、BbⅣ、BbⅧ次亚型。

BbⅠ型　1 件。

标本 2015GLPT1⑤：70，原料为灰褐色辉绿岩石片。器身形状近三角形。腹面平整，背面完全保留自然砾面。左侧呈弧凹状，钝厚，为节理面。右侧呈弧凸状。加工方法为锤击法。加工主要集中在右侧。分别沿右侧及上下半部边缘多次单面剥片，各加工出一道弧刃。两刃缘整齐锋利，其中上半部弧刃有使用痕迹。远端略加修整，加工出一个舌尖。片疤较小且浅平，打击方向由石片背面向腹面打击。长 12.3cm，宽 10.7cm，厚 2cm，重 224g（图三七六，1）。

BbⅢ型　2 件。

标本 2015GLPT1③：62，原料为灰褐色辉绿岩砾石。器身形状近梯形。腹面较平整；背面近端有少量片疤，片疤与石片同向同源，其余大部分保留自然砾面。左侧钝厚，为自然砾面。加工方法为锤击法。加工主要集中在右侧边的下半部及远端。分别沿这两部位边缘多次单面剥片，各加工出一道弧刃。两刃缘均较整齐而锋利。右侧边下半部的弧刃未见使用痕迹，远端的弧刃有使用痕迹。片疤打击方向由石片背面向腹面打击。长 13.5cm，宽 11.6cm，厚 4.1cm，重 699g（图三七六，2）。

标本 2015GLPT2④：18，原料为灰色辉绿岩石片。器身形状近梯形。腹面较平整；背面中上部有一个大的片疤面，其余部分保留自然砾面。远端近一钝尖。左右两侧上半部较钝厚，左侧上半部为自然砾面，近端右部为断裂面。加工方法为锤击法。加工主要集中在石片左右两侧的下半部。分别沿两侧下半部边缘多次单面剥片，各加工出一道弧刃，两刃缘整齐锋利，未见使用痕迹。片疤细小且浅平，打击方向由石片背面向腹面打击。长 11.4cm，宽 10.5cm，厚 2.9cm，重 327g（图三七六，3；彩版九二，6）。

BbⅣ型　1 件。

标本 2015GLPT2③：13，原料为灰褐色辉绿岩石片。器身较大且厚重，形状近圆形。腹面不平整，背面完全保留自然砾面。加工方法为锤击法。加工主要集中在石片两侧下半部。分别沿

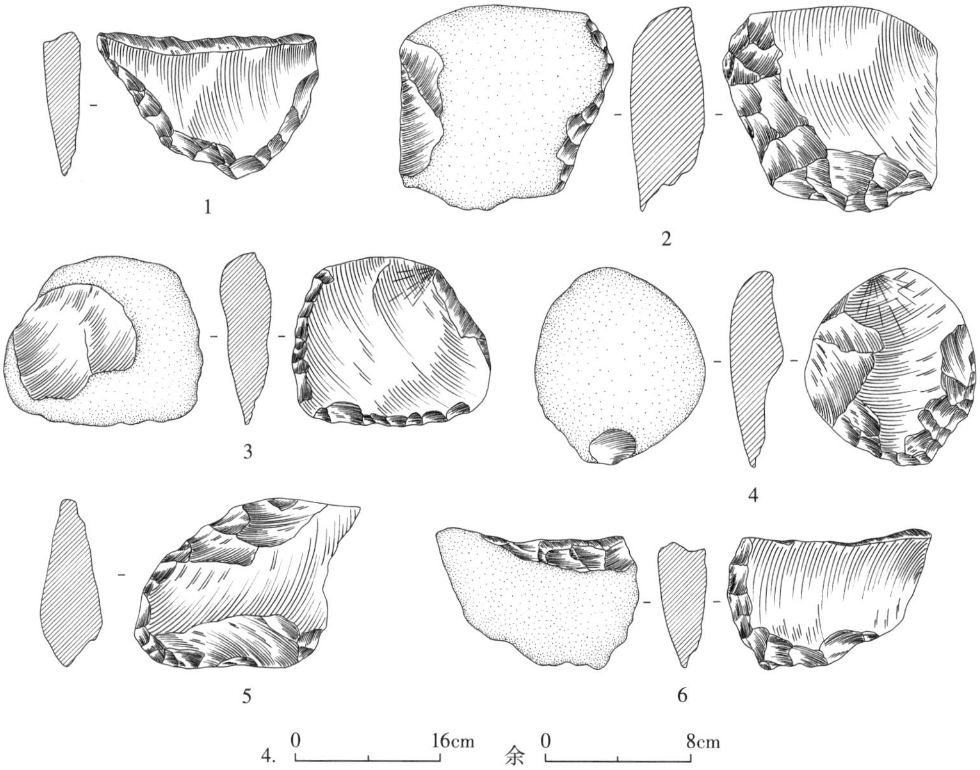

图三七六　坡叫环遗址第三文化层石制品（二十四）

1. BbⅠ型砍砸器（2015GLPT1⑤：70）　2、3. BbⅢ型砍砸器（2015GLPT1③：62、2015GLPT2④：18）
4. BbⅣ型砍砸器（2015GLPT2③：13）　5、6. BbⅧ型砍砸器（2015GLPT1④：35、2015GLPT2③：58）

两侧下半部多次单面剥片，各加工出一道弧刃，两刃缘整齐锋利，未见使用痕迹。片疤较小且浅平，打击方向由石片背面向腹面打击，部分片疤尾部折断形成陡坎。长20.8cm，宽18.4cm，厚5.6cm，重2326g（图三七六，4）。

BbⅧ型　9件。

标本2015GLPT1④：35，原料为灰褐色辉绿岩石片。器身形状不规则。腹面较平整，背面完全保留自然砾面。远端稍宽且厚，沿着节理面折断一大块；近端呈一锐尖。左侧呈弧凸，右侧稍直。加工方法为锤击法。加工主要集中在石片左右两侧。分别沿两侧边缘多次单面剥片，各加工出一道弧刃，两刃缘整齐锋利，未见使用痕迹。片疤大多较小且浅平，打击方向由石片背面向腹面打击，部分片疤尾部折断形成陡坎。长14.2cm，宽9.2cm，厚3.4cm，重392g（图三七六，5）。

标本2015GLPT2③：58，原料为灰色辉绿岩石片。器身形状不规则。腹面较平整，背面大部分保留自然砾面。加工方法为锤击法。加工主要集中在石片右侧及远端。分别沿这两部位边缘多次单面剥片，各加工出一道弧刃；右侧弧刃刃缘不甚整齐，远端弧刃刃缘整齐；两刃均较锋利，均未见使用痕迹。片疤较小且浅平，打击方向由石片背面向腹面打击。石片左侧截断一大块，形成较不平整的破裂面，应为修整器身留下的痕迹。长11.0cm，宽6.5cm，厚2.6cm，重240g（图三七六，6）。

Bc型 1件。属于BcⅢ次亚型。

标本2015GLPT2⑤：59，原料为灰褐色辉绿岩石片。器身形状近梯形。腹面较平整，背面完全保留自然砾面。近端略窄，远端稍宽。左侧略弧凹。右侧微弧凸，较厚，为自然砾面。加工方法为锤击法。加工主要集中在石片左侧及远端。沿左侧边缘多次双面剥片，沿远宽端边缘多次单面剥片，在这两个部位各加工出一道凹刃。刃缘整齐锋利，未见使用痕迹。片疤细小且浅平。打击方向多由石片背面向腹面打击，左侧的凹刃中部为交互打击。长11.7cm，宽6.6cm，厚2.6cm，重242g（图三七七，1；彩版九三，1）。

Bd型 15件。分别属于BdⅠ、BdⅡ、BdⅢ、BdⅥ、BdⅧ次亚型。

BdⅠ型 3件。

标本2015GLPT2③：18，原料为灰褐色辉绿岩石片。器身形状近三角形。腹面平整，背面大部分保留自然砾面。近端较厚，远端较薄。加工方法为锤击法。加工主要集中在石片远端和右侧。沿远端边缘多次双面剥片，加工出一道弧刃。该刃刃缘较整齐锋利，未见使用痕迹；片疤较小且浅平，部分尾部折断形成陡坎；剥片只集中在一侧，由石片背面向腹面剥片较多，由腹面向背面剥片较少。沿石片右侧边缘多次单面剥片，加工出一道直刃。该刃刃缘整齐较锋利，未见

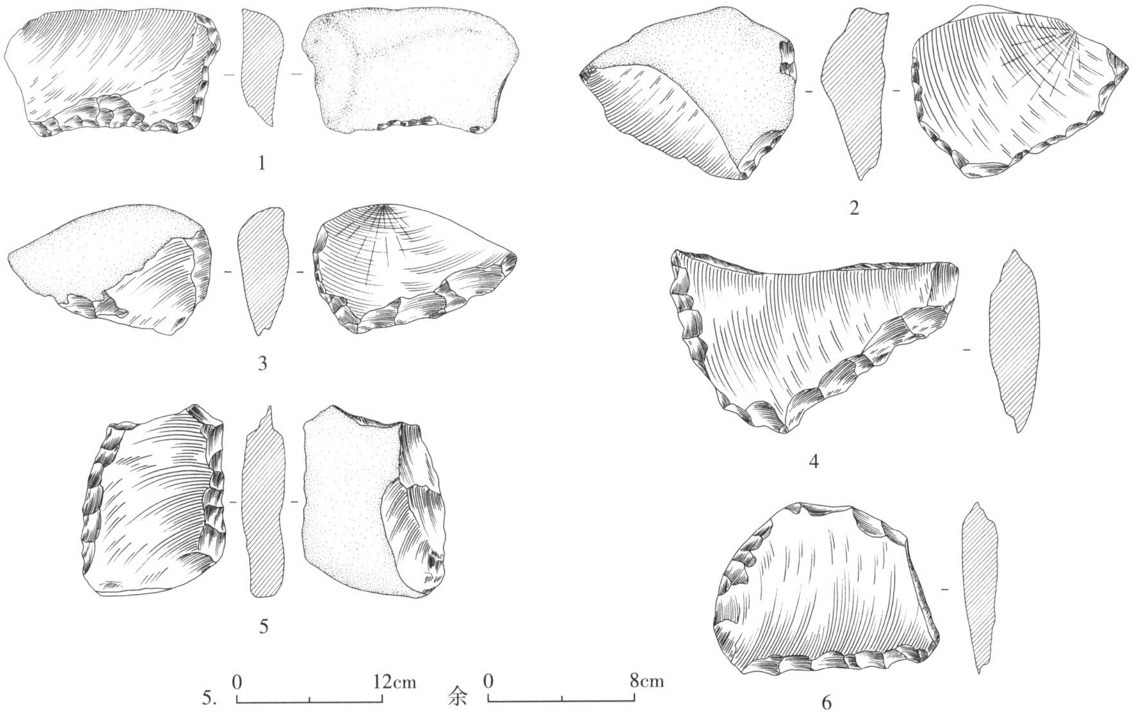

图三七七 坡叫环遗址第三文化层石制品（二十五）

1. BcⅢ型砍砸器（2015GLPT2⑤：59） 2~4. BdⅠ型砍砸器（2015GLPT2③：18、2015GLPT1③：25、2015GLPT2③：73） 5. BdⅡ型砍砸器（2015GLPT1④：74） 6. BdⅢ型砍砸器（2015GLPT1③：53）

使用痕迹；片疤细小且浅平，打击方向由石片背面向腹面打击。长 11.9cm，宽 8.9cm，厚 3.6cm，重 369g（图三七七，2）。

标本 2015GLPT1③：25，原料为灰褐色辉绿岩石片。器身形状近三角形。腹面平整，背面局部保留自然砾面。远端与右侧交汇处呈一钝尖。加工方法为锤击法。加工主要集中在石片左侧和远端。分别沿左侧和远端边缘多次单面剥片，在左侧加工出一道弧刃，在远端加工出一道直刃。两刃缘均不甚齐整，较钝，均未见使用痕迹。片疤多数较小且浅平，少数较大；打击方向由石片背面向腹面打击。长 11.1cm，宽 6.8cm，厚 2.7cm，重 242g（图三七七，3）。

标本 2015GLPT2③：73，原料为灰褐色辉绿岩石片。器身形状近三角形。腹面平整，背面大部分保留自然砾面。近端近一钝尖，远端较宽。左侧略微弧凹，右侧稍直。加工方法为锤击法。加工主要集中在石片右侧及远端。分别沿右侧及远端边缘多次单面剥片，在右侧加工出一道直刃，在远端加工出一道弧刃。两刃缘整齐锋利，均未见使用痕迹。片疤较小且浅平，打击方向由石片背面向腹面打击。左侧直接截断一大块，形成较平整的破裂面，应为修整器身留下的痕迹。长 16.1cm，宽 11.7cm，厚 2.8cm，重 439g（图三七七，4；彩版九三，2）。

BdⅡ型　1 件。

标本 2015GLPT1④：74，原料为灰褐色辉绿岩石片。器身形状近四边形。腹面较平整，背面左侧有一大片打击方向与石片本身打击方向相垂直的片疤面，其余部分保留自然砾面。近端稍宽，远端略窄。左侧稍薄，右侧稍厚。加工方法为锤击法。加工主要集中在石片左右两侧。分别沿两侧边缘多次单面剥片，在左侧加工出一道直刃，在右侧加工出一道弧刃。两刃缘整齐锋利，均未见使用痕迹。片疤较小且浅平，打击方向由石片背面向腹面打击。远端折断一块，形成不平整的断裂面。近端有修整器身留下的痕迹。长 14.1cm，宽 11.5cm，厚 3.3cm，重 723g（图三七七，5）。

BdⅢ型　2 件。

标本 2015GLPT1③：53，原料为灰褐色辉绿岩石片。器身形状近梯形。腹面平整，背面完全保留自然砾面。左侧较直，右侧呈弧凸状。远端折断一块，形成平整的断裂面。加工方法为锤击法。加工主要集中在左右两侧。分别沿石片两侧多次单面剥片，在左侧加工出一道直刃，在右侧加工出一道弧刃。直刃刃缘整齐锋利，弧刃刃缘不甚齐整，但较锋利。两刃均未见使用痕迹。片疤大多较小且浅平，打击方向由石片背面向腹面打击。长 12.5cm，宽 9.2cm，厚 2.0cm，重 309g（图三七七，6）。

BdⅥ型　1 件。

标本 2015GLPT1④：29，原料为灰褐色辉绿岩石片。器身形状近椭圆形。腹面平整，背面大部分保留自然砾面。两端略等宽。左侧稍薄，近弧凸；右侧稍厚，较直。加工方法为锤击法。加工主要集中在石片左右两侧。在左侧边缘多次双面剥片，加工出一道弧刃；该刃刃缘较整齐锋利，有使用痕迹；片疤较小且浅平，部分尾部折断形成陡坎；多由石片背面向腹面剥片。在右侧边缘多次单面剥片，加工出一道直刃；该刃刃缘整齐锋利，未见使用痕迹；片疤较小且浅平，打击方向由石片背面向腹面打击，部分片疤尾部折断形成陡坎。长13.5cm，宽8.0cm，厚2.7cm，重382g（图三七八，1）。

BdⅧ型　8件。

标本2015GLPT2⑤：50，原料为灰色辉绿岩石片。器身形状不规则。腹面较平整，背面完全保留自然砾面。近端稍宽，折断一块，形成平整的断裂面。远端为一钝尖。左侧稍短，下半部折断一块，形成平整的断裂面。右侧略微弧凸。加工方法为锤击法。加工主要集中在石片左右两侧。分别沿两侧多次单面剥片，在左侧加工出一道直刃，在右侧加工出一道弧刃。两刃缘整齐锋利，未见使用痕迹。片疤较小且浅平，打击方向由石片背面向腹面打击。长12.2cm，宽5.9cm，厚2.5cm，重201g（图三七八，2）。

标本2015GLPT1⑤：15，原料为灰褐色辉绿岩石片。器身形状不规则。腹面平整。背面近端有一与石片同向同源的小片疤，其余保留自然砾面。左侧上半部边缘锋利，下半部折断一块，形成断裂面。加工方法为锤击法。加工主要集中在石片右侧及远端。分别沿这几个部位边缘多次单面剥片，在右侧上半部加工出一道凹刃，在右侧下半部至远端加工出一道弧刃。两刃缘整齐锋利，弧刃有使用痕迹。片疤细小且浅平，打击方向由石片背面向腹面打击。长16.2cm，宽10.1cm，厚1.8cm，重330g（图三七八，3）。

标本2015GLPT2③：128，原料为灰褐色辉绿岩石片。器身形状不规则。腹面较平整，背面大部分保留自然砾面。近端较宽，远端呈一锐尖。左侧稍厚，右侧稍薄。加工方法为锤击法。加

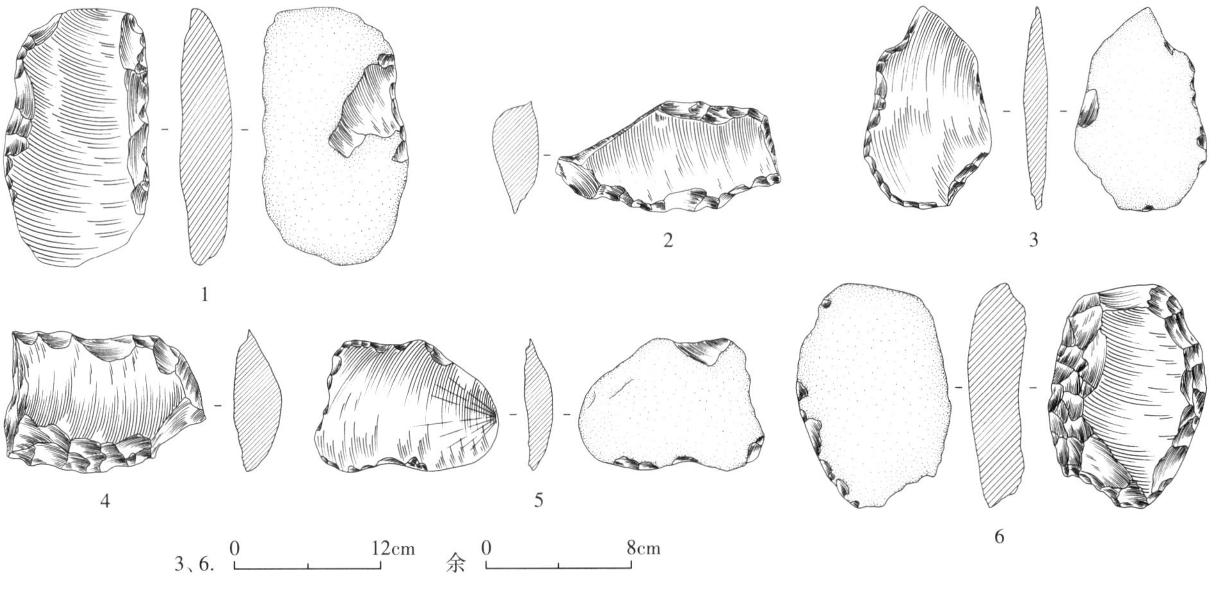

图三七八　坡叫环遗址第三文化层石制品（二十六）

1. BdⅥ型砍砸器（2015GLPT1④：29）　2~4. BdⅧ型砍砸器（2015GLPT2⑤：50、2015GLPT1⑤：15、2015GLPT2③：128）　5. CcⅧ型砍砸器（2015GLPT1③：82）　6. CdⅥ型砍砸器（2015GLPT2⑤：127）

工主要集中在石片左右两侧。分别沿两侧边缘多次单面剥片，在左侧加工出一道弧刃，在右侧加工出一道凹刃。两刃缘整齐锋利，未见使用痕迹。片疤较小且浅平，弧刃的片疤较为密集层叠。片疤打击方向由石片背面向腹面打击。长 11.1cm，宽 7.5cm，厚 2.6cm，重 280g（图三七八，4）。

C 型　8 件。分别属于 Cc 亚型和 Cd 亚型。

Cc 型　1 件。属于 CcⅧ次亚型。

标本 2015GLPT1 ③：82，原料为灰褐色辉绿岩石片。器身形状不规则。腹面较平，背面大部分保留自然砾面。加工方法为锤击法。加工主要集中在石片两侧及远端。分别沿这几个部位边缘多次单面剥片，各加工出一道凹刃。三刃缘均较整齐锋利，右侧凹刃有使用痕迹。片疤细小且浅平，打击方向由石片背面向腹面打击。长 10.1cm，宽 7.0cm，厚 1.5cm，重 114g（图三七八，5；彩版九三，3）。

Cd 型　7 件。分别属于 CdⅥ次亚型和 CdⅧ次亚型。

CdⅥ型　2 件。

标本 2015GLPT2 ⑤：127，原料为灰褐色辉绿岩石片。器身形状近椭圆形。腹面较平整，背面完全保留自然砾面。近端稍宽，远端略窄。左侧稍厚稍直。右侧稍薄，呈弧凸状。加工方法为锤击法。加工主要集中在左右两侧及远端。分别沿左侧及远端边缘多次单面剥片，沿右侧边缘多次双面剥片，在两侧分别加工出一道弧刃，在远端加工出一道凹刃。三刃缘整齐锋利，右侧的弧刃有使用痕迹。片疤多数较小且浅平，部分片疤尾部折断形成陡坎或形成阶梯状；左侧弧刃的片疤较为密集层叠。片疤打击方向由石片背面向腹面打击。长 18.0cm，宽 13.2cm，厚 4.3cm，重 1138g（图三七八，6；彩版九三，4）。

标本 2015GLPT2 ③：95，原料为灰褐色辉绿岩石片。器身形状近椭圆形。腹面微凸，背面完全保留自然砾面。加工方法为锤击法。加工主要集中在石片左右两侧及远端。分别沿这几个部位边缘多次单面剥片，在右侧加工出一道凹刃，在左侧加工出一道弧刃，在远端加工出一道凹刃。三刃均较锋利。两凹刃刃缘较整齐。弧刃刃缘不甚齐整，有使用痕迹。片疤大多细小且浅平，打击方向由石片背面向腹面打击。长 10.2cm，宽 7.3cm，厚 2.2cm，重 205g（图三七九，1）。

CdⅧ型　5 件。

标本 2015GLPT2 ⑤：96，原料为灰褐色辉绿岩石片。器身形状不规则。腹面不平整，背面大部分保留自然砾面。近端稍宽，远端略窄。近端弧凹，左侧弧凸。加工方法为锤击法。加工主要集中在石片远端和两侧。分别沿这几个部位边缘多次单面剥片，在右侧和远端各加工出一道直刃，在左侧加工出一道凹刃。三刃缘整齐锋利，未见使用痕迹。片疤大多较小且浅平，打击方向由石片背面向腹面打击。长 12.2cm，宽 6.9cm，厚 2.1cm，重 184g（图三七九，2）。

D 型　1 件。属于 Dd 亚型中的 DdⅥ次亚型。

标本 2015GLPT1 ③：13，原料为灰褐色辉绿岩石片。器身形状近椭圆形。腹面较平整，背面完全保留自然砾面。远端稍窄，近端稍宽。右侧较直，左侧呈弧凸状。加工方法为锤击法。加

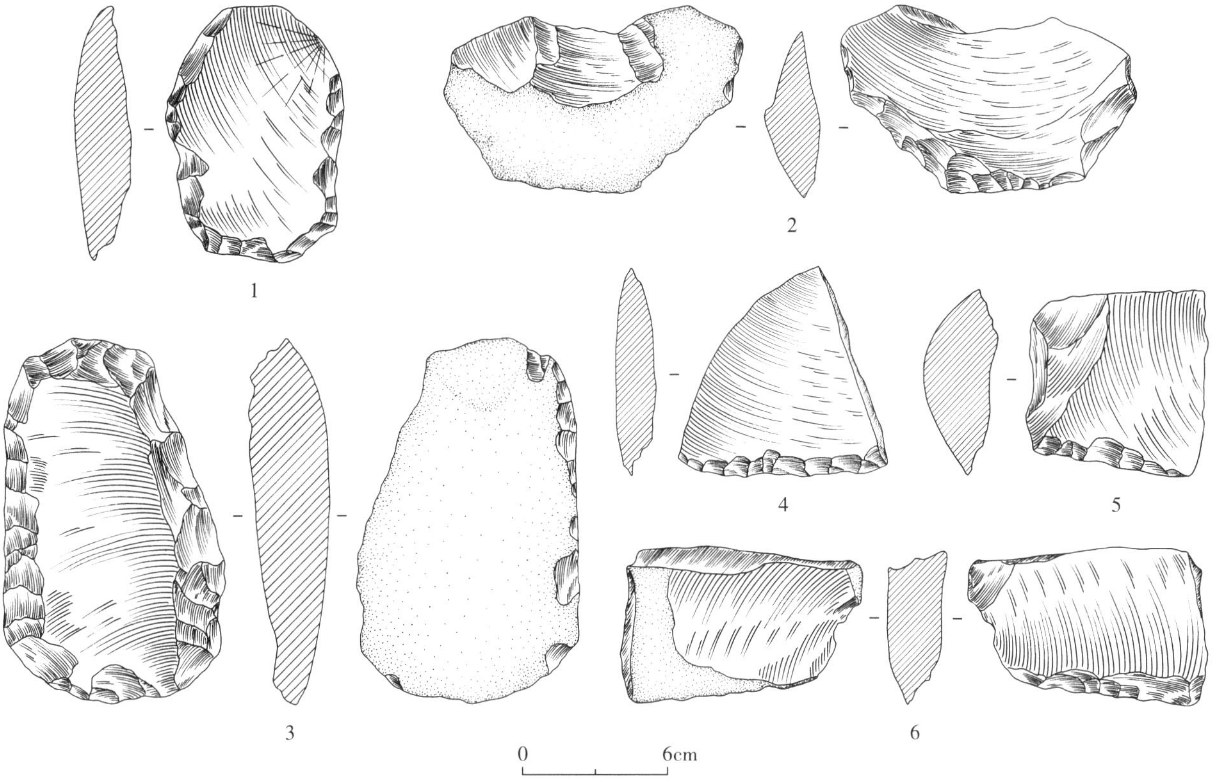

图三七九　坡叫环遗址第三文化层石制品（二十七）

1. CdⅥ型砍砸器（2015GLPT2③：95）　2. CdⅧ型砍砸器（2015GLPT2⑤：96）　3. DdⅥ型砍砸器（2015GLPT1③：13）
4. AaⅠ型刮削器（2015GLPT2③：34）　5、6. AaⅢ型刮削器（2015GLPT2③：100、2015GLPT1④：53）

工集中在石片的四周。沿两端及左侧多次单面剥片，沿右侧多次双面剥片，在两端分别加工出一道弧刃，在右侧加工出一道直刃，在左侧加工出一道弧刃。四刃缘均整齐锋利，直刃有使用痕迹。片疤大多较小且浅平，打击方向多由石片背面向腹面打击，部分片疤尾部折断形成陡坎。左侧弧刃的片疤较为密集层叠。长 14.6cm，宽 9.2cm，厚 3.2cm，重 566g（图三七九，3；彩版九三，5）。

刮削器　58 件。原料仅有石片一种。岩性只有辉绿岩一种。加工方法仅见锤击法一种。以单面加工为主，多由石片背面向腹面打击，有少量为双面打击。加工较为简单，加工面多为一两层片疤。片疤大多数较小且浅平，多为宽大于长。部分器身有修整的现象。刃缘大部分整齐锋利。有使用痕迹者 7 件，占该文化层出土刮削器总数的 12.07%。器身形状有三角形、梯形、圆形、半圆形、椭圆形、长条形和不规则形七种。其中三角形 11 件，占该文化层出土刮削器总数的 18.97%；梯形 15 件，占该文化层出土刮削器总数的 25.86%；圆形和长条形各 2 件，各占该文化层出土刮削器总数的 3.45%；半圆形 1 件，占该文化层出土刮削器总数的 1.72%；椭圆形 9 件，占该文化层出土刮削器总数的 15.52%；不规则形 18 件，占该文化层出土刮削器总数的 31.03%。器身长度最大值 9.9cm，最小值 5.3cm；宽度最大值 9.1cm，最小值 3.2cm；厚度最大值 3.8cm，最小值 0.8cm；重量最大值 362g，最小值 17g。分别属于 A、B、C 型。

A 型　34 件。分别属于 Aa、Ab、Ac 亚型。

Aa 型　6 件。分别属于 AaⅠ、AaⅢ、AaⅧ次亚型。

AaⅠ型　1 件。

标本 2015GLPT2③：34，原料为灰褐色辉绿岩石片。器身形状近三角形。腹面平整，背面完全保留自然砾面。两侧钝厚，其中左侧略微弧凸，右侧较直。加工方法为锤击法。加工主要集中在石片远端。沿远端边缘多次单面剥片，加工出一道直刃。刃缘整齐锋利，未见使用痕迹。片疤较小且浅平，打击方向由石片背面向腹面打击。右侧截断一大块，形成平整的破裂面，应为修整器身留下的痕迹。长 8.7cm，宽 8.4cm，厚 1.7cm，重 145g（图三七九，4；彩版九三，6）。

AaⅢ型　2 件。

标本 2015GLPT1④：53，原料为灰褐色辉绿岩石片。器身形状近梯形。腹面平整，背面中上部为打击方向与石片本身打击方向相同的片疤面，其余部分保留自然砾面。近端稍窄，远端略宽。左侧稍薄，右侧稍厚。加工方法为锤击法。加工主要集中在石片左侧。沿左侧边缘多次单面剥片，加工出一道直刃。刃缘整齐锋利，未见使用痕迹。片疤较小且浅平，打击方向由石片背面向腹面打击，部分片疤尾部折断形成陡坎。右侧及远端直接截断一大块，形成较平整的破裂面，应为修整器身留下的痕迹。长 9.9cm，宽 6.2cm，厚 2.4cm，重 186g（图三七九，6）。

标本 2015GLPT2③：100，原料为灰褐色辉绿岩石片。器身形状近梯形。腹面不平整，背面完全保留自然砾面。远端稍窄，近端略宽。右侧稍薄，左侧稍厚。加工方法为锤击法。加工主要集中在石片右侧。沿右侧边缘多次单面剥片，加工出一道直刃。刃缘整齐较锋利，未见使用痕迹。片疤较小且浅平，打击方向由石片背面向腹面打击。远端直接截断一大块，形成较平整的破裂面。近端及左侧均有修整痕迹。长 7.4cm，宽 7.4cm，厚 2.8cm，重 249g（图三七九，5）。

AaⅧ型　3 件。

标本 2015GLPT2⑤：113，原料为灰褐色辉绿岩石片。器身形状不规则。腹面较平整，背面完全保留自然砾面。左右两侧钝厚，左侧为自然砾面，右侧为断裂面。加工方法为锤击法。加工主要集中在石片远端。沿远端边缘多次单面剥片，加工出一道直刃。刃缘整齐锋利，有使用痕迹。片疤细小且浅平，打击方向由石片背面向腹面打击。长 9.9cm，宽 6.3cm，厚 1.5cm，重 193g（图三八〇，1）。

Ab 型　27 件。分别属于 AbⅠ、AbⅢ、AbⅣ、AbⅤ、AbⅥ、AbⅦ、AbⅧ次亚型。

AbⅠ型　7 件。

标本 2015GLPT2④：14，原料为灰褐色辉绿岩石片。器身形状近三角形。腹面较平整，背面完全保留自然砾面。两侧钝厚。加工方法为锤击法。加工主要集中在石片远端。沿远端多次单面剥片，加工出一道弧刃。刃缘较整齐锋利，未见使用痕迹。片疤较小且浅平，打击方向由石片背面向腹面打击。左侧直接截断一大块，形成平整的破裂面，应为修整器身留下的痕迹。长 8.5cm，

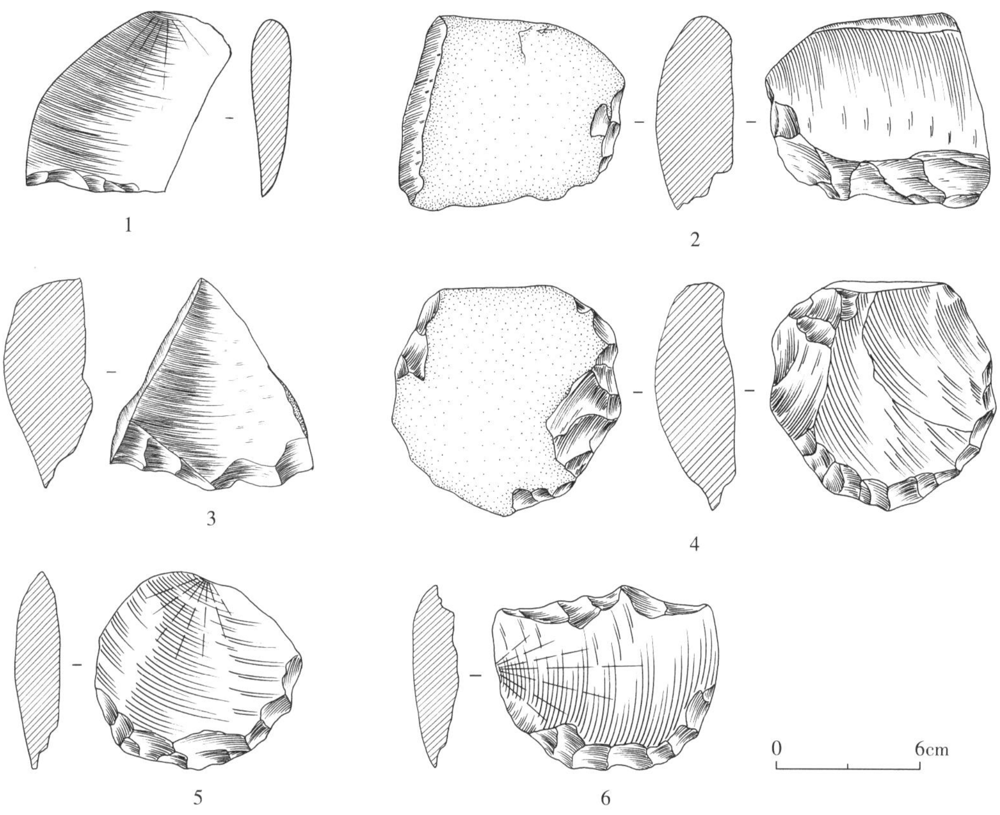

图三八〇　坡叫环遗址第三文化层石制品（二十八）

1. AaⅧ型刮削器（2015GLPT2⑤：113）　2. AbⅢ型刮削器（2015GLPT1⑤：30）　3. AbⅠ型刮削器（2015GLPT2④：14）　4、5. AbⅣ型刮削器（2015GLPT1③：110、2015GLPT1⑤：13）　6. AbⅤ型刮削器（2015GLPT1⑤：38）

宽 8.3cm，厚 3.5cm，重 239g（图三八〇，3）。

AbⅢ型　5 件。

标本 2015GLPT1⑤：30，原料为灰褐色辉绿岩石片。器身形状近梯形。腹面为平整的节理面，背面完全保留自然砾面。近端稍窄，远端稍宽。左侧略薄；右侧略厚，为自然砾面。加工方法为锤击法。加工主要集中在石片左侧。沿左侧边缘多次单面剥片，加工出一道弧刃。刃缘整齐锋利，未见使用痕迹。片疤较小且浅平，打击方向由石片背面向腹面打击。近端略作修整。远端直接截断一大块，形成平整的破裂面，应为修整器身留下的痕迹。长 9.0cm，宽 7.8cm，厚 3.2cm，重 286g（图三八〇，2）。

AbⅣ型　2 件。

标本 2015GLPT1③：110，原料为灰褐色辉绿岩石片。器身形状近圆形。腹面不平整，背面完全保留自然砾面。左侧稍厚，右侧稍薄。加工方法为锤击法。加工主要集中在石片右侧和远端。沿右侧和远端边缘多次单面剥片，加工出一道弧刃。刃缘整齐锋利，未见使用痕迹。片疤较小且浅平，打击方向由石片背面向腹面打击，部分片疤尾部折断形成阶梯状。左侧有修整痕迹，片疤稍大且深。长 9.4cm，宽 9.1cm，厚 3.3cm，重 362g（图三八〇，4）。

标本 2015GLPT1 ⑤：13，原料为灰褐色辉绿岩石片。器身形状近圆形。腹面平整，背面完全保留自然砾面。加工方法为锤击法。加工主要集中在石片右侧和远端。沿这两个部位边缘多次单面剥片，加工出一道弧刃。刃缘整齐锋利，有使用痕迹。片疤较小且浅平，打击方向由石片背面向腹面打击。长 8.4cm，宽 7.9cm，厚 1.8cm，重 145g（图三八〇，5）。

AbⅤ型　1 件。

标本 2015GLPT1 ⑤：38，原料为灰褐色辉绿岩石片。器身形状近半圆形。腹面微凹，背面完全保留自然砾面。左侧呈弧凸状，右侧凹凸不平。加工方法为锤击法。加工主要集中在石片左侧。沿左侧边缘多次单面剥片，加工出一道弧刃。刃缘整齐锋利，未见使用痕迹。右侧有较多修整痕迹。片疤较小且浅平，打击方向由石片背面向腹面打击。长 9.3cm，宽 7.3cm，厚 1.9cm，重 162g（图三八〇，6；彩版九四，1）。

AbⅥ型　3 件。

标本 2015GLPT1 ③：47，原料为灰褐色辉绿岩石片。器身形状近椭圆形。腹面微凸，背面完全保留自然砾面。加工方法为锤击法。加工主要集中在石片右侧下半部及远端。沿这两部位边缘多次单面剥片，加工出一道弧刃。刃缘较整齐锋利，未见使用痕迹。片疤细小且浅平，打击方向由石片背面向腹面打击。长 8.3cm，宽 6.7cm，厚 2.0cm，重 132g（图三八一，1）。

AbⅦ型　2 件。

标本 2015GLPT2 ⑤：103，原料为灰褐色辉绿岩石片。器身形状近长条形。腹面较平整，背

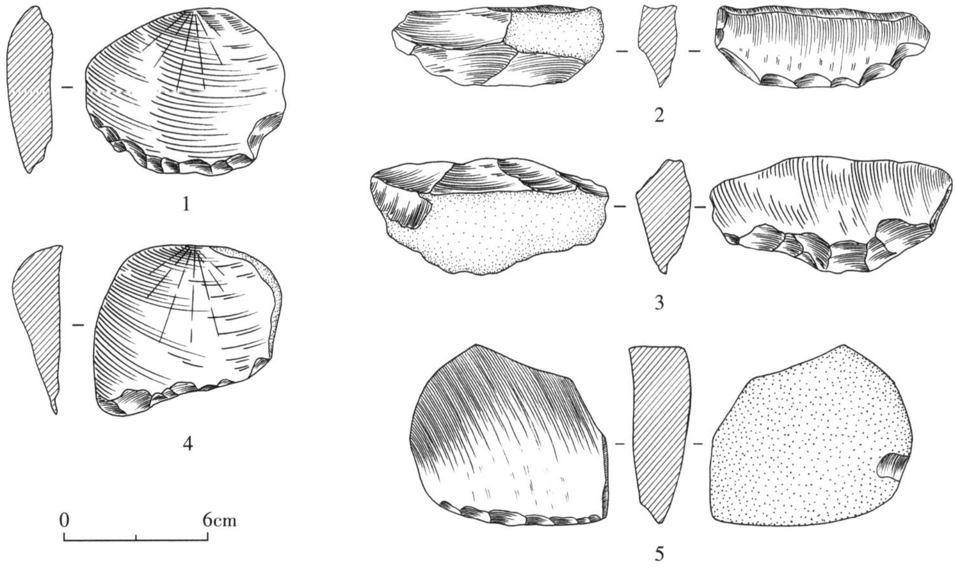

图三八一　坡叫环遗址第三文化层石制品（二十九）

1. AbⅥ型刮削器（2015GLPT1 ③：47）　2、3. AbⅦ型刮削器（2015GLPT2 ⑤：103、2015GLPT2 ⑤：149）
4. AcⅢ型刮削器（2015GLPT1 ③：80）　5. AbⅧ型刮削器（2015GLPT1 ⑤：18）

面仅局部保留自然砾面。右侧较直，左侧呈弧凸状。加工方法为锤击法。加工主要集中在石片左侧。沿左侧边缘多次单面剥片，加工出一道弧刃。刃缘较整齐锋利，未见使用痕迹。片疤较小且浅平，打击方向由背面向腹面进行打击。右侧直接截断一大块，形成平整的破裂面，应为修整器身留下的痕迹。长 8.8cm，宽 3.2cm，厚 1.5cm，重 49g（图三八一，2）。

标本 2015GLPT2 ⑤：149，原料为灰褐色辉绿岩石片。器身形状近长条形。腹面略微弧凸，背面近端有一个稍长而浅平且与石片同向同源的片疤，其余部分保留自然砾面。加工方法为锤击法。加工主要集中在石片右侧。沿右侧边缘多次单面剥片，加工出一道弧刃。刃缘较整齐锋利，未见使用痕迹。片疤较小且浅平，打击方向由石片背面向腹面打击。石片左侧直接截断一大块，形成较平整的破裂面，应为修整器身留下的痕迹。长 9.9cm，宽 4.6cm，厚 2.2cm，重 92g（图三八一，3）。

AbⅧ型 7 件。

标本 2015GLPT1 ⑤：18，原料为灰褐色辉绿岩石片。器身形状不规则。腹面略凹，背面近端有一较小而浅平且与石片同向同源的片疤，其余部分保留自然砾面。加工方法为锤击法。加工主要集中在石片左侧。沿左侧边缘多次单面剥片，加工出一道弧刃。刃缘整齐锋利，未见使用痕迹。片疤较小且浅平，打击方向由石片背面向腹面打击，部分片疤尾部折断形成陡坎。远端左侧为节理面，中部和右侧分别直接截断一块，形成破裂面，应为修整器身留下的痕迹。长 9.2cm，宽 7.2cm，厚 2.2cm，重 338g（图三八一，5）。

Ac 型 1 件。属于 AcⅢ次亚型。

标本 2015GLPT1 ③：80，原料为灰褐色辉绿岩石片。器身形状近梯形。腹面较平整，背面完全保留自然砾面。两侧边钝厚，为自然砾面。加工方法为锤击法。加工主要集中在石片远端。沿远端边缘多次单面剥片，加工出一道凹刃。刃缘整齐较锋利，有使用痕迹。片疤细小且浅平，打击方向由石片背面向腹面打击。长 7.3cm，宽 6.7cm，厚 2.0cm，重 176g（图三八一，4；彩版九四，2）。

B 型 22 件。分别属于 Bb 亚型和 Bd 亚型。

Bb 型 13 件。分别属于 BbⅠ、BbⅢ、BbⅥ、BbⅧ次亚型。

BbⅠ型 2 件。

标本 2015GLPT1 ⑤：45，原料为灰褐色辉绿岩石片。器身形状近三角形。腹面不甚平整，背面除右侧边缘局部保留自然砾面外，其余大部分为片疤。左侧较直，右侧呈弧凸状。加工方法为锤击法。加工主要集中在石片右侧。分别沿右侧上、下半部边缘多次单面剥片，各加工出一道弧刃。两刃缘锋利但不甚整齐，未见使用痕迹。片疤较小且浅平，打击方向由石片背面向腹面打击，部分片疤尾部折断形成陡坎。长 9.1cm，宽 6.0cm，厚 1.7cm，重 111g（图三八二，1；彩版九四，3）。

BbⅢ型 1 件。

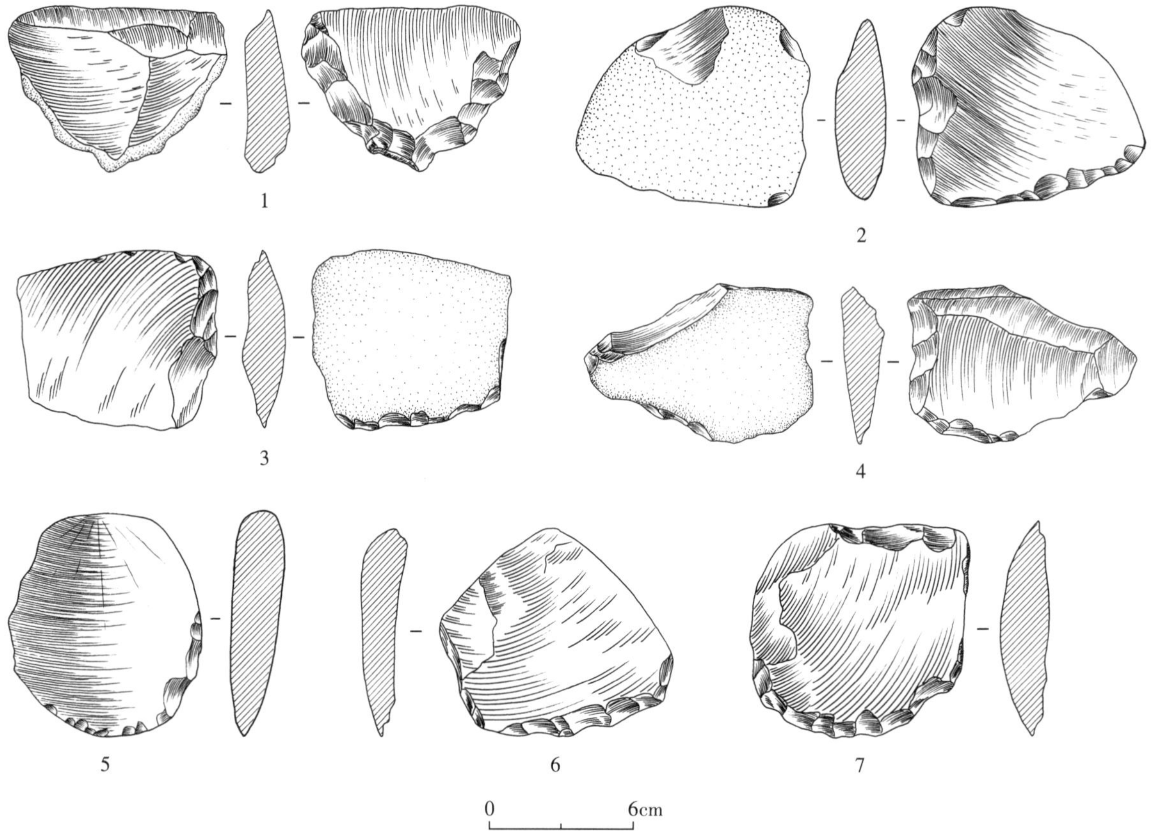

图三八二 坡叫环遗址第三文化层石制品（三十）

1. BbⅠ型刮削器（2015GLPT1⑤：45） 2. BbⅧ型刮削器（2015GLPT1⑥：41） 3. BbⅢ型刮削器（2015GLPT1⑤：40） 4. BdⅠ型刮削器（2015GLPT2⑤：119） 5. BbⅥ型刮削器（2015GLPT2③：77） 6. BdⅢ型刮削器（2015GLPT1⑥：29） 7. BdⅧ型刮削器（2015GLPT1③：68）

标本2015GLPT1⑤：40，原料为灰色辉绿岩石片。器身形状近梯形。腹面平整，背面完全保留自然砾面。远端稍窄，近端略宽。右侧略短，左侧略长。加工方法为锤击法。加工主要集中在石片右侧及近端。分别沿右侧及近端边缘多次单面剥片，各加工出一道弧刃。两刃缘整齐锋利，未见使用痕迹。片疤较小且浅平。右侧弧刃由石片腹面向背面打击，近端弧刃剥片方向与之相反。远端折断一大块，形成较平整的断裂面，应为修整器身留下的痕迹。长8.3cm，宽7.1cm，厚1.8cm，重132g（图三八二，3）。

BbⅥ型 5件。

标本2015GLPT2③：77，原料为灰褐色辉绿岩石片。器身形状近椭圆形。腹面微凸，背面完全保留自然砾面。加工方法为锤击法。加工主要集中在石片左侧远端及右侧下部。分别沿这两个部位边缘多次单面剥片，各加工出一道弧刃。两刃缘整齐锋利，未见使用痕迹。片疤较小且浅平。左侧弧刃由石片腹面向背面打击，右侧下部弧刃剥片方向与之相反。远端边缘见有使用痕迹。长9.0cm，宽8.0cm，厚2.0cm，重306g（图三八二，5）。

BbⅧ型　5件。

标本2015GLPT1⑥：41，原料为灰褐色辉绿岩石片。器身形状不规则。腹面平整。背面近端有一个较大而浅平且与石片同向同源的片疤，其余部分保留自然砾面。右侧上半部较钝厚，为自然砾面。加工方法为锤击法。加工主要集中在石片左侧及远端。分别沿这两部位边缘多次单面剥片，各加工出一道弧刃。左侧弧刃刃缘不甚整齐，远端弧刃刃缘较整齐。两刃均较锋利，均有使用痕迹。片疤大多细小且浅平，打击方向由石片背面向腹面打击。长9.8cm，宽8.7cm，厚2.0cm，重238g（图三八二，2）。

Bd型　9件。分别属于BdⅠ、BdⅢ、BdⅧ次亚型。

BdⅠ型　1件。

标本2015GLPT2⑤：119，原料为灰褐色辉绿岩石片。器身形状近三角形。腹面较平整，背面完全保留自然砾面。左侧稍厚，右侧较薄。加工方法为锤击法。加工主要集中在石片右侧及远端。沿右侧多次双面剥片，加工出一道弧刃；刃缘整齐锋利，未见使用痕迹；片疤较小且浅平，部分尾部折断形成陡坎。沿远端多次单面剥片，加工出一道凹刃；刃缘整齐锋利，未见使用痕迹；片疤较小且浅平，打击方向由石片背面向腹面打击。长9.4cm，宽6.4cm，厚1.7cm，重110g（图三八二，4）。

BdⅢ型　5件。

标本2015GLPT1⑥：29，原料为灰褐色辉绿岩石片。器身形状近梯形。腹面微弧凹，背面基本保留自然砾面。右侧较钝厚，为自然砾面。加工方法为锤击法。加工主要集中在石片左侧及远端。分别沿这两部位边缘多次单面剥片，在左侧加工出一道直刃，在远端加工出一道弧刃。两刃缘整齐锋利。弧刃有使用痕迹。片疤大多较小且浅平，打击方向由石片背面向腹面打击。长9.8cm，宽8.3cm，厚1.8cm，重161g（图三八二，6）。

BdⅧ型　3件。

标本2015GLPT1③：68，原料为灰褐色辉绿岩石片。器身形状不规则。腹面较平整，背面完全保留自然砾面。远端折断一块，形成平整的断裂面。加工方法为锤击法。加工主要集中在石片左右两侧。分别沿两侧边缘多次单面剥片，在左侧加工出一道弧刃，在右侧加工出一道直刃。两刃缘较整齐锋利。直刃有使用痕迹。片疤较小且浅平，打击方向由石片背面向腹面打击。长8.7cm，宽8.4cm，厚2.0cm，重219g（图三八二，7；彩版九四，4）。

C型　2件。分别属于CdⅢ次亚型和CdⅥ次亚型。

CdⅢ型　1件。

标本2015GLPT2④：3，原料为灰褐色辉绿岩石片。器身形状近梯形。腹面凸起，背面基本保留自然砾面。近端稍窄，远端稍宽且厚。左侧弧凸，右侧中部较直。加工方法为锤击法。加工主要集中在石片远端及左右两侧。分别沿这几个部位边缘多次单面剥片，在远端加工出一道直刃，右侧加工出一道弧刃，左侧加工出一道凹刃。三刃缘整齐较锋利。凹刃有使用痕迹。片疤大多细小且浅平，打击方向由石片背面向腹面打击。长 7.1cm，宽 5.2cm，厚 1.8cm，重 68g（图三八三，1）。

CdⅥ型　1 件。

标本 2015GLPT1 ④：10，原料为灰褐色辉绿岩石片。器身形状近椭圆形。腹面凸起，背面大部分保留自然砾面。加工方法为锤击法。加工主要集中在石片左侧下部、远端及右侧。分别沿这几个部位边缘多次单面剥片，在左侧下部加工出一道凹刃，远端和右侧各加工出一道弧刃。三刃缘整齐锋利，未见使用痕迹。片疤较小且浅平，打击方向均由石片背面向腹面打击。长 9.5cm，宽 7.8cm，厚 2.2cm，重 176g（图三八三，2；彩版九四，5）。

尖状器　1 件。属于 A 型中的 AbⅠ次亚型。

标本 2015GLPT1 ⑤：20，原料为灰褐色辉绿岩石片。器身形状近三角形。腹面较平整，背面大部分保留自然砾面。加工方法为锤击法。加工主要集中在石片两侧及远端。沿两侧多次单面剥片，各加工出一道直刃。两刃缘整齐锋利。在远端交汇处加工出一钝尖。未见使用痕迹。片疤大多较小且浅平，打击方向由石片背面向腹面打击。近端为把端，较宽厚。长 11.2cm，宽 10.9cm，厚 3.8cm，

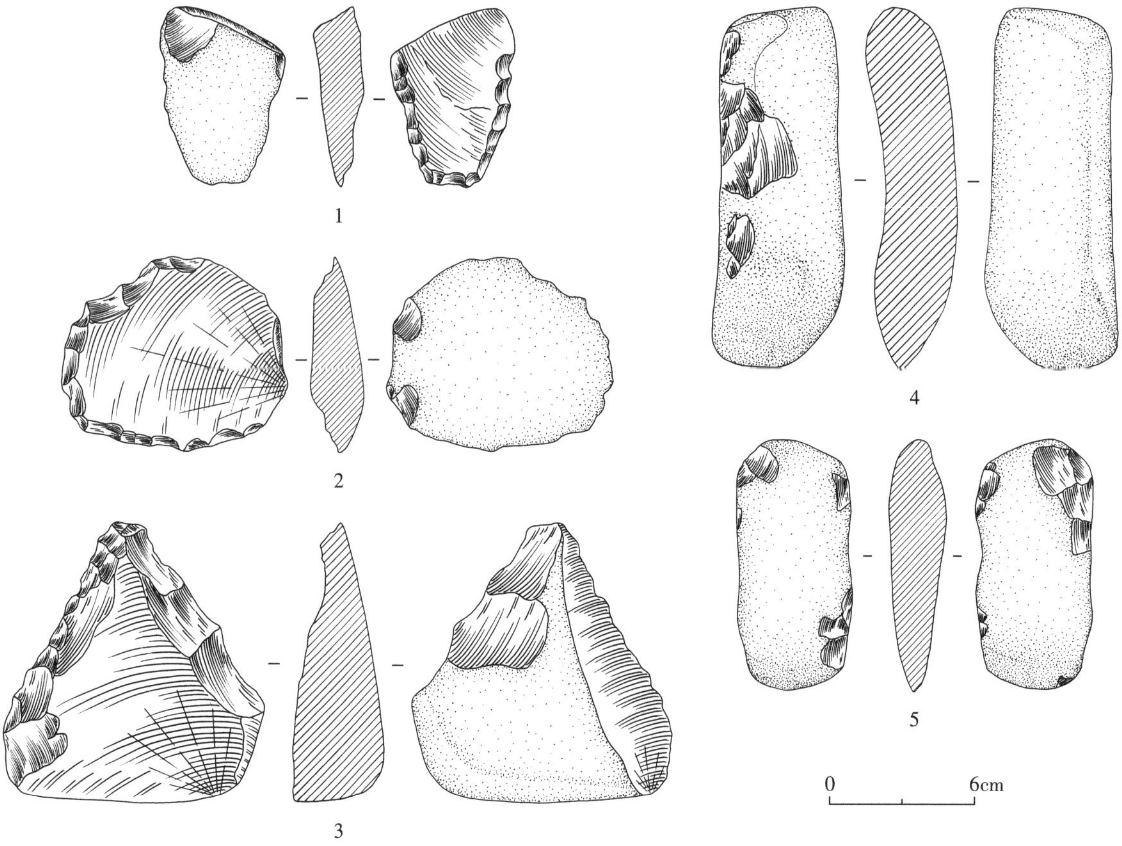

图三八三　坡叫环遗址第三文化层石制品（三十一）

1. CdⅢ型刮削器（2015GLPT2 ④：3）　2. CdⅥ型刮削器（2015GLPT1 ④：10）　3. AbⅠ型尖状器（2015GLPT1 ⑤：20）
4、5. Bb 型石斧（2015GLPT1 ④：4、2015GLPT1 ③：3）

重 462g（图三八三，3；彩版九四，6）。

（3）磨制石制品

104 件。包括石斧、石锛、石凿、斧锛类半成品、斧锛类毛坯和研磨器六大类型。其中石斧 10 件，占该文化层出土磨制石制品总数的 9.62%；石锛 12 件，占该文化层出土磨制石制品总数的 11.54%；石凿 14 件，占该文化层出土磨制石制品总数的 13.46%；斧锛类半成品 23 件，占该文化层出土磨制石制品总数的 22.12%；斧锛类毛坯 39 件，占该文化层出土磨制石制品总数的 37.50%；研磨器 6 件，占该文化层出土磨制石制品总数的 5.76%。

石斧　10 件。包括完整件和残件两种。其中完整件 6 件，占该文化层出土石斧总数的 60%；残件 4 件，占该文化层出土石斧总数的 40%。原料仅有砾石一种。岩性有细砂岩和辉绿岩两种。其中细砂岩 9 件，占该文化层出土石斧总数的 90%；辉绿岩 1 件，占该文化层出土石斧总数的 10%。磨制部位仅见局部磨制一种，大多数只磨制刃部。器身形状有四边形、梯形、椭圆形和不规则形四种。其中四边形和椭圆形各 2 件，各占该文化层出土石斧总数的 20%；梯形和不规则形各 3 件，各占该文化层出土石斧总数的 30%。器身长度最大值 14.4cm，最小值 5.4cm；宽度最大值 6.3cm，最小值 3.8cm；厚度最大值 3.2cm，最小值 1.2cm；重量最大值 470g，最小值 65g。

第一类　完整件。6 件。分别属于 B 型中的 Bb、Bf、Bi 亚型。

Bb 型　2 件。

标本 2015GLPT1 ④：4，原料为黄褐色细砂岩砾石。器身形状近四边形。一端稍宽厚，另一端略窄薄。一侧略厚，另一侧稍薄。一面略凹，另一面略弧凸。稍厚侧边缘经多次单面剥片，虽略经磨制，但仍可见打制痕迹。片疤大多较小且浅平，部分尾部折断形成陡坎。少数片疤较大，已到达器身中轴线。片疤打制方向由弧凸面向内凹面打击。窄薄端两面均经精心磨制，形成两道宽窄不一、相互倾斜的光滑刃面。两刃面交汇处磨制出一道弧刃。刃口锋利，有使用痕迹。器身其余部位保留自然砾面。长 14.4cm，宽 5.0cm，厚 3.2cm，重 470g（图三八三，4）。

标本 2015GLPT1 ③：3，原料为黄褐色细砂岩砾石。器身形状近四边形。一端稍宽，另一端略窄。一侧稍厚，另一侧略薄。一面平整，另一面凸起。稍厚侧上部和略薄侧上、下部经多次双面剥片；片疤大多较小且浅平，部分尾部折断形成陡坎，均未经磨制。略窄端两面经较多磨制，形成两道相互倾斜的刃面。两刃面交汇处磨制出一道弧凸状刃。刃口稍钝，有明显的使用痕迹。器身其余部位保留自然砾面。长 10.1cm，宽 4.8cm，厚 2.3cm，重 174g（图三八三，5）。

Bf 型　2 件。

标本 2015GLPT1 ③：105，原料为黄褐色细砂岩砾石。器身形状近椭圆形。一端略窄，另一端稍宽。略窄端经多次双面剥片，虽略经磨制，但仍可见打制痕迹；其中一面片疤较多，另一面较少；片疤大多较小且浅平。稍宽端两面均经精心磨制，形成两道相互倾斜的光滑刃面。两刃面交汇处磨制出一道弧凸状刃。刃口锋利，未见使用痕迹。器身其余部位保留自然砾面。长 8.5cm，宽 3.8cm，厚 1.4cm，重 74g（图三八四，1）。

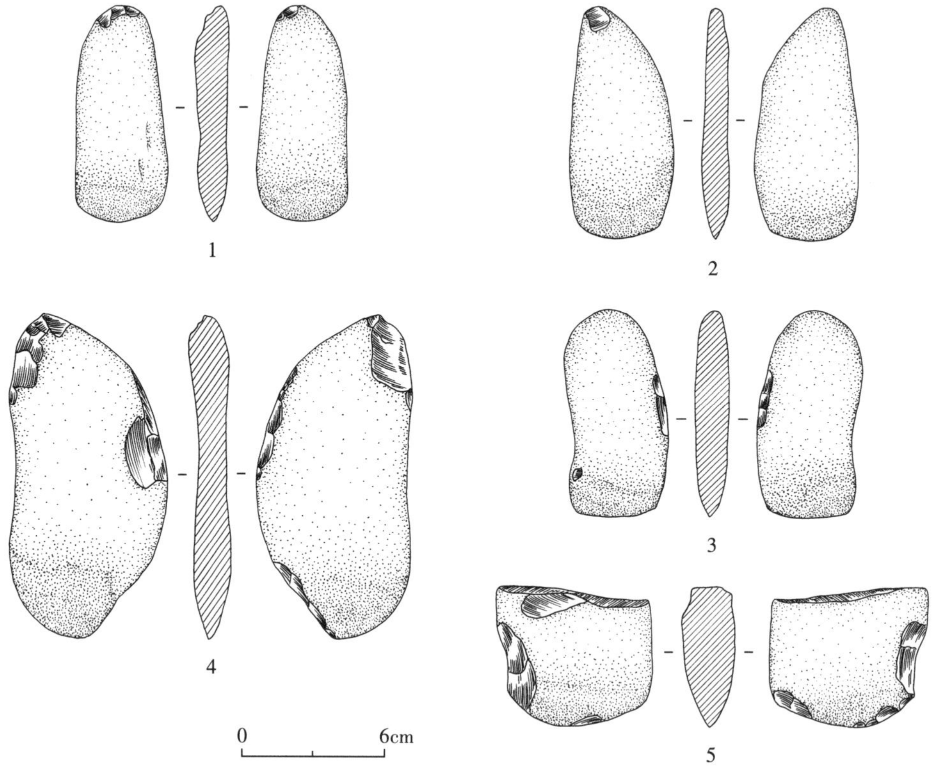

图三八四　坡叫环遗址第三文化层石制品（三十二）

1、2. Bf 型石斧（2015GLPT1 ③：105、2015GLPT2 ⑤：128）　3. Bi 型石斧（2015GLPT1 ⑤：71）
4. Ah 型石斧残件（2015GLPT1 ④：72）　5. Bc 型石斧残件（2015GLPT2 ⑤：125）

标本 2015GLPT2 ⑤：128，原料为黄褐色细砂岩砾石。器身形状近椭圆形。一端呈一钝尖，另一端较宽。钝尖端经一次单面剥片；片疤较小且浅平，未经磨制。较宽端经精心磨制，形成两道相互倾斜的光滑刃面。其中一面磨制较多，刃面较宽，另一面磨制较少，刃面较窄；两刃面交汇处磨制出一道弧凸状刃。刃口锋利，未见使用痕迹。器身其余部位保留自然砾面。长 9.1cm，宽 4.3cm，厚 1.2cm，重 72g（图三八四，2）。

Bi 型　2 件。

标本 2015GLPT1 ⑤：71，原料为灰色细砂岩砾石。器身形状不规则。一端略窄，另一端稍宽。一侧略微弧凹，另一侧略微弧凸。弧凸侧中部经多次双面剥片；片疤细小且浅平，未经磨制。稍宽端两面均经精心磨制，形成两道相互倾斜的光滑刃面。其中一面一侧尚有少量打制痕迹。两刃面交汇处磨制出一道微弧刃。刃口锋利，未见使用痕迹。器身其余部位保留自然砾面。长 8.2cm，宽 4.2cm，厚 1.4cm，重 83g（图三八四，3）。

第二类　残件。4 件。分别属于 A 型和 B 型。

A 型　1 件。属于 Ah 亚型。

标本 2015GLPT1 ④：72，原料为黄褐色细砂岩砾石。器身形状不规则。一端较窄，另一端较宽。

一侧呈弧凹状，另一侧呈弧凸状。较窄端和弧凸侧中部经多次双面剥片。片疤大多较小且浅平，部分尾部折断形成陡坎，均未经磨制。较宽端两面均经精心磨制，形成两道相互倾斜的光滑刃面。刃面交汇处磨制出一道弧凸状刃。刃口锋利，有使用痕迹。刃部一侧已残缺，形成较平整的断裂面。器身其余部位保留自然砾面。残长 12.8cm，宽 6.3cm，厚 1.6cm，重 204g（图三八四，4）。

B 型　3 件。均属于 Bc 亚型。

标本 2015GLPT2 ⑤：125，原料为灰褐色辉绿岩砾石。器身形状近梯形。只残剩刃部。稍宽端为较平整的断裂面。一侧稍长，另一侧稍短。稍长侧经多次双面剥片，虽略经磨制，但仍可见打制痕迹；片疤大多较小且浅平。稍窄端两面均经精心磨制，形成两道相互倾斜的光滑刃面。刃面交汇处磨制出一道弧凸状刃。刃口较锋利，有较多的使用痕迹。残长 5.4cm，宽 6.3cm，厚 2.2cm，重 109g（图三八四，5）。

标本 2015GLPT1 ③：103，原料为褐色细砂岩砾石。器身形状近梯形。一端稍窄，已残断，为平整的断裂面；另一端稍宽。一侧较直，另一侧呈弧凸状。较直侧经多次单面剥片，虽略经磨制，但仍可见打击疤痕；片疤较小且浅平。稍宽端两面均经精心磨制，形成两道相互倾斜的光滑刃面。刃面交汇处磨制出一道弧凸状刃。刃口较锋利，未见使用痕迹。残长 6.4cm，宽 4.1cm，厚 1.9cm，重 72g（图三八五，1）。

标本 2015GLPH3：2，原料为灰褐色辉绿岩砾石。器身形状近梯形。一端略窄，已残断，为稍整齐的断裂面；另一端稍宽。一侧略直，另一侧呈弧凸状。较直侧下半部近稍宽端略经单面剥片。片疤较小且浅平，未经磨制。稍宽端两面均经精心磨制，形成两道相互倾斜的光滑刃面。刃面交汇处磨制出一道弧凸状刃。刃口锋利，未见使用痕迹。残长 7.6cm，宽 4.4cm，厚 1.4cm，重 72g（图三八五，2）。

石锛　12 件。包括完整件和残件两种。其中完整件 10 件，占该文化层出土石锛总数的 83.33%；残件 2 件，占该文化层出土石锛总数的 16.67%。原料仅有砾石一种。岩性仅有细砂岩一种。磨制部位仅见局部磨制一种，大多数只磨制刃部。刃部有使用痕迹的 2 件，占该文化层出土石锛总数的 16.67%。器身形状有三角形、四边形、长条形和不规则形四种。其中三角形和不规则形各 3 件，各占该文化层出土石锛总数的 25.00%；四边形 4 件，占该文化层出土石锛总数的 33.33%；长条形 2 件，占该文化层出土石锛总数的 16.67%。器身长度最大值 11.3cm，最小值 5.1cm；宽度最大值 6.8cm，最小值 3.5cm；厚度最大值 2.6cm，最小值 1.0cm；重量最大值 194g，最小值 40g。

第一类　完整件。10 件。均属于 Ab 亚型，分别属于 AbⅠ、AbⅡ、AbⅦ、AbⅨ次亚型。

AbⅠ型　2 件。

标本 2015GLPT1 ③：7，原料为黄褐色细砂岩砾石。器身形状近三角形。一端较窄，另一端较宽。较宽端两面均经精心磨制，形成两道相互倾斜的光滑刃面。其中一刃面较宽，向另一面明显倾斜；另一刃面较窄，向另一面略微倾斜。宽面上尚有少量打制痕迹。两刃面交汇处磨制出一道弧凸状刃。刃口锋利，未见使用痕迹。器身其余部位保留自然砾面。长 9.8cm，宽 4.7cm，厚 1.5cm，重

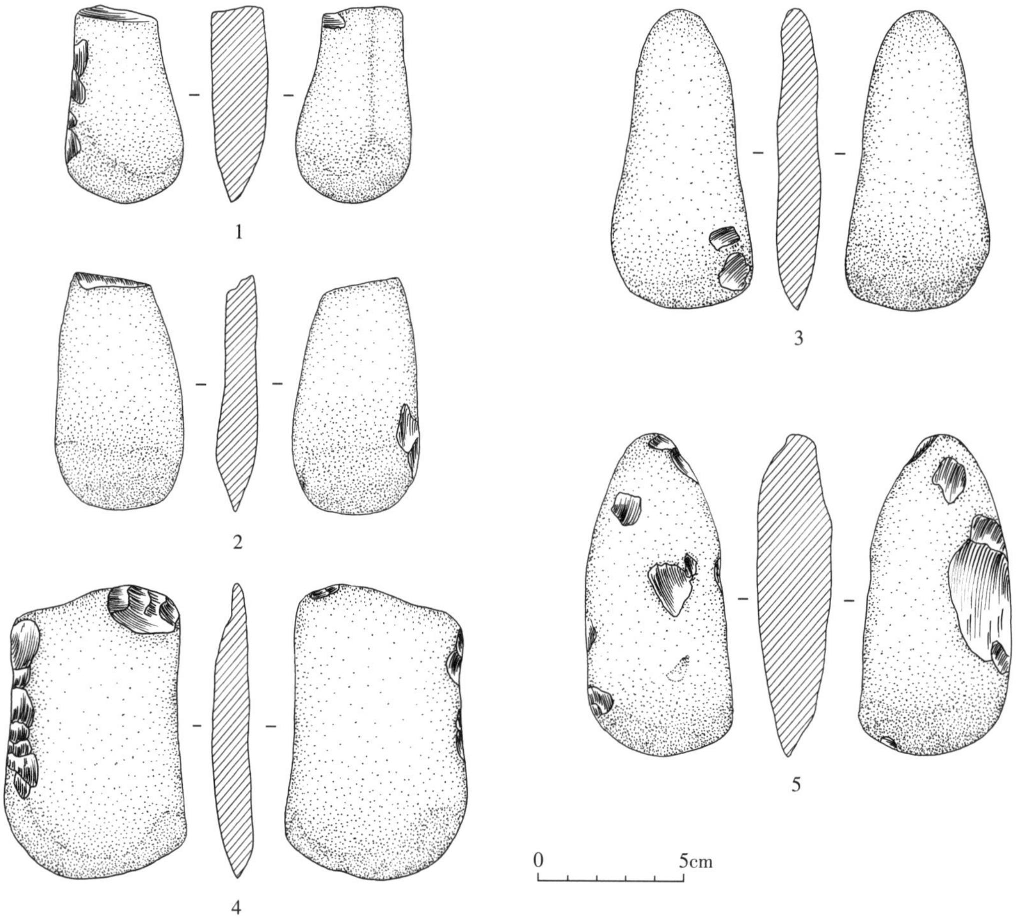

图三八五 坡叫环遗址第三文化层石制品（三十三）

1、2. Bc 型石斧残件（2015GLPT1 ③：103、2015GLPH3：2） 3、5. Ab Ⅰ型石锛（2015GLPT1 ③：7、2015GLPT1 ⑥：57） 4. Ab Ⅱ型石锛（2015GLPT1 ③：104）

106g（图三八五，3）。

标本 2015GLPT1 ⑥：57，原料为褐色细砂岩砾石。器身形状近三角形。一面较平，另一面微凸。一端较窄，另一端较宽。一侧稍薄，另一侧稍厚。在稍薄侧的中下部多次双面剥片。片疤大多较小且浅平，但其中一面的片疤较大；所有片疤均未经磨制。较宽端两面均经精心磨制，形成两道相互倾斜的光滑刃面。其中一刃面较宽，向另一面明显倾斜；另一面磨面较窄，向另一面略微倾斜。两刃面交汇处磨制出一道弧凸状刃。刃口锋利，未见使用痕迹。较平面稍薄侧近窄端有一个近梯形的崩疤，近中央有两个崩疤，微凸面近窄端有一个近椭圆形的崩疤。这几个崩疤应是之前作为石砧使用留下的痕迹。器身其余部位保留自然砾面。长 10.8cm，宽 5.0cm，厚 2.6cm，重 194g（图三八五，5）。

Ab Ⅱ型 3 件。

标本 2015GLPT1 ③：104，原料为褐色细砂岩砾石。器身形状近四边形。一端略窄，另一端稍宽。一面较平，另一面微凸。一侧稍厚，另一侧稍薄。略窄端的一侧和稍厚侧均经多次双面剥片。片疤较小且浅平，向较平面剥片较多，向微凸面剥片较少，未经磨制。稍宽端两面均经精心磨制，形成两道相互倾斜的光滑刃面。其中一刃面较宽，向另一面明显倾斜；另一刃面较窄，向另一面略微倾斜。两刃面交汇处磨制出一道弧凸状刃。刃口锋利，未见使用痕迹。器身其余部位保留自然砾面。长 9.5cm，宽 6.3cm，厚 1.3cm，重 140g（图三八五，4）。

标本 2015GLPT2⑤：159，原料为黄褐色细砂岩砾石。器身形状近四边形。一端稍窄厚，另一端略宽。一面较平，另一面略内凹。一侧略内凹，另一侧略弧凸。两侧靠近略宽端略经单面剥片；片疤较小且浅平，由稍平面向内凹面打击；未经磨制。略宽端两面均经精心磨制，形成两道相互倾斜的光滑刃面。其中一刃面较宽，向另一面明显倾斜，一侧和后缘仍有少量打制痕迹；另一刃面较窄，向另一面略微倾斜，一侧留有少量打制疤痕。两刃面交汇处磨制出一道弧凸状刃。刃口锋利，有使用痕迹。器身其余部位保留自然砾面。长 11.3cm，宽 4.6cm，厚 2.5cm，重 183g（图三八六，1）。

AbⅦ型　2 件。

标本 2015GLPT2⑤：155，原料为黄褐色细砂岩砾石。器身形状近长条形。一端较窄，另一端较宽。一面较平，另一面凸起。一侧稍薄，另一侧稍厚。在稍薄侧下部多次双面剥片，片疤细小且浅平，未经磨制。稍厚侧下部经多次单面剥片，虽略经磨制，但尚可看到打制痕迹；片疤较小但较深，打击方向由凸起面向较平面打击。较宽端两面均经精心磨制，形成两道相互倾斜的光滑刃面。其中一刃面较宽，向另一面明显倾斜；另一刃面稍窄，向另一面略微倾斜。两磨面交汇处磨制出一道弧凸状刃。刃口锋利，未见使用痕迹。器身其余部位保留自然砾面。长 9.3cm，宽 3.6cm，厚 2.4cm，重 109g（图三八六，2）。

标本 2015GLPT2⑤：156，原料为黄褐色细砂岩砾石。器身形状近长条形。一端略窄，另一端稍宽。略窄端和两侧未经加工。稍宽端两面均经精心磨制，形成两道相互倾斜的光滑刃面。其中一刃面向另一面明显倾斜；另一面略微倾斜。两刃面交汇处磨制出一道弧凸状刃。刃口锋利，未见使用痕迹。器身其余部位保留自然砾面。长 9.5cm，宽 3.5cm，厚 2.3cm，重 108g（图三八六，3）。

AbⅨ型　3 件。

标本 2015GLPT1③：4，原料为黄褐色细砂岩砾石。器身形状不规则。一端较窄，另一端较宽。较窄端和两侧未经加工。较宽端两面均经精心磨制，形成两道相互倾斜的光滑刃面。其中一刃面较宽，向另一面明显倾斜，一侧尚有少量打制痕迹；另一刃面较窄，向另一面略微倾斜。两刃面交汇处磨制出一道弧凸状刃。刃口锋利，未见使用痕迹。器身其余部位保留自然砾面。长 8.4cm，宽 4.7cm，厚 1.4cm，重 68g（图三八六，4）。

标本 2015GLPT2③：1，原料为黄褐色细砂岩砾石。器身形状不规则。一端近一钝尖，另一端较宽。一侧稍薄，另一侧稍厚。一面向稍薄侧倾斜，另一面微内凹。在稍薄侧下部多次单面剥片，

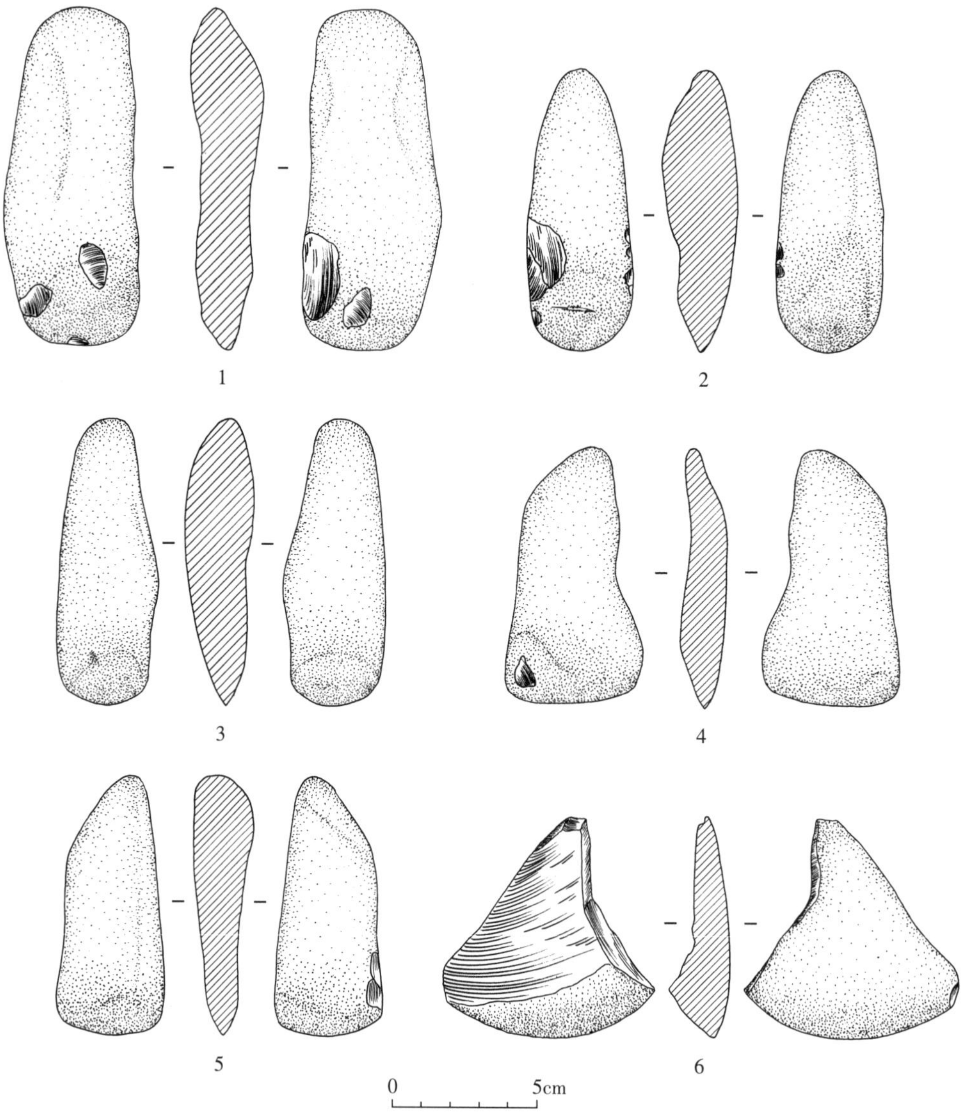

图三八六　坡叫环遗址第三文化层石制品（三十四）

1. AbⅡ型石锛（2015GLPT2⑤：159）　2、3. AbⅦ型石锛（2015GLPT2⑤：155、2015GLPT2⑤：156）
4、5. AbⅨ型石锛（2015GLPT1③：4、2015GLPT2③：1）　6. Ba型石锛残件（2015GLPH3：8）

片疤细小且浅平，由倾斜面向内凹面打击；未经磨制。较宽端两面均经精心磨制，形成两道相互倾斜的光滑刃面。其中一刃面较宽，向另一面明显倾斜；另一刃面较窄，向另一面略微倾斜。两刃面交汇处磨制出一道弧凸状刃。刃口锋利，有使用痕迹。器身其余部位保留自然砾面。长8.7cm，宽3.7cm，厚2.0cm，重73g（图三八六，5）。

第二类　残件。2件。分别属于B型中的Ba亚型和Bb亚型。

Ba型　1件。

标本2015GLPH3：8，原料为褐色细砂岩砾石。器身形状近三角形。仅残剩一部分刃部。一端近一钝尖，为断裂面；另一端较宽。一侧较直，另一侧呈弧凹状，两侧均为断裂面。较宽端两面均经精心磨制，形成两道相互倾斜的光滑刃面。其中一刃面明显向另一面倾斜，刃面后缘全是片疤面；另一刃面略微倾斜。两刃面交汇处磨制出一道弧刃。刃口锋利，未见使用痕迹。残长7.2cm，残宽6.8cm，残厚2.1cm，重85g（图三八六，6）。

Bb型　1件。

标本2015GLPT2⑤：120，原料为褐色细砂岩砾石。器身形状近四边形。一端稍宽，已残断，形成较平整的断裂面；另一端略窄，为刃端。一侧稍薄，另一侧稍厚。稍薄侧经多次双面剥片；片疤大多较小且浅平，少数较大且深，已达器身中轴线，部分片疤尾部折断形成陡坎；未经磨制。略窄端两面均经精心磨制，形成两道相互倾斜的光滑刃面。其中一刃面稍宽，向另一面明显倾斜；另一刃面稍窄，向另一面略微倾斜。两刃面交汇处磨制出一道弧凸状刃。刃口锋利，未见使用痕迹，器身其余部位保留自然砾面。残长5.1cm，宽4.5cm，厚1.0cm，重40g（图三八七，1）。

石凿　14件。包括成品、半成品和毛坯三类。其中成品、半成品各1件，各占该文化层出土石凿总数的7.14%；毛坯12件，占该文化层出土石凿总数的85.71%。原料仅有砾石一种。岩性有细砂岩和辉绿岩两种。其中细砂岩13件，占该文化层出土石凿总数的92.86%；辉绿岩1件，占该文化层出土石凿总数的7.14%。器身形状有三角形、椭圆形、长条形和不规则形四种，其中三角形1件，占该文化层出土石凿总数的7.14%；椭圆形和不规则形各2件，各占该文化层出土石凿总数的14.29%；长条形9件，占该文化层出土石凿总数的64.28%。器身长度最大值11.5cm，最小值5.7cm；宽度最大值4.2cm，最小值2.6cm；厚度最大值2.1cm，最小值0.6cm；重量最大值98g，最小值15g。

第一类　成品。1件。属于A型中的AaⅥ次亚型。

标本2015GLPT1③：99，原料为深灰色细砂岩砾石。器身较小，形状近椭圆形。一端略窄，另一端稍宽。略窄端和两侧未经加工。稍宽端一面经精心磨制，形成一倾斜的光滑刃面。刃面与另一砾面交汇处磨制出一道平直刃口。刃缘锋利，有使用痕迹。器身其余部位保留自然砾面。长5.7cm，宽2.6cm，厚0.6cm，重15g（图三八七，2）。

第二类　半成品。1件。属于A型中的AbⅦ次亚型。

标本2015GLPT2④：27，原料为灰色辉绿岩砾石。器身形状近长条形。一端稍窄，另一端稍宽。略窄端未经加工，两侧近稍宽端处略经单面剥片；片疤较小且浅平，未经磨制。稍宽端略经单面剥片，两面经较多的磨制，形成两道相互倾斜的刃面。其中一刃面较宽，向另一面明显倾斜，两侧尚有少量打制痕迹；另一刃面较窄，向另一面略微倾斜，中部尚有打制痕迹。两刃面交汇处磨制出一道弧凸状刃；两侧的刃口已磨出，但尚未磨制完成，中部仍留有打击疤痕。器身其余部位保留自然砾面。长10.4cm，宽3.6cm，厚1.8cm，重91g（图三八七，5）。

第三类　毛坯。12件。分别属于A型和B型。

A型　4件。分别属于A型中的AbⅠ、AbⅥ、AbⅧ次亚型。

AbⅠ型　1件。

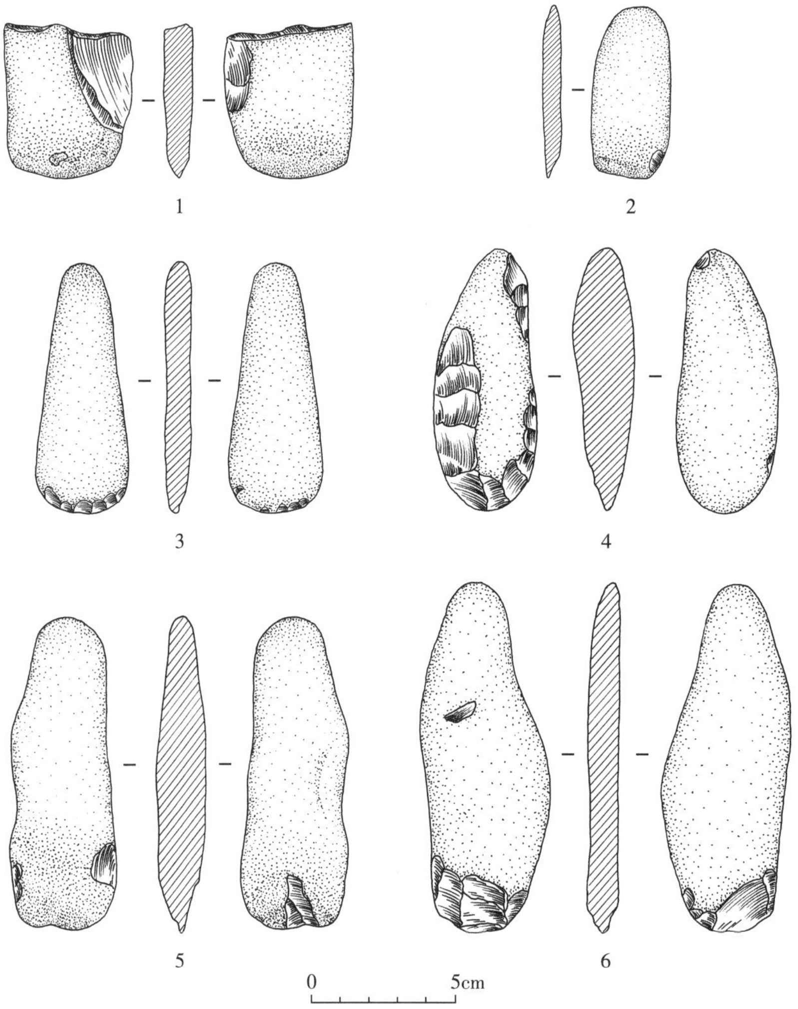

图三八七　坡叫环遗址第三文化层石制品（三十五）

1. Bb型石锛残件（2015GLPT2⑤：120）　2. AaⅥ型石凿（2015GLPT1③：99）　3. AbⅠ型石凿毛坯（2015GLPT1③：94）　4. AbⅥ型石凿毛坯（2015GLPT1⑥：52）　5. AbⅦ型石凿半成品（2015GLPT2④：27）　6. AbⅧ型石凿毛坯（2015GLPT2④：38）

标本2015GLPT1③：94，原料为黄褐色细砂岩砾石。器身形状近三角形。一端略窄，另一端较宽。加工方法为锤击法。略窄端和两侧未经加工。较宽端边缘经多次双面剥片，加工出一道弧凸状刃。刃缘整齐但稍钝；片疤细小且浅平，未经磨制。器身其余部位保留自然砾面。长8.2cm，宽3.2cm，厚0.8cm，重41g（图三八七，3）。

AbⅥ型　1件。

标本2015GLPT1⑥：52，原料为黄褐色细砂岩砾石。器身形状近椭圆形。一端近一钝尖，另一端稍宽。一面较平，另一面凸起。一侧略微弧凸，另一侧较直。加工方法为锤击法。钝尖端略经双面剥片，片疤较小且浅平。两侧下半部边缘经多次单面剥片；片疤大多较小且浅平，由较平面向凸起面打击。稍宽端边缘经多次单面剥片，加工出一道弧刃。刃缘整齐，但较钝。稍宽端片疤较小且浅平，由较平面向凸起面打击，未经磨制。器身其余部位保留自然砾面。长 8.8cm，宽 3.6cm，厚 2.1cm，重 88g（图三八七，4）。

AbⅧ型　2 件。

标本 2015GLPT2 ④：38，原料为黄褐色细砂岩砾石。器身形状不规则。一端略窄，另一端稍宽。加工方法为锤击法。略窄端和两侧未经加工。稍宽端经多次双面剥片，加工出一道弧刃。刃缘整齐，但较钝。其中一面剥片较多，另一面剥片较少。片疤大多较小且浅平，部分尾部折断形成陡坎，未经磨制。器身其余部位保留自然砾面。长 11.5cm，宽 4.2cm，厚 1.0cm，重 69g（图三八七，6）。

B 型　8 件。均属于 Bg 亚型。

标本 2015GLPT1 ④：63，原料为黄褐色细砂岩砾石。器身形状近长条形。一端略窄，另一端稍宽。加工方法为锤击法。在稍宽端一侧单面剥片，只剥下一片石片。片疤较小且浅平，未经磨制。刃口尚未打制完成。器身其余部位保留自然砾面。长 10.2cm，宽 3.3cm，厚 1.6cm，重 76g（图三八八，1）。

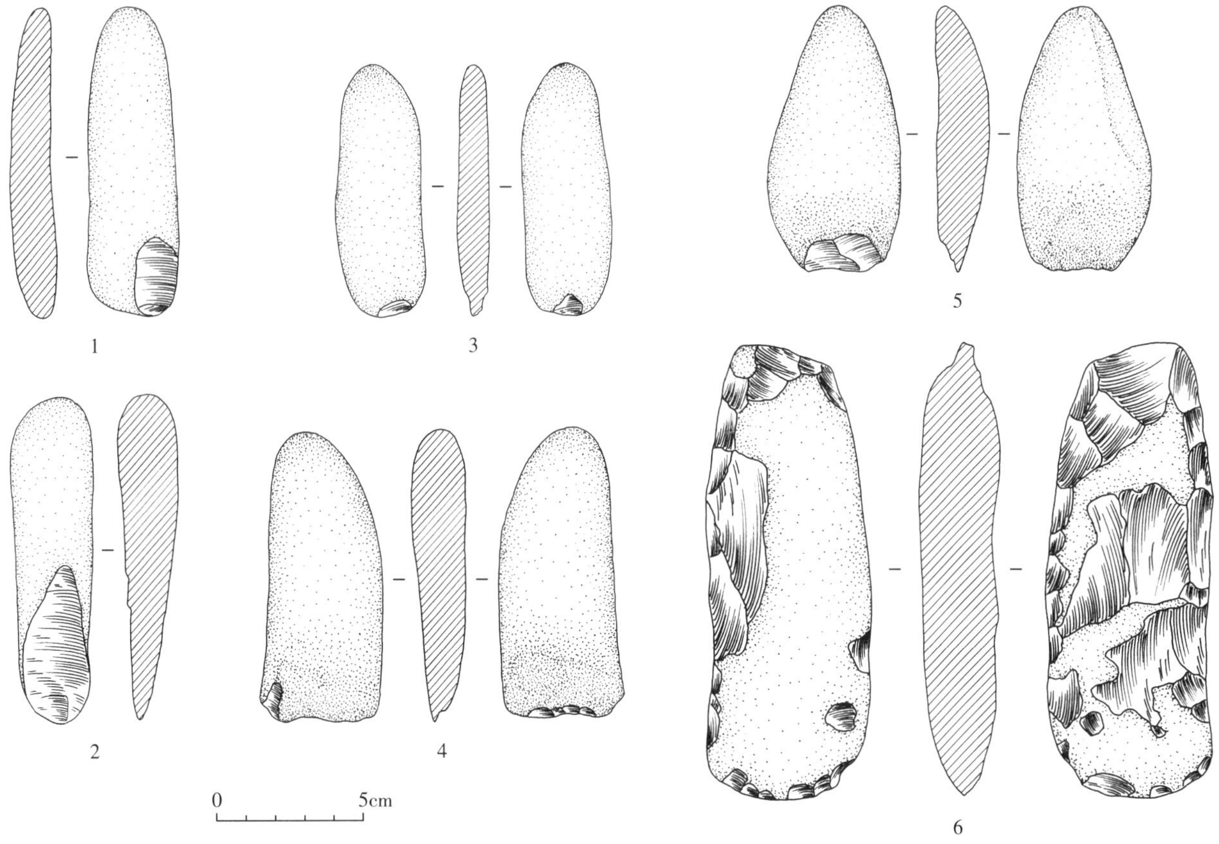

图三八八　坡叫环遗址第三文化层石制品（三十六）

1~3. Bg 型石凿毛坯（2015GLPT1 ④：63、2015GLPT2 ⑤：18、2015GLPT2 ③：118）　4、5. AaⅠ型斧锛类半成品（2015GLPT2 ⑤：118、2015GLPT2 ③：110）　6. AbⅡ型斧锛类半成品（2015GLPT2 ⑤：150）

标本 2015GLPT2⑤：18，原料为深灰色细砂岩砾石。器身形状呈长条形。一端稍宽厚，另一端稍窄薄。加工方法为锤击法。在窄薄端单面剥片，只剥下一片石片。片疤较大较浅平，未经磨制。刃口尚未最终打制完成。器身其余部位保留自然砾面。长 10.7cm，宽 2.8cm，厚 2.1cm，重 80g（图三八八，2）。

标本 2015GLPT2③：118，原料为深灰色细砂岩砾石。器身形状近长条形。一端稍窄，另一端稍宽。加工方法为锤击法。稍宽端边缘略经双面剥片，片疤较小且浅平。刃口尚未最终打制完成。器身其余部位保留自然砾面。长 8.3cm，宽 2.9cm，厚 1.1cm，重 42g（图三八八，3）。

斧锛类半成品 23 件。包括完整件和残件两种。其中完整件 18 件，占该文化层出土斧锛类半成品总数的 78.26%；残件 5 件，占该文化层出土斧锛类半成品总数的 21.74%。原料有砾石和石片两种。其中砾石 22 件，占该文化层出土斧锛类半成品总数的 95.65%；石片 1 件，占该文化层出土斧锛类半成品总数的 4.35%。岩性有细砂岩、辉绿岩和硅质岩三种。其中细砂岩 16 件，占该文化层出土斧锛类半成品总数的 69.57%；辉绿岩 4 件，占该文化层出土斧锛类半成品总数的 17.39%；硅质岩 3 件，占该文化层出土斧锛类半成品总数的 13.04%。磨制部位只见局部磨制一种，且多为磨制刃部，其他部位较少。器身形状有三角形、四边形、梯形、椭圆形和不规则形五种。其中三角形、四边形和梯形各 2 件，各占该文化层出土斧锛类半成品总数的 8.70%；椭圆形 5 件，占该文化层出土斧锛类半成品总数的 21.73%；不规则形 12 件，占该文化层出土斧锛类半成品总数的 52.17%。器身长度最大值 20.5cm，最小值 6.1cm；宽度最大值 8.7cm，最小值 3.3cm；厚度最大值 3.1cm，最小值 1.4cm；重量最大值 814g，最小值 51g。

第一类 完整件。18 件。均属于 A 型，分别属于 Aa 亚型和 Ab 亚型。

Aa 型 2 件。均属于 AaⅠ次亚型。

标本 2015GLPT2⑤：118，原料为褐色细砂岩砾石。器身形状近三角形。一端略窄，另一端稍宽。略窄端和两侧未经加工。稍宽端经多次单面剥片，打制出一道整齐锋利的平直刃缘。两面经较多磨制，已有较大面积的光滑刃面。其中一刃面较宽，向另一面倾斜；另一刃面稍窄，较平，一侧尚有打制痕迹。两刃面相交汇处仍保留原打制出的直刃。刃口尚未开始磨制。器身其余部位保留自然砾面。长 9.6cm，宽 4.1cm，厚 1.9cm，重 118g（图三八八，4）。

标本 2015GLPT2③：110，原料为黄褐色细砂岩砾石。器身形状近三角形。一端较窄，另一端较宽。较窄端和两侧未经加工。较宽端经多次单面剥片，打制出一道整齐锋利的平直刃缘。两面经较多的磨制，其中一面已磨制出光滑的刃面，刃面向另一面倾斜；另一面虽经磨制，但中部尚有较多打制痕迹，刃面较平。两刃面相互倾斜，两侧刃口已磨出，但未最终磨制完成，交汇处中部仍保留原打制出的直刃。器身其余部位保留自然砾面。长 8.8cm，宽 4.6cm，厚 1.9cm，重 100g（图三八八，5）。

Ab 型 16 件。分别属于 AbⅡ、AbⅢ、AbⅥ、AbⅧ次亚型。

AbⅡ型 2 件。

标本2015GLPT2⑤：150，原料为灰色细砂岩砾石。器身形状近四边形。一端略窄，另一端稍宽。一面较平整，另一面弧凸。两端及两侧经多次双面剥片。其中平整面加工较多，虽略经磨制，但尚有大量的打制痕迹。弧凸面加工较少，未经磨制。片疤大多较小且浅平，少数较大，已超过器身中轴线，部分尾部折断形成陡坎。稍宽端打制出一道整齐锋利的弧凸状刃缘。稍宽端两面经较多的磨制，已有较大范围的光滑刃面。两刃面相互倾斜，交汇处尚保留原打制出的弧刃。刃口尚未磨出。器身其余部位保留自然砾面。长14.9cm，宽5.7cm，厚2.8cm，重364g（图三八八，6）。

标本2015GLPT2③：92，原料为灰褐色辉绿岩砾石。器身形状近四边形。一端稍窄厚，另一端稍宽薄。一侧稍薄，另一侧稍厚。窄厚端和稍厚侧上半部经多次双面剥片，稍薄侧上部经多次单面剥片；未经磨制。片疤大多较小且浅平；少量片疤较大，达到甚至超过器身中轴线，致使器身上部两面几乎全是片疤面。宽薄端边缘经多次双面剥片，打制出一道不甚整齐锋利的弧凸状刃缘。宽薄端两面略经磨制，但尚有大量打制痕迹。刃口尚未开始磨制。器身其余部位保留自然砾面。长13.0cm，宽4.9cm，厚2.4cm，重219g（图三八九，1）。

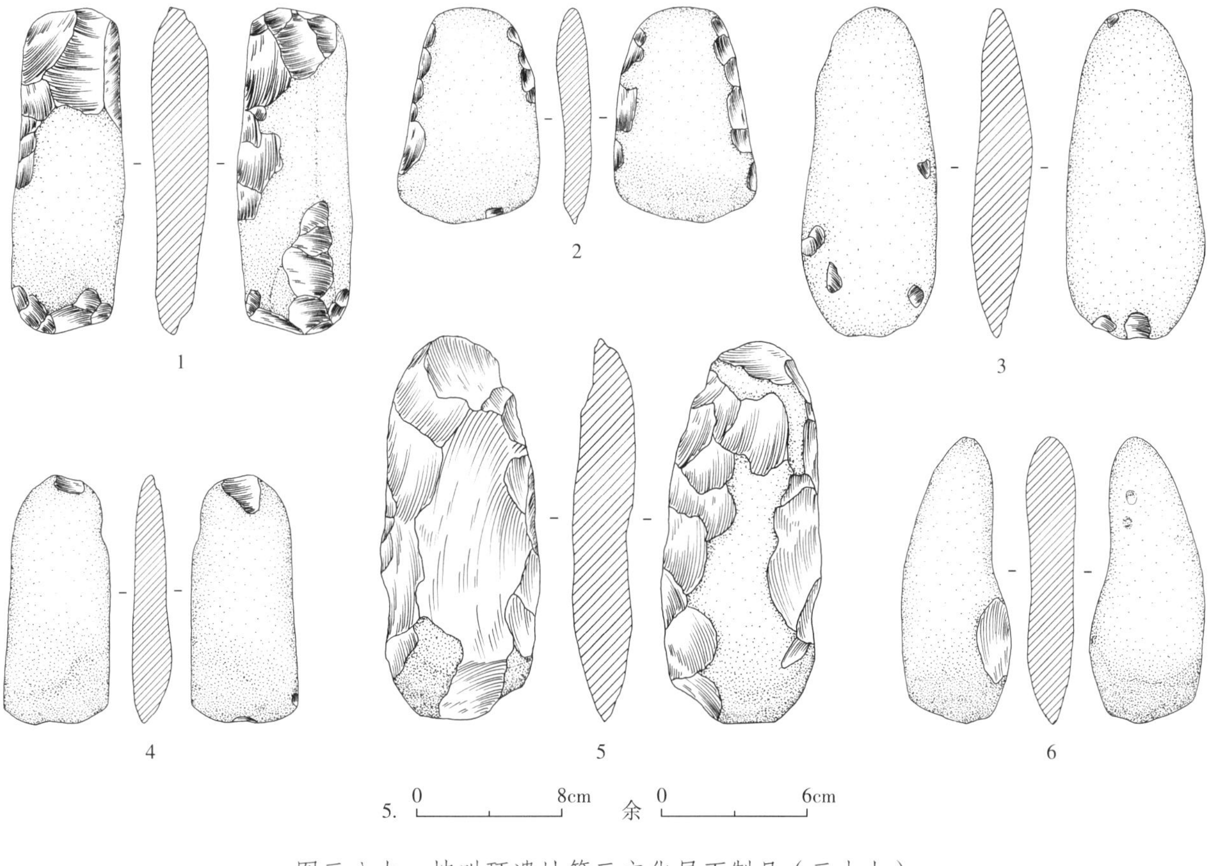

图三八九　坡叫环遗址第三文化层石制品（三十七）

1. AbⅡ型斧锛类半成品（2015GLPT2③：92）　2、4. AbⅢ型斧锛类半成品（2015GLPT1③：14、2015GLPT1③：15）　3、5. AbⅥ型斧锛类半成品（2015GLPT2⑤：144、2015GLPT2⑤：16）　6. AbⅧ型斧锛类半成品（2015GLPT2③：12）

AbⅢ型　2件。

标本2015GLPT1③：14，原料为褐色细砂岩砾石。器身形状近梯形。一端稍窄，另一端稍宽。两侧经多次双面剥片，片疤较小且浅平；未经磨制。稍宽端经多次单面剥片，打制出一道整齐锋利的弧凸状刃缘。稍宽端两面经较多的磨制，已有较大范围的光滑刃面；其中一刃面稍宽，另一刃面稍窄，尚有少量打制痕迹。两刃面相互倾斜，交汇处一侧刃口已磨出，但尚未最终磨制完成，另一侧还保留原来打制的疤痕。器身其余部位保留自然砾面。长8.5cm，宽5.8cm，厚1.4cm，重102g（图三八九，2）。

标本2015GLPT1③：15，原料为灰色细砂岩砾石。器身形状近梯形。一端略窄，另一端稍宽。略窄端略经双面剥片；片疤较小且浅平，尾部折断形成陡坎；未经磨制。稍宽端两面均经精心磨制，形成两道相互倾斜的刃面。其中一刃面较宽，向另一面明显倾斜；另一刃面较窄，向另一面略微倾斜。两刃面交汇处形成一道弧凸状刃。两侧已磨制出锋利的刃口，但刃口尚未磨制完成，中部仍局部保留打击疤痕。器身其余部位保留自然砾面。长9.8cm，宽4.4cm，厚1.7cm，重111g（图三八九，4）。

AbⅥ型　5件。

标本2015GLPT2⑤：16，原料为灰色辉绿岩砾石。器身较大，厚重，形状近椭圆形。一端略窄，另一端稍宽。略窄端及两侧经多次双面剥片，未经磨制；片疤大多较小且浅平；少量片疤较大，已越过器身中轴线，致使其中一面除稍宽端附近保留少部分自然砾面外，其余部分全是片疤面；部分尾部折断形成陡坎。稍宽端经多次双面剥片，加工出一道弧凸状刃。稍宽端两面略经磨制，已有部分光滑刃面，但尚有打制痕迹。两刃面相互倾斜，交汇处一侧的刃口已磨制出，但尚未最终磨制完成，大部分仍保留原打击疤痕。器身其余部位保留自然砾面。长20.5cm，宽8.7cm，厚3.1cm，重814g（图三八九，5）。

标本2015GLPT2⑤：144，原料为黄褐色细砂岩砾石。器身形状近椭圆形。一端略窄，另一端稍宽。一侧弧凸，另一侧稍直。略窄端单面剥出一个细小而浅平的片疤。弧凸侧下部近稍宽端略经单面剥片，片疤细小而浅平，未经磨制。稍宽端经多次单面剥片，打制出一道整齐锋利的弧凸状刃。稍宽端两面经较多磨制，已有较大范围的光滑刃面，但尚有少量打制痕迹。两刃面相互倾斜，交汇处两侧已磨制出锋利的刃口。刃口尚未最终磨制完成，中部仍保留打击疤痕。器身其余部位保留自然砾面。长13.0cm，宽5.7cm，厚2.2cm，重253g（图三八九，3）。

AbⅧ型　7件。

标本2015GLPT2③：12，原料为黄褐色细砂岩砾石。器身形状不规则。一端较窄，另一端较宽。一侧弧凸，另一侧弧凹。在弧凹侧下部略经单面剥片；片疤较小且浅平；未经磨制。较宽端两面均经精心磨制，形成两道相互倾斜的光滑刃面。两刃面交汇处中部及一侧已磨制出锋利的刃口，但全部刃口未最终磨制完成。器身其余部位保留自然砾面。长11.3cm，宽4.5cm，厚2.0cm，重156g（图三八九，6）。

第二类　残件。5 件。分别属于 A 型和 D 型。

A 型　1 件。属于 Ah 亚型。

标本 2015GLPT1③：112，原料为深灰色细砂岩砾石。器身形状不规则。一端较窄，部分已残断，形成不规整的断裂面；另一端较宽。一侧下半部略经单面剥片；片疤较小且浅平，未经磨制。较宽端经多次双面剥片，打制出一道整齐锋利的平直刃缘。较宽端两面经较多磨制，已有较大面积的光滑刃面，但尚有少量打制痕迹。两刃面相互倾斜，交汇处保留原打制出的直刃。刃口尚未开始磨制。器身其余部位保留自然砾面。残长 10.2cm，宽 5.0cm，厚 1.4cm，重 100g（图三九〇，1）。

D 型　4 件。属于 Dh 亚型。

标本 2015GLPT2⑤：145，原料为灰色辉绿岩石片。器身形状不规则。腹面较平整，背面完全保留自然砾面。一端稍宽，已残断，形成较平整的断裂面；另一端稍窄。一侧经多次双面剥片，另一侧经多次单面剥片；片疤较小且浅平；未经磨制。稍窄端经多次单面剥片，加工出一道整齐锋利的弧凸状刃。稍窄端两面略经磨制，已有较多光滑刃面，但尚有打制痕迹。两刃面相互倾斜，交汇处中部刃口已磨出，但刃口尚未完全磨成，两侧仍保留打制疤痕。器身其余部位保留自然砾面。

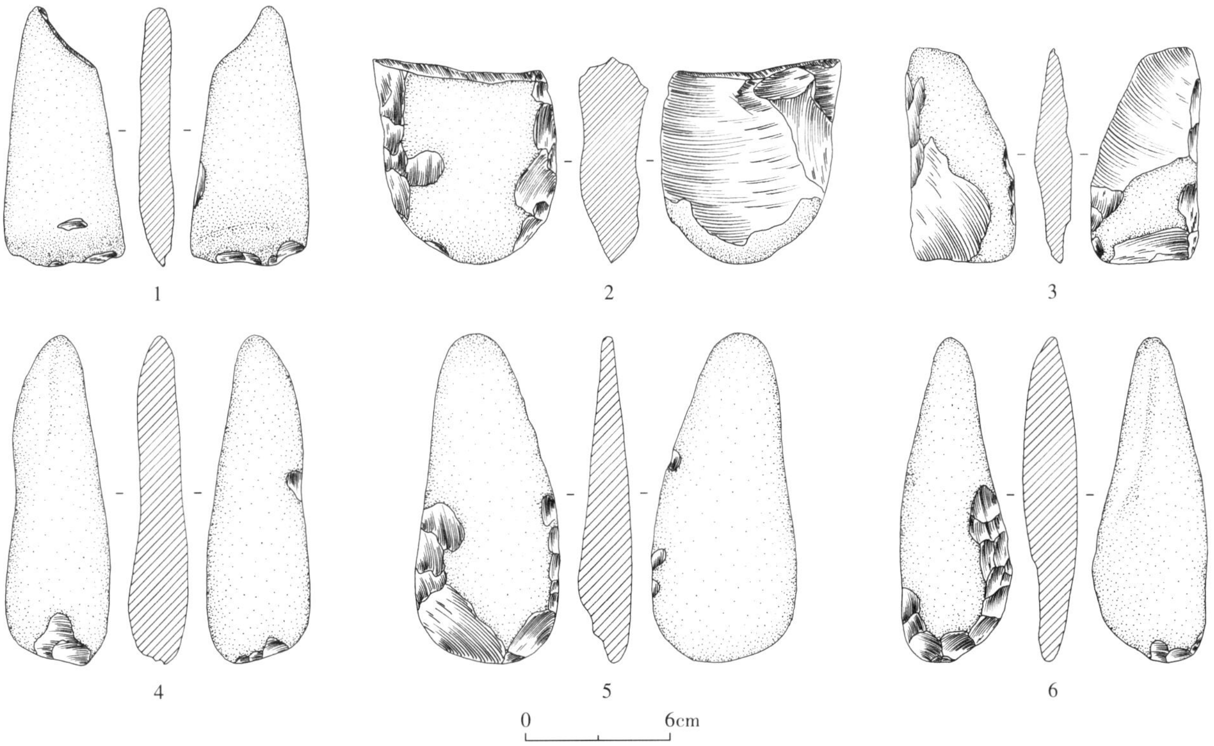

图三九〇　坡叫环遗址第三文化层石制品（三十八）

1. Ah 型斧锛类半成品残件（2015GLPT1③：112）　2. Dh 型斧锛类半成品残件（2015GLPT2⑤：145）　3. AaⅢ型斧锛类毛坯（2015GLPT1⑤：65）　4. AaⅦ型斧锛类毛坯（2015GLPT1③：44）　5、6. AbⅠ型斧锛类毛坯（2015GLPT1⑤：9、2015GLPT2⑤：135）

残长 7.5cm，宽 6.9cm，厚 2.8cm，重 204g（图三九〇，2）。

斧锛类毛坯 39 件。包括完整件和残件两种。其中完整件 29 件，占该文化层出土斧锛类毛坯总数的 74.36%；残件 10 件，占该文化层出土斧锛类毛坯总数的 25.64%。原料有砾石和石片两种。其中砾石 37 件，占该文化层出土斧锛类毛坯总数的 94.87%；石片 2 件，占该文化层出土斧锛类毛坯总数的 5.13%。岩性有细砂岩、辉绿岩和硅质岩三种。其中细砂岩 29 件，占该文化层出土斧锛类毛坯总数的 74.36%；辉绿岩 9 件，占该文化层出土斧锛类毛坯总数的 23.08%；硅质岩 1 件，占该文化层出土斧锛类毛坯总数的 2.56%。加工方法为锤击法，分单面加工和双面加工，以双面加工为主。加工部位多在器身的端部及两侧，绝大部分或多或少保留自然砾面，未发现通体加工者。器身形状有三角形、梯形、椭圆形、长条形和不规则形五种。其中三角形 8 件，占该文化层出土斧锛类毛坯总数的 20.51%；梯形 9 件，占该文化层出土斧锛类毛坯总数的 23.08%；椭圆形 11 件，占该文化层出土斧锛类毛坯总数的 28.21%；长条形 5 件，占该文化层出土斧锛类毛坯总数的 12.82%；不规则形 6 件，占该文化层出土斧锛类毛坯总数的 15.38%。器身长度最大值 18.3cm，最小值 3.8cm；宽度最大值 7.8cm，最小值 3.9cm；厚度最大值 3.0cm，最小值 0.8cm；重量最大值 459g，最小值 26g。

第一类　完整件。29 件。分别属于 A 型和 B 型。

A 型　19 件。分别属于 Aa 亚型和 Ab 亚型。

Aa 型　2 件。分别属于 AaⅢ次亚型和 AaⅦ次亚型。

AaⅢ型　1 件。

标本 2015GLPT1⑤：65，原料为黄褐色辉绿岩砾石。器身形状近梯形。一端较窄，另一端较宽。一面稍平，另一面微凸。加工方法为锤击法。较窄端经单面剥片，由微凸面向稍平面打击；片疤较大且浅平，器身上半部全部是片疤面。两侧经多次双面剥片；片疤大多较小且浅平，少量片疤较大，已越过器身中轴线，部分尾部折断形成陡坎。较宽端经多次双面剥片，加工出一道平直刃。刃缘整齐较锋利。刃部片疤较大且浅平。刃部未经磨制。器身其余部位保留自然砾面。长 8.5cm，宽 4.4cm，厚 1.7cm，重 64g（图三九〇，3）。

AaⅦ型　1 件。

标本 2015GLPT1③：44，原料为黄褐色细砂岩砾石。器身形状近长条形。一端稍窄，另一端稍宽。一侧弧凸，另一侧弧凹。加工方法为锤击法。弧凹侧中部单面剥出一个较小而浅平的片疤。稍宽端经多次双面剥片，打制出一道整齐但不甚锋利的斜直刃。片疤较小且浅平。刃部未经磨制。器身其余部位保留自然砾面。长 13.0cm，宽 4.3cm，厚 2.5cm，重 188g（图三九〇，4）。

Ab 型　17 件。分别属于 AbⅠ、AbⅢ、AbⅥ次亚型。

AbⅠ型　6 件。

标本 2015GLPT1⑤：9，原料为灰色细砂岩砾石。器身形状近三角形。一端较窄，另一端较宽。一侧稍直，另一侧弧凸。一面较平整，另一面略微弧凸。加工方法为锤击法。稍直侧的下半部和较宽端边缘均多次单面剥片；片疤大多较小且浅平，打击方向由弧凸面向平整面打击。弧凸侧下半部经多次双面剥片；加工以平整面为主，弧凸面片疤零星。较宽端边缘打制出一道整齐但不甚锋利的弧凸状刃，刃口未经磨制。器身其余部位保留自然砾面。长 13.1cm，宽 6.1cm，厚 2.2cm，重 218g（图三九〇，5）。

标本 2015GLPT2⑤：135，原料为黄褐色细砂岩砾石。器身形状近三角形。一端呈钝尖，另一端稍宽。一侧略微弧凸，另一侧略微弧凹。一面较平整，另一面凸起。加工方法为锤击法。在弧凹侧下部多次单面剥片；片疤较小且浅平，打击方向由凸起面向平整面打击，部分片疤尾部折断形成陡坎。稍宽端经多次双面剥片，加工出一道整齐但不甚锋利的弧凸状刃。刃口未经磨制。片疤大多较小且浅平。平整面剥片较多，凸起面剥片较少。器身其余部位保留自然砾面。长 12.8cm，宽 4.7cm，厚 2.2cm，重 192g（图三九〇，6）。

AbⅢ型　2 件。

标本 2015GLPT2③：4，原料为黄褐色细砂岩砾石。器身形状近梯形。一端稍窄，另一端稍宽。加工方法为锤击法。略窄端和两侧未经加工。稍宽端边缘经多次双面剥片，加工出一道微弧刃。刃缘整齐较锋利。片疤大多较小且浅平，少数稍大且深。刃口未经磨制。器身其余部位保留自然砾面。长 11.8cm，宽 5.3cm，厚 1.4cm，重 139g（图三九一，1）。

标本 2015GLPT1④：45，原料为灰褐色细砂岩砾石。器身形状近梯形。一端略窄，另一端稍宽。加工方法为锤击法。略窄端单面剥出一个细小而浅平的片疤。稍宽端边缘经多次双面剥片，加工出一道不甚整齐也不甚锋利的微弧刃。片疤较小且浅平。刃口未经磨制。器身其余部位保留自然砾面。长 9.0cm，宽 4.1cm，厚 1.4cm，重 81g（图三九一，2）。

AbⅥ型　9 件。

标本 2015GLPT2③：96，原料为灰褐色辉绿岩砾石。器身形状近椭圆形。一端稍宽，另一端略窄。一侧略厚，另一侧稍薄。加工方法为锤击法。略厚侧下部经多次单面剥片，稍薄侧经多次双面剥片；两侧片疤大多较小且浅平。略窄端边缘经多次双面剥片，加工出一道弧刃。刃缘整齐较锋利。片疤较小且浅平。通体未经磨制。器身其余部位保留自然砾面。长 11.6cm，宽 5.8cm，厚 1.8cm，重 168g（图三九一，3）。

标本 2015GLPT2⑤：9，原料为灰褐色辉绿岩砾石。器身形状近椭圆形。一端稍宽，另一端略窄。一侧较直，另一侧略微弧凸。加工方法为锤击法。稍宽端和较直侧下部经多次单面剥片，弧凸侧经多次双面剥片；片疤大多较小且浅平，部分尾部折断形成陡坎。略窄端经多次双面剥片，加工出一道弧凸状刃。刃缘较整齐锋利；片疤大多较小且浅平，少量稍深。刃部未经磨制。器身其余部位保留自然砾面。长 13.1cm，宽 4.9cm，厚 1.8cm，重 177g（图三九一，4）。

标本 2015GLPT2④：21，原料为黄褐色辉绿岩砾石。器身形状近椭圆形。一端略窄，另一端稍宽。一侧略微弧凸，另一侧稍直。加工方法为锤击法。弧凸侧下部经多次双面剥片，片疤大多较小且浅平；少量稍大，已达器身中轴线；部分片疤尾部折断形成陡坎。稍宽端经多次双面

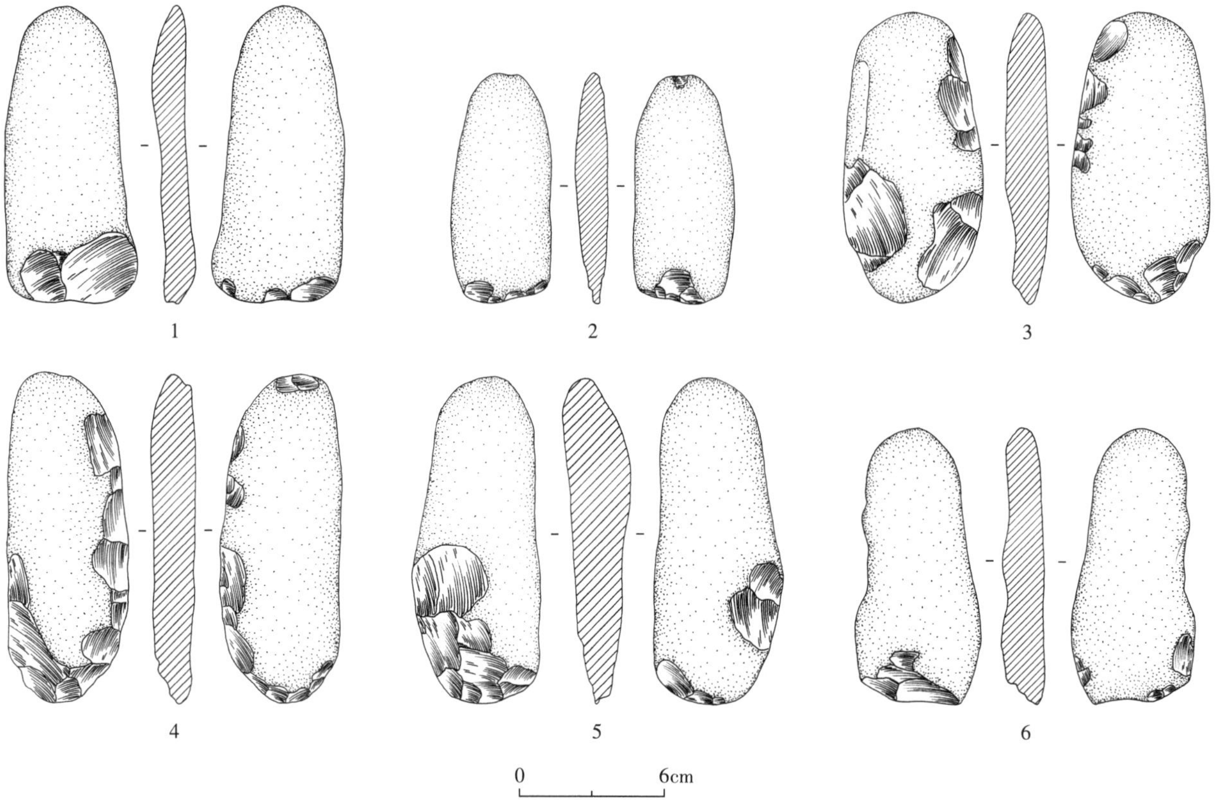

图三九一　坡叫环遗址第三文化层石制品（三十九）

1、2. AbⅢ型斧锛类毛坯（2015GLPT2③：4、2015GLPT1④：45）　3~5. AbⅥ型斧锛类毛坯（2015GLPT2③：96、2015GLPT2⑤：9、2015GLPT2④：21）　6. Bc型斧锛类毛坯（2015GLPT2⑤：10）

剥片，加工出一道整齐但不甚锋利的弧凸状刃。片疤大多较小且浅平，部分片疤尾部折断形成陡坎。刃口未经磨制。器身其余部位保留自然砾面。长13.0cm，宽5.2cm，厚2.6cm，重247g（图三九一，5）。

B型　10件。分别属于Bc、Bf、Bg、Bh亚型。

Bc型　1件。

标本2015GLPT2⑤：10，原料为黄褐色硅质岩砾石。器身形状近梯形。一端略窄，另一端稍宽。一侧略弧凹，另一侧较斜直。加工方法为锤击法。两侧下部近稍宽端经多次单面剥片，片疤较小且浅平。稍宽端经多次双面剥片，片疤较小且浅平。其中一面剥片较多，向另一面倾斜，另一面剥片较少。稍宽端边缘钝厚，不成刃。器身其余部位保留自然砾面。长10.9cm，宽5.2cm，厚1.8cm，重140g（图三九一，6）。

Bf型　2件。

标本2015GLPT1③：97，原料为灰色细砂岩砾石。器身形状近椭圆形。一端稍窄厚，另一端稍宽薄。一侧稍直，另一侧微弧凸。一面平整，另一面凸起。加工方法为锤击法。稍直侧上下部各剥出一个较小而浅平的片疤。窄厚端经多次单面剥片，边缘钝厚，不成刃。片疤大多较小且浅平，少量稍大，打击方向由平整面向凸起面打击。通体未经磨制。器身其余部位保留自然砾面。长 10.9cm，宽 6.2cm，厚 3.0cm，重 254g（图三九二，1）。

Bg 型　4 件。

标本 2015GLPT2 ⑤：66，原料为黄褐色细砂岩砾石。器身形状近长条形。一端稍宽，另一端略窄。一侧稍直，另一侧弧凸。加工方法为锤击法。稍宽端经单面剥片；片疤细小，只剥片一次，边缘钝厚，不成刃；未经磨制。弧凸侧中部经多次双面剥片，片疤细小且浅平。器身其余部位保留自然砾面。长 11.5cm，宽 4.6cm，厚 1.8cm，重 93g（图三九二，2）。

Bh 型　3 件。

标本 2015GLPT2 ③：106，原料为黄褐色细砂岩砾石。器身形状不规则。一端略窄，另一端稍宽。加工方法为锤击法。略窄端和两侧未经加工。稍宽端一侧经多次单面剥片，边缘钝厚，不成刃；片疤较小且浅平；未经磨制。器身其余部位保留自然砾面。长 10.9cm，宽 4.7cm，厚 1.9cm，重 160g（图三九二，3）。

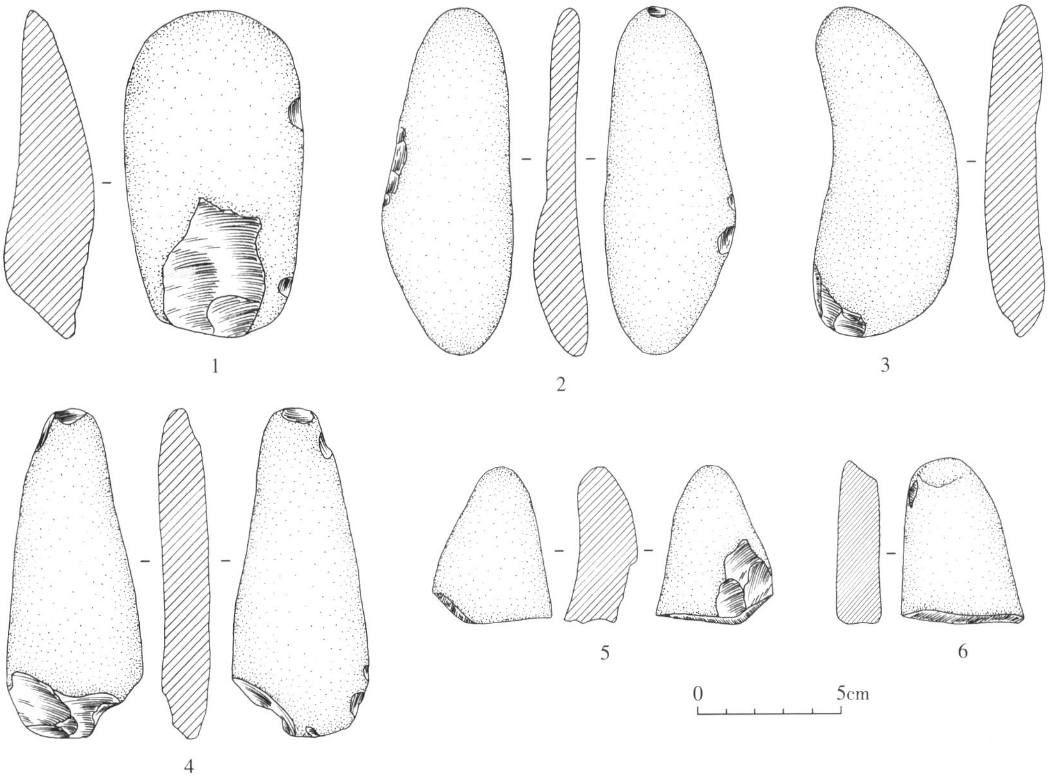

图三九二　坡叫环遗址第三文化层石制品（四十）

1. Bf 型斧锛类毛坯（2015GLPT1 ③：97）　2. Bg 型斧锛类毛坯（2015GLPT2 ⑤：66）　3. Bh 型斧锛类毛坯（2015GLPT2 ③：106）　4. Aa 型斧锛类毛坯残件（2015GLPT1 ③：61）　5. Ba 型斧锛类毛坯残件（2015GLPT2 ③：61）　6. Bc 型斧锛类毛坯残件（2015GLPT2 ④：51）

第二类　残件。10 件。分别属于 A、B、D 型。

A 型　1 件。属于 Aa 亚型。

标本 2015GLPT1 ③：61，原料为灰色细砂岩砾石。器身形状近三角形。一端较窄，另一端较宽。加工方法为锤击法。两侧未经加工。两端均经多次双面剥片。较宽端边缘加工出一道整齐但不甚锋利的弧刃，未经磨制；弧刃一侧已残断，形成一个较大的凹缺，断裂面较平整。片疤大多较小且浅平，较宽端的片疤稍大。器身其余部位保留自然砾面。长 10.9cm，宽 4.7cm，厚 1.5cm，重 103g（图三九二，4）。

B 型　7 件。分别属于 Ba、Bc、Bh 亚型。

Ba 型　1 件。

标本 2015GLPT2 ③：61，原料为黄褐色细砂岩砾石。器身近三角形。一端稍窄；另一端稍宽，已残断，形成较平整的断裂面。一侧较薄，另一侧较厚。加工方法为锤击法。在较厚侧靠近稍宽端多次单面剥片，片疤较小且浅平。器身其余部位保留自然砾面。残长 5.1cm，宽 3.9cm，厚 2.0cm，重 53g（图三九二，5）。

Bc 型　3 件。

标本 2015GLPT2 ④：51，原料为褐色细砂岩砾石。器身形状近梯形。一端略窄；另一端稍宽，已残断，形成平整的断裂面。加工方法为锤击法。略窄端略经单面剥片，剥片次数较少，片疤较小且浅平。器身其余部位保留自然砾面。残长 5.5cm，宽 4.2cm，厚 1.5cm，重 58g（图三九二，6）。

标本 2015GLPT2 ⑤：100，原料为灰褐色辉绿岩石片。器身形状近梯形。腹面略微弧凸。背面较平，较多保留自然砾面。近端略窄；远端稍宽，已残断，形成较平整的断裂面。一侧稍厚，另一侧稍薄。加工方法为锤击法。略窄端及稍薄侧经多次双面剥片；片疤较小且浅平，部分片疤尾部折断形成陡坎。稍厚侧经多次单面剥片；片疤较小且浅平，打击方向由石片背面向腹面打击。残长 6.5cm，宽 7.8cm，厚 1.8cm，重 107g（图三九三，1）。

Bh 型　3 件。

标本 2015GLPT2 ③：91，原料为灰色细砂岩砾石。器身稍长，形状不规则。一端略窄；另一端稍宽，已残断，形成断裂面。一侧较薄，另一侧较厚。加工方法为锤击法。略窄端经多次双面剥片；其中一面片疤较大且深，另一面片疤细小且浅平。较薄侧靠近稍宽端经多次双面剥片；片疤较小，但较深，部分尾部折断形成陡坎。器身其余部位保留自然砾面。残长 11.4cm，宽 5.3cm，厚 2.3cm，重 196g（图三九三，2）。

D 型　2 件。均属于 Dc 亚型。

标本 2015GLPT2 ③：29，原料为灰褐色辉绿岩石片。器身形状近梯形。腹面较平整，背面完全保留自然砾面。右侧已残断，形成较平整的断裂面。加工方法为锤击法。近端略经双面剥片，剥片次数较少；片疤细小且浅平。远端和左侧经多次双面剥片；片疤较小且浅平。左侧边

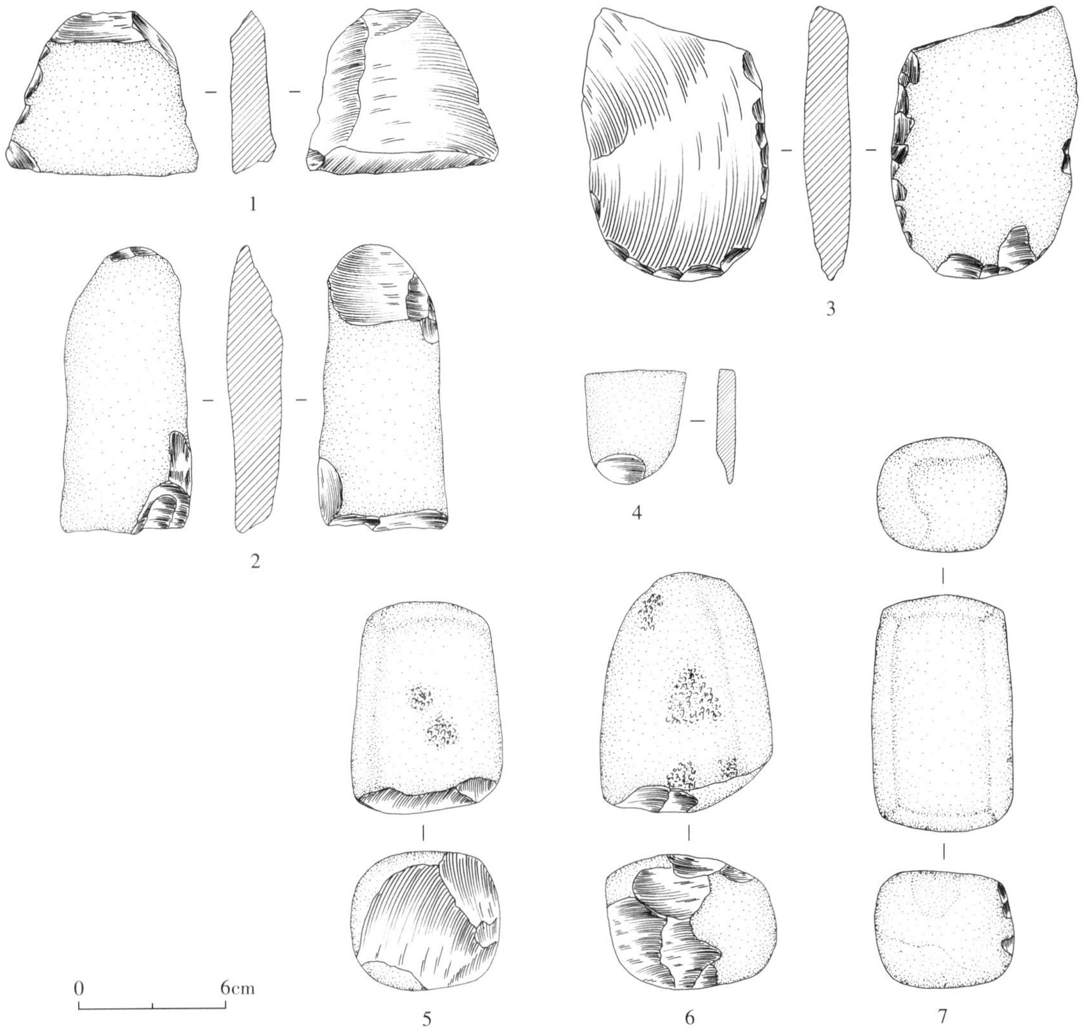

图三九三　坡叫环遗址第三文化层石制品（四十一）

1. Bc 型斧锛类毛坯残件（2015GLPT2 ⑤：100）　2. Bh 型斧锛类毛坯残件（2015GLPT2 ③：91）　3、4. Dc 型斧锛类毛坯残件（2015GLPT2 ③：29、2015GLPT2 ③：62）　5、7. AbⅡ型研磨器（2015GLPT2 ⑤：78、2015GLPT1 ③：2）　6. AaⅡ型研磨器半成品（2015GLPT2 ④：16）

缘加工出一道弧凸状刃。刃缘整齐较锋利。残长 10.3cm，宽 7.3cm，厚 1.9cm，重 220g（图三九三，3）。

标本 2015GLPT2 ③：62，原料为黄褐色细砂岩砾石。器身形状近梯形。一端稍宽，已残断，形成平整的断裂面；另一端稍窄。加工方法为锤击法。稍窄端经一次单面剥片，边缘钝厚，不成刃；片疤较小，略深。器身其余部位保留自然砾面。残长 4.5cm，宽 4.1cm，厚 0.8cm，重 26g（图三九三，4）。

研磨器　6 件。包括成品、半成品和残件三类。其中成品 2 件，占该文化层出土研磨器总数的 33.33%；半成品 1 件，占该文化层出土研磨器总数的 16.67%；残件 3 件，占该文化层出土研磨器总数的 50.00%。原料仅见砾石一种。岩性仅有细砂岩一种。器身形状有方柱状和不规则形两种，每种形状各 3 件。器身长度最大值 9.7cm，最小值 3.0cm；宽度最大值 7.0cm，最小值 4.4cm；厚度最大值 5.5cm，最小值 1.6cm；重量最大值 509g，最小值 59g。发现有兼作石锤现象。

第一类　成品。2 件。均属于 A 型中的 AbⅡ次亚型。

标本 2015GLPT2⑤：78，原料为褐色细砂岩砾石。器身形状近方柱状。一端稍宽，另一端稍窄。以稍窄端为研磨面，研磨面近方形，微弧凸，磨面光滑，四周圆钝。器身四周也略经磨制，较为光滑。稍宽端直接截断，形成较平整的破裂面，四周略经磨制，有一些光滑磨面，低凹处仍可见修整的片疤。一面中部有呈窝状的砸击坑疤；相对的一面及一侧面中部也有呈麻点状的坑疤。这些坑疤应为兼作砸击石锤使用留下的痕迹。长 8.5cm，宽 6.1cm，厚 5.5cm，重 508g（图三九三，5）。

标本 2015GLPT1③：2，原料为褐色细砂岩砾石。器身形状近方柱状。两端大小相当，均作为研磨面。两研磨面均近方形，微弧凸，磨面光滑，四周圆钝；其中一面的一侧见有少量细小而浅平的片疤，片疤打击方向由一侧向另一侧打击，应为修整研磨面留下的痕迹。器身四周也经较多的磨制，较为光滑。长 9.4cm，宽 5.8cm，厚 4.8cm，重 509g（图三九三，7）。

第二类　半成品。1 件。属于 A 型中的 AaⅡ次亚型。

标本 2015GLPT2④：16，原料为黄褐色细砂岩砾石。器身形状近方柱状。一端较窄，另一端较宽。加工主要集中于较宽端。将砾石截取一段，以破裂面作为研磨面。研磨面近方形，一侧和一角略经磨制，有少量光滑磨面，其余部分仍保留打击片疤，不甚平整。器身四周略经磨制，较为光滑。器身一面及其相对面的中部均有呈窝状的砸击坑疤。这些坑疤应为兼作砸击石锤使用留下的痕迹。长 9.7cm，宽 7.0cm，厚 5.2cm，重 507g（图三九三，6）。

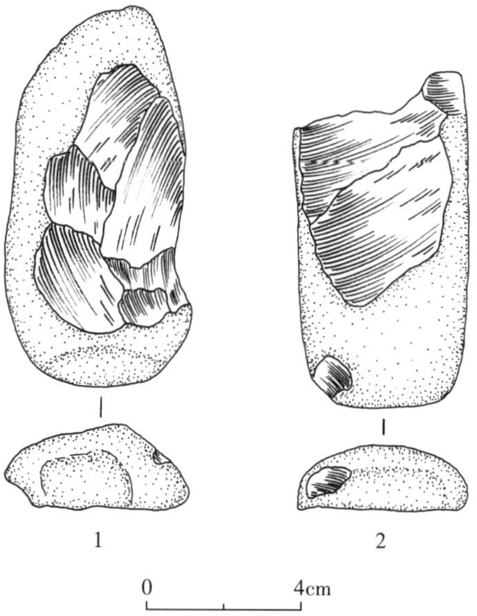

图三九四　坡叫环遗址第三文化层石制品（四十二）

1. A 型研磨器残件（2015GLPT1③：127）
2. B 型研磨器残件（2015GLPT1③：128）

第三类　残件。3 件。分别属于 A 型和 B 型。

A 型　1 件。

标本 2015GLPT1③：127，原料为暗红色细砂岩砾石。器身形状不规则。一端稍窄，另一端稍宽。以稍宽端为研磨面，磨面光滑。现仅残剩一侧面，断裂面不平整。侧面略经磨制，但仍可看到有修整器身时留下的打制疤痕。残长 9.4cm，宽 4.7cm，残厚 2.0cm，重 81g（图三九四，1）。

B 型　2 件。

标本 2015GLPT1③：128，原料为暗红色细砂岩砾石。器身形状不规则。一端稍宽，另一端稍窄。以稍窄端为研磨面，磨面光滑。仅残剩一侧面，断裂面平整。侧面略经磨制，但仍可见修整时的打制疤痕。残长 8.3cm，宽 4.4cm，残厚 1.6cm，重 77g（图三九四，2）。

2. 蚌器

87 件。均为蚌勺，其中完整件 70 件，占该文化层出土蚌器总数的 80.46%；残件 17 件，占该文化层出土蚌器总数的 19.54%。

第一类　完整件。70 件。分别属于 A、B、C 型。

A 型　60 件。分别属于 Aa、Ab、Ac 亚型。

Aa 型　35 件。均属于 Aa Ⅰ次亚型。

标本 2015GLPT1 ③：9，平面近三角形。先将蚌壳的头部和尾部去掉，留下腹部及边缘较厚部分，然后再进行进一步加工。以较宽薄端为勺口，窄厚端为柄。柄顶端呈尖顶。两侧边钝厚，斜直，对称，靠近勺口处弧收。一侧边靠近勺口处及另一侧边中部各有一破损缺口。通体磨制，表面光滑。长 9.4cm，宽 4.6cm，厚 1.0cm（图三九五，1）。

标本 2015GLPT2 ③：7，平面近三角形。先将蚌壳的头部和尾部去掉，留下腹部及边缘较厚部分，然后再进行进一步加工。以较宽薄端为勺口，窄厚端为柄。柄顶端呈尖顶，柄部尚留有打制痕迹。两侧边钝厚，对称，略斜直，靠近勺口弧收。通体磨制，表面光滑。长 9.3cm，宽 3.7cm，厚 1.1cm（图三九五，2）。

标本 2015GLPT2 ③：9，平面近三角形。先将蚌壳的头部和尾部去掉，留下腹部及边缘较厚部分，然后再进行进一步加工。以宽薄端为勺口，窄厚端为柄。柄顶端呈尖顶。两侧边钝厚，斜直。通体磨制，表面光滑。长 11.9cm，宽 4.8cm，厚 1.2cm（图三九五，3）。

标本 2015GLPT2 ③：132，平面近三角形。先将蚌壳的头部和尾部去掉，留下腹部及边缘较厚部分，然后再进行进一步加工。以较宽薄端为勺口，窄厚端为柄。柄顶端呈尖顶。两侧边钝厚，斜直，对称。一侧边靠近勺口弧收，另一侧边靠近勺口处已经残缺。通体磨制，表面光滑。长 9.8cm，宽 3.8cm，厚 0.7cm（图三九五，4）。

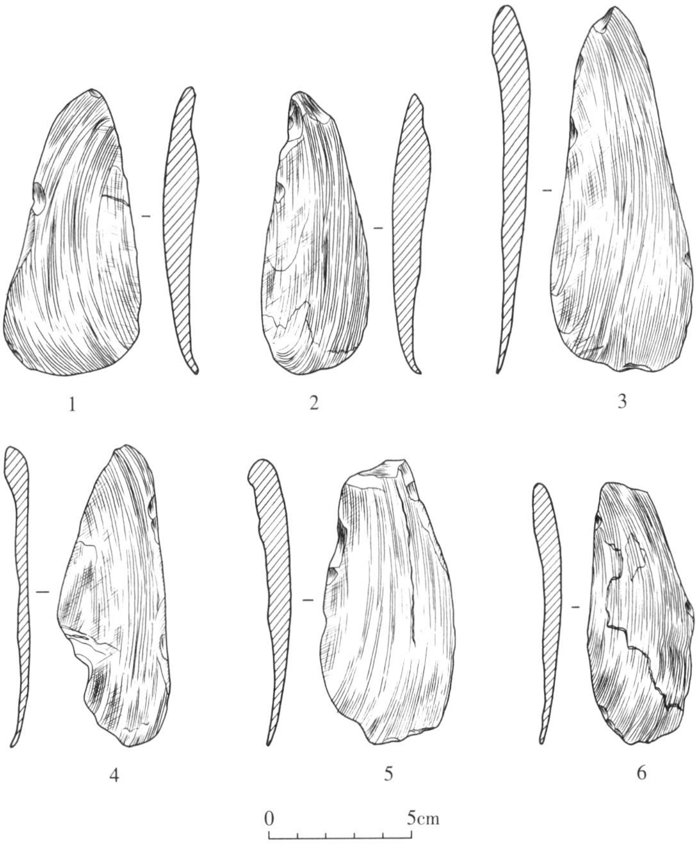

图三九五　坡叫环遗址第三文化层蚌器（一）

1~4. Aa Ⅰ型蚌勺（2015GLPT1 ③：9、2015GLPT2 ③：7、2015GLPT2 ③：9、2015GLPT2 ③：132）　5、6. Ab Ⅲ型蚌勺（2015GLPT2 ④：53、2015GLPT2 ④：55）

Ab 型　18 件。均属于 AbⅢ次亚型。

标本 2015GLPT2④：53，平面近梯形。先将蚌壳的头部和尾部去掉，留下腹部及边缘较厚部分，然后再进行进一步加工。以宽薄端为勺口，窄厚端为柄。柄顶端近平直，柄顶端及两侧尚留有打制疤痕。两侧边钝厚，靠近勺口处弧收。一侧边弧凸；另一侧边略斜直，中部有一缺口。勺口经过磨制，有两处较大崩缺口。通体磨制，表面光滑。长 9.4cm，宽 4.7cm，厚 1.0cm（图三九五，5）。

标本 2015GLPT2④：55，平面近梯形。先将蚌壳的头部和尾部去掉，留下腹部及边缘较厚部分，然后再进行进一步加工。以宽薄端为勺口，窄厚端为柄。柄顶端近平直。两侧边钝厚，斜直，对称。一侧边靠近勺口处已残损，另一侧边靠近勺口处弧收。勺口有较多崩疤。通体磨制，表面光滑。长 8.5cm，宽 3.6cm，厚 0.8cm（图三九五，6）。

标本 2015GLPT2⑤：22，平面近梯形。先将蚌壳的头部和尾部去掉，留下腹部及边缘较厚部分，然后再进行进一步加工。以宽薄端为勺口，窄厚端为柄。柄顶端近平直。两侧边钝厚，斜直，对称。一侧边靠近勺口处弧收，另一侧边靠近勺口处缺失。勺口一侧有一较大的崩缺口，另一侧亦有崩疤。通体磨制，表面光滑。长 8.5cm，宽 4.4cm，厚 1.0cm（图三九六，1）。

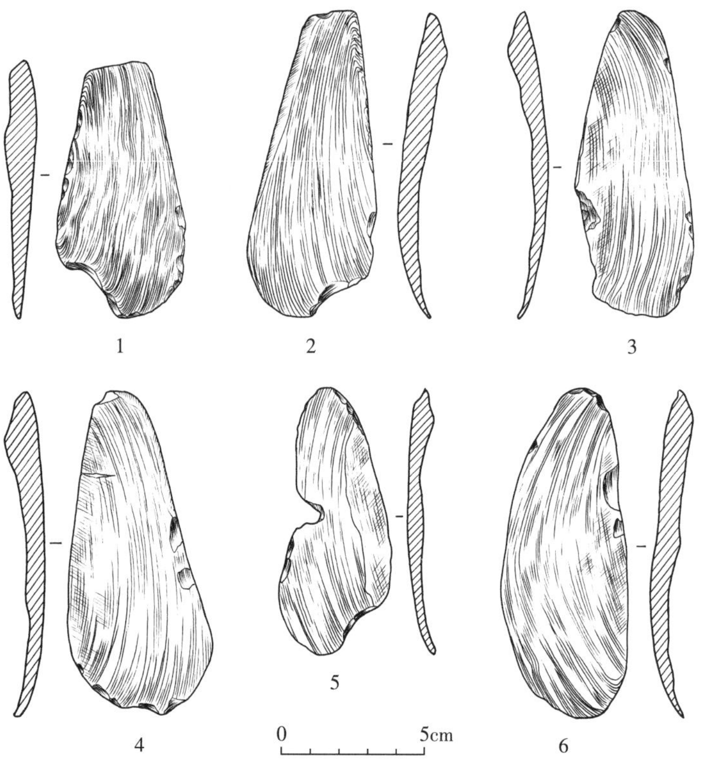

图三九六　坡叫环遗址第三文化层蚌器（二）

1、2、AbⅢ型蚌勺（2015GLPT2⑤：22、2015GLPT2⑤：49）
3~5. AcⅠ型蚌勺（2015GLPT2③：134、2015GLPT2④：1、2015GLPT2⑤：112）　6. AcⅣ型蚌勺（2015GLPT2⑤：133）

标本 2015GLPT2⑤：49，平面近梯形。先将蚌壳的头部和尾部去掉，留下腹部及边缘较厚部分，然后再进行进一步加工。以宽薄端为勺口，窄厚端为柄。柄顶端近平直。两侧边钝厚，斜直，对称，靠近勺口处弧收。一侧边靠近勺口处尚留有打制疤痕。勺口一侧有一较大的崩缺口。通体磨制，表面光滑。长 10.1cm，宽 4.3cm，厚 1.1cm（图三九六，2）。

Ac 型　7 件。分别属于 AcⅠ次亚型和 AcⅣ次亚型。

AcⅠ型　6 件。

标本 2015GLPT2③：134，平面近三角形。先将蚌壳的头部和尾部去掉，留下腹部及边缘较厚部分，然后再进行进一步加工。以宽薄端为勺口，窄厚端为柄。柄顶端近弧形。两侧边钝厚，斜直，对称。一侧边靠近勺口处弧收，另一侧边靠近勺口处已缺损。勺口有细小崩疤。通体磨制，表面光滑。长 10.1cm，宽 4.0cm，厚 0.9cm（图三九六，3）。

标本 2015GLPT2④：1，平面近三角形。先将蚌壳的头部和尾部去掉，留下腹部及边缘较厚部分，然后再进行进一步加工。以宽薄端为勺口，窄厚端为柄。柄顶端近弧形。两侧边钝厚，斜直，对称，靠近勺口处弧收。勺口有崩疤。通体磨制，表面光滑。长 10.7cm，宽 5.0cm，厚 1.2cm（图三九六，4）。

标本 2015GLPT2⑤：112，平面近三角形。先将蚌壳的头部和尾部去掉，留下腹部及边缘较厚部分，然后再进行进一步加工。以宽薄端为勺口，窄厚端为柄，已断成两段。柄顶端近弧形。两侧边钝厚，靠近勺口处弧收。一侧边较为斜直，另一侧边中部有一大缺口。勺口一侧已残缺。通体磨制，表面光滑。长 8.8cm，宽 3.8cm，厚 0.8cm（图三九六，5）。

AcⅣ型 1 件。

标本 2015GLPT2⑤：133，平面近椭圆形。先将蚌壳的头部和尾部去掉，留下腹部及边缘较厚部分，然后再进行进一步加工。以宽薄端为勺口，窄厚端为柄。柄顶端略弧形。两侧边钝厚，靠近勺口处弧收。一侧边较斜直，靠近柄端处尚留有打制疤痕；另一侧边弧凸。勺口有细小崩掉的缺口。通体磨制，表面光滑。长 11.0cm，宽 4.5cm，厚 0.9cm（图三九六，6）。

B 型 5 件。分别属于 Ba 亚型和 Bb 亚型。

Ba 型 3 件。均属于 BaⅠ次亚型。

标本 2015GLPT2③：2，平面近三角形。先将蚌壳的头部和尾部去掉，留下腹部及边缘较厚部分，然后再进行进一步加工。以宽薄端为勺口，窄厚端为柄。柄顶端近尖顶。两侧边钝厚，斜直，对称。一侧边靠近勺口处弧收，另一侧边靠近勺口处已缺损。勺口平直。通体磨制，表面光滑。长 10.5cm，宽 4.0cm，厚 1.3cm（图三九七，1）。

标本 2015GLPT2③：3，平面近三角形。先将蚌壳的头部和尾部去掉，留下腹部及边缘较厚部分，然后再进行进一步加工。以宽薄端为勺口，窄厚端为柄。柄顶端近尖顶。两侧边钝厚，斜直，对称。两侧边靠近勺口处各有两个打制时留下的小缺口。勺口平直，有少量崩损。通体磨制，表面较为光滑。长 8.5cm，宽 4.0cm，厚 0.9cm（图三九七，2）。

标本 2015GLPT2③：130，平面近三角形。先将蚌壳的头部和尾部去掉，留下腹部及边缘较厚部分，然后再进行进一步加工。以宽薄端为勺口，窄厚端为柄，已断成两段。柄顶端近尖顶。两侧边钝厚，斜直，对称。两侧边靠近勺口处弧收。勺口平直。通体磨制，表面较为光滑。长 12.9cm，宽 4.5cm，厚 1.4cm（图三九七，3）。

Bb 型 2 件。分别属于 BbⅠ次亚型和 BbⅤ次亚型。

BbⅠ型 1 件。

标本 2015GLPT1④：13，平面近三角形。先将蚌壳的头部和尾部去掉，留下腹部及边缘较厚部分，然后再进行进一步加工。以宽薄端为勺口，窄厚端为柄。柄顶端略平直，柄部还可看到

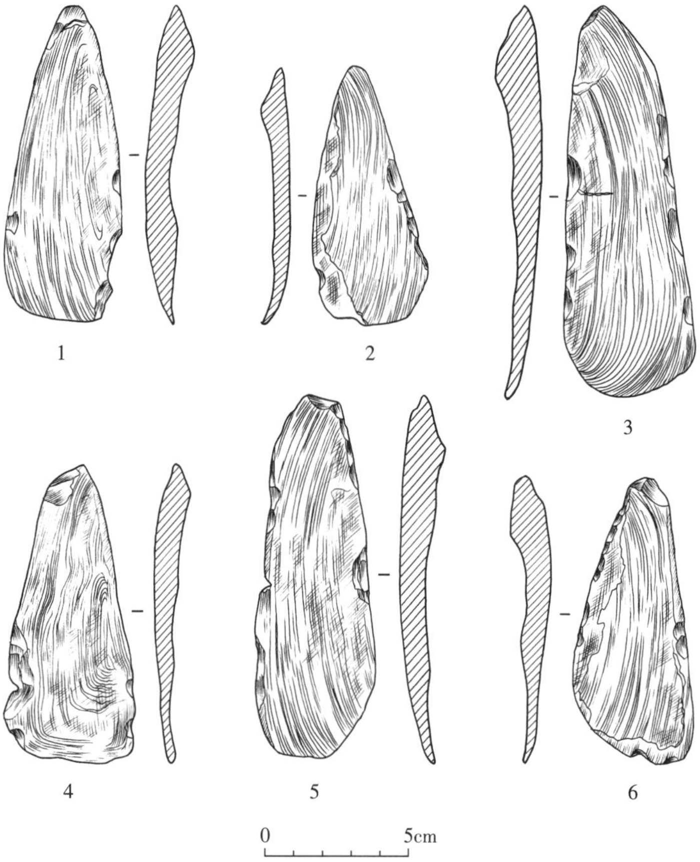

图三九七　坡叫环遗址第三文化层蚌器（三）

1~3. BaⅠ型蚌勺（2015GLPT2③：2、2015GLPT2③：3、2015GLPT2③：130）　4. BbⅠ型蚌勺（2015GLPT1④：13）　5. BbⅤ型蚌勺（2015GLPT1⑥：13）　6. CaⅠ型蚌勺（2015GLPT2③：129）

蚌壳头部的齿窝。两侧边钝厚，斜直，对称。一侧靠近勺口处有两个较大的缺口。勺口平直，边缘有轻微崩损。通体磨制，表面光滑。长 9.9cm，宽 4.4cm，厚 0.9cm（图三九七，4）。

BbⅤ型　1件。

标本 2015GLPT1⑥：13，平面近长条形。先将蚌壳的头部和尾部去掉，留下腹部及边缘较厚部分，然后再进行进一步加工。以宽薄端为勺口，窄厚端为柄。柄顶端近平直。两侧边钝厚，斜直，对称，靠近勺口处弧收。一侧边中部有一崩掉的缺口。勺口平直。通体磨制，表面光滑。长 12.0cm，宽 4.1cm，厚 1.3cm（图三九七，5）。

C型　5件。分别属于 Ca 亚型和 Cb 亚型。

Ca型　3件。均属于 CaⅠ次亚型。

标本 2015GLPT2③：129，平面近三角形。先将蚌壳的头部和尾部去掉，留下腹部及边缘较厚部分，然后再进行进一步加工。以宽薄端为勺口，窄厚端为柄，已断成两段。柄顶端近尖顶。两侧边钝厚，斜直，对称，靠近勺口处弧收。一侧边相对较长，另一侧边相对较短。勺口略斜直，一侧有崩疤。通体磨制，表面较为光滑。长 9.5cm，宽 4.0cm，厚 1.2cm（图三九七，6）。

标本 2015GLPT1⑤：11，平面近三角形。先将蚌壳的头部和尾部去掉，留下腹部及边缘较厚部分，然后再进行进一步加工。以宽薄端为勺口，窄厚端为柄。柄顶端呈尖顶。两侧边钝厚，斜直。一侧边较短，另一侧边较长，较长一侧边近勺口处弧收。勺口斜直，一侧有一较大崩缺口。通体磨制，表面光滑。长 9.5cm，宽 4.3cm，厚 0.8cm（图三九八，1）。

标本 2015GLPT1⑥：6，平面近三角形。先将蚌壳的头部和尾部去掉，留下腹部及边缘较厚部分，然后再进行进一步加工。以宽薄端为勺口，窄厚端为柄。柄顶端呈尖顶。两侧边钝厚，较斜直，对称，靠近勺口处弧收。勺口斜直，一侧残缺。通体磨制，表面光滑。长 9.6cm，宽 4.3cm，厚 1.1cm（图三九八，2）。

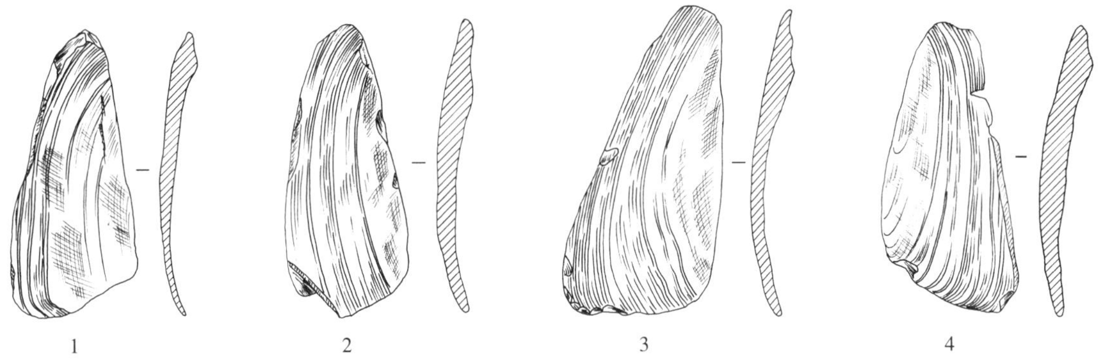

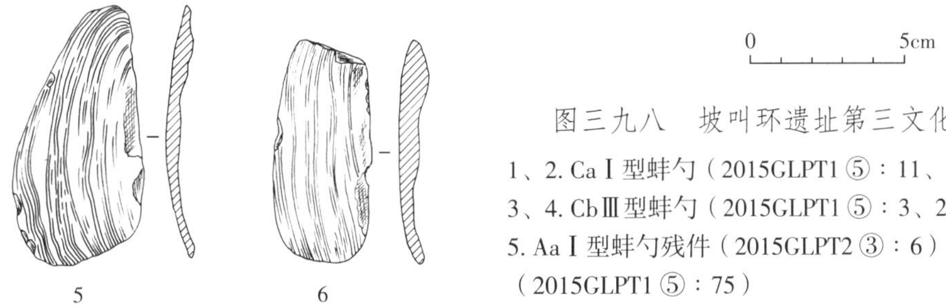

图三九八　坡叫环遗址第三文化层蚌器（四）

1、2. CaⅠ型蚌勺（2015GLPT1⑤：11、2015GLPT1⑥：6）
3、4. CbⅢ型蚌勺（2015GLPT1⑤：3、2015GLPT1⑥：14）
5. AaⅠ型蚌勺残件（2015GLPT2③：6）　6. AaⅡ型蚌勺残件（2015GLPT1⑤：75）

Cb型　2件。均属于CbⅢ次亚型。

标本2015GLPT1⑤：3，平面近梯形。先将蚌壳的头部和尾部去掉，留下腹部及边缘较厚部分，然后再进行进一步加工。以宽薄端为勺口，窄厚端为柄。柄顶端近平直。两侧边钝厚，斜直，对称，靠近勺口处弧收；一侧边较短，另一侧边较长。勺口斜直，中部有崩缺口。通体磨制，表面光滑。长10.3cm，宽5.2cm，厚0.9cm（图三九八，3）。

标本2015GLPT1⑥：14，平面近梯形。先将蚌壳的头部和尾部去掉，留下腹部及边缘较厚部分，然后再进行进一步加工。以宽薄端为勺口，窄厚端为柄。柄顶端近平直，已残缺一半。两侧边钝厚，靠近勺口处弧收。一侧边略长呈斜直，另一侧边稍短略为弧凸。勺口斜直，有少量崩缺。通体磨制，表面光滑。长9.6cm，宽4.4cm，厚1.1cm（图三九八，4）。

第二类　残件。17件。分别属于A、B、C型。

A型　5件，分别属于Aa、Ab、Ac亚型。

Aa型　3件，分别属于AaⅠ、AaⅡ、AaⅢ次亚型。

AaⅠ型　1件。

标本2015GLPT2③：6，平面近三角形。先将蚌壳的头部和尾部去掉，留下腹部及边缘较厚部分，然后再进行进一步加工。柄已残断。两侧边钝厚，斜直，对称，两侧边靠近勺口处弧收。勺口有细小崩疤。通体磨制，表面较为光滑。残长8.1cm，宽4.1cm，厚0.6cm（图三九八，5）。

AaⅡ型　1件。

标本2015GLPT1⑤：75，平面近四边形。先将蚌壳的头部和尾部去掉，留下腹部及边缘较厚部分，然后再进行进一步加工。柄已残断。两侧边钝厚，靠近勺口处弧收。一侧边较直，上半部尚留有打制疤痕；另一侧边略微弧凸，中间有一小缺口。通体磨制，表面较光滑。残长 6.9cm，宽 3.2cm，厚 0.9cm（图三九八，6）。

AaⅢ型 1件。

标本 2015GLPT2④：56，平面近梯形。先将蚌壳的头部和尾部去掉，留下腹部及边缘较厚部分，然后再进行进一步加工。柄已残断。两侧边钝厚，靠近勺口处弧收。一侧边略微弧凸，另一侧边斜直。勺口有一较大崩缺口。通体磨制，表面较为光滑。残长 7.8cm，宽 4.5cm，厚 1.1cm（图三九九，1）。

Ab型 1件。属于AbⅢ次亚型。

标本 2015GLPT1⑥：9，平面近梯形。先将蚌壳的头部和尾部去掉，留下腹部及边缘较厚部分，然后再进行进一步加工。柄已残缺。两侧边钝厚，斜直，对称，靠近勺口处弧收。勺口平直。通体磨制，表面较光滑。残长 7.7cm，宽 4.5cm，厚 1.2cm（图三九九，2）。

Ac型 1件。属于AcⅢ次亚型。

标本 2015GLPT1⑤：6，平面近梯形。先将蚌壳的头部和尾部去掉，留下腹部及边缘较厚部分，然后再进行进一步加工。柄已残断。两侧边钝厚，斜直。一侧边与勺口相连处有崩缺，另一侧边靠近勺口处弧收。勺口斜直，有一较大崩缺。通体磨制，表面较光滑。残长 7.0cm，宽 4.7cm，厚 0.7cm（图三九九，3）。

B型 11件。分别属于Ba、Bb、Bc亚型。

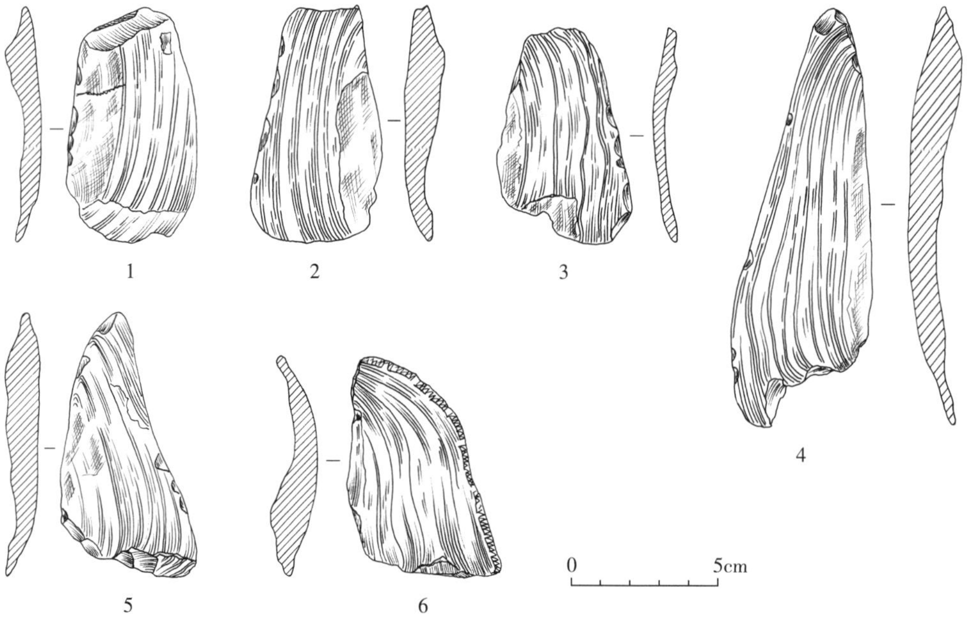

图三九九 坡叫环遗址第三文化层蚌器（五）

1. AaⅢ型蚌勺残件（2015GLPT2④：56） 2. AbⅢ型蚌勺残件（2015GLPT1⑥：9） 3. AcⅢ型蚌勺残件（2015GLPT1⑤：6） 4~6. BaⅠ型蚌勺残件（2015GLPT2③：5、2015GLPT2⑤：160、2015GLPT1⑤：77）

Ba 型　7 件。分别属于 BaⅠ次亚型和 BaⅢ次亚型。

BaⅠ型　6 件。

标本 2015GLPT2 ③：5，平面近三角形。先将蚌壳的头部和尾部去掉，留下腹部及边缘较厚部分，然后再进行进一步加工。勺口已残断。柄顶端呈尖顶。两侧边钝厚，斜直，对称。一侧边靠近勺口处弧收。通体磨制，表面较为光滑。残长 13.8cm，宽 4.8cm，厚 1.3cm（图三九九，4）。

标本 2015GLPT2 ⑤：160，平面近三角形。先将蚌壳的头部和尾部去掉，留下腹部及边缘较厚部分，然后再进行进一步加工。勺口已残断。柄顶端呈尖顶。两侧边钝厚，一侧边略微弧凹，靠近勺口处弧收，另一侧边略微弧凸。通体磨制，表面光滑。残长 8.8cm，宽 4.7cm，厚 1.1cm（图三九九，5）。

标本 2015GLPT1 ⑤：77，平面近三角形。先将蚌壳的头部和尾部去掉，留下腹部及边缘较厚部分，然后再进行进一步加工。勺口已残断。柄顶端呈尖顶。两侧边钝厚。一侧边靠近柄端处弧收；另一侧边略直，尚留有打制疤痕。制作较为粗糙。残长 7.4cm，宽 4.8cm，厚 1.4cm（图三九九，6）。

BaⅢ型　1 件。

标本 2015GLPT1 ⑤：2，平面近梯形。先将蚌壳的头部和尾部去掉，留下腹部及边缘较厚部分，然后再进行进一步加工。勺口已残断。柄顶端呈尖顶。两侧边钝厚，斜直，对称。通体磨制，表面光滑。残长 8.4cm，宽 4.1cm，厚 1.0cm（图四〇〇，1）。

Bb 型　2 件。均属于 BbⅢ次亚型。

标本 2015GLPT1 ⑤：12，平面近梯形。先将蚌壳的头部和尾部去掉，留下腹部及边缘较厚部分，然后再进行进一步加工。勺口已残断。柄顶端近平直。两侧边钝厚，一侧边近弧凸，另一侧边斜直。通体磨制，表面光滑。长 9.1cm，宽 4.9cm，厚 1.2cm（图四〇〇，2）。

标本 2015GLPT1 ⑤：78，平面近梯形。先将蚌壳的头部和尾部去掉，留下腹部及边缘较厚

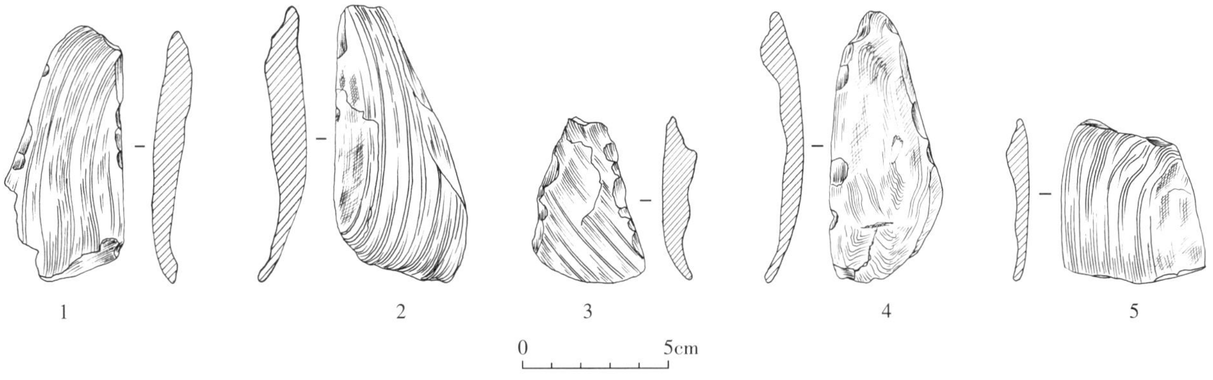

图四〇〇　坡叫环遗址第三文化层蚌器（六）

1. BaⅢ型蚌勺残件（2015GLPT1 ⑤：2）　2、3. BbⅢ型蚌勺残件（2015GLPT1 ⑤：12、2015GLPT1 ⑤：78）　4. BcⅠ型蚌勺残件（2015GLPT2 ③：131）　5. Cb 型蚌勺残件（2015GLPT2 ④：57）

部分，然后再进行进一步加工。勺口已残断。柄顶端近平直，柄部还可看到蚌壳头部的突起。两侧边钝厚，近斜直。两侧边及柄端尚留有打制疤痕。通体未经磨制。残长5.4cm，宽3.8cm，厚1.2cm（图四〇〇，3）。

Bc型　2件。均属于BcⅠ次亚型。

标本2015GLPT2③：131，平面近三角形。先将蚌壳的头部和尾部去掉，留下腹部及边缘较厚部分，然后再进行进一步加工。勺口已残断。柄顶端近弧形。两侧边钝厚，一侧边斜直，另一侧边略弧，略弧一侧边尚留有打制疤痕。通体磨制，表面光滑。残长8.9cm，宽3.9cm，厚1.0cm（图四〇〇，4）。

C型　1件。属于Cb亚型。

标本2015GLPT2④：57，平面近四边形。先将蚌壳的头部和尾部去掉，留下腹部及边缘较厚部分，然后再进行进一步加工。勺口和柄端均已残断。两侧边靠近勺口处弧收。通体磨制，表面较为光滑。残长5.4cm，宽5.0cm，厚0.7cm（图四〇〇，5）。

3. 骨器

6件。包括骨锥5件和骨铲1件。

骨锥　5件。分别属于A、B、C型。

A型　1件。

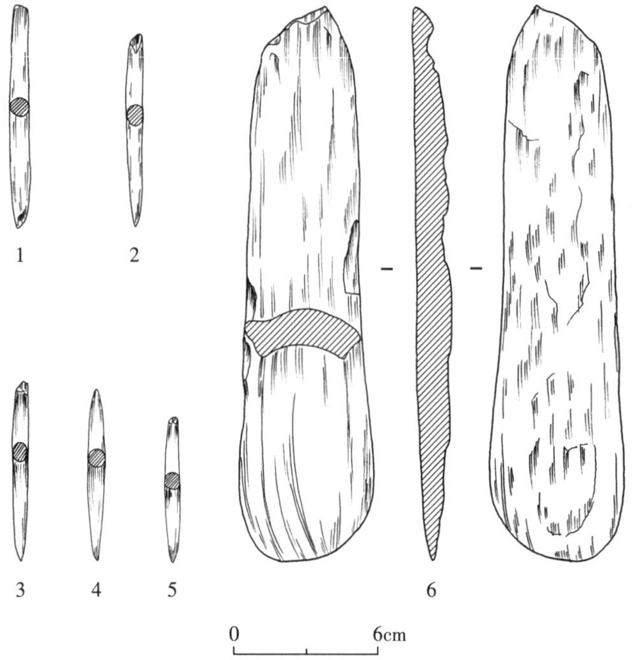

图四〇一　坡叫环遗址第三文化层骨器

1. A型骨锥（2015GLPT2⑤：91）　2、3. B型骨锥（2015GLPT1④：78、2015GLPT2④：58）　4、5. C型骨锥（2015GLPT1④：79、2015GLPT2④：59）　6. 骨铲（2015GLPT2⑤：166）

标本2015GLPT2⑤：91，原料为较小动物肢骨。形状近圆条形，一端磨出尖锋，尖锋已局部残缺，另一端平直。器身横截面近圆形。磨制较精。残长8.9cm，最大横截面直径约0.8cm（图四〇一，1）。

B型　2件。

标本2015GLPT1④：78，原料为较小动物肢骨。器身略扁。一端磨出尖锋，另一端残断。器身横截面呈近椭圆形。磨制较精。残长7.7cm，最大横截面长径、短径分别约为0.8cm、0.7cm（图四〇一，2）。

标本2015GLPT2④：58，原料为较小动物肢骨，器身略扁。一端磨出尖锋，另一端残断。器身横截面呈椭圆形。磨制较精。残长7.1cm，最大横截面长径、短径分别约为 0.7 cm、0.6cm（图四〇一，3）。

C 型　2 件。

标本 2015GLPT1 ④：79，原料为较小动物肢骨。形状呈梭形。两端均磨制出尖锋，一端锐利，另一端钝尖，锐利一端已残断。器身横截面呈近圆形。通体精磨。残长 6.9cm，最大横截面直径约为 0.7cm（图四〇一，4）。

标本 2015GLPT2 ④：59，原料为较小动物肢骨。形状呈梭形。两端皆残。器身横截面呈圆形。磨制较精。残长 5.8cm，最大横截面直径约 0.6cm（图四〇一，5）。

骨铲　1 件。

标本 2015GLPT2 ⑤：166，原料为略宽的动物肢骨，平面形状近长条形。器身扁平，较厚。两侧边钝厚，基本对称，近刃端处弧收。刃部呈弧凸状。尖顶。通体经过磨制，但顶部和两侧仍保留有少量打制疤痕。长 22cm，宽 5.6cm，厚 1.5cm（图四〇一，6）。

（四）第四文化层文化遗物

90 件。包括石制品和蚌器两大类。

1. 石制品

76 件。包括加工工具、打制石制品和磨制石制品三类。其中加工工具 5 件，占该文化层出土石制品总数的 6.57%；打制石制品 54 件，占该文化层出土石制品总数的 71.06%；磨制石制品 17 件，占该文化层出土石制品总数的 22.37%。

（1）加工工具

5 件。包括石锤、石片石锤和窄槽砺石三类。其中石锤和石片石锤各 1 件，各占该文化层出土加工工具总数的 20%；窄槽砺石 3 件，占该文化层出土加工工具总数的 60%。

石锤　1 件。属于 B 型中的 BaⅢ次亚型。

标本 2015GLPT1 ⑦：42，原料为灰色辉绿岩砾石。器身形状近扁柱状。一端略宽，另一端略窄。一侧稍薄，另一侧稍厚。使用痕迹主要集中在稍薄侧。稍薄侧几乎整条边都分布有条带状的细麻点坑疤；中部则有一处近椭圆形的窝状坑疤；坑疤两侧有较小的崩疤。器身其余部位保留自然砾面。长 17.6cm，宽 8.9cm，厚 5.6cm，重 1385g（图四〇二，1）。

石片石锤　1 件。属于 A 型中的 Aa 亚型。

标本 2015GLPT1 ⑦：59，原料为灰褐色辉绿岩石片。器身形状近三角形。腹面平整，背面完全保留自然砾面。左右两侧和远端钝厚。两侧为自然砾面。使用痕迹主要集中在远端，该端边缘有一呈条状分布的细麻点状砸疤。长 14.2cm，宽 10.8cm，厚 2.7cm，重 556g（图四〇二，2）。

窄槽砺石　3 件。原料只有岩块一种。岩性仅有泥岩一种。有兼作石砧和磨石现象。形状有长条形和不规则形两种。其中长条形 2 件，占该文化层出土窄槽砺石总数的 66.67%；不规则形 1 件，占该文化层出土窄槽砺石总数的 33.33%。器身长度最大值 16.4cm，最小值 7.7cm；宽度最大值

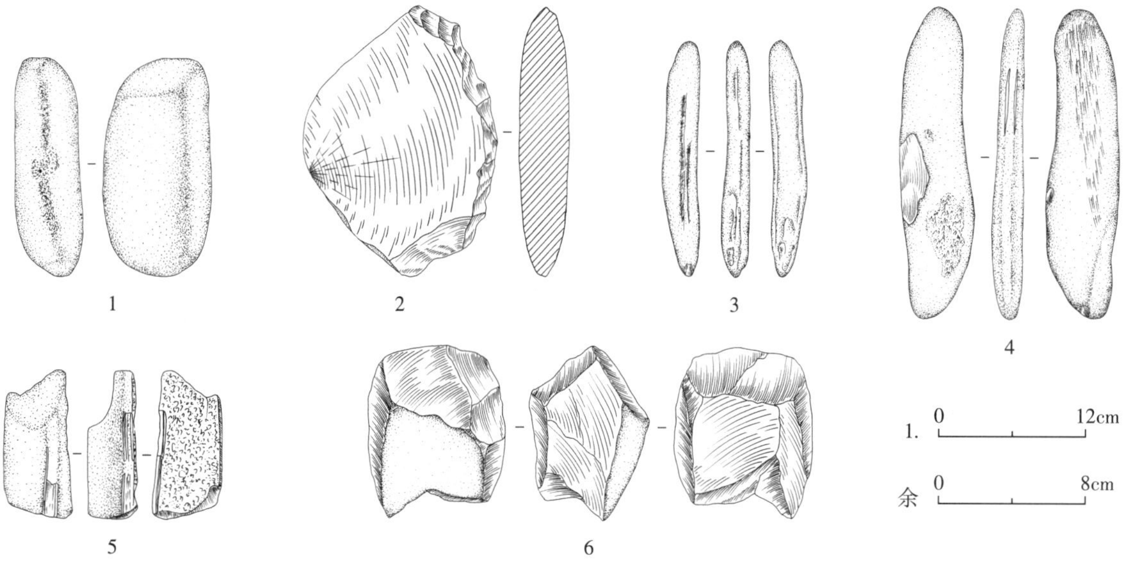

图四〇二　坡叫环遗址第四文化层石制品（一）

1. BaⅢ型石锤（2015GLPT1⑦：42）　2. Aa型石片石锤（2015GLPT1⑦：59）　3. CbⅦ型窄槽砺石（2015GLPT1⑦：83）
4. DbⅦ型窄槽砺石（2015GLPT1⑦：32）　5. DbⅧ型窄槽砺石（2015GLPT1⑦：77）　6. Ci型石核（2015GLPT1⑦：54）

4.0cm，最小值1.9cm；厚度最大值2.7cm，最小值1.5cm；重量最大值121g，最小值45g。分别属于C型和D型。

C型　1件。属于Cb亚型中的CbⅦ次亚型。

标本2015GLPT1⑦：83，原料为深灰色泥岩岩块。器身形状近长条形。一端稍宽，另一端稍窄。一侧较厚，另一侧较薄。一面微凹，另一面较平。在稍薄侧中部、稍厚侧与微凹面交汇靠近稍宽端处、稍厚侧与较平面交汇处中部各有一条磨痕。磨痕狭长，两侧深凹，断面近弓形。长12.4cm，宽1.9cm，厚1.5cm，重45g（图四〇二，3）。

D型　2件。分别属于Db亚型中的DbⅦ次亚型和DbⅧ次亚型。

DbⅦ型　1件。

标本2015GLPT1⑦：32，原料为深灰色泥岩岩块。器身形状呈长条形。一端略窄，另一端稍宽。一面较平，另一面微凸。一侧微凸，另一侧稍直。微凸面中央至稍宽端有数道并列的磨痕。这些磨痕两侧深凹，中部凸起，断面近弓形。中间部分磨痕较长，两侧磨痕较短。中央处磨痕较浅，近稍宽端较深。微凸一侧靠近稍宽端也有一磨痕。这些磨痕狭长，两侧深凹，中部凸起，断面近弓形；一侧较长，另一侧较短。较平面中部稍靠近稍窄端处有呈不规则形状分布的麻点状坑疤，这些疤痕应为兼作石砧使用的痕迹。较平面中部至宽端有一近长方形的磨痕，应为兼作磨石留下的痕迹。长16.4cm，宽4.0cm，厚1.7cm，重121g（图四〇二，4）。

DbⅧ型　1件。

标本2015GLPT1⑦：77，原料为深灰色泥岩岩块。器身形状不规则。一端略宽，另一端略窄。

一侧较薄，另一侧较厚。一面凸起，中间有一纵脊。另一面内凹。较薄侧中部和靠近略厚端、凸起面纵脊靠近略厚端各有一条磨痕。磨痕狭长，两侧深凹，断面近弓形。内凹一面布满麻点状坑疤，应为兼作石砧使用留下的痕迹。长 7.7cm，宽 3.7cm，厚 2.7cm，重 83g（图四〇二，5）。

（2）打制石制品

54 件。包括石核、石片、砍砸器和刮削器四类。其中石核 3 件，占该文化层出土打制石制品总数的 5.56%；石片 26 件，占该文化层出土打制石制品总数的 48.15%；砍砸器 20 件，占该文化层出土打制石制品总数的 37.04%；刮削器 5 件，占该文化层出土打制石制品总数的 9.25%。

石核　3 件。原料仅见砾石一种。岩性只有辉绿岩一种。台面类型仅有多台面一种。所有石核表面保留的自然砾面较少，石核的利用率较高。器身形状均是不规则形。器身长度最大值 14.0cm，最小值 8.5cm；宽度最大值 10.7cm，最小值 7.4cm；厚度最大值 6.8cm，最小值 4.5cm；重量最大值 775g，最小值 555g。均属于 C 型中的 Ci 亚型。

标本 2015GLPT1 ⑦：54，原料为灰黑色辉绿岩砾石。器身形状不规则。打击台面多样，既有以一端、一侧为台面者，也有以一面为台面者，还有以片疤交汇点为台面者；既有人工台面，又有自然台面。片疤较大且浅平。器身仅少量保留自然砾面，其余均为片疤。长 8.5cm，宽 7.5cm，厚 6.5cm，重 555g（图四〇二，6；彩版九五，1）。

标本 2015GLPT1 ⑦：67，原料为灰黑色辉绿岩砾石。器身形状不规则。打击台面多样，既有以一端、一侧为台面者，也有以一面为台面者；既有人工台面，又有自然台面。片疤较大且平。器身仅少量保留自然砾面，其余均为片疤。长 13.6cm，宽 7.4cm，厚 6.8cm，重 775g（图四〇三，1）。

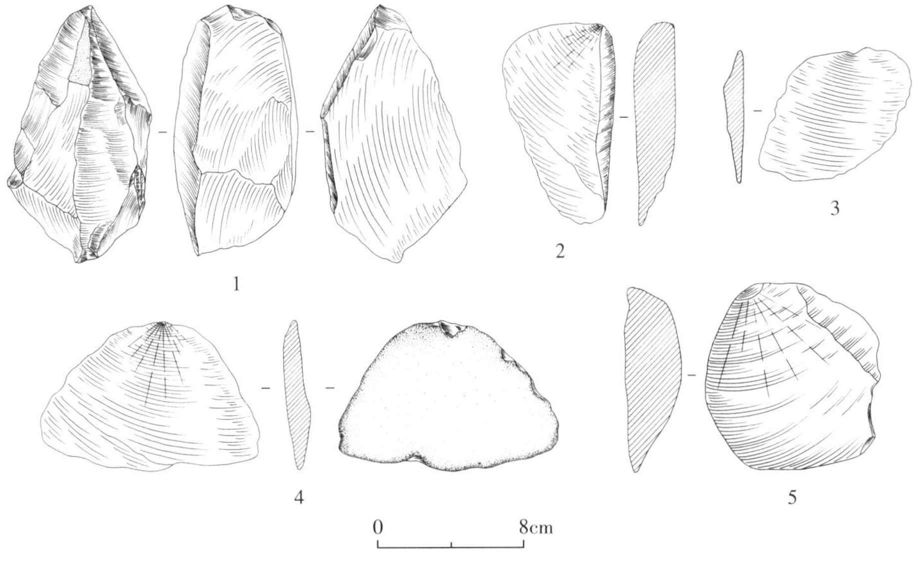

图四〇三　坡叫环遗址第四文化层石制品（二）

1. Ci 型石核（2015GLPT1 ⑦：67）　2、4. AaⅠ型石片（2015GLPT1 ⑦：23、2015GLPT1 ⑦：90）
3. AaⅥ型石片（2015GLPT1 ⑦：27）　5. AaⅣ型石片（2015GLPT1 ⑦：52）

石片 26件。岩性只有辉绿岩一种。打击台面有自然台面和人工台面两种。其中自然台面25件，占该文化层出土石片总数的96.15%；人工台面1件，占该文化层出土石片总数的3.85%。打击点大多清楚。半锥体凸出的1件，占该文化层出土石片总数的3.85%；半锥体不显的19件，占该文化层出土石片总数的73.07%；半锥体微显的6件，占该文化层出土石片总数的23.08%。石片宽大于长的13件，占该文化层出土石片总数的50%。大多数石片背面或多或少保留有自然砾面。石片的边缘大多数锋利。有使用痕迹的6件，占该文化层出土石片总数的23.08%。打片方法仅有锤击法一种。形状有三角形、梯形、圆形、椭圆形、扇贝形、长条形和不规则形七种。其中三角形4件，占该文化层出土石片总数的15.38 %；圆形和扇贝形各1件，各占该文化层出土石片总数的3.85%；椭圆形3件，占该文化层出土石片总数的11.54%；长条形和梯形各2件，各占该文化层出土石片总数的7.68%；不规则形13件，占该文化层出土石片总数的50.00%。器身长度最大值15.4cm，最小值5.0cm；宽度最大值14.0cm，最小值3.3cm；厚度最大值4.2cm，最小值0.5cm；重量最大值682g，最小值17g。分别属于A型中的Aa、Ab、Ac、Ae亚型。

Aa型 11件。分别属于AaⅠ、AaⅣ、AaⅥ、AaⅪ次亚型。

AaⅠ型 2件。

标本2015GLPT1⑦：23，原料为灰褐色辉绿岩砾石。器身形状近三角形。打击台面为自然台面。打击点宽大，半锥体不显，放射线清楚，同心波纹微显。左侧及远端边缘锋利，未见使用痕迹。右侧折断一大块，为一整齐的断裂面。背面完全保留自然砾面。长10.3cm，宽6.2cm，厚2.2cm，重161g（图四〇三，2）。

标本2015GLPT1⑦：90，原料为灰褐色辉绿岩砾石。器身形状近三角形。打击台面为自然台面。打击点宽大，半锥体不显，放射线清楚，同心波纹明显。两侧及远端边缘较锋利，未见使用痕迹。背面完全保留自然砾面。长7.9cm，宽11.9cm，厚1.3cm，重132g（图四〇三，4；彩版九五，2）。

AaⅣ型 1件。

标本2015GLPT1⑦：52，原料为灰褐色辉绿岩砾石。器身形状近圆形。打击台面为自然台面。打击点宽大，半锥体不显，放射线清楚，同心波纹明显。左侧边缘较钝厚，为自然砾面。右侧及远端边缘较锋利，远端有使用痕迹。背面完全保留自然砾面。长10.7cm，宽10.0cm，厚3.1cm，重352g（图四〇三，5）。

AaⅥ型 1件。

标本2015GLPT1⑦：27，原料为灰褐色辉绿岩砾石。器身形状近椭圆形。打击台面为自然台面。打击点宽大，半锥体不显，放射线不清楚，同心波纹微显。左右两侧及远端边缘锋利，未见使用痕迹。背面完全保留自然砾面。长9.8cm，宽6.2cm，厚1.0cm，重48g（图四〇三，3）。

AaⅪ型 7件。

标本2015GLPT1⑦：43，原料为灰褐色辉绿岩砾石。器身形状不规则。打击台面为自然台面。打击点宽大，半锥体不显，放射线清楚，同心波纹微显。左侧边缘较钝厚，为一节理面。右侧边缘上半部较钝厚，为自然砾面；下半部较锋利，有使用痕迹。远端折断一块，形成断裂面。背面完全保留自然砾面。长 11.5cm，宽 14.0cm，厚 4.2cm，重 682g（图四〇四，1）。

标本 2015GLPT1 ⑦：71，原料为灰褐色辉绿岩砾石。器身形状不规则。打击台面为自然台面。打击点宽大，半锥体不显，放射线不清楚，同心波纹微显。左侧边缘较钝厚，为自然砾面。右侧折断一大块，为整齐的断裂面。远端边缘锋利，未见使用痕迹。左侧边缘与远端交汇处折断一块，形成断裂面。背面完全保留自然砾面。长 7.7cm，宽 4.6cm，厚 1.2cm，重 47g（图四〇四，2）。

Ab 型　12 件。分别属于 AbⅠ、AbⅢ、AbⅥ、AbⅦ、AbⅧ、AbⅪ次亚型。

AbⅠ型　1 件。

标本 2015GLPT1 ⑦：76，原料为灰褐色辉绿岩砾石。器身形状近三角形。打击台面为自然台面。打击点宽大，半锥体不显，放射线不清楚，同心波纹微显。左侧上半部为自然砾面，下半部边缘锋利。右侧为断裂面。远端左侧边缘锋利，未见使用痕迹。左侧与远端相交处形成一舌尖。背面右侧有少量片疤面，片疤打击方向与石片打击方向垂直；背面其余部分保留自然砾面。长

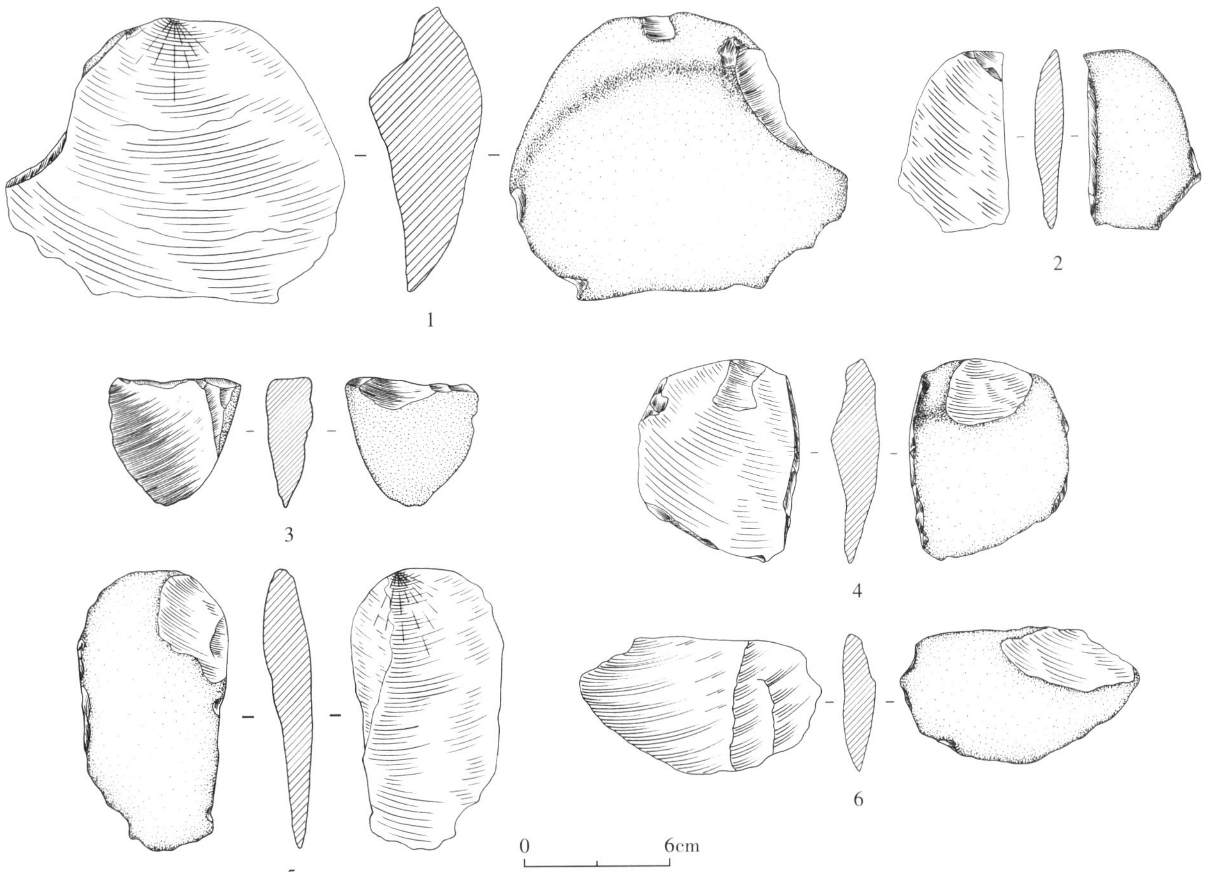

图四〇四　坡叫环遗址第四文化层石制品（三）

1、2. AaⅪ型石片（2015GLPT1 ⑦：43、2015GLPT1 ⑦：71）　3. AbⅠ型石片（2015GLPT1 ⑦：76）　4. AbⅢ型石片（2015GLPT1 ⑦：91）　5、6. AbⅥ型石片（2015GLPT1 ⑦：25、2015GLPT1 ⑦：64）

5.5cm，宽 5.5cm，厚 1.9cm，重 45g（图四○四，3）。

AbⅢ型　1 件。

标本 2015GLPT1 ⑦：91，原料为灰褐色辉绿岩砾石。器身形状近梯形。打击台面为自然台面。打击点宽大，半锥体不显，放射线不清楚，同心波纹微显。左右两侧及远端各折断一块，形成较整齐的断裂面，边缘钝厚。背面近端有一较大而浅平的片疤，片疤与石片同向同源；背面其余部分保留自然砾面。长 8.1cm，宽 6.7cm，厚 2.0cm，重 136g（图四○四，4）。

AbⅥ型　2 件。

标本 2015GLPT1 ⑦：25，原料为灰褐色辉绿岩砾石。器身形状近椭圆形。打击台面为自然台面。打击点宽大，半锥体微显，放射线清楚，同心波纹微显。左右两侧边缘锋利，右侧边缘有使用痕迹。远端有部分折断，形成断裂面。背面右侧上半部有少量较大而浅平的片疤，片疤与石片同向同源；背面其余部分保留自然砾面。长 11.2cm，宽 6.3cm，厚 1.9cm，重 122g（图四○四，5）。

标本 2015GLPT1 ⑦：64，原料为灰褐色辉绿岩砾石。器身形状近椭圆形。打击台面为自然台面。打击点宽大，半锥体微显，放射线不清楚，同心波纹微显。左侧边缘锋利，未见使用痕迹。右侧边缘钝厚，为自然砾面。远端部分折断，形成断裂面。背面左上侧有一较大而浅平的片疤，片疤与石片同向同源；背面其余部分保留自然砾面。长 5.7cm，宽 10.0cm，厚 1.5cm，重 73g（图四○四，6）。

AbⅦ型　1 件。

标本 2015GLPT1 ⑦：33，原料为灰褐色辉绿岩砾石。器身形状近扇贝形。打击台面为自然台面。打击点宽大，半锥体微显，放射线不清楚，同心波纹明显。左右两侧及远端边缘锋利，均有使用痕迹。背面一半面积为层叠的片疤；片疤位于上半部，与石片同向同源；背面其余部分保留自然砾面。长 6.1cm，宽 11.4cm，厚 1.2cm，重 83g（图四○五，1）。

AbⅧ型　2 件。

标本 2015GLPT1 ⑦：53，原料为灰褐色辉绿岩砾石。器身形状近长条形。近端已折断，为节理面，打击台面和打击点已缺失。放射线不清楚，同心波纹明显。左侧边缘较锋利，未见使用痕迹。右侧和远端各折断一块，形成断裂面。背面左上侧有一些较小而浅平的片疤，片疤打击方向与石片同向同源；背面其余部分保留自然砾面。长 11.0cm，宽 5.6cm，厚 1.8cm，重 169g（图四○五，2）。

AbⅪ型　5 件。

标本 2015GLPT1 ⑦：47，原料为灰褐色辉绿岩砾石。器身形状不规则。打击台面为自然台面。打击点宽大，半锥体不显，放射线清楚，同心波纹微显。左侧边缘钝厚，为自然砾面。右侧折断一块，为较整齐的断裂面。远端为节理面。背面有一较大的节理面，其余部分保留自然砾面。长 8.0cm，宽 8.9cm，厚 3.3cm，重 334g（图四○五，3）。

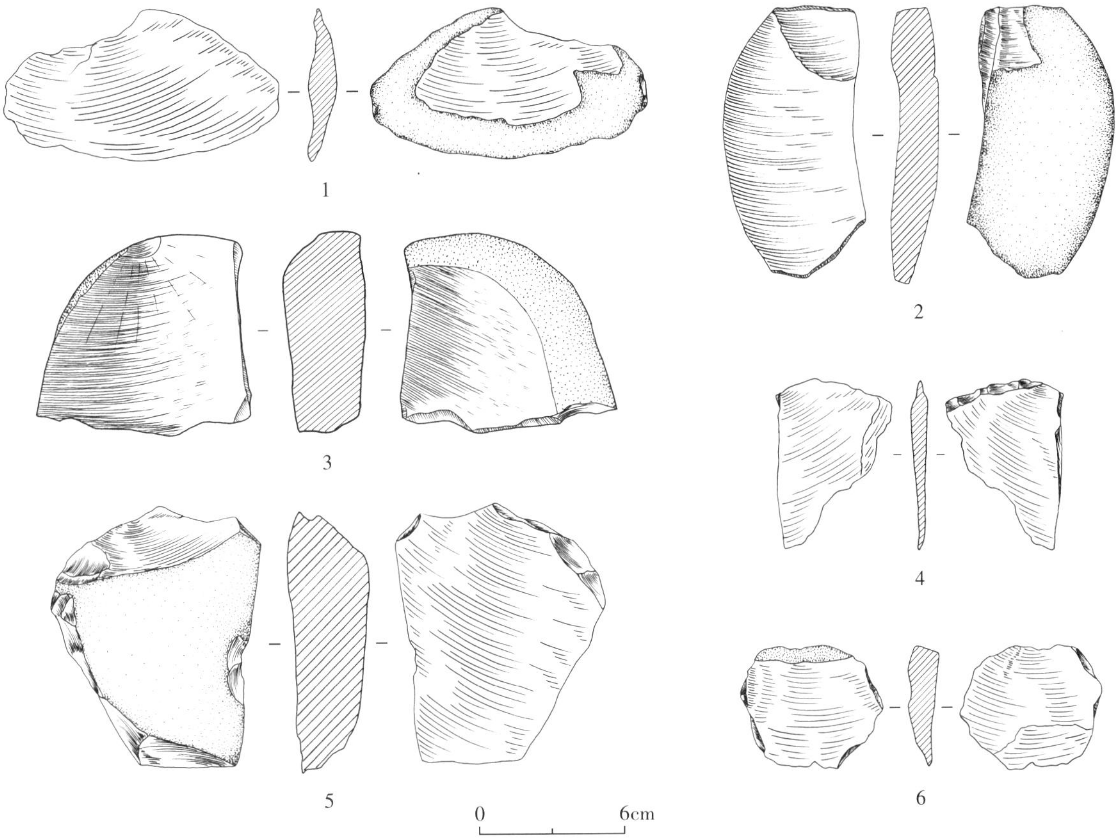

图四〇五　坡叫环遗址第四文化层石制品（四）

1. AbⅦ型石片（2015GLPT1⑦：33）　2. AbⅧ型石片（2015GLPT1⑦：53）　3. AbⅪ型石片（2015GLPT1⑦：47）
4. AcⅠ型石片（2015GLPT1⑦：85）　5. AeⅢ型石片（2015GLPT1⑦：44）　6. AcⅪ型石片（2015GLPT1⑦：80）

Ac型　2件。分别属于AcⅠ次亚型和AcⅪ次亚型。

AcⅠ型　1件。

标本2015GLPT1⑦：85，原料为灰褐色辉绿岩砾石。器身形状近三角形。打击台面为自然台面（线状台面）。打击点宽大，半锥体不显，放射线不清楚，同心波纹明显。左侧及远端边缘锋利，未见使用痕迹。右侧折断一块，形成整齐的断裂面。背面全为片疤，片疤与石片本身同向同源。长6.3cm，宽7.3cm，厚0.5cm，重17g（图四〇五，4）。

AcⅪ型　1件。

标本2015GLPT1⑦：80，原料为灰褐色辉绿岩砾石。器身形状不规则。打击台面为自然台面。打击点窄小，半锥体凸出，放射线不清楚，同心波纹微显。左右两侧边缘均有部分折断，形成断裂面。远端锋利，未见使用痕迹。背面全为片疤，不保留自然砾面，片疤与石片本身同向同源。长5.0cm，宽5.9cm，厚1.2cm，重33g（图四〇五，6）。

Ae型　1件。属于AeⅢ次亚型。

标本2015GLPT1⑦：44，原料为灰褐色辉绿岩砾石。器身形状近梯形。打击台面为人工台面

（素台面）。打击点宽大，半锥体不显，放射线不清楚，同心波纹微显。左侧边缘锋利，未见使用痕迹。右侧及远端为较平整的破裂面。背面近端有一些较大而浅平的片疤，打击方向与石片本身打击方向相同；背面其余部分保留自然砾面。长 10.4cm，宽 8.6cm，厚 3.4cm，重 307g（图四〇五，5；彩版九五，3）。

砍砸器　20 件。原料只有石片一种。岩性只有辉绿岩一种。加工方法仅见锤击法一种，以单面加工为主。单面加工的打击方向由石片背面向腹面打击。加工较为简单，加工面多为一两层片疤。片疤大多数较小且浅平，多为宽大于长。部分器身有修整的现象。刃缘大部分整齐锋利。有使用痕迹的 7 件，占该文化层出土砍砸器总数的 35%。器身形状有三角形、梯形、圆形、半圆形、长条形和不规则形六种。其中三角形 6 件，占该文化层出土砍砸器总数的 30%；梯形 3 件，占该文化层出土砍砸器总数的 15%；圆形和长条形各 1 件，各占该文化层出土砍砸器总数的 5%；半圆形 2 件，占该文化层出土砍砸器总数的 10%；不规则形 7 件，占该文化层出土砍砸器总数的 35%。器身长度最大值 20.9cm，最小值 10.2cm；宽度最大值 18.4cm，最小值 5.6cm；厚度最大值 6.7cm，最小值 2.0cm；重量最大值 2625g，最小值 164g。分别属于 A、B、C、D 型。

A 型　11 件。分别属于 Aa 亚型和 Ab 亚型。

Aa 型　3 件。分别属于 AaⅠ、AaⅦ、AaⅧ次亚型。

AaⅠ型　1 件。

标本 2015GLPT1⑦：48，原料为灰褐色辉绿岩石片。器身形状近三角形。腹面较平整，背面完全保留自然砾面。加工主要集中在石片的远端，加工方法为锤击法。沿石片远端边缘多次单面剥片，加工出一道直刃。刃缘较整齐锋利，未见使用痕迹。片疤大多较小且浅平，打击方向由石片背面向腹面打击。左侧折断一大块，形成一较整齐的破裂面，应为修整器身留下的痕迹。长 11.4cm，宽 8.9cm，厚 3.4cm，重 360g（图四〇六，1；彩版九五，4）。

AaⅦ型　1 件。

标本 2015GLPT1⑦：28，原料为灰褐色辉绿岩石片。器身形状近长条形。腹面较平，背面大部分保留自然砾面。远端折断一块，边缘钝厚。加工主要集中在右侧，加工方法为锤击法。沿右侧边缘多次单面剥片，加工出一道直刃。刃缘整齐较锋利，未见使用痕迹。片疤较小且浅平，打击方向由石片背面向腹面打击。左侧边有呈条状分布的麻点状砸击疤痕，细小崩疤分布在疤痕两面，这些崩疤应为兼作砸击石锤使用的痕迹。长 13.1cm，宽 5.6cm，厚 2.4cm，重 226g（图四〇六，2）。

AaⅧ型　1 件。

标本 2015GLPT1⑦：70，原料为灰褐色辉绿岩石片。器身形状不规则。腹面平整；背面凸起，完全保留自然砾面。加工方法为锤击法。加工主要集中在石片的远端。沿远端边缘多次单面剥片，加工出一道直刃。刃缘整齐锋利，有使用痕迹。片疤大多数较小且浅平，打击方向由石片背面向腹面打击。石片右侧有修整痕迹。长 12.6cm，宽 8.5cm，厚 3.8cm，重 499g（图四〇六，4）。

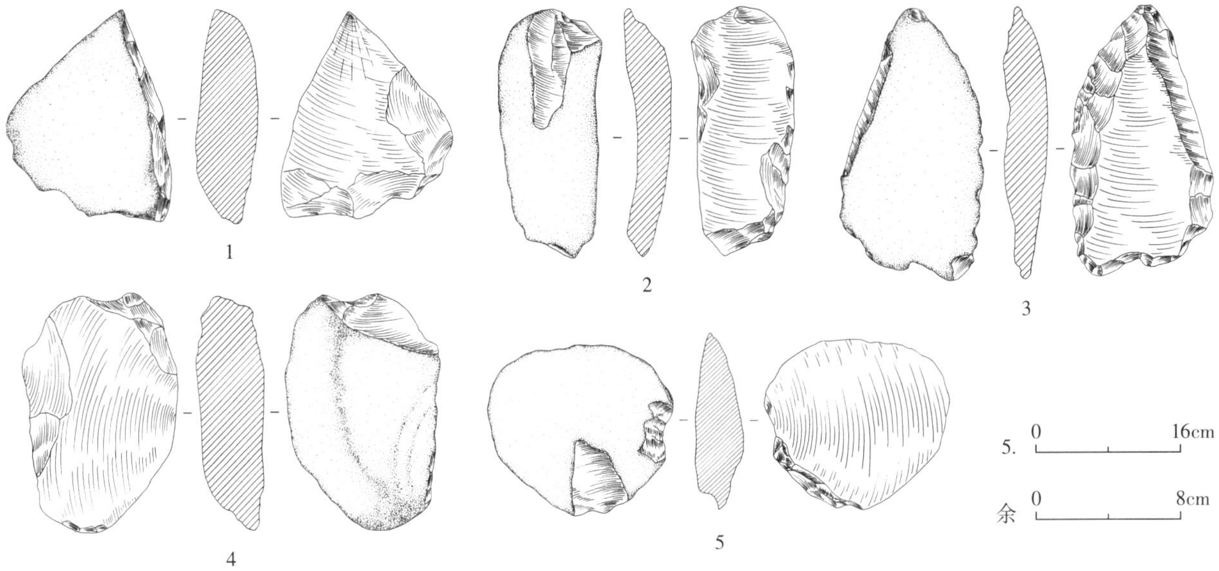

图四〇六　坡叫环遗址第四文化层石制品（五）

1. AaⅠ型砍砸器（2015GLPT1⑦：48）　2. AaⅦ型砍砸器（2015GLPT1⑦：28）　3. AbⅠ型砍砸器（2015GLPT1⑦：49）
4. AaⅧ型砍砸器（2015GLPT1⑦：70）　5. AbⅣ型砍砸器（2015GLPT1⑦：86）

Ab型　8件。分别属于AbⅠ、AbⅣ、AbⅤ、AbⅧ次亚型。

AbⅠ型　2件。

标本2015GLPT1⑦：49，原料为灰褐色辉绿岩石片。器身形状近三角形。近端较窄，远端较宽。左侧较薄，右侧较厚。加工方法为锤击法。加工主要集中在石片左侧。沿左侧边缘多次单面剥片，加工出一道弧刃。刃缘整齐锋利，未见使用痕迹。近端边缘略经修整，加工出一个舌尖。打击片疤较小且浅平，层层叠叠，打击方向由石片背面向腹面打击。右侧下半部和远端也有零星片疤，这些片疤应为修整器身留下的痕迹。长14.3cm，宽7.9cm，厚2.4cm，重322g（图四〇六，3）。

AbⅣ型　1件。

标本2015GLPT1⑦：86，原料为灰褐色辉绿岩石片。器身厚重，体形较大，形状近圆形。腹面平整，背面大部分保留自然砾面。加工方法为锤击法。加工主要集中在石片左侧。沿石片左侧上半部多次单面剥片，加工出一道弧刃。刃缘整齐锋利，有使用痕迹。片疤较小且浅平，打击方向由石片背面向腹面打击。长20.9cm，宽18.4cm，厚5.4cm，重2120g（图四〇六，5）。

AbⅤ型　2件。

标本2015GLPT1⑦：29，原料为灰褐色辉绿岩石片。器身形状近半圆形。腹面平整，背面完全保留自然砾面。加工方法为锤击法。加工主要集中在石片两侧边及远端。沿两侧边及远端多次单面剥片，加工出一道弧刃。刃缘整齐锋利，未见使用痕迹。打击片疤较小且浅平，打击方向由石片背面向腹面打击。长15.6cm，宽10.2cm，厚2.3cm，重490g（图四〇七，1；彩版九五，5）。

标本2015GLPT1⑦：87，原料为灰褐色辉绿岩石片。器身厚重，体形较大，形状近半圆形。

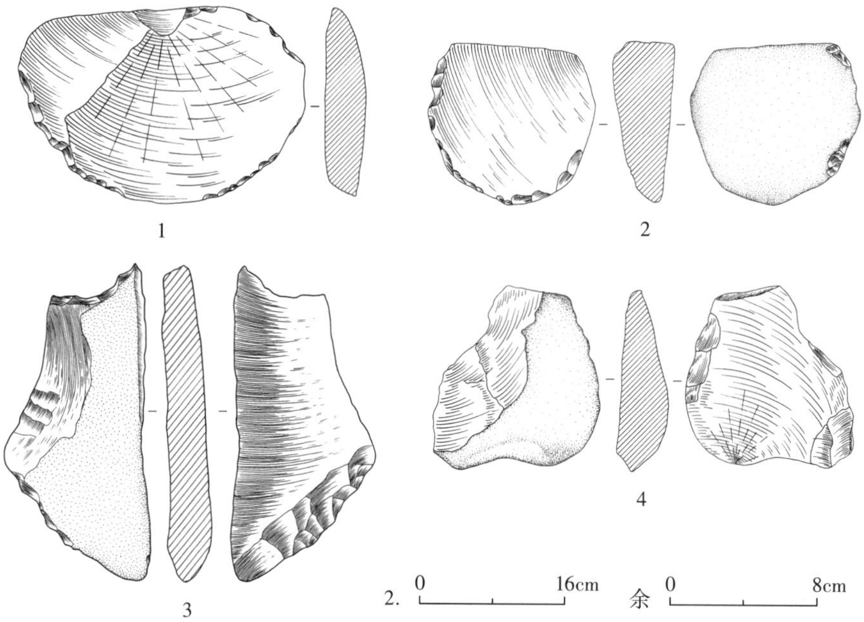

图四〇七　坡叫环遗址第四文化层石制品（六）

1、2. AbⅤ型砍砸器（2015GLPT1 ⑦：29、2015GLPT1 ⑦：87）　3、4. AbⅧ型砍砸器（2015GLPT1 ⑦：57、2015GLPT1 ⑦：103）

腹面平整，背面大部分保留自然砾面。加工方法为锤击法。加工主要集中在石片右侧下半部及远端。沿这两个部位多次单面剥片，加工出一道弧刃。刃缘较整齐锋利，有使用痕迹。片疤较小且浅平，打击方向由石片背面向腹面打击。长 18.2cm，宽 16.7cm，厚 6.7cm，重 2625g（图四〇七，2）。

AbⅧ型　3 件。

标本 2015GLPT1 ⑦：57，原料为灰褐色辉绿岩石片。器身形状不规则。腹面为较平整的节理面，背面大部分保留自然砾面。近端稍窄，已折断一块。加工主要集中在石片远端，加工方法为锤击法。沿远端多次双面剥片，加工出一道弧刃。刃缘整齐锋利，有使用痕迹。片疤较小且浅平；打击方向多由石片背面向腹面打击，少数与之相反。左侧有修整器身留下的痕迹。长 16.7cm，宽 7.8cm，厚 2.4cm，重 354g（图四〇七，3）。

标本 2015GLPT1 ⑦：103，原料为灰褐色辉绿岩石片。器身形状不规则。腹面较平，背面大部分保留自然砾面。加工方法为锤击法。加工主要集中在石片右侧。沿右侧边缘多次单面剥片，加工出一道弧刃。刃缘整齐锋利，未见使用痕迹。片疤较小且浅平，打击方向由石片背面向腹面打击。长 10.2cm，宽 9.2cm，厚 2.6cm，重 240g（图四〇七，4）。

B 型　6 件。分别属于 Bd 亚型中的 BdⅠ、BdⅢ、BdⅧ次亚型。

BdⅠ型　1 件。

标本 2015GLPT1 ⑦：45，原料为灰褐色辉绿岩石片。器身形状近三角形。腹面微凸，背面完全保留自然砾面。加工方法为锤击法。加工主要集中在石片的右侧及远端。分别沿这两个部位边缘多次单面剥片，在石片右侧加工出一道直刃，在远端加工出一道弧刃。两刃缘整齐，直刃较弧刃锋利，均有使用痕迹。直刃片疤细小且浅平，弧刃片疤较大。片疤打击方向均由石片背面向腹面打击。长13.7cm，宽8.6cm，厚2.2cm，重290g（图四〇八，1）。

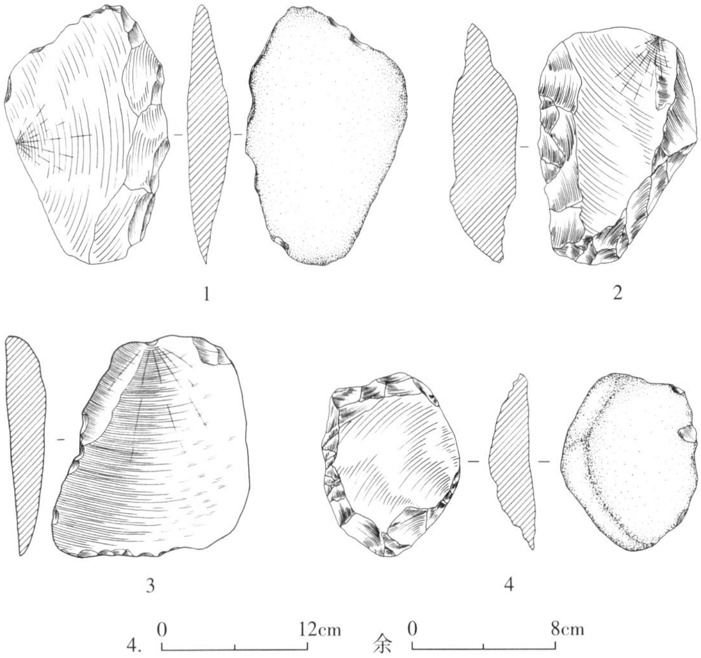

图四〇八　坡叫环遗址第四文化层石制品（七）

1. BdⅠ型砍砸器（2015GLPT1⑦：45）　2、3. BdⅢ型砍砸器（2015GLPT1⑦：78、2015GLPT1⑦：50）　4. BdⅧ型砍砸器（2015GLPT1⑦：88）

BdⅢ型　3件。

标本2015GLPT1⑦：78，原料为灰褐色辉绿岩石片。器身形状近梯形。腹面较平，背面完全保留自然砾面。加工方法为锤击法。加工主要集中在石片远端及左右两侧。分别沿这几个部位边缘多次单面剥片，在远端加工出一道弧刃，左侧加工出一道直刃。两刃缘整齐锋利，均未见使用痕迹。片疤较小且浅平，打击方向由石片背面向腹面打击，部分片疤尾部折断形成陡坎。右侧靠近近端截断一块，形成破裂面，应为修整器身留下的痕迹。长12.5cm，宽8.7cm，厚3.6cm，重459g（图四〇八，2；彩版九六，1）。

标本2015GLPT1⑦：50，原料为灰褐色辉绿岩石片。器身形状近梯形。腹面平整，背面完全保留自然砾面。加工方法为锤击法。加工主要集中在石片左侧及远端。分别沿这两个部位边缘多次单面剥片，在左侧中部至远端处加工出一道凹刃，在远端加工出一道直刃。两刃缘整齐锋利，未见使用痕迹。片疤细小且浅平，打击方向由石片背面向腹面打击。长11.5cm，宽10.7cm，厚2.2cm，重309g（图四〇八，3）。

BdⅧ型　2件。

标本2015GLPT1⑦：88，原料为灰褐色辉绿岩石片。器身形状不规则。腹面较平整，背面完全保留自然砾面。加工方法为锤击法。加工主要集中在石片右侧及近端。分别沿这两部位边缘多次单面剥片，在右侧加工出一道弧刃，在近端加工出一道直刃。两刃刃缘整齐锋利，均有使用痕迹。远端有修整器身的痕迹。片疤大多数较小且浅平，打击方向由石片背面向腹面打击。长14.5cm，宽11.4cm，厚3.5cm，重787g（图四〇八，4）。

C型　1件。属于Cb亚型中的CbⅧ次亚型。

标本2015GLPT1⑦：56，原料为灰褐色辉绿岩石片。器身形状不规则。腹面较平，背面完全保留自然砾面。加工方法为锤击法。加工主要集中在近端、远端及右侧。分别沿两端及右侧多次单面剥片，各加工出一道弧刃；三刃刃缘整齐锋利，均未见使用痕迹。右侧和远端片疤细小且浅平，近端片疤较大。片疤打击方向由石片背面向腹面打击。长 10.3cm，宽 8.1cm，厚 2.0cm，重 164g（图四〇九，1；彩版九六，2）。

D 型　2 件。属于 Db 亚型中的 Db Ⅰ次亚型。

标本 2015GLPT1 ⑦：22，原料为灰褐色辉绿岩石片。器身形状近三角形。腹面较平整，背面大部分保留自然砾面。加工方法为锤击法。加工主要集中在石片两侧及远端。分别沿这几个部位多次单面剥片，加工出一道直刃和两道弧刃。三刃刃缘整齐锋利，均未见使用痕迹。片疤大多数较小且浅平，打击方向由石片背面向腹面打击。长 13.8cm，宽 13.1cm，厚 3.2cm，重 719g（图四〇九，2；彩版九六，3）。

标本 2015GLPT1 ⑦：1，原料为灰褐色辉绿岩石片。器身形状近三角形。腹面较平整，背面完全保留自然砾面。加工方法为锤击法。加工主要集中在石片左侧、右侧上半部及近端。分别沿这几个部位多次单面剥片，各加工出一道弧刃。三刃刃缘整齐锋利，均未见使用痕迹。远端中央修出一个锐尖。片疤较小且浅平，打击方向由石片背面向腹面打击，部分片疤尾部折断形成陡坎。长 14.7cm，宽 9.6cm，厚 2.0cm，重 374g（图四〇九，3）。

刮削器　5 件。原料仅有石片一种。岩性只有辉绿岩一种。加工方法仅见锤击法，以单面加工为主，由石片背面向腹面打击。加工较为简单，加工面多为一两层片疤。片疤大多数较小且浅平，多为宽大于长。部分器身有修整的现象。刃缘大部分整齐锋利。有使用痕迹的 2 件，占该文化层出土刮削器总数的 40%。器身形状有三角形和梯形两种。其中三角形 2 件，占该文化层出土刮削器总数的 40%；梯形 3 件，占该文化层出土刮削器总数的 60%。器身长度最大值 9.8cm，最小值

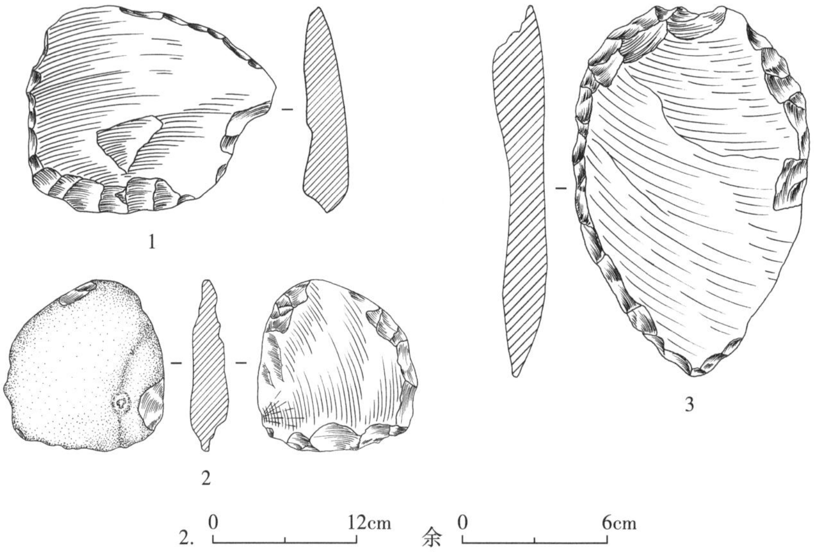

图四〇九　坡叫环遗址第四文化层石制品（八）

1. CbⅧ型砍砸器（2015GLPT1 ⑦：56）　2、3. Db Ⅰ型砍砸器（2015GLPT1 ⑦：22、2015GLPT1 ⑦：1）

6.5cm；宽度最大值7.5cm，最小值4.3cm；厚度最大值2.2cm，最小值1.1cm；重量最大值134g，最小值47g。分别属于A型中的Aa、Ab、Ac亚型。

Aa型　3件。分别属于AaⅠ次亚型和AaⅢ次亚型。

AaⅠ型　1件。

标本2015GLPT1⑦：75，原料为灰褐色辉绿岩石片。器身较小，形状近三角形。腹面较平；背面略凸，完全保留自然砾面。右侧已折断，形成一断裂面。加工方法为锤击法。加工主要集中在石片远端。沿远端多次双面剥片，加工出一道直刃。刃缘整齐锋利，未见使用痕迹。片疤细小且浅平，打击方向多由石片背面向腹面打击。长6.5cm，宽4.3cm，厚1.6cm，重47g（图四一〇，1）。

AaⅢ型　2件。

标本2015GLPT1⑦：35，原料为灰褐色辉绿岩石片。器身形状近梯形。腹面较平，背面基本保留自然砾面。加工方法为锤击法。加工主要集中在石片远端。沿远端边缘多次单面剥片，加工出一道直刃。刃缘较整齐，较钝，有使用痕迹。片疤较小且浅平，打击方向由石片背面向腹面打击。右侧截断一块，形成整齐的破裂面，应为修整器身留下的痕迹。左侧也有使用痕迹。长7.9cm，宽6.4cm，厚2.0cm，重125g（图四一〇，4）。

标本2015GLPT1⑦：61，原料为灰褐色辉绿岩石片。器身形状近梯形。腹面平整，背面大部分保留自然砾面。右侧较厚，为自然砾面。加工方法为锤击法。加工主要集中在石片左侧。沿左侧边缘多次单面剥片，加工出一道直刃。刃缘整齐锋利，未见使用痕迹。片疤细小且浅平，打击方向由石片背面向腹面打击。远端截断一截，形成破裂面，应为修整器身留下的痕迹。长8.0cm，

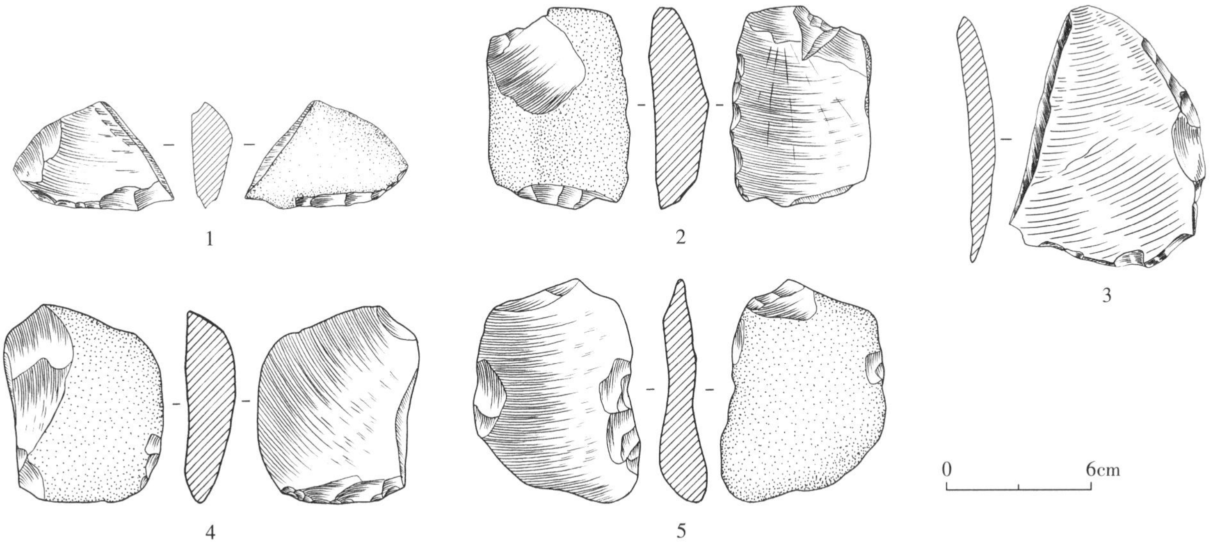

图四一〇　坡叫环遗址第四文化层石制品（九）

1. AaⅠ型刮削器（2015GLPT1⑦：75）　2、4. AaⅢ型刮削器（2015GLPT1⑦：61、2015GLPT1⑦：35）　3. AbⅠ型刮削器（2015GLPT1⑦：26）　5. AcⅢ型刮削器（2015GLPT1⑦：60）

宽 5.8cm，厚 2.2cm，重 132g（图四一〇，2；彩版九六，4）。

Ab 型　1 件。属于 AbⅠ次亚型。

标本 2015GLPT1⑦：26，原料为灰褐色辉绿岩石片。器身形状近三角形。腹面较平，背面完全保留自然砾面。加工方法为锤击法。加工主要集中在石片右侧。沿右侧边缘多次单面剥片，加工出一道弧刃。刃缘整齐锋利，未见使用痕迹。片疤细小且浅平，打击方向由石片背面向腹面打击。左侧截断一块，形成整齐的破裂面，应为修整器身留下的痕迹。长 9.8cm，宽 7.5cm，厚 1.1cm，重 114g（图四一〇，3；彩版九六，5）。

Ac 型　1 件。属于 AcⅢ次亚型。

标本 2015GLPT1⑦：60，原料为灰褐色辉绿岩石片。器身形状近梯形。腹面较平，背面大部分保留自然砾面。右侧折断一块。加工方法为锤击法。加工主要集中在石片右侧。沿右侧下半部多次单面剥片，加工出一道凹刃。刃缘较整齐锋利，有使用痕迹。片疤较小且浅平，打击方向由石片背面向腹面打击。长 8.8cm，宽 6.6cm，厚 1.8cm，重 134g（图四一〇，5；彩版九六，6）。

（3）磨制石制品

17 件。包括石斧、石锛、石凿、斧锛类半成品、斧锛类毛坯、研磨器六类。其中石斧和石锛各 1 件，各占该文化层出土磨制石制品总数的 5.88%；石凿 4 件，占该文化层出土磨制石制品总数的 23.53%；斧锛类半成品 3 件，占该文化层出土磨制石制品总数的 17.65%；斧锛类毛坯 6 件，占该文化层出土磨制石制品总数的 35.29%；研磨器 2 件，占该文化层出土磨制石制品总数的 11.77%。

石斧　1 件。为残件。属于 A 型中的 Aa 亚型。

标本 2015GLPT1⑦：5，原料为灰褐色辉绿岩砾石。器身形状近三角形。一端略窄，另一端稍宽。略窄端和两侧均未经加工。稍宽端两面均经精心磨制，形成两道光滑刃面。两刃面均向另一面倾斜，交汇处磨制出锋利的弧凸状刃口。刃口一侧已崩缺。器身其余部位保留自然砾面。长 8.7cm，宽 4.4cm，厚 1.7cm，重 96g（图四一一，1；彩版九七，1）。

石锛　1 件。为完整件。属于 A 型中的 AbⅦ次亚型。

标本 2015GLPT1⑦：3，原料为黄褐色细砂岩砾石。器身形状近长条形。一端略窄，另一端稍宽。一面平整，另一面凸起。略窄端和两侧均未经加工。稍宽端两面均经精心磨制，形成两道光滑刃面。其中一刃面较宽，磨面向另一面倾斜；另一刃面较窄，磨面稍平，中部尚可见少量打击疤痕。两刃面交汇处磨制出一道弧凸状刃口。刃缘锋利，有使用痕迹。器身其余部位保留自然砾面。长 12.1cm，宽 4.8cm，厚 2.0cm，重 170g（图四一一，2；彩版九七，2）。

石凿　4 件。包括毛坯和残件两类，每类各 2 件。原料仅有砾石一种。岩性有细砂岩和辉绿岩两种。其中辉绿岩 1 件，占该文化层出土石凿总数的 25%；细砂岩 3 件，占该文化层出土石凿总数的 75%。器身形状有长条形和不规则形两种。其中长条形 3 件，占该文化层出土石凿总数的 75%；不规则形 1 件，占该文化层出土石凿总数的 25%。器身长度最大值 12.4cm，最小值 8.3cm；

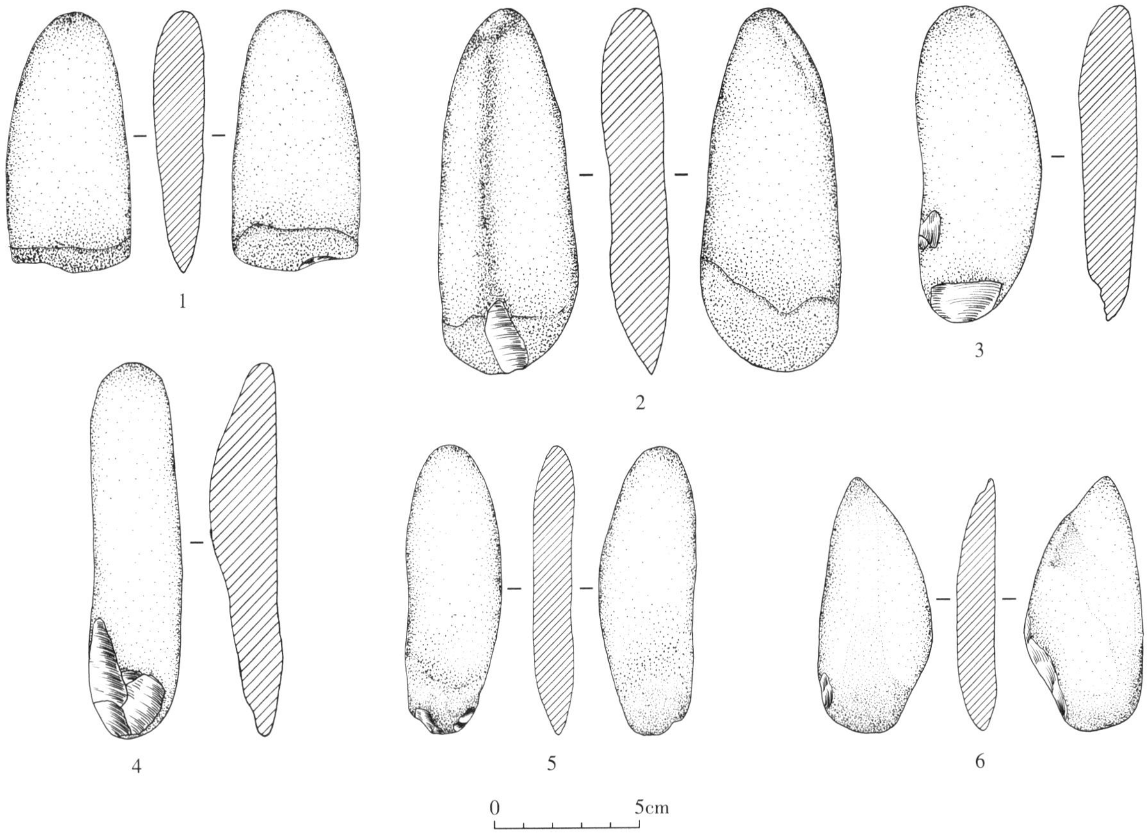

图四一一　坡叫环遗址第四文化层石制品（十）

1. Aa型石斧残件（2015GLPT1⑦：5）　2. AbⅦ型石锛（2015GLPT1⑦：3）　3、4. Bg型石凿毛坯（2015GLPT1⑦：92、2015GLPT1⑦：93）　5. Ag型石凿残件（2015GLPT1⑦：4）　6. Ah型石凿残件（2015GLPT1⑦：41）

宽度最大值4.1cm，最小值3.2cm；厚度最大值2.3cm，最小值1.3cm；重量最大值147g，最小值61g。

第一类　毛坯。2件。均属于B型中的Bg亚型。

标本2015GLPT1⑦：92，原料为黄褐色细砂岩砾石。器身形状近长条形。一端略厚，另一端稍薄。一面较平，另一面凸起。一侧较厚，略微弧凸。另一侧较薄，略微弧凹。加工方法为锤击法。较薄侧靠近稍薄端稍经单面剥片；片疤细小且浅平，打击方向由凸起面向较平面打击，未经磨制。稍薄端边缘经单面剥片，剥片次数少，边缘钝厚，不成刃；片疤较小且浅平，打击方向由凸起面向较平面打击。器身其余部位保留自然砾面。长10.5cm，宽4.1cm，厚2.0cm，重131g（图四一一，3）。

标本2015GLPT1⑦：93，原料为黄褐色细砂岩砾石。器身形状近长条形。两端略等宽。一面较平，另一面凸起。加工方法为锤击法。一端经多次单面剥片，边缘钝厚，不成刃；片疤较小且浅平。器身其余部位保留自然砾面。长12.4cm，宽3.2cm，厚2.3cm，重147g（图四一一，4；彩版九七，3）。

第二类　残件。2 件。均属于 A 型中的 Ag 亚型和 Ah 亚型。

Ag 型　1 件。

标本 2015GLPT1 ⑦：4，原料为黄褐色辉绿岩砾石。器身形状近长条形。一端较为窄厚，另一端较为宽薄。窄厚端和两侧均未经加工。宽薄端两面均经精心磨制。两刃面均向另一面倾斜，交汇处磨制出一道整齐锋利的弧凸状刃口。刃口一侧有一残断缺口，应为使用过程中崩裂所致。器身其余部位保留自然砾面。残长 9.6cm，宽 3.2cm，厚 1.4cm，重 74g（图四一一，5）。

Ah 型　1 件。

标本 2015GLPT1 ⑦：41，原料为灰色细砂岩砾石。器身形状不规则。一端呈锐尖，另一端较宽。锐尖端和两侧上半部未经加工。两侧下半部近较宽端略经单面剥片。较宽端两面均经精心磨制，形成两道光滑刃面。两刃面均向另一面倾斜，交汇处磨制出一道弧凸状刃。刃口锋利。刃口一侧有一较大的缺口，应为使用过程中崩裂所致。器身中部可见较清晰的斜线状磨制痕迹。器身其余部位保留自然砾面。残长 8.3cm，宽 4.0cm，厚 1.3cm，重 61g（图四一一，6）。

斧锛类半成品　3 件。均为完整件。原料仅有砾石一种。岩性仅有细砂岩一种。器身形状有三角形和椭圆形两种。其中三角形 1 件，占该文化层出土斧锛类半成品总数的 33.33%；椭圆形 2 件，占该文化层出土斧锛类半成品总数的 66.67%。磨制部位只见局部磨制一种，且多为磨制刃部，其他部位较少。器身长度最大值 12.2cm，最小值 9.4cm；宽度最大值 6.4cm，最小值 5.4cm；厚度最大值 2.5cm，最小值 1.8cm；重量最大值 274g，最小值 126g。分别属于 A 型中的 Aa 亚型和 Ab 亚型。

Aa 型　1 件。属于 AaⅠ次亚型。

标本 2015GLPT1 ⑦：13，原料为黄褐色细砂岩砾石。器身形状近三角形。一端略窄，另一端略宽。一面稍平，另一面稍凸。一侧较薄，另一侧较厚。较薄侧上部多次单面剥片，下半部略经单面剥片。稍厚侧则多次双面剥片。两侧缘略经磨制，仍可见较多的打制疤痕。较薄侧片疤较小且浅平。稍厚侧部分片疤较大，几乎到达器身中轴线。略宽端经多次双面剥片，加工出一道不甚整齐但锋利的平直刃缘。略宽端两面均经较多的磨制，形成两道光滑刃面。两刃面均向另一面倾斜，其中一面磨面较宽；另一面较窄。两刃面交汇处仍保留原打制出的平直刃缘。刃口尚未开始磨制。器身其余部位保留自然砾面。长 11.2cm，宽 5.7cm，厚 2.3cm，重 193g（图四一二，1；彩版九七，4）。

Ab 型　2 件，均属于 AbⅥ次亚型。

标本 2015GLPT1 ⑦：20，原料为灰色细砂岩砾石。器身形状近椭圆形。一端略窄，另一端稍宽。沿两侧边缘多次双面剥片；片疤大多较小且浅平；少数较深，部分片疤尾部折断形成陡坎；未经磨制。稍宽端经多次单面剥片，打制出一道整齐锋利的弧凸状刃缘。稍宽端两面经较多磨制，形成两道光滑刃面。其中一刃面磨制较多，另一刃面较少。两刃面均向另一面倾斜，交汇处仍保留原打制出的弧凸状刃缘。刃口已磨出一侧，但尚未磨制完成，仍保留有打制疤痕。器身其余部

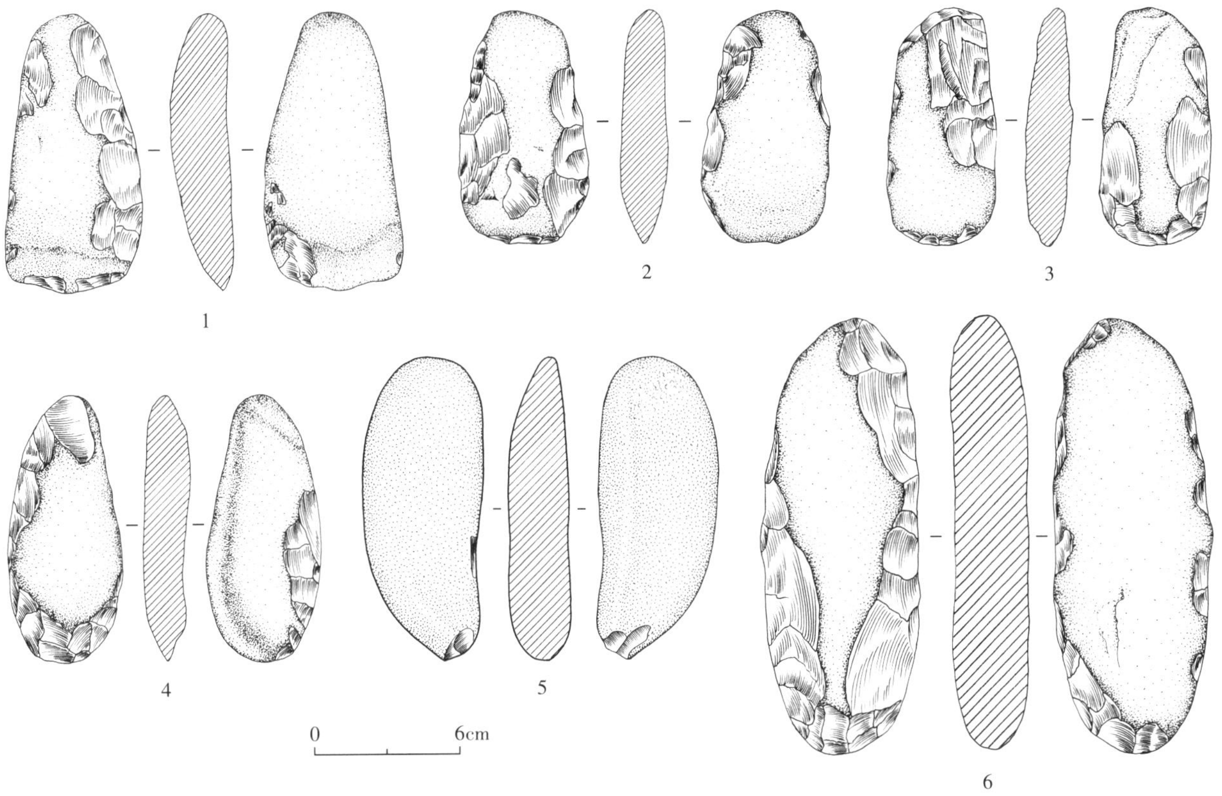

图四一二 坡叫环遗址第四文化层石制品（十一）

1. AaⅠ型斧锛类半成品（2015GLPT1⑦：13） 2. AbⅥ型斧锛类半成品（2015GLPT1⑦：20） 3、4、6. AbⅥ型斧锛类毛坯（2015GLPT1⑦：74、2015GLPT1⑦：30、2015GLPT1⑦：37） 5. Bh型斧锛类毛坯（2015GLPT1⑦：68）

位保留自然砾面。长9.4cm，宽5.4cm，厚1.8cm，重126g（图四一二，2）。

斧锛类毛坯 6件。包括完整件和残件两种。其中完整件4件，占该文化层出土斧锛类毛坯总数的66.67%；残件2件，占该文化层出土斧锛类毛坯总数的33.33%。原料仅有砾石一种。岩性有辉绿岩和细砂岩两种。每种各3件。加工方法为锤击法，分单面加工和双面加工，以双面加工为主。加工部位多在器身的端部及两侧，绝大部分或多或少保留自然砾面，未发现通体加工者。器身形状有三角形、椭圆形和不规则形三种。其中三角形1件，占该文化层出土斧锛类毛坯总数的16.67%；椭圆形3件，占该文化层出土斧锛类毛坯总数的50.00%；不规则形2件，占该文化层出土斧锛类毛坯总数的33.33%。器身长度最大值17.5cm，最小值5.4cm；宽度最大值7.1cm，最小值4.5cm；厚度最大值3.1cm，最小值1.9cm；重量最大值554g，最小值104g。

第一类 完整件。4件。分别属于A型和B型。

A型 3件。均属于Ab亚型中的AbⅥ次亚型。

标本2015GLPT1⑦：74，原料为灰褐色细砂岩砾石。器身形状近椭圆形。一端略窄，另一端稍宽。加工方法为锤击法。沿略窄端多次单面剥片；片疤较小，部分片疤遇节理面断裂形成陡坎；未经磨制。两侧经多次双面剥片；大多数片疤较小且浅平，少数较大且深，部分达到甚至越过器身中轴线；未经磨制。稍宽端经多次双面剥片，加工出一道较锋利的弧凸状刃；片疤较小较深；未经磨制。器身其余部位保留自然砾面。长 9.6cm，宽 4.5cm，厚 1.9cm，重 108g（图四一二，3；彩版九七，5）。

标本 2015GLPT1 ⑦：30，原料为黄褐色细砂岩砾石。器身形状近椭圆形。一端略窄，另一端较宽。一侧稍薄，另一侧稍厚。加工方法为锤击法。略窄端略经单面剥片；片疤较浅平；未经磨制。稍薄侧经多次双面剥片，片疤大多较小且浅平；未经磨制。较宽端两面均经剥片，加工出一道整齐的弧凸状刃，刃部边缘钝厚；其中一刃面剥片较多，片疤较小且浅平，部分片疤尾部折断形成陡坎。器身其余部位保留自然砾面。长 10.7cm，宽 4.7cm，厚 1.9cm，重 151g（图四一二，4）。

标本 2015GLPT1 ⑦：37，原料为灰褐色辉绿岩砾石。器身较长，较厚，形状近椭圆形。两端略等宽。一侧较薄，另一侧较厚。两侧均经多次双面剥片；其中一面片疤大多较小且浅平；另一面片疤较大，几乎到达器身中轴线；未经磨制。一端经多次双面剥片，加工出一道整齐但不锋利的弧凸状刃，刃口边缘钝厚。该端片疤较小且浅平；未经磨制。器身其余部位保留自然砾面。长 17.5cm，宽 6.7cm，厚 3.1cm，重 554g（图四一二，6）。

B 型　1 件。属于 Bh 亚型。

标本 2015GLPT1 ⑦：68，原料为黄褐色细砂岩砾石。器身形状不规则。一端稍窄，另一端稍宽。一侧稍厚，另一侧稍薄。加工方法为锤击法。在稍窄端双面剥片，剥片较少；片疤较小且浅平，边缘钝厚不成刃；未经磨制。在稍宽端中上部有一近椭圆形的麻点状坑疤，应为兼作砸击石锤留下的痕迹。器身其余部位保留自然砾面。长 12.1cm，宽 4.9cm，厚 2.4cm，重 240g（图四一二，5；彩版九八，1）。

第二类　残件。2 件。均属于 B 型，分别属于 Ba 亚型和 Bh 亚型。

Ba 型　1 件。

标本 2015GLPT1 ⑦：72，原料为灰褐色辉绿岩砾石。器身形状近三角形。一端略窄，另一端较宽。一侧稍薄，另一侧稍厚。加工方法为锤击法。在稍厚侧多次双面剥片；片疤大多较小且浅平，少数较大，已越过器身中轴线；未经磨制。较宽一端已折断，形成整齐的断裂面。器身其余部位保留自然砾面。残长 5.4cm，宽 5.5cm，厚 2.5cm，重 104g（图四一三，1）。

Bh 型　1 件。

标本 2015GLPT1 ⑦：82，原料为灰褐色辉绿岩砾石。器身形状不规则。一端稍窄，另一端稍宽。加工方法为锤击法。稍窄端和一侧近稍宽端略经单面剥片；片疤较小且浅平；未经磨制。稍宽端已折断，形成整齐的断裂面。器身其余部位保留自然砾面。残长 16.2cm，宽 7.1cm，厚 2.7cm，重 448g（图四一三，2）。

研磨器　2 件。包括成品和毛坯两类，每类各 1 件。原料仅见砾石一种。岩性均为细砂岩。器身形状有扁柱状和方柱状两种，每种形状各 1 件。有兼作石锤和磨石使用的现象。

第一类　成品。1 件。属于 A 型中的 AbⅡ次亚型。

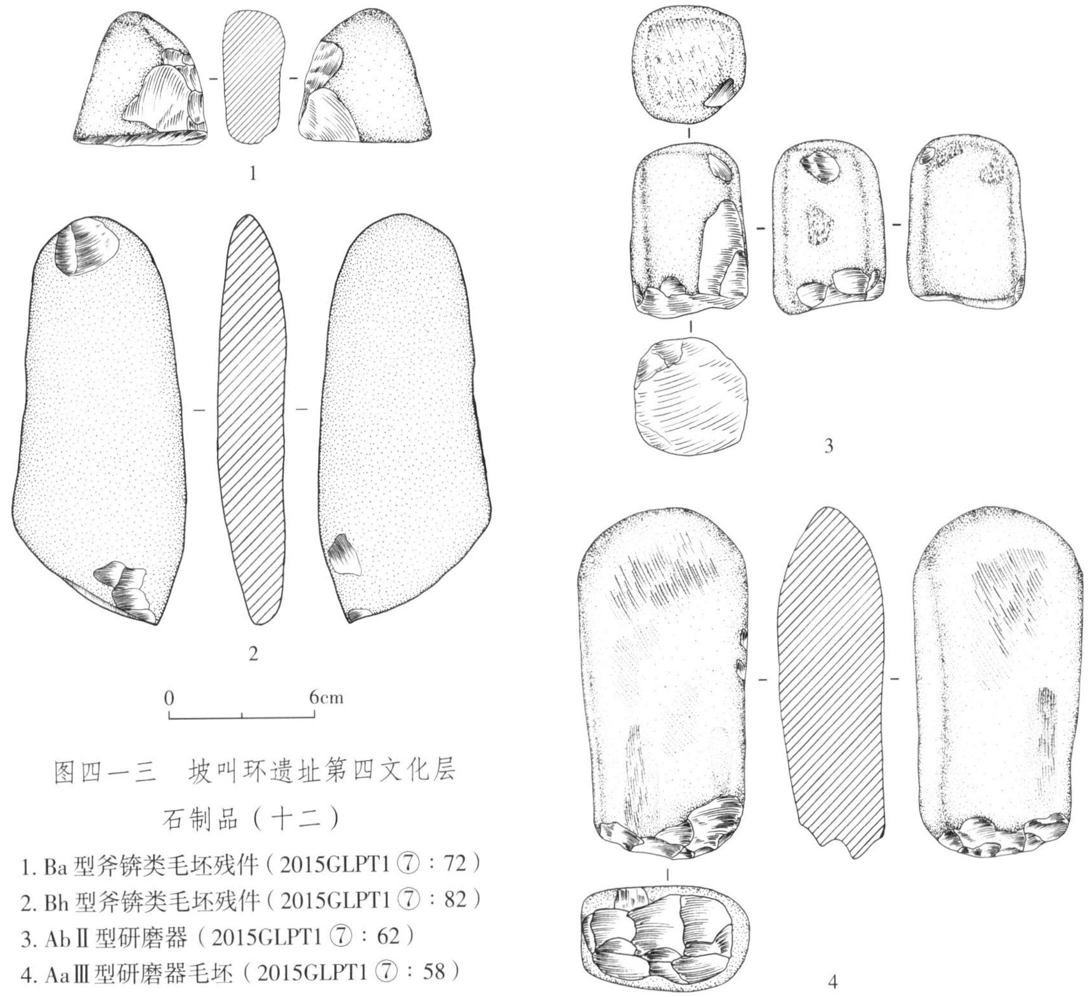

图四一三　坡叫环遗址第四文化层石制品（十二）

1. Ba 型斧锛类毛坯残件（2015GLPT1 ⑦：72）
2. Bh 型斧锛类毛坯残件（2015GLPT1 ⑦：82）
3. AbⅡ型研磨器（2015GLPT1 ⑦：62）
4. AaⅢ型研磨器毛坯（2015GLPT1 ⑦：58）

标本 2015GLPT1 ⑦：62，原料为灰褐色细砂岩砾石。器身形状呈方柱状。一端稍宽，另一端稍窄。先选择较长的砾石，以一侧棱为台面将砾石截取一段，截面稍平整，近圆形。四周可见较多以截断面为台面剥出的片疤，片疤多较小且浅平，应为修整器身留下的痕迹。以稍窄端作为研磨面，研磨面呈方形，略微弧凸，外表光滑。稍窄端与四侧面交汇处，以及其中一侧面的中部散布有麻点状坑疤，应是作为砸击石锤使用留下的痕迹。长 6.9cm，宽 4.8cm，厚 4.6cm，重 270g（图四一三，3；彩版九八，2）。

第二类　毛坯。1 件。属于 A 型中的 AaⅢ次亚型。

标本 2015GLPT1 ⑦：58，原料为褐色细砂岩砾石。器身形状呈扁柱状。一端稍宽，另一端稍窄。两面均较平整。加工主要集中在稍窄端。以其中一面为台面，多次单面剥片，片疤层层叠叠。以破裂面为研磨面，研磨面近长方形，未经磨制。另一端的两面均有磨痕，应为兼作磨石留下的痕迹。器身其余部位保留自然砾面。长 13.9cm，宽 7.0cm，厚 4.3cm，重 731g（图四一三，4）。

2. 蚌器

14 件。其中蚌勺 13 件，占该文化层出土蚌器总数的 92.85%；穿孔蚌器 1 件，占该文化层出土蚌器总数的 7.15%。

蚌勺 13 件。可分为完整件和残件两大类。其中完整件 10 件，占该文化层出土蚌勺总数的 76.92%；残件有 3 件，占该文化层出土蚌勺总数的 23.08%。

第一类 完整件。10 件。分别属于 A、B、C 型。

A 型 7 件。分别属于 Aa、Ab、Ac 亚型。

Aa 型 2 件。均属于 AaⅠ次亚型。

标本 2015GLPT1⑦：6，平面近三角形。先将蚌壳的头部和尾部去掉，留下腹部及边缘较厚部分，然后再进行进一步加工。以宽薄端为勺口，窄厚端为柄。柄顶端为尖顶。两侧边钝厚，靠近勺口处弧收。一侧边略微弧凹，另一侧边近斜直。通体磨制，表面光滑。长 10.0cm，宽 4.7cm，厚 1.1cm（图四一四，1；彩版九八，3）。

标本 2015GLPT1⑦：17，平面近三角形。先将蚌壳的头部和尾部去掉，留下腹部及边缘较厚部分，然后再进行进一步加工。以宽薄端为勺口，窄厚端为柄。柄顶端为尖顶。两侧边钝厚，靠近勺口弧收。一侧边弧凹，另一侧边斜直。通体磨制，表面较光滑。长 9.0cm，宽 4.3cm，厚 1.1cm（图四一四，2）。

Ab 型 2 件。均属于 AbⅢ次亚型。

标本 2015GLPT1⑦：18，平面近梯形。先将蚌壳的头部和尾部去掉，留下腹部及边缘较厚部分，然后再进行进一步加工。以宽薄端为勺口，窄厚端为柄。柄顶端呈平直。两侧边钝厚，斜直。一侧边靠近勺口处残缺，另一侧边靠近勺口处弧收。勺口一侧残缺，中部有一崩缺口。通体磨制，

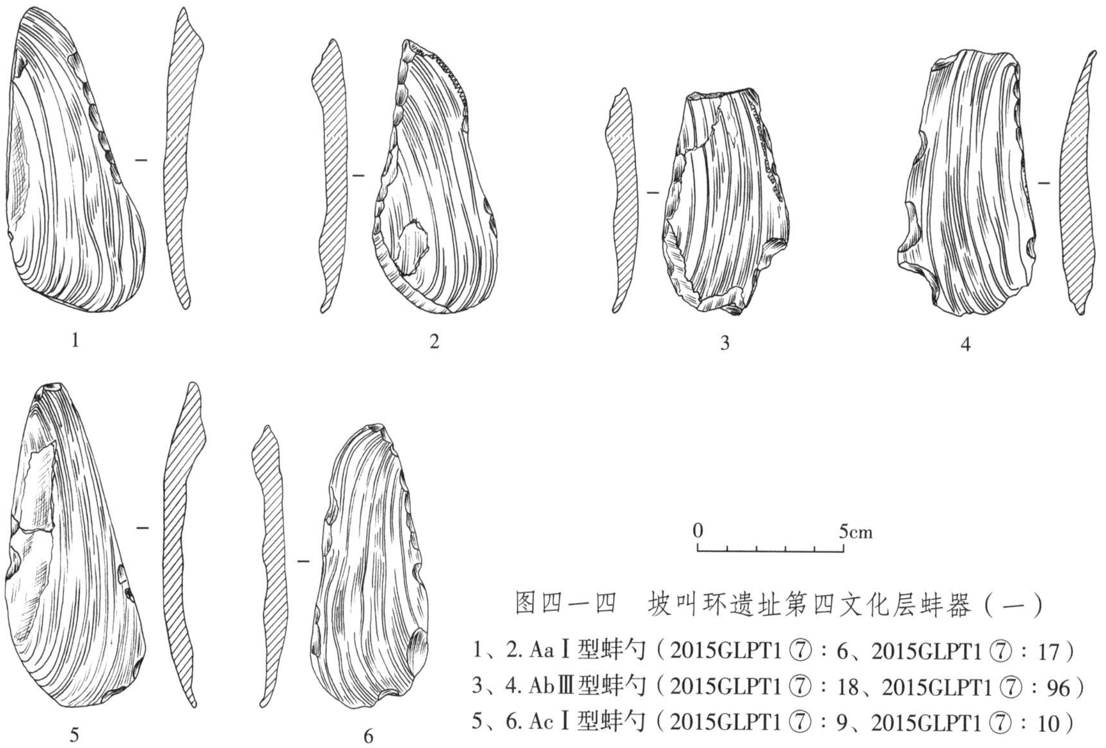

图四一四 坡叫环遗址第四文化层蚌器（一）

1、2. AaⅠ型蚌勺（2015GLPT1⑦：6、2015GLPT1⑦：17）
3、4. AbⅢ型蚌勺（2015GLPT1⑦：18、2015GLPT1⑦：96）
5、6. AcⅠ型蚌勺（2015GLPT1⑦：9、2015GLPT1⑦：10）

表面较光滑。长 7.6cm，宽 4.2cm，厚 0.9cm（图四一四，3）。

标本 2015GLPT1 ⑦：96，平面近梯形。先将蚌壳的头部和尾部去掉，留下腹部及边缘较厚部分，然后再进行进一步加工。以宽薄端为勺口，窄厚端为柄。柄顶端近平直。两侧边钝厚，斜直，对称。一侧边靠近勺口处有小崩缺，另一侧边靠中部及近勺口处各有一个较大缺口，弧收。通体磨制，表面较光滑。长 8.8cm，宽 4.7cm，厚 1.0cm（图四一四，4；彩版九八，4）。

Ac 型　3 件。均属于 Ac Ⅰ次亚型。

标本 2015GLPT1 ⑦：9，平面近三角形。先将蚌壳的头部和尾部去掉，留下腹部及边缘较厚部分，然后再进行进一步加工。以宽薄端为勺口，窄厚端为柄。柄顶端呈弧形。两侧边钝厚，斜直，对称，靠近勺口处弧收。一侧边中部有崩缺。勺口一侧有小崩缺。通体磨制，表面光滑。长 10.7cm，宽 4.5cm，厚 1.2cm（图四一四，5）。

标本 2015GLPT1 ⑦：10，平面近三角形。先将蚌壳的头部和尾部去掉，留下腹部及边缘较厚部分，然后再进行进一步加工。以宽薄端为勺口，窄厚端为柄。柄顶端呈弧形。两侧边钝厚，斜直，对称，靠近勺口处弧收。两侧边均留有打制疤痕。勺口一侧有一崩缺口。通体磨制，表面光滑。长 9.3cm，宽 4.1cm，厚 0.9cm（图四一四，6；彩版九八，5）。

标本 2015GLPT1 ⑦：95，平面近三角形。先将蚌壳的头部和尾部去掉，留下腹部及边缘较厚部分，然后再进行进一步加工。以宽薄端为勺口，窄厚端为柄。柄顶端呈弧形。两侧边钝厚，斜直，对称。一侧边中部有一半圆形缺口，靠近勺口处弧收。另一侧边靠近勺口处已崩缺。勺口中部及一侧均有崩缺。通体磨制，表面光滑。长 9.9cm，宽 3.7cm，厚 0.9cm（图四一五，1）。

B 型　1 件。属于 Ba Ⅰ次亚型。

标本 2015GLPT1 ⑦：16，平面近三角形。先将蚌壳的头部和尾部去掉，留下腹部及边缘较

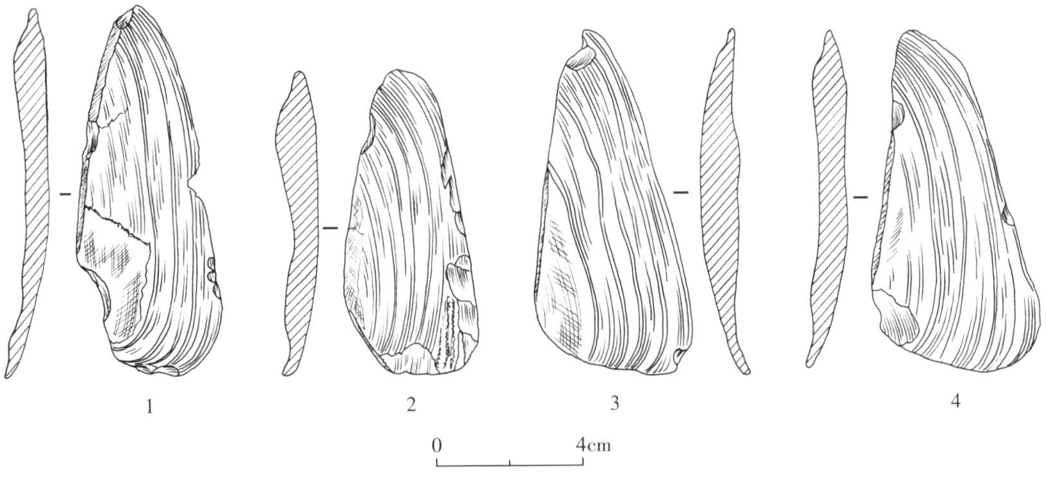

图四一五　坡叫环遗址第四文化层蚌器（二）

1. Ac Ⅰ型蚌勺（2015GLPT1 ⑦：95）　2. Ba Ⅰ型蚌勺（2015GLPT1 ⑦：16）　3、4. Ca Ⅰ型蚌勺（2015GLPT1 ⑦：2、2015GLPT1 ⑦：7）

厚部分，然后再进行进一步加工。以宽薄端为勺口，窄厚端为柄。柄顶端呈尖顶。两侧边钝厚，斜直，对称，靠近勺口处弧收。一侧边靠近柄端处尚留有打制疤痕。勺口平直，一侧有一小崩缺。通体磨制，表面光滑。长 8.0cm，宽 3.5cm，厚 1.1cm（图四一五，2；彩版九八，6）。

C 型　2 件。均属于 Ca Ⅰ 次亚型。

标本 2015GLPT1 ⑦：2，平面近三角形。先将蚌壳的头部和尾部去掉，留下腹部及边缘较厚部分，然后再进行进一步加工。以宽薄端为勺口，窄厚端为柄。柄顶端呈尖顶，有一崩掉的缺口。两侧边钝厚，斜直，对称，靠近勺口处弧收。一侧边略长，一侧边略短。勺口斜直，有崩疤。通体磨制，表面光滑。长 9.0cm，宽 4.2cm，厚 1.0cm（图四一五，3）。

标本 2015GLPT1 ⑦：7，平面近三角形。先将蚌壳的头部和尾部去掉，留下腹部及边缘较厚部分，然后再进行进一步加工。以较宽薄端为勺口，窄厚端为柄。柄顶端呈尖顶。两侧边钝厚，斜直，对称，靠近勺口处弧收。一侧边略长，一侧边略短；短侧边近勺口处有一崩缺口，靠近柄端处尚留有打制疤痕。勺口斜直。通体磨制，表面光滑。长 9.0cm，宽 4.6cm，厚 0.9cm（图四一五，4）。

第二类　残件。3 件。均属于 B 型，分别属于 Ba 亚型和 Bb 亚型。

Ba 型　2 件。均属于 Ba Ⅰ 次亚型。

标本 2015GLPT1 ⑦：8，平面近三角形。先将蚌壳的头部和尾部去掉，留下腹部及边缘较厚部分，然后再进行进一步加工。勺口已残断。柄顶端呈尖顶，尚有打制疤痕。两侧边钝厚。一侧边中部以上略斜直，中部以下竖直；另一侧边略斜直，微弧。通体磨制，表面光滑。长 14.5cm，宽 4.9cm，厚 1.2cm（图四一六，1）。

标本 2015GLPT1 ⑦：12，平面近三角形。先将蚌壳的头部和尾部去掉，留下腹部及边缘较

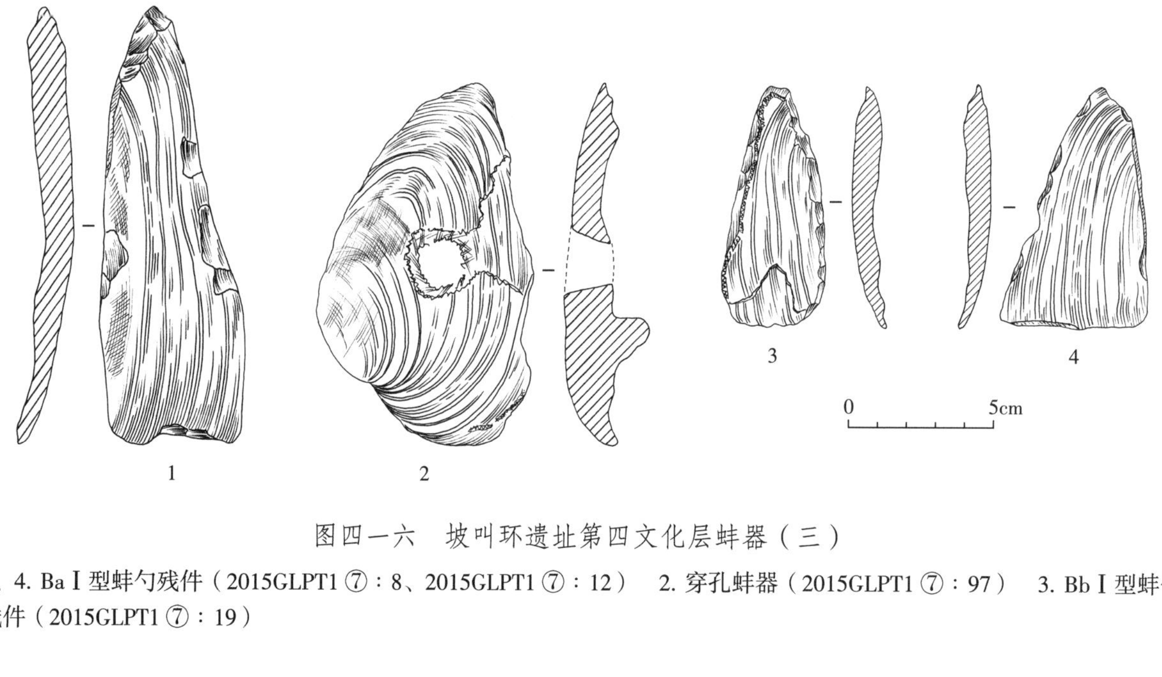

图四一六　坡叫环遗址第四文化层蚌器（三）

1、4. Ba Ⅰ 型蚌勺残件（2015GLPT1 ⑦：8、2015GLPT1 ⑦：12）　2. 穿孔蚌器（2015GLPT1 ⑦：97）　3. Bb Ⅰ 型蚌勺残件（2015GLPT1 ⑦：19）

厚部分，然后再进行进一步加工。勺口已残断。柄顶端呈尖顶。两侧边钝厚，斜直，对称。一侧边中部有一弧形缺口。通体磨制，表面光滑。长 8.0cm，宽 4.9cm，厚 0.7cm（图四一六，4）。

Bb 型　1 件。属于 Bb Ⅰ次亚型。

标本 2015GLPT1 ⑦：19，平面近三角形。先将蚌壳的头部和尾部去掉，留下腹部及边缘较厚部分，然后再进行进一步加工，勺口已残断。柄顶端近平直。两侧边钝厚。一侧边略微弧凸，另一侧边斜直。通体磨制，表面较光滑。长 7.9cm，宽 3.5cm，厚 1.0cm（图四一六，3）。

穿孔蚌器　1 件。

标本 2015GLPT1 ⑦：97，原料为一完整的厚蚌壳。加工简单，在蚌壳的腹部中间打制出一个较大的圆形孔，圆孔未经磨制。较薄边缘有较多崩缺。器身其余部分未见人工加工痕迹。长 12.0cm，宽 7.5cm，厚 2.9cm，孔径 1.6cm（图四一六，2；彩版九九，1）。

（五）第五文化层文化遗物

329 件。包括石制品和蚌器两大类。

1. 石制品

256 件。包括加工工具、打制石制品和磨制石制品三类。其中加工工具 20 件，占该文化层出土石制品总数的 7.81%；打制石制品 164 件，占该文化层出土石制品总数的 64.06%；磨制石制品 72 件，占该文化层出土石制品总数的 28.13%。

（1）加工工具

20 件。包括石锤、石片石锤、砺石和窄槽砺石四类。其中石锤 4 件，占该文化层出土加工工具总数的 20%；石片石锤 6 件，占该文化层出土加工工具总数的 30%；砺石 1 件，占该文化层出土加工工具总数的 5%；窄槽砺石 9 件，占该文化层出土加工工具总数的 45%。

石锤　4 件。原料均为砾石。岩性均为细砂岩。器身形状有方柱状和椭圆柱状两种。其中方柱状 3 件，占该文化层出土石锤总数的 75%；椭圆柱状 1 件，占该文化层出土石锤总数的 25%。器身长度最大值 15.0cm，最小值 8.5cm；宽度最大值 6.5cm，最小值 5.4cm；厚度最大值 7.6cm，最小值 2.5cm；重量最大值 1163g，最小值 157g。有兼用现象。分别属于 B 型中的 Ba、Bb、Bc 亚型。

Ba 型　1 件。属于 Ba Ⅱ次亚型。

标本 2015GLPT1 ⑨：11，原料为黄褐色砂岩砾石。器身形状近方柱状。一端较窄，另一端较宽。较宽端端面有较多粗麻点状砸击疤痕。疤痕两侧均有较多崩疤，其中一侧崩疤较大且深，另一侧的相对较小。长 15.0cm，宽 6.5cm，厚 7.6cm，重 1163g（图四一七，1）。

Bb 型　1 件。属于 Bb Ⅱ次亚型。

标本 2015GLPT1 ⑨：80，原料为细砂岩砾石。器身形状近方柱状。一端稍圆，另一端平整。器身的两条侧边各有一处砸击疤痕。其中一侧边靠近平整端有一绿豆状的砸击坑疤，另一侧边中部有一细麻点状的砸击坑疤。长 9.9cm，宽 5.5cm，厚 5.3cm，重 550g（图四一七，2）。

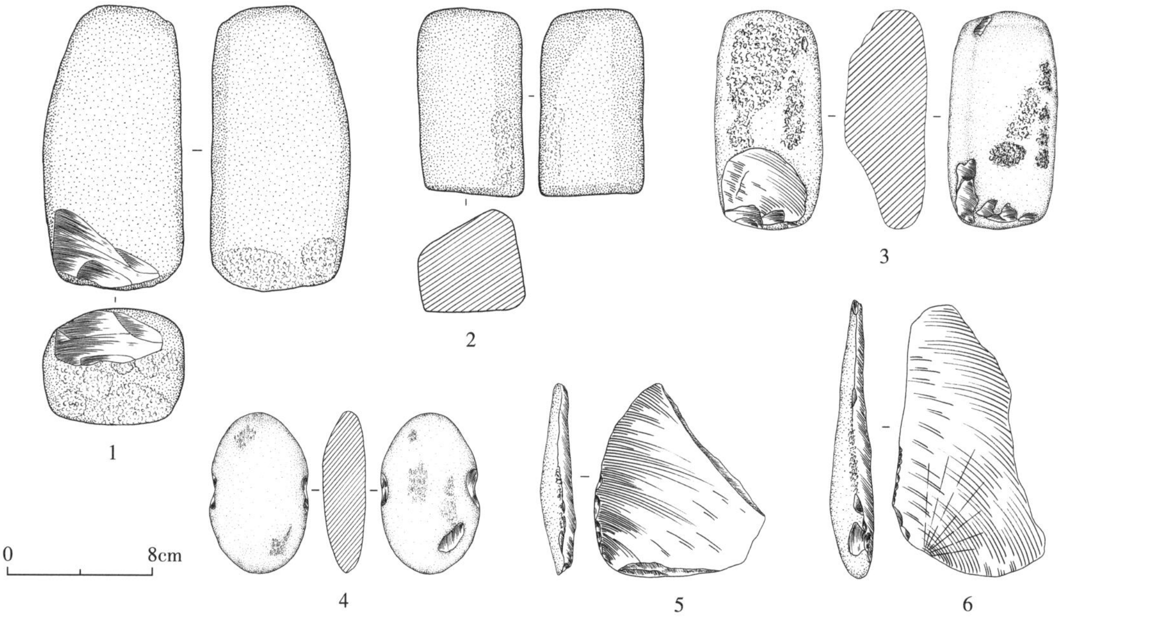

图四一七　坡叫环遗址第五文化层石制品（一）

1. BaⅡ型石锤（2015GLPT1⑨：11）　2. BbⅡ型石锤（2015GLPT1⑨：80）　3. BcⅡ型石锤（2015GLPT1⑩：20）
4. BcⅤ型石锤（2015GLPT2⑧：21）　5. Aa型石片石锤（2015GLPT2⑧：13）　6. Ai型石片石锤（2015GLPT1⑨：56）

Bc型　2件。分别属于BcⅡ次亚型和BcⅤ次亚型。

BcⅡ型　1件。

标本2015GLPT1⑩：20，原料为灰色细砂岩砾石。器身形状近方柱状。一端略窄，另一端稍宽。器身两端端面均有较多细麻点状的疤痕。疤痕的周边有较多的崩疤；其中稍宽端的崩疤多数较大且深，略窄端的崩疤较小。器身的一面布满绿豆状坑疤，部分坑疤被两端的崩疤所破坏。另一面与一侧的交汇处也有少量麻点状坑疤。这些疤痕应为砸击疤痕。长11.6cm，宽5.8cm，厚4.4cm，重486g（图四一七，3）。

BcⅤ型　1件。

标本2015GLPT2⑧：21，原料为黄褐色细砂岩砾石。器身形状近椭圆柱状。器身的一面有近椭圆形分布的细麻点状坑疤，另一面则散布有细麻点状坑疤。器身两侧的中部各有一呈圆窝状的砸击疤痕；其中一侧的疤痕略深，另一侧略浅。长8.5cm，宽5.4cm，厚2.5cm，重157g（图四一七，4）。

石片石锤　6件。原料均为石片。岩性均为辉绿岩。器身形状有三角形、长条形和不规则形三种。其中三角形和长条形各1件，各占该文化层出土石片石锤总数的16.67%；不规则形4件，占该文化层出土石片石锤总数的66.66%。包括单边和双边两种。其中单边5件，占该文化层出土石片石锤总数的83.33%；双边1件，占该文化层出土石片石锤总数的16.67%。器身长度最大值14.5cm，最小值8.1cm；宽度最大值9.2cm，最小值4.5cm；厚度最大值3.3cm，最小值1.7cm；重量最大值 259g，最小值 109g。分别属于 A 型和 B 型。

A 型　5 件。分别属于 Aa 亚型和 Ai 亚型。

Aa 型　1 件。

标本 2015GLPT2 ⑧：13，原料为灰黑色辉绿岩石片。器身形状近三角形。石片右侧边上部有一道呈条状分布的细麻点状砸击疤痕，疤痕两侧有细小的崩疤。原来锋利的边缘经使用后变得较为圆钝。长 10.2cm，宽 9.2cm，厚 1.9cm，重 188g（图四一七，5）。

Ai 型　4 件。

标本 2015GLPT1 ⑨：56，原料为灰褐色辉绿岩石片。器身形状不规则。石片右侧边上部有一道呈条状分布的细麻点状砸击疤痕，疤痕两侧有细小的崩疤。原来锋利的边缘经使用后变得较为圆钝。长 14.5cm，宽 8.5cm，厚 2.3cm，重 259g（图四一七，6）。

B 型　1 件。属于 Bh 亚型。

标本 2015GLPT2 ⑦：25，原料为灰褐色辉绿岩石片。器身形状近长条形。石片左侧中部和右侧上部各有一道呈条状分布的细麻点状砸击疤痕。两处疤痕均较圆钝，疤痕两侧有细小的崩疤。长 10.6cm，宽 6.1cm，厚 2.4cm，重 166g（图四一八，1）。

砺石　1 件。属于 A 型中的 AbⅧ次亚型。

标本 2015GLPT2 ⑧：1，原料为黄褐色细砂岩岩块。器身形状不规则。器身有部分残缺。其中一面有一道近椭圆形的弧凹状磨痕。磨痕几乎覆盖了整面，光滑且较深。长 15.1cm，宽

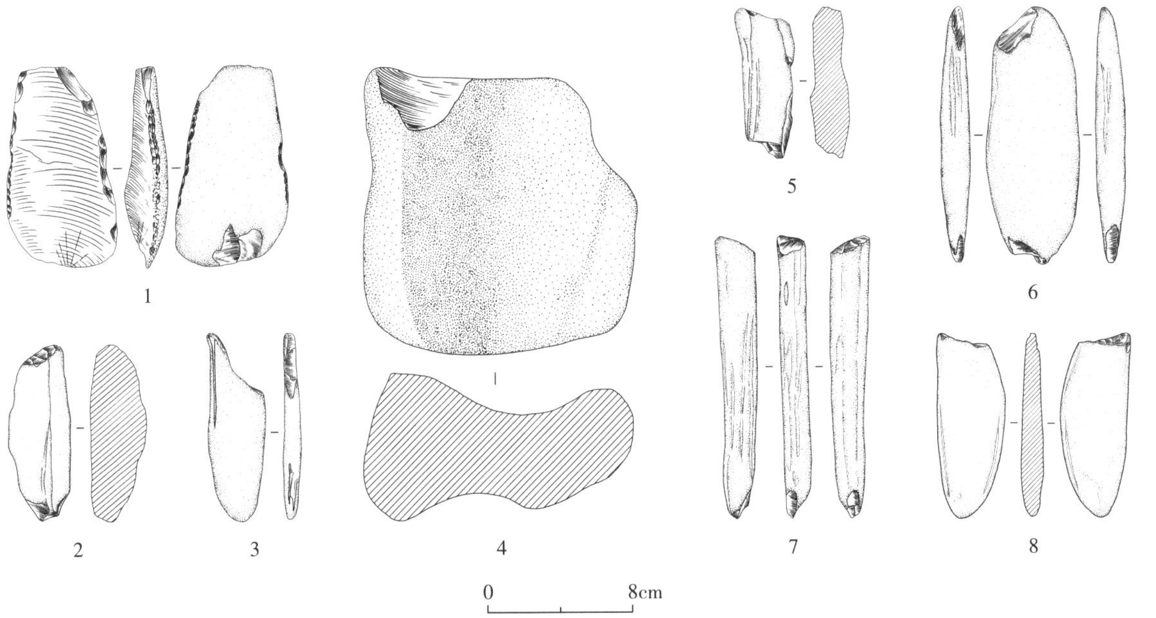

图四一八　坡叫环遗址第五文化层石制品（二）

1. Bh 型石片石锤（2015GLPT2 ⑦：25）　2、5. AbⅧ型窄槽砺石（2015GLPT1 ⑧：32、2015GLPT1 ⑧：34）　3、6. BbⅧ型窄槽砺石（2015GLPT1 ⑧：30、2015GLPT1 ⑨：25）　4. AbⅧ型砺石（2015GLPT2 ⑧：1）　7. CbⅦ型窄槽砺石（2015GLPT2 ⑦：53）　8. CbⅧ型窄槽砺石（2015GLPT1 ⑧：26）

14.9cm，厚 7.8cm，重 1920g（图四一八，4）。

窄槽砺石 9 件。原料只有岩块一种。岩性仅有泥岩一种。使用痕迹主要集中在器身的侧部。器身形状有长条形和不规则形两种。其中长条形 1 件，占该文化层出土窄槽砺石总数的 11.11%；不规则形 8 件，占该文化层出土窄槽砺石总数的 88.89%。器身长度最大值 14.8cm，最小值 6.3cm；宽度最大值 5.1cm，最小值 2.1cm；厚度最大值 3.1cm，最小值 0.9cm；重量最大值 154g，最小值 38g。分别属于 A、B、C 型。

A 型 4 件。均属于 Ab 亚型中的 AbⅧ次亚型。

标本 2015GLPT1 ⑧ : 34，原料为深灰色泥岩岩块。器身形状不规则。一端稍窄，另一端稍宽。一侧略厚，另一侧略薄。一面较平整，另一面略凹。在较平整面与略薄侧的交汇处有一磨痕。磨痕狭长，两侧深凹，中部凸起，断面近弓形。长 7.3cm，宽 3.0cm，厚 2.0cm，重 58g（图四一八，5）。

标本 2015GLPT1 ⑧ : 32，原料为深灰色泥岩岩块。器身形状不规则。一面内凹，另一面呈一纵脊。纵脊中部有一磨痕。磨痕两侧略深，中部凸起，断面呈弓形。长 9.2cm，宽 3.4cm，厚 3.1cm，重 68g（图四一八，2）。

B 型 3 件。均属于 Bb 亚型中的 BbⅧ次亚型。

标本 2015GLPT1 ⑧ : 30，原料为深灰色泥岩岩块。器身形状不规则。一端稍窄，另一端略宽，边缘折断一块。一侧较长，另一侧较短。两侧各有一磨痕。磨痕中部凸起，断面呈弓形。长 9.9cm，宽 3.1cm，厚 0.9cm，重 38g（图四一八，3）。

标本 2015GLPT1 ⑨ : 25，原料为深灰色泥岩岩块。器身形状不规则。两端均折断一小块。一端稍宽，另一端略窄。一侧稍薄，另一侧略厚。在稍薄侧靠近稍宽端和略厚侧的中部各有一道磨痕。磨痕两侧深凹，中部凸起，断面近弓形。长 13.5cm，宽 5.1cm，厚 1.6cm，重 154g（图四一八，6）。

C 型 2 件。分别属于 Cb 亚型中的 CbⅦ次亚型和 CbⅧ次亚型。

CbⅦ型 1 件。

标本 2015GLPT2 ⑦ : 53，原料为深灰色泥岩岩块。器身形状近长条形。一端稍窄，另一端稍宽。一侧较平整，另一侧较弧凸。两侧与两面的交汇处各有一道磨痕。磨痕均为两侧深凹，中部凸起，断面近弓形。长 14.8cm，宽 2.1cm，厚 1.5cm，重 79g（图四一八，7）。

CbⅧ型 1 件。

标本 2015GLPT1 ⑧ : 26，原料为灰褐色泥岩岩块。器身形状不规则。一端稍窄，另一端稍宽，边缘折断一块，形成断裂面。一侧较直，另一侧弧凸。较直侧有一磨痕；该磨痕一端略深，另一端较浅。弧凸侧靠近两端各有一道磨痕。靠近稍窄端的磨痕较明显；靠近稍宽端的磨痕一端较长且深，另一端较短且浅。这些磨痕均为两侧深凹，中部凸起，断面近弓形。长 9.6cm，宽 3.8cm，厚 1.2cm，重 59g（图四一八，8）。

（2）打制石制品

164 件。包括石核、石片、砍砸器、刮削器和尖状器五类。其中石核 1 件，占该文化层出土打制石制品总数的 0.61%；石片 65 件，占该文化层出土打制石制品总数的 39.63%；砍砸器 62 件，占该文化层出土打制石制品总数的 37.81%；刮削器 34 件，占该文化层出土打制石制品总数的 20.73%；尖状器 2 件，占该文化层出土打制石制品总数的 1.22%。

石核　1 件。属于 A 型中的 Af 亚型。

标本 2015GLPT2⑥：57，原料为黄白色石英砾石。器身形状近椭圆形。一端稍窄，另一端稍宽。打击台面为自然台面。以略窄一端为台面剥下一块石片；片疤较大，较深。器身其余部位保留自然砾面。长 6.9cm，宽 5.2cm，厚 3.0cm，重 137g（图四一九，1；彩版九九，2）。

石片　65 件。岩性只有辉绿岩一种。打击台面有自然台面和人工台面两种。其中自然台面 60 件，占该文化层出土石片总数的 92.31%；人工台面 5 件，占该文化层出土石片总数的 7.69%。打击点清楚。半锥体微显的 1 件，占该文化层出土石片总数的 1.54%，半锥体不显的 64 件，占该文化层出土石片总数的 98.46%。石片宽大于长者 30 件，占该文化层出土石片总数的 46.15%。大多数石片背面或多或少保留有自然砾面。石片的边缘大多数锋利。有使用痕迹者 15 件，占该文化层出土石片总数的 23.08%。打片方法仅有锤击法一种。器身形状有三角形、四边形、梯形、圆形、椭圆形、扇贝形、长条形、心形和不规则形九种。其中三角形 10 件，占该文化层出土石片总数的 15.38%；四边形和圆形各 1 件，各占该文化层出土石片总数的 1.54%；梯形 6 件，占该文化层

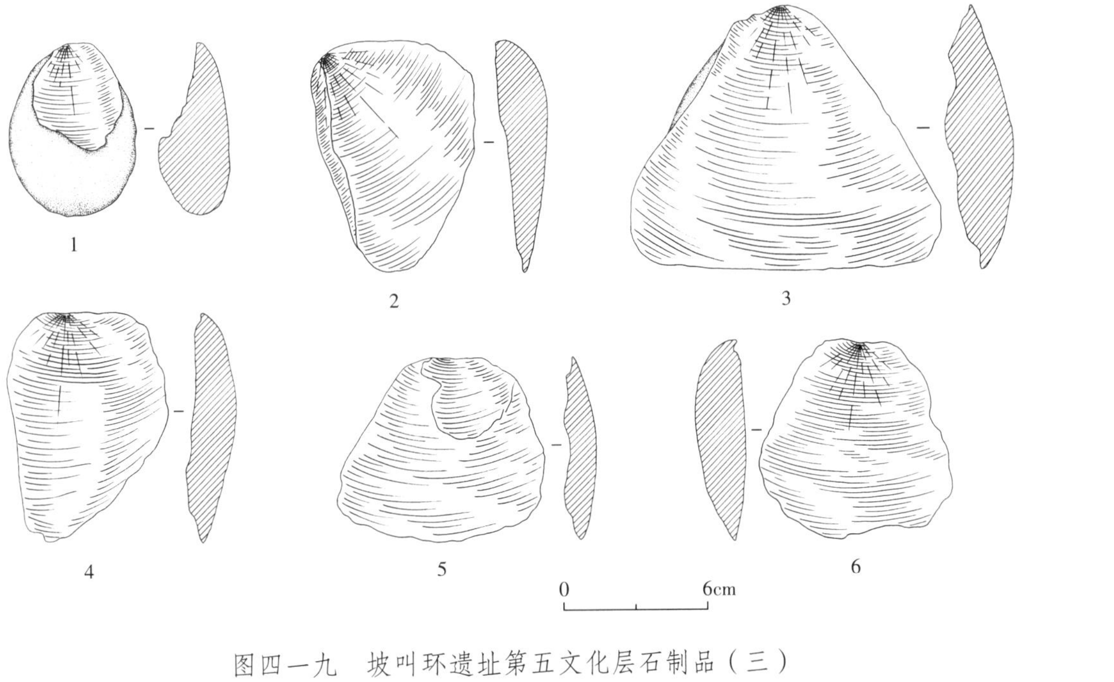

图四一九　坡叫环遗址第五文化层石制品（三）

1. Af 型石核（2015GLPT2⑥：57）　2~4. AaⅠ型石片（2015GLPT1⑨：33、2015GLPT2⑦：1、2015GLPT2⑦：38）　5、6. AaⅢ型石片（2015GLPT1⑨：75、2015GLPT2⑧：18）

出土石片总数的9.23%；椭圆形9件，占该文化层出土石片总数的13.85%；长条形和扇贝形各4件，各占该文化层出土石片总数的6.15%；心形2件，占该文化层出土石片总数的3.08%；不规则形28件，占该文化层出土石片总数的43.08%。器身长度最大值18cm，最小值4.5cm；宽度最大值17.2cm，最小值4.0cm；厚度最大值5.0cm，最小值0.9cm；重量最大值1200g，最小值23g。均属于A型，分别属于Aa、Ab、Ac、Ae、Af亚型。

Aa型　27件。分别属于AaⅠ、AaⅢ、AaⅥ、AaⅦ、AaⅧ、AaⅪ次亚型。

AaⅠ型　5件。

标本2015GLPT1⑨：33，原料为灰褐色辉绿岩砾石。器身形状近三角形。打击台面为自然台面。打击点宽大，半锥体不显，放射线清楚，同心波纹微显。左侧折断一块，为节理面。右侧上半部较钝厚，为自然砾面。右侧下半部和远端边缘锋利，未见使用痕迹。背面完全保留自然砾面。长9.0cm，宽6.5cm，厚2.0cm，重122g（图四一九，2）。

标本2015GLPT2⑦：1，原料为灰褐色辉绿岩砾石。器身形状近三角形。打击台面为自然台面。打击点宽大，半锥体不显，放射线清楚，同心波纹明显。左右两侧钝厚，为自然砾面。远端边缘锋利，有使用痕迹。背面完全保留自然砾面。长10.5cm，宽12.9cm，厚2.8cm，重418g（图四一九，3；彩版九九，3）。

标本2015GLPT2⑦：38，原料为灰褐色辉绿岩砾石。器身形状近三角形。打击台面为自然台面。打击点宽大，半锥体不显，放射线清楚，同心波纹明显。左侧钝厚，为自然砾面。右侧及远端边缘锋利，未见使用痕迹。背面完全保留自然砾面。长9.1cm，宽6.5cm，厚1.8cm，重113g（图四一九，4）。

AaⅢ型　2件。

标本2015GLPT1⑨：75，原料为灰褐色辉绿岩砾石。器身形状近梯形。打击台面为自然台面。打击点宽大，半锥体不显，放射线不清楚，同心波纹明显。左右两侧及远端边缘锋利，未见使用痕迹。背面完全保留自然砾面。长7.2cm，宽8.3cm，厚1.3cm，重83g（图四一九，5）。

标本2015GLPT2⑧：18，原料为灰褐色辉绿岩砾石。器身形状近梯形。打击台面为自然台面。打击点宽大，半锥体不显，放射线清楚，同心波纹微显。左右两侧及远端边缘较锋利，未见使用痕迹。远端一侧折断一小块，形成断裂面。背面完全保留自然砾面。长7.9cm，宽8.0cm，厚2.1cm，重130g（图四一九，6）。

AaⅥ型　5件。

标本2015GLPT1⑧：11，原料为灰黑色辉绿岩砾石。器身形状近椭圆形。打击台面为自然台面。打击点宽大，半锥体不显，放射线不清楚，同心波纹微显。两侧边缘较锋利，左侧边有使用痕迹。远端下折，近一斜面，边缘较锋利，未见使用痕迹。背面完全保留自然砾面。长11.6cm，宽6.6cm，厚2.8cm，重240g（图四二〇，1）。

标本2015GLPT1⑨：52，原料为灰褐色辉绿岩砾石。器身形状近椭圆形。打击台面为自然

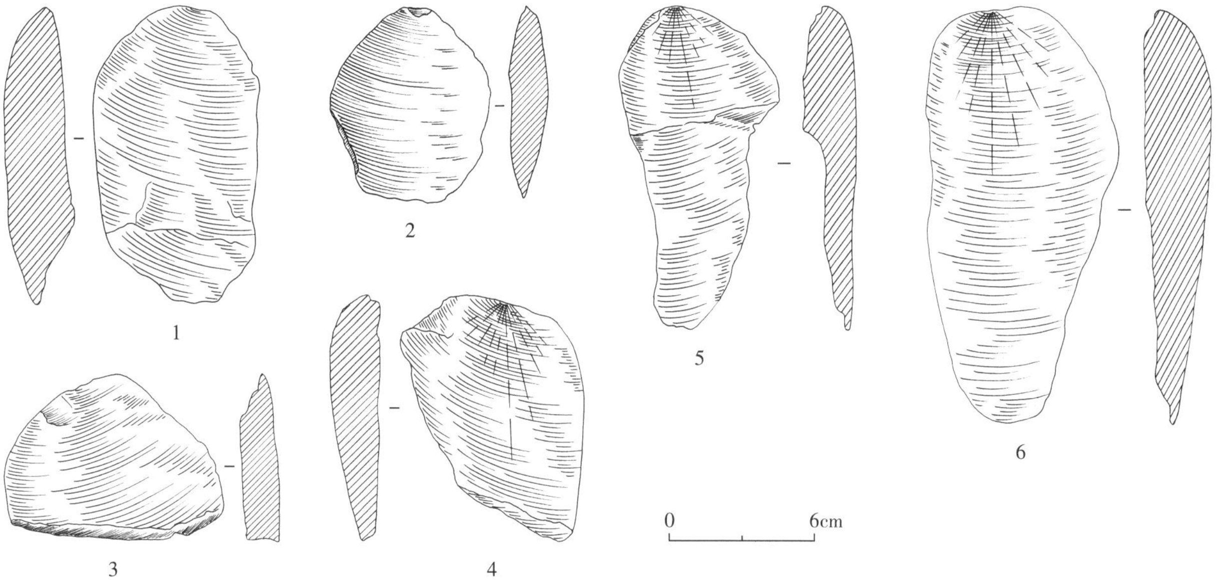

图四二〇　坡叫环遗址第五文化层石制品（四）

1、2. AaⅥ型石片（2015GLPT1⑧：11、2015GLPT1⑨：52）　3、4. AaⅦ型石片（2015GLPT1⑧：25、2015GLPT2⑦：31）　5、6. AaⅧ型石片（2015GLPT1⑨：19、2015GLPT1⑨：81）

台面。打击点宽大，半锥体不显，放射线不清楚，同心波纹微显。左侧上半部、右侧及远端边缘锋利，未见使用痕迹。左侧下半部折断一块，形成断裂面。背面完全保留自然砾面。长 7.5cm，宽 6.6cm，厚 1.5cm，重 76g（图四二〇，2）。

AaⅦ型　2 件。

标本 2015GLPT1⑧：25，原料为灰褐色辉绿岩砾石。器身形状近扇贝形。打击台面为自然台面。打击点宽大，半锥体不显，放射线不清楚，同心波纹微显。左侧上半部钝厚，为自然砾面。右侧边缘较锋利，有使用痕迹。左侧下半部及远端折断，形成断裂面。背面完全保留自然砾面。长 7.0cm，宽 8.7cm，厚 1.5cm，重 98g（图四二〇，3）。

标本 2015GLPT2⑦：31，原料为灰色辉绿岩砾石。器身形状近扇贝形。打击台面为自然台面。打击点宽大，半锥体不显，放射线清楚，同心波纹微显。左侧边缘锋利，下半部有使用痕迹。右侧边缘钝厚，为自然砾面。远端折断，形成断裂面。背面完全保留自然砾面。长 9.9cm，宽 7.0cm，厚 2.0cm，重 161g（图四二〇，4）。

AaⅧ型　4 件。

标本 2015GLPT1⑨：19，原料为灰褐色辉绿岩砾石。器身形状近长条形。打击台面为自然台面。打击点宽大，半锥体不显，放射线清楚，同心波纹明显。腹面中部下折，形成很深的陡坎。左右两侧和远端边缘锋利，未见使用痕迹。两侧边在远端交汇形成一舌尖。背面完全保留自然砾面。长 12.6cm，宽 6.3cm，厚 2.2cm，重 147g（图四二〇，5）。

标本2015GLPT1⑨：81，原料为灰褐色辉绿岩砾石。器身形状近长条形。打击台面为自然台面。打击点宽大，半锥体不显，放射线清楚，同心波纹微显。两侧和远端边缘锋利，未见使用痕迹。两侧边在远端交汇形成一舌尖。背面完全保留自然砾面。长16.3cm，宽7.8cm，厚2.7cm，重376g（图四二〇，6；彩版九九，4）。

AaⅪ型　9件。

标本2015GLPT1⑧：14，原料为灰褐色辉绿岩砾石。器身形状不规则。打击台面为自然台面。打击点宽大，半锥体不显，放射线清楚，同心波纹明显。左右两侧边缘锋利，未见使用痕迹。远端折断，形成断裂面。背面完全保留自然砾面。长10.2cm，宽10.4cm，厚3.0cm，重372g（图四二一，1）。

标本2015GLPT1⑧：23，原料为灰褐色辉绿岩砾石。器身形状不规则。打击台面为自然台面。打击点宽大，半锥体不显，放射线不清楚，同心波纹微显。左右两侧边缘锋利，未见使用痕迹。远端折断，形成断裂面。背面完全保留自然砾面。长7.5cm，宽7.0cm，厚1.2cm，重72g（图四二一，3）。

标本2015GLPT1⑨：15，原料为灰褐色辉绿岩砾石。器身形状不规则。打击台面为自然台面。打击点宽大，半锥体不显，放射线清楚，同心波纹明显。左右两侧边缘锋利，未见使用痕迹。远端折断，形成断裂面。背面完全保留自然砾面。长8.0cm，宽10.0cm，厚1.3cm，重110g（图四二一，2）。

Ab型　31件。分别属于AbⅠ、AbⅡ、AbⅢ、AbⅣ、AbⅥ、AbⅦ、AbⅨ、AbⅪ次亚型。

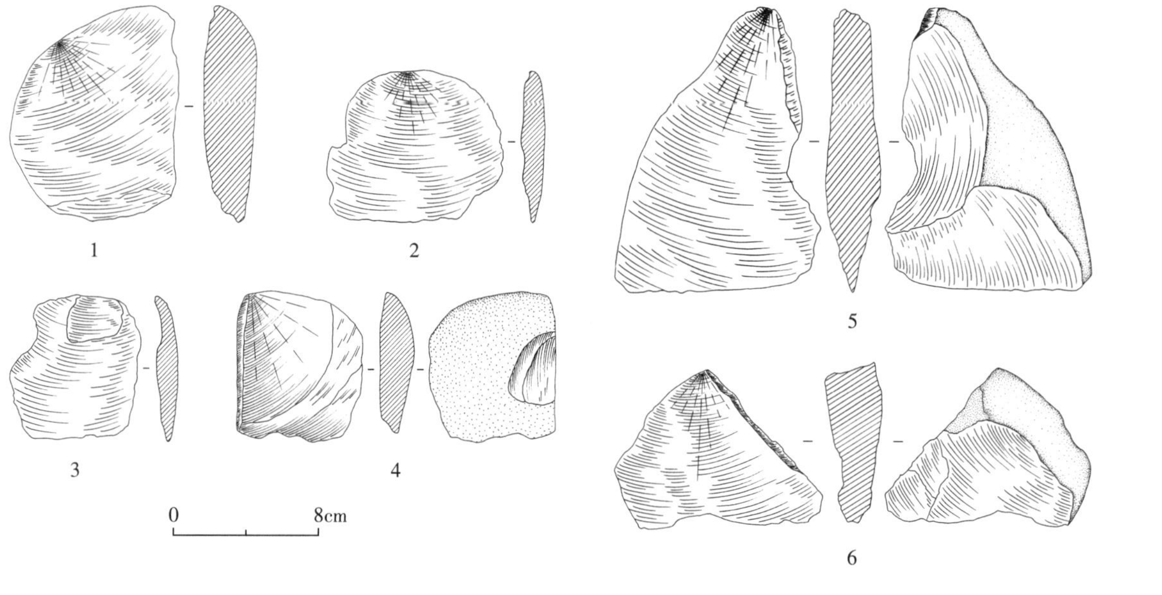

图四二一　坡叫环遗址第五文化层石制品（五）

1~3. AaⅪ型石片（2015GLPT1⑧：14、2015GLPT1⑨：15、2015GLPT1⑧：23）　4. AbⅡ型石片（2015GLPT1⑨：45）　5、6. AbⅠ型石片（2015GLPT1⑨：4、2015GLPT1⑨：72）

AbⅠ型　5件。

标本2015GLPT1⑨：4，原料为灰褐色辉绿岩砾石。器身形状近三角形。打击台面为自然台面。打击点宽大，半锥体不显，放射线清楚，同心波纹明显。左侧边缘钝厚，为自然砾面。右侧上部折断一块，为断裂面。右侧中下部和远端边缘较锋利，远端边缘有使用痕迹。背面右半部保留自然砾面，其余部分为打击方向与石片本身打击方向相垂直的片疤面。长14.7cm，宽10.6cm，厚3.0cm，重439g（图四二一，5）。

标本2015GLPT1⑨：72，原料为灰褐色辉绿岩砾石。器身形状近三角形。打击台面为自然台面。打击点宽大，半锥体不显，放射线清楚，同心波纹微显。左侧边缘上部钝厚，为自然砾面。左侧中下部和远端边缘锋利，未见使用痕迹。右侧折断，形成断裂面。远端与右侧相交处近一舌尖。背面右半部部分保留自然砾面，其余部分为打击方向与石片本身打击方向相垂直的片疤面。长8.6cm，宽11.3cm，厚3.0cm，重215g（图四二一，6）。

AbⅡ型　1件。

标本2015GLPT1⑨：45，原料为灰褐色辉绿岩砾石。器身形状近四边形。打击台面为自然台面。打击点宽大，半锥体不显，放射线清楚，同心波纹明显。左侧边缘折断，形成断裂面。右侧和远端右侧边缘较锋利，未见使用痕迹。远端左侧边缘折断一小块。背面右侧边缘有一稍大而浅平的片疤，打击方向与石片本身打击方向相垂直；背面其余部分保留自然砾面。长7.5cm，宽7.0cm，厚1.8cm，重127g（图四二一，4）。

AbⅢ型　2件。

标本2015GLPT1⑨：8，原料为灰褐色辉绿岩砾石。器身形状近梯形。打击台面为自然台面。打击点宽大，半锥体不显，放射线不清楚，同心波纹微显。左侧边缘上半部折断，较钝厚。右侧及远端边缘锋利，未见使用痕迹。背面左侧部分保留自然砾面，其余部分为片疤面，片疤打击方向与石片本身打击方向相垂直。长8.5cm，宽11.6cm，厚2.4cm，重232g（图四二二，1；彩版九九，5）。

标本2015GLPT1⑨：64，原料为灰褐色辉绿岩砾石。器身形状近梯形。打击台面为自然台面。打击点宽大，半锥体不显，放射线不清楚，同心波纹微显。左侧及右侧下半部折断，形成断裂面。右侧上半部锋利，未见使用痕迹。背面近端有一小块片疤，片疤与石片同向同源；背面其余部分保留自然砾面。长8.4cm，宽7.2cm，厚2.1cm，重160g（图四二二，2）。

AbⅣ型　1件。

标本2015GLPT2⑥：33，原料为灰褐色辉绿岩砾石。器身形状近圆形。打击台面为自然台面。打击点宽大，半锥体不显，放射线不清楚，同心波纹微显。两侧及远端边缘较锋利，未见使用痕迹。背面近端有一稍大而浅平的片疤，片疤与石片同向同源；背面其余部分保留自然砾面。长9.3cm，宽9.6cm，厚1.9cm，重178g（图四二二，3）。

AbⅥ型　3件。

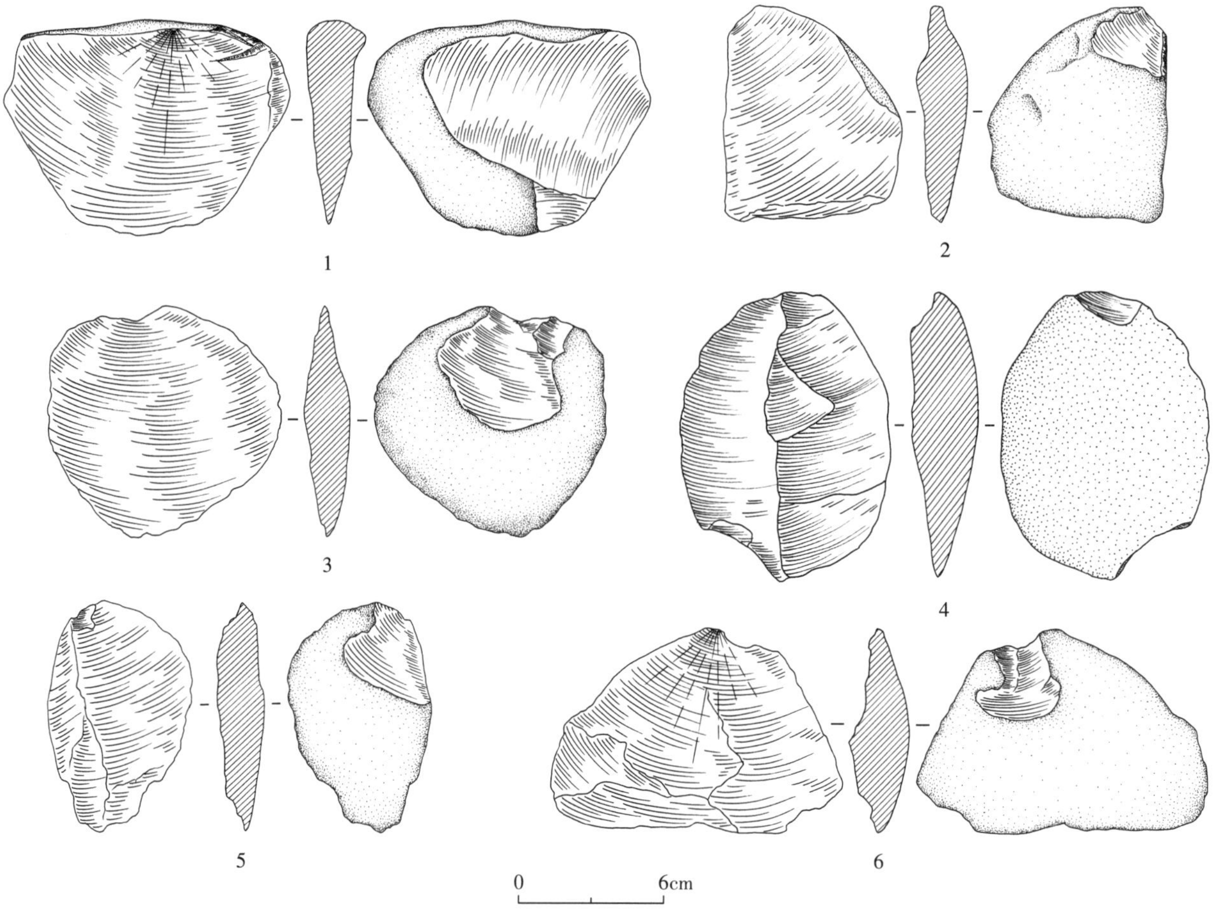

图四二二 坡叫环遗址第五文化层石制品（六）

1、2. AbⅢ型石片（2015GLPT1⑨：8、2015GLPT1⑨：64） 3. AbⅣ型石片（2015GLPT2⑥：33） 4. AbⅥ型石片（2015GLPT2⑥：32） 5、6. AbⅦ型石片（2015GLPT1⑧：27、2015GLPT1⑩：21）

标本2015GLPT2⑥：32，原料为灰褐色辉绿岩砾石。器身形状近椭圆形。打击台面为自然台面。打击点宽大，半锥体不显，放射线不清楚，同心波纹微显。腹面右半面为节理面。两侧和远端右侧边缘锋利，未见使用痕迹。远端左侧折断一小块，形成断裂面。背面近端有一较小而浅平的片疤，片疤与石片同向同源；背面其余部分保留自然砾面。长11.5cm，宽8.6cm，厚2.7cm，重250g（图四二二，4）。

AbⅦ型 2件。

标本2015GLPT1⑧：27，原料为灰褐色辉绿岩砾石。器身形状近扇贝形。打击台面为自然台面。打击点宽大，半锥体不显，放射线不清楚，同心波纹微显。左侧为较平整的破裂面。右侧及远端边缘锋利，未见使用痕迹。背面上半部有一较大面积的片疤，片疤与石片同向同源；背面其余部分保留自然砾面。长9.2cm，宽5.8cm，厚1.8cm，重81g（图四二二，5）。

标本2015GLPT1⑩：21，原料为灰褐色辉绿岩砾石。器身形状近扇贝形。打击台面为自然台面。

打击点宽大，半锥体不显，放射线清楚，同心波纹微显。左右两侧及远端边缘较锋利，右侧及远端边缘有使用痕迹。背面近端有一块稍大而浅平的片疤，片疤与石片同向同源；背面其余部分保留自然砾面。长 8.1cm，宽 12.0cm，厚 2.5cm，重 233g（图四二二，6；彩版九九，6）。

AbⅨ型　2 件。

标本 2015GLPT1 ⑨：37，原料为灰褐色辉绿岩砾石。器身形状近心形。打击台面为自然台面。打击点宽大，半锥体不显，放射线不清楚，同心波纹明显。近端沿节理面崩落一小块。左侧和远端的两侧边缘锋利，未见使用痕迹。右侧和远端中部各折断一块，形成断裂面。背面近端有一块稍大而浅平的片疤，片疤与石片同向同源；背面其余部分保留自然砾面。长 7.6cm，宽 8.3cm，厚 1.8cm，重 103g（图四二三，1）。

标本 2015GLPT2 ⑥：45，原料为灰褐色辉绿岩砾石。器身形状近心形。打击台面为自然台面。打击点宽大，半锥体不显，放射线不清楚，同心波纹微显。左右两侧边缘较锋利，右侧边有使用痕迹。两侧在远端交汇呈一钝尖。背面上半部有一较大的片疤，片疤与石片同向同源；背面其余部分保

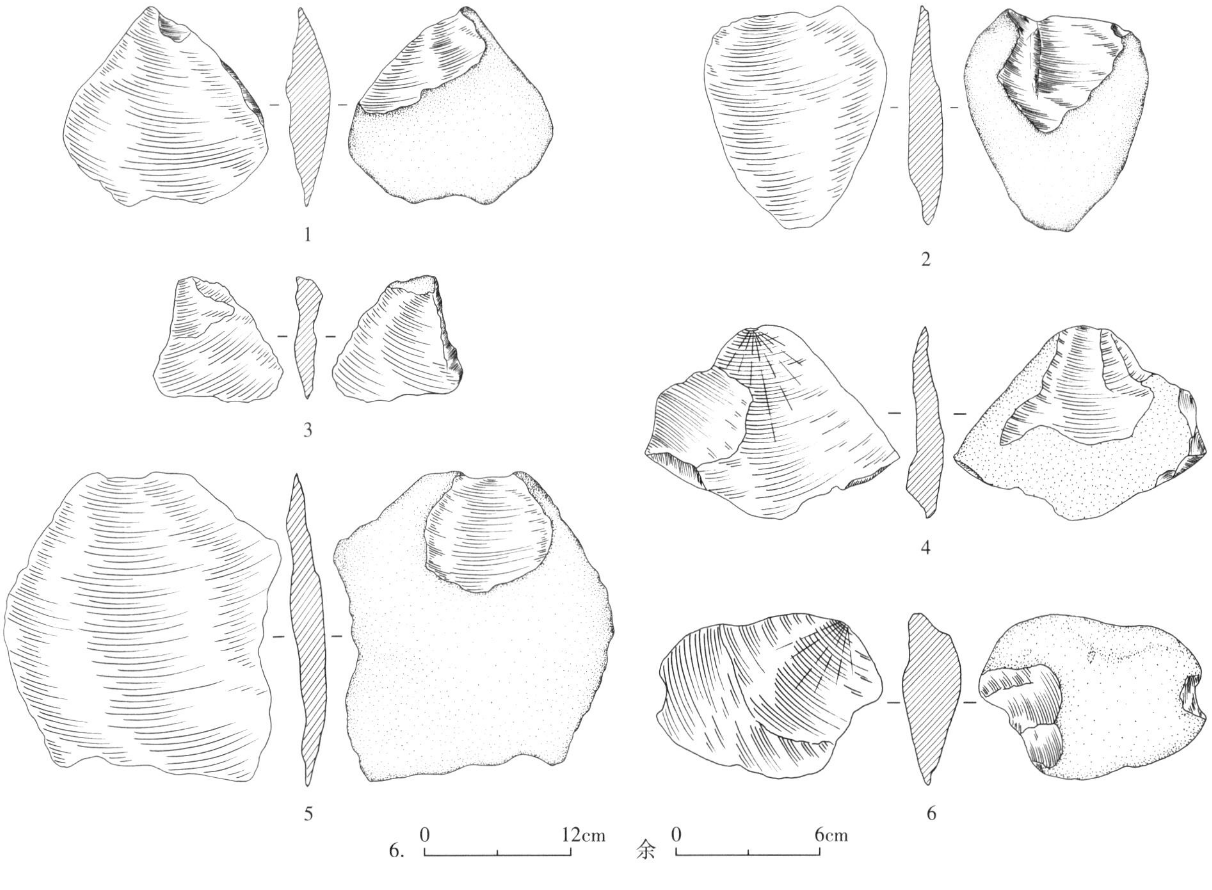

图四二三　坡叫环遗址第五文化层石制品（七）

1、2. AbⅨ型石片（2015GLPT1 ⑨：37、2015GLPT2 ⑥：45）　3. AcⅢ型石片（2015GLPT2 ⑥：55）　4~6. AbⅪ型石片（2015GLPT2 ⑥：48、2015GLPT1 ⑨：10、2015GLPT2 ⑧：2）

留自然砾面。长 8.6cm，宽 7.6cm，厚 1.5cm，重 124g（图四二三，2）。

AbⅪ型 15 件。

标本 2015GLPT2⑥：48，原料为灰褐色辉绿岩砾石。器身形状不规则。打击台面为自然台面。打击点宽大，半锥体不显，放射线清楚，同心波纹微显。腹面左半部为节理面。左侧上半部、右侧和远端中部边缘较锋利，未见使用痕迹。左侧下半部及远端两侧各折断一小块，均形成断裂面。背面上半部有较大片疤面，片疤与石片本身同向同源；背面其余部分保留自然砾面。长 7.6cm，宽 10.6cm，厚 1.4cm，重 98g（图四二三，4）。

标本 2015GLPT1⑨：10，原料为灰褐色辉绿岩砾石。器身形状不规则。打击台面为自然台面。打击点宽大，半锥体不显，放射线不清楚，同心波纹明显。左右两侧边缘锋利，未见使用痕迹。远端折断，形成断裂面。背面近端有一稍大而浅平的片疤，片疤与石片本身同向同源；背面其余部分保留自然砾面。长 12.0cm，宽 10.6cm，厚 1.3cm，重 206g（图四二三，5）。

标本 2015GLPT2⑧：2，原料为灰褐色辉绿岩砾石。器身体形较大且厚，形状不规则。打击台面为自然台面。打击点宽大，半锥体不显，放射线清楚，同心波纹明显。右侧下半部、左侧和远端边缘锋利，未见使用痕迹。右侧上半部边缘钝厚，为自然砾面。背面两侧下半部有一些片疤，片疤打击方向与石片本身打击方向垂直；背面其余部分保留自然砾面。长 18cm，宽 13.2cm，厚 4.9cm，重 1200g（图四二三，6）。

Ac 型 2 件。分别属于 AcⅢ次亚型和 AcⅪ次亚型。

AcⅢ型 1 件。

标本 2015GLPT2⑥：55，原料为灰褐色辉绿岩砾石。器身形状近梯形。打击台面为自然台面。打击点窄小，半锥体微凸，放射线不清楚，同心波纹微显。左侧及远端边缘锋利，未见使用痕迹。右侧折断一块，形成断裂面。背面均为片疤，不保留自然砾面，片疤与石片本身同向同源。长 4.8cm，宽 5.2cm，厚 1.2cm，重 25g（图四二三，3；彩版一〇〇，1）。

AcⅪ型 1 件。

标本 2015GLPT1⑨：54，原料为灰褐色辉绿岩砾石。器身形状不规则。打击台面为自然台面。打击点窄小，半锥体不显，放射线清楚，同心波纹微显。右侧上半部钝厚，为自然砾面。左侧及右侧下半部折断一块，形成断裂面。远端左侧边缘锋利，未见使用痕迹。背面均为片疤，不保留自然砾面，片疤与石片本身同向同源。长 5.4cm，宽 6.0cm，厚 1.4cm，重 42g（图四二四，1）。

Ae 型 2 件。分别属于 AeⅢ次亚型和 AeⅥ次亚型。

AeⅢ型 1 件。

标本 2015GLPT2⑦：44，原料为灰褐色辉绿岩砾石。器身形状近梯形。打击台面为人工台面。打击点宽大，半锥体不显，放射线不清楚，同心波纹明显。左侧及远端边缘较锋利，未见使用痕迹。右侧折断，形成断裂面。背面只有右侧保留部分自然砾面，其余均为片疤面，片疤与石片同向同源。长 7.6cm，宽 5.7cm，厚 1.4cm，重 73g（图四二四，3）。

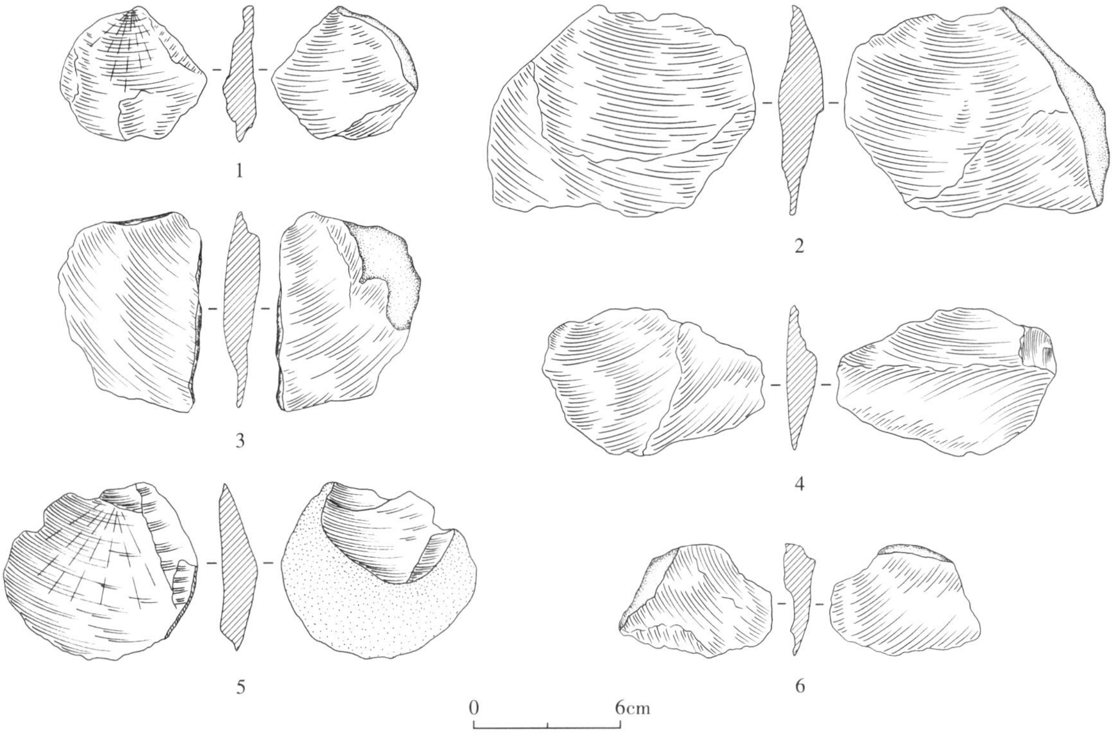

图四二四　坡叫环遗址第五文化层石制品（八）

1. AcⅪ型石片（2015GLPT1 ⑨：54）　2、4、6. AfⅪ型石片（2015GLPT2 ⑥：34、2015GLPT2 ⑧：25、2015GLPT2 ⑦：52）　3. AeⅢ型石片（2015GLPT2 ⑦：44）　5. AeⅥ型石片（2015GLPT2 ⑧：27）

AeⅥ型　1 件。

标本 2015GLPT2 ⑧：27，原料为灰褐色辉绿岩砾石。器身形状近椭圆形。打击台面为人工台面。打击点宽大，半锥体不显，放射线清楚，同心波纹明显。左右两侧边缘锋利，未见使用痕迹。远端边缘较钝厚。背面近端有一个较大而浅平的片疤，片疤与石片同向同源；背面其余部分保留自然砾面。长 6.8cm，宽 7.8cm，厚 1.4cm，重 90g（图四二四，5；彩版一〇〇，2）。

Af 型　3 件。均属于 AfⅪ次亚型。

标本 2015GLPT2 ⑥：34，原料为灰褐色辉绿岩砾石。器身形状不规则。打击台面为人工台面（线状台面）。打击点宽大，半锥体不显，放射线不清楚，同心波纹明显。左侧边缘钝厚，为自然砾面。右侧及远端边缘较锋利，右侧边上部有使用痕迹。背面均为片疤，不保留自然砾面，片疤打击方向与石片本身打击方向相同。长 8.0cm，宽 10.4cm，厚 1.8cm，重 176g（图四二四，2）。

标本 2015GLPT2 ⑧：25，原料为灰褐色辉绿岩砾石。器身形状不规则。打击台面为人工台面（线状台面）。打击点宽大，半锥体不显，放射线不清楚，同心波纹明显。左右两侧边缘锋利，未见使用痕迹。远端折断一块，形成断裂面。背面均为片疤，不保留自然砾面，片疤的打击方向既有与石片本身打击方向相同的，也有相垂直的。长 5.9cm，宽 9.0cm，厚 1.3cm，重 61g（图四二四，4；彩版一〇〇，3）。

标本2015GLPT2⑦：52，原料为灰褐色辉绿岩砾石。器身形状不规则。打击台面为人工台面。打击点宽大，半锥体不显，放射线不清楚，同心波纹微显。左、右侧下半部和远端边缘锋利，未见使用痕迹。右侧上半部钝厚，为自然砾面。背面均为片疤，不保留自然砾面，片疤与石片本身同向同源。长4.5cm，宽6.3cm，厚1.4cm，重32g（图四二四，6）。

砍砸器 62件。原料有石片和砾石两种。其中石片61件，占该文化层出土砍砸器总数的98.39%；砾石1件，占该文化层出土砍砸器总数的1.61%。岩性有辉绿岩和硅质岩两种。其中辉绿岩61件，占该文化层出土砍砸器总数的98.39%；硅质岩1件，占该文化层出土砍砸器总数的1.61%。加工方法仅见锤击法一种，以单面加工为主，有少量双面打击。单面加工的打击方向由石片背面向腹面打击。加工较为简单，加工面多为一两层片疤。片疤大多较小且浅平，多为宽大于长。部分器身有修整的现象。刃缘大部分整齐锋利。有使用痕迹者4件，占该文化层出土砍砸器总数的6.45%。器身形状有三角形、四边形、梯形、圆形、半圆形、椭圆形、长条形和不规则形八种。其中三角形9件，占该文化层出土砍砸器总数的14.52%；四边形6件，占该文化层出土砍砸器总数的9.68%；梯形5件，占该文化层出土砍砸器总数的8.06%；圆形1件，占该文化层出土砍砸器总数的1.61%；半圆形4件，占该文化层出土砍砸器总数的6.45%；椭圆形17件，占该文化层出土砍砸器总数的27.42%；长条形8件，占该文化层出土砍砸器总数的12.90%；不规则形12件，占该文化层出土砍砸器总数的19.35%。器身长度最大值21.0cm，最小值10.0cm；宽度最大值15.6cm，最小值5.0cm；厚度最大值5.6cm，最小值1.4cm；重量最大值1615g，最小值113g。分别属于A、B、D型。

A型 46件。分别属于Aa、Ab、Ac亚型。

Aa型 12件。分别属于AaⅠ、AaⅡ、AaⅢ、AaⅦ次亚型。

AaⅠ型 5件。

标本2015GLPT1⑨：14，原料为黑色硅质岩石片。器身形状近三角形。腹面节理面较多，不平整。背面完全保留自然砾面。近端较窄，远端较宽。左侧较薄。右侧较厚，为自然砾面。加工方法为锤击法。加工主要集中在石片左侧。沿石片左侧边缘多次单面剥片，加工出一道直刃。刃缘整齐锋利，未见使用痕迹。片疤较小且浅平，打击方向由石片背面向腹面打击。长12.7cm，宽10.3cm，厚3.1cm，重440g（图四二五，1）。

标本2015GLPT2⑥：22，原料为灰色辉绿岩石片。器身较大，形状近三角形。腹面平整，背面完全保留自然砾面。加工方法为锤击法。加工主要集中在石片远端。沿远端边缘多次单面剥片，加工出一道直刃。刃缘整齐较锋利，未见使用痕迹。片疤较小且浅平，打击方向由石片背面向腹面打击。长19.4cm，宽14.0cm，厚4.0cm，重1387g（图四二五，3）。

标本2015GLPT2⑦：19，原料为灰褐色辉绿岩石片。器身形状近三角形。腹面平整，背面大部分保留自然砾面。左侧较薄；右侧较厚，中上部为自然砾面，下部为节理面。两侧在远端交汇形成一舌尖。加工方法为锤击法。加工主要集中在石片左侧。沿石片左侧中下部边缘多次单面

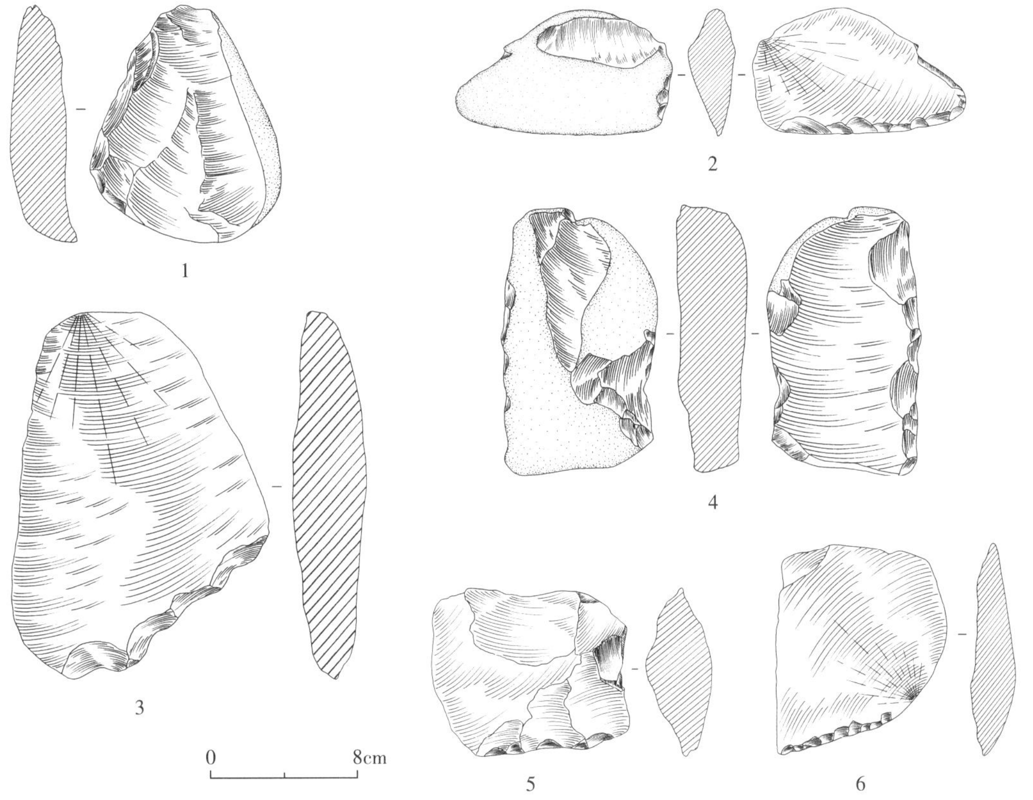

图四二五 坡叫环遗址第五文化层石制品(九)

1~3. AaⅠ型砍砸器(2015GLPT1⑨:14、2015GLPT2⑦:19、2015GLPT2⑥:22) 4、5. AaⅡ型砍砸器(2015GLPT2⑥:25、2015GLPT1⑨:27) 6. AaⅢ型砍砸器(2015GLPT2⑧:6)

剥片,加工出一道直刃。刃缘整齐较锋利,有使用痕迹。片疤较小且浅平,打击方向由石片背面向腹面打击。左侧上部也有修整器身留下的痕迹。长11.5cm,宽6.7cm,厚2.6cm,重215g(图四二五,2)。

AaⅡ型 2件。

标本2015GLPT2⑥:25,原料为灰褐色辉绿岩石片。器身形状近四边形。腹面较平。背面凸起,大部分保留自然砾面。右侧较长,左侧略短。加工方法为锤击法。加工主要集中在石片右侧。沿右侧边缘多次单面剥片,加工出一道直刃。刃缘整齐较锋利,有使用痕迹。片疤较小且浅平,打击方向由石片背面向腹面打击。左侧边缘有修整器身留下的痕迹。长14.2cm,宽8.5cm,厚3.9cm,重658g(图四二五,4;彩版一〇〇,4)。

标本2015GLPT1⑨:27,原料为灰褐色辉绿岩石片。器身形状近四边形。腹面不平整,中间凸起;背面完全保留自然砾面。右侧较厚,左侧较薄。加工主要集中在石片左侧,加工方法为锤击法。沿左侧边缘多次单面剥片,加工出一道直刃。刃缘整齐较锋利,未见使用痕迹。片疤多较小且浅平,打击方向由石片背面向腹面打击。远端截断一块,形成较整齐的破裂面,应为修整器身留下的痕迹。长 11.0cm，宽 8.8cm，厚 3.5cm，重 363g（图四二五，5）。

AaⅢ型　2 件。

标本 2015GLPT2 ⑧：6，原料为灰褐色辉绿岩石片。器身形状近梯形。腹面平整，背面完全保留自然砾面。加工方法为锤击法。加工主要集中在石片右侧。沿右侧上半部多次单面剥片，加工出一道直刃。刃缘整齐锋利，未见使用痕迹。片疤多细小且浅平，打击方向由石片背面向腹面打击。右侧下半部截断一块，形成整齐的破裂面，应为修整器身留下的痕迹。长 10.4cm，宽 9.4cm，厚 2.4cm，重 289g（图四二五，6）。

AaⅦ型　3 件。

标本 2015GLPT2 ⑦：12，原料为灰褐色辉绿岩石片。器身形状近长条形。腹面较平，背面大部分保留自然砾面。左侧较薄；右侧较厚，上半部为自然砾面，下半部为节理面。加工方法为锤击法。加工主要集中在石片左侧。沿左侧边缘多次单面剥片，加工出一道直刃。刃缘整齐较锋利，有使用痕迹。片疤较小且浅平，打击方向由石片背面向腹面打击。远端截断一块，形成破裂面，应为修整器身留下的痕迹。长 12.0cm，宽 5.7cm，厚 4.5cm，重 340g（图四二六，1）。

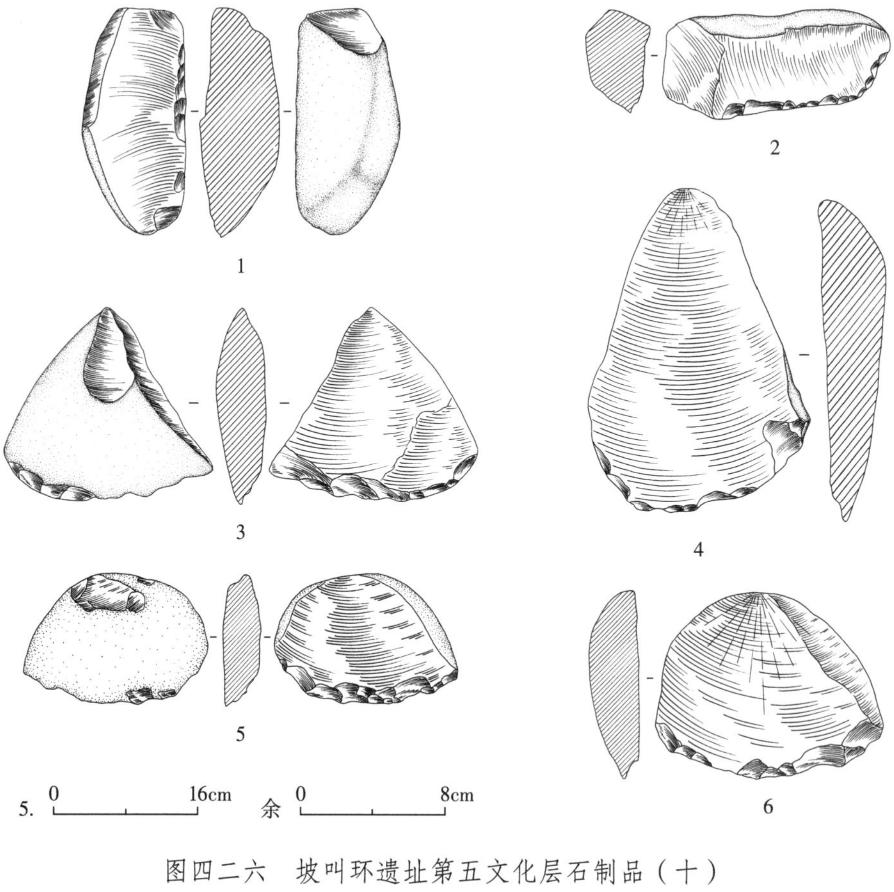

图四二六　坡叫环遗址第五文化层石制品（十）

1、2. AaⅦ型砍砸器（2015GLPT2 ⑦：12、2015GLPT1 ⑨：16）　3、4. AbⅠ型砍砸器（2015GLPT2 ⑥：44、2015GLPT1 ⑩：7）　5、6. AbⅤ型砍砸器（2015GLPT2 ⑦：8、2015GLPT1 ⑨：12）

标本 2015GLPT1⑨：16，原料为灰褐色辉绿岩石片。器身形状近长条形。腹面平整，背面完全保留自然砾面。右侧较薄；左侧较厚，为自然砾面。加工方法为锤击法。加工主要集中在石片右侧。沿右侧边缘多次单面剥片，加工出一道直刃。刃缘整齐较锋利，未见使用痕迹。片疤细小且浅平，打击方向由石片背面向腹面打击。远端截断一块，形成破裂面，应为修整器身留下的痕迹。长 12.5cm，宽 5.5cm，厚 3.6cm，重 285g（图四二六，2）。

Ab 型　31 件。分别属于 AbⅠ、AbⅤ、AbⅥ、AbⅦ、AbⅧ次亚型。

AbⅠ型　3 件。

标本 2015GLPT1⑩：7，原料为灰褐色辉绿岩石片。器身形状近三角形。腹面平整，背面完全保留自然砾面。两侧均较钝厚，为自然砾面。加工方法为锤击法。加工主要集中在石片远端。沿远端边缘多次单面剥片，加工出一道弧刃。刃缘整齐锋利，未见使用痕迹。片疤细小且浅平，打击方向由石片背面向腹面打击。长 17.1cm，宽 12.2cm，厚 3.4cm，重 688g（图四二六，4）。

标本 2015GLPT2⑥：44，原料为灰褐色辉绿岩石片。器身形状近三角形。腹面平整，背面大部分保留自然砾面。左侧稍厚；右侧稍薄，为自然砾面。加工方法为锤击法。加工主要集中在石片远端。沿远端多次单面剥片，加工出一道弧刃。刃缘整齐较锋利，未见使用痕迹。片疤较小且浅平，打击方向由石片背面向腹面打击。石片左侧截断一块，形成整齐的破裂面，应为修整器身留下的痕迹。长 11.5cm，宽 10.0cm，厚 2.8cm，重 310g（图四二六，3）。

AbⅤ型　4 件。

标本 2015GLPT2⑦：8，原料为灰褐色辉绿岩石片。器身厚重，较大，形状近半圆形。腹面平整，背面大部分保留自然砾面。两侧钝厚，均为自然砾面。加工方法为锤击法。加工主要集中在石片远端。沿远端边缘多次双面剥片，加工出一道弧刃。刃缘整齐锋利，未见使用痕迹。片疤稍大，较浅平，打击方向多由石片背面向腹面打击，部分片疤尾部折断形成陡坎。长 20.1cm，宽 14.0cm，厚 4.2cm，重 1615g（图四二六，5）。

标本 2015GLPT1⑨：12，原料为灰黑色辉绿岩石片。器身形状近半圆形。腹面平整，背面完全保留自然砾面。两侧钝厚，左侧为自然砾面，右侧为节理面。加工方法为锤击法。加工主要集中在石片远端。沿远端边缘多次单面剥片，加工出一道弧刃。刃缘整齐锋利，未见使用痕迹。片疤较小且浅平，打击方向由石片背面向腹面打击。长 12.4cm，宽 9.9cm，厚 2.7cm，重 415g（图四二六，6；彩版一〇〇，5）。

AbⅥ型　11 件。

标本 2015GLPT1⑩：16，原料为灰褐色辉绿岩石片。器身形状近椭圆形。腹面较平，背面完全保留自然砾面。左侧较薄。右侧较厚，为自然砾面。加工方法为锤击法。加工主要集中在石片左侧。沿左侧边缘多次单面剥片，加工出一道弧刃。刃缘整齐锋利，未见使用痕迹。片疤多较小且浅平，层层叠叠，打击方向由石片背面向腹面打击，部分片疤尾部折断形成陡坎。石片两端均有修整器身留下的痕迹。长 14.0cm，宽 8.9cm，厚 4.7cm，重 791g（图四二七，1；彩版一

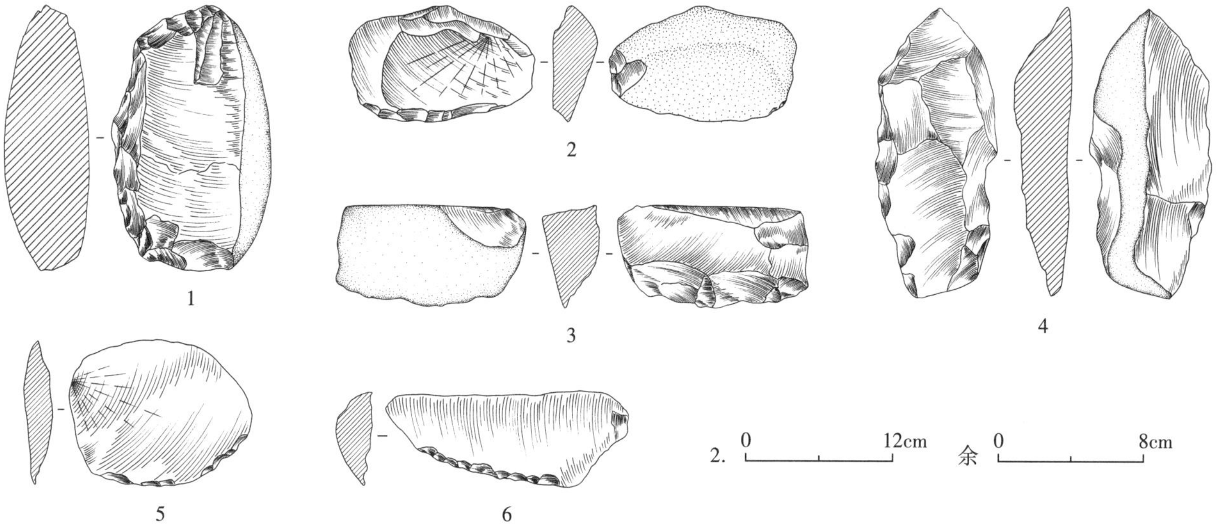

图四二七　坡叫环遗址第五文化层石制品（十一）

1、2、5. AbⅥ型砍砸器（2015GLPT1⑩：16、2015GLPT2⑦：4、2015GLPT2⑦：16）　3、4、6. AbⅦ型砍砸器（2015GLPT1⑧：18、2015GLPT2⑧：8、2015GLPT1⑨：67）

○○，6）。

标本2015GLPT2⑦：4，原料为灰褐色辉绿岩石片。器身形状近椭圆形。腹面较平，背面大部分保留自然砾面。加工方法为锤击法。加工主要集中在石片远端。沿远端边缘多次单边剥片，加工出一道弧刃。刃缘整齐锋利，未见使用痕迹。片疤多较小且浅平，打击方向由石片背面向腹面打击。长14.2cm，宽8.5cm，厚3.4cm，重472g（图四二七，2）。

标本2015GLPT2⑦：16，原料为灰褐色辉绿岩石片。器身形状近椭圆形。腹面微凸，背面完全保留自然砾面。加工方法为锤击法。加工主要集中在石片左侧。沿左侧下部边缘多次单面剥片，加工出一道弧刃。刃缘整齐锋利，未见使用痕迹。片疤细小且浅平，打击方向由石片背面向腹面打击。长10.0cm，宽7.6cm，厚1.4cm，重113g（图四二七，5）。

AbⅦ型　5件。

标本2015GLPT2⑧：8，原料为灰褐色辉绿岩石片。器身形状近长条形。腹面较平；背面凸起，保留少量自然砾面。右侧稍薄，左侧稍厚。加工方法为锤击法。加工主要集中在石片右侧。沿右侧边缘多次单面剥片，加工出一道弧刃。刃缘整齐锋利，未见使用痕迹。片疤多较小且浅平，打击方向由石片背面向腹面打击，部分片疤尾部折断形成陡坎。左侧边缘有修整器身留下的痕迹。长15.4cm，宽6.7cm，厚3.2cm，重336g（图四二七，4）。

标本2015GLPT1⑧：18，原料为灰褐色辉绿岩石片。器身形状近长条形。背面大部分保留自然砾面。左侧较薄，右侧较厚。加工方法为锤击法。加工主要集中在石片左侧。沿左侧边缘多次单面剥片，加工出一道弧刃。刃缘整齐锋利，未见使用痕迹。片疤稍大，较浅平，打击方向由石片背面向腹面打击。右侧截断一块，形成整齐的破裂面，应为修整器身留下的痕迹。远端也有修整器身留下的片疤。长 10.5cm，宽 5.4cm，厚 3.1cm，重 233g（图四二七，3）。

标本 2015GLPT1 ⑨：67，原料为灰褐色辉绿岩石片。器身形状近长条形。腹面平整；背面凸起，完全保留自然砾面。近端一侧崩缺，远端呈一锐尖。加工方法为锤击法。加工主要集中在石片右侧。沿右侧边缘多次单面剥片，加工出一道弧刃。刃缘整齐锋利，未见使用痕迹。片疤细小且浅平，打击方向由石片背面向腹面打击。长 13.4cm，宽 5.0cm，厚 2.0cm，重 154g（图四二七，6）。

AbⅧ型　8 件。

标本 2015GLPT1 ⑨：5，原料为灰褐色辉绿岩石片。器身形状不规则。腹面略凸，背面大部分保留自然砾面。加工方法为锤击法。加工主要集中在石片远端。沿远端边缘多次单面剥片，加工出一道弧刃。刃缘整齐锋利，未见使用痕迹。片疤较小且浅平，打击方向由石片背面向腹面打击，部分片疤尾部折断形成陡坎。长 17.5cm，宽 10.3cm，厚 3.1cm，重 953g（图四二八，1）。

标本 2015GLPT2 ⑦：2，原料为灰褐色辉绿岩石片。器身形状不规则。腹面较平，背面完全保留自然砾面。左侧稍薄，右侧稍厚。加工方法为锤击法。加工主要集中在石片左侧及远端左侧。沿左侧及远端的左侧多次单面剥片，加工出一道弧刃。刃缘整齐锋利，未见使用痕迹。片

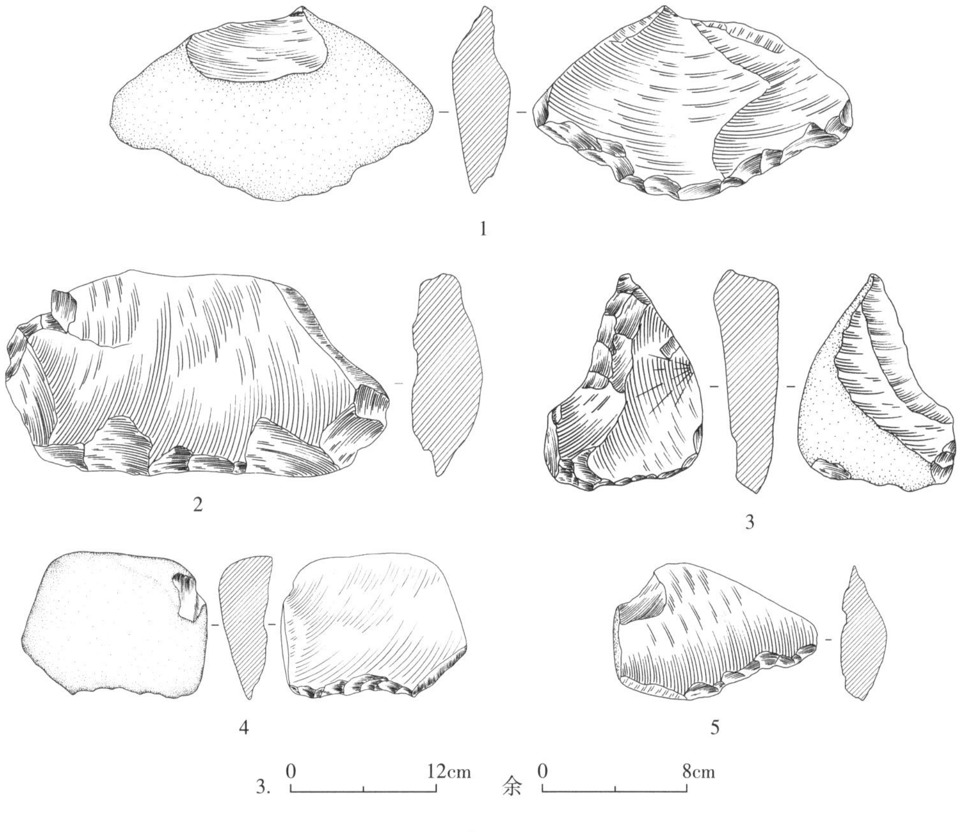

1　2　3　4　5

3. 0　12cm　余 0　8cm

图四二八　坡叫环遗址第五文化层石制品（十二）

1、2. AbⅧ型砍砸器（2015GLPT1 ⑨：5、2015GLPT2 ⑦：2）　3. AcⅠ型砍砸器（2015GLPT2 ⑦：3）
4. AcⅡ型砍砸器（2015GLPT2 ⑥：29）　5. AcⅧ型砍砸器（2015GLPT1 ⑨：70）

疤大多较小且浅平，少数稍大，打击方向由石片背面向腹面打击，部分片疤尾部折断形成陡坎。近端有修整器身留下的痕迹。远端右侧截断一块，形成破裂面，也应为修整器身留下的痕迹。长21.0cm，宽 10.8cm，厚 3.7cm，重 1088g（图四二八，2）。

Ac 型　3 件。分别属于 AcⅠ、AcⅡ、AcⅧ次亚型。

AcⅠ型　1 件。

标本 2015GLPT2 ⑦：3，原料为灰褐色辉绿岩石片。器身形状近三角形。腹面较平，背面保留部分自然砾面。左侧较薄，右侧较厚。远端折断一块，形成较整齐的断裂面。加工方法为锤击法。加工主要集中在石片左侧。沿左侧边缘多次单面剥片，加工出一道凹刃。刃缘整齐锋利，未见使用痕迹。部分片疤较小且浅平，部分片疤较大；打击方向由石片背面向腹面打击。右侧有修整器身留下的痕迹。长 18.0cm，宽 13.2cm，厚 5.3cm，重 1118g（图四二八，3）。

AcⅡ型　1 件。

标本 2015GLPT2 ⑥：29，原料为灰褐色辉绿岩石片。器身形状近四边形。腹面较平，背面大部分保留自然砾面。左侧上部及右侧较厚，为自然砾面。远端折断一块，形成断裂面。加工方法为锤击法。加工主要集中在石片左侧。沿左侧中下部边缘单面剥片，加工出一道凹刃。刃缘整齐锋利，未见使用痕迹。片疤较小且浅平，打击方向由石片背面向腹面打击。长 10.1cm，宽 7.5cm，厚 2.9cm，重 267g（图四二八，4；彩版一〇一，1）。

AcⅧ型　1 件。

标本 2015GLPT1 ⑨：70，原料为灰褐色辉绿岩石片。器身形状不规则。腹面微凹，背面完全保留自然砾面。左侧稍薄，上部为节理面。右侧稍厚，为自然砾面。远端呈一舌尖。加工方法为锤击法。加工主要集中在石片左侧。沿左侧中下部边缘多次单面剥片，加工出一道凹刃。刃缘整齐锋利，未见使用痕迹。打击片疤细小且浅平，打击方向由石片背面向腹面打击。长 11.4cm，宽 7.2cm，厚 2.5cm，重 214g（图四二八，5）。

B 型　12 件。分别属于 Bb 亚型和 Bd 亚型。

Bb 型　6 件。分别属于 BbⅡ、BbⅢ、BbⅥ、BbⅧ次亚型。

BbⅡ型　2 件。

标本 2015GLPT1 ⑧：17，原料为灰褐色辉绿岩石片。器身形状近四边形。腹面较平，背面完全保留自然砾面。近端为节理面。加工方法为锤击法。加工主要集中在石片左右两侧。分别沿两侧边缘多次单面剥片，各加工出一道弧刃。两刃缘均不整齐，但较锋利，未见使用痕迹。片疤较小且浅平，打击方向由石片背面向腹面打击。远端截断一块，形成破裂面，应为修整器身留下的痕迹。长 10.2cm，宽 7.7cm，厚 2.3cm，重 221g（图四二九，1；彩版一〇一，2）。

标本 2015GLPT1 ⑨：41，原料为灰褐色辉绿岩石片。器身形状近四边形。腹面平整，背面完全保留自然砾面。左侧较薄，右侧较厚。加工方法为锤击法。加工主要集中在石片远端及左侧。分别沿远端及左侧边缘多次单面剥片，各加工出一道弧刃。远端弧刃刃缘整齐锋利，未见使用痕迹。

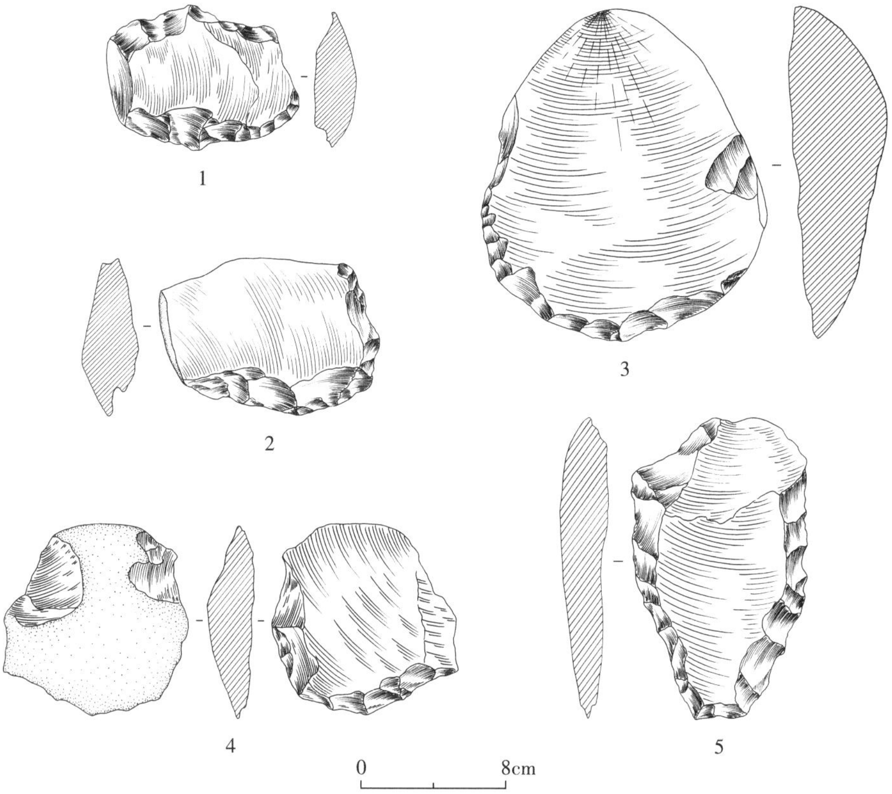

图四二九　坡叫环遗址第五文化层石制品（十三）

1、2. BbⅡ型砍砸器（2015GLPT1⑧：17、2015GLPT1⑨：41）　3. BbⅥ型砍砸器（2015GLPT1⑨：85）
4. BbⅢ型砍砸器（2015GLPT1⑨：62）　5. BbⅧ型砍砸器（2015GLPT1⑩：11）

左侧弧刃刃缘不甚整齐，但锋利，有使用痕迹。片疤较小且浅平，打击方向由石片背面向腹面打击，部分片疤尾部折断形成陡坎。近端截断一块，形成一中间略微弧凸的破裂面，应为修整器身留下的痕迹。长 11.5cm，宽 8.1cm，厚 3.1cm，重 396g（图四二九，2）。

BbⅢ型　2件。

标本 2015GLPT1⑨：62，原料为灰黑色辉绿岩石片。器身形状略呈梯形。腹面较平；背面近端有几处片疤，与石片同向同源，其余部分保留自然砾面。近端较宽，远端呈一钝角。左侧较厚，上部为自然砾面。右侧较薄。加工方法为锤击法。加工主要集中在石片两侧。沿左侧中下部边缘多次双面剥片，加工出一道弧刃；刃缘整齐锋利，未见使用痕迹；片疤较小且浅平；中部片疤由石片腹面向背面打击，下部片疤打击方向相反。右侧边缘经多次单面剥片，加工出一道弧刃；刃缘较整齐，锋利，未见使用痕迹；片疤较小且浅平，打击方向由石片背面向腹面打击。长 10.0cm，宽 10.1cm，厚 2.4cm，重 289g（图四二九，4）。

BbⅥ型　1件。

标本 2015GLPT1⑨：85，原料为灰褐色辉绿岩石片。器身厚重，较大，形状近椭圆形。腹面平整。背面凸起，完全保留自然砾面。左侧较薄。右侧较厚，为自然砾面。加工方法为锤击法。

加工主要集中在石片左侧下半部及远端，分别沿这两个部位边缘多次单面剥片，各加工出一道弧刃。两刃缘均整齐锋利，未见使用痕迹。片疤较小且浅平，打击方向由石片背面向腹面打击。长 17.5cm，宽 15.6cm，厚 5.2cm，重 1545g（图四二九，3）。

BbⅧ型　1 件。

标本 2015GLPT1 ⑩：11，原料为灰褐色辉绿岩石片。器身形状不规则。腹面较平，背面完全保留自然砾面。加工方法为锤击法。加工主要集中在石片两侧。分别沿两侧边缘多次单面剥片，各加工出一道弧刃。两刃缘整齐锋利，未见使用痕迹。片疤较小且浅平，打击方向由石片背面向腹面打击。远端边缘有修整器身留下的痕迹。长 15.8cm，宽 9.8cm，厚 2.6cm，重 490g（图四二九，5）。

Bd 型　6 件。分别属于 BdⅡ、BdⅢ、BdⅣ、BdⅥ、BdⅧ次亚型。

BdⅡ型　1 件。

标本 2015GLPT2 ⑥：36，原料为灰褐色辉绿岩石片。器身形状近四边形。腹面略凹，背面完全保留自然砾面。左侧较薄，右侧较厚。加工方法为锤击法。加工主要集中在石片远端及右侧。分别沿这两部位边缘多次单面打击，在右侧加工出一道直刃，在远端右侧加工出一道弧刃。直刃较长，整齐锋利。弧刃较短，较锋利。两刃均未见使用痕迹。片疤较小且浅平，打击方向由石片背面向腹面打击。左侧及远端左侧均截断一块，形成平整的破裂面，应为修整器身留下的痕迹。长 10.6cm，宽 6.9cm，厚 2.0cm，重 270g（图四三〇，1；彩版一〇一，3）。

BdⅢ型　1 件。

标本 2015GLPT1 ⑨：28，原料为灰褐色辉绿岩石片。器身形状近梯形。腹面平整。背面凸起，大部分保留自然砾面。左侧钝厚，为自然砾面。加工方法为锤击法。加工主要集中在石片右侧及

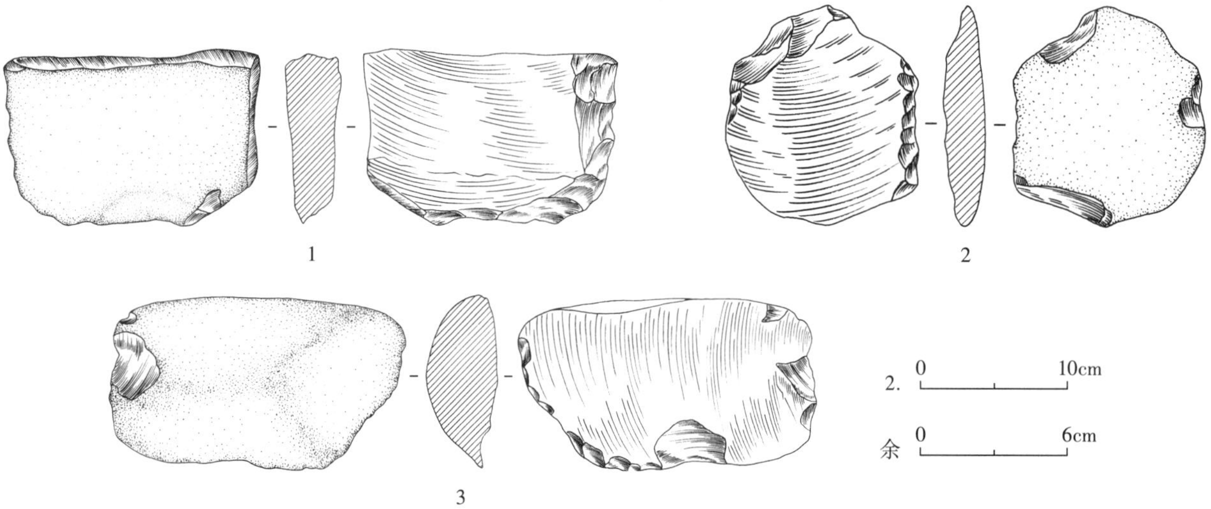

图四三〇　坡叫环遗址第五文化层石制品（十四）

1. BdⅡ型砍砸器（2015GLPT2 ⑥：36）　2. BdⅣ型砍砸器（2015GLPT1 ⑨：82）　3. BdⅢ型砍砸器（2015GLPT1 ⑨：28）

远端。分别沿右侧及远端边缘多次单面剥片，在右侧加工出一道凹刃，在远端加工出一道弧刃。两刃缘整齐锋利，弧刃有使用痕迹。片疤大多细小且浅平，部分较大，打击方向由石片背面向腹面打击，片疤尾部折断形成陡坎。长 12.2cm，宽 6.8cm，厚 3.0cm，重 301g（图四三〇，3）。

BdⅣ型　1 件。

标本 2015GLPT1 ⑨：82，原料为灰褐色辉绿岩石片。器身形状近圆形。腹面微凸；背面较平，大部分保留自然砾面。加工方法为锤击法。加工主要集中在石片近端至左侧上半部及右侧下半部。分别沿这几个部位边缘多次单面剥片，在近端至左侧上半部加工出一道弧刃，在石片右侧下半部加工出一道直刃。两刃缘较整齐锋利，均未见使用痕迹。打击片疤较小且浅平，打击方向由石片背面向腹面打击。长 14.7cm，宽 13.4cm，厚 2.7cm，重 632g（图四三〇，2）。

BdⅥ型　1 件。

标本 2015GLPT2 ⑥：26，原料为灰褐色辉绿岩石片。器身形状近椭圆形。腹面平整。背面凸起，大部分保留自然砾面。加工方法为锤击法。加工主要集中在石片近端左侧至左侧边及远端的右侧。分别沿这几个部位边缘多次单面剥片，在近端左侧至左侧边加工出一道弧刃，在远端右侧加工出一道直刃。弧刃刃缘不甚整齐但锋利，直刃刃缘整齐锋利。两刃均未见使用痕迹。片疤细小且浅平，打击方向由石片背面向腹面打击。远端左侧截断一块，形成破裂面。石片右侧也有修整器身留下的痕迹。长 12.6cm，宽 8.9cm，厚 2.8cm，重 358g（图四三一，3）。

BdⅧ型　2 件。

标本 2015GLPT1 ⑨：18，原料为灰褐色辉绿岩石片。器身形状不规则。腹面不甚平整，背面完全保留自然砾面。左侧较薄。右侧较厚，为自然砾面。加工方法为锤击法。加工主要集中在石片左侧和远端。分别沿左侧和远端边缘多次单面剥片，在中上部加工出一道凹刃，在远端加工

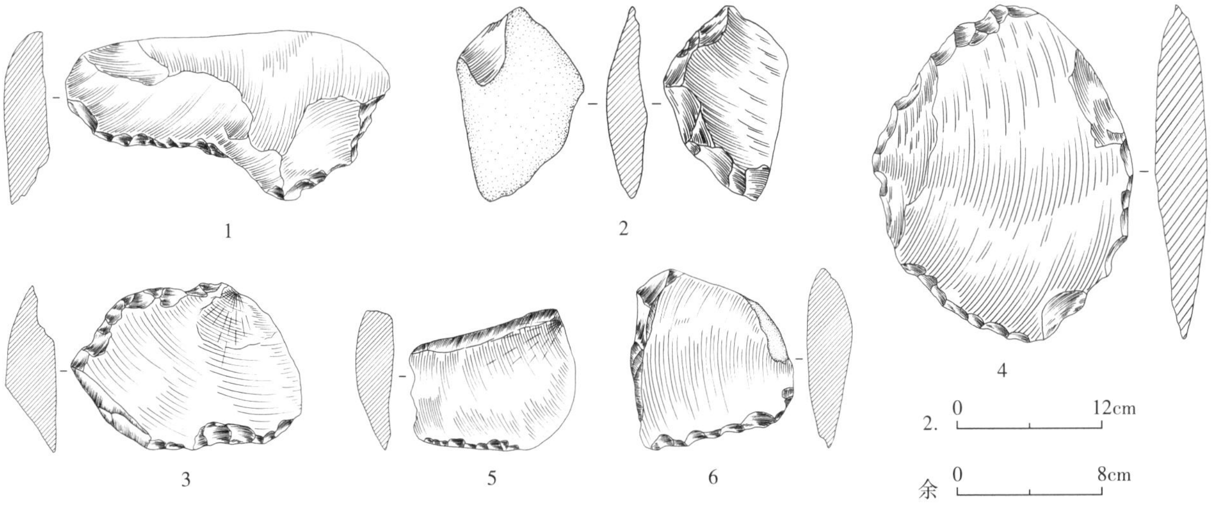

图四三一　坡叫环遗址第五文化层石制品（十五）

1、2. BdⅧ型砍砸器（2015GLPT1 ⑨：18、2015GLPT2 ⑧：9）　3. BdⅥ型砍砸器（2015GLPT2 ⑥：26）　4. DbⅥ型砍砸器（2015GLPT1 ⑩：3）　5、6. AaⅢ型刮削器（2015GLPT2 ⑥：37、2015GLPT2 ⑧：11）

出一道弧刃。两刃缘整齐锋利，均未见使用痕迹。片疤较小且浅平，打击方向由石片背面向腹面打击。长 17.7cm，宽 9.0cm，厚 2.4cm，重 415g（图四三一，1）。

标本 2015GLPT2 ⑧：9，原料为灰黑色辉绿岩砾石。器身形状不规则。腹面较平，背面大部分保留自然砾面。左侧稍薄，右侧稍厚。加工方法为锤击法。加工主要集中在石片左侧及远端。分别沿左侧及远端边缘多次单面剥片，在左侧加工出一道直刃，在远端加工出一道弧刃。两刃均整齐锋利，未见使用痕迹。片疤大多较小且浅平，少量稍大，打击方向由石片背面向腹面打击，部分片疤尾部折断形成陡坎。近端有修整器身留下的痕迹。长 15.6cm，宽 10.6cm，厚 3.5cm，重 533g（图四三一，2）。

D 型　4 件。均属于 Db 亚型中的 DbⅥ次亚型。

标本 2015GLPT1 ⑩：3，原料为灰褐色辉绿岩石片。器身形状近椭圆形。腹面平整，背面完全保留自然砾面。加工方法为锤击法。加工主要集中在四周。沿四周边缘多次单面剥片，在两端、两侧分别加工出一道弧刃。四道弧刃刃缘整齐锋利，均未见使用痕迹。片疤细小且浅平，打击方向由石片背面向腹面打击。长 17.9cm，宽 14.3cm，厚 2.8cm，重 773g（图四三一，4；彩版一〇一，4）。

刮削器　34 件。原料只有石片一种。岩性仅见辉绿岩一种。加工方法仅见锤击法一种，以单面加工为主，由石片背面向腹面打击。加工较为简单，加工面多为一两层片疤。片疤大多数较小且浅平，多为宽大于长。部分器身有修整的现象。刃缘大部分整齐锋利。有使用痕迹者 16 件，占该文化层出土刮削器总数的 47.06%。器身形状有三角形、四边形、梯形、圆形、半圆形、椭圆形、长条形和不规则形八种类型。其中三角形 4 件，占该文化层出土刮削器总数的 11.76%；四边形、圆形、椭圆形和长条形各 1 件，各占该文化层出土刮削器总数的 2.94%；梯形 10 件，占该文化层出土刮削器总数的 29.41%；半圆形 3 件，占该文化层出土刮削器总数的 8.82%；不规则形 13 件，占该文化层出土刮削器总数的 38.25%。器身长度最大值 10.0cm，最小值 5.2cm；宽度最大值 9.2cm，最小值 4.0cm；厚度最大值 3.2cm，最小值 0.8cm；重量最大值 309g，最小值 18g。分别属于 A 型和 B 型。

A 型　24 件。分别属于 Aa 亚型和 Ab 亚型。

Aa 型　3 件。分别属于 AaⅢ次亚型和 AaⅦ次亚型。

AaⅢ型　2 件。

标本 2015GLPT2 ⑥：37，原料为灰褐色辉绿岩石片。器身形状近梯形。腹面平整，背面完全保留自然砾面。左侧稍厚，右侧稍薄。加工方法为锤击法。加工主要集中在石片右侧。沿右侧边缘多次双面剥片，加工出一道直刃。刃缘整齐锋利，未见使用痕迹。片疤多较小且浅平。左侧截断一块，形成整齐的破裂面，应为修整器身留下的痕迹。长 9.1cm，宽 6.7cm，厚 2.0cm，重 158g（图四三一，5）。

标本 2015GLPT2 ⑧：11，原料为灰褐色辉绿岩石片。器身形状近梯形。腹面平整，背面大部分保留自然砾面。左侧较厚，为自然砾面。远端折断一块，边缘钝厚。加工方法为锤击法。加工主要集中在石片右侧。沿右侧边缘多次单面剥片，加工出一道直刃。刃缘整齐锋利，未见使用痕迹。片疤细小且浅平，打击方向由石片背面向腹面打击。长9.6cm，宽9.0cm，厚2.5cm，重264g（图四三一，6；彩版一〇一，5）。

AaⅦ型 1件。

标本2015GLPT1⑨：48，原料为灰褐色辉绿岩石片。器身形状近长条形。腹面不平整，背面完全保留自然砾面。右侧较薄。左侧较厚，为自然砾面。加工方法为锤击法。加工主要集中在石片远端。沿远端边缘多次单面剥片，加工出一道直刃。刃缘较整齐锋利，有使用痕迹。片疤细小且浅平，打击方向由石片背面向腹面打击。长9.7cm，宽5.5cm，厚2.1cm，重139g（图四三二，1）。

Ab型 21件。分别属于AbⅠ、AbⅢ、AbⅤ、AbⅥ、AbⅧ次亚型。

AbⅠ型 4件。

标本2015GLPT1⑩：23，原料为灰褐色辉绿岩石片。器身形状近三角形。腹面平整，背面完全保留自然砾面。右侧稍厚，左侧稍薄。加工方法为锤击法。加工主要集中在石片左侧。沿左

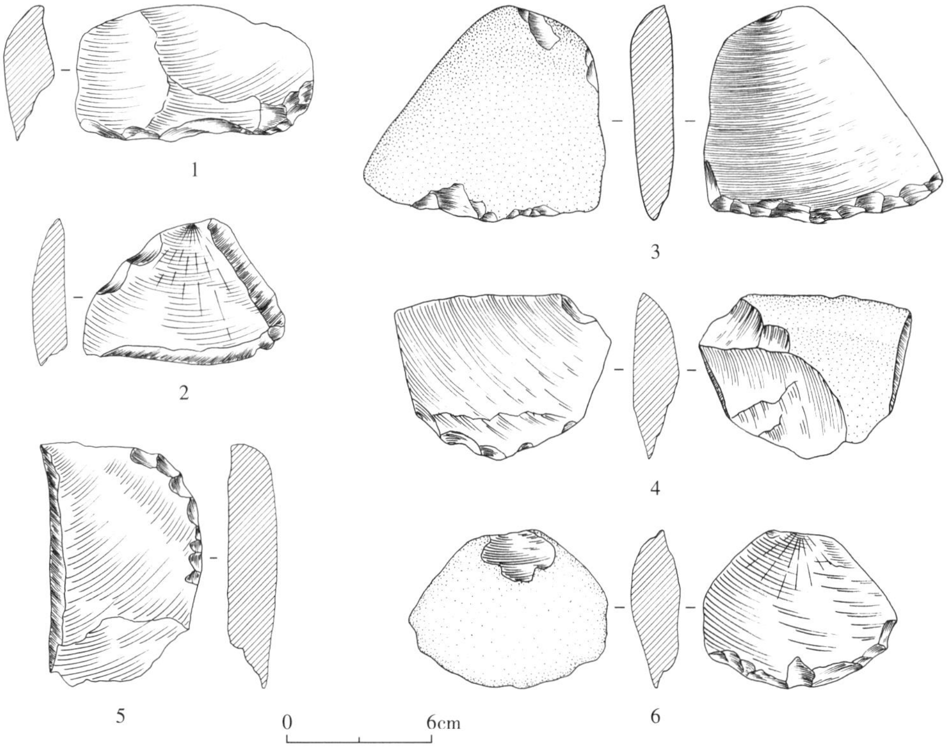

图四三二 坡叫环遗址第五文化层石制品（十六）

1. AaⅦ型刮削器（2015GLPT1⑨：48） 2. AbⅠ型刮削器（2015GLPT1⑩：23） 3. AbⅢ型刮削器（2015GLPT2⑧：7） 4、5. AbⅤ型刮削器（2015GLPT1⑧：22、2015GLPT2⑥：3） 6. AbⅥ型刮削器（2015GLPT1⑨：79）

侧边缘多次单面剥片，加工出一道弧刃。刃缘整齐锋利，未见使用痕迹。片疤较小且浅平，打击方向由石片背面向腹面打击。右侧截断一块，形成平整的破裂面，应为修整器身留下的痕迹。长8.2cm，宽5.8cm，厚1.4cm，重78g（图四三二，2；彩版一〇一，6）。

AbⅢ型　4件。

标本2015GLPT2⑧：7，原料为灰褐色辉绿岩石片。器身形状近梯形。腹面平整，背面大部分保留自然砾面。左右两侧较钝，保留自然砾面。加工方法为锤击法。加工主要集中在石片远端。沿远端边缘多次单面剥片，加工出一道弧刃。刃缘整齐，但较钝，有使用痕迹。片疤较小且浅平，打击方向由石片背面向腹面打击。长9.8cm，宽9.1cm，厚1.7cm，重276g（图四三二，3）。

AbⅤ型　3件。

标本2015GLPT1⑧：22，原料为灰褐色辉绿岩石片。器身形状近半圆形。腹面平整，背面部分保留自然砾面。右侧较薄；左侧较厚，为自然砾面。加工方法为锤击法。加工主要集中在石片右侧下半部。沿石片右侧下半部边缘多次单面剥片，加工出一道弧刃。刃缘整齐锋利，未见使用痕迹。片疤较小且浅平，打击方向由石片背面向腹面打击。左侧与右侧上半部折断一块，形成整齐的断裂面。长8.5cm，宽6.5cm，厚1.9cm，重117g（图四三二，4）。

标本2015GLPT2⑥：3，原料为灰褐色辉绿岩石片。器身形状近半圆形。腹面微凸，背面完全保留自然砾面。加工方法为锤击法。加工主要集中在石片右侧。沿右侧边缘多次单面剥片，加工出一道弧刃。刃缘整齐锋利，未见使用痕迹。片疤细小且浅平，打击方向由石片背面向腹面打击。左侧截断一块，形成整齐的破裂面，应为修整器身留下的痕迹。长9.7cm，宽6.2cm，厚2.0cm，重136g（图四三二，5）。

AbⅥ型　1件。

标本2015GLPT1⑨：79，原料为灰褐色辉绿岩石片。器身形状近椭圆形。腹面微凹，背面大部分保留自然砾面。左侧较锋利。右侧较钝厚，为自然砾面。加工方法为锤击法。加工主要集中在石片远端。沿远端边缘多次单面剥片，加工出一道弧刃。刃缘整齐锋利，有使用痕迹。片疤较小且浅平，打击方向由石片背面向腹面打击，部分片疤尾部折断形成陡坎。长8.1cm，宽6.1cm，厚2.0cm，重125g（图四三二，6）。

AbⅧ型　9件。

标本2015GLPT1⑧：7，原料为灰褐色辉绿岩石片。器身形状不规则。腹面较平，背面保留部分自然砾面。近端稍宽。远端稍窄，折断一块，形成断裂面。左侧较薄，右侧较厚。加工方法为锤击法。加工主要集中在右侧。沿右侧边缘多次单面剥片，加工出一道弧刃。刃缘整齐较锋利，有使用痕迹。片疤较小且浅平，打击方向由石片背面向腹面打击。长9.8cm，宽7.4cm，厚1.7cm，重173g（图四三三，1）。

标本2015GLPT2⑧：20，原料为灰褐色辉绿岩石片。器身形状不规则。腹面不平，背面完全保留自然砾面。近端较宽，远端近一舌尖。左侧较厚，为自然砾面。右侧较薄。加工方法为锤

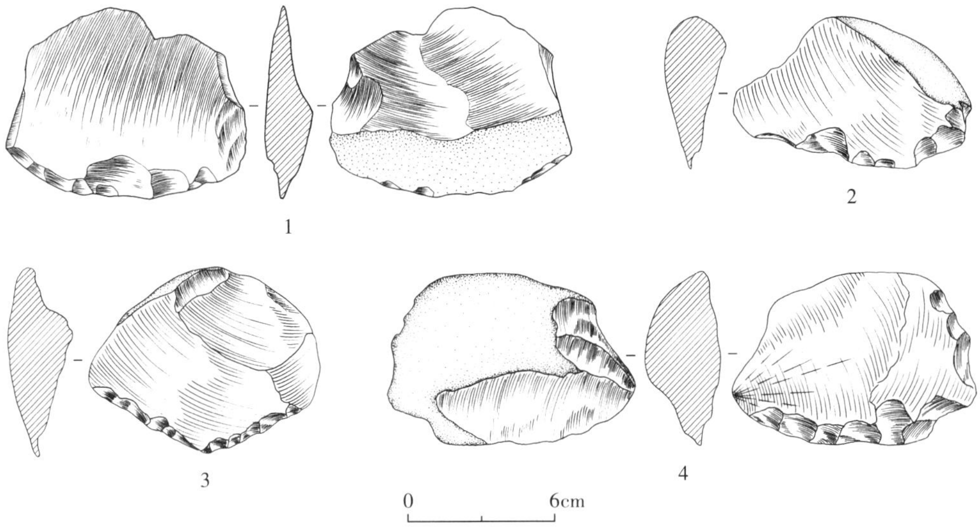

图四三三　坡叫环遗址第五文化层石制品（十七）

1、2. AbⅧ型刮削器（2015GLPT1 ⑧：7、2015GLPT2 ⑧：20）　3. BaⅡ型刮削器（2015GLPT2 ⑦：37）　4. BbⅢ型刮削器（2015GLPT1 ⑨：35）

击法。加工主要集中在远端右侧。沿右侧边缘多次单面剥片，加工出一道弧刃。刃缘整齐锋利，未见使用痕迹。片疤较小且浅平，打击方向由石片背面向腹面打击。长 9.9cm，宽 6.2cm，厚 2.5cm，重 116g（图四三三，2）。

B 型　10 件。分别属于 Ba、Bb、Bd 亚型。

Ba 型　1 件。属于 BaⅡ次亚型。

标本 2015GLPT2 ⑦：37，原料为灰褐色辉绿岩石片。器身形状近四边形。腹面略凸，背面完全保留自然砾面。左侧较厚，为自然砾面。右侧较锋利。加工方法为锤击法。加工主要集中在石片右侧及远端。分别沿这两个部位边缘多次单面剥片，各加工出一道直刃。两刃缘整齐锋利，远端的直刃有使用痕迹。片疤细小且浅平，打击方向由石片背面向腹面打击。长 9.4cm，宽 7.4cm，厚 2.6cm，重 194g（图四三三，3；彩版一〇二，1）。

Bb 型　3 件。分别属于 BbⅢ次亚型和 BbⅣ次亚型。

BbⅢ型　2 件。

标本 2015GLPT1 ⑨：35，原料为灰褐色辉绿岩石片。器身形状近梯形。腹面平整，靠近远端处下折形成一斜面。背面保留部分自然砾面。左侧较薄，右侧较厚。加工方法为锤击法。加工主要集中在左侧及远端。分别沿左侧及远端边缘多次单面剥片，各加工出一道弧刃。两刃缘均较整齐锋利，未见使用痕迹。片疤细小且浅平，打击方向由石片背面向腹面打击。长 9.9cm，宽 6.9cm，厚 3.2cm，重 235g（图四三三，4）。

BbⅣ型　1 件。

标本 2015GLPT2 ⑧：31，原料为灰褐色辉绿岩石片。器身较小，形状近圆形。腹面微凸，背面完全保留自然砾面。左侧较薄；右侧较厚，近一斜面。近端一侧有一块节理面。加工方法为锤击法。加工主要集中在石片右侧及远端。分别沿右侧及远端边缘多次单面剥片，各加工出一道弧刃。两刃缘整齐锋利，均未见使用痕迹。片疤细小且浅平，打击方向由石片背面向腹面打击。长 5.2cm，宽 5.0cm，厚 1.2cm，重 34g（图四三四，4；彩版一〇二，2）。

Bd 型　6 件。分别属于 BdⅢ次亚型和 BdⅧ次亚型。

BdⅢ型　2 件。

标本 2015GLPT2 ⑥：52，原料为灰褐色辉绿岩石片。器身形状近梯形。腹面平整；背面近端为片疤面，片疤与石片同向同源，其余部分保留自然砾面。加工方法为锤击法。加工主要集中在石片右侧和近端的右侧边缘。分别沿这几个部位边缘多次单面剥片，在近端右侧加工出一道弧刃，在右侧边缘加工出一道直刃。两刃刃缘整齐锋利，均未见使用痕迹。片疤细小且浅平，打击方向由石片背面向腹面打击。石片左侧及远端均截断一块，形成较平整的破裂面，应为修整器身留下的痕迹。长 6.6cm，宽 6.3cm，厚 1.3cm，重 70g（图四三四，1；彩版一〇二，3）。

BdⅧ型　4 件。

标本 2015GLPT2 ⑥：30，原料为灰褐色辉绿岩石片。器身形状不规则。腹面较平，背面大部分保留自然砾面。左侧稍厚，右侧稍薄。加工方法为锤击法。加工主要集中在石片两侧。分别沿两侧边缘多次单面剥片，在左侧加工出一道直刃，在右侧加工出一道凹刃。两刃缘较整齐锋利，

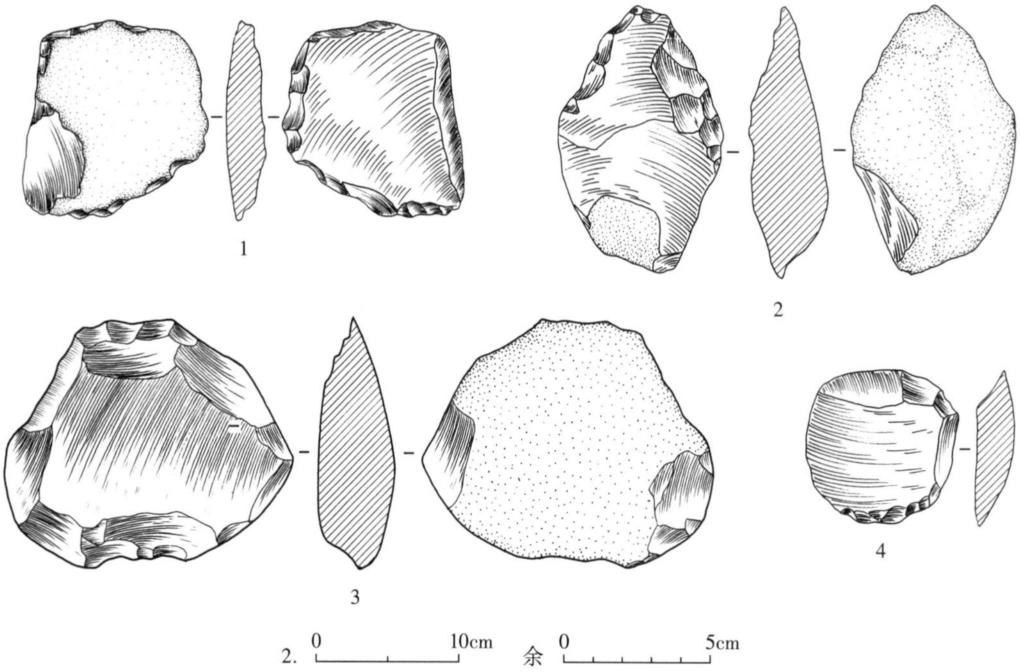

图四三四　坡叫环遗址第五文化层石制品（十八）

1. BdⅢ型刮削器（2015GLPT2 ⑥：52）　2. AbⅥ型尖状器（2015GLPT1 ⑨：13）　3. BdⅧ型刮削器（2015GLPT2 ⑥：30）　4. BbⅣ型刮削器（2015GLPT2 ⑧：31）

均未见使用痕迹。两刃在近端中央交汇形成一个钝尖。片疤大多较小且浅平，打击方向由石片背面向腹面打击，部分片疤尾部折断形成陡坎。较宽端有修整器身的痕迹。长 9.9cm，宽 8.4cm，厚 2.6cm，重 309g（图四三四，3）。

尖状器　2 件。原料均为辉绿岩石片。器身形状分别为三角形和椭圆形。分别属于 A 型中的 Ab 亚型和 Ac 亚型。

Ab 型　1 件。属于 AbⅥ次亚型。

标本 2015GLPT1 ⑨：13，原料为灰褐色辉绿岩石片。器身形状近椭圆形。腹面不平整，背面大部分保留自然砾面。加工方法为锤击法。加工主要集中在石片两侧及远端。沿两侧中下部边缘多次单面剥片，其中一侧加工出一道弧刃，另一侧加工出一道直刃。两刃缘整齐锋利，在远端交汇处加工出一钝尖。未见使用痕迹。片疤大多较小且浅平，打击方向由石片背面向腹面打击，部分片疤尾部折断形成陡坎。长 18.0cm，宽 11.3cm，厚 5.0cm，重 1015g（图四三四，2）。

Ac 型　1 件。属于 AcⅠ次亚型。

标本 2015GLPT1 ⑨：2，原料为灰褐色辉绿岩石片。器身形状近三角形。腹面平整，背面大部分保留自然砾面。加工方法为锤击法。加工主要集中在石片两侧及近端。沿两侧边缘多次单面剥片，其中一侧加工出一道直刃，另一侧加工出一道微凹刃。两刃缘整齐锋利，未见使用痕迹。两刃在近端交汇形成一舌尖。片疤大多较小且浅平，打击方向由石片背面向腹面打击。远端把端也有修整痕迹。长 14.2cm，宽 12.8cm，厚 3.6cm，重 784g（图四三五，1）。

（3）磨制石制品

72 件。包括石斧、石锛、石凿、斧锛类半成品、斧锛类毛坯和研磨器六类。其中石斧 5 件，占该文化层出土磨制石制品总数的 6.95%；石锛、石凿各 14 件，各占该文化层出土磨制石制品总数的 19.44%；斧锛类半成品 16 件，占该文化层出土磨制石制品总数的 22.22%；斧锛类毛坯 19 件，占该文化层出土磨制石制品总数的 26.39%；研磨器 4 件，占该文化层出土磨制石制品总数的 5.56%。

石斧　5 件。包括完整件和残件两种。其中完整件 4 件，占该文化层出土石斧总数的 80%；残件 1 件，占该文化层出土石斧总数的 20%。原料仅有砾石一种。岩性有细砂岩和辉绿岩两种。其中细砂岩 4 件，占该文化层出土石斧总数的 80%；辉绿岩 1 件，占该文化层出土石斧总数的 20%。磨制部位仅见局部磨制一种，大多数只磨制刃部。刃缘仅见弧刃一种。刃部均有使用痕迹。器身形状有四边形、长条形和不规则形三种。其中四边形 1 件，占该文化层出土石斧总数的 20%；长条形和不规则形各 2 件，各占该文化层出土石斧总数的 40%。器身长度最大值 12.6cm，最小值 7.6cm；宽度最大值 5.9cm，最小值 4.5cm；厚度最大值 2.2cm，最小值 1.4cm；重量最大值 178g，最小值 89g。

第一类　完整件。4 件。均属于 B 型，分别属于 Bb、Bg、Bi 亚型。

Bb 型　1 件。

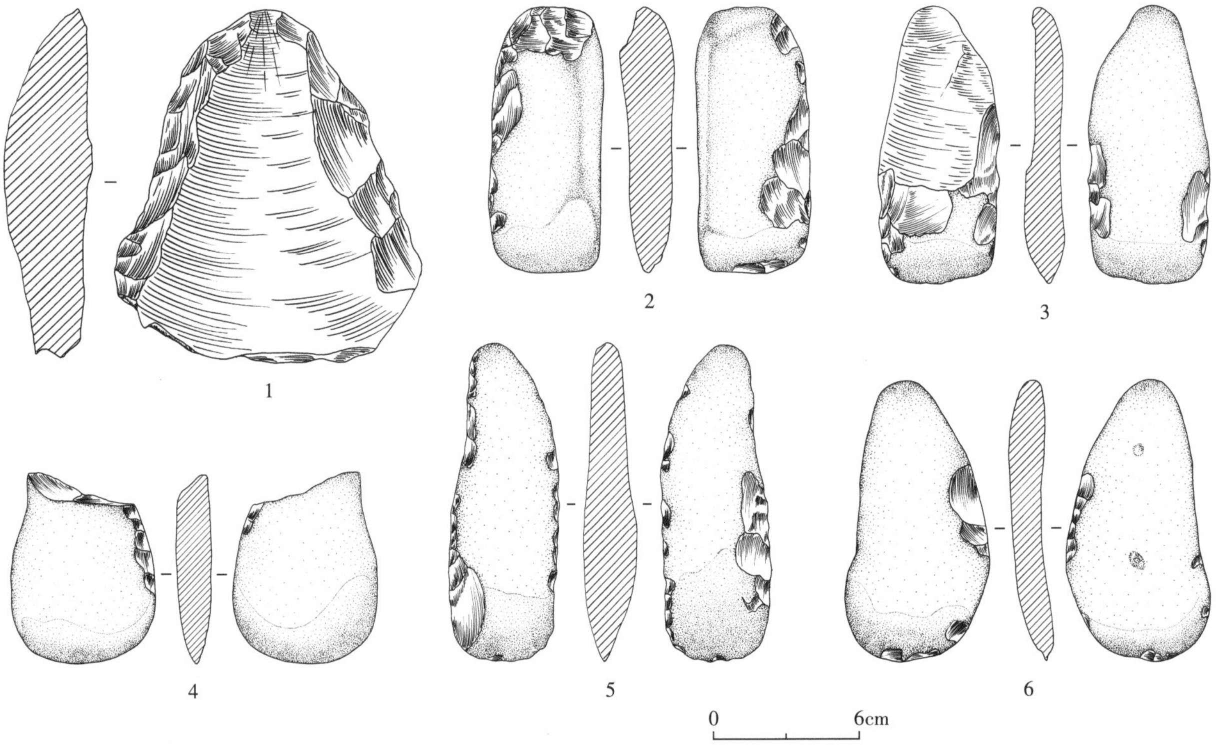

图四三五　坡叫环遗址第五文化层石制品（十九）

1. AcⅠ型尖状器（2015GLPT1⑨：2）　2. Bb型石斧（2015GLPT2⑦：27）　3、5. Bg型石斧（2015GLPT1⑩：1、2015GLPT2⑥：13）　4. Bh型石斧残件（2015GLPT2⑥：49）　6. Bi型石斧（2015GLPT1⑨：69）

标本2015GLPT2⑦：27，原料为黄褐色细砂岩砾石。器身形状近四边形。一端略窄，另一端略宽。一侧较厚，另一侧较薄。略窄端经多次单面剥片，较薄侧经多次双面剥片。片疤较小且浅平，部分片疤尾部折断形成陡坎。略窄端与较薄侧均未经磨制。稍宽端两面均经精心磨制，形成两道相互倾斜的光滑刃面。刃面交汇处磨制出一道微弧刃。刃缘较锋利，有较多使用痕迹。器身其余部位保留自然砾面。长10.5cm，宽4.6cm，厚2.2cm，重178g（图四三五，2；彩版一〇二，4）。

Bg型　2件。

标本2015GLPT1⑩：1，原料为灰色细砂岩砾石。器身形状近长条形。一端较窄，另一端较宽。较窄端经单面剥片，片疤较大，致使上半部为一大的片疤面；未经磨制。两侧的中下部经多次双面剥片，多数片疤较小且浅平；少数片疤较大，已越过器身中轴线；部分片疤尾部折断形成陡坎；未经磨制。较宽端两面均经精心磨制，磨制出两道光滑的刃面。两刃面相互倾斜，其中一道倾斜明显，另一道略微倾斜。两刃面交汇处磨制出一道整齐锋利的弧凸状刃。刃缘有少量的疤痕，应为使用痕迹。器身其余部位保留自然砾面。长11.0cm，宽5.0cm，厚1.6cm，重123g（图四三五，3）。

标本 2015GLPT2 ⑥：13，原料为灰褐色细砂岩砾石。器身形状近长条形。一端较窄，另一端较宽。两侧经多次双面剥片，片疤大多较小且浅平；部分略深，尾部折断形成陡坎；未经磨制。较宽端两面均经精心磨制，形成两道相互倾斜的光滑刃面。两刃面均较宽，交汇处磨制出一道弧凸状刃。刃缘锋利，有使用痕迹。器身其余部位保留自然砾面。长 12.6cm，宽 4.5cm，厚 2.2cm，重 165g（图四三五，5）。

Bi 型　1 件。

标本 2015GLPT1 ⑨：69，原料为灰色辉绿岩砾石。器身形状不规则。一端较窄，另一端较宽。一侧弧凸，另一侧弧凹。在弧凸侧中部多次双面剥片，片疤较小且浅平；未经磨制。较宽端两面均经精心磨制，形成两道宽窄不一、相互倾斜的光滑刃面。两刃面交汇处磨制出一道弧凸状刃。刃缘锋利，有使用痕迹。器身其余部位保留自然砾面。长 11.1cm，宽 5.8cm，厚 1.4cm，重 133g（图四三五，6）。

第二类　残件。1 件。属于 B 型中的 Bh 亚型。

标本 2015GLPT2 ⑥：49，原料为黄褐色细砂岩。器身形状不规则。一端较窄，为断裂面。另一端较宽。一侧稍薄，另一侧稍厚。稍薄侧经多次双面剥片；片疤细小且浅平，虽略经磨制，但尚留有打制痕迹。较宽端两面均经精心磨制，形成两道相互倾斜的光滑刃面。两刃面交汇处磨制出一道弧凸状刃。刃口较锋利，有使用痕迹。器身其余部位保留自然砾面。残长 7.6cm，宽 5.9cm，厚 1.5cm，重 89g（图四三五，4）。

石锛　14 件。包括完整件和残件两种。其中完整件 12 件，占该文化层出土石锛总数的 85.71%；残件 2 件，占该文化层出土石锛总数的 14.29%。原料仅有砾石一种。岩性有细砂岩和辉绿岩两种。其中细砂岩 13 件，占该文化层出土石锛总数的 92.86%，辉绿岩 1 件，占该文化层出土石锛总数的 7.14%。磨制部位仅见局部磨制一种，大多数只磨制刃部。刃缘仅见弧刃一种。刃部有使用痕迹的有 5 件，占该文化层出土石锛总数的 35.71%。器身形状有三角形、四边形、椭圆形和不规则形四种。其中三角形和椭圆形各 3 件，各占该文化层出土石锛总数的 21.43%；四边形 1 件，占该文化层出土石锛总数的 7.14%；不规则形 7 件，占该文化层出土石锛总数的 50.00%。长度最大值 12.2cm，最小值 4.7cm；宽度最大值 5.7cm，最小值 4.2cm；厚度最大值 2.7cm，最小值 1.2cm；重量最大值 218g，最小值 46g。

第一类　完整件。12 件。均为 A 型，分别属于 Ab 亚型中的 AbⅠ、AbⅥ、AbⅨ次亚型。

AbⅠ型　3 件。

标本 2015GLPT1 ⑧：6，原料为灰色细砂岩砾石。器身形状近三角形。一端较窄，另一端较宽。一侧较厚，另一侧较薄。一面平整，另一面微凸。在较窄端多次单面剥片，片疤较小且浅平；打击方向由平整面向微凸面打击；未经磨制。在较薄侧多次双面剥片，其中平整面为主加工面，片疤较大且深凹，多越过器身中轴线，几乎占据了除较宽端之外的整个面；微凸面片疤较小且浅平；两面片疤均未经磨制。较宽端两面均经精心磨制，磨制出两道光滑的刃面。其中一刃面较宽，向另一面倾斜；另一刃面较窄平，略微向另一面倾斜。两刃面交汇处磨制出一道弧凸状刃。刃缘锋利，未见使用痕迹。较平面布满形状不规则的细麻点状坑疤。微凸面中部也有一呈椭圆形分布的细麻点状坑疤。这两处坑疤，均应为兼作石砧使用留下的痕迹。长 8.7cm，宽 4.3cm，厚 1.4cm，重 81g（图四三六，1）。

标本 2015GLPT2 ⑥：1，原料为黄褐色细砂岩砾石。器身形状近长三角形。一端略窄，另一端略宽。一侧稍薄，另一侧稍厚。一面凸起，另一面较平整。在稍薄侧多次双面剥片，中上部由

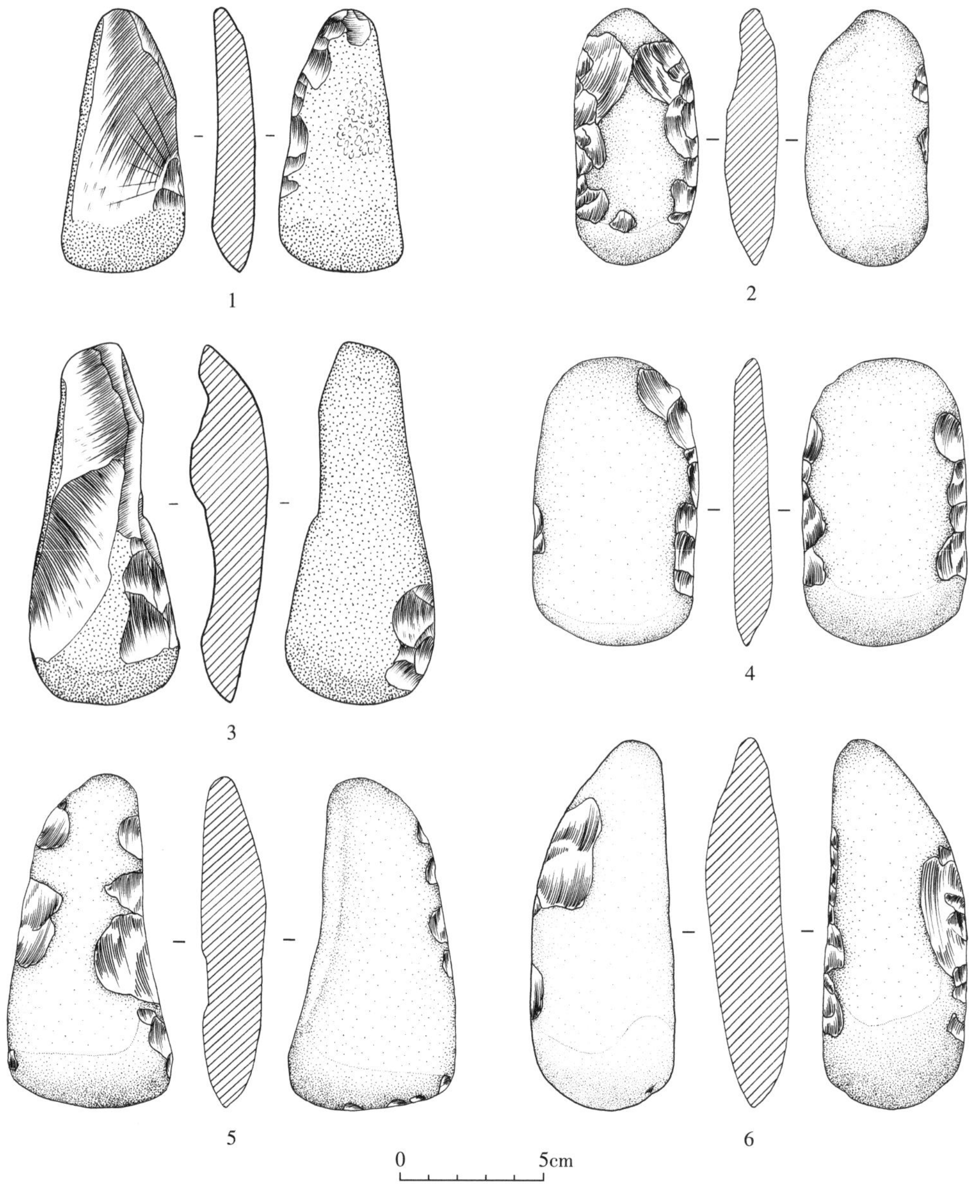

图四三六　坡叫环遗址第五文化层石制品（二十）

1、3、5. AbⅠ型石锛（2015GLPT1 ⑧：6、2015GLPT2 ⑥：1、2015GLPT2 ⑥：4）　2、4. AbⅥ型石锛（2015GLPT1 ⑨：68、2015GLPT2 ⑦：34）　6. AbⅨ型石锛（2015GLPT1 ⑨：59）

平整面向凸起面打击，下部则相反；未经磨制。稍厚侧多次单面剥片，打制方向由平整面向凸起面打击，也未经磨制；片疤大多较小且浅平，少量较大，已越过器身中轴线。较宽端两面均经精心磨制，磨制出两道光滑刃面。其中一刃面较宽，向另一面倾斜；另一刃面较窄平，一侧仍有打击疤痕。两刃面交汇处磨制出一道弧凸状刃。刃缘锋利，有使用痕迹。器身其余部位保留自然砾面。长 11.9cm，宽 5.1cm，厚 2.7cm，重 186g（图四三六，3）。

标本 2015GLPT2⑥：4，原料为黄褐色细砂岩砾石。器身形状近三角形。一端稍窄，另一端稍宽。一侧较薄。另一侧较厚，略微弧凹。一面平整，另一面略微凸起。在较薄侧多次双面剥片；片疤较小且浅平，部分片疤尾部折断形成陡坎，未经磨制。在较厚侧多次单面剥片；片疤大多较小且浅平，少量较大且深，已达器身中轴线；未经磨制。稍宽端两面均经精心磨制，磨制出两道光滑刃面。其中一刃面较宽，一侧尚有少量打击疤痕；另一刃面较窄。两刃面交汇处磨制出一道锋利的弧凸状刃。刃缘有使用痕迹。器身其余部位保留自然砾面。长 11.0cm，宽 5.7cm，厚 2.2cm，重 186g（图四三六，5）。

AbⅥ型　3 件。

标本 2015GLPT1⑨：68，原料为黄褐色辉绿岩砾石。器身形状近椭圆形。一端稍窄，另一端稍宽。一侧稍薄，另一侧稍厚。一面平整，另一面凸起。在稍薄侧多次双面剥片，在稍厚侧多次单面剥片。片疤打击方向由凸起面向平整面打击。两侧均未经磨制。片疤大多较小且浅平，少量较大，已到达器身中轴线。较宽端两面均经精心磨制，磨制出两道光滑刃面。其中一刃面较宽，向另一面倾斜。另一刃面较窄平，略微向另一面倾斜。两刃面交汇处磨制出一道弧凸状刃。刃缘锋利，未见使用痕迹。器身其余部位保留自然砾面。长 8.5cm，宽 4.2cm，厚 1.8cm，重 89g（图四三六，2；彩版一〇二，5）。

标本 2015GLPT2⑦：34，原料为黄褐色细砂岩砾石。器身形状近椭圆形。一端稍窄，另一端稍宽。在器身两侧多次双面剥片，片疤大多较小且浅平；未经磨制。稍宽端两面均经精心磨制，磨制出两道光滑的刃面。其中一刃面较宽，向另一面倾斜；另一刃面较窄，略微向另一面倾斜。两刃面交汇处磨制出一道弧凸状刃。刃缘锋利，未见使用痕迹。器身其余部位保留自然砾面。长 9.5cm，宽 5.6cm，厚 1.2cm，重 120g（图四三六，4）。

AbⅨ型　6 件。

标本 2015GLPT1⑨：59，原料为灰色细砂岩砾石。器身形状不规则。一端较窄，另一端较宽。一侧稍厚，另一侧稍薄。一面平整，另一面凸起。在稍厚侧多次单面剥片；片疤细小且浅平，打击方向由凸起面向平整面打击；未经磨制。在稍薄侧多次双面剥片；片疤大多较小且浅平，少量较大且深，部分片疤尾部折断形成陡坎；未经磨制。较宽端两面均经精心磨制，磨制出两道光滑刃面。其中一刃面磨面较宽，向另一面倾斜；另一刃面较窄，略微向另一面倾斜，一侧尚有一块小片疤。两刃面交汇处磨制出一道锋利的弧凸状刃。未见使用痕迹。器身其余部位保留自然砾面。长 12.2cm，宽 4.9cm，厚 2.4cm，重 218g（图四三六，6）。

第二类　残件。2 件。分别属于 A 型和 B 型。

A 型　1 件。属于 Ah 亚型。

标本 2015GLPT2⑥：2，原料为黄褐色细砂岩砾石。器身形状不规则。一端稍窄，另一端稍宽。在一侧单面剥片，因遇到较大节理面，片疤顺着节理面剥落，尾部折断形成陡坎；片疤较大，已越过器身中轴线；未经磨制。略宽端两面均经精心磨制，磨制出两道光滑刃面。其中一刃面较宽，向另一面倾斜，一侧尚有少量打击疤痕；另一刃面较窄，略微向另一面倾斜。两刃面交汇处磨制出一道锋利的弧凸状刃。刃缘有使用痕迹，刃部一侧已残缺。器身其余部位保留自然砾面。长 9.4cm，宽 4.6cm，厚 1.4cm，重 88g（图四三七，1）。

B 型　1 件。属于 Bb 亚型。

标本 2015GLPT2⑦：49，原料为黄褐色细砂岩砾石。器身形状近四边形。一端稍窄，已残断，形成较平整的断裂面。另一端稍宽。在器身一侧多次双面剥片，另一侧多次单面剥片；片疤大多较小且浅平，少量片疤较深，尾部折断形成陡坎；未经磨制。稍宽端两面均经精心磨制，磨制出两道光滑刃面。其中一刃面较宽，向另一面倾斜，一侧尚有少量打击疤痕；另一刃面较窄，略微向另一面倾斜。两刃面交汇处磨制出一道锋利的弧凸状刃。未见使用痕迹。器身其余部位保留自

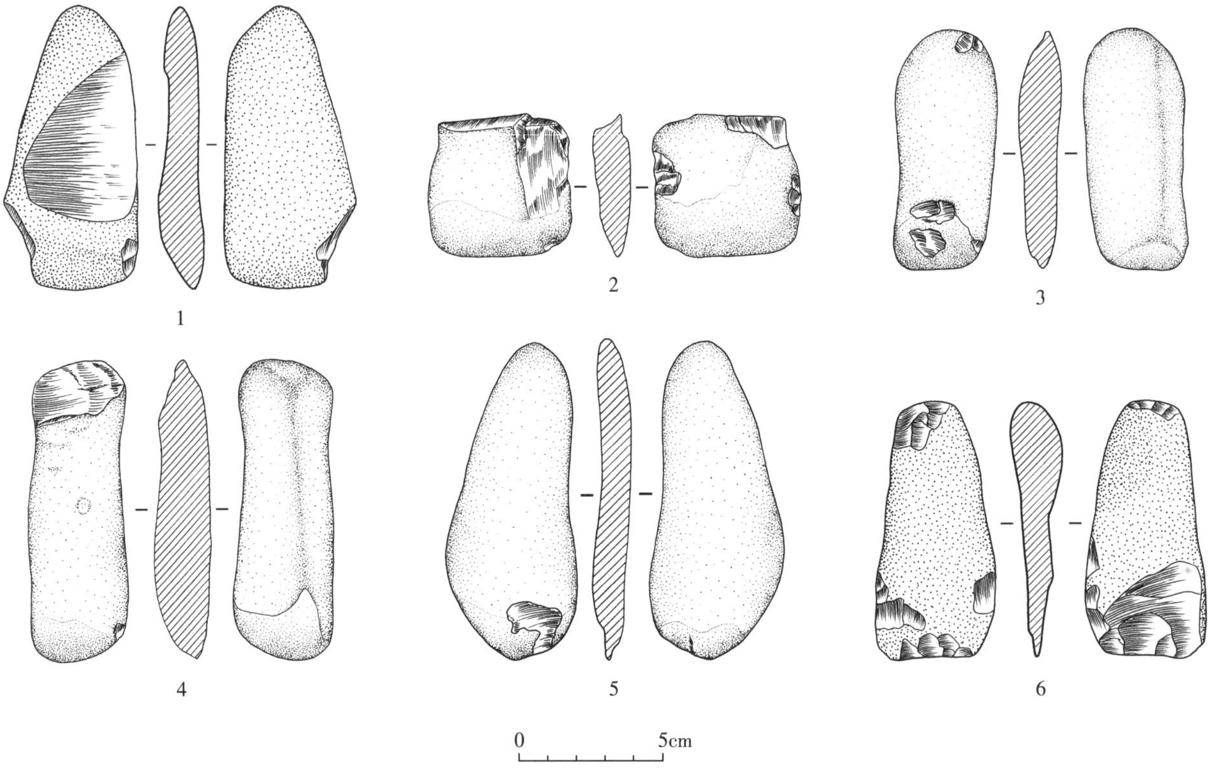

图四三七　坡叫环遗址第五文化层石制品（二十一）

1. Ah 型石锛残件（2015GLPT2⑥：2）　2. Bb 型石锛残件（2015GLPT2⑦：49）　3. AaⅦ型石凿（2015GLPT1⑩：13）　4. AbⅦ型石凿（2015GLPT1⑧：2）　5. AbⅧ型石凿半成品（2015GLPT1⑩：24）　6. AaⅢ型石凿毛坯（2015GLPT2⑦：47）

然砾面。残长 4.7cm，宽 4.9cm，厚 1.2cm，重 46g（图四三七，2）。

石凿　14 件。包括成品、半成品、毛坯和残件四大类。其中成品、残件各 2 件，各占该文化层出土石凿总数的 14.29%；半成品 1 件，占该文化层出土石凿总数的 7.14%；毛坯 9 件，占该文化层出土石凿总数的 64.28%。原料仅有砾石一种。岩性仅有细砂岩一种。器身形状有梯形、椭圆形、长条形和不规则形四种。其中梯形和椭圆形各 1 件，各占该文化层出土石凿总数的 7.14%；长条形 5 件，占该文化层出土石凿总数的 35.72%；不规则形 7 件，占该文化层出土石凿总数的 50.00%。器身长度最大值 13.3cm，最小值 7.5cm；宽度最大值 4.5cm，最小值 3.1cm；厚度最大值 2.6cm，最小值 1.1cm；重量最大值 182g，最小值 47g。

第一类　成品。2 件。均属于 A 型，分别属于 Aa 亚型和 Ab 亚型。

Aa 型　1 件。属于 AaⅦ次亚型。

标本 2015GLPT1 ⑩：13，原料为灰色细砂岩砾石。器身形状近长条形。一端略窄，另一端稍宽。稍宽端略经单面剥片，片疤细小且浅平；未经磨制。略窄端两面均经精心磨制，磨制出两道光滑刃面。其中一刃面较宽，向另一面倾斜，中部尚有打击疤痕；另一刃面较窄，向另一面略微倾斜。两刃面交汇处磨制出一道整齐锋利的平直刃口。未见使用痕迹。器身其余部位保留自然砾面。长 8.0cm，宽 3.4cm，厚 1.4cm，重 65g（图四三七，3）。

Ab 亚型　1 件。属于 AbⅦ次亚型。

标本 2015GLPT1 ⑧：2，原料为黄褐色细砂岩砾石。器身形状近长条形。一端稍窄，另一端稍宽。稍窄端经多次单面剥片，片疤大多较小且浅平，少量略深；未经磨制。稍宽端两面均经精心磨制，磨制出两道光滑的刃面。其中一刃面稍宽，向另一面倾斜；另一刃面稍窄，略微向另一面倾斜，一侧尚有少量打击疤痕。两刃面交汇处磨制出一道整齐锋利的弧凸状刃，刃角尚有少量打击疤痕。未见使用痕迹。器身其余部位保留自然砾面。长 9.9cm，宽 3.3cm，厚 1.9cm，重 93g（图四三七，4）。

第二类　半成品。1 件。属于 A 型中的 AbⅧ型。

标本 2015GLPT1 ⑩：24，原料为黄褐色细砂岩砾石。器身形状不规则。一端较窄，另一端较宽。较宽端经多次双面剥片，加工出一道整齐但不锋利的弧凸状刃缘；两面经较多磨制，磨出两道光滑的刃面，但仍留有较多打击疤痕。两刃面交汇处保留原打制的弧凸状刃缘。虽略经磨制，但刃口尚未最终磨制完成。器身其余部位保留自然砾面。长 10.5cm，宽 4.5cm，厚 1.1cm，重 78g（图四三七，5）。

第三类　毛坯。9 件。分别属于 A 型和 B 型。

A 型　7 件。分别属于 Aa 亚型和 Ab 亚型。

Aa 型　1 件。属于 AaⅢ次亚型。

标本 2015GLPT2 ⑦：47，原料为黄褐色细砂岩砾石。器身形状近梯形。一端较窄，另一端较宽。加工方法为锤击法。在两端及两侧靠近较宽端多次双面剥片，片疤较小且浅平。较宽端加工出一道直刃。刃缘整齐锋利，未经磨制。器身其余部位保留自然砾面。长 8.5cm，宽 4.1cm，厚 1.8cm，重 74g（图四三七，6）。

Ab 型　6 件。分别属于 AbⅥ、AbⅦ、AbⅧ次亚型。

AbⅥ型　1 件。

标本 2015GLPT2⑥：47，原料为黄褐色细砂岩砾石。器身形状近椭圆形。一端略窄，另一端稍宽。加工方法为锤击法。在较宽端多次单面剥片，加工出一道整齐但不锋利的弧凸状刃缘。片疤较小且浅平，未经磨制。器身其余部位保留自然砾面。长 8.5cm，宽 3.9cm，厚 1.3cm，重 80g（图四三八，1）。

AbⅦ型　3 件。

标本 2015GLPT2⑧：19，原料为黄褐色细砂岩砾石。器身形状近长条形。一端稍窄，另一端稍宽。加工方法为锤击法。在稍宽端多次双面剥片，加工出一道弧刃。刃缘整齐锋利；其中一面片疤多且较大，另一面片疤少且细小，未经磨制。器身其余部位保留自然砾面。长 13.3cm，宽 3.9cm，厚 2.0cm，重 182g（图四三八，4）。

标本 2015GLPT2⑥：51，原料为褐色细砂岩砾石。器身形状近长条形。一端稍宽，另一端

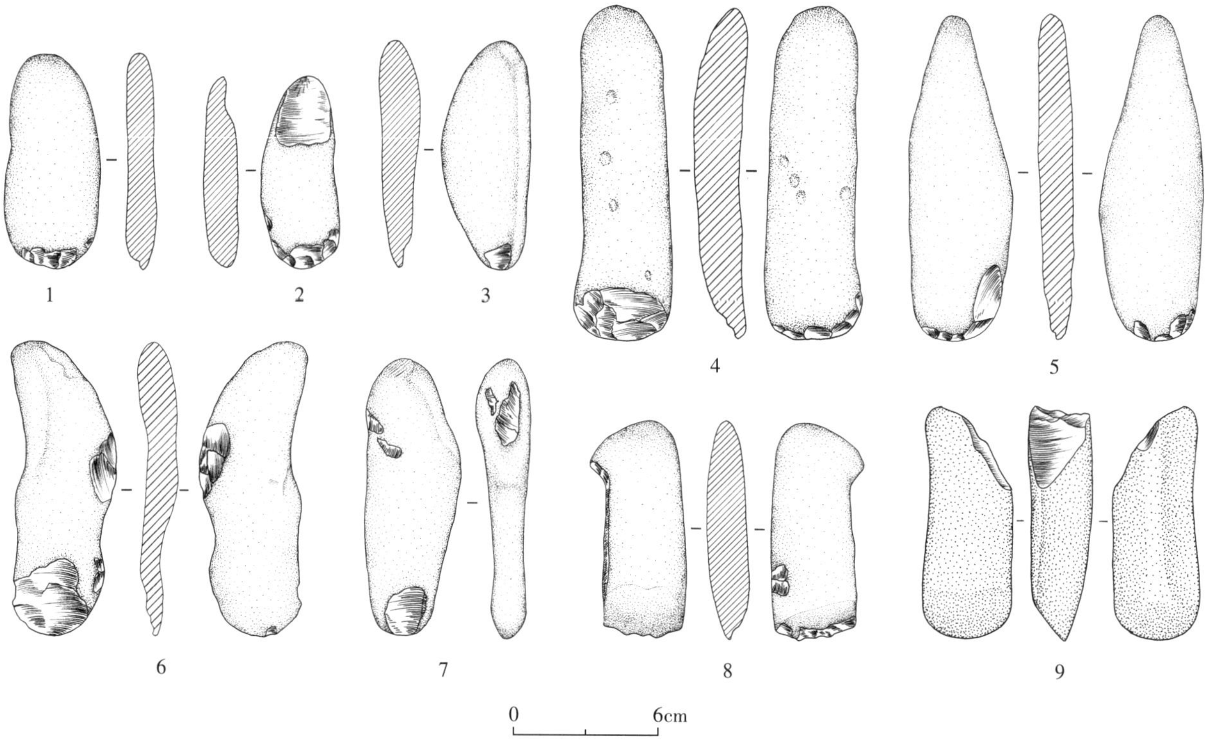

图四三八　坡叫环遗址第五文化层石制品（二十二）

1. AbⅥ型石凿毛坯（2015GLPT2⑥：47）　2、6. AbⅧ型石凿毛坯（2015GLPT2⑥：53、2015GLPT2⑦：32）　3、7. Bh 型石凿毛坯（2015GLPT2⑦：42、2015GLPT2⑥：46）　4、5. AbⅦ型石凿毛坯（2015GLPT2⑧：19、2015GLPT2⑥：51）　8. Ah 型石凿残件（2015GLPT1⑨：53）　9. Bh 型石凿残件（2015GLPT2⑧：29）

略窄。加工方法为锤击法。在稍宽端多次双面剥片，加工出一道整齐但不锋利的弧凸状刃缘；片疤大多细小且浅平，未经磨制。器身其余部位保留自然砾面。长 12.9cm，宽 4.2cm，厚 1.4cm，重 116g（图四三八，5）。

AbⅧ型　2 件。

标本 2015GLPT2⑦：32，原料为黄褐色细砂岩砾石。器身形状不规则。一端稍窄，另一端稍宽。一侧近弧凹，另一侧呈弧凸。加工方法为锤击法。在弧凸侧凸起处多次双面剥片，片疤较小且浅平。稍宽端多次双面剥片，加工出一道弧刃；其中一面片疤较大，另一面片疤细小。未经磨制。器身其余部位保留自然砾面。长 11.6cm，宽 4.0cm，厚 1.6cm，重 99g（图四三八，6）。

标本 2015GLPT2⑥：53，原料为黄褐色细砂岩砾石。器身形状不规则。一端较窄，另一端较宽。一面平整，另一面凸起。加工方法为锤击法。在两端分别单面剥片。较窄端只剥片一次，片疤较大但浅平。较宽端剥片较多，加工出一道整齐但不锋利的弧凸状刃缘；片疤均较小且浅平，未经磨制。打击方向均由凸起面向平整面打击。器身其余部位保留自然砾面。长 7.5cm，宽 3.1cm，厚 1.4cm，重 47g（图四三八，2）。

B 型　2 件。均属于 Bh 亚型。

标本 2015GLPT2⑥：46，原料为黄褐色细砂岩砾石。器身形状不规则。一端稍宽，另一端略窄。加工方法为锤击法。一侧上半部和窄端略经单面剥片；片疤较小且浅平，未经磨制。略窄端边缘钝厚，不成刃。器身其余部位保留自然砾面。长 11.0cm，宽 3.9cm，厚 2.2cm，重 126g（图四三八，7）。

标本 2015GLPT2⑦：42，原料为黄褐色细砂岩砾石。器身形状不规则。一端稍宽，另一端略窄。加工方法为锤击法。在略窄端单面剥片，只剥片一次；片疤较小且浅平；边缘钝厚，不成刃，未经磨制。器身其余部位保留自然砾面。长 9.1cm，宽 3.7cm，厚 1.7cm，重 74g（图四三八，3）。

第四类　残件。2 件。分别属于 A 型和 B 型。

A 型　1 件。属于 Ah 亚型。

标本 2015GLPT1⑨：53，原料为灰褐色细砂岩砾石。器身形状不规则。一端稍宽，另一端稍窄。一侧较薄，另一侧较厚。一面平整，另一面微凸。稍薄侧下部经多次单面剥片，片疤较小且浅平；打制方向由微凸面向平整面打击，虽略经磨制，但仍有打制痕迹。略窄端经多次单面剥片，加工出一道整齐锋利的弧凸状刃缘。略宽端两面经较多的磨制，其中一面全为光滑的刃面；另一面靠近刃缘处尚未进行磨制，保留着打击疤痕。两刃面相互倾斜，交汇处保留原打制出的弧凸状刃缘。刃口尚未开始磨制。稍厚侧折断一块，形成整齐的断裂面。器身其余部位保留自然砾面。残长 8.7cm，宽 3.7cm，厚 1.6cm，重 86g（图四三八，8）。

B 型　1 件。属于 Bh 亚型。

标本 2015GLPT2⑧：29，原料为黄褐色细砂岩砾石。器身形状不规则。一端稍宽，另一端略窄。稍宽端两面均经精心磨制，磨制出两道光滑的刃面。其中一刃面较宽，向另一面倾斜，中部有少量细小的打制疤痕；另一刃面较窄，稍微向另一面倾斜。两刃面交汇处磨制出一道锋利的弧凸状刃口，未见使用痕迹。较窄端已残断，形成不规整的断裂面。器身其余部位保留自然砾面。残长 9.2cm，宽 3.6cm，厚 2.6cm，重 125g（图四三八，9）。

斧锛类半成品 16 件。包括完整件和残件两种。其中完整件 13 件，占该文化层出土斧锛类半成品总数的 81.25%；残件 3 件，占该文化层出土斧锛类半成品总数的 18.75%。原料仅有砾石一种。岩性有细砂岩和辉绿岩两种。其中细砂岩 14 件，占该文化层出土斧锛类半成品总数的 87.50%；辉绿岩 2 件，占该文化层出土斧锛类半成品总数的 12.50%。磨制部位只见局部磨制一种，且多为磨制刃部。器身形状有四边形、梯形、椭圆形和不规则形四种。其中四边形和不规则形各 1 件，各占该文化层出土斧锛类半成品总数的 6.25%；梯形 6 件，占该文化层出土斧锛类半成品总数的 37.50%；椭圆形 8 件，占该文化层出土斧锛类半成品总数的 50.00%。器身长度最大值 17.0cm，最小值 5.7cm；宽度最大值 7.9cm，最小值 3.6cm；厚度最大值 3.5cm，最小值 1.1cm；重量最大值 753g，最小值 70g。

第一类 完整件。13 件。均属于 A 型，分别属于 Ab 亚型中的 AbⅢ次亚型和 AbⅥ次亚型。

AbⅢ型 5 件。

标本 2015GLPT1⑨：31，原料为灰褐色细砂岩砾石。器身形状近梯形。一端稍窄，另一端略宽。略宽端经多次单面剥片，打制出一道整齐的弧凸状刃缘。两刃面经较多磨制，其中一面为光滑的刃面；另一面虽经较多磨制，但是中部及一侧靠近刃缘处尚留有打制疤痕。两刃面相互倾斜，交汇处大部分保留原打制出的弧凸状刃缘。一侧的刃口虽已磨出，但中部及另一侧的刃口尚未最终磨成。器身其余部位保留自然砾面。长 8.1cm，宽 4.5cm，厚 1.3cm，重 73g（图四三九，1；彩版一〇二，6）。

标本 2015GLPT1⑩：5，原料为黄褐色细砂岩砾石。器身形状近梯形。一端稍窄，另一端略宽。在稍窄端和两侧多次双面剥片；片疤较小且浅平，部分尾部折断形成陡坎；未经磨制。略宽端经多次单面剥片，打制出一道整齐锋利的弧凸状刃缘。两面经较多磨制，形成两道相互倾斜的光滑刃面；交汇处两侧刃口已磨出，但尚未最终磨制完成，刃缘中部仍留有打制疤痕。器身其余部位保留自然砾面。长 9.3cm，宽 5.0cm，厚 1.4cm，重 102g（图四三九，2）。

AbⅥ型 8 件。

标本 2015GLPT2⑦：23，原料为灰褐色辉绿岩砾石。器身形状近椭圆形。一端较窄，另一端较宽。较宽端经多次单面剥片，打制出一道整齐的弧凸状刃缘；片疤较小且浅平；两面均略经磨制。两面交汇处保留原打制出的弧凸状刃缘，刃口尚未开始磨制。器身其余部位保留自然砾面。长 12.8cm，宽 5.7cm，厚 2.2cm，重 209g（图四三九，3）。

标本 2015GLPT1⑩：8，原料为灰褐色细砂岩砾石。器身形状近椭圆形。一端略窄，另一端稍宽。略窄端及两侧经多次双面剥片，片疤层叠；片疤大多较小且浅平，少量片疤尾部折断形成陡坎，一些片疤较大，已越过器身中轴线；未经磨制。稍宽端经多次单面剥片，打制出一道整齐

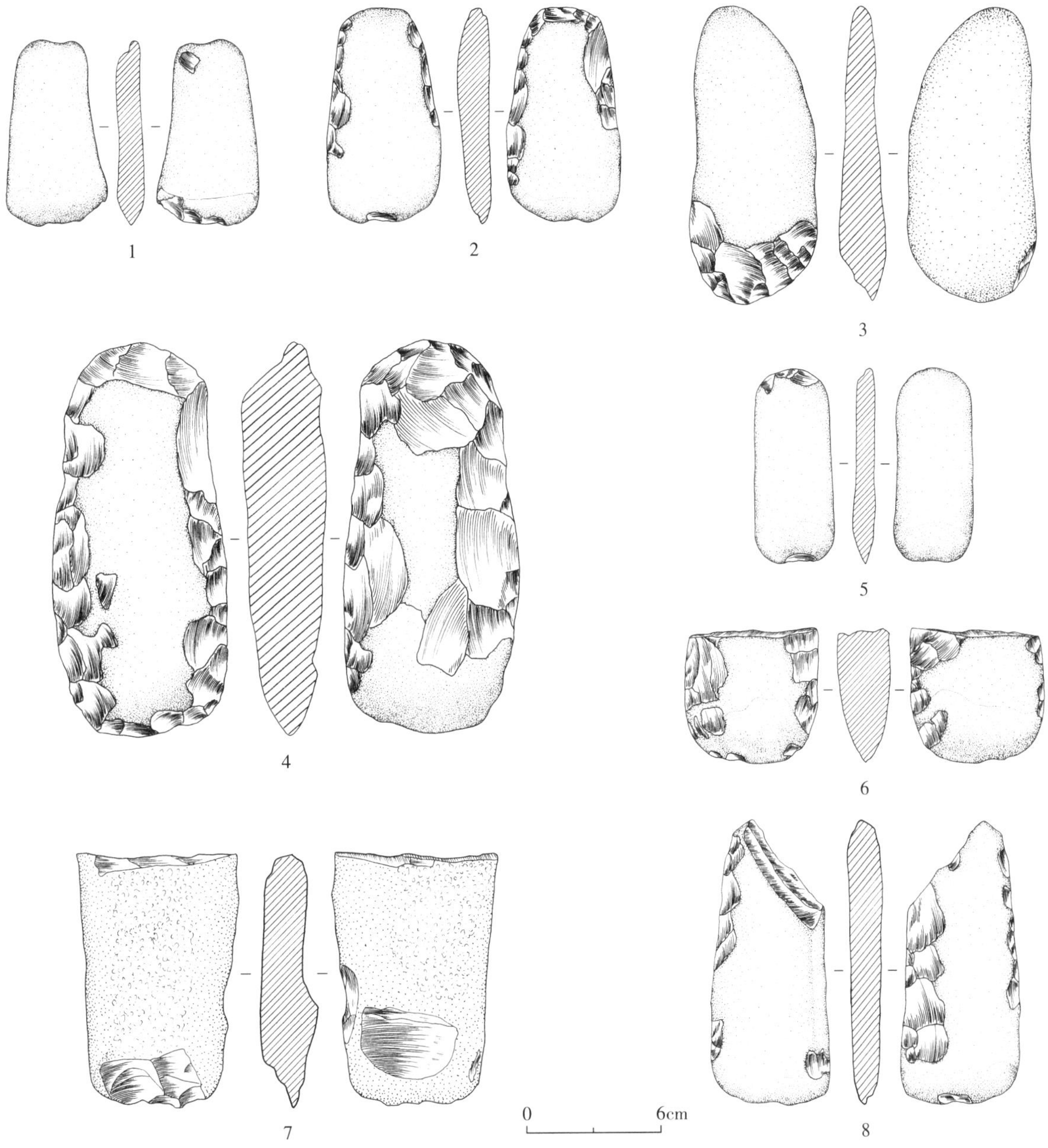

图四三九　坡叫环遗址第五文化层石制品（二十三）

1、2. AbⅢ型斧锛类半成品（2015GLPT1⑨：31、2015GLPT1⑩：5）　3~5. AbⅥ型斧锛类半成品（2015GLPT2⑦：23、2015GLPT1⑩：8、2015GLPT1⑩：14）　6. Db 型斧锛类半成品残件（2015GLPT1⑨：66）　7. Dc 型斧锛类半成品残件（2015GLPT1⑧：16）　8. Dh 型斧锛类半成品残件（2015GLPT2⑧：16）

的弧凸状刃缘。两刃面均经磨制，其中一面磨制较多，已成光滑的刃面；另一面磨制较少，尚有部分打制疤痕。两刃面相互倾斜，交汇处仍保留原打制出的弧凸状刃缘。刃口尚未开始磨制。器身其余部位保留自然砾面。长 17.0cm，宽 7.9cm，厚 3.5cm，重 753g（图四三九，4）。

标本 2015GLPT1⑩：14，原料为灰色细砂岩砾石。器身形状近椭圆形。两端略等宽。一端经多次单面剥片，片疤细小且浅平；未经磨制。另一端略经单面剥片，打制出一道整齐的弧凸状刃缘。两面经较多的磨制，其中一面为光滑的刃面，另一面中部尚有少量打制疤痕。两刃面相互倾斜，交汇处两侧的刃口已磨出，但尚未最终磨制完成，中部仍留有打制疤痕。器身其余部位保留自然砾面。长 8.5cm，宽 3.6cm，厚 1.1cm，重 70g（图四三九，5）。

第二类　残件。3 件。均属于 D 型，分别属于 Db、Dc、Dh 亚型。

Db 型　1 件。

标本 2015GLPT1 ⑨：66，原料为灰褐色辉绿岩砾石。器身残损，剩余部分形状近四边形。一端较厚，为整齐的断裂面。另一端较薄。一侧较薄，另一侧较厚。两侧经多次双面剥片；片疤较小且浅平，部分尾部折断形成陡坎；两侧均未经磨制。较薄端两面经较多磨制，形成两道光滑的刃面。两刃面相互倾斜，交汇处磨制出一道整齐锋利的弧凸状刃缘，但刃口仍有小部分尚未磨成，仍有少量的打制疤痕。器身其余部位保留自然砾面。残长 5.7cm，宽 6.0cm，厚 2.5cm，重 124g（图四三九，6）。

Dc 型　1 件。

标本 2015GLPT1 ⑧：16，原料为灰褐色辉绿岩砾石。器身残损，剩余部分形状近梯形。一端较宽，另一端较窄。较宽端为不整齐的断裂面。较窄端经多次单面剥片，打制出一道整齐的弧凸状刃缘。片疤较大且深，部分尾部折断形成陡坎。一刃面略经磨制，但尚有较多的打制痕迹；另一刃面未经磨制。两刃面相互倾斜，交汇处保留原打制出的弧凸状刃缘。刃口尚未开始磨制。两面中部均有呈块状分布的米粒状坑疤，应为把手端折断后兼作石砧使用留下的痕迹。残长 11.0cm，宽 7.2cm，厚 2.6cm，重 293g（图四三九，7）。

Dh 型　1 件。

标本 2015GLPT2 ⑧：16，原料为灰黑色细砂岩砾石。器身残损，剩余部分形状不规则。一端较窄，为不整齐的断裂面。一侧较长，另一侧较短。较短侧经多次单面剥片；片疤稍大，较浅平，部分片疤尾部折断形成陡坎。较长侧经多次双面剥片；片疤大多较小且浅平，少量片疤较深，一些片疤尾部折断形成陡坎。两侧均未经磨制。较宽端两面经较多的磨制；其中一面为光滑的刃面，另一面中部尚有少量打制疤痕。两刃面相互倾斜，交汇处两侧刃口已磨出，但尚未最终磨制完成，中部仍留有少量打制疤痕。器身其余部位保留自然砾面。残长 12.1cm，宽 5.4cm，厚 1.5cm，重 144g（图四三九，8）。

斧锛类毛坯　19 件。包括完整件和残件两种。其中完整件 12 件，占该文化层出土斧锛类毛坯总数的 63.16%；残件 7 件，占该文化层出土斧锛类毛坯总数的 36.84%。原料有砾石和石片两种。其中砾石 18 件，占该文化层出土斧锛类毛坯总数的 94.74%；石片 1 件，占该文化层出土斧锛类毛坯总数的 5.26%。岩性有辉绿岩和细砂岩两种。其中细砂岩 12 件，占该文化层出土斧锛类毛坯总数的 63.16%；辉绿岩 7 件，占该文化层出土斧锛类毛坯总数的 36.84%。加工方法为锤击法，分单面加工和双面加工，以双面加工为主。加工部位多在器身的端部及两侧，绝大部分或多或少保留自然砾面，未发现通体加工者。器身形状有三角形、四边形、梯形、椭圆形和不规则形五种。其中三角形5件，占该文化层出土斧锛类毛坯总数的26.32%；四边形和梯形各2件，各占该文化层出土斧锛类毛坯总数的10.53%；椭圆形3件，占该文化层出土斧锛类毛坯总数的15.79%；不规则形7件，占该文化层出土斧锛类毛坯总数的36.83%。器身长度最大值17.4cm，最小值6.4cm；宽度最大值8.3cm，最小值4.2cm；厚度最大值3.9cm，最小值1.1cm；重量最大值597g，最小值58g。

第一类　完整件。12件。分别属于A型和B型。

A型　7件。分别属于Ab亚型中的AbⅠ、AbⅡ、AbⅥ、AbⅧ次亚型。

AbⅠ型　1件。

标本2015GLPT2⑥：19，原料为灰褐色细砂岩砾石。器身形状近三角形。一端较窄，另一端较宽。加工方法为锤击法。在两侧的中下部多次双面剥片；加工以一面为主，片疤大多较小且浅平，少量片疤较大且深，有的片疤已越过器身中轴线，致使加工面中下部全是片疤面；另一面片疤零星；两侧均未经磨制。较宽端经多次双面剥片，加工出一道整齐锋利的弧凸状刃缘；片疤大多较小且深，少量较大，未经磨制。器身其余部位保留自然砾面。长17.3cm，宽7.6cm，厚2.7cm，重428g（图四四〇，1）。

AbⅡ型　1件。

标本2015GLPT1⑨：42，原料为黄褐色细砂岩砾石。器身形状近四边形。两端略等宽。加工方法为锤击法。一端经多次双面剥片，加工出一道整齐但不甚锋利的弧凸状刃缘；片疤较小且浅平，未经磨制。另一端和两侧未经加工。器身其余部位保留自然砾面。长9.5cm，宽4.2cm，厚1.9cm，重136g（图四四〇，3；彩版一〇三，1）。

AbⅥ型　3件。

标本2015GLPT2⑦：15，原料为黄褐色细砂岩砾石。器身形状近椭圆形。一端略窄，另一端稍宽。一侧稍厚，另一侧略薄。一面平整，另一面凸起。加工方法为锤击法。略窄端经多次双面剥片；片疤大多较小且浅平，少量片疤较深。稍厚侧经多次单面剥片，中部的片疤较大，已越过器身中轴线，其余片疤较小且浅平；打击方向由平整面向凸起面打击。稍薄侧同样经多次单面剥片，片疤大多较小且浅平，中部的片疤较深；打击方向由凸起面向平整面打击。稍宽端经多次单面剥片，加工出一道整齐较锋利的弧凸状刃缘；片疤稍大，较浅平，打击方向由凸起面向平整面打击。通体未经磨制。器身其余部位保留自然砾面。长13.1cm，宽5.3cm，厚2.8cm，重294g（图四四〇，5）。

标本2015GLPT1⑨：39，原料为灰褐色辉绿岩砾石。器身形状近椭圆形。一端稍窄，另一端较宽。加工方法为锤击法。在两侧多次双面剥片，两面加工均较多；片疤较小且浅平，部分片疤尾部折断形成陡坎。较宽端经多次双面剥片，加工出一道整齐但不甚锋利的弧凸状刃缘；其中一面片疤细小且浅平，另一面有的片疤较大且深，尾部折断形成陡坎。通体未经磨制。器身其余

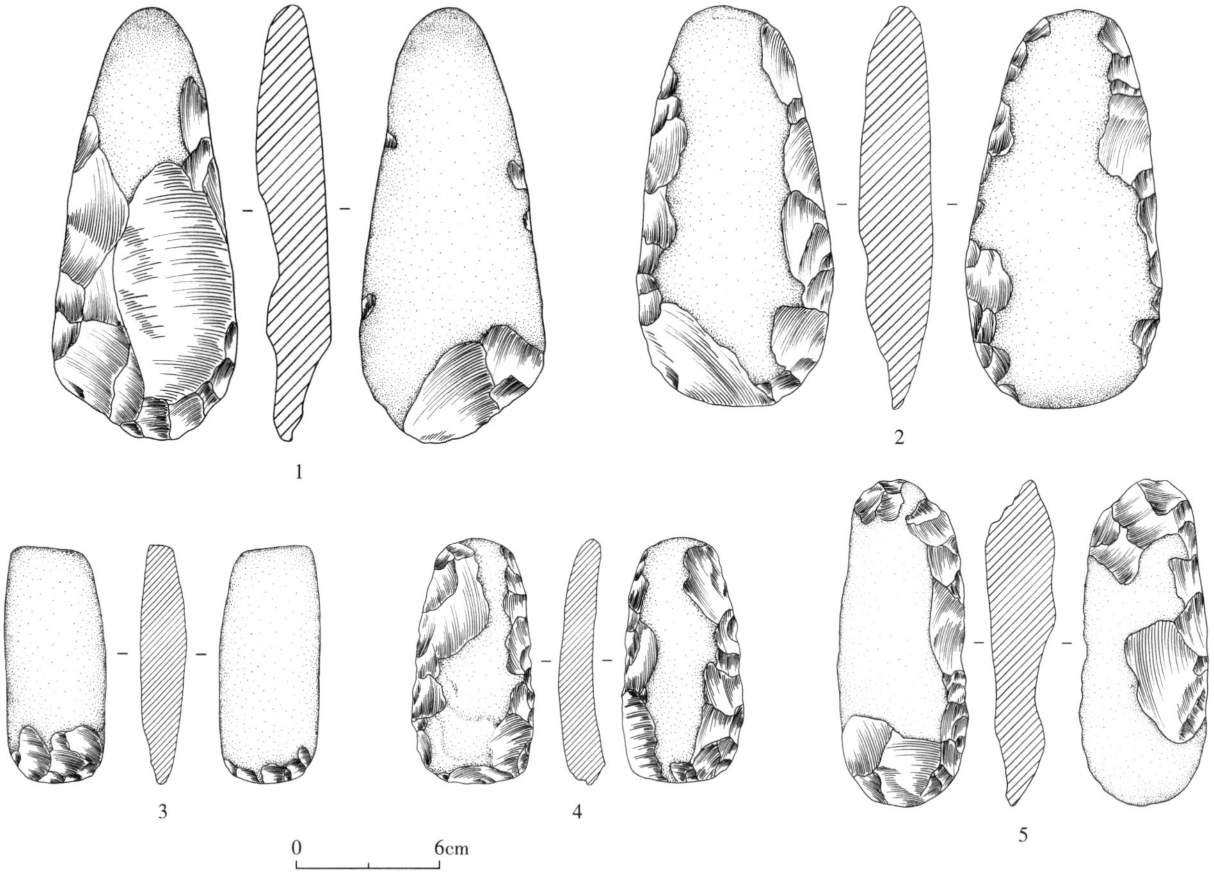

图四四〇　坡叫环遗址第五文化层石制品（二十四）

1. AbⅠ型斧锛类毛坯（2015GLPT2⑥：19）　2、4、5. AbⅥ型斧锛类毛坯（2015GLPT1⑨：39、2015GLPT2⑧：22、2015GLPT2⑦：15）　3. AbⅡ型斧锛类毛坯（2015GLPT1⑨：42）

部位保留自然砾面。长16.1cm，宽8.1cm，厚2.9cm，重526g（图四四〇，2）。

标本2015GLPT2⑧：22，原料为灰褐色细砂岩砾石。器身形状近椭圆形。一端略窄，另一端稍宽。加工方法为锤击法。沿两侧多次双面剥片，两面加工均较多；片疤大多较小且浅平，少量片疤较大，已越过器身中轴线，有的片疤尾部折断形成陡坎或形成阶梯状。稍宽端经多次双面剥片，加工出一道整齐锋利的弧凸状刃缘；片疤大多较小且浅平；少量片疤较深，尾部折断形成陡坎。通体未经磨制。器身其余部位保留自然砾面。长9.8cm，宽5.0cm，厚1.5cm，重103g（图四四〇，4）。

AbⅧ型　2件。

标本2015GLPT2⑥：40，原料为灰色辉绿岩砾石。器身形状不规则。一端略窄，另一端稍宽。加工方法为锤击法。略窄端和两侧均未经加工。稍宽端经多次双面剥片，加工出一道整齐锋利的弧凸状刃缘；片疤大多较小且浅平，其中一面片疤较多，有的片疤较大，另一面片疤较少。通体未经磨制。器身其余部位保留自然砾面。长14.3cm，宽5.6cm，厚2.1cm，重288g（图四四一，1）。

标本 2015GLPT1 ⑨：32，原料为灰褐色细砂岩砾石。器身形状不规则。一端略窄，另一端稍宽。一侧弧凸，上部折断一块，形成断裂面；另一侧微凸。加工方法为锤击法。在微凸侧中部多次单面剥片，片疤细小且浅平。稍宽端经多次双面剥片，加工出一道整齐锋利的弧凸状刃缘；片疤大多细小且浅平；有的片疤稍大，尾部折断形成陡坎。通体未经磨制。器身其余部位保留自然砾面。长 12.9cm，宽 5.4cm，厚 1.6cm，重 119g（图四四一，3）。

B 型　5 件。分别属于 Ba 亚型和 Bh 亚型。

Ba 型　3 件。

标本 2015GLPT1 ⑨：21，原料为黄褐色细砂岩砾石。器身形状近三角形。一端较窄，另一端较宽。一面凸起，另一面平整。加工方法为锤击法。在一侧和另一侧下半部多次单面剥片，打击方向由凸起面向平面打击；片疤大多较小且浅平，有的片疤尾部折断形成陡坎；一侧下部的片疤较大，已越过器身中轴线，致使加工面几乎全为片疤面。较宽端经多次双面剥片，但边缘钝

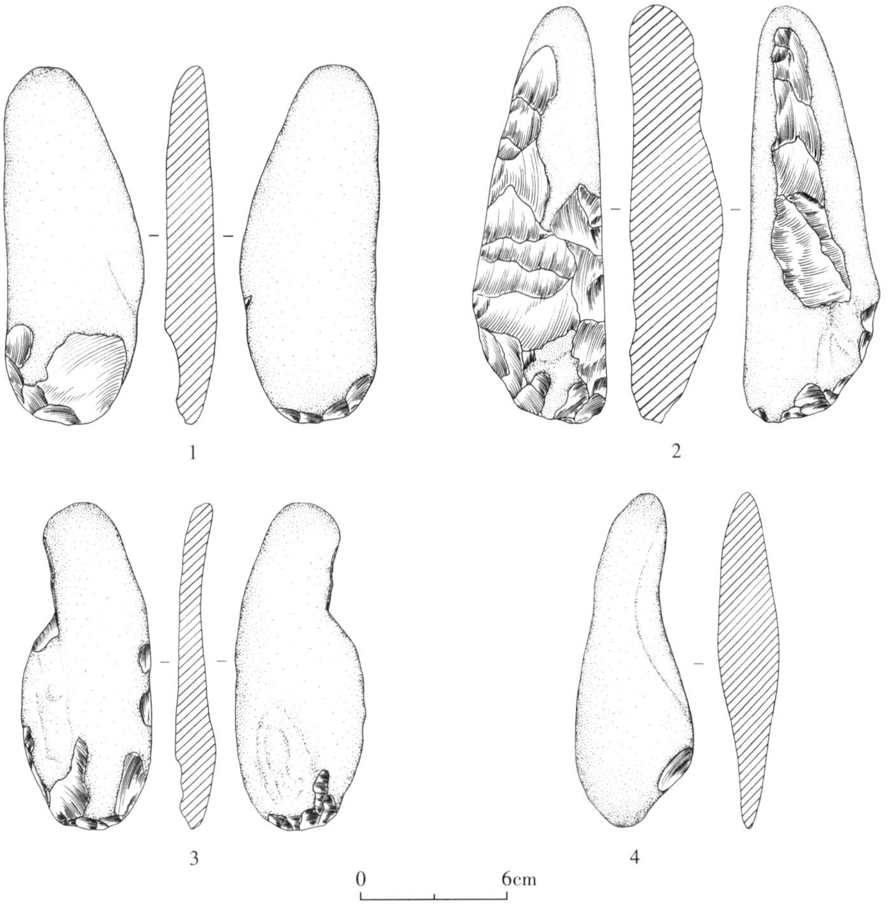

图四四一　坡叫环遗址第五文化层石制品（二十五）

1、3. AbⅧ型斧锛类毛坯（2015GLPT2 ⑥：40、2015GLPT1 ⑨：32）　2. Ba 型斧锛类毛坯（2015GLPT1 ⑨：21）　4. Bh 型斧锛类毛坯（2015GLPT2 ⑦：21）

厚不成刃；片疤较小且浅平。凸起面凸起处经较多剥片，应为修整器身留下的痕迹。通体未经磨制。器身其余部位保留自然砾面。长 16.6cm，宽 5.5cm，厚 3.9cm，重 477g（图四四一，2；彩版一〇三，4）。

Bh 型　2 件。

标本 2015GLPT2 ⑦：21，原料为黄褐色细砂岩砾石。器身形状不规则。一端略窄，另一端稍宽。加工方法为锤击法。在稍宽端一侧单面剥片，只剥下一片；片疤较小且浅平，未经磨制。稍宽端未经加工，边缘钝厚不成刃。器身其余部位保留自然砾面。长 13.3cm，宽 4.9cm，厚 2.6cm，重 191g（图四四一，4）。

第二类　残件。7 件。分别属于 B 型和 D 型。

B 型　3 件。分别属于 Ba 亚型和 Bc 亚型。

Ba 型　1 件。

标本 2015GLPT1 ⑨：49，原料为黄褐色细砂岩砾石。器身残损，剩余部分形状近三角形。一端略窄；另一端稍宽，为平整的断裂面。加工方法为锤击法。在略窄端多次单面剥片，片疤较小且浅平；未经磨制。器身其余部位保留自然砾面。残长 6.4cm，宽 4.9cm，厚 1.1cm，重 58g（图四四二，1）。

Bc 型　2 件。

标本 2015GLPT1 ⑨：29，原料为灰褐色辉绿岩砾石。器身残损，剩余部分形状近梯形。一端略窄；另一端稍宽，为平整的断裂面。一面微凸，另一面略平。加工方法为锤击法。略窄端经多次单面剥片，由略平面向微凸面打击。两侧经多次双面剥片，两面的加工均较多；片疤大多较小且浅平，有的片疤较大，已越过器身的中轴线，致使微凸面全为片疤。通体未经磨制。器身其余部位保留自然砾面。残长 12.6cm，宽 6.8cm，厚 3.7cm，重 399g（图四四二，2）。

D 型　4 件。分别属于 Db 亚型和 Dh 亚型。

Db 型　1 件。

标本 2015GLPT1 ⑨：26，原料为黄褐色细砂岩砾石。器身残损，剩余部分形状近四边形。一端略窄；另一端稍宽，为平整的断裂面。加工方法为锤击法。在两侧多次双面剥片；片疤大多较小且浅平，其中一侧有的片疤略深，尾部折断形成陡坎。略窄端经多次双面剥片，加工出一道整齐较锋利的弧凸状刃缘；片疤大多较小且浅平，未经磨制。器身其余部位保留自然砾面。残长 7.4cm，宽 6.5cm，厚 2.4cm，重 203g（图四四二，3）。

Dh 型　3 件。

标本 2015GLPT2 ⑦：40，原料为灰褐色辉绿岩石片。器身残损，剩余部分形状不规则。一端略窄；另一端稍宽，为平整的断裂面。加工方法为锤击法。在两侧多次单面剥片；片疤较小且浅平，部分片疤尾部折断形成陡坎。略窄端经多次单面剥片，加工出一道整齐较锋利的弧凸状刃缘；片疤大多较小且浅平，有的略深，未经磨制。器身其余部位未见人工痕迹。残长 6.9cm，

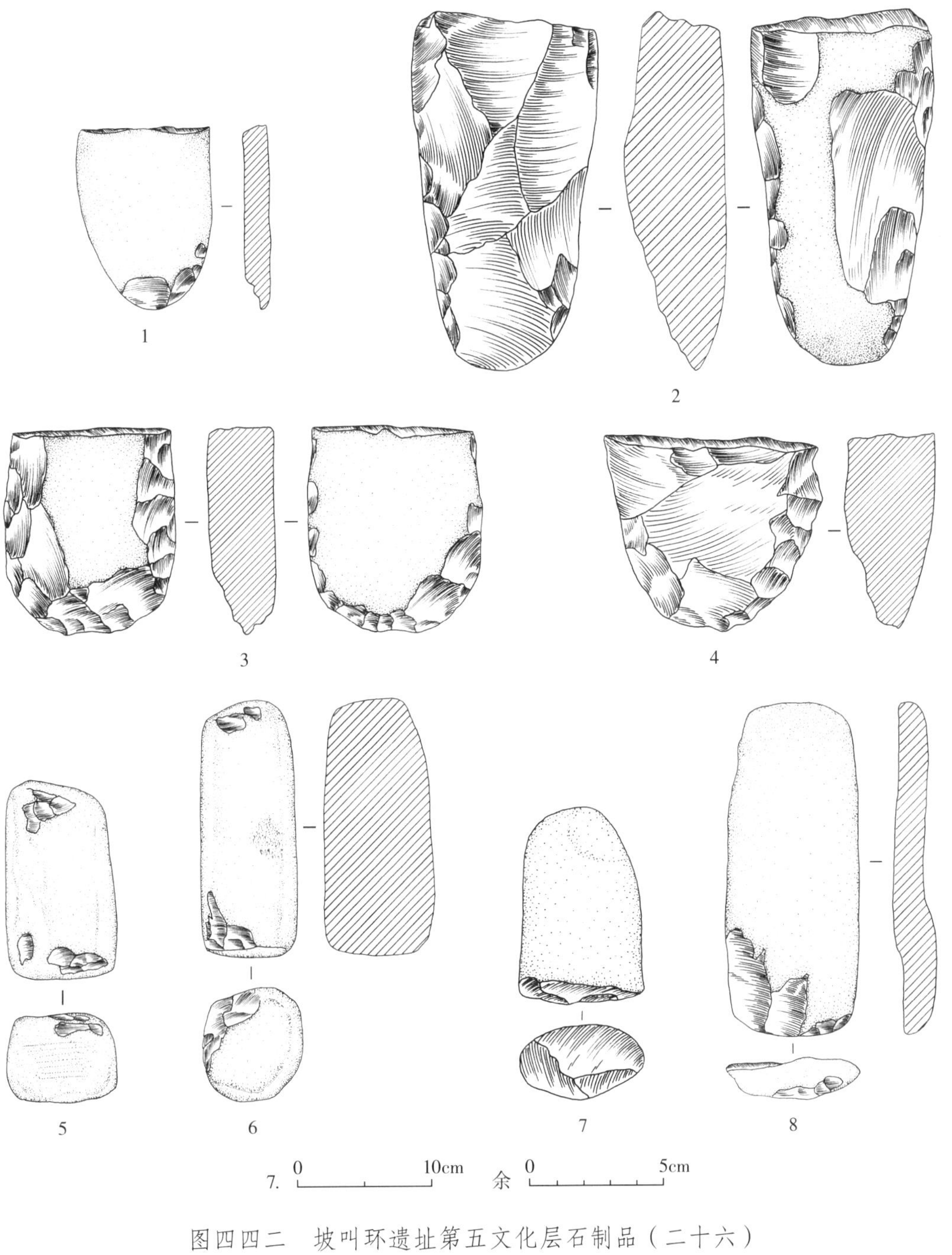

图四四二　坡叫环遗址第五文化层石制品（二十六）

1. Ba 型斧锛类毛坯残件（2015GLPT1 ⑨：49）　2. Bc 型斧锛类毛坯残件（2015GLPT1 ⑨：29）　3. Db 型斧锛类毛坯残件（2015GLPT1 ⑨：26）　4. Dh 型斧锛类毛坯残件（2015GLPT2 ⑦：40）　5、6. AaⅡ型研磨器（2015GLPT1 ⑧：31、2015GLPT2 ⑥：42）　7. AaⅢ型研磨器毛坯（2015GLPT1 ⑨：84）　8. B 型研磨器残件（2015GLPT2 ⑦：30）

宽 8.3cm，厚 3.3cm，重 231g（图四四二，4）。

研磨器　4 件。包括成品、毛坯和残件三类。其中成品 2 件，占该文化层出土研磨器总数的 50%；毛坯和残件各 1 件，各占该文化层出土研磨器总数的 25%。原料仅见砾石一种。岩性有细砂岩和辉绿岩两种。其中细砂岩 3 件，占该文化层出土研磨器总数的 75%；辉绿岩 1 件，占该文化层出土研磨器总数的 25%。器身形状有方柱状和扁柱状两种。每种形状各 2 件，各占该文化层出土研磨器总数的 50%。器身长度最大值 14.2cm，最小值 7.1cm；宽度最大值 9.3cm，最小值 4.1cm；厚度最大值 5.4cm，最小值 1.5cm；重量最大值 1133g，最小值 131g。发现有兼用作石锤和石砧现象。

第一类　成品。2 件。均属于 A 型中的 AaⅡ次亚型。

标本 2015GLPT1 ⑧ : 31，原料为青灰色细砂岩砾石。器身形状近方柱状。一端稍薄，另一端稍厚。通体磨制，表面较光滑。以稍厚端端面为研磨面，研磨面较平整，近长方形。器身两面靠近两端尚有修整器身的片疤痕迹。长 7.1cm，宽 4.1cm，厚 3.2cm，重 174g（图四四二，5；彩版一〇三，2）。

标本 2015GLPT2 ⑥ : 42，原料为灰色细砂岩砾石。器身形状近方柱状。一端稍窄，另一端稍宽。通体磨制，表面较光滑。以稍宽端端面为研磨面，研磨面较平整，边缘有崩疤向一面崩裂。其中两面中部散布有细麻点状坑疤，这些疤痕应是兼作石锤使用留下的痕迹。长 9.3cm，宽 4.1cm，厚 3.7cm，重 247g（图四四二，6）。

第二类　毛坯。1 件。属于 A 型中的 AaⅢ次亚型。

标本 2015GLPT1 ⑨ : 84，原料为灰褐色辉绿岩砾石。器身形状近扁柱状。一端稍窄，另一端稍厚。加工主要集中在稍厚一端。以一侧为台面，从中部将砾石截断，并选取一段作为器身，将破裂面作为研磨面。研磨面近椭圆形，打击点清楚，放射线不明显；片疤层层叠叠，不平整，未经磨制。器身其余部位保留自然砾面。长 14.2cm，宽 9.3cm，厚 5.4cm，重 1133g（图四四二，7；彩版一〇三，3）。

第三类　残件。1 件。属于 B 型。

标本 2015GLPT2 ⑦ : 30，原料为灰色细砂岩砾石。器身残损，剩余部分形状近扁柱状。一端稍窄，另一端稍宽。器身仅残剩一侧面，断裂面较平整。以稍宽端为研磨面，磨面较光滑；侧面布满细麻点状坑疤。这些疤痕应是兼作石砧使用留下的痕迹。残长 11.9cm，残宽 5.0cm，残厚 1.5cm，重 131g（图四四二，8）。

2. 蚌器

73 件。均为蚌勺，其中完整件 49 件，占该文化层出土蚌器总数的 67.12%；残件 24 件，占该文化层出土蚌器总数的 32.88%。

第一类　完整件。49 件。分别属于 A、C、D 型。

A 型　40 件。分别属于 Aa、Ab、Ac 亚型。

Aa 型　17 件。分别属于 AaⅠ、AaⅢ、AaⅣ、AaⅥ次亚型。

AaⅠ型　14 件。

标本 2015GLPT1 ⑧ : 36，平面近三角形。先将蚌壳的头部和尾部去掉，留下腹部及边缘较厚部分，然后再进行进一步加工。以宽薄端为勺口，窄厚端为柄。柄顶端为尖顶。两侧边钝厚，斜直，对称，靠近勺口处弧收。勺口中部有一崩缺口。通体磨制，表面较光滑。长10.4cm，宽4.7cm，厚1.0cm（图四四三，1）。

标本2015GLPT2⑥：5，平面近三角形。先将蚌壳的头部和尾部去掉，留下腹部及边缘较厚部分，然后再进行进一步加工。以宽薄端为勺口，窄厚端为柄。柄顶端为尖顶。两侧边钝厚，较为斜直，对称，靠近勺口处弧收。一侧边中部尚留有打制疤痕。勺口中部有一崩缺口。通体磨制，表面光滑。长7.1cm，宽3.6cm，厚1.0cm（图四四三，2）。

标本2015GLPT2⑥：9，平面近三角形。先将蚌壳的头部和尾部去掉，留下腹部及边缘较厚部分，然后再进行进一步加工。以宽薄端为勺口，窄厚端为柄。柄顶端为尖顶。两侧边钝厚，靠近勺口处弧收。一侧边呈弧凹，另一侧边近弧凸。勺口中部有一崩缺口。通体磨制，表面光滑。长8.7cm，宽4.2cm，厚1.0cm（图四四三，3）。

标本2015GLPT2⑥：14，平面近三角形。先将蚌壳的头部和尾部去掉，留下腹部及边缘较厚部分，然后再进行进一步加工。以宽薄端为勺口，窄厚端为柄。柄顶端为尖顶，缺失一块。两侧边钝厚，靠近勺口处弧收。一侧边近弧凹，另一侧边呈斜直。勺口有细小崩疤。通体磨制，表面光滑。长12.4cm，宽5.0cm，厚1.4cm（图四四三，4）。

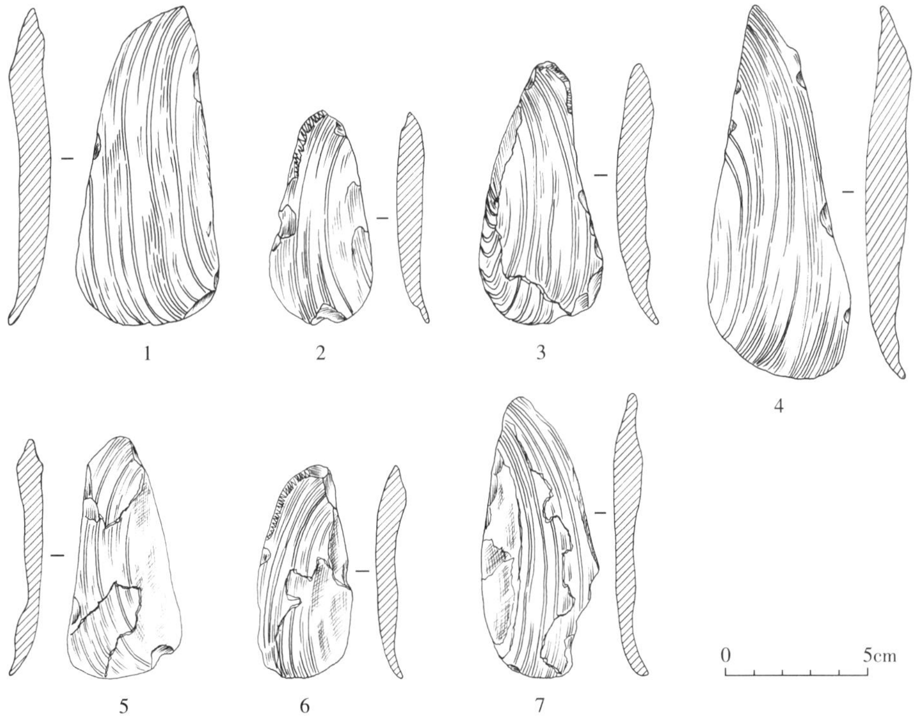

图四四三　坡叫环遗址第五文化层蚌器（一）

1~4. AaⅠ型蚌勺（2015GLPT1⑧：36、2015GLPT2⑥：5、2015GLPT2⑥：9、2015GLPT2⑥：14）　5. AaⅢ型蚌勺（2015GLPT1⑩：30）　6. AaⅣ型蚌勺（2015GLPT2⑧：34）　7. AaⅥ型蚌勺（2015GLPT2⑦：56）

AaⅢ型　1件。

标本2015GLPT1⑩：30，平面近梯形。先将蚌壳的头部和尾部去掉，留下腹部及边缘较厚部分，然后再进行进一步加工。以宽薄端为勺口，窄厚端为柄。柄顶端为尖顶。两侧边钝厚，靠近勺口处弧收。一侧边斜直，另一侧边近弧凹。勺口一侧有一较大的崩缺口。通体磨制，表面光滑。长7.8cm，宽3.9cm，厚0.9cm（图四四三，5）。

AaⅣ型　1件。

标本2015GLPT2⑧：34，平面近椭圆形。先将蚌壳的头部和尾部去掉，留下腹部及边缘较厚部分，然后再进行进一步加工。以宽薄端为勺口，窄厚端为柄。柄顶端为尖顶。两侧边钝厚，近弧凸，靠近勺口处弧收。一侧边中部有一崩缺口，靠近柄端处有打制疤痕；另一侧边中部及靠近勺口处尚有打制疤痕。勺口有崩缺口。通体磨制，表面光滑。长7.0cm，宽3.3cm，厚0.8cm（图四四三，6）。

AaⅥ型　1件。

标本2015GLPT2⑦：56，平面不规则。先将蚌壳的头部和尾部去掉，留下腹部及边缘较厚部分，然后再进行进一步加工。以宽薄端为勺口，窄厚端为柄。柄顶端为尖顶。两侧边钝厚。一侧边近斜直，下半部有部分残缺；另一侧边近弧凸，靠近勺口处弧收。勺口一侧已经残缺。通体磨制，表面光滑。长9.3cm，宽4.0cm，厚1.0cm（图四四三，7）。

Ab型　9件。分别属于AbⅢ次亚型和AbⅥ次亚型。

AbⅢ型　8件。

标本2015GLPT2⑥：10，平面近梯形。先将蚌壳的头部和尾部去掉，留下腹部及边缘较厚部分，然后再进行进一步加工。以宽薄端为勺口，窄厚端为柄。柄顶端近平直，微斜。两侧边钝厚，斜直、对称，靠近勺口处弧收。一侧边中部尚有打制疤痕。勺口有细小崩疤。通体磨制，表面光滑。长8.0cm，宽4.4cm，厚1.0cm（图四四四，1）。

标本2015GLPT2⑥：16，平面近梯形。先将蚌壳的头部和尾部去掉，留下腹部及边缘较厚部分，然后再进

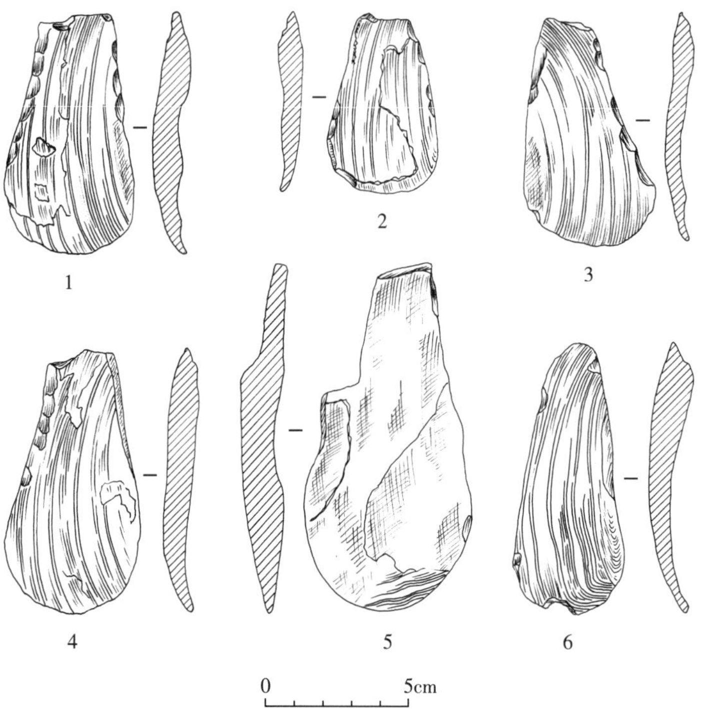

图四四四　坡叫环遗址第五文化层蚌器（二）

1~4. AbⅢ型蚌勺（2015GLPT2⑥：10、2015GLPT1⑨：86、2015GLPT2⑥：21、2015GLPT2⑥：16）　5. AbⅥ型蚌勺（2015GLPT2⑦：64）　6. AcⅠ型蚌勺（2015GLPT1⑧：1）

行进一步加工。以宽薄端为勺口，窄厚端为柄。柄顶端近平直，微斜。两侧边钝厚，靠近勺口处弧收。一侧边斜直，另一侧边近弧凹。勺口一侧有细小的崩缺口。通体磨制，表面光滑。长8.8cm，宽4.6cm，厚0.9cm（图四四四，4）。

标本2015GLPT2⑥：21，平面近梯形。先将蚌壳的头部和尾部去掉，留下腹部及边缘较厚部分，然后再进行进一步加工。以宽薄端为勺口，窄厚端为柄。柄顶端近平直。两侧边钝厚，靠近勺口处弧收。一侧边近弧凹，尚留有打制疤痕；另一侧边近斜直。勺口有细小的崩缺口。通体磨制，表面光滑。长7.5cm，宽4.5cm，厚0.6cm（图四四四，3）。

标本2015GLPT1⑨：86，平面近梯形。先将蚌壳的头部和尾部去掉，留下腹部及边缘较厚部分，然后再进行进一步加工。以宽薄端为勺口，窄厚端为柄。柄顶端略为平直。两侧边钝厚，斜直，对称，靠近勺口处弧收。勺口一侧有一小崩缺口。通体磨制，表面较光滑。长6.0cm，宽3.9cm，厚0.8cm（图四四四，2）。

AbⅥ型　1件。

标本2015GLPT2⑦：64，平面形状不规则。先将蚌壳的头部和尾部去掉，留下腹部及边缘较厚部分，然后再进行进一步加工。以较宽薄端为勺口，窄厚端为柄。柄已残缺一半，但可依据剩余部分判断柄端近平直。两侧边钝厚，靠近勺口处弧收。一侧边中部以上至柄端已残缺，另一侧边近斜直，中部至柄端尚留有打制疤痕。通体磨制，表面光滑。长11.2cm，宽5.9cm，厚1.4cm（图四四四，5）。

Ac型　14件。分别属于AcⅠ次亚型和AcⅣ次亚型。

AcⅠ型　11件。

标本2015GLPT1⑧：1，平面近三角形。先将蚌壳的头部和尾部去掉，留下腹部及边缘较厚部分，然后再进行进一步加工。以宽薄端为勺口，窄厚端为柄。柄顶端呈弧形。两侧边钝厚，斜直，对称，靠近勺口处弧收。两侧边均尚留有打制疤痕。勺口中部有一较大崩缺口。通体磨制，表面光滑。长9.0cm，宽3.8cm，厚1.1cm（图四四四，6）。

标本2015GLPT2⑥：20，平面近三角形。先将蚌壳的头部和尾部去掉，留下腹部及边缘较厚部分，然后再进行进一步加工。以宽薄端为勺口，窄厚端为柄。柄顶端呈弧形。两侧边钝厚，斜直，对称。一侧中部尚留有打制疤痕，靠近勺口处弧收；另一侧边靠近勺口处有崩缺。通体磨制，表面较光滑。长9.9cm，宽3.9cm，厚1.2cm（图四四五，1）。

AcⅣ型　3件。

标本2015GLPT2⑥：7，平面近椭圆形。先将蚌壳的头部和尾部去掉，留下腹部及边缘较厚部分，然后再进行进一步加工。以宽薄端为勺口，窄厚端为柄。柄顶端近弧形。两侧边钝厚，近弧凸，靠近勺口处弧收。一侧边靠近勺口处有两个崩缺口。通体磨制，表面较光滑。长9.8cm，宽4.5cm，厚1.1cm（图四四五，4）。

标本2015GLPT2⑥：8，平面近椭圆形。利用蚌壳的腹部及背部一部分来进行进一步加工，

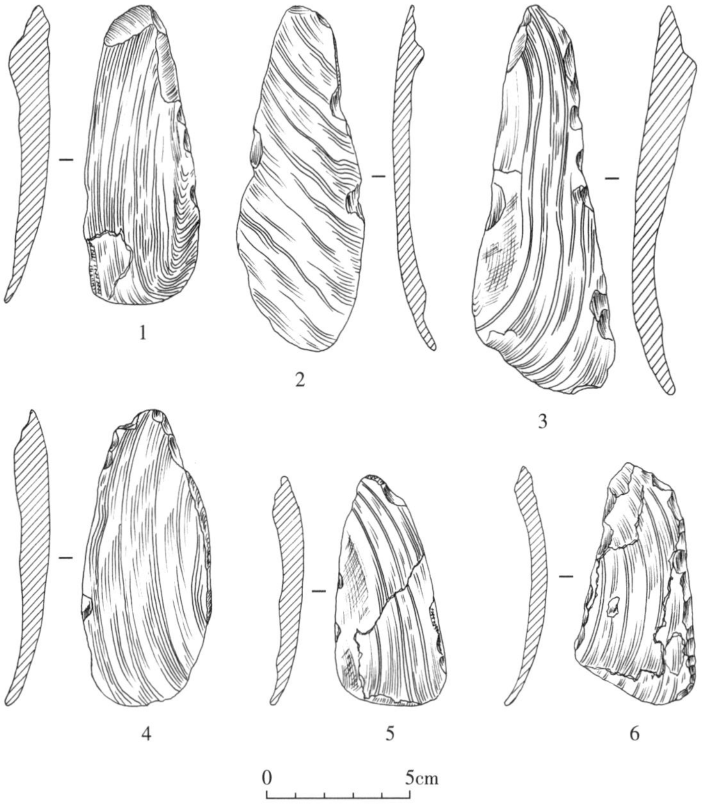

图四四五　坡叫环遗址第五文化层蚌器（三）
1. AcⅠ型蚌勺（2015GLPT2⑥：20）　2、4. AcⅣ型蚌勺（2015GLPT2⑥：8、2015GLPT2⑥：7）　3、5、6. CaⅠ型蚌勺（2015GLPT1⑨：93、2015GLPT1⑧：5、2015GLPT2⑦：62）

一面尚留有蚌壳背部的凸脊。柄顶端呈弧形。两侧边近弧凸，靠近勺口弧收。一侧边中部有两个崩缺口，另一侧边靠近柄端的上半部分为蚌壳的背部凸脊，中部有崩缺口。通体磨制，表面光滑。长11.5cm，宽4.4cm，厚0.9cm（图四四五，2）。

C型　6件。分别属于Ca亚型和Cc亚型。

Ca型　4件。均属于CaⅠ次亚型。

标本2015GLPT1⑧：5，平面近三角形。先将蚌壳的头部和尾部去掉，留下腹部及边缘较厚部分，然后再进行进一步加工。以宽薄端为勺口，窄厚端为柄。柄顶端呈尖顶，有一崩缺口。两侧边钝厚，斜直，对称，靠近勺口处弧收。一侧略长；另一侧略短，中部尚留有打制疤痕。勺口斜直。通体磨制，表面较光滑。长7.6cm，宽3.8cm，厚0.8cm（图四四五，5）。

标本2015GLPT1⑨：93，平面近三角形。先将蚌壳的头部和尾部去掉，留下腹部及边缘较厚部分，然后再进行进一步加工。以宽薄端为勺口，窄厚端为柄。柄顶端呈尖顶，尚留有打制疤痕。两侧边钝厚，斜直，基本对称，靠近勺口处弧收。一侧略长，中部及近端处尚留有打制疤痕；另一侧略短。勺口近斜直，有崩缺口。通体磨制，表面较光滑。长12.7cm，宽4.9cm，厚1.4cm（图四四五，3）。

标本2015GLPT2⑦：62，平面近三角形。先将蚌壳的头部和尾部去掉，留下腹部及边缘较厚部分，然后再进行进一步加工。以宽薄端为勺口，窄厚端为柄。柄顶端呈尖顶，有细小的崩缺口。两侧边钝厚，斜直，对称，布满打制疤痕。一侧略长，近勺口处弧收；另一侧略短。勺口斜直。制作较为粗糙，只有勺口经过磨制。长8.0cm，宽4.1cm，厚0.6cm（图四四五，6）。

标本2015GLPT2⑦：68，平面近三角形。先将蚌壳的头部和尾部去掉，留下腹部及边缘较厚部分，然后再进行进一步加工。以宽薄端为勺口，窄厚端为柄。柄顶端呈尖顶。两侧边钝厚，斜直，大致对称，靠近勺口处弧收。一侧略短，另一侧略长。勺口斜直。通体磨制，表面光滑。长10.2cm，宽4.4cm，厚0.7cm（图四四六，1）。

Cc 型　2 件。均属于 CcⅠ次亚型。

标本 2015GLPT1 ⑩：25，平面近三角形。先将蚌壳的头部和尾部去掉，留下腹部及边缘较厚部分，然后再进行进一步加工。以宽薄端为勺口，窄厚端为柄。柄顶端呈弧形。两侧边钝厚，斜直，靠近勺口处弧收。一侧边略长，另一侧边略短。勺口略斜直，一侧有崩缺口。通体磨制，表面光滑。长 11.2cm，宽 5.3cm，厚 1.1cm（图四四六，2）。

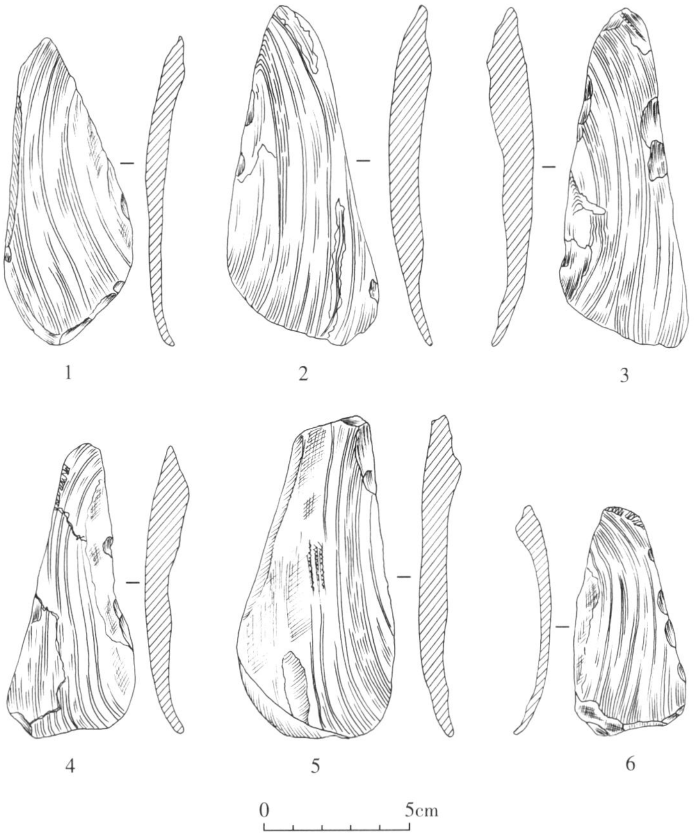

图四四六　坡叫环遗址第五文化层蚌器（四）

1. CaⅠ型蚌勺（2015GLPT2 ⑦：68）　2、3. CcⅠ型蚌勺（2015GLPT1 ⑩：25、2015GLPT2 ⑧：33）　4. DaⅠ型蚌勺（2015GLPT2 ⑦：58）　5. DbⅢ型蚌勺（2015GLPT2 ⑥：12）　6. DcⅢ型蚌勺（2015GLPT1 ⑩：33）

标本 2015GLPT2 ⑧：33，平面近三角形。先将蚌壳的头部和尾部去掉，留下腹部及边缘较厚部分，然后再进行进一步加工。以宽薄端为勺口，窄厚端为柄。柄顶端呈弧形。两侧边钝厚，斜直，基本对称，靠近勺口处弧收。一侧边略长，中部尚有打制疤痕。另一侧边略短，打制疤痕较略长侧边多。勺口略斜直，有较小的崩缺口。通体磨制，表面光滑。长 11.2cm，宽 4.8cm，厚 1.3cm（图四四六，3）。

D 型　3 件。分别属于 Da、Db、Dc 亚型。

Da 型　1 件。属于 DaⅠ次亚型。

标本 2015GLPT2 ⑦：58，平面近三角形。先将蚌壳的头部和尾部去掉，留下腹部及边缘较厚部分，然后再进行进一步加工。以宽薄端为勺口，窄厚端为柄。柄顶端呈尖顶。两侧边钝厚。一侧略短，呈弧凹，中部尚留有打制疤痕，靠近勺口处弧收。另一侧略长，近斜直，中部亦有打制疤痕。勺口略凹，有一崩缺口。通体磨制，表面较光滑。长 9.8cm，宽 4.4cm，厚 1.2cm（图四四六，4）。

Db 型　1 件。属于 DbⅢ次亚型。

标本 2015GLPT2 ⑥：12，平面近梯形。先将蚌壳的头部和尾部去掉，留下腹部及边缘较厚部分，然后再进行进一步加工。以宽薄端为勺口，窄厚端为柄。柄顶端略平直，微斜。两侧边钝厚，靠近勺口处弧收。一侧边斜直，另一侧略弧凸。勺口略凹。通体磨制，表面较光滑。长 10.8cm，宽 5.3cm，厚 1.3cm（图四四六，5）。

Dc 型 1 件。属于 DcⅢ次亚型。

标本 2015GLPT1 ⑩：33，平面近梯形。先将蚌壳的头部和尾部去掉，留下腹部及边缘较厚部分，然后再进行进一步加工。以宽薄端为勺口，窄厚端为柄。柄顶端呈弧形。两侧边钝厚，一侧边斜直，靠近勺口处弧收。另一侧边略弧凸，靠近柄部处尚留有打制疤痕。勺口略凹，有崩缺口。通体磨制，表面光滑。长 7.6cm，宽 3.9cm，厚 0.8cm（图四四六，6）。

第二类 残件。24 件。分别属于 A、B、C 型。

A 型 5 件。分别属于 Aa 亚型和 Ab 亚型。

Aa 型 2 件。均属于 AaⅢ次亚型。

标本 2015GLPT1 ⑧：3，平面近梯形。先将蚌壳的头部和尾部去掉，留下腹部及边缘较厚部分，然后再进行进一步加工。柄已残断。两侧边钝厚，斜直，对称，靠近勺口处弧收。勺口有细小崩缺口。通体磨制，表面较为光滑。残长 7.2cm，宽 3.8cm，厚 0.8cm（图四四七，1）。

Ab 型 3 件，分别属于 AbⅢ次亚型和 AbⅥ次亚型。

AbⅢ型 2 件。

标本 2015GLPT1 ⑩：32，平面近梯形。先将蚌壳的头部和尾部去掉，留下腹部及边缘较厚部分，然后再进行进一步加工。柄已残断。两侧边钝厚，斜直，一侧边靠近勺口处弧收，另一侧边靠近勺口处已崩缺。勺口平直，有一崩缺口。通体磨制，表面较为光滑。长 6.7cm，宽 3.9cm，厚 1.2cm（图四四七，3）。

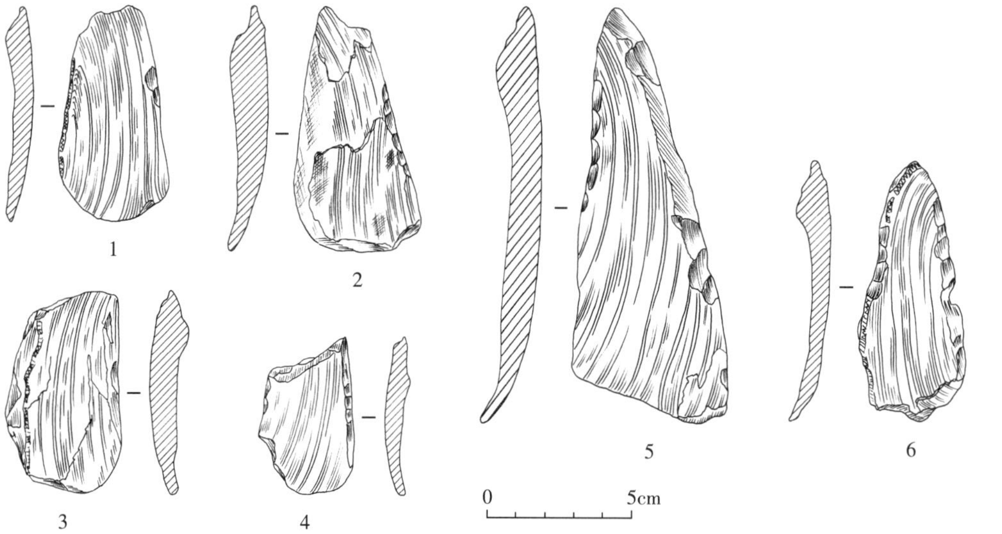

图四四七 坡叫环遗址第五文化层蚌器（五）

1. AaⅢ型蚌勺残件（2015GLPT1 ⑧：3） 2、3. AbⅢ型蚌勺残件（2015GLPT2 ⑧：35、2015GLPT1 ⑩：32）
4. AbⅥ型蚌勺残件（2015GLPT2 ⑧：32） 5、6. BaⅠ型蚌勺残件（2015GLPT1 ⑨：91、2015GLPT1 ⑨：97）

标本 2015GLPT2 ⑧：35，平面近梯形。先将蚌壳的头部和尾部去掉，留下腹部及边缘较厚部分，然后再进行进一步加工。柄已残断。两侧边钝厚，斜直，靠近勺口处弧收。勺口平直，中部有一小崩缺口，一侧有一较大崩缺口。通体磨制，表面光滑。残长 8.1cm，宽 4.4cm，厚 1.2cm（图四四七，2）。

AbⅥ型 1 件。

标本 2015GLPT2 ⑧：32，平面形状不规则。先将蚌壳的头部和尾部去掉，留下腹部及边缘较厚部分，然后再进行进一步加工。柄已残断。两侧边钝厚，斜直，尚保留有少量打制疤痕。一侧边靠近勺口处已崩缺，另一侧边靠近勺口处弧收。勺口平直，一侧已崩缺。通体磨制，表面较为光滑。残长 5.3cm，宽 3.3cm，厚 0.6cm（图四四七，4）。

B 型 17 件。分别属于 Ba、Bb、Bc 亚型。

Ba 型 8 件。分别属于 BaⅠ次亚型和 BaⅥ次亚型。

BaⅠ型 5 件。

标本 2015GLPT1 ⑨：91，平面呈三角形。先将蚌壳的头部和尾部去掉，留下腹部及边缘较厚部分，然后再进行进一步加工。勺口已残断。柄顶端呈尖顶。两侧边钝厚，近斜直，对称。一侧边中部、另一侧边靠柄部处均有打制疤痕。通体磨制，表面光滑。残长 13.9cm，宽 5.3cm，厚 1.5cm（图四四七，5）。

标本 2015GLPT1 ⑨：97，平面近三角形。先将蚌壳的头部和尾部去掉，留下腹部及边缘较厚部分，然后再进行进一步加工。勺口已残断。柄顶端呈尖顶。两侧边钝厚。一侧边呈斜直，中部有一崩缺口，靠近勺口处弧收。另一侧边略弧凹，中部尚有打制疤痕。通体磨制，表面较为光滑。残长 8.6cm，宽 3.7cm，厚 1.1cm（图四四七，6）。

标本 2015GLPT2 ⑦：60，平面近三角形。先将蚌壳的头部和尾部去掉，留下腹部及边缘较厚部分，然后再进行进一步加工。勺口已残断。柄顶端呈尖顶。两侧边钝厚，斜直，对称。一侧边靠近勺口处弧收。通体磨制，表面光滑。残长 9.0cm，宽 3.5cm，厚 0.9cm（图四四八，1）。

BaⅥ型 3 件。

标本 2015GLPT1 ⑨：96，平面不规则。先将蚌壳的头部和尾部去掉，留下腹部及边缘较厚部分，然后再进行进一步加工。勺口已残断。柄顶端呈尖顶。两侧边钝厚，斜直，对称，中部至勺口端处均保留有打制疤痕。通体磨制，表面较为光滑。残长 8.5cm，宽 3.9cm，厚 1.1cm（图四四八，2）。

Bb 型 4 件。均属于 BbⅢ次亚型。

标本 2015GLPT1 ⑧：4，平面近梯形。先将蚌壳的头部和尾部去掉，留下腹部及边缘较厚部分，然后再进行进一步加工。勺口已残断。柄顶端近平直。两侧边钝厚。一侧边弧凸。另一侧边斜直，靠近柄端处尚保留有打制疤痕。通体磨制，表面较为光滑。残长 8.7cm，宽 5.0cm，厚 0.8cm（图四四八，3）。

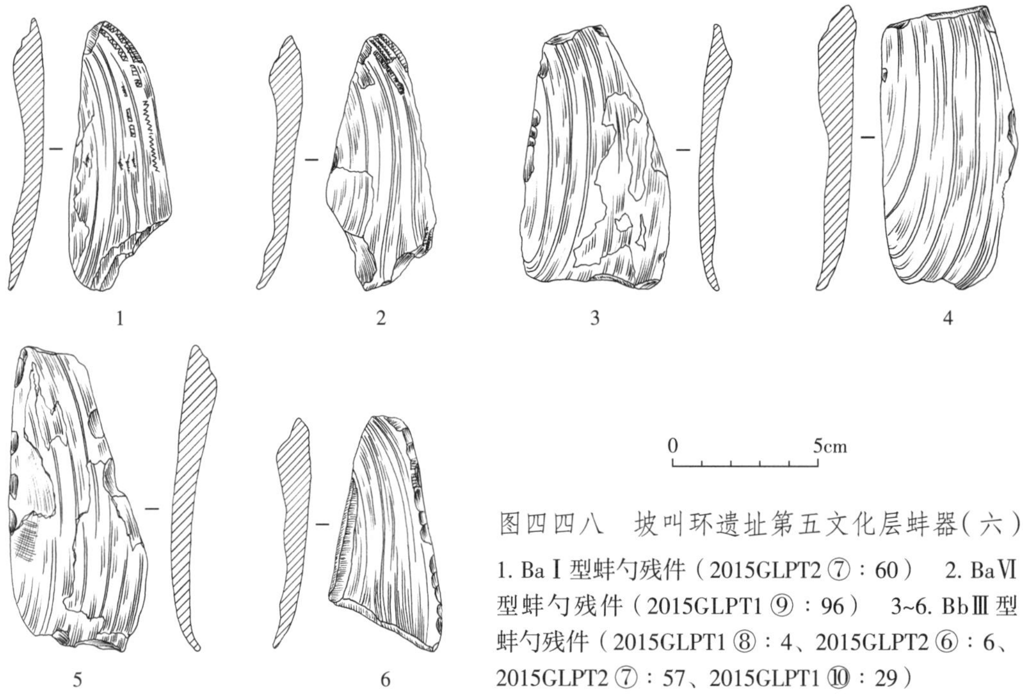

图四四八　坡叫环遗址第五文化层蚌器（六）

1. BaⅠ型蚌勺残件（2015GLPT2⑦：60）　2. BaⅥ型蚌勺残件（2015GLPT1⑨：96）　3~6. BbⅢ型蚌勺残件（2015GLPT1⑧：4、2015GLPT2⑥：6、2015GLPT2⑦：57、2015GLPT1⑩：29）

标本2015GLPT2⑥：6，平面近梯形。先将蚌壳的头部和尾部去掉，留下腹部及边缘较厚部分，然后再进行进一步加工。勺口已残断。柄顶端呈平直。两侧边钝厚，靠近勺口处弧收。一侧边弧凸，另一侧边斜直。通体磨制，表面光滑。残长9.3cm，宽4.6cm，厚1.2cm（图四四八，4）。

标本2015GLPT2⑦：57，平面近梯形。先将蚌壳的头部和尾部去掉，留下腹部及边缘较厚部分，然后再进行进一步加工。勺口已残断。柄顶端近平直，微斜，有打制疤痕。两侧边钝厚，斜直，对称，靠近勺口处弧收。一侧中部有一崩缺口，另一侧边中部尚留有打制疤痕。通体磨制，表面光滑。长10.2cm，宽4.7cm，厚1.1cm（图四四八，5）。

标本2015GLPT1⑩：29，平面近梯形。先将蚌壳的头部和尾部去掉，留下腹部及边缘较厚部分，然后再进行进一步加工。勺口已残断。柄顶端近平直。两侧边钝厚。一侧边略为弧凸，另一侧边斜直。通体磨制，表面光滑。残长7.7cm，宽4.0cm，厚1.1cm（图四四八，6）。

Bc型　5件。分别属于BcⅠ次亚型和BcⅥ次亚型。

BcⅠ型　3件。

标本2015GLPT1⑨：94，平面近三角形。先将蚌壳的头部和尾部去掉，留下腹部及边缘较厚部分，然后再进行进一步加工。勺口已残断。柄顶端近弧形。两侧边钝厚，斜直，对称。一侧边靠近勺口处弧收，尚留有打制疤痕。另一侧亦有打制疤痕，疤痕较大。通体磨制，表面较光滑。残长8.9cm，宽4.0cm，厚0.9cm（图四四九，1）。

标本2015GLPT1⑨：99，平面近三角形。先将蚌壳的头部和尾部去掉，留下腹部及边缘较

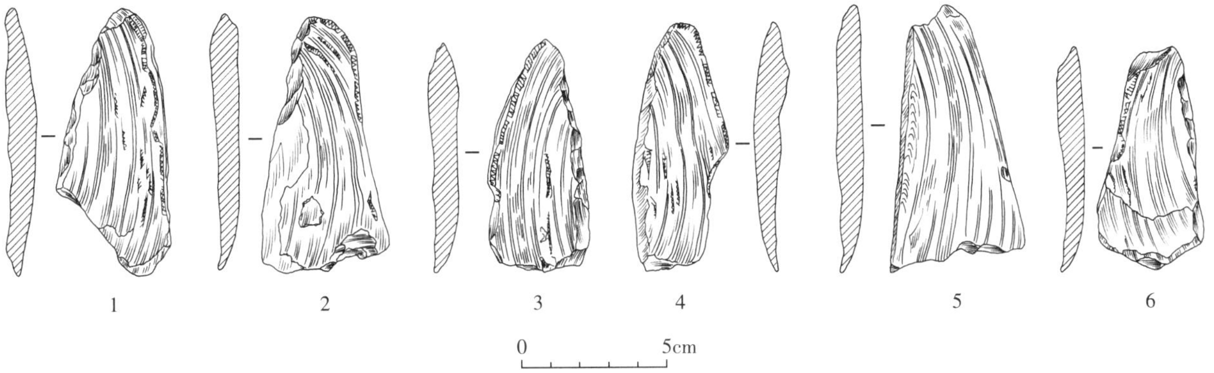

图四四九　坡叫环遗址第五文化层蚌器（七）

1~3. BcⅠ型蚌勺残件（2015GLPT1⑨：94、2015GLPT1⑨：99、2015GLPT1⑨：100）　4. BcⅥ型蚌勺残件（2015GLPT1⑨：98）　5、6. Cc型蚌勺残件（2015GLPT1⑨：101、2015GLPT1⑨：102）

厚部分，然后再进行进一步加工。勺口已残断。柄顶端呈弧形。两侧边钝厚。一侧边略弧凹。另一侧边略弧凸，靠近柄部处尚留有打制疤痕。通体磨制，表面较光滑。长8.5cm，宽4.3cm，厚1.0cm（图四四九，2）。

标本2015GLPT1⑨：100，平面近三角形。先将蚌壳的头部和尾部去掉，留下腹部及边缘较厚部分，然后再进行进一步加工。勺口已残断。柄顶端近弧形。两侧边钝厚，均留有打制疤痕。一侧边中部至勺口端已残缺。通体磨制，表面较光滑。残长7.6cm，宽3.5cm，厚1.0cm（图四四九，3）。

BcⅥ型　2件。

标本2015GLPT1⑨：98，平面不规则。先将蚌壳的头部和尾部去掉，留下腹部及边缘较厚部分，然后再进行进一步加工。勺口已残断。柄顶端呈弧形。两侧边钝厚。一侧边仅残剩中部至柄端，斜直。另一侧边略弧凸。通体磨制，表面光滑。残长8.2cm，宽3.4cm，厚1.0cm（图四四九，4）。

C型　2件。均属于Cc亚型。

标本2015GLPT1⑨：101，平面近梯形。先将蚌壳的头部和尾部去掉，留下腹部及边缘较厚部分，然后再进行进一步加工。勺口和柄端已残断。两侧边钝厚，斜直，对称。通体磨制，表面光滑。残长8.7cm，宽4.7cm，厚1.0cm（图四四九，5）。

标本2015GLPT1⑨：102，平面近梯形。先将蚌壳的头部和尾部去掉，留下腹部及边缘较厚部分，然后再进行进一步加工。勺口和柄已残断。两侧边钝厚，斜直，对称。一侧边中部有一打制疤痕。通体磨制，表面光滑。残长7.4cm，宽3.7cm，厚0.9cm（图四四九，6）。

（六）第六文化层文化遗物

92件。包括石制品和蚌器两大类。

1. 石制品

67 件。包括加工工具、打制石制品和磨制石制品三大类。其中加工工具 5 件，占该文化层出土石制品总数的 7.46%；打制石制品 48 件，占该文化层出土石制品总数的 71.64%；磨制石制品 14 件，占该文化层出土石制品总数的 20.90%。

（1）加工工具

5 件。包括石锤、石片石锤和窄槽砺石三类。其中石锤和石片石锤各 1 件，各占该文化层出土加工工具总数的 20%；窄槽砺石 3 件，占该文化层出土加工工具总数的 60%。

石锤　1 件。属于 B 型中的 BaⅡ次亚型。

标本 2015GLPT1 ⑪：8，原料为黄褐色细砂岩砾石。器身形状近方柱状。一端稍宽，另一端略窄。略窄端为一平整的斜面，较光滑，在斜面的中部到一角有一处近椭圆形分布的细麻点状坑疤，应是作为砸击石锤使用留下的痕迹。稍宽端已断裂，形成一弧凸的断裂面。长 7.9cm，宽 5.2cm，厚 4.3cm，重 320g（图四五〇，1）。

石片石锤　1 件。属于 B 型中的 Bi 亚型。

标本 2015GLPT1 ⑪：32，原料为灰褐色辉绿岩石片。器身形状不规则。近端较窄，远端较宽。背面近端有片疤面，片疤与石片同向，其余大部分保留自然砾面。右侧和远端边缘圆钝，各有一道呈条状的细麻点状砸击疤痕，疤痕两面均分布有细小的崩疤，应是作为砸击石锤使用留下的痕迹。长 8.3cm，宽 7.1cm，厚 1.9cm，重 132g（图四五〇，2）。

窄槽砺石　3 件。原料均为岩块。岩性均为泥岩。器身形状均为长条形。器身长度最大值 30.4cm，最小值 12.6cm；宽度最大值 6.3cm，最小值 3.5cm；厚度最大值 2.9cm，最小值 1.5cm；重量最大值 727g，最小值 137g。分别属于 A 型和 D 型。

A 型　1 件。属于 Ab 亚型中的 AbⅦ次亚型。

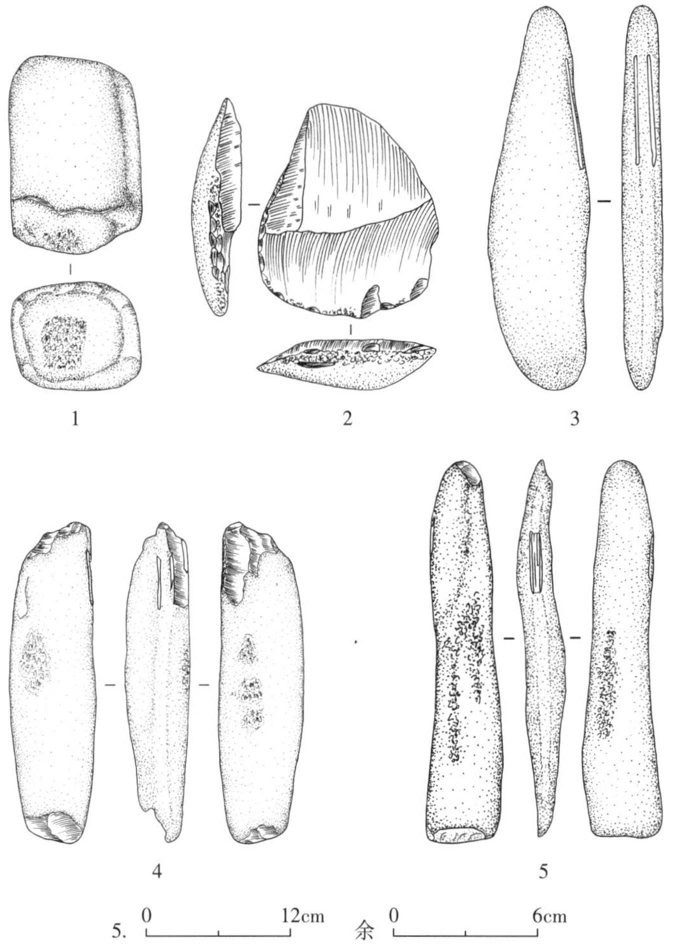

图四五〇　坡叫环遗址第六文化层石制品（一）

1. BaⅡ型石锤（2015GLPT1 ⑪：8）　2. Bi 型石片石锤（2015GLPT1 ⑪：32）　3. AbⅦ型窄槽砺石（2015GLPT1 ⑪：13）　4. DbⅦ型窄槽砺石（2015GLPT1 ⑫：24）　5. DcⅦ型窄槽砺石（2015GLPT2 ⑨：1）

标本 2015GLPT1⑪：13，原料为灰褐色泥岩岩块。器身形状近长条形。一端较窄，另一端较宽。一侧呈弧凸，另一侧略直。在略直侧靠近较窄端有一磨痕；磨痕狭长，中部凸起，两侧下凹，断面近弓形。长 15.3cm，宽 4.1cm，厚 1.5cm，重 137g（图四五〇，3）。

D 型　2 件。分别属于 Db 亚型和 Dc 亚型。

Db 型　1 件。属于 DbⅦ次亚型。

标本 2015GLPT1⑫：24，原料为灰褐色泥岩岩块。器身形状近长条形。一端略宽，另一端稍窄，两端均折断一块。一面较平，另一面凸起。在略宽端较窄侧有一磨痕。磨痕中部凸起，两侧下凹，断面近弓形。在凸起面中部有一略呈椭圆形分布的细麻点状坑疤。在较平面中部也有分布不规则的细麻点状坑疤。这两处坑疤应为兼作石砧使用时留下的痕迹。长 12.6cm，宽 3.5cm，厚 2.7cm，重 173g（图四五〇，4）。

Dc 型　1 件。属于 DcⅦ次亚型。

标本 2015GLPT2⑨：1，原料为灰褐色泥岩岩块。器身形状近长条形。一端较窄，另一端较宽。一侧较厚，另一侧较薄。在较薄侧靠近较窄端有一磨痕。该磨痕中部凸起，两侧下凹，断面近弓形。两面各有一狭长磨痕，磨痕中部均有近带状分布的细麻点状坑疤；其中一面磨痕几乎由较宽端到达较窄端，磨面较平。两面的坑疤应为兼作石砧使用时留下的痕迹。长 30.4cm，宽 6.3cm，厚 2.9cm，重 727g（图四五〇，5）。

（2）打制石制品

48 件。包括石核、石片、砍砸器和刮削器四种。其中石核 1 件，占该文化层出土打制石制品总数的 2.08%；石片 20 件，占该文化层出土打制石制品总数的 41.67%；砍砸器 21 件，占该文化层出土打制石制品总数的 43.75%；刮削器 6 件，占该文化层出土打制石制品总数的 12.50%。

石核　1 件。属于 B 型中的 Bi 次亚型。

标本 2015GLPT1⑪：12，原料为灰褐色辉绿岩砾石。器身形状不规则。一端略窄，另一端略宽。两面均较平。分别以一端和一侧为台面，沿略宽端及一侧多次单面剥片，片疤较大。器身其余部位未见人工痕迹。长 16.0cm，宽 8.4cm，厚 6.0cm，重 1003g（图四五一，1）。

石片　20 件。岩性只有辉绿岩一种。打击台面有自然台面和人工台面两种。其中自然台面 19 件，占该文化层出土石片总数的 95%；人工台面 1 件，占该文化层出土石片总数的 5%。打击点清楚。半锥体凸出的 1 件，占该文化层出土石片总数的 5%；半锥体不显的 19 件，占该文化层出土石片总数的 95%。石片宽大于长的 10 件，占该文化层出土石片总数的 50%。大多数石片背面或多或少保留有自然砾面。石片的边缘大多数锋利。有使用痕迹的 5 件，占该文化层出土石片总数的 25%。打片方法仅有锤击法一种。器身形状有三角形、四边形、梯形、椭圆形、扇贝形和不规则形六种。其中三角形、四边形和梯形各 2 件，各占该文化层出土石片总数的 10%；椭圆形 5 件，占该文化层出土石片总数的 25%；扇贝形 3 件，占该文化层出土石片总数的 15%；不规则形 6 件，占该文化层出土石片总数的 30%。器身长度最大值 20.0cm，最小值 6.0cm；宽度最大值

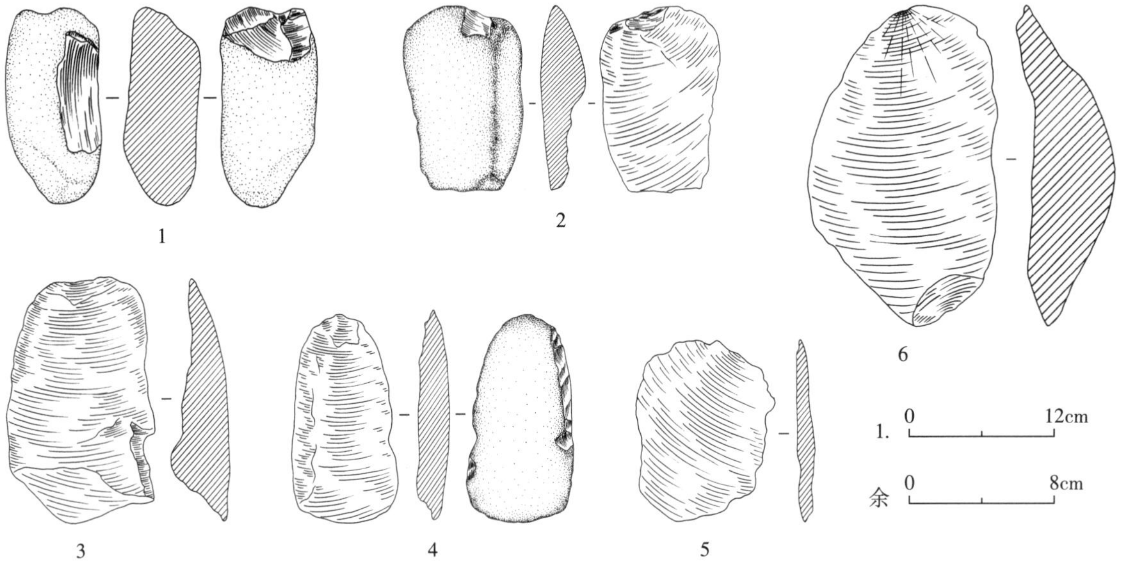

图四五一　坡叫环遗址第六文化层石制品（二）

1. Bi型石核（2015GLPT1⑪：12）　2、3. AaⅡ型石片（2015GLPT1⑫：17、2015GLPT1⑫：7）　4、5. AaⅥ型石片（2015GLPT1⑪：36、2015GLPT1⑫：13）　6. AaⅦ型石片（2015GLPT1⑪：16）

14.4cm，最小值4.5cm；厚度最大值6.0cm，最小值1.0cm；重量最大值1695g，最小值34g。均属于A型。分别属于Aa、Ab、Ac亚型。

Aa型　7件。分别属于AaⅡ、AaⅥ、AaⅦ、AaⅪ次亚型。

AaⅡ型　2件。

标本2015GLPT1⑫：17，原料为灰褐色辉绿岩砾石。器身形状近四边形。打击台面为自然台面。打击点宽大，半锥体不显，放射线不清楚，同心波纹明显。左侧边缘较钝，为自然砾面。右侧边缘较锋利，有使用痕迹。远端折断，形成断裂面。背面完全保留自然砾面。长9.8cm，宽6.7cm，厚2.4cm，重170g（图四五一，2）。

标本2015GLPT1⑫：7，原料为灰褐色辉绿岩砾石。器身形状近四边形。打击台面为自然台面。打击点宽大，半锥体不显，放射线不清楚，同心波纹微显。两侧边缘及远端边缘锋利，未见使用痕迹。背面完全保留自然砾面。长13.0cm，宽8.2cm，厚3.2cm，重355g（图四五一，3）。

AaⅥ型　2件。

标本2015GLPT1⑪：36，原料为灰褐色辉绿岩砾石。器身形状近椭圆形。打击台面为自然台面。打击点宽大，半锥体不显，放射线不清楚，同心波纹微显。左侧上半部和远端各折断一小块，边缘较钝厚。右侧边缘较锋利，未见使用痕迹。背面完全保留自然砾面。长10.9cm，宽5.9cm，厚1.8cm，重122g（图四五一，4；彩版一〇三，5）。

标本2015GLPT1⑫：13，原料为灰褐色辉绿岩砾石。器身形状近椭圆形。打击台面为自然台面。打击点宽大，半锥体不显，放射线不清楚，同心波纹明显。两侧边缘锋利，右侧边缘有使用痕迹。远端折断一小块，边缘较钝厚。背面完全保留自然砾面。长 9.2cm，宽 7.6cm，厚 1.0cm，重 90g（图四五一，5）。

AaⅦ型　1 件。

标本 2015GLPT1 ⑪：16，原料为灰褐色辉绿岩砾石。器身形状近扇贝形。打击台面为自然台面。打击点宽大，半锥体不显，放射线清楚，同心波纹微显。两侧及远端边缘较锋利，未见使用痕迹。远端折断一小块，呈斜坡状。背面完全保留自然砾面。长 17.0cm，宽 10.2cm，厚 4.5cm，重 798g（图四五一，6）。

AaⅪ型　2 件。

标本 2015GLPT1 ⑪：9，原料为灰褐色辉绿岩砾石。器身厚重，形状不规则。打击台面为自然台面。打击点宽大，半锥体不显，放射线清楚，同心波纹微显。左侧上部及下部各折断一块，形成断裂面。右侧上部圆钝，为自然砾面。左侧中部和右侧中下部边缘锋利，未见使用痕迹。两侧边在远端交汇形成一锐尖。背面完全保留自然砾面。长 15.4cm，宽 11.3cm，厚 5.1cm，重 762g（图四五二，1）。

Ab 型　12 件。分别属于 AbⅠ、AbⅢ、AbⅥ、AbⅦ、AbⅪ次亚型。

AbⅠ型　2 件。

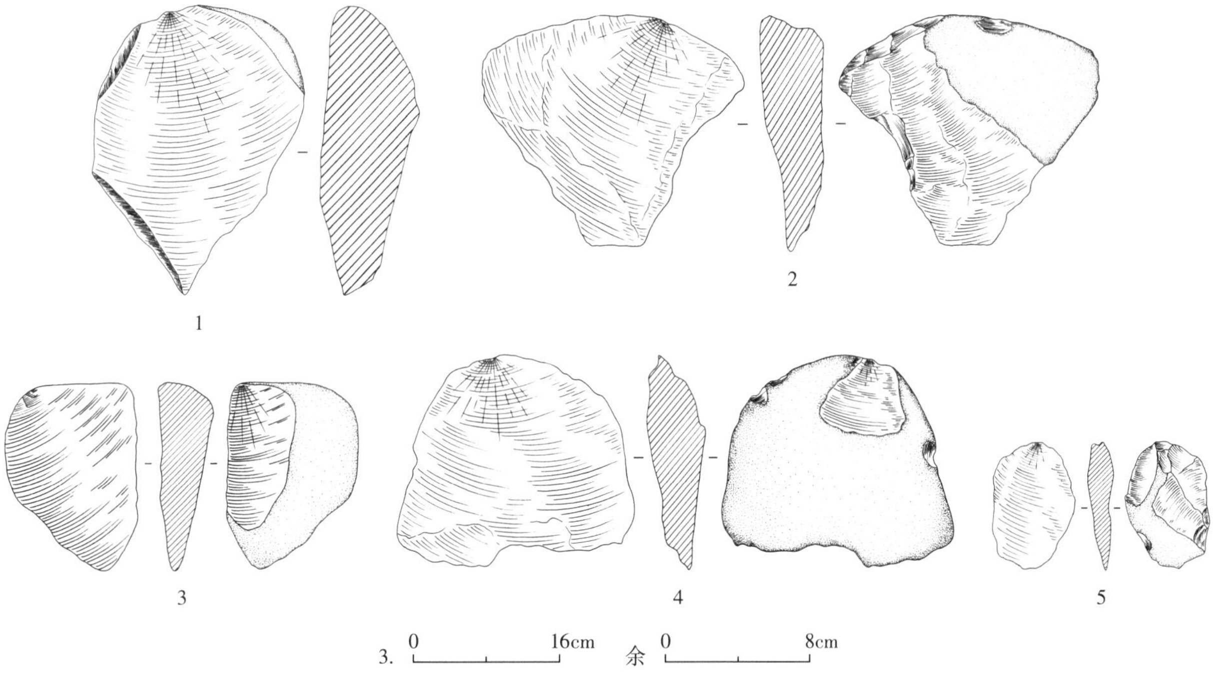

图四五二　坡叫环遗址第六文化层石制品（三）

1. AaⅪ型石片（2015GLPT1 ⑪：9）　2、3. AbⅠ型石片（2015GLPT1 ⑪：7、2015GLPT1 ⑪：6）　4. AbⅢ型石片（2015GLPT1 ⑪：20）　5. AbⅥ型石片（2015GLPT1 ⑪：34）

标本2015GLPT1⑪：7，原料为灰褐色辉绿岩砾石。器身形状近三角形。打击台面为自然台面。打击点宽大，半锥体不显，放射线清楚，同心波纹微显。两侧边缘较锋利，左侧边缘有使用痕迹。远端折断一小块，形成断裂面。背面近端有一个较小而浅平且与石片同向同源的片疤；左侧为层叠的片疤面，片疤打击方向与石片打击方向相同；背面其他部分保留自然砾面。长12.6cm，宽14.4cm，厚3.5cm，重554g（图四五二，2；彩版一〇三，6）。

标本2015GLPT1⑪：6，原料为灰褐色辉绿岩砾石。器身体形硕大，形状近三角形。打击台面为自然台面。打击点宽大，半锥体不显，放射线不清楚，同心波纹微显。左右两侧边缘锋利，未见使用痕迹。两侧边在远端交汇形成一舌尖。背面左侧为一较大的、打击方向与石片同向同源的片疤面，约占背面三分之一；背面其余部位保留自然砾面。长20.0cm，宽14.4cm，厚6.0cm，重1695g（图四五二，3）。

AbⅢ型　2件。

标本2015GLPT1⑪：20，原料为灰褐色辉绿岩砾石。器身形状近梯形。打击台面为自然台面。打击点宽大，半锥体不显，放射线清楚，同心波纹微显。左右两侧边缘较圆钝，为自然砾面。远端部分折断，形成断裂面，边缘钝厚。背面近端有一稍大而浅平且与石片同向同源的片疤，其余部分保留自然砾面。长11.4cm，宽12.8cm，厚3.1cm，重478g（图四五二，4）。

AbⅥ型　3件。

标本2015GLPT1⑪：34，原料为灰褐色辉绿岩砾石。器身形状近椭圆形。打击台面为自然台面。打击点宽大，半锥体不显，放射线清楚，同心波纹微显。左右两侧边缘锋利，未见使用痕迹。远端折断一小块，形成一断裂面。背面上半部为层叠的片疤面，约占背面三分之二；其打击方向既有与石片打击方向相同的，也有与之相垂直的；背面其余部分保留自然砾面。长6.8cm，宽4.5cm，厚1.4cm，重41g（图四五二，5）。

标本2015GLPT1⑫：15，原料为灰褐色辉绿岩砾石。器身形状近椭圆形。打击台面为自然台面（线状台面）。打击点宽大，半锥体不显，放射线不清楚，同心波纹微显。左右两侧边缘锋利，左侧边缘见有使用痕迹。远端边缘较钝。背面左侧有一处打击方向与石片打击方向相同的片疤面，约占背面四分之一；背面其余部分保留自然砾面。长11.4cm，宽7.5cm，厚1.4cm，重142g（图四五三，1）。

AbⅦ型　2件。

标本2015GLPT1⑫：4，原料为灰褐色辉绿岩砾石。器身形状近扇贝形。打击台面为自然台面。打击点宽大，半锥体不显，放射线清楚，同心波纹微显。左右两侧及远端边缘较锋利，未见使用痕迹。背面近端有一处较小而浅平、且与石片同向同源的片疤；背面其余大部分保留自然砾面。长9.2cm，宽14.2cm，厚2.0cm，重284g（图四五三，2）。

标本2015GLPT1⑪：29，原料为棕色辉绿岩砾石。器身形状近扇贝形。打击台面为自然台面。打击点宽大，半锥体不显，放射线不清楚，同心波纹微显。左右两侧及远端边缘锋利，未见使用痕迹。

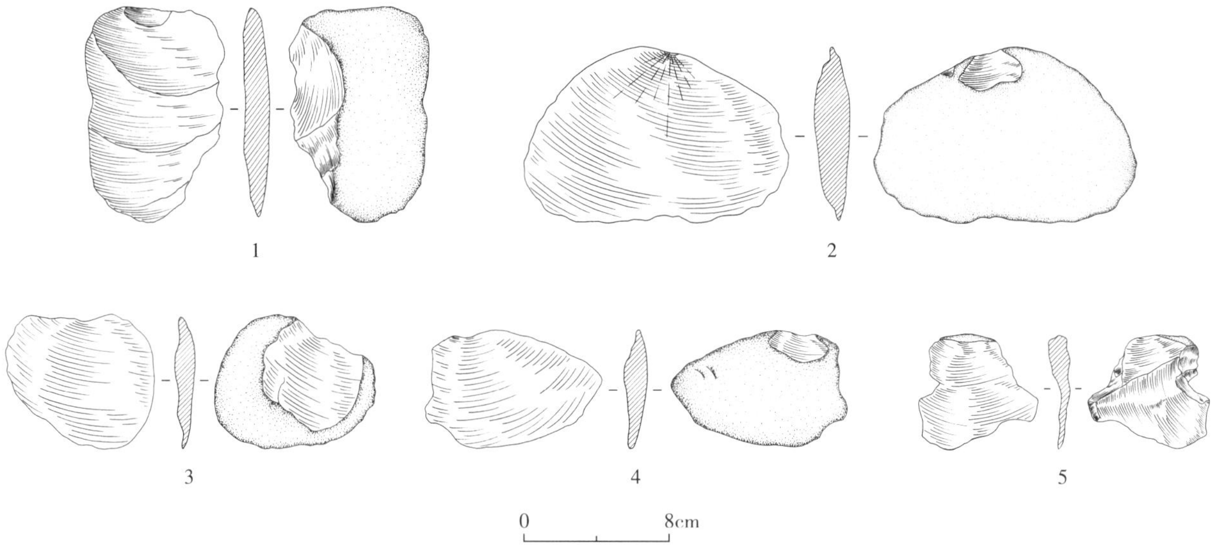

图四五三　坡叫环遗址第六文化层石制品（四）

1. AbⅥ型石片（2015GLPT1⑫：15）　2、3. AbⅦ型石片（2015GLPT1⑫：4、2015GLPT1⑪：29）　4. AbⅪ型石片（2015GLPT1⑪：30）　5. AcⅪ型石片（2015GLPT1⑫：25）

背面中上部有一个与石片同向同源的片疤面，约占背面四分之一；背面其余部分保留自然砾面。长6.5cm，宽8.1cm，厚1.0cm，重66g（图四五三，3）。

AbⅪ型　3件。

标本2015GLPT1⑪：30，原料为灰褐色辉绿岩砾石。器身形状不规则。打击台面为自然台面。打击点宽大，半锥体不显，放射线不清楚，同心波纹明显。左侧折断一块，为断裂面。右侧较圆钝，为自然砾面。右侧与远端交汇处折断一小块，形成断裂面。远端边缘较锋利，有使用痕迹。背面近端有一个较小而浅平且与石片同向同源的片疤；背面其余大部分保留自然砾面。长6.2cm，宽9.6cm，厚1.3cm，重102g（图四五三，4）。

Ac型　1件。属于AcⅪ次亚型。

标本2015GLPT1⑫：25，原料为灰褐色辉绿岩砾石。器身形状不规则。打击台面为自然台面。打击点窄小，半锥体凸出，放射线不清楚，同心波纹微显。左右两侧及远端边缘锋利，未见使用痕迹。背面全是层叠片疤，不保留自然砾面；片疤的打击方向既有与石片打击方向相同的，也有与之相垂直的。长6.0cm，宽6.7cm，厚1.2cm，重34g（图四五三，5；彩版一〇四，1）。

砍砸器　21件。原料只有石片一种。岩性只有辉绿岩一种。加工方法仅见锤击法一种，以单面加工为主。打击方向由石片背面向腹面打击。加工较为简单，加工面多为一两层片疤。片疤大多数较小且浅平，多为宽大于长。部分器身有修整的现象。刃缘大部分整齐锋利。有使用痕迹者5件，占该文化层出土砍砸器总数的23.81%。器身形状有三角形、四边形、梯形、椭圆形和不规则形五种。其中三角形5件，占该文化层出土砍砸器总数的23.81%；四边形1件，占该文化层出土砍砸器总数的4.76%；椭圆形3件，占该文化层出土砍砸器总数的14.29%；梯形4件，占该文化层出土砍砸器总数的19.05%；不规则形8件，占该文化层出土砍砸器总数的38.10%。器身长度最大值14.5cm，最小值9.2cm；宽度最大值12.3cm，最小值5.0cm；厚度最大值4.5cm，最小值2.0cm；重量最大值927g，最小值94g。分别属于A、B、C型。

A型　11件。分别属于Aa亚型和Ab亚型。

Aa型　5件。分别属于AaⅠ、AaⅢ、AaⅥ次亚型。

AaⅠ型　2件。

标本2015GLPT1⑪：10，原料为灰褐色辉绿岩石片。器身形状近三角形。腹面较平，背面完全保留自然砾面。两侧圆钝，为自然砾面。加工方法为锤击法。加工主要集中在石片远端。沿远端边缘多次单面剥片，加工出一道直刃。刃缘较整齐，但较钝，有使用痕迹。片疤较小且浅平，打击方向由石片背面向腹面打击。长12.2cm，宽8.3cm，厚2.7cm，重286g（图四五四，1）。

AaⅢ型　2件。

标本2015GLPT1⑫：8，原料为灰褐色辉绿岩石片。器身形状近梯形。腹面较平，背面完全保留自然砾面。近端较宽，远端较窄。左侧较厚，右侧较薄。加工方法为锤击法。加工主要集中在右侧。沿右侧边缘多次单面剥片，加工出一道直刃。刃缘整齐锋利，未见使用痕迹。片疤较小且浅平，打击方向由石片背面向腹面打击，部分片疤尾部折断形成陡坎。左侧截断一块，形成一较整齐的破裂面，应为修理器身留下的痕迹。长11.3cm，宽7.3cm，厚3.0cm，重305g（图四五四，2）。

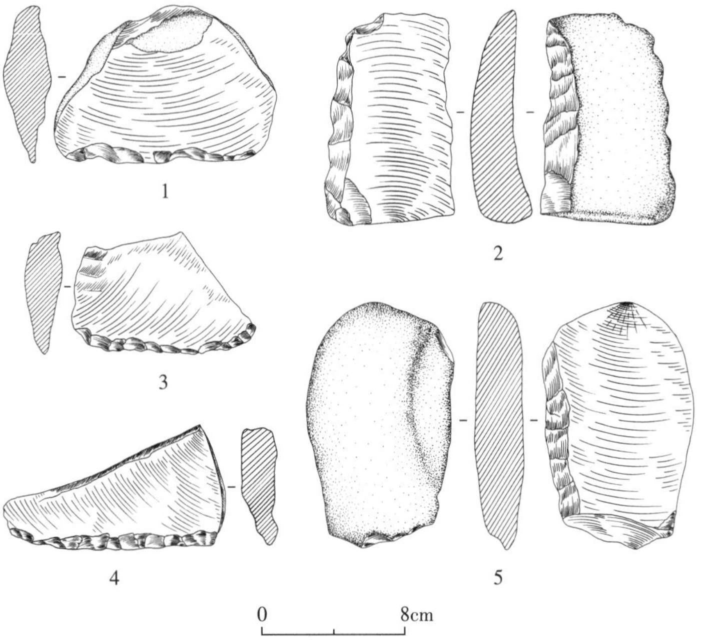

图四五四　坡叫环遗址第六文化层石制品（五）

1. AaⅠ型砍砸器（2015GLPT1⑪：10）　2、3. AaⅢ型砍砸器（2015GLPT1⑫：8、2015GLPT1⑪：31）　4. AbⅠ型砍砸器（2015GLPT1⑪：25）　5. AaⅥ型砍砸器（2015GLPT1⑪：19）

标本2015GLPT1⑪：31，原料为灰褐色辉绿岩石片。器身形状近梯形。腹面较平，背面完全保留自然砾面。加工方法为锤击法。加工主要集中在石片左侧。沿左侧边缘多次单面剥片，加工出一道直刃。刃缘整齐锋利，有使用痕迹。片疤细小且浅平，打击方向由石片背面向腹面打击。右侧两端各截断一块，形成整齐的破裂面，应为修理器身留下的痕迹。长10.2cm，宽6.5cm，厚2.1cm，重144g（图四五四，3）。

AaⅥ型　1件。

标本2015GLPT1⑪：19，原料为

灰褐色辉绿岩石片。器身形状近椭圆形。腹面较平，背面完全保留自然砾面。近端较宽。远端较窄，折断一小块。左侧较薄。右侧较厚，为自然砾面。加工方法为锤击法。加工主要集中在石片左侧。沿左侧边缘多次单面剥片，加工出一道直刃。刃缘整齐较锋利，未见使用痕迹。片疤较小且浅平，打击方向由石片背面向腹面打击。长13.1cm，宽8.0cm，厚2.7cm，重428g（图四五四，5；彩版一〇四，2）。

Ab型　6件。分别属于AbⅠ、AbⅥ、AbⅧ次亚型。

AbⅠ型　1件。

标本2015GLPT1⑪：25，原料为灰褐色辉绿岩石片。器身形状近三角形。腹面较平，背面不保留自然砾面。加工方法为锤击法。加工主要集中在远端。沿远端边缘多次单面剥片，加工出一道弧刃。刃缘整齐较锋利，有使用痕迹。片疤细小且浅平，打击方向由石片背面向腹面打击。左侧截断一块，形成一平整的破裂面，应为修整器身留下的痕迹。长11.9cm，宽6.2cm，厚2.0cm，重174g（图四五四，4；彩版一〇四，3）。

AbⅥ型　2件。

标本2015GLPT2⑨：2，原料为灰褐色辉绿岩石片。器身形状近椭圆形。腹面平整，背面保留自然砾面。两侧边折断，形成断裂面。加工方法为锤击法。加工主要集中在石片远端。沿远端边缘多次单面剥片，加工出一道弧刃。刃缘较钝且不整齐，未见使用痕迹。片疤细小且浅平，打击方向由石片背面向腹面打击。长12.8cm，宽10.7cm，厚2.4cm，重370g（图四五五，1）。

标本2015GLPT1⑫：3，原料为灰褐色辉绿岩石片。器身形状近椭圆形。腹面较平，背面

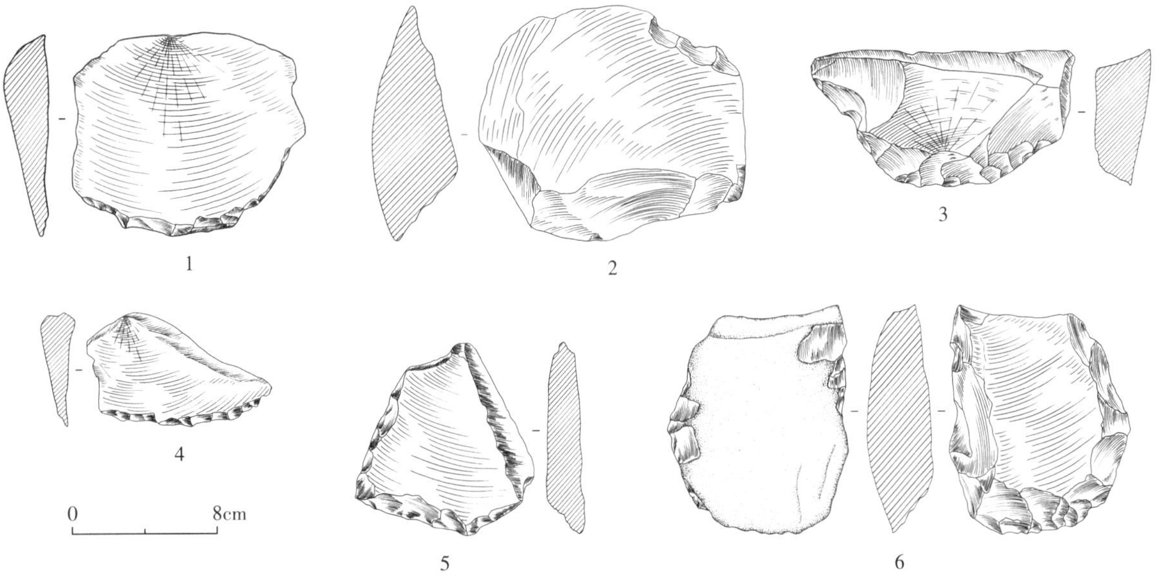

图四五五　坡叫环遗址第六文化层石制品（六）

1、2. AbⅥ型砍砸器（2015GLPT2⑨：2、2015GLPT1⑫：3）　3、4. AbⅧ型砍砸器（2015GLPT1⑪：33、2015GLPT2⑨：4）　5. BaⅠ型砍砸器（2015GLPT1⑪：14）　6. BbⅡ型砍砸器（2015GLPT1⑫：10）

完全保留自然砾面。远端较窄，近端较宽。右侧较薄，左侧较厚。加工方法为锤击法。加工主要集中在石片右侧。沿右侧边缘多次单面剥片，加工出一道弧刃。刃缘较锋利但不整齐，未见使用痕迹。片疤较小且浅平，打击方向由石片背面向腹面打击。左侧及近端一侧各截断一块，形成较整齐的破裂面，应为修整器身留下的痕迹。长 14.5cm，宽 12.3cm，厚 4.5cm，重 927g（图四五五，2）。

AbⅧ型　3 件。

标本 2015GLPT1 ⑪：33，原料为灰褐色辉绿岩石片。器身形状不规则。腹面较平，背面完全保留自然砾面。加工方法为锤击法。加工主要集中在石片近端和右侧。沿近端和右侧边缘多次单面剥片，加工出一道弧刃。刃缘较整齐锋利，未见使用痕迹。片疤较小且浅平，打击方向由石片背面向腹面打击。左侧截断一大块，形成较整齐的破裂面，应为修整器身留下的痕迹。长 14.5cm，宽 7.1cm，厚 2.9cm，重 367g（图四五五，3）。

标本 2015GLPT2 ⑨：4，原料为灰褐色辉绿岩石片。器身形状不规则。腹面较平，背面不保留自然砾面。左侧边下半部折断一小块，形成断裂面。右侧边较厚。加工方法为锤击法。加工主要集中在石片远端。沿远端边缘多次单面剥片，加工出一道弧刃。刃缘整齐锋利，未见使用痕迹。片疤细小且浅平，打击方向由石片背面向腹面打击。长 10.2cm，宽 5.7cm，厚 1.8cm，重 94g（图四五五，4）。

B 型　9 件。分别属于 Ba、Bb、Bd 亚型。

Ba 型　1 件。属于 BaⅠ次亚型。

标本 2015GLPT1 ⑪：14，原料为灰褐色辉绿岩石片。器身形状近三角形。腹面平整，背面完全保留自然砾面。近端稍窄，折断一块；远端稍宽。左侧略薄，右侧略厚。加工方法为锤击法。加工主要集中在石片左侧及远端。分别沿左侧及远端边缘多次单面剥片，各加工出一道直刃。两刃缘整齐，左侧刃缘较钝，有使用痕迹；远端刃较锋利，未见使用痕迹。两刃交汇处修出一个钝尖。片疤较小且浅平，打击方向由石片背面向腹面打击。右侧及远端右侧分别截断一块，形成整齐的破裂面，应为修整器身留下的痕迹。长 10.2cm，宽 9.8cm，厚 2.0cm，重 212g（图四五五，5；彩版一〇四，4）。

Bb 型　1 件。属于 BbⅡ次亚型。

标本 2015GLPT1 ⑫：10，原料为灰褐色辉绿岩石片。器身形状近四边形。腹面较平，背面大部分保留自然砾面。两端略等宽。近端略厚，远端略薄。左侧稍厚，右侧稍薄。加工方法为锤击法。加工主要集中在右侧及远端。分别沿右侧及远端边缘多次单面剥片，各加工出一道弧刃。刃缘较为整齐锋利，右侧刃缘有使用痕迹。片疤较小且浅平，打击方向由石片背面向腹面打击。左侧为一较整齐的破裂面，边缘有修整器身留下的痕迹。长 12.0cm，宽 9.7cm，厚 3.6cm，重 539g（图四五五，6；彩版一〇四，5）。

Bd 型　7 件。分别属于 BdⅢ次亚型和 BdⅧ次亚型。

BdⅢ型　2件。

标本2015GLPT1⑪：1，原料为灰褐色辉绿岩石片。器身形状近梯形。腹面较平，背面完全保留自然砾面。远端稍窄，为折断的断裂面；近端稍宽。左侧略薄，右侧略厚。加工方法为锤击法。加工主要集中在石片两侧。分别沿两侧边缘多次单面剥片，在右侧边缘加工出一道直刃，在左侧边缘加工出一道凹刃。两刃缘整齐锋利，均未见使用痕迹。片疤较小且浅平，打击方向均由石片背面向腹面打击，部分片疤尾部折断形成陡坎。长14.0cm，宽9.5cm，厚3.4cm，重586g（图四五六，1；彩版一〇四，6）。

标本2015GLPT1⑫：14，原料为灰褐色辉绿岩石片。器身形状近梯形。腹面不平，背面完全保留自然砾面。加工方法为锤击法。加工主要集中在石片远端及右侧。分别沿远端及右侧边缘多次单面剥片，在远端加工出一道直刃，在右侧加工出一道弧刃。两刃缘均锋利，均未见使用痕迹。片疤较小且浅平，打击方向均由石片背面向腹面打击。长11.0cm，宽8.4cm，厚3.5cm，重388g（图四五六，2）。

BdⅧ型　5件。

标本2015GLPT1⑫：1，原料为灰褐色辉绿岩石片。器身形状不规则。腹面较平，背面完全保留自然砾面。右侧略厚，左侧略薄。加工方法为锤击法。加工主要集中在石片右侧及远端。分别沿右侧及远端边缘多次单面剥片，在远端加工出一道弧刃，在右侧加工出一道直刃。两刃缘整齐锋利，未见使用痕迹。右侧与远端交汇处加工出一舌尖。片疤大多数较小且浅平，部分片疤较大，

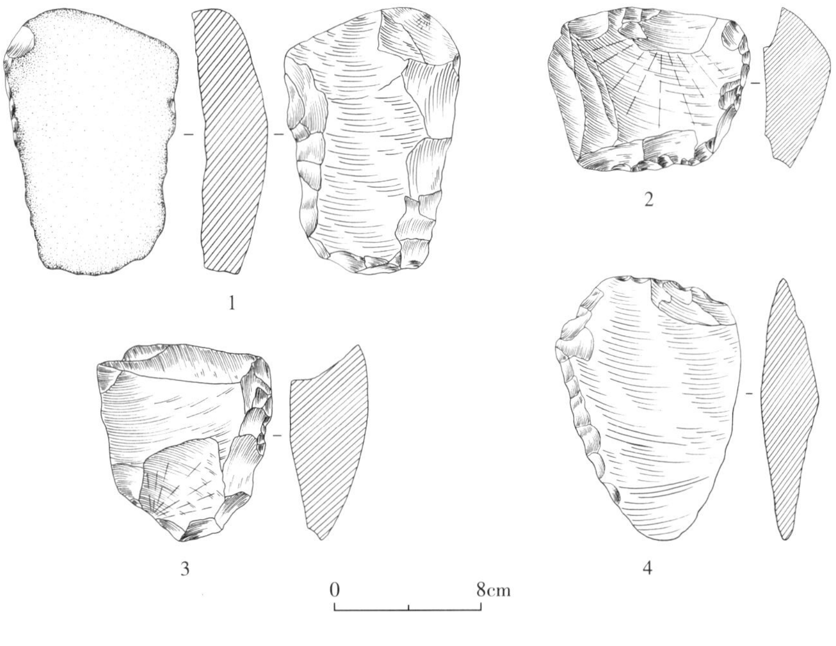

图四五六　坡叫环遗址第六文化层石制品（七）

1、2. BdⅢ型砍砸器（2015GLPT1⑪：1、2015GLPT1⑫：14）　3. BdⅧ型砍砸器（2015GLPT1⑫：1）　4. CdⅠ型砍砸器（2015GLPT1⑪：11）

越过器身中轴线；打击方向由石片背面向腹面打击。左侧为一较整齐的破裂面，应为修整器身留下的痕迹。长 10.2cm，宽 9.6cm，厚 4.1cm，重 414g（图四五六，3）。

C 型　1 件。属于 Cd 亚型中的 CdⅠ次亚型。

标本 2015GLPT1 ⑪：11，原料为灰褐色辉绿岩石片。器身形状近三角形。腹面不平，背面完全保留自然砾面。加工方法为锤击法。加工主要集中在石片近端和左侧。分别沿这几个部位边缘多次单面剥片，在近端及左侧上半部各加工出一道直刃，在左侧下半部加工出一道弧刃。三刃刃缘整齐锋利，均未见使用痕迹。片疤较小且浅平，打击方向均由石片背面向腹面打击。长 14.1cm，宽 10.4cm，厚 3.2cm，重 460g（图四五六，4；彩版一〇五，1）。

刮削器　6 件。原料仅有石片一种。岩性只有辉绿岩一种。加工方法仅见锤击法一种，以单面加工为主，由石片背面向腹面打击。加工较为简单，加工面多为一两层片疤。片疤大多数较小且浅平，多为宽大于长。部分器身有修整的现象。刃缘大部分整齐锋利。有使用痕迹的 3 件，占该文化层出土刮削器总数的 50%。器身形状有三角形、四边形和梯形三种。其中三角形 3 件，占该文化层出土刮削器总数的 50%；四边形 1 件，占该文化层出土刮削器总数的 16.67%；梯形 2 件，占该文化层出土刮削器总数的 33.33%。器身长度最大值 9.8cm，最小值 7.8cm；宽度最大值 9.2cm，最小值 5.4cm；厚度最大值 3.8cm，最小值 1.9cm；重量最大值 314g，最小值 88g。分别属于 A 型和 B 型。

A 型　4 件。分别属于 Aa、Ab、Ac 亚型。

Aa 型　1 件。属于 AaⅢ次亚型。

AaⅢ型　1 件。

标本 2015GLPT1 ⑫：27，原料为灰褐色辉绿岩石片。器身形状近梯形。腹面较平，背面部分保留自然砾面。加工方法为锤击法。加工主要集中在石片左侧。沿左侧边缘多次单面剥片，加工出一道直刃。刃缘整齐锋利，未见使用痕迹。片疤较小且浅平，打击方向由石片背面向腹面打击。两端及右侧各截断一块，形成较平整的破裂面，应为修整器身留下的痕迹。长 9.6cm，宽 6.8cm，厚 3.1cm，重 260g（图四五七，1；彩版一〇五，2）。

Ab 型　1 件。属于 AbⅠ次亚型。

标本 2015GLPT1 ⑫：22，原料为灰褐色辉绿岩石片。器身较小，形状近三角形。腹面较平整，背面完全保留自然砾面。加工方法为锤击法。加工主要集中在石片右侧。沿右侧边缘多次单面剥片，加工出一道弧刃。刃缘整齐锋利，未见使用痕迹。左右两侧在远端交汇处形成一锐尖。片疤较小且浅平，打击方向由石片背面向腹面打击。左侧截断一块，形成一较平整的破裂面，应为修整器身留下的痕迹。长 7.8cm，宽 5.4cm，厚 2.2cm，重 88g（图四五七，2；彩版一〇五，3）。

Ac 型　2 件。分别属于 AcⅠ次亚型。

标本 2015GLPT1 ⑪：21，原料为灰褐色辉绿岩石片。器身形状近三角形。腹面较平，背面保留大部分自然砾面。加工方法为锤击法。加工主要集中在石片远端右侧。沿远端右侧边缘多次

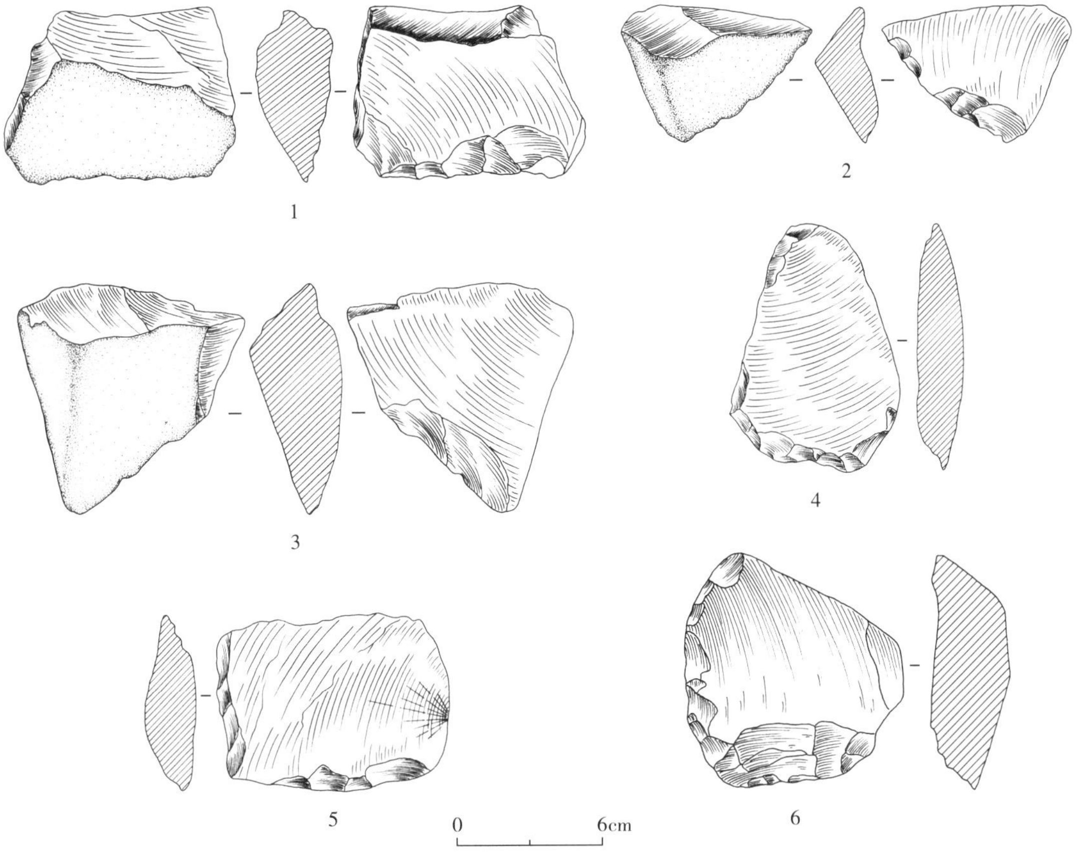

图四五七　坡叫环遗址第六文化层石制品（八）

1. AaⅢ型刮削器（2015GLPT1⑫：27）　2. AbⅠ型刮削器（2015GLPT1⑫：22）　3、4. AcⅠ型刮削器（2015GLPT1⑪：21、2015GLPT1⑫：18）　5. BdⅡ型刮削器（2015GLPT1⑫：26）　6. BdⅢ型刮削器（2015GLPT1⑪：24）

单面剥片，加工出一道微凹刃。刃缘整齐，但较钝，有使用痕迹。左侧为平整的破裂面，应为修整器身留下的痕迹。片疤较小且浅平，打击方向由石片背面向腹面打击。长9.0cm，宽9.2cm，厚3.8cm，重281g（图四五七，3；彩版一〇五，4）。

标本2015GLPT1⑫：18，原料为灰褐色辉绿岩石片。器身形状近三角形。腹面较平，背面完全保留自然砾面。左侧较厚，右侧较薄。加工方法为锤击法。加工主要集中在石片远端。沿远端边缘多次单面剥片，加工出一道凹刃。刃缘较锋利，未见使用痕迹。片疤较小且浅平，打击方向由石片背面向腹面打击。石片左侧为断裂面，近端有修整器身留下的片疤。长9.8cm，宽7.0cm，厚1.9cm，重161g（图四五七，4）。

B型　2件。属于Bd亚型中的BdⅡ次亚型和BdⅢ次亚型。

BdⅡ型　1件。

标本2015GLPT1⑫：26，原料为灰褐色辉绿岩石片。器身形状近四边形。腹面较平，背面大部分保留自然砾面。远端折断，形成断裂面。加工方法为锤击法。加工主要集中在石片远端及右侧。分别沿这两个部位多次单面剥片，在远端加工出一道直刃，在右侧加工出一道弧刃。两刃缘均较为整齐，直刃较锋利，弧刃有使用痕迹。片疤均较小且浅平，打击方向均由石片背面向腹面打击。长 9.5cm，宽 7.0cm，厚 2.1cm，重 192g（图四五七，5）。

BdⅢ型 1 件。

标本 2015GLPT1 ⑪：24，原料为灰褐色辉绿岩石片。器身形状近梯形。腹面较平，背面完全保留自然砾面。右侧较厚，左侧较薄。加工方法为锤击法。加工主要集中在石片近端及左侧。分别沿近端及左侧多次单面剥片，在近端加工出一道弧刃，在左侧加工出一道直刃。两刃缘整齐且较锋利，弧刃有使用痕迹。两刃相交处修出一个钝尖。片疤较小且浅平，打击方向由石片背面向腹面打击。长 9.2cm，宽 8.9cm，厚 3.1cm，重 314g（图四五七，6；彩版一〇五，5）。

（3）磨制石制品

14 件。包括石斧、石锛、石凿、斧锛类毛坯和研磨器五类。其中石斧和石锛各 1 件，各占该文化层出土磨制石制品的 7.14%；石凿 4 件，占该文化层出土磨制石制品的 28.57%；斧锛类毛坯 5 件，占该文化层出土磨制石制品的 35.72%；研磨器 3 件，占该文化层出土磨制石制品的 21.43%。

石斧 1 件。为完整件。属于 B 型中的 Ba 亚型。

标本 2015GLPT1 ⑫：16，原料为灰色辉绿岩砾石。器身形状近三角形。一端略窄，另一端略宽。略窄端略经单面剥片，未经磨制。两侧中下部经多次双面剥片；其中一面疤痕密集；另一面疤痕较少，片疤较大且浅平。两侧缘略经磨制。略宽端两面均经精心磨制，形成两道相互倾斜的光滑刃面。其中一刃面的两侧保留少量打击疤痕。两刃面交汇处磨制出一道整齐锋利的弧凸状刃。未见使用痕迹。器身其余部位保留自然砾面。长 11.8cm，宽 5.1cm，厚 2.3cm，重 173g（图四五八，1；彩版一〇五，6）。

石锛 1 件。为完整件。属于 A 型中的 AbⅠ次亚型。

标本 2015GLPT1 ⑫：19，原料为黄褐色细砂岩砾石。器身形状近三角形。一端较窄，另一端较宽。一面较平，另一面凸起。两侧的中下部经较多的单面剥片，打击方向由凸起面向较平面打击；片疤大多较小，少量片疤较深。两侧略经磨制，但仍较多保留着打击疤痕。较宽端两面经精心磨制，形成两道光滑刃面。其中一刃面较宽，向另一面明显倾斜；另一刃面较窄平。两刃面交汇处磨制出一道平直刃口。刃缘较钝，有较多使用痕迹。器身其余部位保留自然砾面。长 11.7cm，宽 5.6cm，厚 2.6cm，重 186g（图四五八，4）。

石凿 4 件。包括成品和毛坯两个种类，每类各 2 件，各占该文化层出土石凿总数的 50%。原料仅有砾石一种。岩性仅有细砂岩一种。器身形状有椭圆形和长条形两种。其中椭圆形 1 件，占该文化层出土石凿总数的 25%；长条形 3 件，占该文化层出土石凿总数的 75%。器身长度最大值 11.5cm，最小值 8.3cm；宽度最大值 4.5cm，最小值 3.0cm；厚度最大值 2.8cm，最小值 1.3cm；重量最大值 139g，最小值 88g。

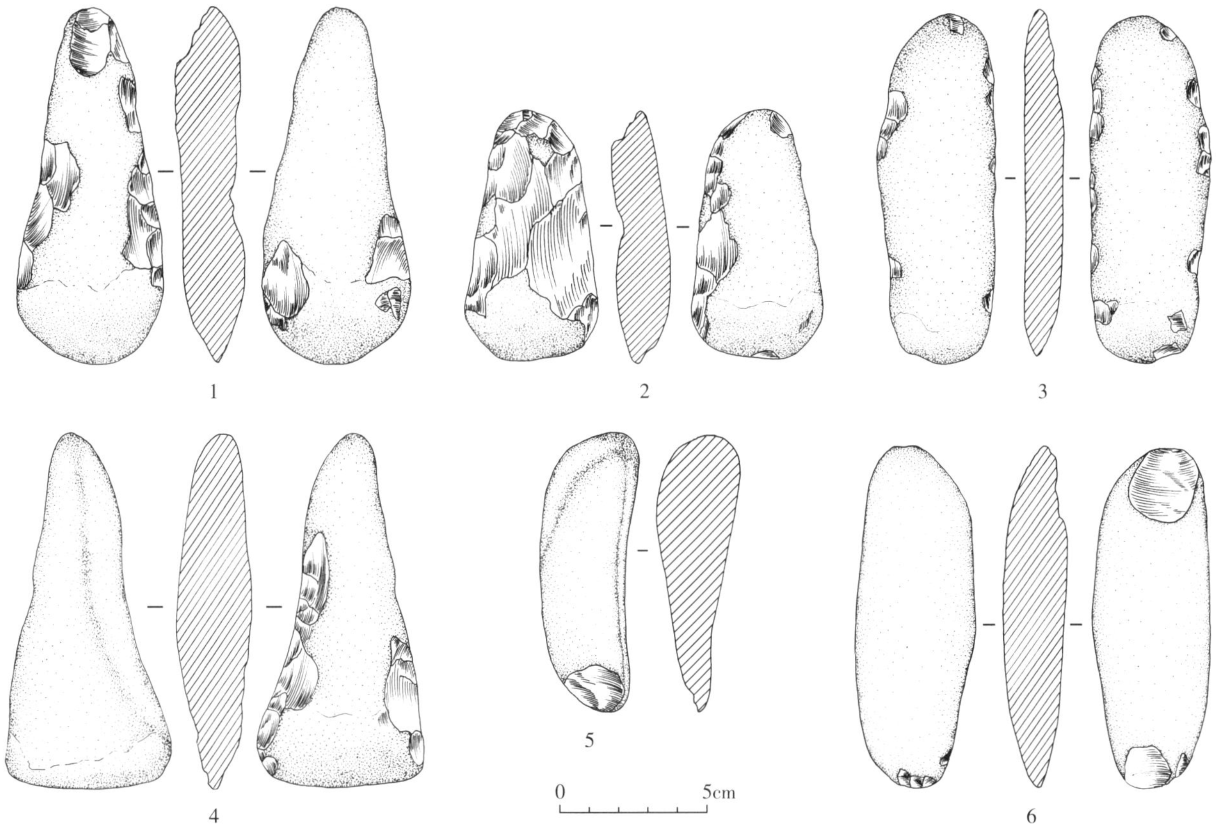

图四五八　坡叫环遗址第六文化层石制品（九）

1. Ba 型石斧（2015GLPT1 ⑫：16）　2. AaⅥ型石凿（2015GLPT1 ⑪：26）　3. AbⅦ型石凿（2015GLPT1 ⑫：6）　4. AbⅠ型石锛（2015GLPT1 ⑫：19）　5. Bg 型石凿毛坯（2015GLPT1 ⑪：28）　6. AbⅦ型石凿毛坯（2015GLPT1 ⑫：20）

第一类　成品。2 件。均为 A 型，分别属于 Aa 型和 Ab 型。

Aa 型　1 件。属于 AaⅥ次亚型。

标本 2015GLPT1 ⑪：26，原料为灰色细砂岩砾石。器身形状近椭圆形。一端较窄，另一端较宽。一面较平，另一面凸起。较窄端经多次双面剥片，片疤较小且浅平，虽略经磨制，但仍保留有打击痕迹。一侧经多次双面剥片，另一侧经多次单面剥片，加工以一面为主。片疤大多较小且浅平，部分片疤较大而深凹，有的片疤尾部达到甚至超过器身中轴线，部分片疤尾部折断形成陡坎或阶梯状。一侧略经磨制。较宽端两面均经精心磨制，形成两道光滑的刃面。两刃面均向另一面倾斜，其中一刃面较宽，向另一面倾斜明显；另一刃面较窄，向另一面略微倾斜。两刃面交汇处磨制出一道平直刃口。刃缘较钝，有较多使用痕迹。器身其余部位保留自然砾面。长 8.3cm，宽 4.5cm，厚 1.9cm，重 88g（图四五八，2）。

Ab 型　1 件。属于 AbⅦ次亚型。

标本 2015GLPT1 ⑫：6，原料为黄褐色细砂岩砾石。器身扁薄，形状近长条形。一端略窄，另一端稍宽。稍宽端和两侧经多次双面剥片，片疤较小且浅平，两侧疤痕较稀疏，未经磨制。稍宽端两面经较精细磨制，形成两道宽窄不一、相互倾斜的光滑刃面。其中一刃面可见少量打制疤痕。两刃面相交汇处磨制出一道弧凸状刃口。刃缘较为锋利，有使用痕迹。器身其余部位保留自然砾面。长 11.5cm，宽 4.1cm，厚 1.3cm，重 106g（图四五八，3）。

第二类　毛坯。2 件。分别属于 A 型和 B 型。

A 型　1 件。属于 Ab 亚型中的 AbⅦ次亚型。

标本 2015GLPT1 ⑫：20，原料为灰褐色细砂岩砾石。器身形状近长条形。一端稍宽，另一端略窄。一面稍平，另一面稍微凸起。加工方法为锤击法。稍宽端经多次单面剥片；片疤较大较深，打击方向由稍平面向稍凸面打击；未经磨制。略窄端经多次双面剥片，加工出一道弧凸状刃。刃缘较整齐，较钝，未经磨制。器身其余部位保留自然砾面。长 11.3cm，宽 4.1cm，厚 2.1cm，重 139g（图四五八，6）。

B 型　1 件。属于 Bg 亚型。

标本 2015GLPT1 ⑪：28，原料为褐色细砂岩砾石。器身形状近长条形。一端较宽厚，另一端较窄薄。加工方法为锤击法。在窄薄端多次单面剥片，但边缘钝厚不成刃，刃口尚未最终打制完成。片疤较小且浅平，未经磨制。器身其余部位保留自然砾面。长 9.2cm，宽 3.0cm，厚 2.8cm，重 108g（图四五八，5）。

斧锛类毛坯　5 件。包括完整件和残件两种。其中完整件 2 件，占该文化层出土斧锛类毛坯总数的 40%；残件 3 件，占该文化层出土斧锛类毛坯总数的 60%。原料仅有砾石一种。岩性有辉绿岩和细砂岩两种。其中细砂岩 4 件，占该文化层出土斧锛类毛坯总数的 80%；辉绿岩 1 件，占该文化层出土斧锛类毛坯总数的 20%。加工方法为锤击法，分单面加工和双面加工，以双面加工为主。加工部位多在器身的端部及两侧，绝大部分或多或少保留自然砾面，未发现通体加工者。器身形状有四边形、梯形、椭圆形和不规则形四种。其中四边形、梯形和椭圆形各 1 件，各占该文化层出土斧锛类毛坯总数的 20%；不规则形 2 件，占该文化层出土斧锛类毛坯总数的 40%。器身长度最大值 12.9cm，最小值 5.1cm；宽度最大值 6.3cm，最小值 4.4cm；厚度最大值 3.1cm，最小值 1.8cm；重量最大值 286g，最小值 73g。

第一类　完整件。2 件。分别属于 A 型和 B 型。

A 型　1 件。属于 Ab 亚型中的 AbⅥ次亚型。

标本 2015GLPT2 ⑨：3，原料为灰色细砂岩砾石。器身形状近椭圆形。两端大小相当。加工方法为锤击法。沿两侧多次双面剥片。其中一面疤痕较多较密集；另一面疤痕较少，片疤较小且浅平，部分片疤尾部折断形成阶梯状。两侧均未经磨制。一端经多次双面剥片，打制出一道弧凸状刃缘。刃缘锋利。刃缘片疤大多较小且浅平，部分较大且深，有的片疤尾部折断形成陡坎，未经磨制。器身其余部位保留自然砾面。长 11.7cm，宽 5.3cm，厚 2.1cm，重 220g（图四五九，1；彩版一〇六，1）。

B 型　1 件。属于 Bh 亚型。

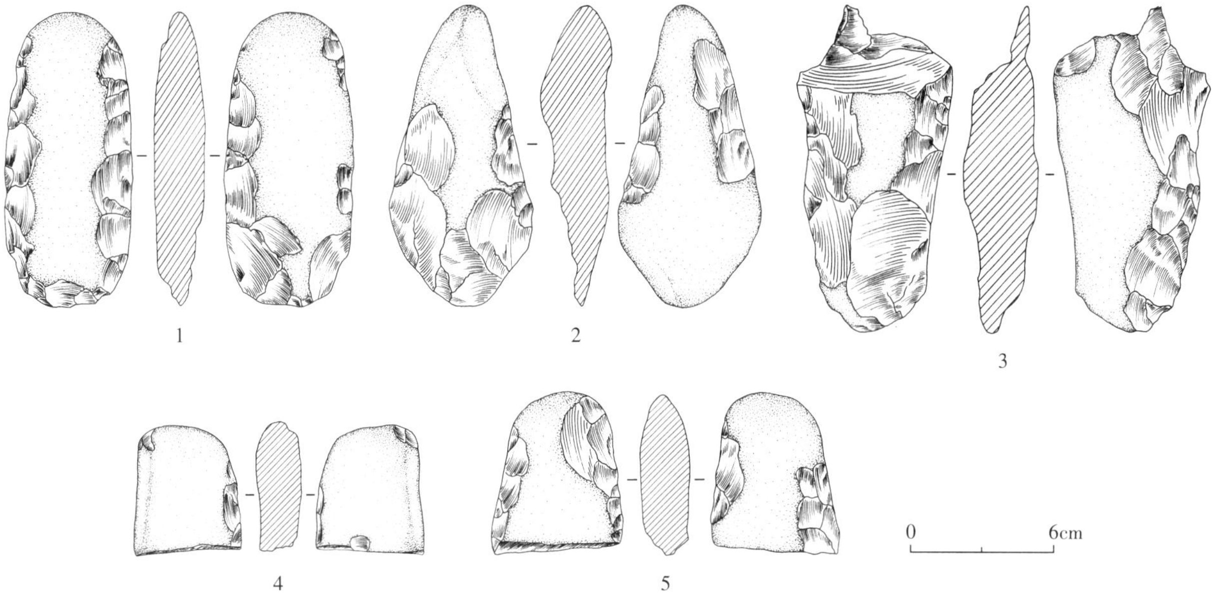

图四五九　坡叫环遗址第六文化层石制品（十）

1. AbⅥ型斧锛类毛坯（2015GLPT2 ⑨：3）　2. Bh 型斧锛类毛坯（2015GLPT1 ⑪：23）　3. Dh 型斧锛类毛坯残件（2015GLPT1 ⑪：18）　4. Bb 型斧锛类毛坯残件（2015GLPT1 ⑫：30）　5. Bc 型斧锛类毛坯残件（2015GLPT1 ⑫：29）

标本 2015GLPT1 ⑪：23，原料为灰色细砂岩砾石。器身形状不规则。一端较窄，另一端较宽。一侧较厚，另一侧较薄。加工方法为锤击法。沿两侧多次双面剥片，片疤多较小且浅平，部分片疤较大，有的片疤尾部折断形成阶梯状。两侧均未经磨制。较宽一端经多次单面剥片，但边缘钝厚，刃口尚未形成。较宽端片疤较大且深，部分片疤已达器身中轴线，有的片疤尾部折断形成陡坎；未经磨制。器身其余部位保留自然砾面。长 11.9cm，宽 5.9cm，厚 2.6cm，重 227g（图四五九，2；彩版一〇六，2）。

第二类　残件。3 件。分别属于 B 型和 D 型。

B 型　2 件。分别属于 Bb 亚型和 Bc 亚型。

Bb 型　1 件。

标本 2015GLPT1 ⑫：30，原料为黄褐色细砂岩砾石。器身残损，剩余部分形状近四边形。一端略窄，另一端稍宽，为较整齐的断裂面。一侧较厚，另一侧较薄。加工方法为锤击法。在较薄一侧进行多次双面剥片；片疤细小且浅平，未经磨制。在较厚一侧与稍宽端交汇处有一近椭圆形分布的细麻点状坑疤。坑疤周围有细小的崩疤，这些崩疤应为开片不成功留下的痕迹。器身其余部位保留自然砾面。残长 5.1cm，宽 4.4cm，厚 1.8cm，重 73g（图四五九，4）。

Bc 型　1 件。

标本 2015GLPT1 ⑫：29，原料为黄褐色细砂岩砾石。器身残损，剩余部分形状近梯形。一端略窄。另一端稍宽，为整齐的断裂面。加工方法为锤击法。沿两侧多次双面剥片；片疤大多较小且浅平，部分片疤较大，已达器身中轴线，有的片疤尾部折断形成陡坎，未经磨制。器身其余部位保留自然砾面。残长 6.4cm，宽 5.3cm，厚 2.0cm，重 100g（图四五九，5）。

D 型　1 件。属于 Dh 亚型。

标本 2015GLPT1 ⑪：18，原料为灰褐色辉绿岩砾石。器身形状不规则。一端稍宽，另一端略窄。一侧稍薄，另一侧稍厚。一面略平，另一面略凸。加工方法为锤击法。沿稍薄侧多次双面剥片；两面疤痕均较密集，片疤较大且深，部分片疤已达器身中轴线，有的片疤折断形成陡坎；未经磨制。稍厚侧经多次单面剥片；片疤稍大且浅平，打击方向由略凸面向略平面打击，未经磨制。稍窄端也经多次双面剥片，但边缘钝厚，刃口尚未形成，片疤大多较小且浅平，部分片疤较大，未经磨制。稍宽端折断一块，形成一倾斜的断裂面。器身其余部位保留自然砾面。残长 12.9cm，宽 6.3cm，厚 3.1cm，重 286g（图四五九，3）。

研磨器　3 件。原料仅见砾石一种。岩性仅见细砂岩一种。加工较简单，利用较长砾石，从中间截取一段，以破裂面为研磨面，部分直接利用砾石两端作为研磨面。包括成品和毛坯两种。其中成品 2 件，占该文化层出土研磨器总数的 66.66%；毛坯 1 件，占该文化层出土研磨器总数的 33.34%。器身形状有方柱状、椭圆柱状和圆柱状三种，每种形状各 1 件，各占该文化层出土研磨器总数的 33.33%。器身长度最大值 15.5cm，最小值 10.4cm；宽度最大值 7.7cm，最小值 5.3cm；厚度最大值 6.5cm，最小值 4.5cm；重量最大值 944g，最小值 461g。

第一类　成品。2 件。均为 A 型，分别属于 Aa 亚型和 Ab 亚型。

Aa 型　1 件。属于 AaⅡ次亚型。

标本 2015GLPT1 ⑫：11，原料为黄褐色细砂岩砾石。器身形状近方柱状。一端较窄，另一端较宽。以较宽一端为研磨面。研磨面近方形，略微弧凸，较光滑。一面和两侧中部各有一个明显的圆窝状砸击疤痕，应为兼作砸击石锤使用时留下的痕迹。器身其余部位保留自然砾面。长 10.4cm，宽 5.3cm，厚 5.0cm，重 461g（图四六〇，1；彩版一〇六，3）。

Ab 型　1 件。属于 AbⅤ次亚型。

标本 2015GLPT1 ⑫：12，原料为黄褐色细砂岩砾石。器身形状近椭圆柱状。一端较窄，另一端较宽。一侧呈弧凸，另一侧垂直。两端均作为研磨面。研磨面均近椭圆形，略微弧凸，较光滑，其中一端磨面一侧有少量崩疤。弧凸一侧有一光滑的弧形磨面，磨面一侧见有少量崩疤，这些崩疤应为兼作磨石使用时留下的痕迹。器身其余部位保留自然砾面。长 15.5cm，宽 7.6cm，厚 4.5cm，重 944g（图四六〇，3）。

第二类　毛坯。1 件。为 A 型，属于 Aa 亚型中的 AaⅣ次亚型。

标本 2015GLPT1 ⑪：15，原料为褐色细砂岩砾石。器身形状近圆柱状。一端较窄，另一端较宽。一面略平，另一面略凸。加工主要集中在较宽端。以略凸面的一侧为台面，将砾石截取一截，以破裂面为研磨面。研磨面近椭圆形，打击点清楚，放射线不清楚，未经磨制。器身其余部位保留自然砾面。长 12.0cm，宽 7.7cm，厚 6.5cm，重 920g（图四六〇，2）。

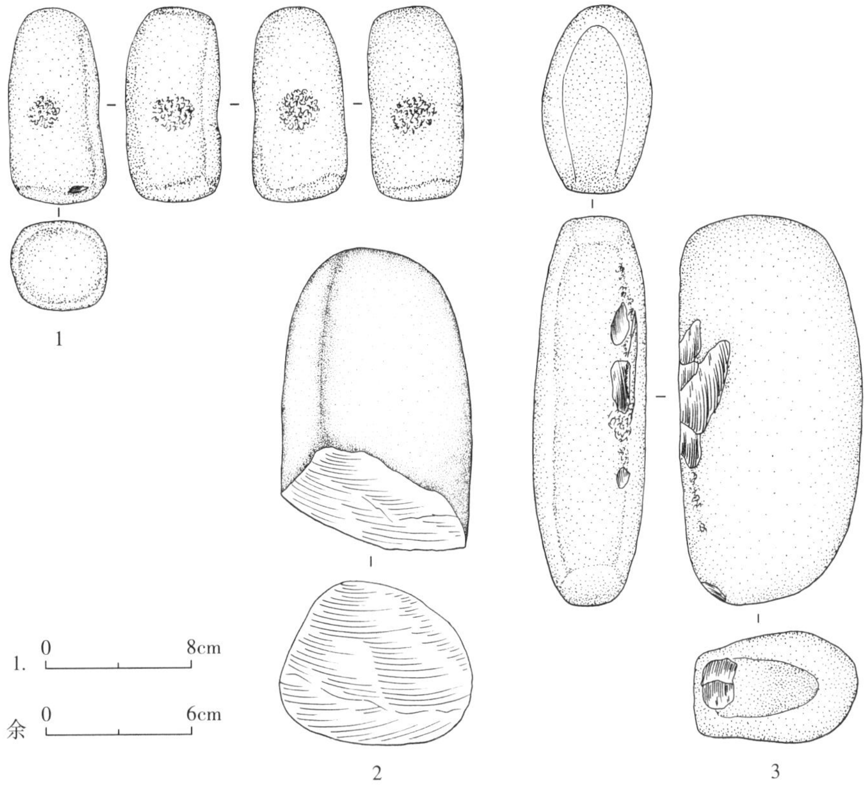

图四六〇　坡叫环遗址第六文化层石制品（十一）

1. AaⅡ型研磨器（2015GLPT1 ⑫：11）　2. AaⅣ型研磨器毛坯（2015GLPT1 ⑪：15）
3. AbⅤ型研磨器（2015GLPT1 ⑫：12）

2. 蚌器

25 件。均为蚌勺。其中完整件 16 件，占该文化层出土蚌器总数的 64.0%；残件 9 件，占该文化层出土蚌器总数的 36.0%。

第一类　完整件。16 件。分别属于 A、B、C、D 型。

A 型　12 件。分别属于 Aa、Ab、Ac 亚型。

Aa 型　5 件。分别属于 AaⅠ次亚型和 AaⅢ次亚型。

AaⅠ型　4 件。

标本 2015GLPT1 ⑪：3，平面近三角形。先将蚌壳的头部和尾部去掉，留下腹部及边缘较厚部分，然后再进行进一步加工。以宽薄端为勺口，窄厚端为柄。柄顶端呈尖顶。两侧边钝厚，靠近勺口处弧收。一侧边略弧凹，另一侧边略弧凸。勺口一侧有一崩缺口。通体磨制，表面较为光滑。长 9.3cm，宽 3.9cm，厚 1.3cm（图四六一，1）。

标本 2015GLPT1 ⑫：33，平面近三角形。先将蚌壳的头部和尾部去掉，留下腹部及边缘较厚部分，然后再进行进一步加工。以宽薄端为勺口，窄厚端为柄。柄顶端呈尖顶。两侧边钝厚，靠近勺口处弧收。一侧略弧凸，尚有少量打制疤痕；另一侧边斜直，靠近柄端处尚有打制疤痕。

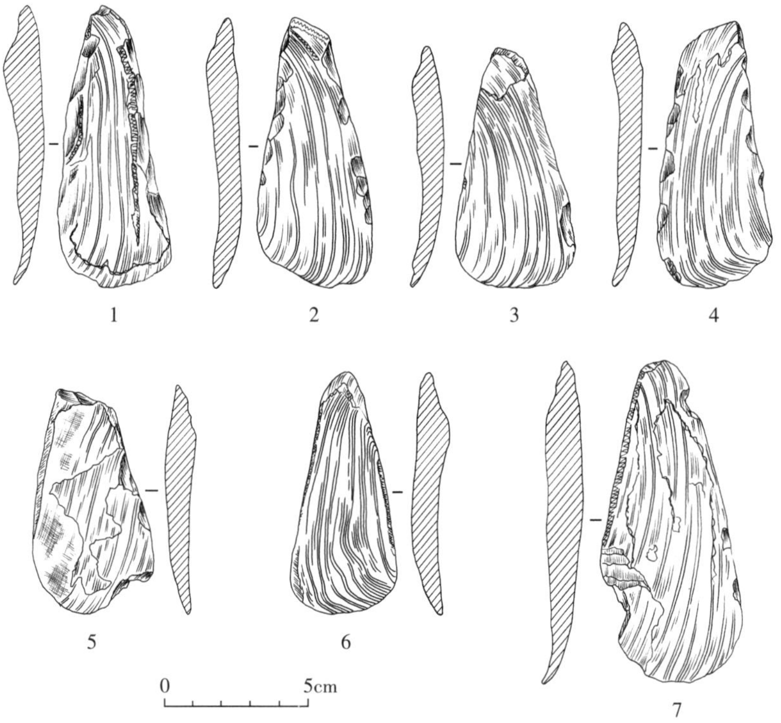

图四六一　坡叫环遗址第六文化层蚌器（一）

1~3. AaⅠ型蚌勺（2015GLPT1 ⑪：3、2015GLPT1 ⑫：33、2015GLPT1 ⑫：34）
4. AaⅢ型蚌勺（2015GLPT1 ⑫：31）　5. AbⅢ型蚌勺（2015GLPT1 ⑪：41）
6、7. AcⅠ型蚌勺（2015GLPT1 ⑬：7、2015GLPT1 ⑪：39）

一侧有一崩缺口。通体磨制，表面光滑。长 8.9cm，宽 4.0cm，厚 0.9cm（图四六一，2）。

标本 2015GLPT1 ⑫：34，平面近三角形。先将蚌壳的头部和尾部去掉，留下腹部及边缘较厚部分，然后再进行进一步加工。以宽薄端为勺口，窄厚端为柄。柄顶端呈尖顶。两侧边钝厚，斜直，对称，靠近勺口处弧收。一侧靠近勺口处有细小崩缺。通体磨制，表面光滑。长 7.9cm，宽 4.1cm，厚 0.8cm（图四六一，3）。

AaⅢ型　1 件。

标本 2015GLPT1 ⑫：31，平面近梯形。先将蚌壳的头部和尾部去掉，留下腹部及边缘较厚部分，然后再进行进一步加工。以宽薄端为勺口，窄厚端为柄。柄顶端略呈尖顶。两侧边钝厚，斜直，对称，靠近勺口处弧收。一侧边尚有打制疤痕。勺口有细小的崩缺口。通体磨制，表面光滑。长 8.7cm，宽 3.9cm，厚 0.8cm（图四六一，4）。

Ab 型　1 件。属于 AbⅢ次亚型。

标本 2015GLPT1 ⑪：41，平面近梯形。先将蚌壳的头部和尾部去掉，留下腹部及边缘较厚部分，然后再进行进一步加工。以宽薄端为勺口，窄厚端为柄。柄顶端略为平直，微斜，有打制疤痕。两侧边钝厚，斜直，靠近勺口处弧收。一侧边中部尚有打制疤痕。勺口一侧有一较大的崩缺口。

通体磨制，表面较为光滑。长 7.5cm，宽 4.2cm，厚 1.0cm（图四六一，5）。

Ac 型　6 件。分别属于 AcⅠ次亚型和 AcⅢ次亚型。

AcⅠ型　2 件。

标本 2015GLPT1⑪：39，平面近三角形。先将蚌壳的头部和尾部去掉，留下腹部及边缘较厚部分，然后再进行进一步加工。以宽薄端为勺口，窄厚端为柄。柄顶端呈弧形。两侧边钝厚，斜直，对称。一侧边靠近勺口处弧收，靠近柄端处有一半圆形缺口；另一侧边靠近勺口处已崩缺。勺口一侧有一崩缺口。通体磨制，表面光滑。长 10.7cm，宽 4.5cm，厚 1.1cm（图四六一，7）。

标本 2015GLPT1⑬：7，平面近三角形。先将蚌壳的头部和尾部去掉，留下腹部及边缘较厚部分，然后再进行进一步加工。以宽薄端为勺口，窄厚端为柄。柄顶端近弧形。两侧边钝厚，斜直，基本对称，靠近勺口处弧收。通体磨制，表面光滑。长 8.0cm，宽 3.6cm，厚 1.1cm（图四六一，6）。

AcⅢ型　4 件。

标本 2015GLPT1⑬：4，平面近梯形。先将蚌壳的头部和尾部去掉，留下腹部及边缘较厚部分，然后再进行进一步加工。器形较小，以宽薄端为勺口，窄厚端为柄。柄顶端近弧形。两侧

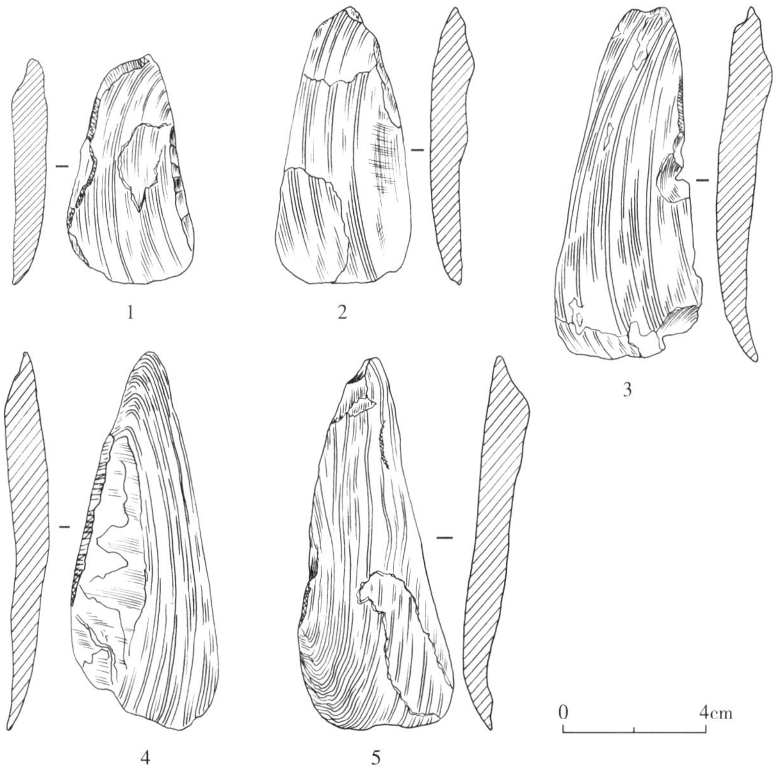

图四六二　坡叫环遗址第六文化层蚌器（二）

1. AcⅢ型蚌勺（2015GLPT1⑬：4）　2. BaⅠ型蚌勺（2015GLPT1⑪：40）　3. BcⅠ型蚌勺（2015GLPT1⑪：42）　4. CaⅠ型蚌勺（2015GLPT1⑪：4）　5. DaⅠ型蚌勺（2015GLPT1⑪：2）

边钝厚，斜直，靠近勺口处弧收。勺口有细小的崩缺口。通体磨制，表面光滑。长 6.0cm，宽 3.4cm，厚 0.9cm（图四六二，1）。

B 型　2 件。分别属于 Ba 亚型和 Bc 亚型。

Ba 型　1 件。属于 BaⅠ次亚型。

标本 2015GLPT1⑪：40，平面近三角形。先将蚌壳的头部和尾部去掉，留下腹部及边缘较厚部分，然后再进行进一步加工。以宽薄端为勺口，窄厚端为柄。柄顶端近尖顶，柄部一侧有一小缺口。两侧边缘钝厚，斜直，对称，近勺口处弧收。勺口平直，一侧有一崩缺口。通体磨制，表面光滑。长 7.3cm，宽 3.6cm，厚 1.1cm（图四六二，2）。

Bc 型　1 件。属于 BcⅠ次亚型。

标本 2015GLPT1⑪：42，平面近三角形。先将蚌壳的头部和尾部去掉，留下腹部及边缘较厚部分，然后再进行进一步加工。以宽薄端为勺口，窄厚端为柄。柄顶端近弧形。两侧边钝厚，斜直，对称。一侧边有崩缺口。勺口平直，中部及一侧各有一崩缺口。通体磨制，表面光滑。长 9.3cm，宽 4.1cm，厚 1.1cm（图四六二，3）。

C 型　1 件。属于 CaⅠ次亚型。

标本 2015GLPT1⑪：4，平面呈三角形。先将蚌壳的头部和尾部去掉，留下腹部及边缘较厚部分，然后再进行进一步加工。以宽薄端为勺口，窄厚端为柄。柄顶端为尖顶。两侧边钝厚，斜直，对称，近勺口处弧收。一侧边略长，另一侧边略短。勺口斜直，一侧有一较大的崩缺口。通体磨制，表面光滑。长 10.0cm，宽 3.9cm，厚 1.0cm（图四六二，4）。

D 型　1 件。属于 DaⅠ次亚型。

标本 2015GLPT1⑪：2，平面呈三角形。先将蚌壳的头部和尾部去掉，留下腹部及边缘较厚部分，然后再进行进一步加工。以宽薄端为勺口，窄厚端为柄。柄顶端为尖顶。两侧边钝厚，近勺口处弧收。一侧边近弧凹，另一侧边近弧凸，中部及近柄端处尚有打制疤痕。勺口略凹，有细小崩疤。通体磨制，表面光滑。长 9.8cm，宽 4.2cm，厚 1.2cm（图四六二，5）。

第二类　残件。9 件。分别属于 A、B、C 型。

A 型　2 件。均属于 Aa 亚型中的 AaⅢ次亚型。

标本 2015GLPT1⑬：3，平面近梯形。先将蚌壳的头部和尾部去掉，留下腹部及边缘较厚部分，然后再进行进一步加工。柄已残断。两侧边斜直，对称，靠近勺口处弧收。一侧边钝厚，另一侧边略为扁薄。通体磨制，表面光滑。长 6.0cm，宽 2.9cm，厚 0.8cm（图四六三，1）。

标本 2015GLPT1⑬：5，平面近梯形。先将蚌壳的头部和尾部去掉，留下腹部及边缘较厚部分，然后再进行进一步加工。柄已残断。两侧边钝厚，斜直，对称，靠近勺口处弧收。通体磨制，表面光滑。长 8.1cm，宽 4.2cm，厚 1.0cm（图四六三，2）。

B 型　4 件。分别属于 Ba、Bb、Bc 亚型。

Ba 型　1 件。属于 BaⅠ次亚型。

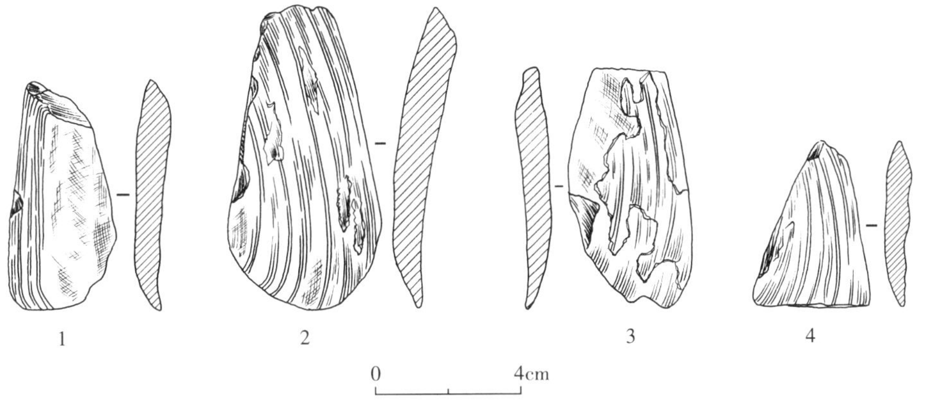

图四六三　坡叫环遗址第六文化层蚌器（三）

1、2. AaⅢ型蚌勺残件（2015GLPT1⑬：3、2015GLPT1⑬：5）　3. BbⅥ型蚌勺残件（2015GLPT1⑬：10）
4. BaⅠ型蚌勺残件（2015GLPT1⑫：36）

标本2015GLPT1⑫：36，平面近三角形。先将蚌壳的头部和尾部去掉，留下腹部及边缘较厚部分，然后再进行进一步加工。勺口已残断。柄顶端呈尖顶。两侧边钝厚，斜直，对称。通体磨制，表面较为光滑。残长4.5cm，宽3.2cm，厚0.7cm（图四六三，4）。

Bb型　1件。属于BbⅥ次亚型。

标本2015GLPT1⑬：10，平面呈不规则状。先将蚌壳的头部和尾部去掉，留下腹部及边缘较厚部分，然后再进行进一步加工。勺口已残断。柄顶端呈平直。两侧边钝厚，靠近勺口弧收。一侧边斜直，另一侧边弧凸。通体磨制，表面光滑。残长6.5cm，宽3.4cm，厚0.8cm（图四六三，3）。

Bc型　2件。均属于BcⅠ次亚型。

标本2015GLPT1⑬：1，平面近三角形。先将蚌壳的头部和尾部去掉，留下腹部及边缘较厚部分，然后再进行进一步加工。勺口已残断。柄顶端呈弧形。两侧边钝厚，斜直，基本对称。一侧边靠近柄部处、另一侧边中部及靠近勺口处均有打制疤痕。通体磨制，表面较为光滑。残长12.0cm，宽5.3cm，厚1.3cm（图四六四，1）。

标本2015GLPT1⑬：6，平面近三角形。先将蚌壳的头部和尾部去掉，留下腹部及边缘较厚部分，然后再进行进一步加工。勺口已残断。柄顶端呈弧形。两侧边钝厚，斜直，基本对称。通体磨制，表面较为光滑。残长8.8cm，宽3.8cm，厚1.0cm（图四六四，2）。

C型　3件。分别属于Cc亚型和Cf亚型。

Cc型　1件。

标本2015GLPT1⑫：32，平面呈梯形。先将蚌壳的头部和尾部去掉，留下腹部及边缘较厚部分，然后再进行进一步加工。勺口和柄已残断。两侧边钝厚，斜直，近勺口处弧收。通体磨制，表面光滑。残长7.2cm，宽3.9cm，厚0.9cm（图四六四，3）。

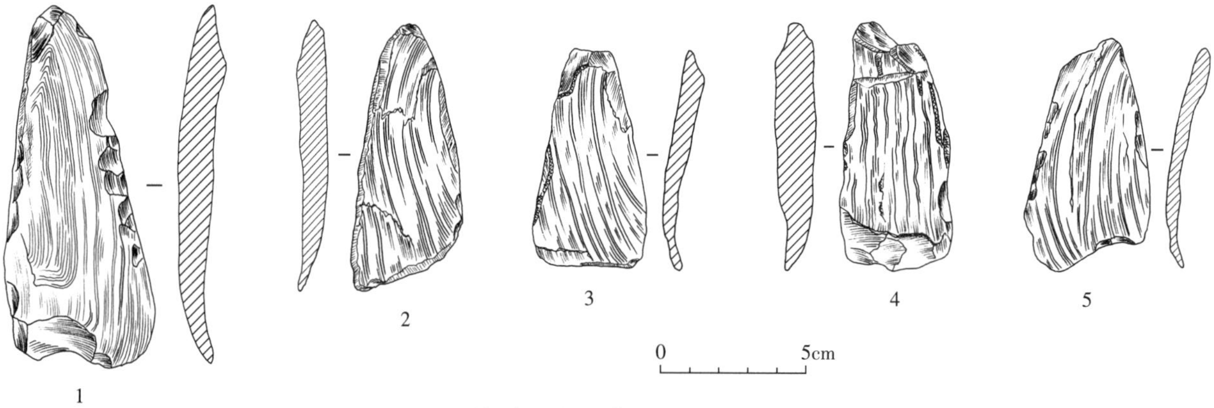

图四六四　坡叫环遗址第六文化层蚌器（四）

1、2. BcⅠ型蚌勺残件（2015GLPT1⑬：1、2015GLPT1⑬：6）　3. Cc型蚌勺残件（2015GLPT1⑫：32）　4、5. Cf型蚌勺残件（2015GLPT1⑪：38、2015GLP T1⑫：35）

Cf型　2件。

标本2015GLPT1⑪：38，平面呈不规则状。先将蚌壳的头部和尾部去掉，留下腹部及边缘较厚部分，然后再进行进一步加工。勺口和柄已残断。两侧边钝厚，略微弧凸，均有打制疤痕，其中一侧边较多。未见磨制痕迹。长8.3cm，宽3.9cm，厚1.3cm（图四六四，4）。

标本2015GLPT1⑫：35，平面呈不规则状。先将蚌壳的头部和尾部去掉，留下腹部及边缘较厚部分，然后再进行进一步加工。勺口和柄已残断。两侧边钝厚，一侧边略弧凸，另一侧边斜直。通体磨制，表面光滑。残长7.5cm，宽4.3cm，厚0.7cm（图四六四，5）。

（七）第七文化层文化遗物

61件。包括石制品和蚌器两大类。

1. 石制品

46件。包括加工工具、打制石制品和磨制石制品三大类。其中加工工具3件，占该文化层出土石制品总数的6.52%；打制石制品30件，占该文化层出土石制品总数的65.22%；磨制石制品13件，占该文化层出土石制品总数的28.26%。

（1）加工工具

3件。包括石锤和窄槽砺石两个种类。其中石锤2件，占该文化层出土加工工具总数的66.67%；窄槽砺石1件，占该文化层出土加工工具总数的33.33%。

石锤　2件。原料均为砾石。岩性均为辉绿岩。均属于B型中的BcⅥ次亚型。

标本2015GLPT1⑭：6，原料为黄褐色辉绿岩砾石。器身形状近扁长状。一端略窄，另一端稍宽。一侧略薄，另一侧稍厚。一面略凹，另一面略平。两面中部各有一近圆形的窝状坑疤，坑疤较深。略薄侧有一近条带状分布的细麻点状砸击坑疤，坑疤两侧痕迹较浅，中部痕迹略深。略

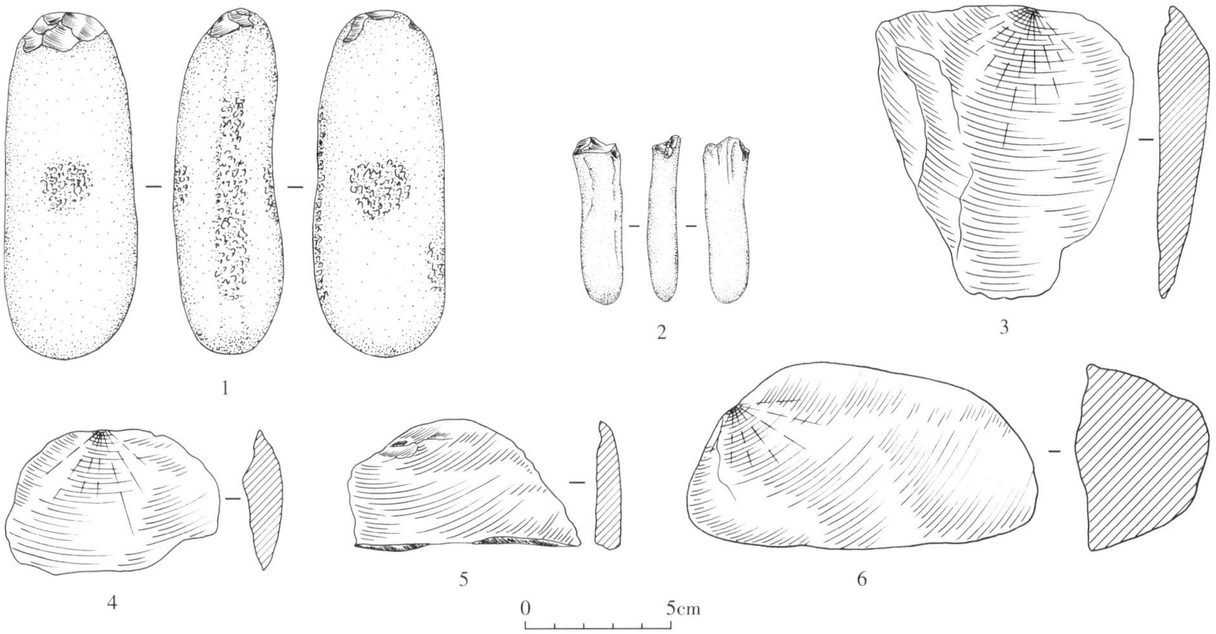

图四六五　坡叫环遗址第七文化层石制品（一）

1. BcⅥ型石锤（2015GLPT1⑭：6）　2. BbⅦ型窄槽砺石（2015GLPT1⑮：10）　3. AaⅠ型石片（2015GLPT1⑮：5）
4、5. AaⅤ型石片（2015GLPT2⑩：8、2015GLPT1⑮：13）　6. AaⅥ型石片（2015GLPT1⑮：3）

窄端端面一侧有一些细小浅平的崩疤。器身其余部位保留自然砾面。长11.4cm，宽4.5cm，厚3.6cm，重280g（图四六五，1）。

窄槽砺石　1件。属于B型中的BbⅦ次亚型。

标本2015GLPT1⑮：10，原料为深灰色泥岩岩块。器身较小，形状近长条形。一端略宽，为断裂面；另一端略窄。一侧略薄，另一侧略厚。两面均较平。器身两侧靠近略宽端各有一条磨痕；磨痕狭长，两侧深凹，中部凸起，断面近弓形。长5.5cm，宽1.6cm，厚1.0cm，重12g（图四六五，2）。

（2）打制石制品

30件。包括石片、砍砸器、刮削器和尖状器四类。其中石片11件，占该文化层出土打制石制品总数的36.67%；砍砸器13件，占该文化层出土打制石制品总数的43.33%；刮削器5件，占该文化层出土打制石制品总数的16.67%；尖状器1件，占该文化层出土打制石制品总数的3.33%。

石片　11件。岩性只有辉绿岩一种。打击台面全部为自然台面。打击点清楚。半锥体凸显的1件，占该文化层出土石片总数的9.09%；半锥体不显的10件，占该文化层出土石片总数的90.91%。石片宽大于长的6件，占该文化层出土石片总数的54.55%。大多数石片背面或多或少保留有自然砾面，即使背面全为片疤者，其台面或侧边也保留有自然砾面。石片的边缘大多数锋利，未见使用痕迹。打片方法仅有直接锤击法一种，均为硬锤打击。器身形状有三角形、四边形、梯形、圆形、半圆形、椭圆形和不规则形七种。其中三角形、四边形和圆形各 1 件，各占该文化层出土石片总数的 9.09%；梯形、半圆形、椭圆形和不规则形各 2 件，各占该文化层出土石片总数的 18.18%。器身长度最大值 16.5cm，最小值 4.7cm；宽度最大值 14.1cm，最小值 5.5cm；厚度最大值 4.6cm，最小值 0.9cm；重量最大值 879g，最小值 33g。均为 A 型，分别属于 Aa、Ab、Ac 亚型。

Aa 型　5 件。分别属于 AaⅠ、AaⅤ、AaⅥ次亚型。

AaⅠ型　1 件。

标本 2015GLPT1⑮：5，原料为灰褐色辉绿岩砾石。器身形状近三角形。打击台面为自然台面。打击点宽大，半锥体不显，放射线清楚，同心波纹微显。左右两侧边缘较为锋利，未见使用痕迹。远端折断一小块。背面完全保留自然砾面。长 9.7cm，宽 9.0cm，厚 1.8cm，重 180g（图四六五，3；彩版一〇六，4）。

AaⅤ型　2 件。

标本 2015GLPT2⑩：8，原料为灰褐色辉绿岩砾石。器身形状近半圆形。打击台面为自然台面。打击点宽大，半锥体不显，放射线和同心波纹微显。左右两侧和远端边缘锋利，未见使用痕迹。远端右侧一角折断一小块，呈一倾斜的断裂面。背面完全保留自然砾面。长 4.7cm，宽 7.4cm，厚 1.3cm，重 54g（图四六五，4）。

标本 2015GLPT1⑮：13，原料为灰褐色辉绿岩砾石。器身形状近半圆形。打击台面为自然台面。打击点宽大，半锥体不显，放射线不清楚，同心波纹明显。两侧边缘锋利，未见使用痕迹。远端折断一小块，断裂面较为整齐。背面完全保留自然砾面。长 5.0cm，宽 7.6cm，厚 0.9cm，重 33g（图四六五，5）。

AaⅥ型　2 件。

标本 2015GLPT1⑮：3，原料为灰褐色辉绿岩砾石。器身较厚，形状近椭圆形。打击台面为自然台面。打击点宽大，半锥体不显，放射线和同心波纹微显。左右两侧钝厚，为自然砾面。远端近一舌尖，边缘锋利，未见使用痕迹。背面完全保留自然砾面。长 12.1cm，宽 6.7cm，厚 4.6cm，重 398g（图四六五，6）。

标本 2015GLPT2⑩：9，原料为灰褐色辉绿岩砾石。器身较大且厚，形状近椭圆形。打击台面为自然台面。打击点宽大，半锥体不显，放射线和同心波纹明显。左侧钝厚，为自然砾面。右侧上半部折断一块，为一倾斜的断裂面。右侧下半部和远端边缘锋利，未见使用痕迹。远端呈一舌尖。背面完全保留自然砾面。长 16.5cm，宽 12.6cm，厚 3.2cm，重 879g（图四六六，1）。

Ab 型　3 件。分别属于 AbⅢ次亚型和 AbⅣ次亚型。

AbⅢ型　2 件。

标本 2015GLPT1⑭：13，原料为灰褐色辉绿岩砾石。器身形状近梯形。打击台面为自然台面。打击点宽大，半锥体不显，放射线和同心波纹微显。左侧为自然砾面。右侧中上部边缘锋利，未见使用痕迹。右侧下部折断一小块。远端折断，为较平直的断裂面。背面左侧上部边缘有一小块

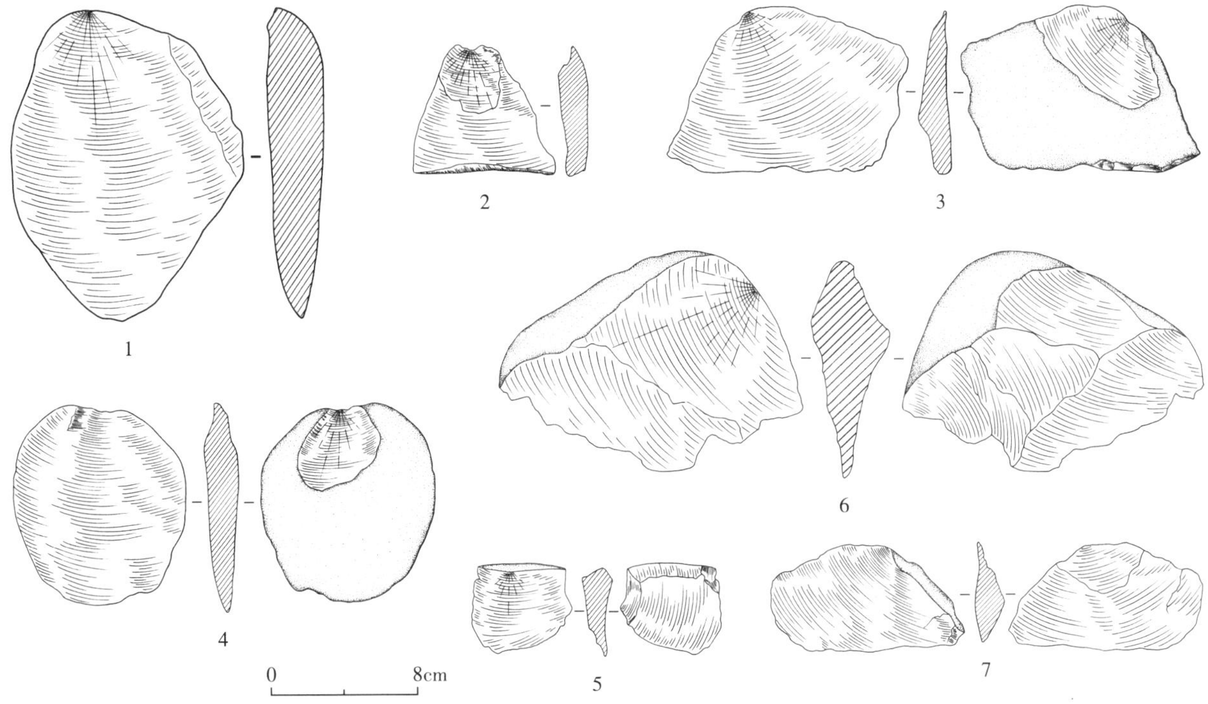

图四六六　坡叫环遗址第七文化层石制品（二）

1. AaⅥ型石片（2015GLPT2⑩：9）　2、3. AbⅢ型石片（2015GLPT1⑭：13、2015GLPT1⑮：11）　4. AbⅣ型石片（2015GLPT1⑭：5）　5. AcⅡ型石片（2015GLPT1⑮：8）　6、7. AcⅪ型石片（2015GLPT1⑭：3、2015GLPT2⑩：19）

片疤，打击方向与石片打击方向相同，其余部分保留自然砾面。长6.8cm，宽7.6cm，厚1.6cm，重74g（图四六六，2）。

标本2015GLPT1⑮：11，原料为灰褐色辉绿岩砾石。器身形状近梯形。打击台面为自然台面。打击点宽大，半锥体不显，放射线微显，同心波纹明显。左侧为自然砾面，边缘钝厚。右侧和远端中部边缘锋利，未见使用痕迹。远端的两侧分别折断一小块，为断裂面。背面近端有一块片疤，打击方向与石片本身同向同源，其余部分保留自然砾面。长10.4cm，宽14.1cm，厚1.7cm，重207g（图四六六，3；彩版一〇六，5）。

AbⅣ型　1件。

标本2015GLPT1⑭：5，原料为灰褐色辉绿岩砾石。器身形状近圆形。打击台面为自然台面。打击点宽大，半锥体不显，放射线不清楚，同心波纹明显。左右两侧及远端边缘锋利，未见使用痕迹。背面近端有一块片疤，打击方向与石片本身同向同源，其余部分保留自然砾面。长10.5cm，宽9.2cm，厚1.8cm，重202g（图四六六，4）。

Ac型　3件。分别属于AcⅡ次亚型和AcⅪ次亚型。

AcⅡ型　1件。

标本2015GLPT1⑮：8，原料为灰褐色辉绿岩砾石。器身形状近四边形。打击台面为自然台面。打击点窄小，半锥体凸显，放射线和同心波纹微显。左右两侧及远端边缘锋利，未见使用痕迹。背面全是片疤面，片疤打击方向与石片的打击方向相垂直。长 4.9cm，宽 5.5cm，厚 1.6cm，重 42g（图四六六，5；彩版一〇六，6）。

AcⅪ型　2 件。

标本 2015GLPT1⑭：3，原料为灰褐色辉绿岩砾石。器身形状不规则。打击台面为自然台面。打击点宽大，半锥体不显，放射线清楚，同心波纹微显。左侧为自然砾面，边缘钝厚。右侧边缘部分折断。远端折断一小块，边缘钝厚。背面全是片疤面，片疤与石片同向同源。长 15.0cm，宽 11.1cm，厚 4.3cm，重 680g（图四六六，6）。

标本 2015GLPT2⑩：19，原料为灰褐色辉绿岩砾石。器身形状不规则。打击台面为自然台面。打击点宽大，半锥体不显，放射线不清楚，同心波纹微显。左右两侧及远端边缘锋利，未见使用痕迹。背面全是片疤面，片疤与石片本身同向同源。长 5.4cm，宽 10.8cm，厚 1.7cm，重 104g（图四六六，7）。

砍砸器　13 件。原料有砾石、石核和石片三种。其中石片 11 件，占该文化层出土砍砸器总数的 84.62%；砾石和石核各 1 件，各占该文化层出土砍砸器总数的 7.69%。岩性只有辉绿岩一种。加工方法仅见锤击法一种，以单面加工为主。以石片为原料者，均由石片背面向腹面打击。加工较为简单，加工面多为一两层片疤。片疤大多数较小且浅平，多为宽大于长。部分器身有修整的现象。刃缘大多整齐锋利。有使用痕迹的 4 件，占该文化层出土砍砸器总数的 30.77%。器身形状有三角形、四边形、梯形、圆形、椭圆形和不规则形六种。其中三角形 4 件，占该文化层出土砍砸器总数的 30.77%；四边形、梯形、椭圆形和不规则形各 2 件，各占该文化层出土砍砸器总数的 15.38%；圆形 1 件，占该文化层出土砍砸器总数的 7.69%。器身长度最大值 20.4cm，最小值 10.2cm；宽度最大值 14.2cm，最小值 7.0cm；厚度最大值 6.9cm，最小值 1.5cm；重量最大值 1135g，最小值 136g。分别属于 A、B、C 型。

A 型　10 件。分别属于 Aa、Ab、Ac 亚型。

Aa 型　2 件。分别属于 AaⅢ次亚型和 AaⅧ次亚型。

AaⅢ型　1 件。

标本 2015GLPT2⑩：14，原料为灰褐色辉绿岩砾石。器身较厚重，形状近梯形。一侧较薄，另一侧较厚。一面平整，另一面向较薄侧倾斜。加工方法为锤击法。加工主要集中在较薄侧。沿较薄一侧多次单面剥片，加工出一道直刃。刃缘整齐锋利，较陡，未见使用痕迹。片疤多小而浅平，打击方向由平整面向倾斜面打击。长 13.2cm，宽 10.0cm，厚 6.9cm，重 1016g（图四六七，1；彩版一〇七，1）。

AaⅧ型　1 件。

标本 2015GLPT1⑮：6，原料为灰褐色辉绿岩石片。器身形状不规则。近端较窄；远端较宽，尾部折断一块。背面中部及右侧为一较大的片疤，其余部分保留自然砾面。左侧下半部折断一小块。

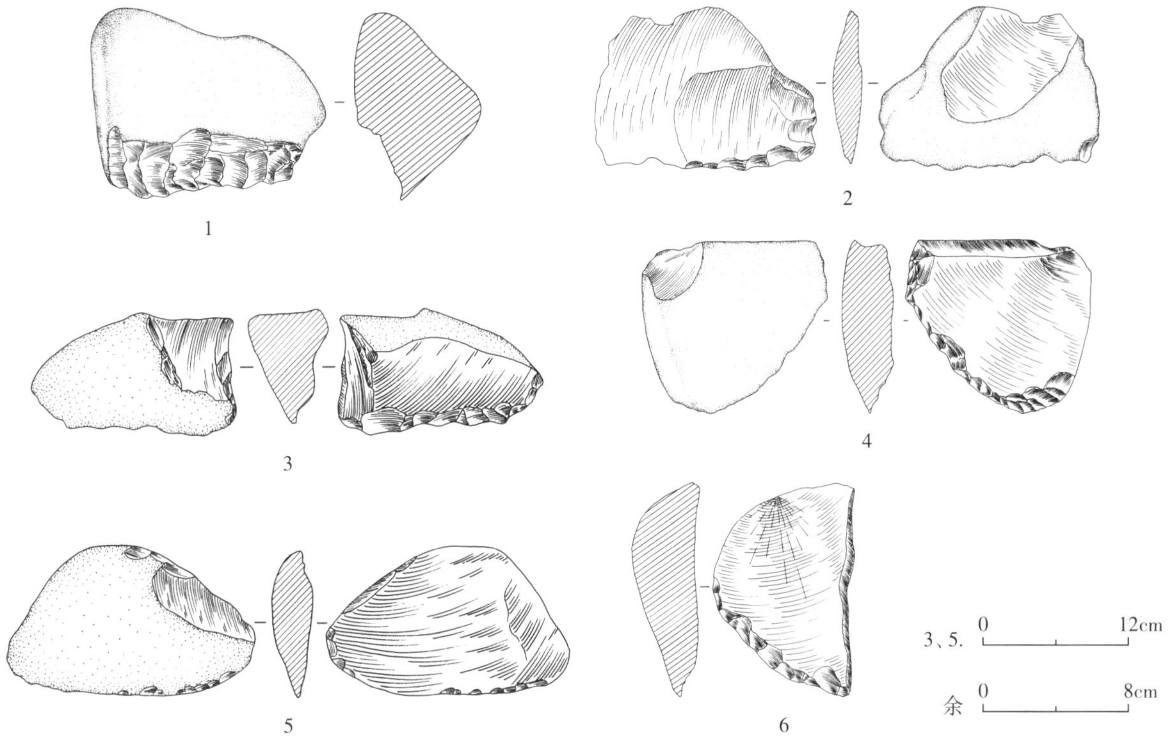

图四六七　坡叫环遗址第七文化层石制品（三）

1. AaⅢ型砍砸器（2015GLPT2⑩：14）　2. AaⅧ型砍砸器（2015GLPT1⑮：6）　3~6. AbⅠ型砍砸器（2015GLPT1⑭：2、2015GLPT2⑩：1、2015GLPT2⑩：12、2015GLPT2⑩：17）

加工方法为锤击法。加工主要集中在石片右侧的上半部。加工较为简单，沿右侧上半部多次单面剥片，加工出一道直刃。刃缘整齐锋利，未见使用痕迹。片疤小而浅平，打击方向由石片背面向腹面打击。长12.1cm，宽8.5cm，厚1.5cm，重194g（图四六七，2）。

Ab型　7件。分别属于AbⅠ、AbⅢ、AbⅥ次亚型。

AbⅠ型　4件。

标本2015GLPT1⑭：2，原料为灰褐色辉绿岩石核。器身形状近三角形。一端较窄，近一钝尖。另一端较宽。一面为破裂面。另一面大部分为自然砾面，靠近较宽端有一节理面。一侧较薄。另一侧较厚，为自然砾面。加工方法为锤击法。加工主要集中在较薄侧。沿较薄侧边缘多次单面剥片，加工出一道弧刃。刃缘整齐锋利，未见使用痕迹。片疤较小且浅平，打击方向由砾石面向破裂面打击。较宽端截断一块，应为修整器身留下的痕迹。长16.7cm，宽9.2cm，厚6.6cm，重1135g（图四六七，3）。

标本2015GLPT2⑩：1，原料为灰褐色辉绿岩石片。器身形状近三角形。腹面平整。背面近端有一块与石片同向同源的片疤，其余大部分保留自然砾面。加工方法为锤击法。加工主要集中在石片的远端。沿着石片远端边缘多次单面剥片，加工出一道弧刃。刃缘整齐锋利，较陡，未见使用痕迹。片疤较小且浅平，打击方向由石片背面向腹面打击。石片左侧边缘截断一块，为整齐的破裂面，应为修整器身留下的痕迹。长10.2cm，宽9.2cm，厚2.9cm，重376g（图四六七，4；彩版一〇七，2）。

标本2015GLPT2⑩：12，原料为灰褐色辉绿岩石片。器形较大，形状近三角形。腹面平整，右侧下半部为节理面。背面近端左侧边缘有片疤，其余大部分保留自然砾面。加工方法为锤击法。沿石片远端边缘多次双面剥片，加工出一道弧刃。刃缘整齐锋利，有使用痕迹。片疤稀疏，较小且浅平。右半部由背面向腹面剥片，左半部由腹面向背面剥片。长20.4cm，宽12.0cm，厚3.4cm，重909g（图四六七，5）。

标本2015GLPT2⑩：17，原料为灰褐色辉绿岩石片。器身形状近三角形。腹面平整，背面完全保留自然砾面。左侧较为锋利，右侧为一平整的节理面。加工方法为锤击法。加工主要集中在石片左侧的下半部。沿左侧下半部边缘多次单面剥片，加工出一道弧刃。刃缘整齐锋利，未见使用痕迹。片疤小而浅平，打击方向由背面向腹面打击。长11.3cm，宽7.8cm，厚3.3cm，重335g（图四六七，6）。

AbⅢ型　1件。

标本2015GLPT2⑩：13，原料为灰褐色辉绿岩石片。器身较薄，形状近梯形。腹面平整，背面大部分保留自然砾面。远端左侧折断一小块，右侧边缘与远端的交汇处也折断一块。加工方法为锤击法。加工主要集中在石片左侧下半部和远端左侧。沿这两部位边缘多次单面剥片，加工出一道弧刃。刃缘较锋利但不甚整齐，有使用痕迹。剥片次数较少，片疤较为稀疏，较小且浅平，打击方向由背面向腹面打击。长13.5cm，宽9.4cm，厚2.5cm，重344g（图四六八，1）。

AbⅥ型　2件。

标本2015GLPT2⑩：2，原料为灰褐色辉绿岩石片。器身形状近椭圆形。腹面略为平整，近端右侧为一小块节理面。背面全部保留自然砾面。加工方法为锤击法。加工主要集中在石片右侧和远端。沿右侧和远端边缘多次单面剥片，加工出一道弧刃。刃缘较为整齐锋利，有使用痕迹。剥片次数较少，片疤稍大，较为浅平，打击方向由石片背面向腹面打击。长12.8cm，宽7.6cm，厚3.0cm，重377g（图四六八，2）。

标本2015GLPT2⑩：15，原料为灰褐色辉绿岩石片。器身形状近椭圆形。腹面较为凹凸不平。背面右侧上半部为较小且浅平的片疤，其余大部分保留自然砾面。近端略宽，远端近一舌尖。左侧较为锋利，右侧为自然砾面。加工方法为锤击法。加工集中在石片左侧下半部。沿左侧下半部边缘多次单面剥片，加工出一道弧刃。刃缘整齐锋利，未见使用痕迹。片疤细小而浅平，打击方向由背面向腹面打击。长12.9cm，宽7.0cm，厚3.5cm，重309g（图四六八，3）。

Ac型　1件。属于AcⅧ次亚型。

标本2015GLPT1⑮：7，原料为灰褐色辉绿岩石片。器身形状不规则。腹面平整，背面大部分保留自然砾面。远端折断一小块，为断裂面。加工方法为锤击法。加工主要集中在石片左侧。

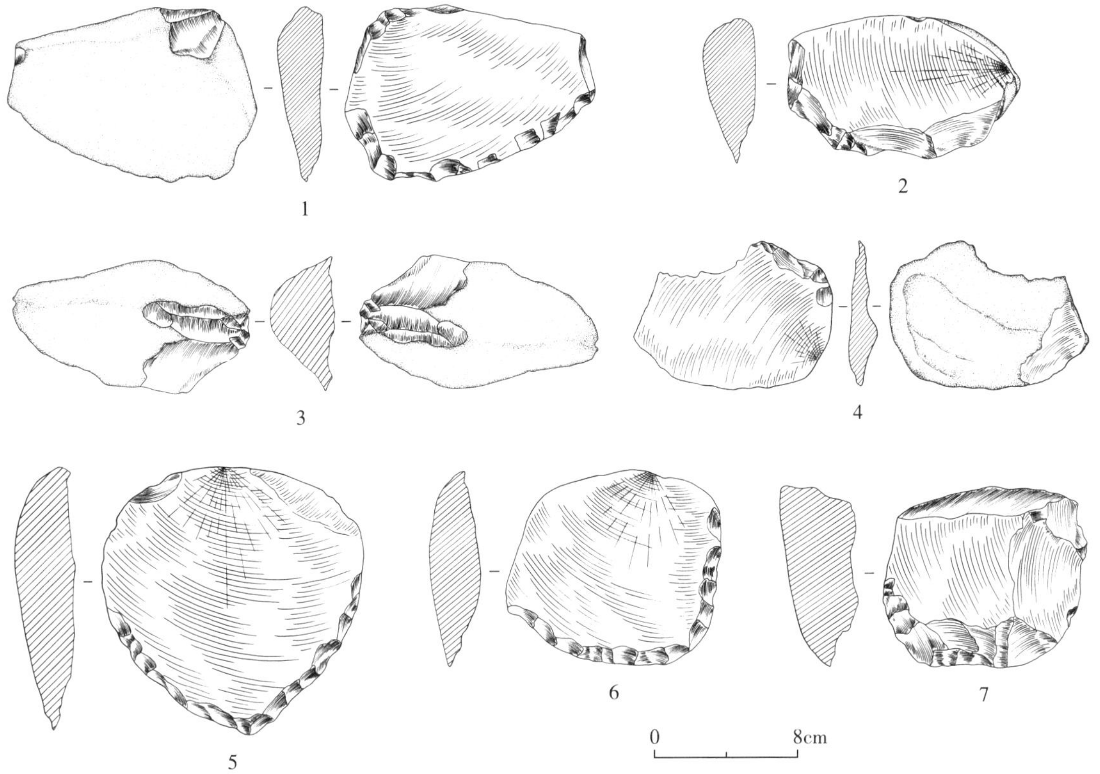

图四六八　坡叫环遗址第七文化层石制品（四）

1. AbⅢ型砍砸器（2015GLPT2⑩：13）　2、3. AbⅥ型砍砸器（2015GLPT2⑩：2、2015GLPT2⑩：15）　4. AcⅧ型砍砸器（2015GLPT1⑮：7）　5. BbⅣ型砍砸器（2015GLPT2⑩：10）　6. BdⅡ型砍砸器（2015GLPT2⑩：3）　7. CdⅡ型砍砸器（2015GLPT1⑮：4）

加工较为简单，沿左侧边缘多次单面剥片，加工出一道凹刃。刃缘较为整齐锋利，未见使用痕迹。片疤细小且浅平，打击方向由石片背面向腹面打击。长10.9cm，宽7.9cm，厚1.6cm，重136g（图四六八，4；彩版一〇七，3）。

B型　2件。分别属于Bb亚型和Bd亚型。

Bb型　1件。属于BbⅣ次亚型。

标本2015GLPT2⑩：10，原料为灰褐色辉绿岩石片。器身形状近圆形。腹面平整，背面保留部分自然砾面。加工方法为锤击法。加工主要集中在石片两侧下半部。沿两侧下半部边缘多次单面剥片，各加工出一道弧刃。刃缘整齐锋利，未见使用痕迹。片疤较小且浅平，打击方向由石片背面向腹面打击。近端两侧也有剥片，打击方向由石片背面向腹面打击，应为修整器身留下的痕迹。长14.3cm，宽14.2cm，厚3.2cm，重778g（图四六八，5；彩版一〇七，4）。

Bd型　1件。属于BdⅡ次亚型。

标本2015GLPT2⑩：3，原料为灰色辉绿岩石片。器身较扁薄，形状近四边形。腹面微凸，背面完全保留自然砾面。加工方法为锤击法。加工主要集中在石片右侧及远端。分别沿这两部位边缘多次单面剥片，在右侧加工出一道直刃，远端加工出一道弧刃。两刃缘整齐锋利，均有使用痕迹。片疤均较小且浅平，打制方向均由石片背面向腹面打制。长 11.5cm，宽 10.3cm，厚 2.7cm，重 384g（图四六八，6；彩版一〇七，5）。

C 型　1 件。属于 Cd 亚型中的 CdⅡ次亚型。

标本 2015GLPT1⑮：4，原料为灰褐色辉绿岩石片。器身形状近四边形。腹面较平。背面完全保留自然砾面。近端较厚，远端较薄。左侧较厚，右侧较薄。加工方法为锤击法。加工主要集中在石片右侧及两端。沿两端和右侧边缘多次单边剥片，在两端分别加工出一道弧刃，在右侧加工出一道直刃。三道刃刃缘均较整齐锋利，没有使用痕迹。除近端弧刃部分片疤较大外，其余片疤均较小且浅平，打击方向由石片背面向腹面打击。左侧边缘截断一块，截面为平整的破裂面，应为修整器身的痕迹。长 11.1cm，宽 9.5cm，厚 4.1cm，重 552g（图四六八，7；彩版一〇七，6）。

刮削器　5 件。原料只有石片一种。岩性只有辉绿岩一种。加工方法仅见锤击法一种。以单面加工为主，由石片背面向腹面打击，有少量双面打击。加工较为简单，加工面多为一两层片疤。片疤大多数较小且浅平，多为宽大于长。部分器身有修整的现象。刃缘大部分整齐锋利。有使用痕迹的 2 件，占该文化层出土刮削器总数的 40%。器身形状有四边形、梯形和不规则形三种。其中四边形和不规则形各 1 件，各占该文化层出土刮削器总数的 20%；梯形 3 件，占该文化层出土刮削器总数的 60%。器身长度最大值 9.9cm，最小值 6.1cm；宽度最大值 7.6cm，最小值 5.8cm；厚度最大值 2.7cm，最小值 1.1cm；重量最大值 180g，最小值 38g。分别属于 A、B、C 型。

A 型　3 件。分别属于 Aa 亚型中的 AaⅢ次亚型和 AaⅧ次亚型。

AaⅢ型　2 件。

标本 2015GLPT1⑭：7，原料为灰褐色辉绿岩石片。器身形状近梯形。腹面较平。背面近端有一个与石片同向同源的片疤，其余大部分保留自然砾面。左侧边缘为自然砾面，右侧上半部为节理面。远端左侧折断一小块，为断裂面。加工方法为锤击法。加工主要集中在下半部。沿石片右侧下半部边缘多次双面剥片，加工出一道直刃。刃缘整齐锋利，有使用痕迹。片疤小而浅平。长 9.4cm，宽 6.7cm，厚 2.1cm，重 165g（图四六九，1）。

标本 2015GLPT2⑩：4，原料为灰褐色辉绿岩石片。器身形状近梯形。腹面较平，背面大部分保留自然砾面。左侧较薄，右侧为自然砾面。加工方法为锤击法。加工主要集中在石片左侧。沿左侧边缘多次单面剥片，加工出一道直刃。刃缘整齐锋利，有使用痕迹。片疤小而浅平，打击方向由石片背面向腹面打击，部分片疤尾部折断呈陡坎。石片远端截断一块，为整齐平直的破裂面，应为修整器身留下的痕迹。长 9.9cm，宽 6.8cm，厚 2.7cm，重 180g（图四六九，2）。

AaⅧ型　1 件。

标本 2015GLPT2⑩：22，原料为灰褐色辉绿岩石片。器身较小，形状不规则。腹面较为平整，背面完全保留自然砾面。左侧下半部折断一块，为断裂面。远端折断一小块。加工方法为锤击法。

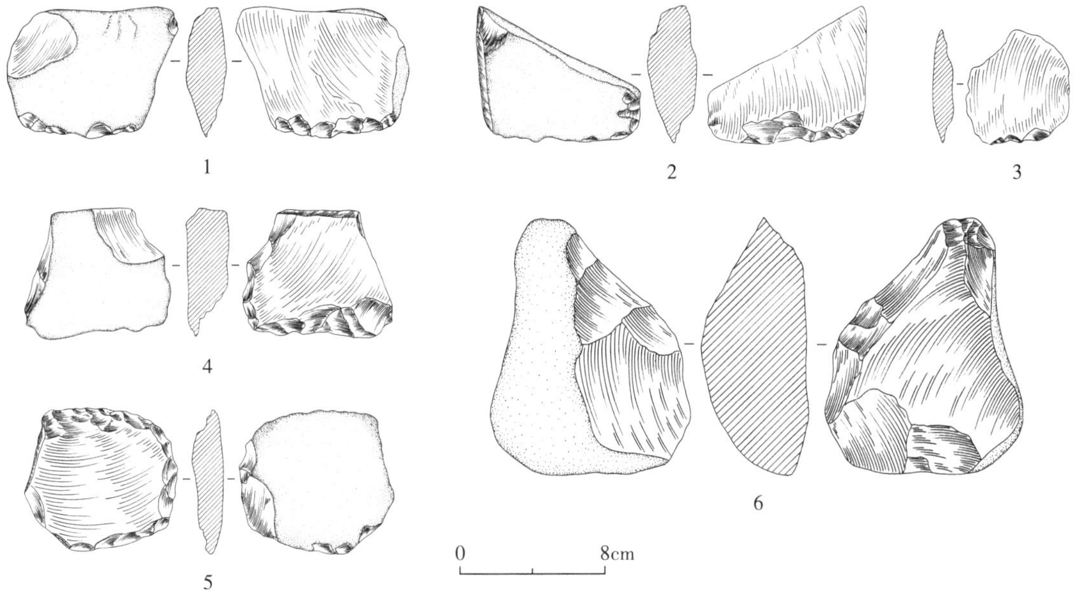

图四六九 坡叫环遗址第七文化层石制品（五）

1、2. AaⅢ型刮削器（2015GLPT1⑭：7、2015GLPT2⑩：4） 3. AaⅧ型刮削器（2015GLPT2⑩：22） 4. BdⅢ型刮削器（2015GLPT2⑩：6） 5. CbⅡ型刮削器（2015GLPT2⑩：11） 6. AcⅠ型尖状器（2015GLPT1⑮：1）

加工主要集中在石片右侧。加工简单，沿右侧边缘多次单面剥片，加工出一道直刃。刃缘整齐锋利，未见使用痕迹。剥片次数少，片疤细小而浅平，加工方向由石片背面向腹面打击。长6.1cm，宽5.8cm，厚1.1cm，重38g（图四六九，3；彩版一〇八，1）。

B型 1件。属于Bd亚型中的BdⅢ次亚型。

标本2015GLPT2⑩：6，原料为灰黑色辉绿岩石片。形状近梯形。腹面平整，背面完全保留自然砾面。近端较窄，远端较宽。左侧略薄，右侧略厚。加工方法为锤击法。加工主要集中在石片左侧及远端。分别沿左侧及远端左侧边缘多次单面剥片，在左侧加工出一道弧刃，在远端左侧加工出一道直刃。两刃刃缘整齐锋利，未见使用痕迹。片疤大多数小而浅平，打击方向均由石片背面向腹面打击。右侧及远端右侧均截断一块，为较平整的破裂面，应为修整器身留下的痕迹。长8.1cm，宽6.7cm，厚2.3cm，重168g（图四六九，4；彩版一〇八，2）。

C型 1件。属于Cb型中的CbⅡ次亚型。

标本2015GLPT2⑩：11，原料为灰褐色辉绿岩石片。器身形状近四边形。腹面较平整。背面近端和左侧有少量片疤面，其余大部分保留自然砾面。左侧和远端左侧均折断一块，为较整齐的断裂面。加工方法为锤击法。加工主要集中在石片两端及右侧。沿近端和右侧边缘多次单面剥片，各加工出一道弧刃。沿远端边缘多次双面剥片，加工出一道弧刃。刃缘均整齐，未见使用痕迹。片疤小而浅平，打击方向由石片背面向腹面打击。长8.3cm，宽7.6cm，厚1.8cm，重158g（图四六九，5；彩版一〇八，3）。

尖状器　1件。属于A型中的AcⅠ次亚型。

标本2015GLPT1⑮：1，原料为灰褐色辉绿岩石片。器身厚重，形状近三角形。腹面较平。背面下半部为片疤面，其余大部分保留自然砾面。近端较窄。远端较宽，边缘较锋利，左侧为自然砾面。加工方法为锤击法。加工主要集中在石片远端及左侧与远端交汇处。沿远端及左侧与远端交汇处边缘多次单面剥片，在交汇处加工出一舌尖。未见使用痕迹。片疤多较浅平，舌尖处片疤较小，侧边片疤较大。片疤打击方向由石片背面向腹面打击。器身右侧也有单面剥片，由石片背面向腹面打击。部分片疤尾部折断呈阶梯状，应为修整把端留下的痕迹。长13.6cm，宽11.0cm，厚5.7cm，重914g（图四六九，6）。

（3）磨制石制品

13件。包括斧锛类半成品、斧锛类毛坯和研磨器三种。其中斧锛类半成品和研磨器各1件，各占该文化层出土磨制石制品总数的7.69%；斧锛类毛坯11件，占该文化层出土磨制石制品总数的84.62%。

斧锛类半成品　1件。为完整件。属于A型中的AaⅦ次亚型。

标本2015GLPT2⑩：5，原料为灰褐色辉绿岩砾石。器身形状近长条形。一端略窄，另一端稍宽。器身两侧多次单面剥片，部分片疤较大，已越过器身的中轴线，使得加工面仅把端附近保留少量自然砾面，其余大部分均为片疤。略宽端经多次单面剥片，打制出一道整齐锋利的平直刃缘。略宽端一面略经磨制，两侧有局部光滑刃面，但中部仍有打击疤痕；另一面已磨制出向另一面倾斜的光滑刃面。两刃面交汇处两侧刃口已磨出，但尚未完全磨成，刃缘中部仍保留打击疤痕。器身其余部位保留自然砾面。长11.1cm，宽4.1cm，厚2.3cm，重121g（图四七〇，1；彩版一〇八，4）。

斧锛类毛坯　11件。包括完整件和残件两种。其中完整件8件，占该文化层出土斧锛类毛坯总数的72.73%；残件3件，占该文化层出土斧锛类毛坯总数的27.27%。原料有砾石和石片两种。其中砾石10件，占该文化层出土斧锛类毛坯总数的90.91%；石片1件，占该文化层出土斧锛类毛坯总数的9.09%。岩性仅见辉绿岩一种。加工方法为锤击法，分单面加工和双面加工。加工部位多在器身的端部及两侧，绝大部分或多或少保留自然砾面，未发现通体加工者。器身形状有三角形、四边形、椭圆形、长条形和不规则形五种。其中三角形和不规则形各2件，各占该文化层出土斧锛类毛坯总数的18.18%；四边形和椭圆形各1件，各占该文化层出土斧锛类毛坯总数的9.09%；长条形5件，占该文化层出土斧锛类毛坯总数的45.46%。器身长度最大值21.0cm，最小值5.5cm；宽度最大值7.4cm，最小值4.0cm；厚度最大值4.0cm，最小值1.3cm；重量最大值874g，最小值22g。

第一类　完整件。8件。分别属于A型和B型。

A型　3件。分别属于Ab亚型中的AbⅥ次亚型和AbⅦ次亚型。

AbⅥ型　1件。

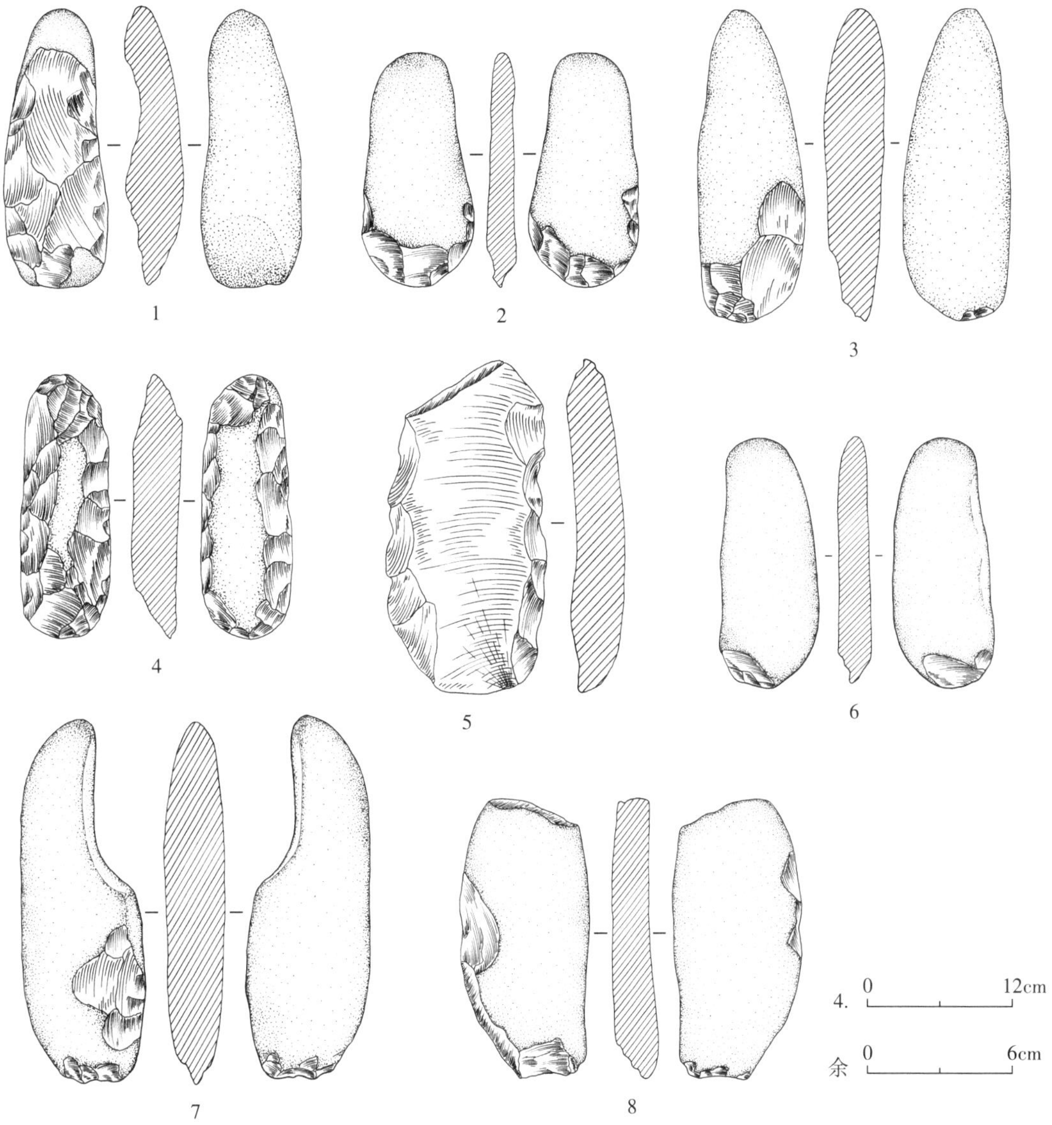

图四七〇　坡叫环遗址第七文化层石制品（六）

1. AaⅦ型斧锛类半成品（2015GLPT2 ⑩：5）　2. AbⅥ型斧锛类毛坯（2015GLPT2 ⑩：20）　3、4. AbⅦ型斧锛类毛坯（2015GLPT1 ⑮：12、2015GLPT1 ⑭：1）　5、6. Bg 型斧锛类毛坯（2015GLPT2 ⑩：18、2015GLPT1 ⑭：8）　7、8. Bh 型斧锛类毛坯（2015GLPT1 ⑭：10、2015GLPT1 ⑭：14）

标本 2015GLPT2 ⑩：20，原料为灰色辉绿岩砾石。器身扁薄，形状近椭圆形。一端较窄，另一端较宽。加工方法为锤击法。沿砾石两侧下半部和较宽端边缘多次双面剥片。片疤均较浅平，其中两侧片疤较小，较宽端片疤稍大；未经磨制。较宽端加工出一道弧凸状刃。刃缘整齐但不锋利，未经磨制。器身其余部位保留自然砾面。长 9.3cm，宽 4.6cm，厚 1.3cm，重 74g（图四七〇，2；彩版一〇八，5）。

AbⅦ型　2 件。

标本 2015GLPT1 ⑮：12，原料为灰色辉绿岩砾石。器身形状近长条形。一端较窄，另一端较宽。加工方法为锤击法。沿砾石一侧下半部边缘多次单面剥片，沿较宽端边缘多次双面剥片。其中一面剥片较多，部分片疤较大，已越过器身中轴线；另一面剥片较少，只集中在端沿中部，片疤细小而浅平。较宽端边缘加工出一道弧凸状刃。刃缘较整齐但不锋利，未经磨制。器身其余部位保留自然砾面。长 12.5cm，宽 4.4cm，厚 2.5cm，重 206g（图四七〇，3）。

标本 2015GLPT1 ⑭：1，原料为灰褐色辉绿岩砾石。器身厚重，形状近长条形。一端较窄，另一端较宽。一面略平，另一面略凸。加工方法为锤击法。沿砾石两端及两侧多次双面剥片。两端及两侧均保留密集的打击疤痕。两侧片疤层层叠叠，部分片疤尾部折断形成陡坎或阶梯状；略凸面部分片疤已越过器身中轴线，使得该面仅中间部位保留少量砾石面，其余全是片疤面；略平面片疤略浅平。较宽端边缘加工出一道弧凸状刃。刃缘整齐但不锋利，未经磨制。较窄端也经较多修整。器身其余部位保留自然砾面。长 21.0cm，宽 7.4cm，厚 4.0cm，重 874g（图四七〇，4）。

B 型　5 件。分别属于 Bg 亚型和 Bh 亚型。

Bg 型　3 件。

标本 2015GLPT2 ⑩：18，原料为灰褐色辉绿岩石片。器身形状近长条形。腹面较平整，背面完全保留自然砾面。近端稍宽，远端稍窄。加工方法为锤击法。加工主要集中在两侧。分别沿两侧多次单面剥片，片疤较小且浅平，打击方向由石片背面向腹面打击，部分片疤尾部折断形成陡坎，未经磨制。近端未经修整，刃口尚未成型。远端截断一块，形成一平整的破裂面，应为修整器身留下的痕迹。长 13.2cm，宽 6.5cm，厚 2.2cm，重 248g（图四七〇，5）。

标本 2015GLPT1 ⑭：8，原料为灰色辉绿岩砾石。器身较为扁薄，形状近长条形。一端略窄，另一端稍宽。加工方法为锤击法。沿稍宽端的边缘多次双面剥片，但边缘钝厚不成刃，刃口未成型。片疤小而浅平，部分片疤尾部折断形成陡坎，未经磨制。器身其余部位保留自然砾面。长 9.9cm，宽 4.1cm，厚 1.5cm，重 110g（图四七〇，6）。

Bh 型　2 件。

标本 2015GLPT1 ⑭：10，原料为灰褐色辉绿岩砾石。器身形状不规则。一端较窄，另一端较宽。一侧稍薄，另一侧稍厚。加工方法为锤击法。加工集中在较宽端及稍厚侧。先沿稍厚侧下半部多次单面剥片，片疤浅平，有的片疤已越过器身中轴线，有的片疤尾部折断形成陡坎，未经磨制。再沿较宽端边缘多次双面剥片，边缘钝厚不成刃，刃口尚未成型；片疤细小，部分片疤尾部折断形成陡坎，未经磨制。器身其余部位保留自然砾面。长 14.5cm，宽 5.0cm，厚 2.5cm，重 166g（图四七〇，7）。

标本 2015GLPT1 ⑭：14，原料为褐色辉绿岩砾石。器身形状不规则。一端稍宽，另一端略窄。加工方法为锤击法。稍宽端截断一块，断裂面较整齐。一侧中部略经双面剥片，剥片次数较少，片疤较小且浅平，部分片疤尾部折断形成陡坎，未经磨制。略窄端经多次单面剥片，边缘钝厚不成刃，未经磨制。器身其余部位保留自然砾面。长 11.1cm，宽 5.3cm，厚 1.8cm，重 233g（图四七〇，8）。

第二类　残件。3 件。分别属于 B 型和 D 型。

B 型　2 件。均属于 Ba 亚型。

标本 2015GLPT1 ⑮：9，原料为灰褐色辉绿岩砾石。器身残损，剩余部分形状近三角形。一端略窄；另一端略宽，为整齐的断裂面。一侧较薄，另一侧较厚。较薄侧经多次双面剥片，较厚侧经少量的单面剥片。片疤均较小且浅平。两侧均未经磨制。器身其余部位保留自然砾面。残长 6.2cm，宽 4.7cm，厚 1.6cm，重 63g（图四七一，1）。

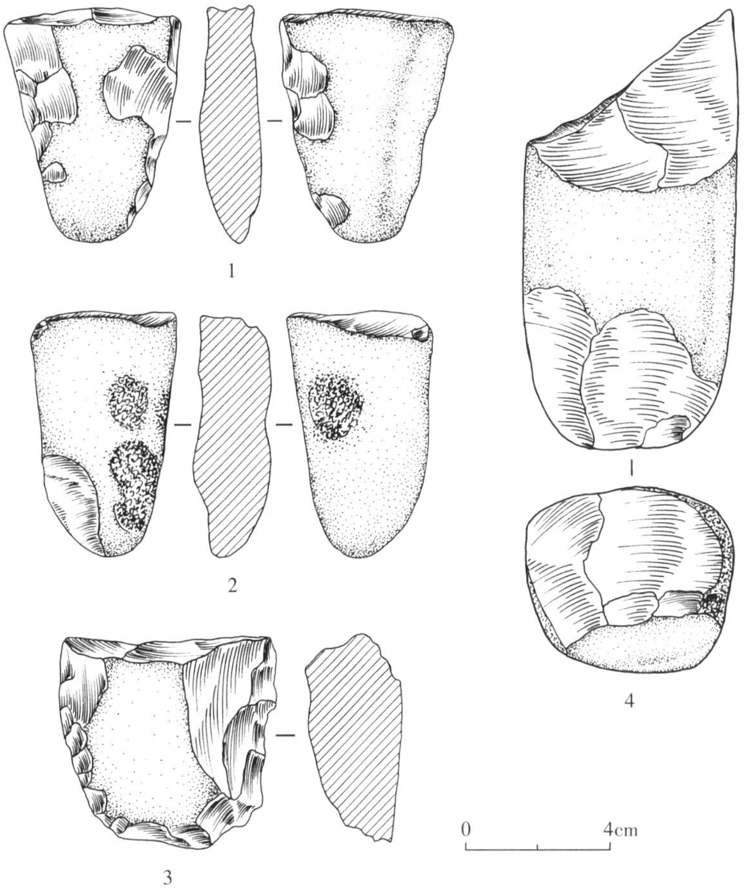

图四七一　坡叫环遗址第七文化层石制品（七）

1、2. Ba 型斧锛类毛坯残件（2015GLPT1 ⑮：9、2015GLPT2 ⑩：21）　3. Db 型斧锛类毛坯残件（2015GLPT2 ⑩：7）　4. B 型研磨器半成品残件（2015GLPT1 ⑮：2）

标本 2015GLPT2 ⑩：21，原料为黄褐色辉绿岩砾石。器身残损，剩余部分形状近三角形。一面略平，另一面微凸。一端略窄；另一端稍宽，为不甚整齐的断裂面。一侧稍厚，另一侧略薄。稍厚侧靠近略窄端略经单面剥片，片疤较小，未经磨制。较平面靠近略薄侧连续分布有三处近椭圆形分布的细麻点状坑疤。微凸面靠近略薄侧处的中部也有一处近椭圆形分布的细麻点状坑疤。这几处坑疤应为兼作石砧使用时留下的痕迹。器身其余部位保留自然砾面。残长 6.5cm，宽 4.0cm，厚 2.2cm，重 22g（图四七一，2）。

D 型　1 件。属于 Db 亚型。

标本 2015GLPT2 ⑩：7，原料为灰色辉绿岩砾石。器身形状近四边形。一端略窄；另一端稍宽，为整齐的断裂面。一面略平，另一面略凸。两侧及略窄端经多次单面剥片，打击方向由略平面向略凸面打击；其中一侧及略窄端的片疤层层叠叠，有的片疤较大，有的片疤尾部折断形成陡坎；另一侧的片疤较小且浅平。略窄端边缘加工出一道不甚整齐的弧凸状刃缘。两侧及略窄端均未经磨制。器身其余部位保留自然砾面。残长 5.5cm，宽 5.7cm，厚 2.7cm，重 127g（图四七一，3）。

研磨器　1 件。为半成品残件。属于 B 型。

标本 2015GLPT1 ⑮：2，原料为黄褐色细砂岩。器身形状近方柱状。一端已残断，为不规整的断裂面。另一端为研磨面，仅一角有较为光滑的磨面。研磨面一侧有大小不一的崩疤，应为修整研磨面留下的痕迹。器身横截面近四边形。残长 11.5cm，宽 5.7cm，厚 4.9cm，重 411g（图四七一，4）。

2. 蚌器

15 件。均为蚌勺。其中完整件 9 件，占该文化层出土蚌器总数的 60%；残件 6 件，占该文化层出土蚌器总数的 40%。

第一类　完整件。9 件。分别属于 A 型和 D 型。

A 型　8 件。分别属于 Aa、Ab、Ac 亚型。

Aa 型　5 件。分别属于 Aa Ⅰ次亚型和 AaⅣ次亚型。

Aa Ⅰ型　3 件。

标本 2015GLPT1 ⑭：19，平面近三角形。先将蚌壳的头部和尾部去掉，留下腹部及边缘较厚部分，然后再进行进一步加工。以宽薄端为勺口，窄厚端为柄。柄顶端呈尖顶。两侧边钝厚，斜直，基本对称。一侧靠近柄端处有一崩缺口，靠近勺口处弧收；另一侧边的中部及靠近勺口处各有一崩缺口。勺口有细小的崩缺口。通体磨制，表面光滑。长 7.0cm，宽 3.6cm，厚 0.7cm（图

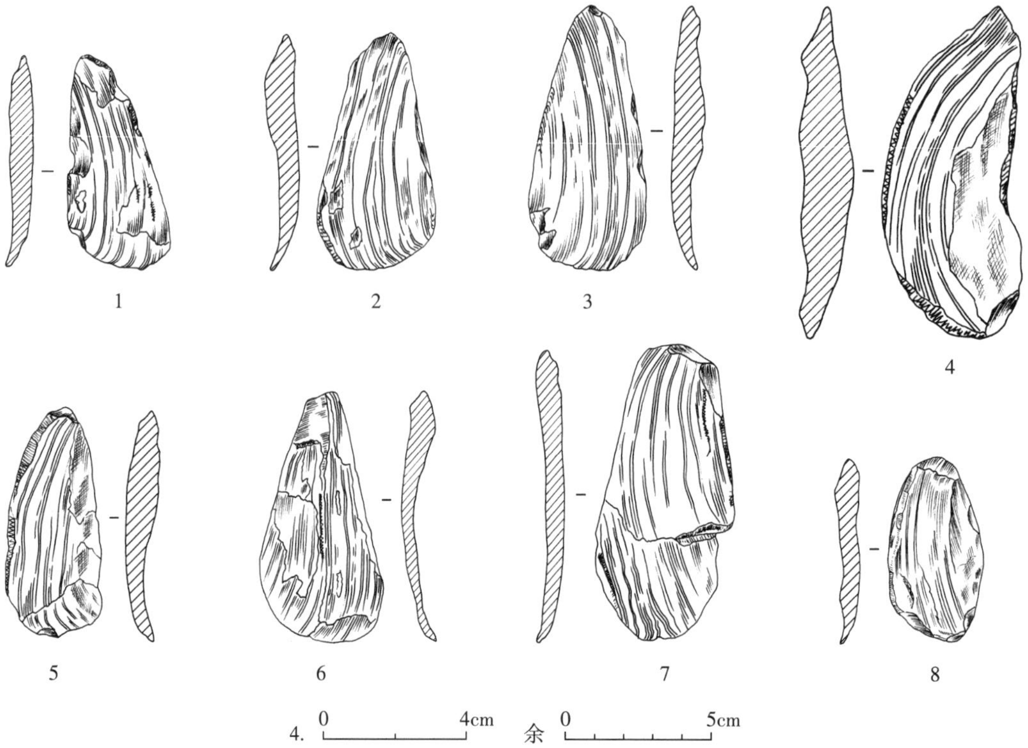

图四七二　坡叫环遗址第七文化层蚌器（一）

1~3. Aa Ⅰ型蚌勺（2015GLPT1 ⑭：19、2015GLPT2 ⑩：27、2015GLPT2 ⑩：30）　4、5. AaⅣ型蚌勺（2015GLPT2 ⑩：29、2015GLPT2 ⑩：32）　6. Ab Ⅰ型蚌勺（2015GLPT1 ⑭：16）　7、8. AcⅣ型蚌勺（2015GLPT1 ⑭：18、2015GLPT2 ⑩：26）

四七二，1）。

标本 2015GLPT2 ⑩：27，平面近三角形。先将蚌壳的头部和尾部去掉，留下腹部及边缘较厚部分，然后再进行进一步加工。以宽薄端为勺口，窄厚端为柄。柄顶端呈尖顶，一部分已崩缺。两侧边钝厚，斜直，对称，靠近勺口处弧收。勺口有细小的崩缺口。通体磨制，表面光滑。长 7.9cm，宽 4.1cm，厚 1.0cm（图四七二，2）。

标本 2015GLPT2 ⑩：30，平面呈三角形。先将蚌壳的头部和尾部去掉，留下腹部及边缘较厚部分，然后再进行进一步加工。以宽薄端为勺口，窄厚端为柄。柄顶端呈尖顶。两侧边钝厚，斜直，基本对称。一侧边靠近勺口处尚有打制疤痕。勺口两侧有崩缺口。通体磨制，表面光滑。长 8.8cm，宽 4.0cm，厚 1.1cm（图四七二，3）。

AaⅣ型　2 件。

标本 2015GLPT2 ⑩：29，平面近椭圆形。先将蚌壳的头部和尾部去掉，留下腹部及边缘较厚部分，然后再进行进一步加工。以宽薄端为勺口，窄厚端为柄。柄顶端呈尖顶。两侧边钝厚，靠近勺口处弧收。一侧边弧凹，另一侧边弧凸。勺口有崩疤。器身只有弧凸侧边有磨制迹象，其余部位表面较为粗糙。长 8.9cm，宽 3.8cm，厚 1.4cm（图四七二，4）。

标本 2015GLPT2 ⑩：32，平面近椭圆形。先将蚌壳的头部和尾部去掉，留下腹部及边缘较厚部分，然后再进行进一步加工。以宽薄端为勺口，窄厚端为柄。柄顶端呈尖顶。两侧边钝厚，其中一侧边斜直，尚有打制疤痕；另一侧边略弧凸。勺口有崩缺口。通体磨制，表面较为光滑。长 7.7cm，宽 3.4cm，厚 1.1cm（图四七二，5）。

Ab 型　1 件。属于 AbⅠ次亚型。

标本 2015GLPT1 ⑭：16，平面近三角形。先将蚌壳的头部和尾部去掉，留下腹部及边缘较厚部分，然后再进行进一步加工。以宽薄端为勺口，窄厚端为柄。柄顶端略平直，微斜。两侧边钝厚，斜直，对称，靠近勺口处弧收。通体磨制，表面较为光滑。长 8.3cm，宽 4.4cm，厚 0.9cm（图四七二，6）。

Ac 型　2 件。均属于 AcⅣ次亚型。

标本 2015GLPT1 ⑭：18，平面近椭圆形。先将蚌壳的头部和尾部去掉，留下腹部及边缘较厚部分，然后再进行进一步加工。以宽薄端为勺口，窄厚端为柄。柄顶端呈弧形。两侧边钝厚，斜直，对称，靠近勺口处弧收。一侧边靠近勺口处有一较大的崩缺口。勺口有细小的崩缺口。通体磨制，表面光滑。长 9.8cm，宽 4.7cm，厚 0.8cm（图四七二，7）。

标本 2015GLPT2 ⑩：26，平面近椭圆形。先将蚌壳的头部和尾部去掉，留下腹部及边缘较厚部分，然后再进行进一步加工。体型较小，以宽薄端为勺口，窄厚端为柄。柄顶端呈弧形。两侧边钝厚，略微弧凸，尚有打制疤痕。勺口有崩缺口。通体磨制，表面光滑。长 6.2cm，宽 3.2cm，厚 0.8cm（图四七二，8）。

D 型　1 件。属于 DaⅠ次亚型。

标本 2015GLPT2 ⑩：25，平面近三角形。先将蚌壳的头部和尾部去掉，留下腹部及边缘较厚部分，然后再进行进一步加工。以宽薄端为勺口，窄厚端为柄。柄顶端呈尖顶。两侧边钝厚，斜直，基本对称，靠近勺口处弧收。一侧边靠近柄部处有一崩缺口。勺口略凹。通体磨制，表面光滑。长 9.6cm，宽 4.4cm，厚 0.9cm（图四七三，1）。

第二类　残件。6 件。分别属于 A、B、C 型。

A 型　1 件。属于 Aa 亚型中的 AaⅢ次亚型。

标本 2015GLPT2 ⑩：24，平面近梯形。先将蚌壳的头部和尾部去掉，留下腹部及边缘较厚部分，然后再进行进一步加工。柄已残断。两侧边近垂直。一侧边较为钝厚，尚留有打制疤痕，近勺口处弧收；另一侧边较扁薄。双面磨制，勺口有一崩缺口。通体磨制，表面较为光滑。残长 7.4cm，宽 3.5cm，厚 0.7cm（图四七三，2）。

B 型　4 件。分别属于 Ba 亚型和 Bc 亚型。

Ba 型　1 件。属于 BaⅠ次亚型。

标本 2015GLPT1 ⑭：17，平面近三角形。先将蚌壳的头部和尾部去掉，留下腹部及边缘较

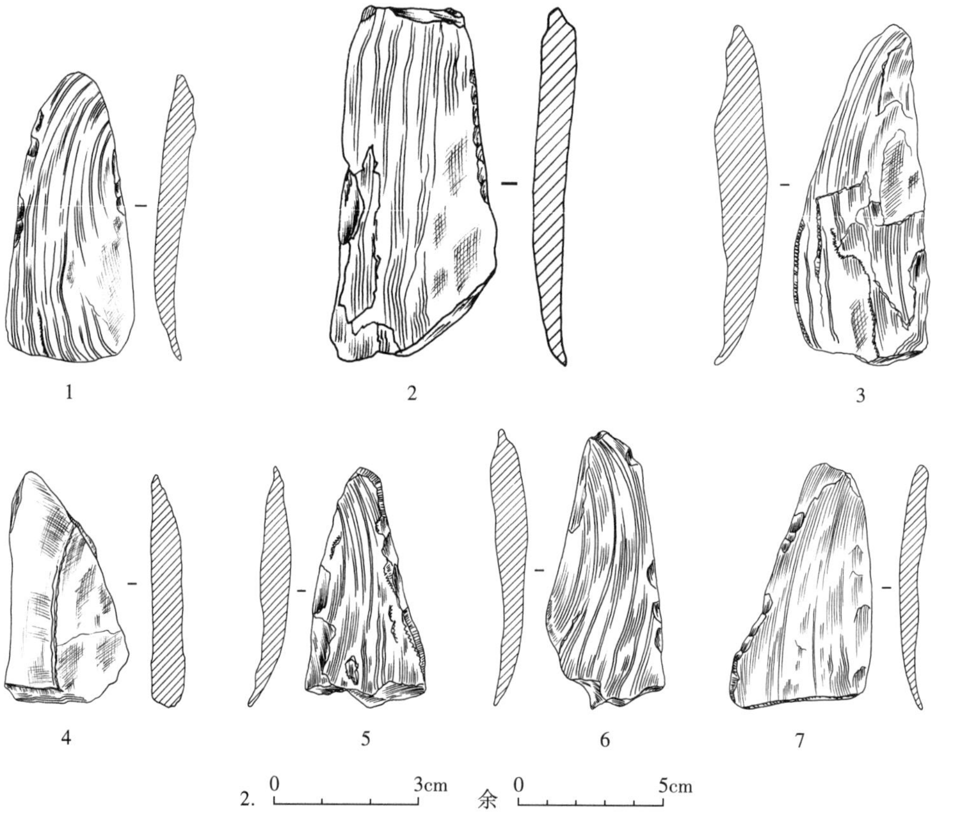

图四七三　坡叫环遗址第七文化层蚌器（二）

1. DaⅠ型蚌勺（2015GLPT2 ⑩：25）　2. AaⅢ型蚌勺残件（2015GLPT2 ⑩：24）　3、5. BcⅠ型蚌勺残件（2015GLPT2 ⑩：28、2015GLPT2 ⑩：31）　4. BaⅠ型蚌勺残件（2015GLPT1 ⑭：17）　6. BcⅥ型蚌勺残件（2015GLPT2 ⑩：23）　7. Cc 型蚌勺残件（2015GLPT1 ⑭：15）

厚部分，然后再进行进一步加工。勺口已残断。柄顶端呈尖顶。两侧边钝厚。一侧边斜直，另一侧边弧凸。两侧边及柄均有打制疤痕，未见磨制痕迹，表面粗糙。残长 7.7cm，宽 4.3cm，厚 1.1cm（图四七三，4）。

Bc 型　3 件。分别属于 BcⅠ次亚型和 BcⅥ次亚型。

BcⅠ型　2 件。

标本 2015GLPT2 ⑩：28，平面呈三角形。先将蚌壳的头部和尾部去掉，留下腹部及边缘较厚部分，然后再进行进一步加工。勺口已残断。柄顶端呈弧形。两侧边钝厚，一侧边斜直。尚有打制疤痕；另一侧边略弧凸。通体磨制，表面较为光滑。残长 11.3cm，宽 4.6cm，厚 1.6cm（图四七三，3）。

标本 2015GLPT2 ⑩：31，平面呈三角形。先将蚌壳的头部和尾部去掉，留下腹部及边缘较厚部分，然后再进行进一步加工。勺口已残断。柄顶端近弧形。两侧边钝厚。一侧边中部至柄端斜直，中部以下略微突出；另一侧边斜直。通体磨制，表面较为光滑。残长 7.9cm，宽 4.1cm，厚 0.9cm（图四七三，5）。

BcⅥ型　1 件。

标本 2015GLPT2 ⑩：23，平面呈不规则状。先将蚌壳的头部和尾部去掉，留下腹部及边缘较厚部分，然后再进行进一步加工，勺口已残断。两侧边钝厚，斜直，对称。柄顶端略弧形。通体磨制，表面较为光滑。残长 9.2cm，宽 4.0cm，厚 0.9cm（图四七三，6）。

C 型　1 件。属于 Cc 亚型。

标本 2015GLPT1 ⑭：15，平面近梯形。先将蚌壳的头部和尾部去掉，留下腹部及边缘较厚部分，然后再进行进一步加工。勺口和柄已残断。两侧边钝厚。一侧边略弧凸；另一侧边略弧凹，中部有一崩缺口。通体磨制，表面较为光滑。残长 8.2cm，宽 4.7cm，厚 0.7cm（图四七三，7）。

五　自然遗物

坡叫环遗址自然遗物主要为陆生和水生动物遗骸。包括软体动物和脊椎动物遗骸。

软体动物残骸包括大量的腹足类化石及少量双壳类（瓣鳃类）化石。腹足类残骸个体很小，尾端多被敲掉，显示出被人类食用的痕迹。鉴定显示，腹足类主要有格氏短沟蜷（*Semisulcospira gredleri*）、斜粒粒蜷（*Tarebia granifera*）、多棱角螺（*Angulyagra polyzonata*）、双旋环棱螺（*Bellamya dispiralis*）、铜锈环棱螺（*Bellamya aeruginosa*）、方形环棱螺（*Bellamya quadrata*）、环棱螺（*Bellamya* sp.）、条华蜗牛（*Cathaica fasciola*）等，以格氏短沟蜷（*Semisulcospira gredleri*）、斜粒粒蜷（*Tarebia granifera*）、双旋环棱螺（*Bellamya dispiralis*）和条华蜗牛（*Cathaica fasciola*）为主。双壳类（瓣鳃类）动物主要有剑状矛蚌（*Lanceolaria gladiola*）、刻裂丽蚌（*Lamprotula scripta*）、背瘤丽蚌（*Lamprotula leai*）、佛耳丽蚌（*Lamprotula mansuyi*）、巴氏丽蚌（*Lamprotula bazini*）、圆顶珠蚌（*Unio douglasiae*）等，以刻裂丽蚌（*Lamprotula scripta*）、背瘤丽蚌（*Lamprotula leai*）和佛耳丽蚌（*Lamprotula mansuyi*）为主。还有部分双壳类样品由于破损极为严重，无法鉴定出来。

坡叫环遗址出土脊椎动物总标本数为4465件。包括鱼类141件，龟鳖类1017件，鳄类12件，蛇类1件，鸟类8件，哺乳类可鉴定标本445件，哺乳类碎骨2841件。各类群中，哺乳类标本数约占三分之二，龟鳖类次之。除鱼类外最小个体数共计134个，哺乳类最多，龟鳖类次之，其余类群很少。哺乳动物以鹿类为主，啮齿类也占一定比例，其余哺乳类群也都有发现。具体动物种类有缅甸蟒、竹鼠、帚尾豪猪、马来豪猪、短尾猴、大灵猫、果子狸、野猪、林麝、小麂、大角麂、梅花鹿、水鹿、斑羚、犀牛、亚洲象以及一些无法确定具体名称的雉科及鱼类、龟鳖类、鳄类和涉禽类动物。

六　文化内涵

根据地层堆积、器物组合及出土器物等方面的特征判断，坡叫环遗址各文化层均属于同一期遗存。

该遗址以灰色或黄色地层堆积为主，含多少不等的螺壳。出土器物包括石制品、蚌器和骨器。其中石制品数量最多，蚌器也占相当比例，骨器较少，陶器未见。发现小型石器加工场。石制品的原料大部分为大石片，砾石仅占少数。岩性包括辉绿岩、细砂岩、泥岩和石英等，辉绿岩占绝大多数。石制品器类包括打制石制品、磨制石制品和加工工具。打制石制品比例约占四分之三，磨制石制品约占四分之一，加工工具仅有少量。打制石制品包括石核、大石片、砍砸器、刮削器和尖状器五大类型，器形多较大，以石片居多。石核中多台面石核较有特点，打击台面多样，既有自然台面，也有人工台面，器身几乎不保留自然砾面，利用率较高。还发现有以石片作为原料再进一步剥片的。石片打片均为硬锤打击，打片方法有直接锤击法和碰砧法，以直接锤击法为主，碰砧法仅占极少数。石片打击台面绝大部分是自然台面，人工台面极少见，线状台面则更少。石片打击点大多数比较清楚，多数石片的背面保留有自然砾面且具有锋利的边缘。大石片占有相当比例。砍砸器、刮削器和尖状器的原料绝大部分为大石片，砾石极少。这三种石器加工均采用锤击法单面加工，多由背面向腹面打击；加工简单，加工面多由一层或两层片疤组成；片疤多较小，多为宽大于长；把端多不加修理，保留原有的自然砾面。加工工具为少量石锤、石砧和砺石。石锤多为砸击石锤，以新发现的石片石锤最具特色，通常是直接以石片为原料，使用其边缘进行砸击，但使用时间不长，应该是用于精细加工。间打器属于间接打击石锤，同样表明精细加工技术已经在坡叫环遗址得到应用。侧边石锤也较有特点，其主要使用部位为砾石侧面相交处形成的凸棱，专门用于截断较长的砾石，应该与研磨器的制作具有紧密而直接的联系。磨制石制品类型包括石斧、石锛、斧锛类半成品、斧锛类毛坯和研磨器等，其中以斧锛类毛坯数量最多。斧锛类器物加工方法为锤击法，多利用较为扁平的砾石单面加工，少数为双面加工，以石片为原料的仅有少数。这类器物打制阶段加工部位多在器身的端部和两侧，一般在器身端部和两侧边缘多次剥片，保留较密集的打击疤痕，片疤多较小而浅平，绝大部分都或多或少保留有自然砾面；磨制阶段，即使成品也多只是磨制刃部，少数磨制两侧，偶有通体磨制，未见通体磨光者。这种先对四周进行打制再磨刃口的方法独具地方特色。研磨器多为毛坯，形状多样，以扁柱状和方柱状为最多。研磨器加工简单，或是利用长短合适的砾石，直接以较平一端端面为研磨面，对研磨面略加修整，并对器身两侧进行剥片修整后成型；或是利用较长的砾石截取一段，部分直接利用截断面为研磨面，部分对研磨面略微修整。未见通体修整磨光的研磨器。蚌器数量较多，但类型较单一，只有蚌勺和极少量的穿孔蚌器，以蚌勺最具特色。蚌勺选材一致，形态和加工方法相同，都是先将蚌壳的头部和尾部去掉，留下腹部及边缘较厚部分，然后再进行加工，以较为宽薄一端为刃，与刃相对较为窄厚一端为柄。骨器的数量较少，见有骨锥和骨铲两种器类，以新发现的骨铲较具特色。骨铲是用扁平较厚的骨片制成，器身呈长条形，顶端呈钝尖状；两侧边钝厚，基本对称，近刃端呈弧收；底边为弧刃；通体经过磨制。骨锥一般是以圆条形或柳叶形的动物肢骨，在一端或两端磨制出尖锋，大多磨制较精。

坡叫环遗址具有很强的地域特征。石核、石片、砍砸器、刮削器、斧锛类器、研磨器、蚌勺及少量骨器为其基本器物组合。加工工具中石片石锤和间打器的发现，表明比较精细的加工技术在该遗址已得到运用。打制石制品均为锤击法加工，其中石片占大多数。石核部分以石片作为原料，利用率较高。砍砸器、刮削器和尖状器的原料绝大部分为大石片，以砾石为原料者极少，这种情况在左江流域新石器时代遗址中是第一次发现。磨制石制品以斧锛类器物为主，多利用扁平的砾石先在侧边、端部和刃部等部位进行加工，再进行磨制，但有少量原料为石片。数量以半成品和毛坯占大多数，磨制者也不精美。研磨器成品中，双端研磨器较具特色，以扁柱状和方柱状为主的各类毛坯也很有特点。蚌勺数量多，很可能是专门生产用于交换，也就是说，很可能出现了专门生产蚌勺的加工场或手工作坊。

经比对，该遗址与周边遗址存在一定的联系。比如，遗址中所发现的大石片及其制品与越南新石器时代广泛存在的大石片石器相似，侧边石锤与方柱形研磨器与崇左冲塘遗址出土的研磨器类似，骨锥与无名山遗址出土的骨锥类似，以上情况说明几处遗址间存在一定的关联。但总体而言，该遗址文化还是呈现出很强的个性特征，石制品中大石片占绝大多数的情况与左江流域甚至广西新石器时代其他遗址区别很大，应属左江流域中下游新石器时代一种新的文化类型。

七　年代判断

坡叫环遗址出土的器物主要为石制品和蚌器，没有发现陶器，因此对年代的判断存在很大困难。与无名山遗址、根村遗址和大湾遗址相比，该遗址地层堆积中螺壳普遍偏小，这种螺壳大小的区别或许与不同时期的气候环境有关。出土的石制品中打制石制品占绝大多数，磨制石制品数量只占打制石制品的三分之一强，磨制的成品石器也不精细，多只磨刃部。200 多件蚌器中除 1

件为穿孔蚌器外，全为蚌勺，个体很小，不见无名山和宝剑山 A 洞所出土的双肩蚌铲，也不见鱼头形穿孔蚌器，这些都说明其年代要早于无名山、大湾和宝剑山 A 洞等遗址，但大量磨制较精的蚌勺的发现，表明其年代也不会太早。

我们选取了几个标本送北京大学加速器质谱实验室、第四纪年代测定实验室进行加速器质谱（AMS）^{14}C 年代测试，大部分因为不能够满足实验要求而无法获取数据，仅其中一个取自 T2 ⑦层的炭屑样本获得了有效数据，为距今 8295 ± 308 年，树轮校正后数据为 9428BP（87.7%）9236BP。

根据遗物特征与测年数据综合判断，我们认为坡叫环遗址年代为距今 8000 年左右。

第六节　庭城遗址

一　地理位置、地形地貌及布方情况

庭城遗址位于广西壮族自治区崇左市龙州县上金乡联江村委会舍巴屯东北面约 500m 明江与丽江汇流形成的半岛的二级台地上，面积约 3600m^2。遗址东北面与上金乡政府隔明江相望，距乡政府约 1000m，西南面离舍巴遗址约 400m，西北面与石厂屯隔丽江相望。距明江和丽江现江面高度约 20m（图四七四）。

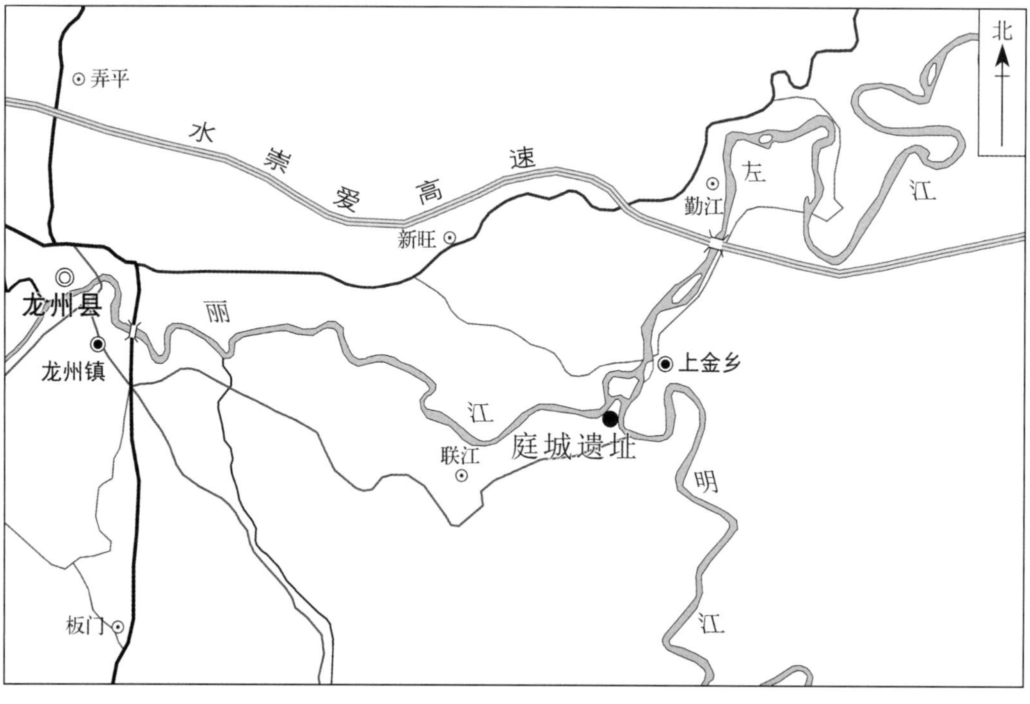

图四七四　庭城遗址地理位置示意图

遗址平面近椭圆形，地势较平，四周边缘地势较陡，西面紧临丽江，东面、南面一级台地上有一宽阔的平地，明江围绕东面、南面平地在三角洲处与丽江交汇，流入左江。遗址及其东南面平地密密麻麻地种满了甘蔗。从遗址至平地落差 3~5m。该遗址地表除村民种植甘蔗外，未遭大的破坏（彩版一〇九，1）。

广西文物保护与考古研究所于 2013~2015 年期间对庭城遗址进行了两次发掘。第一次发掘从 2013 年 12 月 4 日开始，于 2014 年 1 月 10 日结束，历时 42 天，发掘面积 $134m^2$。2014 年 9~12 月，又对该遗址进行第二次发掘，发掘面积 $376m^2$。通过两次发掘，基本弄清楚了遗址的地层关系，发现了三个时期的遗存，包括众多遗迹，大量的建筑材料及少量石制品、陶器和铜器等。

试掘采用象限布方法，先确定布方的原点，按照东、南、西、北四个象限虚拟布方，然后对拟发掘的地方进行实际布方。第一次试掘选在遗址的北部区域，主要是想了解城址内部的地层情况，确认有无城墙，共布 6 个探方，2 条探沟，编号分别为 TN3E1、TN3E2、TN3E3、TN4E1、TN4E2、TN4E3、TG1 和 TG2。探方均为正南北方向，规格为 5m × 5m。探沟规格为 1m × 10m。第二次试掘所布探方都在坐标原点的南部，共布 17 个探方，均为正南北方向，规格多为 5m × 5m，部分探方进行了扩方，发掘时留有北隔梁、东隔梁，后将全部隔梁打掉（图四七五；彩版一〇九，2）。

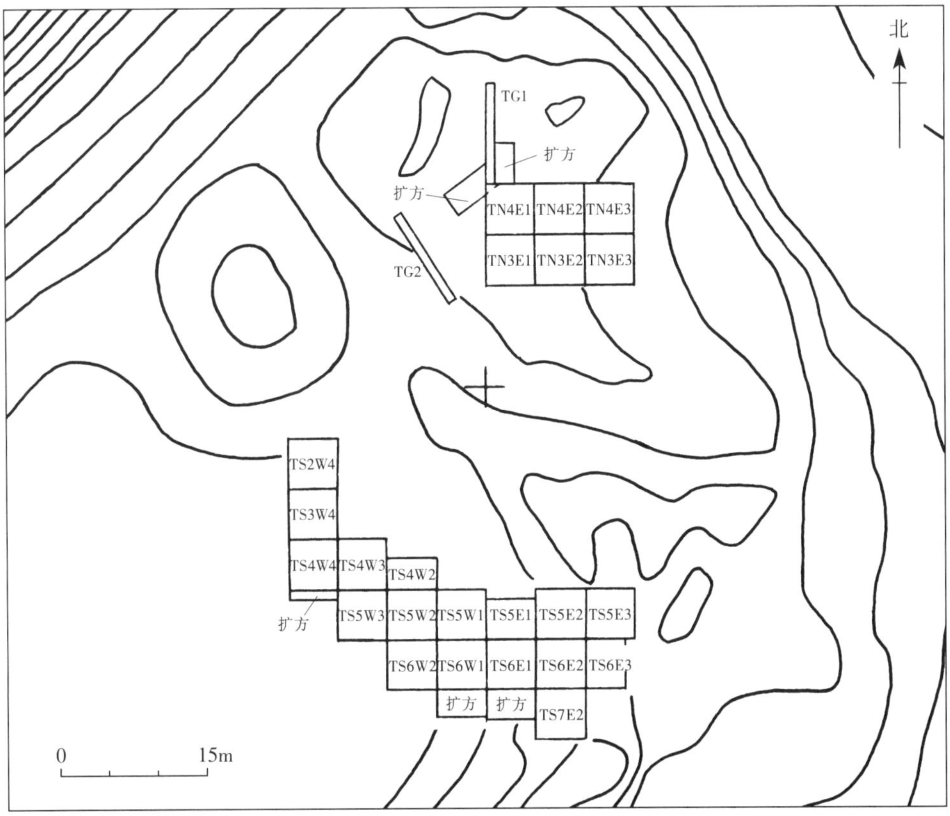

图四七五　庭城遗址 2013~2014 年发掘探方位置图

二　地层堆积

南北区域地层堆积不完全一致。以下分别叙述。

2013 年发掘的北部区域根据土质、土色及包含物不同，由上而下统一划分为七层（表一）。

以 TN3E1 北壁为例说明（图四七六）。

第①层：耕土层。黑色土，结构疏松，土质较软。厚 10~15cm，层位呈水平状。此层含大量植物根茎、瓦片和少量瓷片等。

第②层: 黄色土层。结构致密，土质较硬。厚 8~12cm，层面较平。此层含有砍砸器、米格纹陶片、陶网坠、陶纺轮、瓦片、陶器底部、铜镞、铁足、铁环和红烧土块等。

第③层：黑色土，结构致密，土质较硬。厚 0~15cm，层位近水平。此层含有砺石、陶网坠、陶纺轮、陶擂钵、瓦片、铁钉、铁断块和红烧土块等。

第④层：黄色土和红色土相杂而成，结构致密，土质较硬。厚 10~25cm。此层含有大量瓦片及少量砺石、炭屑、红烧土块等。

第⑤层：红色土层。较纯，结构致密，土质较硬。厚 15~30cm。此层包含少量碎瓦片和红烧土块等。

2014 年南部发掘区域地层由上而下共分四层，其中第③层可分为两个亚层。以 TS5W1 为例

表一　庭城遗址 2013 年发掘北部区域地层关系对应表

总地层	TG1	TG2	TN3E1	TN3E2	TN3E3	TN4E1	TN4E2	TN4E3
①	①	①	①	①	①	①	①	①
②	②	②	②	②	②	②	②	②
③			③	③	③	未掘		
④	③		④	④a	④a	未掘	③	③
⑤	④	③		④b	④b	未掘	④	④
⑥	⑤					未掘		
⑦	⑥		⑤	⑤	⑤	未掘		⑤

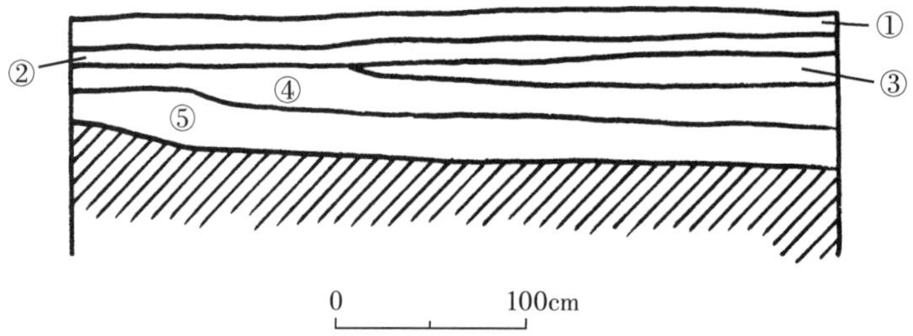

图四七六　庭城遗址 TN3E1 北壁剖面图

说明（图四七七；彩版一一〇，1）。

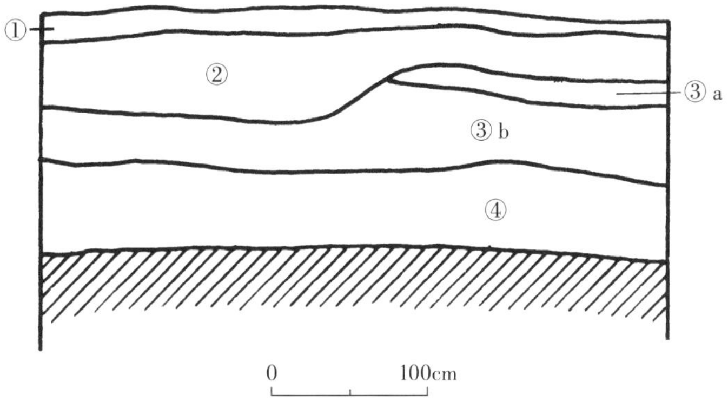

图四七七 庭城遗址 TS5W1 南壁剖面图

第①层：耕土层。褐色，土质疏松。厚 8~15cm。包含物有石块、瓦片和瓷片等。

第②层：黑土层。土质细密，较硬。厚25~55cm，层面呈斜坡。包含物有石块、瓦片、陶网坠、陶纺轮、瓷片、铁块等。

第③ a 层：黄土层。土质细密，较硬。厚 0~18cm，层面呈斜坡。包含物有石块、陶网坠、瓦片、其他陶片及红烧土块等。

第③ b 层：黄土层。土质细密，较硬。厚 30~55cm，层面呈斜坡状。包含物较少，有石制品、瓦片、陶网坠、陶铺首、铜镞及其他陶片等。

第④层：黑土层。土质疏松，较软。厚 45~55cm，层面近水平。此层含有石锛、石块、夹砂陶片、炭粒等。

根据地层及出土物判断，该遗址包含三个时期的遗存。

三 第一期文化遗存

该期遗存堆积单位只包括 2014 年南部发掘区域第④层及开口于第④层下的遗迹。

（一）遗迹

只发现柱洞一种，共 17 个。分别位于 TS5W2、TS5W1、TS5E1、TS6E1 等探方内。平面大多呈圆形或椭圆形，直壁或斜壁，近平底。洞内多填灰黑色沙土，较疏松，纯净。由于受发掘面积的限制和后期人类活动破坏的影响，目前看不出分布规律（图四七八）。

现选择部分柱洞介绍如下。

D85 位于 TS5W2 西北部。开口于 TS5W2 ④层下，打破生土层。平面形状近椭圆形。壁的北部为斜壁，南部为直壁，平底。洞内填土为灰黑色沙土，较疏松，纯净。口径 21~26cm，深 26cm（图四七九）。

D86 位于 TS5W2 西部。开口于 TS5W2 ④层下，打破生土层。平面形状近椭圆形，直壁，平底。洞内填土为灰黑色沙土，较疏松，纯净。口径 13~16cm，深 25cm（图四八〇；彩版一一〇，2）。

D87 位于 TS5W2 西部。开口于 TS5W2 ④层下，打破生土层。平面形状近圆形，直壁，平底。洞内填土为灰黑色沙土，较疏松，纯净。口径 10cm，深 18cm（图四八一）。

D89 位于 TS5W2 中部。开口于 TS5W2 ④层下，打破生土层。平面形状近葫芦形，口大底小，

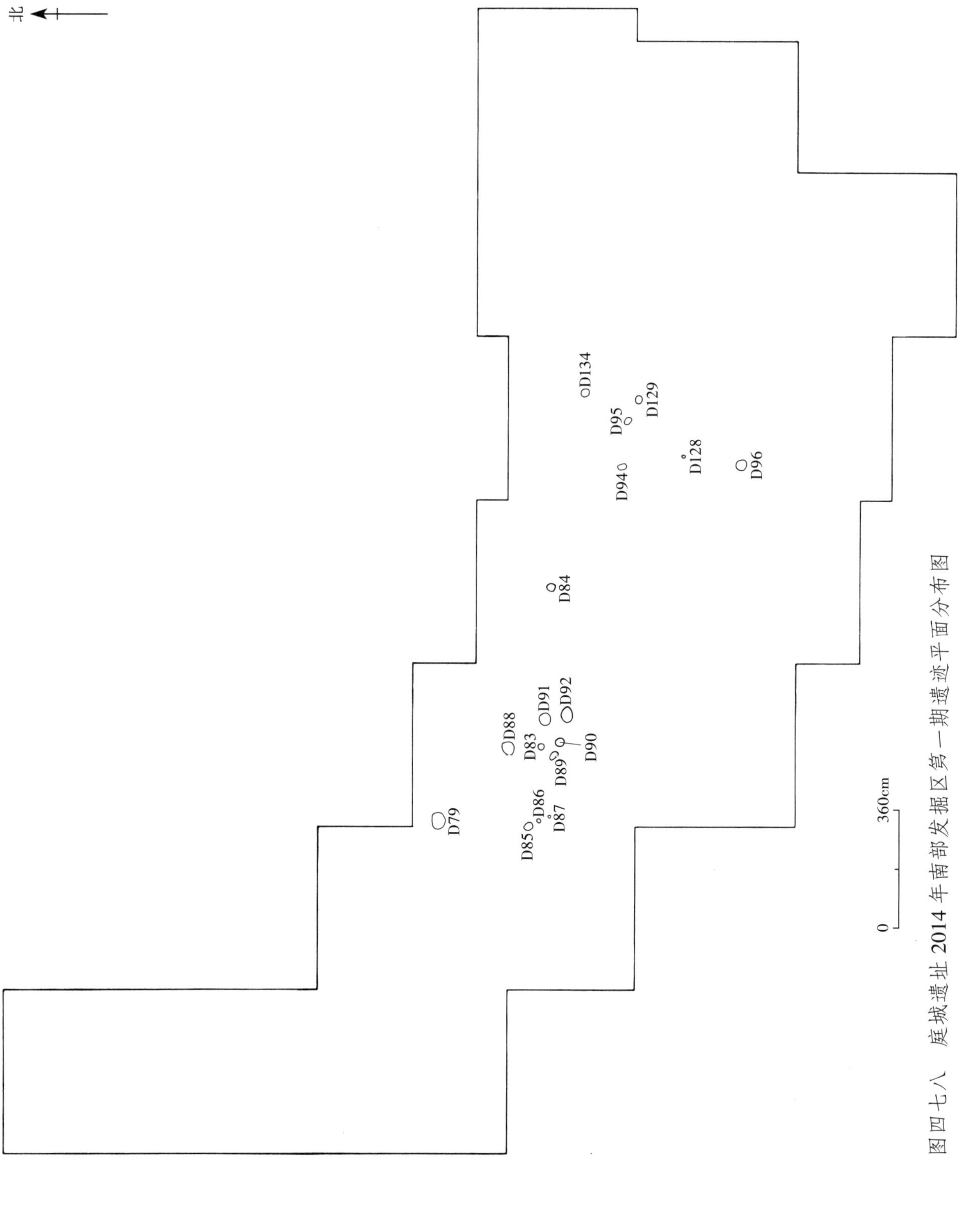

图四七八　庭城遗址2014年南部发掘区第一期遗迹平面分布图

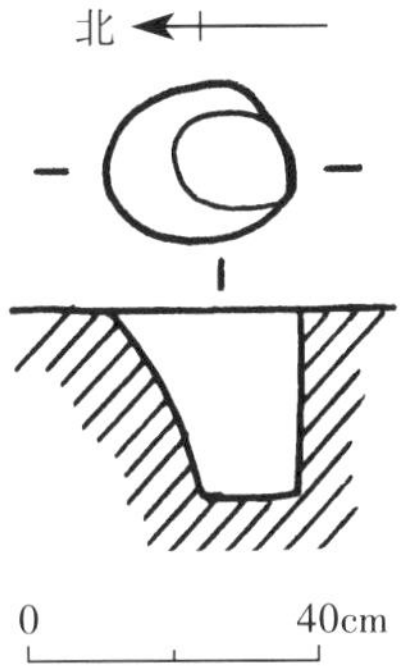

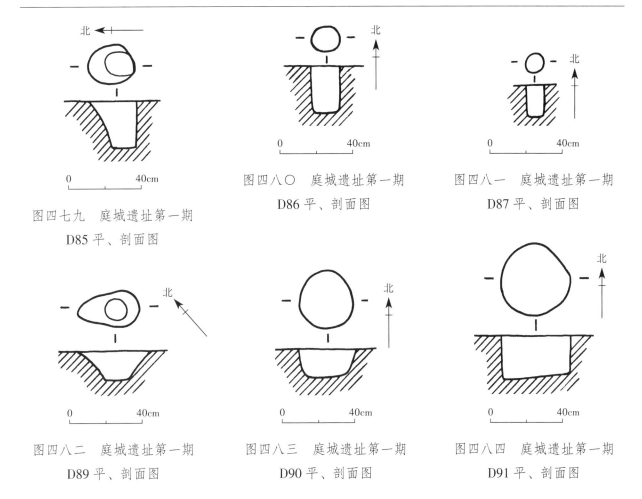

图四七九　庭城遗址第一期
D85 平、剖面图

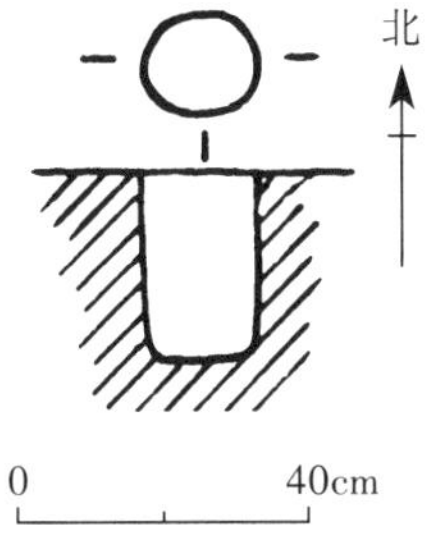

图四八〇　庭城遗址第一期
D86 平、剖面图

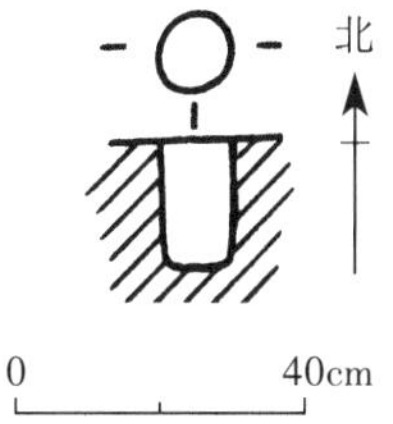

图四八一　庭城遗址第一期
D87 平、剖面图

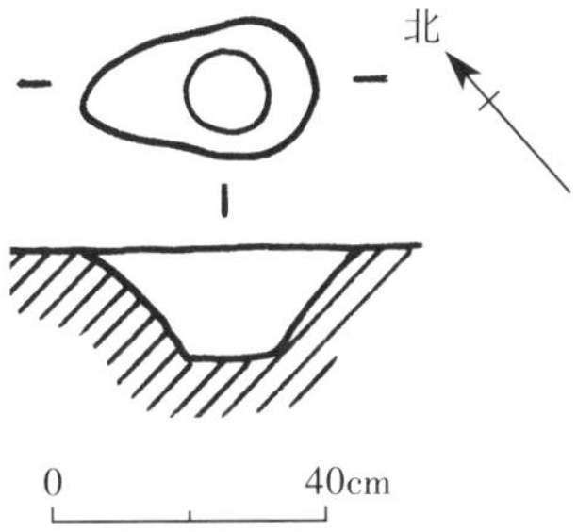

图四八二　庭城遗址第一期
D89 平、剖面图

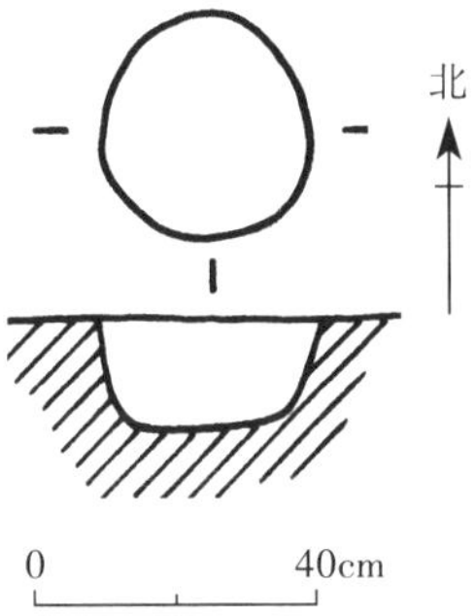

图四八三　庭城遗址第一期
D90 平、剖面图

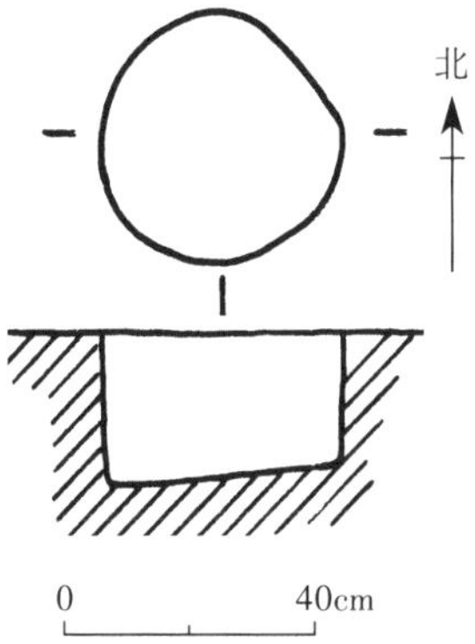

图四八四　庭城遗址第一期
D91 平、剖面图

斜壁，平底。柱洞内填土为灰黑色沙土，较疏松，纯净。口径 20~32cm，深 15cm（图四八二）。

D90　位于 TS5W2 中部。开口于 TS5W2 ④层下，打破生土层。平面形状近圆形，直壁，平底。柱洞内填土为灰黑色沙土，较疏松，纯净。口径 30cm，深 15cm（图四八三；彩版一一〇，3）。

D91　位于 TS5W2 东部。开口于 TS5W2 ④层下，打破生土层，平面形状近圆形，直壁，斜底。柱洞内填土为灰黑色沙土，较疏松，纯净。口径 38cm，深 20~23cm（图四八四）。

D92　位于 TS5W2 东南部。开口于 TS5W2 ④层下，有一部分在探方 TS6W2 内，打破生土层。平面形状近椭圆形，弧壁，圜底。柱洞内填土为灰黑色沙土，较疏松，含少量炭屑及石头。口径 36~48cm，深 18cm（图四八五）。

D128　位于 TS6E1 西部。开口于 TS6E1 ④层下，打破生土层，其上部已被后期的遗迹破坏。平面形状为圆形，直壁，平底。洞内填土为灰黑色沙土，较疏松，含少量炭屑及石头。口径 12cm，残深 6cm（图四八六）。

（二）遗物

该期地层出土遗物不多。包括陶制品和石制品两大类。

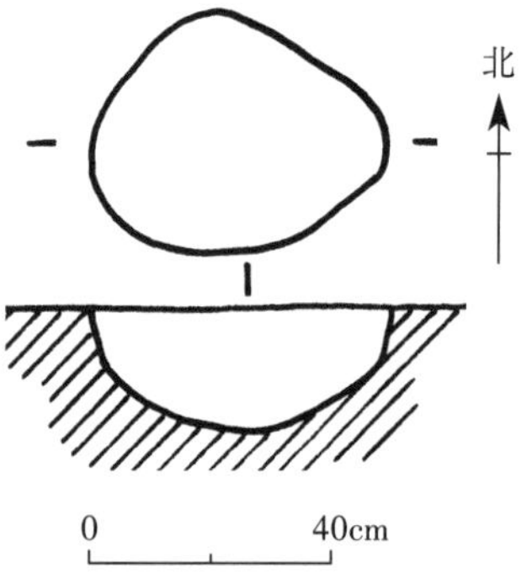

图四八五　庭城遗址第一期
D92 平、剖面图

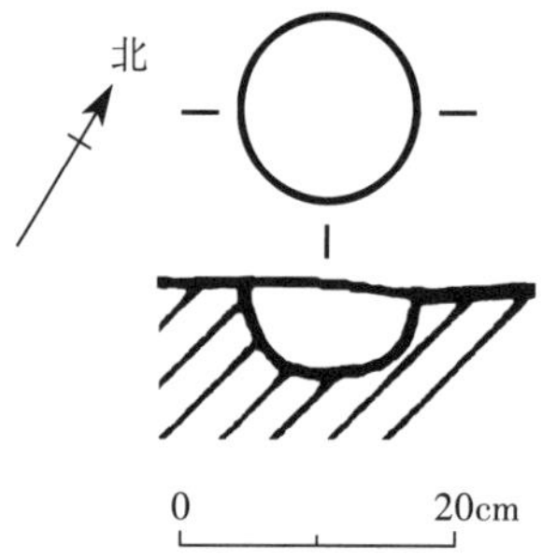

图四八六　庭城遗址第一期
D128 平、剖面图

1. 陶片

49 片。陶色有红色、中间灰黑两面黄色、灰色、中间灰黑两面红色、灰黑色、褐色和黄色等。其中红陶 14 片，占该期出土陶片总数的 28.57%；中间灰黑两面黄陶 14 片，占该期出土陶片总数的 28.57%；灰陶 10 片，占该期出土陶片总数的 20.40%；中间灰黑两面红陶 5 片，占该期出土陶片总数的 10.20%；灰黑陶 4 片，占该期出土陶片总数的 8.16%；褐陶、黄陶各 1 片，各占该期出土陶片总数的 2.04%。均为素面。由于陶片较小，无法准确判断出具体器形。

2. 石制品

8 件。包括石砧、石斧、石锛毛坯、石璧半成品、带切割痕迹石块五种器物类型。

石砧　1 件。属于 A 型中的 AaⅢ次亚型。

标本 2014GLTTS6E1 ④：2，岩性为灰褐色辉绿岩。平面近四边形。一面较宽，一面较窄。在较窄一面有敲砸物体所留下的细麻点状疤痕。长 12.8cm，宽 9.9cm，厚 9.1cm，重 1789g（图四八七，1）。

石斧　1 件。完整件。属于 B 型中的 Bh 亚型。

标本 2014GLTTS6E1 ④：5，岩性为黄白色硅质岩。器身较厚，形状呈凸字形。柄较为方正，顶端平直，留有部分打击疤痕。双平肩，肩部不对称，一侧较宽，另一侧略窄。两侧边较直，一侧较厚，另一侧稍薄。弧刃，刃部有使用造成的崩疤，崩疤较大。刃部较厚侧有一较大缺口。通体磨光。长 7.9cm，宽 7.3cm，柄宽 3.2cm，厚 2.0cm，重 172g（图四八七，3；彩版一一一，1）。

石锛毛坯　1 件。完整件。属于 A 型中的 AbⅦ次亚型。

标本 2014GLTTS5E1 ④：1，原料为灰褐色细砂岩砾石。器身呈长条形。一面较扁平，一面稍内凹。一端较厚，一端略薄。两端和两侧均经过多次双面剥片，有较多的打击疤痕。片疤多较小，层层叠叠，未经磨制。略薄一端已形成初步刃面。刃缘呈弧凸状，未经磨制。长 7.6cm，宽 3.3cm，厚 1.4cm，重 47g（图四八七，2）。

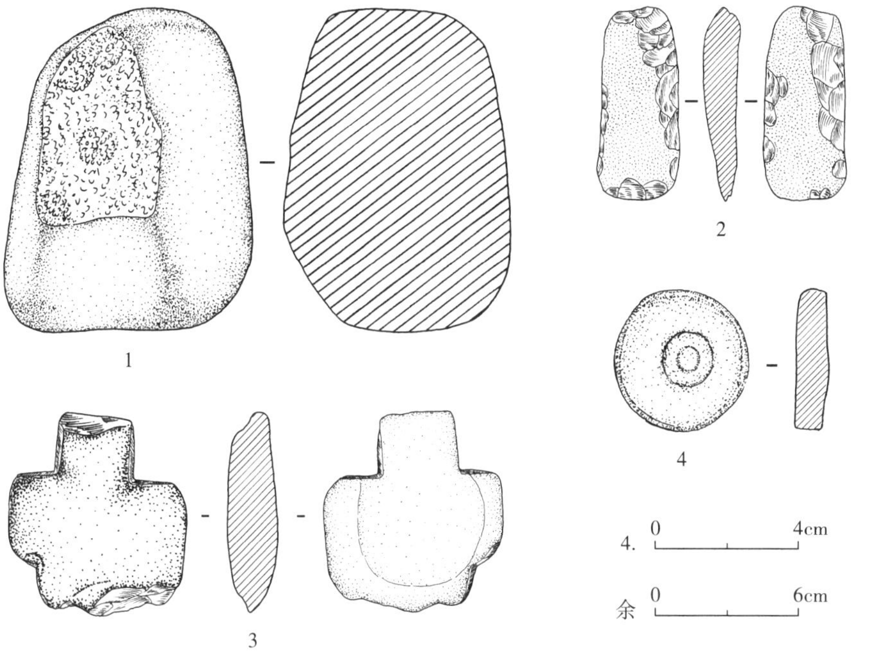

图四八七　庭城遗址第一期石制品（一）

1. AaⅢ型石砧（2014GLTTS6E1④：2）　2. AbⅦ型石锛毛坯（2014GLTTS5E1④：1）　3. Bh型石斧（2014GLTTS6E1④：5）　4. 石璧半成品（2014GLTTS6E1④：4）

石璧半成品　1件。

标本2014GLTTS6E1④：4，岩性为黄白色硅质岩。器身呈扁圆状。通体磨光，其中一面中央处有一圆环形凹痕，应为加工时穿孔未成功而留下的痕迹；另一面光滑平整。器身边缘四周留有一道明显的切割痕迹。直径3.8cm，厚0.9cm，重24g（图四八七，4；彩版一一一，2）。

带切割痕迹石块　4件。石块表面留有切割痕迹。

标本2014GLTTS6E1④：1，岩性为灰白色硅质岩。形状呈四边形。一面稍平，另一面凸起，两端两侧均为不规整的破裂面。稍平面中间和一侧边缘各有一道切割痕，其中间的切割痕较浅；一侧边缘的切割痕较深，下部呈不规则的破裂状。凸起面中间偏较长侧处有两道切割痕，其中近中间处的一道较短浅；偏较长侧的一道较长、较深。长5.7cm，宽4.8cm，厚2.6cm，重81g（图四八八，1）。

标本2014GLTTS6E1④：7，岩性为灰黑色硅质岩。器身扁平，形状近三角形。较宽端为不规整的破裂面。两面均为光滑的切割面，面上均可见许多细小的线状切割痕。较长侧为一道窄长的切割面，切面光滑；较短侧大部为近弧凹状的切割痕，下部为不规则的折断面。长6.6cm，宽3.6cm，厚1.0cm，重32g（图四八八，3）。

标本2014GLTTS4W2④：1，岩性为灰白色硅质岩，器身略厚，形状近四边形。两面、一侧和一端为不规则的破裂面。一端大部为平整光滑的切割面，下部为不规则的断裂面，交汇处切割

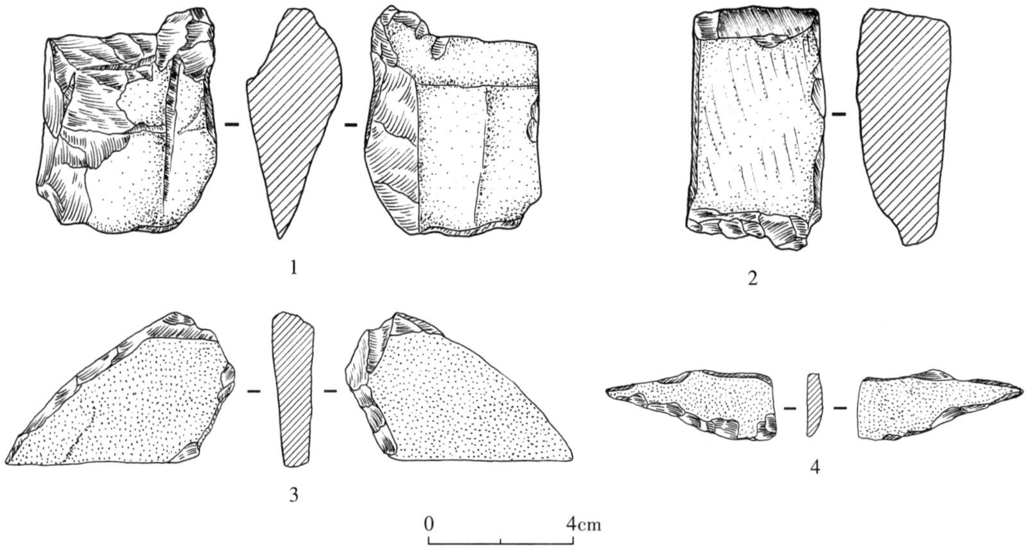

图四八八　庭城遗址第一期石制品（二）

1~4. 带切割痕迹石块（2014GLTTS6E1 ④：1、2014GLTTS4W2 ④：1、2014GLTTS6E1 ④：7、2014GLTTS5E1 ④：2）

痕清晰可见。一侧的大部分为近弧凹状的光滑切割面，下部也为不规整的断裂面，交汇处的切割痕同样清晰可见。长 6.3cm，宽 3.6cm，厚 2.5cm，重 106g（图四八八，2）。

标本 2014GLTTS5E1 ④：2，岩性为灰褐色细砂岩。器身短小，窄长，形状近三角形。两侧均为不甚整齐的破裂面，底边为稍整齐光滑的切割痕。长 4.5cm，宽 1.7cm，厚 0.4cm，重 4g（图四八八，4）。

四　第二期文化遗存

该期遗存堆积单位主要包括 2013 年北部发掘区域总地层第④ ~ ⑦层及开口于第④层面上和第④层下的遗迹；2014 年南部发掘区域第③ a 层、第③ b 层，开口于第③ b 层面上、第③ b 层下和第④层面上的遗迹及部分开口于第③ a 层面上的遗迹。

（一）遗迹

包括柱洞、灰坑、散水、弧形带状瓦片分布带（路面？）、侧插瓦片带和灰土面等。从地层的叠压和打破关系来看，可以分为相对早晚两个时段的遗迹。

1. 早段遗迹

主要包括第二期文化遗存堆积单位中 2013 年北部发掘区域统一地层第⑤层以下的遗迹和 2014 年南部发掘区域第③ b 层以下的遗迹。类型包括柱洞、灰坑、散水、侧插瓦片带和青灰色土面等。均为建筑遗迹。但由于受发掘面积的限制，目前还无法准确判断建筑的布局和结构（图四八九、四九〇）。

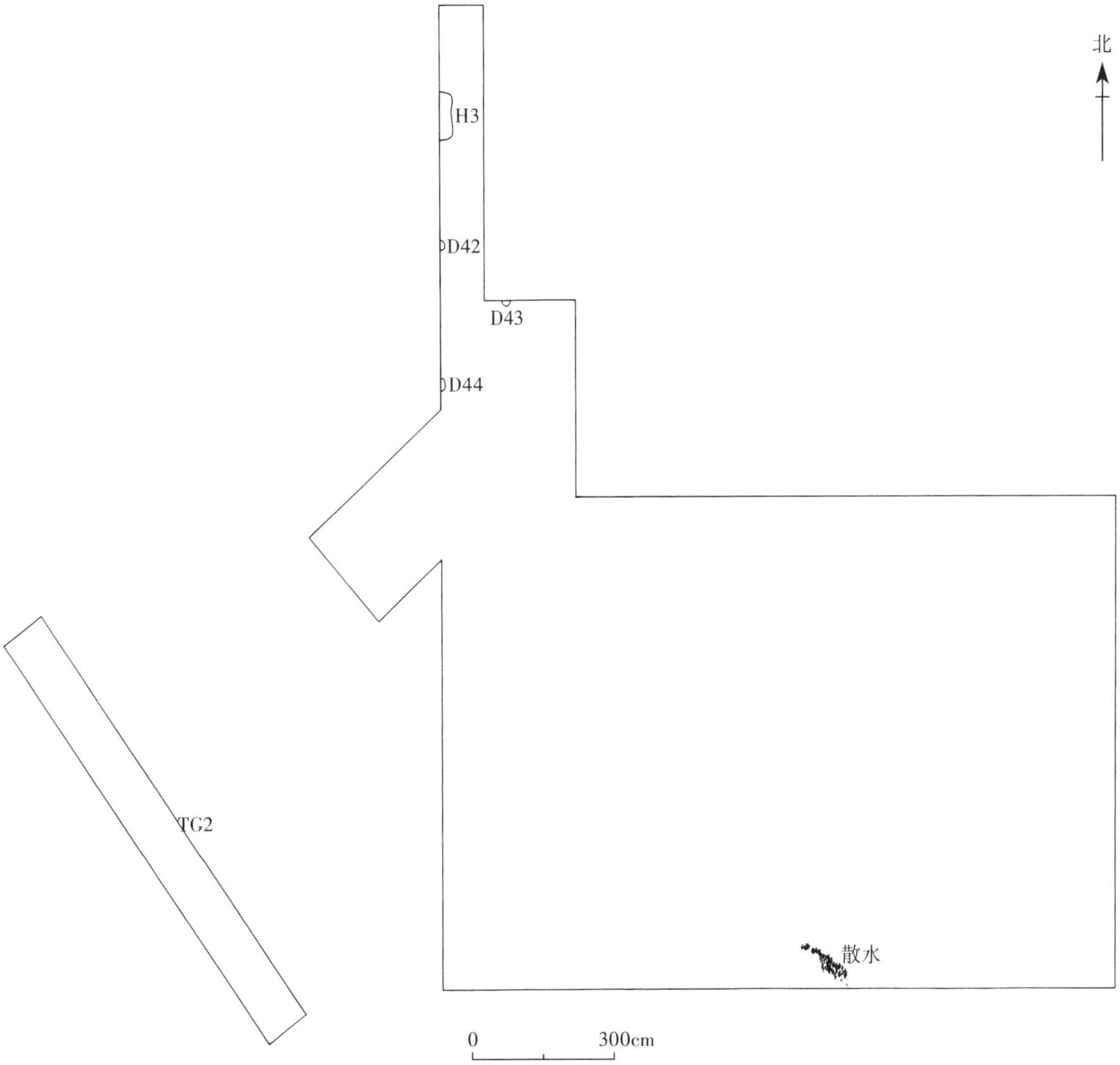

图四八九 庭城遗址 2013 年北部发掘区第二期早段遗迹平面分布图

（1）柱洞

数量较多，共 28 个。平面形状主要有圆形、四方形、梯形和椭圆形等，多直壁，平底。按照底部特征大致可分为两类，一类为无柱础石或无石块堆积的柱洞，另一类为有柱础石或石块堆积的柱洞。无柱础石或无石块堆积的柱洞平面多呈圆形或椭圆形；直径多在 15~30cm 之间，深度多在 30~50cm 之间；多直壁或斜壁，近平底或圜底；柱洞填充物有碎瓦和红烧土块等。有柱础石或石块堆积的柱洞平面多呈圆角方形和梯形等；边长多在 80~120cm 之间，深多在 20~100 cm 之间；多直壁，平底；底部垫有砾石；填土较为纯净。由于受到发掘面积的限制，所有柱洞没有找到明显的分布规律。但从部分柱洞较大较深且底部垫有砾石的情况判断，当时的建筑应该为大型干栏式建筑。这里选择部分有代表性的柱洞介绍如下。

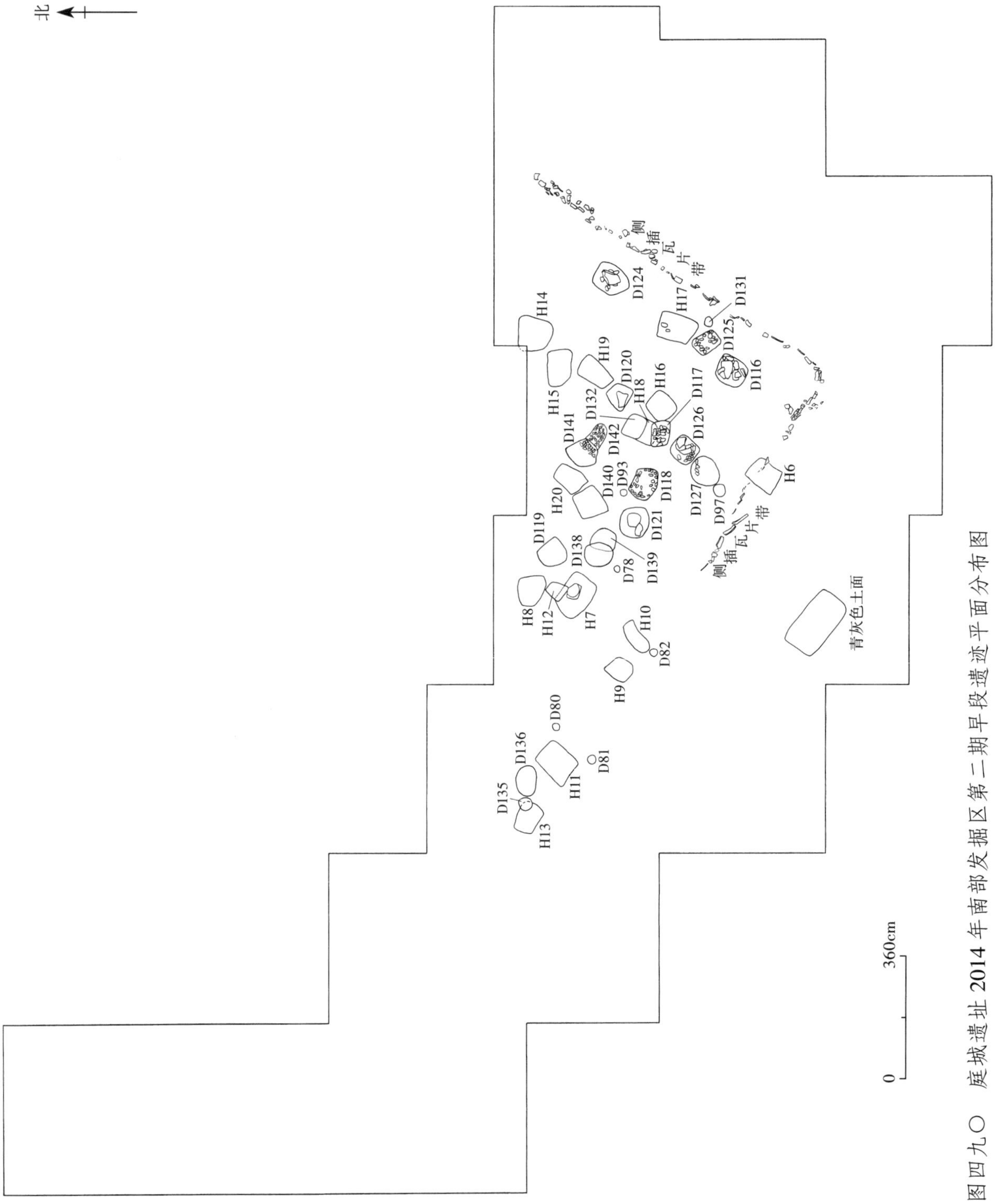

图四九〇　庭城遗址2014年南部发掘区第二期早段遗迹平面分布图

D42　位于TG1中段，部分伸入TG1西壁。开口于TG1⑤层下，打破生土层。平面形状近半圆形，斜壁，圜底。洞内填黑色土，土质致密，夹杂着少量植物根茎和碎石。口径18cm，深25cm（图四九一）。

D44　位于TG1西南部，部分伸入西壁。开口于TG1⑤层下，打破生土层。平面形状近半圆形，斜壁，圜底。洞内填黑色土，土质致密，夹杂着少量植物根茎。口径26cm，深20cm（图四九二）。

D82　位于TS5W1西南部。开口于TS5W1③b层下，打破第④层及生土层。平面形状近圆形，斜壁，圜底。洞内填土为黄灰色黏土，较硬，含少量绳纹瓦片。口径24cm，深31cm（图四九三；彩版一一一，3）。

D93　位于TS5E1西部。开口于TS5E1③b层下，打破第④层及生土层。平面形状近圆形，直壁，平底。洞内填土为黄灰色黏土，较硬，含少量绳纹瓦片。口径22cm，深50cm（图四九四；彩版一一一，4）。

D97　位于TS6E1西部。开口于TS6E1③b层下，打破第④层及生土层。平面形状近椭圆形，直壁，平底。洞内填土为黄灰色黏土，较硬，含少量绳纹瓦片。口径32~38cm，深50cm（图四九五）。

D136　位于TS5W2北部。开口于TS5W2③b层下，打破第④层、生土层。平面形状近椭圆形，直壁，平底。洞内填土为黄灰色黏土，较硬，含少量绳纹瓦片。口径60~90cm，深70cm（图四九六）。

D139　位于TS5W1东侧中部。开口于TS5W1③b层下，打破第④层，同时被D138打破。平面形状近梯形，直壁，平底。洞内填土灰黄色，有少量夹砂陶片，未见其他包含物，土质较疏松。口部边长52~70cm，深56cm（图四九七）。

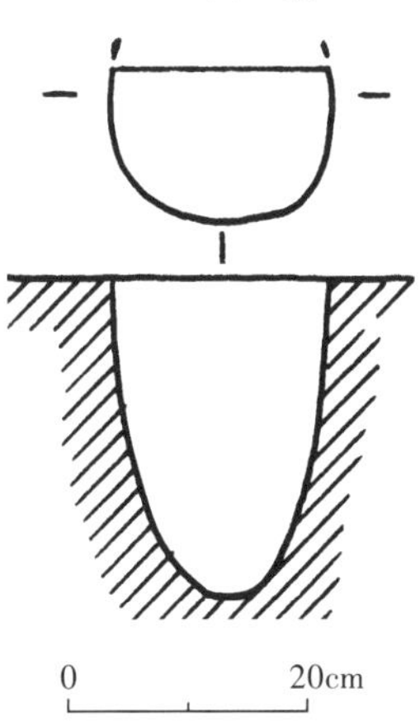

图四九一　庭城遗址第二期早段D42平、剖面图

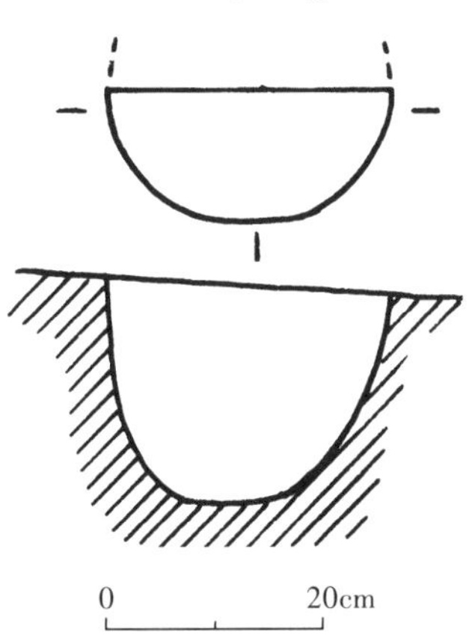

图四九二　庭城遗址第二期早段D44平、剖面图

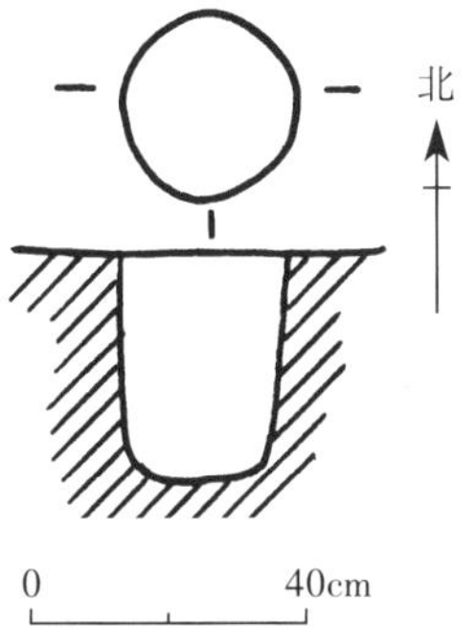

图四九三　庭城遗址第二期早段D82平、剖面图

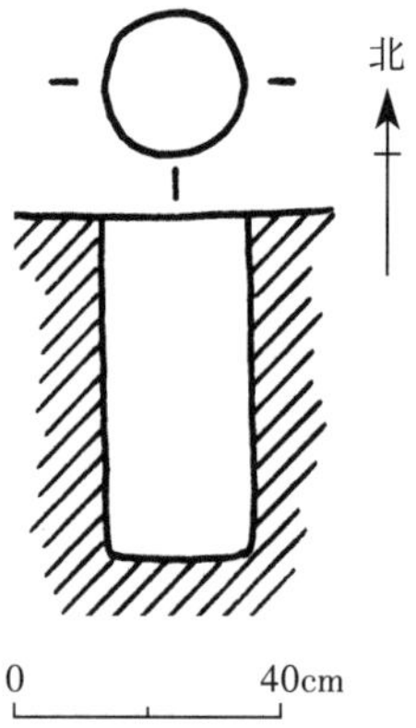

图四九四　庭城遗址第二期早段 D93 平、剖面图

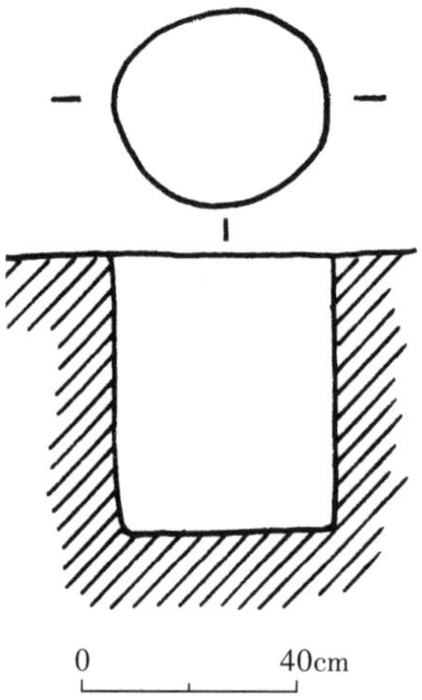

图四九五　庭城遗址第二期早段 D97 平、剖面图

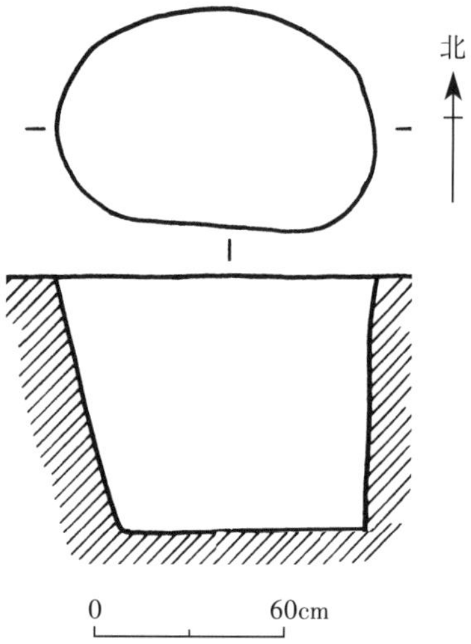

图四九六　庭城遗址第二期早段 D136 平、剖面图

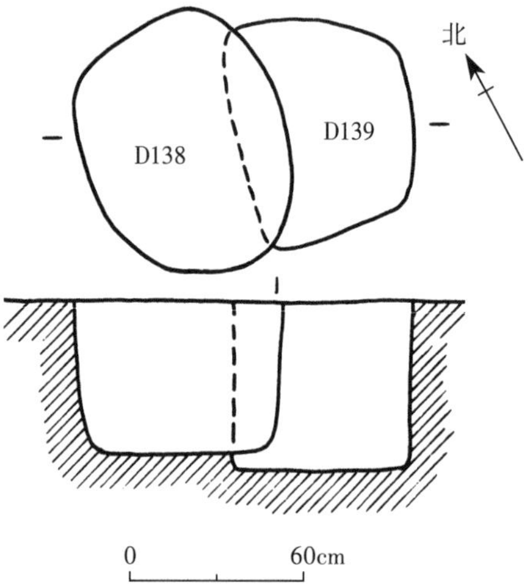

图四九七　庭城遗址第二期早段 D139 平、剖面图

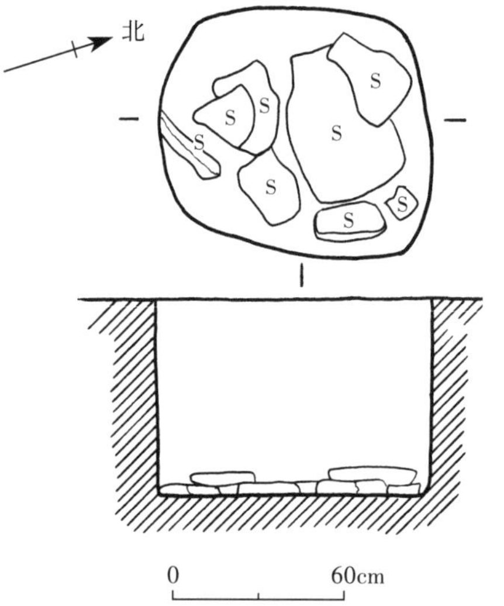

图四九八　庭城遗址第二期早段 D116 平、剖面图

注：S 为石头

D116　位于 TS6E1 东部。绝大部分压在东隔梁下，开口于 TS6E1 ③ b 层下，打破第④层。平面形状近椭圆形，斜壁，平底，底部垫有砾石。洞内填土为黄灰色黏土，较硬，含少量绳纹瓦片。口径 86~96cm，深 66cm（图四九八）。

D124　位于 TS5E2 西南部。开口于 TS5E2 ③ b 层下，打破第④层和生土层。平面形状近梯形，直壁，平底，底部垫有砾石。洞内填土为黄灰色黏土，较纯净。口部边长 84~110cm，深 50cm（图四九九；彩版一一二，1）。

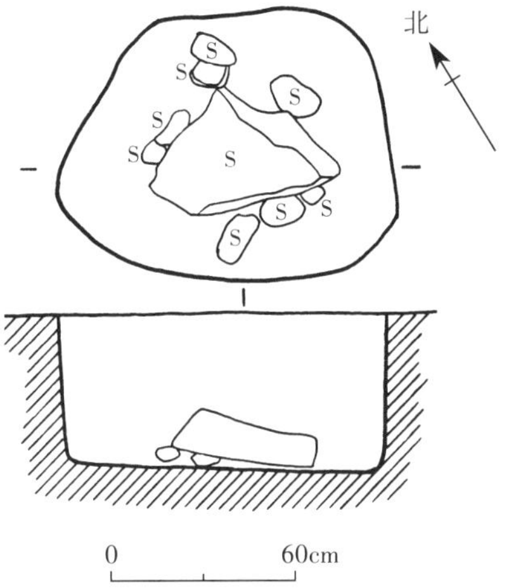

图四九九　庭城遗址第二期早段
D124 平、剖面图
注：S 为石头

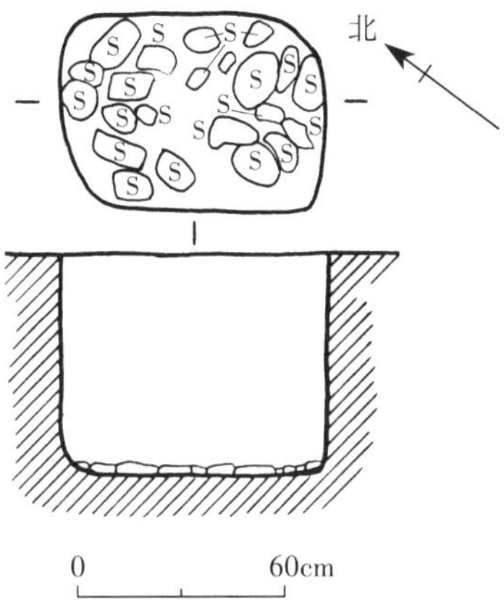

图五〇〇　庭城遗址第二期早段
D125 平、剖面图
注：S 为石头

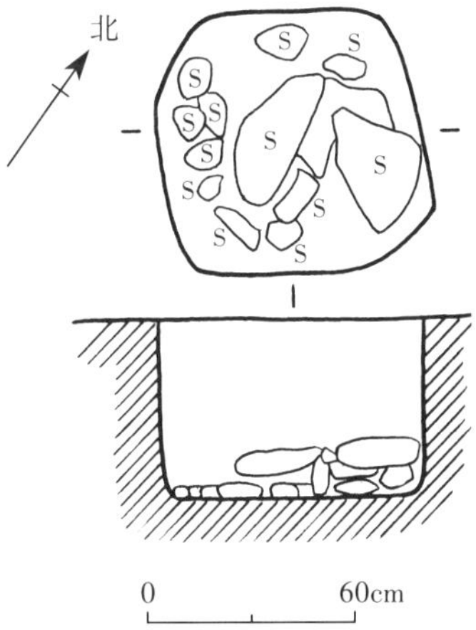

图五〇一　庭城遗址第二期早段
D126 平、剖面图
注：S 为石头

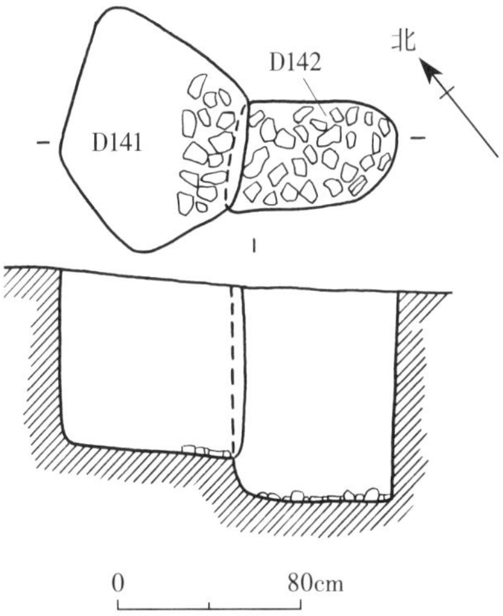

图五〇二　庭城遗址第二期早段
D142 平、剖面图

D125　位于 TS6E2 西北部和 TS6E1 东北部。开口于 TS6E2 ③ b 层下，打破第④层和生土层。平面形状近长方形，直壁，平底，底部垫有砾石。洞内填土为黄灰色黏土，较硬，含少量绳纹瓦片。口部边长 54~76cm，深 61 cm（图五〇〇）。

D126　位于 TS6E1 北部，大部分压在 TS6E1 的北隔梁下。开口于 TS6E1 ③ b 层下，打破第④层和生土层。平面形状近四方形，直壁，平底，底部垫有砾石。洞内填土为黄灰色黏土，较硬，含少量绳纹瓦片。口部边长 72~76cm，深 50cm（图五〇一）。

D142　位于 TS5E1 北部。开口于 TS5E1 ③ b 层下，打破第④层和生土层，同时被 D141 打破。平面形状近椭圆形，直壁，平底，底部有砾石。洞内填土灰黄色，土质较疏松，夹有少量夹砂陶片，未见其他包含物。口径 44~70cm，深 88cm（图五〇二；彩版一一二，2）。

（2）灰坑

16 个。平面形状有长方形、梯形、椭圆形和不规则形等。多直壁，近平底。灰坑内填土有的为比较纯净的灰黄色黏土，有的为黑色的软土，有的为杂色的五花土，五花土中夹杂有残瓦片等，有的在底部还见有石灰岩石块。

H3　位于 TG1 中段，有一部分伸入探沟西壁。开口于 TG1 ⑤层面，打破第⑥层和生土层。平面形状近长方形，斜壁，近平底。灰坑内填土为黄灰色黏土，较硬，含少量绳纹瓦片。口部边长 30~100cm，深 70cm（图五〇三）。

H6　位于 TS6E1 的西部。开口于 TS6E1 ③ b 层下，打破第④层、生土层。平面形状近长方形，直壁，平底。灰坑内填土为黄灰色黏土，较硬，含少量绳纹瓦片。口部边长 78~94cm，深 40cm（图五〇四）。

H11　位于 TS5W2 中部。开口于 TS5W2 ③ b 层下，打破第④层、生土层。平面形状近长方形，直壁，平底。坑内填土为黄灰色黏土，较硬，含少量绳纹瓦片。口部边长 94~114cm，深 30cm（图五〇五；彩版一一三，1）。

H12　位于 TS5W1 中部。开口于 TS5W1 ③ b 层下，打破第④层、生土层和 H7。平面形状近梯形，直壁，平底。坑内填土为黄灰色黏土，较硬，含少量绳纹瓦片。口部边长 40~54cm，深 28cm（图五〇六）。

H13　位于 TS5W2 北部。开口于 TS5W2 ③ b 层下，打破第④层和生土层，同时被 D135 打破。平面形状近长方形，斜壁，平底。坑内填土为黄灰色黏土，较硬，含少量绳纹瓦片。口部边长 66~74cm，深 26cm（图五〇七；彩版一一三，2）。

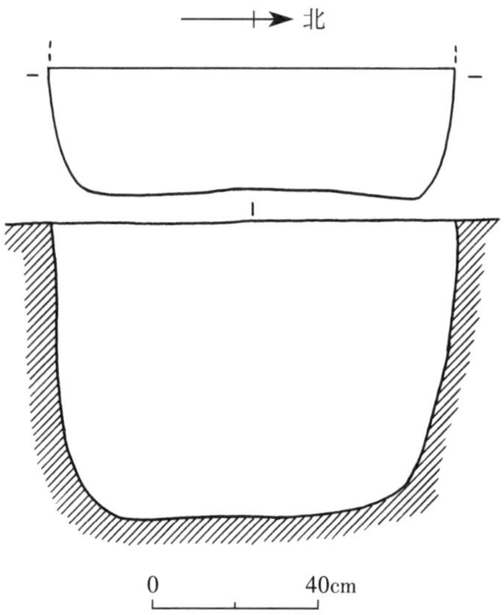

图五〇三　庭城遗址第二期早段 H3 平、剖面图

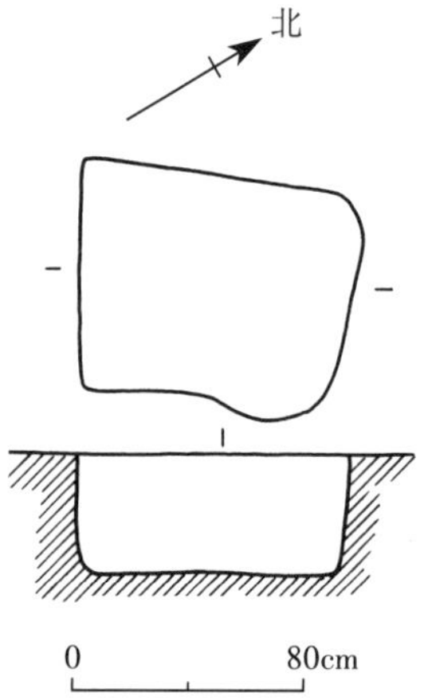

图五〇四　庭城遗址第二期早段 H6 平、剖面图

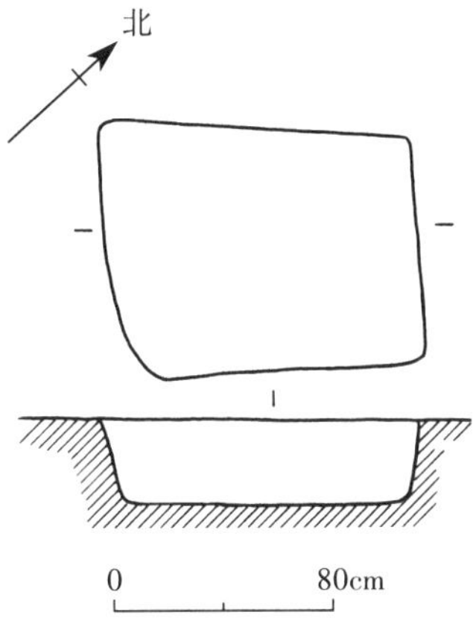

图五〇五　庭城遗址第二期
早段 H11 平、剖面图

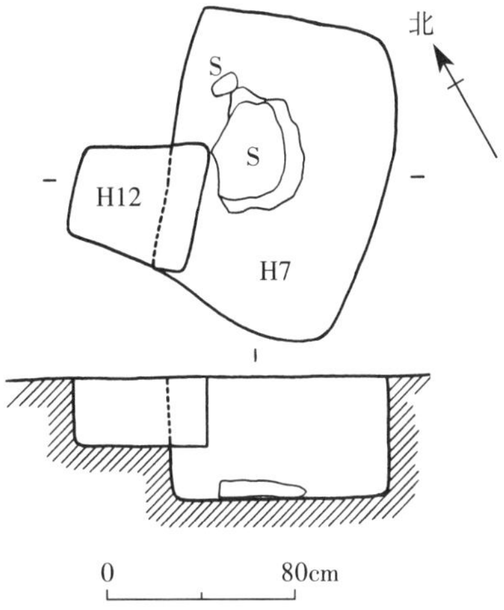

图五〇六　庭城遗址第二期
早段 H12 平、剖面图
注：S 为石头

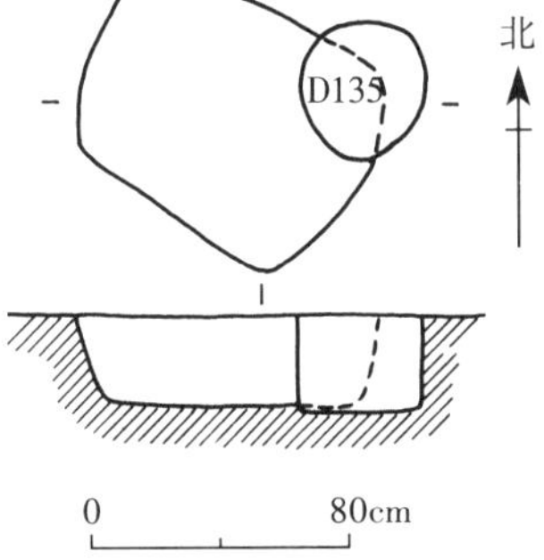

图五〇七　庭城遗址第二期
早段 H13 平、剖面图

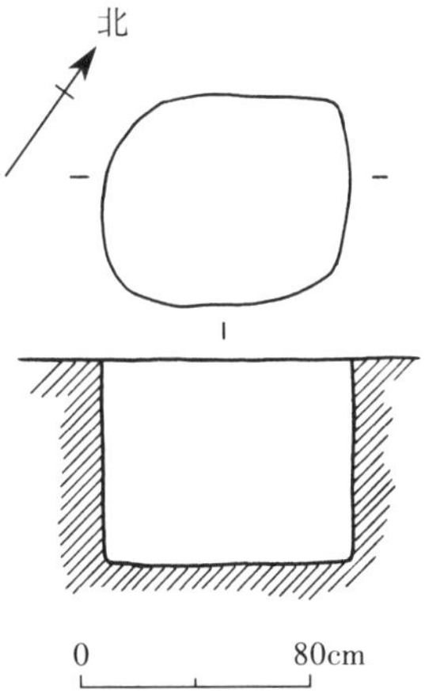

图五〇八　庭城遗址第二期
早段 H16 平、剖面图

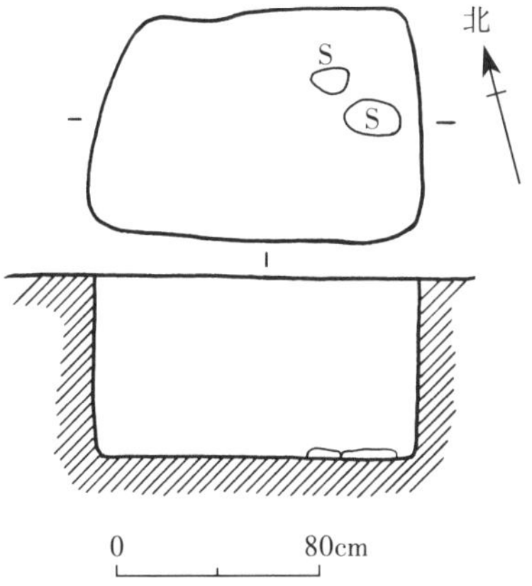

图五〇九　庭城遗址第二期
早段 H17 平、剖面图
注：S 为石头

H16　位于 TS5E1 南部和 TS6E1 的北部。开口于 TS5E1 ③ b 层下，打破第④层、生土层。平面形状近椭圆形，直壁，平底。坑内填土为黄灰色黏土，较硬，含少量绳纹瓦片。口径 70~84cm，深 68cm（图五〇八）。

H17　位于 TS6E2 西北角和 TS5E2 的西南角。开口于 TS6E2 ③ b 层下，打破第④层和生土层。平面形状近梯形，直壁，平底。灰坑内填土为黄灰色黏土，较硬，含少量绳纹瓦片、砾石。口部边长 78~114cm，深 60cm（图五〇九）。

（3）散水

仅发现一小段。分布在 TN3E2 东南角第⑤层面上，部分伸入探方外。平面形状近长条形，主要用青灰色残瓦和少量灰黄色残瓦侧立排列而成。残长130cm，宽35cm（见图四八九；彩版一一三，3）。

侧插瓦片带 发现两条，两条互相垂直。系用板瓦和筒瓦侧面插入地下而成，只有一层瓦片。呈西南—东北走向的一条，分布于TS6E1、TS6E2、TS5E2和TS5E3内，露于第③b层下，一直向东北延伸至甘蔗地；该条瓦片带在探方内的长度约10.5m；所插瓦片绝大多数为青瓦，板瓦多，筒瓦少。呈东南—西北走向的一条，分布于TS6E1、TS6W1两个探方中，露于第③b层下；长度6.3m，所插瓦片有青瓦和黄瓦，只见板瓦。两条斜插瓦片遗迹可能是用于临时挡水的设施（见图四九〇；彩版一一四，1）。

青灰色土面 分布于TS6W1北部，露于第③b层下。平面形状大致呈长方形，长1.95m，宽1m。地势南高北低。为一层青灰色的土面，与周边土质土色区别明显。当为人类活动遗迹（见图四九〇）。

2. 晚段遗迹

主要包括第二期文化遗存堆积单位中2013年发掘的北部区域统一地层第⑤层以上的遗迹，以及2014年发掘的南部区域第③b层以上的遗迹。类型有柱洞、灰坑、弧形瓦片堆积带（道路？）和柱础（？）四种（图五一〇、五一一）。

（1）柱洞

27个。平面形状主要以圆形和椭圆形为主，多斜壁和直壁，多圜底。

D25 位于TN3E3中部偏东北。开口于TN3E3④b层面，打破第⑤层。平面形状近椭圆形，斜壁，圜底。洞内填黑色土，土质致密，夹杂着少量红烧土颗粒、灰黄色碎瓦片、炭屑和碎石等。口径18~22cm，深23cm（图五一二）。

D28 位于TN3E3中部偏东南。开口于TN3E3④b层面，打破第⑤层。平面形状近圆形，斜壁，平底。洞内填黑色土，土质致密，夹杂着少量炭屑和灰黄色碎瓦片。口径21cm，深21cm（图五一三；彩版一一四，2）。

D29 位于TN3E3西部。开口于TN3E3④b层面，打破第⑤层。平面形状近圆形，斜壁，圜底。洞内填黑色土，土质致密，夹杂着少量青灰色碎瓦、红烧土颗粒、炭屑和碎石。口径26cm，深16cm（图五一四）。

D30 位于TN3E2中部。开口于TN3E2④b层面，打破第⑤层。平面形状近椭圆形，斜壁，平底。洞内填黄色土，土质较疏松，较纯净。口径26~36cm，底径19~28cm，深21cm（图五一五）。

D31 位于TN3E2中部。开口于TN3E2④b层面，打破第⑤层。平面形状近椭圆形，斜壁，圜底。洞内填黄色土，土质较疏松。口径26~36cm，深17cm（图五一六）。

D32 位于TN3E3中部偏东北。开口于TN3E3④b层面，打破第⑤层。平面形状近椭圆形，斜壁，圜底。洞内填红色土，土质致密，夹杂着少量碎瓦、红烧土块和炭屑。口径30~40cm，深

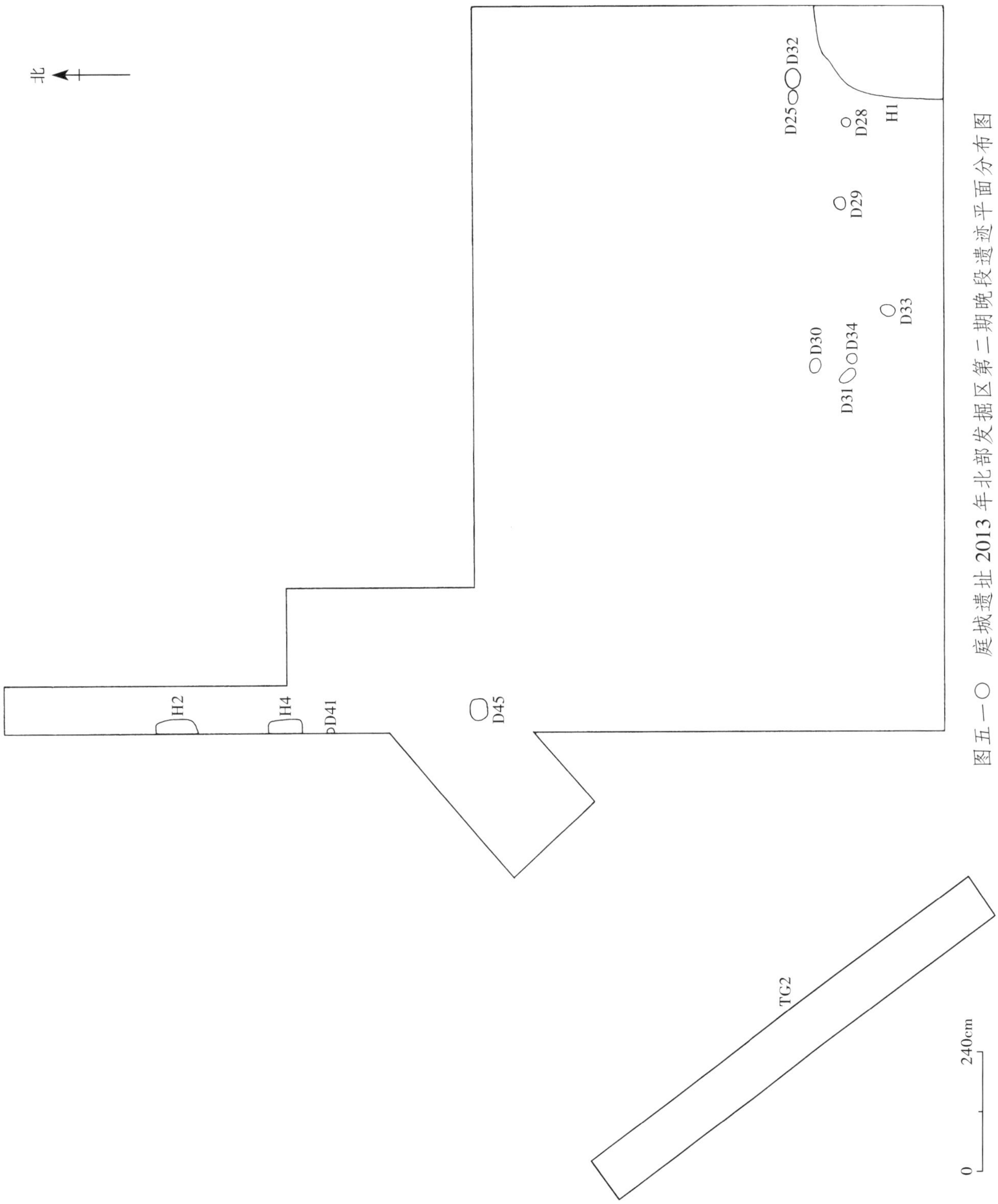

图五一〇　庭城遗址 2013 年北部发掘区第二期晚段遗迹平面分布图

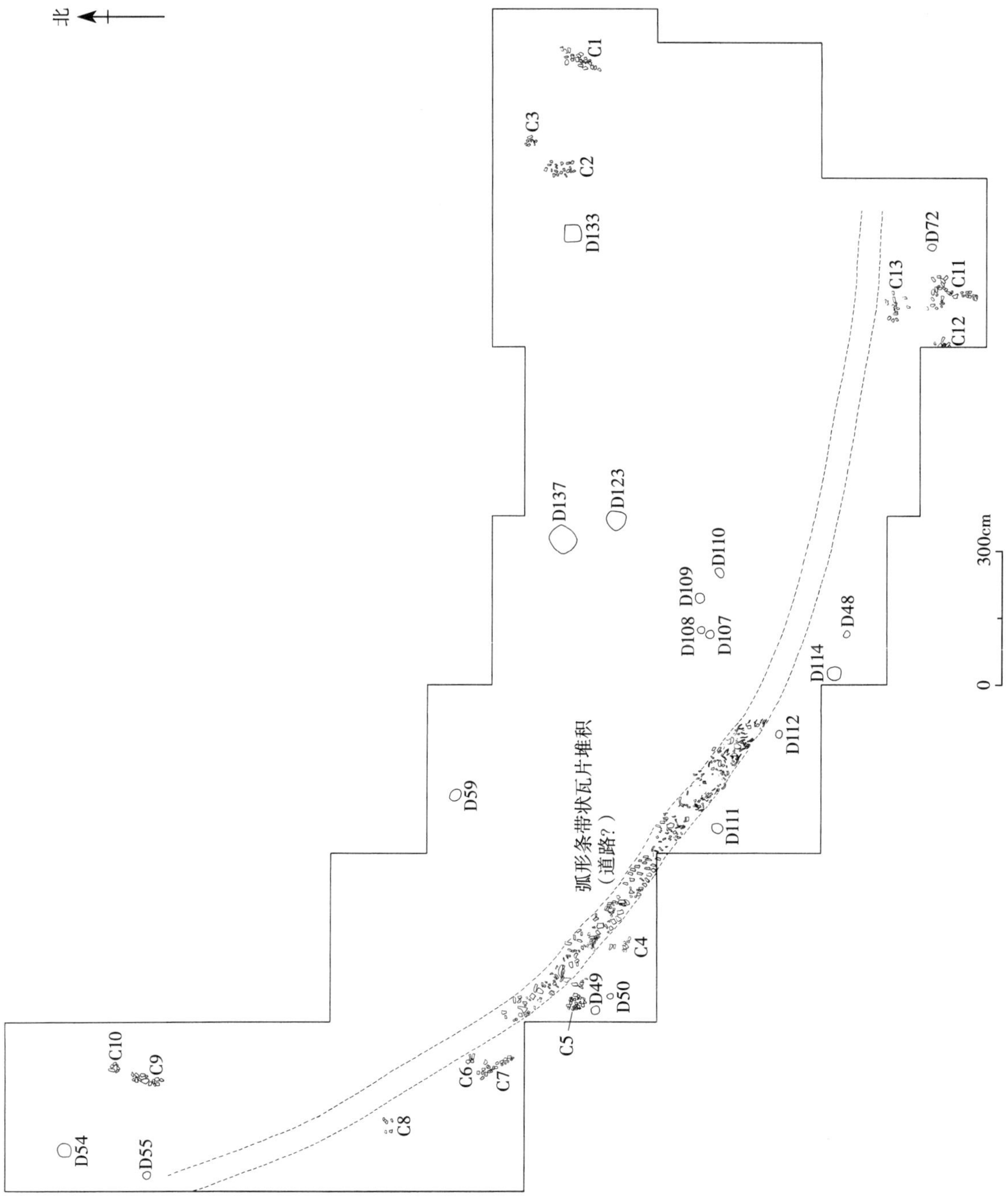

图五一一　庭城遗址2014年南部发掘区第二期晚段遗迹平面分布图

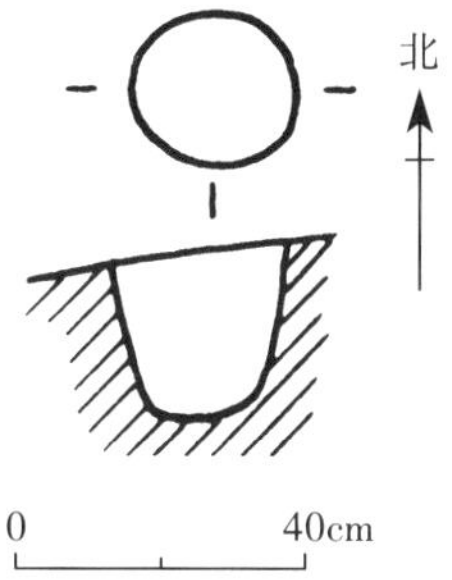

图五一二　庭城遗址第二期
晚段 D25 平、剖面图

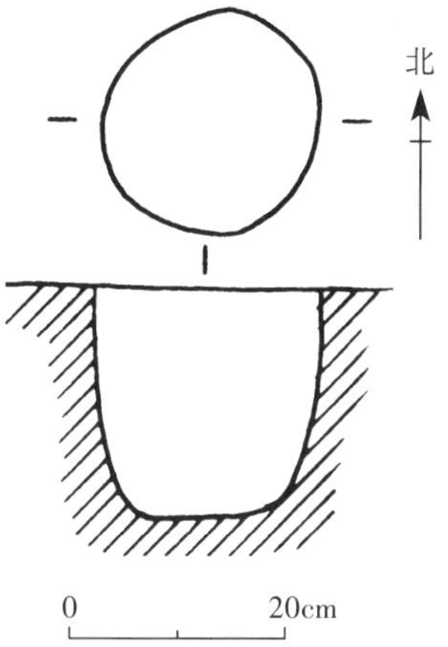

图五一三　庭城遗址第二期
晚段 D28 平、剖面图

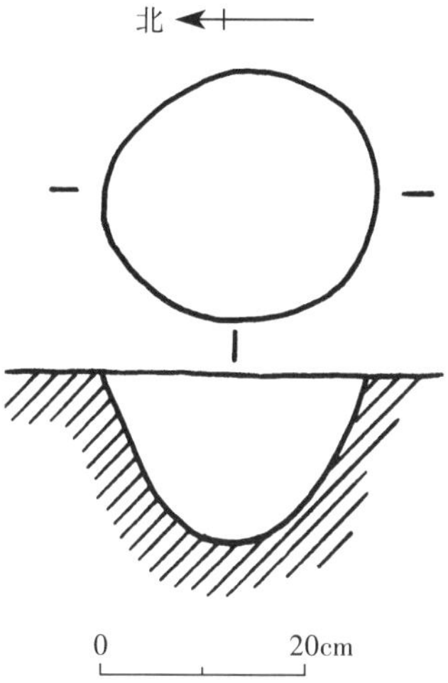

图五一四　庭城遗址第二期
晚段 D29 平、剖面图

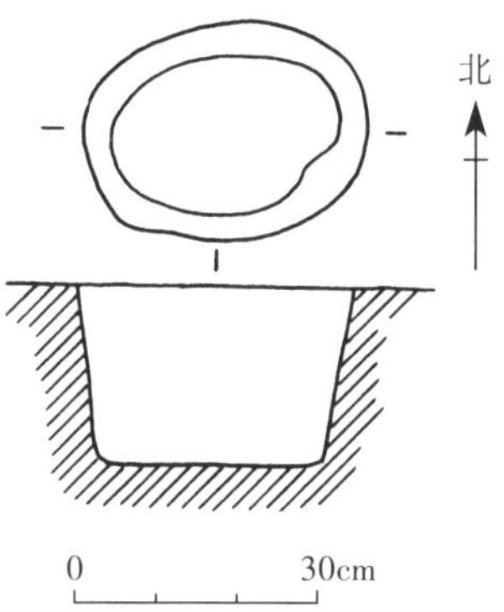

图五一五　庭城遗址第二期
晚段 D30 平、剖面图

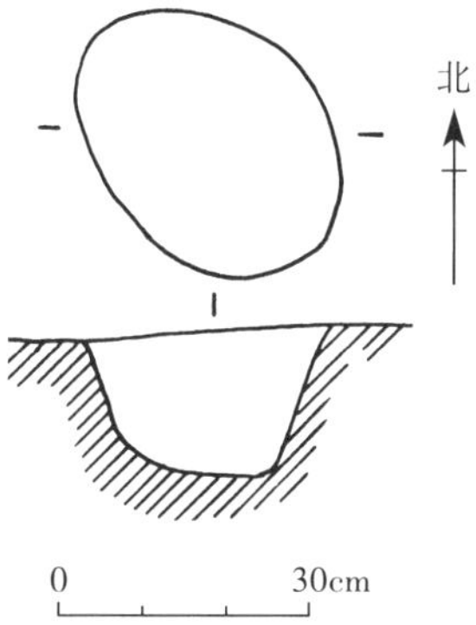

图五一六　庭城遗址第二期
晚段 D31 平、剖面图

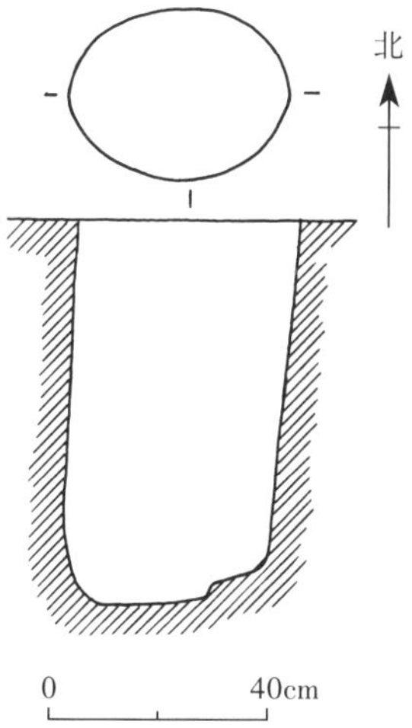

图五一七　庭城遗址第二期
晚段 D32 平、剖面图

67cm（图五一七）。

D33　位于 TN3E2 东南角。开口于 TN3E2 ④层下，打破生土层。平面形状近椭圆形，斜壁，圜底。洞内填土呈黄色，土质较疏松，包含少量红烧土颗粒。口径 26~30cm，深 34cm（图五一八）。

D34　位于 TN3E2 中部偏南。开口于 TN3E2 ④层下，打破生土层。平面形状近圆形，斜壁，平底。洞内填土呈黄色，土质较疏松，包含少量红烧土颗粒。口径 24cm，深 40cm（图五一九）。

D48　位于 TS6W1 南扩西北部。开口于 TS6W1 南扩③ b 层面，打破第③ b 层，平面形状近椭圆形，直壁，底部倾斜。洞内填土红灰色，土质较致密，夹杂红烧土颗粒。口径 20~22cm，深 30cm（图五二〇）。

D54　位于 TS2W4 西北部。开口于 TS2W4 ③ b 层面，打破第③ b 层。平面形状近圆形，西部为斜壁，东部为直壁，底部向东倾斜，底部平面为椭圆形。洞内填土灰红色，夹杂有红烧土颗粒、瓦片和炭屑，未见其他包含物，土质较致密。口径 40cm，深 38cm（图五二一；彩版一一五，1）。

D109　位于 TS6W1 中部偏北。开口于 TS6W1 ③ b 层面，打破第③ b 层。平面形状近圆形，直壁，平底。洞内填土黑褐色，有石块，未见其他包含物，土质较疏松。口径 30cm，深 31cm（图五二二；彩版一一五，2）。

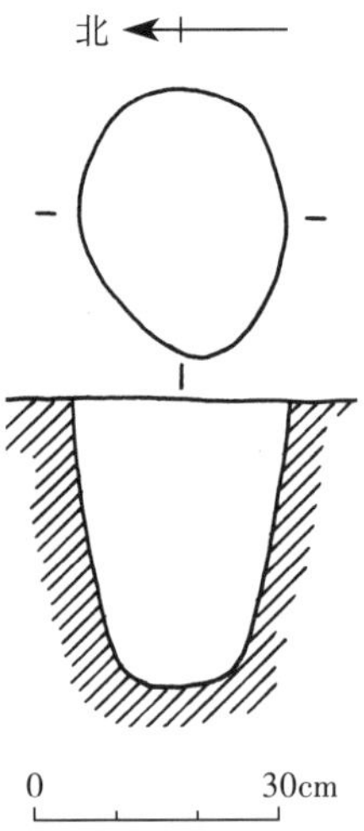

图五一八　庭城遗址第二期晚段 D33 平、剖面图

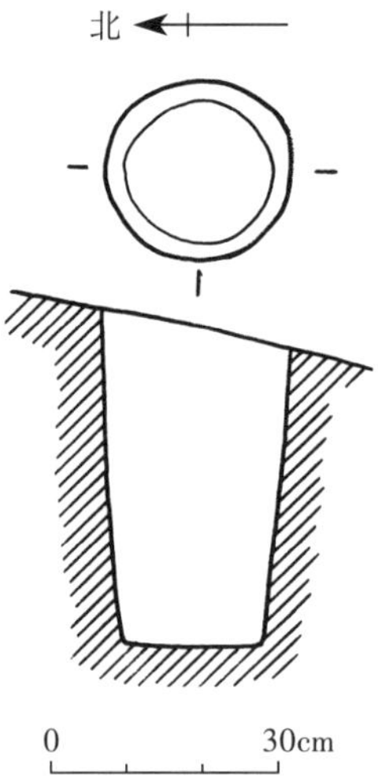

图五一九　庭城遗址第二期晚段 D34 平、剖面图

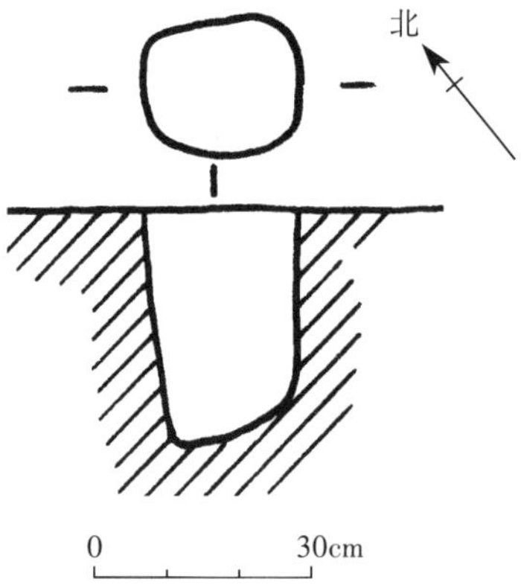

图五二〇　庭城遗址第二期晚段 D48 平、剖面图

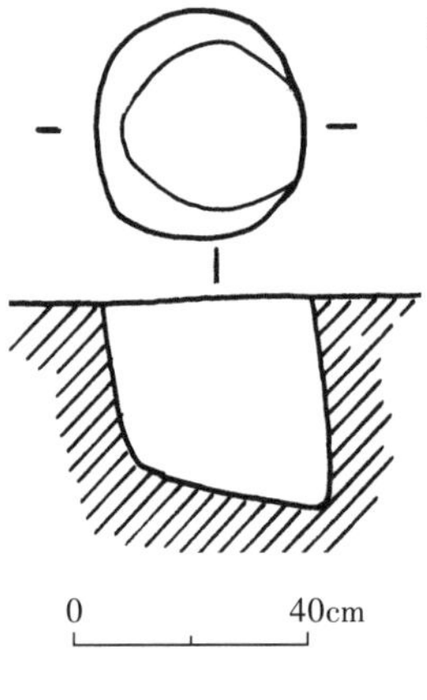

图五二一　庭城遗址第二期晚段 D54 平、剖面图

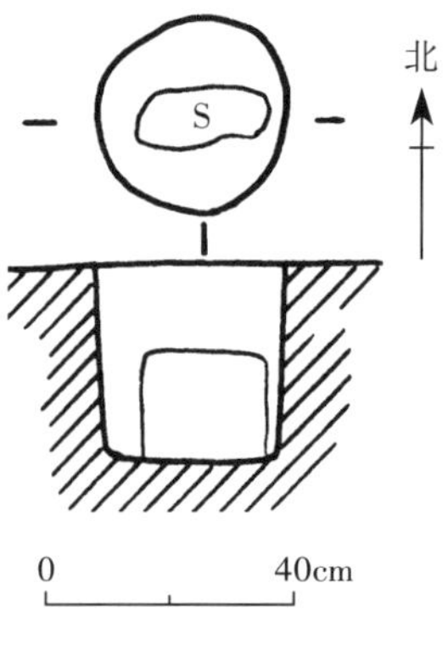

图五二二　庭城遗址第二期晚段 D109 平、剖面图

注：S 为石头

（2）灰坑

3个。

H1　位于TN3E3东南角，有一部分伸入探方东壁和南壁内。开口于TN3E3⑤层面，打破第⑤层。平面不规则，斜壁，近平底。坑内填土较杂，夹杂着大量灰黄色和青灰色瓦，少量红烧土颗粒、碎石及炭屑等。口部长260cm，宽90cm，深120cm（图五二三；彩版一一五，3）。

H2　位于TG1中部，有一部分伸入探沟西壁内。开口于TG1④层面上，打破第⑤层、第⑥层和生土层。平面形状近长方形，斜壁，近平底。坑内填土较杂，夹杂着石片、砺石、有釉陶片、陶口沿、瓦当和炭屑等。口部长90cm，宽30cm，深80cm（图五二四）。

H4　位于TG1南段，有一部分伸入探沟西壁内。开口于TG1④层面上，打破第⑤层、第⑥层和生土层。平面形状近长方形，斜壁，圜底。坑内填土较杂，结构疏松。夹杂着少量植物根茎，未见遗物。口部长73cm，宽30cm，深70cm（图五二五）。

（3）弧形条带状瓦片堆积（道路？）

1条。分布于TS2W4、TS3W4、TS4W4、TS5W3、TS6W2、TS6W1、TS6E1、TS7E2等八个探方内。开口于③b层面上，呈弧形带状分布。残瓦片、石块及红烧土夹杂在一起，堆积密实。长12.1m，宽0.7~0.75m。部分被后期破坏，但仍然可以见到以前的痕迹（从痕迹看，长90m）。从目前发现的情况推断，原来应该是城址靠近边缘地带围绕城内建筑分布的一条圆形瓦片堆积，可能是房屋周围的道路（见图五一一；彩版一一六，1）。

（4）柱础（？）

13处。在该期部分地层面上有一些相对集中分布的鹅卵石堆积，堆积形状有圆形、长条形

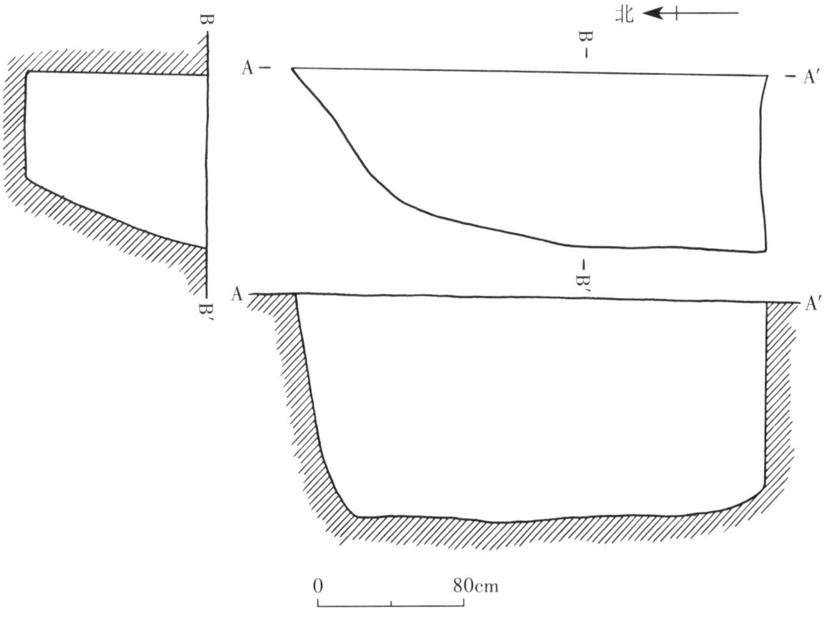

图五二三　庭城遗址第二期晚段H1平、剖面图

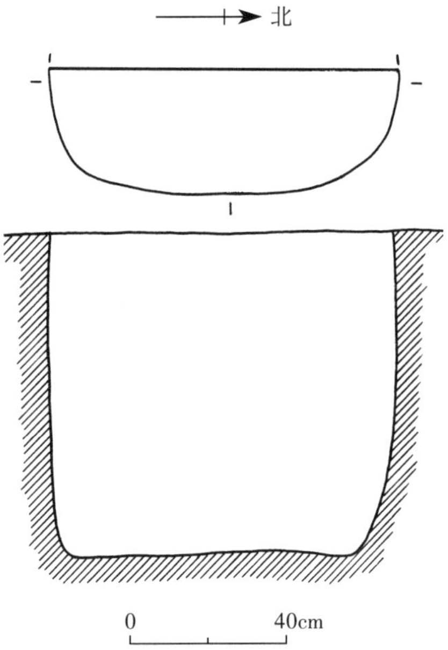

图五二四　庭城遗址第二期晚段 H2 平、剖面图

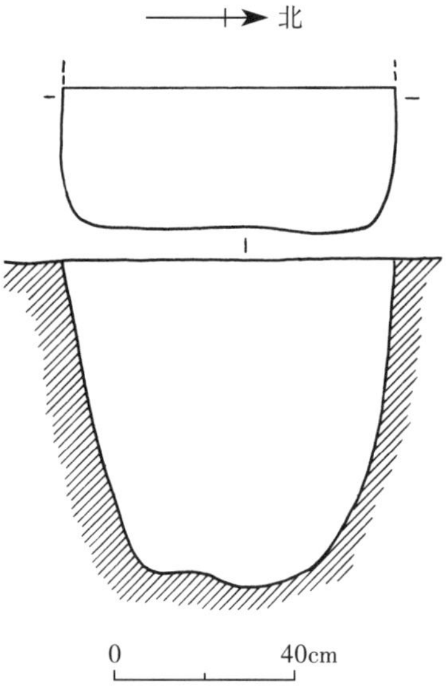

图五二五　庭城遗址第二期晚段 H4 平、剖面图

和不规则形等。这些鹅卵石堆积有可能是原来的柱洞被后期人类破坏后遗留下来的柱础石（见图五一一）。

（二）文化遗物

第二期遗物主要有瓦片、陶器、铁制品、铜器和石制品五大类。其中瓦片最多，陶器次之，铜器、石制品、铁制品数量很少。

1. 瓦片

数量众多，共选择收集 270 件。包括板瓦、筒瓦和瓦当三种。

板瓦　191 块。均为残件。泥制。胎色有黄白、青灰和红黄三种。其中黄白色胎 100 块，占该期出土板瓦总数的 52.36%；青灰色胎 61 块，占该期出土板瓦总数的 31.93%；红黄色胎 30 块，占该期出土板瓦总数的 15.71%。胎色黄白、红黄者火候较低，胎质较软；胎色青灰者火候较高，胎质较坚硬。大部分切面齐整，部分可看出制作方法为泥条盘筑。靠近瓦头一端背面往往做出多道粗大的凸棱。外背饰粗绳纹或凹弦纹，或粗绳纹 + 凹弦纹，绳纹有纵向、斜向两种。内面多拍印凸点珠纹（或称麻点纹），少量饰凸点珠纹与戳印符号，部分符号近似英文字母的“D”“H”“E”“U”和“J”等形状，有的饰凸点珠纹和篦点纹，有的单独饰篦点纹或素面（图五二六至图五二九）。

标本 2013GLTTN4E2 ④：2，残。青灰色胎。火候较高，胎质较硬。横截面微弧。一侧切面整齐。外背靠近瓦头一端可见粗凸棱。背面饰粗绳纹和凹弦纹。内面饰凸点珠纹和一些凸起的符号，部分符号近似英文字母“D”“H”和“J”等形状。残长 42.8cm，宽 37.4cm，厚 0.9~1.5cm（图

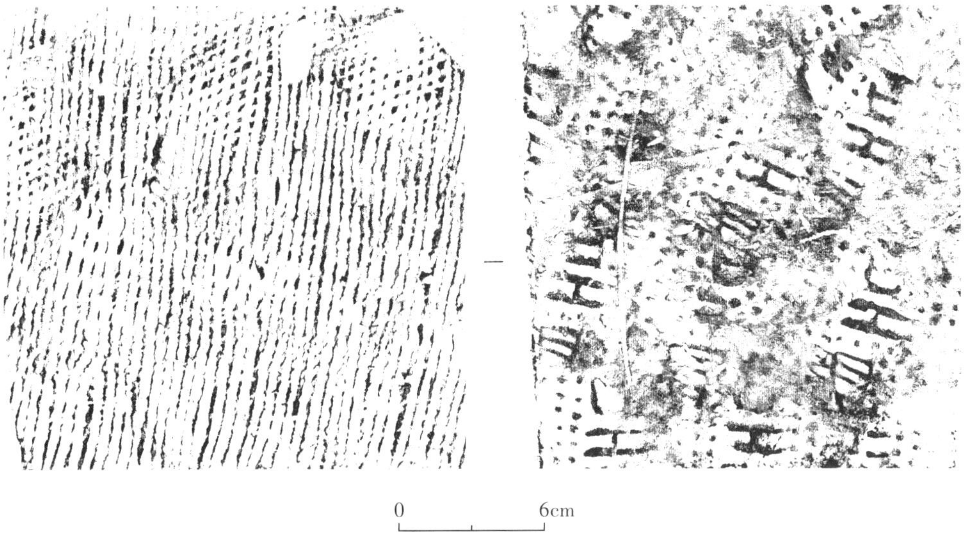

图五二六　庭城遗址第二期板瓦纹饰拓片
内面饰符号+凸点珠纹、外面饰粗绳纹（2013GLTTN4E2④：2）

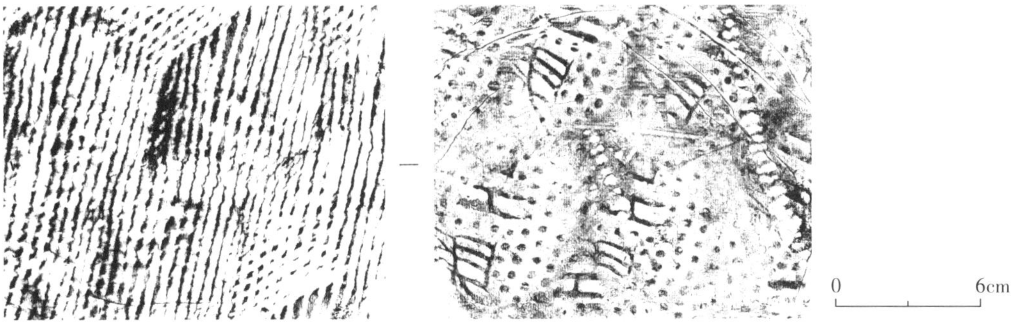

图五二七　庭城遗址第二期板瓦纹饰拓片
内面饰符号+凸点珠纹、外面饰粗绳纹（2014GLTTS5E3③a：1）

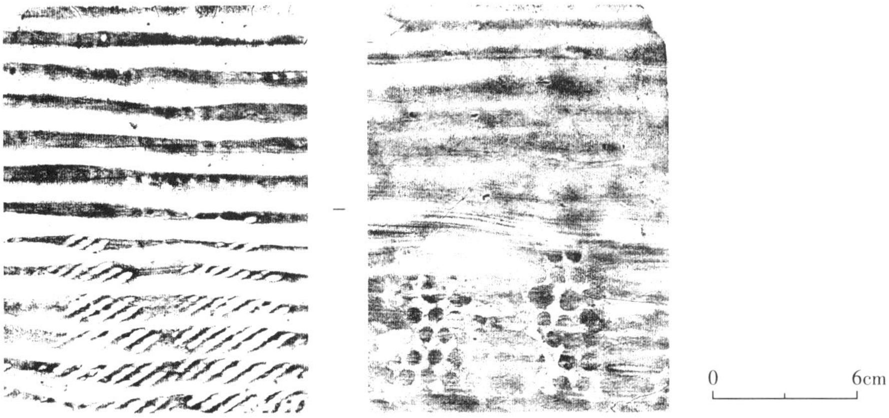

图五二八　庭城遗址第二期板瓦纹饰拓片
内面饰凸点珠纹、外面饰粗绳纹和凹弦纹（2014GLTTS6E1③a：12）

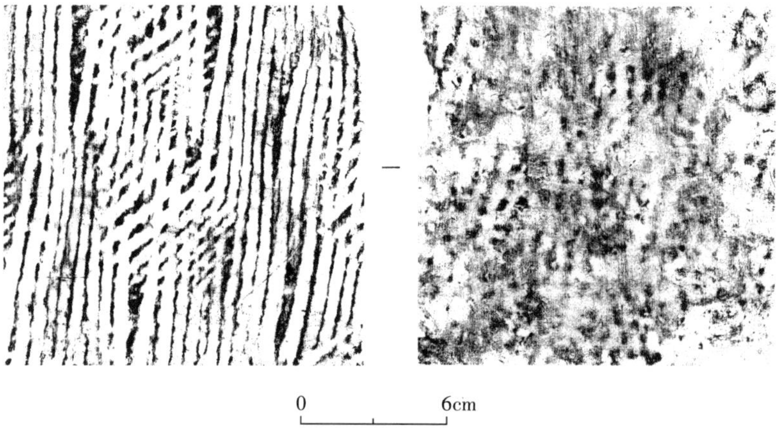

图五二九　庭城遗址第二期板瓦纹饰拓片

内面饰凸点珠纹、外面饰粗绳纹（2014GLTTS6E1 ③ a：16）

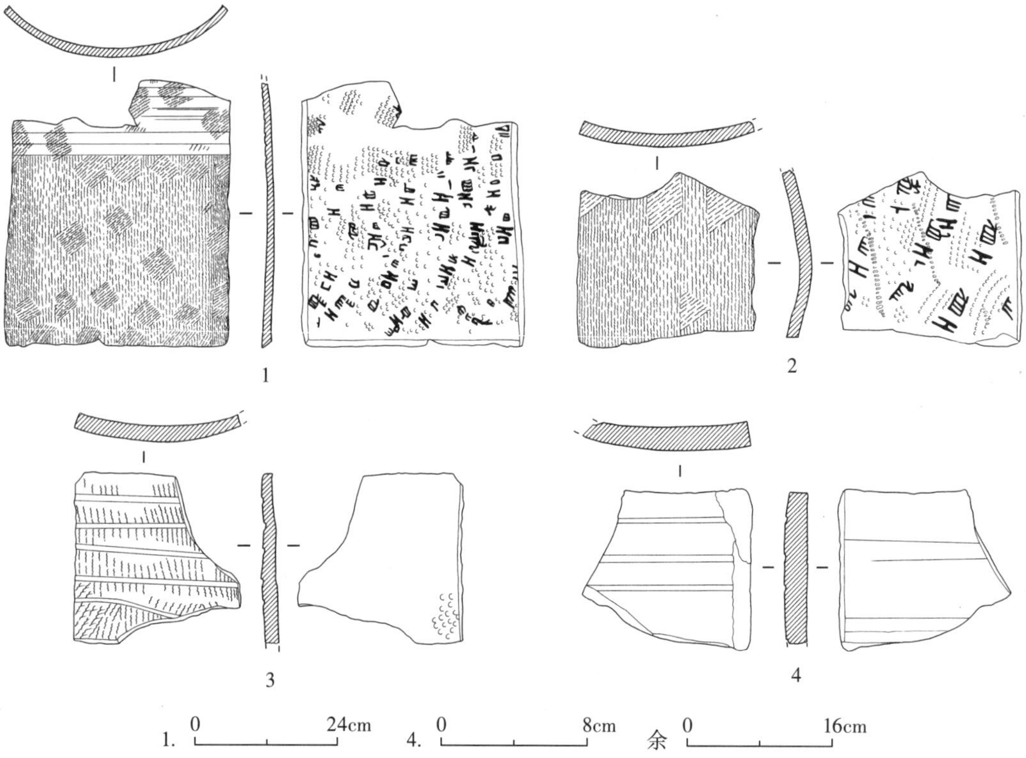

图五三〇　庭城遗址第二期瓦片（一）

1~4. 板瓦残件（2013GLTTN4E2 ④：2、2014GLTTS5E3 ③ a：1、2013GLTTN4E2 ④：18、2013GLTTN4E2 ④：23）

五三〇，1）。

标本 2014GLTTS5E3 ③ a：1，残。青灰色胎。火候较高，胎质较硬。一侧切面齐整，尾端扭曲变形，外翻严重。横截面微弧。外背饰纵向粗绳纹和斜向粗绳纹。内面为凸点珠纹和一些凸起戳印符号，部分符号近似英文字母的“D”“H”“J”和“U”等形状。残长 17.5cm，残宽 19.7cm，胎厚 1.3~1.4cm（图五三〇，2；彩版一一六，2、3）。

标本 2013GLTTN4E2 ④：18，残，为瓦头部分。红黄色胎。火候较低，胎质较软。横截面微弧。外背可见几道粗凸棱。一侧切面整齐。外背饰凹弦纹，凹弦纹之间饰纵向或斜向粗绳纹。内面有少量凸点珠纹。残长 18.2cm，残宽 18.4cm，胎厚 1.2~1.8cm（图五三〇，3）。

标本 2013GLTTN4E2 ④：23，残，为瓦头部分。青灰色胎。火候较高，胎质较硬。横截面微弧。外背可见几道粗凸棱。外背饰凹弦纹。内面为素面。残长 8.0cm，残宽 9.4cm，胎厚 1.0~1.3cm（图五三〇，4）。

标本 2013GLTTN3E3 ④：12，残。青灰色胎。火候较高，胎质较硬。横截面微弧。一侧切面齐整。外背饰凹弦纹、纵向粗绳纹。内面饰篦点纹。残长 14.6cm，残宽 10.4cm，胎厚 1.1~1.5cm（图五三一，1）。

标本 2014GLTTS6E1 ③ a：8，残。青灰色胎。火候较高，胎质较硬。外背靠近瓦头一端可见几条粗凸棱。横截面微弧。一侧切面整齐。外背饰纵向和斜向粗绳纹、凹弦纹。内面饰凸点珠纹。残长 36.6cm，残宽 23.6cm，胎厚 1.0~1.8cm（图五三一，2；彩版一一六，4、5）。

标本 2014GLTTS6E1 ③ a：12，残，为瓦头部分。青灰色胎。火候较高，胎质较硬。横截面微弧。一侧及一端切面齐整，一角扭曲变形。外背可见几条粗凸棱。外背饰纵粗绳纹和凹弦纹。内面饰

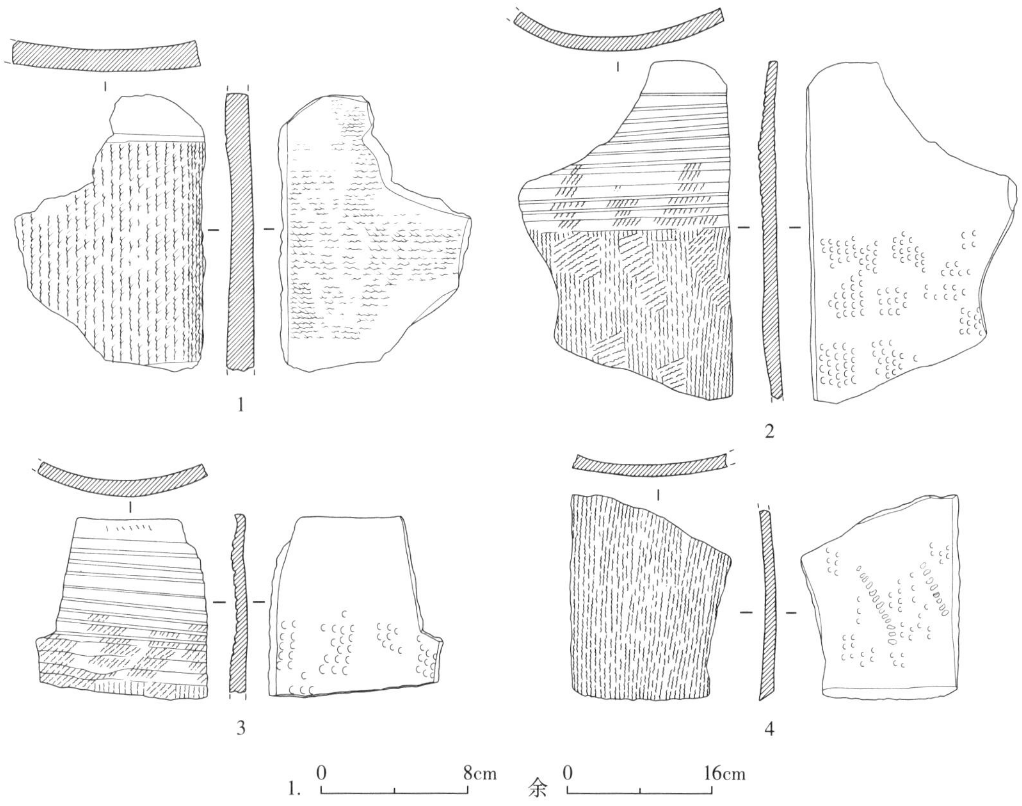

图五三一　庭城遗址第二期瓦片（二）

1~4. 板瓦残件（2013GLTTN3E3 ④：12、2014GLTTS6E1 ③ a：8、2014GLTTS6E1 ③ a：12、2014GLTTS6E1 ③ a：13）

凸点珠纹。残长 19.6cm，残宽 19.0cm，胎厚 0.9~1.8cm（图五三一，3）。

标本 2014GLTTS6E1 ③ a：13，残。青灰色胎。火候较高，胎质较硬。横截面微弧。一侧切面齐整。外背饰斜向粗绳纹。内面饰凸点珠纹加两道篦点纹。残长 20.0cm，残宽 18.9cm，胎厚 1.0~1.4cm（图五三一，4）。

标本 2014GLTTS6E1 ③ a：16，残。黄白色胎。火候较低，胎质较软。横截面微弧。一侧切面齐整。外背饰纵向和斜向粗绳纹。内面饰凸点珠纹。残长 28.0cm，残宽 20.3cm，胎厚 1.3~1.8cm（图五三二，1）。

标本 2014GLTTS6E1 ③ a：19，残，为瓦头部分。青灰色胎。火候较高，胎质较硬。横截面微弧。一端微微上翘。可看出其制作方法为泥条盘筑。外背可见几条粗凸棱。外背饰斜向粗绳纹。内面饰凸点珠纹。残长 14.8cm，残宽 23.2cm，胎厚 0.6~1.4cm（图五三二，2）。

标本 2014GLTTS6W1 ③ a：20，残，为瓦头部分。黄白色胎。火候较低，胎质较软。横截面微弧。一侧切面齐整。外背可见几条粗凸棱。外背饰斜向粗绳纹；内面饰凸点珠纹加几道篦点纹。残长 18.0cm，残宽 32.5cm，胎厚 1.0~1.2cm（图五三二，3；彩版一一七，1、2）。

标本 2014GLTTS4W2 ③ b：1，残，为瓦头部分。青灰色胎。火候较高，胎质较硬。一侧切面齐整。横截面微弧。外背可见几条粗凸棱。外背饰纵向和斜向粗绳纹、凹弦纹。内面饰凸点珠纹，凸点

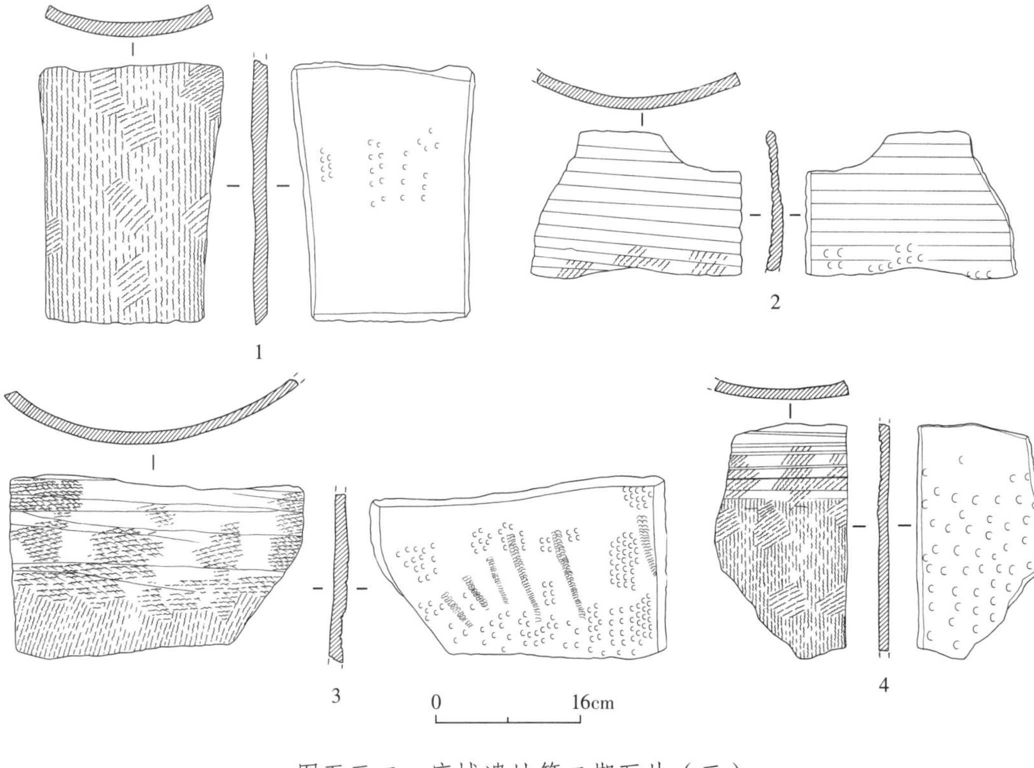

图五三二　庭城遗址第二期瓦片（三）

1~4. 板瓦残件（2014GLTTS6E1 ③ a：16、2014GLTTS6E1 ③ a：19、2014GLTTS6W1 ③ a：20、2014GLTTS4W2 ③ b：1）

珠纹较大。残长 24.5cm，残宽 14.6cm，胎厚 1.0~1.2cm（图五三二，4）。

筒瓦　77 块。均为残件。泥制。胎色有黄白、青灰和红黄三种，其中黄白色胎 41 块，占该期出土筒瓦总数的 53.25%；青灰色胎 26 块，占该期出土筒瓦总数的 33.77%；红黄色胎 10 块，占该期出土筒瓦总数的 12.98%。胎色黄白和红黄者火候较低，胎质较软；胎色青灰者火候较高，胎质较坚硬。切面齐整，部分筒瓦可以明显看出其制作方法为泥条盘筑，部分筒瓦内面还可以看到瓦匠造瓦时留下的手指抹窝。外背饰粗绳纹或粗绳纹 + 凹弦纹，绳纹有纵向、斜向两种，部分筒瓦在靠近端沿处有几道划痕。内面多拍印凸点珠纹，少量饰凸点珠纹和凸起的符号，部分符号近似英文字母的“D”和“H”等形状，也有部分内面为素面（图五三三至图五三六）。

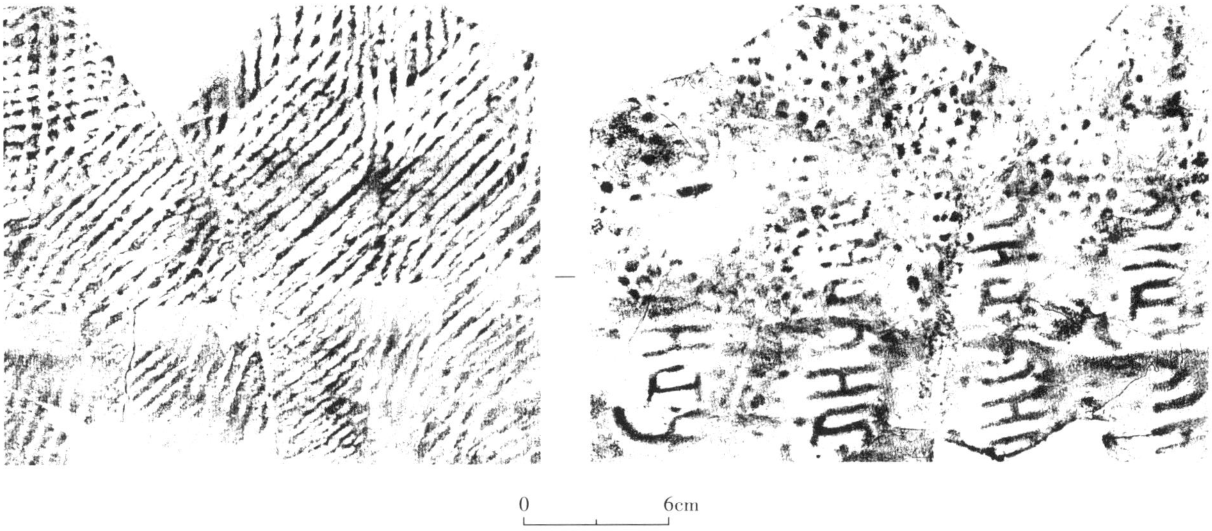

图五三三　庭城遗址第二期筒瓦纹饰拓片

内面饰凸点珠纹 + 符号、外面饰粗绳纹（2013GLTTN3E1 ④：13）

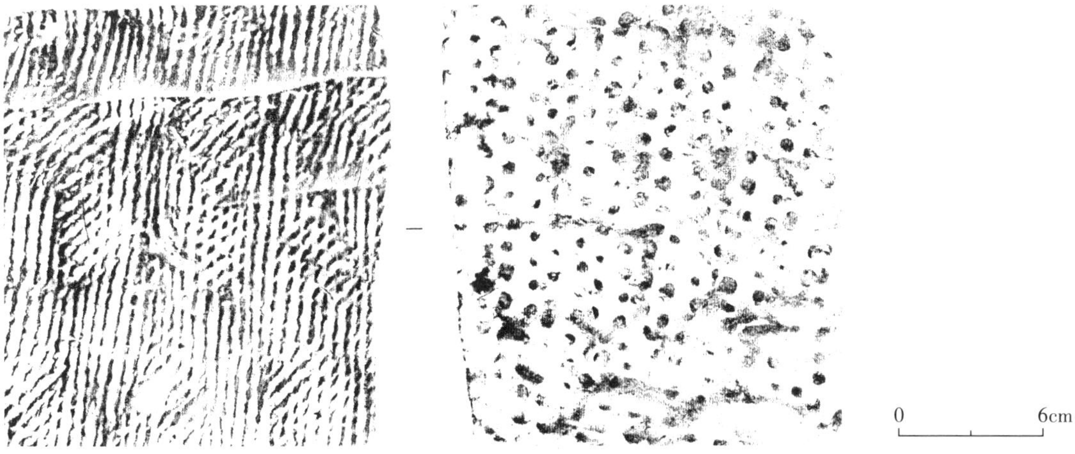

图五三四　庭城遗址第二期筒瓦纹饰拓片

内面饰凸点珠纹、外面饰粗绳纹（2014GLTTS6E1 ③ a ：21）

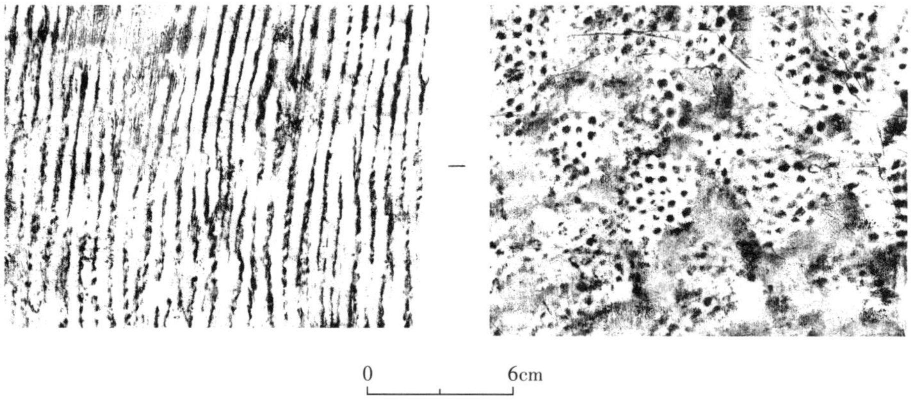
图五三五　庭城遗址第二期筒瓦纹饰拓片
内面饰凸点珠纹、外面饰粗绳纹（2014GLTTS6W1 ③ a ：15）

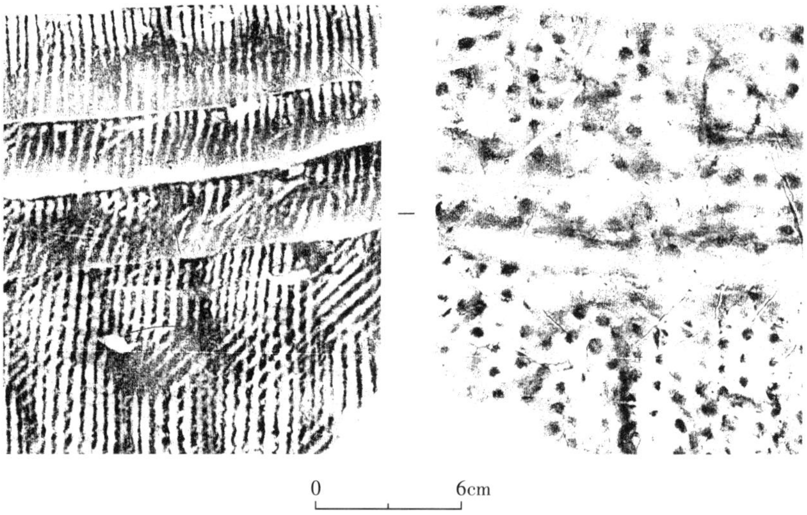
图五三六　庭城遗址第二期筒瓦纹饰拓片
内面饰凸点珠纹、外面饰粗绳纹（2014GLTTS6W1 ③ a ：29）

标本 2013GLTTN3E1 ④：13，残。青灰色胎。火候较高，胎质较硬。横截面呈半圆形。一侧切面齐整。外背饰斜向和纵向粗绳纹。内面饰凸点珠纹与戳印符号，部分符号近似英文字母的“D”“H”“J”和“E”等形状。残长 21.9cm，残宽 15.5cm，胎厚 0.7~1.2cm（图五三七，1）。

标本 2013GLTTN4E2 ④：9，残。红黄色胎。火候较低，胎质较软。横截面呈半圆形。两侧切面齐整。泥条盘筑，内面可以看到瓦匠造瓦时留下的手指抹窝。外背饰斜向粗绳纹。内面以素面为主，有零星凸点珠纹。残长 19.0cm，宽 16.8cm，胎厚 1.0~1.8cm（图五三七，2）。

标本 2013GLTTN3E3 ④：15，残，为瓦头部分。青灰色胎。火候较高，胎质较硬。横截面呈半圆形。端沿微翘。一侧切面齐整。泥条盘筑，内面可以看到瓦匠造瓦时留下的手指抹窝。外背饰纵向粗绳纹。内面以素面为主，有零星凸点珠纹。残长 20.8cm，残宽 14.0cm，胎厚 0.8~1.6cm（图

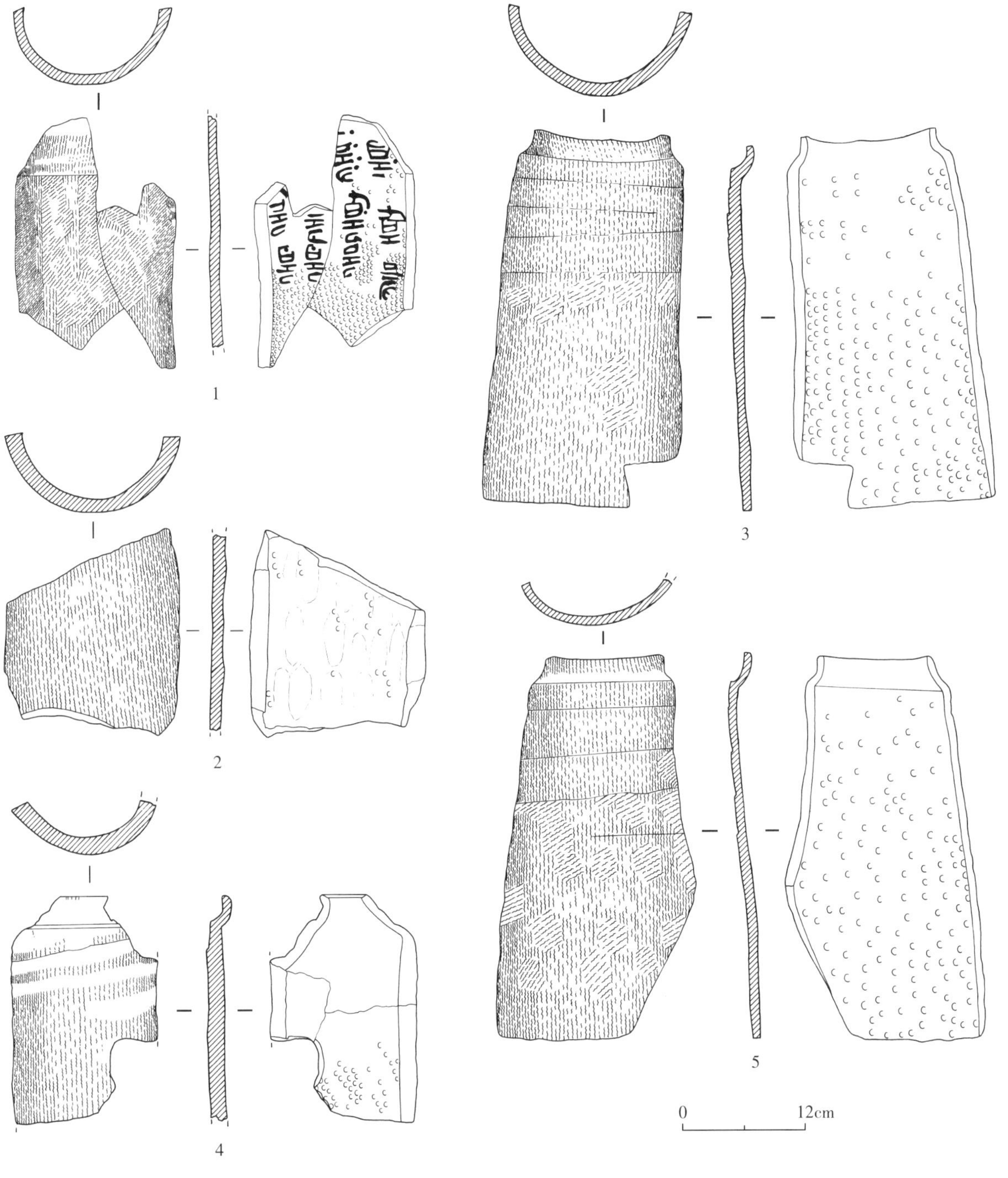

图五三七　庭城遗址第二期瓦片（四）

1~5. 筒瓦残件（2013GLTTN3E1 ④：13、2013GLTTN4E2 ④：9、2014GLTTS6E1 ③ a：20、2013GLTTN3E3 ④：15、2014GLTTS6E1 ③ a：21）

五三七，4）。

标本 2014GLTTS6E1 ③ a：20，较为完整，尾部缺失一角。青灰色胎。火候较高，胎质较硬。横截面呈半圆形。端沿微翘，扣尾较为扁平。两侧切面齐整，有一侧还能看到切割失误留下的划痕。泥条盘筑。外背饰纵向和斜向粗绳纹，近端沿处有几道划痕。内面饰凸点珠纹。长 34.8cm，宽 18.8cm，胎厚 0.8~1.2cm（图五三七，3；彩版一一七，3、4）。

标本 2014GLTTS6E1 ③ a：21，残。青灰色胎。火候较高，胎质较硬。横截面呈半圆形。端沿微翘，扣尾较为扁平，一侧切面齐整。外背靠近瓦头一端可见几道宽大的凸棱。外背饰纵向和斜向粗绳纹，近端沿处有几道划痕。内面饰凸点珠纹。长 36.0cm，残宽 18.6cm，胎厚 0.7~1.1cm（图五三七，5；彩版一一八，1）。

标本 2014GLTTS5E1 ③ a：8，残。青灰色胎。火候较高，胎质较硬。横截面呈半圆形。端沿微翘，两侧切面齐整。外背靠近瓦头一端可见几道宽大的凸棱。外背饰纵向和斜向粗绳纹，近端沿处有几道切割痕。内面饰凸点珠纹。长 36.0cm，宽 16.5cm，胎厚 0.6~1.6cm（图五三八，1）。

标本 2014GLTTS6W1 ③ a：12，残，为瓦头部分。青灰色胎。火候较高，胎质较硬。横截面呈半圆形。端沿微翘，两侧切面齐整。外背饰纵向和斜向粗绳纹，另有几道划痕。内面饰凸点珠纹。残长 8.0cm，宽 16.2cm，胎厚 0.8~1.2cm（图五三八，2）。

标本 2014GLTTS6W1 ③ a：15，残。横截面呈半圆形。黄白色胎。火候较低，胎质较软。端沿微翘，两侧切面齐整。外背饰纵向和斜向粗绳纹。内面饰凸点珠纹。残长 33.2cm，宽 17.0cm，胎厚 0.8~1.8cm（图五三八，5；彩版一一八，3、4）。

标本 2014GLTTS6W1 ③ a：29，残。青灰色胎。火候较高，胎质较硬。横截面呈半圆形。端沿微翘，两侧切面齐整。外背靠近瓦头一端可见几道宽大的凸棱。外背饰纵向和斜向粗绳纹，近端沿处有几道划痕；内面饰凸点珠纹。残长 29.2cm，宽 16.4cm，胎厚 0.8~1.4cm（图五三八，6；彩版一一八，2）。

瓦当 2 件。均为残件。

标本 2013GLTH1：6，残，仅余一小部分，呈扇形。黄白色胎。火候较低，胎质较软。窄边轮，当面饰云箭纹，有界栏，外围有两道凸弦纹。直径约 14cm，胎厚 0.8~1.8cm（图五三八，3；图五三九；彩版一一九，1）。

标本 2014GLTTS5W2 ③ b：3，残，仅余一小部分，呈扇形。红黄色胎。火候较低，胎质较软，窄边轮，当面饰卷云纹，外围有两道凸弦纹。直径约 15cm，胎厚 0.7~1.7cm（图五三八，4；图五四〇；彩版一一九，2）。

2. 陶器

33 件（片）。大部分为陶片，只有少量完整器和可复原器。大部分为泥质陶，少量夹砂陶片。泥质陶器（片）类型有罐、盒、纺轮、网坠和铺首等。其中陶纺轮 2 件，占该期出土陶器（片）总数的 6.06%；陶网坠 8 件，占该期出土陶器（片）总数的 24.24%；其他陶器（片）共 23 件（片），占该期出土陶器（片）总数的 69.70%。28 件泥质陶器（片）中，除少量完整器和可复原器外，大部分为器物残片；胎色以青灰为主，有少量的灰陶，以硬陶为主；纹饰有方格纹、戳印纹、水波纹和兽面纹等，部分为素面（图五四一至图五四七）。夹砂陶只有 5 片，均为夹粗砂陶，陶色

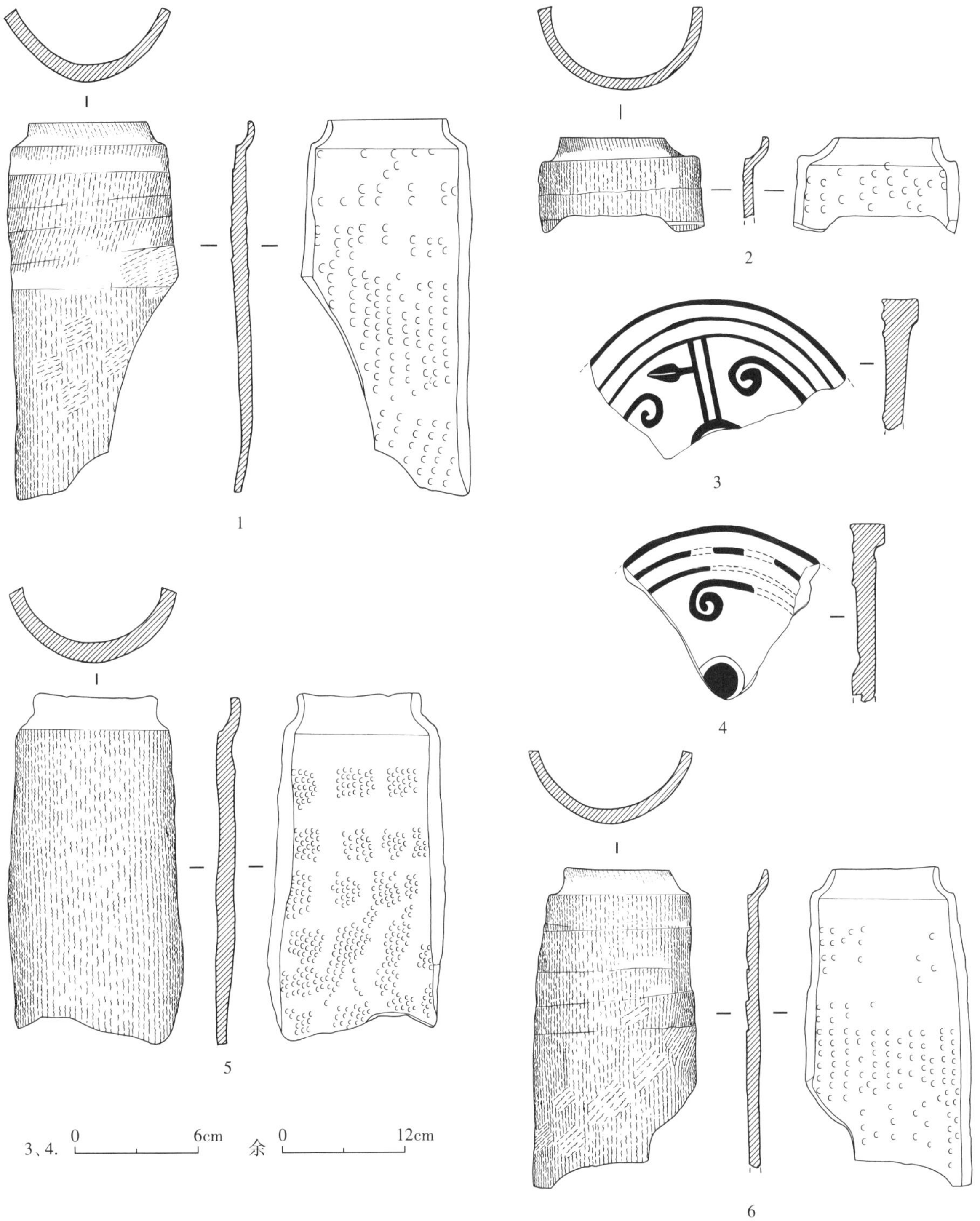

图五三八　庭城遗址第二期瓦片（五）

1、2、5、6. 筒瓦残件（2014GLTTS5E1③a：8、2014GLTTS6W1③a：12、2014GLTTS6W1③a：15、2014GLTTS6W1③a：29）　3、4. 瓦当残件（2013GLTH1：6、2014GLTTS5W2③b：3）

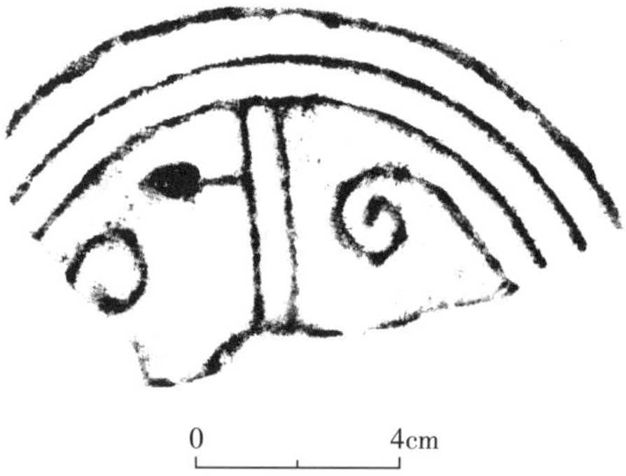

图五三九　庭城遗址瓦当纹饰拓片
云树纹（2013GLTH1：6）

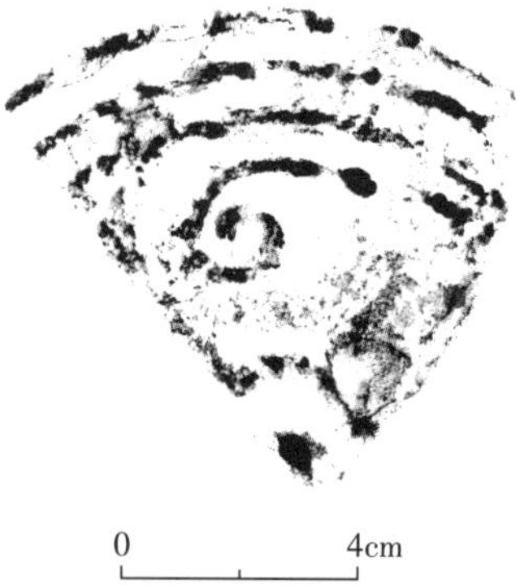

图五四〇　庭城遗址瓦当纹饰拓片
云树纹（2014GLTTS5W2③b：3）

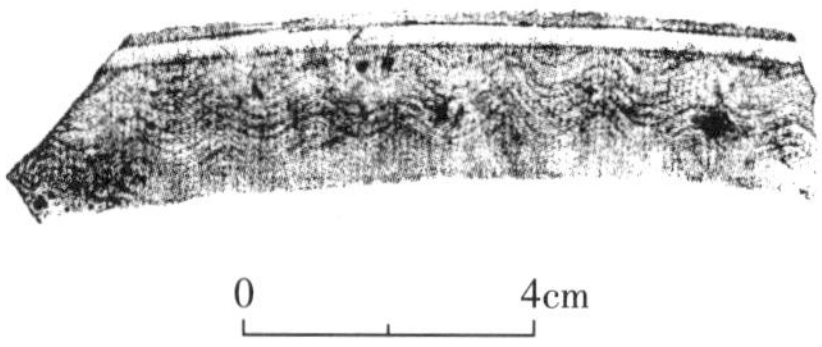

图五四一　庭城遗址第二期陶器水波纹拓片
（2014GLTTS6W1③b：3）

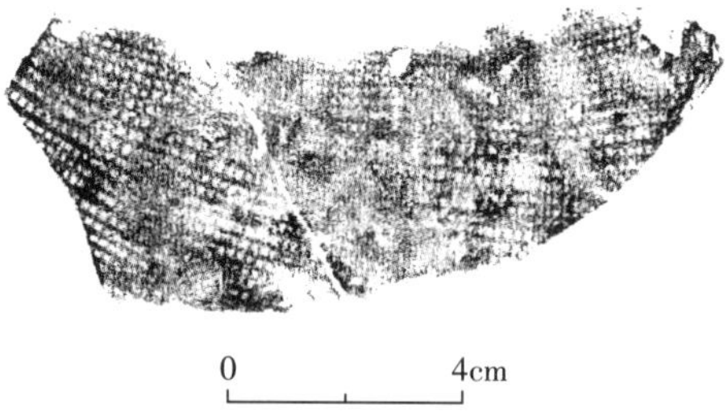

图五四二　庭城遗址第二期陶器方格纹拓片
（2013GLTTN3E2④：1）

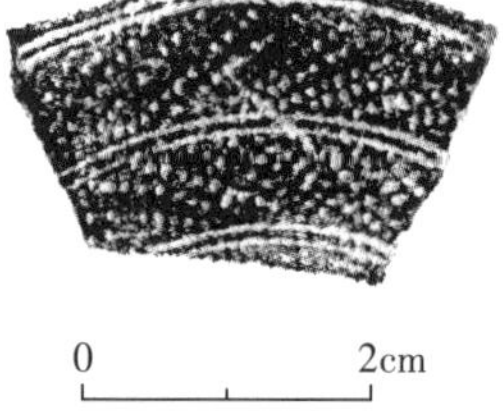

图五四三　庭城遗址第二期陶器弦纹＋篦点纹拓片
（2013GLTTN3E2④：3）

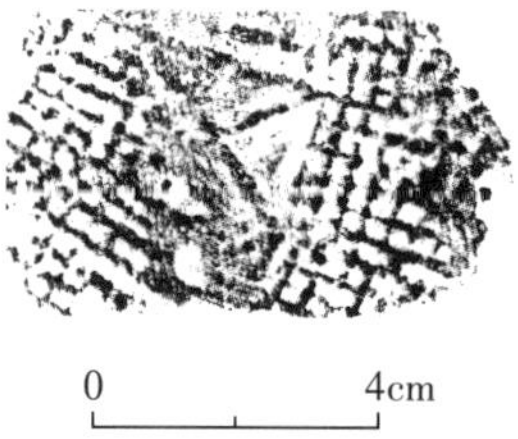

图五四四　庭城遗址第二期陶器方格纹＋戳印方块拓片
（2014GLTTS6E1③a：5）

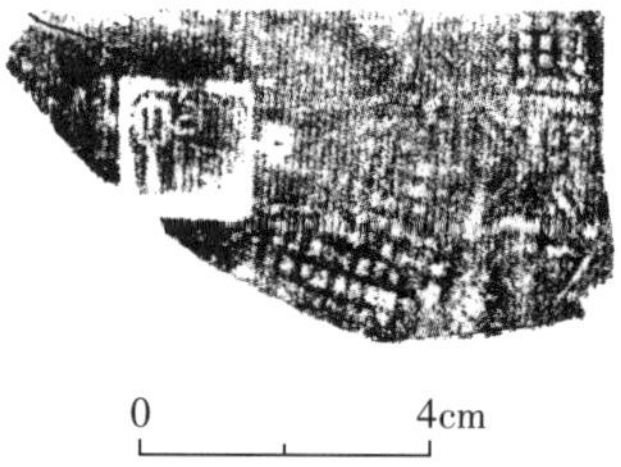

图五四五　庭城遗址第二期陶器方格纹＋方形戳印纹拓片
（2014GLTTS6E1③a：1）

有内黑外红色、内黑外褐色、红色和黑色四种，素面，不见任何纹饰，看不出器形。

陶纺轮　2件。

标本2014GLTTS6E2③a：2，泥质陶。呈圆饼状，较扁，中间有一纵向圆孔，素面。直径2.5cm，圆孔直径0.3cm，厚1.1cm（图五四八，1）。

标本2014GLTTS6E2③a：1，残，仅剩一半。泥质陶。黄白色，胎质较软。器身平面呈圆形，

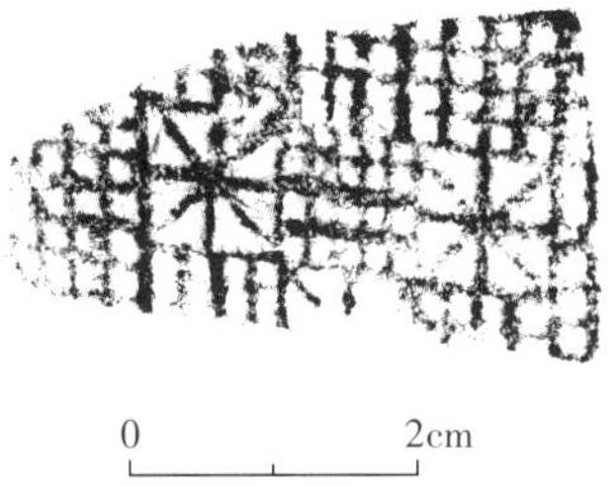

图五四六　庭城遗址第二期陶器方格纹 + 方格米字纹拓片（2014GLTTS6E1 ③ a：6）

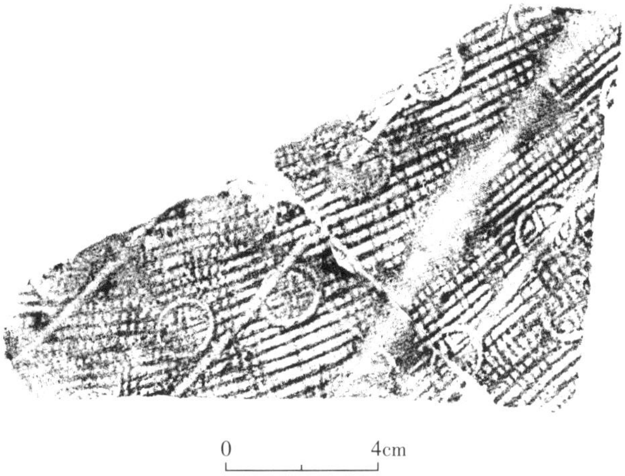

图五四七　庭城遗址第二期陶器方格纹 + 圆形戳印纹拓片（2014GLTTS5E2 ③ a：1）

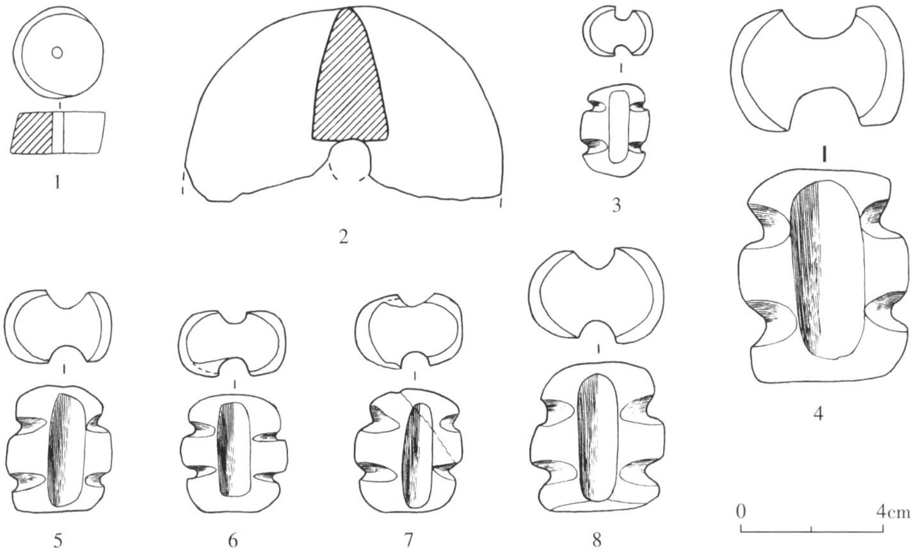

图五四八　庭城遗址第二期陶器（一）

1、2. 陶纺轮（2014GLTTS6E2 ③ a：2、2014GLTTS6E2 ③ a：1）　3~8. A 型陶网坠（2014GLTTS6E1 ③ a：2、2014GLTTS6E2 ③：3、2014GLTTS5W2 ③ a：2、2014GLTTS5W2 ③ a：3、2014GLTTS5E2 ③ a：3、2014GLTTS5W2 ③ b：4）

中间厚，外沿薄，半边截面呈三角形。中间有一圆孔，表面光滑，素面。直径 8.7cm，圆孔直径 1.2cm，厚 2.1cm（图五四八，2）。

陶网坠　8 件。依其外部形状特征，可分为 A 型和 B 型。

A 型　6 件。平面呈椭圆形。表面光滑。共有六道凹槽，其中正反面各有一道纵向凹槽，两侧各有两道相互对称的横向凹槽。

标本 2014GLTTS6E1 ③ a：2，青灰色，质地较硬。长 2.5cm，宽 1.9cm，胎厚 0.6~1.4cm（图五四八，3）。

标本 2014GLTTS6E2 ③：3，黄白色，质地较软。长 5.8cm，宽 4.8cm，胎厚 1.4~3.3cm（图五四八，4；彩版一一九，3）。

标本 2014GLTTS5W2 ③ a：2，黄白色，质地较软。长 3.4cm，宽 3.0cm，厚 1.0~2.0cm（图五四八，5）。

标本 2014GLTTS5W2 ③ a：3，已断成两块，黄白色，质地较软。长 3.2cm，宽 2.9cm，厚 1.2~1.8cm（图五四八，6）。

标本 2014GLTTS5E2 ③ a：3，黄白色，质地较软。长 3.2cm，宽 3.0cm，厚 0.9~1.7cm（图五四八，7）。

标本 2014GLTTS5W2 ③ b：4，青灰色，质地较软。长 4.0cm，宽 3.8cm，厚 1.4~2.4cm（图五四八，8）。

B 型　2 件。橄榄形。中间有一纵向圆孔，表面光滑，素面。

标本 2013GLTTN3E2 ⑤：1，青灰色，质地较硬。长 3.0cm，宽 1.9cm，圆孔直径 0.8cm（图五四九，1；彩版一一九，4）。

标本 2014GLTTS5E1 ③ a：3，青灰色，质地较硬。长 2.4cm，宽 1.8cm，圆孔直径 0.8cm（图五四九，2）。

陶盒　1 件。

标本 2014GLTTS6W1 ③ b：3，底残。青灰色硬陶。子母口，圆唇内敛，斜直腹。腹部饰水波纹。

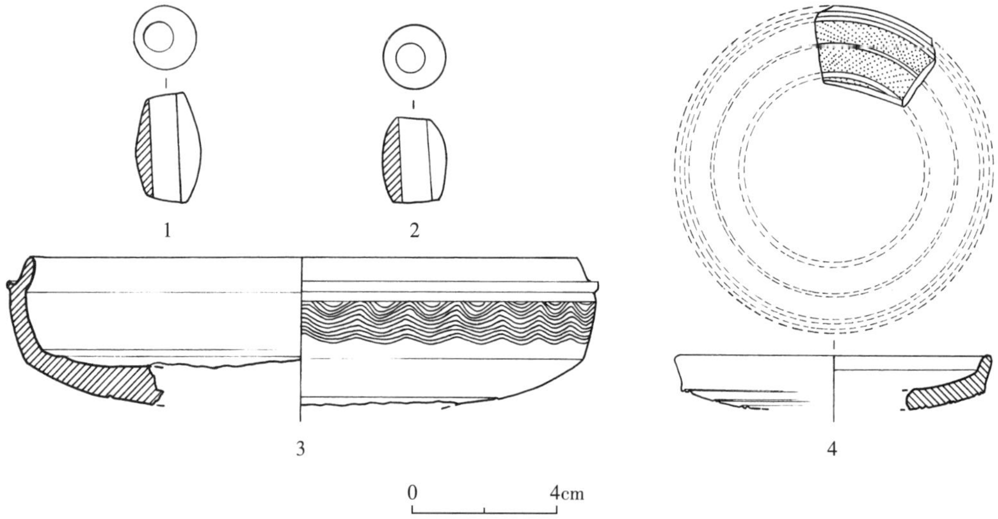

图五四九　庭城遗址第二期陶器（二）

1、2. B 型陶网坠（2013GLTTN3E2 ⑤：1、2014GLTTS5E1 ③ a：3）　3. 陶盒（2014GLTTS6W1 ③ b：3）　4. 陶器盖（2013GLTTN3E2 ④：3）

口径 15.4cm，残高 4.0cm，胎厚 0.3~1.0cm（图五四九，3）。

陶器盖　1 件。

标本 2013GLTTN3E2 ④：3，残。青灰色硬陶。子母口。外饰弦纹和篦点纹。口径 8.8cm，残高 1.4cm，胎厚 0.3~0.5cm（图五四九，4）。

陶铺首　1 件。

标本 2014GLTTS6W1 ③ a：100，残。长方形。饰兽面纹。兽面凸目，高鼻，大耳如张开的翅膀，十分威严。左右两下角处分别有一圆锥状凸起。长 5.8cm，宽 4.4cm，厚 0.8~1.5cm（图五五〇，1）。

陶器足　1 件。

标本 2014GLTTS5W1 ③ a：5，青灰色胎。大致呈柱状，上端稍大。素面。长 12.3cm，宽 4.8cm，厚 2.3~4.1cm（图五五〇，2）。

陶罐口沿残件　3 件。

标本 2013GLTH2：2，残。青灰色胎。胎质较为粗糙，含有砂粒。敞口，卷折沿，束颈，圆肩，斜弧腹。肩部及腹部饰中绳纹。口径 19.2cm，残高 8.2cm，胎厚 0.6~0.8cm（图五五〇，3）。

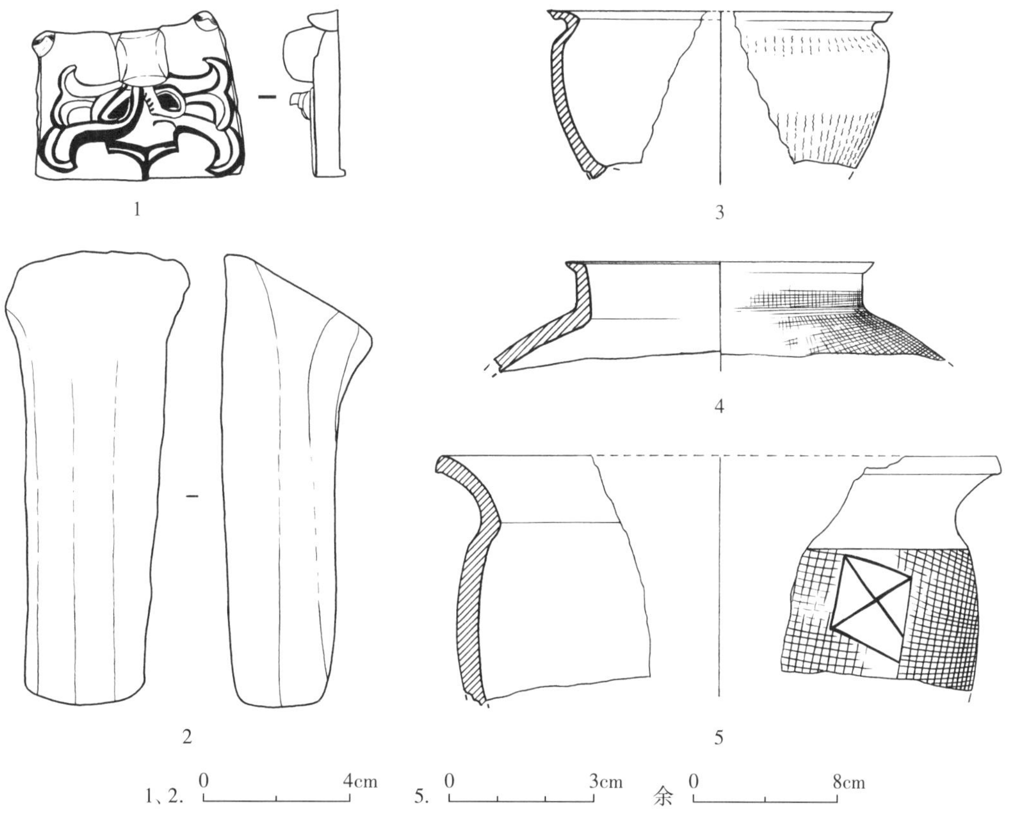

图五五〇　庭城遗址第二期陶器（三）

1. 陶铺首（2014GLTTS6W1 ③ a：100）　2. 陶器足（2014GLTTS5W1 ③ a：5）　3~5. 陶罐口沿残件（2013GLTH2：2、2013GLTTN3E2 ④：1、2014GLTTS6E1 ③ a：5）

标本 2013GLTTN3E2 ④：1，青灰色硬陶。敞口，尖圆唇，短直颈，斜弧肩。外饰方格纹。口径 17.0cm，残高 5.1cm，胎厚 0.6~1.0cm（图五五〇，4）。

标本 2014GLTTS6E1 ③ a：5，灰陶。火候较低，胎质较软。敞口，圆唇，束颈，斜肩近竖。斜肩饰方格纹和戳印方块，方块内饰两道交叉斜线。口径 11.5cm，残高 4.9cm，胎厚 0.5~0.7cm（图五五〇，5）。

陶罐肩（腹）残件　16 件。

标本 2014GLTTS6E1 ③ a：1，青灰色硬陶。为一肩腹部残件。外饰方格纹加方形戳印纹，方形戳印纹内为云雷纹。残长 8.3cm，残宽 6.8cm，厚 0.6~1.0cm（图五五一，1）。

标本 2014GLTTS6E1 ③ a：6，青灰色硬陶。为肩或腹部残件。外饰方格纹和方格米字纹。残长 4.3cm，残宽 2.7cm，厚 0.7~0.8cm（图五五一，2）。

标本 2014GLTTS5E2 ③ a：1，青灰色硬陶。为一腹部残件。饰方格纹、弦纹和圆形戳印纹，圆形戳印纹内被十字线分割成四格，每格内有一个曲折纹，四个曲折纹对称分布。残长 17.4cm，残宽 9.1cm，厚 0.6~0.7cm（图五五一，3；彩版一一九，5）。

3. 铁制品

3 件。分为铁渣和铁块两种类型。其中铁渣 2 块，形状不规整，应为炼铁时留下的废渣，表面有气孔；铁块 1 块，很小，形状不规则。

4. 铜器

3 件。器类有镞和钺两种。

铜镞　2 件。均为三棱形。

标本 2013GLTTN3E2 ④：2，铤已残缺。残长 2.7cm，厚 0.6cm，铤残长 0.6cm，铤径 0.5cm（图五五二，1）。

标本 2014GLTTS5W2 ③ a：1，残。带铁铤，铤已残缺断裂，铤横截面呈圆形。器身残长 3.3cm，

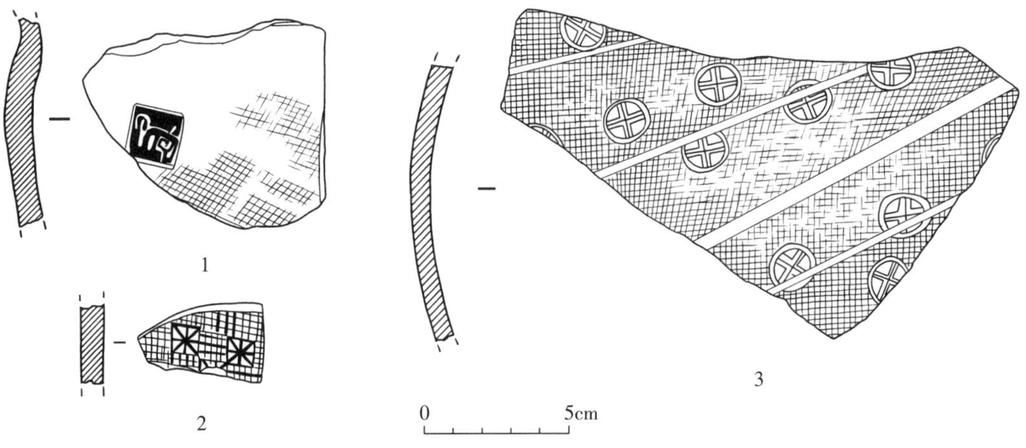

图五五一　庭城遗址第二期陶器（四）

1、2. 陶罐肩（腹）残件（2014GLTTS6E1 ③ a：1、2014GLTTS6E1 ③ a：6）　3. 陶罐腹部残件（2014GLTTS5E2 ③ a：1）

厚 0.7cm，铤残长 0.9cm，铤直径 0.5cm（图五五二，2；彩版一一九，6）。

铜钺　1 件。

标本 2013GLTH3：1，残，呈靴形。素面。腐蚀严重。残长 7.2cm，残宽 5.6cm，厚 0.8cm（图五五二，3）。

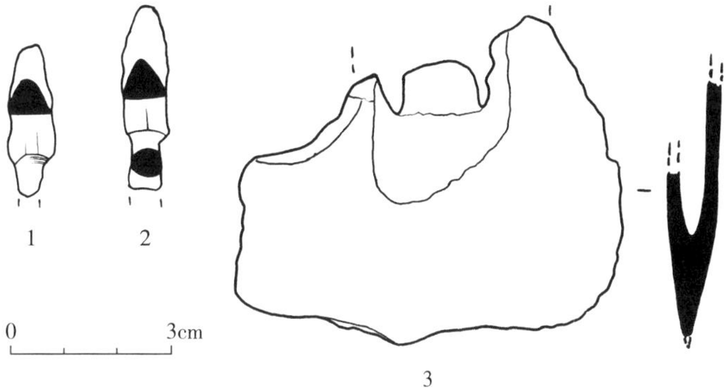

图五五二　庭城遗址第二期铜器

1、2. 铜镞（2013GLTTN3E2④：2、2014GLTTS5W2③a：1）
3. 铜钺（2013GLTH3：1）

5. 石制品

18 件。包括砺石、石斧、石凿、石网坠、切割器和带切割痕迹石块六种类型。

砺石　4 件。分别属于 A 型和 C 型。

A 型　1 件。属于 Aa 亚型中的 AaⅧ次亚型。

标本 2013GLTH2：5，原料为黄褐色细砂岩岩块。形状不规则。一面较平，另一面凹凸不平。两端两侧均为不规整的断裂面。以较平一面作为工作面，整个面几乎都是一道平面型的光滑磨面。两端两侧均被断裂面所破坏。长 15.3cm，宽 8.7cm，厚 4.5cm，重 457g（图五五三，1）。

C 型　3 件。分别属于 Ca 亚型和 Cd 亚型。

Ca 型　1 件。属于 CaⅢ次亚型。

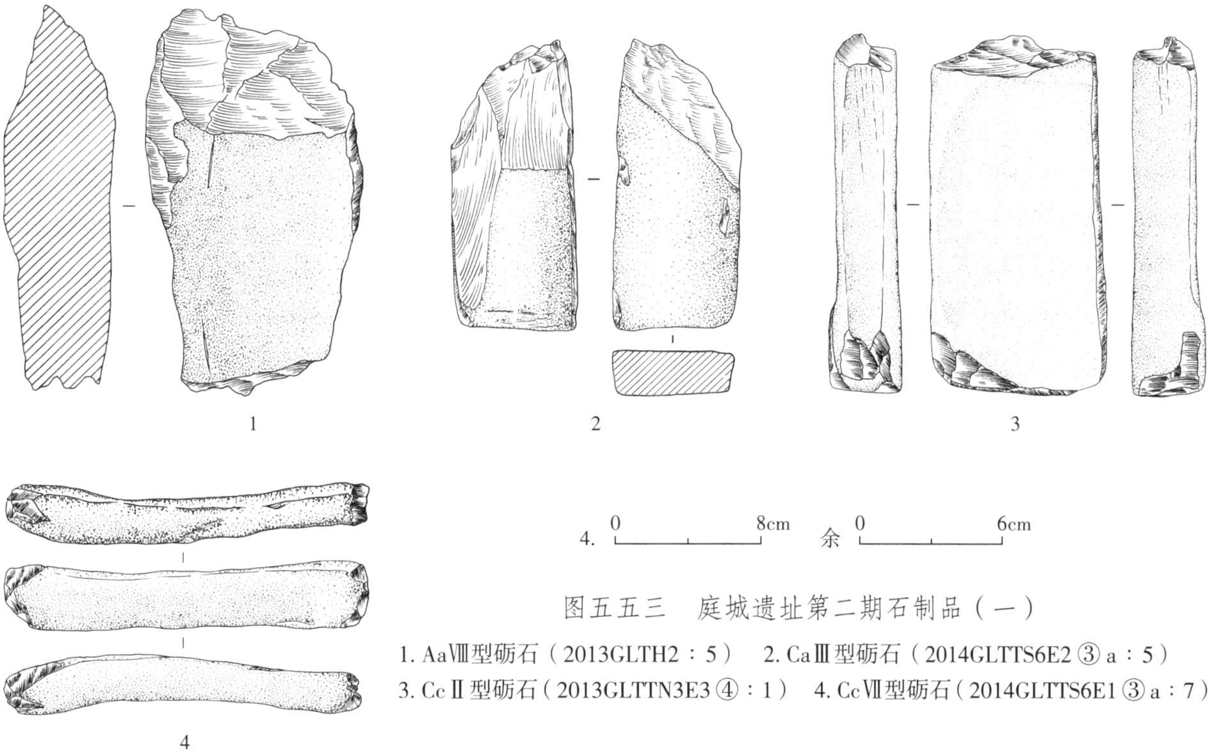

图五五三　庭城遗址第二期石制品（一）

1. AaⅧ型砺石（2013GLTH2：5）　2. CaⅢ型砺石（2014GLTTS6E2③a：5）
3. CcⅡ型砺石（2013GLTTN3E3④：1）　4. CcⅦ型砺石（2014GLTTS6E1③a：7）

标本 2014GLTTS6E2 ③ a：5，原料为灰褐色细砂岩岩块。形状近梯形。一端已残断。器身共有五个磨面，均属平面型磨面，较为光滑细腻。两面的磨面较宽，均近梯形；其中一面被一端的破裂面破坏，另一面则被一端一侧的破裂面破坏，剩余磨面略小。两侧的磨面较窄长；其中一侧被一面的破裂面所破坏，磨面一侧可见较多打击片疤；另一侧磨面较光滑。一端的磨面近长方形，磨面一侧可见少量打击片疤。残长 11.5cm，宽 5.0cm，厚 1.7cm，重 188g（图五五三，2）。

Cc 型　2 件。分别属于 CcⅡ次亚型和 CcⅦ次亚型。

CcⅡ型　1 件。

2013GLTTN3E3 ④：1，原料为黄褐色细砂岩岩块。平面形状近四边形，较为扁薄。一面较平，另一面微凸。两端略有折断。两侧平直。器身有三处磨面，其中较平面几乎整面都是一道弧凹型的磨面；一侧整侧几乎都是一道微弧凸型的磨面，另一侧整侧都是一道平面型的磨面。两侧磨面的一端均可见许多细小的线状磨痕。三处磨面均较为光滑细腻。长 14.3cm，宽 7.3cm，厚 3.0cm，重 452g（图五五三，3）。

CcⅦ型　1 件。

标本 2014GLTTS6E1 ③ a：7，原料为灰色细砂岩砾石。器身稍厚，形状近长条形。一面略凹。另一面凸起，保留自然砾面。两端略微上翘，均为不规整的断裂面。器身有三处磨面，其中内凹面和一侧整面都是一道弧凹形的磨面，内凹面磨面的中部明显可见许多细小的斜线状磨痕；另一侧的一半为一处平面型的磨面。三处磨面均较光滑细腻。长 19.8cm，宽 3.6cm，厚 2.9cm，重 369g（图五五三，4）。

石斧　2 件。分别属于 B 型中的 Bc 亚型和 Bh 亚型。

Bc 型　1 件。

标本 2013GLTTN3E2 ⑤：3，原料为灰黑色硅质岩砾石。器身形状近梯形。柄端略平直；两侧边斜直，略对称；刃部微弧，刃口锋利。通体磨制，但两侧边和顶端仍留有部分打击疤痕。长 6.0cm，宽 4.9cm，厚 1.4cm，重 74g（图五五四，1）。

Bh 型　1 件。

标本 2013GLTH2：4，原料为灰白色硅质岩砾石。器身较厚。呈凸字形。柄近方形，顶端呈弧形；双斜肩对称，肩部较窄；两侧边斜直；弧刃，刃口锋利，刃部有使用造成的细小崩疤。通体磨制，但柄部仍留有部分打击疤痕。长 6.2cm，宽 4.4cm，柄宽 2.7cm，厚 1.8cm，重 63g（图五五四，2）。

石凿　1 件。属于 A 型中的 AaⅦ次亚型。

标本 2014GLTTS6E1 ③ a：3，原料为灰褐色硅质岩砾石。器身呈长条形。一端略窄，另一端稍宽。通体磨光，器表光滑。略窄端端部平直，尚留有少量打击疤痕；两侧边齐平，对称，一侧还留有明显的切割痕迹。稍宽端两面经过精心磨制，形成两道光滑刃面；其中一面刃面明显向另一面倾斜，另一面刃面较平。平直刃，刃口锋利，刃缘有使用造成的细小崩疤。长 5.1cm，宽 1.1cm，

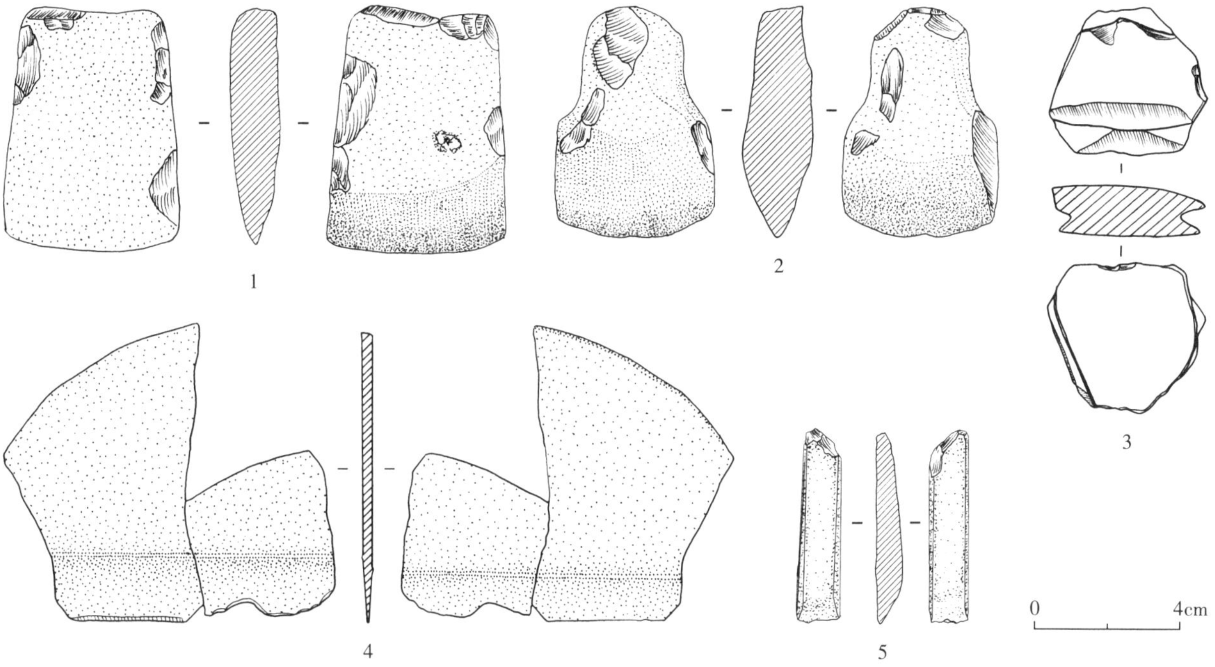

图五五四　庭城遗址第二期石制品（二）

1. Bc 型石斧（2013GLTTN3E2 ⑤：3）　2. Bh 型石斧（2013GLTH2：4）　3. 石网坠（2013GLTTN3E2 ⑤：2）　4. 切割器（2013GLTTN3E2 ④：4）　5. AaⅦ型石凿（2014GLTTS6E1 ③ a：3）

厚 0.7cm，重 9.2g（图五五四，5）。

石网坠　1 件。

标本 2013GLTTN3E2 ⑤：2，岩性为黄白色硅质岩。形状不规则。四周略有残缺。器身中部四周有一圈弧形凹槽，凹槽的底部和两面均较光滑。长 4.1cm，宽 3.9cm，厚 1.3cm，重 21.6g（图五五四，3）。

切割器　4 件。

标本 2013GLTTN3E2 ④：4，岩性为灰褐色细砂岩。器身扁薄，形状不规则。通体磨光，器表光滑。在一端双面磨制成刃，两面刃面均较宽，相互倾斜；刃缘平直，刃口锋利，中部略有缺失。残缺严重，把端和两侧均有较大残破，器身右上半部缺失。残长 8.6cm，残宽 7.9cm，厚 0.3cm，重 27.6g（图五五四，4）。

标本 2013GLTTN3E2 ④：12，岩性为灰褐色细砂岩。器身扁薄，形状不规则。通体磨光，表面光滑。在一端双面磨制成刃；两面刃面相互倾斜，其中一面较宽，另一面较窄；刃缘平直，刃口锋利。器身残缺严重，把端和两侧均有较大缺失。残长 6.2cm，残宽 3.9cm，厚 0.3cm，重 9g（图五五五，1）。

标本 2013GLTTN3E2 ④：18，岩性为灰褐色细砂岩。器身扁薄，形状近梯形。通体磨光，表面光滑。在一端双面磨制成刃；两面刃面相互倾斜，其中一面稍宽，另一面略窄；刃缘平直，刃

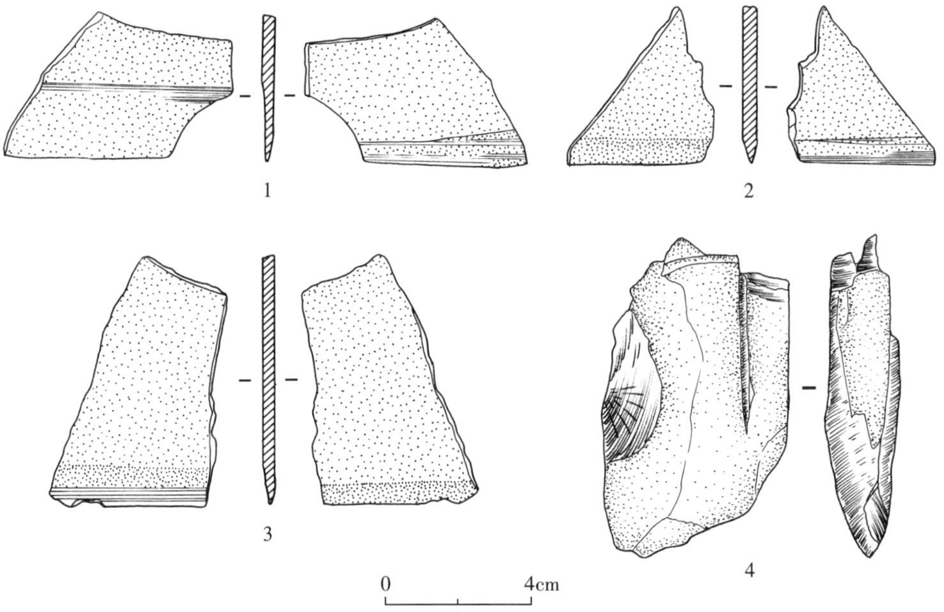

图五五五　庭城遗址第二期石制品（三）

1~3. 切割器（2013GLTTN3E2④：12、2013GLTTN3E2④：22、2013GLTTN3E2④：18）
4. 带切割痕迹石块（2014GLTTS6E2③a：4）

口锋利，其中刃缘一侧略微残破。器身残缺严重，把端和两侧均有较大缺失。残长6.7cm，残宽4.4cm，厚0.3cm，重11g（图五五五，3）。

标本2013GLTTN3E2④：22，岩性为灰褐色细砂岩。器身扁薄，形状近三角形。通体磨光，表面光滑。在一端双面磨制成刃；两面刃面略等宽，相互倾斜；刃缘平直，刃口锋利。器身残缺严重，两侧均有较大缺失。残长4.2cm，残宽4.0cm，厚0.3cm，重6.5g（图五五五，2）。

带切割痕迹石块　6件。

标本2014GLTTS6E2③a：4，岩性为黄白色硅质岩。器身稍薄，形状不规则。两面、两端和一侧均为不规整的破裂面。一面中间偏较短侧的部位有一道狭长的切割痕，切痕略粗，较深；较短侧的一半为一道平整光滑的切割面。长8.5cm，宽5.1cm，厚2.0cm，重73g（图五五五，4）。

标本2014GLTTS4W2③b：3，岩性为灰褐色细砂岩。器身较小，扁薄，形状不规则。一面为光滑平整的切割面；另一面、两侧和一端均为破裂面。另一端的两侧各有一道窄小的切割痕，两道切痕在该端近左侧处相交形成一个钝角。长5.1cm，宽2.5cm，厚0.7cm，重11g（图五五六，1）。

标本2014GLTTS5E1③a：1，岩性为白灰色硅质岩。器身稍厚，形状不规则。一面、两端和一侧均为不齐整的破裂面；一面大部为光滑平整的切割面，但仍可见部分破裂疤痕；一侧绝大部分为光滑整齐的切割痕，底部折断痕迹清晰可见；一面和一侧的切割痕几乎呈直角相交。长6.5cm，宽2.5cm，厚0.8cm，重7.8g（图五五六，3）。

标本2014GLTTS5E1③a：2，岩性为灰褐色细砂岩。器身较小，形状近梯形。两端为不规整

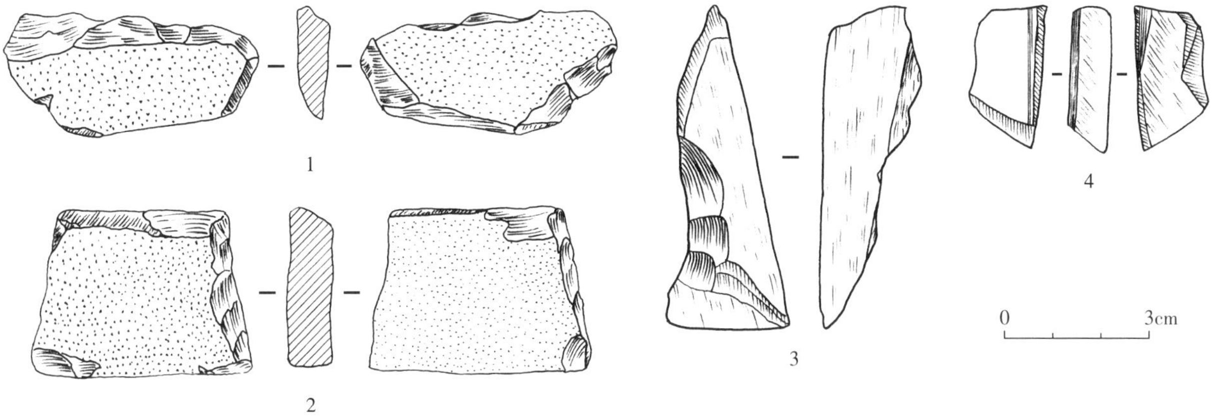

图五五六　庭城遗址第二期石制品（四）

1~4. 带切割痕迹石块（2014GLTTS4W2 ③ b：3、2014GLTTS5E1 ③ a：2、2014GLTTS5E1 ③ a：1、2014GLTTS5E1 ③ a：7）

的断裂面；一面和一侧为光滑平整的切割面；另一面切割面略微弧凹，边缘可见部分打击疤痕；另一侧接弧凹面的上半段为不甚整齐光滑的切割痕，下半段为不整齐的折断面。长 4.5cm，宽 3.2cm，厚 0.9cm，重 25g（图五五六，2）。

标本 2014GLTTS5E1 ③ a：7，岩性为灰白色硅质岩。器身短小，稍厚，形状不规则。一面、一端和两侧为不甚齐整的破裂面；一面为光滑平整的切割面，表面可见许多细小的切割痕；一端斜直，也是光滑平整的切割面；较长侧与切割面交汇处有一条窄长的切割痕；较长侧与破裂面交汇处中央至切割端也有一条切割痕；两条切割痕相互对称。由此可知切割石料并非一切到底，而是从两面对切到一定深度后再用力掰断。长 2.7cm，宽 1.3cm，厚 0.8cm，重 4.5g（图五五六，4）。

五　第三期文化遗存

该期遗存堆积单位包括 2014 年南部发掘区域第②层及部分开口于③ a 层面上的遗迹；2013 年北部发掘区域统一地层的第②和第③层，及开口于第②层面上、第③层面下和部分第③层面上的遗迹。

（一）遗迹

主要有柱洞、灰坑和沟等（图五五七、五五八）。

1. 柱洞

数量较多，共 68 个。平面形状多为圆形或椭圆形，直径多在 15~30cm 之间，深多在 15~40cm 之间。圜底或平底，直壁或斜壁。填土多为黑色或黑灰色的杂土，有的夹杂炭屑和碎瓦片。看不出分布的规律。

这里选择部分柱洞加以介绍。

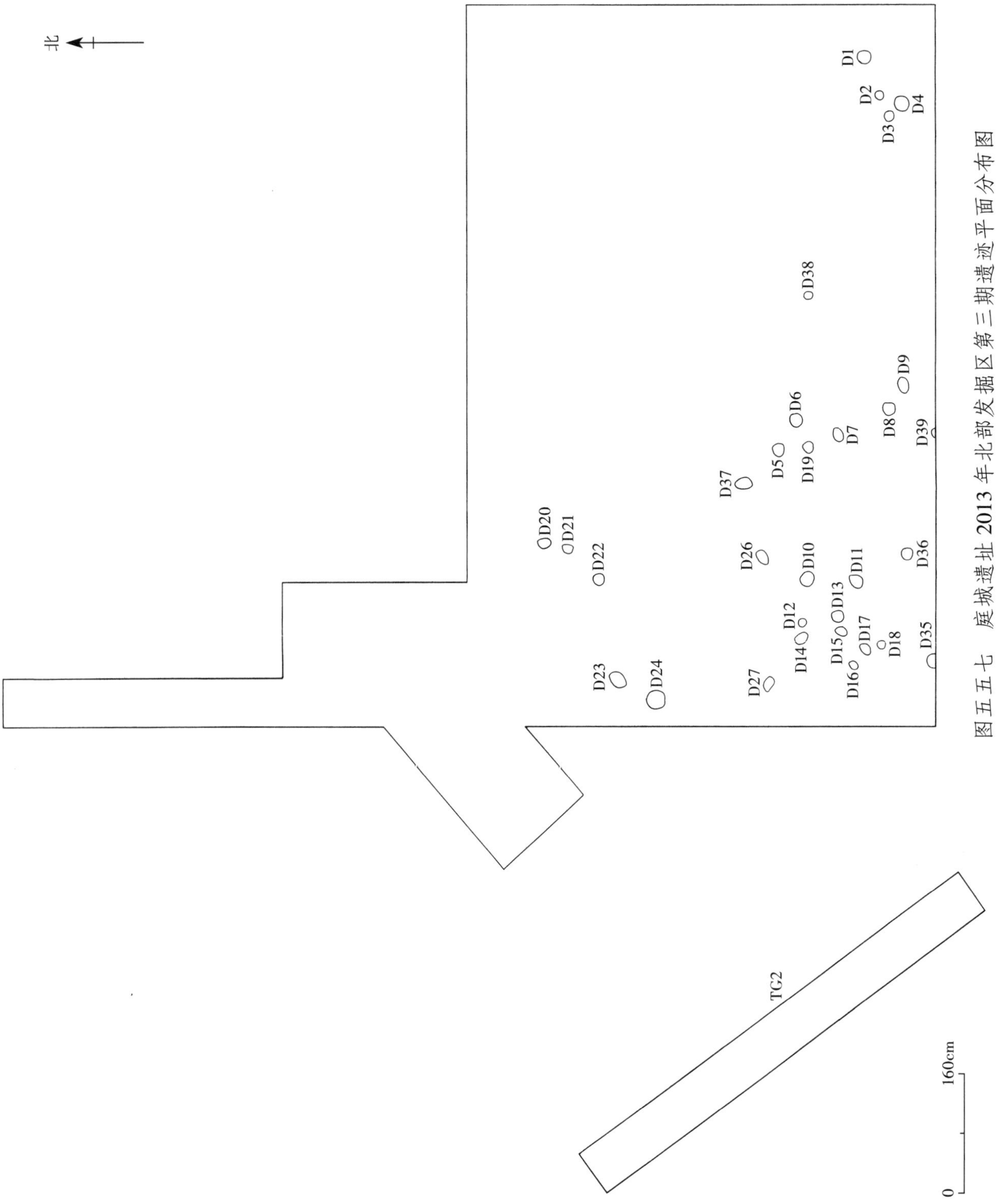

图五五七　庭城遗址2013年北部发掘区第三期遗迹平面分布图

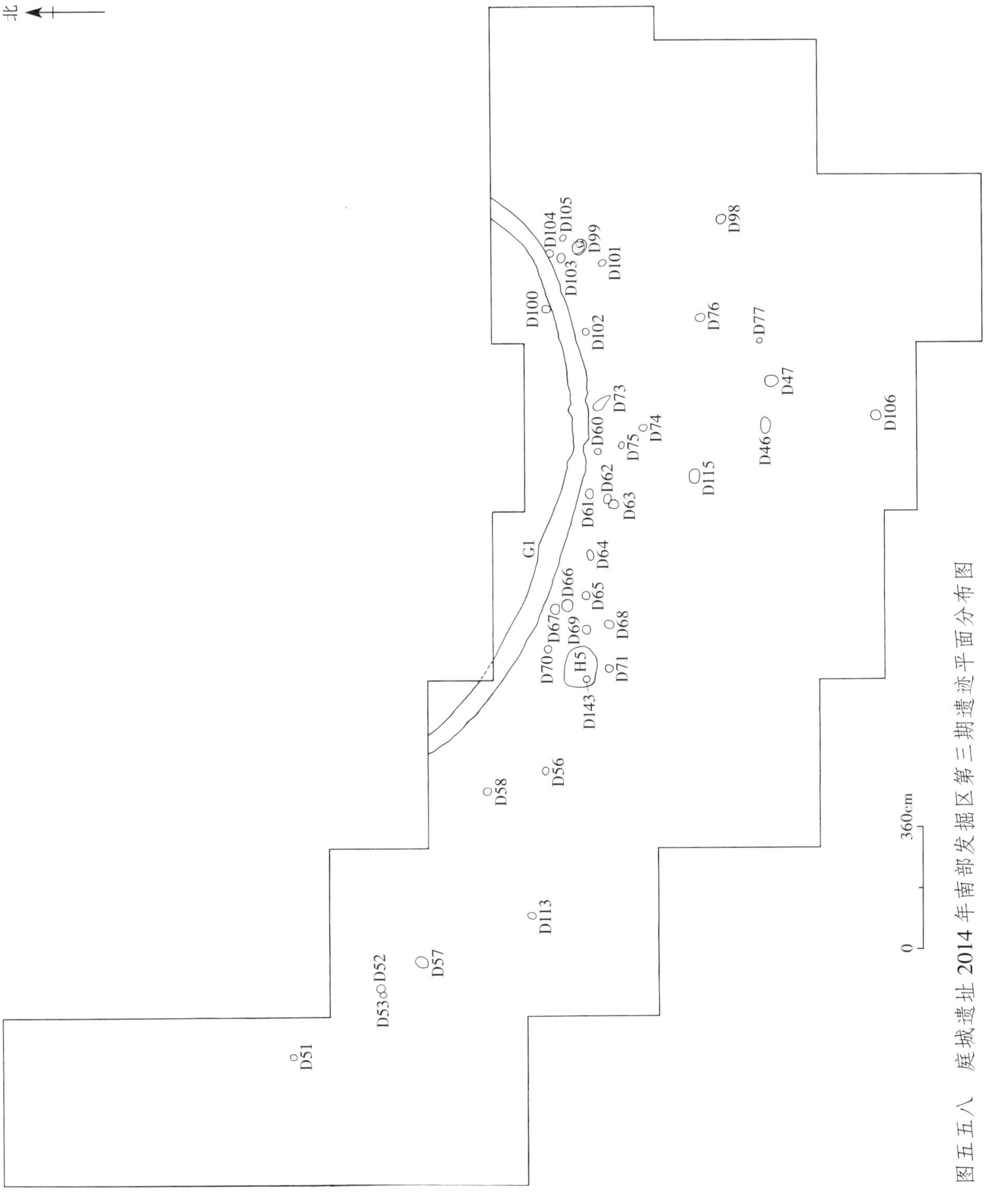

图五五八　庭城遗址2014年南部发掘区第三期遗迹平面分布图

D2　位于 TN3E3 东南角，开口于 TN3E3 ③层下，打破第⑤层。平面形状近圆形，斜壁，圜底。洞内填黑色土，土质致密，夹杂着少量植物根茎、红烧土颗粒、碎瓦片和炭屑。口径 20cm，深 23cm（图五五九）。

D3　位于 TN3E3 东南角，开口于 TN3E3 ③层下，打破第⑤层。平面形状近圆形，斜壁，圜底。洞内填黑色土，土质致密，夹杂着少量红烧土颗粒和碎瓦片。口径 22cm，深 21cm（图五六〇）。

D4　位于 TN3E3 东南角，开口于 TN3E3 ③层下，打破第⑤层。平面形状近圆形，斜壁，圜底。洞内填黑色土，土质致密，夹杂着少量植物根茎、红烧土颗粒、碎瓦片和炭屑。口径 25cm，深 24cm（图五六一）。

D6　位于 TN3E2 西北部偏中。开口于 TN3E2 ③层下，打破第④层。平面形状近圆形，斜壁，平底，底部近圆形。洞内填黑色土，土质较疏松，夹杂少量碎瓦片和红烧土颗粒。口径 29cm，底径 19cm，深 27cm（图五六二）。

D7　位于 TN3E2 中部偏西。开口于 TN3E2 ③层下，打破第⑤层。平面形状近椭圆形，斜壁，平底，底近椭圆形。洞内填黑色土，土质较疏松，夹杂少量碎瓦片和红烧土颗粒。口径 25~32cm，底径 10~20cm，深 38cm（图五六三）。

D13　位于 TN3E1 中部。开口于 TN3E1 ③层下，打破第④层。平面形状近圆形，斜壁，平底，底部近椭圆形。洞内填土呈黑色，土质较疏松，夹杂少量红烧土颗粒。口径 24cm，底径 14~18cm，深 28cm（图五六四）。

D15　位于 TN3E1 中部。开口于 TN3E1 ③层下，打破第④层。平面形状近椭圆形，斜壁，圜底。洞内填土呈黑色，土质较疏松，夹杂少量碎瓦片和红烧土颗粒。口径 20~28cm，深 8~18cm

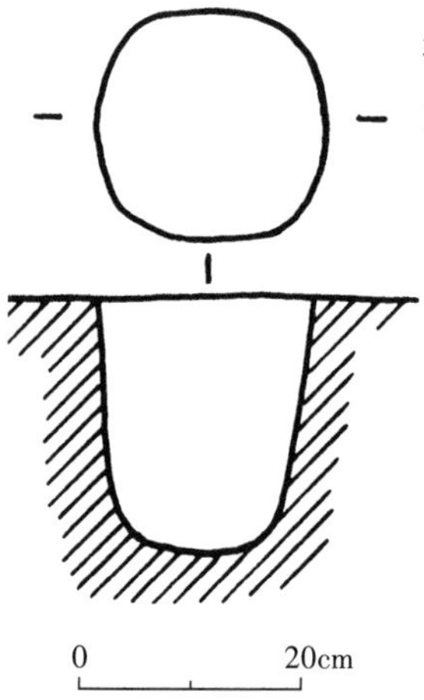

图五五九　庭城遗址第三期
D2 平、剖面图

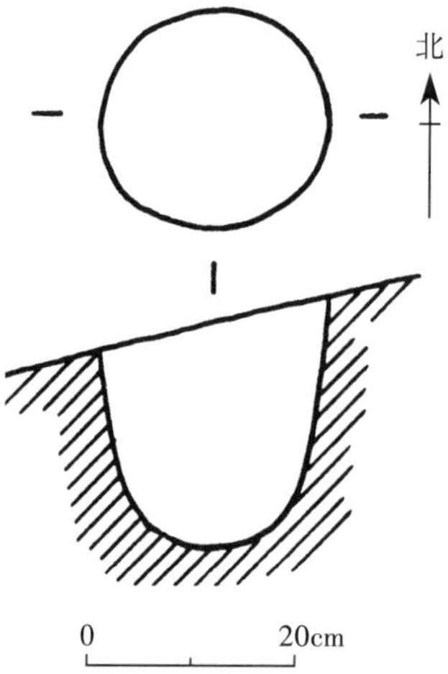

图五六〇　庭城遗址第三期
D3 平、剖面图

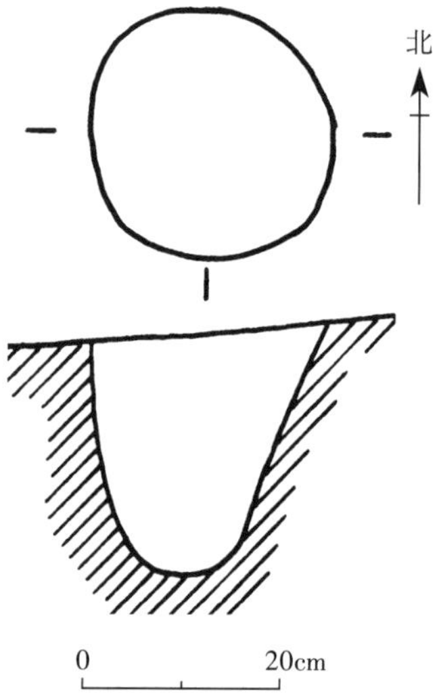

图五六一　庭城遗址第三期
D4 平、剖面图

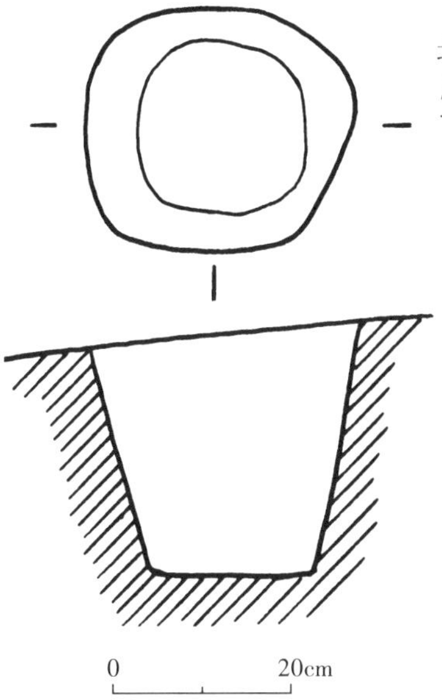

图五六二　庭城遗址第三期 D6 平、剖面图

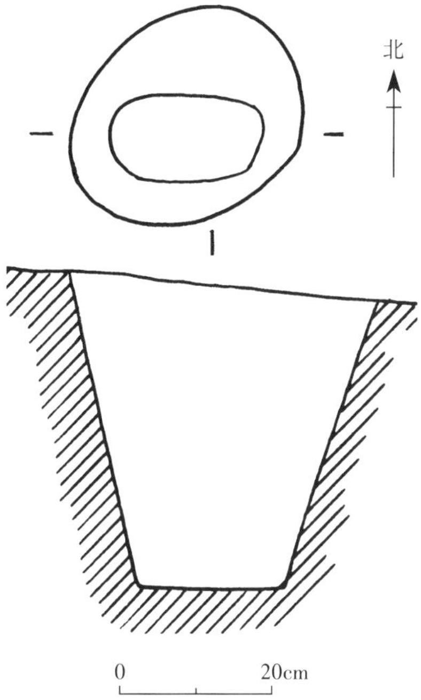

图五六三　庭城遗址第三期 D7 平、剖面图

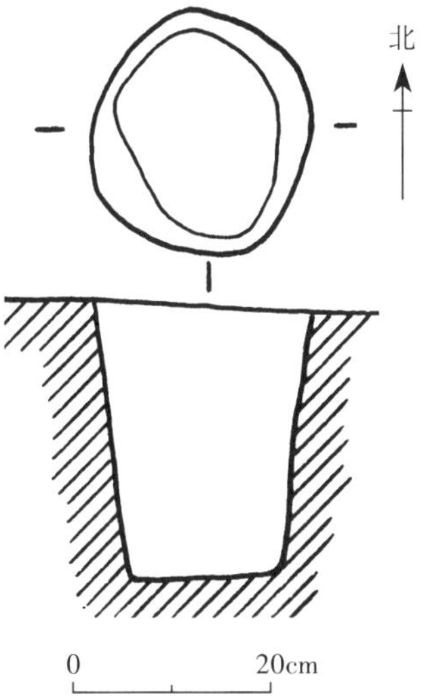

图五六四　庭城遗址第三期 D13 平、剖面图

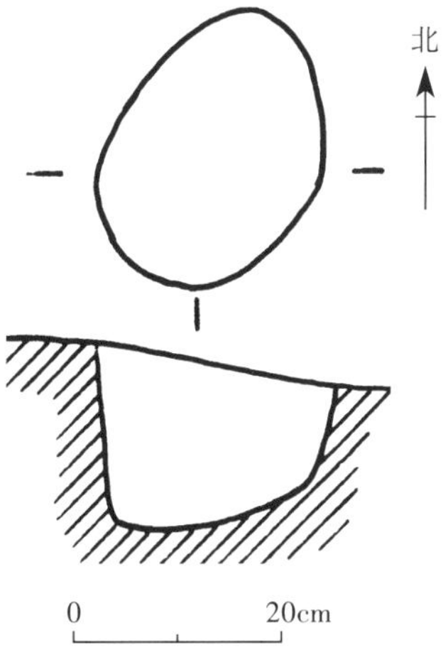

图五六五　庭城遗址第三期 D15 平、剖面图

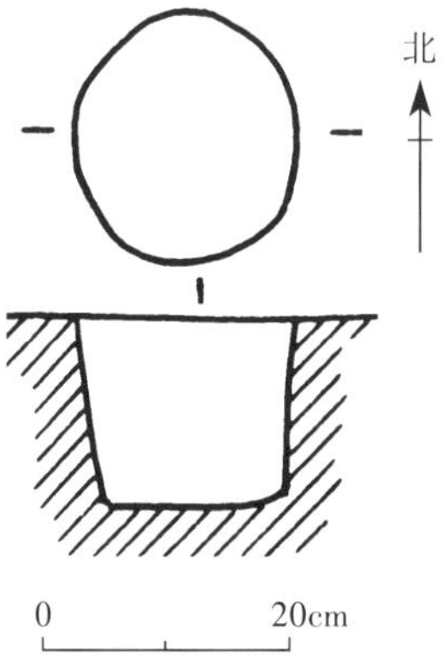

图五六六　庭城遗址第三期 D16 平、剖面图

（图五六五）。

D16　位于 TN3E1 中部偏西。开口于 TN3E1 ③层下，打破第④层。平面形状近圆形，斜壁，平底。洞内填土呈黑色，土质较疏松，夹杂少量碎瓦片和红烧土颗粒。口径 18cm，深 15cm（图五六六）。

D17　位于 TN3E1 中部偏西南。开口于 TN3E1 ③层下，打破第④层。平面形状近椭圆形，斜壁，底不平。洞内填土呈黑色，土质较疏松。口径 20~27cm，深 18~22cm（图五六七）。

D21　位于 TN4E1 东北部。开口于 TN4E1 ①层下，打破第④层。平面形状近椭圆形，斜壁，平底。洞内填土呈黑色，土质较疏松，包含少量红烧土颗粒。口径 18~24cm，深 30cm（图五六八）。

D36　位于 TN3E1 东南角。开口于 TN3E1 ③层下，打破第④ a 和第⑤层。平面形状近圆形，斜壁，圜底。洞内填土呈黑色，土质较疏松，夹杂少量碎瓦片和红烧土颗粒。口径 26cm，深 28cm（图五六九）。

D46　位于 TS6E1 南部，开口于 TS6E1 ②层下，打破第③ a 层。平面形状近椭圆形，斜壁，小平底，底部呈椭圆形。洞内填土为黑色沙土，较疏松，含少量碎瓦。口径 33~50cm，底径 10~14cm，深 36cm（图五七〇）。

D61　位于 TS5E1 西部。开口于 TS5E1 ②层下，打破第③层。平面形状近椭圆形，东壁为斜壁，西壁为直壁，平底，底部呈椭圆形。洞内填土为黑色沙土，较疏松，含少量碎瓦。口径 24~28cm，底径 20~22cm，深 24cm（图五七一；彩版一二〇，1）。

D68　位于 TS5W1 西南部。开口于 TS5W1 ②层下，打破第③ a 层。平面形状近椭圆形，直壁，平底。洞内填土为灰黑色，有少量瓦片，未见其他包含物，土质较疏松。口径 22~30cm，深 38cm（图五七二）。

D73　位于 TS5E1 东部。开口于 TS5E1 ②层下，打破第③ a 层。平面形状近葫芦形，口大底小，斜壁，平底，底部呈椭圆形。洞内填土为黑色沙土，较疏松，含少量碎瓦。口径 24~62cm，底径 12~17cm，深 37cm（图五七三）。

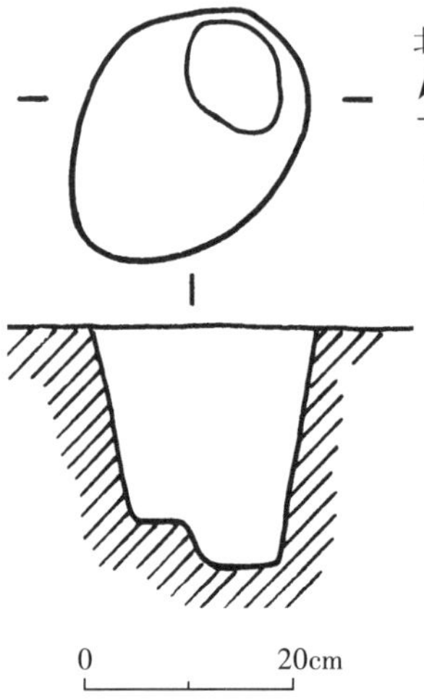

图五六七　庭城遗址第三期
D17 平、剖面图

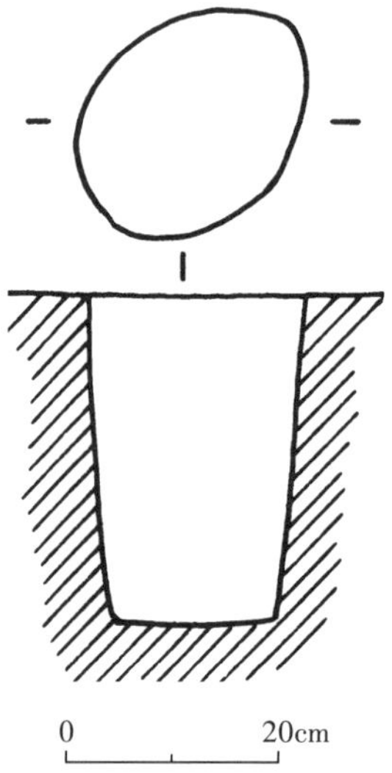

图五六八　庭城遗址第三期
D21 平、剖面图

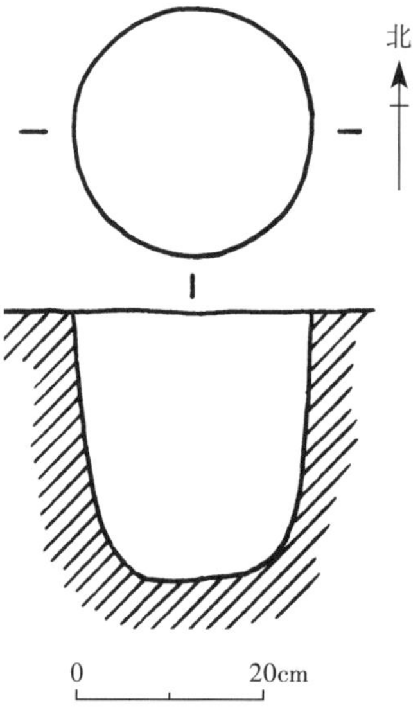

图五六九　庭城遗址第三期
D36 平、剖面图

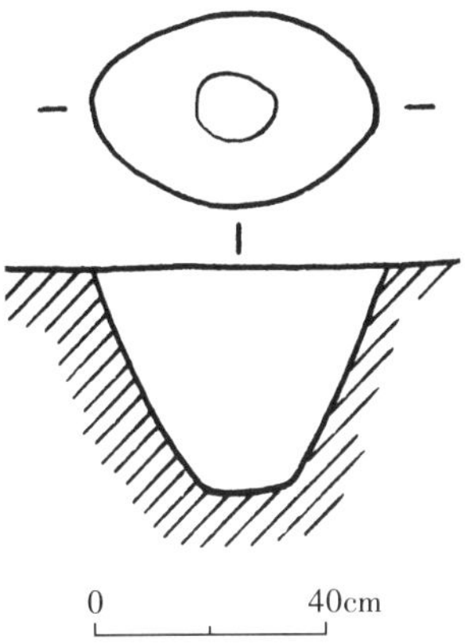

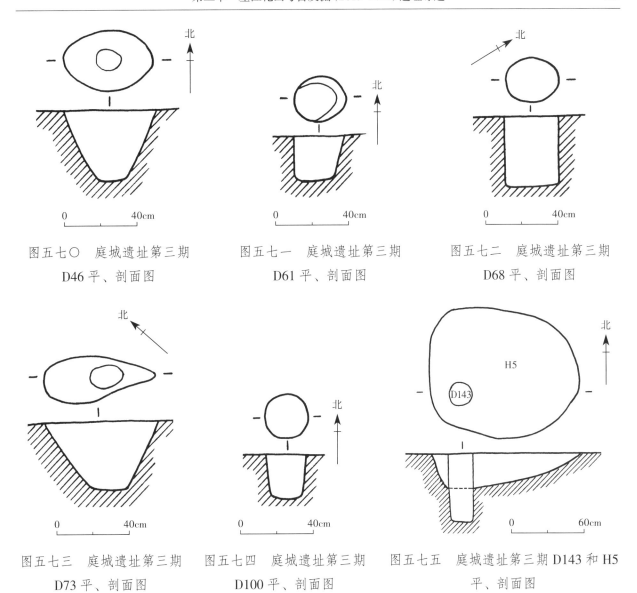

图五七〇　庭城遗址第三期 D46 平、剖面图

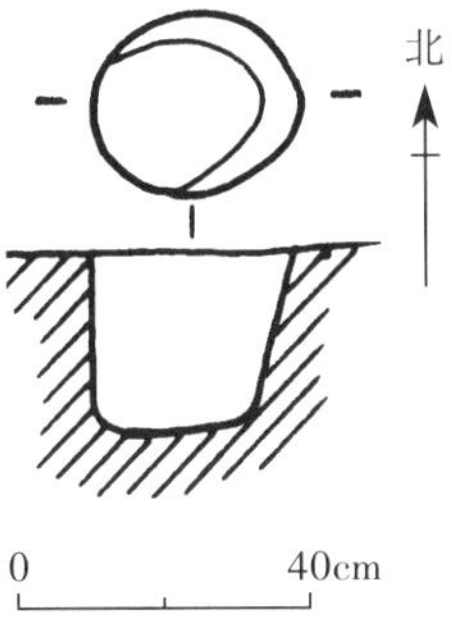

图五七一　庭城遗址第三期 D61 平、剖面图

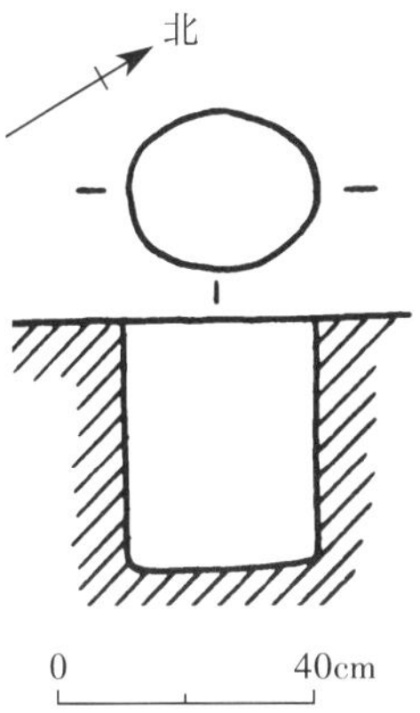

图五七二　庭城遗址第三期 D68 平、剖面图

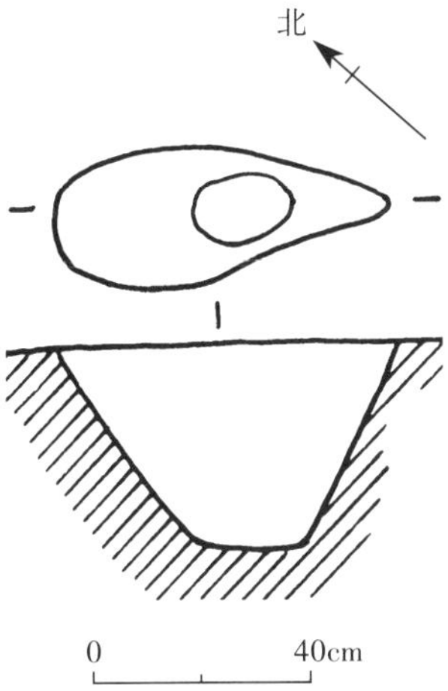

图五七三　庭城遗址第三期 D73 平、剖面图

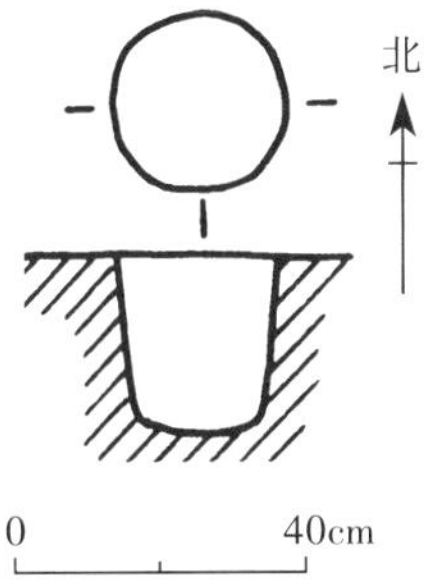

图五七四　庭城遗址第三期 D100 平、剖面图

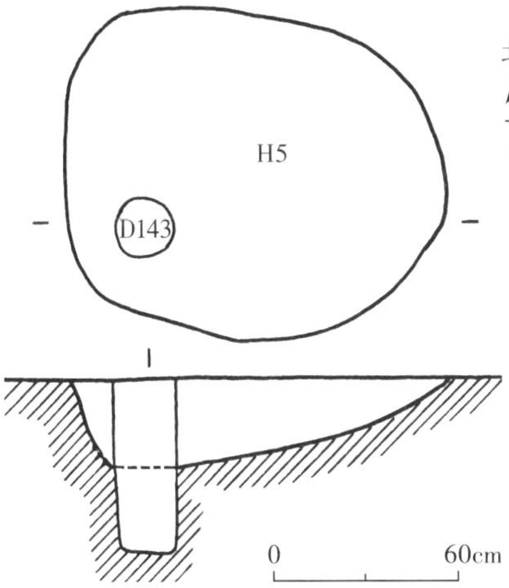

图五七五　庭城遗址第三期 D143 和 H5 平、剖面图

D100　位于 TS5E2 西北部。开口于 TS5E2 ②层下，打破第③ b 层。平面形状近圆形，微斜壁，平底。柱洞内填土为黑色沙土，土质疏松，纯净。口径 24cm，深 25cm（图五七四；彩版一二〇，2）。

2. 灰坑

1 个。编号为 H5。

H5　位于 TS5W1 西部和 TS5W2 东部。开口于 TS5W1 ②层下，打破第③ b 层，同时被 D143 打破。平面形状近椭圆形，斜壁，底部呈坡状，由东向西倾斜。口径 102~124cm，深 26cm。坑内填土为黑色沙土，土质较疏松，含少量碎瓦（图五七五）。

3. 沟

1 条。编号为 G1。

G1　位于 TS4W2 东北角、TS5W1 东北角、TS5E2 西北角和 TS5E1 的北部，开口于第②层下，

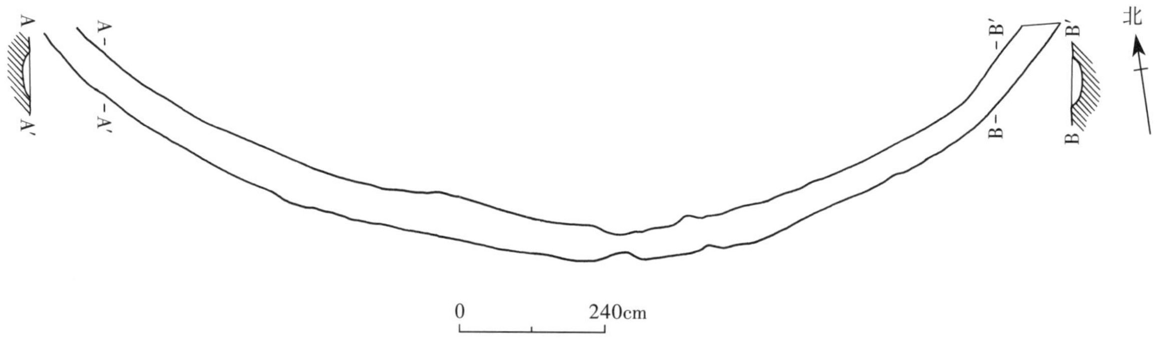

图五七六　庭城遗址第三期 G1 平、剖面图

打破第③ b 层。平面形状呈带状，弧壁，圜底。长 1830cm，宽 30~65cm，深 10~15cm。沟内填土为黑色沙土，较疏，较纯净（图五七六）。

（二）遗物

第三期文化遗物主要有瓦片、陶器、瓷器、铁制品、铜器和石制品六大类。其中瓦片最多，陶器和瓷器次之，铁制品、铜器和石制品数量很少。

1. 瓦片

数量众多，共选择收集 165 块。类型包括板瓦和筒瓦两种。

板瓦　125 块。均为残件。泥制。胎色有黄白、红黄和青灰三种类型。其中黄白色胎 78 块，占该期出土板瓦总数的 62.4%；红黄色胎 30 块，占该期出土板瓦总数的 24.0%；青灰色胎 17 块，占该期出土板瓦总数的 13.6%。胎色黄白和红黄者火候较低，胎质较软。胎色青灰者火候较高，胎质较坚硬。外背通常饰粗绳纹、凹弦纹或粗绳纹 + 凹弦纹，绳纹有纵向和斜向之分。内面多拍印凸点珠纹（或称麻点纹），少量为素面或饰篦点纹（图五七七、五七八）。

标本 2013GLTTN4E2 ②：1，板瓦残件。红黄色胎。火候较低，胎质较软。横截面微弧。外背饰斜向粗绳纹，内面饰少量凸点珠纹。残长 19.8cm，残宽 21.9cm，胎厚 1.0~1.9cm（图五七九，1）。

标本 2013GLTTN4E2 ②：4，板瓦残件。黄白色胎。火候较低，胎质较软。横截面微弧。一侧切面整齐。外背饰纵向和斜向粗绳纹及凹弦纹；内面饰凸点珠纹。残长 25.1cm，残宽 13.5cm，胎厚 0.9~1.1cm（图五七九，2）。

标本 2013GLTTN4E2 ②：5，板瓦残件。红黄色胎。火候较低，胎质较软。横截面微弧。一侧切面整齐。外背饰纵向粗绳纹，内面饰凸点珠纹。残长 30.1cm，残宽 18.4cm，胎厚 1.0~1.4cm（图五七九，3；彩版一二〇，3）。

标本 2013GLTTN3E1 ②：7，板瓦残件，为瓦头部分。青灰色胎。火候较高，胎质较坚硬。横截面微弧。外背有多条横向分布的粗大凸棱，内面为素面。残长 7.3cm，残宽 10.8cm，胎厚

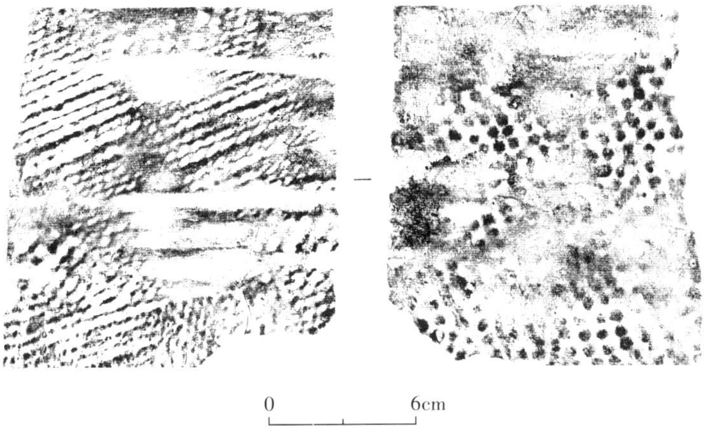

图五七七　庭城遗址第三期板瓦纹饰拓片

内面饰凸点珠纹、外面饰粗绳纹＋凹弦纹（2013GLTTN4E2②：4）

图五七八　庭城遗址第三期板瓦纹饰拓片

内面饰戳印篦点纹、外面饰粗绳纹＋凹弦纹（2014GLTD99：2）

0.7~1.0cm（图五七九，4）。

标本2013GLTTN3E2③：18，板瓦残件。黄白色胎。火候较低，胎质较软。横截面微弧。一侧切面整齐。瓦头部分外背有凸棱，大部分背面饰斜向粗绳纹，内面饰凸点珠纹。残长19.6cm，残宽28.8cm，胎厚1.0~1.8cm（图五八〇，1；彩版一二〇，4、5）。

标本2013GLTTG1②：14，板瓦残件。黄白色胎。火候较低，胎质较软。横截面微弧。一侧切面整齐。外背饰斜向粗绳纹，内面饰凸点珠纹。残长31.4cm，残宽26.8cm，胎厚1.0~1.6cm（图五八〇，2）。

标本2014GLTD99：2，板瓦残件。青灰色胎。火候较高，胎质较坚硬。横截面微弧。外背饰粗绳纹和凹弦纹，内面饰戳印篦点纹数排。残长13.4cm，残宽19.7cm，胎厚1.4~1.8cm（图五八一，1）。

标本2014GLTTS5W1②：12，板瓦残件。黄白色胎。火候较低，胎质较软。横截面微弧。

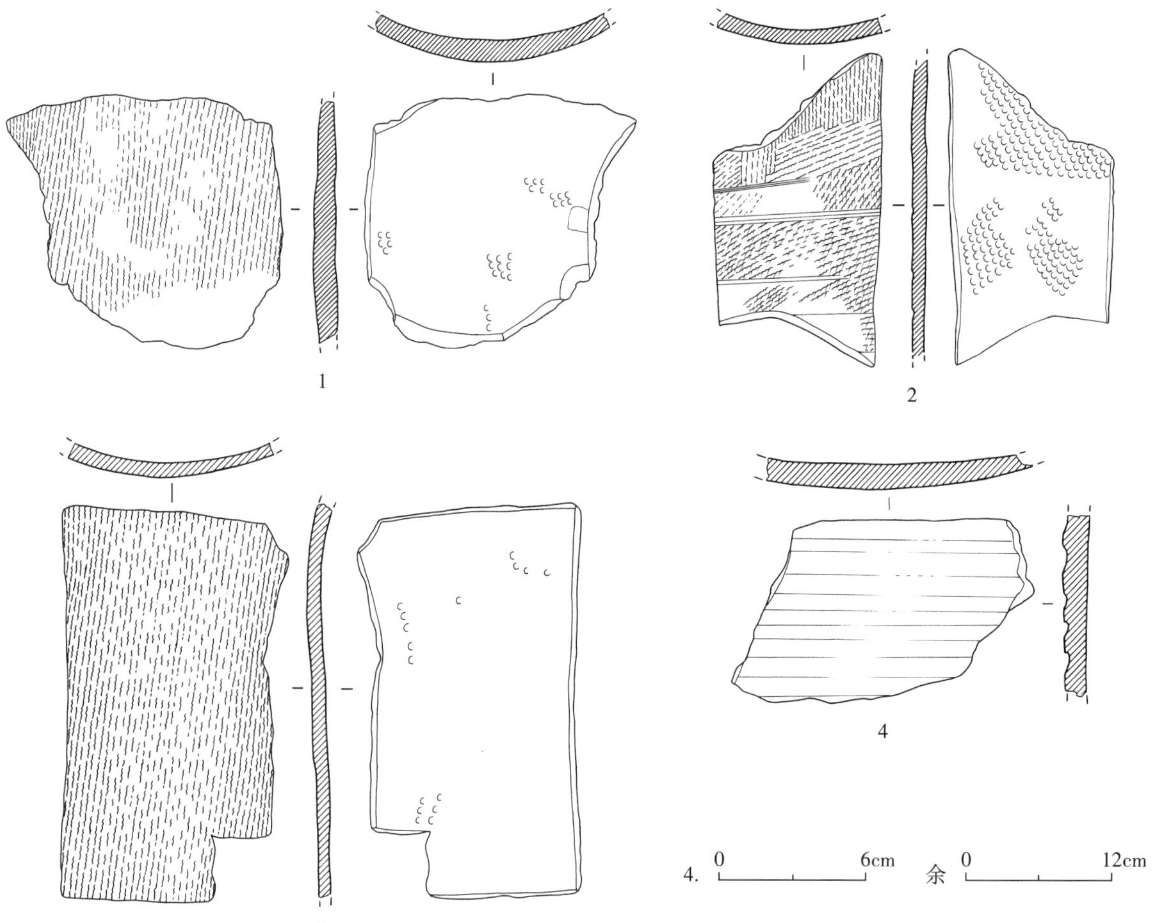

图五七九 庭城遗址第三期瓦片（一）

1~4. 板瓦残件（2013GLTTN4E2②：1、2013GLTTN4E2②：4、2013GLTTN4E2②：5、2013GLTTN3E1②：7）

外背饰斜向粗绳纹，内面饰少量凸点珠纹。残长13.8cm，残宽19.8cm，胎厚1.9~2.2cm（图五八一，2）。

筒瓦 40块。均为残件。泥制。胎色有黄白、青灰和红黄三种。其中黄白色胎22块，占该期出土筒瓦总数的55.0%；青灰色胎13块，占该期出土筒瓦总数的32.5%；红黄色胎5块，占该期出土筒瓦总数的12.5%。胎色黄白和红黄者火候较低，胎质较软。胎色青灰者火候较高，胎质较坚硬。切面齐整。部分筒瓦可以明显看出其制作方法为泥条盘筑。外背饰粗绳纹或粗绳纹+凹弦纹，绳纹有纵向、斜向两种，部分筒瓦靠近端沿处有划痕；内面多拍印凸点珠纹（或称麻点纹），少量素面或饰凸点珠纹+符号（图五八二、五八三）。

标本2013GLTTN4E2②：2，筒瓦残件。黄白色胎。火候较低，胎质较软。横截面呈半圆形。一侧切面齐整。外背饰斜向粗绳纹，内面饰凸点珠纹。残长18.7cm，残宽14.3cm，胎厚0.9~1.3cm（图五八一，3）。

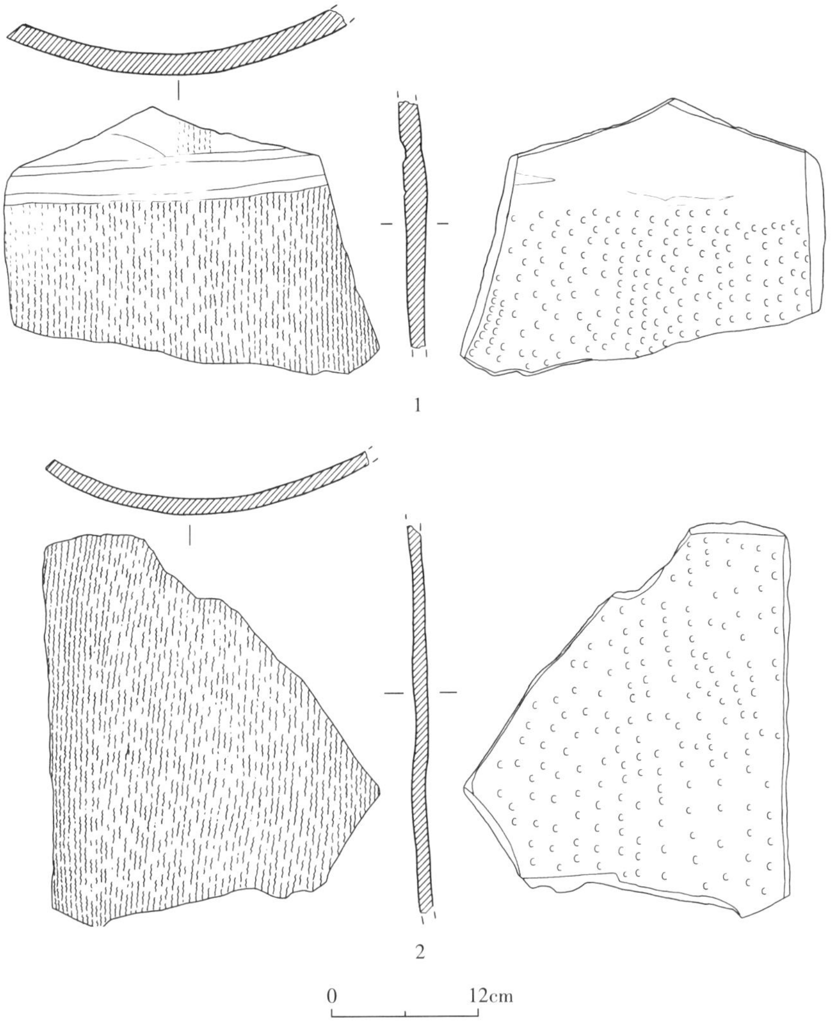

图五八〇　庭城遗址第三期瓦片（二）

1、2. 板瓦残件（2013GLTTN3E2 ③：18、2013GLTTG1 ②：14）

标本 2013GLTTN4E2 ②：3，筒瓦残件。红黄色胎。火候较低，胎质较软。横截面呈半圆形。一侧切面齐整。外背饰纵向粗绳纹，内面饰凸点珠纹。残长 17.2cm，残宽 13.9cm，胎厚 0.7~1.6cm（图五八一，5）。

标本 2013GLTTG1 ②：4，筒瓦残件，为瓦头部分。红黄色胎。火候较低，胎质较软。横截面呈半圆形。端沿微翘，一侧切面齐整。外背可见多条横向分布的粗大凸棱，棱上有指甲状的戳刺纹，其他地方可见纵向粗绳纹和凹弦纹。内面饰凸点珠纹。残长 11.0cm，残宽 7.6cm，胎厚 0.6~1.1cm（图五八一，4）。

标本 2013GLTTG1 ②：5，筒瓦残件，为瓦头部分。青灰色胎。火候较高，胎质较坚硬。端沿微翘，一侧切面齐整。横截面呈半圆形。外背可见横向分布的凸棱。背面饰纵向和斜向绳纹，近端沿处有一道划痕。内面饰凸点珠纹。残长 9.3cm，残宽 11.3cm，胎厚 0.5~0.9cm（图五八四，1）。

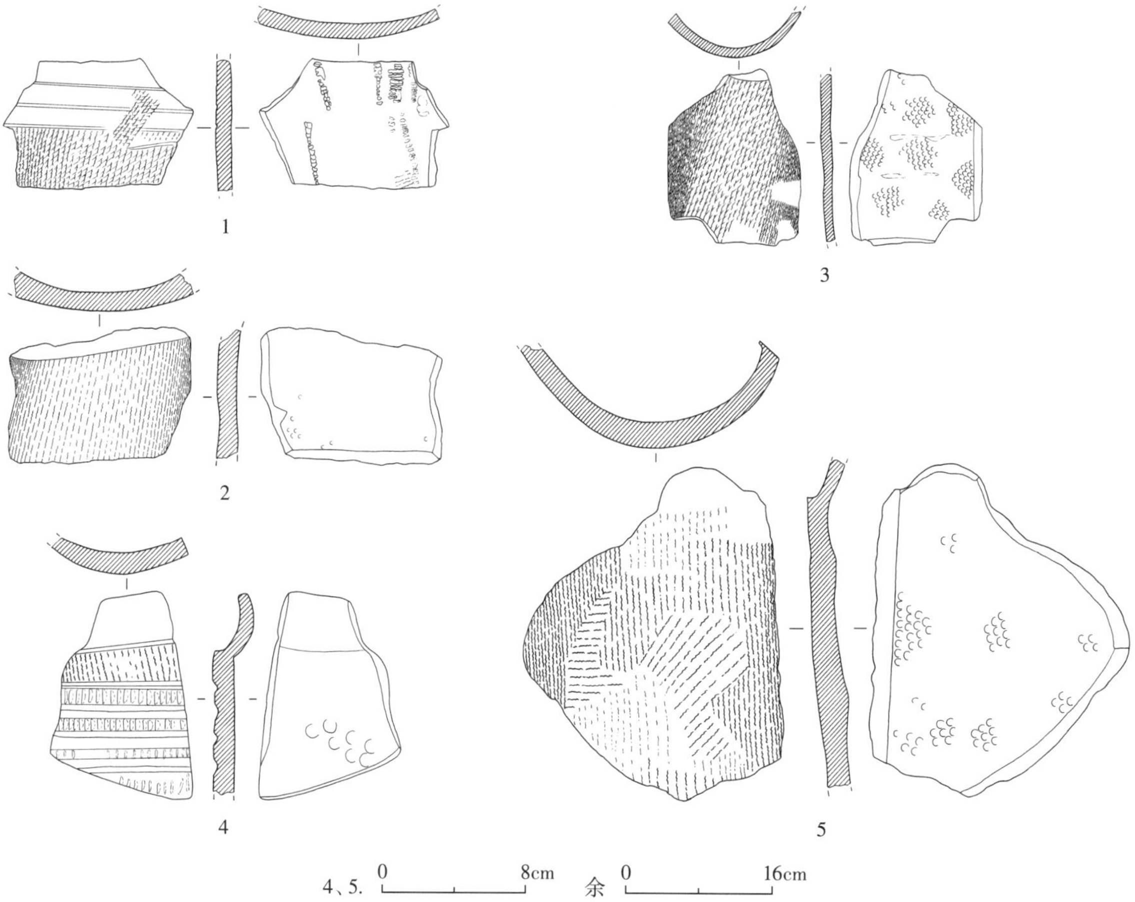

图五八一　庭城遗址第三期瓦片（三）

1、2. 板瓦残件（2014GLTD99：2、2014GLTTS5W1②：12）　3~5. 筒瓦残件（2013GLTTN4E2②：2、2013GLTTG1②：4、2013GLTTN4E2②：3）

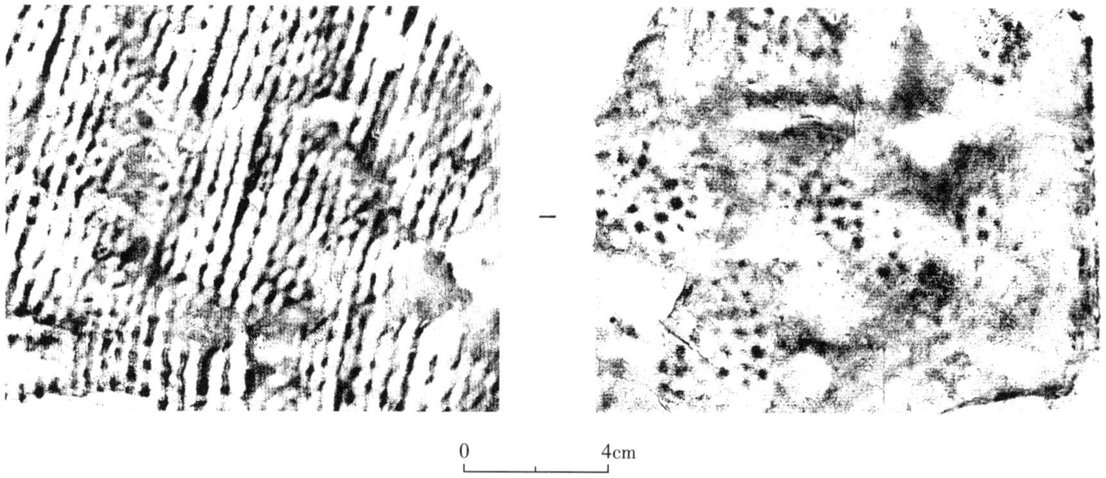

图五八二　庭城遗址第三期筒瓦纹饰拓片

内面饰凸点珠纹、外面饰粗绳纹（2013GLTTN4E2②：2）

标本 2013GLTTN3E2 ③ ：19，筒瓦残件。青灰色胎。火候较高，胎质坚硬。端沿微翘，两侧切面齐整。可以明显看出泥条盘筑迹象。外背饰斜向粗绳纹，内面饰凸点珠纹。残长 19.6cm，宽 13.7cm，胎厚 0.7~1.7cm（图五八四，2）。

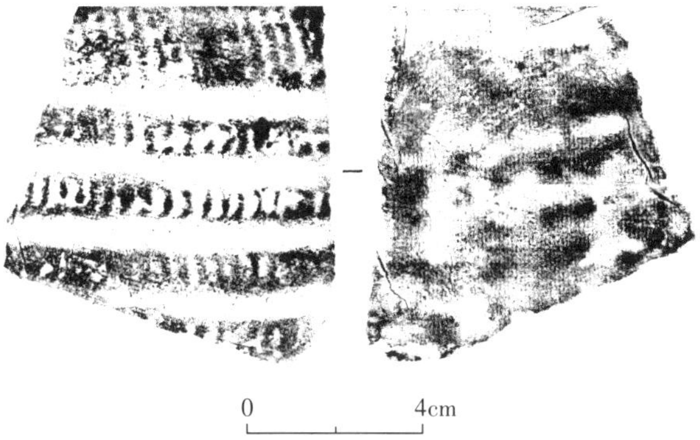

图五八三　庭城遗址第三期筒瓦纹饰拓片
外面饰戳刺纹 + 粗绳纹 + 凹弦纹、内面饰凸点珠纹
（2013GLTTG1 ②：4）

2. 陶器

149 件（片）。大部分为陶片，只有少量完整器和可复原器物。器物类型有纺轮、网坠、罐、瓮、钵和碗等。其中陶纺轮 6 件，占该期出土陶器（片）总数的 4.03%；陶网坠 92 件，占该期出土陶器（片）总数的 61.74%；其他陶器共 51 件（片），占该期出土陶器（片）总数的 34.23%。51 件陶器（片）中，除少量完整器和可复原器外，大部分为器物残片；陶质以青灰色硬陶为主，有少量灰陶和红陶，以素面为主，少量有纹饰，纹饰有米字纹、方格纹、戳印纹和弦纹（图五八五、五八六）。

陶纺轮　6 件。青灰色胎，质地坚硬。呈算珠状，中间有一纵向圆孔。表面光滑，多为素面。

标本 2013GLTTN3E3 ②：1，素面。直径 3.4cm，高 3.2cm，圆孔直径 0.5cm（图五八四，3）。

标本 2013GLTTN3E3 ③：1，两端各饰有一道弦纹。直径 3.8cm，高 3.5cm，圆孔直径 0.4cm（图五八四，4）。

标本 2014GLTTS4W3 ②：2，素面。直径 3.5cm，高 3.3cm，圆孔直径 0.5cm（图五八四，5）。

标本 2014GLTTS5E2 ②：3，素面。直径 3.3cm，高 2.9cm，圆孔直径 0.5cm（图五八四，6）。

陶网坠　92 件。根据其外部形态特征，分为 A、B、C 三型。

A 型　5 件。椭圆形。占该文化层出土陶网坠总数的 5.43%。表面光滑，共有六道凹槽，其中正反面各有一道纵向凹槽，两侧各有两道横向凹槽，两侧凹槽相互对称。

标本 2013GLTTN3E2 ②：2，青灰色，质地较硬，残缺一角。长 2.6cm，宽 2.4cm，厚 1.3~1.9cm（图五八四，7）。

标本 2013GLTTN3E2 ③：4，青灰色，质地较硬。长 3.1cm，宽 3.1cm，厚 1.1~2.2cm（图五八四，8）。

标本 2013GLTTN4E2 ③：1，青灰色，质地较软。长 2.1cm，宽 2.1cm，厚 0.8~1.4cm（图五八七，1）。

标本 2014GLTTS6E1 ②：7，黄白色，质地较软。长 4.0cm，宽 3.7cm，厚 1.5~2.5cm（图五八七，2；彩版一二一，1）。

标本 2014GLTTS6E1 ②：8，黄白色，质地较软。长 3.2cm，宽 2.8cm，厚 1.3~2.0cm（图

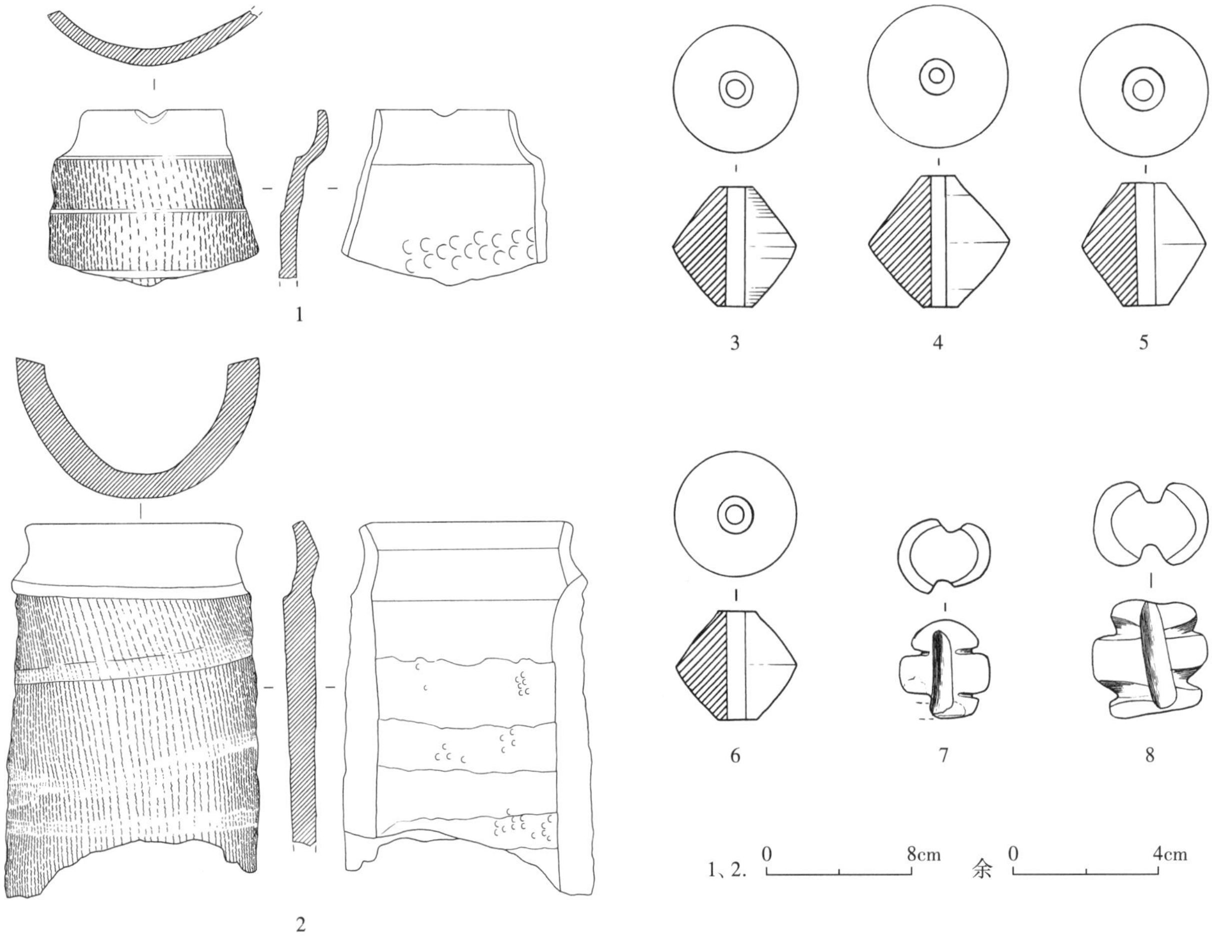

图五八四　庭城遗址第三期瓦片（四）

1、2. 筒瓦残件（2013GLTTG1 ②：5、2013GLTTN3E2 ③：19）　3~6. 陶纺轮（2013GLTTN3E3 ②：1、2013GLTTN3E3 ③：1、2014GLTTS4W3 ②：2、2014GLTTS5E2 ②：3）　7、8. A 型陶网坠（2013GLTTN3E2 ②：2、2013GLTTN3E2 ③：4）

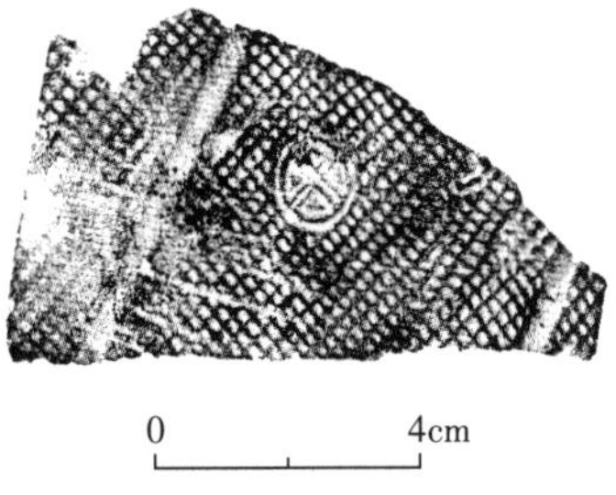

图五八五　庭城遗址第三期陶器纹饰拓片

方格纹加弦纹加圆形戳印纹（2013GLTTN3E2 ②：1）

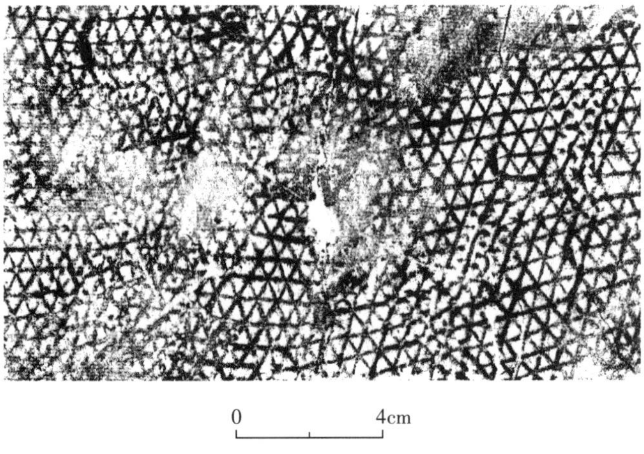

图五八六　庭城遗址第三期陶器纹饰拓片

米字纹（2013GLTTG1 ②：1）

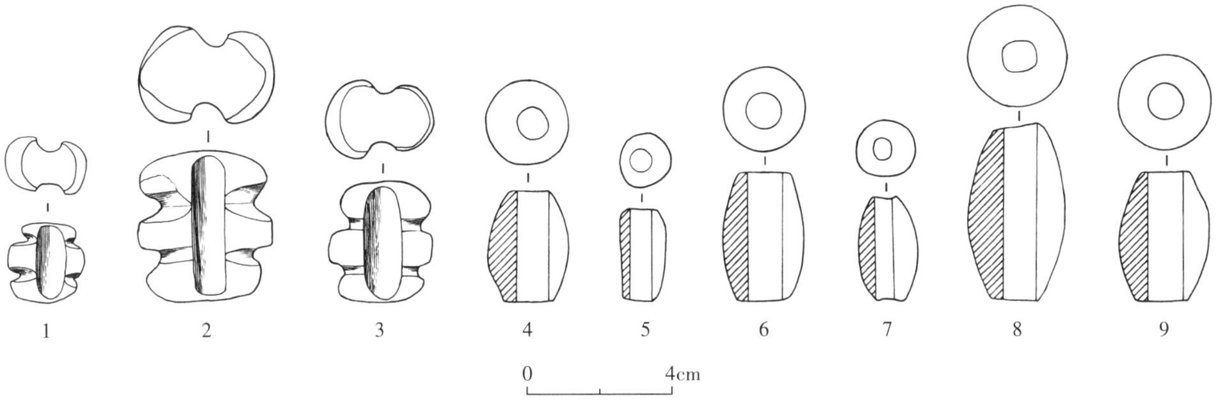

图五八七　庭城遗址第三期陶器（一）

1~3. A 型陶网坠（2013GLTTN4E2 ③：1、2014GLTTS6E1 ②：7、2014GLTTS6E1 ②：8）　4~9. B 型陶网坠（2013GLTTN3E1 ②：3、2014GLTTS5W1 ②：2、2014GLTTS5W1 ②：4、2014GLTTS5W2 ②：5、2014GLTTS5W2 ②：17、2014GLTTS5E1 ②：10）

五八七，3）。

B 型　67 件。橄榄形。占该文化层出土陶网坠总数的 73.91%。中间有一纵向圆孔。表面光滑，素面。

标本 2013GLTTN3E1 ②：3，青灰色，质地较硬。长 2.9cm，宽 2.2cm，圆孔直径 0.9cm（图五八七，4；彩版一二一，2）。

标本 2014GLTTS5W1 ②：2，黄白色，质地较软。长 2.4cm，宽 1.3cm，圆孔直径 0.6cm（图五八七，5）。

标本 2014GLTTS5W1 ②：4，黄灰色，质地较软。长 3.4cm，宽 2.2cm，圆孔直径 0.9cm（图五八七，6）。

标本 2014GLTTS5W2 ②：5，黄灰色，质地较软。长 2.8cm，宽 1.6cm，圆孔直径 0.5cm（图五八七，7）。

标本 2014GLTTS5W2 ②：17，青灰色，质地较硬。长 4.7cm，宽 2.6cm，圆孔直径 0.9cm（图五八七，8）。

标本 2014GLTTS5E1 ②：10，青灰色，质地较硬。长 3.4cm，宽 2.4cm，圆孔直径 1.0cm（图五八七，9）。

标本 2014GLTTS5E2 ②：8，青灰色，质地较硬。长 3.3cm，宽 1.8cm，圆孔直径 0.6cm（图五八八，1）。

标本 2014GLTTS6E1 ②：2，黄灰色，质地较软。长 1.6cm，宽 1.2cm，圆孔直径 0.4cm（图五八八，2）。

标本 2014GLTTS2W4 ②：2，青灰色，质地较硬。长 3.0cm，宽 2.4cm，圆孔直径 0.9cm（图五八八，3）。

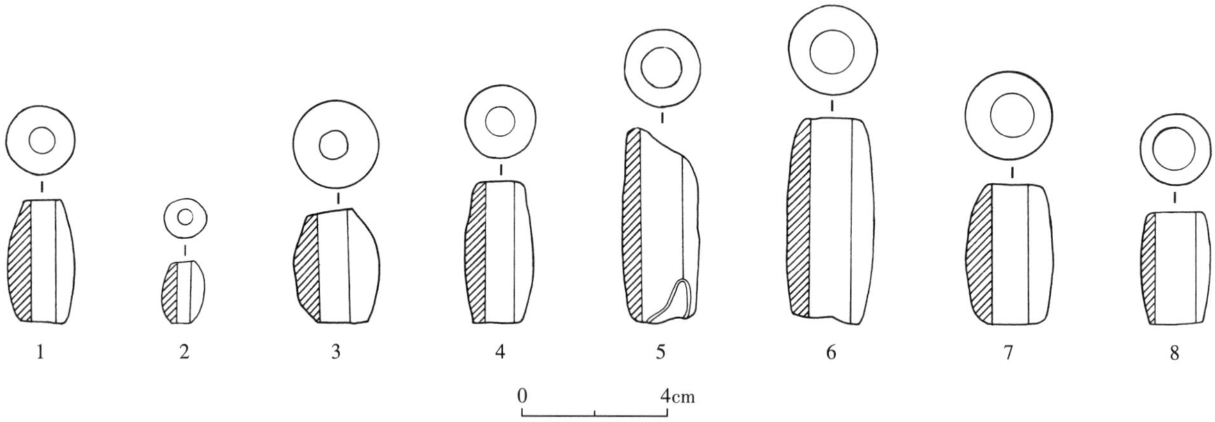

图五八八　庭城遗址第三期陶器（二）

1~3. B 型陶网坠（2014GLTTS5E2 ②：8、2014GLTTS6E1 ②：2、2014GLTTS2W4 ②：2）　4~8. C 型陶网坠（2013GLTTN3E2 ②：3、2013GLTTN3E2 ②：4、2013GLTTN3E2 ③：2、2014GLTTS5E1 ②：7、2014GLTTS5E1 ②：8）

C 型　20 件。圆柱形。占该文化层出土陶网坠总数的 20.65%。中部微微鼓起，中间有一纵向圆孔。表面光滑，素面。

标本 2013GLTTN3E2 ②：3，青灰色，质地较硬。长 3.8cm，宽 1.9cm，圆孔直径 0.8cm（图五八八，4）。

标本 2013GLTTN3E2 ②：4，两端均有残缺。黑色，夹砂，质地较硬。长 5.2cm，宽 2.1cm，圆孔直径 1.1cm（图五八八，5）。

标本 2013GLTTN3E2 ③：2，两端均有残缺。黄灰色，夹砂，质地较硬。残长 5.4cm，宽 2.4cm，圆孔直径 1.1cm（图五八八，6；彩版一二一，3）。

标本 2014GLTTS5E1 ②：7，红黄色，质地较软。长 3.7cm，宽 2.3cm，圆孔直径 1.0cm（图五八八，7）。

标本 2014GLTTS5E1 ②：8，青灰色，质地较软。长 3.0cm，宽 1.9cm，圆孔直径 1.1cm（图五八八，8）。

标本 2014GLTTS5E2 ②：4，两端残缺。青灰色，质地较软。残长 3.5cm，宽 1.6cm，圆孔直径 0.6cm（图五八九，1）。

标本 2014GLTTS6E1 ②：3，一端部分残缺。灰黄色，质地较软。长 3.4cm，宽 2.1cm，圆孔直径 1.2cm（图五八九，2）。

标本 2014GLTTS6E1 ②：14，青灰色，质地较软。长 3.5cm，宽 1.7cm，圆孔直径 0.9cm（图五八九，3）。

标本 2014GLTTS5W2 ②：25，一端部分残缺。黄白色，质地较软。长 2.5cm，宽 1.9cm，圆孔直径 0.8cm（图五八九，4）。

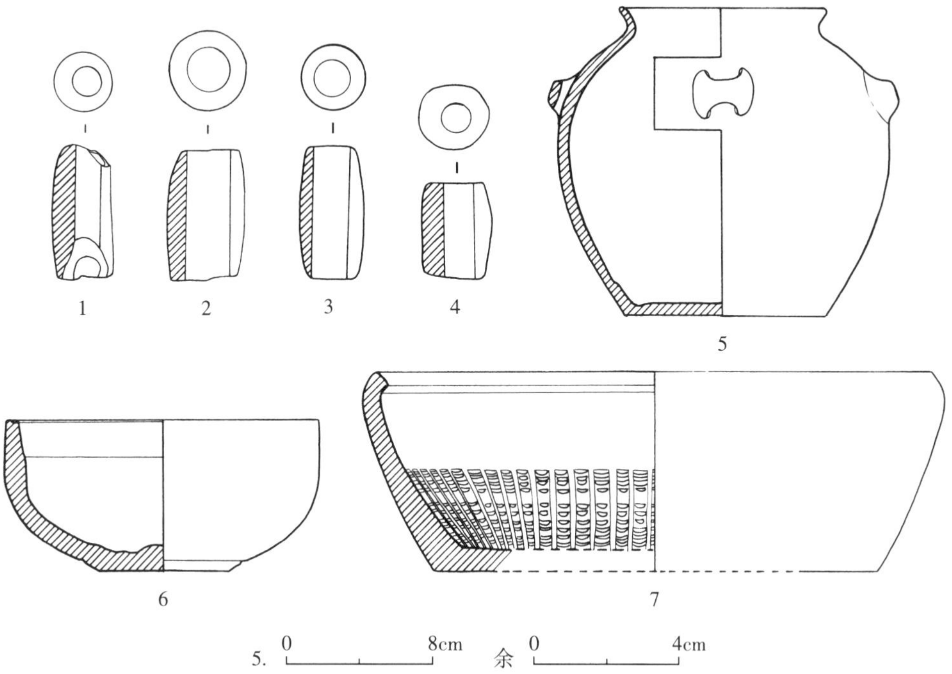

图五八九　庭城遗址第三期陶器（三）

1~4. C 型陶网坠（2014GLTTS5E2 ②：4、2014GLTTS6E1 ②：3、2014GLTTS6E1 ②：14、2014GLTTS5W2 ②：25）　5. 四系罐（2014GLTTS6W1 ②：1）　6. 陶碗（2014GLTD101：1）　7. 陶擂钵（2013GLTTN3E1 ③：16）

四系罐　1 件。

标本 2014GLTTS6W1 ②：1，陶质为灰陶。敞口，圆唇，束颈，圆肩，平底。肩部对称横置四个桥形耳，过耳处饰有弦纹一道。口径 11.3cm，腹径 18.2cm，底径 11.5cm，高 16.3cm，胎厚 0.4~0.8cm（图五八九，5）。

陶碗　1 件。为残件，可复原。

标本 2014GLTD101：1，残，仅剩一半。陶质为灰陶。直口，方唇，弧腹，平底。素面。口径 8.6cm，底径 3.6cm，高 4.0cm，胎厚 0.4~0.7cm（图五八九，6）。

陶擂钵　1 件。为残片，可复原。

标本 2013GLTTN3E1 ③：16，陶质为青灰陶。敛口，圆唇，平底。内部刻划有篦点纹。口径 15.0cm，底径 12.0cm，高 5.3cm，胎厚 0.5~0.9cm（图五八九，7；彩版一二一，4）。

陶罐残件　40 件。均为灰色硬陶。根据器身残留部位的不同情况，可分为口沿残件、底部残件和肩腹残件三种类型。其中口沿 15 件，占该文化层出土陶罐残件总数的 37.5%；底部残件 8 件，占该文化层出土陶罐残件总数的 20.0%；肩腹残件 17 件，占该文化层出土陶罐残件总数的 42.5%。

第一类　陶罐口沿残件。15 件。依据唇部的不同情况，可以分为 A、B、C 型。

A 型　9 件。尖圆唇。

标本 2014GLTTS4W3 ②：3，敞口，束颈，斜肩。素面。口径 15.1cm，残高 4.3cm，胎厚 0.4~0.5cm（图五九〇，1）。

标本 2014GLTTS4W3 ②：5，敞口，束颈，斜肩。素面。口径 13.6cm，残高 5.0cm，胎厚 0.3~0.7cm（图五九〇，2）。

标本 2014GLTTS5E2 ②：13，敞口，束颈，斜肩。素面。口径 14.0cm，残高 3.4cm，胎厚 0.5~0.7cm（图五九〇，3）。

标本 2014GLTTS5W1 ②：9，敞口，束颈，斜肩。素面。口径 16.8cm，残高 6.5cm，胎厚 0.6~0.8cm（图五九〇，4）。

标本 2014GLTTS5W1 ②：10，敞口，束颈，斜肩。素面。口径 15.6cm，残高 3.7cm，胎厚 0.6~0.7cm（图五九〇，5）。

标本 2014GLTTS5W2 ②：31，敞口，束颈，斜肩。素面。肩部带耳，耳已残缺。口径 10.8cm，残高 5.1cm，胎厚 0.5~0.8cm（图五九〇，6）。

标本 2014GLTTS6E2 ②：8，敞口，束颈，斜肩。素面。口径 11.2cm，残高 5.3cm，胎厚 0.4~0.8cm（图五九一，1）。

B 型　4 件。圆唇。

标本 2014GLTTS5W2 ②：32，敞口，束颈，斜肩。素面。口径 14.2cm，残高 3.0cm，胎厚 0.5~

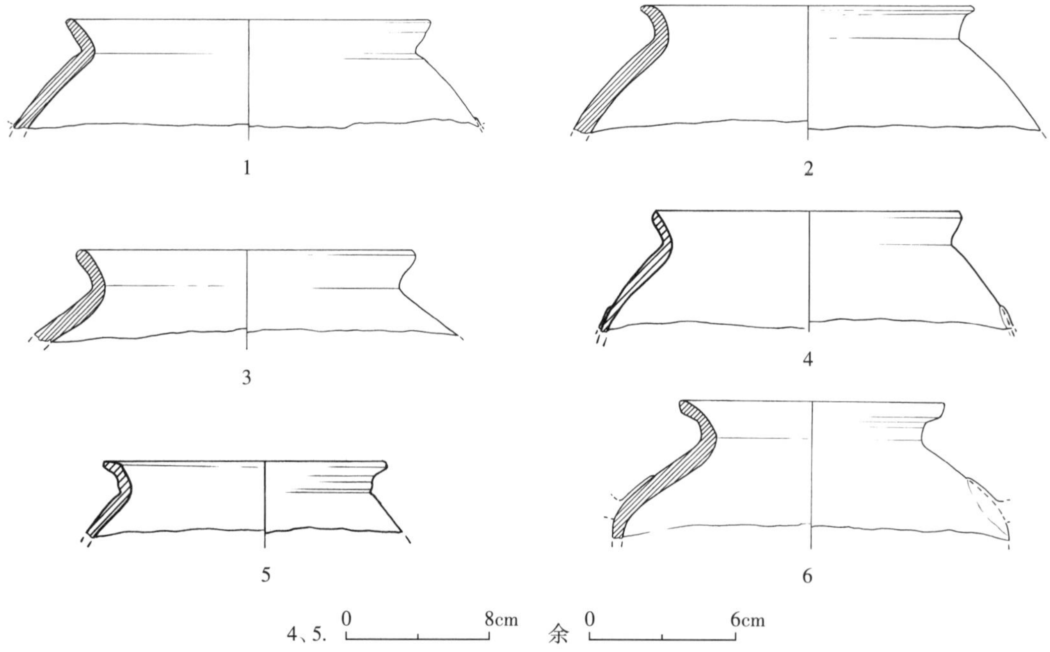

图五九〇　庭城遗址第三期陶器（四）

1~6. A 型陶罐口沿残件（2014GLTTS4W3 ②：3、2014GLTTS4W3 ②：5、2014GLTTS5E2 ②：13、2014GLTTS5W1 ②：9、2014GLTTS5W1 ②：10、2014GLTTS5W2 ②：31）

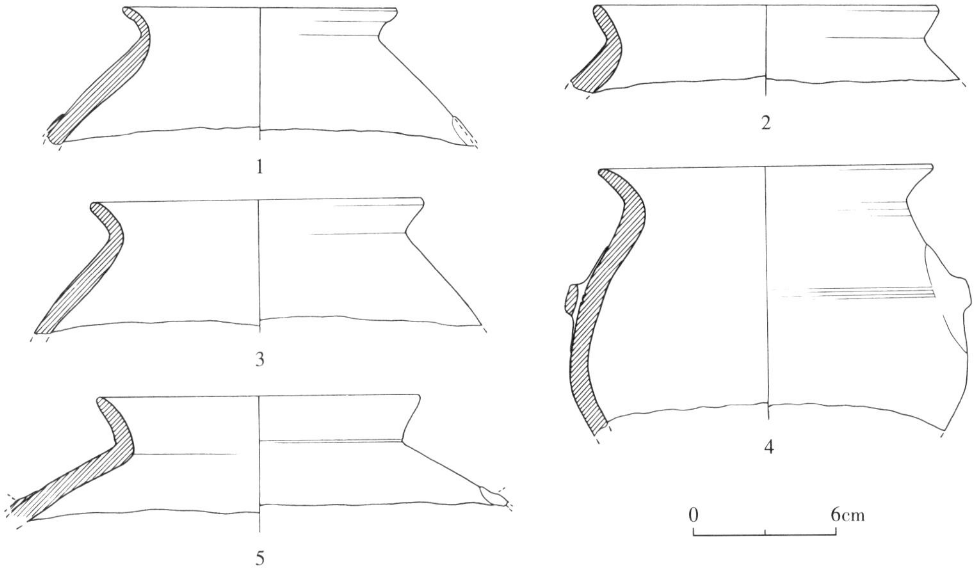

图五九一　庭城遗址第三期陶器（五）

1. A 型陶罐口沿残件（2014GLTTS6E2②：8）　2~5. B 型陶罐口沿残件（2014GLTTS5W2②：32、2014GLTTS5W2②：34、2014GLTH1：1、2014GLTTS5E1②：5）

1.0cm（图五九一，2）。

标本 2014GLTTS5W2②：34，敞口，束颈，斜肩。素面。口径 13.6cm，残高 5.2cm，胎厚 0.5~0.7cm（图五九一，3）。

标本 2014GLTH1：1，敞口，束颈，斜肩。肩部横置一桥形耳。颈部及过耳处分别饰两道弦纹。口径 13.8cm，残高 10.6cm，胎厚 0.4~0.9cm（图五九一，4）。

标本 2014GLTTS5E1②：5，敞口，束颈，斜肩。肩部带双耳，但耳已残缺。素面。口径 13.2cm，残高 5.0cm，胎厚 0.5~07cm（图五九一，5）。

C 型　2 件。方唇。

标本 2014GLTTS6E1②：21，敞口，唇外翻，束颈，斜肩。肩部横置一桥形耳，素面。口径 14.4cm，残高 11.0cm，胎厚 0.4~1.0cm（图五九二，1）。

标本 2014GLTTS5E2②：11，敞口，束颈，斜肩。肩部带四耳，但耳已残缺。素面。口径 12.4cm，残高 6.6cm，胎厚 0.5~0.8cm（图五九二，2）。

第二类　陶罐底部残件。8 件。均为底部残件，依底部特征可分为两型。

A 型　6 件。平底。

标本 2014GLTTS5W2②：41，下腹斜弧，平底。素面。底径 9.8cm，残高 8.0cm，胎厚 0.5~1.0cm（图五九二，3）。

标本 2014GLTTS5E2②：12，下腹斜弧，平底。素面。底径 18.4cm，残高 3.7cm，胎厚 0.6~1.2cm（图五九二，4）。

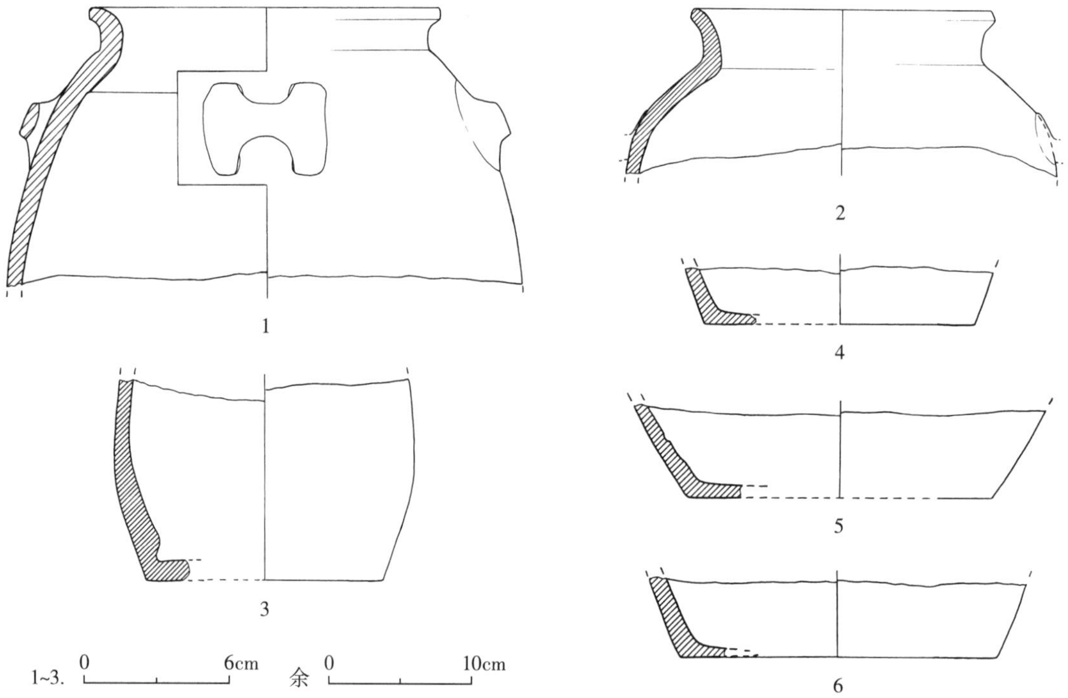

图五九二　庭城遗址第三期陶器（六）

1、2. C 型陶罐口沿残件（2014GLTTS6E1 ②：21、2014GLTTS5E2 ②：11）　3~6. A 型陶罐底部残件（2014GLTTS5W2 ②：41、2014GLTTS5E2 ②：12、2014GLTTS6E1 ②：24、2013GLTTN3E1 ②：12）

标本 2014GLTTS6E1 ②：24，下腹斜弧，平底。素面。底径 20.8cm，残高 6.0cm，胎厚 0.8~1.0cm（图五九二，5）。

标本 2013GLTTN3E1 ②：12，下腹斜弧，平底。素面。底径 21.6cm，残高 5.0cm，胎厚 0.6~1.2cm（图五九二，6）。

B 型　2 件。凹底。

标本 2013GLTTN3E1 ②：13，下腹斜弧，底微凹。素面。底径 19.0cm，残高 4.4cm，胎厚 0.6~1.0cm（图五九三，1）。

第三类　陶罐器身其他部位残件。17 件。主要为肩部和腹部残片。

标本 2013GLTTN3E2 ②：1，为一近三角形罐身残片。外表饰方格纹、弦纹和圆形戳印纹。残长 9.1cm，残宽 5.4cm，胎厚 0.8~1.0cm（图五九三，3）。

陶瓮残件　5 件。根据器身残留部分的不同情况，分为器底残件和器身其他部位残件两种类型。其中器底残件 3 件，占该文化层出土陶瓮残件总数的 60%；器身其他部位残件 2 件，占该文化层出土陶瓮残件总数的 40%。

第一类　陶瓮底部残件。3 件。硬陶。均为平底。陶色分红色和青灰色两种。红陶为素面。

标本 2014GLTTS5W2 ②：42，青灰色硬陶。平底，斜下腹。下腹部饰方格纹和圆形戳印纹。

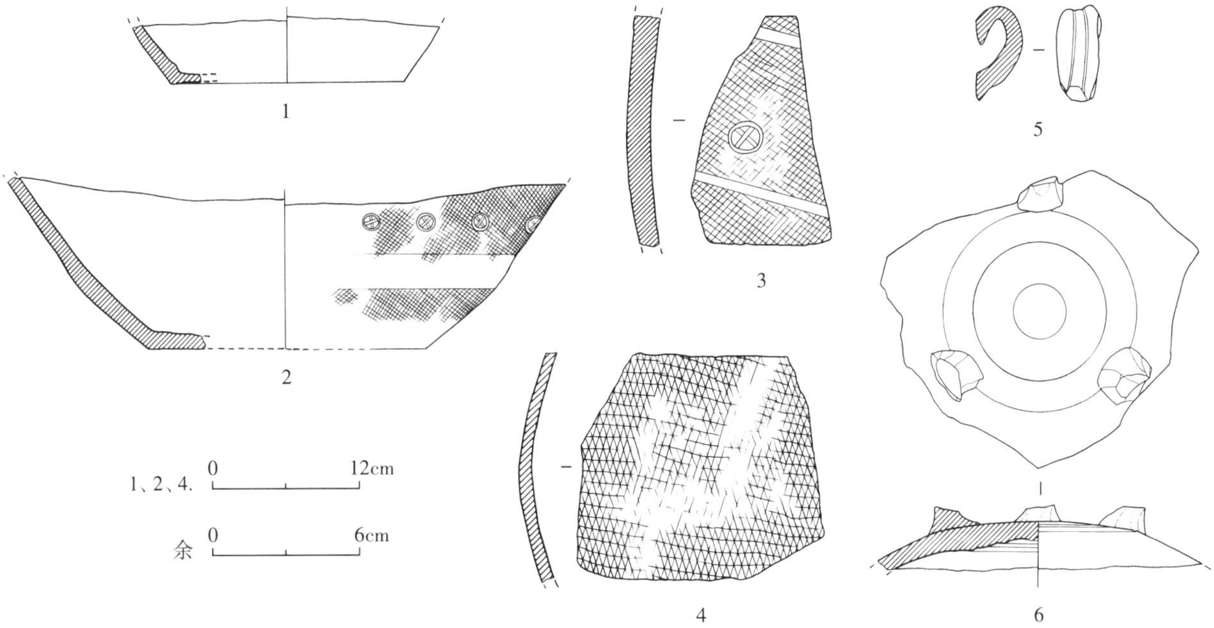

图五九三　庭城遗址第三期陶器（七）

1. B型陶罐底部残件（2013GLTTN3E1②：13）　2. 陶瓮底部残件（2014GLTTS5W2②：42）　3. 陶罐腹部残片（2013GLTTN3E2②：1）　4. 陶瓮腹部残件（2013GLTTG1②：1）　5. 陶器耳（2014GLTTS6E2②：5）　6. 陶器盖（2014GLTTS6W1②：2）

底径22.4cm，残高13.6cm，胎厚1.0~1.5cm（图五九三，2）。

第二类　陶瓮器身其他部位残件。2件。硬陶。陶色分黄色和青灰色两种。

标本2013GLTTG1②：1，黄色硬陶。为形状近四边形的陶瓮腹部残件。饰米字纹。残长20.2cm，残宽18.1cm，胎厚0.9~1.0cm（图五九三，4）。

陶器耳　1件。

标本2014GLTTS6E2②：5，灰陶。由三根泥条叠塑而成。长3.9cm，宽1.8cm，厚0.5~0.8cm（图五九三，5）。

陶器盖　1件。为残片。

标本2014GLTTS6W1②：2，灰色硬陶。盖面有三个凸起，呈“品”字形分布，其中一个已残。素面。残宽13.3cm，残高2.0cm，耳高1.1cm，胎厚0.6~1.0cm（图五九三，6）。

3. 瓷器

21件。胎色以灰白为主，胎质硬度不高。釉色以青灰和青黄为主，部分兼施酱釉，釉剥落严重。器类只见碗一种，除少量可复原外，大部分为不同部位的残片。依据器身残留部位的不同情况，可分为碗（可复原）、碗底、碗口沿。

碗（可复原）　5件。

标本2014GLTTS6E1②：19，底残，可复原。敞口，圆唇，斜弧腹，平底。胎色灰白，胎质硬度不高。施青灰釉，釉大部分已剥落，外部施釉不及底。碗内饰有一道弦纹。口径 18.2cm，残高 5.0cm，胎厚 0.5~0.8cm（图五九四，1）。

标本 2014GLTTS6W1②：4，底残，可复原。敞口，圆唇，斜弧腹，平底，腹内侧中部有一内折。胎色灰白，胎质硬度不高。施青灰釉，釉大部分已剥落，外部施釉不及底。口径 18.0cm，残高 4.6cm，胎厚 0.5~1.0cm（图五九四，3）。

标本 2014GLTTS5W3②：3，残，可复原。胎色灰白，胎质较疏松。敞口，圆唇，近平底。施青黄釉，釉大部分已剥落，外部施釉不及底。内部饰有一道弦纹。口径 18.8cm，底径 4.2cm，高 5.0cm，胎厚 0.4~0.7cm（图五九四，2）。

标本 2014GLTTS5W1②：7，残，可复原。胎色灰白，胎质较疏松。敞口，圆唇，圜底，宽圈足。施青灰釉，釉大部分已剥落，外部施釉不及底。口径 13.6cm，足径 5.0cm，高 4.7cm，圈足厚 1.9cm，胎厚 0.5~0.8cm（图五九四，4；彩版一二一，5）。

标本 2014GLTTS5W3②：2，残，可复原。胎色灰白，胎质较疏松。敞口，圆唇，近平底，宽圈足，但圈足已脱落不见。器身施釉以青黄釉为主，口沿施酱釉，釉不及底，釉大部分已剥落。近碗底内壁用青釉及酱釉饰有水波纹。口径 15.6cm，残高 4.7cm，胎厚 0.3~0.7cm（图五九四，5）。

碗底残件 10 件。依底部特征分两型。

A 型 2 件。无圈足。

标本 2014GLTTS4W2②：1，胎色灰白，胎质硬度不高。下腹部斜弧，近平底，底部较厚。施青黄釉，釉大部分已剥落。底径 4.8cm，残高 3.0cm，胎厚 0.4~1.1cm（图五九五，1）。

标本 2014GLTTS5W2②：30，胎色灰白，胎质硬度不高。下腹部斜弧，平底，施青黄釉，釉大部分已剥落。底径 7.0cm，残高 1.5cm，胎厚 0.6~1.0cm（图五九五，2）。

B 型 8 件。带圈足。依圈足特征可分 Ba 亚型和 Bb 亚型。

Ba 型 3 件。薄壁圈足（厚度小于 1.2cm）。

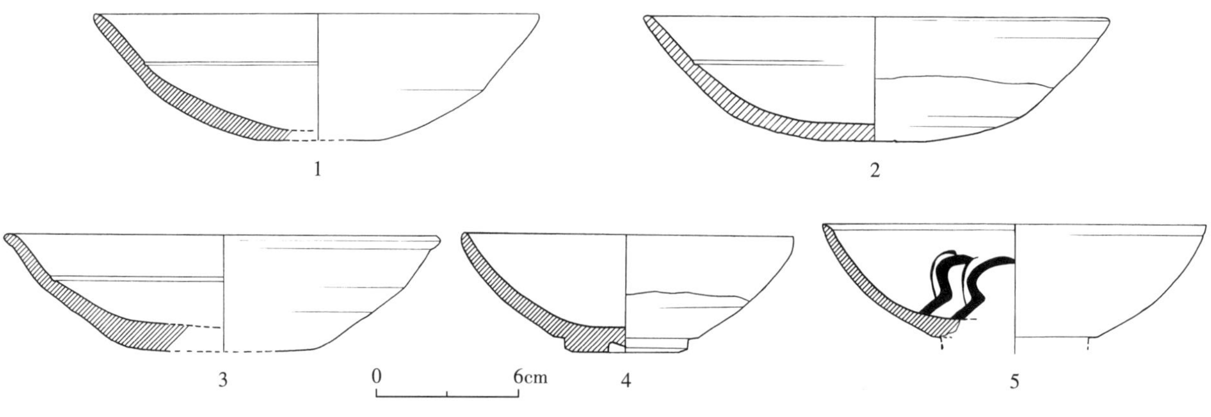

图五九四 庭城遗址第三期瓷器（一）

1~5. 瓷碗（2014GLTTS6E1②：19、2014GLTTS5W3②：3、2014GLTTS6W1②：4、2014GLTTS5W1②：7、2014GLTTS5W3②：2）

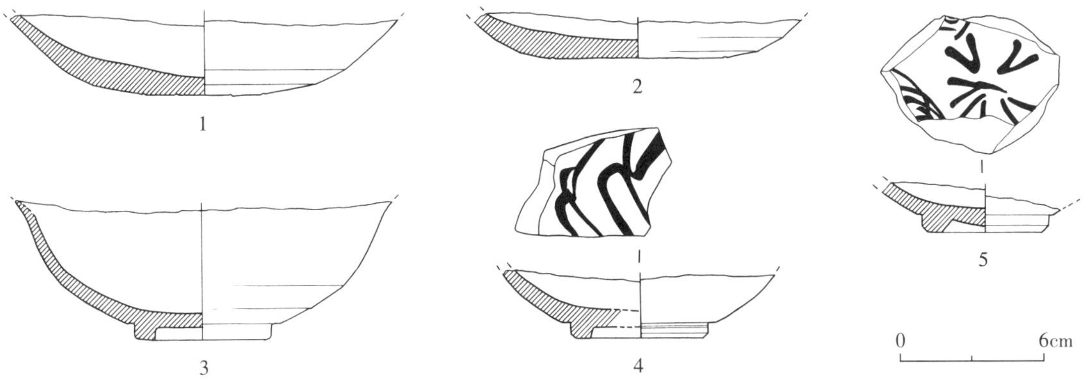

图五九五　庭城遗址第三期瓷器（二）

1、2. A型瓷碗底残件（2014GLTTS4W2②：1、2014GLTTS5W2②：30）　3~5. Ba型瓷碗底残件（2014GLTTS5W3②：1、2013GLTTN3E1②：14、2014GLTTS5E2②：16）

标本2014GLTTS5W3②：1，胎色灰白，胎质硬度不高。下腹部斜弧，圜底。施青黄釉，釉大部分已剥落。外部施釉不及底。碗底内部饰有纹饰，已看不清。足径5.6cm，残高5.5cm，胎厚0.4~0.55cm，圈足厚0.9cm（图五九五，3；彩版一二一，6）。

标本2013GLTTN3E1②：14，胎色灰白，胎质硬度不高。下腹部斜弧，圜底，釉大部分已剥落；外部施釉不及底，碗底内部饰有用青釉描绘的纹饰，已看不太清。足径5.6cm，残高2.6cm，胎厚0.5~0.7cm，圈足厚1.0cm（图五九五，4）。

标本2014GLTTS5E2②：16，胎色灰白，胎质硬度不高。下腹部斜弧，圜底。施青灰釉，釉大部分已剥落。足径5.2cm，残高1.6cm，胎厚0.5~0.7cm，圈足厚1.1cm（图五九五，5）。

Bb型　5件。厚壁圈足（厚度大于1.5 cm）。

标本2014GLTTS6E2②：6，胎色青灰，胎质硬度不高。下腹部斜弧，圜底。施青黄釉，釉大部分已剥落。外部施釉不及底。足径5.0cm，残高1.9cm，胎厚0.4~0.7cm，圈足厚1.7cm（图五九六，1）。

标本2014GLTTS5E2②：15，胎色青灰，胎质硬度不高。下腹部斜弧，圜底。施青黄釉，釉大部分已剥落。足径4.8cm，残高0.8cm，胎厚0.6~0.8cm，圈足厚1.8cm（图五九六，2）。

标本2014GLTTS6W1②：3，胎色青灰，胎质硬度不高。下腹部斜弧，圜底。施青黄釉，釉大部分已剥落。外部施釉不及底。足径5.6cm，残高3.8cm，胎厚0.5~0.9cm，圈足厚1.8cm（图五九六，3）。

标本2014GLTTS5W2②：27，胎色青灰，胎质硬度不高。下腹部斜弧，圜底。施青黄釉，釉大部分已剥落。足径4.8cm，残高2.2cm，胎厚0.5~0.7cm，圈足厚1.6cm（图五九六，4）。

碗口沿残件　6件。

标本2013GLTTN3E2②：7，胎色灰白，胎质硬度不高。敞口，圆唇，斜弧腹。施青灰釉，釉大部分已剥落。残高3.5cm，胎厚0.4~0.7cm（图五九六，5）。

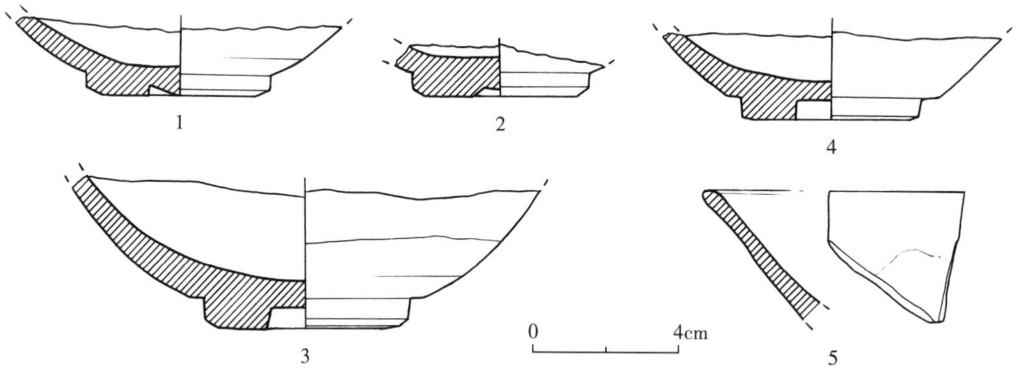

图五九六　庭城遗址第三期瓷器（三）

1~4. Bb型瓷碗底残件（2014GLTTS6E2②：6、2014GLTTS5E2②：15、2014GLTTS6W1②：3、2014GLTTS5W2②：27） 5. 瓷碗口沿残件（2013GLTTN3E2②：7）

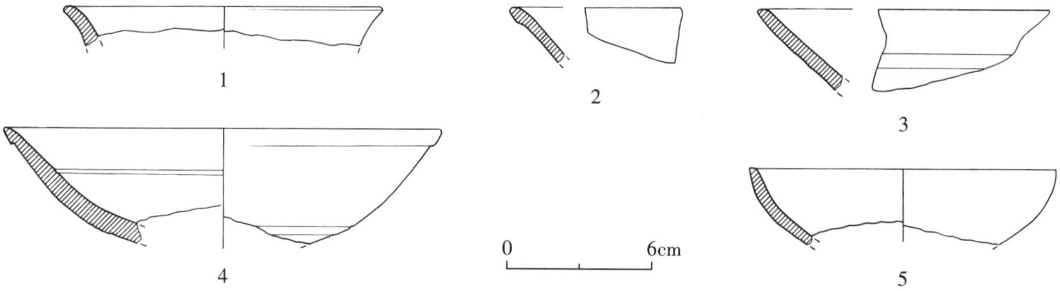

图五九七　庭城遗址第三期瓷器（四）

1~5. 瓷碗口沿残件（2013GLTTN3E2②：17、2014GLTTS5E2②：14、2014GLTTS5W2②：29、2014GLTTS6W2②：4、2014GLTTS5W2②：26）

标本2013GLTTN3E2②：17，胎色灰白，胎质较致密。敞口，尖圆唇，斜弧腹。釉已剥落。口径13.2cm，残高1.6cm，胎厚0.4~0.6cm（图五九七，1）。

标本2014GLTTS5E2②：14，胎色灰白，胎质硬度不高。敞口，尖圆唇，斜弧腹。施青灰釉，釉大部分已剥落。残高2.2cm，胎厚0.4~0.5cm（图五九七，2）。

标本2014GLTTS5W2②：29，胎色灰白，胎质较疏松。敞口，尖圆唇，斜弧腹，口沿下部内收形成一个内折。施青黄釉，釉大部分已剥落。残高3.2cm，胎厚0.5~0.6cm（图五九七，3）。

标本2014GLTTS6W2②：4，胎色灰白，胎质较疏松。敞口，圆唇外翻，斜弧腹。釉已剥落。口径18.0cm，残高4.6cm，胎厚0.5~0.8cm（图五九七，4）。

标本2014GLTTS5W2②：26，胎色灰白，胎质较疏松。敞口，圆唇。施青灰釉，釉大部分已剥落。口径12.4cm，残高3.0cm，胎厚0.3~0.4cm（图五九七，5）。

4. 铁制品

20件。主要有铁环、铁削、铁刀、铁器足、铁条、铁渣和铁块七种类型。完整器较少，腐蚀严重。其中铁环2件，占该文化层出土铁制品总数的10%；铁削和铁刀各1件，各占该文化层出土铁制品总数的5%；铁器足3件，占该文化层出土铁制品总数的15%；铁条5根，占该文化层出土铁制品总数的25%；铁渣和铁块各4件，各占该文化层出土铁制品总数的20%。

铁环　2件。已残缺，腐蚀严重，推测为门上把环。

标本2013GLTTN3E1②：2，仅剩原器身一半。平面呈半圆形，环身横截面呈圆形。外径5.7cm，内径0.9cm（图五九八，1）。

标本2014GLTTS4W3②：6，仅剩原器身约五分之三。平面呈半圆形，环身横截面呈圆形。外径5.3cm，内径1.0cm（图五九八，2）。

铁刀　1件。

标本2014GLTTS5W1②：15，仅剩一段，腐蚀严重。平面和横截面形状均近三角形。残长14.3cm，残宽2.8cm，厚0.5cm（图五九八，3）。

铁削　1件。

标本2014GLTTS5W1②：17，基本完整，但腐蚀严重。刃尖缺失一小部分。弧刃。背部较厚，由把部向刃尖逐渐变薄，横截面呈三角形。残长14.3cm，宽2.6cm，背部最厚处1.3cm，背部最薄处0.9cm（图五九八，4）。

铁器足　3件。均腐蚀严重。

标本2013GLTTN3E1②：5，残，足身稍弯，平面形状呈长方形。残长6.0cm，宽2.9cm，厚1.3cm（图五九八，5）。

标本2014GLTTS5W2②：45，残，足身稍弯，平面形状呈长方形。残长7.6cm，宽2.0cm，厚1.1cm（图五九八，6）。

标本2014GLTTS5W2②：46，残，足身稍弯，平面形状呈长方形。残长9.2cm，宽1.9cm，厚1.25cm（图五九八，7）。

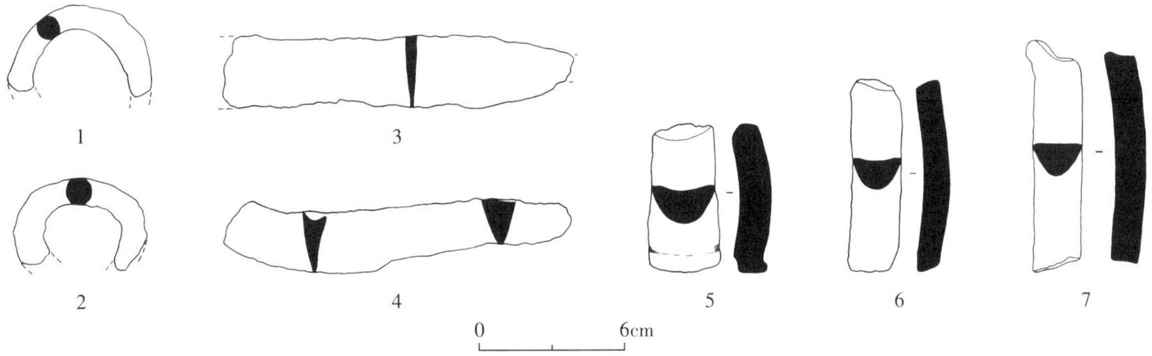

图五九八　庭城遗址第三期金属器（一）

1、2. 铁环（2013GLTTN3E1②：2、2014GLTTS4W3②：6）　3. 铁刀（2014GLTTS5W1②：15）
4. 铁削（2014GLTTS5W1②：17）　5~7. 铁器足（2013GLTTN3E1②：5、2014GLTTS5W2②：45、2014GLTTS5W2②：46）

铁条 5 根。均已残损，腐蚀严重。

标本 2013GLTTN3E3 ③：25，平面形状近长条形，横截面形状近椭圆形。残长 5.6cm，横截面直径 0.5~0.7cm（图五九九，1）。

标本 2014GLTTS6E1 ②：8，平面形状近长条形，横截面形状近长方形。残长 7.1cm，宽 1.0~1.7cm，厚 0.3~0.4cm（图五九九，2）。

标本 2014GLTTS6E1 ②：30，已变形弯曲，横截面形状呈圆形。残长 9.8cm，横截面直径 0.8~1.1cm（图五九九，3）。

标本 2014GLTTS6E1 ②：31，一端近尖状，另一端已残断，横截面形状呈圆形。残长约 12.2cm，横截面直径 0.9cm（图五九九，4）。

标本 2014GLTTS6W2 ②：5，一端近尖状，另一端已断，横截面形状呈长方形，从形状推测应为铁钉。残长 3.1cm，宽 0.3~0.8cm，厚 0.5cm（图五九九，5）。

铁渣 4 块。形状不规整，应为炼铁时留下的废渣，表面有气孔。

铁块 4 件。形状不规整，锈蚀严重。

5. 铜器

铜镞 1 件。

标本 2013GLTTN3E2 ②：5，形状近三棱形。镞身横截面形状呈等边三角形，铤部已缺失。残长 2.8cm，宽 0.9cm（图五九九，6）。

6. 石制品

8 件。包括砺石、石片、砍砸器、石锛和研磨盘五种类型。其中砺石、石片、砍砸器和石锛各 1 件，各占该文化层出土石制品总数的 12.5%；研磨盘 4 件，占该文化层出土石制品总数的 50.0%。

砺石 1 件。属于 C 型中的 CbⅢ次亚型。

标本 2013GLTTN3E2 ③：6，原料为黄褐色粗砂岩岩块。形状近梯形。一端较宽，为略规整的断裂面；另一端呈弧形，保留岩块面。一侧为不规整的破裂面。器身有三个磨面，其中两面整面均为近梯形的弧凹形磨面，磨面较宽；一侧的一半为一处近梯形的弧凹状磨面。所有磨面均略

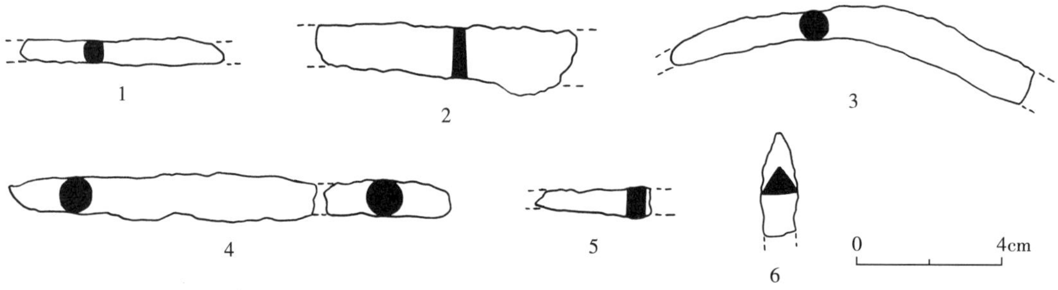

图五九九　庭城遗址第三期金属器（二）

1~5. 铁条（2013GLTTN3E3 ③：25、2014GLTTS6E1 ②：8、2014GLTTS6E1 ②：30、2014GLTTS6E1 ②：31、2014GLTTS6W2 ②：5）　6. 铜镞（2013GLTTN3E2 ②：5）

粗，不够光滑细腻。残长 11.3cm，宽 8.8cm，厚 3.6cm，重 562g（图六〇〇，1）。

石片　1 件。属于 A 型中的 AeⅢ次亚型。

标本 2013GLTTN3E2 ③：7，岩性为灰褐色辉绿岩。形状近梯形。打击台面为人工台面（素台面）。打击点宽大，半锥体不显，放射线清楚，同心波纹微显。腹面较平。背面约四分之三面积为片疤面，片疤的打击方向既有与石片本身打击方向相同的，也有与石片本身打击方向相垂直的；背面其余部分保留自然砾面。长 8.4cm，宽 5.6cm，厚 1.9cm，重 70g（图六〇〇，3）。

砍砸器　1 件。属于 A 型中的 AbⅡ次亚型。

标本 2013GLTTG1 ②：7，原料为黄白色石英岩砾石。形状呈四边形。一面较平，另一面较凸。一侧较直，另一侧略弧凸。加工简单，沿弧凸侧边缘由较平面向较凸面多次单面剥片，加工出一道弧刃，刃缘整齐锋利，未见使用痕迹。器身其余部分保留自然砾面，未见人工痕迹。长 10.5cm，宽 8.0cm，厚 3.7cm，重 419g（图六〇〇，2）。

石锛　1 件。属于 A 型中的 AaⅢ次亚型。

标本 2014GLTTS5W2 ②：38，原料为灰褐色石英岩砾石。器身扁薄，形状近梯形。通体磨光，

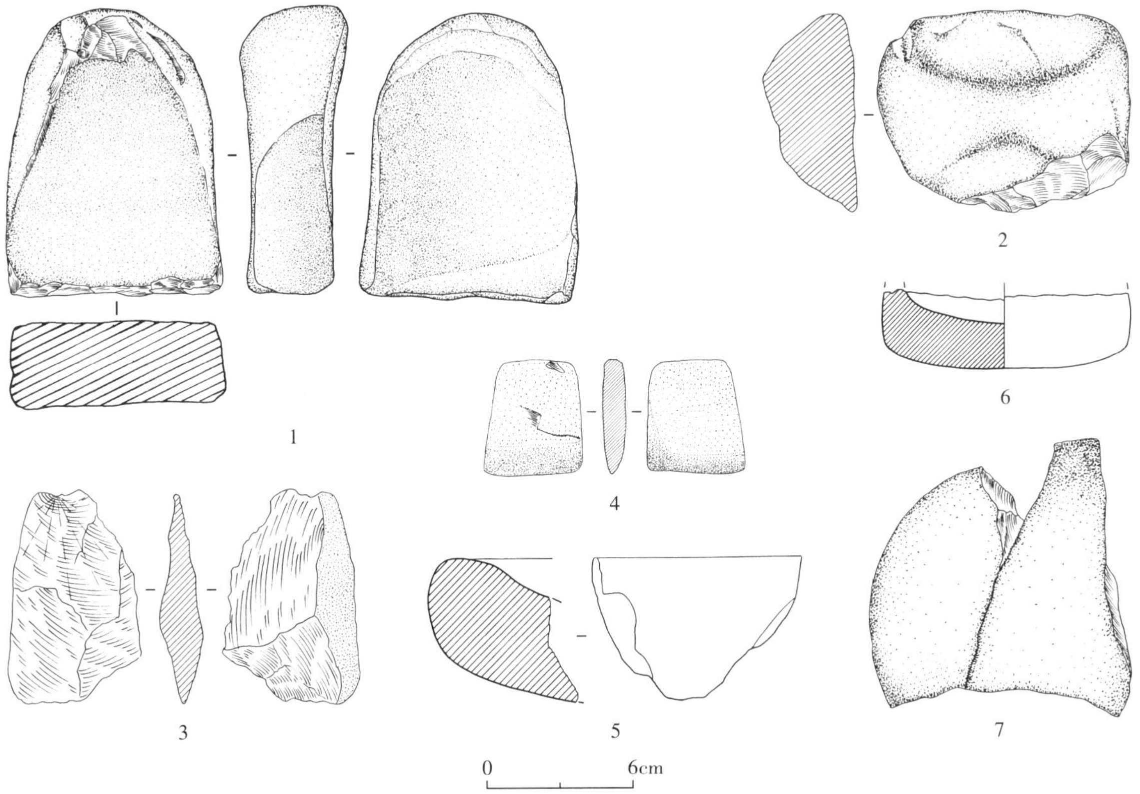

图六〇〇　庭城遗址第三期石制品

1. CbⅢ型砺石（2013GLTTN3E2 ③：6）　2. AbⅡ型砍砸器（2013GLTTG1 ②：7）　3. AeⅢ型石片（2013GLTTN3E2 ③：7）　4. AaⅢ型石锛（2014GLTTS5W2 ②：38）　5~7. 研磨盘（2013GLTTN3E2 ③：20、2014GLTTS5E1 ②：11、2014GLTTS6E1 ②：27）

器表光滑。顶端平直，一侧仍可见少量打击疤痕；两侧斜直，略对称。平直刃，刃缘整齐锋利，一侧有使用造成的细小崩疤。长 4.6cm，宽 4.1cm，厚 0.9cm，重 33g（图六〇〇，4）。

研磨盘 4 件。均已残损。

标本 2013GLTTN3E2 ③：20，原料为红褐色粗砂岩岩块。器身较厚，大部已残，已看不出原来的形状。一面的周边较高，似口沿，中间下凹呈弧凹状，有灼烧痕迹。底部微呈弧凸状。残高 8.7cm，残宽 5.7cm，厚 4.2cm，重 273g（图六〇〇，5）。

标本 2014GLTTS5E1 ②：11，原料为红褐色粗砂岩岩块。器身较厚，一半已残缺。从剩余部分推测，原器物整体应呈圆盘状。一面的周边较高，似口沿，中间下凹呈弧凹状，有灼烧痕迹。底部微呈弧凸状。残高 2.7cm，残宽 10.0cm，厚 2.7cm，重 1384g（图六〇〇，6）。

标本 2014GLTTS6E1 ②：27，原料为红褐色细砂岩岩块。器身稍厚，已残缺大半。从剩余部分推测，原器物整体应为圆饼状。两面均较平，其中顶面有灼烧痕迹。残长 11.0cm，残宽 11.0cm，厚 3.9cm，重 523g（图六〇〇，7）。

六 年代与性质判断

（一）年代判断

第三期文化遗存中器物年代都比较晚，比如出土的四系罐具有六朝和唐代风格；出土的瓷器从器形和釉色特征来看，也具有唐代风格，综合判断，该期应为唐代遗存。

第二期出土的器物具有典型的汉代特征，如绳纹瓦片与南越国宫署遗址出土的瓦片特征相似，尤其是两地绳纹瓦片内面的圆形凸点纹特征基本相同；出土的云树纹瓦当在南越国宫署大量发现；陶片中饰米字纹、方格纹和米字加戳印纹特征具有典型的汉代风格。我们也把该期柱洞内得到的两个炭样标本送到北京大学进行测试，结果年代分别为距今 2310 ± 30 年和距今 2285 ± 25 年，树轮校正后数据分别为 410BC（82.9%）356BC 和 401BC（68.6%）354BC 。综合判断该期文化遗存年代应该属于西汉时期，距今 2000 年左右。

第一期文化遗存出土有石制品和夹砂陶片。磨制的双肩石斧制作精美，带切割痕迹的石块质地坚硬，切割痕迹规整，具有典型的新石器时代晚期特征。根据地层和遗物综合分析，该期年代应属新石器时代晚期。

（二）遗址性质

庭城遗址堆积的主体是汉代遗存。初步判断，庭城遗址在汉时是一座使用时间较短的带有军事性质的城址。从地形地貌来看，遗址处在明江和丽江两江交汇形成的半岛上，在该处建城可以扼守两江的交通要道，利于防御，城址充分利用了三面环水的地理环境，易守难攻。同时，城址所在位置水路发达，利于信息的传播。我们在试掘的同时还对遗址进行了勘探，从勘探出土物和探沟的剖面来看，城址本来应该没有城墙，原来地势北高南低，人们依地势的自然形态采取填低掘高方式夯筑成一个较高又平坦的台地，再在台地西南和东北面建房。由于遗址本身面积不大，其建筑规模不会太大，不适合大规模人口居住。在发掘过程中，仅见少量的生活用具和兵器，如陶器口沿、陶器底部、铜镞及铜钺等。这也从侧面证明该遗址居住的人口应该不多。出土的遗物和遗迹现象也多具有西汉早、中期的特点，因此该城的使用时间不长。

由于汉时的郡县治所既是行政所在地也多具有军事的功能，因此庭城遗址有可能就是汉代雍鸡县的县治所在地。

第三章　左江流域新石器时代贝丘遗址动植物遗存研究

2013~2016 年左江流域考古试掘获得了大量的动植物遗存标本，这些标本为我们研究该区域古代动植物分布状况、环境、气候以及人类生业模式等方面的问题提供了宝贵的资料。通过考古材料对古代动植物遗存进行系统研究，在左江流域的考古史上还是第一次。

第一节　左江流域新石器时代贝丘遗址植物遗存研究

我们将宝剑山 A 洞、无名山、大湾、坡叫环四个贝丘遗址不同地层采集的土样标本送到中山大学地球科学系第四纪环境研究中心进行了孢粉、植硅体和炭屑分析，获取了大量的数据。

一　宝剑山 A 洞遗址孢粉、植硅体和炭屑分析

宝剑山 A 洞遗址的 9 个孢粉样品共鉴定出植物种属 30 个，其中木本植物属种 15 个，草本植物属种 8 个，蕨类植物 7 类。以蕨类植物孢子为主，其次为木本植物花粉，草本植物花粉含量较少。木本植物花粉以栎属植物花粉为主，其次为大戟属、金缕梅科、松属花粉。草本植物主要是毛茛科和菊科花粉。蕨类花粉含量较高，主要为其他三缝孢、单缝孢，此外含有一定量的风尾蕨。藻类含量较多，以环纹藻为主。

探方剖面各个地层之间孢粉浓度差异较大，第②层孢粉浓度最高，其余样品孢粉浓度均较低，其中第④ b、⑨层不含孢粉。

第②层孢粉浓度较高（175 粒 /10g），以木本植物的栎属花粉为主，其次含有一定量的大戟属、金缕梅科、松属花粉；草本植物花粉以毛茛科为主，含有少量的菊科、蓼属等植物花粉。蕨类植物孢子以其他三缝孢、单缝孢为主。该层未见有炭屑。

第②层以下孢粉含量极低，平均孢粉浓度低于 10 粒 /10g。其中第④ b 层和第⑨层不含孢粉；其余各层孢粉含量也不高，第⑥层及第⑦层稍高。木本植物花粉有松属、金缕梅科、五加科、榆属等花粉。草本植物花粉较少，有禾本科、毛茛科、鱼黄草属等花粉。与顶部相似，蕨类孢子以

其他三缝孢、单缝孢为主，含有少量的凤尾蕨属、石松属孢子。第⑥层炭屑浓度较高（98658 粒 / g），表明该时期有较强的火事件。其余各层炭屑浓度均较低。

总体来看，除第②层孢粉丰富以外，其他各层孢粉数量稀少。第⑤～⑦层乔木以松属、金缕梅科、五加科等花粉为主，草本花粉稀少，蕨类较常见。第②层以常绿阔叶林的栎属为主，显示温暖湿润的气候环境（表二）。

表二　宝剑山 A 洞遗址各层样品孢粉统计表

属	T1 ②	T1 ③	T1 ④ b	T1 ⑤	T1 ⑥	T1 ⑦	T1 ⑧	T1 ⑨
松属	13	3		3	3	2		
盐肤木属						1		
野牡丹科	4	1						
山核桃属	4	2				2		
枫杨属	2							
五加科						2		
金缕梅科	29					5		
榆属					3			
茜草科	1				1		1	
蕈树属	1	2						
大戟属	37							
山麻杆属	1							
栎属	120							
锥栗属	7						1	
蓝刺头类型	3							
蒲公英类型	15							
蒿属	1							
毛茛科	44	3						
鱼黄草属型					1	1		
禾本科	2					2		
蓼属	11							
十字花科	2							
莎草科	5							
芒萁属	3							
里白属	2							
凤尾蕨属	7				4	1		
金毛狗属	3					1		
石松属	4					1	1	

续表二

属	T1 ②	T1 ③	T1 ④ b	T1 ⑤	T1 ⑥	T1 ⑦	T1 ⑧	T1 ⑨
单缝孢	17	6		2	5	3		
其他单缝孢	52	8		2	9	9	2	
其他三缝孢	18	9		4	2	2	2	
双星藻	2							
其他藻类	9				1			
孢粉总和	419	34	0	11	28	32	7	0

表三　宝剑山 A 洞遗址 T1 ④ b 层植硅体统计表

形态	宝剑山 A 洞遗址 T1 第④ b 层
长方型	128
柱型	57
椭圆型	17
方型	31
三角型	8
导管型	4
半圆型	6
扇型	1
哑铃型	3
纺锤型	1
圆型	4
合计	260

遗址各层均含有一定数量的植硅体，绝大多数产自草本植物。鉴定出的植硅体以禾草类长方型、柱型、方型为主，其次为椭圆型，其他型状均较少。植硅体绝大多数形态不具备属种的鉴定意义，但剖面的植硅体形态组合对环境有一定的指示作用。如长方型、方型、扇型主要分布于湿热地区。此外，样品均未见水稻植硅体（表三）。

二　无名山遗址孢粉、植硅体和炭屑分析

无名山遗址探方剖面孢粉分析结果（表四）显示，孢粉浓度总体较低（13~137 粒 /10g），平均孢粉浓度为 69 粒 /10g。4 个孢粉样品中共鉴定出植物种属 32 个，其中木本植物和草本植物属种分别为 12 个，蕨类植物 8 类。以蕨类植物孢子为主，其次为草本植物花粉，木本植物花粉含量较少。木本植物花粉以松属植物花粉为主，其次为栎属和山麻杆属。草本植物花粉以鱼黄草属、菊科及蓼属花粉为主，含有少量的石竹科、禾本科花粉。蕨类花粉含量较高，以其他三缝孢为主导，其他为单缝孢。炭屑浓度均较高，平均浓度为 44×10^3 粒 /g。

各地层孢粉含量也有差别。第③层孢粉含量较高，孢粉浓度达 137 粒 /10g，以蕨类植物的三缝孢子为主，木本、草本植物含量较少。木本植物花粉含量较少，以松属花粉为主，其次为锦葵科、栎属、木棉科花粉。草本植物以鱼黄草属型花粉和蓼属花粉为主，含有石竹科、菊科花粉。含有较多的其他三缝孢和单缝孢。该层炭屑浓度可达 50×10^3 粒 /g。第④层木本、草本植物花粉较上层多，以松属花粉为主，栎属、山麻杆属、野桐属、枫杨属花粉较多。草本植物花粉主要为鱼黄草属、菊科花粉，含有少量的禾本科、蓼属、石竹科花粉。与上层相似，蕨类孢子含量占主导地

表四　无名山遗址各层样品孢粉统计表

属	T1④（1号样品）	T1④（2号样品）	T1③（3号样品）	T1③（4号样品）
松属	16	5	7	13
桤木属				1
栎属	5	3	1	3
锥栗属	1			
木棉科				4
锦葵科				6
椴树属		1		
山核桃属	1		1	
枫杨属		1	2	
野牡丹科		1		
茜草科		2		
野桐属	4			
山麻杆属	4	5		3
蒿属	2			
蓝刺头类型	4	1		
蒲公英类型	1		4	2
蓼属	1	2		12
毛茛科	3			
禾本科		5	1	1
莎草科	1		1	
十字花科		2		
鱼黄草属型	3	7	5	13
菟丝子属型				3
石竹科	2	1		6
藜科	1			
芒萁属	16			
里白属		4		
凤尾蕨属	2	3		2
海金沙属		1		
石松属		1	1	4
其他单缝孢	12	9		13
其他三缝孢	42	139	9	92
环纹藻	3		7	31
孢粉总和	124	193	39	209

表五　无名山遗址 T1 ④层样品植硅体统计表

形态	数量
长方型	51
柱型	80
椭圆型	24
方型	41
三角型	7
导管型	9
半圆型	2
扇型	2
哑铃型	1
纺锤型	1
圆型	15
合计	233

位，以三缝孢和单缝孢为主。其中 T1 ④层的 1 号、T1 ③层的 3 号样品中，木本、草本植物花粉较多，炭屑浓度较高；T1 ④中的 2 号样品蕨类孢子较多，炭屑浓度较低。T1 ③层 3 号样品的植硅体鉴定表明，该层的植硅体以禾草类柱型、长方型、方型为主，其次为椭圆型、圆型。

各样品均以丰富的三缝类蕨类孢子为主，可能与遗址堆积过程的洪水冲积有关，乔木孢粉以松属为主，其他多为灌木类，草本的菊科、蒿属、旋花科、石竹科等较多，显示植被稀疏，可能与石灰岩土壤稀少的环境有关，也与人类对植被的破坏有一定的关系。炭屑浓度普遍较高，显示古人类用火频率较高。

样品中含有一定数量的植硅体，以禾草类柱型、长方型、方型为主，其次为椭圆型、圆型。植硅体绝大多数形态不具备属种的鉴定意义，但剖面的植硅体形态组合对环境有一定的指示作用。如长方型、方型主要分布于湿热地区。此外，样品均未见水稻植硅体（表五）。

三　大湾遗址孢粉、植硅体和炭屑分析

大湾遗址孢粉样品中仅发现极个别的孢子类型，未发现花粉。蕨类孢子主要有单缝孢子类的水龙骨科，以及三缝孢子类的铁线蕨属、芒萁属、金毛狗属等。由于孢子花粉数量十分少，不具有统计学古环境分析意义。

大湾遗址点粒径 10~100μm 的炭屑浓度最大的样品在 T2 第⑥层；粒径大于 100μm 的炭屑浓度最大的样品在第②层。此外，大湾遗址点炭屑浓度（10~100μm 及大于 100μm）较大的样品出现在第②层、第⑥层和第⑧层（表六）。

根据镜下观察发现，长宽比在 1~3 的木本型炭屑的数量最多，多呈方型或长方型，边缘常呈锯齿状。其次为长宽比约为 10 的草本型炭屑，通常呈长条型或针型，棱角分明。呈网状或絮状的植物叶片炭屑较为少见。根据三种类型的炭屑在遗址地层中所占的比例可推断土壤层中的炭屑是古人类用火的遗迹。

大湾遗址中鉴定所得到的植硅体主要形态有 10 种，分别为棒型、长方型、扇型、尖型、鞍型、齿型、圆（椭圆）型、多种扇型（个别与水稻扇型相近）、哑铃型及不定型。其中大湾遗址点的植硅体类型以棒型、长方型、不定型为主，其次为扇型、尖型及鞍型。其余的形态如齿型及哑铃型在遗址中的数量均较少（表七）。

表六　大湾遗址 T2 各层样品炭屑孢粉统计表

编号	地层	炭屑计数 10~100μm	炭屑计数 >100μm	示踪孢子	炭屑总浓度 10~100μm	炭屑每克浓度 10~100μm	炭屑总浓度 >100μm	炭屑每克浓度 >100μm	单缝孢子	三缝孢子	环纹藻
1	⑨	428	3	158	74656	3848	523	26	0	0	0
2	⑧	639	7	149	118193	5682	1294	62	0	0	0
3	⑦	393	6	199	54427	2579	830	39	8	8	8
4	⑥	473	7	86	151580	8193	2243	121	2	0	1
5	⑤	308	6	204	41610	2190	810	42	0	0	0
6	④	644	38	436	40707	2353	2402	138	0	0	0
7	③	395	19	385	28275	1520	1360	73	0	1	0
8	②	604	26	227	73331	3612	3156	155	0	0	0
9	①	349	18	528	18216	906	939	46	0	1	7

表七　大湾遗址 T2 各层样品植硅体统计表

编号	地层	示踪孢子	棒型	尖型	圆型	鞍型	长方型	三角扇型	齿型	哑铃型	扇型	不定型	总计
1	⑨	24	247	76	45	36	144	56	48	0	32	182	890
2	⑧	20	81	12	5	9	88	20	11	0	3	105	354
3	⑦	15	124	34	21	17	93	46	37	2	25	120	534
4	⑥	12	117	22	18	35	89	62	33	0	21	231	640
5	⑤	28	55	34	29	20	43	169	37	0	46	178	639
6	④	33	245	87	66	38	276	74	30	8	62	225	1144
7	③	23	38	82	31	88	144	75	69	30	50	23	653
8	②	29	57	74	42	68	95	38	52	47	43	29	574
9	①	21	61	50	33	24	177	70	49	33	55	21	594

四　坡叫环遗址植硅体、孢粉和炭屑分析

坡叫环遗址孢粉样品中仅发现极个别的孢子类型，未发现花粉。蕨类孢子主要有单缝孢子类的水龙骨科，以及三缝孢子类的铁线蕨属、芒萁属、金毛狗属等。由于孢子花粉数量十分少，不具有统计学古环境分析意义（表八）。

坡叫环遗址点粒径区间位于 10~100μm 及大于 100μm 的炭屑浓度最大的样品均为 T1 第①层，点炭屑浓度（10~100μm 及大于 100μm）较大的样品位于①~④层及第⑨层。根据镜下观察发现，长宽比在 1~3 的木本型炭屑的数量最多，多呈方型或长方型，边缘常呈锯齿状。其次为长宽比约为 10 的草本型炭屑，通常呈长条型或针型，棱角分明。呈网状或絮状的植物叶片炭屑较为少见。根据三种类型的炭屑在遗址地层中所占的比例可推断土壤层中的炭屑是古人类用火的遗迹。

表八　坡叫环遗址 T1 各层样品炭屑孢粉统计表

编号	地层	炭屑计数 10~100μm	炭屑计数 >100μm	示踪孢子	炭屑总浓度 10~100μm	炭屑每克浓度 10~100μm	炭屑总浓度 >100μm	炭屑每克浓度 >100μm	单缝孢子	三缝孢子	环纹藻
1	⑭	412	15	357	31806	1304	1158	47	0	0	0
2	⑬	394	14	363	29914	1404	1063	50	0	0	0
3	⑫	530	14	474	30816	1440	814	38	1	0	0
4	⑪	508	13	385	36365	2273	931	58	2	0	2
5	⑩	668	18	331	55620	2852	1499	77	3	0	1
6	⑨	506	8	221	63101	3374	998	53	2	0	2
7	⑧	530	7	299	48852	2684	645	35	3	0	0
8	⑦	545	9	602	24950	1300	412	21	0	0	5
9	⑥	705	6	369	52655	2646	448	23	0	0	2
10	⑤	701	3	413	46779	2146	200	9	2	1	0
11	④	870	14	274	87508	4862	1408	78	3	0	1
12	③	656	19	175	103311	5972	2992	173	5	0	0
13	②	586	11	277	58304	3085	1094	58	5	0	0
14	①	380	10	59	177505	8920	4671	235	1	3	0

坡叫环遗址中鉴定所得到的植硅体主要形态有 10 种，分别为棒型、长方型、扇型、尖型、鞍型、齿型、圆（椭圆）型、多种扇型（个别与水稻扇型相近）、哑铃型及不定型。其中以棒型、长方型及不定型为主，其次为圆（椭圆）型（多数与方型和长方型有关）、扇型和尖型。其余的形态如鞍型、齿型及哑铃型在遗址中的数量均较少（表九）。

第二节　左江流域新石器时代贝丘遗址动物遗存研究

我们将左江流域发掘的宝剑山 A 洞遗址、无名山遗址、根村遗址、大湾遗址、坡叫环遗址出土的共 10301 件脊椎动物骨骼标本和大量软体动物化石标本分别送中国科学院古脊椎动物与古人类研究所和中山大学地球科学系第四纪环境研究中心进行鉴定分析。目前已鉴定出 40 种脊椎动物，分辨出至少 355 个脊椎动物个体，鉴定出至少 27 种软体动物。这是继南宁邕江流域[1]和百色右江流域[2]之后，广西西江水系发掘的又一处含丰富动物骨骼的新石器时代遗址群，也是左江流域的第一个动物考古学研究案例。

[1] 吕鹏：《广西邕江流域贝丘遗址动物群研究》，《第四纪研究》2011 年第 31 卷第 4 期。
[2] 宋艳波、谢光茂：《广西百色地区全新世早中期的动物考古学研究》，《南方文物》2016 年第 1 期。

表九　坡叫环遗址 T1 各层样品植硅体统计表

编号	地层	示踪孢子	棒型	尖型	圆型	鞍型	长方型	三角扇型	齿型	哑铃型	扇型	不定型	总计
1	⑭	3	72	41	32	6	152	8	26	19	3	295	657
2	⑬	11	79	31	44	9	232	32	33	14	2	251	738
3	⑫	6	162	92	119	36	279	65	42	23	5	449	1278
4	⑪	5	109	72	83	29	242	77	74	33	3	325	1052
5	⑩	16	113	52	48	36	165	48	57	37	1	331	904
6	⑨	13	72	37	20	9	87	29	44	25	3	213	552
7	⑧	5	76	46	67	24	111	65	22	34	0	103	553
8	⑦	8	64	38	30	8	129	16	10	6	0	115	424
9	⑥	10	61	34	23	12	96	27	24	5	0	173	462
10	⑤	18	123	17	15	7	89	32	16	14	0	97	428
11	④	4	102	22	13	4	134	35	9	9	0	101	433
12	③	8	130	29	35	13	97	26	44	17	0	196	595
13	②	12	89	23	29	15	66	30	29	11	0	121	425
14	①	11	74	31	17	6	95	10	5	4	0	133	386

一　脊椎动物面貌

上述遗址出土的脊椎动物除鱼类未经详细鉴定外，其余一共鉴定出 40 个物种，包括 4 种龟鳖类、1 种鳄类、3 种蛇类、5 种鸟类和 27 种哺乳类。物种名单如下。

爬行纲

龟鳖目

鳖科未定种　Trionychidae gen. et sp. indet.

山瑞鳖　*Palea steindachneri*

海龟科属种未定　Cheloniidae gen. et sp. Indet.

泽龟科属种未定　Emydidae gen. et sp. Indet.

鳄目

鳄目科属种未定　Crocadylia fam., gen. et sp. indet.

蛇目

缅甸蟒　*Python Bivittatus*

眼镜蛇科属种未定　Elapidae gen. et sp. indet.

黑眉锦蛇　*Elaphe taeniura*

鸟纲

雁形目科属种未定　Anseriforme fam., gen. et sp. indet.

雉科属种未定 A　Phasianidae gen. et sp. indet. A

雉科属种未定 B　Phasianidae gen. et sp. indet. B

涉禽类 A

涉禽类 B

哺乳纲

啮齿目

巨松鼠　*Ratufa gigantea*

竹鼠未定种　*Rhizomys* sp.

帚尾豪猪　*Atherurus macrourus*

马来豪猪　*Hystrix brachyura*

灵长目

短尾猴　*Macaca arctoides*

黑长臂猿未定种　*Nomascus* sp.

食肉目

豺　*Cuon alpinus*

小熊猫　*Ailurus fulgens*

水獭亚科属种未定　Lutrinae gen. et sp. Indet.

鼬獾未定种　*Melogale* sp.

猪獾　*Arctonyx collaris*

猫亚科属种未定　Felinae gen. et sp. Indet.

豹　*Panthera pardus*

长颌带狸　*Chrotogale owstoni*

大灵猫未定种　*Viverra* sp.

果子狸　*Paguma larvata*

椰子狸　*Paradoxurus hermaphroditus*

食蟹獴　*Herpestes urva*

偶蹄目

野猪　*Sus scrofa*

林麝　*Moschus berezovskii*

小麂　*Muntiacus reevesi*

大角麂　*Muntiacus gigas*

梅花鹿　*Cervus nippon*

水鹿　*Cervus unicolor*

斑羚未定种　*Naemorhedus* sp.

奇蹄目

犀科属种未定　Rhinocerotidae gen. et sp. Indet.

长鼻目

亚洲象　*Elephas maximus*

上述动物多为现今广西南部喀斯特地区的常见种类[1]，但鳄、小熊猫、大角麂、犀牛和亚洲象已从该区域消失。根据动物的历史地理分布，左江贝丘遗址中的鳄鱼很可能为马来鳄[2]，犀牛则应是苏门答腊犀或爪哇犀[3]；但因出土材料残破，暂时无法确认。小熊猫现今分布在我国西南的喜马拉雅生态系统，其在龙州地区的出现是某次特殊气候事件导致的短暂扩散或是历史分布的自然延伸，还有待进一步研究。大角麂最早发现于河姆渡遗址[4]，曾被认为是灭绝动物，后在安南山脉发现其现生种[5]。它在龙州的发现进一步建立了其现生分布与历史记录[6]之间的空间关联。

二　脊椎动物构成

5处贝丘遗址的骨骼标本总数为10301件。其中坡叫环遗址标本数最多，有4465件，其余宝剑山A洞、无名山、大湾、根村等遗址的标本数分别为1295、1626、1780和1135件。

宝剑山A洞遗址骨骼标本总数为1295件，分布在第④b~⑦层，以第④b层为主，占75.4%，第⑥层次之，占16.6%，第⑤、⑦层极为零星。标本分类统计，包括鱼类277件，龟鳖类547件，鳄类15件，蛇类12件，鸟类2件，哺乳类可鉴定骨骼26件，哺乳类碎骨416件。其中，标本数最多的是龟鳖类，其次是哺乳类，再次是鱼类，其余类群都很少。除鱼类外的最小个体数

[1] 蒋志刚：《西南喀斯特地区重要野生动物调查与研究》，中国环境出版社，2014年。

[2] 张孟闻、黄祝坚：《中国的鳄类——扬子鳄和湾鳄》，《动物学杂志》1979年第2期；王将克、宋方义：《关于珠江三角洲出土的鳄鱼及其有关问题》，《热带地理》1981年第1卷第4期；文焕然：《现生鳄类与扬子鳄盛衰》，《中国历史时期植物与动物变迁研究》，重庆出版社，2006年。

[3] 文焕然、何业恒、高耀亭：《中国野生犀牛的灭绝》，《湖北大学学报（自然科学版）》1981年第1期。

[4] 魏丰、吴维棠、张明华等：《浙江余姚河姆渡新石器时代遗址动物群》，海洋出版社，1990年。

[5] Tuoc, D., Dung, V.V., Dawson, S., Arctander, P. & MacKinnon, J. (1994) Introduction of a new large mammal species in Vietnam. Science and Technology News, Forest Inventory and Planning Institute (Hanoi), March, 4–13 (in Vietnamese); Schaller G B. Description of the giant muntjac (*Megamuntiacus vuquangensis*) in Laos. *Journal of Mammalogy*, 1996, 77(3): 675–683; Turvey S T, Hansford J, Brace S, et al. Holocene range collapse of giant muntjacs and pseudo-endemism in the Annamite large mammal fauna. *Journal of Biogeography*, 2016.

[6] 北京大学中国考古学研究中心、浙江省文物考古研究所：《田螺山遗址自然遗存综合研究》，文物出版社，2011年；国务院三峡工程建设委员会办公室、国家文物局：《秭归柳林溪》，科学出版社，2003年；长江水利委员会：《宜昌路家河——长江三峡考古发掘报告》，科学出版社，2002年；武仙竹、周国平：《湖北官庄坪遗址动物遗骸研究报告》，《人类学学报》2005年第24卷第3期；陈全家：《清江流域古动物遗存研究》，科学出版社，2004年。

共计 29 个，动物组合中以哺乳类和龟鳖类的个体数占优，但其余类群也都占一定比例。哺乳类中鹿类数量稍多，未见斑羚、犀牛和亚洲象。

无名山遗址的骨骼标本未分层搜集，总数为1626件，包括鱼类284件，龟鳖类443件，蛇类7件，哺乳类可鉴定标本 104 件，哺乳类碎骨 788 件。各层合并统计后哺乳类标本数过半，龟鳖类、鱼类次之。除鱼类外的最小个体数共计 42 个，动物组合中以哺乳类为主，龟鳖类次之，缺少蛇类和鸟类。哺乳动物中包括了较多的灵长类、食肉类和啮齿类，鹿类比例相对较低，未见犀牛和亚洲象。

大湾遗址骨骼标本总数 1780 件，在第① ~ ⑧层皆有分布，其中第⑤层和第⑧层标本较多，分别占总标本数的 19.8% 和 40.2%。各层合并统计后，有鱼类 120 件，龟鳖类 423 件，蛇类 9 件，鸟类 1 件，哺乳类可鉴定标本 176 件，哺乳类碎骨 1051 件。其中，哺乳类占绝对优势，龟鳖类次之，鱼类数量较少。除鱼类外的最小个体数共计 91 个，其中哺乳类为优势类群，龟鳖类次之，蛇类、鸟类较少，未见鳄类。哺乳动物中鹿类最多，小型食肉类和啮齿类也占一定比例，未见斑羚、犀牛和亚洲象。

根村遗址骨骼标本总数 1135 件，出土于第②至第⑥层，第②层标本数占总标本数的 64.7%，第②至第⑤层标本数逐渐变少。各层合并统计后包括鱼类 147 件，龟鳖类 162 件，鸟类 9 件，哺乳类可鉴定标本 95 件，哺乳类碎骨 722 件。哺乳类标本为主体，龟鳖类、鱼类标本数相当。除鱼类外的最小个体数共计 59 个，动物组合中以哺乳类为主，次为龟鳖类，但鸟类个体数是 5 个遗址中最多的，未见鳄类和蛇类。哺乳类中以食肉类和小型鹿类最多，其次为大型鹿类和灵长类，未见啮齿类、斑羚、犀牛和亚洲象。

坡叫环遗址总标本数 4465 件，除了第①、⑬层外，其余层位皆有骨骼标本出土；第④层的标本数最多，占 43.3%。各层合并统计后包括鱼类 141 件，龟鳖类 1017 件，鳄类 12 件，蛇类 1 件，鸟类 8 件，哺乳类可鉴定标本 445 件，哺乳类碎骨 2841 件。各类群中，哺乳类标本数约占三分之二，龟鳖类次之，鱼类标本数比例为 5 个遗址中最低。除鱼类外的最小个体数共计 134 个，哺乳类最多，龟鳖类次之，其余类群很少。哺乳动物以鹿类为主，啮齿类占相当比例，其余哺乳动物类群也都有发现。

5 处贝丘遗址的骨骼标本数都是以哺乳类、龟鳖类和鱼类为主，但比例上有明显差别。龟鳖类、鱼类比重最高的是宝剑山 A 洞遗址，其龟鳖类标本数甚至超过哺乳类；次为无名山遗址，龟鳖类和鱼类亦占总标本数的近一半；大湾遗址、根村遗址和坡叫环遗址的龟鳖类和鱼类标本数仅为总标本数的 3 成左右。由上可知，洞穴类遗址（宝剑山 A 洞、无名山）中鱼类、龟鳖类的比例明显高于台地遗址（大湾遗址、根村遗址、坡叫环遗址）。

从各类群的最小个体数看，宝剑山 A 洞最为特殊，其哺乳类比例最低，但蛇类、鳄类、龟鳖类的占比都是 5 个遗址中最高的。其余 4 个遗址都以哺乳类为主，龟鳖类次之；其他类群方面，唯有根村遗址鸟类的比例较大。

具体到哺乳动物的个体数，鹿类在除无名山外的遗址中都是个体数最多的类群，且小型鹿类多过大型鹿类。野猪则稳定地居于少数，比例在 5%~10% 之间。食肉类、灵长类在 5 个遗址中皆有分布，其中食肉类在坡叫环遗址的比例偏小，仅为 7.4%，其余遗址中为 18.2%~31.0%；灵长类在无名山遗址占 30%，而在大湾遗址和坡叫环遗址仅占约 1%。啮齿类未见于根村遗址，其余遗址中都在 10% 左右。此外，犀牛、斑羚和亚洲象应为偶得的种类。总的看来，大湾遗址和坡叫环遗址的哺乳动物个体数分布较为相似，鹿类超过 60%，其余类群比例都较低；宝剑山 A 洞遗址和根村遗址的鹿类都占约 45%，但根村遗址无啮齿类而有较多的食肉类；最为特殊的是无名山遗址，以灵长类居优，亦有较多的食肉类、啮齿类，鹿类仅占 23.3%。

三　软体动物面貌

各遗址含有大量的软体动物化石，包括大量的腹足类化石及少量瓣鳃类化石。每个遗址都有部分遗骸样品由于破损极为严重，无法鉴定出来。五个遗址软体动物具体种类如下。

（一）腹足纲 Gastropoda

中腹足目 Mesogastropoda

黑螺超科 Melaniaceae

黑螺科 Melaniidae

黑螺亚科 Melaniinae

短沟蜷属 *Semisulcospira*

那坡短沟蜷 *Semisulcospira napoensis*

那坡短沟蜷旋脊变种 *Semisulcospira aubryana*, var. *spiralis*

肋蜷科 Pleuroceridae

短沟蜷属 *Semisulcospira*

格氏短沟蜷 *Semisulcospira gredleri*

跑螺科 Thiaridae

粒蜷属 *Tarebia*

斜粒粒蜷 *Tarebia granifera*

田螺超科 Viviparaceae

田螺科 Viviparidae

圆田螺属 *Cipangopaludina*

中国圆田螺 *Cipangopaludina chinensis*

角螺属 *Angulyagra*

多棱角螺 *Angulyagra polyzonata*

环棱螺属 *Bellamya*

双旋环棱螺 *Bellamya dispiralis*

铜锈环棱螺 *Bellamya aeruginosa*

方形环棱螺 *Bellamya quadrata*

桂林环棱螺 *Bellamya kweilinensis*

田螺型环棱螺 *Bellamya Viviparoides*

环棱螺属种未定 *Bellamya* sp.

柄眼目 Succineidae

大蜗牛超科 Heliaceae

巴蜗牛科 Bradybaenidae

华蜗牛属 *Cathaica*

条华蜗牛 *Cathaica fasciola*

李氏华蜗牛 *Cathaica licenti*

（二）瓣鳃纲

古异齿目 Palaeoheterodonta

珠蚌超科 Unionacea

蚌科 Unionidae

珠蚌亚科 Unioninae

珠蚌属 *Unio*

圆顶珠蚌 *Unio douglasiae*

丽蚌属 *Lamprotula*

多疣丽蚌 *Lamprotula (Scriptolamprotula) polysticta*

古丽蚌 *Lamprotula (Parunio) antiqua*

假丽蚌 *Lamprotula (Parunio) spuria*

大丽蚌 *Lamprotula (Guneolamprotula) licenti*

刻裂丽蚌 *Lamprotula scripta*

背瘤丽蚌 *Lamprotula leai*

佛耳丽蚌 *Lamprotula mansuyi*

巴氏丽蚌 *Lamprotula bazini*

矛蚌属 *Lanceolaria*

剑状矛蚌 *Lanceolaria gladiola*

四　软体动物构成

每个遗址及其不同地层中软体动物种类和数量也不一样。

无名山遗址和宝剑山A洞遗址腹足类化石以短沟蜷属（*Semisulcospira*）的那坡短沟蜷（*Semisulcospira napoensis*）、那坡短沟蜷旋脊变种（*Semisulcospira aubryana*, var. *spiralis*）及环棱螺属（*Bellamya*）的双线环棱螺（*Bellamya dispiralis*）为主。瓣鳃类化石以丽蚌属（*Lamprotula*）的假丽蚌（*Lamprotula (Parunio) spuria*）、背瘤丽蚌（*Lamprotula leai*）、多疣丽蚌（*Lamprotula (Scriptolamprotula) polysticta*）、刻裂丽蚌（*Lamprotula scripta*）和佛耳丽蚌（*Lamprotula mansuyi*）为主。

根村遗址软体动物没有进行实验室鉴定。现场初步观察发现，软体动物遗骸包括大量的腹足类动物遗骸及少量瓣鳃类遗骸。腹足类动物有那坡短沟蜷（*Semisulcospira napoensis*）、双线环棱螺（*Bellamya dispiralis*）、中国圆田螺（*Cipangopaludina chinensis*）、条华蜗牛（*Cathaica fasciola*）等，其中以那坡短沟蜷（*Semisulcospira napoensis*）及双线环棱螺（*Bellamya dispiralis*）为主。瓣鳃类动物有圆顶珠蚌（*Unio douglasiae*）、多疣丽蚌（*Lamprotula*（*Scriptolamprotula*）*polysticta*）、古丽蚌（*Lamprotula (Parunio) antiqua*）、假丽蚌（*Lamprotula (Parunio) spuria*）、背瘤丽蚌（*Lamprotula leai*）、大丽蚌（*Lamprotula (Guneolamprotula) licenti*）等。

坡叫环遗址和大湾遗址腹足类化石以格氏短沟蜷（*Semisulcospira gredleri*）、斜粒粒蜷（*Tarebia granifera*）、双旋环棱螺（*Bellamya dispiralis*）和条华蜗牛（*Cathaica fasciola*）为主。瓣鳃类化石以刻裂丽蚌（*Lamprotula scripta*）、背瘤丽蚌（*Lamprotula leai*）和佛耳丽蚌（*Lamprotula mansuyi*）为主。

宝剑山A洞遗址上部及底部含化石较少，第②层只含有两个破碎腹足类化石。第③层含有较多瓣鳃类化石，5个背瘤丽蚌，5个假丽蚌，3个多疣丽蚌和2个大丽蚌；腹足类化石稍少，含有4个那坡短沟蜷旋脊变种，3个双线环棱螺和1个条华蜗牛。第⑧层含8个那坡短沟蜷旋脊变种及少量其他腹足类化石，不含瓣鳃类化石。此外，第⑤层化石含量也较少，以腹足类的双线环棱螺为主，其次为那坡短沟蜷及那坡短沟蜷旋脊变种，含有少量瓣鳃类化石。第④b、⑥、⑦层含软体动物化石极多，均以那坡短沟蜷旋脊变种为主，其次为双线环棱螺和那坡短沟蜷，含有一定量的瓣鳃类化石（表一〇、表一一）。

经鉴定统计，无名山遗址第④层软体动物化石主要为腹足类，瓣鳃类化石含量较少，只有4个圆顶珠蚌，2个大丽蚌和1个背瘤丽蚌。腹足类化石主要有那坡短沟蜷旋脊变种、双线环棱螺、那坡短沟蜷，此外还含有12个李氏华蜗牛（表一二、表一三）。

从表一四可得，大湾遗址各层所含软体化石数量从上部至底部呈逐渐增多的趋势，至第⑦层达最多，第③层最少。除第④层外，各层所含腹足类软体动物化石均多于双壳类。其中，在第②、⑤、⑥、⑦、⑧层中，格氏短沟蜷和双旋环棱螺的数量远高于其他软体动物化石，以第⑦层最多，

表一〇　宝剑山A洞遗址样品瓣鳃类动物统计表　（单位：个）

中文名称	T1②层		T1③层		T1④b层		T1⑤层		T1⑥层		T1⑦层		T1⑧层	
	全	碎	全	碎	全	碎	全	碎	全	碎	全	碎	全	碎
背瘤丽蚌	0	0	5	0	1	0	1	0	0	0	4	0	0	0
多疣丽蚌	0	0	3	0	3	0	4	0	8	5	1	0	0	0
大丽蚌	0	0	2	0	1	0	0	0	2	7	0	0	0	0
假丽蚌	0	0	5	0	1	0	0	0	1	0	6	2	0	0
古丽蚌	0	0	1	0	0	0	0	0	0	0	0	0	0	0
圆顶珠蚌	0	0	0	2	9	0	0	0	2	2	0	0	0	0
未知	0	0	0	14	0	1	0	0	0	0	0	6	0	0
合计	0	0	16	16	15	1	5	0	13	14	11	8	0	0

说明：表中“全”指标本完好程度达 >70% 者，“碎”指完好程度 <30% 者。

表一一　宝剑山A洞遗址样品腹足类动物统计表　（单位：个）

中文名称	T1②层		T1③层		T1④b层		T1⑤层		T1⑥层		T1⑦层		T1⑧层	
	全	碎	全	碎	全	碎	全	碎	全	碎	全	碎	全	碎
那坡短沟蜷	0	0	0	0	116	0	14	0	162	0	62	0	1	0
那坡短沟蜷旋脊变种	0	0	4	0	471	0	19	0	505	0	473	0	8	3
中国圆田螺	0	0	0	2	61	0	3	0	100	0	49	0	0	0
双线环棱螺	0	0	3	0	194	0	36	0	397	0	155	0	2	0
桂林环棱螺	0	0	0	0	7	0	0	0	11	0	1	0	0	0
田螺型环棱螺	0	0	0	0	0	0	0	0	0	0	5	0	0	0
条华蜗牛	0	0	1	2	3	5	1	0	4	0	0	6	0	0
李氏华蜗牛	0	0	0	0	0	0	0	0	0	0	0	0	0	0
未知	0	2	0	0	0	0	0	0		0	0	0	0	0
合计	0	2	8	4	852	5	73	0	1179	0	745	6	11	3

说明：表中“全”指标本完好程度达 >70% 者，“碎”指完好程度 <30% 者。

破碎程度 <50% 的格氏短沟蜷达 148 个，双旋环棱螺达 144 个；双壳类化石则以刻裂丽蚌、背瘤丽蚌和佛耳丽蚌为主。第④层中，双壳类化石较多，腹足类化石稍少。

经鉴定统计（表一五），坡叫环遗址各层所含软体动物化石主要以腹足类为主，双壳类稍少。其中，第②、⑩、⑬和⑭层所含双壳类化石最少，如第②层仅有 1 个刻裂丽蚌、3 个佛耳丽蚌；第⑩层仅有 1 个背瘤丽蚌、2 个佛耳丽蚌和 1 个圆顶珠蚌；第⑬层仅有 1 个刻裂丽蚌和 1 个背瘤丽蚌；第⑭层仅有 3 个佛耳丽蚌。第⑤层和第⑦层所含双壳类软体动物化石较多，主要是刻裂丽蚌、背瘤丽蚌和佛耳丽蚌。此外，该遗址各层腹足类软体动物化石主要以格氏短沟蜷和双旋环棱螺为

表一二　无名山遗址样品瓣鳃类动物统计表

（单位：个）

中文名称	T1 ④	
	全	碎
背瘤丽蚌	1	0
多疣丽蚌	0	0
大丽蚌	2	0
假丽蚌	0	0
古丽蚌	0	0
圆顶珠蚌	4	0
未知	0	7
合计	7	7

说明：表中"全"指标本完好程度达 >70% 者，"碎"指完好程度 <30% 者。

表一三　无名山遗址样品腹足类动物统计表

（单位：个）

中文名称	T1 ④	
	全	碎
那坡短沟蜷	128	0
那坡短沟蜷旋脊变种	344	0
中国圆田螺	0	0
双线环棱螺	201	0
桂林环棱螺	0	0
田螺型环棱螺	0	0
条华蜗牛	0	0
李氏华蜗牛	12	0
未知	0	0
合计	685	0

说明：表中"全"指标本完好程度达 >70% 者，"碎"指完好程度 <30% 者。

表一四　大湾遗址 T2 样品软体动物化石统计表　（单位：个）

中文名称	T2 ②	T2 ③	T2 ④	T2 ⑤	T2 ⑥	T2 ⑦	T2 ⑧
剑状矛蚌	1	2	0	1	0	0	0
刻裂丽蚌	3	3	9	8	2	4	12
背瘤丽蚌	4	3	10	4	1	2	2
佛耳丽蚌	5	3	6	13	3	10	4
巴氏丽蚌	1	2	3	0	0	0	1
圆顶珠蚌	0	0	1	0	0	6	0
格氏短沟蜷	10	4	4	21	23	148	45
多棱角螺	0	0	0	0	2	9	5
双旋环棱螺	9	4	4	16	27	144	39
铜锈环棱螺	2	2	1	2	2	9	5
方形环棱螺	0	0	1	0	0	2	0
环棱螺	1	0	1	2	0	1	1
未能鉴定	3	0	0	0	3	2	2
条华蜗牛	0	0	1	0	5	13	10
合计	39	23	41	67	68	350	126

说明：破碎程度 <50%。

表一五　坡叫环坡地遗址 T1 样品软体动物化石统计表　（单位：个）

中文名称	②层	③层	④层	⑤层	⑥层	⑦层	⑧层	⑨层	⑩层	⑪层	⑫层	⑬层	⑭层
剑状矛蚌	0	0	0	1	0	0	0	0	0	1	1	0	0
刻裂丽蚌	1	11	7	14	3	13	6	2	0	5	5	1	0
背瘤丽蚌	0	1	1	16	6	8	8	1	1	3	3	1	0
佛耳丽蚌	3	2	5	8	7	10	8	6	2	2	7	0	3
巴氏丽蚌	0	1	0	0	0	0	0	0	0	0	0	0	0
圆顶珠蚌	0	0	0	2	1	0	0	1	1	1	1	0	0
格氏短沟蜷	142	137	104	173	81	28	34	99	74	43	15	116	79
斜粒粒蜷	33	77	53	68	140	14	142	104	78	74	56	35	11
多棱角螺	0	0	0	0	0	2	0	0	0	0	0	0	0
双旋环棱螺	55	98	166	263	82	28	63	77	100	20	24	47	55
铜锈环棱螺	47	32	30	7	21	4	5	2	37	65	34	23	17
方形环棱螺	0	2	0	12	0	0	0	0	1	0	0	8	3
环棱螺	0	0	0	7	1	0	0	10	0	1	1	11	5
条华蜗牛	22	5	30	16	1	11	0	3	4	48	29	5	2
合计	303	366	396	587	343	118	266	305	298	263	176	247	175

说明：破碎程度 <50%。

主，其次为斜粒粒蜷和铜锈环棱螺，以及一定量的条华蜗牛。第⑤层含软体动物化石最多，破碎程度 <50% 的双旋环棱螺达 263 个，格氏短沟蜷达 173 个，并含有较多的双壳类软体动物化石。

第三节　动植物遗存反映的自然环境、生业模式及生活方式

一　自然环境

宝剑山 A 洞遗址、无名山遗址、大湾遗址、坡叫环遗址孢粉分析的结果表明，左江流域在新石器时代中、晚期至先秦时期，植物种类丰富，包含各种木本、草本、蕨类、藻类植物。大部分植物显示的是温暖湿润的气候环境。如宝剑山 A 洞遗址孢粉中发现了栎属、蕈树属、山麻杆属、鱼黄草属、芒萁属、里白属等植物。栎属植物指示的是暖温带常绿阔叶乔木、暖温带常绿阔叶灌木、温带落叶阔叶乔木、温带落叶阔叶灌木等植物，显示当时的环境温暖湿润。该遗址其他孢粉所属植物也多指示温暖湿热环境，比如，蕈树属指示的植物是暖温带常绿阔叶乔木、热带常绿阔叶乔木；山麻杆属指示的植物是暖温带常绿阔叶乔木、暖温带常绿阔叶灌木；鱼黄草属型指示的是热带藤本、暖温带藤本、温带藤本、热带杂类草等植物；芒萁属、里白属均为热带蕨类植物。无名山遗址发现了栎属、锥栗属、木棉科、锦葵科、山核桃属、枫杨属、野牡丹科、茜草科、山麻杆属、

蒲公英类型、毛茛科、菟丝子属型、芒萁属、里白属等植物孢粉，这些孢粉多是暖温和热带植物的孢粉，如锥栗属指示的植物是暖温带常绿阔叶乔木和暖温带常绿阔叶灌木；木棉科指示的植物是热带落叶阔叶乔木；野牡丹科指示的是热带常绿阔叶乔木、热带常绿阔叶灌木、热带杂类草、热带落叶阔叶乔木、热带藤本等植物；菟丝子属型指示的是温带藤本、暖温带藤本、热带藤本、寄生植物等。

上述遗址中植硅体形态存在大量长方型、方型。一般认为，禾本科植物发育的植硅体形态主要为长方型、棒型、哑铃型、鞍型、圆型、扇型、椭圆型、尖型等。其中，作为C4植物代表的黍亚科通常生长于温暖湿润的环境下，发育的主要植硅体形态为哑铃型及其变形（如十字型以及复合哑铃型）、扇型、长方型。哑铃型是黍亚科短细胞植硅体的典型代表；而黍亚科发育的大型植硅体形态主要为长方型和扇型。而作为C3植物典型代表的早熟禾亚科通常生长于我国北方的干、冷地区，主要发育齿型、圆型、椭圆型等形态的植硅体。另外，生长于热带高温地区的画眉草亚科的主要植硅体类型为短鞍型；而主要分布在热带、亚热带高温、高降水量地区的竹亚科，其代表性植硅体为长鞍型。大湾和坡叫环遗址中鉴定所得到的植硅体形态以棒型、长方型、扇型为主。所以可以认为这两个遗址点土壤中的植硅体组合反映当时的气候条件以温暖湿润为主。人类生活的主要燃烧物以禾草类为主。

宝剑山A洞遗址、无名山遗址、根村遗址、大湾遗址和坡叫环遗址的脊椎动物鉴定分析结果显示，左江流域新石器时代动物群中的多数种类是森林环境的指示动物，一些物种如巨松鼠、长臂猿则是严格的树栖动物。其余，如鱼类、龟鳖类和涉禽类指示大面积水体的存在，竹鼠栖息于竹林，小熊猫、麝和斑羚出没于山地的混交林，小麂多藏匿于灌丛地带，梅花鹿、水鹿常在林缘地带活动。从地理分布看，多数种类为华南地区的广布种类，但缅甸蟒、巨松鼠、长颌带狸、椰子狸、大角麂等则是具鲜明热带特色的动物。左江贝丘遗址的脊椎动物组合与现今弄岗保护区的动物构成基本一致，但也有一些动物，如马来鳄、大角麂、犀牛、亚洲象等现已退缩至东南亚；这些动物的区域性灭绝应与人类对栖息环境，尤其是原始森林的破坏密切相关。

总体来看，左江流域新石器时代中、晚期至先秦时期的气候温暖湿润，雨水较多，植物种类丰富，大量热带和亚热带、温带植物在这里生长。左江新石器贝丘遗址所反应的植被状况应与今日弄岗保护区的植物群落较为类似，即以石灰岩季节性雨林为主，局部分布竹林、灌草丛，山区分布常绿落叶阔叶混交林；但当时的森林郁闭度可能更高，人类活动尚未对原始森林造成严重破坏。从新石器时代至今，左江地区的生物群落变化不大，这跟热带地区相对稳定的气候、丰富的物种，以及历史上迟滞的农业开发有关。

二　生业模式

宝剑山A洞遗址、无名山遗址、根村遗址、大湾遗址和坡叫环遗址中均未发现驯养动物，表明渔猎经济是左江流域新石器时代人类肉食资源的主要来源。在整个脊椎动物群中，哺乳类标本比重最大，但鱼类、龟鳖类也是肉食结构的重要补充，鸟类、蛇类、鳄类则较为次要。若以个体数和体重来估算肉量，哺乳动物中的鹿类显然提供了最多的肉量；野猪、食肉类、灵长类、啮齿类也都各占相当的比例；斑羚、犀牛和亚洲象的数量极少，恐怕来自于偶然性的猎取。大量软体动物遗骸的存在，显示捕捞也是当时主要的经济来源之一。

同时我们也发现当时古人类对动物的猎取策略体现出兼具广谱性和选择性的特点。广谱性是指对各种不同生态位动物资源的广泛利用。除鱼类外，5处贝丘遗址中已鉴定出40种脊椎动物。脊椎动物组合代表了当时生态系统中的所有生态位，生活方式包括水栖、陆栖、树栖、穴居、飞行，生境包括河流、森林、灌草丛、竹林、山地，体型则从大如亚洲象到小如巨松鼠。捕捞的软体动物种类较多，个体大小也不一。广泛的猎取证明当地古人类具备对自然环境的良好认知和相当纯熟的狩猎能力。广泛猎取的同时，古人类也有意识地选择费效比相对较高的狩猎对象。肉质鲜美且不具攻击性的鹿类动物是首当其冲的狩猎目标。对于肉量较少的小型脊椎动物，古人类只选取其中体型较大者，如蛇类的蟒蛇、眼镜蛇、大型游蛇，啮齿类的竹鼠、豪猪和巨松鼠等；对于灵长类，常在地面活动的猕猴是主要猎取对象，而善攀援的长臂猿只有2个个体，未发现常在峭壁活动的叶猴；食肉动物的组成几乎都是不具攻击性的小型食肉动物，未发现虎、熊等大型食肉动物。

浮选结果显示，遗址中存在一定数量的果核碎片，显示当时采集活动比较活跃。没有发现植物栽培的直接证据，但不排除少量块茎类植物种植的可能性。

总体来看，在新石器时代中、晚期，左江流域的居民仍然过着以采集渔猎为主的生活。

三　生活方式

宝剑山A洞遗址、无名山遗址、根村遗址、大湾遗址和坡叫环遗址的地层中均夹杂有大量的炭屑。无名山遗址炭屑平均浓度为44×10^{3}粒/g；宝剑山A洞遗址第⑥a层炭屑浓度达98658粒/g；大湾遗址和坡叫环遗址各层均发现有炭屑，长宽比在1~3的木本型炭屑的数量最多，多呈方型或长方型，边缘常呈锯齿状；其次为长宽比约为10的草本型炭屑，通常呈长条型或针型，棱角分明，呈网状或絮状的植物叶片炭屑较为少见。根村遗址地层夹杂的炭屑也不少。根据炭屑形状可推断土壤层中的炭屑是古人类用火的遗迹。在一些遗址中还发现有红烧土遗迹，说明是集中用火。5处贝丘遗址中多数脊椎动物骨骼标本表面见有烧灼痕迹，其中大部分表面呈红色，反映了较低的烧灼程度；少部分呈黑色，甚至灰白色，说明是经过了长时间的加热。炭屑、红烧土和烧骨现象的发现，反映出当时左江流域的人们已经熟练掌握了用火技术。推测他们除了用火取暖外，还用火烧烤肉类，并将吃剩的骨头投入火塘，因此在骨骼上表现出不同的烧灼程度。

多数脊椎动物骨骼标本表面无明显风化痕迹，个别标本上见有啮齿类齿痕，但未见食肉动物啃咬痕迹。人工改造痕迹除了烧灼痕迹外还包括了切割、砍削、刮削、敲砸等类型。切割痕和砍削痕为常见的两类痕迹。两者皆具有“V”形的横截面，且往往成组分布。区别处在于前者往往较浅，呈两边平直的线状；而后者较深，具有较宽的切面。肢解尸体形成的切割痕主要分布在骨骼的关节处；剔肉造成的切割痕一般分布在长骨骨干、肋骨和脊椎上的；砍削痕则往往见于非关节部位的长骨骨干、鹿角基部等。敲砸痕是较钝的工具在骨骼表面敲击后形成的窝状凹陷，周围往往呈现出发射状的细条纹，这主要是敲骨吸髓形成的，常见于富含骨髓的长骨的表面。在一些骨骼的表面还见到一些浅而平行的刮削骨膜的痕迹和疑似人类齿痕。另外，大量螺壳的尾部被敲掉，一些螺壳也见有烧灼的痕迹。

上述痕迹反映了左江流域古人类对动物进行肢解、剔肉、烧烤、敲骨吸髓等行为。在左江流域的新石器时代中期遗址中，很少发现陶器，尤其是中上游地区基本不见陶器，说明用陶器进行炊煮的行为在当地并不普遍。他们获取熟食的方式或许主要就是烧烤。当然在食用螺蚌等软体动物时除了采取烧烤之外，也不排除用当地比较容易获取的竹筒煮熟的可能。

第四章　左江流域新石器时代石器工艺技术

本章对左江流域新石器时代石器工艺技术的研究，主要以宝剑山 A 洞、无名山、根村、大湾、坡叫环、何村、江边七个遗址出土的石制品和岜马洞、岜银山、驮那、下白雪四个遗址采集的石制品为主要研究对象，具有一定的局限性。但通过对左江流域其他遗址的初步观察，我们发现左江流域各地其他新石器时代遗址在石器制作技术方面与上述遗址的差异性并不太大，因此这几个遗址的石器制作工艺技术基本上可以代表整个左江流域新石器时代的石器制作工艺技术。

第一节　原料

（一）原料发现情况

制作石器的原料，即石料，是制作石器的基础。不同质地、不同岩性的岩石对石器的制作技术、器物形态和工具类型都具有很大的影响。根据我们对左江流域石器原料的观察，制作石器的原料有三种。一是砾石，大多数左江流域的石制品是以砾石为原料来进行制作的。二是石片，极少数遗址的石核和打制工具是以石片作为原料的，当然石片本身也是以砾石为原料生产出来的，或许称为素材更恰当。三是岩块，以岩块为原料的主要见于加工工具（如砺石）和大石铲。由于石片和岩块原料数量较少，所以在此不做详细讨论，而是在后面结合具体工具制作时一并介绍，这里仅就砾石原料作详细介绍。

（二）原料的岩性

左江流域七个遗址出土的砾石数量较多，共有 210 件。岩性有辉绿岩、石英、硅质岩、玄武岩和砂岩五种。其中辉绿岩数量最多，有 144 件，占出土砾石总数的 68.6%；次为石英，有 41 件，占出土砾石总数的 19.5%；再次为硅质岩，有 15 件，占出土砾石总数的 7.1%；玄武岩有 6 件，占出土砾石总数的 2.9%；砂岩最少，只有 4 件，占出土砾石总数的 1.9%。

（三）原料的大小

左江流域七个遗址出土的砾石大小不一。其中以 5~10cm 者最多，有 128 件，占出土砾石总数的 61.0%；次为 10~15cm 者，有 46 件，占出土砾石总数的 21.9%；再次为 15~20cm 者，有 16 件，占出土砾石总数的 7.6%；0~5cm 者，有 15 件，占出土砾石总数的 7.1%；20cm 以上者最少，只有 5 件，占出土砾石总数的 2.4%。器身大小差别较大，长度最大值 87.2cm，最小值 2.1cm；宽度最大值 45.6cm，最小值 1.8cm；厚度最大值 20.4cm，最小值 0.8cm；重量最大值 75620g，最小值 6g。

不同器类所选择使用原料的大小和长度多有不同。石锤所使用的石料，以砾石为原料者，以 10~15cm 者最多；石砧中以砾石为原料者，以 10~15cm 者最多；窄槽砺石以 5~10cm 者最多，少部分为 10~15cm 者；砺石中以 5~10cm 者最多；砍砸器中，以 10~15cm 者最多，15~20cm 者也有少量；刮削器和尖状器以 5~10cm 者最多，超过 15cm 或 5cm 以下者没有见到；斧、锛、凿的长度多在 5~15cm 之间，以 10~15cm 者最多，超过 15cm 者少见；研磨器的长度以 10~15cm 者最多，但从其毛坯的情况来看，部分毛坯是从更长的长条砾石上截取的，所以基本上可以判断出部分石料的长度是在 20cm 以上。

（四）原料的形态

在原料的形态方面，砾石和岩块有所不同。砾石有三角形、四边形、圆形、椭圆形、长条形、球状和不规则形七种。其中长条形最多，有 81 件，占出土砾石总数的 38.6%；次为不规则形，有 46 件，占出土砾石总数的 21.9%；再次为四边形，有 41 件，占出土砾石总数的 19.5%；椭圆形有 19 件，占出土砾石总数的 9.0%；圆形有 14 件，占出土砾石总数的 6.7%；三角形有 5 件，占出土砾石总数的 2.4%；球状最少，只有 4 件，占出土砾石总数的 1.9%。岩块的形状多不规则，多为一面或两面扁平者。制作不同的工具类型，原料形状的选择也会有所不同。从左江流域诸多史前遗址出土石器的形状来看，大部分是利用砾石直接加工而成，少部分是利用石片进行进一步加工。由于加工范围较小，因此不管是哪一种原料制作的石器，其器身大部分还是保留了砾石或石片原来的形状。在加工工具中，除了砺石的形状多有修整，形态改变较大之外，石锤大多以砾石为原料，少数以石片为原料；石砧部分是使用砾石为原料，部分是以砂岩岩块为原料；窄槽砺石全部是以泥质岩岩块为原料，它们基本上是不经过加工就直接使用，而且使用后对原料的形态基本也没有什么改变，因此我们可以认为，石锤、石砧和窄槽砺石的形状，基本上也就是砾石和岩块原来的形状。砍砸器、刮削器、尖状器等打制石器，其加工部位多在器身的端部或侧边，以砾石为原料者，器身大部分保留砾石原有的自然砾面；以石片为原料者，多保留了石片原来的形状。而斧、锛、凿和研磨器等磨制石器，在工具成型后虽然有部分原料的形状发生了较大改变，但从毛坯的形态中仍然可以推断出原料的形态。所以，我们可以通过对石器成品或毛坯的观察，就能够在一定程度上了解制作各种石器时对原料的选择情况。

石锤中，以砾石为原料者，多为三角柱状、方柱状、扁柱状和不规则形等形状；以石片为原料者，多为三角形、四边形、梯形、椭圆形和不规则形等形状。石砧中以砾石为原料者，多为圆形、椭圆形、长条形和不规则形等形状；以岩块为原料者，形状多不规则，且多为一面或两面扁平者。窄槽砺石形状多为扁长形和不规则形；砍砸器和刮削器多为三角形、四边形、梯形、椭圆形、长条形和不规则形等形状；尖状器多为三角形、梯形和不规则形等形状；斧、锛、凿的形状多为长条形；研磨器的形状多为方柱状和扁柱状。

（五）原料的来源

在石器原料的来源方面，裴树文、侯亚梅指出："古人类在开发利用石器原料资源方面所付出的代价与收获之间关系，主要取决于原料的分布、人类获得原料所需的时间和体力上的安排，'就地取材'或'因地制宜'在相当长的时间里是早期人类选择原料的原则，时代越早，这个原则表现得越突出。"[1]上述左江流域诸遗址当也不例外。

据我们初步调查的结果，上述左江流域诸遗址多临水，在现有水库蓄水前，附近多有露出水面的河滩。对于石器原料的来源，调查中不论是参加发掘的民工还是附近村庄的普通老百姓，都一致认为上述左江流域诸遗址的石器原料，均是出于附近原有的河滩。虽然由于时间短促以及水库水面提高淹没附近河滩等原因，导致我们未能对各遗址周围的河滩砾石进行详细调查对比，但根据古人类制作石器时"就地取材"或"因地制宜"的原料选择原则，我们认为，上述左江流域诸遗址的石器原料，同样是来自附近原有的河滩。

（六）原料的选择和使用

在石器原料的选择方面，裴树文、侯亚梅提出："石制品原料是史前人类制造工具和从事生产、生存活动的最重要的生产资料，人类对特定石料资源的利用程度揭示着该人类群体的石器制作水平和对生态环境的适应能力。"[2]从我们的考古实践来看，石器原料的"三性"即硬度、匀质性和韧性等三种物理性能，对石器制作的影响很大。就左江流域诸多史前遗址而言，使用辉绿岩制作的石制品数量最多，原因除了辉绿岩原料的来源广泛、数量众多之外，辉绿岩的"三性"即硬度、匀质性和韧性等三种物理性能都较适当，比较适合于制作石器也是一个重要因素。这种情况与出土砾石岩性的情况也是相符合的。

从上述左江流域诸遗址的情况来看，制作不同的工具，使用原料岩性的比例会有所不同。在加工工具中，石锤和石砧的岩性多为辉绿岩和细砂岩，石锤的岩性以辉绿岩为主；石砧的岩性以

[1] 裴树文、侯亚梅：《东谷坨遗址石制品原料利用浅析》，《人类学学报》2001年第20卷第4期。

[2] 裴树文、侯亚梅：《东谷坨遗址石制品原料利用浅析》，《人类学学报》2001年第20卷第4期。

细砂岩为主；砺石的岩性较为单一，一般砺石的岩性均为细砂岩；窄槽砺石的岩性均为泥质岩。打制石器的岩性也较为单一，不论是石核和石片，还是砍砸器、刮削器、尖状器，其岩性几乎均为辉绿岩。磨制石器中，石斧、石锛、石凿的岩性多为辉绿岩和玄武岩，以辉绿岩为主；研磨器的岩性多为辉绿岩和细砂岩，以辉绿岩为主。

除了上述情况外，上述左江流域诸遗址石器原料的使用还有一种特殊情况，那就是旧器作料，也就是说，以早期制作后已磨蚀的旧的工具为原料，重新制作新的工具。例如，根村遗址标本 2015GLGTG1 ⑦：39，为 1 件石片，原料为灰褐色辉绿岩砾石，器身较宽厚，形状近半圆形；背面左侧下半部有几个较大而深凹的片疤，片疤棱角已磨圆，应是在很早之前作为石核使用剥片留下的痕迹（图六〇一，1）。又如，根村遗址标本 2015GLGTG2 ④：10，为 1 件斧锛类毛坯，原料为灰褐色玄武岩砾石，器身略宽大扁薄，形状略近梯形；器身有新旧两层打击疤痕，旧疤痕分布于弧凸侧和较宽端，片疤棱角已磨圆，在器身弧凸侧和较宽端边缘旧有疤痕基础上多次双面剥片，形成新的疤痕（图六〇一，2）。再如，大湾遗址标本 2015GLDT1 ③：16，为 1 件研磨器，原料为灰褐色辉绿岩砾石，器身稍短小，形状近方柱状；一面较平，另一面凸起；两端略等宽；一端是以较平面为台面打击的、较齐整的破裂面；一侧有一向凸起面破裂的、较大而浅平的片疤；两处疤痕的棱角均已磨圆，表明此器物属于旧器再用（图六〇一，3）。

整体来看，上述左江流域诸遗址的石器原料，是就地取材，从河边将石料搬运到遗址来进行工具加工的。这些石器的加工者对砾石的特性具有很高的认知能力，能够根据所要制作工具的不同，按照岩性、形状和大小方面的不同需求，去选择各种合适使用的原料，对原料的选择具有很

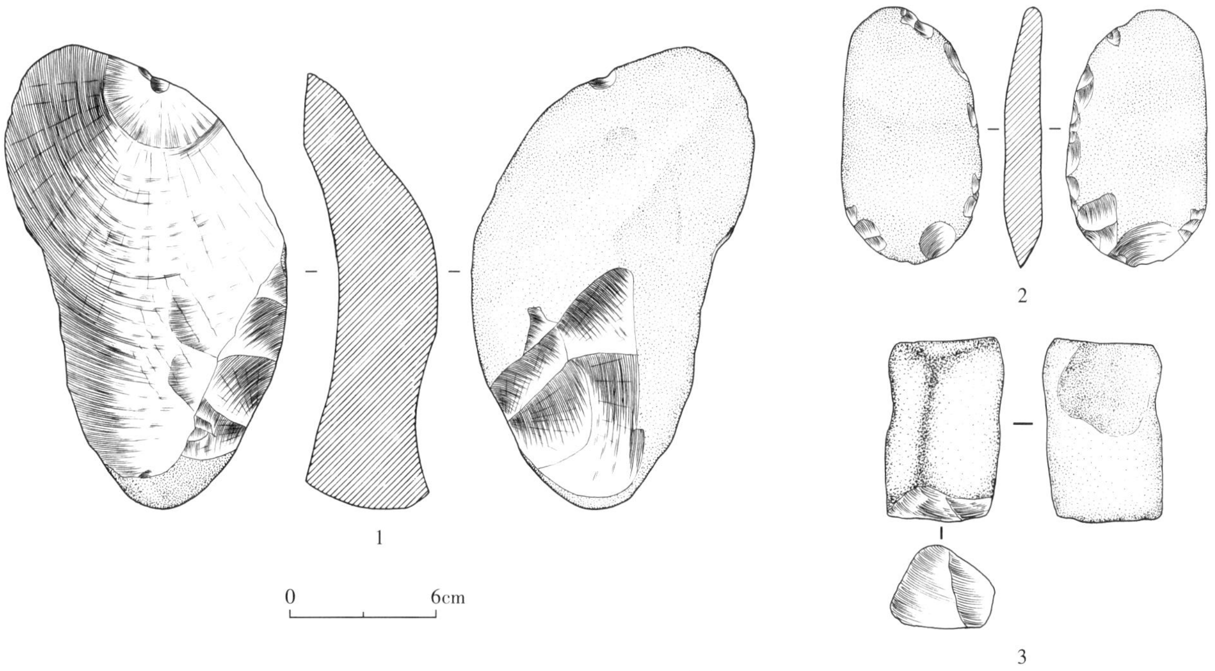

图六〇一 旧器作料

1. 石片（2015GLGTG1 ⑦：39） 2. 斧锛类毛坯（2015GLGTG2 ④：10） 3. 研磨器（2015GLDT1 ③：16）

强的目的性和倾向性。

第二节　加工工具

上述左江流域诸遗址采集和出土的加工工具，主要有石锤、间打器、石砧、砺石和窄槽砺石等种类。间打器其实是一种间接打击石锤，但由于出土数量极少，这里不做详细讨论。

（一）石锤（含石片石锤）

按照不同的用途，上述左江流域诸遗址的石锤可以分为锤击石锤和砸击石锤两大类。

据我们的观察，锤击石锤的用途，主要有两种。一是用于打制石器的制作，如从石核上有目的地打制石片；又如打制砍砸器、刮削器等使用工具时用于剥片；再如修整砍砸器、刮削器等使用工具的器身。二是用于磨制石器毛坯的制作，主要是用于斧、锛、凿等器物毛坯器身的剥片、开刃等。由于上述左江流域诸遗址发现的锤击石锤数量极少，只有寥寥几件，无法做更详细的讨论。

砸击石锤主要是用于磨制石器毛坯的制作，主要有以下几种。

一是用于斧、锛、凿等器物毛坯器身的缩减，或是用于器身两侧边的修直。

二是用于研磨器毛坯的获取，即用于砸击长条砾石，截取坯料。这种石锤的使用相对固定，就是使用砾石相邻一面和一侧之间形成的凸棱来进行砸击，我们称之为侧边石锤，这种石锤在上述左江流域诸遗址使用较为普遍。如根村遗址标本2015GLGTG1②：10，原料为灰褐色辉绿岩砾石，器身形状近三角柱状。使用痕迹集中于长侧边边缘，该侧一端至中间部位有一呈条状分布的细麻点状疤痕；疤痕中部痕迹较深，一侧可见较多细小的崩疤。器身其余部位保留自然砾面（图六〇二，1）。又如大湾遗址标本2015GLDT1⑦：5，原料为灰褐色辉绿岩砾石，器身形状近三角柱状。两侧边略窄薄，一侧边稍宽厚。使用痕迹集中于三条侧边，疤痕均较多且较密集；其中一窄薄侧疤痕多呈黄豆状或花生状，两侧均可见较多细小的崩疤；另一窄薄侧疤痕多呈绿豆状或黄豆状，一侧可见较多稍大而浅平的崩疤；宽厚侧疤痕多呈黄豆状或花生状，两侧均可见较多细小的崩疤。器身其余部位保留自然砾面（图六〇二，2）。

三是用于斧、锛、凿等器物毛坯器身的精细修整，从某种意义来说，类似于琢击石锤的用途。这种石锤的使用也相对固定，就是使用石片的侧边或远端来进行轻微砸击，使用痕迹略浅，表明使用时间并不长，我们称之为石片石锤，这种石片石锤仅见于坡叫环遗址。如坡叫环遗址标本2015GLPT2②：133，原料为灰褐色辉绿岩石片。器身略长，形状不规则。使用痕迹集中于石片左侧中部。该部位有一处略呈细长条状分布的细麻点状疤痕；疤痕两侧可见较多向两侧崩裂的细碎崩疤，崩疤边缘钝厚（图六〇二，4）。

在对上述左江流域诸遗址出土石器标本进行观察的过程中，我们注意到砸击石锤除上述几种常见的形式外，还有部分是属于特殊用料的，即利用其他器物或工具来当作石锤使用。

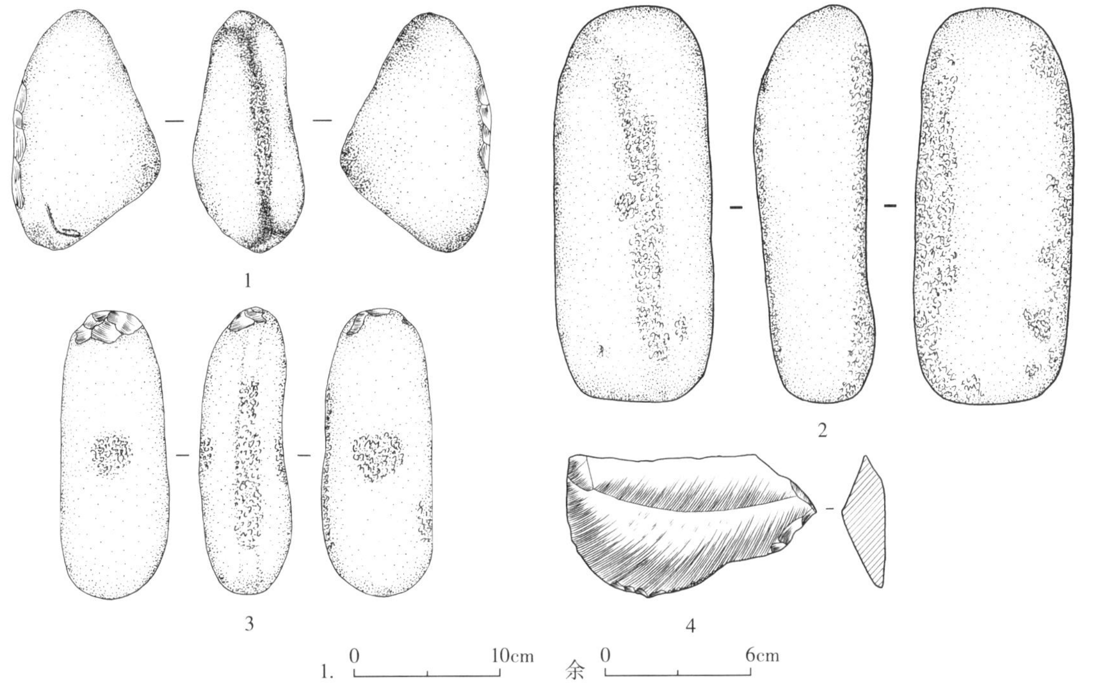

图六〇二　石锤

1、2. 侧边石锤（2015GLGTG1 ②：10、2015GLDT1 ⑦：5）　3. 石砧兼石锤（2015GLPT1 ⑭：6）
4. 石片石锤（2015GLPT2 ②：133）

一是利用石砧来当作石锤使用。如坡叫环遗址标本 2015GLPT1 ⑭：6，原料为黄褐色辉绿岩砾石。器身形状略呈扁长状。一端略窄，另一端稍宽。一侧略薄，另一侧稍厚。一面略凹，另一面略平。两面的中部各有一处略呈圆形的窝状坑疤，坑疤较深。略薄侧有一处略呈条带状分布的细麻点状砸击坑疤，坑疤两侧痕迹较浅，中部痕迹略深。略窄端端面一侧有一些细小浅平的崩疤。器身其余部位保留自然砾面（图六〇二，3）。

二是利用磨石来当作石锤使用。磨石是一种特殊的加工工具，实际上是属于砺石的一个种类，体量比我们通常所说的砺石要小，适合握在手里进行操作。一般来说，磨石的磨面面积也比较小。上述左江流域诸遗址出土的一些磨石标本，除作为磨石外，还作为石锤使用，如坡叫环遗址标本 2015GLPT1 ③：1，原料为深灰色细砂岩砾石。器身形状呈椭圆形。一端稍窄薄，另一端稍宽厚。一侧稍薄，另一侧稍厚。一面较平整，另一面略微弧凸。在两端及两侧均有略呈弧形的磨面；磨面光滑，磨面上可见密集的斜线磨痕。两端磨面局部可见绿豆状坑疤。在较平整面的磨面中部及靠近稍薄侧、微凸面磨面上均散布有绿豆状坑疤。这些坑疤特征应为兼作砸击石锤使用时留下的痕迹（图六〇三）。

三是利用石核来当作石锤使用。比如，无名山遗址标本 2013GLWT1 ④：39，原料为灰褐色辉绿岩砾石石核。器身形状近四边形。一面较平，另一面凸起。以较平面和一侧为台面多次单面剥片，片疤多较大且浅平。在一侧中部有一处略呈椭圆形分布的细麻点状疤痕，疤痕略深。在近

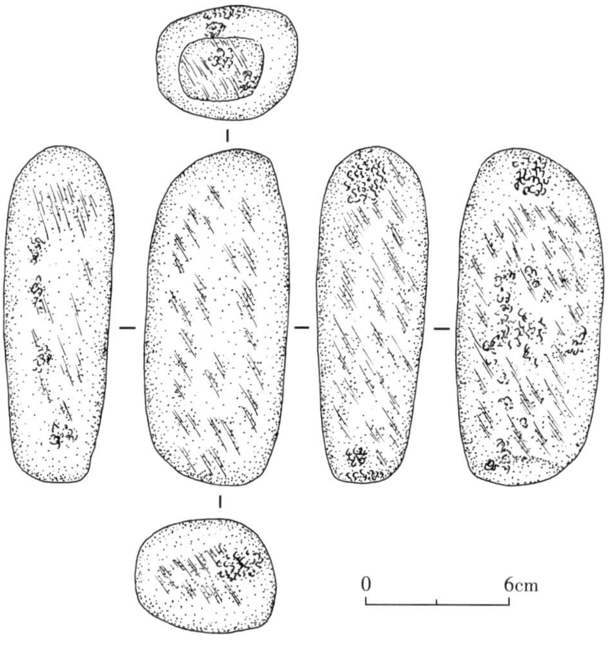

图六〇三　磨石兼石锤（2015GLPT1 ③：1）

一端的较平面与一侧的交汇处，也有一处略呈椭圆形分布的细麻点状疤痕，疤痕较浅。两处疤痕均应是作为砸击石锤使用留下的痕迹（图六〇四，1）。

四是利用砍砸器来当作石锤使用。上述左江流域诸遗址出土的一些砍砸器标本，侧边有着明显的呈细麻点状的砸击疤痕，显然是当作砸击石锤使用的结果。如坡叫环遗址标本 2015GLPT2 ①：8，原料为灰褐色辉绿岩石片。器身形状呈四边形。腹面平整。背面凸起，全部保留自然砾面。加工方法为锤击法。加工主要集中在石片右侧。沿石片右侧的上半部多次单面剥片，加工出一道直刃。刃缘整齐锋利，未见使用痕迹。片疤细小且浅平，打击方向由石

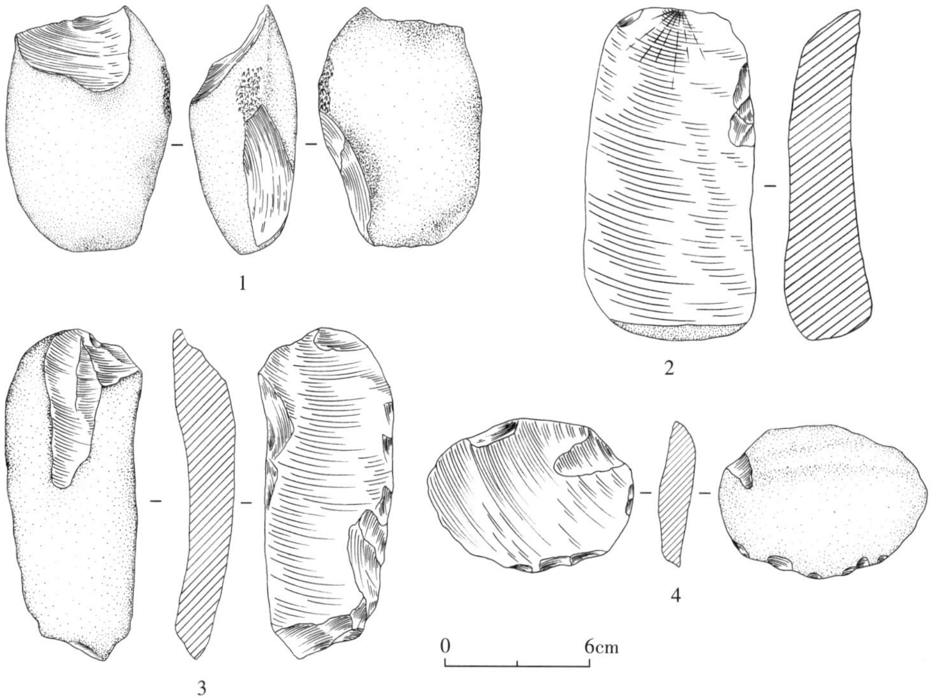

图六〇四　兼用石锤

1. 石核兼石锤（2013GLWT1 ④：39）　2. 砍砸器兼石锤（2015GLPT2 ①：8）　3. 砍砸器兼石锤（2015GLPT1 ⑦：28）　4. 刮削器兼石锤（2015GLPT2 ②：40）

片的背面向腹面打击。在石片右侧的中部有一呈带状分布的麻点状疤痕，这些疤痕应为兼作砸击石锤使用留下的痕迹（图六〇四，2）。又如坡叫环遗址标本 2015GLPT1 ⑦：28，原料为灰褐色辉绿岩石片。器身形状近长条形。以石片背面为台面，沿石片远端多次单面剥片，片疤多较大且深凹。剥片边缘锋利，或可作为砍砸器使用。在石片背面近端附近与一侧的交汇处，有一处略呈圆形分布的细麻点状疤痕，疤痕较深，应是作为砸击石锤使用留下的痕迹（图六〇四，3）。

五是利用刮削器来当作石锤使用。与砍砸器相似，上述左江流域诸遗址出土的一些刮削器标本，侧边有着明显的细麻点状的砸击疤痕，显然是当作砸击石锤使用的结果。如坡叫环遗址标本 2015GLPT2 ②：40，原料为灰褐色辉绿岩石片。器身扁薄，形状近椭圆形。腹面稍平，为略整齐的破裂面。背面微凸，完全保留自然砾面。加工方法为锤击法。沿石片右侧边缘多次单面剥片，加工出一道弧刃。刃缘整齐锋利；可见较多细小的向两侧崩裂的崩疤，这些崩疤应为使用痕迹。片疤多较小且浅平，打击方向为由背面向腹面打击。石片左侧上半部和近端右侧边缘各有一处略呈细长条状的细麻点状疤痕；疤痕两侧可见较多细碎崩疤，这些崩疤应是作为砸击石锤使用留下的痕迹（图六〇四，4）。

六是利用研磨器来当作石锤使用。既有利用成品和半成品作石锤使用的情况，也有利用毛坯作石锤使用的情况。比如坡叫环遗址标本 2015GLPT2 ⑤：78，为研磨器成品。原料为褐色细砂岩砾石。器身形状略呈方柱状。一端稍宽，另一端稍窄。器身其中一面的中部有呈窝状的砸击坑疤；与之相对的一面以及一侧面的中部也有呈麻点状的坑疤。这些坑疤应为兼作砸击石锤使用留下的痕迹（图六〇五，1）。又如坡叫环遗址标本 2015GLPT2 ④：16，为研磨器半成品。原料为黄褐色细砂岩砾石，器身形状略呈方柱状。一端较窄，另一端较宽。器身一面及其相对面的中部各有一处呈圆窝状的砸击坑疤；从坑疤特征来看，它们应是兼用砸击石锤留下的痕迹（图六〇五，2）。

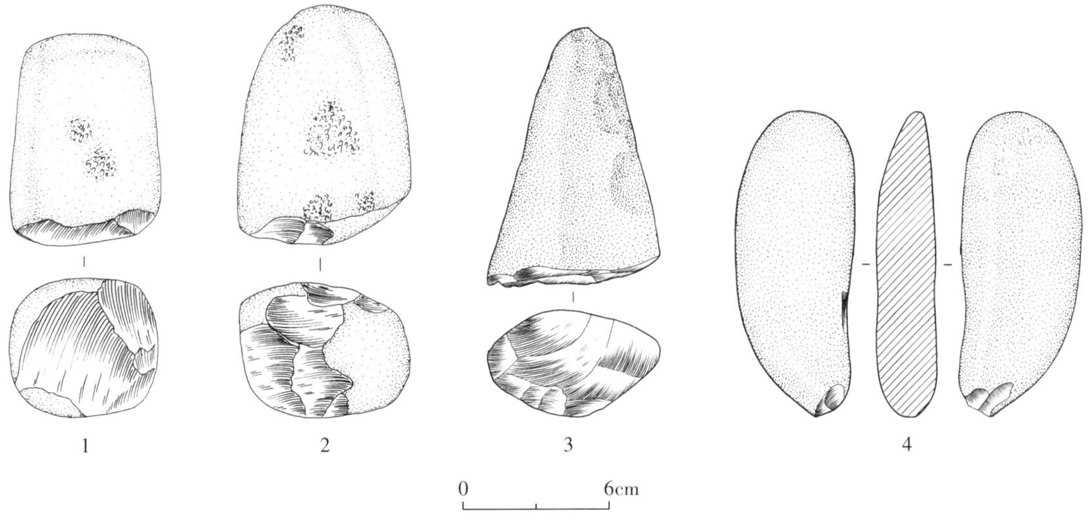

图六〇五　兼用石锤

1. 研磨器兼石锤（2015GLPT2 ⑤：78）　2. 研磨器半成品兼石锤（2015GLPT2 ④：16）　3. 研磨器毛坯兼石锤（2015GLGTG1 ⑦：36）　4. 斧锛类毛坯兼石锤（2015GLPT1 ⑦：68）

再如根村遗址标本 2015GLGTG1 ⑦ : 36，为毛坯。原料为灰褐色辉绿岩砾石。器身较短，形状略呈三角柱状。一面凹凸不平，另一面凸起。一端较宽，另一端较窄。一侧较宽厚，另一侧较窄薄。短侧边中部至较宽端的边缘有一呈条状分布的麻点状的砸击疤痕，这些疤痕应是之前作为侧边砸击石锤使用留下的痕迹（图六〇五，3）。

七是利用斧锛毛坯来当作石锤使用。如坡叫环遗址标本 2015GLPT1 ⑦ : 68，原料为黄褐色细砂岩砾石。器身形状不规则。一端稍窄，另一端稍宽。一侧稍厚，另一侧稍薄。加工方法为锤击法。在稍窄端双面剥片，剥片较少；片疤较小且浅平，边缘钝厚不成刃。未经磨制。在稍宽端中上部有一略呈椭圆形的麻点状坑疤，应为兼作砸击石锤的痕迹（图六〇五，4）。

砸击石锤所使用的石料，分为砾石和石片两种，以砾石居多。岩性多为辉绿岩和细砂岩，以辉绿岩为主。大小方面，以砾石为原料者，10~15cm 者最多；以石片为原料者，5~10cm 者最多。形状方面，以砾石为原料者，多为三角柱状、方柱状、扁柱状和不规则形等；以石片为原料者，多为三角形、四边形、梯形、椭圆形和不规则形等。从使用部位来看，砸击石锤使用的随意性较大，几乎器身的任何部位都可使用，归纳起来有一端、两端、一侧、两侧、一面、两面和通体等情况，以使用两端、两侧和两面的情况居多。

（二）石砧

上述左江流域诸遗址出土的石砧，原料都是砾石或岩块，不经加工就直接使用。岩性多为细砂岩和辉绿岩，以细砂岩为主。除砾石或岩块外，还有部分是属于特殊用料的，即利用其他器物或工具来当作石砧使用，这方面情况主要有以下十种。

一是利用砸击石锤来当作石砧使用。如大湾遗址标本 2015GLDT1 ⑧ : 6，原料为灰褐色辉绿岩砾石。器身较长，形状呈方柱状。一端凹凸不平，略宽厚。另一端圆凸，稍窄薄。一面中央有一略呈圆形分布的细麻点状疤痕，疤痕略浅，应是作为石砧使用留下的痕迹（图六〇六，1）。

二是利用间打器来作为石砧使用。间打器是一种间接打击石锤，由于出土间打器的数量本身就比较少，利用间打器来作为石砧使用的情况就更加少见。如大湾遗址标本 2015GLDT1 ⑥ : 52，原料为灰褐色辉绿岩砾石。器身窄长，形状近圆柱状。一面略平，另一面凸起。一端略宽，另一端稍窄。略宽端端面有一略呈圆形分布的细麻点状疤痕，疤痕略显光滑，周围有部分向侧边崩裂的崩疤，应为与器物撞击所致。稍窄端也有一略呈圆形的绿豆状疤痕，应为与石锤撞击留下的痕迹。凸起面中央偏一侧不连续分布有一些绿豆状疤痕，疤痕稍浅，应是同时作为石砧使用留下的痕迹（图六〇六，2）。

三是利用砺石来当作石砧使用。在上述左江流域诸遗址中，利用砺石来当作石砧使用是最普遍的，也是最常见的。如坡叫环遗址标本 2015GLPT1 ② : 1，原料为灰褐色细砂岩岩块。器身宽大，厚重，形状近梯形。一面内凹，另一面微凸。一端较宽，另一端略窄。使用集中于内凹面。该面为略呈梯形的弧凹状磨面，磨面光滑细腻，应为使用痕迹。磨面靠近较宽端边缘处有部分黄豆状

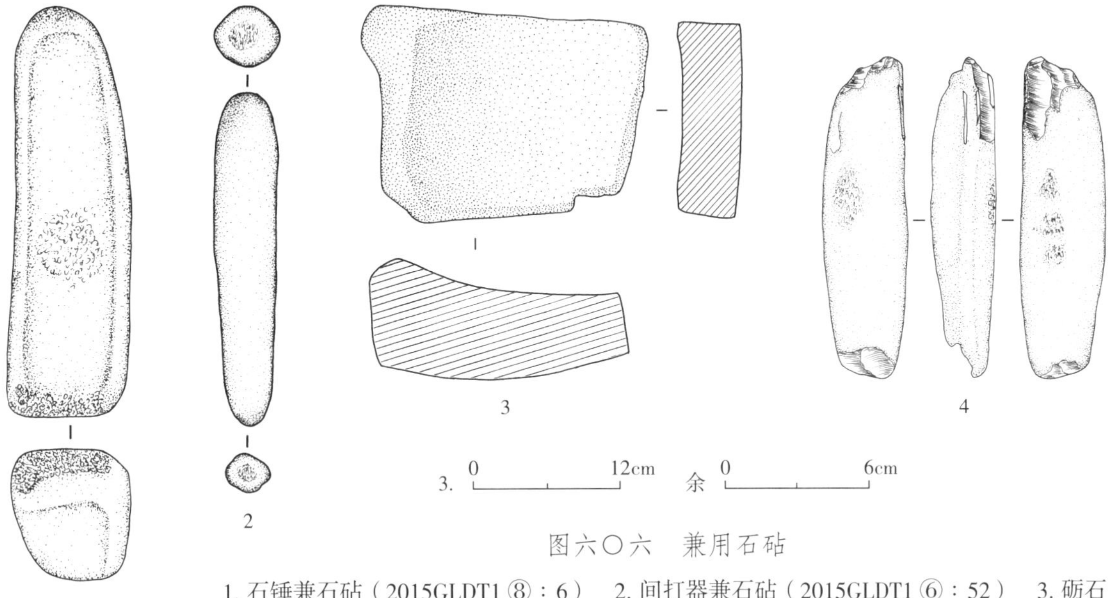

图六〇六　兼用石砧

1. 石锤兼石砧（2015GLDT1 ⑧：6）　2. 间打器兼石砧（2015GLDT1 ⑥：52）　3. 砺石兼石砧（2015GLPT1 ②：1）　4. 窄槽砺石兼石砧（2015GLPT1 ⑫：24）

和米粒状砸疤，砸疤分布稍密集，应是作为石砧使用留下的痕迹（图六〇六，3）。

四是利用窄槽砺石来当作石砧使用。在上述左江流域诸遗址中，利用窄槽砺石来当作石砧使用的情况也不少。如坡叫环遗址标本 2015GLPT1 ⑫：24，原料为灰褐色泥岩岩块。器身形状略呈长条形。一端略宽，另一端稍窄，两端均折断一块。一面较平，另一面凸起。在略宽端较窄侧有一磨痕。磨痕中部凸起，两侧下凹，断面略呈弓形。在凸起面的中部有一略呈椭圆形分布的细麻点状坑疤，在较平面的中部也有呈不规则分布的细麻点状坑疤，这两处坑疤应为兼作石砧使用时留下的痕迹（图六〇六，4）。

五是利用石核来作为石砧使用。这方面有少量例子，如根村遗址标本 2015GLGTG1 ⑤：35，原料为灰褐色辉绿岩砾石。器身形状近椭圆形。一面较平，绝大部分保留自然砾面。一端稍宽厚，绝大部分保留自然砾面；另一端略窄薄。以窄薄端为台面，剥出一个大而深凹的片疤，片疤贯通器身，体积约占器身的二分之一。较平面一侧近宽厚端处以及宽厚端一侧近较平面的圆形坑疤处均有一稍大而近圆形的坑疤，这两个坑疤应是作为石砧使用留下的痕迹（图六〇七，1）。

六是利用砍砸器作为石砧使用。如宝剑山 A 洞遗址标本 2013GLBAT2 ⑥：1，原料为灰褐色辉绿岩砾石。器身形状近梯形。一面较平，另一面凸起。一端较宽，另一端较窄。一侧较直，另一侧呈弧凸状。加工方法为锤击法。沿砾石弧凸侧边缘多次单面剥片，加工出一道弧刃。刃缘整齐锋利，未见使用痕迹。较宽端与弧凸侧交汇处经过修整，加工出一个钝尖。凸起面与较直侧交汇处中央至近较宽端处分布有一处不规则形状的麻点状砸击疤痕，应是作为石砧使用留下的痕迹（图六〇七，2）。

七是利用尖状器来作为石砧使用。这种情况较少见。如坡叫环遗址标本 2015GLPT2 ②：38，

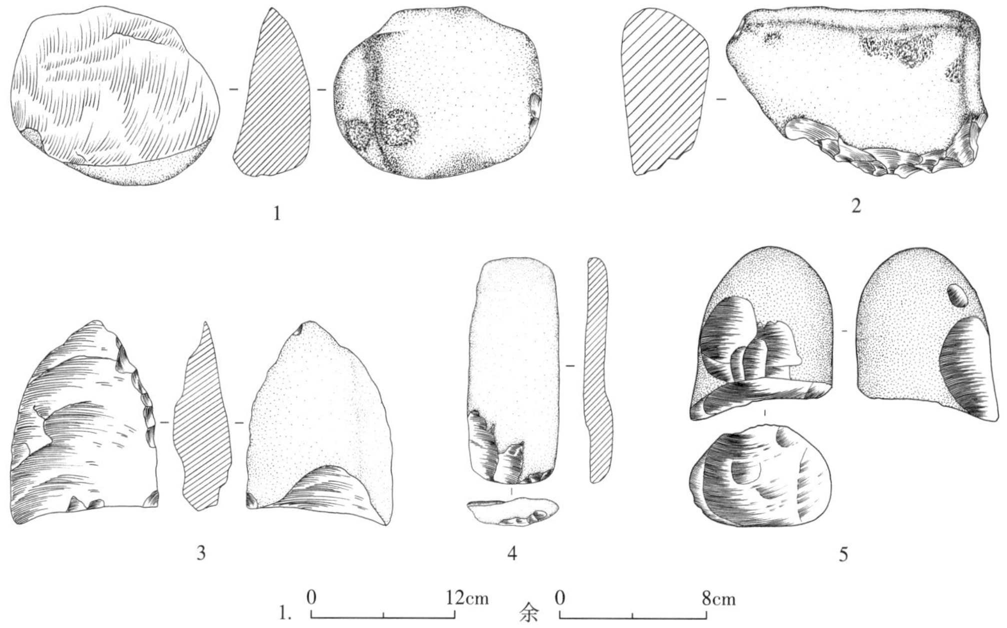

图六〇七　兼用石砧

1. 石核兼石砧（2015GLGTG1⑤：35） 2. 砍砸器兼石砧（2013GLBAT2⑥：1） 3. 尖状器兼石砧（2015GLPT2②：38） 4、5. 研磨器兼石砧（2015GLPT2⑦：30、2015GLGTG2⑤：18）

原料为灰褐色辉绿岩石片。器身稍宽厚，形状近三角形。腹面和背面均凸起；背面绝大部分保留自然砾面。右侧上半段保留自然砾面，边缘钝厚。器身背面中部靠左侧处有一个近椭圆形分布的花生状崩疤。器身左侧边上半部与背面交汇处中央有两个近椭圆形的相互叠压的花生状崩疤。器身右侧中部近边缘处有一个近椭圆形的窝状崩疤。这几处崩疤应是作为石砧使用留下的痕迹（图六〇七，3）。

八是利用研磨器来作为石砧使用。既有利用成品作为石砧使用者，也有利用毛坯作为石砧使用者。如坡叫环遗址标本2015GLPT2⑦：30，为1件研磨器残件，原料为灰色细砂岩砾石。器身残损，剩余部分形状略呈四边形。一端稍窄，另一端稍宽。器身仅残剩一侧面，断裂面较平整。以稍宽端为研磨面，磨面较光滑；侧面上布满细麻点状坑疤。这些疤痕应是兼作石砧使用留下的痕迹（图六〇七，4）。又如根村遗址标本2015GLGTG2⑤：18，为1件研磨器毛坯，原料为灰褐色辉绿岩砾石。其凸起面一侧近较宽端有一略呈四边形的崩疤，凸起面与较宽端和较长侧相交处有一略呈椭圆形的崩疤，这两个崩疤各有一侧被研磨面一侧的小崩疤所破坏，应是之前作为石砧使用留下的痕迹（图六〇七，5）。

九是利用石锛来作为石砧使用。这种情况很少见。如坡叫环遗址2015GLPT1⑧：6，原料为灰色细砂岩砾石。器身形状略呈三角形。一端较窄，另一端较宽。一侧较厚，另一侧较薄。一面平整，另一面微凸。较平面布满不规则形的细麻点状坑疤，微凸面中部也有一呈椭圆形分布的细麻点状坑疤。这两处坑疤，应为兼作石砧使用留下的痕迹（图六〇八，1）。

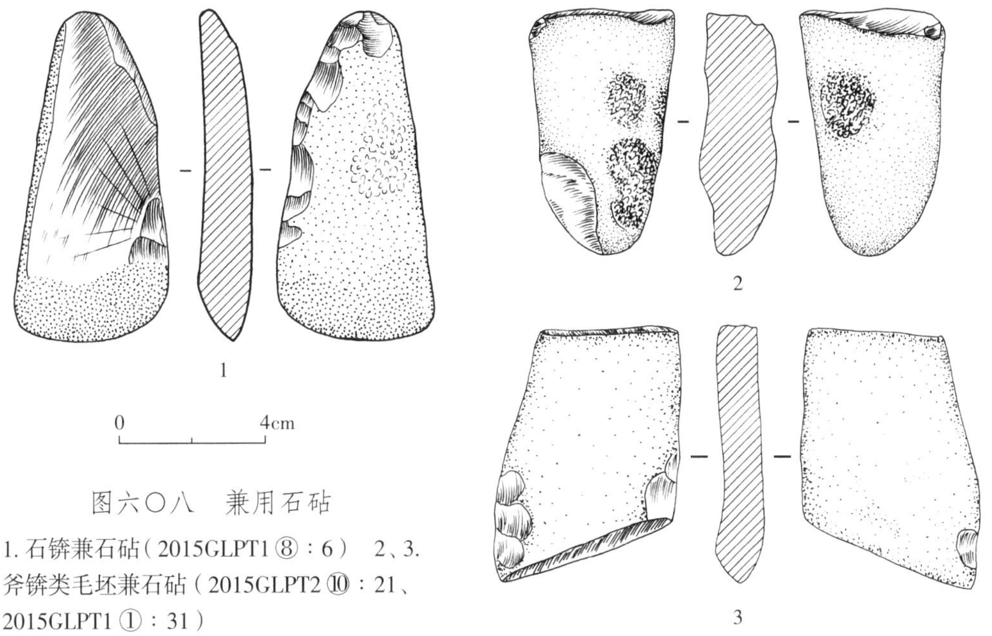

图六〇八　兼用石砧

1. 石锛兼石砧（2015GLPT1⑧：6）　2、3. 斧锛类毛坯兼石砧（2015GLPT2⑩：21、2015GLPT1①：31）

十是利用斧锛类毛坯来作为石砧使用。如坡叫环遗址标本 2015GLPT2⑩：21，原料为黄褐色辉绿岩砾石。器身残损，剩余部分形状略呈三角形。一面略平，另一面微凸。一端略窄。另一端稍宽，为不甚整齐的断裂面。一侧稍厚，另一侧略薄。较平面靠近略薄侧连续分布有三处近椭圆形分布的细麻点状坑疤。微凸面靠近略薄侧处的中部也有一处略呈椭圆形的细麻点状坑疤。这几处坑疤应为兼作石砧使用时留下的痕迹（图六〇八，2）。又如坡叫环遗址标本 2015GLPT1①：31，原料为黄褐色细砂岩砾石。器身扁薄，形状近梯形。一端稍宽，另一端稍窄。一侧略厚，另一侧略薄。一面较平整，另一面微凸。较平面中部有两个呈圆形的窝状坑疤，应该是残断之后用作石砧留下的痕迹（图六〇八，3）。

从形态方面看，上述左江流域诸遗址出土的石砧多是一面或两面扁平的，这是因为石砧是需要放置在地面上使用的，如果底面是平的，使用时就容易固定，方便使用。这种情况说明，上述左江流域诸遗址的先民，对于什么样的石料才适合用作石砧的情况，早就有着清楚的认识。

从大小方面来看，石砧和砺石一样，是加工工具中体量最大的，当然这也与它们两者之间是经常兼用的情况有关。大的石砧均为岩块，长度多在 20cm 以上，重量达到 40kg 以上。此外，还有部分体量较小的石砧，原料多为砾石。石砧的使用部位一般位于器身的两面。大石砧的使用痕迹多集中于一面的中间和边缘部位，部分两面都有；而小石砧的使用痕迹多集中于一面的中间。

从石砧上保留的使用痕迹来看，大小石砧的用途是不同的。大石砧通常存在较多大而深的疤痕，特别是窝状凹坑，说明大石砧更多地用于粗重作业如砸击器身、制作粗坯等。同时很多大石砧上还有明显的光滑磨面，说明石器打制成坯后，有可能就直接在这类石砧上进行磨制。尺寸较小的砾石石砧，保留的疤痕多以点状坑疤为主，说明这种石砧更多的是用于比较精细的石器加工，比如进行进一步的修整等。当然，石砧的用途可能不单单是用于石器加工，特别是那些圆窝状的坑疤，也可能是连续加工坚果而留下的痕迹，不过这还有待今后发现更多的证据来加以证实。

（三）砺石

砺石是专门用于对磨制石器毛坯的表面进行磨光的工具，对于制作磨制石器来说是必不可少的。从上述左江流域诸遗址出土的磨制石器来看，部分标本由于在原料选取的时候，特意选择了在体量和形态上与所要制作的工具相接近甚至一样的石料，所以就不需要利用石锤和石砧来进行打制毛坯，而是直接利用砺石在石料的一端进行磨制，加工出刃口就能够完成制作。因此，对于部分磨制石器的制作来说，可以不使用石锤和石砧，但必须使用砺石来磨光刃部以成型。

上述左江流域诸遗址出土有不少的砺石，如坡叫环遗址标本2015GLPT1②:6和2015GLPT2②:69、根村遗址标本2015GLGTG1⑦:8及大湾遗址标本2015GLDT1⑥:36（图六〇九，1~4）。与石锤、石砧等加工工具一样，砺石大多也是不经过加工，而是将自然形成的岩块或砾石拿来直接使用。少量经过加工的，也是因为原料个头太大，不方便使用而不得不将原料破开，以便使器身大小适中，方便使用。与石锤、石砧等加工工具不一样的是，砺石的岩性只发现有细砂岩一种，表现出在岩性选择上的高度一致性。由于砺石的硬度不高，容易在使用过程中导致断裂和破损，所以许多出土标本都有不同程度的残缺，残缺部位通常表现为断裂面。砺石的棱角也多有轻度的磨蚀。从保存相对完整的标本来看，上述左江流域诸遗址出土的砺石，其大小尺寸差别很大，最大者长度超过30cm，重量达到40kg；而最小者长度不过8cm，重量不过0.1kg。砺石的形状也是多种多样，不规则形状者占绝大多数。这些情况说明，上述左江流域诸遗址出土的砺石，在原料

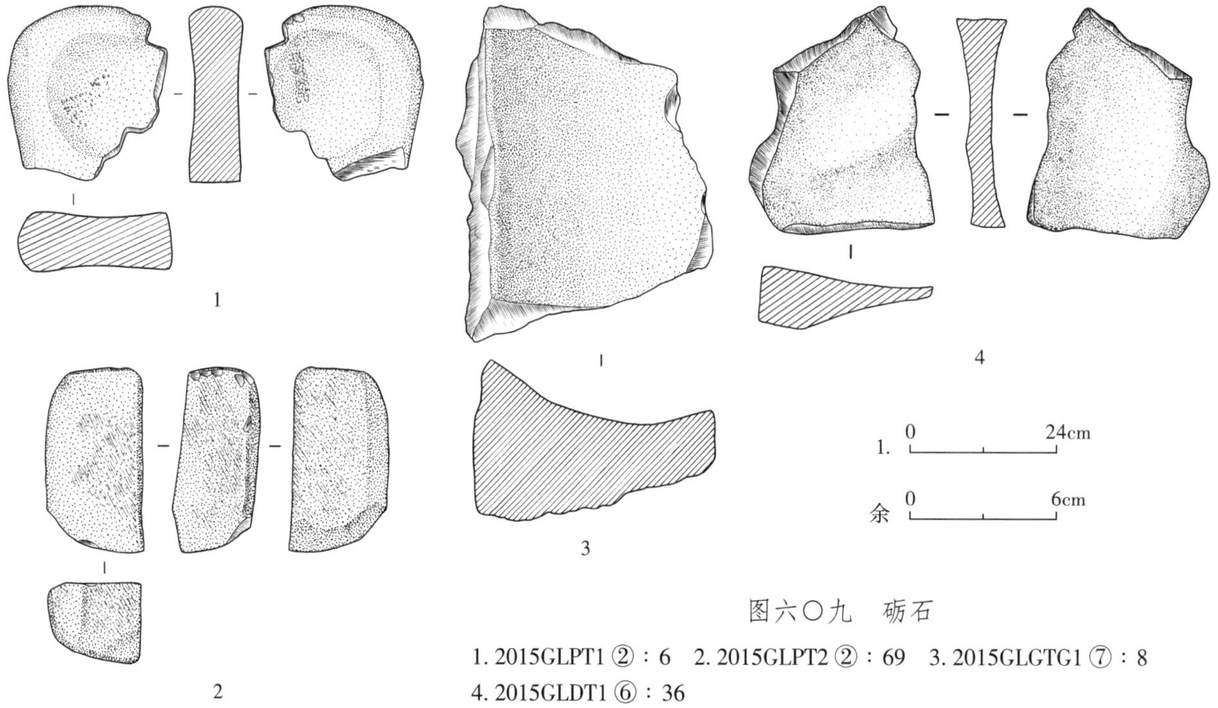

图六〇九 砺石

1. 2015GLPT1②：6 2. 2015GLPT2②：69 3. 2015GLGTG1⑦：8 4. 2015GLDT1⑥：36

选择时对形态方面并不讲究，对尺寸大小的要求也不高，但是非常注重原料的岩性。这也表明，上述左江流域诸遗址的先民，对于砺石该使用什么样的石料才适合运用的情况，同样有着清楚的认识。

根据我们对上述左江流域诸遗址出土砺石标本的观察，砺石的使用痕迹主要是磨痕。有的标本磨痕很浅，磨面基本是平的；而部分标本的磨痕很深，磨面深凹。从磨痕深浅程度的不同，可以判断不同砺石利用率的高低。

与石砧不同，砺石使用部位的随意性也很大。大的砺石多是一面或两面较平的形态，磨痕多位于一面或两面；小的砺石，很多都有多面磨痕，而且形状多不规则，但有一点可以肯定，那就是与磨面相对的底面还是较平的。与磨石相比较，尽管其体量较小，但器身棱角凸出，并不方便手握，因此我们判断，这些小砺石还是放置于地面或者是其他平整的地方来使用的可能性更大。

与很多石砧兼用作砺石一样，很多砺石都兼用作石砧。一般来说，兼用作石砧的砺石体量较大，多为一面或两面较平的形态，兼用作石砧的痕迹多位于平坦一面。从对上述左江流域诸遗址出土砺石标本的观察来看，有的标本兼用的痕迹很少，有的标本兼用的痕迹很多，有的标本上砸疤甚至多到能够与磨痕并重的程度，这样的标本，已经很难说是砺石兼用作石砧还是石砧兼用作砺石了。

（四）窄槽砺石

窄槽砺石是一种特殊的加工工具，实际上它应该属于砺石的一个种类。坡叫环遗址出土窄槽砺石较多，如标本 2015GLPT2 ②：59、2015GLPT1 ③：100 和 2015GLPT1 ⑧：32（图六一〇，

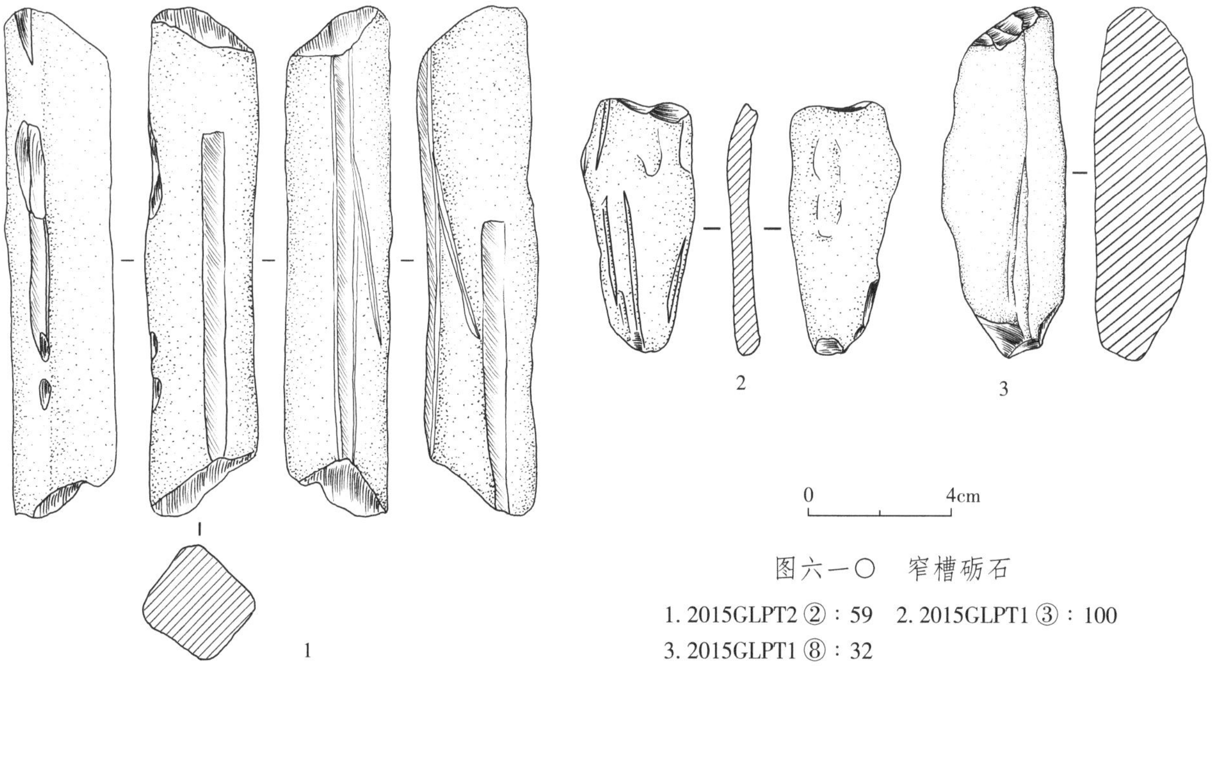

图六一〇　窄槽砺石

1. 2015GLPT2 ②：59　2. 2015GLPT1 ③：100
3. 2015GLPT1 ⑧：32

1~3）。窄槽砺石的原料绝大部分都是岩块，极少量为砾石，都是不经过加工，而是将自然形成的岩块或砾石拿来就直接使用。它的选料比较讲究，通常是选择质地细腻的泥质岩和细砂岩，泥质岩占绝大多数。由于窄槽砺石的硬度不高，很容易在使用过程中断裂和破损，所以许多出土标本都有不同程度的残缺，残缺部位通常表现为断裂面。

根据我们对上述左江流域诸遗址出土窄槽砺石标本的观察，窄槽砺石的使用痕迹和砺石一样，主要也是磨痕，但这些磨痕都是窄长形状的，基本上都很直，长度通常只有几厘米，两侧较深，中部弧凸，断面略呈弓形。有的磨痕由于推磨的长度逐渐缩短，导致尾部出现层叠的覆瓦状的情况。

从磨痕来观察，这类工具应该是用来磨制凹刃工具的特殊砺石，而且被磨制的工具很可能是细小的管状物品，材料很可能是动物肢骨或者是竹枝。不过可能是由于骨器和竹器是有机质的原因，在地层中难以保存下来，所以目前上述左江流域诸遗址发掘都没有出土这类经过窄槽砺石磨制的器物。

窄槽砺石的形状也是多种多样，其中不规则形状者占绝大多数，少量为长条状。多是一面或两面较平的形态。使用部位随意性也很大，磨痕多位于两面或两侧。从保存相对完整的标本来看，上述左江流域诸遗址出土的窄槽砺石，其尺寸大小差别很大，最大者长度超过 20cm，而最小者长度不过 5cm，而且以尺寸小者居多。由于尺寸较小，置于地上操作不便，同时磨制器物时力度不会很大，所以我们推测，这类砺石的使用方法是手持操作的，即使用时将窄槽砺石固定于一只手上，另一只手拿住被加工的骨器和竹器，在窄槽砺石上来回推磨。

（五）小结

上述左江流域诸遗址采集和出土的加工工具，主要有石锤、间打器、石砧、砺石和窄槽砺石等种类，这些加工工具的原料基本上都是天然的砾石和岩块，都没有经过特意加工就直接使用。不同的器类，在选择原料的时候，不论是岩性、大小、形状等几个方面，都有着明显的差异。总的来看，石锤的原料大部分都是选择砾石，只有小部分选择石片，岩性种类较多，形状多种多样，体量大小的差异不大。石砧的原料有岩块和砾石两种，以岩块为原料者岩性基本上都是细砂岩，体量较大，器身多为一面或两面平者；以砾石为原料者，岩性多为辉绿岩，体量较小，器身至少有一面是较平的。体量大小不同的石砧，在具体用途和使用部位等方面，还是具有一定的差别。砺石的原料也有岩块和砾石两种，以岩块为主，岩性较为单一，几乎都是细砂岩；体量大小差别巨大，形状多不规则。体量大的砺石，多有一个或两个磨面，兼作石砧使用者也较多；体量小者，则多有三个甚至多个磨面。窄槽砺石基本上是以质地细腻的泥质岩和细砂岩岩块为原料，体量较小，形状多不规则，磨痕与一般的砺石差异较大，呈中间弧凸的沟槽型，很可能是用手固定来进行操作的。

综合来说，上述左江流域诸遗址使用的加工工具种类较多，功能和用途较为明确。不同种类的加工工具，用途也不相同，在材料的选择上比较讲究。

第三节　打制石器的制作

（一）石片的打制

石片的打制，是史前人类制作打制石器的主要活动之一。为了获取适合自己意愿的石片，他们需要使用石锤来打击石核，从而产生石片。打击产生的石片，通常具有打击点、半锥体、同心圆和放射线等特征。

上述左江流域诸遗址石片的打制方法有直接锤击法和碰砧法。从我们的观察结果来看，直接锤击法占绝大多数，碰砧法很少见。打制石片时，对打击台面基本不加修理，所见石片绝大部分都是自然台面，人工台面极少见，有小部分为线状台面。绝大多数石片具有锋利的边缘和棱角，没有明显的冲磨痕迹，有使用痕迹者较少。

上述左江流域诸遗址出土的石片具有一个明显的特点，就是绝大多数石片的背面都或多或少保留有自然砾面，背面全为片疤者极少见。即使背面全是片疤的，在石片的台面或侧缘也多保留有自然砾面。背面有片疤者，其剥片方向多与石片同向同源，也有少部分是与石片的剥片方向相垂直的。这表明上述左江流域诸遗址在打制石片时，对于石核的利用率不高。造成这种情况的原因可能有两个，一是由于上述左江流域诸遗址原料丰富，不需要在石核上反复剥片；二是由于上述左江流域诸遗址用直接锤击法打的多是初级石片，背面多数没有片疤。

在石片的尺寸大小方面，除了坡叫环遗址和大湾遗址以外，上述左江流域诸遗址出土的石片尺寸均较小，虽然原料中有部分足以打制大石片的石核原料，但他们并没有打制出大石片。造成这种情况的原因可能是在他们生产和生活的过程中，不论是适应环境还是改造环境，都没有产生对大石片的需求。但坡叫环遗址不同，不仅原料中有部分足以打制大石片的石核原料，而且他们动手打制出了大量的大石片。造成这种情况的原因可能是坡叫环遗址和大湾遗址的人群是来自于与上述左江流域诸遗址不同的人群或部族，在他们原先所处的生产和生活环境中，不论是适应环境还是改造环境，都对大石片的生产有很大的需求，因而逐渐形成了打制大石片的传统，也就拥有了与上述左江流域诸遗址不同的石器加工技术。

（二）砍砸器的制作

在上述左江流域诸遗址中，砍砸器是打制石器的主体。上述左江流域诸遗址制作砍砸器的原料有砾石和石片两种，除了坡叫环遗址和大湾遗址以外的诸遗址，原料以砾石占大多数；而在坡叫环遗址和大湾遗址则刚好相反，原料以石片占绝大多数，以砾石为原料的极少见。原料的岩性有辉绿岩和玄武岩，辉绿岩占绝大多数，这可能是因为辉绿岩的“三性”即硬度、匀质性和韧性都不错，比较适合制作砍砸器。可见上述左江流域诸遗址对砍砸器原料的选择是比较讲究的。

以我们对上述左江流域诸遗址出土砍砸器的观察而言，上述左江流域诸遗址出土砍砸器的制作，应该分为两个阶段：第一阶段是打制毛坯；第二阶段是对毛坯加以修整，以便最后成型。以砾石为原料制作的砍砸器（石核石器），制作的第一阶段是对砾石的加工部位进行剥片，打制出刃面和初步的刃口。这一阶段加工面上的片疤都是比较大的。由于器身厚薄的不同，打击片疤的层数也会不尽相同，器身薄的多有一两层，如无名山遗址标本 2013GLWT1④：137（图六一一，1）；器身厚薄中等的一般有两层，器身厚的往往有三层，如无名山遗址标本 2013GLWT1④：46（图六一一，2）。制作的第二阶段即修整阶段，一般是对刃缘进行修整，基本采用硬锤打击，修整的范围很小，往往限于局部，修整的痕迹不多，修整的片疤也很小。第一步剥片和第二步修整的打击方向基本是一致的，一般是由较平一面向凸起一面进行打击。以石片为原料制作的砍砸器（石片石器），第二步加工一般没有大的剥片，加工面上通常只有一两层片疤，加工范围有限，修整也多限于局部刃缘，因此成型后的砍砸器，与作为原料的石片相比较，在形状方面基本没有太大的改变。

砍砸器的制作较为简单，刃缘部位通常只做局部修整，在刃面上经常可以看到最后剥片的完整片疤，我们由此就可以判断剥片的办法，因此，这种简单的加工为我们观察研究砍砸器的制作技术提供了良好的条件。从对上述左江流域诸遗址出土砍砸器的观察来看，几乎所有砍砸器的打击点都较集中，片疤深凹，表明是用直接锤击法来进行剥片。

砍砸器的制作，除了具有先剥片后修整的程序以外，剥片的先后也有一定的次序。从我们观察到的片疤清楚且保存相对完整的砍砸器标本来看，单层片疤的砍砸器，在使用锤击法剥片时，

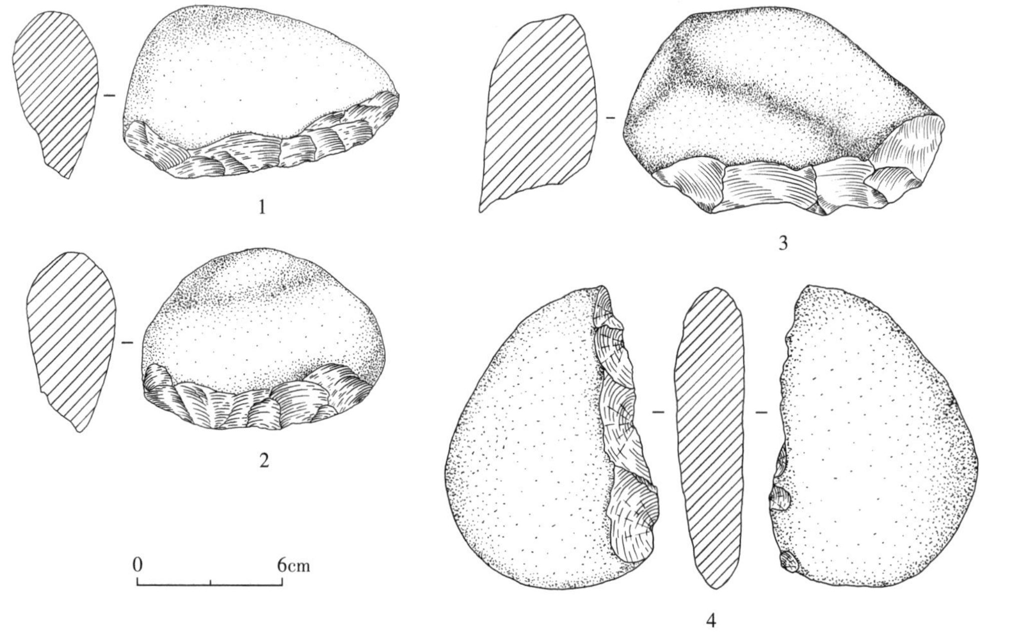

图六一一　砍砸器

1. 2013GLWT1④：137　2. 2013GLWT1④：46　3. 2013GLBAT1⑥：5　4. 2013GLBA采：11

往往是从刃缘的一端开始剥片，并依次向另一端进行打击，从而打出初步的刃面和刃缘。如宝剑山 A 洞遗址标本 2013GLBAT1 ⑥：5（图六一一，3）和标本 2013GLBA 采：11（图六一一，4）。

（三）刮削器的制作

上述左江流域诸遗址出土刮削器数量较多，制作原料有石片和砾石两种，以石片为原料者占绝大部分，以砾石为原料的只有少量。原料的岩性有辉绿岩、石英等，辉绿岩占绝大部分，这种情况与砍砸器区别不大。

在制作方法上，刮削器的制作与砍砸器的制作大同小异，也是分为打制毛坯和修整毛坯两个阶段。以砾石为原料制作的刮削器（石核石器），打坯阶段是用锤击法对砾石的加工部位进行剥片，打制出刃面和初步的刃口，多是由较平一面向凸起一面进行打击。修整阶段多是对刃缘进行局部加工，修整方向与剥片方向相同，如根村遗址标本 2015GLGTG2 ④：61（图六一二）。以石片为原料制作的刮削器（石片石器），第二步加工通常由背面向腹面进行打击，剥片不大，加工面上多只有一两层片疤，加工范围也有限，修整也多限于局部刃缘。因此成型后的刮削器，与作为原料的石片比较，在形状方面同样没有太大的改变。

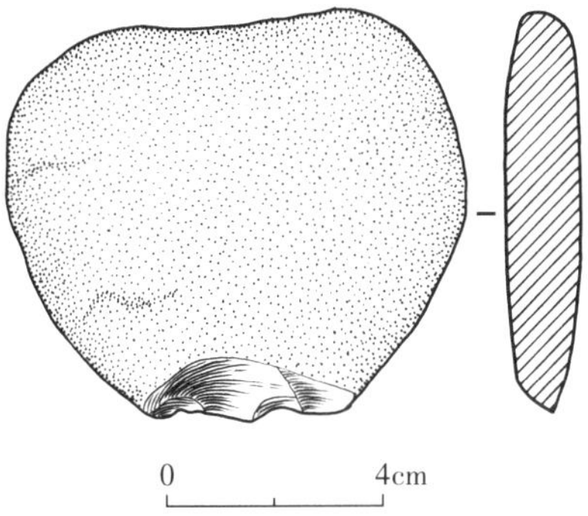

图六一二　刮削器
（2015GLGTG2 ④：61）

上述左江流域诸遗址出土的刮削器几乎所有的打击点都较集中，片疤深凹，由此我们判断，上述左江流域诸遗址出土的刮削器，不论是以砾石为原料制作的砍砸器（石核石器），还是以石片为原料的刮削器，在打坯阶段都主要是使用直接锤击法来进行剥片的。

（四）尖状器的制作

上述左江流域诸遗址出土的尖状器数量较多，制作原料有石片和砾石两种。以石片为原料者占大部分，以砾石为原料的只有少量。原料的岩性只有辉绿岩一种，这种情况与砍砸器和刮削器小有区别，但有一点是可以肯定的，即上述左江流域诸遗址对尖状器原料的选择同样是比较讲究的。

就我们的观察而言，尖状器的加工通常是由器身一侧或两侧向一端或两端加工出一个或两个尖部，打击方向一般斜向把端，与器身长轴相交处形成一角。加工简单，加工面上通常只有一层或两层片疤，具有三层以上片疤的标本极少。器身大部分保留自然砾面。在制作方法上，尖状器的制作与砍砸器和刮削器的制作大同小异，也是分为打制毛坯和修整毛坯两个阶段。

以砾石为原料制作的尖状器（石核石器），打坯阶段是用锤击法对砾石的加工部位进行剥片，打制出刃面和初步的尖部，多是由较平一面向凸起一面进行打击。修整阶段多是对尖部进行局部加工，修整方向与剥片方向相同。具体而言，以砾石为原料制作的单尖尖状器的加工通常有三种方式。其一是加工仅限于器身上半部，下半部至把端均保留自然砾面。如无名山遗址标本2013GLWT1④：64，原料为红褐色辉绿岩砾石。器身形状近三角形。一面较平，另一面凸起。一端较宽，另一端较窄。加工方法为锤击法。沿砾石较窄端边缘多次单面剥片，在较窄端中央加工出一个钝尖，未见使用痕迹（图六一三，1）。其二则是两侧加工均接近根部，但把端均保留自然砾面。如无名山遗址标本2013GLWT1④：139，原料为灰褐色辉绿岩砾石。器身形状近三角形。一面较平，另一面凸起。一端稍宽，另一端略窄。加工方法为锤击法。从砾石较宽端沿一侧向较窄端多次单面剥片；另一侧加工出一个面积较大的破裂面，破裂面一侧略经修整；在较窄端加工出一个舌尖，尖部略经修整，未见使用痕迹。两加工面在砾石远端中部偏左相交处形成一条锋利的凸棱（图六一三，2）。还有一种情况是器身左侧做垂直打击使侧缘形成断裂面或陡直的加工面的，右侧则经过较多的剥片和修整，与右江流域革新桥遗址出土的尖状器相似，如无名山遗址标本2013GLWT1④：45，原料为灰褐色辉绿岩砾石。器身形状近三角形。一面较平，另一面凸起。一端较宽，另一端较窄。加工方法为锤击法。从砾石较宽端沿一侧向较窄端多次单面剥片，另一侧则垂直截掉一大块。两加工面在远端交汇加工出一个钝尖，未见使用痕迹（图六一三，3）。以砾石为原料制作的双尖尖状器的加工通常有两种方式。其一是加工仅限于器身一侧，另一侧多

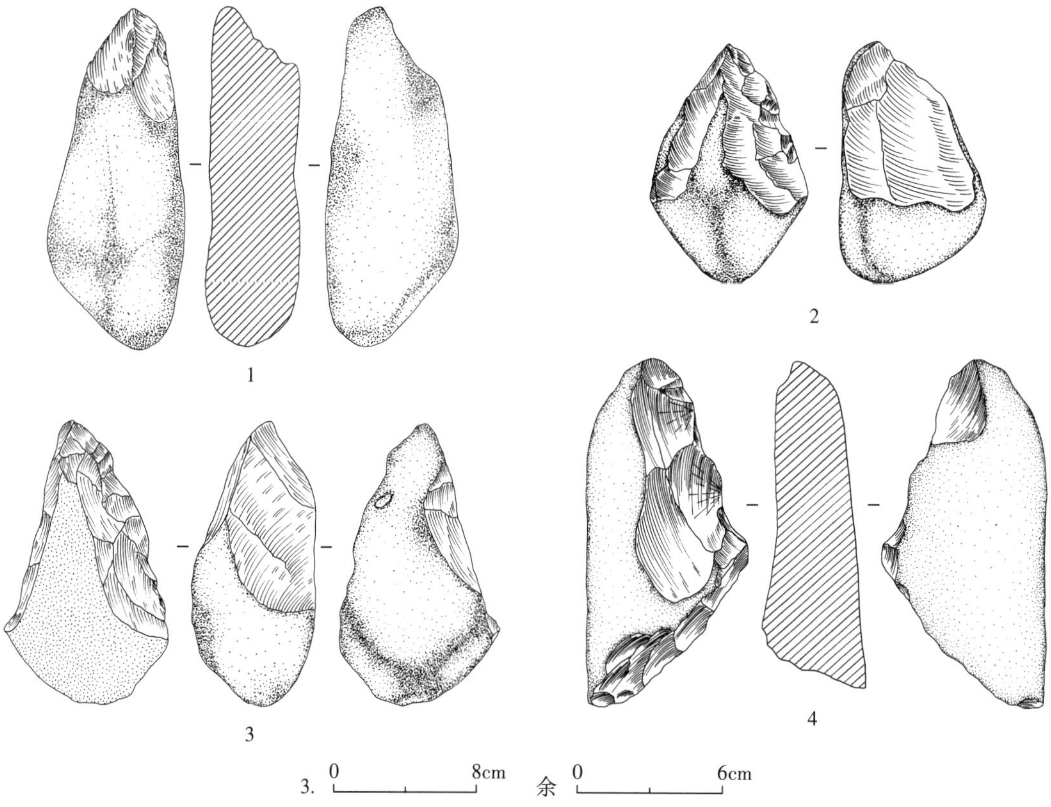

图六一三　尖状器

1. 2013GLWT1④：64　2. 2013GLWT1④：139　3. 2013GLWT1④：45　4. 2013GLWT1④：106

保留自然砾面，如无名山遗址标本 2013GLWT1④：106，原料为灰褐色辉绿岩砾石。器身形状近三角形，一面较平，另一面凸起。一端稍宽，另一端略窄。加工方法为锤击法。从砾石中部沿一侧向两端多次单面剥片，在两端各加工出一个舌尖；两尖部均略经修整，未见使用痕迹。加工侧的边缘较钝厚，不成刃（图六一三，4）。其二则是器身两侧均加工，背面保留较多自然砾面，如无名山遗址标本 2013GLWT1④：132，原料为灰褐色辉绿岩砾石。器身形状不规则。一面较平，另一面凸起。一端稍宽，另一端略窄。加工方法为锤击法。从砾石中部沿两侧向两端多次单面剥片，在两端各加工出一个钝尖；两尖部均略经修整，未见使用痕迹。两侧的加工边缘较钝厚，不成刃。略窄端两加工面在略窄端中部偏左处相交形成一条明显的凸棱。稍宽端两加工面在稍宽端中部偏右处相交也形成一条明显的凸棱（图六一四，1）。

以石片为原料制作的尖状器（石片石器），打坯阶段是用锤击法对石片的加工部位进行剥片，打制出刃面和初步的尖部，多是由背面向腹面加工进行打击。修整阶段多是对尖部进行局部加工，修整方向与剥片方向相同。具体而言，以石片为原料制作的单尖尖状器的加工通常有三种方式。

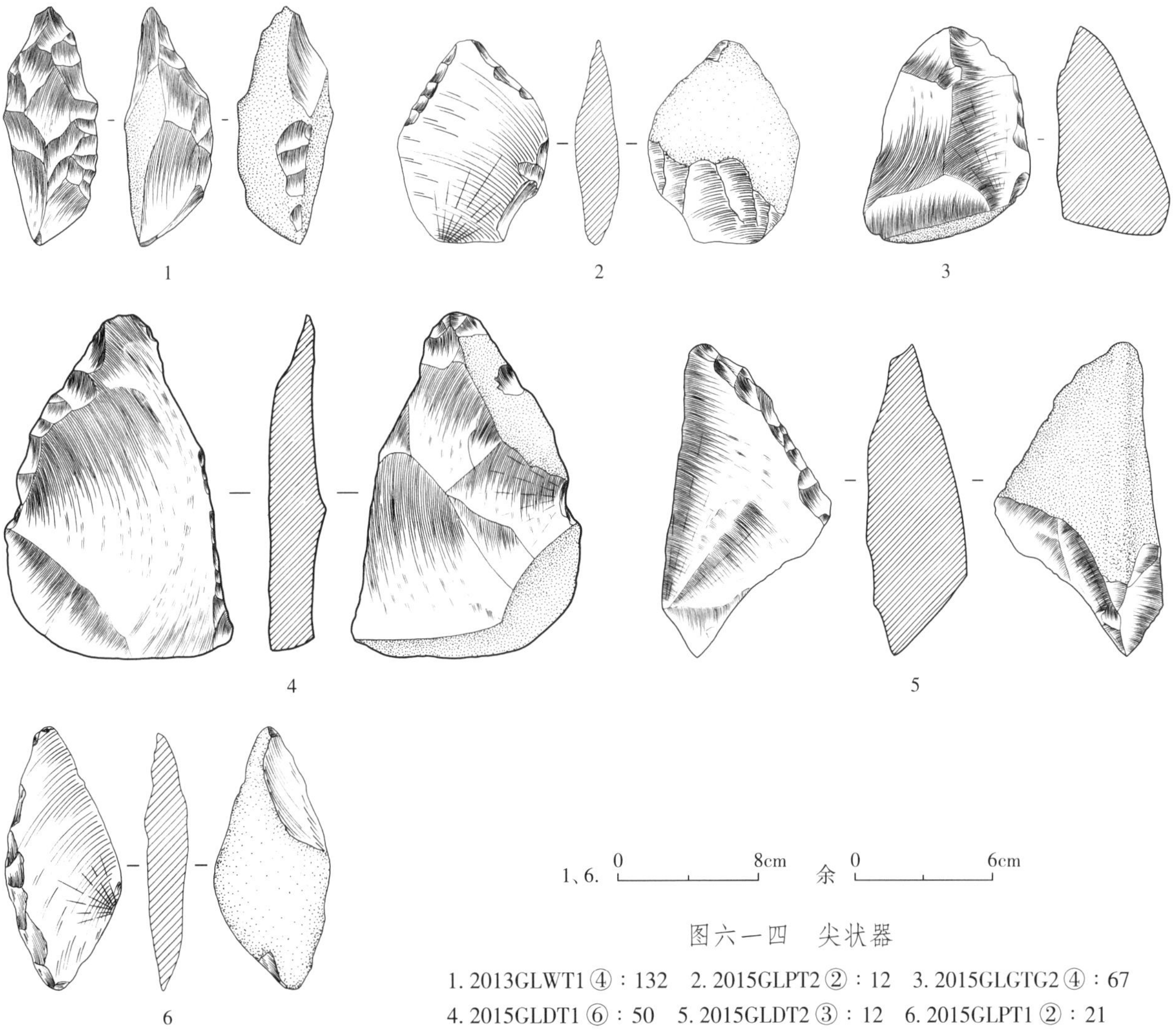

图六一四　尖状器

1. 2013GLWT1④：132　2. 2015GLPT2②：12　3. 2015GLGTG2④：67　4. 2015GLDT1⑥：50　5. 2015GLDT2③：12　6. 2015GLPT1②：21

其一是加工器身两侧和下半部，尖部在远端中央，把端保留自然砾面。这种形式是最多见的，如坡叫环遗址标本 2015GLPT2 ②：12，原料为灰褐色辉绿岩石片。器身较小，较薄，形状不规则。腹面和背面均微凸。加工方法为锤击法。沿石片左右两侧边缘向远端多次单面剥片，在远端中央加工出一个舌尖；尖部略长，经精细修整，但未见使用痕迹（图六一四，2）。其二是加工仅限于器身下半部，尖部在远端中央，把端保留自然砾面。如大湾遗址标本 2015GLDT1 ⑥：50，原料为灰褐色辉绿岩石片。器身较宽大，较薄，形状近三角形。腹面凸起，为稍整齐的破裂面；背面凹凸不平。加工方法为锤击法。沿石片右侧和远端边缘向远端与右侧交汇处多次单面剥片，加工出一个舌尖；尖部经较多修整，未见使用痕迹（图六一四，4）。其三是加工一侧下半部和另一侧，尖部在远端中央，把端保留自然砾面。如根村遗址标本 2015GLGTG2 ④：67，原料为灰褐色辉绿岩石片。器身较厚，形状近三角形。腹面较平，背面完全保留自然砾面。加工方法为锤击法。沿石片左侧和远端右侧向该两侧交汇处多次单面剥片，加工出一个舌尖；尖部略经修整，未见使用痕迹（图六一四，3）。以石片为原料制作的双尖尖状器的加工通常有两种方式。其一是加工器身多处，两尖部相对，如大湾遗址标本 2015GLDT2 ③：12，原料为灰褐色辉绿岩石片。器身稍厚，形状近三角形。腹面为稍平整的破裂面，背面凸起。加工方法为锤击法。在左上角左侧与近端交汇处和右下角右侧与远端交汇处各加工出一个钝尖，尖部较短，略经修整，未见使用痕迹（图六一四，5）。其二是加工器身多处，两尖部相邻，如坡叫环遗址标本 2015GLPT1 ②：21，原料为灰褐色辉绿岩石片。器身较长，稍厚，形状不规则。腹面较平，背面凸起。加工方法为锤击法。沿石片远端边缘多次单面剥片，在远端与左右两侧相交处各加工出一个舌尖，两尖部均较短，经修整；未见使用痕迹（图六一四，6）。

（五）小结

综上所述，以上左江流域诸遗址所出石片的打制方法有直接锤击法和碰砧法两种，以直接锤击法为主，碰砧法只占一小部分。剥片时，打击台面往往不加修理，多是直接以自然砾面作为台面。绝大多数石片的背面没有片疤痕迹，表明上述左江流域诸遗址打制石片时对石核的利用率不高。除坡叫环遗址和大湾遗址外，左江流域其他遗址的石片大多较小，尺寸不大；而坡叫环遗址和大湾遗址的石片尺寸较大，大石片占有较高的比例。

就打制石器特别是工具而言，其制作过程一般都经过剥片和修整的程序，但针对不同的器类、不同的毛坯，剥片和修整的情况有所不同。除坡叫环遗址和大湾遗址外，左江流域其他遗址的砍砸器几乎都是利用砾石加工而成，原料多较大而厚，因而在制作过程当中需要经过较多的剥片，才能够打制出所需要或较适合的刃面，之后再在刃面的边缘部位继续加工修整，从而打制出符合需要的刃口。坡叫环遗址和大湾遗址的砍砸器几乎都是利用石片加工而成，但其形体同样较大而厚，制作过程当中同样需要经过较多的剥片，因而其片疤面多有两三层，打击片疤多较大。而刮削器则不同，一般来说其形体较砍砸器要小，原料多较小而薄，制作过程当中剥片较少，加工面多为两层片疤，打击片疤多较小。以石片作为素材的，由于石片本身较为轻薄，一般而言没有必要进行很多的剥片，所以其加工面往往只有一层片疤。有的石片刮削器甚至都没有剥片，只是在边缘稍作修整就形成了工作刃。尖状器的制作也与砍砸器和刮削器大同小异。由此可见，上述左江流域诸遗址在制作打制石器时，能够根据不同的加工素材，采取不同的加工方式，来进行繁杂或简单的加工，在石器加工方面表现出较高的认知能力和制作水平。

上述左江流域诸遗址打制石器的制作工艺有两种，其一是制作砾石石器（石核石器）时，首先是对砾石素材进行剥片，打制成为毛坯，然后再进行修整，最后成器。其二是制作石片石器时，首先是从石核上剥下适合的石片，再以石片作为素材进行第二步加工。对于砾石石器的制作，在剥片阶段，通常是采用直接锤击法和碰砧法进行加工，在修整阶段则基本使用直接锤击法。对于石片石器的制作，在获取合适的石片素材之后，第二步加工也同样是使用直接锤击法，其他的加工方法基本不见。

就我们的观察而言，上述左江流域诸遗址打制石器的加工方式基本上只有一种，即单面加工，两面加工的极少见，即使偶尔见有两面加工的，也是以一面加工为主，另一面多是属于辅助性质的，加工较少。制作打制石器时，以砾石为素材者，通常是由较平一面向较凸一面进行打击；以石片为素材者，通常是由背面向腹面进行打击。这一点不论是砍砸器、刮削器或是尖状器，均大致如此。

打制石器的加工部位，往往位于器身的一侧或一端，其他部位很少加工。特别是砾石石器，不论是哪种器形，其加工面的面积往往不到器身面积的一半，器身大部分还保留着自然砾面，通体加工的标本基本不见。这表明上述左江流域诸遗址在选取石料时，对石料的大小和形状方面已经有所取舍，所选取的石料在这两方面都比较接近所要制作的石器，这样在石器的制作过程中，他们只需要对原料的局部进行简单的加工就可成器，既省时省力省料，还简便快捷，经济适用。

第四节　磨制石器的制作

（一）斧、锛、凿的制作

石斧、石锛和石凿，是新石器时代遗址中经常出土的磨制石器，上述左江流域诸遗址也不例外。从数量上来说，石斧、石锛和石凿三种器类在磨制石器的不同器类中所占的比例很高，如果把毛坯、半成品和成品加在一起，则在磨制石器总数的比例中占到了 80% 以上。上述左江流域诸遗址出土的磨制石器中，在形制方面，石斧和石锛大同小异，两者的差别主要是在刃部，石斧是双面刃，而石锛是单面刃；石斧、石锛和石凿的主要差别，则在于前两者器身较宽、较短而薄，后者器身较窄、较长而厚。在制作工艺方面，三者并没有太多的差异，从选料、制坯再到磨制成型，三者基本上都相同。

斧、锛、凿制作的素材有砾石和石片两种，砾石占绝大多数。岩性主要有辉绿岩和细砂岩。通过对上述左江流域诸遗址标本的观察，我们发现，斧、锛、凿素材大小和形态的不同，会对制作的步骤和加工的程度产生一定的影响。一般而言，它们的制作有两种情况，其一是不经过打坯，直接磨制成器；其二是先制坯，再磨制。

从观察的结果来看，属于第一种情况的标本很少，这种情况的标本一般尺寸都较小，器身比较薄，形状方面本身就比较规整和对称。加工时，除了刃部经过磨制以外，其余部分完全是砾石的形态。如坡叫环遗址石斧标本 2015GLPT1②：16，原料为灰褐色辉绿岩砾石。器身短小，扁薄，形状近四边形。一端稍宽，另一端略窄。器身略窄端和两侧均未经加工。稍宽端两面均经精心磨制，形成两道宽窄不一、相互倾斜的光滑刃面。两刃面交汇处磨制出一道整齐锋利的弧凸状刃口（图六一五，1）。又如坡叫环遗址石锛标本 2015GLPT1②：5，原料为灰褐色辉绿岩砾石。器身短小，稍厚，形状近三角形。一端较宽，另一端较窄。器身较窄端和两侧均未经加工。较宽端两面均经精心磨制，形成两道光滑刃面。其中一刃面较宽，并明显向另一面倾斜；另一刃面略窄，磨面稍平。两刃面交汇处磨制出一道整齐锋利的微弧状刃口（图六一五，2）。

除了这种完全不经过打制就直接磨制的情况以外，还有一种是在靠近刃部的一端略微剥片的，通常有两三个不连续的打击片疤，分布在一面的两侧，刃部未经加工直接磨制成器。如坡叫环遗址石凿标本 2015GLPT1②：51，原料为灰褐色辉绿岩砾石。器身短小，形状近椭圆形。一端略宽，另一端稍窄。器身稍窄端和两侧均未经加工。略宽端未经剥片，直接磨制出一道整齐锋利的斜弧刃。刃部两面均经精心磨制，形成两道相互倾斜的光滑刃面（图六一五，3）。

第二种情况即先制坯，再磨制的情况。这种情况在斧、锛、凿的制作中占绝大多数。在制坯阶段，打击方法主要是锤击法和砸击法，特别是粗坯的制作，以及器身的减宽和减薄，等等。

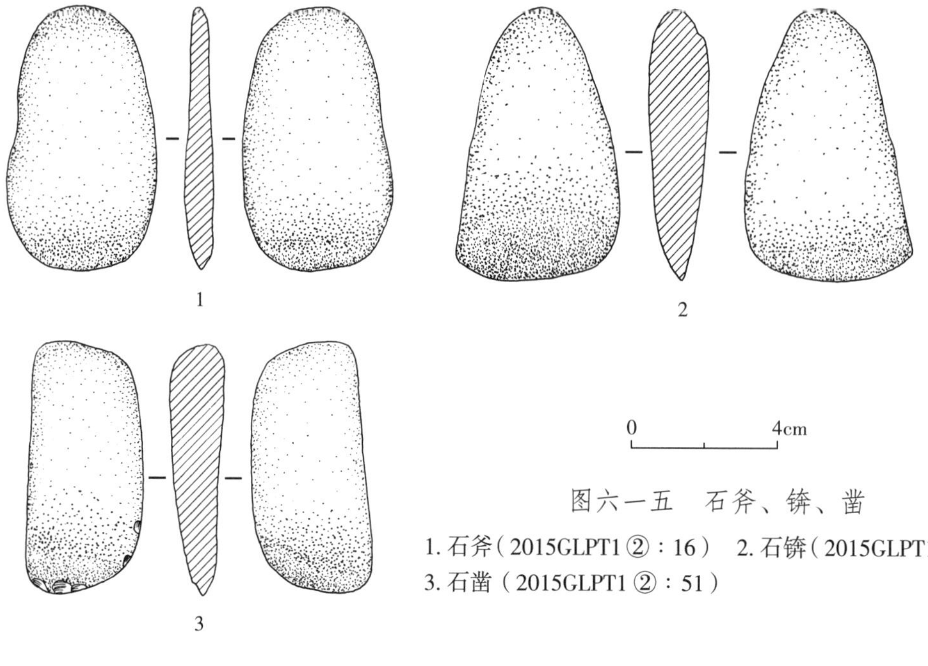

图六一五　石斧、锛、凿

1. 石斧（2015GLPT1②：16）　2. 石锛（2015GLPT1②：5）
3. 石凿（2015GLPT1②：51）

对于器身较宽需要减宽使器身变窄时，一般是用锤击法，通常只是在边缘部分进行打击，用力不大，打击方向大致与器身平面相垂直，这种打击方法产生的片疤比较深凹。对于器身较厚需要使器身变薄时，一般是用砸击法，通常是将石料侧立在石砧上，以适当的力度用石锤进行砸击，就能够从器身两侧剥裂片疤，一般所产生的片疤较为浅薄，通过反复的砸击，就能够把器身减薄到合适的程度。如果只需要从一侧剥片，则可以将石料略微向操作者倾斜一定角度，再进行砸击就行了。

在制坯阶段，由于素材大小和形态的不同，使得制作方法和加工部位、加工程度也不相同。从我们的观察结果来看，大致可分刃口未成型和刃口已成型两大类型，每个大类型又可以分为几个小类型。刃口未成型，是制坯阶段的初级阶段，虽然器身已经开始进行加工，但刃口尚未加工成型，也就是说，制坯阶段最终的目标——打制出刃口尚未完成；刃口已成型，是制坯阶段的高级阶段，表明制坯阶段的最终任务已经完成，接下来就可以进入下一个制作阶段——磨制阶段。

刃口未成型阶段的加工工艺有以下几种情况。

第一种情况是只加工一端。这种方法在刃口未成型的类型中最为普遍。加工简单，通常只对器身其中一端进行剥片，其余部分不予加工。这种类型还可以细分为几种情况。一是刃端单面只剥一个片疤。剥片的位置大多位于刃端的中部，少部分位于刃端的一侧，如大湾遗址标本 2015GLDT1 ③：25，原料为灰褐色辉绿岩砾石。加工方法为锤击法。在砾石较宽端中央边缘剥了一个较小而深凹的片疤，保留稍宽端钝厚的弧状边缘，刃口尚未加工成型，未经磨制（图六一六，1）。二是刃端双面各剥一个片疤，如大湾遗址标本 2015GLDT2 ④：21，原料为灰褐色硅质岩砾石。加工方法为锤击法。加工简单，在砾石较宽端中央边缘双面各剥出一个较小而浅平的片疤，保留该端钝厚的弧状边缘，刃口尚未加工成型，未经磨制（图六一六，2）。三是刃端单面多次剥片，如大湾遗址标本 2015GLDT1 ②：44，原料为灰褐色辉绿岩砾石。加工方法为锤击法。在砾石略宽端一侧边缘多次单面剥片，边缘钝厚不成刃，未经磨制（图六一六，3）。四是刃端双面多次剥片，如大湾遗址标本 2015GLDT1 ②：36，原料为灰褐色辉绿岩砾石。加工方法为锤击法。沿砾石略宽端多次双面剥片，打击面不甚整齐，近乎垂直，不成刃（图六一六，4）。

第二种情况是加工两端。如坡叫环遗址标本 2015GLPT1 ②：50，原料为灰褐色辉绿岩砾石。加工方法为锤击法。加工简单，先在砾石稍窄端剥出一个较小而浅平的片疤；再在略宽端一侧多次双面剥片，另一侧多次打击，但未能开片，不成刃。片疤多较小且浅平，未经磨制（图六一七，1）。

第三种情况只加工一侧。这种类型多在器身一侧近稍宽端处略经加工，如大湾遗址标本 2015GLDT1 ①：28，原料为灰褐色细砂岩砾石。加工方法为锤击法。在器身一侧近稍宽端处略经单面剥片，片疤多较小而浅平，未经磨制。稍宽端未经加工，边缘钝厚，不成刃。器身其余部位保留自然砾面，未见人工痕迹（图六一七，2）。

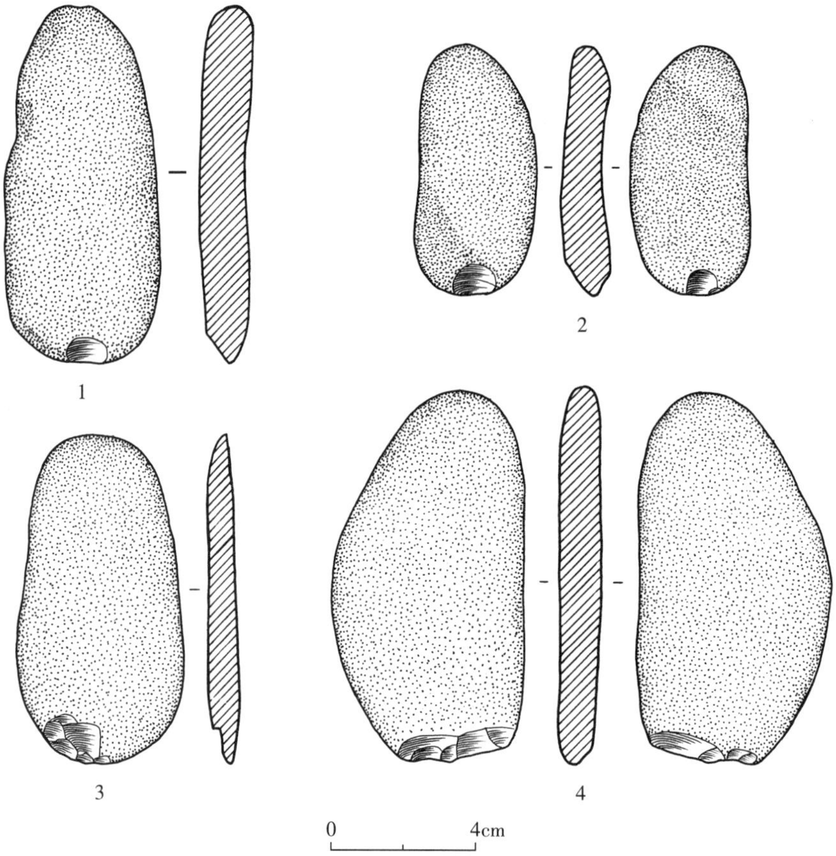

图六一六　石斧锛类毛坯

1. 2015GLDT1③：25　2. 2015GLDT2④：21　3. 2015GLDT1②：44　4. 2015GLDT1②：36

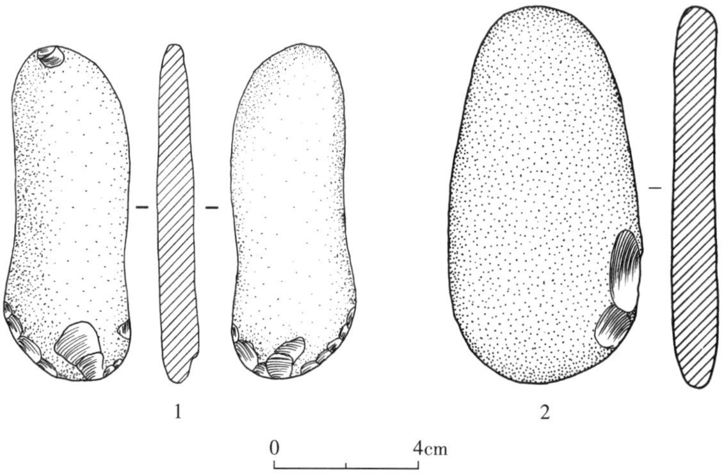

图六一七　石斧锛类毛坯

1. 2015GLPT1②：50　2. 2015GLDT1①：28

第四种情况为加工两侧。如无名山遗址标本 2013GLWT1 ④：94，原料为灰褐色辉绿岩砾石。加工方法为锤击法，沿砾石两侧边缘多次双面剥片，保留着较密集的打击疤痕，未经磨制。稍宽端未经加工，保留砾石的弧形边缘，刃部尚未开始加工（图六一八，1）。

第五种情况为加工一端和一侧。这种类型还可以细分为几种情况。一是一侧只加工下半部，如根村遗址标本 2015GLGTG1 ③：17，原料为灰褐色辉绿岩砾石。器身扁薄，形状近椭圆形。一端较宽，另一端略窄。加工方法为锤击法。沿砾石一侧下半部边缘多次双面剥片；片疤多较小且浅平，未经磨制。较宽端边缘略经双面剥片，钝厚边缘未成刃，未经磨制（图六一八，2）。二是一侧只加工中部，如坡叫环遗址标本 2015GLPT2 ⑤：66，原料为黄褐色细砂岩砾石。加工方法为锤击法。稍宽端经单面剥片；片疤细小，只剥片一次，边缘钝厚，不成刃；未经磨制。弧凸侧中部经多次双面剥片，片疤细小且浅平（图六一八，3）。三是一侧只加工近稍宽端处，如大湾遗址标本 2015GLDT2 ④：9，原料为灰褐色硅质岩砾石。加工方法为锤击法。加工简单，沿砾石一侧下半部近稍宽端边缘多次双面剥片，片疤多较小而浅平。稍宽端一侧剥出一个较小而浅平的片疤，保留该端钝厚的弧状边缘，刃口尚未成型（图六一八，4）。

第六种情况为加工一端两侧。这种类型还可以细分为几种情况。一是两侧只加工下半部，如大湾遗址标本 2015GLDT1 ②：33，原料为灰褐色辉绿岩砾石。加工方法为锤击法。沿砾石两侧

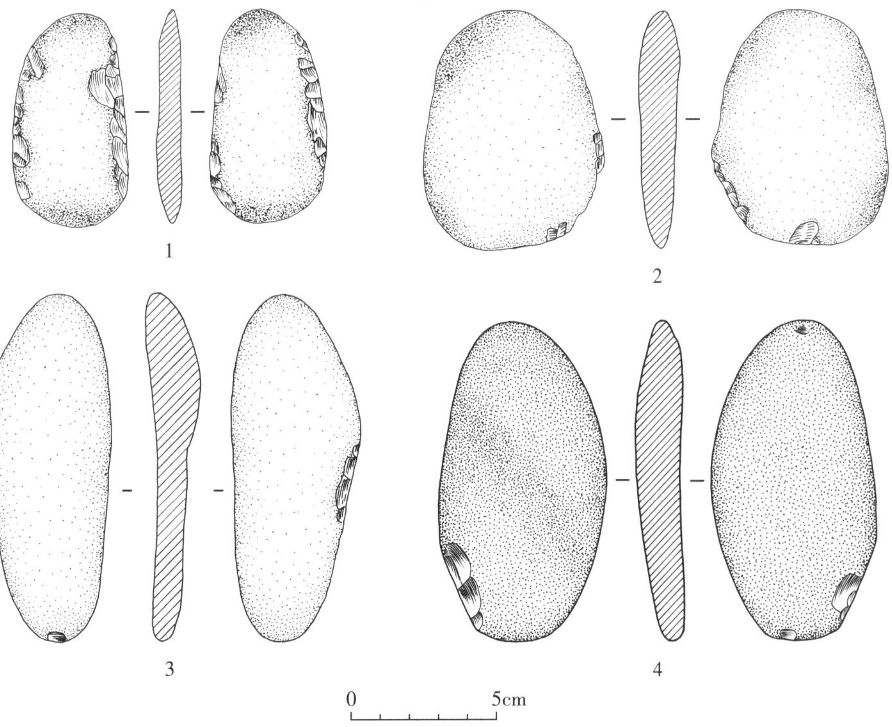

图六一八　石斧锛类毛坯

1. 2013GLWT1 ④：94　2. 2015GLGTG1 ③：17　3. 2015GLPT2 ⑤：66　4. 2015GLDT2 ④：9

下半部边缘多次双面剥片，加工以一面为主，疤痕密集；另一面片疤较少。打击片疤多较小而浅平，未经磨制。略宽端边缘近乎垂直截断，截面不甚整齐，不成刃（图六一九，1）。二是加工一侧和另一侧下半部，如坡叫环遗址标本2015GLPT1⑨：21，原料为黄褐色细砂岩砾石。加工方法为锤击法。在一侧和另一侧下半部多次单面剥片，打击方向由凸起面向平面打击；片疤大多较小且浅平，有的片疤尾部折断形成陡坎；一侧下部的片疤较大，已越过器身中轴线，致使加工面下几乎全为片疤面。较宽端经多次双面剥片，但边缘钝厚不成刃；片疤较小且浅平（图六一九，2）。三是两侧全部加工，如坡叫环遗址标本2015GLPT1⑪：23，原料为灰色细砂岩砾石。加工方法为锤击法。沿两侧多次双面剥片，片疤多较小且浅平，部分片疤较大，有的片疤尾部折断形成阶梯状。两侧均未经磨制。较宽一端经多次单面剥片，但边缘钝厚，刃口尚未形成；片疤较大且深；未经磨制（图六一九，3）。

第七种情况加工两端和一侧。如坡叫环遗址标本2015GLPT1⑭：14，原料为褐色辉绿岩砾石。加工方法为锤击法。稍宽端截断一块，断裂面较整齐。一侧中部略经双面剥片，剥片次数较少，片疤较小且浅平，部分片疤尾部折断形成陡坎，未经磨制。略窄端经多次单面剥片，边缘钝厚不成刃，未经磨制（图六一九，4）。

第八种情况加工两端和两侧。如无名山遗址标本2013GLWT1④：100，原料为灰褐色辉绿岩砾石。加工方法为锤击法。稍窄端经多次单面剥片，保留有较密集的打击疤痕，未经磨制。两侧上半部经多次单面剥片，片疤多较大且浅平。两侧下半部则经多次双面剥片，片疤多较小且浅平。

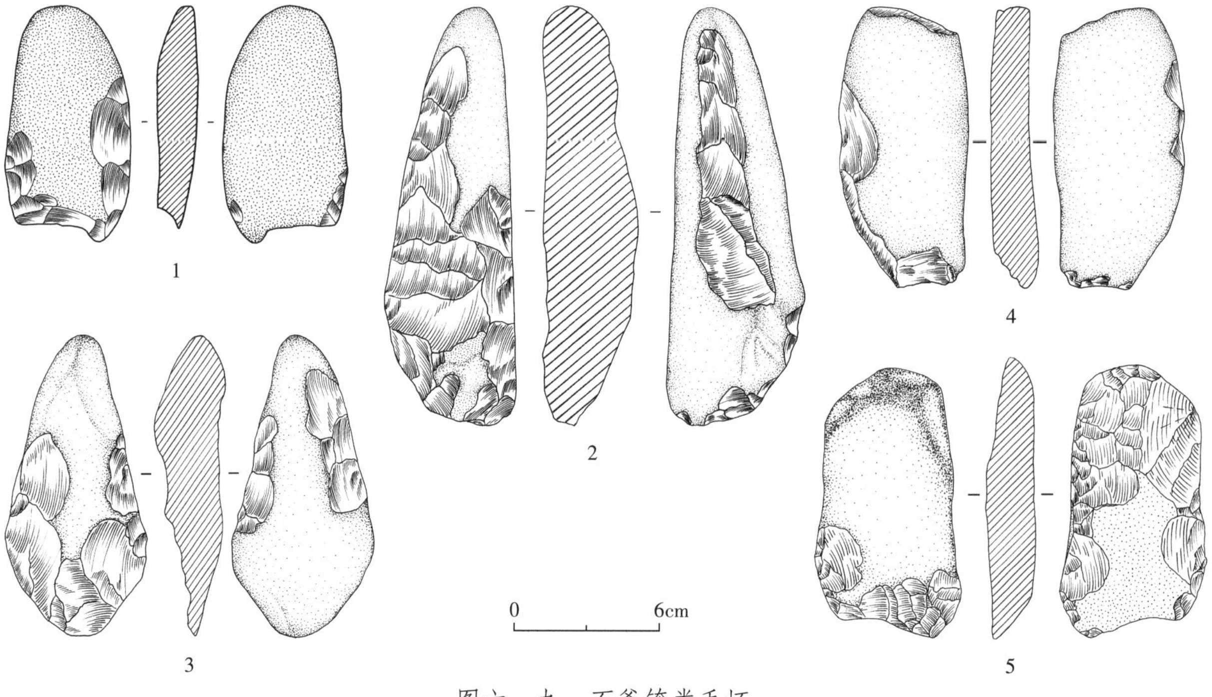

图六一九　石斧锛类毛坯

1. 2015GLDT1②：33　2. 2015GLPT1⑨：21　3. 2015GLPT1⑪：23　4. 2015GLPT1⑭：14　5. 2013GLWT1④：100

略宽端也经多次双面剥片，但边缘截断了一小截，断面较陡，不甚整齐，刃口未能打制成型（图六一九，5）。

刃口已成型阶段的加工工艺有以下几种情况。

第一种情况是只加工一端。加工一端的石料，在大小和形状方面已经非常接近所要制作的工具，所以在制坯时只需要在石料的一端打制出刃口就可以了，至于其他部位则无需加工。这种加工类型还可以细分为两种小类型，即单面加工和双面加工。单面加工者，如根村遗址标本2015GLGTG2④：46，原料为暗红褐色辉绿岩砾石。加工方法为锤击法。沿器身略窄端边缘多次单面剥片，加工出一道直刃。刃缘整齐锋利，未经磨制。片疤多较小且浅平，打击方向为由微凸面向不平面打击（图六二〇，1）。双面加工者，如大湾遗址标本2015GLDT1②：3，原料为灰褐色辉绿岩砾石。加工方法为锤击法。在砾石一端边缘多次双面剥片，加工出一道弧凸状刃。刃缘整齐锋利，未经磨制。打击片疤多较小且浅平（图六二〇，3）。

第二种情况是加工两端。加工两端的石料和加工一端的石料相似，也是在大小和形状方面已经非常接近所要制作的工具，所以制坯时多只在石料的一端（把端）略加修整，在另一端打制出刃口就可以了，其他部位无需加工。如根村遗址标本2015GLGTG1③：16，原料为灰褐

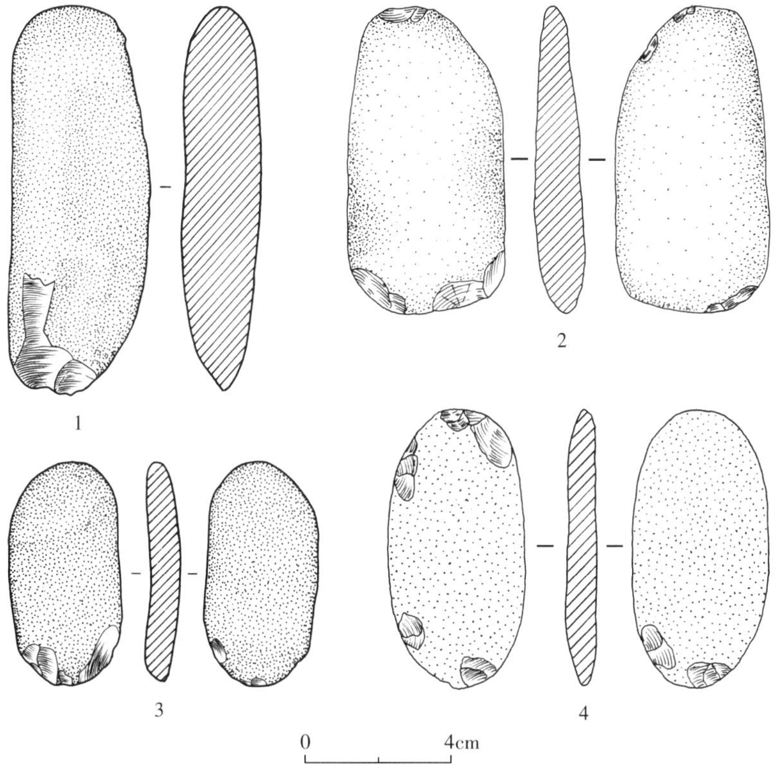

图六二〇　石斧锛类毛坯、石凿毛坯

1. 石凿毛坯（2015GLGTG2④：46）　2~4. 斧锛类毛坯（2015GLGTG1③：16、2015GLDT1②：3、2015GLGTG1④：16）

色辉绿岩砾石。器身扁薄，形状近梯形。一端较宽，另一端略窄。加工方法为锤击法。先后沿砾石略窄端和较宽端边缘多次双面剥片，在较宽端边缘加工出一道直刃。刃缘整齐但不锋利，未经磨制（图六二〇，2）。在石锛中有一种情况比较特殊，即加工双刃锛，如根村遗址标本2015GLGTG1④：16，原料为灰褐色中砂岩砾石。器身扁薄，形状近椭圆形。一端略窄，另一端稍宽。加工方法为锤击法，加工集中于两端。沿器身略窄端边缘多次双面剥片，稍宽端边缘则经多次单面剥片。两端各加工出一道弧刃。刃缘整齐锋利，未经磨制。片疤多较小且浅平。器身其余部位保留自然砾面（图六二〇，4）。

第三种情况是加工一端和一侧。这种类型还可以细分为三种情况。一是一侧全部加工，如根村遗址标本2015GLGTG2④：18，原料为灰褐色辉绿岩砾石。加工方法为锤击法。沿器身一侧和略窄端边缘多次双面剥片，片疤多较小且浅平。略窄端边缘加工出一道整齐但不锋利的弧凸状刃缘，未经磨制（图六二一，1）。二是只加工一侧下半部，如无名山遗址标本2013GLWT1④：4，原料为灰褐色辉绿岩砾石。加工方法为锤击法，沿砾石较宽端和一侧下半部边缘多次单面剥片，在较宽端边缘加工出一道弧凸状刃。刃缘整齐锋利但未经磨制。片疤多较小且浅平，部分片疤尾部折断形成陡坎（图六二一，2）。三是只加工一侧刃端附近，如无名山遗址标本2013GLWT1④：111，原料为灰褐色辉绿岩砾石。加工多集中于窄薄端和附近一侧部位。加工方法为锤击法。砾石一侧近窄厚端处略经单面剥片；宽薄端和附近一侧边缘经多次双面剥片。在宽薄端边缘加工出一道弧凸状刃，刃缘整齐锋利但未磨制。片疤多较小且浅平（图六二一，3）。

第四种情况是加工一端和两侧。这种类型还可以细分为几种情况。一是加工两侧全部，如根村遗址标本2015GLGTG1④：18，原料为灰褐色辉绿岩砾石。加工方法为锤击法。沿砾石两侧和

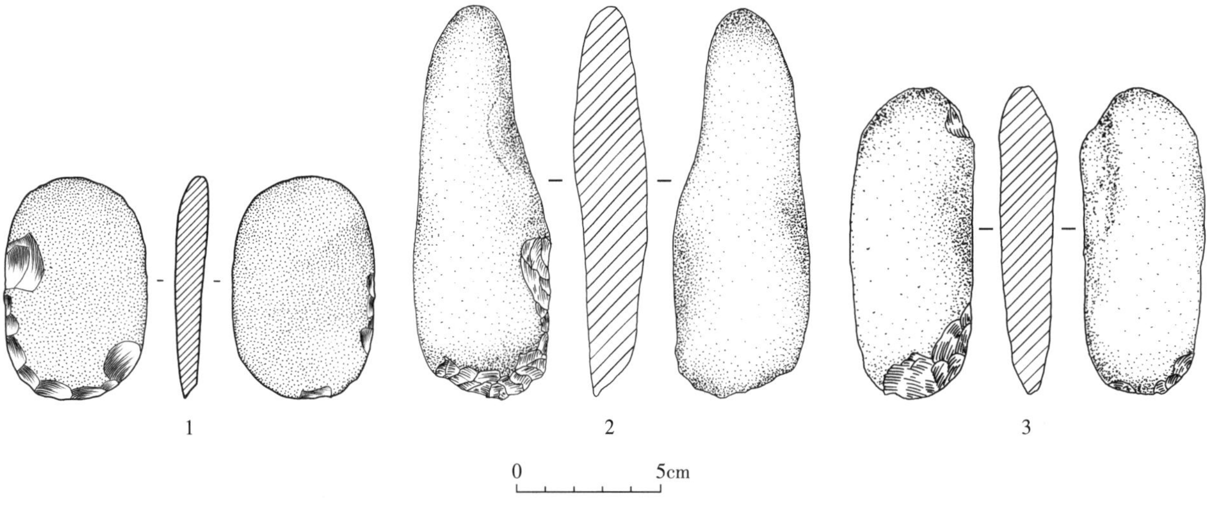

图六二一　石斧锛类毛坯

1. 2015GLGTG2④：18　2. 2013GLWT1④：4　3. 2013GLWT1④：111

稍宽端边缘多次双面剥片，在稍宽端边缘加工出一道不甚整齐也不甚锋利的弧凸状刃，未经磨制。片疤多较大且浅平，部分片疤尾部折断形成陡坎；其中一面下半部的片疤，剥片多达到器身中轴线（图六二二，1）。又如宝剑山A洞遗址标本2013GLBAT1⑥：6，原料为灰褐色辉绿岩砾石。加工方法为锤击法。先沿器身两侧边缘多次双面剥片；再沿较宽端边缘多次双面剥片，加工出一道弧凸状刃。刃缘整齐锋利，未经磨制。片疤多较小且浅平，部分片疤尾部折断形成陡坎（图六二二，3）。二是加工两侧下半部，如大湾遗址标本2015GLDT1②：42，原料为灰褐色辉绿岩砾石。加工方法为锤击法。沿砾石两侧下半部和略宽端边缘多次单面剥片；在略宽端边缘加工出一道弧凸状刃。刃缘整齐锋利，未经磨制。片疤多较小而浅平（图六二二，2）。三是加工一侧和另一侧下半部，如宝剑山A洞遗址标本2013GLBAT2④b：3，原料为灰褐色辉绿岩砾石。加工方法为锤击法。沿砾石一侧、另一侧下半部和较宽端边缘多次双面剥片，片疤多较小且浅平，部分片疤尾部折断形成陡坎。稍宽端边缘加工出一道弧凸状刃。刃缘整齐锋利，未经磨制（图六二二，4）。四是加工一侧中部和另一侧下半部，如宝剑山A洞遗址标本2013GLBAT1⑥：4，原料为灰褐色硅质岩砾石。加工方法为锤击法。先在器身稍薄侧中部边缘多次双面剥片；再沿器身略厚侧下半部边缘多次单面剥片；最后沿稍宽端边缘多次双面剥片，加工出一道弧刃。刃缘整齐但不锋利，未经磨制。片疤多较小且浅平，部分片疤尾部折断形成陡坎（图六二三，1）。五是加工一侧中部和另一侧上半部，如大湾遗址标本2015GLDT1⑥：30，原料为灰褐色辉绿岩砾石。一侧上半部和另一侧中部单面剥出几个较小且浅平的片疤，未经磨制。稍宽端边缘经多次双面剥片，打出一道整齐但不锋利的弧凸状刃口，未经磨制（图六二三，2）。六是加工刃端两侧附近，如无名山遗址标本2013GLWT1④：62，原料为灰褐色辉绿岩砾石。器身形状近长条形。一端较宽厚，另一端较窄薄。加工集中于窄薄端和附近两侧部位。加工方法为锤击法，沿砾石窄薄端和附近两侧边缘多次双面剥片，在窄薄端边缘加工出一道弧凸状刃。刃缘

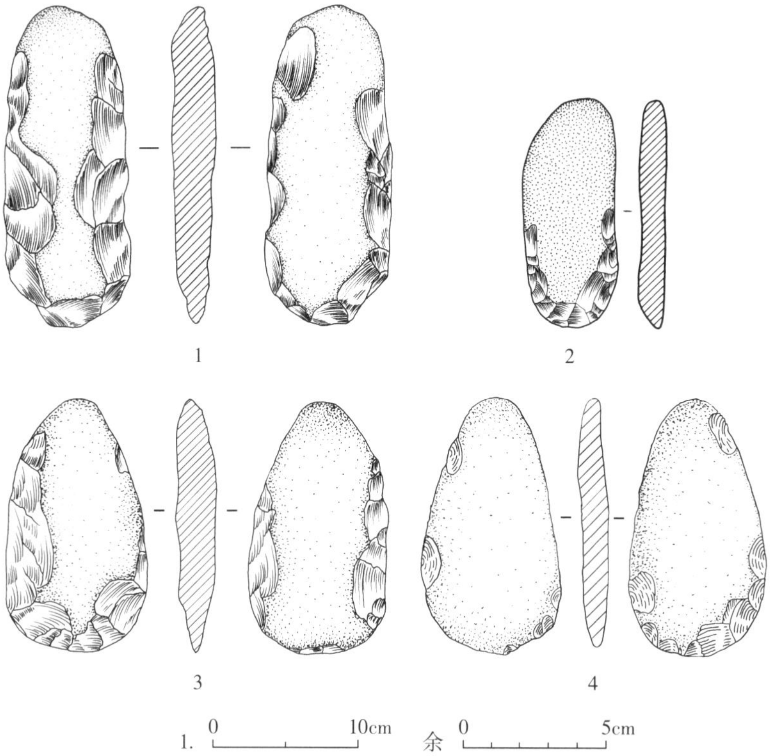

图六二二　石斧锛类毛坯

1. 2015GLGTG1④：18　2. 2015GLDT1②：42　3. 2013GLBAT1⑥：6　4. 2013GLBAT2④b：3

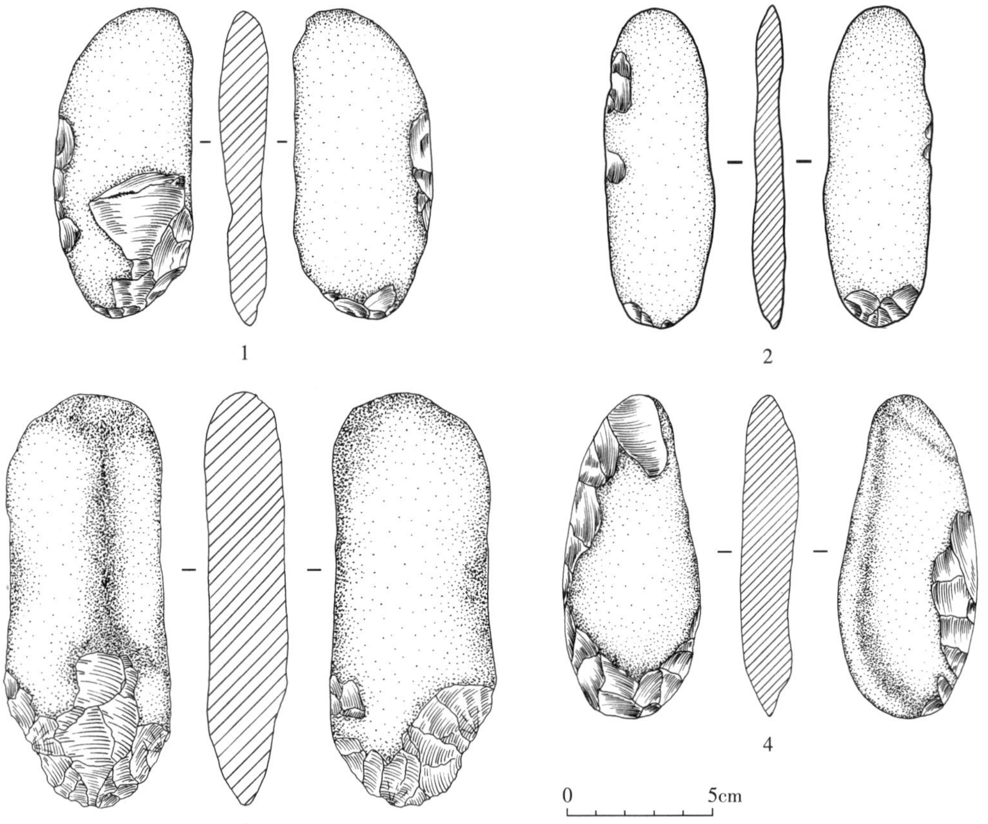

图六二三　石斧锛类毛坯、石凿毛坯

1、3、4. 斧锛类毛坯（2013GLBAT1 ⑥：4、2013GLWT1 ④：62、2015GLPT1 ⑦：30）　2. 石凿毛坯（2015GLDT1 ⑥：30）

整齐锋利但未磨制。片疤多较小且浅平。器身其余部位保留自然砾面（图六二三，3）。

第五种情况是加工两端一侧。如坡叫环遗址标本 2015GLPT1 ⑦：30，原料为黄褐色细砂岩砾石。加工方法为锤击法。略窄端略经单面剥片，剥片较少，片疤较浅平；未经磨制。稍薄侧经多次双面剥片，片疤大多较小且浅平；未经磨制。较宽端两面均经剥片，加工出一道整齐的弧凸状刃，边缘钝厚；其中一面剥片较多，片疤较小且浅平，部分片疤尾部折断形成陡坎。器身其余部位保留自然砾面（图六二三，4）。

第六种情况是加工两端两侧。这种类型包括一端成刃和两端成刃两种情况。

一端成刃者可以细分为几种情况。一是加工两侧全部，如大湾遗址标本 2015GLDT2 ①：45，原料为灰褐色辉绿岩砾石。加工方法为锤击法。沿砾石两端边缘多次单面剥片。两侧边缘则经过多次双面剥片，加工以一面为主，打击疤痕密集，片疤多较大且浅平，部分片疤尾部折断形成陡坎，还有部分片疤达到甚至超过器身中轴线，致使该加工面大部分均为片疤面；另一面只有零星几个较小且浅平的片疤。两端边缘各加工出一道弧凸状刃。刃缘整齐锋利，未经磨制。器身其余部位保留自然砾面（图六二四，1）。二是加工一侧和另一侧下半部，如宝剑山 A 洞遗址标本 2013GLBA 采：48，原料为灰褐色玄武岩砾石。加工方法为锤击法，加工集中于一侧和两端部位。沿砾石一侧多次双面剥片，沿另一侧下半部和两端边缘多次单面剥片，在稍宽端边缘加工出一道弧凸状刃。刃缘整齐锋利但未磨制。片疤多较小且浅平，打击方向由较平面向凸起面打击（图六二四，4）。三是加工两端及附近两侧，如大湾遗址标本 2015GLDT2 ⑤：5，原料为灰黄色硅质岩砾石。器身两端及附近两侧均经多次双面剥片；加工以略平面为主，剥片较多；凸起面片疤零星。打击片疤多较大且浅平，部分片疤达到甚至超过器身中轴线，致使略平面除中部保留有自然砾面外，其余全是打击片疤。稍宽端边缘打出一道整齐锋利的弧凸状刃缘，未经磨制（图六二四，2）。四是加工两侧下半部，如根村遗址标本 2015GLGTG1 ⑤：16，原料为灰褐色玄武岩砾石。加工方法为锤击法。先在器身略窄端中部略加单面剥片，片疤较小且深凹；再在两侧下半部各剥了一个较小而深凹的片疤；最后沿较宽端边缘多次双面剥片，加工出一道弧刃。刃缘整齐锋利，未经磨制；片疤多较小且浅平（图六二四，5）。

两端成刃者可以细分为两种情况。一是加工两侧全部，如大湾遗址标本 2015GLDT2 ②：30，原料为灰褐色辉绿岩砾石。加工方法为锤击法。沿砾石两端边缘多次单面剥片，沿两侧边缘多次双面剥片；在两端各加工出一道弧凸状刃。刃缘整齐锋利，未经磨制。片疤多较小且浅平，部分片疤

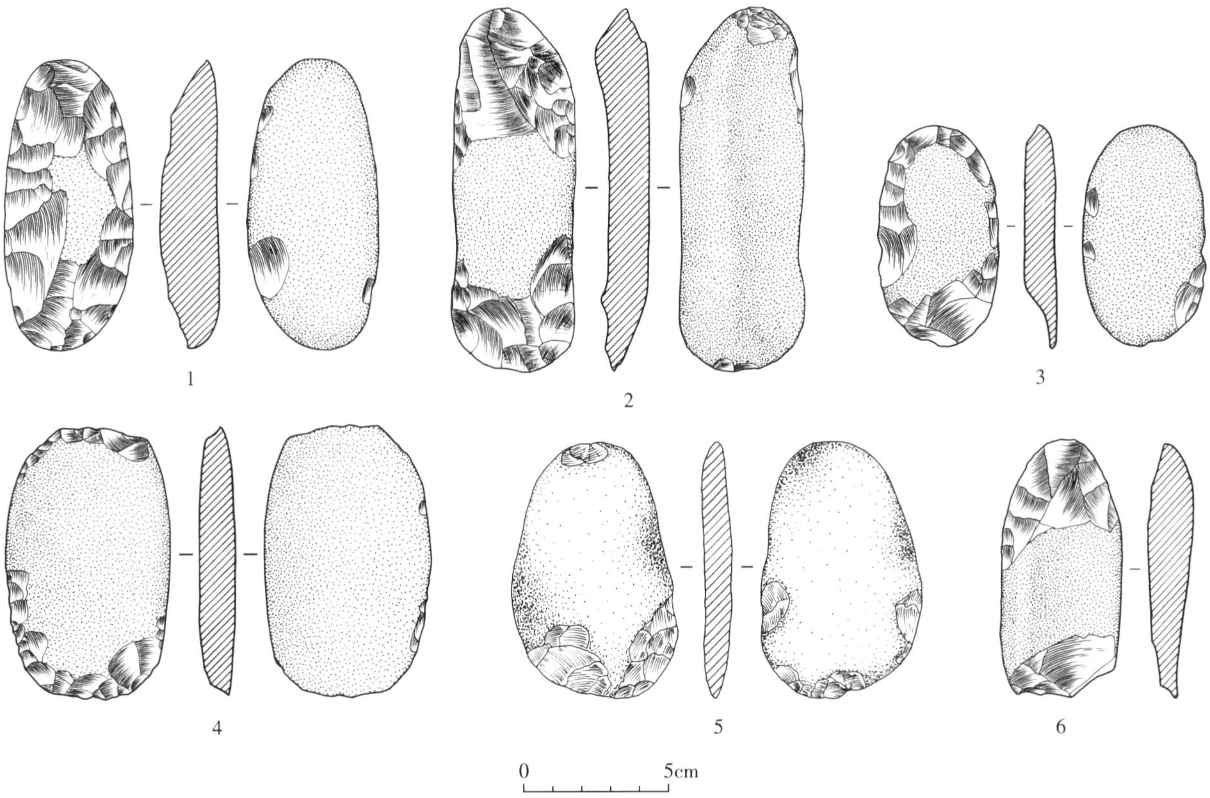

图六二四　石斧锛类毛坯、石凿毛坯

1、3~6. 斧锛类毛坯（2015GLDT2 ①：45、2015GLDT2 ②：30、2013GLBA 采：48、2015GLGTG1 ⑤：16、2015GLGTG2 ④：43）　2. 石凿毛坯（2015GLDT2 ⑤：5）

尾部折断形成陡坎（图六二四，3）。二是加工两侧下半部，如根村遗址标本2015GLGTG2④：43，原料为灰褐色辉绿岩砾石。加工方法为锤击法。沿器身两侧下半部和两端边缘多次单面剥片；打击方向为由微凸面向不平面打击；片疤多较小且浅平，部分片疤尾部折断形成陡坎。略宽端边缘加工出一道整齐锋利的平直刃缘，刃缘一侧略有折断；稍窄端边缘则加工出一道整齐锋利的弧状刃缘。两刃均未经磨制（图六二四，6）。

第七种情况是通体加工。通体加工的标本极少见。截至目前，在已经调查和发掘过的上述左江流域诸遗址采集和出土的斧、锛和凿类标本中，真正意义上通体加工的毛坯标本仅发现一例，即无名山遗址标本2013GLWT1④：77。该标本原料为深灰色玄武岩砾石。通体打制，器身遍布打击疤痕，没有自然砾面保留。加工方法为锤击法。两侧和两端均经多次双面剥片，片疤多较大且浅平，部分片疤尾部折断形成陡坎，有的片疤达到甚至超过器身中轴线；其中一面的两加工面在器物中部相交形成一道较明显的凸棱。宽薄端经多次双面剥片，其中一面片疤多较大且浅平，片疤面明显向另一面倾斜；另一面片疤多较小且深凹，部分片疤尾部折断形成陡坎，片疤面略向另一面倾斜；两加工面交汇处打制出一道整齐锋利的弧凸状刃缘。窄厚端边缘钝厚，不成刃。通体未经磨制（图六二五，1）。这种情况可能与上述左江流域诸遗址磨制石器多只磨制刃部的传统习惯有关。另外在成品中也发现一例，即标本2015GLGTG2②：14，原料为灰褐色硅质岩砾石。器身通体经过打制，保留着较密集的打击疤痕；打击片疤多较小且浅平，部分片疤尾部折断形成陡坎，有的片疤达到甚至超过器身中轴线，器身几乎没有自然砾面保留。较宽端边缘钝厚，不成刃。略窄端两面均经过精心磨制，形成两道光滑刃面。其中一刃面较宽，磨面向另一面倾斜；另一刃面略窄，磨面稍平。两刃面交汇处磨制出一道斜直锋利的刃口，未见使用痕迹（图六二五，2）。

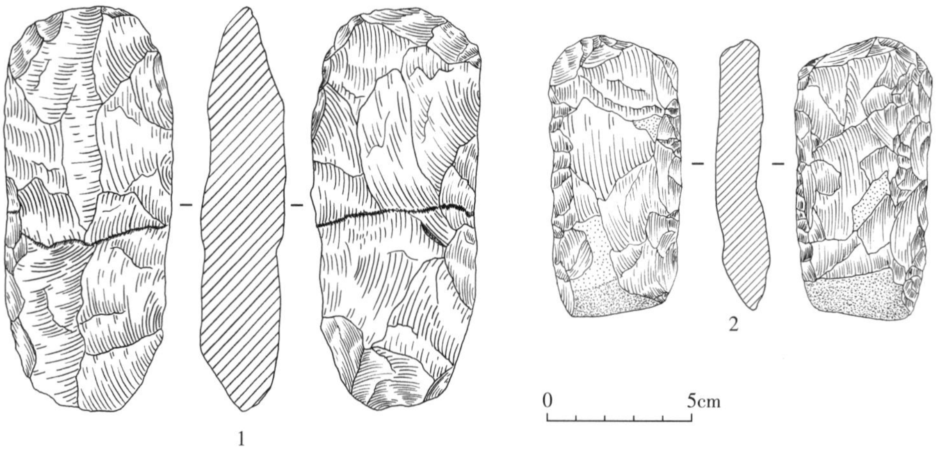

图六二五　石斧锛类毛坯、石锛

1. 斧锛类毛坯（2013GLWT1④：77）　2. 石锛（2015GLGTG2②：14）

（二）研磨器的制作

上述左江流域诸遗址中出土的研磨器数量较多，形式多样。其制作工艺大多稍显简单，但有部分器物制作过程和制作工艺较为复杂。从我们目前的观察来看，其制作工序有五种。

第一种情况是选取适合的砾石，未经加工直接使用。这是最简单省事的一种办法。从河滩上挑选形状、大小、长短、软硬等条件均较适合的砾石，不用通过加工就可以直接当作工具使用。这种挑选出来的砾石，其形状、大小、长短和软硬等方面，与经过加工而成的研磨器基本一样，通常会有一个适合用手抓握的把端，也有一个与把端相对而言较大而平整并且适合做研磨使用的天然磨面。当然，要找到这样一个天然就适合标准的石料并不容易，所以在上述左江流域诸遗址中出土的研磨器中，这类研磨器数量极少。

第二种情况是选取比较适合的砾石，直接磨制而成。如坡叫环遗址标本 2015GLPT1 ③：2，原料为褐色细砂岩砾石。器身形状略呈方柱状。两端大小相当，均作为研磨面。两研磨面均略呈方形，微弧凸，磨面光滑，四周圆钝；其中一面的一侧见有少量细小而浅平的片疤，片疤打击方向为由一侧向另一侧打击，应为修整研磨面留下的痕迹。器身四周也经较多的磨制，较为光滑（图六二六，1）。

第三种情况是选取比较适合的砾石，经过局部修整后磨制而成。如坡叫环遗址标本 2015GLPT1 ⑧：31，原料为青灰色细砂岩砾石。器身形状略呈方柱状。一端稍薄，另一端稍厚。通体磨制，表面较光滑。以稍厚一端端面为研磨面，研磨面较平整，略呈长方形。器身两面靠近两端尚有修整器身的片疤痕迹（图六二六，2）。

第四种情况是选取比较适合的砾石，截取适合的素材后，磨制而成。这类研磨器可以细分为两种情况。一是截取适合的素材后，直接磨制，如根村遗址标本 2015GLGTG1 ③：10，原料为灰褐色辉绿岩砾石。器身略呈方柱状。一端较宽，另一端较窄。将较长的砾石从中部截断并选取一截作为器身，将断裂面作为研磨面磨制而成。研磨面略呈圆形，较平整，磨面光滑，四周圆钝。器身其余部位保留自然砾面（图六二六，3）。在半成品中，这类制作工艺也有反映，如根村遗址标本 2015GLGTG1 ②：7，原料为灰褐色辉绿岩砾石。器身略长，略厚。形状略呈扁柱状。一面较平，另一面凸起。一端较宽，另一端较窄。加工集中于较宽端。以凸起面为台面，将砾石从中部截断并选取一截作为器身，将断裂面作为研磨面。研磨面略呈椭圆形，不甚平整，打击点清楚，放射线不明显。磨面端两侧略经磨制，磨面凸起处有部分光滑磨面，其余凹处仍保留打击疤痕。器身其余部位保留自然砾面（图六二六，4）。二是截取适合的素材后，经过修整后再磨制，如大湾遗址标本 2015GLDT1 ④：15，原料为灰褐色辉绿岩砾石。器身较粗，稍短，略呈圆柱状。一面稍平，另一面微凸。一端稍宽，另一端略窄。一侧较宽厚，另一侧略窄薄。加工集中于两端，将砾石从近中部截断，选取其中一段作为器身。断裂面凹凸不平，最高处略经磨制，有少量光滑磨面，其余部分仍保留片疤面。再将略窄端作为研磨面，未经加工直接使用。研磨面略呈

图六二六　研磨器、研磨器毛坯

1~3、5. 研磨器（2015GLPT1③：2、2015GLPT1⑧：31、2015GLGTG1③：10、2015GLDT1④：15）
4、6. 研磨器半成品（2015GLGTG1②：7、2015GLGTG2②：9）

圆形，微凸，光滑齐整（图六二六，5）。这类制作工艺在半成品中也有反映，如根村遗址标本2015GLGTG2②：9，原料为灰褐色辉绿岩砾石。器身短而厚，略呈三角柱状。一面较平，另一面凸起。一端较宽，另一端较窄。加工集中于稍宽端。以凸起面为台面，将砾石从中部截断并选取一截作为器身，将断裂面作为研磨面。研磨面略呈三角形，不甚平整，打击点和放射线均不明显。研磨面一侧有一个较小且浅平的片疤，打击方向为由磨面端向把手端打击，应是修整磨面端留下的痕迹。磨面端一侧略经磨制，磨面凸起处有少许光滑磨面，凹处仍保留打击疤痕（图六二六，6）。

第五种情况是选取比较适合的砾石，经过琢打成坯后，再磨制而成。这类研磨器的数量也很少，目前仅见于何村遗址等少量遗址。如何村遗址标本2007GJHT9③：6和2007GJHT9③：1，原料为灰褐色辉绿岩，形状近似保龄球。柄部圆，柄首似盖，束颈溜肩，器身由肩部向下外展至底部，底面平整略呈圆形，全身已经打磨光滑（图六二七）。

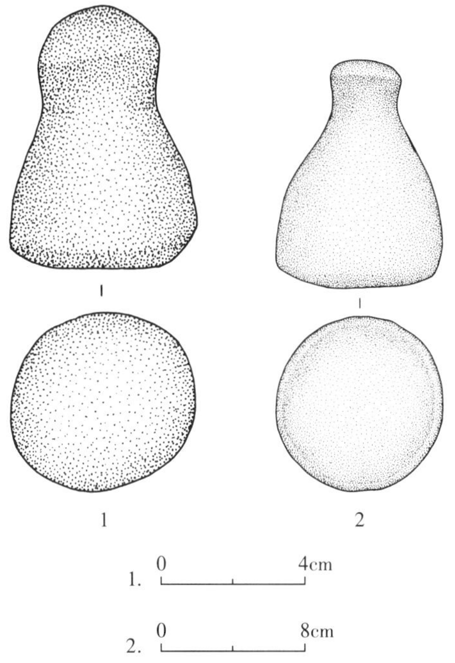

图六二七　研磨器
1. 2007GJHT9③：6　2. 2007GJHT9③：1

以上这五种制作工艺中第五种工艺制作的研磨器加工最精致，器形最美观，制作最复杂，难度也最大，也最能够反映上述左江流域诸遗址制作研磨器的工艺水平。因此，通过对此类标本制作工艺的具体观察和分析，其制作基本涵盖了前四种工艺，掌握和了解此类制作工艺的内容和过程，也就基本掌握和了解了研磨器的制作过程。通过认真观察，我们认为，其制作大致经过选材、制坯和磨制三个阶段。

第一阶段是选材阶段。此阶段可分为两种情况。一是选取比较适合的砾石，即从河滩上挑选形状、大小、长短、硬度等条件均较适合的砾石作为素材，第一、第二种制作工艺就是这种情况；二是先选取较长的砾石，再从砾石上截取一段作为素材，第四种制作工艺就是这种情况，截取的这段素材通常一端为断裂面，另一端保留砾石的自然端。尽管砾石大小不一，圆扁不一，但截断面的砸击痕迹只有一个，且大多数不甚清楚，而断裂面大多数比较平整。这种情况反映出制作工匠的砸击技术非常娴熟，操作时砸击点非常准确。

第二阶段是制坯阶段。此阶段也分为两种情况。一是器身的形态已经大致符合制作要求，不需要做过多的改变，只需要经过局部修整就可以，第三、第四种制作工艺就是这种情况。采用的方法多为锤击法，也有少量使用砸击法。二是器身的形态与制作要求差距较大，需要做较多的改变，第五种制作工艺就是这种情况。采用的方法为琢击法，此类标本所用的素材目前所见均为完整的砾石，岩性多为细砂岩或辉绿岩，制坯时只使用琢击法进行琢打，包括器身的缩减、颈部的成型，以及研磨面的平整，等等。另外，由于选取的素材与要制作的成品之间在形状方面有很大的差距，需要对素材做较多的改变，而这种变化只能够通过琢打来实现，其制作过程需要有很强的耐心，并需要花费相当长的时间。由此可见，上述左江流域诸遗址在制作此类研磨器时，仅仅是在制坯阶段就要花费很长的时间。

第三阶段是磨制阶段。研磨器毛坯制作完成以后，需要经过磨制才能形成最终产品。此阶段分为三种情况。一是只磨制研磨面，器身不需磨制。这种情况在上述左江流域诸遗址中占绝大多

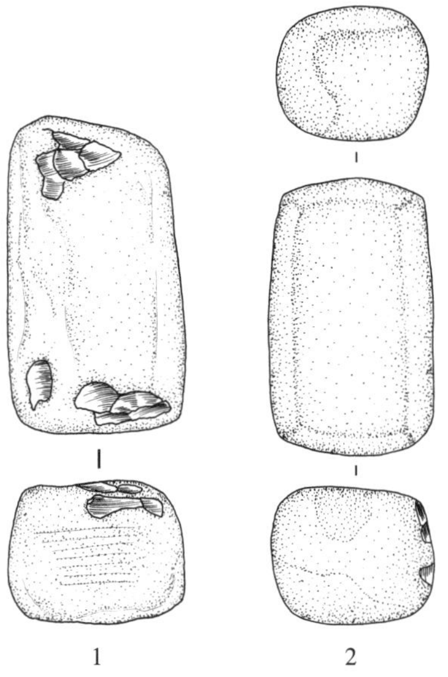

图六二八　研磨器
1. 2015GLPT1 ⑧：31
2. 2015GLPT1 ③：2

数。二是除了研磨面，还对部分器身进行磨制。这种情况在上述左江流域诸遗址也有部分。三是通体磨制。通体磨制也分为两种情况。一是虽然通体磨制，但仍留有打击疤痕，如坡叫环遗址标本 2015GLPT1 ⑧：31，原料为青灰色细砂岩砾石。器身形状略呈方柱状。一端稍薄，另一端稍厚。通体磨制，表面较光滑。以稍厚一端端面为研磨面，研磨面较平整，略呈长方形。器身两面靠近两端尚有修整器身的片疤痕迹（图六二八，1）。二是通体磨光，如坡叫环遗址标本 2015GLPT1 ③：2，原料为褐色细砂岩砾石，器身形状略呈方柱状，两端大小相当。两端均作为研磨面。两研磨面均略呈方形，微弧凸，磨面光滑，四周圆钝。器身四周亦经过较多的磨制，较为光滑（图六二八，2）。

关于研磨器磨制的方法和方式，目前并不是太清楚。首先是研磨面的磨制，由于研磨面大多较规范，或呈方形或呈圆形、椭圆形，表面较平整，面积也不大，所以我们推测，在磨制研磨面时，很可能是将砺石安放在地面或者高于地面的平台上，人手握住研磨器的把柄，做来回推磨或者是旋转式的磨制。而器身的磨制则复杂得多，由于器身表面不是平直的，特别是第五种工艺制作的研磨器，其中部和上部往往会弧凸或弧凹。我们推测，器身的磨制，很可能是一边磨制一边滚动研磨器，以使器身各部位得到均匀的磨制，但器身凹凸不平，毫无疑问大大增加了滚动式磨制的难度，因此研磨器的磨制问题仍存有较大的疑问，尚有待于今后的深入研究。

研磨器的使用，除了最基本的研磨外，还多用作石锤，如坡叫环遗址标本 2015GLPT2 ⑤：78，原料为褐色细砂岩砾石。器身形状略呈方柱状。一端稍宽，另一端稍窄。以稍窄一端为研磨面，研磨面略呈方形，微弧凸，磨面光滑，四周圆钝。器身的四周也略经磨制，较为光滑。稍宽一端直接截断，形成较平整的破裂面，四周高处略经磨制，有部分光滑磨面，但低凹处仍可看到有修整的片疤。器身其中一面的中部有呈窝状的砸击坑疤；与之相对的一面及一侧面的中部也有呈麻点状的坑疤。这些坑疤应为兼作砸击石锤使用留下的痕迹（图六二九，1）。在半成品中，也可见这种使用方式，如坡叫环遗址标本 2015GLPT2 ④：16，原料为黄褐色细砂岩砾石。器身形状略呈方柱状。一端较窄，另一端较宽。加工主要集中于较宽端。将砾石截取一段，以破裂面作为研磨面。研磨面略呈方形，一侧和一角略经磨制，有部分光滑磨面，其余部分仍保留打击片疤，不甚平整。器身四周略经磨制，较为光滑。器身一面及其相对面的中部各有一处呈窝状的砸击坑疤。这些坑疤应为兼作砸击石锤使用留下的痕迹（图六二九，2）。

除了兼用作石锤以外，还有兼用作磨石的，如坡叫环遗址标本 2015GLPT1 ⑫：12，原料为黄褐色细砂岩砾石。器身形状略呈椭圆柱状。一端较窄，另一端较宽。一侧呈弧凸，另一侧垂直。

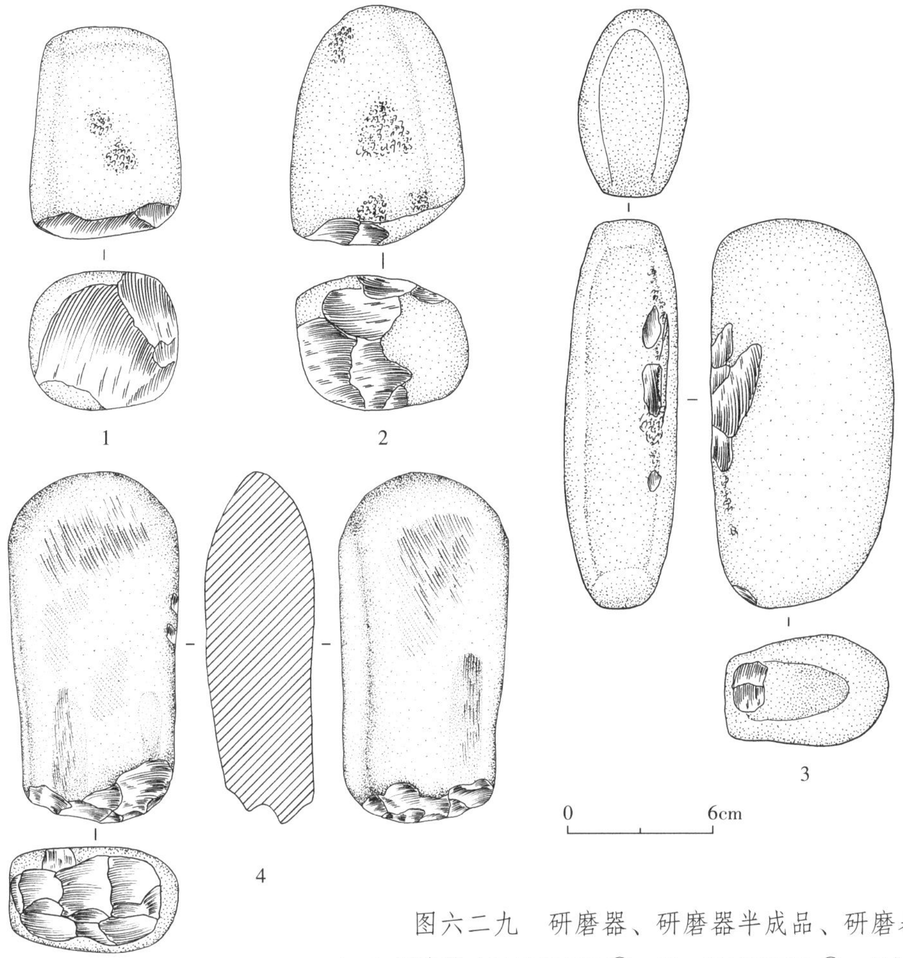

图六二九　研磨器、研磨器半成品、研磨器毛坯

1、3. 研磨器（2015GLPT2⑤：78、2015GLPT1⑫：12）　2. 研磨器半成品（2015GLPT2④：16）　4. 研磨器毛坯（2015GLPT1⑦：58）

两端均作为研磨面。研磨面均略呈椭圆形，略微弧凸，较光滑，其中一端磨面一侧有少量崩疤。弧凸一侧有一光滑的弧形磨面，磨面一侧见有少量崩疤，应为兼用作磨石使用时留下的痕迹。器身其余部位保留自然砾面（图六二九，3）。在毛坯里，也可见到这种使用方式，如坡叫环遗址标本 2015GLPT1⑦：58，原料为褐色细砂岩砾石。器身形状呈扁柱状。一端稍宽，另一端稍窄。两面均较平整。加工主要集中在稍窄端。以其中一面为台面，多次单面剥片，片疤层层叠叠。以破裂面为研磨面，研磨面略呈长方形，未经磨制。另一端的两面有磨痕，应为兼作磨石使用留下的痕迹（图六二九，4）。

（三）大石铲的制作

大石铲是史前岭南乃至东南亚地区石器制作的巅峰之作，其加工程序亦较为繁复。左江流域诸遗址中出土和采集的大石铲数量较多，型式也多。大石铲的制作工艺大多较为复杂，大致要经过选材、制坯和磨制三个阶段。

在选材阶段，所见大石铲的原料均为岩块，石质均为板岩或页岩，质地较软且有良好片状发育，易于加工。从目前我们所见到的成品标本看，其器形有大有小，大者体长超过 30cm，而小者长度不过 8cm，个体差异较大。可以推测，制作大石铲的部分原料体量是很大的。

在制坯阶段，不仅要求工匠对大石铲外形轮廓有较为准确的把握，也要求工匠有较好的石器加工技术。打制方法除了传统的锤击法和少量的砸击法外，还使用了琢制和切削工艺。琢制是大石铲加工中重要的一步，也要求有熟练的加工技法。切削工艺是一种新技术，主要使用硬度较高的石英石完成，用其切割毛坯周边和削平大石铲表面，除此之外还用于将体量巨大的原料分解成适合的坯料。

经过制坯，大石铲的形态基本完成。目前发现的石铲形态大致可分无肩和有肩两大类型。无肩类型主要是没有柄，一般来说通体经过切割或剥片打制，宽厚一端多较平直，窄薄一端多打制成刃。有肩类型目前所见均为双肩类型，主要分几种：一是平肩；二是斜肩；三是楔形肩。三种类型中，以楔形的制作最精致，器形最美观，制作最复杂，难度也最大，也最能反映左江流域诸遗址大石铲制作的工艺水平（图六三〇、图六三一）。

磨制分为粗磨和细磨两种，在大石铲上较多见磨痕。部分大石铲只磨制部分器身，器身上的一些部位还保留有打击片疤或切割痕迹；部分大石铲则通体磨制，显得精致美观。这里又可以分为两种情况。一是刃部钝厚，不开刃。一般认为这种类型的大石铲不是实用器，更多是用于祭祀。二是刃部开刃，刃缘锋利。一般认为这种类型的大石铲才是实用器，更多是用于生产。关于大石铲楔形类的磨制方法和方式，目前还不太清楚。主要是楔形部位情况复杂，通常所使用的大面积的磨制方法不能够适用于这个部位，很可能是使用类似于切割的技术，以纤维、细砂加水来打磨。

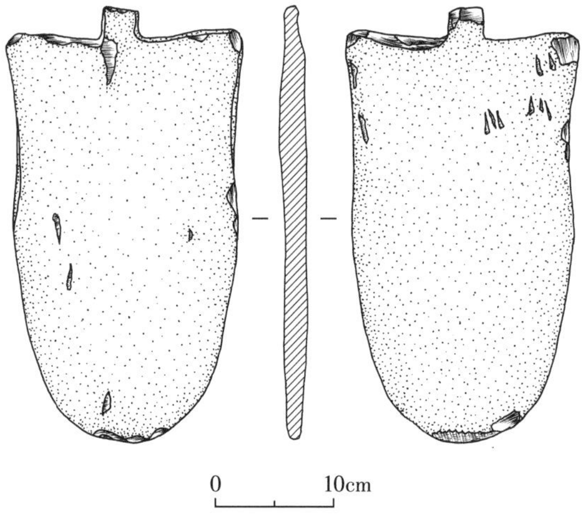

图六三〇　龙州博物馆征集的大石铲

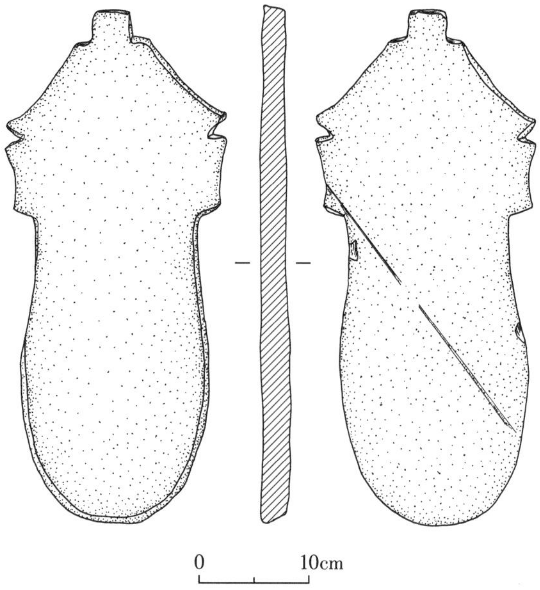

图六三一　龙州板直遗址发现的大石铲

这个问题尚有待于今后的深入研究来加以解决。少量精美的石铲还有抛光的现象，多见局部抛光的情况，推测其用具应是在遗址中发现的表面非常光滑的鹅卵石。

归纳起来，大石铲制作大致经过了选材、制坯和磨制三个大的阶段，包括了采石、打制、琢制、切削、磨制以及抛光等工艺。

（四）小结

截至目前，上述左江流域诸遗址发现的磨制石器全部都是生产工具，且种类较多，有些磨制石器具有鲜明的地方色彩。不同的器类形制不同，功能和用途也不相同，也就使得其相互之间的制作工艺也不一样。

具体而言，斧、锛和凿类的制作大体相同，素材都是砾石和石片两种，而且以砾石为主；绝大多数器物标本的制作都经过了先打制成坯，再磨制成器的工序。在制坯阶段，多使用锤击法和砸击法来进行打制。由于素材本身形状和大小的不同，加上加工部位和程度的差异，使得部分器物加工简单，部分器物加工复杂。对于通体加工的标本来说，大体上要经过初期、中期、后期三个阶段的加工才能够完成毛坯的制作。到了磨制阶段，又分为局部磨制和通体磨制两种，局部磨制多为磨制刃部，偶尔见有磨制侧边和两面的；而通体磨制的重点也在磨制刃部，对器身的磨制较为粗糙，往往不够精细，通体磨光者几乎不见。

研磨器的形式多样，制作工序多达五种，最复杂的一种主要应用于何村遗址出土的保龄球形研磨器的制作。这类研磨器的制作工艺复杂，难度也很大，一般要经过选材、制坯和磨制三个阶段。

总而言之，上述左江流域诸遗址磨制石器的制作，一般都要经过选材、制坯和磨制三个阶段。制坯阶段采用的加工方法和技术有锤击法、砸击法和琢击法，磨制阶段采用的加工方法和技术有砥磨、压磨和抛光等。

第五节　其他石制品

上述左江流域诸遗址出土的其他石制品，主要是指断块，它是在石器的制作过程中，因为原料本身具有节理面或结构面，或者是由于承受不了巨大的打击力度，而断裂和破碎所形成的块状或片块状的废品，长度多在5cm以上。

一般新石器时代遗址出土的断块，大多可以分为两大类。一是加工石器的过程中，由石器本身剥离的“边角料”。二是加工工具（包括石锤、石砧、砺石等）在使用过程中因受力过大破碎而形成的废品。单就目测观察的结果而言，与长度多在5cm以下的碎片相比，断块的尺寸可能会显得很大。但在归纳、统计和分析的时候，却很难将断块归入到某种石制品类型当中。特别是在上述左江流域诸遗址中，由于加工工具发现很少，同时岩性又以辉绿岩占据绝对比重，并不能够将上述两类断块很好地区分开来，所以只能笼统地归成第一类加以分析。

上述左江流域诸遗址加工石器的过程中产生的断块，包括以下三种情况。一是在石斧和石锛等工具的制坯过程中打下的片块，其长宽多在4~5cm之间。二是在制坯过程中因坯体破碎而产生的断块，一般多呈块状，其长宽多在4~10cm之间。三是在制作打制石器的过程中产生的片块和断块，其长宽多在4~15cm之间。而在实际上，不管是在哪一种情况下产生的断块，它的基本特点都是原料的硬度较大，适合于用来制作石器。在我们对断块进行归纳、统计和分析的时候，会存在一个问题，即我们该如何区分在制坯过程中因坯体破碎而产生的断块与器物使用过程中因受力过度而形成的残件？一般来说，断块只保留了器物的一小部分，而且通常不能够通过残余部分来分辨器形；而器物残件多保留了器物的大部分或主体部分，可以通过残留部分来分辨器形。

上述左江流域诸遗址出土的断块共有198件。其岩性有辉绿岩、石英、玄武岩、砂岩和硅质灰岩五种。其中辉绿岩最多，共146件，占断块总数的73.7%；石英27件，占断块总数的13.6%；玄武岩16件，占断块总数的8.1%；砂岩7件，占断块总数的3.5%；硅质灰岩2件，占断块总数的1.0%。保留石皮的有101件，约占断块总数的51.0%；没有保留石皮的有97件，约占断块总数的49.0%。有石皮的断块中，长度5~10cm者数量最多，有60件，占有石皮断块总数的59.4%；其次为长度10~15cm者，有26件，占有石皮断块总数的25.7%；再次为长度15cm以上者，有13件，占有石皮断块总数的12.9%；长度0~5cm者数量最少，只有2件，占有石皮断块总数的2.0%。无石皮的断块中，以长度5cm以下者数量最多。断块的大小差别较大，长度最大值19.6cm，最小值2.5cm；宽度最大值11.6cm，最小值1.9cm；厚度最大值8.7cm，最小值0.6cm；重量最大值1983g，最小值10g。

一般认为，有石皮的断块，一般是初步加工时的产物，而无石皮的断块，更多的是进一步加工时的产物。而上述左江流域诸遗址出土的断块，一半以上保留有石皮，因此可以这样认为，它们大都是石器加工初步阶段的产品。这也从另一个角度说明，上述左江流域诸遗址的石器加工，经过第二阶段精细加工程序的产品不是很多，精细加工的工艺不发达。

第六节 石制品拼合

石制品拼合，就是对发掘出土的破碎器物（一般主要是石器和陶器）进行逆向复原的工作，也就是对器物的碎片和断块进行拼对和黏合，以便最大限度地复原器物原貌的过程。石器的打制，在一定程度上可以说是一个不断缩减的生产过程，记载这一过程的信息，大部分都保留在石器的废片之中。通过石制品的拼合研究，可以更好地帮助我们观察器物埋藏后在地层中的水平和垂直扰动情况，确定遗址中人类活动的性质，从而进一步判断这些文化遗物是否属于原地埋藏。

由于此次发掘多属于试掘性质，时间有限，所以石制品拼合工作主要是在室内整理时一并进行，共找出能够拼合的标本10件。这些标本多由两块或三块的石制品相互拼接而成。从找到的

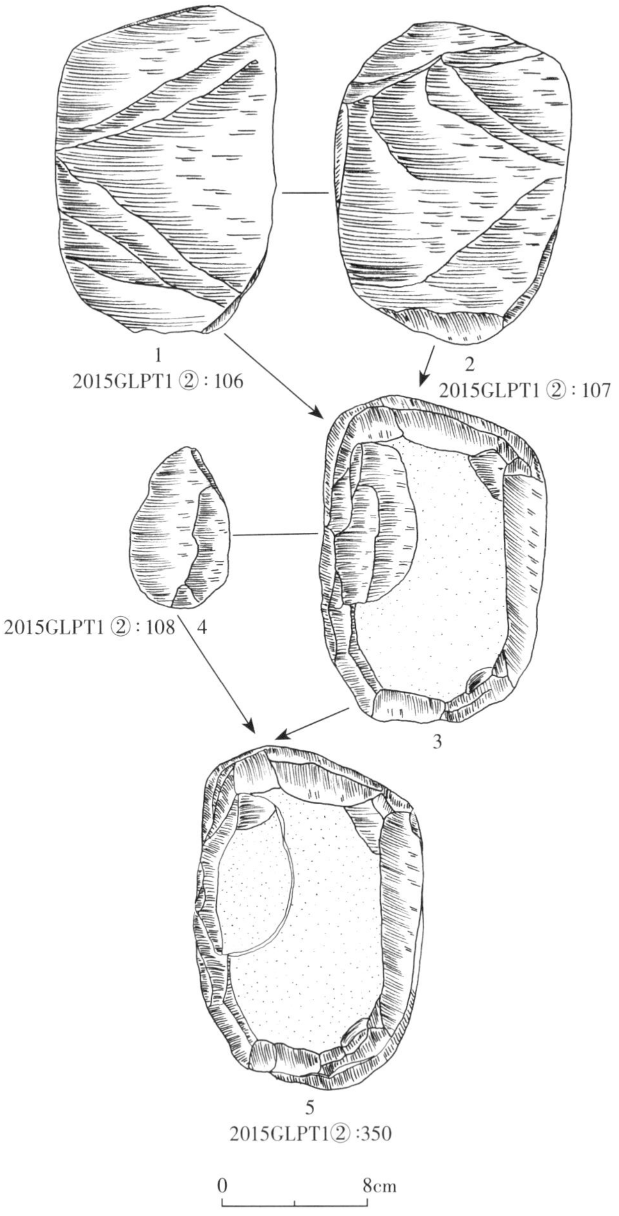

图六三二　石片块拼合（2015GLPT1 ②：350）

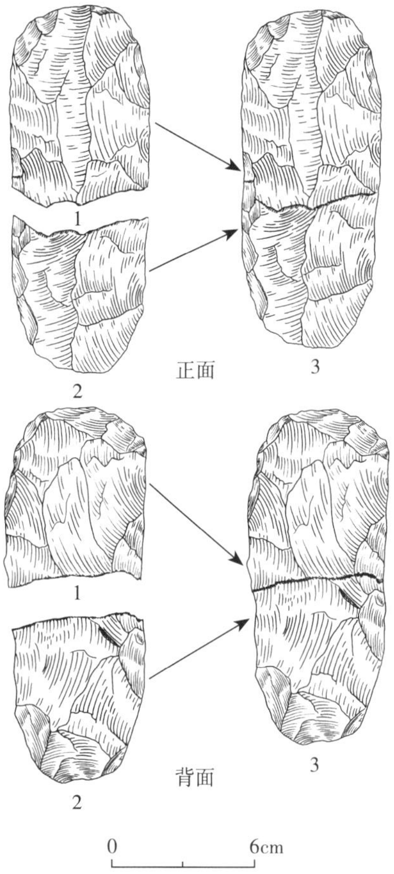

图六三三　石斧锛类毛坯拼合
（2013GLWT1 ④：77）

拼合标本观察，由块数较少的石制品拼合而成的标本尺寸较大，而由块数较多的石制品拼合而成的标本尺寸较小。

拼合标本的种类主要有石斧成品、斧锛类毛坯、石砧、砾石和片块。例如坡叫环遗址标本 2015GLPT1 ②：350 是一件片块，由三件更小的片块拼合而成（原编号分别为 2015GLPT1 ②：106，2015GLPT1 ②：107，2015GLPT1 ②：108），它们出土于同一探方、同一地层，但分布位置不同。原料为辉绿岩，拼合后的片块长约 17.3cm，宽约 12.6cm，厚约 5.2cm，重约 2813g（图六三二）。又如无名山遗址标本 2013GLWT1 ④：77，是 2 件出土于同一探方、同一文化层但分布位置不同的斧锛类毛坯残件，其中一件属斧锛类毛坯把端残件，另一件属斧锛类毛坯刃端残件。它们相互拼合后大致能够组成一件斧锛类毛坯。其制作原料为灰色的扁长形玄武岩砾石。破裂前，器身通体打制，加工方法为锤击法，器身全是打击疤痕，完全没有一点自然砾面保留。器身从近中部处断裂成两截。断裂后，把端段和刃端段均未见有新的加工或使用痕迹，表明此后两段均未用作其他用途。拼合后，两截断裂处结合得很好，但器身结合处一面仍缺失一小块，形成一处较深的凹缺。长 13.1cm，宽 5.7cm，厚 2.9cm，重 286g（图六三三）。

广西左江花山考古

（2013~2016）

下

广西文物保护与考古研究所 编著

文物出版社

An Archaeological Report of Huashan in Zuojiang River Basin, Guangxi (2013–2016)

(III)

Compiled by

Guangxi Institute of Cultural Relics Protection and Archaeology

Cultural Relics Press

第五章　左江流域早期考古学文化的类型与特征

本书所说的早期考古学文化特指左江流域新石器时代至汉代考古学文化。

第一节　左江流域新石器时代相关遗存

据现有材料和实地调查可知，左江流域发现新石器时代遗址30多处，包括洞穴遗址、岩厦遗址、台地遗址、山坡遗址等类型。从堆积形态来看，主要有贝丘遗址、岩洞葬、大石铲等类型。其中贝丘遗址是左江流域史前文化的主体类型，根据环境不同可将其分为台地贝丘、岩厦贝丘、洞穴贝丘遗址，其年代涵盖新石器时代中期到晚期。目前已发现贝丘遗址20多处，经过科学发掘的先后有江西岸遗址[1]、敢造遗址[2]、何村遗址[3]、江边遗址[4]、冲塘遗址[5]、舍巴遗址[6]、沉香角遗址[7]、宝剑山A洞遗址、无名山遗址等。新石器时代岩洞葬发现不少，主要为新石器时代晚期末段，清理的主要有大新歌寿岩[8]。大石铲类型主要为新石器时代晚期遗存，发现数量也不少，主要集中在左江中下游地区，由扶绥向周边传播，典型大石铲遗址有扶绥那淋遗址[9]、同正遗址[10]、江州吞云岭遗址[11]等。本节将对除本报告第二章所列遗址之外已经发掘的

[1] 广西壮族自治区文物工作队：《广西南宁地区新石器时代贝丘遗址》，《考古》1975年第5期；部分资料保管于广西文物保护与考古研究所。

[2] 广西壮族自治区文物工作队：《广西南宁地区新石器时代贝丘遗址》，《考古》1975年第5期；部分资料保管于广西文物保护与考古研究所。

[3] 杨清平：《广西左江流域发现新石器时代贝丘遗址新的文化类型——崇左市江州区何村遗址发掘成果》，《中国文物报》2008年6月6日。

[4] 杨清平：《崇左市江边新石器时代贝丘遗址》，《中国考古学年鉴·2007》，文物出版社，2008年。

[5] 何安益、陈曦：《广西崇左冲塘新石器时代贝丘遗址发掘新收获》，《中国文物报》2008年5月14日。

[6] 资料保存于广西文物保护与考古研究所。

[7] 资料保存于广西文物保护与考古研究所。

[8] 广西文物考古研究所、南宁市博物馆：《广西先秦岩洞葬》，科学出版社，2007年。

[9] 参阅蒋廷瑜：《广西考古通论》，广西科学技术出版社，2012年。

[10] 参阅蒋廷瑜：《广西考古通论》，广西科学技术出版社，2012年。

[11] 何乃汉：《崇左吞云岭新石器时代遗址》，《广西文物》1985年创刊号。

遗址情况做一个简单介绍。

1. 何村遗址

何村遗址[1]位于广西壮族自治区崇左市江州区濑湍镇九岸村何坡屯东部左江的左岸台地上，面积约650m²。为支持山秀水电站工程的建设，广西文物考古研究所于2007年10~12月对其进行了抢救性考古发掘，发掘面积550m²。遗址堆积较厚且地层关系清楚，可分4个文化层。遗迹主要为数量众多的墓葬，主要集中分布于遗址南部一片较小的区域内。不见墓坑，大部分人骨保存较差，许多不同个体的骨骼密集地摆放在一起相互叠压。据初步统计，有将近90个个体，葬式包括侧身屈肢、仰身屈肢、俯身屈肢、蹲葬、肢解葬等，以侧身屈肢葬为主。出土遗物包括打制石器、磨制石器、骨器、蚌器、陶片和大量水、陆生动物遗骸。石器中打制石器占绝大多数，打制石器以一侧单面打制的砾石砍砸器为主，器形小，制作简单，但制作技术稳定。磨制石器较少，主要为比较精细的锛。研磨器数量不少，很具特色，分有颈和无颈两种类型，其中大型研磨器为广西新石器时代遗址少见。蚌器以蚌铲为主，制作比较精美，尤以双肩蚌铲最具特色。骨器数量较少，种类有骨铲、骨锥等。陶器极少，仅见几片陶片，主要为夹砂陶，颜色主要为灰黑和红褐两种，火候较高，制作较好，从口沿残片来看主要为釜罐类器物，其中折肩陶器在广西新石器时代遗址中比较少见。水陆生动物遗骸种类丰富，初步判断有20多种。从发掘所见的遗迹和遗物初步判断，该遗址年代当在距今5000年左右，属于新石器时代晚期。

2. 江边遗址

江边遗址[2]位于广西壮族自治区崇左市江州区濑湍镇仁良村江边屯东南部，左江的右岸。东面紧临左江，临江面为悬崖峭壁，距现在的水面高约10m；南面是一座石灰岩的高山，遗址位于山脚下的台地上；西北距江边屯最近的房子约50m，往北与何村遗址相距不过500m；西面是一片菜地。左江在此处由北向南流，在遗址下游不到100m的地方向东拐形成一个河湾。该遗址属河旁台地贝丘遗址，经勘探确认面积约500m²。2007年10月广西文物保护与考古研究所在对何村遗址进行抢救性考古发掘期间调查发现的。为了解该遗址的文化性质和内涵，对遗址进行了试掘，试掘区位于遗址的中心位置，此处是遗址堆积最厚、地层最为完整的区域，共布5m×5m探方2个，面积50m²。

遗址地层关系清楚，堆积较厚，遗址因农民耕种而遭到严重的破坏，保存比较差。从发掘情况看，可分五个文化层，堆积的厚度超过150cm，含大量介壳类。发掘发现了6座新石器时代的墓葬，这些墓葬没有发现墓坑，葬式包括侧身屈肢葬、肢解葬等，其中又以侧身屈肢葬为主要葬式。除两具骨架保存较完整外，其余骨骼不全。墓葬骨架摆放无一定规律，有两座直接摆放于基岩之上，

---

[1] 杨清平：《广西左江流域发现新石器时代贝丘遗址新的文化类型——崇左市江州区何村遗址发掘成果》，《中国文物报》2008年6月6日。

[2] 杨清平：《崇左市江边新石器时代贝丘遗址》，《中国考古学年鉴·2007》，文物出版社，2008年。

有一座头部压有一石块。墓葬的骨骼与土垢胶结严重。发掘出土的文化遗物包括打制石器、磨制石器、骨器和少量水、陆生动物骨骸。石器中打制石器占绝大多数，打制石器以一侧单面打制的砾石砍砸器为主，器形小，制作简单。磨制石器较少，主要为磨制比较精细的锛。骨器数量较少，种类仅有骨锥一种。

从发现的遗迹和遗物分析，该遗址时代为新石器时代晚期，年代当在距今 5000 年左右。

3. 冲塘遗址

冲塘遗址[1]位于广西壮族自治区崇左市江州区太平镇冲塘村东北的左江一级台地上，遗址临江面为左江西岸的悬崖峭壁，距左江水面垂直距离约 21m，面积约 $1250m^2$。

为支持山秀水电站建设，2007 年 10 月 ~ 2008 年 1 月广西文物保护与考古研究所对该遗址进行了抢救性发掘。遗迹主要有墓葬、烧土堆、生活面等，遗物主要有石器、骨器、玻璃陨石器、贝类装饰品以及动植物标本，不见陶器。地层堆积共分 7 层，主要是含大量介壳类，总厚度 0.55~1.85m。

遗迹以墓葬为主，其次为红烧土堆。墓葬共 26 座，集中分布在发掘区东南侧的第③层、第④层、第⑦层，都是单个个体。头向多朝向东北，没有发现墓坑，少量墓葬存在叠压关系。葬式均为仰身或侧身屈肢葬。人骨保存较好，但钙质胶结严重，未成年人死亡率较高，有 4 例；另外还发现两例仅见颅骨的特殊墓葬。有 3 座墓葬随葬装饰品串饰，装饰品一般为淡水贝类或海洋贝类宝螺科。在 NT11 探方西北角，揭露出当时的饮食生活面，发现大量废弃的蚌壳、炭化橄榄核、炭粒、石块和红烧土，大致形成一处半圆形，外层主要为蚌壳，内层为橄榄核、炭粒、石块和红烧土等。

遗物主要为石器，有极少量的骨器和大量动物碎骨，没有发现陶器。石器原料有砾石、玻璃陨石和灰岩。主要为打制石器，其次是磨制石器。打制石器有石核、石片、砍砸器、刮削器等。磨制石器包括毛坯和成品两类。磨制石器毛坯多是用扁平形砾石加工成斧锛类毛坯，周边及端刃有较多片疤。磨制石器成品有通体磨光者和只磨刃部者，以通体磨光为主，类别有石锛和研磨器等。玻璃陨石石器数量上较砾石和石灰岩类石器多，但多为直径不超过 1cm 细小的碎片，大剥片较少，玻璃陨石石核数量也不多，有扁椭圆形和近似柱状形。动物碎骨数量较多，其中水生动物主要有淡水螺、贝类、龟（或鳖）、鱼等，以鱼类最多。陆生动物有山蜗牛、鹿、鼹、长臂猿等。

根据地层堆积、遗迹和遗物特征，可将遗址初步划分为早晚两个时期，早期以第⑤层、第⑥层、第⑦层遗存为代表，流行使用磨制石器，比较规整、精细，器形整体偏小；墓葬多凌乱。晚期以第③层、第④层文化遗存为代表，流行简单打制石器，比较粗糙，器形整体偏大；墓葬比较规整，出现未成年人集中埋葬区域，盛行随葬饰品。从出土的动植物可知，该地早晚期的居民生业模式

[1] 何安益、陈曦：《广西崇左冲塘新石器时代贝丘遗址发掘新收获》，《中国文物报》2008 年 5 月 14 日；部分资料保管于广西文物保护与考古研究所。

以采集和渔猎为主，狩猎为辅。遗址年代距今约 5000 年。

4. 江西岸遗址

江西岸遗址[1]位于广西壮族自治区崇左市扶绥县新宁镇城厢村江西岸屯东南 700m 左江拐弯的北岸舌形台地上，东面、西面、南三面被左江环抱，高出水面约 20m。1963 年发现，1964 年和 1973 年做过两次试掘，揭露面积 52m^2。2014 年再次进行发掘，面积为 2000m^2。

2014 年发掘的地层中螺壳堆积密集，文化堆积分为 8 层。根据层位关系及遗物类比判断，第③~⑧层属于新石器时代。第⑥~⑧层为江西岸一期，包含较多的动物骨，可辨动物有鱼、龟、羊、鹿、牛等。器物包括陶片、石器、骨器等。陶片为灰黑或外红内黑夹砂陶，厚度在 5~20mm 之间，可辨纹饰有绳纹，部分绳纹呈断续状。可辨陶器特征为敞口、斜平唇、束颈、圜底。石器主要为斧锛类石器，还有部分石片。骨器主要有骨锥、骨钩、骨针等。文化面貌与顶蛳山二期近似。第④层、第⑤层为江西岸二期，遗物包括陶片、石器、骨器等。陶片以外红内黑陶居多，部分为灰褐、灰黑陶，可辨认的纹饰有中绳纹（2~2.5mm）及少量细绳纹（1.5mm 以下）。可辨识的器形特征为直口、斜平唇、圜底。石制品包括大量的砾石、较多的简单打制的石核石片、斧锛类石器、砺石等。斧锛器器身有打制的片疤，仅刃部磨制。骨器主要有骨凿、骨锥。属于新石器时代中期，与顶蛳山三期文化面貌近似。江西岸一、二期年代为距今 7000 年左右。第③层为江西岸遗址三期遗存，含少量砾石、红烧土、炭粒，出土有研磨器和斧形器，推测年代距今 5000 年左右。

5. 敢造遗址

敢造遗址[2]位于广西壮族自治区崇左市扶绥县城西北约 3km 的左江北岸。该遗址发现于 1963 年考古调查之际，后于 1973 年 9 月进行试掘。2014 年为配合扶绥老口水利枢纽的建设，再次对该遗址进行发掘。遗迹包括墓葬、灰坑、柱洞等。出土的遗物种类较为丰富，有大量的石器、陶片、骨器和蚌器等。根据 2014 年发掘各探方的地层堆积情况和遗物的特征，初步将该遗址的文化遗存分为四期，其中第一至第三期属于新石器时代。

第一期发现的石制品较少，出土有少量的骨器、蚌器及一些水生动物和哺乳动物化石。遗迹主要是柱洞、灰坑和墓葬。该层出土的陶片多为红褐、灰褐夹砂陶，不见泥质陶；纹饰以中绳纹、细绳纹为主；部分口沿及器身均饰有中绳纹。未出土完整器，但从出土的口沿残片等判断，器类多为圜底罐，器形特征主要有敛口、平沿或斜沿、鼓腹，与顶蛳山三期文化遗存出土的陶片及器形相近，推测该期与顶蛳山三期文化遗存年代相近，距今 7000 年左右。敢造遗址第二期出有大量的打制石器和石斧、石锛及毛坯、砺石和研磨器，也出土了一定数量的陶片。陶片多为灰褐色夹砂陶，所夹砂粒较大，多为中绳纹，部分为细绳纹。发现一定数量的墓葬，葬式多为侧身屈肢葬，

[1] 广西壮族自治区文物工作队：《广西南宁地区新石器时代贝丘遗址》，《考古》1975 年第 5 期；部分资料保管于广西文物保护与考古研究所。

[2] 广西壮族自治区文物工作队：《广西南宁地区新石器时代贝丘遗址》，《考古》1975 年第 5 期；部分资料保管于广西文物保护与考古研究所。

有部分仰身屈肢葬。推测年代距今 5000 年左右。第三期文化遗存主要出土物是大石铲，这一期共出土 6 件大石铲、1 件毛坯，均出土在灰坑。其中在 H44 中，石铲与陶器共出，出土陶器与隆安介榜遗址[1]、谷红岭遗址[2]出土的陶器在陶质及器形上较为相似，但陶器保存情况较差。

6. 舍巴遗址

舍巴遗址[3]位于广西壮族自治区崇左市龙州县上金乡联江村舍巴屯东北约 20m 的丽江南岸台地上。遗址南北长约 40m，东西宽约 20m，地表遗物分布范围约 800m^2。遗址临江部位为石灰岩基础，结构较为稳定，整个堆积因山势自西面向江边倾斜，地表散布大量螺壳和石器。2010 年曾经进行小范围试掘，出土了大量的石器和少量陶片，经分析遗址包含三个不同时期的文化堆积，年代距今约 7000~3000 年。

第一期出土石器较少，有少量打制石片石器及磨制石器，不见陶片。包含的动物骨骼主要以水生的蚌壳、鱼类及龟鳖类为主，另外还有部分小型哺乳动物骨骼。从遗物特征看时代距今约 7000 年。第二期地层内包含螺壳较少，但哺乳类动物骨骼却有较多发现，石制品也较多，主要以砍砸器及大型石片石器为主，同时还发现大量石器原料、断块、废料等。综合起来看，本期时代距今约 7000~6000 年。第三期堆积相对较为纯净，不含螺壳，除在本层表面见有少量类似人类肢骨的痕迹外，不见任何骨骼，同时石器出土也较少，基本不见打制石器，主要为大理石类岩石的磨制石器。地层中出土了一件绳纹夹砂圜底罐残片。从出土遗物看，本期器物与这一地区岩洞葬出土器物基本相同，时代也大致相当，年代距今约 4000~3000 年。

7. 歌寿岩遗址

歌寿岩遗址[4]位于广西壮族自治区崇左市大新县榄圩乡新球村逐标屯东北约 200m 的歌寿山一天然石灰岩洞穴内。1973 年当地群众在洞内挖岩泥时发现，内有完整的陶器 10 余件，但大部分已被扔掉，后收集到少量陶片、陶器和磨制石器。包括陶釜 2 件、有肩石器 3 件和圆饼形的陶纺轮 1 件。陶器均为夹细砂陶，陶色有红褐、灰黑、灰黄等，颜色多不均匀，有的同一件器物上有多种颜色。器表多在肩部以下饰细绳纹，部分绳纹交错，有的在绳纹上再刻划多线曲线纹，多为反“∽”形。陶器器类主要是罐、釜类，以圜底器为主，少量三足器。采集的多为碎片，只有 2 件陶器较完整，其中一件陶釜直口、高领、袋形腹、圜底，口径 12cm，高 15.5cm；另一件陶罐直口、高领、斜肩、直筒形腹、圜底、底附三乳足，口径 8.7cm，腹径 13.2cm，通高 18.6cm。石器共 3 件，均为磨制的有肩石器，通体磨光，器类有斧和锛两种。根据遗物推断，该遗址为新石器时代晚期末段的岩洞葬。

---

[1] 资料保管于广西文物保护与考古研究所。

[2] 资料保管于南宁市博物馆。

[3] 资料保管于广西文物保护与考古研究所。

[4] 参阅广西文物考古研究所、南宁市博物馆：《广西先秦岩洞葬》，科学出版社，2007 年。

8. 那淋遗址

那淋遗址[1]位于广西壮族自治区崇左市扶绥县中东镇九和村那淋屯，分布面积为方圆 $1km^2$ 以上。1973 年广西文物考古训练班和广西文物工作队在那淋屯进行试掘，出土了一批石铲，器形特点为短柄、双肩、弧刃，器体对称规整，通体磨光，制作精致，主要用页岩、板岩加工而成。现遗址多处地表上依然散落少许大小不一的石铲。根据遗物判断，该遗址为新石器时代晚期。

9. 同正遗址

同正遗址[2]位于广西壮族自治区崇左市扶绥县中东镇中东村中东街东面约 2km 的一土坡上，属新石器时代晚期，遗址面积约 $50m^2$。1978 年春，广西文物工作队对其进行了全面试掘，文化层出土的器物全是石铲，较完整，共 40 多件。形状多为梯形，少数为长方形。最大出土器物长 66.7cm，宽 44.8cm，厚 2.1cm；最小一件长 9cm，宽 5.6cm，厚 1.2cm。器物制作精致，文化层的遗物有石铲原料、半成品、成品，成品堆放较整齐，且有规律。目前该遗址被认为是石铲加工场。

10. 吞云岭遗址

吞云岭遗址[3]位于广西壮族自治区崇左市江州区雷州岈别村南约 1km 处。遗物散布面积约 $100m^2$，地表上能采集到较完好的石铲、有肩石斧、石凿、砺石等。1985 年广西文物工作队曾进行探沟式试掘，发掘面积约 $17m^2$。地层堆积单纯，上为耕土层，下为文化层。新石器时代文化层仅一层，厚约 0.2m。出土的遗物大多数是石铲的半品、毛坯、残片和板岩块，而且均为侧置或竖放，各堆之间有一定距离，有些遗物旁边用石灰岩块间隔，它们应是人类有意堆放的结果。出土的大石铲与广西南部地区其他新石器时代晚期遗存出土的大石铲相同，因此遗址的年代应同属新石器时代晚期。共存的陶片和其他遗物，为这类遗址的研究提供了新的资料。

第二节　左江流域新石器时代考古学文化类型及文化特征

左江流域新石器时代遗址主要有贝丘遗址、岩洞葬和大石铲等类型。从目前发掘的材料来总体观察，左江流域贝丘遗址大致包含以下主要特征：地层中含有大量的水陆生螺壳及少量的水生、陆生动物遗骸，生产工具以打制石器、磨制石器共存为主。打制石器多为砾石石器，制作简单，加工粗糙，部分遗址存在大石片。磨制石器也以砾石石器为主，加工简单，磨制不精，大量毛坯存在，存在先对砾石多个侧边进行打制（琢制）再进行下一步加工的传统。蚌器数量较多，有的遗址双肩蚌铲精美，锯齿刃蚌器很有特色。发现少量骨器。中上游地区绝大部分遗址陶器发现极

[1] 参阅蒋廷瑜：《广西考古通论》，广西科学技术出版社，2012 年。
[2] 蒋廷瑜：《广西考古通论》，广西科学技术出版社，2012 年。
[3] 何乃汉：《崇左吞云岭新石器时代遗址》，《广西文物》1985 年创刊号。

少，有的甚至不见陶片。各遗址特征略有不同。岩洞葬类型数量不多，主要为新石器时代末期遗存，其总体特征表现为：磨制石器精美，流行双肩石器。陶器以圜底的罐、釜类为主，均为夹细砂陶，流行饰细绳纹，有的在绳纹上再刻划多线曲线纹。大石铲类型为特殊类型的遗址，多属于祭祀性质，其文化遗物单纯，以形制特殊的磨光石铲为主要特征；石铲形体硕大，器身扁薄，棱角分明，制作规整。

根据文化特征，可把左江流域新石器时代遗存分为六个文化类型。

第一个类型为敢造—江西岸类型，以敢造遗址第一期、第二期遗存和江西岸遗址第一期、第二期遗存等为代表。该类遗存文化面貌与顶蛳山文化[1]大致相同，属于顶蛳山文化类型。该类型遗址主要为螺壳堆积，发现较多的陶片，从残片分析，器类应该以深腹、圜底的罐釜类为主，火候不高，多为夹砂陶，多饰绳纹。骨蚌器占较大比例，穿孔蚌器最有特点，存在形态各异的鱼头形蚌器。石器中打制石器与磨制石器共存，均为砾石石器，有的磨制石器磨制较精。墓葬习俗方面流行屈肢葬。经济生活以采集渔猎为主。年代距今约 7000~5000 年。

第二个类型为宝剑山 A 洞遗址一期类型，以宝剑山 A 洞洞穴遗址第一期遗存，舍巴遗址第一期、第二期遗存，大湾遗址，根村遗址，无名山遗址一期遗存等为代表。该类型遗物以石器、蚌器为主，陶片极少。石器是打制石器、磨制石器共存，砾石材质。以打制石器为主，打制石器粗糙，制作简单。磨制的石斧和石锛类器物做工也不是很精细，大量斧锛类毛坯存在。石器加工中存在利用扁平砾石对多个侧边先进行琢制的传统。蚌器数量多，比重大，种类丰富，制作精美，有大量双肩蚌铲、束颈蚌铲和锯齿刃蚌器及少量鱼头形穿孔蚌器。绝大部分遗址无陶片，极少数有陶片者也数量极少且均为残碎的夹砂陶片；从残片分析，主要为敞口的釜罐类器物；纹饰主要为绳纹。墓葬多为屈肢葬。经济生活以采集渔猎为主。年代距今 6000~4000 年。

第三个类型为何村类型，以何村遗址、冲塘遗址和江边遗址等为代表。该类型总体上陶器不流行，但出现折肩陶器；蚌器流行双肩的铲，出现了贝类装饰品；打制石器流行，打制石器主要有砍砸器，打制石器形状比较规整。磨制石器多制作粗糙，有大量斧锛类毛坯存在，但研磨器制作精美。墓葬流行屈肢葬，存在少量肢解葬和蹲踞葬。该类型受顶蛳山文化和右江流域文化影响。年代距今约 5000~4000 年。

第四个类型为那淋类型，以那淋遗址、吞云岭遗址、同正遗址和敢造遗址第三期遗存等为代表。该类型遗址文化遗物单纯，以形制特殊的磨光石铲为主要特征，其他类型的石器及其他质地的遗物较少。石铲形体硕大，器身扁薄，棱角分明，制作规整，许多器物无使用痕迹，特征极明显。石铲多以一定的形式排列，其中又以刃部朝上的直立或斜立排列组合为主。年代距今约 4000~3000 年。

---

[1] 中国社会科学院考古研究所广西工作队、广西壮族自治区文物工作队、南宁市博物馆：《广西邕宁县顶蛳山遗址的发掘》，《考古》1998 年第 11 期。

第五个类型为歌寿岩类型，以歌寿岩岩洞葬和舍巴遗址第三期遗存等为代表。该类型特征表现为基本不见打制石器，磨制石器精美，流行双肩石器。陶器以圜底的罐、釜类为主，少量三足器，均为夹细砂陶，颜色多不均匀，流行饰细绳纹，有的在绳纹上再刻划多线曲线纹，多为反“∽”形。年代距今约 4000~3500 年。

第六个类型为坡叫环类型。该类型发现遗址较少，目前只发现坡叫环遗址一处。文化遗存以灰色或黄色地层堆积为主，含数量不等的螺壳。石核、大石片、砍砸器、刮削器、斧锛类器、研磨器、蚌勺及少量骨器为其基本组合。加工工具中有石片石锤、砾石石锤和间打器。打制石制品多为锤击法加工，其中大石片占大多数。石制品大部分以大石片作为原料，以砾石为原料者极少。磨制石制品以斧锛类器物为主，多为利用扁平的砾石先在侧边、端部、刃部等部位进行加工，再进行磨制，但有少量原料为石片，磨制者也不精美。研磨器成品中，双端研磨器较具特色，以扁柱状和方柱状为主的各类毛坯也很有特点。蚌勺数量多，不见陶片。大石片及其制品占绝大多数是该类型遗址的最大特点。年代距今约 8000~7000 年。

上述左江流域新石器时代考古类型的划分只是初步的。由于很多遗址缺乏陶器，因此有些类型划分不一定准确。当然，由于左江流域属于喀斯特地貌，山多地少，遗址规模小，居住的人员不多，不同居住点之间人员交流少，因此会造成虽然遗址间距离不远但文化面貌相差较大的情况。这里把不同文化面貌的遗址类型划分出来，目的是为了方便其他研究者更好地研究。

在上述诸文化类型中，位于左江上游的舍巴遗址第一、第二期及无名山一期、宝剑山 A 洞遗址一期、大湾遗址、根村遗址的文化面貌比较接近。这些遗址堆积基本一致，为大量的水陆生螺壳堆积；遗物以砾石石器为主，存在一定的蚌器，陶器极少或者不见。出土的石器类型基本相同，打制石器占大多数，有刮削器和砍砸器等，加工简单粗糙，加工方法多为锤击法。磨制石器比重小，大部分仅磨刃部，且磨制不精。均流行利用扁平砾石对多个侧边先进行加工再进行磨制的传统。均有一定数量的蚌器存在，但蚌器数量不等，类型也不完全一致，基本都见双肩蚌铲和穿孔蚌器。墓葬均为屈肢葬。经济生活方式以采集渔猎为主。年代上也基本相同，距今约 7000~4000 年。这些遗址与左江下游和邕江流域同时期的顶蛳山文化差别还是很大的，尤其是没有后者大量陶器存在的现象，这反映出两者之间的人们在生活方式和习俗上的不同。由于这些遗址的年代基本相同，分布的区域邻近，文化特征基本相同，因此我们可以将它们归入同一个考古学文化。在这些遗址中，宝剑山 A 洞遗址一期不仅堆积厚，文化内涵也最丰富，根据考古学命名原则，我们将以宝剑山 A 洞遗址一期为代表的一类遗存命名为宝剑山文化。

其余的几个类型也有不同的归属。其中敢造—江西岸类型属于顶蛳山文化的范畴，那淋类型则与隆安大龙潭类型属于同一个考古学文化。歌寿岩类型与武鸣的弄山等遗址归属相同，属于广西先秦岩洞葬桂南类型。何村类型既有宝剑山文化的因素，也有顶蛳山文化的影子，与歌寿岩类型也有相似的地方，归属还不好确定，但年代上与歌寿岩类型衔接，两者之间的关系值得关注。坡叫环类型与其他类型区别明显，属于新的文化类型。

第三节　左江流域先秦至汉代主要考古遗存及文化特征

左江流域发现的先秦至汉代考古遗存数量不多，只发现少量墓葬和遗址。墓葬包括岩洞葬和土坑墓两种形式。岩洞葬又称崖洞葬，是以天然洞穴作为葬地来安置死者的一种丧葬形式，是古代南方民族地区一种较为特殊的埋葬习俗。左江流域先秦时期岩洞除了前文报告的龙州宝剑山A洞遗址二期外，还有龙州更洒岩岩洞葬[1]和八角岩岩洞葬[2]等。

一　墓葬

（一）先秦时期岩洞葬

1. 更洒岩岩洞葬

更洒岩岩洞葬[3]位于广西壮族自治区崇左市龙州县逐卜乡三叉村谷更屯东约200m的更洒山上。2007年3月广西文物考古研究所会同龙州县博物馆进行实地调查并对该洞进行了清理。采集到一大批玉石器、陶器、人牙、人骨残片。玉石器9件，绝大部分是硅质岩，部分为玉，计有斧、锛、凿、玦，器形较小，磨制精致。陶器28件，均为夹细砂、夹炭陶，不见泥质陶。陶器陶色以灰黑、红褐色为主，也见有少量灰褐、灰陶；火候普遍较低，器壁较薄；纹饰绝大多数为细绳纹，仅见一片为刻划纹；绳纹装饰风格一般为竖向、斜向，以竖向为主，腹部纹饰比较规整细密，底部错乱，施纹方法为竖向、斜向滚压而成。陶器制作方法均为泥片贴塑，口和领部有轮制痕迹，绝大多数陶器器内和器表领部和肩上部抹有一层细泥浆，有的抹平且抛光。陶器器类主要有圜底器、圈足器，以圜底器为主，另见有一件平底器。具体器类有罐、圈足壶、碗、杯等。圈足壶和鱼篓形罐比较有特色。墓葬形式与武鸣先秦岩洞葬相同，陶器部分与大新歌寿岩、武鸣岜旺岩洞葬的相似，绝对年代当距今约3500~3000年。

2. 八角岩岩洞葬[4]

1958年龙州县八角乡村民在乡政府北约300m的一处洞穴内发现一件较完整的陶壶，后送交广西博物馆收藏。陶壶为夹粗砂黑陶，敞口、平沿、高领近直、溜肩、深圆腹、圜底、底附小圈足。足与器身分制然后粘接而成，现足已脱落不存，只在罐底部残留一圆形的圈足痕迹。器表从口至

[1] 广西文物考古研究所、龙州县博物馆：《龙州县更洒岩洞葬调查清理报告》，《广西考古文集》（第三辑），文物出版社，2007年。

[2] 广西文物考古研究所、南宁市博物馆：《广西先秦岩洞葬》，科学出版社，2007年。

[3] 广西文物考古研究所、龙州县博物馆：《龙州县更洒岩洞葬调查清理报告》，《广西考古文集》（第三辑），文物出版社，2007年。

[4] 广西文物考古研究所、南宁市博物馆：《广西先秦岩洞葬》，科学出版社，2007年。

底通体滚压中绳纹，底部绳纹错乱，领至肩上部，涂抹一层薄薄的细泥浆，将原有的绳纹覆盖。该器口径 10.2cm，残高 13.6cm。该洞已遭严重的破坏，而且陶器出土的详细情况不清，原一直将此洞作为居住遗址，从此件陶罐的形态来看，它与更洒岩洞葬中所出的陶罐相同，因此，是一处岩洞葬。其年代当与更洒岩岩洞葬相近。

3. 宝剑山 A 洞遗址二期遗存

宝剑山 A 洞遗址二期遗存前文已有介绍。遗物以陶器和蚌器为主，也有少量石器和骨器。石器全为磨制石器，磨制精美。器类有梯形石锛、双肩石锛和石斧等。蚌器主要有鱼头形蚌器、双肩蚌铲、锯齿刃蚌器等。陶器器类有釜、罐、碗、钵等，主要以夹砂釜罐类为主，大部分为圜底器，少量平底器，圈足器偶有发现。大多数陶器为夹细砂、螺蚌壳粉陶，不见泥质陶。陶质较前期较硬，陶色不均匀，多为黑色和红褐色。陶器纹饰主要为粗、细绳纹，尤其是以细绳纹为主，见少量刻划的曲折纹、“S”形纹。陶器装饰方式一般为通体饰绳纹不及颈，也有部分陶器颈部施纹后被抹平并磨光；“S”形纹多用于肩部，曲折纹多用于肩部、圈足等。骨器目前仅发现一件，为复式倒钩骨质剑形器，器形规整，造型精美，工艺细致。以动物肢骨磨制而成，短柄、束腰方格，长方形剑身，剑身侧伸出两组倒钩。

从整个桂南文化圈的文化面貌来看，宝剑山 A 洞洞穴遗址二期遗存主要器物年代与武鸣弄山、更洒岩岩洞葬等接近，距今 4000 年左右。但从出土的骨质剑形器来看，部分墓葬可能延续到商周时期甚至略晚。

总体来看，左江流域先秦岩洞葬的主要特征表现为：随葬品有陶器、石器、蚌器、骨器等，以陶器为主，磨制石器次之。石器均为磨制，有双肩石器和长条形石器两种，有肩石器的肩部规整。陶器流行圜底器、圈足器，少量平底器，不见三足器，器形多样，类型复杂，以罐、釜、钵为主。以夹细砂陶为主，少量泥质陶或近泥质陶。陶色不均，以红褐、灰褐、灰黑、黑为主，纹饰以细绳纹和素面为主，少量刻划纹、戳印纹等。有相当部分在罐类器的口至肩上部涂抹一层很薄的细泥浆，将原有的细绳纹覆盖。存在一定数量的蚌器，其中双肩蚌器制作精美，还存在少量骨器。

（二）先秦至汉时期土坑葬

左江流域发现的先秦至汉代时期土坑墓仅有两处，一是大新交岭战国墓，二是古坡汉墓群。

1. 交岭战国墓[1]

交岭战国墓位于广西壮族自治区崇左市大新县昌明乡昌明村。该遗址于 1991 年 5 月由昌明乡钦中屯群众在大新至古潭公路施工过程中发现。在墓中共出土双耳青铜矛 1 件、网格纹陶罐 1 件、青铜鼓残片数片等。经鉴定这些器物为战国文物。

[1] 资料保管于大新县博物馆。

2. 古坡汉墓群[1]

位于广西壮族自治区崇左市江州区太平镇渠显村古坡铁路林场。1996 年林场机耕林地时出土铜盆、铜碗、铜矛、铜斧各 1 件及 4 个陶罐碎片。经专家鉴定这些器物为汉代文物。2008 年对出土这些文物的地点进行调查性试掘，发现墓葬 3 座，出土 1 件完整的铜碗，及一批铜碗的碎片和陶片。这些实物资料填补了左江流域无汉墓的空白。

从清理的情况看，左江流域先秦至汉代土坑墓规模都比较小，随葬品都较简朴，出土遗物数量较少，为实用的铜器和陶器，青铜器主要有矛、斧等兵器和碗等生活用具；陶器主要为陶罐。陶罐为硬陶，火候比较高，饰方格纹地戳印纹。器物组合都为铜兵器＋生产工具＋生活用具。

二　遗址

先秦至汉代时期左江流域的遗址较少，只有龙州庭城遗址和无名山二期遗存。

1. 庭城遗址

庭城遗址通过两次试掘得到了明确的地层关系和发现了众多遗迹、大量建筑材料及少量石器、陶器和兵器等。遗址的主体堆积是汉代遗存，初步推测汉时是一座带有军事性质的城址。遗物主要为建筑材料、石器、陶器和青铜器。建筑材料主要为绳纹瓦件。陶器发现较少，除了少量的陶网坠和陶纺轮外，大部分陶片为残片。从出土陶器残片看，大部分为瓮、罐、钵类器物。大部分陶片为灰陶，泥质，火候较高，胎质较硬。部分陶片外表饰米字纹、方格纹和米字加戳印纹。这些器物与中国其他地区典型西汉时期的器物具有相同的特点，尤其是瓦片与广州南越国宫署等遗址出土的瓦片一致。初步判断，为西汉早期的城址。

2. 无名山二期遗存

无名山二期遗存有陶器、铁器、石器、蚌器和骨器等。陶片均为夹砂陶，大部分火候较低，少量火候较高的硬陶，有灰陶、红陶及黑陶，主要以灰、黑陶为主。根据陶片残段来看，器形以釜罐类为主，有圜底器，也有圈足器。绝大部分陶器有纹饰，素面占少部分；纹饰主要以绳纹为主，见少量弦纹和米字纹。铁器见两个残断的凹字形铁锸。陶片和铁器具有典型汉式器物特征。

总体来看，左江流域先秦时期考古学文化具有很强的地域特征，流行岩洞葬。陶器流行圜底器、圈足器，器形多样，类型复杂，以罐、釜、钵为主。陶器以夹细砂陶为主，少量泥质陶或近泥质陶。陶色不均，以红褐色、灰褐色、灰黑色、黑色为主，纹饰以细绳纹为主，少量刻划纹、戳印纹等。素面陶比例较大。磨制石器制作精美，流行双肩石器。骨质剑形器在广西是首次发现。到了汉代，地域特色鲜明的遗存发现很少，所发现的大部分是具有汉式特点的遗存。

[1] 资料保管于崇左市文物管理局。

第六章　左江流域早期考古学文化与周边考古学文化的关系

左江流域早期考古学文化在其发展的过程中虽然是独立发展的，但与周边地区的文化也不断交流互动，受到了周边文化一定的影响。本章主要就左江流域早期考古学文化与邕江流域、右江流域、红水河流域、柳江流域、漓江流域、郁江—浔江流域、桂南沿海区域以及东南亚地区的考古学文化之间的关系进行简单对比分析。

第一节　与邕江流域早期考古学文化的关系

邕江是由左江和右江汇流而成的，因此左江和邕江在地理位置上关系特殊，两地在早期古代文化面貌上也存在较多的联系。

邕江流域史前遗址发现众多，也发掘不少，出土了大量的文化遗物，新石器时代遗址类型主要为贝丘遗址。目前已经发表发掘报告的主要有邕宁顶蛳山遗址[1]、南宁豹子头遗址[2]、横县秋江遗址[3]、西津遗址[4]等，其中顶蛳山遗址是最重要、最具代表性的遗址。

顶蛳山遗址[5]位于广西壮族自治区南宁市邕宁区蒲庙镇新新行政村九碗坡自然村东北约1km的顶蛳山上，坐落在邕江支流八尺江右岸第一级阶地上，处于八尺江与清水泉交汇处的三角

[1]中国社会科学院考古研究所广西工作队、广西壮族自治区文物工作队、南宁市博物馆:《广西邕宁县顶蛳山遗址的发掘》，《考古》1998年第11期。

[2]中国社会科学院考古研究所广西工作队、广西壮族自治区文物工作队、南宁市博物馆：《广西南宁豹子头贝丘遗址的发掘》，《考古》2003年第10期。

[3]广西壮族自治区文物工作队等：《广西横县秋江贝丘遗址的发掘》，《广西考古文集》（第二辑），科学出版社，2006年。

[4]广西壮族自治区文物考古训练班、广西壮族自治区文物工作队：《广西南宁地区新石器时代贝丘遗址》，《考古》1975年第5期。

[5]中国社会科学院考古研究所广西工作队、广西壮族自治区文物工作队、南宁市博物馆：《广西邕宁县顶蛳山遗址的发掘》，《考古》1998年第11期。

嘴南端，遗址面积 5000m^2。1994 年调查时发现，1997~1999 年先后进行了三次发掘，发掘面积超 1000m^2，发现了大量遗迹和遗物。发现墓葬 331 座，人骨架 400 余具以及成排的柱洞。墓葬葬式有侧身屈肢、仰身屈肢、俯身屈肢、蹲踞葬和肢解葬等。柱洞 22 个，分三排，呈南北方向排列，南北长 13m，东西宽 6m。出土了大量的陶器（片）、石器、骨器、蚌器、甲器、角器和牙器等史前人类的生活用具、生产工具及人类食用后遗弃的水、陆生动物遗骸。

根据遗址地层堆积情况和遗物特征，文化堆积可分为四期。

第一期，文化堆积不含或含少量螺壳，出土遗物包括大量的玻璃陨石质细小石器、石核，少量穿孔石器和陶器、骨器、角器和牙器等。陶器仅见少量圜底罐或釜形器，多为羼和粗石英碎粒的灰黄陶，器表均施粗绳纹，部分器物口沿上捺压花边，沿下有附加堆纹。骨器较少，器类有骨锛、骨斧、骨锥等。角器和牙器数量很少。该期年代距今约 10000 年。

第二期，文化堆积含有大量螺壳堆积，发现较多墓葬，出土遗物有陶器、石器、蚌器、骨器、甲器、角牙器及大量的水、陆生动物遗骸。墓葬数量较多，葬式有侧身屈肢、仰身屈肢、俯身屈肢和蹲踞葬等。陶器以灰褐色夹颗粒较大的石英碎粒粗陶为主，数量明显增加，器类仅见直口、敞口或敛口的圜底罐，器表多饰以印痕较浅的篮纹，并有极少的中绳纹（2~2.5mm），不见细绳纹（1.5mm 以下），绳纹为滚压法制成。石器较少，器类有斧、锛、穿孔石器、砺石等，以通体磨制的斧、锛为主，但大部分仅刃部磨制较精，器体其他部位保留有较多深而大的打击疤痕，器形不规整，砺石上见有使用后留下的凹槽。新出现了穿孔蚌刀和甲器。蚌器较多，主要为鱼头形穿孔蚌刀。甲器、角器和牙器数量都很少，器类有甲刀、龟铲等。骨器数量增加，以磨制较精的斧、锛、锥、铲为主，还有少量针、镞、鱼钩、凿等。

第二、三期之间有间歇层。发掘者认为间歇层的出现可能与自然原因有关。

第三期，文化堆积仍以螺壳为主，发现了大量的墓葬，出土遗物与第二期大体相同。墓葬不仅数量多，而且分布密集，除了第二期常见的几种屈肢葬外，还新出现数量较多的肢解葬。陶器的数量和种类较第二期多，除第二期的圜底罐外，新出现敛口或直口的釜、高领罐。陶胎夹砂较细，以粗石英砂粒作羼和料的现象基本不见。陶器火候较高，陶色有灰褐色、红褐色和外红内黑几种。陶器器表纹饰盛行中绳纹，少见细绳纹，绳纹较规整、纤细，还有极少凹弦纹，篮纹已基本不见。个别陶器沿下出现对穿一孔的现象。石器数量有所增多，仍以磨制的斧、锛为主，器形和制作方法等与第二期基本相同；砺石数量少，器身多有使用后留下的磨槽，有的器身还留有多道细窄磨痕。蚌器以磨制的穿孔蚌刀为主，新出少量的蚌铲（匕）。骨器数量较第二期多，有磨制的锛、锥、镞、针、鱼钩、装饰品等，以镞、锥为主。甲器、角器和牙器数量仍然比较少，但略多于第二期。第二、三期的年代应距今约 8000~7000 年。

第四期，文化堆积不含螺壳。发现的遗迹和遗物都较上期少。仅发现 9 座墓葬，分布于遗址南部，可辨认的有屈肢葬和蹲踞葬。出土遗物数量和种类都变少，包括陶器、石器、骨器、角器及大量的破碎兽骨等遗物，基本不见蚌器、甲器。陶器器类增多，有高领罐、圜底罐、釜、杯等；

陶器制作工艺有了较明显提高，部分器物器形规整，开始运用轮制技术；夹砂陶仍占较大比例，出现泥质陶，大部分夹砂陶夹砂颗粒大小均匀，泥质陶陶土纯净、细腻。夹砂陶颜色有红褐色、灰褐色、黑色、灰色等，黑陶数量增多；器表装饰仍以中绳纹为主，细绳纹数量较上期多，大部分绳纹是拍印而成，出现多线刻划纹和凹弦纹。石器数量较少，有斧、锛、砺石三种。其中以通体磨制的锛、斧类器居多，大部分仅刃部磨制较精，器体略加磨制，器身仍保留有较多琢打的疤痕，部分制作精致，出现通体磨光的双肩石器；同三期一样，存在器身留有多道细窄磨痕的砺石。骨器以体形较大的锛、斧、铲、锥为主，镞、针、鱼钩较少。仍有少量角器。第四期年代距今约5000~4000年。

顶蛳山遗址第二期、第三期的文化面貌基本一致，代表了同一个考古学文化中不同的发展阶段。研究者把以邕宁顶蛳山遗址第二期、第三期文化特征和内涵为代表的，集中分布在南宁及其附近地区的，以贝丘遗址为特征的一种史前考古学文化命名为“顶蛳山文化”。其文化表现为遗址主要堆积为螺壳，并含大量水陆生动物遗骸。陶器以敞口、束颈、深腹、圜底的罐及敛口深腹圜底釜为主；纹饰早期多篮纹，晚期盛行绳纹。骨蚌器占较大比例，存在形态各异的鱼头形蚌刀。墓葬数量多，葬式以各类屈肢葬为主，顶蛳山遗址第三期文化遗存中发现的肢解葬最有地方特点。经济生活以采集渔猎为主。属于顶蛳山文化范畴的贝丘遗址自1963年发现以来，至今已陆续发现了30余处，主要集中分布在以南宁地区为中心的左江、右江、邕江、郁江及其支流附近。遗址一般前临江，后靠山，处于大河拐弯处或江河汇流的三角地带。除顶蛳山遗址外，代表性的遗址还有南宁豹子头、横县西津、秋江、扶绥江两岸、敢造、邕宁长塘等。顶蛳山文化是广西原始文化中极具自身特征的一种文化类型，也是广西目前发现的遗址数量多、分布范围广、地域明确、文化特征明显、发展演变序列最清楚的一种新石器时代文化。

邕江流域新石器时代文化对左江流域的影响是比较大的，尤其是左江下游地区与顶蛳山文化关系密切。左江下游地区的敢造—江西岸类型文化面貌与邕江流域发现的贝丘遗址从堆积形态、器物组合、器物特征到墓葬形式、经济生活等方面都基本一致，都属于顶蛳山文化的范畴。晚期以大石铲为主要包含物的遗存在两地都有发现，发现的大石铲也基本一样。左江中上游地区与邕江流域文化也存在不少联系，比如，两地都以贝丘遗址为主，墓葬存在大量的屈肢葬，都发现有蹲踞葬、肢解葬等特殊葬俗。部分遗址文化面貌明显受到顶蛳山文化的影响。比如，宝剑山文化的部分遗址中发现的鱼头形蚌器与顶蛳山发现的同类器物基本一致，显然前者受到后者的影响。两地都存在双肩蚌器，大湾、无名山等遗址部分蚌器穿孔的传统也应该来源于邕江流域。左江流域晚期部分遗址陶片出现刻划纹，在顶蛳山第四期也有刻划纹。当然左江中上游地区与邕江流域在文化面貌上差别也不少。邕江流域台地贝丘遗址中存在大量的陶片，而左江中上游地区台地贝丘遗址中大部分不见陶片，少量出土陶片者也数量极少，往往为几片。左江中上游地区的贝丘遗址除了台地贝丘遗址外，还有洞穴和岩厦贝丘遗址，而邕江流域则只见台地贝丘遗址。左江中上游地区发现的研磨器数量较多，而且形态各异，而在邕江流域很少发现研磨器；宝剑山文化部分遗址中发现的锯齿刃蚌器在邕江流域不见，以大石片及其制品为主要特征的坡叫环类型在文化面貌上与邕江流域差别很大。

从上面的分析我们可以发现，邕江流域与左江下游地区文化面貌一致，同属于一个考古学文化；而与左江中上游地区存在一定的联系，但区别也很明显，说明彼此属于不同的考古学文化，只能说顶蛳山文化对左江中上游地区考古学文化带来一定的影响。

先秦汉代时期，邕江流域发现的遗存基本没有，所以两地无法进行对比研究。

第二节　与右江流域早期考古学文化的关系

右江流域是广西最早开展考古调查的地区。早在1934年，两广地质调查所在广西进行地质和矿产调查时，就于武鸣县境内发现了一批哺乳动物骨骼、牙齿化石和属新石器时代的石斧、石刀、石环等石器。1935年，考古学家裴文中与杨钟健、德日进在武鸣县的苞桥、芭勋、腾翔等地的洞穴进行考古调查时，发现一批洞穴遗址，采集了刮削器、砍砸器、砺石等石器[1]。后来的多次文物普查发现了大量的古生物化石地点、古遗址、古墓葬、石器散布点、古石刻等。

右江流域的考古发掘工作始于20世纪60年代。几十年来陆续发掘了西林普驮西汉铜棺墓和铜鼓墓，田东锅盖岭战国墓、南哈坡战国墓、福兰遗址、定模洞洞穴遗址、利老遗址，隆安大龙潭遗址、大山岭遗址、秃斗岭遗址、麻风坡遗址、雷美岭遗址、定出岭遗址、内军坡遗址、虎楼岭遗址、鲤鱼坡遗址，靖西那耀遗址，武鸣元龙坡墓群、安等秧战国墓，那坡感驮岩遗址，百色革新桥遗址、百达遗址、坎屯遗址、田阳坡落遗址，武鸣弄山岩洞葬、岜旺岩洞葬、岜马山岩洞葬、敢猪岩洞葬，南宁三江坡汉城等。

经过发掘且已经正式发表报告的新石器时代遗存主要有百色革新桥遗址[2]、那坡县感驮岩一期[3]、隆安县大龙潭遗址[4]、田东利老遗址[5]、武鸣弄山岩洞葬[6]和岜旺岩洞葬[7]等。根据文化面貌的不同，可以将右江流域的新石器时代遗址分为六个类型。

第一种类型为百达类型，以百达遗址早期遗存为代表。以大量的打制石器和数量较少的斧、锛坯件为主要特征。打制石器有砍砸器、刮削器等，器形均以单边侧刃为主，端刃极少见，剥制

[1] 李珍：《广西新石器时代考古七十年述略》，《广西考古文集》（第二辑），科学出版社，2006年。

[2] 广西文物考古研究所：《百色革新桥》，文物出版社，2012年。

[3] 广西壮族自治区文物工作队、那坡县博物馆：《广西那坡县感驮岩遗址发掘简报》，《考古》2003年第10期。

[4] 广西壮族自治区文物工作队：《广西隆安大龙潭新石器时代遗址发掘简报》，《考古》1982年第1期。

[5] 谢广维等：《广西田东利老遗址发现大石铲文化新类型》，《中国文物报》2016年7月29日。

[6] 广西壮族自治区文物工作队等：《广西武鸣县岜旺、弄山岩洞葬发掘报告》，《广西考古文集》（第二辑），科学出版社，2006年。

[7] 广西壮族自治区文物工作队等：《广西武鸣县岜旺、弄山岩洞葬发掘报告》，《广西考古文集》（第二辑），科学出版社，2006年。

石片的技术为锐棱砸击法，剥出的石片多呈扇贝状，通常为宽大于长；加工石器多用锤击法。石斧、石锛多为毛坯，少量磨制石器也仅限于磨制刃部。

第二种类型为革新桥类型，以百色革新桥遗址为代表。该类型文化特征表现在：存在规模不一的石器制造场，文化遗物以大量的石制品为主，打制石器与磨制石器共存，石器种类丰富，器类有打制的砍砸器、刮削器、尖状器，磨制的斧、锛、凿、切割器、研磨器和加工石器的石锤、石砧、砺石及敲砸器、锤捣器等，较有特色的是个体较小的单边砍砸器、磨制的梯形斧、锛和研磨器。石器制作技术中用锐棱砸击法制作石片的技术十分成熟、发达。陶器数量很少，均为夹砂绳纹陶，器类单调，主要为釜、罐类。墓葬葬式有仰身和侧身屈肢葬、肢解葬等，大部分墓坑不明显，有的有石器随葬。其年代为新石器时代中晚期，距今约 7000~6000 年。

第三种类型为鲤鱼坡类型，以隆安鲤鱼坡遗址为代表。该类型以螺壳堆积为主，石器有打制石器和磨制石器，打制细石片数量较多，磨制的有石锛、砺石等，出现了精美的研磨器。陶片很少，为夹砂陶，饰绳纹。蚌器以蚌刀类为主，墓葬多为屈肢葬，存在少量肢解葬。鲤鱼坡类型属于顶蛳山文化，年代距今约 6000 年。

第四种类型为福兰类型，以福兰、八六坡、坡落等遗址为代表。归结来看，该类型文化特征为：是文化遗物以大量的石制品为主，打制石器与磨制石器共存，磨制石器有石斧、石锛、石铲等。陶器数量很少，没有完整陶器，只见陶片，均为夹砂红褐绳纹陶，火候一般，器壁厚，器类单调，主要为釜、罐类。磨制石器通体磨光，刃口锋利，制作精良，其中单肩和双肩石器磨制精美。年代距今约 5000 年。

第五种类型为大龙潭类型，以隆安大龙潭遗址、谷红岭遗址及田东利老坡遗址为代表。该类遗址主要分布在靠近江河湖泊的坡岗上，其分布范围很广。尤其是左江与右江汇合成邕江三角地带分布最为密集，出土石铲数量最多，器形最为典型，应是该类遗址所代表的原始文化分布的中心区域。右江流域发现存在此类遗存的县（区）有隆安县、武鸣县、平果县、田东县、田阳县、右江区、田林县、德保县、靖西县等。此类遗存文化遗物单纯，以形制特殊的磨光石铲为主要特征，其他类型的石器及其他质地的遗物较少。石铲形体硕大，器身扁薄，棱角分明，制作规整，许多器物无使用痕迹，特征极其明显。石铲多以一定的形式排列，其中又以刃部朝上的直立或斜立排列组合为主。该类遗址年代较之桂南地区新石器时代贝丘遗址的年代相对要晚，属新石器时代晚期，距今约 4000~3000 年。

第六种类型为感驮岩一期类型，以感驮岩遗址第一期遗存为代表，武鸣弄山岩洞葬、岜旺岩洞葬等属于此类。其文化特征表现为：陶器以夹砂灰陶和黑陶为主，其次为红色和红褐陶，纹饰以中绳纹为主，刻划纹流行，纹样有复线水波纹、复线带状纹、勾连曲折纹、短线纹等，还有锯齿状附加堆纹、乳丁纹，另有少量镂空及磨光陶，流行圜底器和三足器，主要器类有釜、罐、钵、纺轮等。石器多通体磨制，主要器类有双肩斧、有肩有段斧、靴形斧、锛、刀、镞、拍、石片、砺石、锤等。另有少量的打制石器。骨器有锛、凿、锥、矛等。其年代距今约 4500~4000 年。

通过对不同遗址文化内涵与特征的观察，我们发现左江流域新石器时代文化与右江流域同期文化有很多相同或者相似的地方。

在新石器时代早中期，两地出土的文化遗物均以大量的石制品为主，打制石器与磨制石器共存，石器种类丰富。打制石器多属砾石石器，以石核石器为主，多为单面打制而成，制作简单，器形个体普遍较小，器物组合简单，仅有石核、石片、砍砸器、刮削器等。其中石核以单台面类型居多，加工台面以自然台面为主，少见人工台面；人工台面中又以素台面为主，修整台面基本未见；石核的表面大多保留有自然砾面，使用率不高；工具类的砍砸器、刮削器均以单边侧刃为主，端刃极少见；磨制石器的器类主要是斧和锛，形状以长条形、梯形为主，且绝大多数制作不精，多是沿砾石原料的周边稍加打制后再加以磨制，石器边沿多留有打击疤痕，有的甚至是不经打制就直接磨制刃部成型；数量以毛坯、半成品居多，成品数量较少；加工石器的工具如石锤、石砧、砺石等等，大多相同或相似。在石器加工的技术方面，打制石器的加工技术都是以石锤直接打击原料的方法从砾石原料上打下石片，再做单向修理制成，这种由右江流域早期旧石器时代文化所一脉传承的石器加工修理方法——锤击法，始终是两地石器加工的技术主流。而在磨制石器的加工技术方面，一种在坯件制作完成后，在进行磨制之前，先将坯件表面打击疤痕的棱角琢打圆滑，以方便以后进行磨制的石器加工修理方法——琢击法，在两地都得到了应用。都发现有石器加工场。

在陶器的制造和使用方面，两地都不是特别发达，陶器使用很少，均未出土完整器，陶片也很少，有的遗址甚至不见陶片出土，有陶片者均为夹砂陶，纹饰以中绳纹、细绳纹为主；器类单调，主要为釜、罐类。

在墓葬葬式方面，此期两地均有仰身和侧身屈肢葬、肢解葬等葬式，流行土坑葬，大部分墓坑不明显，有的墓葬有石器随葬。屈肢葬、蹲踞葬和在墓中放置石块的埋葬方式极具特点。

在经济活动方面，两地的遗址中，均发现有少量的水生、陆生动物遗骸，表明两地均基本延续着广西中石器时代已经存在的渔猎、采集方式，只是在食物来源的范围和数量方面有所差异。

当然，此期两地考古学文化也存在一定的差异，比如右江流域极具地方特色的尖状砍砸器、磨盘、凹刃石凿、窄槽砺石、树皮布石拍等器类，不见或少见于左江流域。而左江流域精美、发达的蚌器，则基本不见于右江流域。在生业模式方面，左江流域大多数遗址属于贝丘遗址，地层中含有大量的水生螺壳，表明采集、捕捞的生产方式在日常生活中占有很大比例；而在右江流域，贝丘遗址极少发现，研磨器和研磨盘的高度发达，表明采集、狩猎的生产方式在日常生活中占有的比例更大。

新石器时代晚期两地出土的文化遗物仍以大量的石制品为主，打制石器与磨制石器共存，石器种类丰富。打制石器继承了中期的特点，但在数量上明显减少；磨制石器的主要器类还是斧和锛，流行有肩石器特别是双肩石器。石器成品数量明显增多；研磨器在两地都有较多使用，有些研磨器的形态完全相同。大石铲两地都有存在，其形体硕大，器身扁薄，棱角分明，制作规整，许多器物无使用痕迹，特征极明显。石铲多以一定的形式排列，其中又以刃部朝上的直立或斜立排列组合为主。此时期的陶器在器物类型、器形、纹饰、施纹方式、制作技术等方面基本一致，陶器以圜底的罐、釜类为主，有少量三足器，均为夹细砂陶，颜色多不均匀，流行饰细绳纹，有的在绳纹上再刻划多线曲线纹，多为反“∽”形。施纹手法多样，有滚压、拍印、镂空、穿孔、戳印、堆贴、彩绘等；陶器制作方法多为泥片贴塑，口和领部有轮制痕迹，绝大多数陶器器内、器表领部和肩上部抹有一层细泥浆，有的抹平且抛光。墓葬都有土坑墓，且均以屈肢葬为主，存在肢解葬等特殊葬式；另外都出现了岩洞葬，葬式葬俗也基本相同，大多位于石灰岩山体的山脚或半山腰。

右江流域发现的先秦遗址主要有那坡感驮岩遗址第二期、第三期遗存[1]。1997年发掘的那坡感驮岩遗址第二期文化则是该地区春秋战国以前遗存的代表，其主要特征是：以精致的磨制石器为主，长条形的石斧、石锛和有肩石器是主要的工具，凹刃石凿较有特色，有铸造小型青铜器的石范。陶器制作为手制兼有轮修，胎质多为夹中细砂，胎体较薄，火候较高，陶色不均匀，同一件器物上常见红、灰、黑等多种颜色，流行圜底器，也有圈足和三足器，釜、罐是主要的器类，还有壶、盆、钵、簋形器、纺轮等，器表多滚压绳纹，各种式样的刻划纹也比较流行，还有彩绘陶和磨光陶。骨器有铲、锥、簪，其中出土一件骨质牙璋。石范和骨牙璋均为该期最具时代特色的器物。墓葬葬式流行仰身直肢。年代距今约3800~2800年。感驮岩遗址第三期没有陶器、石器出土，只有蚌锛和铁刀，年代为战国时期。

右江流域先秦墓葬有岩洞葬和土坑墓两种。岩洞葬主要有武鸣敢猪[2]、岜马山[3]和独山[4]三处。从随葬品的情况看，右江流域先秦岩洞葬可分早晚两期。第一期年代在商周时期。包括岜马山和敢猪岩洞葬，陶器是以红褐的夹砂陶为主，器表大部分打磨光滑，极少有纹饰，流行在圜底下加圈足，三足器基本不见，带耳器比较多见，壶、罐类比较发达，圈足的豆、盘及带耳杯比较有特色，施同心圆弦纹的纺轮数量不少，体量变得比较高，直领、垂腹器几乎消失。石器大部分磨制精致，质地坚硬，色泽温润雅致，接近于玉，有肩石器基本消失，流行长条形或梯形的斧、锛、凿，刃部锋利，锋部多磨成三角形或梯形。玉器以装饰品为主，玦、环、玉片等轮廓多为圆形。青铜器有三角援戈一种。第二期年代在战国时期。主要代表有独山岩洞葬，文化面貌已经突变，陶器仅见敞口圜底釜一种。石质工具和兵器不见，代之以大量的青铜器。

右江流域的先秦土坑墓主要有武鸣马头元龙坡西周至春秋墓350座[5]、武鸣马头安等秧战

[1] 广西壮族自治区文物工作队、那坡县博物馆：《广西那坡县感驮岩遗址发掘简报》，《考古》2003年第10期。

[2] 广西文物考古研究所、南宁市博物馆、武鸣县文物管理所：《武鸣县敢猪岩洞葬发掘简报》，《广西考古文集》（第三辑），文物出版社，2007年。

[3] 广西壮族自治区文物工作队、南宁市文物管理委员会、武鸣县文物管理所：《广西武鸣岜马山岩洞葬清理简报》，《文物》1988年第12期。

[4] 武鸣县文物管理所：《武鸣独山岩洞葬调查简报》，《文物》1988年第12期。

[5] 广西壮族自治区文物工作队：《广西武鸣马头元龙坡墓葬发掘简报》，《文物》1988年第12期。

国墓 86 座[1]、田东锅盖岭战国墓 2 座[2]。右江流域的先秦土坑墓墓地安排有序，墓葬排列比较整齐，基本没有叠压打破关系。多为窄长的竖穴土坑墓，长宽比多在 4∶1 以上，没有规模较大的墓，墓葬的填土多经夯打，墓底均未设腰坑。单座墓葬随葬品普遍不多，各墓之间随葬品数量多寡不悬殊，而且无随葬品的墓葬比例大，不见大型的墓葬。随葬品以青铜兵器、工具和陶器为主，铁器罕见，器类简单，没有一定的组合规律。无论年代早晚，一般都有陶器。兵器多剑、矛、镞、钺，陶器以夹砂陶为主，器类单一，多是圜底的釜、罐类。有地方特色的器类多，如叉形器、圆形器、匕首形剑、桃形镞、针、锄形钺等青铜器及敞口深腹圜底罐、敞口圜底釜、敞口平底钵、小口罐、圈足壶、圈足碗、圈足杯等陶器[3]。右江流域的先秦土坑墓大致可以分为两期，第一期土坑墓为西周后期到春秋时期，第二期年代为战国时期。

先秦时期，左江、右江流域两地在葬俗上基本相同，都流行岩洞葬，但土坑葬仍然存在。岩洞葬所在地多为岩溶地貌中较典型的峰丛洼地区，尤以海拔高度 200~900m，相对高度 100~810m 的低峰丛洼地区为主。岩洞葬多位于半山腰或山脚的溶洞内，有的洞口用大石封堵，具有隐蔽性。葬式都是平地摆放，部分为屈肢葬，有的可能是二次葬，个别遗址还发现火烧尸体的特殊葬俗。随葬品多为实用器，种类主要有陶器、玉石器、蚌器、骨器，个别遗址出现了铜器。陶器、石器为固定随葬，陶器数量占主体是大部分此类遗存的共性，器物组合基本固定为陶质生活容器＋石、蚌质生产工具。此期土坑墓墓地多位于河流、谷地丘陵的山岭或土坡上，多为中小型墓葬。左江流域发现的土坑墓较少，均为小型墓；右江流域数量较多，随葬品等级较高，个别为中型墓，还形成元龙坡、安等秧等较大规模的墓群。土坑墓均为长方形竖穴土坑墓，墓表没有封土，基本不见腰坑。随葬品以铜器和陶器为主，石器和铁器少见，器物组合基本固定为青铜兵器＋青铜工具＋陶容器，有的中型墓还有玉质装饰品。年代较早的土坑墓出土的陶器以夹砂陶为主，器类单一，多是圜底的釜、罐类，战国时期的土坑墓则出土较多的几何形印纹硬陶，如瓮、罐、杯、盒等。在陶器方面，两地器类多样，有罐、釜、杯、壶、碗、钵等，以罐、釜、钵、壶为主，流行圜底器、圈足器，圜底器多见敞口和侈口高领釜罐，多为扁圆腹、深腹；圈足器多见钵、壶等。材质以夹细砂陶为主，少量泥质陶或近泥质陶。陶色不均，以红褐、灰褐、灰黑、黑为主。纹饰较为简单，战国以前以细绳纹和素面为主，存在少量刻划纹、戳印纹、彩绘等，战国时期出现了一定数量的几何印纹。装饰方式一般为通体饰绳纹不及颈，部分罐类器的口至肩上部涂抹一层很薄的细泥浆，将原有的细绳纹抹平或覆盖，少量陶器表面施薄陶衣。从陶器类型、器形、纹饰、技术来看，两地先秦时期的文化面貌大体趋同。例如宝剑山 A 洞岩洞葬、更洒岩洞葬的釜罐类、钵类与感驮岩遗址的基本相似，更洒岩洞葬的敞口束颈鼓腹壶也与岜马山岩洞葬陶器风格极为相近。此期两地

[1] 广西壮族自治区文物工作队：《广西武鸣马头安等秧战国墓发掘简报》，《文物》1988 年第 12 期。
[2] 广西壮族自治区文物工作队：《广西田东发现战国墓葬》，《考古》1979 年第 6 期。
[3] 蒋廷瑜：《广西考古通论》，广西科学技术出版社，2012 年。

玉石器组合、器形基本相同，均为磨制石器，器身较史前更加规整，磨制更加精美。主要类型均为斧、锛、凿等，尤其以锛为主，以无肩石锛居多。无肩石锛主要有两种。一种器身稍宽大，呈近长方形，通体磨光，但局部仍有打制疤痕；身宽上下相近，两侧斜直，正面呈弧形隆起，背平，微弧刃，刃面较陡。另一种器身较小，呈梯形，通体磨光，局部有打制疤痕；顶端平，正面及背面平直，侧边斜直，微弧刃，刃缘锋利；锛体正面两侧磨成两斜面，与中部水平面形成三面的棱体，刃面较陡较宽大。两地的直刃石凿形制基本一致，平面近长方形，通体磨制，两面平直，单面直刃，磨刃面较窄。两地均有形态差不多的凹刃石凿和石锛。在青铜器的类型方面，左江、右江流域具有一定的共性，青铜器多出土于墓葬中，一般多为兵器、工具、容器等实用器，主要是矛、斧、碗、盆等。兵器的相似度较大，主要为矛、斧等。例如两地都相似的直刃铜矛，器身扁平，呈柳叶状，两脊凸起，延及茎部，血槽宽大。

虽然两地先秦时期在文化面貌方面有很多相同之处，但在各个方面还是有所差异。例如在陶器方面，左江流域存在的鱼篓形器不见于右江流域；右江流域的三足器、深腹杯形器、桶形圜底釜等器类在左江流域鲜见；右江流域的镂孔、附加堆纹等纹饰，左江流域少见。在石器方面，左江流域仍流行双肩石器，而右江流域已基本不见；右江流域多见的玦、环等玉质装饰品则鲜见于左江流域。在蚌器的使用方面，右江流域数量较少，种类单调，工艺简单；而左江流域的宝剑山A洞遗址继承了史前贝丘遗址多使用蚌器的传统，并在形制和工艺方面有了较大发展。

总体来看，左江流域和右江流域古代文化相同之处很多，在各自文化发展的过程中彼此影响，相互吸收。

第三节　与红水河流域早期考古学文化的关系

红水河是珠江流域西江水系干流，发源于云南省沾益县的南盘江，在贵州省望谟县蔗香村与北盘江汇合后始称红水河，自西向东横穿广西中部，至象州县石龙镇与柳江汇合改称黔江。红水河干流全长659km，行政区域包括乐业县、天峨县、南丹县、东兰县、巴马瑶族自治县、大化瑶族自治县、都安瑶族自治县、马山县、忻城县、合山市、来宾市兴宾区等。

红水河流域分布有较多的新石器时代遗址，根据其分布的地理环境，可分为台地遗址和洞穴遗址。台地遗址典型的有马山六卓岭[1]、都安北大岭[2]、马山古楼坡[3]、巴马坡六

[1] 广西壮族自治区文物工作队等：《广西马山县六卓岭、尚来岭新石器时代遗址发掘报告》，《广西考古文集》（第二辑），科学出版社，2006年。

[2] 林强、谢广维等：《广西都安北大岭遗址考古发掘取得重要成果》，《中国文物报》2005年12月2日；李庆斌：《大化县琴常新石器时代遗址》，《中国考古学年鉴·1992》，文物出版社，1994年。

[3] 广西文物考古研究所：《广西红水河流域新石器时代遗址考古调查简报》，《广西考古文集》（第三辑），文物出版社，2007年。

岭[1]、大化音墟[2]、大化琴常[3]、大化大地坡[4]、东兰坡文岭[5]、天峨塘英[6]等遗址，其中马山六卓岭、都安北大岭、大化音墟、大化琴常遗址进行了发掘。洞穴遗址主要在来宾、大化等县，时代从新石器时代中期到晚期都有，均没有进行发掘。

马山六卓岭遗址[7]位于马山县金钗镇独秀村那烂屯六卓岭上，处于红水河的右岸台地上，文化堆积层较差。遗址出土大量陶片，绝大部分陶片为夹细砂陶，少量夹粗砂，不见泥质陶；陶片有夹砂红陶、夹砂红褐陶、夹砂灰褐陶和夹砂灰陶四类。陶器的胎壁普遍较薄，部分较厚，大部分陶器烧制的火候高。陶器制作方法一般是手制，纹饰有绳纹、刻划纹。其中以绳纹为主，另有素面陶。绳纹极少见交错式绳纹；刻划纹有多条平行斜线、旋涡、曲折、水波、勾连纹、弦纹等，也有少量的刻划纹和绳纹组合纹。纹饰制作比较规整，绳纹普遍压印较深，比较细密，而刻划纹的刻划痕迹较浅。陶器有圈足器、三足器、圜底器，未见平底器。可辨陶器主要有高领器、双耳器、钵等，其中以高领罐和双耳器最有特色。打制石器有砍砸器、刮削器、石锤、石饼等，其加工比较简单，为单面加工。磨制石器部分通体磨光，大部分仅磨制刃部，器类有石斧、穿孔石锛、石拍、板状石器、石芯、石管、砺石等，其中板状石器数量最多，而且器形比较特殊。从器物特征判断，遗址年代属新石器时代晚期。

都安北大岭遗址[8]位于都安瑶族自治县百旺乡八甫村那浩屯东南约1km的北大岭，地处红水河与刁江交汇处的台地上。遗址可分为早、晚两期，早期遗迹主要有石器制作场和墓葬。墓葬墓坑均不甚明显，葬式有仰身屈肢、侧身屈肢和肢解葬三种。陶器仅见夹砂陶，火候较低，胎壁较厚，胎质粗糙，疏松多孔，手制，内夹石英颗粒、植物碎末等。器类多为敞口圜底釜。以夹砂红褐陶为主，有少量的褐陶及黄褐陶；纹饰以粗绳纹为主，有少量中绳纹及细绳纹，胎壁大多较厚。石制品类型包括斧、锛、凿、研磨器、石刀、砺石、石砧、石锤、砍砸器、刮削器、石片及大量的石料、断块、碎片等。其中以原料、断块、碎片和石器毛坯、半成品为主，石器以斧、锛、凿、研磨器为主。晚期主要发现灰坑等遗迹。遗物主要有陶器、石器。陶器完整器较少，胎壁较

[1]广西文物考古研究所:《广西红水河流域新石器时代遗址考古调查简报》,《广西考古文集》(第三辑),文物出版社,2007年。

[2]邱龙：《大化县音墟新石器时代遗址》，《中国考古学年鉴·1992》，文物出版社，1994年。

[3]李庆斌：《大化县琴常新石器时代遗址》，《中国考古学年鉴·1992》，文物出版社，1994年。

[4]广西文物考古研究所:《广西红水河流域新石器时代遗址考古调查简报》,《广西考古文集》(第三辑),文物出版社,2007年。

[5]梁旭达：《红水河流域原始文化概述》，《红水河文化研究》，广西人民出版社，2001年。

[6]梁旭达：《红水河流域原始文化概述》，《红水河文化研究》，广西人民出版社，2001年。

[7]广西壮族自治区文物工作队等：《广西马山县六卓岭、尚来岭新石器时代遗址发掘报告》，《广西考古文集》（第二辑），科学出版社，2006年。

[8]林强、谢广维等：《广西都安北大岭遗址考古发掘取得重要成果》，《中国文物报》2005年12月2日；广西文物考古研究所：《广西红水河流域新石器时代遗址考古调查简报》，《广西考古文集》（第三辑），文物出版社，2007年。

薄，有泥质和夹细砂两种；陶色有红、褐、红褐、灰褐、黑褐色几种，纹饰主要为细绳纹，其次为刻划纹。圈足多有镂孔。陶器多为圜底器和圈足器，主要器类有高领罐、带耳罐、罐、钵、盆等，以高领罐居多。高领罐有敞口、直口两种，有的领中部有一道装饰花边，有的为一道凸棱。石器以双肩石器为主，器类有铲、斧、锛等，均通体磨光。早、晚两期的地层和器物特征都有明显的不同，早期地层的土质为棕红色砂黏土，晚期地层为灰褐色砂黏土，差异较大。早期的器类多为粗绳纹的圜底釜，火候低，胎体厚；石器以磨制斧、锛为主。晚期的陶器类型已增加，以高领罐为主，器壁较薄，纹饰常见细绳纹，石器出现较多的双肩石器。两期的器物、文化性质差异较大，过渡不明显，存在时代缺环。

红水河流域台地遗址的文化面貌基本类似，依据地层和出土物特征，可分为三期。

第一期包括北大岭早期、大地坡、古楼坡、索塘岭、拉如岭、塘英等遗址，其文化特征为：陶器以夹粗砂红褐陶为主，有少量的褐陶及黄褐陶，火候较低，器壁较厚，纹饰以粗绳纹为主，器类多为敞口圜底釜。石器中打制石器和磨制石器并存，并且打制石器的数量不少，打制石器的加工技术简单，一般作单面加工，少部分作双面加工，类型多为砍砸器、刮削器、石锤等。磨制石器主要对刃端加工并精磨，小部分通体磨光；器类主要有斧、锛、凿、研磨器、石锤等。遗址中通常发现石器制作场，出土大量的石料、断块、石片、碎屑、石砧、石锤和石器毛坯、半成品等制作石器产生的石制品。墓葬葬式有仰身屈肢、侧身屈肢和肢解葬三种。年代距今约7000~6000年。

第二期包括坡六岭、坡文岭、音墟、琴常等遗址，其文化特征为：遗址继续存在石器加工场遗迹，陶器的陶质出现了夹细砂灰陶，纹饰还以绳纹为主，新出现了方格纹，器类增加了陶钵，并且出现了较多的三足器。石器除了打制石器与磨制石器并存外，还出现了磨制较精的小型斧、锛，开始出现大石铲、石拍。年代距今约5000年。

第三期包括北大岭晚期、六卓岭等遗址。其文化特征为：陶器有夹细砂陶和泥质陶两种，陶色有红陶、褐陶、红褐、灰褐、黑褐等，胎壁较薄，纹饰主要为细绳纹，其次为刻划纹。陶器多圜底和圈足，圈足多有镂孔。主要器类有高领罐、带耳罐、罐、钵、盆等，以高领罐居多，高领罐有敞口、直口两种，有的领中部有一道装饰花边，有的为一道凸棱。石器以双肩石器为主，打制石器明显减少。器类有磨制石锛、斧、铲等，多为通体磨光。在北大岭晚期、六卓岭等遗址发现一种板状石器，该类石器类似刀，刃缘与石斧刃类似，其功能可能是用于磨切石料和加工规整的石器，在一些石料上可观察到平、直的磨切痕迹，可称之为“磨切器”。年代当在距今4000年左右。

从器物变化看，陶器从第一期的夹粗砂、以粗绳纹为主、器形单一；第二期的纹饰略有变化，纹饰增加，器类出现三足器；第三期则演变为夹细砂、泥质陶，以细绳纹并有较多的刻划纹为主，器类也增加，出现圈足器，并且以高领罐最具特征。石器从第一期的大量的打制石器与磨制石器并存，到第二期的打制石器减少，开始了出现大石铲和石拍，第三期则以磨制石器为主，双肩石器流行。可见，该流域的三期演变关系还是基本清楚的。同时，红水河流域的第一期、第二期文化特征非常明显，普遍存在石器制作场，墓葬流行屈肢葬、肢解葬，石器组合以打制石器与磨制石器并重，石器中以砍砸器、磨刃石器、研磨器最具特色，陶器以敞口圜底釜为主，纹饰以粗绳纹为主，胎体较厚，疏松多孔，制作粗糙。

把左江流域和红水河流域新石器时代的资料进行对比我们就会发现，两地之间在文化面貌上存在很多相同或者相似的地方。比如，两地都存在石器加工场，打制石器比重大，加工简单，打制技术以锤击法为主，磨制石器中研磨器和磨刃石器较多，晚期都出现切割器和双肩石器。陶器都是以釜罐类为主，纹饰以绳纹为主，也都有刻划纹。墓葬都以屈肢葬为主，都有肢解葬等特殊葬俗。

但两地之间差别也很明显，比如，堆积的形态差别很大，左江流域贝丘遗址较多，包括台地贝丘和洞穴贝丘等，而红水河流域较少，只在少量洞穴遗址中发现一些贝丘堆积。左江流域发现大量蚌器，而红水河流域基本不见。红水河流域陶器较多，且器类丰富，而左江流域大部分遗址不见陶片或者极少，红水河流域不少陶器类型如三足器在左江流域基本不见。左江流域精磨石器很少，而红水河流域较多。

总体来看，左江流域和红水河流域在新石器时代文化面貌上既有相同或相似的地方，也有各自的特点，差别还是比较明显的。

红水河流域先秦遗址发现很少，主要有布屯遗址[1]。该遗址位于大化县乙圩乡联二屯附近，是一处洞穴遗址。1991年调查时在洞口采集到陶片、石器、蚌器等。陶片为夹砂红陶和灰褐陶，纹饰有绳纹和刻划纹，器类有罐等。石器选料讲究，磨制精致，种类有斧、锛、有肩斧、有肩锛、刀、杵等，还有磨制石器的砺石。蚌器有镰刀一种。布屯遗址与感驮岩第二期年代大致相当。

商周时期岩洞葬包括忻城矮山[2]、大化北景[3]及忻城翠屏山[4]。随葬品有石器、陶器、骨器、铜器、蚌器、贝币、装饰品等。石器均磨制，以长条梯形的石锛为主，有部分有肩石器，器类有锛、斧、凿、刻刀、戈等，还有砺石。陶器均为夹砂陶，流行圜底器，有部分圈足器，不见三足器。饰绳纹或打磨，绳纹上加成组刻划纹流行，还有少量的附加堆纹。器类有釜、罐、杯、壶、纺轮等。骨器有针、笄。铜器仅见铃一种。装饰品有玉镯、骨管、骨饰片等。另外还发现有海贝。

西周春秋时期岩洞葬包括来宾古旺山[5]、来宾白面山[6]。随葬品有石器、陶器、铜器等。石器多磨制的有肩石器，陶器均为夹细砂灰黑陶，器表多饰细绳纹，另见零星乳丁纹。铜器有钺、

[1] 广西壮族自治区博物馆：《大化瑶族自治县布屯新石器时代洞穴遗址调查报告》，《广西文物》1992年第1期。
[2] 郑超雄：《忻城红渡西晋岩洞葬》，《中国考古学年鉴·1991》，文物出版社，1992年。
[3] 广西壮族自治区文物工作队：《广西先秦崖洞葬综述》，《广西考古文集》，文物出版社，2004年。
[4] 广西壮族自治区文物工作队：《广西先秦崖洞葬综述》，《广西考古文集》，文物出版社，2004年。
[5] 杨向东：《广西来宾古旺山岩洞葬调查简报》，《广西文物》1991年第2期。
[6] 广西壮族自治区文物工作队：《广西先秦崖洞葬综述》，《广西考古文集》，文物出版社，2004年。

匕首、镦、矛等，均为兵器。

从目前发现的材料来看，先秦时期左江和红水河流域文化之间也存在很多相同的地方。比如，两地都存在岩洞葬，石器都存在双肩石器，出现了玉器，陶器均为夹砂陶，流行圜底器，有部分圈足器，不见三足器。饰绳纹或打磨，流行绳纹上加成组刻划纹。当然，两地的差别也不少，比如，左江流域部分岩洞葬内存在很多的蚌器，但红水河流域蚌器极少，红水河流域发现有骨质装饰品，而左江流域不见，红水河流域发现的青铜器种类较多，而左江流域很少。同类器物在形态方面也存在一定差别。这些说明左江和红水河流域在先秦时期文化面貌相同性增多，从大的方面讲属于一个文化圈，两地文化是这个大圈之内的不同地方类型，彼此之间相互吸收和影响。

第四节　与柳江流域早期考古学文化的关系

柳江流域新石器时代遗址有洞穴、台地等类型，主要遗存有鲤鱼嘴第二期、第三期遗存、鹿谷岭遗址、南沙湾遗址等。

鲤鱼嘴遗址[1]位于柳州市区南部大龙潭公园内的大龙潭东北、龙山南麓的岩厦下，北距柳江河约 3km。遗址经过两次发掘，共发现陶片、石器、骨器以及石核、废石片等千余件，取得了重要的学术成果。遗址可分为三期。第一期，遗物主要是大量石器和少量水陆生动物遗骸，石器以燧石石器为主，砾石石器次之。燧石石器主要为石片石器，包括刮削器、尖状器和切割器，石器均是直接从石核上打击剥落的，大部分未经二次加工，与北方典型细石器有着明显不同。砾石石器以砍砸器为主，制作粗糙，加工技术单一，以中小型石器为主，表现出典型的华南地区旧石器时代晚期的器物特征和技术风格。第二期，文化遗存的石器以燧石质细小石器和较大的砾石打制石器为主。陶器多为夹粗砂红褐陶，器类以敞口、束颈的圜底（釜）罐类器物为主，器表多饰粗绳纹或中绳纹，部分器物的口沿上压印一周花边，口沿下施一周附加堆纹。墓葬为屈肢葬，没有明确的随葬品。年代距今约 9000 年。鲤鱼嘴第三期遗存石器以磨制石器为主，燧石质细小石片石器和砾石石器基本不见。陶器则以细绳纹为主，同时出现了轮修技术。年代距今约 6500 年。

南沙湾遗址[2]的包含物以大量的陶、石、骨器等文化遗物和水陆生动物遗骸为主。石器主要为磨制石器，大部分通体磨光，器类有斧、锛、双端刃器、穿孔石器、钩状器、砺石、石饼、网坠、双肩石斧等，以通体磨光的扁薄形小型斧、锛为主。骨角器数量少，磨制较精，有锥、针、匕、钩等，以锥为主，不见蚌器。陶器均为夹砂陶，羼和料通常为粗细不等的砂质颗粒和贝壳粉末。陶色以红褐陶和黑灰陶居多，大部分陶器通体施有绳纹，以粗绳纹为主，不见细绳纹。绳纹大都

[1] 柳州市博物馆、广西壮族自治区文物工作队：《柳州市大龙潭鲤鱼嘴新石器时代贝丘遗址》，《考古》1983 年第 9 期；傅宪国、蓝日勇等：《鲤鱼嘴遗址再度发掘》，《中国文物报》2004 年 8 月 4 日。

[2] 广西文物工作队：《象州南沙湾贝丘遗址 1999~2000 年度发掘简报》，《广西考古文集》，文物出版社，2004 年。

比较规整，大部分从口沿垂直往下施，在口沿上常留下锯齿状的花边纹饰，也有一些锯齿状的花边纹饰是在口沿上特意按压一些凹槽而形成。器类主要有敞口、折沿、圜底的釜、罐之类，少有直口器。遗址的年代距今 6500~5500 年。

鹿谷岭遗址[1]出土陶片以夹砂陶为主，少部分为泥质陶。夹砂为夹砂粒和石英粒，以夹石英粒为多，夹砂粒均极细小，夹石英粒均较粗，石英粒明显。从器表颜色上看有红褐、灰黑色两种，以红褐陶为多。陶片素面比例较高，纹饰均为绳纹，以粗绳纹和中绳纹为多，少量细绳纹。陶片易剥落、易碎，火候不是太高，采用泥片贴筑法制作。陶片均较破碎，只能从留存器物的颈部或底部特征，推测有圜底的釜、罐类器物。石器数量较多，器类有石斧、石锛、砍砸器、石矛、石凿等，此外还有石锤、砺石、石核、石片等石制品，石片中有大量可作为石器进行切割、刮削使用的细小石英石片。磨制石器除一件石锛是用石片磨制外，其余均是用河边砾石加工而成。一部分直接用砾石磨制而成，中间不进行类似琢制的加工。另一部分先用砾石打制成坯，然后磨制而成，打制加工一般在两侧和刃部进行。多数石器通体磨制，但只少部分磨制较精，多数器表留有自然砾石面。打制石器均为砍砸器。石材岩性主要为粗砂岩、细砂岩、硅质岩，另有一部分石英岩、板岩等。

我们将左江流域新石器时代文化与柳江流域进行对比，也会发现两地之间存在一定的相同或相似性。比如，都有贝丘遗址，都有打制的砾石石器，都有使用骨、蚌器，对死者采用屈肢葬等习惯，都有有肩石器等，这些表明两地之间存在一定的联系。但两地之间的差别明显，柳江流域鲤鱼嘴遗址发现数量较多的燧石小石器，不见于左江新石器时代洞穴遗址。左江流域新石器时代贝丘遗址所见的蹲踞葬和肢解葬在柳江流域遗址中尚未发现。柳江流域贝丘遗址内往往有较多的陶片，而左江流域很多遗址不见陶片或者极少。左江流域部分遗址中存在的研磨器在柳江流域不见。左江流域台地遗址大部分为贝丘遗址，而柳江流域只有少量的贝丘遗址。这些说明两地新石器文化存在一定的联系，但区别十分明显。

先秦时期柳江流域发现的遗存不多，主要有六桥岩洞葬和鹞鹰山岩洞葬。

六桥岩洞葬[2]位于宜州市矮山乡六桥村坪上屯东北约 400m 的凤凰山山麓。陶器均夹细砂，陶色有红褐、黑、灰黑、灰黄等几种，以红褐为主；器表都有纹饰，有绳纹、刻划纹和戳印纹，以细绳纹为主，刻划纹多在细绳纹上加刻。器类主要有罐、豆两大类，以罐类为多。陶器胎薄，器形规整，烧造火候高。玉石器均磨制，大多磨制光滑。石器器类有斧、钺、凿、刀、穿孔石器和锤等，以斧、钺为主。斧均为有肩斧，分双肩石斧和单肩石斧。钺为长靴形。凿为凹刃凿。玉器只有 2 件玦。

[1] 广西文物保护与考古研究所等：《广西柳州鹿谷岭遗址 2010~2011 年度发掘简报》，《广西考古文集》（第五辑），科学出版社，2013 年。

[2] 参阅广西文物考古研究所、南宁市博物馆：《广西先秦岩洞葬》，科学出版社，2007 年。

鸮鹰山岩洞葬[1]位于宜州市祥贝乡古龙村下地良屯西南约800m的鸮鹰山上。洞内发现的随葬品计有陶器、石器、玉器、骨器、滑石器、铜钱、海贝等近90件。以陶器、石器、玉器和骨器为主。陶器均为夹砂陶，以夹细砂的为主，部分近泥质陶，少量为粗砂陶；陶色有红褐、灰褐、黑和灰黑等，以灰黑为主，黑色数量最少，但器表颜色不匀，有的同一件器物上有不同的颜色。陶器器表以素面为主，约占陶片总数的一半。纹饰有细绳纹、刻划纹、戳印纹和刻划＋戳印的组合纹，以细绳纹为主，绳纹较细，有的细如毛发，多较规整，也有部分交错，多饰于罐、钵类器物之上；刻划纹、戳印纹多饰在豆类器物的外壁和圈足之上，刻划纹多与戳印纹组合出现，单纯的刻划纹数量较少，纹样主要有弦纹、“∧”形、“Z”形的折线纹，以后者为主；戳印纹主要有细长方形、圆点、反“Z”字形等，前两种纹饰戳印较简单，后一种相对较复杂，多为用细长方形纹样的戳印工具分三次戳印组合而成，戳痕多数较深。陶片中大部分为器物的腹片，约三分之一为器口沿和圈足，尤以豆类器的豆盘口沿、柄和圈足为多。从残存的口沿和圈足看，器类有罐、豆、纺轮、钵、网坠等，以豆、罐为主。石器多选用硬度较高的细砂岩、灰绿岩等石料制成，而且相当部分石器是用打下的石片加工而成。器类有斧、钺、刀、凿、纺轮、穿孔石器等，以斧、钺为主。斧有双肩和单肩石斧，凿为凹刃凿。玉器有生产工具和装饰品两大类，以装饰品为主。器类有斧、环、钏、玦、管、珠等。骨器均通体磨制，器类有针、锥、镞、簪、矛、卜骨和卜甲等。

对比发现，左江流域先秦文化与柳江流域也有一定的相同或者相似之处，比如，都有岩洞葬，都有双肩石器，陶器都有细绳纹加刻划纹的做法。但两者区别明显。两地之间陶器从器类、器形到纹饰都有很多不同，柳江流域发现的大量玉器在左江地区少见，骨器中针、锥、簪、镞、矛、卜骨、卜甲等在左江流域也基本不见。左江流域发现的骨质剑形器在柳江流域也不见。

第五节 与漓江流域早期考古学文化的关系

漓江流域新石器时代遗址类型主要是洞穴遗址。其新石器时代文化大体可划分为甑皮岩第一期文化遗存（大岩第三期和庙岩文化遗存）—甑皮岩第二期文化遗存—甑皮岩第三期文化遗存—甑皮岩第四期文化遗存（大岩第四期）—甑皮岩第五期（大岩第五期）—大岩第六期文化遗存等若干阶段。甑皮岩第一期文化遗存是目前广西地区发现年代最早的新石器时代文化遗存，距今约12000~11000年，属新石器时代早期前段。石器以单面打制的砾石石器为主，器类有砍砸器、尖状器、切割器、穿孔石器等。骨蚌器数量较多，有骨锥、锛、铲等器类，蚌器穿双孔或单孔。陶器少，主要是夹粗大石英颗粒的夹砂陶，陶器制作粗糙，为手捏成型，器壁极厚，烧成温度极低，器类为敞口、浅斜弧腹的圜底釜。甑皮岩第二期文化石器以单面加工的打制砾石石器为主，器类包括石锤、砍砸器、切割器和穿孔石器等。骨器主要为锥、铲。蚌器多为穿单孔的蚌刀。陶器多为器

[1] 参阅广西文物考古研究所、南宁市博物馆：《广西先秦岩洞葬》，科学出版社，2007年。

形较大的敞口、束颈、鼓腹、圜底罐，另有部分饰刻划纹或附加堆纹的小件器物。器表均饰分段多次重复滚压而成的绳纹，其中以印痕较深、较细密的中绳纹最具特点，少量在绳纹上加饰刻划纹；陶器制作工艺上出现了泥片贴筑的成型技术，器形变高，器壁变薄。第三期文化石器仍为打制石器，器类上没有大的变化。骨器磨制技术进一步发展，除原有的骨锥、骨铲之外，新出现了骨针。陶器多数为泥片贴筑法制成，可见较明显的贴筑痕迹。纹饰以中绳纹为主，部分刻划纹、捺压纹。第二期束颈较甚的敞口罐仍然存在，但出现了口近直或略外敞的敞口罐。第四期文化砾石打制石器仍是主要的工具，骨蚌器的数量相对减少，其中骨器只有骨锥一种工具。蚌器也只有少量穿单孔的蚌刀。陶器器类较第三期明显增多，以敞口罐为主，但第二期、第三期流行的束颈较甚的敞口罐基本不见，新出现高领罐、敛口罐和敛口釜等，器物底部也变薄、变缓。陶器制法仍以泥片贴筑法为主，胎壁断面可见明显的贴筑痕迹。器表均饰绳纹，以中绳纹为主。第五期文化石器中出现了较多磨制的斧、锛类器，骨器有锥、针等，不见蚌器。陶器以夹砂红褐陶为主，部分灰黑、灰褐、灰白陶，少量泥质陶。器类包括敞口罐、高领罐、敛口釜、直口或敛口盘口釜、盆、钵、支脚、圈足盘和豆等。纹饰有细绳纹、刻划纹、戳印纹、弦纹等，烧制火候较高，陶质较硬。年代为新石器时代中期。大岩第六期陶器以夹细砂的红陶和灰白陶为主，器类仅宽沿罐一种，器表多饰拍印的方格纹；石器包括磨制精细的斧、锛和镞等。年代已到新石器时代末期[1]。

总体来看，漓江流域新石器时代文化以甑皮岩第四期文化（距今约8000年）为界，文化面貌前后变化明显。此前，在石器上继承了该地区砾石石器工业传统，以打制石器为主，有少量的磨制石斧、石锛出现。陶器以夹砂红褐陶为主，陶器制法主要为泥片贴塑法，纹饰以印痕较深、较细密的中绳纹最具特点，器类均为圜底的釜、罐，有敞口罐、高领罐、敛口罐、敛口釜等。骨蚌器数量较多，有骨锥、锛、铲、针和鱼镖等器类，蚌器有刀等。墓葬的葬式为蹲踞葬，墓内放置石块，有以蚌壳覆盖头部的现象。甑皮岩第四期文化以后，磨制石器增多，打制石器减少。陶器以夹砂红褐陶为主，部分灰黑、灰褐、灰白陶，少量泥质陶，器类包括敞口罐、高领罐、敛口釜、直口或敛口的盘口釜、盆、钵、支脚、圈足盘和豆等，纹饰有细绳纹、刻划纹、戳印纹、弦纹、方格纹等。骨器有锥、针等，不见蚌器。墓葬葬式有屈肢葬、蹲踞葬和直肢葬等，有随葬品。

左江流域新石器时代文化与漓江流域存在一定的相似性。比如，都存在大量的打制石器，以单面打制的砾石石器为主，陶器以夹砂陶为主，纹饰以绳纹为多，都存在蹲踞葬，都有使用蚌器的传统，等等。但两地之间的文化差别也很大。左江流域发现最早的史前文化遗址年代比漓江流域晚很多；漓江流域的穿孔石器在左江流域难见踪影，左江流域石器中存在大量先选用扁平砾石对其周边进行加工再对刃部进行磨制的做法，而漓江流域更多的是利用砾石直接磨制；漓江流域晚期陶器种类较多，包括敞口罐、高领罐、敛口釜、直口或敛口的盘口釜、盆、钵、支脚、圈足盘和豆等，出现了灰白陶、泥质陶，而左江流域陶器很少，大部分遗址没有陶器发现，支脚、灰

[1] 中国社会科学院考古研究所、广西壮族自治区文物工作队等：《桂林甑皮岩》，文物出版社，2003年。

白陶、泥质陶不见。漓江流域出现的戳印纹、弦纹、方格纹在左江流域也基本不见。同样，左江流域的侧边石锤、研磨器等特色器物在漓江流域也不见，左江流域宝剑山文化中所见的锯齿刃蚌器和束颈蚌铲也不见于漓江流域相关遗址。

先秦时期，漓江流域发现的遗存主要有富足村岩洞葬、水头村岩洞葬、马山古墓群。

富足村岩洞葬[1]位于灵川县潮田乡富足村后龙山的一处天然洞穴内。1998年年初，灵川县文物管理所在这一区域进行洞穴遗址调查时，发现富足村的几位村民在该村后龙山半山腰的一处岩洞内挖掘出一批青铜器，经调查为一处岩洞葬。器物均出在距洞口4~5m处的泥土中。出土的器物有青铜器和砺石、玉玦等数十件，大部分为青铜器，后只征集到其中的12件青铜器和1件砺石、1件玉玦。青铜器主要为兵器和生产工具，器类有剑、戈、矛、镞、钺、斧、凿和刮刀等。

水头村岩洞葬[2]位于灵川县海洋乡水头村西北约500m的牯牛山一处天然洞穴内。1991年9月，由当地一位村民在山东北的一处石灰岩洞穴内发现并挖出一批青铜器，后经文物部门确认为一处岩洞葬。在洞内共发现有青铜器、石器和陶器40余件，后桂林市博物馆征集回部分青铜器。青铜器共21件，以小型的兵器和生产工具为主，器类有剑、戈、矛、镞、钺、斧、刮刀、镦、叉形器等。

马山古墓群[3]位于灵川县大圩镇上力脚村北。均为长方形竖穴土坑墓，墓坑较小，形制简单，用原坑土回填，大部分墓底设有腰坑，部分有二层台。器物以陶器为主，还有铜器、铁器、玉器，包括生产工具、生活用具、兵器、装饰品四大类。陶器除纺轮外，其他都是生活用具，包括罐、瓿、盒、壶、杯、钵、盆和釜等。陶质分为泥质和夹砂两种，纹饰有印纹、刻划纹和篦点纹。制法以轮制为主。铜器包括镞、剑、铲、勺等。铁器有斧、锄和刀等。玉器有玉璧和玉镯。马山古墓群主体年代为战国时期。

左江流域先秦时期遗存与漓江流域虽然有一定的相似性，如都以岩洞葬为主，都发现有铜兵器，等等，但两地文化面貌上差别明显。漓江流域发现大量青铜器，且器类多种多样，而左江流域青铜器极少。陶器方面，漓江流域器类丰富，存在大量几何印纹陶，火候高，轮制技术普遍运用；而左江流域陶器比较单一，火候较低，不见几何印纹陶。漓江流域出现了铁器，而左江流域没有。左江流域存在的蚌器在漓江流域也不见。

第六节　与郁江—浔江流域早期考古学文化的关系

郁江—浔江流域新石器时代遗址发掘了不少，但大部分资料还没有经过系统整理。从目前的

[1] 灵川县文物管理所：《灵川岩洞出土的青铜器》，《文物》2003年第4期。

[2] 灵川县文物管理所：《灵川岩洞出土的青铜器》，《文物》2003年第4期。

[3] 广西壮族自治区文物工作队等：《灵川马山古墓群清理简报》，《广西考古文集》，文物出版社，2004年。

情况来看，大概有相思洲类型、上塔类型、大塘城类型和石脚山类型。

相思洲类型[1]以平南相思洲遗址为代表。相思洲遗址分早晚两期。早期陶片主要以红褐陶和灰褐陶为主。均为贴片制作的夹粗砂陶。无完整器物，从残片分析，器类主要为圜底的罐（釜）类，多见高领器，口沿较直，器形厚重。纹饰主要为粗绳纹，其次为中绳纹。石制品数量不多，包括磨制的石锛、砺石以及少量的砾石、断块等，不见打制石器。晚期陶片主要以红褐陶和灰褐陶为主，均为贴片制作的夹砂陶。器类主要为圜底的罐（釜）类。高领器减少，新出现了矮束颈敞口器，器形相对变薄。纹饰以中绳纹为主，其次为粗绳纹。石制品数量很多，包括砍砸器、石锤、石锛、砺石以及大量的石核、石片、砾石、断块等。以砍砸器为主，砍砸器多为单向打击而成。晚期石器最具特色的是一种侧面有弧形磨面的扁平椭圆形砾石，另外发现有密集的石制品分布面（石器加工场）。其早期文化遗存是该地区新石器时代早中期文化的代表。相思洲遗址与周边同时期文化面貌存在一定区别，应为一种相对独立的原始文化类型，其源流目前并不清楚。

上塔类型[2]以上塔遗址和长冲根遗址为代表。陶器均为夹砂陶，均贴片制作，陶色以灰陶系为主，其次为红褐陶，纹饰以绳纹为主，有少量篮纹，器类以敞口、高领、圜底的釜、罐为主，少量为折沿器，部分陶器的口沿或腹部有穿孔；石器以磨制石锛为主，少量石斧，打制石器比较少见，存在大量的石制品密集分布区（石器加工场），内含大量的砾石、断块、制作石器的石料、石片和石锤、砺石、石器毛坯、半成品和石器、陶片等。该类型是该地区新石器时代中期文化的代表。

大塘城类型[3]以大塘城遗址为代表。陶器均为夹细砂陶，以红陶为主，纹饰多样，有绳纹、附加堆纹、篮纹、乳丁纹及锯齿状花边纹，其中以粗绳纹为主，均为圜底器，口沿有折沿和卷沿等类型，以折沿为主，少量器物口沿饰锯齿状花边，早段存在颈部或腹部饰附加堆纹现象以及少量陶片穿孔现象。石器以侧面单向打击的砾石砍砸器为主，磨制石器以斧、锛为主，存在大量的石制品密集分布面（石器加工场）。该类型是该地区新石器时代中晚期文化的代表。大塘城类型和上塔类型关系比较密切，从石器和陶器特征判断，大塘城类型是在继承和发展上塔类型基础上并融合邕江和黔江流域诸多原始文化因素而形成的新的原始文化类型。

石脚山类型[4]以石脚山遗址为代表。陶器以夹砂陶为主，少量泥质陶，陶器颜色种类较多，浅灰陶最多，白陶最少，纹饰以绳纹为主，还有篮纹、水波纹、曲折纹、压印几何纹、多线刻划纹、网格纹、戳印和篦划纹等，少量磨光的黑陶和红陶，还发现白衣黑彩陶，器类有鼎、釜、罐、豆、圈足盘、纺轮、支脚等。石器主要有磨制的斧、锛、矛、砺石等，且有一定数量的有肩斧、锛。骨器数量很少，只有骨匕、骨锥两类。其时代为新石器时代晚期。从整体文化面貌上看，陶器中

[1] 杨清平：《平南相思洲新石器时代遗址》，《中国考古学年鉴·2007》，文物出版社，2008年。
[2] 李珍：《桂平上塔、油榨遗址》，《南方文物》2007年第4期。
[3] 林强、谢广维、朱丽彬：《广西桂平大塘城遗址考古发掘取得重要成果》，《中国文物报》2007年7月4日。
[4] 广西壮族自治区文物工作队、平南县博物馆：《广西平南县石脚山遗址发掘简报》，《考古》2003年第1期。

的圈足盘、支脚，水波纹、曲折纹、压印几何纹、多线刻划纹、彩陶等纹样与广东珠江三角洲地区的新石器时代晚期文化有较多的相似，两者间应有较为密切的关系。

左江流域虽然与郁江—浔江流域相距比较远，但在文化面貌上还是存在一定的相似性，比如，两地都存在一定的石器加工场，内含砾石、断块、石片、石锤、砺石、石器毛坯、半成品和石器等；遗址中存在打制石器与磨制石器共存的现象，打制石器中存在以侧面单向打击的砾石砍砸器等等。但两地总体文化面貌差别明显。左江流域贝丘遗址占绝大多数，而郁江—浔江流域不见贝丘遗址；郁江—浔江流域石脚山类型陶器中的白陶、磨光的黑陶和红陶、白衣黑彩陶、支脚，水波纹、曲折纹、压印几何纹和多线刻划纹等在左江流域不见；郁江—浔江流域大塘城类型中存在大量的折沿和卷沿陶器，有些器物口沿饰锯齿状花边，这些现象在左江流域少见。左江流域大量存在的蚌器不见于郁江—浔江流域。即使是同类器物，两地在形态、纹饰等方面也存在很多不同。

郁江—浔江流域先秦时期的遗存主要有岑溪花果山战国墓群和宾阳韦坡战国墓群。

岑溪花果山战国墓群[1]位于岑溪市糯垌镇糯垌圩北约300m处。因为受到当地有关单位的破坏，广西文物工作队于1991年和1992年两次对破坏的墓葬进行了清理，共清理墓葬14座。墓葬均为长方形竖穴土坑墓，墓室较小，长2~2.4m，宽0.8~0.9m，深1~1.8m，墓壁直，以五花土回填，有的经过夯打。墓底都设有腰坑，坑内置一件陶器。出土器物以铜器为主，陶器次之，还有少量石器、铁器。铜器以兵器为主，次为生产工具，兵器有剑、矛、斧、钺、镞等。陶器均为生活用具，有瓮、罐、钵、碗四类；都是泥质陶，火候较高，均为轮制，纹饰有刻划纹和印纹，印纹见有米字纹，刻划纹只见水波纹；大部分器物有简单的刻划符号。

韦坡战国墓群[2]位于宾阳县甘棠镇上塘行政村韦坡村，在村民住宅区内。1977年村民清理房基时发现，1979年冬广西壮族自治区文物工作队派人前往调查、清理了两座。1号墓墓坑已被扰乱，结构不明，葬具无存，东西向，长约1.8m，宽约0.8m，深约0.76m，随葬品沿墓坑两侧排列放置。2号墓于1979年冬发现，东西向，长约1.7m，宽约0.8m，深约0.2m，葬具和人骨不存，随葬品分别置于墓坑两端和两侧。两墓的随葬品出土后已散失，后在村民手中征集到的一些器物，其中1号墓有铜钟2件、铜鼎1件、铜剑2件、铜矛2件、铜斧3件、铜刮刀2件、叉形器6件、陶杯1件；2号墓有铜钟2件、铜剑1件、铜叉形器1件。

左江流域先秦时期遗存有岩洞葬和土坑墓，郁江—浔江流域只有土坑墓。左江流域青铜器发现极少，而郁江—浔江流域器物以青铜器为主，数量多。陶器方面，郁江—浔江流域器类多样，属于几何印纹陶系统，而左江流域器类相对简单，不见或少见米字纹和水波纹。当然，也存在一定的相似性，比如，陶器都有刻划纹，都有铜矛出土等等。

[1] 广西壮族自治区文物工作队等：《岑溪花果山战国墓清理简报》，《广西考古文集》，文物出版社，2004年。
[2] 广西壮族自治区文物工作队：《广西宾阳县发现战国墓葬》，《考古》1983年第2期。

第七节　与桂南沿海区域早期考古学文化的关系

桂南沿海地区主要包括北仑河、钦江、南流江等流域。遗址有洞穴、山坡等类型。该地区的新石器时代文化年代序列从早到晚大概是亚菩山类型遗存—独料类型遗存—大龙潭类型遗存。年代跨度为距今约7000~4000年。

亚菩山类型[1]以亚菩山、马兰嘴、杯较山等海滨贝丘遗址为代表。文化堆积以海生的腹足类软体动物硬壳为其特征，出土遗物有石器、陶器、骨器、蚌器和动物遗骸等。石器分打、磨制两种。打制石器厚重粗大，多采用石锤直接敲打而成，疤痕深而短。器类以最具特色的蠔蛎琢居多，其余还有砍砸器、尖状器、三角形器、锤、球、网坠等。磨制石器有斧、锛、凿、磨盘、杵、石饼、砺石等。陶器均为夹粗砂陶，红色和灰黑色陶。纹饰以绳纹最多，有篮纹、划纹。器类多圜底罐。骨器有锥、镞及饰物。蚌器有铲、环、网坠。年代约为新石器时代中晚期。

独料类型[2]的文化遗物以石器为主，磨制石器占多数，器类有斧、锛、凿、铲、锄、犁、镰、刀、镞、矛、磨盘、杵、锤和弹丸等，其中部分斧、铲为有肩石器。打制石器有敲砸器、刮削器、网坠、饼、砧等。陶器均为夹砂陶，以夹粗砂红陶为多。纹饰以绳纹为主，次为篮纹、曲折纹、网纹、指甲纹及少量的划纹、拍印纹。器类多为敛口和直口的釜、罐类，并发现一件手捏制的陶祖。石器工具中出现较多的农业生产工具，说明其经济生活以农业为主。年代属新石器时代晚期。

这两种文化类型的文化堆积、出土文化遗物以及遗址文化所反映的经济形态都不相同，它们代表着桂南沿海地区两种不同类型的原始文化。

大龙潭类型遗存只是零星发现。

左江流域与桂南沿海区域在史前文化方面存在一定的联系。如，两地都存在一定的打制石器，都有砍砸器和尖状器，陶器以圜底器为主，多为夹砂陶，纹饰以绳纹为主，都有蚌铲等蚌器发现，晚期两地发现的大石铲都属于大龙潭文化类型，等等。但两地也存在不少区别，比如，沿海区域的贝丘遗址为堆积以海生的腹足类软体动物硬壳为其特征，而左江流域贝丘遗址主要堆积为淡水生腹足类软体动物硬壳和水陆生动物遗骸；沿海区域贝丘遗址中大量出现的蠔蛎琢在左江贝丘中没有发现；沿海区域的独料类型中发现较多的农业工具，包括铲、锄、犁、镰、刀、磨盘和杵等，从生产、收割到加工，各个环节的工具都有，左江流域也发现有研磨器等加工工具，但种类远不如前者齐全，数量也较少；陶器中陶祖和指甲纹见于沿海区域而不见于左江流域。

---

[1] 广东省文物管理委员会：《广东南路地区原始文化遗址》，《考古》1961年第11期；广东省博物馆：《广东东兴新石器时代贝丘遗址》，《考古》1961年第12期。

[2] 广西壮族自治区文物工作队、钦州县文化馆：《广西钦州独料新石器时代遗址》，《考古》1982年第1期。

第八节　与东南亚地区早期考古学文化的关系

东南亚地区是人类起源和文化传播的重要地区。这里古代文化发达，史前文化资源十分丰富，不仅广泛分布有早期人类化石，而且旧石器时代文化和新石器时代文化普遍都有发现。

新石器时代文化遗存在东南亚地区有广泛的分布，特别是越南地区不仅地点多、分布广，而且文化内涵丰富，类型多样，包括新石器时代早期、中期、晚期。目前，东南亚地区比较有代表性的新石器时代文化有和平文化、北山文化、多笔文化、琼文文化、保卓文化和河江文化等。其中和平文化、多笔文化、北山文化、河江文化与左江流域早期文化关系相对密切。

和平文化[1]是新石器时代早期并延续到中期的一种史前文化。最初发现于越南，后来在中南半岛有广泛的发现。在越南地区主要分布在沱江、底江、柚江、马江、大江的上游和中游地区的山间盆地，共发现遗址 170 多处，绝大多数为洞穴和岩厦，只有个别为露天遗址，绝大部分位于和平、清化两省，此外在北部和中北部山区地带的北件、河江、安沛、宣光、太原、奠边、山罗、河南、宁平、义安、广平、广治等省，红河平原南部山区也有少量分布。在老挝也发现有与和平文化类似的遗址，大多集中在东北地区，琅勃拉邦省的 Tam Hang 洞、Tam Nang Anh、沙拉湾省的 Pa Xieng Thong 旷野遗址洞也发现各种和平文化特征的石器[2]。泰国、柬埔寨、东南亚海岛等地也有不少和平文化的器物被发现。越南和平文化各遗址均有山螺和溪螺堆积，有的遗址主要由螺壳堆积构成，有的主要由石灰岩黏土构成。打制石器以砾石为素材，单面加工，器类有砍砸器、刮削器、尖状器等，其中杏形器、盘状器和短斧为其特征性器物，晚期有磨刃斧和窄槽砺石。死者行屈肢葬。出土有象、野牛、犀牛、鹿、野猪和螺蚌壳。年代为距今 12000~7000 年，分早（距今 12000~10000 年）、中（距今 10000~8000 年）、晚（距今 8000~7000 年）三期。

和平文化与左江流域史前文化存在紧密的联系。例如，和平文化存在大量的打制石器，而且基本上是单面加工，器类以砍砸器、刮削器为主，这和左江流域打制石器相似；和平文化的带沟槽磨石（窄槽砺石）和研磨器在左江流域有较多的发现；和平文化也发现有左江流域存在的窝痕石砧；和平文化很多遗址石片石器多于石核石器，一般采用长 6~12cm、宽 5~9cm、厚 2~5cm 的大石片进行加工，这和左江流域的坡叫环遗址情况类似；和平文化和左江流域的墓葬葬式都有屈肢葬和蹲踞葬。另外，两者热带和亚热带的自然生态环境、狩猎采集的经济形态、食用大量螺蚌类软体动物、穴居生活等都基本一致。但两者的差异性也比较明显：和平文化打制石器中的典型器“苏门答腊器”和杏形器在左江流域少见；左江流域文化除打制石器外还存在大量磨制石器，而和平文化磨制石器较少且多为磨刃石器。

---

[1]（越）黄春珍：《关于和平文化》，《考古学参考资料》第 5 辑。

[2] 广西柳州白莲洞洞穴科学博物馆：《柳州白莲洞》，科学出版社，2009 年。

北山文化[1]位于谅山的北山、平嘉、右陇、芝陵、文关及太原武涯一带典型的喀斯特石灰岩山区，共发现60多处遗址，除高平、太原的部分遗址外，其余皆在北山石灰岩山地范围之内。北山文化的石器用砾石或砾石片制成，主要有砍砸器、刮削器、石斧、凿、研磨器、研磨盘等，典型的石器是磨刃石斧和窄槽砺石。骨制工具有斧、锥、半圆形凿等。发现粗陶片，饰绳纹，另有篦齿纹和刻划的橄榄纹、水波纹等；还发现有陶网坠。文化层含大量螺壳，其经济形态可能属采集、捕捞和狩猎的范围。学界一般认为北山文化的年代为距今9000~7000年。

左江流域史前文化和北山文化也具有较多的共性。如两者都有较多的打制石器，器类以砍砸器为主；技术方面都使用砾石制作石器，并知晓磨制技术，斧、锛、凿等磨制石器重点磨制刃部；两者都发现较多的研磨器、窄槽砺石；陶器和骨器发现均很少；均发现有墓葬，葬式都有屈肢葬；北山文化中大石片大量存在，而左江流域的坡叫环遗址遗物也是以大石片及其制品为主；两地均从事狩猎和采集经济，食用软体动物较多。但两者也有一些不同的地方，如左江流域有大量的侧边石锤，而北山文化却不见；北山文化存在一定数量的苏门答腊石器，而左江流域少见；北山文化陶器纹饰中的篦齿纹和刻划的橄榄纹也不见于左江流域；北山文化中有的墓墓底为干硬的红烧土，周边用石头围砌的情况在左江流域也不见。

多笔文化[2]是指越南北部湖岸型贝丘遗址。多笔文化遗址分布在马江下游一带的清化、宁平沿海平原地带，遗址共发现十余处，如多笔、本水、马子脖、驼乡和同园等遗址，其中5处经过发掘，有贝丘、沙丘、洞穴和个别土丘遗址，其所处的地理环境一般为面向湖泊，背靠大土丘；遗址的地层堆积很厚，最厚的有5m，包含物以大量的蚬壳以及少量淡水贝壳和人类食用后丢弃的水、陆生动物遗骸为主，文化遗物有陶器、石器、骨器和蚌器，并发现数量较多的墓葬。陶器多为夹砂粗陶，火候较低，陶色驳杂，以灰褐色为主；胎厚，底部厚约2cm。器表从口沿开始通体施纹，纹饰以篮纹为主，纹痕深而紧密，底部多交错重叠。器类单调，多为直口、敞口或敛口圜底罐（釜），器物的口径较大，一般为25~30cm。石器有打制和磨制两种，打制石器大部分用砾石直接打击而成，打制方法一般较简单，大多数采用单面打击法，只有少数是交互打击，器类有盘状器、短斧和龟甲形器等。磨制石器有用砾石打制后只刃部磨光、器形粗大的磨刃石斧和通体磨制的小梯形石斧，磨刃石斧多见于年代较早的遗址中，晚期则少见，小梯形石斧正好与之相反；另外还普遍存在一种中心穿孔的扁圆石器以及部分网坠、石杵、磨盘和磨棒等。骨器有磨制的鱼镖、镞和锥等。墓葬主要发现于本水、多笔和马子脖遗址之中，其中马子脖遗址发现的数量多且非常集中，在200m^{2}的发掘面积中发现人骨架102具；有单人葬、多人葬和母子合葬，葬式普遍为屈肢蹲葬；还有石块围成墓圹和在死者身上撒赤铁矿粉的现象。其年代距今约7000~5000年。

多笔文化与左江流域发现的史前文化具有较多的相似性。例如，多笔文化都是贝丘遗址，左

[1] 参阅（法）埃德蒙·索兰·让皮埃尔·卡伯内尔：《印度支那半岛的史前文化》，《考古学参考资料》第2辑。
[2] 阮文好：《越南的多笔文化》，《华南及东南亚地区史前考古》，文物出版社，2006年。

江流域也是以贝丘遗址为主；两者都是打制石器与磨制石器共存，打制石器大部分用砾石直接打击而成，打制方法一般较简单，大多数采用单面打击法，磨制石器都有用砾石打制后只刃部磨光者；陶器多为夹砂粗陶，火候较低。都有蚌器和骨器发现。墓葬中都有屈肢蹲葬。但两者的区别也明显，多笔文化中打制石器器类有盘状器和龟甲形器等，而左江流域多见砍砸器、刮削器。多笔文化普遍存在的中心穿孔的扁圆石器在左江流域少见。多笔文化陶器发达，而左江流域除了下游地区外大部分遗址不见或者少见陶器。多笔文化中发现的石杵、磨盘和磨棒等在左江流域也不见。多笔文化有石块围成墓圹和在死者身上撒赤铁矿粉的现象，左江流域也没有发现。多笔文化多是湖岸贝丘遗址，而左江流域多是河岸和洞穴贝丘遗址。

河江文化[1]分布于越南北部山区。该文化的石器包括打制石器和磨制石器，打制石器的素材均为砾石，单面加工，器类有砍砸器、尖状器、刮削器等，以砍砸器为主；磨制石器多通体磨光，典型器物为有肩石斧和有肩有段石锛。该文化还发现有研磨器、窄槽砺石、两面窝石锤和石拍。陶器数量不多，类似冯原文化陶器的风格。年代为距今4000~3000年。经济形态仍以采集和狩猎为主，贝类和鱼类捕捞也占有一定比例。

河江文化与左江流域史前文化具有很多相同或者相似的地方，如打制石器的素材均为砾石，多单面加工，器类有砍砸器、尖状器、刮削器等，以砍砸器为主，研磨器、窄槽砺石等基本相同，都有双肩石器存在；经济形态仍以采集和狩猎为主。但两者之间差别也很多，如磨制石器方面，左江流域斧锛类石器有肩者不多，而河江文化的斧锛多为典型的有肩或有肩有段的；陶器方面，左江流域多夹砂陶，火候较低，器类比较单一；而河江文化的陶器有夹砂和泥质两种，火候较高，器类也较多。

琼文文化[2]为海岸贝丘遗址，主要分布于越南中北部，属于新石器时代中晚期。年代距今6000~4500年。遗址的地层堆积很厚，最厚可达5~6m，堆积物以蚬壳和螺为主以及数量较多的水、陆生动物遗骸，文化遗物以陶、石、骨器为主。陶器多为夹砂粗陶，大部分素面，少量饰绳纹，以圜底器为主。石器以磨制的为主，并有较多的石片工具；石器主要有斧（有榫）、砺石、杵、臼、单面刮削器等。石料是天然的火成岩石块或石片。骨器主要有用鱼骨制成的穿孔骨针和骨锥等。在遗址中还发现较多的墓葬，大部分以屈肢蹲坐的葬式埋在圆形的墓坑里；随葬品少，通常为石制工具和带穿孔的贝壳饰品。

琼文文化与左江流域史前文化相似性较多。比如，贝丘遗址堆积的形态一样；主要经济形态为狩猎和水产捕捞为主，还有一些研磨器和石锤，可能用来加工谷物或植物果核；陶器多为夹砂粗陶，以圜底器为主，石器有较多的石片工具，石器中多单面刮削器；墓葬都有屈肢蹲葬等等。但两者之间区别也明显，琼文文化陶器大部分素面，少量饰绳纹，而左江流域陶器以绳纹为主，

[1]（越）黄春征：《越南古文化》，劳动出版社（河内），2005年。
[2]（越）黄春征：《越南古文化》，劳动出版社（河内），2005年。

琼文文化中除了圜底器外，还发现有尖底器，而左江流域不见尖底器。琼文文化石器以磨制的为主，石器中发现有杵、臼等，而左江流域磨制石器占比不高，大量打制石器存在，也不见杵、臼等器物。琼文文化墓葬大部分以屈肢蹲坐的葬式埋在圆形的墓坑里，而左江流域墓葬葬式多样，除了屈肢蹲葬外，还有仰身屈肢、侧身屈肢、肢解葬等。

保卓文化[1]为海岸贝丘遗址，主要分布于越南中北部，属于新石器时代晚期。年代距今约4500~3000年。发现的石器主要为磨制较精的斧类，有椭圆刃斧、方形斧、有段斧和有肩斧，其中有肩石器的数量较多。陶器纹饰种类多，以绳纹为主，还有刷纹、刻划纹、镂孔、压印牡蛎纹、附加堆纹等，其中压印牡蛎纹是该文化较有特色的纹饰。骨器主要是用鱼骨做成的锥类。

保卓文化与左江流域晚期贝丘遗址相似性也较多。如都发现有磨制较精的斧类，均发现有肩石器，陶器的纹饰中见有刻划纹，等等。但保卓文化中的有段石器在左江流域基本不见，左江流域所见的磨制精美的研磨器在保卓文化中也不见；左江流域陶器不见保卓文化中的压印牡蛎纹。

总体来看，左江流域与东南亚地区在史前文化面貌上具有很多相同的地方，尤其是贝丘遗址相同或相似性更多。两地文化间呈现出彼此影响和吸收的态势。

青铜时代，东南亚地区与左江流域文化关系相对密切的主要有梅坡文化、冯原文化、铜豆文化等。

梅坡文化[2]是越南新石器时代晚期到青铜时代早期的一种考古学文化，遗址分布在谅山石灰岩山区的洞穴和岩厦内，年代大致距今4000~3000年。石器大多通体磨光，以斧、锛为主，斧、锛多为质地细密的黑色或浅灰色沉积岩，装饰品用白色石料，少见砂岩、片岩和玄武岩，少量斧、锛、环为软玉。石器制作技术成熟，有打、琢、磨、锯、钻孔、磨光等方法。骨蚌器数量不多，有蚌铲、有肩蚌斧、蚌刀、有肩骨斧、骨凿、骨锥、骨刀、凹刃骨铲等。还有穿孔海贝以及大量蚌壳、鱼骨做的微小穿孔串珠等，有的在象牙上刻划花纹。陶器均为夹粗砂或细砂、贝屑、植物残渣，陶色多为砖红色，少量为黑色，火候较低。细陶绝大多数为棕红色，少量为黑色或灰白色，夹细砂，胎薄，硬度高。粗陶为灰白色，胎厚，质较软。多轮制，耳、圈足为手制。绝大多数陶器在器坯上涂抹一层陶衣。纹饰以绳纹占绝大多数，其中又以细绳纹占绝对多数，少数为刻划纹、镂孔。多小型器，很少见完整器物，多为残件。器类主要有釜、罐、盘、簋形器等。

冯原文化[3]是东南亚地区青铜时代早期最重要文化之一，遗址分布在红河中游与平原交界地带，集中分布在从越池到古螺的红河两岸。年代大约距今4500~3000年。冯原文化石器仍然占优势，遗址内不仅出土有大量较高技术水平的磨制石器，还出土了大量纹饰精美的陶器，如冯原遗址遗物有斧、锛、凿、矛、镖、镞、砺石、牙璋、环、璧、玦、管、珠等石器和釜、罐、碗、盅、

[1]（越）黄春征：《越南古文化》，劳动出版社（河内），2005年。
[2]（越）裴荣、阮强：《1996年发掘后的谅山梅坡文化》，《考古学》1997年第1期（河内）。
[3]（越）韩文恳：《冯原文化》，河内大学出版社（河内），2005年。

支脚、纺轮等陶器。冯原文化陶器纹饰中有“S”纹、“C”纹、模子纹和三角纹等。一些遗址发现少量的铜器。

铜豆文化[1]分布区域与冯原文化基本重合，即富寿、永福、河内、河西、北江、北宁一带。年代距今3000年左右。石器开始衰退，各类石器原料各异。器类主要有斧（锛）、凿、矛、镖、刻刀、范、研磨器、环、璧等。制作技术也达到了顶峰，使用磨、钻、锯、旋切等技术。铜器数量不多，以镞最多，锥和鱼钩其次。陶器厚重，夹较多粗砂。有纹饰的陶器占多数，纹饰多为细绳纹，一般装饰于器身和底部，刻划纹多为刻划同心圆纹、交错斜线纹、水波纹、“S”形纹、绹纹等。陶器器类有釜、罐、瓮、碗、豆、纺轮、范、支脚等。

上述青铜时代文化与左江流域同时期文化有密切关系。如上述遗址中的有肩石斧是左江流域新石器时代晚期至青铜时代早期常见的石器；两地的斧、锛类器物形态很多相同；陶器中敞口釜、高领罐、圜底钵、圈足盘等在左江流域先秦岩洞葬中常见，有的形态还基本相同；冯原文化大量存在的“S”形纹在左江流域也有发现。但总体来看，上述遗址的陶器和纹饰种类比左江流域要丰富得多。

[1] 参阅（越）林氏美蓉：《青铜时代》，转引自梁志明等主编的《东南亚古代史》，北京大学出版社，2013年。

第七章 结 语

左江流域的考古工作尽管起步不是太晚，但与其他地方相比，一直显得比较薄弱。2013~2016年围绕左江花山岩画文化景观申报世界文化遗产而进行的考古调查与试掘算是该地区多年来最为系统的一次考古工作。通过调查与试掘，发现了一大批古代遗址，获取了大量文化遗物和自然遗物，为进一步研究左江流域早期文化提供了不可多得的资料。通过对所获资料的进一步系统整理和研究，对左江流域早期的考古学文化内涵、年代及其与其他地区考古学文化的关系等问题有了比较深入的了解。

编者认为，2013~2016年左江流域的考古工作和后期的整理，具有重要的学术价值和现实意义。

首先，进一步丰富了左江流域史前文化的类型，初步弄清楚了左江流域史前文化的内涵。从新发现的情况来看，左江流域的古代遗址既有台地遗址，也有洞穴遗址，还有山坡遗址，类型多种多样。通过分析，这些遗址内涵不同，包括几个文化类型，它们有不同的文化归属。尤其是坡叫环遗址，以大石片及其制品为主的器物特征，在广西是首次发现。

其次，宝剑山文化的提出具有重要意义。左江流域上游地区的史前考古学文化与下游地区的考古学文化虽然存在很多相同的地方，但区别还是很明显的，属于新的文化类型。我们把它单独列出来单独命名，有助于对这种文化的深入研究。

第三，宝剑山A洞遗址中的岩洞葬遗存与贝丘遗址的地层叠压现象对于解决广西贝丘遗址和岩洞葬之间的关系问题意义非凡。广西南部地区贝丘遗址和岩洞葬是两种不同的文化遗存，它们之间存在早晚的区别，但一直没有地层上的直接证据。这次发现的直接证据很好地解决了这个问题。

第四，庭城遗址是左江流域首次发现也是目前发现的唯一的一座汉代城址。该遗址的发现，填补了该地区汉代城址考古的空白，为研究汉代广西西南地区政治、经济、军事、文化等方面的问题提供了宝贵的实物资料，为了解岩画产生的历史背景提供了重要资料。

第五，左江毗邻越南，这些考古资料对于我们研究中国与东南亚地区古代文化交流等方面的问题具有重要价值。通过研究，可以在文化方面进一步促进国家“一带一路”的建设。

第六，这些考古成果，有助于我们从宏观上理解左江花山岩画产生的历史背景，有助于我们在某种程度上建立岩画与考古遗址之间的关联，对岩画的进一步深入研究提供了难得的考古学材料。事实上，这些考古研究成果已经在左江花山岩画文化景观申报世界文化遗产的过程中发挥了不可或缺的作用。

当然，尽管围绕左江花山岩画文化景观申报世界文化遗产所做的考古工作取得了一定的成绩，但左江流域的考古工作仍然面临很多问题没有解决，比如，文化发展序列并没有完全建立，文化谱系还不清楚等等，这些问题的存在既有客观原因，也有主观因素。这次把发掘所获得的资料及时进行系统整理，写成专门报告并出版，就是希望在主观方面尽最大的努力。期盼公布的资料能够对左江流域的考古、历史和民族等方面的研究提供帮助。

附录一

广西无名山遗址和宝剑山A洞遗址孢粉、软体动物化石分析报告

郑卓
（中山大学地球科学系第四纪环境研究中心）

一　无名山遗址孢粉分析

广西无名山遗址探方剖面孢粉分析结果显示（图1），孢粉浓度总体较低（13~137粒/10克），平均孢粉浓度为69粒/10克。4个孢粉样品中共鉴定出植物种属32个，其中木本植物和草本植物属种分别为12个，蕨类植物8类。木本植物花粉以松属植物花粉为主，其次为栎属和山麻杆属。草本植物花粉以鱼黄草属、菊科及蓼属花粉为主，含有少量的石竹科、禾本科花粉。蕨类花粉含量较高，以其他三缝孢为主导，其他为单缝孢。炭屑浓度均较高，平均浓度为44×10^3粒/克。

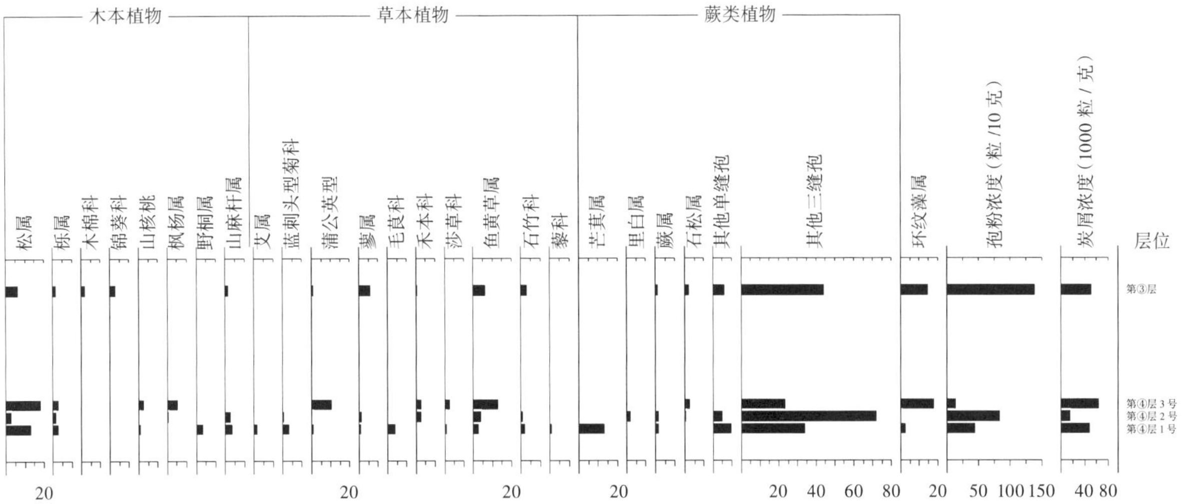

图1　无名山遗址T1西壁孢粉图谱
（孢粉百分含量）

二　宝剑山A洞遗址孢粉分析

广西宝剑山A洞遗址探方剖面孢粉浓度差异较大（图2）。9个孢粉样品中共鉴定出植物种属30个，其中木本植物属种15个，草本植物属种8个，蕨类植物7类。以蕨类植物孢子为主，其次为木本植物花粉，草本植物花粉含量较少。木本植物花粉以栎属植物花粉为主，其次含有大戟属、金缕梅科、松属花粉。草本植物主要是毛茛科和菊科花粉。蕨类花粉含量较高，主要为其他三缝孢、单缝孢，此外含有一定量的凤尾蕨。藻类含量较多，以环纹藻为主。⑥层炭屑丰富。

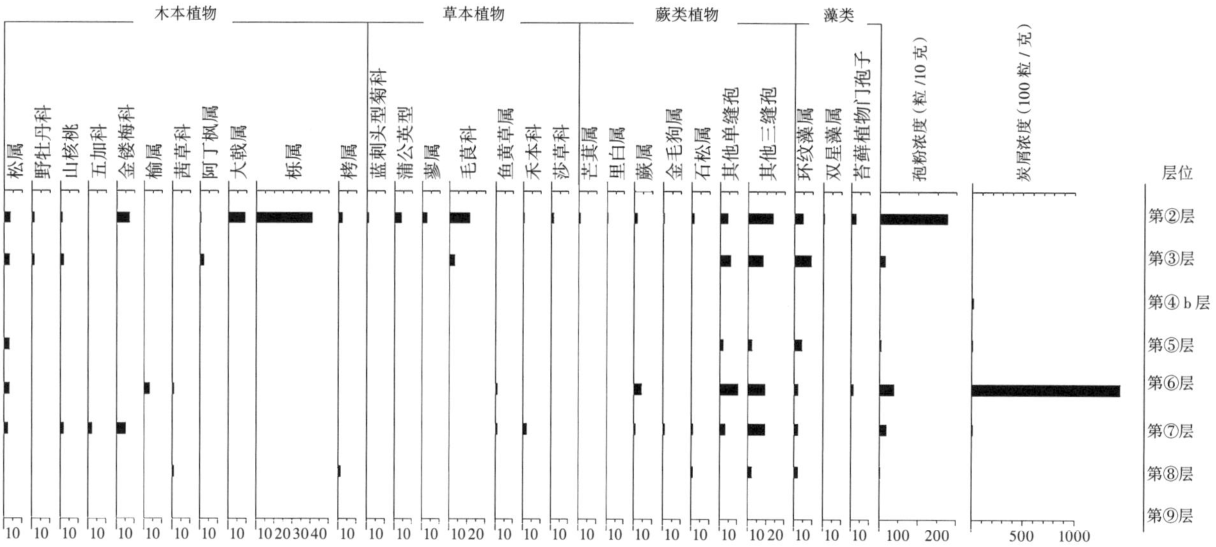

图2　宝剑山A洞遗址T1南壁孢粉图谱

（第2层以孢粉百分含量做图，其余按孢粉统计数做图）

三　无名山遗址、宝剑山A洞遗址植硅体分析

两个遗址剖面均含有一定数量的植硅体，绝大多数产自草本植物。鉴定出的植硅体主要形态为：长方型、柱型、方型、椭圆型、扇型、导管型等。其中无名山遗址植硅体以禾草类柱型、长方型、方型为主，其次为椭圆型、圆型；宝剑山A洞遗址第④b层样品植硅体含量较无名山高，以禾草类长方型、柱型、方型为主，其次为椭圆型，其他形状均较少（图3）。

植硅体绝大多数形态不具备属种的鉴定意义。两个样品均未见水稻植硅体。

四　无名山遗址、宝剑山A洞遗址软体动物化石鉴定

广西无名山遗址和宝剑山A洞遗址中含有大量的软体动物化石，包含大量的腹足类化石及少量瓣鳃类化石。腹足类化石以短沟蜷属（*Semisulcospira*）的那坡短沟蜷（*Semisulcospira napoensis*）、那坡短沟蜷旋脊变种（*Semisulcospira aubryana*, var. *spiralis*）及环棱螺属（*Bellamya*）

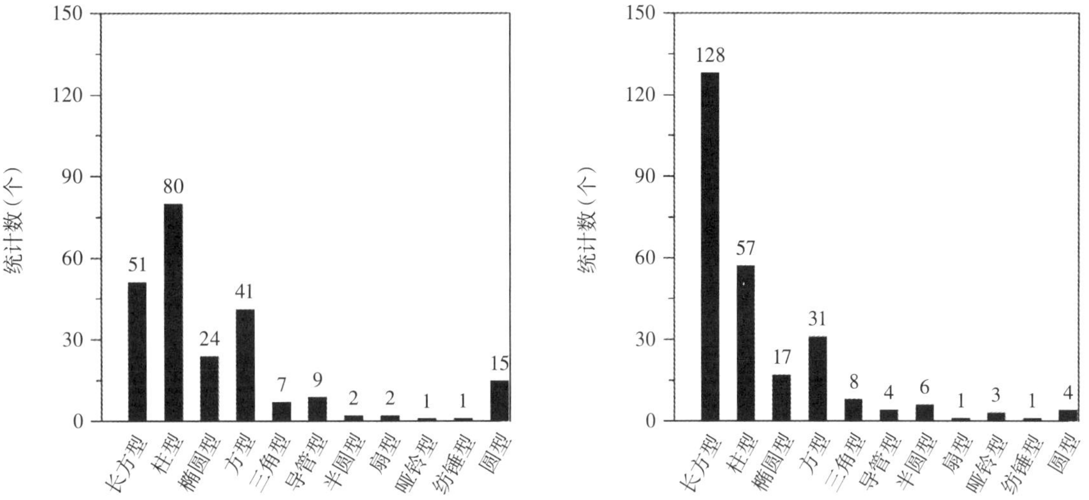

图 3　无名山遗址、宝剑山 A 洞遗址植硅体统计图

左：无名山第④层　右：宝剑山 A 洞第④ b 层

的双线环棱螺（*Bellamya dispiralis*）为主。瓣鳃类化石以丽蚌亚属（*Lamprotula*）的假丽蚌（*Lamprotula*（*Parunio*）*spuria*）、背瘤丽蚌（*Lamprotula leai*）、多疣丽蚌（*Lamprotula*（*Scriptolamprotula*）*polysticta*）为主。部分化石样品由于破损极为严重，无法鉴定（个数统计见后表）（图 4、5；表 1）。

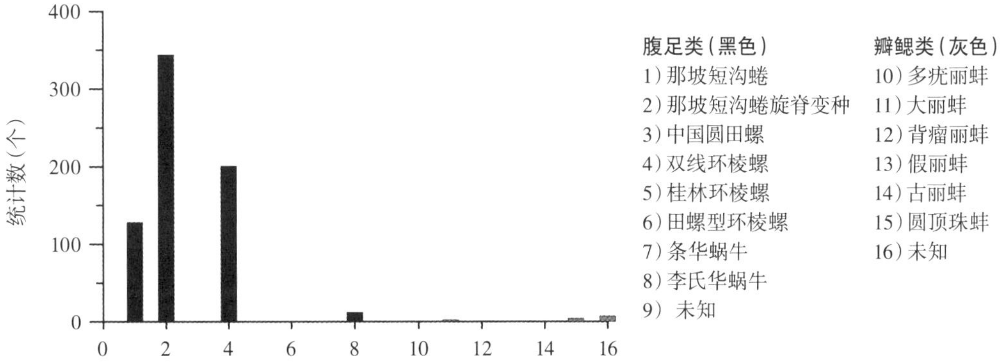

图 4　无名山遗址第④层软体动物化石统计图

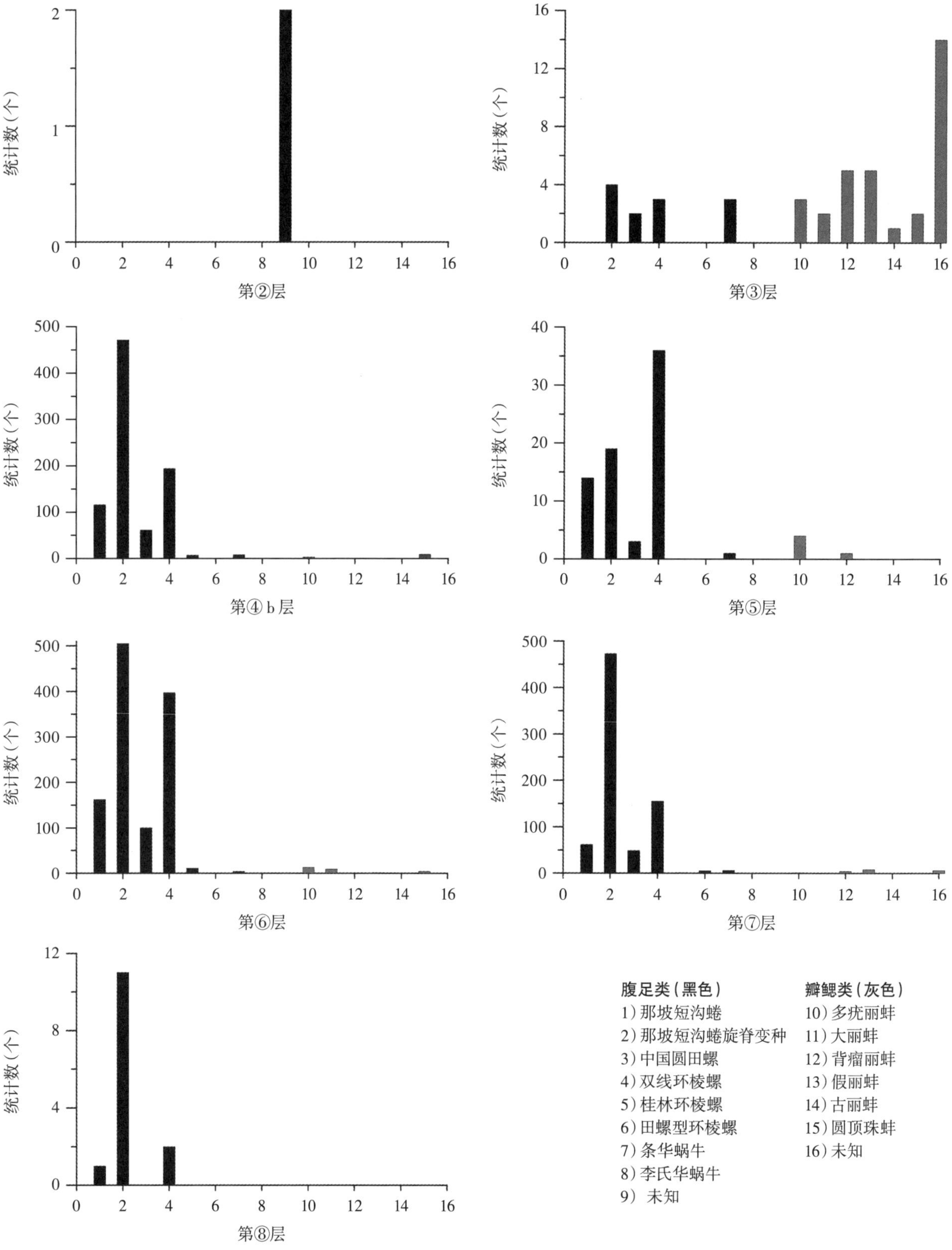

图5　宝剑山A洞遗址T1南壁各层软体动物化石统计图

表1　无名山、宝剑山A洞遗址软体动物化石统计表

中文名称		拉丁文名称	宝剑山A洞遗址							无名山遗址
			T1②（1号）	T1③（2号）	T1④b（3号）	T1⑤（4号）	T1⑥（5号）	T1⑦（6号）	T1⑧（7号）	T1④
腹足类	那坡短沟蜷	*Semisulcospira napoensis*	0	0	116	14	162	62	1	128
	那坡短沟蜷旋脊变种	*Semisulcospira aubryana*, var. *spiralis*	0	4	471	19	505	473	11	344
	中国圆田螺	*Cipangopaludina chinensis Gray*	0	2	61	3	100	49	0	0
	双线环棱螺	*Bellamya dispiralis*	0	3	194	36	397	155	2	201
	桂林环棱螺	*Bellamya kweilinensis*	0	0	7	0	11	1	0	0
	田螺型环棱螺	*Bellamya viviparoides*	0	0	0	0	0	5	0	0
	条华蜗牛	*Cathaica fasciola*	0	3	8	1	4	6	0	0
	李氏华蜗牛	*Cathaica licenti*	0	0	0	0	0	0	0	12
	未知	unknow	2	0	0	0	0	0	0	0
瓣鳃类	多疣丽蚌	*Lamprotula Polysticta (Scriptolamprotula)*	0	3	3	4	13	1	0	0
	背瘤丽蚌	*Lamprotula leai*	0	5	1	1	0	4	0	1
	假丽蚌	*Lamprotula (Parunio) spuria*	0	5	1	0	1	8	0	0
	古丽蚌	*Lamprotula (Parunio) antiqua*	0	1	0	0	0	0	0	0
	圆顶珠蚌	*Unio douglasiae*	0	2	9	0	4	0	0	4
	大丽蚌	*Lamprotula (Guneolamprotula) licenti*		2	1		9			2
	未知	unknow	0	14	1	0	0	6	0	7

附录二

广西大湾遗址和坡叫环遗址孢粉、植硅体及软体动物化石分析报告

郑卓
（中山大学地球科学系第四纪环境研究中心）

一 样品分析测试清单

对大湾遗址和坡叫环遗址分别进行了孢粉、植硅体、炭屑及软体动物等的分析鉴定，由中山大学地球科学系第四纪环境研究中心负责分析测试和鉴定工作。两个遗址的样品分析清单见表1

表1 样品清单

坡叫环遗址 T1				大湾遗址 T2			
孢粉植硅体炭屑编号	所在层位	螺壳样编号	所在层位	孢粉植硅体炭屑编号	所在层位	螺壳样编号	所在层位
1	⑭	2	⑬	1	⑨	2	⑧
2	⑬	3	⑫	2	⑧	3	⑦
3	⑫	4	⑪	3	⑦	4	⑥
4	⑪	5	⑩	4	⑥	5	⑤
5	⑩	6	⑨	5	⑤	6	④
6	⑨	7	⑧	6	④	7	③
7	⑧	8	⑦	7	③	8	②
8	⑦	9	⑥	8	②		
9	⑥	10	⑤	9	①		
10	⑤	11	④				
11	④	12	③				
12	③	13	②				
13	②	14	①				
14	①						

所示。

二　软体动物化石鉴定

广西龙州坡叫环遗址和大湾遗址样品中含有大量的软体动物化石，包含大量的腹足类化石及少量双壳类（瓣鳃类）化石。其中，腹足类化石以格氏短沟蜷（*Semisulcospira gredleri*）、斜粒粒蜷（*Tarebia granifera*）、双旋环棱螺（*Bellamya dispiralis*）和条华蜗牛（*Cathaica fasciola*）为主。双壳类化石以刻裂丽蚌（*Lamprotula scripta*）、背瘤丽蚌（*Lamprotula leai*）和佛耳丽蚌（*Lamprotula mansuyi*）为主。部分化石样品由于破损极为严重，无法鉴定（图1~20；表1~3）。

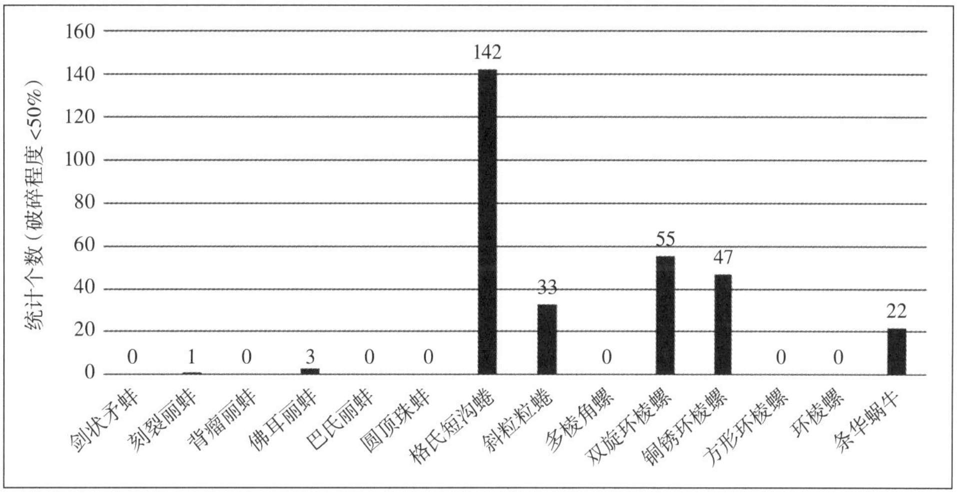

图1　坡叫环遗址T1②层软体动物化石统计图

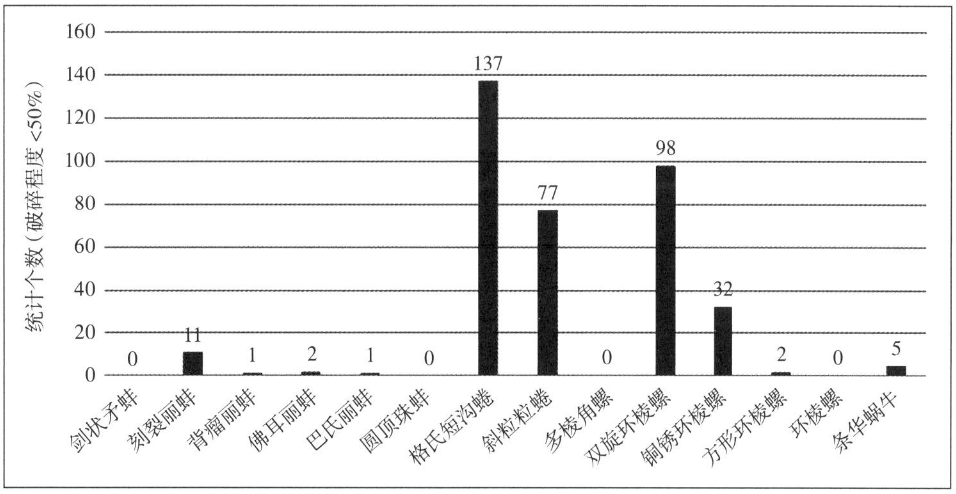

图2　坡叫环遗址T1③层软体动物化石统计图

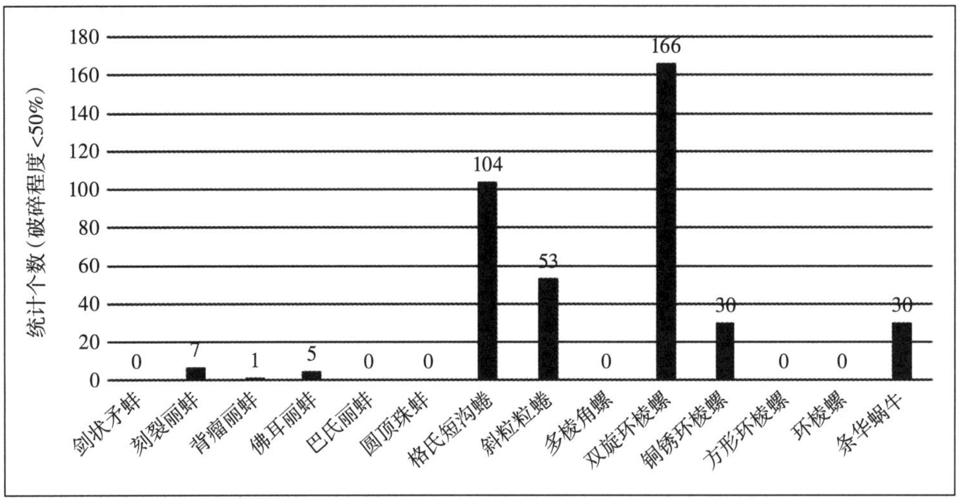

图 3　坡叫环遗址 T1 ④层软体动物化石统计图

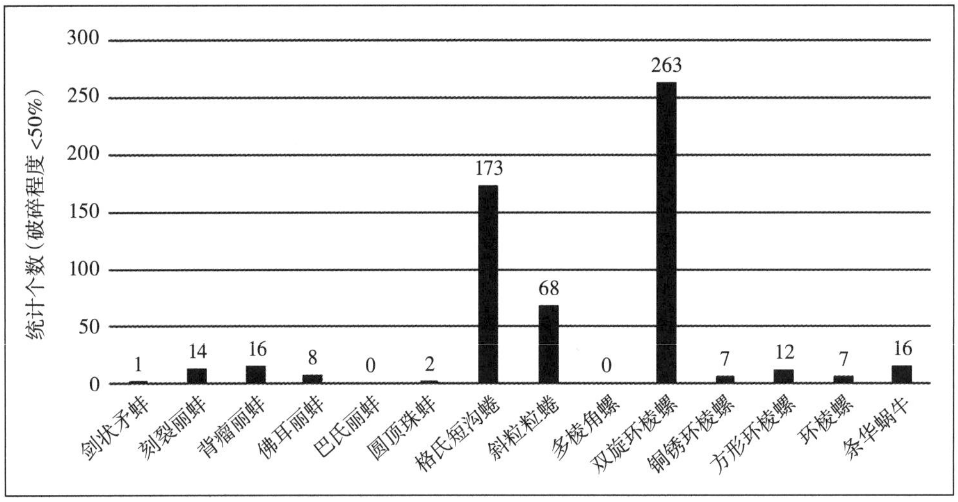

图 4　坡叫环遗址 T1 ⑤层软体动物化石统计图

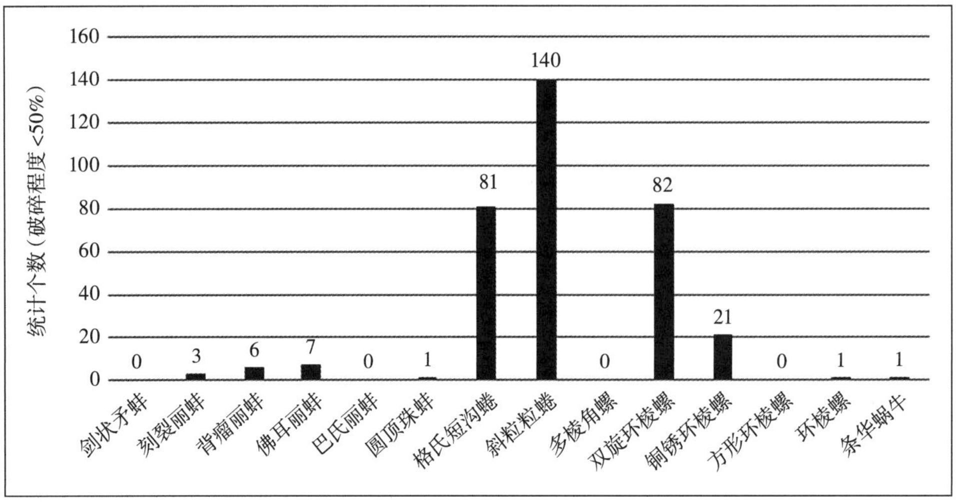

图 5　坡叫环遗址 T1 ⑥层软体动物化石统计图

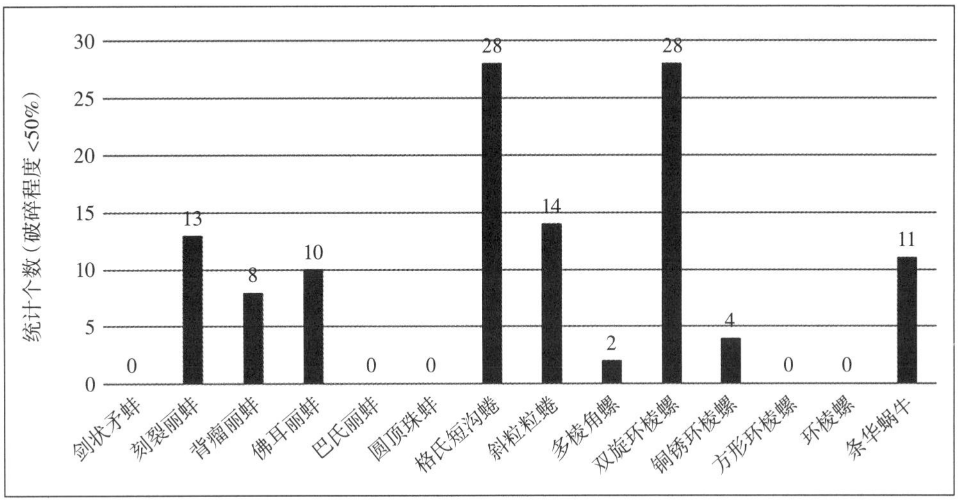

图 6　坡叫环遗址 T1 ⑦层软体动物化石统计图

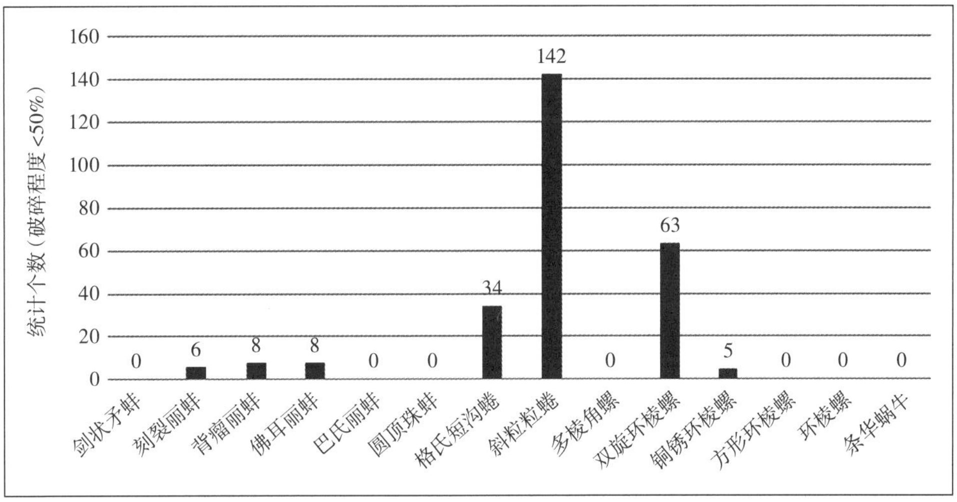

图 7　坡叫环遗址 T1 ⑧层软体动物化石统计图

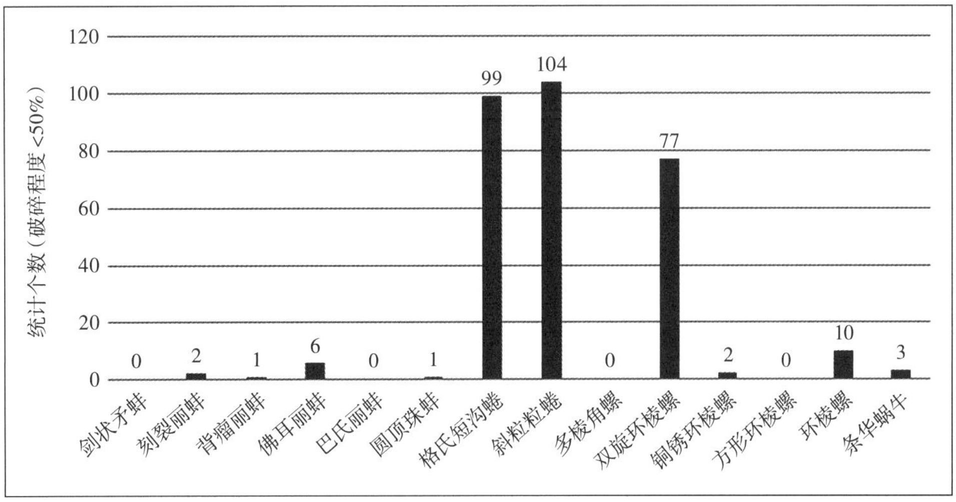

图 8　坡叫环遗址 T1 ⑨层软体动物化石统计图

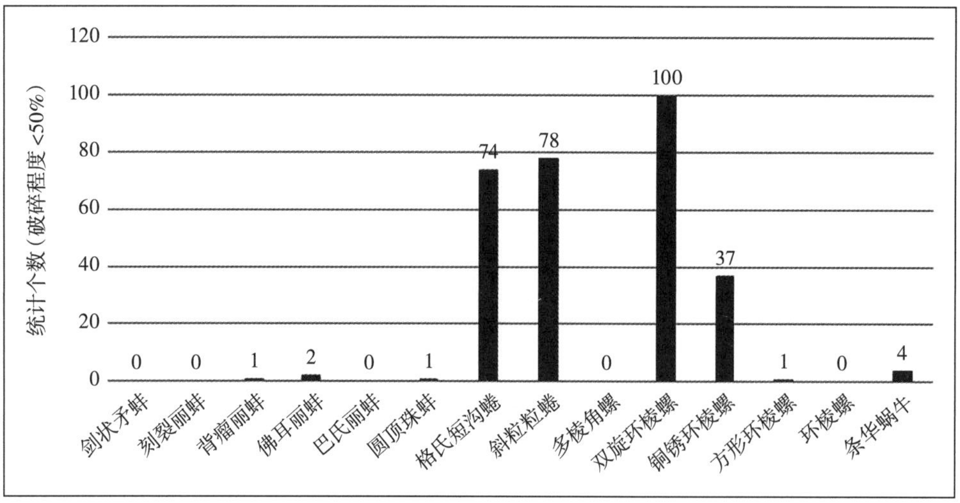

图 9 坡叫环遗址 T1 ⑩层软体动物化石统计图

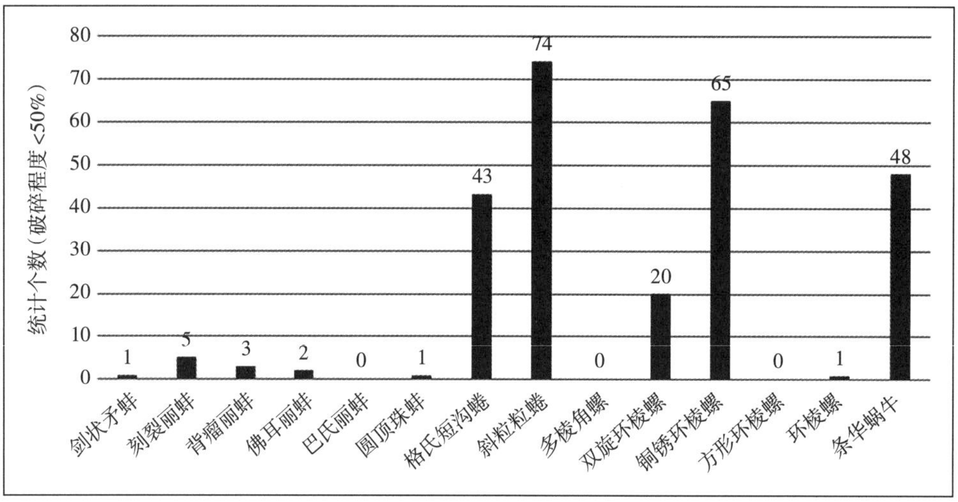

图 10 坡叫环遗址 T1 ⑪层软体动物化石统计图

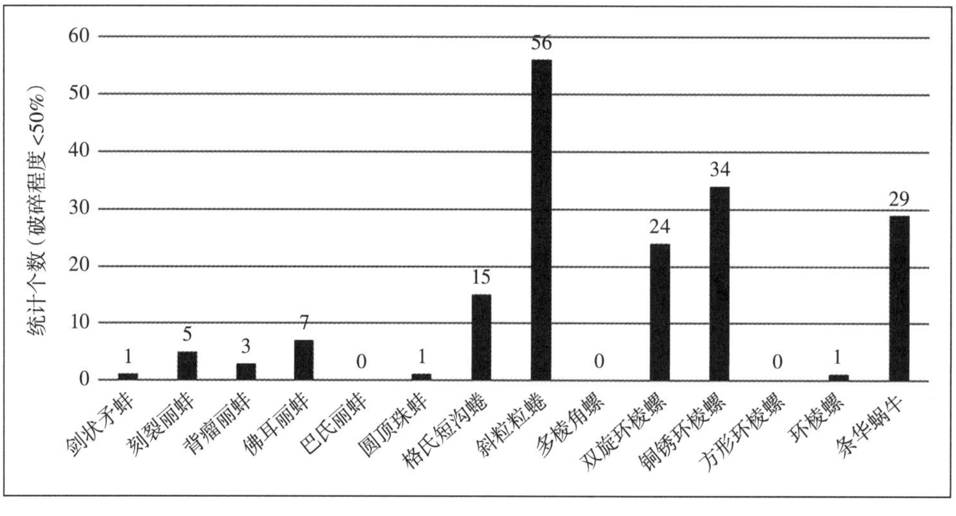

图 11 坡叫环遗址 T1 ⑫层软体动物化石统计图

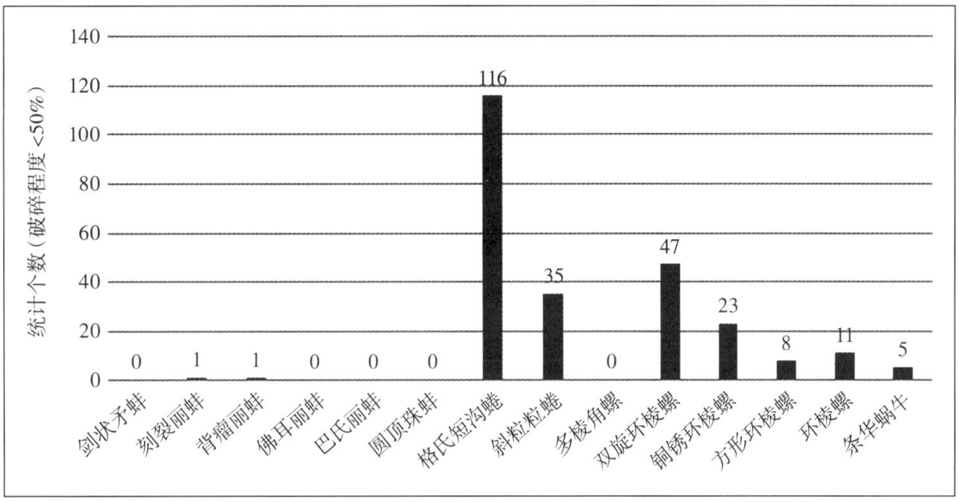

图 12　坡叫环遗址 T1 ⑬层软体动物化石统计图

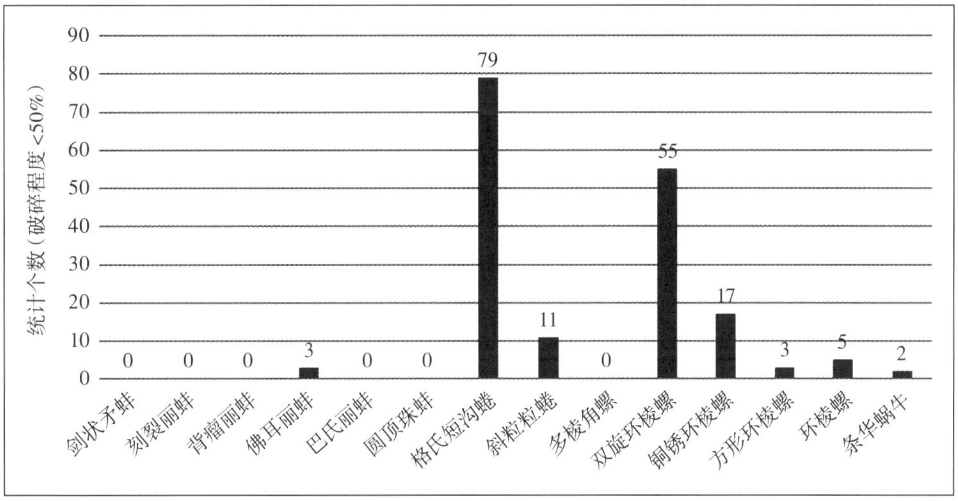

图 13　坡叫环遗址 T1 ⑭层软体动物化石统计图

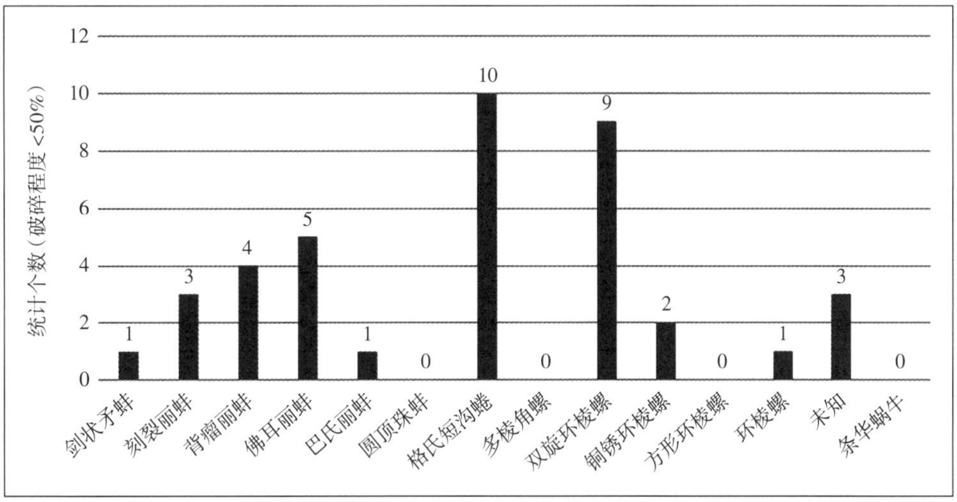

图 14　大湾遗址 T2 ②层软体动物化石统计图

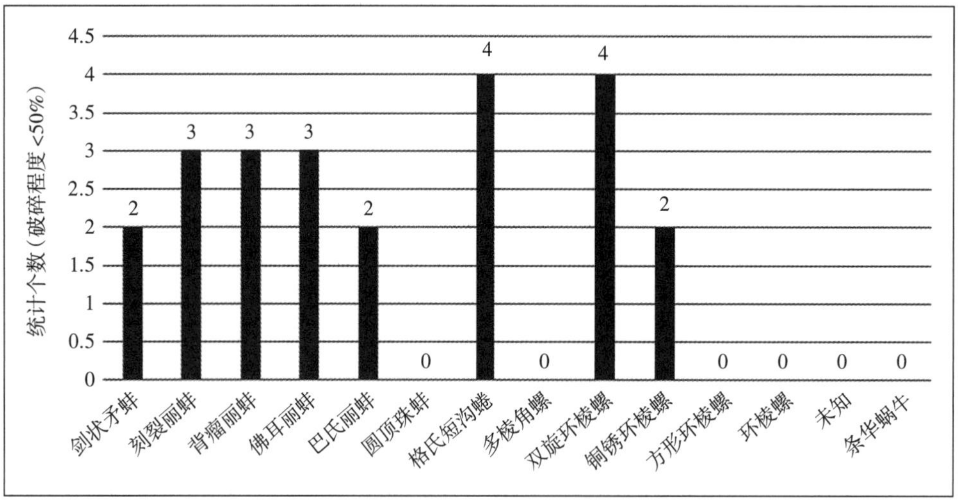

图 15 大湾遗址 T2 ③层软体动物化石统计图

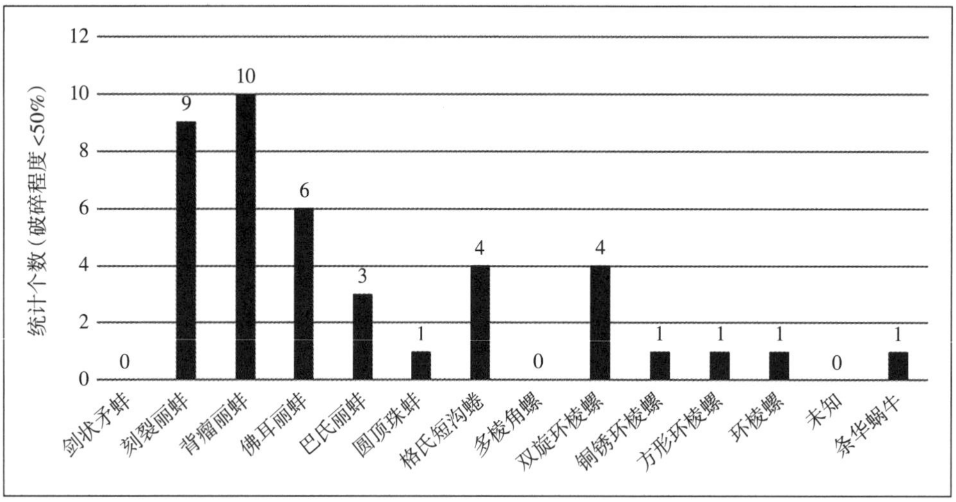

图 16 大湾遗址 T2 ④层软体动物化石统计图

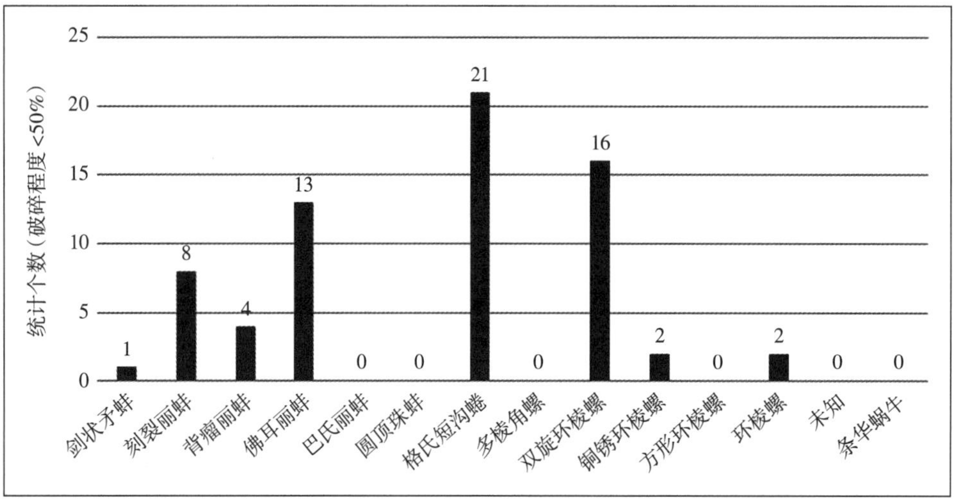

图 17 大湾遗址 T2 ⑤层软体动物化石统计图

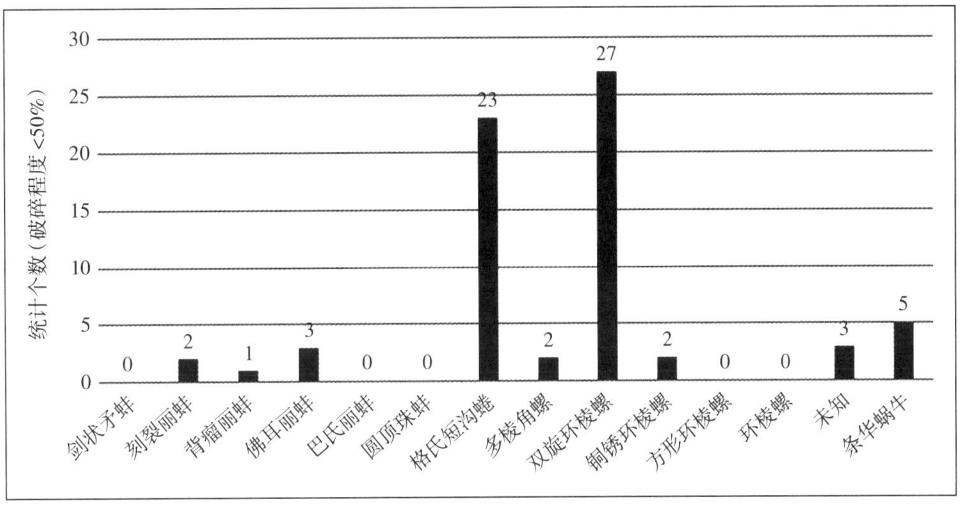

图 18　大湾遗址 T2 ⑥层软体动物化石统计图

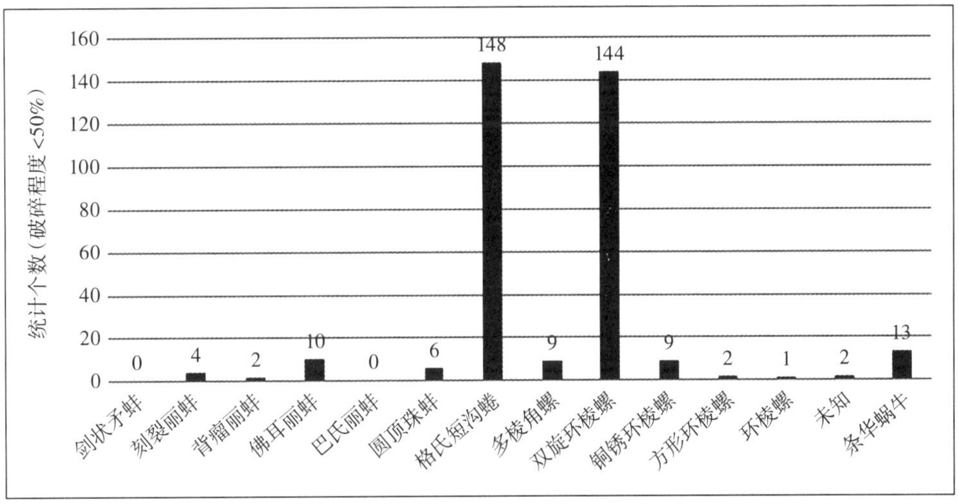

图 19　大湾遗址 T2 ⑦层软体动物化石统计图

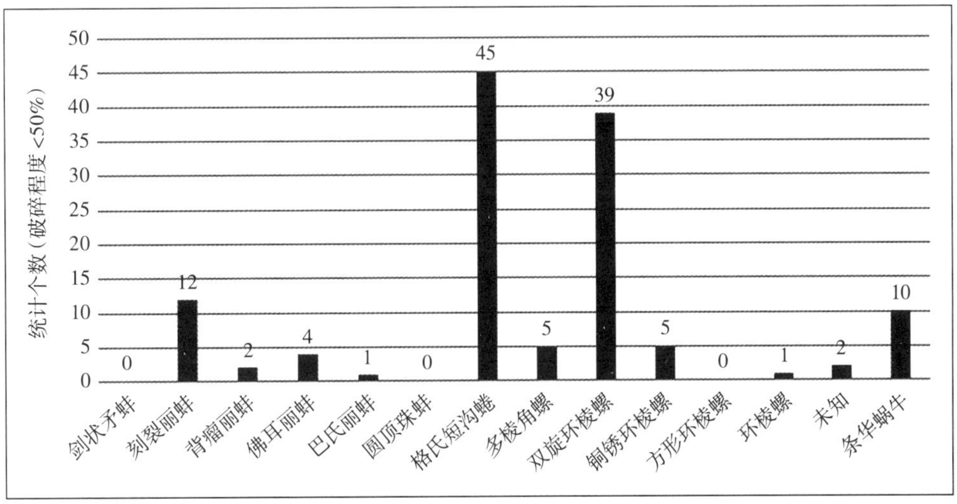

图 20　大湾遗址 T2 ⑧层软体动物化石统计图

表 2　坡叫环遗址 T1 软体动物化石统计表（破碎程度 <50%）　（单位：个）

中文名称	拉丁文名称	T1②	T1③	T1④	T1⑤	T1⑥	T1⑦	T1⑧	T1⑨	T1⑩	T1⑪	T1⑫	T1⑬	T1⑭
剑状矛蚌	*Lanceolaria gladiola*	0	0	0	1	0	0	0	0	0	1	1	0	0
刻裂丽蚌	*Lamprotula scripta*	1	11	7	14	3	13	6	2	0	5	5	1	0
背瘤丽蚌	*Lamprotula leai*	0	1	1	16	6	8	8	1	1	3	3	1	0
佛耳丽蚌	*Lamprotula mansuyi*	3	2	5	8	7	10	8	6	2	2	7	0	3
巴氏丽蚌	*Lamprotula bazini*	0	1	0	0	0	0	0	0	0	0	0	0	0
圆顶珠蚌	*Unio douglasiae*	0	0	0	2	1	0	0	1	1	1	1	0	0
格氏短沟蜷	*Semisulcospira gredleri*	142	137	104	173	81	28	34	99	74	43	15	116	79
斜粒粒蜷	*Tarebia granifera*	33	77	53	68	140	14	142	104	78	74	56	35	11
多棱角螺	*Angulyagra polyzonata*	0	0	0	0	0	2	0	0	0	0	0	0	0
双旋环棱螺	*Bellamya dispiralis*	55	98	166	263	82	28	63	77	100	20	24	47	55
铜锈环棱螺	*Bellamya aeruginosa*	47	32	30	7	21	4	5	2	37	65	34	23	17
方形环棱螺	*Bellamya quadrata*	0	2	0	12	0	0	0	0	1	0	0	8	3
环棱螺	*Bellamya* sp.	0	0	0	7	1	0	0	10	0	1	1	11	5
条华蜗牛	*Cathaica fasciola*	22	5	30	16	1	11	0	3	4	48	29	5	2

表 3　大湾遗址 T2 软体动物化石统计表（破碎程度 <50%）　（单位：个）

中文名称	拉丁文名称	T2②	T2③	T2④	T2⑤	T2⑥	T2⑦	T2⑧
剑状矛蚌	*Lanceolaria gladiola*	1	2	0	1	0	0	0
刻裂丽蚌	*Lamprotula scripta*	3	3	9	8	2	4	12
背瘤丽蚌	*Lamprotula leai*	4	3	10	4	1	2	2
佛耳丽蚌	*Lamprotula mansuyi*	5	3	6	13	3	10	4
巴氏丽蚌	*Lamprotula bazini*	1	2	3	0	0	0	1
圆顶珠蚌	*Unio douglasiae*	0	0	1	0	0	6	0
格氏短沟蜷	*Semisulcospira gredleri*	10	4	4	21	23	148	45
多棱角螺	*Angulyagra polyzonata*	0	0	0	0	2	9	5
双旋环棱螺	*Bellamya dispiralis*	9	4	4	16	27	144	39
铜锈环棱螺	*Bellamya aeruginosa*	2	2	1	2	2	9	5
方形环棱螺	*Bellamya quadrata*	0	0	1	0	0	2	0
环棱螺	*Bellamya* sp.	1	0	1	2	0	1	1
未能鉴定	Unknown	3	0	0	0	3	2	2
条华蜗牛	*Cathaica fasciola*	0	0	1	0	5	13	10

三　孢粉、植硅体、炭屑分析测试结果

本次分析鉴定孢粉植硅体样品在坡叫环考古遗址点共有 14 个。孢粉样品中仅发现极个别的孢子类型，未发现花粉。蕨类孢子主要有单缝孢子类的水龙骨科，以及三缝孢子类的铁线蕨属、芒萁属、金毛狗属等。由于孢子花粉数量十分少，不具有统计学古环境分析意义。然而，样品中含有十分丰富的炭屑和植硅体。

（1）炭屑浓度统计

本次炭屑预处理采用了重液浮选法，保留有机质的炭屑类物质，排除了其他暗色无机矿物及杂质的干扰。分析得出如下基本结论：大湾遗址点粒径 10~100μm 的炭屑浓度最大的样品为 T2 的 4 号；粒径大于 100μm 的炭屑浓度最大的样品为 T2 的 8 号。坡叫环遗址点粒径区间位于 10~100μm 及大于 100μm 的炭屑浓度最大的样品均为 T1 的 14 号。此外，大湾遗址点炭屑浓度 (10~100μm 及大于 100μm) 较大的样品出现在 T2 的 2、4、8 号样品的采集层位；而坡叫环遗址点炭屑浓度 (10~100μm 及大于 100μm) 较大的样品位于 T1 的 6 号及 11~14 号样品的采集层位（图 21、22；表 4、5）。

根据镜下观察发现：长宽比在 1~3 的木本型炭屑的数量最多，多呈方形或长方形，边缘常呈锯齿状。其次为长宽比约为 10 的草本型炭屑，通常呈长条形或针形，棱角分明。呈网状或絮状的植物叶片炭屑较为少见。

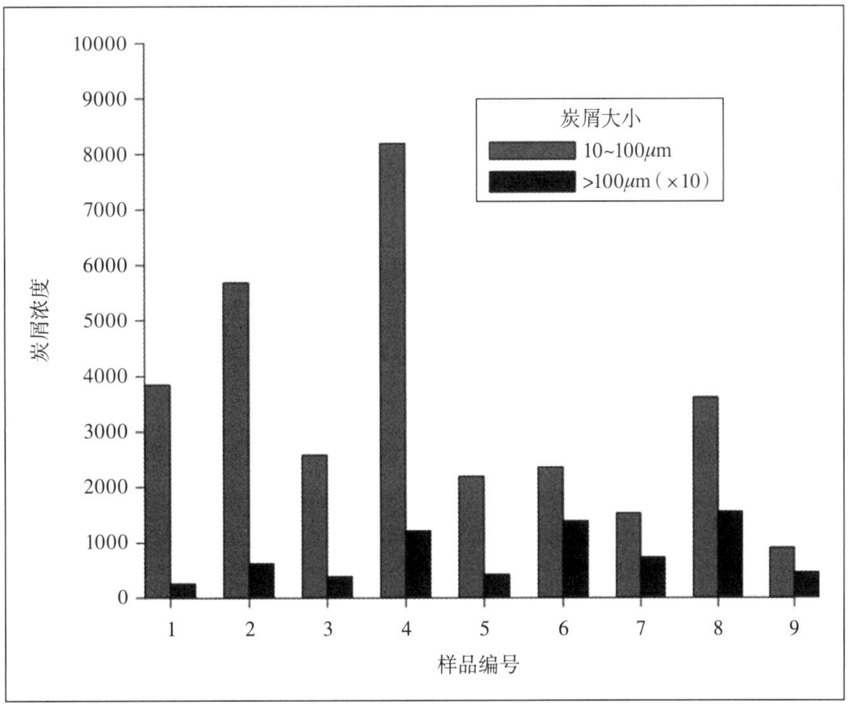

图 21　大湾遗址 T2 炭屑浓度分布图（下部编号为样号 T2 的 1~9 号）

灰色为 10~100μm 的炭屑浓度；黑色为大于 100μm 的炭屑浓度（×10 倍）

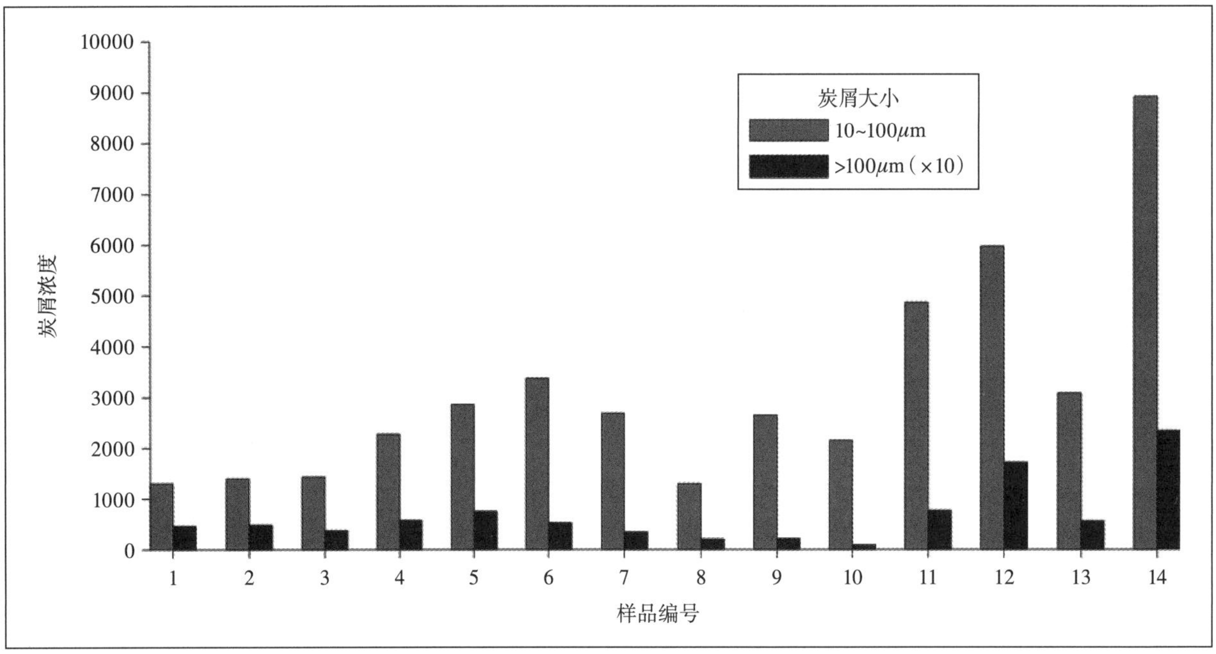

图 22　坡叫环遗址 T1 炭屑浓度分布图（下部编号为样号 T1 的 1~14 号）

灰色为 10~100μm 的炭屑浓度；黑色为大于 100μm 的炭屑浓度（×10 倍）

表 4　大湾遗址 T2 炭屑孢粉统计表

编号	所在层位	称重（g）	炭屑计数 10~100μm	炭屑计数 >100μm	示踪孢子	炭屑总浓度 10~100μm	炭屑每克浓度 10~100μm	炭屑总浓度 >100μm	炭屑每克浓度 >100μm	单缝孢子	三缝孢子	环纹藻
1	⑨	19.4	428	3	158	74656	3848	523	26	0	0	0
2	⑧	20.8	639	7	149	118193	5682	1294	62	0	0	0
3	⑦	21.1	393	6	199	54427	2579	830	39	8	8	8
4	⑥	18.5	473	7	86	151580	8193	2243	121	2	0	1
5	⑤	19	308	6	204	41610	2190	810	42	0	0	0
6	④	17.3	644	38	436	40707	2353	2402	138	0	0	0
7	③	18.6	395	19	385	28275	1520	1360	73	0	1	0
8	②	20.3	604	26	227	73331	3612	3156	155	0	0	0
9	①	20.1	349	18	528	18216	906	939	46	0	1	7

（2）植硅体分析鉴定

与炭屑样品预处理的方法相同，植硅体样品的预处理也是通过重液浮选方法得到的，由于植硅体为含水非晶硅质体，所以浮选重液的浓度大于炭屑浮选的重液浓度。两个遗址点中鉴定所得到的植硅体主要形态有十种，分别为：棒型、长方型、扇型、尖型、鞍型、齿型、圆（椭圆）型、多种扇型（个别与水稻扇型相近）、哑铃型及不定型。其中大湾遗址点的植硅体类型以棒型、长方型、

表 5　坡叫环遗址 T1 炭屑孢粉统计表

编号	所在层位	称重 (g)	炭屑计数 10~100μm	炭屑计数 >100μm	示踪孢子	炭屑总浓度 10~100μm	炭屑每克浓度 10~100μm	炭屑总浓度 >100μm	炭屑每克浓度 >100μm	单缝孢子	三缝孢子	环纹藻
1	⑭	24.4	412	15	357	31806	1304	1158	47	0	0	0
2	⑬	21.3	394	14	363	29914	1404	1063	50	0	0	0
3	⑫	21.4	530	14	474	30816	1440	814	38	1	0	0
4	⑪	16	508	13	385	36365	2273	931	58	2	0	2
5	⑩	19.5	668	18	331	55620	2852	1499	77	3	0	1
6	⑨	18.7	506	8	221	63101	3374	998	53	2	0	2
7	⑧	18.2	530	7	299	48852	2684	645	35	3	0	0
8	⑦	19.2	545	9	602	24950	1300	412	21	0	0	5
9	⑥	19.9	705	6	369	52655	2646	448	23	0	0	2
10	⑤	21.8	701	3	413	46779	2146	200	9	2	1	0
11	④	18	870	14	274	87508	4862	1408	78	3	0	1
12	③	17.3	656	19	175	103311	5972	2992	173	5	0	0
13	②	18.9	586	11	277	58304	3085	1094	58	5	0	0
14	①	19.9	380	10	59	177505	8920	4671	235	1	3	0

不定型为主，其次为扇型、尖型及鞍型；坡叫环遗址点的植硅体类型同样以棒型、长方型及不定型为主，其次为圆（椭圆）型（多数与方型和长方型有关）、扇型和尖型。其余的形态如鞍型、齿型及哑铃型在两个遗址点中的数量均较少（图 23、24；表 6、7；彩版一二二、一二三）。

表 6　大湾遗址 T2 植硅体统计表

编号	所在层位	称重 (g)	示踪孢子	棒型	尖型	圆型	鞍型	长方型	三角扇型	齿型	哑铃型	近水稻扇型	不定型	总计
1	⑨	28.3	24	247	76	45	36	144	56	48	0	32	182	890
2	⑧	26	20	81	12	5	9	88	20	11	0	3	105	354
3	⑦	29.3	15	124	34	21	17	93	46	37	2	25	120	534
4	⑥	26	12	117	22	18	35	89	62	33	0	21	231	640
5	⑤	25.6	28	55	34	29	20	43	169	37	0	46	178	639
6	④	26.5	33	245	87	66	38	276	74	30	8	62	225	1144
7	③	24.4	23	38	82	31	88	144	75	69	30	50	23	653
8	②	24.5	29	57	74	42	68	95	38	52	47	43	29	574
9	①	30.4	21	61	50	33	24	177	70	49	33	55	21	594

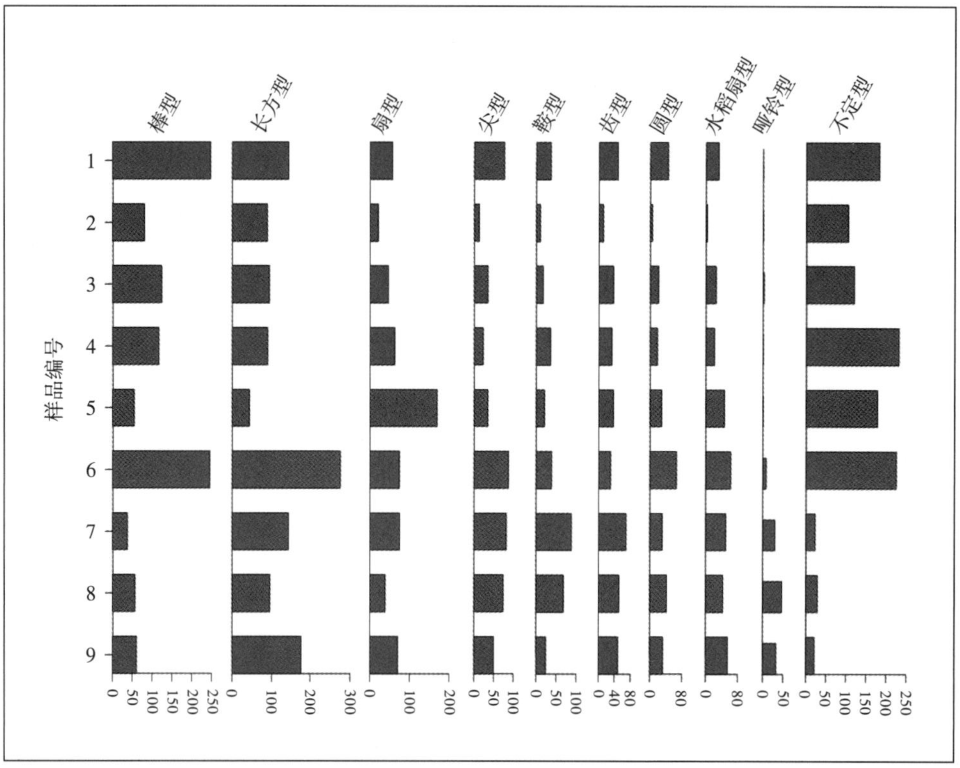

图 23　大湾遗址 T2 植硅体组合图式

左侧样号为 T2 的 1~9 号

表 7　坡叫环遗址 T1 植硅体形态统计表

编号	所在层位	称重（g）	示踪孢子	棒型	尖型	圆型	鞍型	长方型	三角扇型	齿型	哑铃型	水稻扇型	不定型	总计
1	⑭	27.4	3	72	41	32	6	152	8	26	19	3	295	657
2	⑬	24.0	11	79	31	44	9	232	32	33	14	2	251	738
3	⑫	22.2	6	162	92	119	36	279	65	42	23	5	449	1278
4	⑪	21.0	5	109	72	83	29	242	77	74	33	3	325	1052
5	⑩	23.3	16	113	52	48	36	165	48	57	37	1	331	904
6	⑨	21.3	13	72	37	20	9	87	29	44	25	3	213	552
7	⑧	26.3	5	76	46	67	24	111	65	22	34	0	103	553
8	⑦	25.4	8	64	38	30	8	129	16	10	6	0	115	424
9	⑥	28.5	10	61	34	23	12	96	27	24	5	0	173	465
10	⑤	28.2	18	123	17	15	7	89	32	16	14	0	97	428
11	④	20.1	4	102	22	13	4	134	35	9	9	0	101	433
12	③	24.7	8	130	29	35	13	97	26	44	17	0	196	595
13	②	22.5	12	89	23	29	15	66	30	29	11	0	121	425
14	①	27.8	11	74	31	17	6	95	10	5	4	0	133	386

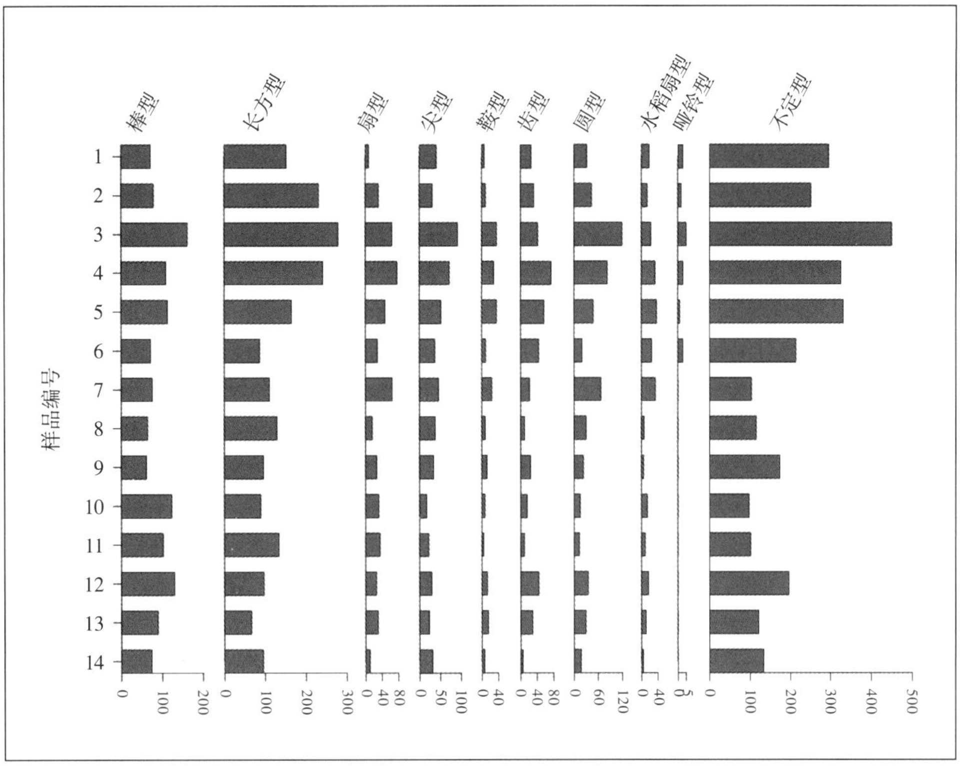

图24　坡叫环遗址T1植硅体组合图

左侧样号为T1的1~14号

附录三

广西左江流域新石器时代贝丘遗址动物考古学研究报告

陈曦　杨清平

（南京师范大学社会发展学院文物与博物馆学系　广西文物保护与考古研究所）

一　研究材料和研究方法

（一）研究材料

本研究的材料来自于广西壮族自治区崇左市龙州县宝剑山A洞、无名山、大湾、根村、坡叫环5处贝丘遗址，包括了2013~2016年出土的脊椎动物遗存。其中，宝剑山A洞为洞穴贝丘遗址，无名山为岩厦贝丘遗址，大湾、根村和坡叫环为滨河台地贝丘遗址。上述遗址的主体堆积时代为新石器时代中晚期。

宝剑山A洞、无名山、大湾、根村和坡叫环五个遗址分别出土了1295件、1626件、1780件、1135件和4465件骨骼标本，5处遗址的骨骼标本总数为10301件。

（二）研究方法

首先是对出土标本进行预处理。多数骨骼标本表面覆盖了一层钙质胶结物，我们用5%的醋酸溶液浸泡标本，以溶解这些钙质胶结物，随后用钢质剔针去除残余的胶结物。

标本鉴定主要参考了中国科学院古脊椎动物与古人类研究所和中国科学院动物研究所的现生动物骨骼标本，以及相关的鉴定图册。在此基础上，记述了各类群的典型标本，描述形态特征，以及测量重要性状。测量值的单位为mm。“+”表示实际数值稍大于测量值；“~”表示测量值与实际数值之间可能稍有误差。

标本统计采用了可鉴定标本数（NISP）和最小个体数（MNI）两个指标。不同类群鉴定程度的差异对统计结果有一定影响。鱼类标本只统计了总数，未区分种属、骨骼部位和最小个体数；

龟鳖类标本多为难以鉴定的甲片，但根据四肢骨统计了最小个体数；哺乳动物的牙齿多能鉴定到种，但啮齿类、小型食肉类的头后骨骼未做鉴定。为了比较不同类群的丰度，我们对比了不同类群的标本数，以及鱼类之外其他类群的最小个体数。

本研究也观察了骨骼表面的自然和人工痕迹，描述了这些痕迹的形态和在骨骼上的分布位置，并讨论其反映的古人类行为。

在上述分析的基础上，我们讨论了龙州贝丘遗址动物遗存所代表的自然环境、生业经济和古人类生活方式，并与邕江流域、右江流域的同时期遗址进行了对比。

缩写：GLB/GLW/GLD/GLG/GLP 分别为宝剑山 A 洞、无名山、大湾、根村和坡叫环的缩写。字母 I/C/P/M 分别代表上门齿、上犬齿、上前臼齿和上臼齿；i/c/p/m 分别代表下门齿、下犬齿、下前臼齿和下臼齿。

标本编号原则：标本编号为遗址名称缩写 + 地层编号 + 该层的标本序号。譬如 GLB-2-03 即为宝剑山 A 洞遗址第 2 层 03 号标本。无名山遗址的动物标本因未分层采集，所以中间未加层号。

二　分类记述

除鱼类外，龙州 5 处贝丘遗址一共鉴定出 40 种脊椎动物，包括 4 种龟鳖类、1 种鳄类、3 种蛇类、5 种鸟类和 27 种哺乳动物（附表 1~7）。

1. 硬骨鱼纲

鱼类标本只统计了数量，未做进一步的分类鉴定。

2. 爬行纲

（1）龟鳖目

龟鳖类材料中可鉴定的头骨、下颌都属于山瑞鳖，可知山瑞鳖为遗址中的优势种群。一些小的肩带、腰带、肢骨形态较特殊，可能为另一物种，但因未见头骨，这里暂定鳖科未定种(Trionychidae gen. et sp. indet.)。龟的部分，从肢骨形态和龟甲纹饰看，应包含了数个种。其中，少数大而平直的肢骨，可能属于海龟，另外一些应属常见的泽龟类（Emydidae），但现有材料无法鉴定到属种。综上，我们认为龙州的龟鳖类标本至少包括以下四个种。

山瑞鳖（*Palea steindachneri*）（彩版一二四，1~4、6、7）

鳖科属种未定（Trionychidae gen. et sp. indet.）（彩版一二四，5、8；彩版一二五，1、4、8）

海龟科属种未定（Cheloniidae gen. et sp. Indet.）（彩版一二五，2、3）

泽龟科属种未定（Emydidae gen. et sp. Indet.）（彩版一二五，5、6）

（2）鳄目

鳄目科属种未定（Crocadylia fam., gen. et sp. indet.）

鳄类遗存皆为残破骨板（彩版一二五，7），与龟鳖类甲板的区别在于：前者厚实，表面凹陷较深，且纹饰不像后者有规律。

我国全新世的鳄类大抵有三种可能：一是生活在江淮地区的扬子鳄（*Alligator sinensis*），一是分布于岭南的马来鳄（*Tomistoma schlegelii*），另一种是出没于华南近海的湾鳄（*Crocodylus porosus*）[1]。参考地理分布，龙州标本很可能属于马来鳄，但仅凭骨板无法做出准确的判断。

（3）蛇亚目

1）缅甸蟒（*Python bivittatus*）

材料与测量：

左侧下颌（GLP–7–06；彩版一二六，1~3），带 4 颗牙齿，另有 3 个齿槽中牙齿缺失，残长 23.0。

关节在一起的脊椎 6 节（GLW–41~46；彩版一二六，4~8），总长 63.4，每节脊椎的宽度 21.2~22.2，高 20.7+。

关节在一起的脊椎 3 节（GLB–4–04~06），棘突破损，总长 45.7，宽度 28.0~31.6，高度 24.5+。

单件脊椎（GLD–7–15），长 18.9，宽 21.8+。

描述与讨论：

我国现生蟒类仅有缅甸蟒一种，其成年个体尺寸远大过其他蛇类。形态方面，蟒的下颌圆钝，脊椎整体显得粗壮，棘突较厚，前、后关节突不很扩展、椎体下突弱。

2）眼镜蛇科属种未定（Elapidae gen. et sp. indet.）

材料与测量：

脊椎（GLB–4–12；彩版一二六，9~13），长 10.2，宽 11.8，高 9.6+。

脊椎（GLB–4–15；彩版一二六，14~18），长 11.9，宽 16.8，高 14.0。

描述与讨论：

脊椎长小于宽，棘突呈薄片状，前、后关节突较为扩展，椎体下突很发育（GLB–4–12 破损）。GLB–4–12 和 GLB–4–15 在椎体比例和尺寸上存在一些差别，有可能代表了眼镜蛇科的不同种。

3）黑眉锦蛇（*Elaphe taeniura*）

材料与测量：

两件脊椎（GLB–4–13、14；彩版一二六，19~23），总长 13.5，宽 14，高 9.2。

描述与讨论：

黑眉锦蛇为游蛇科中体型较大者，现生个体的长度可达 2 米。该脊椎标本长略小于宽，棘突

---

[1] 张孟闻、黄祝坚：《中国的鳄类——扬子鳄和湾鳄》，《动物学杂志》1979 年第 2 期，第 20 页；文焕然：《现生鳄类与扬子鳄盛衰》，《中国历史时期植物与动物变迁研究》，重庆出版社，2006 年；王将克、宋方义：《关于珠江三角洲出土的鳄鱼及其有关问题》，《热带地理》1981 年第 1 卷第 4 期。

厚而低矮，椎体下突不发育。

3. 鸟纲

鸟类标本皆为肢骨，本报告仅做初步的鉴定和测量。对于属同一大类但无法归入具体种属的标本，用字母 A、B 示其区别。

（1）雁形目科属种未定（Anseriforme fam., gen. et sp. indet.）

右侧肱骨近端（GLG-2-25；彩版一二七，1、2），残长 110.7，近端宽 31.4。

（2）雉科属种未定 A（Phasianidae gen. et sp. indet. A）

左侧肱骨近端（GLG-4-07；彩版一二六，24、25），残长 36.0，近端宽 18.9。

右侧胫跗骨近端（GLG-4-06；彩版一二七，3、4），残长 51.2，近端宽 19.4。

（3）雉科属种未定 B（Phasianidae gen. et sp. indet. B）

右侧肱骨近端（GLP-4-33），残长 47.6，近端宽 17.5。

左侧跗跖骨远端（GLP-4-34；彩版一二七，5、6），残长 49.1，远端宽 14.6。

（4）涉禽类 A

左侧胫跗骨远端（GLG-2-24；彩版一二七，7、8），残长 51.2，远端宽 10.0。

（5）涉禽类 B

右侧胫跗骨远端（GLG-2-28；彩版一二七，9、10），残长 52.0，远端宽 10.4。

4. 哺乳纲

（1）啮齿目

1）鼠科

鼠属未定种（*Rattus* sp.）

坡叫环遗址出土了 1 件鼠类头骨，标本保存完好（脑颅部分自然脱落），色泽新鲜，判断它应当是在晚近时期打洞进入地层的。

2）松鼠科

巨松鼠（*Ratufa gigantea*）

材料与测量：

1 件左侧下颌（GLD-2-02；彩版一二八，1、2），带 m1~3，p4 脱落但齿槽保存完好。

p4~m3 长（齿槽）17.6，m1~3 长（齿冠）12.0。

描述与讨论：

松鼠科有四枚颊齿，即一枚前臼齿和三枚臼齿，巨松鼠的颊齿列为松鼠科中最长者。下臼齿方形，磨耗程度高，颊侧齿尖外侧有明显的剪切面。根据残存齿槽推测，p4 应长于臼齿。我国现生巨松鼠的上颊齿列长度为 13.5~15.8[1]。

[1] 黄文儿、陈延熹、温业新：《中国啮齿类》，复旦大学出版社，1995 年。

3）竹鼠科

竹鼠未定种（*Rhizomys* sp.）

材料与测量：

竹鼠的骨骼遗存皆为下颌（彩版一二八，3~5），测量值见表1。

表1 竹鼠未定种下臼齿列（m1~3）测量值

	GLD-8-01	GLP-3-05	GLP-4-13	GLP-4-14	GLP-7-01	GLP-9-03	GLW-12
定向	左	右	左	左	左	左	右
m1-3长（冠面）	—	—	—	—	12.6	13.1	11.2
m1-3长（齿槽）	14.7	16.4	15.0	14.2	15.3	14.9	—

描述与讨论：

我国现生竹鼠科主要有竹鼠属（*Rhizomys*）的花白竹鼠（*R. pruinosus*）、中华竹鼠（*R. sinensis*）、大竹鼠（*R. sumatrensis*）和小竹鼠属（*Cannomys*）的小竹鼠（*C. badius*）四种。现生小竹鼠的地理分布局限于云南西部，体型明显较偏小[1]；但竹鼠属的三个种在牙齿形态上的区别尚不清楚。因此，这里将龙州材料暂定为竹鼠属未定种。

4）豪猪科

龙州贝丘遗址存在两种豪猪：一种是大型的马来豪猪，其牙齿较大，颊齿齿根不发育；另一种是小型的帚尾豪猪，牙齿小，颊齿齿根发育[2]。

①帚尾豪猪（*Atherurus macrourus*）

材料以下颌为主（彩版一二八，6），另有少量游离齿，测量值见表2。

表2 帚尾豪猪下颊齿列（p4~m3）测量值

	GLD-6-01	GLD-8-02	GLD-8-03	GLD-8-04	GLW-13
定向	左	右	左	右	左
p4~m3长（齿冠）	19.4	19.4	19.4	—	19.1
p4~m3长（齿槽）	20.5	20.4	20.2	21.3	20.0

②马来豪猪（*Hystrix brachyura*）

1件带m2的右侧下颌（GLP-4-16；彩版一二八，7）。m2长7.6，宽5.5。

（2）灵长目

[1] 何小瑞、杨向东、李涛：《中国小竹鼠生态的初步研究》，《动物学研究》1991年第12卷第1期。

[2] 黄文几、陈延熹、温业新：《中国啮齿类》，复旦大学出版社，1995年。

1）猴科

短尾猴（*Macaca arctoides*）

材料与测量：

短尾猴上颌见彩版一二八，8、9，上颊齿测量数据见表3。

表3　短尾猴上颊齿测量值

编号	定向	P3		P4		M1		M2	
		长	宽	长	宽	长	宽	长	宽
GLB-6-01	左	5.6	5.7	—	—	7.5	7.0	~7.6	8.2
GLG-4-02	左	5.0	5.2	5.6	6.1	7.2	6.7	7.8	7.8
GLP-4-17	右	—	—	6.0	6.3	—	—	—	—

短尾猴下颌见彩版一二九，1~4，下颊齿测量数据见表4。

表4　短尾猴下颊齿测量值

编号	定向	dp3		dp4		p3		p4		m1		m2		m3		m1~3	p3~m3
		长	宽	长	宽	长	宽	长	宽	长	宽	长	宽	长	宽	长	长
GLB-6-02	左	—	—	—	—	—	—	—	—	7.2	5.3	8.2	6.7	10.1	6.9	25.9	—
GLB-6-03	左	—	—	7.0	4.6	—	—	—	—	—	—	—	—	—	—	—	—
GLD-5-05	右	6.6	3.8	7.0	4.5	—	—	—	—	—	—	—	—	—	—	—	—
GLG-2-06	左	—	—	—	—	—	—	—	—	—	—	—	—	11.2	7.1	—	—
GLG-2-07	左	—	—	—	—	—	—	—	—	7.8	—	9.2	7.8	11.7	7.6	28.9	—
GLG-2-08	右	—	—	7.1	4.7	—	—	—	—	7.2	5.3	8.8	6.5	—	—	—	—
GLG-6-01	左	—	—	—	—	7.3	4.4	5.4	5.0	6.8	5.4	8.4	7.1	10.4	7.4	25.8	40.2
GLW-18	左	6.0	3.6	—	—	—	—	—	—	7.7	6.5	—	—	—	—	—	—
GLW-19	左	—	—	6.3	4.6	—	—	—	—	7.6	5.5	8.7	6.6	—	—	—	—
GLW-21	右	—	—	—	—	—	—	—	—	7.4	5.5	8.4	6.7	10.7	6.4	26.0	—
GLW-23	右	—	—	—	—	8.0	3.8	6.5	4.4	—	—	—	—	—	—	—	—

描述与讨论：

我国的猴科动物包括了猴亚科的猕猴和疣猴亚科的叶猴、金丝猴。两者的牙齿形态截然不同。叶猴的齿尖高而尖，发育锐利的连续横向齿脊，上臼齿的颊侧凹和下臼齿的舌侧凹都较深。相反，猕猴的齿尖相对圆钝，上下臼齿上的横脊不明显，常被前后向的中沟所分割，齿凹较浅，且不够锐利。上述差异反映叶猴以食叶为主，牙齿的剪切功能较强；而猕猴杂食，牙齿具一定的研磨功能。龙州的猴类骨骼皆属猕猴类。其牙齿尺寸大过常见的恒河猴（*Macaca mulatta*），颊侧、舌侧齿尖仍有一定高差，稍具剪切型磨耗特征，因此这里将之定为短尾猴。

2）长臂猿科

黑长臂猿未定种（*Nomascus* sp.）

材料与测量：

1件可能为雄性的右侧下颌带m1~3（GLW-15；彩版一二九，5）。m1长7，宽5.5；m2长7.5，宽6.3；m3长7.4，宽7.9。

1件可能为雌性的右侧下颌带p4~m2（GLW-16；彩版一二九，6）。p4长5.3，宽3.8；m1长6.0，宽5.3；m2长7.0，宽5.6。

描述与讨论：

长臂猿牙齿齿尖低矮圆钝，可轻易地与猴科动物相区分。

长臂猿科在我国有三个属：白眉长臂猿属（*Bunopithecus*）、长臂猿属（*Hylobates*）和黑长臂猿属（*Nomascus*）。前两属现今分布在云南西部，黑长臂猿属中的海南长臂猿分布在海南岛，东黑长臂猿分布在广西西南部。目前长臂猿的分类主要依据皮毛、叫声等特征，各个种在牙齿形态上的差异还不清楚；参考现生长臂猿的地理分布，龙州的标本暂定为黑长臂猿未定种。

（3）食肉目

1）犬科

豺（*Cuon alpinus*）

材料与测量：

左上犬齿1枚（GLW-24；彩版一三〇，1）。齿颈处前后径11.2，左右径7.8。

描述与讨论：

该标本齿尖破损，大小与现生豺的类似，稍小于灰狼，齿冠部分较为短粗。

2）小熊猫科

小熊猫（*Ailurus fulgens*）

材料与测量：

1件带p1~m2的左下颌（GLD-2-03；彩版一三〇，2、3）。

沿齿槽处测得p1~m2长约50.7，m1长约10.3，m2长约14.8。

描述与讨论：

颊齿齿冠严重破损，但仍可辨认其具有4枚下前臼齿和2枚下臼齿。在现生小型食肉动物中，只有小熊猫的m2特别延长，其长度甚至超过m1。

3）鼬科

①水獭亚科属种未定（Lutrinae gen. et sp. Indet.）

材料：

1枚右P4（GLW-25；彩版一三〇，4），前外侧残损。

描述与讨论：

该 P4 前后缩短，舌侧原尖延长，符合水獭亚科的特征。我国现生水獭亚科的成员有小爪水獭（*Aonyx cinerea*）、普通水獭（*Lutra lutra*）和江獭（*Lutrogale perspicillata*）三种。因标本过于残破，无法做种一级的鉴定。

②鼬獾未定种（*Melogale* sp.）

材料与测量：

1 件带门齿、犬齿，左侧 P4、M1 的残破颅骨（GLD–5–01；彩版一三〇，5）；1 件带 p2、p4、m1 的左侧下颌（GLG–2–09；彩版一三〇，6、7）。

P1~M1 长 21.7；P4 长 7.8，宽 6.6；M1 长 4.6，宽 7.8；p4 长 6.3，宽 3.8；m1 长 8.4，宽 4.5。

描述与讨论：

P4：次尖发育，此为鼬獾类的鉴定特征。

p1 单根，已脱落；p2 双根，仅发育一个主尖；p3 双根，齿冠破损；p4 除主尖外，后外方有显著的附尖，前内侧和后内侧都发育齿带；m1 的下前尖、下后尖、下原尖皆高大，下内尖乳突状，下次尖不明显，下跟座盆形。该标本 p4、m1 的长度与缅甸鼬獾（*Melogale personata*）很接近[1]。与貂属（*Martes*）相比，m1 的下后尖更高大，下内尖也更显著，下跟座的凹陷更深。由于普通鼬獾（*Melogale moschata*）和缅甸鼬獾在牙齿形态上的差异尚不清楚，这里暂定为鼬獾未定种。

③猪獾（*Arctonyx collaris*）

材料与测量：

1 件左侧下颌上升支残段（GLD–7–02）；1 件右侧下颌带 m1（GLD–7–03）；1 件右侧下颌带 p4、m1（GLG–2–10；彩版一三〇，8、9）。

p4 长 7.0，宽 3.7；m1 长 19.6，宽 7.5。

描述与讨论：

下颌角呈圆弧形，角突与髁突距离很近，咬肌窝下缘隆起成嵴状。m1 长且膨大。三角座中，下前尖不太发育，下后尖位于下原尖的后内侧；下跟座呈盆状，内侧为三个乳突状的小尖，外侧有两个稍大的小尖。

猪獾的下颌上升支相较于狗獾（*Meles leucurus*）有如下区别：整体更为后倾，下颌角圆润，角突的位置更靠上，咬肌窝下缘凸起。此外，猪獾 m1 的下前尖较不发育，下后尖相对于下原尖的位置更靠后，跟座上的小尖也更多。

4）猫科

①豹（*Panthera pardus*）

---

[1] 郑永烈：《我国兽类新纪录——缅甸鼬獾》，《兽类学报》1981 年第 1 卷第 2 期。

材料与测量：

1件左上犬齿（GLW-11；彩版一三〇，10）。

齿冠长37.9，牙龈处近中远中径20.1，颊舌径15.3。

描述与讨论：

犬齿侧面沟槽发育，为猫科的特征，标本的尺寸与豹最为接近。

②猫亚科属种未定（Felinae gen. et sp. Indet.）

材料与测量：

1件带p3、p4、m1的右侧下颌（GLD-7-04；彩版一三〇，11、12）；1件右侧上犬齿（GLD-8-05），齿尖破损。

p3长7.1，p4长9.6，m1长10.9，p3~m1长28.5。犬齿牙龈处近中远中径9.2，颊舌径7.1。

描述与讨论：

下颌底部平直，具典型的猫科动物m1，因尺寸小而归入猫亚科，但未能鉴定到种。

5）灵猫科

①长颌带狸（*Chrotogale owstoni*）

材料与测量：

1件右侧下颌带p3~m2（GLB-7-01；彩版一三一，1、2）；1件左侧下颌带p3~m2（GLW-29）。

p4长6.3~7.0，m1长6.2~7.1。

描述与讨论：

下颌小于椰子狸；p4窄长，附尖发育，高度臼齿化；m1跟座长过三角座。

②大灵猫未定种（*Viverra* sp.）

材料与测量：

1件右侧下颌带犬齿、p2、m1（GLB-4-02；彩版一三一，3、4）；1枚右侧m1（GLP-2-08）。

下颌残长95.0，p2长7.1，m1长13.9，宽6.5~7.2，齿槽处测得p1~m2长度为50.0。

描述与讨论：

下颌纤长，咬肌窝深，角突显著。m1齿尖尖锐，三角座略长过跟座。

现生大灵猫（*Viverra zibetha*）和大斑灵猫（*Viverra megaspila*）的牙齿形态类似，根据现有材料，只能鉴定到大灵猫属。

③果子狸（*Paguma larvata*）

材料与测量：

1件左侧下颌带i3、c、p2~4（GLD-7-05；彩版一三一，5）；1件左侧下颌带c、p2、m1（GLD-8-06；彩版一三一，6）；1件右侧下颌带m1（GLG-2-13）。

犬齿近中远中径7.2，颊舌径4.0；m1长9.7~10.2，宽7.0~7.2；齿槽处测得p1~m2长36.7~37.3。

描述与讨论：

p2 单尖，远中微现齿带，内壁隆凸；p3 主尖的前内侧、后内侧、后外侧都发育瘤状附尖；p4 臼齿化，主尖低矮圆钝，后侧两个附尖形成跟座。m1 基部膨大，下前尖横置，下后尖位于下原尖的后内方，跟座短宽。果子狸的下颊齿，尤其 p4 和 m1 低矮圆钝的齿尖，明显不同于其他的小型食肉动物。

④椰子狸（*Paradoxurus hermaphroditus*）

材料与测量：

左侧下颌带 m1（GLG–2–15；彩版一三一，7、8），测量数据见表 5。

描述与讨论：

m1 下前尖横置，下原尖与下后尖并列，跟座明显低于三角座，且略窄。与果子狸相比，椰子狸的 m1 更为窄长，齿尖更为锐利。

表 5　椰子狸 m1 的测量与比较

	GLG–2–15	落笔洞[1]	现生种[2]
m1 长	9.4	9.0	10.0
m1 宽	5.5	6.3	6.1

6）獴科

食蟹獴（*Herpestes urva*）

材料与测量：

1 件左侧上颌骨带 C~M1，其中 P3、P4 较完整（GLD–7–06；彩版一三一，9）。

P3 长 6.3，宽 4.7；P4 长 9.5，宽 6.4；齿槽处测得 P1~M1 长 24.3。

描述与讨论：

P1 小，单根；P2 双根；P3 主尖高耸，在前、后、内侧各有一个小齿尖；P4 短宽，原尖呈舌状，磨损后较平；M1 很小。P3有显著的舌侧齿尖（原尖）是 獴类的特征，食蟹獴的体型大过红颊獴。

（4）偶蹄目

1）猪科

野猪（*Sus scrofa*）

材料与测量：

1 件幼年个体的右侧上颌骨带 dp2~4（GLB–4–03）；1 件左侧上颌骨带 P3~M3（GLG–4–03；彩版一三二，1）；1 件右侧下颌骨带 p2~m3（GLD–2–5；彩版一三二，2）。

M3 长 39.6，宽 23.7；m3 长 38.1，宽 17.2；p2~m3 长 113.9；dp2~4 长 40.1。

描述与讨论：

M3 的长、宽数值超过家猪的最大值，m3 的长、宽数值与家猪的最大值相近[3]，遗址中猪

[1] 郝思德、黄万波：《三亚落笔洞遗址》，南方出版社，2008 年。

[2] 寿振黄：《中国经济动物志：兽类》，科学出版社，1964 年。

[3] 袁靖：《中国古代的家猪起源》，《西部考古》2006 年第 1 期。

的个体数比例也很小。因此，龙州贝丘遗址的猪类标本应鉴定为野猪。

2）麝科

林麝（*Moschus berezovskii*）

材料与测量：

1件左侧下颌骨带dp4、m1、m2，以及dp2、dp3的齿槽部分（GLP-11-02；彩版一三二，3~5）。

dp2~dp4在齿槽处长16.4；m1长7.1，宽4.3；m2长9.1，宽4.6。

描述与讨论：

相较于其他小型鹿类（麂类和毛冠鹿），麝类牙齿的尺寸明显更小，齿冠也较低。麝类m1、m2的齿柱发育，呈锥状；前齿带显著，下后尖后方见有折向舌侧的Dorcatherium fold结构。结合现生麝类的地理分布，将龙州标本定为林麝。

3）鹿科

①小麂（*Muntiacus reevesi*）

材料与测量：

表6　小麂鹿角测量值

标本号	定向	角全长	角柄长	角干长	眉枝长	角基周长
GLD-3-01	左	—	65.3+	70.1+	—	77.8
GLP-2-01	左	117.2+	40.5	78.0+	—	78.0
GLP-2-02	右	121.7	38.4	81.4	21.3	75.6

小麂的鹿角见彩版一三二，6、7，测量数据见表6。

表7　小麂上颊齿测量值

标本号	定向	P3		P4		M1		M2		M1~3
		长	宽	长	宽	长	宽	长	宽	长（齿槽）
GLP-9-04	左	7.6	8.3	7.3	8.2	9.9	10.5	10.5	11.6	—
GLD-7-07	右	—	—	—	—	—	—	—	—	28.2

小麂的上颌见彩版一三二，8~10，上颊齿的测量数据见表7。

小麂的下颌见彩版一三三，1~6，下颊齿的测量数据见表8。

描述与讨论：

小麂的牙齿尺寸很小，鹿类动物中与之相近的只有毛冠鹿。小麂p4的下前尖和下后尖不融合（与毛冠鹿相区别），颊齿齿带角、齿柱皆较为发育。另外，根据笔者对少量标本的观察，小麂的下颌在颏孔之后往往还有两个神经孔，其中第二个较小的神经孔位于p2远中侧下方或p3的

表 8　小麂下颊齿测量值

标本号	定向	dp2		dp3		dp4		dp2~4	p2		p3		p4		m1		m2		m3		p2~m3
		长	宽	长	宽	长	宽	长	长	宽	长	宽	长	宽	长	宽	长	宽	长	宽	长
GLD-1-02	右	—	—	—	—	—	—	—	—	—	—	—	—	—	8.8	6.1	9.9	6.9	—	—	—
GLD-2-10	左	—	—	—	—	—	—	—	—	—	—	—	—	—	—	—	10.7	7.6	14.3	7.5	—
GLD-5-08	左	—	—	—	—	—	—	—	—	—	—	—	7.7	4.9	—	—	—	—	—	—	—
GlD-5-10	右	—	—	7.4	—	11.8	—	—	—	—	—	—	—	—	10.3	—	11.0	—	—	—	—
GLG-2-02	左	—	—	—	—	—	—	—	—	—	—	—	—	—	—	—	11.2	7.4	14.2	7.3	—
GLG-2-03	左	—	—	—	—	—	—	—	—	—	—	—	—	—	10	5.6	—	—	—	—	—
GLG-2-04	右	—	—	—	—	—	—	—	6.9	3.0	—	—	—	—	—	—	—	—	—	—	—
GLG-3-01	右	6.3	3.2	7.1	4.1	10.3	4.8	24.0	—	—	—	—	—	—	9.2	5.4	—	—	—	—	—
GLG-5-03	右	—	—	—	—	—	—	—	—	—	—	—	—	—	—	—	—	—	13.3	6.6	—
GLP-3-14	右	—	—	—	—	—	—	—	—	—	—	—	—	—	9.3	5.7	—	—	—	—	—
GLP-4-29	左	—	—	—	—	12.0	6.6	—	—	—	—	—	—	—	10.2	7.8	—	—	—	—	—
GLP-7-03	右	—	—	—	—	—	—	—	—	—	7.1	4.0	6.8	4.7	8.3	5.9	8.9	6.4	12.4	6.6	—
GLP-7-04	右	—	—	—	—	—	—	—	—	—	7.5	4.8	7.9	5.4	9.2	6.7	10.3	7.0	13.5	6.5	56.5
GLP-12-01	右	—	—	—	—	—	—	—	—	—	—	—	—	—	—	—	10.3	6.7	13.0	6.8	—
GLW-09	左	—	—	—	—	—	—	—	—	—	—	—	7.8	4.8	9.2	6.1	9.5	6.8	—	—	—

正下方；毛冠鹿颏孔之后只有 1 个神经孔，位于 p2 的近中侧下方。

我国的现生麂类动物有四种：黑麂（*Muntiacus crinifrons*）、菲氏麂（*Muntiacus feae*）、赤麂（*Muntiacus muntjak*）和小麂（*Muntiacus reevesi*）。赤麂和小麂在今天的广西地区仍有分布。作为麂属动物中体型最小者，小麂的体重仅为赤麂的一半，齿列和肢骨的长度也都明显小于赤麂。小麂的角枝除了整体尺寸较小外，角柄往往短于角干，眉枝也极短；赤麂的角柄长度则显著地超过角干[1]。

②大角麂（*Muntiacus gigas*）

材料与测量：

大角麂的鹿角见彩版一三四，1、2、6、7，上颌见彩版一三四，3~5，下颌见彩版一三五，1~12，测量数据见表 9~11。

头后骨骼中，1 件右侧掌骨保存较完整（GLB-5-01；彩版一三五，13），长度为 121.2，近端宽 22.5，远端宽 24.0。

描述与讨论：

“大角麂”最早由魏丰等根据河姆渡遗址的标本命名。其鉴定特征为角型粗大，主枝长，可

[1] 盛和林：《中国鹿科动物》，华东师范大学出版社，1992 年。

表 9　大角鹿鹿角测量值

标本号	定向	角全长	角柄	角干	眉枝	角基周长
GLP-2-03	左	278	72	206+	66+	138
GLP-2-04	右	282	74	216	84	127+
GLP-2-02	—	—	—	—	56	—
GLP-5-01	—	211+	78	135+	39+	121+
GLP-5-02	—	—	70+	—	—	—
GLP-4-05（幼年）	左	125	—	—	—	—
GLP-4-06（幼年）	右	97+	—	—	—	—
河姆渡遗址	—	194~495	78~118	110~208	—	—

表 10　大角鹿上颊齿测量值

标本号	定向	M1		M2		M3		M1~3
		长	宽	长	宽	长	宽	长
GLD-5-07	左	12.8	12.7	14.5	13.7	12.3	12.1	38.7
GLD-7-12	右	—	—	13.4	14.7	13.7	13.1	—

表 11　大角鹿下颊齿测量值

标本号	定向	p2~m3	p2~4	m1~3	dp3		dp4		p2		p3		p4		m1		m2		m3	
		长	长	长	长	宽	长	宽	长	宽	长	宽	长	宽	长	宽	长	宽	长	宽
GLD-1-03	左	—	—	—	—	—	14.1	6.4	—	—	—	—	—	—	11.7	6.9	—	—	—	—
GLD-2-13	右	—	—	41.5	—	—	—	—	—	—	—	—	—	—	11.0	7.2	13.2	8.7	16.4	8.8
GLD-4-02	右	70.4	29.0	40.4	—	—	—	—	8.4	5.0	10.2	5.7	10.5	6.5	11.4	7.7	13.2	9.2	15.7	8.8
GLD-4-03	右	71.8	28.6	42.9	—	—	—	—	9.1	4.8	10.0	6.1	10.2	—	12.4	8.3	14.0	9.4	16.4	8.3
GLD-4-04	右	—	—	—	—	—	—	—	—	—	—	—	—	—	12.8	8.0	—	—	—	—
GLD-7-10	右	—	—	—	9.4	4.9	14.0	6.4	—	—	—	—	—	—	12.0	7.3	—	—	—	—
GLG-2-01	右	—	28.3	—	—	—	—	—	8.6	5.1	9.6	5.9	10.8	6.5	—	—	—	—	—	—
GLG-4-01	右	—	—	—	—	—	—	—	—	—	—	—	—	—	—	—	14.0	9.7	17.9	9.2
GLP-5-13	右	—	—	—	—	—	—	—	—	—	—	—	—	—	—	—	14.3	10.2	18.9	10.0
GLP-5-14	右	—	—	—	—	—	—	—	—	—	—	—	11.3	7.2	—	—	—	—	—	—
GLW-40	左	—	—	—	—	—	—	—	—	—	9.9	6.4	—	—	—	—	—	—	—	—

超过角柄的一倍，眉枝发育[1]。大角鹿主枝微向内侧弯，表面粗糙且有明显的棱或沟，横截面呈扁圆形或三角形，这些也是鹿属动物的共同特征。坡叫环遗址发现的大角鹿既有成年个体，也有一岁左右的幼年个体。幼年个体的角枝呈钉子状（spike），尚未生长出角环（burr），即角柄和角干仍处于愈合状态。

③梅花鹿（*Cervus nippon*）

材料与测量：

1件左侧鹿角（GLP–10–01；彩版一三六，1、2），角环周长169，角环前后径56，角环内外径52，角全长452，角柄长19，角干长465，眉枝长170，眉叉至角环的距离69，第二枝至眉叉的距离238。

1件左侧下颌骨带p3~m1（GLD–2–08；彩版一三六，3~5），p3长13.7，宽7.6；p4长14.2，宽9.2；m1长16.9，宽10.3；1件右侧m3（GLD–2–09），长21.7，宽9.7。

描述与讨论：

鹿角为非自然脱落，角柄、主枝完整，眉枝和第二枝末端残损。角柄短；角环和角干的横截面皆为近圆形；角干三分叉，眉枝与主枝的夹角近90°，第二枝与主枝成锐角，第三枝尚未发育；表面发育纵沟，遍布瘤状凸起，主枝下部近眉枝处有一道明显的棱。与水鹿的差别在于：外形纤长、第二枝弯向前内侧而非后内侧、第二枝与主枝的角度较小。

与水鹿相比，梅花鹿的牙齿比水鹿的小，下颊齿不如水鹿的宽；齿柱明显，但不及水鹿的粗壮；釉质层相对较薄，且表面有明显的皱纹；齿带微弱。

④水鹿（*Cervus unicolor*）

材料与测量：

1件左侧鹿角（GLD–2–01；彩版一三六，6、7）。角环周长201，角环前后径71，角环内外径56，角干全长349，第二枝长71，末枝长111，眉枝至角环的距离为52，第二枝至眉枝的距离为191。

牙齿皆为游离齿（彩版一三七，1~6），测量数据见表12。

描述与讨论：

鹿角于角环处自然脱落，眉枝折损。角环截面为椭圆形；角枝三分叉；眉枝出自角干基部，

表12　水鹿游离齿测量值

P4		M1		M2		M3		m2		m3	
长	宽	长	宽	长	宽	长	宽	长	宽	长	宽
17.6	20.8	23.0	20.8	26.5	22.7	22.2~26.0	21.1~26.1	20.2~23.3	13.5~15.4	29.0~30.3	15.5~15.8

[1] 魏丰、吴维堂、张明华等：《浙江余姚河姆渡新石器时代遗址动物群》，海洋出版社，1990年。

延伸方向与主枝成锐角；主枝在远端分出第二枝，两者夹角约 90°；角干横切面为圆形，表面有清晰的纵沟。水鹿鹿角的第二枝伸向后内侧，有别于梅花鹿。该水鹿角的尺寸较小，或许属于幼年个体。

水鹿的牙齿是华南现生鹿类中最大的，而且珐琅质很厚。臼齿宽厚肥大，上臼齿颊侧和下臼齿舌侧各有两个发达的主尖；上臼齿舌侧、下臼齿颊侧都发育粗壮的锥形齿柱（内附尖）。

4）牛科

斑羚未定种（*Naemorhedus* sp.）

材料与测量：

1 件右侧角心（GLP–2–05；彩版一三三，7），全长 59.2，角基前后径 25.1，左右径 22.5。

1 件左侧角心（GLP–2–06），全长 61.3，角基前后径 28.9，左右径 28.1。

1 件左侧 m2（GLW–10；彩版一三三，8~10），长 15.4，宽 9.1。

描述与讨论：

角心呈圆锥状，尖部略残，表面布满纵沟，内为额窦延伸所形成的空腔。下臼齿外壁光滑，齿冠较高，冠面构造简单，大小与现生中华斑羚（*Naemorhedus goral*）相近。华南地区已知的全新世羊亚科动物包括鬣羚和斑羚两类，龙州标本的尺寸较小，应归入斑羚类。

（5）奇蹄目

犀科

犀科属种未定（Rhinocerotidae gen. et sp. Indet.）

材料与测量：

可鉴定材料只有一件中趾第二趾骨（GLP–3–15；彩版一三七，7~10），长 30.5，近端宽 46.4，远端宽 41.6，近端厚 23.8，远端厚 22.3。

另有数块难以鉴定到骨骼部位的肢骨碎块。

讨论：

东南亚地区的现生犀牛有两种，即苏门答腊犀（*Dicerorhinus sumatrensis*）和爪哇犀（*Rhinoceros sondaicus*），仅凭现有材料难以做出确切的判断。

（6）长鼻目

真象科

亚洲象（*Elephas maximus*）

材料与测量：

1 件幼年个体的右侧肱骨（GLP–3–16；彩版一三七，11、12），仅保存了骨干部分，残长 127.6。

1 件幼年个体的右侧第五跖骨（GLP–5–17），残长 45.4，残宽 40.5。

讨论：

我国长江以南地区已知的全新世真象遗存多被鉴定为亚洲象，唯一可能的例外是浙江金华双龙洞的剑齿象遗存，其同层水牛肢骨的 ^{14}C 年代为距今 7815 ± 385 年[1]。木榄山智人洞的发现显示，亚洲象在距今约 11 万年前已出现在崇左地区[2]。坡叫环遗址的长鼻类遗存应为现生亚洲象。

三　标本统计

1. 宝剑山 A 洞遗址

骨骼标本总数为 1295 件，分布在第④ b~ ⑦层，以第④ b 层为主，占 75.4%，第⑥层次之，占 16.6%，第⑤、⑦层极为零星。标本分类统计，包括鱼类 277 件，龟鳖类 547 件，鳄类 15 件，蛇类 12 件，鸟类 2 件，哺乳类可鉴定骨骼 26 件，哺乳类碎骨 416 件。各类群中，标本数最多的是龟鳖类，其次是哺乳类，再次是鱼类，其余类群都很少（图 1）。

除鱼类外，最小个体数为 29，动物组合以哺乳类和龟鳖类居优，其余类群也都占一定比例（图 2）。哺乳类中鹿类数量稍多，缺少斑羚、犀和象（图 3）。

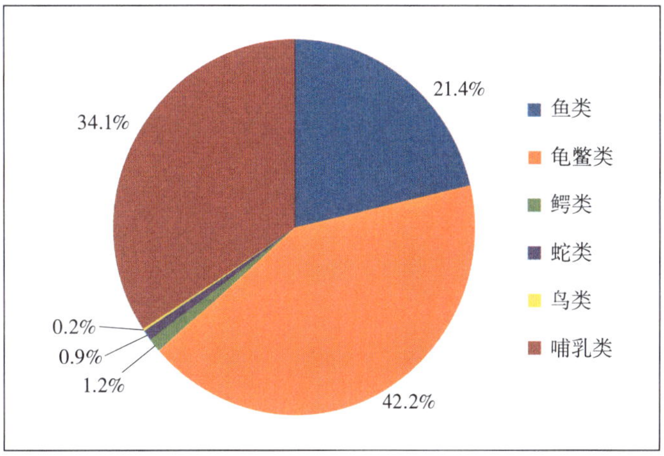

图 1　宝剑山 A 洞遗址各类群标本数比例

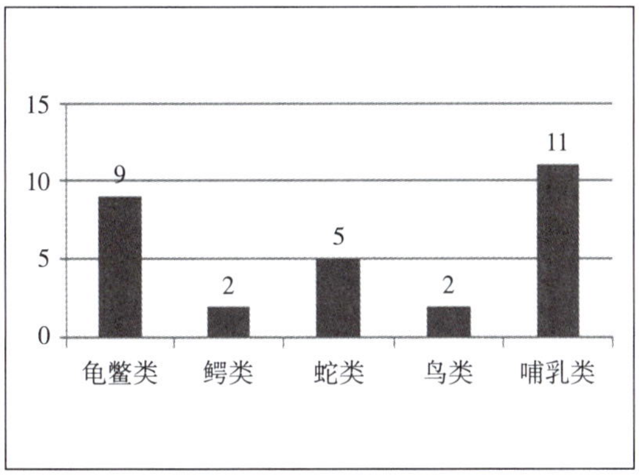

图 2　宝剑山 A 洞遗址各类群最小个体数（不含鱼类）

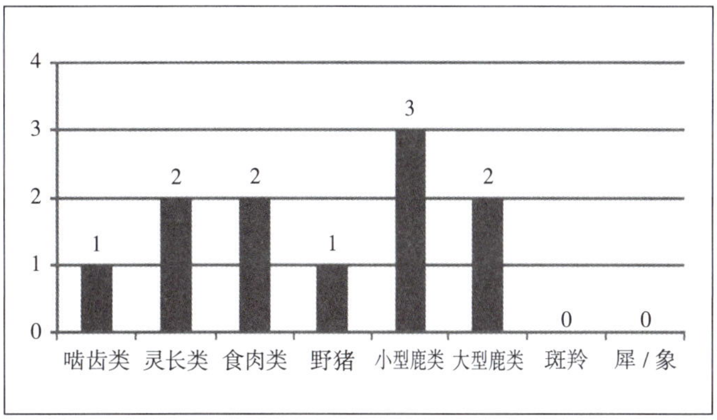

图 3　宝剑山 A 洞遗址哺乳类最小个体数（不含鱼类）

2. 无名山岩厦遗址

该遗址的骨骼标本未分层收集，总数为 1626 件，包括鱼类 284 件，龟鳖类 443 件，蛇类 7 件，

[1] 马安成、汤虎良：《浙江金华全新世大熊猫—剑齿象动物群的发现及其意义》，《古脊椎动物学报》1992 年第 30 卷第 4 期。

[2] 王元、秦大公、金昌柱：《广西崇左木榄山智人洞遗址的亚洲象化石：兼论华南第四纪长鼻类演化》，《第四纪研究》2017 年第 37 卷第 4 期。

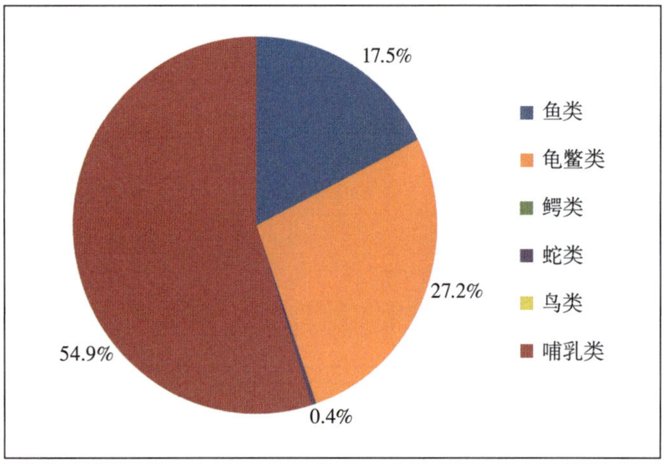

图 4　无名山岩厦遗址各类群标本数比例

哺乳类可鉴定标本 104 件，哺乳类碎骨 788 件。各层合并统计后哺乳类标本数过半，龟鳖类、鱼类次之（图 4）。

最小个体数 42，动物组合以哺乳类为主，龟鳖类次之，缺少鳄类和鸟类（图 5）。哺乳动物中包含较多的灵长类、食肉类和啮齿类，鹿类比例相对较低，未见犀和象（图 6）。

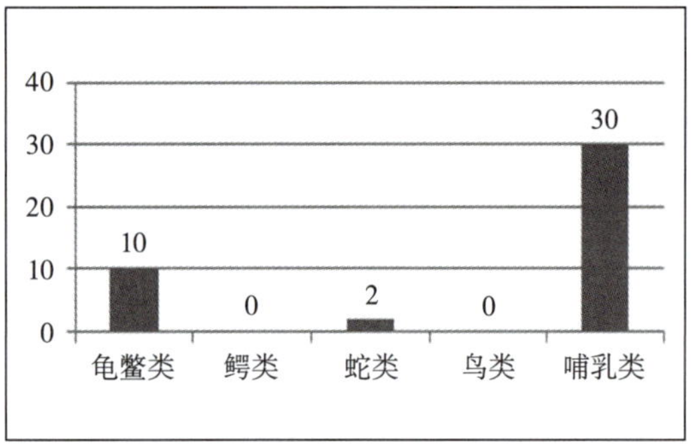

图 5　无名山岩厦遗址各类群最小个体数（不含鱼类）

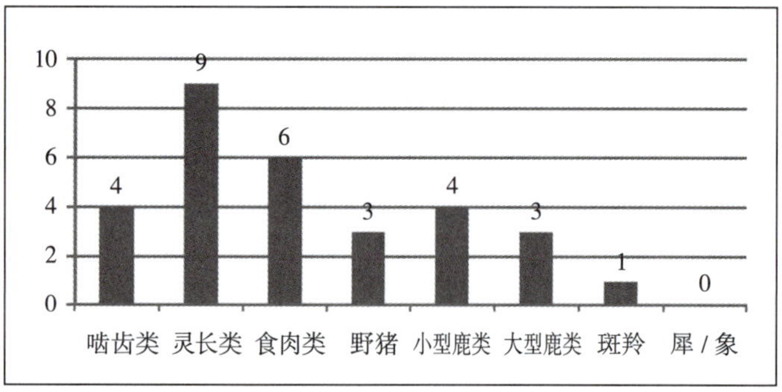

图 6　无名山岩厦遗址哺乳类最小个体数（不含鱼类）

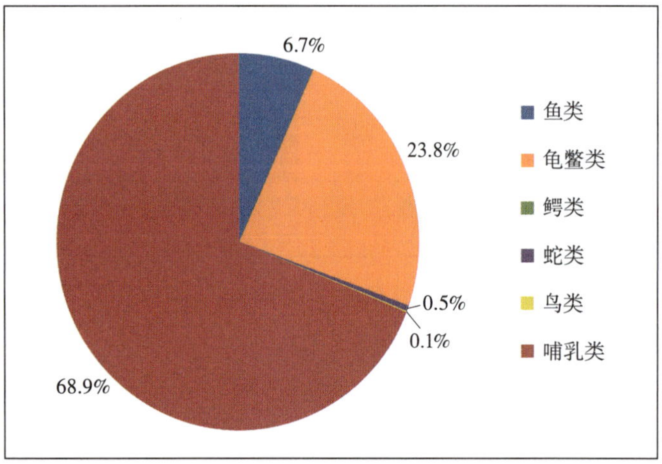

图 7　大湾遗址各类群标本数比例

3. 大湾遗址

骨骼标本总数 1780 件，在①～⑧层皆有分布，其中第⑧、第⑤层标本较多，分别占总标本数的 40.2%、19.8%。各层合并统计后，有鱼类 120 件，龟鳖类 423 件，蛇类 9 件，鸟类 1 件，哺乳类可鉴定标本 176 件，哺乳类碎骨 1051 件。哺乳类占绝对优势，龟鳖类次之，鱼类数量较少（图 7）。

除鱼类外，最小个体数 91，其中哺乳类为优势类群，龟鳖类次之，蛇类、鸟类较少，未见鳄类（图 8）。哺乳动物中鹿类最多，小型食肉类和啮齿类也占一定比例，未见斑羚和犀牛（图 9）。

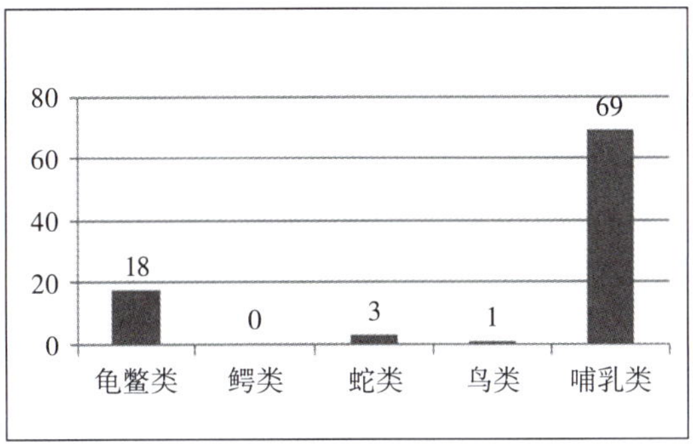

图8　大湾遗址各类群最小个体数（不含鱼类）

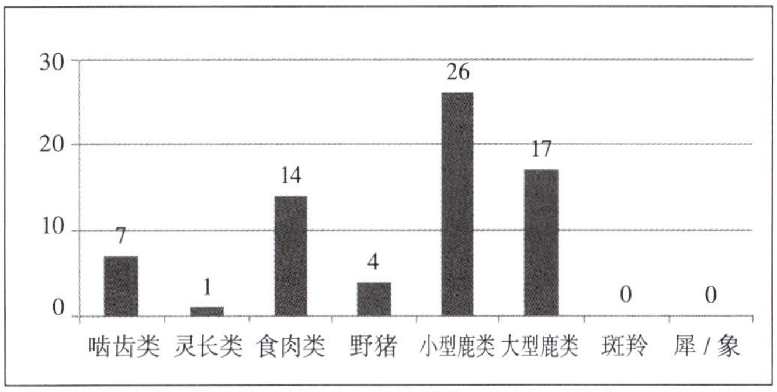

图9　大湾遗址哺乳类最小个体数（不含鱼类）

4. 根村遗址

骨骼标本总数为1135件，出土于第②～⑥层，第②层标本数占总标本数的64.7%，第②～⑤层标本数逐渐变少。各层合并统计后有鱼类147件，龟鳖类162件，鸟类9件，哺乳类可鉴定标本95件，哺乳类碎骨722件。哺乳类标本为主体，龟鳖类、鱼类标本数相当（图10）。

除鱼类外，最小个体数59，动物组合中以哺乳类为主，次为龟鳖类，但鸟类个体数是5个遗址中最多的，未见鳄类和蛇类（图11）。哺乳类中以食肉类和小型鹿类最多，其次为大型鹿类和灵长类，不见啮齿类、斑羚、犀和象（图12）。

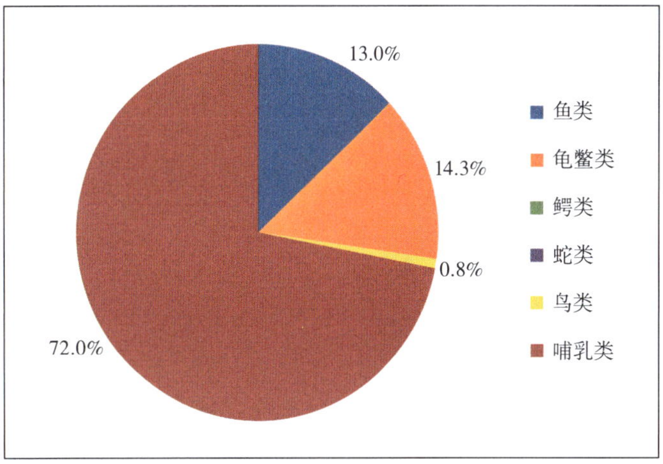

图10　根村遗址各类群标本数比例

5. 坡叫环遗址

总标本数4465件，除了第①、⑬层外，其余层位皆有骨骼标本出土；第④层的标本数最多，占43.3%。各层合并统计后有鱼类141件，龟鳖类1017件，鳄类12件，蛇类1件，鸟类8件，哺乳

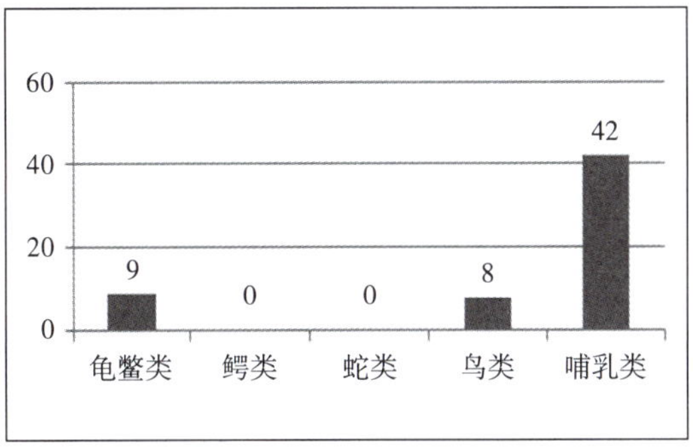

图11　根村遗址各类群最小个体数（不含鱼类）

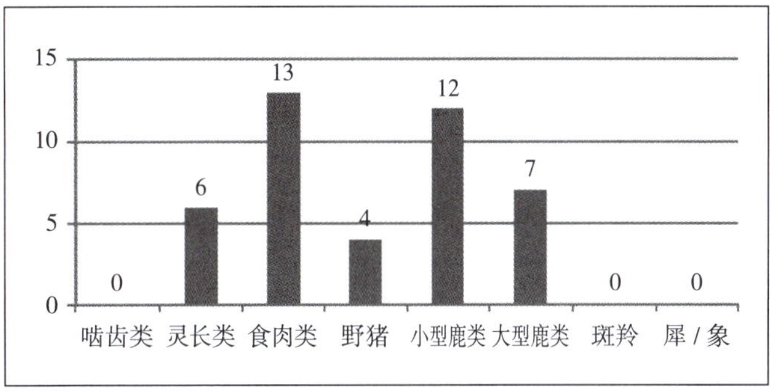

图12　根村遗址哺乳类最小个体数（不含鱼类）

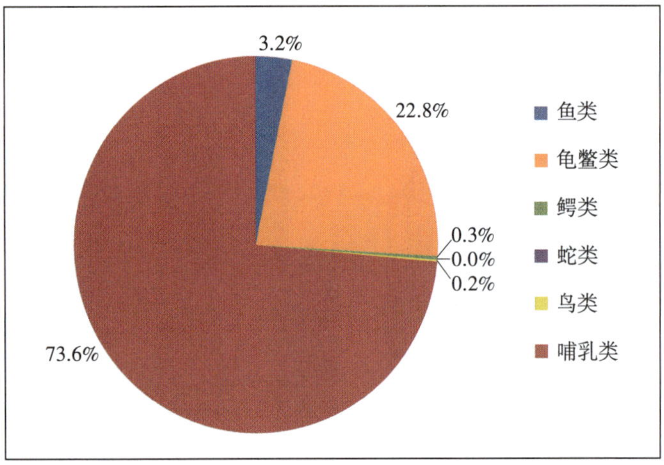

图 13 坡叫环遗址各类群标本数比例

类可鉴定标本445件，哺乳类碎骨2841件。各类群中，哺乳类标本数约占三分之二，龟鳖类次之，鱼类标本数比例是5个遗址中最低的（图13）。

除鱼类外，最小个体数134，哺乳类最多，龟鳖类次之，其余类群很少（图14）。哺乳动物中鹿类为主，啮齿类也占一定比例，其余哺乳类群也都有发现（图15）。

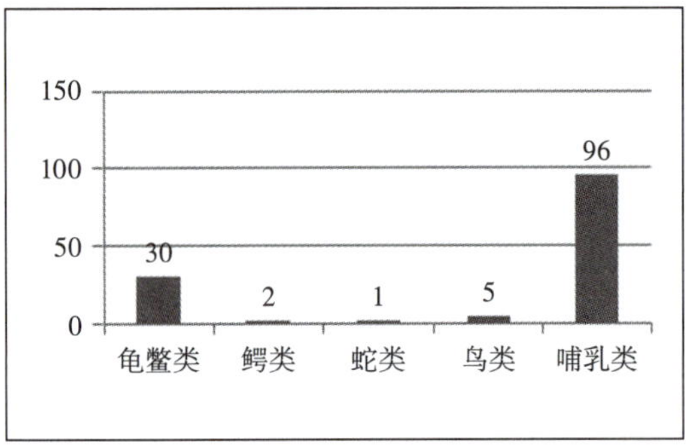

图 14 坡叫环遗址各类群最小个体数（不含鱼类）

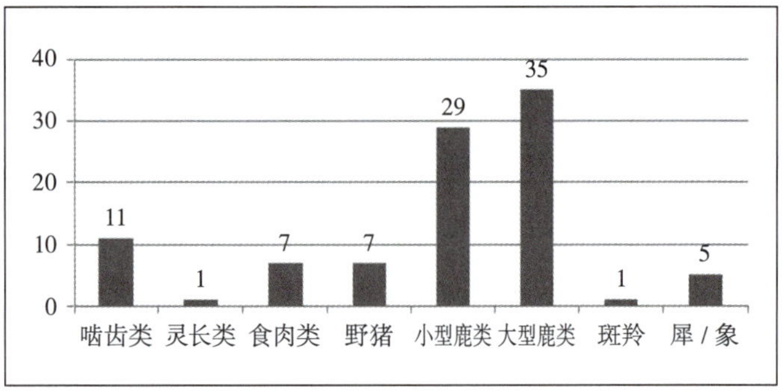

图 15 坡叫环遗址哺乳类最小个体数（不含鱼类）

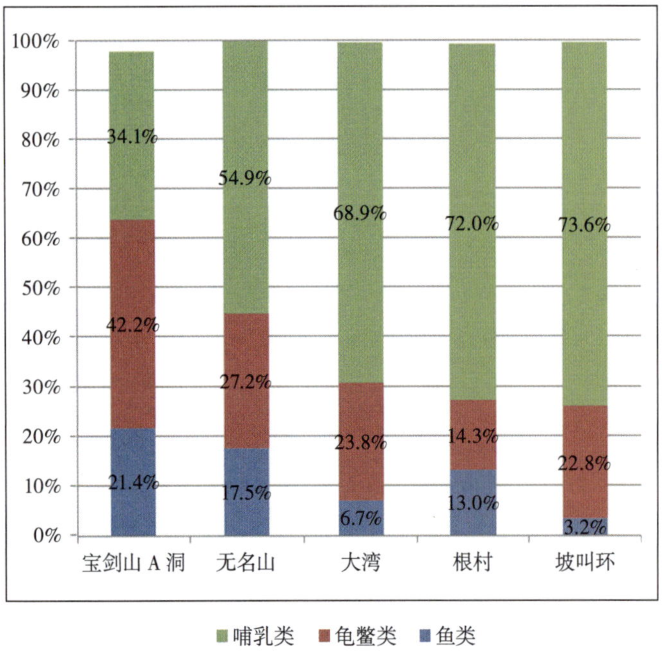

图 16 遗址间哺乳类、龟鳖类、鱼类标本数比较

6. 遗址间的比较

就标本数而言，5个遗址都以哺乳类、龟鳖类和鱼类为主，蛇类和鸟类很少。不同遗址间的组成比例差异明显，宝剑山A洞的龟鳖类和鱼类比重最高，次为无名山，大湾、根村、坡叫环相对较低；哺乳类的分布相反。这反映了洞穴遗址较多地利用了水生动物，而台地遗址以获取陆生哺乳动物为主（图16）。

统计了鱼类之外其余类群的最小个体数。宝剑山A洞的哺乳类个体数占比最低，但蛇类、鳄类、龟鳖类的比例是5个遗址中最高的；无名山、大湾、根村和坡叫环的哺乳类个体数各约占七成，次为龟鳖类；根村遗址中鸟类个体数比例最高，缺少蛇类和鳄类（图 17）。很显然，宝剑山 A 洞的类群组合最为特殊，动物资源的组成较其余遗址更为多元。

哺乳动物的个体数分布方面，宝剑山 A 洞、大湾、根村和坡叫环遗址都是以鹿类居优，其余类群处于次要地位；无名山岩厦遗址以灵长类居优，其余各类群也都占有相当的比例。啮齿类在各遗址都占 10% 左右，但不见于根村遗址；灵长类在大湾、坡叫环遗址中比例极小；食肉类在坡叫环遗址的比例显著小于其他遗址；野猪在各个遗址中所占的比例都较小；各个遗址中小型鹿类（麂类）的个体数都超过大型鹿类（图 18）。

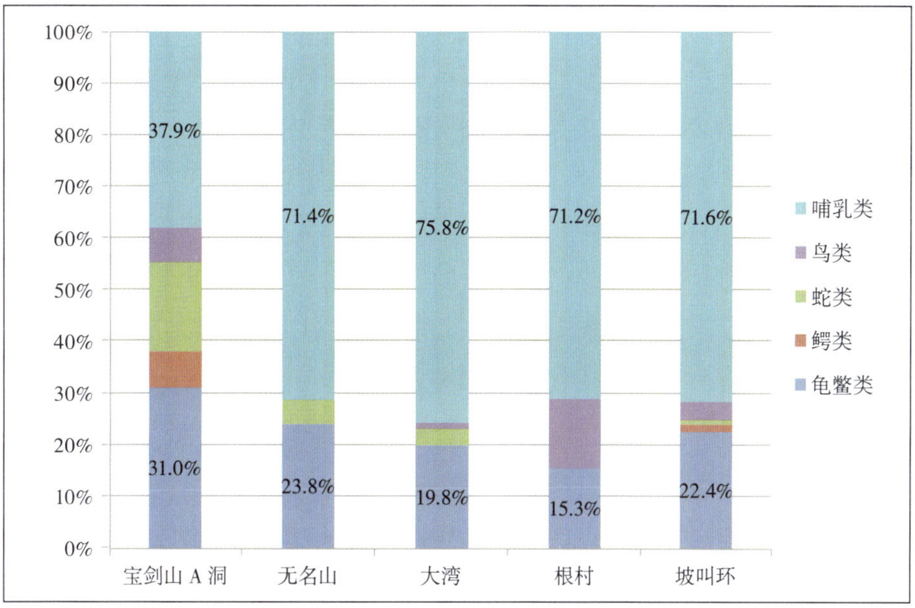

图 17　遗址间各类群个体数比较

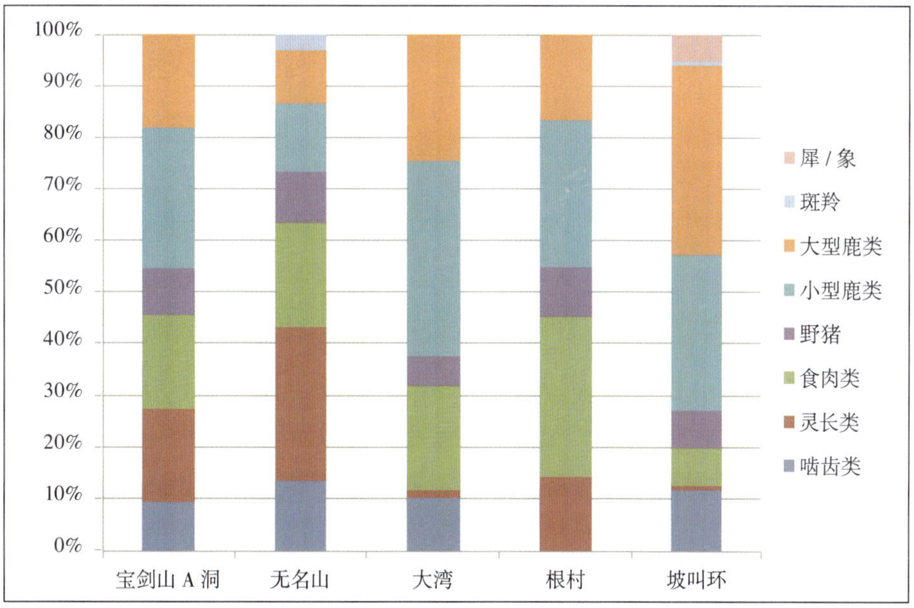

图 18　遗址间哺乳动物个体数比较

四 骨骼表面改造痕迹

骨骼的表面痕迹包括自然痕迹和人工痕迹两部分。自然痕迹方面，多数骨骼标本风化程度较浅，只在少数标本的表面呈现轻度风化的裂纹；个别标本上见有窄而平直的啮齿动物齿痕（彩版一三八，1），未见任何食肉动物的啃咬痕迹。

人工痕迹见有烧灼痕、切割痕、砍削痕、敲砸痕、刮削痕、齿痕等。其中烧灼痕最为常见，大部分标本表面呈暗红色，说明经历过短暂的烧烤；少部分标本表面龟裂，显现黑色或灰白色，应经过较长时间的加热（彩版一三八，2、3）。推测古人类除了用火烧烤肉类外，也可能将一些吃剩的骨骼作为燃料投入火塘，因而在骨骼表面呈现出不同的烧灼特征。

切割痕和砍削痕也较为常见，它们在底部常呈“V”形的横截面，且往往成组分布。两者的区别主要在于受力程度的不同，形态上表现为：前者较浅，呈两边平直的线状（彩版一三八，4~7）；后者较深，呈现宽且不对称的砍削面（彩版一三八，8、9；彩版一三九，1、3）。剥皮产生的切割痕常见于四肢的末端；肢解尸体形成的切割痕主要分布在骨骼的关节处；剔肉造成的切割痕一般分布在长骨骨干、肋骨和脊椎上的；砍削痕则往往见于长骨骨干、鹿角基部等部位。

敲砸痕是以钝器敲击骨骼表面形成的窝状凹陷，四周往往形成放射状的细条纹，主要是敲骨吸髓所致，常见于富含骨髓的长骨骨干（彩版一三九，2、4~9）。

此外，在一些骨骼的表面还见到刮削痕和疑似人类齿痕（彩版一三九，10）。少数骨骼也被用来制作骨器，如骨剑、骨锥等。一些长骨的两端被整齐地锯断，推测是制作骨器的过程中所产生的废料（彩版一三九，11、12）。

总之，影响龙州贝丘遗址中骨骼保存状况的主要因素是人类活动的改造。人工痕迹类型多样，分布较有规律，显示当时的人类已能够熟练地利用动物资源。

五 讨论

1. 动物群性质和自然环境

龙州新石器时代脊椎动物群包括了若干种鱼类、4 种龟鳖类、1 种鳄类、3 种蛇类、5 种鸟类和 27 种哺乳类。其中哺乳动物的鉴定较为明确，包括巨松鼠、竹鼠、帚尾豪猪、马来豪猪、短尾猴、黑长臂猿、豺、小熊猫、水獭、鼬獾、猪獾、猫亚科、豹、长颌带狸、大灵猫、果子狸、椰子狸、野猪、食蟹獴、林麝、小麂、大角麂、梅花鹿、水鹿、斑羚、犀牛和亚洲象。

上述动物多是广西南部喀斯特地区的现生种类，与龙州弄岗保护区的动物组合也高度相似[1]，只有鳄、小熊猫、大角麂、犀牛和亚洲象已从该区域消失。其中，鳄、犀牛和亚洲象的历

[1] 蒋志刚：《西南喀斯特地区重要野生动物调查与研究》，中国环境出版社，2014 年。

史地理分布相对清楚。马来鳄在岭南地区的最晚记录为明代[1]；犀牛在历史时期曾广泛地分布在我国的南方，云南地区的犀牛在20世纪初灭绝[2]；亚洲象至少在明代仍常见于崇左地区，而广西钦州地区的野象记录可延续至19世纪初[3]。人类活动对栖息地的破坏是造成这三种动物从华南地区消失的主要原因。

现生小熊猫分布于川、滇、藏地区海拔1500~4000米的温带森林和竹林，适应潮湿、低温（0°~20°）的环境，历史记录见于青、甘、陕、黔诸省的山区[4]。龙州地处热带北缘，主要地貌景观为喀斯特盆地；大湾遗址的小熊猫应当获取自附近的山区，如大青山一带。小熊猫在龙州的出现反映了两种可能：其一是历史上的小熊猫具备更广泛的环境适应能力；其二是环境变化导致了小熊猫向热带地区的短暂扩散。

大角麂是一种曾被认为已经灭绝的麂属动物，它最早被发现和命名于浙江的河姆渡遗址，因角枝硕大而得名[5]。1994年发现于中南半岛安南山脉的现生越南大麂（*Megamuntiacus vuquangensis*）[6]，与我国全新世考古遗址中发现的"大角麂"实为同一物种[7]。根据国际动物命名法规之优先律[8]，以河姆渡标本命名的拉丁名"*Muntiacus gigas*"是这种动物唯一有效的科学名称。此前，我国的大角麂遗存仅发现于长江流域，包括长江下游宁绍平原的河姆渡[9]、田螺山[10]，长江中游三峡地区新石器时代至明代的一系列遗址[11]。龙州的大角麂标本为其在我国岭南地区的首次发现，扩展了该物种的时空分布。与其他麂类动物相比，现生大角麂仅栖息于原始森林中，它的区域性灭绝也可能与原始森林的退化有关。

综上，龙州5处贝丘遗址的动物群面貌与当代龙州地区的动物组合基本一致，可见该区域的

---

[1] 王将克、宋方义：《关于珠江三角洲出土的鳄鱼及其有关问题》，《热带地理》1981年第1卷第4期。

[2] 文焕然、何业恒、高耀亭：《中国野生犀牛的灭绝》，《湖北大学学报（自然科学版）》1981年第1期。

[3] 文焕然、何业恒、江应樑等：《历史时期中国野象的初步研究》，《思想战线》1979年第6期。

[4] Wei F, Feng Z, Wang Z, et al. Current distribution, status and conservation of wild red pandas *Ailurus fulgens*, in China. *Biological Conservation*, 1999, 89(3):285-291.

[5] 魏丰、吴维棠、张明华等：《浙江余姚河姆渡新石器时代遗址动物群》，海洋出版社，1990年。

[6] Tuoc, D., Dung, V.V., Dawson, S., Arctander, P. & MacKinnon, J. Introduction of a new large mammal species in Vietnam. *Science and Technology News*, Forest Inventory and Planning Institute (Hanoi), 1994, 3, 4-13 (in Vietnamese). Schaller G B. Description of the giant muntjac (*Megamuntiacus vuquangensis*) in Laos. *Journal of Mammalogy*, 1996, 77(3): 675-683.

[7] Turvey S T, Hansford J, Brace S, et al. Holocene range collapse of giant muntjacs and pseudo-endemism in the Annamite large mammal fauna. *Journal of Biogeography*, 2016.

[8] 国际生物科学协会，卜文俊、郑乐怡译：《国际动物命名法规》，科学出版社，2007年。

[9] 文焕然、何业恒、高耀亭：《中国野生犀牛的灭绝》，《湖北大学学报（自然科学版）》1981年第1期。

[10] 张颖、袁靖、黄蕴平、松井章、孙国平：《田螺山遗址2004年出土哺乳动物遗存的初步分析》，《田螺山遗址自然遗存综合研究》，文物出版社，2011年。

[11] 国务院三峡工程建设委员会办公室、国家文物局：《秭归柳林溪》，科学出版社，2003年；长江水利委员会：《宜昌路家河——长江三峡考古发掘报告》，科学出版社，2002年；武仙竹、周国平：《湖北官庄坪遗址动物遗骸研究报告》，《人类学学报》2005年第24卷第3期；陈全家：《清江流域古动物遗存研究》，科学出版社，2004年。

生态环境从新石器时代中期以来是相对稳定的。相对应的，植物群落应以石灰岩季节性雨林为主，局部分布竹林、灌草丛，山区可能存在常绿落叶阔叶混交林[1]，并反映了高温，干湿交替的热带季风气候。小熊猫和大角麂的新发现拓展了这两种动物的历史地理分布；大量的林栖动物说明当时原始森林的分布范围和郁闭程度较今日更佳。

2. 古人类对动物资源的获取和消费

龙州贝丘遗址的骨骼标本总体上相当破碎，多数标本曾被烧灼，表面见有大量的人工改造痕迹，因此这些动物遗存无疑是人类消费的产物。动物组合中不见任何驯养动物，所以渔猎应是先民获取肉食资源的主要方式。整个脊椎动物群中，哺乳类的比重最大，但鱼类、龟鳖类也是食物结构的重要补充，鸟类、蛇类、鳄类则较为次要（图 19）。哺乳动物中鹿类动物个体数占比近半，显然是最重要的肉食来源；猪类、食肉类、灵长类、啮齿类也各占一定比例；而斑羚、犀牛、亚洲象的个体数极少，应为偶获的种类。

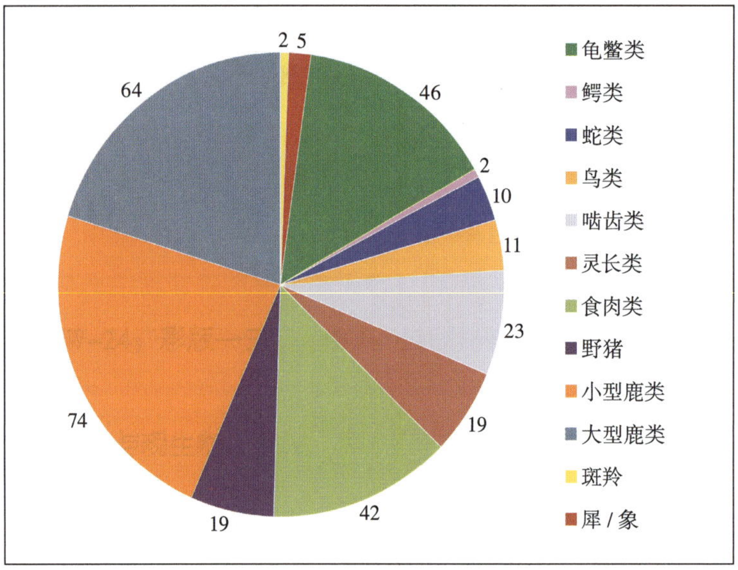

图 19　龙州 5 处新石器贝丘遗址中各类群的个体数比例

龙州先民获取动物资源的方式表现出既有广谱性又有选择性的特点。广谱性是指对各种不同生态位的动物资源的广泛利用。从物种丰度看，除去鱼类，共鉴定出 40 种脊椎动物，是广西地区已知属种丰度最高的新石器时代动物群。该动物群几乎代表了生态系统中的所有生态位，生活方式包括水栖、陆栖、树栖、穴居、飞行，栖息环境包括河流、森林、草地、灌丛、山地，体型则从大如亚洲象到小如巨松鼠。这在一方面反映了自然环境中丰富的物种多样性，另一方面也证明古人类对周遭的各类动物资源都有一定的猎取能力。

[1] 陈灵芝、陈清朗、刘文华：《中国森林多样性及其地理分布》，科学出版社，1997 年。

在广泛猎取的同时，古人类也偏重于选择费效比较高的动物种类。首先，鹿类动物（水鹿、梅花鹿、大角鹿、小鹿）肉质较多且易于捕获，在遗址中的比例极高，是首要的狩猎对象。其次，对于小型脊椎动物，古人类选择了同类中体型较大者，如蛇类的蟒蛇、眼镜蛇、大游蛇，啮齿类的竹鼠、豪猪和巨松鼠等[1]。再者，同类动物中易于获取的种类自然也是选择性狩猎的对象。如灵长类中有17个猕猴个体，但仅有2个长臂猿个体，未见叶猴；显然，常在地面活动的猕猴较之于善攀援的长臂猿和叶猴更易猎取。又如食肉类中几乎都是不具攻击性的小型食肉动物，未发现虎、熊等大型食肉动物。

不同类型的遗址对动物资源的获取利用方式存在一定差异。宝剑山A洞和无名山的鱼类、龟鳖类比重明显高过三处台地遗址（大湾、根村、坡叫环），反映临水的洞穴遗址更多地利用了水生动物。另外，虽然鹿类动物在各遗址中都是最重要的肉食来源，但洞穴遗址的个体数组成更为多元，如宝剑山A洞的哺乳动物个体数仅占整个动物群的三分之一强（见图17），无名山的鹿类个体数占比也远比台地遗址更低（见图18）。鉴于这5处遗址的年代相近且地处同一区域，上述差异可能反映了不同遗址间的功能分工。

骨骼表面的改造痕迹反映了古人类的肢解、剔肉、烧烤、敲骨吸髓等行为。大量的烧灼痕说明烤肉是先民加工肉食的重要方式，并且部分骨骼可能在食用之后被投入火塘，因而显现出较深的烧灼程度。在左江流域的新石器时代中期遗址中，很少发现陶器，推测使用陶器炊煮的行为在当地并不普遍，烧烤或许是他们获取熟食的主要方式。

归纳上述，龙州先民主要通过渔猎获取动物资源，并以烧烤的方式加工肉类。他们的狩猎策略既延续了旧石器晚期以来的广谱化传统，也表现出对特定动物种类，如鹿类动物的强化猎取。不同遗址间的动物组成差异明显，折射出遗址间的功能之分。

3. 与邕江、右江流域新石器遗址的对比

除了左江流域的龙州遗址群外，西江水系的其他新石器时代动物考古学研究案例还包括邕江流域的豹子头、灰窑田、顶蛳山、牛栏石、凌屋、螺蛳山[2]和右江流域的革新桥、百达、坎屯等[3]。这三处遗址群都以渔猎为主要的生业经济形式，但动物群的组成和比例有一定的差别。

三处遗址群中共有的哺乳动物包括猕猴、竹鼠、中国豪猪、猪獾、水獭、果子狸、麝、小麂、梅花鹿、水鹿、猪、犀牛、亚洲象等，这些种类都是全新世华南地区的广布物种。而龙州遗址群的特有物种，如巨松鼠、华南豪猪、长臂猿、长颌带狸、椰子狸、大角鹿等，则都是现代生态系统中的热带 / 亚热带林栖动物。由此可见，龙州贝丘遗址应更偏向热带雨林环境。此外，龙州贝

[1] Jin J J H, Jablonski N G, Flynn L J, et al. Micromammals from an early Holocene archaeological site in southwest China: paleoenvironmental and taphonomic perspectives. *Quaternary International*, 2012, 281: 58-65.

[2] 吕鹏：《广西邕江流域贝丘遗址动物群研究》，《第四纪研究》2011年第31卷第4期。

[3] 广西文物考古研究所：《百色革新桥》，文物出版社，2012年；宋艳波、谢光茂：《广西百色地区全新世早中期的动物考古学研究》，《南方文物》2016年第1期。

丘遗址中不含家养动物，但邕江流域和右江流域的遗址中都鉴定出“狗”，革新桥遗址中还鉴定出“家猪”。如果上述家养动物的鉴定是正确的，意味着左江流域贝丘遗址的经济形态较之于邕江流域和右江流域更为保守。

动物群比例方面，三处遗址群的共同点为，鹿类都是动物群的最重要组成部分。但邕江遗址群的鹿类比例尤其高，达到哺乳动物总个体数的75%~88%，可能意味着更为强化的选择性狩猎。龙州遗址群的特殊之处主要表现为：一是水生脊椎动物（鱼类、龟鳖类）的比例较高，两者的标本数共占标本总数的34.6%；二是小型哺乳动物，如啮齿类、灵长类和小型食肉类较多，占哺乳动物个体数的34.1%。上述对比显示，尽管龙州贝丘遗址的先民也偏好狩猎温顺的鹿类动物，但动物群的组成较邕江流域和右江流域的同期遗址更为多元，说明其觅食策略更偏广谱型。

六　结论与展望

龙州5处新石器时代贝丘遗址共出土了10301件骨骼标本，可分辨出至少355个动物个体。龙州贝丘遗址动物群由至少40种脊椎动物组成，包括数种鱼类、4种龟鳖类、1种鳄类、3种蛇类、5种鸟类和27种哺乳类。动物群成员多为弄岗保护区的现生种类，但鳄、小熊猫、大角鹿、犀牛和亚洲象已从该区域消失。动物群组成体现了鲜明的热带气候特征，反映了以石灰岩季节性雨林为主的植被景观。

龙州贝丘遗址先民的肉食来源广泛，其中鹿类动物占有较重要的地位，鱼类、龟鳖类、野猪、灵长类、小型食肉类、啮齿类等也是常见的猎取对象。生业经济表现为以渔猎（采集）为主的攫取型经济，狩猎策略表现出兼具广谱性和选择性的特点，遗址之间可能存在功能之分。与邕江流域和右江流域的同时期遗址相比，龙州贝丘遗址尚未出现动物驯养，狩猎对象也更加广谱化。我们认为，热带地区相对稳定的生态系统，一方面为先民提供了丰沛的食物资源，另一方面则迟滞了生产方式的革新。

龙州贝丘遗址动物群是继南宁邕江流域和百色右江流域之后，广西西江水系发掘的又一处含丰富脊椎动物骨骼的新石器时代动物群，也是左江流域的第一个动物考古学研究案例。由于自身能力和客观条件的制约，本研究也存在一些明显的不足之处：一是不少标本尚未鉴定到具体的物种；二是未能探讨动物群的历时性变化；三是未能充分揭示新石器时代狩猎采集人群的行为特征。对于这些不足，作者期望在后续工作中做进一步的深入研究。

附表 1　各遗址动物种类分布

动物种类	宝剑山A洞	无名山	大湾	根村	坡叫环	动物种类	宝剑山A洞	无名山	大湾	根村	坡叫环
鱼	+	+	+	+	+	鼬獾			+	+	
龟鳖类	+	+	+	+	+	猪獾			+	+	
鳄	+				+	猫亚科			+		
缅甸蟒	+	+	+		+	豹		+			
眼镜蛇	+					长颌带狸	+	+			
黑眉锦蛇	+					大灵猫	+			+	+
雁形目	+			+		果子狸		+	+	+	+
雉科			+	+	+	椰子狸			+	+	
涉禽类	+			+	+	食蟹獴			+		
巨松鼠			+			野猪	+	+	+	+	+
竹鼠	+	+	+		+	林麝					+
帚尾豪猪		+	+		+	小鹿	+	+	+	+	+
马来豪猪					+	大角鹿	+	+	+	+	+
短尾猴	+	+	+	+	+	梅花鹿	+	+	+	+	+
长臂猿		+				水鹿	+	+	+	+	+
豺		+				斑羚					+
小熊猫			+			犀牛					+
水獭		+				亚洲象					+

附表 2　各遗址动物个体数分布

遗址	龟鳖类	鳄类	蛇类	鸟类	啮齿类	灵长类	食肉类	野猪	小型鹿类	大型鹿类	斑羚	犀牛	亚洲象	总计
宝剑山 A 洞	9	2	5	2	1	2	2	1	3	2	0	0	0	29
无名山	10	0	2	0	4	9	6	3	4	3	1	0	0	42
大湾	18	0	3	1	7	1	14	4	26	17	0	0	0	91
根村	9	0	0	8	0	6	13	4	12	7	0	0	0	59
坡叫环	30	2	1	5	11	1	7	7	29	35	1	3	2	134

附表3　宝剑山A洞遗址标本数和个体数统计

层位	④b		⑤		⑥		⑦	
	NISP	MNI	NISP	MNI	NISP	MNI	NISP	MNI
鱼类	258				19			
龟鳖类	463	5	10	1	68	2	6	1
鳄类	12	1			3	1		
缅甸蟒	7	2						
眼镜蛇	3	2						
黑眉锦蛇	2	1						
雁形目	1	1						
涉禽类	1	1						
竹鼠	1	1						
短尾猴					3	2		
长颌带狸							1	1
大灵猫	1	1						
野猪	3	1						
小麂	2	1						
大角麂	3	1	5	1				
梅花鹿								
水鹿	4	1			3	1		
哺乳类碎骨	215		23		119		59	
总标本数	976	19	38	2	215	6	66	2

附表4　无名山岩厦遗址标本数和个体数统计

动物种类	NISP	MNI	动物种类	NISP	MNI
鱼类	284		长颌带狸	1	1
龟鳖类	443	10	果子狸	2	2
缅甸蟒	7	2	野猪	20	3
竹鼠	2	2	小麂	6	1
帚尾豪猪	2	2	大角麂	38	3
短尾猴	7	7	梅花鹿	4	1
长臂猿	2	2	水鹿	16	2
豺	1	1	斑羚	1	1
水獭	1	1	哺乳碎骨	788	
豹	1	1	总标本数	1626	42

附表 5　大湾遗址标本数和个体数统计

层位	①		②		③		④		⑤		⑥		⑦		⑧	
	NISP	MNI	NISP	MNI	NISP	MNI	NISP	MNI	NISP	MNI	NISP	MNI	NISP	MNI	NISP	MNI
鱼类	13		12				6		21						68	
龟鳖类	3	1	25	2	8	2	21	1	54	3	22	1	12	3	278	5
缅甸蟒											3	1	3	1	3	1
雉科															1	1
巨松鼠			1	1												
竹鼠															1	1
帚尾豪猪											1	1	1	1	3	3
短尾猴									1	1						
小熊猫			1	1												
鼬獾									1	1						
猪獾													2	1		
猫亚科													1	1	1	1
果子狸									3	3			1	1	2	2
椰子狸															2	2
食蟹獴													1	1		
野猪			4	2	1	1									3	1
小鹿	2	1	3	1	1	1	2	1	5	2			4	2	1	1
大角鹿	2	1	6	3	3	1	7	3	11	2	3	1	16	4	8	2
梅花鹿			4	2	5	1	5	1	12	1	1	1	6	2	18	3
水鹿	3	1	1	1					5	1	3	1	4	1	4	1
哺乳碎骨	21		80		71		126		239		57		135		322	
总计	44	4	137	13	89	6	167	6	352	14	90	6	186	18	715	24

附表 6　根村遗址标本数和个体数统计

层位	②		③		④		⑤		⑥	
	NISP	MNI	NISP	MNI	NISP	MNI	NISP	MNI	NISP	MNI
鱼类	115		21		10				1	
龟鳖类	89	4	59	2	11	1	1	1	2	1
雁形目	1	1								
雉科	2	2			2	1				
涉禽类	3	3					1	1		
短尾猴	4	4			1	1			1	1
鼬獾	1	1								
猪獾	1	1								
大灵猫	5	5								
果子狸	4	3	1	1			1	1		
椰子狸	1	1								
野猪	5	2			2	2				
小鹿	14	2	8	2			2	1		
大角鹿	12	3	2	1	4	1	1	1	1	1
梅花鹿	13	2	1	1	2	1				
水鹿	3	1	4	1	1	1				
哺乳碎骨	461		119		90		33		19	
总计	734	35	215	8	123	8	39	5	24	3

附表 7　坡叫环遗址标本数和个体数统计

层位	②		③		④		⑤		⑥		⑦		⑧		⑨		⑩		⑪		⑫		⑭		⑮	
	NISP	MNI	NISP	MNI	NISP	MNI	NISP	MNI	NISP	MNI	NISP	MNI	NISP	MNI	NISP	MNI	NISP	MNI	NISP	MNI	NISP	MNI	NISP	MNI	NISP	MNI
鱼类	18		35		47		14		5				7		10		3		2							
龟鳖类	64	4	132	5	445	6	173	3	65	2	11	1	54	2	18	1	22	2	6	1	14	1	11	1	2	1
鳄类					7	1	5	1																		
缅甸蟒											1	1														
雉科					3	1																				
涉禽类	1	1			2	1	1	1					1	1												
竹鼠			1	1	3	2					1	1			1	1			1	1			1	1		
帚尾豪猪					1	1																				
马来豪猪	1	1	1	1	2	1																				
短尾猴					1	1																				
大灵猫	1	1																								
果子狸	2	2	1	1	1	1	1	1									1	1								
猪	8	1	1	1	11	2	6	1			1	1	3	1												
林麝													1	1					1	1						
小鹿	4	1	3	1	17	4	1	1			3	2			3	1	1	1			1	1				
大角鹿	8	1	16	4	35	3	8	2	2	1	3	1	7	1	5	1							2	1		
梅花鹿			19	2	60	5	12	1	6	1	3	1	9	1			5	1							4	1
水鹿	8	1	41	3	40	4	14	1	2	1	6	2	7	3	13	2	6	1			1	1	2	1	3	2
斑羚	2	1																								
犀牛			1	1			3	1									4	1								
亚洲象			1	1			1	1																		
哺乳碎骨	158		513		1258		241		101		95		232		59		59		40		27		24		34	
总计	275	14	765	21	1933	33	480	14	181	5	124	10	321	10	109	6	101	7	50	3	43	3	40	4	43	4

后 记

围绕左江花山岩画文化景观申报世界文化遗产而开展的专项考古工作大约始于2010年8月，2013年开始进入大规模的调查和试掘阶段，直到2016年申遗成功才暂时告一段落。在这期间，考古队员们顶酷暑，冒严寒，攀悬崖，钻山洞，蹚深水，经历了各种难以想象的困难，最后如期完成了预先设定的目标和任务。可以这样说，在左江花山岩画文化景观申报世界文化遗产的过程中，考古工作者从来都是作为最重要的力量之一参与其中。同时，我们也始终明白一个道理，在左江流域开展考古工作，不仅仅是为了申遗，更重要的是为弄清楚左江流域古代考古学文化的内涵、年代序列、发展谱系及其与东南亚地区考古学文化的关系等方面的问题，进而复原左江流域古代社会发展的面貌，所以在申遗成功后，我们马上转入了对试掘所获资料的系统整理。经过将近三年的努力，大型考古专题报告《广西左江花山考古（2013~2016）》终于完成。

在本书即将付梓之际，我们要感谢广西壮族自治区文化和旅游厅、广西壮族自治区文物局、南宁市博物馆、百色市文物管理所、梧州市博物馆、梧州市文物管理处、广西师范大学、桂林市文物保护与考古研究中心、崇左市有关文博单位及广西文物保护与考古研究所等单位领导和同事对左江流域考古调查、试掘和资料整理工作的大力支持。这里我们要特别感谢中国红军第八军革命纪念馆（龙州起义纪念馆），该馆不仅为考古发掘提供了大量的帮助，而且在整理阶段为我们提供了整理场地，使整理工作得以顺利进行。我们要衷心感谢广西壮族自治区博物馆原馆长、广西壮族自治区文物工作队（广西文物保护与考古研究所前身）原队长蒋廷瑜先生，他虽已80多岁高龄，但仍然心系广西考古，欣然答应为本书作序，且对本书给予了很高的评价，对蒋老先生的支持与鼓励，我们已铭记在心。当然，需要感谢的人还有很多，由于篇幅所限，在此不一一列举。

2013~2016年广西年左江流域花山考古发掘及资料整理工作的总领队和总负责人为杨清平。

宝剑山A洞遗址试掘的执行领队为黄强，成员主要有杨清平、黄强、韦姗杉和陈紫茹，韩恩瑞和吴双也参加了阶段性工作。

无名山遗址试掘的执行领队为黄强，成员有杨清平、黄强、韦姗杉和陈紫茹。

庭城遗址第一次试掘的执行领队为黄强，成员有杨清平、黄强、梁优、陈紫茹、黄伟和李秋健，陈丁山和吕丹凤也参加了阶段性工作。

庭城遗址第二次试掘的执行领队为杨清平，成员有杨清平、潘俊杰、李光亮、张玉艳、黄伟和麻超君。

根村遗址试掘的执行领队为蒲晓东，成员有蒲晓东、杨清平、李秋健和农立刚。

大湾遗址试掘的执行领队为刘芸，成员有刘芸、杨清平、黄伟和黄鑫。

坡叫环遗址试掘的执行领队为刘芸，成员有刘芸、杨清平、黄伟和黄鑫。

参加资料整理的人员主要有杨清平、黄鑫、潘俊杰、黄伟和麻超君，陈紫茹、刘芸、梁优、张玉艳、李光亮、杨丽云、韦姗杉和李秋健等同志也参加了部分工作，唐佳瑜也提供了一些帮助。

报告器物插图由技工张进兰和李锋完成，发掘现场摄影由各工地参加人员共同完成，器物摄影由黄伟完成，纹饰拓片和器物修复由张进兰完成。

孢粉分析和软体动物鉴定由中山大学郑卓教授完成。

动物考古学研究由南京师范大学社会发展学院文物与博物馆学系陈曦博士完成。

测年工作由北京大学吴小红教授和潘岩教授以及国土资源部岩溶地质资源环境监督检测中心黄华教授完成。

人骨鉴定由中山大学社会学与人类学学院李法军教授完成。

英文提要由南开大学历史学院考古学与博物馆学系王音博士翻译。

本报告由杨清平主持编写。统稿和校审由杨清平完成。

报告的编写分工如下：

前言、第一章第四节、第五章、第六章及第七章由杨清平完成；

第一章第一节由麻超君和李光亮完成；

第一章第二节由黄伟和张玉艳完成；

第一章第三节由黄伟、麻超君和蒲晓东完成；

第一章第五节由黄鑫完成；

第二章第一节由杨清平、韦姗杉、黄强、陈紫茹和麻超君完成；

第二章第二节由黄鑫、陈紫茹、黄强、李秋健、梁优和韦姗杉完成；

第二章第三节由潘俊杰、刘芸、蒲晓东、杨清平、黄伟和黄鑫完成；

第二章第四节由黄鑫、李光亮和杨丽云完成；

第二章第五节由杨清平、黄强、潘俊杰、张玉艳、陈紫茹、李秋健和黄鑫完成；

第二章第六节由杨清平、梁优和潘俊杰完成；

第三章第一节由杨清平、郑卓、张玉艳和韦姗杉完成；

第三章第二节由陈曦和郑卓完成；

第三章第三节由杨清平、刘芸、陈曦和郑卓完成；

第四章由黄鑫、杨清平、李光亮、杨丽云和梁优完成。

由于我们水平有限，本报告错误在所难免，希望大家批评指正。

编　者

Abstract

This is the first large-scale monographic research report about the archaeological work of Zuojiang River (左江) Basin in Guangxi. During 2013-2016, to solve some academic issues in the application of the Zuojiang Huashan Rock Art Cultural Landscape for the World Cultural Heritage, the Guangxi Institute of Cultural Relics Protection and Archaeology organized an archaeological team to carry out the special archaeological project in Zuojiang River Basin including field investigation and trial excavation, with the significant results. We have already published the monograph of the field investigation. This monograph, that focuses on the trial excavation, is divided into seven chapters:

The First Chapter briefly introduces the geographical environment and history of Zuojiang River Basin, previous archaeological works, the 2013-2016 archaeological project and the description principle and classification of the relics.

The Second Chapter, the core of the monograph, introduces the findings from Baojianshan Cave A site, Wumingshan site, Gencun site, Dawan site, Pojiaohuan site and Tingcheng site in detail.

The Third Chapter centered on the faunal and botanic remains discovered in Zuojiang River Basin, including detailed analyses of sporopollens, phytolith, vertebrates and mollusks excavated from each site, and further researches on paleoenvironment, subsistence patterns, lifestyles according to the remains.

The Fourth Chapter presents the lithic techniques to produce Neolithic stone artifacts discovered in Zuojiang River Basin on a range of subjects, including raw materials, processing tools, chipped stone artifacts, polished stone artifacts and so on.

The Fifth Chapter summarizes the types and characteristics of the early culture in Zuojiang River Basin based on the explicating reviews of the archaeological materials as yet found, then nominates the archaeological culture as "Baojianshan Culture."

The Sixth Chapter discusses the cultural relationships of the early archaeological culture in the river basin to other regions, from Yongjiang (邕江), Youjiang (右江), Hongshuihe (红水河), Liujiang (柳江), Lijiang (漓江), and Yujiang(郁江)-Xunjiang(浔江) river basins to southeastern

Guangxi, as well as Southeast Asia.

The Seventh Chapter draws the conclusion assessing the value of the 2013-2016 archaeological trail excavation.

Overall, the early archaeological culture of Zuojiang River Basin manifests obvious regional characteristics; meanwhile, it had certain cultural connections with neighboring cultures.

1. 宝剑山A洞遗址发掘人员与广西文物保护与考古研究所领导合影

2. 发掘队员对宝剑山A洞遗址土样进行筛选

3. 发掘队员在宝剑山A洞遗址进行现场讨论

宝剑山A洞遗址发掘现场

1. 时任国家文物局局长励小捷观摩宝剑山A洞遗址出土器物

2. 时任广西壮族自治区人民政府副主席李康听取宝剑山A洞遗址发掘情况汇报

国家文物局及自治区领导观摩宝剑山A洞遗址出土器物

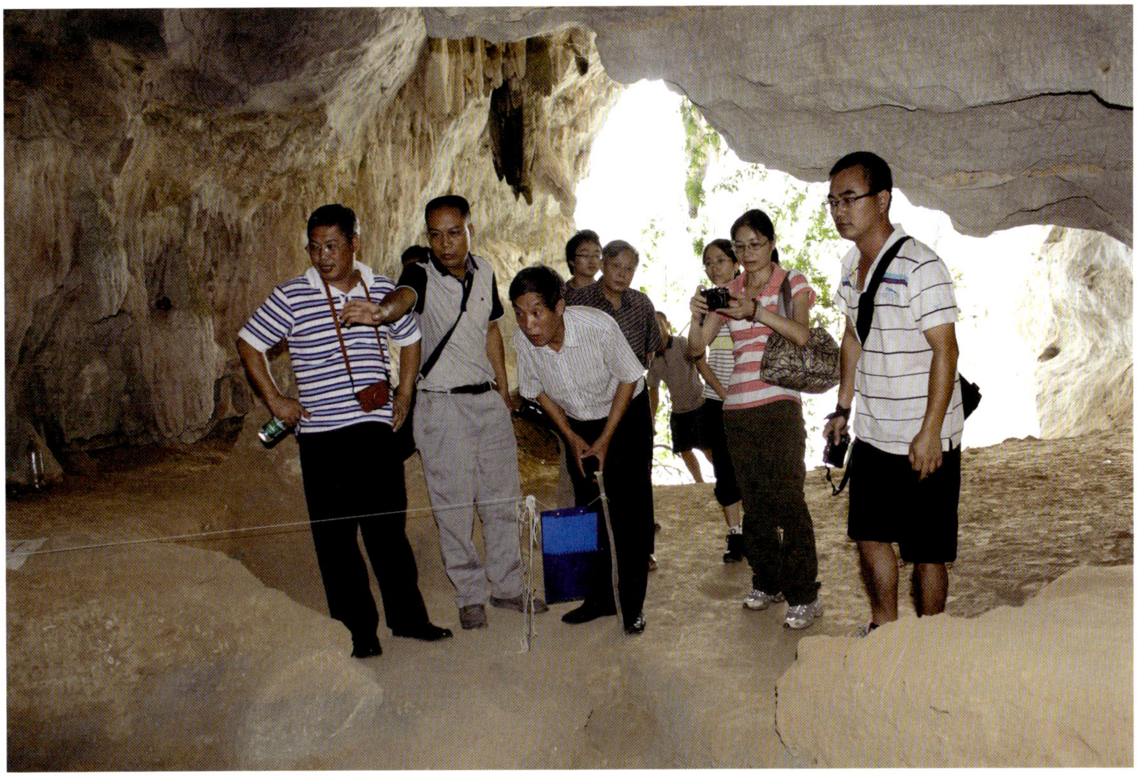

1. 中国社会科学院考古研究所傅宪国等专家到宝剑山A洞遗址发掘工地指导

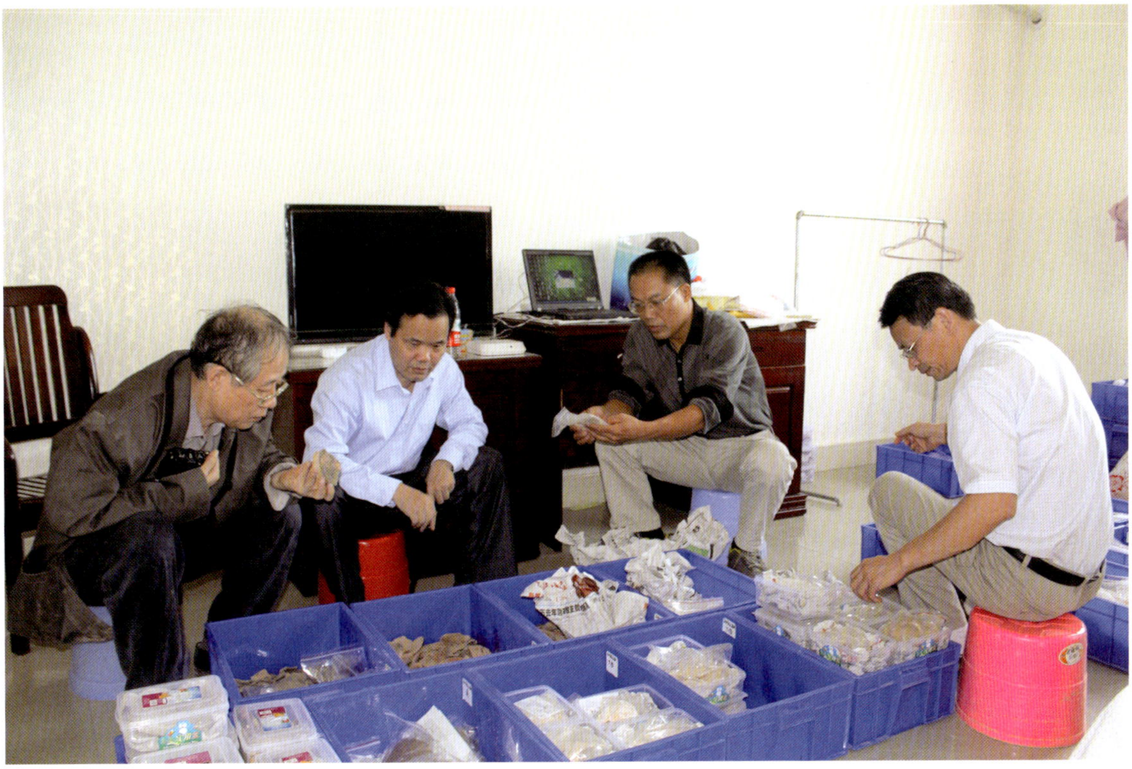

2. 广西文化厅领导听取宝剑山A洞遗址汇报

专家及领导指导宝剑山A洞遗址工作

1. 广东五邑大学副校长张国雄等专家到宝剑山A洞遗址发掘现场考察

2. 广西电视台记者在宝剑山A洞遗址发掘现场进行采访

专家及媒体对宝剑山A洞遗址发掘现场考察、采访

1. 工作人员在庭城遗址对遗迹进行清理

2. 工作人员在庭城遗址进行刮面

3. 工作人员在庭城遗址进行拍照

庭城遗址发掘现场

1. 工作人员在庭城遗址对壁面进行洒水处理

2. 工作人员在庭城遗址发掘现场对出土的器物进行研究

庭城遗址发掘现场

宝剑山A洞遗址山体全景

1. 遗址洞口

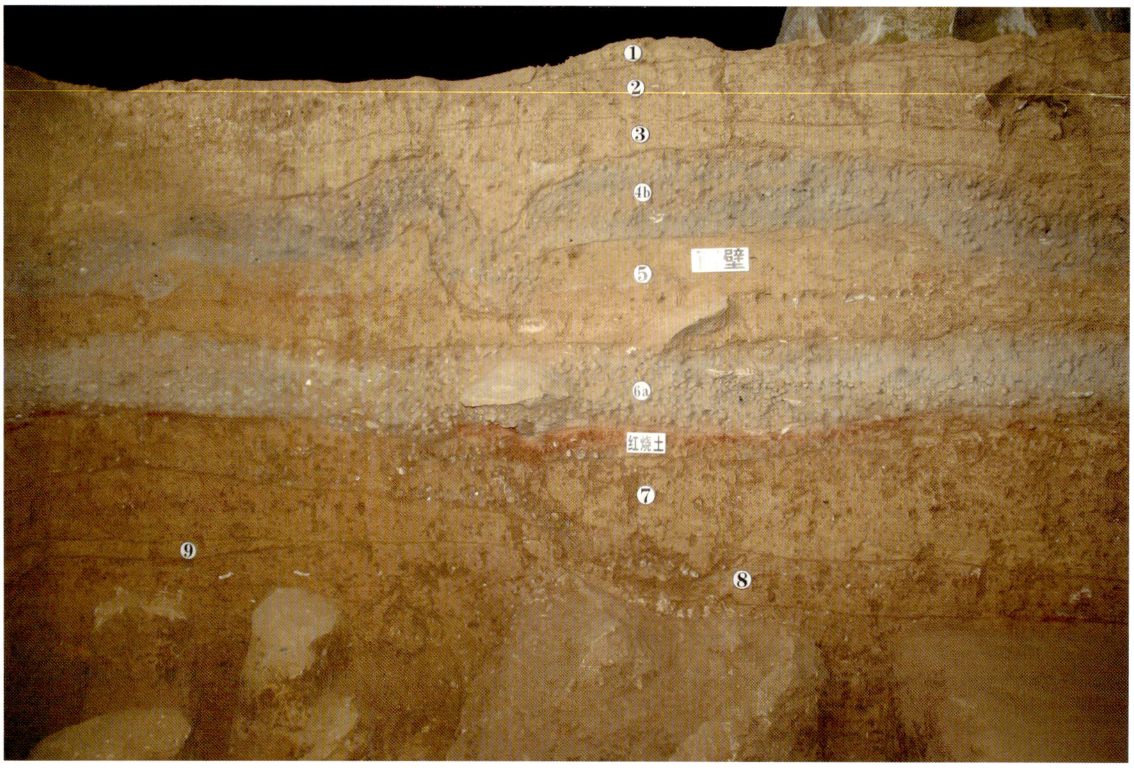

2. 遗址西壁

宝剑山A洞遗址洞口及地层

1. 岩洞葬（局部）

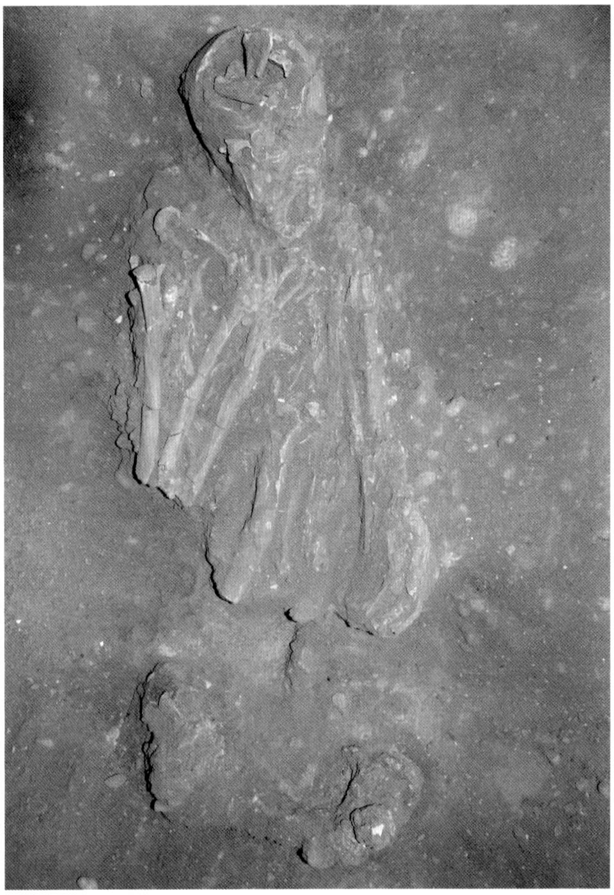

2. M1

3. M2

宝剑山A洞遗址墓葬

1. AbⅢ型石砧（2013GLBA采：20）

2. DaⅠ型石砧（2013GLBA采：1）

3. DbⅥ型磨石（2013GLBA采：3）

4. Ab型石核（2013GLBA采：2）

5. Bc型石核（2013GLBA采：13）

6. AaⅦ型石片（2013GLBAT2①：1）

宝剑山A洞遗址第一文化层石制品

1. AaⅡ型砍砸器（2013GLBA采：12）

2. AaⅤ型砍砸器（2013GLBA采：11）

3. BaⅢ型砍砸器（2013GLBA采：14）

4. AaⅡ型斧锛类半成品（2013GLBA采：6）

5. Bf型斧锛类半成品（2013GLBA采：19）

6. AbⅡ型斧锛类毛坯（2013GLBA采：48）

宝剑山A洞遗址第一文化层石制品

1. AbⅥ型石斧锛类毛坯（2013GLBA采：9）

2. A型陶釜（2013GLBA采：24）

3. B型陶釜（2013GLBA采：25）

4. Aa型锯齿刃蚌器（2013GLBA采：28）

5. Aa型锯齿刃蚌器（2013GLBA采：7）

6. B型锯齿刃蚌器（2013GLBA采：6）

宝剑山A洞遗址第一文化层遗物

1. A型双肩蚌铲（2013GLBA采：1）

2. A型双肩蚌铲（2013GLBA采：10）

3. Bh型石斧（2013GLBAT1②：17）

4. Bh型石斧（2013GLBAT1②：20）

5. AaⅢ型石锛（2013GLBAT1②：11）

6. AaⅢ型石凿（2013GLBAT1②：3）

宝剑山A洞遗址第一、二文化层遗物

（1、2为第一文化层，余为第二文化层）

1. Aa型（2013GLBAT1②：7）

2. Ab型（2013GLBAT1②：5）

3. Ab型（2013GLBAT1②：4）

4. B型（2013GLBAT1②：12）

宝剑山A洞遗址第二文化层陶釜

1. A型钵（2013GLBAT1②：56）

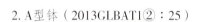

2. A型钵（2013GLBAT1②：25）

3. A型钵（2013GLBAT1②：21）

4. A型钵（2013GLBAT1②：32）

5. A型钵（2013GLBAT1②：23）

6. 碗（2013GLBAT1②：13）

宝剑山A洞遗址第二文化层陶器

1. 束颈蚌铲（2013GLBAT1②：26）

2. 束颈蚌铲（2013GLBAT1②：24）

3. 束颈蚌铲（2013GLBAT1③：3）

4. B型双肩蚌铲（2013GLBAT1②：9）

5. C型双肩蚌铲（2013GLBAT1②：15）

6. 鱼头形蚌器（2013GLBAT1②：1）

宝剑山A洞遗址第二文化层蚌器

1. 骨质剑形器（2013GLBAT1②：27）

2. Ae型石核（2013GLBAT1④b：29）

3. AaⅢ型石片（2013GLBAT1④b：22）

4. AaⅥ型石片（2013GLBAT1④b：30）

5. AaⅥ型石片（2013GLBAT1④b：27）

6. AaⅦ型石片（2013GLBAT1④b：23）

宝剑山A洞遗址第二、三文化层遗物

（1为第二文化层，余为第三文化层）

1. AbⅠ型石片（2013GLBAT1④b：19）

2. AbⅠ型石片（2013GLBAT1④b：20）

3. AbⅡ型石片（2013GLBAT1④b：31）

4. AbⅦ型石片（2013GLBAT1④b：16）

5. AbⅪ型石片（2013GLBAT1④b：26）

6. AcⅪ型石片（2013GLBAT1⑤：4）

宝剑山A洞遗址第三文化层石制品

1. AeⅡ型石片（2013GLBAT1④b：24）

2. AaⅢ型砍砸器（2013GLBAT1⑥：5）

3. AbⅢ型砍砸器（2013GLBAT2⑥：1）

4. AbⅢ型刮削器（2013GLBAT1⑥：8）

5. AbⅦ型石凿毛坯（2013GLBAT1⑥：3）

宝剑山A洞遗址第三文化层石制品

1. Bf型斧锛类半成品（2013GLBAT1⑥：1）

2. AbⅠ型斧锛类毛坯（2013GLBAT2④b：3）

3. AbⅥ型斧锛类毛坯（2013GLBAT1⑥：6）

4. AaⅠ型研磨器毛坯（2013GLBAT1⑥：21）

5. AbⅡ型研磨器毛坯（2013GLBAT1⑥：19）

6. BbⅡ型研磨器毛坯（2013GLBAT1④b：14）

宝剑山A洞遗址第三文化层石制品

1. Aa型锯齿刃蚌器（2013GLBAT1④b：8）

2. Ab型锯齿刃蚌器（2013GLBAT1④b：17）

3. B型锯齿刃蚌器（2013GLBAT1⑤：5）

4. A型双肩蚌铲（2013GLBAT1⑥：11）

5. A型双肩蚌铲（2013GLBAT1④b：18）

宝剑山A洞遗址第三文化层蚌器

1. B型双肩蚌铲（2013GLBAT1④b：3）

2. B型双肩蚌铲（2013GLBAT1④b：9）

3. AaⅢ型石砧（2013GLBAT1⑧：7）

4. AbⅡ型石片（2013GLBAT1⑨：1）

5. AbⅢ型石片（2013GLBAT1⑨：2）腹面

6. AbⅢ型石片（2013GLBAT1⑨：2）背面

宝剑山A洞遗址第三、四文化层石制品、蚌器

（1、2为第三文化层，余为第四文化层）

1. AeⅢ型石片（2013GLBAT1⑦：6）

2. AaⅠ型石砍砸器（2013GLBAT1⑧：2）

3. AcⅠ型石斧锛类半成品（2013GLBAT1⑦：4）

4. AbⅥ型石斧锛类毛坯（2013GLBAT1⑦：5）

5. 鱼头形蚌器（2013GLBAT1⑦：3）

宝剑山A洞遗址第四文化层石制品、蚌器

无名山遗址远景

1. T1北壁剖面

2. AbⅡ型石片（2013GLWT1①：3）

3. AaⅠ型砍砸器（2013GLWT1①：7）

无名山遗址地层及第一文化层石制品

1. AbⅦ型石锛（2013GLWT1①：4）

2. BaⅣ型石锤（2013GLWT1②：14）

3. Cd型石核（2013GLWT1②：10）

4. Ci型石核（2013GLWT1②：20）

5. De型石核（2013GLWT1②：1）

6. AaⅦ型石片（2013GLWT1②：12）

无名山遗址第一、二文化层石制品

（1为第一文化层，余为第二文化层）

1. Bc型石斧（2013GLWT1②：6）

2. 铁锸（2013GLWT1②：4）

3. 穿孔蚌器（2013GLWT1②：8）

4. BbⅤ型石锤（2013GLWT1④：347）

5. Aa型石核（2013GLWT1④：209）

6. Ai型石核（2013GLWT1④：59）

无名山遗址第二、四文化层遗物

（1~3为第二文化层，余为第四文化层）

彩版二八

1. Ba型石核（2013GLWT1④：119）

2. Ci型石核（2013GLWT1④：256）

3. Da型石核（2013GLWT1④：276）

4. AaⅠ型石片（2013GLWT1④：233）

5. AaⅦ型石片（2013GLWT1④：198）

6. AbⅡ型石片（2013GLWT1④：60）

无名山遗址第四文化层石制品

1. AbⅢ型石片（2013GLWT1④：43）

2. AdⅧ型石片（2013GLWT1④：215）

3. CaⅠ型石片（2013GLWT1④：254）

4. AaⅧ型砍砸器（2013GLWT1④：69）

5. AbⅠ型砍砸器（2013GLWT1④：56）

6. AcⅧ型砍砸器（2013GLWT1④：58）

无名山遗址第四文化层石制品

1. BdⅤ型砍砸器（2013GLWT1④：50）

2. BbⅠ型砍砸器（2013GLWT1④：48）

3. AaⅡ型刮削器（2013GLWT1④：53）

4. AbⅧ型刮削器（2013GLWT1④：33）

5. BaⅢ型刮削器（2013GLWT1④：234）

6. AbⅠ型尖状器（2013GLWT1④：64）

无名山遗址第四文化层石制品

1. BbⅧ型尖状器（2013GLWT1④：132）

2. Ba型石斧（2013GLWT1④：28）

3. Ba型石斧（2013GLWT1④：117）

4. Bb型石斧（2013GLWT1④：54）

5. Bf型石斧（2013GLWT1④：81）

6. Bf型石斧（2013GLWT1④：112）

无名山遗址第四文化层石制品

1. AaⅢ型石锛（2013GLWT1④：116）

2. AaⅢ型石锛（2013GLWT1④：113）

3. AbⅥ型石锛（2013GLWT1④：93）

4. AaⅥ型斧锛类半成品（2013GLWT1④：79）

5. Ba型斧锛类半成品（2013GLWT1④：120）

6. Bb型斧锛类半成品（2013GLWT1④：114）

无名山遗址第四文化层石制品

1. Bc型斧锛类半成品（2013GLWT1④：52）

2. Bf型斧锛类半成品（2013GLWT1④：118）

3. AaⅢ型斧锛类毛坯（2013GLWT1④：102）

4. AbⅢ型斧锛类毛坯（2013GLWT1④：109）

5. AbⅥ型斧锛类毛坯（2013GLWT1④：84）

无名山遗址第四文化层石制品

1. AbⅦ型斧锛类毛坯（2013GLWT1④：75）

2. Bc型斧锛类毛坯（2013GLWT1④：100）

3. Bf型斧锛类毛坯（2013GLWT1④：94）

4. AaⅡ型研磨器毛坯（2013GLWT1④：291）

5. BaⅡ型研磨器毛坯（2013GLWT1④：127）

无名山遗址第四文化层石制品

1. Aa型锯齿刃蚌器（2013GLWT1④：16）

2. Aa型锯齿刃蚌器（2013GLWT1④：384）

3. Aa型锯齿刃蚌器（2013GLWT1④：383）

4. Aa型锯齿刃蚌器（2013GLWT1④：18）

5. 穿孔蚌器（2013GLWT1④：82）

6. A型蚌刀（2013GLWT1④：5）

无名山遗址第四文化层蚌器

1. 遗址地形地貌

2. TG1西壁剖面

根村遗址地形地貌及地层

1. M1（东南—西北）

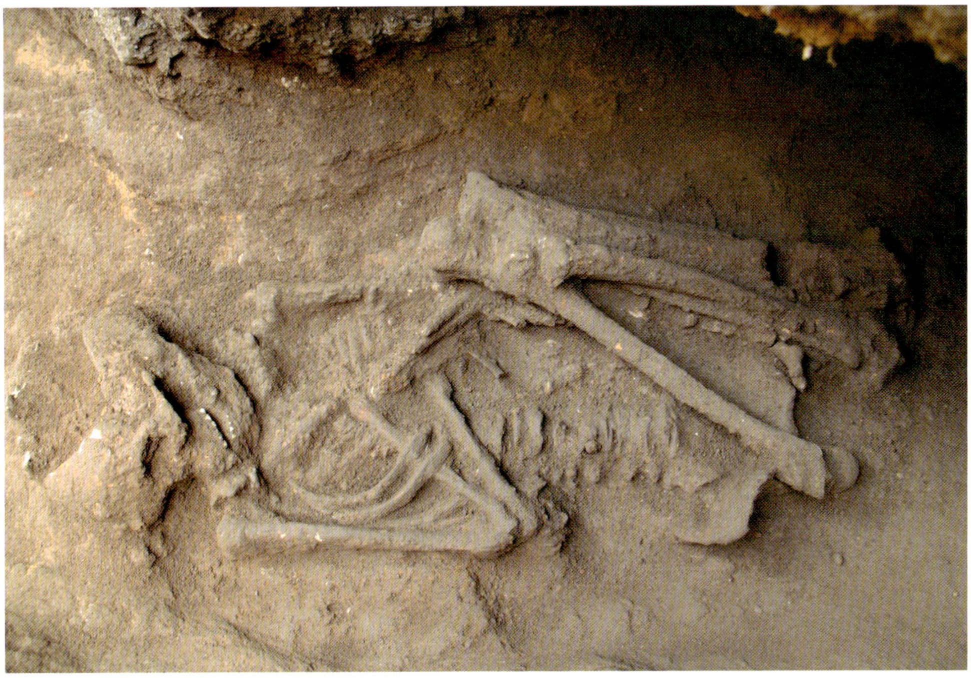

2. M2（西南—东北）

根村遗址墓葬

1. Aa型石斧（2015GLGTG2①：3）

2. Bf型石斧（2015GLGTG1①：2）

3. AbⅦ型斧锛类半成品（2015GLGTG1①：1）

4. CcⅢ型研磨器毛坯（2015GLGTG2①：1）

5. BaⅢ型石锤（2015GLGTG1③：13）

根村遗址第一、二文化层石制品

（除5为第二文化层外，余为第一文化层）

1. AaⅢ型石片（2015GLGTG2②：35）

2. AbⅣ型石片（2015GLGTG2②：2）

3. AeⅨ型石片（2015GLGTG2②：39）

4. AbⅠ型砍砸器（2015GLGTG2②：28）

5. AbⅧ型刮削器（2015GLGTG2②：44）

6. BdⅠ型刮削器（2015GLGTG2②：7）

根村遗址第二文化层石制品

1. CdⅧ型刮削器（2015GLGTG2②：27）

2. Ac型石斧（2015GLGTG1③：3）

3. Bb型石斧（2015GLGTG2②：12）

4. AaⅡ型石锛（2015GLGTG2②：14）

5. AbⅡ型石锛（2015GLGTG2②：20）

6. AaⅦ型石凿半成品（2015GLGTG1③：15）

根村遗址第二文化层石制品

1. Ab Ⅰ 型石凿毛坯（2015GLGTG2②：4）

2. Aa Ⅱ 型斧锛类半成品（2015GLGTG2②：6）

3. Ab Ⅰ 型斧锛类半成品（2015GLGTG2②：1）

4. Aa Ⅱ 型斧锛类毛坯（2015GLGTG2②：13）

5. Ab Ⅰ 型斧锛类毛坯（2015GLGTG2②：17）

6. Bf型斧锛类毛坯（2015GLGTG1③：17）

根村遗址第二文化层石制品

1. AaⅡ型研磨器（2015GLGTG1③：10）

2. AaⅢ型研磨器半成品（2015GLGTG1②：7）

3. AaⅠ型研磨器毛坯（2015GLGTG2②：21）

4. AaⅡ型研磨器毛坯（2015GLGTG2②：16）

5. CaⅡ型研磨器毛坯（2015GLGTG2②：47）

6. BaⅡ型石锤（2015GLGTG1⑤：15）

根村遗址第二、三文化层石制品

（6为第三文化层，余为第二文化层）

1. BcⅠ型石锤（2015GLGTG1⑤：18）

2. AaⅦ型石砧（2015GLGTG2③：3）

3. Ai型石核（2015GLGTG1⑤：28）

4. Bi型石核（2015GLGTG2③：30）

5. Ci型石核（2015GLGTG2③：40）

6. Df型石核（2015GLGTG1⑤：35）

根村遗址第三文化层石制品

1. AaⅢ型石片（2015GLGTG2③：31）

2. AaⅣ型石片（2015GLGTG2③：34）

3. AbⅠ型石片（2015GLGTG2③：32）

4. AaⅠ型砍砸器（2015GLGTG1⑤：10）

5. AbⅢ型砍砸器（2015GLGTG1④：20）

6. BaⅧ型砍砸器（2015GLGTG2③：8）

根村遗址第三文化层石制品

1. AaⅡ型刮削器（2015GLGTG1④：12）

2. AbⅠ型刮削器（2015GLGTG2③：16）

3. Af型石斧（2015GLGTG1④：2）

4. Ba型石斧（2015GLGTG1⑤：2）

5. Bf型石斧（2015GLGTG1④：5）

6. AaⅡ型石锛（2015GLGTG1④：23）

根村遗址第三文化层石制品

1. AbⅥ型石锛（2015GLGTG1⑤：5）

2. AbⅥ型石锛（2015GLGTG1⑤：12）

3. BbⅡ型石锛（2015GLGTG1④：4）

4. AcⅥ型石凿半成品（2015GLGTG2③：22）

5. AbⅦ型斧锛类半成品（2015GLGTG2③：10）

6. AaⅥ型斧锛类毛坯（2015GLGTG2③：13）

根村遗址第三文化层石制品

1. AbⅥ型斧锛类毛坯（2015GLGTG1④：9）

4. AaⅢ型研磨器毛坯（2015GLGTG1④：29）

2. AbⅥ型斧锛类毛坯（2015GLGTG1④：18）

5. BaⅢ型石锤（2015GLGTG2④：2）

3. AaⅡ型研磨器毛坯（2015GLGTG1④：17）

6. BbⅢ型石锤（2015GLGTG2④：6）

根村遗址第三、四文化层石制品

（5、6为第四文化层，余为第三文化层）

1. BaⅦ型石砧（2015GLGTG2④：70）

2. Ci型石核（2015GLGTG2④：3）

3. AaⅡ型石片（2015GLGTG2④：24）

4. AaⅡ型石片（2015GLGTG2④：33）

5. AbⅡ型石片（2015GLGTG2④：32）

6. AcⅢ型石片（2015GLGTG2④：34）

根村遗址第四文化层石制品

1. AeⅢ型石片（2015GLGTG2④：36）

2. AaⅡ型砍砸器（2015GLGTG1⑥：22）

3. AbⅡ型砍砸器（2015GLGTG1⑥：39）

4. BdⅢ型砍砸器（2015GLGTG2④：30）

5. AaⅠ型刮削器（2015GLGTG1⑥：21）

6. AaⅡ型石锛（2015GLGTG2④：44）

根村遗址第四文化层石制品

1. BbⅢ型石锛（2015GLGTG2④：16）

2. AaⅦ型石凿毛坯（2015GLGTG2④：46）

3. AbⅦ型石凿毛坯（2015GLGTG1⑥：13）

4. AaⅡ型斧锛类半成品（2015GLGTG2④：14）

5. AbⅢ型斧锛类半成品（2015GLGTG1⑥：42）

6. AaⅡ型斧锛类毛坯（2015GLGTG2④：9）

根村遗址第四文化层石制品

1. AbⅢ型斧锛类毛坯（2015GLGTG2④：39）

2. AcⅡ型斧锛类毛坯（2015GLGTG2④：64）

3. AaⅢ型研磨器毛坯（2015GLGTG2④：47）

4. AaⅣ型研磨器毛坯（2015GLGTG2④：48）

5. BbⅤ型石锤（2015GLGTG1⑦：47）

6. BcⅤ型石锤（2015GLGTG1⑦：48）

根村遗址第四、五文化层石制品

（5、6为第五文化层，余为第四文化层）

1. AaⅠ型石砧（2015GLGTG1⑦：15）

2. Ab型石核（2015GLGTG1⑦：40）

3. Bc型石核（2015GLGTG1⑦：38）

4. Ci型石核（2015GLGTG1⑦：12）

5. AaⅡ型砍砸器（2015GLGTG1⑦：44）

6. AbⅥ型砍砸器（2015GLGTG1⑦：45）

7. BdⅡ型砍砸器（2015GLGTG1⑦：91）

8. BaⅢ型刮削器（2015GLGTG1⑦：35）

根村遗址第五文化层石制品

1. CdⅡ型刮削器（2015GLGTG1⑦：41）

2. AaⅡ型石锛（2015GLGTG1⑦：10）

3. AaⅥ型斧锛类半成品（2015GLGTG1⑦：1）

4. AbⅥ型斧锛类半成品（2015GLGTG2⑤：6）

5. AbⅥ型斧锛类毛坯（2015GLGTG1⑦：4）

6. AaⅠ型研磨器毛坯（2015GLGTG1⑦：36）

根村遗址第五文化层石制品

1. 探方分布情况（南—北）

2. T1南壁剖面（局部）

大湾遗址探方及地层

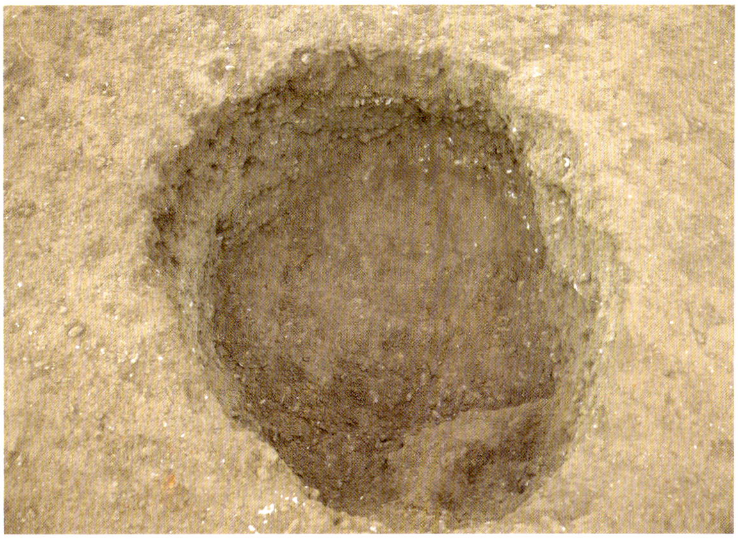

1. H5（东—西）

2. 3号红烧土遗迹（西—东）

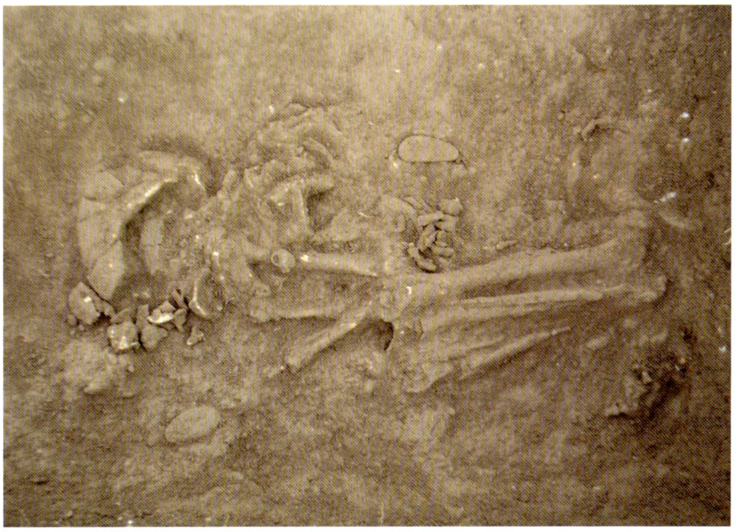

3. M1（南—北）

大湾遗址遗迹

1. BaⅤ型石锤（2015GLDT1②：21）

2. Ai型石核（2015GLDT2①：18）

3. Bf型石核（2015GLDT1②：18）

4. AaⅠ型石片（2015GLDT1①：17）

5. AaⅡ型石片（2015GLDT1①：9）

大湾遗址第一文化层石制品

1. AaⅪ型石片（2015GLDT1②：38）

2. AbⅥ型石片（2015GLDT2②：7）

3. AdⅡ型石片（2015GLDT1②：37）

4. AeⅧ型石片（2015GLDT2②：24）

5. AaⅢ型砍砸器（2015GLDT1②：17）

6. AbⅦ型砍砸器（2015GLDT2①：21）

大湾遗址第一文化层石制品

1. AcⅠ型砍砸器（2015GLDT2①：6）

2. BaⅠ型砍砸器（2015GLDT1②：23）

3. BbⅥ型砍砸器（2015GLDT1②：26）

4. BcⅧ型砍砸器（2015GLDT2②：14）

5. BdⅡ型砍砸器（2015GLDT2②：10）

6. CaⅥ型砍砸器（2015GLDT2①：9）

大湾遗址第一文化层石制品

1. CdⅢ型砍砸器（2015GLDT2①：12）

2. DdⅡ型砍砸器（2015GLDT1①：8）

3. AaⅡ型刮削器（2015GLDT2②：13）

4. AbⅢ型刮削器（2015GLDT1①：19）

5. BdⅢ型刮削器（2015GLDT1①：23）

6. Ac型石斧（2015GLDT2①：35）

大湾遗址第一文化层石制品

1. Ba型石斧（2015GLDT1①：31）

2. Bc型石斧（2015GLDT1②：40）

3. AaⅢ型石锛（2015GLDT1②：5）

4. AbⅥ型石锛（2015GLDT1②：31）

5. AaⅢ型石凿半成品（2015GLDT2①：37）

6. AbⅥ型石凿半成品（2015GLDT1②：43）

大湾遗址第一文化层石制品

1. AbⅦ型石凿毛坯（2015GLDT2②：28）

2. AaⅢ型斧锛类半成品（2015GLDT2②：25）

3. AbⅡ型斧锛类半成品（2015GLDT1①：45）

4. AaⅢ型斧锛类毛坯（2015GLDT1①：46）

5. AbⅥ型斧锛类毛坯（2015GLDT1①：35）

6. Bf型斧锛类毛坯（2015GLDT1①：28）

大湾遗址第一文化层石制品

1. CcⅡ型研磨器（2015GLDT2①：7）

2. AaⅠ型研磨器毛坯（2015GLDT2①：5）

3. CaⅡ型研磨器毛坯（2015GLDT1①：1）

4. CbⅠ型石锤（2015GLDT2③：19）

5. AaⅡ型石片（2015GLDT2⑤：12）

6. AaⅢ型石片（2015GLDT2⑤：21）

大湾遗址第一、二文化层石制品

（1~3为第一文化层，余为第二文化层）

1. AbⅠ型石片（2015GLDT2④：31）

2. AbⅢ型石片（2015GLDT1⑤：4）

3. AcⅢ型石片（2015GLDT1⑤：17）

4. AeⅠ型石片（2015GLDT1③：23）

5. AeⅡ型石片（2015GLDT2④：32）

6. AaⅠ型砍砸器（2015GLDT2③：6）

大湾遗址第二文化层石制品

1. AaⅢ型砍砸器（2015GLDT1④：16）

2. AbⅢ型砍砸器（2015GLDT1④：18）

3. AbⅥ型砍砸器（2015GLDT2③：22）

4. BaⅠ型砍砸器（2015GLDT2③：15）

5. BdⅡ型砍砸器（2015GLDT1④：17）

6. CdⅣ型砍砸器（2015GLDT2⑤：17）

大湾遗址第二文化层石制品

1. AaⅢ型刮削器（2015GLDT2④：23）

2. AbⅠ型刮削器（2015GLDT1③：21）

3. BdⅠ型刮削器（2015GLDT1④：20）

4. CaⅢ型刮削器（2015GLDT2③：8）

5. AbⅠ型尖状器（2015GLDT2⑤：15）

6. AcⅧ型尖状器（2015GLDT1④：21）

大湾遗址第二文化层石制品

1. BbⅠ型尖状器（2015GLDT2③：12）

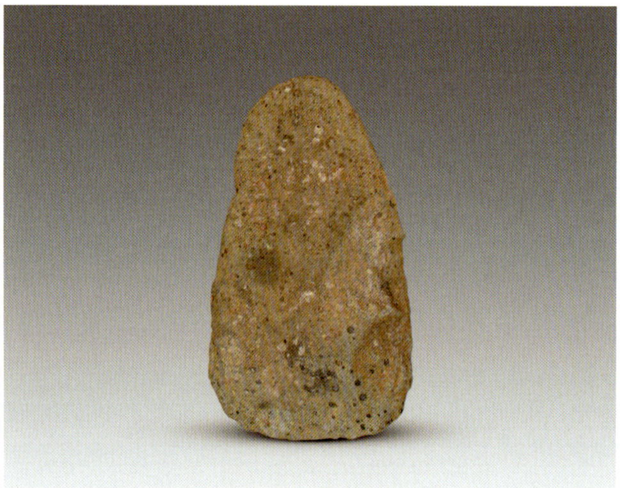

2. Aa型石斧（2015GLDT2⑤：1）

3. Ab型石斧（2015GLDT2④：2）

4. Ba型石斧（2015GLDT2⑤：10）

5. Bb型石斧（2015GLDT2④：4）

6. Bf型石斧（2015GLDT1⑤：16）

大湾遗址第二文化层石制品

1. Bg型石斧（2015GLDT1⑤：3）

2. AaⅢ型石锛（2015GLDT2④：3）

3. AbⅢ型石锛（2015GLDT2④：19）

4. AbⅦ型石凿（2015GLDT1④：11）

5. AbⅦ型石凿半成品（2015GLDT2③：26）

6. AbⅦ型石凿毛坯（2015GLDT1⑤：2）

大湾遗址第二文化层石制品

1. Bg型石凿毛坯
（2015GLDT2④：16）

2. AaⅡ型斧锛类半成品
（2015GLDT2⑤：3）

3. AbⅥ型斧锛类半成品
（2015GLDT1④：8）

4. AbⅥ型斧锛类毛坯
（2015GLDT1③：26）

5. AbⅦ型斧锛类毛坯
（2015GLDT2⑤：16）

6. Ba型斧锛类毛坯
（2015GLDT2⑤：24）

大湾遗址第二文化层石制品

1. Bf型斧锛类毛坯（2015GLDT2④：9）

2. AbⅣ型研磨器（2015GLDT1④：15）

3. AaⅡ型研磨器毛坯（2015GLDT1⑤：6）

4. BbⅢ型石锤（2015GLDT1⑦：18）

5. BcⅤ型石锤（2015GLDT1⑦：6）

6. Ca型石核（2015GLDT2⑦a：6）

大湾遗址第二、三文化层石制品

（1~3为第二文化层，余为第三文化层）

1. Cc型石核（2015GLDT1⑦：45）

2. AaⅪ型石片（2015GLDT2⑥b：25）

3. AaⅪ型石片（2015GLDT1⑦：50）

4. AbⅡ型石片（2015GLDT1⑦：40）

5. AcⅤ型石片（2015GLDT2⑥b：24）

6. AeⅢ型石片（2015GLDT2⑥b：9）

大湾遗址第三文化层石制品

1. AaⅢ型砍砸器（2015GLDT1⑦：10）

2. AbⅢ型砍砸器（2015GLDT1⑦：34）

3. AcⅦ型砍砸器（2015GLDT1⑦：17）

4. BcⅧ型砍砸器（2015GLDT1⑦：46）

5. BdⅢ型砍砸器（2015GLDT1⑦：44）

6. BdⅧ型砍砸器（2015GLDT1⑥：18）

大湾遗址第三文化层石制品

1. CdⅧ型砍砸器（2015GLDT1⑦：42）

2. AaⅢ型刮削器（2015GLDT1⑥：9）

3. AbⅠ型刮削器（2015GLDT1⑥：3）

4. AcⅠ型刮削器（2015GLDT2⑦b：19）

5. BaⅢ型刮削器（2015GLDT2⑦b：15）

6. BbⅣ型刮削器（2015GLDT1⑦：36）

大湾遗址第三文化层石制品

1. BdⅡ型刮削器（2015GLDT2⑦b：10）

2. CdⅢ型刮削器（2015GLDT1⑦：9）

3. Ba型石斧（2015GLDT2⑦a：25）

4. Bc型石斧（2015GLDT2⑦a：5）

5. Bf型石斧（2015GLDT2⑦a：12）

6. AaⅢ型石锛（2015GLDT2⑦a：26）

大湾遗址第三文化层石制品

1. AbⅢ型石锛（2015GLDT1⑥：2）

2. BbⅦ型石锛（2015GLDT2⑦b：5）

3. AaⅥ型斧锛类半成品（2015GLDT2⑦a：16）

4. AbⅥ型斧锛类半成品（2015GLDT2⑦a：1）

5. Bc型斧锛类半成品（2015GLDT2⑦a：13）

6. AaⅥ型斧锛类毛坯（2015GLDT2⑦a：10）

大湾遗址第三文化层石制品

1. AbⅥ型斧锛类毛坯（2015GLDT2⑥b：11）

2. Bh型斧锛类毛坯（2015GLDT1⑦：39）

3. AaⅠ型研磨器毛坯（2015GLDT1⑥：47）

4. CbⅤ型研磨器毛坯（2015GLDT2⑦a：23）

5. CcⅤ型研磨器毛坯（2015GLDT1⑥：45）

6. CbⅡ型石锤（2015GLDT1⑧：6）

大湾遗址第三、四文化层石制品

（6为第四文化层，余为第三文化层）

1. CaⅦ型石砧（2015GLDT1⑧：5）

2. AeⅢ型石片（2015GLDT1⑧：24）

3. AcⅧ型砍砸器（2015GLDT1⑧：22）

4. BdⅠ型砍砸器（2015GLDT2⑧：6）

5. Bc型石斧（2015GLDT1⑧：3）

6. Bf型石斧（2015GLDT2⑧：1）

大湾遗址第四文化层石制品

1. AaⅥ型斧锛类半成品（2015GLDT2⑧：4）

2. AbⅦ型斧锛类半成品（2015GLDT1⑧：10）

3. Bf型斧锛类毛坯（2015GLDT2⑧：2）

5. AbⅢ型斧锛类毛坯（2015GLDT1⑧：12）

4. AaⅤ型研磨器毛坯（2015GLDT2⑧：3）

大湾遗址第四文化层石制品

1. 探方分布情况

2. T1北壁剖面

3. T1第③层面小型石器加工场（局部，西—东）

坡叫环遗址探方分布、地层及小型石器加工场

1. Ab型石片石锤（2015GLPT2①：15）

2. AbⅦ型窄槽砺石（2015GLPT2①：29）

3. DbⅦ型窄槽砺石（2015GLPT1①：27）

4. AaⅢ型石片（2015GLPT1①：10）

5. AbⅢ型石片（2015GLPT2①：18）

6. AcⅪ型石片（2015GLPT1①：32）

坡叫环遗址第一文化层石制品

1. CaⅥ型石片（2015GLPT2①：21）

2. AaⅠ型砍砸器（2015GLPT1①：12）

3. AbⅡ型砍砸器（2015GLPT1①：2）

4. AcⅢ型砍砸器（2015GLPT1①：8）

5. BaⅡ型砍砸器（2015GLPT1①：3）

6. BbⅥ型砍砸器（2015GLPT1①：23）

坡叫环遗址第一文化层石制品

1. CaⅢ型砍砸器（2015GLPT2①：10）

2. AaⅧ型刮削器（2015GLPT2①：16）

3. AbⅥ型刮削器（2015GLPT1①：11）

4. BaⅧ型刮削器（2015GLPT2①：17）

5. BdⅢ型刮削器（2015GLPT2①：22）

6. Bf型石斧（2015GLPT2①：23）

坡叫环遗址第一文化层石制品

2. AaⅢ型斧锛类半成品（2015GLPT1①：21）

1. AbⅦ型石锛（2015GLPT1①：4）

3. AbⅧ型斧锛类毛坯（2015GLPT1①：6）

4. Bf型斧锛类毛坯（2015GLPT1①：24）

5. BcⅤ型石锤（2015GLPT2②：113）

6. Ae型石片石锤（2015GLPT2②：110）

坡叫环遗址第一、二文化层石制品

（5、6为第二文化层，余为第一文化层）

1. Ca型石片石锤（2015GLPT1②：39）

2. Bf型石片石锤（2015GLPT1②：74）

3. Ci型石片石锤（2015GLPT1②：32）

4. AaⅧ型石砧（2015GLPT2②：72）

5. AaⅡ型石片（2015GLPT2②：134）

6. AaⅠ型石片（2015GLPT2②：37）

坡叫环遗址第二文化层石制品

1. AbⅡ型石片（2015GLPT1②：27）

2. AbⅢ型石片（2015GLPT2②：55）

3. AcⅡ型石片（2015GLPT2②：117）

4. AeⅥ型石片（2015GLPT1②：44）

5. AaⅢ型砍砸器（2015GLPT1②：11）

坡叫环遗址第二文化层石制品

1. AaⅢ型砍砸器（2015GLPT1②：98）

2. AcⅠ型砍砸器（2015GLPT2②：7）

3. AbⅥ型砍砸器（2015GLPT2②：61）

4. BaⅡ型砍砸器（2015GLPT2②：30）

5. BdⅡ型砍砸器（2015GLPT2②：90）

坡叫环遗址第二文化层石制品

1. BdⅥ型砍砸器（2015GLPT1②：66）

2. CdⅣ型砍砸器（2015GLPT2②：28）

3. AaⅠ型刮削器（2015GLPT2②：66）

4. AbⅣ型刮削器（2015GLPT2②：63）

5. BaⅧ型刮削器（2015GLPT2②：64）

6. BdⅠ型刮削器（2015GLPT1②：43）

坡叫环遗址第二文化层石制品

1. CaⅢ型刮削器（2015GLPT2②：42）

2. AbⅠ型尖状器（2015GLPT1②：29）

3. BbⅧ型尖状器（2015GLPT1②：26）

4. Ba型石斧（2015GLPT2②：92）

5. Bc型石斧（2015GLPT1②：8）

6. AbⅢ型石锛（2015GLPT2②：104）

坡叫环遗址第二文化层石制品

1. AaⅥ型斧锛类半成品（2015GLPT2②：94）

2. AbⅢ型斧锛类半成品（2015GLPT1②：17）

3. AbⅧ型斧锛类毛坯（2015GLPT1②：77）

4. AcⅡ型斧锛类毛坯（2015GLPT1②：87）

5. Bf型斧锛类毛坯（2015GLPT1②：100）

6. A型研磨器残件（2015GLPT1②：63）

坡叫环遗址第二文化层石制品

1. BaⅤ型石锤（2015GLPT2③：11）

2. BbⅤ型石锤（2015GLPT1④：54）

3. BcⅣ型石锤（2015GLPT1③：51）

4. Ae型石片石锤（2015GLPT2⑤：21）

5. Ba型石片石锤（2015GLPT2④：17）

6. AbⅦ型窄槽砺石（2015GLPT1⑥：31）

坡叫环遗址第三文化层石制品

1. CbⅠ型窄槽砺石（2015GLPT1③：100）

2. AaⅡ型石片（2015GLPT2④：6）

3. AaⅢ型石片（2015GLPT2④：10）

4. AaⅪ型石片（2015GLPT2③：78）

5. AbⅤ型石片（2015GLPT2③：81）

6. AbⅧ型石片（2015GLPT1⑥：40）

坡叫环遗址第三文化层石制品

1. AcⅢ型石片（2015GLPT2⑤：80）

2. AdⅤ型石片（2015GLPT1④：30）

3. AeⅪ型石片（2015GLPT2③：85）

4. AfⅢ型石片（2015GLPT2④：47）

5. CbⅢ型石片（2015GLPT2⑤：89）

6. AaⅠ型砍砸器（2015GLPT1⑤：28）

坡叫环遗址第三文化层石制品

1. AaⅦ型砍砸器（2015GLPT1⑤：59）

2. AbⅡ型砍砸器（2015GLPT1④：3）

3. AbⅤ型砍砸器（2015GLPT1③：122）

4. AcⅢ型砍砸器（2015GLPT1⑤：60）

5. BaⅠ型砍砸器（2015GLPT2⑤：111）

6. BbⅢ型砍砸器（2015GLPT2④：18）

坡叫环遗址第三文化层石制品

1. BcⅢ型砍砸器（2015GLPT2⑤：59）

2. BdⅠ型砍砸器（2015GLPT2③：73）

3. CcⅧ型砍砸器（2015GLPT1③：82）

4. CdⅥ型砍砸器（2015GLPT2⑤：127）

5. DdⅥ型砍砸器（2015GLPT1③：13）

6. AaⅠ型刮削器（2015GLPT2③：34）

坡叫环遗址第三文化层石制品

1. AbⅤ型刮削器（2015GLPT1⑤：38）

2. AcⅢ型刮削器（2015GLPT1③：80）

3. BbⅠ型刮削器（2015GLPT1⑤：45）

4. BdⅧ型刮削器（2015GLPT1③：68）

5. CdⅥ型刮削器（2015GLPT1④：10）

6. AbⅠ型尖状器（2015GLPT1⑤：20）

坡叫环遗址第三文化层石制品

1. Ci型石核（2015GLPT1⑦：54）

2. AaⅠ型石片（2015GLPT1⑦：90）

3. AeⅢ型石片（2015GLPT1⑦：44）

4. AaⅠ型砍砸器（2015GLPT1⑦：48）

5. AbⅤ型砍砸器（2015GLPT1⑦：29）

坡叫环遗址第四文化层石制品

1. BdⅢ型砍砸器（2015GLPT1⑦：78）

2. CbⅧ型砍砸器（2015GLPT1⑦：56）

3. DbⅠ型砍砸器（2015GLPT1⑦：22）

4. AaⅢ型刮削器（2015GLPT1⑦：61）

5. AbⅠ型刮削器（2015GLPT1⑦：26）

6. AcⅢ型刮削器（2015GLPT1⑦：60）

坡叫环遗址第四文化层石制品

1. Aa型石斧残件
（2015GLPT1⑦：5）

2. AbⅦ型石锛
（2015GLPT1⑦：3）

3. Bg型石凿毛坯
（2015GLPT1⑦：93）

4. AaⅠ型斧锛类半成品（2015GLPT1⑦：13）

5. AbⅥ型斧锛类毛坯（2015GLPT1⑦：74）

坡叫环遗址第四文化层石制品

1. Bh型石斧锛类毛坯
（2015GLPT1⑦：68）

2. AbⅡ型研磨器
（2015GLPT1⑦：62）

3. AaⅠ型蚌勺
（2015GLPT1⑦：6）

4. AbⅢ型蚌勺
（2015GLPT1⑦：96）

5. AcⅠ型蚌勺
（2015GLPT1⑦：10）

6. BaⅠ型蚌勺
（2015GLPT1⑦：16）

坡叫环遗址第四文化层石制品、蚌器

1. 穿孔蚌器（2015GLPT1⑦：97）

2. Af型石核（2015GLPT2⑥：57）

3. AaⅠ型石片（2015GLPT2⑦：1）

4. AaⅧ型石片（2015GLPT1⑨：81）

5. AbⅢ型石片（2015GLPT1⑨：8）

6. AbⅦ型石片（2015GLPT1⑩：21）

坡叫环遗址第四、五文化层蚌器、石制品

（1为第四文化层，余为第五文化层）

1. AcⅢ型石片（2015GLPT2⑥：55）

2. AeⅥ型石片（2015GLPT2⑧：27）

3. AfⅪ型石片（2015GLPT2⑧：25）

4. AaⅡ型砍砸器（2015GLPT2⑥：25）

5. AbⅤ型砍砸器（2015GLPT1⑨：12）

6. AbⅥ型砍砸器（2015GLPT1⑩：16）

坡叫环遗址第五文化层石制品

1. AcⅡ型砍砸器（2015GLPT2⑥：29）

2. BbⅡ型砍砸器（2015GLPT1⑧：17）

3. BdⅡ型砍砸器（2015GLPT2⑥：36）

4. DbⅥ型砍砸器（2015GLPT1⑩：3）

5. AaⅢ型刮削器（2015GLPT2⑧：11）

6. AbⅠ型刮削器（2015GLPT1⑩：23）

坡叫环遗址第五文化层石制品

1. BaⅡ型刮削器（2015GLPT2⑦：37）

2. BbⅣ型刮削器（2015GLPT2⑧：31）

3. BdⅢ型刮削器（2015GLPT2⑥：52）

4. Bb型石斧（2015GLPT2⑦：27）

5. AbⅥ型石锛（2015GLPT1⑨：68）

6. AbⅢ型斧锛类半成品（2015GLPT1⑨：31）

坡叫环遗址第五文化层石制品

1. AbⅡ型斧锛类毛坯（2015GLPT1⑨：42）

4. Ba型斧锛类毛坯（2015GLPT1⑨：21）

5. AaⅥ型石片（2015GLPT1⑪：36）

2. AaⅡ型研磨器（2015GLPT1⑧：31）

3. AaⅢ型研磨器毛坯（2015GLPT1⑨：84）

6. AbⅠ型石片（2015GLPT1⑪：7）

坡叫环遗址第五、六文化层石制品

（5、6为第六文化层，余为第五文化层）

1. AcⅪ型石片（2015GLPT1⑫：25）

2. AaⅥ型砍砸器（2015GLPT1⑪：19）

3. AbⅠ型砍砸器（2015GLPT1⑪：25）

4. BaⅠ型砍砸器（2015GLPT1⑪：14）

5. BbⅡ型砍砸器（2015GLPT1⑫：10）

6. BdⅢ型砍砸器（2015GLPT1⑪：1）

坡叫环遗址第六文化层石制品

1. CdⅠ型砍砸器（2015GLPT1⑪：11）

2. AaⅢ型刮削器（2015GLPT1⑫：27）

3. AbⅠ型刮削器（2015GLPT1⑫：22）

4. AcⅠ型刮削器（2015GLPT1⑪：21）

5. BdⅢ型刮削器（2015GLPT1⑪：24）

6. Ba型石斧（2015GLPT1⑫：16）

坡叫环遗址第六文化层石制品

1. AbⅥ型斧锛类毛坯（2015GLPT2⑨：3）

2. Bh型斧锛类毛坯（2015GLPT1⑪：23）

3. AaⅡ型研磨器（2015GLPT1⑫：11）

4. AaⅠ型石片（2015GLPT1⑮：5）

5. AbⅢ型石片（2015GLPT1⑮：11）

6. AcⅡ型石片（2015GLPT1⑮：8）

坡叫环遗址第六、七文化层石制品

（1~3为第六文化层，余为第七文化层）

1. AaⅢ型砍砸器（2015GLPT2⑩：14）

2. AbⅠ型砍砸器（2015GLPT2⑩：1）

3. AcⅧ型砍砸器（2015GLPT1⑮：7）

4. BbⅣ型砍砸器（2015GLPT2⑩：10）

5. BdⅡ型砍砸器（2015GLPT2⑩：3）

6. CdⅡ型砍砸器（2015GLPT1⑮：4）

坡叫环遗址第七文化层石制品

1. AaⅧ型刮削器（2015GLPT2⑩：22）

2. BdⅢ型刮削器（2015GLPT2⑩：6）

3. CbⅡ型刮削器（2015GLPT2⑩：11）

4. AaⅦ型斧锛类半成品（2015GLPT2⑩：5）

5. AbⅥ型斧锛类毛坯（2015GLPT2⑩：20）

坡叫环遗址第七文化层石制品

1. 遗址远景（东—西）

2. 2014年发掘探方分布（局部，东南—西北）

庭城遗址远景及发掘探方分布

1. TS5W1南壁

2. D86（东—西）

3. D90（东—西）

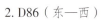

庭城遗址地层及第一期遗迹

1. Bh型石斧（2014GLTTS6E1④：5）

2. 石璧半成品（2014GLTTS6E1④：4）

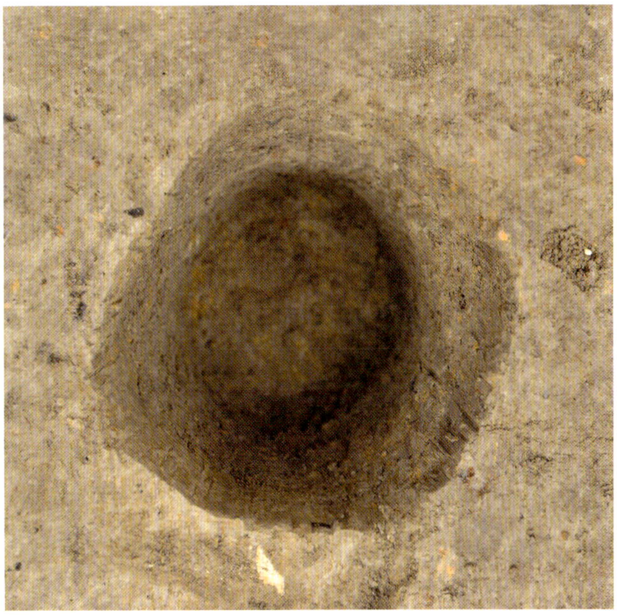

3. D82（北—南）

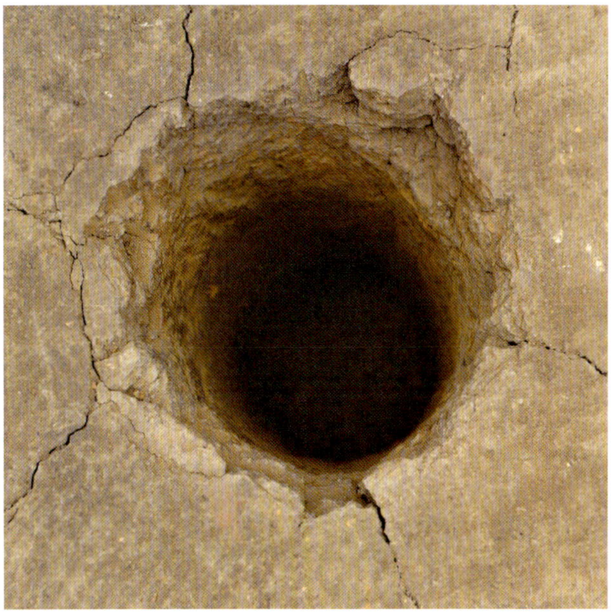

4. D93（东—西）

庭城遗址第一期石制品及第二期遗迹

（1、2为第一期，余为第二期）

1. D124（西—东）

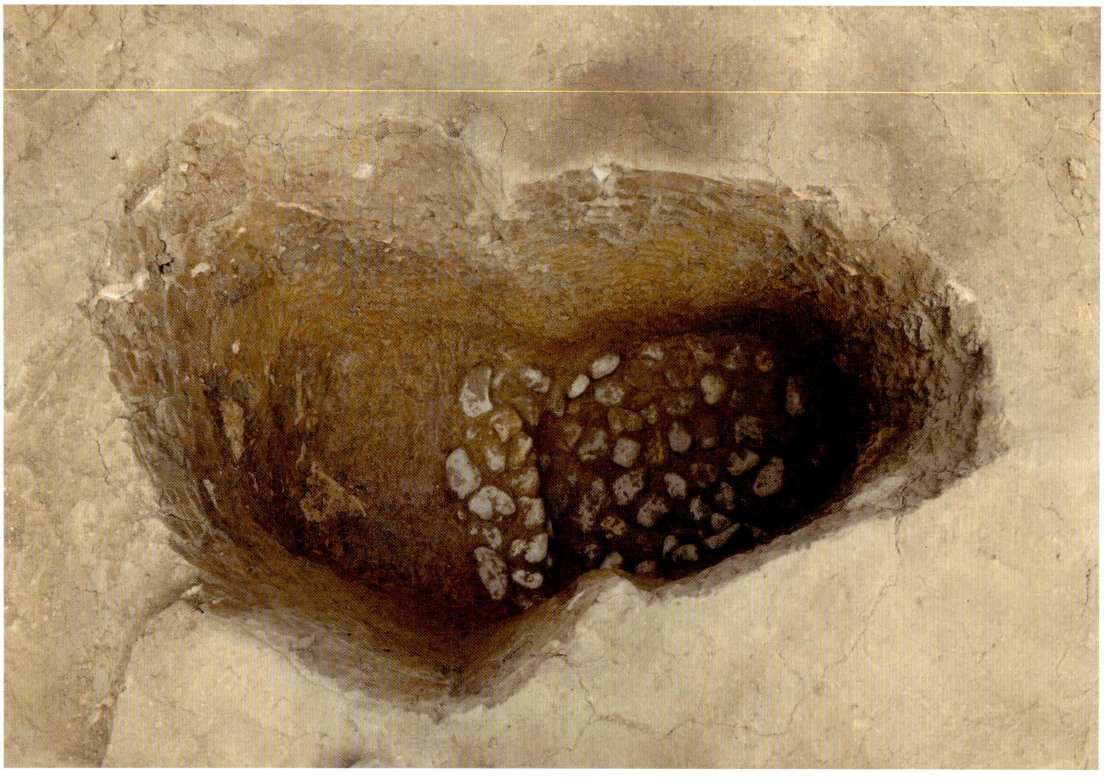

2. D142（右）、D141（左）（西南—东北）

庭城遗址第二期遗迹

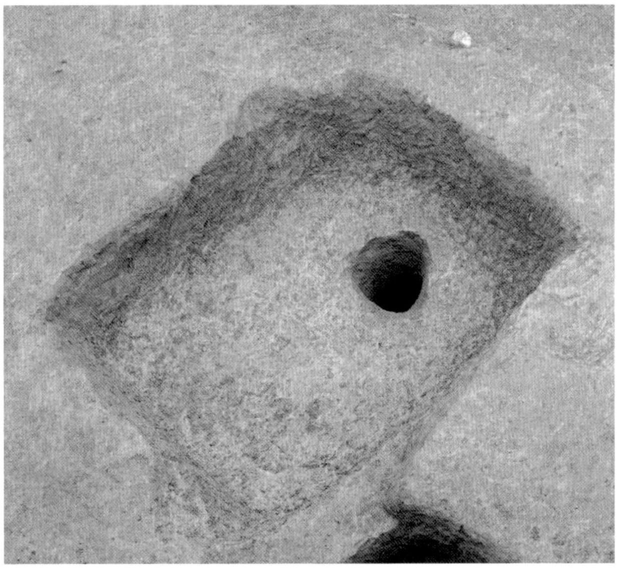

1. H11（北—南）

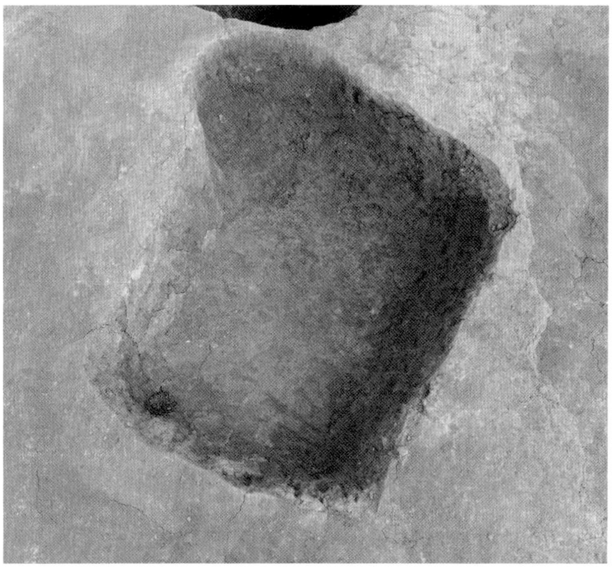

2. H13（西—东）

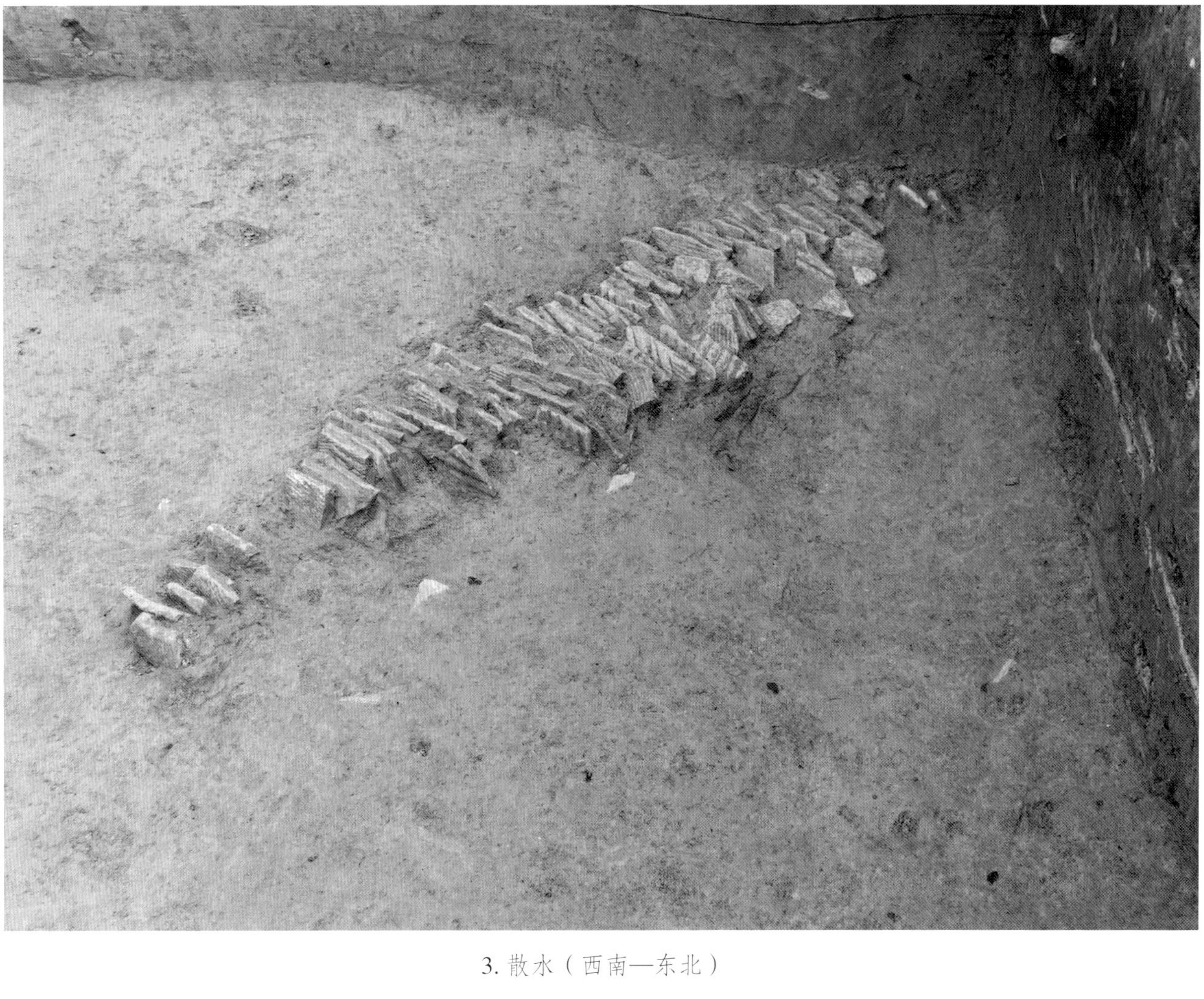

3. 散水（西南—东北）

庭城遗址第二期遗迹

1. 侧插瓦片带（南—北）

2. D28（西—东）

庭城遗址第二期遗迹

1. D54（南—北）

2. D109（东—西）

3. H1（西—东）

1. 弧形瓦片堆积（局部，西—东）

2. 板瓦残件（2014GLTTS5E3③a：1）内面

3. 板瓦残件（2014GLTTS5E3③a：1）外面

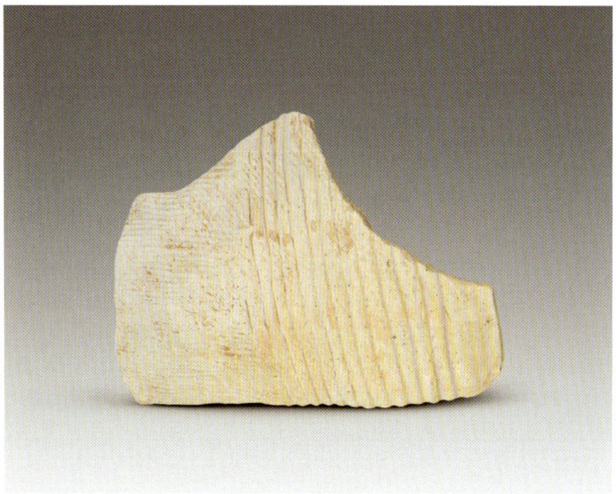

4. 板瓦残件（2014GLTTS6E1③a：8）外面

5. 板瓦残件（2014GLTTS6E1③a：8）内面

庭城遗址第二期遗迹、板瓦

1. 板瓦残件（2014GLTTS6W1③a：20）外面

2. 板瓦残件（2014GLTTS6W1③a：20）内面

3. 筒瓦残件
（2014GLTTS6E1③a：20）内面

4. 筒瓦残件
（2014GLTTS6E1③a：20）外面

庭城遗址第二期板瓦、筒瓦残件

1. 筒瓦残件（2014GLTTS6E1③a：21）外面

2. 筒瓦残件（2014GLTTS6W1③a：29）外面

3. 筒瓦残件（2014GLTTS6W1③a：15）外面

4. 筒瓦残件（2014GLTTS6W1③a：15）内面

庭城遗址第二期筒瓦残件

1. 瓦当残件（2013GLTH1：6）

2. 瓦当残件（2014GLTTS5W2③b：3）

3. A型陶网坠（2014GLTTS6E2③：3）

4. B型陶网坠（2013GLTTN3E2⑤：1）

5. 陶罐腹部残件（2014GLTTS5E2③a：1）

6. 铜镞（2014GLTTS5W2③a：1）

庭城遗址第二期器物

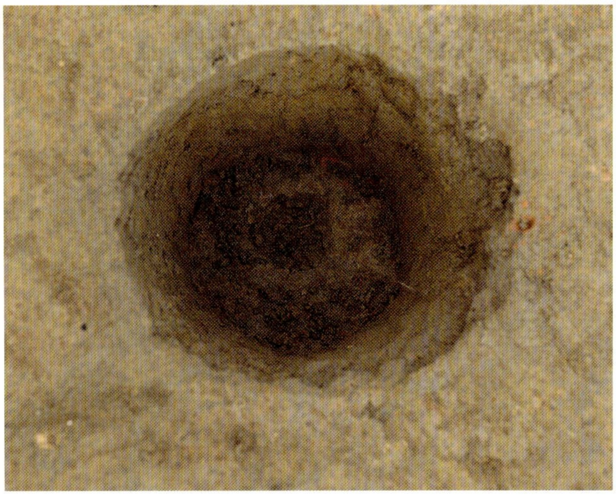

1. D61（南—北）

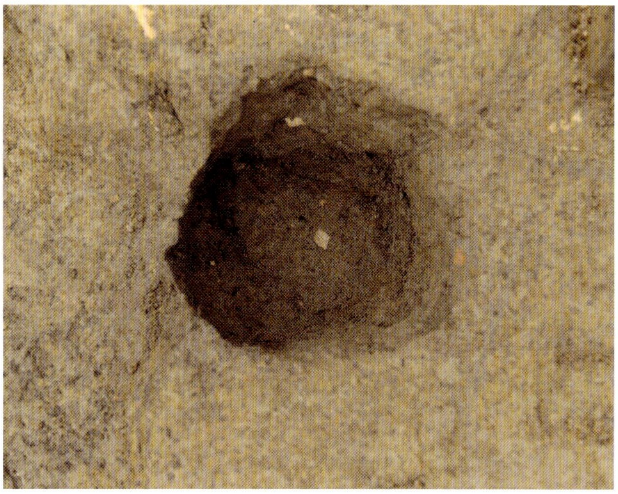

2. D100（东—西）

3. 板瓦残件（2013GLTTN4E2②：5）外面

4. 板瓦残件（2013GLTTN3E2③：18）外面

5. 板瓦残件（2013GLTTN3E2③：18）内面

庭城遗址第三期遗迹及板瓦残件

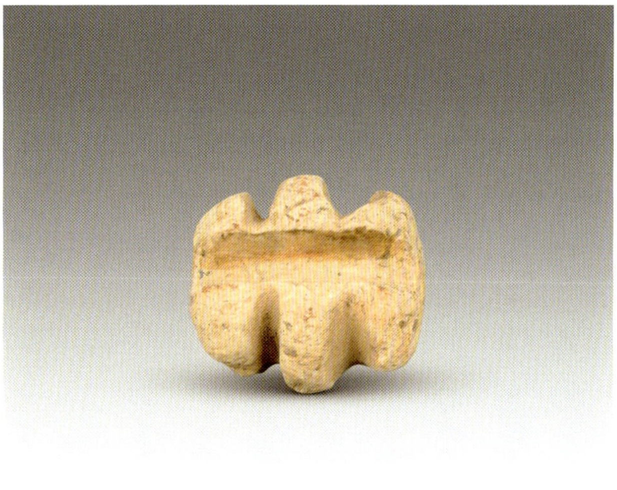

1. A型陶网坠（2014GLTTS6E1②：7）

2. B型陶网坠（2013GLTTN3E1②：3）

3. C型陶网坠（2013GLTTN3E2③：2）

4. 陶擂钵残件（2013GLTTN3E1③：16）

5. 瓷碗残件（2014GLTTS5W1②：7）

6. Ba型瓷碗底残件（2014GLTTS5W3②：1）

庭城遗址第三期器物

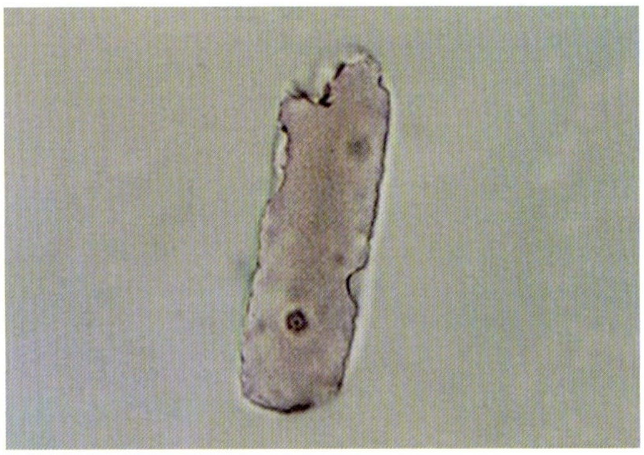

1.棒型

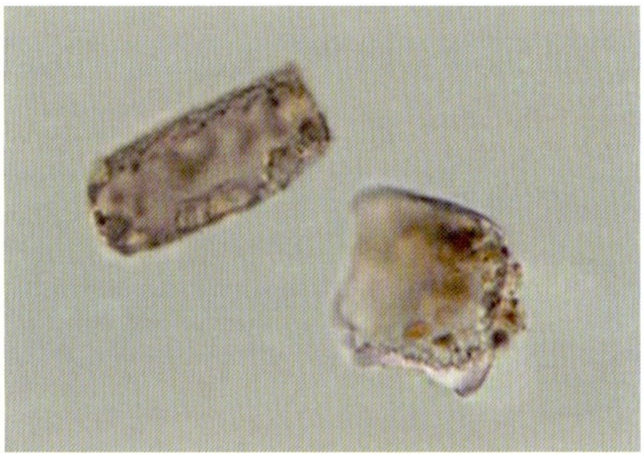

2. 长方型

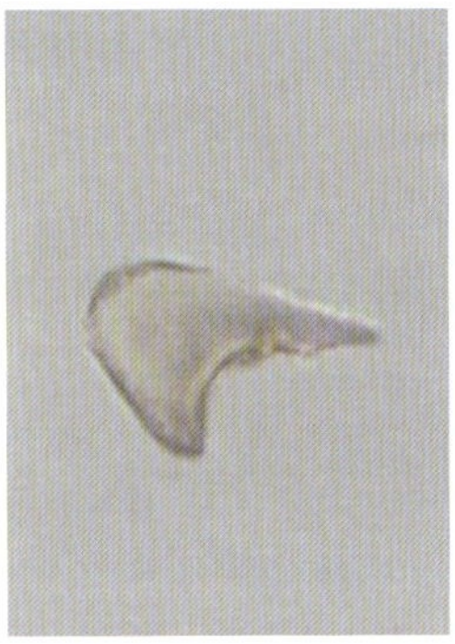

3.尖型

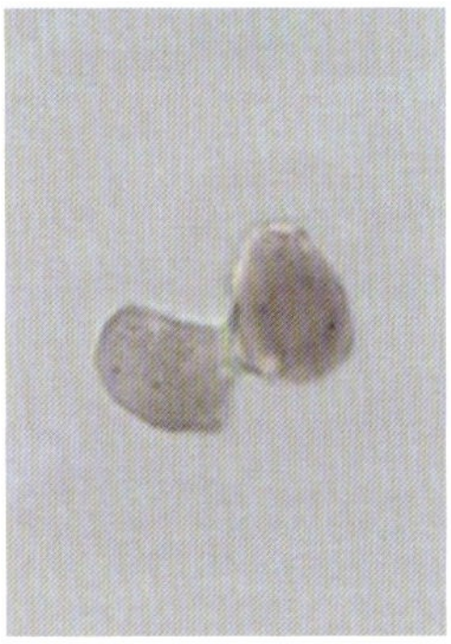

4. 哑铃型

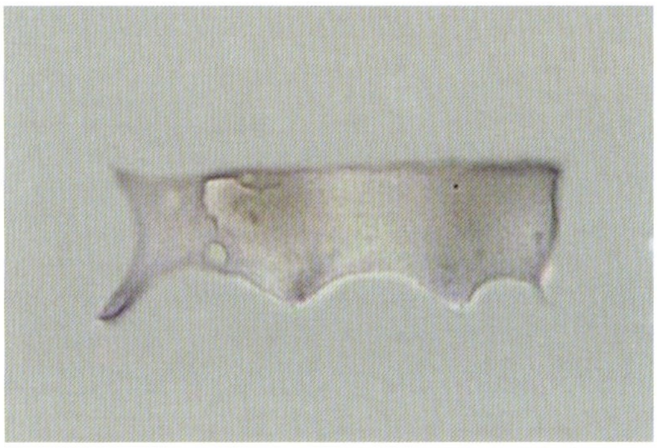

5.齿型

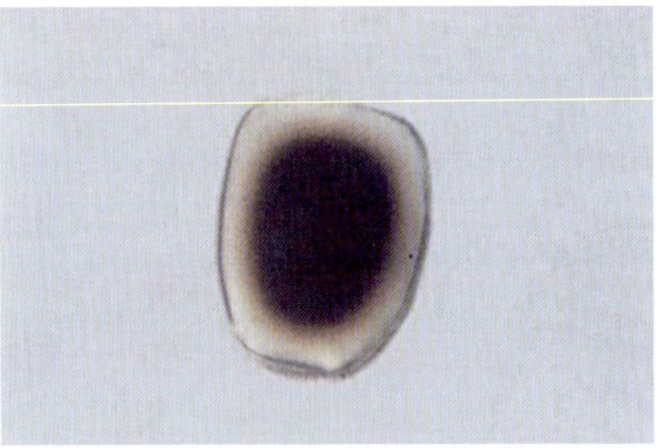

6. 长方型（圆型）

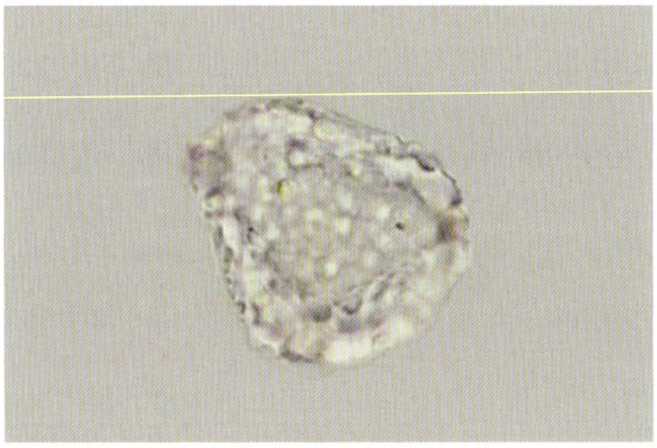

7. 腐蚀扇型

8. 三角型

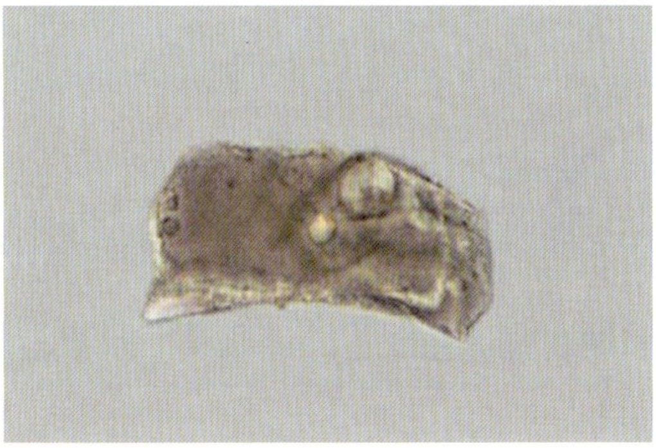

9. 鞍型

大湾遗址T2主要植硅体

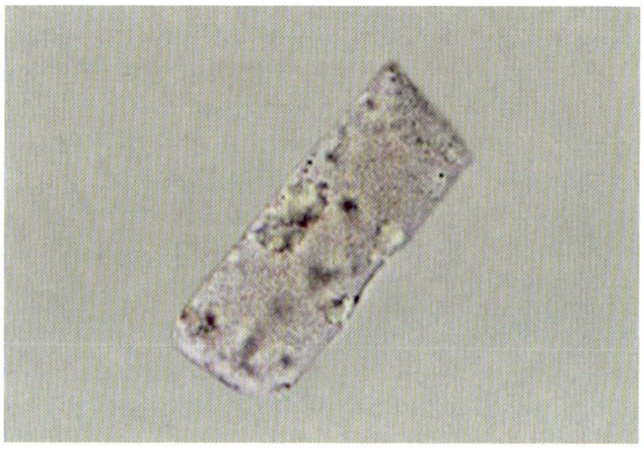
1. 长方型

2. 方型

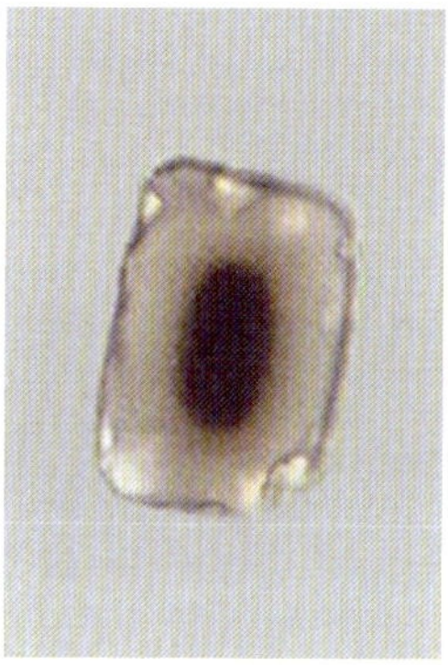
3. 方型

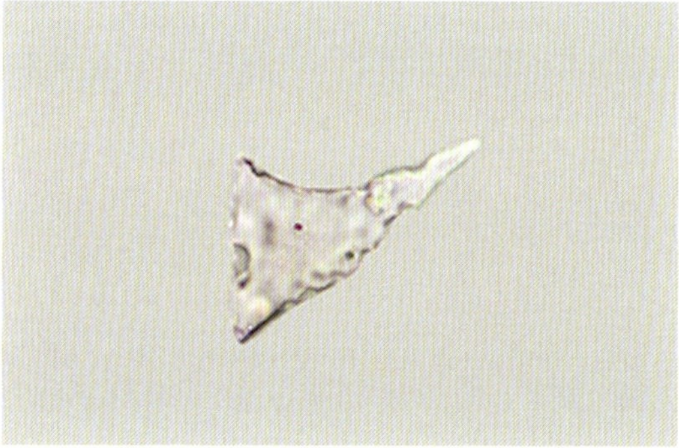
4.尖型

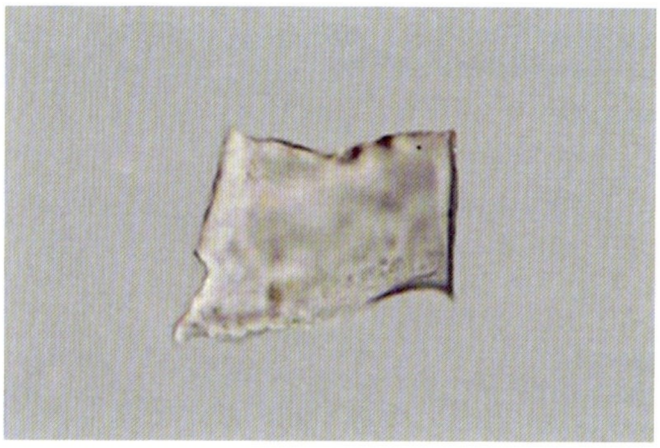
5.鞍型

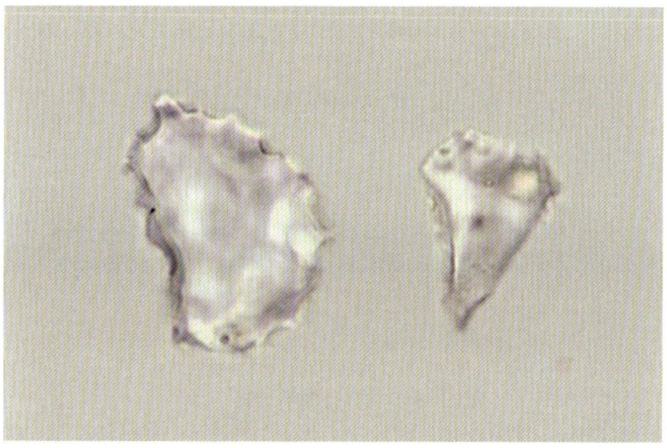
6. 扇型、尖型

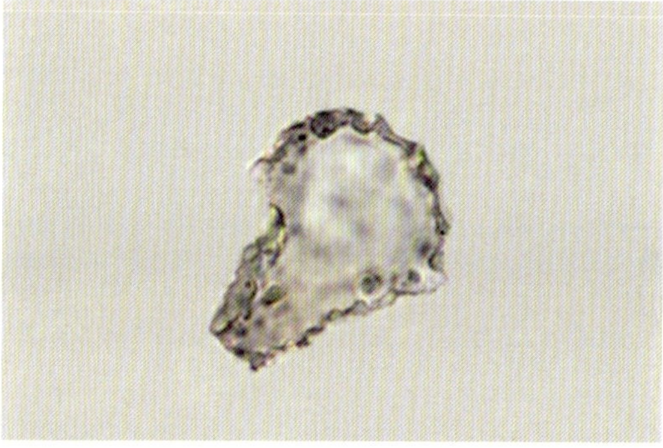
7. 扇型

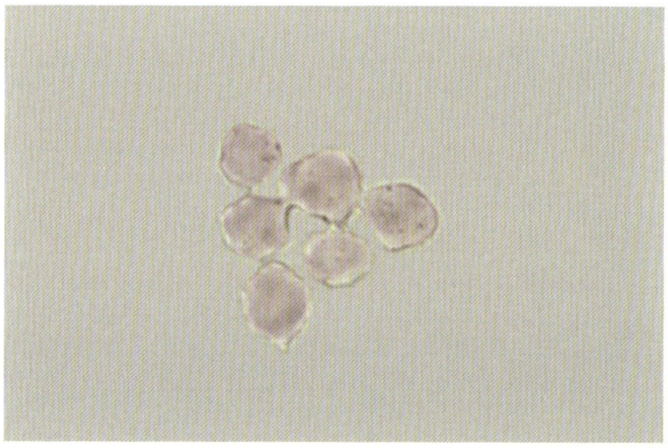
8. 聚合圆型

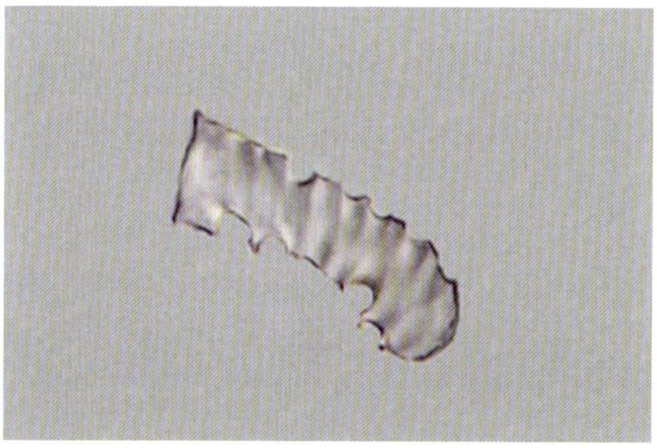
9. 螺纹棒型

坡叫环遗址T1主要植硅体

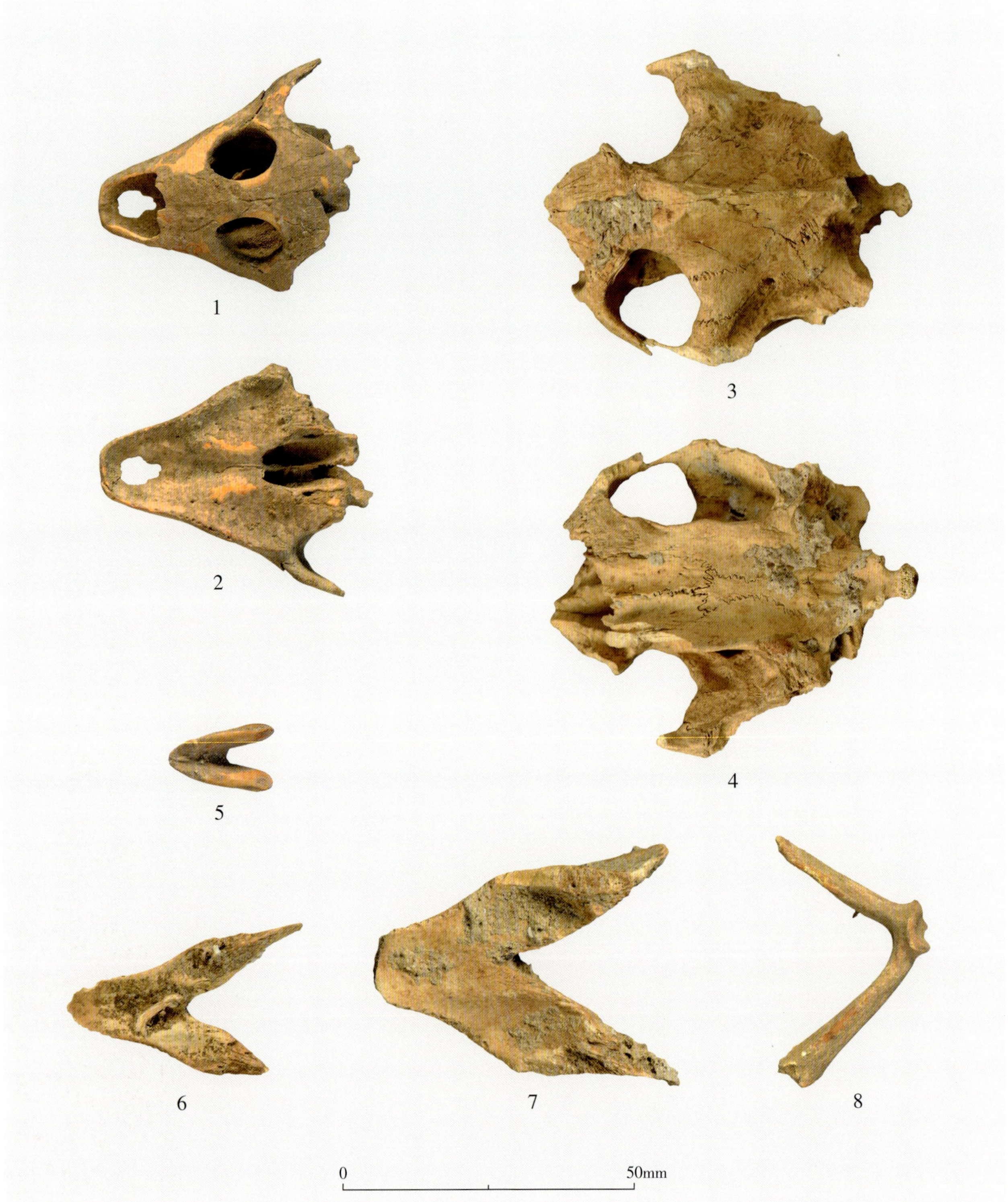

1、2. 山瑞鳖头骨（GLB-4-18） 3、4. 山瑞鳖头骨（GLD-6-06） 5. 鳖类下颌（GLW-48） 6、7. 山瑞鳖下颌（GLW-49、GLG-4-08） 8. 龟鳖类左肩带（GLB-5-2）（2、4. 腹视，8. 后视，余顶视）

龟鳖类骨骼遗存

1

2

3

4

5

6

7

8

2、3. 0 100mm 余 0 50mm

1. 龟鳖类右肠骨（GLB-5-3） 2、3. 海龟类右股骨远端（GLB-4-19） 4. 鳖类背甲（GLP-4-40） 5. 龟类背甲（GLP-4-38） 6. 龟类腹甲（GLP-4-39） 7. 鳄类骨板（GLP-4-42） 8. 鳖类腹甲（GLP-4-41）（1. 内视，2. 前视，3. 后视，8. 腹视，余顶视）

龟鳖类、鳄类骨骼遗存

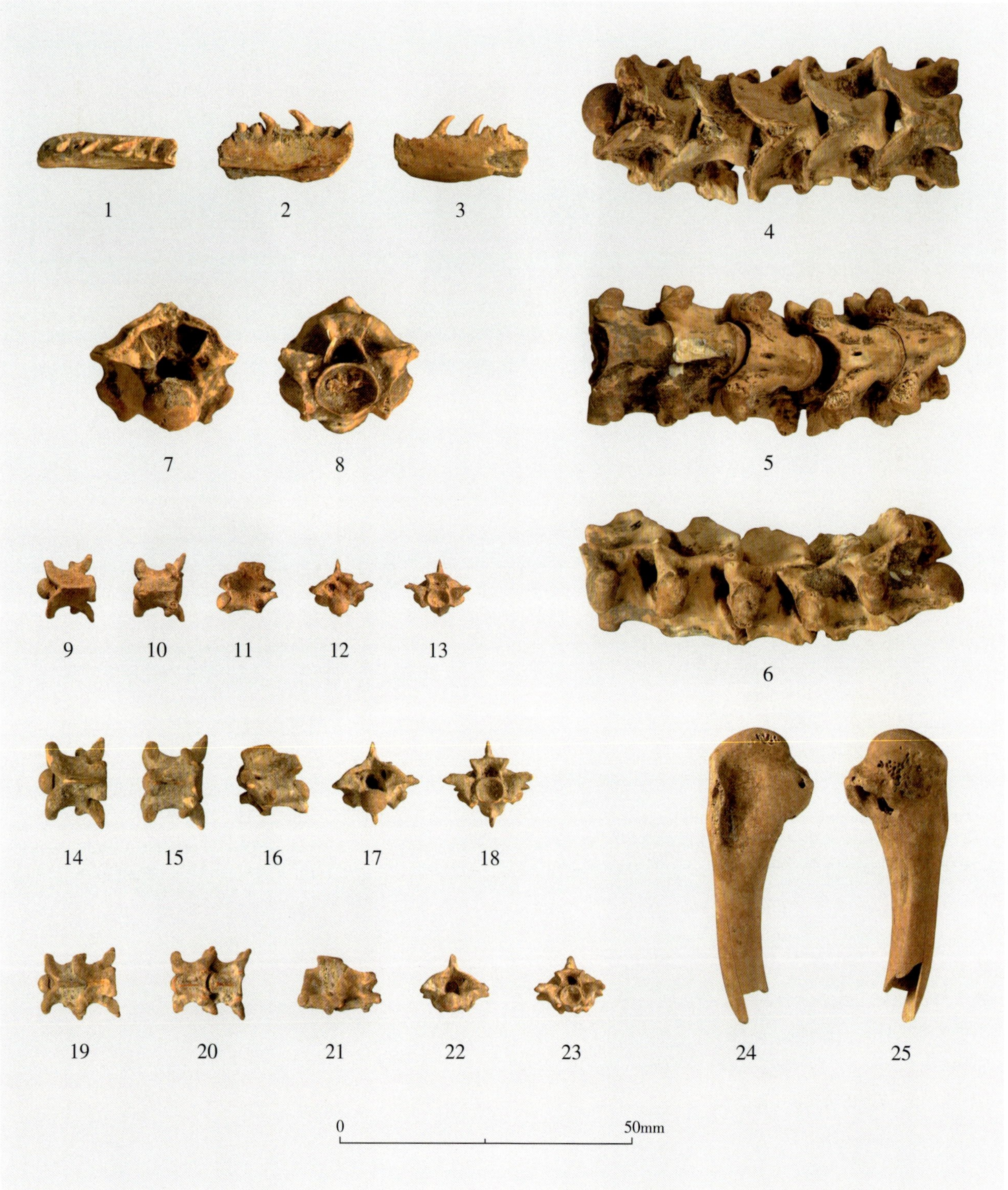

1~3. 缅甸蟒左下颌（GLP-7-06） 4~8. 缅甸蟒脊椎（GLW-41、42、43、44、45） 9~13. 眼镜蛇脊椎（GLB-4-12） 14~18. 眼镜蛇脊椎（GLB-4-15） 19~23. 黑眉锦蛇脊椎（GLB-4-13、14） 24、25. 雉科左肱骨近端（GLG-4-07）（1. 冠面视，2. 舌侧视，3. 颊侧视，4、9、14、19. 顶视，5、10、15、20. 腹视，6、11、16、21. 侧视，7、12、17、22、24. 前视，余后视）

蛇类、鸟类骨骼遗存

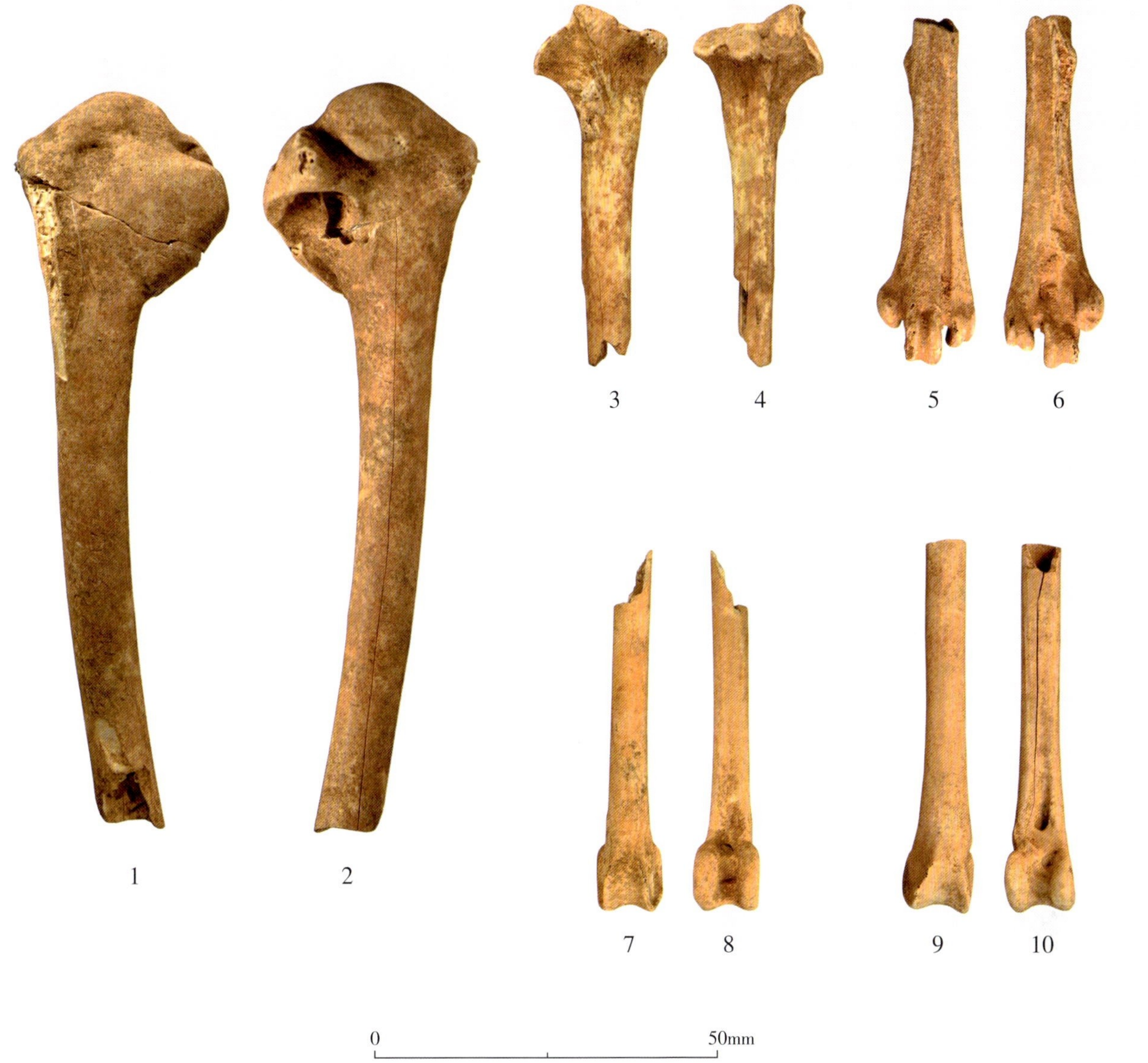

1、2. 雁形目右肱骨近端（GLG–2–25） 3、4. 雉科右胫跗骨近端（GLG–4–06） 5、6. 雉科左跗跖骨远端（GLP–4–34） 7、8. 涉禽类左胫跗骨远端（GLG–2–24） 9、10. 涉禽类右胫跗骨远端（GLG–2–28）（1、3、5、7、9. 前视，余后视）

鸟类骨骼遗存

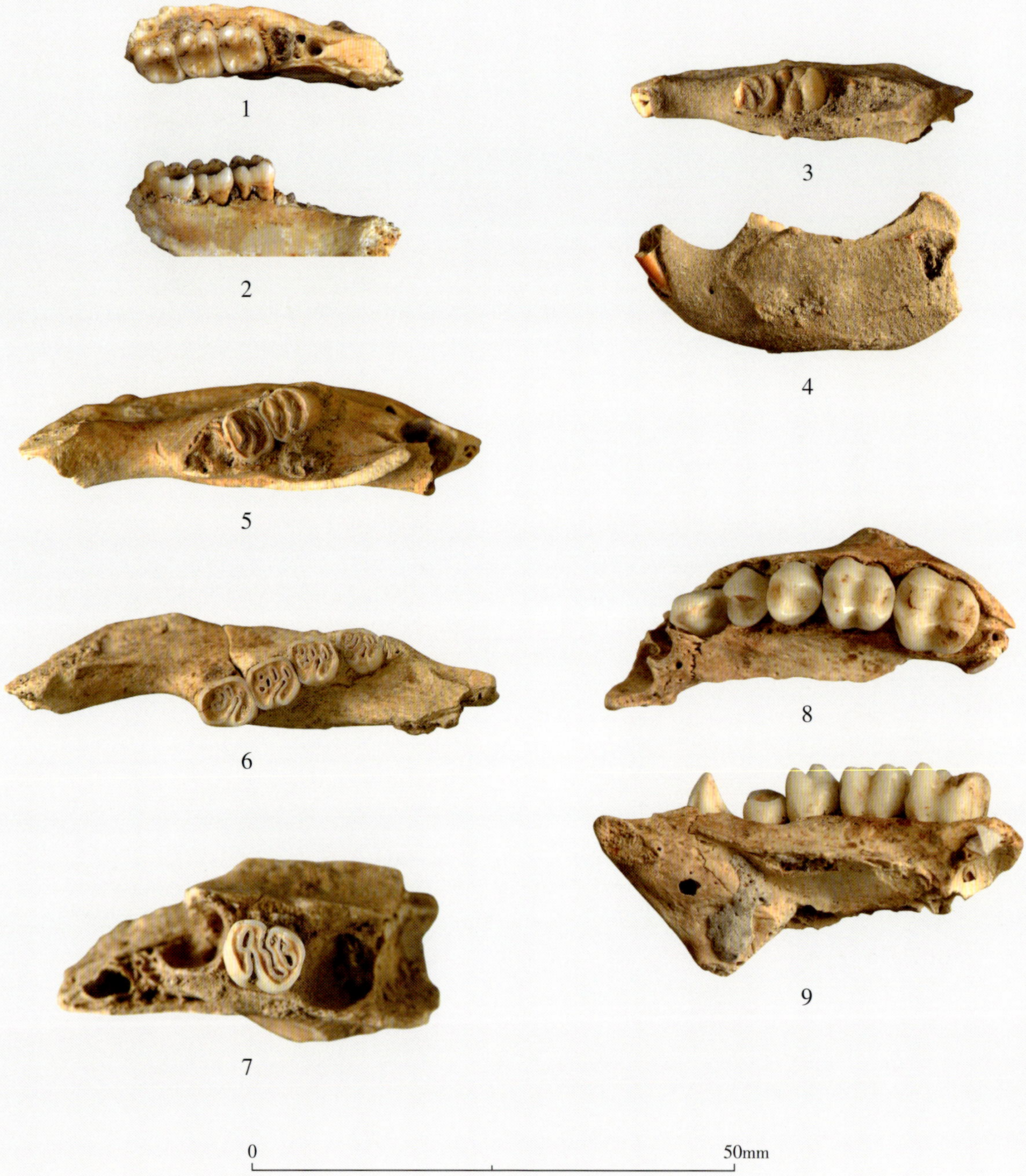

1、2. 巨松鼠左下颌带m1~3（GLD-2-02） 3、4. 竹鼠幼年左下颌带m1~2（GLB-4-01） 5. 竹鼠左下颌带m2~3（GLB-8-01） 6. 帚尾豪猪左下颌带p4~m3（GLD-8-02） 7. 马来豪猪右下颌带m2（GLP-4-16） 8、9. 短尾猴左上颌带C~M2（GLG-4-02）（2、9. 舌侧视，4. 颊侧视，余冠面视）

啮齿类、灵长类骨骼遗存

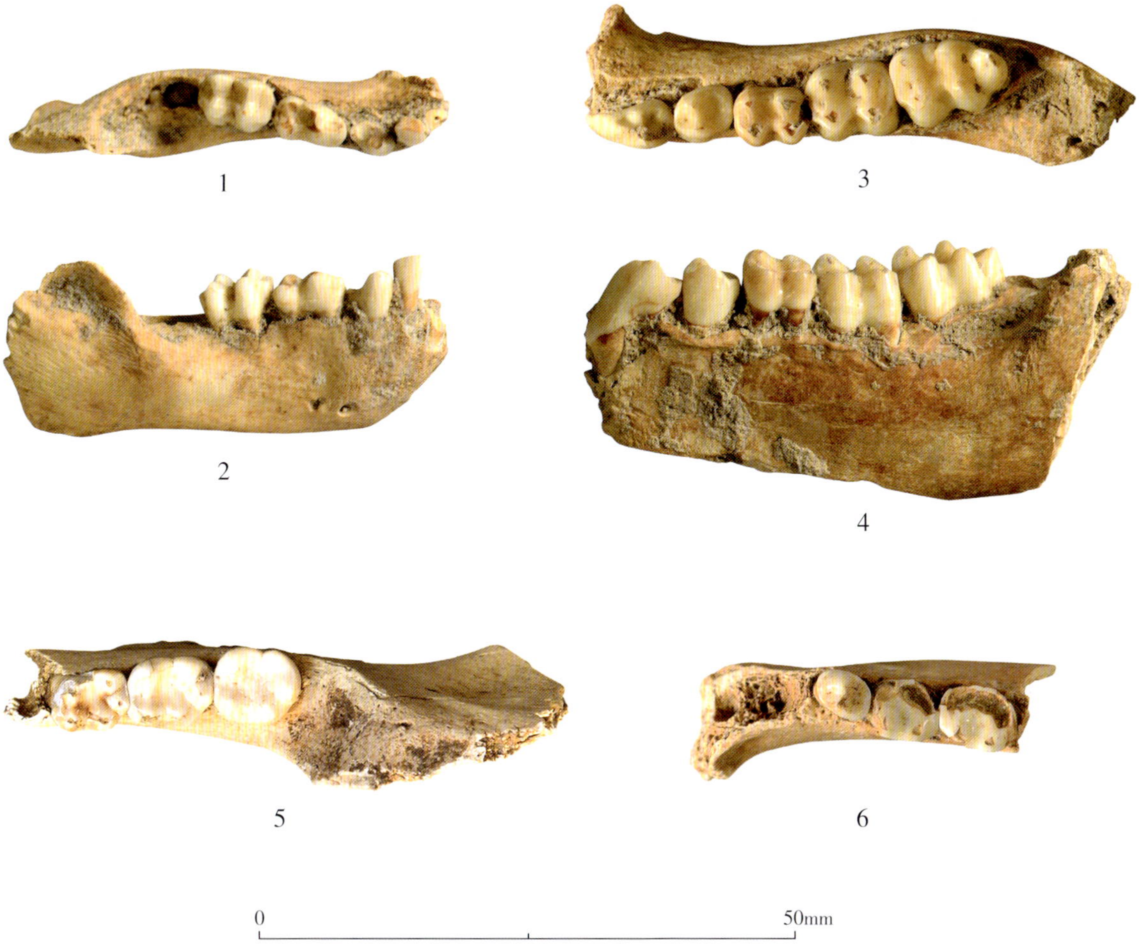

1、2. 短尾猴幼年右下颌带dp1~4（GLD-5-05） 3、4. 短尾猴左下颌带p3~m3（GLG-6-01） 5. 黑长臂猿右下颌带m1~3（GLW-15） 6. 黑长臂猿右下颌p4~m2（GLW-16）（1、3、5、6. 冠面视，余颊侧视）

灵长类骨骼遗存

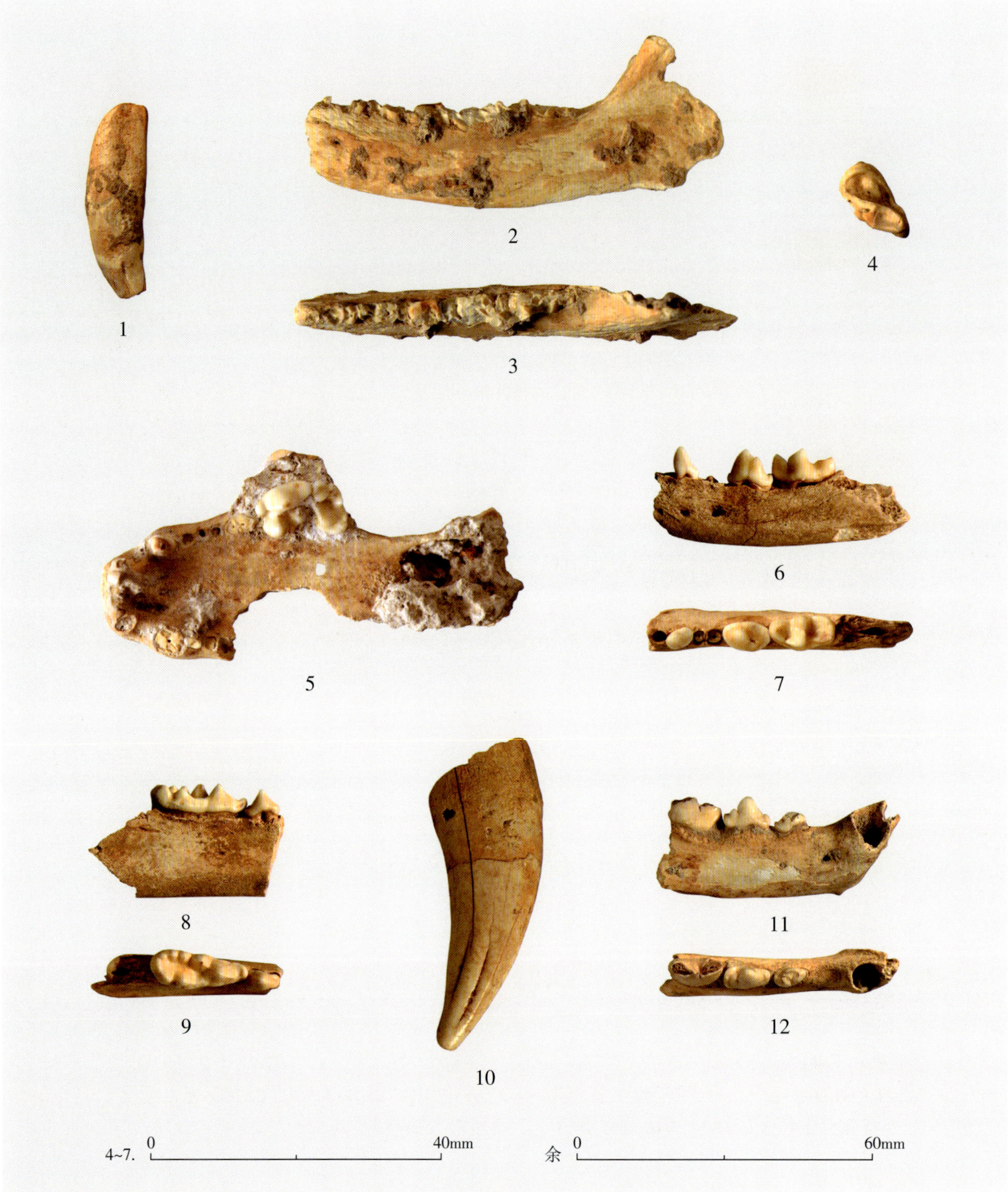

1. 豺左上犬齿（GLW-24） 2、3. 小熊猫左下颌带p1~m2（GLD-2-03） 4. 水獭右P4（GLW-25） 5. 鼬獾颅骨带I、C、P4、M1（GLD-5-01） 6、7. 鼬獾左下颌带p2~m1（GLG-2-09） 8、9. 猪獾右下颌带p4、m1（GLG-2-10） 10. 豹左上犬齿（GLW-11） 11、12. 猫亚科右下颌带p3~m1（GLD-7-04）（1、2、6、8、11. 颊侧视，10. 舌侧视，余冠面视）

食肉类骨骼遗存

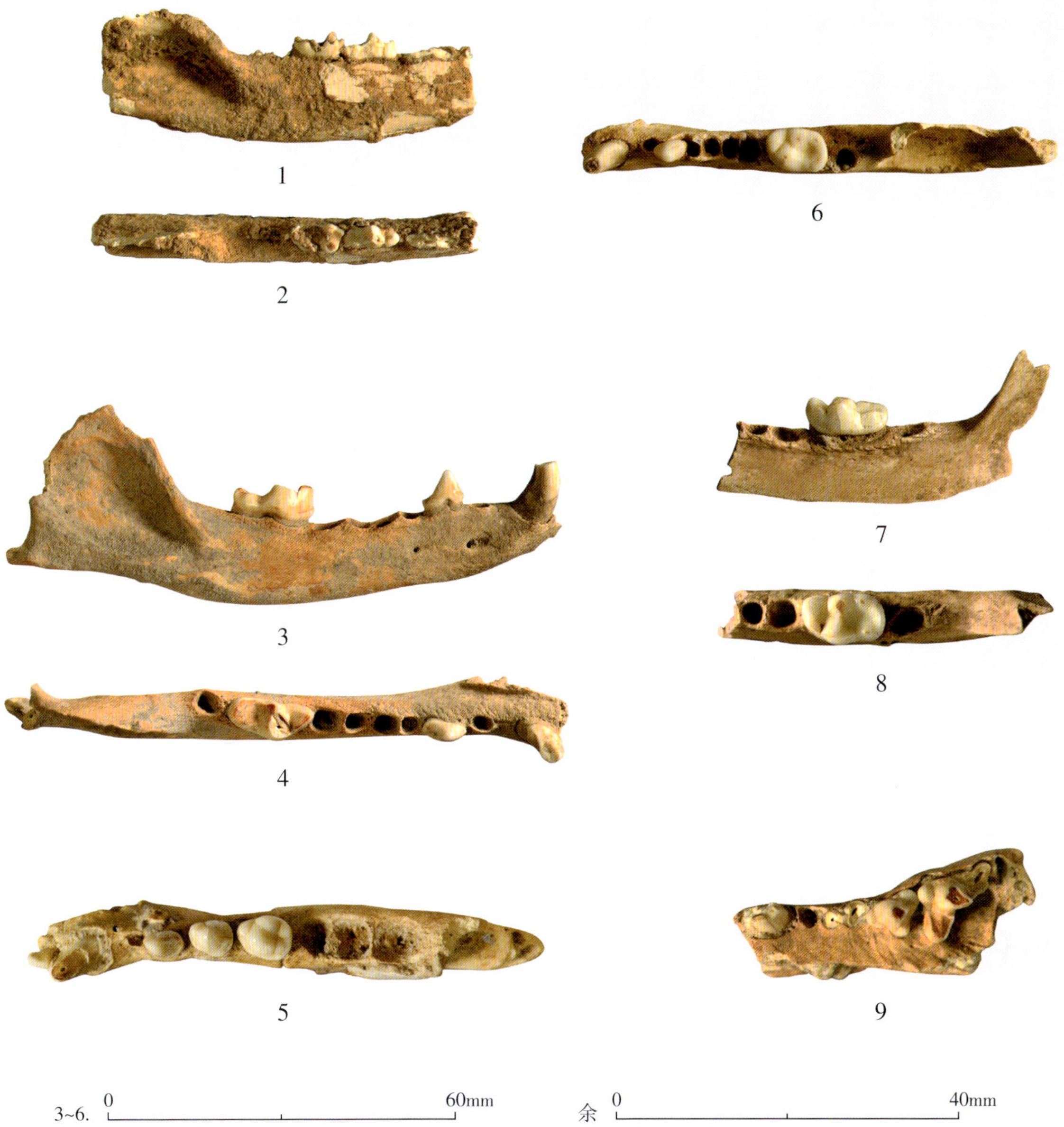

1、2. 长颌带狸右下颌p3~m2（GLB-7-01） 3、4. 大灵猫右下颌带c、p2、m1（GLB-4-02） 5. 果子狸左下颌带i3、c、p2~4（GLD-7-05） 6. 果子狸左下颌带c、p2、m1（GLD-8-06） 7、8. 椰子狸左下颌带m1（GLG-2-15） 9. 食蟹獴左上颌骨带C~M1（GLD-7-06）（1、3、7. 颊侧视，余冠面视）

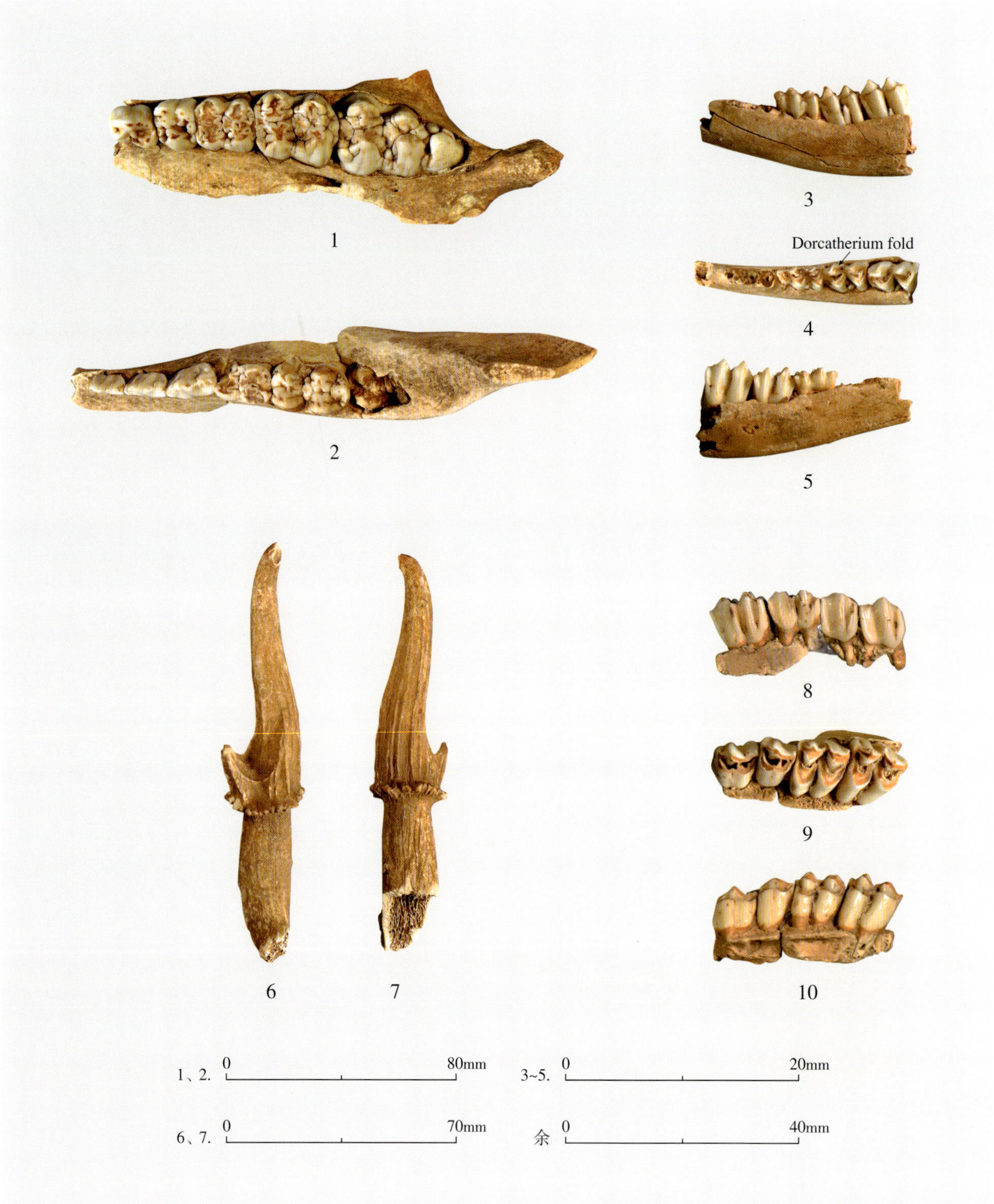

1. 野猪左上颌骨带P3~M3（GLG-4-03） 2. 野猪右下颌骨带p2~m3（GLD-2-5） 3~5. 林麝左下颌骨带dp4~m2（GLP-11-02） 6、7. 小麂右角枝（GLP-2-02） 8~10. 小麂左上颌带P3~M2（GLP-9-04）（3、8. 颊侧视，5、10. 舌侧视，6. 内视，7. 外视，余冠面视）

野猪、林麝、小麂骨骼遗存

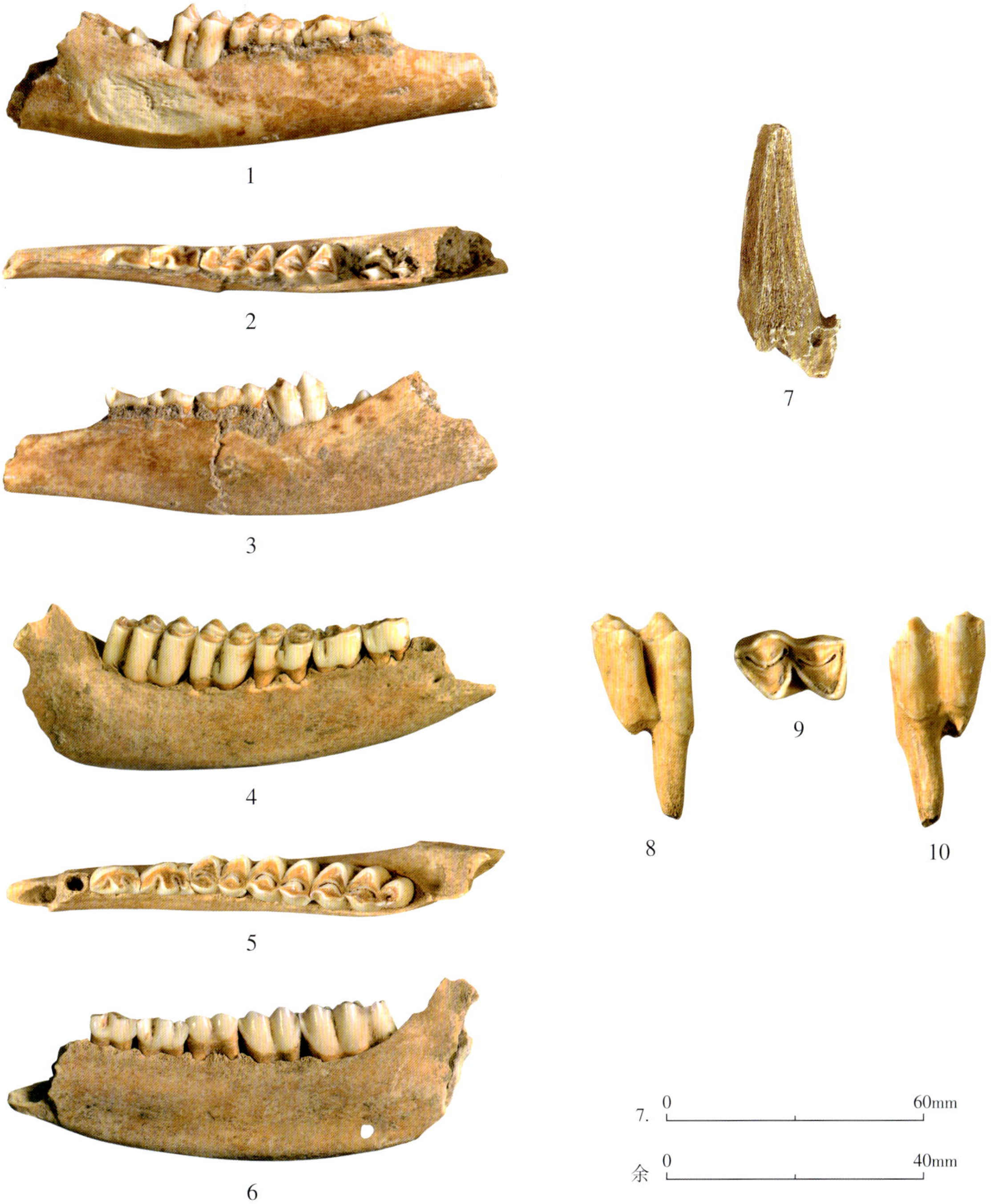

1~3. 小鹿幼年右下颌带dp2~m2（GLG-3-01） 4~6. 小鹿右下颌带p3~m3（GLP-7-03） 7. 斑羚右角心（GLP-2-05） 8~10. 斑羚左m2（GLW-10）（1、4、8. 颊侧视，3、6、10. 舌侧视，余冠面视）

小鹿、斑羚骨骼遗存

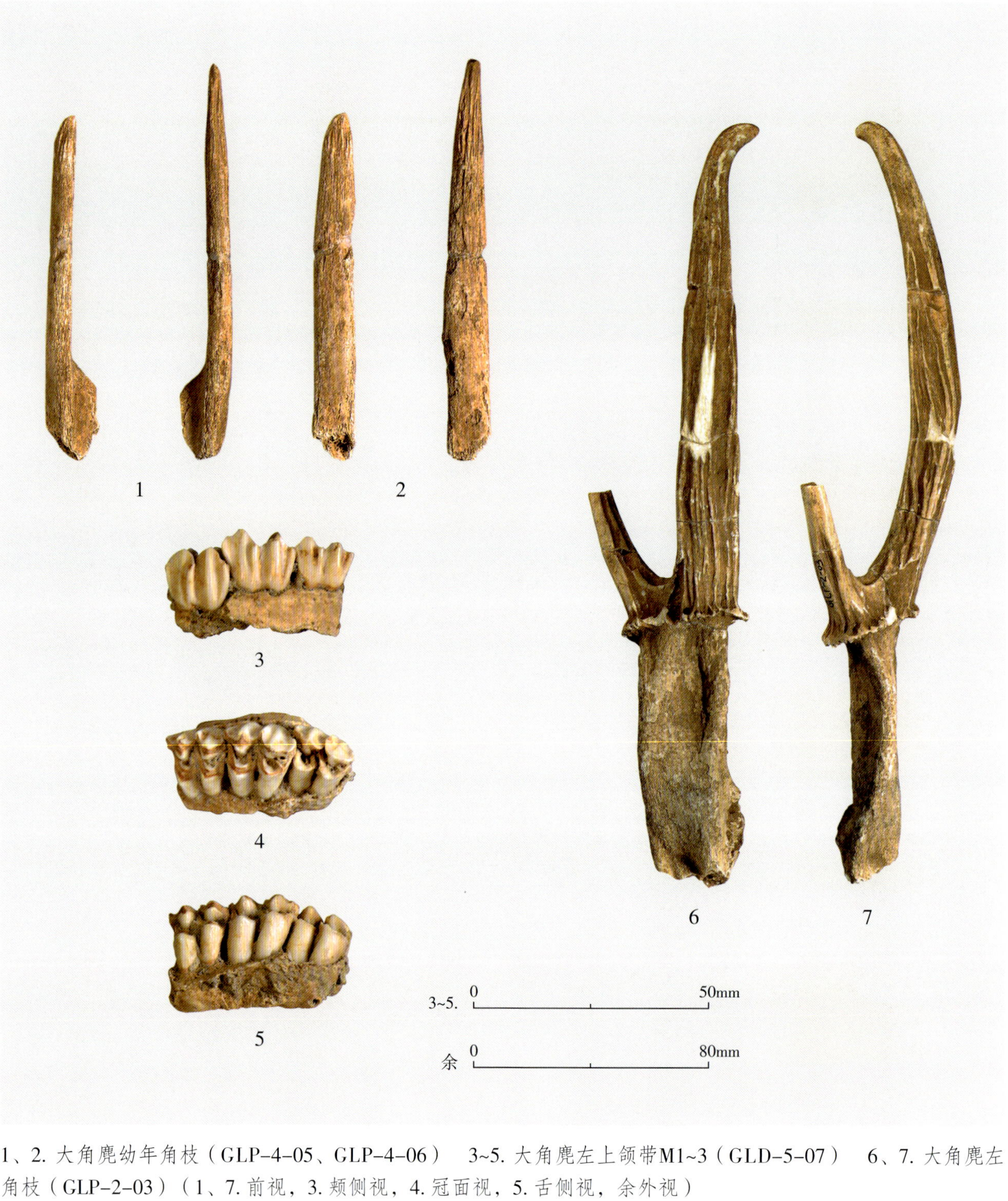

1、2. 大角鹿幼年角枝（GLP-4-05、GLP-4-06） 3~5. 大角鹿左上颌带M1~3（GLD-5-07） 6、7. 大角鹿左角枝（GLP-2-03）（1、7. 前视，3. 颊侧视，4. 冠面视，5. 舌侧视，余外视）

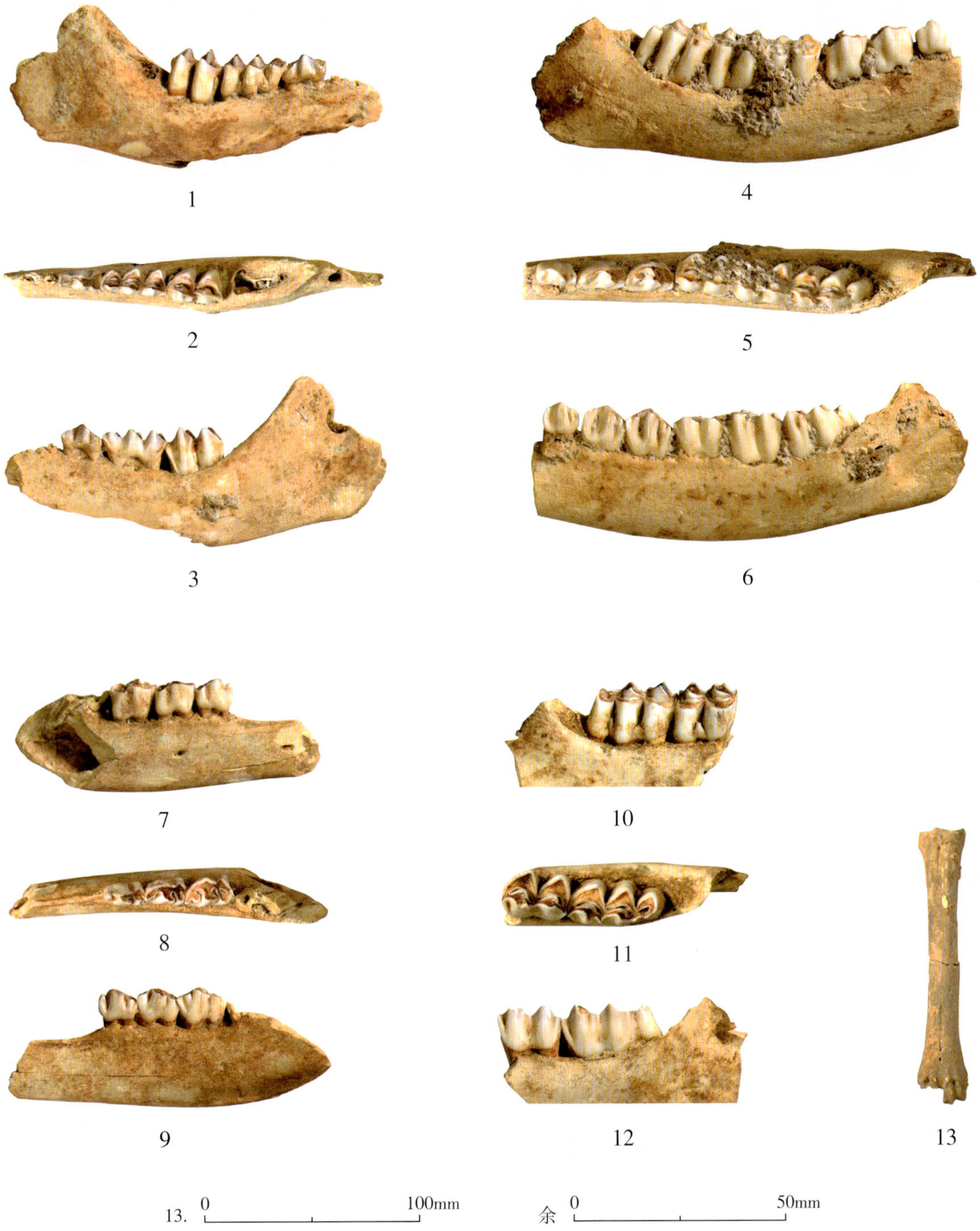

1~3. 大角鹿右下颌带dp3~m1（GLD-7-10） 4~6. 大角鹿右下颌带p2~m3（GLD-4-02） 7~9. 大角鹿右下颌带p2~p4（GLG-2-01） 10~12. 大角鹿右下颌带m2~m3（GLG-4-01） 13. 大角鹿右掌骨（GLB-5-01）（1、4、7、10. 颊侧视，2、5、8、11. 冠面视，13. 前视，余舌侧视）

大角鹿骨骼遗存

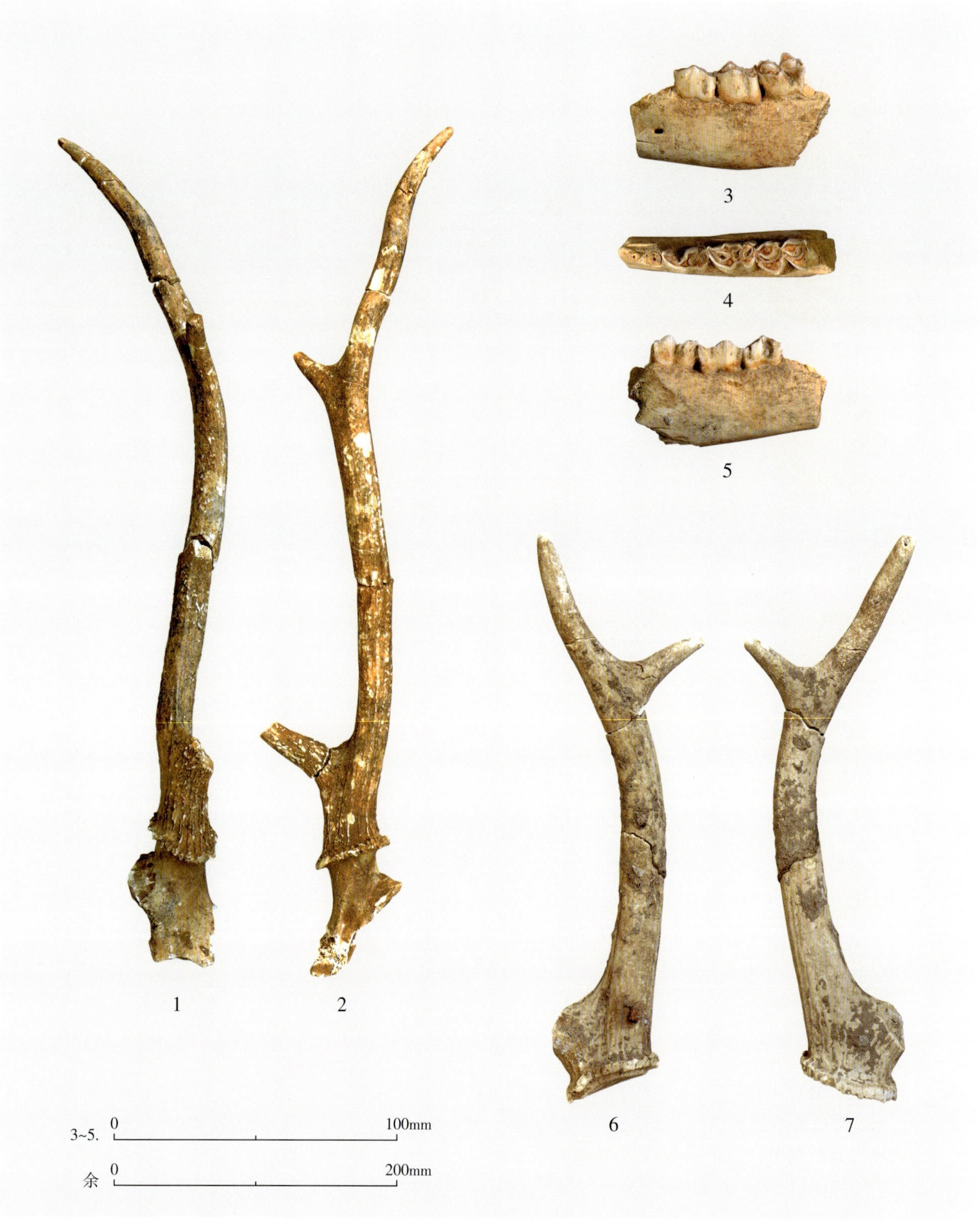

1、2. 梅花鹿左角枝（GLP-10-01） 3~5. 梅花鹿左下颌骨带p3~m1（GLD-2-08） 6、7. 水鹿左角枝（GLD-2-01）（1. 前视，3. 颊侧视，4. 冠面视，5. 舌侧视，7. 内视，余外视）

鹿类骨骼遗存

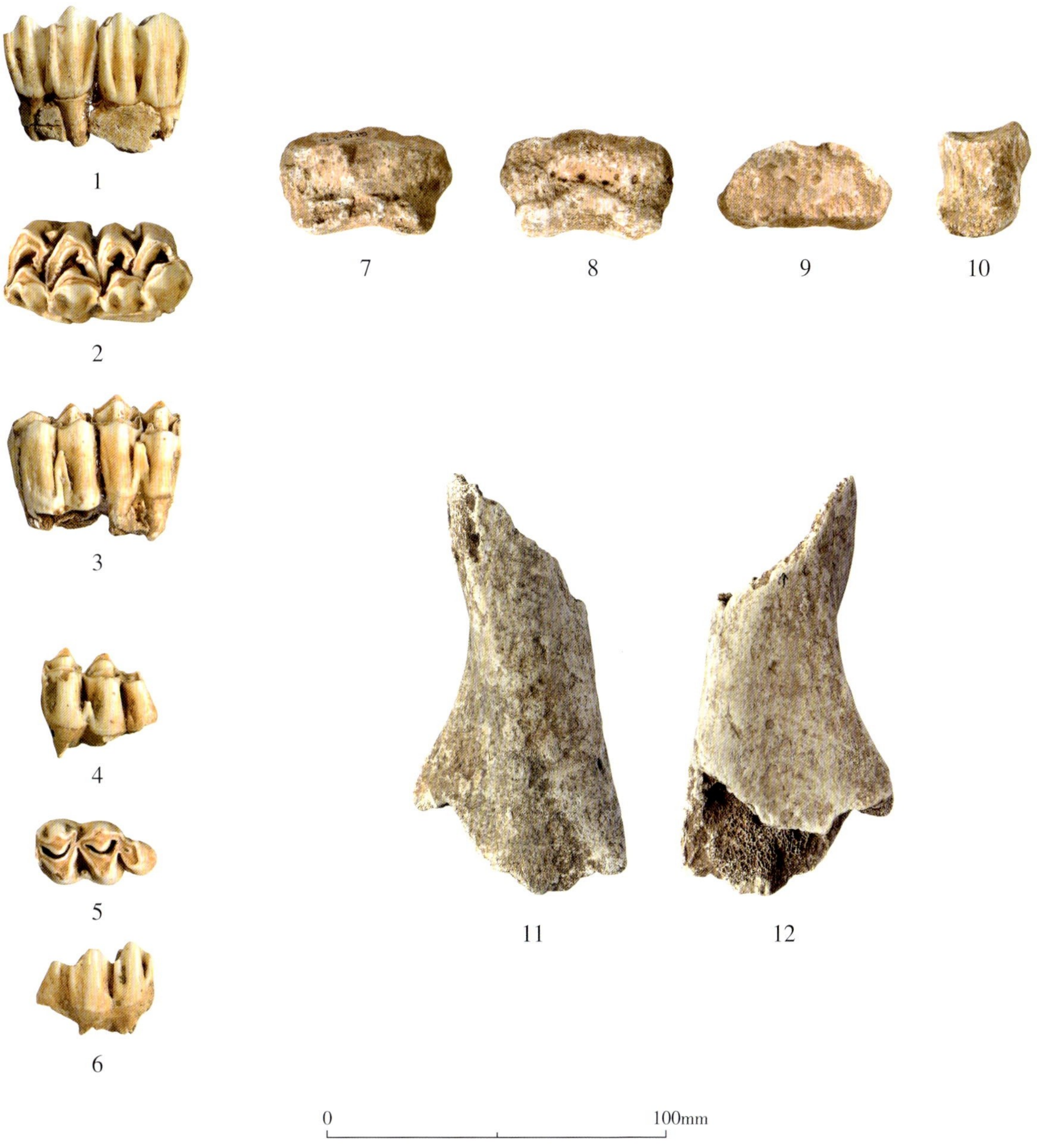

1~3. 水鹿左M2、M3（GLP-8-01、02） 4~6. 水鹿左m3（GLP-3-10） 7~10. 犀牛中趾第二趾骨（GLP-3-15） 11~12. 亚洲象右肱骨（GLP-3-16）（1、4. 颊侧视，2、5. 冠面视，3、6. 舌侧视，7、11. 前视，9. 近视，10. 侧视，余后视）

鹿类、犀牛、亚洲象骨骼遗存

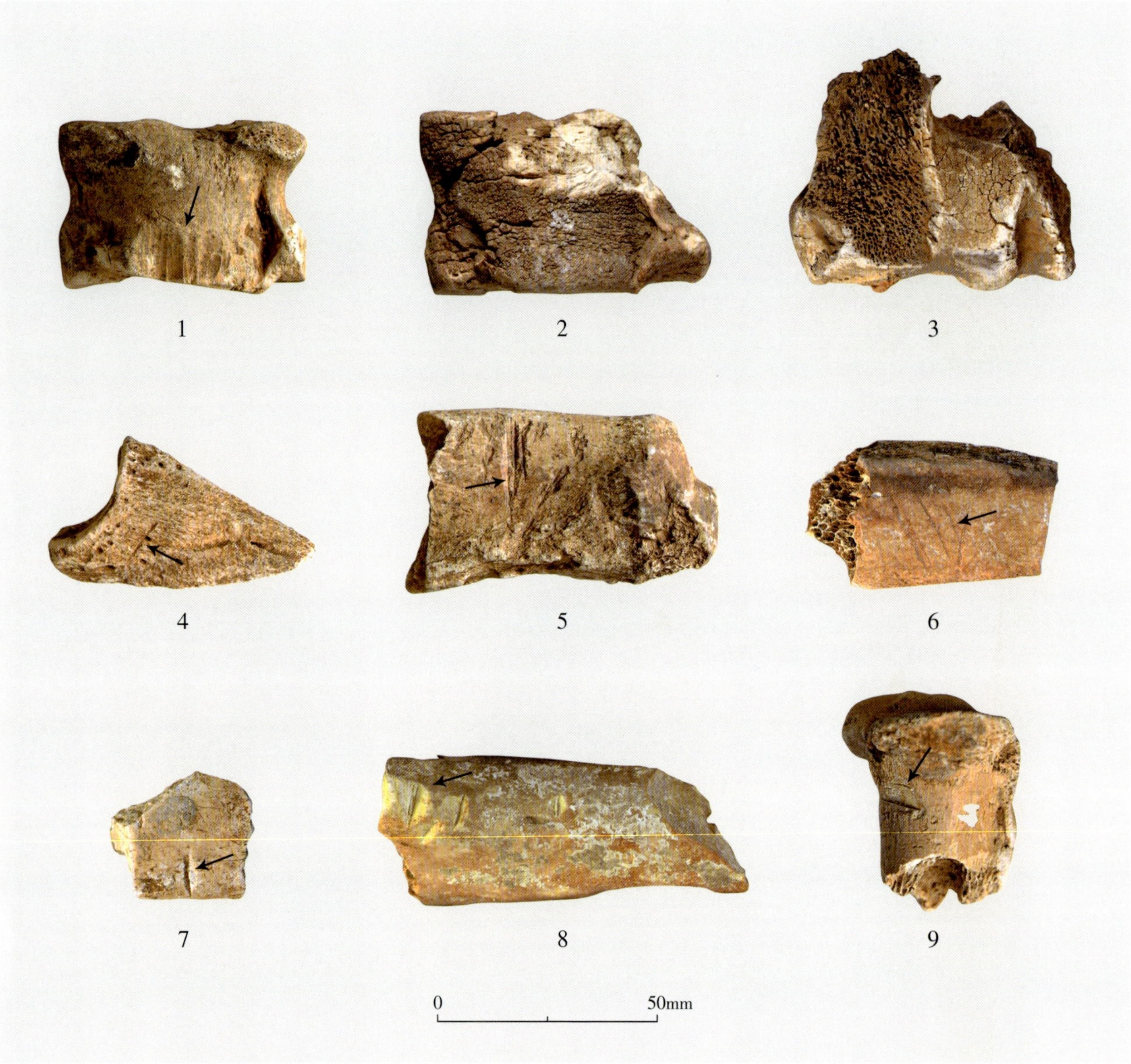

1. 啮齿类齿痕（鹿类距骨） 2、3. 烧灼痕（鹿类距骨、肱骨远端） 4. 剥皮切割痕（鹿类远节趾骨） 5. 肢解切割痕（鹿类跟骨管） 6. 割肉切割痕（肋骨） 7. 切割痕（龟甲） 8. 砍削痕（长骨骨干） 9. 砍削痕（小麂胫骨近端）

骨骼表面改造痕迹

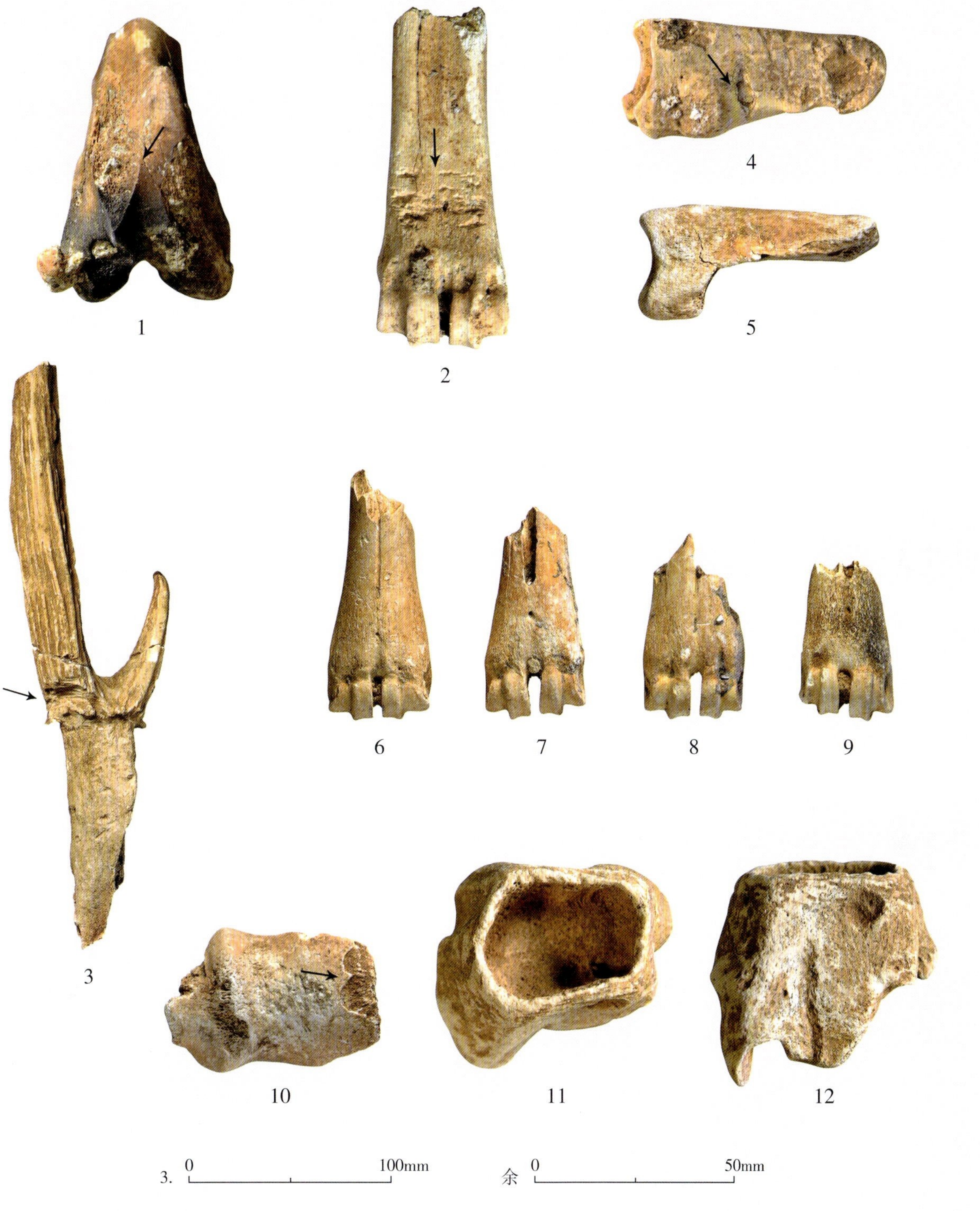

1. 砍削痕（小麂股骨远端） 2. 敲砸痕（鹿类掌骨） 3. 砍削痕（大角麂角枝） 4~5. 敲砸痕、敲骨吸髓（偶蹄类近节趾骨） 6~9. 敲骨吸髓（偶蹄类掌跖骨） 10. 疑似人类齿痕（偶蹄类肱骨远端） 11~12. 骨器制作废料（偶蹄类胫骨远端）

骨骼表面改造痕迹